Großkommentare der Praxis

Löwe-Rosenberg

Die Strafprozeßordnung und das Gerichtsverfassungsgesetz

Großkommentar

24., neubearbeitete Auflage

herausgegeben von

Peter Rieß

Vierter Band
§§ 296 bis 373 a

Bearbeiter:
§§ 296 bis 332: Walter Gollwitzer
§§ 333 bis 358: Ernst-Walter Hanack
§§ 359 bis 373 a: Karl Heinz Gössel

1988

Walter de Gruyter · Berlin · New York

Erscheinungsdaten der Lieferungen:

§§ 296 bis 332 (20. Lieferung): April 1988
§§ 333 bis 358 (8. Lieferung): Oktober 1985
§§ 359 bis 373a (12. Lieferung): Juni 1986

CIP-Kurztitelaufnahme der Deutschen Bibliothek

Die Strafprozessordnung und das Gerichtsverfassungsgesetz:
Grosskommentar/Löwe-Rosenberg. Hrsg. von Peter Riess. — Berlin; New York: de Gruyter
 (Grosskommentare der Praxis)
 Teilw. verf. von Hanns Dünnebier ...
NE: Löwe, Ewald [Begr.]; Dünnebier, Hanns [Mitverf.]; Riess, Peter [Hrsg.]
Bd. 4. §§ 296 bis 373a/Bearb.: Walter Gollwitzer.. — 24., neubearb. Aufl. — 1988
ISBN 3-11-011745-2
NE: Gollwitzer, Walter [Bearb.]

©
Copyright 1985/1986/1988 by Walter de Gruyter & Co., 1000 Berlin 30.
Alle Rechte, insbesondere das Recht der Vervielfältigung und Verbreitung sowie der Übersetzung, vorbehalten. Kein Teil des Werkes darf in irgendeiner Form (durch Fotokopie, Mikrofilm oder ein anderes Verfahren) ohne schriftliche Genehmigung des Verlages reproduziert oder unter Verwendung elektronischer Systeme verarbeitet, vervielfältigt oder verbreitet werden.
Printed in Germany.
Satz und Druck: H. Heenemann GmbH & Co, Berlin 42.
Bindearbeiten: Lüderitz & Bauer, Buchgewerbe GmbH, Berlin 61.

Die Bearbeiter der 24. Auflage

Dr. **Hans Dahs,** Rechtsanwalt, Honorarprofessor an der Universität Bonn

Dr. **Karl Heinz Gössel**, Professor an der Universität Erlangen-Nürnberg, Vorsitzender Richter am Landgericht München I

Dr. **Walter Gollwitzer**, Ministerialdirigent im Bayerischen Staatsministerium der Justiz, München

Dr. **Ernst-Walter Hanack,** Professor an der Universität Mainz

Dr. **Hans Hilger,** Vorsitzender Richter am Landgericht Bonn

Dr. **Klaus Lüderssen,** Professor an der Universität Frankfurt am Main

Dr. **Peter Rieß**, Ministerialdirigent im Bundesministerium der Justiz, Honorarprofessor an der Universität Göttingen

Dr. **Gerhard Schäfer,** Vorsitzender Richter am Landgericht Stuttgart

Dr. **Karl Schäfer,** Senatspräsident a. D. in Frankfurt am Main

Günter Wendisch, Generalstaatsanwalt a. D. in Bremen

Inhaltsübersicht

DRITTES BUCH
Rechtsmittel

		§§
Erster Abschnitt.	Allgemeine Vorschriften	296—303
Zweiter Abschnitt.	Beschwerde	304—311a
Dritter Abschnitt.	Berufung	312—332
Vierter Abschnitt.	Revision	333—358

VIERTES BUCH

Wiederaufnahme eines durch rechtskräftiges Urteil abgeschlossenen Verfahrens . . . . 359—373a

DRITTES BUCH

Rechtsmittel

Vorbemerkungen

Schrifttum

a) **Zu Fragen der Rechtskraft.** *Achenbach* Strafprozessuale Ergänzungsklage und materielle Rechtskraft, ZStW **87** (1975) 74; *Bruns* Teilrechtskraft und innerprozessuale Bindungswirkung des Strafurteils. Prozeßrechtl. Abh. Heft 25 (1961); *Geppert* Gedanken zur Rechtskraft und Beseitigung strafprozessualer Beschlüsse, GA **1972** 165; *Grunsky* Zur Bindungswirkung der materiellen Rechtskraft im Strafprozeß, Tübinger FS Kern (1968) 223; *Grünwald* Die Teilrechtskraft im Strafverfahren (1964); *Herzberg* Ne bis in idem — Zur Sperrwirkung des rechtskräftigen Strafurteils, JuS **1972** 113; *Loos* Probleme der beschränkten Sperrwirkung strafprozessualer Entscheidungen, JZ **1978** 592; *Paeffgen* Bindungen bei innerprozessualer Bindungswirkung StrVert. **1986** 504; *Eb. Schmidt* Materielle Rechtskraft — materielle Gerechtigkeit, JZ **1968** 681; *Sieveking* Neue Wege zur Lösung der mit der Teilanfechtung von Strafurteilen verbundenen Probleme (1967); *Spendel* Materielle Straffrage und strafprozessuale Teilrechtskraft, ZStW **67** (1955) 556; *Stree* Teilrechtskraft und fortgesetzte Tat, FS Engisch 676; *Tiedemann* Entwicklungstendenzen der strafprozessualen Rechtskraftlehre (1969); ferner die Nachw. Einl. Kap. **12**, 24 und bei §§ 264, 318, 412.

b) **Zu den Rechtsmitteln und zur Rechtsmittelreform.** *Amelung* Rechtsschutz gegen strafprozessuale Grundrechtseingriffe (1976); *Benfer* Zur Frage der Rechtmäßigkeit strafprozessualer Grundrechtseingriffe, Die Polizei **1982** 112; *Benz* Reform der Rechtsmittel im Strafverfahren, ZRP **1977** 58; *Bloy* Die Ausgestaltung der Rechtsmittel im deutschen Strafprozeßrecht, JuS **1986** 585; *Bowitz* Zur Gegenvorstellung als Voraussetzung für die Erschöpfung des Rechtsweges, BayVerwBl. **1977** 663; *Bundesminister der Justiz* Reform der Rechtsmittel in Strafsachen; Bericht über die Entstehung der gegenwärtigen Rechtsmittel und die Bemühungen um ihre Reform (1974); *Bundesrechtsanwaltskammer* Denkschrift zur Reform des Rechtsmittelrechts und der Wiederaufnahme des Verfahrens im Strafprozeß (1971); *Dahs* Die Urteilsrüge — ein Irrweg, NJW **1978** 1551; *Deutscher Richterbund StPO-Kommission* Reform der Rechtsmittel im Strafverfahren, DRiZ **1986** 394; *Fezer* Reform der Rechtsmittel in Strafsachen (1974); *Fuhrmann* Die Appellation als Rechtsmittel für eine beschränkte Tatsachennachprüfung im dreistufigen Gerichtsaufbau, ZStW **85** (1973) 44; *Fuhrmann* Reform des Rechtsmittelrechts im Strafprozeß JR **1972** 1; *Geerds* Revision bei Verstoß gegen Denkgesetze oder Erfahrungssätze, FS Peters 267; *Kaiser* Zur Reform der Rechtsmittel im Strafverfahren, ZRP **1972** 275; *Klefisch* Die Rechtsmittel gegen Strafurteile im künftigen Strafprozeß, NJW **1951** 330; *Knoche* Das Rechtsmittel im Strafverfahren bei dreistufigem Gerichtsaufbau, DRiZ **1972** 97; *Kohlhaas* Empfiehlt es sich, das Rechtsmittelsystem in Strafsachen, insbesondere durch Einführung eines Einheitsrechtsmittels, grundlegend zu ändern? DRiZ **1978** 261; *Kohlmann* Zu den Zulässigkeitsvoraussetzungen der Rechtsmittel im Strafprozeß, JArbBl **1979** 243; *Krauth* Zu den Bemühen um eine Rechtsmittelreform in Strafsachen, FS Dreher 697; *v. Kries* Die Rechtsmittel des Zivilprozesses und des Strafprozesses (1880); *Kühl* Unschuldsvermutung, Freispruch und Einstellung (1983); *Lemke* Gegenvorstellungen gegen rechtskräftige, die Strafaussetzung widerrufende Beschlüsse, ZRP **1978** 281; *v. Löbbecke* Begriff und Wesen der Beschwer im strafprozessualen Rechtsmittelverfahren, Diss. Mannheim 1972; *Meyer-Goßner* Empfiehlt es sich, das Rechtsmittelsystem in Strafsachen, insbesondere durch Einführung eines Einheitsrechtsmittels, grundlegend zu ändern, JZ **1978** 329; *Pfeiffer/v. Bubnoff* Zur Neuordnung des Rechtsmittelsystems in Strafsachen nach dem Referentenentwurf eines Ersten Justizreformgesetzes, DRiZ **1972** 42; *Plöttner* Die Beschwer des Angeklagten im Rechtsmittelverfahren, Diss. 1973; *Lisken* Zur Rechtsmittelreform im Strafprozeß, DRiZ **1976** 197; *Rieß* Was bleibt von der Reform der Rechtsmittel in Strafsachen? ZRP **1979** 193; *Schäfer* Verfassungsbeschwerde und Erschöpfung des Rechtswegs durch Gegenvorstellung, BayVerwBl. **1976** 679; *Seib* Zur Rechtsmittelreform im Strafprozeß, DRiZ **1977** 48; *Sieg* Rechtsmittel bei Verurteilung zu einer Geldbuße im Strafverfahren, DAR **1978** 12; *Siegert* Berufung und Revision in Strafsachen, FS Gleispach (1936) 138; *Schmid* Bedingte Prozeßhandlungen im Strafprozeß? GA **1982** 95; *Sonnen* Das strafprozessuale Rechtsmittelsystem in der Reform, JArbBl **1978** 456; *Teyssen* Empfiehlt sich eine Erweiterung der Revision im Strafprozeß? Zur Urteilsrüge des DE-Rechtsmittelgesetz, JR **1978** 309; *Tröndle* Zur Reform des Rechtsmittelsystems in Strafsachen, Probleme der Strafrechtsreform (1975) 73; *Weis* Gegenvorstellungen bei der Verletzung von Verfahrensgrundrechten, NJW **1987** 1314; *Wiedemann* Die Korrektur strafprozessualer Entscheidungen außerhalb des Rechtsmittelverfahrens (1981); *Witt* Gedanken und Bedenken zur Regelung der Rechtsmittel, namentlich der Urteilsrüge im Entwurf einer neuen Strafverfahrensordnung, ZStW **58** (1939) 662; *Wittschier* Das Verbot der reformatio in peins im strafprozessualen Beschlußverfahren (1986); *Woesner* Die Gegenvorstellung im Strafverfahren, NJW **1960** 2129. Zur Rechtsmittelreform vgl. ferner die Verh. des 52. DJT.

c) **Weitere Hinweise** finden sich Vor § 304, bei § 312 und Vor § 333.

Übersicht

	Rdn.
I. Allgemeines	
1. Bedeutung der Rechtsmittel	1
2. Zum Wesen der Rechtsmittel	4
3. Rechtsbehelf und Rechtsmittel	7
4. Gegenvorstellung	
a) Begriff	8
b) Voraussetzungen	11
c) Bescheid	15
II. Rechtsmittel im engeren Sinn	
1. Allgemeine Voraussetzungen	17
2. Rechtsmittelwirkung	19
3. Rechtsmittelbeschränkung	22
4. Rechtsmittel der Staatsanwaltschaft	23
5. Verschlechterungsverbot	24
6. Rechtskraft	
a) Kein einheitlicher Begriff	25
b) Formelle Rechtskraft	26
c) Materielle Rechtskraft	29
d) Einseitige Rechtskraft, Teilrechtskraft	34
e) Nachträgliche Entscheidungen	38
f) Wiederaufhebung der Rechtskraft	40
7. Andere Vorschriften über Rechtsmittel	41
8. Formerfordernisse	
a) Anwendbare Vorschriften	42
b) Fristen	43
c) Form	50
d) Bedingung	53
e) Für Einlegung zuständiges Gericht	55
9. Art des zulässigen Rechtsmittels	56
10. Rechtszug	60

I. Allgemeines

1 1. **Bedeutung der Rechtsmittel.** Alle gerichtlichen Entscheidungen sind unvermeidlich den natürlichen Schranken menschlicher Erkenntnis und damit dem Irrtum ausgesetzt. Dies gilt im Strafverfahren gleichermaßen für das Verfahren einschließlich der Verfahrensvoraussetzungen, für die Erforschung und Feststellung des Sachverhaltes wie für die Rechtsanwendung. Die Rechtsmittel sind vorgesehen, um die Möglichkeit zu eröffnen, diese Fehler in engen Grenzen zu halten. Das Bewußtsein jener naturgegebenen Schwächen, bei der richterlichen Tätigkeit wachgehalten, unterstützt die Wahrheitserforschung. Es warnt auch vor den Gefahren eines bloßen Positivismus und vor unangebrachter „Entschlußfreudigkeit" bei Beweiswürdigung und Tatfeststellung, zumal da das deutsche Strafrecht, anders als die angelsächsische jury, keine gesetzlichen Beweisregeln kennt. Zusammen mit dem Rechtssatz „Im Zweifel zugunsten des Angeklagten", der allein den unüberwindbaren Zweifel betrifft, trägt dieses Bewußtsein zur Erarbeitung desjenigen Maßes an Überzeugung bei, das als Gewißheit gelten muß.

Das Gesetz sieht **verschiedenartige Rechtsbehelfe** zur Prüfung gerichtlicher Entschließungen und Entscheidungen in tatsächlicher und rechtlicher Beziehung vor. Damit soll die richtige Entscheidung des Einzelfalles gewährleistet werden (materielle Gerechtigkeit), aber auch die Justizförmigkeit des gerichtlichen Verfahrens und die einheitliche Rechtsanwendung überhaupt (Rechtseinheit, Gleichheit vor dem Gesetz). Der Vorrang des einen oder anderen dieser Zwecke ist für die Auslegung der Verfahrensgesetze bedeutsam. Die Rechtsmittel greifen im Einzelfalle auf das rechtzeitige, formgerechte Verlangen dazu befugter Beteiligter Platz. Sie finden ihre Schranke als Rechtseinrichtung an dem Postulat der **Rechtssicherheit** (Rechtskraft), das die immer erneute Nachprüfung der Entscheidung verhindert. Die Frage, wo zwischen den berechtigten Forderungen der formellen Rechtskraft und andererseits der materiellen Gerechtigkeit die Grenze verläuft und verlaufen sollte, ist weder einheitlich noch endgültig zu beantworten. Rechtspolitische Überlegungen des Gesetzgebers bestimmen jeweils Aufgaben und Grenzen der Rechtsmittel und damit auch ihre jeweilige Gestalt. Soweit das geschriebene Recht keine eindeutigen Festlegungen trifft, ist der Widerstreit zwischen diesen beiden Zielsetzungen im **Wege der Auslegung** mit dem Ziel einer praktischen Konkordanz zu lösen, also nach dem Grundsatz, daß bei kollidierenden Prinzipien nicht das eine durch das andere völlig verdrängt wird, sondern der Grundgedanke beider mit möglichst geringen Einbußen verwirktlicht werden soll. **2**

Bei der gesetzlichen Regelung der Rechtsmittel spielen **kriminalpolitische und psychologische Überlegungen** keine geringe Rolle. Die Vorschriften über Rechtsmittel haben auf Erscheinungen Rücksicht zu nehmen, die mit der Wahrheitserforschung untrennbar verknüpft sind (Bedeutung des „ersten Angriffs", Einfluß von Seele und Geist auf Erinnerung und Vorstellung, Mängel der Erinnerung, Gefahr der Selbsttäuschung, Erinnerungstrübung nach längerer Zeit, Bildung von Interessenlagen während längerer oder besonders wichtiger Verfahren, Beweismittelverschlechterung und -verlust, Suggestivwirkung öffentlicher Äußerungen). Diese und andere Umstände sprechen für gründliche, aber rasche Justiz bei beschleunigter Rechtskraft und gegen häufiges Verhandeln desselben Rechtsfalles, gegen mehrere Tatsacheninstanzen, vor allem gegen die Ausdehnung der Berufung auf größere Strafsachen. Näheres kann darüber hier nicht gesagt werden[1]. Ob die Kontrolle durch ein höheres Gericht den Richter zur größeren Sorgfalt veranlaßt oder ob umgekehrt das Wissen um die Korrekturmöglichkeit durch die höhere Instanz dem Verantwortungsgefühl abträglich ist, läßt sich nicht einheitlich beantworten, da es eine Typenangelegenheit ist[2]. **3**

2. Zum Wesen der Rechtsmittel. Die Vorschriften über Rechtsmittel sollen den Verfahrensbeteiligten, die mit einer Entscheidung nicht zufrieden sind, ermöglichen, eine übergeordnete Instanz mit der Sache zu befassen. Die nochmalige Prüfung soll eine bessere Gewähr für die Richtigkeit der Entscheidung bieten; sie beruhen aber nicht auf der Erwägung, der betroffene Beteiligte habe einen „Rechtsschutzanspruch" gegenüber **4**

---

[1] Vgl. etwa *Tröndle* GA **1967** 161; Vor § 312, 1; Vor § 333, 14 ff; ferner das umfangreiche Schrifttum zur Rechtsmittelreform.

[2] *Tröndle* GA **1967** 173.

Fehlentscheidungen. Zwar haben die Gerichte die Gesetze richtig anzuwenden. Die **Zulässigkeit** der Rechtsmittel beruht aber nicht darauf, ob das Gesetz verletzt worden ist. Sie beruht vielmehr auf formellen Voraussetzungen. Andernfalls würden Zulässigkeit und Begründetheit des Rechtsmittels zusammenfallen. Nur das materiell begründete, erfolgreiche Rechtsmittel wäre zulässig. Gegen ein sachlich richtiges Urteil könnte eine solche materielle Rechtsmittellehre mangels Gesetzesverstoßes überhaupt kein Rechtsmittel vorsehen. Die Strafprozeßordnung gewährt die Rechtsmittel jedoch auch bei sachlich richtiger Entscheidung ausschließlich nach formellen Regeln. Ihre Zulässigkeit beruht allein auf Verfahrensrecht. Erst die Begründetheit ergibt sich aus dem sachlichen Recht.

5   Ein über das Erfordernis einer konkreten und unmittelbaren Beschwer hinausreichendes, **besonderes Rechtsschutzbedürfnis** ist im Strafprozeß keine Zulässigkeitsvoraussetzung für ein Rechtsmittel[3]. Allenfalls in besonders gelagerten Ausnahmefällen kann es eine Rolle spielen, ob trotz fortdauernder Beschwer ein Bedürfnis für ein bestimmtes Rechtsmittel anzuerkennen ist[4].

6   Die Rechtsmittelgerichte handeln auf Grund ihrer **Justizgewährungspflicht.** Auf dieser beruht ihre Pflicht, die angefochtene Entscheidung zu prüfen und nötigenfalls selbst zu entscheiden oder sie zu ändern oder aufzuheben. Das Verfassungsrecht, vor allem Art. 19 Abs. 4 GG, verbürgt grundsätzlich keinen Anspruch auf ein Rechtsmittel; läßt das Gesetz aber ein Rechtsmittel zu, dann darf der Zugang zum Rechtsmittelgericht nicht in unzumutbarer, durch Sachgründe nicht zu rechtfertigender Weise erschwert werden[5].

7   3. **Rechtsbehelf und Rechtsmittel.** Gegen Entschließungen der Staatsanwaltschaft, Verfügungen des Gerichtsvorsitzenden, richterliche Maßnahmen, Beschlüsse und gegen Urteile gibt es, je nach Art des angefochtenen Aktes, Rechtsbehelfe verschiedener Art (Gegenvorstellung, Dienstaufsichtsbeschwerde, Anklageerzwingung, Antrag auf gerichtliche Entscheidung, Erinnerung, Einspruch, Antrag auf Wiederaufnahme, auf Wiedereinsetzung in den vorigen Stand, Antrag auf Entscheidung des Rechtsmittelgerichts, Beanstandung von Verfügungen in der Hauptverhandlung, früher noch den außerordentlichen Einspruch und die Nichtigkeitsbeschwerde). Alle diese Behelfe, in bestimmten Verfahrensabschnitten geregelt und behandelt, sind keine Rechtsmittel im engeren Sinne. Dazu gehören nur Rechtsbehelfe, denen die Kraft innewohnt, die Entscheidung eines übergeordneten Gerichts herbeizuführen (Devolutiveffekt), wie dies bei Berufung, Revision und den verschiedenen Formen der verfahrensrechtlichen Beschwerde der Fall ist[6]. Die anderen Rechtsbehelfe, wie Einspruch, Antrag auf gerichtliche Entscheidung oder Antrag auf Wiedereinsetzung zählen ebensowenig zu den Rechtsmitteln wie etwa die Gegenvorstellung oder die Dienstaufsichtsbeschwerde.

4. Gegenvorstellung

8   a) **Begriff.** Die Gegenvorstellung ist ein im Gesetz nicht geregelter, in der Praxis jedoch keinesfalls seltener formloser Rechtsbehelf, der allgemein als statthaft angesehen wird[7]. Sie hat zum Ziel, die Stelle, die die Entscheidung erlassen hat, durch das Gewicht

---

[3] OLGZweibrücken MDR **1982** 342; *Stephan* NJW **1966** 2394; Einl. Kap. 10 9.
[4] Vgl. *Ellersiek* Beschwerde 61; *v. Löbbecke* 51.
[5] Vgl. etwa BVerfGE **10** 268; **35** 274; **40** 274; ferner die Kommentare zu Art. 19 Abs. 4 GG.
[6] KK-*Ruß*[1] 2; *Kleinknecht/Meyer*[38] 2; KMR-*Paulus* 27; vgl. § 304, 25.
[7] BVerfGE **9** 107; KK-*Ruß*[1] 4; *Kleinknecht/Meyer*[38] 23 ff; KMR-*Paulus* 30.

der vorgetragenen Tatsachen und rechtlichen Erwägungen zu einer Änderung der eigenen Entscheidung zu bewegen. Sie ist wegen dieser Zielsetzung mehr als der bloße Hinweis auf sachliche oder rechtliche Bedenken[8].

Der **Unterschied zu den Rechtsmitteln** besteht darin, daß die Gegenvorstellung kein verfahrensrechtliches Begehren enthält, über das die übergeordnete Instanz auf den in der Verfahrensordnung vorgezeichneten Weg entscheiden soll. Sie begnügt sich mit der **Anregung**, daß die Stelle, die bereits entschieden hat, die eigene Entscheidung nochmals überprüft[9]. Die Gegenvorstellung hat weder Suspensiv- noch Devolutiveffekt. Da es sich nur um eine Anregung, nicht um einen in der Verfahrensordnung vorgesehenen Antrag handelt, löst sie auch nicht die unbedingte Pflicht des Gerichts zu einer erneuten Entscheidung in der Sache aus[10]. Das Gericht hat mit der erlassenen Entscheidung seiner Justizgewährungspflicht in der Regel schon genügt. Ausnahmsweise kann sich eine solche Pflicht allerdings aus übergeordneten verfahrensrechtlichen Gesichtspunkten ergeben, wie der Aufklärungspflicht oder der Pflicht zur ausreichenden Gewährung des rechtlichen Gehörs[11]. Für den wichtigsten Fall der Nachholung des rechtlichen Gehörs hat der Gesetzgeber durch die §§ 33 a, 311 a ausdrücklich einen Rechtsbehelf vorgesehen.

Inhaltlich können mit der Gegenvorstellung sowohl übersehene oder verkannte Umstände als auch neue tatsächliche oder rechtliche Gesichtspunkte geltend gemacht werden. Es ist aber immer zu prüfen, ob es sich nicht in Wirklichkeit um einen verfahrensrechtlich zulässigen, **neuen Sachantrag** handelt.

b) **Voraussetzungen.** Die Gegenvorstellung ist sowohl gegen **Maßnahmen der Justizverwaltung** als auch gegen **richterliche Entscheidungen** statthaft. Bei letzteren bestehen jedoch einige Einschränkungen:

Die Voraussetzungen für die **Gegenvorstellung gegen Entscheidungen des Gerichts** mögen im einzelnen zweifelhaft sein. Grundsätzlich ist davon auszugehen, daß in allen Fällen, in denen das Gericht befugt ist, von Amts wegen seine Entscheidung wieder aufzuheben, dies auch mit der Gegenvorstellung angeregt werden kann. Ist das Gericht dazu nicht befugt[12], ist auch die darauf abzielende Gegenvorstellung nicht statthaft[13], selbst wenn die Beseitigung einer Grundrechtsverletzung angestrebt wird[14]. Sie scheidet deshalb aus bei Entscheidungen, an die das erlassende Gericht selbst **gebunden** ist, sei es, daß sie in materielle Rechtskraft erwachsen sind, sei es, daß nur das übergeordnete Gericht zur Änderung befugt ist, wie etwa bei den mit sofortiger Beschwerde anfechtbaren Entscheidungen[15]. Unzulässig ist die Gegenvorstellung auch, wenn der Fortgang des Verfahrens die Entscheidung jeder Abänderung entzogen hat, so, wenn sie überholt ist oder wenn die Entscheidung in der Hauptsache die vorhergehenden Entscheidungen konsumiert hat[16]. Dagegen schließt die Möglichkeit eines neuen Sachan-

---

[8] *Woesner* NJW **1960** 2129; vgl. ferner Rdn. 14 und allgemein zur Gegenvorstellung etwa *Bowitz* Zur Gegenvorstellung im Verwaltungsprozeß (1977); *Weis* NJW **1987** 1314.
[9] OLG Schleswig NJW **1978** 1816; OLG Stuttgart Justiz **1971** 148; *Kleinknecht/Meyer*[38] 23; KMR-*Paulus* 30.
[10] Vgl. Rdn. 15.
[11] Vgl. BVerfGE **9** 107; **55** 5; *Weis* NJW **1987** 1314.
[12] Wieweit diese Befugnis reicht, ist strittig, vgl. Vor § 304, 24 ff.
[13] Vgl. etwa OLG Karlsruhe Justiz **1984** 190; OLG Schleswig bei *Ernesti/Lorenzen* SchlHA **1985** 134; *Kleinknecht/Meyer*[38] 24; KMR-*Paulus* 30.
[14] Strittig, wie hier etwa *Henschel* FS Faller 165; *Kleinknecht/Meyer*[38] 25; *Meyer* FS Kleinknecht 280; *Zuck* JZ **1985** 921; vgl. § 304, 36.
[15] Vgl. KK-*Ruß*[1] 4; *Kleinknecht/Meyer*[38] 24; Vor § 304, 37 ff; § 311, 10; 14.
[16] Vgl. etwa *Kleinknecht/Meyer*[38] 24; *Woesner* NJW **1960** 2129.

trags bzw. der Wiederholung der Beschwerde die Gegenvorstellung nicht zwingend aus. Sie wird zwar meist Anlaß sein, die Gegenvorstellung als **Sachantrag** oder **neue Beschwerde** zu behandeln; es ist aber, wenn Beschwerde und Gegenvorstellung zur Wahl stehen, denkbar, daß sich der Petent bewußt mit der Überprüfung durch den judex a quo begnügen will, etwa, um den weiteren Fortgang des Verfahrens nicht durch Einschaltung des Rechtsmittelgerichts aufzuhalten. Hier auf die Beschwerde zu verweisen widerspräche der Prozeßökonomie[17].

13   Die **formelle Rechtskraft** als solche schließt die Gegenvorstellung nicht grundsätzlich aus. Gerade bei den unanfechtbaren Beschwerdeentscheidungen ist in der Praxis das Bedürfnis zu Tage getreten, nachträglich ersichtlich werdende Unstimmigkeiten auf diese verfahrensökonomisch einfache Weise zu bereinigen[18].

14   Die Gegenvorstellung ist weder an **Formen** noch an **Fristen** gebunden. Sie setzt kein besonderes Rechtsschutzbedürfnis und — anders als die Rechtsmittel — auch keine persönliche **Beschwer** voraus[19]. Sieht man in der Gegenvorstellung weder ein Superrechtsmittel noch einen Beschwerdeersatz, dann muß die Anregung, von Amts wegen eine unrichtige Entscheidung zu korrigieren, im Strafprozeß jedem Beteiligten offen stehen, auch wenn er persönlich nicht beschwert ist. Die nicht kraft gesetzlicher Regelung als besonderer Rechtsbehelf ausgestaltete formlose Gegenvorstellung ist ihrer Struktur nach eine **Petition** (Art. 17 GG)[20], nicht aber ein rechtsmittelähnlicher, richterrechtlich anerkannter formaler Rechtsbehelf des Verfahrensrechts. Nicht zuletzt wegen der Zweifel an der Zuordnung ist auch strittig, ob eine nicht von vornherein unstatthafte Gegenvorstellung zum unspezifisch verstandenen Rechtsweg gehört, der vor Einlegung der Verfassungsbeschwerde erschöpft werden muß[21].

---

[17] *Kleinknecht/Meyer*[38] 24. Im Zivilprozeß ist streitig, in welchem Umfang die Gegenvorstellung zulässig ist (vgl. etwa *Baumgärtel* MDR **1968** 970; *Schneider* DRiZ **1965** 2 8; MDR **1972** 567, sowie die Kommentare zur ZPO). Dort wird verschiedentlich versucht, die Zulässigkeit der Gegenvorstellung noch weiter einzuschränken. Neben den oben genannten Fällen der materiellen Unabänderbarkeit der Entscheidung und den Fällen der Überholung durch den Prozeßfortgang soll die Gegenvorstellung auch dann ausgeschlossen sein, wenn sie anstelle eines zulässigen Rechtsmittels eingelegt wird oder wenn die Wiederholung eines Sachantrages oder der einfachen Beschwerde möglich ist, weil die im Verfahren vorgesehenen Möglichkeiten den Vorrang vor einem ungeregelten Rechtsbehelf haben.

[18] OLG Schleswig NJW **1978** 1016; vgl. auch Vor § 304, 37 ff.

[19] Strittig; wie hier OLG Schleswig NJW **1978** 1016; KMR-*Paulus* 29 („jedermann"); *Kleinknecht/Meyer*[38] 23. Die Gegenauffassung leitet aus dem allgemeinen Rechtsgedanken der §§ 33 a; 311 a her, daß die Gegenvorstellung gegen gerichtliche Entscheidungen nur zur Beseitigung einer eigenen Beschwer erhoben werden kann; ähnlich für die ZPO etwa OLG Düsseldorf MDR **1968** 767; **1977** 235; *Schneider* MDR **1972** 567; gegen das Ausweichen auf das Rechtsschutzbedürfnis *Baumgärtel* MDR **1968** 970. Petitionen im Sinne des Verfassungsrechts (vgl. Art. 17 GG) erfordern keine Beschwer vgl. etwa *Maunz/Dürig* Art. 17, 22.

[20] *Kleinknecht/Meyer*[38] 23; KMR-*Paulus* 29. Zum Unterschied zwischen der formlosen Petition und den verfahrensrechtlich vorgesehenen Rechtsbehelfen vgl. *Maunz/Dürig* Art. 17, 18, 19.

[21] Das Bundesverfassungsgericht neigt wegen der Subsidiarität der Verfassungsbeschwerde zur Auffassung, daß eine Abhilfe durch Gegenvorstellung selbst dann versucht werden muß, wenn deren Zulässigkeit fachgerichtlich noch nicht eindeutig geklärt ist, vgl. etwa BVerfGE 55 5; 63 78; 70 185; vgl. ferner *Schäfer* BayVerwBl. **1977** 679; a. A BayVerfGH 30 150 (zu Art. 47 Abs. 2 BayVerfGHG), dazu abl. *Bowitz* BayVerwBl. **1977** 663. Unstrittig ist, daß der Antrag nach § 33 a zur Erschöpfung des Rechtswegs gehört, vgl. etwa BVerfGE 33 192; 42 251; BayVerfGH 30 44; 178; 39 82; BayVerfGH BayVerwBl. **1977** 665; ferner § 33 a, 21; § 311 a, 6.

c) **Bescheid.** Die Gegenvorstellung muß, wie jede Petition, **sachlich überprüft** und **15** beschieden werden[22]. Dabei ist zu unterscheiden:

Ist die Gegenvorstellung **nicht statthaft**[23], oder geben die vorgetragenen tatsächlichen oder rechtlichen Gesichtspunkte **keinen Anlaß zur Änderung** der Entscheidung, so genügt ein kurzer Bescheid, der dem Gesuchsteller mitteilt, daß und warum es bei der angegriffenen Entscheidung sein Bewenden hat. Eine förmliche Verwerfung oder eine ins einzelne gehende Begründung ist nicht erforderlich, jedoch auch nicht schädlich. Der Bescheid ist für sich allein nicht anfechtbar, selbst wenn er als förmlicher Gerichtsbeschluß ergeht[24]; vor allem eröffnet die Ablehnung der Gegenvorstellung keinen zusätzlichen Beschwerderechtszug[25]. Art. 19 Abs. 4 GG greift schon deshalb nicht ein, weil er den Rechtsweg zum Gericht, nicht aber einen Rechtsweg gegen das Gericht garantiert.

Nimmt das Gericht die Gegenvorstellung zum Anlaß, seine Entscheidung zu **än-** **16** **dern** oder **aufzuheben**, dann hat diese Entscheidung in der gleichen Form zu ergehen und ist allen Verfahrensbeteiligten in der gleichen Weise bekannt zu machen, wie die ursprüngliche Entscheidung, die dadurch modifiziert oder ersetzt wird. Hier handelt es sich um eine — nicht über die Gegenvorstellung, sondern **von Amts wegen** über den ursprünglichen Antrag ergehende — **Entscheidung in der Sache**, vor deren Erlaß rechtliches Gehör zu gewähren ist und die mit ordentlichen Rechtsmitteln ebenso anfechtbar ist wie die ursprüngliche Entscheidung, mit der sie rechtlich eine Einheit bildet[26].

II. Rechtsmittel im engeren Sinne

1. Allgemeine Voraussetzungen. Rechtsmittel im engeren Sinne des Dritten **17** Buches der Strafprozeßordnung sind nur die einfache und die sofortige Beschwerde, die Berufung und die Revision. Die Beschwerde wendet sich gegen gewisse Verfügungen, Beschlüsse und bestimmte Nebenentscheidungen der Urteile, die Berufung und die Revision nur gegen Urteile. Gemeinsam ist ihnen, daß sie die Änderung nicht rechtskräftiger Entscheidungen durch ein übergeordnetes Gericht erstreben (mit einigen Abweichungen bei der Beschwerde).

Voraussetzung ist bei allen die **Erfüllung gesetzlicher Formalien**: 1. die Maß- **18** nahme oder Entscheidung muß Kraft Gesetzes **anfechtbar** sein, und zwar gerade durch den Beschwerdeführer, **2. Zulässigkeit** des eingelegten Rechtsmittels einschließlich der Postulationsfähigkeit des Rechtsmittelführers, 3. **rechtzeitige** (sofern fristgebunden) formgerechte Einlegung bei dem zuständigen Gericht, 4. eine **Beschwer** des Rechtsmittelführers durch die angefochtene Entscheidung[26a] und 5. die Beachtung der für einzelne Rechtsmittel vorgeschriebenen **sonstigen Formerfordernisse**, wie ordnungsgemäße Begründung usw. Fehlt eines dieser Erfordernisse, so ist das Rechtsmittel als unzulässig zu verwerfen. Einzelheiten sind bei den einschlägigen Vorschriften erörtert.

2. Rechtsmittelwirkung. Das rechtzeitig formgerecht eingelegte Rechtsmittel über- **19** trägt die Sache in die Gerichtsgewalt des Rechtsmittelgerichts **(Devolutivwirkung)**.

---

[22] *Kleinknecht/Meyer*[38] 26; *Woesner* NJW 1960 2132; vgl. die Kommentare zu Art. 17 GG, etwa *Maunz/Dürig* Art. 17; a. A KK-*Ruß*[1] 4 (nobile officium). KMR-*Paulus* 30.
[23] Vgl. Rdn. 12.
[24] KMR-*Paulus* 30.
[25] OLG Koblenz OLGSt § 304, S. 21.
[26] *Kleinknecht/Meyer*[38] 26; KMR-*Paulus* 30; die Rechtslage ist hier grundsätzlich die gleiche wie bei einer neuen Sachentscheidung im Abhilfeverfahren nach § 306 Abs. 2; vgl. § 306, 19 ff.
[26a] Vgl. § 296, 12 ff.

Dieses entscheidet über das Rechtsmittel (Ausnahmen Rdn. 20), und zwar bei der Berufung und der Beschwerde grundsätzlich durch eine aufgrund neuer Sachprüfung ergehenden Entscheidung, bei der Revision nach den Regeln der Rechtsrüge (§§ 333 ff).

20 Unbeschadet der Devolutivwirkung ist dem Gericht, das die angefochtene Entscheidung erlassen hat, im Interesse der Verfahrensbeschleunigung vom Gesetz eine **begrenzte Entscheidungsgewalt** über das Rechtsmittel eingeräumt. Ihm obliegt innerhalb der durch § 319 Abs. 1, § 346 Abs. 1 gezogenen Grenzen die Vorprüfung der Zulässigkeit des Rechtsmittels. Bei der einfachen Beschwerde schließt der Devolutiveffekt auch nicht aus, daß der Beschwerde noch vor der Vorlage durch eine Änderung der angefochtenen Entscheidung abgeholfen wird (§ 306 Abs. 2).

21 **Suspensivwirkung**, also die Wirkung, die Vollstreckung der angefochtenen Entscheidung ohne weiteres aufzuschieben, haben Berufung und Revision. Der Einlegung der Beschwerde und der sofortigen Beschwerde kommt dagegen grundsätzlich keine aufschiebende Wirkung zu, sofern dies nicht nach § 307 im Einzelfall angeordnet wird. Nur wo das Gesetz es ausdrücklich vorsieht, wie etwa in § 81 Abs. 4, § 231 a Abs. 3, hat auch die Beschwerde automatisch den Suspensiveffekt.

22 **3. Rechtsmittelbeschränkung.** Berufung und Revision sind nach den Grundsätzen, die bei den §§ 318, 344, 352 dargelegt sind, auf abtrennbare Teile der angefochtenen Entscheidung beschränkbar. Soweit das wirksam geschieht, was nach § 302 auch noch nachträglich möglich ist, wird der nicht oder nicht mehr angefochtene selbständige Teil der Entscheidung der Nachprüfung entzogen (§§ 316 Abs. 1, 343 Abs. 1). Das Rechtsmittelgericht entscheidet nur noch über den angefochtenen Teil. Doch sieht § 357 aus rechtspolitischen Gründen einen Eingriff in die Rechtskraft vor (Erstreckungswirkung). Auch die Beschwerde kann auf selbständig nachprüfbare Teile einer Entscheidung beschränkt werden.

23 **4. Rechtsmittel der Staatsanwaltschaft.** Auf Vorschriften, die nur zugunsten des Beschuldigten gegeben sind, darf die Staatsanwaltschaft ihr Rechtsmittel nicht zu seinen Ungunsten stützen (vgl. § 339). Da sie als objektive Anklagebehörde auch die entlastenden Umstände zu berücksichtigen hat, darf sie ein Rechtsmittel auch lediglich zugunsten des Angeklagten einlegen (§ 296 Abs. 2). Ob das gewollt ist, richtet sich nach dem Gesamtinhalt des Rechtsmittels[27]. Trifft es zu, so darf die Staatsanwaltschaft das Rechtsmittel nicht ohne die Zustimmung des Beschuldigten zurücknehmen (§ 302 Abs. 2). Es unterliegt dem Verschlechterungsverbot (Rdn. 24). Jedes andere Rechtsmittel der Staatsanwaltschaft kann zum Nachteil oder Vorteil des Beschuldigten ausschlagen (§ 301). Die Berechtigung der Staatsanwaltschaft, Rechtsmittel einzulegen, entfällt nicht etwa deshalb, weil sie im vorausgegangenen Verfahren nicht eingeschaltet war, oder auf Teilnahme an der Verhandlung verzichtet hat[28].

24 **5. Verschlechterungsverbot.** Hat nur der Beschuldigte, die Staatsanwaltschaft zu seinen Gunsten oder sein gesetzlicher Vertreter Berufung oder Revision einlegt, so darf die neue Entscheidung keine nach Art oder Höhe schwerere Strafe gegen ihn verhängen, auch keine oder keine schwerere Maßregel der Besserung oder Sicherung, ausgenommen die im Interesse des Beschuldigten liegende Unterbringung in einem psychiatrischen Krankenhaus oder einer Entziehungsanstalt (§§ 331 Abs. 2, 358 Abs. 2). Dieses Ver-

---

[27] Vgl. § 296, 7; 13.

[28] Vgl. für das Privatklageverfahren § 377 Abs. 2; für das Bußgeldverfahren §§ 75, 79 OWiG.

schlechterungsverbot ist lediglich eine rechtspolitische Maßnahme und nicht im Wesen des Rechtsstaates verankert. Änderung des Schuldspruchs zum Nachteil des Beschuldigten ist stets zulässig. Für die mit Beschwerde anfechtbaren Entscheidungen gilt dieses Verbot in der Regel nicht[29].

6. Rechtskraft

a) Unter diesem keinesfalls **einheitlich** verwendeten **Begriff** werden die Dauerwirkungen zusammengefaßt, die den Sachurteilen und bestimmten anderen strafrichterlichen Entscheidungen innewohnen. Die Einzelheiten sind in der Einl. Kap. 12 24 ff erläutert. Man unterscheidet: **25**

b) **Formelle Rechtskraft** tritt ein, wenn gegen die Entscheidung im anhängigen Verfahren kein ordentliches Rechtsmittel gegeben ist oder ein an sich mögliches Rechtsmittel nicht mehr eingelegt werden kann, weil die dafür vorgesehene Frist abgelaufen ist oder weil auf Rechtsmittel verzichtet wurde. Wegen der Rücknahme vgl. bei § 302. **26**

Mit Eintritt der formellen Rechtskraft wird die Entscheidung grundsätzlich **unabänderlich** (wegen der Ausnahmen vgl. Rdn. 38); der Gegenstand der Entscheidung kann im gleichen Verfahren nicht mehr erneut zur Überprüfung gestellt werden[30]. Die formelle Rechtskraft der Sachentscheidung beendet die Rechtshängigkeit (**Beendigungswirkung**)[31]. Die Entscheidung wird vollstreckbar (§ 449; **Vollstreckungswirkung**). Der Zeitpunkt des Eintritts der formellen Rechtskraft bei den einzelnen Entscheidungen wird bei § 449 erörtert. **27**

Die durch die formelle Rechtskraft herbeigeführte Unabänderlichkeit der Entscheidungen ist ein Gebot der **Rechtssicherheit**, ohne die das Recht seine befriedende Wirkung nicht auszuüben vermöchte. Deshalb ist nur in den vom Gesetz zugelassenen Ausnahmefällen ein Wiederaufleben eines formell rechtskräftig gewordenen Verfahrens möglich, so bei Bewilligung der Wiedereinsetzung bei Fristversäumnis oder bei Wiederaufnahme des Verfahrens. **28**

c) Die **materielle Rechtskraft**, die bei Sachurteilen und bestimmten Beschlüssen zugleich mit der formellen Rechtskraft eintritt, bewirkt den **Verbrauch des staatlichen Strafanspruchs** für die abgeurteilte Tat. Sie bildet ein in jeder Lage des Verfahrens von Amts wegen zu beachtendes Prozeßhindernis[32], das es grundsätzlich ausschließt, die gleiche Person wegen der gleichen Tat (im Sinne des § 264[33]) erneut vor einem Strafgericht zu belangen. Der hierin liegende Grundsatz der **Einmaligkeit der Strafverfolgung** (ne bis in idem) hat durch Art. 103 Abs. 3 GG und durch Aufnahme in einige Länderverfassungen Verfassungsrang erhalten. **29**

Die unbeschränkte Verzehrwirkung (**Sperrwirkung**) der materiellen Rechtskraft tritt erst ein, wenn das gesamte Strafverfahren durch eine abschließende Entscheidung **30**

---

[29] Wegen der Einzelheiten vgl. bei § 331, § 358 Abs. 2, sowie Vor § 304, 21; § 309, 19.

[30] *Eb. Schmidt* I 268 bezeichnet diese Funktion der formellen Rechtskraft als „Sperrwirkung", weil sie in anhängigen Verfahren die Beteiligten hindert, den Gegenstand der Entscheidung erneut in Frage zu stellen. Ein Teil des Schrifttums versteht dagegen unter Sperrwirkung die Funktion der materiellen Rechtskraft, die es ausschließt, den Verfahrensgegenstand nochmals in einem anderen Verfahren zu behandeln (*Grunsky* FS Kern 223; *Roxin*[20] § 51; *Kleinknecht/Meyer*[38] Einl. 173. KMR-*Sax* Einl. **XIII** 11; 16 ff).

[31] Vgl. Einl. Kap. **12** 53 ff.

[32] Zum Theorienstreit um das Wesen der materiellen Rechtskraft vgl. Einl. Kap. **12** 53 ff; KMR-*Sax* Einl. **XIII** 9 ff. mit Nachw.

[33] Vgl. Einl. Kap. **12** 24 ff; 61 ff; § 264, 3 ff. mit Nachw.; ferner die Kommentare zu Art. 103 Abs. 3 GG.

beendet ist[34]. Sie umfaßt die abgeurteilte Tat im **vollen Umfang**. Die bei § 264 erörterten Abgrenzungsfragen stellen sich auch hier. Soweit es sich um die gleiche Tat handelt, ist jede erneute richterliche Kognition ausgeschlossen. Sie ist auch unter einem neuen rechtlichen Gesichtspunkt oder hinsichtlich anderer Rechtsfolgen nicht möglich.

31 **Unbeschränkte materielle Rechtskraft** kommt den auf Grund einer Hauptverhandlung erlassenen Sachurteilen zu, mit Einschränkungen auch den prozeßabschließenden Beschlüssen nach § 349 Abs. 2, sowie den — in der Regel — mit sofortiger Beschwerde anfechtbaren Beschlüssen, wenn diese gleich den Urteilen endgültige Sachentscheidungen enthalten, wie etwa ein Beschluß, der eine Sicherheit für verfallen erklärt[35]. Zur Rechtskraft eines Strafbefehls vgl. § 410 Abs. 3 in Vbdg. mit § 373 a.

32 Andere Sachentscheidungen sind nur **begrenzt rechtskraftfähig**. Die mit einfacher Beschwerde anfechtbaren Beschlüsse sind dagegen in aller Regel nicht rechtskraftfähig[36].

33 Neben der negativen Sperrwirkung, die sich bei Sachentscheidungen aus dem Verbrauch der Strafklage ergibt, hat die materielle Rechtskraft nach der vorherrschenden Meinung nur die Wirkung, daß die für eine Tat verwirkten **Rechtsfolgen verbindlich festgelegt** sind. Die materielle Rechtskraft erstreckt sich nicht auf den übrigen Inhalt des Urteils[37]. Eine über das anhängige Verfahren hinausreichende Feststellungswirkung hinsichtlich der im Urteil für erwiesen erachteten Tatsachen kommt ihr nicht zu. Dies schließt nicht aus, daß in Einzelfällen der Tatbestand eines Gesetzes auf das Vorliegen eines rechtskräftigen Strafurteils abstellt[38].

34 d) **Einseitige Rechtskraft, Teilrechtskraft.** Die oben aufgezeigten Wirkungen der materiellen und formellen Rechtskraft treten erst ein, wenn das Urteil als Ganzes in jeder Richtung formell rechtskräftig geworden ist. Die Rechtsmittel aller Anfechtungsberechtigten müssen erledigt, die Sachentscheidung muß in all ihren Teilen unanfechtbar geworden sein. Solange das Verfahren noch wegen irgend eines Teils der Tat anhängig ist, ist weder die Strafklage verbraucht, noch tritt im Regelfall nach § 449 die Vollstreckungswirkung ein[39]. Dies darf nicht übersehen werden, wenn man gewisse innerprozessuale Bindungen, die bereits vor Eintritt der Rechtskraft die Anfechtungsmöglichkeiten der Verfahrensbeteiligten oder die Kognitionsbefugnis des Gerichts einschränken, als Auswirkungen einer „relativen", „einseitigen" oder „teilweisen Rechtskraft"

---

[34] Vgl. etwa BGHSt **28** 119 = JR **1979** 299 mit Anm. *Grünwald*; Einl. Kap. **12** 29; § 318, 25 ff; ferner Rdn. 34.

[35] OLG Stuttgart MDR **1982** 341.

[36] Vgl. Einl. Kap. **12** 46; 50; ferner Vor § 304, 25 ff.

[37] H. M. Dazu *Bruns* FS Eb. Schmidt 602; 618 f.; *Roxin*[20] § 51 B II 1; *Kleinknecht/Meyer*[38] Einl. 169; 170; KMR-*Sax* Einl. XIII 15; *Schlüchter* 601. *Eb. Schmidt* I 18 ff. bejaht die Feststellungswirkung des Schuldspruchs für das weitere Verfahren, verneint aber eine Bindungswirkung für andere Verfahren. Im Schrifttum ist streitig, ob Prozeßgegenstand und damit Gegenstand der Rechtskraft neben der Festsetzung der Rechtsfolgen auch die autoritative Tatfeststellung ist. *Grunsky* FS Kern 23 bejaht dies wegen der rechtlichen Bedeutung der rechtlichen Qualifikation der Tat; **a. A** *Bruns* aaO. Vgl. ferner Einl. Kap **12** 24a mit weit. Nachw.

[38] *Grunsky* FS Kern 235, 240 nimmt eine Feststellungswirkung insoweit an, als in einem späteren, über einen anderen Gegenstand geführten Verfahren das frühere Urteil als richtig unterstellt werden müsse, sofern der Gegenstand des zweiten Verfahrens vom ersten präjudiziell abhänge. Tatbestandswirkung und Feststellungswirkung seien hier austauschbar. Die Ausnahmen in § 319 Abs. 2 Satz 2, § 346 Abs. 2 Satz 2 werden als Fälle einer im Strafverfahren seltenen, vorläufigen Vollstreckbarkeit erklärt (strittig; vgl. bei § 319 und bei § 346).

[39] Wegen der Einzelheiten und den zum Teil strittigen Fragen der Vollstreckbarkeit nicht angefochtener Rechtsfolgen bei Rechtsmittelbeschränkung vgl. § 449, 22 ff.

bezeichnet. Dies beruht zwar auf Beibehaltung einer herkömmlichen, durch § 316 vorgezeichneten Terminologie. Die Bezeichnung darf aber nicht zu dem falschen Schluß verleiten, daß diese aus anderen Prozeßprinzipien hergeleiteten **innerprozessualen Bindungen**, die nur für das anhängige Verfahren Bedeutung haben, mit den oben dargelegten Wirkungen der eigentlichen Rechtskraft gleichzusetzen seien. Vor allem darf man der Teilrechtskraft nicht die erst nach Abschluß des gesamten Verfahrens eintretende Verzehrwirkung der materiellen Rechtskraft beilegen. Im einzelnen:

Unter „**relativer Rechtskraft**" versteht man die Bindungen, die den nichtrechtsmittelführenden Verfahrensbeteiligten in dem Verfahren erwachsen, in dem über das Rechtsmittel eines anderen Verfahrensbeteiligten verhandelt wird. Die eigentlichen Rechtskraftwirkungen sind mit der relativen Rechtskraft nicht verbunden, insbesondere tritt weder die Beendigungswirkung noch die Vollstreckungswirkung ein[40], wenn die Tat Gegenstand der Entscheidung des Rechtsmittelgerichts bleibt. Auch das nur einseitig angefochtene Urteil bleibt voll abänderbar, lediglich der Rechtsfolgeausspruch unterliegt bei einem nur zugunsten des Angeklagten eingelegten Rechtsmittel den aus dem Verschlechterungsverbot sich ergebenden Schranken[41]. Derjenige, der kein Rechtsmittel eingelegt hat, wird dadurch auch nicht gehindert, die auf Grund des Rechtsmittels eines anderen ergehende Entscheidung nun seinerseits anzufechten, vorausgesetzt, daß der Instanzenzug nicht erschöpft ist und die Entscheidung ihn beschwert. Beim Angeklagten folgt dies schon aus § 301, bei der Staatsanwaltschaft hindert das nur den Rechtsfolgenausspruch betreffende Verschlechterungsverbot nicht, daß sie einen rechtsfehlerbehafteten Schuldspruch angreift, soweit nicht § 339 entgegensteht. **35**

Mit „**einseitiger Rechtskraft**" bezeichnet man gelegentlich die Sperrwirkung, die das Verschlechterungsverbot bei einem zugunsten des Angeklagten eingelegten Rechtsmittel auslöst. Der Begriff ist schief, denn hier handelt es sich um keine Rechtskraftwirkung[42]. **36**

Die **Teilrechtskraft**, die durch vertikale oder horizontale Rechtsmittelbeschränkung während des Laufes des anhängigen Verfahrens herbeigeführt werden kann, um abtrennbare Teile der angeklagten Tat aus Gründen der Prozeßökonomie von der weiteren Nachprüfung freizustellen, löst die eigentlichen Wirkungen der formellen und materiellen Rechtskraft nicht aus. Die hier bestehenden verfahrensinternen Bindungswirkungen sind gerade nicht eine Folge der Rechtskraft. Sie beruhen auf anderen Prozeßprinzipien[43]. **37**

e) **Nachträgliche Entscheidungen** über die Rechtsfolgen schließt die Rechtskraft nur insoweit aus, als sie nicht im Gesetz vorgesehen sind; im übrigen bleiben sie zulässig, wie etwa die Bildung einer Gesamtstrafe nach § 55 StGB; § 460. **38**

Offenbare **Schreib-, Rechen- oder andere Fassungsfehler** können auch in der Urteilsformel nicht in Rechtskraft erwachsen. Sie dürfen ohne Rechtsmittel auf Anregung oder jederzeit von Amts wegen berichtigt werden. In Betracht kommen jedoch nur offensichtliche Versehen nicht sachlicher Art, offenbare Mängel des Ausdrucks für das erkennbar Gewollte[44]. Auch die Urteilsformel kann berichtigt werden. Die Einzelheiten sind bei § 268, 42 ff erörtert. **39**

f) **Wiederaufhebung der Rechtskraft.** Zur Erstreckung der Urteilsaufhebung gemäß § 357 vgl. die dortigen Erläuterungen. Beschlüsse, die nicht rechtskräftig sind, **40**

---

[40] Vgl. etwa KMR-*Sax* Einl. XIII 6; *Schlüchter* 598; *Eb. Schmidt* I 271.
[41] Vgl. Rdn. 24; § 331, 3.
[42] Vgl. § 331, 3.
[43] Wegen der Einzelheiten vgl. § 318, 23 ff.
[44] BGHSt **3** 245; vgl. § 268, 38; 42 ff.

darf das Gericht ändern oder zurücknehmen, solange sie noch nicht gegenstandslos geworden sind. Wegen der Möglichkeiten der Änderung vgl. Vor § 304, 24 ff; § 311, 10.

41 7. **Andere Vorschriften über Rechtsmittel.** Außerhalb des Dritten Buches enthält die Strafprozeßordnung weitere Vorschriften über Rechtsmittel, z. B. in den §§ 28, 81, 117, 118, 231 a, 390, 400, 401, 406 a, 437, 462, 464.

8. Formerfordernisse

42 a) **Anwendbare Vorschriften.** Neben den allgemein geltenden Vorschriften des 1. Abschnitts finden sich die Einzelheiten über die Einlegung der Beschwerde bei § 306, zur Einlegung der Berufung bei § 314, zu ihrer Begründung bei § 317, zur Einlegung der Revision bei § 341, zu ihrer Begründung bei den §§ 344, 345. Zum Erfordernis der deutschen Sprache vgl. § 184 GVG.

43 b) **Fristen.** Rechtsmittel können **von Erlaß der angefochtenen Entscheidung** an wirksam eingelegt werden, auch wenn die Rechtsmittelfrist erst später (z. B. mit Zustellung) zu laufen beginnt. Gegen Entscheidungen, die noch **nicht ergangen** sind, ist kein Rechtsmittel zulässig[45]. Vor Erlaß der Entscheidung fehlt es auch noch an der Beschwer[46]. Unerheblich ist, ob der Rechtsmittelführer bei der Einlegung davon Kenntnis hat, daß die Entscheidung bereits existent ist[47]; im Interesse der Rechtssicherheit ist auf objektive Kriterien abzustellen.

44 Ob ein **vorsorglich eingelegtes Rechtsmittel,** das bis zum Erlaß der vorausgesetzten Entscheidung unwirksam ist, mit deren Existenz Wirksamkeit erlangt, wie im Schrifttum angenommen wird[48], erscheint zweifelhaft. Daß ein sinnvoller Rechtsschutz allgemein für die Zulassung eines antizipierten Rechtsmittels spräche[49], wird man kaum annehmen können. Die Rechtsprechung neigt dazu, ein „vorsorglich" für den Fall der Erlassung einer bestimmten Entscheidung eingelegtes Rechtsmittel für unwirksam anzusehen[50].

45 Ist **unklar,** ob ein Rechtsmittel vor oder nach Erlaß der Entscheidung eingelegt ist, spricht die Vermutung zugunsten des Beschwerdeführers[51].

46 Die **Berufungs-** und die **Revisionsfrist** betragen je eine Woche nach Verkündung des Urteils (§§ 314, 341). Die Beschwerde ist an keine Frist gebunden, die sofortige Beschwerde ist binnen einer Woche von der Bekanntmachung der Entscheidung an einzulegen (§ 311). Bei mündlicher Verkündung des Urteils besteht die Verkündung im Sinne der Rechtsmittelvorschriften in der Verlesung der Urteilsformel. Daher kann Berufung

---

[45] RG JW **1902** 301; BGHSt **25** 189 = JR **1974** 296 mit abl. Anm. *Hanack*; BayObLGSt **1961** 138 = NJW **1961** 1637 mit abl. Anm. *Erdsiek*; *Kleinknecht/Meyer*[38] 4; KMR-*Paulus* 41; strittig, vgl. § 341, 3 mit weit. Nachw.

[46] Vgl. BVerwGE **25** 20.

[47] BGHSt **25** 187; OLG Koblenz MDR **1978** 511; *Ellersiek* Beschwerde 48; *Kleinknecht/Meyer*[38] 10; a. A BayObLGSt **1961** 138 = NJW **1961** 1637 mit Anm. *Erdsiek*; OLG Hamm VRS **37** 61; vgl. ferner § 304, 40.

[48] *Erdsiek* NJW **1961** 1637; *Grunsky* DÖV **1975** 382; auch *Hanack* JR **1974** 295 (keine Bedingung).

[49] BVerfGE **54** 97 betrifft den Fall einer nach der Entscheidung liegenden gesetzlichen Überlegungsfrist.

[50] Unwirksamkeit nehmen an BayObLGSt **1961** 138 = NJW **1961** 1037; OLG Bremen Rpfleger **1961** 287; OLG Köln VRS **47** 189; BVerwGE **25** 20. Ebenso *Kleinknecht/Meyer*[38] 4; KMR-*Paulus* 41; OLG Koblenz MDR **1985** 955 hat die Anfechtung eines vollinhaltlich niedergelegten und unterschriebenen, aber noch nicht erlassenen Beschlusses für wirksam erachtet (Entscheidung bereits existent).

[51] *Erdsiek* NJW **1961** 1631; *Hanack* JR **1974** 296; wegen Zweifel an der Wahrung der Rechtsmittelfrist allgemein vgl. § 314, 31.

nicht vorher, jedoch von diesem Zeitpunkt an eingelegt werden[52]. Die Frist beginnt in der Regel mit der Urteilsverkündung in Gegenwart des Angeklagten[53], aber auch wenn sie für einen nicht anwesenden Angeklagten erst mit der Urteilszustellung beginnt, darf er von der Verkündung an Rechtsmittel einlegen[54]. Kann die für den Fristbeginn erforderliche Zustellung nicht festgestellt werden, läuft die Frist auch dann nicht, wenn der Rechtsmittelführer die Entscheidung erhalten hat[55].

Die Rechtsmittelfristen **enden** mit Zeitablauf. Sie enden nicht durch die bloße Rücknahme eines eingelegten Rechtsmittels[56] oder durch dessen Verwerfung als unzulässig. Läuft die Rechtsmittelfrist noch, so steht selbst die rechtskräftige Verwerfung eines Rechtsmittels als unzulässig der erneuten Einlegung eines Rechtsmittels nicht entgegen[57]. Mit wirksamen Verzicht des Rechtsmittelberechtigten erledigt sich die für ihn laufende Frist durch Eintritt der Rechtskraft[58]. **47**

Unbefristete Rechtsmittel können **durch Zeitablauf unzulässig** werden, sofern der Berechtigte unter Umständen untätig geblieben ist, bei deren Vorliegen vernünftigerweise etwas zur Wahrung des Rechts unternommen zu werden pflegt. Das öffentliche Interesse an der Wahrung des Rechtsfriedens kann dann verlangen, die Anfechtung einer lange Zeit zurückliegenden Entscheidung als unzulässig anzusehen[59]. **48**

Eine bereits abgelaufene Frist wird durch eine nochmalige Zustellung der Entscheidung nicht **erneut in Lauf** gesetzt[60]. **49**

c) **Form.** Die Einlegung der Rechtsmittel ist in allen Fällen zur Niederschrift der Geschäftsstelle[61] oder schriftlich[62] zulässig (§§ 306, 314, 341). Nur für die Revisionsbegründung ist strengere Form vorgeschrieben. Darüber bei § 345. **50**

Unabhängig von der vorgeschriebenen Form muß die Rechtsmittelerklärung auch **inhaltlich** den **Mindestanforderungen** genügen, die an jede **ernsthafte Eingabe** an ein Gericht zu stellen sind. Eine Schrift, deren Inhalt sich in Beleidigungen und Beschimpfungen erschöpft, ist kein zulässiges Rechtsmittel, auch wenn sie als solches bezeichnet wird[63]. Gleiches gilt, wenn ein Rechtsmittel erkennbar nicht die Wahrung der Verfahrensrechte bezweckt, also kein sachliches Ziel im Rahmen des Verfahrens verfolgt[64], sondern nicht ernsthaft gemeint ist[65] oder ersichtlich nur als Vorwand für die Verunglimpfung anderer Personen mißbraucht wird[66]. Es muß aber immer *eindeutig* der Miß- **51**

---

[52] Wegen der Einzelheiten vgl. § 314, 27.
[53] BGHSt **6** 207; § 314, 27.
[54] RG JW **1900** 492; OLG Köln VRS **70** 370.
[55] OLG Düsseldorf JMBlNW **1982** 186.
[56] Vgl. § 302, 23.
[57] BayObLGSt **1961** 204; **1971** 228 = VRS **42** 290; KG JR **1982** 388.
[58] Vgl. § 302, 23.
[59] BVerfGE **32** 305 = NJW **1972** 675; BGHSt **24** 283; OLG Koblenz MDR **1985** *Ellersiek* Beschwerde 147; *Kleinknecht/Meyer*[38] 6; a. A *Dütz* NJW **1972** 1025.
[60] OLG Hamburg NJW **1965** 1614; OLG Saarbrücken NJW **1974** 283; vgl. § 37, 64 mit weit. Nachw.
[61] Vgl. § 306, 6 ff; § 314, 2 ff; § 341, 11 ff.
[62] Vgl. § 42, 13 ff; § 306, 11 ff; § 314, 8 ff; § 341, 14 ff.
[63] OLG Karlsruhe NJW **1973** 1658; **1974** 915; vgl. Einl. Kap. 10 8; 13.

[64] KG VRS **55** 209; OLG Frankfurt NJW **1979** 1613; *Kleinknecht/Meyer*[38] Einl. 111; *Eb. Schmidt* I 270; LG Berlin VRS **49** 279 sieht eine Berufung als unzulässig an, die ausschließlich zum Ziel hat, durch Zeitablauf die Entziehung der Fahrerlaubnis zum Wegfall zu bringen und den beschlagnahmten Führerschein wieder zu erhalten. *Meyer* MDR **1976** 629 verneint in diesem Fall die Behauptung einer Beschwer; vgl. aber jetzt § 473 Abs. 5 i.d.F. des StVAG 1987 und dazu § 473, 53 ff.
[65] KG VRS **55** 209 (wenn Antragsteller sich nur über das Gericht lustig macht); vgl. auch BGH NStZ **1984** 563 (Revisionsbegründung von 2938 Blättern).
[66] OLG Hamm NJW **1976** 978; KG NJW **1968** 151; OLG Koblenz MDR **1973** 157; vgl. § 341, 10.

brauch der einzige Zweck des Rechtsmittels sein[67]. Meist wird man bei beleidigenden Ausführungen nicht sicher ausschließen können, daß damit zugleich auch ein sachliches Anliegen im Rahmen des Verfahrens verfolgt wird. Nur wenn dies eindeutig ausgeschlossen werden kann, ist die Erklärung verfahrensrechtlich unbeachtlich[68].

52 Die **Staatsanwaltschaft** kann nur durch einen dazu befugten Beamten Rechtsmittel einlegen. Dies ist vor allem bei dem Rechtsmittel eines Amtsanwalts und des örtlichen Sitzungsvertreters von Bedeutung[69].

53 d) **Bedingung.** Erklärungen über die Einlegung oder Begründung von Rechtsmitteln dürfen nicht bedingt abgegeben werden[70]. Bedingte Erklärungen hierüber sind unwirksam. Der Bestand des Rechtsmittels muß sich zweifelsfrei aus der Rechtsmittelschrift ergeben. Unzulässig ist daher ein Rechtsmittel, das erklärtermaßen nur für den Fall eingelegt wird, daß auch ein anderer Beteiligter ein Rechtsmittel einlegt[71], oder daß die Haftbeschwerde abgelehnt werde[72].

54 Wird ein Rechtsmittel **vorsorglich** eingelegt, so ist durch Auslegung zu ermitteln, ob es damit an eine Bedingung geknüpft werden sollte (etwa daran, daß kein anderer Verfahrensbeteiligter Rechtsmittel einlegt) oder ob es unbedingt eingelegt werden und mit dem „vorsorglich" nur die Möglichkeit einer späteren Rücknahme angedeutet werden sollte[73]. Die Ankündigung des künftigen Verhaltens oder die Mitteilung des Beweggrunds ist keine Bedingung[74]. Die Beifügung einer bloßen Rechtsbedingung oder das Anknüpfen an eine bestimmte verfahrensrechtliche Lage ist zulässig, etwa Einlegung einer Berufung für den Fall, daß diese zulässig ist, sonst sei das Rechtsmittel als Revision zu behandeln[75]. Ein bloßer Bezeichnungsirrtum ist unschädlich, vgl. § 300.

55 e) **Für die Einlegung zuständiges Gericht.** Das Rechtsmittel ist grundsätzlich bei dem Gericht einzulegen, dessen Entscheidung angefochten wird (§§ 306, 314, 341). Wegen der Einzelheiten vgl. die Erläuterungen bei den einzelnen Rechtsmitteln.

56 9. **Die Art des zulässigen Rechtsmittels** hängt von der anzufechtenden Entscheidung ab, und zwar von ihrer Rechtsnatur, ihrem Gesamtinhalt und der Verfahrensform,

---

[67] Vgl. OLG Frankfurt NJW **1979** 1613; OLG Hamm NJW **1976** 978. Der Grundsatz, daß Eingaben an Gerichte und Behörden ein Mindestmaß an Sachlichkeit wahren müssen, um zulässig zu sein, gilt allgemein (so BVerfGE **2** 229 = NJW **1953** 817; BayVerfGH **20** 138; VGH Kassel NJW **1968** 70).

[68] So *Kleinknecht/Meyer*[38] Einl. 110; KMR-*Paulus* 67; vgl. auch *Günther* DRiZ **1977** 242.

[69] Vgl. die Erläuterungen zu §§ 143, 145 GVG; ferner etwa § 296, 7; § 314, 11; § 341, 10.

[70] BVerfGE **40** 274; RGSt **59** 51; **57** 83; **60** 335; **66** 267; RGRspr. **3** 490; BGHSt **5** 183; **25** 188 = JR **1974** 295 mit Anm. *Hanack*; OLG Hamm JMBlNW **1956** 190; NJW **1973** 257; KK-*Pikart*[1] § 341, 3; *Kleinknecht/Meyer*[38] Einl. 118; KMR-*Paulus* 64; *Friederichs* MDR **1976** 1875; *Mannheim* MDR **1968** 424; *W. Schmidt* GA **1982** 95; vgl. § 341, 4; ferner Einl. Kap. **10** 37 und Fußn. 71, 72.

[71] BayObLG DRiZ **1928** Nr. 82; OLG Düsseldorf MDR **1956** 376; OLG Hamm JMBlNW **1956** 190; OLG Köln NJW **1963** 1073.

[72] OLG Bremen Rpfleger **1962** 387.

[73] RGSt **57** 83; **60** 355; **66** 387; BGHSt **5** 183; KG HRR **1928** Nr. 398; OLG Hamm JMBlNW **1956** 190; OLG Düsseldorf MDR **1956** 376 mit abl. Anm. *Stephan*; OLG Bremen Rpfleger **1962** 387; vgl. *Kleinknecht/Meyer*[38] Einl. 119; KMR-*Paulus* 66.

[74] *Kleinknecht/Meyer*[38] Einl. 119; KMR-*Paulus* 66; *Eb. Schmidt* 12.

[75] BGHSt **25** 188; OLG Köln NJW **1963** 1074; OLG Schleswig bei *Ernesti/Jürgensen* SchlHA **1973** 188.

in der sie ergangen ist, nicht von ihrer Bezeichnung[76]. Ein nach Hauptverhandlung ergangenes Urteil kann in der Regel nur mit Berufung, Revision oder Rechtsbeschwerde (vgl. §§ 79, 80, 83 OWiG) angefochten werden, es sei denn, daß das Gesetz die Möglichkeit, auf Grund einer Hauptverhandlung zu entscheiden, gar nicht vorsieht[77] oder für bestimmte Nebenentscheidungen, wie etwa die Kostenentscheidung (vgl. § 464 Abs. 3) ein anderes Rechtsmittel vorschreibt.

Ein bloßer **Bezeichnungsirrtum** des Beschwerdeführers ist unschädlich, sofern er das **57** zulässige Rechtsmittel einlegen will (§ 300). Zur Gewährleistung des von Art. 19 Abs. 4 GG geforderten effektiven Rechtsschutzes durch die Gerichte ist einer Eingabe, mit welcher die Änderung einer gerichtlichen Entscheidung begehrt wird, im Zweifel die Bedeutung beizulegen, die dem Beschwerdeführer zum Erfolg verhilft[78], sofern die Formvorschriften dies erlauben.

Sind gegen eine Entscheidung **alternativ** zwei **verschiedene Rechtsmittel** gegeben, **58** so muß der Beschwerdeführer sich spätestens bei der Begründung entscheiden, von welchem der beiden er Gebrauch machen will. Wegen der Einzelheiten vgl. § 300, 5 ff.

Sind mehrere Rechtsmittel gegen eine Entscheidung **nebeneinander** gegeben, weil **59** einzelne Teile der Entscheidung verschiedenen Rechtsmitteln unterliegen, etwa Berufung oder Revision gegen die Hauptentscheidung und sofortige Beschwerde gegen Nebenentscheidungen, wie etwa sofortige Beschwerde gegen die Kostenentscheidung nach § 464 Abs. 3, so muß der Beschwerdeführer innerhalb der Frist für die sofortige Beschwerde eindeutig zum Ausdruck bringen, wenn er den Nebenpunkt unabhängig vom Erfolg seines Rechtsmittels in der Hauptsache anfechten will[79]. Gleiches gilt, wenn wahlweise zwei Rechtsmittel oder Rechtsbehelfe nebeneinander möglich sind[80].

10. Rechtszug. Die **Zuständigkeit** zur Entscheidung über das Rechtsmittel wird **60** durch Gerichtsverfassung und Gerichtsorganisation festgelegt. Sie richtet sich allein danach, welches Gericht die angefochtene Entscheidung erlassen hat, und nicht etwa danach, welches Gericht in Wirklichkeit hätte entscheiden müssen[81]. Dies gilt bei einer zu Unrecht angenommenen oder nachträglich entfallenen örtlichen Zuständigkeit des Erstrichters oder bei beanstandeter sachlicher Zuständigkeit ebenso wie bei einem sonstigen Wechsel der Zuständigkeit, wie er vor allem durch den Verfahrensfortgang bei den vor Anklageerhebung ergangenen Entscheidungen eintritt[82].

---

[76] RGSt **28** 147; **63** 247; **65** 398; BGHSt **8** 383 = JZ **1956** 501 mit Anm. *Henkel* = NJW **1956** 757 mit Anm. *Schwarz*; BGHSt **18** 385 = JZ **1963** 714 mit Anm. *Eb. Schmidt*; BGHSt **25** 242; **26** 192; BGH NJW **1956** 478; **1963** 1747; GA **1982** 219; 281; BayObLGSt **1951** 303; **1959** 84; **1977** 176 = NJW **1978** 903; KG JR **1956** 351; KG JW **1929** 1894 mit Anm. *Pestalozza*; OLG Braunschweig NJW **1968** 410; OLG Celle NJW **1960** 114; NdsRpfl. **1961** 233; OLG Düsseldorf MDR **1962** 327; OLG Hamm JMBlNW **1951** 185; **1952** 225; Rpfleger **1956** 240; VRS **37** 263; OLG Köln NJW **1966** 1935; OLG MünchenSt **3** 115; OLG Stuttgart JW **1939** 151; Justiz **1972** 363; ferner etwa *Hanack* JZ **1972** 313; heute weitgehend h. M; vgl. § 333, 5 ff.

[77] BayObLGSt **1959** 84 = Rpfleger **1960** 62.

[78] RGSt **67** 125; KG HRR **1930** Nr. 1571.

[79] Vgl. etwa BGHSt **25** 77; OLG Schleswig SchlHA **1980** 184. Wegen der zum Teil strittigen Einzelfragen und der umfangreichen Rechtsprechung vgl. § 464, 41 ff.

[80] Wegen der Einzelheiten vgl. die Erläuterungen bei den einzelnen Vorschriften, vor allem bei §§ 235, 329; 335; 342.

[81] BGHSt **22** 48; LG Verden NJW **1974** 759; vgl. §§ 73, 120 ff und 135 GVG mit Nachw.

[82] Vgl. etwa § 11 a, 90; § 114, 56; § 125, 6; 11 ff; § 125, 6 ff; 15 ff; Vor § 304, 11; § 304, 60 ff.

ERSTER ABSCHNITT

Allgemeine Vorschriften

§ 296

(1) Die zulässigen Rechtsmittel gegen gerichtliche Entscheidungen stehen sowohl der Staatsanwaltschaft als dem Beschuldigten zu.
(2) Die Staatsanwaltschaft kann von ihnen auch zugunsten des Beschuldigten Gebrauch machen.

Bezeichnung bis 1924: § 338.

Übersicht

	Rdn.
1. Rechtsmittelbefugnis; Allgemein	1
2. Beschuldigte	5
3. Staatsanwaltschaft	7
4. Selbständigkeit der Rechtsmittel	8
5. Zulässige Rechtsmittel	10
6. Keine Abhängigkeit von Anträgen	11
7. Beschwer	
a) Rechtliches Interesse	12
b) Voraussetzung der Zulässigkeit	14
c) Entscheidungssatz maßgebend	15
d) Ausnahme bei Grundrechtseingriffen	20
8. Beispiele für eine Beschwer	
a) Belastende Entscheidungen	21
b) Anordnung der Unterbringung	22
c) Verfahrensentscheidungen	23
d) Einstellung des Verfahrens	24
e) Beschwer bei Freispruch	27
9. Rechtsmittel der Staatsanwaltschaft zugunsten des Beschuldigten (Absatz 2)	
a) Allgemein	30
b) Zugunsten des Beschuldigten	31
c) Rechtsmittelfristen	34
10. Rechtsmittel zugunsten anderer Betroffener	35
11. Keine entsprechende Anwendung des Absatzes 2	36

1 **1. Rechtsmittelbefugnis. Allgemein.** Absatz 1 betrifft nur das ordentliche Verfahren des Zweiten Buches der Strafprozeßordnung. Er grenzt den Kreis der Rechtsmittelberechtigten nicht ab. Rechtsmittelbefugt sind grundsätzlich **alle Verfahrensbeteiligten**, neben dem Beschuldigten für diesen und in dessen Vollmacht der Verteidiger (§ 297), aus eigenem Recht der gesetzliche Vertreter des Beschuldigten (§ 298), der Privatkläger (§ 390), der Nebenkläger (§§ 400, 401), Verfalls- und Einziehungsbeteiligte (§§ 433 ff) und sonstige Nebenbeteiligte (§ 442), die juristische Person oder Personenvereinigung im Verfahren nach § 444, im Falle des § 67 Abs. 3 JGG der Erziehungsberechtigte. **Beschwerdeberechtigt** (einfache oder sofortige Beschwerde) ist ferner, wer durch eine gerichtliche Maßnahme unmittelbar in Freiheit, Vermögen oder einem sonstigen Recht beeinträchtigt wird[1].

---

[1] Wegen der Einzelheiten vgl. Vor § 304, 10, 41; § 305, 24.

Wer nur dem **äußeren Anschein** nach von einer Entscheidung betroffen ist, wie **2** etwa bei einer Verurteilung unter einem falschen Namen die als Beschuldigte bezeichnete Person, kann die formal auch ihn belastende Entscheidung in gleicher Weise anfechten wie derjenige, gegen den sich die Entscheidung in Wirklichkeit richtet[2].

Die Rechtsmittelbefugnis muß **vom Gesetz ausdrücklich** eingeräumt werden. Ein **3** allgemeiner Rechtssatz des Inhalts, daß jeder, dessen Rechte durch eine strafrichterliche Entscheidung unmittelbar berührt werden, rechtsmittelbefugt sei, besteht nicht und würde zu untragbaren Weiterungen führen[3]. Die **Erben** eines vor rechtskräftiger Erledigung verstorbenen Angeklagten sind — sofern nicht Ausnahmevorschriften eingreifen — nicht zur Einlegung von Rechtsmitteln berechtigt, auch wenn sie ein eigenes Interesse an der Anfechtung (günstigere Auslagenentscheidung) haben[4].

Der **Bezirksrevisor** ist nicht befugt, für die Staatskasse die Kostenentscheidung **4** eines Urteils anzufechten[5].

2. Der **Beschuldigte** darf von dem ihm zustehenden Rechtsmittel Gebrauch machen, wenn er bei Abgabe der Erklärung verhandlungsfähig ist, und auch, wenn er im **5** bisherigen Verfahren jedenfalls als verhandlungsfähig behandelt worden ist. Auf Geschäftsfähigkeit kommt es nicht an[6]. Verhandlungsfähig ist, wer seine Belange in der Hauptverhandlung noch vollständig wahrnehmen und Verfahrenserklärungen entgegennehmen oder abgeben kann[7].

Durchgeführt kann das Rechtsmittel jedoch nur werden, wenn der Beschuldigte **6** auch weiterhin in einem seine Beteiligung am jeweiligen Verfahren ermöglichendem Maße verhandlungsfähig bleibt; andernfalls ist damit innezuhalten.

3. Die **Staatsanwaltschaft** hat dieselbe Rechtsmittelbefugnis wie der Beschuldigte, **7** jedoch darf sie die Verletzung von Rechtsnormen, die lediglich zugunsten des Beschuldigten bestehen, nicht deshalb rügen, um das angefochtene Urteil zu seinem Nachteil zu beseitigen (§ 339). Die Staatsanwaltschaft ist nicht Verfahrenspartei, sondern als Staatsorgan zur unparteiischen Mitwirkung an der Rechtspflege berufen[8]. Ihr auch mit Rechtsmitteln durchzusetzendes Anliegen besteht darin, daß eine dem Recht entsprechende, dem Beschuldigten günstigere oder ungünstigere Entscheidung ergeht, oder allgemein in der Beachtung der Gesetze[9] sowie auch in der Wahrung der Rechtseinheit[10]. Maßgebend ist auch hierbei, wie bei Prüfung der Beschwer, die Urteilsformel. Gegen die bloße Begründung steht auch der Staatsanwaltschaft kein Rechtsmittel zu[11]. Soweit

---

[2] OLG Köln MDR **1983** 865; OLG Schleswig bei *Ernesti/Lorenzen* SchlHA **1980** 173 mit weit. Nachw. Vgl. § 230, 11.
[3] RGSt **66** 405; **69** 33; BGH LM § 40 StGB a. F Nr. 4; vgl. auch BGHSt. **7** 333; LM Nr. 4 zu § 40 StGB a. F; durch die Neuregelung der Rechtsstellung des Einziehungsbeteiligten und der sonstigen Nebenbeteiligten in den § 432 ff haben diese Entscheidungen ihren unmittelbaren Bezugspunkt verloren. OLG Saarbrücken NJW **1973** 1010 scheint die analoge Anwendung der Rechtsmittelbestimmungen in bestimmten Fällen für zulässig zu halten.
[4] KG JR **1968** 432; **1973** 50; OLG Stuttgart AnwBl. **1972** 230; a. A LR-*Hilger* § 464, 40.
[5] OLG Köln NJW **1970** 874; vgl. § 304, 50.
[6] KK-*Ruß*[1] 3; *Kleinknecht/Meyer*[38] 5; Einl. 97; KMR-*Paulus* 2. Vgl. Einl. Kap. **12** 101 ff.
[7] RGRspr. **5** 754; RGSt **64** 14; **70** 176; BGH bei *Dallinger* MDR **1958** 141; OLG Hamburg JR **1962** 269; OLG Hamm NJW **1973** 1894; Einl. Kap. **12** 102.
[8] Vgl. *Biermann* GA **1955** 353; KMR-*Paulus* Vor § 296, 59; ferner Vor § 141 GVG.
[9] BGH NJW **1956** 1028; OLG Bremen NJW **1955** 1243 (sofortige Beschwerde des Staatsanwalts in einem besonderen Fall); *Kleinknecht* NJW **1961** 86; *Peters*[4] § 71 II 7.
[10] RGSt **48** 26; **60** 190.
[11] RGSt **63** 185, vgl. Rdn. 15.

sie es ausschließlich **zugunsten des Beschuldigten** einlegt (§ 296 Abs. 2), ihr Rechtsmittel also nicht bloß nach § 301 auch zu seinen Gunsten wirken kann, ist eine **Beschwer des Beschuldigten** Voraussetzung[12]. Seines Einverständnisses bedarf es dagegen nicht, da die Staatsanwaltschaft auch insoweit kraft eigenen Rechts handelt. Anfechtungsbefugt ist die Staatsanwaltschaft bei dem Gericht, das die anzufechtende Entscheidung erlassen hat[13]; gegen Entscheidungen des Amtsgerichts im Vorverfahren kann jedoch auch eine die Ermittlungen führende bezirksfremde Staatsanwaltschaft Beschwerde einlegen[14]. Wegen der Einzelheiten, auch wegen der Regelungen über die Anfechtungsbefugnis der **Amtsanwälte** und der **örtlichen Sitzungsvertreter** wird auf die §§ 141 ff GVG verwiesen.

8 4. **Selbständigkeit der Rechtsmittel.** Die Rechtsmittel der Staatsanwaltschaft und des Beschuldigten sind voneinander unabhängig. Beginn und Ablauf der Rechtsmittelfristen können für beide verschieden sein. Die Anfechtbarkeit der Entscheidung kann für den einen noch bestehen, für den anderen bereits erloschen sein. Ein Rechtsmittelverzicht des Beschuldigten oder der Ablauf der Rechtsmittelfrist für ihn hindert die Staatsanwaltschaft nicht, wirksam zu seinen Gunsten oder Ungunsten ein Rechtsmittel einzulegen.

9 **Anschlußrechtsmittel** kennt die Strafprozeßordnung nicht. Ist das Rechtsmittel jedoch frist- und formgerecht eingelegt, so ist die unrichtige Bezeichnung unschädlich[15].

10 5. **Zulässige Rechtsmittel.** Soweit gegen Beschlüsse ein Rechtsmittel offensteht (§§ 304, 305) und nicht Besonderes angeordnet ist, ist dies die einfache Beschwerde, nur in den Fällen ausdrücklicher Vorschrift die sofortige Beschwerde (§ 311). Die weitere Beschwerde ist nur zugelassen gegen näher bezeichnete Beschwerdebeschlüsse über Haft- oder Unterbringungsbefehle (§ 310). Gegen die Urteile des Strafrichters oder des Schöffengerichts ist Berufung zulässig (§ 312). Wo Berufung zulässig ist, kann statt dessen Sprungrevision eingelegt werden (§ 335). Urteile der Strafkammern sowohl im ersten Rechtszug als auch als Berufungsurteile unterliegen nur der Revision (§ 333). Gegen die erstinstanzlichen Urteile der Oberlandesgerichte gemäß § 120 GVG ist Revision zum Bundesgerichtshof gegeben (§ 135 GVG). Die Art des zulässigen Rechtsmittels hängt vom **sachlichen Inhalt** der angefochtenen Entscheidung ab, nicht von der vom Rechtsmittelführer gewählten **Bezeichnung**[16].

11 6. **Keine Abhängigkeit vor den Anträgen.** Das Strafverfahren unterliegt dem Grundsatz der Wahrheitserforschung. Ein Rechtsmittel steht daher auch demjenigen zu, mit dessen Anträgen die ergangene Entscheidung übereinstimmt[17]. Dies gilt für alle Verfahrensbeteiligten[18]. Der Staatsanwalt darf also, wenn auch nach sorgfältiger Prüfung, ein Rechtsmittel einlegen, obwohl er Freispruch beantragt und das Gericht dem Antrage stattgegeben hat[19].

---

[12] RGSt **42** 400; OLG Koblenz NJW **1982** 1770; KK-*Ruß*[1] 5; *Kleinknecht/Meyer*[38] 14; KMR-*Paulus* 7; *Eb. Schmidt* 6; Vor § 296, 27.
[13] BayObLGSt **1** 230; KK-*Ruß* 4; KMR-*Paulus* 5; Zu den ortsübergreifenden Zuständigkeiten kraft Zuweisung vgl. die Erläuterungen zu den §§ 143, 145 GVG.
[14] *Loh* MDR **1970** 812; KMR-*Paulus* 5.
[15] RGSt **1** 194; wegen der Einzelheiten vgl. bei § 300.
[16] BGHSt **18** 385; **25** 242; Vgl. Vor § 296, 56; § 304, 3 mit weit. Nachw.
[17] RGSt **60** 190; KK-*Ruß*[1] Vor § 296, 6; KMR-*Paulus* Vor § 296, 44.
[18] RGSt **48** 26.
[19] RG JW **1927** 912; KG JR **1969** 349.

7. Beschwer

a) Rechtliches Interesse. Wer ein Rechtsmittel einlegen will, muß durch die ange- **12** fochtene Entscheidung beschwert, nämlich unmittelbar benachteiligt sein. Erforderlich ist die Beeinträchtigung in rechtlich geschützten Interessen. Auf rein subjektive Einschätzungen kommt es nicht an. Der Rechtsmittelführer muß die Änderung der angefochtenen Entscheidung zur Behebung eines eigenen unmittelbar durch sie herbeigeführten Nachteils erstreben[20]. Das Rechtsmittel muß Selbstzweck sein: Es darf nicht lediglich bezwecken, mittelbar über eine neue Entscheidung den Weg für ein anderes Rechtsmittel zu eröffnen[21]. Ist der Rechtsmittelführer im Rechtssinne nicht beschwert (darüber Rdn. 14), so steht ihm kein Rechtsmittel zu. Der Beschuldigte und andere Beteiligte sind nur bei eigener Beschwer bzw. soweit sie für einen anderen Rechtsmittel einlegen (§§ 297; 298; § 67 JGG), bei dessen Beschwer[22] rechtsmittelbefugt.

Für **Rechtsmittel der Staatsanwaltschaft**, die nicht ausschließlich zugunsten des **13** Beschuldigten eingelegt werden, gelten für die Beschwer teilweise andere Grundsätze als für den Beschuldigten. Die Staatsanwaltschaft ist nicht Partei, sondern öffentliches Rechtspflegeorgan[23]. Sie hat darauf zu achten, daß die Entscheidung den Gesetzen entspricht; daß sie die Rechtseinheit nicht beeinträchtigt, daß sie den Angeklagten nicht ungerecht benachteilt, aber auch den öffentlichen Strafbelangen nicht zuwiderläuft[24]. Daher ist sie an ihre Anträge in der früheren Hauptverhandlung nicht gebunden[25] und darf das Urteil auch angreifen, wenn sie, wie etwa bei der Wiedereinsetzung, keine Antragsbefugnis hatte[26] oder wenn nur der Nebenkläger beschwert ist[27]. Nur wenn sie ausschließlich **zugunsten des Beschuldigten** ein Rechtsmittel einlegt (§ 296 Abs. 2), ist Voraussetzung, daß dieser beschwert ist, obwohl die Staatsanwaltschaft auch dieses Rechtsmittel aus eigenem Recht einlegt[28].

b) Die Beschwer ist **Voraussetzung der Zulässigkeit** des Rechtsmittels, nicht nur **14** seiner Begründetheit[29]. Sie muß auch noch im Zeitpunkt der Entscheidung des Rechtsmittelgerichts fortbestehen. Die Gegenmeinung sieht in der Beschwer keine Zulässigkeitsvoraussetzung[30], weil es für die Zulässigkeit nur auf die Behauptung einer Beschwer ankomme, die §§ 319 Abs. 1, 322, 346 Abs. 1, 349 Abs. 1 die Verwerfung als unzulässig mangels Beschwer nicht vorsähen und weil die Frage, ob eine Beschwer vorliege, mit den „typischen Zulässigkeitsbedingungen" für Rechtsmittel nichts zu tun habe. Dem ist jedoch entgegenzuhalten, daß die herrschende Meinung das Rechtsmittel des freigesprochenen Beschuldigten auch dann nicht als unbegründet, sondern als unzuläs-

---

[20] RGSt **42** 401; BGHSt **7** 153; **28** 330; BayObLGSt **1977** 143 = JR **1978** 474; OLG Düsseldorf NJW **1960** 1404; OLG Hamburg JR **1962** 268; OLG München NJW **1981** 2208; OLG Saarbrücken NJW **1973** 1011. KK- *Ruß*¹ 5; *Kleinknecht/Meyer*³⁸ Vor § 296, 9; KMR-*Paulus* Vor § 296, 44; h. M, vgl. § 304, 52 ff; § 333, 19 ff.

[21] BayObLG DRiZ **1926** Nr. 245.

[22] Vgl. § 297, 2; § 298, 2.

[23] Vgl. BGH NJW **1956** 1028: „Wächterin des Gesetzes".

[24] RGSt **48** 26; **60** 190; KG GA **74** (1930) 384; OLG Bremen NJW **1955** 1243; OLG Saarbrücken NJW **1973** 1011.

[25] Vgl. Rdn. 11.

[26] *Kleinknecht* NJW **1961** 87; vgl. Rdn. 34 Fußn. 84.

[27] RGSt **60** 190; **71** 75.

[28] RGSt **42** 400; vgl. Rdn. 7.

[29] BGHSt **16** 376; **28** 330; BGH NJW **1961** 1220; BayObLGSt **1977** 143; OLG Düsseldorf JMBlNW **1982** 70; OLG Saarbrücken NJW **1973** 1011; OLG Schleswig SchlHA **1956** 184; *Dahs/Dahs*⁴ 29; *Ellersiek* (Beschwerde) 62; *Gössel* § 35 B II d 2; *Hanack* JZ **1973** 659; *Jagusch* LM Nr. 2; KK-*Ruß*¹ 5; *Kleinknecht/Meyer*³⁸ 8; *Koeniger* 614; *Peters*⁴ § 71 II 7; *Roxin*²⁰ § 52 B II 2 a; *Schlüchter* 623.1; vgl. auch § 333, 20.

[30] KMR-*Paulus* Vor § 296, 45; *D. Meyer* MDR **1976** 629; *Eb. Schmidt* Vor § 296, 14; Nachtr. I 7; JZ **1958** 375.

sig behandelt, wenn es etwa einen Verfahrensfehler zutreffend rügt. Beschwert die Urteilsformel den Beschuldigten nicht, so findet keine Prüfung der Sachrüge oder Verfahrensrügen statt.

15   c) **Entscheidungssatz ist maßgebend.** Bei Prüfung der Beschwer kommt es nach der vorherrschenden Meinung grundsätzlich darauf an, ob die **Urteilsformel** den Beschwerdeführer belastet, nicht auf Einzelheiten der Urteilsbegründung[31]. Die beschwerdebegründende Interessenverletzung muß sich aus dem Schuld- und Rechtsfolgenausspruch umfassenden Entscheidungssatz ergeben. Wer selbst erklärt, durch diesen nicht verletzt zu sein und nur die Begründung beanstandet, ist nicht beschwert[32]. Die in verschiedenen Varianten vertretene Gegenmeinung[33] geht davon aus, daß das Schwergewicht der Belastung des Beschuldigten in der Unrechts- und Schuldbewertung, also in den Entscheidungsgründen, liegt, sofern sie die Verwirklichung des tatbestandsmäßigen Unrechts nicht dahin gestellt lassen; enthielten sie eine den Angeklagten belastende Unwertfeststellung, so sei er beschwert; allein dies entspreche der Unschuldvermutung in Art. 6 Abs. 2 MRK.

16   Im **Unterlassen** eines rechtlich gebotenen oder möglichen **Ausspruchs im Entscheidungssatz** kann ebenfalls eine Beschwer liegen, vorausgesetzt, daß dieser Ausspruch für den Betroffenen bei objektiver Betrachtung eine günstigere Rechtslage schaffen würde[34]. Daß eine günstigere Lage erst auf Grund einer späteren Entscheidung eintreten könnte, genügt dagegen nach Ansicht von BGHSt 28 332[35] nicht, da die Beschwer im Zeitpunkt der Entscheidung zweifelsfrei vorliegen muß.

17   Darin allein, daß eine Urteilsformel **überflüssiges Beiwerk** enthält, liegt keine Beschwer. Ob dieses im Wege der Berichtigung beseitigt werden kann[36], erscheint zweifelhaft; eine entsprechende Anwendung der Berichtigungsgrundsätze wäre allerdings zweckmäßig.

18   **Über die Urteilsformel hinaus** ist der Beschuldigte beschwert, wenn er nach den Urteilsgründen wegen einer Tat verurteilt wird, die in der Urteilsformel nicht erwähnt wird, die aber in die Urteilsformel aufzunehmen gewesen wäre, sofern Berichtigung der Formel zulässig ist; ferner, wenn er zu Rechtsfolgen verurteilt wird, die sich nicht aus der Urteilsformel ergeben, weil sie zu Unrecht in die Formel nicht aufgenommen wurden, die aber im Wege der Berichtigung[37] noch gegen ihn Wirkung erlangen können.

---

[31] RGSt 4 355; 13 324; 63 185; 67 317; 69 13; RG Recht 1912 Nr. 2788; BGHSt 7 153; 13 77; 16 374; 27 290; BGH NJW 1955 639; 1986 1820; bei *Dallinger* MDR 1966 200; KG HRR 1933 264; VRS 16 49; JR 1961 510; OLG Braunschweig MDR 1950 629; OLG Celle NdsRpfl. 1951 149; 1961 91; OLG Düsseldorf NJW 1960 1404; JMBlNW 1982 70; OLG Hamm NJW 1953 1484; OLG Karlsruhe NJW 1974 1975; OLG Nürnberg OLGSt 1; OLG Schleswig NJW 1957 1487; *Dahs/ Dahs*[4] 30; *Gössel* § 35, B II d 2; *Hanack* JZ 1973 659; KK-*Ruß*[1] Vor § 296, 5; *Kleinknecht/Meyer*[38] Vor § 296, 11; *Roxin*[20] § 51 BI 3; *Schlüchter* 623, 1; vgl. § 333, 22.

[32] OLG Düsseldorf MDR 1979 956; JMBlNW 1982 70; OLG Stuttgart OLGSt 3; zum Sonderfall der Beschwer bei Subsidiarität vgl. OLG Schleswig SchlHA 1978 188.

[33] Vor allem KMR-*Paulus* Vor § 296, 55; *Eb. Schmidt* Nachtr. I Vor § 296, 8 unter Hinweis auf das Wesen des Strafurteils, das nicht nur als Entscheidung über den staatl. Strafanspruch, sondern als „Wahrspruch" über Tat und Täter aufgefaßt werden müsse; anders früher Vor § 296, 15; *Schorn* Menschenwürde 129 ff.; *Schwenk* NJW 1960 1932; 1964 1455.

[34] Vgl. etwa BGHSt 28 332; BGH NJW 1979 956; KK-*Ruß*[1] Vor § 296, 5; *Kleinknecht/ Meyer*[38] Vor § 296, 10; § 333, 24; ferner etwa BGHSt 27 290 (Aussicht auf günstigeren Urteilsspruch).

[35] BGHSt 28 332 (Unterbringung in Entziehungsanstalt); vgl. *Kleinknecht/Meyer*[38] 10; vgl. aber auch § 333, 24.

[36] Vgl. § 268, 49 ff.

[37] Vgl. § 268, 49 ff.

Grundrechte werden dadurch, daß grundsätzlich für die Beschwer allein der Entscheidungssatz maßgebend ist, nicht verletzt[38]. Aufgabe der Strafgerichte ist und muß sein die Verbrechensbekämpfung im Rahmen der Strafgesetze, also die Prüfung des staatlichen Strafanspruchs und die Entscheidung darüber, nicht die Entlastung des Beschuldigten von jedem Verdacht auch dann noch, wenn kein Strafanspruch besteht. Dies würde ihre auf die Strafrechtspflege beschränkte Aufgabe überschreiten. Auch die Unschuldsvermutung des Art. 6 Abs. 2 MRK zwingt nicht dazu, ein Strafverfahren nur im Rehabilitationsinteresse des Angeklagten weiterzuführen, obwohl feststeht, daß eine Bestrafung nicht in Frage kommt[39]. Zwar können auch die Urteilsgründe Feststellungen enthalten, die den Beschuldigten in seinem Rufe schädigen oder die dazu beitragen, daß ihm rechtliche Nachteile außerhalb des Strafrechts erwachsen. Dies gilt schon von einem Freispruch, der die Begehung der Tathandlung offen läßt und vor allem von einem solchen wegen Schuldunfähigkeit, wenn der Beschuldigte die Tatbegehung oder Schuldunfähigkeit bestreitet[40].

d) Ausnahme bei Grundrechtseingriffen. Der Grundsatz, daß für die Beschwer nur der Entscheidungssatz, nicht aber die Gründe maßgebend sind, muß allerdings dann eine **Ausnahme** erleiden, wenn die Art der Begründung tatsächlich Grundrechte verletzen sollte[41]. Die in einer unmittelbaren Grundrechtsverletzung (in Frage käme insbesondere die Menschenwürde — Art. 1 Abs. 1) liegende Beschwer muß — auch wenn sie nicht zugleich zu einer Beschwer durch die Urteilsformel führt — von dem betroffenen Verfahrensbeteiligten schon mit den ordentlichen Rechtsmitteln beseitigt werden können und nicht lediglich nach Erschöpfung des Rechtsweges mit der Verfassungsbeschwerde[42]. Eine solche vom Urteilstenor unabhängige selbständige Grundrechtsverletzung liegt aber nur in seltenen Ausnahmefällen vor, wenn die Ausführungen in den Gründen für sich genommen den Betroffenen so belasten, daß eine erhebliche, ihm nicht zumutbare Beeinträchtigung eines grundrechtlich geschützten Bereichs anzunehmen ist, die durch den Freispruch nicht aufgewogen wird. Dies ist nicht schon dann der Fall, wenn das Urteil belastende oder „unbequeme" Ausführungen, abträgliche Feststellungen oder kritische Bewertungen der Eigenschaften oder der beruflichen Betätigung des Betroffenen enthält, wenn diese dem Gegenstand des Verfahrens angemessen sind und keine förmlichen Beleidigungen enthalten[43].

---

[38] BVerfGE 6 7; 28 151.
[39] *Kühl* Unschuldsvermutung, Freispruch und Einstellung (1982) 40; vgl. aber andererseits KMR-*Paulus* 55; *Vogler* IntKomm EMRK Art. 6, 437.
[40] Vgl. Rdn. 22.
[41] Eine unmittelbare Beeinträchtigung rechtlich geschützter Interessen durch das Urteil könnte in einem solchen Fall nicht schlechthin verneint werden. Vgl. BVerfGE 6 7; 28 159; dazu *Jakobs* JZ **1971** 279; *Schlüchter* 623.1.
[42] a. A OLG Düsseldorf NJW **1960** 1404; dazu *Lausche* NJW **1960** 1404; *Maunz/Dürig* Art. 1 Abs. 1, 42; zweifelnd auch § 333, 23. Die verfassungsrechtliche Beschwer durch die Ausübung richterlicher Gewalt im Strafverfahren ist auch eine strafprozessuale Beschwer.
[43] BVerfGE **28** 151; dazu *Jakobs* **1971** 279. So verletzen abträgliche Äußerungen über die Person des Angeklagten in aller Regel nicht das Grundrecht auf Achtung der Menschenwürde, sie sind insbesondere nicht ohne weiteres einer den Kern des menschlichen Achtungsanspruchs negierenden, systematischen Entwürdigung (dazu *Maunz/Dürig/Herzog* Art. 1 Abs. 1 GG, Rdn. 17, 42; ferner BVerfGE **22** 265) gleichzuachten (vgl. *Eb. Schmidt* Nachtr. I § 296, 8). Bei den in Fußnote 41 angeführten Entscheidungen dürften diese Voraussetzungen nicht vorgelegen haben.

§ 296　Drittes Buch. Rechtsmittel

8. Beispiele für eine Beschwer

21　a) **Belastende Entscheidungen** beschweren den von einer angeordneten Rechtsfolge betroffenen Angeklagten oder Nebenbeteiligten immer. Dies gilt auch wenn er gemäß den §§ 199, 233 StGB für straffrei erklärt wird[44] oder wenn bei Schuldspruch von Strafe abgesehen wird[45]. Eine Beschwer liegt auch in der Verurteilung wegen eines Einzelaktes einer fortgesetzten Tat, weil der Angeklagte damit rechnen muß, daß die weiteren Teilakte später in einem getrennten Verfahren abgeurteilt werden[46]; ferner bei Annahme von Fortsetzungszusammenhang statt mehrerer selbständiger Taten, wenn die Verhängung einer aus Einzelstrafen gebildeten milderen Gesamtstrafe möglich erscheint oder im Falle erneuter Straffälligkeit mit Sicherheitsverwahrung zu rechnen ist[47]. Die Annahme von Tateinheit statt Tatmehrheit kann eine Beschwer enthalten, wenn andernfalls eine Geldstrafe für eine der Taten in Betracht kommen könnte[48]. Beschwert ist der Angeklagte auch durch die Anordnung von Einziehung, Verfall oder Unbrauchbarmachung zu seinen Lasten, ob er durch die Anordnung dieser Nebenfolgen zu Lasten eines anderen auch selbst einen unmittelbaren Nachteil erleidet, hängt von den Umständen des Einzelfalls ab[49]. Eine Beschwer liegt in der Anordnung von Erziehungsmaßregeln nach dem Jugendgerichtsgesetz unter Absehen von Strafe, oder in der Anordnung einer Maßregel der Besserung oder Sicherung, selbst wenn diese im wohlverstandenen Interesse des Angeklagten liegt. Die Bewilligung von Strafaussetzung zur Bewährung beschwert den Angeklagten in der Regel nicht, auch wenn er die Strafe lieber verbüßen möchte[50]; etwas anderes gilt dann, wenn das Gericht rechtsfehlerhaft eine durch die Untersuchungshaft für verbüßt erklärte Freiheitsstrafe zur Bewährung aussetzt[51]. Eine Beschwer fehlt auch dann, wenn das Gericht die Untersuchungshaft auf eine nicht zur Bewährung ausgesetzte Freiheitsstrafe angerechnet hat und nicht auf eine gleichzeitig mitverhängte Geldstrafe[52] oder wenn der Angeklagte einige Monate vor Ablauf der Höchstfrist mit belastenden Weisungen aus der Unterbringung entlassen wird[53] oder wenn der Richter die Vollstreckung einer Freiheitsstrafe in Unterbrechung der Untersuchungshaft genehmigt[54]. Eine Beschwer liegt auch in einer ungünstigen Kostenentscheidung oder der Ablehnung der Erstattung der notwendigen Auslagen[55].

22　b) Bei **Freispruch mangels Schuldfähigkeit** (§ 20 StGB) und **Anordnung der Unterbringung** in einem psychiatrischen Krankenhaus (§ 63 StGB) besteht die Beschwer nur in der Unterbringung, nicht im Freispruch[56], denn eine Strafe darf auch dann nicht verhängt werden (§§ 331, 358 Abs. 2), wenn sich nachträglich Schuldfähigkeit herausstellt, die als Voraussetzung der Unterbringung trotz Unanfechtbarkeit des Freispruchs ge-

---

[44] RGSt **4** 355; **42** 401; OLG Celle GA **49** (1903) 311; KK-*Ruß*[1] Vor § 296, 5; *Kleinknecht/Meyer*[38] Vor § 296, 12; KMR-*Paulus* Vor § 296, 48; *Eb. Schmidt* 18; vgl. § 260, 78; § 333, 24.
[45] *Eb. Schmidt* 18; § 333, 24.
[46] BayObLGSt **1982** 92 = NJW **1983** 949.
[47] BGH DRiZ **1972** 246; GA **1974** 307; bei *Holtz* MDR **1984** 89; OLG Karlsruhe MDR **1975** 595; KMR-*Paulus* Vor § 296, 48.
[48] BGH nach KK-*Ruß*[1] Vor § 296, 5.
[49] Vgl. BayObLGSt **1955** 107 = MDR **1955** 693; OLG Celle NJW **1960** 1873; *Kleinknecht/Meyer*[38] 12; ferner die ähnlichen Fragen bei § 331, 108.
[50] Vgl. Rdn. 12; unten Fußn. 51.
[51] BGH NJW **1961** 1220; OLG Düsseldorf NStZ **1985** 27.
[52] OLG Hamm MDR **1975** 334.
[53] OLG Düsseldorf NStZ **1985** 27.
[54] OLG Oldenburg MDR **1979** 78; anders OLG Schleswig bei *Ernesti/Lorenzen* SchlHA **1984** 107; vgl. § 114, 42 ff.
[55] Vgl. etwa BGHSt **4** 275; **7** 155; BayObLGSt **1949/51** 432; KG VRS **16** 49; OLG Celle NdsRpfl. **1961** 91; vgl. bei § 464 (mit weit. Nachw.).
[56] BGHSt **28** 330; NJW **1954** 519; BayObLGSt **1978** 1 = VRS **55** 135; KG NJW **1953** 195; vgl. ferner etwa RGSt **69** 12 (RGSt **71** 256 betraf andere Rechtslage).

prüft werden muß. Umgekehrt ist ein Angeklagter nicht dadurch beschwert, daß neben einer Strafe nicht auf Anordnung der Unterbringung in einem psychiatrischen Krankenhaus oder einer Entziehungsanstalt erkannt wurde[57].

c) Verfahrensentscheidungen beschweren denjenigen, für den sie eine ungünstigere, die Wahrnehmung legitimer Verfahrensinteressen beeinträchtigende Verfahrenslage schaffen[58]. Die Beschwer kann auch darin liegen, daß das Gericht irrig über ein **Rechtsmittel** entschieden hat, das der Beschwerdeführer **in Wirklichkeit gar nicht eingelegt** hatte, denn die Bestätigung einer für den Beschwerdeführer ungünstigen Entscheidung durch das übergeordnete Gericht belastet ihn mit Kosten und kann sich auf das weitere Verfahren ungünstig auswirken[59]. Beschwert ist ein Angeklagter auch, wenn das Gericht statt einer Sachentscheidung das Verfahren durch Urteil nach § 328 Abs. 2 an eine höhere Instanz verweist[60], ferner auch derjenige, gegen den eine Entscheidung nur dem äußeren Anschein nach (falscher Name) ergangen ist (vgl. Rdn. 2). 23

d) Einstellung des Verfahrens. Wird das Verfahren **endgültig** eingestellt, weil eine Verfahrensvoraussetzung fehlt oder ein endgültiges Verfahrenshindernis besteht (Verjährung, anderweite Aburteilung, Straffreiheit, fehlender Strafantrag), so ist der Beschuldigte nach der vorherrschenden Meinung dadurch nicht beschwert, weil die Einstellung den Strafanspruch beseitigt[61]. Für den Sonderfall, daß das Gericht das Verfahren einstellt, obwohl es nach der Verfahrenslage ohne weiteres auf Freispruch hätte erkennen können und müssen, wird im Unterlassen des gebotenen Freispruchs eine Beschwer gesehen[62]. 24

Wirkt die Einstellung nur **vorläufig**, weil das Hindernis behoben werden kann (Abwesenheit oder Krankheit des Beschuldigten, fehlender Strafantrag bei Fortdauer der Antragsberechtigung, fehlende Ermächtigung der dazu berechtigten Stelle, anderweite Rechtshängigkeit), so ist der Beschuldigte beschwert[63]. 25

Sieht ein **Straffreiheitsgesetz** die Möglichkeit der Verfahrensdurchführung zur Feststellung der Unschuld auf besonderen Antrag vor und erhält der Beschuldigte nicht Gelegenheit, den Antrag zu stellen, so ist er durch die Einstellung beschwert[64]. Der mangels Schuldnachweises freigesprochene Beschuldigte war nicht beschwert, wenn das Berufungsgericht das Verfahren gemäß dem StrFG 1954 durch Beschluß einstellte[65]. 26

---

[57] BGHSt **28** 330; OLG Köln NJW **1978** 2350; OLG Schleswig bei *Ernesti/Lorenzen* SchlHA **1985** 133.

[58] Wieweit sie mit Beschwerde isoliert geltend gemacht werden kann und worin jeweils die Beschwer gesehen wird, ist bei den einzelnen Vorschriften erörtert, vgl. ferner § 304, 49 ff; § 305, 2 ff.

[59] OLG Saarbrücken VRS **27** 453; OLG Zweibrücken VRS **63** 57.

[60] BayObLGSt **1977** 143 = JR **1978** 474 mit Anm. *Gollwitzer*; KMR-*Paulus* 52; a. A KG JR **1972** 255; *Foth* NJW **1975** 1524; vgl. § 328, 38.

[61] RGSt **4** 358; **13** 327; **20** 49; **42** 400; BayObLGSt **1954** 109; *Eb. Schmidt* 25; zum Teil a. A KMR-*Paulus* Vor § 296, 57 (es kommt nicht darauf an, ob Einstellung endgültig oder vorläufig, sondern darauf, ob etwas Belastendes festgestellt ist; die Nichtfeststellung von Entlastendem begründet dagegen keine Beschwer), zur Frage der Beschwer bei der Einstellung nach § 206 a vgl. etwa OLG Hamburg JZ **1967** 546; ferner die Erläuterungen zu § 206 a.

[62] RGSt **61** 51; (a. A RGSt **46** 370); BGHSt **1** 235; **7** 261; BGH GA **1959** 17; OLG Bremen VRS **28** 440; OLG Celle MDR **1970** 164; OLG Frankfurt NJW **1980** 2824; OLG Hamburg JZ **1967** 546; OLG Oldenburg NJW **1985** 1177; OLG Stuttgart NJW **1957** 1488; **1963** 1417; *Kleinknecht/Meyer*[38] Vor § 296, 14; KMR-*Paulus* 50; vgl. Einl. Kap. 12 77; § 260, 130; a. A *Eb. Schmidt* JZ **1958** 375, auch KK-*Ruß*[1] 5.

[63] KK-*Ruß*[1] 5; *Kleinknecht/Meyer*[38] 14 (für § 205); a. A KMR-*Paulus* 50; vgl. auch 57; § 205, 31.

[64] *Eb. Schmidt* Vor § 296, 25 mit weit. Nachw.

[65] BayObLGSt **1954** 109.

27 e) Über die **Beschwer bei Freispruch** gehen die Meinungen erheblich auseinander, und zwar vor allem hinsichtlich des Freispruchs, bei welchem Verdachtsgründe bestehen bleiben und des Freispruchs wegen Schuldunfähigkeit. Obwohl die Urteilsgründe den Angeklagten in diesen Fällen erheblich belasten können, verneint die herrschende Meinung in diesen Fällen die Beschwer, sofern nicht die Begründung selbst Grundrechte verletzt[66].

28 Beim **Freispruch mangels Beweises** verneint die herrschende Meinung jede Beschwer[67], und zwar auch dann, wenn die den Freispruch begründenden Ausführungen den Angeklagten erheblich belasten oder für ein anderes Verfahren von Bedeutung sind (Disziplinarverfahren u. a.). Die Gegenmeinung nimmt zum Teil eine Beschwer bei jedem Freispruch an, der nicht den Tatverdacht beseitigt[68], zum Teil aber auch nur dann, wenn die Urteilsgründe auf einer belastenden Unwertfeststellung aufbauen[69].

29 Bei **Freispruch** wegen **Schuldunfähigkeit** schließt die vorherrschende Meinung ebenfalls jede Beschwer aus[70]. Dagegen haben das Schrifttum sowie mehrere Entscheidungen darin eine Beschwer gesehen[71]. Einige[72] nehmen eine Beschwer dann an, wenn die Tathandlung nicht nachgewiesen ist (insbes. wegen des Registereintrags). Darauf kann es jedoch schon deshalb nicht ankommen, weil die Feststellung einer erwiesenen Straftat erst recht beschwert[73]. Die Durchbrechung des Grundsatzes, daß der Inhalt der Urteilsformel maßgebend ist, kann hier auch nicht damit gerechtfertigt werden, daß der Freispruch wegen Schuldunfähigkeit die Verantwortlichkeit verneine und damit die Grundlage der sittlichen Persönlichkeit antaste. Ein überzeugender innerer Unterscheidungsgrund gegenüber anderen sittlichen Vorwürfen, die sich weder erweisen noch beseitigen lassen, ist nicht anzuerkennen. KMR-*Paulus* Vor § 296, 56 sieht deshalb auch hier eine Beschwer nur in der Feststellung der strafbaren Unrechtsverwirklichung.

9. Rechtsmittel der Staatsanwaltschaft zugunsten des Beschuldigten (Absatz 2)

30 a) **Allgemein.** Die Staatsanwaltschaft ist im Verfahren nicht Partei. Als Anklagebehörde hat sie vom Beginn des Verfahrens an dahin zu wirken, daß dem Gesetz für und

---

[66] Vgl. Rdn. 20 und die Nachweise Fußn. 31; zur Gegenmeinung KMR-*Paulus* Vor § 296, 55 und die Nachw. Fußn. 33.

[67] Vgl. etwa BVerfGE **6** 7; BGHSt **13** 77; **16** 374; bei *Spiegel* DAR **1980** 209; KK-*Ruß* 5; *Kleinknecht/Meyer*[38] 13; vgl. auch KMR-*Paulus* 49.

[68] So etwa *Heinrichs* MDR **1956** 201; *Roos* JR **1951** 202.

[69] KMR-*Paulus* Vor § 296, 56; vgl. auch *Eb. Schmidt* Nachtr. I Vor § 296, 11.

[70] RGSt **4** 355; **69** 12; RG Recht **1912** Nr. 2788; BGHSt **16** 374; BGH NJW **1954** 519; KG NJW **1953** 195; OLG Düsseldorf NJW **1960** 1404; *Jescheck* GA **1956** 119; KK-*Ruß*[1] Vor § 296, 5; *Kleinknecht/Meyer*[38] Vor § 296, 13; *Meyer* MDR **1955** 309; BGHSt **7** 153 läßt dies offen; vgl. auch *Hanack* JZ **1973** 659.

[71] BGH NJW **1951** 450; **724**. **KG** HESt **1** 242; OLG Hamburg JR **1962** 268; OLG Tübingen NJW **1953** 1444; OLG Stuttgart NJW **1959** 1840 (Freispruch wegen Geisteskrankheit berührt Wesenskern des menschlichen Seins und damit Art. 1 Abs. 1 GG; dazu krit. Anm. *Bech*: nicht einzusehen, warum Geisteskrankheit den Menschen mehr belasten solle als fortbestehender Verdacht, Verbrecher zu sein); OLG Saarbrücken NJW **1960** 2068 (1); *v. Hippel* 564; *Lausche* NJW **1960** 1404; *Eb. Schmidt* Vor § 296, 21. Nachtr. I 11, der Beschwer sowohl in der Feststellung der Unzurechnungsfähigkeit als solcher als auch darin sieht, daß § 51 Abs. 1 (jetzt § 20) StGB angewendet wird, obwohl nicht feststeht, ob der Beschuldigte die Tat überhaupt begangen hat. *Peters*[4] § 71 II 7 nimmt Beschwer deshalb an, weil ein solches freisprechendes Urteil nachteilige Folgen für den Beschuldigten hat (Eintragung im Strafregister, schlechtere Rechtsposition in späterem Straf- oder Sicherungsverfahren oder in einem nachfolgenden Verwaltungsverfahren). Vgl. ferner *Bloy* JuS **1986** 587; *Schwenk* NJW **1960** 1932; **1964** 1455.

[72] OLG Schleswig NJW **1957** 1487; *Eb. Schmidt* 22; vgl. Nachtr. I Vor § 296, 11.

[73] *Hanack* JZ **1973** 659; auch KMR-*Paulus* Vor § 296, 55.

wider den Beschuldigten Genüge geschehe. Daher kann sie Rechtsmittel unabhängig von dem Beschuldigten in jeder zulässigen Richtung einlegen[74]. Gibt sie dem Rechtsmittel keine bestimmte Richtung, so kann es *zugunsten* oder *zuungunsten* des Beschuldigten wirken (§ 301).

b) Zugunsten des Beschuldigten soll sie ein Rechtsmittel einlegen, wenn er durch **31** das Urteil „tatsächlich benachteiligt" worden oder wenn die Strafe unangemessen hoch festgesetzt worden ist. Unwesentliche Versehen, die an dem Ergebnis nichts ändern können und auf die angemessene Ahndung der Straftat keinen Einfluß haben, können ungerügt bleiben[75]. Andernfalls würde die Staatsanwaltschaft der Aufgabe, dem Gesetz durch Anträge bei Gericht Genüge zu verschaffen, nicht gerecht. Auch bei Einlegung eines Rechtsmittels zugunsten des Beschuldigten ist sie nicht dessen Vertreterin. Sie erfüllt ihre amtliche Pflicht aus eigenem Recht und kann das Rechtsmittel auch gegen den Willen des Angeklagten einlegen. Absatz 2 setzt voraus, daß ihr im gegebenen Fall ein Rechtsmittel zusteht. Dies wiederum hängt davon ab, ob der Beschuldigte durch die anzufechtende Entscheidung beschwert ist[76].

Spätestens bei der Rechtsmittelbegründung soll die Staatsanwaltschaft förmlich **32** angeben, ob das Rechtsmittel zugunsten des Beschuldigten eingelegt wird, schon mit Rücksicht auf die Verfahrenswirkungen (§§ 302 Abs. 1, 331 Abs. 1, 358 Abs. 2, 373 Abs. 2). Die Richtlinien machen dies der Staatsanwaltschaft ausdrücklich zur Pflicht[77]. Die Willensrichtung kann sich aus der Gesamtheit ihrer zum Rechtsmittel abgegebenen Verfahrenserklärungen ergeben, jedoch nicht aus Umständen außerhalb dieser Erklärungen[78]. Erklärt die Staatsanwaltschaft nachträglich, ihr Rechtsmittel werde nur insoweit aufrecht erhalten, als es zugunsten des Angeklagten wirke, gilt es als zu dessen Gunsten eingelegt[79].

Ergibt die Gesamtheit der Verfahrenserklärungen nicht **eindeutig** die Einlegung **33** zugunsten des Beschuldigten, so treten die damit verknüpften Rechtsvorteile nicht ein. Das Rechtsmittel ist als auch zuungunsten des Angeklagten eingelegt zu behandeln[80]. § 300 ist insoweit nicht anwendbar, weil die Staatsanwaltschaft keine bloß unrichtige Bezeichnung des Rechtsmittels gewählt hat[81]. Auch ein zuungunsten des Beschuldigten eingelegtes Rechtsmittel kann, wenn es zu einer Aufhebung zugunsten des Beschuldigten geführt hat, für das weitere Verfahren das Verschlechterungsverbot auslösen[82].

c) Die **Rechtsmittelfristen** laufen für die Staatsanwaltschaft **selbständig.** Der **34** Rechtsmittelverzicht, die Rücknahme des eigenen Rechtsmittels und der Ablauf der eigenen Rechtsmittelfrist des Beschuldigten hindern sie nicht, ihr Rechtsmittel zu seinen Gunsten **selbständig** durchzuführen. Sie hat aber keine Einwirkungsmöglichkeit auf die Rechtsmittel des Beschuldigten. Desgleichen ist die Staatsanwaltschaft nicht befugt, für den Beschuldigten, der seine Rechtsmittelfrist versäumt hat, die Wiedereinsetzung in den vorigen Stand zu beantragen, selbst wenn der Beschuldigte möglicherweise geistes-

---

[74] Vgl. Rdn. 13.
[75] Dazu *Biermann* GA **1955** 353; RiStBV Nr. 147.
[76] RGSt **42** 400; OLG Koblenz NJW **1982** 1770; KK-*Ruß*[1] 5; *Kleinknecht/Meyer*[38] 14; KMR-*Paulus* 7; *Eb. Schmidt* Vor § 296, 6; 27.
[77] RiStBV 147 Abs. 3.
[78] BGHSt **2** 41 = NJW **1952** 435 mit Anm. *Cüppers*; OLG Koblenz MDR **1974** 331;

KK-*Ruß*[1] 5; *Kleinknecht/Meyer*[38] 14; KMR-*Paulus* 8; a. A *Sarstedt/Hamm* 18.
[79] BGH bei *Pfeiffer* NStZ **1982** 190.
[80] H. M; vgl. etwa OLG Koblenz MDR **1974** 331.
[81] RGSt **65** 235; KMR-*Paulus* 8; *Eb. Schmidt* 7; a. A *Cüppers* NJW **1952** 435.
[82] BGHSt **13** 41; vgl. § 331, 24.

krank ist[83]. Die Versagung der Wiedereinsetzung kann sie dagegen mit Beschwerde beanstanden[84].

35 **10. Rechtsmittel zugunsten anderer Betroffener** kann die Staatsanwaltschaft ebenfalls einlegen. In Betracht kommen Einziehungsbeteiligte, Verfallsbeteiligte[85], aber auch Personen, die als Antragsteller gemäß § 470 zu Kosten verurteilt worden sind[86]; außerdem die im § 304 Abs. 2 bezeichneten Personen (Zeugen, Sachverständige, andere Verfügungsbetroffene). Hierfür spricht die Aufgabe der Staatsanwaltschaft, für die Beachtung des Rechts zu sorgen und die Erwägung, daß von derartigen gerichtlichen Maßnahmen und Entschließungen der Fortgang des Verfahrens abhängen kann. Die Vorschrift des § 304 Abs. 2 steht nicht entgegen, weil sie den Kreis der Beschwerdeberechtigten nicht abschließend bezeichnet[87]. Ob und wieweit die Staatsanwaltschaft zugunsten des **Nebenklägers** Rechtsmittel einlegen kann, um eine ihn betreffende Beschwer zu beseitigen, ist strittig[88]. Die Rechtswirkungen des zugunsten solcher Betroffener eingelegten Rechtsmittels der Staatsanwaltschaft sind dieselben wie bei dem Beschuldigten[89].

36 **11. Keine entsprechende Anwendung des Absatz 2.** Die besondere Befugnis nach Absatz 2 beruht auf der amtlichen Stellung der Staatsanwaltschaft. Dem Privat- und Nebenkläger steht sie daher nicht zu[90]. Jedoch kann umgekehrt ein Rechtsmittel des Privat- oder Nebenklägers auch über den Bereich der Privat- oder Nebenklagedelikte hinaus Wirkungen zugunsten des Beschuldigten äußern[91].

§ 297

Für den Beschuldigten kann der Verteidiger, jedoch nicht gegen dessen ausdrücklichen Willen, Rechtsmittel einlegen.

Bezeichnung bis 1924: § 339

Übersicht

	Rdn.		Rdn.
1. Anwendungsbereich	1	4. Fristen	11
2. Verteidiger		5. Bindung an Willen des Beschuldigten	
a) Vermutung für Befugnis des Verteidigers	2	a) Vorrang des erklärten Willens	12
b) Nachweis der Vollmacht	5	b) Vertretung im Willen	13
c) Verteidigerbestellung für Rechtsmittel	6	c) Ende der Befugnis	14
3. Andere Bevollmächtigte	7	d) Rechtsmittelverzicht des Beschuldigten	15
		e) Entzug der Vollmacht	16

---

[83] OLG Bremen GA **1957** 87; LG Aachen NJW **1961** 86 mit Anm. *Kleinknecht*.
[84] KMR-*Paulus* 9; vgl. auch *Kleinknecht* NJW **1961** 86; ferner Rdn. 13; Vor § 296, 23; § 46, 15.
[85] KK-*Ruß*[1] 7; *Kleinknecht/Meyer*[38] 15.
[86] RGSt 7 409; vgl. bei § 470.
[87] OLG München St 6 405; *Eb. Schmidt* 7.
[88] Vgl. RGSt 60 191; RG JW **1937** 1826; BayObLGSt **1966** 42 = NJW **1966** 1892; KK-*Ruß*[1] 7; KMR-*Paulus* 59; verneinend RGSt 59 63; OLG Frankfurt Alsb. E 2 Nr. 113; *Kleinknecht/Meyer*[38] 16; *Eb. Schmidt* 7; vgl. § 401, 31 f.
[89] Rdn. 30.
[90] OLG Hamburg GA **1958** 117; KK-*Ruß*[1] 6; KMR-*Paulus* 10; a. A RGSt 22 400; 62 213; KG JR **1956** 472.
[91] Vgl. etwa RGSt 65 61; 131; RG HRR **1933** Nr. 265; OLG Schleswig bei *Ernesti/Jürgensen* SchlHA **1969** 154.

Erster Abschnitt. Allgemeine Vorschriften § 297

1. Anwendungsbereich. § 297 gilt nur für Rechtsmittel. Bei anderen Rechtsbehelfen muß er ausdrücklich für anwendbar erklärt werden (z. B. § 118 b, § 365, § 410 Abs. 3). Er gilt also beispielsweise nicht für den Wiedereinsetzungsantrag nach § 45[1]. § 297 gilt ferner nicht für einen sonstigen Bevollmächtigten[2], für den Beistand nach § 69 JGG[3] und für den Vertreter oder Beistand des Privat- oder Nebenklägers[4]. Zur Vertretung des Verteidigers s. Vor § 137.

2. Verteidiger
a) Eine **Vermutung für die Befugnis des Verteidigers** begründet § 297, der im Zusammenhang mit § 302 Abs. 2 zu verstehen ist[5]. Der im vorangegangenen Verfahren gewählte (§ 137) oder bestellte (§ 141) Verteidiger darf ohne weiteres kraft eigenen Rechts im eigenen Namen ein Rechtsmittel für den Beschuldigten einlegen. Er ist hierzu, solange ein gegenteiliger Wille des Beschuldigten nicht erklärt worden ist, kraft Gesetzes ermächtigt, ohne daß er dafür einer besonderen Vertretungsvollmacht bedarf[6].

Die **Ermächtigung** kann jedoch **von vornherein** zeitlich, sachlich oder auf einen Verfahrensabschnitt **begrenzt** werden. Dies kann formlos auch später geschehen. Ferner kann sie ganz entzogen werden[7]. Die Beschränkung muß ausdrücklich geschehen, entweder in der Vollmachtsurkunde oder durch spätere Erklärung.
Die Ermächtigung des gewählten Verteidigers zur Einlegung eines Rechtsmittels **endet** mit **Ablauf, Widerruf** oder der entsprechenden **Beschränkung der Vollmacht** durch Erklärung gegenüber dem Verteidiger. Anzeige oder Erklärung gegenüber dem Gericht ist nicht erforderlich[8]. Jedoch ist auch ein Widerruf der Vollmacht bei Gericht zum Zeitpunkt des Eingangs bei Gericht zu berücksichtigen[9].

b) Auf den Zeitpunkt des **Nachweises der Vollmacht** bei Gericht kommt es bei wirksamer Ermächtigung nicht an[10]. Der Nachweis kann noch nach Ablauf der Rechtsmittelfrist geführt werden[11]. Bei rechtzeitiger formloser Bevollmächtigung ist es ohne Bedeutung, ob und wann eine Vollmachtsurkunde ausgestellt wird[12]. Es genügt in der Regel, wenn der Verteidiger seine rechtzeitige Bevollmächtigung versichert[13]. Die Ermächtigung ist von Amts wegen zu prüfen (Freibeweis).

c) **Verteidigerbestellung für Rechtsmittel.** Wer im vorigen Rechtszug **nicht Verteidiger war**, kann ein Rechtsmittel wirksam nur einlegen, wenn er vor Ablauf der Rechtsmittelfrist zum Verteidiger gewählt oder bestellt wird. Auch bei ihm hängt die Wirksamkeit der Rechtsmittelerklärung davon ab, daß er bei Abgabe der Erklärung sachlich dazu ermächtigt war. Fehlt es daran, so kann das trotzdem eingelegte Rechtsmittel vom Beschuldigten nicht nachträglich genehmigt und dadurch wirksam werden. Das öffentlich-rechtliche Strafverfahren duldet keinen ungewissen Schwebezustand[14]. Ein derart

---

[1] *Kleinknecht* NJW **1961** 86; *Kleinknecht/Meyer*[38] 1; KMR-*Paulus* 4.
[2] *Schmid* SchlHA **1981** 107; vgl. Rdn. 7.
[3] KMR-*Paulus* 4.
[4] BayObLGSt **1** 374; *Kleinknecht/Meyer*[38] 1; KMR-*Paulus* 4.
[5] *Kaiser* NJW **1982** 1367; *Schmid* SchlHA **1981** 107.
[6] BGHSt **12** 370; OLG Koblenz VRS **68** 51; *Hanack* JZ **1973** 680; KK-*Ruß*[1] 1; *Kleinknecht/Meyer*[38] 2; KMR-*Paulus* 2.
[7] RGSt **1** 71; **18** 346; **66** 211.
[8] RGSt **24** 142; BayObLG DRiZ **1929** Nr. 533; KK-*Ruß*[1] 2; KMR-*Paulus* 8.
[9] Vgl. Rdn. 18; KK-*Ruß*[1] 3; KMR-*Paulus* 11.
[10] RGSt **21** 125; **28** 430; **46** 372; **55** 513; **66** 210; RG HRR **1927** Nr. 71; OLG Bremen NJW **1954** 46; KK-*Ruß*[1] 1; *Kleinknecht/Meyer*[38] 2; KMR-*Paulus* 8.
[11] RGSt **55** 213; *Schmid* SchlHA **1981** 105.
[12] RGSt **46** 372; BayObLG bei *Rüth* DAR **1986** 249.
[13] Vgl. etwa BGH NJW **1952** 273; *Kaiser* NJW **1982** 1367; ferner Vor § 137.
[14] RGSt **66** 266; BGHSt **5** 183.

§ 297　　　　　　　　Drittes Buch. Rechtsmittel

unwirksam eingelegtes Rechtsmittel muß innerhalb der Rechtsmittelfrist formgerecht wiederholt werden. Darf der gewählte Verteidiger den Beschuldigten nach § 137 Abs. 1 Satz 2, § 146 nicht vertreten, so ist das von ihm vor seiner Zurückweisung eingelegte Rechtsmittel dennoch wirksam eingelegt (§ 146 a Abs. 2). Zur Beauftragung eines Unterbevollmächtigten vgl. Vor § 137.

7　**3. Andere Bevollmächtigte.** Der § 297 spricht nur von dem Verteidiger, § 298 betrifft nur den gesetzlichen Vertreter. Beide beschränken die Befugnis zur Einlegung von Rechtsmitteln jedoch nicht auf diese. Auch andere Personen, die nicht Verteidiger sind oder waren, können den Beschuldigten nach vorheriger Ermächtigung bei der Einlegung des Rechtsmittels wirksam vertreten[15], so vor allem Familienangehörige[16]. Die Vertreter müssen nur verhandlungsfähig sein[17].

8　Für den **Zeitraum, Umfang und Nachweis der Vollmacht** und ihre Prüfung von Amts wegen gilt dasselbe wie für den Verteidiger. Die Bevollmächtigung bedarf keiner Form, sie muß aber vor Abgabe der Rechtsmittelerklärung erteilt sein. Während als Verteidiger nur natürliche Personen in Betracht kommen können, ist kein Grund ersichtlich, die juristische Person als Vertreter in der Erklärung außerhalb der Hauptverhandlung auszuschließen[18], wobei auch insoweit für die juristische Person im Zweifel ihr gesetzlicher Vertreter handelt.

9　Zulässig ist die **Vertretung im Willen**[19] und in der Erklärung[20], der Bevollmächtigte darf mit dem Namen des Vertretenen zeichnen[21].

10　**Zum Verteidiger** i. S. des § 138 wird eine zur Anfechtung bevollmächtigte Person nicht; dies gilt selbst bei einem Rechtsanwalt[22]. Legt eine der im § 138 Abs. 2 bezeichneten Personen für den Beschuldigten ein Rechtsmittel ein, so kann darin ein **Antrag** auf Genehmigung der **Zulassung** als Wahlverteidiger liegen. Im Zweifel muß dies durch Rückfrage geklärt werden. Die Wirksamkeit der Rechtsmitteleinlegung hängt aber nicht davon ab, sondern nur von der Bevollmächtigung durch den Beschuldigten.

11　**4. Fristen.** Für den Verteidiger und einem zur Anfechtung Bevollmächtigten laufen dieselben Rechtsmittelfristen wie für den Beschuldigten. Eine Ausnahme gilt für die sofortige Beschwerde des Verteidigers gegen den Unterbringungsbeschluß nach § 81[23].

---

[15] RGSt **66** 211; BayObLG HRR **1934** 1429; OLG Bremen NJW **1954** 46; OLG Hamm NJW **1952** 1150; KK-*Ruß*[1] 4; *Kleinknecht/Meyer*[38] 7; KMR-*Paulus* 5; *Schnarr* NStZ **1986** 489; vgl. Vor § 137.

[16] OLG Bremen NJW **1954** 46 (Sohn); vgl. OLG Stuttgart Justiz **1985** 321 (Verlobte); *Schnarr* NStZ **1986** 489.

[17] BayObLGSt **1964** 86 = JR **1964** 428 mit zust. Anm. *Dünnebier*; KK-*Ruß*[1] 4; *Kleinknecht/Meyer*[38] 7, KMR-*Paulus* § 296, 2; vgl. aber auch *Schmidt* SchlHA **1981** 105 (geschäftsfähig).

[18] OLG Hamm NJW **1952** 1150; *Kleinknecht/Meyer*[38] 7; **a. A** KMR-*Paulus* 5 unter Hinweis auf BayObLG HRR **1934** Nr. 1429; da auch er jedoch annimmt, daß die Ermächtigung der juristischen Person die Bevollmächtigung der für sie handelnden natürlichen Person enthält, ist die Streitfrage ohne große praktische Bedeutung.

[19] BayObLGSt **1964** 82 = JR **1964** 427 mit Anm. *Dünnebier*; KK-*Ruß*[1] 4; *Kleinknecht/Meyer*[38] 7; KMR-*Paulus* 5; **a. A** *Schmid* SchlHA **1981** 108 (nur in der Erklärung).

[20] RGSt **66** 211; OLG Bremen NJW **1954** 46; vgl. auch Fußn. 19.

[21] RGSt **66** 212; OLG Hamm NJW **1952** 1150.

[22] BayObLGSt **1975** 102 = MDR **1976** 69; KMR-*Paulus* 5.

[23] Vgl. § 81, 38; KMR-*Paulus* 6.

5. Bindung an den Willen des Beschuldigten

a) Vorrang des erklärten Willens. Der Verteidiger oder andere Bevollmächtigte, der das Rechtsmittel einlegt, ist an den **ausdrücklich erklärten Willen** des Beschuldigten gebunden. Dieser geht stets vor, mag er gegenüber dem Verteidiger oder gegenüber dem Gericht erklärt werden[24]. Dabei spielt es keine Rolle, ob man im übrigen annimmt, daß ein Verteidiger als Beistand kraft eigenen Rechts oder als Vertreter des Beschuldigten handelt[25].

b) Eine **Vertretung im Willen** ist nur zulässig, soweit der Angeklagte seinen Willen nicht erklärt hat. § 297 begründet bei dem Verteidiger jedoch die **Vermutung der Befugnis** zur Einlegung des Rechtsmittels[26], solange dem Gericht keine **gegenteilige Erklärung** des Beschuldigten vorliegt[27]. Für andere bevollmächtigte Personen gilt dies nicht.

c) Ende der Befugnis des Verteidigers oder anderen Bevollmächtigten. Sie **endet** mit der bei Bevollmächtigung festgelegten Frist, bei unbefristeter Bestellung nach § 140 oder Genehmigung nach § 138 Abs. 2 mit der **Rücknahme** der Bestellung oder Genehmigung. Ist der Pflichtverteidiger nur „für die Instanz" bestellt, so endet sein Amt mit dem Urteil, es umfaßt nicht ohne weiteres auch die Einlegung eines Rechtsmittels. Jedoch sollte darauf Bedacht genommen werden, daß die sachgemäße Prüfung der Aussichten eines Rechtsmittels und seine ordnungsgemäße Einlegung gewährleistet bleiben. Mit dem **Tod des Beschuldigten** endet auch die Befugnis des Verteidigers aus § 297[28].

d) Rechtsmittelverzicht des Beschuldigten. Verzichtet der Beschuldigte wirksam auf ein Rechtsmittel, so tritt damit Rechtskraft ein. Der Verteidiger kann auch mit Zustimmung des Beschuldigten[29] kein Rechtsmittel mehr einlegen[30], ein bereits eingelegtes ist zurückgenommen. Der Verzicht ist spätestens mit dem Eingang bei Gericht wirksam, er schneidet jede Vertretung im Willen in bezug auf Rechtsmittel ab. Diese Wirkung tritt jedoch erst mit der Erklärung ein, nicht bereits mit der Willensbildung[31]. Daher ist ein mit Vollmacht gegen den noch nicht erklärten Willen des Beschuldigten eingelegtes Rechtsmittel vorerst wirksam[32]. Erklärt der Beschuldigte dem Gericht, er sei mit dem Rechtsmittel nicht einverstanden, oder er nehme das Urteil an, so ist es damit zurückgenommen[33]. Entsprechendes gilt bei einer Einschränkung oder wenn der Beschuldigte ein anderes Rechtsmittel wählt als der Verteidiger[34].

e) Entzieht der Beschuldigte dem Verteidiger durch Erklärung gegenüber dem Gericht die **Vollmacht**, so endet dessen Rechtsmittelbefugnis. Ob ein bereits eingelegtes Rechtsmittel dadurch als zurückgenommen zu gelten hat, ist durch Auslegung zu ermitteln. Bei bloßem Vollmachtentzug ist es nicht zu vermuten. Im Zweifel bleibt das Rechtsmittel bestehen. Hatte der Verteidiger nach § 302 wirksam auf Rechtsmittel verzichtet oder das Rechtsmittel zurückgenommen, so bindet dies den Beschuldigten[35]. Nimmt

---

[24] BGHSt **12** 370; GA **1973** 46; BayObLGSt **29** 5; BayObLGSt **1977** 102 = VRS **53** 362; GA **68** (1920) 51; OLG Düsseldorf MDR **1983** 512; OLG Koblenz MDR **1975** 424; VRS **68** 51.

[25] Zu der hier nicht entscheidenden Streitfrage vgl. einerseits BGHSt **12** 367; *Hanack* JZ **1973** 659; a. A RGSt **66** 211; 266; *Spendel* JZ **1959** 739, ferner Vor § 137.

[26] *Hahn* Mot. 209; Prot. 429; Rdn. 2.

[27] RGSt **3** 222; RGRspr. **9** 230.

[28] BayObLGSt **27** 107; vgl. bei § 138.

[29] BGH bei *Spiegel* DAR **1978** 159.

[30] BGH NJW **1978** 330; bei *Pfeiffer/Miebach* NStZ **1986** 208; vgl. § 302, 24, 39.

[31] *Kleinknecht/Meyer*[38] 4; vgl. § 302, 30.

[32] KMR-*Paulus* 1.

[33] BGH GA **1973** 46; OLG Düsseldorf MDR **1983** 512; OLG Karlsruhe Justiz **1964** 270; vgl. § 302, 57.

[34] Vgl. OLG Koblenz MDR **1975** 245 (Revision statt Berufung); § 335, 22.

[35] Wegen der Einzelheiten vgl. bei § 302, 57 ff.

der Beschuldigte das Rechtsmittel durch Erklärung gegenüber dem Verteidiger zurück, so endet damit dessen Rechtsmittelbefugnis. Er bleibt ermächtigt und verpflichtet, ein bereits wirksam eingelegtes Rechtsmittel zurückzunehmen. Wirksam wird eine solche Rücknahme erst mit dem Eingang der Erklärung bei Gericht. Daher bleibt das Rechtsmittel bestehen, wenn der Verteidiger den Auftrag nicht ausführt.

§ 298

(1) Der gesetzliche Vertreter eines Beschuldigten kann binnen der für den Beschuldigten laufenden Frist selbständig von den zulässigen Rechtsmitteln Gebrauch machen.

(2) Auf ein solches Rechtsmittel und auf das Verfahren sind die für die Rechtsmittel des Beschuldigten geltenden Vorschriften entsprechend anzuwenden.

Entstehungsgeschichte. Der Absatz 1 wurde durch das Gesetz vom 28. 6. 1935 und durch Art. 3 Nr. 135 VereinhG geändert. Bezeichnung bis 1924: § 340.

Übersicht

	Rdn.		Rdn.
1. Gesetzlicher Vertreter	1	5. Binnen der für den Beschuldigten laufenden Frist	10
2. Rechtsmittel	2	6. Befugnisse des Beschwerdeführers	11
3. Selbständigkeit der Rechtsmittel	3	7. Ende der gesetzlichen Vertretung	12
4. Anfechtung als Bevollmächtigter des Beschuldigten	9	8. Rechtliche Stellung des Beschuldigten . .	14
		9. Anwalt des gesetzlichen Vertreters	16

1 **1. Gesetzlicher Vertreter.** Maßgebend ist das bürgerliche Recht[1]. Der nach § 292, § 1911 BGB bestellte **Abwesenheitspfleger** eines flüchtigen Beschuldigten ist nicht gesetzlicher Vertreter im Sinne des § 298[2]. Nach § 67 Abs. 3 JGG steht das Recht des gesetzlichen Vertreters zur Einlegung von Rechtsbehelfen auch dem **Erziehungsberechtigten** zu.

2 **2. Rechtsmittel.** Gemeint sind die bei der jeweiligen Verfahrenslage zulässigen Rechtsmittel, vor allem Berufung und Revision. Die allgemeinen Voraussetzungen der Zulässigkeit des Rechtsmittels müssen vorhanden sein, vor allem eine Beschwer des Beschuldigten. Für die **sonstigen Rechtsbehelfe** gilt § 297 nicht automatisch. Den Antrag auf Entscheidung des Berufungsgerichts (§ 319 Abs. 2) oder des Revisionsgerichts kann der gesetzliche Vertreter nur hinsichtlich des eigenen selbständigen Rechtsmittels stellen[3]. Wiedereinsetzung in den vorigen Stand kann er nur bei eigener Säumnis beantragen[4]. Den Antrag auf Haftprüfung nach § 117 Abs. 1 und auf mündliche Verhandlung

---

[1] Vgl. RGSt **42** 343; BayObLGSt **1954** 51 = NJW **1954** 1378; KK-*Ruß*[1] 1; *Eb. Schmidt* 1; vgl. bei § 137.
[2] OLG Karlsruhe Justiz **1984** 291; § 292, 3.
[3] KK-*Ruß*[1] 2; *Kleinknecht/Meyer*[38] 1; KMR-*Paulus* 2; *Eb. Schmidt* 9.
[4] KK-*Ruß*[1] 1; *Kleinknecht/Meyer*[38] 1; KMR-*Paulus* 2.

nach § 118 kann der gesetzliche Vertreter kraft ausdrücklicher Vorschrift des § 118 b selbst stellen, ebenso den Einspruch gegen einen Strafbefehl (§ 410 Abs. 1 Satz 2)[5].

3. Selbständigkeit der Rechtsmittel. Der **gesetzliche Vertreter** ist selbständig zum Rechtsmittel befugt, jedoch nur zugunsten des Beschuldigten, da ihm dieses Recht nur in dessen Interesse zusteht[6]. Er vertritt die Sache des Beschuldigten, handelt dabei aber **kraft eigenen Rechts** nach pflichtgemäßem Ermessen. Er ist — anders als der Verteidiger[7] — an den Willen des Beschuldigten nicht gebunden und kann das Rechtsmittel auch verfolgen, wenn der Beschuldigte der Anfechtung widerspricht oder das Urteil angenommen hat[8].

Der **Beschuldigte** ist ebenfalls vom Willen des gesetzlichen Vertreters unabhängig. Die beiden selbständig Berechtigten können nebeneinander und unabhängig voneinander ihr Rechtsmittel verfolgen[9]. Das Rechtsmittelgericht hat dann sämtliche Beschwerdegründe zu prüfen. Beschränkt nur einer der beiden Rechtsmittelführer das Rechtsmittel, so ist das Urteil in vollem Umfang angefochten. Wird dies übersehen, so darf derjenige, der sein Rechtsmittel beschränkt hatte, den Verstoß dennoch mit der Revision rügen[10].

Die **Selbständigkeit des Rechtsmittels** hat zur Folge, daß jeder Beschwerdeführer Erklärungen nur mit Wirkung für das eigene Rechtsmittel abgeben kann. Ein Rechtsmittelverzicht des Beschuldigten beseitigt das Recht des gesetzlichen Vertreters zu keiner Zeit[11]. Jeder Beschwerdeführer kann in bezug auf das eigene Rechtsmittel Anträge stellen und Wiedereinsetzungsgründe geltend machen[12].

Bei einer **Rücknahme** oder **nachträglichen Beschränkung** des Rechtsmittels des gesetzlichen Vertreters muß jedoch der Rechtsgedanke des § 302 Abs. 1 Satz 2 durchgreifen. Die Rücknahme oder Beschränkung bedarf der **Zustimmung** des Beschuldigten[13] auch, wenn der Beschuldigte vorher auf Rechtsmittel verzichtet hat[14]. Es ist davon auszugehen, daß er seine Rechtsmittelbefugnis ungenutzt gelassen haben kann, weil der gesetzliche Vertreter ein Rechtsmittel eingelegt hatte.

Für das **Jugendgerichtsverfahren** schreibt § 55 Abs. 3 JGG ausdrücklich vor, daß der Erziehungsberechtigte und der gesetzliche Vertreter ihr Rechtsmittel nur mit Zustimmung des Angeklagten zurücknehmen können. Für die nachträgliche Beschränkung gilt dies ebenfalls.

Ist ein **Verteidiger** vom gesetzlichen Vertreter oder vom Beschuldigten bestellt worden, so gelten die gleichen Grundsätze.

4. Beschränkt sich der gesetzliche Vertreter darauf, als **Bevollmächtigter des Beschuldigten** in dessen Namen ein Rechtsmittel einzulegen, so ist nicht § 298 sondern § 297 einschlägig[15]. Da der gesetzliche Vertreter insoweit nicht kraft eigenen Rechts

---

[5] RGSt **38** 9; KG GA **71** (1927) 109; vgl. § 410.
[6] BGHSt **19** 198; KK-*Ruß*[1] 1; *Kleinknecht/Meyer*[38] 1; KMR-*Paulus* 1.
[7] Vgl. § 297, 12.
[8] RGSt **5** 50; **64** 364; OLG Düsseldorf GA **72** (1928) 109; KK-*Ruß*[1] 1; *Kleinknecht/Meyer*[38] 2; KMR-*Paulus* 9.
[9] KK-*Ruß*[1] 2; *Eb. Schmidt* 2.
[10] RG HRR **1931** Nr. 2002.
[11] KG JW **1933** 2076.
[12] Vgl. Rdn. 2 mit Nachw.
[13] OLG Düsseldorf NJW **1957** 840; KK-*Ruß*[1] 5; *Kleinknecht/Meyer*[38] 3; KMR-*Paulus* 6; *Pentz* GA **1958** 304; *Eb. Schmidt* 4.
[14] OLG Celle NJW **1964** 417 (unter Hinweis auf BGHSt **10** 174); OLG Hamm NJW **1973** 1850.
[15] RGRspr. **3** 175; 602; **4** 479; RG JW **1903** 220; DJZ **1920** 851; OLG Celle GA **61** (1914) 368; KK-*Ruß*[1] 3; *Kleinknecht/Meyer*[38] 4; KMR-*Paulus* 2.

§ 298   Drittes Buch. Rechtsmittel

tätig wird, sondern die Rechtsmittelbefugnis des Beschuldigten für diesen ausübt, muß er dazu bevollmächtigt sein[16]. Im Zweifel („namens" oder „für") gilt die dem Beschuldigten günstigere Auslegung, in der Regel, daß der gesetzliche Vertreter kraft eigenen Rechts gehandelt habe[17].

10 **5. Binnen der für den Beschuldigten laufenden Frist.** Die anzufechtenden Entscheidungen werden dem gesetzlichen Vertreter des Beschuldigten nicht bekannt gemacht[18]. Nach § 67 Abs. 2 JGG sollen sie dem gesetzlichen Vertreter und dem Erziehungsberechtigten mitgeteilt werden. Diese können aber das Rechtsmittel nur innerhalb der für den Beschuldigten laufenden Frist einlegen[19], und zwar auch im Falle des § 67 JGG. Es ist ihre Sache, sich über den Verfahrensstand zu unterrichten. Ihre bloße Unkenntnis des die Frist in Lauf setzenden Ereignisses rechtfertigt die Wiedereinsetzung in den vorigen Stand nicht ohne weiteres[20]. Wenn allerdings dem als Beistand zugelassenen gesetzlichen Vertreter Ort und Zeit der Hauptverhandlung entgegen § 149 Abs. 2 nicht mitgeteilt wurden und ihm deshalb ohne sein Verschulden das Strafverfahren unbekannt blieb, kann er Wiedereinsetzung verlangen[21]. Dies alles gilt nur für die Einlegungsfrist. Die **Begründungsfrist** hängt regelmäßig von der Zustellung des Urteils an den Beschwerdeführer ab und läuft daher für den gesetzlichen Vertreter selbständig. Die Vorschriften, die **Ort und Form** der Rechtsmitteleinlegung durch den Beschuldigten regeln, einschließlich § 299[22], gelten auch für das Rechtsmittel des gesetzlichen Vertreters.

11 **6. Befugnisse des Beschwerdeführers.** Hat der gesetzliche Vertreter ein Rechtsmittel eingelegt, so hat er im Verfahren dieselben Befugnisse wie der Beschuldigte, der ein Rechtsmittel eingelegt hat. Er hat das **Recht zur Teilnahme** an der Verhandlung. Zur Hauptverhandlung ist er zu **laden** (§§ 350, 323) und gegebenenfalls nach den §§ 323 Abs. 1, 329, 330 zu belehren. Befindet er sich **selbst in Haft**, muß er zur Berufungsverhandlung vorgeführt werden[23], sofern er nicht von der Vollzugsanstalt zur Teilnahme Hafturlaub erhält. Ihm steht **rechtliches Gehör** zu, er kann **Anträge**, vor allem Beweisanträge stellen[24]. Entscheidungen sind ihm **bekanntzumachen**. Verstöße hiergegen können der Beschuldigte und der gesetzliche Vertreter rügen, weil sich das Verfahren auch bei einem Rechtsmittel des gesetzlichen Vertreters stets gegen den Beschuldigten richtet[25].

12 **7. Ende der gesetzlichen Vertretung. Verliert** der gesetzliche Vertreter nach Einlegung des Rechtsmittels die **Vertretungsbefugnis**, so kann er es nicht weiter betreiben, also auch nicht begründen. Sein Rechtsmittel bleibt jedoch wirksam. Der **neue gesetz-**

---

[16] Vgl. § 297, 7 ff.
[17] RGSt **21** 335; OLG Düsseldorf JMBlNW **1987** 71.
[18] BGHSt **18** 22.
[19] BGHSt **19** 198; BayObLGSt **1954** 51 = NJW **1954** 1378; OLG Schleswig bei *Ernesti/Lorenzen* SchlHA **1985** 134; KK-*Ruß*[1] 2; *Kleinknecht/Meyer*[38] 1; KMR-*Paulus* 7.
[20] BGHSt **18** 22; OLG Schleswig bei *Eresti/Lorenzen* SchlHA **1985** 134; *Hanack* JZ **1973** 660; KK-*Ruß*[1] 2; *Kleinknecht/Meyer*[38] 5; KMR-*Paulus* 7; a. A BayObLGSt **1954** 51 = NJW **1954** 1378; OLG Stuttgart NJW **1960** 2353; vgl. auch BayObLG DRiZ **1928** Nr. 422.
[21] OLG Schleswig bei *Ernesti/Lorenzen* SchlHA **1985** 134; weitergehend OLG Hamm GA **1961** 183.
[22] Vgl. § 299, 9.
[23] RGSt **64** 365; KK-*Ruß*[1] 7; *Kleinknecht/Meyer*[38] 5; KMR-*Paulus* 11; *Eb. Schmidt* 10.
[24] Vgl. § 244, 96.
[25] RGSt **64** 364; OLG Hamm NJW **1973** 1850; KK-*Ruß*[1] 7; *Kleinknecht/Meyer*[38] 5; KMR-*Paulus* 11.

liche Vertreter tritt in dieselbe Verfahrenslage ein. Daher bleibt auch ein vom früheren gesetzlichen Vertreter für den Beschuldigten bestellter Verteidiger im Amt[26]. Betreibt der neue gesetzliche Vertreter das Rechtsmittel nicht weiter oder kommt keine gesetzliche Vertretung mehr in Betracht, etwa wegen Eintritts der Volljährigkeit, so gehen die Rechte aus dem Rechtsmittel **auf den Beschuldigten** über[27]. Dies gilt auch, wenn der Minderjährige vorher auf (sein) Rechtsmittel verzichtet hatte[28]. Die Gegenmeinung[29] ist formalistisch und berücksichtigt nicht den Schutzzweck der Vorschrift[30] und das unbillige Ergebnis, welches eintritt, wenn der Vertretene im Vertrauen auf das Rechtsmittel des Vertreters kein eigenes eingelegt hat. Auch führt sie gegen Ende der Unmündigkeit zu besonderen Unzuträglichkeiten, da die Dauer des Rechtsmittelverfahrens selten abzusehen ist. Betreibt der Beschuldigte das Rechtsmittel seines gesetzlichen Vertreters nicht, nimmt er es auch nicht zurück, muß es das Gericht gleichwohl zu Ende führen[31].

13 Wird die Sache auf das Rechtsmittel hin in die Vorinstanz zurückverwiesen, so kann der bisherige gesetzliche Vertreter hier nur noch als **Beistand** (§ 149) auftreten[32].

14 8. Über die **rechtliche Stellung des Beschuldigten** im Falle des § 298 äußert sich nur § 330. Mit der dort erwähnten Besonderheit ist der Beschuldigte so zu behandeln, als hätte er das Rechtsmittel selbst eingelegt. Die Entscheidungen sind ihm bekanntzumachen. Von dem gesetzlichen Vertreter eingereichte Schriftstücke (§§ 320, 347) werden dem Beschuldigten nicht zugestellt. Ein Rechtsmittel des gesetzlichen Vertreters kann den Beschuldigten, was die Rechtsfolgen angeht, wegen des Verschlechterungsverbots nicht beeinträchtigen (§§ 331, 358 Abs. 2).

15 Wird das Rechtsmittel des gesetzlichen Vertreters als unzulässig verworfen, hat auch der Beschuldigte ein **eigenes Beschwerderecht**[33]. Daß der Beschuldigte die Wirksamkeit des Rechtsmittels seines gesetzlichen Vertreters durch eigene Erklärungen nicht beeinflussen kann, schließt nicht aus, daß er die auf ein fremdes Rechtsmittel ergangene Entscheidung seinerseits anficht, wenn sie ihn beschwert. Fraglich ist lediglich, ob bei den Anträgen nach § 319 Abs. 2, § 246 Abs. 2 der Beschuldigte dieses Recht ebenfalls hat. Ohne Rücksicht darauf, ob man in diesen Rechtsbehelfen eine Sonderform der sofortigen Beschwerde sieht[34], könnten die gleichen Überlegungen wie bei der Rücknahme und der Rechtsmittelbeschränkung[35] dazu führen, dem Beschuldigten entgegen der herrschenden Meinung dieses Recht zuzubilligen. Wegen der Kosten des Rechtsmittels s. § 473, wegen Anrechnung der Untersuchungshaft auf die Strafe s. § 450.

16 9. Legt ein **Anwalt** namens des gesetzlichen Vertreters das Rechtsmittel ein, so muß er nachweisen, daß er von diesem innerhalb der Rechtsmittelfrist Vollmacht erhalten hat. Dieser Nachweis ist noch nach Fristablauf zulässig[36].

---

[26] *Eb. Schmidt* 5.
[27] BGHSt **10** 174; BGH NJW **1964** 1732. Ebenso BayObLG DRiZ **1933** Nr. 53; OLG Celle HRR **1927** Nr. 1874; OLG Königsberg JW **1928** 1322 mit Anm. *Mannheim; Alsberg* GA **61** (1914) 487; *Sauer* ZStW **37** (1916) 201 Anm. 56; ferner KK-*Ruß*¹ 8; *Kleinknecht/ Meyer*³⁸ 6; KMR-*Paulus* 12; *Schlüchter* 622.2; *Eb. Schmidt* 6.
[28] BGHSt **10** 174; OLG Celle NJW **1964** 417.
[29] RGSt **42** 342; **47** 159; *Galli* DJZ **1914** 730.
[30] *Schlüchter* 622.2 (Schutz des unreifen Minderjährigen würde verfehlt, wenn dieser nach Erreichen der erforderlichen Reife mit der Volljährigkeit über die Fortführung des Rechtsmittels nicht selbst entscheiden könnte).
[31] Vgl. BGHSt **22** 326; *Kleinknecht/Meyer*³⁸ 6; KMR-*Paulus* 13; vgl. auch *Schlüchter* 622.2: (Rechtsmittel so zu behandeln, als sei es vom Beschuldigten eingelegt).
[32] RG GA **48** (1901) 132.
[33] OLG Celle NJW **1964** 417; OLG Hamm NJW **1973** 1850; KK-*Ruß*¹ 7; *Kleinknecht/ Meyer*³⁸ 5; KMR-*Paulus* 13.
[34] Vgl. § 319, 9; 12.
[35] Vgl. Rdn. 6; 7.
[36] RGSt **46** 372; **66** 210; § 297, 5; 6.

§ 299

(1) Der nicht auf freiem Fuß befindliche Beschuldigte kann die Erklärungen, die sich auf Rechtsmittel beziehen, zu Protokoll der Geschäftsstelle des Amtsgerichts geben, in dessen Bezirk die Anstalt liegt, wo er auf behördliche Anordnung verwahrt wird.

(2) Zur Wahrung einer Frist genügt es, wenn innerhalb der Frist das Protokoll aufgenommen wird.

Entstehungsgeschichte. Absatz 1 wurde durch Art. 2 Nr. 26 AGGewVerbrG geändert. Bezeichnung bis 1924: § 341.

Übersicht

	Rdn.		Rdn.
1. Zweck	1	c) Keine entsprechende Anwendung für andere Verfahren	6
2. Nicht auf freiem Fuß befindlich	2	4. Wahrung der Frist	7
3. Anwendungsbereich		5. Erweiterter Anwendungsbereich	9
a) Unmittelbar	4		
b) Kraft ausdrücklicher Verweisung	5	6. Rechtsbehelfe	11

1 **1. Zweck.** Die Sonderregelung schützt den verhafteten Beschuldigten gegen Fristversäumung und enthält daher eine Ausnahme von der allgemeinen Regel, daß eine Verfahrenserklärung erst mit dem Eingang bei dem zuständigen Gericht wirke. Erklärungen zur Niederschrift des im § 299 bezeichneten Urkundsbeamten reichen zur Fristwahrung aus (Rdn. 7). Zeitraubende Vorführungen sollen dadurch überflüssig werden[1]. § 299 gilt auch, wenn sich der Beschuldigte am Ort des Gerichts befindet, dessen Urteil angefochten werden soll[2]. Die Befugnis des Beschuldigten, seine Erklärungen außerhalb der Regelung des § 299 abzugeben, bleibt unberührt, denn § 299 gilt nur zu seinen Gunsten[3]. Er kann deshalb Rechtsmittelerklärungen auch außerhalb des § 299 abgeben, muß aber dann die allgemein geltenden Formen und Fristen beachten. Neben der Schriftform kommt auch die Erklärung zur Niederschrift der Geschäftsstelle des zuständigen Gerichts in Betracht[4]. Ein **Anspruch auf Vorführung** vor den sonst zuständigen Urkundsbeamten hat der Beschuldigte jedoch nicht. Auch ein Untersuchungsgefangener, der vor den am gleichen Ort befindlichen, allgemein zuständigen Urkundsbeamten vorgeführt werden will, hat insoweit kein Wahlrecht[5].

2 **2. Nicht auf freiem Fuß befindlich** ist jeder Beschuldigte, der auf behördliche Anordnung verwahrt wird. Hierzu rechnet — entsprechend dem Zweck der Vorschrift — jede Freiheitsentziehung im weitesten Sinn, also alle Arten behördlicher Verwahrung,

---

[1] Vgl. OLG Düsseldorf NJW **1970** 1890; *Meyer* JR **1982** 169.
[2] Heute h. M; der frühere Streit hat sich durch die Änderung des Wortlauts bereits 1933 erledigt; vgl. *Meyer* JR **1982** 169.
[3] OLG Stuttgart JR **1982** 167 mit Anm. *Meyer*; KK-*Ruß*[1] 1.
[4] OLG Bremen Rpfleger **1956** 240; OLG Stuttgart JR **1982** 167; KMR-*Paulus* 1.
[5] Strittig; wie hier KK-*Ruß*[1] 1; *Kleinknecht/Meyer*[38] 6; *Meyer* JR **1982** 168; a. A für Vorführung am gleichen Ort OLG Bremen Rpfleger **1956** 240; OLG Stuttgart JR **1982** 167 (unter Hinweis auf Anordnungsbefugnis des Haftrichters); *Eb. Schmidt* 1 (der aus § 119 Abs. 3 ein Recht auf Vorführung herleitet).

Untersuchungshaft ebenso wie Straf- oder Auslieferungshaft, die Unterbringung in einem psychiatrischen Krankenhaus oder in einer Entziehungsanstalt ebenso wie Polizeigewahrsam[6].

Unter **Anstalt** ist jede Einrichtung zu verstehen, in der der Beschuldigte verwahrt **3** wird. Dient eine Anstalt mehreren Amtsgerichten zur Aufnahme von Untersuchungshäftlingen, so soll jeder Urkundsbeamte eines der beteiligten Amtsgerichte zur Entgegennahme zuständig sein[7]. Dies ist zweifelhaft, da es auf die Lage der Anstalt („Bezirk") ankommt.

3. Anwendungsbereich

a) **Unmittelbar anzuwenden** ist § 299 bei allen Erklärungen des Beschuldigten, die **4** sich auf ein eigenes oder fremdes Rechtsmittel in einem gegen ihn geführten Strafverfahren beziehen. Es genügt jeder Bezug zu dem Rechtsmittel; die Anwendung des § 299 ist nicht auf fristgebundene Bewirkungshandlungen beschränkt. In Betracht kommen etwa: Einlegung, Begründung, Beantwortung, Verzicht, Rücknahme, Gegenerklärung, also etwa die Erklärungen gemäß den §§ 297, 302, 306, 311, 314, 317, 319, 341, 344, 345, 346, 347, 350.

b) **Kraft ausdrücklicher Verweisung** gilt § 299 ferner für die Anträge und Rechtsbe- **5** helfe nach den §§ 117, 118, 366 und nach den §§ 67, 79, 85 OWiG, § 29 Abs. 2 EGGVG (§§ 118 b, 365, 410 Abs. 1, ferner § 67 Abs. 1, § 79 Abs. 3; § 85 Abs. 1 OWiG).

c) **Keine entsprechende Anwendung.** Ob er auch ohne eine solche Verweisung **6** **entsprechend anwendbar** ist, ist strittig. § 299 ist nach seiner Stellung im Gesetz eine Ausnahmevorschrift für das Rechtsmittelverfahren der Strafprozeßordnung. Dies spricht gegen eine entsprechende Anwendung im Rahmen **anderer Verfahren**, die nicht auf § 299 oder allgemein auf die Rechtsmittelregelung der Strafprozeßordnung verweisen. § 299 ist deshalb nicht entsprechend heranziehbar, wenn der Inhaftierte nicht in dem gegen ihn geführten Strafverfahren tätig wird, sondern die Strafverfolgung eines anderen betreibt, so etwa beim Antrag nach § 172 Abs. 1 Satz 1 im Klageerzwingungsverfahren bzw. beim Antrag auf Bewilligung der Prozeßkostenhilfe für diesen Antrag[8]. Es ginge zu weit, wollte man § 299 allein deshalb bei anderen fristgebundenen Erklärungen entsprechend anwenden, weil sein Grundgedanke, daß dem behördlich Verwahrten aus der mit dem Freiheitsentzug verbundenen Erschwerung der Übermittlung kein Nachteil erwachsen dürfe, für jede Art von Verfahren zutrifft[9]. Welche verfahrensrechtlichen Möglichkeiten für diesen Fall vorgesehen sind, richtet sich immer nur nach der für das jeweilige Verfahren geltenden Verfahrensordnung. Für einen Verwaltungsrechtsstreit vorgesehene Erklärungen können daher nicht mit fristwahrender Wirkung gegenüber dem Urkundsbeamten des für den Verwahrungsort zuständigen Amtsgerichts abgege-

---

[6] KK-*Ruß*[1] 2; *Kleinknecht/Meyer*[38] 2; KMR-*Paulus* 1; *Eb. Schmidt* 1; § 35, 25.
[7] RG Recht **1922** Nr. 1621.
[8] KG JR **1964** 28; OLG Hamm NJW **1971** 2118; OLG Stuttgart Justiz **1983** 342; KK-*Ruß*[1] 3; *Kleinknecht/Meyer*[38] 4; KMR-*Paulus* 3; *Eb. Schmidt* Nachtr. I 1; a. A OLG Bremen NJW **1962** 169; LR-*Meyer-Goßner*[23] § 172, 105; wie hier LR-*Rieß* § 172, 163.
[9] Wollte man dies annehmen, müßte man konsequenterweise § 299 auch dort entsprechend anwenden, wo jede Verbindung zum Strafverfahren fehlt, etwa, wenn ein nach dem Verwahrungsgesetz Verwahrter vor dem Arbeitsgericht klagt. Daß § 299 die umfassende Bedeutung nicht haben kann, liegt auf der Hand. Gerade die im Interesse der Rechtsklarheit notwendige Formalisierung der Rechtsmittel und Rechtsbehelfe in den einzelnen Verfahrensordnungen schließt es aus, § 299 allgemein entsprechend anzuwenden.

ben werden[10]. § 299 gilt auch nicht für Anträge beim Bundesverfassungsgericht, selbst wenn sich diese gegen ein Strafurteil richten[11]. Im Verfahren nach den §§ 23 ff EGGVG ist § 299 entsprechend anzuwenden, soweit für das Verfahren das Beschwerdeverfahren der Strafprozeßordnung gilt (§ 29 EGGVG).

7 **4. Wahrung der Frist** (Absatz 2). Hier liegt die wesentliche Abweichung von der allgemeinen Regel. Ist eine Frist zu wahren, so genügt rechtzeitige Erklärung zur Niederschrift des nach Absatz 1 zuständigen Urkundsbeamten. Auf den Zugang bei dem zuständigen Gericht kommt es nicht an[12]. Ein auf diese Weise erklärter Rechtsmittelverzicht wird nach vorherrschender Ansicht bereits mit Abgabe der Erklärung wirksam und unwiderruflich und nicht erst mit Eingang beim Rechtsmittelgericht[13]. Bei der nicht fristgebundenen **Rücknahme** eines Rechtsmittels ist nur Absatz 1 anwendbar[14], weil andernfalls das bereits mit der Sache befaßte Rechtsmittelgericht in Unkenntnis der Rücknahme über das Rechtsmittel entscheiden könnte; dies spricht für eine Auslegung, daß hier der allgemeine Grundsatz gilt, wonach auch die nach § 299 Abs. 1 erklärte Rücknahme erst mit **Eingang beim Rechtsmittelgericht** wirksam wird[15]. Geht die gemäß § 299 aufgenommene Niederschrift bei Übersendung an das zuständige Gericht verloren, so berührt dies die Wirksamkeit der Erklärung nicht[16].

8 Macht der Beschuldigte von der Möglichkeit Gebrauch, sein Rechtsmittel **schriftlich einzulegen**, greift die Ausnahmevorschrift des § 299 nicht ein. Der Eingang der Rechtsmittelschrift beim Amtsgericht des Verwahrungsorts genügt dann zur Fristwahrung nicht[17].

9 **5. Erweiterter Anwendungsbereich.** Gemäß § 298 Abs. 2 gilt die Vorschrift auch für den gesetzlichen Vertreter des Beschuldigten, jedoch nicht für andere Personen[18], insbesondere nicht für einen gewillkürten Vertreter, auch wenn dieser ein Mithäftling ist[19], oder für einen in Haft befindlichen Nebenkläger[20].

10 Ein auf **freiem Fuß** befindlicher **Beschuldigter** kann sein Rechtsmittel nicht zu Protokoll der Geschäftsstelle eines anderen Gerichts erklären als desjenigen, das das Urteil erlassen hat, andernfalls wäre § 299 überflüssig[21].

11 **6. Rechtsbehelfe.** Wird die Vorführung vor den Urkundsbeamten nach § 299 abgelehnt, hat der Gefangene dagegen die Beschwerde[22]. Lehnt der Rechtspfleger des Amtsgerichts die Protokollierung der Erklärung des Gefangenen ab, hat dieser die Erinnerung nach § 11 RPflG bzw. die Durchgriffserinnerung nach § 11 Abs. 2 RpflG[23]. Hat der Beschuldigte rechtzeitig um Vorführung gebeten, jedoch vergeblich, so ist das ein **Wiedereinsetzungsgrund** (§ 44), die Wiedereinsetzung ist gegebenenfalls von Amts wegen zu bewilligen[24]. Der Beschuldigte kann auch dann um Wiedereinsetzung nachsu-

---

[10] BayVerwGH BayVerwBl. **1983** 536; OVG Hamburg MDR **1970** 266.
[11] OLG Bremen RPfleger **1958** 228.
[12] RG GA **50** (1903) 276; BGH NJW **1958** 470; KK-*Ruß*¹ 5; *Kleinknecht/Meyer*³⁸ 7; KMR-*Paulus* 6.
[13] Strittig. Vgl. § 302, 35.
[14] Strittig, ob auch nicht fristgebundene Erklärungen mit Abschluß der Beurkundung wirksam werden, vgl. die Nachw. Fußn. 12; ferner § 302, 35.
[15] BGH bei *Holtz* MDR **1978** 281; KK-*Ruß*¹ 5; *Kleinknecht/Meyer*³⁸ 7; KMR-*Paulus* 6 (für Revision).
[16] RG JW **1923** 395.
[17] OLG Düsseldorf NJW **1970** 1890.
[18] KG GA **70** (1926) 340.
[19] OLG Hamm GA **1981** 90.
[20] *Amelunxen* 20.
[21] BayObLG VRS **66** 282; bei *Rüth* DAR **1984** 246; OLG Stuttgart JR **1982** 167.
[22] OLG Stuttgart JR **1982** 167.
[23] *Meyer* JR **1982** 168.
[24] OLG Stuttgart Justiz **1985** 321; KK-*Ruß*¹ 6.

chen, wenn die ihm erteilte Rechtsbehelfsbelehrung unvollständig war, weil der Hinweis auf die durch § 299 eröffnete Möglichkeit fehlte[25].

§ 300

Ein Irrtum in der Bezeichnung des zulässigen Rechtsmittels ist unschädlich.

Bezeichnung bis 1924: § 342

Übersicht

	Rdn.		Rdn.
1. Grundsätzliches		2. Einzelfälle	
a) Zweck	1	a) Fehlende Bezeichnung	8
b) Anfechtungswille	2	b) Unklare Bezeichnung	9
c) Mehrere Rechtsmittel	5	c) Klare, aber unrichtige Bezeichnung	11
d) Entsprechende Anwendung	7	d) Rechtsmittel bei Ordnungswidrigkeiten	12
		3. Rechtsmittelfrist	13

1. Grundsätzliches

a) **Zweck.** § 300 regelt den **Irrtum bei der Erklärung** über Rechtsmittel, nicht den 1 Irrtum im Beweggrund[1]. Wer klar zu erkennen gibt, daß er eine gerichtliche Entscheidung anfechte, sich bei ihr „nicht beruhigen wolle", aber das zulässige Rechtsmittel versehentlich unrichtig oder gar nicht bezeichnet, soll dadurch keinen Nachteil erleiden. Als eingelegt gilt „der durch die Rechtslage gebotene Rechtsbehelf"[2]. Maßgebend dafür ist der sachliche Inhalt der angefochtenen Entscheidung[3]. Wer dagegen, abgesehen von dem Sonderfall der Sprungrevision (darüber § 335), das früher bewußt und gewollt eingelegte Rechtsmittel zufolge einer Sinnesänderung durch ein anderes ersetzen will, kann sich nicht auf den § 300 berufen[4]. Aber nicht nur die versehentlich unrichtige Bezeichnung des Rechtsmittels ist unschädlich. Es ist an sich überhaupt nicht erforderlich, daß der Beschwerdeführer das **Rechtsmittel**, das er einlegen will, **benennt**[5].

b) **Anfechtungswille.** In jeder Erklärung, die eindeutig ergibt, daß der Beschwer- 2 deführer die Überprüfung der bezeichneten Entscheidung erstrebt, liegt die Einlegung des zulässigen Rechtsmittels[6]. Dies kann auch für einen mit dieser Begründung eingereichten Antrag gelten, hierfür einen Verteidiger zu bestellen. Die Eingabe der durch eine gerichtliche Entscheidung beschwerten Person, in welcher die Änderung der Entscheidung begehrt wird, ist im Zweifel so aufzufassen, wie sie den erstrebten **Erfolg am**

---

[25] OLG Bremen MDR **1979** 517; vgl. § 35 a, 15; 25.
[1] BayObLGSt **1973** 146 = VRS **46** 51; OLG Düsseldorf MDR **1962** 327; OLG Frankfurt JW **1927** 932; OLG Königsberg JW **1925** 1545; KMR-*Paulus* 3; *Eb. Schmidt* Nachtr. I 2; *Mannheim* JW **1926** 1250.
[2] KG DJZ **1909** 605.
[3] OLG Celle NdsRpfl **1961** 233; vgl. Vor § 296, 56.
[4] Vgl. die Nachw. Fußn. 1; ferner OLG Schleswig bei *Ernesti/Lorenzen* SchlHA **1980** 183.
[5] BGHSt **2** 67; KK-*Ruß*[1] 1; *Kleinknecht-Meyer*[38] 2; KMR-*Paulus* 6.
[6] *Kleinknecht* JZ **1960** 674.

§ 300   Drittes Buch. Rechtsmittel

besten erreicht, dies ist meist die umfassenste Nachprüfung[7]. Bleibt zweifelhaft, ob ein Verteidiger des jugendlichen Angeklagten das Rechtsmittel für diesen oder den gesetzlichen Vertreter eingelegt hat, ist letzteres anzunehmen[7a].

3   Der Anfechtungswille muß **aus der Erklärung** hervorgehen[8]. Bei Auslegung des Anfechtungswillens kann die Person des Beschwerdeführers bedeutsam sein. Das gilt vor allem bei Beschränkung des Rechtsmittels auf Teile der angefochtenen Entscheidung. Rechtskundige sind hier regelmäßig beim Wort zu nehmen, bei Rechtsunkundigen ist großzügigere Auslegung am Platze[9]. Maßgebend für die Auslegung ist der **Gesamtinhalt der Verfahrenserklärungen**[10] nebst den erkennbaren Erklärungsumständen, jedoch nicht außerhalb der Verfahrenserklärungen liegende Umstände. Das Rechtsmittelgericht hat die hiernach maßgebenden Erklärungen und Umstände pflichtgemäß insgesamt zu würdigen[11].

4   Im **Gesuch** um Erteilung einer **Urteilsabschrift** liegt für sich allein nicht die Einlegung eines Rechtsmittels[12], sofern nicht weitere Umstände auf Anfechtung hindeuten.

5   c) Sind **mehrere Rechtsmittel** gegen eine Entscheidung gegeben, so ist zu unterscheiden: Der Inhalt der gesamten Entscheidung kann wahlweise mit zwei verschiedenen Rechtsmitteln angreifbar sein (§ 335 Berufung oder Revision), es können aber auch verschiedene Teile des Urteils verschiedene Rechtsmittel erfordern (z. B. § 464 Abs. 3: sofortige Kostenbeschwerde neben Berufung oder Revision). Im ersteren Falle ist die **erkennbare Zielrichtung** der Anfechtungserklärung maßgebend dafür, welches Rechtsmittel eingelegt ist; eine falsche, dieser Zielrichtung nicht entsprechende Bezeichnung ist unschädlich (vgl. auch Rdn. 10, 12).

6   Sind dagegen verschiedene Teile einer Entscheidung mit **verschiedenen Rechtsmitteln** anfechtbar, so muß die Rechtsmittelerklärung zweifelsfrei ersehen lassen, auf welche Entscheidungsteile sich die Anfechtung erstrecken soll. Die Rechtsprechung fordert hier im Interesse der Rechtsklarheit, daß bereits aus den innerhalb der Einlegungsfrist abgegebenen Erklärungen die **doppelte Zielrichtung** der Anfechtung eindeutig erkennbar ist. Sie will damit ausschließen, daß § 300 eine Handhabe zum Unterlaufen der Anfechtungsfristen bietet; andernfalls könnte der Rechtsmittelführer auch auf Grund eines späteren Sinneswandels trotz Fristablaufes die Zielrichtung seiner Anfechtung ergänzen oder erweitern[13]. Eine Umdeutung ist daher nur innerhalb des engen Rahmens möglich, der sich aus der **erkennbaren Zielrichtung** der fristgerecht abgegebenen

---

[7] H. M. vgl. etwa RGSt **67** 125; BGH NJW **1956** 756, BayObLGSt **1949/51** 369; **1969** 96 = JR **1969** 470 mit Anm. *Göhler*; KG DJZ **1909** 605; HRR **1930** Nr. 1571; OLG Düsseldorf VRS **59** 358. OLG Koblenz VRS **65** 45; OLG Stuttgart Justiz **1986** 27, OLG Schleswig bei *Lorenzen* SchlHA **1987** 119; *Kleinknecht/Meyer*[38] 3.

[7a] OLG Düsseldorf JMBlNW **1987** 71; § 298, 9.

[8] KK-*Ruß*[1] 2; KMR-*Paulus* 3; *Eb. Schmidt* 2.

[9] Vgl. etwa KG JR **1950** 633; KK-*Ruß*[1] 2.

[10] BGHSt **2** 43 = NJW **1952** 435 mit Anm. *Cüppers*; BGHSt **19** 275; KK-*Ruß*[1] 2; *Kleinknecht/Meyer*[38] 3.

[11] BayObLGSt **1960** 107 = NJW **1960** 1682; vgl. § 318, 17 ff.

[12] RGRspr. **1** 110.

[13] Vgl. BGHSt **25** 77; BayObLGSt **1973** 146 = VRS **46** 51; OLG Hamm NJW **1971** 444. Die Frage war zunächst bei der Kostenbeschwerde streitig; BayObLGSt. **1972** 7 = VRS **43** 288 wollte es im Verhältnis zwischen Kostenbeschwerde und Revision genügen lassen, wenn sich erst aus der Revisionsbegründung ergibt, daß auch die Kostenentscheidung selbständig angegriffen wird. Die Rechtsprechung hat sich dann aber zugunsten der formaleren Lösung entschieden. Wegen der Einzelheiten und weiterer Nachweise vgl. § 464, 43. Vgl. ferner OLG Frankfurt NJW **1974** 202 (Revision und die Entscheidung über die Entschädigung für Strafverfolgungsmaßnahmen); OLG Düsseldorf GA **1976** 183.

Rechtsmittelerklärungen ergibt. Insoweit ist dann eine falsche Bezeichnung unschädlich. Bestimmt dagegen mangels Erläuterung die Bezeichnung des Rechtsmittels auch Umfang und Grenzen der Anfechtung, dann scheidet die Anwendung des § 300 aus.

d) Entsprechende Anwendung. § 300 ist Ausdruck eines **allgemeinen Rechtsgedankens**[14]. Er gilt nicht nur für Rechtsmittel im engen Sinne, sondern auch für alle **Rechtsbehelfe**, also für den Antrag auf gerichtliche Entscheidung (vgl. § 161 a Abs. 3), den Einspruch, den Antrag auf Entscheidung des Revisionsgerichts nach § 346 Abs. 2, die Wiedereinsetzung in den vorigen Stand und die Wiederaufnahme des Verfahrens[15], sowie **sonstige Anträge** im Strafverfahren[16]. Ein Antrag auf Wiedereinsetzung kann daher als Antrag auf Entscheidung des Revisionsgerichts (§ 346 Abs. 2) aufgefaßt werden, eine durch den besonderen Verfahrensgang (Berufungsrücknahme der Staatsanwaltschaft) unzulässig gewordene sofortige Beschwerde gegen die Zulassung des Nebenklägers kann in eine Gegenvorstellung beim Revisionsgericht gegen die Zulassung umgedeutet werden[17].

2. Einzelfälle

a) Fehlende Bezeichnung. Ist das Rechtsmittel nicht bezeichnet, jedoch nur ein einziges Rechtsmittel zulässig, so ist dieses Rechtsmittel eingelegt. Erklärt der Beschwerdeführer später, dieses Rechtsmittel sei nicht gemeint, sondern ein anderes (gesetzlich nicht vorgesehenes), so gilt dies nur dann als Zurücknahme, wenn dem Beschwerdeführer die Unzulässigkeit jenes anderen Rechtsmittels an sich bekannt ist und wenn seiner Erklärung deutlich zu entnehmen ist, daß das zulässige Rechtsmittel keinesfalls verfolgt und die beanstandete Entscheidung jedenfalls auf diesem Wege nicht angefochten werden solle. Fehlt die Bezeichnung und sind mehrere Rechtsmittel zulässig, so gelten die Grundsätze des § 335[18].

b) Unklare Bezeichnung. Ist der Sinn der Erklärung zweifelhaft, so ist der Erklärende zu befragen[19]. Ergibt sich ein bloßer Bezeichnungsirrtum, so gilt das nunmehr Bezeichnete, zurückbezogen auf den Zeitpunkt der unklaren Bezeichnung[20]. Die Rechtsmitteleinlegung ist rechtzeitig, wenn die erste Erklärung, unbeschadet späterer Erläuterung, fristgerecht abgegeben worden ist[21]. Kein bloßer Bezeichnungsirrtum im Sinne des § 300 ist es, wenn der Erklärende das Rechtsmittel, das er eingelegt hat, auch bewußt einlegen wollte[22]. Ob dies auch gilt, wenn er ein anderes irrig für unzulässig gehalten hat, kann fraglich sein[23]. Sicher trifft § 300 dann zu, wenn der Erklärende jedenfalls das zulässige Rechtsmittel meint, aber die Zulässigkeit unrichtig beurteilt und aus diesem Grunde das unzulässige Rechtsmittel „will". Der rechtspolitische Sinn des § 300, ein Irrtum in der Bezeichnung des zulässigen Rechtsmittels solle unschädlich sein, würde andernfalls verfehlt. Dafür spricht auch, daß die Nichtbezeichnung des Rechtsmittels dem Erklärenden zugute gehalten wird (Rdn. 10). Warum sollte es anders sein, wenn der Er-

---

[14] KK-*Ruß*[1] 1; *Kleinknecht/Meyer*[38] 1 (unter Hinweis auf BVerfGE 40 275); KMR-*Paulus* 2.
[15] RGSt **67** 125; BayObLGSt **10** 57; **32** 199; **1955** 148; KG DJZ **1909** 605; OLG Hamm GA **1970** 188.
[16] KK-*Ruß*[1] 1; *Kleinknecht/Meyer*[38] 1; KMR-*Paulus* 2.
[17] BayObLGSt **1966** 144.
[18] Vgl. Rdn. 10; § 335, 8 ff.
[19] BGHSt **2** 67; KK-*Ruß*[1] 2; *Kleinknecht/Meyer*[38] 2; KMR-*Paulus* 2; *Eb. Schmidt* 2.
[20] OLG Nürnberg HESt 1 209.
[21] KMR-*Paulus* 2; *Eb. Schmidt* 2.
[22] OLG Celle MDR **1970** 255; OLG Düsseldorf MDR **1962** 327.
[23] Vgl. OLG Celle VRS **15** 58; KG JW **1925** 1032; *Goldschmidt* JW **1925** 1032; *Unger* JW **1927** 2083.

§ 300 Drittes Buch. Rechtsmittel

klärende, statt nur seinen Anfechtungswillen kundzugeben, auch seinen (rechtlich unrichtigen) Gedankengang dazu offenbart? Nur wenn sich der Erklärende aus Rechtsirrtum auf ein bestimmtes Rechtsmittel versteift und kein anderes durchführen will, wird § 300 unanwendbar bleiben müssen[24].

10 Sind **zwei Rechtsmittel** alternativ zulässig (Rdn. 5), so kann bei der Umdeutung davon ausgegangen werden, daß der Rechtsmittelführer im Zweifel das Rechtsmittel einlegen will, das zur umfassenderen Nachprüfung führt, also die Berufung, wenn diese neben der Revision zur Wahl steht[25]. Ist Berufung und zugleich Revision eingelegt, beides innerhalb der Begründungsfrist an sich ordnungsgemäß begründet, die **Wahl** zwischen beiden Rechtsmitteln aber über die Begründungsfrist hinaus **ausdrücklich vorbehalten**, so wird das Rechtsmittel bei fortbestehendem Anfechtungswillen als (die umfassendere) Berufung zu behandeln sein[26]. Ist dagegen das erkennbare Ziel der Anfechtung nur mit einem der nebeneinander möglichen Rechtsmittel erreichbar, dann ist dieses Rechtsmittel als eingelegt anzusehen[27].

11 c) **Klare, aber unrichtige Bezeichnung** (vgl. auch Rdn. 1). Ist nur ein bestimmtes Rechtsmittel, etwa nur Revision, zulässig, so ist eine unrichtig als Berufung bezeichnete Anfechtung als Revision zu behandeln[28]. Das gilt auch, wenn der Beschwerdeführer das von ihm bezeichnete (unzulässige) Rechtsmittel einlegen wollte, denn in der Regel ist die Anfechtungserklärung dahin auszulegen, daß der Beschwerdeführer unabhängig von der gewählten Bezeichnung das Rechtsmittel einlegen will, das zulässig ist[29]. Nur wenn die auch hier angezeigte Befragung des Beschwerdeführers[30] ergibt, daß er bei dem falschen Rechtsmittel beharren will und auf dessen Durchführung besteht, ist er entsprechend seiner Erklärung zu behandeln und das falsche Rechtsmittel als unzulässig zu verwerfen[31].

12 d) **Rechtsmittel bei Ordnungswidrigkeiten.** Hat der Beschwerdeführer ein im Strafverfahren wegen einer Ordnungswidrigkeit ergangenes Urteil mit Rechtsbeschwerde (bzw. mit Zulassungsantrag nach § 79 OWiG) angefochten, so ist sein Rechts-

---

[24] OLG Düsseldorf MDR **1962** 327; vgl. Rdn. 11.
[25] OLG Düsseldorf VRS **59** 358; OLG Hamburg NJW **1970** 1468; OLG Hamm VRS **49** 49; OLG Koblenz VRS **65** 45; OLG Schleswig bei *Ernesti/Jürgensen* SchlHA **1973** 188; bei *Ernesti/Lorenzen* SchlHA **1985** 140, bei *Lorenzen* SchlHA **1987** 119.
[26] Wegen der Einzelheiten vgl. § 335, 9 ff.
[27] Vgl. BayObLG VRS **66** 37 (Beschwerde gegen Auflagenbeschluß statt Berufung).
[28] RGSt **68** 298; RG DRiZ **1928** Nr. 854; BGHSt 2 62; OLG Rostock GA **71** (1927) 70; BayObLGSt **1953** 5 („Berufung" statt Revision); **1953** 89 („Einspruch" statt Revision); KG DJZ **1909** 605 (Antrag nach § 346 Abs. 2 statt Wiedereinsetzung); OLG Celle VRS **15** 58; NJW **1960** 114 (sofortige Beschwerde statt Berufung); vgl. auch BayObLGSt **1959** 84; OLG Düsseldorf VRS **59** 358; OLG Saarbrücken VRS **31** 54; *Kleinknecht* JZ **1960** 673.
[29] Vgl. OLG Celle VRS **15** 58; OLG Saarbrücken VRS **31** 54; *Kleinknecht* JZ **1960** 674. Das OLG Oldenburg (NdsRpfl. **1953** 170) will einen Rechtskundigen an einem von ihm gewählten unzulässigen Rechtsmittel festhalten und dem Beschuldigten, der dadurch ein Rechtsmittel verliert, als Ausgleich dafür die Wiedereinsetzung gewähren, da die falsche Wahl des Rechtsmittels durch seinen Verteidiger für ihn ein unabwendbarer Zufall sei. Eine derart enge Auslegung des § 300 wird jedoch weder seinem Sinn gerecht, noch entspricht das Verfahren der Prozeßökonomie. Vgl. auch den Sonderfall OLG Neustadt GA **1957** 422.
[30] Vgl. BGHSt 2 63; Rdn. 9 mit weit. Nachw.
[31] Vgl. OLG Düsseldorf MDR **1962** 327.

mittel nach § 300 als Berufung, nicht als Revision zu behandeln[32]. Umgekehrt kann die Anfechtung mit Berufung oder Revision auch als Einlegung der Rechtsbeschwerde bzw. als Zulassungsantrag umgedeutet werden[33]. Die Rechtsbeschwerde kann auch als Antrag auf Zulassung behandelt werden[34]. Ist ein Urteil teils mit den Rechtsmitteln des Strafverfahrens, teils mit Rechtsbeschwerde anfechtbar (§ 83 Abs. 2 OWiG), so muß nach den Umständen des Einzelfalls beurteilt werden, ob eine Anfechtungserklärung sowohl als Berufung (evtl. auch als Revision) und zugleich auch als Rechtsbeschwerde bzw. als Zulassungsantrag angesehen werden kann[35]. Beim Einspruch im Bußgeldverfahren ist § 300 ebenfalls sinngemäß anwendbar[36].

3. Die Rechtsmittelfrist (Einlegungsfrist) ist im Bereich des § 300, also des bloßen **13** Bezeichnungsirrtums, ohne Bedeutung. Es gilt, zurückbezogen auf den Zeitpunkt der Anfechtung, das günstigste (umfassendste) zulässige Rechtsmittel als gewollt und eingelegt[37]. Nur wenn mehrere Rechtsmittel gegen die gleiche Entscheidung gegeben sind, kann die fristgerechte Bezeichnung bedeutsam sein, da Zielrichtung und Gegenstand der Anfechtung aus den innerhalb der Rechtsmittelfrist abgegebenen Erklärungen erkennbar sein müssen[38].

§ 301

Jedes von der Staatsanwaltschaft eingelegte Rechtsmittel hat die Wirkung, daß die angefochtene Entscheidung auch zugunsten des Beschuldigten abgeändert oder aufgehoben werden kann.

Bezeichnung bis 1924: § 343.

Übersicht

	Rdn.		Rdn.
1. Rechtsmittel der Staatsanwaltschaft. Favor defensionis	1	5. Weitere Anfechtung	8
2. Nur im Umfang der Anfechtung	4	6. Entsprechende Anwendung	9
3. Mußvorschrift	6	7. Revision eines Mitbeschuldigten	10
4. Zurückverweisung	7	8. Form der Entscheidung	11

---

[32] BayObLGSt **1969** 93 = NJW **1969** 1313; OLG Düsseldorf MDR **1976** 75; OLG München NJW **1970** 261; OLG Schleswig bei *Ernesti/Lorenzen* SchlHA **1985** 140; bei *Lorenzen* SchlHA **1987** 119; *Göhler* JR **1969** 471; zur Anfechtung einer im Strafverfahren ausgesprochenen Verurteilung zur Geldbuße, vgl. auch OLG Hamm NJW **1969** 1314; 1500 dazu Anm. *Herdemerten* NJW **1969** 2251; OLG Düsseldorf GA **1976** 57.
[33] OLG Hamm VRS 40 373.
[34] BayObLGSt **1969** 113; *Göhler* MDR **1970** 259; a. A OLG Frankfurt MDR **1970** 258.
[35] BayObLGSt **1970** 39 = NJW **1970** 1202.
[36] OLG Koblenz VRS **68** 216; *Göhler*[8] § 67, 28; vgl. Rdn. 7.
[37] Vgl. Rdn. 10.
[38] Vgl. Rdn. 6.

§ 301

1 **1. Rechtsmittel der Staatsanwaltschaft. Favor defensionis.** Legt nur der Beschuldigte ein Rechtsmittel ein, oder die Staatsanwaltschaft **zu seinen Gunsten** (§ 296 Abs. 2), so kann das Urteil in Art und Höhe der Rechtsfolgen nicht zu seinem Nachteil geändert werden (§§ 331, 358 Abs. 2; 373 Abs. 2). Diese Sperrwirkung gegen eine Verschlechterung[1] tritt aber nur bei den Rechtsmitteln ein, bei denen sie das Gesetz ausdrücklich vorsieht, also bei Berufung und Revision, nicht aber im Regelfall bei der Beschwerde[2].

2 Die **zuungunsten des Beschuldigten** eingelegten Rechtsmittel lassen dagegen auch die Abänderung der angefochtenen Entscheidung zugunsten des Beschuldigten in jeder Richtung zu. Dies legt § 301 für das zuungunsten des Angeklagten eingelegte Rechtsmittel des Staatsanwalts ausdrücklich fest. Eine dem Beschuldigten nachteilige, einseitige Veränderungssperre würde dem Wesen des Strafverfahrens und der Aufgabe der Staatsanwaltschaft widersprechen (vgl. § 155).

3 Das zuungunsten des Beschuldigten eingelegte Rechtsmittel führt, sofern es zulässig und unbeschränkt eingelegt ist, stets zu einer **Gesamtüberprüfung** der angefochtenen Entscheidung. Rechtsfehler zum Nachteil des Beschuldigten sind ebenso zu beseitigen wie solche zu seinem Vorteil. Hat das zuungunsten eingelegte Rechtsmittel zugunsten des Beschuldigten Erfolg, dann bleibt aufgrund des § 301 die Sache auch dann nur zugunsten des Beschuldigten rechtshängig, wenn das Rechtsmittel seine härtere Bestrafung bezweckt, jedoch eine mildere erreicht[3]. Nach der herrschenden Meinung tritt auch hier die Sperrwirkung der §§ 331, 358 Abs. 2 ein[4]. Sie fehlt nur bei erfolgreichem Rechtsmittel zuungunsten des Beschuldigten.

4 **2.** § 301 gilt **nur** in dem **Umfang**, in dem die **Anfechtung** die Entscheidung zur sachlichen Überprüfung durch das Rechtsmittelgericht stellt, also nur soweit das Rechtsmittel zulässig, ordnungsgemäß eingelegt und nicht wirksam beschränkt ist (§§ 327, 353)[5]. Sind **mehrere selbständige Handlungen** abgeurteilt und ist das Rechtsmittel wirksam auf eine von ihnen beschränkt, so wird das Urteil, soweit es rechtskräftig geworden ist, nicht mehr geprüft.

5 Hat der Staatsanwalt die Berufung auf den **Rechtsfolgenausspruch** beschränkt, so ist der Schuldspruch jeder Nachprüfung entzogen. Ein auf den Rechtsfolgenausspruch beschränktes Rechtsmittel kann nicht auf Grund des § 301 auf die Schuldfrage ausgedehnt werden[6].

6 **3. Mußvorschrift.** § 301 ist zwingend. Das „kann" besagt nur, daß das Rechtsmittelgericht ohne Bindung an den vom Beschwerdeführer verfolgten Rechtsmittelzweck (Rdn. 1) und ohne Ermessensspielraum diejenige Entscheidung zu fällen hat, die dem Gesetz nach Sachlage entspricht. Auch wenn das Rechtsmittel Erschwerung des Schuldspruchs oder schwerere Bestrafung erstrebt, kann das Rechtsmittelgericht den Beschuldigten freisprechen oder den Schuldspruch zu seinen Gunsten ändern oder die Strafe mildern[7].

---

[1] Vgl. § 331, 3 ff.; 12 ff.
[2] Wegen der Ausnahmen vgl. Vor § 304, 21; § 309, 19.
[3] OLG Hamm NJW 1953 19; *Eb. Schmidt* 4; vgl. § 331, 24.
[4] RGSt 45 64; BGHSt 13 41; BGH bei *Dallinger* MDR **1969** 964; KK-*Ruß*[1] 1; *Kleinknecht/Meyer*[38] 1. Nach KMR-*Paulus* 5 ist die Wirkung des § 301 eine gesetzliche Folge des Rechtsmittels der Staatsanwaltschaft; die Anwendung des Veschlechterungsverbots auf § 301 ist weder möglich noch nötig noch ausreichend.
[5] RGSt **63** 186; *Kleinknecht/Meyer*[38] 1; KMR-*Paulus* 2; *Eb. Schmidt* 2; 3.
[6] RGSt **47** 361; BayObLGSt **3** 45; **17** 113; **18** 117; OLG Hamm HESt **2** 123; vgl. § 318, 25 ff.
[7] Vgl. etwa OLG Hamm NJW **1953** 118; *Kleinknecht/Meyer*[38] 1; *Eb. Schmidt* 6.

4. Zurückverweisung. Anzuwenden sind dieselben Grundsätze, wenn das Revisionsgericht selbst entscheidet (§ 354 Abs. 1), wie wenn es die Sache zurückverweist (§ 354 Abs. 2), oder wenn das Berufungsgericht zurückverweist (§ 328). Die Vorschrift des § 358 Abs. 1 über die Bindung an die Aufhebungsansicht des Revisionsgerichts gilt auch hier. Wirkt das zuungunsten des Beschuldigten eingelegte Rechtsmittel zu seinen Gunsten, so gilt von jetzt ab das Verschlechterungsverbot (Rdn. 3). Nach weitergehender Ansicht[8] darf das Gericht in solchen Fällen keine Umstände berücksichtigen, die zu einer ungünstigeren Veränderung des Schuldspruchs führen könnten, da die durch § 301 ausgelöste Untersuchung auf die Elemente beschränkt sei, die zugunsten des Beschuldigten wirken.

5. Weitere Anfechtung. Hat die Staatsanwaltschaft Berufung eingelegt, und zwar auch zuungunsten des Beschuldigten, so steht diesem die Revision selbst dann zu, wenn er kein Rechtsmittel eingelegt hatte. Die Berufung der Staatsanwaltschaft hat, wie § 301 klarstellt, die Folge, daß die Entscheidung auch zu seinen Gunsten abänderbar geblieben ist. Hat umgekehrt nur der Beschuldigte erfolglos Berufung eingelegt, so schließt die Sperrwirkung der relativen Rechtskraft nicht aus, daß die durch jeden Rechtsfehler beschwerte Staatsanwaltschaft das Berufungsurteil zuungunsten des Angeklagten mit Revision angreift, auch wenn sie den Rechtsfolgeausspruch wegen des Verschlechterungsverbots nicht mehr zu Lasten des Beschuldigten ändern kann[9].

6. Entsprechende Anwendung. Der Grundsatz des § 301 gilt entsprechend für Rechtsmittel des Privatklägers (§ 390), des Nebenklägers (§ 397; § 390) für das Wiederaufnahmeverfahren (§ 365) und für die Rechtsbeschwerde nach § 79 Abs. 3 OWiG[10].

7. Die Revision eines Mitbeschuldigten kommt nach § 357 dem Beschuldigten zugute, eine Berufung nicht.

8. Form der Entscheidung. Hat die Staatsanwaltschaft zuungunsten, der Verteidiger oder gesetzliche Vertreter des Beschuldigten zu dessen Gunsten oder dieser selbst ein Rechtsmittel eingelegt, und erweist es sich als begründet, so ist das Rechtsmittel der Staatsanwaltschaft zu verwerfen und auf das Rechtsmittel des Beschuldigten gemäß den §§ 328 bzw. 354 zu entscheiden[11]. Hat nur die Staatsanwaltschaft zuungunsten des Beschuldigten Rechtsmittel eingelegt, so ist strittig, ob dieses zu verwerfen ist, wenn es zur Aufhebung zugunsten des Beschuldigten führt[12] oder ob auf das Rechtsmittel hin nur die neue Entscheidung des Berufungsgerichts ergeht[13].

---

[8] KMR-*Paulus* 5; 6.
[9] Vgl. § 296, 35.
[10] RGSt **22** 217; **41** 439; **45** 326; **61** 191; BGH NJW **1953** 1521; StrVert. **1981** 271; VRS **50** 369; BayObLGSt **1953** 159; 266 = MDR **1954** 376; OLG Hamm HESt **2** 124; OLG Schleswig bei *Ernesti/Jürgensen* SchlHA **1969** 154; KK-*Ruß*[1] 2; *Kleinknecht/Meyer*[38] 2; KMR-*Paulus* 3; *Eb. Schmidt* 1; vgl. § 390, 6; § 401, 26; § 365, 9, 12.
[11] BGH VRS **50** 369; KMR-*Paulus* 11; *Kleinknecht/Meyer*[38] 3; *Eb. Schmidt* 8.
[12] *Eb. Schmidt* 8 nimmt dies an.
[13] So *Kleinknecht/Meyer*[38] 3; KMR-*Paulus* 7.

§ 302

(1) Die Zurücknahme eines Rechtsmittels sowie der Verzicht auf die Einlegung eines Rechtsmittels kann auch vor Ablauf der Frist zu seiner Einlegung wirksam erfolgen. ²Ein von der Staatsanwaltschaft zugunsten des Beschuldigten eingelegtes Rechtsmittel kann jedoch ohne dessen Zustimmung nicht zurückgenommen werden.
(2) Der Verteidiger bedarf zur Zurücknahme einer ausdrücklichen Ermächtigung.

Schrifttum. *Dahs* Zur Rechtswirksamkeit des nach der Urteilsverkündung herausgefragten Rechtsmittelverzichts, FS Schmidt-Leichner 17; *Dencker* Willensfehler bei Rechtsmittelverzicht und Rechtsmittelrücknahme im Strafprozeß (1972); *Gössel* Über die Folgen der Aufhebung von Berufungsurteilen in der Revisionsinstanz, JR **1982** 270; *Friedländer* Der Rechtsmittelverzicht im Deutschen Strafprozeß, GerS **58** (1901) 401; *Kies* JZ **1953** 343 (Anm. zu OLG Braunschweig aaO); *Koch* Probleme des Rechtsmittelverzichts, JR **1964** 225; *Mayer* Rechtsmittelbeschränkung ohne Ermächtigung, MDR **1979** 197; *Meyer-Goßner* Der fehlende Nachweis der Ermächtigung zur Beschränkung eines Rechtsmittels, MDR **1979** 809; *Schmidt* Unwirksamkeit des Rechtsmittelverzichts, NJW **1965** 1210; *Schmidt* Die Grenzen der Bindungswirkung eines Rechtsmittelverzichts JuS **1967** 158; *Schulze* Der Einfluß von Willensmängeln auf den Bestand des Rechtsmittelverzichts des Berechtigten, Diss. Regensburg 1973; *Specht* Erneute Berufung nach Berufungszurücknahme, GA **1977** 72.

Bezeichnung bis 1924: § 344.

Übersicht

	Rdn.
I. Rechtsmittelrücknahme, Rechtsmittelverzicht	
1. Grundsätzliches	
a) Zweck	1
b) Prozeßrechtliche Handlungsfähigkeit	2
c) Keine Rückwirkung	3
d) Entsprechende Anwendung des § 302	4
2. Zeitpunkt der Erklärung	
a) Vor Ablauf der Rechtsmittelfrist	5
b) Fristbeginn	6
c) Nach Zurückverweisung	10
3. Form der Erklärung	11
4. Inhalt der Erklärung	
a) Eindeutigkeit	16
b) Zwei verschiedene Rechtsmittel	21
c) Rücknahme und Verzicht	23
5. Teilweise Rücknahme, Teilverzicht	26
6. Wirksamkeit	
a) Allgemein	28
b) Bedingte Erklärung	29
c) Eingang beim zuständigen Gericht	30
d) Widerruf	36
II. Bindung an Rücknahme und Verzicht	
1. Kein Widerruf	39
2. Keine Anfechtbarkeit wegen Willensmängel	42
3. Unwirksamkeit	44
4. Wiedereinsetzung	50
III. Besonderheiten bei den einzelnen Verfahrensbeteiligten	
1. Zuständigkeit für Zurücknahme eines Rechtsmittels der Staatsanwaltschaft	51
2. Rechtsmittel der Staatsanwaltschaft zugunsten des Beschuldigten	
a) Zweck des § 302 Abs. 1 Satz 2	52
b) Zustimmung des Beschuldigten	54
3. Rechtsmittel des gesetzlichen Vertreters	56
4. Zurücknahme durch Verteidiger (Absatz 2)	
a) Einheitliches Rechtsmittel	57
b) Ausdrückliche Ermächtigung	59
c) Form der Ermächtigung	60
d) Zeitpunkt der Ermächtigung	62
e) Widerruf	67
f) Nachweis der Ermächtigung	69
5. Anwalt des Nebenklägers	70
IV. Sonstige Verfahrensfragen	
1. Erledigt-Erklärung	71
2. Keine Bindung des Revisionsgerichts	72
3. Kostenbeschluß	73

I. Rechtsmittelrücknahme, Rechtsmittelverzicht

1. Grundsätzliches

a) **Zweck.** Die Zurücknahme eines Rechtsmittels und der Verzicht darauf sind **1** Prozeßhandlungen von besonderer Tragweite für denjenigen, der sie erklärt. Deswegen und wegen ihrer grundsätzlichen Unwiderruflichkeit sieht § 302 Abs. 1 Satz 2, Abs. 2 einschränkende Sicherungen zugunsten des Beschuldigten vor. Der Schutzzweck der Vorschrift muß ihre Auslegung und Anwendung im Einzelfall bestimmen.

b) Als Prozeßhandlungen setzen Zurücknahme, Verzicht und Ermächtigung **2** hierzu voraus, daß im Zeitpunkt der Erklärung die **prozeßrechtliche Handlungsfähigkeit** besteht, bürgerliche Geschäftsfähigkeit erfordern sie nicht[1]. Die Verhandlungsfähigkeit ist die unter Umständen wechselnde körperliche und geistige Fähigkeit, den Verfahrenserörterungen zu folgen oder eine Prozeßhandlung mit Verständnis vorzunehmen. Maßgebend dafür ist stets die jeweilige Sachlage. Übermäßige Anforderungen sind hierbei nicht zu stellen. Auch Geisteskrankheit, Mängel der geistigen Entwicklung, Taubstummheit schließen die Verhandlungsfähigkeit nach Sachlage nicht stets aus[2]. Als Prozeßvoraussetzung ist die Verhandlungsfähigkeit durch **Freibeweis** zu prüfen, sofern Zweifel bestehen, und zwar hinsichtlich eines selbst erklärten Verzichts wie hinsichtlich der Ermächtigung zum Verzicht nach Absatz 2[3]. Der Grundsatz im Zweifel für den Angeklagten gilt insoweit nicht[4].

c) Die Rechtsmittelrücknahme **wirkt nicht zurück.** Sie geht **ins Leere**, wenn vor **3** Eingang der Rücknahmeerklärung bei Gericht über das Rechtsmittel **bereits entschieden** ist oder das Verfahren wegen Eintritt eines Verfahrenshindernisses bereits **eingestellt** wurde. Ist dies dagegen noch nicht geschehen, so ist strittig, ob ungeachtet des eingetretenen Verfahrenshindernisses eine wirksame Rücknahme noch möglich ist[5]. Auch ein **unzulässiges Rechtsmittel** kann zurückgenommen werden[6].

d) § 302 ist **entsprechend anwendbar** auf den Antrag auf gerichtliche Entschei- **4** dung (§ 161 a Abs. 3), auf Einspruch gegen den Strafbefehl (§ 410) und gegen den Bußgeldbescheid (§ 67 OWiG), sowie auf den Antrag auf Wiederaufnahme (§ 365). Ferner wird Absatz 2 durch 118 b bei den Anträgen auf Haftprüfung und auf mündliche Verhandlung für entsprechend anwendbar erklärt.

---

[1] RGSt **64** 14; BGH NStZ **1983** 273; BGH bei *Dallinger* MDR **1955** 271; **1958** 141; BayObLGSt **33** 56; OLG Dresden LZ **1917** 495; OLG Hamburg NJW **1978** 602; OLG Hamm NJW **1973** 1894; KK- *Ruß*[1] 1; KMR-*Paulus* 6; *Eb. Schmidt* 1; Nachtr. I 1; a. A *Dencker* (Geschäftsfähigkeit). Vgl. Einl. Kap. **12** 101.

[2] Vgl. etwa RGSt **52** 36; **70** 176; BGH NStZ **1983** 273; bei *Dallinger* MDR **1958** 141; bei *Pfeiffer/Miebach* NStZ **1985** 207; OLG Hamburg NJW **1978** 602; OLG Hamm Rpfleger **1952** 492; Einl. Kap. **12** 101; 102.

[3] BGH NStZ **1983** 273; BHG bei *Dallinger* MDR **1955** 272; OLG Hamm NJW **1973** 1894.

[4] BGH NStZ **1983** 273; **1984** 181; 329; bei *Dallinger* MDR **1973** 902; bei *Pfeiffer/Miebach* NStZ **1985** 207; OLG Düsseldorf MDR **1986** 75 (Jugendlicher); OLG Oldenburg NStZ **1982** 520; vgl. Einl. Kap. **11** 39; **52** ff; § 206 a, 28; § 261, 123; § 337, 34.

[5] Dies nehmen an BayObLGSt **1956** 29 = NJW **1956** 521; BaObLGSt **1974** 8 = JR **1975** 120 mit abl. Anm. *Teyssen*; a. A KK-*Ruß*[1] 2; *Kleinknecht/Meyer*[38] 6; KMR-*Paulus* 21; *Schöneborn* MDR **1975** 6. Wegen der Einzelheiten des Streitstands vgl. § 206 a, 13.

[6] Vgl. RGSt **55** 213; OLG Köln NJW **1980** 2720; h. M.

2. Zeitpunkt der Erklärung

5   a) Zurücknahme und Verzicht können wirksam **vor Ablauf der etwaigen Rechtsmittelfrist** erklärt werden, wie Absatz 1 Satz 1 ausdrücklich anführt. Im übrigen kann der maßgebende Zeitpunkt fraglich sein. Dies ist nicht so sehr für die Rücknahme eines eingelegten Rechtsmittels von Bedeutung, das, wie Absatz 2 zeigt, bis zur Entscheidung zurückgenommen werden kann, als beim Verzicht[7]. Vor allem im Hinblick auf den Beschuldigten setzt der Zweck des § 302, vor übereilten Entschlüssen zu schützen, dem eventuell bestehenden Bedürfnis nach schneller Herbeiführung der Rechtskraft Schranken.

6   b) **Fristbeginn.** Unzweifelhaft ist, daß Zurücknahme und Verzicht **vom Beginn der Rechtsmittelfrist ab** zulässig sind[8]. Das gilt auch für die einfache Beschwerde[9]. Unerheblich ist, ob die Rechtsmittelbelehrung schon erteilt worden war[10].

7   Es entspricht dem Schutzzweck des § 302, den Rechtsmittelverzicht frühestens zuzulassen, sobald die Entscheidung **vollständig verkündet** ist oder, wenn der Beschwerdeführer abwesend war, sobald er von dem Inhalt der Entscheidung **zuverlässig Kenntnis erlangen** konnte (nicht erlangt hat)[11]. Eine andere Meinung stellt wegen des Schutzzwecks der Vorschrift und im Interesse der prozessualen Rechtssicherheit auf den Zeitpunkt der Urteilszustellung ab[12]. Folgt man der Ansicht des Bundesgerichtshof, dann kommt es nicht notwendig auf die förmliche Zustellung der Entscheidung an. Der Zeitpunkt, von welchem an die für die Wirksamkeit erforderliche, zuverlässige Kenntnis des Inhalts der Entscheidung zu erlangen war, muß — sofern nicht schon der Inhalt der Erklärung diese Kenntnis aufzeigt — dann notfalls durch Freibeweis festgestellt werden; meist wird dies durch eine Rückfrage beim Erklärenden unschwer festzustellen sein. Dieser erhält dadurch auch die Möglichkeit, einen unwirksamen, weil verfrühten Verzicht nochmals zu erklären.

8   Nur in **Ausnahmefällen** ist ein Verzicht bereits vom **Erlaß der Entscheidung** an als wirksam anzusehen, so bei Entscheidungen, welche nicht begründet werden müssen und die im konkreten Fall auch nicht begründet worden sind[13]. Verzichtet der allein anwesende Verteidiger nach Verkündung der Urteilsformel **vor Bekanntgabe der Urteilsgründe** auf Rechtsmittel, so ist dies nach OLG Hamm wirksam, weil der Beschwerdeführer hier nicht in die Lage kommt, sich mit den Gründen der Entscheidung auseinanderzusetzen und seinen Entschluß, ein Rechtsmittel zu ergreifen, von ihrem Inhalt abhängig zu machen[14]. Möglich erscheint ein Verzicht vor vollständiger Verkündung ferner bei Entscheidungen, deren Tenor dem Erklärenden bekannt ist und deren Gründe nach den Umständen nur einen bestimmten Inhalt haben können[15].

---

[7] Zum Zeitpunkt der Einlegung vgl. Vor § 296, 43 ff.

[8] Vgl. etwa RGSt **2** 78; RG LZ **1922** 367; JW **1984** 396; BayObLGSt **1963** 135; KG JW **1930** 2079; OLG Düsseldorf JMBlNW **1949** 155; LG Frankfurt NJW **1963** 1936 mit Anm. *Leise*; KK-*Ruß*[1] 3; *Kleinknecht/Meyer*[38] 14; KMR-*Paulus* 14; *Eb. Schmidt* 4.

[9] OLG Breslau GA **42** (1894) 149; *Friedländer* GS **58** (1901) 404.

[10] BGH NStZ **1984** 329; GA **1980** 469; bei *Dallinger* MDR **1973** 557; bei *Pfeiffer/Miebach* NStZ **1986** 208.

[11] BGHSt **25** 234 = JR **1974** 249 mit abl. Anm. *Peters*; KK-*Ruß*[1] 3; KMR-*Paulus* 14; zur Ansicht, die den Verzicht schon vor Bekanntgabe der Gründe zuläßt vgl. Rdn. 8 Fußn. 14.

[12] RGSt **2** 78; RG JW **1894** 396; KG JW **1930** 2079; OLG Neustadt NJW **1957** 883; LG Frankfurt NJW **1963** 1936 mit Anm. *Leise*; *Eb. Schmidt* 4, Nachtr. I 2; *Sarstedt/Hamm* 78.

[13] OLG Hamm NJW **1957** 883; KMR-*Paulus* 14; a. A RGSt **1** 192; **2** 78; KG JW **1930** 2079.

[14] OLG Hamm JMBlNW **1976** 23; *Kleinknecht/Meyer*[38] 14; vgl. KMR-*Paulus* 14.

[15] OLG Stuttgart Justiz **1976** 265; KMR-*Paulus* 14.

Ein **vor Erlaß der Entscheidung** vorsorglich erklärter Verzicht ist unzulässig und **9**
unwirksam[16].

c) Nach **Zurückverweisung** durch die höhere Instanz kann das Rechtsmittel wie- **10**
der zurückgenommen werden, sofern nach Aufhebung des Urteils im vollen Umfang
darüber neu zu befinden ist. Die Rücknahme scheidet aus, wenn die Zurückverweisung
nur noch einen Teil der angefochtenen Entscheidung betrifft, das Rechtsmittel also nur
noch zum Teil nicht erledigt ist, so etwa, wenn das im vollen Umfang mit Berufung an-
gefochtene Urteil nach Zurückverweisung nur noch im Rechtsfolgenausspruch neu ver-
handelt werden muß[17]. Verweist allerdings das Revisionsgericht unter Aufhebung auch
des Urteils der ersten Instanz das Verfahren in diese zurück, dann ist für eine Rück-
nahme der dadurch erledigten Berufung kein Raum mehr.

3. Form der Erklärung. Eine bestimmte Form ist für Zurücknahme und Verzicht **11**
nicht vorgeschrieben. Es gelten dieselben Grundsätze wie für die Einlegung von Rechts-
mitteln[18]. Die Erklärung muß **schriftlich** oder zur **Niederschrift der Geschäftsstelle** ab-
gegeben werden[19]. Ob eine fernmündliche Erklärung genügt, ist strittig[20].

In einem **Aktenvermerk der Staatsanwaltschaft**, der dem Gericht zur Kenntnis ge- **12**
bracht wird, kann unter Umständen eine wirksame Rücknahmeerklärung liegen[21].
Grundsätzlich ist jedoch von der Staatsanwaltschaft zu verlangen, daß sie jede Unklar-
heit vermeidet und die Rücknahme ihres Rechtsmittels oder den Verzicht auf ein Rechts-
mittel in einem förmlich an das Gericht gerichteten Schreiben ausdrücklich erklärt.

Ein **im Anschluß an die Hauptverhandlung** erklärter Verzicht kann wirksam in **13**
der Sitzungsniederschrift beurkundet werden, wobei es genügt, wenn dies in Gegenwart
des Vorsitzenden und des Protokollführers geschieht[22]. Der Protokollführer muß in
diesem Fall kein sonst zur Entgegennahme derartiger Erklärungen zuständiger Ur-
kundsbeamter der Geschäftsstelle (evtl. Rechtspfleger) sein und es ist auch unschädlich,
wenn die anderen Richter und die Schöffen den Sitzungssaal bereits verlassen haben[23].
Einer Unterschrift des Erklärenden bedarf es nicht[24]. Es empfiehlt sich, hierbei die in
§ 273 Abs. 3 vorgesehene Form einzuhalten, da hierdurch die Bedeutung des Verzichts
und das Erfordernis eines eindeutigen, uneingeschränkten Verzichtswillen deutlicher in

---

[16] *Dencker* 42; KK-*Ruß*[1] 3; KMR-*Paulus* 14; *Koch* JR **1964** 255; *Müller* NJW **1957** 1347.
[17] OLG Stuttgart NJW **1982** 897; *Gössel* JR **1982** 22.
[18] Vgl. Vor § 296, 42; § 306; § 314; § 341.
[19] RGSt **32** 279; BGHSt **18** 260; **31** 113; BGH NJW **1984** 1974; NStZ **1986** 277; Bay-ObLGSt **18** 16; OLG Bremen NJW **1951** 696; OLG Düsseldorf JZ **1985** 300; OLG Hamburg HESt **3** 59; OLG Karlsruhe Justiz **1967** 56; **1986** 307; KK-*Ruß*[1] 5; KMR-*Paulus* 15; *Eb. Schmidt* 2.
[20] OLG Hamburg MDR **1981** 424 nimmt dies an; verneinend OLG Karlsruhe Justiz **1986** 307; OLG Stuttgart NJW **1982** 1472; *Kleinknecht/Meyer*[38] 7; Es gelten die gleichen Grundsätze wie bei der Einlegung; zur dort bestehenden gleichartigen Streitfrage vgl. Vor § 42, 8 ff.; § 314, 15; § 341, 15.

[21] OLG Schleswig SchlHA **1974** 43; vgl. § 314, 11 ff.
[22] BGHSt **31** 113; BGH NJW **1984** 1974; NStZ **1984** 181; **1986** 277; bei *Pfeiffer/Miebach* NStZ **1983** 359; vgl. § 314, 5; ferner etwa RGSt **32** 279; RGRspr. **2** 562; BGHSt **18** 257 = JZ **1964** 264 mit Anm. *Stratenwerth*; OLG Bremen NJW **1961** 2271; OLG Düsseldorf NStZ **1982** 521; OLG Koblenz MDR **1981** 956; OLGSt NF. 2; OLG Köln NJW **1980** 2720; OLG Hamm NStZ **1986** 378; OLG Schleswig SchlHA **1959** 157; bei *Ernesti/Jürgensen* SchlHA **1971** 271, bei *Ernesti/Lorenzen* SchlHA **1983** 113; KK-*Ruß*[1] 5; *Kleinknecht/Meyer*[38] 19; KMR-*Paulus* 15; § 314,5.
[23] BGH bei *Pfeiffer/Miebach* NStZ **1983** 359; *Kleinknecht/Meyer*[38] 19. Vgl. bei § 153 GVG.
[24] OLG Koblenz VRS **45** 127; KK-*Ruß*[1] 5; KMR-*Paulus* 15.

§ 302 Drittes Buch. Rechtsmittel

Erscheinung tritt[25]. Für die Wirksamkeit des protokollierten Verzichts ist es aber nicht erforderlich, daß die abgegebene Verzichtserklärung wörtlich in das Protokoll aufgenommen, verlesen und genehmigt wird. Die Beweiskraft des Protokolls (§ 274) erfaßt den Vermerk über die Erklärung in keinem der beiden Fälle. Die Erklärung unterliegt dem Freibeweis[26]. Das gilt auch, wenn der Richter das Protokoll nicht unterschrieben hat[27].

14 Ist der Verzicht in Abwesenheit des Vorsitzenden **allein vom Protokollführer** entgegengenommen und am Schluß der Niederschrift als Zusatz beigefügt, so liegt — sofern er nicht ausnahmsweise von einem dazu befugten Urkundsbeamten der Geschäftsstelle aufgenommen wurde — keine Niederschrift zu Protokoll der Geschäftsstelle vor. Der Verzicht kann jedoch als schriftliche Erklärung wirksam sein[28]. Ist die Beurkundung des mündlich erklärten Verzichts versehentlich unterblieben, so ist er unwirksam[29] und wird auch durch nachträgliche „Berichtigung" des Protokolls nicht wirksam[30]. Ein bloßer Protokollvermerk des Erstgerichts über die „um zehn Uhr eingetretene Rechtskraft" genügt mangels Angabe der zugrunde liegenden Tatsachen nicht[31].

15 Wird erst **in der Hauptverhandlung vor dem Rechtsmittelgericht** der Verzicht oder die Rücknahme erklärt, dann liegt eine nach § 273 zu beurkundende Förmlichkeit vor, auf die sich die Beweiskraft des Protokolls erstreckt[32].

4. Inhalt der Erklärung

16 a) **Eindeutigkeit.** Rücknahme und Verzicht müssen **eindeutig und zweifelsfrei** erklärt werden. Der auf Verzicht oder Zurücknahme gerichtete Wille des Erklärenden muß deutlich zum Ausdruck kommen, ohne daß es auf Worte wie „Rücknahme", „Verzicht" oder „verzichten" ankommt. Maßgebend ist **Gesamtsinn** der Erklärung[33], z. B. liegt keine Rücknahme vor, wenn der Beschwerdeführer auf Befragen zunächst erklärt, er wolle kein Rechtsmittel durchführen, auf nochmalige Frage, er wolle es sich noch überlegen[34]. Es kommt auf den wirklichen Willen zur Zeit der Erklärung an, sofern er in der Erklärung noch ausgedrückt gefunden werden kann.

17 Der **wirkliche Wille** ist insbesondere bei einer in der Hauptverhandlung abgegebenen Erklärung durch **Befragung des Erklärenden** festzustellen. Dies kann besonders dann angebracht sein, wenn der Verzichtende wenig geschäfts- und sprachgewandt oder in seiner Ausdrucks- oder Wahrnehmungsfähigkeit behindert ist, etwa schwerhörig ist

---

[25] BGH nach KK-*Ruß*[1] 5; bei *Pfeiffer/Miebach* NStZ **1983** 213.

[26] Strittig, wie hier OLG Hamm MDR **1986** 694; OLG Koblenz MDR **1981** 956; KK-*Ruß*[1] 5; vgl. § 273 21; ferner auch BGH NStZ **1986** 277; OLG Düsseldorf NStZ **1982** 521; OLG Schleswig bei *Ernesti/Jürgensen* SchlHA **1971** 217; bei *Ernesti/Lorenzen* SchlHA **1983** 113.

[27] BGH NStZ **1984** 181.

[28] BGH NJW **1984** 1974.

[29] BayObLGSt **18** 16; BayZ **14** 157; OLG Hamburg HESt **3** 58; OLG München St **9** 281; KMR-*Paulus* 15.

[30] OLG Schleswig SchlHA **1959** 157.

[31] OLG Bremen MDR **1951** 696; KMR-*Paulus* 15; *Eb. Schmidt* 2.

[32] RGSt 40 143; **66** 417; BGHSt **18** 257 (dazu *Stratenwerth* JZ **1964** 264); BGH VRS **25** 266; OLG Hamburg HESt **3** 57; NJW **1955** 1201; OLG Karlsruhe Justiz **1967** 56; OLG Köln JMBlNW **1964** 82; OLG Nürnberg NJW **1949** 519; *Kleinknecht/Meyer*[38] § 273, 9; KMR-*Paulus* 15; vgl. § 273, 22.

[33] RGSt **2** 78; **58** 373; **66** 267; BGH JR **1952** 483; bei *Spiegel* DAR **1980** 209 („Revision nicht wahrnimmt"); KG JR **1950** 633; OLG Celle GA **1967** 217; OLG Hamburg HESt **3** 58; OLG Koblenz DRZ **1949** 453; OLG Köln VRS **42** 133; OLG Schleswig SchlHA **1974** 42; KK-*Ruß*[1] 6; KMR-*Paulus* 22; *Eb. Schmidt* 3.

[34] OLG Hamburg HESt **3** 58; KMR-*Paulus* 22.

oder stottert[35] oder wenn er die deutsche Sprache nicht mit der erforderlichen Sicherheit beherrscht[36]. Die Verneinung der Frage des Vorsitzenden, ob ein Rechtsmittel beabsichtigt sei, ist noch kein Verzicht[37], ebensowenig das mehrdeutige Kopfnicken des Verteidigers[38]. Die bloße Erklärung, das Urteil annehmen oder die Strafe sofort antreten zu wollen, genügt nur, wenn feststeht, daß der Angeklagte damit den Willen kundgeben wollte, das Urteil nicht anzufechten (Auslegungsfrage!)[39]. Gleiches gilt für die Bitte um Übersendung der Kostenrechnung[40].

18 An die Eindeutigkeit der Erklärung sind zum Schutze des Erklärenden wegen der Unwiderruflichkeit (Rdn. 39 ff) strenge Anforderungen zu stellen, vor allem auch, ob mit ihr wirklich ein **Verzichtswille** zum Ausdruck gebracht wird[41]. Die vom Gericht irrigerweise veranlaßte Erklärung eines Rechtsbehelfs als „gegenstandslos" soll das Gericht nur von der Entscheidung entbinden, eine Rücknahme liegt darin nicht[42].

19 Läßt die Auslegung **Zweifeln** Raum, ist ein wirksamer Rechtsmittelverzicht oder eine wirksame Rechtsmittelrücknahme nicht gegeben[43].

20 Im **Antrag** des Sitzungsvertreters der Staatsanwaltschaft, deren **Berufung zu verwerfen**, liegt keine Zurücknahme des Rechtsmittels[44], desgleichen kann keine Rücknahme darin gefunden werden, daß der Sitzungsvertreter der Staatsanwaltschaft dieselbe Strafe beantragt, die bereits im ersten Rechtszug verhängt worden war[45].

21 b) Ist der Inhalt einer Entscheidung mit **zwei verschiedenen Rechtsmitteln** anfechtbar (z. B. mit Revision und Kostenbeschwerde), so ist es eine **Auslegungsfrage**, ob sich ein erklärter Rechtsmittelverzicht auf beide Rechtsmittel bezieht, etwa weil damit das ganze Verfahren erledigt werden soll. Neben dem Inhalt der Erklärung können auch die gesamten Umstände, unter denen sie abgegeben worden ist, zur Auslegung mit herangezogen werden, insbesondere auch die erteilte Rechtsmittelbelehrung.

22 Ob man allerdings generell annehmen darf, daß auch beim Fehlen einer umfassenden Rechtsmittelbelehrung ein **ohne Vorbehalt** erklärter Verzicht wegen der Eindeutigkeit der objektiven Erklärung die **sofortige Beschwerde** nach § 464 Abs. 3 mit. einschließt[46], erscheint fraglich. Das Oberlandesgericht Stuttgart verneint bei einer auf die Sachentscheidung beschränkten Rechtsmittelbelehrung, daß der im Anschluß daran erklärte Rechtsmittelverzicht die Kostenbeschwerde mit einschließt, dies komme zumin-

---

[35] OLG Hamm Rpfleger **1952** 492; OLG Koblenz DRZ **1949** 453 mit Anm. *Schönke*.
[36] OLG Schleswig Rpfleger **1966** 214; vgl. aber auch BGH bei *Pfeiffer/Miebach* NStZ **1987** 221 (Wirksamkeit der in fremder Sprache erklärten Rücknahme); ferner OLG Oldenburg NStZ **1982** 520.
[37] OLG Hamm JW **1935** 2389; vgl. auch OLG Hamburg NJW **1953** 1726; OLG Nürnberg HESt **3** 57; *Kleinknecht/Meyer*[38] 20.
[38] OLG Koblenz MDR **1981** 956.
[39] RG JW **1890** 108; BGH JR **1952** 483; OLG Celle MDR **1964** 864; OLG Koblenz DRZ **1949** 453; OLG Saarbrücken JBl Saar **1960** 65; *Koch* JR **1964** 255; *H. W. Schmidt* NJW **1965** 1210; vgl. ferner etwa OLG Köln VRS **71** 54 (Aushändigung des Führerscheins zur Vollstreckung des Fahrverbots kein Verzicht); *Kleinknecht/Meyer*[38] 20 (in der Regel Verzicht).
[40] OLG Köln VRS **42** 133; vgl. ferner OLG Stuttgart Justiz **1981** 371 (Zahlung der Geldbuße).
[41] BGH JZ **1952** 568; KMR-*Paulus* 22; vgl. Rdn. 45.
[42] BayObLGSt **1949/51** 566 = JR **1952** 207.
[43] OLG Köln VRS **41** 440, vgl. auch OLG Düsseldorf NStZ **1982** 521; OLG Schleswig bei *Ernesti/Jürgensen* SchlHA **1971** 217; KK-*Ruß*[1] 6.
[44] OLG Hamburg NJW **1953** 1726.
[45] BayObLGSt **1949/51** 384; vgl. § 318, 20.
[46] OLG Hamm MDR **1971** 776; OLG Köln MDR **1973** 516; LG Mönchengladbach MDR **1971** 1032 mit abl. Anm. *H. Schmidt*; vgl. KMR-*Paulus* 22.

desten nicht mit der erforderlichen Deutlichkeit zum Ausdruck[47]. Eine Klarstellung des Gewollten durch eine Rückfrage ist daher in solchen Fällen angezeigt. Gleiches gilt, wenn nicht eindeutig feststellbar ist, ob der Verzicht auf Anfechtung eines Urteils die Beschwerde gegen einen Auflagenbeschluß nach § 305 a mitumfaßt[48].

23 c) **Rücknahme und Verzicht.** Die Erklärung der Rücknahme bedeutet nicht zwingend auch den Verzicht auf jede Anfechtung. Sie kann einen Rechtsmittelverzicht mit einschließen, muß es aber nicht. Es ist **Auslegungsfrage**, ob die Rücknahme der erneuten Einlegung des gleichen oder aber auch jedes anderen Rechtsmittels entgegensteht. Die herrschende Meinung[49] sieht in der Rechtsmittelrücknahme grundsätzlich einen Verzicht auf Anfechtung. Sie macht nur dann eine Ausnahme, wenn die Neueinlegung bei Rücknahme ausdrücklich vorbehalten worden ist, oder wenn sich aus Inhalt der Rücknahmeerklärung und ihren Begleitumständen ergibt, daß sich der Beschwerdeführer ausnahmsweise die Möglichkeit eines neuen Rechtsmittels offen halten wollte[50]. Der Verzicht umfaßt grundsätzlich auch die Rücknahme eines bereits eingelegten Rechtsmittels[51].

24 Rücknahme und Verzicht sind nach Ausgangslage und Erklärungsinhalt **begrifflich verschieden**[52]. Auch wenn sie meist das gleiche Ziel verfolgen, müssen sie nicht notwendig die gleiche verfahrensrechtliche Wirkung haben[53]. In den meisten Fällen wird zwar die Rücknahme eines Rechtsmittels schon wegen der kurzen Einlegungsfrist rein praktisch und auch nach der Absicht des Erklärenden zur Folge haben, daß von seiner Durchführung endgültig abgesehen wird[54]. Dies bedeutet aber nicht, daß deshalb auch jede vorbehaltlose Rücknahmeerklärung auch die Erklärung eines Verzichts in sich schließen müsse. Ob zugleich mit der Rücknahme auch ein endgültiger Verzicht auf die Anfechtung gewollt ist und erklärt werden soll, hängt vom Inhalt der Rücknahmeerklärung im Einzelfall ab und ist durch Auslegung, bei Zweifel durch Rückfrage, zu ermitteln[55]. Das Strafprozeßrecht enthält keinen allgemeinen Grundsatz, der auch nur die Vermutung rechtfertigt, daß beides notwendig zusammenfallen müsse. Dies mag praktisch in vielen Fällen zutreffen, es sind aber auch Fälle denkbar, in denen die Zurücknahme des Rechtsmittels nicht einer endgültigen Aufgabe des Anfechtungswillens entspricht. Dies gilt erst recht bei einer **Rechtsmittelbeschränkung**, die — insbesondere wenn sie von einer nicht rechtskundigen Person erklärt wird — keinesfalls einen Teilver-

---

[47] OLG Stuttgart Justiz 1973 215; vgl. auch OLG Frankfurt NJW **1971** 949; OLG Frankfurt NJW **1971** 949; OLG Koblenz GA **1986** 461.

[48] Vgl. § 305 a, 15; ferner zum Verhältnis zwischen Beschluß und Urteil § 268 a, 19 ff, § 305 a, 13 ff.

[49] RGSt 40 135; **57** 83; **64** 166; RG GA 74 (1930) 283; BGHSt 10 245; BGH NJW **1960** 2203; GA **1969** 281; bei *Spiegel* DAR **1979** 179; **1980** 209; BayOLGSt **1974** 57 = MDR **1974** 733; OLG Karlsruhe NJW **1970** 1697; Justiz **1977** 356; OLG Neustadt Rpfleger **1957** 249; KK-*Ruß*[1] 1; *Kleinknecht/Meyer*[38] 12; a. A *Specht* GA **1977** 72.

[50] Vgl. etwa BayObLGSt **1974** 57 = MDR **1974** 733; OLG Karlsruhe Justiz **1977** 356; OLG Königsberg GA **71** (1927) 283; KK-*Ruß*[1] 1; *Kleinknecht/Meyer*[38] 12; vgl.

KMR-*Paulus* 23. *Dencker* (73) folgt der herrschenden Meinung mit der Einschränkung, daß nur die Wiedereinlegung des gleichen Rechtsmittels ausgeschlossen wird, nicht aber die Möglichkeit, ein anderes Rechtsmittel einzulegen.

[51] BGH nach KK-*Ruß*[1] 1.

[52] Vgl. *Sax* JZ **1958** 178.

[53] KK-*Ruß*[1] 1 stellt auf die gleiche Wirkung insoweit ab als beide Bewirkungshandlungen den Verlust des Rechtsmittels zur Folge haben.

[54] *Sax* JZ **1958** 178; vgl. ferner KG JR **1981** 480.

[55] Ebenso KMR-*Paulus* 23; *Specht* GA **1977** 72; vgl. auch BayObLGSt **1954** 110; OLG Celle NJW **1962** 69; *Sax* JZ **1958** 178; *Schlüchter* 652.

zicht auf die Anfechtung beinhalten muß⁵⁶. Auch hier hängt es von dem Inhalt der Erklärung und den sonstigen Umständen ab, ob mit der beschränkten Anfechtung zugleich ein Verzicht auf eine — innerhalb der Rechtsmittelfrist noch mögliche — weitere Anfechtung ausgesprochen werden sollte⁵⁷.

Nach **Ablauf der Rechtsmittelfrist** kommt die Rücknahme eines Rechtsmittels allerdings einem Verzicht gleich, da eine Neueinlegung oder Erweiterung des Rechtsmittels wegen des Fristablaufs nicht mehr möglich ist. Desgleichen schließt ein wirksamer Verzicht die Wiedereinsetzung aus⁵⁸. **25**

5. Teilweise Zurücknahme. Teilverzicht. Soweit das Rechtsmittel nach allgemeinen Grundsätzen auf einen Teil der angefochtenen Entscheidung beschränkt werden kann, sind auch teilweise Zurücknahme und Teilverzicht möglich⁵⁹. Näheres hierüber bei § 318. Ein Teilverzicht kann darin liegen, daß das Rechtsmittel von vornherein oder nachträglich auf einen selbständig anfechtbaren Teil der Entscheidung beschränkt wird. Jedoch muß jeder Zweifel an diesem Willen des Beschwerdeführers nach den Umständen ausgeschlossen sein⁶⁰. Dies ist bei einer nachträglichen Rechtsmittelbeschränkung in der Regel anzunehmen⁶¹; bei der beschränkten Einlegung muß der nicht ohne weiteres anzunehmende Verzichtswille aus der Erklärung oder den sonstigen Umständen eindeutig hervorgehen⁶². Im Zweifel ist der Beschwerdeführer zu befragen⁶³. Ist die Revision unbeschränkt eingelegt, beschränkt sich die Revisionsbegründung aber auf trennbare Teile des Urteils, so liegt hierin keine Teilrücknahme, vielmehr ist die Revision, soweit nicht formgerecht begründet, unzulässig⁶⁴. **26**

Ist der **Verteidiger** zur Beschränkung des Rechtsmittels **nicht ermächtigt** (Absatz 2), so ist ein in der beschränkten Einlegung liegender Teilverzicht zwar unwirksam, das Rechtsmittel gilt aber nicht als unbeschränkt eingelegt⁶⁵. **27**

6. Wirksamkeit

a) **Allgemein.** Die Erklärung wird mit Eingang beim zuständigen Gericht wirksam, sofern der Erklärende zur Verfügung über das Rechtsmittel befugt und bei Abgabe handlungsfähig (Rdn. 2) war. **28**

b) Eine **bedingte Erklärung** ist unwirksam, sofern nicht eine bloße Rechtsbedingung vorliegt, weil Rechtsmittelerklärungen keinen Schwebezustand vertragen⁶⁶. Unwirksam ist daher die Erklärung vor dem Berufungsgericht, der Angeklagte ziehe die **29**

---

⁵⁶ So aber RGSt **64** 164; BGHSt **3** 46; *Eb. Schmidt* Nachtr. 3; BGHSt **3** 46 unterscheidet im übrigen bei der Ermächtigung des Verteidigers selbst streng zwischen Rücknahme und Verzicht.
⁵⁷ BayObLGSt **1967** 146 = JR **1968** 109 mit zust. Anm. *Sarstedt*; vgl. § 318, 9.
⁵⁸ BGH NStZ **1984** 181; NJW **1978** 330; VRS **65** 294; bei Pfeiffer/Miebach NStZ **1982** 190; **1985** 307; **1987** 18; OLG Düsseldorf MDR **1984** 71; KK-*Ruß*¹ 1; *Kleinknecht/Meyer*³⁸ 26.
⁵⁹ KK-*Ruß*¹ 4; *Kleinknecht/Meyer*³⁸ 3; KMR-*Paulus* 4.
⁶⁰ RGSt **39** 394; **42** 242; **58** 372; **64** 164.
⁶¹ RGSt **65** 462; BayObLGSt **1950/51** 562; KMR-*Paulus* 4.

⁶² Vgl. KMR-*Paulus* 4; Fußn. 60.
⁶³ Vgl. Rdn. 17.
⁶⁴ RG HRR **1940** 346; BGH LM Nr. 1; OLG Karlsruhe Justiz **1974** 308; KMR-*Paulus* 4; a. A OGHSt **1** 74; vgl. § 344, 9 ff.
⁶⁵ BGHSt **3** 46; strittig. a. A OGHSt **1** 76; vgl. dazu *Mayer* MDR **1979** 197; *Meyer-Goßner* MDR **1979** 809; § 344, 11 mit weit. Nachw. Nach *Peters*⁴ § 29 II wäre es folgerichtiger, das Rechtsmittel unbeschränkt eingelegt zu behandeln.
⁶⁶ BGHSt **5** 183; h. M. vgl. KK-*Ruß*¹ 6; KMR-*Paulus* 7; vgl. Vor § 296, 53 ff. Zur Zulässigkeit von Rechtsbedingungen vgl. etwa BGHSt **29** 396; OLG Schleswig SchlHA **1959** 217.

Berufung zurück, falls nicht vertagt werde[67], oder er lege Rechtsmittel ein für den Fall, daß auch der Staatsanwalt das Urteil anfechte[68]. Ein Rechtsmittel kann jedoch zurückgenommen werden, um es rechtzeitig durch ein anderes zu ersetzen; darin liegt kein Verzicht auf jedes Rechtsmittel, sondern die lediglich rechtlich und daher zulässig bedingte Rücknahme nur für den Fall der Zulässigkeit des beabsichtigten anderen Rechtsmittels[69]. Die zur Umgehung des § 342 Abs. 3 abgegebene Erklärung, die Revision werde unter der „Bedingung" zurückgenommen, daß sie nach Stellung des Wiedereinsetzungsantrags erneut eingelegt werden könne, wird nicht als Rücknahme angesehen[70].

30 c) **Eingang beim zuständigen Gericht.** Um wirksam zu sein, müssen Rücknahme und Widerruf dem **zuständigen Gericht** gegenüber erklärt worden sein[71].

31 **Empfänger der Erklärung** ist das Erstgericht, solange die Akten noch nicht dem Rechtsmittelgericht vorgelegt worden sind, vom Eingang der Akten an das Rechtsmittelgericht[72]. Hat die Staatsanwaltschaft die Akten dem Revisionsgericht zur Entscheidung über das Rechtsmittel vorgelegt, so ist dieses, solange es sich nicht für unzuständig erklärt hat, für die Entgegennahme der Rücknahmeerklärung zuständig, auch wenn das Rechtsmittel in Wirklichkeit eine Berufung ist[73].

32 Geht die vom Erstgericht weitergeleitete Rücknahmeerklärung erst **nach Entscheidung durch das Rechtsmittelgericht** dort ein, so bleibt es bei dieser Entscheidung[74]. Die Rücknahme wirkt nur ex nunc. Deshalb ist es notwendig, daß das Rechtsmittelgericht unverzüglich, notfalls fernmündlich oder telegrafisch vom Eingang der Zurücknahme benachrichtigt wird[75]. Mit dem Eingang der Rücknahmeerklärung bei dem zuständigen Gericht wird die angefochtene Entscheidung rechtskräftig; für eine Entscheidung über das Rechtsmittel ist kein Raum mehr. Eine dennoch ergehende spätere Rechtsmittelentscheidung ist gegenstandslos[76].

33 Zur Frage, wann eine Erklärung **eingegangen** ist, vgl. Vor § 42, 6 ff. Daß der zuständige Richter oder die zuständige Geschäftsstelle von der Rücknahmeerklärung Kenntnis erlangt, ist nicht notwendig[77].

34 Ein **mündlicher Verzicht** des Untersuchungsgefangenen **gegenüber Gefängnisbeamten** ist unwirksam[78]. Unterzeichnet der Verurteilte eine Niederschrift des Gefängnisbeamten (nicht des nach § 299 zuständigen Urkundsbeamten), so wird diese schriftliche Erklärung mit dem Eingang bei dem zuständigen Gericht wirksam, ebenso liegt es

---

[67] RGSt **66** 267; BayObLGSt **34** 18; OLG Karlsruhe DRiZ **1932** Nr. 693; OLG Kassel HESt **2** 132.
[68] KK-*Ruß*[1] 6.
[69] BayObLGSt **1954** 110.
[70] OLG Zweibrücken NJW **1965** 1033; vgl. OLG Neustadt NJW **1964** 1868; § 315, 4; § 342, 8.
[71] RGSt **1** 92; RGRspr. **1** 423; RG Recht **1903** Nr. 427; BGH GA **1973** 46; OLG Düsseldorf JZ **1985** 300; OLG Hamburg MDR **1983** 154.
[72] RGSt **77** 370; BGH JZ **1951** 655 = BGH LM Nr. 2; bei *Holtz* MDR **1978** 281; BayObLG bei *Rüth* DAR **1977** 302; OLG Hamburg MDR **1983** 154; OLG Hamm GA **1972** 87; OLG Jena HRR **1937** Nr. 1204; OLG Karlsruhe Justiz **1981** 447; h. M vgl. KK-*Ruß*[1] 10; *Kleinknecht/Meyer*[38] 8; KMR-*Paulus* 16; *Sarstedt/Hamm* Nr. 83; vgl. Nr. 152 Abs. 2 RiStBV.
[73] BayObLGSt **1975** 1 = VRS **48** 440.
[74] BGH JZ **1951** 791 = LM Nr. 2; OLG Hamburg MDR **1983** 154; OLG Karlsruhe Justiz **1981** 447; OLG Köln JR **1976** 154 mit Anm. *Meyer*; KMR-*Paulus* 18.
[75] Vgl. Nr. 152 Abs. 2 RiStBV; ferner etwa OLG Hamburg MDR **1983** 154; OLG Hamm GA **1972** 87.
[76] OLG Karlsruhe Justiz **1981** 447; OLG Neustadt NJW **1962** 359; KMR-*Paulus* 18.
[77] OLG Neustadt NJW **1962** 359; *Kleinknecht/Meyer*[38] 8; KMR-*Paulus* 16.
[78] Vgl. Rdn. 11.

bei der Niederschrift eines Kanzleibeamten der Staatsanwaltschaft, sobald diese Niederschrift unterzeichnet bei dem zuständigen Gericht eingeht[79].

Wird der Verzicht von dem **Urkundsbeamten** des **für die Haftanstalt zuständigen Amtsgerichts** beurkundet, so soll er nach der herrschenden Meinung gemäß § 299 bereits **mit dem Abschluß der Beurkundung** wirksam sein, nicht erst mit dem Eingang bei dem zuständigen Gericht[80]. Diese Ansicht überzeugt nicht. § 299 Abs. 2 betrifft nur die Wahrung der Rechtsmittelfrist; er bildet die Ausnahme nur gegenüber den Vorschriften der §§ 306 Abs. 1, 341 Abs. 1, 345 Abs. 2. Bei der Kürze der Rechtsmittelfristen will er die formgerechte, rasche Niederschrift gewährleisten und unverschuldete Verzögerungen und damit verbundene, begründete Wiedereinsetzungsgesuche hintanhalten. Eine weitergehende Ausnahme von dem § 302 sieht er nicht vor, eine Schlechterstellung des verhafteten Verurteilten bezweckt er nicht. Das geht schon aus dem Wahlrecht des Häftlings hervor, der von der Möglichkeit des § 299 nicht Gebrauch machen muß[81]. In dem im BGH LM Nr. 1 entschiedenen Fall steht der verhaftete Angeklagte schlechter als ein auf freiem Fuß befindlicher. Ein überzeugender Grund dafür besteht nicht.

35

d) **Widerruf.** Bis zum Eingang des Verzichts bei dem zuständigen Gericht kann er formlos (auch fernmündlich)[82] **widerrufen werden**, auch durch Einlegung eines Rechtsmittels[83]. Gehen Revisionseinlegung und Rechtsmittelverzicht **an demselben Tage** bei dem zuständigen Gericht ein, ohne daß sich die Reihenfolge des Eingangs feststellen läßt, so ist, nach BGH LM § 349 Nr. 2, das Rechtsmittel nicht für erledigt zu erklären, sondern als unzulässig zu verwerfen, weil es sich nicht ausschließen lasse, daß der Verzicht durch früheren Eingang bereits Rechtskraft herbeigeführt haben könne. Die Begründung überzeugt nicht. Der Zufall, ob die Uhrzeit des Eingangs vermerkt oder nicht vermerkt ist oder ob die Reihenfolge anderweitig ermittelt werden kann, was sich nicht gänzlich ausschließen läßt, sollte nicht über derart einschneidende Rechtsfolgen zum Nachteil des Verurteilten entscheiden. Entsprechend dem im § 300 ausgedrückten Rechtsgedanken sollte vielmehr die dem Verurteilten und dem Bestand des Rechtsmittels günstigere Beurteilung Platz greifen[84]. Der erst später eingehende Verzicht kann formlos als gegenstandslos erklärt werden[85].

36

Geht die Erklärung, durch welche ein Rechtsmittel eingelegt wird, beim zuständigen Gericht früher ein als der **später abgesandte Verzicht** auf Rechtsmittel, so gilt der Verzicht[86]. Anders ist dies aber zu beurteilen, wenn die Revision vom Angeklagten selbst, der spätere Verzicht aber von dem von der Rechtsmitteleinlegung nicht unterrichteten, allgemein im voraus auch zum Verzicht ermächtigten Verteidiger eingelegt worden ist; denn dann kann in der Rechtsmitteleinlegung ein Widerruf der Ermächtigung des Verteidigers zum Verzicht liegen, der den späteren Verzicht unwirksam macht[87].

37

---

[79] RG Recht **1914** Nr. 2958; **1916** Nr. 2174; JW **1916** 1541; *Koch* JR **1964** 255.
[80] RG GA **50** (1903) 276; **74** (1930) 283; BGH NJW **1958** 470; bei *Spiegel* DAR **1978** 159; vgl. aber *Kleinknecht/Meyer*[38] § 299, 4 („erst wirksam bei Eingang beim Rechtsmittelgericht"); ferner § 299, 7 mit weit. Nachw.
[81] Vgl. § 299, 1.
[82] OLG Hamburg NJW **1960** 1969; KK-*Ruß*[1] 9; KMR-*Paulus* 19.
[83] RG HRR **1939** Nr. 819; BGH NJW **1967** 1046; *Kleinknecht/Meyer*[38] 34.
[84] So auch BGH NJW **1960** 2202; KK-*Ruß*[1] 9.
[85] OLG Hamburg NJW **1960** 1969; KK-*Ruß*[1] 9.
[86] BGH NJW **1960** 2202; GA **1973** 46; OLG Düsseldorf MDR **1983** 512; KK-*Ruß*[1] 9; vgl. § 297, 16; 17; Einl. Kap. 11 48.
[87] BGH NJW **1967** 1677; der Fall löst sich einfacher, wenn man eine im voraus erteilte allgemeine Ermächtigung nicht zuläßt; vgl. Rdn. 62.

38 Ist der Verzicht **früher abgesandt**, geht er aber erst **nach** der Rechtsmitteleinlegung ein, so ist er überholt und das Rechtsmittel wirksam eingelegt[88]. **Zweifel am Eingang** der Rücknahmeerklärung sind nicht zugunsten der Rechtskraft oder des Angeklagten zu lösen. Das Rechtsmittel, dessen Rücknahme nicht zweifelsfrei feststeht, ist weiter zu behandeln[89].

II. Die Bindung an Rücknahme und Verzicht

39 **1. Kein Widerruf.** Die Erklärungen, durch die ein Rechtsmittel zurückgenommen oder durch die auf ein solches verzichtet wird, sind nicht frei widerruflich. Dies ergibt sich aus der Entstehungsgeschichte des § 302[90] und wird von der herrschenden Meinung auch mit der öffentlichen Bedeutung des Strafprozesses begründet, die zweifelsfreien Bestand und unbedingte Wirksamkeit derartiger Prozeßhandlungen fordert[91]. Diese Formel wird verschiedentlich angegriffen, da die öffentliche Natur des Strafprozesses für sich allein nichts besage und die Prozeßordnung auch sonst nicht lückenlos davon ausgehe, daß alle für Prozeßfortgang oder Prozeßbeendigung entscheidenden Prozeßhandlungen endgültigen Charakter haben[92]. Die Tatsache, daß eine Prozeßhandlung später durch eine andere mit Wirkung ex nunc wieder aufgehoben werden kann, schließt nicht aus, daß beide für sich betrachtet formal unwiderruflichen Charakter haben. Die Widerruflichkeit des Rechtsmittelverzichts würde zwar wegen der kurzen Rechtsmittelfristen die für alle Prozeßbeteiligten notwendige Klarheit über das Prozeßende nicht wesentlich stören, bei der Rechtsmittelrücknahme wäre der andauernde Schwebezustand unerträglich.

40 **Wirksam geworden**, sind Verzicht und Rücknahme auch nicht widerrufbar, wenn die Hauptverhandlung, in der sie abgegeben wurden, **noch nicht abgeschlossen** ist[93].

41 Um die **Unbilligkeiten**, die sich im Einzelfall aus der Anwendung dieser Grundsätze ergeben können, zu vermindern, stellt die Rechtsprechung an die prozessuale Handlungsfähigkeit des Beschuldigten, seine Kenntnis von der vollen Tragweite der Erklärung[94] und an die Eindeutigkeit des Erklärten[95] strenge Anforderungen.

42 **2. Keine Anfechtbarkeit wegen Willensmängel.** Die wirksam gewordene Zurücknahme und der wirksam gewordene Verzicht können nicht wegen Willensmängel angefochten oder widerrufen werden[96]. Dies gilt auch bei Teilverzicht und Teilzurücknahme, sofern die darin liegende Beschränkung des Rechtsmittels zulässig ist[97]. Die analoge Anwendung der für die Anfechtung wegen Irrtums, Täuschung oder Drohung gel-

---

[88] BGH GA **1973** 46; OLG Hamburg NJW **1952** 638; KK-*Ruß*[1] 9; *Kleinknecht/Meyer*[38] 5; *Eb. Schmidt* 3.

[89] OLG Düsseldorf JZ **1985** 300; OLG Karlsruhe Justiz **1981** 447; OLG Stuttgart MDR **1984** 512; vgl. Einl. Kap. 11 46 ff.

[90] In der endgültigen Fassung wurde der Satz über die freie Widerruflichkeit gestrichen und das Wort „wirksam" eingefügt, dazu *Dencker* 16 f. mit Nachweisen, ferner RGRspr. 1 650; RGSt 2 79; 32 280; 39 394; 40 135; 57 83; 64 14; 166; RG GA 74 (1930) 283; JW **1932** 404; BGHSt 10 245; JZ **1952** 273; GA **1980** 469; OLG Bremen NJW **1961** 2271; OLG Celle VRS **39** 275; OLG Neustadt Rpfleger **1957** 249; OLG Schleswig bei *Ernesti/Lorenzen* SchlHA **1983** 113; OLG Zweibrücken VRS **31** 459.

[91] Etwa RGSt **57** 83; vgl. Einl. Kap. 11 46 ff.

[92] *Dencker* 14 ff.

[93] H. M; a. A *Oetker* JW **1929** 49; zur Wirksamkeit der Rechtsmittelbeschränkung vgl. § 318, 23 ff.

[94] Vgl. etwa BGH bei *Pfeiffer/Miebach* NStZ **1984** 18 (Schockwirkung); vgl. Rdn. 2.

[95] Vgl. Rdn. 45.

[96] H. M; vgl. etwa *Kleinknecht/Meyer*[38] 10; Einl. Kap. **10** 23.

[97] Vgl. § 318, 11; § 344, 8.

tenden Grundsätze des bürgerlichen Rechts wird von der herrschenden Meinung ausgeschlossen[98].

Die **analoge Anwendung des § 136 a** auf prozessuale Willenserklärungen hat die Rechtsprechung ebenfalls verneint[99]. Eine erzwungene oder sonst durch unlautere Mittel erlangte Erklärung kann jedoch nach allgemeinen Grundsätzen unwirksam sein[100].

3. Unwirksamkeit. Das grundsätzliche Festhalten am Prinzip der Unwiderruflichkeit und Unanfechtbarkeit von Rechtsmittelrücknahme und Verzicht hat in der Rechtsprechung zu Schwierigkeiten geführt, wenn es unbillig erschien, den Erklärenden, insbesondere den Beschuldigten, an voreilige, oder durch Irrtum, Täuschung oder Drohung beeinflußte Erklärungen zu binden.

Die in den Einzelheiten keineswegs einheitliche **Rechtsprechung** hat deshalb in dem Bestreben, der materiellen Gerechtigkeit den Vorrang vor formalen Rechtssicherheitsgesichtspunkten einzuräumen, nach Auswegen gesucht. Da sie sich nicht entschloß, in Fortbildung des Rechts den **nachträglichen Widerruf** zuzulassen[101], löste sie das Problem über die anfängliche Unwirksamkeit in verschiedenen Varianten. Sie folgert aus dem **Schutzzweck** der Regelung, daß erkennbar voreilig und unüberlegt abgegebene Erklärungen unwirksam seien, wobei die Anforderungen an die besonderen Umstände, aus denen sich dieser Sachverhalt ergibt, schwanken. Als Maßstab wird dabei auf das Gebot einer rechtsstaatlichen (fairen) Verfahrensgestaltung[102] und die gerichtliche Fürsorgepflicht[103] zurückgegriffen. Auf diesem Weg wird auch Irrtümern über Inhalt oder Tragweite eines Urteilsspruchs, sowie Erklärungsirrtümern abgeholfen.

Im übrigen neigt die Rechtsprechung dazu, dort, wo die Erfordernisse der materiellen Gerechtigkeit nach **Abwägung mit dem Gebot der Rechtssicherheit** ein Festhalten an der unbedingten Gültigkeit der Verzichtserklärung als grob unbillig erscheinen lassen, etwa im Falle der Drohung oder der beabsichtigten oder unbeabsichtigten Täuschung durch das Gericht, ausnahmsweise eine Verzichtserklärung als unwirksam anzusehen[104], wobei die Annahme der Unwirksamkeit nach Abwägung der kollidierenden Rechtsprinzipien einer Anfechtung aus Billigkeitsgründen nahekommen kann.

Unwirksamkeit bei Mißachtung des Schutzzwecks. Aus dem Formzwang, der für die Rücknahme und den Verzicht gilt[105], leitet die Rechtsprechung den Gesetzeszweck ab, den Beschuldigten vor **übereilten Erklärungen** zu bewahren und ihn zu einer gründlichen Prüfung des Für und Wider eines Rechtsmittels zu veranlassen[106]. Das Gericht hat über die Einhaltung des Schutzzwecks des § 302 zu wachen und es hat dafür zu sorgen,

---

[98] RGSt **40** 133; **57** 83; **60** 355; **64** 15; BGHSt **5** 341, **10** 247; BGH GA **1969** 281; auch BGHSt **14** 192; OLG Bremen NJW **1961** 2271; OLG Celle VRS **39** 275; Einl. Kap. **10** 23 mit weit. Nachw.; a. A OLG Rostock ZStW **44** (1924) 192; *Gerland* JW **1930** 2568 Anm. 38.
[99] BGHSt **17** 14; vgl. Einl. Kap. **10** 27; § 136 a, 14 mit weit. Nachw.
[100] Vgl. Rdn. 46, 49.
[101] Vgl. Rdn. 39.
[102] Vgl. Einl. Kap. **10** 29; Rdn. 47.
[103] Vgl. etwa BGH bei *Pfeiffer/Miebach* NStZ **1984** 18.
[104] Vgl. etwa OLG Bremen JZ **1955** 688; OLG Celle GA **1970** 285; OLG Düsseldorf NJW **1960** 210 mit abl. Anm. *Feldmann* und zust. Anm. *Mölders*; OLG Frankfurt NJW **1971** 949; OLG Hamburg NJW **1969** 1976; OLGSt 1; OLG Köln JR **1969** 392, dazu *Koffka* JR **1969** 393; strenger BGH GA **1969** 281; OLG Stuttgart Justiz **1971** 359; vgl. ferner *Hanack* JZ **1973** 660; *Oehler* JZ **1963** 226; *Eb. Schmidt* JR **1962** 92; *H. W. Schmidt* NJW **1965** 1210; *R. Schmidt* JuS **1967** 159; sowie die weit. Nachw. in den folgenden Fußn.
[105] Vgl. Rdn. 11 ff.
[106] Vgl. Rdn. 45.

daß in seiner Gegenwart keine Rechtsmittelerklärungen abgegeben werden, deren Tragweite und Verbindlichkeit der Erklärende im Zeitpunkt der Abgabe nicht voll überblicken kann[107].

48 Im Anschluß an die Urteilsverkündung **vorschnell abgegebene Verzichtserklärungen**, bei denen erkennbar für die vom Gesetz vorausgesetzte reifliche Überlegung kein Raum war, werden deshalb als unwirksam angesehen[108], etwa, weil der Angeklagte dazu unter dem Eindruck der Hauptverhandlung und des Urteils überhaupt nicht in der Lage war oder weil er entgegen Nr. 142 Abs. 2 RiStBV vom Gericht zu einer sofortigen Erklärung gedrängt wurde[109]. Dies wird insbesondere dann angenommen, wenn dem Beschuldigten keine Möglichkeit eingeräumt wurde, sich vorher mit seinem Verteidiger zu besprechen, obwohl dies wegen der Schwere der ausgesprochenen Strafe oder wegen der Schwierigkeit, die Aussichten eines Rechtsmittels zu beurteilen oder wegen der Unerfahrenheit und Jugend des Beschuldigten geboten gewesen wäre. Soweit eine notwendige Verteidigung vorliegt, wird auch gefolgert, daß dem Beschuldigten ein Rechtsmittelverzicht in der Hauptverhandlung nicht unter Ausschaltung des Verteidigers abverlangt werden darf[110] und daß nur ein solcher Verzicht wirksam ist, den der Beschuldigte nach angemessener Überlegungszeit in voller Kenntnis der Bedeutung und Tragweite der Erklärung abgegeben hat. Wird ein im Anschluß an die Hauptverhandlung erklärter Verzicht noch vor dem Abtreten im Sitzungssaal widerrufen, so wird dies als Indiz für die Unüberlegtheit gewertet[111].

49 Sind Rechtsmittelverzicht oder Rechtsmittelrücknahme durch eine **objektiv unrichtige Erklärung** oder Auskunft **des Gerichts** oder der Staatsanwaltschaft oder durch eine falsche oder irreführende Sachbehandlung[112] veranlaßt worden, so nimmt die neuere Rechtsprechung, die daran festhält, daß eine Anfechtung wegen Irrtums grund-

---

[107] *Dahs* FS Schmidt-Leichner 24 nimmt insoweit eine Garantenstellung des Gerichts an; die Ableitung aus der Fürsorgepflicht und der Pflicht zu einer fairen Verfahrensgestaltung liegt auf der gleichen Linie, vgl. etwa BGH bei *Pfeiffer/Miebach* NStZ **1984** 18.

[108] BGHSt **18** 257; **19** 101; JR **1952** 483; OLG Düsseldorf NJW **1982** 521; MDR **1986** 75; OLG Frankfurt NJW **1966** 1376; OLG Hamburg NJW **1964** 1039; OLG Hamm MDR **1977** 600; NJW **1983** 530; OLG Karlsruhe Justiz **1967** 56; OLG Köln JMBlNW **1975** 141; VRS **48** 213; OLG Schleswig NJW **1965** 312; OLG Stuttgart MDR **1984** 344; ferner etwa *Hanack* JZ **1971** 218; **1973** 660; KK-*Ruß*¹ 5; *Kleinknecht/Meyer*³⁸ 25; KMR-*Paulus* 12; abl. *H. W. Schmidt,* NJW **1965** 1211, dem zuzugeben ist, daß die Rechtsprechung hier im Interesse des Angeklagten die Grenze zur unzulässigen Irrtumsanfechtung verschoben hat.

[109] Zu Nr. 142 Abs. 2 RiStBV vgl. etwa *Dahs* FS Schmidt-Leichner 17 (Herausfragen des Verzichts) oder *Hanack* JZ **1973** 660, der es grundsätzlich für bedenklich hält, den Angeklagten unmittelbar nach Urteilsverkündung von Amts wegen zu befragen, ob er auf Rechtsmittel verzichten wolle.

[110] Vgl. etwa BGHSt **18** 257; **19** 101; BGH bei *Pfeiffer/Miebach* NStZ **1984** 18; OLG Düsseldorf NStZ **1982** 521; OLG Frankfurt NJW **1966** 1376; OLG Hamburg NJW **1964** 1039; OLG Hamm MDR **1977** 599; OLG Schleswig NJW **1965** 312; OLG Stuttgart MDR **1984** 344; *Dahs* FS Schmidt-Leichner 27 (Hinweis notwendig, der Angeklagte solle vor Abgabe einer Erklärung den Verteidiger befragen).

[111] Zu den Fragen des Widerrufs „in continenti" *Dencker* 68 ff; de lege ferenda fordert *Dencker,* daß die Unwiderruflichkeit erst 24 Stunden nach der Urteilsverkündung eintreten sollte; unter dem unmittelbaren Eindruck der Hauptverhandlung und ohne angemessene Überlegungsfrist sei eine fehlerfreie prozessuale Willensbildung nicht gewährleistet.

[112] Vgl. etwa OLG Köln JR **1969** 392 mit Anm. *Koffka* (Verhängte Rechtsfolge nicht erkennbar); KMR-*Paulus* 11; zweifelnd insoweit KK-*Ruß*¹ 7.

sätzlich ausgeschlossen ist[113] ebenfalls Unwirksamkeit an[114]. Erklärt der Angeklagte nur deswegen, er unterwerfe sich dem Urteil, weil ihn der Vorsitzende rechtsirrig dahin belehrt hat, Revision gegen das Urteil finde nicht statt, so dürfte die Annahme eines Verzichts schon am fehlenden Verzichtswillen scheitern[115]. Gleiches gilt, wenn der teilweise freigesprochene Angeklagte nur über das Rechtsmittel gegen die Sachentscheidung, nicht aber über die Möglichkeit der sofortigen Beschwerde belehrt worden ist[116]. Unwirksamkeit wurde auch angenommen bei einem Verzicht, der unter dem Eindruck eines rechtswidrigen Haftbefehls erklärt wurde[117]. Eine durch ein Versehen des Verteidigers veranlaßte Rücknahmeerklärung wurde dagegen als wirksam angesehen[118], desgleichen der Verzicht eines Angeklagten, der die Strafhöhe mißverstanden hatte[119].

4. Die **Wiedereinsetzung** analog den §§ 44, 329 Abs. 2 hält eine im Schrifttum vertretene Auffassung[120] für die sachgerechtere Lösung zur Bewältigung des Interessenwiderstreits zwischen der formalen Erfordernis des Festhaltens an der abgegebenen Erklärung und der Notwendigkeit, aus Gründen der Verfahrensgerechtigkeit im Einzelfall Ausnahmen zuzulassen. Soweit ersichtlich, ist die Rechtsprechung dieser Auffassung bisher nicht gefolgt[121].

III. Besonderzeiten bei den einzelnen Verfahrensbeteiligten

1. Zuständigkeit für die Zurücknahme eines Rechtsmittels der Staatsanwaltschaft.
Zuständig zur Zurücknahme ist die Staatsanwaltschaft, die das Rechtsmittel eingelegt hat, oder der ihr vorgesetzte Generalstaatsanwalt, nicht die aufsichtsführende Landesjustizverwaltung (§ 147 GVG). Nach Eingang der Akten bei dem Rechtsmittelgericht ist deshalb in der Regel auch die Staatsanwaltschaft dieses Gerichts zur Zurücknahme befugt, wie sich aus § 145 GVG ergibt. Die Staatsanwaltschaft am Bayerischen Obersten Landesgericht hat die Befugnis zur Rechtsmittelzurücknahme[122]. Der Generalbundesanwalt ist den Staatsanwälten der Länder nicht vorgesetzt (§ 147 GVG) und daher zur Zurücknahme von deren Rechtsmitteln nicht befugt. Jedoch braucht er das Rechtsmittel nicht zu vertreten[123]. Zum Sonderfall des § 142 a GVG vgl. die dortigen Erläuterungen.

---

[113] Vgl. Rdn. 42; Ein. Kap. 10 23.
[114] Vgl. JR **1952** 483; auch BGHSt **14** 192; OLG Bremen JZ **1955** 680 mit Anm. *Eb. Schmidt*; OLG Celle GA **1970** 285; OLG Düsseldorf NJW **1960** 210 mit zust. Anm. *Mölders* und krit. Anm. *Feldmann*; NJW **1984** 604; OLG Frankfurt NJW **1971** 949; OLG Hamburg HESt **3** 58; OLG Hamm JMBlNW **1956** 250; NJW **1976** 1952; Rpfleger **1952** 492; OLG Koblenz DRiZ **1949** 453; OLG Köln JR **1969** 392 mit Anm. *Koffka*; OLG Saarbrücken JMBl. Saar **1960** 65; OLG Zweibrücken StrVerf. **1982** 13; *Dahs* FS Schmidt-Leichner 27; KK-*Ruß*[1] 7; *Kleinknecht/Meyer*[38] 10; 23; KMR-*Paulus* 11; *Schlüchter* 650; *Siegert* DRiZ **1953** 101; vgl. auch LG Kassel StrVert. **1987** 288 mit Anm. *Gallandi*; ferner Fußn. 115.
[115] Vgl. RGJW **1933** 1069; BayOLGSt **1949/51** 556; OLG Bremen JZ **1955** 680 mit Anm. *Eb. Schmidt*.
[116] OLG Stuttgart OLGSt 19 [insoweit kein Verzichtswille zum Ausdruck gekommen].
[117] KG JR **1977** 34; KMR-*Paulus* 11; vgl. aber auch OLG Hamburg OLGSt 2; *Kleinknecht/Meyer*[38] 22.
[118] BGH GA **1969** 281; BGH bei *Pfeiffer/Miebach* NStZ **1983** 213; OLG Nürnberg OLGSt 15; a. A OLG Frankfurt NJW **1971** 949; ferner *Dahs* FS Schmidt-Leichner 28; *Kleinknecht/Meyer*[38] 22.
[119] OLG Stuttgart OLGSt 13.
[120] *Dencker* 30 ff; *Oehler* JZ **1963** 227; *Oetker* JW **1929** 49; *Peters*[4] § 34 II 5b.
[121] Vgl. etwa OLG Stuttgart Justiz **1971** 359 (Wiedereinsetzungsfälle abschließend geregelt).
[122] Vgl. §§ 9, 10 EGGVG; Art. 13 BayAGGVG; Nr. 29 OrgStA (BayJMBl. **1975** 58; geändert BayJMBl. **1976** 358); ferner Bay ObLGSt **1971** 224.
[123] KMR-*Paulus* 26; vgl. bei § 147 GG.

2. Rechtsmittel der Staatsanwaltschaft zugunsten des Beschuldigten

52 a) **Zweck des § 302 Abs. 1 Satz 2.** Die Zurücknahme des zugunsten des Beschuldigten eingelegten Rechtsmittels ist nur mit dessen **Zustimmung** zulässig und wirksam, weil er wegen des staatsanwaltschaftlichen Rechtsmittels von der Einlegung eines eigenen absehen kann und dadurch nicht benachteiligt werden darf[124]. Im Falle des § 329 Abs. 2 Satz 2 bedarf es keiner Zustimmung.

53 **Zugunsten** des Beschuldigten ist das Rechtsmittel eingelegt, wenn es **ausschließlich** bezweckt, rechtliche Gesichtspunkte durchzusetzen, die ihn günstiger stellen. Daß es nach § 301 stets auch zugunsten des Angeklagten wirkt, genügt nicht. Über das Ziel der Anfechtung hat sich die Staatsanwaltschaft zu erklären[125]. Maßgebend ist der Gesamtinhalt der Rechtsmittelerklärung, gesehen im Lichte der jeweiligen Sachlage[126]. Wirft das Rechtsmittel nach seiner Begründung, zu welcher die allgemeine Sachrüge gehört, Rechtsfragen auch zuungunsten des Beschuldigten auf, so ist es nicht nur zu seinen Gunsten eingelegt[127]. Umstände außerhalb der Rechtsmittelerklärung bleiben bei der Prüfung außer Betracht[128]. Ein hiernach nicht nur zugunsten des Beschuldigten eingelegtes Rechtsmittel darf die Staatsanwaltschaft, soweit nicht § 303 eingreift, nach pflichtgemäßem Ermessen zurücknehmen oder beschränken[129].

54 b) Die **Zustimmung des Beschuldigten** ist nicht **formgebunden**[130]. Zustimmen kann nur, wer die Tragweite der Zustimmung erkennt, den Zustimmungswillen hat und ihn hinreichend erklärt. Dazu wird bloßes Schweigen des Beschuldigten in der Hauptverhandlung zu der Erklärung des Staatsanwalts meist nicht genügen. Die Erklärung der Zustimmung wird nur bei vorheriger Klarstellung ihrer Tragweite und Rechtsfolge im Geschehenlassen liegen. Ist zweifelhaft, ob der Beschuldigte außerhalb der Hauptverhandlung die Zustimmung erklärt hat, so ist dies im **Freibeweisverfahren** zu klären. Meist dürfte dazu eine Rückfrage beim Beschuldigten genügen.

55 Der Beschuldigte kann den **Verteidiger** ausdrücklich **ermächtigen**, die Zustimmung für ihn abzugeben[131]. Die Ermächtigung zur Zurücknahme nach Absatz 2 erstreckt sich darauf nicht[132]. Die Ermächtigung zur Zustimmung wird, legt man die wohl herrschende Meinung zur Zurücknahmeermächtigung nach Absatz 2 zugrunde, bereits in der Prozeßvollmacht allgemein erteilt werden können[133]. Bloßes Schweigen des Beschuldigten zur Zustimmungserklärung des anwesenden Verteidigers enthält nicht notwendig eine wirksame Genehmigung der Zustimmung[133a], ob es als konkludente Zustimmung zu werten ist, hängt von den jeweiligen Umständen ab. Rechtserhebliche Prozeßerklärungen müssen nicht nur hinsichtlich der Einlegung von Rechtsmitteln klar sein, sondern auch in bezug auf ihr weiteres Schicksal[134]. Daher ist die Zustimmung bedingungsfeindlich und darf allenfalls mit einer Rechtsbedingung verbunden sein.

56 3. Für die **Zurücknahme eines vom gesetzlichen Vertreter des Beschuldigten eingelegten Rechtsmittels** gilt der Grundsatz des § 302 Abs. 1 Satz 2 entsprechend, weil die

---

[124] Bericht der RT-Kommission *Hahn* 1575; Prot. *Hahn* 986.
[125] Vgl. § 296, 32.
[126] Vgl. etwa RGSt **5** 218; BGHSt **2** 41; § 296, 32.
[127] Vgl. § 296, 33.
[128] BGHSt **2** 41.
[129] RGSt **5** 221.
[130] KMR-*Paulus* 27.
[131] KMR-*Paulus* 27; *Eb. Schmidt* 7; a. A OLG Koblenz NJW **1951** 933.
[132] KMR-*Paulus* 27.
[133] KMR-*Paulus* 27; zu der strittigen Frage vgl. Rdn. 61.
[133a] Zur ähnlichen Streitfrage vgl. Rdn. 60 und die Nachw. Fußn. 149.
[134] Vgl. *Pusinelli* NJW **1951** 933.

Interessenlage dieselbe ist[135]. Zwar ist der gesetzliche Vertreter selbständig zum Rechtsmittel befugt, aber nur zugunsten des Beschuldigten, da ihm dieses Recht nur in dessen Interesse zusteht. Der Beschuldigte kann von der selbständigen Einlegung mit Rücksicht auf das Vorgehen des Vertreters abgesehen oder auf sein Rechtsmittel verzichtet haben. Das darf ihm keinen Nachteil eintragen[136]. Umgekehrt kann der minderjährige Beschuldigte auf das eigene Rechtsmittel ohne Zustimmung des Vertreters wirksam verzichten[137]. Dessen Rechtsmittel kann unabhängig hiervon durchgeführt werden, weil es selbständig aus eigenem Recht eingelegt ist[138].

4. Zurücknahme durch den Verteidiger (Absatz 2)

a) **Einheitliches Rechtsmittel.** Erklärungen des Beschuldigten und eines oder mehrerer Verteidiger betreffen, anders als im Falle des gesetzlichen Vertreters nach § 298, stets *dasselbe* Rechtsmittel, nicht mehrere selbständige[139]. Daher geht bei widersprechenden, wirksamen Erklärungen die des Beschuldigten vor. Auch kann jeder Verteidiger, wirksame Ermächtigung nach Absatz 2 vorausgesetzt[140], das vom Beschuldigten oder dem anderen Verteidiger eingelegte Rechtsmittel zurücknehmen, jedoch nicht gegen den erklärten Widerspruch des Beschuldigten[141]. Hat der Verteidiger mit wirksamer Ermächtigung auf Rechtsmittel verzichtet oder es mit Verzichtswillen zurückgenommen, so kann der Angeklagte, da beide dasselbe Recht ausüben, kein Rechtsmittel mehr einlegen und umgekehrt[142]. **57**

Soweit der **gesetzliche Vertreter** des Beschuldigten für das eigene Rechtsmittel einen Verteidiger bestellt hat, gelten zwischen beiden die gleichen Grundsätze. Im Verhältnis zum Beschuldigten und dessen Verteidiger sind dagegen die Rechtsmittel voneinander unabhängig, mit der Ausnahme, daß der Rücknahme oder Beschränkung des Rechtsmittels des gesetzlichen Vertreters auch der Beschuldigte zustimmen muß[143]. **58**

b) **Ausdrückliche Ermächtigung.** Wie zur Rücknahme braucht der Verteidiger auch zum Verzicht auf das Rechtsmittel die *ausdrückliche Ermächtigung* des Beschuldigten[144]. Das gilt auch für teilweise Zurücknahme und Teilverzicht[145]. Die Ermächtigung zur Zurücknahme schließt weder diejenige zum Verzicht ein[146], noch umgekehrt, und ferner auch nicht die Erlaubnis zur Zustimmung nach Absatz 1 Satz 2. Jede dieser Ermächtigungen muß *gesondert* und in der Regel ausdrücklich erteilt werden, sonst ist die Garantiefunktion des § 302 nicht gesichert. **59**

c) **Form der Ermächtigung.** Die Ermächtigung muß vom verhandlungsfähigen Angeklagten grundsätzlich **ausdrücklich** erteilt werden. Dadurch wird sie an sich nicht formgebunden, jedoch unterliegt ihr Nachweis strengen Regeln. Sie kann dem Verteidi- **60**

---

[135] OLG Celle NJW **1964** 417; OLG Düsseldorf NJW **1957** 840; KK-*Ruß*[1] 11; *Kleinknecht/Meyer*[38] § 298, 3; KMR-*Paulus* 25; vgl. § 298, 7.

[136] OLG Celle NJW **1964** 417; OLG Düsseldorf NJW **1957** 840; OLG Hamm NJW **1973** 1850; OLG München St **3** 592; **a. A** RGSt **28** 385.

[137] RGRspr. **1** 650; OLG Dresden Sächs. OLG **23** 98.

[138] Vgl. § 298, 3; 6.

[139] LG Hamburg NJW **1948/49** 395.

[140] BGHSt **9** 338.

[141] BGH NJW **1967** 1047; vgl. auch OLG Koblenz VRS **68** 213; *Schnarr* NStZ **1986** 490; **a. A** RGSt **24** 142.

[142] H. M; vgl. etwa RGSt **55** 213; KG HRR **1931** Nr. 721; KK-*Ruß*[1] 13; *Kleinknecht/Meyer*[38] 4; KMR-*Paulus* 32.

[143] Vgl. Rdn. 56.

[144] RGSt **64** 165; OGHSt **1** 74.

[145] H. M; vgl. etwa RGSt **65** 236; KK-*Ruß*[2] 13; *Kleinknecht/Meyer*[38] 30; KMR-*Paulus* 30.

[146] RGSt **64** 166; BGHSt **3** 46; BGHLM Nr. 3; KK-*Ruß*[1] 13; *Kleinknecht/Meyer*[38] 30; KMR-*Paulus* 29; **a. A** *Sarstedt/Hamm* 78.

ger auch mündlich oder fernmündlich[147] gegeben und von diesem dem Gericht durch anwaltliche Versicherung nachgewiesen werden[148]; auch eine Erklärung gegenüber dem Gericht ist möglich. Es gilt insoweit **Freibeweis.** Erklärt der Verteidiger in Gegenwart des Beschuldigten gegenüber dem Gericht, daß das Rechtsmittel zurückgenommen werde, so ist, sofern der Beschuldigte nicht widerspricht, in der Regel anzunehmen, daß er diese Erklärung billigt[149]. Doch empfiehlt es sich in solchen Fällen immer, den Beschuldigten ausdrücklich zu befragen, ob er mit der Zurücknahme einverstanden ist. Nach OLG Schleswig[150] ist die Befragung des Angeklagten sogar zwingend erforderlich, wenn in seiner Gegenwart verhandelt worden ist; deshalb könne der Verteidiger den Verzicht nicht mehr wirksam zu Protokoll der Hauptverhandlung erklären, wenn sich der Angeklagte bereits entfernt habe.

61 Die Ermächtigung kann auch mit der **Befugnis der Weiterübertragung** auf einen Unterbevollmächtigten erteilt werden[151].

62 d) **Zeitpunkt der Ermächtigung.** Ob die Ermächtigung zur Zurücknahme und zum Verzicht **im voraus** erteilt werden kann, ist strittig. Es ist zweifelhaft, ob dem Schutzzweck des Absatz 2 noch genügt ist, wenn bereits in der Verteidigervollmacht ausdrücklich, jedoch im voraus, diese Ermächtigung formularmäßig miterteilt ist, ohne daß für die Beteiligten abzusehen ist, ob und gegebenenfalls welches Rechtsmittel in Frage kommen könne.

63 Die **herrschende Meinung** in der Rechtsprechung bejaht die Wirksamkeit einer im voraus allgemein erteilten Ermächtigung[152]. Dem läßt sich entgegenhalten, daß eine so wichtige Erklärung nicht in anderem Zusammenhange mehr oder weniger formularmäßig und nicht ohne konkreten Anlaß, der ihre große Tragweite in den Vordergrund stellt, wirksam sollte abgegeben werden dürfen, besonders dann nicht, wenn man mit dem Bundesgerichtshof sogar Mündlichkeit ausreichen läßt. Welche Gefahr hier liegt, zeigt die Entscheidung BayObLGSt **1955** 181, der zuzustimmen ist. Mehr spricht daher dafür, daß die Ermächtigung mit Bezug auf das konkrete Rechtsmittel ausdrücklich und bedingungslos erteilt sein muß, und zwar erst angesichts der Prozeßlage, die zur Entscheidung über einen Schritt von solcher Tragweite zwingt. So läßt sich übrigens, worauf *Eb. Schmidt* 10 zutreffend hinweist, auch RGSt **24** 142 verstehen.

---

[147] BGH NJW **1953** 273; GA **1968** 68; LM Nr. 4; bei *Dallinger* MDR **1955** 272; OLG Düsseldorf AnwBl. **1981** 288; OLG Hamburg NJW **1952** 638; **1960** 1969; OLG München NJW **1968** 1000; KK-*Ruß*[1] 14; *Kleinknecht/ Meyer*[38] 32; *Schnarr* NStZ **1986** 490.

[148] Vgl. RG Recht **1915** Nr. 279; BGH NJW **1952** 373; GA **1968** 86; bei *Pfeiffer/Miebach* NStZ **1987** 18; bei *Spiegel* DAR **1985** 198; *Kaiser* NJW **1982** 1368; KK-*Ruß*[1] 15; *Kleinknecht/Meyer*[38] 33; *A. Mayer* MDR **1979** 197; *Meyer-Goßner* MDR **1979** 809; *Schnarr* NStZ **1986** 490.

[149] RGSt **77** 369; RG HRR **1930** Nr. 1572; BGH GA **1968** 86; BayObLGSt **1984** 116 = NJW **1985** 754; OLG Karlsruhe NJW **1970** 1697; KK-*Ruß*[1] 15; *Kleinknecht/Meyer*[38] 29; **a. A** OLG Hamburg NJW **1965** 1821 (ausdrückliche Zustimmung des anwesenden Angeklagten notwendig); OLG Koblenz NJW **1951** 933; *Sarstedt/Hamm* 83; *Schlüchter* 653.1; vgl. Fußn. 133a.

[150] OLG Schleswig SchlHA **1971** 21.

[151] KG JR **1981** 480.

[152] RGSt **24** 142; **64** 166; **77** 369; OGHSt **1** 75; BayObLGSt **1951** 561; **1984** 9 = VRS **66** 283; OLG Braunschweig JZ **1953** 343; OLG Celle MDR **1964** 864; NdsRpfl. **1973** 132; OLG Köln MDR **1959** 780; OLG München NStZ **1987** 342; BGH NJW **1967** 1047, wo sich die Schwierigkeiten der in der Rechtsprechung herrschenden Meinung zeigen. Der Fall hätte sich viel einfacher lösen lassen, wenn man die im Voraus erteilte Ermächtigung zum Rechtsmittelverzicht als unwirksam behandelt hätte. Ferner *Dahs* Hdb 726; KK-*Ruß*[1] 15; *Kleinknecht/ Meyer*[38] 32; *Kaiser* NJW **1982** 1367; BGHSt **10** 245; BGH bei *Holtz* MDR **1978** 461 läßt dies offen; einschränkend auch die Entscheidungen Fußn. 154.

Vor allem im **Schrifttum**[153] wird zu Recht die Ansicht vertreten, daß die Ermächtigung zum Verzicht oder zur Zurücknahme erst wirksam erteilt werden könne, wenn feststehe, um welche konkrete Entscheidung es sich handele. **64**

Eine **vermittelnde Meinung** sieht zwar die im voraus erteilte Ermächtigung zur Zurücknahme und zum Verzicht als wirksam an, verlangt aber, daß der Verteidiger vor Abgabe der Erklärung prüft, ob diese dem Willen seines Mandanten auch tatsächlich entspricht; der Verteidiger werde in der Regel durch eine solche Vollmacht nicht ermächtigt, über Rücknahme und Verzicht nach eigenem Ermessen zu entscheiden (Auslegungsfrage!), der Mandant wolle vielmehr, daß der Verteidiger sich vorher vergewissere, ob Verzicht oder die Rücknahme noch seinem Willen entsprächen; tue er dies nicht, so überschreite er seine Ermächtigung und die Erklärung sei unwirksam[154]. Diese Ansicht kommt im Ergebnis der strengeren Auffassung des Schrifttums nahe. Wenn der Verteidiger aber doch immer erst feststellen muß, was sein Mandant im Hinblick auf die konkrete Prozeßlage will, dann ist es einfacher und der Klarheit dienlicher, wenn man mit dem Schrifttum fordert, daß er seinen Mandanten befragt und sich ausdrücklich zur Zurücknahme oder zum Verzicht ermächtigen läßt, zumal dies formlos geschehen kann. **65**

Die Ermächtigung muß bei Abgabe der Rechtsmittelerklärung erteilt sein; die **rückwirkende Genehmigung** einer ohne Ermächtigung abgegebenen Erklärung ist nicht möglich[155]. Die Ermächtigung erlischt mit Beendigung des Mandats; dies gilt auch, wenn der bisherige Wahlverteidiger als Pflichtverteidiger bestellt wird[156]. **66**

e) **Widerruf.** Als Prozeßerklärung ist die Ermächtigung nicht wegen Irrtums anfechtbar. Sie kann jedoch gegenüber dem **Verteidiger** oder dem **Gericht** mit Wirkung ex nunc mündlich oder schriftlich widerrufen werden[157]. Mit Zugang des Widerrufs entfällt die Ermächtigung[158]. Hat der Verteidiger bereits vorher eine Erklärung über Rechtsmittelrücknahme oder Rechtsmittelverzicht an das Gericht gesandt, muß er das Gericht schnellstens vom Wegfall seiner Ermächtigung benachrichtigen[159]. Die Ermächtigung kann aber auch durch schlüssiges Handeln des Angeklagten widerrufen werden, so, wenn er selbst Rechtsmittel einlegt[160] oder wenn er einen anderen Verteidiger bestellt und damit beauftragt. Hier hängt es aber von den jeweiligen Umständen ab, **67**

---

[153] KG HESt **1** 194; JW **1926** 2229; *Ellersiek* 157; *Fezer* 19; 69; *Feisenberger* 7; *Gerland* 399 Fußn. 66; *Kies* JZ **1953** 343; KMR-*Paulus* 35; *Roxin*[20] § 51 B V 2b; *Eb. Schmidt* 10.

[154] KG JR **1981** 480; OLG Neustadt JR **1958** 189; NJW **1963** 263; OLG Stuttgart MDR **1981** 780; vgl. auch BayObLGSt **1984** 9 = VRS **66** 283.

[155] RGSt **66** 267; KG JR **1956** 308; KMR-*Paulus* 34.

[156] BGH bei *Holtz* MDR **1978** 461; OLG Köln VRS **57** 356; KK-*Ruß*[1] 16; *Kleinknecht/Meyer*[38] 36; KMR-*Paulus* 34.

[157] BGHSt **10** 245; LM Nr. 9; NJW **1967** 1047; bei *Dallinger* MDR **1955** 272; BayObLGSt **1984** 9 = VRS **66** 283; *Sax* JZ **1958** 178; ferner etwa KK-*Ruß*[1] 16; *Kleinknecht/Meyer*[38] 34; KMR-*Paulus* 34; vgl. auch OLG Hamburg MDR **1983** 154.

[158] RGSt **24** 142; **64** 167; RG HRR **1939** 819; BGHSt **10** 245; zust. *Dünnebier* JR **1957** 349; *Jescheck* GA **59** 84; krit. *Sax* JZ **1958** 178; BayObLG DRiZ **1929** Nr. 533; OLG Braunschweig NdsRpfl. **1958** 169; OLG Hamburg NJW **1952** 638; **1960** 1969; *Loewenstein* JW **1932** 3112; KK-*Ruß*[1] 16; *Kleinknecht/Meyer*[38] 34; KMR-*Paulus* 36; a. A RG JW **1932** 3112 (Widerruf erst wirksam, wenn er dem Gericht bekannt).

[159] *Dahs* Hdb. 727; *Kleinknecht/Meyer*[38] 34.

[160] Vgl. etwa BGH NJW **1967** 1046; BayObLGSt **1984** 9 = VRS **66** 283.

§ 302

ob in der Bestellung eines weiteren Verteidigers ein Widerruf der Ermächtigung liegt¹⁶¹. Zweifel muß das Gericht durch Rückfragen klären.

68 Mit Zugang des Widerrufs beim Verteidiger oder beim Gericht wird eine auf Grund der Ermächtigung bereits erklärte Rechtsmittelrücknahme oder ein Rechtsmittelverzicht **gegenstandslos**, sofern die Erklärung nicht bereits vorher beim Gericht eingegangen ist und die Rechtskraft herbeigeführt hat¹⁶². Ob der Widerruf zu spät gekommen ist, hat das Gericht in Zweifelsfällen von Amts wegen zu klären¹⁶³.

69 f) Der **Nachweis der Ermächtigung** und ihres Widerrufs kann auch nachträglich noch bis zur Entscheidung über das Rechtsmittel geführt werden. Fehlt er, muß das Gericht den Rechtsmittelführer — ev. unter Fristsetzung — dazu auffordern. Läßt sich nicht klären, ob der Widerruf gegenüber dem Verteidiger vor Eingang der Rücknahmeschrift bei Gericht liegt, so soll nach Ansicht des Bundesgerichtshofs das Rechtsmittel als zurückgenommen gelten¹⁶⁴. Auf jeden Fall beseitigt ein Widerruf die Wirkung der Zurücknahme dann, wenn er bei dem Verteidiger früher eingeht als dessen bereits abgesandte Zurücknahme bei Gericht. Im übrigen ist strittig, welche Wirkung einer Rechtsmittelbeschränkung durch den Verteidiger hat, wenn seine Ermächtigung dazu nicht nachweisbar ist¹⁶⁵.

70 5. Auf den **Anwalt des Nebenklägers** ist § 302 Abs. 2 nicht anwendbar¹⁶⁶.

IV. Sonstige Verfahrensfragen

71 1. Ist das Rechtsmittel rechtzeitig zurückgenommen worden, so bedarf es — abgesehen vom Kostenbeschluß — an sich keiner Entscheidung über das Rechtsmittel, es sei denn, die Wirksamkeit der Rücknahme ist strittig. Dann kann das Rechtsmittel nicht mehr als unzulässig verworfen, sondern nur **für erledigt erklärt** werden¹⁶⁷. Dieser Beschluß ist mit **Beschwerde** anfechtbar; bei der Berufung ist nach vorherrschender Meinung in analoger Anwendung des § 322 Abs. 2 die sofortige Beschwerde gegeben¹⁶⁸. Wird trotz Zurücknahme das Rechtsmittel nochmals eingelegt, ist es nach h.M. (vgl. Rdn. 23) als unzulässig gemäß § 322 zu verwerfen¹⁶⁹. Eine Wiedereinsetzung scheidet

---

¹⁶¹ Ob in der Bevollmächtigung eines weiteren Verteidigers ein stillschweigender Widerruf der dem ersten Verteidiger erteilten Rücknahmeermächtigung liegt, hängt von den Umständen ab; vgl. einerseits OLG Celle NdsRpfl. **1973** 132 andererseits OLG München NStZ **1987** 342; ferner *Kleinknecht/Meyer*³⁸ 34; KMR-*Paulus* 33.
¹⁶² Vgl. etwa BGH NStZ **1983** 469.
¹⁶³ Vgl. Nr. 152 Abs. 1 RiStBV; ferner etwa BGHSt **10** 247; BayObLGSt **1984** 9 = VRS **66** 283.
¹⁶⁴ BGHSt **10** 245; zust. *Jescheck* GA **1959** 84; *Dünnebier* JR **1957** 349 (Grenzfall); vgl. BGH NJW **1960** 2202; BGH NStZ **1983** 469; OLG Celle OLGSt 21; *Dahs* Hdb. 727; KK-*Ruß*¹ 16; *Kleinknecht/Meyer*³⁸ 35; a. A KMR-*Paulus* 33; § 244, 343; *Sax* JZ **1958** 178.
¹⁶⁵ Vgl. BGHSt **3** 46; *Mayer* MDR **1979** 197;

Meyer-Goßner MDR **1979** 809; Rdn. 27; § 318, 10; § 344, 11 mit weit. Nachw.
¹⁶⁶ OLG Hamm JMBlNW **1965** 23.
¹⁶⁷ RGSt **55** 213; BGH GA **1973** 47; NJW **1960** 2202; BayObLG DRiZ **1931** Nr. 786; KG JR **1981** 480; OLG Düsseldorf MDR **1983** 512; **1985** 429; OLG Schleswig bei *Ernesti/Jürgensen* SchlHA **1972** 161; *Kleinknecht/Meyer*³⁸ 11.
¹⁶⁸ Sofortige Beschwerde nehmen an: BayObLG DRiZ **1931** Nr. 786; OLG Celle NdsRpfl. **1973** 132; OLG Düsseldorf MDR **1985** 429; OLG Hamburg MDR **1978** 422; OLG München NJW **1968** 1000; KMR-*Paulus* 39; für einfache Beschwerde KG HRR **1932** Nr. 2009; vgl. § 322, 13.
¹⁶⁹ BGH bei *Pfeiffer/Miebach* NStZ **1987** 18.
¹⁷⁰ BGH MDR **1957** 527; OLG Düsseldorf MDR **1984** 71; *Kleinknecht/Meyer*³⁸ 12; vgl. Rdn. 25 mit weit. Nachw.

aus[170]. Geht die Rücknahmeerklärung dagegen erst nach der Entscheidung über das Rechtsmittel beim Gericht ein, hat es bei dieser sein Bewenden[171].

2. Keine Bindung des Revisionsgerichts. Die Auslegung einer Rechtsmittelerklärung durch das Berufungsgericht bindet das Revisionsgericht nicht[172]. Vgl. BGHSt. 10 174 (Volljährigkeit vor Entscheidung über das Rechtsmittel des gesetzlichen Vertreters). **72**

3. Kostenbeschluß. Zur Frage, wieweit wegen der Kosten nach § 473 Abs. 1 und 2 ein besonderer Beschluß des Gerichts erforderlich ist, vgl. 473, 5 ff. Die Wirksamkeit einer Rechtsmittelbeschränkung kann im Rahmen einer Kostenbeschwerde nicht nachgeprüft werden[173]. **73**

§ 303

[1] Wenn die Entscheidung über das Rechtsmittel auf Grund mündlicher Verhandlung stattzufinden hat, so kann die Zurücknahme nach Beginn der Hauptverhandlung nur mit Zustimmung des Gegners erfolgen. [2] Die Zurücknahme eines Rechtsmittels des Angeklagten bedarf jedoch nicht der Zustimmung des Nebenklägers.

Schrifttum. *Krach* Zur Auslegung des § 303, NJW **1953** 1860; *Rieß* Zur Auslegung des § 303 StPO, JR **1986** 441; *K. Schäfer* Zur Auslegung des § 303 StPO, JR **1926** 784.

Entstehungsgeschichte. Satz 2 ist durch Art. 1 Nr. 82 des 1. StVRG angefügt worden. Bezeichnung bis 1924: § 345.

Übersicht

	Rdn.		Rdn.
1. Zweck der Vorschrift	1	6. Zustimmung	
2. Nur bei Rechtsmitteln auf Grund mündlicher Verhandlung	2	a) Dem Gericht gegenüber	13
		b) Form	14
3. Teilrücknahme; nachträgliche Beschränkung	4	c) Zeitpunkt	15
		d) Unwiderruflich, unanfechtbar	16
4. Beginn der Hauptverhandlung	5	e) Sitzungsniederschrift	17
5. Gegner	10	7. Rechtsmittel	18
		8. Kosten	19

1. Zweck der Vorschrift ist nach heutiger Auffassung sowohl die Förderung der materiellen Gerechtigkeit[1] als auch — sich weitgehend damit deckend — der Schutz des Antragsgegners[2]. Das früher angeführte Argument, es widerspreche der Würde und der Autorität des Gerichts, wenn eine bereits begonnene Hauptverhandlung durch eine einseitige Erklärung gegenstandslos gemacht werden könne, wird heute kaum noch ins **1**

---

[171] Vgl. etwa BGH LM Nr. 2; OLG Hamburg MDR **1983** 154; Rdn. 32 mit weit. Nachw.
[172] KG GA **72** (1928) 141; OLG Karlsruhe Justiz **1986** 307; vgl. § 337, 54 ff.
[173] OLG Stuttgart MDR **1984** 512.
[1] BGHSt **23** 277 stellt diesen Zweck in den Vordergrund, vgl. auch KK-*Ruß*[1] 1; *Kleinknecht/Meyer*[38] 1; KMR-*Paulus* 1; ebenso LR[23] 1.
[2] Zur Bedeutung des Schutzzweckes vgl. *Brandt* JW **1925** 2748; *Krach* NJW **1953** 1860 und jetzt *Rieß* JR **1986** 443.

Feld geführt[3]. Die Reichstagskommission, auf deren Beschlüssen die Vorschrift beruht[4], hat hauptsächlich erwogen, es dürfe der Staatsanwaltschaft nicht zustehen, das Gericht an einer dem Angeklagten günstigen Entscheidung zu hindern, wenn das Rechtsmittel zuungunsten des Angeklagten eingelegt worden war, das Ergebnis der Verhandlung über das Rechtsmittel aber zu seinen Gunsten spricht[5]. Zwar ist die Staatsanwaltschaft zur Unparteilichkeit verpflichtet. Fällt die Berufungsverhandlung überzeugend zugunsten des Angeklagten aus, so hat sie dies bei ihren Entschließungen ohnedies pflichtgemäß zu berücksichtigen und darf den gerechten Sachausgang auch ohne den § 303 nicht vereiteln. Jedoch verbleiben Fälle, in welchen die Beurteilung durch die Staatsanwaltschaft von der gerichtlichen aus vertretbaren Gründen abweicht. Hier greift der Leitgedanke ein. Unmittelbar trifft er nur für Rechtsmittel der Staatsanwaltschaft zu, während § 303 die **Rechtsmittel aller Verfahrensbeteiligten** erfaßt, also auch das des Angeklagten, des gesetzlichen Vertreters, des Privat- und Nebenklägers.

2 2. **Nur bei den Rechtsmitteln** gilt § 303, bei denen die Entscheidung **auf Grund einer mündlichen Verhandlung** zu ergehen hat, also bei der Berufung und, im Rahmen des § 349 Abs. 5, auch bei der Revision, nicht jedoch bei der keine mündliche Verhandlung erfordernden (§ 309 Abs. 1) Beschwerde[6].

3 Nach der **Ausnahmevorschrift** des § 329 Abs. 2 Satz 2 gilt § 303 nicht, wenn der Angeklagte bei der Berufung der Staatsanwaltschaft unvertreten und unentschuldigt ausbleibt. Dann bedarf, sofern nicht ein Fall des § 329 Abs. 1 Satz 2 vorliegt, die Staatsanwaltschaft zur Zurücknahme oder Beschränkung ihrer Berufung nicht der Zustimmung des Angeklagten[7].

4 3. **Rücknahme** ist im Sinn von § 302 zu verstehen. § 303 betrifft auch die **Teilrücknahme** und die **nachträgliche Beschränkung** des Rechtsmittels auf abtrennbare Teile der Entscheidung, die eine teilweise Zurücknahme des Rechtsmittels bedeutet[8].

5 4. **Beginn der Hauptverhandlung.** Sie beginnt nach den §§ 324, 351, 243 Abs. 1 mit dem Aufruf der Sache[9]. Vorher ist — mit Ausnahme des von der Staatsanwaltschaft zugunsten des Angeklagten eingelegten Rechtsmittels (§ 302 Abs. 1 Satz 2) — die einseitige Rücknahme möglich[10].

6 Mit Beginn der **ersten Hauptverhandlung** ist die Zurücknahme an die Zustimmung des Gegners gebunden. Auf spätere Hauptverhandlungen kommt es nach jetzt herrschender[11], vom Gesetzgeber bestätigter[12] Ansicht nicht an. Damit soll verhindert

---

[3] Vgl. *Rieß* JR **1986** 443.
[4] Prot. *Hahn* 985; 1380; zur keinesfalls eindeutigen Entstehungsgeschichte vgl. RGSt **67** 281; *Rieß* JR **1986** 442; *K. Schäfer* JR **1926** 786.
[5] Vgl. auch RGSt **65** 236; LG Fürth JW **1925** 1049; *Eb. Schmidt* 2.
[6] KK-*Ruß*[1] 1; *Kleinknecht/Meyer*[38] 1; KMR-*Paulus* 3.
[7] Vgl. § 329, 86.
[8] RGSt **65** 235; BayObLGSt **1949/51** 562; OLG Frankfurt VRS **50** 416; OLG Koblenz NJW **1951** 933 mit Anm. *Pusinelli*; KK-*Ruß*[1] 2; *Kleinknecht/Meyer*[38] 1; KMR-*Paulus* 3; *Eb. Schmidt* 3.
[9] KK-*Ruß*[1] 2; *Kleinknecht/Meyer*[38] 2; KMR-*Paulus* 5; zur Rechtslage vor Änderung des § 243 Abs. 1 vgl. RGSt **65** 235; **67** 281; *Eb. Schmidt* 5.
[10] RGSt **65** 236; vgl. Rdn. 1.
[11] BGHSt **23** 277 auf Vorlage von OLG Celle VRS **37** 372; BayObLGSt **1973** 125 = JR **1974** 251 mit Anm. *Peters*; *Gössel* § 35 D I, b; KK-*Ruß*[1] 2; *Kleinknecht/Meyer*[38] 2; KMR-*Paulus* 6; *Peters* JR **1974** 252; *Rieß* JR **1986** 441; *Roxin*[20] § 51 B V 2a; *Schlüchter* 654; *Eb. Schmidt* 5; vgl. ferner Fußn. 13, 14 mit weit. Nachw. und zur früher vorherrschenden Gegenmeinung Fußn. 15.
[12] Neufassung des § 329 durch 1. StVRG; dazu *Rieß* JR **1986** 443; auch zum neueren Sprachgebrauch des Gesetzgebers.

werden, daß der Rechtsmittelführer, wenn die Verhandlung oder eine aufhebende und zurückverweisende Entscheidung einen ihm unerwünschten Ausgang erwarten läßt, den Gegner durch Zurücknahme des Rechtsmittels benachteiligt.

Wird die Hauptverhandlung **ausgesetzt** (§ 228) oder nicht fristgerecht nach Unterbrechung fortgesetzt, so daß sie erneuert werden muß (§ 229), so bedarf die Zurücknahme weiterhin der Zustimmung[13]. Gleiches gilt, wenn nach Aufhebung und **Zurückverweisung** durch das Revisionsgericht erneut zu verhandeln ist[14]. 7

Die früher weitgehend gebilligte **Gegenmeinung**[15] wird heute, soweit ersichtlich, nicht mehr vertreten. Wegen der Sonderregelung in § 329 Abs. 2 vgl. Rdn. 3. 8

Vom **Beginn der Urteilsverkündung** an ist die Zurücknahme auch mit Zustimmung des Gegners nicht mehr statthaft[16]. 9

5. **Gegner** ist bei **Rechtsmitteln des Angeklagten** und seines gesetzlichen Vertreters die Staatsanwaltschaft, auch der Privatkläger[17]. Der Zustimmung des **Nebenklägers** bedarf es nach Satz 2 nicht. 10

Bei **Rechtsmitteln der Staatsanwaltschaft**, des Privat- oder Nebenklägers ist der Angeklagte Gegner, nicht sein gesetzlicher Vertreter, selbst dann nicht, wenn dieser ein eigenes Rechtsmittelrecht verfolgt. Der Verteidiger ist nicht Gegner[18]. Die Zustimmung ist Sache des *Angeklagten*. Er kann sie durch den Verteidiger abgeben, jedoch nicht kraft allgemeiner Ermächtigung. Stimmt der Verteidiger des anwesenden Angeklagten zu, so kann, wenn dieser nicht widerspricht, darin eine Zustimmung des Angeklagten liegen[19]. Es hängt allerdings von den Umständen des jeweiligen Falles ab, ob das Schweigen des Angeklagten zu einer nicht in seinem Auftrag abgegebenen Erklärung seines Verteidigers als Zustimmung ausgelegt werden kann[20]. In den Fällen des § 234 kann der zur **Vertretung bevollmächtigte Verteidiger** den Angeklagten auch im Willen vertreten und für ihn wirksam zustimmen[21]; aufgrund des § 234a kann er dies nicht. 11

Nebenbeteiligte, die die Rechte des Angeklagten haben, sind, soweit sie von der Rücknahme des Rechtsmittels der Staatsanwaltschaft betroffen sind, ebenfalls Gegner[22]. Dagegen braucht die Staatsanwaltschaft nicht die Zustimmung des Nebenklägers. 12

6. Zustimmung

a) Erst die Zustimmung des Gegners macht die Zurücknahme wirksam. Als Prozeßerklärung ist die Zustimmung **dem zuständigen Gericht gegenüber** abzugeben[23]. 13

---

[13] BGHSt **23** 277; OLG Celle GA **75** (1931) 116; HRR **1933** Nr. 790; VRS **37** 372; OLG Dresden JW **1928** 2290; **1929** 2772; LG Fürth JW **1925** 1049; *Brandt* JW **1925** 2748; **1927** 2079; *Peters* JZ **1960** 62; *Sax* JZ **1967** 43; *Eb. Schmidt* 3.

[14] BayObLGSt **1973** 125 = JR **1974** 251 mit Anm. *Peters*; BayObLGSt **1984** 116 = NJW **1985** 754; *Kleinknecht/Meyer*[38] 2; *Kracht* NJW **1953** 1860.

[15] RGSt **67** 286; RG JW **1932** 3112 mit Anm. *K. Schäfer*; OLG Hamburg LZ **1916** 709; OLG Oldenburg NJW **1959** 2225; *K. Schäfer* JR **1926** 786; wegen weit. Nachw. vgl. *Rieß* JR **1986** 441, auch zur Entwicklung des Meinungsstreites und seinen argumentativen Grundlagen.

[16] OLG Breslau HRR **1932** Nr. 806; KK-*Ruß*[1] 2; KMR-*Paulus* 7.

[17] KK-*Ruß*[1] 3; KMR-*Paulus* 8.

[18] BayObLGSt **1984** 116 = NJW **1985** 754; OLG Hamm NJW **1969** 151; OLG Koblenz NJW **1951** 933; KK-*Ruß*[1] 3; *Kleinknecht/Meyer*[38] 3; KMR-*Paulus* 9.

[19] So etwa BayObLGSt **1984** 116 = NJW **1985** 754; *Kleinknecht/Meyer*[38] 3; a. A OLG Koblenz NJW **1951** 933 mit Anm. *Pusinelli*; *Sarstedt/Hamm* 83.

[20] Vgl. OLG Hamm NJW **1961** 151; OLG Koblenz NJW **1951** 933; KMR-*Paulus* 11; 12; vgl. Rdn. 14 mit weit. Nachw.

[21] KK-*Ruß*[1] 3; *Kleinknecht/Meyer*[38] 3; KMR-*Paulus* 12; *Eb. Schmidt* 4; § 234, 12.

[22] KK-*Ruß*[1] 3.

[23] OLG Hamm NJW **1969** 151; KK-*Ruß*[1] 4.

14 **b) Form.** Die Zustimmung ist nicht formgebunden, sie muß aber eindeutig sein. Nur der stimmt zu, der die Tragweite der Zustimmung erkennt, zustimmen will und dies auch **eindeutig erklärt** oder durch sein Verhalten **unmißverständlich ausdrückt**. Bloßes **Schweigen** gilt nicht schlechthin als vermutete Zustimmung[24]. Es hängt von der Lage des Einzelfalls ab, ob im schlüssigen Handeln, im bloßen Schweigen, eine Zustimmung liegt[25]. So kann es beispielsweise als Zustimmung zu würdigen sein, wenn die Anträge der neuen Verfahrenslage angepaßt werden[26]. In Zweifelsfällen wird allerdings das Gericht alle Personen, deren Zustimmung es bedarf, ausdrücklich fragen, damit diese für den weiteren Verfahrensgang wichtige Frage nicht im ungewissen bleibt[27].

15 **c) Zeitpunkt.** Erklärt sich der Gegner nicht sofort, so führt die erklärte Rücknahme des Rechtsmittels einen **Schwebezustand** herbei. Dem Gegner ist eine **angemessene Überlegungszeit** zuzubilligen[28], die jedenfalls spätestens mit dem Beginn der Urteilsverkündung endet[29], sofern die Rücknahmeerklärung nicht schon vorher gegenstandslos geworden ist, weil die Überlegungszeit ungenützt verstrichen oder die Rücknahmeerklärung durch den Prozeßfortgang überholt worden ist. Da die Ungewißheit wegen der weiteren Verfahrensgestaltung nicht unbegrenzt fortdauern kann, wird man den Vorsitzenden für befugt halten müssen, einem sich nicht sofort Erklärenden eine der Verfahrenslage angemessene Frist zu setzen. Unterbleibt die Zustimmung über die angemessene Zeit hinaus, kann auch der Rechtsmittelführer zu erkennen geben, daß er an seiner Rücknahmeerklärung nicht mehr festhält[30]. Diese wird durch den Zeitablauf ebenso wirkungslos, wie wenn der Gegner die Zustimmung ausdrücklich verweigert[31].

16 **d)** Als Verfahrenserklärung ist die Zustimmung nach Eingang bei Gericht **unwiderruflich** und **unanfechtbar**. Wird sie versagt, so ist die Zurücknahme, die ihr vorhergeht oder folgt, unwirksam und gegenstandslos. Eine später dennoch erteilte „Zustimmung" erlangt nur Bedeutung, wenn erneut Zurücknahme erklärt wird. Bloße inzwischen fortbestehende Rücknahmebereitschaft ist keine Prozeßhandlung. Prozeßerklärungen müssen als Verfahrenshandlungen klar und zweifelsfrei sein.

17 **e)** Wird die Zustimmung in der Hauptverhandlung ausdrücklich erklärt oder verweigert, so ist dies nach § 273 in die **Sitzungsniederschrift** aufzunehmen. Der Vermerk hierüber hat Beweiskraft nach § 274[32]. Fehlt ein solcher Vermerk, so beweist das Schweigen der Sitzungsniederschrift jedoch nur, daß keine ausdrückliche Erklärung abgegeben wurde. Es besagt nichts darüber, ob die Zustimmung durch konkludente Hand-

---

[24] RG JW **1933** 1069; vgl. auch BayObLGSt **1984** 116 = NJW **1985** 754.
[25] Vgl. etwa RGSt **64** 20; BayObLGSt **1949/51** 562; OLG Düsseldorf MDR **1976** 1046; OLG Hamm JZ **1969** 209; OLG Koblenz NJW **1951** 933; OLG Köln MDR **1954** 500; OLG Schleswig bei *Ernesti/Jürgensen* SchlHA **1973** 188; **1977** 183; KK-*Ruß*[1] 4; *Kleinknecht/Meyer*[38] 6; KMR-*Paulus* 11.
[26] Vgl. BayObLGSt **1949/51** 562; OLG Breslau HRR **1932** Nr. 806; OLG Schleswig bei *Ernesti/Lorenzen* SchlHA **1984** 106.
[27] KMR-*Paulus* 11; *Peters* JZ **1969** 269.
[28] Vgl. OLG Düsseldorf MDR **1983** 1045 (Zustimmung zu Beginn des nächsten Fortsetzungstermins genügt); *Kleinknecht/Meyer*[38] 4 („alsbald").
[29] KK-*Ruß*[1] 5.
[30] OLG Hamm NJW **1969** 151; KK-*Ruß*[1] 3; *Kleinknecht/Meyer*[38] 4; vgl. *Peters* JZ **1969** 269; der es andererseits für zweifelhaft hält, ob die erklärte Rechtsmittelzurücknahme, zu der noch keine endgültige Äußerung des Gegners vorliegt, ihrerseits zurücknehmbar ist.
[31] RGSt **65** 235; KG KGJ **52** 377; KK-*Ruß*[1] 5.
[32] BayObLGSt **1984** 116 = NJW **1985** 754; OLG Köln MDR **1954** 500; vgl. Fußn. 33 mit weit. Nachw.

lung, insbesondere durch Schweigen erteilt worden ist; insoweit hat das Protokoll keine negative Beweiskraft[33]. Dies muß gegebenenfalls im Wege des **Freibeweises** geklärt werden[34].

7. Rechtsmittel. Bei **Streit über die Wirksamkeit** der Zurücknahme ist bei einer außerhalb der Hauptverhandlung ergehenden Entscheidung die Beschwerde gegeben (§ 304), sofern nicht § 305 entgegensteht, so wenn das erkennende Gericht die Unzulässigkeit der Rücknahme feststellt[35]. In der Hauptverhandlung ist durch Urteil zu entscheiden, bei wirksamer Zurücknahme das Rechtsmittel durch Urteil für erledigt zu erklären, bei Unwirksamkeit ergeht Sachurteil[36]. **18**

8. Hat der Staatsanwalt die Berufung mit Zustimmung des Angeklagten zurückgenommen, so kann über die **Kosten** des Rechtsmittels durch Beschluß entschieden werden[37]. **19**

---

[33] BayObLGSt **1984** 116 = NJW **1985** 754; OLG Hamm JZ **1969** 209 mit Anm. *Peters*; OLG Köln MDR **1954** 500; OLG Schleswig bei *Ernesti/Jürgensen* SchlHA **1973** 188; KK-*Ruß*[1] 4; *Kleinknecht/Meyer*[38] 3; 4; 6; KMR-*Paulus* 13.

[34] RGSt **64** 200; vgl. auch die Nachw. Fußn. 33.

[35] LG Schweinfurt NJW **1965** 1892 mit Anm. *Dahs*; KMR-*Paulus* 15.

[36] RGSt **67** 281; KK-*Ruß*[1] 6; *Kleinknecht/Meyer*[38] 7; KMR-*Paulus* 16.

[37] OLG Celle HRR **1928** Nr. 1681; vgl. § 473, 5.

ZWEITER ABSCHNITT

Beschwerde

Vorbemerkungen

Schrifttum. *Amelung* Rechtsschutz gegen strafprozessuale Grundrechtseingriffe (1976); *Amelung* Rechtsschutz gegen bereits vollzogene Grundrechtseingriffe im Strafprozeß, AnwBl. **1979** 321; *Amelung* Probleme des Rechtsschutzes gegen prozessuale Grundrechtseingriffe, NJW **1979** 168; *Amelung* Zur dogmatischen Einordnung strafprozessualer Grundrechtseingriffe, JZ **1987** 737; *Bottke* Rechtsbehelfe der Verteidigung im Ermittlungsverfahren — Eine Systematisierung, StrVert. **1986** 120; *Budach* Die prozessuale Überholung — ein Rechtsbegriff im Straf- und Zivilprozeß, Diss. Kiel 1975; *Dörr* Rechtsschutz gegen vollzogene Durchsuchungen und Beschlagnahmen im Strafermittlungsverfahren, NJW **1984** 2258; *Ellersiek* Die Beschwerde im Strafprozeß (1981); *Ferdinand* Das Rechtsmittel der Beschwerde im deutschen Strafprozeß (1908); *Fezer* Rechtsschutz gegen erledigte strafprozessuale Zwangsmaßnahmen, Jura **1982** 126; *Flieger* Nachträglicher Rechtsschutz gegen Maßnahmen der öffentlichen Gewalt, MDR **1981** 17; *Geppert* Gedanken zur Rechtskraft und zur Beseitigung prozessualer Beschlüsse, GA **1972** 165; *Giesler* Der Ausschluß der Beschwerde gegen richterliche Entscheidungen im Strafverfahren (1981); *Hamm* Rechtsbehelfe in Ermittlungsverfahren, AnwBl. **1986**; *Karstendiek/Weites* Beschwerdeakt nach § 304 Abs. 2 StPO und § 116 VollzG, DRiZ **1980** 106; *Lemke* Gegenvorstellung gegen rechtskräftige, die Strafaussetzung widerrufende Beschlüsse, ZRP **1978** 281; *Lisken* Nochmals: Neuordnung des Rechtsschutzes gegen strafprozessuale Zwangsmaßnahmen, ZRP **1981** 235; *Mayer-Wegelin* Der Rechtsschutz im Ermittlungsverfahren wegen Steuerhinterziehung: Theorie und Wirklichkeit, DStZ **1984** 244; *Meyer* Zur Anfechtung der durch Vollzug erledigten Maßnahmen der Staatsanwaltschaft im Ermittlungsverfahren, FS Schäfer, 119; *Middelberg* Rechtsschutz gegen erledigte strafprozessuale Untersuchungshandlungen, Diss. 1978; *Rieß* Neuordnung des Rechtsschutzes gegen strafprozessuale Zwangsmaßnahmen, ZRP **1981** 101; *Rieß/Thym* Rechtsschutz gegen strafprozessuale Zwangsmaßnahmen, GA **1981** 189; *Schuler* Das Rechtsmittel der sofortigen Beschwerde im Strafverfahren (1931); *Streck* Erfahrungen bei der Anfechtung von Durchsuchungen und Beschlagnahmebeschlüssen in Steuerstrafsachen, StrVert. **1986** 101; *Thym* Rechtstatsächliche Untersuchungen über die Beschwerdekammern in Strafsachen, NStZ **1981** 93; *Wendisch* Anfechtung von Beschlüssen, die Verhaftungen oder die einstweilige Unterbringung betreffen, FS Dünnebier, 239; *Wiedemann* Die Korrektur strafprozessualer Entscheidungen außerhalb des Rechtsmittelverfahrens, Diss. Köln 1981; *Woesner* Die Gegenvorstellung im Strafverfahren, NJW **1960** 2129 ff; *Wronker* Die Beschwerde im Strafverfahren (1922); *Zimmermann* Über das Rechtsmittel der Beschwerde, GerS **36** (1884) 605.

Übersicht

	Rdn.		Rdn.
1. Geltungsraum	1	b) Ausnahmen	4
2. Zulässigkeit		3. Einfache und sofortige Beschwerde	6
a) Keine abschließende Regelung	3	4. Gegenstand der Beschwerde	7

Zweiter Abschnitt. Beschwerde Vor § 304

	Rdn.		Rdn.
5. Ziel der Beschwerde	9	9. Gegenvorstellung	23
6. Beschwerdeberechtigt	10	10. Änderung von Beschlüssen und Verfügungen	
7. Beschwerdegericht	11	a) Bindungswirkung	24
8. Allgemeines zum Beschwerdeverfahren		b) Bestandskräftige Entscheidungen	25
a) Einlegung	12	c) Beschlüsse im laufenden Verfahren	28
b) Begründung	13	d) Änderung der Beschwerdeentscheidungen	31
c) Fristgebundenheit	15	11. Änderung rechtskräftiger Beschlüsse in Ausnahmefällen	
d) Wirkung	17	a) Änderungsbedürfnis	37
e) Verfahren	19	b) Beseitigung prozessualen Unrechts	39
f) Entscheidung	20	c) Keine nachträgliche Änderung	41
g) Verschlechterungsverbot	21		
h) Rechtszug	22		

1. Geltungsraum. Die §§ 304 ff regeln nur die Beschwerde gegen gerichtliche und **1** richterliche Verfügungen und Beschlüsse in dem von § 304 gesetzten Rahmen. Sie gelten nicht für Beschwerden gegen **Maßnahmen der Justizverwaltung.** Anordnungen der **Staatsanwaltschaft** (vgl. §§ 147, 150 GVG), einschließlich der Vollstreckungshilfe (§§ 162, 163 GVG) sind, soweit kein Sonderrechtsweg wie der Antrag auf gerichtliche Entscheidung[1] eröffnet ist, nach den §§ 23 EGGVG anfechtbar[2]. Eine Sonderregelung für das Anklageerzwingungsverfahren enthalten die §§ 172 ff. Auch **Aufsichtsbeschwerden,** die das Verhalten von Richtern und Beamten, den Geschäftsbetrieb oder Verzögerungen betreffen, sind ausgenommen und richten sich nach dem einschlägigen Richter- oder Beamtenrecht.

Sondervorschriften für die Beschwerden, die den Vollzug der Untersuchungshaft **2** betreffen, finden sich in §§ 119, 120 Abs. 2, 124 Abs. 2 ff. Die Beschwerden, deren Gegenstand die Rechtshilfe und die Ausübung der Sitzungspolizei bildet, sind in den §§ 159, 181 GVG behandelt[3]; die Beschwerden in Angelegenheiten der Schöffen in § 56 GVG[4]. Im Vollstreckungsverfahren sieht § 462 Abs. 3 die sofortige Beschwerde vor. Zur Anfechtung bestimmter Nebenentscheidungen im Strafurteil wird in § 464 Abs. 3[5], § 8 Abs. 3 StrEG ebenfalls der Weg der Beschwerde eröffnet.

2. Zulässigkeit
a) Keine abschließende Regelung. Die **Zulässigkeit** der Beschwerde gegen richter- **3** liche Entscheidungen und Verfügungen (§ 304, 5) ist in den §§ 304 bis 311 a nicht abschließend geregelt, da die in Betracht kommenden gerichtlichen und richterlichen Entscheidungen zu vielfältig sind. Die §§ 304, 305, 310 enthalten nur allgemeine Regeln über Zulässigkeit und Verfahren der Beschwerde. Zahlreiche Einzelbestimmungen hierüber befinden sich an anderen Stellen der Strafprozeßordnung, des Gerichtsverfassungsgesetzes sowie in anderen Gesetzen, die zum Teil ausdrücklich oder stillschweigend auf die Beschwerderegeln der §§ 304 ff verweisen[6].

---

[1] Vgl. etwa § 98 Abs. 2; § 100 Abs. 4; § 132 Abs. 3; § 161 a Abs. 3; § 163 a Abs. 3; § 406 e Abs. 4 S. 2.
[2] Vgl. bei § 23 EGGVG.
[3] Zum Verhältnis zu § 304 vgl. etwa bei *Schmidt* MDR **1981** 91; OLG Karlsruhe Justiz **1976** 482; ferner bei § 176 GVG.
[4] Vgl. auch den Rechtsmittelausschluß in §§ 41, 52 Abs. 4; 53 Abs. 3 GVG.
[5] Vgl. § 464, 33 ff.
[6] Vgl. § 304, 25.

4   b) **Ausgenommen** von der Beschwerde sind richterliche Entscheidungen, die im Gesetz ausdrücklich für unanfechtbar erklärt werden oder deren Unanfechtbarkeit mit der Beschwerde sich aus dem Gesamtzusammenhang der Regelung ergibt[7], so auch, wenn und soweit ein anderer Rechtsbehelf vorgesehen ist[8]. Hierher gehören zum Beispiel die Beschlüsse, die alsbald in formelle Rechtskraft erwachsen (z. B. in den Fällen der §§ 28, 46), oder in beschränkte materielle Rechtskraft[9]. Bei ihnen ist regelmäßig auch dem Gericht, das sie erlassen hat, eine Änderung von Amts wegen versagt (s. Rdn. 24 ff).

5   **Ausgenommen** sind außerdem diejenigen **Entscheidungen** des erkennenden Gerichts, die „**der Urteilsfällung vorausgehen**" (§ 305) und nach dem Gesetz nur zusammen mit einem Rechtsmittel gegen die Entscheidung in der Sache selbst angefochten werden können (Berufung, Revision). Hierher gehört etwa ein Beschluß über Nichtbeeidigung von Zeugen oder Ablehnung von Beweisanträgen. Solche Entscheidungen sind nicht unanfechtbar; sie sind **nur der Beschwerde entzogen.** Diese könnte das Verfahren unangebracht hemmen, vor allem bei wiederholter Beschwerde. Im Interesse der Beschleunigung nimmt das Gesetz dafür die Gefahr in Kauf, daß ein Verfahrensverstoß, auf dem das angefochtene Urteil beruht, später zur Aufhebung der Entscheidung im ganzen und zur Wiederholung des gesamten Verfahrens führen kann[10]. Im übrigen ändert auch § 305 nichts an der Befugnis und der Rechtspflicht des Gerichts, einen Verfahrensverstoß, den es als solchen erkennt, von Amts wegen zu beseitigen (die Beeidigung wird nachgeholt, dem Beweisantrag nachträglich stattgegeben)[11].

6   **3. Einfache und sofortige Beschwerde.** Wo das Gesetz nicht ausdrücklich die sofortige Beschwerde vorschreibt, ist die einfache (unbefristete) Beschwerde vorgesehen, soweit überhaupt Beschwerde zulässig ist.

7   **4. Gegenstand der Beschwerde** ist, soweit das Gesetz nichts anderes bestimmt, die angefochtene Entscheidung oder Verfügung in tatsächlicher und rechtlicher Beziehung; also die rechtliche Zulässigkeit, die Richtigkeit ihrer tatsächlichen Grundlage, die Rechtsanwendung und meist ohne Bindung an das Ermessen des Erstrichters, auch ihre Zweckmäßigkeit. Der Sache nach ähnelt die Beschwerde also der Berufung, sie ist eine „Berufung gegen Zwischenentscheidungen"[12]. Der Beschwerdeführer kann **neue Tatsachen** und **Beweise** vorbringen. Die Entscheidung ergeht nach Aktenlage und Prüfung von Amts wegen, unter Umständen nach weiteren Erhebungen. Das Beschwerdegericht ist, wenn man von der Möglichkeit der Beschränkung und der Rücknahme der Beschwerde absieht, grundsätzlich an **Anträge** und Ausführungen der Verfahrensbeteiligten **nicht gebunden.** Diese können über den Verfahrensgegenstand weder in tatsächlicher noch in rechtlicher Hinsicht verfügen. In seiner Entscheidung kann das Beschwerdegericht von den Anträgen abweichen und auch über sie hinausgehen[13]. Das Verschlechterungsverbot greift nur in Ausnahmefällen ein (dazu Rdn. 21).

---

[7] Vgl. § 304, 30 ff.
[8] Etwa Einspruch bei Strafbefehl § 410; vgl. ferner § 304, 33.
[9] Vgl. etwa § 153, 85; § 153 a, 105; § 153 b, 17; § 154, 46.
[10] Vgl. § 305, 2.
[11] RGSt **59** 244; BayObLGSt **1953** 15 = NJW **1953** 755; vgl. § 305, 2.

[12] *Binding* Grundriß (1904) 280.
[13] Nach Ansicht des Landgerichts Verden (NdsRpfl. **1973** 262) gilt dies nicht bei Kostenbeschwerden in Privatklageverfahren, wenn die „Parteien" sich darüber rechtswirksam vergleichen können.

5. Ziel der Beschwerde ist die **Aufhebung** oder **Änderung** einer gerichtlichen Entscheidung, mitunter auch der Erlaß einer unterbliebenen Entscheidung. Sie bezweckt, die von der Anordnung des Gerichts (bzw. von der Unterlassung) ausgehenden beeinträchtigenden Wirkungen **nicht eintreten** zu lassen oder sie wieder zu **beheben**. Dieses Ziel ist nicht mehr erreichbar, wenn die angefochtene Entscheidung bereits vollzogen ist, die dadurch hervorgerufenen Beeinträchtigungen abgeschlossen sind und rückwirkend nicht mehr ungeschehen gemacht werden können. Wenn die angefochtene Entscheidung durch den Fortgang des Verfahrens keine selbständige Bedeutung mehr hat, entfällt die Beschwerdebefugnis mangels einer **fortwirkenden prozessualen Beschwer**. Diese vor allem von der Rechtsprechung vertretene Auffassung[14] kann sich auf Wortlaut und Entstehungsgeschichte[15] der Beschwerderegelung stützen. Nach ihr ist die bloße **Feststellung der Rechtswidrigkeit** einer richterlichen Anordnung, die sich zwischenzeitlich erledigt hat, nicht Zweck des strafprozessualen Rechtsmittelverfahrens[16]. Die Beschwerde dient nicht dazu, retrospektiv festzustellen, daß eine Anordnung im Zeitpunkt ihres Erlasses rechtswidrig war. Entsprechend der dynamischen Zielrichtung des Strafprozesses, in den sie eingebunden ist, soll sie eine im Zeitpunkt der Beschwerdeentscheidung noch fortwirkende, beschwerende Anordnung beseitigen, wenn diese mit Blick auf das weitere Verfahren nicht mehr notwendig ist oder wenn im Zeitpunkt der Beschwerdeentscheidung die rechtlichen Voraussetzungen dafür nicht (mehr) vorliegen[17]. Allgemeine Grundsätze des Verfahrensrechts erfordern nicht, die für das verwaltungsgerichtliche Überprüfungsverfahren entwickelten Rechtsgedanken der § 113 Abs. 1 VwGO, § 28 Abs. 1 EGGVG, § 131 Abs. 1, SGG; § 100 Abs. 1 FGO; § 115 Abs. 3 StVollzG entsprechend anzuwenden[18].

Weitgehend unstreitig ist, daß richterliche Anordnungen, die nur prozessuale Befugnisse regeln und auch nicht darüber hinaus wirken, durch den Fortgang des Verfah-

---

[14] BVerfGE **49** 337 = EuGRZ **1979** 55 mit abl. Anm. *Seibert*; BVerfGE **50** 49; BGHSt **28** 57; **28** 160; **28** 206; BGH NJW **1973** 2035; **1979** 1013 mit abl. Anm. *Amelung* = DÖV **1978** 730 mit Anm. *Schenke*; BGH bei *Schmidt* MDR **1979** 709; **1987** 184; OLG Bremen MDR **1963** 335; OLG Celle JR **1973** 863 mit Anm. *Peters*; StrVert. **1982** 513; OLG Düsseldorf JZ **1984** 756; KG NJW **1975** 355; auch OLG Karlsruhe DÖV **1976** 170; NJW **1978** 1595; OLG Stuttgart NJW **1977** 2276; KK-*Ruß*[1] 7; *Kleinknecht/Meyer*[38] Vor § 296 17; vgl. Einl. Kap. **10** 10 ff.

[15] Vgl. *Rieß/Thym* GA **1981** 196.

[16] BVerfGE **49** 340 (Gebot, Strafsachen zügig zu behandeln spricht gegen die Belastung der Strafgerichte mit Entscheidungen, die erledigt sind und für den Fortgang des Verfahrens keine Bedeutung mehr haben); vgl. BVerfGE **50** 49; BayVerfGH **34** 167; 170.

[17] BGHSt **28** 57; maßgebend ist die Sach- und Rechtslage im Zeitpunkt der Beschwerdeentscheidung und nicht die bei Erlaß der Anordnung. *Peters* JR **1973** 341 bejaht deshalb konsequent, daß ein Bedürfnis auf Feststellung der ursprünglichen Rechtswidrigkeit auch bei Aufhebung bestehen könne. Zum Wesen strafprozessualer Entscheidungen vgl. *Meyer* FS Schäfer 126; 129 (Aufgabe des Strafrichters ist nicht Kontrolle fremder Entscheidungen sondern primär die eigene Sachentscheidung); ferner etwa *Flieger* MDR **1981** 17; *Lisken* NJW **1979** 1992; *v. Münch/Kunig* GG Art. 104, 22; ferner § 98, 67 sowie die ähnliche Beurteilung der Rechtslage nach der Freiheitsentziehungsgesetz/FGG (dazu BayObLG BayVerwBl. **1986** 666). Zu dem auch hier hereinspielenden Streit um die Auslegung des Art. 19 Abs. 4 GG vgl. § 304, 29 und zur hier nicht zu erörternden Anfechtbarkeit polizeilicher oder staatsanwaltschaftlicher Maßnahmen § 81 a, 70 ff.; § 98, 53 ff; Einl. Kap. **10** 11 ff.

[18] BayObLG BayVerwBl. **1986** 366 weist auf den Ausnahmecharakter dieser Regelungen hin. Die analoge Anwendung im Beschwerdeverfahren befürworten: *Gössel* § 36 A IV; *Haffke* NJW **1974** 1983; *Peters* JR **1973** 341. Nach *Amelung* (Rechtsschutz) 56; *Ellersiek* 142 ist dies nicht nötig, da die Befugnis zur Aufhebung auch die Befugnis zur Feststellung der Rechtswidrigkeit in sich schließt.

rens überholt werden können und daß damit auch die Beschwerdebefugnis erlischt, weil die Beschwerdeentscheidung für den Prozeßfortgang keine Relevanz mehr hätte[19]. Strittig ist, ob Entscheidungen die über ihre prozessuale Bedeutung hinauswirken und in **grundrechtlich geschützte Positionen** eines anderen eingreifen[20], mit der Beschwerde auch dann noch angegriffen werden können, wenn dieser Eingriff beendet ist und das Beschwerdegericht nur noch die Rechtswidrigkeit der faktisch erledigten Anordnung feststellen könnte. Die vorherrschende Meinung in der Rechtsprechung verneint dies[21]. Ein großer Teil des Schrifttums[22] hält dagegen eine Beschwerde mit dieser Zielsetzung für zulässig, sofern der Betroffene durch Nebenwirkungen der Anordnung über ihre prozessuale Erledigung hinaus beschwert bleibt und ein berechtigtes Interesse an der Feststellung der Rechtswidrigkeit der Anordnung besteht. Ein solches Interesse wird vor allem auch im **Rehabilitationsinteresse** des durch diskriminierende Akte in seiner Sozialstellung beeinträchtigten Bürgers gesehen[23]. In der Rechtsprechung finden sich einige Ansätze, die trotz der grundsätzlichen Verneinung der Zulässigkeit einer auf die bloße Feststellung der Rechtswidrigkeit gerichteten Beschwerde sie in Ausnahmefällen[24] zulassen wollen.

10   6. **Beschwerdeberechtigt** ist jeder durch die angefochtene Anordnung beschwerte Verfahrensbeteiligte und jeder Drittbetroffene (§ 304 Abs. 2), also der Beschuldigte, der Verteidiger, dieser unter Umständen auch aus eigenem Recht[25], die Staatsanwaltschaft,

---

[19] *Amelung* (Rechtsschutz) 56; NJW **1979** 1687; *Ellersiek* 141.
[20] Das Schrifttum verwendet meist den Begriff der strafprozessualen Zwangsmaßnahmen; zur strittigen Terminologie vgl. *Amelung* (Rechtsschutz) 14 ff; JZ **1981** 737.
[21] Vgl. Fußn. 14.
[22] *Amelung* Rechtsschutz 59; AnwBl. **1979** 322; NJW **1979** 168; *Bode* NJW **1977** 1232; *Dörr* NJW **1984** 2258; *Ellersiek* 140; *Fezer* Jura **1982** 126; *Flieger* MDR **1981** 19; *Gössel* § 26 A IV; *Haffke* NJW **1974** 1985; *Kleinknecht*[35] Vor § 296, 18; § 304, 4; *Lisken* ZRP **1981** 236; *Peters* JR **1972** 301; *Roxin*[20] § 29 D II 1; *Seibert* EuGRZ **1979** 55; SK-*Rudolphi* § 98, 24; *Welp* GA **1977** 124. *Rieß/Thym* GA **1981** 197 sehen die Lösung darin, daß sich das Problem meist auf eine Nachholung der Anhörung nach § 33 a reduzieren läßt.
[23] *Amelung* Rechtsschutz 42; 44; AnwBl. **1979** 322; NJW **1979** 1688; *Ellersiek* 141; *Peters* (Beeinträchtigung der Sozialstellung); *Eb. Schmidt* JZ **1968** 363; eingeschränkt auch § 98, 71; vgl. bei § 23 EGGVG; *Meyer* FS Schäfer 121 ff. weist zu Recht darauf hin, daß dem Rehabilitierungsinteresse des Beschuldigten nicht durch die nachträgliche Feststellung der Rechtswidrigkeit einer einzelnen prozessualen Maßnahme, sondern durch die Sachentscheidung (Einstellung, Freispruch) Genüge getan werde bzw. daß es bei einer Verurteilung nicht bestehe. Die materielle Entschädigung ist ohnehin in dem von StrEG vorgesehenen Verfahren zu klären (vgl. OLG Nürnberg BayVerwBl. **1987** 411 mit Anm. *Niethammer*). Bei Eingriffen in grundrechtlich geschützte Positionen Dritter scheidet zwar die Sachentscheidung als primäres Rehabilitationsmittel aus, es besteht aber keine zwingende Notwendigkeit, daß sie die Beseitigung einer über die Erledigung hinausreichenden materiellen Beschwer oder ein mit der Fortdauer der strafprozessualen Beschwer nicht notwendig identisches besonderes Rechtsschutzbedürfnis (Wiederholungsgefahr des Eingriffs) in dem nicht gegen sie geführten Strafverfahren verfolgen können. Zum Rechtsweg nach §§ 23 ff. EGGVG vgl. dort.
[24] Vgl. BGHSt **28** 57 wo die Zulässigkeit der Feststellung der Rechtswidrigkeit erledigter richterlicher Maßnahmen für schwerwiegende Ausnahmefälle, wie Willkür, nicht ausgeschlossen wird; ähnlich BayVerfGH **34** 170 (Mißbrauch richterlicher Entscheidungsgewalt); gegen diese Abgrenzung *Amelung* NJW **1979** 1691 (verfahrensrechtliches Unikum). Vgl. § 98, 70 (Feststellung der Verfassungswidrigkeit).
[25] Vgl. OLG Hamburg MDR **1976** 246; § 304, 41 mit weit. Nachw.

der Privat- und Nebenkläger, der gesetzliche Vertreter, der Zeuge oder Sachverständige, der Einziehungsbeteiligte, der Zuhörer in der Hauptverhandlung, der in Ordnungsstrafe genommen wird, der Wohnungsinhaber bei Durchsuchung, der Eigentümer der Sache bei Beschlagnahme[26].

7. Beschwerdegericht ist das Gericht, das im Instanzenzug dem Gericht übergeordnet ist, das die angefochtene Entscheidung tatsächlich erlassen hat[27], Beschwerdegericht können also sein die Strafkammer (§§ 73 Abs. 1, 76 Abs. 1 GVG), im Falle des § 121 Abs. 1 Nr. 2 GVG das Oberlandesgericht, im Falle des § 120 Abs. 3 und 4 GVG das zentrale Oberlandesgericht, im Falle des § 135 Abs. 2 GVG der Bundesgerichtshof, in Jugendsachen die Jugendkammer (§ 41 Abs. 2 JGG). In bestimmten Ausnahmefällen hat der Gesetzgeber auch dem Revisionsgericht Aufgaben des Beschwerdegerichts übertragen, wie etwa in § 305 a.

11

8. Allgemeines zum Beschwerdeverfahren
  a) **Einlegung.** Eingelegt wird die einfache und die sofortige Beschwerde — schriftlich oder zur Niederschrift der Geschäftsstelle — bei dem Erstrichter; vgl. §§ 306, 311.

12

  b) **Begründung der Beschwerde.** Weder die einfache noch die sofortige Beschwerde braucht begründet zu werden. Formgerechte Einlegung genügt (§ 306), bei der sofortigen Beschwerde unter Beachtung der Wochenfrist (§ 311). Zur Bedeutung der Begründung vgl. § 306, 13.

13

  Die Beschwerde kann auf selbständig anfechtbare Teile der angegriffenen Entscheidung **beschränkt** werden (vgl. § 304, 2). Geschieht dies nicht, so führt die Beschwerde zur umfassenden Überprüfung der Vorentscheidung in tatsächlicher und rechtlicher Hinsicht.

14

  c) **Fristgebunden** ist nur die sofortige Beschwerde (eine Woche seit Bekanntmachung, § 311 Abs. 2). Die einfache Beschwerde kann eingelegt werden, solange der Betroffene durch die angefochtene Entscheidung beschwert und diese durch den Verfahrensgang nicht überholt und gegenstandslos geworden ist. Dieser Grenze unterliegt jede Beschwerde. In Ausnahmefällen kann trotz fortwirkender Beschwer die Beschwerdebefugnis auch **verwirkt** werden, sofern der Beschwerdeberechtigte in Kenntnis der Rechtslage und seiner Anfechtungsbefugnis ohne sachlich verständlichen Grund so lange untätig geblieben ist, daß mit einer Anfechtung nicht mehr gerechnet werden mußte[28].

15

  Eine **unselbständige Anschlußbeschwerde**, die auch noch nach Fristablauf eingelegt werden kann, kennt die Strafprozeßordnung nicht[29].

16

  d) **Wirkung.** Die Einlegung der Beschwerde bewirkt keinen **Vollzugsaufschub** (Suspensiveffekt); jedoch kann das Erstgericht oder Beschwerdegericht, wenn dies angezeigt erscheint, Aufschub gewähren (§ 307 Abs. 1). Der Beschwerdeeinlegung hat der Gesetzgeber nur in besonderen Ausnahmefällen eine aufschiebende Wirkung beigelegt, so etwa § 81 Abs. 3; § 231 a Abs. 3 Satz 3; § 454 Abs. 2 Satz 2; § 65 Abs. 2 Satz 3 JGG, § 181 Abs. 2 GVG.

17

---

[26] Vgl. § 304, 53; § 305, 24; ferner die Erläuterungen bei den einzelnen Vorschriften.
[27] Vgl. Vor § 296, 55; *Ellersiek* 162; *Kleinknecht/Meyer*[38] Vor § 296, 19.
[28] Vgl. BVerfG NJW **1972** 675; *Ellersiek* 147; *Kleinknecht/Meyer*[38] Vor § 296, 6; vgl. Vor § 296, 48.
[29] OLG Düsseldorf JMBlNW **1971** 59.

18 Die Einlegung der **sofortigen Beschwerde** überträgt die Sache in die Entscheidungsgewalt des Beschwerdegerichts (**Devolutivwirkung**), denn der Erstrichter darf der Beschwerde, auch wenn er sie für begründet hält, nicht abhelfen. Nur unter den begrenzten Voraussetzungen des § 311 Abs. 3 Satz 2 ist er dazu befugt. Bei der einfachen Beschwerde tritt der Übergang nur ein, wenn der Erstrichter ihr nicht abhilft, wozu er bei begründeter Beschwerde verpflichtet ist (§ 306 Abs. 2)[30]. Insoweit unterscheidet sich die (einfache) Beschwerde von den anderen Rechtsmitteln, die uneingeschränkte Devolutivwirkung haben.

19 e) Das **Verfahren** richtet sich nach dem jeweils Zweckmäßigen. Der Sachverhalt ist vom Beschwerdegericht im Freibeweisverfahren unter Verwendung aller geeignet erscheinenden Beweismittel von Amts wegen aufzuklären[31]. Allen Verfahrensbeteiligten ist im ausreichenden Maße das rechtliche Gehör zu gewähren (Art. 103 Abs. 1 GG), vor allem, wenn neue Tatsachen und Beweisergebnisse verwertet werden sollen. Dies gilt auch für den Beschwerdeführer selbst. Der Gegner des Beschwerdeführers ist vor einer ihm nachteiligen Entscheidung zur Beschwerde zu hören (§ 308). Regelmäßig ist auch die Staatsanwaltschaft des Beschwerdegerichts zu hören[32]. Ist die Anhörung unterblieben, so ist das rechtliche Gehör nach Maßgabe des § 311 a nachzuholen.

20 f) **Entscheidung.** Über die Beschwerde, auch die sofortige, wird — sofern das Gesetz nicht ausnahmsweise etwas anderes bestimmt — ohne mündliche Verhandlung entschieden. Die Entscheidung ergeht nach Aktenlage, jedoch nach Aufklärung von Amts wegen, unter Umständen nach weiteren Erhebungen. Hat die Beschwerde Erfolg, so trifft das Beschwerdegericht die Sachentscheidung regelmäßig selbst. Zurückweisung an den Erstrichter ist nur ausnahmsweise zulässig. Näheres darüber bei § 309.

21 g) Das **Verschlechterungsverbot** gilt, da vom Gesetzgeber nicht angeordnet, grundsätzlich nicht. Es greift nur bei den wenigen Beschlüssen ein, welche Rechtsfolgen ähnlich einem Urteil endgültig festlegen und der **beschränkten Rechtskraft** fähig sind[33]. In diesen Fällen erfaßt das Verschlechterungsverbot dann auch die Nachtragsentscheidung nach § 33 a, 311 a[34]. Im übrigen scheidet eine entsprechende Anwendung der §§ 331, 358 Abs. 2, § 373 Abs. 2 aus. Soweit für das Beschwerdeverfahren die ZPO anzuwenden ist, (vgl. § 464 b Satz 3), gilt das Verschlechterungsverbot[35].

22 h) **Rechtszug.** Das Beschwerdeverfahren kennt in der Regel nur zwei Rechtszüge, davon einen Rechtsmittelzug, nämlich denjenigen bei dem Beschwerdegericht. Das gilt auch für die sofortige Beschwerde. Weitere Beschwerde ist nur dort zulässig, wo sie das Gesetz (§ 310) ausdrücklich vorsieht.

23 9. Die **Gegenvorstellung** ist keine Beschwerde, da sie die Änderung der beanstandeten Entscheidung durch den judex a quo und nicht durch die übergeordnete Instanz erstrebt. Es ist jedoch stets zu prüfen, ob nicht ein als Gegenvorstellung bezeichneter Rechtsbehelf in Wirklichkeit als Beschwerde auszulegen ist. Wegen der Einzelheiten vgl. Vor § 296, 8 bis 16.

---

[30] Vgl. § 306, 16 ff.; ferner zur Abänderungsbefugnis bei nicht anfechtbaren Entscheidungen §§ 33 a; 311 a und Rdn. 24 ff.
[31] Vgl. § 308, 17; § 309, 1.
[32] Vgl. § 309, 3; Einl. Kap. **13** 96.
[33] *Kleinknecht/Meyer*[38] 5; vgl. § 309, 19.
[34] BayObLGSt **1973** 42.
[35] Vgl. § 464 b, 11.

10. Änderung von Beschlüssen und Verfügungen

a) Bindungswirkung. Die Zulässigkeit einer nachträglichen Änderung der Be- **24** schlüsse und Verfügungen läßt sich bei der nach Inhalt und Verfahrensbedeutung sehr unterschiedlichen Gruppe richterlicher Entscheidungen nicht einheitlich beurteilen. Soweit sie nur der Regelung einer Verfahrensfrage, dem Betrieb des Verfahrens dienen, binden sie das Gericht, das sie erlassen hat, nicht. Es kann sie ändern oder aufheben, wenn eine neue Sachlage oder eine geänderte Rechtsauffassung dies erfordern oder wenn dadurch ein Verfahrensfehler geheilt werden kann[36]. Abgesehen von den aufgrund des Prozeßfortgangs nicht mehr änderbaren oder erledigten Beschlüsse[37] entfällt die Änderungsbefugnis nur bei Beschlüssen, wenn und soweit diesen formelle oder materielle Rechtskraft zukommt.

b) Bestandskräftige Entscheidungen. Bereits die **formelle Rechtskraft** eines Be- **25** schlusses steht grundsätzlich seiner Änderung entgegen[38], zumindest solange die Sachlage dieselbe bleibt. Formelle Rechtskraft liegt vor, wenn das Gesetz Anfechtung überhaupt ausschließt oder nur befristet zuläßt. Sie tritt auch ein bei erfolgloser oder nicht wahrgenommener sofortiger Beschwerde. Beschlüsse, die in formeller Rechtskraft erwachsen, können, soweit nicht die Ausnahmevorschrift in § 311 Abs. 3 Satz 2 Platz greift, auch nicht vor Einlegung der sofortigen Beschwerde von dem Gericht geändert werden, das sie erlassen hat[39]. Wird der Beschluß nicht fristgerecht angefochten, hindert bereits die formelle Rechtskraft jede weitere Entscheidung über denselben Gegenstand[40].

Materielle Rechtskraft haben nur die prozeßabschließenden, das Verfahren insge- **26** samt oder für eine Instanz beendenden Sachentscheidungen (auch über ein Verfahrenshindernis), die es ausschließen, daß gegen die gleiche Person die erledigte Angelegenheit (Tat) erneut zum Gegenstand des Strafverfahrens gemacht wird[41]. In materielle Rechtskraft erwachsen auch Beschlüsse, die eine Einzelfrage mit Außenwirkung abschließend entscheiden, wie etwa der Beschluß über den Verfall einer Sicherheit[42].

Unabänderlich sind Beschlüsse, die unanfechtbar sind, weil ihr Bestand die **Grund-** **27** **lage** für das **weitere Verfahren** bildet, wie etwa der Eröffnungsbeschluß[43] oder die Wiedereinsetzung in den vorigen Stand (§ 46 Abs. 2)[44].

c) Beschlüsse und Verfügungen **im laufenden Verfahren**, deren Zweck sich in einer **28** prozeßleitenden Verfügung, im Weiterbetreiben des Prozesses, in der Regelung einer Verfahrensfrage erschöpft[45], sind **keiner Rechtskraft** fähig. Sie sind, unabhängig davon, ob sie mit einfacher Beschwerde anfechtbar sind oder ob § 305 die Beschwerde ausschließt, abänderbar, wenn es die Sachlage gebietet. Dies kann auf Antrag oder von

---

[36] Zur Heilung vgl. Vor § 226, 54.
[37] Vgl. Rdn. 9 ff; § 304, 36 f.
[38] *Ellersiek* 73.
[39] RGSt **37** 114; BayObLGSt **32** 199.
[40] RGSt **38** 157; **55** 235; BayObLGSt **1970** 115 = JR **1970** 391 mit Anm. *Peters*; *Ellersiek* 73 mit weit. Nachw.
[41] Der beschränkten materiellen Rechtskraft fähig sind vor allem abschließende Entscheidungen, die eine Vollstreckungsgrundlage bilden; das sind nicht nur die unter § 464 Abs. 1 fallenden Entscheidungen (so aber BayObLGSt **1953** 15 = NJW **1953** 755); vgl. *Eb.*

Schmidt 15; Vor § 304, 3; BayObLG NJW **1955** 1644; BayObLGSt **1966** 144; *Woesner* NJW **1960** 2131.
[42] OLG Stuttgart MDR **1982** 341; vgl. § 124, 39; 48.
[43] Vgl. § 207, 34 ff. mit weit. Nachw.; ferner *Rieß* abl. Anm. zu OLG Oldenburg NStZ **1985** 473.
[44] RGSt **40** 272; **59** 243; RG JW **1927** 396; KG GA **76** (1932) 236; *R. Schmidt* JZ **1961** 17; vgl. § 46, 17 ff.
[45] *Geppert* GA **1972** 172: „laufende Entscheidungen".

Amts wegen geschehen. Die Änderungsbefugnis erwächst dem Gericht nicht erst aus der Beschwerde[46]. Ist aber Beschwerde eingelegt, so folgen die Befugnis und die Pflicht zur Abhilfe aus § 306 Abs. 2 (§ 306, 16).

29 Die Änderungsbefugnis **entfällt** — ebenso wie die Beschwerdebefugnis — wenn das Verfahren weitergegangen und die Entscheidung **überholt** ist[47].

30 Insbesondere die nur **zusammen mit dem Urteil anfechtbaren Beschlüsse** (§ 305) können, solange sie nicht überholt sind, von Amts wegen geändert werden. Die Vorschrift des § 305 will nur unangebrachte Verfahrensbehinderungen vermeiden, die bei Zulassung der Beschwerde regelmäßig die Hauptverhandlung belasten würden. Sie beruht nicht auf dem Gedanken, daß derartigen Entscheidungen Rechtskraft zukomme. Daher ist Änderung von Amts wegen hier erlaubt, unter Umständen unter dem Gesichtspunkt der Pflicht zur Heilung von Fehlern aus Gründen der Fürsorge und der Amtsaufklärung[48] geboten. So muß beispielsweise die fälschlich abgelehnte Beeidigung oder Beweiserhebung nachgeholt werden[49].

31 d) **Änderung der Beschwerdeentscheidungen. Das Beschwerdegericht** kann die Beschwerdeentscheidung, nachdem sie bekanntgemacht ist, auf Gegenvorstellung oder von Amts wegen nur in eng begrenzten Ausnahmefällen ändern. Es gelten zunächst die gleichen Grundsätze wie bei der Änderung der erstinstanziellen Beschlüsse, insbesondere auch hinsichtlich der Unabänderbarkeit materiell rechtskraftfähiger Entscheidungen.

32 Das Beschwerdegericht darf seine Entscheidung darüber hinaus aber auch nicht mehr ändern, wenn die Sache wieder **beim unteren Gericht** anhängig ist und die Änderung einen Eingriff in das auf der Grundlage der Beschwerdeentscheidung weiterbetriebene Verfahren der unteren Instanz bedeuten würde[50]. § 311 a zeigt, daß auch nach Erlaß der Beschwerdeentscheidung das Beschwerdegericht eine Änderungsbefugnis hat, die Sache ist also nicht etwa schon mit Erlaß der Beschwerdeentscheidung wieder so ausschließlich beim Erstgericht anhängig, daß das Beschwerdegericht auch hinsichtlich des Beschwerdegegenstands jede Zuständigkeit für eine ändernde Entscheidung verloren hätte. Seine Änderungsbefugnis erlischt erst dann, wenn das Erstgericht sein Verfahren auf der Grundlage der Beschwerdeentscheidung fortgesetzt hat. Sie kann also insbesondere bei Beschwerde gegen das Verfahren abschließende Beschlüsse längere Zeit fortbestehen. Allerdings wird hier jedoch meist schon die materielle Rechtskraft derartiger Beschlüsse die nachträgliche Änderung ausschließen. Der Bundesgerichtshof[51] hat bei einem nicht der Rechtskraft fähigen Beschluß des Beschwerdegerichts die Abänderung zugelassen, um einen für die Verfahrensbeteiligten ohne weiteres erkennbaren Irrtum in tatsächlicher Hinsicht zu beheben, vorausgesetzt, daß weder berechtigte Interessen eines Verfahrensbeteiligten beeinträchtigt werden noch in die weitere Tätigkeit eines unteren Gerichts eingegriffen wird.

---

[46] RGRspr. **3** 760; **8** 150; RGSt **43** 229; BayObLG JW **1916** 1349; BayObLGSt **1953** 214 = GA **1954** 377; *Eb. Schmidt* 14; Vor § 304, 3 b; *Peters* JZ **1953** 641 („nur vorläufige und vorbereitende Entscheidung"); *Henkel* § 62 II 4 (Abänderung hängt nicht davon ab, ob Beteiligte Entscheidung anfechten können).

[47] BayObLGSt **1953** 214 = GA **1954** 377; vgl. *Kleinknecht/Meyer*[38] Vor § 296, 17; § 304, 36.

[48] BGH MDR **1964** 1019.

[49] RGSt **59** 244; BayObLGSt **1953** 15 = NJW **1953** 755; ferner RGSt **43** 229; BGHSt **8** 194 (Anwaltsausschluß); OLG Bremen NJW **1951** 854.

[50] KMR-*Paulus* 20; *Peters* JZ **1953** 641; a. A *Eb. Schmidt* 17 und die wohl früher herrschende Meinung, die die Beschwerdeentscheidungen als unabänderlich ansah, soweit sie nicht angefochten werden konnte.

[51] BGH MDR **1964** 1019; OLG Schleswig SchlHA **1950** 251.

Der **Änderungsbeschluß** ersetzt auch bei dem Beschwerdegericht die ursprüng- **33** liche Entscheidung; er kann, ebenso wie diese, deshalb nur insoweit angefochten werden, als § 310 die weitere Beschwerde zuläßt[52].

Unabhängig von der Änderungsbefugnis des Beschwerdegerichts ist ein **neuer An- 34 trag** bei dem Erstrichter zulässig, wenn bei Dauerzuständen (Verhaftung, Beschlagnahme) eine veränderte Sachlage besteht oder wenn ein Mangel, der zur Abweisung aus formellem Grunde geführt hatte, beseitigt ist[53].

Zwischenentscheidungen über die Zulassung eines Rechtsmittels haben nicht die **35** Wirkung einer rechtskräftigen Vorentscheidung[54].

Wenn eine unanfechtbare Entscheidung des Beschwerdegerichts **ohne Anhörung 36 des Beschwerdegegners** ergangen ist, gestattet jetzt § 311 a ausdrücklich die nachträgliche Änderung der Entscheidung, um einen Nachteil des nicht gehörten Beschwerdegegners zu beseitigen. Die Überprüfungsentscheidung ist als solche nicht anfechtbar[55].

11. Änderung rechtskräftiger Beschlüsse in Ausnahmefällen

a) Änderungsbedürfnis in Ausnahmefällen. Ob und unter welchen Voraussetzun- **37** gen formell und materiell rechtskräftige Beschlüsse nachträglich geändert werden können, ist strittig. Ein Bedürfnis, in bestimmten Ausnahmefällen im Interesse der materiellen Gerechtigkeit die **Bestandskraft abschließender Entscheidungen** in Beschlußform zu beseitigen, besteht. Sie können keine stärkere Bestandskraft haben als Urteile, bei denen das Gesetz die Wiederaufnahme ausdrücklich zuläßt. Dies spricht dafür, auch bei Beschlüssen zur Korrektur einer fehlerhaften Entscheidung in der Sache[56] die nachträgliche Änderung zumindest dann zuzulassen, wenn ein Grund vorliegt, der bei einem Urteil die **Wiederaufnahme** rechtfertigen würde[57]. Die Auffassung, daß bei den einer beschränkten materiellen Rechtskraft fähigen Beschlüssen eine neue Sachprüfung und Entscheidung bei **Vorliegen neuer Tatsachen** zulässig ist[58], führt häufig zum gleichen Ergebnis.

Bei den nur **formell** der Anfechtung entzogenen Beschlüssen ohne materielle **38** Rechtskraftwirkung wird die nachträgliche Korrektur bei Vorliegen neuer Tatsachen von der vorherrschenden Meinung im Ergebnis für zulässig gehalten. Strittig ist jedoch, ob hier, wo es um die als unrichtige erkannte Tatsachengrundlage einer Verfahrensentscheidung geht, eine analoge Heranziehung des Wiederaufnahmerechts möglich ist[59], ob hier eine entsprechende Anwendung des § 33 a bei Verletzung anderer, nicht von § 33 a unmittelbar erfaßter prozessualer Verfassungsgrundsätze in Frage kommt[60],

---

[52] OLG Köln GA **1962** 381; *Rieß* NStZ **1985** 474.
[53] KG GA **73** (1929) 202.
[54] RGSt **59** 241.
[55] Wegen der Einzelheiten vgl. § 33 a, 20; § 311 a, 15.
[56] Zu den hier schon im Ansatzpunkt strittigen Fragen vgl. Vor § 359, 46 ff mit Nachw.
[57] *Geppert* GA **1972** 177; *Hanack* JR **1974** 113; *Lemke* ZRP **1978** 281; vgl. BGH bei *Holtz* MDR **1985** 447; BayObLG NJW **1985** 1644; BayObLGSt **1955** 47 = GA **1955** 310; BayObLGSt **1970** 115 = JR **1970** 391 mit Anm. *Peters*, der dies offen läßt; *R. Schmidt* JZ **1961** 15. Die analoge Heranziehung der Vorschriften über die Wiederaufnahme lehnen ab: LG Freiburg JR **1979** mit Anm. *Peters*; LG Hamburg MDR **1975** 246; AG Lahn-Gießen MDR **1980** 595 mit Anm. *Groth*; LG Stuttgart NJW **1957** 1686, *Kleinknecht/Meyer*[38] Vor § 359, 5; vgl. ferner Vor § 359, 46 ff.
[58] OLG Karlsruhe Justiz **1973** 291 (zu § § 458, 462).
[59] Dazu Vor § 359, 49 ff. Zur Möglichkeit einer Wiedereinsetzung von Amts wegen bei zu Unrecht angenommener Fristversäumnis vgl. OLG Hamm MDR **1985** 782.
[60] Vgl. BVerfGE **63** 77; OLG Düsseldorf MDR **1980** 335; **1985** 956; OLG Köln VRS **57** 201.

oder ob hier eine spezielle, **gewohnheitsrechtliche Korrekturmöglichkeit** besteht[61], die der Krücken einer analogen Anwendung anderer Vorschriften mit gleichgerichteter Korrekturtendenz nicht bedarf.

39 b) **Beseitigung prozessualen Unrechts.** Die höchstrichterliche Rechtsprechung hat die Änderung **unanfechtbarer Beschlüsse** in Ausnahmefällen zugelassen, um zu verhindern, daß die Unanfechtbarkeit der Entscheidung zu einem anders nicht zu beseitigenden, **groben prozessualen Unrecht**[62] führt.

Die Rechtsprechung nimmt dies an, wenn die unanfechtbare Entscheidung von einem **unzuständigen Gericht** erlassen wurde[63] oder wenn an der Entscheidung ein **unzuständiger Richter** mitgewirkt hat. Schon das Reichsgericht[64] hatte gebilligt, daß eine Strafkammer eine unanfechtbare Zurückweisung eines Ablehnungsgesuches zurückgenommen hatte, weil abgelehnte Richter an dem Beschluß mitgewirkt hatten und andernfalls die Hauptverhandlung in unrichtiger Besetzung hätte durchgeführt werden müssen. Es hat dafür angeführt, daß die Korrektur kein wesentliches Recht oder Interesse eines Verfahrensbeteiligten beeinträchtige, sondern einen erheblichen Verfahrensfehler beseitige und das Verfahren auf ordnungsgemäße Grundlage stelle[65].

40 Die Rechtsprechung läßt eine Änderung ferner zu, wenn sich nachträglich ergibt, daß ein unanfechtbarer Beschluß auf **unrichtigen tatsächlichen Grundlagen** beruht[66]. So wird die Rücknahme eines die Revision verwerfenden Beschlusses nach § 349 Abs. 1 für zulässig erachtet, wenn der Beschluß die Zulässigkeitsvoraussetzungen auf Grund einer irrigen Tatsachenfeststellung, wie etwa über die Fristwahrung oder über Zuständigkeit des Urkundsbeamten usw. verneint hat[67]. Gleiches wird angenommen bei einem Beschluß, der in Unkenntnis vom Eintritt eines Verfahrenshindernisses oder der Verfahrenserledigung durch den Tod des Angeklagten ergangen ist[68], oder hinsichtlich eines Beschlusses, der auf irriger Tatsachengrundlage einen Wiedereinsetzungsantrag verworfen hatte[69], oder hinsichtlich eines die Revision verwerfenden Beschlusses, obwohl gar keine Revision eingelegt[70] oder dem der Rechtsmittelführer durch Berufung

---

[61] Vgl. Vor § 359, 48.
[62] Vgl. BVerfGE **63** 77; BGH MDR **1964** 1019; BayObLGSt **1970** 115 = JR **1970** 391 mit Anm. *Peters*; OLG Düsseldorf JMBlNW **1979** 259; OLG Hamm NJW **1971** 1623; OLG Schleswig NJW **1978** 1016; Fortbestand des unrichtigen Beschlusses würde den Grundprinzipien der rechtsstaatlichen Ordnung im unerträglichen Maße widersprechen und wäre wegen des offenkundigen Mangels für verständigen Beurteiler unverständlich; KMR-*Paulus* 19.
[63] Strittig, OLG Düsseldorf MDR **1982** 518; OLG Hamm NJW **1971** 1623 mit abl. Anm. *Jauernig* NJW **1971** 1819; a. A auch *Geppert* GA **1972** 156; vgl. § 348, 4.
[64] RGSt **37** 112.
[65] In neuerer Zeit ebenso OLG Düsseldorf JMBlNW **1979** 259. Soweit verfassungsrechtlich abgesicherte Verfahrensprinzipien verletzt sind, wird die Änderungsbefugnis zum Teil auch mit der analogen Anwendung von § 33 a begründet, vgl. Rdn. 37. Auch im übrigen sind die Fragen im einzelnen strittig, vgl. OLG Naumburg HRR **1932** Nr. 1278; OLG Braunschweig DRZ **1950** 332; OLG Köln NJW **1954** 692; vgl. *R. Schmitt* JZ **1961** 15 ff; *Woesner* NJW **1960** 2131; *Eb. Schmidt* 10 und Nachtrag I 2, je zu § 349 lehnt die Zurücknahme rechtskräftiger Beschlüsse ab.
[66] Vgl. etwa KMR-*Paulus* 19. Vgl. aber auch OLG Köln NJW **1981** 2210 (keine Aufhebung des unrichtigen Einstellungsbeschlusses, wenn neues Verfahren möglich).
[67] RGSt **59** 419; BGH NJW **1951** 771; (offengelassen in BGHSt **17** 96; BGH MDR **1956** 52); OLG Braunschweig DRiZ **1950** 332; OLG Tübingen DRiZ **1948** 317; KG JW **1937** 1833; OLG Köln NJW **1954** 692. Vgl. § 349, 28 (auch zur Bestandskraft der Beschlüsse nach § 349 Abs. 2); OLG Düsseldorf MDR **1985** 956 wendet auch hier § 33 a an, vgl. Rdn. 38.
[68] OLG Schleswig NJW **1978** 1016.
[69] BayObLGSt **32** 199; **1952** 61.
[70] OLG Köln NJW **1954** 692; vgl. § 349, 28.

zuvorgekommen war[71]. Die Rücknahme des unanfechtbaren Beschlusses wurde auch zugelassen bei Irrtum über das Vorliegen der tatsächlichen Voraussetzungen des Beschlusses nach dem früheren § 4 UHaftEntschädG[72].

c) Keine nachträgliche Änderung. War der auf einer unrichtigen Tatsachengrundlage beruhende Beschluß dagegen **anfechtbar**, verneint die wohl vorherrschende Meinung[73] unter Hinweis auf § 311 Abs. 3 Satz 1 die Abänderbarkeit. Die Fristsetzung für die Anfechtung würde sonst unterlaufen. Der Rechtsgrund, aus dem bei unanfechtbaren Beschlüssen die Rechtsprechung in solchen Fällen ausnahmsweise eine Änderung zulasse, nämlich das Fehlen jeder anderweitigen Möglichkeit zur Behebung des Verfahrensfehlers, greife bei den befristet anfechtbaren Entscheidungen nicht ein. *Peters*[74] hält die Begrenzung der Abänderbarkeit auf unanfechtbare Entscheidungen für praktisch nicht haltbar. **41**

Die Zurücknahme eines Verwerfungsbeschlusses gemäß § 349 Abs. 2 (Verwerfung als *unbegründet*) wird von der vorherrschenden Meinung als unzulässig gehalten, weil hier eine **urteilsgleiche, verfahrensabschließende Entscheidung** getroffen wurde[75]. Ein Beschluß, der das Verfahren wegen Fehlens eines Eröffnungsbeschlusses endgültig einstellt, kann ebenfalls nicht wieder aufgehoben werden, wenn sich der Eröffnungsbeschluß später wiederfindet[76]. Bei einem erschlichenen Wiederaufnahmebeschluß nach § 370 Abs. 2 wird ebenfalls angenommen, daß die Rechtskraft bei bloßer Täuschung des Gerichts über Tatsachen den Vorrang habe. Ein solcher Beschluß könne nicht zurückgenommen werden. Der Fehler sei nach § 373 Abs. 1 (erneute Hauptverhandlung) zu beheben[77]. **42**

Eine Zurücknahme, die nur der Berichtigung oder Überprüfung einer **unrichtigen Rechtsanwendung** dienen soll, wird von der herrschenden Meinung abgelehnt[78]. **43**

§ 304

(1) Die Beschwerde ist gegen alle von den Gerichten im ersten Rechtszug oder im Berufungsverfahren erlassenen Beschlüsse und gegen die Verfügungen des Vorsitzenden, des Richters im Vorverfahren und eines beauftragten oder ersuchten Richters zulässig, soweit das Gesetz sie nicht ausdrücklich einer Anfechtung entzieht.

(2) Auch Zeugen, Sachverständige und andere Personen können gegen Beschlüsse und Verfügungen, durch die sie betroffen werden, Beschwerde erheben.

---

[71] RG Recht **1930** 754; vgl. § 349, 28.
[72] OLG Braunschweig NJW **1954** 1499; KG JZ **1953** 155; OLG Schleswig SchlHA **1951** 49; vgl. auch OLG Jena DJ **1939** 752.
[73] RGSt 38 157; 55 235; RG JZ **1919** 911; BayObLGSt **1970** 115 = JR **1970** 391 mit Anm. *Peters*; OLG Celle NdsRpfl **1960** 120; JR **1949** 122; OLG Düsseldorf JMBlNW **1955** 251; KMR-*Paulus* 14 (nur unter den Voraussetzungen, unter denen Wiederaufnahme gegen Urteil zulässig wäre); vgl. Rdn. 37.
[74] JR **1974** 392.
[75] BGHSt 17 94 = NJW **1962** 1357 mit Anm. *Schaper*; BGH MDR **1956** 52; vgl. § 349, 28 mit weit. Nachw.
[76] OLG Köln NJW **1981** 2210; vgl. § 207, 43; ferner BayObLGSt **1970** 115.
[77] OLG Köln NJW **1955** 314.
[78] H. M; vgl. etwa RGSt 59 419; BGH NJW **1951** 771; BayObLGSt **1952** 61, ferner die Entscheidungen Fußn. 72, 73.

§ 304　Drittes Buch. Rechtsmittel

(3) Die Beschwerde gegen Entscheidungen über Kosten und notwendige Auslagen ist nur zulässig, wenn der Wert des Beschwerdegegenstandes einhundert Deutsche Mark übersteigt.

(4) ¹Gegen Beschlüsse und Verfügungen des Bundesgerichtshofes ist keine Beschwerde zulässig. ²Dasselbe gilt für Beschlüsse und Verfügungen der Oberlandesgerichte; in Sachen, in denen die Oberlandesgerichte im ersten Rechtszug zuständig sind, ist jedoch die Beschwerde zulässig gegen Beschlüsse und Verfügungen, welche
1. die Verhaftung, einstweilige Unterbringung, Unterbringung zur Beobachtung, Beschlagnahme oder Durchsuchung betreffen,
2. die Eröffnung des Hauptverfahrens ablehnen oder das Verfahren wegen eines Verfahrenshindernisses einstellen,
3. die Hauptverhandlung in Abwesenheit des Angeklagten (§ 231 a) anordnen oder die Verweisung an ein Gericht niederer Ordnung aussprechen,
4. die Akteneinsicht betreffen oder
5. den Widerruf der Strafaussetzung, den Widerruf des Straferlasses und die Verurteilung zu der vorbehaltenen Strafe (§ 453 Abs. 2 Satz 3), die Anordnung vorläufiger Maßnahmen zur Sicherung des Widerrufs (§ 453 c), die Aussetzung des Strafrestes und deren Widerruf (§ 454 Abs. 2, 3), die Wiederaufnahme des Verfahrens (§ 372 Satz 1) oder den Verfall, die Einziehung oder die Unbrauchbarmachung nach den §§ 440, 441 Abs. 2, § 442 betreffen;
§ 138 d Abs. 6 bleibt unberührt.

(5) Gegen Verfügungen des Ermittlungsrichters des Bundesgerichtshofes und des Oberlandesgerichts (§ 169 Abs. 1) ist die Beschwerde nur zulässig, wenn sie die Verhaftung, einstweilige Unterbringung, Beschlagnahme oder Durchsuchung betreffen.

Schrifttum vgl. die Hinweise Vor § 304.

Entstehungsgeschichte. In **Absatz 1** hat Art. 1 Nr. 83 Buchst. a des 1. StVRG die Worte „des Untersuchungsrichters" gestrichen und „Amtsrichter" durch „Richter im Vorverfahren" ersetzt.

Absatz 3 wurde durch das Gesetz über Maßnahmen auf dem Gebiet des Kostenrechts vom 7. 8. 1952 (BGBl. 401) eingefügt. Art. 6 Nr. 3 Buchst. b des Gesetzes zur Entlastung der Landgerichte und zur Vereinfachung des gerichtlichen Protokolls vom 20. 12. 1974 (BGBl. I 3651) hat die Beschwerdesumme auf 100 DM erhöht. § 16 des Gesetzes zur Änderung des Gerichtskostengesetzes u. a. vom 20. 8. 1975 (BGBl. I 2189) hat die entbehrliche Erwähnung der Gebühren gestrichen.

Absatz 4 wurde durch das Gesetz vom 8. 9. 1969 (BGBl. I 1582) neu gefaßt, um der Einführung des zweiten Rechtszugs in Staatsschutzsachen Rechnung zu tragen. Art. 21 Nr. 79 EGStGB faßte Satz 2 Nr. 5 neu, Art. 1 Nr. 83 Buchst. b des 1. StVRG änderte in Satz 2 die Nr. 2 und erneuerte die Nr. 5; ferner ergänzte Art. 1 Nr. 16 des 1. StVRErgG in Satz 2 die Nr. 3 und fügte dem Absatz 4 den Satz 3 an.

Art. 1 Nr. 25 StVÄG 1979 fügte bei § 304 einen neuen **Absatz 5** an, der die Beschwerde gegen Verfügungen des Ermittlungsrichters des Bundesgerichtshofs einschränkt. Gleichzeitig wurde § 135 Abs. 2 GVG dieser Einschränkung angepaßt (Art. 2 Nr. 11 StVÄG 1979).

Art. 1 Nr. 23 StVÄG 1987 bezieht durch eine Satzzeichenänderung den bisherigen Satz 3 des **Absatzes 4** in dessen Satz 2 mit ein. **Absatz 5** wird neu gefaßt, sein Anwendungsbereich wird auf die Ermittlungsrichter der Oberlandesgerichte ausgedehnt.

Übersicht

I. Beschwerde
 1. Zweck der Beschwerde
   a) Begriff 1
   b) Beschränkbarkeit 2
   c) Art des Rechtsmittels 3
 2. Der Beschwerde unterliegende Entscheidungen
   a) Beschlüsse und Verfügungen 4
   b) Sonstige Entscheidungen 7
   c) Unterlassene Anordnungen 8
 3. Die einzelnen anfechtbaren Entscheidungen
   a) Die Aufzählung des Absatzes 1 10
   b) „Erster Rechtszug" 11
   c) Berufungsverfahren 16
   d) Entscheidungen im Vorverfahren .. 18
   e) Ersuchter Richter 19
   f) Beauftragter Richter 21
   g) Andere Beschlüsse 23
   h) Analoge Anwendung 25
 4. Ausschluß der Beschwerde
   a) Allgemeines, Rechtsweggarantie Art. 19 Abs. 4 GG 27
   b) Ausdrücklicher Ausschluß 30
   c) Anderer Rechtsbehelf 33
   d) Konkludenter Ausschluß 34
   e) Erledigung, Überholung 36
 5. Sonstige Zulässigkeitsvoraussetzungen
   a) Allgemeine Voraussetzungen 39
   b) Verfrühte, bedingte Beschwerde .. 40
   c) Beschwer 41
 6. Kostenbeschwerde (Absatz 3) 45

II. Beschwerdeberechtigte
 1. Verfahrensbeteiligte 49
 2. Andere betroffene Personen
   a) Unmittelbar Betroffene 52
   b) Nicht in eigenen Rechten Betroffen 56
 3. Zeitpunkt des „Betroffen-werdens" .. 57
 4. Weitere Beispiele 58

III. Beschwerdegericht
 1. Örtlich zuständig 60
 2. Sachlich zuständig 62

III. Beschlüsse der Oberlandesgerichte und des Bundesgerichtshofs
 1. Ausschluß der Beschwerde (Abs. 4 Satz 1)...................... 67
 2. Ausnahme bei Entscheidungen der Oberlandesgerichte im ersten Rechtszug (Abs. 4 Satz 2) 69
 3. Verfügungen des Ermittlungsrichters des Bundesgerichtshofs und des Oberlandesgerichts (Abs. 5)
   a) Zweck der Regelung 79
   b) Beschwerde nur bei bestimmten Maßnahmen..................... 80
   c) Die einzelnen Maßnahmen 81
   d) Nicht statthaft in anderen Fällen ... 84
   e) Zuständigkeit................. 85
 4. Sondervorschriften 86

I. Beschwerde

1. Zweck der Beschwerde

a) Begriff. Die einfache und die sofortige Beschwerde sind Rechtsmittel im engeren Sinne des 3. Buches der Strafprozeßordnung. Die Beschwerde wendet sich gegen funktional richterliche Maßnahmen (Verfügungen oder Beschlüsse) gleich, ob sie vom Gericht, vom Vorsitzenden, vom Richter im Vorverfahren, vom beauftragten oder ersuchten Richter erlassen wurden. Unbeschadet der Möglichkeit der Abhilfe (§ 306 Abs. 2) erstrebt sie die Aufhebung oder Änderung der angefochtenen Entscheidung oder den Erlaß einer unterbliebenen Anordnung durch das übergeordnete Gericht, das grundsätzlich im vollen Umfang die Tatsachenfeststellungen und die Rechtsanwendung zu überprüfen und das auch in Ermessensfragen nach eigenem Ermessen zu befinden hat. Durch diese **Zielsetzung** unterscheidet sich die Beschwerde von der Gegenvorstellung, der die Devolutivwirkung fehlt (vgl. Vor § 296, 7). Über die Möglichkeit der **Änderung** von Beschlüssen und Verfügungen von Amts wegen oder nach und auf Beschwerde s. Vor § 304, 27. **1**

b) Die Beschwerde ist — ebenso wie die anderen Rechtsmittel — auf **selbständig nachprüfbare Teile** einer Entscheidung **beschränkbar**[1]. Die Beschränkung muß eindeu- **2**

---

[1] Vgl. Vor § 304, 14; h. M; etwa *Ellersiek* 104; *Kleinknecht/Meyer*[38] 4; KMR-*Paulus* Vor § 304, 7.

tig sein und deshalb regelmäßig ausdrücklich erklärt werden. Ist sie unwirksam, weil eine isolierte Prüfung und Entscheidung des Beschwerdepunkts nicht möglich ist, führt sie zu einer umfassenderen Nachprüfung[2]. Die Befugnis des Gerichts zu einer Änderung seiner Entscheidung vom Amts wegen wird auch durch eine wirksame Beschwerdebeschränkung nicht begrenzt[3].

3 **c) Art des Rechtsmittels.** Ob Beschwerde, Berufung oder Revision gegeben ist[4], hängt von den Grundlagen und dem **sachlichen Inhalt** der angefochtenen Entscheidung ab, nicht von ihrer Form oder äußeren Bezeichnung[5] und auch nicht von der Benennung des Rechtsmittels.

2. Der Beschwerde unterliegenden Entscheidungen

4 a) Die Aufzählung in Absatz 1 nennt **Beschlüsse** und **Verfügungen**. Für die **Anfechtbarkeit** ist die unterschiedliche Bezeichnung **ohne Bedeutung**. Die Beschwerde erfaßt, soweit sie nicht ausgeschlossen ist, grundsätzlich **alle richterlichen Anordnungen** im Verfahren, ohne Rücksicht auf die Bezeichnung. Die Maßnahmen müssen aber unmittelbar gestaltend auf Verfahrensgang, Verfahrensbefugnisse oder sonst auf die Rechtsstellung einer Person einwirken; es darf sich nicht um bloße **Hinweise, Mitteilungen** oder **Belehrungen** handeln[6]. Auch durch konkludentes Verhalten oder stillschweigend getroffene Anordnungen werden von § 304 erfaßt.

5 Ein **Beschluß** ergeht in oder außerhalb der Hauptverhandlung je nach dem Verfahrenserfordernis. Von allerdings gewichtigen Ausnahmen abgesehen ergeht er nicht zur Hauptsache, sondern zu einer Verfahrensfrage oder einem anderen Begehren eines Verfahrensbeteiligten oder zur Förderung der Sache, regelmäßig beendet er das Verfahren nicht[7]. Eine **besondere Beschlußform** ist nicht vorgeschrieben[8]. Sie richtet sich nach dem Zweck des Beschlusses. Wesentlich ist lediglich die klare Kundgabe des Beschlossenen. Beschlüsse, die einen Antrag ablehnen oder gegen welche ein Rechtsmittel zulässig ist, sind nach § 34 zu begründen.

6 Die **Verfügung** unterscheidet sich vom Beschluß teils durch den Gegenstand, stets aber durch den Urheber. Sie ist eine Verfahrensanordnung des Vorsitzenden, des Richters im Vorverfahren, des beauftragten oder ersuchten Richters, während der Beschluß im allgemeinen vom Gerichtskollegium ausgeht. Durch Beschluß entscheidet auch der Strafrichter, wenn er eine Entscheidung trifft, die bei den mit mehreren Richtern besetzten Gerichten dem Kollegium vorbehalten ist. Unter **Verfügung des Vorsitzenden** fallen sowohl die in der Hauptverhandlung ergehenden Entscheidungen (insbesondere prozeßleitende Anordnungen[9]), als auch die außerhalb der Hauptverhandlung erlassenen Anordnungen, vor allem die zu ihrer Vorbereitung ergehenden[10].

---

[2] KG JR **1982** 114: Insoweit gelten die gleichen Überlegungen wie bei § 318; dazu OLG Frankfurt MDR **1980** 777.
[3] Vgl. Vor § 296, 32; Vor § 304, 24 ff.
[4] Zu den Unterschieden zwischen den Rechtsmitteln vgl. Vor § 296, 17; *Ellersiek* 31 ff.
[5] RGSt **65** 398; vgl. Vor § 296, 56; § 296, 10 mit weit. Nachw.
[6] Vgl. *Ellersiek* 44. (Nur Entscheidungen können Beschwer enthalten); KMR-*Paulus* 1 (Keine Beschwerde gegen entscheidungsvorbereitende Maßnahmen).
[7] Der Gesetzgeber hat verschiedentlich auch für abschließende Entscheidungen die Beschlußform vorgesehen, so etwa §§ 204; 206 a; 319; 323. Zu den Einstellungsbeschlüssen, die das Verfahren ganz oder hinsichtlich eines Teil der zugelassenen Anklage beenden vgl. § 153, 74; § 153 a, 6 ff.
[8] Die Formerfordernisse für Urteile gelten nicht, vgl. § 275, 45.
[9] Zur Abgrenzung zwischen Beschlüssen und Verfügungen *Ellersiek* 44, 48; *Eb. Schmidt* § 33, 4; vgl. Vor § 33, 5; § 238, 3.
[10] Das verfahrensrechtlich notwendige Regulativ der an sich generell zugelassenen Beschwerde enthält § 305.

b) **Sonstige Entscheidungen** sind mit der Beschwerde anfechtbar, wenn und soweit der Gesetzgeber dies ausdrücklich vorschreibt. So können auch **im Urteil getroffene Entscheidungen** Gegenstand der (meist sofortigen) Beschwerde sein, wie etwa bei Kosten- und Auslagenentscheidung nach § 464 Abs. 3 oder der Entscheidung über die Entschädigung nach § 8 StrEG[11].

c) **Unterlassene Anordnungen.** Die Beschwerde kann sich auch dagegen richten, daß der Richter eine beschwerdefähige Maßnahme **unterläßt**[12]; sei es, daß er einen Antrag nicht bescheidet oder eine von Amts wegen gebotene Maßnahme nicht trifft.

d) Voraussetzung für die Beschwerde ist aber stets ein **Akt der Rechtspflege**, also eine Maßnahme des Richters, die im Rahmen eines anhängigen oder zur Vorbereitung eines möglicherweise anhängig werdenden Strafverfahrens in richterlicher Unabhängigkeit zu treffen ist. Generelle Anordnungen, die nicht im Rahmen eines einzelnen Verfahrens ergehen, werden von § 304 ebensowenig erfaßt[13] wie eine Maßregel der Dienstaufsicht oder ein Geschäft der **Justizverwaltung**[14]. So ist zum Beispiel die Entscheidung, mit der dem Antrag eines auswärts wohnenden Angeklagten auf Bewilligung eines Reisekostenvorschusses nicht entsprochen wird, nach § 304 anfechtbar. Es handelt sich um eine mit der Vorbereitung der Hauptverhandlung zusammenhängende richterliche Entscheidung und nicht um einen Akt der Justizverwaltung, so daß die §§ 23 ff EGGVG und Art. XI § 11 KostÄndG für die Anfechtung ausscheiden[15].

3. Die einzelnen anfechtbaren Entscheidungen

a) Die **Aufzählung des Absatzes 1**, die durch die Absätze 4 und 5 ergänzt wird, geht davon aus, daß die Entscheidungen im Vorverfahren, im ersten Rechtszug und in der Berufungsinstanz generell der Beschwerde zugänglich sind, sofern nicht die Einschränkungen des Absatzes 4 für das erstinstanzliche Verfahren vor den Oberlandesgerichten Platz greifen. Wie die besondere Erwähnung des beauftragten und ersuchten Richters zeigt, dient die Aufzählung vor allem der Hervorhebung der wichtigsten Fälle und nicht so sehr der logischen Abgrenzung aller Verfahren, in denen der Beschwerde zugängliche Entscheidungen ergehen können[16]. Die herrschende Meinung erschließt den Sinn dieser Vorschrift in einer **funktionsorientierten Auslegung** aus dem Grundkonzept der Beschwerde, so wie es in § 310 Ausdruck gefunden hat: Betrifft die Beschwerde eine Verhaftung oder vorläufige Unterbringung, dann kann eine „auf die Beschwerde hin" erlassene Entscheidung durch weitere Beschwerde angefochten werden, der Verfahrensgegenstand insgesamt also dreimal Gegenstand richterlicher Prüfung und Ent-

---

[11] Etwa BGH MDR **1976** 237.
[12] BayObLGSt **1958** 183 = NJW **1958** 1693; OLG Bremen NJW **1965** 1617; OLG Düsseldorf GA **1983** 365; OLG Hamm MDR **1984** 249; JMBlNW **1981** 69; OLG Nürnberg HESt **2** 152; KG GA **1978** 81; OLG Stuttgart Justiz **1986** 27; KK-*Engelhardt* 3; *Kleinknecht/Meyer*[38] 3; KMR-*Paulus* 1.
[13] Vgl. BGHSt 29, 135 (allgemeine Anordnung des Leiters einer Justizvollzugsanstalt).
[14] Zu den Abgrenzungsfragen vgl. Einl. Kap. **8** 4 ff; und bei § 23 EGGVG.
[15] BGH NJW **1975** 1124; OLG Bremen NJW **1965** 1617; OLG Düsseldorf MDR **1983** 689; OLG Karlsruhe Justiz **1972** 209; OLG Hamm JMBlNW **1981** 69; OLG Oldenburg NdsRpfl. **1965** 17; a. A OLG Celle Rpfleger **1963** 29; vgl. ferner OLG Düsseldorf Rpfleger **1965** 52 (Entscheidung über die Erforderlichkeit der Reise eines Pflichtverteidigers); oder OLG Hamm NStZ **1984** 285 (Ablehnung der Dienstreisegenehmigung für Bediensteten der Führungsaufsicht) oder die Entscheidungen über die Akteneinsicht nach § 147.
[16] Die Frage wird kaum erörtert; sie hat, wenn man „Ersten Rechtszug" funktional auf alle den Gerichten der ersten Instanz zugewiesenen Entscheidungen ausdehnt, kaum praktische Bedeutung; vgl. Rdn. 11.

scheidung sein. In allen anderen Fällen darf er es nur zweimal sein, wie § 310 Abs. 2 zeigt.

11 b) **Erster Rechtszug** ist, wie die besondere Erwähnung des Vorverfahrens zeigt, das Verfahren des Gerichts nach Klageerhebung[17]. Auch die besondere Erwähnung des Berufungsverfahrens sowie die Regelungen in Absatz 4 sprechen dafür, daß der Gesetzgeber darunter das Verfahren des ersten Rechtszugs vor den Strafgerichten verstanden hat und nicht — unabhängig davon — das Verfahren, das sich erstmals mit dem Beschwerdegegenstand befaßt hat. Letzteres nimmt die herrschende Meinung[18] unter Berufung auf den Sinn der Regelung an. Sie rechnet alle Verfahren zur ersten Instanz im Sinne des § 304, in denen über den Verfahrensgegenstand erstmals entschieden wurde, dies kann auch im Beschwerde- oder Wiederaufnahmeverfahren sein[19]. *Beispiel:* Erst im Beschwerdeverfahren wird Wiedereinsetzung in den vorigen Stand beantragt[20]. Um zu diesem sachgerechten Ergebnis zu kommen, erscheint es jedoch nicht notwendig, den instanzbeschreibenden Begriffen „erster Rechtszug" und „Berufungsverfahren" eine unterschiedliche Bedeutung beizulegen[21]. Auch bei funktionaler Betrachtung, die nicht auf den isolierten Beschwerdegegenstand, sondern auf die verfahrensrechtliche Zuordnung des jeweiligen Rechtszuges abstellt, wird man das den Gerichten der ersten Instanz zugewiesene Wiederaufnahmeverfahren dem ersten Rechtszug im Sinne des § 304 zuordnen können, während die Wiedereinsetzungsentscheidung im Beschwerdeverfahren funktional einer Entscheidung im Berufungsinstanz gleichkäme; zumindest müßte man hier wegen des gleichen Rechtsgedankens § 304 analog anwenden[22].

12 Hat das Landgericht in Wirklichkeit **nicht als Beschwerdegericht** entschieden, etwa weil es die Entscheidung als Gericht des ersten Rechtszugs zu treffen hatte[23] oder weil es bei richtiger Beurteilung der Rechtslage für die Rechtsmittelentscheidung überhaupt nicht zuständig war, so ist gegen diese Entscheidung die Beschwerde gegeben[24].

13 Andererseits bleibt die **in der Beschwerdeinstanz** ergehende Entscheidung immer eine Entscheidung auf die Beschwerde hin, wenn der Beschwerdegegenstand derselbe bleibt, das Beschwerdegericht auf den bisherigen Gesamtsachverhalt aber anderes sachliches Recht anwendet[25]. Daran ändert auch nichts, wenn die der Entscheidung zugrunde liegenden Tatsachen im Beschwerdeverfahren durch weitere Ermittlungen ergänzt werden.

14 Zum ersten Rechtszug gehören auch die **Entscheidungen**, die **zugleich mit dem Urteil** ergehen, wie beispielsweise der Beschluß nach § 268 a[26]. Die **Nachtragsentscheidung nach § 33 a** gehört zum selben Rechtszug wie die vorangegangene Sachentscheidung, die sie bestätigt oder ändert[27].

---

[17] *Ellersiek* 64.
[18] BayObLGSt **1949/51** 304; **1952** 8; OLG Koblenz NJW **1961** 1418; *Ellersiek* 64; KK-*Engelhardt*[1] 4; KMR-*Paulus* 2; *Eb. Schmidt* 2. So auch noch LR[23] 10.
[19] OLG Koblenz NJW **1961** 1418.
[20] BayObLGSt **1952** 8; *Eb. Schmidt* Nachtr. I 2.
[21] Eine im Berufungsverfahren erstmals entschiedene Frage wäre sonst sowohl im Berufungsverfahren als auch wegen der erstmaligen Befassung mit dem Entscheidungsgegenstand im ersten Rechtszug ergangen.
[22] Die Ansicht, die auf den Gegenstand der Entscheidung abstellt, kommt zum gleichen Ergebnis; vgl. KK-*Engelhardt*[1] 4.

[23] Vgl. OLG Bremen NJW **1967** 1975; OLG Celle NJW **1973** 710; OLG Frankfurt NJW **1980** 1808; OLG Hamm NJW **1972** 1725; KK-*Engelhardt*[1] 4; vgl. § 310, 7 mit weit. Nachw.
[24] Vgl. § 310, 5 ff.
[25] OLG Neustadt JZ **1952** 310; NJW **1957** 1082.
[26] Vgl. § 268 a, 19, 23; § 305 a, 14.
[27] Zu den Einzelheiten vgl. § 33 a, 20; 21; ferner etwa OLG Düsseldorf MDR **1985** 956; *Ellersiek* 67; *Hanack* JZ **1966** 48; JR **1974** 113; *Kallmann* NJW **1972** 1478 und § 311 a, 15.

Soweit die **Oberlandesgerichte** im ersten Rechtszug entscheiden, ist die Beschwerde nach Absatz 4 (umgekehrt wie bei Absatz 1) nur gegen die dort ausdrücklich aufgeführten Entscheidungen zulässig. Dazu kommen noch Ausnahmefälle, wie etwa § 159 GVG, in denen die Beschwerde zum Bundesgerichtshof ausdrücklich vorgesehen ist[28]. **15**

c) Das **Berufungsverfahren** beginnt mit der Einlegung der Berufung (§ 314 Abs. 1)[29]. Der angefochtene Beschluß kann noch vom Erstgericht stammen, wenn er nur für das Berufungsgericht seine Gültigkeit behält und das Berufungsgericht von der Vorlage der Akten (§ 321) an für seinen Erlaß oder seine Änderung zuständig ist (z. B. Entscheidung über den Haftbefehl; vorläufige Entziehung der Fahrerlaubnis[30]). **16**

Ein **Beispiel** einer **ausdrücklich geregelten Beschwerde** im Berufungsverfahren bildet § 322 Abs. 2. Strittig ist dagegen, ob der Antrag auf Entscheidung des Berufungsgerichts (§ 319 Abs. 2) eine sofortige Beschwerde gegen den Verwerfungsbeschluß nach § 319 Abs. 1 ist[31]. **17**

d) **Entscheidungen des Richters im Vorverfahren** sind alle in diesem Verfahrensabschnitt ergangenen richterlichen Anordnungen, vor allem die Anordnungen des Ermittlungsrichters. Nicht mehr zum Vorverfahren gehören die Maßnahmen, mit denen das Gericht die Entscheidung über die Eröffnung vorbereitet[32]. Für Verfahren, in denen das Oberlandesgericht im ersten Rechtszug zuständig ist, enthält Absatz 4 eine Sonderregelung[33], desgleichen Absatz 5 für Verfügungen des Ermittlungsrichters des BGH und des OLG. **18**

e) **Ersuchter Richter.** Die eigenen Entscheidungen des ersuchten Richters sind, wie Absatz 1 klarstellt[34] der Beschwerde offen, die an das ihm übergeordnete Beschwerdegericht geht[35]. Voraussetzung ist, daß sich die Beschwerde nicht in Wahrheit gegen den Inhalt des Ersuchens, also gegen die Entscheidung des **ersuchenden Gerichts** wendet, etwa, indem sie die vom ersuchenden Gericht angeordnete eidliche Vernehmung beanstandet. Dann kann sie nur an das diesem Gericht vorgeordnete Beschwerdegericht gehen. Der ersuchte Richter ist regelmäßig (Ausnahmen: GVG § 158) an das Ersuchen gebunden. Für eine Beschwerde über *ihn* ist daher nur Raum, soweit ihm bei Erledigung des Ersuchens ein eigenes Ermessen und ein selbständiges Entscheidungsrecht zusteht oder die Beschwerde deshalb erhoben wird, weil er nicht dem Ersuchen entsprechend verfahren sei[36]. **19**

Die Beschwerde über den **ersuchten Richter**, der nach § 157 GVG stets ein Richter des Amtsgerichts ist, geht an die Strafkammer des Landgerichts (GVG § 73)[37]. Der **20**

---

[28] Es handelt sich insoweit aber um keine Prozeßbeschwerde im Sinne des § 304; vgl. *Giesler* 140; ferner bei § 159 GVG.

[29] *Ellersiek* 64; KK-*Engelhardt*[1] 16; KMR-*Paulus* 3; *Eb. Schmidt* 3.

[30] OLG Hamm NJW **1974** 1574; OLG Karlsruhe MDR **1974** 159; KK-*Engelhardt*[1] 16; KMR-*Paulus* 3; vgl. § 111 a, 90; § 125, 6; § 126, 15.

[31] Vgl. § 319, 9 mit weit. Nachw.; ferner OLG Celle NJW **1957** 35 zu § 390 Abs. 5.

[32] KK-*Engelhardt*[1] 18; vgl. § 202, 17.

[33] Vgl. Rdn. 69 ff.

[34] An sich folgt schon daraus, daß es sich um Maßnahmen handelt, die nach der Verfahrenslage dem Vorverfahren, dem ersten Rechtszug oder dem Berufungsverfahren zuzuordnen sind.

[35] In der Reichstagskommission (Prot. *Hahn* 989, 1384) wurde erörtert, ob eine über den ersuchten Richter geführte Beschwerde durch Entscheidung des *ihm* vorgeordneten Beschwerdegerichts zu erledigen sei.

[36] OLG Dresden Sächs OLG **14** 202; *Ellersiek* 165; KK-*Engelhardt*[1] 24; *Eb. Schmidt* 14.

[37] Vgl. bei § 159 GVG.

§ 304   Drittes Buch. Rechtsmittel

Fall, daß die Beschwerde die Zulässigkeit der **Rechtshilfe** betrifft, ist im GVG § 159 besonders behandelt. Sie geht an den Strafsenat des Oberlandesgerichts[38].

21   f) **Beauftragter Richter.** Ist ein Mitglied eines Gerichts beauftragt, eine Untersuchungshandlung vorzunehmen, so kann sich die Beschwerde gegen das Verfahren des beauftragten Richters oder gegen den Auftrag, also gegen die Entscheidung des beauftragenden Gerichts, wenden.

22   Über den ersten Fall enthält weder Strafprozeßordnung noch Gerichtsverfassungsgesetz eine Bestimmung. Das **beauftragende Gericht** kann hier nicht über die Beschwerde entscheiden[39]. Der beauftragte Richter ist Mitglied dieses Gerichts; er ist an dessen Auftrag gebunden und würde auch nach § 23 Abs. 1 bei der Entscheidung über die Beschwerde nicht mitwirken können. Wenn — das ist der Regelfall — der beauftragte Richter ein Mitglied des Landgerichts ist, so ist das Oberlandesgericht das ihm vorgeordnete Beschwerdegericht. Aus der Aufgabe des beauftragten Richters folgt allerdings, daß das beauftragende Gericht jederzeit in sein Verfahren eingreifen darf, auch auf Grund einer Beanstandung durch einen Prozeßbeteiligten. Doch wird hierdurch dessen Recht, die Entscheidung des Beschwerdegerichts anzurufen, nicht ausgeschlossen.

23   g) **Andere Beschlüsse**, die weder dem Vorverfahren noch dem ersten Rechtszug noch dem Berufungsverfahren zuzuordnen sind, und deren Anfechtung nicht besonders vorgesehen ist, sind **nicht beschwerdefähig;** so etwa ein Beschluß mit dem das gemeinschaftliche obere Gericht nach § 12 Abs. 2, § 13 Abs. 2, § 15 die Zuständigkeit überträgt[40] oder nach § 14 das zuständige Gericht bestimmt[41].

24   Nicht zu den Entscheidungen, die im ersten Rechtszug ergehen, werden die Entscheidungen gerechnet, die dem Gericht des ersten Rechtszugs im Rahmen der **Strafvollstreckung** übertragen worden sind; so auch die nachträglichen Entscheidungen, die sich auf die Strafaussetzung zur Bewährung beziehen. Die Entscheidungen sind nach Maßgabe der §§ 453, 454, 462, 462 a, 463 mit Beschwerde bzw. mit sofortiger Beschwerde anfechtbar[42]. Bei Maßnahmen, die die Beschwerdeentscheidung vorbereiten sollen, sind nach Ansicht des OLG Düsseldorf die §§ 304, 305 anzuwenden, da sie in einem Erkenntnisverfahren eigener Art ergehen[43]. Gegen die isolierte Anfechtbarkeit entscheidungsvorbereitender Anordnungen spricht, daß diese Anordnungen unselbständig sind und in einem Verfahren ergehen, das von der Aufgabenstellung her dem Erkenntnisverfahren des ersten Rechtszugs gleichartig ist[44].

25   h) **Analoge Anwendung.** Auf andere als die den Absätzen 1, 4 und 5 unterfallenden Entscheidungen ist § 304 nicht unmittelbar anwendbar. Die Zulässigkeit der Beschwerde nach §§ 304 ff kann sich aber daraus ergeben, daß diese Vorschriften **aus-**

---

[38] Zu den Einzelheiten und zur begrenzt zulässigen weiteren Beschwerde an den BGH vgl. bei § 159 GVG.
[39] *Ellersiek* 166; *Eb. Schmidt* 13.
[40] BayObLG JW **1924** 1778; OLG Celle NJW **1957** 73; OLG Schleswig SchlHA **1958** 235; *Giesler* 163 ff; KK-*Engelhardt*[1] 5; *Kleinknecht/Meyer*[38] 2; § 12, 9; KMR-*Paulus* § 12, 26; vgl. Vor § 7, 36; § 12, 54.
[41] BayObLGSt **1956** 38; OLG Düsseldorf JR **1983** 471 mit Anm. *Meyer-Goßner*; *Giesler* 168; vgl. § 14, 5 f.
[42] Vgl. OLG Celle MDR **1985** 344; OLG Zweibrücken JR **1983** 168; § 453, 14; 33; § 454, 58 ff; § 462, 8 ff; *Ellersiek* 42; *Kleinknecht/Meyer*[38] 2.
[43] OLG Düsseldorf JMBlNW **1986** 32; vgl. § 305, 4.
[44] Vgl. Rdn. 11.

drücklich für anwendbar erklärt werden⁴⁵ oder daß ihre Anwendbarkeit vom Gesetzgeber stillschweigend vorausgesetzt wurde (Auslegungsfrage).

Das Oberlandesgericht Köln⁴⁶ sieht demgegenüber § 304 Abs. 1 als eine **General- 26 klausel** an, die alle Entscheidungen der Amts- und Landgerichte, also nicht nur die im Erkenntnisverfahren ergangenen, der Beschwerde unterstellt, soweit nicht gesetzlich etwas anderes bestimmt ist. Es hat daher unter Hinweis auf OLG Koblenz⁴⁷ gegen eine Entscheidung, die einen zur Vorbereitung der Wiederaufnahme des Verfahrens gestellten Antrag auf Akteneinsicht betraf, die einfache Beschwerde nach § 304 und nicht die sofortige Beschwerde nach § 372 zugelassen. Unabhängig davon ist die Frage, ob nicht § 304 deshalb unmittelbar oder zumindest analog anwendbar ist, weil es sich um Verfahren handelt, die dem ersten Rechtszug gleichzuachten sind. Ob dies der Fall ist, wird jeweils nach der Art der betreffenden Verfahren und der dafür getroffenen Sondervorschriften unter Berücksichtigung der Zielsetzung des § 304 zu beurteilen sein.

4. Ausschluß der Beschwerde
a) **Allgemeines; Rechtsweggarantie.** Nach dem Wortlaut des **Absatzes 1** ist die Be- **27** schwerde nur bei Entscheidungen ausgeschlossen, bei denen der Gesetzgeber dies ausdrücklich anordnet. Der **Wortlaut** ist insoweit ungenau, da die Beschwerde auch in anderen als den vom Gesetz ausdrücklich der Anfechtung entzogenen Fällen nicht statthaft ist⁴⁸.

Der Ausschluß der Beschwerde ist **mit dem Grundgesetz** grundsätzlich **vereinbar.** Er **28** verletzt weder das allgemeine Rechtsstaatsprinzip⁴⁹ noch den Gleichheitsgrundsatz des Art. 3 GG⁵⁰ oder den Anspruch auf **rechtliches Gehör**⁵¹ noch Art. 6 Abs. 1 MRK⁵² oder sonstige vertragliche Verpflichtungen⁵³.

Aus der **Rechtsweggarantie des Art. 19 Abs. 4 GG** kann ebenfalls kein Anspruch **29** auf einen Beschwerderechtszug hergeleitet werden. Art. 19 Abs. 4 GG eröffnet nur den Weg zu den Gerichten, nicht aber einen Rechtsweg innerhalb der gerichtlichen Instan-

---

⁴⁵ Entweder allgemein durch Verweisung auf die Vorschriften des Strafverfahrens, wie etwa in § 46 OWiG, oder dadurch, daß die Beschwerdevorschriften der StPO für anwendbar erklärt werden, wie etwa in §§ 98 Abs. 3; 100 Abs. 2 BRAGO (vgl. dazu etwa OLG Düsseldorf StrVert. **1986** 209).
⁴⁶ OLGSt 7.
⁴⁷ NJW **1961** 1418; vgl. Rdn. 11.
⁴⁸ *Giesler* 317 faßt die Ausschlußgründe des Gesetzgebers in zwei Gruppen zusammen; bei der einen fehlt ein Rechtsschutzbedürfnis, weil die Interessen der Beteiligten anderweitig berücksichtigt werden, oder weil die Beschleunigung dies erfordert oder weil ein Nebeneinander von Rechtsbehelfen vermieden werden soll, bei der anderen begründet der Inhalt der Entscheidung die Unanfechtbarkeit (Ermessensentscheidungen usw.).
⁴⁹ Aus dem allgemeinen Rechtsstaatsprinzip läßt sich kein Anspruch auf eine zweite Instanz herleiten; vgl. etwa BVerfGE **4** 94; **45** 375; **49** 342; **54** 291; **65** 91.

⁵⁰ Keine Pflicht zur einheitlichen Regelung des Instanzenzugs *Maunz/Dürig* Art. 3 Rdn. 413; *Ule* DVBl **1959** 545; zustimmend im Grundsatz. *Giesler* 13 ff (allerdings anders für bestimmte Einzelfälle 89 ff).
⁵¹ Vgl. BVerfGE **1** 437; **28** 96; **42** 248; *Giesler* 27.
⁵² BGH DRiZ **1963** 232; *Giesler* 30.
⁵³ Art. 13 MRK, der bei Menschenrechtsverletzungen die „wirksame" Beschwerde bei einer nationalen Instanz fordert, gibt kein über das deutsche Recht hinausreichendes Beschwerderecht (BGHSt **20** 1); er bleibt hinter Art. 19 Abs. 4 GG zurück; vgl. etwa *Giesler* 31; *Kleinknecht/Meyer*³⁸ Art. 13 MRK 1. Art. 14 Abs. 5 IPBR, der nach Maßgabe des Art. 1 Nr. 3 des Ratifikationsgesetzes vom 15. 11. 1973 (BGBl. II 1533) das Recht auf Nachprüfung einer Verurteilung wegen einer strafbaren Handlung durch ein höheres Gericht gewährt, ist für die hier in Betracht kommenden Beschwerdeverfahren nicht einschlägig.

zen[54]. Dies gilt nach der vorherrschenden Ansicht für alle in Ausübung der institutionellen Rechtspflege ergehenden richterlichen Entscheidungen. Eine Meinung des Schrifttums[55] nimmt demgegenüber bei richterlichen Anordnungen, bei denen der Richter „in Ausübung seiner Leitungsgewalt" „Herrschaftsbefugnisse" ausübt, wie etwa bei Maßnahmen der Sitzungspolizei, an, daß Art. 19 Abs. 4 GG den Beschwerderechtsweg fordert, da in diesen Fällen der Richter nicht neutraler Dritter sei und erst in der Beschwerdeinstanz die Nachprüfung durch unbeteiligte und distanzierte Richter erfolge. Diese Auffassung, die Denkmodelle des auf Nachprüfung ausgerichteten Verwaltungsprozesses auf das anders strukturierte strafgerichtliche Verfahren überträgt, ist abzulehnen[56].

30   b) **Ausdrücklicher Ausschluß.** Die Beschwerde ist nicht zulässig, wenn das Gesetz bei bestimmten Entscheidungen ausdrücklich vorschreibt, daß alle oder daß bestimmte Verfahrensbeteiligte sie nicht anfechten können; dies kann auch dadurch geschehen, daß der Gesetzgeber nur bei einem positiven oder nur bei einem negativen Bescheid, nicht aber im umgekehrten Fall eine (meist sofortige) Beschwerde vorsieht. Regelungen über den Ausschluß der Beschwerde finden sich z. B. bei § 28 Abs. 1, § 46 Abs. 2, § 81 c Abs. 3 Satz 4; § 100 Abs. 3 Satz 2; § 117 Abs. 2 Satz 1; § 138 d Abs. 6 Satz 3; § 153 Abs. 2 Satz 4; § 153 a Abs. 2 Satz 3; § 161 a Abs. 3 Satz 4; § 163 a Abs. 3 Satz 3; § 202 Satz 2; § 210 Abs. 1; § 212 a Abs. 2 Satz 2; § 225 a Abs. 3; § 270 Abs. 3; § 305; § 310; § 397 a Abs. 2 Satz 2; § 405 Abs. 5 Satz 3; § 406 g Abs. 4 Satz 2; § 467 a Abs. 3; § 469 Abs. 3; oder, sofern die Beschwerdesumme nicht erreicht wird, bei § 304 Abs. 3. Vgl. ferner § 181 GVG.

31   Soweit der Gesetzgeber die Beschwerdebefugnis **inhaltlich beschränkt**, etwa indem er nur bestimmte Rügen zuläßt (vgl. § 305 a), liegt kein die Beschwerde als solche unzulässig machender Ausschluß dieses Rechtsmittels im eigentlichen Sinn vor[57]. Die Beschwerde ist zulässig, auch wenn die durch sie ausgelöste Nachprüfbarkeit der angefochtenen Entscheidung nur eine begrenzte ist. Dasselbe gilt, wenn die Begrenzung der Nachprüfbarkeit sich aus anderen Gesichtspunkten ergibt[58].

32   Schließt das Gesetz die Anfechtung ausdrücklich aus, so muß durch **Auslegung** der jeweiligen Vorschrift ermittelt werden, worauf sich der Ausschluß bezieht[59]. Insbesondere ist möglich, daß nur die in der Sache ergehende Entscheidung als solche, nicht aber Verfahrensfehler bei ihrem Zustandekommen, der Beschwerde entzogen werden sollen. Dies ist vor allem bei den Entscheidungen denkbar, die nicht nur eine verfahrensrechtliche Zwischenentscheidung betreffen, sondern materiell-rechtlichen Gehalt haben und in einem inneren Zusammenhang mit dem Urteil stehen[60].

---

[54] BVerfGE **4** 94; 211; **8** 174; **11** 233; **15** 280; **22** 110; **49** 340; **65** 90; [„Schutz durch Richter, aber nicht gegen Richter"]; *Schenke* BonnKomm Art 19 IV GG, 376 ff; vgl. auch OLG Karlsruhe GA **1978** 338.

[55] *Amelung* Rechtsschutz 22 (Ausschluß des Art. 19 Abs. 4 ist streng auf den Zweck zu begrenzen); *Ellersiek* 25 ff; 132 ff; *Fezer* Jura **1982** 136; *Giesler* 22 ff; 332; *Lisken* ZRP **1981** 236; *v. Münch/Hendrichs* Art. 19 GG, 42 b.

[56] *Schenke* BonnKomm Art. 19 IV GG, 277 hält dieser Auslegung entgegen, daß alle richterlichen Anordnungen Herrschaftsakte seien und es für die Ausnahme von Art. 19 Abs. 4 GG nur darauf ankommen könne, ob der Richter bei seinem Handeln den für die Judikative geltenden Verfahrensgarantien unterworfen war. Ebenso *Maunz/Dürig/Schmid-Aßmann* Art. 19 IV GG, 99; 101; vgl. ferner Vor § 304, 9; 10 und OLG Zweibrücken NStZ **1987** 477.

[57] Vgl. § 305 a, 6; *Ellersiek* 117, Fußn. 7.

[58] Vgl. etwa § 273, 58.

[59] OLG Hamm NJW **1974** 713 (zu § 202); vgl. § 202, 17.

[60] Vgl. etwa die Rechtsprechung zum früheren § 4 UHaftEntschäG, z. B. OLG Braunschweig NdsRpfl **1954** 110; OLG Köln NJW **1954** 1731; OLG Bremen NJW **1958** 1455; OLG Celle NdsRpfl **1958** 194; OLG Celle NdsRpfl. **1960** 165; NdsRpfl. **1967** 185; OLG

c) Der Ausschluß der Beschwerde kann auch darin liegen, daß das Gesetz ausdrücklich einen **anderen Rechtsbehelf** vorsieht, wie etwa in den Fällen des § 238 Abs. 2[61], § 319 Abs. 2 oder 346 Abs. 2[62] oder der Antrag nach § 51 Abs. 2 Satz 3 (vgl. § 51, 31). Bei bestimmten, nach dem Urteil ergangenen Entscheidungen wird entsprechend dem Grundgedanken des § 305 die Beschwerde auch dann ausgeschlossen, wenn Rechtsmittel gegen das Urteil eingelegt ist und das Rechtsmittelgericht bei Nachprüfung des Urteils ohnehin über die Frage zu befinden hat, die Gegenstand der betreffenden Entscheidung war; etwa, wenn die Strafkammer nach eingelegter Revision die Einstellung auf Grund eines Straffreiheitsgesetzes ablehnt[63]. Strittig ist dies, wenn über die Wirksamkeit der nachträglichen Berichtigung eines Versehens bei Abfassung des Urteilsspruchs ohnehin vom Rechtsmittelgericht mitzuentscheiden ist[64]. Wohl aus ähnlichen Erwägungen wird auch die unselbständige Feststellung, daß das Rechtsmittel form- und fristgerecht eingelegt ist (§§ 319, 320, 346, 347) für nicht beschwerdefähig gehalten[65]. **33**

d) **Konkludenter Ausschluß.** Trotz des Wortlauts des Absatzes 1 nehmen Rechtsprechung und Schrifttum einen stillschweigenden Ausschluß der Beschwerde an, wenn Sinn, Zweck oder **Inhalt der Entscheidung** einer Beschwerde entgegenstehen, etwa, wenn ihre Nachprüfung durch das Beschwerdegericht mit Zweck oder Inhalt der Entscheidung oder mit der Verfahrenslage unvereinbar wäre[66]. Ein solcher Ausschluß der Beschwerde wird jedoch nur in besonderen Ausnahmefällen Platz greifen. Man nahm dies früher bei den Entscheidungen an, bei denen das Beschwerdegericht das richterliche Ermessen des Vorderrichters respektieren muß, weil es seine Entscheidung nicht inhaltlich nachprüfen oder die ihm obliegende Entscheidung nicht an seiner Stelle treffen darf[67]. Heute unterscheidet man meist zwischen der Zulässigkeit des Rechtsmittels als solchen und den inhaltlichen Grenzen, die der Nachprüfung und Entscheidung im Beschwerdeverfahren gesetzt sein können. Auch dort, wo das Beschwerdegericht in das Ermessen des Vorderrichters nicht eingreifen und also nicht an seiner Stelle entscheiden darf, wie etwa bei der Terminsanberaumung[68] oder wo ihm funktionsbedingte Grenzen gesetzt sind, wie bei der Protokollberichtigung[69], kann die Beschwerde zulässig sein, um die richtige Rechtsanwendung und die Einhaltung der Grenzen nachzuprüfen, die der richterlichen Entscheidungsfreiheit und der richterliche Ermessensausübung gesetzt sind. **34**

Ausgeschlossen ist die Beschwerde gegen die Entscheidung, mit der ein Gericht **35**

Karlsruhe OLGSt 9; vgl. ferner OLG Hamm MDR **1971** 1027 (gesetzwidriger Einstellungsbeschluß nach § 154 Abs. 2); OLG Frankfurt NJW **1972** 2055 (unzulässige Verteidigerbestellung); OLG Oldenburg VRS **41** 448; LG Krefeld NJW **1976** 815; anders OLG Düsseldorf NJW **1974** 1294; KG JR **1975** 518 mit Anm. *Händel*; KMR-*Paulus* 7.

[61] OLG Hamm NJW **1973** 818; zur Bedeutung dieses Vorschaltrechtsbehelfs *Giesler* 283.

[62] Vgl. § 319, 9; § 346, 26; ferner LG Berlin DAR **1957** 190 (zu § 212 b); OLG Düsseldorf JMBlNW **1951** 181; OLG Bremen NJW **1951** 454; BayObLGSt **1952** 159 = NJW **1952** 1224 gegen OLG Hamm JR **1951** 121 (kein Ausschluß der Beschwerde gegen die Ablehnung des Antrags auf Verteidigerbestellung durch § 201 Abs. 2), dazu bei § 141.

[63] OLG Köln NJW **1955** 396; *Eb. Schmidt* 9; vgl. auch KG JR **1955** 72.

[64] Vgl. § 268, 59 ff.

[65] *Eb. Schmidt* 7.

[66] BGHSt **10** 91; OLG Düsseldorf JR **1983** 471 mit Anm. *Meyer-Goßner*; OLG Hamm NJW **1977** 210; *Kleinknecht/Meyer*[38] 5; MR-*Paulus* 7; vgl. auch OLG Koblenz MDR **1980** 1039; ferner etwa § 153, 80; § 153 a, 102 ff; § 154, 72 ff.

[67] KMR-*Paulus* 7.

[68] Vgl. § 213, 16, 17.

[69] Vgl. § 271, 65 bis 68.

§ 304   Drittes Buch. Rechtsmittel

eine Sache dem **Verfassungsgericht vorlegt** oder mit der es die Vorlage wegen der angeblichen Verfassungswidrigkeit eines Gesetzes ablehnt[70].

36 e) **Erledigung, Überholung.** Gegen Maßnahmen, die bereits **aufgehoben** oder sonst **unwirksam** geworden sind, ist keine Beschwerde mehr möglich[71]. Gleiches gilt für Anordnungen, die durch Vollzug vollständig erledigt oder sonst durch den Verfahrensgang **überholt** sind und keine fortdauernde Verfahrenswirkung mehr haben[72]. Verfahrensbefugnisse, die bestimmten Verfahrenslagen zugeordnet sind, können durch die Fortentwicklung des Prozesses gegenstandslos werden[73]. Entscheidungen, die durch Eintritt eines neuen Verfahrensabschnittes unverrückbar geworden sind, können nicht mehr sinnvoll mit der Beschwerde angefochten werden, wenn die Beschwerdeentscheidung für Fortgang und Ergebnis des Strafverfahrens keine Rechtswirkung mehr zeitigen könnte[74]. Die bloße **nachträgliche Feststellung der Rechtswidrigkeit** einer verfahrensrechtlich erledigten richterlichen Maßnahme ist nach der vorherrschenden, allerdings umstrittenen Auffassung grundsätzlich nicht Aufgabe des Beschwerdeverfahrens[75].

37 **Überholt** ist zum Beispiel eine Entscheidung, wenn das Verfahren, in dem sie ergangen ist, inzwischen rechtskräftig abgeschlossen worden ist[76] oder wenn die anzufechtende Entscheidung inzwischen keine Wirkung mehr äußert, etwa, weil zwischenzeitlich eine neue Entscheidung über den gleichen Gegenstand ergangen ist, wie etwa bei Haftentscheidungen[77] oder wenn die Maßnahme endgültig erledigt ist[78] oder wenn das Beschwerdebegehren durch das Eingreifen einer zwingenden Verfahrensvorschrift, etwa des § 229, gegenstandslos geworden ist[79].

38 Bei den durch Verfahrensfortgang gegenstandslos oder unabänderlich gewordenen Entscheidungen fehlt es in der Regel auch an einer **fortbestehenden Beschwer**[80].

---

[70] OLG Bremen MDR **1956** 252; vgl. § 262, 57, 67 mit weit. Nachw.
[71] Zum Sonderfall der Anfechtung nichtiger Entscheidungen vgl. Einl. Kap. **16** 6.
[72] KK-*Engelhardt*[1] 33; *Kleinknecht/Meyer*[38] Vor § 296, 17; KMR-*Paulus* 8; Vor § 304, 3. Zur Überholung vgl. etwa *Budach* 26 ff; *Ellersiek* 57 ff; *Peters* JR **1973** 342; *Stephan* NJW **1966** 2395; ferner die Erläuterungen zur Beschwerdebefugnis bei den einzelnen Maßnahmen.
[73] Vgl. *Ellersiek* 57; *Goldschmidt* 520 (Verpassung von Möglichkeiten).
[74] Zur Präklusionswirkung unverrückbar gewordener Prozeßlagen vgl. *Stephan* NJW **1966** 2394. Es ist ein Gebot der Prozeßwirtschaftlichkeit und für die zügige und beschleunigte Abwicklung des Strafverfahrens unerläßlich, das Gericht nicht mit Nebenentscheidungen zu belasten, die für den Fortgang des Strafverfahrens jede Bedeutung verloren haben.
[75] So etwa KK-*Engelhardt*[1] 33; *Kleinknecht/ Meyer* Vor § 296, 18; KMR-*Paulus* Vor § 304, 3; ferner die herrschende Meinung der Rechtsprechung; wegen der Einzelheiten und der Nachweise – auch zur Gegenmeinung im Schrifttum – vgl. Vor § 304, 9; 10.
[76] OLG Hamm VRS **31** 121; OLG Karlsruhe NStZ **1984** 183; OLG Schleswig SchlHA **1981** 95; **1982** 124 bei *Ernesti/Lorenzen*; OLG Zweibrücken MDR **1982** 342; vgl. § 114, 57 (unerledigte Haftbeschwerden); aber auch OLG Düsseldorf JMBlNW **1987** 167 (Keine Überholung bei Disziplinararrest durch Übergang der Untersuchungshaft in Strafhaft); OLG Koblenz MDR **1983** 252; (keine Überholung, weil Funktion des Pflichtverteidigers mit Rechtskraft nicht erloschen).
[77] Vgl. OLG Hamburg MDR **1984** 72 (nur letzte Haftentscheidung anfechtbar).
[78] Zu den Streitfragen der Erledigung richterlicher Zwangsmaßnahmen vgl. etwa BVerfGE **49** 329; BGHSt **28** 57; 160; BGH bei *Schmidt* MDR **1981** 94; 977; **1987** 184; § 98, 69 ff; § 105, 45.
[79] OLG Bremen MDR **1963** 335; LG Hannover NJW **1967** 791.
[80] Beides muß nicht notwendig zusammentreffen, vgl. *Ellersiek* 58. Die Feststellung der Rechtswidrigkeit einer in Grundrechte eingreifenden prozessual erledigten richterli-

Wenn die Beschwerde bereits im Zeitpunkt ihrer Einlegung überholt war, ist sie — ebenso wie eine Beschwerde, bei der die Beschwer fehlt — als unzulässig zu verwerfen[81]. Tritt das überholende Ereignis aber erst später ein, so ist die Beschwerde für erledigt zu erklären[82].

5. Sonstige Zulässigkeitsvoraussetzungen

a) Allgemeine Voraussetzung der Zulässigkeit der Beschwerde ist, wie bei Berufung und Revision, die Anfechtbarkeit des angefochtenen Aktes überhaupt, die Anfechtbarkeit gerade durch den Beschwerdeführer, die gesetzliche Zulässigkeit der Beschwerde im gegebenen Falle, die rechtzeitige (bei der sofortigen Beschwerde) und formgerechte Einlegung und eine Beschwer des Beschwerdeführers. An dieser Stelle können nur einige allgemeine Grundsätze der Zulässigkeit der Beschwerde dargelegt werden. Einzelfragen sind bei den jeweiligen Verfahrensvorschriften behandelt. **39**

b) Die **verfrühte oder bedingte Beschwerde** für den Fall, daß eine bestimmte Entscheidung oder Verfügung ergehe, ist unzulässig[83]. Die Beschwerde setzt eine **erlassene** Entscheidung voraus; erst eine solche begründet eine Beschwer. Daß der Beschwerdeführer den Inhalt der Entscheidung kennt, ist nicht erforderlich[84]. **40**

c) Beschwer. Wie jedes Rechtsmittel setzt auch die Beschwerde eine Beschwer des Anfechtenden voraus, die sich grundsätzlich aus dem Entscheidungssatz selbst ergeben muß[85]. Ob eine solche vorliegt, hängt von der Wirkung der Verfügung oder des Beschlusses auf die rechtlich anerkannten, eigenen Belange des Beschwerdeführers ab (materielle Beschwer). Die Beeinträchtigung kann sachliche Rechte des Beschwerdeführers[85a] oder aber seine eigenen Verfahrensrechte betreffen[86]. Beim Verteidiger ist zu unterscheiden, ob er in seiner Eigenschaft als Beistand des Beschuldigten eine diesen beschwerende Entscheidung anficht oder eine ihn selbst in eigenen Rechten beeinträchtigende Maßnahme (vgl. Rdn. 54). **41**

Das Recht zur Beschwerde entfällt jedoch nicht schon immer dann mangels Beschwer, wenn der Betroffene kein **Antragsrecht** hat und deshalb nicht in der Lage wäre, von sich aus die mit der Beschwerde zu seinen Gunsten erstrebte Änderung der gerichtlichen Entscheidung herbeizuführen[87]. **42**

Die **Staatsanwaltschaft** als „Vertreterin der Rechtsordnung" kann auf Grund der ihr übertragenen Verfahrensaufgabe jede Entscheidung als sachlich oder rechtlich unzutreffend beanstanden[88]; sie ist also durch jede Entscheidung beschwert, die nach **43**

---

chen Zwangsmaßnahme wird meist mit der fortwirkenden außerprozessualen (materiellen) Beschwer begründet; vgl. Vor § 304, 10.
[81] Vgl. etwa BGHSt **10** 91; BGH NJW **1973** 2035; OLG Düsseldorf JZ **1984** 756.
[82] Dies hat u. U Bedeutung für die Kostenfolge, vgl. *Eb. Schmidt* JZ **1968** 363; *Peters* JR **1973** 343; ferner OLG Bremen MDR **1963** 335; OLG Frankfurt NJW **1957** 839; OLG Schleswig bei *Ernesti/Lorenzen* SchlHA **1981** 95; KK-*Ruß*¹ Vor § 296, 8; *Kleinknecht/Meyer*³⁸ 17; ferner etwa § 105, 44.
[83] OLG Bremen Rpfleger **1962** 387; OLG Hamm VRS **37** 61; OLG Koblenz MDR **1978** 511; OLG Köln VRS **47** 189; *Ellersiek* 148; vgl. Vor § 296, 43 mit weit. Nachw.
[84] *Ellersiek* 148; Vor § 296, 43.

[85] Tenorbeschwer; vgl. § 296, 15; *Ellersiek* 50; KK-*Engelhardt*¹ 32; *Kleinknecht/Meyer*³⁸ 11.
[85a] Etwa OLG München NJW **1978** 601 (Eingriff in Rechte des Gefangenen durch Fertigung von Ablichtungen eines Briefes).
[86] Vgl. *Ellersiek* 54: es muß sich um Verletzung prozessualer Rechte handeln.
[87] Anders als im Zivilprozeß wird die Beschwer nicht formal durch die Abweichung von einem gestellten Antrag bestimmt, sondern durch das Vorliegen einer Beeinträchtigung von Rechten (materielle Beschwer) vgl. *Ellersiek* 51; § 296, 12.
[88] *Ellersiek* 51; KK-*Engelhardt*¹ 32; *Kleinknecht/Meyer*³⁸ Vor § 296, 16; KMR-*Paulus* Vor § 296, 59; vgl. § 296, 7 mit weit. Nachw.

44 ihrer Auffassung unrichtig ist. Dies trifft auch zu wenn diese für einen Beteiligten einen Verfahrensnachteil, etwa Verzögerung, bewirkt, der dem Verfahrensrecht zuwiderläuft, oder, soweit das Gesetz keine Vorschrift enthält, auf grobem Ermessensverstoß beruht.

44 **Privat- und Nebenkläger** haben dagegen diese Befugnis zur Wahrnehmung des Allgemeininteresses nicht. Sie sind nur beschwerdeberechtigt, soweit sie durch eine Entscheidung in ihren mit der Neben- oder Privatklage verfolgten eigenen Verfahrensinteressen beschwert sind[89]. So wird beispielsweise der Nebenkläger durch die Haftentscheidung (z. B. Außervollzugsetzung eines Haftbefehls) nicht in seinen mit der Nebenklage wahrzunehmenden Interessen beschwert[90].

45 **6. Kostenbeschwerde.** Absatz 3[91] bindet ebenso wie § 567 Abs. 2 ZPO die Beschwerde gegen Entscheidungen, die nur Kosten, Gebühren und Auslagen betreffen, an eine **Wertgrenze**, die durch das Gesetz vom 20. 12. 1974 auf 100 DM erhöht wurde. Die Grenze gilt auch bei Beschwerden gegen die Bewilligung oder Versagung eines Reisekostenvorschusses an den Angeklagten[92].

46 Absatz 3 stellt damit eine zusätzliche Zulässigkeitsschranke auf, die eingreift, wenn lediglich die Kosten angefochten werden[93]. Sie gilt nicht für Rechtsmittel gegen die **Sachentscheidung**, die sich auf die Kostenentscheidung miterstrecken[94], sie greift aber ein, wenn die Anfechtung einer Entscheidung auf die Kostenlast zulässig beschränkt worden ist. Im Verfahren nach § 8 Abs. 3 StrEG ist Absatz 3 weder dem Wortlaut nach noch auf Grund von Analogie anwendbar[95].

47 Im übrigen gilt die Wertgrenze für einfache und sofortige Beschwerden gleichermaßen, gleichgültig, ob sie **den Grund oder die Höhe** der Kostenentscheidung betreffen[96]. Von Absatz 3 erfaßt werden insbesondere die sofortigen Beschwerden nach § 464 Abs. 3, und gegen die Kostenfestsetzung nach § 464 b. Eine dem Absatz 3 entsprechende Regelung findet sich in § 16 Abs. 2 ZuSEntschG, ferner in § 108 Abs. 1 OWiG.

48 Maßgebend ist der **Wert des Beschwerdegegenstandes** im Zeitpunkt der Einlegung des Rechtsmittels; spätere Verminderungen bleiben außer Betracht, sofern sie nicht auf einer willkürlichen Beschränkung des Rechtsmittels beruhen[97]. Im übrigen bemißt sich die **Wertgrenze** nach dem **Unterschied** zwischen dem, was nach Ansicht des Beschwerdeführers gerechtfertigt ist und dem Betrag, den die angefochtene Entscheidung zuerkannt hat[98]. Steht bei einer Anfechtung des Grundes der Kostenentscheidung

---

[89] Vgl. § 296, 12 ff; § 390, 5; § 401, 4 ff; KMR-*Paulus* Vor § 296, 60; ferner OLG München NStZ NStZ **1986** 183 mit Anm. *Dahs* und Anm. *Meyer-Goßner* NStZ **1986** 328 (keine Beschwerde des Nebenklägers bei Eröffnung vor anderer Kammer, weil Tat nur gefährliche Körperverletzung und nicht versuchter Totschlag; dieser Fall ist durch den neuen § 400 Abs. 2 gesetzlich geregelt).

[90] OLG Karlsruhe MDR **1974** 332; vgl. § 401, 4.

[91] Zur Entstehungsgeschichte des durch Art. 15 des Gesetzes über Maßnahmen auf dem Gebiet des Kostenrechts v. 7. 8. 1952 eingefügten Abs. 3 vgl. *Giesler* 34 ff.

[92] OLG Düsseldorf MDR **1983** 689.

[93] OLG Hamburg NJW **1956** 1891; *Ellersiek* 117 Fußn. 7.

[94] KK-*Engelhardt*[1] 34; *Kleinknecht/Meyer*[38] 9; KMR-*Paulus* 9; zur isolierten Anfechtung der Kostenentscheidung vgl. § 464 Abs. 3.

[95] KG JR **1981** 524; OLG München NJW **1973** 421; KMR-*Paulus* 9; a. A OLG Düsseldorf JMBlNW **1978** 170.

[96] OLG Bremen NJW **1956** 72; OLG Celle NdsRpfl. **1962** 263; OLG Oldenburg NJW **1959** 2275.

[97] OLG Düsseldorf MDR **1986** 341 mit weit. Nachw.

[98] KK-*Engelhardt*[1] 34; *Kleinknecht/Meyer*[38] 9; KMR-*Paulus* 9. Zur Berechnung der Beschwer vgl. auch die Rechtsprechung zu § 567 Abs. 2 ZPO, ferner LG Hagen AnwBl. **1956** 12.

die Höhe noch nicht sicher fest, so ist maßgebend, ob der Gesamtbetrag wahrscheinlich den Betrag von 100 DM übersteigen wird[99]. Entscheidet der Vorsitzende über drei Erinnerungen in drei im gleichen Verfahren gegen den gleichen Betroffenen ergangene Kostenentscheidungen des Urkundsbeamten in einem einzigen Beschluß, so bemißt sich die Wertgrenze nach diesem einheitlichen Beschluß[100]. Bei der Beschwerde des Erstattungspflichtigen ist für die Wertgrenze der Betrag der Umsatzsteuer einzubeziehen[101]. Muß die Beschwerde gegen eine sachlich unrichtige Kostenentscheidung mangels Wertgrenze als unzulässig verworfen werden, so können die Kosten trotz § 473 Abs. 1 in entsprechender Anwendung des § 8 GKG niedergeschlagen werden[102]. Kann das Gericht bei unzulässiger Beschwerde nicht abhelfen, so kann es seine Entscheidung doch gemäß wiederholter Sachprüfung ändern[103]. Zur Problematik der Quotenentscheidungen vgl. bei § 465, 33; 44[104].

II. Beschwerdeberechtigte

1. Beschwerdeberechtigt sind die nach den allgemeinen Grundsätzen nach den §§ 296 bis 298 zur Anfechtung berechtigten **Verfahrensbeteiligten**, Staatsanwaltschaft, Beschuldigter, Verteidiger nach Maßgabe des § 297[105], gesetzlicher Vertreter (§ 298), ferner die Erziehungsberechtigten bei einem nicht volljährigem Beschuldigten (§ 67 Abs. 3 JGG)[106], ferner in den Grenzen ihrer eigenen Verfahrensinteressen beschränkten Beteiligungsbefugnis[107] die ihnen kraft Gesetzes insoweit gleichgestellten Personen, wie etwa der Privatkläger (§ 390), der Nebenkläger (§ 401)[108], der Einziehungsbeteiligte (§ 433), soweit er beteiligt ist (§ 431 Abs. 1, 2), sowie im objektiven Verfahren und im Nachverfahren (§ 441) die Vertreter einer juristischen Person oder Personenvereinigung (§ 444).

49

Vertreter des Staates im Beschwerdeverfahren ist grundsätzlich die Staatsanwaltschaft, auch soweit die Belange einer Vollzugsanstalt (Rdn. 54) oder die Kosteninteressen des Staates betroffen sind. Der **Bezirksrevisor** ist grundsätzlich nicht befugt, Beschwerde gegen eine die Staatskasse belastende Kostenentscheidung einzulegen[109]; anderes gilt nur, wo das Gesetz ein Beschwerderecht der Staatskasse vorsieht[110].

50

---

[99] OLG Celle NdsRpfl. **1962** 263; *Kleinknecht/Meyer*[38] 9.

[100] OLG Hamm JMBlNW **1968** 90; KK-*Engelhardt*[1] 34; KMR-*Paulus* 9; a. A LG Mönchengladbach MDR **1969** 240 mit abl. Anm. *Schmidt*.

[101] OLG Bremen NJW **1956** 72; OLG Celle Rpfleger **1962** 112; KG MDR **1958** 701; AnwBl. **1980** 467; KK-*Engelhardt*[1] 34; *Kleinknecht/Meyer*[38] 9.

[102] KG JR **1957** 430.

[103] KG JR **1957** 430.

[104] Vgl. ferner OLG Schleswig SchlHA **1973** 188 (Wertgrenze).

[105] *Ellersiek* 106 (im eigenen Namen aber für Beschuldigten); vgl. § 297, 8; 9.

[106] *Ellersiek* 108.

[107] Vgl. *Ellersiek* 110; Vor § 226, 37; 41.

[108] Vgl. § 401, 4; ferner etwa OLG Karlsruhe MDR **1974** 332; OLG München GA **1986** 373.

[109] OLG Hamm Rpfleger **1962** 187 mit abl. Anm. *Tschischgale*; KG JR **1967** 472; OLG Karlsruhe NJW **1968** 857; LG Essen NJW **1962** 1025; LG Wuppertal AnwBl. **1974** 89; ferner OLG Köln NJW **1970** 874; MDR **1971** 240 unter Aufgabe von NJW **1961** 1639, wo der Staatskasse gegen die Feststellung der Leistungsfähigkeit des Angeklagten nach § 100 BRAO, die als Grundlage für den Erstattungsanspruch des Pflichtverteidigers gegenüber der zur Erstattung der notwendigen Auslagen des Angeklagten verpflichteten Staatskasse dienen soll, ein eigenes Beschwerderecht zuerkannt wurde, ebenso OLG Oldenburg NdsRpfl. **1972** 228 unter Aufhebung von LG Hannover NdsRpfl. **1971** 211; vgl. auch OLG Düsseldorf JMBlNW **1971** 59; KK-*Engelhardt*[1] 29; KMR-*Paulus* 20.

[110] Vgl. etwa § 16 Abs. 2 ZuSEntschG.

§ 304   Drittes Buch. Rechtsmittel

51   Beschwerdeberechtigt sind diejenigen Personen, denen das Gesetz in einer **Sondervorschrift** ausdrücklich allgemein oder für eine bestimmte Verfahrenslage ein Beschwerderecht einräumt (vgl. z. B. § 124 Abs. 2).

2. Andere betroffene Personen

52   a) Absatz 2 dehnt das Beschwerderecht auf alle anderen Personen aus, die durch eine gerichtliche Maßnahme selbst betroffen sind. **Betroffen** ist, wer durch die gerichtliche Maßnahme unmittelbar in Freiheit, Vermögen oder einem sonstigen Recht beeinträchtigt wird[111]. Ob darüber hinaus jedes Betroffensein in rechtlich geschützten Interessen[112] oder schon die „Beschränkung in der Wahrnehmung geschützter Interessen" genügt[113], ist strittig; die Ausdehnung auf Interessen, die nur durch einen Reflex der strafprozessualen Entscheidungen berührt werden, ist nicht zuletzt auch deshalb abzulehnen, weil dadurch das Beschwerderecht ausufern würde[114].

53   **Beschwerdeberechtigt** sind neben den als **Beispielen** genannten Zeugen (vgl. die §§ 50 bis 55, 70, 71) und gerichtlichen Sachverständigen (vgl. die §§ 75 bis 77, 84), derjenige, der für den Angeklagten Sicherheit geleistet hat (§ 124 Abs. 2), der Schöffe (§§ 56 Abs. 2 GVG), der Gewahrsamsinhaber oder Eigentümer einer beschlagnahmten Sache (§ 98)[115]; der Wohnungsinhaber bei einer Hausdurchsuchung[116], das Postgiroamt hinsichtlich des Guthabens des abwesenden Beschuldigten[117], Personen, denen Kosten auferlegt werden (§§ 470, 472), der Dienstvorgesetzte bei erforderlichen Aussagegenehmigungen[118].

54   **Der Verteidiger** hat nur dort ein eigenes Beschwerderecht, wo er neben dem Beschuldigten **eigene Rechte** geltend macht[119] etwa bei Zurückweisung wegen fehlender Amtstracht[120], oder, weil ihm die Führung der Verteidigung untersagt wurde[121], ferner in den Fällen der §§ 143, 145, 146, 148[122]; die „andere Person" (§ 138 Abs. 2) bei Nichtzulassung als Wahlverteidiger oder Zurücknahme der Genehmigung[123], nicht aber bei

---

[111] BayObLGSt **1952** 233 = NJW **1953** 712; OLG Bremen MDR **1976** 686; KG JR **1954** 272; OLG München MDR **1955** 248; OLG Stuttgart OLGSt 1; OLG Schleswig SchlHA **1958** 288; KK-*Engelhardt*[1] 30; KMR-*Paulus* 18; *Karstendiek* DRiZ **1980** 106; *Peters* JR **1978** 84; *Schlüchter* 661; *Eb. Schmidt* 15.

[112] So *Ellersiek* 111 ff, er nimmt eine Betroffenheit in rechtlich anerkannten Interessen bei jeder materiellen Beschwer an.

[113] BGHSt **27** 175 lehnt die Unterscheidung zwischen unmittelbar und mittelbar Betroffenen auch wegen ihrer geringen Praktikabilität ab und läßt jede Beschränkung in der Wahrnehmung geschützter Rechte und Interessen genügen; ebenso *Kleinknecht/Meyer*[38] 7; dagegen *Peters* JR **1978** 84 (Einbeziehung bloßer Interessen geht zu weit; auch Art. 19 Abs. 4 GG setze eine Beeinträchtigung in den eigenen Rechten voraus).

[114] *Peters* JR **1978** 84.

[115] § 98, 65.

[116] *Ellersiek* 114.

[117] BayObLG DRiZ **1926** Nr. 424.

[118] OLG Celle HESt **2** 79; KK-*Engelhardt*[1] 30; *Eb. Schmidt* 16.

[119] BGH NJW **1976** 1106; BayObLGSt **10** 12; **1954** 35 = NJW **1954** 1296; OLG Celle GA 58 (1911) 241; OLG Frankfurt NJW **1972** 2055; OLG Karlsruhe MDR **1977** 72.

[120] OLG Karlsruhe NJW **1977** 309.

[121] Strittig; eine Beeinträchtigung eigener Rechte nehmen an OLG Hamburg MDR **1976** 246; KMR-*Paulus* 19; vgl. bei § 138.

[122] BGHSt **29** 135.

[123] *Kleinknecht/Meyer*[38] 7; Strittig; verneinend: OLG Hamburg MDR **1969** 598; KK-*Engelhardt*[1] 31; vgl. § 138; ferner OLG Düsseldorf NStZ **1986** 138 (grundsätzlich Beschwerde bei Zurücknahme der Pflichtverteidigerbestellung, aber nur bei Willkür beschwert).

Ablehnung der beantragten Bestellung als Pflichtverteidiger[124], auch nicht beim gewählten Verteidiger, der sich gegen die Bestellung eines Pflichtverteidigers wendet[125].

Ein **außenstehender Dritter** ist dann unmittelbar betroffen, wenn die angefoch- **55** tene Entscheidung ihn in seinen eigenen Rechten schmälert[126], so, wenn ihm die Akteneinsicht verweigert wird[126a], nicht dagegen, wenn ihn die Auswirkungen der gegen einen anderen angeordneten Einschränkungen mittelbar berühren. Das Oberlandesgericht Bremen[127] verneint deshalb das Beschwerderecht eines Besuchers gegen die Ablehnung einer Besuchserlaubnis nach § 119 Abs. 3 (strittig)[128]. Kein Beschwerderecht hat der Absender, wenn die einem Gefangenen übersandte Sache zu dessen Habe genommen wird[129]. Nicht betroffen ist der Leiter der Strafanstalt; bei Entscheidungen des Gerichts nach § 119 ist der Staatsanwalt der berufene Vertreter des Staates, der auch die Belange der Strafanstalt mit wahrzunehmen hat[130].

b) Wer durch die Entscheidung nicht selbst in **eigenen Rechten betroffen** wird, **56** sondern nur durch ihre faktischen Auswirkungen, hat kein Beschwerderecht. Das bloße Anliegen, daß der Beschuldigte verfolgt oder nicht verfolgt werde, genügt allein nicht, auch nicht das Berührtsein in der Vertretung eines Allgemein- oder Gruppeninteresses[131]. **Keine Beschwerde** steht daher zu den Angehörigen (Eltern, Ehefrau) des Verurteilten wegen bedingter Entlassung[132]; dem Konkursgläubiger bei Einstellung des wegen Bankrotts eingeleiteten Verfahrens[133]; dem Fischereiberechtigten im entsprechenden Falle[134]; den Eltern des Volljährigen bei Unterbringung[135]; der Mutter des Beschuldigten, die nicht gesetzlicher Vertreter ist[136]; dem lediglich Unterhaltsberechtigten[137]; dem Nebenkläger bei Haftentscheidung[138], dem Betreuer eines Strafgefangenen[139], den Erben eines vor Rechtskraft verstorbenen Beschuldigten hinsichtlich der

---

[124] Bestellung ausschließlich im öffentlichen Interesse (BVerfGE **39** 242); OLG Celle StrVert. **1985** 184; OLG Hamburg NJW **1978** 1172; OLG Karlsruhe Justiz **1980** 338; OLG Koblenz GA **1986** 422; OLG Schleswig bei *Ernesti/Lorenzen* SchlHA **1984** 107.

[125] OLG Düsseldorf MDR **1986** 340; OLG Schleswig bei *Lorenzen* SchlHA **1987** 117. Zur Beschwer des Angeklagten vgl. OLG Frankfurt StrVert. **1987** 379.

[126] Da am Verfahren unbeteiligte Personen in rechtlich anerkannten Verfahrensinteressen nicht berührt sein können, hängt ihre Betroffenheit davon ab, ob sie durch die Entscheidung selbst in ihrer eigenen Rechtsposition beeinträchtigt werden; vgl. dazu § 24 EGGVG; OLG Hamburg NStZ **1982** 482.

[126a] Vgl. etwa OLG Hamburg MDR **1982** 775; OLG Karlsruhe Justiz **1984** 108; ferner bei § 147 und bei § 23 EGGVG; vgl. aber auch die neue Regelung in § 406 e Abs. 4 Satz 2, 2. Halbsatz.

[127] OLG Bremen MDR **1976** 684; *Karstendiek* DRiZ **1980** 106. Zur Gegenmeinung vgl. Fußn. 128.

[128] Strittig. Eine Beschwerdebefugnis bejahen: BGHSt **27** 175 = JR **1978** 83 mit abl. Anm. *Peters*; KMR-*Paulus* 19; ferner *Schlüchter* 661, die aber ein unmittelbares Betroffensein des Besuchers bejaht; vgl. § 119, 155.

[129] OLG Stuttgart Justiz **1976** 485; *Schlüchter* 661.

[130] KK-*Engelhardt*[1] 29; KMR-*Paulus* 20; vgl. § 119, 155.

[131] Vgl. OLG Hamm MDR **1969** 161 (Gefangenengewerkschaft).

[132] OLG Schleswig SchlHA **1958** 288; KK-*Engelhardt*[1] 31; *Kleinknecht/Meyer*[38] 7; KMR-*Paulus* 20.

[133] OLG Kassel GA **54** (1907) 99; KK-*Engelhardt*[1] 31; *Eb. Schmidt* 15.

[134] OLG Dresden *Alsb.* E **2** Nr. 127.

[135] BayObLGSt **1952** 232 = NJW **1953** 714; OLG Schleswig SchlHA **1961** 201; KK-*Engelhardt*[1] 31; KMR-*Paulus* 20; *Schlüchter* 661.

[136] OLG Schleswig GA **56** 301; SchlHA **1961** 202.

[137] BayObLGSt **1952** 232 = NJW **1953** 714; KK-*Engelhardt*[1] 31.

[138] OLG Karlsruhe GA **1974** 221; KK-*Engelhardt*[1] 31; KMR-*Paulus* 20; *Schlüchter* 661; vgl. auch § 119, 155.

[139] OLG Karlsruhe Justiz **1977** 316.

§ 304　　　　　　　　　　　　Drittes Buch. Rechtsmittel

Auslagenentscheidung[140]. Wegen des Beschwerderechts des gesetzlichen Vertreters vgl. § 298.

57　3. **Zeitpunkt des „Betroffen werden".** Schon das Ergehen einer Maßnahme berechtigt zur Beschwerde, bevor noch eine Wirkung eingetreten ist[141]. So kann wegen einer dem § 50 zuwiderlaufenden Ladung Beschwerde erhoben werden[142] oder wegen eines noch unvollstreckten Haftbefehls oder wegen der Ladung eines Beschuldigten, wenn diese unter Androhung seiner Vorführung ergeht[143].

58　4. **Weitere Beispiele.** Die Rechtsprechung hat beispielsweise die Zulässigkeit der Beschwerde bejaht bei der Verweigerung der Aufnahme der Begründung eines Beweisantrages in die Sitzungsniederschrift[144] oder gegen Ablehnung der Berichtigung der Sitzungsniederschrift[145]; wegen Bewilligung von Prozeßkostenhilfe (Armenrechts) an den Privatkläger oder Nebenkläger (strittig)[146], gegen eine im Eröffnungsbeschluß enthaltene Ablehnung des Antrags der Staatsanwaltschaft auf Verbindung mehrerer Strafsachen[147]; gegen die Anordnung der kommissarischen Vernehmung eines Zeugen vor Eröffnung des Hauptverfahrens[148]; gegen die Aufhebung der Kostenverurteilung nach § 51[149]; überhaupt gegen die einen anderen betreffende Maßnahme, sofern sie auch den Beschuldigten unmittelbar in seinen Verfahrensinteressen beeinträchtigt[150].

59　Wegen weiterer Beispiele muß auf die **jeweiligen Einzelvorschriften** verwiesen werden, bei denen die Frage der Zulässigkeit der Beschwerde mit erörtert ist.

III. Beschwerdegericht

60　1. **Örtlich zuständig** ist das nach dem Instanzenzug des Gerichtsverfassungsgesetzes übergeordnete Gericht, auch wenn das Gericht, das die angefochtene Entscheidung oder Maßnahme erlassen hat, dafür örtlich nicht zuständig war[151].

61　Der Grundsatz, daß sich die Zuständigkeit des Rechtsmittelgerichts danach bestimmt, welches Gericht in der Vorinstanz tatsächlich entschieden hat[152], erfährt eine **Ausnahme**, wenn bei Maßnahmen im Vorverfahren die Zuständigkeit sich nach der Anklageerhebung bei einem bestimmten Gericht konzentriert. Wird danach das Gericht

---

[140] KG JR **1968** 432; **1973** 500; OLG Stuttgart AnwBl. **1972** 330; KMR-*Paulus* 20; vgl. auch § 206 a, 53 f; 70; ferner die Erläuterungen zu § 6 StrEG.
[141] KK-*Engelhardt*[1] 32; *Eb. Schmidt* 15.
[142] Eb. Schmidt 15.
[143] LG Hannover NJW **1967** 791; LG Köln NJW **1967** 1873; dazu *Eb. Schmidt* JZ **1968** 354 ff.
[144] KG GA **75** (1931) 304.
[145] Vgl. § 271, 65 ff.
[146] Privatkläger und Nebenkläger haben gegen Versagung Beschwerderecht, vgl. etwa BayObLGSt **1949/51** 242 = NJW **1951** 164; OLG Düsseldorf NStZ **1986** 569; OLG Hamburg NJW **1969** 944 § 379, 31. Ob Beschuldigter die Bewilligung anfechten kann, ist strittig, KMR-*Müller* § 379, 10 bejaht dies, während OLG Stuttgart MDR **1986** 75; LR-*Wendisch* § 379, 30 dies verneinen; wegen weit. Nachw. vgl. dort. Für Prozeßkostenhilfeentscheidungen für den Nebenkläger vgl. jetzt die gesetzliche Regelung in § 397 a Abs. 2 und die Erl. im Nachtr.; vgl. auch *Rieß/Hilger* NStZ **1987** 154 Fußn. 211.
[147] OLG Schleswig SchlHA **1954** 64; zur Anfechtbarkeit der mit der Eröffnung im Zusammenhang stehenden Entscheidungen vgl. bei § 210.
[148] OLG Schleswig SchlHA **1958** 290; vgl. ferner § 202, 17.
[149] Vgl. § 51, 28 mit Nachw.
[150] BayVerfGH **18** 138 = JR **1966** 195; BayObLG DRiZ **1928** Nr. 423.
[151] BGHSt **10** 177; **11** 62; **18** 261; **22** 48; KMR-*Paulus* 12.
[152] BGHSt **22** 48.

eines anderen Bezirks zuständig, so ist Beschwerdegericht das Gericht, das dem nunmehr allein zuständigen Gericht übergeordnet ist[153]. In einigen Fällen ist auch dem mit der Revision befaßten Gericht die Entscheidung über die Beschwerde zugewiesen.

2. Sachlich zuständig zur Entscheidung über die Beschwerde ist bei Beschlüssen, Maßnahmen und Verfügungen des Strafrichters, des Schöffengerichts, seines Vorsitzenden und des Richters im Vorverfahren die **Strafkammer** in der Besetzung mit drei Richtern (§§ 73, 76 GVG). Ist strittig, ob die allgemeine Strafkammer oder die Wirtschaftsstrafkammer für die Entscheidung über die Beschwerde zuständig ist, hat die Wirtschaftsstrafkammer in analoger Anwendung der §§ 209, 209 a die Kompetenz-Kompetenz[154]. Geht während des Laufes des Beschwerdeverfahrens die erstinstanzliche Zuständigkeit für die angefochtene Maßnahme auf das Beschwerdegericht über, so hat dieses als Gericht der ersten Instanz über die angefochtene Maßnahme zu befinden; eine Haftbeschwerde ist als Antrag auf Haftprüfung oder auf Aufhebung des Haftbefehls umzudeuten[155]. **62**

Über Beschwerden gegen Verfügungen und Beschlüsse der Strafkammer oder des Vorsitzenden dieses Gerichts sowie über weitere Beschwerden entscheidet der Strafsenat des **Oberlandesgerichts** (§ 121 Nr. 2), ebenso gegen sitzungspolizeiliche Beschlüsse über Ordnungsstrafen (§ 181 Abs. 3 GVG). **63**

Für die Beschwerden gegen die Entscheidungen der besonderen Strafkammern nach § 74 a GVG sind die **zentralen Oberlandesgerichte** (§ 120 Abs. 1 GVG) zuständig (§ 120 Abs. 4 GVG). Soweit diese Oberlandesgerichte nach § 120 Abs. 1 und 2 GVG für die dort aufgeführten Strafsachen die Gerichte der ersten Instanz sind, treffen sie die sonst der Strafkammer nach § 73 Abs. 1 obliegenden Beschwerdeentscheidungen, ferner entscheiden sie über Beschwerden gegen die in Absatz 5 aufgeführten Verfügungen des Ermittlungsrichters des Oberlandesgerichts (§ 169). Über Beschwerden gegen richterliche Maßnahmen im Überwachungsverfahren nach § 148 a hat jedoch das Landgericht zu entscheiden, nicht das für Staatsschutzsachen zuständige Oberlandesgericht[156]. **64**

Der **Bundesgerichtshof** ist Beschwerdegericht in den in Absatz 4 Satz 2 aufgeführten Fällen, sofern der Beschwerderechtszug zum Bundesgerichtshof im Zeitpunkt der Entscheidung noch besteht. Er entscheidet außerdem über Beschwerden gegen Verfügungen des Ermittlungsrichters des Bundesgerichtshofs (§ 135 Abs. 2 GVG). Er ist ferner zuständig für die Beschwerdeentscheidungen in den Fällen des § 138 d Abs. 6[157]. **65**

Gibt der Generalbundesanwalt eine Sache an die **Landesstaatsanwaltschaft** ab (§ 142 a Abs. 2 GVG) oder erhebt er Anklage vor dem Oberlandesgericht, so entfällt auch die Zuständigkeit des Bundesgerichtshofs als Beschwerdegericht gegen die Entscheidungen seines Ermittlungsrichters[158]. **66**

---

[153] LG Dortmund MDR **1973** 870; KMR-*Paulus* 12.
[154] Vgl. OLG Koblenz NStZ **1986** 327; *Rieß* NStZ **1986** 426; § 209 a, 5.
[155] Vgl. etwa OLG Frankfurt NJW **1985** 1233; OLG Hamm NJW **1974** 1574; OLG Karlsruhe Justiz **1973** 253; **1974** 67; **1977** 433; **1986** 144; NJW **1972** 1723; OLG Schleswig bei *Ernesti/Lorenzen* SchlHA **1981** 95; **1982** 124; OLG Stuttgart MDR **1977** 335.
[156] BGHSt **29** 196; **a. A** BayObLGSt **1979** 65 = MDR **1979** 862; vgl. bei § 148 a.
[156a] BGHSt **29** 200.
[157] Vgl. bei § 138.
[158] BGH NJW **1973** 477; NJW **1977** 2175; *Ellersiek* 164.

IV. Beschlüsse der Oberlandesgerichte und des Bundesgerichtshofes

67 1. **Ausschluß der Beschwerde.** Die Beschlüsse und Verfügungen des Bundesgerichtshofs (mit Ausnahme der in Absatz 5 genannten)[159] und in der Regel auch die Entscheidungen der Oberlandesgerichte unterliegen **nicht der Beschwerde** (Abs. 4 Satz 1, 2 erster Halbsatz). Die Beschwerde ist auch ausgeschlossen bei den Entscheidungen, die beim Oberlandesgericht im ersten Rechtszug ergehen, sofern nicht eine vom Gesetz ausdrücklich zugelassene Ausnahme vorliegt[160]. Nicht statthaft ist die Beschwerde zum Beispiel bei Entscheidungen, die einer Richterablehnung nicht stattgeben[161], bei Entscheidungen nach §§ 137 Abs. 1; 146[162] oder über Maßnahmen nach § 148 Abs. 2[163], über die Entschädigungspflicht nach § 9 StrEG[164], über die Wiedereinsetzung im Verfahren über die Entschädigung[165], ferner bei Entscheidungen im Wiederaufnahmeverfahren[166] und über die Festsetzung von Ordnungsmitteln[167].

68 Zur **Abänderung** unanfechtbarer Beschlüsse vgl. § 33 a und Vor § 304, 37.

69 2. **Ausnahme bei Entscheidungen der Oberlandesgerichte im ersten Rechtszug.** Eine **Ausnahme** von der Unanfechtbarkeit sieht **Absatz 4 Satz 2** nur bei bestimmten Beschlüssen und Anordnungen der **zentralen Oberlandesgerichte** (§ 120 Abs. 3 und 4 GVG) vor, die besonders nachteilig in die Rechtssphäre des Betroffenen eingreifen, einen Abschluß des Verfahrens herbeiführen oder die sonst von besonderem Gewicht sind[168].

70 Der **Katalog** des Absatz 4 Satz 2 zählt **abschließend** auf, welchen Gegenstand die Entscheidungen haben müssen, um die Beschwerde zum Bundesgerichtshof zu eröffnen. Die Ausnahmen in den Nummern 1 bis 5 sind nach Wortlaut und Regelungszweck **eng auszulegen**[169]. Die Einbeziehung anderer Fälle in die Anfechtbarkeit ist grundsätzlich ausgeschlossen[170]. Eine **analoge** Anwendung innerhalb des typisierten Regelungsraums der einzelnen Fallgruppen ist nur in engsten Grenzen zulässig[171].

71 In **Nummer 1** ist **Verhaftung** und **einstweilige Unterbringung** ebenso auszulegen wie bei § 310 Abs. 1. Nur diejenigen Beschlüsse, mit denen unmittelbar entschieden wird, ob der Beschuldigte in Haft zu nehmen oder zu halten ist, fallen hierunter[172]. Statthaft ist nach allerdings strittiger Auffassung auch die Beschwerde gegen den Bestand eines

---

[159] Zu den gesetzgeberischen Gründen für den Ausschluß (Würde und Rang der Obergerichte; Entlastung von nebensächlichen Entscheidungen im Interesse ihrer wesentlichen Rechtsprechungsaufgaben; Entbehrlichkeit wegen der Qualität der Entscheidungen); vgl. *Giesler* 44 ff.

[160] Absatz 4 Satz 2 ist mit dem Grundgesetz vereinbar, vgl. BVerfGE **34** 115; **45** 375; zu den erhobenen verfassungsrechtlichen Bedenken vgl. *Giesler* 10 ff; 91 ff (mit Gleichheitsgrundsatz unvereinbare Differenzierung).

[161] BGHSt **27** 96; BVerfGE **45** 363; abl. *Schmidt-Leichner* NJW **1977** 1804.

[162] BGH NJW **1977** 156; KMR-*Paulus* 23; vgl. § 146.

[163] BGH bei *Schmidt* MDR **1984** 186; vgl. bei § 148.

[164] BGHSt **26** 250; BGH bei *Schmidt* MDR **1985** 186; KMR-*Paulus* 23.

[165] BGH NJW **1976** 523.

[166] BGH NJW **1976** 431; NStZ **1981** 489; § 372, 6 mit weit. Nachw.

[167] BGH bei *Schmidt* MDR **1981** 92.

[168] BGHSt **25** 120.

[169] BGHSt **25** 121; **30** 33; 170; 251; **32** 366; **34** 35; *Schmidt* MDR **1981** 976; *Ellersiek* 119; *Gössel* § 36 A 1 B 3; KK-*Engelhardt*[1] 6; *Kleinknecht/Meyer*[38] 12; KMR-*Paulus* 24; vgl. auch BVerfGE **45** 363.

[170] Vgl. die Rechtsprechung in den nachfolgenden Rdn.; ferner die Übersichten über die BGH-Rechtspr. bei *Schmidt* MDR **1979** 709; **1981** 94; 976; **1984** 186; **1985** 186; **1986** 177; **1987** 182.

[171] BGHSt **27** 96; **30** 168 = JR **1983** 85 mit Anm. *Gollwitzer*; vgl. auch Fußn. 198.

[172] BGHSt **26** 270; **30** 52; vgl. § 310, 11.

nicht vollzogenen Haftbefehls[173], ferner, wenn ein bereits bestehender Haftbefehl durch einen anderen ersetzt wird[174], nicht aber, wenn von mehreren Haftgründen nur einer angegriffen wird, sich also auch beim Erfolg der Beschwerde an der Fortdauer der Untersuchungshaft nichts ändern würde[175]. **Modalitäten des Haftvollzugs,** die Bestand und Vollzug des Haftbefehls als solchen unberührt lassen, sind nicht anfechtbar[176]. Die Beschränkungen, die einem Untersuchungsgefangenen nach § 119 Abs. 3 von dem im ersten Rechtszug zuständigen Oberlandesgericht auferlegt worden sind, unterliegen nicht der Beschwerde[177], ebenso die bei einer **Haftverschonung** angeordnete **Auflage**[178]. Die Anordnung der **Erzwingungshaft** gegen einen Zeugen (§ 70) fällt nicht unter Nr. 1[179].

72 Hat das Oberlandesgericht dagegen **als Beschwerdegericht** einen Haftbefehl erlassen und liegen die Akten dem Gericht der Hauptsache wieder vor, so schließt Absatz 4 die Beschwerde nicht aus, denn der Haftbefehl gilt als vom Gericht der Hauptsache erlassen[180]. Gleiches gilt, wenn das Oberlandesgericht eine vor ihm angeklagte Sache vor dem Landgericht eröffnet[181].

73 **Beschlagnahme** umfaßt die im Gesetz ausdrücklich so bezeichneten Maßnahmen (§ 94 Abs. 2; § 111 b Abs. 2), aber auch die Anordnung des dinglichen Arrestes nach § 111 d, jedenfalls, wenn er die Einziehung des Wertersatzes oder des Verfalls sichern soll[182]. Die vorläufige Sicherstellung eines Gegenstandes nach § 108 wird dagegen wegen ihrer Vorläufigkeit der Beschlagnahme nicht gleichgestellt[183]. Bei der Überwachung des Fernmeldeverkehrs nach § 100 a ist die Anwendbarkeit der Ausnahmeregelung der Nummer 1 strittig[184].

74 **Nummer 2** betrifft die Ablehnung der Eröffnung der Hauptverhandlung nach § 210 Abs. 2 (wegen der Verweisung an ein Gericht niedrigerer Ordnung vgl. Nummer 3) und die Einstellung nach § 206 a.

75 **Nummer 3** läßt die Beschwerde bei der Anordnung der Hauptverhandlung in Abwesenheit des Angeklagten zu (§ 231 a Abs. 3 Satz 3), sowie bei den Beschlüssen, die — aus welchen Gründen auch immer — die Verweisung an ein Gericht niedrigerer Ordnung aussprechen (§ 210 Abs. 2; § 120 Abs. 2 Satz 2 GVG)[185]. Die Ausnahme der Nummer 3 gilt nicht für Beschlüsse nach § 231 Abs. 2; selbst wenn sie zu Unrecht auf § 231 a gestützt werden[186].

76 **Nummer 4** sieht die Beschwerde bei den Entscheidungen über die Versagung oder die Beschränkung der Akteneinsicht nach § 147 vor. Soweit allerdings § 147 Abs. 4 Satz 2 die Beschwerde ausschließt, wird sie auch durch die Nummer 4 nicht zugelassen[187]. Der Antrag, die noch nicht fertig gestellten Protokollentwürfe einsehen zu kön-

---

[173] BGHSt **29** 202; **34** 34; BGH NJW **1973** 664 (in BGHSt **25** 120 nicht mit abgedruckt); NJW **1980** 1401.
[174] BGHSt **34** 36.
[175] BGHSt **34** 36; (wobei offengelassen wird, ob OLG Nürnberg MDR **1964** 943 zu folgen wäre, das bei nachgeschobenem Haftgrund die Beschwerde zuließ).
[176] BGH bei *Schmidt* MDR **1979** 709; **1981** 94; vgl. § 310, 15.
[177] BGHSt **26** 270; **30** 33.
[178] BGHSt **25** 120; vgl. § 116, 37 ff; § 310, 14.
[179] BGHSt **30** 52; KK-*Engelhardt*[1] 7; *Kleinknecht/Meyer*[38] 13.
[180] OLG Hamburg MDR **1974** 861; KMR-*Paulus* 26; vgl. § 126, 6.
[181] BGHSt **29** 200.
[182] BGHSt **29** 13; BGH bei *Pfeiffer* NStZ **1982** 190; bei *Schmidt* MDR **1981** 94; KK-*Engelhardt*[1] 9; *Kleinknecht/Meyer*[38] 13; KMR-*Paulus* 25; *Schlüchter* 655.
[183] BGHSt **28** 347 (unter Hinweis, daß BGHSt **19** 374 nicht entgegensteht, da zur früheren Fassung ergangen).
[184] Vgl. KK-*Engelhardt*[1] 9; § 100 b, 11 mit weit. Nachw.; vgl. auch BGHSt **29** 13.
[185] KK-*Engelhardt*[1] 10.
[186] BGH bei *Schmidt* MDR **1981** 94; KK-*Engelhardt*[1] 11; *Kleinknecht/Meyer*[38] 15; *Schlüchter* 655.
[187] KK-*Engelhardt*[1] 12; vgl. bei § 147.

nen, eröffnet nicht die Beschwerde[188]. Diese ist auch nicht statthaft gegen Entscheidungen, die nicht die Akteneinsicht selbst betreffen, sondern nur ihre Modalitäten regeln, wie etwa die Mitnahme der Akten in die Kanzlei[189], die Überlassung von Ablichtungen oder der Bedingungen, unter denen der Verteidiger den Akteninhalt mit dem Angeklagten erörtern darf[190].

77 **Nummer 5** gewährt die Beschwerde gegen die dort aufgeführten Entscheidungen. Auch hier ist nur der Widerruf der Strafaussetzung anfechtbar, nicht aber die Entscheidung über Bewährungsauflagen und Weisungen[191]; desgleichen läßt Nummer 5 die Beschwerde nicht zu bei Anordnungen über die Dauer der Bewährungszeit oder einzelne Auflagen bei Aussetzung eines Strafrestes[192] oder bei Entscheidungen nach § 68 f StGB[193], ferner nicht gegen den Beschluß des Oberlandesgerichts, der den vom Verurteilten beantragten Erlaß der Reststrafe einstweilen ablehnt und den Widerruf der Aussetzung des Strafrestes zurückstellt[194]. Dagegen ist Absatz 4 Satz 2 Nr. 5 nach Sinn und Zweck der Ausnahmeregelung entsprechend anwendbar, wenn das Oberlandesgericht nachträglich eine Gesamtstrafe bildet und deren Aussetzung zur Bewährung versagt[195].

78 **Absatz 4 Satz 2 letzter Halbsatz**[196] stellt klar, daß die sofortige Beschwerde gegen den Ausschluß des Verteidigers durch das Oberlandesgericht (§ 138 d Abs. 6) von der Beschränkung der Beschwerde durch Absatz 4 Satz 2 nicht betroffen wird. Die Zurückweisung der Mehrfachverteidigung (§ 146 a) fällt dagegen darunter[197].

3. Verfügungen des Ermittlungsrichters des Bundesgerichtshofs und des Oberlandesgerichts (Absatz 5)

79 **a) Zweck der Regelung.** Der neu gefaßte Absatz 5 läßt die Beschwerde gegen Verfügungen der in Staatsschutzsachen tätigen Ermittlungsrichter des Bundesgerichtshofs und der Oberlandesgerichte nur bei wenigen, enumerativ aufgezählten Anordnungen zu, während er bei allen anderen Maßnahmen die Beschwerde ausschließt[198]. Ein Unterschied hinsichtlich des Umfangs des Ausschlusses besteht insoweit nicht mehr[199]. Die früher nur den Ermittlungsrichter des Bundesgerichtshofs betreffende Sonderregelung des Absatzes 5 gilt jetzt auch beim Ermittlungsrichter des Oberlandesgerichts. Die Einschränkung der Anfechtungsmöglichkeit, die der Entlastung der Obergerichte dienen soll, erschien dem Gesetzgeber wegen der Qualität der Gerichte vertretbar[200].

---

[188] BGHSt **29** 394 (unter Hinweis, daß die Entwürfe noch kein Teil der Akten); vgl. dazu KK-*Engelhardt*[1] 12.

[189] *Ellersiek* 120.

[190] BGHSt **27** 244; **29** 394; *Schmidt* MDR **1981** 976; *Kleinknecht/Meyer*[38] 16; KMR-*Paulus* 28; *Schlüchter* 655.

[191] BGHSt **25** 120.

[192] BGHSt **30** 32 (keine Erweiterung des Katalogs durch den auf § 454 Abs. 2, 3 verweisenden Klammerzusatz auf Annexentscheidungen) = JR **1981** 306 mit Anm. *Peters*.

[193] BGHSt **30** 250; KK-*Engelhardt*[1] 13.

[194] BGHSt **32** 366.

[195] BGHSt **30** 168 = JR **1983** 85 mit Anm. *Gollwitzer*; *Kleinknecht/Meyer*[38] 17; *Schlüchter* 655.

[196] Art. 1 Nr. 23 Buchst. a StVÄG 1987 hat den früheren Satz 3 als letzten Halbsatz bei Satz 2 angefügt und so die strittige Frage, ob auch Entscheidungen des BGH der sofortigen Beschwerde nach § 138 d Abs. 6 zugänglich seien – vgl. etwa *Ellersiek* 40; 81 ff; *Giesler* 61 – im Sinne der vorherrschenden Meinung verneinend klargestellt (zur früheren Rechtslage etwa *Dünnebier* FS Dreher 675; NJW **1976** 4); vgl. § 138 d mit weit. Nachw.

[197] BGH DRiZ **1977** 24; KK-*Engelhardt*[1] 14.

[198] Vgl. etwa BGH NJW **1982** 115 (zu § 68 f StGB); BGH bei *Pfeiffer* NStZ **1982** 190 (keine Aufstellung der Entscheidungen nach § 117 Abs. 4); ferner die Beispiele bei *Schmidt* MDR **1981** 94.

[199] Zum Versuch einer Gleichstellung nach der früheren Rechtslage vgl. OLG Hamburg NStZ **1982** 130 mit abl. Anm. *Rieß* = JR **1982** 302 mit abl. Anm. *Fezer*.

[200] Vgl. Begr. RegEntw. BTDrucks. **10** 1313, S. 30; und zum früheren Absatz 5 BTDrucks. **8** 976 S. 57; ferner LR-ErgB 1.

b) Die Beschwerde wird in Staatsschutzsachen gem. § 169 Abs. 1, § 120 GVG **aus-** **80** **nahmsweise nur bei bestimmten Maßnahmen** der Ermittlungsrichter des Bundesgerichtshofs und der Oberlandesgerichte zugelassen, die tief in die Rechtsstellung des Beschuldigten eingreifen. Der Gesetzgeber hält hier dieselbe Abgrenzung für angezeigt wie bei dem die Beschwerde gegen Entscheidungen der Oberlandesgerichte regelnden Absatz 4 Satz 2. Er übernimmt deshalb aus dem Katalog des Absatzes 4 Satz 2 Nr. 1 diejenigen Anordnungen, die auch beim Ermittlungsrichter anfallen können. Statthaft ist die Beschwerde nur in den in Absatz 5 **abschließend** aufgezählten Fällen. Für eine erweiternde Auslegung ist ebenso wie bei Absatz 4 kein Raum[201].

c) Die einzelnen Maßnahmen. Verhaftung und **einstweilige Unterbringungen** sind **81** hier im gleichen engen Sinne zu verstehen wie bei Absatz 4 Satz 2 Nr. 1 und bei § 310[202]. Verfügungen, die nicht unmittelbar die Anordnung oder die Fortdauer der Freiheitsentziehung bewirken, sondern nur deren Modalitäten regeln, wie Anordnungen nach § 119 Abs. 6, oder die Maßnahmen im Zusammenhang mit der Aussetzung des Vollzugs der Untersuchungshaft nach § 116 festlegen, fallen nicht darunter; desgleichen nicht die Anordnung der Vorführung eines ausgebliebenen Angeklagten oder Zeugen[203].

Unter **Beschlagnahme** und **Durchsuchung** sind die in §§ 94 ff, 102 ff geregelten **82** Maßnahmen zu verstehen. Die einstweilige Beschlagnahme eines Gegenstandes nach § 108 rechnet dazu nicht[204].

Die **Zurückweisung des Verteidigers** nach § 137 Abs. 1 Satz 2 (Überschreiten der **83** zulässigen Wahl der Wahlverteidiger) und nach § 146 (unzulässige Mehrfachverteidigung ist entfallen[205].

d) In **allen anderen Fällen** ist die Beschwerde gegen die Verfügungen des Ermitt- **84** lungsrichters nicht **statthaft**, ganz gleich, ob sie sich gegen den Beschuldigten oder gegen dritte Personen richten (wie etwa die Verhängung eines Ordnungsgeldes gegen einen Zeugen)[206] oder ob eine vom Generalbundesanwalt beantragte Maßnahme abgelehnt wird.

e) Zuständig zur Entscheidung über die Beschwerde gegen Verfügungen der Er- **85** mittlungsrichter des Bundesgerichtshofs ist nach § 135 Abs. 2 GVG ein nach § 139 Abs. 2 GVG besetzter Strafsenat des Bundesgerichtshofs[207].

4. Sondervorschriften, die eine Überprüfungsentscheidung des Bundesgerichts- **86** hofs vorsehen, werden durch die Absätze 4 und 5 nicht eingeschränkt. Dabei ist unerheblich, ob der Rechtsbehelf vom Gesetzgeber als „Beschwerde" bezeichnet wird. Dies gilt vor allem für Rechtsbehelfe, die sich nach Regelungsziel und verfahrensrechtlicher Ausgestaltung von der eigentlichen Prozeßbeschwerde unterscheiden, die also schon der Rechtsnatur nach keine „Beschwerden im engeren Sinn" sind, wie etwa die Beschwerde zum Bundesgerichtshof nach § 159 Abs. 1 GVG im Falle, daß das Oberlandesgericht die **Rechtshilfe** für unzulässig erklärt und das ersuchende und das ersuchte Gericht verschiedenen Oberlandesgerichtsbezirken angehören[208]. Unberührt bleibt der Rechtsweg zum Bundesgerichtshof auch in Falle des § 42 IRG oder nach § 5 Abs. 4 Satz 1 RHG[209].

---

[201] Vgl. Rdn. 70.
[202] Vgl. Rdn. 71; 72; § 310, 11.
[203] Begr. BTDrucks. 8 976, S. 57; § 310, 16.
[204] BGHSt **28** 347; vgl. Rdn. 73.
[205] Folgeänderung, da Ermittlungsrichter nicht mehr zuständig; vgl. §§ 146, 146 a.
[206] BTDrucks. **8** 976, S. 57; vgl. Rdn. 67.
[207] Vgl. § 135 GVG.
[208] Vgl. etwa *Giesler* 140; § 159 GVG mit weit. Nachw.
[209] KK-*Engelhardt*[1] 15; *Kleinknecht/Meyer*[38] 12.

§ 305

¹Entscheidungen der erkennenden Gerichte, die der Urteilsfällung vorausgehen, unterliegen nicht der Beschwerde. ²Ausgenommen sind Entscheidungen über Verhaftungen, die einstweilige Unterbringung, Beschlagnahmen, die vorläufige Entziehung der Fahrerlaubnis, das vorläufige Berufsverbot oder die Festsetzung von Ordnungs- oder Zwangsmittels sowie alle Entscheidungen, durch die dritte Personen betroffen werden.

Schrifttum s. Vor § 304.

Entstehungsgeschichte. § 305 Satz 2 wurde durch Art. 2 Nr. 27 AGGewVerbrG, durch Art. 3 StraßenVSichG und durch Art. 21 Nr. 80 EGStGB geändert. Die letzte Änderung fügte das „vorläufige Berufsverbot" ein und ersetzte „Straffestsetzungen" durch „Festsetzung von Ordnungs- und Zwangsmitteln". Bezeichnung bis 1924: § 347.

Übersicht

	Rdn.		Rdn.
I. Einschränkung der Beschwerde (Satz 1)		5. Beispiele aus der Rechtsprechung	
1. Gesetzeszweck	1	a) Der Beschwerde entzogen	14
2. Tragweite des Ausschlusses	3	b) Kein Ausschluß	18
3. Erkennendes Gericht	6		
4. Entscheidungen, die der Urteilsfällung vorangehen		II. Die „Ausnahmen" des Satzes 2	
a) Jeder Verfahrensakt	9	1. Keine abschließende Aufzählung	21
b) Zeitlich vorausgehen	11	2. Die aufgezählten Entscheidungen	22
c) Vorbereitung des Urteils, keine weiteren Verfahrenswirkungen	12	3. Dritte Personen	24
		4. Ausdrücklich zugelassene Beschwerde	25

I. Einschränkung der Beschwerde

1. Gesetzeszweck. § 305 schränkt zur Sicherung einer konzentrierten, beschleunigten und wirtschaftlichen Durchführung des Verfahrens die Beschwerde ein; die Motive[1] zu der Vorschrift besagen: 1

Das Gesetz schließt „bei den meisten der Urteilsfällung vorausgehenden Entscheidungen der erkennenden Gerichte zwar nicht jede Anfechtung, wohl aber die Beschwerde aus. Es beruht dies darauf, daß diese Entscheidungen regelmäßig in irgendwelchem inneren Zusammenhang mit der nachfolgenden Urteilsfällung stehen und zur Vorbereitung der letzteren dienen, daß sie demzufolge sich aber meistens als bloß vorläufige Beschlüsse darstellen und bei der Urteilsfällung selbst nochmals der Prüfung des Gerichts unterliegen. Hier würde ein schon vor der Urteilsfällung stattfindendes Eingreifen des höheren Gerichts in das Verfahren mit der Stellung und Aufgabe des Gerichts erster Instanz unvereinbar sein. Dies gilt vor allem von solchen Beschlüssen, welche eine Beweisaufnahme anordnen oder ablehnen. In allen diesen Fällen bleibt demjenigen, der sich durch die Entscheidung beschwert fühlt, die Geltendmachung seiner Beschwerdegründe insofern vorbehalten, als dieselben zur Begründung des Rechtsmittels (der Berufung oder der Revision) gegen das demnächst ergehende Urteil benutzt werden können. Die Beschwerde geht hier also in diesem Rechtsmittel auf. Gegen solche Entscheidungen des erkennenden Gerichts hingegen, welche in keinem inneren Zusammenhang mit der Urteilsfällung stehen ... ist das Rechtsmittel der Beschwerde zulässig.

---
[1] *Hahn* 247.

Beispiele der zuletzt erwähnten Gruppe von Entscheidungen zählt Satz 2 auf (dazu Rdn. 21 bis 23).

Die Einschränkung der Beschwerde trägt **triftigen Verfahrensrücksichten** Rechnung. Sie gewährleistet die Verfahrensherrschaft des erkennenden Gerichts[2] und die Beschleunigung und Konzentration des Hauptverfahrens. Wollte man die Beschwerde gegen urteilsvorbereitende Zwischenentscheidungen zulassen, würde dies die Hauptverhandlung zerreißen und der Prozeßverschleppung Tür und Tor öffnen; auch bestünde bei verschiedenen Rechtsmittelgerichten die Gefahr widersprüchlicher Entscheidungen. Vor allem aber wäre es im hohen Maße prozeßunwirtschaftlich, einen vorzeitigen Rechtsbehelf für Fragen zu eröffnen, die später bei Anfechtung des Urteils ohnehin nachgeprüft werden können oder aber bei dessen Erlaß bereits keine Bedeutung mehr haben[3]. Die Beteiligten verlieren hierdurch keine Instanz[4]; die Überprüfung wird nur hinausgeschoben[5]. Soweit die Beschwerde nach § 305 unzulässig ist, bedeutet das nur, daß die Beteiligten während des Fortgangs des Verfahrens nicht Beschwerde einlegen können. Eine Bindung des Gerichts an die eigenen Entscheidungen tritt dadurch nicht ein; es darf sie jederzeit **ändern**[6]. **2**

2. Tragweite der Ausschlusses. Der Wortlaut des § 305 reicht an sich über den Gesetzeszweck (s. die Motive) hinaus. Praxis und Lehre schränken ihn übereinstimmend auf die Fälle ein, welche nach dem gekennzeichneten Gesetzeszweck nur in Betracht kommen (vgl. Rdn. 1; 2). Bei jeder richterlichen Maßnahme des erkennenden Gerichts ist deshalb in Würdigung ihres Inhalts und ihrer Zielsetzung zu prüfen, ob der Regelungszweck des § 305 die Beschwerde ausschließt, oder ob die sinnorientierte Auslegung über den Satz 2 hinaus eine Rückausnahme erfordert. Auch die früheren Entwürfe zur Änderung der Strafprozeßordnung beschränken die Materie des § 305 ausdrücklich auf Entscheidungen, die zur Vorbereitung des Urteils ergehen, bei denen ein innerer Zusammenhang mit der Urteilsfällung besteht[7]. **3**

Entsprechend anwendbar ist § 305 seiner Zielsetzung nach auch bei **Zwischenentscheidungen,** die nur der Vorbereitung einer Sachentscheidung in einem außerhalb der Hauptverhandlung durchgeführten Erkenntnisverfahren dienen, so etwa im Verfahren der Vollstreckungskammer[8]. Ergeht eine mit der Urteilsfällung im inneren Zusammenhang stehende Entscheidung ausnahmsweise in der **Beschwerdeinstanz** (z. B. Ablehnung der Aussetzung), so hält das Oberlandesgericht Köln den Grundgedanken des § 305 für entsprechend anwendbar, da das Beschwerdegericht in diesem Falle die an sich dem erkennenden Gericht obliegende Entscheidung erläßt[9]. **4**

---

[2] Nach KK-*Engelhardt*[1] 1 bedürfte es dazu des Ausschlusses der Beschwerde nicht.

[3] Zu den Gründen des Ausschlusses vgl. etwa *Amelung* (Rechtsschutz) 20; *Ellersiek* 120; *Giesler* 111; KK-*Engelhardt*[1] 1; *Kleinknecht/Meyer*[38] 1; KMR-*Paulus* 1; *Roxin*[20] § 54 B II 2; *Eb. Schmidt* 1.

[4] RGSt 74 395; *Amelung* 20.

[5] OLG Köln NJW **1981** 1523; vgl. etwa OLG Frankfurt GA **1973** 51; MDR **1983** 253; OLG Köln NJW **1981** 1523; OLG Stuttgart NJW **1976** 1647.

[6] RGSt **59** 243; *Kleinknecht/Meyer*[38] 1.

[7] In der Begründung der früheren Entwürfe (Entw. 1908, 303, Entw. 1909, 177) wird dies hervorgehoben.

[8] OLG Düsseldorf MDR **1986** 256 (für Strafvollstreckungskammer); MDR **1987** 516; OLG Hamm MDR **1987** 254.

[9] So OLG Köln JMBlNW **1956** 116; *Kleinknecht/Meyer*[38] 2; dagegen KK-*Engelhardt*[1] 3 (kein Grund, eine ohnehin in der Beschwerdeinstanz ergehende Entscheidung der weiteren Anfechtung zu entziehen, wenn diese ausnahmsweise zulässig sein sollte).

5 Die nach § 305 nicht der Beschwerde zugänglichen Entscheidungen sind mangels Erschöpfung des Rechtswegs auch nicht isoliert mit der **Verfassungsbeschwerde** anfechtbar[10].

6 **3. Erkennendes Gericht** ist dasjenige, bei welchem das Hauptverfahren anhängig ist[11]. Der Begriff ist **funktional** zu verstehen[12]. Jedes Gericht, das vom Erlaß des Eröffnungsbeschlusses bis zur instanzabschließenden Entscheidung[13] das Hauptverfahren betreibt, ist während der Dauer seiner Befassung erkennendes Gericht[14]. Wenn das beschließende Gericht das Verfahren vor einem anderen Gericht eröffnet, ist sowohl das Gericht, vor dem eröffnet wird[15], als auch das Gericht, das den Eröffnungsbeschluß erläßt[16], erkennendes Gericht. Gleiches gilt, wenn das rechtshängige Verfahren nach § 225 a Abs. 4, § 270 an ein anderes Gericht verwiesen[17] oder von diesem übernommen wird[18].

7 Im **Strafbefehlsverfahren** ist erkennendes Gericht dasjenige, das Termin zur Hauptverhandlung bestimmt hat[19]; bei Verweisung an das Schöffengericht wird dieses erkennendes Gericht. In **beschleunigten Verfahren** wird das Gericht mit Beginn der Untersuchung erkennendes Gericht[20]. Das **Berufungsgericht** ist erkennendes Gericht, wenn die Akten mit der Berufung bei ihm nach § 321 Abs. 2 eingegangen sind[21].

8 § 305 gilt auch bei einem Beschluß, den das Gericht **gleichzeitig** mit dem Eröffnungsbeschluß erläßt, sofern er mit der Urteilsfällung zusammenhängt und ausschließlich ihrer Vorbereitung dient, ohne weitere Verfahrenswirkungen zu äußern, so etwa einen Beschluß über Verbindung und Ablehnung der Beiziehung von Akten[22]. Bei Anordnungen, die vor der Eröffnung liegen, schließt § 305 die Beschwerde nicht aus[23].

4. Entscheidungen, die der Urteilsfällung vorausgehen

9 a) Formell kommt jeder Verfahrensakt in Betracht[24]. Im übrigen gilt § 305 für alle Entscheidungen des Gerichts, die nach Eröffnung des Hauptverfahrens und vor dem

---

[10] BVerfGE **1** 9; **9** 265; *Kleinknecht/Meyer*[38] 1; vgl. die Erl. zu § 90 BVerfGG.

[11] BGHSt **2** 2; OLG Stuttgart NStZ **1985** 524.

[12] KG JR **1979** 479.

[13] Die Entscheidung muß zeitlich und sachlich der Urteilsfällung vorangehen; vgl. *Giesler* 121 (nur was bei der Urteilsfindung noch berücksichtigt werden kann); vgl. Rdn. 9 ff.

[14] RGSt **43** 181; *Kleinknecht/Meyer*[38] 2.

[15] BayObLGSt **1955** 113 = MDR **1955** 629; h. M.

[16] Die Frage hat nur Bedeutung für die gleichzeitig mit der Eröffnung ergehenden Entscheidungen; diese sind funktional den Erkenntnisverfahren zuzurechnen (vgl. Rdn. 8) ganz gleich, ob vor dem eigenen oder einem anderen Gericht eröffnet wird. Strittig, wie hier KG JR **1979** 479; *Kleinknecht/Meyer*[38] 2; KMR-*Paulus* 4; a. A OLG Bremen JR **1958** 189; OLG Schleswig SchlHA **1954** 64; *Giesler* 120; KK-*Engelhardt*[1] 2; vgl. Rdn. 8.

[17] OLG Bremen JZ **1952** 377; KMR-*Paulus* 3; vgl. § 270, 49.

[18] Zum Zeitpunkt des Übergangs vgl. § 225 a, 30; 68.

[19] BayObLGSt **21** 159; LG Schweinfurt NJW **1965** 1872; *Giesler* 121; KK-*Engelhardt*[1] 2; a. A KMR-*Paulus* 3; vgl. bei § 408.

[20] OLG Oldenburg NJW **1961** 1127; *Giesler* 121; vgl. § 212 a, 2.

[21] BayObLGSt **21** 159; KG JR **1981** 168; OLG Köln NJW **1956** 803; *Giesler* 121; KK-*Engelhardt*[1] 3; *Kleinknecht/Meyer*[38] 2.

[22] BayObLGSt **1955** 113 = MDR **1955** 629; KG JR **1979** 479; OLG Schleswig SchlHA **1954** 64; KK-*Engelhardt*[1] 2; *Kleinknecht/Meyer*[38] 2; KMR-*Paulus* 4; *Eb. Schmidt* 1; a. A OLG Kassel HESt **2** 157 (hier stand das erkennende Gericht aber noch nicht fest); OLG Hamm NJW **1974** 713 unter Berufung auf RGSt **43** 181; in dem entschiedenen Fall dürfte allerdings § 305 wegen der Überschreitung der Befugnisse des Gerichts nicht anwendbar gewesen sein.

[23] OLG Schleswig SchlHA **1958** 290; *Giesler* 119; KK-*Engelhardt*[1] 2; KMR-*Paulus* 4.

[24] Vgl. § 304, 10 ff.

Urteil ergehen[25] einschließlich solcher, die zugleich mit dem Eröffnungsbeschluß erlassen werden[26].

Der § 305 gilt auch für Verfügungen usw., die der **Vorsitzende** kraft seiner Verhandlungsleitung (§ 238 Abs. 1)[27] oder für das erkennende Gericht erläßt (§§ 219 bis 221), und für solche des **beauftragten Richters**[28]. Der Wortlaut der §§ 304, 305 spricht nicht dagegen. Die Erwägungen der Motive (Rdn. 1) treffen auch hier zu. Überdies kommen hier auch die Gründe in Betracht, aus welchen das Gesetz Verfügungen usw. dem Vorsitzenden überläßt[29]. Es wäre sinnwidrig, das erkennende Gericht von der einstweiligen Entscheidung über Herbeischaffung von Beweismitteln gesetzlich auszuschließen und diese Befugnis nur dem Vorsitzenden zu übertragen, zugleich aber insoweit das Eingreifen des Beschwerdegerichts vorzusehen, obwohl dieses der Sache ferner steht und, von Berufungsfällen abgesehen, auch künftig nicht in die Lage kommt, ein Urteil über die Beweisfrage zu erlassen[30].

b) Die Entscheidung muß dem Urteil **zeitlich vorausgehen**; unterbricht das Gericht die Urteilsverkündung, um nochmals in die Hauptverhandlung einzutreten, so gilt § 305 auch insoweit[31]. Für Beschwerden gegen Entscheidungen, die erst nach dem Urteil ergehen, gilt die allgemeine Regel des § 304. Zur Frage, wieweit ähnliche Überlegungen wie bei § 305 die Beschwerde ausschließen, wenn das Urteil angefochten ist und das Rechtsmittelgericht ohnehin über die Gegenstand der Beschwerde bildende Frage mit zu entscheiden hat, vgl. § 304, 33.

c) Vorbereitung des Urteils. Keine weiteren Verfahrenswirkungen. Die Entscheidung muß auch **sachlich** dem Urteil vorausgehen. Der Wortlaut des § 305 geht über den gesetzgeberischen Grundgedanken der Vorschrift hinaus und muß daher sinngemäß eingeschränkt werden, weil die Beschwerdebefugnis sonst über Gebühr eingeengt würde (vgl. Rdn. 1, 2). Der Ausschluß der Beschwerde beschränkt sich nach herrschender Meinung auf Verfügungen usw., die in **innerem Zusammenhang mit der Urteilsfällung** stehen, nur der Urteilsvorbereitung dienen und keine weiteren Verfahrenswirkun-

---

[25] So schon RGSt **43** 180; **67** 312; BayObLGSt **9** 123; **21** 159; **28** 52; OLG Celle *Alsb.* E 2 Nr. 128 d.; vgl. Rdn. 6 und die dortigen Nachw.; ferner etwa *Dünnebier* FS Dreher 669; *Giesler* 123.

[26] § 309 Entw. 1908 und Entw. 1909 sowie § 300 Entw. 1919/1920 wollten in Übereinstimmung mit der herrschenden Meinung statt von Entscheidungen des erkennenden Gerichts von Entscheidungen sprechen, die „nach Eröffnung des Hauptverfahrens zur Vorbereitung des Urteils erlassen" werden.

[27] Vgl. etwa OLG Düsseldorf NStZ **1986** 138; OLG Hamm NStZ **1985** 518; OLG Köln NJW **1981** 1523; OLG Stuttgart NJW **1976** 1647; OLG Zweibrücken StrVerf **1981** 288; *Giesler* 123; KK-*Engelhardt*[1] 4; *Kleinknecht/Meyer*[38] 2; *Wagner* JR **1986** 259; ferner § 238, 38; a. A OLG Koblenz wistra **1983** 122; KK-*Laufhütte*[1] § 141, 12; KMR-*Müller* 141, 10; früher *v. Kries* 365 (Entscheidungen des Vorsitzenden in eigener Zuständigkeit fallen nicht unter § 305 Satz 1); ferner *Paulus* NStZ **1985** 520; (nur Entscheidungen in der Hauptverhandlung sind solche des erkennenden Gerichts; die Unanfechtbarkeit der ausschließlich verfahrensvorbereitenden Zwischenentscheidungen folgt aus der Verfahrensstruktur).

[28] *Giesler* 123; vgl. auch § 223, 43.

[29] Vgl. § 219, 6; 8; 33.

[30] BayObLGSt **1** 155; **9** 123; **15** 143; *Giesler* 123; *Eb. Schmidt* 4.

[31] Vgl. *Kleinknecht/Meyer*[38] 4; KMR-*Paulus* 7. *Giesler* 122 stellt allgemein auf den Zeitpunkt der letzten Beratung ab; dies erfaßt jedoch nicht die Fälle, in denen das Gericht es nach der Beratung unterläßt, nochmals in die Verhandlung einzutreten, obwohl auch insoweit die Zielsetzung des § 305 die Beschwerde ausschließt.

gen äußern[32]. Sind diese Voraussetzungen gegeben, ist es unerheblich, ob sich die konkrete Entscheidung auch tatsächlich für die Urteilsvorbereitung eignet[33]. Ob ein innerer Zusammenhang mit der Urteilsfällung besteht, ist in Randbereichen strittig (vgl. Beispiele Rdn. 14 ff). Neben Maßnahmen, die, wie etwa ein Beweisbeschluß, unmittelbar Grundlagen für die Sachentscheidung schaffen sollen, werden auch Maßnahmen dazu gerechnet, deren Zweck es ist, die Abwicklung des Verfahrens zu fördern und die verfahrensabschließende Entscheidung, in der Regel ein Sachurteil, vorzubereiten[34].

13 Die vom Gesetzeszweck gebotene weitere Einschränkung des Beschwerdeausschlusses folgt daraus, daß es sich um unselbständige Zwischenentscheidungen handeln muß, die **ausschließlich der Urteilsvorbereitung** dienen und die **keine weiteren Verfahrenswirkungen** haben. Maßnahmen, die eine vom Urteil nicht umfaßte, selbständige Beschwer eines Verfahrensbeteiligten bewirken und die insoweit vom erkennenden Gericht weder bei Erlaß des Urteils noch auch im Rahmen einer Urteilsanfechtung nachprüfbar sind, bleiben selbständig anfechtbar. Eine solche selbständige verfahrensrechtliche Bedeutung wird zum Teil auch Entscheidungen zugeschrieben, die konstitutiv für die Begründung oder Beendigung der Verfahrensstellung eines Verfahrensbeteiligten sind (zu den strittigen Fragen bei Nebenkläger und Pflichtverteidiger vgl. Rdn. 18). Dies wird auch angenommen, wenn das Gericht die vom Gesetz gezogenen, äußeren Grenzen seiner Entscheidungsbefugnis überschritten hat[35].

5. Beispiele aus der Rechtsprechung

14 a) Der **Beschwerde entzogen** sind Beschlüsse oder Verfügungen über die **Beweisaufnahme**; sofern dadurch Dritte betroffen werden, haben nur diese ein Beschwerderecht. Hierzu rechnen ein Beschluß, der einen Beweisantrag ablehnt oder stattgibt[36]; die Entscheidung über die Vereidigung eines Zeugen oder sonstige, die Durchführung der Beweisaufnahme betreffenden Entscheidungen, wie etwa über die Zulässigkeit einer Frage[37]; Verfügungen des Vorsitzenden nach § 219[38]; die Auswahl eines Sachverstän-

---

[32] H. M., z. B: RGSt **65** 322; BayObLGSt **3** 405; **6** 406; **13** 493; **27** 99; **28** 52; **1952** 116; **1955** 113; OLG Celle GA **59** 365; KG GA **67** (1919) 464; HRR **1932** Nr. 1010; OLG Kassel HESt **2** 157; ferner die Entscheidungen bei Rdn. 14 ff; etwa BayObLGSt **1952** 16; OLG Celle NdsRpfl **1985** 79; OLG Düsseldorf NJW **1967** 692; OLG Karlsruhe NJW **1977** 309; GA **1974** 285; Justiz **1985** 104; OLG Hamm NJW **1978** 284; OLG Oldenburg NJW **1956** 682; OLG Stuttgart NJW **1973** 2309; **1976** 1677; *Amelung* (Rechtsschutz) 20; *Ellersiek* 122; *Giesler* 111; KK-*Engelhardt*[1] 5; *Kleinknecht/Meyer*[38] 4; KMR-*Paulus* 8; *Eb. Schmidt* 5. a. A noch RGSt **43** 182; OLG Darmstadt DStRZ **2** 363; OLG Dresden JW **1927** 2076.

[33] BayObLGSt **1952** 116; KMR-*Paulus* 8.

[34] Maßnahmen, die den Vorgang der Urteilsgewinnung beeinflussen können, sind – soweit noch entscheidungserheblich – bei der Urteilsberatung auf Fehlerfreiheit nochmals zu prüfen; desgleichen muß das Revisionsgericht prüfen, ob ein Verfahrensfehler vorliegt, auf dem das Urteil beruht. *Bohnert* 121 hält deshalb die abstrakte Unterscheidung zwischen innerem und äußerem Zusammenhang mit der Urteilsfällung für nicht möglich; *Paulus* NStZ **1985** 520 sucht die Lösung außerhalb des § 305 in der allgemeinen Prozeßlogik, wonach unselbständige prozessuale "Zwischenentscheidungen" zur Vorbereitung der Verhandlung und Entscheidung über die zugelassene Anklage nicht selbständig anfechtbar sind, wenn ihr Zweck sie abdeckt, sie den Betroffenen nicht zweckextern beschweren und sie mit der verfahrensabschließenden Entscheidung entweder gegenstandslos werden oder im Rahmen der Urteilsanfechtung überprüfbar sind.

[35] Vgl. OLG Hamm MDR **1974** 509.

[36] Etwa OLG Celle NJW **1953** 1933; *Ellersiek* 125; § 245, 88.

[37] Vgl. § 241, 28.

[38] OLG Dresden *Alsb*. E **2** Nr. 73 e; OLG München *Alsb*. E **2** Nr. 73 b; *Eb. Schmidt* 5; vgl. § 219, 33 mit weit. Nachw.

digen³⁹; der Beschluß, der die Prüfung der Anwendbarkeit einer Amnestie der Hauptverhandlung vorbehält⁴⁰ oder die Verhandlungsfähigkeit des Angeklagten feststellt⁴¹; die Entscheidung über die Ablehnung eines Sachverständigen⁴², und zwar auch dann, wenn die Hauptverhandlung später ausgesetzt wird⁴³. Wegen der identischen Sonderregelung bei Zurückweisung der Ablehnung eines Richters (§ 28 Abs. 2 Satz 2) vgl. § 28, 18; wegen der Entscheidung nach § 220 Abs. 3 vgl. dort Rdn. 39.

15 Der Beschwerde entzogen sind ferner Beschlüsse und Verfügungen, deren Wirkung sich darauf beschränkt, daß sie das Verfahren **vorbereiten**, seinen **Fortgang betreiben** oder es sonst fördern, so die Ablehnung einer beantragten Verweisung⁴⁴ oder die Beschlüsse über Trennung und Verbindung der Verfahren⁴⁵; die Verwerfung des Einwands der örtlichen Unzuständigkeit⁴⁶; die Ablehnung des Antrags des Angeklagten nach § 233, vom Erscheinen in der Hauptverhandlung entbunden zu werden⁴⁷, die Anordnung des persönlichen Erscheinens des Angeklagten nach § 236⁴⁸ oder des Privatklägers nach § 387 Abs. 3⁴⁹ oder der Beschluß, den Schlußvortrag des Staatsanwalts für gerichtsinterne Zwecke auf Tonband aufzunehmen⁵⁰ oder die Anordnung, die Hauptverhandlung ohne den Angeklagten nach § 415 durchzuführen⁵¹, ferner ein Beschluß, der es ablehnt, ein Verfahren vorläufig oder endgültig einzustellen⁵² oder der die Aufnahme eines vorläufig eingestellten Verfahrens anordnet⁵³.

16 Unanfechtbar nach § 305 ist auch ein Beschluß, der die **Aussetzung der Hauptverhandlung ablehnt**, da er jederzeit mit dem Urteil überprüft werden kann⁵⁴. Gleiches gilt für eine Verfügung, mit der der Vorsitzende außerhalb der Hauptverhandlung die **Vertagung ablehnt**⁵⁵, der Antragsteller muß die Gründe für die Vertagung in der Hauptverhandlung mit einem Aussetzungsantrag (§§ 228, 246, 265 Abs. 4) geltend machen⁵⁶; die **Terminsbestimmung** des Vorsitzenden wird in der Regel durch § 305 der Anfechtung

---

³⁹ OLG Celle NJW **1966** 1881; OLG Düsseldorf MDR **1986** 256; OLG Hamburg MDR **1972** 1048; OLG Hamm MDR **1970** 863; KK-*Engelhardt*¹ 6; vgl. § 73, 27.
⁴⁰ RGSt **74** 396; OLG Hamm JMBlNW **1950** 62.
⁴¹ OLG Celle MDR **1978** 161.
⁴² OLG Breslau DRiZ **1930** Nr. 156; OLG Celle NJW **1966** 415; OLG Düsseldorf NJW **1967** 692; OLG Hamburg NJW **1967** 2274; MDR **1977** 69; OLG Oldenburg VRS **19** 301; zust. *Peters* JZ **1960** 292; OLG Schleswig SchlHA **1953** 222; OLG Zweibrücken MDR **1967** 687; **1968** 781; *Eb. Schmidt* 5; vgl. § 74.
⁴³ OLG Düsseldorf NJW **1967** 692.
⁴⁴ OLG Braunschweig GA **1959** 89; vgl. § 270, 46 ff.
⁴⁵ BayObLGSt **1952** 116; **1953** 86; OLG Koblenz MDR **1982** 429; vgl. KG HRR **1932** Nr. 201; OLG Karlsruhe DRiZ **1931** Nr. 787; ferner § 237, 19.
⁴⁶ RG JW **1933** 444; § 16, 16.
⁴⁷ § 233, 15.
⁴⁸ BayObLGSt **1952** 116 = JZ **1952** 691; § 236, 16.
⁴⁹ OLG Celle NdsRpfl **1953** 191.
⁵⁰ OLG Hamburg GA **1977** 155.
⁵¹ OLG Koblenz MDR **1976** 602.
⁵² Vgl. § 205, 32; § 206 a, 73; zum Sonderfall des OLG Celle NdsRpfl. **1977** 280; vgl. ferner § 205, 31.
⁵³ OLG Düsseldorf MDR **1985** 867; OLG Stuttgart MDR **1980** 250; OLG München MDR **1978** 689; vgl. § 153 a, 103; § 154, 73.
⁵⁴ BayObLGSt **1953** 86; OLG Braunschweig NJW **1955** 565; OLG Hamm NJW **1978** 283; KG StrVert. **1982** 10; OLG Köln JMBlNW **1956** 116; OLG Neustadt HESt **3** 61; *Giesler* 117; KK-*Engelhardt*¹ 6; *Kleinknecht/Meyer*³⁸ 4; § 228, 10; KMR-*Paulus* 12; *Eb. Schmidt* 7; vgl. § 217, 15; § 218, 27; vgl. § 228, 29; § 246, 21; § 265, 109.
⁵⁵ OLG Celle OLGSt NF Nr. 2 (unter Aufgabe der früheren Rspr.); OLG Stuttgart NJW **1976** 1647; MDR **1980** 954; *Giesler* 117; KK-*Engelhardt*¹ 6; KMR-*Paulus* 12; a. A OLG Hamm MDR **1975** 245.
⁵⁶ Vgl. etwa *Kleinknecht/Meyer*³⁸ § 213, 6; sofern man die Beschwerde für generell ausgeschlossen hält, stellt sich die Frage der Anwendbarkeit des § 305 nicht.

17 Ob und unter welchen Voraussetzungen ein das Verfahren **aussetzender Beschluß** mit Beschwerde anfechtbar ist, ist strittig. Nach der einen Ansicht folgt die Anfechtbarkeit schon daraus, daß jeder Aussetzungsbeschluß das Verfahren in einer nicht mehr behebbaren Weise hemmt[58]. Nach der anderen Ansicht, der beizutreten ist, kann auch ein Aussetzungsbeschluß, insbesondere wenn er der weiteren Sachaufklärung oder der besseren Vorbereitung der Verfahrensbeteiligten dient, eine in unmittelbarem inneren Zusammenhang mit der Urteilsfindung stehende und nicht darüber hinauswirkende Entscheidung sein[59], etwa, wenn er die weitere Beweiserhebung ermöglichen soll. Das Beschwerdegericht, das die Beweiserwägungen des erkennenden Gerichts nicht kennt, darf und kann hier nicht eingreifen[60]. Die Aussetzung muß aber ausschließlich bestimmt und geeignet sein, die Urteilsfällung vorzubereiten[61]. Fehlt es daran, weil die Aussetzung andere Zwecke verfolgt oder das Verfahren unnötig hemmt und verzögert[62], etwa, weil sie ein völlig ungeeignetes Mittel zu dem erstrebten Verfahrenszweck ist[63], dann steht § 305 Satz 1 der Beschwerde auch nach dieser Ansicht nicht entgegen. Die Beschwerde ist zulässig, wenn die Aussetzung ohne sachlich verständigen Grund rechtlich fehlerhaft angeordnet wurde. So ist beispielsweise mit der Beschwerde anfechtbar, wenn das Gericht das Verfahren aussetzt, um eine Entscheidung des Bundesverfassungsgerichts abzuwarten, die den rechtskräftig gewordenen Schuldspruch betrifft[64]. Da andererseits die Gegenmeinung ebenfalls einen Eingriff des Beschwerdegerichts in vertretbare Beweiserwägungen des erkennenden Gerichts ablehnt[65], besteht im praktischen Ergebnis kein großer Unterschied mehr zwischen beiden Auffassungen[66]. Bei der Aufhebung eines Hauptverhandlungstermins bzw. der nicht nur **kurzfristigen Vertagung** durch den Vorsitzenden, die in der Wirkung einer Aussetzung gleichkommen, gelten die gleichen Überlegungen[67]; so kann die Nichtanberaumung des Termins zur Hauptverhandlung[68] oder die Nichtbehandlung der Privatklage[69] mit Beschwerde angefochten werden.

18 b) **Kein Ausschluß.** Geht die prozessuale Bedeutung einer Entscheidung über die Vorbereitung des Urteils hinaus, schließt Satz 1 nach seinem Zweck (vgl. Rdn. 1, 2) die **Beschwerde nicht aus**, zum Beispiel bei Ablehnung des Verletzten als Nebenkläger[70];

---

[57] OLG Stuttgart NJW **1976** 1647; KK-*Engelhardt*[1] 6; KMR-*Paulus* 12; vgl. § 213, 6.
[58] BayObLGSt **1953** 86; OLG Frankfurt NJW **1954** 1012; **1966** 922; GA **1973** 51; OLG Karlsruhe GA **1974** 285; OLG Köln NJW **1956** 203; OLG Neustadt HESt **3** 61; OLG Schleswig SchlHA **1958** 116; *Giesler* 116; KK-*Engelhardt*[1] 7; *Eb. Schmidt* 6; vgl. auch *Ellersiek* 126 (nur die sachlich nicht notwendige Aussetzung).
[59] OLG Braunschweig NJW **1955** 565; StrVerf. **1987** 332; LG Bremen MDR **1976** 777; OLG Düsseldorf NJW **1967** 692; OLG Hamm NJW **1978** 283; OLG Karlsruhe GA **1974** 285; JR **1985** 387; Justiz **1977** 277; KG JR **1959** 350; OLG Stuttgart NJW **1973** 2309; MDR **1976** 777; LG Verden NdsRpfl. **1982** 46; *Kleinknecht/Meyer*[38] § 228, 10; KMR-*Paulus* 12; *Schlüchter* 657.
[60] Vgl. etwa OLG Stuttgart NJW **1973** 2309; MDR **1976** 777; LG Verden NdsRpfl **1982** 46.
[61] Vgl. etwa KG JR **1959** 349.
[62] Vgl. etwa OLG Braunschweig StrVerf. **1987** 332; OLG Karlsruhe GA **1974** 285; § 228, 29 ff; § 246, 21; § 265, 109.
[63] KG JR **1966** 230 mit Anm. *Kleinknecht*.
[64] OLG Frankfurt NJW **1966** 992.
[65] KK-*Engelhardt*[1] 9.
[66] Vgl. § 213, 19; § 228, 30; § 246, 21; § 262, 70.
[67] OLG Stuttgart NJW **1973** 2309; vgl. Rdn. 16 mit weit. Nachw.
[68] OLG Nürnberg OLGSt 15.
[69] BayObLG DJZ **1917** 248.
[70] Strittig; die Zulässigkeit der Beschwerde wegen der über die Urteilsvorbereitung hinausreichenden Wirkungen (Versagung der

gegen die Verweigerung der Prozeßkostenhilfe an den Nebenkläger[71] oder die Ablehnung des Antrags, ihm einen Anwalt beizuordnen[72], gegen einen Beschluß, durch den sich die Strafkammer für unzuständig erklärt, weil nach dem Geschäftsverteilungsplan eine andere Kammer zuständig sei[73], gegen die Ablehnung des Antrags eines in Untersuchungshaft befindlichen Angeklagten, zur Frage seiner Entmannung einen Gutachter zu hören[74]; gegen die Zurückweisung eines Verteidigers[75]. Strittig ist, ob die Ablehnung der Beiordnung eines Pflichtverteidigers oder seine Abberufung der Beschwerde zugänglich ist[76] und ob dies bejahendenfalls nur für die vor der Hauptverhandlung getroffene Entscheidung gilt[77].

Ob **drohender Beweisverlust** in Ausnahmefällen die Anfechtung einer die Beweissicherung ablehnenden Entscheidung des erkennenden Gerichts rechtfertigt, ist strittig[78]. Eine solche Entscheidung betrifft die sachlichen Grundlagen der Urteilsfällung; sie enthält aber eine zusätzliche Beeinträchtigung der Verfahrensstellung des Antragstellers, der nach Eintritt des befürchteten Beweismittelverlustes weder sein selbständiges Ladungsrecht (§ 220) ausüben noch einen entsprechenden Beweisantrag stellen kann[79]. **19**

Verfahrensteilnahme) bejahen: OLG Celle NJW **1960** 1171; OLG Düsseldorf NJW **1982** 2566; OLG Frankfurt NJW **1967** 2075; OLG Hamm VRS 41; OLG Oldenburg NJW **1956** 682; OLG Saarbrücken NJW **1963** 1513; *Amelunxen* (Nebenkläger) 39; *Bringewat* GA **1972** 293; *Giesler* 116; *Ellersiek* 126; *Theuerkauf* MDR **1962** 789; **a. A** OLG Frankfurt NJW **1953** 317; OLG Hamburg NJW **1961** 2271; zum Streitstand vgl. Vor § 396, 18.

[71] BayObLGSt **1949/51** 212.
[72] OLG Düsseldorf MDR **1986** 166 b; vgl. aber jetzt § 397 a Abs. 2 Satz 2 i.d.F. des OpferschutzG und die Erl. im Nachtr. (ausdrücklich Unanfechtbarkeitsbestimmung der Entscheidungen über die Prozeßkostenhilfe für die Beiordnung eines Anwalts).
[73] OLG Nürnberg OLGSt § 304, 1.
[74] OLG Hamburg NJW **1969** 569; MDR **1969** 161.
[75] OLG Karlsruhe MDR **1977** 72; strittig; vgl. andererseits OLG Hamm NStZ **1985** 518, **1987** 476; aber auch OLG Köln NJW **1981** 1523.
[76] Den Ausschluß der Beschwerde durch § 305 nehmen an OLG Hamburg MDR **1985** 74 (unter Aufgabe von JZ **1951** 760 für eine in der Hauptverhandlung getroffene Entscheidung); OLG Hamm NJW **1973** 818; NStZ **1985** 518; JMBlNW **1951** 82; OLG Karlsruhe MDR **1979** 780 (für Entscheidung in Hauptverhandlung); OLG Köln NJW **1981** 1523 (unter Aufgabe der früheren Rspr.); OLG Zweibrücken VRS **50** 437; **73** 134 (für Entscheidung in Hauptverhandlung); *Ellersiek* 125; *Bohnert* (Zwischenverfahren) 120 ff; *Schlüchter* 656. Nach **anderer Ansicht** steht § 305 der Beschwerde nicht entgegen, so RGSt **67** 312; BayObLGSt **1952** 159 = NJW **1952** 1224; OLG Bremen NJW **1951** 454; OLG Celle NStZ **1985** 603; dazu abl. *Paulus* NStZ **1985** 520; OLG Düsseldorf NStZ **1986** 138; KG StrVert. **1985** 448; OLG Karlsruhe NJW **1978** 1064; OLG Koblenz OLG NF 4; OLG Köln NJW **1953** 1807; JMBlNW **1964** 131; OLG Hamburg JZ **1951** 760; ferner JR **1986** 257 mit Anm. *Wagner* (für Entscheidung vor Hauptverhandlung); OLG München NJW **1981** 2208; OLG Schleswig SchlHA **1986** 105 bei *Ernesti/Lorenzen* (offen, ob auch bei Entscheidung in Hauptverhandlung); OLG Zweibrücken StrVert. **1981** 288; ferner OLG Hamm NStZ **1986** 328 (zum Sonderfall § 50 Abs. 2 JGG); KK-*Engelhardt*[1] 8; *Wagner* JR **1986** 257. Zu den strittigen Fragen vgl. § 141.
[77] So etwa OLG Karlsruhe Justiz **1979** 303; OLG Schleswig bei *Ernesti/Jürgensen* SchlHA **1979** 206; **1987** 109; *Bohnert* (Zwischenrechtsbehelf) 124; ferner (mit anderem Lösungsansatz) *Paulus* NStZ **1985** 520. Eine Differenzierung lehnen z. B ab: OLG Celle NStZ **1985** 519 mit Anm. *Paulus*; KG StrVert. **1985** 448; jetzt auch OLG Schleswig bei *Ernesti/Jürgensen* SchlHA **1987** 110; ferner vor allem *Wagner* JR **1986** 253.
[78] Etwa LG Düsseldorf NStZ **1983** 42 (zulässig bei Ablehnung einer komm. Vernehmung); KMR-*Paulus* § 223, 44; **a. A** OLG Hamburg JR **1985** 300 mit abl. Anm. *Meyer* (Beschlagnahme von Beweismitteln). Vgl. § 98, 63; § 223, 43.
[79] Zur Ablehnung eines Beweisantrags, der die Verwendung eines nicht mehr existenten Beweismittels begehrt, vgl. § 244, 260.

20 Bei der **Einstellung nach § 153** kann der Ausschluß der Beschwerde nicht aus § 305 hergeleitet werden[80]; zur Frage, ob überhaupt ein Beschwerderecht besteht, vgl. bei § 153[81]; zum Ausschluß des Beschwerderechts bei der vorläufigen Einstellung nach § 154 Abs. 2 vgl. bei § 154[82].

II. Die Ausnahmen des Satzes 2

21 1. Satz 2 enthält keine **abschließende Aufzählung** der Maßnahmen, die der Beschwerde zugänglich sind[83]. Wie schon die sinnorientierte einschränkende Auslegung des Satzes 1 zeigt, ist auch bei anderen Maßnahmen, deren Wirkungen sich nicht in der Vorbereitung des Urteils erschöpfen, die Beschwerde statthaft. Die Aufzählung in Satz 2 verdeutlicht nur Tragweite und Sinn des Beschwerdeausschlusses nach Satz 1[84]. Neben den angeführten Beispielen sind deshalb auch andere Maßnahmen bei einer selbständigen verfahrensrechtlichen Bedeutung der Beschwerde zugänglich, darunter auch Maßnahmen, die selbständig in Grundrechte eingreifen[85].

22 2. Bei den in **Satz 2 aufgezählten Entscheidungen** ist die Beschwerde wegen der Bedeutung des darin liegenden Eingriffs immer zulässig. Entscheidungen über **Verhaftungen** sind solche über den Erlaß, die Aufhebung oder Aufrechterhaltung des Haftbefehls[86], und nach den §§ 116 ff. Die Beschwerdefähigkeit der Entscheidungen nach § 119, welche den Vollzug der Untersuchungshaft betreffen, wird durch § 305 nicht eingeschränkt, da kein Zusammenhang mit der Urteilsfällung besteht[87], Entscheidungen über **vorläufige Unterbringung** sind solche nach den §§ 81[88]; über **Beschlagnahme und Durchsuchung** solche nach den §§ 81 a, 98, 99, 100, 105[89], über die **vorläufige Entziehung der Fahrerlaubnis** solche nach § 111 a[90].

23 Ob gegen Maßnahmen nach dem im Satz 2 nicht erwähnten § 81 a die Beschwerde immer zulässig ist oder ob § 305 Satz 1 die Beschwerde gegen eine solche vom erkennenden Gericht angeordnete Maßnahme nur dann nicht ausschließt, wenn die Maßnahmen an Schwere einem der in Satz 2 angesprochenen Zwangseingriffe gleichkommen[91], ist strittig[92].

24 3. Beschwerdefähig sind ferner sämtliche Entscheidungen, die **dritte Personen betreffen**, in bezug auf diese, auch wenn der Beschuldigte nach § 305 kein Beschwerderecht

---

[80] Vgl. OLG Köln MDR **1957** 182.
[81] Vgl. § 153, 79.
[82] Vgl. § 154, 46.
[83] *Amelung* 20; *Ellersiek* 124; *Giese* 127; *Meyer* JR **1985** 301.
[84] KK-*Engelhardt*[1] 10; *Ellersiek* 124 (Aufzählung im Grunde überflüssig).
[85] Die Ausnahmen von § 305 Satz 2 reichen über den Grundrechtsschutz hinaus, vgl. *Meyer* JR **1985** 301.
[86] Vgl. § 120, 26; *Meyer* JR **1985** 301.
[87] KMR-*Paulus* 14; vgl. § 119, 154.
[88] OLG Köln MDR **1951** 373; § 81, 39 mit weit. Nachw.
[89] Ob, ebenso wie bei der Entscheidung über die Verhaftung, auch die Entscheidung über die Ablehnung einer Beschlagnahme der Beschwerde uneingeschränkt offen ist, ist strittig. OLG Hamburg JR **1985** 30 verneint dies, während *Meyer* in der Anm. dazu dies bejaht; ebenso *Kleinknecht/Meyer*[38] 6. Vgl. Rdn. 19 und § 98, 63.
[90] Vgl. § 111 a, 82.
[91] So OLG Celle NJW **1971** 256; OLG Düsseldorf NJW **1964** 2217; OLG Hamm **1970** 1985; **1971** 1903; OLG Schleswig SchlHA 1961 24; OLG Stuttgart Justiz **1967** 245.
[92] BayObLGSt **1956** 180 = NJW **1957** 272; *Amelung* 21 halten die Beschwerde für immer statthaft; nach OLG Frankfurt NJW **1957** 839; OLG Hamm NJW **1959** 447 ist sie unzulässig. Zur jetzt vorherrschenden Meinung vgl. Fußn. 91 und § 81 a, 68.

hat. In Betracht kommen z. B. Entscheidungen nach den §§ 70, 81 c, 103 oder nach den §§ 177, 178 GVG[93]. § 305 Satz 1 steht beispielsweise nicht entgegen der Beschwerde, mit der sich die vorgesetzte Dienstbehörde eines Zeugen gegen die Zulassung einer Frage wendet, die die Pflicht des Zeugen zur Wahrung der Amtsverschwiegenheit verletzt[94].

4. § 305 Satz 1 findet ferner keine Anwendung, wenn das Gesetz gegen eine mit **25** dem Urteil im inneren Zusammenhang stehende Entscheidung die Beschwerde **ausdrücklich** vorsieht, wie § 231 a Abs. 3 Satz 3.

§ 305 a

(1) ¹Gegen den Beschluß nach § 268 a Abs. 1, 2 ist Beschwerde zulässig. ²Sie kann nur darauf gestützt werden, daß eine getroffene Anordnung gesetzwidrig ist.
(2) Wird gegen den Beschluß Beschwerde und gegen das Urteil eine zulässige Revision eingelegt, so ist das Revisionsgericht auch zur Entscheidung über die Beschwerde zuständig.

Schrifttum. *Dallinger* Das Dritte Strafrechtsänderungsgesetz, II B Strafverfahrensrechtliche Vorschriften, JZ **1953** 435; *Bruns* Die Strafaussetzung zur Bewährung, GA **1956** 193; ferner die Kommentare zu §§ 56 a ff StGB mit weiteren Angaben des einschlägigen Spezialschrifttums.

Entstehungsgeschichte. § 305 a ist durch Art. 4 Nr. 33 der 3. StRÄndG eingefügt worden. Das 1. StrRG hat bei Absatz 1 Satz 2 den durch die materiellrechtliche Regelung überflüssig gewordenen 2. Halbsatz gestrichen, Art. 81 EGStGB die Verweisung auf § 268 Abs. 1 durch die Verweisung auf § 268 Abs. 1, 2 ersetzt.

Übersicht

	Rdn.		Rdn.
1. Zweck	1	5. Entscheidung des Beschwerdegerichts	9
2. Beschränkte Nachprüfbarkeit	3	6. Verhältnis der Beschwerde zu anderen Rechtsbehelfen	
3. Beschwerdeverfahren		a) Urteil rechtskräftig	13
a) Anwendbarkeit des allgemeinen Beschwerderechts	5	b) Berufung	14
b) Abhilfe	7	c) Revision	17
4. Beschwerdeberechtigte	8	d) Nachträgliche Änderung des Pflichtenbeschlusses	20

1. Zweck. Im Interesse der Beschleunigung und Vereinfachung des Verfahrens **1** bringt § 305 a Sondervorschriften für die Beschwerde gegen die abänderbaren Nebenentscheidungen, die § 268 a in einen mit dem Urteil zu verkündenden Beschluß verwiesen hat. Es sind dies die Entscheidungen, die das Gericht nach dem materiellen Strafrecht

---

[93] Zum Beschwerderecht der betroffenen Dritten vgl. bei den jeweiligen Vorschriften und allgemein bei § 304, 52 ff; vor allem zum Erfordernis einer eigenen Beschwer § 304, 41 ff; 49 ff.
[94] OLG Celle HESt **2** 79.

§ 305a Drittes Buch. Rechtsmittel

(§§ 56 a bis 56 d, 59 a, 68 a bis 68 c StGB) treffen muß oder kann, wenn es eine Strafe zur Bewährung aussetzt, eine Verwarnung mit Strafvorbehalt ausspricht oder Führungsaufsicht anordnet. Für die Nachtragsentscheidungen enthält § 453 eine im wesentlichen vergleichbare Regelung.

2 Entscheidet das Erstgericht über Bewährungszeit oder Auflagen **versehentlich im Urteil**, so gilt dieser Urteilsteil als beschwerdefähiger Beschluß nach § 268 a, da es nicht auf die Form der Entscheidung, sondern auf ihren Gegenstand ankommt[1].

3 **2. Beschränkte Nachprüfbarkeit.** Die Beschwerde nach § 305 a kann nur darauf gestützt werden, daß die im Auflagenbeschluß getroffenen oder unterlassenen Anordnungen **gesetzwidrig** sind. Dies ist der Fall, wenn die Festsetzung der Bewährungszeit, die Auflagen und Weisungen, die der Beschluß enthält, dem materiellen Recht widersprechen, wenn beispielsweise das Gericht unzumutbare Anforderungen an den Verurteilten gestellt, den Grundsatz der Verhältnismäßigkeit verletzt[2] oder sonst die seinem Ermessen vom Gesetz gezogenen Grenzen verkannt hat, vor allem auch, wenn es sich bei Anwendung des Gesetzes, insbesondere bei Anwendung der dort verwendeten unbestimmten Rechtsbegriffe von rechtsirrigen Erwägungen leiten ließ. Die Gesetzwidrigkeit einer Anordnung kann ferner darin liegen, daß eine Maßnahme, die nur mit ausdrücklicher Einwilligung des Verurteilten zulässig ist (vgl. § 56 c Abs. 3 StGB) ohne eine solche Einwilligung ausgesprochen wurde[3]. Wegen der im einzelnen mitunter strittigen Fragen, welche Auflagen und insbesondere welche Weisungen zulässig und mit höherrangigem Recht, vor allem mit dem Grundgesetz, vereinbar sind, muß auf die Erläuterungsbücher zum Strafgesetzbuch verwiesen werden.

4 Soweit das materielle Strafrecht dem **Ermessen des Tatrichters** überläßt, welche Anordnungen und Weisungen er für sachdienlich erachtet, ist dem Beschwerdegericht eine über die Einhaltung der Ermessensschranken hinausreichende Nachprüfung verwehrt, denn hierüber soll allein das Gericht, das von dem Verurteilten durch die Hauptverhandlung einen persönlichen Eindruck gewonnen hat, entscheiden[4].

3. Beschwerdeverfahren
5 a) **Anwendbarkeit des allgemeinen Beschwerderechts.** Abgesehen von der Beschränkung der Nachprüfung und der Zuständigkeitsregelung in Absatz 2 gelten für das Beschwerdeverfahren die **allgemeinen Regeln.** Die Beschwerde ist, da nichts anderes bestimmt, die einfache, also nicht fristgebunden.

6 Die Beschwerde muß insbesondere **nicht begründet** werden[5]. Wird ihr eine Begründung beigefügt, ist diese nur beachtlich, soweit die Gesetzwidrigkeit der Anordnungen behauptet wird, nicht aber, soweit sie sich nur gegen deren Zweckmäßigkeit richtet (insoweit ist aber immer zu prüfen, ob nicht in Wirklichkeit eine nachträgliche Änderung der Entscheidung nach § 56 e StGB, § 453 StPO erstrebt wird). Aber auch eine danach unbeachtliche Begründung führt zur Nachprüfung der Gesetzmäßigkeit des Pflichtenbeschlusses. Selbst wenn ausnahmsweise feststeht, daß die nach § 305 a allein zulässige Rüge nicht erhoben werden soll, ist die Beschwerde deshalb nicht unzulässig, wie es nach den Gesetzesworten „kann nur darauf gestützt werden" scheinen könnte, sondern nur unbegründet, sofern kein sachlichrechtlicher Fehler vorliegt. Absatz 1

---

[1] KK-*Engelhardt*[1] 3; Vor § 296, 56; § 304, 3.
[2] Vgl. etwa OLG Hamburg MDR **1980** 246; OLG Hamm MDR **1975** 1041.
[3] *Eb. Schmidt* Nachtr. II 3.
[4] Vgl. OLG Hamburg MDR **1971** 66.
[5] KK-*Engelhardt*[1] 6; *Kleinknecht/Meyer*[38] 3; KMR-*Paulus* 3.

Satz 2 enthält nur eine Nachprüfungsschranke für das Beschwerdegericht, nicht aber ein Zulässigkeitserfordernis für die Beschwerde[6]. Für den Beschwerdeführer hat er daher nur die Bedeutung eines Hinweises, was er vorbringen muß, wenn er seine Beschwerde begründen will[7].

b) Abhilfe. Der Tatrichter hat auf die Beschwerde hin darüber zu befinden, ob er ihr abhelfen will (§ 306 Abs. 2). Erkennt er die Gesetzwidrigkeit des Beschlusses nachträglich, so ist er zur Abhilfe verpflichtet. Er muß aber die Beschwerdebegründung auch darauf hin überprüfen, ob die in ihr vorgetragenen Umstände, auch wenn sie die Beschwerde nicht rechtfertigen, weil sie keinen Gesetzesverstoß aufzuzeigen vermögen, Anlaß geben, die Entscheidung nachträglich zu ändern[8]. **7**

4. Beschwerdeberechtigt ist der Verurteilte, sein gesetzlicher Vertreter (§ 298) und der Staatsanwalt (§ 296), der sowohl zuungunsten wie auch zugunsten des Verurteilten Beschwerde einlegen darf[9], nicht aber der Nebenkläger[10]. **8**

5. Die Entscheidung des Beschwerdegerichts ergeht durch **Beschluß**[11]. Ergibt die Prüfung, daß eine Auflage oder Weisung gesetzwidrig ist, dann entscheidet es trotz seiner beschränkten Prüfungsbefugnis in der Sache selbst (§ 309 Abs. 2). Eine Zurückverweisung scheidet grundsätzlich aus[12]. Dies wäre mit dem Beschleunigungszweck des § 305 a unvereinbar. Wegen einer in der Rechtsprechung gemachten Ausnahme vgl. Rdn. 14. **9**

Das Beschwerdegericht darf dann **nach eigenem Ermessen** an Stelle der gesetzwidrig angeordneten oder auf Grund eines Rechtsirrtums unterlassenen Auflagen und Weisungen in Abänderung des Beschlusses die ihm erforderlich erscheinenden Auflagen und Weisungen erteilen. An die Anträge der Beteiligten ist es insoweit nicht gebunden. Für die etwa erforderlich werdenden Ermittlungen gilt **Freibeweis**. **10**

Hält dagegen das Beschwerdegericht den Beschluß für **nicht gesetzwidrig**, dann ist ihm jede weitere Nachprüfung versagt. Es muß die Beschwerde als unbegründet verwerfen, auch wenn es die Auflagen und Weisungen für unzweckmäßig hält[13]. **11**

Das **Verschlechterungsverbot** (§ 331, 358 Abs. 2) gilt für das Beschwerdegericht nicht, wenn es aufgrund einer die Gesetzwidrigkeit mit Erfolg beanstandenden Beschwerde[14] selbst über Auflagen und Weisungen entscheidet. Der Grundgedanken dieser Vorschriften ist — nach allerdings strittiger Auffassung — auch nicht entsprechend **12**

---

[6] § 305 RegEntw., der einen Begründungszwang vorsah, ist nicht Gesetz geworden.
[7] KMR-*Paulus* 1; *Eb. Schmidt* 2.
[8] KK-*Engelhardt*[1] 7; *Kleinknecht/Meyer*[38] 1; vgl. Rdn. 9.
[9] OLG Nürnberg NJW **1959** 1451. Nach OLG Hamm NJW **1969** 890 kann die Staatsanwaltschaft nur zugunsten des Verurteilten Beschwerde einlegen. Dies trifft jedoch nicht zu. Es sind Fälle denkbar, in denen die Staatsanwaltschaft einen gesetzwidrigen Beschluß zuungunsten des Verurteilten beanstandet, etwa wenn eine unter zwei Jahren liegende Bewährungszeit festgesetzt ist oder wenn das Gericht erkennbar rechtsirrig von Auflagen oder von Weisungen abgesehen hat. Die Frage ist allerdings ohne große praktische Bedeutung. Wie hier KK-*Engelhardt*[1] 5; *Kleinknecht/Meyer*[38] 2;
[10] *Kleinknecht/Meyer*[38] 3; anders zur früheren Rechtslage OLG Schleswig GA **1958** 121; KMR-*Paulus* 5; vgl. Nachtr. bei § 400.
[11] BGH LM § 24 StGB a. F Nr. 2; KK-*Engelhardt*[1] 8.
[12] KK-*Engelhardt*[1] 9; KMR-*Paulus* 7.
[13] OLG Hamburg MDR **1971** 66; KK-*Engelhardt*[1] 9; *Kleinknecht/Meyer*[38] 4.
[14] Die Sachentscheidung im Beschwerdeverfahren ist zu unterscheiden von der durch eine Berufung ausgelösten neuen Entscheidung des Berufungsgerichts nach § 268 a. Vgl. etwa *Gollwitzer* JR **1977** 346; Rdn. 14.

§ 305a Drittes Buch. Rechtsmittel

anwendbar[15]. Entscheidend dafür ist nicht so sehr, daß die Weisungen und Auflagen keine Strafen sind[16] — das Verschlechterungsverbot erfaßt alle Rechtsfolgen — sondern, daß alle im Beschluß nach § 268 a getroffenen Anordnungen unter dem stillschweigenden Vorbehalt der gesetzlich vorgesehenen nachträglichen Abänderbarkeit stehen. Ihre Veränderung zum Nachteil des Angeklagten ist unter bestimmten Voraussetzungen unabhängig von der Rechtsmitteleinlegung möglich; die Entscheidung nach § 268 a genießt also nach Ausgestaltung und Zielsetzung nicht den unbedingten Vertrauensschutz voll bestandskräftiger Sachentscheidungen. Der Zweck des Verschlechterungsverbots, dem Angeklagten die Furcht zu nehmen, daß er durch sein Rechtsmittel seine Lage verschlechtern könnte, zwingt bei dieser Sachlage nicht zur entsprechenden Anwendung der §§ 331, 358 Abs. 2 auf die Beschwerde nach § 305 a[17].

6. Verhältnis der Beschwerde zu den anderen Rechtsbehelfen

13 a) Ist das **Urteil rechtskräftig** und nur der Pflichtenbeschluß angegriffen, so entscheidet darüber das für die Beschwerdeentscheidungen zuständige, sachlich und örtlich übergeordnete Gericht[18]. Die Beschwerde ist nach Rechtskraft des Urteils nicht etwa schon deshalb unzulässig, weil nunmehr der Verurteilte beim Gericht des ersten Rechtszugs (der nicht identisch sein muß mit dem Gericht, das den Pflichtenbeschluß erlassen hat), dessen Abänderung nach § 56 e StGB, § 453 beantragen kann[19]. Die an keine Frist gebundene Beschwerde kann auch noch nach Rechtskraft des Urteils eingelegt werden[20].

14 b) Ist gegen das Urteil, durch welches die Strafe zur Bewährung ausgesetzt wurde, **Berufung** eingelegt und erstreckt sich dieses Rechtsmittel auch auf die Strafaussetzung zur Bewährung, dann muß das Berufungsgericht zugleich mit der Entscheidung über die Aussetzung der Freiheitsstrafe zur Bewährung nach den §§ 332, 268 a selbst neu entscheiden, unter welchen Auflagen, Weisungen und sonstigen Modalitäten es die

---

[15] BGH NJW **1982** 1544 verneint dies für die Fälle, in denen auch eine nachträgliche Änderung zulasten des Verurteilten möglich wäre; er läßt offen, ob in den anderen Fällen der Rechtsgedanke der § 331, 358 Abs. 2 heranziehbar ist. Die Anwendbarkeit des Verschlechterungsverbots verneinen: BayObLGSt **1956** 253 = NJW **1956** 1728; bei *Rüth* DAR **1970** 263; OLG Düsseldorf MDR **1987** 164; OLG Hamburg NJW **1981** 470 mit Anm. *Loos* NStZ **1981** 363; OLG Hamm VRS **37** 263; OLG Koblenz NStZ **1981** 154 (unter Aufgabe von JR **1977** 346); OLG Karlsruhe Justiz **1979** 211 (zumindest bei Vorliegen neuer Umstände); OLG Nürnberg NJW **1959** 1451; OLG Stuttgart NJW **1954** 611; KMR-*Paulus* 7. Für eine entsprechende Anwendung des Verschlechterungsverbots auf Bewährungsauflagen usw.: OLG Frankfurt NJW **1978** 959; OLG Koblenz JR **1977** 346 mit Anm. *Gollwitzer*; *Wittschier* 150; auch KK-*Engelhardt*[1] 12 mit der Einschränkung, daß das Verschlechterungsverbot nicht entgegensteht, wenn die Voraussetzungen für eine nachträgliche Änderung gegeben sind; im Ergebnis ähnlich *Horn* MDR **1981** 14; OLG Hamm NJW **1978** 1597. Zu den strittigen Fragen vgl. ferner *Bruns* NJW **1959** 1393 und das Schrifttum zu §§ 56 a ff StGB.

[16] KK-*Engelhardt*[1] 12. Die Gegenmeinung sieht darin nur Bedingungen, bei deren Erfüllung die Strafe später erlassen wird, vgl. BayObLGSt **1956** 253 = NJW **1956** 1728; OLG Nürnberg NJW **1959** 1451; OLG Stuttgart NJW **1954** 611; KMR-*Paulus* 7; wegen der weit. Nachw. zum Streitstand vgl. Fußn. 15.

[17] Letzteres wäre im übrigen auch wenig praktikabel, da bei Ersatz rechtswidriger Auflagen und Weisungen durch andere wegen ihrer Verschiedenartigkeit die Wertung als Verschlechterung mitunter schwierig wäre.

[18] OLG Düsseldorf NJW **1956** 1889.

[19] OLG Hamm NJW **1964** 937.

[20] OLG Braunschweig MDR **1970** 69; KMR-*Paulus* 12; a. A *Pusinelli* NJW **1962** 903; vgl. auch OLG Hamm NJW **1964** 937.

Stand: 1. 11. 1987

Freiheitsstrafe zur Bewährung aussetzen will. An die Beschränkung des § 305 a Abs. 1 Satz 2 ist es dabei nicht gebunden. Auch wenn es die Berufung verwirft, liegt eine **neue Sachentscheidung** über die Strafaussetzung zur Bewährung vor, welche eine erneute Beschlußfassung nach § 268 a erfordert[21]. Der an das Ersturteil anknüpfende alte Beschluß und eine etwa dagegen eingelegte Beschwerde nach § 305 a werden durch das neue Sachurteil des Berufungsgerichts und durch den neuen Auflagenbeschluß gegenstandslos[22]. Selbst wenn das Berufungsgericht den alten Pflichtenbeschluß bestätigt, entscheidet es insoweit als das mit der Sache befaßte Tatgericht und nicht als Beschwerdegericht nach § 305 a. Gegen seine Entscheidung ist daher — ohne daß § 310 entgegensteht — die Beschwerde nach § 305 a gegeben[23]. Hat das Berufungsgericht irrigerweise als Beschwerdegericht entschieden, so ist strittig, ob sein Beschluß auf die Beschwerde hin aufzuheben und die Sache wegen des unterschiedlichen Entscheidungsspielraums zur erneuten Entscheidung zurückzuverweisen[24] ist oder ob auch dann das Beschwerdegericht selbst den Beschluß zu erlassen hat[25]. Für letzteres spricht, daß kein Grund für eine Ausnahme besteht, zumal § 305 a im Interesse der Verfahrensbeschleunigung auch sonst den Obergerichten die Beschwerdeentscheidung überträgt (vgl. Rdn. 12).

Die Beschwerde nach § 305 a erlangt **neben der Berufung nur dann Bedeutung**, **15** wenn die Berufung aus irgendwelchen Gründen unzulässig sein sollte oder wenn sie zurückgenommen wird[26]. Das Berufungsgericht ist auch nicht verpflichtet, die Beschwerde schon vor Durchführung der Berufungsverhandlung zu verbescheiden. Eine solche Entscheidung wäre sinnlos, da sie das Berufungsgericht nicht von der Verpflichtung entbinden könnte, zugleich mit dem Urteil erneut über die Modalitäten der Strafaussetzung zur Bewährung gemäß § 268 a nach pflichtgemäßem Ermessen und unbeengt durch § 305 a Abs. 1 Satz 2 zu entscheiden.

Hebt das Berufungsgericht das Ersturteil auf und **verweist** es die Sache nach **16** § 328 Abs. 2 an ein für das Verfahren der ersten Instanz zuständiges Gericht, so wird der Beschluß nach § 268 a Abs. 1, 2 und auch die Beschwerde gegen ihn gegenstandslos. Hat das Berufungsgericht bei Verwerfung der Berufung (versehentlich) keinen Pflichtenbeschluß erlassen, muß es im Beschlußverfahren die Entscheidung nachholen. Sieht man darin eine Entscheidung über die noch nicht erledigte Beschwerde[27], ist das Gericht an die Grenzen des Absatzes 1 Satz 2 gebunden, nimmt man dagegen an, daß das Berufungsgericht auch dann neu entscheidet, ist für die Annahme einer solchen Bindung kein Raum.

c) Ist zulässige **Revision** eingelegt, so entscheidet nach der in Absatz 2 getroffe- **17** nen Zuständigkeitsregelung das Revisionsgericht auch über die Beschwerde. Das Revisionsgericht entscheidet als Beschwerdegericht, unabhängig von der Entscheidung über die Revision, nach den für das Beschwerdegericht allgemein geltenden Regeln[28]. Hält es den Pflichtenbeschluß für gesetzwidrig, muß es selbst die Sachentscheidung treffen,

---

[21] Jetzt h. M; vgl. etwa OLG Celle MDR **1970** 68; OLG Düsseldorf NJW **1956** 1889; dazu A. Kaufmann JZ **1958** 297; OLG Hamm GA **1971** 125; JMBlNW **1964** 176; NJW **1967** 510; KG NJW **1957** 275; LG München I DAR **1956** 111; KK-*Engelhardt*[1] 14; KMR-*Paulus* 10; a. A BayObLG NJW **1956** 1728. Vgl. § 268 a, 19.

[22] OLG Hamm NJW **1967** 510; weit. Nachw. vgl. Fußn. 21 und § 268, 19, 20.

[23] KK-*Engelhardt*[1] 15; KMR-*Paulus* 10; O. H. Schmitt NJW **1956** 1827; vgl. § 268 a, 20.

[24] OLG Hamm GA **1971** 125; KMR-*Paulus* 10; LR[23] 14.

[25] KK-*Engelhardt*[1] 15.

[26] KK-*Engelhardt*[1] 16; *Kleinknecht/Meyer*[38] § 268a.

[27] KMR-*Paulus* 10.

[28] Vgl. Rdn. 2 ff.

wenn es die Revision verwirft oder wenn es selbst auf die zur Bewährung ausgesetzte, gesetzlich niedrigste Strafe erkennt (§ 354 Abs. 1)[29]

18 Hebt es dagegen das angefochtene Urteil auf, soweit es die zur Bewährung ausgesetzte Freiheitsstrafe betrifft und **verweist** es die Sache insoweit an den Tatrichter **zurück**, dann bedarf es keiner Entscheidung des Revisionsgerichts, weil mit der Aufhebung des Urteils der daran anknüpfende Pflichtenbeschluß und die Beschwerde gegenstandslos geworden sind[30]; der Tatrichter muß erneut nach § 268 a Beschluß fassen, wenn er im neuen Urteil wiederum die Freiheitsstrafe zur Bewährung aussetzt.

19 Das Revisionsgericht ist **nur dann** das **Beschwerdegericht**, wenn die Revision zulässig eingelegt ist (§ 346), weil der Beschleunigungs- und Vereinfachungszweck des § 305 a Abs. 2 sonst nicht erreicht wird[31]. Weitere Voraussetzung ist, daß das Erstgericht vor Beendigung des Revisionsverfahrens einen Beschluß nach § 268 a erlassen hat und daß auch die Beschwerde noch vorher eingelegt wird[32]. Nach Zurücknahme der Revision ist das Revisionsgericht für die Beschwerde nicht mehr zuständig[33]. Die Vorschrift des § 305 a Abs. 2 ist einschränkend auszulegen, da sie den Revisionsgerichten nur aus Gründen der Zweckmäßigkeit eine neben ihrer eigentlichen Aufgabe liegende Zuständigkeit überträgt[34]. Das Revisionsgericht ist nur zuständig, wenn derselbe Tatrichter, dessen Urteil mit der Revision angefochten wird, auch den Beschluß nach § 268 a erlassen hat[35]. Seine Zuständigkeit entfällt, wenn die Beschwerde erst nach Verwerfung der Revision entscheidungsreif wird[36]; sie bleibt aber bestehen, wenn eine bei Abschluß des Revisionsverfahrens entscheidungsreife Beschwerde nur versehentlich nicht miterledigt wurde[37].

20 d) **Nachträgliche Änderung des Pflichtenbeschlusses.** Ergeht die abändernde Entscheidung nach den §§ 56 e, 56 f, 59 a Abs. 2 StGB erst **nach der Entscheidung** über das Rechtsmittel, so richtet sich die Zuständigkeit zur Entscheidung über die Beschwerde nach den entsprechend gestalteten §§ 453, 462 a Abs. 2[38].

§ 306

(1) Die Beschwerde wird bei dem Gericht, von dem oder von dessen Vorsitzenden die angefochtene Entscheidung erlassen ist, zu Protokoll der Geschäftsstelle oder schriftlich eingelegt.

(2) Erachtet das Gericht oder der Vorsitzende, dessen Entscheidung angefochten wird, die Beschwerde für begründet, so haben sie ihr abzuhelfen; andernfalls ist die Beschwerde sofort, spätestens vor Ablauf von drei Tagen, dem Beschwerdegericht vorzulegen.

(3) Diese Vorschriften gelten auch für die Entscheidungen des Richters im Vorverfahren und des beauftragten oder ersuchten Richters.

---

[29] KK-*Engelhardt*[1] 17.
[30] KK-*Engelhardt*[1] 17.
[31] BGHSt **10** 20.
[32] BGHSt **10** 20; NStZ **1986** 423; KG NJW **1957** 275; KK-*Engelhardt*[1] 18; KMR-*Paulus* 11.
[33] BayObLGSt **1960** 186 = MDR **1960** 866.
[34] BGHSt **10** 19; BGH NStZ **1986** 423.
[35] KG NJW **1957** 275.
[36] BGH bei *Dallinger* MDR **1971** 547; NStZ **1986** 423; MDR **1987** 954; KMR-*Paulus* 11.
[37] BGH NSt **1986** 423 (unter Hinweis auf Bedeutung des gesetzlichen Richters und auf die andere Auslegung des § 464 Abs. 3).
[38] BGHSt **10** 21; *Eb. Schmidt* 5.

Entstehungsgeschichte. Art. 1 Nr. 84 des 1. StRVG hat in Absatz 3 „Amtsrichter" durch „Richter" ersetzt und die Erwähnung des abgeschafften Untersuchungsrichters gestrichen. Durch Art. 4 Nr. 1 des Gesetzes zur Änderung des Gesetzes über Ordnungswidrigkeiten, des Straßenverkehrsgesetzes und anderer Gesetze vom 7.7. 1986 (BGBl. I 977) wurde der Satz 2 des Absatzes 1 gestrichen, der vorsah, daß die Beschwerde in dringenden Fällen auch beim Beschwerdegericht eingelegt werden kann. Art. 6 Abs. 4 dieses Gesetzes enthält eine Übergangsvorschrift. Bezeichnung bis 1924: § 348.

Übersicht

	Rdn.		Rdn.
1. Einlegung der Beschwerde		4. Abhilfe	
a) Beim Erstgericht	1	a) Prüfung durch den judex a quo	16
b) Beim Gericht des Verwahrungsortes	3	b) Entscheidung über Abhilfe	19
c) Bei einem unzuständigen Gericht	4	c) Mehrere Betroffenen	26
2. Keine Einlegungsfrist	5	d) Beschwerdegericht	27
3. Form der Beschwerde		5. Vorlegungspflicht	
a) Erklärung zur Niederschrift der Geschäftsstelle	6	a) Keine Entscheidungsbefugnis des Erstrichters	28
b) Schriftlich	11	b) Dreitagesfrist	29
c) Begründung	13	c) Revision	32

1. Einlegung der Beschwerde

a) Die Beschwerde ist nach Absatz 1 **beim Erstgericht** einzulegen, also bei dem **1** Gericht, von dem oder dessen Vorsitzenden die angefochtene Entscheidung erlassen worden ist. Dies ist auch ein Gebot der Zweckmäßigkeit; denn das Erstgericht kann einer Beschwerde, soweit es sie für begründet hält, abhelfen. Es kann die Vollziehung der angefochtenen Entscheidung aussetzen (§ 307 Abs. 2), sich zur Beschwerde gegenüber dem Beschwerdegericht äußern und hat die Akten dem Beschwerdegericht vorzulegen, soweit dies sachdienlich ist.

Dies gilt auch in **dringenden Fällen.** Die frühere Ausnahme, die die unmittelbare **2** Einlegung bei dem Beschwerdegericht gestattete, ist entfallen[1].

b) Beim Gericht des Verwahrungsortes kann ein **nicht auf freiem Fuß befindlicher 3 Beschuldigter** die Beschwerde in der Form des § 299 zu Protokoll der Geschäftsstelle[2], nicht jedoch in Schriftform mit fristwahrender Wirkung einlegen[3].

c) Erklärungen, die **gegenüber** einem **unzuständigen Gericht** schriftlich oder zur **4** Niederschrift des Urkundsbeamten (vgl. Rdn. 7, 12) abgegeben werden, gelten mit Eingang bei dem Erstgericht als Beschwerde (Rdn. 9). Das unzuständige Gericht hat sie dorthin weiterzuleiten.

2. Keine Einlegungsfrist. Die einfache Beschwerde ist an keine Frist gebunden. **5** Nur für die sofortige Beschwerde gilt die Wochenfrist des § 311 Abs. 2. Jedoch kann eine sachlich verzögerte einfache Beschwerde durch den Fortgang des Verfahrens gegenstandslos werden[4], wenn inzwischen ein Verfahrensstand eingetreten ist, bei welchem

---

[1] Der frühere Absatz 1 Satz 2 wurde durch Gesetz vom 7. 7. 1986 aufgehoben; vgl. Entstehungsgeschichte.
[2] OLG Hamm Rpfleger **1956** 240.
[3] OLG Düsseldorf NJW **1970** 1890; vgl. § 299, 1; Rdn. 7.
[4] Vgl. Vor § 304, 29; § 304, 36 ff.

§ 306 Drittes Buch. Rechtsmittel

die beanstandete Verfügung usw. nicht mehr beseitigt werden kann. Wird die Beschwerde erst nach so langer Zeit eingelegt, daß niemand mehr mit ihr zu rechnen brauchte, dann ist sie unzulässig (vgl. Vor § 296, 48). Auch eine **im voraus** für den Fall der Ablehnung eines Antrags eingelegte Beschwerde ist nach der herrschenden Meinung unzulässig[5].

3. Form der Beschwerde

6 a) „**Erklärung zur Niederschrift der Geschäftsstelle**" hat die gleiche Bedeutung wie bei § 314 und § 341[6]. Eine zur Niederschrift des Urkundsbeamten der Geschäftsstelle abgegebene Erklärung liegt vor, wenn ein zur Aufnahme der Erklärung befugter Urkundsbeamter[7] die Erklärung in einer Niederschrift als abgegeben beurkundet. Sie ist zugleich eine schriftliche, wenn der Erklärende sie unterzeichnet[8]. Dies ist von Bedeutung, wenn die Niederschrift im übrigen an einem Formmangel leidet.

7 Wird die Beschwerde zur Niederschrift eines **unzuständigen Gerichts** erklärt, so wird eine darin enthaltene schriftliche Erklärung erst mit dem Eingang bei dem Erstgericht als Beschwerde wirksam. Durch Übersendung einer beglaubigten Abschrift der Niederschrift wird eine Frist ebenfalls gewahrt, da der Beglaubigungsvermerk die Abgabe der Erklärung und die Identität des Erklärenden ausreichend bezeugt[9]. Besteht kein Zweifel an der Nämlichkeit des Unterzeichners, so ist sogar Unterzeichnen mit unrichtigem Namen unschädlich[10]. Ob die Beschwerde fernmündlich zur Protokoll der Geschäftsstelle erklärt werden kann, ist strittig[11]. Wegen der weiteren Einzelheiten vgl. § 314, 8 ff.

8 Die **Geschäftsstelle des zuständigen Gerichts** ist zur Entgegennahme der Erklärung verpflichtet (§ 153 GVG). Zuständig ist nur der Urkundsbeamte des Erstgerichts, auch der einer Zweigstelle[12] oder der Rechtsantragsstelle[13]. In den Fällen des § 299 ist zuständig auch der Urkundsbeamte des Gerichts am Verwahrungsort. Der zuständige Urkundsbeamte darf die Aufnahme der Niederschrift nicht deshalb verweigern, weil die Beschwerde auch schriftlich eingelegt werden könne; denn der Beschwerdeführer hat insoweit die freie Wahl[14]. Der Urkundsbeamte muß die Begründung entgegennehmen, selbst wenn sie verspätet erklärt wird.

9 Eine in der **Hauptverhandlung** in die Sitzungsniederschrift aufgenommene Erklärung steht der Einlegung der Beschwerde zur Niederschrift der Geschäftsstelle gleich[15].

---

[5] OLG Bremen Rpfleger **1962** 387; vgl. Vor § 296, 43 ff.
[6] Vgl. etwa OLG Düsseldorf NJW **1969** 1361; *Ellersiek* 153; § 314, 2 ff; § 341, 11.
[7] Vgl. bei § 153 GVG; § 24 RpflG; § 314, 4 f.
[8] RGRspr **2** 133; **3** 3; RGSt **2** 125; 253; **48** 275; KK-*Engelhardt*[1] 9; *Kleinknecht/Meyer*[38] Einl. 128. Wieweit sie als schriftliche Erklärung anzusehen ist, wenn die Unterschrift fehlt (so RGSt **17** 256), ist strittig; vgl. BGH NJW **1984** 1974; § 314, 10.
[9] BGH NJW **1984** 1974; vgl. Rdn. 12 mit weit. Nachw.; **a. A** RGSt **48** 276. Zur Schriftform vgl. etwa *Kleinknecht/Meyer*[38] Einl. 128; KMR-*Sax* Einl. Kap X 48 bis 52; Vor § 42, 11 ff; Vor § 42, 13 ff; § 314, 8 ff.
[10] RG DStRZ **1915** 82.
[11] Bejahend BGH VRS **58** 210; BayObLG VRS **56** 371, **58** 38; BGHSt **29** 175 läßt dies offen; verneinend OLG Stuttgart MDR **1984** 75 unter Hinweis auf BGHSt **30** 64 (bei Berufung); vgl. Vor § 42, 8 ff; § 314, 15; § 341, 15.
[12] BayObLGSt **1975** 5 = NJW **1975** 946; BayObLG bei *Rüth* DAR **1978** 212; KMR-*Paulus* 2; vgl. auch OLG Koblenz MDR **1981** 425 (Einlegung beim Stammgericht).
[13] OLG Hamm Rpfleger **1960** 214; vgl. § 341, 11.
[14] OLG Bremen Rpfleger **1956** 240; *Ellersiek* 153.
[15] BGHSt **31** 109 = JR **1983** 383 mit Anm. *Fezer*; OLG Bremen JZ **1953** 516; OLG Koblenz VRS **61** 356; *Kleinknecht/Meyer*[38] Einl. 137; strittig; **a. A** BayObLG NStZ **1981** 445; vgl. § 273, 21; 22; § 341, 12 mit weit. Nachw.

Die protokollierte Erklärung, zu deren Aufnahme keine Pflicht besteht, nimmt an der Beweiskraft der Sitzungsniederschrift (§ 274) nicht teil[16]. Der Form ist genügt, wenn statt eines dazu befugten Urkundsbeamten der Geschäftsstelle ein Richter die in der Niederschrift beurkundete Erklärung entgegengenommen hat[17].

Nimmt ein **unzuständiger Urkundsbeamter** die Erklärung entgegen, wozu er nicht verpflichtet ist[18], so wird sie erst mit dem Eingang beim zuständigen Gericht zur Beschwerde[19]. Dies gilt auch für Hauptverhandlungen oder Verhandlungen vor einem ersuchten oder beauftragten Richter. Die Erklärung zu Protokoll eines anderen Strafverfahrens als desjenigen, auf das sich die Beschwerde bezieht, soll nach RGSt 32 279 unbeachtlich sein; jedoch ist nicht einzusehen, warum eine solche Urkunde bei Mitteilung an das zuständige Gericht nicht als schriftliche Beschwerde gelten kann[20]. **10**

b) **Schriftlich.** Es gelten die gleichen Gesichtspunkte wie bei der Berufung, so daß wegen der Einzelheiten auf die dortigen Ausführungen verwiesen werden kann[21]. Hier sollen nur einige Grundzüge wiederholt werden. **11**

Zur Schriftform gehört nicht notwendig eine **unterzeichnete Erklärung**[22]. Bei einer funktionsorientierten Auslegung dieses Formerfordernisses genügt es, wenn aus dem Schriftstück in jeden Zweifel ausschließender Weise hervorgeht, von wem es herrührt, ferner, daß der Urheber den Willen hat, Beschwerde einzulegen[23], es also nicht etwa nur ein Entwurf ist. Die Einreichung einer gehörig beglaubigten Abschrift genügt bei einer Behörde[24]. Sie muß auch ausreichen, wenn die Beschwerde von einer Privatperson stammt, da sie genügend nachweist, daß eine entsprechende schriftliche Erklärung abgegeben ist[25]. Eine nicht unterzeichnete behördliche Niederschrift wird dann ausreichen, wenn sie bezeugt, welche Person die Erklärung abgegeben hat, nicht nur, wie der Erklärende sich bezeichnet hat. Unterzeichnung durch Bevollmächtigten mit dessen Namen oder mit dem des Beschwerdeführers genügt, wenn die Vollmacht bekannt oder nachweisbar ist. Die Schriftform wird grundsätzlich auch bei **Telegrammen, Fernschreiben** und **Telekopien** erfüllt[26]. **12**

c) Eine **Begründung** der Beschwerde ist nicht vorgeschrieben; sie ist aber üblich und liegt auch im Interesse einer zweckmäßigen Rechtswahrung. Die Begründung kann bei Einlegung der Beschwerde in der dafür vorgesehenen Form abgegeben werden. Der Beschwerdeführer kann sich aber auch bei der Einlegung die Begründung vorbehalten. Im letzteren Fall muß das Beschwerdegericht eine angemessene Zeit zuwarten, bevor es entscheidet[27]. Das Beschwerdegericht und wohl auch der Richter, dessen Entscheidung angefochten ist, kann dem Beschwerdeführer aber auch eine Frist für die Begründung setzen. Die Frist muß dann der Sach- und Rechtslage angemessen sein und dem Be- **13**

---

[16] Vgl. § 273, 21.
[17] Vgl. § 8 RpflG 6; BGH NJW **1984** 1974; Fußn. 15.
[18] KG GA **1953** 125; Ellersiek 153; vgl. Rdn. 7; § 314, 7; § 341, 12.
[19] Vgl. Rdn. 7; § 314, 7.
[20] Vgl. OLG Bremen JZ **1953** 516; KMR-*Paulus* 10, wonach solche beim unzuständigen Gericht zu Protokoll gegebenen Erklärungen nach Eingang beim zuständigen Gericht eine wirksame schriftliche Erklärung erhalten können. *Eb. Schmidt* 3.
[21] Vgl. § 314, 8 ff.

[22] BVerfGE **15** 291; BGHSt **2** 77; BGH NJW **1984** 1974; GmS-OGB NJW **1980** 174.
[23] RGSt **62** 53; **63** 246; **67** 387; BGHSt **2** 78; **12** 317; **30** 183; GmS-OGB NJW **1980** 174; OLG Düsseldorf NJW **1962** 551.
[24] BGHSt **2** 77.
[25] Vgl. BGH NJW **1984** 1974 (Protokoll).
[26] Wegen der Einzelheiten vgl. Vor § 42, 26 ff; § 314, 15 ff.
[27] BVerfGE **8** 90; **17** 193; **18** 406; **24** 25; **60** 313; BayVerfGH **33** 101; OLG Bremen NJW **1963** 1321; OLG Düsseldorf StrVert. **1983** 325.

schleunigungsgebot, aber auch den bestehenden Schwierigkeiten, (Besprechungen, Beschaffung von Unterlagen) Rechnung tragen[28].

14 Hat das Gericht eine **Äußerungsfrist** eingeräumt, muß es diese **abwarten**, auch wenn die Sache schon früher entscheidungsreif ist[29].

15 Die **Nichteinhaltung der Frist** hat nur zur Folge, daß das Gericht, wenn sie angemessen war, ohne Verletzung des Rechts auf Gehör entscheiden kann; eine nach Fristablauf eingereichte Beschwerdebegründung ist aber, solange die Beschwerdeentscheidung nicht ergangen ist, zu berücksichtigen[30]. Da es sich um keine vom Gesetz gesetzte Erklärungsfrist mit Ausschlußwirkung handelt, gibt es gegen ihre Versäumung keine Wiedereinsetzung[31].

4. Abhilfe

16 a) **Prüfung durch den judex a quo.** Das Gericht, der Richter im Vorverfahren, oder der beauftragte oder ersuchte Richter, der die Entscheidung erlassen hat, muß auf die Beschwerde hin prüfen, ob Anlaß besteht, seine Entscheidung abzuändern. Die Abhilfe ist nur bei den Entscheidungen ausgeschlossen, die mit sofortiger Beschwerde anfechtbar sind. Hier läßt sie § 311 Abs. 3 Satz 2 nur bei Verletzung des Rechts auf Gehör, nicht aber sonst zu[32]. **Zweck der Abhilfe** ist es, aus Gründen der Prozeßwirtschaftlichkeit und der Verfahrensbeschleunigung dem Erstrichter die nachträgliche Korrektur seiner Entscheidung zu ermöglichen und dem Beschwerdegericht zu ersparen, sich mit einer Entscheidung zu befassen, an der auch der Erstrichter nicht mehr festhält[33].

17 Es ist **Amtspflicht** des Gerichts oder Richters, einer für begründet erachteten Beschwerde abzuhelfen. Es steht nicht in seinem Ermessen, ob er tätig werden will[34]. Ob die Pflicht zur Abhilfe von der Zulässigkeit der Beschwerde abhängt[35], kann fraglich sein, ist aber letztlich nicht entscheidend, da das Recht zur Abhilfe so weit reicht wie die Befugnis des Gerichts, eine nachträglich als unrichtig erkannte Entscheidung auf Gegenvorstellung oder von Amts wegen zu ändern[36]. Auch eine unzulässige Beschwerde kann den Anstoß dazu geben[37]. Bei Entscheidungen, die durch den Verfahrensgang

---

[28] BVerfGE 4 192; BayVerfGH 17 13; KK-*Engelhardt*[1] 13; *Kleinknecht/Meyer*[38] 5; KMR-*Paulus* 14.

[29] BVerfGE 12 113; 18 384; 42 243; 46 314; 49 215; JZ 1977 29 mit Anm. *Goerlich*; OLG Karlsruhe MDR 1983 250.

[30] Vgl. KK-*Engelhardt*[1] 13; *Kleinknecht/Meyer*[38] 6; KMR-*Paulus* 14.

[31] OLG Karlsruhe MDR 1983 250; vgl. Vor § 42, 1 ff; *Kleinknecht/Meyer*[38] 6; § 44, 3 (Analogie zur Anwendung des § 33 a).

[32] Vgl. § 311, 1.

[33] OLG München JR 1974 204 mit Anm. *Gollwitzer*; KK-*Engelhardt*[1] 14; *Kleinknecht/Meyer*[38] 7; KMR-*Paulus* 15.

[34] *Ellersiek* 169; *Gollwitzer* JR 1974 207; *Kleinknecht/Meyer*[38] 8; *Eb. Schmidt* 7; bei § 571 ZPO wird die gleiche Ansicht vertreten, vgl. die Kommentare zu dieser Vorschrift.

[35] So KG JR 1957 430; KMR-*Paulus* 17; differenzierend *Ellersiek* 169. Vgl. bei § 571 ZPO *Stein/Jonas* § 571, I: „unabhängig von Zulässigkeit"; *Thomas/Putzo* § 571, 1b: „eine als Prozeßhandlung wirksam eingelegte, nicht notwendig zulässige Beschwerde".

[36] Vgl. Vor § 304, 24 ff; KK-*Engelhardt*[1] 15; *Kleinknecht/Meyer*[38] 12; KMR-*Paulus* 17.

[37] Auch ein unzulässiges Rechtsmittel kann die Pflicht zur Änderung auslösen, wenn andernfalls eine falsche Entscheidung zur weiteren Grundlage des Verfahrens würde (BayObLGSt 1953 214 = GA 1954 377). Die Unterscheidung, ob die Abhilfe durch eine zulässige Beschwerde ausgelöst wurde, kann aber für die sonstige Sachbehandlung von Bedeutung sein; so kann bei unzulässiger Beschwerde das Beschwerdegericht nicht eingreifen (KK-*Engelhardt*[1] 15). Bei der Kostenentscheidung kann es ins Gewicht fallen, ob die Abhilfe einer zulässigen und begründeten Beschwerde zum Erfolg verhilft (vgl. LG Hamburg NJW 1973 719) oder nur eine unzulässige Beschwerde den Anstoß zur Abhilfe von Amts wegen gibt; im letzteren

überholt sind, besteht weder Pflicht noch Anlaß zu einer Änderung[38].

Die dem Erstrichter von seiner Entscheidung über die Abhilfe obliegende Überprüfung der angegriffenen Entscheidung schließt auch **weitere Ermittlungen** ein, wenn ein ernstzunehmendes neues Vorbringen die tatsächlichen Grundlagen der angegriffenen Entscheidung in Frage stellt[39]. Es muß sich aber immer um Vorbringen handeln, das nach Ansicht des Erstrichters eine Änderung der Entscheidung erforderlich machen würde. Zur Vereinbarkeit der weiteren Ermittlungen mit der Drei-Tage-Frist des Absatz 2 letzter Halbsatz vgl. Rdn. 30. **18**

b) Die **Entscheidung über die Abhilfe** obliegt dem Gericht, das die angegriffene Entscheidung erlassen hat, bzw. bei einem Wechsel der Zuständigkeit, dem Gericht, das nunmehr an dessen Stelle für die angefochtene Entscheidung und damit auch für die Abhilfe zuständig geworden ist[40]. Außerhalb der Hauptverhandlung kann die Abhilfeentscheidung auch dann vom Gericht in der Beschlußbesetzung erlassen werden, wenn an dem angefochtenen Beschluß in der Hauptverhandlung Schöffen mitgewirkt haben[41]. Hat der ersuchte oder beauftragte Richter oder der Vorsitzende die Anordnung (im Rahmen seiner Zuständigkeit) getroffen, so entscheidet er auch über die Abhilfe und nicht etwa das Gericht.[42] **19**

Die Entscheidung über die Abhilfe ergeht **im Beschwerdeverfahren**, ist aber keine Entscheidung **über** das Rechtsmittel der Beschwerde[43]. Soweit diese nicht durch die Abhilfe gegenstandslos wird, muß das Rechtsmittelgericht über sie befinden. Die Entscheidung über die Abhilfe hat je nach ihrem Inhalt unterschiedliche Rechtsqualität und eine unterschiedliche verfahrensrechtliche Bedeutung. **20**

Die Feststellung, daß der **Beschwerde nicht abgeholfen** wird, ist eine aktenkundig zu machende, formlose, verfahrensinterne Feststellung; die Unterzeichnung durch den Vorsitzenden genügt. Sie braucht nach §§ 34, 35 weder begründet noch den Verfahrensbeteiligten mitgeteilt zu werden[44]. Sie greift nicht in Rechte der Verfahrensbeteiligten ein und ist nicht selbständig anfechtbar. Soweit das Gericht die Gründe für die Nichtabhilfe in einem Aktenvermerk darlegt, wird dieser Vermerk nicht Bestandteil des angefochtenen Beschlusses. **21**

Hat der Erstrichter über **neues Vorbringen** in der Beschwerde Beweis erhoben, so kann er, wenn er auf Grund des Ergebnisses seiner Ermittlungen keinen Anlaß zur Abhilfe sieht, ebenso verfahren[45]. Er kann sich damit begnügen, dies aktenkundig zu machen und die Würdigung der Ermittlungsergebnisse dem Beschwerdegericht überlassen, das sich ohnehin damit nochmals auseinandersetzen muß. Will der Erstrichter dagegen seine ursprüngliche Entscheidung durch die neuen Ermittlungsergebnisse ergän- **22**

Fall wird allerdings zu prüfen sein, ob nicht die unzulässige Beschwerde in eine Gegenvorstellung umgedeutet werden kann, die mit der Abhilfeentscheidung erledigt ist, so daß sich die Verwerfung als unzulässig durch das Beschwerdegericht erübrigt.

[38] *Ellersiek* 169; zur Überholung vgl. § 304, 29; § 304, 36 ff.
[39] OLG München JR **1974** 204 mit Anm. *Gollwitzer*; vgl. auch OLG Frankfurt NJW **1968** 57 zu § 571 ZPO; ferner KK-*Engelhardt*[1] 14 (soweit 3 Tagesfrist es erlaubt); KMR-*Paulus* 19.
[40] KK-*Engelhardt*[1] 17.
[41] *Ellersiek* 170.
[42] KK-*Engelhardt*[1] 17; KMR-*Paulus* 18.
[43] *Ellersiek* 32.
[44] KG VRS **38** 127; *Ellersiek* 170; KK-*Engelhardt* 21; *Kleinknecht/Meyer*[38] 9; KMR-*Paulus* 20.
[45] Wieweit der Erstrichter Verfahrensbeteiligte zum Ergebnis der nachträglichen Ermittlungen hören muß, hängt von der Aufklärungspflicht ab. Die zur Gewährung des rechtlichen Gehörs unter Umständen erforderliche formale Anhörung kann er dem Beschwerdegericht überlassen, wenn er nicht abhilft.

zen, so kann er einen **förmlichen Beschluß** über die **Nichtabhilfe**[46] erlassen, der den Verfahrensbeteiligten zur Kenntnis zu bringen ist, da er Elemente einer neuen Sachentscheidung in sich birgt. Eine Pflicht, die Nichtabhilfe förmlich zu begründen, wird ausnahmsweise angenommen, so, wenn erhebliche neue Tatsachen vorgetragen werden und der angefochtene Beschluß nicht begründet ist[46a]. Einer **Rechtsmittelbelehrung** bedarf es nicht, ein Hinweis auf die Vorlage beim Beschwerdegericht ist jedoch zweckmäßig.

23 Hält der Erstrichter die angefochtene Entscheidung aus **anderen** als den ursprünglich angeführten **Gründen** aufrecht, dann hilft er in Wirklichkeit der Beschwerde durch eine neue, wenn auch zum gleichen Ergebnis führende Sachentscheidung ab, die an die Stelle der alten tritt und die den Verfahrensbeteiligten in gleicher Form bekanntzugeben ist, wie die ursprüngliche Entscheidung[47]. Das Verfahren richtet sich dann nach den gleichen Grundsätzen wie bei der echten Abhilfe, jedoch mit dem Unterschied, daß die Beschwerde, sofern sie nicht wegen der veränderten Sachlage zurückgenommen wird, dem Beschwerdegericht vorzulegen ist.

24 Die Entscheidung, die der Beschwerde **ganz oder teilweise abhilft**, ist eine **neue Sachentscheidung** gleicher Art und gleicher Instanz wie die angefochtene Entscheidung, die sie ersetzt, ändert oder ergänzt[48]. Soweit die ursprüngliche Entscheidung nicht aufgehoben ist, bildet sie zusammen mit der Abhilfeentscheidung rechtlich eine Einheit, von der das weitere Verfahren auszugehen hat[49]. Als Sachentscheidung, die in Verfahrenspositionen eingreift, ist vor ihrem Erlaß den Verfahrensbeteiligten im erforderlichen Umfang, so bei Verwendung neuer Tatsachen, rechtliches Gehör zu gewähren[50]. Die neue Entscheidung ist an das Beschwerdevorbringen und die Beschwerdeanträge nicht gebunden. Sie muß dem Verfahrensbeteiligten wie die angefochtene Entscheidung nach § 35 bekanntgemacht werden und ist mit Beschwerde nach Maßgabe der für ihren neuen Inhalt geltenden Vorschriften (z. B. kann jetzt § 305 eingreifen) anfechtbar.

25 Die ursprüngliche Beschwerde ist **gegenstandslos**, sofern die Abhilfe den Beschwerdegegenstand völlig beseitigt hat. Bei nur **teilweiser Abhilfe**, also wenn der Beschwerde nicht in allen Punkten oder nicht im beantragten Umfang Rechnung getragen wird, ist die Beschwerde dem Beschwerdegericht zur Entscheidung über den nicht erledigten Rest vorzulegen. Je nach Lage des Falles kann sich allerdings empfehlen, den Beschwerdeführer gleichzeitig mit der Bekanntgabe der teilweise abhelfenden Entscheidung zu befragen, ob er den noch nicht erledigten Teil seiner Beschwerde aufrechterhalten will.

26 c) Führt die Beschwerde bei einem von **mehreren Betroffenen** zur Abhilfe, dann hat das Gericht von Amts wegen zu prüfen, ob es nicht auch hinsichtlich der anderen Betroffenen, die kein Rechtsmittel eingelegt haben, seine Entscheidung ändern muß.

---

[46] BGH MDR **1987** 954 (begründeter Beschluß nötig, wenn ursprüngliche Entscheidung nicht begründet); *Schoene* GA **1980** 418; a. A KK-*Engelhardt*[1] 21; *Kleinknecht/Meyer*[38] 9 (überflüssig).

[46a] BGH NStZ **1987** 519.

[47] *Ellersiek* 170. Bei § 571 fordern *Stein/Jonas* § 571, II 1; *Rosenberg/Schwab* § 149, IV einen neuen Beschluß, wenn der Richter seine Entscheidung aus anderen Gründen als ursprünglich angegebene aufrechterhält (str. vgl. *Thomas/Putzo* § 571, 1 c). *Kleinknecht/Meyer*[38] 10 fordert bei einem Nachschieben der Gründe einen förmlichen Abhilfebeschluß, der dem Beschwerdeführer mit dem Hinweis mitzuteilen ist, daß die Beschwerde nunmehr vorgelegt werde.

[48] KK-*Engelhardt*[1] 18; *Kleinknecht/Meyer*[38] 8; KMR-*Paulus* 22.

[49] *Ellersiek* 32; 170; KMR-*Paaulus* 22.

[50] Strittig; wie hier *Ellersiek* 172; *Müller* NJW **1960** 710; *Röhl* NJW **1964** 273; a. A *Rahn* NJW **1959** 1107; *Röhl* MDR **1955** 522; *Ulrich* NJW **1960** 710; *Kleinknecht/Meyer*[38] 8.

d) Das **Beschwerdegericht** kann über die Beschwerde auch dann sachlich entscheiden, wenn der Vorderrichter sich nicht zur Abhilfe geäußert hat; denn letzteres ist **keine Verfahrensvoraussetzung** für die Entscheidung des Beschwerdegerichts[51]. In dringenden Fällen oder wenn das Erstgericht eine abweichende Rechtsauffassung vertritt, ist dies ohnehin angezeigt. Im übrigen aber hat das Beschwerdegericht unter Berücksichtigung seiner Pflicht, die Beschwerde schnell und wirtschaftlich zu erledigen, nach pflichtgemäßem Ermessen darüber zu befinden, ob es — eventuell nach weiteren Ermittlungen — selbst entscheiden oder ob es ausnahmsweise dem Vorderrichter Gelegenheit geben will, eine unterbliebene oder in Verkennung des Umfangs der Nachprüfungspflicht[52] getroffene Entscheidung über die Abhilfe ordnungsgemäß nachzuholen. Eine **Rückgabe der Akten**[53] zu diesem Zweck ist in engen Grenzen zulässig. Sie ist nur in Ausnahmefällen mit dem Beschleunigungsgebot vereinbar[54], so, wenn die tatsächliche Richtigkeit des Beschwerdevorbringens vom örtlich näheren Erstrichter leichter und schneller festgestellt werden kann und zu erwarten ist, daß dieser dann gegebenenfalls seine Entscheidung selbst korrigiert, weil die neuen Tatsachen auch nach der von ihm vertretenen Rechtsauffassung entscheidungserheblich sind. Sie scheidet aus, wenn das Beschwerdegericht selbst sofort entscheiden kann[55]. **27**

5. Vorlegungspflicht

a) Zur Entscheidung über die Beschwerde ist der **Erstrichter nicht befugt**. Er darf auch eine Beschwerde, die er für unzulässig hält, nicht zurückweisen[56]. Jede Beschwerde ist dem Beschwerdegericht vorzulegen, sofern ihr nicht voll abgeholfen wird[57]. Dies schließt nicht aus, daß das Gericht in den Fällen einer offensichtlich unzulässigen Beschwerde den Beschwerdeführer im Interesse der Verfahrensbeschleunigung und der Prozeßwirtschaftlichkeit darauf hinweist, und ihm anheimgibt, die Beschwerde zurückzunehmen oder ihm mitteilt, daß es die Beschwerde als zurückgenommen betrachte, wenn er nichts Gegenteiliges verlauten läßt[58]. **28**

b) Dreitagesfrist. Die Beschwerde ist **sofort, spätestens vor Ablauf von drei Tagen** dem Beschwerdegericht vorzulegen (Absatz 2 letzter Halbsatz). Es handelt sich um eine der Verfahrensbeschleunigung dienende Sollvorschrift[59], die sich an den Erstrichter wendet, nicht um eine echte Frist. Sie soll die unverzügliche Vorlage der Beschwerde sichern[60]. Ihre Überschreitung hat keine unmittelbaren verfahrensrechtlichen Konsequenzen. **29**

Der Vorschrift ist Genüge getan, wenn der Erstrichter, der nicht abhelfen will, unverzüglich, spätestens aber vor Ablauf von drei Tagen die **Vorlage** beim Beschwerde- **30**

---

[51] OLG Bremen MDR **1951** 56 mit Anm. *Dallinger*; KK-*Engelhardt*[1] 23; *Kleinknecht/Meyer*[38] 10; KMR-*Paulus* 23; *Schlüchter* 664. 3.

[52] Vgl. Rdn. 17.

[53] Eine solche Rückgabe der Akten hebt den Devolutiveffekt wieder auf. Sie darf aber mit der Zurückverweisung nach Durchführung des Rechtsmittelverfahrens im Sinne der §§ 354, 328 nicht gleichgesetzt werden, denn die Beschwerde wird dadurch nicht erledigt.

[54] KK-*Engelhardt*[1] 23; 24 (nicht aber die Zurückverweisung); *Kleinknecht/Meyer*[38] 10; KMR-*Paulus* 23; vgl. OLG München JR **1974** 204 mit Anm. *Gollwitzer*; ferner auch BGH MDR **1987** 954.

[55] *Gollwitzer* JR **1974** 207; KMR-*Paulus* 23; weitergehend *Ellersiek* 171.

[56] RGSt **43** 180; *Kleinknecht/Meyer*[38] 12; KMR-*Paulus* 25.

[57] RG HRR **1939** Nr. 276; **1936** Nr. 1474.

[58] *Kleinknecht/Meyer*[38] 12; **a. A** KMR-*Paulus* 25, der die mit dem Hinweis verbundene Unterstellung einer Rücknahme für unwirksam hält.

[59] *Ellersiek* 175; KK-*Engelhardt*[1] 22; *Kleinknecht/Meyer*[38] 11; KMR-*Paulus* 26; *Eb. Schmidt* 18.

[60] KG VRS **38** 127.

gericht **verfügt**. Nach Sinn (Verhaltensregel für den Erstrichter) und Wortlaut der Vorschrift betrifft sie die Anordnung der Vorlage und nicht den Zeitpunkt, bis zu dem die Beschwerde beim Beschwerdegericht eingehen soll[61]. Folgt man dieser Auslegung, dann genügt es, wenn der Erstrichter alsbald nach Eingang der Beschwerde prüft, ob er ihr abhilft. Kann er dies noch nicht entscheiden, weil das Beschwerdevorbringen weitere Ermittlungen erfordert, so muß er diese mit der gebotenen Beschleunigung durchführen und dann abhelfen oder unverzüglich vorlegen. Andernfalls ist die Vorlage vor Ablauf von drei Tagen zu verfügen. Die in der Regel zweckmäßige Vorlage der Beschwerde über die Staatsanwaltschaft (vgl. § 308 Abs. 1, § 309 Abs. 1) scheitert bei dieser Auslegung nicht an der Kürze der Frist[62].

31 Da es sich um eine Vorschrift zur Verfahrensbeschleunigung handelt, ist im übrigen eine **Überschreitung der Vorlagefrist** nicht zu beanstanden, wenn dies geschieht, um die Abwicklung des Gesamtverfahrens nicht zu verzögern, etwa, wenn die Durchführung der unmittelbar bevorstehenden Hauptverhandlung sonst in Frage gestellt wäre[63]. Allerdings wird es im letzteren Fall meist zweckmäßiger sein, die Beschwerde mit der Bitte um Rückgabe der Akten wegen des unmittelbar anstehenden Termins oder aber auch ohne die Akten vorzulegen. Ob Ermittlungen in Prüfung einer für die Abhilfeentscheidung wichtigen Tatsache die Fristüberschreitung rechtfertigen, ist strittig[64]. Die Frist soll der Verfahrensbeschleunigung dienen; im Hinblick auf eine schnelle und prozeßwirtschaftliche Abwicklung des Gesamtverfahrens kann es zweckdienlicher sein, wenn das Erstgericht statt der fristgerechten Vorlage einen Sachverhalt aufklärt, durch den sich Beschwerde und Einschaltung des Beschwerdegerichts erledigt.

32 c) Unterbleibt die Vorlage, etwa im Hinblick auf den anstehenden Termin der Hauptverhandlung, so kann das Unterlassen unter Umständen mit der **Revision** gerügt werden. In der Regel wird das Urteil allerdings nicht auf dem Verstoß beruhen.

§ 307

(1) Durch Einlegung der Beschwerde wird der Vollzug der angefochtenen Entscheidung nicht gehemmt.

(2) Jedoch kann das Gericht, der Vorsitzende oder der Richter, dessen Entscheidung angefochten wird, sowie auch das Beschwerdegericht anordnen, daß die Vollziehung der angefochtenen Entscheidung auszusetzen ist.

Bezeichnung bis 1924: § 351.

---

[61] *Gollwitzer* JR **1974** 207; *Kleinknecht/Meyer*[38] 11; vgl. OLG Frankfurt NJW **1968** 57 zu § 571 ZPO; ferner KMR-*Paulus* 26 (Eingang beim Beschwerdegericht).

[62] *Kleinknecht/Meyer*[38] 11; KMR-*Paulus* 26 halten die Vorlage über die Staatsanwaltschaft trotz Fristablauf für zulässig.

[63] KMR-*Paulus* 26.

[64] Vgl. KMR-*Paulus* 26; OLG München JR **1974** 204; anders KK-*Engelhardt*[1] 22; *Kleinknecht/Meyer*[38] 11, die die Vorlage fordern, wenn die Ermittlungen nicht innerhalb der Dreitagefrist durchführbar sind. Bei § 571 ZPO ist ebenfalls strittig, ob die Pflicht zur fristgerechten Vorlage der Pflicht zu Ermittlungen vorgeht, vgl. die Kommentare zur ZPO.

Stand: 1. 11. 1987

Übersicht

	Rdn.		Rdn.
1. Sofortiger Eintritt der Vollziehbarkeit		3. Dauer der Aussetzung	6
a) Vollzug	1	4. Anhörung des Beschwerdegegners	7
b) Ausnahmen	2	5. Ausdrückliche Entscheidung	8
c) Ausdrückliche Anordnung der sofortigen Vollziehung	4	6. Zuständigkeit	9
2. Anordnung der Aussetzung der Vollziehung	5	7. Beschwerde	11

1. Sofortiger Eintritt der Vollziehbarkeit

a) **Vollzug** der Entscheidung bedeutet Durchführung oder Vollstreckung der getroffenen Anordnung[1]. Grundsätzlich ist jede richterliche Entscheidung im Strafprozeß mit Ausnahme der Urteile (vgl. § 449) mit Erlaß vollstreckbar oder durchführbar, ohne daß es dazu einer besonderen Anordnung bedarf.

b) Eine **Ausnahme** besteht dort, wo das Gesetz etwas anderes bestimmt. Aufschiebende Wirkung wird der Beschwerde beispielsweise eingeräumt in § 81 Abs. 4, § 231 a Abs. 3 Satz 3, § 454 Abs. 2, § 462 Abs. 3 Satz 2, §§ 180, 181 Abs. 2 GVG. In diesen Fällen ist § 307 nicht anwendbar. Im übrigen bedarf es einer ausdrücklichen Anordnung nach Absatz 2 um die sofortige Vollziehbarkeit auszuschließen.

Hängt die **Vollstreckung** eines Strafurteils oder eines über Rechtsfolgen abschließend entscheidenden Beschlusses vom Ergebnis einer sofortigen Beschwerde ab, so dürfte in der Regel **in entsprechender Anwendung** des Grundgedankens des § 449 die sofortige Vollstreckung ausgeschlossen sein, die sofortige Beschwerde also aufschiebende Wirkung haben, auch wenn das Gesetz dies nicht ausdrücklich angeordnet hat[2]. Dafür spricht auch § 453 c, der bis zur Rechtskraft des Widerrufsbeschlusses einen Sicherungshaftbefehl zuläßt. Aber selbst wenn man dieser Ansicht nicht folgt, weil der ergänzte § 462 Abs. 3 nur der sofortigen Beschwerde der Staatsanwaltschaft gegen die Unterbrechung der Vollstreckung aufschiebende Wirkung beimißt, dürfte bei der Schwere des Eingriffs eine Vollstreckung vor Abschluß des Beschwerdeverfahrens **unangebracht** sein[3].

c) Wo das Gesetz **ausdrücklich** die **sofortige Vollziehung** anordnet, ist ein Aufschub der Vollziehung nach Absatz 2 ausgeschlossen. So muß bei Aufhebung des Haftbefehls der Angeschuldigte freigelassen werden, auch wenn gegen die Aufhebung ein Rechtsmittel eingelegt ist (§ 120 Abs. 2).

2. Anordnung der Aussetzung der Vollziehung. Ob eine solche Anordnung zu erlassen ist, muß auch ohne Antrag von Amts wegen unter Berücksichtigung aller Umstände des Einzelfalls nach **pflichtgemäßem Ermessen** entschieden werden[4]. Das öffentliche Interesse am sofortigen Vollzug und an der Verfahrensbeschleunigung sind dabei

---

[1] Die früheren Entwürfe sahen vor, das Wort „Vollzug" in diesem Sinne zu ersetzen, ohne daß damit eine Änderung in der Sache beabsichtigt war (Begründung zu Entw. 1908, 304; Entw. 1909, 177).

[2] OLG Karlsruhe NJW **1964** 1085; *Hanack* JZ **1966** 50; KK-*Engelhardt*[1] 1; *Kleinknecht*/*Meyer*[38] 1; KMR-*Paulus* 3; a. A Kaiser NJW **1964** 1946.

[3] OLG Karlsruhe NJW **1972** 2007 (rechtlich bedenklich, zumindest unzweckmäßig).

[4] OLG Karlsruhe NJW **1976** 2274; KK-*Engelhardt*[1] 5; KMR-*Paulus* 6.

§ 307   Drittes Buch. Rechtsmittel

ebenso zu bedenken wie die mit einer sofortigen Vollziehung verbundenen Nachteile für den Beschwerdeführer[5] oder Dritte und die Erfolgsaussichten der Beschwerde[6]. Die Aussetzung der Vollstreckung ist untunlich, wenn sie den Zweck der angefochtenen Entscheidung beeinträchtigen würde. Sie ist geboten, wenn das Erstgericht die Berechtigung des Beschwerdevorbringens erkennt, an der Abhilfe aber rechtlich gehindert ist (vgl. § 311 Abs. 3)[7]. Ist die angefochtene Maßnahme vollzogen oder sonst durch den Prozeßfortgang überholt, ist für eine Entscheidung über die Aussetzung kein Raum mehr.

6   3. Die **Dauer der Aussetzung** richtet sich nach der jeweiligen Sachlage, die sich unter Umständen wandeln kann. Sie kann auch noch später gewährt, geändert oder widerrufen werden. Es ist möglich, sie von vornherein zu befristen und sie dann gegebenenfalls zu verlängern. Wird die Aussetzung nicht befristet, so gilt sie bis zum Erlaß der Beschwerdeentscheidung, mit der sie entfällt, ohne daß dies ausdrücklich angeordnet werden müßte[8].

7   4. **Anhörung des Beschwerdegegners.** Dieser muß vor Anordnung der Außervollzugsetzung **nicht notwendig gehört** werden, da lediglich der bisherige Zustand aufrechterhalten wird. § 308 Abs. 1, der die Anhörung vor einer Sachentscheidung vorschreibt, ist insoweit nicht entsprechend anwendbar[9]. Die Anhörung würde überdies den Zweck des Absatzes 2, der zur Abwendung von Nachteilen eine rasche Entscheidung fordert, vereiteln[10].

8   5. **Ausdrückliche Entscheidung.** Ob die Aussetzung der Vollstreckung wegen der Beschwerde geboten ist, muß bei jeder Beschwerde vom judex a quo und vom Beschwerdegericht von Amts wegen geprüft werden. Eine ausdrückliche Entscheidung über die Aussetzung ist nur notwendig, wenn die angefochtene Entscheidung von Amts wegen ausgesetzt oder ein Aussetzungsantrag abgelehnt werden soll[11]. Die Beschwerdeentscheidung braucht sich darüber nur auszusprechen, wenn ausgesetzt worden war, weitere Beschwerde (§ 310 Abs. 2) zulässig ist und nach Sachlage noch Grund zu weiterem Aufschub besteht.

9   6. **Zuständig** für die Aussetzung ist das Beschwerdegericht, bis zur Abgabe an das Beschwerdegericht jedoch auch der Richter oder das Gericht, welches die angefochtene Entscheidung erlassen hat[12]. Der Vorsitzende des Erstgerichts, der beauftragte und der ersuchte Richter kann nur eigene Entscheidungen oder Verfügungen aussetzen; dies gilt auch, wenn er erkennt, daß er für die ursprüngliche Entscheidung nicht zuständig war[13].

---

[5] Vgl. OLG Frankfurt NJW **1976** 303; Aussetzung der weiteren Vollziehung der Ordnungshaft nach § 178 GVG; aber auch OLG Karlsruhe NJW **1976** 2274.
[6] KK-*Engelhardt*[1] 7; *Kleinknecht/Meyer* 2; KMR-*Paulus* 6.
[7] *Ellersiek* 160; *Kleinknecht/Meyer*[38] 2; KMR-*Paulus* 7.
[8] KK-*Engelhardt*[1] 7; *Eb. Schmidt* 5.
[9] *Ellersiek* 160; *Kleinknecht/Meyer*[38] 3; KMR-*Paulus* 8; *Müller* NJW **1960** 21; *Rahn* NJW **1959** 1167; a. A KK-*Engelhardt*[1] 6 (vor Aussetzung rechtliches Gehör zu gewähren, wenn nicht Zweck der Aussetzung dadurch gefährdet).
[10] *Ellersiek* 161.
[11] *Kleinknecht/Meyer*[38] 3; KMR-*Paulus* 8.
[12] *Kleinknecht/Meyer*[38] 3; KMR-*Paulus* 7; *Eb. Schmidt* 2; a. A KK-*Engelhardt*[1] 4 (judex a quo bleibt auch nach Abgabe zuständig).
[13] KK-*Engelhardt*[1] 3.

Erfährt das Erstgericht **nach Abgabe** an das Beschwerdegericht Umstände, **10** welche die Aussetzung erfordern oder rechtfertigen, so teilt es sie dem Beschwerdegericht mit.

7. Entscheidet das Erstgericht über den Aufschub des Vollzugs, ist dagegen **11** gemäß § 304 **Beschwerde** zulässig, solange das Beschwerdegericht noch nicht in der Sache entschieden hat[14]. Danach ist sie überholt. Entscheidet das Beschwerdegericht über den Aufschub, so ist diese Entscheidung endgültig, soweit das Gesetz nicht weitere Beschwerde (§ 310 Abs. 1) vorsieht[15].

§ 308

(1) [1]Das Beschwerdegericht darf die angefochtene Entscheidung nicht zum Nachteil des Gegners des Beschwerdeführers ändern, ohne daß diesem die Beschwerde zur Gegenerklärung mitgeteilt worden ist. [2]Dies gilt nicht in den Fällen des § 33 Abs. 4 Satz 1.
(2) Das Beschwerdegericht kann Ermittlungen anordnen oder selbst vornehmen.

Entstehungsgeschichte. Die jetzige Fassung beruht auf Art. 4 Nr. 34 des 3. StrÄndG[1]. Absatz 1 Satz 2 wurde durch das Gesetz vom 19. 1. 1964 (BGBl. I 1067) eingefügt (Angleichung an § 33 Abs. 4). Bezeichnung bis 1924: § 350.

Übersicht

	Rdn.		Rdn.
I. Anhörung des Gegners des Beschwerdeführers		d) Hinweise	14
		6. Gegenerklärung	15
1. Verfahren bei Beschwerde	1	7. Ausnahmen vom vorherigen Gehör	16
2. Rechtliches Gehör	2	II. Aufklärung des Sachverhalts	
3. Nachteilige Entscheidung	6	1. Von Amts wegen; Freibeweis	17
4. Gegner	7	2. Umfang der Ermittlungen	18
5. Mitteilung der Beschwerde		III. Rechtsbehelfe	
a) Voller Inhalt	11	1. Vorbereitende Entscheidungen	21
b) Form	12	2. Weitere Beschwerde	22
c) Frist	13		

I. Anhörung des Gegners des Beschwerdeführers

1. Verfahren bei Beschwerde. Wegen der Verschiedenartigkeit der Beschwerde- **1** fälle regelt die Strafprozeßordnung das Beschwerdeverfahren im einzelnen nicht. Die §§ 304 ff stellen nur einzelne Grundsätze dafür auf. Im übrigen hat das Beschwerdegericht sein Verfahren jeweils nach pflichtgemäßem Ermessen unter Berücksichtigung des jeweiligen Verfahrenszwecks und der beherrschenden Verfahrensgrundregeln zu gestalten[2]. Zu dem auch hier geltenden Grundsatz der Amtsaufklärung vgl. Rdn. 17 ff; § 309, 2.

---

[14] KK-*Engelhardt*[1] 11; *Kleinknecht/Meyer*[38] 3; KMR-*Paulus* 9.
[15] KMR-*Paulus* 9; *Eb. Schmidt* 4.

[1] Begr. BTDrucks II 3731; dazu *Röhl* MDR **1955** 522.
[2] *Ellersiek* 177; *Eb. Schmidt* 2.

§ 308   Drittes Buch. Rechtsmittel

2   **2. Rechtliches Gehör.** Absatz 1 Satz 1 sichert die Anhörung des Gegners des Beschwerdeführers, sofern das Beschwerdegericht die angefochtene Entscheidung zu seinem Nachteil ändern will. Die Neufassung des Jahres 1953 trägt dem Gebot des Art. 103 Abs. 1 GG Rechnung[3], wobei sich allerdings die gesetzliche Regelung mit der in Art. 103 Abs. 1 GG nicht vollständig deckt[4]. Ihre Verletzung verstößt daher meist, aber nicht immer, gegen Art. 103 Abs. 1 GG[5]. Absatz 1 Satz 1, der vor allem für den Beschuldigten von Bedeutung ist, soll verhindern, daß der Gegner, ohne zum **Beschwerdevorbringen**, gehört worden zu sein, durch die Beschwerdeentscheidung benachteiligt wird. Darf ausnahmsweise ohne vorherige Anhörung des Beschwerdegegners entschieden werden, so ist die Gewährung des rechtlichen Gehörs nachzuholen[6].

3   Die Anhörung der Beschwerdegegner zur Beschwerde hängt nicht vom Vorbringen oder Vorhandensein neuer Tatsachen oder Beweismittel oder von einer Rechtsänderung ab. Sie ist auch **bei unverändertem Sachverhalt** vorgeschrieben[7]. Daß auch sonst — unabhängig von dem nach Absatz 1 Satz 1 zur Erörterung zu stellenden Beschwerdevortrag — nie unter Verwendung von **Tatsachen** oder **Beweisergebnissen** entschieden werden darf, zu denen sich die Verfahrensbeteiligten nicht sämtlich vorher äußern konnten, folgt unmittelbar aus Art. 103 Abs. 1 GG[8]. Für die Äußerung muß eine angemessene Zeit zur Verfügung stehen[9].

4   Vor Erlaß der Entscheidung muß das Beschwerdegericht **prüfen**, ob allen Verfahrensbeteiligten das **rechtliche Gehör** im ausreichenden Maße gewährt worden ist[10]. Das rechtliche Gehör muß auch bei den von Amts wegen in die Hauptverhandlung eingeführten Tatsachen gewährt werden[11], vor allem auch bei der Verwendung gerichtskundiger Tatsachen[12]. Wenn ein Verfahrensbeteiligter die Akten einsehen konnte, bedeutet das noch nicht, daß er Gelegenheit hatte, sich zu äußern[13]. Umgekehrt kann der Anspruch auf rechtliches Gehör verletzt sein, wenn das Gericht die Akteneinsicht unberechtigt verweigert oder wenn es in der Sache entscheidet, bevor es über den Antrag auf Gewährung der Akteneinsicht befunden hat[14], oder wenn er keine angemessene Äußerungsfrist einräumt.

5   Wird der Beschwerde nicht voll stattgegeben, muß auch **der Beschwerdeführer** zum Vorbringen der anderen Verfahrensbeteiligten und zum Beweisergebnis gehört werden[15].

6   **3. Nachteilige Entscheidung.** Die Mitteilung an den Beschwerdegegner ist nur notwendig, wenn das Gericht die angefochtene Entscheidung in irgend einem Punkt zu seinem Nachteil ändern will. Verwirft es die Beschwerde, so ist seine Anhörung, die das

---

[3] Die frühere Fassung, die die Anhörung in das Ermessen des Beschwerdegerichts stellte, genügte dem Art. 103 Abs. 1 GG nicht.
[4] KK-*Engelhardt*[1] 1 (teils weiter, teils enger); *Kleinknecht/Meyer*[38] 1; KMR-*Paulus* 7; vgl. ferner *Bohnert* JZ 1977 710.
[5] BVerfGE **7** 111; **9** 265; **11** 29; **14** 59; **17** 190; 197; 264; **18** 405; **19** 36; **20** 349; **32** 197; **36** 88; vgl. *Arndt* NJW **1959** 6; *Dahs* (Rechtl. Gehör) 4; *Peters* JZ **1958** 432; *Röhl* MDR **1955** 522; NJW **1964** 273; *Wersdörfer* NJW **1954** 377; *v. Winterfeld* NJW **1961** 851.
[6] Vgl. etwa BVerfGE **18** 404; Rdn. 16.
[7] BVerfGE **17** 190; ebenso BVerfGE **7** 111; **9** 124; 266; **11** 30; **14** 56; **17** 198; BayVerfGH **18** II 134 = JR **1966** 195; BayJMBl. **1962** 36; *Ellersiek* 180; *Kleinknecht/Meyer*[38] 1; KMR-*Paulus* 7; Einl. Kap. **13** 96.
[8] KK-*Engelhardt*[1] 7. Zum Recht auf Gehör vgl. Einl. Kap. **13**, 83 ff.
[9] BVerfGE **4** 192; vgl. Rdn. 9.
[10] BVerfGE **36** 88.
[11] BVerfGE **15** 218; **32** 197.
[12] BVerfGE **10** 183; **12** 113; BGHSt **6** 295; vgl. § 244, 227 ff; § 261, 25 mit weit. Nachw.
[13] BVerfGE **20** 349.
[14] BVerfGE **18** 404.
[15] BVerfGE **6** 14; **7** 98; **9** 96; **19** 51; **30** 408.

Verfahren nur unnötig verzögern würde, entbehrlich[16]. Als **Nachteil** ist jede Beeinträchtigung der vom Beschwerdegegner vertretenen Verfahrensinteressen anzusehen[17], ferner sonstige Belastungen, vor allem auch wirtschaftlicher Art, die ihm aus der Beschwerdeentscheidung erwachsen, wie etwa eine ungünstige Kostenentscheidung[18]. Ein Nachteil für Staatsanwalt oder Nebenkläger kann auch in der Erschwerung der Strafverfolgung liegen[19]; ferner, je nach den Umständen, auch darin daß das Beschwerdegericht seine die Beschwerde verwerfende Entscheidung auf neue, der Beschwerde selbst entnommene Tatsachen stützen will[20].

4. Gegner. Die Mitteilung der Beschwerde (einschließlich Begründung) soll sichern, daß der Beschwerdegegner seinerseits dazu Stellung nehmen kann. Sie eröffnet ihm die Möglichkeit der Einwirkung auf das Beschwerdeverfahren und gewährleistet insoweit sein Recht auf Gehör[21]. Dies spricht dafür, den Begriff Gegner hier (verfassungskonform) weiter auszulegen als bei § 303[22]. Man wird darunter jeden Verfahrensbeteiligten zu verstehen haben, der durch die vom Beschwerdeführer erstrebte Beschwerdeentscheidung in seinen rechtlichen Interessen beeinträchtigt sein kann, der also wegen des ihm drohenden verfahrensrechtlichen Nachteils Grund haben kann, sich gegen die Beschwerde auszusprechen[23], ohne Rücksicht auf seine sonstige Stellung im Verfahren.

Bei Beschwerde der **Staatsanwaltschaft** ist Gegner der Beschuldigte, dessen Verteidiger als Träger einer selbständigen Verfahrensrolle und als bevollmächtigter Vertreter[24] und auch der gesetzliche Vertreter, da sonst der Zweck der gesetzlichen Vertretung, die Wahrung der Rechte des Vertretenen, nicht gewährleistet ist[25].

Bei Beschwerde des **Beschuldigten** ist trotz § 309, der jetzt nur noch zusammen mit § 308 Abs. 1 ausgelegt werden kann, der Staatsanwalt Gegner, sofern er am Verfahren beteiligt ist[26]; ferner der Privatkläger[27] oder ein Nebenkläger[28].

Bei Beschwerde eines **Dritten** (Zeuge, Beschlagnahmebeteiligter usw., vgl. § 304 Abs. 2) richtet es sich nach dem Beschwerdegegenstand, wer als Gegner in Betracht

---

[16] KK-*Engelhardt*¹ 3; KMR-*Paulus* 6.
[17] Vgl. KK-*Engelhardt*¹ 4; *Kleinknecht/Meyer*³⁸ 3; KMR-*Paulus* 6.
[18] KMR-*Paulus* 6.
[19] KMR-*Paulus* 6.
[20] Vgl. KK-*Engelhardt*¹ 6, wonach nicht jede Änderung der Begründung einen Nachteil darstellt.
[21] Ob die Staatsanwaltschaft Anspruch auf rechtliches Gehör nach Art. 103 Abs. 1 GG hat, ist strittig (vgl. *Eb. Schmidt* Nachtr. I 2; *Arndt* NJW **1962** 1194; *Röhl* NJW **1964** 275; a. A *Kleinknecht/Meyer*³⁸ 23). Dies ist hier unerheblich, da sich die Pflicht zu ihrer Anhörung unmittelbar aus § 308 Abs. 1 ergibt. Die Verpflichtung des Gerichts zu einer verfassungsmäßigen Verfahrensgestaltung und zur Anhörung der Staatsanwaltschaft besteht unabhängig davon, ob die Staatsanwaltschaft die Verletzung ihres Rechts auf Gehör mit der Verfassungsbeschwerde rügen kann (insoweit verneinend OLG Braunschweig NJW **1964** 753); vgl. *Ellersiek* 181.
[22] *Ellersiek* 180.
[23] KK-*Engelhardt*¹ 2; *Kleinknecht/Meyer*³⁸ 2; vgl. § 33, 18 ff.
[24] OLG Stuttgart OLGSt 1; KK-*Engelhardt*¹ 2; KMR-*Paulus* 2.
[25] *Ellersiek* 180; KK-*Engelhardt*¹; *Kleinknecht/Meyer*³⁸ 2; zum Teil a. A (nur, wenn er aus eigenem Recht Beschwerde eingelegt hat); KMR-*Paulus* 2; *Eb. Schmidt* Nachtr. I 2.
[26] KK-*Engelhardt*¹ 2; KMR-*Paulus* 3. Bei Beschwerden gegen Beschlüsse nach § 148 a ist die Staatsanwaltschaft nicht zu beteiligen; sie ist nicht Gegner; vgl. BayObLGSt **1979** 65 = MDR **1979** 862.
[27] OLG Schleswig SchlHA **1954** 210.
[28] KK-*Engelhardt*¹ 2; KMR-*Paulus* 3; *Eb. Schmidt* Nachtr. I 2; Voraussetzung ist allerdings, daß der Nebenkläger durch den Beschwerdegegenstand in eigenen Verfahrensinteressen betroffen wird; vgl. Vor § 226, 33; 37.

kommt. Bei der Beschwerde eines Zeugen ist die Staatsanwaltschaft Gegner des Beschwerdeführers, aber auch der Beschuldigte kann Gegner sein, wenn die Beschwerdeentscheidung auch seine Verfahrensinteressen berührt[29]. Soweit die Interessen sonstiger Verfahrensbeteiilgter (Nebenbeteiligte, Nebenkläger usw.) betroffen sind, muß auch ihnen die Möglichkeit zu einer Stellungnahme eröffnet werden, zum Beispiel, wenn ein nicht genügend entschuldigter Zeuge gegen die Ordnungsstrafe und die ihm auferlegten Verfahrenskosten Beschwerde eingelegt hat[30].

5. Mitteilung der Beschwerde

11 a) Der **volle Inhalt** der Beschwerde muß dem Gegner mitgeteilt werden[31], nicht nur die Tatsache der Einlegung, damit eine ausreichende Gegenerklärung möglich und das rechtliche Gehör des Beschwerdegegners gewahrt ist. Wird eine weitere Begründung der Beschwerde nachgereicht, muß auch dazu der Beschwerdegegner gehört werden[32], es sei denn, ihr Inhalt erschöpft sich in einer bloßen Wiederholung des früheren Vorbringens[33]. Hat bereits das Erstgericht — wozu es nicht verpflichtet ist — die Beschwerde dem Gegner mitgeteilt, so reicht dies aus[34]. Andernfalls veranlaßt das Beschwerdegericht zuständigkeitshalber die Mitteilung.

12 b) Die **Form der Mitteilung** ist nicht vorgeschrieben. Mündliche oder fernmündliche[35] Mitteilung ist zulässig, aber meist unsachgemäß und daher im allgemeinen nicht ratsam. Zweckmäßig erhält der Gegner eine Abschrift der Beschwerde unter ausreichender Fristsetzung zur Erklärung. Zustellung ist nicht vorgeschrieben, jedoch muß der Nachweis rechtzeitigen Zugangs gesichert sein[36], was auch durch eine rückgabepflichtige Empfangsbestätigung geschehen kann. Das Gericht ist verpflichtet, sich von der Gewährung des rechtlichen Gehörs vor der Entscheidung zu überzeugen[37]. Ist eine Anhörung unmöglich, etwa weil der Beschwerdegegner flüchtig ist, kann ohne Mitteilung entschieden werden[38].

13 c) **Frist.** Der Gegner muß sich sachgemäß äußern können. Daher muß zwischen Mitteilung und Entscheidung eine **angemessene Frist** liegen, die alle dem Gericht erkennbaren, für die Interessenwahrung bedeutsamen Umstände des Adressaten berücksichtigt, nicht zuletzt auch die Erschwernisse einer Haft. Die Frist wird am besten bei der Mitteilung bestimmt; doch ist auch eine spätere Fristsetzung möglich, ebenso die Verlängerung einer Frist. Bei nicht angemessener Frist ist das Recht auf Gehör verletzt[39], desgleichen liegt ein Verstoß gegen § 308 Abs. 1 vor.

14 d) **Hinweise.** Ein Hinweis, daß die Beschwerde zum Zwecke der Gegenerklärung mitgeteilt wird, ist nicht vorgeschrieben. Er ist aber zweckmäßig[40], wenn sich dies nicht bereits aus der Fristsetzung ergibt. Über **rechtliche Erwägungen** des Beschwerdegerichts

---

[29] KK-*Engelhardt*[1] 2; *Kleinknecht/Meyer*[38] 2; KMR-*Paulus* 4; *Eb. Schmidt* 3; Nachtr. I 2.
[30] BayVerfGH **18** II 138 = JR **1966** 195.
[31] BVerfGE **11** 29; **17** 190.
[32] *Ellersiek* 182; KK-*Engelhardt*[1] 7; *Kleinknecht/Meyer*[38] 4; KMR-*Paulus* 7.
[33] *Ellersiek* 182; KMR-*Paulus* 5.
[34] KK-*Engelhardt*[1] 9; *Kleinknecht/Meyer*[38] 4; KMR-*Paulus* 5; *Röhl* MDR **1955** 522; *Eb. Schmidt* 6.
[35] Entschließt sich das Gericht in Eilfällen dazu, bedarf es der ausreichenden Dokumentation (Aktenvermerk), wann und was mitgeteilt wurde.
[36] Vgl. BVerfGE **36** 88 (bei fehlendem Nachweis ist Art. 103 Abs. 1 GG verletzt).
[37] Vgl. Rdn. 4.
[38] OLG Hamburg MDR **1979** 865; KK-*Engelhardt*[1] 15; *Kleinknecht/Meyer*[38] 5; Rdn. 16.
[39] BVerfGE **4** 190; **8** 89; vgl. § 306, 13; 14.
[40] *Ellersiek* 182.

braucht der Gegner im allgemeinen nicht belehrt zu werden[41]. Anders als in der Hauptverhandlung, wo Eröffnungsbeschluß und Hinweispflicht (§ 265 StPO) die anwendbaren Strafvorschriften bezeichnen, ist im Beschwerdeverfahren keine rechtliche Belehrung über das anwendbare sachliche Recht vorgeschrieben[42].

6. Die **Gegenerklärung** bedarf keiner Form, sie kann privatschriftlich oder zur Niederschrift der Geschäftsstelle abgegeben werden. Dem Beschwerdeführer braucht sie nur mitgeteilt zu werden, wenn dies zur Wahrung seines Rechts auf Gehör erforderlich ist, also vor allem, wenn entscheidungsrelevante neue Tatsachen oder Beweismittel vorgebracht werden[43].

7. **Ausnahmen vom vorherigen Gehör** sind verfassungsrechtlich unter bestimmten Umständen zulässig[44]. Absatz 1 Satz 2 läßt sie für das Beschwerdeverfahren unter den in § 33 Abs. 4 Satz 1 angeführten Voraussetzungen[45] ausdrücklich zu. Die Beschwerdeentscheidung über die Anordnung der Untersuchungshaft oder andere dringliche Maßnahmen kann also ohne vorherige Anhörung des Beschwerdegegners ergehen, wenn anders der Zweck der Maßnahme gefährdet wäre[46]. Die Anhörung ist in diesen Fällen nachzuholen (§ 311 a). Vor Einfügung des Absatz 1 Satz 2 war streitig, ob diese Ausnahme von § 308 Abs. 1 Satz 1 zulässig sei; diese Streitfragen sind nunmehr überholt[47].

II. Aufklärung des Sachverhalts (Absatz 2)

1. Das Beschwerdegericht prüft den Sachverhalt **von Amts wegen** ohne formelle Bindung an Anträge in tatsächlicher und rechtlicher Hinsicht im Wege des **Freibeweises**[48]. Die Grundsätze der Unmittelbarkeit und Mündlichkeit gelten nicht, es besteht auch keine Pflicht, Beweisanträge vorab zu bescheiden (vgl. Rdn. 21).

2. Den **Umfang der Ermittlungen** und die Art ihrer Vornahme bestimmt das Gericht grundsätzlich nach seinem pflichtgemäßen Ermessen. Es kann, je nach dem Verfahrensstand, Vernehmungen durch den beauftragten oder ersuchten Richter veranlassen, sofern zulässig, auch eidlich, und andere Ermittlungen vornehmen. Es kann auch die Staatsanwaltschaft ersuchen, selbst oder durch die Polizei ergänzende Ermittlungen durchzuführen. Da es sich bei einem solchen Ersuchen jedoch nicht um die Vollstreckung einer Entscheidung im Sinne des § 36 handelt, ist die Staatsanwaltschaft als eine unabhängige Behörde nur im Rahmen der Amtshilfegrundsätze verpflichtet, derartigen Ersuchen zu entsprechen[49]. Die Staatsanwaltschaft kann andererseits auch während des

---

[41] KK-*Engelhardt*[1] 7; *Kleinknecht/Meyer*[38] 4; KMR-*Paulus* 5; vgl. aber auch OLG Celle NJW **1956** 268 (Bewohner der DDR).

[42] KMR-*Paulus* 5; vgl. aber KK-*Engelhardt*[1] 7 (Fürsorgepflicht kann gebieten, auf neue rechtliche Gesichtspunkte hinzuweisen, wenn diese Anlaß zu ergänzendem Tatsachenvortrag geben können).

[43] Vgl. Rdn. 2; BVerfGE **6** 12; KK-*Engelhardt*[1] 8; *Kleinknecht/Meyer*[38] 4; KMR-*Paulus* 7.

[44] Vgl. etwa BVerfGE **7** 98; **9** 95.

[45] Wegen der Einzelheiten vgl. § 33, 40 ff.

[46] Vgl. *Ellersiek* 183; KK-*Engelhardt*[1] 13; *Kleinknecht/Meyer*[38] 5; KMR-*Paulus* 9; § 33, 40.

[47] *Eb. Schmidt* Nachtr. I 6; zum früheren Streitstand vgl. LR[22] 6.

[48] BayObLGSt **1952** 9; 55; KG JR **1969** 191; KK-*Engelhardt*[1] 18; KMR-*Paulus* 11; *Eb. Schmidt* 1.

[49] Strittig; wie hier KG JR **1967** 69; *Kleinknecht/Meyer*[38] 6; **a. A** KMR-*Paulus* 12; zur Anwendung der Amtshilfegrundsätze vgl. § 202, 14 f.

Beschwerdeverfahrens eigene Ermittlungen durchführen und deren Ergebnis zur Kenntnis bringen, das sie dann bei seiner Entscheidung berücksichtigen muß[49a].

19 Das Recht des Beschwerdegerichts zur eigenen Sachaufklärung erstreckt sich nur auf den **Gegenstand der Beschwerde**[50]. Darüber hinaus ist das Beschwerdegericht zu eigener Sachaufklärung nicht befugt. Es kann der Staatsanwaltschaft die Ermittlungen nicht dadurch aus der Hand nehmen, daß es im Rahmen des Beschwerdeverfahrens neue bisher nicht in das Verfahren einbezogene Tatsachenkomplexe aufzuklären versucht, auf die sich die staatsanwaltschaftlichen Ermittlungen noch nicht erstreckten[51].

20 **Weitergehende Einschränkungen** der Nachprüfung bestehen nur in Ausnahmefällen. So sind bei § 305 a die Befugnisse des Beschwerdegerichts auf die Nachprüfung der Rechtmäßigkeit beschränkt (§ 305 a). Bei § 81 wird eine solche Beschränkung verneint (§ 81, 44). Wegen der Bindung des Beschwerdegerichts an die Urteilsfeststellungen im Sonderfall des § 464 Abs. 3 Satz 2 wird auf die dortigen Erläuterungen verwiesen.

III. Rechtsbehelfe

21 **1. Vorbereitende Entscheidungen.** Weist das Gericht einen auf die Benutzung eines bestimmten Aufklärungsmittel abzielenden Antrag durch einen besonderen Beschluß und nicht erst in der Beschwerdeentscheidung selbst zurück, so steht dieser besondere Beschluß in einem so engen Zusammenhang mit der eigentlichen Beschwerdeentscheidung, daß er nur zusammen mit dieser und im gleichen Umfang wie sie angefochten werden kann[52]. Es liegt außerdem nahe, in einem solchen Fall, der allerdings nur selten vorkommen dürfte, § 305 entsprechend anzuwenden (vgl. § 305, 4).

22 **2. Weitere Beschwerde.** Die frühere Streitfrage, ob eine Verletzung des rechtlichen Gehörs nach Absatz 1 Satz 1 durch das Beschwerdegericht die weitere Beschwerde eröffne, ist durch die Einfügung der §§ 33 a, 311 a bedeutungslos geworden[53]. Eine Beschwerdeentscheidung, die ohne Anhörung des Beschwerdegegners ergangen ist, kann das Beschwerdegericht nunmehr auf Antrag oder von Amts wegen unter Nachholung der Anhörung selbst ändern. Für die Zulassung der im Gesetz nicht vorgesehenen weiteren Beschwerde besteht daher kein Anlaß. Macht eine weitere Beschwerde die Verletzung des rechtlichen Gehörs geltend, ist die Sache zugleich mit der Verwerfung der weiteren Beschwerde dem für das Verfahren nach § 311 a zuständigen Beschwerdegericht zurückzureichen[54].

§ 309

(1) Die Entscheidung über die Beschwerde ergeht ohne mündliche Verhandlung, in geeigneten Fällen nach Anhörung der Staatsanwaltschaft.
(2) Wird die Beschwerde für begründet erachtet, so erläßt das Beschwerdegericht zugleich die in der Sache erforderliche Entscheidung.

Bezeichnung bis 1924: § 351.

[49a] Vgl. OLG Frankfurt GA **1986** 233.
[50] KK-*Engelhardt*[1] 18; vgl. § 304, 2; § 309, 8; § 310, 4 ff.
[51] Vgl. KG JR **1967** 69; *Kleinknecht/Meyer*[38] 6.
[52] KG JR **1969** 194; KMR-*Paulus* 14; vgl. § 305, 4.
[53] Vgl. LR[22] 8; § 311 a, 1.
[54] OLG Karlsruhe Justiz **1974** 98; KMR-*Paulus* 14.

Zweiter Abschnitt. Beschwerde § 309

Übersicht

	Rdn.		Rdn.
1. Schriftliches Verfahren	1	4. Zurückverweisung an das Erstgericht	
2. Anhörung der Staatsanwaltschaft	3	a) Pflicht zur eigenen Entscheidung	10
3. Entscheidung des Beschwerdegerichts		b) Grundsätzlich keine Zurückverweisung	12
a) Begründeter Beschluß	5	c) Notwendigkeit der Zurückverweisung	15
b) Verwerfung als unzulässig oder unbegründet	6	d) Zurückverweisung aus sonstigen Gründen	16
c) In der Sache erforderliche Entscheidung	7		
d) Wirkung	9	5. Verschlechterungsverbot	19

1. Schriftliches Verfahren. Über die Beschwerde wird nach Aktenlage und nötigenfalls nach weiteren Ermittlungen ohne mündliche Verhandlung entschieden[1]. Mündliche Verhandlung über die Beschwerde sieht § 309 nicht vor. Ausnahmen: § 118 Abs. 2 (Haftbeschwerde) und § 124 Abs. 2 Satz 3 (Verfall einer Sicherheit). Das Beschwerdegericht darf aber im Rahmen seiner Ermittlungen Zeugen und Sachverständige mündlich vernehmen und mündliche Erklärungen der Verfahrensbeteiligten entgegennehmen[2].

Die **Amtsaufklärungspflicht** bestimmt Umfang und Form des nicht an die Regeln des Strengbeweisrechts gebundenen Verfahrens[3]. Im übrigen stellt das Verfassungsgebot zur Gewährung des **rechtlichen Gehörs** besondere Anforderungen an die Verfahrensgestaltung. Absatz 1 erwähnt nur die Anhörung der Staatsanwaltschaft. Dies bedeutet aber nicht, daß das Beschwerdegericht die anderen Verfahrensbeteiligten nicht hören müßte. Im Gegenteil erfordert bei diesen ihr Recht auf Gehör (Art. 103 Abs. 1 GG), daß sie zu allen neuen Tatsachen und Beweisergebnissen gehört werden, und zwar auch dann, wenn sie bereits nach § 308 Abs. 1 Gelegenheit zur Äußerung zum Beschwerdevorbringen hatten[4].

2. Anhörung der Staatsanwaltschaft (Absatz 1). Der Gegner des Beschwerdeführers ist zur Beschwerde nach Maßgabe des § 308 stets zu hören, also auch die Staatsanwaltschaft, sofern sie Gegner ist (§ 308, 9). Im übrigen stellt § 309 die Anhörung der Staatsanwaltschaft als Vertreterin des öffentlichen Interesses in das Ermessen des Gerichts, enthält also insoweit eine Auflockerung des Grundsatzes des § 33 Abs. 2[5]. Für den Nebenkläger gilt Absatz 1 nicht[6]; seine Anhörung richtet sich nach § 308.

Wenn Absatz 1 die Anhörung der Staatsanwaltschaft auf **geeignete Fälle** beschränkt, so ist dies aus heutiger Sicht[7] dahin auszulegen, daß sie, auch wenn sie nicht Gegner ist, in all den Fällen zu hören ist, in denen neue Tatsachen oder eine abweichende Rechtsauffassung des Beschwerdegerichts die Entscheidungsgrundlagen verändern

---

[1] BayObLGSt **1953** 202 = NJW **1954** 204; vgl. BGHSt **13** 108; RG JW **1927** 1642.
[2] *Ellersiek* 177; KK-*Engelhardt*[1] 2; *Kleinknecht/Meyer*[38] 1; KMR-*Paulus* 3; *Peters*[4] § 73 II 2; *Eb. Schmidt* § 308, 2.
[3] *Ellersiek* 191; *Eb. Schmidt* § 308, 2; vgl. § 308, 1, 17 ff.
[4] Wegen der Einzelheiten vgl. § 308, 4 ff; 11 ff.
[5] *Ellersiek* 189; KK-*Engelhardt*[1] 3; *Kleinknecht/Meyer*[38] 2; KMR-*Paulus* 2. Vgl. auch BayObLGSt **1979** 65 = MDR **1979** 862 zum Sonderfall des Verfahrens nach § 148 a, wo keine Anhörung der Staatsanwaltschaft stattfindet.
[6] *Ellersiek* 190.
[7] Zur früheren Erklärung des Unterschiedes zwischen § 308 Abs. 1 und § 309 Abs. 1 vgl. LR[22] 4.

können. Eine Anhörung erübrigt sich nur dann, wenn die Beschwerde eines anderen Verfahrensbeteiligten verworfen oder die Beschwerde der Staatsanwaltschaft auf der Grundlage ihres Sachvortrags beschieden wird[8]. In der Praxis wird die Staatsanwaltschaft schon dadurch in das Beschwerdeverfahren eingeschaltet, daß die Akten über sie dem Beschwerdegericht vorgelegt werden. Die Anhörung der für das Beschwerdegericht zuständigen Staatsanwaltschaft geschieht schriftlich oder mündlich[9].

3. Entscheidung des Beschwerdegerichts

5 a) Der **Beschluß**, der die Beschwerdeentscheidung enthält, ist zu **begründen** (§ 34)[10], unabhängig davon, ob die Beschwerde aus formalen Gründen verworfen wird oder aber ob das Beschwerdegericht eine Sachentscheidung erläßt. Letztere setzt eine förmliche, beschwerdefähige Entscheidung des Erstgerichts voraus[11]; nur in Ausnahmefällen kann auch im Untätigwerden des Erstgerichts eine stillschweigende Entscheidung liegen[12].

6 b) **Verwerfung.** Die Beschwerde ist als **unzulässig** zu verwerfen, wenn die Voraussetzungen für eine Sachentscheidung fehlen. Dies gilt auch, wenn die Beschwerde bereits im Zeitpunkt ihrer Einlegung **überholt** war. Tritt die Überholung dagegen erst im Laufe des Beschwerdeverfahrens ein, ist sie **für erledigt zu erklären**[13]. Hält das Beschwerdegericht die angefochtene Entscheidung für sachlich richtig, so verwirft es die Beschwerde als **unbegründet**.

7 c) **Die in der Sache erforderliche Entscheidung** (Absatz 2). Ist die Beschwerde begründet, so hat das Beschwerdegericht grundsätzlich selbst (Rdn. 10) die „in der Sache erforderliche" Entscheidung zu erlassen unter Aufhebung der angefochtenen Entscheidung oder Verfügung[14].

8 Unter **Sache** im Sinne des Absatzes 2 ist aber nicht notwendig der gesamte, durch den angefochtenen Beschluß erledigte Prozeßstoff zu verstehen, sondern nur der Teil des Prozeßstoffs, der den **Beschwerdegegenstand** bildet[15] und durch die angefochtene Entscheidung und das — mitunter wirksam beschränkte — Beschwerdebegehren umrissen wird. Gegenstand der angefochtenen Entscheidung und Beschwerdegegenstand können, müssen deshalb nicht notwendig zusammenfallen. Der Unterschied ist vor allem dann von Bedeutung, wenn das Erstgericht vor Weiterführung des ihm obliegenden Verfahrens nur eine isolierte Vorfrage verneint hat, während im übrigen die Sache bei Bejahung der Vorfrage noch nicht entscheidungsreif ist. Das Beschwerdegericht kann und muß zwar in der Regel die angefochtene Entscheidung durch eine andere ersetzen, wenn es sie aus tatsächlichen oder rechtlichen Gründen nicht billigt und es muß auch die dafür erforderlichen Ermittlungen selbst vornehmen. Dabei kann es sich aber immer nur um eine Entscheidung handeln, die das Erstgericht entsprechend dem jeweiligen Verfahrensabschnitt selbst hätte treffen können und müssen. Weiter reicht der De-

---

[8] KK-*Engelhardt*[1] 3; vgl. auch § 33, 31.
[9] Vgl. § 33, 27 ff.
[10] *Ellersiek* 198; *Kleinknecht/Meyer*[38] 1, zu den Anforderungen an eine ordnungsgemäße Begründung OLG Düsseldorf StrVert. **1986** 376; KG StrVert. **1986** 142; *Kroschel/Meyer-Goßner* 300; § 34, 1; 6.
[11] KG JW **1934** 2274; OLG München BayJMBlNW **1955** 210; vgl. § 304, 4 ff; 10 ff.
[12] Vgl. etwa OLG Hamm JMBlNW **1981** 69;

Kleinknecht/Meyer[38] 5; § 304, 8 mit weit. Nachw.
[13] OLG Bremen MDR **1963** 335; vgl. § 304, 38.
[14] RGSt **59** 243; KK-*Engelhardt*[1] 9; *Kleinknecht/Meyer*[38] 9; KMR-*Paulus* 5.
[15] RGSt **19** 332; BayObLGSt **3** 328; BayObLG Alsb. E **2** Nr. 123; *Ellersiek* 193; KK-*Engelhardt*[1] 12; KMR-*Paulus* 7; *Eb. Schmidt* 4.

volutiveffekt nicht, vor allem kann das Beschwerdegericht das weitere Verfahren nicht an sich ziehen[16]. Hat beispielsweise das Erstgericht die Eröffnung des Hauptverfahrens sachlich zu Unrecht abgelehnt (§ 204), während es hätte eröffnen müssen, so erläßt das Beschwerdegericht den Eröffnungsbeschluß selbst (§ 203). Hatte sich das Erstgericht auf die Entscheidung einer Vorfrage beschränkt, etwa auf die Zuständigkeit, so ist dies die dem Beschwerdegericht vorliegende „Sache", und nicht die Frage der Eröffnung[17], zumindest, wenn die Frage der Eröffnung als solche nach dem Verfahrensstand (noch laufende Anhörung, Mitbeschuldigte) noch nicht entscheidungsreif ist. Andererseits muß das Beschwerdegericht den Haftbefehl selbst erlassen, wenn die Beschwerde gegen die Ablehnung des Erlasses einer solchen Anordnung begründet ist[18]. Wird das Unterlassen der **nachträglichen Entscheidung** nach § 33 a angefochten, so ist Beschwerdegegenstand nur das nachträgliche Verfahren[19].

d) Wirkung. Ändert das Beschwerdegericht die Entscheidung des Erstgerichts 9 ab oder hebt es sie auf, so tritt seine Entscheidung an die Stelle der aufgehobenen. Sie ist vom Erstgericht im gleichen Maße wie diese dem weiteren Verfahren zugrunde zu legen[20]. Sie wirkt in der Regel genauso **für und gegen alle Verfahrensbeteiligte** wie die ursprüngliche Entscheidung. Die veränderte prozessuale Lage, die durch die Entscheidung des Beschwerdegerichts entsteht, müssen auch die Prozeßbeteiligten hinnehmen, die nicht Beschwerde eingelegt haben[21]. Wenn allerdings der Inhalt der angefochtenen **Entscheidung teilbar** ist, kann sich auch die Wirkung der Beschwerdeentscheidung auf den oder die betroffenen Verfahrensbeteiligten beschränken, wie etwa bei Kostenentscheidungen[22]. Bei Beschlüssen, deren Inhalt einer materiellen Rechtskraft fähig ist, kann die Bestandswirkung des Beschlusses, der im Verhältnis zu einem Beschuldigten unangefochten bleibt, dazu führen, daß die erfolgreiche Anfechtung nur für oder gegen einen von mehreren Beschuldigten wirkt. In solchen Fällen dürfte eine entsprechende Anwendung des § 357 möglich sein. Das Oberlandesgericht Bremen hat die entsprechende Anwendung des § 357 für den Fall bejaht, daß die nachträgliche Berichtigung eines Eröffnungsbeschlusses (Änderung des Gerichts, vor dem eröffnet wurde) nur von einem der davon betroffenen Angeklagten angefochten worden war[23].

---

[16] Wo hier die Grenze verläuft, ist strittig; vgl. Rdn. 10 ff. KK-*Engelhardt*[1] 12 betont die Befugnis zum Durchentscheiden, auch wenn die Beschwerde nur eine Vorfrage betraf.

[17] Strittig; vgl. etwa OLG Frankfurt GA **1986** 233; NStZ **1983** 426; OLG Koblenz MDR **1975** 241; *Kleinknecht/Meyer*[38] 9; KMR-*Paulus* 9; **anders** wohl BayObLGSt **1986** 125. Wegen ähnlicher Fälle vgl. BGHSt **8** 195 (Verteidigerausschluß): BGH AnwBl. **1979** 44 (keine mündl. Verhandlung entgegen § 138 d Abs. 1); BayObLGSt **1954** 53 = NJW **1954** 1212 (zu § 138 Abs. 2); BayObLGSt **1953** 202 = NJW **1954** 204 (mündliche Haftprüfung ohne Beschuldigten und Verteidiger); OLG Braunschweig NdsRpfl. **1950** 43 (Vorinstanz hat über Anwendung eines Straffreiheitsgesetzes noch nicht sachlich entschieden); vgl. andererseits aber OLG Düsseldorf JMBlNW **1950** 244; BayObLGSt **1957** 40 (das wegen Versagung des Armenrechts angerufene Beschwerdegericht stellt Privatklage wegen Geringfügigkeit ein). Vgl. ferner OLG Oldenburg NStZ **1985** 473 mit Anm. *Rieß*; ferner BayObLG NJW **1987** 511 (bei Anfechtung der Eröffnung ganze Tat Beschwerdegegenstand).

[18] Vgl. Rdn. 10 ff; ferner etwa OLG Stuttgart NJW **1982** 1296; § 114, 51, 58; § 120, 30 mit weit. Nachw.

[19] Vgl. § 33 a, 41.

[20] Eine weitergehende Bindung des Erstrichters tritt nicht ein; vgl. Rdn. 12.

[21] KK-*Engelhardt*[1] 14; KMR-*Paulus* 8.

[22] KK-*Engelhardt*[1] 14.

[23] OLG Bremen JR **1958** 189; KK-*Engelhardt*[1] 14. *Eb. Schmidt* JZ **1958** 191 weist in der im Ergebnis zustimmenden Anmerkung zu dieser Entscheidung mit Recht darauf hin, daß die Frage der Zulässigkeit des Berichtigungs-

4. Zurückverweisung an das Erstgericht

10 **a) Pflicht zur eigenen Entscheidung.** Im Interesse der Verfahrensbeschleunigung muß das Beschwerdegericht grundsätzlich die Sache an Stelle des Erstgerichts selbst entscheiden[24]. In Ermessensfragen tritt sein Ermessen an die Stelle des Ermessens des Erstrichters[25]. Es hat alle für die Entscheidung wesentlichen Tatsachen aufzuklären, auch wenn dies in der Vorinstanz zu Unrecht unterblieben sein sollte[26]. Die erforderliche Entscheidung muß es selbst erlassen, etwa den vom Erstgericht abgelehnten Haftbefehl. Auch einen vom Ermittlungsrichter abgelehnten Vorführungsbefehl erläßt das Beschwerdegericht[27], wobei es dem Erstrichter die Terminsbestimmung zu überlassen hat (Vorführung zu dem von ihm festzusetzenden Termin). Die Pflicht, die der Sache nach gebotene Entscheidung selbst zu treffen, gilt auch, wenn die Vorinstanz wegen eines Verfahrensfehler die dafür entscheidungserheblichen Tatsachen nicht oder unvollständig ermittelt und geprüft hat[28]. Hat beim Erstgericht statt des Vorsitzenden die Kammer entschieden, so kann das Beschwerdegericht unter Aufhebung des angefochtenen Beschlusses der unzuständigen Kammer in der Sache selbst entscheiden[29]. Hat der Gesetzgeber allerdings die Nachprüfungsbefugnis des Beschwerdegerichts beschränkt, wie etwa bei § 305 a, § 453 Abs. 2, so muß es sich bei der Prüfung der Begründetheit der Beschwerde an diesen Maßstab halten. Erweist sich die Beschwerde aber als begründet, so ist es bei der von ihm zu treffenden Sachentscheidung ebenso frei wie bei einem uneingeschränkten Beanstandungsrecht des Beschwerdeführers[30]. Eine Befugnis zur Zurückverweisung ergibt sich daraus nicht.

11 **Nur in Ausnahmefällen** ist es zulässig, daß das Beschwerdegericht den angefochtenen Beschluß nur aufhebt und die neue Entscheidung in der Sache dem Erstrichter überläßt. Es ist in Rechtsprechung und Schrifttum im einzelnen strittig, unter welchen Voraussetzungen das Beschwerdegericht ausnahmsweise die Sache zur neuen Entscheidung über den Beschwerdegegenstand an den Erstrichter **zurückverweisen** darf. Soweit Teile des erstrichterlichen Verfahrens nicht Gegenstand der Beschwerde sind, und sei es nur, weil die Beschwerde wirksam beschränkt wurde, besteht weder eine Entscheidungsbefugnis noch bedarf es insoweit einer Zurückverweisung.

12 **b) Kein Grund für die Zurückverweisung** ist, daß sich das Erstgericht bei seiner Entscheidung von einer vom Beschwerdegericht **abgelehnten Rechtsauffassung** leiten ließ, denn das Erstegericht wäre — anders als bei § 358 Abs. 1 — an die Rechtsauffassung der aufhebenden Entscheidung nicht gebunden[31].

---

beschlusses hier ohne Rücksicht auf die Beschwerde im weiteren Verfahren von Amts wegen hätte geprüft werden müssen, da es sich um die Zuständigkeit des Gerichts und damit um eine in jeder Lage des Verfahrens von Amts wegen zu prüfenden Verfahrensvoraussetzung gehandelt hatte.

[24] BGH NJW **1964** 2119; OLG Bremen MDR **1963** 335; KK-*Engelhardt*[1] 6; *Kleinknecht/Meyer*[38] 4; 7; KMR-*Paulus* 6.

[25] OLG Schleswig NJW **1976** 1467; vgl. ferner die Nachw. Fußn. 24.

[26] BGH NJW **1964** 2119; OLG Oldenburg NJW **1957** 1372; *Ellersiek* 194.

[27] *Kleinknecht/Meyer*[38] 4.

[28] Soweit dies bei schwerwiegenden Verfahrensfehlern in Analogie zu § 328 Abs. 2 a. F bestritten wurde (etwa OLG Karlsruhe NJW **1974** 709), ist mit Wegfall dieser Vorschrift auch der Bezugspunkt für die Analogie entfallen.

[29] OLG Karlsruhe NJW **1974** 110; Justiz **1982** 138; KMR-*Paulus* 13. Vgl. auch OLG Düsseldorf MDR **1985** 603; OLG Karlsruhe Justiz **1985** 173; OLG Schleswig bei *Ernesti/Lorenzen* **1983** 102; aber auch Fußn. 43.

[30] Vgl. § 305 a, 10.

[31] KK-*Engelhardt*[1] 12; *Kleinknecht/Meyer*[38] 10; *Meyer* NStZ **1987** 27; *Mohrbotter* ZStW 84 (1972) 621.

Der **Gesichtspunkt des Instanzverlustes** rechtfertigt die Zurückverweisung nicht; **13** auch nicht etwa deshalb, weil das Beschwerdegericht unter Umständen auf Grund eines neuen Sachvertrags und eigener Ermittlungen über einen weitgehend anderen Sachverhalt entscheiden muß als das Erstgericht. Denn dies ist eine gewollte Folge der getroffenen Verfahrensregelung, die bei der einfachen Beschwerde in der **Möglichkeit der Abhilfe** durch das Erstgericht einen bei den anderen Rechtsmitteln fehlenden Ausgleich findet[32]. Es besteht auch bei schwerwiegenden Verfahrensfehlern keine Notwendigkeit zur Zurückverweisung. Dies gilt insbesondere bei Verletzung des rechtlichen Gehörs vor dem Erstgericht. Da das Erstgericht hier immer die Möglichkeit hat, abzuhelfen (§ 33 a, § 306 Abs. 2), würde eine Zurückverweisung wegen dieses Verfahrensverstoßes auch unter dem Gesichtspunkt des Instanzverlustes praktisch wohl immer ausscheiden[33]. *Hanack*[34] verneint, daß — abgesehen von den Fällen der mangelnden Entscheidungsbefugnis des Erstgerichts oder des Beschwerdegerichts — der Gesichtspunkt des Instanzverlusts die Zurückverweisung rechtfertigen könne, da dies der Gesetzgeber bei der Regelung des Beschwerdeverfahrens im Interesse der Verfahrensbeschleunigung in Kauf genommen habe. Eine Zurückverweisung, weil der Erstrichter infolge Anwendung einer ungültigen Vorschrift entscheidungserhebliche Tatsachen ungeprüft gelassen habe[35], scheidet somit grundsätzlich aus[36].

Auch das **Fehlen einer sachlichen Begründung** des angefochtenen Beschlusses **14** dürfte entgegen der Ansicht des Oberlandesgerichts Oldenburg[37] die Zurückverweisung nicht erfordern. Liegt der Entscheidung des Erstgerichts ein unzulässiger Antrag zugrunde, muß ihn das Beschwerdegericht selbst verwerfen[38].

c) Notwendigkeit der Zurückverweisung. Das Beschwerdegericht muß zurückver- **15** weisen, wenn es für die Sachentscheidung **nicht zuständig** ist, oder wenn es sonst rechtlich nicht in der Lage ist, an Stelle des Erstrichters die Sachentscheidung zu treffen[39]. Ob dies auch gilt, wenn der Erstrichter für die Sachentscheidung **örtlich nicht zuständig** war und das zuständige Gericht nicht zum Bezirk des Beschwerdegerichts gehört, ist strittig[40]. Umfaßt der Bezirk des Beschwerdegerichts dagegen auch den Bezirk des zuständigen Erstgerichts, dann ist das Beschwerdegericht an der Sachentscheidung nicht gehindert[41]. Kein Grund zur Aufhebung und Zurückweisung besteht auch, wenn statt des sachlich zuständigen Amtsgerichts das Landgericht entschieden hat (analog § 269)[42].

---

[32] Vgl. § 306, 16 ff.
[33] BGHSt **8** 194; KMR-*Paulus* 10; vgl. OLG Oldenburg NJW **1957** 1372; a. A OLG Bamberg HESt 3 3; OLG Zweibrücken OLGSt 5.
[34] *Hanack* JZ **1967** 213; vgl. KK-*Engelhardt*[1] 9 ff; *Kleinknecht/Meyer*[38] 9.
[35] So OLG Bremen NJW **1951** 84; OLG Hamburg GA **1963** 215; **anders** OLG Düsseldorf JMBlNW **1950** 244; OLG Oldenburg NJW **1957** 1372.
[36] KK-*Engelhardt*[1] 11; *Kleinknecht/Meyer*[38] 9; *Hanack* JZ **1967** 213.
[37] OLG Oldenburg NJW **1971** 1098; OLG Köln JMBlNW **1960** 44; KMR-*Paulus* 10; § 34, 10; wie hier KG StrVert. **1986** 142; *Kleinknecht/Meyer*[38] 7.

[38] KG JR **1967** 266.
[39] Vgl. RGSt **19** 338 (dazu § 28, 7); RG JW **1927** 1642 mit Anm. *Brandt*; BayObLGSt **1953** 202 = NJW **1954** 204 (heute aber überholt); LG Bonn NStZ **1986** 574; KK-*Engelhardt*[1] 11; *Kleinknecht/Meyer*[38] 7; KMR-*Paulus* 10; *Roxin*[20] § 54 C III; *Eb. Schmidt* 6.
[40] Bejahend *Hanack* JZ **1967** 223; *Kleinknecht/Meyer*[38] 6; verneinend KK-*Engelhardt*[1] 10 (Ablehnung der Sachentscheidung, da keine Verweisung wegen örtlicher Unzuständigkeit möglich; so aber KMR-*Paulus* 11); vgl. § 16, 8 ff.
[41] *Kleinknecht/Meyer*[38] 6.
[42] *Kleinknecht/Meyer*[38] 6.

16 d) **Zurückverweisung aus sonstigen Gründen.** Eine Befugnis, wenn nicht sogar eine Pflicht zur Zurückverweisung wird von einem Teil der Rechtsprechung und des Schrifttums mit dem Argument des Instanzverlustes begründet[43] oder (enger) damit, daß das Verfahren vor dem Erstgericht mit einem so **schwerwiegenden Verfahrensfehler** behaftet ist, daß nicht mehr von einem ordnungsgemäßen Verfahren gesprochen werden kann, weil sich die Entscheidung des Erstgerichts nicht als Entscheidung des zuständigen Organs qualifiziert"[44]. Letzteres wird vor allem angenommen, wenn das Erstgericht nicht entscheidungsbefugt war, weil ein ausgeschlossener Richter (§ 22) mitgewirkt[45] oder ein funktional unzuständiger Richter entschieden hat[46]; ferner, wenn verfahrensrechtlich gebotene Anhörungen unterblieben sind[47].

17 Berücksichtigt man die auf **Verfahrensbeschleunigung** und **Prozeßwirtschaftlichkeit** abstellende Zielrichtung des § 309 Abs. 2, dann erscheinen diese Gesichtspunkte nicht ausschlaggebend. Abgesehen von der fehlenden Entscheidungskompetenz (Rdn. 15) sind nur solche Ausnahmen von der Pflicht zur eigenen Sachentscheidung vertretbar, die im Einzelfall mit dieser Zielsetzung vereinbar sind. Fördert die bloße Aufhebung und Zurückverweisung den Fortgang des Gesamtverfahrens, weil das Beschwerdegericht die für eine eigene Sachentscheidung notwendigen Tatsachen erst ermitteln müßte[48], während der Erstrichter zugleich mit diesen Ermittlungen das Verfahren auch im übrigen weiterbetreiben kann, dann dürften gegen die Zurückverweisung keine Bedenken bestehen. Eine Pflicht zur Zurückverweisung besteht in solchen Fällen nicht[49]. Gleiches gilt, wenn die Sachentscheidung zu einer sachwidrigen Trennung zusammengehörender Strafsachen führen würde[50], etwa bei einer Teilanfechtung oder bei nicht beschwerdeführenden Mitangeklagten, oder wenn sich die Beschwerde gegen das Unterlassen einer Entscheidung wendet[51]. Ist umgekehrt die Sache entscheidungsreif, dann muß das Beschwerdegericht die Sachentscheidung selbst treffen. Bei eilbedürftiger Entscheidung wird dies ohnehin angenommen[52].

18 Die Zurückverweisung ist, sofern dabei nicht willkürlich verfahren wird, **mit Art. 101 Abs. 1 GG vereinbar**[53].

19 5. **Verschlechterungsverbot.** Die entsprechende Anwendung der §§ 331, 358 Abs. 2, 373 Abs. 2 ist im Beschwerdeverfahren grundsätzlich nicht vorgesehen. Allein aus

---

[43] So etwa OLG Bremen NJW **1966** 605; OLG Düsseldorf StrVert. **1986** 376; OLG Frankfurt NJW **1983** 2399; OLG Hamburg GA **1963** 215; KG GA 73 (1929) 126; OLG Oldenburg NJW **1971** 1098; OLG Schleswig bei *Ernesti/Lorenzen* SchlHA **1984** 107; OLG Zweibrücken OLGSt 5; ferner etwa KMR-*Paulus* 10; *Ellersiek* 195 mit weit. Nachw. Zur Gegenmeinung vgl. Rdn. 13.

[44] *Hanack* JZ **1967** 223; *Kleinknecht/Meyer*[38] 9.

[45] OLG Bremen NJW **1966** 605; OLG Saarbrücken NJW **1966** 167; KMR-*Paulus* 10; dagegen KK-*Engelhardt*[1] 11. Bei Mitwirkung eines abgelehnten Richters verneint auch OLG Hamm JMBlNW **1982** 222 die Notwendigkeit einer Zurückverweisung.

[46] OLG Düsseldorf NJW **1982** 1471; zur Gegenauffassung vgl. die Nachw. Fußn. 27.

[47] OLG Düsseldorf StrVert. **1984** 234 (L); OLG Hamburg GA **1963** 215; OLG Karlsruhe Justiz **1980** 91 (L); OLG Schleswig bei *Ernesti/Lorenzen* SchlHA **1984** 107; OLG Zweibrücken OLGSt 5.

[48] Vgl. BGH JR **1970** 467 mit Anm. *Peters*; BayObLG RPfleger **1956** 239.

[49] So OLG Düsseldorf JMBlNW **1950** 244.

[50] OLG Saarbrücken OLGSt 1; KMR-*Paulus* 12.

[51] *Kleinknecht/Meyer*[38] 5; vgl. Rdn. 5. Auch hier hat bei Entscheidungsreife das Beschwerdegericht eine ihm mögliche Sachentscheidung selbst zu treffen.

[52] OLG Frankfurt GA **1980** 262; KG StrVert. **1986** 142.

[53] BVerfGE 7 327; vgl. *Niemöller/Schuppert* AÖR 107 (1982) 421.

rechtsstaatlichen Gründen ist sie nicht geboten, denn das Verschlechterungsverbot ist dem Rechtsstaat nicht eigentümlich, es bedeutet nur ein rechtspolitisches Entgegenkommen, auf dessen gesetzliche Sicherung kein unabdingbarer verfassungsrechtlicher Anspruch besteht. Die Prozeßordnung könnte auch ohne eine solche Regelung auskommen[54].

Ausnahmsweise greift das Verschlechterungsverbot bei den Beschlüssen ein, die 20 ähnlich einem Urteil das Verfahren durch eine Sachentscheidung abschließen sowie bei sonstigen Beschlüssen, welche Rechtsfolgen **endgültig** festlegen und einer (beschränkten) materiellen Rechtskraft fähig sind. Seine Anwendung kommt vor allem bei den Beschlüssen in Betracht, welche das Ausmaß der Rechtsfolgen, wie etwa die Strafhöhe, betreffen. So werden §§ 331, 358 Abs. 2 entsprechend anzuwenden sein bei der Bildung einer Gesamtstrafe[55] oder bei Beschlüssen, die Ordnungsmittel festsetzen[56] oder die bei Widerruf der Strafaussetzung den Umfang der zu verbüßenden Strafe festlegen[57]. Kein Raum ist dagegen für das Verschlechterungsverbot, soweit Rechtsfolgen von Gesetzes wegen unter dem **Vorbehalt einer nachträglichen Änderung** zu Lasten des Betroffenen stehen[58], ferner bei § 458, weil dort der wirkliche Urteilsinhalt festgestellt werden soll.

§ 310

(1) Beschlüsse, die von dem Landgericht oder von dem nach § 120 Abs. 3 des Gerichtsverfassungsgesetzes zuständigen Oberlandesgericht auf die Beschwerde hin erlassen worden sind, können, sofern sie Verhaftungen oder die einstweilige Unterbringung betreffen, durch weitere Beschwerde angefochten werden.

(2) Im übrigen findet eine weitere Anfechtung der auf eine Beschwerde ergangenen Entscheidungen nicht statt.

Schrifttum: *Wendisch* Anfechtung von Beschlüssen, die Verhaftung oder die einstweilige Unterbringung betreffen, FS Dünnebier 239. Vgl. ferner die Hinweise Vor § 304.

Entstehungsgeschichte. Durch Art. 2 Nr. 28 AGGewVerbrG wurde die weitere Beschwerde auf die einstweilige Unterbringung ausgedehnt. Die 2. VereinfVO hat 1942 die weitere Beschwerde abgeschafft; durch das VereinhG wurde sie 1950 wieder eingeführt und erhielt die im wesentlichen noch heute geltende Fassung. Das Gesetz vom 8. 9. 1969 hat die weitere Beschwerde gegen die Beschwerdeentscheidungen der nach § 120 Abs. 3 zuständigen Oberlandesgerichte eingeführt[1]. Bezeichnung bis 1924: § 352.

---

[54] OLG Nürnberg NJW **1959** 1452; LG Hannover NdsRpfl. **1978** 219 (Kostenfestsetzung); *Ellersiek* 196; *Frisch* MDR **1973** 715; *Gössel* § 36 B II; KK-*Engelhardt*[1] 13; KMR-*Paulus* 8; *Eb. Schmidt* 7; *Woesner* NJW **1960** 2129. Vgl. Vor § 304, 21; § 331, 1; ferner die Nachw. Fußn. 55; 56. A. A. *Wittschier* (vgl. Zusammenfassung 192; Verschlechterungsverbot gilt grundsätzlich auch im Beschlußverfahren; Verschlechterung ist nur auf Grund besonderer gesetzlicher Regelung zulässig).

[55] LG Zweibrücken NJW **1954** 934; vgl. BGHSt **8** 203; ferner § 460, 24 mit weit. Nachw.; *Wittschier* 102 ff.

[56] OLG Hamm MDR **1960** 946; OLG München MDR **1980** 517; *Wittschier* 108.

[57] OLG München MDR **1980** 517; KK-*Engelhardt*[1] 13.

[58] Vgl. § 305 a, 12.

[1] Zur Gesetzesentwicklung vgl. *Giesler* 135.

§ 310 Drittes Buch. Rechtsmittel

Übersicht

	Rdn.		Rdn.
1. Grundgedanke		3. Verhaftung, einstweilige Unterbringung (Absatz 1)	
a) Grundsätzlich nur eine Beschwerdeinstanz	1	a) Verhaftung	11
b) Weitere Beschwerde	2	b) Einstweilige Unterbringung	21
2. „Auf Beschwerde hin" erlassene Entscheidung		c) Kritik	23
a) Derselbe Beschwerdegegenstand	4	4. Keine weitere Beschwerde im übrigen (Absatz 2)	24
b) Würdigung der gesamten Prozeßlage	5		
c) Für alle Verfahrensbeteiligten einheitlich	9	5. Zuständigkeit	26
d) Beispiele	10	6. Verfahren bei weiterer Beschwerde	27

1. Grundgedanke

1 **a) Grundsätzlich nur eine Beschwerdeinstanz.** Die Masse der Beschwerdesachen soll nach dem Willen des Gesetzgebers in zwei Rechtszügen, also mit der Beschwerdeentscheidung des Landgerichts oder des Oberlandesgerichts beendet und weiterer Anfechtung entzogen sein. Regelmäßig endet das Beschwerdeverfahren daher mit dem Beschluß des Beschwerdegerichts „auf die Beschwerde hin". Diesen Grundsatz legt Absatz 2 ausdrücklich fest. Die Ausnahmeregelung des Absatzes 1 bestätigt ihn. Sie ist wegen der schwerwiegenden Bedeutung der dort genannten Freiheitsentziehungen geschaffen worden[2] und **keiner ausdehnenden Auslegung** fähig[3]. Dies hat der Gesetzgeber auch dadurch bestätigt, daß er die Nachholung einer unterbliebenen Anhörung in §§ 33 a, 311 a besonders geregelt und nicht als neuen Grund für die weitere Beschwerde eingeführt hat[4].

2 **b) Weitere Beschwerde.** § 310 betrifft grundsätzlich das Beschwerdeverfahren des Landgerichts und nur in den Sonderfällen des § 120 Abs. 3, § 135 Abs. 2 GVG auch die des Oberlandesgerichts. Er sieht weitere Beschwerde nur unter den **beiden Voraussetzungen** vor, daß „auf die Beschwerde hin", also nicht im Berufungsverfahren (vgl. § 304 Abs. 1 StPO, § 121 GVG) über eine Verhaftung oder einstweilige Unterbringung entschieden wurde. Daraus ergibt sich: Gericht der weiteren Beschwerde ist grundsätzlich das Oberlandesgericht (GVG § 121 Abs. 1 Nr. 2); stammt die angefochtene Verfügung vom Landgericht und ist das Oberlandesgericht Beschwerdegericht, so ist weitere Beschwerde (an das Bayerische Oberste Landesgericht oder den Bundesgerichtshof) nicht zulässig.

3 Eine **Sonderregelung** gilt nur für Staatsschutzsachen im Sinne des § 120 Abs. 1 und 2 GVG. Nach § 135 Abs. 2 GVG entscheidet in den in § 120 Abs. 3 GVG aufgeführten Fällen der Bundesgerichtshof über die weitere Beschwerde gegen die Beschwerdeentscheidungen der Oberlandesgerichte (in Bayern: des Bayerischen Obersten Landesgerichts: § 120 Abs. 4, 5 GVG; § 9 EG GVG, Art. 11 Abs. 2 Nr. 1 bayer. AG GVG[5]). Ob eine weitere Beschwerde zulässig ist, richtet sich auch hier nach den allgemeinen Grundsätzen des Absatzes 1[6].

---

[2] Vgl. Mat. *Hahn* 249; *Giesler* 134.
[3] BVerfGE **48** 376; BGH NJW **1964** 2112 (keine Ausweitung durch Art. 13 MRK); OLG Braunschweig NJW **1962** 753; OLG Hamm NJW **1970** 2127; OLG Neustadt JZ **1952** 310; OLG Oldenburg NdsRpfl. **1954** 193. Vgl. Rdn. 24 mit weit. Nachw.
[4] *Giesler* 137.
[5] BayRS 300 – 1 – 1 – J; vgl. BGHSt **28** 103 ferner *Sprau/Vill* Justizgesetze in Bayern AGGVG Art. 11, 21
[6] KMR-*Paulus* 4; vgl. *Eb. Schmidt* Nachtr. I 11.

2. „Auf die Beschwerde hin" erlassene Entscheidung

a) Eine weitere Beschwerde liegt nur vor, wenn zwei Rechtszüge über **denselben** 4 **Beschwerdegegenstand** vorausgegangen sind. Die Entscheidung, deren Überprüfung erstrebt wird, muß den gleichen Verfahrensgegenstand betreffen wie die Entscheidung des Erstrichters[7]. Die rechtliche oder tatsächliche Würdigung eines Lebenssachverhalts wird zum drittenmal zur Überprüfung gestellt; der zu überprüfende Vorgang muß also bereits Gegenstand des vorangegangenen Beschwerdeverfahrens gewesen sein[8]. Dabei ist maßgebend, ob er dort mitzuentscheiden gewesen wäre, nicht, ob er auch tatsächlich mitgeprüft worden ist. Der gleiche Beschwerdegegenstand liegt nicht nur vor, wenn die Beschwerdeentscheidung mit der ursprünglichen Entscheidung übereinstimmt oder wenn die Beschwerdeentscheidung nur eine Modalität von ihr bringt[9]. Sie liegt auch vor, wenn das Beschwerdegericht nach eigenen Ermittlungen abweichende oder weitergehende Feststellungen getroffen[10] hat als das Erstgericht oder wenn es andere Rechtsnormen anwendet[11] oder eine andere Sachentscheidung (erstmals) trifft[12], oder wenn es die Formalentscheidung über die Unzulässigkeit durch eine eigene Sachentscheidung ersetzt[13].

b) Ob eine „auf die Beschwerde hin" ergangene Entscheidung über den gleichen 5 Beschwerdegegenstand vorliegt, richtet sich nicht allein nach dem Instanzenzug. Es ist unter **Würdigung der gesamten Prozeßlage** zu beurteilen. Die Entscheidungsformel des Beschwerdegerichts gibt hierfür zwar in der Regel wichtige Anhaltspunkte, sie kann aber nicht in allen Fällen allein maßgebend sein[14]. Entscheidungen, die einen erstmals im Beschwerdeverfahren angefallenen, selbständigen Verfahrensgegenstand betreffen, sind nicht „auf Beschwerde hin" ergangen (vgl. die Beispiele Rdn. 10).

Nur solche Entscheidungen sind unanfechtbar, die tatsächlich **auf Grund einer** 6 **Beschwerde** ergangen sind. Es muß also eine Erklärung eines Verfahrensbeteiligten vorausgegangen sein, die vertretbar als Beschwerde ausgelegt und behandelt wurde[15], andernfalls fehlt es an einer Beschwerdeentscheidung[16]. Die Entscheidung des Landgerichts, das rechtsirrig annimmt, der Beschuldigte habe Beschwerde eingelegt, wird dadurch noch nicht zu einer der Anfechtung entzogenen Beschwerdeentscheidung[17]. Gleiches gilt, wenn das Berufungsgericht auf eine erfolglose Berufung hin eine Annexentscheidung des Erstgerichts geändert hat, obwohl dagegen keine Beschwerde eingelegt

---

[7] OLG Hamm NJW **1970** 2127; OLG Schleswig *bei Lorenzen* SchlHA **1987** 120; *Ellersiek* 88; *Giesler* 135; KK-*Engelhardt*[1] 3; *Kleinknecht/Meyer*[38] 2; KMR-*Paulus* 11; *Eb. Schmidt* 1.
[8] Zu der in Sonderfällen strittigen Abgrenzung des Beschwerdegegenstands vgl. § 309, 6.
[9] Vgl. etwa OLG Hamm VRS **40** 454.
[10] OLG Hamm GA **1976** 58.
[11] OLG Hamm NJW **1979** 2127; OLG Neustadt JZ **1952** 310; NJW **1957** 1082.
[12] Vgl. OLG Bremen NStZ **1986** 524; OLG Düsseldorf MDR **1982** 518; OLG Koblenz VRS **65** 310; OLG Schleswig bei *Lorenzen* SchlHA **1987** 120; ferner Rdn. 1.
[13] Vgl. § 309, 8, 10 ff.
[14] OLG Düsseldorf MDR **1982** 518; KK-*Engelhardt* 3; *Kleinknecht/Meyer*[38] 2; a. A OLG Schleswig SchlHA **1950** 17. Dem Gericht ist allerdings für den dort entschiedenen Fall zuzustimmen, daß dadurch, daß sich das Beschwerdegericht in den Gründen seiner Entscheidung mit einer nicht zur Beschwerde gehörenden und seiner Entscheidung nicht unterstehenden Frage (hier Wiedereinsetzung) befaßt, seine Entscheidung noch nicht den Charakter einer Beschwerdeentscheidung verliert.
[15] OLG Köln MDR **1980** 600.
[16] OLG Köln MDR **1980** 600; OLG Stuttgart Justiz **1971** 270.
[17] OLG Saarbrücken VRS **27** 453; OLG Stuttgart Justiz **1971** 270; KK-*Engelhardt*[1] 3; *Kleinknecht/Meyer*[38] 2.

§ 310

worden war; die aus Anlaß der Berufung ergangene Entscheidung wird durch Absatz 2 der Anfechtung nicht entzogen[18]. Eine Beschwerdeentscheidung liegt dagegen vor, wenn sich das Rechtsmittel auch auf die Annexentscheidung des Erstgerichts erstreckte und das Berufungsgericht auch darüber als Beschwerdegericht entschieden hat[19].

7 Hat das Amtsgericht eine Entscheidung getroffen, für die es gar **nicht zuständig** war, dann ist die auf Beschwerde hin ergangene Entscheidung des Landgerichts entsprechend der **wahren Rechtslage** als eine Entscheidung der ersten Instanz mit Beschwerde anfechtbar[20]. Die wahre Rechtslage ist auch maßgebend, wenn das Landgericht der irrigen Meinung war, es entscheide als Gericht der ersten Instanz, weil das Amtsgericht nicht zuständig gewesen sei, denn der Rechtsirrtum des Gerichts kann keine dritte Instanz eröffnen[21]. Hat das Landgericht irrigerweise **statt des zuständigen Amtsgerichts** die Erstentscheidung erlassen, dann ist seine Entscheidung trotzdem keine Beschwerdeentscheidung. Sie ist anfechtbar, auch wenn die Voraussetzungen für die weitere Beschwerde nicht gegeben wären[22]. Desgleichen ist die Beschwerde gegeben, wenn das Landgericht für die Rechtsmittelentscheidung in Wirklichkeit gar nicht zuständig war[23].

8 Nimmt das Landgericht seine Beschwerdeentscheidung auf Grund von **Gegenvorstellungen** zurück und ersetzt sie durch eine neue Entscheidung, so ist auch diese auf die Beschwerde hin ergangen und nur unter den Voraussetzungen des Absatzes 1 mit weiterer Beschwerde anfechtbar[24]. Wendet sich die Beschwerde dagegen nicht gegen die Sachentscheidung, sondern allein gegen die Zulässigkeit der nachträglichen Abänderung, so wird darin ein neuer Beschwerdegegenstand gesehen[25].

9 c) Ob eine auf Beschwerde hin erlassene Entscheidung vorliegt, ist — sofern der Beschwerdegegenstand der gleiche ist — **für alle Verfahrensbeteiligte einheitlich** zu beurteilen. Für denjenigen, der erst durch die Entscheidung des Beschwerdegerichts beschwert wird, eröffnet dies keinen neuen Beschwerdezug[26]. Auch der **Gegner** des Beschwerdeführers hat nur in den Ausnahmefällen des Absatzes 1 die weitere Beschwerde[27]. Soweit die weitere Beschwerde gegeben ist, steht sie allen beschwerten Beteiligten zu.

10 d) **Beispiele.** Ein **anderer Beschwerdegegenstand** — und damit kein Fall der Unzulässigkeit der Beschwerde nach § 310 Abs. 2 — wird angenommen bei Beschlüssen des Beschwerdegerichts, die zwar im Beschwerdeverfahren ergehen, die aber nicht durch

---

[18] OLG Celle NdsRpfl. **1975** 222; KK-*Engelhardt*[1] 7.
[19] OLG Celle VRS **51** 440; OLG Oldenburg NdsRpfl. **1984** 1.
[20] Vgl. etwa OLG Celle DRZ **1948** 109 (Entscheidung über Wiedereinsetzung gegen die Versäumnis der Berufungsfrist, den das unzuständige Amtsgericht verworfen hatte); BayObLGSt **1957** 40 (Beschwerde gegen die Versagung des Armenrechts); ferner OLG Bremen NJW **1967** 1975; OLG Düsseldorf MDR **1982** 518; VRS **72** 370; OLG Frankfurt NJW **1980** 1808; OLG Hamm NJW **1968** 419 mit abl. Anm. *Reissfelder*; MDR **1981** 425; *Ellersiek* 90; KK-*Engelhardt*[1] 3; *Kleinknecht/Meyer*[38] 2.
[21] OLG Hamm GA **1972** 186; KK-*Engelhardt*[1] 4.

[22] OLG Celle NdsRpfl., **1952** 19; a. A KK-*Engelhardt*[1] 3.
[23] OLG Celle NJW **1973** 157; OLG Hamm NJW **1972** 1725; OLG Karlsruhe Justiz **1977** 23; *Kleinknecht/Meyer*[38] 2; vgl. auch Fußn. 25.
[24] OLG Köln GA **1962** 381.
[25] OLG Oldenburg NStZ **1985** 473 mit krit. Anm. *Rieß*; aber auch OLG Düsseldorf MDR **1982** 518; OLG Frankfurt NJW **1980** 1808.
[26] OLG Bremen NStZ **1986** 524; OLG Celle MDR **1977** 74; OLG Düsseldorf NStZ **1982** 395; OLG Hamm GA **1962** 381; **1976** 58; OLG Karlsruhe Justiz **1974** 98; OLG Koblenz VRS **65** 310; OLG Neustadt NJW **1960** 257.
[27] OLG Bremen Rpfleger **1963** 15; *Ellersiek* 91.

die Beschwerde, sondern durch einen neuen, von der Beschwerde unabhängigen (also nicht etwa nur zu deren Durchführung gestellten unselbständigen) Antrag[28] des Beschwerdeführers oder seines Gegners ausgelöst werden[29] oder durch sonst ein erst während des Beschwerdeverfahrens eintretendes neues **Ereignis**, wie etwa eine während des Beschwerdeverfahrens eintretende Amnestie[30]. Der Beschluß, das Verfahren fortzuführen, den das Beschwerdegericht auf Grund eines erst im Beschwerdeverfahren erlassenen **Straffreiheitsgesetzes** antragsgemäß erläßt, ist keine „auf die Beschwerde hin" erlassene Entscheidung, sondern eine im Beschwerdeverfahren getroffene neue Entscheidung, die auf einem neuen Antrag beruht und deshalb mit Beschwerde angefochten werden kann[31]. Eine weitere Beschwerde liegt nach OLG Neustadt vor, wenn das Erstgericht die Anwendung eines Straffreiheitsgesetzes übersehen hatte[32]. Stellt das Beschwerdegericht unter Aufhebung des Einstellungsbeschlusses nach § 206 a das Verfahren vorläufig nach § 205 ein, so liegt in der Anfechtung dieses Beschlusses nach Ansicht des OLG Hamburg keine weitere Beschwerde[33]. Hat das Amtsgericht dem Privatkläger Prozeßkostenhilfe versagt, das Landgericht sie aber gewährt und nur die Bitte um Beiordnung eines Rechtsanwalts abgelehnt, so ist die dagegen eingelegte Beschwerde eine (unzulässige) weitere Beschwerde, da der Sachverhalt und die daraus zu ziehenden rechtlichen Folgen bereits Gegenstand der Entscheidung des Amtsgerichts waren[34]. Hat dagegen das Berufungsgericht erstmals über die Gewährung der **Prozeßkostenhilfe** entschieden, dann ist gegen diesen Beschluß die Beschwerde zulässig[35]. Gleiches gilt für die Entscheidung über einen erstmals in der Beschwerdeinstanz gestellten Antrag auf Beiordnung eines Verteidigers[35a]. Entscheidet das Berufungsgericht in einer bei ihm anhängigen Sache über die Aufrechterhaltung oder Aufhebung einer vom Amtsgericht ausgesprochenen vorläufigen Entziehung der Fahrerlaubnis, so entscheidet es vom Zeitpunkt der Vorlage der Akten gemäß § 321 an nicht als Beschwerdegericht. Die Anfechtung einer solchen Entscheidung ist keine (unzulässige) weitere Beschwerde[36]. Desgleichen liegt keine Beschwerdeentscheidung vor, wenn das Landgericht als Berufungsgericht über den Auflagenbeschluß des Erstgerichts neu entscheidet[37]. Gegen den Einstellungsbeschluß, den ein Landgericht im Beschwerdeverfahren nach § 383 Abs. 2 erläßt, ist keine weitere Beschwerde statthaft, wenn die Zurückweisung der Privatklage Beschwerdegegenstand ist[38]. Die **Kostenentscheidung** des Beschwerdegerichts ist — auch wenn sie Änderungen enthält — als Teil der Beschwerdeentscheidung der weiteren Beschwerde nicht gesondert zugänglich[39].

---

[28] *Kleinknecht/Meyer*[38] 3. Etwas anderes gilt für Anträge, die die Beschwerdeentscheidung nur vorbereiten sollen, wie etwa den Antrag auf Beiziehung bestimmter Aufklärungsmittel KG JR **1969** 194; KK-*Engelhardt*[1] 6; vgl. dazu § 305, 4; § 308, 17.

[29] BayObLGSt **1952** 8 (Wiedereinsetzungsgesuch); OLG Celle GA **1970** 88.

[30] KMR-*Paulus* 11.

[31] BayObLGSt **1949/51** 340.

[32] OLG Neustadt JZ **1957** 182.

[33] OLG Hamburg MDR **1978** 864; dagegen KK-*Engelhardt*[1] 6; vgl. § 205, 31.

[34] OLG Bremen MDR **1956** 55; KK-*Engelhardt*[1] 6.

[35] OLG Hamm JMBlNW **1951** 115; OLG Oldenburg NdsRpfl. **1956** 116; vgl. aber BayObLG JW **1935** 369; und bei § 379.

[35a] OLG Bamberg NStZ **1985** 39 mit Anm. *Pöpperl*.

[36] OLG Hamm NJW **1969** 149; VRS **21** 283; **49** 111; str. vgl. § 111 a, 90.

[37] Vgl. § 268 a, 20; **a. A** BayObLG NJW **1956** 1728 mit abl. Anm. *Schmidt*.

[38] BayObLGSt **1952** 94; OLG Hamburg NJW **1953** 1933 (L); OLG Neustadt JZ **1952** 310; NJW **1957** 1082; OLG Schleswig SchlHA **1953** 103; KK-*Engelhardt*[1] 6; anders aber, wenn Beschwerdegericht nur mit Beschwerde gegen Ablehnung der Prozeßkostenhilfe befaßt war (BayObLGSt **1957** 40).

[39] OLG Oldenburg NJW **1982** 2833. Vgl. ferner OLG Oldenburg VRS **67** 125 (Auslagenentscheidung im Berufungsurteil).

3. Weitere Beschwerde bei Verhaftung, einstweilige Unterbringung (Absatz 1)

11 a) Die **Verhaftung** im Sinne des § 310 betreffen alle Beschlüsse, die unmittelbar zum Gegenstand haben, ob der Beschuldigte in Haft zu nehmen oder zu halten ist[40]. Wegen der großen Tragweite, die insbesondere bei der Untersuchungshaft der Entscheidung über den auf Grund Verdachts angeordneten Eingriff in die persönliche Freiheit des Beschuldigten zukommt, wollte der Gesetzgeber hier die Garantie der doppelten Entscheidung eines Kollegialgerichts schaffen und hat deshalb ausnahmsweise einen weiteren Instanzenzug eröffnet. Die Ausnahmeregelung wurde dann später auf die **einstweilige Unterbringung** ausgedehnt. Die Herbeiführung oder Aufrechterhaltung der freiheitsentziehenden Maßnahme muß allerdings **unmittelbar** Gegenstand der Beschwerdeentscheidung sein[41]. Die vorherrschende Meinung hält unter Berufung auf den Schutzzweck des Absatzes 1 diese Voraussetzung auch dann für gegeben, wenn es um **Erlaß** oder **Fortbestand eines Haftbefehls** oder Unterbringungsbefehls geht, der gegenwärtig **nicht vollzogen** wird[42]. Die Klärung, ob der Rechtstitel für den Eingriff in die persönliche Freiheit[43] zu Recht besteht, soll nicht bis zu seinem Vollzug aufgeschoben werden[44]. Nach der Mindermeinung ist Verhaftung hier wie auch sonst[45] nur die Maßnahme, die ohne weitere richterliche Maßnahme die Freiheitsentziehung selbst herbeiführt oder aufrechterhält, also nicht ein Haftbefehl, dessen Vollzug ausgesetzt ist und auch bleiben soll[46].

12 Unter § 310 Abs. 1 fallen **alle Beschwerdeentscheidungen**, die die Verhaftung oder die Aufrechterhaltung der Untersuchungshaft betreffen, also insbesondere der Erlaß eines Haftbefehls nach § 112 und die Entscheidungen im Haftprüfungsverfahren[47]. Die Entscheidung „betrifft eine Verhaftung" auch dann, wenn das Gericht einen Antrag auf

---

[40] So schon BayObLGSt **1** 366; **2** 33; **7** 297; OLG Königsberg DRiZ **1928** Nr. 760; OLG München St **6** 498; BGHSt **26** 270; OLG Düsseldorf NJW **1977** 968; OLG Frankfurt NJW **1973** 209; OLG Hamburg NJW **1963** 1167; vgl. etwa *Wendisch* FS Dünnebier 242; KK-*Engelhardt*[1] 7.

[41] Die Unmittelbarkeit fehlt, wenn andere strafprozessuale Maßnahmen angefochten werden, auch wenn durch diese die tatsächlichen Voraussetzungen für die Anordnung der Untersuchungshaft geschaffen wurden (KG JR **1967** 192; Beschlagnahme von Belastungsmaterial, das den dringenden Tatverdacht und damit die Anordnung der Untersuchungshaft rechtfertigte), *Ellersiek* 92. Ob sich das Unmittelbarkeitserfordernis auf den Bestand des Haftbefehls oder (enger) auf den Eingriff in die Freiheit bezieht, ist strittig; vgl. Fußn. 42, 45.

[42] OLG Celle StrVert. **1983** 466; OLG Düsseldorf NJW **1980** 2426 (unter Aufgabe der bisherigen Rechtspr.); OLG Hamburg NJW **1981** 834 (L; unter Aufgabe von JR **1978** 511); OLG Hamm OLGSt § 310, 27; NJW **1981** 294 (L); unter Aufgabe von OLGSt 35; OLG Koblenz StrVert. **1986** 418; 442; KG NJW **1979** 2626 mit zust. Anm. *Kopp*; OLG Schleswig NJW **1981** 1523 (L = bei *Ernesti/Lorenzen* SchlHA **1982** 124 unter Aufgabe von SchlHA **1979** 55); ferner (zu § 304 Abs. 4) BGH NJW **1973** 664 (nicht abgedruckt in BGHSt **25** 120); BGHSt **29** 200; *Kleinknecht/Meyer*[38] 4; 7; *Schlüchter* 660.2; *Wendisch* FS Dünnebier 247 ff.

[43] Schon der Bestand eines Haftbefehls als solcher wird als Beeinträchtigung der persönlichen Freiheit gewürdigt; vgl. etwa BVerfGE **53** 158 f (für außer Vollzug gesetzten Haftbefehl).

[44] Vgl. etwa *Kleinknecht/Meyer*[38] 7.

[45] Vgl. dazu *Giesler* 143; *Wendisch* FS Dünnebier 242 ff; ferner zur engen bzw. weiten Auslegung dieses Begriffs auch § 453 c, 16.

[46] OLG Bremen StrVert. **1981** 131 mit abl. Anm. *Klawitter*; OLG Frankfurt NJW **1973** 210; OLG Hamburg NJW **1963** 1167; JR **1978** 526 mit zust. Anm. *Gollwitzer*; OLG Hamm OLGSt 35; OLG Karlsruhe Justiz **1980** 90; NStZ **1983** 41; OLG München MDR **1980** 74; OLG Nürnberg MDR **1980** 75; OLG Stuttgart MDR **1978** 953; OLG Schleswig SchlHA **1979** 55; OLG Zweibrücken MDR **1979** 695; vgl. aber auch Fußn. 42.

[47] Vgl. § 117, 30; *Ellersiek* 95.

Erlaß eines Haftbefehls abgelehnt hat. Der Ansicht[48], die weitere Beschwerde sei ausgeschlossen, wenn sowohl Amtsgericht und Landgericht abgelehnt haben, einen Haftbefehl zu erlassen, kann nicht gefolgt werden, da sowohl die positive wie die negative Entscheidung über die Anordnung der Untersuchungshaft die gleiche große materielle Bedeutung haben[49]. Gleiches gilt für die weitere Beschwerde eines in anderer Sache in Strafhaft befindlichen Angeklagten gegen den Haftbefehl[50]. Die Anordnung der Unterbrechung der Untersuchungshaft zum Vollzug einer Freiheitsstrafe kann dagegen nicht mit der weiteren Beschwerde angefochten werden[51].

Die Entscheidung, ob der **Vollzug** des Haftbefehls nach §116 **ausgesetzt** werden **13** kann, gehört ebenfalls dazu, sofern sie sich durch Anordnung oder Fortdauer einer Freiheitsentziehung auswirkt[52]. Bleibt der Beschuldigte dagegen unabhängig vom Erfolg der Beschwerde in Freiheit, weil diese nicht den Beistand des Haftbefehls als solchen, sondern nur die Änderung oder **Lockerung einer Auflage oder Weisung** zum Gegenstand hat, dann betrifft sie nur die Modalitäten des Lebens in Freiheit und nicht unmittelbar die Verhaftung im Sinne des §310 Abs. 1[53].

Die Beschwerdeentscheidung über den Verfall einer zur Verschonung von der **14** Untersuchungshaft geleisteten **Sicherheit** unterliegt ebenfalls nicht der weiteren Beschwerde, da die Entziehung der persönlichen Freiheit selbst nicht Gegenstand dieses Verfahrens ist[54].

Entscheidungen, die nur die **Art und Weise des Haftvollzugs** betreffen, die Frage **15** nach dem Freiheitsentzug als solchen aber unberührt lassen, unterliegen ebenfalls nicht der weiteren Beschwerde[55].

Der Untersuchungshaft gleichgestellt werden die **Haft nach § 230 Abs. 2** gegen den **16** ausgebliebenen Angeklagten (nicht aber die bloße Vorführungsanordnung) und die **Vorführungshaft** nach § 236; § 329 Abs. 4[56]. Für die bloße Vorführung nach den §§ 134, 230, 236 gilt dies jedoch nicht[57], auch nicht für das bloße Festhalten des Angeklagten in der Hauptverhandlung nach § 231[58] oder für die Ablehnung sicheren Geleits[59].

---

[48] OLG Braunschweig JR **1965** 473 mit abl. Anm. *Kleinknecht*; *Ellersiek* 98 (Zweck des § 310 ist Rechtsschutz für Beschuldigten).

[49] OLG Stuttgart JR **1967** 431; *Kleinknecht* JR **1965** 474; *Kleinknecht/Meyer*[38] 8; *Eb. Schmidt* Nachtr. I 3; vgl. § 114, 49; ferner *Giesler* 138; *Wendisch* FS Dünnebier 248.

[50] OLG Stuttgart Justiz **1980** 208; *Kleinknecht/Meyer*[38] 7.

[51] KG GA 73 (1929) 292; OLG Koblenz MDR **1978** 329; OLG Stuttgart Alsb. E 2 Nr. 144; KMR-*Paulus* 7; *Wendisch* FS Dünnebier 255; a. A *Kleinknecht/Meyer*[38] 7.

[52] Vgl. § 116, 52; *Wendisch* FS Dünnebier 248 ff.

[53] OLG Düsseldorf JMBlNW **1985** 286; OLG Frankfurt NJW **1973** 209; OLG Nürnberg MDR **1980** 75 unter Aufgabe von MDR **1961** 619; KG NJW **1979** 2626 mit Anm. *Kopp*; OLG Schleswig SchlHA **1979** 55; vgl. BGHSt 25 120; KK-*Engelhardt*[1] § 304, 7; *Ellersiek* 95; *Kleinknecht/Meyer*[38] 7; vgl. § 116, 37.

[54] OLG Hamm NJW **1963** 1264; KG DStR **1938** 65; OLG Königsberg DRiZ **1928** Nr. 524; OLG Karlsruhe Justiz **1963** 63; vgl. § 124, 49 mit weit. Nachw.; *Wendisch* FS Dünnebier 255.

[55] OLG Celle OLGSt 4; vgl. *Wendisch* FS Dünnebier 254; ferner vgl. Rdn. 23.

[56] OLG Celle NJW **1957** 393; vgl. OLG Düsseldorf NJW **1977** 968; OLG Hamburg **1963** 1167; OLG Hamm NJW **1974** 511; OLG Karlsruhe NJW **1969** 1546; KMR-*Paulus* 7; *Eb. Schmidt* 3; *Schlüchter* 600.2; *Wendisch* FS Dünnebier 254.

[57] BayObLGSt **1** 366; OLG Celle NJW **1957** 393; **1966** 1022; OLG Hamburg Alsb. E 2 Nr. 142 b; OLG Köln MDR **1952** 378; OLG München Alsb. E 2 Nr. 142.

[58] KK-*Engelhardt*[1] 10; *Kleinknecht/Meyer*[38] 5; KMR-*Paulus* 7; *Eb. Schmidt* 4; *Schlüchter* 660.2.

[59] OLG Frankfurt NJW **1952** 908; OLG Köln MDR **1954** 1856; **1958** 941; OLG Oldenburg OLGSt 5; KK-*Engelhardt*[1] 10; *Kleinknecht/Meyer*[38] 5; KMR-*Paulus* 7; *Wendisch* FS Dünnebier 256; vgl. § 295, 27.

17 Für **Zwangshaft** nach § 51 (unentschuldigtes Ausbleiben), § 70 (Zeugnisverweigerung), § 95 (Herausgabeverweigerung) wird der hiernach naheliegende Schluß auf Zulässigkeit der weiteren Beschwerde trotz der Dauer der Freiheitentziehung bis zu sechs Wochen bisher nirgends gezogen[60]. Es erscheint trotz der durch die Entstehungsgeschichte und dem Sinn des § 310 gebotenen engen Auslegung prüfungsbedürftig, ob die begrenzte Dauer der Zwangshaft und die Möglichkeit des Betroffenen, sie durch Aufgeben der Weigerung schon früher zu beenden, es sachlich rechtfertigen, den renitenten Angeklagten anders zu behandeln als den renitenten Zeugen[61].

18 Die **Art des Haftvollzugs** fällt nicht unter § 310[62]. Keine weitere Beschwerde ist daher zulässig gegen die Berechnung der Strafzeit nach den §§ 458, 462[63], gegen Einzelheiten des U-Haftvollzugs gemäß § 119[64], gegen Beschlüsse nach § 148, die den Verkehr des Untersuchungsgefangenen mit dem Verteidiger betreffen[65] oder gegen die Verhängung einer Hausstrafe während der Untersuchungshaft[66].

19 Die **Verhaftung zwecks Strafvollstreckung** (§ 457) fällt nicht unter § 310 Abs. 1[67], noch weniger die Ladung zum Strafantritt[68]. Keine weitere Beschwerde ist nach der herrschenden Meinung auch gegen den Sicherungshaftbefehl nach § 453 c gegeben[69]. Dies entspricht der herrschenden Meinung zu dem früher für den Jugendstrafvollzug geltenden § 61 Abs. 1 JGG a. F[70].

20 Für die **Erzwingungshaft** nach § 96 OWiG wird die Zulässigkeit der weiteren Beschwerde ebenfalls verneint[71].

21 b) Gegen die Anordnung der **einstweiligen Unterbringung** (§ 126 a) ist die weitere Beschwerde ausdrücklich zugelassen worden. Da die vorläufige Einweisung nach § 81 unerwähnt geblieben ist, schließt die Rechtsprechung hieraus, daß diese erst nach Anhörung eines Sachverständigen ergehende, zeitlich begrenzte Maßnahme trotz des unmittelbaren Eingriffs in die persönliche Freiheit nicht die weitere Beschwerde eröffnet[72].

---

[60] BGHSt **30** 54 (zu § 70 Abs. 2); BayObLGSt **7** 297; JW **1927** 2059; DRiZ **1929** Nr. 1017; OLG Düsseldorf GA **1983** 365; OLG Colmar Alsb. E **2** Nr. 141 a; KG GA **53** (1906) 180; OLG München Alsb. E **2** Nr. 141 b; OLG Nürnberg DRZ **1949** 478; KK-*Engelhardt*[1] 19; *Kleinknecht/Meyer*[38] 5; KMR-*Paulus* 7; *Eb. Schmidt* 4.

[61] *Ellersiek* 98 hält die weitere Beschwerde für statthaft.

[62] A. A *Eb. Schmidt* Nachtr. 3, der auch Entscheidungen über die Art des Haftvollzugs und richterliche Anordnungen nach § 119 hierher rechnet.

[63] OLG Breslau DRiZ **1932** Nr. 153; KMR-*Paulus* 7.

[64] BGHSt **26** 270; OLG Hamburg GA **1966** 187; vgl. § 119, 158 mit weit. Nachw.

[65] OLG Braunschweig NdsRpfl. **1955** 119.

[66] BayObLG DRiZ **1929** Nr. 1017; OLG Breslau JR **1926** Nr. 1896.

[67] BayObLG Alsb. E **2** Nr. 143 a; OLG Königsberg GA **68** (1920) 315; OLG München St **10** 324; KK-*Engelhardt*[1] 10; *Kleinknecht/Meyer*[38] 5; KMR-*Paulus* 7; *Eb. Schmidt* 4.

[68] OLG Saarbrücken JMBl Saar **1960** 35.

[69] OLG Bamberg NJW **1975** 1526; OLG Düsseldorf NJW **1977** 968; OLG Hamm NJW **1974** 511; OLG Karlsruhe JR **1983** 517; OLG Stuttgart MDR **1975** 951; *Giesler* 144; *Kleinknecht/Meyer*[38] 5; KMR-*Paulus* 7; a. A § 453 c, 16; *Ellersiek* 96.

[70] Vgl. etwa OLG Düsseldorf JMBlNW **1963** 275; OLG Hamburg GA **1964** 283; OLG Hamm NJW **1974** 511; ferner bei § 453 c, 16.

[71] OLG Hamm MDR **1974** 688; VRS **43** 282; OLG Koblenz OLGSt 1; *Giesler* 144; *Göhler*[8] § 96 OWiG, 22; KK-*Engelhardt*[1] 10; *Kleinknecht/Meyer*[38] 5; KMR-*Paulus* 10.

[72] BayObLGSt **27** 81; Breslau HRR **1934** Nr. 1728; OLG Bremen NJW **1949** 74; OLG Hamburg JR **1956** 192; OLG Hamm MDR **1984** 602; OLG Schleswig bei *Ernesti/Lorenzen* SchlHA **1986** 107; *Kleinknecht/Meyer*[38] 6; KMR-*Paulus* 8; a. A *Giesler* 147; KK-*Engelhardt*[1] 11 (Rspr. überzeugt nicht).

Stand: 1. 11. 1987

Gegen die Anordnung der **vorläufigen Heimunterbringung** nach § 71 Abs. 2 JGG **22** wird dagegen die weitere Beschwerde für zulässig erachtet, da ihr dieselbe Bedeutung beikommt wie der Verhaftung und der Unterbringung nach § 126 a[73].

c) Kritik. Wie ein wertender Vergleich der Kasuistik zeigt, ist die Rechtsprechung uneinheitlich und letztlich nicht konsequent, da man entweder nach dem Grundsatz der engsten Auslegung der Ausnahmevorschrift über die Zulassung eines sonst nicht statthaften Rechtsmittels die weitere Beschwerde auf die ausdrücklich im Gesetz erwähnten Maßnahmen der Verhaftung (auf Grund der Vorschriften über die Untersuchungshaft) und der einstweiligen Unterbringung nach § 126 a beschränken müßte oder aber — unter Verzicht auf diese Formalinterpretation — bei allen schwerwiegenden Eingriffen in die Freiheit — etwa der Freiheitsentziehung i. S. des Art. 104 Abs. 2 GG — prüfen müßte, ob die Entscheidungen hierüber nach der ratio des Absatzes 1 nicht die weitere Beschwerde eröffnet[74]. **23**

4. Keine weitere Beschwerde im übrigen (Absatz 2). Außer den vom Gesetz zugelassenen Fällen der Entziehung der persönlichen Freiheit ist die weitere Beschwerde nicht statthaft. Es handelt sich bei § 310 Abs. 1 um eine Ausnahmevorschrift, die keiner Ausdehnung auf andere Fallgruppen zugänglich ist. Dies gilt auch, wenn das Beschwerdegericht das Recht auf Gehör verletzt hat[75]. Auch sonst eröffnet eine falsche Entscheidung des Beschwerdegerichts nicht die weitere Beschwerde[76]. **24**

Eine ausdehnende Auslegung oder analoge Anwendung des § 310 Abs. 1 wird auch im übrigen abgelehnt[77]. Die weitere Beschwerde wird daher weder bei der vorläufigen Entziehung der Fahrerlaubnis[78] noch gegen die Verhängung von Ordnungsstrafen[79], noch gegen die Beschwerdeentscheidung einer Kostensache[80] zugelassen. Auch Art. 13 MRK gibt kein selbständiges Beschwerderecht gegen eine nach deutschem Recht nicht mehr anfechtbare Entscheidung[81]. **25**

5. Zuständigkeit. Für die Entscheidung über die weitere Beschwerde — dazu gehört auch die Feststellung ihrer Unzulässigkeit — ist im Normalfall das Oberlandesgericht zuständig. Bei Beschwerdeentscheidungen der Staatsschutzstrafkammern (§ 74 a Abs. 3, 73 Abs. 1 GVG) entscheidet das zentrale Oberlandesgericht nach § 120 Abs. 4, 120 Abs. 1, dessen Stelle in Bayern das Bayerische Oberste Landesgericht einnimmt (§ 120 Abs. 5 GVG, § 9 EG GVG, Art. 11 Abs. 2 Nr. 1 bayer. AGGVG). Über die weitere **26**

---

[73] OLG Hamburg NJW **1963** 1167; OLG Hamm NJW **1984** 602; *Giesler* 145; KK-*Engelhardt*[1] 11; *Eisenberg*[2] § 71, 16.
[74] Bedenken gegen die Uneinheitlichkeit der Rechtsprechung äußert auch *Ellersiek* 92 ff, der für einen weiteren Begriff der Verhaftung eintritt, der alle schwerwiegenden Eingriffe in die persönliche Freiheit umfaßt; ähnlich *Giesler* 147; 161.
[75] Zu dieser früher strittigen Frage vgl. § 308, 22; ferner die Nachw. LR[22] Fußn. 8.
[76] Vgl. etwa OLG Celle Rpfleger **1957** 16; OLG Schleswig SchlHA **1960** 149; BGH NJW **1964** 2119 läßt offen, ob gegen einen willkürlichen, jeder Grundlage entbehrenden Beschluß die weitere Beschwerde zulässig wäre.
[77] BVerfGE **48** 376; BGH bei *Pfeiffer/Miebach* NStZ **1986** 208; *Ellersiek* 88; *Giesler* 137; KK-*Engelhardt*[1] 11; *Kleinknecht/Meyer*[38] 4; vgl. Rdn. 1.
[78] OLG Braunschweig NJW **1962** 753; OLG Oldenburg NdsRpfl. **1954** 193; KK-*Engelhardt*[1] 11.
[79] BayObLG JW **1927** 2059; DRiZ 1929 Nr. 1017; OLG Nürnberg DRZ **1949** 478; OLG Stuttgart ZStW **45** (1925) 409.
[80] BGH bei *Pfeiffer/Miebach* NStZ **1986** 208 (zu § 100 Abs. 3 BRAGO).
[81] BGH NJW **1964** 2112.

§ 311 Drittes Buch. Rechtsmittel

Beschwerde gegen die Beschwerdeentscheidungen der zentralen Oberlandesgerichte nach § 120 Abs. 3 GVG (in Bayern des Bayerischen Obersten Landesgerichts) entscheidet der Bundesgerichtshof.

27 **6. Verfahren bei weiterer Beschwerde.** Mangels anderer Regelung gelten auch hier die für die Beschwerde allgemein gegebenen Vorschriften §§ 306 bis 309). Bei Einlegung zur Niederschrift der Geschäftsstelle ist jedoch die Zuständigkeit des Rechtspflegers nach § 24 Abs. 1 Nr. 1 Buchst. b) RpflG zu beachten. Über die Abhilfe (§ 306 Abs. 2) entscheidet das Beschwerdegericht[82]. Hilft es ab, ist auch diese Entscheidung mit der der weiteren Beschwerde anfechtbar[83]. Für die Nachholung des rechtlichen Gehörs gilt § 311 a[84]. Wegen der Begründung der Entscheidung s. § 309, 5 ff. Vgl. außerdem § 311.

§ 311

(1) Für die Fälle der sofortigen Beschwerde gelten die nachfolgenden besonderen Vorschriften.

(2) Die Beschwerde ist binnen einer Woche einzulegen; die Frist beginnt mit der Bekanntmachung (§ 35) der Entscheidung.

(3) ¹Das Gericht ist zu einer Abänderung seiner durch Beschwerde angefochtenen Entscheidung nicht befugt. ²Es hilft jedoch der Beschwerde ab, wenn es zum Nachteil des Beschwerdeführers Tatsachen oder Beweisergebnisse verwertet hat, zu denen dieser noch nicht gehört worden ist, und es auf Grund des nachträglichen Vorbringens die Beschwerde für begründet erachtet.

Entstehungsgeschichte. Art. 8 Nr. 5 StPÄG 1964 hat bei Absatz 3 den Satz 2 angefügt. Der Wortlaut des neuen Satzes beruht auf einem Vorschlag des Rechtsausschusses des Bundestags[1]. Der frühere Absatz 2 Satz 2, der die Einlegung beim Beschwerdegericht zur Fristwahrung genügen ließ, ist durch Art. 4 Nr. 1 des Gesetzes zur Änderung des Gesetzes über Ordnungswidrigkeiten, des Straßenverkehrsgesetzes und anderer Gesetze vom 7. 7. 1986 (BGBl. I 977) mit Wirkung vom 1. 4. 1987 aufgehoben worden; Überleitungsvorschrift in Art. 6 Abs. 4 dieses Gesetzes.

Übersicht

	Rdn.		Rdn.
1. Begriff der sofortigen Beschwerde	1	5. Änderungsverbot	
2. Einlegung	5	a) Keine Abhilfe (Absatz 3 Satz 1)	10
3. Beschwerdebegründung	6	b) Ausnahme vom Abhilfeverbot (Absatz 3 Satz 2)	13
4. Beschwerdefrist	7	6. Rechtskraft	16

1 **1. Begriff der sofortigen Beschwerde.** Die sofortige Beschwerde ist eine Unterart der einfachen Beschwerde. Daher gelten für sie, abgesehen von der Beschwerdefrist und dem Änderungsverbot, die allgemeinen Beschwerdevorschriften der §§ 304 ff. **Formell**

---

[82] KK-*Engelhardt*¹ 13; *Kleinknecht/Meyer*³⁸ 10; KMR-*Paulus* 13.
[83] OLG Hamm GA **1962** 381.
[84] KK-*Engelhardt*¹ 13; *Kleinknecht/Meyer*³⁸ 10.
[1] BTDrucks. **IV** 10220, 399.

unterscheidet sie sich von der Beschwerde durch die einwöchige **Einlegungsfrist** und durch das abweichend von § 306 Abs. 2 in Absatz 3 Satz 1 ausgesprochene **Änderungsverbot** für den Erstrichter, das nur durch Absatz 3 Satz 2 eine begrenzte Ausnahme erfährt. Zum Unterschied von der einfachen Beschwerde sieht das Gesetz sie meist in Fällen vor, in welchen den ergehenden Beschlüssen oder Verfügungen im Interesse der Rechtssicherheit eine gewisse, im Einzelfall unterschiedliche Rechtskraft zukommt[2].

Allein der **Wortlaut des Gesetzes**, nicht die Sache, ist entscheidend dafür, ob die einfache oder die sofortige Beschwerde gegeben ist. Die Begrenzung der Anfechtungsmöglichkeit durch eine kurze Frist ist grundsätzlich dem Gesetzgeber vorbehalten. Eine entsprechende Anwendung des § 311 auf **rechtsähnliche Fälle**, in denen es sachdienlich wäre, ebenfalls statt der einfachen Beschwerde nur die zeitlich begrenzte sofortige Beschwerde zuzulassen, erscheint nicht möglich. Die Verfahrensklarheit verlangt, daß Anfechtungsfristen ausdrücklich im Gesetz festgelegt werden. Bei dem Regel-Ausnahmeverhältnis zwischen den §§ 304 und 311 muß dies erst recht gelten[3]. **2**

Beispiele. Das Gesetz sieht sofortige Beschwerde vor in §§ 28 Abs. 2, 46 Abs. 3, 81 Abs. 4, 124 Abs. 2, 138 d Abs. 6; 206 a Abs. 2, 210 Abs. 2, 231 a Abs. 3, 270 Abs. 3, 322 Abs. 2, 372, 379 a Abs. 3, 383 Abs. 2, 390 Abs. 4, 431 Abs. 5, 440 Abs. 3, 441 Abs. 2, 444 Abs. 2, 3, 453 Abs. 2; 454 Abs. 2, 462 Abs. 3, 463, 463 c Abs. 3, 464 Abs. 3. Vgl. auch § 181 GVG. Auch andere Gesetze, auf die die Strafprozeßordnung anwendbar ist (z. B. JGG, OWiG), sehen die sofortige Beschwerde vor. **3**

Eine **sofortige weitere** Beschwerde gibt es nicht. Nach den §§ 310, 124, 304 Abs. 1 käme hierfür nur der Fall amtsrichterlicher Entscheidung über den Verfall einer Sicherheit (§§ 122, 125 GVG 30 Abs. 2) in Betracht. Er fällt jedoch nicht in den Sachbereich der weiteren Beschwerde nach § 310[4]. **4**

2. Einlegung. Die sofortige Beschwerde kann beim Erstgericht schriftlich oder zur Niederschrift der Geschäftsstelle (§ 306 Abs. 1) eingelegt werden. Wegen der Einzelheiten vgl. § 306, 6 ff. **5**

3. Eine **Beschwerdebegründung** oder eine Begründungsfrist schreibt das Gesetz nicht vor. Auch die nicht mit Gründen versehene Beschwerde führt zur Prüfung der angefochtenen Entscheidung (des Beschwerdegegenstandes) im ganzen. Dabei ist alles zu berücksichtigen, was der Beschwerdeführer bis zur Entscheidung über die Beschwerde vorbringt[5]. Sofern nicht ausnahmsweise die Aufklärungspflicht etwas anderes gebietet, braucht das Gericht vom Beschwerdeführer weder eine Begründung anfordern noch über den Fristablauf hinaus mit der Entscheidung warten[6]. Hat dieser aber ausdrücklich erklärt, er wolle eine Begründung nachreichen, so ist das Gericht durch das Gebot, rechtliches Gehör zu gewähren, zwar nicht verpflichtet, ihm eine Frist zu setzen, es muß aber, wenn es dies unterläßt, eine den Umständen des Einzelfalls entsprechende, angemessene Zeit zuwarten, bevor es entscheidet. Hat es aber eine Frist gesetzt, darf es erst nach deren Ablauf entscheiden, auch wenn der Beschwerdeführer kein Recht auf Bewilligung einer Frist hatte[7]. **6**

---

[2] KK-*Engelhardt*[1] 1; KMR-*Paulus* 2; vgl. Rdn. 17.
[3] BayObLGSt **1955** 154 = NJW **1956** 32; OLG Celle NdsRpfl. **1962** 263; OLG Köln NJW **1957** 1204; OLG Nürnberg MDR **1958** 942; OLG Oldenburg NJW **1959** 2275; KK-*Engelhardt*[1] 2; **a. A** OLG Hamm NJW **1961** 135.
[4] Vgl. § 310, 14.
[5] OLG Hamburg HRR **1936** Nr. 1263; KK-*Engelhardt*[1] 5; *Kleinknecht/Meyer*[38] 3.
[6] BayVerfGH 11 100; 33 101.
[7] Vgl. etwa BVerfGE 8 91; 18 384; 23 288; 42 243; BayVerfGH 17 14; 33 101; ferner § 306, 13; 14.

§ 311 Drittes Buch. Rechtsmittel

7   **4. Die Beschwerdefrist** beträgt eine Woche und wird nach § 43 berechnet[8]. Sie beginnt mit der ordnungsgemäßen Bekanntmachung der anzufechtenden Entscheidung, also mit deren Verkündung in Anwesenheit des Beschwerdeführers[9] oder mit der Zustellung an ihn. Bloße formlose Mitteilung genügt auch dann nicht, wenn sie nachgewiesen ist (§ 35 Abs. 2)[10]. Die Beschwerdeerklärung muß spätestens am letzten Tage der Frist bei dem Erstgericht eingehen. Wegen der weiteren Einzelheiten und der Zulässigkeit der Wiedereinsetzung bei Fristversäumnis vgl. § 314, 27; Vor § 42, 6 ff; §§ 42 ff.

8   Über eine **verspätete sofortige Beschwerde** darf nicht das Erstgericht entscheiden, sondern nur das Beschwerdegericht. Die Sonderregelung für Berufung (§ 319) und Revision (§ 346) gilt hier nicht[11].

9   Die Frist des § 311 ist auch zu wahren, wenn nur die **Kostenentscheidung** oder eine **Annexentscheidung** des Strafurteils für den Fall der Erfolglosigkeit des Rechtsmittels in der Hauptsache angegriffen werden soll. Dazu gehört, daß **innerhalb der Frist** erkennbar gemacht wird, daß auch der mit sofortiger Beschwerde anfechtbare Entscheidungsteil angegriffen werden soll[12].

5. Änderungsverbot

10   **a) Keine Abhilfe (Absatz 3 Satz 1).** In den Fällen der sofortigen Beschwerde darf das Erstgericht seine Entscheidung, abgesehen vom Sonderfall des Absatzes 3 Satz 2 (Rdn. 13), nicht ändern[13]. Auch eine Ergänzung des Beschlusses, die sachlich einer Änderung gleichkäme, ist nicht zulässig[14].

11   Das Änderungsverbot gilt nicht nur für die **Entscheidungen des Gerichts**, sondern für alle mit der sofortigen Beschwerde anfechtbaren Entscheidungen, die in § 306 Abs. 2, 3 erwähnt werden, also auch bei Entscheidungen des Vorsitzenden, des Richters im Vorverfahren oder des beauftragten oder ersuchten Richters.

12   Auch die Gesetzesworte „angefochtene Entscheidung" sind mißverständlich. Der **innere Grund des Änderungsverbotes** liegt nicht in der formellen Tatsache der Anfechtung durch sofortige Beschwerde, sondern darin, daß das Gesetz solche Beschlüsse und Verfügungen der sofortigen Beschwerde unterwirft, die ihrer Verfahrensbedeutung nach einem Urteil mehr oder minder nahekommen und deshalb eingeschränkter Rechtskraft fähig sind. „Die Besonderheit der sofortigen Beschwerde besteht darin, daß diejenigen Entscheidungen, welche derselben unterliegen, von dem Gericht, welches sie erlassen hat, nicht abgeändert werden können, vielmehr werden diese Entscheidungen analog dem Urteil behandelt"[15]. Das Gericht ist daher in solchen Fällen aus sachlichen Gründen jedenfalls grundsätzlich nicht änderungsbefugt, ohne daß es darauf ankommt, ob sofortige Beschwerde eingelegt worden ist. Das Wort „angefochtene" enthält also keine Einschränkung[16]. In derartigen Fällen kann grundsätzlich auch das Beschwerde-

---

[8] OLG München MDR **1957** 375 (zu § 464 Abs. 2); KK-*Engelhardt*[1] 3; KMR-*Paulus* 7.
[9] BGHSt **6** 207; KK-*Engelhardt*[1] 3.
[10] KK-*Engelhardt*[1] 3.
[11] *Kleinknecht/Meyer*[38] 2; KMR-*Paulus* 11.
[12] BGHSt **25** 77; BayObLGSt **1973** 146 = JR **1974** 383 mit Anm. *Meyer*; OLG Frankfurt NJW **1974** 202; OLG Hamm NJW **1971** 444; JMBlNW **1976** 66; KK-*Engelhardt*[1] 3; KMR-*Paulus* 8; **a. A** BayObLG MDR **1972** 887; **1973** 1293; OLG München NJW **1972** 2277. Vgl. § 464, 43 mit weit. Nachw. zum Streitstand.
[13] BGHSt **8** 195; OLG Hamm MDR **1960** 946; KK-*Engelhardt*[1] 6; *Kleinknecht/Meyer*[38] 4; KMR-*Paulus* 13.
[14] OLG Hamm NJW **1971** 1471; **1973** 1515; *Ellersiek* 173; *Kleinknecht/Meyer*[38] 4; KMR-*Paulus* 13.
[15] Mot. 211; *Ellersiek* 173.
[16] OLG Köln NJW **1955** 314; KMR-*Paulus* 13.

setzungen für das Nachverfahren nicht gegeben, dann weist es den Antrag als unzulässig zurück[23].

b) Ist eine Nachtragsentscheidung **nicht beantragt** (im Antrag auf nachträgliche **13** Anhörung wird aber regelmäßig zugleich ein Antrag auf Entscheidung liegen), braucht das Gericht das Nachverfahren nicht formell durch eine Entscheidung zu beenden, wenn die Anhörung ergeben hat, daß die getroffene Entscheidung zu Recht besteht. Ein ausdrücklicher Ausspruch darüber kann allerdings zweckmäßig sein. Dies gilt insbesondere, wenn das Beschwerdegericht nach § 307 Abs. 2 die Aussetzung der Vollstreckung angeordnet hatte. Dann muß die Vollstreckbarkeit durch eine Entscheidung des Gerichts wieder hergestellt werden[24], die zweckmäßigerweise auch zum Ausdruck bringt, daß die Beschwerdeentscheidung Bestand hat.

Ergibt sich dagegen, daß die ursprüngliche Beschwerdeentscheidung geändert **14** werden muß, dann hat das Beschwerdegericht dies auch **ohne Antrag** auszusprechen[25]. Wenn § 311 a Abs. 1 Satz 2 insoweit von „kann" spricht, regelt es nur die Befugnis des Gerichts zu dieser Maßnahme; es stellt die Änderungen damit aber nicht in das freie Ermessen des Beschwerdegerichts. Dieses ist vielmehr zur Änderung verpflichtet, wenn sich nach Nachholung des rechtlichen Gehörs ergibt, daß die ergangene Beschwerdeentscheidung fehlerhaft ist.

7. Beschwerde. Es gelten die allgemeinen Grundsätze. Die Ablehnung des Antrags, **15** ein Nachholungsverfahren durchzuführen, ist mit (einfacher) Beschwerde anfechtbar (selbständiger neuer Beschwerdegegenstand)[26]. Soweit dagegen das Beschwerdegericht seine eigene Entscheidung sachlich überprüft und bestätigt oder ändert, betrifft die Entscheidung den gleichen Beschwerdegegenstand wie die ursprüngliche Beschwerdeentscheidung und ist ebenso wie diese unanfechtbar[27].

---

[23] Vgl. § 33 a, 21.
[24] Vgl. Rdn. 11.
[25] KK-*Engelhardt*[1] 12.
[26] *Hanack* JR **1974** 114; KK-*Engelhardt*[1] 13; *Kleinknecht/Meyer*[38] 3; KMR-*Paulus* § 33 a, 22. Vgl. etwa OLG Celle NJW **1958** 1391; OLG Hamburg NJW **1972** 219; OLG Hamm NJW **1977** 61; KG NJW **1966** 991 (zu § 46); § 33 a, 21.
[27] KK-*Engelhardt*[1] 13; vgl. auch *Kleinknecht/Meyer*[38] § 33 a, 10; KMR-*Paulus* § 33 a, 22; § 33 a, 20 mit weit. Nachw. auch zur Gegenmeinung.

DRITTER ABSCHNITT

Berufung

Vorbemerkungen

Schrifttum. *Amelunxen* Die Berufung in Strafsachen (1982); *Beling* Die Wiedereinführung der Berufung in Strafsachen (1894); *Gössel* Über die Folgen der Aufhebung von Berufungsurteilen in der Revisionsinstanz, JR **1982** 270; *Graf zu Dohna* Berufung in Strafsachen (1911); *Siegert* Berufung und Revision im Strafverfahren, FS Gleispach (1936) 138; *Tröndle* Zur Frage der Berufung in Strafsachen, GA **1967** 161; vgl. ferner die Schrifttumshinweise Vor § 296; dort ist auch das Schrifttum zur Rechtsmittelreform nachgewiesen.

Entstehungsgeschichte. Der Entwurf der Strafprozeßordnung erstrebte die Beseitigung der Berufung. Die Reichstagskommission entschied sich schließlich in zweiter Lesung für ihre Beibehaltung in schöffengerichtlichen Strafsachen. Diesem Beschluß trat der Reichstag bei. Die EmmingerVO erweiterte das Gebiet der Berufung durch Ausdehnung der amtsgerichtlichen (schöffengerichtlichen) Zuständigkeit auf Strafkammer- und einige Schwurgerichtssachen. Andererseits schloß sie die Berufung aus bei Übertretungen und Privatklagesachen wegen bestimmter Vergehen, wenn freigesprochen oder ausschließlich auf Geldstrafe erkannt worden war (§ 313 a. F)[1].

Das Gesetz vom 22. 12. 1925 (RGBl. I 475) beseitigte diese Beschränkung bei den Privatklagen wieder. Der 6. Teil, Kap. I § 8 der 2. AusnVO enthielt eine die Privatklage betreffende Änderung. Die 4. AusnVO schränkte die Rechtsmittel ein. Das erweiterte Schöffengericht wurde aufgehoben, die große Strafkammer wurde wieder erstinstanzliches Gericht für Strafsachen von mittlerer Bedeutung. Urteile der Amtsrichter und der Schöffengerichte konnten nur noch mit Berufung oder Revision angefochten werden, nicht mit beiden Rechtsmitteln.

Art. 3 Nr. 138 VereinhG ist hinsichtlich der Zulässigkeit der Berufung zur Fassung von 1924 zurückgekehrt. Art. 21 Nr. 82 EGStGB 1974 hob den mit Wegfall der Übertretungen gegenstandslos gewordenen § 313 auf.

1 **1. Das Wesen der Berufung** besteht in völliger Neuverhandlung der Sache in tatsächlicher und rechtlicher Beziehung, so daß allein auf Grund der Berufungsverhandlung entschieden wird[2]. Unmittelbarkeit der Beweisaufnahme ist allerdings nicht durchwegs vorgeschrieben (§ 325). Bei mangelhafter Handhabung liegt darin eine Schwäche der Berufung. Die neue Hauptverhandlung wird durch Zeitablauf erschwert und leidet an der Beweismittelverschlechterung. Sie bietet daher keine bessere Gewähr für die Wahrheitserforschung[3]. Das gilt für die Berufung ebenso wie für die nach erfolgreicher

---

[1] Zur Geschichte des in seinem Wert umstrittenen Rechtsbehelfs vgl. *Peters* § 74 II; *Tröndle* GA **1967** 161; ferner das Schrifttum zur Rechtsmittelreform Vor § 296.
[2] RGSt **62** 132; 402; h. M; vgl. *Gössel* JR **1982** 274.
[3] Zu den Mängeln der Berufung vgl. etwa *Peters* § 74 I; *Tröndle* Probleme der Strafprozeßreform 73; *Werle* ZRP **1985** 1; andererseits aber auch *Meyer-Goßner* FS Sarstedt 198 (zweite Tatsacheninstanz bei Entscheidungen des überlasteten Strafrichters praktisch unverzichtbar).

Revision erneuerte Hauptverhandlung in Kapitalsachen, ist dort aber nach der Strafprozeßordnung unvermeidbar. Bei dem gegenwärtigen sachlichen Umfang der Berufung, der die schwere Kriminalität großenteils ausschließt, während die übrigen Fälle durchschnittlich raschere Aufklärung erhoffen lassen, tritt der Nachteil des Zeitablaufs zurück. Würde die Berufung auf Strafkammerfälle ausgedehnt, würde er verstärkt ins Gewicht fallen. Eine Ausdehnung ist daher aus sachlichen und auch aus personellen Gründen abzulehnen.

2. Die **Zulässigkeit** der Berufung ist in § 312 geregelt. In Jugendsachen ist sie nur nach **2** Maßgabe des § 55 JGG statthaft.

§ 312

Gegen die Urteile des Strafrichters und des Schöffengerichts ist Berufung zulässig.

Entstehungsgeschichte. Die Vorschrift wurde durch die Bekanntmachung 1924 und durch die 4. AusnVO geändert (vgl. Entstehungsgeschichte Vor § 312). Art. 3 Nr. 138 VereinhG ist zur Fassung von 1924 zurückgekehrt. Art. 1 Nr. 85 des 1. StVRG hat entsprechend dem geänderten Sprachgebrauch „Amtsrichter" durch „Strafrichter" ersetzt. Bezeichnung bis 1924: § 354.

Übersicht

	Rdn.		Rdn.
1. Zulässigkeit	1	c) Gemischtes Verfahren	5
2. Abgrenzung Berufung/Rechtsbeschwerde		3. Berechtigte	7
a) Im Ordnungswidrigkeitenverfahren	2	4. Bezeichnung des Rechtsmittels	8
b) Im Strafverfahren	3	5. Berufungsgericht	9

1. Zulässigkeit. Die Berufung ist zulässig gegen Urteile des **Strafrichters** und **1** **Schöffengerichts** (§§ 24, 25 GVG), des **Jugendrichters** (§ 39 JGG) und **Jugendschöffengerichts** (§ 40 JGG). Gegen Urteile der Strafkammer einschließlich des Schwurgerichts ist sie nicht zugelassen. Diese können nur mit der Revision angefochten werden. Die Urteile des Strafrichters und des Schöffengerichts sind statt mit Berufung auch mit der Sprungrevision anfechtbar (dazu § 335). Für die Anfechtung der **Kostenentscheidung** sieht § 464 Abs. 3 die sofortige Beschwerde vor.

2. Abgrenzung Berufung/Rechtsbeschwerde

a) Im Ordnungswidrigkeitenverfahren ist gegen Urteile des Amtsgerichts die **2** **Rechtsbeschwerde** nach §§ 79, 80 OWiG gegeben. Das gilt auch, wenn Gegenstand des gleichen Urteils auch die Straftat eines Mitangeklagten ist[1], so etwa, wenn das Urteil des Amtsgerichts auf Grund eines Strafbefehls ergangen ist, der in Richtung gegen den

---
[1] OLG Stuttgart Justiz **1979** 446.

§ 312

Angeklagten ausschließlich Ordnungswidrigkeiten zum Gegenstand hatte und der nur einem Mitangeklagten ein Vergehen zur Last gelegt hatte[2].

3 b) **Im Strafverfahren** greift das Rechtsmittel der **Berufung** Platz, wenn es ein Verbrechen oder Vergehen zum Gegenstand hatte (maßgebend Eröffnungsbeschluß oder Strafbefehl wegen einer Straftat oder der Übergang ins Strafverfahren nach § 81 Abs. 2 OWiG), auch wenn der Strafrichter oder das Schöffengericht nur wegen einer Ordnungswidrigkeit auf Geldbuße erkennt[3]. Ist das Verfahren als Strafverfahren eröffnet worden, so verliert es diesen Charakter nicht durch den Hinweis nach § 265, daß die Tat als Ordnungswidrigkeit verfolgt werde[4]. Die Berufung ist ferner statthaft, wenn im Verfahren ohne Überleitung nach § 81 Abs. 2 OWiG wegen einer Straftat verurteilt wird[5].

4 Gehören die Ordnungswidrigkeit und die Straftat zur **gleichen Tat** im verfahrensrechtlichen Sinn, dann ist bei Freispruch wegen der Straftat die Verurteilung wegen der Ordnungswidrigkeit mit Berufung anfechtbar[6]. Hat allerdings das Amtsgericht irrigerweise das Rechtsmittel als Antrag auf Zulassung der Rechtsbeschwerde behandelt und ihn wegen der Versäumnis der Begründungsfrist verworfen, so hat über den Antrag auf Aufhebung dieses Beschlusses das Rechtsbeschwerdegericht zu entscheiden[7].

5 c) **Gemischtes Verfahren.** Hat das Strafverfahren dagegen Ordnungswidrigkeit und Straftaten (**mehrere Taten** im Sinne des § 264)[8] zum Gegenstand, vor allem, wenn Verfahren gegen mehrere Personen (etwa mehrere Beteiligte an einem Verkehrsunfall) verbunden sind, so gelten an sich für die Straftaten die Rechtsmittel der Strafprozeßordnung, während die Entscheidung über die Ordnungswidrigkeiten nur mit Rechtsbeschwerde anfechtbar ist[9]. Ist jedoch gegen das Urteil sowohl Berufung als auch — unter Wahrung der dafür vorgeschriebenen Form und Begründung — Rechtsbeschwerde eingelegt, so ist die **Rechtsbeschwerde als Berufung** zu behandeln (§ 83 Abs. 2 OWiG), solange die Berufung gegen den die Straftaten betreffenden Teil der Entscheidung nicht zurückgenommen[10] oder als unzulässig verworfen worden ist. Einer Zulassung der Rechtsbeschwerde bedarf es für diesen Sonderfall nicht (§ 82 Abs. 2 OWiG).

6 Gegen das Urteil, das das **Bußgeldverfahren abschließt**, ist dagegen nicht die Berufung, sondern immer nur die **Rechtsbeschwerde** nach Maßgabe der §§ 79, 80 OWiG zulässig[11].

7 3. **Berechtigte.** Die Berufung steht allen durch die angefochtene Entscheidung beschwerten[12] Verfahrensbeteiligten zu; dazu gehört auch derjenige, gegen den sich das

---

[2] BayObLGSt[8] **1973** 190; Göhler[8] § 83, 9; KK-Ruß[1] 4.
[3] BayObLGSt **1969** 93 = JZ **1969** 470 mit Anm. Göhler; OLG Düsseldorf GA **1976** 57; OLG Hamm **1969** 1314; 1500; VRS **41** 155; **42** 371; **49** 49; **55** 371; **67** 456; OLG Zweibrücken VRS **51** 372; vgl. auch OLG Koblenz VRS **73** 296; OLG Stuttgart Justiz **1981** 247 (Überleitung ins Rechtsbeschwerdeverfahren).
[4] OLG Düsseldorf GA **1976** 57; Göhler[8] § 81 OWiG, KK-Ruß[1] 4; KMR-Paulus 6.
[5] BayObLGSt **1969** 93 = JZ **1969** 470 mit Anm. Göhler; Göhler[8] § 81, 24.

[6] OLG Hamm VRS **49** 49; KG VRS **39** 71; OLG München NJW **1970** 261; OLG Stuttgart VRS **61** 452; OLG Zweibrücken VRS **51** 372.
[7] BayObLGSt **1971** 22 = NJW **1971** 1325.
[8] BayObLGSt **1970** 39 = NJW **1970** 1202; BayObLG VRS **60** 128.
[9] BayObLGSt **1970** 39 = NJW **1970** 1202; OLG Stuttgart Justiz **1979** 446.
[10] BayObLG VRS **60** 128; KK-Ruß[1] 4.
[11] Göhler[8] § 79, 1; § 83, 3; KMR-Paulus 4.
[12] Vgl. § 296, 12 ff.

Urteil nur dem Schein nach richtet[13]. Da das Urteil mit der Verkündung ergeht[14], kann sie auch eingelegt und durchgeführt werden, wenn eine dem § 275 genügende Urteilsurkunde weder vorhanden ist, noch hergestellt werden kann[15].

4. Bezeichnung des Rechtsmittels. Ist in der Anfechtungserklärung das Rechtsmittel nicht oder unrichtig bezeichnet, so ist dies unschädlich; wegen der Einzelheiten vgl. bei § 300. Erklärt der Anfechtende bis zum Ablauf der Revisionsbegründungsfrist nicht eindeutig, daß er das Urteil mit Revision anfechten will, so ist sein Rechtsmittel als Berufung zu behandeln[16]. Bei Zweifel an der Art des eingelegten Rechtsmittels kann das Revisionsgericht mit bindender Wirkung das Berufungsgericht als zuständig bezeichnen[17]. Unabhängig von der Wahl des Rechtsmittels ist in den Fällen des § 335 Abs. 3 auch eine Revision als Berufung zu behandeln[18]. **8**

5. Berufungsgericht ist die Strafkammer des Landgerichts (§ 74 Abs. 3 GVG), bei Berufung gegen ein Urteil des Strafrichters die kleine Strafkammer, sonst die große Strafkammer (§ 76 GVG), bei Urteilen des Jugendrichters und des Jugendschöffengerichts die Jugendkammer (§ 41 Abs. 2 JGG). Hat der Strafrichter beim Amtsgericht als Erwachsenengericht entschieden, ist die kleine Strafkammer für die Berufung auch dann zuständig, wenn das Rechtsmittel allein von einem jugendlichen Mitangeklagten eingelegt worden ist[19]. **9**

Es liegt ein vom Amts wegen zu beachtender **Verstoß gegen die sachliche Zuständigkeit** vor, wenn über die Berufung gegen ein Urteil des Schöffengerichts die kleine statt der großen Strafkammer entschieden hat[20]. **10**

§ 313

der bei Verurteilungen zur Geldstrafe wegen Übertretungen nur die Revision zuließ, ist durch Art. 21 Nr. 82 EGStGB **aufgehoben** worden.

§ 314

(1) Die Berufung muß bei dem Gericht des ersten Rechtszuges binnen einer Woche nach Verkündung des Urteils zu Protokoll der Geschäftsstelle oder schriftlich eingelegt werden.

(2) Hat die Verkündung des Urteils nicht in Anwesenheit des Angeklagten stattgefunden, so beginnt für diesen die Frist mit der Zustellung.

Bezeichnung bis 1924: § 355.

---

[13] OLG Köln MDR **1983** 865 (Urteil unter falschem Namen); vgl. § 296, 2; Einl. Kap. **12** 62 a.
[14] Vgl. § 268, 18.
[15] RGSt **61** 399; vgl. § 275, 70; 71; § 316, 17.
[16] Vgl. etwa BGHSt **33** 183; BayObLGSt **1983** 93; BayObLG VRS **53** 362; OLG Zweibrücken VRS **66** 137; § 335, 9 ff mit Nachw.
[17] BGHSt **31** 183.
[18] Vgl. § 335, 20 ff; ferner zur Unzulässigkeit der Verfahrenstrennung OLG Zweibrücken MDR **1986** 778.
[19] BayObLGSt **1971** 35 = NJW **1971** 953.
[20] BayObLGSt **1970** 62 = VRS **39** 107.

§ 314 Drittes Buch. Rechtsmittel

Übersicht

	Rdn.		Rdn.
1. Allgemeines	1	c) Eingang bei einer unzuständigen Stelle	25
2. Form der Einlegung		d) Rechtzeitiger Eingang	26
a) Zur Niederschrift der Geschäftsstelle	2	4. Berufungsfrist	
b) Schriftlich	8	a) Beginn bei Anwesenheit des Angeklagten bei der Verkündung	27
c) Fernmündliche Einlegung	15	b) Abwesenheit des Angeklagten (Absatz 2)	28
d) Telegrafisch	17	c) Absatz 2 entsprechend anwendbar	29
e) Fernschreiben, Telebrief	20	d) Prüfung der Einhaltung der Berufungsfrist	30
3. Eingang bei dem Gericht des ersten Rechtszugs		e) Zweifel	31
a) Beim Amtsgericht	21	5. Hinweise	32
b) Verhafteter Angeklagter	24		

1 **1. Allgemeines.** Die Berufung ist frist- und formgebunden, jedoch sind die Formerfordernisse insgesamt weniger streng als bei der Revision (§ 341). Hinsichtlich der Einlegung der beiden Rechtsmittel stimmen Formen und Fristen überein[1]; hinsichtlich der Begründung der Rechtsmittel ist § 344 (Revision) strenger als § 317.

2. Form der Einlegung

2 **a) Zur Niederschrift der Geschäftsstelle.** Wie bei § 306 und § 341[2] gehört hierzu die mündliche Erklärung[3] des Beschwerdeführers (oder eines zu diesem Zeitpunkt hierzu von ihm Bevollmächtigten) vor einem zuständigen Urkundsbeamten des erkennenden Gerichts erster Instanz, daß Berufung eingelegt werde, die Niederschrift dieser Erklärung und regelmäßig die Unterzeichnung dieser Urkunde durch den Urkundsbeamten. Die Niederschrift muß Ort und Tag der Erklärung, die Bezeichnung des Rechtsmittelführers und (wenn verschieden) des Erklärenden, ferner des Urkundsbeamten sowie die Erklärung selbst enthalten[4]. Da § 168 a nicht gilt, ist es unschädlich, wenn der Urkundsbeamte die Verlesung oder Genehmigung der Niederschrift nicht vermerkt[5] oder wenn seine Unterschrift fehlt[6].

3 Der **Beschwerdeführer** braucht nicht zu unterschreiben, denn die Formvorschriften des § 168 a gelten auch insoweit nicht[7]. Verweigert der Beschwerdeführer Genehmigung oder Unterschrift, so ist der Grund hierfür durch Freibeweis zu ermitteln. Die Weigerung kann die Fassung der Niederschrift betreffen, sie braucht die Wirksamkeit der Berufungseinlegung nicht zu berühren[8].

4 Fehlt die **Unterschrift des Urkundsbeamten**, so ist auch insoweit der Grund durch freie Auslegung zu ermitteln. § 314 setzt nur ein „Protokoll der Geschäftsstelle", also, ohne weitere Formvorschrift, eine Niederschrift des dazu befugten Urkundsbeam-

---

[1] Vgl. § 341, 10 ff; 18 ff. Im Beschwerdeverfahren finden sich gleichartige Regelungen hinsichtlich der Form bei § 306 und hinsichtlich der nur bei der sofortigen Beschwerde geltenden Frist bei § 311 Abs. 2.
[2] Vgl. § 306, 6 ff und bei § 153 GVG; ferner auch bei § 341, 11 ff.
[3] Körperliche Anwesenheit fordern RGSt **38** 282; KK-*Ruß*[1] 6; *Eb. Schmidt* 6.
[4] OLG Düsseldorf NJW **1969** 1361; KK-*Ruß*[1] 7; *Kleinknecht/Meyer*[38] Einl. 131 ff;
KMR-*Paulus* § 306, 9; *Eb. Schmidt* 3; vgl. § 306, 6.
[5] RGSt **48** 79; BGHSt **29** 173; KMR-*Paulus* 306, 8.
[6] KMR-*Paulus* § 306, 9; **a. A** *Eb. Schmidt* 3.
[7] RGSt **48** 78; BGHSt **29** 178; OLG Dresden HESt **1** 194; OLG Hamburg HESt **3** 75; KK-*Ruß*[1] 7; KMR-*Paulus* § 306, 9; *Eb. Schmidt* 3.
[8] *Eb. Schmidt* 3.

ten voraus[9]. Sachlich ist dies der nach § 153 GVG in Verbindung mit den landesrechtlichen Vorschriften dazu bestellte Beamte[10]. Steht fest, daß die Niederschrift vom zuständigen Urkundsbeamten herrührt und keinen bloßen Entwurf darstellt, so reicht dies aus. Andernfalls ist zu prüfen, ob nicht jedenfalls die Schriftform erfüllt ist.

Wirksam ist auch die Berufungseinlegung durch **Niederschrift in das Sitzungsprotokoll der Hauptverhandlung,** auch wenn der Protokollführer kein an sich dazu befugter Urkundsbeamter der Geschäftsstelle oder ein Rechtspfleger ist, denn das unter richterlicher Mitverantwortung (zumindest der Vorsitzende muß anwesend sein) erstellte Protokoll steht einer Niederschrift der Geschäftsstelle gleich (§ 8 RpflG)[11]. Das Gericht ist aber zur Entgegennahme der Erklärung nicht verpflichtet, auch ist die Würde der Verhandlung zu beachten. § 274 gilt für eine solche Niederschrift nicht[12]. **5**

Der Beschwerdeführer braucht nicht selbst die Erklärung zur Niederschrift der Geschäftsstelle abzugeben. Er kann sich dabei **vertreten** lassen. Der Vertreter muß aber zum Zeitpunkt der Abgabe der Erklärung von ihm dazu bevollmächtigt sein[13]. Der Nachweis der Vollmacht kann später erbracht werden. Kann der Vertreter bei Abgabe der Erklärung vor der Geschäftsstelle seine Vollmacht nicht nachweisen, so darf die Niederschrift der Erklärung von der Geschäftsstelle nicht abgelehnt werden. Seine Erklärung ist aufzunehmen, die Vollmacht kann im erforderlichen Umfang auch später nachgeprüft werden[14]. **6**

Ein **nicht auf freiem Fuß** befindlicher Angeklagter kann die Berufung auch zur Niederschrift der Geschäftsstelle des Amtsgerichts erklären, in dessen Bezirk sein Verwahrungsort liegt[15]. Im übrigen ist die Erklärung zur Protokoll der Geschäftsstelle eines **unzuständigen Gerichts** keine wirksame Berufungseinlegung[16]. Sie kann aber als schriftliche Berufungseinlegung gewertet werden, wenn sie rechtzeitig beim zuständigen Gericht eingeht und den Erfordernissen der Schriftform (Rdn. 8) genügt. Gleiches gilt, wenn die Niederschrift von einem nicht dazu befugten Beamten aufgenommen wurde[17]. **7**

b) **Schriftlich.** Die schriftliche Erklärung muß in deutscher Sprache verfaßt sein[18]. Sie braucht nicht eigenhändig geschrieben zu sein, sie muß aber ihren Urheber zweifelsfrei erkennen lassen[19]. Regelmäßig geschieht dies durch Unterzeichnen, jedoch kann die Unterschrift fehlen, sofern der Urheber anderweitig zweifelsfrei erkennbar ist und nach den Umständen kein bloßer Entwurf vorliegt[20]. Unter diesen Voraussetzun- **8**

---

[9] Vgl. Rdn. 2 Fußn. 6.
[10] Vgl. bei § 153 GVG; § 24 Abs. 1 Nr. 1; Abs. 2 Nrn 1, 3 RpflG; ferner § 306, 6; KMR-*Paulus* § 306, 9.
[11] BGHSt **31** 112 = JR **1983** 383 mit Anm. *Fezer* (auf Vorlage von BayObLG gegen OLG Düsseldorf VRS **50** 383; vgl. *Spiegel* DAR **1983** 207); ferner zur gleichen Rechtsfrage beim Rechtsmittelverzicht § 302, 13 und der Revision § 341, 12.
[12] Vgl. § 273, 21; § 274, 16.
[13] RGSt **66** 267; vgl. § 341, 6 ff mit weit. Nachw.
[14] RGSt **21** 125; **41** 15; **46** 372; **55** 213; OLG Bremen NJW **1954** 46; § 341, 8 mit weit. Nachw.
[15] Vgl. § 299, 4.
[16] Vgl. etwa KG GA **1953** 125; § 341, 9.
[17] OLG Koblenz VRS **52** 365; vgl. Rdn. 4.
[18] BGHSt **30** 182; vgl. § 184 GVG.
[19] RGSt **67** 388; BGHSt **2** 77; **12** 317; **30** 183; GmS-OGB NJW **1980** 174; vgl. § 306, 12.
[20] RGSt **62** 53; **63** 246; **67** 387; RG HRR **1939** Nr. 402; BGHSt **2** 78; BGH NJW **1984** 1974; BayObLGSt **1949/51** 505 = JZ **1952** 117 mit Anm. *Niethammer;* BayObLGSt **1980** 31 = NJW **1980** 2367; BayObLG VRS **57** 49; OLG Düsseldorf NJW **1962** 551; OLG Oldenburg NJW **1952** 1309; **1983** 1072; OLG Schleswig bei *Lorenzen* SchlHA **1987** 120; OLG Zweibrücken VRS **53** 44; **64** 444; ferner BVerfGE **15** 291; GmS-OGB NJW **1980** 174; OLG Saarbrücken NJW **1970** 1053 (für Berufung in Zivilsachen). Soweit bei anderen Verfahrensordnungen die Schriftform nur bei eigenhändiger Unterschrift als gewahrt gilt

gen kann auch die Einreichung einer **Fotokopie** des unterschriebenen Originalschriftsatzes genügen[21].

9 Die **Unterschrift** erfordert einen die Identität des Unterzeichnenden ausreichend kennzeichnenden Schriftzug, der durch ein Mindestmaß von individuellen Merkmalen sich als Schrift charakterisiert, bloße geometrische Figuren genügen nicht[22]. Leserlich braucht sie jedoch nicht zu sein. Die Unterschrift darf mit Hilfe technischer Mittel hergestellt sein[23]. Ein Bevollmächtigter darf mit dem eigenen oder mit dem Namen des Beschwerdeführers unterzeichnen, sofern er zu derartiger Unterzeichnung ermächtigt ist[24].

10 **Fehlt die Unterschrift**, muß die Absicht, die Anfechtung erklären zu wollen, ebenso wie die Person des Erklärenden in einer jeden vernünftigen Zweifel ausschließenden Weise feststehen. Die absolute Gewißheit kann aber auch hier nicht gefordert werden[25]. Die Rechtsprechung ist meist am Einzelfall orientiert und in den Grundzügen nicht immer einheitlich; sie läßt die Übersendung einer beglaubigten Abschrift der Anfechtungserklärung genügen[26], nicht aber eine unbeglaubigte Abschrift[27]. Der Gebrauch eines **Namens- oder Faksimilestempels** wird in der Regel für ausreichend erachtet[28], sofern nicht etwa sein Mißbrauch offensichtlich ist, desgleichen soll es genügen, wenn bei fehlender Unterschrift der Urheber der Schrift und seine Absicht diese einzureichen, aus anderen Merkmalen der Schrift (Briefkopf, Diktatzeichen, stets gleiche Form der Schriftsätze; Sachkenntnis) hervorgeht[29]. Da die Schriftform durch das einzureichende Schriftstück zu wahren ist, wird von der Rechtsprechung meist abgelehnt, die Begleitumstände der Einreichung insoweit zur Auslegung mit heranzuziehen[30] oder im Wege des Freibeweises aufzuklären[31]. Ob dies auch gilt, wenn geprüft wird, ob es sich

---

(vgl. etwa BVerwGE **13** 143; BSG **6** 256; **8** 142; anders bei LSG Celle NJW **1971** 774) sind die dort entwickelten Grundsätze nicht ohne weiteres auf die Strafprozeßordnung übertragbar. Vgl. auch *Schneider* MDR **1979** 4 (zu ZPO).

[21] SchlHLSG SchlHA **1979** 81.
[22] BGHSt **12** 317; BGH NJW **1974** 1091; vgl. auch BFH NJW **1987** 343 (Es müssen mindestens einige Buchstaben erkennbar sein.).
[23] RGSt **62** 54.
[24] RGSt **45** 328.
[25] OLG Düsseldorf NJW **1962** 551; OLG Koblenz MDR **1974** 861.
[26] RGSt **63** 246; **67** 387; BGHSt **2** 77; **a. A** RGSt **57** 280.
[27] Dies wird damit begründet, daß die unbeglaubigte Abschrift ebenso wie ein mit der Schreibmaschine hergestelltes, nicht unterschriebenes Schreiben in der Regel keine Garantie dafür bietet, daß es auch wirklich von der in ihm als Urheber bezeichneten Person herrührt und in der Absicht, Rechtsmittel einzulegen, bei Gericht eingereicht wurde. Diese Garantie fehlt jedoch auch beim Gebrauch eines Faksimilestempels oder bei Vorhandensein eines Diktatzeichens (vgl.

Dünnebier JR **1962** 467; KG JR **1971** 252). Aber auch das Vorhandensein einer möglicherweise nicht einmal leserlichen Unterschrift bietet dafür keine absolute Gewähr. Diese ist ohnehin niemals aus dem Inhalt der Urkunde zu erlangen, sondern nur dadurch, daß man in Zweifelsfällen den Urheber fragt.

[28] RGSt **62** 53; **63** 247; OLG Stuttgart NJW **1976** 1903; KK-*Ruß*[1] 10; *Kleinknecht/Meyer*[38] Einl. 128. Anders beispielsweise die Rechtsprechung zu § 124 VwGO, etwa BVerwGE **2** 190; **13** 141; NJW **1966** 1043; BayVBl. **1971** 117.
[29] RGSt **67** 386; BGHSt **2** 78 (Diktatzeichen), OLG Schleswig SchlHA **1953** 12; KG JR **1954** 391 mit Anm. *Sarstedt*; OLG Hamm NdsRpfl **1955** 226; OLG Düsseldorf NJW **1962** 551; **enger** KG JR **1971** 252 (Anwaltsbriefkopf ohne Diktatzeichen genügt nicht); abl. dazu *Peters* JR **1971** 252. Vgl. auch BayObLGSt **1980** 31 = NJW **1980** 1367 (Briefkopf, aber ohne Unterschrift ist möglicherweise nur Entwurf).
[30] Vgl. RGSt **67** 388; anders OLG Zweibrücken VRS **53** 44; **64** 444.
[31] BayObLGSt **1980** 31 = NJW **1980** 2367 lehnt dies ab.

gericht aus eigener Entschließung oder auf Gegenvorstellung seine Entscheidung nicht ändern[17].

b) Eine **Ausnahme** vom Abhilfeverbot läßt **Absatz 3 Satz 2** bei Verletzung des Rechts auf Gehör zu. Wenn das Erstgericht zum Nachteil des Beschwerdeführers Tatsachen oder Beweisergebnisse (vgl. § 33 a, 9) verwertet hat, zu denen er noch nicht gehört worden war, hat der Erstrichter der Beschwerde abzuhelfen, wenn er sie für begründet erachtet. Die Verletzung des rechtlichen Gehörs ist zwar eine Voraussetzung für die Abhilfebefugnis, ist diese Voraussetzung aber gegeben, dann hat das Gericht auf Grund des gesamten ihm unterbreiteten Prozeßstoffs zu entscheiden, ob es der Beschwerde abhelfen will. Die Abhilfe kommt also auch dann in Frage, wenn der zu Unrecht nicht früher gehörte Beschwerdeführer die Richtigkeit der zu seinem Nachteil verwerteten Tatsachen oder Beweisergebnisse an sich nicht bestreitet, ihre Bedeutung für die Entscheidung aber überzeugend anders und für ihn günstiger zu deuten vermag.

Die Abhilfebefugnis besteht auch dann, wenn die Begründung für die Beschwerde erst **nach Ablauf der Beschwerdefrist** eingegangen ist[18]. Nach dem Sinn des Absatzes 3 Satz 2 greift das Abhilfeverbot des Absatzes 3 Satz 1 auch dann nicht ein, wenn die sofortige Beschwerde die Zulässigkeitserfordernisse nicht erfüllt[19]. Eine andere Auslegung würde zu einem unbilligen Ergebnis führen. Die Verletzung des rechtlichen Gehörs könnte dann nicht mehr geheilt werden, weil die §§ 33 a und 311 a nur bei unanfechtbaren Entscheidungen eingreifen[20]. Ob und wieweit bei anderen Fehlern die Abhilfe von Amts wegen trotz Ablauf der Beschwerdefrist und der damit eingetretenen formellen Rechtskraft ausnahmsweise zulässig ist, ist strittig[21].

Hält das Gericht die Voraussetzung des Absatzes 3 Satz 2 für ein **Abhilfeverfahren** für gegeben und die Beschwerde im übrigen für sachlich begründet, dann hilft es ihr ab, indem es den ursprünglichen Beschluß ändert. Der neue Beschluß, durch den das geschieht, ist den Beteiligten zuzustellen. Er tritt an die Stelle des ursprünglichen Beschlusses und ist wie dieser erneut mit sofortiger Beschwerde anfechtbar. Die alte sofortige Beschwerde wird, soweit ihr abgeholfen worden ist, gegenstandslos[22].

6. Rechtskraft. Wird die Erstentscheidung nicht mit sofortiger Beschwerde angefochten oder diese verworfen, so tritt **formelle Rechtskraft** ein. Eine ändernde Beschwerdeentscheidung ist endgültig und daher sogleich rechtskräftig, weil ein Fall des § 310 nicht in Betracht kommt[23].

Materiell hat die Rechtskraft jedoch nicht stets denselben Inhalt. Sie richtet sich nach Wesen und Verfahrensbedeutung der Entscheidung. Manche Beschlüsse enthalten

---

[17] Vgl. OLG München St **6** 347; OLG Hamm MDR **1960** 946. RGSt **37** 112 hält eine Ausnahme für zulässig bei einem Beschluß für den das Gericht nicht zuständig war.
[18] Sollte *Eb. Schmidt* Nachtr. I 3 die Ansicht vertreten, daß nur die innerhalb der Rechtsmittelfrist eingegangene Begründung Anlaß zur Abhilfe geben könne, könnte ihm nicht gefolgt werden. Eine erkannte Verletzung des Rechts auf Gehör ist von Amts wegen zu beheben.
[19] *Ellersiek* 173; *Schlüchter* 666. Dabei ist letztlich unerheblich, ob man in diesen Fällen die Abhilfebefugnis aus dem weit auszulegenden Absatz 3 Satz 2 herleitet oder mit einer analogen Anwendung des § 33 a begründet, wie BGHSt **26** 127; OLG Düsseldorf MDR **1986** 341; OLG Karlsruhe Justiz **1974** 269; KK-*Engelhardt*[1] 7; vgl. auch *Kleinknecht/Meyer*[38] 5.
[20] Auch die Verfassungsbeschwerde würde versagen, da wegen der unterlassenen Anfechtung der Rechsweg nicht erschöpft, die Verfassungsbeschwerde daher unzulässig wäre.
[21] Vgl. Vor § 304, 41 ff.
[22] Vgl. § 306, 24 ff.
[23] Vgl. Rdn. 19.

eine (möglicherweise endgültige) Entscheidung der Sache selbst oder über einen einzelnen Verfahrensgegenstand. Ihre Rechtskraft steht daher der eines Urteils gleich. Hierher gehören Beschlüsse nach § 124, die eine Sicherheit für verfallen erklären, ferner Beschlüsse, die gemäß § 462 eine Gesamtstrafe festsetzen oder die einem Dritten gemäß § 469 Kosten auferlegen[24].

18 In **anderen Fällen** besteht die Rechtskraft eines Beschlusses nur darin, daß er eine Verfahrensfrage endgültig erledigt und so das weitere Verfahren regelt, ohne die Sache selbst zu berühren; z. B. der Beschluß, der den Einwand örtlicher Unzuständigkeit (§ 201) verwirft. Bei Anstaltsbeobachtung des Beschuldigten besteht die Rechtskraft des Beschlusses nur in seiner Vollstreckbarkeit. Trotz des Absatzes 3 ist das Gericht je nach Sachlage befugt, unter Umständen verpflichtet, von der Maßregel abzusehen, wenn sie nicht mehr geboten ist[25].

19 Viele der formellen Rechtskraft fähigen Beschlüsse schließen es ihrer Natur nach nicht aus, daß auf Grund eines neuen Antrags bei Vorliegen neuer Tatsachen über die gleiche Frage **erneut entschieden** wird[26].

§ 311 a

(1) [1]Hat das Beschwerdegericht einer Beschwerde ohne Anhörung des Gegners des Beschwerdeführers stattgegeben, und kann seine Entscheidung nicht angefochten werden, so hat es diesen, sofern der ihm dadurch entstandene Nachteil noch besteht, von Amts wegen oder auf Antrag nachträglich zu hören und auf einen Antrag zu entscheiden. [2]Das Beschwerdegericht kann seine Entscheidung auch ohne Antrag ändern.
(2) Für das Verfahren gelten die §§ 307, 308 Abs. 2 und § 309 Abs. 2 entsprechend.

Entstehungsgeschichte. § 311 a ist zusammen mit § 33 a, § 308 Abs. 1 Satz 2 und § 311 Abs. 3 Satz 2 durch Art. 8 Nr. 6 StPÄG 1964 eingefügt werden. Die Fassung beruht auf einem Vorschlag des Rechtsausschusses des Bundestags[1].

Übersicht

	Rdn.		Rdn.
1. Zweck der Vorschrift	1	5. Verfahren	
2. Gegner des Beschwerdeführers	2	a) Gelegenheit zur Äußerung	9
3. Abschließende Regelung	4	b) Ermittlungen	10
4. Voraussetzungen des Nachverfahrens		c) Aussetzung der Vollstreckung	11
a) Nicht anfechtbare Entscheidung	5	6. Entscheidung	
b) Nachteil	6	a) Auf Antrag	12
c) Keine Frist	7	b) Ohne Antrag	13
d) Auf Antrag oder von Amts wegen	8	7. Beschwerde	15

1 **1. Zweck der Vorschrift.** § 308 Abs. 1 Satz 2 gestattet dem Beschwerdegericht in bestimmten Fällen ohne Anhörung des Beschwerdegegners auch zu dessen Nachteil zu entscheiden, wenn der Erfolg des Rechtsmittels durch die Anhörung gefährdet wäre

---

[24] Vgl. BayObLGSt **1955** 47 = GA **1955** 310; BayObLGSt **1955** 148 = NJW **1955** 1644 (zu § 29 StGB).
[25] *Glaser* GrünhutsZ **12** 333; *Eb. Schmidt* 5; vgl. § 81.
[26] Vgl. Vor § 304, 37 ff.
[1] BTDrucks. **IV** 1020, 39.

(vgl. § 308 Abs. 1 Satz 2, § 33 Abs. 4 Satz 1). Um die verfassungsrechtlich gebotene **Nachholung des rechtlichen Gehörs**[2] in diesen Fällen sicherzustellen, hat § 311 a in Ergänzung des § 33 a ein Nachverfahren geschaffen, das aber auch die **unterbliebene Anhörung zu Rechtsfragen**[3] einschließt. § 311 a eröffnet darüber hinaus allgemein dem Beschwerdegericht die Möglichkeit zur Nachholung einer aus sonstigem Grund unmöglichen oder einer versehentlich unterlassenen Anhörung des Beschwerdegegners. Verstöße gegen den Grundsatz des rechtlichen Gehörs, das — abgesehen von den oben erwähnten Ausnahmefällen — grundsätzlich vor der Entscheidung gewährt werden müßte, können dadurch auf einfache Weise geheilt werden[4]. § 311 a ermöglicht dies aber nur für den in Absatz 1 genannten Sonderfall. Im übrigen sind die Verletzungen des Rechts auf Gehör nach § 33 a zu beheben, der auch im Beschwerdeverfahren gilt[5]. So etwa, wenn das rechtliche Gehör gegenüber dem ursprünglichen Beschwerdeführer dadurch verletzt wird, daß sein Rechtsmittel unter Verwendung von Tatsachen oder Beweisergebnissen, zu denen er nicht Stellung nehmen konnte, ganz oder teilweise abgewiesen wird oder wenn der zur Beschwerde gehörte Gegner keine Gelegenheit mehr erhielt, zu neuen Tatsachen oder Beweismitteln Stellung zu nehmen[6].

2. Gegner des Beschwerdeführers ist hier im gleichen weiten Sinn zu verstehen wie bei § 308 Abs. 1[7]. Hierzu gehört also jeder Verfahrensbeteiligte, der durch die Beschwerdeentscheidung in seinen rechtlichen Interessen beeinträchtigt sein kann[8]. **2**

§ 311 a bezweckt die Nachholung der unterbliebenen Anhörung und die Gewährung des rechtlichen Gehörs. Ob er auch gilt, wenn die **Staatsanwaltschaft** vor der Entscheidung nicht nach § 308 gehört worden ist, hängt von der strittigen Frage ab, ob der Staatsanwaltschaft das Recht auf Gehör zusteht und ob ihr durch Unterlassen der Anhörung ein Nachteil im Sinne des § 311 a Abs. 1 Satz 1 entsteht[9]. **3**

3. § 311 a enthält eine **abschließende Regelung** für die Nachholung der Anhörung des Beschwerdegegners. Das hierfür vorgesehene Verfahren kann weder durch eine im Gesetz nicht vorgesehene Beschwerde[10] noch durch Wiedereinsetzung unterlaufen werden[11]. Zur Korrektur anderer Verfahrensfehler kann das Nachverfahren des § 311 a nicht durchgeführt werden. **4**

4. Voraussetzungen des Nachverfahrens
a) Die Entscheidung des Beschwerdegerichts darf **nicht anfechtbar** sein[12]. Ist sie mit der weiteren Beschwerde anfechtbar, ist für die nachträgliche Anhörung nach **5**

---

[2] Vgl. etwa BVerfGE **9** 89; **18** 404.
[3] BayObLG MDR **1983** 689; *Ellersiek* 187; § 308, 3.
[4] Die Subsidiarität der Verfassungsbeschwerde erfordert, daß die Möglichkeiten der §§ 33 a, 311 a vorher ausgeschöpft werden (BVerfGE **33** 192; BVerfG **42** 243); KMR-*Paulus* 3; *Schäfer* BayVerwBl **1976** 679.
[5] *Ellersiek* 186; KK-*Engelhardt*[1] 1; vgl. § 33 a, 1; 3.
[6] KK-*Engelhardt*[1] 5; *Kleinknecht/Meyer*[38] 2.
[7] KK-*Engelhardt*[1] 2; *Kleinknecht/Meyer*[38] 1; KMR-*Paulus* 2.
[8] Vgl. § 308, 7.
[9] Die Anwendbarkeit auf die Staatsanwaltschaft verneinen *Ellersiek* 186; *Kleinknecht/Meyer*[38] 1; KMR-*Paulus* 1; § 33, 6; zum Streitstand vgl. ferner § 308, 7 Fußn. 21.
[10] Vgl. BVerfGE **28** 95; Art. 103 Abs. 1 GG verlangt bei Verweigerung des rechtlichen Gehörs kein Rechtsmittel an ein Gericht der höheren Instanz; ferner BVerfGE **34** 1; **42** 248; **49** 343. Zur früheren Streitfrage vgl. § 310, 24.
[11] OLG Celle NdsRpfl. **1973** 240; OLG Karlsruhe MDR **1974** 686; KMR-*Paulus* 3.
[12] *Ellersiek* 187; KK-*Engelhardt*[1] 7; *Kleinknecht/Meyer*[38] 1; KMR-*Paulus* 5; *Eb. Schmidt* Nachtr. I 3.

§ 311 a kein Raum[13], das Beschwerdegericht hat aber dann in der Regel die Möglichkeit der Abhilfe nach § 306 Abs. 2 und, sofern es eine sofortige Beschwerde geben sollte, auch nach § 311 Abs. 3 Satz 2.

6 b) Der **Nachteil** für den nicht gehörten Gegner des Beschwerdeführers muß noch fortbestehen. Er darf also nicht durch den Verfahrensausgang oder durch sonstige Ereignisse überholt sein[14]. Wegen der Einzelheiten vgl. bei § 33 a, 13 bis 16.

7 c) Im übrigen ist das Nachverfahren an **keine Frist** gebunden[15].

8 d) Die nachträgliche Anhörung ist **auf Antrag** oder **von Amts wegen** durchzuführen. § 311 a geht zwar von einem Antrag aus. Dieser soll jedoch nur die Möglichkeit eröffnen, das Gericht auf eine übersehene Anhörung hinzuweisen[16]. Die Nachholung ist jedoch auch von Amts wegen geboten, wenn das Beschwerdegericht erkennt, daß es ohne vorherige Gewährung des rechtlichen Gehörs entschieden hat. Dies gilt insbesondere auch für die Fälle des § 33 Abs. 4 Satz 1, in denen das Gericht von der vorherigen Anhörung des Beschwerdegegners bewußt abgesehen hat.

5. Verfahren

9 a) Dem benachteiligten Beschwerdegegner ist **Gelegenheit zur Äußerung** zu geben. Sofern nicht bereits sein Antrag eine Gegendarstellung enthält, ist er von Amts wegen dazu aufzufordern. Die Aufforderung, die zweckmäßigerweise eine angemessene Frist setzt[17], kann in den Fällen des § 33 Abs. 4 Satz 1 gleichzeitig mit der Beschwerdeentscheidung ergehen.

10 b) Soweit das Vorbringen dazu Anlaß gibt, kann das Beschwerdegericht gemäß dem nach Absatz 2 entsprechend anwendbaren § 308 Abs. 2 **Ermittlungen** durchführen oder durchführen lassen[18]. Es darf dann aber nicht übersehen, zu einem neuen Beweisergebnis alle Beteiligten erneut zu hören, denn das Gebot zur Gewährung des rechtlichen Gehörs gilt auch für das Nachverfahren[19].

11 c) Die Durchführung des Nachverfahrens hindert, wie der nach Absatz 2 entsprechend anwendbare § 307 ergibt, die **Vollstreckung** nicht. Das Beschwerdegericht und auch sein Vorsitzender können jedoch gemäß § 307 Abs. 2 anordnen, daß die Vollstreckung auszusetzen ist[20]. Die Anordnung wird mit Erlaß einer bestätigenden oder ändernden neuen Sachentscheidung von selbst gegenstandslos. Ergeht eine solche nicht (vgl. Rdn. 13), muß das Beschwerdegericht die Anordnung ausdrücklich aufheben.

6. Entscheidung

12 a) Auf **Antrag** hat das Gericht stets zu entscheiden. Die Entscheidung ergeht durch **Beschluß**, der begründet werden muß. Ist ein Antrag gestellt, hält das Gericht auf Grund des Ergebnisses des Nachverfahrens die frühere Beschwerdeentscheidung entweder aufrecht[21] oder es ändert sie nach dem ausdrücklich für anwendbar erklärten § 309 Abs. 2 entsprechend den Ergebnissen des Nachverfahrens ab[22]. Sind die Voraus-

---

[13] BayObLGSt **1970** 117 = JR **1970** 391 mit Anm. *Peters*.
[14] Vgl. BVerfGE **49** 342; BGHSt **28** 57; OLG Celle JR **1973** 339 (zu § 33 a); § 33 a, 14; Vor § 304, 29; § 304, 36 ff.
[15] *Kleinknecht/Meyer*[38] 1; vgl. § 33 a, 18.
[16] *Kleinknecht/Meyer*[38] 2; KMR-*Paulus* 5.
[17] KK-*Engelhardt*[1] 10.
[18] *Ellersiek* 188; KK-*Engelhardt*[1] 11; KMR-*Paulus* 6.
[19] *Ellersiek* 188.
[20] *Ellersiek* 188; KK-*Engelhardt*[1] 9.
[21] KK-*Engelhardt*[1] 8 (keine Entscheidung über Antrag); *Eb. Schmidt* 5; vgl. § 33 a, 17.
[22] KK-*Engelhardt*[1] 12; KMR-*Paulus* 7; vgl. § 306, 24; 309, 7 ff.

bei der Rechtsmittelschrift um einen von ihrem Urheber noch nicht endgültig gebilligten und für die Einreichung bei Gericht bestimmten Entwurf handelt, erscheint fraglich[32].

Für die Berufungsschrift der **Staatsanwaltschaft** und sonstiger **Behörden** als Rechtsmittelführer gelten die gleichen Grundsätze. Die Rechtsprechung fordert, daß zweifelsfrei feststeht, die Anfechtungserklärung sei von der zuständigen Behörde und einem zu ihrer Vertretung zuständigen Beamten abgegeben worden[33]. Deshalb genügt es in der Regel nicht, daß die Erklärung nur die Behörde, nicht aber den für sie verantwortlichen **Beamten** erkennen läßt[34]. Der örtliche Sitzungsvertreter ist nach Maßgabe der jeweiligen Bestimmungen zur selbständigen Rechtsmitteleinlegung befugt; soweit ihm diese Befugnis fehlt, kann er auch nicht aufgrund eines ihm vom Staatsanwalt ausdrücklich erteilten Auftrags wirksam Berufung einlegen[35]. Zu den Grenzen der Vertretungsbefugnis des Amtsanwalts vgl. bei § 142 GVG[36]. **11**

Grundsätzlich muß die Anfechtungserklärung von dem Beamten, der sie abgibt, **unterschrieben** sein[37], wobei es aber auch hier ausreicht, wenn dem Gericht eine beglaubigte Abschrift übermittelt wird[38] oder wenn der mit Maschine geschriebene Name durch einen Beglaubigungsvermerk bestätigt wird, ein Dienstsiegel braucht nicht beigefügt zu sein[39]. Eine Berufungsschrift der Staatsanwaltschaft, die vom Sachbearbeiter zwar mit seinem Handzeichen versehen ist, auf der aber die vorgesehene Unterschrift des Abteilungsleiters fehlt, enthält keine wirksame Berufungseinlegung[40], da nicht feststeht, ob es sich nicht um einen in Wirklichkeit nicht gebilligten Entwurf handelt[41]. **12**

Die **Rechtsprechung zu den Erfordernissen der Schriftform** befriedigt nicht durchwegs. Die oft am Einzelfall orientierte Abgrenzung läßt Zweifeln Raum und gibt keine klare Linie für künftige Entscheidungen. Es bestehen zwei Lösungsmöglichkeiten: Entweder man fordert im Interesse der Rechtsklarheit, daß aus der eingereichten Rechtsmittelschrift selbst eindeutig zu entnehmen ist, wer das Rechtsmittel eingelegt hat und daß es eingelegt werden soll, oder man verzichtet im Interesse der Prozeßökonomie, insbesondere, um den Umweg eines begründeten Wiedereinsetzungsgesuchs zu ersparen, auf das letztgenannte Erfordernis, das nicht notwendig aus der Schrift selbst hervorgehen muß und das auch — verglichen mit der großen Zahl der Rechtsmittel — nur in verschwindend wenig Fällen eine Rolle spielt. **13**

---

[32] Vgl. *Peters* JR **1971** 252.
[33] RG JW **1931** 1625; BGHSt **2** 77; OLG Hamm JMBlNW **1955** 226; vgl. auch BayObLGSt **1956** 226. Nach OLG Düsseldorf JMBlNW **1970** 157 genügt es nicht, wenn die Rechtsmittelschrift schriftlich lediglich mit einem Handzeichen eines Geschäftsstellenbeamten versehen ist. Zur Zuständigkeit der Staatsanwaltschaft vgl. bei § 143 GVG.
[34] BayObLG *Alsb.* E 2 Nr. 148 a ließ die Unterschrift „Amtsanwalt" genügen, weil es bei der betreffenden Dienststelle nur einen einzigen Amtsanwalt gab. OLG Hamm NdsRpfl **1955** 226 läßt offen, ob die namentliche Unterschrift des Beamten erforderlich ist, verlangt aber, daß erkennbar sein muß, welcher Beamte die Erklärung abgegeben hat; ähnlich BayObLGSt **1956** 268; vgl. BVerwGE **3** 57 (Unterschrift „Stadtverwaltung X, Rechtsamt" genügt nicht).

[35] Vgl. *Sprau/Vill* Justizgesetze in Bayern (1988) Art. 14 AG GVG, 10 ff; BayObLG bei *Rüth* DAR **1984** 245.
[36] Vgl. § 142 GVG; ferner BayObLGSt **1973** 202 = NJW **1974** 761.
[37] Vgl. Nr. 149 RiStBV; LG Kiel SchlHA **1948** 220.
[38] *Kleinknecht/Meyer*[38] Einl. 128; ähnlich BVerwGE **10** 1; **13** 141; DVBl **1960** 284; RGSt **63** 247 läßt einen Faksimilestempel genügen, vgl. dazu Fußn. 28.
[39] GmS-OGB NJW **1980** 174; *Kleinknecht/Meyer*[38] Einl. 128.
[40] BayObLGSt **1962** 69 = JR **1962** 467 mit Anm. *Dünnebier*; zust. *Eb. Schmidt* Nachtr. I 3.
[41] Vgl. BayObLGSt **1956** 268.

14 Bei der erstgenannten Lösung muß zur **Kennzeichnung des Urhebers** und vor allem als Ausdruck dafür, daß nicht nur ein Entwurf vorliegt, grundsätzlich die eigenhändige Unterschrift gefordert werden; bei Behörden wird daneben auch die Beglaubigung der Unterschrift als ausreichend anzuerkennen sein, da sie genauso wie die Unterschrift zum Ausdruck bringt, daß der Inhalt des mit der übersandten Abschrift übereinstimmenden Originals der Rechtsmittelerklärung unterschriftlich gedeckt ist. Sonstige Ausnahmen werden kaum möglich sein, da weder Diktatzeichen noch Faksimilestempel völlig ausschließen, daß nicht doch nur ein Entwurf vorliegt oder die Schrift von einem Unberechtigten eingereicht wurde. Läßt man es andererseits für die Fristwahrung genügen, daß aus dem Schriftstück **ein Urheber eindeutig zu ersehen** ist, dann können etwaige Zweifel, ob die Schrift wirklich von diesem stammt und ob sie als Rechtsmittelerklärung bei dem Gericht eingereicht werden sollte, nachträglich meist ohne große Schwierigkeiten durch eine Rückfrage alsbald geklärt werden. Eine solche ist ja auch bisher schon notwendig und für die Fristwahrung unschädlich, wenn die Vollmacht desjenigen, der das Rechtsmittel eingelegt hat, nicht nachgewiesen ist oder wenn zweifelhaft ist, ob derjenige, der unterschrieben hat, auch tatsächlich dazu befugt war. Erörterungen über die Bedeutung von Diktatzeichen oder sonstiger Einzelheiten des Inhalts der Erklärung würden sich damit ebenfalls erübrigen. Die Rechtssicherheit aber würde durch diese lebensnähere Handhabung, die den Zugang zu den Rechtsmittelgerichten nicht unnötig erschwert, keine nennenswerten Einbußen erleiden[42].

15 c) **Fernmündliche** Einlegung der Berufung ist keine schriftliche. Überwiegend wird sie daher für unzulässig gehalten[43]. Ob fernmündlich eine wirksame Erklärung zur Niederschrift der Geschäftsstelle abgegeben werden kann, ist strittig[44], von BGHSt 30 64 aber für die Berufung verneint worden[45].

16 Geht eine Rechtsmittelschrift bei einem **unzuständigen Gericht** ein, so kann es zur Fristwahrung genügen, wenn der Inhalt der Schrift dem zuständigen Gericht fernmündlich durchgesagt wird, sofern die Geschäftsstelle des zuständigen Gerichts den Inhalt der Rechtsmittelerklärung in einer formgerechten Niederschrift aufnimmt[46].

17 d) **Telegrafisch** kann das Rechtsmittel in der Weise eingelegt werden, daß das Ankunftstelegramm mit ausreichendem Erklärungsinhalt und mit Urheberangabe[47]

---

[42] Es dürfte ohnehin schwer verständlich sein, daß ein Gericht etwas, was man durch eine einfache Rückfrage eindeutig klären kann, wie die Frage, ob das Rechtsmittel wirklich eingelegt werden sollte, nur durch scharfsinnige Auslegung der höchstwahrscheinlich auf Grund eines Versehens unvollständigen Rechtsmittelschrift entscheiden will. Dies gilt insbesondere dann, wenn die Klärung zunächst versehentlich unterblieben ist und erst später nachgeprüft wird, ob der durch das Prozeßverhalten längst bestätigte Wille des Rechtsmittelführers zur Anfechtung auch in der Rechtsmittelschrift genügend deutlich zum Ausdruck gekommen war.

[43] RGSt **38** 282; BGHSt **30** 64; BGH bei *Dallinger* MDR **1971** 347; BayObLG bei *Rüth* DAR **1985** 246; OLG Frankfurt NJW **1953** 1118; OLG Hamm NJW **1952** 276.

[44] Vgl. Vor § 42, 8 ff; § 341, 15; ferner KK-*Ruß*[1] 11; *Kleinknecht/Meyer*[38] Einl. 140; KMR-*Paulus* § 306, 12 mit Nachw. zum Streitstand.

[45] = JR **1982** 210 mit Anm. *Wolter*; beim Einspruch gegen Bußgeldbescheid hielt BGHSt **29** 174 die fernmündliche Erklärung zur Niederschrift der Verwaltungsbehörde für zulässig.

[46] OLG Celle NJW **1970** 1142; OLG Zweibrücken VRS **61** 438; Vor § 42, 12; vgl. Rdn. 18.

[47] Vgl. OLG Schleswig bei *Ernesti/Lorenzen* SchlHA **1986** 108 (Name fehlt; Urheber nicht mit der erforderlichen Eindeutigkeit erkennbar).

rechtzeitig bei Gericht eingeht[48]. Der **Schriftform** ist dadurch genügt, daß der Beschwerdeführer die Post zur technischen Herstellung seiner schriftlichen Erklärung in Telegrammform veranlaßt. Übereinstimmung mit Aufgabeerklärung oder Aufgabetelegramm ist nur der Sache, nicht dem Wortlaut nach erforderlich[49]. Das Aufgabetelegramm muß nicht eigenhändig aufgegeben werden, fernmündliches Aufgeben bei der Post genügt[50]. Es genügt auch, daß der Beschwerdeführer eine andere Person als Schreibmittler verwendet. Das Ankunftstelegramm oder Fernschreiben der Post[51] muß dem Gericht rechtzeitig zugehen. Dies ist der Fall, wenn das Schriftstück, in dem es enthalten ist, dem Gericht ausgehändigt wird.

Strittig ist, ob es für den rechtzeitigen Eingang auch genügt, wenn der Inhalt des **18** Ankunftstelegramms vom Postamt der Geschäftsstelle **fernmündlich zugesprochen** wird, während das Telegramm selbst erst nach Fristablauf bei Gericht einläuft[52]. Heute läßt man es aus Gründen der Praktikabilität für die Wahrung der Frist genügen, wenn der Inhalt des Telegramms vom Postamt der Geschäftsstelle innerhalb der Frist zugesprochen wird, sofern dort eine zur Entgegennahme einer solchen Erklärung befugte Person das Gespräch annimmt und darüber noch am Tage der Durchsage eine **Aktennotiz** fertigt[53]. Dieser Aktenvermerk, der den Inhalt des Telegramms wörtlich wiedergeben muß, um die Identität des durchgesprochenen Telegramminhalts mit dem später einlaufenden Telegramm überprüfen zu können, ist nach Ansicht des Bundesgerichtshofs ein für die Fristwahrung ausreichender Ersatz für die nachfolgende schriftliche Erklärung der Rechtsmitteleinlegung, sofern sein Inhalt durch die später eingehende Telegrammurkunde bestätigt wird.

Unterbleibt die nach dieser Ansicht erforderliche **Aktennotiz**, so ist dem Antrag- **19** steller — auch ohne Antrag — gegen eine dadurch eingetretene Fristversäumung **Wiedereinsetzung** zu gewähren[54].

e) **Fernschreiben. Telebrief.** Wird die Berufung fernschriftlich eingelegt, so ge- **20** nügt das der Schriftform[55]. Hat das Gericht eine eigene Fernschreibanlage, dann ist das **Fernschreiben** in dem Zeitpunkt bei Gericht eingegangen, in dem der Text des Fernschreibens vollständig vom Fernschreiber ausgeschrieben ist[56]. Wird das Fernschreiben von einer Stelle außerhalb des Gerichts aufgenommen (etwa von einer Polizeistation) und muß sein Text dem Gericht übermittelt werden, dann genügt unter den gleichen Voraussetzungen wie beim Telegramm die fernmündliche Durchsage des Inhalts zur Fristwahrung[57]. Bei **Telebriefen** (Fernkopien) genügt die auf dem Postweg übermittelte

---

[48] BGHSt **8** 174; **14** 233; **30** 69; vgl. Vor § 42, 26; § 341, 16 mit weit. Nachw.
[49] Enger früher RGSt **38** 282.
[50] BGHSt **8** 174; *Eb. Schmidt* 10; vgl. Vor § 42, 26; § 341, 16.
[51] Vgl. OLG Hamm NJW **1961** 2225.
[52] Vgl. Vor § 42, 27 mit Nachw.
[53] BGHSt **14** 233 = LM Nr. 1 mit Anm. *Geier*; *Hanack* JZ **1973** 693; ebenso BGH NJW **1953** 179 mit zust. Anm. *Schöpke* für eine nur schriftlich eingelegte Rechtsbeschwerde in Landwirtschaftssachen; OLG Braunschweig HESt **3** 7; OLG Köln JMBlNW **1952** 87; OLG Neustadt NJW **1952** 271; OLG Tübingen MDR **1954** 109; OLG Schleswig SchlHA **1974** 184; RGZ **139** 45; **151** 82; *Eb. Schmidt* 10, Nachtr. 4; *Müller-Sax* 3 b; *Herlan* JR **1954** 353; vgl. vor § 42, 23; ferner LG Tübingen MDR **1957** 567 (Unwirksamkeit einer Durchsage, wenn sie nicht in einer Niederschrift festgehalten wird).
[54] BayObLGSt **1976** 82 = VRS **51** 436; OLG Zweibrücken VRS **61** 439; wegen der Einzelheiten vgl. Vor § 42, 28; ferner BVerfGE **44** 306; **69** 386 (Fristversäumnisse, die auf Verzögerungen der Entgegennahme beruhen, dürfen Bürger nicht zur Last fallen).
[55] BVerfGE **41** 323; BGHSt **31** 9; OLG Hamm NJW **1961** 2225; OLG Stuttgart Justiz **1972** 42; vgl. Vor § 42, 28; § 341, 17 mit weit. Nachw.
[56] BayObLGSt **1967** 61 = NJW **1967** 1816. Vgl. Rdn. 18, 19.
[57] Vgl. Rdn. 19, 20; Vor § 42, 5.

§ 314   Drittes Buch. Rechtsmittel

Kopie der Schriftform[58]; im übrigen gelten die gleichen Grundsätze wie beim Telegramm.

3. Eingang bei dem Gericht des ersten Rechtszuges

21   a) Die Berufung ist **bei dem Amtsgericht** einzulegen, das das angefochtene Urteil erlassen hat. Der Eingang bei der unrichtigen Abteilung ist unschädlich, ebenso der bei einer anderen Zweigstelle des Amtsgerichts[59]. Stammt das Urteil von einem gemeinsamen Amtsgericht (§ 58 GVG), so kann die Berufung bei dem Vorsitzenden auch dann eingelegt werden, wenn er seinen Amtssitz nicht am Ort des gemeinsamen Schöffengerichts hat[60].

22   Ob die Berufungsschrift an eine **falsche Stelle adressiert** ist, ist unerheblich, sofern sie nur trotzdem noch rechtzeitig bei der richtigen Stelle eingeht[61].

23   Unterhalten mehrere Gerichte oder Behörden eine **gemeinsame Briefannahmestelle**, so genügt rechtzeitiger Eingang bei dieser Stelle, auch bei unrichtiger Anschrift der Behörde oder des Gerichts, sofern die Annahmestelle für das Erstgericht zuständig ist[62]. Die Einzelheiten sind Vor § 42, 21 ff erörtert.

24   b) Für den **verhafteten Angeklagten** gilt die Vereinfachung des § 299; aber nur, wenn er sein Rechtsmittel zu Protokoll der Geschäftsstelle des Amtsgerichts des Verwahrungsorts erklärt. Legt er die Berufung schriftlich ein, gelten die allgemeinen Regeln auch für ihn. Wenn sein irrtümlich an das Landgericht gerichtetes Schreiben mit der Berufungserklärung beim Amtsgericht zur Briefkontrolle nach § 119 durchläuft, bedeutet dies noch keinen Eingang der Berufung beim Amtsgericht[63].

25   c) **Eingang bei einer unzuständigen Stelle.** Geht die Berufung bei dem **Berufungsgericht** oder bei der **Staatsanwaltschaft** ein, so ist sie nur wirksam, wenn sie weitergeleitet wird und rechtzeitig bei dem Amtsgericht eingeht. Dies gilt auch für eine Niederschrift der Geschäftsstelle des Berufungsgerichts. Wegen der Einzelheiten vgl. Vor § 42, 15[64].

26   d) **Rechtzeitiger Eingang.** Die Berufung ist rechtzeitig eingelegt, wenn die sie erklärende Schrift bis 24 Uhr des Tages, an dem die Frist abläuft, in die Verfügungsgewalt des zuständigen Gerichts gelangt[65]. Die Einzelheiten sind Vor § 42, 13 ff erörtert. Ob die Erklärung rechtzeitig eingegangen ist, muß gegebenenfalls im Wege des **Freibeweisverfahrens** geklärt werden; der Eingangsstempel hat insoweit keine erhöhte Beweiskraft[66].

---

[58] BayObLG NJW **1981** 2591; OLG Karlsruhe Justiz **1987** 30; VRS **72** 78; OLG Koblenz NStZ **1984** 236; ferner BGHSt **31** 7; wegen der Einzelheiten und weiterer Nachw. vgl. Vor § 42, 29; § 341, 17.

[59] BayObLGSt **1975** 9 = NJW **1975** 946; vgl. Vor § 42, 13 ff mit weit. Nachw.

[60] RGSt **60** 329; *Eb. Schmidt* 1; vgl. § 341, 9.

[61] KG JR **1954** 391 mit Anm. *Sarstedt*.

[62] Strittig; vgl. die Nachw. Vor § 42, 23; ferner BayObLGSt **1984** 15 = VRS **66** 285, das unter Aufgabe von BayObLGSt **1982** 26 zu seiner früheren, strengeren Auffassung zurückkehrt.

[63] LG Bielefeld MDR **1983** 777.

[64] Vgl. auch § 306, 10; § 342, 9.

[65] BVerfGE **52** 203; **57** 117; **69** 381; vgl. aber auch BVerfGE **60** 246.

[66] RG DRiZ **1929** Nr. 77; OLG Oldenburg OLGSt § 341, 1; OLG Schleswig SchlHA **1973** 70. Die vom Bundesverwaltungsgericht MDR **1969** 951 ausgesprochenen Grundsätze über die Beweiskraft des Eingangsstempels sind auf das Verfahren der Strafprozeßordnung nicht übertragbar, da hier anders als bei §§ 415 ff ZPO auch für den Urkundenbeweis freie Beweiswürdigung gilt. Soweit das Oberlandesgericht Oldenburg (OLGSt 1) davon spricht, daß dem Eingangsvermerk auf einer Rechtsmittelschrift nur dann die Beweiskraft einer öffentlichen Urkunde zukomme, wenn die einschlägigen Verwal-

4. Berufungsfrist

a) Beginn. Die Berufungsfrist beginnt mit der Verkündung des Urteils in Anwesenheit des Angeklagten[67]. Verkündung des Urteils ist nach § 268 Abs. 2 die Verlesung der Urteilsformel und die Eröffnung der Gründe. Nach dem Zweck des § 314 kommt es jedoch nur auf die Verkündung der Formel an[68]. Daher ist eine Berufung, die danach, aber vor Mitteilung der Urteilsgründe eingelegt wird, zulässig[69]. Vor Verkündung der Urteilsformel kann nicht wirksam Berufung eingelegt werden[70]. Aus diesem Grunde läuft die Berufungsfrist für den Privatkläger, der der Verkündung der Urteilsformel, aber nicht der Gründe beiwohnt, von der Verkündung an; das Urteil braucht ihm zu diesem Zweck nicht nach Absatz 2 zugestellt zu werden[71]. Absatz 1 ist jedoch nur bei persönlicher Anwesenheit des Angeklagten anwendbar, nicht bereits bei Anwesenheit des Verteidigers oder eines anderen Vertreters[72]. 27

b) Abwesenheit des Angeklagten (Absatz 2). Ist der Angeklagte bei Verkündung der Urteilsformel nicht persönlich anwesend, so beginnt die Berufungsfrist für ihn erst mit Zustellung des vollständigen Urteils mit Gründen[73], auch wenn ein Vertreter des Angeklagten anwesend war[74]. Ein Verzicht des Angeklagten auf förmliche Zustellung ist insoweit wirkungslos[75]. War er bei der Verkündung nicht zugegen, so muß das vollständige Urteil ihm bzw. seinem Verteidiger zugestellt werden (vgl. § 145 a). Gleiches gilt, wenn die Verkündung der Urteilsgründe überhaupt unterblieben ist[76]. Strittig ist dagegen, ob Absatz 2 auch dann die Zustellung erfordert, wenn der Angeklagte während der Eröffnung der Urteilsgründe aus freien Stücken zeitweilig abwesend war oder wenn er sich nach Verkündung der Formel entfernt hat. Die vorherrschende Meinung hält auch in diesen Fällen, in denen der Angeklagte auf die ihm offene Möglichkeit der Kenntnisnahme bewußt verzichtet, die Zustellung der Urteilsgründe nach Absatz 2 für notwendig[77]. Zwingend ist dies nicht, zumal es dem Angeklagten überlassen bleiben kann, ob er die Kenntnis der mündlich eröffneten Gründe für seine Entscheidung über 28

---

tungsvorschriften (Aktenordnung usw.) beachtet seien, kann ihm im Ausgangspunkt nicht gefolgt werden. Auch wenn der Eingangsvermerk den Verwaltungsvorschriften entsprechend angebracht worden wäre, würde die freie Beweiswürdigung des Gerichts nicht eingeschränkt werden. Im Rahmen der freien Beweiswürdigung kann es allerdings von Bedeutung sein, ob die bestehenden Verwaltungsvorschriften bei Anbringung des Vermerks beachtet worden sind.

[67] Vgl. Vor § 42, 4; § 341, 18.
[68] Strittig; wie hier KG GA **74** (1930) 387; KMR-*Paulus*; vgl. § 341, 19 mit weit Nachw. auch zur Gegenmeinung; ferner Rdn. 28 Fußn. 77.
[69] KG GA **74** (1930) 387; vgl. Vor § 296, 46.
[70] OLG Dresden DRiZ 1930 Nr. 43; vgl. Vor § 296, 43 ff.
[71] KG NJW **1955** 565.
[72] BGHSt **25** 234 = JR **1974** 249 mit Anm. *Peters*; OLG Kassel GA **37** (1889) 312; OLG Köln VRS **41** 440; OLG Stuttgart NStZ **1986** 520 mit Anm. *Paulus*; *Kleinknecht/Meyer*[38] 7; KMR-*Paulus* 10; vgl. § 341, 20 mit weit. Nachw.
[73] BGHSt **15** 265; h. M vgl. OLG Hamburg StrVert. **1987** 54.
[74] Vgl. § 341, 20.
[75] Vgl. § 341, 21; § 337, 272. Der Verzicht auf Zustellung des in Abwesenheit des Angeklagten verkündeten Urteils ist aber zu unterscheiden von der Frage, ob der Angeklagte es ablehnt, die mündliche Eröffnung der Gründe zur Kenntnis zu nehmen.
[76] RGSt **1** 192; KMR-*Paulus* 7; vgl. § 341, 19.
[77] BGHSt **15** 265; OLG Dresden DRiZ **1928** Nr. 970; OLG Celle GA **1971** 69; OLG Düsseldorf MDR **1984** 607; OLG Stuttgart NStZ **1986** 530 mit Anm. *Paulus*; vgl. auch OLG Frankfurt MDR **1986** 76; KK-*Ruß*[1] 3; *Kleinknecht/Meyer*[38] 7; § 341, 9.

die Anfechtung nützen will[78]. Im Interesse der Verfahrensbeschleunigung[79] dürfte daher die Gegenmeinung den Vorzug verdienen[80].

29 c) **Absatz 2 ist entsprechend anwendbar**, bei **anderen Verfahrensbeteiligten**, die selbständig Berufung einlegen können, wenn sie bei der Urteilsverkündung abwesend waren. Auch für die **Staatsanwaltschaft** läuft die Berufungsfrist von der Urteilszustellung an, wenn das Urteil in Abwesenheit des Staatsanwalts verkündet wurde[81]. Die strittige Frage ob — eventuell nur bei Unkenntnis vom Verkündungstermin — Absatz 2 beim **Privatkläger** entsprechend anwendbar ist, wird bei § 390 erläutert[82]. Für den **Nebenkläger** gilt § 401 Abs. 2[83]; für den **Einziehungsbeteiligten** § 436 Abs. 4 und für den **gesetzlichen Vertreter** § 298.

30 d) Ob die **Berufungsfrist eingehalten** ist und die Berufung zulässig war, hat das Gericht, auch noch das Revisionsgericht, von Amts wegen zu prüfen, und zwar in **freier Beweiswürdigung**[84]. Sind die Schriftstücke über die Einlegung verlorengegangen, so ist unter Heranziehung aller verfügbaren Beweismittel (noch vorhandene Unterlagen, dienstliche Äußerungen u. a.) im Freibeweis zu würdigen, ob die Berufung rechtzeitig und formgerecht eingelegt worden ist[85]. Hält das Berufungsgericht dies für erwiesen, so nimmt das Berufungsverfahren seinen Fortgang, auch wenn die Einlegungsschrift selbst verloren ist[86].

31 Bleibt unaufklärbar, ob die Berufung überhaupt bei Gericht eingegangen ist, geht dies zu Lasten des Berufungsführers[87]. Bestehen **Zweifel** an der **rechtzeitigen Einlegung** des Rechtsmittels, die sich nicht beheben lassen, so gilt die Berufung als rechtzeitig, da sie nur bei erwiesener Verspätung als unzulässig verworfen werden darf (§ 319)[88]. Zum gleichen Ergebnis führt die Überlegung, daß die Zweifel an der Rechtzeitigkeit der Einlegung in der Regel auf Umständen beruhen, die von der Behörde zu vertreten sind[89]. Nach anderer Ansicht[90] gilt auch hier der Grundsatz in dubio pro reo. Dies führt bei der Berufung des Angeklagten zum gleichen Ergebnis wie die obige Auffassung, hat aber bei der Berufung der Staatsanwaltschaft zur Folge, daß sie zu verwerfen ist, wenn der rechtzeitige Eingang nicht festgestellt werden kann. Abzulehnen ist die Ansicht, die Zweifel stets zugunsten der Rechtskraft lösen will[91].

---

[78] Wenn sein Verteidiger der Eröffnung voll beiwohnte, fehlt ihm nicht einmal diese Information, deren Bedeutung für die Entscheidung über die Anfechtung auch nicht überschätzt werden sollte.
[79] Vgl. die Beispiele einer möglichen Verfahrensverzögerung bei *Paulus* NStZ **1986** 521.
[80] KMR-*Paulus* 7; *Paulus* NStZ **1986** 521.
[81] OLG Bamberg HESt **1** 209; OLG Kassel HESt **2** 125; OLG Neustadt NJW **1963** 1074; *Dahs/Dahs*[4] 319.
[82] § 390, 9 ff mit Nachw.; ferner § 341, 22.
[83] Vgl. § 401, 9 ff.
[84] RGSt **65** 256; **75** 402.
[85] Vgl. § 316, 16; § 341, 25.
[86] *W. Schmidt* FS Lange 800.
[87] OLG Hamm NStZ **1982** 43; OLG Stuttgart MDR **1984** 512; KK-*Hürxthal*[1] § 261, 62; *Kleinknecht/Meyer*[38] § 261, 35; *Krey* JA **1983** 238; *Schlüchter* 672.2; ferner § 341, 25.

[88] BGH NJW **1960** 2202; BayObLGSt **1965** 142 = NJW **1966** 947; OLG Braunschweig NJW **1973** 2119; OLG Düsseldorf MDR **1969** 1031; OLG Karlsruhe MDR **1981** 73; OLG Oldenburg OLGSt 1; OLG Stuttgart Justiz MDR **1981** 424; *Dahs/Dahs*[4] 319; KK-*Pikart*[1] § 341, 22; KK-*Ruß*[1] 16; KMR-*Paulus* Vor § 42, 20; *Sarstedt* JR **1954** 470; *Schlüchter* 672.2; *Eb. Schmidt* 14. Ausführlich zur Gesamtproblematik Einl. Kap. 11 46 ff.
[89] BayObLGSt **1965** 142 = NJW **1966** 947; BSG NJW **1973** 535; vgl. auch OLG Celle NdsRpfl. **1983** 123; **1985** 173.
[90] OLG Hamburg JR **1976** 254 mit Anm. *Foth*; *Amelunxen* 48; *Kleinknecht/Meyer*[38] § 261, 35; § 341, 24 mit weit. Nachw.
[91] OLG Celle NJW **1967** 640; OLG Düsseldorf NJW **1984** 1684 mit abl. Anm. *Schürmann* NJW **1966** 2266; OLG Hamm GA **1957** 222; KG JR **1954** 407 mit abl. Anm. *Sarstedt*.

5. Hinweise. Zur Einlegung der Berufung durch den Verteidiger vgl. § 297, zur **32** Berufungseinlegung durch den gesetzlichen Vertreter § 298, zur Berufungsrücknahme und zum Verzicht auf Berufung vgl. § 302, zur Fristberechnung § 43.

§ 315

(1) Der Beginn der Frist zur Einlegung der Berufung wird dadurch nicht ausgeschlossen, daß gegen ein auf Ausbleiben des Angeklagten ergangenes Urteil eine Wiedereinsetzung in den vorigen Stand nachgesucht werden kann.

(2) ¹Stellt der Angeklagte einen Antrag auf Wiedereinsetzung in den vorigen Stand, so wird die Berufung dadurch gewahrt, daß sie sofort für den Fall der Verwerfung jenes Antrags rechtzeitig eingelegt wird. ²Die weitere Verfügung in bezug auf die Berufung bleibt dann bis zur Erledigung des Antrags auf Wiedereinsetzung in den vorigen Stand ausgesetzt.

(3) Die Einlegung der Berufung ohne Verbindung mit dem Antrag auf Wiedereinsetzung in den vorigen Stand gilt als Verzicht auf die letztere.

Entstehungsgeschichte. Art. 1 Nr. 86 des 1. StVRG hat in den Absätzen 2 und 3 jeweils Gesuch um Wiedereinsetzung durch Antrag auf Wiedereinsetzung ersetzt. Bezeichnung bis 1924: § 356.

1. Zusammentreffen von Berufung und Wiedereinsetzungsantrag[1]. Ist die Haupt- **1** verhandlung ohne den Angeklagten durchgeführt worden (§ 232), so kann dieser nach § 235 binnen einer Woche nach Zustellung des Urteils Wiedereinsetzung in den vorigen Stand beantragen. Ähnliche Regelungen finden sich bei § 329 Abs. 3 und § 412. Die Voraussetzungen der §§ 44, 235, 329 Abs. 3 müssen erfüllt sein. Innerhalb einer Woche nach Urteilszustellung kann der Angeklagte auch Berufung (§§ 312, 314) einlegen. Die Fristen für den Rechtsbehelf der Wiedereinsetzung und das Rechtsmittel der Berufung fallen also zusammen. Sie müssen unabhängig voneinander gewahrt werden; vor allem wird der Ablauf der Berufungsfrist nicht durch den Wiedereinsetzungsantrag hinausgeschoben.

Beide Rechtsbehelfe **schließen einander nicht aus.** Der Angeklagte kann sie neben- **2** einander einlegen. Dies kann, muß aber nicht im gleichen Schriftsatz geschehen[2]. Er kann sich nach seiner freien Wahl auch nur für einen von ihnen entscheiden, ohne daß ihm entgegengehalten werden darf, daß er mit dem anderen die erstrebte Beseitigung bzw. die Korrektur des Urteils hätte leichter erreichen können. Auch wenn Wiedereinsetzungsgründe vorliegen, kann er statt der Erneuerung der Hauptverhandlung der ersten Instanz die Entscheidung der Berufungsinstanz herbeiführen.

2. § 315 regelt das Zusammentreffen beider Behelfe durch **zwei Rechtsregeln**: **3**
a) Dem Angeklagten ist es **verwehrt**, die Einlegung der **Berufung aufzuschieben**, bis ein Wiedereinsetzungsgesuch abgelehnt worden ist.

---

[1] Zur gleichartigen Regelung bei der Revision vgl. § 342. Die zu dieser Vorschrift ergangenen Entscheidungen sind auch bei § 315 heranziehbar.

[2] OLG Stuttgart NJW **1984** 2901; KK-*Ruß*[1] 2; KMR-*Paulus* 3; vgl. § 342, 7.

§ 315   Drittes Buch. Rechtsmittel

4 b) Legt er Berufung ein, ohne zugleich Wiedereinsetzung zu beantragen, so gilt dies als gesetzlich zwingend eintretender **Verzicht auf Wiedereinsetzung** (Absatz 3). Weitere Beschränkungen sieht der § 315 nicht vor. Der Angeklagte darf daher zunächst Wiedereinsetzung beantragen und danach **innerhalb der Berufungsfrist** noch Berufung einlegen. Das Wort „sofort" im Absatz 2 ist ungenau, wie das Wort „rechtzeitig" zeigt, und besagt nur: innerhalb der Berufungsfrist, nicht später[3]. Die Anbringung des Antrags auf Wiedereinsetzung enthält daher keinen Verzicht auf Berufung, die rechtzeitige Einlegung der Berufung nach Anbringung des Wiedereinsetzungsantrags keinen Verzicht auf diesen[4]. Eine solche Berufung gilt, wie die gleichzeitig eingelegte, als für den Fall der Verwerfung des Antrags als Wiedereinsetzung eingelegt. Nur wenn **ausschließlich Berufung** eingelegt wird, ohne gleichzeitiges oder vorheriges Wiedereinsetzungsgesuch, tritt kraft Gesetzes Verzicht auf Wiedereinsetzung ein (Absatz 3). Dieser Verzicht ist unwiderruflich und endgültig. Er bleibt auch wirksam, wenn die Berufung zurückgenommen wird[5] oder wenn sie von vorneherein unzulässig ist[6] oder wenn der Angeklagte über diese Rechtsfolge nicht belehrt worden war[7]. Nach wohl einhelliger Meinung kann die gesetzliche Verzichtswirkung nicht durch eine gegenteilige Erklärung oder einen Vorbehalt entkräftet werden[8].

5 Der Wiedereinsetzungsantrag kann jederzeit ausdrücklich **zurückgenommen** werden. Die Durchführung der Berufung ist dann nicht mehr durch Absatz 2 Satz 2 gehemmt.

6 **3. Auslegungszweifel.** Bleibt es zweifelhaft, ob der Angeklagte Wiedereinsetzung beantragen, Berufung einlegen oder beides nebeneinander verfolgen will, so ist er hierüber zu befragen. Wegen der Rechtzeitigkeit der Erklärung vgl. § 300, 9. Äußert er sich nicht ausreichend, so wird nach § 300 in Verbindung mit dem Grundsatz der günstigsten Auslegung anzunehmen sein, daß beides verfolgt wird[9].

7 **4. Weiteres Verfahren.** Das Schicksal der Berufung hängt zunächst von dem Erfolg des Wiedereinsetzungsantrages ab. Wird ihm stattgegeben, so ist das Urteil beseitigt, der Angeklagte in die Instanz wieder eingesetzt und die Berufung gegenstandslos[10]. Daher ist zunächst über die Wiedereinsetzung und — sofern die Ablehnung mit sofortiger Beschwerde angefochten wird — auch über diese zu entscheiden[11]. Die Berufung gilt als für den Fall der Ablehnung der Wiedereinsetzung eingelegt[12]. Die Rechtfertigungsfrist für die Berufung (§ 317) beginnt erst mit rechtskräftiger (§ 46 Abs. 3) Verwerfung des Wiedereinsetzungsgesuchs[13]. § 315 fordert von dem Angeklagten zunächst nur rechtzeitige Einlegung der Berufung, dadurch wird sie „gewahrt" (Absatz 2). Allerdings ist die Berufung, anders als die Revision, auch ohne formelle Begründung wirksam (vgl. § 317, 2).

---

[3] KMR-*Paulus* 3; *Eb. Schmidt* 3.
[4] KK-*Ruß*[1] 3; *Kleinknecht/Meyer*[38] 3; KMR-*Paulus* 3; *Eb. Schmidt* 3.
[5] Andernfalls bestünde die Gefahr der Umgehung; vgl. OLG Neustadt NJW **1964** 1868; OLG Zweibrücken NJW **1965** 1033; *Kleinknecht/Meyer*[38] 3; KMR-*Paulus* 5; vgl. § 342, 8.
[6] OLG Stuttgart Justiz **1976** 265 (zu § 342; § 55 JGG); KMR-*Paulus* 5.
[7] OLG Neustadt NJW **1964** 1886; KK-*Pikart*[1] 5; KMR-*Paulus* 5; vgl. § 342, 9.
[8] OLG Neustadt NJW **1964** 1886; KMR-*Paulus* 5; *Eb. Schmidt* 4.
[9] KK-*Ruß*[1] 4; *Eb. Schmidt* 7; vgl. *Kleinknecht/Meyer*[38] 1.
[10] Vgl. RGSt **61** 180; **65** 233; BayObLGSt **1972** 45; vgl. OLG Köln NJW **1963** 1073; *Kleinknecht/Meyer*[38] 2; KMR-*Paulus* 7; *Eb. Schmidt* 5.
[11] *Kleinknecht/Meyer*[38] 2; *Schlüchter* 671.
[12] *Böhm* JR **1925** 668; KMR-*Paulus* 7.
[13] *Kleinknecht/Meyer*[38] 2; KMR-*Paulus* 8; *Eb. Schmidt* 6.

§ 316

(1) **Durch rechtzeitige Einlegung der Berufung wird die Rechtskraft des Urteils, soweit es angefochten ist, gehemmt.**

(2) **Dem Beschwerdeführer, dem das Urteil mit den Gründen noch nicht zugestellt war, ist es nach Einlegung der Berufung sofort zuzustellen.**

Bezeichnung bis 1924: § 357.

Übersicht

	Rdn.		Rdn.
1. Hemmung der Rechtskraft	1	b) Rechtzeitige Berufung	9
2. Zustellung des Urteils mit Gründen (Absatz 2)		c) Adressat der Zustellung	10
		d) Inhalt der Zustellung	15
a) Bedeutung	7	3. Aktenverlust	16

1. Hemmung der Rechtskraft (Absatz 1). Verstreicht die Berufungsfrist ungenutzt **1** (§ 314), ficht kein Rechtsmittelberechtigter das Urteil an, so tritt Rechtskraft ein. Nur die rechtzeitig (§§ 314, 319) eingelegte Berufung, diese jedoch stets, hemmt den Eintritt der formellen und materiellen Rechtskraft[1].

Hat das Gericht des ersten Rechtszuges die Berufung wegen verspäteter Einlegung **2** nach § 319 Abs. 1 als **unzulässig** zu verwerfen, so hemmt dies die Rechtskraft nicht. Ist die Berufung aus anderen Gründen unzulässig und daher nach § 322 zu behandeln, so wird die Rechtskraft zunächst nach § 316 Abs. 1 gehemmt[2]. Die Hemmung dauert entweder bis zur endgültigen Entscheidung gemäß § 322, bei sofortiger Beschwerde bis zur Entscheidung über diese (§§ 322 Abs. 2, 316 Abs. 1), sonst bis zur Entscheidung über die Berufung (§§ 328; 329)[3].

Die Hemmung tritt ein, **soweit** das Urteil **angefochten** ist. Die Berufung kann auf **3** bestimmte Beschwerdepunkte **beschränkt** werden (§ 318). Darunter sind einzelne Teile der in der Urteilsformel enthaltenen Entscheidung zu verstehen. Die Beschränkung ist zulässig, soweit der angefochtene Teil der Entscheidung, losgelöst von dem nicht angefochtenen, selbständig geprüft und beurteilt werden kann. Näheres darüber bei den §§ 318, 327, 344. Wieweit bei einer zulässigen Rechtsmittelbeschränkung die Bestandskraft nicht angefochtener Urteilsteile reicht und wieweit sie einer echten Rechtskraft fähig sind, ist in Einzelheiten strittig[4].

Ist die **Einziehung** eines Gegenstandes gegen **mehrere Angeklagte** ausgesprochen **4** worden, so bewirkt die Unteilbarkeit der Entscheidung, daß die Rechtskraft der Einziehungsanordnung auch gegen den Angeklagten gehemmt wird, der diese Anordnung nicht angefochten hat[5].

Bei Hemmung der Rechtskraft bleibt das Verfahren in der Berufungsinstanz **5** **rechtshängig**. Das angefochtene Urteil ist noch nicht vollstreckbar (§ 449). Bei Teilanfechtung ist eine Vollstreckung aus dem nichtangefochtenen Urteilsteil nur dann mög-

---

[1] Vgl. Vor § 296, 25; ferner zur gleichen Regelung für die Revision bei § 343.
[2] BGHSt **22** 213.
[3] KK-*Ruß*[1] 2; *Kleinknecht/Meyer*[38] 1; KMR-*Paulus* 1; *Eb. Schmidt* 1; ferner zur Rechtskraft bei Einlegung und Zurücknahme von Rechtsmitteln *Niese* JZ **1957** 76; *Küper* GA **1969** 364; § 343, 1; § 449, 11 ff.
[4] Vgl. § 318, 23 ff und § 344, 66.
[5] OLG Celle NJW **1961** 1873; KK-*Ruß*[1] 1.

§ 316 Drittes Buch. Rechtsmittel

lich, wenn wegen der (vertikalen) Berufungsbeschränkung die Verurteilung wegen einer selbständigen Tat (im Sinne des § 264) oder wegen einer in Tatmehrheit begangenen Straftat von der Anfechtung ausgenommen wurde und daher formelle und materielle Rechtskraft erlangt hat[6].

6 Die Hemmung der Rechtskraft **endet** mit der die Berufungsinstanz abschließenden Entscheidung. Sie wirkt auch dann nicht über das die Instanz abschließende Urteil hinaus, wenn dieses nicht über alle angefochtenen Urteilsteile entscheidet[7]. Mit dem Berufungsurteil werden nicht ausgeschöpfte oder **übergangene Rechtsmittel** gegenstandslos, sofern nicht die Revision zur Behebung dieses von Amts wegen zu beachtenden Fehlers führt[8].

2. Zustellung des Urteils mit Gründen (Absatz 2)

7 a) **Bedeutung.** War das Urteil mit Gründen dem Beschwerdeführer noch nicht zugestellt, so ist es ihm nach Einlegung der Berufung sofort zuzustellen, weil erst hierdurch die Frist für die Berufungsbegründung (§ 317) in Lauf gesetzt wird und weil die Kenntnis der schriftlichen Urteilsgründe, obwohl eine Berufungsrechtfertigung nicht vorgeschrieben ist (§ 317), für diese und für die Durchführung des Rechtsmittels, vor allem für die Vorbereitung der Verteidigung, bedeutsam ist. Die Urteilszustellung setzt auch die Frist des § 345 Abs. 1 in Lauf, bis zu deren Ablauf der Angeklagte sein Wahlrecht ausüben kann. Eine **Verfahrensvoraussetzung** für das Berufungsverfahren ist die Urteilszustellung jedoch nicht[9]; unterbleibt sie, kann dies jedoch den Anspruch auf **Aussetzung** der Berufungsverhandlung begründen[9a].

8 Die Zustellung darf nicht deshalb **unterbleiben**, weil die Berufung bereits begründet worden ist, oder weil die Kenntnis der Urteilsgründe zu Änderungen, Ergänzungen oder weiteren Entschließungen Anlaß geben kann.

9 b) **Rechtzeitige Berufung.** Absatz 2 setzt eine statthafte und rechtzeitige Berufung (§§ 314, 319) voraus. Verwirft der Strafrichter oder der Vorsitzende des Schöffengerichts die Berufung gemäß § 319 Abs. 1 als unzulässig, so unterbleibt die Zustellung[10]. Sie wird erforderlich, wenn das Berufungsgericht einem Antrage gemäß § 319 Abs. 2 stattgibt, weil die Berufung dann rechtzeitig war[11]. Bei rechtzeitiger Berufung ist das Urteil stets zuzustellen, auch wenn das Rechtsmittel aus anderen Gründen unzulässig ist[12].

10 Eine **Ausnahme** dürfte allerdings dann gelten, wenn derjenige, der das Rechtsmittel eingelegt hat, dazu **offensichtlich nicht befugt** ist. Denn dann ist er kein (möglicher) Rechtsmittelführer im Sinne des Absatzes 2. Würde ihm das Urteil mit den Gründen allein deshalb zugestellt werden, weil er rechtzeitig eine unzulässige Berufung eingelegt hat, so könnte dies zu einer sachlich nicht gerechtfertigten Bloßstellung des Angeklagten gegenüber einem völlig unbeteiligten Dritten führen, dem andernfalls die schriftlichen Urteilsgründe nicht zugänglich gemacht werden dürften. Die Verpflichtung,

---

[6] Vgl. § 344, 66; § 449, 22 ff.
[7] BayObLGSt 1968 33.
[8] Vgl. § 327, 19.
[9] BGHSt 33 183 = JR 1986 300 mit Anm. Meyer = NStZ 1985 563 mit Anm. Bruns auf Vorlage von OLG Köln (NStZ 1984 475) gegen OLG Hamm NJW 1982 107, das ein von Amts wegen zu beachtendes Verfahrenshindernis annahm.
[9a] OLG Köln NStZ 1984 475; Kleinknecht/Meyer[38] 4; Meyer JR 1986 302.
[10] RGSt 52 76; BayObLGSt 1962 157 = NJW 1962 1927; OLG Celle NJW 1956 760; a. A Kaiser NJW 1977 96; vgl. § 343, 5 mit weit. Nachw.
[11] RGSt 52 77; KG JW 1932 124; vgl. § 343, 5.
[12] RGSt 62 250; BGHSt 22 213.

jeden Eingriff in den grundrechtlich (Art. 1 Abs. 1; Art. 2 Abs. 1 GG) geschützten Persönlichkeitsbereich zu unterlassen, der nicht durch vorrangige Interessen gerechtfertigt ist[13], schließt in solchen Fällen die Mitteilung der Urteilsgründe aus[14].

c) Adressat der Zustellung. Dem Beschwerdeführer ist das Urteil zuzustellen, **11** nicht auch an seinen Gegner. **Beschwerdeführer** ist jeder, der aus eigenem Recht ein Rechtsmittel einlegen kann[15] und Berufung eingelegt hat. In Betracht kommt hierfür der Angeklagte, sein gesetzlicher Vertreter, die Staatsanwaltschaft, der Nebenkläger, der Privatkläger (§§ 296, 298), nicht der Verteidiger, der nur ein Recht des Beschuldigten ausübt (§ 297).

Zustellung an den Beschwerdeführer selbst ist stets wirksam und ausreichend, **12** selbst dann, wenn er einen Zustellungsbevollmächtigten hat, und auch, wenn die Zustellung an diesen beantragt worden war[16]. Andererseits genügt Zustellung an den Zustellungsbevollmächtigten, solange dem Gericht das Ende der Vollmacht nicht angezeigt worden ist, ohne Rücksicht auf ausdrücklichen Zustellungsantrag[17]. Für die Zustellung an den Angeklagten und seinen Verteidiger gilt § 145 a, bei Zustellung an mehrere für einen Rechtsmittelführer empfangsberechtigte Personen § 37 Abs. 2.

Hat der **gesetzliche Vertreter** Berufung eingelegt, und zwar aus eigenem Recht, **13** so ist das Urteil ihm zuzustellen, nicht dem Angeklagten, es sei denn, dieser ist ebenfalls Beschwerdeführer (§§ 298, 330)[18]. Haben **mehrere Berechtigte** (§ 298 Anm. 3) selbständig Berufung eingelegt, so ist das Urteil jedem von ihnen zuzustellen[19]. Haben sie einen gemeinsamen Zustellungsbevollmächtigten, so dürfte es kein Verfahrensmangel sein, wenn diesem nur einmal zugestellt wird[20]. Wegen der Einzelheiten der Zustellung vgl. §§ 37 ff; wegen der Zustellung an die Staatsanwaltschaft s. § 41.

Ein **Verzicht auf Zustellung** ist im Hinblick auf die durch sie in Lauf gesetzten **14** Fristen unbeachtlich und wirkungslos[21].

d) Inhalt der Zustellung. Eine Ausfertigung des Urteils mit den **vollständigen 15 Gründen** ist zuzustellen[22]; bei Urteilsergänzung nach § 267 Abs. 4 Satz 3 ist dies die ergänzte Fassung (§ 267, 146). Im übrigen gilt: War das vollständige Urteil bereits gemäß § 314 Abs. 2 zugestellt (Verkündung in Abwesenheit des Angeklagten), so ist es nicht nochmals zuzustellen. War bisher nur die Urteilsformel zugestellt, so ist nunmehr das vollständige Urteil zuzustellen. Bei öffentlicher Zustellung geht die Sondervorschrift des § 40 Abs. 2 vor. Die Gründe sind hier von der Zustellung ausgenommen. Ihre Anheftung an die Gerichtstafel wäre sinnlos. Dies wäre verfassungsrechtlich unzulässig, da der darin liegende Eingriff in den Grundrechtsschutz genießenden Persönlichkeitsbereich der Betroffenen (das muß nicht nur der Angeklagte sein) nicht durch vorrangige Interessen gerechtfertigt wird. Auch könnte dies je nach Inhalt die öffentliche Sittlichkeit oder Ordnung gefährden. Ob dem in deutscher Sprache abgefaßten Urteil eine Übersetzung in eine dem Empfänger geläufige Fremdsprache beizufügen ist, wird bei § 184 GVG erörtert; der Fristbeginn hängt davon nicht ab[23].

---

[13] Vgl. etwa BVerfGE **27** 352; **34** 208.
[14] KMR-*Paulus* 10; § 343, 5.
[15] KK-*Ruß*[1] 5; KMR-*Paulus* 11.
[16] RGSt **6** 93; KMR-*Paulus* 14; *Eb. Schmidt* 6; vgl. § 343, 8.
[17] Zu diesen Fragen vgl. etwa RGSt **6** 93; **47** 114; RGRspr **4** 830; **6** 32; RG Recht **28** 886; BayObLGSt **22** 142; OLG München St **19** 69; OLG Hamburg ZStW **46** (1925) 147.
[18] KK-*Ruß*[1] 5; KMR-*Paulus* 14; § 343, 8; vgl. Nr. 154 Abs. 2 RiStBV.
[19] KK-*Ruß*[1] 5; OLG München St **4** 288.
[20] BayObLG DRiZ **1931** Nr. 137.
[21] Vgl. Rdn. 1; 7; KK-*Ruß*[1] 7; KMR-*Paulus* 6; *Eb. Schmidt* 9; vgl. aber auch OLG Köln VRS **67** 127; ferner die Nachw. Fußn. 9.
[22] *Kleinknecht/Meyer*[38] 5; KMR-*Paulus* 12.
[23] Vgl. etwa OLG Stuttgart MDR **1983** 256; **a. A** *Sieg* MDR **1983** 636.

§ 317

16 **3. Aktenverlust.** Das Vorhandensein der Prozeßakten ist keine Verfahrensvoraussetzung des Berufungsverfahrens[24]. Die verlorenen Akten sind, soweit möglich, wieder herzustellen[25].

17 Die Rekonstruktion einer verlorenen **Urteilsurkunde** obliegt dem judex a quo, auch wenn das Gericht inzwischen anders besetzt sein sollte. Scheitert dies, so müssen die an der Urteilsfindung beteiligten Berufsrichter nach Anhörung der Laienrichter die Gründe, und — wenn nötig — sogar den Tenor ihres Urteils aus der Erinnerung so genau wie möglich nochmals niederlegen[26] und die inhaltliche (nicht wörtliche) Übereinstimmung durch ihre Unterschrift bezeugen[27]. Ein so rekonstruiertes Urteil tritt an die Stelle des ursprünglichen. Kann nur die Urteilsformel wiederhergestellt werden, so sind, ebenso wie beim Tod des Strafrichters vor Abfassen der Urteilsgründe, die Akten bzw. Ersatzakten mit der Urteilsformel dem Berufungsgericht vorzulegen; dieses muß dann die Sache selbst verhandeln und entscheiden[28].

18 Bei einem ordnungsgemäß **zugestellten** Urteil bedarf es, wenn die Unterlagen darüber verlorengegangen sind, keiner erneuten Zustellung, um die Fristen in Lauf zu setzen[29]. Im Zweifel gilt die Berufungsfrist als gewahrt[30]. War ein verlorengegangenes Urteil noch nicht zugestellt, so genügt bei Unmöglichkeit der Rekonstruktion seiner Begründung die Zustellung eines entsprechenden Vermerks, um die Frist des § 317 in Lauf zu setzen[31]. Eine rekonstruierte Urteilsbegründung ist zur ausreichenden Gewährung des rechtlichen Gehörs auf jeden Fall nochmals zuzustellen.

§ 317

Die Berufung kann binnen einer weiteren Woche nach Ablauf der Frist zur Einlegung des Rechtsmittels oder, wenn zu dieser Zeit das Urteil noch nicht zugestellt war, nach dessen Zustellung bei dem Gericht des ersten Rechtszuges zu Protokoll der Geschäftsstelle oder in einer Beschwerdeschrift gerechtfertigt werden.

Bezeichnung bis 1924: § 358.

1 **1. Berufungsbegründung.** Die Begründung („Rechtfertigung") der Berufung ist kein notwendiger Verfahrensvorgang. Anders als bei der Revision, wo sie zwingend vorgeschrieben ist (§§ 344, 345), ist sie bei Berufung entbehrlich und kann daher auch unterbleiben. Das Urteil gilt dann als im ganzen angefochten (§ 318).

2 Die **verfahrensrechtliche Bedeutung** der Begründung besteht nur darin, daß sie den Gegner des Beschwerdeführers und das Berufungsgericht über Richtung und Um-

---

[24] *Kleinknecht/Meyer*[38] 6; *W. Schmidt* FS Lange 783.
[25] Dazu VO vom 18. 10. 1942, BGBl. III 315, 4.
[26] RG HRR **1940** Nr. 279; JW **1917** 52; OLG Hamm GA **62** (1915/16) 210; KMR-*Paulus* 15; *Lafrenz* Recht **1919** 386; *Stuhlmann* DStrZ **1919** 230; *Lintz* JR **1977** 128; *W. Schmidt* FS Lange 781; *Eb. Schmidt* § 275, 18; vgl. § 275, 67; § 343, 9 mit weit. Nachw.
[27] Vgl. § 175, 67 mit weit. Nachw.
[28] Die frühere für gegeben erachtete Möglichkeit, die Sache in analoger Anwendung von § 338 Nr. 7 an das Erstgericht zurückzuverweisen (RGSt **65** 373 = JW **1932** 1561 mit Anm. *Löwenstein*; RGSt 40 184; 54 101; OLG Hamburg LZ **1920** 311), dürfte durch die Änderung des § 328 entfallen sein.
[29] RG HRR **1928** Nr. 694; § 343, 9.
[30] BGHSt **11** 393; vgl. § 314, 31 mit weit. Nachw.
[31] *W. Schmidt* FS Lange 792.

fang der Berufung **vorläufig** unterrichtet. Dies hat Bedeutung für die Entschließung, welche Beweismittel zur Hauptverhandlung herbeizuschaffen sind (§ 323 Abs. 4). Die Begründung kann, sofern das Rechtsmittel beschränkt eingelegt worden war, zur Auslegung beitragen, in welchem Umfang das Urteil angefochten werden soll. Sie kann aber auch eine Teilzurücknahme der eingelegten Berufung enthalten, sofern die Vorschrift des § 302 beachtet ist. Der Ablauf der Begründungsfrist ist endlich bedeutsam für die Vorlegung der Akten nach § 320 an die Staatsanwaltschaft. Im übrigen genügt rechtzeitige Einlegung der Berufung, um die Sache in die Entscheidungszuständigkeit des Berufungsgerichts zu bringen[1].

Die **Staatsanwaltschaft** hat jedes von ihr eingelegte Rechtsmittel auch dann zu begründen, wenn kein gesetzlicher Begründungszwang besteht[2]. Einlegung und Begründung der Berufung haben in „Schriftstücken" (§ 320) zu geschehen, bedürfen also der Schriftform. **3**

2. Begründungsfrist. Die Begründungsfrist beträgt **eine Woche** und beginnt mit **4**
Ablauf der Berufungsfrist, sofern die Berufung rechtzeitig eingelegt ist und das Urteil mit den Gründen im Zeitpunkt des Ablaufs der Berufungsfrist dem Beschwerdeführer bereits zugestellt worden war. Andernfalls beginnt sie mit Zustellung des vollständigen Urteils, vgl. § 316 Abs. 2. Die Begründung kann schon früher abgegeben, sie kann vor allem auch mit der Berufungseinlegung verbunden werden. Zum Fristbeginn s. § 314, 27 bis 29; § 315, 1. Die Fristberechnung richtet sich nach den §§ 42, 43.

Eine **Fristversäumung** ist bedeutungslos. Neuem Vorbringen des Beschwerdeführers steht sie nicht entgegen. Die Berufung kann noch in der Hauptverhandlung begründet, die bisherige Begründung geändert oder ergänzt werden. Alles das ist in der Berufungs-Hauptverhandlung zu berücksichtigen[3]. Daher bedarf es keiner Wiedereinsetzung in den vorigen Stand gegen Versäumung der Begründungsfrist[4]. Fristverlängerung durch das Gericht ist weder möglich noch hätte sie eine Bedeutung. **5**

3. Form. Anders als bei der Revision darf der **Beschuldigte** die Berufung selbst **6**
schriftlich („Beschwerdeschrift") begründen. Er kann auch die Begründung zur Niederschrift der Geschäftsstelle erklären. Zuständig ist das Erstgericht, doch ist auch die Einreichung bei dem Berufungsgericht unschädlich. Zur Schriftform s. die §§ 306, 314. Weitere Formvorschriften bestehen für die Berufungsbegründung nicht. Die Begründung durch Fernsprecher zur Niederschrift der Geschäftsstelle scheidet regelmäßig aus[5]. Die Geschäftsstelle braucht sie nicht entgegenzunehmen.

Als Begründungsschrift kann sogar ein **Aktenvermerk der Staatsanwaltschaft** zu **7**
behandeln sein[6]. Er ist dem Beschuldigten zur Kenntnis zu bringen, da diesem sonst das rechtliche Gehör versagt wird. Maßgebend ist jedoch der Zweck des Vermerks. Ein nach Einlegung der Berufung zu den Akten gebrachter Vermerk über die mit dem Rechtsmittel verfolgte Absicht ist keine ordnungsgemäße Begründung des Rechtsmittels[7]. Ist der Vermerk aber dazu bestimmt, die weitere Verfahrensgestaltung durch das Gericht zu beeinflussen, etwa die Auswahl der Zeugen für die Berufungsverhandlung, dann ist er ebenso wie eine ordnungsgemäße Berufungsbegründung dem Angeklagten zur Gewäh-

---

[1] Vgl. §§ 320, 321; ferner zum Sonderfall des § 28 Abs. 2 Satz 2 die dortigen Erl.
[2] Nr. 156 RiStBV.
[3] KK-*Ruß*[1] 1; 2; *Kleinknecht/Meyer*[38] 2; KMR-*Paulus* 3.
[4] KK-*Ruß*[1] 4; KMR-*Paulus* 3.
[5] KK-*Ruß*[1] 4.
[6] Vgl. RG JW **1932** 968.
[7] *Eb. Schmidt* 5.

rung des rechtlichen Gehörs zuzustellen. Im weiteren Sinn handelt es sich bei einem solchen Vermerk dann ebenfalls um ein Schriftstück über die Einlegung und Begründung der Berufung. Im Zweifel sollte ein solcher Vermerk zugestellt werden, auch wenn eine Begründung außerhalb der Beschwerdeschrift keine ordnungsgemäße Sachbehandlung ist.

§ 318

¹Die Berufung kann auf bestimmte Beschwerdepunkte beschränkt werden. ²Ist dies nicht geschehen oder eine Rechtfertigung überhaupt nicht erfolgt, so gilt der ganze Inhalt des Urteils als angefochten.

Schrifttum. *Beling* Beschränkung des Rechtsmittels auf die Straffrage, ZStW **24** (1904) 273 ff; *Beling* Teilung der Rechtsmittel, ZStW **38** (1916/17) 637, 797 ff; *Beling* Der nicht mitangefochtene und der teilweise angefochtene Schuldspruch, GA **63** (1916/17) 163 ff; *Bruns* Teilrechtskraft und innerprozessuale Bindungswirkung des Strafurteils (**1961**); *Cochems* Die Beschränkung der Berufung auf das Strafmaß, DJ **1942** 437; *Eckels* Zur Beschränkung der Berufung auf das Strafmaß, NJW **1960** 1942; *Foth* Zum Beschluß BGHSt **19** 46 und zur Teilanfechtung des Schuldspruchs, JR **1964** 286; *Hettinger* Ist eine horizontale Berufungsbeschränkung auf das Strafmaß möglich und kann auch § 21 StGB ihr Gegenstand sein, JZ **1987** 386; *Grünwald* Die Teilrechtskraft im Strafverfahren (1964); *Grunsky* Zur Bindungswirkung der materiellen Rechtskraft im Strafprozeß. Tübinger Festschrift für Eduard Kern 223 ff (1968); *Hegler* Zur Frage der teilweisen Rechtskraft der Strafurteile, JW **1923** 426; **1924** 280; *Hennke* Rechtsmittelbeschränkung bei Anordnung der Sicherungsverwahrung, GA **1956** 41 ff; *Kaiser* Wie läßt sich die Unwirksamkeit von Rechtsmittelbeschränkungen insbesondere in Trunkenheitsfällen vermeiden, NJW **1983** 2418; *May* Zur Beschränkung der Berufung auf das Strafmaß, NJW **1960** 465 ff; *Mayer* Rechtsmittelbeschränkung ohne Ermächtigung, MDR **1979** 196; *Meister* Einbruch in die teilweise Rechtskraft von Strafurteilen, MDR **1950** 712; *Meyer* Kann ein Rechtsmittel bei der Geldstrafe auf die Bemessung des Tagessatzes beschränkt werden, SchlHA **1976** 106; *Meyer-Goßner* Der fehlende Nachweis der Ermächtigung zur Beschränkung eines Rechtsmittels, MDR **1979** 809; *Molketin* Beschränkung des Rechtsmittels auf die (Nicht-)Aussetzung der Freiheitsstrafe zur Bewährung, AnwBl. **1980** 486; *Mortzfeld* Gefahren, die mit der Beschränkung der Berufung auf das Strafmaß verbunden sind, NJW **1956** 1586; *Niedereuther* Umfang der Urteilsfindung in der Berufungsinstanz, JW **1924** 2433; *Niethammer* Zur Beschränkung der Rechtsmittel auf die Straffestsetzung, JR **1935** 121 ff; *Paeffgen* Bindungen bei innerprozessualer Bindungswirkung? (BGH 2 StR 127/85 StrVert. **1986** 468) StrVert. **1986** 504; *Pohle* Über die Rechtskraft im Zivil- und Strafprozeß, Jur. Blätter **1957** 113; *Puppe* Die Berufungsbeschränkung im Strafverfahren, Diss. Heidelberg 1960; *Rödding* Rechtsmittelbeschränkung in Verkehrsstrafsachen, NJW **1956** 1342 ff; *Eb. Schmidt* Materielle Rechtskraft, materielle Gerechtigkeit, JZ **1968** 678; *G. Schmidt* Schuldspruch und Rechtskraft, JZ **1966** 89; *Seibert* Zur Teilrechtskraft im Strafverfahren, NJW **1961** 10; *Schorn* Teilanfechtung und Teilrechtskraft bei der Berufung, JR **1963** 50; *Sieveking* Teilanfechtung von Strafurteilen (1967); *Spendel* Materiellrechtliche Straffrage und strafprozessuale Teilrechtskraft, ZStW **67** (1955) 556; *Stree* Teilrechtskraft und fortgesetzte Tat, FS Engisch 676; *Tiedemann* Entwicklungstendenzen der strafprozessualen Rechtskraftlehre (1969); *Töwe* Die Teilrechtskraft, GS **113** (1939) 123; *Waiblinger* Der rechtliche Charakter und die Bedeutung der Schuldigerklärung im Strafprozeß. Das Problem der Teilrechtskraft, FS Pfenniger 157; *Wurzer* Die Untrennbarkeit der Schuldfrage von der Straffrage, JW **1924** 1674; *Zitzlaff* Die Beschränkung der Berufung auf den Strafausspruch, GS **88** (1922) 430. Vgl. auch die Angaben Vor § 296 und bei § 344.

Bezeichnung bis 1924: § 359.

Stand: 1. 11. 1987

Dritter Abschnitt. Berufung § 318

Übersicht

	Rdn.
I. Beschränkbarkeit der Berufung	
1. Bestimmte Beschwerdepunkte	1
2. Mehrere Rechtsmittel	5
II. Die Beschränkungserklärung	
1. Bewirkungshandlung	7
2. Bedeutung	9
3. Form der Beschränkung	13
4. Auslegung der Erklärung	
a) Eindeutige Erklärung	17
b) Berücksichtigung aller Umstände des Einzelfalls	18
c) Erläuterung in Berufungsverhandlung	21
III. Wirksamkeit der Beschränkung; Teilrechtskraft und innerprozessuale Bindung	
1. Grundsätzliches	
a) Mehrere Mitangeklagte	23
b) Ein und derselbe Angeklagte	24
c) Innerprozessuale Bindung	25
2. Mehrere geschichtliche Vorgänge	27
3. Trennbarkeit innerhalb einer Tat	
a) Grundsätzliches	28
b) Tateinheit	32
c) Tatmehrheit	33
4. Unwirksamkeit der Beschränkung in besonderen Fällen	
a) Allgemeines	34
b) Wechselseitige Verknüpfung	35
c) Fehlen ausreichender Feststellungen	37
d) Offen zu Tage liegendes Unrecht	40
5. Feststellung der Wirksamkeit durch das Berufungsgericht	
a) Von Amts wegen	47
b) Sach- und Rechtslage bei Erlaß des Berufungsurteils	48

	Rdn.
IV. Einzelne Beschwerdepunkte	
1. Abtrennbare Urteilsteile	49
2. Schuldfrage	
a) Nicht selbständig anfechtbar	50
b) Schuldfrage nicht teilbar	51
c) Doppelrelevante Tatsachen	52
d) Tateinheit, Tatmehrheit	56
3. Beschränkung auf Rechtsfolgenausspruch	
a) Allgemein	62
b) Bindung	66
4. Beschränkung auf einzelne Rechtsfolgen	
a) Einzelne Beschwerdepunkte	73
b) Nebeneinander verschiedener Rechtsfolgen	75
c) Geldstrafe	76
d) Freiheitsstrafe	78
e) Strafaussetzung zur Bewährung	83
f) Verwarnung mit Strafvorbehalt	86
g) Fahrverbot	87
h) Sonstige Nebenstrafen und Nebenfolgen	88
i) Verfall und Einziehung	89
5. Maßregeln der Besserung und Sicherung	
a) Allgemeines	90
b) Unterbringung in Entziehungsanstalt	92
c) Entziehung der Fahrerlaubnis	93
d) Berufsverbot	101
6. Sonstige Beschwerdepunkte	
a) Entschädigung des Verletzten	102
b) Einzelne Verfahrensverstöße	103
7. Verfahrensvoraussetzungen	
a) Beachtlichkeit	104
b) Beschränkung auf Nachprüfung	108
V. Revision	110

I. Beschränkbarkeit der Berufung

1. Bestimmte Beschwerdepunkte. Wie der Beschuldigte das Urteil, auch das unrichtige, unangefochten rechtskräftig werden lassen kann, so kann er durch Beschränkung des Rechtsmittels das Urteil nicht insgesamt, sondern nur hinsichtlich eines abgegrenzten und abgrenzbaren Beschwerdepunkts (Rdn. 3) der Nachprüfung durch das Berufungsgericht unterstellen. Gleiches gilt für die anderen Rechtsmittelberechtigten. **1**

Soweit die Rechtsmittelberechtigten das Urteil anfechten können[1], steht es ihnen **2** frei, ob sie ihr **Rechtsmittel beschränken** wollen. Bei der Abgrenzung des angefochtenen vom unangefochten bleibenden Urteilsinhalt können sie jedoch nicht nach Belieben ver-

---

[1] Zu den Vorstellungen des Gesetzgebers vgl. Hettinger JZ **1987** 393. Zu den gesetzlichen Beschränkungen der Anfechtungsbefugnis vgl. § 344, 6.

§ 318

fahren, sondern müssen sich an bestimmte von Verfahrenspraxis und Sachlogik her bestimmte Grenzen halten.

3   Übereinstimmung besteht darüber, daß **bestimmte Beschwerdepunkte**, wie § 318 sich ausdrückt, einzelne Teile der in der Urteilsformel enthaltenen Entscheidung sind, und daß Beschränkung der Berufung nur zulässig ist, soweit der angefochtene Urteilsteil, **vom übrigen Urteilsinhalt losgelöst**, vom Berufungsgericht **selbständig geprüft** und rechtlich beurteilt werden kann[2]. Die Tragweite dieser im Grundsatz richtigen, aber im Einzelfall wenig aussagekräftigen Formel im einzelnen und damit der Umfang zulässiger Beschränkung, ist umstritten. Es ist zweifelhaft, was jeweils zur Schuldfrage gehört, inwieweit einzelne Straf- und Maßregelfragen selbständig beurteilt werden können, ob unangefochtene Urteilsteile als Entscheidungsgrundlage hinzunehmen sind, wenn die Nachprüfung des angefochtenen Urteilsteiles die offenbare Unrichtigkeit des übrigen Urteils ergibt, im Grunde also, ob materiell richtige oder formell ordnungsgemäße Sachbehandlung hier dem Gesetz besser entspricht.

4   Das Wesen des Berufungsverfahrens als Wiederholung des Erkenntnisverfahrens, als neue Tatsacheninstanz erfordert an sich wohl keine **andere Grundsätze** der Beschränkbarkeit als das bloße **Rechtsrügeverfahren** der Revision, da auch die Revision bei Zurückverweisung in die Tatinstanz den für den Tatrichter maßgebenden Schranken Rechnung tragen muß. Für die §§ 318, 327, 344 gelten daher dieselben Grundregeln über Beschränkbarkeit[3]. Die Rechtslehre[4] zieht der Beschränkbarkeit weit engere Grenzen als die umfangreiche Kasuistik der Gerichtspraxis. Bei dieser ist zu berücksichtigen, daß es auf die Lage des Einzelfalls[5] ankommt. Die entschiedenen Fälle haben nur den Wert von Beispielen; sie müssen stets in diesem Lichte gewürdigt werden.

5   2. Sind **mehrere Rechtsmittel** eingelegt, die das gleiche Urteil im verschiedenen Umfang anfechten, so bestimmt die **umfassendste Anfechtungserklärung** den Umfang der Nachprüfung; ficht nur ein Rechtsmittelführer den Schuldspruch an, so ergreift die Berufung das gesamte angefochtene Urteil[6]. Die Beschränkung der anderen Berufungen wirkt sich nur dann aus, wenn das unbeschränkte Rechtsmittel zurückgenommen wird oder sich sonst erledigt, ohne zur sachlichen Überprüfung zu führen, sowie bei der Anwendbarkeit des Verschlechterungsverbots.

6   Die uneingeschränkte Berufung des **Nebenklägers** unterstellt ungeachtet seiner begrenzten Anfechtungsbefugnis die gesamte Tat der Nachprüfung durch das Berufungsgericht, also auch hinsichtlich der rechtlichen Gesichtspunkte, die der Nebenklage nicht zugänglich sind[7]. Etwas anderes gilt nur hinsichtlich der (vertikal) abtrennbaren Teile der Tat, die kein Nebenklagedelikt enthalten[8].

---

[2] Vgl. etwa RGSt **42** 30, 241; **52** 342; **60** 109; **61** 323, 349; **62** 13, 433; **65** 238, 296; **69** 110; **73** 81; **75** 171; BGHSt **2** 385; **5** 252; **7** 101; **10** 101; **16** 239; **19** 48; **21** 258; **22** 217; **24** 187; **27** 72; **29** 364; BayObLGSt JZ **1960** 31 mit Anm. *Heinitz*; *Grünwald* JR **1980** 305; KK-*Ruß*[1] 1; *Kleinknecht/Meyer*[38] 1; KMR-*Paulus* 18; *Eb. Schmidt* 8; *Schorn* JR **1963** 50.

[3] Vgl. § 344, 15.

[4] Z. B. *Grünwald*, 83 ff; *Peters* § 54 I 3; *Eb. Schmidt* 5 ff.

[5] So zum Beispiel RGSt **65** 296; OGHSt **1** 74;

BGHSt **19** 46; **24** 189; **27** 73; **29** 368; NJW **1963** 1414; BayObLGSt **1968** 94 = MDR **1969** 242; OLG Hamm NJW **1962** 1074; OLG Karlsruhe NJW **1971** 157; OLG Koblenz VRS **51** 350; OLG Stuttgart Justiz **1979** 273; vgl. aber auch *Grünwald* 83 ff; *Kaiser* NJW **1981** 2418.

[6] RG DRiZ **1928** Nr. 742; h. M; vgl. § 327, 1 ff.

[7] Vgl. § 401, 18 ff.

[8] OLG Schleswig bei *Ernesti/Jürgensen* SchlHA **1974** 184; vgl. § 401, 20.

Stand: 1. 11. 1987

II. Die Beschränkungserklärung

1. Die Erklärung, die das Rechtsmittel beschränkt, bestimmt und begrenzt den 7 Umfang, in dem das Ersturteil der Nachprüfung des Berufungsgerichts unterstellt wird. Sie ist eine verfahrensrechtliche **Bewirkungshandlung**[9]. Gemessen an der Regelung der §§ 318, 344, 327 besagt sie nichts über die Zulässigkeit des Rechtsmittels als solches. Sie ist aber entscheidend dafür, welche Urteilsteile in die Überprüfung mit einbezogen werden müssen, um dem Rechtsmittelbegehren voll Genüge zu tun. Dies ist vor allem von Bedeutung, wenn Feststellungen, die für mehrere Teile des Urteils relevant sind, nur bei einem Punkt von der Anfechtung mit betroffen werden. Dann setzt nicht die Bindungswirkung der Feststellungen des nichtangefochtenen Urteilsteils dem Anfechtungsbegehren Grenzen, sondern dieses bestimmt umgekehrt, welche Teile des Urteils in die Überprüfung einzubeziehen sind.

Die Beschränkungserklärung ist **wirksam** oder unwirksam (beachtlich oder unbe- 8 achtlich) je nachdem, ob sie „bestimmte", abgrenzbare Beschwerpunkte (Rdn. 3) betrifft oder nicht. Ist sie unwirksam, so hat dies nicht Unzulässigkeit der Berufung zur Folge, sondern das ganze Urteil gilt als angefochten[10], sofern dem Rechtsmittel nicht die Bestimmtheit überhaupt fehlt[11]. Die Sache liegt dann ebenso wie bei unbeschränkt eingelegter Berufung oder bei fehlender Berufungsbegründung (§ 317).

2. Bedeutung. Die Beschränkung des Rechtsmittels schon **bei Einlegung** enthält 9 nicht notwendig einen **Teilverzicht** (Auslegungsfrage, strittig)[12].

Auch **nachträglich** ist noch Beschränkung zulässig, vor der Hauptverhandlung 10 des Rechtsmittelgerichts schriftlich oder zur Niederschrift der Geschäftsstelle, in der Hauptverhandlung durch einseitige Prozeßerklärung, die schon vor Protokollierung wirksam wird. Die nachträgliche Beschränkung enthält eine **Teilzurücknahme**. Die Beschränkung ist an die Voraussetzungen der §§ 302, 303 gebunden[13]. Die Ermächtigung des Verteidigers zur nachträglichen Beschränkung muß bei der Beschränkungserklärung vorliegen, sonst ist die Beschränkung nicht wirksam[14]. Der Nachweis der Ermächtigung kann jedoch auch später noch geführt werden[15]. Ist die Beschränkung nicht zur Niederschrift in der Hauptverhandlung des Berufungsgerichts erklärt worden, so unterliegt sie dem Freibeweis, sonst der Beweisregel des § 274[16].

Als prozessuale Bewirkungshandlung wird die wirksam erklärte Beschränkung 11 **mit Eingang bei Gericht wirksam**. Wird sie nach Ablauf der Rechtsmittelfrist erklärt oder ist sie dahin auszulegen, daß der Rechtsmittelführer im Umfang der Beschränkung auf die Anfechtung endgültig verzichten wollte, so führt sie die Teilrechtskraft des Urteils herbei. Liegt in der vor Ablauf der Rechtsmittelfrist erklärten Beschränkung kein Verzicht, tritt die Teilrechtskraft erst mit Ablauf der Anfechtungsfrist ein. Bis dahin kann das Rechtsmittel wieder erweitert werden[17]. Im übrigen aber ist die wirksam gewordene Beschränkung unwiderruflich und auch nicht anfechtbar.

---

[9] *Eb. Schmidt* 2; vgl. Einl. Kap. **10**, 5.
[10] RGSt **51** 307; **54** 82; **65** 129; **65** 296.
[11] BayObLGSt **1954** 84.
[12] BayObLGSt **1967** 146 = JR **1968** 108 mit zust. Anm. *Sarstedt*; BayObLG bei *Bär* DAR **1987** 315; a. A die vorherrschende Meinung (RGSt **39** 393; **42** 242 u. a. vgl. § 302, 49).
[13] RGSt **65** 236; RG JW **1933** 1069; KK-*Ruß*[1] 2; *Kleinknecht/Meyer*[38] 1; 4; KMR-*Paulus* 9.
[14] OLG Braunschweig NJW **1958** 169; KK-*Ruß*[1] 2; KMR-*Paulus* 10; vgl. § 302, 27; 57 ff.
[15] Sogar noch in der Revisionsinstanz vgl. BayObLGSt **1981** = MDR **1982** 249.
[16] OLG Koblenz VRS **41** 135; vgl. § 273, 21; 22; § 274, 16 mit weit. Nachw.
[17] BayObLGSt **1967** 146 = JR **1968** 108 mit zust. Anm. *Sarstedt*; *Kleinknecht/Meyer*[38] 1; KMR-*Paulus* 10; strittig; vgl. § 302, 23 ff.

12 Nach Beginn der Berufungsverhandlung kann ein Rechtsmittel nur mit **Zustimmung des Gegners** zurückgenommen oder beschränkt werden[18], nach Beginn der Urteilsverkündung ist die Beschränkung nicht mehr möglich[19].

13 3. **Form der Beschränkung.** In der Berufungsverhandlung genügt Mündlichkeit, vorher muß die Beschränkung schriftlich oder zur Niederschrift der Geschäftsstelle erklärt werden[20]. Wird die Beschränkung nur einem anderen Verfahrensbeteiligten mitgeteilt, so ist sie unwirksam. Sie wird wirksam bei Weiterleitung mit Eingang bei Gericht, sofern sie als Verfahrenserklärung zum Gebrauch gegenüber dem Gericht gewollt war (Freibeweis)[21].

14 Bei Prüfung, ob eine wirksame Beschränkung vorliegt, sind wegen der Unwiderruflichkeit der Erklärung dieselben **strengen Anforderungen** zu stellen wie beim Rechtsmittelverzicht[22]. Eine vorschnell erklärte oder auf unzulässige Einwirkung des Gerichts beruhenden Beschränkung kann unwirksam sein[23].

15 Mit einer **Bedingung** kann die Beschränkung ebensowenig verbunden werden, wie Verzicht oder Zurücknahme[24]. Der Angeklagte kann deshalb die Beschränkung seiner Berufung auf den Strafausspruch auch nicht davon abhängig machen, daß eine in der Berufungsinstanz nach § 154 a Abs. 2 ausgeschiedene Gesetzesverletzung nicht nach § 154 a Abs. 3 wieder in das Verfahren einbezogen wird[25].

16 Zu der außerhalb der Hauptverhandlung erklärten Beschränkung bedarf der Angeklagte auch im Falle der notwendigen Verteidigung nicht der **Mitwirkung eines Verteidigers**. Sie ist wirksam, auch wenn sie vom Angeklagten zu einem Zeitpunkt erklärt wird, zu dem ihm kein Verteidiger bestellt worden ist[26].

4. Auslegung der Erklärung

17 a) Die Beschränkung setzt die **eindeutige Erklärung** des Beschwerdeführers voraus, er fechte nur einen bestimmten Teil des Urteils an oder beruhige sich bei einem bestimmten Teil. Auch die Begründung kann ausdrücklich oder stillschweigend diese Erklärung enthalten[27]. Der Wille zur Beschränkung muß aber immer bestimmt und eindeutig erkennbar sein[28]. Die Erklärung, das Urteil werde hinsichtlich eines bestimmten

---

[18] Vgl. § 303, 5 ff.
[19] Vgl. § 303, 9.
[20] KK-*Ruß*¹ 2. Wegen der Einzelheiten des Formerfordernisses vgl. § 302, 11; § 314, 2 ff.
[21] OLG Breslau *Alsb* E 2 Nr. 175; § 302, 30 ff; vgl. § 314, 26.
[22] Vgl. etwa OLG Schleswig bei *Ernesti/Jürgensen* SchlHA **1969** 154; § 302, 16 ff mit weit. Nachw.
[23] Vgl. OLG Hamm NJW **1973** 381 (Wirkungslosigkeit einer vom Gericht durch unrichtige Sachbehandlung veranlaßten Berufungsbeschränkung des ohne Verteidiger gebliebenen Angeklagten, weil „die Erklärung von der Fehlerhaftigkeit der Sachbehandlung mit umfaßt" war). Ferner OLG Zweibrücken StrVert. **1982** 13; ferner § 302, 48 ff.
[24] Vgl. § 302, 24.
[25] BayObLGSt **1968** 119 = NJW **1969** 1185.
[26] OLG Hamm JZ **1957** 759 mit zust. Anm. *Eb. Schmidt*.

[27] Vgl. etwa BGH NJW **1956** 1845; VRS **34** 437; KG GA **68** (1920) 286; OLG Koblenz VRS **51** 122; OLG Köln VRS **73** 297; OLG Schleswig VRS **54** 34; § 344, 9.
[28] OLG Hamm JMBlNW **1974** 118; OLG Schleswig SchlHA **1979** 177; KMR-*Paulus* 12; *Eb. Schmidt* 3; Nachtr. I 2. Geht man grundsätzlich davon aus, daß eine unklare Erklärung keine Beschränkung herbeiführen kann, so müßte konsequenterweise die spätere Klarstellung, daß eine Beschränkung gewollt war, dazu führen, daß erst mit dieser späteren Erklärung die Beschränkung ex nunc eintritt und daher wie eine nachträgliche Beschränkung zu behandeln ist (ev. Zustimmung nach § 302 Abs. 1 Satz 2; § 303). Die Rechtsprechung ist diesen Weg jedoch nicht gegangen. Sie nimmt, wenn Rückfragen ergeben haben, daß von Anfang an das Urteil nur im beschränkten Umfang angegriffen werden sollte, eine anfängliche Beschränkung an; vgl. Rdn. 21.

rechtlichen Gesichtspunkts nicht angefochten, Zeugen brauchten insoweit nicht geladen zu werden, braucht keine (unzulässige, vgl. Rdn. 56) Beschränkung bedeuten: sie kann auch die Anregung enthalten, das Verfahren insoweit kostensparend zu gestalten[29].

b) Die Beschränkungserklärung ist unter **Berücksichtigung aller Umstände** des Einzelfalls **auszulegen**[30]. Dabei ist nicht am Wortlaut zu haften, sondern der Sinn der Gesamterklärung, der gedankliche Zusammenhang und das Ziel des Rechtsmittels zu erforschen[31]. Die Erfahrung oder mangelnde Erfahrung des Erklärenden oder des Verfassers (des Angeklagten, Urkundsbeamten, Verteidigers) in gerichtlichen Angelegenheiten, seine sprachliche Gewandtheit oder Unbeholfenheit, sein Beruf sind zu berücksichtigen[32]. An den Staatsanwalt und den Verteidiger ist ein strengerer Maßstab zu legen als an einen unerfahrenen Angeklagten. Eine wirksame Beschränkung ist insbesondere nicht erklärt, wenn der Rechtsmittelführer, um sein Ziel zu erreichen, erkennbar die Nachprüfung des Urteils auch in einem Punkt herbeiführen will, den das Berufungsgericht nach den bei Rdn. 23 ff. dargelegten Grundsätzen nicht prüfen dürfte, wenn die scheinbar erklärte Beschränkung wirksam wäre. Etwa: Der Rechtsmittelführer beschränkt die Berufung auf die Straffrage, will aber auch Feststellungen des Urteils zum Schuldumfang überprüft wissen[32a].

Beispiele für die Auslegung: Die Erklärung, das Urteil werde angefochten, weil die Strafe zu hoch sei, ist im allgemeinen nur bei einem Verteidiger, nicht aber bei einem rechtsunkundigen Angeklagten als eine Beschränkung auf das Strafmaß zu verstehen[33]. Ob letzterer eine Beschränkung wollte, kann zweifelhaft sein, da damit auch nur der Beweggrund für die unbeschränkte Anfechtung gemeint sein kann[34]. Wird die Verletzung des materiellen Rechts beanstandet[35] oder gerügt, der Tatrichter habe einen weiteren, für Fahrlässigkeit sprechenden Umstand übersehen, so ist der Schuldspruch angefochten[36]. Die Beschränkung auf das Strafmaß betrifft nicht notwendig, aber in der Regel auch die zusammen mit der Hauptstrafe verhängten Nebenfolgen, wie etwa die Entziehung der Fahrerlaubnis[37]. Trotz der Erklärung, das Urteil werde im ganzen angefochten, kann doch lediglich die Straffrage gemeint sein, etwa bei Verkennung des § 158 StGB. Das Rechtsmittel kann sich scheinbar auf die Verfallerklärung beschränken, in Wirklichkeit jedoch die Feststellungen zur Schuldfrage, nämlich den Umfang des Angebotenen oder des Angenommenen betreffen[38]. Ist wegen gefährlicher Körper-

---

[29] OLG Köln NJW **1966** 895.
[30] BayObLG GA **1968** 286.
[31] RGSt **58** 372; **62** 13; BGHSt **29** 359; BGH NJW **1956** 756; OLG Koblenz VRS **49** 379; OLG Köln VRS **70** 445; KMR-*Paulus* 11.
[32] KG HRR **1928** Nr. 192; JR **1950** 633; OLG Celle MDR **1961** 1036 (Berufung der Staatsanwaltschaft „hinsichtlich des Strafmaßes"); ferner die in Fußn. 33 angeführten Entscheidungen.
[32a] Vgl. BayObLG VRS **64** 371; bei *Bär* DAR **1987** 315; bei *Rüth* DAR **1986** 248.
[33] RGSt **58** 372; **62** 13; **64** 165; BayObLG DRiZ **1928** Nr. 520; JW **1931** 1621; BayObLG bei *Bär* DAR **1987** 314; 315; OLG Hamm JMBlNW **1953** 69; **1959** 107; DAR **1970** 161; OLG Oldenburg VRS **23** 48; vgl.

BayObLG OLGSt 17; OLG Celle NdsRpfl. **1956** 59 („milde Strafe"); OLG Köln VRS **70** 445; OLG Stuttgart Justiz **1984** 404; KK-*Ruß*[1] 3; *Kleinknecht/Meyer*[38] 3; KMR-*Paulus* 12; *Spendel* ZStW **67** (1955) 563 will insoweit auch die Rechtsmittel von Staatsanwalt und Verteidiger nicht anders behandeln.
[34] Vgl. etwa RGSt **62** 15; OLG Hamm JMBlNW **1959** 107; OLG Stuttgart Justiz **1984** 404; ferner OLG Koblenz VRS **71** 446 zum ähnlichen Fall bei der Strafaussetzung.
[35] Vgl. aber auch BGH NJW **1956** 756.
[36] BGH NJW **1956** 1845.
[37] Vgl. etwa OLG Hamm DAR **1954** 67; KG VRS **8** 462; anders OLG Celle NdsRpfl. **1961** 187 für Berufung der Staatsanwaltschaft.
[38] RGSt **67** 30.

§ 318   Drittes Buch. Rechtsmittel

verletzung mittels gefährlichen Werkzeugs verurteilt, kommt jedoch auch Begehung durch hinterlistigen Überfall oder lebensgefährdende Behandlung in Betracht, so kann die Berufung, die sich hiergegen richtet, den Schuldspruch erfassen[39]. Wird bei einer Tat im Sinne des § 264 der Angeklagte **teils verurteilt, teils freigesprochen**, wird angenommen, daß wegen der fehlenden Beschwer auch ohne ausdrückliche Erklärung davon auszugehen sei, daß die Berufung des Angeklagten auf den verurteilenden Teil des Erkenntnisses beschränkt sein soll[40].

20   Eine **nachträgliche Beschränkung** der unbeschränkt eingelegten Berufung kann nicht allein daraus entnommen werden, daß die Schrift zur **Rechtfertigung der Berufung** (§ 317) nur hinsichtlich einzelner Punkte des Urteils Beanstandungen erhebt, denn da eine Begründung für die Berufung nicht vorgeschrieben ist, braucht die Rechtfertigungsschrift nicht erschöpfend zu sein[41]. Desgleichen liegt in begrenzten **Schlußanträgen** in der Berufungsverhandlung nicht ohne weiteres eine nachträgliche Beschränkung des Rechtsmittels[42].

21   c) Bleibt die **Auslegung** der Erklärung für sich allein **zweifelhaft**, so kann der Beschwerdeführer noch in der **Berufungsverhandlung um Erläuterung** ersucht werden (Rdn. 42). Das Ergebnis ist auf den Zeitpunkt der Erklärung zurückzubeziehen, soweit es auf ihn ankommt und soweit die Erklärung die Erläuterung noch deckt. Im Zweifel liegt keine Beschränkung vor[43]. Dieser Zweifel wird nicht schon dadurch behoben, daß der Angeklagte schweigt, obwohl die Ladung einen Vermerk des Vorsitzenden enthält, daß er „die Berufung als auf das Strafmaß beschränkt ansehe"[44].

22   Ist die **Beschränkungserklärung eindeutig**, so ist andererseits für eine spätere Erläuterung kein Raum. Insbesondere kann eine erklärte Beschränkung nicht dadurch rückgängig gemacht werden, daß in der Hauptverhandlung mit ihr unvereinbare Behauptungen und Anträge vorgebracht werden[45].

III. Wirksamkeit der Beschränkung. Teilrechtskraft und innerprozessuale Bindung

1. Grundsätzliches

23   a) Die unbeschränkte oder unbeschränkbare Berufung erfaßt den **ganzen Inhalt des Urteils**, also alle abgeurteilten Taten des Berufungsführers im Sinne des § 264[46]. Betrifft das Urteil **mehrere Mitangeklagte**, ist selbst bei einer Beteiligung an der gleichen Straftat (i. S. des § 52 StGB) das Urteil in Richtung gegen jeden Angeklagten getrennt der Rechtskraft fähig und auch getrennt anfechtbar[47]. Betrifft das Berufungsverfahren nur **einen der Mitangeklagten**, dann ist das Berufungsgericht nicht durch das in Rich-

---

[39] BGHSt 13 143.
[40] BayObLGSt 1980 115 = JZ 1981 437 mit Anm. *Stein*; BayObLGSt 1986 100 = VRS 72 76; OLG Köln VRS 62 283; OLG Stuttgart VRS 45 128; KK-*Ruß*¹ 3; vgl. dazu auch § 344, 22 am Ende. Ob die gewollte Beschränkung auf den beschwerenden Teil wirksam ist, muß gesondert geprüft werden.
[41] BGH VRS 9 350; OLG Oldenburg VRS 23 47; vgl. auch OLG Koblenz VRS 69 298.
[42] BayObLGSt 1949/51 384; OLG Frankfurt VRS 50 416; OLG Hamm JMBlNW 1957 58; KMR-*Paulus* 12; vgl. § 302, 20.
[43] RGSt 58 372; 62 15; 67 30; 69 114; BGHSt 25 275; 29 359; BGH NJW 1956 756; BayObLG OLGSt 17; 21; bei *Rüth* DAR 1980 270; OLG Koblenz VRS 49 379; 67 284; OLG Schleswig SchlHA 1979 177.
[44] OLG Hamm JMBlNW 1959 107.
[45] OLG Stuttgart OLGSt 13.
[46] OLG Oldenburg NdsRpfl. 1955 159; vgl. § 344, 19.
[47] Vgl. etwa OLG Schleswig bei *Ernesti/Lorenzen* SchlHA 1980 176; KK-*Ruß*¹ 5; § 344, 19.

tung gegen den anderen Angeklagten in Rechtskraft erwachsene Ersturteil gebunden[48], sondern kann den seiner Kognition unterstellten Sachverhalt in rechtlicher und tatsächlicher Hinsicht ebenso frei würdigen, wie wenn der frühere Mitangeklagte in einem getrennten Verfahren abgeurteilt worden wäre.

b) Bei ein und demselben Angeklagten gehen dagegen die Meinungen in Rechtsprechung und Schrifttum darüber auseinander, wieweit aus der Forderung nach der inneren Einheit der Urteilsgründe dem Berufungsgericht Bindungen aus einem nichtangefochtenen Urteilsteil erwachsen, wieweit innerhalb ein und derselben Tat (i. S. des § 264) widersprüchliche Feststellungen hinnehmbar sind und wieweit zu deren Vermeidung die Beschränkbarkeit der Berufung ausgeschlossen ist[49]. Vereinzelt wird sogar die Trennbarkeit der Feststellungen zwischen Schuld- und Straffrage, der Hauptfall der horizontalen Beschränkbarkeit der Berufung, überhaupt verneint[50]. Soweit die herrschende Meinung sie zuläßt[51], ist strittig, ob eine Bindung hinsichtlich solcher Tatsachen besteht, die zum einen im nicht angefochtenen Urteilsteil die Entscheidung mit tragen, die zum andern aber auch für die vom Berufungsgericht zu treffende Entscheidung erheblich sind (**doppelrelevante Tatsachen**)[52]. Vor allem aber ist umstritten, wie bei der vertikalen Berufungsbeschränkung auf eine von mehreren in Tatmehrheit stehenden Straftaten, die zur gleichen Tat im verfahrensrechtlichen Sinn gehören, der Widerstreit zwischen Beschränkbarkeit des Rechtsmittels, Bindungswirkung und Widerspruchsfreiheit zu lösen ist. Die Rechtsprechung sucht aus Gründen der Prozeßwirtschaftlichkeit meist pragmatische Lösungen[53], welche die Beschränkbarkeit nicht generell in Frage stellen. Ein Teil des Schrifttums räumt wegen der nicht aufspaltbaren prozessualen Einheit der Tat der Widerspruchsfreiheit den Vorrang ein, mit der Folge, daß entweder die Beschränkbarkeit verneint[54] oder die Bindungswirkung auch auf doppelrelevante Feststellungen ausgedehnt wird[55]. Eine andere Auffassung[56] verneint für diese Fälle die Forderung nach Widerspruchsfreiheit der getroffenen Feststellungen, um durch Zurückdrängung der Bindungswirkung auf die logisch vorgeordneten, unangefochtenen Entscheidungsteile dem Berufungsgericht den notwendigen Entscheidungsraum bei dem seiner Nachprüfung unterstellten Teilbereich zu erhalten.

c) Die **innerprozessuale Bindung** des später mit der Sache befaßten Gerichts an vorgreifliche Urteilsteile ist die strukturell notwendige Folge der Beschränkbarkeit des Instanzenzuges innerhalb einer verfahrensrechtlich als Einheit zu behandelnden Tat. Ein Gericht, dessen Entscheidungskompetenz kraft der Willensentscheidung der Anfechtungsberechtigten[56a] nicht mehr die gesamte angeklagte Tat umfaßt und das — sei

---

[48] Aus der Rechtskraft können ohnehin keine Bindungen an tatsächliche Feststellungen hergeleitet werden; vgl. die Nachw. Fußn. 57.

[49] Zu den zahlreichen Zweifelsfragen vgl. etwa *Bruns* 63 ff; *Grünwald* 58 ff; *Paeffgen* StrVert. **1986** 504; *Roxin*[20] § 51 II; *Sieveking* 70, 74.

[50] Verneinend etwa *Grünwald* JZ **1966** 106.

[51] Vgl. die zahlreichen Entscheidungen Rdn. 50 ff.

[52] Etwa BGHSt 7 283 = JZ **1955** 428 mit Anm. *Niethammer* = MDR **1955** 433 mit Anm. *Kleinknecht*; BGHSt 29 359 (auf Vorlage gegen OLG Schleswig) = JR **1980** 302 mit Anm. *Grünwald*, ferner Rdn. 33; 52; 83.

[53] Vgl. Rdn. 28; ferner *Tröndle* NJW **1966** 30 (Maximierung der Einzelfallgerechtigkeit).

[54] *Grünwald* 146 ff; 258 ff; JZ **1966** 108; **1970** 331; KMR-*Sax* Einl. XIII 89; 101; vgl. § 344, 22 mit weit. Nachw.

[55] Vgl. etwa BGHSt 10 73; BGHSt 24 185 mit abl. Anm. *Meyer* JR **1972** 203; BGHSt 28 121 = JR **1979** 299 mit abl. Anm. *Grünwald*.

[56] Vgl. etwa *Meyer* JR **1972** 205; *Sieveking* 70; 74; 129; § 344, 22.

[56a] Diese von der Prozeßordnung eingeräumte Gestaltungsbefugnis ist grundsätzlich zu respektieren, vgl. etwa BGHSt 24 188; MDR **1981** 244; KK-*Ruß*[1] 1; nur in den Ausnahmefällen, in denen die Beschränkung wegen vorrangiger Prozeßgrundsätze unwirksam ist, entfällt die Bindung, vgl. auch Rdn. 34 ff.

es als Folge der Rechtsmittelbeschränkung oder der eingeschränkten Zurückverweisung — nur noch einen Teil der einheitlichen Tat zu untersuchen und darüber zu urteilen hat, kann diese Aufgabe nur erfüllen, wenn es die nicht seiner Entscheidungsbefugnis unterstellten, ihr aber vorgreiflichen Urteilsteile als sachlich und rechtlich richtig der eigenen Entscheidung zugrunde legt. Die innere Einheit des Urteils entfällt nicht etwa deshalb, weil mehrere Gerichte an ein und derselben Entscheidung mitwirken. Diese innerprozessuale Bindung ist nach heute wohl vorherrschender Auffassung keine Folge einer durch die Berufungsbeschränkung herbeigeführten (echten) **Teilrechtskraft**[57]. Sie tritt, wie im Hauptfall der horizontalen Berufungsbeschränkung auf den Rechtsfolgenausspruch, vor allem bei den Urteilsteilen auf, die keiner materiellen Rechtskraft fähig sind[58]. Im übrigen könnte die innerprozessuale Bindung an tatsächliche Feststellungen auch gar nicht mit der Rechtskraft erklärt werden, da dieser eine solche Feststellungswirkung gerade nicht zukommt[59].

26 Erkennt man, daß **wirkliche Rechtskraft** der Entscheidung **nicht eintreten** kann, solange die sachlich untrennbar aus Schuld- und Rechtsfolgenausspruch bestehende gesamte Entscheidung nicht vollständig ergangen ist[60] und daß die aus rein prozeßökonomischen Gründen in §§ 318, 327 zugelassene Teilanfechtung[61] nur eine prozeßrechtliche Institution zur Entlastung des Rechtsmittelverfahrens ist, dann eröffnet sich ein Weg, der es gestattet, die theoretisch ungelösten Widersprüche praktisch zumindest in der Mehrzahl der Fälle zu einer vom Ergebnis her befriedigenden Konkordanz zu bringen. Dann erscheint es zulässig, wenn über die Wirksamkeit einer solchen Beschränkung das Berufungsgericht endgültig erst zugleich mit dem Berufungsurteil entscheidet[62] und wenn seine Wirksamkeit auch sonst nach den Erfordernissen eines Verfahrens bemessen wird, das die Erforschung der Wahrheit und die Verwirklichung der materiellen Gerechtigkeit zum Ziele hat. Es besteht dann kein Anlaß, der prozeßwirtschaftlich sinnvollen Berufungsbeschränkung wegen der nie ganz auszuschließenden Wechselwirkungen zwischen angefochtenen und nicht angefochtenen Urteilsteilen die Wirkung zu versagen. Es besteht aber auch keine Notwendigkeit, einer solchen Beschränkung eine Bestandskraft beizumessen, die einer endgültig rechtskräftig entschiedenen Sache zukommt. In Ausnahmefällen kann sich das Berufungsgericht von den Bindungen der Berufungsbeschränkung lösen, wenn es andernfalls seiner Entscheidung ein offensichtlich unrichtiges Ersturteil zugrunde legen müßte[63].

---

[57] *Bruns* FS Eb. Schmidt 602; *Bruns* NStZ **1984** 130; *Gössel* § 33 E II b 5; *Grünwald* 21; 57; KMR-*Sax* Einl. **XIII** 87 ff; *Meyer-Goßner* JR **1987** 174; *Paeffgen* StrVert. **1986** 506; *Peters* § 54 I 3; *Roxin*[20] § 51 III; *Schlüchter* 637, 3; 638; *Spendel* ZStW **67** (1955) 556; *Stree* FS Engisch 678; ferner BGHSt **28** 119 (keine Anwendbarkeit des Art. 103 Abs. 3 GG). a. A *Grunsky* FS Kern 231; *Sieveking* 70; 74; vgl. auch *Zipf* JR **1979** 259.

[58] Die Bezeichnungen im Schrifttum und in der Rechtsprechung gehen auseinander, vor allem in der Rechtsprechung wird „Teilrechtskraft" oft unspezifisch gebraucht; schon zur Vermeidung irreführender Schlußfolgerungen sollte sie für nur innerprozessuale Bindungen nicht verwendet werden; vgl. die Nachw. Fußn. 57.

[59] Vgl. *Paeffgen* StrVert. **1986** 507 (Ableitung praeter legem aus Gründen der Prozeßökonomie); vgl. Rdn. 26; 30.

[60] Vgl. BGHSt **28** 119 = JR **1979** 299 mit Anm. *Grünwald* (keine Rechtskraft der „teilrechtskräftigen Verurteilung" im Sinne des Art. 103 Abs. 3 GG; dieser setzt ein endgültig erledigtes Strafverfahren voraus, er greift nicht ein, solange ein Verfahren noch gerichtshängig ist); vgl. BayVerfG NJW **1968** 1003; KMR-*Sax* Einl. **XIII** 84; 87; *Stree* FS Engisch 680; ferner Fußn. 57 mit weit. Nachw.

[61] BGHSt **19** 48; OLG Karlsruhe NJW **1971** 157.

[62] Vgl. Rdn. 47.

[63] Vgl. Rdn. 40; *Roxin*[20] § 51 III 2.

2. Soweit **mehrere selbständige geschichtliche** Vorgänge Gegenstand des Verfahrens sind, ist die („vertikale") Beschränkung auf einen von ihnen unproblematisch. Sie ist möglich. Bei mehreren **selbständigen Taten** im Sinne des § 264 kann, auch wenn sie in einem Verfahren abgeurteilt werden, die Rechtsmittelbeschränkung auf eine von ihnen zur echten Rechtskraft der nicht angefochtenen Verurteilung führen, die dann jede weitere Kognition eines später mit der Sache befaßten Gerichts ausschließt[64]. Hier wird eine Bindungswirkung im Verhältnis zwischen den selbständigen Taten nur in dem Umfang Platz greifen, in dem man der materiellen Rechtskraft auch sonst eine über das Verfahren hinausreichende Feststellungswirkung zuerkennt[65]. In den **Ausnahmefällen**, in denen wegen beider Taten auf eine einheitliche Rechtsfolge erkannt wurde, bleibt diese tatübergreifende Rechtsfolge für sich allerdings anfechtbar[66]. Daß wegen beider eine Gesamtstrafe zu bilden ist, beseitigt die getrennte Anfechtbarkeit im übrigen nicht[67].

27

3. Trennbarkeit innerhalb einer Tat (i. S. von § 264)
a) Grundsätzliches. Innerhalb einer Tat (im Sinne des §264) kann die Berufung nach der herrschenden Meinung ebenfalls auf einzelne Beschwerdepunkte beschränkt werden, wobei grundsätzlich beide Arten der Beschränkung möglich sind. Die Anfechtung kann sich nur auf eine oder einige von mehreren abgeurteilten Straftaten (§ 53 StGB), auf eine von mehreren nebeneinander verhängten Strafen oder Maßnahmen beziehen, (**vertikale Begrenzung** „Strafteilberufung"), oder sie kann bestimmte primäre Urteilsgrundlagen, insbesondere den Schuldspruch, ausnehmen und nur die darauf aufbauenden Folgeentscheidungen bekämpfen (**horizontale Begrenzung**). Beide Abgrenzungsarten können miteinander kombiniert auftreten[68].

28

Der für die Abtrennbarkeit **maßgebende Grundsatz**, daß der angefochtene Urteilsteil — vom übrigen Urteil losgelöst — selbständig überprüft und beurteilt werden kann (Rdn. 3), gilt allgemein. Da es sich vor allem um Begrenzungen innerhalb eines einheitlichen Geschehens, innerhalb eines Lebensvorgangs handelt, und da die Grundentscheidung über die Schuld und die dazu getroffenen Feststellungen die bindende Grundlage für die darauf aufbauenden Folgeentscheidungen bilden, kann die von der Rechtsprechung entwickelte Abtrennbarkeitsformel nicht dahin verstanden werden, daß sie völlig isolierte Entscheidungsteile voraussetzt. Wer dies fordert, muß die Beschränkbarkeit grundsätzlich verneinen[69].

29

Hält man an der Beschränkbarkeit, so wie sie von der Rechtsprechung entwickelt wurde, aus Gründen der **praktischen und wirtschaftlichen Prozeßgestaltung** fest[70], dann muß es genügen, wenn dem Berufungsgericht ein **eigener Entscheidungsraum** verbleibt, innerhalb dessen es auf Grund eigener Feststellung die seiner Beurteilung unterstellte Teilentscheidung selbst treffen kann. Ist dies nicht möglich, weil die Feststellungen der

30

---

[64] Vgl. etwa *Grünwald* 17; 162; KK-*Ruß*[1] 5; KMR-*Paulus* 25; § 344, 19 mit weit. Nachw.
[65] Zur Rechtskraft vgl. Einl. Kap. **12** 29 ff.
[66] Vgl. BayObLGSt **1966** 157 = NJW **1967** 1241 (ein Fahrverbot); § 344, 20 mit weit. Nachw.
[67] BGH bei *Holtz* MDR **1978** 882; *Grünwald* 268 Fußn. 541; KK-*Ruß*[1] 5; *Kleinknecht/Meyer*[38] 9; KMR-*Paulus* 21.
[68] Vgl. *Sieveking* 6 ff, der zwischen der „Strafteilberufung" (vertikale Beschränkung) und der „Strafmaßberufung" (horizontale Beschränkung) unterscheidet. Das Schrifttum verwendet die Terminologie aber nicht immer einheitlich; so wird mitunter von vertikaler Begrenzung nur noch gesprochen, wo zwei selbständige Taten im Sinne des § 264 getrennt werden, vgl. Rdn. 51 mit Nachw.
[69] So etwa *Grünwald* 310; JR **1979** 300.
[70] BGHSt **19** 48; **24** 188; **29** 364; OLG Karlsruhe NJW **1971** 157; a. A *Grünwald* Fußn. 51.

§ 318   Drittes Buch. Rechtsmittel

nichtangefochtenen Urteilsteile die Entscheidungen des Berufungsgerichts in allen wesentlichen Grundlagen bereits festgelegt haben[71], kann der für die eigene Urteilsfindung über die beschränkte Berufung unerläßliche Entscheidungsraum dadurch geschaffen werden, daß das Berufungsgericht im dafür notwendigen Umfang die anderen Urteilsteile mitüberprüft.

31   Das Berufungsgericht ist, wenn es anders die von ihm begehrte Entscheidung nicht selbständig treffen könnte, an eine sonst an sich mögliche und in zulässiger Weise erklärte Rechtsmittelbeschränkung **nicht gebunden.** Es ist zur Nachprüfung des Ersturteils in einem solchen Umfang berechtigt und verpflichtet, als es die selbständige Erfüllung seiner Aufgabe erfordert. Die mit dem Prüfungszweck des Rechtsmittels unvereinbare Bindungswirkung wird nicht dadurch beseitigt, daß insoweit widersprechende Feststellungen zugelassen werden, sondern dadurch, daß die Wirksamkeit der Beschränkung verneint wird. Wieweit die in der Rechtsprechung[72] grundsätzlich geforderte innere **Widerspruchsfreiheit** der Urteilsgründe reicht, ist strittig.

32   b) Bei **Tateinheit** kann die Berufung innerhalb des Schuldspruchs nicht auf eine der rechtlich zusammentreffenden Gesetzesverletzungen beschränkt werden[73]. Möglich ist dagegen die Beanstandung **nachgeordneter Gesichtspunkte** (horizontale Beschränkung)[74]. Das Berufungsgericht muß grundsätzlich seiner Entscheidung die nicht seiner Nachprüfung unterstellten, vorgreiflichen Urteilsteile zugrunde legen[75]. Die Notwendigkeit der Widerspruchsfreiheit folgt hier bereits daraus, daß die Feststellungen, auch wenn sie auf den Erkenntnissen verschiedener Gerichte beruhen, nur unselbständige Teile eines einzigen Urteils bilden, durch das eine Entscheidung begründet wird[76].

33   c) **Tatmehrheit.** Treffen innerhalb einer Tat (i. S. des § 264) **mehrere Straftaten sachlich zusammen** (§ 53 StGB), ist jede von ihnen nach der herrschenden Meinung getrennt anfechtbar. Die Trennbarkeit der Entscheidung durch eine vertikale Beschränkung auf eine von ihnen wird selbst dann bejaht, wenn gleiche tatsächliche Feststellungen für alle entscheidungserheblich sind[76a]. Eine Bindung an Feststellungen im nichtangefochtenen Urteilsteil kann hier mangels deren Vorgreiflichkeit nicht angenommen werden (vgl. Rdn. 25). Ob Widerspruchsfreiheit zwischen den parallel zu entscheidenden Urteilsteilen aus dem Blickwinkel der untrennbaren Zugehörigkeit zur gleichen Tat (i. S. des § 264) zu fordern und ob sie in den Ausnahmefällen eines entscheidungserheblichen Widerstreits dadurch herzustellen ist, daß der Beschränkung die Wirksamkeit ver-

---

[71] Wo das Gesetz nur eine absolut bestimmte Strafe androht, ist an sich keine Beschränkung auf den Strafausspruch denkbar, da hier notgedrungen jeder Angriff gegen die Strafe sich auch gegen den Schuldspruch richten muß (vgl. *Spendel* ZStW 67 [1955] 564; *Hartung* SJZ 1949 66; *Sieveking* 21). Eine Ausnahme erscheint aber möglich, wenn nur die absolute Strafe für sich allein als verfassungswidrig angegriffen wird.

[72] Etwa BGHSt 10 72; 24 185 = JR 1972 202 mit Anm. *Meyer*; BGHSt 29 365; OLG Karlsruhe NJW 1971 157; zu den Streitfragen vgl. § 344, 22 ff.

[73] OLG Düsseldorf VRS 63 462; OLG Hamm VRS 40 191; OLG Karlsruhe VRS 72 78.

[74] Zu der an die Denkfolge anknüpfenden logischen Reihenfolge der Erwägungen vgl. BGHSt 19 48; 29 364; BayObLGSt 1956 7 = NJW 1956 921; BayObLG OLGSt 22; KMR-*Paulus* 18; § 344, 25; 67.

[75] Vgl. etwa BGHSt 24 275; 29 359; BGH NStZ 1981 448; BayObLG VRS 60 211; OLG Köln VRS 60 446.

[76] Vgl. etwa RGSt 42 234; BGHSt 7 287; 10 72; 24 185 = JR 1972 204 mit Anm. *Meyer*; BGHSt 28 119 = JR 1979 229 mit Anm. *Grünwald*; BGHSt 29 359; NJW 1980 1807; 1981 590; KMR-*Paulus* 18; § 344, 16 mit weit. Nachw.; ferner Rdn. 92.

[76a] Vgl. etwa BayObLGSt 1959 126 = JZ 1960 31 mit Anm. *Heinitz*; a. A OLG Celle NJW 1959 399.

sagt wird, ist strittig[77]. Nach der einen Ansicht ist auch innerhalb einer Tat die **Widerspruchsfreiheit** aller Urteilsfeststellungen nicht unerläßlich. Dies zeige sich darin, daß die Feststellungen, die den nicht angefochtenen Freispruch wegen einer Handlung tragen, das Berufungsgericht nicht binde, wenn es die Verurteilung wegen der anderen Handlung nachprüfe[78]. Nach anderer Ansicht rechtfertigen die Praktikabilitätsgesichtspunkte, auf denen die Zulassung der Rechtsmittelbeschränkung beruht, keine Verfahrensgestaltung, die, ähnlich der echten Rechtskraft, um der Rechtssicherheit willen auch Widersprüche zwischen zwei endgültig entschiedenen Sachen in Kauf nimmt. Innerhalb der gleichen Tat müssen die Feststellungen, die eine Verurteilung tragen, in sich widerspruchsfrei sein[79]. Der die verfahrensrechtliche Einheit begründende historische Vorgang darf — abgesehen von einer wahldeutigen Feststellung — nicht in sich widerspruchsvoll festgestellt werden. Dies gilt, wenn die Tat in einem Urteil abgehandelt wird und das darf daher auch nicht anders beurteilt werden, wenn das einheitliche Urteil das Ergebnis der Entscheidung mehrerer Instanzen ist. Solange die Sache bei Gericht anhängig ist, müssen die Gesichtspunkte der materiellen Wahrheitsfindung den Vorrang haben vor formalen Konstruktionen[80]. Dies bedeutet nicht, daß sich das Berufungsgericht nach Belieben über die Begrenzung seiner Entscheidungsbefugnis hinwegsetzen darf; es muß grundsätzlich die nicht angefochtenen Urteilsteile als richtig hinnehmen. In Ausnahmefällen aber sollte es bei einer offensichtlichen Unrichtigkeit durch die Rechtsmittelbeschränkung nicht gehindert sein das nach seinen Feststellungen richtige Urteil herzustellen[81].

4. Unwirksamkeit der Beschränkung in besonderen Fällen
a) **Allgemeines.** Die Herrschaft der Anfechtungsberechtigten über den Gegenstand des Berufungsverfahrens ist nicht unbegrenzt. Die von § 318 eingeräumte Dispositionsbefugnis endet dort, wo sie mit übergeordneten Verfahrenszielen der auf Wahrheitsfindung und Gerechtigkeit ausgerichteten staatlichen Strafrechtspflege und der Verpflichtung zu einem gesetzmäßigen Verfahren unvereinbar wäre. Sie wird unbeachtlich, wenn das Erstgericht sachlich nicht zuständig war und das Verfahren vor dem für den ersten Rechtszug zuständigen Spruchkörper neu durchzuführen ist (vgl. § 328, 36). Die Unwirksamkeit der Beschränkung kann sich vor allem aus Gesichtspunkten ergeben, die im Wesen der Berufung als einer selbständigen Entscheidung über die zur Nachprüfung gestellten Teile der Tat in tatsächlicher und rechtlicher Hinsicht wurzeln. Dem Berufungsgericht darf die Möglichkeit einer „auf Wahrheit beruhenden, gerechten Sachentscheidung[82] nicht durch eine juristisch-begriffliche Begrenzung verbaut werden. Insbesondere ist die Beschränkung der Berufung wirkungslos, wenn das Ersturteil in sei-

---

[77] Dazu *Meyer* JR **1972** 204; ferner die Nachw. Fußn. 79; § 344, 22 ff.
[78] Vgl. BGH NJW **1980** 1807; *Meyer* JR **1972** 204; *Paeffgen* StrVert. **1986** 507; *Sieveking* 70; 74. Zur Anfechtbarkeit der Maßregelentscheidung neben Freispruch vgl. Rdn. 92.
[79] BGH NJW **1956** 1806; VRS **13** 121; BayObLG NJW **1959** 1646; OLG Celle NJW **1959** 400; OLG Hamm NJW **1971** mit Anm. *Lemmel* NJW **1971** 1225; VRS **40** 12; **41** 28; 156; OLG Karlsruhe NJW **1971** 157; OLG Köln VRS **40** 110.
[80] *Heinitz* JZ **1960** 32.

[81] Die Notwendigkeit, bei der Prüfung der Wirksamkeit der Beschränkung auf den Einzelfall abzustellen, führt nach Ansicht von *Grünwald* (87) zur Rechtsunsicherheit. Dies kann jedoch um so eher hingenommen werden, als das Berufungsgericht letztlich erst bei Erlaß seines Urteils über die Wirksamkeit der Beschränkung befindet. Gegenüber den anderen Alternativen, nämlich einer jede echte Nachprüfung erstickenden Bindung oder der Inkaufnahme widersprüchlicher Feststellungen ist es jedenfalls das kleinere Übel.
[82] *Eb. Schmidt* 4.

§ 318   Drittes Buch. Rechtsmittel

nem nichtangefochtenen Teil keine **sichere ausreichende Grundlage** für die darauf aufbauende Entscheidung des Berufungsgerichts bietet oder wenn aus Gründen des materiellen oder prozessualen Rechts eine umfassende Ausschöpfung des Unrechtsgehalts der Tat nicht möglich wäre[83].

35   b) **Wechselseitige Verknüpfung.** Eine die Beschränkung verhindernde Verknüpfung kann sich sachlogisch bei bestimmten Normen des materiellen Rechts aus deren besonderer Ausgestaltung ergeben, kann aber auch nur **im Einzelfall** dadurch entstehen, daß das Erstgericht in seinen Entscheidungsgründen zu Recht oder Unrecht eine solche Verbindung hergestellt hat.

36   **Beispiele:** Die Beschränkung ist unwirksam, wenn nur eine von mehreren im Urteil ausgesprochenen Strafen und Nebenfolgen angefochten wird und sich aus den Gründen des Ersturteils ergibt, daß das Gericht bei Festsetzung der einen Strafe oder Maßnahme berücksichtigt hat, daß es daneben auf die andere Strafe oder Maßnahme erkannt oder davon abgesehen hat[84]. Bei zwei zwingend nebeneinander vorgesehenen und verhängten Hauptstrafen ist strittig, ob eine getrennte Anfechtung möglich ist[85]. Es kommt aber auch hier wohl immer auf den Einzelfall an[86]. Aus dem Vorrang der Widerspruchsfreiheit folgt nach Ansicht des Oberlandesgerichts Karlsruhe[87] sogar, daß die Berufungsbeschränkung auf das Strafmaß bei einem wegen Beihilfe verurteilten Angeklagten unwirksam ist, wenn die unbeschränkte Berufung des Haupttäters zum Freispruch mangels Nachweises der Haupttat führt[88].

37   c) Bei **Fehlen ausreichender Feststellungen** ist die Beschränkung unwirksam. Dies ist der Fall, wenn das Ersturteil das **angewandte Strafgesetz** oder die **tatsächlichen Grundlagen** eines angewandten Straftatbestandes[89] nicht erkennen läßt oder überhaupt nicht[90] oder aber so lückenhaft[91] oder unzulänglich begründet ist, daß die in seinem nichtangefochtenen Teil getroffenen Feststellungen dem Berufungsgericht nicht gestatten, seine Entscheidung daran anzuknüpfen, etwa, wenn sie in sich widerspruchsvoll sind[92] oder wenn bei einer auf den Strafausspruch beschränkten Berufung die getroffenen Feststellungen zu Schuldspruch den Unrechts- und Schuldgehalt der Tat auch nicht in groben Umrissen erkennen lassen[93], so, wenn das Tatgeschehen nur summarisch festgestellt[94], das Ausmaß der Tat nicht erkennbar[95] oder die Schuldfähigkeit ungeklärt

---

[83] BGHSt **25** 72; zum umgekehrten Fall vgl. BGH MDR **1982** 283.
[84] OLG Braunschweig VRS **16** 19; vgl. Rdn. 75.
[85] Vgl. dazu *Grünwald* 187 ff.
[86] Vgl. Rdn. 62 ff; 73 ff.
[87] OLG Karlsruhe Justiz **1973** 57.
[88] A. A *Meyer* JR **1972** 205; vgl. Rdn. 23.
[89] BayObLG VRS **67** 357.
[90] RG HRR **1939** Nr. 597; OLG Köln MDR **1969** 864; *Kleinknecht/Meyer*[38] 16; *Spendel* ZStW **67** (1955) 564.
[91] OLG Celle NdsRpfl. **1981** 254; OLG Düsseldorf VRS **64** 36; **67** 271; OLG Koblenz VRS **70** 14; vgl. *Kaiser* NJW **1983** 2418 (u. a. auch zur Nichterörterung der actio libera in causa).
[92] OLG Hamm VRS **42** 197; 426; OLG Köln

VRS **68** 278; OLG Schleswig bei *Ernesti/Lorenzen* SchlHA **1985** 136; vgl. ferner die Nachw. Fußn. 93 bis 96.
[93] BayObLGSt **1968** 94 = MDR **1969** 242; BayObLG bei *Rüth* DAR **1982** 255; OLG Celle VRS **35** 208; **38** 261; OLG Düsseldorf DAR **1971** 191; OLG Hamburg DAR **1959** 165; OLG Hamm NJW **1962** 1074; VRS **30** 203; 456; **42** 197; **45** 297; JMBlNW **1969** 57; KG NJW **1976** 813; OLG Koblenz VRS **48** 17; **49** 362; **70** 144; OLG Stuttgart NJW **1978** 711; *Kaiser* NJW **1983** 2418; a. A OLG Celle NJW **1963** 64.
[94] OLG Hamm NJW **1962** 1074.
[95] Vor allem bei einer fortgesetzten Handlung; vgl. etwa BGH bei *Holtz* MDR **1980** 108; OLG Köln VRS **61** 348; **65** 45; *Kleinknecht/Meyer*[38] 17.

oder der Schuldumfang nicht ersichtlich ist[96]. Dies ist etwa der Fall, wenn die Schuldform nicht festgestellt ist und der Sachdarstellung auch nicht zu entnehmen ist, ob der Täter vorsätzlich oder fahrlässig gehandelt hat[97] oder wenn offen bleibt, ob nur eine versuchte Tat vorliegt[98]. Unwirksam ist auch die Beschränkung auf die Strafaussetzung zur Bewährung, wenn die Ausführungen zum Strafmaß im Ersturteil so dürftig sind, daß das Berufungsgericht nicht beurteilen kann, ob seine Feststellungen mit den im Urteil nicht ausgewiesenen Feststellungen des Erstrichters vereinbar sind[99]. Unwirksam ist die Beschränkung auch, wenn das angefochtene Urteil nicht von allen Richtern unterschrieben wurde[99a].

38 Wirkungslos ist die Beschränkung ferner, wenn der nicht angefochtene **Schuldspruch keine Rechtsgrundlage** für die Festsetzung einer Rechtsfolge bietet, sei es, daß er auf einem nicht oder nicht mehr gültigen Gesetz beruht[100], sei es, daß die in ihm festgestellte Tat in Wirklichkeit überhaupt nicht mit Strafe bedroht ist, etwa weil wegen eines Versuchs verurteilt wurde, obwohl der Versuch in dem angewandten Strafgesetz gar nicht mit Strafe bedroht ist[101].

39 In solchen Fällen hat das Berufungsgericht trotz der nur beschränkten Anfechtung **freizusprechen,** beziehungsweise, wenn das ungültige Strafgesetz in Tateinheit mit einem gültigen Gesetz steht, den Schuldspruch richtigzustellen[102]. Dem Berufungsgericht ist es auch nicht verwehrt, in einem solchen Fall zum Schuldspruch anderweitige Feststellungen zu treffen oder die unzutreffende Strafvorschrift durch eine gültige auszutauschen[103]. Fehlt im nicht angefochtenen Schuldspruch dagegen nur die genaue

---

[96] BayObLGSt **1968** 94 = MDR **1969** 242; bei *Rüth* DAR **1982** 255; bei *Bär* DAR **1987** 315; bei *Janiszewski* NStZ **1987** 117; 404; OLG Hamm VRS **30** 203; OLG Karlsruhe VRS **55** 362; OLG Koblenz VRS **48** 16; **51** 350; **65** 369; OLG Köln VRS **60** 445; **61** 365; **65** 384; **67** 45; **68** 278; OLG Schleswig bei *Ernesti/Lorenzen* SchlHA **1985** 135; vgl. KK-*Ruß*¹ 7; *Kleinknecht/Meyer*³⁸ 17; KMR-*Paulus* 35; § 344, 26; ferner Fußn. 97; 146.

[97] BayObLG bei *Rüth* DAR **1986** 248; OLG Celle VRS **35** 208; OLG Düsseldorf VRS **64** 36 (bed. Vorsatz oder bewußte Fahrlässigkeit); **65** 453; **67** 271; OLG Hamm NJW **1969** 474; VRS **30** 203; OLG Koblenz VRS **53** 337; OLG Stuttgart VRS **37** 121; vgl. aber andererseits OLG Hamm VRS **13** 363 (im Zweifel Fahrlässigkeit).

[98] Etwa BayObLG bei *Bär* DAR **1987** 313; 315; OLG Zweibrücken MDR **1973** 1039; ferner Fußn. 96, 97.

[99] Vgl. etwa OLG Hamburg OLGSt 7; ferner Rdn. 83.

[99a] OLG Düsseldorf VRS **72** 117; vgl. § 275, 36 ff.

[100] BGH bei *Holtz* MDR **1978** 282; BayObLGSt **1953** 263; **1961** 27; **1962** 216 = NJW **1954** 611; **1961** 688; **1962** 13; OLG Bremen MDR **1962** 449; OLG Stuttgart NJW **1962** 2118; vgl. ferner RGSt **22** 217; KG JW **1932** 1774; *Kleinknecht* MDR **1955** 435; *Kleinknecht/Meyer* 17.

[101] BGH bei *Holtz* MDR **1980** 282; BayObLGSt **17** 115; BayObLGSt **1954** 159 (nicht strafbare fahrlässige Tatbegehung) = JR **1955** 151 mit Anm. *Sarstedt*; dazu *Müller* NJW **1955** 642; OLG Celle VRS **30** 456 (fehlende Kausalität); OLG Hamburg *Alsb.* E **2** Nr. 181; KG HRR **1927** Nr. 115; KMR-*Paulus* 34; *Eb. Schmidt* 47; *Sarstedt* JR **1955** 152; *Spendel* ZStW **67** (1955) 561; *Schorn* JR **1963** 53; *Sieveking* aaO 28 f; 87 ff (Verurteilung wegen einer durch kein Strafgesetz mit Strafe bedrohten Verhaltens verstößt gegen Art. 103 Abs. 2, Art. 1 Abs. 1, Art. 2 Abs. 2 GG); vgl. ferner *Grünwald* aaO 331 ff; § 344, 25.

[102] BayObLGSt **1953** 263.

[103] BayObLGSt **1954** 159 = JR **1955** 151 mit Anm. *Sarstedt*; dazu *Müller* NJW **1956** 642. Die Bedenken gegen diese Entscheidung betreffen den Austausch durch das Revisionsgericht: da keine wirksame Beschränkung des Rechtsmittels vorliegt, konnte das Berufungsgericht den Schuldspruch nachprüfen und selbstverständlich auch die falsche Vorschrift durch die richtige ersetzen. Den Austausch des vom Bundesverfassungsgericht (BVerfGE **14** 245) für nichtig erklärten § 71 StVZO durch den damaligen § 21 StVG

§ 318　　　　　　　Drittes Buch. Rechtsmittel

Angabe der Strafvorschrift, so kann das Berufungsgericht das Urteil insoweit ergänzen[104]. Dieser Fehler macht, wenn die tatsächlichen Feststellungen ausreichen, die Beschränkung nicht wirkungslos.

40 Ist bei **Rechtsänderungen** das **mildere Gesetz** im Sinne des § 2 Abs. 3 StGB festzustellen, dann ist die Rechtsmittelbeschränkung unwirksam[105]. Etwas anderes gilt nur, wenn die Rechtsänderung ausschließlich den Strafrahmen betrifft, so daß ein Vergleich der Straftatbestände selbst und damit ein Rückgriff auf Feststellungen zum Schuldspruch nicht notwendig wird[106], bei der Milderung der Strafdrohung für minderschwere Fälle ist dies in der Regel anzunehmen[107]. Mit der Unwirksamkeit der Beschränkung entfallen alle Bindungen, ganz gleich, ob sie für den Erfolg des Rechtsmittels im Endergebnis günstig sind[108].

41 **d) Offen zu Tage liegendes Unrecht.** Die Berufungsbeschränkung ist unwirksam, wenn das Erstgericht in einem vorgreiflichen unangefochtenen Entscheidungsteil das Recht zu Lasten des Angeklagten **offensichtlich falsch** angewendet hat. Denn auch dann fehlt es an einer hinreichenden Entscheidungsgrundlage, an die das Berufungsgericht bei beschränkter Überprüfung anknüpfen könnte[109]. Hat das Erstgericht das **gültige Recht** offensichtlich **falsch angewandt**, indem es den festgestellten Sachverhalt unrichtig unter einen gültigen Straftatbestand subsumiert hat, so kann das Berufungsgericht nicht verpflichtet sein, diesen Fehler für die eigene Entscheidung zu übernehmen und zu perpetuieren.

42 Die **Rechtsprechung** neigt in diesen Fällen dazu, die Rechtsmittelbeschränkung unter Überschätzung der Bedeutung der „Teilrechtskraft" als wirksam anzusehen[110] und das Berufungsgericht für verpflichtet zu halten, den als falsch erkannten Schuldspruch seiner Strafzumessung zugrunde zu legen[111]. Die Bindung an ihn soll andererseits aber das Gericht nicht zu unrichtigen Strafzumessungserwägungen verpflichten. Es soll den wirklichen Schuldgehalt der Tat berücksichtigen können und die Auswirkun-

---

durch das Revisionsgericht hat der Bundesgerichtshof (BGHSt **19** 46) für zulässig erklärt, da es den Schuldspruch als solchen nicht berührt, wenn ein nichtiges Blankettstrafgesetz durch ein inhaltsgleiches anderes ersetzt wird, während der Straftatbestand anderweitig erschöpfend geregelt ist; ebenso OLG Celle NJW **1962** 2073; OLG Hamburg NJW **1963** 688; OLG Oldenburg VRS **23** 310; OLG Stuttgart NJW **1962** 2188; a. A BayObLGSt **1962** 216 = NJW **1962** 2213; vgl. dazu *Eb. Schmidt* Nachtr. 11; *Hanack* JZ **1973** 694; § 337, 55; § 344, 25; 26.

[104] OLG Saarbrücken MDR **1975** 334; KMR-*Paulus* 33.

[105] RGSt **2** 99; **22** 217; **56** 150; **61** 322; BGHSt **7** 284; **20** 116; **24** 106; **26** 1; BayObLGSt **1970** 183 = NJW **1971** 392; vgl. auch BayObLG NJW **1961** 688; OLG Hamm JMBlNW **1973** 68; KG JR **1970** 227 mit Anm. *Dreher*; ferner etwa KMR-*Paulus* 34; *Niederreuther* NJW **1934** 2434; *Niethammer* JR **1935** 122; *Sieveking* 20; *Spendel* ZStW **67** (1955) 564; ferner § 344, 26 und die Erl. zu § 354, a.

[106] BayObLGSt **1970** 183 = NJW **1971** 392; OLG Hamm GA **1975** 25; vgl. § 344, 26.

[107] OLG Hamm GA **1975** 25.

[108] BGHSt **24** 106.

[109] Vgl. § 344, 25; ferner etwa *Peters* § 74 III 3; *Roxin*[20] § 51 B III; *Spendel* ZStW **67** (1955) 567; *Schlüchter* 637.

[110] Vgl. Rdn. 25; 26.

[111] So BGHSt **7** 283 mit Anm. *Spendel* NJW **1955** 1250; BGHSt **10** 71; BGH GA **1959** 305; OLG Celle NJW **1963** 64; OLG Hamm HESt **1** 216; NJW **1954** 613; OLG Karlsruhe Justiz **1978** 116; OLG Saarbrücken NJW **1958** 1740; OLG Stuttgart Justiz **1972** 187; OLG Schleswig bei *Ernesti/Lorenzen* SchlHA **1985** 135; *Baumann* NJW **1966** 1055; *Kleinknecht/Meyer*[38] 17; *Krumme* LM § 264 StPO Nr. 4; *Niethammer* JZ **1955** 428; ferner zu den Ansätzen, eine andere Lösung zu finden, *Hegler* JW **1923** 426; *Schorn* JR **1963** 53; *Sieveking* 28; *Weber* JW **1934** 1885.

gen des Rechtsfehlers auf das unvermeidliche Maß zu beschränken[112]. Dem kann nur mit Einschränkungen zugestimmt werden. Die ordnungsgemäß erklärte und der Materie nach wirksame Berufungsbeschränkung entzieht zwar grundsätzlich den nicht angefochtenen Urteilsteil der Nachprüfung des Berufungsgerichts. Es muß auf ihn seine Entscheidung aufbauen, ohne ihn schon deswegen in Frage stellen zu können, weil die Urteilsbegründung in tatsächlicher oder rechtlicher Hinsicht zu Zweifeln Raum läßt. Dies gilt auch, wenn der Erstrichter seiner Entscheidung eine von der Ansicht des Berufungsrichters **abweichende (vertretbare) Rechtsauffassung** zugrunde gelegt hat, und dies wird wohl auch noch gelten können, wenn die Rechtsanwendung des Erstrichters dem Berufungsgericht fehlerhaft erscheint, soweit der Rechtsfehler den Angeklagten im Ergebnis nicht belastet[113], etwa, wenn er wegen Unterschlagung und nicht wegen Betrugs verurteilt wird.

Ist der **Fehler** aber **offensichtlich** und muß er sich **zuungunsten des Angeklagten** **43** auswirken, dann kann das Berufungsgericht bei seiner Entscheidung nicht mehr von dem fehlerhaften Schuldspruch ausgehen. Dieser bietet keine tragfähige Grundlage mehr für die Strafbemessung, die sich auf die wirklichen Gegebenheiten stützen muß und die nicht fiktiv unter dem Gesichtswinkel einer nach Ansicht des Berufungsgerichts nicht verwirklichten Tat getroffen werden kann.

Ergibt die Berufungsverhandlung die **tatsächliche Unrichtigkeit** des Schuld- **44** spruchs in einem entscheidungserheblichen Punkt, etwa, daß die behaupteten mildernden Umstände das Verhalten des Angeklagten unter dem Gesichtspunkt der Notwehr gerechtfertigt haben, dann ist die Lage nicht anders. Es ist mit dem Gebot der Gerechtigkeit unvereinbar und den Berufungsrichtern unzumutbar, in solchen Fällen eine Strafe für eine nicht begangene Tat aussprechen zu müssen. Daran ändert auch der verschiedentlich versuchte Ausweg nichts, in solchen Fällen die Strafe dem Strafrahmen des falschen Gesetzes zu entnehmen, sie aber unter Ausnutzung von dessen Untergrenzen so festzusetzen, daß sie der wirklichen Sach- und Rechtslage gerecht wird[114]. Denn ganz abgesehen von der darin liegenden doppelten Inkonsequenz kommt dies in den Fällen, in denen eine Straftat verbleibt, einer verkappten Änderung des Schuldspruchs gleich, während es in den Fällen, in denen eine Straftat in Wirklichkeit gar nicht vorliegt, trotzdem zur wissentlichen Bestrafung eines nach Ansicht des Berufungsgerichts Unschuldigen führt. Dies kann nicht rechtens sein.

Als Lösung bietet sich an, daß die Beschränkung der Berufung **unwirksam** ist, **45** wenn sie dem Berufungsgericht den Weg zu einer gerechten Sachentscheidung versperrt. Dies muß um so mehr gelten, als weder der Grundsatz der Prozeßökonomie noch der der Rechtssicherheit in solchen Fällen erfordern, zu Lasten des Angeklagten an einem als unrichtig erkannten Schuldspruch festzuhalten. Die Rechtssicherheit verbietet zwar

---

[112] BGHSt **10** 71; BGH GA **1959** 805; OLG Hamm NJW **1954** 613; OLG Karlsruhe Justiz **1978** 116; OLG Zweibrücken VRS **36** 12. Wie wenig befriedigend dies ist, zeigt das Ergebnis von OLG Zweibrücken NJW **1966** 1086: Das Berufungsgericht soll als mildernden Umstand im Sinne des § 113 Abs. 2 StGB a. F würdigen, daß der Tatbestand des § 113 StGB in Wirklichkeit gar nicht gegeben ist, um so die Strafe aussprechen zu können, die der vorliegenden öffentlichen Beleidigung schuldangemessen ist.

[113] Vgl. *Spendel* ZStW **67** (1955) 570; *Niethammer* JR **1935** 122, wonach die Unwirksamkeit der Rechtsmittelbeschränkung nicht schon allein durch die Fehlerhaftigkeit des Urteilsspruchs ausgelöst werden kann. § 344, 25.

[114] So aber in Anlehnung an *Beling* (339/40 Anm. 5) ein Teil der Rechtsprechung: vgl. Fußn. 111; dagegen *Eb. Schmidt* 43; ferner § 344, 25.

nach Abschluß des Verfahrens eine verhängte Strafe wieder in Zweifel zu ziehen, sofern nicht die im Gesetz festgelegten Wiederaufnahmegründe vorliegen, sie kann aber nicht als Rechtfertigung dafür ins Feld geführt werden, daß das Gericht auf Grund eines als unrichtig erkannten Schuldspruchs sehenden Auges eine dem Recht nicht entsprechende Strafe erst noch verhängt. Die Prozeßwirtschaftlichkeit aber wird weit mehr dadurch gefördert, daß das Berufungsgericht sich über die Schranken der Rechtsmittelbegrenzung hinwegsetzt und selbst die Sache sofort entscheidet, als daß es dies einem erst in Gang zu setzenden Wiederaufnahmeverfahren oder dem Gnadenverfahren überläßt. Die Gefahr, daß hierdurch die prozeßwirtschaftliche Bedeutung der Rechtsmittelbeschränkung in einer Vielzahl der Fälle verlorengeht, dürfte nicht gegeben sein. Das Berufungsgericht ist, wenn es über ein ordnungsgemäß beschränktes Rechtsmittel zu befinden hat, nicht gehalten, den Schuldspruch von sich aus nachzuprüfen, sondern es ist nur verpflichtet, Fehler, die ohne Nachprüfung offensichtlich geworden sind, zu korrigieren[115]. Dies entspricht der im neueren Schrifttum überwiegend vertretenen Auffassung, die die Rechtsmittelbeschränkung als unwirksam ansieht, wenn dies notwendig ist, um einen tiefgreifenden Fehler noch in derselben Instanz zu beheben und um dem Berufungsgericht den Weg zu einer gerechten Sachentscheidung zu eröffnen[116].

46 Dies trifft insbesondere dann zu, wenn dem Verurteilten, der nur die Strafhöhe bemängelt, in Wirklichkeit ein **Rechtfertigungs-, Schuldausschließungs-** oder **persönlicher Strafausschließungsgrund** zusteht oder wenn sich in der Berufungsverhandlung ergibt, daß ein anderer der Täter ist. Die Rechtsprechung hat sich bisher nur in vereinzelten Fällen entschließen können, sich über die Anfechtungsbeschränkung hinwegzusetzen[117]; im praktisch wichtigen Fall der fehlenden oder unzulänglichen Erörterung der **Schuldfähigkeit** (§ 20 StGB) hat sie das Problem auch dadurch gelöst, daß wegen der Lückenhaftigkeit des Schuldspruchs die Beschränkbarkeit verneint wurde[118]. Der Bundesgerichtshof hält ebenso wie früher schon das Reichsgericht an der Wirksamkeit der Rechtsmittelbeschränkung fest[119]. Solange das Verfahren nicht endgültig abgeschlossen ist, ist jedoch „Festigkeit in Fragen der Rechtskraft" nicht Hauptsorge[120].

5. Feststellung der Wirksamkeit durch das Berufungsgericht

47 a) Ob eine Rechtsmittelbeschränkung wirksam ist, hat das Berufungsgericht in jeder Lage des Verfahrens bis zum Erlaß des Berufungsurteils **von Amts wegen** zu prü-

---

[115] *Roxin*[20] § 51 B III.
[116] Im Ergebnis wie hier *Eb. Schmidt* 44, 48, 49; *Amelunxen* 65; *Henkel* § 100 IV 2 b; *Kleinknecht* MDR **1955** 434; *Peters* § 53 I 2 (der jede Beschränkung des Rechtsmittels nur als bedingt wirksam ansieht); *Roxin*[20] § 51 B II 2 b; *Hippel* 579; *Meister* MDR **1950** 712 ff (der die Wiederaufnahmegründe analog heranziehen will); *Spendel* ZStW 67 (1955) 567; *Schlüchter* 643; *Schorn* JR **1963** 53; vgl. ferner *May* NJW **1960** 465; dazu *Eckels* NJW **1960** 1942; *Seibert* NJW **1961** 10; *Sieveking* aaO 97 ff, 123. OLG Düsseldorf MDR **1984** 164 leitet die Unwirksamkeit der Rechtsmittelbeschränkung aus dem Grundsatz des fairen Verfahrens her; ähnlich OLG Zweibrücken StrVert. **1982** 13 bei unrichtiger Rechtsbelehrung über Erfolgsaussichten einer unbeschränkt eingelegten Berufung.

[117] Vgl. etwa OLG Frankfurt NJW **1968** 1639; LG Hamburg MDR **1970** 256; OLG Hamm MDR **1978** 864; OLG Köln NStZ **1984** 379; VRS **65** 384; OLG Zweibrücken MDR **1986** 75; vgl. *Schlüchter* 641; **a.** A OLG Hamm JMBlNW **1973** 14; OLG Schleswig bei *Ernesti/Lorenzen* SchlHA **1985** 135; vgl. Fußn. 111; 112. Ferner Fußn. 118.
[118] So etwa OLG Celle NdsRpfl. **1981** 254; OLG Köln VRS **65** 384; **66** 457; OLG Koblenz VRS **70** 14; vgl. Rdn. 32.
[119] Vgl. etwa RGSt **69** 110; BGHSt **5** 252; **7** 283 (mit Schilderung der keineswegs gradlinig verlaufenden Entwicklung der Rechtsprechung).
[120] OLG Köln NStZ **1984** 379.

fen. Anders als bei der logisch vorhergehenden, durch Ermittlung des wahren Willens des Rechtsmittelführers noch in der Hauptverhandlung[121] zu klärenden Auslegungsfrage, ob eine Beschränkung des Rechtsmittels gewollt und erklärt wurde, ist es bei Prüfung, ob der ordnungsgemäß erklärten Beschränkung nach der Sach- und Rechtslage auch eine Beschränkungswirkung zukommen kann, nicht an die Auffassung des Rechtsmittelführers gebunden. Es kann auch gegen dessen ausdrücklichen Willen einen Urteilsteil in seine Prüfung und Entscheidung mit einbeziehen, wenn es im Rahmen der erklärten Anfechtung keinen genügenden Raum für eine eigene Entscheidung über den angefochtenen Teil hätte oder wenn die isolierte Entscheidung anderen, im Urteil getroffenen Entscheidungen den Boden entziehen würde. Das Urteil wird in einem solchen Fall trotz der weitergehenden Beschränkung in dem Umfang der Nachprüfung des Berufungsgerichts unterstellt, der notwendig ist, um dem Gericht den erforderlichen Entscheidungsraum zu schaffen. Dies gilt auch für die Berufung der Staatsanwaltschaft. Erstrebt diese mit der Berufung nur den Wegfall der Strafaussetzung zur Bewährung, dann ist das Berufungsgericht, wenn die Beschränkung insoweit nicht wirksam ist, nicht gehindert, die Strafe zu erhöhen und die Sperrfrist für die Wiedererteilung der entzogenen Fahrerlaubnis zu verlängern[122].

b) Ob eine Beschränkungswirkung eintritt und wieweit diese reicht, ist letztlich **48** immer erst auf Grund der **Sach- und Rechtslage bei Erlaß des Berufungsurteils** zu entscheiden[123] und nicht etwa zu einem früheren Zeitpunkt „im Wege der Vorausschau"[124]. Die Sach- und Rechtslage im Zeitpunkt der Urteilsfällung ist auch sonst für die Beurteilung prozessualer Vorgänge maßgebend. Auch wenn schon vorher darüber zu entscheiden war, steht diese (vorläufige) Entscheidung doch immer unter dem Vorbehalt und der Notwendigkeit einer Überprüfung an Hand der abschließenden Beratung des Prozeßergebnisses. Eine auf Wahrscheinlichkeitserwägungen abstellende Vorausbeurteilung der Beschränkbarkeit ist zwar für die Vorbereitung der Berufungsverhandlung praktisch unerläßlich, sie kann aber nicht endgültig für den Umfang der Tätigkeit des Berufungsgerichts bestimmend sein, weil sich die dafür maßgebenden Gesichtspunkte bis zur Berufungsverhandlung und in dieser noch ändern können. So kann beispielsweise eine zunächst als voll wirksam zu erachtende Beschränkung der Berufung auf den Strafausspruch nachträglich dadurch ihre Beschränkungswirkung verlieren, daß eine Änderung in der Beurteilung des Konkurrenzverhältnisses[125] oder eine zwischenzeitlich eingetretene Gesetzesänderung die Nachprüfung des Schuldspruchs zur Ermittlung des milderen Gesetzes (§ 2 Abs. 3 StGB) erforderlich macht[126]. Die Grenzen der Nachprüfungsbefugnis des Gerichts können schon wegen der **Wechselbeziehung zum materiellen Recht** letztlich erst aus der Sicht des Ergebnisses der Berufungsverhandlung bestimmt werden. Dies zeigt sich auch darin, daß jede Berufungsbeschränkung wirkungslos wird, wenn das Gericht etwa wegen einer anderen Straferwartung in das Verfahren der ersten Instanz übergeht (vgl. § 328, 36).

---

[121] BGH NJW **1981** 589; BayObLG OLGSt 22; OLG Koblenz VRS **71** 446; OLG Stuttgart Justiz **1984** 404; *Eb. Schmidt* 4; vgl. Rdn. 21.
[122] OLG Hamm NJW **1969** 474.
[123] BGHSt **21** 258; **27** 72; BGH NJW **1963** 1414; **1977** 2086; **1980** 1807; OLG Celle MDR **1971** 323; OLG Hamburg JZ **1978** 665; OLG Karlsruhe Justiz **1973** 57; OLG Köln VRS **61** 365; **65** 384; **66** 457; KK-*Ruß*[1] 4; *Kleinknecht/Meyer*[38] 8; KMR-*Paulus* 16; *Schlüchter* 639; 643; *Eb. Schmidt* § 327, 4.
[124] So aber OLG Stuttgart DAR **1959** 131; OLG Karlsruhe NJW **1971** 157 (Prozeßlage im Zeitpunkt der Rechtsmitteleinlegung).
[125] Vgl. Rdn. 56 ff; ferner etwa *Grünwald* JZ **1968** 235.
[126] Vgl. Rdn. 35.

IV. Einzelne Beschwerdepunkte

49 1. Die Beschränkung der Berufung auf **abtrennbare**, für eine selbständige Nachprüfung geeignete **Urteilsteile** (Rdn. 3) ist sowohl bei vertikaler als auch bei horizontaler Abgrenzung (Rdn. 21) des Urteilsgegenstandes möglich. Bei letzterer ist jedoch die **logische Aufeinanderfolge der Entscheidungsteile** zu beachten, denn in die Überprüfung müssen notwendigerweise alle die Urteilsteile mit einbezogen werden, die auf den angegriffenen Punkt aufbauen. Im einzelnen:

2. Schuldfrage

50 a) Die Schuldfrage allein ist **nicht selbständig anfechtbar**. Sie ist Grundlage der weiteren Entscheidungen über alle Rechtsfolgen, Strafen ebenso wie sichernde Maßnahmen, Nebenfolgen und Kosten. Wird sie angefochten, so wendet sich das Rechtsmittel regelmäßig gegen das gesamte Urteil[127], bei dem Angeklagten und den im § 298 bezeichneten Personen allerdings nur, soweit sie beschwert sind und ihnen daher ein Rechtsmittel zusteht.

51 b) Innerhalb einer Einzeltat ist die **Schuldfrage nicht teilbar**; einzelne ihrer Gesichtspunkte sind keiner getrennten Anfechtung zugänglich[128]; so ist auch eine Trennung der **Rechtsfragen** von den **Tatfragen** nicht möglich[129]; desgleichen die Feststellungen zu einzelnen Tatbestandsmerkmalen[130] zur Tat- oder Beweisfrage, zu einzelnen Rechtsbegriffen[131], zur Gewerbsmäßigkeit bei § 260[132]. Es ist wegen der Wechselwirkung grundsätzlich auch nicht möglich, die Feststellungen zum äußeren Tatbestand von der Anfechtung auszunehmen[133]. Nicht beschränkt werden kann die Berufung auch auf die Frage, ob ein Rechtfertigungsgrund oder ein Schuld- oder Strafausschließungsgrund vorliegt[134]. Zur Unbegrenzbarkeit bei Tateinheit vgl. Rdn. 27.

52 c) **Doppelrelevante Tatsachen.** Sind **straferhöhende** oder **mildernde Umstände** zugleich Tatmerkmale oder bestimmen sie zugleich den Umfang der Schuld oder sind sie sonst mit tragenden Feststellungen des Schuldspruchs untrennbar verzahnt, wie vielfach die **Regelbeispiele** eines besonders schweren Falls oder andere Tatmodalitäten, die die Strafbarkeit erhöhen oder vermindern[135], so ist eine Beschränkung der Berufung auf den Rechtsfolgenausspruch nicht möglich, wenn der Berufungsführer nach Wortlaut oder Zielsetzung seines Rechtsmittels auch solche Tatsachen mitüberprüft haben will[136]. Nur wenn dies nicht der Fall ist, wenn also unbeanstandet bleibt, daß die Fest-

---

[127] RGSt **61** 323; **63** 359; **64** 153; *Eb. Schmidt* 17.
[128] KK-*Ruß*¹ 6; KMR-*Paulus* 37; *Eb. Schmidt* 18 ff; § 344, 27 mit weit. Nachw.
[129] OLG Hamm VRS **39** 278.
[130] RGSt **60** 109; BGHSt **19** 48; *Grünwald* JR **1980** 304 (Zueignungsabsicht).
[131] OLG Braunschweig VRS **23** 135; OLG Hamm VRS **8** 371; **39** 278; OLG Köln NJW **1966** 895.
[132] RGSt **64** 153.
[133] A. A OLG Schleswig NJW **1979** 2057 = JR **1980** 302 mit abl. Anm. *Grünwald*; OLG Köln MDR **1980** 730. Zur Frage, ob die Teilaufhebung von Feststellungen anderen Grundsätzen folgt als die Beurteilung der Teilbarkeit der Anfechtung vgl. § 353, 17; 21.
[134] KMR-*Paulus* 133; *Eb. Schmidt* 24.
[135] Vgl. BayObLG NJW **1980** 2207; OLG Karlsruhe Justiz **1956** 305; **1976** 149; **1983** 127; 167; OLG Schleswig SchlHA **1980** 21; bei *Ernesti/Lorenzen* SchlHA **1980** 176; ferner Fußn. 136 und OLG Düsseldorf JMBlNW **1984** (Eigenverbrauch BtMG); OLG Köln MDR **1980** 730 (minderschwerer Fall); sowie Fußn. 136.
[136] BGHSt **29** 359 (auf Vorlage gegen OLG Schleswig) = JR **1980** 302 mit abl. Anm. *Grünwald*; BGHSt **30** 340; OLG Schleswig SchlHA **1982** 96; vgl. § 344, 29.

stellungen zum Schuldspruch auch insoweit der Rechtsfolgenentscheidung ungeprüft zugrunde gelegt werden, liegt eine wirksame Beschränkung vor[137]. Gleiches gilt bei Umständen ohne Doppelrelevanz, also bei den Umständen, die nicht Tatmodalitäten betreffen, sondern außerhalb des vom objektiven und subjektiven Tatbestand umrissenen Bereichs der Schuldfrage liegen, etwa in hinzutretenden besonderen Eigenschaften oder Verhältnissen des Täters[138]. Maßgebend ist aber immer der **Einzelfall** und nicht so sehr die mitunter strittige Einordnung dieser Umstände im materiellen Strafrecht. Die frühere Rechtsprechung hielt beispielsweise bei den §§ 157[139], 158, 163 Abs. 2[140], § 213[141] und § 316 a Abs. 2 StGB[142] die Abtrennung der Überprüfung vom eigentlichen Schuldspruch für möglich, weil sie nicht vom Tatbestand der strafbaren Handlung, sondern von außen her das Maß der Schuld differenzieren, sich also nur auf den Strafausspruch auswirken können. Auch hier kommt es jedoch, wie auch sonst bei tatbestandsbezogenen Strafzumessungserwägungen, auf die Zielrichtung der Anfechtung und die Intensität der Verknüpfung der Feststellungen an[143].

Bei der **Schuldfähigkeit** (§ 20 StGB) geht die herrschende Meinung davon aus, **53** daß die Voraussetzungen nur im Zusammenhang mit der ganzen Schuldfrage nachprüfbar sind, während die verminderte Schuldfähigkeit (§ 21 StGB) zur Straffrage gerechnet wird[144] und in der Regel auch getrennt nachgeprüft werden kann. Zwar ist der Übergang fließend und die Schuldfähigkeit im ganzen ein Schuldfaktor. Ist die Tat jedoch vorwerfbar, so ist die verminderte Schuldfähigkeit nur ein Strafzumessungsgrund neben anderen. Im Einzelfall kann jedoch die Beschränkbarkeit daran scheitern, daß der Grad der Schuldfähigkeit zur Überprüfung gestellt wird[145]; ferner, wenn im Ersturteil die der Sache nach gebotenen Feststellungen zur Schuldunfähigkeit überhaupt fehlen oder lückenhaft sind[146].

---

[137] BGHSt **29** 359; vgl. Fußn. 136.

[138] RGSt **69** 114; BayObLGSt **1949/51** 110; ferner BGHSt **29** 359, wo offengelassen wird, ob die Doppelrelevanz nur bei Merkmalen des Tatbestandes anzunehmen oder weiter zu fassen ist, wie in BGHSt **24** 275; **30** 340; BGH bei *Holtz* MDR **1980** 275; BayObLG bei *Rüth* DAR **1986** 249; *Hartung* SJZ **1949** 68.

[139] RGSt **60** 106; **74** 204; BGHSt **2** 379; OLG Hamm MDR **1954** 631; OLG Stuttgart NJW **1978** 711; *Kleinknecht/Meyer*[38] 15; KMR-*Paulus* 40; *Eb. Schmidt* 24; zum Teil a. A OLG Braunschweig NdsRpfl. **1953** 166 (Trennung nur, wenn § 157 angewandt, nicht dagegen, wenn die Nichtanwendung beanstandet wird); vgl. dazu *Grünwald* 165; vgl. *Sieveking* 16 f, 67; § 344, 29.

[140] RGSt **61** 123; RGSt **74** 204; BGH NJW **1962** 2164; **1963** 1461; BayObLGSt **1956** 7 = NJW **1956** 921; OLG Hamm MDR **1954** 631 (unter Aufgabe von MDR **1950** 120); *Kleinknecht/Meyer*[38] 15; KMR-*Paulus* 40; *Eb. Schmidt* 24; vgl. § 344, 29.

[141] BGH NJW **1956** 756; StrVert. **1982** 474; bei *Holtz* MDR **1983** 619; BayObLGSt **1949/51** 111; *Kleinknecht/Meyer*[38] 15; vgl. § 344, 29.

[142] BGHSt **10** 320; *Kleinknecht/Meyer*[38] 15.

[143] Vgl. § 344, 29.

[144] RGSt **69** 110; **76** 266; JW **1934** 2914 (a. A RG JW **1934** 2913 Nrn. 13 und 14; RG HRR **1934** Nr. 1417; verminderte Zurechnungsfähigkeit untrennbarer Teil der Schuldfrage); BGHSt **5** 267; **7** 283; dazu *Spendel* NJW **1955** 1290; *Niethammer* JZ **1955** 428; *Krumme* LM Nr. 8 zu § 264; *Kleinknecht* MDR **1955** 434; BayObLGSt **1954** 162 = NJW **1955** 353; BayObLGSt **1977** 80 = JR **1978** 248 mit Anm. *Zipf*; OLG Hamm VRS **54** 28; OLG Celle NdsRpfl. **1987** 107; OLG Köln GA **1956** 60; NStZ **1981** 63; **1984** 379; KK-*Ruß*[1] 7; *Kleinknecht/Meyer*[38] 15; a. A OGHSt **1** 369; *Hettinger* JZ **1987** 390 mit eingehender Darstellung des Meinungsstandes; *Eb. Schmidt* 18; *Schorn* JR **1963** 50; vgl. KMR-*Paulus* 39; *Spendel* ZStW **67** (1955) 565; *Sieveking* 15 ff, 67. Vgl. ferner § 344, 29.

[145] BGHSt **7** 285; KK-*Ruß*[1] 7.

[146] Vgl. BayObLG bei *Janiszewski* NStZ **1987** 404; Rdn. 34; 37 mit weit. Nachw.; *Schlüchter* 641 (Beschränkung unwirksam, wenn sich nachträglich volle Schuldunfähigkeit ergibt). Zum „Lückenargument" vgl. auch *Hettinger* JZ **1987** 390.

§ 318 Drittes Buch. Rechtsmittel

54 Zur Schuldfrage gehört auch, ob ein **Verbotsirrtum** (§ 17 StGB) vorliegt[147]. Ist nur der Strafausspruch angefochten, so ist nach Ansicht des Bayerischen Obersten Landesgerichts[148] jedoch die Annahme eines verschuldeten Verbotsirrtums (§ 17 Satz 2 StGB) möglich, da dieser ähnlich dem § 21 StGB nur die Strafzumessung betreffe.

55 Die Feststellung der Straftat, die der Angeklagte im Zustande der **Volltrunkenheit** begangen hat, gehört bei § 323 a StGB zum Schuldspruch[149]. Sind bei einer Verurteilung wegen Volltrunkenheit die Grundsätze der actio libera in causa nicht beachtet worden, so ist nach Ansicht des Oberlandesgerichts Celle[150] die Rechtsmittelbeschränkung der Staatsanwaltschaft unwirksam.

56 **d) Tateinheit, Tatmehrheit.** Wie bereits ausgeführt (Rdn. 28), muß nach der herrschenden Meinung nicht stets das gesamte historische Geschehen, also die gesamte Tat im Sinne des § 264, einheitlich der Nachprüfung durch das Berufungsgericht unterstellt werden. Die herrschende Meinung hält es für zulässig, auch dann, wenn mehrere Straftaten im Sinne des § 53 StGB zu einer Tat im verfahrensrechtlichen Sinn gehören, die Anfechtung auf eine dieser Straftaten zu beschränken[151]. Nach Ansicht des Bayerischen Obersten Landesgerichts gilt dies grundsätzlich auch dann, wenn beiden Straftaten (im Sinne des materiellen Rechts) dieselben Tatsachen zugrunde liegen[152].

57 Die **neuere Rechtsprechung** ist nicht einheitlich. Wenn auch die einzelnen Entscheidungen meist auf den konkreten Einzelfall abstellen, so scheint doch die Neigung zu wachsen, an die Zulässigkeit der Beschränkung schärfere Anforderungen zu stellen und sie zu verneinen, wenn die begehrte Überprüfung der einen rechtlich selbständigen Handlung wegen der Doppelrelevanz der zugrunde liegenden Feststellungen zugleich auch die Grundlagen der anderen Handlung mit umfassen muß oder wenn andernfalls die umfassende Ausschöpfung des Unrechtsgehalts der Tat in Frage gestellt wäre[153].

58 Umstritten war, ob zwischen der **Verkehrsstraftat**, der Verkehrsordnungswidrigkeit und der nachfolgenden **unerlaubten Entfernung vom Unfallort** (§ 142 StGB) eine

---

[147] KMR-*Paulus* 39.
[148] BayObLGSt **1960** 65 = GA **1960** 246.
[149] BayObLGSt **1954** 159 = NJW **1955** 395; OLG Celle VRS **35** 208; OLG Hamm VRS **39** 190; OLG Zweibrücken GA **1982** 560; KMR-*Paulus* 37; *Rother* NJW **1955** 880; vgl. OLG Oldenburg NJW **1955** 233, das bei einer Beschränkung der Berufung auf das Strafmaß prüfen will, ob der Rechtsmittelführer nur die Strafzumessung im eigentlichen Sinn oder auch die Qualifizierung der im Rausch begangenen Tat nachgeprüft wissen will. Diese Frage muß selbstverständlich vom Berufungsgericht geklärt werden. Will der Angeklagte aber auch die in der Trunkenheit begangene Tat in die Prüfung einbezogen wissen, dann richtet sich sein Rechtsmittel auch gegen den Schuldspruch; vgl. auch *Eb. Schmidt* 4.
[150] OLG Celle NJW **1969** 1588; vgl. aber OLG Koblenz MDR **1972** 622; Rdn. 51.
[151] RGSt **33** 21; **51** 307; **64** 21; RG HRR **1937** Nr. 264; BGHSt **6** 230; **9** 344; **10** 101; **21** 258; **24** 187; BGH NJW **1961** 2220; BGH VRS **11** 426; **13** 122; **33** 293; BayObLGSt **1956** 162 = JZ **1960** 30 mit Anm. *Heinitz*; BayObLGSt **1980** 115 = JR **1981** 436 mit Anm. *Stein*; BayObLG VRS **43** 121; OLG Celle MDR **1958** 707; OLG Hamm VRS **45** 208; OLG Karlsruhe NJW **1971** 157; MDR **1976** 71; OLG Koblenz GA **1978** 315; OLG Köln VRS **62** 283; a. A *Grünwald* 258 ff; der wegen der Verflechtung des Unterbaus auch bei Tatmehrheit die Trennbarkeit innerhalb einer Tat i. S. d. § 264 ablehnt; vgl. JZ **1970** 331; auch JZ **1966** 106 ff; ferner Rdn. 58; § 344, 21 mit weit. Nachw.
[152] BayObLGSt **1959** 126 = NJW **1959** 1646; a. A OLG Celle NJW **1959** 399.
[153] BGHSt **25** 72 auf Vorlage von OLG Stuttgart NJW **1971** 2248 gegen OLG Karlsruhe NJW **1971** 157; OLG Koblenz VRS **46** 204; vgl. ferner KK-*Ruß*[1] 5; KMR-*Paulus* 27.

Rechtsmittelbeschränkung möglich ist[154]. Die vorherrschende Meinung hält, sofern nicht besondere Umstände im Einzelfall dies ausschließen, eine Beschränkung für möglich, und zwar sowohl auf die Nachprüfung der Verurteilung wegen Unfallflucht[155] als auch für den umgekehrten Fall, wenn der Unfall als solcher nicht bestritten wird, sondern nur das Verschulden[156]. Entscheidend sind aber immer die Umstände des Einzelfalls. Vor allem bei Vorliegen einer Unfallgeschehen und Entfernung vom Unfallort umfassenden Trunkenheitsfahrt kann die Beschränkbarkeit zu verneinen sein[157]; anders, wenn Verkehrsuntüchtigkeit erst nach dem Unfall herbeigeführt wurde[158]. Eine Beschränkung der Berufung auf den freisprechenden Teil eines teils freisprechenden, teils verurteilenden Erkenntnisses ist in solchen Fällen ebenfalls nicht möglich[159].

Bei **zu Unrecht angenommener Tatmehrheit** ist die Beschränkung unwirksam; **59** denn bei Prüfung der Wirksamkeit der Rechtsmittelbeschränkung ist das Berufungsgericht nicht daran gebunden, wie der Tatrichter das Zusammentreffen der strafbaren Handlungen beurteilt hat[160]. Liegt in Wirklichkeit Tateinheit oder eine **fortgesetzte Tat** vor, dann kann das Berufungsgericht nicht durch eine Beschränkung, die nach richtiger rechtlicher Beurteilung nur einen rechtlichen Gesichtspunkt betrifft, an der umfassenden Würdigung und der zutreffenden Ahndung der Tat gehindert und gezwungen werden, eine zweite Strafe auszusprechen, obwohl nur eine einzige Straftat vorliegt. Die Beschränkung betrifft dann (maßgebend ist die rechtliche Beurteilung durch das Berufungsgericht) keinen selbständig abtrennbaren Beschwerdepunkt[161]. Dasselbe gilt, wenn zwei an sich selbständige Straftaten mit einer **Dauerstraftat** rechtlich zusammentreffen[162].

Bei **Tateinheit** ist die Beschränkung auf einen der mehreren rechtlichen Gesichts- **60** punkte unwirksam[163]; dies gilt auch, wenn zu Unrecht Tateinheit angenommen wur-

---

[154] Vgl. etwa BayObLGSt **1959** 126 = NJW **1959** 1640; OLG Celle NdsRpfl. **1959** 399; OLG Hamm VRS **39** 335; **40** 19; **41** 28; NJW **1971** 771 mit abl. Anm. *Lemmel* NJW **1971** 1225; OLG Köln NJW **1971** 156; OLG Karlsruhe NJW **1971** 157; GA **1976** 59; OLG Schleswig bei *Ernesti/Jürgensen* SchlHA **1973** 187; OLG Stuttgart DAR **1959** 131; KK-*Ruß*¹ 5; *Kleinknecht/Meyer*³⁸ 11; KMR-*Paulus* 29; *Kaiser* NJW **1983** 2418.

[155] BGHSt **24** 185 auf Vorlage von BayObLG VRS **40** 428 gegen OLG Hamm VRS **40** 19; zur Beschränkbarkeit bei Teilfreispruch vgl. etwa BayObLGSt **1980** 115 = JZ **1981** 437 mit Anm. *Stein*; BayObLGSt **1986** 100.

[156] OLG Hamm VRS **43** 179; OLG Karlsruhe MDR **1976** 71; VRS **58** 140.

[157] BGHSt **25** 72; BayObLGSt **1971** 46 = MDR **1971** 508; BayObLG VRS **59** 338; bei *Rüth* DAR **1973** 211; **1984** 245; **1986** 249; OLG Hamm NJW **1970** 1244; **48** 266; OLG Karlsruhe NJW **1971** 157; VRS **58** 140; OLG Koblenz VRS **46** 204; **48** 26; OLG Köln OLGSt 45; VRS **61** 440; vgl. § 344, 24.

[158] BayObLGSt **1972** 28 = VRS **43** 121.

[159] OLG Köln OLGSt **45**; vgl. auch BayObLGSt **1977** 80 = JR **1978** 248 mit Anm. *Zipf*; § 344, 24 mit weit. Nachw.

[160] RGSt **73** 245; BGHSt **21** 258 = JZ **1968** 233 mit Anm. *Grünwald*; BGH NStZ **1984** 566; BayObLGSt **29** 163; BayObLG DAR **1959** 106; OLG Braunschweig NJW **1954** 45; OLG Düsseldorf VRS **63** 462; OLG Hamm VRS **40** 191; OLG Stuttgart VRS **45** 128; KMR-*Paulus* 27.

[161] RGSt **62** 14; **73** 243; **74** 390; GA **74** (1930) 201; BGHSt **6** 229; BayObLGSt **1954** 42; OLG Braunschweig GA **1955** 56; OLG Köln MDR **1964** 525; *Schorn* JR **1963** 51; *Sieveking* 71.

[162] BGHSt **25** 72; BayObLGSt **1957** 108 = NJW **1957** 1485; OLG Celle MDR **1958** 708; OLG Köln MDR **1964** 525; OLG Hamm NJW **1970** 1244; VRS **7** 135; **13** 215; OLG Koblenz VRS **46** 204; vgl. *Grünwald* JZ **1970** 331 zu BGHSt **23** 150; § 344, 24.

[163] RGSt **14** 150; **47** 11; **57** 84; **58** 32; **59** 316; **60** 109; **61** 349; **65** 129; OGHSt **1** 39; BGHSt **6** 230; **21** 258; **24** 189; VRS **14** 194; **33** 293; BayObLGSt **1957** 107; **1967** 15; **1968** 119; **1980** 115 = VRS **33** 45; NJW **1969** 1185; JR **1980** 436 mit Anm. *Stein*; vgl. Rdn. ; KK-*Ruß*¹ 6; KMR-*Sax* Einl. XIII 94.

§ 318 Drittes Buch. Rechtsmittel

de¹⁶⁴. Wird der Angeklagte vom erstinstanzlichen Gericht in der irrigen Annahme, es läge Tatmehrheit vor, teils verurteilt, teils freigesprochen, obwohl in Wirklichkeit nur eine einheitliche Handlung gegeben war, so ist das Berufungsgericht nicht gehindert, den Angeklagten wegen des Gesamtvorgangs zu verurteilen, auch wenn nur der Angeklagte Berufung eingelegt hatte¹⁶⁵.

61 Die Verurteilung wegen einer **fortgesetzten Tat** kann nur im ganzen, nicht wegen einzelner Teilakte, angefochten werden¹⁶⁶; desgleichen entfällt bei in **Gesetzeskonkurrenz** stehenden Straftaten die Trennbarkeit¹⁶⁷, so auch hinsichtlich der Straftaten, die in einem **Subsidiaritätsverhältnis** stehen¹⁶⁸. Untrennbar ist auch die Verurteilung wegen solcher Straftaten, die durch eine mit ihnen in Tateinheit stehenden Dauer- oder fortgesetzten Tat **zu einer Tat verklammert** sind¹⁶⁹.

3. Beschränkung auf den Rechtsfolgenausspruch

62 **a) Allgemein.** Scheitert die Wirksamkeit der Beschränkung in Einzelfällen nicht an einem der oben dargelegten Gründe¹⁷⁰, dann kann die Berufung nach herrschender Meinung auf den Rechtsfolgenausspruch, unter Umständen auf Teile desselben und auch auf Verhängung gewisser bessernder und sichernder Maßregeln beschränkt werden¹⁷¹. Zwar ist die Schuld der Hauptzumessungsgrund der Strafe. Die Bindung an Feststellungen zum äußeren und inneren Tatbestand hindert den Berufungsrichter nicht daran, statt der im Straftatbestand typisierten Schuld nunmehr den Lebensvorgang, der zur Verurteilung geführt hat, in denjenigen Einzelheiten zu erforschen, die für den Straftatbestand ohne rechtliche Bedeutung sind, die Straftat als Ganzes jedoch kennzeichnen, von ähnlichen unterscheiden und den Grad des Verschuldens für die Strafzumessung bestimmen¹⁷².

63 Die Wirksamkeit der Beschränkung wird verschiedentlich auch danach beurteilt, ob eine Berufung die **Mißachtung zwingender gesetzlicher Grenzen**, etwa die Über- oder Unterschreitung des gesetzlichen Strafrahmens des angewandten Strafgesetzes, beanstandet oder ob sie eine unrichtige Feststellung oder Würdigung der für die Urteilsfindung maßgebenden Tatsachen behauptet. *Sieveking*¹⁷³ unterscheidet insoweit zwischen der „Straffestsetzungsrüge", mit der die technischen Fehler bei der Straffestsetzung (Über- oder Unterschreitung des Strafrahmens, Verhängung einer nicht angedrohten Haupt- oder Nebenstrafe oder Maßregel oder Unterlassung der Anordnung einer solchen) geltend gemacht werden, und der „Strafzumessungsrüge", mit der die

---

¹⁶⁴ OLG Hamm JZ **1953** 674; VRS **40** 191; OLG Karlsruhe VRS **72** 78; *Eb. Schmidt* 15.

¹⁶⁵ BGHSt **21** 256. Dazu *Grünwald* JZ **1968** 233; *Hanack* JZ **1973** 694; BGH NStZ **1984** 566; ebenso OLG Stuttgart VRS **45** 128; OLG Koblenz VRS **49** 379; **a. A** OLG Köln NJW **1964** 878; vgl. auch OLG Celle MDR **1958** 708.

¹⁶⁶ KK-*Ruß*¹ 6; KMR-*Paulus* 37; *Eb. Schmidt* 14.

¹⁶⁷ BGH NJW **1980** 1807; KK-*Ruß*¹ 6; KMR-*Paulus* 37; vgl. Fußn. 168, § 344, 28.

¹⁶⁸ So BGH NStZ **1986** 565 mit Anm. *Birkenbihl*.

¹⁶⁹ *Kleinknecht/Meyer*³⁸ 11; vgl. Rdn. 23; ferner zur strittigen Frage, ob eine minderschwere Tat zwei an sich selbständige Taten im Sinne des § 264 zu einer zusammenfassen kann, § 264, 7; KMR-*Sax* Einl. **XIII** 73.

¹⁷⁰ Vgl. Rdn. 24; 28 ff.

¹⁷¹ Im Schrifttum wird die von der Rechtsprechung einhellig für zulässig gehaltene Beschränkbarkeit der Berufung auf die Straffrage überwiegend bejaht (vgl. *Sieveking* 12; § 344, 30 mit weit. Nachw.). Bedenken äußert *Eb. Schmidt* 26 ff; Nachtr. II 12. *Peters* § 54 I 3 stimmt zwar den von *Grünwald* (91 ff, 155 f) dagegen erhobenen Bedenken als dogmatisch berechtigt zu, verweist aber darauf, daß der Strafprozeß ein Sozialvorgang ist, bei dem vielfach gegenläufige Interessen ausgeglichen werden müssen. Vgl. § 344, 30.

¹⁷² BayObLG HRR **1930** Nr. 2042.

¹⁷³ *Sieveking* 9.

fehlerhafte Ermessensausübung angegriffen wird, wobei er unter Berufung auf die von *Eb. Schmidt* 28 bis 32 angeführten Beispiele im ersteren Fall die Begrenzbarkeit für den Regelfall zu bejahen scheint, weil das Berufungsgericht diese Fälle „regelmäßig ohne weitere Tatsachenaufklärung entscheiden" könne, während er bei der zweiten Fallgruppe eine Verflechtung der vom Berufungsgericht zu treffenden Feststellungen mit denen zum Schuldspruch weit eher für gegeben hält. Dieser Unterscheidung mag im Einzelfall Bedeutung beikommen, sie ist jedoch kaum geeignet, regelbildend zu wirken, da innerhalb beider Gruppen die Einzelfälle viel zu verschieden sind.

64 Das Berufungsgericht ist innerhalb der von einer wirksamen Beschränkung gezogenen Grenzen zu einer **umfassenden Kognition** in rechtlicher und tatsächlicher Hinsicht auch dann verpflichtet, wenn die beschränkte Berufung nur einen evidenten Rechtsfehler — wie die Überschreitung des Strafrahmens — geltend macht. Auch dann muß es regelmäßig Billigkeit und Gewicht der vom Ersturteil festgestellten Strafzumessungstatsachen **nach eigenem Ermessen** neu würdigen: sein Ermessen tritt an die Stelle des Ermessens des Erstrichters. Dies ist schon deshalb unerläßlich, weil die Anwendung eines unrichtigen Strafrahmens zeigt, daß der Erstrichter die vom Gesetzgeber vorgenommene generelle Einstufung des Unwerts der Tat verkannt hat, so daß er auch bei der ihm nur innerhalb dieses Rahmens freigestellten Wertung der Einzeltat von einem falschen Maßstab ausgegangen sein kann. Das Berufungsgericht kann nicht unterstellen, daß der Erstrichter, der den gesetzlichen Strafrahmen überschritten hat, die Höchststrafe verhängen wollte[174]. Aber auch wenn das Ersturteil im Einzelfall diese Feststellung enthalten würde, wäre das Berufungsgericht nicht von der Verpflichtung entbunden, selbst nachzuprüfen, welche Strafe innerhalb des gesetzlichen Strafrahmens angemessen ist.

65 Soweit der wegen der inneren Urteilseinheit notwendige **Vorrang der nichtangefochtenen Urteilsteile** nicht Platz greift, dürfen die bisherigen Feststellungen zum Strafmaß frei geändert oder ergänzt werden[175]. In derartigen Fällen hat das Berufungsgericht über die die Strafe bestimmenden Gesichtspunkte zu entscheiden, während es die der Strafe „vorgeordneten" binden[176]. Zu den Feststellungen, die das Berufungsgericht im Rahmen der Überprüfung der Straffrage **frei treffen** und die es an die Stelle der Feststellungen des Ersturteils setzen kann, gehören insbesondere die Feststellungen über das Verhalten des Angeklagten und anderer Personen vor und nach der Tat[177], sowie die sonstigen, außerhalb der eigentlichen Tatbestandsverwirklichung liegenden Umstände, die nach den §§ 46 ff StGB bei der Strafzumessung zu berücksichtigen sind.

66 **b) Bindung.** Das Berufungsgericht muß bei Wirksamkeit der Beschränkung die Schuldfeststellungen im nicht angefochtenen Urteilsteil seiner Entscheidung ohne eigene Nachprüfung zugrunde legen[178]. Dies gilt nicht nur für die Umstände, in denen

---

[174] So aber *Sieveking* 10.
[175] Vgl. etwa OLG Köln NJW **1955** 1333.
[176] BayObLGSt **1956** 7 = MDR **1956** 248; vgl. Rdn. 28; 73.
[177] Vgl. etwa OLG Köln NJW **1955** 133; VRS **32** 344.
[178] RGSt **61** 209; BGHSt **10** 71 = LM Nr. 16 zu § 264 mit Anm. *Krumme* = JZ **1957** 721 mit Anm. *Oehler*; ferner BGHSt **7** 283 = NJW **1955** 917 mit Anm. *Spendel* = JZ **1955** 428 mit Anm. *Niethammer* = MDR **1966** 433 mit Anm. *Kleinknecht* = LM Nr. 8 zu § 264 StPO mit Anm. *Krumme*; BGHSt **24** 274; **28** 119 = JR **1979** 299 mit Anm. *Grünwald*; KG VRS **8** 462; **25** 130; OLG Celle VRS **42** 20; vgl. ferner OLG Düsseldorf JZ **1984** 684; JMBlNW **1984** 248; OLG Hamburg VRS **25** 351; OLG Karlsruhe Justiz **1983** 167; OLG Saarbrücken VRS **15** 369. Zum früheren Streit im Schrifttum vgl. *Eckels* NJW **1960** 1942; *May* NJW **1960** 465; *Mortzfeld* JW **1956** 1586; *Rödding* NJW **1956** 1342; *Weigelt* DAR **1956** 72; **1958** 185.

§ 318   Drittes Buch. Rechtsmittel

das Erstgericht die Verwirklichung der Tatbestandsmerkmale gesehen hat, sondern auch für die sonstigen Feststellungen, die das Tatgeschehen beschreiben[179] und den Schuldumfang aufzeigen[180]. Sie bestimmen den Strafrahmen und, soweit sie die Tat individualisieren, die Strafbemessung im einzelnen innerhalb des Strafrahmens[181].

67 Der Berufungsrichter kann nur **ergänzende Feststellungen** zum Strafmaß treffen, die jedoch nicht in Widerspruch zu den Schuldfeststellungen treten dürfen[182]. So darf weder die Form des Vorsatzes geändert[183] noch Fahrlässigkeit statt bedingtem Vorsatz angenommen[184] oder der Schuldumfang erweitert werden[185]. Insbesondere darf auch nicht der in seiner konkreten Ausgestaltung bindend festgestellte Sachverhalt durch einen anderen, der den gleichen Schuldspruch ebenfalls tragen würde, ersetzt werden[186].

68 Sind Feststellungen zum Schuldspruch unter Verletzung des Grundsatzes **in dubio pro reo** getroffen worden (der Verstoß muß aus den Urteilsgründen ersichtlich sein!), dann darf sie das Berufungsgericht seiner Entscheidung zum Strafausspruch nicht zugrunde legen, es sei denn, daß es aus eigener Überzeugung dieselben Feststellungen sicher treffen kann[187]. Hat das Erstgericht eine Tatsache als **wahr unterstellt** oder die Einlassung des Angeklagten über den Tathergang als unwiderlegt seiner Entscheidung zugrunde gelegt, dann ist das Berufungsgericht bei seiner Entscheidung über die Straffrage auch hieran gebunden[188]; hat es offengelassen, ob der Angeklagte vorsätzlich oder fahrlässig gehandelt hat, dann kann das Berufungsgericht insoweit keine ergänzenden Feststellungen treffen, sondern muß ebenfalls zugunsten des Angeklagten von einer fahrlässigen Tatbegehung ausgehen[189]. **Mehrdeutige Feststellungen** darf es nicht so ersetzen, daß sich nunmehr ein eindeutiges, dem Angeklagten aber nachteiliges Bild ergibt[190].

69 Lücken in den Feststellungen des Erstgerichts zur Schuldfrage darf das Berufungsgericht nicht ergänzen, wenn hierdurch das konkrete Tatgeschehen, in dem das Erstgericht die Merkmale der strafbaren Handlung erblickt hat, verändert würde.

---

[179] BGHSt **30** 344; BayObLG bei *Bär* DAR **1987** 314, OLG Düsseldorf JMBlNW **1984** 248.
[180] BGHSt **10** 71; **28** 121; BayObLG bei *Rüth* DAR **1985** 247; OLG Hamm VRS **41** 103; OLG Köln NStZ **1981** 63; OLG Saarbrücken NJW **1958** 1740.
[181] RGSt **42** 241; **45** 149; **61** 209; KG VRS **16** 139; **25** 130; OLG Celle VRS **10** 210; **14** 65; OLG Hamburg VRS **25** 351; OLG HammVRS **13** 63; **15** 45; OLG Stuttgart NJW **1956** 443.
[182] BGHSt **7** 287; **10** 71; **24** 274; **28** 121; **29** 366; **30** 340; vgl. ferner BGH VRS **7** 448; **11** 193; 433; BGHGA **1959** 305 (zu § 51 StGBaF); OLG Hamm VRS **8** 310; JMBlNW **1958** 88 (fehlende Kausalität des Blutalkoholgehalts für Unfall); JMBlNW **1959** 58 (Dauer der Trunkenheitsfahrt); VRS **19** 134 (Gefährdung fremder Sachwerte statt von Personen); VRS **36** 124 (Straßenzustand); VRS **37** 295 (Wissen um spätere Fahrt beim Trinken); OLG Saarbrücken VRS **15** 369 (absolute statt relative Fahruntüchtigkeit); *Weigelt* DAR **1956** 72; **1958** 185.
[183] BayObLG VRS **63** 281 (direkter statt bedingter Vorsatz); OLG Köln NStZ **1981** 63.
[184] OLG Hamm VRS **43** 275.
[185] Vgl. BayObLG VRS **60** 211 (weitere pflichtwidrige Handlung); BayObLG bei *Rüth* DAR **1985** 246; ferner Fußn. 180. Die früher vertretene Ansicht, die abweichende Feststellungen zuließ, soweit sie nicht dem Schuldspruch die Grundlagen entziehen (vgl. Vorlagebeschluß OLG Hamm NJW **1956** 1816), wird in der Rechtsprechung seit BGHSt **10** 71, soweit ersichtlich, nicht mehr vertreten.
[186] BayObLG DAR **1958** 23; OLG Hamm JMBlNW **1958** 88; **1959** 58; OLG Oldenburg NJW **1955** 233.
[187] OLG Celle NdsRpfl. **1956** 231.
[188] OLG Celle DAR **1956** 77; **1957** 217.
[189] OLG Hamm VRS **13** 363.
[190] BGH StrVert. **1986** 142.

Dagegen ist das Berufungsgericht nicht gehindert, bei der Überprüfung des **70** Rechtsfolgenausspruchs **verminderte Schuldfähigkeit** (§ 21 StGB) festzustellen und der Strafbemessung zugrunde zu legen[191]. Zur Frage der Wirksamkeit der Berufungsbeschränkung vgl. Rdn. 53.

Das **Mitverschulden** des Opfers eines Verkehrsunfalls darf als etwaiger strafmindernder **71** Umstand in der Regel im Rahmen der Straffrage nur begrenzt geprüft werden[192]. Der Ausspruch des Erstrichters, der Verurteilte trage die Alleinschuld, würde als solcher, da nicht zum Schuldspruch gehörig, nicht binden[193]. Bei der Erörterung, ob ein Mitverschulden vorliegt, muß jedoch der festgestellte Sachverhalt des Schuldspruchs zugrunde gelegt werden. Soweit es sich nicht um die Modalitäten des konkreten Tathergangs handelt, können die Feststellungen zwar ergänzt, nicht aber geändert werden; die ergänzenden Feststellungen dürfen aber niemals im Widerspruch zu den bindend gewordenen Feststellungen stehen[194]. Ist die Frage der Mitschuld dagegen von entscheidender Bedeutung für die Beurteilung des Tathergangs und mit den Feststellungen zum eigenen Verschuldens des Angeklagten verzahnt, kann die Berufung nicht wirksam auf den Strafausspruch beschränkt werden[195].

Bei wirksamer Beschränkung muß die Tat nach dem **Strafrahmen** des unangefochten **72** angewandten Strafgesetzes bewertet werden. Das Berufungsgericht darf nicht etwa deshalb auf die Mindeststrafe erkennen, weil es der Meinung ist, der Schuldspruch sei falsch[196]. Es hat vom rechtlichen Gehalt des nicht angefochtenen Schuldspruchs auszugehen.

4. Beschränkung auf einzelne Rechtsfolgen

a) **Innerhalb des Strafausspruchs** ist eine Beschränkung des Rechtsmittels auf **ein-** **73** **zelne Beschwerdepunkte** möglich, wenn diese in **keiner Wechselwirkung** mit anderen, nicht angefochtenen Entscheidungsteilen stehen[197]. Ob eine solche Beschränkung wirksam ist, kann immer nur unter Berücksichtigung der **Umstände des Einzelfalls** beurteilt werden. Bei Wirksamkeit unterliegen nur der Beschwerdepunkt und die ihm nachgeordneten Entscheidungen, nicht aber vorgeordnete Entscheidungsteile der Nachprüfung durch das Rechtsmittelgericht[198]. Die zu den vorgeordneten Teilen des Rechtsfolgenausspruchs getroffenen Feststellungen des Ersturteils sind dann für das Berufungsgericht ebenso bindend wie die Feststellungen zum Schuldspruch[199].

Ist **zum Beispiel** nur die Entscheidung über die Strafaussetzung zur Bewährung **74** angefochten[200], so darf das Berufungsgericht nur noch hierzu ergänzende Feststellungen treffen, die Feststellungen zum Schuldspruch und zum Strafausspruch im engeren Sinn, insbesondere zur Bemessung der Freiheitsstrafe, dürfen dadurch nicht berührt

---

[191] BayObLG bei *Rüth* DAR **1983** 253; OLG Köln NStZ **1981** 63; vgl. § 344, 29 mit weit. Nachw.
[192] BayObLGSt **1966** 157 = GA **1967** 185; BayObLG bei *Bär* DAR **1987** 315; OLG Celle DAR **1957** 217; VRS **42** 139; strittig; vgl. § 344, 29.
[193] KG VRS **16** 139.
[194] OLG Celle DAR **1957** 217; OLG Köln DAR **1957** 104; *Kleinknecht/Meyer*[38] 15.
[195] BayObLGSt **1966** 155 = GA **1967** 185; BayObLG bei *Bär* DAR **1987** 315; bei *Rüth* DAR **1974** 182; OLG Hamm DAR **1957** 303; vgl. § 344, 29.
[196] OLG Stuttgart Justiz **1972** 187. Zur Frage, wie weit in solchen Fällen die Beschränkung unwirksam ist, vgl. Rdn. 33 ff.
[197] RGSt **65** 297; h. M.
[198] BayObLGSt **1956** 7 = MDR **1956** 248; vgl. Rdn. 28; 60.
[199] Vgl. Rdn. 61.
[200] Dies kann im Einzelfall zulässig sein, vgl. Rdn. 83.

werden[201]. Wo die Entscheidung über die Art der Strafe nicht von der Entscheidung über die Höhe getrennt werden kann, ist eine Beschränkung auf die Strafart nicht zulässig[202].

75 b) Sind **nebeneinander verschiedene Strafen** oder Strafen und andere Rechtsfolgen verhängt, so beurteilt sich die getrennte Anfechtbarkeit danach, ob sie unabhängig voneinander verhängt worden sind, oder ob zwischen ihrer Anordnung oder Bemessung ein enger innerer Zusammenhang besteht[203], der wegen ihrer wechselseitigen Beeinflussung und gegenseitigen Abhängigkeit eine einheitliche Überprüfung fordert. Wieweit Haupt- und Nebenstrafe voneinander unabhängig und einer selbständigen Nachprüfung fähig sind, richtet sich nach dem Umfang der Verschränkung ihrer gesetzlichen Voraussetzungen, aber auch nach der Verknüpfung der maßgeblichen Urteilserwägungen im Einzelfall[204].

76 c) Bei der Anfechtung der **Geldstrafe** (§ 40 StGB) kann die Berufung in der Regel auf die **Höhe des Tagessatzes** beschränkt werden, da es sich um zwei voneinander trennbare, selbständige Urteilsteile handelt[205]. Dies gilt auch, wenn die Tagessatzhöhe versehentlich nicht festgelegt worden ist[206]. Wegen des unterschiedlichen Gegenstands und Ziels der beiden Entscheidungsvorgänge ist grundsätzlich auch eine isolierte Anfechtung der **Zahl der Tagessätze** möglich[207]. Eine Beschränkung scheidet nur aus, wenn im Einzelfall das Urteil eine Wechselwirkung zwischen beiden Aussprüchen erkennen läßt, dies ist vor allem bei einem Urteil denkbar, das die Höhe des Tagessatzes niedriger bemißt, um bei einer großen Zahl von Tagessätzen die Progression des Strafübels auszugleichen[208].

77 Die Bewilligung oder Versagung von **Zahlungserleichterungen** nach § 42 StGB ist getrennt anfechtbar[209]. Ob eine neben einer Freiheitsstrafe oder Gesamtfreiheitsstrafe

---

[201] OLG Frankfurt MDR **1980** 425; OLG Hamm JMBlNW **1956** 239; OLG Köln VRS **28** 106.
[202] RG HRR **1927** Nr. 667.
[203] RGSt **33** 22; **42** 31; 241; **65** 297; BGHSt **4** 63; vgl. *Sieveking* 76 f; a. A *Eb. Schmidt* 33, der nur insoweit eine getrennte Anfechtung zulassen will, als begehrt wird, sie als gesetzwidrig zu streichen, im übrigen aber die Trennbarkeit wegen des engen Zusammenhangs von Haupt- und Nebenstrafen verneint; ebenso *Grünwald* aaO. 189 ff.
[204] Vgl. OLG Hamm MDR **1974** 1037; RGSt **47** 227; **58** 238; RG Recht **1917** Nr. 300; vgl. aber andererseits RGRspr. **5** 663. Dazu *Sieveking* 72 ff. *Grünwald* 189 ff; insbs. 194 hält die Beschränkung der Anfechtung auf eine von zwei Hauptstrafen nicht für wirksam.
[205] BGHSt **27** 70 (auf Vorlage BayObLG VRS **51** 22 gegen OLG Hamburg MDR **1976** 156); dazu *Grünwald* JR **1978** 71; BGHSt **34** 92; BayObLGSt **1975** 73 = JR **1976** 162 mit Anm. *Tröndle*; BayObLG VRS **60** 103; bei *Rüth* DAR **1986** 249; OLG Düsseldorf NJW **1977** 260; dazu *Schall* JuS **1977** 307; OLG Hamm MDR **1976** 595; KG VRS **52** 113; OLG Karlsruhe NJW **1976** 1275; OLG Koblenz MDR **1976** 418; VRS **54** 48; OLG Köln NJW **1977** 307; OLG Schleswig bei *Ernesti/Jürgensen* SchlHA **1978** 189; OLG Stuttgart Justiz **1982** 233; OLG Zweibrücken OLGSt § 344, 16; *Grebing* JZ **1976** 751; *Horn* JR **1977** 97; *D. Meyer* DAR **1976** 149; SchlHA **1976** 106; *Vogler* JR **1978** 353; vgl. ferner KK-*Ruß*[1] 8; *Kleinknecht/Meyer*[38] 19; KMR-*Paulus* 44; vgl. § 344, 32.
[206] Vgl. BGHSt **34** 90 (auf Vorlage BayObLG NStZ **1985** 502 gegen OLG Köln JMBlNW **1977** 139); OLG Stuttgart Justiz **1982** 233.
[207] Strittig; wie hier BGHSt **27** 73; OLG Koblenz NJW **1976** 1275; *Grebing* JR **1981** 3; KK-*Ruß*[1] 8; *Schall* JuS **1977** 309; *Vogler* JR **1978** 356; a. A *Grünwald* JR **1978** 71; *Horn* JR **1977** 97. *Kleinknecht/Meyer*[38] 19. Wegen weit. Nachw. zum Streitstand vgl. die Kommentare zu § 40 StGB.
[208] BGHSt **34** 90 läßt dies offen; vgl. aber BGHSt **26** 325. Wie hier KMR-*Paulus* 44; *Naucke* NJW **1978** 1171; *Tröndle* JR **1976** 162.
[209] *Kleinknecht/Meyer*[38] 19; KMR-*Paulus* 46; § 344, 32; a. A OLG Bremen NJW **1954** 523.

verhängte Geldstrafe gesondert anfechtbar ist, hängt vom Ziel der Anfechtungserklärung und der wechselseitigen Verknüpfung beider Rechtsfolgen im Einzelfall ab[210]. Wurde entgegen der zwingenden Vorschrift in § 21 OWiG eine Geldbuße neben einer Geldstrafe verhängt, kann die Berufung auf keine der beiden Rechtsfolgen beschränkt werden[211].

78 d) Bei der **Freiheitsstrafe** sind die einzelnen Erwägungen, die zu ihrer Verhängung und Bemessung führten, nicht einzeln anfechtbar, so, wenn eine Vorstrafe strafschärfend gewertet wurde[212]. Auch ob § 47 StGB die Verhängung einer **kurzfristigen Freiheitsstrafe** ausschließt, kann in der Regel nicht getrennt von den übrigen Feststellungen zum Strafausspruch beurteilt werden, da § 47 StGB eine umfassende Würdigung von Tat und Täter erfordert[213].

79 Der Ausspruch über die **Gesamtstrafe** (§§ 53 bis 55 StGB) ist in der Regel gesondert anfechtbar[214]; eine Beschränkung auf die Bemessung der Gesamtstrafe ist jedoch nicht möglich, wenn die Festsetzung von Einsatzstrafen übersehen worden ist[215].

80 Anrechnung der Untersuchungshaft. Nach der Neufassung des § 51 StGB dürfte die Entscheidung über die Anrechnung der Untersuchungshaft in der Regel von der Strafzumessung getrennt anfechtbar sein, auch in den Fällen des Absatz 1 Satz 2, der auf das Verhalten des Angeklagten nach der Tat abstellt[216]. Im Einzelfall kann aber eine Verknüpfung die Beschränkung unwirksam machen.

81 Ob bei der Anrechnung einer wegen derselben Tat **im Ausland** erlittenen Freiheitsentziehung (§ 51 Abs. 3 StGB) etwas anderes gilt, erscheint wenigstens für den Regelfall fraglich, denn die Prüfung, ob dem ausländischen Schuldspruch dieselbe Tat, wie die hier abgeurteilte, zugrunde lag, erfordert in der Regel nur einen Vergleich der Taten, nicht aber eine Nachprüfung des nichtangefochtenen Schuldspruchs auf seine Richtigkeit[217].

82 Wird mit der **Berufung nur die Überschreitung der zulässigen Höchststrafe** beanstandet, so liegt darin keine Beschränkung auf einen Teil des Strafausspruchs[218].

83 e) Die **Strafaussetzung zur Bewährung** ist bei einer Anfechtung des Strafmaßes mit angefochten[219]. Der isolierten Anfechtung ist sie nach der Neufassung (§§ 56 ff

---

[210] *Kleinknecht/Meyer*[38] 19; KMR-*Paulus* 45; § 344, 33 mit Nachw. zum Streitstand.
[211] OLG Koblenz VRS **60** 447.
[212] Zur Frage der Rückfallvoraussetzungen nach dem früheren § 48 StGB vgl. § 344, 35; LR[23] 83.
[213] KMR-*Paulus* 50; § 344, 34. Beim ehem. § 27 b StGB war die Trennbarkeit strittig, wurde aber überwiegend bejaht; vgl. BGHSt **10** 330; BGH NJW **1957** 1199; a. A OLG Oldenburg JZ **1953** 382; vgl. *Sieveking* 18 mit weit. Nachw.
[214] RGSt **37** 285; **40** 274; **49** 91; **66** 351; OLG Hamburg MDR **1976** 419; OLG Saarbrücken OLGSt § 344, 1; KK-*Ruß*[1] 8; *Kleinknecht/ Meyer*[38] 20; KMR-*Paulus* 48; § 344, 37 mit weit. Nachw.
[215] RGSt **65** 290; BGHSt **4** 345; BGH NJW **1979** 936; OLG Karlsruhe Justiz **1974** 386; KK-*Ruß*[1] 8; KMR-*Paulus* 48; § 344, 37.
[216] Vgl. BGHSt **7** 714 = JZ **1957** 383 mit abl. Anm. *Würtenberger* (zur früheren Rechtslage); KMR-*Paulus* 47; § 344, 36. Die Frage war bei der früheren Rechslage strittig, vgl. etwa einerseits BayObLGSt **1963** 90; OLG Hamburg SJZ **1948** 699 mit Anm. *Niethammer*; andererseits OGHSt **1** 150; OLG Oldenburg JZ **1952** 753 mit Anm. *Würtenberger*; auch OLG Hamburg NJW **1966** 63; ferner *Grünwald* 300 ff; *Sieveking* 19.
[217] Anders für den früheren § 7 StGB RG HRR **1939** Nr. 480.
[218] OLG Bremen MDR **1962** 199.
[219] OLG Düsseldorf NJW **1956** 1889; zur grundsätzlichen Unbeschränkbarkeit auf nachgeordnete Gesichtspunkte vgl. Rdn. 28; 60; 73.

StGB)[220] nicht grundsätzlich unzugänglich[221]; denn die Strafhöhe ist an sich unabhängig von der Aussetzung zu bestimmen. Die Rechtsprechung ist uneinheitlich, stellt aber meist ausdrücklich oder stillschweigend auf den **Einzelfall** ab[222]. Hinsichtlich des Umfangs der einer Beschränkung entgegenstehenden Verknüpfungen werden aber unterschiedliche Anforderungen gestellt. Anerkannt ist nur, daß sich Grenzen für die Beschränkung daraus ergeben, daß die für die Entscheidung nach § 56 StGB maßgebenden Gesichtspunkte zum größten Teil auch Umstände sind, die nach § 46 StGB allgemein bei der Strafzumessung berücksichtigt werden müssen. Eine vom Strafausspruch **getrennte Beurteilung** ist nicht möglich, wenn die beiden Entscheidungen zugrunde liegenden Erwägungen, insbesondere zur Täterpersönlichkeit und zur Sozialprognose, ineinander übergehen[223] oder wenn beide Entscheidungen nach den Urteilsausführungen miteinander so verknüpft sind, daß das Maß der einen durch die andere mitbedingt ist[224]. Die **Doppelrelevanz** einiger Feststellungen allein führt noch nicht notwendig zur Untrennbarkeit. Im übrigen aber gehen die Meinungen auseinander[225], so z. B. ob die Beschränkung nur in engen Ausnahmefällen bei Überschneidung der maßgeblichen Erwägungen[226] oder bei Unvereinbarkeit der die Strafzumessung tragenden Gesichtspunkte mit den zur Aussetzungsfrage neu zu treffenden Feststellungen in concreto[227] unwirksam ist.

84 Bei Beschränkbarkeit binden die **Feststellungen zu Schuld und Strafe** das Berufungsgericht, so daß nur noch ergänzende Feststellungen zur Aussetzungsfrage möglich

---

[220] Ursprünglich hat der BGH bei § 23 StGB die Trennbarkeit bejaht; vgl. BGH VRS **18** 347; **25** 256; NJW **1953** 1838; **1954** 40; **1956** 1567; MDR **1955** 394 bei *Dallinger*; ebenso BayObLGSt **1954** 54 = NJW **1954** 1416; auch BayObLG VRS **33** 45; KG VRS **12** 184; OLG Frankfurt NJW **1956** 233; OLG Stuttgart NJW **1956** 1119; dazu *Rödding* NJW **1956** 1342; OLG Oldenburg NJW **1959** 1983; *Schorn* JR **1963** 52. Ein Teil des Schrifttums verneinte, sofern es sich nicht um die Beseitigung eines offensichtlichen Rechtsfehlers, wie etwa die Bewilligung von Strafaussetzung für eine die Obergrenze übersteigende Freiheitsstrafe handelt, die Trennbarkeit überhaupt; etwa *Horstkotte* NJW **1969** 1602; *Eb. Schmidt* 31; Nachtr. I 13. Einschränkend auch OLG Bremen OLGSt **9**; OLG Stuttgart Justiz **1963** 63; vgl. ferner OLG Düsseldorf NJW **1956** 1889; OLG Hamm VRS **13** 449; JMBlNW **1957** 58; NJW **1969** 474; OLG Koblenz JR **1957** 30; OLG Köln VRS **28** 106; OLG Hamburg JR **1964** 267; OLG Celle NJW **1969** 1588; NdsRpfl. **1970** 22.

[221] Vgl. etwa BGHSt **24** 165; **14** 25; ferner § 344, 40 ff; *Kleinknecht/Meyer*[38] 20; KMR-*Paulus* 56 mit weit. Nachw. von Entscheidungen, die die Beschränkbarkeit generell oder im Regelfall bejahen.

[222] Vgl. etwa BGH NJW **1972** 834; GA **1980** 108; **1982** 552; OLG Frankfurt MDR **1980** 425; OLG Hamburg JZ **1979** 258 mit Anm. *Zipf*; OLG Hamm VRS **42** 355; OLG Karlsruhe NJW **1980** 133; OLG Koblenz MDR **1975** 334; OLG Köln NJW **1971** 1417; OLG Schleswig bei *Ernesti/Lorenzen* SchlHA **1984** 108; **1986** 108; *Kaiser* NJW **1983** 2418.

[223] BGH VRS **25** 256; NStZ **1982** 286; OLG Celle VRS **42** 20; OLG Düsseldorf VRS **63** 463; OLG Frankfurt NJW **1970** 957; OLG Hamburg VRS **27** 99; OLG Hamm NJW **1970** 1614; OLG Karlsruhe NJW **1980** 133; OLG Koblenz VRS **60** 449; OLG Köln VRS **61** 365; OLG Saarbrücken NJW **1975** 2215; KMR-*Paulus* 56.

[224] Vgl. etwa OLG Braunschweig VRS **16** 19; OLG Frankfurt MDR **1980** 425; OLG Schleswig bei *Ernesti/Lorenzen* SchlHA **1982** 125.

[225] Vgl. § 344, 40, 41.

[226] Vgl. etwa BGH NStZ **1982** 286; NJW **1983** 1624; dazu § 344, 41 mit weit. Nachw.

[227] OLG Celle VRS **42** 20; OLG Koblenz VRS **43** 256; **46** 337; **51** 25; OLG Schleswig MDR **1977** 1039; bei *Ernesti/Lorenzen* SchlHA **1986** 108; KMR-*Paulus* 56 mit weit. Nachw.; vgl. auch OLG Frankfurt MDR **1980** 425 (beschränkbar, da doppeltrelevante Feststellungen nicht angegriffen); ferner Rdn. 24.

sind²²⁸. Deshalb wird auch dort, wo die Beschränkung an sich möglich ist, oft davon auszugehen sein, daß der Rechtsmittelführer sein Rechtsmittel nicht in diesem engen Sinn begrenzt wissen wollte (Auslegungsfrage)²²⁹.

Ist einem Heranwachsenden Strafaussetzung nach § 56 StGB bewilligt und legt **85** die Staatsanwaltschaft nur hiergegen Berufung ein, so darf nicht mehr **Jugendstrafrecht** angewendet werden²³⁰. Zur Frage, ob die Entscheidung über die Strafaussetzung zur Bewährung mit der Entziehung der Fahrerlaubnis so eng zusammenhängt, daß beide nicht gesondert angefochten werden können, vgl. Rdn. 98.

f) Auf den Ausspruch der **Verwarnung mit Strafvorbehalt** allein (§ 59 StGB) kann **86** die Berufung wegen der Verknüpfung der dafür erforderlichen Prognose mit der Person des Täters und den Umständen der Tat in der Regel nicht beschränkt werden²³⁰ᵃ.

g) Auf das **Fahrverbot** kann die Berufung nur beschränkt werden, wenn Art und **87** Höhe der Hauptstrafe erkennbar unabhängig von den Erwägungen gefunden worden sind, die für die Anordnung des Fahrverbots maßgebend waren²³¹. Ist dagegen eine Wechselwirkung zwischen der Verhängung und Bemessung beider Strafen anzunehmen, was wegen des Charakters als Warnungsstrafe naheliegt, aber eine Frage des Einzelfalls ist, so sind die Verhängung des Fahrverbots und der übrige Strafausspruch nicht getrennt anfechtbar²³².

h) Auf **sonstige Nebenstrafen und Nebenfolgen** kann die Berufung wirksam be- **88** schränkt werden, wenn allein deren Zulässigkeit überprüft werden soll²³³ oder wenn ihre Verhängung unabhängig von der Hauptstrafe nachgeprüft werden kann, weil die für die Nebenfolge maßgebenden Gründe in keinem wechselseitigen Verhältnis zur Hauptstrafe stehen²³⁴. Dies ist etwa der Fall beim **Verlust der Amtsfähigkeit**, Wählbarkeit und Stimmrecht²³⁵, bei der Anordnung der **Urteilsbekanntmachung** oder der **Bekanntmachungsbefugnis**²³⁶ oder der **Abführung des Mehrerlöses**²³⁷.

i) Verfall und Einziehung sind unter den gleichen Voraussetzungen wie sonstige **89** Nebenstrafen oder Nebenfolgen einer getrennten Anfechtung zugänglich. Ob zwischen der Verhängung der Nebenfolge und der Hauptstrafe eine die getrennte Beurteilung

---

[228] BGH VRS **7** 448; **11** 193; OLG Hamm JMBlNW **1956** 237; OLG Köln VRS **28** 106; vgl. Rdn. 25; 62.

[229] Vgl. etwa OLG Koblenz VRS **46** 336; Rdn. 18.

[230] OLG Frankfurt NJW **1956** 233.

[230a] OLG Celle MDR **1976** 1041; ferner die Kommentare zu § 59 StGB.

[231] BayObLGSt **1967** 7 = VRS **32** 347; OLG Hamm VRS **41** 194; **49** 275; KK-*Ruß*¹ 8; vgl. aber auch BayObLGSt **1966** 64 = VRS **31** 186; OLG Hamm VRS **34** 418; OLG Koblenz NJW **1971** 1472 mit Anm. *Händel*; VRS **66** 40; OLG Saarbrücken VRS **37** 310 die generell Beschränkbarkeit annehmen; **anders** § 344, 45 (in der Regel unwirksam).

[232] OLG Celle VRS **62** 38; OLG Frankfurt VRS **55** 182; OLG Hamburg VRS **40** 461; OLG Oldenburg VRS **42** 193; OLG Schleswig NStZ **1984** 90; *Kleinknecht/Meyer*³⁸ 22.

Zur Unwirksamkeit der Beschränkung bei § 25 StVG vgl. etwa BGHSt **24** 12; BayObLG bei *Rüth* DAR **1974** 188; OLG Düsseldorf NJW **1970** 1937; VRS **69** 50; ferner § 344, 45 mit weit. Nachw.

[233] Vgl. *Eb. Schmidt* 33; § 344, 44.

[234] RGSt **42** 31; **65** 297; OLG Düsseldorf VRS **51** 439; OLG Freiburg DRZ **1949** 140; OLG Hamm NJW **1975** 67; KMR-*Paulus* 53; vgl. Rdn. 29 ff; § 344, 44.

[235] BGHSt **4** 230; **5** 209; *Kleinknecht/Meyer*³⁸ 22; KMR-*Paulus* 55; § 344, 46 mit weit. Nachw.

[236] RGSt **42** 318; *Kleinknecht/Meyer*³⁸ 22; KMR-*Paulus* 78; § 344, 49 mit weit. Nachw.

[237] BGHSt **1** 161; OLG Hamburg MDR **1947** 103 mit Anm. *Tesar*; OLG Köln NJW **1954** 245; KMR-*Paulus* 78; § 344, 48 mit weit. Nachw.

ausschließende Wechselwirkung besteht, hängt von Rechtsnatur und Voraussetzungen der jeweiligen Maßnahme und von der Ausgestaltung des Einzelfalles ab. Beim **Verfall** der dem Täter die durch die Tat erlangten Vorteile entziehen soll, wird dies nicht angenommen[238]; desgleichen bei einer rein Sicherungszwecken dienenden Einziehung eines auch wertmäßig bei der Strafzumessung nicht ins Gewicht fallenden Gegenstandes[239]. Hat die Einziehung dagegen den Charakter einer Nebenstrafe, wird in der Regel der Entzug eines Gegenstandes von Wert auch die Bemessung der Hauptstrafe beeinflussen und wegen der wechselseitigen Abhängigkeit die Beschränkbarkeit ausschließen[240]. In Einzelfällen kann darüber hinaus eine umfassende Nachprüfung notwendig sein. Beanstandet die Berufung den Umfang des verfallenen Betrages, so kann damit zugleich der Umfang der Tat zur Nachprüfung gestellt werden, so daß die Berufung auch den Schuldspruch ergreift[241], es können damit aber auch nur Gesichtspunkte geltend gemacht werden, die die Feststellungen zum Schuld- und Strafausspruch nicht berühren, so daß die Beschränkung wirksam ist[242].

5. Maßregel der Besserung und Sicherung

90 a) **Allgemeines.** Die Berufung ist grundsätzlich auch bei diesen Maßregeln beschränkbar, sofern die jeweilige Maßregel losgelöst von der Schuldfrage und den sonstigen Rechtsfolgenentscheidungen überprüft werden kann[243]. Sie sind meist getrennt von der Schuldfrage überprüfbar, gegenüber den sonstigen Anordnungen des Strafausspruchs sind sie nur dann selbständig zu beurteilen, wenn im Einzelfall zwischen Auswahl und Bemessung der Strafe und der Auswahl der Maßregel keine innere Abhängigkeit besteht; die Maßregel muß insbesondere selbständig und ohne näheres Eingehen auf die Strafzumessungstatsachen nachprüfbar sein und umgekehrt.

91 Die Frage, unter welchen Voraussetzungen ein Rechtsmittel auf die Anordnung der **Unterbringung in einem psychiatrischen Krankenhaus** oder auf die **Sicherungsverwahrung** beschränkt werden kann, stellt sich in der Regel beim Berufungsgericht nicht (§ 24 Abs. 2 GVG). Insoweit kann auf die Erläuterungen zu § 344, 51 ff verwiesen werden.

92 b) Die **Unterbringung in einer Entziehungsanstalt** (§ 64 StGB) kann dann getrennt nachgeprüft werden, wenn für die Entscheidung über diese Maßregel Umstände maßgebend sind, die außerhalb der Straftat liegen[244]. Dies kann, muß aber nicht der Fall sein, wenn die Unterbringung neben einer Verurteilung zur Strafe angeordnet wurde. **Neben** einem **Freispruch** wegen Schuldunfähigkeit ist dagegen eine die Feststellungen zum Schuldspruch unberührt lassende Beschränkung auf den Maßregelausspruch nicht möglich[245]. Wird nur die Versagung der Strafaussetzung zur Bewährung mit der Beru-

---

[238] Vgl. RGSt **67** 30; KMR-*Paulus* 78; § 344, 63 mit weit. Nachw. auch zur Gegenmeinung.
[239] Vgl. OLG Düsseldorf GA **1972** 1382; OLG Hamm NJW **1975** 67; vgl. *Kleinknecht/Meyer*[38] 22; KK-*Ruß*[1] 8; § 344, 64; ferner § 267, 119.
[240] BayObLG bei *Rüth* DAR **1984** 246; OLG Düsseldorf VRS **51** 439; OLG Schleswig bei *Ernesti/Jürgensen* SchlHA **1978** 189; bei *Ernesti/Lorenzen* SchlHA **1980** 177; KMR-*Paulus* 78; § 344, 64, 65.
[241] RGSt **67** 30.
[242] Vgl. BGHSt **4** 63; OLG Hamm NJW **1975** 67.
[243] KMR-*Paulus* 65; § 344, 50.
[244] Vgl. BGHSt **3** 339 (zu § 42c StGB a. F.)
[245] Vgl. § 344, 54; ferner etwa BayObLGSt **1978** 1 (keine Bindung an Feststellungen, die dem Teilfreispruch wegen Schuldunfähigkeit zugrunde liegen); BayObLGSt **1977** 80 = VRS **53** 265; BayObLG GA **1979** 61; *Kleinknecht/Meyer*[38] 24 und die Nachw. Fußn. 46.

fung angefochten, dann schließt nach Ansicht des BayObLG die wirksame Berufungs-
beschränkung die Anordnung der Unterbringung in einer Entziehungsanstalt aus[245a].

c) Die Anordnung der **Entziehung der Fahrerlaubnis** ist vom Schuldspruch un- **93**
trennbar, wenn sie neben Freispruch wegen Schuldunfähigkeit ausgesprochen wird[246].
Sonst ist sie in der Regel[246a] vom Schuldspruch unabhängig[247], vom Strafausspruch nur
dann, wenn die der Strafzumessung zugrunde liegenden Tatsachen nicht zugleich auch
eine wesentliche Entscheidungsgrundlage für die Fahrerlaubnisentziehung bilden, wie
dies insbesondere zutrifft, wenn es nicht wegen fahrtechnischer Mängel, sondern wegen
Charakterfehlers zum Entzuge kommt[248].

Ob eine getrennte Anfechtung gewollt und möglich ist, muß in **jedem Einzelfall** **94**
unter Berücksichtigung seiner Besonderheiten entschieden werden[249]. Das Bayerische
Oberste Landesgericht hält eine getrennte Anfechtung trotz eines bestehenden Zusam-
menhangs zwischen Strafe und Maßregel dann für wirksam, wenn sich der innere Zu-
sammenhang auf die Entscheidung nicht mehr auswirken kann[250]. Wird allerdings nur
noch die Höhe des Tagessatzes einer Geldstrafe angefochten, entfällt jede Wechselwir-
kung mit der Entziehung der Fahrerlaubnis[251].

Unerheblich ist, ob das Urteil angefochten wird, weil die Fahrerlaubnis entzogen **95**
wurde oder weil das Gericht eine solche **Anordnung unterlassen** hat, denn in beiden Fäl-
len kann die innere Einheit der Gesamtentscheidung nicht unterschiedlich beurteilt wer-
den[252].

Die **Anfechtung des Strafausspruchs** schließt in der Regel auch die Entziehung **96**
der Fahrerlaubnis mit ein[253]. Wird nur die Entscheidung über die **Strafaussetzung zur**

[245a] BayObLGSt **1986** 59 = JR **1987** 172 mit abl. Anm. *Meyer-Goßner*.
[246] Etwa BayObLGSt **1954** 160 = JR **1955** 151; **1984** 74 = NStZ **1985** 90; BayObLG bei *Rüth* DAR **1980** 270; OLG Hamm NJW **1956** 560; *Zipf* JR **1978** 251; vgl. § 344, 57; 58 mit weit. Nachw.; ferner Fußn. 245; 247.
[246a] Vgl. OLG Koblenz VRS **53** 339 (keine Beschränkbarkeit neben Unfallflucht).
[247] BayObLGSt **1954** 160 = JR **1955** 151; OLG Braunschweig NJW **1955** 1333 mit Anm. *Hartung*; OLG Hamburg VRS **10** 355; KG VRS **26** 198; OLG Schleswig VRS **54** 33; vgl. auch OLG Düsseldorf VRS **70** 137; OLG Koblenz VRS **60** 44, wo die an sich für zulässig erachtete Beschränkung an den unzureichenden Feststellungen zum Schuldspruch scheiterte; ferner § 344, 59; **a. A** *Grünwald* 214; *Heinitz* JZ **1960** 34; *Eb. Schmidt* 41.
[248] BGHSt **10** 379; BGH NJW **1954** 1168; VRS **17** 36; BayObLGSt **1968** 31; VRS **61** 42; BayObLG bei *Rüth* DAR **1954** 184; **1985** 246; OLG Celle MDR **1961** 954; OLG Düsseldorf VRS **63** 463; OLG Hamburg VRS **44** 187; OLG Hamm VRS **61** 42; KG GA **1971** 157; OLG Koblenz VRS **43** 420; **50** 30; OLG Köln VRS **48** 87; OLG Stuttgart VRS **46** 103; OLG Schleswig VRS **54** 33; bei *Ernesti/Lorenzen* SchlHA **1984** 108. Zu den im einzelnen strittigen Fragaen vgl. *Kleinknecht/Meyer*[38] 28; KMR-*Paulus* 75; § 344, 59 mit weit. Nachw. Die Rechtsprechung neigte früher dazu, eine Beschränkung anzunehmen, vgl. etwa BGHSt **6** 183; **7** 166; **15** 317; BGH bei *Dallinger* MDR **1954** 16; BayObLGSt **1954** 162 = NJW **1955** L353; OLG Hamm DAR **1955** 254; OLG Neustadt VRS **10** 132; OLG Schleswig SchlHA **1954** 261; OLG Stuttgart NJW **1956** 1119; OLG Celle MDR **1961** 1036; (dagegen OLG Stuttgart MDR **1964** 615).
[249] BayObLG VRS **61** 42; KG VRS **40** 276; OLG Koblenz VRS **50** 32; **57** 107; OLG Schleswig MDR **1977** 1039; KMR-*Paulus* 75.
[250] BayObLGSt **1956** 255 = NJW **1957** 511.
[251] BayObLG VRS **60** 103; vgl. OLG Koblenz VRS **55** 194 (wirksame Rechtsmittelbeschränkung auf eine andere Tat).
[252] Vgl. etwa OLG Hamburg VRS **44** 187; OLG Stuttgart MDR **1964** 615; **a. A** OLG Celle MDR **1961** 1036; vgl. § 344, 59 mit weit. Nachw.
[253] Vgl. etwa BGH VRS **23** 442; BayObLGSt **1965** 138 = NJW **1966** 678; OLG Düsseldorf VRS **63** 463; OLG Koblenz VRS **57** 107; OLG Schleswig MDR **1977** 1039; *Kleinknecht/Meyer*[38] 21; ferner Fußn. 247 bis 249.

Bewährung angefochten, dann hängt es von den Umständen des Einzelfalls ab, ob mit der Entscheidung über die Fahrerlaubnisentziehung eine so enge gegenseitige Verflechtung der getroffenen Feststellungen besteht, daß sie als mitangefochten gelten muß[254]. Bilden die für die Strafzumessung und für die Entscheidung über die Strafaussetzung zur Bewährung maßgebenden Feststellungen zugleich den wesentlichen Teil der Entscheidung nach § 68 StGB, dann ist eine getrennte Anfechtung ausgeschlossen[255].

97 Sieht das Gericht nach § 60 StGB **von Strafe ab**, ist eine daneben angeordnete Entziehung der Fahrerlaubnis in der Regel getrennt nachprüfbar, da beide Entscheidungen grundsätzlich auf voneinander unabhängigen Erwägungen beruhen[256].

98 Eine Beschränkung der Anfechtung auf die **Ausnahme** bestimmter Arten von Kraftfahrzeugen **von der Sperre** ist möglich, wenn lediglich die besonderen Umstände im Sinne des § 69 a Abs. 2 StGB zur Nachprüfung gestellt werden sollen[257].

99 Die Entscheidung über die **Dauer der Sperrfrist** kann nur dann selbständig angefochten werden, wenn die Gründe für die Bemessung der Sperrfrist von denen trennbar und selbständig überprüfbar sind, die für die Anordnung der Entziehung der Fahrerlaubnis maßgebend waren[258]. Meist wird dies zu verneinen sein[259].

100 Ist die Entscheidung über die Entziehung der Fahrerlaubnis angefochten, dann hat das Berufungsgericht nach Ansicht des Oberlandesgerichts Celle[260] auch zu prüfen, ob nicht statt der Entziehung der Fahrerlaubnis ein **Fahrverbot** auszusprechen ist.

101 d) Das **Berufsverbot** (§ 70 StGB) setzt eine Gesamtwürdigung von Tat und Täter voraus, also der Umstände, die auch die Strafzumessungsgrundlage sind; seine Nachprüfung kann deshalb in der Regel zwar von der Schuldfrage, nicht aber von der des Strafausspruchs getrennt werden[261]. Nur in den **Ausnahmefällen**[262], in denen lediglich eine von den Strafzumessungserwägungen unabhängige Frage der Anordnung des Berufsverbots zur Überprüfung gestellt wird, ist eine isolierte Anfechtung möglich[263].

---

[254] **A. A** *Grünwald* 212; 232 (bei keiner möglichen Fallgruppe ist Beschränkung wirksam).

[255] KG MDR **1966** 345; vgl. Rdn. 87; 88; KMR-*Paulus* 75. Die Rechtsprechung ist nicht einheitlich; so gehen BGH VRS **21** 40; **29** 15; OLG Hamm JMBlNW **1974** 22; OLG Koblenz VRS **51** 24 von Beschränkbarkeit aus. OLG Bremen OLGSt 9; OLG Braunschweig NJW **1958** 680; OLG Hamm VRS **32** 18; OLG Köln VRS **16** 422; OLG Oldenburg NJW **1959** 1983 nehmen für Fahrerlaubnisentzug und Aussetzungsfrage Untrennbarkeit an. Vgl. ferner OLG Hamburg VRS **60** 209 (Trennbarkeit, wenn Gefahr widersprüchlicher Entscheidungen nicht besteht); § 344, 60.

[256] OLG Hamm VRS **43** 19; § 344, 59.

[257] OLG Schleswig bei *Ernesti/Jürgensen* SchlHA **1972** 161; anders OLG Düsseldorf VRS **66** 42 (nur im ganzen anfechtbar).

[258] BGH VRS **15** 394; **17** 192; **21** 262; BGH bei *Spiegel* DAR **1978** 152; **1980** 202; OLG Bremen VRS **29** 17; OLG Karlsruhe DAR **1971** 188; VRS **48** 425; OLG Koblenz VRS **48** 16; **50** 362; **52** 432; OLG Köln VRS **43** 96; OLG Oldenburg OLGSt § 42 m StGB a. F, 5; OLG Saarbrücken OLGSt § 42 m StGB a. F, 37; OLG Schleswig DAR **1967** 21; OLG Zweibrücken NJW **1983** 1007; **a. A** OLG Düsseldorf VRS **66** 42.

[259] OLG Celle NdsRpfl. **1965** 46; KG VRS **33** 266; **40** 276 (nur in Ausnahmefällen); *Kleinknecht/Meyer*[38] 29; KMR-*Paulus* 76; § 344, 61; vgl. ferner die Kommentare zu § 69 a StGB.

[260] OLG Celle NJW **1968** 1102.

[261] BayObLGSt **1964** 164 = NJW **1955** 353; *Kleinknecht/Meyer*[38] 30; KMR-*Paulus* 77; § 344, 158 mit weit. Nachw.; **a. A** *Eb. Schmidt* 40; vgl. Fußn. 262; 263.

[262] Untrennbarkeit nehmen an: RGSt **74** 55; BayObLGSt **1954** 164 = NJW **1955** 353; BayObLGSt **1961** 58; *Grünwald* 243; § 344, 158; vgl. aber auch Fußn. 263.

[263] Vgl. BGHSt **17** 39; BGH NJW **1975** 2249; bei *Dallinger* MDR **1954** 16; OLG Hamm NJW **1957** 1773, die die Grenzen für die Beschränkbarkeit wohl nicht so eng ziehen.

6. Sonstige Beschwerdepunkte

a) Entschädigung des Verletzten. Wegen der getrennten Anfechtbarkeit der Entscheidung über die Entschädigung des Verletzten vgl. § 406 a, 7 ff. **102**

b) Auf einzelne Verfahrensverstöße kann die Berufung nicht beschränkt werden. **103**
Dies wäre mit ihrem Wesen, das auf eine umfassende Nachprüfung des Ersturteils in sachlicher und rechtlicher Hinsicht ausgerichtet ist, unvereinbar[264].

7. Verfahrensvoraussetzungen

a) Beachtlichkeit. Die wirksame Beschränkung der Berufung schließt nicht aus, **104**
daß das Gericht von Amts wegen prüfen muß, ob der Verfolgung der gesamten Tat ein Verfahrenshindernis entgegensteht. Selbst wenn das Urteil nur noch in einem Nebenpunkt, etwa wegen der Strafaussetzung zur Bewährung[265] oder wegen einer zu bildenden Gesamtstrafe[266] angefochten ist, führt ein erkanntes Verfahrenshindernis nach der herrschenden Meinung zur Einstellung des gesamten Verfahrens[267].

Unstreitig dürfte sein, daß das Fehlen einer Verfahrensvoraussetzung die eigene **105**
Sachentscheidung des Berufungsgerichts verhindert. Bei der **horizontalen Rechtsmittelbeschränkung** kann deshalb die endgültige Sachentscheidung nicht mehr ergehen. Da jede einzelne Strafe oder Maßregel zumindest für sich als Einheit zu betrachten ist[268], können die der endgültigen Entscheidung logisch vorgeordneten, unselbständigen Entscheidungsteile für sich allein auch dann keinen Bestand haben, wenn sie unangefochten geblieben sind[269]. Dies gilt vor allem, wenn das Rechtsmittel auf den Strafausspruch oder auf Teile davon, wie etwa die Entscheidung über die Strafaussetzung zur Bewährung oder die Anrechnung der Untersuchungshaft[270] beschränkt worden ist.

Bei der **vertikalen Rechtsmittelbeschränkung** liegt es dagegen näher, daß mehrere **106**
Unrechtsfolgen einer strafbaren Handlung ein getrenntes Schicksal haben können. Die vorherrschende Meinung nimmt aber auch hier bei einer Tat im verfahrensrechtlichen Sinne eine Einheit aller Strafen und Maßregeln an, mit der Folge, daß auch dann, wenn das Rechtsmittel wirksam auf die Anfechtung einer von ihnen beschränkt ist, das Fehlen einer Verfahrensvoraussetzung zur Einstellung aller wegen dieser strafbaren Handlung verhängten Strafen und Maßregeln führt, so bei einer auf die Anordnung einer Wertersatzstrafe beschränkten Revision in einem Amnestiefall[271] oder bei einem nur noch die Einziehung betreffenden Rechtsmittel[272]. BGHSt **13** 128 hat sogar bei einer nur noch die Entscheidung über die notwendigen Auslagen des Nebenklägers anfechtenden Revision das ganze Verfahren wegen Verjährung eingestellt[273]. Das Oberlandesgericht

---

[264] Vgl. *Peters* § 74 III 4; Vor § 312, 1.
[265] BGHSt **11** 393.
[266] Strittig; vgl. BGHSt **8** 269 = LM Nr. 7 zu § 67 StGB a. F mit Anm. *Fränkel* = JZ **1956** 417 mit Anm. *Jescheck*; KK-*Ruß*¹ § 327, 3; vgl. auch KMR-*Paulus* 21; **a. A** *Grünwald* 325; *Sieveking* 125; § 337, 30; § 344, 66.
[267] Dazu Einl. Kap. **11** 17; vgl. ferner RGSt **62** 262; **64** 183; **65** 150; **66** 173; **67** 30; **74** 206; BGHSt **6** 304; **8** 269; **11** 393; **13** 128; **21** 24; **26** 4; **28** 119; BGH bei *Dallinger* MDR **1956** 146; **1958** 566; OLG Hamburg MDR **1958** 52; OLG Bremen NJW **1956** 1248; *Kleinknecht/Meyer*³⁸ Einl. 151, 186; KMR-*Sax* Einl. XIII 76; *Eb. Schmidt* 51; *Spendel* ZStW **67** (1955) 568; § 337, 30; § 344, 66; **a. A** *Grünwald* 318.
[268] RG DRiZ **1931** Nr. 39; KMR-*Sax* Einl. XIII 77.
[269] RG DStR **1939** 287; BayObLG HRR **1932** Nr. 216; KG HRR **1928** Nr. 1955; KMR-*Paulus* 22; **a. A** LG Bonn MDR **1947** 272; dazu *Grünwald* 319.
[270] RG HRR **1938** Nr. 941; vgl. § 337, 30.
[271] BGHSt **6** 304.
[272] RGSt **74** 206.
[273] Vgl. § 337 30; **a. A** *Grünwald* 326 (keine Prüfung der Sachentscheidungsvoraussetzungen, wenn nur noch prozessualer Entscheidungsteil angefochten).

§ 318   Drittes Buch. Rechtsmittel

Neustadt[274] vertritt dagegen die Ansicht, daß, wenn Schuldspruch und Strafe mangels Rechtsmittels in nicht verjährter Zeit rechtskräftig geworden seien, weil sich das Rechtsmittel nur gegen die Entziehung der Fahrerlaubnis richtete, jetzt nur noch insoweit Verjährung eintreten könne.

107 Das Verfahrenshindernis ist auch dann zu beachten, wenn es nur einen von **mehreren rechtlichen Gesichtspunkten** betrifft und deshalb nicht zur Einstellung des Verfahrens im ganzen führen kann[275], sondern nur hinsichtlich des einzelnen rechtlichen Gesichtspunkts durchgreift.

108 b) **Beschränkung auf die Nachprüfung der Verfahrensvoraussetzungen.** Daß der Mangel einer Verfahrensvoraussetzung trotz Rechtsmittelbeschränkung grundsätzlich zu beachten und vom Beschwerdeführer nicht auszuschließen ist, bedeutet nicht umgekehrt, daß ein Rechtsmittel niemals auf das Vorliegen eines Prozeßhindernisses beschränkt werden könne, so daß die Berufung notwendig Schuld- und Strafausspruch erfasse, wenn nur die Nichtbeachtung eines Verfahrenshindernisses gerügt werde. Es hängt von der Art des Verfahrenshindernisses ab, ob insoweit eine getrennte Nachprüfung möglich ist, weil sich sein Vorliegen losgelöst von der Schuld- und Rechtsfolgenfrage beurteilen läßt[276]. Stehen die erforderlichen Feststellungen in einem untrennbaren inneren Zusammenhang mit den zum Schuld- und Strafausspruch zu treffenden Feststellungen, so führt ihre Überprüfung notwendigerweise auch zu einer Überprüfung des gesamten Urteils. Zum Beispiel kann es vom Inhalt des Schuldspruchs abhängen, ob ein unter ein Straffreiheitsgesetz fallender Straftatbestand vorliegt[277] oder ob die Tat als Vergehen zu würdigen ist oder als verjährte Ordnungswidrigkeit[278] oder ob sie sonst **verjährt** ist[279]; sofern dies nicht im Einzelfall ohne Rückgriff auf die Feststellungen zum Schuldspruch beurteilt werden kann[280]. Eine isolierte Anfechtung ist dagegen möglich bei der Frage der **Einhaltung der Auslieferungsbedingungen**[281] oder des Vorliegens eines **Strafantrags**[282]. Ob die Strafklage durch ein früheres Urteil verbraucht ist, wird meist auch ohne inhaltliche Überprüfung der Urteilsfeststellungen feststellbar sein[283].

109 Kann das Berufungsgericht über das Vorliegen eines Verfahrenshindernisses ausschließlich im Wege des Freibeweises und ohne Rückgriff auf die Urteilsfeststellungen entscheiden, besteht kein Grund, ausnahmslos auch eine vom Beschwerdeführer nicht gewollte **weitergehende Urteilsüberprüfung** vorzunehmen. Dies ist zwar ohne Bedeutung, wenn das Verfahrenshindernis vorliegt, da dann das Verfahren einzustellen ist

---

[274] OLG Neustadt GA **1956** 268, zust. *Grünwald* 324; ähnlich auch KG JR **1962** 153 (zur ehem. Unterbringung im Arbeitshaus).
[275] BayObLG VRS **25** 448.
[276] *Grünwald* 375; *Hartung* SJZ **1949** 66; KMR-*Paulus* 19; vgl. § 344, 17.
[277] RGSt **40** 274; **51** 243; **53** 40; **54** 8; **57** 190; RG DStR **1939** 810; BGH NJW **1951** 810; BayObLGSt **1956** 2 = JZ **1956** 188; KMR-*Paulus* 19; § 344, 18; a. A RGSt **54** 82.
[278] Für Übertretung nach früherem Recht: OLG Braunschweig NJW **1956** 1118; **a. A** *Kubisch* NJW **1956** 1530.
[279] BGHSt **2** 385; BGH NJW **1984** 988; OLG Braunschweig NJW **1956** 1118; OLG Celle MDR **1966** 865; VRS **31** 194; OLG Hamburg MDR **1958** 52; OLG Oldenburg NdsRpfl. **1953** 207; KMR-*Paulus* 19.
[280] OLG Frankfurt NStZ **1982** 35; vgl. § 344, 18.
[281] RGSt **64** 183; **66** 172; KMR-*Paulus* 19; § 344, 18.
[282] RGSt **43** 367; BayObLG JW **1925** 2796; KG JW **1933** 1902; KMR-*Paulus* 19; § 344, 18.
[283] RGSt **40** 274; **51** 241; **54** 83; KMR-*Paulus* 19; *Sarstedt/Hamm* 85; vgl. aber auch OLG Hamburg VRS **45** 31.

ohne Rücksicht darauf, in welchem Umfang das Ersturteil angefochten worden war[284], wenn aber das Berufungsgericht das Vorliegen eines Verfahrenshindernisses verneint, ist es zu einer weiteren Nachprüfung des Ersturteils nicht verpflichtet[285].

V. Revision

Das Revisionsgericht hat **von Amts wegen** — auch ohne eine entsprechende Rüge — zu prüfen, ob die Berufung wirksam beschränkt worden ist. An die Auslegung und rechtliche Beurteilung, die die Erklärung des Berufungsführers durch das Berufungsgericht erfahren hat, ist es dabei nicht gebunden[286]. Es ist auch nicht gehindert, den Nachweis einer fehlenden Ermächtigung für die Rechtsmittelbeschränkung nachzufordern[287]. Hat es geklärt, ob der Berufungsführer die Beschränkung seines Rechtsmittels wollte, muß es unter Würdigung aller Umstände des Einzelfalls (vgl. Rdn. 18 ff) entscheiden, ob die gewollte Beschränkung wirksam war[288] und ob das Berufungsgericht die ihm dadurch gesetzten Grenzen für seine Kognitionsbefugnis (vgl. § 327) eingehalten hat.

110

§ 319

(1) Ist die Berufung verspätet eingelegt, so hat das Gericht des ersten Rechtszuges das Rechtsmittel als unzulässig zu verwerfen.

(2) ¹Der Beschwerdeführer kann binnen einer Woche nach Zustellung des Beschlusses auf die Entscheidung des Berufungsgerichts antragen. ²In diesem Falle sind die Akten an das Berufungsgericht einzusenden; die Vollstreckung des Urteils wird jedoch hierdurch nicht gehemmt. ³Die Vorschrift des § 35 a gilt entsprechend.

Schrifttum. *Baumdicker* Probleme des § 319 und § 346 StPO, Diss. Würzburg, 1967; *Rasch* Über die Rechtsnatur des Antrags aus § 360 StPO auf Entscheidung des Berufungsgerichts, LZ **1914** 1745. Vgl. ferner die Nachweise bei § 346.

Entstehungsgeschichte. Absatz 2 Satz 3 ist durch Art. 4 Nr. 35 des 3. StRÄndG angefügt worden. Bezeichnung bis 1924: § 360.

---

[284] *Eb. Schmidt* 51 sieht im ausschließlichen Geltendmachen eines Verfahrenshindernisses keine Rechtsmittelbeschränkung, sondern das Verlangen, vor jedem Eingehen auf die Sache zu prüfen, ob nicht das Verfahren durch Einstellung zu beenden ist.

[285] OLG Köln VRS **49** 360.

[286] RGSt **58** 372; **62** 13; **64** 21, 152, 164; **65** 252; **67** 30; RG JW **1931** 2831; KG JW **1927** 3059; BGHSt **27** 72; BayObLGSt **1977** 80 = JR **1978** 248 mit Anm. *Zipf*; BayObLG VRS **60** 211; OLG Hamm JMBlNW **1953** 69; **1959** 107; OLG Koblenz VRS **53** 196; **57** 107; **60** 447; OLG Köln VRS **60** 445; KK-*Ruß*¹ 11; *Kleinknecht/Meyer*³⁸ 33; KMR-*Paulus* 79.

[287] BayObLG MDR **1982** 249; vgl. Rdn. 10 mit weit. Nachw.

[288] Vgl. KMR-*Paulus* 79; *Kleinknecht/Meyer*³⁸ 33.

§ 319   Drittes Buch. Rechtsmittel

Übersicht

	Rdn.		Rdn.
1. Zweck	1	b) Ausschluß der Beschwerde	10
2. Begrenzte Verwerfungskompetenz des Erstrichters	2	c) Beim Amtsgericht zu stellen	11
		d) Antragsberechtigt	12
3. Verwerfung als verspätet		7. Verfahren	
a) Ausschließlich Rechtzeitigkeit zu prüfen	4	a) Aktenvorlage	13
b) Nicht aus anderen Gründen	5	b) Abhilfe	14
4. Belehrung nach Absatz 2 Satz 3	7	8. Entscheidung des Berufungsgerichts	15
5. Keine Vollstreckungshemmung	8	9. Kein weiteres Rechtsmittel	19
6. Antrag auf Entscheidung des Berufungsgerichts		10. Untersuchungshaft	20
a) Rechtsnatur	9	11. Wiedereinsetzung	21

1 **1. Zweck.** Ebenso wie die entsprechende Regelung für die Revision in § 346 dient § 319 der Verfahrensbeschleunigung und der Entlastung des Berufungsgerichts, dem Rechtsbehelfe, deren Unzulässigkeit leicht festgestellt werden kann, ferngehalten werden. Deshalb wird dem Eingangsgericht (begrenzt) eine formelle Prüfungsaufgabe übertragen, die an sich Sache des Berufungsgerichts ist[1].

2 **2. Begrenzte Verwerfungskompetenz des Erstrichters.** Ist Berufung verspätet eingelegt, so muß sie der judex a quo beim Amtsgericht (§ 25 GVG) durch einen außerhalb der Hauptverhandlung ergehenden Beschluß verwerfen. Der Beschluß ist zu begründen und dem Berufungsführer gemäß § 35 a mit Rechtsmittelbelehrung über sein Antragsrecht gemäß § 319 Abs. 2 zuzustellen; den anderen Verfahrensbeteiligten ist er formlos mitzuteilen[2]. Vor Erlaß des Beschlusses sind die Verfahrensbeteiligten nach § 33 zu **hören**[3]. Dies gilt auch für die Staatsanwaltschaft, wenn sie nicht die Berufung eingelegt hat. Eine unterbliebene Anhörung kann im Verfahren nach Absatz 2 nachgeholt werden[4].

3 Lehnt der Erstrichter eine beantragte **Verwerfung** als unzulässig **ab**, oder legt er die Akten ohne eigene Entscheidung[5] über den Rechtsbehelf dem Berufungsgericht vor (§ 320), so hat, auch wenn der Erstrichter die Verspätung übersehen hat, der Gegner des Beschwerdeführers hiergegen kein Beschwerderecht[6].

3. Verwerfung als verspätet

4 a) Das Amtsgericht hat **ausschließlich die Rechtzeitigkeit** der Berufung zu prüfen und darf ausschließlich bei und wegen verspäteter Einlegung verwerfen[7]. Dies gilt auch, wenn nur das Rechtsmittel eines von mehreren Beschwerdeführern unzulässig ist[8]. Die

---

[1] Vgl. BayObLGSt **1974** 98 = MDR **1975** 71; KK-*Ruß*[1] 1; KMR-*Paulus* 1; vgl. § 346, 1.
[2] KMR-*Paulus* 11; vgl. § 346, 17.
[3] KMR-*Paulus* 10; § 346, 17.
[4] BayObLG bei *Rüth* DAR **1975** 208 (zu § 346).
[5] Dies kann er trotz eines Verwerfungsantrags, vgl. OLG Kassel JW **1930** 2598; *Dahs/Dahs* 398; KMR-*Paulus* 10; § 346, 15.
[6] KK-*Ruß*[1] 1; KMR-*Paulus* 16; *Eb Schmidt* 3.
[7] Zur Entscheidung bei nicht behebbaren Zweifeln an der Fristwahrung vgl. § 314, 31 ferner KK-*Ruß*[3]; KMR-*Paulus* 4; *Schlüchter* 672.
[8] KMR-*Paulus* 10; vgl. § 346, 18.

Stand: 1. 11. 1987

Rechtzeitigkeit bindend festzustellen, steht ihm nicht zu. Dies ist allein Sache des Berufungsgerichts, dessen Verwerfungsbefugnis durch die ihm lediglich vorgeschaltete Verwerfungskompetenz des Erstrichters nicht eingeschränkt wird. Stellt dieser gleichwohl rechtzeitige Einlegung des Rechtsmittels fest, so bindet dies das Berufungsgericht nicht[9]. Gegen eine solche überflüssige und wirkungslose Feststellung ist Beschwerde weder möglich noch nötig[10], da das Berufungsgericht ohnehin die Rechtzeitigkeit prüft.

b) Das Amtsgericht darf das Rechtsmittel **nicht aus anderen Gründen**, selbst wenn sie zutreffen, als unzulässig verwerfen. Die Sonderregelung des Absatzes 1 ist keiner ausdehnenden Auslegung fähig[11]. Ob die Berufung aus anderen Gründen unzulässig ist, hat allein das zuständige Berufungsgericht zu entscheiden[12], so etwa, weil der Berufungsführer zur Einlegung nicht ermächtigt ist, oder weil bereits wirksamer Rechtsmittelverzicht vorliegt oder weil die Beschwer fehlt[13]. Ein gleichwohl die Berufung aus diesen Gründen verwerfender Beschluß ist aber wirksam; er führt die Rechtskraft herbei[13], wenn er nicht angefochten wird[14]. Der Strafrichter hat auch nicht darüber zu befinden, ob die Wochenfrist des § 319 Abs. 2 eingehalten ist.

4. Belehrung nach Absatz 2 Satz 3. Der Beschluß des Amtsgerichts ist bei seiner Bekanntmachung an den Betroffenen mit einer **Belehrung** über den **Rechtsbehelf** nach Absatz 2 zu versehen. § 35 a ist, wie Absatz 2 Satz 3 ausdrücklich hervorhebt, entsprechend anwendbar. Die Belehrung muß Form und Frist des Antrags umfassen sowie das Gericht bezeichnen, bei dem der Antrag zu stellen ist[15]. Zweckmäßig kann auch ein Hinweis auf die unabhängig davon bestehende Möglichkeit der Wiedereinsetzung gegen die Versäumung der Berufungsfrist nach §§ 44 ff sein[16].

Unterbleibt die Belehrung nach § 35 a, so ist regelmäßig ein Wiedereinsetzungsgrund gegen die Versäumung der Wochenfrist nach Absatz 2 gegeben.

5. Keine Vollstreckungshemmung. Verstreicht die Berufungsfrist (§ 314) ungenutzt, so wird das Urteil vollstreckbar. Verspätete Einlegung der Berufung hemmt die Vollstreckung des angefochtenen Urteils nicht (§ 316 Abs. 1). Gleiches gilt für den Antrag nach Absatz 2. Andernfalls könnte der Verurteilte die Vollstreckung willkürlich hinausschieben. Amtsgericht und Berufungsgericht können keinen Aufschub der Vollstreckung anordnen, denn § 307 Abs. 2 ist nicht entsprechend anwendbar. Dagegen kann die Vollstreckungsbehörde die Vollstreckung aufschieben. Bei einem nicht in Untersuchungshaft befindlichen Angeklagten ist dies in der Regel, vor allem aber in Zweifelsfällen, angezeigt[17]. Es handelt sich um eine vorläufige Vollstreckbarkeit, die nicht

---

[9] Vgl. RGSt **59** 244; KMR-*Paulus* 9; § 346, 15.
[10] OLG Celle DRZ **1948** 109; KK-*Ruß*[1] 1.
[11] Vgl. § 346, 7.
[12] Vgl. die bei § 346, 7 ff nachgewiesene Rechtsprechung zu § 346, etwa BGH MDR **1959** 507; NStZ **1984** 181. Dort sind auch weitere, vom Erstrichter nicht zu prüfende Unzulässigkeitsgründe erörtert.
[13] KK-*Ruß*[1] 3; KMR-*Paulus* 13; vgl. BayObLGSt **1962** 208 = NJW **1963** 63; § 346, 19.
[14] Zur strittigen Frage der Art des Rechtsmittels vgl. Rdn. 9.
[15] KMR-*Paulus* 11; vgl. BayObLGSt **1976** 19 = VRS **50** 430; § 346, 17; ferner auch *Göhler* NStZ **1987** 60.
[16] Vgl. OLG Hamm VRS **63** 362.
[17] In der Regel zweckmäßig, vgl. KK-*Ruß*[1] 11; *Kleinknecht/Meyer*[38] 6; KMR-*Paulus* 18; § 346, 37.

vom Eintritt der Rechtskraft abhängt, da diese mitunter erst mit Ablauf der Frist für den Antrag nach Absatz 2 oder mit dessen Verwerfung eintritt[18].

6. Antrag auf Entscheidung des Berufungsgerichts (Absatz 2)

9 a) **Rechtsnatur.** Die Möglichkeit der Verwerfung als unzulässig bei Verspätung soll das Berufungsgericht entlasten und das Verfahren vereinfachen. Das Berufungsgericht hat jedoch auf Antrag die Kontrolle über die amtsgerichtliche Verwerfung. Es handelt sich um eine eigentlich dem Berufungsgericht zukommende Entscheidung, der die Entscheidung des Amtsgerichts aus Vereinfachungsgründen nur vorgeschaltet ist. Es ist strittig, ob im Antrag auf Entscheidung des Berufungsgerichts ein besonderer Rechtsbehelf — Anrufung des eigentlich zuständigen Gerichts gegen einen Vorbescheid — zu sehen ist oder eine besondere Art der Beschwerde[19]. Praktische Bedeutung hat dieser Streit nicht mehr, da nach wohl einhelliger Auffassung das Landgericht bei der Entscheidung über den Antrag auch prüfen muß, ob die Berufung aus anderen, der Entscheidungskompetenz des Amtsgerichts entzogenen Gründen unzulässig ist und auch sonst die Besonderheiten der Anfechtungsregelung des Absatzes 2 nicht in Frage gestellt werden[20].

10 b) **Ausschluß der Beschwerde.** Gegen den Verwerfungsbeschluß des Amtsgericht ist nur der Antrag nach Absatz 2 statthaft; die Beschwerde wird dadurch ausgeschlossen. Dies gilt auch, wenn das Erstgericht die Berufung unzulässigerweise (vgl. Rdn. 5) aus Gründen verworfen hat, über die ihm Absatz 1 keine Entscheidungskompetenz einräumt[21].

11 c) Der Antrag nach Absatz 2 ist **beim Amtsgericht** zu stellen. Eine **besondere Form** ist nicht vorgeschrieben[22]. Da das Gesetz keine ausdrückliche Bestimmung enthält, ist hier, wie auch bei § 346 strittig, ob eine Antragstellung beim Landgericht für die Fristwahrung ausreicht. Der Bundesgerichtshof hat dies bei § 346 verneint[23]. Seit Wegfall der Möglichkeit der Beschwerdeeinlegung beim Beschwerdegericht dürfte diese Ansicht entgegen der früher wohl vorherrschenden Meinung in Rechtsprechung und Schrifttum[24] den Vorzug verdienen.

---

[18] Vgl. etwa BayObLGSt **1970** 235 = MDR **1971** 238; ferner eingehend zu den hier teilweise strittigen Einzelfragen § 346, 22 ff.

[19] Einen Rechtsbehelf eigener Art nehmen etwa an BGHSt **11** 155; **16** 118; KK-*Ruß*[1] 5; *Kleinknecht/Meyer*[38] 2; KMR-*Paulus* 16; *Schlüchter* 672.3; vgl. dazu § 346, 25 mit weit. Nachw. Nach *Spindler* ZStW **27** (1907) 459 beruht es auf einem Fassungsversehen, daß der Antrag im Gesetz nicht als sofortige Beschwerde bezeichnet wurde. Demgemäß sahen Entw. 1908, 1909 (§ 320 Abs. 2) und Entw. 1919/1920 (§ 311 Abs. 2) diesen Antrag ausdrücklich als sofortige Beschwerde vor. Die Begründung dazu führte aus, der Rechtsbehelf werde, seinem Wesen entsprechend, als sofortige Beschwerde gekennzeichnet (Begr. zum Entw. 1908, S. 307; Entw. 1909, S. 181).

[20] Vgl. Rdn. 10; zur strittigen Abhilfebefugnis des Erstrichters vgl. Rdn. 18.

[21] KMR-*Paulus* 16; § 346, 26 mit weit. Nachw. zum Streitstand. **A. A** KK-*Ruß*[1] 2; *Eb. Schmidt* 4; auch LR[23] 5.

[22] Es genügt daher, wenn Antragsteller und Antragstellung aus der schriftlichen Erklärung erkennbar sind; vgl. KK-*Ruß*[1] 8; KMR-*Paulus* 19; § 346, 25 mit weit. Nachw.

[23] BGH NJW **1977** 964; BayObLG bei *Bär* DAR **1987** 316; KK-*Ruß*[1] 7; *Kleinknecht/Meyer*[38] 3; vgl. auch *Göhler* NStZ **1987** 60 (Wegfall des § 311 Abs. 2 Satz 2 läßt das darauf gestützte Argument entfallen).

[24] Vgl. Vorlagebeschluß BayObLG VRS **50** 371; KMR-*Paulus* 19; *Schlüchter* 672.3; *Eb. Schmidt* 7; ferner eingehend § 346, 25 mit Nachw. der Rspr.

Dritter Abschnitt. Berufung   § 319

d) Antragsberechtigt ist jeder Beteiligte nur hinsichtlich der vom Amtsgericht ver- **12** worfenen **eigenen Berufung**, also nicht der gesetzliche Vertreter für den Angeklagten, dessen Berufung als verspätet verworfen worden ist[25], nicht der Nebenkläger für die Staatsanwaltschaft, wohl aber der bevollmächtigte Verteidiger für den Angeklagten, überhaupt jeder Bevollmächtigte. Bei Verwerfung der Berufung seines gesetzlichen Vertreters hat auch der Angeklagte ein Antragsrecht[26]. **Nicht antragsberechtigt** sind die „Gegner" des Berufungsführers. Ein Antrag auf Wiedereinsetzung gegen Versäumung der Berufungsfrist kann (vgl. § 300) den Antrag gemäß § 319 Abs. 2 einschließen und umgekehrt[27].

7. Verfahren

a) Aktenvorlage. Die Akten werden dem Berufungsgericht vom Erstrichter über **13** die Staatsanwaltschaft vorgelegt (§ 321). Dies ist auch bei verspäteter Antragstellung notwendig, da der Erstrichter hierüber nicht selbst entscheiden darf[28].

b) Abhelfen kann der Erstrichter bei Antragstellung seinem Verwerfungsbeschluß **14** nicht, auch nicht bei neuer Sachlage[29]; § 306 Abs. 2 und § 311 Abs. 3 Satz 2 sind nicht entsprechend anwendbar[30]. Da der Verwerfungsbeschluß nach Absatz 1 mangels Antrags gemäß § 319 Abs. 2 nach Ablauf der Wochenfrist rechtskräftig wird und auch die Rechtskraft des angefochtenen Urteils feststellt, kann er nach Zustellung und Fristablauf weder vom Amtsgericht noch vom Berufungsgericht aufgehoben oder zurückgenommen werden[31].

8. Entscheidung des Berufungsgerichts.
Über den Antrag entscheidet das Beru- **15** fungsgericht in der für die Beschlußfassung geltenden Besetzung (§ 76 Satz 2 GVG) außerhalb der Hauptverhandlung. Bei der Entscheidung hat die Strafkammer nicht nur nachzuprüfen, ob das Amtsgericht das Rechtsmittel zu Recht als verspätet angesehen hat, sie muß auch darüber befinden, ob das Rechtsmittel aus einem sonstigen Grund unzulässig ist[32].

Das Berufungsgericht ist nach § 319 Abs. 2 auch zuständig, wenn der Angeklagte **16** das **Rechtsmittel**, das als verspätet verworfen worden ist, noch **nicht näher bezeichnet** hatte. Ein solches die Wahlmöglichkeit offenhaltendes Rechtsmittel ist zunächst wie eine Berufung zu behandeln, ohne daß der Angeklagte dadurch die Wahlmöglichkeit verliert, wenn das Berufungsgericht den Verwerfungsbeschluß des Amtsgerichts aufheben sollte[33].

Ist der Antrag verspätet oder von einem Nichtberechtigten (Rdn. 12) gestellt, so **17** verwirft ihn das Berufungsgericht **als unzulässig**. Ist der Antrag rechtzeitig gestellt, die Berufungsfrist jedoch versäumt, so verwirft es ihn **als unbegründet**. Bei rechtzeitiger,

---

[25] KK-*Ruß*[1] 6; *Kleinknecht/Meyer*[38] 2; KMR-*Paulus* 20; vgl. § 346, 28 mit weit. Nachw.
[26] Vgl. etwa *Kleinknecht/Meyer*[38] 2; die Nachw. Fußn. 24; ferner § 298, 15.
[27] Vgl. OLG Bremen GA **1954** 279; § 346, 27; ferner Rdn. 21 ff.
[28] So schon OLG Dresden Sächs. OLG **12** 386; KK-*Ruß*[1] 9; *Kleinknecht/Meyer*[38] 3; KMR-*Paulus* 21; *Eb. Schmidt* 10.
[29] OLG Celle JR **1949** 12; KMR-*Paulus* 14; 21; § 346, 25.
[30] KK-*Ruß*[1] 7; KMR-*Paulus* 14.
[31] RGSt **37** 293; **38** 157; JW **1927** 395 Nr. 27; OLG Celle JR **1949** 12; KK-*Ruß*[1] 10. Zur nachträglichen Änderungsbefugnis des Berufungsgerichts vgl. Rdn. 18.
[32] Vgl. BGHSt **11** 153; **16** 118 (zu § 346); ferner KK-*Ruß*[1] 9; *Kleinknecht/Meyer*[38] 4; KMR-*Paulus* 22 ff; § 346, 30 mit weit. Nachw.
[33] OLG Bremen Rpfleger **1958** 182; vgl. OLG Stuttgart Justiz **1972** 208.

aber aus einem anderen Grund unzulässiger Berufung hebt das Berufungsgericht den Verwerfungsbeschluß des Amtsgerichts auf und verwirft die Berufung nach § 322 als unzulässig[34]. Ist der Antrag **begründet** und das Rechtsmittel auch aus keinem anderen jetzt bereits ersichtlichen Grunde unzulässig, so hebt es nur den Beschluß des Amtsrichters auf. Die Akten werden dann dem Amtsrichter wieder zugestellt. Das Verfahren tritt in dieselbe Lage, wie wenn die rechtzeitige Einlegung der Berufung nicht zweifelhaft gewesen wäre. Vollstreckungsmaßnahmen sind aufzuheben. Eine **Kostenentscheidung** bedarf es auch bei Zurückweisung des Antrags nicht[35].

18   Hat das Berufungsgericht den Antrag nach Absatz 2 verworfen, so kann dieser Beschluß nicht wegen unrichtiger Rechtsanwendung **zurückgenommen** werden. Ob eine Ausnahme dann zulässig ist, wenn das Gericht von unrichtigen tatsächlichen Voraussetzungen ausgegangen ist, ist strittig[36].

19   **9. Kein weiteres Rechtsmittel.** Anders als bei dem Beschluß des Berufungsgerichts gemäß § 322, der eine erste Entscheidung über die Zulässigkeit der Berufung ist, unterliegt die Entscheidung des Berufungsgerichts über den Antrag nach § 319 Abs. 2 keinem (weiteren) Rechtsmittel, weder der einfachen noch der sofortigen Beschwerde. Das ist jetzt herrschende Meinung[37], wobei es letztlich gleichgültig ist, ob man dies aus § 310 folgert, weil der Antrag ein der sofortigen Beschwerde ähnlicher Rechtsbehelf sei, oder ob man § 319 als abschließende Sonderregelung betrachtet, die in Absatz 2 einen Rechtsbehelf eigener Art gewährt, dessen Bescheidung keinen weiteren Rechtsweg eröffnet, insbesondere auch nicht die Beschwerde nach § 304, die die Frage, ob das Ersturteil rechtskräftig geworden ist, in der Schwebe ließe[38].

20   **10. Untersuchungshaft.** Hat der Angeklagte zu spät Berufung eingelegt, so ist ihm Untersuchungshaft vom Ablauf der Einlegungsfrist ab nach § 450 Abs. 1 und nicht etwa nach Maßgabe des § 51 StGB auf die Strafe anzurechnen[39]. Die verspätete Einlegung hemmt die Rechtskraft des Urteils nicht (§ 316).

21   **11. Wiedereinsetzung in den vorigen Stand.** Wird nach § 44 Wiedereinsetzung gegen Versäumung der Berufungsfrist beantragt, so geht dieser Antrag sowohl der Verwerfung nach Absatz 1 wie der Entscheidung über den Antrag nach § 319 Abs. 2 vor[40]. Der Antrag ist bei dem Amtsgericht zu stellen (§ 45). Zur Entscheidung darüber zuständig ist allein das Berufungsgericht (§ 46).

22   Wird der Antrag **vor dem amtsgerichtlichen Verwerfungsbeschluß** gestellt, so ist die Entscheidung über die Verwerfung zurückzustellen, bis das Landgericht über die Wiedereinsetzung entschieden hat. Wird sie gewährt, so erübrigt sich ein Verwerfungs-

---

[34] KMR-*Paulus* 24; vgl. BGHSt **16** 118; § 346, 30 mit weit. Nachw.
[35] KK-*Ruß*¹ 10; *Kleinknecht/Meyer*³⁸ 4; KMR-*Paulus* 26; § 346, 30.
[36] Vgl. KMR-*Paulus* 30; Vor § 304 ff; ferner etwa OLG Düsseldorf JMBlNW **1984** 250 (zu § 346).
[37] So schon BayObLGSt **12** 193; **33** 71; KG JW **1926** 1247; OLG Dresden SächsOLG **23** 387; OLG Düsseldorf HRR **1925** Nr. 1485; BayObLGSt **1949/51** 277 = NJW **1951** 371; OLG Celle MDR **1954** 313; OLG Hamm RPfleger **1951** 240; OLG Koblenz VRS **64** 283; OLG Köln JZ **1952** 243; OLG Oldenburg NdsRpfl. **1949** 127; OLG Stuttgart NJW **1951** 46; *Amelunxen* 71; KK-*Ruß*¹ 10; *Kleinknecht/Meyer*³⁸ 6; KMR-*Paulus* 36; *Eb. Schmidt* 6; vgl. § 344, 35.
[38] OLG Celle MDR **1954** 313.
[39] Vgl. § 450, 8.
[40] Vgl. RGSt **61** 181; BGHSt **11** 254; OLG Hamm GA **1973** 118; OLG Neustadt GA **1960** 121; KK-*Ruß*¹ 13; KMR-*Paulus* 32; § 346, 38.

beschluß nach § 319 Abs. 1. Wird sie versagt, so ist nach Maßgabe des § 311 Rechtskraft des ablehnenden Beschlusses abzuwarten. Dann würde an sich der Strafrichter nach § 319 Abs. 1 zu entscheiden haben. Jedoch liegt näher, daß es in diesem Falle einer Entscheidung nach § 319 Abs. 1 nicht bedarf. Da die Fristversäumung bereits feststeht, kann das Landgericht die Berufung zugleich mit Versagung der Wiedereinsetzung als unzulässig verwerfen[41]. Da diese Entscheidung unter Überspringung des Amtsrichters nach § 319 Abs. 2 ergeht, ist dagegen keine Beschwerde zulässig, vor allem nicht diejenige gemäß § 322 Abs. 2.

Wird Wiedereinsetzung erst **nach dem Verwerfungsbeschluß** gemäß § 319 Abs. 1 **23** beantragt, so räumt der Antragsteller die Fristversäumung damit ein, so daß ein solcher Antrag demjenigen aus § 319 Abs. 2 ebenfalls vorgeht. Die Frist des Absatzes 2 läuft aber unabhängig vom Schicksal des Wiedereinsetzungsantrags[42]. Auch ein vorsorglich gestellter Wiedereinsetzungsantrag beeinflußt den Fristlauf nicht. Wird der Wiedereinsetzungsantrag verworfen, so ist über den Antrag nach § 319 Abs. 2 zu entscheiden. Wird Wiedereinsetzung gewährt, so ist im Interesse der Rechtsklarheit der dadurch gegenstandslos werdende Verwerfungsbeschluß des Erstrichters ausdrücklich aufzuheben[43].

Ist das Urteil im Falle des § 314 Abs. 2 **nicht ordnungsgemäß zugestellt** worden, **24** so läuft die Berufungsfrist nicht. Ein Wiedereinsetzungsantrag ist dann, sofern die Berufung wegen Verspätung nach § 319 Abs. 1 verworfen wurde, in der Regel als Antrag gemäß § 319 Abs. 2 aufzufassen[44]. Hat das Amtsgericht in Verkennung seiner Zuständigkeit die Wiedereinsetzung bewilligt, ist das Berufungsgericht hieran gebunden, hat es sie abgelehnt, kann das Berufungsgericht hierüber selbst entscheiden[45].

§ 320

[1]Ist die Berufung rechtzeitig eingelegt, so hat nach Ablauf der Frist zur Rechtfertigung die Geschäftsstelle ohne Rücksicht darauf, ob eine Rechtfertigung stattgefunden hat oder nicht, die Akten der Staatsanwaltschaft vorzulegen. [2]Diese stellt, wenn die Berufung von ihr eingelegt ist, dem Angeklagten die Schriftstücke über Einlegung und Rechtfertigung der Berufung zu.

Entstehungsgeschichte. Die jetzige Fassung beruht auf Art. 3 Nr. 139 VereinhG. Bezeichnung bis 1924: § 361.

1. Zweck. Die Vorschrift regelt das weitere Verfahren nach Einlegung einer **1** rechtzeitigen Berufung. Er bestätigt, daß eine Berufungsbegründung entbehrlich ist (§ 317), ebenso eine Gegenerklärung auf die Berufungsbegründung.

2. Ablauf der Frist zur Begründung. Der Fristablauf entscheidet über Vorlage der **2** Akten an die Staatsanwaltschaft. Ist die Berufung rechtzeitig (§ 314) eingelegt, so wird

---

[41] Vgl. BayObLGSt **1974** 98 = MDR **1975** 71; OLG Koblenz VRS **62** 449; KK-*Ruß*[1] 13; § 346, 38.
[42] KK-*Ruß*[1] 14; KMR-*Paulus* 32.
[43] Vgl. RGSt **61** 181; OLG Neustadt GA **1960** 121; KK-*Ruß*[1] 14; § 346, 38.
[44] OLG Bremen GA **1954** 279; KK-*Ruß*[1] 14; *Eb. Schmidt* 12. Zum umgekehrten Fall der Bedeutung des Antrags nach Absatz 2 für die Wiedereinsetzung vgl. OLG Hamm VRS **63** 362.
[45] Vgl. § 46, 17; § 346, 39; KK-*Ruß*[1] 15; KMR-*Paulus* 34 mit weit. Nachw.

noch die Wochenfrist des § 317 abgewartet, dann sind die Akten stets der Staatsanwaltschaft vorzulegen. Ist eine Begründung der Berufung eingegangen, so können die Akten auch schon vor Fristablauf der Staatsanwaltschaft zugeleitet werden. Geht ein Antrag später ein, so wird er nachgesandt.

3 **Haben mehrere Personen** Rechtsmittel eingelegt, so sind die Akten erst weiterzuleiten, nachdem die Frist **gegen alle verstrichen** ist[1], denn über dieselbe Tat kann, Abtrennung eines Verfahrens ausgenommen, nur einheitlich durch dasselbe Berufungsurteil entschieden werden[2]. Über ein unzulässiges Rechtsmittel ist jedoch nach dem § 319 vorab zu entscheiden[3]. Soweit die Staatsanwaltschaft nach § 33 Abs. 2 dazu zu hören ist[4], kann dies auch durch Übersenden der Akten geschehen. Eine Zuleitung der Akten nach § 320 Satz 1 liegt darin in der Regel noch nicht.

3. Zustellung

4 a) Hat der **Angeklagte** das Rechtsmittel eingelegt, so erübrigt sich die Zustellung gemäß § 320 an die Staatsanwaltschaft, da die Akten ohnedies durch sie an das Berufungsgericht geleitet werden (§ 321) und sie so von der Berufung und der Berufungsrechtfertigung Kenntnis erhält. Die Mitteilung an den Nebenkläger muß das Gericht veranlassen.

5 b) Hat die **Staatsanwaltschaft** Berufung eingelegt, so ist Einlegung und etwaige Begründung dem Angeklagten nach Satz 2 von der Staatsanwaltschaft, nicht vom Gericht, zuzustellen, damit er zur Vorbereitung seiner Verteidigung davon rechtzeitig Kenntnis erhält. Dies gilt auch bei Einlegung zu seinen Gunsten (§ 396 Abs. 2). Die Zustellung gemäß den §§ 35 Abs. 2, 36[5] kann an den Angeklagten auch zu Händen seines Verteidigers nach § 145 a bewirkt werden. Wird dem Angeklagten persönlich zugestellt, ist wegen der Bedeutung für die reibungslose Durchführung des Berufungsverfahrens die förmliche Zustellung angezeigt[6].

6 Der Angeklagte hat keinen Anspruch auf Mitteilung von Erklärungen der Staatsanwaltschaft, die sich nur auf die **zuungunsten oder zugunsten eines Mitangeklagten** eingelegte Berufung beziehen, soweit die darin enthaltenen Gesichtspunkte sein eigenes Rechtsmittel nicht berühren.

7 c) Berufungsschrift und Berufungsrechtfertigung des **Nebenklägers** fallen nicht unter Satz 2. Sie sind dem Angeklagten durch das Gericht zuzustellen[7]. Bei der Staatsanwaltschaft genügt es, daß sie durch die Vorlage der Akten davon Kenntnis erhält.

8 4. Eine **Gegenerklärung** wie bei der Revision (§ 347 Abs. 1) ist im Berufungsverfahren nicht vorgesehen. Diese ist mündlich und Tatsacheninstanz. Der Gegner des Berufungsführers kann sich in der Hauptverhandlung umfassend äußern. Was das Herbeischaffen von Beweismitteln angeht, so hat er dieselben Befugnisse wie im ersten Rechtszug (§ 323 Abs. 1, vgl. die §§ 214, 219, 220). Beantwortung der Berufung ist jedoch zulässig und beachtlich (§ 323).

---

[1] KK-*Ruß*[1] 1; *Kleinknecht/Meyer*[38] 1; KMR-*Paulus* 1; *Eb. Schmidt* 2.
[2] Vgl. RGSt **67** 251; KMR-*Paulus* 1; § 328, 13.
[3] KK-*Ruß*[1] 1; *Kleinknecht/Meyer*[38] 1; KMR-*Paulus* 1.
[4] Vgl. § 319, 2; § 322, 11.
[5] KK-*Ruß*[1] 2; nach *Kleinknecht/Meyer*[38] 2; KMR-*Paulus* 2 genügt formlose Mitteilung, da keine Frist in Lauf gesetzt wird.
[6] Vgl. Rdn. 9.
[7] KK-*Ruß*[1] 3; *Kleinknecht/Meyer*[38] 2.

5. Auf den Inhalt einer versehentlich **nicht zugestellten Rechtfertigungsschrift** **9** muß der Vorsitzende den Angeklagten kraft seiner Fürsorgepflicht **hinweisen**, sofern darin Umstände angesprochen werden, die ihm möglicherweise unbekannt sind und die für die Führung seiner Verteidigung von Bedeutung sein können[8]. Geschieht dies erst in der Berufungsverhandlung, kann dies unter Umständen einen Aussetzungsantrag nach § 265 Abs. 3, 4 rechtfertigen[9]. Zweckmäßigerweise wird deshalb der Vorsitzende des Berufungsgerichts schon vor Beginn der Verhandlung die Nachholung einer unterbliebenen Zustellung der Berufungsrechtfertigung veranlassen.

6. Die **Revision** kann auf das Unterlassen der Zustellung der Berufungsrechtfertigung allein nicht gestützt werden. Gerügt werden kann jedoch nach § 338 Nr. 8, wenn ein deswegen gestellter Aussetzungsantrag zu Unrecht abgelehnt wurde[10]. Gerügt werden kann aber auch, wenn der Vorsitzende den nach Rdn. 9 gebotenen Hinweis unterläßt, sofern nicht auszuschließen ist, daß das Berufungsurteil auf der gerügten Pflichtverletzung beruht. **10**

§ 321

[1]Die Staatsanwaltschaft übersendet die Akten an die Staatsanwaltschaft bei dem Berufungsgericht. [2]Diese übergibt die Akten binnen einer Woche dem Vorsitzenden des Gerichts.

Bezeichnung bis 1924: § 362.

1. Aktenversendung innerhalb der Staatsanwaltschaft. Satz 1 ist ohne große **1** Bedeutung, da es sich bei der Staatsanwaltschaft beim Berufungsgericht um die gleiche Behörde handelt wie bei der Staatsanwaltschaft beim Amtsgericht, dessen Entscheidung angefochten wird, auch wenn dort ein Amtsanwalt oder ein örtlicher Sitzungsvertreter aufgetreten sein sollten. Die Befugnis des Leiters der Staatsanwaltschaft, die von seiner Behörde eingelegte Berufung zu prüfen und eventuell zurückzunehmen (§ 145 GVG) — soweit nicht § 302 Abs. 1 Satz 2 entgegensteht —, bedarf, um effektiv zu werden, ohnehin näherer innerdienstlicher Regelung. Die durch Satz 1 beabsichtigte Sicherung dieser Befugnis würde für sich allein kaum ausreichen.

2. Die **Fristbestimmung** „binnen einer Woche" ist eine der Verfahrensbeschleuni- **2** gung dienende Ordnungsvorschrift[1]. Wird sie nicht eingehalten, gefährdet dies den Bestand des späteren Berufungsurteils nicht, da es nicht darauf beruhen kann. Gegen eine Mißachtung des Beschleunigungsgebots, die in der Fristverletzung liegen kann, sind dienstaufsichtliche Maßnahmen möglich.

3. Die für das Berufungsgericht zuständige **Staatsanwaltschaft** hat die Akten zu **3** prüfen. Sind auf Grund der Berufungsrechtfertigung weitere Ermittlungen angezeigt,

---

[8] OLG Köln MDR **1974** 950; KK-*Ruß*[1] 4; KMR-*Paulus* 2.
[9] OLG Koblenz VRS **51** 98; OLG Köln NStZ **1984** 475; *Kleinknecht/Meyer*[38] 2.
[10] RG DRiZ **1927** Nr. 966; OLG Koblenz VRS **51** 98; KK-*Ruß*[1] 2; KMR-*Paulus* 3.
[1] KK-*Ruß*[1] 2; *Kleinknecht/Meyer*[38] 2; KMR-*Paulus* 2; *Eb. Schmidt* 3.

§ 322 Drittes Buch. Rechtsmittel

muß sie diese veranlassen. Sie hat die erforderlichen Erklärungen abzugeben und Anträge bei dem Berufungsgericht zu stellen, wobei sie den nach ihrer Ansicht zuständigen Spruchkörper des Berufungsgerichts zu bezeichnen hat[2]. Ist sie der Ansicht, daß die Berufung aus einem der Gründe des § 322 als unzulässig zu verwerfen sei, so legt sie die Akten mit diesem Antrag dem Berufungsgericht vor. Nötigenfalls erklärt sie sich zu dem Rechtsmittel. Sie beantragt Termin zur Hauptverhandlung vor dem Berufungsgericht und teilt dem Vorsitzenden mit, welche Beweismittel zur Hauptverhandlung beizubringen sind[2a].

4   **4. Übergang der Zuständigkeit.** Die Sache wird auf Grund des Devolutiveffekts beim Berufungsgericht anhängig, wenn dort die Akten nach prozeßordnungsgemäßer Vorbehandlung durch die Staatsanwaltschaft zur Entscheidung über die Berufung eingehen[3]. Innerhalb der durch den Umfang der Anfechtung gezogenen Grenzen wird es damit zur Entscheidung über den Prozeßstoff der zugelassenen Anklage und für alle weiteren, das Verfahren betreffenden Erklärungen und Entscheidungen zuständig[4].

5   Bis zu diesem Zeitpunkt bleibt das **Erstgericht** zur Entgegennahme aller das Berufungsverfahren betreffenden Prozeßerklärungen **zuständig.** Es hat auch notwendig werdenden Entscheidungen zu treffen, soweit diese nicht ausdrücklich dem Berufungsgericht vorbehalten sind[5]. Das Berufungsgericht kann bis zu diesem Zeitpunkt nur als Beschwerdegericht tätig werden.

6   Ob die Richter des Berufungsgerichts von diesem Zeitpunkt an **erkennende Richter** im Sinne des § 28 sind, ist strittig[6].

7   5. Zum Fall des **Aktenverlusts** vgl. § 316, 16 bis 18.

§ 322

(1) [1]Erachtet das Berufungsgericht die Vorschriften über die Einlegung der Berufung nicht für beobachtet, so kann es das Rechtsmittel durch Beschluß als unzulässig verwerfen. [2]Anderenfalls entscheidet es darüber durch Urteil.

(2) Der Beschluß kann mit sofortiger Beschwerde angefochten werden.

Bezeichnung bis 1924: § 363.

---

[2] *Kleinknecht/Meyer*[38] 2; *Meyer-Goßner* NStZ **1981** 171; *Schlüchter* 673 Fußn. 245.
[2a] Nr. 158 RiStBV; vgl. § 323, 7.
[3] BGHSt **12** 219; BayObLGSt **1974** 98 = MDR **1975** 71; OLG München GA **1982** 558; OLG Schleswig SchlHA **1983** 110; KK-*Ruß*[1] 4; *Kleinknecht/Meyer*[38] 2; KMR-*Paulus* 4.
[4] OLG Karlsruhe NJW **1975** 458; GA **1975** 242; OLG Schleswig SchlHA **1983** 110; vgl. § 126 Abs. 2 Satz 1.
[5] KK-*Ruß*[1] 4; KMR-*Paulus* 4.
[6] KG JR **1981** 168; OLG Karlsruhe NJW **1975** 458; OLG München GA **1982** 558 bejahen dies entgegen OLG Frankfurt OLGSt § 28, 5. Vgl. § 28, 21 mit weit. Nachw.

Dritter Abschnitt. Berufung   § 322

Übersicht

	Rdn.		Rdn.
1. Zweck	1	5. Mehrere Rechtsmittel	10
2. Prüfung von Amts wegen	2	6. Verwerfungsbeschluß (Abs. 1 Satz 1)	11
3. Außerhalb der Hauptverhandlung	4	7. Entscheidung durch Urteil (Abs. 1 Satz 2)	12
4. Vorschriften über die Einlegung der Berufung		8. Sofortige Beschwerde (Abs. 2) a) Nur bei Verwerfung	13
a) Rechtszugvoraussetzungen	5	b) Form, Frist, Beschwerdeberechtigte	15
b) Andere Verfahrenshindernisse	9	c) Entscheidung des Beschwerdegerichts	16
		9. Änderung des Verwerfungsbeschlusses	18

1. Zweck. Die Vorschrift des § 322 dient der Verfahrensbeschleunigung und einer wirtschaftlichen Prozeßgestaltung. Sie will die Berufungsgerichte von entbehrlichen Hauptverhandlungen entlasten und enthält insoweit in Absatz 1 eine **Kannbestimmung**, die die Vorwegverwerfung in das Ermessen des Berufungsgerichtes stellt. Bei einer dem Gesetzeszweck Rechnung tragenden Ermessensausübung muß es aber von dieser Möglichkeit bei einem unzweifelhaft unzulässigen Rechtsmitteln Gebrauch machen[1]. **1**

2. Das Berufungsgericht prüft **von Amts wegen**, ob die Bestimmungen über die Einlegung der Berufung beachtet sind. An **Anträge** ist es insoweit **nicht gebunden,** wenn auch der Verwerfungsantrag eines Verfahrensbeteiligten, vor allem ein solcher der Staatsanwaltschaft, Anlaß zur besonderen Prüfung geben wird. Zu einer Entscheidung hierüber ist es jedoch außer im Falle des § 319 Abs. 2 nicht verpflichtet. Unterbleibt die Entscheidung, weil es die Berufung zunächst für zulässig hält, so bindet es sich dadurch nicht (Rdn. 12). Die Zulässigkeit ist in der Hauptverhandlung endgültig zu prüfen. **2**

Das gemäß § 322 beschließende Gericht kann **von Verwerfung** als unzulässig **absehen** und die Entscheidung hierüber dem erkennenden Gericht in der Hauptverhandlung überlassen. Bei zweifelhafter Sach- und Rechtslage kann dies zweckmäßig sein[2]. In der Regel hat jedoch das Gericht im Interesse der Verfahrensbeschleunigung die Möglichkeit zur baldigen Verwerfung zu nutzen. **3**

3. Durch Beschluß ist nur **außerhalb der Hauptverhandlung** zu entscheiden (Besetzung gemäß § 76 Satz 2 GVG). In der Hauptverhandlung ist stets **durch Urteil** zu entscheiden, gleichgültig, ob das Rechtsmittel unzulässig ist, weil eine Vorschrift über die Einlegung der Berufung nicht beachtet worden ist oder ob sich ein Verfahrenshindernis herausstellt, das nicht nur das Rechtsmittel, sondern die Zulässigkeit des gesamten Verfahrens betrifft. Eine verspätet eingelegte Berufung kann auch dann durch Beschluß oder Urteil noch als unzulässig verworfen werden, wenn der Amtsrichter, der hierfür nicht zuständig ist, sie als rechtzeitig erklärt hat[3]. **4**

4. Vorschriften über Einlegung der Berufung
  a) Rechtszugvoraussetzungen. Die Verwerfung des Rechtsmittels gemäß § 322 kommt nur in Betracht, wenn die „Vorschriften über die Einlegung der Berufung", also die Rechtszugvoraussetzungen[4], unbeachtet geblieben sind. Dazu gehören die Bestim- **5**

---

[1] Vgl. KMR-*Paulus* 1 (andernfalls Ermessensfehlgebrauch); KK-*Ruß*¹ 1.
[2] OLG Celle GA **1963** 380; KK-*Ruß*¹ 2; KMR-*Paulus* 1.
[3] Vgl. § 319, 4.
[4] Es ist hier zu unterscheiden zwischen den „Rechtszugvoraussetzungen", die die Zulässigkeit des Rechtsmittels betreffen und den allgemeinen Verfahrensvoraussetzungen, die das ganze Verfahren betreffen. Vgl. KMR-*Paulus* 4 ff; Vor § 296, 37 ff.

§ 322 Drittes Buch. Rechtsmittel

mungen über Form und Frist des Rechtsmittels (§ 314); über die Rechtsmittelberechtigten (§§ 296, 297, 298)[5], zu denen Privat- oder Nebenkläger und Nebenbeteiligte gehören können[6], über die Anfechtung durch einen nicht zugelassenen Verteidiger nach § 138 Abs. 2[7] sowie darüber, ob § 297 beachtet oder ob der Berufungsführer beschwert ist[8], ferner ob die Berufung an sich statthaft ist[9]. Eine Verwerfung ist aber nur möglich, wenn das Rechtsmittel nicht nach § 300 in ein zulässiges anderes umgedeutet werden kann[10].

6 Verwerfung als unzulässig gemäß § 322 ist ferner geboten, wenn der Rechtsmittelführer auf das Rechtsmittel bereits **wirksam verzichtet** oder ein früher eingelegtes Rechtsmittel **zurückgenommen** hatte[11] und der Rechtsmittelführer gegen das rechtskräftig gewordene Urteil erneut Berufung einlegt. Ist die Berufung eindeutig zurückgenommen, ist mangels einer noch wirksamen Anfechtung kein Raum für eine Entscheidung des Berufungsgerichts; dieses kann sich mit der Rücksendung der Akten begnügen[12].

7 Bei Streit **über die Wirksamkeit des Verzichts** oder der früheren Zurücknahme wird § 322 anzuwenden sein[13]. Daß ein Verfahrensbeteiligter diese Wirksamkeit bestreitet oder daß sie erst mehr oder weniger eingehend erforscht werden muß, kann nicht darüber entscheiden, ob nach § 322 oder (vor der Hauptverhandlung) nach § 206 a vorzugehen ist. Ergibt die Nachprüfung (Freibeweis), daß ein Rechtsmittel nicht mehr vorliegt, daß also beispielsweise die Rücknahme wirksam geworden und das Urteil nicht mehr angefochten ist, so ist dies im Beschluß auszusprechen, der — je nach Sachlage — das Rechtsmittel für erledigt zu erklären hat[14]. Gegen den Beschluß ist sofortige Beschwerde nach § 322 Abs. 2 zulässig[15]. Das zuständige Obergericht kann also diese Frage vorab prüfen, ohne daß die aufwendigere Berufungsverhandlung durchgeführt werden müßte. Wird dagegen das Vorliegen eines zulässigen Rechtsmittels durch Beschluß bejaht (was überflüssig ist), dann ist dieser Beschluß nicht selbständig anfechtbar (§ 305)[16]. Sind die Zweifel nicht zu klären, so ist das Rechtsmittel in der Regel als gültig zu behandeln[17].

8 Eine Verwerfung nach § 322 ist aber nur möglich, wenn das Rechtsmittel **als Ganzes unzulässig** ist. Ist es nur zum Teil unzulässig, ist § 322 auch hinsichtlich dieses Teils unanwendbar[18].

9 b) **Andere Verfahrenshindernisse.** Bei diesen ist § 206 a anwendbar. Vor der Hauptverhandlung ist das Verfahren durch Beschluß einzustellen, wenn sich ein Ver-

---

[5] Vgl. OLG Stuttgart NJW **1949** 916 (Berufung des Ehemanns gegen Verurteilung der Ehefrau).
[6] Vgl. RGSt **69** 245; KMR-*Paulus* 5; ferner bei § 400.
[7] RGSt **62** 250; *Kleinknecht/Meyer*[38] 1.
[8] BGHSt **7** 153; OLG Braunschweig MDR **1950** 629; OLG Schleswig SchlHA **1956** 184; a. A KG GA **69** (1925) 187 (nur Vorschriften des 3. Abschnitts des 3. Buchs) und allgemein *Eb. Schmidt* Vor § 296,14 (Beschwer keine Zulässigkeitsvoraussetzung).
[9] Vgl. § 312, 2 ff; § 55 JGG.
[10] Zur Frage, wieweit in der Berufung gegen ein freisprechendes Urteil ein Angriff gegen die Kostenentscheidung mit enthalten ist: vgl. KG JR **1961** 510 (gegen KG VRS **16** 49);

Meyer JR **1960** 84; ferner zur jetzigen Rechtslage § 464, 42; 43.
[11] Zur Frage, ob in jeder Rücknahme ein endgültiger Verzicht liegt, vgl. § 302, 23 ff.
[12] KMR-*Paulus* 6.
[13] KG JR **1981** 480; OLG Hamburg NJW **1978** 602; vgl. § 302, 71 mit Nachw.
[14] KMR-*Paulus* 6; vgl. RGSt **53** 213; § 302, 71.
[15] KG JR **1981** 480; OLG Celle NdsRpfl. **1973** 132; OLG Hamburg NJW **1978** 602; OLG München NJW **1968** 100; a. A KG HRR **1932** Nr. 2009.
[16] KMR-*Paulus* 7.
[17] Zu den hier bestehenden Streitfragen vgl. § 314, 31.
[18] OLG Celle NdsRpfl. **1963** 192.

fahrenshindernis herausstellt, das nicht die Zulässigkeit der Berufung allein betrifft, sondern das **gesamte Verfahren** (z. B. Fehlen des Strafantrages, Verjährung, Straffreiheit, Vorverurteilung)[19]. Dies ist jedoch vom Berufungsgericht nur bei zulässigem Rechtsmittel zu beachten, so daß die Prüfung, ob die Berufung nach § 322 zulässig ist, voranzugehen hat[20].

5. Mehrere Rechtsmittel. Über eine einheitliche Tat desselben Angeklagten muß, auch wenn mehrere Berufungen eingelegt sind (§§ 296, 298), durch dasselbe Berufungsurteil entschieden werden (§ 328, 13). Dies erfordert der Grundsatz der Einmaligkeit. Ihm widerspricht es nicht, wenn eine von mehreren Berufungen in derselben Sache als unzulässig vorab verworfen (§§ 319, 322) und über die übrigen durch Urteil entschieden wird[21]. Ein von dem Verteidiger eingelegtes Rechtsmittel ist ein solches des Angeklagten (§ 297).

6. Verwerfungsbeschluß (Absatz 1 Satz 1). Der Beschluß ergeht nach Anhörung der Verfahrensbeteiligten (§ 33)[22]. Er ist zu begründen und den Verfahrensbeteiligten nach § 35 Abs. 2 zuzustellen.

7. Entscheidung durch Urteil (Absatz 1 Satz 2). Entscheidet das Berufungsgericht über die Zulässigkeit der Berufung durch Urteil, so ist es weder an die Auffassung gebunden, die es bei der Prüfung nach Absatz 1 Satz 1 vertreten hat noch an die Ansicht des Beschwerdegerichts in einer aufhebenden Entscheidung nach Absatz 2[23]. Das Revisionsgericht hat bei Revision die Zulässigkeit der Berufung von Amts wegen zu prüfen[24].

8. Sofortige Beschwerde (Absatz 2)
a) Sofortige Beschwerde ist **nur bei Verwerfung** der Berufung als unzulässig (§ 322) gegeben, nicht gegen die vorläufige ausdrückliche oder stillschweigende gerichtliche Entschließung, das Rechtsmittel als rechtzeitig eingelegt zu behandeln[25].

Die sofortige Beschwerde ist auch gegeben, wenn das Amtsgericht die Berufung nach § 319 Abs. 1 fälschlich als verspätet verworfen hatte, das nach § 319 Abs. 2 anrufende Landgericht diesen Beschluß aufhob, um dann selbst die Berufung als unzulässig nach § 322 Abs. 1 zu verwerfen. Trotz der **äußeren Verbindung** ist die letztgenannte Entscheidung keine Entscheidung über den Rechtsbehelf, sondern eine vom Berufungsgericht in erster Instanz getroffene Entscheidung[26].

b) **Form und Frist** der sofortigen Beschwerde sind in § 311 geregelt. **Beschwerdeberechtigt** ist nur der Berufungsführer, dessen Rechtsmittel verworfen wurde. Der Angeklagte ist jedoch auch dann dazu befugt, wenn die Berufung seines gesetzlichen Vertreters oder Erziehungsberechtigten verworfen worden ist[27] und zwar selbst dann, wenn er vorher wirksam auf Rechtsmittel verzichtet hat[28].

---

[19] Zu den zum Teil strittigen Fragen vgl. § 206 a, 14 ff.
[20] BGHSt **16** 115; BayObLG JZ **1954** 579; § 206 a, 17 mit weit. Nachw.
[21] RGSt **67** 250; *Kleinknecht/Meyer*[38] 4; KMR-*Paulus* 8; vgl. § 328, 14.
[22] KMR-*Paulus* 8.
[23] Vgl. Rdn. 17.
[24] RGSt **65** 250; vgl. § 337, 29 mit weit. Nachw.
[25] KMR-*Paulus* 12; vgl. Rdn. 7.
[26] OLG Saarbrücken OLGSt 1; vgl. § 319, 17.
[27] KK-*Ruß*[1] 4; *Kleinknecht/Meyer*[38] 6; KMR-*Paulus* 12; § 298, 15.
[28] OLG Celle NJW **1964** 417; OLG Hamm NJW **1973** 1850; ferner Fußn. 27.

16 c) **Entscheidung des Beschwerdegerichts.** Über die Beschwerde entscheidet das Oberlandesgericht (§ 121 Abs. 1 Nr. 2 GVG). Ist die sofortige Beschwerde verspätet (§ 311) eingelegt, so ist sie als **unzulässig** zu verwerfen und der Verwerfungsbeschluß gemäß § 322 Abs. 1 wird rechtskräftig. Zugleich tritt insoweit **Rechtskraft des angefochtenen Urteils** ein, sofern sie nicht bereits früher durch Fristablauf (§ 316) eingetreten ist[29]. Ist der angefochtene Beschluß gemäß § 322 rechtlich nicht zu beanstanden, so wird die sofortige Beschwerde als **unbegründet** mit derselben Folge verworfen. Wird der **Verwerfungsbeschluß aufgehoben**, so hat lediglich die Hauptverhandlung vor dem Berufungsgericht stattzufinden. Über das Rechtsmittel ist dann durch Urteil zu entscheiden.

17 Die Entscheidung über die sofortige Beschwerde **bindet das Berufungsgericht** jedoch **nicht** hinsichtlich der Beurteilung der Zulässigkeit der Berufung in der Hauptverhandlung. § 358 Abs. 1 ist nicht sinngemäß anzuwenden. Das Berufungsgericht hat über die Zulässigkeit selbständig zu entscheiden und kann die Berufung daher nunmehr durch Urteil als unzulässig verwerfen[30]. Eine Bindung scheidet schon deshalb aus, weil ausschließlich das Ergebnis der Hauptverhandlung für die Beurteilung der Zulässigkeit des Rechtsmittels im ganzen maßgebend ist. Eine Bindung gemäß § 358 Abs. 1 tritt erst ein, wenn das Berufungsurteil auf Revision hin aufgehoben und die Sache zurückverwiesen wird, jedoch auch dann nur unter der Voraussetzung, daß derselbe Sachverhalt ermittelt wird.

18 9. **Änderung des Verwerfungsbeschlusses.** Das Landgericht kann seinen Beschluß nach § 322 Abs. 1 nachträglich nicht selbst ändern, auch wenn er auf unrichtigen Tatsachen beruht. Ob dies auch gilt, wenn er nicht angefochten ist, ist strittig[31].

§ 323

(1) ¹Für die Vorbereitung der Hauptverhandlung gelten die Vorschriften der §§ 214, 216 bis 225. ²In der Ladung ist der Angeklagte auf die Folgen des Ausbleibens ausdrücklich hinzuweisen.

(2) Die Ladung der im ersten Rechtszug vernommenen Zeugen und Sachverständigen kann nur dann unterbleiben, wenn ihre wiederholte Vernehmung zur Aufklärung der Sache nicht erforderlich erscheint.

(3) Neue Beweismittel sind zulässig.

(4) Bei der Auswahl der zu ladenden Zeugen und Sachverständigen ist auf die von dem Angeklagten zur Rechtfertigung der Berufung benannten Personen Rücksicht zu nehmen.

Bezeichnung bis 1924: § 364.

---

[29] KK-*Ruß*¹ 3; vgl. § 316, 2.
[30] RGSt **59** 241; KK-*Ruß*¹ 4; *Kleinknecht/Meyer*³⁸ 6; KMR-*Paulus* 9; *Eb. Schmidt* 10.
[31] OLG Hamburg MDR **1976** 511; KMR-*Paulus* 10 halten das für zulässig; vgl. Vor § 304, 37 ff.

Dritter Abschnitt. Berufung § 323

Übersicht

	Rdn.		Rdn.
1. Gang des Berufungsverfahrens	1	b) Ordnungsgemäße Ladung	11
2. Vorbereitung der Berufungsverhandlung	2	c) Inhalt der Hinweise	13
3. Neue Tatsachen und Beweismittel (Absatz 3)	5	d) Ladung des verhafteten Angeklagten	16
		e) Gesetzlicher Vertreter	17
4. Ladung der Beweispersonen	6	6. Ladung des Verteidigers	18
5. Ladung des Angeklagten a) Bedeutung; Zustellung	10	7. Ladungsfrist	19

1. Der **Gang des Berufungsverfahrens** vor der Hauptverhandlung entspricht demjenigen der ersten Instanz. Die §§ 214, 216 bis 225 sind nach Absatz 1 Satz 1 entsprechend anwendbar. Gleiches gilt auch für den dort nicht erwähnten § 225 a (§ 225 a, 6). Nach Eingang der Akten (§ 321) prüft der Vorsitzende die Zuständigkeit seiner Kammer. Verneint er sie, verfügt er die Abgabe; gegebenenfalls führt er einen Beschluß nach § 225 a herbei. Andernfalls bestimmt er den Termin zur Hauptverhandlung, bezeichnet den Berichterstatter und trifft eine vorläufige Entschließung über den Umfang der Beweisaufnahme (Rdn. 2). Danach ordnet er die Ladungen und Benachrichtigungen an und veranlaßt, daß die Beweismittel herbeigeschafft werden.

2. Vorbereitung der Berufungsverhandlung. Das Berufungsverfahren ist in den §§ 323 ff geregelt. Wie die Hauptverhandlung erster Instanz bezweckt es die Wahrheitsforschung in zweiter **Tatsacheninstanz**. Es beruht auf Neuverhandlung des gesamten wesentlichen Tatsachenstoffes. Das Berufungsgericht ist — soweit es selbst zu entscheiden hat — nicht an erstrichterliche Feststellungen gebunden, auch wird nicht zwischen Aufrechterhaltung oder Aufhebung des angefochtenen Urteils unterschieden. Das Berufungsgericht hat die Sache, soweit das Ersturteil zulässigerweise (§ 318) angefochten ist, neu und selbständig zu verhandeln und zu entscheiden. Insoweit hat es die entscheidungserheblichen Tatsachen selbst aufzuklären und den festgestellten Sachverhalt rechtlich selbst zu beurteilen. Es darf sich nicht damit begnügen, erstrichterliche Feststellungen zum angefochtenen Urteilsteil ungeprüft zu übernehmen.

Nach diesen Grundsätzen ist der für die Vorbereitung der Berufungsverhandlung **3** maßgebende voraussichtliche **Umfang der Beweisaufnahme** zu beurteilen (Rdn. 4). Will sich das Berufungsgericht eine eigene begründete Überzeugung bilden, wozu es verpflichtet ist, so genügt der Vortrag des Berichterstatters hierzu nicht. Die erforderlichen Beweise müssen vielmehr neu erhoben werden. Zu prüfen ist nicht, ob aufs neue Beweis erhoben werden muß, sondern vielmehr, ob und inwieweit ausnahmsweise auf die von § 250 vorgesehenen unmittelbaren Beweiserhebungen ganz oder teilweise verzichtet werden kann und statt dessen die Vernehmungsprotokolle der ersten Hauptverhandlung trotz ihres geringen Beweiswerts gemäß § 325 verlesen werden dürfen[1].

Die **Aufklärungspflicht** (§ 244 Abs. 2) bestimmt auch hier den Umfang der Beweis- **4** aufnahme. Bei deren Vorbereitung sind jedoch die Beweisergebnisse der ersten Instanz sowie Ziel und Richtung des Berufungsbegehrens mit zu berücksichtigen. In geeigneten Fällen ist es dem Vorsitzenden unbenommen, Ziel und Gegenstand des Berufungsangriffs durch eine Rückfrage beim Berufungsführer zu klären[2], um einerseits die erforderlichen Beweismittel herbeizuschaffen, andererseits aber von der Ladung überflüssi-

---

[1] OLG Köln GA **1970** 248; OLG Saarbrücken OLGSt § 244, 28; vgl. § 325, 1 ff.

[2] KK-*Ruß*[1] 2; *Kleinknecht/Meyer*[38] 2; KMR-*Paulus* 2.

ger Zeugen absehen zu können. **Keiner Beweisaufnahme** bedarf es, wenn nur über eine Vorfrage zu entscheiden ist, etwa über das Antragserfordernis, so daß Erörterungen zur Sache nicht stattfinden[3]. Die Beweisaufnahme wird regelmäßig beschränkt werden können, unter Umständen auch entbehrlich sein, etwa bei Beschränkung der Berufung auf Art oder Maß der erkannten Strafe. Ist die Schuldfrage bestritten, so ist neue Beweisaufnahme regelmäßig geboten. Daß der Angeklagte in der Berufungsbegründung bestimmte festgestellte Tatsachen nicht bestritten hat, macht eine Beweisaufnahme darüber nur entbehrlich, wenn darin mit Sicherheit ein glaubhaftes Zugeständnis liegt, in solchen Fällen wird meist die Verlesung nach § 325 ausreichen[4]. Unerhebliche Beweismittel und Beweisgegenstände des ersten Rechtszuges können beiseite bleiben[5]. Im Zweifel haben aber stets die Erfordernisse der **Wahrheitserforschung Vorrang.** Der Umfang der neuen Beweiserhebung wird ausschließlich durch die Sacherfordernisse bestimmt, nicht durch die erstinstanzliche Sachbehandlung.

5 3. **Neue Tatsachen und Beweismittel (Absatz 3)** können bis zum Schluß der Beweisaufnahme, notfalls bis zum Beginn der Urteilsverkündung, unbeschränkt beigebracht werden, und zwar von Berufungsführer wie von dessen Gegner. Neues Vorbringen ist an keine Frist oder Form gebunden (§ 246 Abs. 1; § 317, 5). Das Gericht hat bei **Auswahl der Beweismittel** nach Absatz 4 auf den Inhalt der Berufungsbegründung und darin angegebene Beweismittel „Rücksicht zu nehmen". Es muß sie beiziehen, soweit es die Aufklärungspflicht erfordert (§§ 219, 244 Abs. 2). Dasselbe gilt für Beweisanträge des Gegners des Beschwerdeführers und für die Verwendung in der Hauptverhandlung benutzbar vorhandener Beweismittel (§ 245).

6 4. **Ladung der Beweispersonen.** Sind Zeugen und Sachverständige schon vom Erstrichter vernommen worden, erlaubt § 325 unter gewissen Voraussetzungen, von deren Ladung abzusehen, soweit die Aufklärungspflicht es gestattet. Auch hier kann sich wegen der Terminsplanung eine frühzeitige Rückfrage empfehlen.

7 Bevor die **Staatsanwaltschaft** die Akten dem Gerichtsvorsitzenden übergibt (§ 321), prüft sie, welche Beweise zu erheben sein werden. Sie stellt zweckmäßigerweise eine **Liste der Beweismittel** auf und legt sie mit den Akten dem Vorsitzenden vor[6]. Hierbei berücksichtigt sie § 244 Abs. 2 und die Grundsätze des § 325, sowie, daß die zur Rechtfertigung der Berufung benannten Zeugen nach Möglichkeit zu laden sind (Absatz 4).

8 Die **Entscheidung**, wer zu laden ist, trifft der **Vorsitzende**, der an den Vorschlag der Staatsanwaltschaft nicht gebunden ist. Er veranlaßt außerdem, daß die vom Gericht geladenen Beweispersonen dem Angeklagten und der Staatsanwaltschaft mitgeteilt werden[7]. Soweit Staatsanwaltschaft oder Angeklagter die Anwesenheit weiterer Beweispersonen in der Berufungsverhandlung für erforderlich halten, können sie diese selbst laden (§ 214 Abs. 3, § 220). Der Angeklagte kann außerdem nach § 219 die Ladung weiterer Beweispersonen beim Vorsitzenden beantragen.

9 Das Gericht beschließt **erst in der Hauptverhandlung endgültig** über den Umfang der Beweisaufnahme. Anträge auf Ladung von Zeugen oder Sachverständigen nach § 219 sind vom Vorsitzenden grundsätzlich noch vor der Berufungsverhandlung zu bescheiden[8]. Liegen die Voraussetzungen des § 223 vor, so kann das Gericht eine der

---

[3] KMR-*Paulus* 1.
[4] KK-*Ruß*[1] 2; vgl. § 325, 4.
[5] KK-*Ruß*[1] 2.
[6] Vgl. § 200, 33 ff.
[7] Vgl. OLG Saarbrücken OLGSt § 244, 28.
[8] Wegen der Einzelheiten vgl. § 219, 8 ff.

Hauptverhandlung vorausgehende Beweisaufnahme durch den beauftragten oder ersuchten Richter veranlassen[9].

5. Ladung des Angeklagten

a) **Bedeutung und Zustellung der Ladung.** Der Angeklagte ist zur Hauptverhandlung zu laden. Sein Rechtsmittel kann bei unentschuldigtem Ausbleiben nach Maßgabe des § 329 Abs. 1 verworfen und über die Berufung der Staatsanwaltschaft ohne ihn verhandelt (§ 329 Abs. 2) werden. Die Ladung zu Händen eines Zustellungsbevollmächtigten genügt insoweit nicht, zu Händen eines Verteidigers darf der Angeklagte jedoch geladen werden, wenn dieser nach § 145 a Abs. 2 dazu ermächtigt ist[10]. Liegen die Voraussetzungen des § 116 a Abs. 3; § 132 vor, so reicht Ladung an den inländischen Zustellungsbevollmächtigten stets aus. Ein wesentlicher Fehler der Ladung, etwa widerspruchsvolle Zeitangabe, kann die Anwendung des § 329 hindern[11]. Die öffentliche Zustellung ist unter den Voraussetzungen des § 40 Abs. 3 zulässig (vgl. § 329, 17).

b) Eine **ordnungsgemäße Ladung** nach § 323 Abs. 1 liegt nur vor, wenn ihr Inhalt den gesetzlichen Vorschriften entspricht, insbesondere auf die Folgen unentschuldigten Ausbleibens zutreffend, unmißverständlich und vollständig hinweist[12]. Die Angabe des angefochtenen Urteils ist zweckmäßig, aber nicht vorgeschrieben[13].

Aus dem Erfordernis eines ausdrücklichen Hinweises auf die Folgen des Ausbleibens (Absatz 1 Satz 2) wird gefolgert, daß der Hinweis **in der Ladung zu dem Termin** enthalten sein muß, in welchem die Berufung verworfen wird[14]. Der Hinweis in der Ladung zu einem früheren Termin genügt nicht, und zwar auch dann nicht, wenn die neue Ladung auf den früheren Hinweis ausdrücklich Bezug nimmt[15].

c) **Inhalt der Hinweise.** Welche Hinweise mit der Ladung des Angeklagten verbunden werden müssen, ist je nach Prozeßlage verschieden.

Hat die **Staatsanwaltschaft** Berufung eingelegt, so ist darauf hinzuweisen, bei unentschuldigtem Ausbleiben des Angeklagten werde das Gericht entweder verhandeln und entscheiden oder die Vorführung oder Verhaftung anordnen (§ 329)[16]. Dasselbe gilt, wenn eine der im § 298 bezeichneten Personen Berufung eingelegt hat, jedoch ohne Androhung der Verhaftung (§ 330). Wo sich der Angeklagte vertreten lassen darf (§ 329, 46 ff) ist auch auf die Zulässigkeit der Vertretung durch einen bevollmächtigten Verteidiger hinzuweisen[17].

Hat der **nicht verhaftete Angeklagte** Berufung eingelegt, so ist er darauf hinzuweisen, daß seine Berufung bei unentschuldigtem Ausbleiben nach § 329 Abs. 1 verworfen wird. Kann in Abwesenheit des Angeklagten verhandelt werden, wenn für ihn ein ermächtigter Vertreter erscheint, ist dies im Hinweis unmißverständlich zum Ausdruck zu

---

[9] Vgl. § 223, 1 ff; 20 ff.
[10] KK-*Ruß*[1] 4; *Kleinknecht/Meyer*[38] 3; KMR-*Paulus* 3. **Anders** RGSt **63** 10; **66** 79; RG JW **1933** 968; *Eb. Schmidt* 4; *Janetzke* NJW **1956** 620 zur früheren Rechtslage. *Küper* NJW **1974** 1927 hält wegen der besonderen Prozeßlage die persönliche Ladung des Angeklagten trotz § 145 a für erforderlich.
[11] Vgl. § 302, 71; § 216, 14.
[12] BayObLGSt **1962** 99; OLG Stuttgart MDR **1986** 778; KK-*Ruß*[1] 4; KMR-*Paulus* 4; vgl. OLG Zweibrücken StrVert. **1981** 539 (widersprüchlicher Hinweis).
[13] RG HRR **1931** 2003.
[14] BayObLGSt **1975** 30 = JZ **1975** 332; KMR-*Paulus* 4 (unter Hinweis auf die gleiche Rechtsprechung zu § 74 Abs. 2 OWiG.); *Kleinknecht/Meyer*[38] 3; vgl. Fußn. 15.
[15] BayObLGSt **1975** 30 = JZ **1975** 332; OLG Koblenz NJW **1981** 2074.
[16] OLG Stuttgart MDR **1986** 778; KK-*Ruß*[1] 4.
[17] KMR-*Paulus* 4.

bringen[18]. Hängt die Befugnis des Angeklagten, sich vertreten zu lassen, von einem besonderen Hinweis ab (wie bei § 232 im Gegensatz zum Verfahren nach vorangegangenem Strafbefehl nach § 411 Abs. 2), dann ersetzt der Hinweis auf § 329 den Hinweis nach § 232 nicht[19]. Beide Hinweise sind nebeneinander notwendig, da sie einen unterschiedlichen Inhalt und Zweck haben[20]. § 329 läßt für eine Abwesenheitsverhandlung nach § 232 Abs. 1 nur Raum, wenn der Angeklagte durch einen Verteidiger ordnungsgemäß vertreten ist[21].

16 d) Für die Ladung des **verhafteten Angeklagten** gilt § 216 Abs. 2. Daher darf § 329 Abs. 1, 2 nicht angewandt werden, wenn Ladung mittels Ersatzzustellung in der Wohnung geschehen oder wenn die vorgeschriebene Befragung unterblieben ist[22]. Die Vorführung des Angeklagten zur Hauptverhandlung ist in diesen Fällen rechtzeitig zu veranlassen[23].

17 e) Ist der **gesetzliche Vertreter** des Angeklagten Berufungsführer (§ 298), so ist er darauf hinzuweisen, das Rechtsmittel werde verworfen, sofern er und der Angeklagte unentschuldigt ausbleibe[24].

18 6. **Ladung des Verteidigers.** Beim **Wahlverteidiger** gilt § 218. Der Wahlverteidiger der ersten Instanz ist regelmäßig zu laden, sofern sich nicht ausnahmsweise ergibt, daß sein Mandat früher geendet hat. Der bestellte Verteidiger ist zu laden, sofern er auch für das Berufungsverfahren bestellt worden war. Andernfalls ist zu prüfen, ob die Verteidigung notwendig ist, und der dann bestellte Pflichtverteidiger zu laden (vgl. § 140).

19 7. **Ladungsfrist.** Der Angeklagte hat auch dann Anspruch auf Einhaltung der Ladungsfrist (§ 217), wenn nicht er die Berufung eingelegt hat, weil er das Recht der unmittelbaren Zeugenladung behalten muß. Diesen Anspruch hat auch jeder andere Beschwerdeführer. Der in § 217 Abs. 2 bezeichnete Antrag auf Aussetzung der Verhandlung kann bis zu Beginn der Vernehmung des Angeklagten zur Sache gestellt werden.

§ 324

(1) ¹Nachdem die Hauptverhandlung nach Vorschrift des § 243 Abs. 1 begonnen hat, hält ein Berichterstatter in Abwesenheit der Zeugen einen Vortrag über die Ergebnisse des bisherigen Verfahrens. ²Das Urteil des ersten Rechtszuges ist zu verlesen, soweit es für die Berufung von Bedeutung ist; von der Verlesung der Urteilsgründe kann abgesehen werden, soweit die Staatsanwaltschaft, der Verteidiger und der Angeklagte darauf verzichten.

(2) Sodann erfolgt die Vernehmung des Angeklagten und die Beweisaufnahme.

---

[18] BayObLGSt **1975** 30; **1978** 64 = VRS **55** 281; KK-*Ruß*¹ 4; *Kleinknecht/Meyer*³⁸ 3; KMR-*Paulus* 4.
[19] BayObLGSt **1960** 275; **1963** 29; NJW **1970** 1055 mit Anm. *Küper*; NJW **1970** 1562; OLG Celle NdsRpfl. **1956** 230; OLG Hamm NJW **1954** 1131; OLG Oldenburg NdsRpfl. **1954** 17; NJW **1952** 1151; KMR-*Paulus* 4.
[20] *Küper* GA **1971** 291; vgl. § 232, 7.
[21] Vgl. § 232, 6; § 329, 49. Wegen der Fassung des Hinweises vgl. *Küper* GA **1971** 292 Fußn. 18.
[22] BayObLG DRiZ **1928** Nr. 841; § 216, 8 ff.
[23] Vgl. § 214, 12; § 329, 92.
[24] Vgl. § 330, 2.

Schrifttum. *Hegmann* Die Belehrung des Angeklagten gemäß § 243 IV 1 StPO in der Berufungshauptverhandlung, NJW **1975** 915.

Entstehungsgeschichte. Absatz 1 Satz 2 ist 1953 durch Art. 4 Nr. 36 des 3. StRÄndG und dann nochmals durch Art. 1 Nr. 26 StVÄG 1979 neu gefaßt worden. Die bis zur Änderung des Jahres 1953 (Art. 4 Nr. 36 des 3. StRÄndG) uneingeschränkte Pflicht zur Verlesung des ganzen Urteils der ersten Instanz wurde weiter aufgelockert. Die bisher unerläßliche Verlesung des Tenors kann eingeschränkt werden, die Verlesung der Urteilsgründe kann bei allseitigem Verzicht unterbleiben. Bezeichnung bis 1924: § 365.

Übersicht

	Rdn.		Rdn.
1. Berufungsverhandlung		e) Verzicht	16
a) Beginn	1	f) Ausführung der Verlesung	19
b) Gang der Verhandlung	2	g) Unvollständige, verlorene Urteile	20
2. Berichterstattung		h) Keine Beweisaufnahme	21
a) Berichterstatter	5	4. Weiteres Verfahren	
b) Vortrag über Ergebnisse des bisherigen Verfahrens	6	a) Abwesenheit der Zeugen	22
		b) Anwendbarkeit der Vorschriften über die Hauptverhandlung der ersten Instanz	23
c) Informationsfunktion; keine Beweisaufnahme	8	c) Vernehmung des Angeklagten	25
3. Verlesen des Urteils des ersten Rechtszuges		5. Sitzungsniederschrift	28
a) Bedeutung für das Berufungsverfahren	10	6. Rechtsbehelfe	
b) Bindung durch vorangegangene Urteile	11	a) Anrufung des Gerichts (§ 328 Abs. 2)	29
c) Verlesung der Urteilsformel	12	b) Beschwerde	30
d) Verlesen der Urteilsgründe	15	c) Revision	31

1. Berufungsverhandlung

a) Beginn der Berufungsverhandlung ist ebenso wie in der Hauptverhandlung der **1** ersten Instanz der **Aufruf der Sache** durch den Vorsitzenden (§ 243, 16), an den sich die Präsenzfeststellung, Zeugenbelehrung und Entlassung anschließen (§ 243, 19 bis 24; 27 bis 31).

b) Der **Gang der Verhandlung** richtet sich grundsätzlich nach § 243 (s. § 332), der **2** aber durch § 324 abgewandelt wird. Berichterstattung und Verlesung des angefochtenen Urteils treten an die Stelle der Verlesung des zugelassenen Anklagesatzes. § 243 Abs. 3 ist also nicht anwendbar. Im übrigen kann auch das Berufungsgericht von der Reihenfolge im einzelnen abweichen, sofern die Sachlage es angezeigt erscheinen läßt, wenn Wahrheitsermittlung und sachgemäße Verteidigung des Angeklagten dadurch nicht beeinträchtigt werden. Der vom Gesetzgeber vorgeschriebene Aufbau der Berufungsverhandlung im ganzen muß jedoch wenigstens in seiner Grundstruktur gewahrt bleiben[1]. Die Vernehmung des Angeklagten zu seinen persönlichen Verhältnissen ist deshalb vor Berichterstattung und Urteilsverlesung durchzuführen[2].

Zulässig ist es, der Berufungsverhandlung die **Erörterung der Zulässigkeit des** **3** **Rechtsmittels**, der Befugnis des Beschwerdeführers, der Richtung des Rechtsmittels

---

[1] OLG Saarbrücken VRS **22** 54; KMR-*Paulus* 2; KK-*Ruß*[1] 9; vgl. § 243, 3 ff.

[2] KK-*Ruß*[1] 2; *Kleinknecht/Meyer*[38] 1; KMR-*Paulus* 2.

(§§ 296 Abs. 2, 301, 302) und seines Umfangs voranzustellen[3]. So darf durch Erörterung mit dem Beschwerdeführer zunächst geklärt werden, inwieweit das Ersturteil angefochten worden ist[4] oder zulässigerweise angefochten werden kann. Hat ein Dritter (§ 298) Berufung eingelegt, so kann seine Befugnis dazu erörtert werden[5].

4 Die **Beweisaufnahme** und die Vernehmung des Angeklagten zur Sache darf grundsätzlich nicht vor der Berichterstattung vorgenommen werden, denn erst durch diese werden den Prozeßbeteiligten, insbesondere auch den Laienrichtern, der Gegenstand des Berufungsverfahrens und die bisher aufgetretenen Fragen — auch die vom Erstrichter für seine Beweiswürdigung angeführten Gründe — vor Augen geführt und die Voraussetzungen für eine verständige Würdigung des folgenden Beweisgeschehens geschaffen. Soweit die Rechtsprechung es für zulässig hält, die Vernehmung des Angeklagten und einen Teil der Beweisaufnahme, insbesondere eine Tatortbesichtigung mit Zeugeneinvernahme, vorweg durchzuführen, kann ihr nicht gefolgt werden[6]. Ausnahmen dürften nur in ganz begrenzten Sonderfällen möglich sein[7].

2. Berichterstattung

5 a) **Berichterstatter** kann jedes Mitglied des Berufungsgerichts sein, auch der Vorsitzende[8], dem bei der Kleinen Strafkammer diese Aufgabe notwendigerweise obliegt, denn die Schöffen scheiden für diese Aufgabe aus. Der Vortrag ist mündlich. Der Berichterstatter kann ihn nach Ermessen schriftlich ausarbeiten. Als **wesentlicher Teil** der Hauptverhandlung[9] darf der Vortrag bei notwendiger Verteidigung (§ 145 Abs. 1) nicht in Abwesenheit des Verteidigers gehalten werden.

6 b) Der **Vortrag** über die **Ergebnisse des bisherigen Verfahrens** soll in die Berufungsverhandlung einführen. Er soll — ebenso wie die Verlesung des zugelassenen Anklagesatzes in der ersten Instanz — den Gegenstand der Verhandlung für die Verfahrensbeteiligten, vor allem die Schöffen, klar herausstellen[10]. Sein **Zweck** ist die vollständige Kennzeichnung des Sachstandes, des Beschwerdeführers, seiner Rechtsmittelbefugnis, der Richtung des Rechtsmittels (s. die §§ 296 Abs. 2, 301, 302), des Umfangs des Rechtsmittels und der Vorbereitung der Berufungsverhandlung im ganzen. Vorzutragen ist alles, was für die Berufungsverhandlung von Bedeutung sein kann[11]. Was dazu erforderlich ist, richtet sich nach den **Umständen des Einzelfalls**. Vor allem muß der Vortrag den Gegenstand der Berufungsverhandlung ersichtlich machen. Dazu ist in der Regel der Inhalt des Anklagesatzes mitzuteilen. Dies ist unerläßlich, wenn zwischen diesem und dem Entscheidungssatz des angefochtenen Urteils ein Unterschied besteht und der Umfang der zugelassenen Anklage dafür maßgebend ist, welcher Vorgang Gegen-

---

[3] *KK-Ruß*[1] 2; *Kleinknecht/Meyer*[38] 1.
[4] Vgl. § 318, 21.
[5] *Eb. Schmidt* 1; Nachtr. I 1.
[6] Wie hier OLG Köln NJW **1959** 1551; wohl auch OLG Saarbrücken VRS **22** 54. *Eb. Schmidt* Nachtr. I 1. OLG Schleswig SchlHA **1954** 331 und die 21. Auflage haben insoweit eine großzügigeren Standpunkt vertreten; vgl. auch RGSt **53** 178; **60** 182; **61** 287; RG JW **1931** 542; **1932** 113.
[7] Vgl. § 243, 2 ff.
[8] OLG Koblenz VRS **51** 98; *Bloy* JuS **1986** 592; *KK-Ruß*[1] 3; *Kleinknecht/Meyer*[38] 3; KMR-*Paulus* 6.

[9] OLG Oldenburg NdsRpfl. **1953** 35; vgl. ferner OLG Hamburg NStZ **1985** 379; OLG Zweibrücken StrVert. **1986** 240; KMR-*Paulus* 5.
[10] BayObLG MDR **1973** 1039; OLG Hamburg NStZ **1985** 379; OLG Hamm NJW **1974** 1880.
[11] Vgl. *Kleinknecht/Meyer*[38] 4 (diese Einschränkung für den Urteilstenor gilt auch für den Bericht); *KK-Ruß*[1] 3; KMR-*Paulus* 5; *Eb. Schmidt* 3; Nachtr. I, 3.

stand der Urteilsfindung des Berufungsgerichts ist. Mitzuteilen sind ferner Nachtragsanklagen, das Ausscheiden oder Wiedereinbeziehen von Verfahrensteilen, der Umfang der Anfechtung sowie alle sonstigen Verfahrensvorgänge, die den Gegenstand der Berufungsverhandlung bestimmen und eingrenzen, wie etwa zurückverweisende Urteile oder eine Verfahrenstrennung[12]. Bestehen über den Umfang der Anfechtung oder über die Anfechtbarkeit Zweifel, so umfaßt der Vortrag auch alles möglicherweise Angefochtene.

Der Vortrag umfaßt den **gesamten Sachstand** in sachlich- und verfahrensrechtlicher Beziehung, soweit das Urteil zulässigerweise angefochten ist[13]. Das Gesetz schreibt Vortrag der „Ergebnisse des bisherigen Verfahrens" vor. Der Vortrag darf sich daher nicht auf die im angefochtenen Urteil enthaltenen Tatsachen und Beweismittel beschränken, es sei denn, sie sind vollständig. Was durch die Urteilsverlesung bekanntgegeben wird, braucht der Berichterstatter nicht nochmals im einzelnen vortragen. Umgekehrt muß der Vortrag aber auch über den Inhalt nicht verlesener, aber entscheidungserheblicher Urteilsteile berichten (vgl. Rdn. 16). Er hat alles zu enthalten, was bekannt ist und der Sachaufklärung dienen kann, also auch Ergebnisse von Vorerhebungen, zumal wenn die Berufungsbegründung an solche anknüpft. Er enthält sodann das Vorbringen der Berufung, wobei es statthaft sein kann, auch die Berufungsbegründung zu verlesen[14] und verweist auf neu angebotene Beweismittel. Zu den **bisherigen Verfahrensergebnissen** wird auch die Erwähnung früherer Beweiserhebungen und der dabei aufgetretenen Widersprüche gerechnet, wobei auch Beweisvorgänge erwähnt werden dürfen, die in dieser Form nach Strengbeweisrecht nicht verwertbar sind[15]. Ist in früherer, aber vertagter Verhandlung ein Zeuge vernommen worden und kommt die Aussage als sachdienlich in Betracht, so darf sie im Vortrag als vorläufiges Verfahrensergebnis mitgeteilt werden[16]. Dasselbe gilt für den Inhalt eines Aktenstückes[17]. Enthält das Ersturteil alles Wesentliche, so genügt sein Vortrag. Neue Ausführungen, Beschwerden und Anträge des Beschwerdeführers und anderer Beteiligter sind mitzuteilen. Ferner hat der Vortrag die Förmlichkeiten des Rechtsmittels, falls noch erforderlich, zu behandeln (s. § 322), außerdem das erstinstanzliche Verfahren, soweit es Berufungsgegenstand sein kann. Ist die Zulässigkeit der Berufung zweifelhaft (§ 322), so kann sich der Berichterstatter zunächst hierauf beschränken[18].

c) Der Vortrag hat eine rein verfahrensrechtliche **Informationsfunktion**. Sein Inhalt ist **nicht Teil der Beweisaufnahme**[19] und kann nicht Grundlage der Entscheidung des Berufungsgerichts sein. Dieses muß seine Überzeugung vielmehr ausschließlich aus der Gesamtwürdigung der sich an den Vortrag und Urteilsverlesung anschließenden Berufungsverhandlung schöpfen[20]. Dies muß auch wegen der Teilnahme von Laienrich-

---

[12] Vgl. KK-*Ruß*[1] 3; *Kleinknecht/Meyer*[38] 4; KMR-*Paulus* 8.
[13] Vgl. etwa RG JW **1932** 3113; wegen der Einführung der nichtangefochtenen, für das Berufungsgericht bindenden Feststellungen früherer Urteile vgl. Rdn. 8.
[14] OLG Köln NJW **1961** 1127.
[15] Soweit allerdings ein Beweisverbot die Verwertbarkeit von Beweismitteln ausschließt, darf es nicht durch die Berichterstattung unterlaufen werden, zumal der Beweisvorgang dann für die Entscheidung keine Bedeutung haben darf.
[16] RG DRiZ **1932** Nr. 224.
[17] RG JW **1927** 2048 mit Anm. *Löwenstein*; KMR-*Paulus* 8.
[18] KK-*Ruß*[1] 4.
[19] BayObLGSt **1958** 84; OLG Hamm NJW **1974** 1880; *Lichti* DRiZ **1952** 151, ferner KK-*Ruß*[1]; *Kleinknecht/Meyer*[38] 1; KMR-*Paulus* 5.
[20] RGSt **61** 399; RG JW **1927** 2049; GA **71** (1927) 18; HRR **1927** Nr. 1366; KMR-*Paulus* 5; ferner die Nachw. Fußn. 19.

tern an der Berufungsverhandlung völlig klar hervortreten. Schon der Anschein einer Vorwegnahme des Ergebnisses der bevorstehenden Beweisaufnahme muß vermieden werden. Dies gilt vor allem dann, wenn — was zulässig ist[21] — im Rahmen des Vortrags Urkunden verlesen werden.

9 Soll, was ausnahmsweise zulässig sein kann[22], die **Verlesung einer Urkunde** im Rahmen des Vortrags gleichzeitig auch schon **zu Beweiszwecken** dienen, so ist dies den Prozeßbeteiligten unmißverständlich klarzumachen[23]; die Verlesung zu Beweiszwecken ist in der Sitzungsniederschrift festzuhalten (§ 273). In der Regel empfiehlt sich allerdings eine solche Vermischung der Prozeßvorgänge wegen der damit verbundenen Gefahr von Unklarheiten und der sonstigen Schwierigkeiten (§ 257 ist zu beachten!) nicht.

3. Verlesen des Urteils des ersten Rechtszuges

10 a) **Bedeutung für das Berufungsverfahren.** Die Verlesung des Urteils ist nur insoweit notwendig, als dies für die Entscheidung über die Berufung **von Bedeutung** ist. Dies gilt seit der Neufassung des Absatzes 1 Satz 2 im Jahre 1979 auch für den Urteilstenor. Im Interesse der Straffung der Berufungsverhandlung wird es dadurch dem Gericht ermöglicht, die meist nur eine zeitraubende Formalie bedeutende Verlesung auf die Wiedergabe des für die Berufungsverhandlung wichtigen Inhalts zu beschränken. Bedeutung für die Berufung haben grundsätzlich die Teile des Urteils, die einen Gegenstand betreffen, über den das Berufungsgericht aufgrund der Berufungsverhandlung selbst zu befinden hat, ferner solche nicht angefochtenen Teile, deren Inhalt in einem Sachzusammenhang mit dem Entscheidungsgegenstand des Berufungsverfahrens steht. Wird nur über die Zulässigkeit der Berufung verhandelt, kann sich die Verlesung überhaupt erübrigen[24].

11 b) **Bindung durch vorangegangene Urteile.** Soweit das Berufungsgericht an Feststellungen und rechtlichen Würdigungen vorangegangener Entscheidung gebunden ist und diese seiner Entscheidung ohne eigene Nachprüfung zugrunde legen muß, sind diese — unabhängig von einem Verlesungsverzicht der Verfahrensbeteiligten — in einer Weise in die Berufungsverhandlung einzuführen, die Inhalt und Umfang der Bindung durch diese vorgreiflichen Entscheidungen und damit auch die **Grenzen der eigenen Kognitionsbefugnis** kenntlich macht[25]. In aller Regel sind die maßgebenden Teile des Urteilstenors und der Urteilsgründe zu verlesen[26]. Dies gilt auch, wenn sie in einem früheren, insoweit nicht aufgehobenen Berufungsurteil enthalten sind[27]. Die Verlesung kann im Zusammenhang mit einer auch sonst notwendigen Verlesung der Urteilsgründe geschehen; entfällt eine solche wegen allgemeinen Verzichts, kann die Verlesung auch als isolierter Verfahrensvorgang ausgeführt werden. Hält man es in Ausnahmefällen für zulässig, die Verlesung durch einen mündlichen Bericht zu ersetzen[28], müßte dieser alle maßgebenden Feststellungen enthalten. Hierbei und auch bei jeder Verlesung ist hervorzuheben, daß es sich — anders als beim sonstigen Inhalt des Be-

---

[21] Vgl. RGSt **61** 268; § 325, 5.
[22] RG JW **1932** 113.
[23] KMR-*Paulus* 5.
[24] OLG Königsberg HRR **1928** Nr. 2161; KMR-*Paulus* 9.
[25] Eine besondere Festlegung der Verlesungspflicht hielt der Regierungsentwurf (BTDrucks. **8** 978 S. 58) für entbehrlich, da das eine notwendige Folge der Bindungswirkung und des Mündlichkeitsprinzips sei.
[26] Vgl. BayObLG MDR **1973** 692; **1982** 249; KK-*Ruß*[1] 7; *Kleinknecht/Meyer*[38] 5; KMR-*Paulus* 9; *Rieß* NJW **1978** 2271.
[27] BayObLGSt **1973** 130 = MDR **1973** 1039.
[28] BayObLGSt **1973** 130 = MDR **1973** 1039 läßt dies offen.

richts — um bindende Feststellungen handelt, die das Berufungsgericht hinzunehmen hat und von denen es bei seiner Entscheidung ohne eigene Nachprüfung ausgehen muß.

c) Die Urteilsformel muß nur noch insoweit verlesen werden, als sie für das Berufungsverfahren, also für die Entscheidung des Berufungsgerichts, von Bedeutung ist. Die Teile der Urteilsformel, welche ausschließlich Mitangeklagte betreffen, die keine Berufung eingelegt haben, brauchen also nicht mitverlesen zu werden; anderes gilt nur, wenn dies ausnahmsweise zum Verständnis des zu verlesenden Teiles der Urteilsformel unerläßlich ist[29]. **12**

Fechten Angeklagter und Staatsanwalt nur einen **Teil des Urteils** an, muß die Urteilsformel in der Regel dennoch in vollem Umfang verlesen werden, denn auch die **nichtangefochtenen Urteilsteile,** etwa die Verurteilung wegen bestimmter Straftaten, sind für die dem Berufungsgericht obliegenden Entscheidungen, vor allem die Bemessung der Rechtsfolgen (Gesamtstrafe usw.), in aller Regel von Bedeutung, selbst wenn sie für die zutreffende Entscheidung nicht vorgreiflich sind. **13**

Auf die Verlesung der Urteilsformel in dem vom Gesetz vorgeschriebenen Umfang kann **nicht verzichtet** werden. Im übrigen steht es **im Ermessen** des die Verhandlung leitenden Vorsitzenden, ob er die ganze Formel verlesen will oder nur die Teile von Bedeutung. **14**

d) Verlesen der Urteilsgründe. Diese müssen grundsätzlich nur verlesen werden, soweit sie für das Berufungsverfahren **von Bedeutung** sind. Von der Verlesung kann bei den Teilen abgesehen werden, welche ausschließlich Mitangeklagte betreffen, die keine Berufung eingelegt haben oder die für das weitere Verfahren keine Bedeutung mehr haben, wie etwa die Einzelheiten der Beweiswürdigung bei einem nur hinsichtlich der Rechtsfolgen angefochtenen Urteil oder Ausführungen über eine Tat, die nicht Gegenstand des Berufungsverfahrens ist. Darüber hinaus wird auch die Ansicht vertreten, daß sich die Verlesung solcher Begründungsteile erübrige, die ausschließlich die Beweiswürdigung oder Rechtsfolgenerwägungen betreffen; da das Berufungsgericht hierüber selbst entscheiden müsse, seien sie ohne Bedeutung und deshalb im Interesse der Unbefangenheit der Schöffen und zur Vermeidung einer verfrühten Erörterung von Vorstrafen zu unterlassen[30]. Wird im Urteil auf ein vorhergegangenes Urteil verwiesen, sind auch die in **Bezug genommenen Stellen** zu verlesen[31]. **15**

e) Verzicht. Die Verlesung der Urteilsgründe kann ungeachtet ihrer Bedeutung für das Verfahren auch ganz oder teilweise unterbleiben, wenn und soweit die Verfahrensbeteiligten darauf verzichten. Der Verzicht kann auf **einzelne Teile** der Urteilsgründe beschränkt werden. Die Verfahrensbeteiligten haben so die Möglichkeit, einzelne Teile der Begründung, die sie für besonders wichtig halten, vom Verzicht auszunehmen. Ein Teilverzicht ist aber immer nur insoweit möglich, als die Verständlichkeit des verlesenen Teiles nicht darunter leidet. Unterbleibt die Verlesung, müssen die für das Berufungsverfahren wesentlichen Teile im Bericht mitgeteilt werden[32]. **16**

Verzichten müssen **Staatsanwalt, Verteidiger** und **Angeklagter**, wobei die besondere Erwähnung des Verteidigers neben dem Angeklagten zeigt, daß dieser ohne Bin- **17**

---

[29] KMR-*Paulus* 10.
[30] *Kleinknecht/Meyer*[38] 5 (aber nicht zwingend); KMR-*Paulus* 11; *Rieß* NJW **1978** 2271. BGH GA **1976** 368 sieht aber in der Verlesung des ganzen Urteils keine Beeinträchtigung der Unbefangenheit der Richter.
[31] OLG Schleswig bei *Ernesti/Jürgensen* SchlHA **1972** 61.
[32] *Kleinknecht/Meyer*[38] 6; *Rieß* NJW **1978** 2271; vgl. Rdn. 7.

dung an den Willen des Angeklagten und unabhängig von dessen Verzicht entscheiden kann, ob er die Verlesung im Interesse der Verteidigung für angezeigt hält (vgl. § 245, 34). Verzichten bei mehreren Angeklagten nicht alle Angeklagten und Verteidiger auf die Verlesung, so darf diese nur bezüglich solcher Teile unterbleiben, die für die Entscheidung gegen einen nicht verzichtenden Angeklagten bzw. seinen Verteidiger ohne jede Bedeutung sind. Die Befugnis, die Verfahrensgestaltung zu beeinflussen, umfaßt nicht solche Teile und Verfahrenshandlungen, die ausschließlich andere Angeklagte betreffen. Soweit andere Personen in der Berufungsverhandlung dieselben Befugnisse wie Staatsanwalt oder Angeklagter haben (Privatkläger, Einziehungsbeteiligter), ist auch ihr Verzicht bezüglich der sie betreffenden Teile des Urteils erforderlich. Der Verzicht eines ausgebliebenen Angeklagten ist entbehrlich.

18 Der **Vorsitzende** ist durch die Verzichtserklärung **nicht gebunden.** Er hat nach pflichtgemäßem Ermessen zu entscheiden, ob auf Grund des Verzichtes von der Verlesung abzusehen ist, oder ob das Urteil oder Teile davon trotzdem zu verlesen sind[33]. In geeigneten Fällen wird er aber von sich aus die Verfahrensbeteiligten befragen, ob sie im Interesse der Verfahrensbeschleunigung auf die Verlesung ganz oder zum Teil verzichten wollen[34].

19 f) **Ausführung der Verlesung.** Die Verlesung des Urteils muß **nicht notwendig von dem Berichterstatter** vorgenommen werden. Dies kann auch ein anderer Richter oder der Urkundsbeamte tun[35].

20 g) **Unvollständiges, verlorenes Urteil.** Verlesen werden kann auch ein versehentlich nicht unterschriebenes Urteil[36]. Ist die Urteilsurkunde abhandengekommen, ist an Stelle der Verlesung soweit möglich der wesentliche Inhalt der Gründe mitzuteilen, andernfalls ersetzt die Feststellung des Verlustes die Verlesung; die Durchführung des Berufungsverfahrens scheitert daran nicht[37]. Eine Rechtsmittelbeschränkung kann dadurch aber unwirksam werden, so daß das Berufungsgericht die Sache im vollen Umfang neu verhandeln muß.

21 h) Die Verlesung des Urteils ist — ebenso wie der Bericht — **kein Teil der Beweisaufnahme**[38]. Die Regeln des Beweisrechts, vor allem § 249 sind insoweit nicht anwendbar. Sie greifen aber Platz, wenn der Urteilsinhalt zugleich auch als Beweismittel herangezogen werden soll, etwa zur Feststellung einer darin mitgeteilten Einlassung des Angeklagten[39].

4. Weiteres Verfahren

22 a) Die Berichterstattung ist in **Abwesenheit der Zeugen** durchzuführen. Der Gesetzgeber will damit vermeiden, daß der Vortrag des bisherigen Verfahrensergebnisses die Zeugenaussagen beeinflussen kann. Dieser Grund gilt auch für die Urteilsverlesung und zwar unabhängig davon, ob man in ihr einen Teil der Berichterstattung sieht. Im übrigen gilt auch hier, daß den Zeugen erst nach ihrer Vernehmung die Teilnahme an der Berufungsverhandlung zu gestatten ist. Wegen der Einzelheiten vgl. § 243, 27 bis 32.

---

[33] *Kleinknecht/Meyer*[38] 6.
[34] *Kleinknecht/Meyer*[38] 6.
[35] KK-*Ruß*[1] 4; *Kleinknecht/Meyer*[38] 3; *Eb. Schmidt* 5.
[36] RGSt **61** 399; KMR-*Paulus* 9.
[37] RGSt **65** 373; *Eb. Schmidt* 5 (Zurückverweisung nach § 328 Abs. 2 a. F); KMR-*Paulus* 9.
[38] BayObLGSt **1958** 88; MDR **1973** 692; OLG Hamm NJW **1974** 1880; OLG Schleswig bei *Ernesti/Lorenzen* SchlHA **1986** 108; vgl. KK-*Ruß*[1]; *Kleinknecht/Meyer*[38] 5; KMR-*Paulus* 9; *Rieß* NJW **1978** 2271; vgl. § 325, 5.
[39] OLG Hamm NJW **1974** 1886; OLG Schleswig bei *Ernesti/Lorenzen* SchlHA **1986** 108; vgl. KMR-*Paulus* 9.

b) Anwendbarkeit der Vorschriften über die Hauptverhandlung der ersten Instanz. Für die weitere Berufungsverhandlung gelten im allgemeinen die für die Hauptverhandlung erster Instanz maßgebenden Vorschriften (§ 332), gleichviel, wer Berufung eingelegt hat. Ob in analoger Anwendung des § 6 a die Zuständigkeiten besonderer Strafkammern von Amts wegen nur bei der Terminsbestimmung oder bis zum Beginn oder bis zum Ende des Vortrags des Berichterstatters berücksichtigt werden muß, ist strittig[39a]. Eine **Beweisaufnahme** findet nicht in allen Fällen statt. Außerdem kennt das Berufungsverfahren Abweichungen von dem Grundsatz der Unmittelbarkeit der Beweisaufnahme. Näheres darüber bei § 325. Die Verwendung neuer Beweismittel ist zulässig (§ 323 Abs. 3). Für den Umfang der Beweisaufnahme gelten auch im Berufungsverfahren die Grundsätze der §§ 244 bis 246. Vorgeladene und erschienene Zeugen oder Sachverständige sind in der Berufungsverhandlung zu vernehmen, andere herbeigeschaffte Beweismittel zu benutzen (§ 245), sofern nicht einer der im § 245 aufgezählten Ausnahmegründe vorliegt.

Sind Belastungszeugen zwischen den Instanzen auf Anordnung der Staatsanwaltschaft nochmals vernommen worden und ist dies dem Angeklagten nicht bekannt, so erfordert es die **Fürsorgepflicht**, daß der Vorsitzende den Angeklagten vor der Vernehmung darauf **hinweist**, damit er die Möglichkeit hat, Vorhalte zu machen[40].

c) Die Vernehmung des Angeklagten zur Person und zur Sache ist zwingend vorgeschrieben[41]; für die mögliche (§ 332) Anwendung des § 231 Abs. 2 in der Berufungsverhandlung genügt es nicht, daß der Angeklagte in der ersten Instanz zur Sache vernommen worden war[42]. Dies gilt auch bei einer auf das Strafmaß beschränkten Berufung, da Äußerungen zur Schuldseite für die Strafzumessung besondere Bedeutung erlangen können[43].

Die **Belehrung des Angeklagten** über sein Recht, zu schweigen (§ 243 Abs. 4 Satz 1), ist auch in der Berufungsverhandlung grundsätzlich notwendig[44]. Entschließt er sich zu schweigen, so hindert dies nicht, seine Einlassung in einer früheren Hauptverhandlung festzustellen und in der Berufungsverhandlung von ihr auszugehen[45].

Betrifft die Verhandlung viele selbständige oder unselbständige Einzelhandlungen und äußert sich der Angeklagte dazu zunächst allgemein, so muß er noch bei Erörterung der Einzelfälle **Gelegenheit zur Verteidigung** erhalten[46]. Soweit der Angeklagte vom Erscheinen in der Berufungsverhandlung entbunden ist (§§ 233, 332), gilt § 233. War er bereits im ersten Rechtszug entbunden, ist strittig, ob er erneut kommissarisch vernommen werden muß[47].

5. Sitzungsniederschrift. Die einzelnen Vorgänge der Berufungsverhandlung sind in gleicher Weise wie die entsprechenden Vorgänge der erstinstanzlichen Hauptver-

---

[39a] Vgl. OLG Düsseldorf JR **1982** 514 mit Anm. *Rieß*; *Meyer-Goßner* NStZ **1981** 172; vgl. § 6 a, 26; § 328, 25; ferner bei § 74 c GVG.
[40] OLG Köln MDR **1974** 950.
[41] RGSt **65** 374; BayObLGSt **1956** 20; OLG Bremen MDR **1979** 864; OLG Köln JMBlNW **1955** 274; OLG Stuttgart MDR **1973** 951; NJW **1975** 704.
[42] OLG Bremen MDR **1979** 864.
[43] OLG Köln NJW **1955** 1333; KK-*Ruß*[1] 8; KMR-*Paulus* 14.
[44] BGH NJW **1975** 704; OLG Hamburg NJW **1966** 1281; OLG Stuttgart NJW **1975** 704; MDR **1973** 951; *Hegmann* NJW **1975** 915; KK-*Ruß*[1] 8.
[45] BayObLGSt **1972** 227 = JR **1973** 467 mit Anm. *Hanack*; OLG Hamm NJW **1974** 1880; KK-*Ruß*[1] 8; vgl. Rdn. 21.
[46] RG JW **1931** 542.
[47] Vgl. § 233, 2; 21 mit Nachw. Verneinend: RG JW **1931** 1604; KMR-*Paulus* 14. BayObLGSt **1956** 20 läßt dies offen, da dem Angeklagten jedenfalls eine ergänzende Vernehmung nicht verweigert werden darf.

§ 324 Drittes Buch. Rechtsmittel

handlung in der Sitzungsniederschrift festzuhalten (§§ 332; 272 bis 274). Als **wesentliche Förmlichkeiten** zu beurkunden sind ferner die Tatsache — nicht der Inhalt — der Berichterstattung sowie, daß — gegebenenfalls auch welche — vorangegangenen Urteile nach § 324 Absatz 1 Satz 2 verlesen worden sind[48]. Sind nur Teile verlesen worden, sind diese zu bezeichnen. Eine derart beurkundete Verlesung beweist nicht die zusätzliche Verwendung zu Beweiszwecken. Es ist daher angezeigt, im Protokoll kenntlich zu machen, wenn die **Verlesung** eines Urteils zugleich auch einen Akt der Beweisaufnahme nach § 249 enthielt[49]. Zu beurkunden sind ferner die **Verzichtserklärungen** nach Absatz 1 Satz 2[50] und ihr Umfang.

6. Rechtsbehelfe

29 a) Die **Anrufung des Gerichts** nach § 238 Abs. 2 ist zulässig, wenn der Vorsitzende die Verlesung des Ersturteils oder Teile davon trotz ihrer Bedeutung entgegen Absatz 1 Satz 2 ablehnt[51], vor allem auch, wenn beanstandet wird, daß er zu Unrecht einen allseitigen Verzicht auf Verlesung der Gründe annimmt. Gegen die Ermessensentscheidung des Vorsitzenden, trotz eines erklärten Verzichtes die Urteilsgründe zu verlesen oder auch unbedeutende Teile mitverlesen zu lassen, ist dagegen die Anrufung des Gerichts nicht möglich[52].

30 b) Die **Beschwerde** gegen Maßnahmen, die die Gestaltung der Hauptverhandlung betreffen, scheitert, soweit die Verfahrensbeteiligten beschwert sind, an § 305 Satz 1[53].

31 c) **Revision.** Ist die **Berichterstattung** oder eine nach Absatz 1 Satz 2 gebotene Urteilsverlesung unterblieben, so kann dies mit der Revision gerügt werden. Gleiches gilt, wenn ein anderes vorgreifliches Urteil nicht verlesen wurde[54]. Die Revision kann nach herrschender Meinung nicht darauf gestützt werden, daß der Bericht unvollständig war[55]. Hat aber das Gericht nach § 238 Abs. 2 eine gebotene **Verlesung abgelehnt**, kann dies unter dem Blickwinkel der Beschränkung der Verteidigung (§ 338 Nr. 8) beanstandet werden[56]. Gerügt werden kann ferner, wenn das Berufungsgericht die **Beweisaufnahme vor der Einvernahme des Angeklagten** zur Sache durchgeführt hat (Verletzung des § 324)[57] oder wenn nur berichtend mitgeteilte Umstände ohne Beweiserhebung für das Urteil verwendet wurden (Verstoß gegen § 261; Verkennung der Bedeutung des Berichts)[58].

---

[48] OLG Schleswig SchlHA **1980** 20; bei *Ernesti/Jürgensen* SchlHA **1972** 161.
[49] OLG Schleswig bei *Ernesti/Lorenzen* SchlHA **1986** 108.
[50] KK-*Ruß*¹ 5; *Kleinknecht/Meyer*³⁸ 6; KMR-*Paulus* 13.
[51] *Kleinknecht/Meyer*³⁸ 5; KMR-*Paulus* 12.
[52] KMR-*Paulus* 12.
[53] OLG Hamburg NStZ **1985** 379; KK-*Ruß*¹ 10; KMR-*Paulus* 15.
[54] BayObLGSt **1973** 130 = MDR **1973** 1039; BayObLG MDR **1982** 249.
[55] KK-*Ruß*¹ 10; *Kleinknecht/Meyer*³⁸ 9; KMR-*Paulus* 15.
[56] KMR-*Paulus* 15.
[57] KK-*Ruß*¹ 10; vgl. aber auch OLG Köln NJW **1959** 1551; OLG Saarbrücken VRS **22**

[54] OLG Schleswig SchlHA **1954** 231; ferner Rdn. 2; 4 und die Rechtspr. zu § 243, 3 ff.
[58] Vgl. KK-*Ruß*¹ 10; KMR-*Paulus* 15. Ob der Inbegriff der Hauptverhandlung als Erkenntnisquelle i. S. des § 261 den Bericht mitumfaßt, ist strittig; vgl. etwa KK-*Ruß*¹ 10; KMR-*Paulus* 15; BayObLGSt **1958** 84; MDR **1973** 692; OLG Hamm NJW **1974** 1880. Erkennt man, daß der eine reine Prozeßfunktion (ähnlich der Verlesung des Anklagesatzes) erfüllende Bericht schon von seiner Zielsetzung her keine Tatsachen in die Hauptverhandlung einführen kann, liegt in der Verwendung eines solchen Vortrags bei der Überzeugungsbildung ein Rechtsfehler, der auf jeden Fall unter dem Blickwinkel des § 261 gerügt werden kann.

Ob das Urteil auf dem Verfahrensverstoß **beruht**, bzw. die Verteidigung dadurch in **32** einem wesentlichen Punkt beeinträchtigt worden ist, oder ob dies nach der Sachlage ausgeschlossen werden kann, ist eine Frage des Einzelfalls[59].

§ 325

Bei der Berichterstattung und der Beweisaufnahme können Schriftstücke verlesen werden; Protokolle über Aussagen der in der Hauptverhandlung des ersten Rechtszuges vernommenen Zeugen und Sachverständigen dürfen, abgesehen von den Fällen der §§ 251 und 253, ohne die Zustimmung der Staatsanwaltschaft und des Angeklagten nicht verlesen werden, wenn die wiederholte Vorladung der Zeugen oder Sachverständigen erfolgt ist oder von dem Angeklagten rechtzeitig vor der Hauptverhandlung beantragt worden war.

Schrifttum. *Alsberg* Der strafprozessuale Beweiserhebungsanspruch in der Berufungsinstanz, JW **1929** 2681; *Meyer* Die Verlesung von Schriftstücken in der Berufungsverhandlung, GA **31** (1883) 326.

Entstehungsgeschichte. § 325 hat jetzt wieder seine ursprüngliche Fassung. Dem unverändert gebliebenen einzigen Absatz war durch Art. 1 Nr. 27 StVÄG 1979 ein zweiter Absatz angefügt worden, um die Vorschrift an die Neuregelung des Urkundenbeweises anzupassen. Mit dessen Vereinfachung konnte dieser Absatz durch Art. 1 Nr. 23 StVÄG 1987 wieder aufgehoben werden. Bezeichnung bis 1924: § 366.

Übersicht

	Rdn.		Rdn.
1. Erleichterte Verlesbarkeit		3. Verlesung der Sitzungsniederschrift	
a) Bedeutung	1	a) Verlesbarkeit	19
b) Aufklärungspflicht	3	b) Unverlesbarkeit	21
c) Anwendungsbereich	5	c) Beeidigung	22
2. Zulässigkeit der Verlesung		d) Rechtslage zur Zeit der Berufungsverhandlung	23
a) Bekundungen in der Hauptverhandlung des ersten Rechtszugs	8	4. Sonstige Verfahrensfragen	
b) Nichtvorladung des Zeugen oder Sachverständigen	9	a) Anordnung des Vorsitzenden	24
		b) Zeugnisverweigerungsrecht	26
c) Kein rechtzeitiger Ladungsantrag des Angeklagten	12	c) Persönliche Einvernahme	26
		5. Beurkundung	28
d) Zustimmung	16	6. Revision	29

1. Erleichterte Verlesbarkeit

a) Bedeutung. § 325 schränkt für das Berufungsverfahren den allgemeinen Grund- **1** satz der Unmittelbarkeit und Mündlichkeit der Beweiserhebung ein. Er betrifft nicht die Frage, ob ein Beweis zu erheben sei, sondern die Form der Erhebung von Beweisen im Berufungsverfahren. Dies ist in den Verhandlungen der Reichstagskommission[1] aus-

---

[59] Vgl. etwa BayObLG MDR **1982** 249; OLG Hamburg NStZ **1985** 379.

[1] Prot. *Hahn* **2** 1386; 1576.

drücklich durch den Hinweis anerkannt, die Mündlichkeit, an der § 325 möglichst festhalten wolle, sei im Berufungsverfahren „nicht ausnahmslos durchzuführen"; übrigens eine sachlich anzweifelbare Auffassung. Die Vorschrift ist nach vorherrschender Auffassung gleichwohl so anzuwenden, daß sie den obersten Verfahrensgrundsatz, die Wahrheitsforschung, nicht beeinträchtigt[2].

2 Die sachlichen Bedenken gegen eine bloße Verlesbarkeit der nur den wesentlichen Inhalt der Vernehmung (§ 273 Abs. 2) wiedergebenden Protokolle sucht § 325 dadurch auszugleichen, daß er die Verlesbarkeit unter gewissen Voraussetzungen von der **Zustimmung der Beteiligten abhängig** macht. Wie bei dem erst später in die StPO eingefügten, umfassenderen § 251 Abs. 1 Nr. 4 ist der Leitgedanke, das Einverständnis des Gerichts und aller Beteiligten über Entbehrlichkeit der Vernehmung biete Gewähr dafür, daß bloße Verlesung die Wahrheitsfindung nicht beeinträchtige. Diese Überlegung ist jedoch nicht immer richtig. Der Angeklagte ist durchaus nicht immer an voller Wahrheitsfindung interessiert. Andererseits kennt er häufig die Bedeutung einer unmittelbaren Vernehmung nicht und macht daher von den Möglichkeiten des § 325 keinen Gebrauch. Gericht und Staatsanwaltschaft wiederum mögen im Interesse der Prozeßökonomie eher dazu neigen, bloße Verlesung für ausreichend zu halten, ohne doch zu wissen, ob sie damit sicheren Boden betreten[3].

3 **b) Aufklärungspflicht.** § 325 ist **zurückhaltend anzuwenden**. Die wiederholte Vernehmung durch Verlesung zu ersetzen, gestattet die Vorschrift nur, wenn dadurch ebenso sicherer Beweis wie durch Vernehmung geführt wird (s. § 323 Abs. 2). Maßgebend dafür ist regelmäßig der Aussagegegenstand, sein Bestrittensein, die Beweislage im ganzen, die Beziehung der Beweistatsache zu anderen Beweistatsachen und Beweisen und auch die Klarheit und Vollständigkeit der Niederschrift. Ob § 325 angewandt wird, ist niemals eine Frage ausschließlich der Arbeits- und Kostenersparnis, sondern stets Sache der Abwägung aller jener Gesichtspunkte unter Beachtung des Vorrangs der Aufklärungspflicht (§ 244 Abs. 2). Bei Aussagen von prozeßentscheidender Bedeutung ist für seine Anwendung grundsätzlich kein Raum[4]; so etwa, wenn es sich um den einzigen Tatzeugen einer vom Angeklagten bestrittenen Tat handelt[5].

4 Ein Ersatz der Einvernahme in der Hauptverhandlung durch die Verlesung kann nur in Betracht kommen, wenn **kein Zweifel** hinsichtlich der **Verläßlichkeit der früheren Aussage** und der Zuverlässigkeit ihrer Erfassung im Protokoll besteht. Zum Verlesen eignen sich besonders die Bekundungen, die nach Inhalt und Bedeutung die tragenden Grundlagen der Urteilsfindung nicht in Frage stellen, z. B. weil sie nur ein glaubhaftes Geständnis des Angeklagten bestätigen oder zusätzliche Indizien für die Richtigkeit der Aussage eines in der Berufungsverhandlung vernommenen Zeugen liefern. Die Aufklärungspflicht fordert dagegen die Durchführung der **unmittelbaren Beweiserhebung**, wenn dem Gericht die Beurteilung einer Zeugenaussage abverlangt wird, die es auf Grund des Protokolls nicht treffen kann, etwa, wenn es die persönliche Glaubwürdig-

---

[2] Vgl. Rdn. 3. *Hanack* (JR **1973** 468) nimmt an, daß der Gesetzgeber zugunsten der Eigeninitiative der Prozeßbeteiligten nicht nur den Unmittelbarkeitsgrundsatz, sondern in gewissen Randbereichen auch die Wahrheitserforschungspflicht einschränkt.

[3] Vgl. *Eb. Schmidt* 2. Zum geringen Beweiswert der nur den wesentlichen Inhalt der Vernehmung wiedergebenden Sitzungsniederschrift (§ 273 Abs. 2) vgl. etwa *Meyer-Goßner* NJW **1987** 1165.

[4] OLG Koblenz VRS **63** 130; OLG Köln VRS **65** 40; OLG Zweibrücken NJW **1982** 117; *Alsberg/Nüse/Meyer* 284; 294; *Gollwitzer* JR **1977** 345; KK-*Ruß*[1] 2; *Kleinknecht/Meyer*[38] 2; 12; KMR-*Paulus* 2; *Schlüchter* 677; *Eb. Schmidt* 13.

[5] OLG Köln VRS **65** 40.

keit eines Zeugen verneinen will[6], oder wenn es widersprüchliche Zeugenaussagen beurteilen muß[7] oder wenn es sonst auf den persönlichen Eindruck vom Zeugen ankommt[8]. Gleiches gilt, wenn die Verläßlichkeit einer Zeugenaussage oder die Richtigkeit oder Vollständigkeit ihrer Protokollierung zweifelhaft erscheinen[9].

c) **Anwendungsbereich.** Der Wortlaut, der von **Berichterstattung** und **Beweiserhebung** spricht, ist unrichtig abgefaßt. Erstens unterscheidet er nicht deutlich zwischen bloßer Berichterstattung und Beweiserhebung. Für die Zwecke der Berichterstattung, die keine Beweiserhebung ist, gelten die Einschränkungen des § 325 nicht. Der Vortrag des Berichterstatters ist **nicht Urteilsgrundlage**[10]. Daher muß das Gericht klarstellen, welche Verlesung, ausschließlich oder zugleich, der Beweiserhebung dient, damit die Beteiligten zu dem Beweisergebnis Stellung nehmen können. Ein ausdrücklicher Gerichtsbeschluß wird dazu nicht stets erforderlich sein; die Sitzungsniederschrift muß jedoch die Verwendung zu Beweiszwecken nachweisen. **5**

Was die **Beweiserhebung** angeht, den eigentlichen Gegenstand des § 325, so verleitet der bloße Wortlaut zu der irrigen Ansicht, als sei die Verlesung von Schriftstücken im Berufungsverfahren ohne Rücksicht auf die §§ 249 bis 256 allgemein gestattet und nur hinsichtlich der Aussagen erstinstanzlicher Beweispersonen eingeschränkt. Das ist unrichtig. Die Verlesbarkeit wird lediglich auf die Niederschriften der Aussagen der im ersten Rechtszug in der Hauptverhandlung vernommenen Beweispersonen ausgedehnt. Im übrigen gelten für deren Einvernahme in der Berufungsverhandlung ebenfalls die Regeln des **Strengbeweisrechts** (§§ 249 bis 256)[11]. Das Verlesungsverbot des § 252 steht zu der Verschiedenheit der beiden Rechtszüge in keiner Beziehung[12]. Für das Verbot des § 256, ein Leumundzeugnis zu verlesen, gilt dasselbe. Im Vorverfahren vor dem ersuchten oder beauftragten Richter abgegebene Aussagen dürfen nur unter den Voraussetzungen der §§ 251, 253 verlesen werden[13]. § 325 bringt nur insoweit eine Erweiterung, als von der Unmittelbarkeit der Beweiserhebung auch bei Bekundungen von erstinstanzlich vernommenen Zeugen und Sachverständigen abgewichen werden darf, soweit seine Einschränkungen nicht eingreifen[14]. **6**

In den **Fällen der §§ 251** (Verstorbene, Geisteskranke, Abwesende, Gebrechlichkeit, unbehebbares Hindernis, große Entfernung, Einwilligung), **253** und **254 Abs. 1** (Beweisaufnahme über Geständnis) gelten die allgemeinen Grundsätze. Sofern im Zeitpunkt der Berufungsverhandlung die Voraussetzungen dieser Vorschriften gegeben sind, hängt die Zulässigkeit der Verlesung nicht vom Vorliegen der sonstigen Voraussetzungen des § 325 ab[15]. Vor allem bei Zustimmung der Verfahrensbeteiligten ist eine Aussage in früherer Hauptverhandlung gemäß § 251 Abs. 1 Nr. 4 verlesbar, sofern keine Bedenken gegen ihre Richtigkeit bestehen[16]. **7**

---

[6] BayObLGSt **1972** 277 = JR **1973** 467 mit Anm. *Hanack*; OLG Koblenz StrVert **1982** 65.

[7] OLG Koblenz StrVert. **1982** 65; *Hanack* JR **1973** 467.

[8] Vgl. etwa *Alsberg/Nüse/Meyer* 295; KMR-*Paulus* 2; *Kleinknecht/Meyer*[38] 12; ferner Rdn. 8 ff.

[9] OLG Köln GA **1970** 248.

[10] Vgl. § 324, 8.

[11] *Alsberg/Nüse/Meyer* 287; 292; KK-*Ruß*[1] 4; *Kleinknecht/Meyer*[38] 1; KMR-*Paulus* 3; *Schlüchter* 677; *Eb. Schmidt* 4.

[12] Vgl. Rdn. 19.

[13] RG DRiZ **1932** Nr. 224; BayObLGSt **1957** 133 = NJW **1957** 1566; OLG Hamm JMBlNW **1963** 214; *Alsberg* JW **1929** 2682; *Meyer* GA 31 (1883) 326; ferner die Nachw. Fußn. 11.

[14] Vgl. OLG Hamburg GA **1962** 312 (zu eng).

[15] Vgl. etwa KMR-*Paulus* 3.

[16] Vgl. RGSt 59 299; RG JW **1929** 2741; BayObLG HRR **1930** Nr. 578; BayObLGSt **1957** 133 = NJW **1957** 1566; alle zu früheren Fassungen. Vgl. ferner Rdn. 16 ff; § 251, 44.

2. Zulässigkeit der Verlesung der Sitzungsniederschrift

8 a) Die Sonderregelung des § 325 betrifft nur **Bekundungen** der in der **Hauptverhandlung des ersten Rechtszugs** vernommenen Zeugen und Sachverständigen, deren wesentlicher Inhalt nach § 273 Abs. 2 in die Sitzungsniederschrift aufzunehmen ist (vgl. Rdn. 19). Zulässig ist Verlesung jedoch auch dann nur, wenn die nachstehenden (negativen) Voraussetzungen gegeben sind (Rdn. 9 bis 15) oder wenn die Verfahrensbeteiligten zustimmen (Rdn. 16 ff).

9 b) **Nichtvorladung des Zeugen oder Sachverständigen** vor das Berufungsgericht zur Hauptverhandlung. Ist er geladen worden, so wird seine frühere Aussage nicht dadurch nach § 325 verlesbar, daß er ausgeblieben ist, ohne Rücksicht auf den Grund des Ausbleibens. Sie wird in diesem Falle nur verlesbar, wenn Gericht und die übrigen antragsberechtigten Verfahrensbeteiligten der Verlesung zustimmen oder sonst die Voraussetzungen des § 251 vorliegen[17].

10 **Ladung** ist hier jede von Amts wegen (§ 214 Abs. 1, 3) oder durch einen dazu befugten Verfahrensbeteiligten (vgl. § 220) veranlaßte Ladung. Ein Zustellungsnachweis ist nicht erforderlich[18], desgleichen nicht, daß die Ladung den Zeugen erreicht hat[19], nicht einmal, daß sie ausgeführt wurde[20]. Wird ein geladener Zeuge nachträglich vom Erscheinen entbunden, so kann die Ausnahme des § 325 wieder Platz greifen, sofern der Angeklagte und die anderen Ladungsberechtigten so rechtzeitig benachrichtigt wurden, daß sie ihr Ladungsrecht selbst ausüben konnten[21]. Die bloße Mitteilung des Vorsitzenden an den Angeklagten, wenn der (geladene) Zeuge ausbleibe, werde seine Aussage nach § 325 verlesen, genügt bei Fortbestand der Ladung nicht[22].

11 Die **Gestellung** eines Zeugen oder Sachverständigen wird vom Regelungszweck her der Ladung gleichgestellt[23].

12 c) **Kein rechtzeitiger Ladungsantrag des Angeklagten.** Hat der Angeklagte die wiederholte Vorladung rechtzeitig vor der Hauptverhandlung **beantragt**, hat der Antrag ebenfalls Sperrwirkung, denn der Antrag zeigt, daß der Angeklagte auf die persönliche Einvernahme der benannten Beweisperson Wert legt, die Voraussetzungen, unter denen der Gesetzgeber die vereinfachte Beweiserhebung zuließ (vgl. Rdn. 2) also nicht gegeben sind[24]. Es genügt deshalb jedes Verlangen, das sinngemäß die Zuziehung der Auskunftsperson zur Hauptverhandlung begehrt; eine förmliche Antragstellung ist nicht er-

---

[17] KK-*Ruß*¹ 5; *Kleinknecht/Meyer*[38] 7; KMR-*Paulus* 10.
[18] OLG Celle NJW **1961** 1490.
[19] RG JW **1928** 1507 mit Anm. *Löwenstein*; BayObLGSt **30** 57; BayObLGSt **1957** 99 = NJW **1957** 1290; OLG Dresden HRR **1932** Nr. 1011; OLG Stettin JW **1932** 2745 mit Anm. *Klefisch*; OLG Stuttgart JR **1977** 343 mit Anm. *Gollwitzer*; *Alsberg/Nüse/Meyer* 289; KK-*Ruß*¹ 5; *Kleinknecht/Meyer*[38] 10; KMR-*Paulus* 10; *Eb. Schmidt* Nachtr. I 2.
[20] OLG Stettin JW **1982** 2745 mit Anm. *Klefisch*.
[21] BayObLG DRiZ **1932** Nr. 148.
[22] OLG Stuttgart JR **1977** 343 mit Anm. *Gollwitzer*; **a. A** OLG Hamm MDR **1981** 870; *Alsberg/Nüse/Meyer* 289 (steht Abladung gleich).
[23] *Alsberg* JW **1929** 2682; KMR-*Paulus* 10; *J. Meyer* MDR **1962** 540; im Ergebnis trotz Bedenken (Gestellung ist keine Ladung) auch *Alsberg/Nüse/Meyer* 288; mit weit. Nachw.; *Eb. Schmidt* 10.
[24] Die wird zum Teil auch damit begründet, daß der Angeklagte darauf vertrauen darf, daß die von ihm beantragte Ladung ausgeführt wird; vgl. etwa *Alsberg/Nüse/Meyer* 289; *Kleinknecht/Meyer*[38] 9; KMR-*Paulus* 9; auch OLG Stuttgart JR **1977** 344. Der eigentliche Grund der Ausnahme dürfte aber schon darin liegen, daß schon der Ladungsantrag nicht nur formal sondern auch vom Regelungszweck her die Verlesungsvoraussetzungen entfallen läßt.

forderlich[25]. Nach Ansicht des Oberlandesgerichts Hamburg soll ein rechtzeitig gestellter **Hilfsantrag** nicht genügen[26]. Ob diese Entscheidung der einschränkenden Tendenz des § 325 entspricht, erscheint fraglich.

Ein **besonderer Hinweis** an den Angeklagten, daß bestimmte Zeugen nicht geladen werden und ihre frühere Aussage verlesen wird, ist vom Gesetz nicht vorgesehen[27]. Es genügt, daß der Angeklagte aus den ihm mitgeteilten Ladungen entnehmen kann, welche Zeugen nicht persönlich anwesend sein werden. **13**

Dem **Antrag des Staatsanwalts** kommt diese Wirkung nicht zu. Er muß den Zeugen nach § 214 Abs. 3 selbst laden. Dies gilt auch für die Ladungsanträge des Privat- oder Nebenklägers[28]. Das Gesetz räumt nur den Ladungsanträgen des Angeklagten diese Sperrwirkung ein; sie kann daher nur den für ihn gestellten Anträge des Verteidigers[29] und den Anträgen der dem Angeklagten befugnismäßig gleichgestellten Personen zugemessen werden[30], nicht aber den Anträgen anderer Verfahrensbeteiligter. **14**

Rechtzeitig bedeutet so zeitig, daß die Ladung zur Hauptverhandlung noch bewirkt werden kann, auch wenn der Zeuge nicht erscheint und zwar Ladung mit den modernen technischen Mitteln, soweit über den Zugang der Ladung Gewißheit erlangt werden kann, also notfalls auch telefonisch[31]. Ob der Vorsitzende dem Antrag entspricht, ist für die Verlesungssperre unwesentlich, es genügt der rechtzeitige Antrag. Wird eine **Beweisperson** wieder **abbestellt**, so kommt es darauf an, ob sie von Amts wegen oder auf rechtzeitigen Antrag geladen worden war. Bei Ladung von Amts wegen und rechtzeitiger Abladung und Mitteilung der Abbestellung an die Beteiligten erlischt die Verlesungssperre (vgl. Rdn. 10). Es bleibt den Beteiligten dann überlassen, einen „rechtzeitigen Antrag" auf Vernehmung zu stellen, wenn sie die Verlesung hindern wollen. Bei Ladung auf rechtzeitigen Antrag und Abbestellung bleibt die Sperre auch bei Mitteilung an die Beteiligten bestehen, weil der Antrag rechtzeitig gestellt worden war und dieses die Verlesung einschränkende Hindernis ausschließlich durch allseitige Zustimmung beseitigt werden kann. **15**

d) **Zustimmung.** Wenn **Angeklagter und Staatsanwalt** zustimmen, ist auch bei Ladung des Zeugen oder rechtzeitig gestelltem Antrag auf Ladung die Verlesung zulässig; jedoch kann das Gericht durch Zustimmung nicht zur Verlesung gezwungen werden, wenn es nochmalige Vernehmung für geboten hält. Die Zustimmung muß **ausdrücklich**[32] oder durch zweifelsfreies **schlüssiges Verhalten** des Berechtigten erteilt werden[33]. **16**

---

[25] *Alsberg* JW **1929** 2682; *Alsberg/Nüse/Meyer* 289; *Kleinknecht/Meyer*[38] 9.

[26] OLG Hamburg NJW **1962** 880; ebenso *Alsberg/Nüse/Meyer* 289; *Kleinknecht/Meyer*[38] 9; KMR-*Paulus* 11; zweifelnd auch *Hanack* JR **1973** 468 Fußn. 2.

[27] OLG Koblenz OLGSt 1; *Alsberg/Nüse/Meyer* 289; KMR-*Paulus* 11.

[28] *Alsberg* JW **1929** 2681; *Alsberg/Nüse/Meyer* 290 mit weit. Nachw.; *Kleinknecht/Meyer*[38] 9; a. A OLG Königsberg JW **1928** 2293 mit Anm. *Stern*; JW **1929** 2776 mit Anm. *Stern*; KMR-*Paulus* 11 (der auf die fehlende eigene Ladungsbefugnis abstellt).

[29] *Alsberg/Nüse/Meyer* 289; *Kleinknecht/Meyer*[38] 9; KMR-*Paulus* 11.

[30] *Alsberg/Nüse/Meyer* 289; *Kleinknecht/Meyer*[38] 9.

[31] *Alsberg/Nüse/Meyer* 290; *Kleinknecht/Meyer*[38] 10; KMR-*Paulus* 11; à. A KK-*Ruß*[1] 5 (Ladung im normalen Geschäftsgang); *Eb. Schmidt* 9.

[32] RG JW **1927** 2049 mit Anm. *Alsberg*; *Alsberg* JW **1929** 2683; *Alsberg/Nüse/Meyer* 291; *Kleinknecht/Meyer*[38] 5.

[33] RG JW **1929** 865 mit Anm. *Löwenstein*; BayObLGSt **1953** 220; **1957** 133; **1978** 17 = NJW **1954** 232; **1957** 1566; **1978** 1817; OLG Stuttgart JR **1977** 343 mit Anm. *Gollwitzer*; *Alsberg* NJW **1929** 2682; *Alsberg/Nüse/Meyer* 292; KK-*Ruß*[1] 6; *Kleinknecht/Meyer*[38] 5; KMR-*Paulus* 7.

Unterläßt ein Beteiligter den Widerspruch gegen die unzulässige Verlesung, so liegt darin noch keine Zustimmung[34]. Dies wäre nur dann der Fall, wenn der Wille, *das ihm eventuell auf Grund einer Belehrung bekannte Recht* nicht auszuüben, nach den Umständen zweifelsfrei hervortritt[35].

17 § 325 spricht nur von Zustimmung des **Angeklagten** und des **Staatsanwalts**. Zustimmen müssen aber auch der **Verteidiger**[36] sowie sonstige in ihren Verfahrensbefugnissen unmittelbar betroffene Verfahrensbeteiligte[37]. Hier einen engeren Standpunkt zu vertreten erscheint beim Verteidiger nicht angezeigt. § 251 Abs. 1 Nr. 4; Abs. 2 Satz 1 erwähnen ausdrücklich den Verteidiger; desgleichen trägt jetzt auch die Neufassung des § 245 Abs. 1 dem Umstand Rechnung, daß mit dem eigenen Beweisantragsrecht des Verteidigers auch die entsprechenden verfahrensgestaltenden Befugnisse verbunden sind[38]. Neben dem Verteidiger muß der Angeklagte selbst zustimmen[39]. Schweigt er zur Erklärung seines Verteidigers, liegt darin in der Regel die eigene Zustimmung[40]. Ist der Angeklagte nicht anwesend, genügt die Zustimmung des Verteidigers (§§ 234b, 251 Abs. 1 Nr. 4)[40a].

18 Ist die Zustimmung erklärt, so ist sie als Prozeßerklärung **unwiderruflich**. Sie steht einem Antrag auf erneute Vernehmung der Beweisperson, der sachliche Gründe hat, nicht entgegen[41]. Ob solchem Antrage zu entsprechen ist, richtet sich, sofern eine neue — im zu verlesenden Protokoll nicht enthaltene[42] — Tatsache unter Beweis gestellt wird, nach den allgemeinen Regeln des Beweisrechts (§§ 244, 245), im übrigen nach den Erfordernissen der Aufklärungspflicht. Auch der persönliche Eindruck des Zeugen auf das Berufungsgericht kann eine nach § 244 Abs. 2 wesentliche Tatsache sein[43].

3. Verlesung der Sitzungsniederschrift

19 **a) Verlesbarkeit.** Verlesbar ist die Niederschrift derjenigen Hauptverhandlung, in der das **angefochtene Urteil ergangen ist**, nicht diejenige einer früheren, vertagten Hauptverhandlung[44]. Die Aussage aus einer andern (ausgesetzten) Hauptverhandlung der ersten oder der Berufungsinstanz sind nicht nach § 325 verlesbar. Ebenso wie andere Vernehmungsniederschriften dürfen sie nur dann durch Verlesen zu Beweiszwecken in die Hauptverhandlung eingeführt werden, wenn dies nach §§ 250, 251, 253 gestattet ist.

---

[34] Vgl. OLG Stuttgart JR **1977** 343 mit Anm. *Gollwitzer;* ferner die Nachw. Fußn. 33.

[35] RG JW **1928** 1507; **1932** 421; OLG Dresden HRR **1932** Nr. 1011; BayObLGSt **1953** 220 = NJW **1954** 323; OLG Hamm JMBlNW **1957** 275; OLG Stuttgart JR **1977** 343 mit Anm. *Gollwitzer; Eb. Schmidt* 11; *Alsberg/Nüse/Meyer* 292 mit weit. Nachw.; § 251, 46.

[36] Strittig; wie hier *Alsberg* JW **1929** 2683; *Alsberg/Nüse/Meyer* 291; *Kleinknecht/Meyer*[38] 4; a. A KK-*Ruß*[1] 6; KMR-*Paulus* 12.

[37] *Alsberg/Nüse/Meyer* 291; KK-*Ruß*[1] 6; *Kleinknecht/Meyer*[38] 4; KMR-*Paulus* 12; wegen der Befugnisse des Nebenklägers vgl. die Erl. zur Neufassung des § 397 Abs. 1.

[38] Vgl. *Rieß* NJW **1977** 881 zur Auslegung der früheren Fassung des § 245 Abs. 1, die ebenfalls nur Angeklagten und Staatsanwalt erwähnte.

[39] BayObLGSt **1957** 132 = NJW **1957** 1566; OLG Stuttgart JR **1977** 343; vgl. § 251, 46.

[40] BayObLGSt **1978** 17 = NJW **1978** 1817 (insoweit unter Aufgabe von BayObLGSt **1957** 132); *Kleinknecht/Meyer*[38] 4; vgl. § 251, 46.

[40a] Vgl. Nachtr. bei § 234a.

[41] RGSt **63** 302; *Alsberg/Nüse/Meyer* 292; KMR-*Paulus* 12; *Eb. Schmidt* 11.

[42] Eine nicht in die Sitzungsniederschrift aufgenommene Tatsache ist durch diese nicht beweisbar; das Berufungsgericht muß deshalb einen darauf gerichteten Beweisantrag als auf eine neue Tatsache gerichtet behandeln, vgl. *Alsberg* JW **1929** 2681; **1930** 1971; *Alsberg/Nüse/Meyer* 295.

[43] *Eb. Schmidt* 12; vgl. Rdn. 4; ferner etwa OLG Köln GA **1970** 248; Aufklärungspflicht gebietet Vorladung des Zeugen, um Zweifel an Identität des Angeklagten zu klären; ähnlich RGSt **58** 80.

[44] RG HRR **1932** Nr. 1185; *Alsberg/Nüse/Meyer* 292; KK-*Ruß*[1] 8; *Kleinknecht/Meyer* 11; KMR-*Paulus* 7; *Schlüchter* 677.

Hat der Zeuge, dessen Aussage nach § 325 verlesen wird, früher anders ausgesagt, so wird darüber zu berichten sein[45] und meist Anlaß zur wiederholten Vernehmung bestehen. Verlesen wird nur die jeweilige Aussage des Zeugen oder Sachverständigen, einschließlich der **Schriftstücke**, welche **Bestandteile der Aussage** geworden sind[46]. Daran fehlt es, wenn das Sitzungsprotokoll lediglich vermerkt, der Zeuge habe die gleichen Angaben gemacht wie vor der Polizei[47]. Eine vom Erstrichter als Vorhalt **benutzte** polizeiliche Niederschrift darf nicht zum Beweise verlesen werden, wohl aber zwecks Berichterstattung ohne Beweiswirkung[48]. Schriftstücke, deren Verlesung zu Beweiszwecken in der ersten Instanz nicht zulässig war, können auch in der Berufungsinstanz nicht über § 325 in die Hauptverhandlung eingeführt werden[49].

Die Niederschrift über die jeweilige Aussage des Zeugen oder Sachverständigen ist **vollständig** zu verlesen. Eine Beschränkung auf Auszüge ist allenfalls zulässig, wenn es sich dabei um abtrennbare, selbständige Aussagekomplexe handelt und die Aufklärungspflicht nicht entgegensteht. Die Verfahrensbeteiligten müssen damit einverstanden sein[50].

b) Unverlesbarkeit. Niederschriften über Aussagen von Zeugen und Sachverständigen, die unter **Verletzung wesentlicher Verfahrensvorschriften** vernommen wurden, dürfen nach § 325 nicht verlesen werden[51]. Die Ausnahmevorschrift des § 325 setzt voraus, daß in der Hauptverhandlung, in der der Zeuge oder Sachverständige vernommen wurde, ordnungsgemäß verfahren worden ist, insbesondere, daß die Beteiligten Gelegenheit hatten, beim Zustandekommen der Zeugenaussage ihre Rechte auszuüben. Die Verlesung nach § 325 ist deshalb unzulässig, wenn der Zeuge in der ersten Instanz zu Unrecht in Abwesenheit des Angeklagten vernommen worden ist[52]. Nicht verlesbar ist ferner eine Sitzungsniederschrift, die weder vom Vorsitzenden noch vom Protokollführer unterschrieben worden ist[53].

c) Beeidigung. Die Feststellung, ob die Aussage eidlich erstattet worden ist, schreibt § 325 — anders als § 251 Abs. 4 — nicht vor[54]. Sie ist aber schon deshalb angebracht, weil das Gericht auf Grund der Sach- und Rechtslage im Zeitpunkt der Berufungsverhandlung (vgl. Rdn. 23) erneut über die Beeidigung zu befinden hat. Es muß eine ungenügende oder nicht mehr zutreffende Begründung des Erstrichters für die Nichtbeeidigung des Zeugen durch eine den gesetzlichen Erfordernissen entsprechende Begründung ersetzen, wenn es den Zeugen unbeeidigt läßt[55]. Entspricht allerdings die Entscheidung des Erstrichters über die Beeidigung nach wie vor der Sach- und Rechtslage und auch formell den an die Begründung der Entscheidung zu stellenden Anforderungen, dann braucht das Berufungsgericht darüber nicht förmlich erneut Beschluß zu

---

[45] Vgl. § 324, 7.
[46] OLG Hamm DAR **1956** 166; *Alsberg/Nüse/Meyer* 293; *Kleinknecht/Meyer*[38] 11; KMR-*Paulus* 16.
[47] BayObLG bei *Rüth* DAR **1978** 211.
[48] *Alsberg/Nüse/Meyer* 293; *Kleinknecht/Meyer*[38] 11; KMR-*Paulus* 16; *Eb. Schmidt* 4; a. A RG JW **1933** 959.
[49] Vgl. OLG Hamm DAR **1956** 166; KK-*Ruß*[1] 8; Rdn. 6.
[50] OLG Hamburg MDR **1973** 871.
[51] RG JW **1927** 1492 mit Anm. *Schreiber*; OLG Stuttgart NJW **1970** 343; *Alsberg/Nüse/Meyer* 293; KK-*Ruß*[1] 8; *Kleinknecht/Meyer*[38] 11; KMR-*Paulus* 8; *Eb. Schmidt* 7.
[52] OLG Stuttgart NJW **1970** 343; *Alsberg/Nüse/Meyer* 293; KK-*Ruß*[1] 8; KMR-*Paulus* 8.
[53] OLG Hamm VRS **29** 41; *Alsberg/Nüse/Meyer* 293; vgl. ferner § 251, 10 ff.
[54] OLG Königsberg HRR **1930** Nr. 186.
[55] OLG Hamm NJW **1965** 1344; MDR **1980** 953; OLG Stuttgart Justiz **1961** 234; KK-*Ruß*[1] 9; *Kleinknecht/Meyer*[38] 13; KMR-*Paulus* 17.

fassen⁵⁶; für die Verfahrensbeteiligten ist dann auch so ersichtlich, daß das Gericht der früheren Entscheidung und ihrer Begründung beitritt. Hält das Gericht die frühere Vereidigung für nicht oder nicht mehr zulässig, muß es darauf hinweisen, daß es die Aussage als uneidliche werten wird[57].

23 d) **Die Rechtslage zur Zeit der Berufungsverhandlung** ist maßgebend dafür, ob die frühere Vernehmung (noch) den Verfahrensvorschriften entspricht. Die Verlesung ist also auch dann nicht zulässig, wenn zwar die frühere Aussage in der ersten Instanz den gesetzlichen Vorschriften genügte, sie aber in der Berufungsverhandlung in der damaligen Form nicht mehr zulässig wäre, etwa, wenn der Zeuge inzwischen eidesmündig geworden ist[58] oder wenn er damals uneidlich vernommen wurde, nach der Sach- und Rechtslage zur Zeit der Berufungsverhandlung aber zu beeidigen ist[59] oder wenn ein Sachverständiger, der in der ersten Instanz unvereidigt geblieben war, nunmehr aufgrund eines Antrags nach § 79 Abs. 1 beeidigt werden muß[59a]. Nach der Sach- und Rechtslage der Berufungsverhandlung beurteilt sich auch, ob der Verlesung der Aussage ein Verwertungsverbot entgegensteht.

4. Sonstige Verfahrensfragen

24 a) **Anordnung des Vorsitzenden.** Die Verlesung ordnet in der Regel der Vorsitzende im Rahmen seiner Befugnis zur Verhandlungsleitung an. Gegen seine Entscheidung kann nach § 238 Abs. 2 das Gericht angerufen werden. Nicht notwendig ist, daß die Verlesung gleich durch Gerichtsbeschluß angeordnet wird[60]. Geschieht dies aber, so ist dies nicht zu beanstanden.

25 b) Hatte ein Zeuge vor dem Erstgericht trotz **Zeugnisverweigerungsrechts** ausgesagt und ist die Aussage verlesbar, so kann er die Verlesung nur durch die Mitteilung an das Gericht verhindern, daß er die Aussage nunmehr verweigere[61]. Gleiches gilt, wenn das Zeugnisverweigerungsrecht erst nach der Vernehmung im ersten Rechtszug entstanden ist. Ist die Verlesung bereits durchgeführt, hat die Ausübung des Weigerungsrechts keine Rückwirkung[62].

26 c) **Persönliche Einvernahme.** Ist Verlesung mangels Zustimmung unzulässig und die Beweisperson nicht erreichbar, so ist **Vertagung** der Hauptverhandlung geboten, sofern es nach dem allgemeinen Beweisrecht auf die Aussage ankommt (§§ 244, 245). § 325 besagt hierüber nichts. Er verpflichtet das Gericht nicht zu unerheblichen Beweiserhebungen über die Regeln der §§ 244, 245 hinaus.

27 Auch nach Verlesung kann ein verändertes Verhandlungsergebnis die **nochmalige Ladung und Vernehmung** des Zeugen zu denselben oder zu anderen Beweispunkten fordern. Der Antrag auf persönliche Vernehmung des Zeugen durch das Berufungsgericht zu seiner nach § 325 verlesenen Aussage ist **kein neuer Beweisantrag**; über ihn ist unter Berücksichtigung der Sachaufklärungspflicht nach pflichtgemäßem Ermessen zu

---

[56] OLG Hamm MDR **1980** 953; OLG Stuttgart Justiz **1961** 235; *Kleinknecht/Meyer*[38] 13; KMR-*Paulus* 17.
[57] KK-*Ruß*¹ 9; *Kleinknecht/Meyer*[38] 14.
[58] RGSt **63** 228; *Alsberg/Nüse/Meyer* 294.
[59] *Alsberg/Nüse/Meyer* 294; *Eb. Schmidt* 6.
[59a] *Kleinknecht/Meyer*[38] 14.
[60] KMR-*Paulus* 14; *Eb. Schmidt* 14.
[61] RG JW **1927** 1492 mit Anm. *Schreiber*; Alsberg JW **1929** 2682; *Alsberg/Nüse/Meyer* 293; KK-*Ruß*¹ 10; *Kleinknecht/Meyer*[38] 11; KMR-*Paulus* 3.
[62] KK-*Ruß*¹ 10; anders noch LR²³ 25; vgl. § 252, 38.

entscheiden, nicht etwa nach § 244 Abs. 3, 4⁶³. Letztere sind aber anwendbar, wenn ein **zusätzliches Beweisthema,** das die frühere Aussage ergänzen soll, Gegenstand des Antrags ist⁶⁴.

5. Sitzungsniederschrift. Die Verlesung einer Aussage nach § 325 ist nach § 273 **28** Abs. 1 in der Sitzungsniederschrift zu beurkunden. Zu beurkunden ist ferner, ob und welche Verfahrensbeteiligte einer Verlesung zugestimmt haben. Die Abgabe einer ausdrücklichen Erklärung dazu wird nur durch das Protokoll bewiesen (§ 274)⁶⁵. Ob dagegen eine Zustimmung durch konkludentes Verhalten vorliegt, muß gegebenenfalls das Revisionsgericht im Wege des Freibeweises prüfen⁶⁶.

6. Revision. Mit der Revision kann als Verstoß gegen § 325 gerügt werden, wenn **29** eine Aussage auf Grund dieser Vorschrift verlesen wurde, obwohl deren Voraussetzungen nicht vorlagen⁶⁷. Fehlt eine erforderliche Zustimmung, kann auch § 251 verletzt sein. Gerügt werden kann ferner, daß die Verlesung gegen die Aufklärungspflicht (§ 244 Abs. 2) verstieß, weil bestimmte, in der Revisionsbegründung darzulegende Umstände die persönliche Einvernahme des Zeugen oder Sachverständigen in der Hauptverhandlung erfordert hätten⁶⁸.

§ 326

¹Nach dem Schluß der Beweisaufnahme werden die Staatsanwaltschaft sowie der Angeklagte und sein Verteidiger mit ihren Ausführungen und Anträgen, und zwar der Beschwerdeführer zuerst, gehört. ²Dem Angeklagten gebührt das letzte Wort.

Bezeichnung bis 1924: § 367.

1. Schlußvorträge (Satz 1). Die Vorschrift ändert § 258 für das Berufungsverfahren **1** nur dahin ab, daß der Beschwerdeführer mit den Schlußvorträgen beginnt. Im übrigen gelten für die Schlußvorträge die Ausführungen zu § 258. Auch der Nebenkläger ist zu Schlußausführungen berechtigt¹. Haben mehrere im gleichen Umfang Berufung eingelegt, so wird — ebenso wie § 258 — zuerst die Staatsanwaltschaft gehört, sonst der Angeklagte oder der andere Beschwerdeführer. Fechten die einzelnen Rechtsmittelführer das Urteil im verschiedenen Umfang an, etwa der Angeklagte Schuld- und Strafausspruch, während die Berufung der Staatsanwaltschaft auf den Strafausspruch beschränkt ist, so gebührt in der Regel dem Rechtsmittelführer der Vorrang, der das Urteil im weitestgehenden Umfang angreift². Wegen des Rechts zur Erwiderung vgl. § 258, 25 ff.

---

⁶³ RGSt **58** 378; RG JW **1929** 2741; **1930** 1971 mit Anm. *Alsberg*; OLG Saarbrücken OLGSt § 244, 28; *Kleinknecht/Meyer*³⁸ 12; KMR-*Paulus* 18; *Alsberg/Nüse/Meyer* 294 mit weit. Nachw.
⁶⁴ BayObLGSt **27** 212; *Alsberg/Nüse/Meyer* 295; vgl. Rdn. 8.
⁶⁵ RG BayZ **1927** 264; OLG Hamm JMBlNW **1957** 275; *Alsberg/Nüse/Meyer* 291; KK-*Ruß*¹ 7; KMR-*Paulus* 12.
⁶⁶ KMR-*Paulus* 12.

⁶⁷ KK-*Ruß*¹ 12; *Kleinknecht/Meyer*³⁸ 16; KMR-*Paulus* 19.
⁶⁸ Vgl. etwa BayObLGSt **1972** 277 = JR **1973** 467 mit Anm. *Hanack*; OLG Köln VRS **65** 40; OLG Koblenz VRS **63** 130; StrVert. **1982** 65; OLG Zweibrücken NJW **1982** 117; ferner die Nachw. Fußn. 67 und bei Rdn. 3 ff.
¹ Vgl. BGHSt **28** 274; KK-*Ruß*¹ 2; ferner die Erl. zum neugefaßten § 397 Abs. 1 im Nachtr.
² KK-*Ruß*¹ 1; *Kleinknecht/Meyer*³⁸ 1; KMR-*Paulus* 1.

§ 327   Drittes Buch. Rechtsmittel

2 2. **Das letzte Wort (Satz 2)** gebührt stets dem anwesenden Angeklagten. Erwiderungen sind, soweit sie in Betracht kommen, vorher zu hören.

3 Den anwesenden **Nebenbeteiligten** ist, auch wenn sie als Rechtsmittelführer bereits gesprochen haben, ebenfalls das letzte Wort zu geben. Sie sind jedoch vor dem Angeklagten zu hören[3], dem, auch wenn ein Verteidiger für ihn gesprochen hat, die allerletzten Ausführungen gebühren. § 258 Abs. 3 gilt nach § 332 auch in der Berufungsverhandlung[4].

4 3. **Verteidiger.** Der Wahlverteidiger ist regelmäßig auch für das Berufungsverfahren bestellt (§ 137), ebenso der Pflichtverteidiger[5].

5 4. Die **Sitzungsniederschrift** muß die Schlußvorträge und die Erteilung des letzten Worts beurkunden. Wegen der Einzelheiten vgl. § 258, 52 ff.

6 5. Die **Revision** kann in der Regel nicht darauf gestützt werden, daß das Gericht bei den Schlußausführungen die Reihenfolge des Satzes 1 nicht eingehalten hat[6]. Wird der Schlußvortrag einem Verfahrensbeteiligten überhaupt verweigert, so kann das ebenso mit der Revision gerügt werden, wie wenn dem Angeklagten entgegen der zwingenden Vorschrift des Satzes 2 das letzte Wort nicht gewährt wurde[7]. Ob auszuschließen ist, daß das Urteil auf dem Verfahrensverstoß beruht, ist eine Frage des Einzelfalls[8]. Die Revision kann auch dann auf die Verweigerung der Schlußausführungen gestützt werden, wenn der Betroffene keinen Beschluß des Gerichts nach § 238 Abs. 2 herbeigeführt hat[9].

§ 327

Der Prüfung des Gerichts unterliegt das Urteil nur, soweit es angefochten ist.

Bezeichnung bis 1924: § 368.

Übersicht

	Rdn.		Rdn.
1. Gegenstand des Berufungsverfahrens		b) Berichtigungen. Nachholung unterbliebener Entscheidungen	11
a) Verfahrensvoraussetzungen	1	c) Prüfung von Amts wegen	12
b) Neue Verhandlung der angeklagten Tat	2	d) Ausgeschiedene Gesetzesverletzungen	14
c) Einhaltung des Verfahrensrechts	6	e) Unangefochtene Urteilsteile	15
2. Teilanfechtung		3. Einbeziehung späterer Teilakte	16
a) Begrenzung des Berufungsgegenstandes	7	4. Mehrere Berufungen	17
		5. Revision	18

---

[3] *Kleinknecht/Meyer*[38] 2; KMR-*Paulus* 2; vgl. § 258, 11; 14.
[4] KK-*Ruß*[1] 3; *Kleinknecht/Meyer*[38] 2; *Eb. Schmidt* 6; Nachtr. I 2.
[5] OLG Bremen NJW **1955** 1529; *Kleinknecht/Meyer*[38] 2.
[6] RGSt **64** 133 (Ordnungsvorschrift); OLG Oldenburg NdsRpfl **1957** 75; OLG Schleswig bei *Ernesti/Jürgensen* SchlHA **1976** 172; KMR-*Paulus* 3; *Kleinknecht/Meyer*[38] 3; *Eb. Schmidt* 3.
[7] KK-*Ruß*[1] 4; KMR-*Paulus* 3; *Eb. Schmidt* 4; wegen der Einzelheiten vgl. § 258, 54 ff.
[8] Vgl. § 258, 60.
[9] OLG Oldenburg NdsRpfl **1957** 75; vgl. § 258, 55.

1. Gegenstand des Berufungsverfahrens

a) Ob die **Verfahrensvoraussetzungen** für die Entscheidung des Berufungsgerichts gegeben sind, hat dieses unbeschadet einer etwaigen Beschränkung stets von Amts wegen zu prüfen[1]. Zur Streitfrage, ob bei Prozeßurteilen nach § 412 nur die Verfahrensentscheidung Gegenstand des Berufungsverfahrens ist, vgl. dort.

b) Neue Verhandlung der angeklagten Tat. Der Prozeßstoff wird durch das Urteil der ersten Instanz nicht begrenzt[2]. Er umfaßt, sofern nicht die Berufung vom Anfechtenden in zulässiger Weise beschränkt worden ist, die gesamte, durch die zugelassene Anklage vor Gericht gebrachte Tat (im Sinne des § 264) in tatsächlicher und rechtlicher Hinsicht[3].

Das Berufungsgericht ist **zweites Tatgericht.** Soweit es zur Entscheidung berufen ist, hat es, anders als das Revisionsgericht, im Rahmen des Eröffnungsbeschlusses (§ 264) den ganzen Verfahrensstoff in tatsächlicher und rechtlicher Beziehung ohne Beschränkung auf vorgebrachte Berufungsgründe **selbständig zu verhandeln und zu beurteilen**, wobei die Sach- und Rechtslage im **Zeitpunkt der Berufungsentscheidung** maßgebend ist. Die Beschränkung der Verhandlung auf die Erörterung einzelner Rechtsfragen oder Anträge wie bei der Revision ist dem Berufungsverfahren fremd.

Wie das Amtsgericht entscheidet auch das Berufungsgericht über das Ergebnis seiner Beweisaufnahme nach **freier** (pflichtgebundener), **aus dem Inbegriff der Verhandlung geschöpfter Überzeugung** (§ 261). Bei uneingeschränkter Anfechtung binden es weder die Feststellungen des angefochtenen Urteils noch ein Antrag eines Verfahrensbeteiligten. Zu beachten hat es lediglich das Verschlechterungsverbot des § 331, soweit nicht die Staatsanwaltschaft erfolgreich Berufung zuungunsten des Beschuldigten eingelegt hat (§ 296). Das Berufungsgericht muß sich stets seine eigene Überzeugung vom Sachverhalt bilden. Es darf sich nicht damit begnügen, daß die tatsächlichen Feststellungen des Ersturteils von keiner Seite angegriffen werden[4] oder diese Feststellungen ohne eigene Beweisaufnahme nur deshalb übernehmen, weil sich ihnen der Angeklagte unterworfen habe[5].

Das Berufungsurteil muß ersehen lassen, daß das Berufungsgericht eine **eigenständige Entscheidung** getroffen und den Prozeßstoff selbst erschöpfend gewürdigt hat[6]. Wegen der Zulässigkeit von Bezugnahmen auf das Ersturteil vgl. § 267, 29 ff.

c) Die **Einhaltung des Verfahrensrechts** durch das Erstgericht hat das Berufungsgericht nur insoweit nachzuprüfen, als dies für seine eigene Entscheidung von Bedeutung ist[7]. Es muß Verfahrensfehler der ersten Instanz, die sich auf die eigene Sachentscheidung auswirken können, durch eine entsprechende eigene Verfahrensgestaltung beheben, da sonst auch das eigene Verfahren fehlerhaft würde. So ist eine zu Unrecht unterbliebene Beeidigung eines Zeugen nachzuholen, eine unterlassene Belehrung ist zu erteilen, aber nur, wenn dies die Grundlagen der eigenen Entscheidung berührt.

2. Teilanfechtung

a) Begrenzung des Berufungsgegenstandes. § 327 geht, ebenso wie § 316 und § 318, davon aus, daß die Berufung nicht automatisch die ganze angeklagte Tat in Rich-

---

[1] Vgl. dazu § 318, 104 ff.
[2] RGSt **62** 130.
[3] BayObLGSt **1969** 15; OLG Düsseldorf NJW **1983** 767; OLG Koblenz VRS **45** 289; *Gössel* JR **1982** 270; KK-*Ruß*[1] 2; *Kleinknecht/Meyer*[38] 2; KMR-*Paulus* 1; *Meyer-Goßner* JR **1985** 452.
[4] OLG Hamm VRS **39** 278; vgl. § 323, 2.
[5] BayObLG MDR **1974** 250; *Kleinknecht/Meyer*[38] 3.
[6] Vgl. etwa OLG Köln VRS **48** 85; § 267, 28; 30.
[7] OLG Koblenz MDR **1972** 801.

§ 327 Drittes Buch. Rechtsmittel

tung gegen alle Angeklagte zur nochmaligen Verhandlung bringt. Die nochmalige Verhandlung in der höheren Instanz kann auf einen von mehreren Mitangeklagten und auf eine von mehreren Taten im Sinne des § 264 beschränkt werden. Auch innerhalb einer verfahrensrechtlichen Tat können unter bestimmten Voraussetzungen einzelne Urteilsteile, einzelne Beschwerdepunkte, horizontal oder vertikal von der Überprüfung durch das Berufungsgericht ausgenommen werden. Die Einzelheiten der Berufungsbeschränkung und die Grenzen ihrer Wirksamkeit sind bei § 318, 22 ff erläutert.

8 Ist die Rechtsmittelbeschränkung wirksam, so verengt sich die **Entscheidungsbefugnis** des Berufungsgerichts auf den angefochtenen Urteilsteil. Die anderen Urteilsteile sind seiner Nachprüfung auch dann entzogen, wenn sie, wie bei der horizontalen Beschränkung, die Grundlage für die vom Berufungsgericht zu treffende Entscheidung bilden. Die innere Einheit des Urteils wird dadurch gewahrt, daß das Berufungsgericht bei seiner Entscheidung an die tatsächlichen Feststellungen und rechtlichen Wertungen des nicht angefochtenen Entscheidungsteils gebunden ist, zumindest, soweit sie für seine eigene Entscheidung vorgreiflich sind[8].

9 Diese **Bindungswirkung** des nicht angefochtenen Urteilsteils ist bei der horizontalen Rechtsmittelbeschränkung eine praktische Notwendigkeit[9]. Sie folgt daraus, daß sich das als innere Einheit zu verstehende Urteil sachlogisch auf die nicht angefochtenen und deshalb nach dem Willen der Rechtsmittelführer als richtig anzusehenden Urteilsteilen aufbaut. Das Berufungsgericht hat sie — da insoweit ohne Prüfungsbefugnis — ungeprüft zu übernehmen. Nach der herrschenden Meinung besteht die Bindung auch bei den **doppelrelevanten Tatsachen**[10]. Wird eine Maßregel der Besserung und Sicherung neben einem Freispruch wegen Schuldunfähigkeit angeordnet, binden die den **Freispruch tragenden Feststellungen** das Berufungsgericht bei der Entscheidung über die Maßregel nicht[11].

10 Eine Bindung des Berufungsgericht an seiner Entscheidung vorgreifliche Urteilsteile, die nicht seiner Kognition unterliegen, tritt auch nach einer **Teilaufhebung und Zurückverweisung** durch das Revisionsgericht ein[12]. Wird dagegen ein Verfahren nach Sprungrevision unter Aufrechterhaltung der Feststellungen an das Amtsgericht zurückverwiesen und die neue Entscheidung des Amtsgerichts dann mit Berufung angefochten, so ist das Berufungsgericht dadurch nicht gehindert, eigene Feststellungen zum Sachhergang zu treffen[13], da die Berufung — anders als bei Berufungsbeschränkung — das Ersturteil im vollen Umfang seiner Kognition unterstellt.

---

[8] Vgl. § 318, 24 ff; im übrigen ist strittig, wie weit innerhalb einer Tat im verfahrensrechtlichen Sinn die Widerspruchsfreiheit der Feststellungen auch bei vertikaler Beschränkung des Rechtsmittels zu fordern ist und ob diese durch Annahme einer übergreifenden Bindung oder durch Unwirksamkeit der Rechtsmittelbeschränkung herzustellen ist; vgl. § 318, 32 ff.

[9] Ob sie aus § 327 abzuleiten ist, ist strittig; so u. a. *Kleinknecht/Meyer*[38] Einl. 188; *Kleinknecht* JR **1969** 467; vgl. auch *Meyer-Goßner* JR **1987** 173; *Stree* FS Engisch 689; **a. A** *Sieveking* 115 mit weiteren Nachweisen; auch zum Fortwirken des alten, irreführenden Rechtskraftarguments und zu § 353 Abs. 2.

Rechtfertigt man die Möglichkeit der Rechtsmittelbeschränkung innerhalb einer Tat mit der Prozeßwirtschaftlichkeit, dann gilt dies auch für die Bindungswirkung. Vgl. § 318, 30.

[10] Vgl. etwa BGHSt 7 287; 10 71; 24 274; 28 119; BGH bei *Holtz* MDR **1980** 275; **1981** 809; § 318, 24.

[11] Vgl. etwa BayObLGSt **1954** 165; **1978** 1; **1984** 74 = JR **1955** 51; VRS 55 135; NStZ **1985** 90; BayObLG bei *Rüth* DAR **1980** 270; OLG Hamm NJW **1956** 506; vgl. § 318, 32; 93; 94; § 344, 57; 58 mit weit. Nachw.

[12] Vgl. § 253, 26 ff.

[13] OLG Koblenz NJW **1983** 1921.

b) Berichtigungen; Nachholung unterbliebener Entscheidungen. Eine rein **formale** **11**
Ergänzung des Urteilsspruchs ist dem Berufungsgericht auch hinsichtlich des nicht angefochtenen Teils des Urteilstenors nicht verwehrt. Es muß sich allerdings um eine Klarstellung und nicht um eine nachträgliche sachliche Änderung handeln[14]. Wird die versehentlich unterbliebene Festsetzung einer Einsatzstrafe oder der Höhe des Tagessatzes einer Geldstrafe vom Berufungsgericht nachgeholt, so ist dies keine formale Richtigstellung, sondern das Nachholen einer notwendigen Sachentscheidung, zu der das Berufungsgericht befugt und verpflichtet ist. Ein fehlender Urteilsteil kann keine Bindung bewirken; wegen der Unvollständigkeit des Urteils wäre eine Berufungsbeschränkung insoweit auch nicht möglich[15]. Ob trotz Beschränkung der Berufung des Angeklagten auf die Versagung der Strafaussetzung das Berufungsgericht die vom Erstrichter nicht erörterte Unterbringung in einer Entziehungsanstalt anordnen kann, ist strittig[15a].

c) Ob der Rechtsmittelführer die Berufungsbeschränkung erklärt hat, wie sie aus- **12**
zulegen ist und ob sie wirksam ist, hat das Berufungsgericht in jeder Lage des Verfahrens **von Amts wegen** zu prüfen[16]. Im Zweifel erfaßt die Berufung die ganze Entscheidung (§ 318 Satz 2).

Kann die Tragweite oder Wirksamkeit der Beschränkung zweifelhaft sein, etwa **13**
ob die Berufung der Staatsanwaltschaft nur das Strafmaß oder auch die vom Vorderrichter abgelehnte Entziehung der Fahrerlaubnis umfaßt, dann muß das Berufungsgericht den Prozeßbeteiligten **eindeutig zu erkennen** geben, in welchem Umfang es neu entscheiden will, damit diese nicht in der irrigen Annahme einer Beschränkung eine Stellungnahme unterlassen[17]. Ändert sich die Beurteilung der Wirksamkeit der Beschränkung, so kann das eine Veränderung der Sachlage im Sinne des § 265 Abs. 4 bedeuten.

d) Nach Ansicht des Bayerischen Obersten Landesgerichts schließt die Beschrän- **14**
kung der Berufung auf den Strafausspruch die spätere Wiedereinbeziehung einer vor der Beschränkung nach § 154 a **ausgeschiedenen Gesetzesverletzung** durch das Berufungsgericht nicht aus[18]. Die Beschränkung kann dadurch allerdings unwirksam werden.

e) Eine **Beweisaufnahme**, die die Nachprüfung der **unangefochtenen Urteilsteile** **15**
bezweckt, ist unzulässig; das Berufungsgericht darf und muß die bindend gewordenen Feststellungen dieser Urteilsteile ungeprüft lassen. Beweisanträge über Behauptungen, die diese Feststellungen in Zweifel ziehen sollen, sind als unzulässig abzulehnen[19].

3. Der Einbeziehung der nach dem Ersturteil begangenen **Teilakte einer Straftat** **16**
(fortgesetzte Tat, Dauerstraftat) steht § 327 nicht entgegen. Der neue Tatrichter, vor allem das Berufungsgericht, muß solche Teilakte in die neue Verhandlung einbeziehen,

---

[14] RGSt **13** 269; BayObLGSt **1972** 1; KK-*Ruß*¹ 10. Zu den Grenzen der Urteilsberichtigung vgl. § 268, 42 ff.
[15] Vgl. BGHSt **30** 93 = JR **1979** 386 mit Anm. *Meyer;* VRS **61** 116; KK-*Ruß*¹ 6; *Kleinknecht/Meyer*³⁸ § 328, 3; KMR-*Paulus* § 328, 15; strittig vgl. auch OLG Hamm MDR **1979** 518.
[15a] BayObLGSt **1986** 59 = JR **1987** 172 verneint dies, da § 327 durch § 331 Abs. 2 nicht eingeschränkt werde, während *Meyer-Goßner* in der Anm. zu dieser Entscheidung (JR **1987** 173) dies bejaht, weil § 327 das Berufungsgericht nur hinsichtlich seines nicht angefochtenen Teiles, nicht aber hinsichtlich einer dort nicht getroffenen Entscheidung in seiner Kognitionsbefugnis begrenze.
[16] Vgl. § 318, 21; vgl. auch § 318, 110.
[17] OLG Schleswig SchlHA **1956** 332.
[18] BayObLGSt **1968** 119 = NJW **1969** 1185.
[19] BGH NStZ **1981** 448; BayObLGSt **1986** 115 = JR **1981** 436 mit Anm. *Stein;* bei *Rüth* DAR **1983** 254; KK-*Ruß*¹ 6.

da sie andernfalls wegen des Verbrauchs der Strafklage (Art. 103 Abs. 3 GG) nicht mehr verfolgbar wären[20]. Das Verschlechterungsverbot gilt dann nur für den vom Ersturteil erfaßten Teil der fortgesetzten Dauerstraftat[21].

17   **4. Mehrere Berufungen.** Ergreift von mehreren Berufungen auch nur eine zulässigerweise das gesamte Ersturteil, so hat das Berufungsgericht den gesamten Bereich des Eröffnungsbeschlusses erneut erschöpfend tatsächlich und rechtlich zu behandeln. Gelangt es zu anderen Beweisergebnissen als das Amtsgericht, so sind diese für die Berufungsentscheidung maßgebend[22]. Über mehrere zulässige Berufungen ist, soweit nicht § 329 eingreift, in einer Hauptverhandlung zu entscheiden[23]. Eine Trennung des Berufungsverfahrens, die zu einer Aufspaltung der Entscheidung führt, ist nur möglich, soweit sie verschiedene Taten im verfahrensrechtlichen Sinn oder aber die verbundenen Verfahren gegen verschiedene Angeklagte betrifft.

18   **5. Revision.** Das Revisionsgericht hat von Amts wegen zu prüfen, ob die Berufung zulässigerweise beschränkt worden war[24]. Hat das Berufungsgericht den Umfang der Beschränkung verkannt und trotz einer wirksamen Beschränkung auch zum Schuldspruch entschieden, so ist sein Urteil insoweit zwar auf zulässige Revision hin aufzuheben, es ist aber nicht nichtig und daher voll wirksam, wenn es unangefochten bleibt[25], oder wegen einer wirksamen Revisionsbeschränkung nicht zur Nachprüfung gestellt wird[26]. Umgekehrt gilt gleiches. Das Revisionsgericht muß im Rahmen der zulässigen Revision von Amts wegen ferner prüfen, ob das Berufungsgericht über alle seiner Nachprüfung unterstellten Teile des Ersturteils auch selbst eigenverantwortlich entschieden hat[27].

19   Wird eine **Berufung übersehen**, so wird sie gegenstandslos, sofern dies nicht mit der Revision zulässig gerügt wird[28].

§ 328

(1) Soweit die Berufung für begründet befunden wird, hat das Berufungsgericht unter Aufhebung des Urteils in der Sache selbst zu erkennen.

(2) Hat das Gericht des ersten Rechtszuges mit Unrecht seine Zuständigkeit angenommen, so hat das Berufungsgericht unter Aufhebung des Urteils die Sache an das zuständige Gericht zu verweisen.

Schrifttum. *Gössel* Probleme der Verweisung nach § 328 Abs. 3 StPO, GA **1968** 356.

---

[20] BGHSt **9** 324; BayObLGSt **1955** 77 = NJW **1955** 998; OLG Bremen NJW **1954** 1696; OLG Hamm NJW **1955** 313; KK-*Ruß*[1] 8; KMR-*Paulus* 2; vgl. § 264, 34 mit weit. Nachw.
[21] Vgl. § 264, 34; § 331, 15.
[22] RGSt **25** 397; **65** 401; RG LZ **1916** 1385; DRiZ **1928** Nr. 742; KMR-*Paulus* 4; vgl. § 323, 1.
[23] RGSt **67** 250; KK-*Ruß*[1] 9; *Kleinknecht/Meyer*[38] 7; KMR-*Paulus* 4. Wegen der Einzelheiten vgl. § 328, 13 ff mit weit. Nachw.
[24] Vgl. § 318, 110; § 337, 50 ff. mit Nachw.
[25] BayOLGSt **1957** 107; **1978** 1; OLG Bremen JZ **1958** 546; OLG Hamm NJW **1968** 998; OLG Oldenburg NJW **1959** 1983; KK-*Ruß*[1] 11; *Kleinknecht/Meyer*[38] 9.
[26] Vgl. OLG Koblenz MDR **1978** 248; § 337, 54.
[27] OLG Koblenz VRS **42** 135; **43** 299.
[28] Vgl. § 328, 15.

Dritter Abschnitt. Berufung § 328

Entstehungsgeschichte. Die Neubekanntmachung vom 22. 3. 1924 hat im früheren Absatz 3 (jetzt Absatz 2) den Halbsatz „oder wenn es selbst zuständig ist, zu erkennen" nicht übernommen, da er bei der damaligen Gerichtsverfassung gegenstandslos war[1]. Art. 6 Nr. 3 StPÄG hatte 1964 wegen des neu geschaffenen § 154 a beim ehem. Absatz 2 einen Satz 2 eingefügt. Art. 1 Nr. 25 des StVÄG 1987 hat den bisherigen Absatz 2, der die Zurückverweisung der Sache an das Amtsgericht zuließ, im Interesse der Verfahrensbeschleunigung aufgehoben[2]. Der frühere Absatz 3 wurde zum Absatz 2. Bezeichnung bis 1924: § 369.

Übersicht

	Rdn.		Rdn.
I. Entscheidung des Berufungsgerichts		4. Form der Verweisung	
1. Allgemeines	1	a) Urteil	26
2. Zulässigkeit	4	b) Beschluß	27
3. Verfahrenshindernisse	5	c) Verweisung von kleiner an große Strafkammer	28
4. Einstellung nach §§ 153, 154	7	5. Wirkung der Verweisung	
5. Sachurteil	8	a) Keine Bindung	29
6. Mehrere Rechtsmittel	13	b) Verbot der Verschlechterung	30
II. Verweisung an das zuständige Gericht (Absatz 2)		c) Beschränkung der Berufung unwirksam	31
1. Prüfung von Amts wegen	17	6. Entscheidung als Gericht des ersten Rechtszuges	
2. Örtliche Zuständigkeit	18	a) Überleitung	33
3. Sachliche Zuständigkeit		b) Weiteres Verfahren	35
a) „mit Unrecht angenommen"	20	7. Revision	
b) Jugendgerichte	23	a) Verweisungsurteil nach Absatz 2	38
c) Funktionelle Zuständigkeit	24	b) Zuständigkeit	40
d) Spezialstrafkammern	25		

I. Entscheidung des Berufungsgerichts

1. Allgemeines. Die Vorschrift behandelt die Entscheidungsmöglichkeiten des Berufungsgerichts. Grundsätzlich hat das Berufungsgericht in der Sache selbst zu entscheiden (Absatz 1), und zwar auf Grund eigener Verhandlung und Beweiswürdigung. Vom Erstgericht unterlassene Entscheidungen sind nachzuholen, so ist etwa eine fehlende Einsatzstrafe oder Tagessatzhöhe festzusetzen (vgl. § 327, 10). Soweit erforderlich wird das angefochtene Urteil geändert oder aufgehoben. **1**

Unter den **Voraussetzungen des § 206 b** (Wegfall der Strafbarkeit durch Gesetzesänderung) erläßt das Berufungsgericht eine Sachentscheidung in der Form eines außerhalb der Hauptverhandlung ergehenden Einstellungsbeschlusses[3]. **2**

Wenn der **Erstrichter unzuständig** war und auch das Berufungsgericht zur Sachentscheidung nicht zuständig ist, hat es die Sache an das zuständige Gericht zu verweisen (Absatz 2). Ist es selbst zur Entscheidung unzuständig, etwa weil die Berufung vor einer Spezialkammer, vor allem der Wirtschaftsstrafkammer zu verhandeln ist, so verfährt es außerhalb der Berufungsverhandlung nach dem im Berufungsverfahren entsprechend **3**

---

[1] Vgl. *Gössel* GA **1968** 361; ferner *Hahn* Prot 1387 ff.

[2] Gegen die Abschaffung des Absatzes 2: *Werle* ZRP **1983** 197; **1985** 1.

[3] Vgl. § 206 a, 14 ff; Einl. Kap **11** 26; vgl. BGHSt **30** 93.

§ 328   Drittes Buch. Rechtsmittel

anwendbaren § 225 a[4]. Darf das Berufungsgericht die Sache nicht zurück- oder weiterverweisen, muß es stets selbst zur Sache entscheiden. Ob dies auch bei Aufhebung eines Verwerfungsurteils nach § 412 gilt, ist strittig (vgl. bei § 412).

4 **2. Zulässigkeit.** In der Hauptverhandlung prüft das Berufungsgericht zunächst, ob die Berufung zulässig ist und verwirft sie gegebenenfalls durch Urteil als unzulässig. Da die Prüfung gemäß den §§ 319, 322 vorangegangen ist, werden derartige Fälle selten sein. Die Entscheidung in der Hauptverhandlung ergeht nicht durch Beschluß, sondern gemäß § 322 Abs. 1 Satz 2 durch Urteil[5], das der Revision unterliegt.

5 **3. Verfahrenshindernisse.** Ist die Berufung zulässig, besteht jedoch ein Verfahrenshindernis (Prüfung von Amts wegen), so ist das Verfahren in der Hauptverhandlung grundsätzlich durch Urteil einzustellen (§ 260 Abs. 3), und zwar mit Kostenentscheidung (§ 464 Abs. 1), ohne daß das angefochtene Urteil aufgehoben werden müßte (strittig, soweit Verfahrensvoraussetzung bereits in der Vorinstanz fehlte[6].

6 Wieweit es möglich ist, **außerhalb der Hauptverhandlung** in solchen Fällen das Verfahren durch Beschluß einzustellen, ist strittig, vor allem, ob § 206 a nur dann anwendbar ist, wenn das Verfahrenshindernis erst in der Rechtsmittelinstanz eingetreten ist, nicht aber, wenn bereits die Vorinstanz das Verfahrenshindernis hätte berücksichtigen müssen, da dieser Fehler nur durch die der Hauptverhandlung vorbehaltene Rechtsmittelentscheidung korrigiert werden könne[7].

7 **4.** Die **Einstellung nach § 153** wegen geringer Schuld oder nach § 154 hinsichtlich der unwesentlichen Nebendelikte ist noch in der Berufungsinstanz möglich, ebenso die Beschränkung nach § 154 a. Sie werden auch in der Hauptverhandlung stets durch Beschluß angeordnet (vgl. § 153 Abs. 3). Bei der Wiedereinbeziehung ausgeschiedener Tatteile (§ 154 a Abs. 3) muß das Berufungsgericht auch darüber entscheiden. Die Möglichkeit der Zurückverweisung ist entfallen.

8 **5. Sachurteil.** Besteht bei zulässiger Berufung kein Verfahrenshindernis, ist die Berufung jedoch **unbegründet**, so wird sie verworfen (Sachurteil). Es bleibt bei der Formel des Ersturteils. Sie braucht nicht wiederholt oder ausdrücklich aufrechterhalten zu werden. Nur über die Kosten des Berufungsverfahrens ist noch zu entscheiden.

9 Ist die Berufung **teilweise begründet**, so kann es unter Umständen genügen, das angefochtene Urteil in der Formel zu ändern. Andernfalls wird es aufgehoben und durch eine neue Urteilsformel ersetzt. In keinem Falle dürfen Zweifel bestehen bleiben, wie die neue Entscheidung des Berufungsgerichts insgesamt lautet und welche Vollstreckungsgrundlage nunmehr besteht.

10 Dasselbe gilt entsprechend bei **begründeter Berufung.** Insoweit ist das Ersturteil aufzuheben (Absatz 1) und eine eigene Sachentscheidung zu treffen, zu der auch die Kostenentscheidung gehört. Die Aufhebung ist ausdrücklich auszusprechen. Wird dies versäumt, ergibt es sich jedoch eindeutig aus dem übrigen Inhalt des Berufungsurteils, so kann das Revisionsgericht die Formel ergänzen. Soweit die neue Formel eine Verurteilung ausspricht, muß sie eine brauchbare Vollstreckungsgrundlage bilden. Die Liste der angewandten Vorschriften (§ 260 Abs. 5) ist vom Berufungsgericht zu erstellen.

---

[4] Vgl. OLG Celle NdsRpfl. **1987** 257; OLG Düsseldorf JR **1982** 514 und Anm. *Rieß*; OLG Stuttgart MDR **1982** 252; § 225 a, 6; § 324, 23 und Rdn. 25.

[5] *Eb. Schmidt* 2; vgl. § 322, 4.

[6] Vgl. *Meyer-Goßner* GA **1973** 366; Einl. Kap 11 I; § 206 a, 5 ff; § 260, 97 ff.

[7] So *Meyer-Goßner* GA **1973** 366; vgl. dazu § 206 a, 14 ff mit weit. Nachw.

Die **Urteilsgründe**, die dem § 267 zu genügen haben, müssen aus sich heraus verständlich sein. Bezugnahmen auf das Ersturteil sind rechtlich nicht ausgeschlossen, sie empfehlen sich jedoch nur, wenn die Klarheit dessen, was in dem Berufungsurteil festgestellt und ausgeführt werden soll, dadurch nicht beeinträchtigt wird. Vor allem muß bei Bezugnahmen feststehen, welche Feststellungen und Rechtsausführungen des Erstgerichts übernommen werden. Unklarheiten hierüber müssen meist zur Aufhebung im Revisionsverfahren führen[8].

Hat das Berufungsgericht in der Sache selbst zu erkennen (Absatz 1), so hat es die **Strafgewalt des Erstrichters** einzuhalten. Reicht diese nicht aus, so muß es als erstinstanzliches Gericht entscheiden[9] oder die Sache an das zuständige Gericht verweisen. Entscheidet es als Berufungsgericht, so gilt § 329 und die Verlesungserlaubnis des § 325. Bei Entscheidung als erstinstanzliches Gericht sind die §§ 325 ff nicht anwendbar[10].

6. Mehrere Rechtsmittel. Über die Tat (§ 264) desselben Angeklagten muß, auch wenn mehrere Berufungen (§§ 296, 298) eingelegt worden sind, **einheitlich** durch dasselbe Berufungsurteil entschieden werden[11]. Dies fordert der Grundsatz der Einmaligkeit, der auch Platz greift, wenn eine fehlende Prozeßvoraussetzung zur Einstellung des ganzen Verfahrens führt[12]. Die innere Einheitlichkeit der Entscheidung ist auch gewahrt, wenn von zwei in ihren Zielen entgegengesetzten Berufungen die gleichen Erwägungen zum Erfolg der einen und zur Verwerfung der anderen führen.

Eine **getrennte Entscheidung** über einzelne Berufungen vorweg ist nur möglich, wenn es die Sachentscheidung nicht präjudiziert, so, wenn die Berufung des unentschuldigt ausgebliebenen Angeklagten ohne Sachprüfung nach § 329 sofort verworfen wird oder wenn eine Berufung unzulässig ist (§ 322).

Hat das Berufungsgericht **eine von mehreren Berufungen übersehen**, so wird sie durch das Urteil gegenstandslos, es sei denn, das Urteil wird auf Grund der Revision des dadurch beschwerten Verfahrensbeteiligten wegen dieses Fehlers aufgehoben[13]. Die übergangene Berufung ist auch gegenstandslos, wenn der Berufungsführer zwar selbst Revision einlegt, mit dieser aber sein übergangenes Rechtsmittel nicht weiter verfolgt[14].

Wird über die mehreren Berufungen sachlich **gemeinsam entschieden,** so muß die Formel aussprechen, welchen Erfolg jedes Rechtsmittel gehabt und welchen Gesamtinhalt die Berufungsentscheidung hat.

II. Verweisung an das zuständige Gericht (Absatz 2)

1. Das Berufungsgericht hat **von Amts wegen** auch ohne entsprechende Rüge zu prüfen, ob das Erstgericht zuständig war. Hat der Erstrichter fälschlich seine Zuständigkeit bejaht, so darf das Berufungsgericht auch dann nicht selbst erkennen, wenn das zuständige Erstgericht zu seinem Bezirk gehört[15]. Es muß die Sache nach dem obligatori-

---

[8] Vgl. § 267, 30.
[9] Vgl. Rdn. 33.
[10] Vgl. Rdn. 35.
[11] RGSt **65** 233; **67** 250; OLG Karlsruhe Justiz **1980** 484; KK-*Ruß*[1] 6; KMR-*Paulus* 4; *Eb. Schmidt* 8; **a. A** OLG Königsberg DRiZ **1931** Nr. 788; wonach die Entscheidung zwar inhaltlich nur einheitlich sein kann, es aber zulässig sein soll, in verschiedenen Terminen über die verschiedenen Rechtsmittel zu verhandeln.

[12] KMR-*Paulus* 4; *Eb. Schmidt* 8.
[13] BayObLGSt **1949/51** 593; **1968** 31; OLG Dresden JW **1933** 486; OLG Karlsruhe Justiz **1980** 484; KK-*Ruß*[1] § 327, 6; KMR-*Paulus* § 327, 4; *Eb. Schmidt* 9.
[14] BayObLGSt **1959** 168 = VRS **18** 298; vgl. auch OLG Koblenz MDR **1978** 248 (L).
[15] Vgl. BGHSt **10** 77.

§ 328   Drittes Buch. Rechtsmittel

schen[16] Absatz 2 an das zuständige Amtsgericht verweisen, es sei denn, die Sache ist wegen eines feststehenden Verfahrenshindernisses einzustellen[17], oder das sachliche Ergebnis steht bereits fest[18]. Der Fall, daß das Amtsgericht sich für unzuständig erklärt hat, ist im § 328 nicht geregelt, weil dies durch Beschluß geschieht, der nicht der Berufung unterliegt (§ 312).

18   2. Das **Fehlen der örtlichen Zuständigkeit** des Amtsgerichts hat das Berufungsgericht zu beachten. Voraussetzung ist aber, daß der **Einwand** der örtlichen Unzuständigkeit vor dem Amtsgericht vergeblich rechtzeitig erhoben worden ist (§ 16 Satz 2, 3) und später nicht zurückgenommen wird[19]. Es ist strittig, ob entsprechend dem Wortlaut des Absatzes 2 dann immer ein Verweisungsurteil ergehen kann oder ob wegen der Auswahlbefugnis der Staatsanwaltschaft das Verfahren nach § 260 Abs. 3 einzustellen ist[20]. Wenn allerdings die Staatsanwaltschaft in Ausübung ihres Wahlrechts beantragt hat, das Verfahren nach § 328 Abs. 2 an ein Amtsgericht im Bezirk des Berufungsgerichts zu verweisen, kann auf jeden Fall ein Urteil nach § 328 Abs. 2 ergehen[21].

19   Die örtliche Zuständigkeit ändert sich nicht dadurch, daß sich die im Eröffnungsbeschluß dargestellte Tat **nachträglich** als an einem anderen Ort begangen herausstellt und rechtlich anders gewürdigt wird[22].

3. Sachliche Zuständigkeit

20   a) Das Amtsgericht hat seine sachliche Zuständigkeit „**mit Unrecht angenommen**", wenn es die Zuständigkeitsbestimmungen der §§ 24, 25, 26 GVG verkannt oder den § 270 unrichtig angewandt hat[23]. Die Strafkammer ist, wenn sie als Berufungsgericht entscheidet, an die **Strafgewalt des Strafrichters** bzw. des **Schöffengerichts** gebunden[24]. Diese ist jedoch nicht überschritten, wenn im angefochtenen Urteil zwei getrennte, untereinander nicht gesamtstrafenfähige Strafen verhängt worden sind, die sich beide innerhalb des Strafbannes halten und ihn nur der Summe nach überschreiten[25]. Zu beachten ist auch, wenn die eingeschränkte Strafgewalt des beschleunigten Verfahrens nicht eingehalten wurde[26].

21   Das Merkmal „zu Unrecht angenommen" ist **objektiv** zu verstehen. Maßgebend ist die Sach- und Rechtslage im Zeitpunkt der Entscheidung des Berufungsgerichts. Daher war das Amtsgericht auch unzuständig, wenn erst die Beweisaufnahme vor dem Berufungsgericht einen Sachverhalt ergibt, der nicht mehr zur amtsgerichtlichen Zuständigkeit gehört[27]. Dies gilt selbst dann, wenn die Strafkammer die Strafgewalt des

---

[16] BayObLG MDR **1987** 869; Gössel GA **1968** 356; KK-*Ruß*[1] 13; *Kleinknecht/Meyer*[38] 5; KMR-*Paulus* 19.
[17] RGSt **66** 315; KMR-*Paulus* 20. Ist zweifelhaft, ob ein Verfahrenshindernis besteht, muß das Berufungsgericht verweisen.
[18] BayObLG MDR **1962** 841; KMR-*Paulus* 20. Vgl. § 6, 15.
[19] KK-*Ruß*[1] 14; *Kleinknecht/Meyer*[38] 6; KMR-*Paulus* 25; *Eb. Schmidt* 26; vgl. § 338, 67 ff.
[20] Für Weiterverweisung BayObLG MDR **1987** 869; *Kleinknecht/Meyer*[38] 6; a. A KMR-*Paulus* 25; vgl. auch *Gössel* FS H. Kaufmann (1986) 983.
[21] KMR-*Paulus* 25; vgl. auch § 16, 9.
[22] RGSt **65** 267.
[23] RGSt **41** 112; KMR-*Paulus* 22.
[24] BGHSt **18** 81; **23** 283; **31** 66; **34** 160; BGH MDR **1970** 155; NStZ **1987** 336 mit Anm. *Schnarr*; OLG Celle NJW **1961** 791; MDR **1963** 522; OLG Düsseldorf MDR **1957** 118; *Kleinknecht/Meyer*[38] 9; wegen weit. Nachw. vgl. § 24 GVG.
[25] BGHSt **34** 160 = NStZ **1987** 33 mit Anm. *Schnarr* NStZ **1987** 236.
[26] Zu den hier bestehenden Streitfragen vgl. § 212 b, 20; 22 mit weit. Nachw.
[27] RGSt **6** 309; **23** 236; **74** 139; *Gössel* GA **1968** 367; 359; KK-*Ruß*[1] 14; *Kleinknecht/Meyer*[38] 7; KMR-*Paulus* 22; *Meyer* JR **1985** 522; *Eb. Schmidt* 20; 23.

Amtsgerichts nur deshalb überschreiten will, weil sie beabsichtigt, eine rechtskräftig gewordene Vorverurteilung in eine Gesamtstrafe einzubeziehen[27a].

Hat der **Strafrichter** statt des zuständigen **Schöffengerichts** entschieden, so fordert die Zuständigkeitsverletzung die Zurückverweisung an das Schöffengericht[28]. **22**

b) Die Zuständigkeit der **Jugendgerichte** ist von Amts wegen zu beachten. Das Verfahren ist an das zuständige Jugendgericht (Jugendschöffengericht) zurückzuverweisen, wenn statt des Jugendgerichts ein Erwachsenengericht entschieden hat[29]. **23**

c) Die Beachtung der **funktionellen Zuständigkeit** fällt nicht unter Absatz 2. Für eine Zurückverweisung ist kein Raum, wenn unter Verletzung der Vorschriften über die **Geschäftsverteilung** innerhalb des Amtsgerichts ein gleichartiger Spruchkörper entschieden hat[30]. Bei der Konzentration bestimmter Strafsachen bei einem Amtsgericht (vgl. § 58 GVG) können aber die Vorschriften über die örtliche Zuständigkeit verletzt sein. **24**

d) Wäre zur Entscheidung eine **Spezialstrafkammer** (§§ 74 Abs. 2; 74 a GVG) zuständig gewesen, so ist strittig, ob dies — sofern die sachliche Zuständigkeit des Amtsgerichts nicht auch noch aus einem andernen Grunde fehlt — vom Berufungsgericht nur zu beachten ist, wenn im Verfahren der ersten Instanz der **Einwand nach § 6 a** rechtzeitig erhoben und zu Unrecht abgelehnt worden sein sollte[31]. Ergibt sich die Zuständigkeit einer besonderen Strafkammer erst aufgrund neuer Umstände in der Berufungsverhandlung, kann der Einwand dort nicht mehr erhoben werden (vgl. § 6 a, 4; 15). Es ist strittig, ob es damit sein Bewenden hat oder ob die an sich von Amts wegen zu beachtende fehlende sachliche Zuständigkeit des Amtsgerichts in den Fällen der §§ 74 Abs. 2; § 74 a GVG zur Verweisung nach § 328 Abs. 2 oder aber zur Abgabe an die nach § 74 e GVG vorrangigen Strafkammern führt[32]. Kann sich dagegen die Frage der Zuständigkeit einer besonderen Strafkammer **als Berufungsgericht,** wie bei der Wirtschaftsstrafkammer, überhaupt erst in der Berufungsinstanz stellen, werden §§ 6 a; 209; 209 a; **25**

[27a] Vgl. BGHSt **34** 206 (aber keine Verpflichtung zur Überleitung, weil Gesamtstrafenbildung dem Verfahren nach § 460 überlassen werden kann).

[28] Vgl. § 6, 15; ferner etwa OLG Zweibrücken MDR **1987** 164 (Zuständigkeit des Schöffengerichts trotz formwidriger Befassung).

[29] OLG Koblenz GA **1977** 374; OLG Oldenburg NJW **1981** 1384 mit Anm. *Rieß* NStZ **1981** 304; KK-*Ruß*[1] 14; *Kleinknecht/Meyer*[38] 8; KMR-*Paulus* 24; vgl. auch KG StrVert. **1985** 408 (zum nachträglichen Wegfall der Zuständigkeit des Jugendgerichts).

[30] *Gössel* GA **1968** 365; KK-*Ruß*[1] 14; *Kleinknecht/Meyer*[38] 5; KMR-*Paulus* 21.

[31] Es ist zwar wenig wahrscheinlich, daß vor dem Strafrichter oder dem Schöffengericht ein solcher Einwand erhoben wird. Sollte der Angeklagte aber dort die Zuständigkeit der besonderen Strafkammern des Landgerichts geltend gemacht haben, würde dies die Zuständigkeitsperpetuierung ausschließen; die fehlende sachliche Zuständigkeit des Amtsgerichts wäre dann auch vom Berufungsgericht zu beachten; ähnlich KMR-*Paulus* 23; a. A *Meyer* JR **1985** 523. In aller Regel wird, da es beim Amtsgericht keine Spezialzuständigkeiten gibt, die Antragstellung erst mit Eingang der Sache beim Berufungsgericht aktuell vgl. *Rieß* JR **1980** 80; § 6 a, 36; OLG Schleswig bei *Ernesti/Lorenzen* SchlHA **1985** 119 (entsprechende Anwendung des § 6 a); ferner OLG Celle JR **1987** 34 mit abl. Anm. *Seebode* = NStZ **1987** 240 mit Anm. *Gössel*; dem beizutreten ist, daß die große Strafkammer nach § 6 a für die Entscheidung im ersten Rechtszug zuständig bleibt, wenn die Abgabe an die Spezialkammer nicht rechtzeitig beantragt wurde. Die Gegenansicht (§ 6a nicht entsprechend anwendbar) wird von OLG Karlsruhe NStZ **1985** 432 (mit zust. Anm. *Seebode* = JR **1985** 21 mit abl. Anm. *Meyer*; abl. auch *Gössel* NStZ **1987** 240) vertreten.

[32] Vgl. dazu *Gössel* NStZ **1987** 241; *Kleinknecht/Meyer*[38] 9; KMR-*Paulus* 23; *Meyer* JR **1985** 523; *Seebode* JR **1987** 34; und die weit. Nachw. Fußn. 31.

§ 328   Drittes Buch. Rechtsmittel

225 a; 270 analog angewandt, wobei strittig ist, ob die besondere Zuständigkeit nur bei der Terminsbestimmung oder bis zum Beginn oder bis zum Ende der Berichterstattung von Amts wegen zu beachten ist[32a]. Mit Beginn der Vernehmung des Angeklagten zur Sache kann auch der Einwand nach § 6 a nicht mehr erhoben werden.

4. Form der Verweisung

26 a) **Urteil.** Die Verweisung nach Absatz 2 ist eine die Berufungsinstanz abschließende Entscheidung, die sachlich untrennbar mit der Aufhebung des angefochtenen Urteils verbunden ist. Sie ist deshalb nach der herrschenden Meinung[33] in der Form eines Urteils auszusprechen, das auch das angefochtene Urteil aufhebt. Wenn das Berufungsgericht das Ersturteil bei der Verweisung nicht ausdrücklich aufhebt, kommt es als notwendige Folge der Abgabe an das sachlich zuständige Gericht dadurch in Wegfall[34]. § 270 ist im Regelungsbereich des § 328 Abs. 2 grundsätzlich nicht entsprechend anwendbar. Die Verweisung hat weder die Wirkung des § 270 Abs. 3 noch unterliegt sie der dort vorgesehenen sofortigen Beschwerde[35]. Das verweisende Urteil ist zu **begründen,** es muß aber nicht notwendig den Anforderungen eines Verweisungsbeschlusses nach § 270 Abs. 2; § 200 Abs. Satz 2 entsprechen[36]. Weshalb verwiesen wird, muß aber aus der Begründung ersichtlich sein[37].

27 b) **Beschluß.** In den nicht von § 328 Abs. 2 erfaßten Fällen, in denen es nicht um die Korrektur eines Zuständigkeitsfehlers des Erstgerichts geht, sondern darum, ob in der **Berufungsinstanz** über die Berufung gegen das vom zuständigen Gericht erlassenen Ersturteils die allgemeine oder die Wirtschaftsstrafkammer zu entscheiden hat, ist nach §§ 332, 270 zu verfahren[38]. Bei den sonstigen Abgaben zwischen den Spruchkörpern des gleichen Landgerichts läßt die wohl vorherrschende Meinung auch die formlose Abgabe genügen.

28 c) Ist das Berufungsgericht als **kleine Strafkammer** besetzt, so ist strittig, ob es ein die Zuständigkeit des Amtsgerichts übersteigendes Urteil nach § 328 Abs. 2 aufheben und die Sache an die für Verfahren des ersten Rechtszugs zuständige Strafkammer verweisen muß oder ob innerhalb des gleichen Landgerichts diese Vorschrift keine Anwendung findet und deshalb die Verweisung ohne Urteilsaufhebung durch **Beschluß** bzw.

[32a] Vgl. OLG Düsseldorf JR **1982** 514 mit Anm. *Rieß; Meyer-Goßner* NStZ **1981** 172; *Gössel* NStZ **1987** 241; weit. Nachw. Rdn. 27; § 6 a, 26; § 209 a, 5; § 324, 23; ferner OLG Celle NdsRpfl. **1987** 257.

[33] RGSt **65** 397; RG JW **1932** 1574; **1933** 967; BGHSt **26** 106; **34** 159; BayObLG NJW **1974** 1296; JR **1978** 475 mit Anm. *Gollwitzer; Gössel* GA **1968** 367; *Hanack* JZ **1973** 694; KK-*Ruß*[1] 13; *Kleinknecht/Meyer*[38] 5; *Roxin*[20] § 52 F; *Schlüchter* 680; BGHSt **21** 245 = LM Nr. 3 mit Anm. *Kohlhaas* läßt die Frage offen, da der Angeklagte nicht dadurch beschwert sei, daß das Berufungsgericht die sachlich gerechtfertigte Verweisung an das Schwurgericht durch Beschluß und nicht in der Form eines Urteils ausgesprochen habe. LG Verden NJW **1974** 759 hält unter Hinweis auf *Kohlhaas* (aaO) und *Beling* (226) aus Gründen der Prozeßökonomie für angebracht und zulässig, daß das Berufungsgericht auch außerhalb der Hauptverhandlung durch Beschluß an das sachlich zuständige Erstgericht verweist.

[34] BGHSt **21** 245; *Gössel* GA **1968** 367; *Hanack* JZ **1973** 694; KK-*Ruß*[1] 13; *Kleinknecht/ Meyer*[38] 5; KMR-*Paulus* 27.

[35] KG JR **1972** 255.

[36] OLG Koblenz GA **1977** 374; *Gollwitzer* JR **1978** 477; KK-*Ruß*[1] 13; KMR-*Paulus* 27; *Eb. Schmidt* 22, der darauf hinweist, daß RGSt **61** 326 eine Sonderfall betrifft; BayObLG JR **1978** 475 dürfte dagegen der Ansicht von RGSt **61** 326; **69** 157 zuneigen.

[37] *Gollwitzer* JR **1978** 477.

[38] Vgl. Rdn. 3; 25; § 270, 6 mit Nachw.; *Gössel* NStZ **1987** 241; ferner Fußn. 32a mit weit. Nachw.

auch nur durch eine **formlose Abgabe** möglich ist[39]. Im Interesse der Rechtsklarheit dürfte die Ansicht den Vorzug verdienen, die zwar nicht ein Urteil, wohl aber eine förmliche Entscheidung fordert, wenn die begonnene Hauptverhandlung auch in anderer Form nicht vor dem gleichen Spruchkörper fortgesetzt werden kann, sondern ein qualitativ anderer Spruchkörper mit der Sache befaßt wird[40]. Dafür spricht auch, daß die Berufungsverhandlung vor der kleinen Strafkammer förmlich abgeschlossen werden sollte.

5. Wirkung der Verweisung

a) **Keine Bindung.** Die Verweisung nach § 328 Abs. 2 bindet das als zuständig bezeichnete Gericht an sich nicht[41]. Es hat seine Zuständigkeit selbst zu prüfen und sich nötigenfalls für unzuständig und ein anderes Gericht nach §§ 14, 225 a, 270 für zuständig zu erklären. Gehört dieses andere Gericht jedoch ebenfalls zum Bezirk des Berufungsgerichts, so ist dessen Verweisungsbeschluß zugleich ein Beschluß des „gemeinsamen oberen Gerichts" und deshalb bindend (§§ 14, 19)[42]. Eine etwaige Erklärung als unzuständig käme bei Beschwerde wiederum vor dasselbe Landgericht als Beschwerdegericht. Wegen der Bindungswirkung des Verweisungsbeschlusses nach §§ 225 a, 270 vgl. § 225 a, 51; 52; § 270, 35; im übrigen bewirkt die beschlußförmige oder formlose Abgabe keine Bindung.

b) **Das Verbot der Verschlechterung** verliert durch die Verweisung seine Wirksamkeit nicht, da das weitere Verfahren, selbst wenn nunmehr im ersten Rechtszug verhandelt wird, auf der Berufung beruht[43].

c) War das Amtsgericht zur Entscheidung unzuständig, so ist eine **Beschränkung der Berufung unwirksam**[44]. Für die vertikale Beschränkung gilt dies nicht, wenn sie verschiedene Taten trennt[45]. Die sachliche Unzuständigkeit kann dann nur bei den getrennt angefochtenen Taten berücksichtigt werden, während der nichtangefochtene Urteilsteil Bestand hat[46].

Verbindet eine **Dauerstraftat** zwei sachlich zusammentreffende Straftaten auch nicht untereinander zur Tateinheit, so ist doch eine getrennte Verhandlung und Entscheidung über beide Delikte nicht möglich. Ist für eines von ihnen die Zuständigkeit

---

[39] Strittig: Vgl. etwa KK-*Ruß*[1] 15; *Kleinknecht/Meyer*[38] 9 (formlose Abgabe); KMR-*Paulus* § 6, 9; 28 (beschlußförmige Verweisung ohne Urteilsaufhebung nach § 328 Abs. 2); *Schlüchter* 681.1; § 6, 11 (Aufhebungs-und Verweisungsurteil); *Kappe* JR **1958** 210; *Gössel* GA **1968** 365; *Eb. Schmidt* 24 fordern ebenfalls die „Abgabe" der Sache von der kleinen an die große Strafkammer, damit dürfte aber nicht eine Verweisung nach § 328 Abs. 2, sondern eine beschlußförmige oder auch formlose Abgabe gemeint sein.

[40] Entgegen der wohl vorherrschenden Meinung (vgl. Fußn. 39) sollte hier nicht auf die Zugehörigkeit zur gleichen organisatorischen Einheit Landgericht sondern auf die Gleichartigkeit des Spruchkörpers abgestellt werden. Auch innerhalb des Landgerichts fordert die StPO für den Verfahrensübergang formelle Verweisungs- oder Übernahmebeschlüsse, so im Verhältnis zwischen den vor- und nachrangigen Strafkammern nach §§ 225 a, 270 StPO; vgl. auch BGHSt **27** 103 (Akt rechtssetzender Erkenntnis, der Kundgabe in Form einer Entscheidung bedarf); dazu *Faber* JZ **1978** 116.

[41] KMR-*Paulus* 30; *Eb. Schmidt* 21.

[42] KMR-*Paulus* 30.

[43] Vgl. BGHSt **31** 63; *Gössel* GA **1968** 368; KK-*Ruß*[1] 16; *Kleinknecht/Meyer*[38] 13; *Schlüchter* 681.1; § 331, 17.

[44] BGH bei *Dallinger* MDR **1956** 146; *Kappe* JR **1958** 213; KK-*Ruß*[1] 17; *Kleinknecht/Meyer*[38] 13.

[45] Vgl. § 318, 27 ff.

[46] Vgl. BGHSt **8** 349; **10** 100.

6. Entscheidung als Gericht des ersten Rechtszuges

33 **a) Überleitung.** Ist die **große Strafkammer** des Landgerichts als Berufungsgericht und **zugleich** als **Gericht der ersten Instanz** für die Aburteilung sachlich zuständig, so bedarf es keiner Verweisung nach § 328 Abs. 2[48]. Wenn die Verfahrenslage und Beweisergebnisse hinreichende Anhaltspunkte dafür geben, daß die Rechtsfolgenkompetenz des Amtsgerichts überschritten wird[49], kann die Strafkammer schon vom Beginn der Hauptverhandlung an[50] als Gericht der ersten Instanz und damit ohne Bindung an die Strafgewalt des Erstrichters entscheiden. Dies gilt nach der herrschenden Meinung auch dann, wenn dafür nach der Geschäftsverteilung an sich eine andere große Strafkammer zuständig wäre[51].

34 Eines **besonderen Beschlusses** bedarf es für den Übergang vom Berufungsverfahren in das erstinstanzliche Verfahren vor der gleichen Strafkammer nach vorherrschender Meinung[52] nicht. Es ist jedoch unschädlich, wenn zur Verdeutlichung der Rechtslage ein solcher deklaratorischer Beschluß ergeht. Im Interesse der Verfahrensklarheit ist es ohnehin zumindest zweckmäßig, daß das Gericht die Verfahrensbeteiligten auf den Übergang hinweist[53]. Dies ist unerläßlich, wenn die weitere Verfahrensgestaltung und die Wahrnehmung von Verfahrensbefugnissen davon abhängen kann und — wie bei Annahme einer höheren Straferwartung — für die Verfahrensbeteiligten die Notwendigkeit des Übergangs nicht offensichtlich ist. Wegen des Übergangs von der kleinen an die große Strafkammer vgl. Rdn. 28.

35 **b) Weiteres Verfahren.** Entscheidet die Strafkammer als Gericht des ersten Rechtszugs, so beruht das Verfahren **gleichwohl auf der Berufung** gegen das Ersturteil.

---

[47] BayObLGSt **1957** 108 = NJW **1957** 1485.

[48] Dies hatte bis zur EmmingerVO die ursprüngliche Fassung des damaligen § 369 Abs. 3 ausdrücklich bestimmt (vgl. Entstehungsgeschichte); als dann die große Strafkammer wieder zum Gericht des ersten Rechtszugs wurde, ohne daß der Gesetzgeber die ursprüngliche Fassung der Vorschrift wiederherstellte, hat die Rechtsprechung diese Einschränkung des Anwendungsbereiches im Wege einer sinnorientierten Auslegung übernommen, etwa RGSt **74** 139; **75** 304; RG JW **1935** 2055; BGHSt **21** 229; **31** 63; **34** 164; BGH MDR **1957** 370; bei *Dallinger* MDR **1956** 146; OLG Celle JR **1987** 34; vgl. *Gössel* GA **1968** 357; *Meyer* JR **1985** 522; *Schlüchter* 681.1; ferner die Nachw. Fußn. 51.

[49] Vgl. etwa BayObLG JR **1978** 474 mit Anm. *Gollwitzer*; § 270, 16 ff. Dies ist aber nicht der Fall, wenn das Verschlechterungsverbot eingreifen würde, BGHSt **31** 63.

[50] BGH NJW **1967** 1239; *Hanack* JZ **1973** 694.

[51] RGSt **75** 304; BGHSt **21** 229; **31** 63; BGH MDR **1957** 370; vgl. auch OLG Celle JR **1987** 34 mit abl. Anm. *Seebode*; *Gössel* GA **1968** 367; KK-*Ruß*[1] 15; *Kleinknecht/Meyer*[38] 9; KMR-*Paulus* 28; *Schlüchter* 681.2; *Meyer* JR **1985** 521 (unter Hinweis auf die frühere Rechtsprechung des RG zur ursprüngl. Fassung des § 369 Abs. 3); a. A *Faber* JZ **1978** 116; *Peters* § 35 IV 2; Fortentwicklung 33; *Seebode* NStZ **1985** 424; JR **1987** 36 (gesetzlicher Richter kann nicht durch Gerichtsgebrauch geändert werden); vgl. auch Rdn. 24; § 6, 11.

[52] RGSt **74** 140; **75** 304; BGHSt **21** 229 = LM Nr. 2 mit Anm. *Hengsberger*; BGHSt **34** 159; OLG Düsseldorf MDR **1957** 118; *Gössel* GA **1968** 365; *Kappe* JR **1958** 210; KK-*Ruß*[1] 17; *Kleinknecht/Meyer*[38] 10; KMR-*Paulus* 28; *Schlüchter* 681.2; a. A BGH GA **1970** 342; zweifelnd *Roxin*[20] § 52 F2.

[53] Vgl. etwa BGHSt **34** 207; *Kleinknecht/Meyer*[38] 10; *Schlüchter* 681.2; *Schnarr* NStZ **1987** 237; ferner Rdn. 28.

Es kann daher nach § 324 eingeleitet werden statt nach § 243 Abs. 3[54]. Im übrigen aber müssen in der Hauptverhandlung die Verfahrensvorschriften für das Verfahren der ersten Instanz beachtet werden; insbesondere die §§ 325, 326, 329, 330 sind nicht anwendbar[55]; außerdem können Verfahrensbeteiligte, die wegen der Berufsbeschränkung ausgeschieden sind, wegen des Übergangs erneut zu beteiligen sein.

Die Überleitung ist, wenn sie im Zeitpunkt des Übergangs der Rechtslage entspricht, **36** für das weitere Verfahren **bindend**[55a]. Sie kann, was auch dem Grundgedanken des § 269 entspricht, nicht mehr rückgängig gemacht werden. Mit ihr verlieren die Verfahrensbeteiligten die Dispositionsmöglichkeit über das weitere Verfahren. Sie können die Berufung nicht mehr zurücknehmen[56], eine Rechtsmittelbeschränkung wird grundsätzlich unwirksam[57]. Das angefochtene Urteil des Amtsgerichts ist im Endurteil auf die Berufung hin wegen Unzuständigkeit aufzuheben; gleichzeitig ergeht die erstinstanzielle Sachentscheidung der Strafkammer[58]; das Ersturteil wird aber auch dann gegenstandslos, wenn seine ausdrückliche Aufhebung unterbleiben sollte[59].

Genügen Verfahren und Urteil einem solchen der ersten Instanz, dann ist es nach **37** der herrschenden Meinung unschädlich, wenn die Strafkammer gar **nicht als erstinstanzliches Gericht**, sondern als Berufungsgericht entscheiden wollte[60]; denn entscheidend ist die objektive Verfahrenslage, nicht der Wille oder eine Erklärung des Gerichts. Der Angeklagte ist im übrigen auch nicht dadurch beschwert, daß seine Sache vor einem höherrangigen Gericht nochmals nach den Regeln eines erstinstanziellen Verfahrens verhandelt wird[60a]. Der Behandlung als Verfahren des ersten Rechtszugs dürfen keine Rechtsgründe entgegenstehen[61]. Rechtfertigt die Zuständigkeitsregelung allerdings den Übergang in das erstinstantielle Verfahren unter keinem Gesichtspunkt, dann ist auch ein formeller Überleitungsbeschluß wirkungslos[61a]. Hat andererseits die Strafkammer in der Annahme, daß ihre Strafgewalt als Berufungsgericht nicht ausreichen könne, als Gericht des ersten Rechtszugs verhandelt, so wird dieses Verfahren nicht dadurch unzulässig, daß eine Strafe innerhalb des Strafbanns des Amtsgerichts ausgesprochen wurde[62].

---

[54] RGSt **75** 304; BGH GA **1968** 340; NJW **1970** 1614; bei *Dallinger* MDR **1954** 153; KK-*Ruß*[1] 16; *Kleinknecht/Meyer*[38] 10; KMR-*Paulus* § 6, 9; *Schlüchter* 681.3; *Eb. Schmidt* 25; a. A *Peters* § 74 IV 2 b (Verlesung der zugelassenen Anklage).
[55] BGH GA **1968** 340; MDR **1957** 370; ferner die Nachw. Fußn. 54.
[55a] BGHSt **21** 231; **34** 207.
[56] BGHSt **34** 207; KK-*Ruß*[1] 17.
[57] Vgl. Rdn. 31.
[58] KK-*Ruß*[1] 16.
[59] Vgl. BGHSt **21** 245.
[60] RGSt **74** 139; **75** 305; BGHSt **23** 284; **31** 63; **34** 164; MDR **1957** 370; BGH bei *Dallinger* MDR **1956** 146; OLG Düsseldorf MDR **1957** 118; OLG Hamburg NJW **1953** 1931; KK-*Ruß*[1] 17; *Kleinknecht/Meyer*[38] 12; *Schlüchter* 681.1; *Eb. Schmidt* 24; zweifelnd wegen der prozeßpsychologischen Unterschiede *Roxin*[20] § 52 F II 2. A. A OLG Hamm JMBlNW **1953** 287 (Landgericht müsse in Sitzungsniederschrift oder im Urteil ausdrücklich feststellen, daß es als erstinstanzielles Gericht entschieden habe, andernfalls sei seine Entscheidung als eine Berufungsentscheidung zu würdigen); krit. auch *Krey* JA **1984** 289. Nach BGH NJW **1970** 155 liegt bei einer auf das Strafmaß beschränkten Berufung der Staatsanwaltschaft aber auch dann ein Berufungsurteil vor, wenn die Strafkammer die Strafgewalt des Amtsgerichts überschritten hat.
[60a] Zur Heranziehung des Rechtsgedankens des § 269 vgl. *Schnarr* NStZ **1987** 237.
[61] BGHSt **31** 63; **34** 164.
[61a] BGHSt **34** 164.
[62] BGHSt **21** 229 = LM Nr. 2 mit Anm. *Hengsberger*; BGHSt **34** 164; NJW **1967** 1239; auch *Gössel* GA **1968** 369.

7. Revision

38 a) Das **Verweisungsurteil** nach Absatz 2 ist mit Revision anfechtbar. Die Beschwer des Angeklagten liegt darin, daß statt der Sachentscheidung nunmehr eine andere Instanz erneut mit der Sache unter (in der Regel) für ihn ungünstigeren Bedingungen befaßt werden soll[63]; ferner auch in der Verletzung des Anspruchs auf Aburteilung durch den gesetzlichen Richter. Die Revision ist auch gegeben, wenn das Berufungsgericht die Entscheidung nach Absatz 2 irrig in **Beschlußform** erlassen hat[64].

39 Die **Abgabe** an einen anderen Spruchkörper innerhalb des Landgerichts oder die ausdrückliche — oder stillschweigende — Entscheidung der großen Strafkammer, die Sache vor sich selbst im ersten Rechtszug zu verhandeln[65], ist durch § 305 Satz 1 der Beschwerde entzogen. Soweit § 328 Abs. 2 Raum für einen Verweisungsbeschluß nach §§ 323, 270 läßt, ist die Beschwerde nur nach Maßgabe dieser Vorschrift zulässig[66].

40 b) **Zuständigkeit.** Hat die Strafkammer als Gericht der ersten Instanz entschieden, so ist gegen ihre Entscheidung die Revision **zum Bundesgerichtshof** gegeben, auch wenn die Strafkammer als Berufungsgericht entscheiden wollte[67]. Die Umdeutung in eine erstinstantielle Entscheidung setzt jedoch voraus, daß im übrigen die gesetzlichen Grenzen gewahrt bleiben[68].

§ 329

(1) ¹Ist bei Beginn einer Hauptverhandlung weder der Angeklagte noch in den Fällen, in denen dies zulässig ist, ein Vertreter des Angeklagten erschienen und das Ausbleiben nicht genügend entschuldigt, so hat das Gericht eine Berufung des Angeklagten ohne Verhandlung zur Sache zu verwerfen. ²Dies gilt nicht, wenn das Berufungsgericht erneut verhandelt, nachdem die Sache vom Revisionsgericht zurückverwiesen worden ist. ³Ist die Verurteilung wegen einzelner von mehreren Taten weggefallen, so ist bei der Verwerfung der Berufung der Inhalt des aufrechterhaltenen Urteils klarzustellen; die erkannten Strafen können vom Berufungsgericht auf eine neue Gesamtstrafe zurückgeführt werden.

(2) ¹Unter den Voraussetzungen des Absatzes 1 Satz 1 kann auf eine Berufung der Staatsanwaltschaft auch ohne den Angeklagten verhandelt werden. ²Eine Berufung der Staatsanwaltschaft kann in diesen Fällen auch ohne Zustimmung des Angeklagten zurückgenommen werden, es sei denn, daß die Voraussetzungen des Absatzes 1 Satz 2 vorliegen.

(3) Der Angeklagte kann binnen einer Woche nach der Zustellung des Urteils die Wiedereinsetzung in den vorigen Stand unter den in den §§ 44 und 45 bezeichneten Voraussetzungen beanspruchen.

---

[63] BGHSt **26** 106 = NJW **1975** 1523 mit abl. Anm. *Foth* (auf Vorlage BayObLG NJW **1974** 1296 gegen KG JR **1972** 255); BayObLG JR **1978** 475 mit Anm. *Gollwitzer*; KK-*Ruß*¹ 19; *Kleinknecht/Meyer*³⁸ 14; KMR-*Paulus* 34, 38.

[64] RGSt **65** 397 = JW **1932** 1754 mit Anm. *Klee*; KMR-*Paulus* 34.

[65] Vgl. Rdn. 26 ff.

[66] Vgl. OLG Celle JR **1987** 34 mit Anm. *Seebode* = NStZ **1987** 240 mit Anm. *Gössel* (unzulässige Beschwerde des Angeklagten gegen ein als Beschluß nach § 270 behandeltes Verweisungsurteil); ferner Rdn. 27.

[67] BGH GA **1968** 340; BGHSt **23** 284; OLG Düsseldorf MDR **1957** 118; OLG Hamburg NJW **1953** 1931; KK-*Ruß*¹ 16; *Kleinknecht/ Meyer*³⁸ 14; KMR-*Paulus* 34; vgl. auch *Dallinger* MDR **1954** 152.

[68] BGHSt **31** 63 (Verschlechterungsverbot).

(4) ¹Sofern nicht nach Absatz 1 oder 2 verfahren wird, ist die Vorführung oder Verhaftung des Angeklagten anzuordnen. ²Hiervon ist abzusehen, wenn zu erwarten ist, daß er in der neu anzuberaumenden Hauptverhandlung ohne Zwangsmaßnahmen erscheinen wird.

Schrifttum. *Bick* Die Anfechtung von Verwerfungsurteilen nach § 329 I StPO und § 74 II OWiG, StrVert. **1987** 273; *Barth* Verwerfung der Berufung nach § 329 StPO, NJW **1958** 373; *Busch* Begründung, Anfechtung und Revisibilität der Verwerfungsurteile der §§ 329 Abs. 1 und 412 Abs. 1 StPO, JZ **1963** 457; *Hohendorf* Zur Revisibilität des Merkmals genügende Entschuldigung in § 329 Abs. 1 Satz 1 StPO, GA **1979** 414; *Küper* Zur Entbindung von der Erscheinenspflicht (§ 233) in der Berufungsverhandlung, JR **1971** 328; *Küper* Berufungsverwerfung nach § 329 Abs. 1 StPO wegen Verhandlungsunfähigkeit des Angeklagten, JuS **1972** 127; *Küper* Zur Auslegung des § 329 Abs. 1 Satz 2 StPO, NJW **1977** 1275; *Laube* Antrag auf Wiedereinsetzung in den vorigen Stand oder Revision, NJW **1974** 136; *Meyer-Goßner* Verwerfung der Berufung wegen Ausbleibens des Angeklagten bei Fehlen von Prozeßvoraussetzungen, NJW **1978** 528; *Meyer-Goßner* Das von der Vorinstanz übersehene Fehlen einer Prozeßvoraussetzung, NJW **1979** 201; *Preiser* Der Umfang der Prüfung des Revisionsgerichts nach § 329 Abs. 1 StPO, GA **1965** 366; *Sax* Zur Zulässigkeit der sofortigen Verwerfung der Berufung beim Ausbleiben des Angeklagten, JR **1967** 41; *Sieg* Nichterscheinen des Angeklagten im Berufungsverfahren als Verwerfungsgrund NJW **1978** 1845; *Schmidt* Säumnis des Angeklagten, wenn die Staatsanwaltschaft Berufung eingelegt hat, NJW **1957** 1389; *Schmidt* Verwerfung der Berufung des Angeklagten nach § 329 Abs. 1 StPO, SchlHA **1963** 262; *Schroeder* Revision der Staatsanwaltschaft bei Verwerfung der Berufung des nicht erschienenen Angeklagten NJW **1973** 309; *Ungewitter* Verwerfung der Berufung bei Ausbleiben des Angeklagten in einem späteren Termin? NJW **1962** 2144.

Entstehungsgeschichte. Art. 1 Nr. 87 des 1. StVRG hat § 329 umgestaltet. Der neugefaßte Absatz 1 stellt nunmehr klar, daß die Verwerfung der Berufung des Angeklagten „ohne Verhandlung der Sache" (früher „sofort") auch bei Ausbleiben in einer wiederholten Berufungsverhandlung zulässig ist (vgl. Satz 1 „einer" statt „der" Hauptverhandlung). Absatz 1 Satz 2 und 3 wurden neu eingefügt. Absatz 2 übernimmt die bis dahin im letzten Halbsatz des Absatzes 1 getroffene Regelung für die Berufung der Staatsanwaltschaft; der bisherige Absatz 2 wurde zu Absatz 3. Absatz 4 regelt Verhaftung und Vorführung beim Ausbleiben des Angeklagten[1]. Bezeichnung bis 1924: § 370.

Übersicht

	Rdn.		Rdn.
I. Ausbleiben des Angeklagten		b) Nicht jeder Ladungsfehler	14
1. Allgemeines		c) Einhaltung der Ladungsfrist	18
a) Zweck des § 329	1	5. Vorführung des verhafteten Angeklagten	19
b) Auslegung	2		
c) Allgemeine Voraussetzungen	3	6. Genügende Entschuldigung	
2. Ausbleiben	4	a) Von Amts wegen prüfen	22
3. Beginn einer Hauptverhandlung		b) Freibeweis	30
a) Aufruf der Sache	8	c) Keine Ermessensentscheidung	33
b) Jede neue Hauptverhandlung	9	d) Keine enge Auslegung	34
c) Unterbrechung	11	e) Einzelfälle	36
4. Ordnungsgemäße Ladung		7. Vertretung des Angeklagten	
a) Ladung	12	a) Allgemeines	46

---

[1] Zu den Änderungen vgl. BTDrucks. 7 551, 86; *Rieß* NJW **1975** 89.

	Rdn.		Rdn.
b) Bagatellstraftaten i. S. des § 232	47	IV. Berufung des Angeklagten und der Staatsanwaltschaft	
c) Verfahren nach Strafbefehl	50	1. Getrennte Entscheidung	88
d) Anordnung des persönlichen Erscheinens	51	2. Zustellung	90
e) Privatklageverfahren	53	V. Erzwingung der Anwesenheit des Angeklagten (Absatz 4)	
8. Entbindung von der Verpflichtung zum Erscheinen	54	1. Vorrang der Verfahrenserledigung nach Abs. 1 oder 2	91
II. Verwerfung der Berufung des Angeklagten (Absatz 1)		2. Zwangsmaßnahmen	92
1. Ohne Sachverhandlung	60	3. Voraussetzungen und Auswahl der Zwangsmittel	94
2. Voraussetzungen des Verwerfungsurteils		VI. Revision	
a) Zulässigkeit der Berufung	63	1. Verfahrensvoraussetzungen	95
b) Fehlen einer Prozeßvoraussetzung	64	2. Sachentscheidung nach § 329 Abs. 2	96
3. Wegfall einzelner Verurteilungen (Abs. 1 Satz 3)	66	3. Verwerfungsurteil nach § 329 Abs. 1 Satz 1	
4. Inhalt des Verwerfungsurteils		a) Allgemeine Sachrüge	97
a) Urteilsformel	68	b) Verfahrensrüge	98
b) Begründung	69	c) Gegenstand der Nachprüfung	100
c) Zustellung	74	4. Sonstige Verfahrensfragen	106
d) Selbständigkeit jeder Berufung	75	5. Revision und Antrag auf Wiedereinsetzung	107
5. Rechtsnatur des Verwerfungsurteils	76	VII. Wiedereinsetzung in den vorigen Stand (Absatz 3)	
6. Keine Verwerfung nach Zurückverweisung durch das Revisionsgericht (Abs. 1 Satz 2)	79	1. Zulässigkeit	111
III. Berufung der Staatsanwaltschaft (Absatz 2)		2. Form des Antrags	113
1. Zulässigkeit der Abwesenheitsverhandlung		3. Wiedereinsetzungsgründe	115
a) Keine Begrenzung durch Strafhöhe	82	4. Entscheidung	120
b) Aufklärungspflicht	83	5. Wirkung	122
2. Urteil	85	6. Beschwerde	123
3. Zurücknahme der Berufung	86		

I. Ausbleiben des Angeklagten

1. Allgemeines

1 a) Zweck des § 329 ist es, zu verhindern, daß der Angeklagte durch sein Ausbleiben in der Berufungsinstanz die Entscheidung des Berufungsgerichts hinauszögern kann. Die Vorschrift dient der **Verfahrensbeschleunigung**[2]. Deshalb gestattet sie die Verhandlung über die Berufung der Staatsanwaltschaft in Abwesenheit des Angeklagten und erleichtert durch die Beseitigung der Zustimmungsbefugnis des Angeklagten auch deren Zurücknahme (Absatz 2), und deshalb verwirkt[3] der Angeklagte durch schuldhaftes Ausbleiben sein eigenes Rechtsmittel, das ohne Sachverhandlung zu verwerfen ist (Absatz 1). § 329 hat große Bedeutung für die Praxis der Berufungsgerichte[4]. Sein Anwendungsbereich wurde deshalb durch die Neufassung (Art. 1 Nr. 87 des 1. StVRG) beträchtlich erweitert[5].

---

[2] BGHSt **17** 188; **27** 236; **23** 334; OLG Köln VRS **65** 47; vgl. ferner die Rechtsprechung zur genügenden Entschuldigung Rdn. 22 ff.
[3] Vgl. dazu Rdn. 76 ff.
[4] *Rieß* NJW **1975** 89; vgl. auch Begr. zum Entw. StVÄG 1987, BT Drucks. **10** 1313, S. 18 zur Änderung der §§ 35a, 40 (Art. 1 Nrn. 4 und 5).
[5] So Begr. BT Drucks. **7** 551, S. 86.

b) Bei der Auslegung des § 329 ist zu beachten, daß er im Interesse einer effekti- **2** ven Strafrechtspflege den im rechtsstaatlichen Verständnis (beste Form der Gewährung des rechtlichen Gehörs) und in der Verpflichtung zur Sachaufklärung gleichermaßen verankerten Grundsatz einschränkt, gegen einen ausgebliebenen Angeklagten dürfe nicht verhandelt und entschieden werden. Er birgt erhebliche Gefahren und ist unter Berücksichtigung der widerstreitenden Verfahrensziele[6] **einengend auszulegen** und anzuwenden[7].

c) Die **allgemeinen Voraussetzungen** der Anwendbarkeit des § 329 ohne Rücksicht **3** darauf, wer Berufung eingelegt hat, sind: Unentschuldigtes (Rdn. 22) Ausbleiben des Angeklagten bei Beginn der Hauptverhandlung (Rdn. 4) trotz ordnungsgemäßer Ladung und Hinweises (Rdn. 32) ohne zulässige (Rdn. 46) Vertretung. Vorausgesetzt wird hierbei jedoch immer, daß die Berufung als solche **zulässig** ist und daß der Durchführung der Berufungsverhandlung auch sonst kein **Verfahrenshindernis** entgegensteht (Rdn. 63). Hierzu gehört nach Ansicht des OLG Hamm auch, daß das Urteil mit Gründen dem Angeklagten nach § 316 Abs. 2 ordnungsgemäß zugestellt worden ist[8].

2. Ausbleiben. Absätze 1, 2 und 4 gelten für alle Fälle unentschuldigten Ausblei- **4** bens des Angeklagten, also auch, wenn der Angeklagte nicht erscheinen will[9]. **Ausgeblieben** ist der Angeklagte nicht schon, wenn er bei Aufruf der Sache nicht im Sitzungsraum ist oder seine Anwesenheit nicht bekanntgibt. Innerhalb verständiger Grenzen muß das Gericht auch außerhalb des Sitzungssaales im Gerichtsgebäude nach ihm forschen[10] und wegen der Möglichkeit einer Verspätung auch eine dem Umständen nach angemessene Zeit **zuwarten**[11], bevor es nach § 329 verfährt.

§ 329 ist auch anwendbar, wenn der in der ersten Instanz anwesende oder zuläs- **5** sig vertretene Angeklagte **im Ausland** lebt[12]. Sind die Voraussetzungen des § 329 gegeben, ist für eine vorläufige Einstellung des Verfahrens nach § 205 kein Raum[13].

Ein Angeklagter, der erscheint, die **Verhandlung** aber mit der unwahren Behaup- **6** tung, verhandlungsunfähig zu sein, **ablehnt**, ist nicht ausgeblieben im Sinne des § 329 Abs. 1[14]. Das Gericht kann seine Verhandlungsfähigkeit feststellen lassen, seinen Weggang nach § 231 Abs. 1 Satz 2 verhindern und ihn gegebenenfalls wie einen Angeklagten behandeln, der von seinem Schweigerecht Gebrauch macht[15].

---

[6] Vgl. KK-*Ruß*¹ 1; KMR-*Paulus* 2.
[7] RGSt **61** 280; **64** 246; **65** 57; BGHSt **17** 188; BayObLGSt **1980** 73 = NJW **1980** 83; OLG Celle GA **1960** 316; OLG Hamm GA **1958** 218; JMBlNW **1958** 89; NJW **1965** 410; KG JR **1969** 270; OLG Koblenz NJW **1975** 322; OLG Köln NJW **1953** 1036; OLG Stuttgart MDR **1964** 695; KMR-*Paulus* 2; *Eb. Schmidt* 6; *Preiser* GA **1965** 371; kritisch dazu *Sax* JR **1967** 41.
[8] OLG Hamm JMBlNW **1982** 107; zu der hier bestehenden Streitfrage vgl. § 316, 7 mit Nachw.
[9] RGSt **66** 151.
[10] RGSt **61** 177; RG DRiZ **1932** Nr. 150; HRR **1927** Nr. 669; KK-*Ruß*¹ 4; KMR-*Paulus* 23; *Eb. Schmidt* 7; vgl. § 243, 16.
[11] Zur Wartepflicht des Gerichts vgl. etwa BayObLGSt **1959** 250 = NJW **1959** 2224; bei *Bär* DAR **1987** 315; OLG Frankfurt NJW **1954** 934; OLG Hamm VRS 47 303; 54 450; OLG Saarbrücken VRS 44 190; § 232, 14; § 243, 25; bei § 412 und wegen der Verspätung eines vertretungsberechtigten Verteidigers § 228, 22 mit Nachw. sowie die Rspr. zu § 74 OWiG; ferner KK-*Ruß*¹ 4; *Kleinknecht/Meyer*³⁸ 12; KMR-*Paulus* 19; *Kaiser* NJW **1977** 1955; HW *Schmidt* SchlHA **1963** 264.
[12] LG Verden NJW **1974** 2194.
[13] OLG Stuttgart MDR **1982** 775; § 205, 6; vgl. Rdn. 60.
[14] KG JR **1969** 270 mit zust. Anm. *Eb. Schmidt*; OLG Köln MDR **1981** 162; KK-*Ruß*¹ 4; *Kleinknecht/Meyer*³⁸ 14.
[15] OLG Köln MDR **1981** 162; *Schlüchter* 682.1.

§ 329   Drittes Buch. Rechtsmittel

7 Ein im Zustand der **Verhandlungsunfähigkeit** erscheinender Angeklagter ist trotz körperlicher Anwesenheit als ausgeblieben zu behandeln, wenn er diesen Zustand schuldhaft und in Kenntnis der dadurch verursachten Vereitelung der Hauptverhandlung herbeigeführt hat[16]. Unerheblich ist insoweit, ob die geistige Abwesenheit auf Alkoholgenuß oder anderen Mitteln[17] beruht. Für die Anwendung des § 231 a ist insoweit dann kein Raum. Ist die Verhandlungsunfähigkeit dagegen nicht vom Angeklagten verschuldet, kann nicht nach § 329 verfahren werden[18].

3. Beginn einer Hauptverhandlung

8 a) Die Hauptverhandlung **beginnt** auch im Sinne des § 329 mit **Aufruf der Sache** durch den Vorsitzenden (§§ 243, 324)[19]. Bei Zurückstellung der Sache beginnt sie mit dem neuen Aufruf[20]. Verspäteter Beginn beendet die Pflicht zur Anwesenheit nicht[21]. Es kommt darauf an, ob der Angeklagte zu Beginn unentschuldigt ausgeblieben ist. Ist er erschienen oder in zulässiger Weise vertreten, so ist § 329 nicht anwendbar, auch nicht bei vorzeitigem Weggang des rechtzeitig erschienenen Angeklagten[22] oder wenn der Angeklagte zwar verspätet, aber vor Erlaß des Verwerfungsurteils nach § 329 Abs. 1 erscheint[23].

9 b) Der Beginn **jeder neuen Hauptverhandlung** vor dem Berufungsgericht gestattet die Verwerfung der Berufung ohne Sachverhandlung[24]. Eine Ausnahme sieht Absatz 1 Satz 2 lediglich für den Fall der Zurückverweisung vom Revisionsgericht vor (dazu Rdn. 79).

10 Die Berufung des Angeklagten muß daher verworfen und über die Berufung der Staatsanwaltschaft in Abwesenheit des Angeklagten verhandelt werden, wenn der Beschuldigte **nach Aussetzung** einer Berufungsverhandlung bei Beginn der erneuerten Hauptverhandlung ausbleibt. Dies gilt auch, wenn in der früheren Hauptverhandlung zur Sache verhandelt worden ist[25] oder wenn das Verfahren nach ergebnisloser vorläufiger Einstellung nach § 153 a fortgesetzt wird[25a].

11 c) War die Hauptverhandlung nur **unterbrochen**, und erscheint der Angeklagte nicht zur Fortsetzungsverhandlung, ist § 329 Abs. 1 und 2 nicht anwendbar. Bei einem späteren, eigenmächtigen Ausbleiben des zu Beginn der Verhandlung erschienenen Angeklagten gelten die allgemeinen Grundsätze der § 230 Abs. 2, § 231 Abs. 2, § 232[26].

---

[16] BGHSt **23** 331 (auf Vorlage entgegen KG NJW **1970** 270); dazu *Küper* JuS **1972** 127; OLG Frankfurt NJW **1968** 217; *Bloy* JuS **1986** 592; *Kaiser* NJW **1968** 185; KK-*Ruß*[1] 4; *Kleinknecht/Meyer*[38] 16; KMR-*Paulus* 24; *Roxin*[20] § 52 F II 4a; *Schlüchter* 684.1; a. A *Eb. Schmidt* JR **1969** 270.

[17] OLG Köln VRS **65** 47; *Seetzen* DRiZ **1974** 259.

[18] *Warda* FS Bruns 439.

[19] BayObLGSt **24** 51; *Dahs* NJW **1974** 467; KK-*Ruß*[1] 2; KMR-*Paulus* 18; vgl. § 243, 16; § 324, 1.

[20] BayObLGSt **27** 77.

[21] OLG Hamm VRS **55** 275; KMR-*Paulus* 19.

[22] RGSt **63** 57; BGHSt **23** 332; BayObLGSt **1980** 73 = NJW **1981** 183.

[23] BayObLGSt **1952** 81; OLG Königsberg JW **1927** 2084; OLG Oldenburg MDR **1985** 430; ferner OLG Köln VRS **58** 440 (zu § 74 OWiG); *Kleinknecht/Meyer*[38] 13; KMR-*Paulus* 21.

[24] BGHSt **27** 239; KK-*Ruß*[1] 2; *Kleinknecht/Meyer*[38] 3; KMR-*Paulus* 20. Bei der früheren Fassung war dies strittig, vgl. dazu LR[22], Anm. 3 b.

[25] Vgl. die Nachw. Fußn. 24. Die frühere Streitfrage (vgl. etwa *Dahs* NJW **1974** 467; *Hanack* JZ **1973** 694; *Sax* JZ **1967** 41; LR[22] Anm. 3 b) hat sich erledigt.

[25a] OLG Düsseldorf VRS **72** 193 (keine entsprechende Anwendung von § 329 Abs. 1 Satz 2).

[26] RGSt **61** 280; **63** 11; RG JW **1931** 1603; BGHSt **15** 290; BayObLGSt **32** 41; BayObLG VRS **61** 131; KG GA **75** (1931) 56; *Bloy* JuS **1986** 592; KK-*Ruß*[1] 2; *Kleinknecht/Meyer*[38] 3; KMR-*Paulus* 21.

Setzt das Gericht allerdings wegen des Fernbleibens des Angeklagten die Hauptverhandlung aus, so ist es nicht gehindert, nach § 329 Abs. 1 und 2 zu verfahren, wenn der Angeklagte auch bei Beginn der erneuerten Hauptverhandlung ausbleibt.

4. Ordnungsgemäße Ladung

a) Das Verfahren nach § 329 setzt grundsätzlich eine **ordnungsgemäße Ladung** voraus (§ 323 Abs. 1). An ordnungsmäßiger Ladung fehlt es zum Beispiel, wenn sie bei Berufung des Angeklagten nicht diesem selbst oder seinem nach § 145 a Abs. 2 ermächtigten Verteidiger zugestellt worden ist[27]; ferner überhaupt bei einer Ladung mit widerspruchsvoller oder unrichtiger Orts- oder Zeitangabe[28], oder fehlendem oder unrichtigem Hinweis auf die Folgen des Ausbleibens[29], bei einer Ladung unter falscher Anschrift[30] oder fehlerhafter Zustellung im Ausland[31] oder bei Ladung des nicht auf freiem Fuß befindlichen Angeklagten unter Nichtbeachtung der §§ 323, 216 Abs. 2 durch Ersatzzustellung in der Wohnung[32].

Auch bei **öffentlicher Zustellung** der Ladung bleibt § 329 anwendbar[33]. Nach § 40 Abs. 3[34] ist sie im Verfahren über eine Berufung des Angeklagten unter erleichterten Voraussetzungen zulässig. Im Interesse der Verfahrensbeschleunigung und zur Entlastung der Gerichte darf die Ladung zur Hauptverhandlung dem Angeklagten schon dann öffentlich zugestellt werden, wenn sie nicht unter einer Anschrift möglich ist, unter der letztmals zugestellt wurde oder die der Angeklagte zuletzt angegeben hat. Es darf also öffentlich zugestellt werden, wenn die Zustellung nicht an den Verteidiger nach § 145 a möglich ist und eine Zustellung an die zuletzt bekannt gewordene Anschrift des Angeklagten sich als ergebnislos erwiesen hat[35]. Soll dagegen über eine Berufung der Staatsanwaltschaft entschieden werden, ist die öffentliche Zustellung der Ladung wie bisher nur unter den vollen Voraussetzungen vor § 40 Abs. 1, 2 zulässig, das Gericht muß also weiterhin alle Mittel zur Erforschung des Aufenthalts ausgeschöpft haben[36]. Bei Personen, die zur Tatzeit noch Jugendliche waren, wird die öffentliche Zustellung für unzulässig gehalten[37].

b) **Nicht jeder Ladungsfehler** hindert jedoch die Anwendung der §§ 329 Abs. 1, 2, sondern nur ein solcher, der bewirkt haben kann, daß ein erscheinungswilliger Angeklagter die Hauptverhandlung versäumt hat[38]. Das Berufungsgericht darf allerdings nur

---

[27] KK-*Ruß*¹ 3; *Kleinknecht/Meyer*³⁸ 9; KMR-*Paulus* 12 ff.
[28] OLG Dresden DRiZ **1931** Nr. 874; vgl. § 216, 14.
[29] RG HRR **1927** Nr. 1174; BayObLGSt **1975** 30; **1978** 64; OLG Koblenz NJW **1981** 2074; OLG Schleswig bei *Ernesti/Jürgensen* SchlHA **1971** 218; OLG Zweibrücken StrVert. **1981** 539; vgl. § 323, 11.
[30] OLG Düsseldorf StrVert. **1982** 216.
[31] BayObLGSt **1981** 17.
[32] OLG Saarbrücken VRS **43** 39; vgl. § 216, 10 mit weit. Nachw.
[33] KG NJW **1969** 475; OLG Düsseldorf StrVert. **1982** 127; OLG Frankfurt StrVert. **1983** 233; OLG Hamburg JR **1982** 122; OLG Stuttgart MDR **1982** 775; h. M; die Ansicht, § 232 Abs. 2 hindere Verwerfung (OLG Frankfurt JR **1978** 392 mit abl. Anm. *Meyer*) wird jetzt auch durch § 40 Abs. 3 widerlegt.

[34] Eingefügt durch Art. 1 Nr. 4 StVÄG 1987 (seit 1. 4. 1987 in Kraft).
[35] Dazu Begr. BT-Drucks. **10** 1313 zu Art. 1 Nrn. 4 und 5; wegen der Einzelheiten vgl. die Erl. zu § 40 Abs. 3 im Nachtr.; vgl. auch *Rieß/Hilger* NStZ **1987** 152.
[36] Vgl. etwa OLG Hamm JMBlNW **1979** 178; OLG Köln VRS **64** 198; § 40, 9 ff mit weit. Nachw.
[37] OLG Stuttgart Justiz **1987** 75; *Kleinknecht/Meyer*³⁸ 9.
[38] OLG Düsseldorf StrVert **1982** 216; KG GA **1975** 148; LG Verden NJW **1974** 2194; vgl. auch BayObLG VRS **38** 292 (zu § 412), OLG Karlsruhe MDR **1980** 955; KK-*Ruß*¹ 3; *Kleinknecht/Meyer*³⁸ 9 (für Ausbleiben nicht ursächliche Mängel); vgl. aber auch KMR-*Paulus* 14 (wenn Schutzzweck der §§ 116, 323 Abs. 1, § 329 Abs. 1 nicht verletzt ist); ferner § 216, 14 ff.

§ 329   Drittes Buch. Rechtsmittel

nach § 329 verfahren, wenn es sicher ist, daß der festgestellte Ladungsfehler den Angeklagten nicht gehindert hätte, sich rechtzeitig zum Termin einzufinden, etwa, wenn sich aus den Akten ergibt, daß er Ort und Zeit des Termins kannte.

15 Da die ordnungsgemäße Ladung **keine Verfahrensvoraussetzung** für das Verfahren nach § 329 ist, würde, auch wenn man der anderen Meinung folgt, die Revision gegen das Verwerfungsurteil in diesem Fall daran scheitern, daß es nicht auf dem (gerügten) Ladungsfehler beruht, wenn feststeht, daß der Angeklagte ohnehin nicht gekommen wäre[39].

16 Die mit der Ladung zu verbindenden **Hinweise auf die Folgen des Ausbleibens** sind dagegen zwingende Maßnahmen zum Schutze des Angeklagten. Sie schließen jede Verfahrensgestaltung aus, auf die er nicht vorher ordnungsgemäß hingewiesen worden ist. Seine Berufung darf nicht ohne Verhandeln zur Sache verworfen, über die Berufung der Staatsanwaltschaft darf nicht nach Absatz 2 in seiner Abwesenheit verhandelt werden, wenn der jeweilige Hinweis nicht oder nicht ordnungsgemäß oder mißverständlich erteilt worden ist[40]. Ist andererseits ein für das beabsichtigte Verfahren irrelevanter Hinweis fehlerhaft, so hindert sein Schutzzweck das Berufungsgericht nicht an einer Verfahrensgestaltung, auf die der Angeklagte ordnungsgemäß hingewiesen worden ist

17 Der Hinweis auf die Möglichkeit der Verwerfung ersetzt insbesondere nicht den Hinweis darauf, daß nach § 232 oder § 329 Abs. 2 in seiner Abwesenheit verhandelt werden kann[41]. Die Hinweise müssen in der Ladung zu dem **anstehenden Termin** erteilt worden sein; die Verweisung auf einen früheren Hinweis genügt nicht[42]. Ist der Angeklagte nach § 40 Abs. 3 mittels öffentlicher Zustellung geladen worden, dürfte wegen § 35 a Satz 2 das Fehlen des an sich auch hier erforderlichen Hinweises in der Ladung die Verwerfung nicht ausschließen[42a]; im übrigen aber entbindet die Belehrung nach dieser Vorschrift nicht von Wiederholung des Hinweises in der jeweiligen Ladung.

18 c) Ob die **Einhaltung der Ladungsfrist** (§ 217 Abs. 1) zu den Voraussetzungen einer ordnungsgemäßen Ladung gehört, so daß eine sofortige Verwerfung ausgeschlossen ist, wenn sie nicht gewahrt wird, ist strittig. Die in der Rechtsprechung vorherrschende Ansicht verneint dies, da die Fristwahrung die in der Ladung ausgesprochene Verpflichtung des Angeklagten zum Erscheinen vor Gericht nicht berührt, sondern ihm aus anderen Gründen (ausreichende Vorbereitung der Verteidigung) eingeräumt ist und da die Rechtsfolgen bei ihrer Nichteinhaltung in § 217 Abs. 2 und 3 abschließend geregelt sind[43]. Hat der Angeklagte, was auch schon vor der Hauptverhandlung möglich ist, wegen der Nichteinhaltung der Frist einen **Aussetzungsantrag** gestellt, ist diesem stattzugeben[44]. Im übrigen muß bei Prüfung der Frage, ob das Ausbleiben des Angeklag-

---

[39] KG GA **1975** 148; KK-*Ruß*[1] 3; vgl. ferner die Nachw. Fußn. 38.
[40] BayObLGSt **1975** 30 = MDR **1975** 683; BayObLGSt **1978** 64 = VRS **55** 281; OLG Düsseldorf MDR **1987** 868; OLG Zweibrücken StrVert. **1981** 539; vgl. Rdn. 12; § 323, 11.
[41] OLG Hamm NJW **1954** 1131; OLG Oldenburg NJW **1952** 1151; KK-*Ruß*[1] 3; *Rödding* NJW **1955** 144; *Eb. Schmidt* Nachtr. I 1; a. A *Breh* NJW **1954** 1540; vgl. auch Rdn. 80; 82 ff.
[42] OLG Koblenz NJW **1981** 2074; KK-*Ruß*[1] 3; ferner § 323, 12.
[42a] *Kleinknecht/Meyer*[38] 9.
[43] RG DJZ **1931** 501; BGHSt **24** 149; BayObLG DRiZ **1930** Nr. 154; BayObLGSt **1966** 121 = NJW **1967** 457; KG JW **1926** 1613; VRS **17** 139; OLG Bremen DAR **1959** 301; OLG Köln NJW **1955** 1243; OLG Saarbrücken VRS **44** 190; OLG Schleswig bei *Ernesti/Jürgensen* SchlHA **1969** 154; KK-*Ruß*[1] 3; *Kleinknecht/Meyer*[38] 11; *Ordenmann* MDR **1960** 192; a. A OLG Dresden DRiZ **1932** Nr. 538; *Koffka* JR **1967** 190 (abl. Anm. zu BayObLGSt **1966** 121); *Eb. Schmidt* Nachtr. I 2a.
[44] Vgl. BayObLG bei *Rüth* DAR **1982** 255 (Aussetzungsantrag vor Hauptverhandlung); OLG Köln StrVert. **1986** 470 (zu § 412); *Kleinknecht/Meyer*[38] 11; KMR-*Paulus* 14.

ten genügend entschuldigt ist, das Gericht auch mit berücksichtigen, daß die Ladungsfrist nicht gewahrt ist[45].

5. Vorführung des verhafteten Angeklagten. Der verhaftete Angeklagte hat das **19 Recht auf Vorführung** zur Verhandlung vor dem Berufungsgericht. Dies ergibt sich aus dem Wesen der Berufung. Nur im Revisionsverfahren hat er keinen Anspruch auf Anwesenheit (§ 350 Abs. 2). Ist er in der vor dem Berufungsgericht **zu verhandelnden Sache** festgenommen, so ist er grundsätzlich von Amts wegen vorzuführen[46]. Unterbleibt dies, ist § 329 nicht anwendbar, da es dem Angeklagten nicht zum Verschulden gereicht, wenn er seine Vorführung nicht selbst betreibt[47].

Gleiches gilt grundsätzlich auch, wenn sich der Angeklagte in einer **anderen 20 Sache** in behördlichem Gewahrsam befindet und zwar entgegen der verschiedentlich vertretenen Ansicht auch dann, wenn der Angeklagte es unterlassen hat, das Berufungsgericht auf seine Verhaftung in anderer Sache hinzuweisen oder sonst auf seine Vorführung zum Berufungstermin hinzuwirken[48]. Darauf, ob dem Berufungsgericht die Verhaftung bekannt geworden ist oder ob es sie aus anderen, ihm bekannten Umständen hätte ersehen können, kann es im Endergebnis nicht ankommen[49], denn maßgebend, ob der Angeklagte genügend entschuldigt ist, ist allein die wahre Sachlage, auch wenn sie dem Berufungsgericht nicht bekannt sein konnte und dieses daher die Berufung verworfen hat[50].

Ein **Verzicht des Angeklagten** auf Vorführung wird, sofern keine Anordnung **21** nach § 236 ergangen ist, in den Fällen für zulässig erachtet, in denen sich der Angeklagte vertreten lassen könnte, wenn er auf freiem Fuß wäre (vgl. § 233), ferner bei Berufung der Staatsanwaltschaft (Rdn. 82). **Lehnt der Angeklagte es ausdrücklich ab,** zum Berufungstermin vorgeführt zu werden, obwohl dies zeitlich möglich wäre, so kann dies die sofortige Verwerfung rechtfertigen, da dann sein Ausbleiben nicht die Folge seiner Haft, sondern seines eigenen freien Willensentschlusses ist, also durch die Haft in der Regel nicht entschuldigt wird[51]. Die Weigerung beruht auch dann auf der freien Willensentschließung des Angeklagten, wenn sie mit der Art und Weise begründet wird, in der die Vorführung durchgeführt werden soll[52]. Etwas anderes gilt nur, wenn der Ange-

---

[45] Nach BGHSt **24** 152 entschuldigt die Nichteinhaltung der Ladungsfrist nicht schlechthin; a. A *Cramer* JR **1972** 161.
[46] Vgl. § 214, 12; ferner Rdn. 21.
[47] KK-*Ruß*[1] 12; *Kleinknecht/Meyer*[38] 24; KMR-*Paulus* 15.
[48] KK-*Ruß*[1] 12; KMR-*Paulus* 15; *Eb. Schmidt* 12; Nachtr. I 5 sehen in der anderweitigen Haft einen genügenden Entschuldigungsgrund. Nach OLG Frankfurt MDR **1961** 1036 ist die Verhaftung in anderer Sache zwar nicht immer ein Entschuldigungsgrund, sie kann es aber sein, wenn der Angeklagte zwei Tage vor der Hauptverhandlung verhaftet worden ist; vgl. ferner OLG Celle NdsRpfl **1963** 260; OLG Köln GA **1963** 58 (beide Entscheidungen sind aber zu § 329 Abs. 2 a. F ergangen; der damals maßgebende Begriff des unabwendbaren Zufalls war enger als der der genügenden Entschuldigung); vgl. auch OLG Köln GA **1962** 382.
[49] So aber BayObLG bei *Rüth* DAR **1983** 254; OLG Celle NdsRpfl. **1963** 260; OLG Karlsruhe NJW **1969** 476; OLG Schleswig SchlHA **1976** 172; *Kleinknecht/Meyer*[38] 24; wie hier dagegen BGH GA **1969** 281; OLG Frankfurt StrVert. **1987** 380 (zu § 231 Abs. 2); *Ostermeyer* NJW **1969** 1130; vgl. § 231, 23.
[50] Vgl. Rdn. 25. Zur Korrektur bedarf es allerdings der Revision oder des Antrags nach § 329 Abs. 3.
[51] OLG Bremen StrVert. **1987** 11; OLG Karlsruhe MDR **1974** 598; OLG Köln GA **1962** 382; KK-*Ruß*[1] 12; *Kleinknecht/Meyer*[38] 24; KMR-*Paulus* 15.
[52] OLG Karlsruhe MDR **1974** 598 (Fesselung); vgl. auch OLG Hamm MDR **1978** 692 (zu § 454); § 231, 24.

§ 329 Drittes Buch. Rechtsmittel

klagte sich zu Recht gegen die Art und Weise der Vorführung wehrte, weil sie für ihn wegen besonderer Umstände — der Grundsatz der Verhältnismäßigkeit gilt auch hier — nicht zumutbar war[53].

6. Genügende Entschuldigung

22 a) Das Berufungsgericht muß **von Amts wegen prüfen,** ob Umstände ersichtlich sind, die das Ausbleiben des Angeklagten genügend entschuldigen[54]. Hierzu kann auch ein inhaltlich unzureichendes Entschuldigungsschreiben Anlaß geben[55]. Vor Erlaß des Verwerfungsurteils und vor Eintritt in das Verfahren nach Absatz 2 muß es die Akten auf Entschuldigungsgründe durchsehen[56], auch ein abgelehntes Vertagungsgesuch darf dabei nicht unbeachtet bleiben. Je nach den Umständen muß sich das Gericht auch auf der Geschäftsstelle vergewissern, ob dort kein Vertagungsgesuch liegen geblieben ist[57] und es muß einen erschienenen Verteidiger und anwesende Zeugen über den Verbleib des Angeklagten befragen.

23 Eine über die Auswertung der unmittelbar erkennbaren Tatsachen hinausgehende **Pflicht zu Nachforschungen** besteht für das Berufungsgericht allerdings nur, wenn Anhaltspunkte dafür sprechen, daß das Ausbleiben entschuldigt sein könnte[58]. Kurzfristig durchführbare Ermittlungen, vor allem eine fernmündliche Erkundigung beim Angeklagten oder Verteidiger, können angezeigt sein.

24 Beweismittel, deren Beibringung zu einer erheblichen **Verzögerung der Entscheidung** führen würde, braucht das Gericht in der Regel nicht heranzuziehen. Dies würde den Zweck des § 329 vereiteln, der eine schnelle Erledigung des Berufungsverfahrens ohne Aussetzung ermöglichen will[59].

25 Werden dem Gericht Entschuldigungsgründe bereits **vor der Hauptverhandlung** bekannt, etwa weil der Angeklagte seine voraussichtliche Verhinderung mitteilt, dann muß das Gericht die Zeit bis zur Hauptverhandlung nützen, um die Entschuldigungsgründe auf ihre Stichhaltigkeit zu überprüfen[60]. Es muß von Amts wegen dazu die erforderlichen Erhebungen durchführen, insbesondere auch eine etwa erforderliche amtsärztliche Untersuchung veranlassen, oder den Angeklagten auffordern, ungenügende Angaben zu ergänzen.

26 Es kommt grundsätzlich nicht auf das **Vorbringen des Angeklagten** an, sondern auf die **wirkliche Sachlage,** also insbesondere auch nicht darauf, ob und in welcher Form der Angeklagte sich entschuldigt hat[61]. Eine genügende Entschuldigung darf nicht etwa

---

[53] OLG Stuttgart Justiz **1972** 187; vgl. § 231, 24.
[54] H. M; etwa RGSt **61** 280; **62** 420; **64** 246; BGHSt **17** 396; BayObLGSt **1956** 32 = NJW **1956** 838; BayObLGSt **1971** 9; BayObLG bei *Rüth* DAR **1982** 255; OLG Düsseldorf NStZ **1984** 331; StrVert. **1987** 9; KG GA **1973** 30; OLG Karlsruhe MDR **1978** 75; JR **1978** 36; NJW **1969** 476; OLG Koblenz VRS **64** 212; OLG Köln NJW **1953** 1036; KK-*Ruß*[1] 7; KMR-*Paulus* 26; *Eb. Schmidt* 12; Nachtr. I 5.
[55] OLG Karlsruhe Justiz **1980** 288.
[56] RGSt **62** 422; **64** 246; RG JW **1931** 1604; 1618; **1932** 1151; DRiZ **1929** Nr. 810; OLG Bremen MDR **1955** 184; OLG Celle MDR **1955** 184; OLG Düsseldorf NJW **1960** 1921; OLG Frankfurt NJW **1953** 1036.
[57] OLG Frankfurt NJW **1974** 1151 (Fürsorgepflicht); OLG Stuttgart Justiz **1981** 288.
[58] BayObLG bei *Rüth* DAR **1974** 183; KG GA **1973** 30; KK-*Ruß*[1] 8.
[59] OLG Hamburg JR **1959** 29; OLG Saarbrücken NJW **1975** 1614; *Kleinknecht/Meyer*[38] 20.
[60] *Preiser* GA **1965** 371.
[61] RGSt **62** 421: „nicht darauf, ob er sich genügend entschuldigt hat, sondern ob er genügend entschuldigt ist"; h. M; z. B. BGHSt **17** 396; KG GA **1973** 30; OLG Düsseldorf NStZ **1984** 331; StrVert. **1987** 9; VRS **71** 292; OLG Köln NJW **1982** 2617; VRS **71** 371 und zahlreiche, in den nachfolgenden Fußn. nachgewiesene Entscheidungen; ferner KK-*Ruß*[1] 4; *Kleinknecht/Meyer*[38] 18; KMR-*Paulus* 26; *Eb. Schmidt* 12; Nachtr. I 5.

schon deshalb verneint werden, weil der Angeklagte in der Lage gewesen wäre, sich rechtzeitig zu entschuldigen[62], weil der Inhalt seines Entschuldigungsschreiben unzulänglich ist oder weil er sich in der Hauptverhandlung hätte vertreten lassen können[63].

Einer **förmlichen Glaubhaftmachung** der Entschuldigungsgründe durch den Angeklagten bedarf es nicht[64]. Er ist erst recht nicht verpflichtet, dem Gericht die behaupteten Entschuldigungsgründe **nachzuweisen**. Hat er das Attest eines Privatarztes vorgelegt — was für die genügende Entschuldigung in der Regel ausreicht[65] — so darf das Gericht ihn nicht allein deshalb als nicht genügend entschuldigt ansehen, weil er dem Verlangen, ein amtsärztliches Zeugnis vorzulegen, nicht nachgekommen ist. Zweifelt das Gericht an der Richtigkeit des privatärztlichen Zeugnisses oder hält es dessen Inhalt für unzureichend[66], dann muß es den Sachverhalt aufklären[67], etwa eine amtsärztliche Untersuchung selbst veranlassen[68]. 27

Entschuldigungsgründe, die **nur der Angeklagte kennt**, muß dieser allerdings unter Anführung der erforderlichen Tatsachen dem Gericht mitteilen, damit dieses nachprüfen kann, ob sein Ausbleiben genügend entschuldigt ist. Die generelle Behauptung der Verhinderung genügt nicht[69]. Das Gericht kann allerdings, sofern die Zeit dafür ausreicht, verpflichtet sein, dem Angeklagten Gelegenheit zu geben, den behaupteten Verhinderungsgrund näher darzulegen. 28

Der **bloße Verdacht**, daß ein Entschuldigungsgrund nur vorgeschützt sein könnte, rechtfertigt es nicht, den Angeklagten als nicht entschuldigt zu behandeln[70]. Das Gericht darf nach § 329 nur verfahren, wenn dessen Voraussetzungen nach seiner Überzeugung feststehen. Bleibt zweifelhaft, ob der Angeklagte genügend entschuldigt ist, dann sind die Voraussetzungen des Absatzes 1 Satz 1 nicht gegeben[71]. 29

b) Das Berufungsgericht muß von sich aus im Wege des **Freibeweises**[72] **aufklären**, ob die Entschuldigungsgründe zutreffen und ob andere, nicht vorgetragene Gründe 30

---

[62] Vgl. etwa BayObLG bei *Rüth* DAR **1982** 255; OLG München MDR **1957** 761.

[63] BayObLGSt **1963** 30; ferner Rdn. 46 ff.

[64] Vgl. etwa OLG Düsseldorf StrVert. **1987** 9; OLG Köln NJW **1953** 1036; VRS **71** 371; OLG Neustadt MDR **1956** 312; *Hohendorf* GA **1979** 418; KK-*Ruß*[1] 8; *Kleinknecht/Meyer*[38] 18.

[65] Vgl. etwa OLG Bremen MDR **1955** 184; OLG Düsseldorf JMBlNW **1983** 40; VRS **71** 292; OLG Hamm JMBlNW **1963** 254; NJW **1970** 1245; OLG Köln NJW **1982** 2617.

[66] Vgl. etwa BayObLG bei *Rüth* DAR **1976** 177; KG JR **1978** 36; OLG Karlsruhe Justiz **1980** 289 (Bescheinigung der Arbeitsunfähigkeit); OLG Köln NJW **1982** 2617.

[67] Vgl. Rdn. 22; ferner etwa OLG Köln VRS **71** 371 (Mitteilung der Erkrankung durch Verteidiger); OLG Zweibrücken StrVert. **1987** 10.

[68] RG DRiZ **1929** Nr. 798; BayObLG bei *Rüth* DAR **1986** 249; OLG Celle StrVert. **1987** 192; OLG Hamm JMBlNW **1970** 252; OLG Schleswig SchlHA **1955** 31; KK-*Ruß*[1] 8; KMR-*Paulus* 26.

[69] KG GA **1973** 30; KK-*Ruß*[1] 8.

[70] RG JW **1932** 3629; RG HRR **1929** Nr. 985; BayObLG bei *Rüth* DAR **1974** 183; **1982** 255; OLG Düsseldorf StrVert. **1987** 9; OLG Hamm MDR **1961** 169; OLG Köln NJW **1963** 1265; OLG Saarbrücken NJW **1969** 599; **1975** 161; OLG Stuttgart MDR **1964** 695; OLG Zweibrücken OLGSt 35; KK-*Ruß*[1] 8; *Kleinknecht/Meyer*[38] 22; KMR-*Paulus* 27; *Preiser* GA **1965** 371; *Eb. Schmidt* 12; Nachtr. I 5; *Schmidt* SchlHA **1963** 264; vgl. ferner Fußn. 71 und § 231, 15 ff.

[71] OLG Düsseldorf StrVert. **1987** 9; OLG Hamm NJW **1965** 410; KG VRS **6** 310; OLG Koblenz NJW **1975** 322; OLG Saarbrücken NJW **1975** 1613; OLG Stuttgart NJW **1964** 695; KK-*Ruß*[1] 8; *Kleinknecht/Meyer*[38] 22; KMR-*Paulus* 26.

[72] H. M, z. B. BayObLGSt **1966** 58 = NJW **1966** 1981; OLG Düsseldorf StrVert. **1987** 9; OLG Hamm NJW **1965** 410; OLG Saarbrücken NJW **1975** 1613; KK-*Ruß*[1] 9; *Kleinknecht/Meyer*[38] 159; KMR-*Paulus* 26; a. A *Preiser* GA **1965** 366; der davon ausgeht, daß das Berufungsgericht seine Feststellungen zum Ausbleiben des Angeklagten nach Strengbeweisrecht trifft.

§ 329 Drittes Buch. Rechtsmittel

ersichtlich sind, welche das Ausbleiben als entschuldigt erscheinen lassen. Das Ergebnis seiner Nachforschungen kann in jeder geeigneten Form in die Hauptverhandlung eingeführt werden. So darf zum Beispiel eine Aktennotiz verlesen werden, in der der Vorsitzende das Ergebnis seiner Erkundigungen festgehalten hat[73].

31 Die **Erörterung**, ob der Angeklagte genügend entschuldigt ist, hat mit der Verhandlung zur Sache selbst nichts zu tun. Sie dient lediglich der Klärung einer verfahrensrechtlichen Frage. Daher kann das Gericht hierüber auch verhandeln, wenn ein Fall der **notwendigen Verteidigung** vorliegt und für den ausgebliebenen Angeklagten kein Verteidiger zur Verhandlung erschienen ist[74].

32 Die **Anhörung** des Angeklagten zum Ergebnis der Ermittlungen über den Entschuldigungsgrund vor der Entscheidung ist nicht notwendig[75]. § 33 Abs. 1 gilt insoweit nicht, da die vorherige Anhörung den Zweck des § 329 Abs. 1 vereiteln und die Terminsmißachtung durch den Angeklagten belohnen würde (vgl. § 33 Abs. 4). Dem Gebot zur Gewährung des **rechtlichen Gehörs**, das auch bei der Ermittlung von Verfahrenstatsachen gilt, wird dadurch genügt, daß der Angeklagte Gelegenheit hat, sich im Wiedereinsetzungsgesuch oder in der Revisionsbegründung zur genügenden Entschuldigung seines Ausbleibens zu äußern[76].

33 c) Die **Entscheidung**, ob der Angeklagte genügend entschuldigt ist, ist **keine Ermessensentscheidung**[77]. Ob ihm das Erscheinen vor Gericht billigerweise nicht zuzumuten war, hat das Gericht nach sorgfältigem **Abwägen** des Grundes des Ausbleibens gegenüber der Pflicht, vor Gericht zu erscheinen, zu beurteilen, wobei die öffentlichrechtliche Pflicht zum Erscheinen in der Regel den privaten Abhaltungen vorgeht. Bei der Abwägung darf die Bedeutung der jeweiligen Strafsache nicht außer acht gelassen werden[78]. Steht andererseits jedoch zur vollen Überzeugung des Gerichts fest, daß der Entschuldigungsgrund nur vorgeschoben und der Angeklagte in keinem Fall gewillt ist, zur Berufungsverhandlung zu erscheinen, so ist die Berufung zu verwerfen, auch wenn ein an sich beachtlicher Entschuldigungsgrund vorgetragen wird[79].

34 d) **Keine enge Auslegung.** Der Rechtsbegriff der genügenden Entschuldigung darf nicht eng ausgelegt werden[80]. Dies folgt daraus, daß er die Grenzen einer Ausnahmevorschrift bestimmt, die den vom Gesetz eröffneten Zugang zum Berufungsgericht einschränkt[81].

35 Das Ausbleiben des Angeklagten ist **entschuldigt**, wenn ihm bei Abwägung aller Umstände des Einzelfalls daraus billigerweise kein Vorwurf gemacht werden kann. Als Entschuldigungsgründe können alle Umstände in Betracht kommen, die den Angeklagten am Erscheinen hinderten oder die es bei Abwägung der widerstreitenden Interessen

---

[73] BayObLGSt **1966** 58 = NJW **1966** 1981.
[74] OLG Hamm NJW **1970** 1245.
[75] KMR-*Paulus* 31; vgl. ferner die Nachw. Fußn. 76.
[76] BayObLGSt **1966** 58; **1968** 106 = NJW **1966** 1981; **1969** 807; OLG Hamm NJW **1965** 410; **1970** 1245.
[77] Busch JZ **1973** 460; ferner etwa BGHSt 17 397; KK-*Ruß*[1] 10; sowie die Nachw. Fußn. 80 und Rdn. 36 ff; a. A RG HRR **1927** Nr. 356; und ein Teil der früheren OLG Rechtspr.
[78] RGSt **66** 151; OLG Düsseldorf NJW **1973** 109; OLG Hamm MDR **1961** 168; **1962** 32; KK-*Ruß*[1] 9.
[79] OLG Karlsruhe MDR **1978** 75; Justiz **1980** 289; *Kleinknecht/Meyer*[38] 23; KMR-*Paulus* 30.
[80] RGSt **61** 280; BGHSt **17** 189; BayObLGSt **1956** 34 = NJW **1956** 838; OLG Celle MDR **1955** 184; OLG Düsseldorf NJW **1973** 109; OLG Karlsruhe Justiz **1973** 57; NJW **1973** 1515; OLG Koblenz NJW **1975** 322; KK-*Ruß*[1] 10; KMR-*Paulus* 32.
[81] Vgl. etwa OLG Hamm NJW **1965** 410; OLG Stuttgart MDR **1964** 695.

oder Pflichten als unzumutbar erscheinen lassen. Auch Unklarheiten infolge undeutlicher Verfahrensvorgänge und nicht selbst verschuldete Rechtsirrtümer des Angeklagten gehören hierher. Maßgebend ist immer der Einzelfall.

e) **Einzelfälle: Erkrankung** entschuldigt das Ausbleiben des Angeklagten, sofern **36** ihm nach Art und Auswirkungen seiner Krankheit die Fahrt zum Verhandlungsort und die Teilnahme an der Hauptverhandlung nicht zumutbar ist[82]. Verhandlungsunfähig braucht er deswegen aber nicht zu sein[83]; es genügt schon, wenn er durch seinen Zustand in der Wahrnehmung seiner Verteidigung beeinträchtigt wäre oder wenn die Gefahr einer wesentlichen Verschlimmerung seiner Krankheit besteht[84], ferner, wenn die Reise zum Gericht eine erhebliche Gesundheitsgefährdung bedeuten würde[85]. Die **Krankheitsgründe** können physischer oder psychischer Art sein[86], sie reichen von der Bettlägerigkeit wegen einer akuten Erkrankung[87] bis zum Bruch der Beinprothese und der Entwöhnung der Krücken[88]. Ein **ernstgemeinter Selbstmordversuch** ist eine genügende Entschuldigung, es sei denn, es steht fest, daß damit nur die Verzögerung des Verfahrens bezweckt war[89].

Unaufschiebbare **Verpflichtungen gegen Familienangehörige**, vor allem die Er- **37** krankung eines auf die Fürsorge des Angeklagten angewiesenen Familienmitglieds wie die lebensgefährliche Erkrankung des Ehegatten[90] oder die Niederkunft der Ehefrau[91], oder dringende Inanspruchnahme durch eine sonstige Pflicht gegen die Familie[92] können hinreichende Entschuldigungsgründe sein.

Dienstliche, berufliche oder **geschäftliche Verhinderung** entschuldigt, sofern es **38** sich um eine wichtige und unaufschiebbare Angelegenheit von solcher Bedeutung handelt, daß die in der Regel vorgehende öffentlich-rechtliche Pflicht zum Erscheinen vor Gericht bei der gebotenen Abwägung zurücktritt[93]. Damit dies vom Gericht beurteilt werden kann, muß der Angeklagte die Wichtigkeit und Unaufschiebbarkeit der beruflichen Verhinderung durch **Darlegung der Umstände** aufzeigen[94], soweit sie nicht offen zu Tage liegen[95]. Die nicht durch Tatsachen untermauerte Behauptung der Wichtigkeit einer Verhinderung genügt nicht[96]. Soweit eine Vertretung möglich und zumutbar ist, ist die Wahrnehmung der beruflichen Obliegenheiten keine genügende Entschuldigung, so etwa die Wahrnehmung von Aufsichtsaufgaben auf einer Großbaustelle[97]. Die

---

[82] OLG Düsseldorf NStZ **1984** 331; StrVert. **1987** 9; *Kleinknecht/Meyer*[38] 26.
[83] OLG Düsseldorf MDR **1982** 956; StrVert. **1987** 9; OLG Köln NJW **1979** 2362; VRS **71** 371.
[84] Vgl. etwa OLG Düsseldorf MDR **1982** 956; OLG Köln NJW **1979** 2362 (LS; endogene Psychose); OLG Schleswig SchlHA **1955** 31 (Nervenkrankheit); bei *Ernesti/Jürgensen* SchlHA **1973** 188.
[85] RG JW **1931** 1604.
[86] Vgl. etwa OLG Bremen MDR **1955** 184; OLG Düsseldorf NStZ **1984** 331 (Mundabszeß); OLG Karlsruhe DRiZ **1931** Nr. 62 (Geisteskrankheit); OLG Saarbrücken MDR **1969** 599; OLG Stuttgart MDR **1964** 695; vgl. ferner die Rspr. zu § 231, 17 und bei § 412.
[87] OLG Hamm JMBlNW **1965** 82; OLG Köln VRS **71** 371.
[88] OLG Zweibrücken OLGSt 35.

[89] OLG Koblenz NJW **1975** 322 mit Anm. *Krause* NJW **1975** 1713; vgl. § 231, 18.
[90] OLG Celle NdsRpfl **1956** 230 (lebensgefährliche Erkrankung); ferner etwa RGSt **66** 151; OLG Celle NdsRpfl **1965** 230; OLG Hamm JMBlNW **1963** 254.
[91] OLG Celle MDR **1966** 949.
[92] OLG Hamm MDR **1961** 168 (Beerdigung der Mutter).
[93] RGSt **66** 151; OLG Celle MDR **1950** 184; OLG Düsseldorf VRS **64** 438; OLG Hamm JMBlNW **1962** 40; KK-*Ruß*[1] 10.
[94] KG GA **1973** 29; OLG Hamm JMBlNW **1962** 40; VRS **39** 208; *Kleinknecht/Meyer*[38] 28.
[95] OLG Schleswig bei *Ernesti/Jürgensen* SchlHA **1975** 192; vgl. Rdn. 27.
[96] Zur Notwendigkeit einer weiteren Aufklärung durch Rückfragen vgl. Rdn. 23, 25 ff.
[97] KG GA **1972** 127.

§ 329   Drittes Buch. Rechtsmittel

Abreise zu einer Auslandstätigkeit kurz vor dem bekannten Termin entschuldigt bei einer schwerer wiegenden Straftat in der Regel nicht[98].

39   Eine **Urlaubsreise**, die seit längerer Zeit geplant ist und die nach der Terminsmitteilung nicht mehr ohne große finanzielle Verluste rückgängig gemacht werden kann, entschuldigt bei einer Strafsache ohne größere Bedeutung das Fernbleiben[99]. Ein Erholungsurlaub, der jederzeit unterbrochen werden kann, rechtfertigt es nicht[100], desgleichen nicht eine Urlaubsreise, die erst nach der Berufungseinlegung ohne Rücksicht auf den zu erwartenden Termin gebucht wurde[101]. Es kommt aber immer auf die Abwägung der Umstände des Einzelfalls an; die Bedeutung der Straftat fällt dabei ebenso ins Gewicht wie die Bedeutung des Urlaubs für den Angeklagten und die Möglichkeiten seiner Verlegung oder Unterbrechung im konkreten Einzelfall.

40   **Verhinderung der Reise an den Gerichtsort** durch völlige Mittellosigkeit[102] oder Mangel an Zeit zur Vorbereitung und Ausführung der Reise zum Verhandlungsort entschuldigt bei weiten Entfernungen selbst dann, wenn die Ladungsfrist eingehalten ist[103]; die **weite Entfernung des Wohnorts** allein genügt in der Regel als Entschuldigungsgrund nicht. In Ausnahmefällen kann sie aber auch im Strafverfahren das Fernbleiben entschuldigen, wenn Zeitaufwand und Kosten der Reise außer Verhältnis zur Bedeutung der Sache stehen und der Angeklagte um seine Entbindung von der Anwesenheitspflicht nachgesucht hat[104].

41   **Verspätete Ankunft** an der Gerichtsstelle kann das Fernbleiben zum Termin entschuldigen, wenn der Angeklagte aus seiner Sicht alles vernünftigerweise von ihm zu Verlangende getan hat, um rechtzeitig zum Termin zu kommen. Bei Benutzung öffentlicher Verkehrsmittel genügt es, wenn die Wahrnehmung des Termins bei fahrplanmäßiger Ankunft möglich war. Wer dagegen ein Verkehrsmittel benutzt, das fahrplanmäßig erst eine halbe Stunde nach Terminsbeginn ankommt, ist in der Regel nicht entschuldigt[105]. Konnte der Angeklagte beim gewöhnlichen Verlauf der Dinge mit rechtzeitigem Eintreffen rechnen, so wird er durch eine Kraftfahrzeugpanne, einen Unfall[106] oder eine unvorhersehbare Verkehrsbehinderung[107] entschuldigt, ferner durch ein sonstiges Reisehindernis, mit dem nach den Umständen nicht zu rechnen war[108].

42   Ob die **Kollision** der Erscheinungspflicht mit **anderen öffentlich-rechtlichen Pflichten** entschuldigt, hängt von der Abwägung des Einzelfalles ab. Ein rechtskräftig ausgewiesener Ausländer, der das Land verlassen hat, ist genügend entschuldigt, wenn er zu der nach dem Ausweisungstermin liegenden Berufungsverhandlung nicht erscheint[109], desgleichen, wer nur deshalb nicht erscheint, weil er glaubt, einer Ladung zu einem gleichzeitig stattfindenden anderen Gerichtstermin folgen zu müssen. Wer dagegen der

---

[98] OLG Koblenz VRS **47** 359.
[99] OLG Düsseldorf NJW **1973** 109 (Reise nach Indien).
[100] OLG Karlsruhe NJW **1975** 1614 (Reise in die Schweiz); OLG Schleswig bei *Lorenzen* SchlHA **1987** 120 (Hochzeitsreise ins benachbarte Dänemark).
[101] OLG Düsseldorf VRS **64** 438.
[102] OLG Celle MDR **1955** 184; OLG Stuttgart NJW **1978** 1120.
[103] RG JW **1932** 1151.
[104] Vgl. etwa OLG Koblenz GA **1978** 19 (zu § 74 OWiG) und die Rechtspr. zu § 412; nach BayObLGSt **28** 257 genügt weite Entfernung allein nicht.

[105] OLG Köln MDR **1972** 166; *Kleinknecht/Meyer*[38] 27.
[106] OLG Hamm VRS **7** 311; OLG Karlsruhe NJW **1973** 1515; MDR **1957** 760; OLG Schleswig OLGSt 131.
[107] OLG Bremen DAR **1956** 133 (Nebel); vgl. aber auch OLG Düsseldorf VRS **72** 193 (A. hätte Winterwetter berücksichtigen müssen).
[108] OLG Neustadt MDR **1956** 312 (Verteidiger vergißt sein Versprechen, den Angeklagten zum Gericht zu fahren).
[109] OLG Düsseldorf StrVert. **1983** 193; OLG Karlsruhe Justiz **1973** 57.

Berufungsverhandlung nur fernbleibt, weil er befürchtet, auf Grund eines in anderer Sache bestehenden Vollstreckungshaftbefehls festgenommen zu werden, ist nicht entschuldigt[110].

Ein durch **falsche Sachbehandlung** des Gerichts verursachtes Ausbleiben ist entschuldigt, unter Umständen auch wenn es darauf beruht, daß das Gericht den ernstgemeinten, rechtzeitig gestellten **Antrag nicht beschieden** hat, die Verhandlung zu vertagen oder den Angeklagten vom Erscheinen zu entbinden[111]. Wieweit der Angeklagte verpflichtet ist, sich durch Erkundigungen von der beantragten Absetzung zu vergewissern, hängt von den jeweiligen Umständen ab. Eine solche Verpflichtung wird vor allen anzunehmen sein, wenn der Erfolg eines solchen Antrags auch für den Angeklagten von vorneherein zweifelhaft erscheinen muß oder wenn er so kurzfristig vor dem Termin gestellt worden ist, daß mit der rechtzeitigen Bescheidung und Benachrichtigung nicht mehr sicher zu rechnen ist[112]. Der erst in der Hauptverhandlung gestellte Entbindungsantrag ist für sich allein aber noch keine genügende Entschuldigung[113]. Ob sonstige hinzutretende Umstände das Fernbleiben des Angeklagten genügend entschuldigen, muß jedoch auf Grund der Umstände des Einzelfalls immer geprüft werden. **Verzögert** sich der **Verhandlungsbeginn**, so ist der Angeklagte nicht entschuldigt, wenn er sich einer Aufforderung seines Verteidigers folgend ohne weiteres entfernt[114]; anders dagegen, wenn das Gericht erst mit einer erheblichen Verspätung zu einem Ortstermin kommt[115]. Zur **Nichteinhaltung der Ladungsfrist** vgl. Rdn. 18. Der Angeklagte ist nicht genügend entschuldigt, wenn er keinen Versuch unternimmt, sich eine ihm mangels genügender Deutschkenntnisse unverständliche Ladung übersetzen zu lassen[116]. **43**

Rechtsirrtum des Angeklagten oder Verteidigers über die Zulässigkeit der Vertretung, wenn Berufung vom Angeklagten und von der Staatsanwaltschaft eingelegt worden ist, kann entschuldigen[117]; wohl auch die rechtsirrige Annahme, daß in einem solchen Fall die Entsendung eines mit schriftlicher Vollmacht versehenen Verteidigers in die Hauptverhandlung vor der sofortigen Verwerfung der Berufung schützt[118]. Eine **falsche Rechtsansicht des Verteidigers** entschuldigt den Angeklagten nicht, wenn das Gericht ihm zur Kenntnis gebracht hat, daß es diese Auffassung nicht teilt[119] oder wenn er begründete Zweifel an deren Richtigkeit haben mußte und ihm eine Erkundigung zuzumuten war[120]. **44**

Weitere Beispiele für Entschuldigungsgründe finden sich bei den Erläuterungen zu § 44, ferner bei § 412. **45**

7. Vertretung des Angeklagten
a) **Allgemeines.** Soweit über die **Berufung der Staatsanwaltschaft** verhandelt wird (§ 329 Abs. 2), kann sich der Angeklagte immer durch einen **bevollmächtigten Verteidi**- **46**

---

[110] OLG Hamm JMBlNW **1976** 9.
[111] RGSt **59** 279; RG Recht **1926** Nr. 165; HRR **1930** Nr. 953; Nr. 1081; **1931** Nr. 172; JW **1931** 1604; BayObLG DRiZ **1932** Nr. 454; OLG Dresden HRR **1932** Nr. 1186; OLG Hamm JMBlNW **1969** 259; NJW **1971** 108; OLG Oldenburg NJW **1964** 830; *Küper* NJW **1974** 1931.
[112] Vgl. etwa OLG Hamm JMBlNW **1979** 20; OLG Schleswig SchlHA **1976** 158; ferner bei § 412.
[113] BGHSt **25** 284; OLG Zweibrücken VRS **29** 38.
[114] OLG Hamm VRS **55** 275.
[115] OLG Düsseldorf JMBlNW **1983** 39.
[116] OLG Hamm JMBlNW **1981** 166.
[117] Vgl. etwa OLG Schleswig bei *Ernesti/Jürgensen* SchlHA **1977** 183.
[118] RG HRR **1931** Nr. 2090; BayObLGSt **1956** 32; OLG Hamm JMBlNW **1969** 246; OLG Stuttgart Justiz **1981** 221; OLG Zweibrücken NJW **1968** 1977; vgl. Rdn. 46.
[119] OLG Düsseldorf JMBlNW **1971** 8; OLG Koblenz VRS **44** 294.
[120] OLG Hamm JMBlNW **1978** 32; **1979** 20; VRS **55** 275; OLG Karlsruhe Justiz **1981** 323.

§ 329   Drittes Buch. Rechtsmittel

ger vertreten lassen (§§ 332, 234)[121]. Bei der Verhandlung über die **Berufung** des **ausgebliebenen Angeklagten** ist seine Vertretung unter den gleichen Voraussetzungen zulässig wie bei der Hauptverhandlung der ersten Instanz. Erscheint in diesen Fällen ein mit ausreichender Vertretungsvollmacht (§ 234) versehener Verteidiger zur Berufungsverhandlung, so darf die Berufung wegen des Ausbleibens des Angeklagten selbst dann nicht sofort verworfen werden, wenn das Fernbleiben des Angeklagten selbst nicht entschuldigt ist. Erscheint nur ein nicht zur Vertretung bevollmächtigter Verteidiger, so hindert das die Verwerfung an sich nicht[122], jedoch muß das Gericht in einem solchen Fall immer prüfen, ob der Angeklagte nicht schon deshalb genügend entschuldigt ist, weil er irrtümlich annahm, sein Verteidiger dürfe ihn vertreten[123]. Vertretung setzt nicht voraus, daß der Verteidiger sich für den Angeklagten in der Hauptverhandlung zur Sache einläßt[124]. Erklärt er aber gleich zu Beginn, daß er mangels Information für den Angeklagten nicht tätig werden könne, so dürfte es an einer die Verwerfung hindernden Vertretung fehlen[125].

Im einzelnen:

47   b) Bei **Bagatellstraftaten** im Sinne des § 232 ist über die Berufung des Angeklagten zu verhandeln, wenn ein Vertreter des Angeklagten erschienen ist, vorausgesetzt, daß der Angeklagte ordnungsgemäß geladen und in der Ladung darauf hingewiesen worden war, daß in seiner Abwesenheit verhandelt werden kann (§ 232 Abs. 1 Satz 1). Sind diese Voraussetzungen erfüllt, ist die Vertretung des Angeklagten nach § 234 zulässig und die Verwerfung seiner Berufung nach § 329 Abs. 1 ausgeschlossen[126]. Das Berufungsgericht ist dann aber durch § 329 Abs. 1 nicht gehindert, erforderlichenfalls das persönliche Erscheinen des Angeklagten nach §§ 332, 236 anzuordnen[127].

48   Ob eine Bagatellstraftat vorliegt, beurteilt sich aus der **Sicht des Berufungsgerichts**. Sofern das Verbot der Verschlechterung (§ 331) eingreift, ist die vom Erstrichter verhängte Strafe maßgebend[128].

49   Ohne den ausdrücklichen **Hinweis in der Ladung**, daß in Abwesenheit des Angeklagten verhandelt werden kann[129], ist auch eine Abwesenheitsverhandlung vor dem Berufungsgericht nicht zulässig[130]. Der Hinweis nach § 323 Abs. 1 Satz 2 kann, da er einen anderen Zweck verfolgt als der Hinweis nach § 232 Abs. 1 Satz 1, diesen nicht ersetzen[131]. Da der ordnungsgemäße Hinweis nach § 232 Abs. 1 Satz 1 eine Formalvoraus-

---

[121] Eb. Schmidt 17; Nachtr. I 9; vgl. RG HRR **1931** Nr. 2090; **1932** Nr. 80; BayObLG bei Rüth DAR **1982** 255 (als Verteidiger zugelassener ausl. Anwalt).
[122] BGHSt **12** 367 = LM Nr. 1 mit Anm. *Martin*; *Schmidt* SchlHA **1963** 265; OLG Köln JMBlNW **1986** 275.
[123] BayObLGSt **1956** 32 = NJW **1956** 838; OLG Zweibrücken NJW **1968** 1977; *Kleinknecht/Meyer*[38] 25; vgl. Rdn. 44.
[124] *Schmidt* SchlHA **1963** 265; *Meyer-Goßner* NStZ **1981** 112; *Kleinknecht/Meyer*[38] 16.
[125] BayObLGSt **1980** 73 = NJW **1981** 183 nimmt dies aber an; ebenso KMR-*Paulus* 9; 6; *Roxin*[20] § 52 F II 4 a; a. A KG JR **1985** 343; *Kleinknecht/Meyer*[38] 16; *Schlüchter* 682.2 Fußn. 283; ausführlich *Meyer-Goßner* NStZ **1981** 113.
[126] KK-*Ruß*[1] 12; *Eb. Schmidt* 3; Nachtr. I 1.

[127] *Eb. Schmidt* 3 Nachtr. I 1.
[128] OLG Stuttgart NJW **1962** 2063; jetzt herrschende Meinung. *Eb. Schmidt* 3 Nachtr. 1; vgl. § 232, 9. Die früher unter Berufung auf RGSt **61** 279; **62** 421 vertretene Gegenmeinung wird, soweit ersichtlich, nicht mehr vertreten, da sie auf dem früheren Wortlaut des § 232 beruhte.
[129] Vgl. § 232, 6.
[130] Vgl. § 232, 7; *Küper* NJW **1969** 493; **1970** 1430; 1562; ferner die Nachw. Fußn. 131.
[131] BayObLGSt **1960** 273; **1963** 29; BayObLG NJW **1970** 1055 mit Anm. *Küper* NJW **1970** 1562; OLG Celle NdsRpfl. **1956** 230; OLG Hamm NJW **1954** 1131; OLG Oldenburg NdsRpfl. **1954** 17; NJW **1952** 1151; *Rödding* NJW **1955** 114; a. A *Breh* NJW **1954** 1540. Vgl. § 323, 15.

setzung für die Verhandlung ohne den Angeklagten nach dieser Vorschrift und damit zugleich auch für die Zulässigkeit der Vertretung nach § 234 ist, geht die in Schrifttum und Rechtsprechung vorherrschende Meinung[132] davon aus, daß bei mangelndem oder unrichtigem Hinweis nach § 232 Abs. 1 Satz 1 ein Fall der zulässigen Vertretung im Sinne der §§ 332, 234, 329 Abs. 1 nicht vorliegt, mit der Folge, daß die Berufung des Angeklagten nach § 329 Abs. 1 auch dann sofort zu verwerfen ist, wenn in einer Bagatellsache für ihn ein zur Vertretung ermächtigter Verteidiger erscheint.

c) Bei der Berufung gegen ein Urteil, das auf Einspruch gegen einen amtsrichterlichen **Strafbefehl** ergangen ist, gilt § 411 Abs. 2 auch für die Berufungsverhandlung[133]. Weil hier die Vertretung des Angeklagten im ganzen folgenden Verfahren zulässig ist, darf ohne den Angeklagten verhandelt werden, wenn er im Sinne des § 411 Abs. 2 ordnungsgemäß vertreten ist[134]. Die sofortige Verwerfung seiner Berufung ist dann nicht zulässig. Die Verhandlung ohne den Angeklagten setzt weder die förmliche Entbindung von der Verpflichtung zum Erscheinen voraus noch einen Hinweis in der Ladung[135]. Ein Verfahren nach vorausgegangenem Strafbefehl liegt nicht vor, wenn der Richter auf den Strafbefehlsantrag hin Hauptverhandlung nach § 408 Abs. 2 angeordnet hatte[136]. **50**

d) **Anordnung des persönlichen Erscheinens und Vertretungsbefugnis**. Hat das Berufungsgericht in einem Fall des § 232 das persönliche Erscheinen des Angeklagten nach § 236 angeordnet, so ist nach der vorherrschenden Ansicht[137] eine Vertretung des Angeklagten unzulässig, die Berufung des Angeklagten also auch dann sofort zu verwerfen, wenn ein ordnungsgemäß bevollmächtigter Vertreter erscheint. Da jedoch die Anordnung nach § 236 die Befugnis des Gerichts, ohne den Angeklagten zu verhandeln, nicht beseitigt und auch die Befugnis, sich in der Abwesenheitsverhandlung vertreten zu lassen, insoweit bestehen bleibt, spricht viel dafür, hier ebenso wie in den Fällen, in denen ein Strafbefehlsverfahren vorausgegangen ist (vgl. Rdn. 52), jeden Einfluß der Anordnung nach § 236 auf die Verwerfungsbefugnis nach § 329 Abs. 1 zu verneinen[138]. **51**

---

[132] BGHSt **25** 165 = LM Nr. 3 mit Anm. *Heldenberg* = NJW **1973** 1334 mit Anm. *Küper* = JR **1974** 28 mit Anm. *Gollwitzer*; BayObLGSt **1960** 273 = JR **1961** 103; BayObLG NJW **1970** 1055; OLG Hamburg NJW **1968** 1687; OLG Hamm NJW **1954** 1131; OLG Oldenburg NJW **1952** 1151; NdsRpfl. **1954** 17; OLG Schleswig SchlHA **1964** 70; KK-*Ruß*[1] 6; *Kleinknecht/Meyer*[38] 15; KMR-*Paulus* 10; *Schlüchter* 682.3; *Eb. Schmidt* 4; Nachtr. I; **a. A** OLG Stuttgart NJW **1962** 2023; OLG Zweibrücken NJW **1968** 1977; *Küper* NJW **1973** 1334 (Schutzzweck ins Gegenteil verkehrt); ferner GA **1971** 289.

[133] RGSt **66** 68; RG JW **1932** 3114; BayObLGSt **1956** 32 = NJW **1956** 32; BayObLG JZ **1970** 384; bei *Rüth* DAR **1982** 255; OLG Celle NJW **1970** 906; OLG Düsseldorf JMBlNW **1955** 140; NJW **1961** 89; **1963** 264; **1985** 251 (L); OLG Köln JMBlNW **1959** 72; KK-*Ruß*[1] 6; *Kleinknecht/Meyer*[38] 15; KMR-*Paulus* 11; *Eb. Schmidt* 5; Nachtr. I 1.

[134] Vgl. etwa BayObLGSt **1978** 64 = VRS **55** 281; OLG Düsseldorf JMBlNW **1979** 246; OLG Köln StrVert. **1981** 119; und bei § 411, mit weit. Nachw.; ferner die Nachw. Fußn. 140.

[135] OLG Düsseldorf NJW **1963** 264 (unter Aufgabe von OLG Düsseldorf JMBlNW **1955** 140); OLG Hamburg NJW **1968** 1688 (Zulässigkeit der Verhandlung ohne den Angeklagten kann nicht durch Unterlassen eines Hinweises ausgeschlossen werden); *Küper* JZ **1969** 273.

[136] BayObLGSt **1972** 49.

[137] BayObLG NJW **1970** 1055 mit krit. Anm. *Küper* NJW **1970** 1562; OLG Schleswig SchlHA **1964** 70; *Kleinknecht/Meyer*[38] 15; KMR-*Paulus* 10; *Schlüchter* 682.3 Fußn. 284; *Eb. Schmidt* 5; Nachtr. I 1; *Schmidt* SchlHA **1963** 265.

[138] *Küper* NJW **1970** 1562; *Gollwitzer* JR **1974** 30; zweifelnd auch KK-*Ruß*[1] 6.

§ 329 Drittes Buch. Rechtsmittel

Stellt man mit BGHSt **25** 165 darauf ab, ob das Gericht ohne den Angeklagten verhandeln will, dann beseitigt der entgegenstehende Wille des Gerichts, der in der Anordnung nach § 236 zum Ausdruck kommt, die Vertretungsbefugnis; dann müßte konsequenterweise aber auch im Strafbefehlsverfahren der konkrete Wille den Vorrang haben vor der generellen Möglichkeit, ohne den Angeklagten zu verhandeln. Kommt es dagegen für die Vertretungsbefugnis nur darauf an, ob das Gericht ohne den Angeklagten verhandeln kann — die Anordnung nach § 236 beseitigt diese Möglichkeit nicht — dann schließt die durch den Verfahrensgang überholte Anordnung nach § 236 ein Verhandeln ohne den Angeklagten und damit auch die Vertretungsbefugnis nicht aus.

52 In den Fällen nach **vorausgegangenem Strafbefehlsverfahren** schließt auch nach vorherrschender Ansicht die Anordnung nach § 236 die sofortige Verwerfung der Berufung nicht aus, wenn der Angeklagte weder erschienen noch zulässigerweise vertreten ist[139], noch gestattet sie die Verwerfung, wenn statt des Angeklagten in den Fällen, in denen die Vertretung zulässig ist, ein bevollmächtigter Vertreter erscheint[140]. Das Berufungsgericht kann trotz der Anordnung nach § 236 zur Sache verhandeln[141], es kann aber auch das Erscheinen des Angeklagten erzwingen, wenn es dessen persönliche Anwesenheit in der Berufungsverhandlung im Interesse der Sachaufklärung für geboten hält.

53 e) Im **Privatklageverfahren** kann sich der Angeklagte durch einen schriftlich bevollmächtigten Rechtsanwalt vertreten lassen (§ 387 Abs. 1). Dies gilt auch in der Berufungsinstanz und schließt die Verwerfung der Berufung nach Absatz 1 aus. Bleibt der Angeklagte dagegen aus, ohne genügend entschuldigt und ordnungsgemäß vertreten zu sein, so muß seine Berufung verworfen werden[142]. Vgl. im übrigen die Erläuterungen zu § 387.

54 8. Ist der Angeklagte von der **Verpflichtung zum Erscheinen** in der Berufungsverhandlung nach § 233 **entbunden**, so darf seine Berufung auch dann nicht sofort verworfen werden, wenn er weder erschienen noch vertreten ist. Bei Berufung der Staatsanwaltschaft rechtfertigt das Ausbleiben des Angeklagten weder seine Vorführung noch seine Verhaftung[143].

55 Die Entbindung muß auf Antrag des Angeklagten[144] **vom Berufungsgericht** für die Berufungsverhandlung bewilligt worden sein, die vom Gericht der ersten Instanz ausgesprochene Befreiung wirkt in der Berufungsinstanz nicht fort[145].

56 Der **Verteidiger** kann den Antrag für den Angeklagten nur stellen, wenn er dazu ermächtigt ist[146].

57 Der Antrag kann auch noch **in der Berufungsverhandlung** gestellt werden[147]. Ist der Verteidiger hierzu nicht ausreichend ermächtigt, so hindert das die sofortige Ver-

---

[139] BayObLGSt **1963** 106 = MDR **1963** 700; Schmidt SchlHA **1963** 264.
[140] BayObLGSt **1969** 212; **1977** 177 = MDR **1970** 608; **1978** 510; OLG Celle NJW **1970** 906 mit zust. Anm. *Küper* NJW **1970** 1430; OLG Düsseldorf StrVert. **1985** 52; KK-*Ruß*¹ 6; *Kleinknecht/Meyer*³⁸ 15; KMR-*Paulus* 11; *Küper* NJW **1969** 493; vgl. bei § 412.
[141] OLG Hamburg NJW **1968** 1687.
[142] BayObLGSt **1963** 28 = OLGSt 1.
[143] RG HRR **1928** Nr. 2245; JW **1931** 1604; KG HRR **1925** Nr. 970; **1926** Nr. 120 a;
BayObLG HRR **1925** Nr. 1707; KK-*Ruß*¹ 5; KMR-*Paulus* 8; *Eb. Schmidt* 5.
[144] BayObLGSt **32** 106.
[145] RGSt **64** 244; **66** 365; BayObLGSt **1956** 20; OLG Schleswig SchlHA **1964** 70; KK-*Ruß*¹ 5; KMR-*Paulus* 8; *Eb. Schmidt* 5; Nachtr. I 1; vgl. § 233, 2.
[146] Zur Streitfrage, ob er einer Spezialvollmacht bedarf vgl. § 233, 7.
[147] RGSt **64** 245; BayObLG NJW **1970** 1055; OLG Köln NJW **1969** 705; vgl. § 233, 2.

werfung der Berufung nicht[148]. Aber auch wenn der Verteidiger zur Antragstellung ordnungsgemäß ermächtigt ist, entscheidet das Gericht über den in der Berufungsverhandlung gestellten Antrag durch einen Beschluß, der in der Verhandlung verkündet werden kann. Bei der ablehnenden Entscheidung genügt es, wenn sie in Gegenwart des vertretungsberechtigten Verteidigers verkündet wird, einer besonderen Zustellung an den Angeklagten bedarf es nicht[149].

Nach Verkündung des **ablehnenden Beschlusses** kann die Berufung sofort nach **58** § 329 Abs. 1 verworfen werden, sofern das Ausbleiben des Angeklagten nicht genügend entschuldigt ist, was aber nur bei Vorliegen besonderer Umstände, nicht aber allein schon wegen der Antragstellung angenommen werden kann[150].

Verzichtet der Angeklagte dagegen auf die Entbindung, oder hat das Gericht sie **59** rückgängig gemacht, so hindert die frühere Befreiung die sofortige Verwerfung der Berufung nicht, sofern sie nicht an anderen Gründen scheitert.

II. Verwerfung der Berufung des Angeklagten (Absatz 1)

1. Die Berufung des Angeklagten ist **ohne Sachverhandlung** zu verwerfen, wenn **60** feststeht, daß er trotz ordnungsgemäßer Ladung (Rdn. 12 ff) ohne genügende Entschuldigung ausgeblieben (Rdn. 4 ff) und nicht zulässig vertreten (Rdn. 46 ff) ist. Die Entscheidung **muß** ergehen, das Gericht hat insoweit **keinen Ermessensspielraum**. § 232, der dem Gericht erster Instanz ein Verhandeln ohne Angeklagten gestattet, gilt insoweit nicht für das Berufungsgericht[151]. Er kann nur zum Zuge kommen, wenn die Voraussetzungen des § 329 für eine Verwerfung nicht gegeben sind (vgl. Rdn. 80). Abgesehen von den Vertretungsfällen (Rdn. 47) wird es dann oft an den Voraussetzungen des § 232, insbesondere an der „Eigenmacht" des fernbleibenden Angeklagten, fehlen.

Jede **sachliche Nachprüfung** des angefochtenen Urteils in tatsächlicher und rechtlicher Hinsicht entfällt. Es wird überhaupt nicht zur Sache verhandelt. Jede Erörterung der tatsächlichen Richtigkeit des festgestellten Sachverhalts und der Rechtsanwendung der ersten Instanz hat zu unterbleiben, selbst wenn fraglich ist, ob das Erstgericht ein gültiges Gesetz angewandt hat[152]. Es entfällt auch jedes Eingehen auf behauptete Verfahrensverstöße der ersten Instanz.

Die Entscheidung ergeht **ohne Berichterstattung** (§ 324) und **ohne Beweisaufnahme** zur Sache[153], also auch ohne Vernehmung der geladenen und erschienenen Zeugen nach § 245[154].

---

[148] BGHSt **12** 367; *Hanack* JZ **1973** 695.
[149] BGHSt **25** 281 = OLG Karlsruhe NJW **1973** 1520; KK-*Ruß*[1] 5; *Kleinknecht/Meyer*[38] 5; KMR-*Paulus* 8; *Küper* NJW **1970** 1563; **1974** 1928; JR **1971** 325; **a. A** die früher herrschende Meinung BayObLG NJW **1970** 1050; BayObLGSt **1972** 47; OLG Hamm NJW **1969** 1129; OLG Schleswig SchlHA **1964** 71. BayObLGSt **1972** 50 löste das Problem dadurch, daß es einen offensichtlich zur Abwendung der Säumnisfolge nach § 329 Abs. 1 gestellten Entbindungsantrag als rechtsmißbräuchlich ansah, der in der Berufungsverhandlung ohne Zustellung an den Angeklagten verworfen werden dürfe. Nach *Küper* NJW **1970** 1562; **1974** 1927 ist nur die stattgebende Entscheidung dem Angeklagten zuzustellen, die ablehnende Entscheidung, die in der Hauptverhandlung ergeht, ist dem Angeklagten persönlich formlos mitzuteilen, die Verwerfung nach § 329 Abs. 1 wird dadurch nicht gehindert.
[150] BGHSt **25** 284; BayObLG HRR **1929** Nr. 780; OLG Zweibrücken NJW **1965** 1033; KMR-*Paulus* 8.
[151] Vgl. auch § 232, 3.
[152] OLG Frankfurt NJW **1963** 460; OLG Köln NJW **1963** 96; *Eb. Schmidt* 8.
[153] RGSt **52** 149; **59** 280; RG DRiZ **1929** Nr. 797; JW **1931** 1603; OLG Dresden GA **72** (1928) 223; KK-*Ruß*[1] 12; *Eb. Schmidt* 15.
[154] *Eb. Schmidt* 15.

§ 329　　　　　　　　Drittes Buch. Rechtsmittel

2. Voraussetzungen des Verwerfungsurteils

63　**a) Zulässigkeit der Berufung.** Das Verwerfungsurteil nach § 329 Abs. 1 darf nur ergehen, wenn zulässig Berufung eingelegt worden ist und wenn die Verfahrensvoraussetzungen gegeben sind. Eine unzulässige Berufung muß nach § 322, bzw., wenn dies erst in der Hauptverhandlung erkannt wird, durch Urteil[155] verworfen werden.

64　**b)** Beim **Fehlen einer Prozeßvoraussetzung** ist das Verfahren **einzustellen** (durch Urteil nach § 260 Abs. 3 oder außerhalb der Hauptverhandlung durch Beschluß nach § 206 a)[156]. Ist zur Entscheidung über die Berufung ein anderes Gericht sachlich zuständig, so muß nach § 328 Abs. 2 an dieses verwiesen werden[157].

65　Ob die Berufung zulässig ist, und ob die Verfahrensvoraussetzungen für eine Sachentscheidung gegeben sind, hat das Berufungsgericht **von Amts wegen zu beachten**. Etwaige Zweifel sind in der Hauptverhandlung zu klären[158]. Fehlt es an einer Prozeßvoraussetzung, ist für das Verfahren nach § 329 Abs. 1, 2 kein Raum. Dies ist unstreitig, wenn das Verfahrenshindernis erst nach dem Ersturteil eingetreten ist, dies gilt nach der vorherrschenden Meinung aber auch, wenn das Verfahrenshindernis schon vorher bestand[159]. Danach ist das Verfahren zum Beispiel einzustellen, wenn die Sache verjährt ist[160], wenn die Sache anderweitig bereits rechtskräftig entschieden ist, oder wenn das Amtsgericht eine andere Tat zum Gegenstand seiner Urteilsfindung gemacht hat, als diejenige, wegen der eröffnet worden ist[161]. Zu beachten ist auch die Strafgrenze des § 233[162].

66　**3.** Im Verwerfungsurteil hat das Berufungsgericht zu berücksichtigen, wenn die **Verurteilung wegen einzelner** von mehreren **Taten weggefallen** ist (Absatz 1 Satz 3). Der von Amts wegen zu beachtende Wegfall der Verfahrensvoraussetzungen bei einer Tat, eine Einstellung nach §§ 153 ff oder § 206 a in der Berufungsinstanz hindern das Berufungsgericht, das Ersturteil durch eine uneingeschränkte Berufungsverwerfung im vollen Umfang zu bestätigen. Der 1975 eingefügte Absatz 1 Satz 3 stellt klar, daß das Berufungsgericht diesen nachträglich eingetretenen Änderungen bei Erlaß des Verwerfungsurteils Rechnung tragen und den Tenor des Ersturteils entsprechend ändern kann, ferner, daß es die bestehenbleibenden Strafen zu einer neuen Gesamtstrafe zusammenfassen darf[163]. Die bei der früheren Fassung bestehenden Zweifelsfragen, insbesondere, ob in solchen Fällen das Verfahren nach § 329 Abs. 1 überhaupt Platz greifen kann, sind damit behoben. Wird das Berufungsverfahren nach ergebnisloser vorläufiger Einstellung nach § 153 a Abs. 2 fortgesetzt, so ist das Berufungsgericht nicht gehindert, die Berufung des Angeklagten bei Ausbleiben zu verwerfen[164].

67　Entsprechend dem Sinn dieser Regelung wird die Möglichkeit, **nachträgliche Änderungen** zu berücksichtigen, nicht nur dann Platz greifen, wenn verschiedene Taten im Sinne des § 264 betroffen sind, sondern auch dann, wenn innerhalb einer Tat im ver-

---

[155] BGHSt **30** 100; KK-*Ruß*¹ 13; *Kleinknecht/Meyer*³⁸ 7; *Eb. Schmidt* 15.
[156] Zu den hier bestehenden Streitfragen vgl. § 206 a, 14 ff.
[157] OLG Karlsruhe NJW **1978** 840; *Kleinknecht/Meyer*³⁸ 8; KMR-*Paulus* 6.
[158] OLG Stuttgart DAR **1964** 46.
[159] KK-*Ruß*¹ 13; *Kleinknecht/Meyer*³⁸ 8; KMR-*Paulus* 6; OLG Karlsruhe NJW **1978** 840; LG Frankfurt NJW **1977** 508; ferner die Entsch.
Fußn. 160 bis 162; *Sieg* NJW **1978** 1835; a. A *Meyer-Goßner* NJW **1978** 1978; **1979** 201. Vgl. § 206 a, 14.
[160] OLG Stuttgart DAR **1964** 46.
[161] OLG Köln JMBlNW **1967** 34.
[162] OLG Köln GA **1971** 27.
[163] KK-*Ruß*¹ 15; *Kleinknecht/Meyer*³⁸ 32; KMR-*Paulus* 44; *Rieß* NJW **1975** 89 unter Hinweis auf § 460.
[164] OLG Düsseldorf VRS **72** 193.

Dritter Abschnitt. Berufung § 329

fahrensrechtlichen Sinn nur die Aburteilung wegen einer **Straftat im Sinne des materiellen Strafrechts** entfällt, also beispielsweise eine von zwei sachlich zusammentreffenden (§ 53 StGB) Straftaten, aber auch, wenn nur eine Nebenfolge in Wegfall kommt. Ob allerdings bei **Ablauf der Sperrfrist** (§ 69 a StGB) vor Beginn der Berufungsverhandlung im Verwerfungsurteil auszusprechen ist, daß die Entziehung der Fahrerlaubnis und die Einziehung des Führerscheins entfällt[165], erscheint äußerst fraglich.

4. Inhalt des Verwerfungsurteils

a) **Die Urteilsformel** geht dahin, daß die Berufung des Angeklagten verworfen **68** wird. Wenn die Verurteilung wegen einer Tat nach Absatz 1 Satz 3 entfallen ist, ist das Prozeßurteil durch einen Zusatz zu ergänzen, der klarstellt, wieweit das Ersturteil durch das Verwerfungsurteil bestätigt wird. Unter Umständen kann es angebracht sein, die Urteilsformel neu zu fassen („mit der Maßgabe verworfen, daß der Angeklagte wegen ... zu ... verurteilt ist")[166]. Eine neu gebildete Gesamtstrafe ist in die Urteilsformel aufzunehmen.

b) Für die **Begründung** des die sofortige Verwerfung aussprechenden Urteils gilt **69** nicht § 267, sondern § 34[167], da es sich insoweit um ein reines Prozeßurteil handelt. Die Begründung muß darlegen, daß die Voraussetzungen des § 329 gegeben waren[168]. Sie muß dem Revisionsgericht und auch dem dazu nicht gehörten Angeklagten die Erwägungen aufzeigen, aus denen das Berufungsgericht ihn für nicht genügend entschuldigt hielt. Der Angeklagte muß sich schlüssig werden können, ob und mit welchem Rechtsbehelf er das Urteil anfechten kann[169]. Das Urteil muß deshalb unter Angabe der für erwiesen erachteten Tatsachen[170], vorgebrachter Entschuldigungsgründe, vorgelegter Bescheinigungen und gestellter Vertagungsanträge darlegen, weshalb das Ausbleiben des Angeklagten nicht entschuldigt ist. Dabei muß es sich mit allen erkennbaren Entschuldigungsgründen auseinandersetzen, ganz gleich, ob sie vom Angeklagten vorgebracht worden sind oder aus sonstigen Umständen für das Gericht ersichtlich waren[171].

Eine **formularmäßige Begründung** reicht in der Regel nicht aus[172]. Nur wenn ein **70** Eingehen auf die Einzelheiten des Falles sich deswegen erübrigt, weil überhaupt keinerlei Gründe für das Ausbleiben des Angeklagten vorgetragen oder sonst ersichtlich sind,

---

[165] So aber LG Kiel NJW **1976** 1326; a. A *Kleinknecht/Meyer*[38] 32; vgl. KMR-*Paulus* 44 (bedenklich).
[166] KMR-*Paulus* 43.
[167] RGSt **66** 150; RG JW **1931** 3561; OLG Bremen NJW **1962** 881; OLG Köln NJW **1963** 1265; OLG Schleswig SchlHA **1969** 154; *Busch* JZ **1963** 459; KMR-*Paulus* 45; *Eb. Schmidt* 34.
[168] OLG Düsseldorf StrVert. **1982** 216.
[169] *Busch* JZ **1963** 459.
[170] OLG Hamm JMBlNW **1955** 59; KG StrVert. **1987** 11; OLG Karlsruhe NStZ **1982** 433; vgl. auch die Nachw. Fußn. 171.
[171] RGSt **66** 150; RG JW **1933** 224; OLG Braunschweig NdsRpfl. **1964** 209; OLG Bremen NJW **1962** 881; OLG Celle JMBlNW **1969** 246; OLG Düsseldorf MDR **1981** 870; JMBlNW **1983** 39; StrVert. **1987** 9; OLG Hamm NJW **1963** 65; OLG Karlsruhe JR **1975** 429 mit Anm. *Fuhrmann*; OLG Koblenz VRS **73** 51; OLG Köln NJW **1963** 1265; OLG Oldenburg NJW **1953** 1933; OLG Schleswig SchlHA **1969** 154; KK-*Ruß*[1] 14; *Kleinknecht/Meyer*[38] 33; KMR-*Paulus* 45.
[172] RGSt **66** 150; OLG Bremen NJW **1962** 881; OLG Celle MDR **1955** 184; VRS **26** 443; OLG Düsseldorf VRS **64** 276; **68** 470; OLG Frankfurt NJW **1970** 959; OLG Hamburg VRS **40** 140; OLG Hamm VRS **37** 210; **39** 208; OLG Koblenz VRS **66** 368; OLG Köln GA **1963** 58; NJW **1963** 1265; VRS **72** 442; OLG Schleswig SchlHA **1975** 181; *Bick* StrVert. **1987** 273; vgl. auch Rdn. 85.

kann eine formularmäßige Begründung genügen[173]. Auch dann sollte aber über den bloßen Gesetzeswortlaut des § 329 Abs. 1 hinaus zum Ausdruck kommen, daß für das Gericht keinerlei Entschuldigungsgründe ersichtlich waren.

71 Soweit das Berufungsgericht bei der Prüfung, ob ein genügender Entschuldigungsgrund vorliegt, sich mit einem vom Vorsitzenden abgelehnten **Vertagungsantrag** befassen und diesen würdigen muß[174], hat es sich darüber in den Urteilsgründen auszusprechen. Einen in der Hauptverhandlung gestellten Aussetzungsantrag des Verteidigers kann es im Urteil mit verwerfen. Eines besonderen Beschlusses bedarf es dazu nicht[175].

72 Gegebenenfalls ist im Berufungsurteil auch zu erörtern, warum das Berufungsgericht die Berufung für **zulässig** gehalten hat und daß keine **Verfahrenshindernisse** der Verwerfung entgegenstanden[176]; bzw. wieweit sie vorliegen und eine Änderung des Urteilsspruchs des Ersturteils erfordern. Wird eine neue **Gesamtstrafe** gebildet, ist diese nach den allgemeinen Grundsätzen zu begründen.

73 Wird ein formularmäßig begründetes Urteil in die Sitzungsniederschrift aufgenommen (§ 275 Abs. 1 Satz 1), kann es nachträglich nicht ergänzt oder geändert werden[177].

74 c) **Zustellung.** Das Verwerfungsurteil ist dem Angeklagten nach den allgemeinen Vorschriften zuzustellen. Ersatzzustellung und Zustellung an den Verteidiger (§ 145 a) sind zulässig. § 232 Abs. 4 ist nicht anwendbar[178]. Öffentliche Zustellung ist unter den erleichterten Voraussetzungen des § 40 Abs. 3 zulässig[178a].

75 d) **Selbständigkeit jeder Berufung.** Das die sofortige Verwerfung der Berufung aussprechende Urteil kann unabhängig davon ergehen, ob auf Grund der Berufung der Staatsanwaltschaft oder eines anderen Verfahrensbeteiligten zur Sache verhandelt werden muß[179]. Eine getrennte Entscheidung ist insoweit möglich[180].

76 5. **Die Rechtsnatur des Verwerfungsurteils** gemäß § 329 ist strittig. In der ersten Beratung der Reichstagskommission äußerten zwei Abgeordnete, aus dem Nichterscheinen des Angeklagten könne man den **Verzicht** auf das Rechtsmittel folgern[181]. Da der Angeklagte immerhin rechtzeitig Berufung eingelegt hat, könnte das nur so zu verstehen sein, daß das Nichterscheinen den Entschluß bekundet, das Rechtsmittel nicht durchzuführen. Die §§ 391 Abs. 2 und 3, § 412 Abs. 1 enthalten ähnliche Regelungen. Nach den Motiven zum jetzigen § 412[182] ist beim Ausbleiben des Angeklagten, der rechtzeitig Einspruch gegen den Strafbefehl erhoben hat, zu vermuten, daß sein Vorgehen nur den Aufschub der Strafvollstreckung bezweckt. Daraus wird abgeleitet, daß die

---

[173] BayObLGSt **1969** 1; OLG Braunschweig NdsRpfl. **1964** 209; **1978** 155; OLG Celle VRS **26** 443; OLG Düsseldorf JMBlNW **1966** 153; OLG Frankfurt NJW **1970** 959; OLG Hamm VRS **37** 210; OLG Karlsruhe NJW **1969** 476; Justiz **1974** 135; OLG Schleswig SchlHA **1975** 181.
[174] Vgl. OLG Hamm JMBlNW **1969** 259.
[175] OLG Stuttgart GA **1962** 92.
[176] BGH NJW **1967** 1476.
[177] OLG Düsseldorf MDR **1982** 249.
[178] BayObLGSt **1957** 79 = NJW **1957** 1119; OLG Celle NJW **1960** 930; OLG Hamburg NJW **1964** 415; OLG Hamm NJW **1956** 726; OLG Köln NJW **1980** 2720; KK-*Ruß*[1] 13; *Kleinknecht/Meyer*[38] 34; KMR-*Paulus* 43; § 232, 37; a. A *Janetzke* NJW **1956** 620.
[178a] *Rieß/Hilger* NStZ **1987** 152; vgl. Rdn. 13 und die Erl. zu § 40 Abs. 3 im Nachtr.
[179] Vgl. RGSt **66** 231; RG JW **1932** 2725; BayObLGSt **17** 113; OLG Stuttgart NJW **1961** 1687; *Kleinknecht/Meyer*[38] 31; KMR-*Paulus* 48; vgl. § 327, 16.
[180] Vgl. Rdn. 88.
[181] *Hahn* Mat. 1 S 1019, 1025.
[182] Mot. 228.

Vermutung der Unbegründetheit des Rechtsmittels in diesem Falle die Verwerfung durch Urteil ohne Beweisaufnahme nach sich zieht. Reichsgericht und Bundesgerichtshof haben wiederholt ausgesprochen, die Berufung werde kraft der Vermutung verworfen, mit dem unentschuldigten Ausbleiben bekunde der Angeklagte den Willen zum „Verzicht" auf die weitere Verfolgung des Rechtsmittels, also zur Rücknahme[183]. Einzelne Oberlandesgerichte schlossen daraus, § 329 sei unanwendbar, wenn der ausbleibende Angeklagte schriftlich mitteile, daß er auf der Berufung bestehe[184]. Diese Einschränkung übersieht, daß eine in § 329 an das unentschuldigte Ausbleiben geknüpfte Fiktion unwiderlegbar wäre, ganz gleich, ob sie von der Vermutung der Rücknahme oder von der Vermutung der Unbegründetheit ausgeht. Beide Vermutungen sind letztlich aber nur gedankliche Konstruktionen, die zur Abgrenzung des Anwendungsbereichs des § 329 vielfach nicht passen und die weder vom Gesetzeswortlaut noch von der Lebenswirklichkeit überzeugend gestützt werden, denn die wirklichen Motivationen für das Ausbleiben des Angeklagten sind vielgestaltig. Insbesondere ist es wohl nur in den wenigsten Fällen ein Ausdruck des Willens, die Berufung zurückzunehmen.

Der Regelung wird man wohl am besten gerecht, wenn man den Zweck des § 329 darin sieht, daß dem Angeklagten, der im Verfahren der ersten Instanz ausreichend Gelegenheit zu seiner Verteidigung hatte, die Möglichkeit genommen werden soll, die Erledigung des Verfahrens vor dem Berufungsgericht durch sein Ausbleiben **hinauszuzögern**. Dies gilt nicht nur für die Möglichkeit, über die Berufung der Staatsanwaltschaft in Abwesenheit des Angeklagten zu verhandeln[185], sondern auch für die sofortige Verwerfung der Berufung des Angeklagten. Es mehren sich daher die Stimmen, die § 329 unter dem Blickwinkel der **Verwirkung** erklären[186]. Dem Angeklagten erwächst aus seiner Berufungseinlegung eine Beteiligungslast[187]. Er verliert sein Recht auf nochmalige Verhandlung, sein Recht, die Nachprüfung des gegen ihn ergangenen Urteils durch das Berufungsgericht herbeizuführen, wenn er durch sein unentschuldigtes Fernbleiben die von ihm selbst beantragte erneute sachliche Entscheidung hindert[188].

77

Das Verwerfungsurteil nach § 329 Abs. 1 ist demnach ein **Prozeßurteil**, kein Sachurteil[189]. Als Formalurteil, das die Verwirkung der Berufung ausspricht, ist es an enge Voraussetzungen zu knüpfen, wie die herrschende Meinung seit jeher fordert[190].

78

---

[183] So z. B. RGSt **61** 28; **64** 246; **66** 79; BGHSt **15** 289; **24** 150; BayObLG bei *Rüth* DAR **1977** 207; OLG Celle GA **1960** 316; OLG Koblenz NJW **1975** 327; OLG Köln NJW **1953** 1036; vgl. *Sax* JR **1967** 41; *Kleinknecht/Meyer*[38] 1.

[184] OLG Dresden HRR **1930** Nr. 1186; JW **1932** 1781.

[185] BGHSt **17** 395; BayObLGSt **1968** 106 = NJW **1969** 907.

[186] *Busch* JZ **1963** 458; *Hanack* JZ **1973** 694; *Küper* JuS **1972** 128; *Schlüchter* 682.1; *Schroeder* NJW **1973** 309; *Eb. Schmidt* Nachtr. I 2; vgl. KK-*Ruß*[1] 1; KMR-*Paulus* 3 und auch BGHSt 27 239.

[187] Vgl. § 40 Abs. 3; *Redeker* NJW **1980** 1593 (Beteiligungslast als Korrelativ zum Recht auf Verfahrensteilhabe); ferner *Schneidewin* NJW **1961** 841 ("Der Angeklagte muß sich zum Kampfe stellen").

[188] Vgl. die Nachw. Fußn. 186.

[189] Der verschiedentlich vorgenommene Vergleich mit dem Versäumnisverfahren der Zivilprozeßordnung ist nicht gerechtfertigt, wenn er mehr besagen soll, als daß die Säumnis eine sofortige Entscheidung auslöst; denn die Unterstellung eines bestimmten Sachverhalts als zugestanden, in Verbindung mit einer rechtlichen Schlüssigkeitsprüfung, findet bei der sofortigen Verwerfung nach § 329 Abs. 1 gerade nicht statt (vgl. *Eb. Schmidt* Nachtr. I 6 Nr. 13; Einl. Kap. **13** 49). Ein Sachurteil – so z. B. die 21. Auflage – ist das Verwerfungsurteil nicht.

[190] Vgl. Rdn. 2.

79 **6. Keine Verwerfung nach Zurückverweisung durch das Revisionsgericht (Absatz 1 Satz 2).** Die sofortige Verwerfung der Berufung des unentschuldigt ausgebliebenen Angeklagten ist ausgeschlossen, wenn das Berufungsgericht mit der Sache deshalb neu befaßt wird, weil das Revisionsgericht das frühere Urteil aufgehoben und die Sache ganz oder teilweise zur erneuten Verhandlung und Entscheidung zurückverwiesen hat. Die durch das Revisionsurteils möglicherweise geschaffenen Bindungen für das weitere Verfahren (§ 358) sollten durch ein Prozeßurteil, das das Ersturteil formal bestätigt, nicht wieder beseitigt, die Bestätigung eines im weiteren Verfahren als unrichtig erkannten Sachurteils durch eine Formalentscheidung sollte vermieden werden[191].

80 Da § 329 Abs. 1 Satz 1 nicht anwendbar ist, hat das Berufungsgericht nach Zurückverweisung durch das Revisionsgericht die Berufung auch bei Ausbleiben des Angeklagten durch eine **Sachverhandlung** zu erledigen. Es muß die Anwesenheit des Angeklagten notfalls mit Zwangsmitteln[192] sicherstellen, sofern es nicht in Abwesenheit des Angeklagten über seine Berufung verhandeln kann und will. Die §§ 231 a, 232, 233 sind anwendbar[193].

81 Die Ausnahme des Absatzes 1 Satz 2 setzt ein Sachurteil voraus. Sie greift nicht Platz, wenn das Berufungsgericht im aufgehobenen ersten Urteil nicht zur Sache entschieden, sondern ebenfalls die **Berufung des Angeklagten** nach § 329 Abs. 1 **verworfen** hatte[194]. Nach dem Zweck der Neufassung des Absatzes 1, der die Verwerfungsmöglichkeiten erweitern und nicht einengen wollte, liegt eine „erneute" Verhandlung im Sinne des Absatzes 1 Satz 2 nur dann vor, wenn das Berufungsgericht bereits im aufgehobenen ersten Urteil zur Sache entschieden hatte. War das erste Urteil ebenfalls nur ein Formalurteil nach Absatz 1 Satz 1, dann treffen die Überlegungen, die den Gesetzgeber zu der Ausnahmeregelung bewogen haben, nicht zu. Die Hauptverhandlung zur Sache hat noch nicht begonnen, die Berufung kann nach § 329 Abs. 1 Satz 1 wiederum verworfen werden, wenn der Angeklagte erneut der Berufungsverhandlung fernbleibt.

III. Berufung der Staatsanwaltschaft (Absatz 2)

1. Zulässigkeit der Abwesenheitsverhandlung

82 a) **Keine Begrenzung.** Soweit die Staatsanwaltschaft Berufung eingelegt hat, läßt § 329 die Verhandlung in Abwesenheit des Angeklagten auch zu, wenn die zur Anklage stehende Tat mit einer härteren als der in § 232 Abs. 1 bezeichneten Strafe bedroht ist[195]. Auch die Strafgrenzen des § 233 Abs. 1 dürfen überschritten werden[196]. Die Neufassung durch Art. 1 Nr. 87 des 1. StVRG wollte insoweit nichts ändern. Die Bezugnahme auf Absatz 1 Satz 1 sollte nur klarstellen, daß die Verhandlung über die Berufung der Staatsanwaltschaft in Abwesenheit des Angeklagten zulässig ist, wenn dieser trotz ordnungsgemäßer Ladung ausgeblieben ist[197].

---

[191] Begr. BT Drucks. 7 551, 81. Das Verwerfungsurteil müßte andernfalls das Verschlechterungsverbot (§ 358 Abs. 2) beachten; vgl. RG JW **1931** 1603; BGHSt **23** 333.
[192] Vgl. Rdn. 91 ff.
[193] KMR-*Paulus* 7.
[194] BGHSt **27** 236 = JZ **1978** 205 mit zust. Anm. *Küper*; (auf Vorlage von OlG Düsseldorf gegen OLG Hamburg); OLG Zweibrücken VRS **51** 365; KK-*Ruß*¹ 2; *Kleinknecht/Meyer*³⁸ 4; KMR-*Paulus* 7; *Schlüchter*

684.2; **a.** A OLG Hamburg JR **1976** 378 mit abl. Anm. *Gollwitzer*.
[195] RGSt **65** 235.
[196] BGHSt **17** 391 = LM Nr. 4 mit Anm. *Martin*; KK-*Ruß*¹ 16; *Kleinknecht/Meyer*³⁸ 37; KMR-*Paulus* 47; *Eb. Schmidt* Nachtr. I 9; *Schmidt* NJW **1957** 1389; SchlHA **1963** 265; **a.** A OLG Koblenz NJW **1957** 1890; OLG Oldenburg NJW **1952** 1151; vgl. auch OLG Frankfurt NJW **1952** 1350.
[197] Vgl. KG JR **1977** 34.

Dritter Abschnitt. Berufung § 329

b) Das Berufungsgericht muß aber auch hier stets prüfen, ob nicht die **Aufklä-** 83
rungspflicht erfordert, daß über die Berufung der Staatsanwaltschaft in **Gegenwart des**
Angeklagten verhandelt wird[198]. Wegen der Beweislage oder der Höhe der zu erwartenden Strafe, insbesondere wenn sie beträchtlich höher ausfallen kann, wird dies mitunter angezeigt sein, um dem Berufungsgericht den dazu erforderlichen persönlichen Eindruck vom Angeklagten zu verschaffen[199] und um dem Angeklagten ausreichende Gelegenheit zu seiner Verteidigung zu geben, ferner, wenn ein Hinweis nach § 265 nicht nach § 234 a dem Verteidiger gegeben werden kann. Das Gericht muß dann die Verhandlung über die Berufung der Staatsanwaltschaft unterbrechen oder aussetzen und die Anwesenheit des Angeklagten in der Berufungsverhandlung nötigenfalls durch eine Vorladung oder durch Erlaß eines Vorführungs- oder Haftbefehls[200] sicherstellen. Muß nur wegen der Notwendigkeit eines Hinweises nach § 265 ausgesetzt werden, so kann dieser dem Angeklagten auch schriftlich erteilt und bei erneutem Ausbleiben nach § 329 Abs. 2 verhandelt werden.

c) Wird in Abwesenheit des Angeklagten verhandelt, so kann dieser sich durch 84
einen mit schriftlicher Vollmacht versehenen **Verteidiger vertreten** zu lassen[201]. Beantragt dieser, das Ausbleiben aus bestimmten Gründen zu entschuldigen und die Verhandlung zu vertagen, so muß das Gericht eine ablehnende Entscheidung nach § 34 begründen und hierbei auf den vorgebrachten Entschuldigungsgrund eingehen.

2. Die Gründe des Urteils, das auf die Berufung der Staatsanwaltschaft ergeht, 85
müssen, da es sich um ein Sachurteil handelt, den Anforderungen des § 267 genügen.
Sie müssen außerdem entsprechend § 34 dartun, daß die Voraussetzungen für die Abwesenheitsverhandlung nach § 329 Abs. 1 Satz 1 gegeben waren[202]. Vor allem ist darzulegen, daß das Ausbleiben des Angeklagten nicht genügend entschuldigt war und daß die sonstigen Voraussetzungen für die Abwesenheitsverhandlung gegeben waren.

3. Die Zurücknahme der Berufung der Staatsanwaltschaft ist bei Ausbleiben des 86
Angeklagten ohne dessen Zustimmung möglich, wie der nachträglich eingefügte Absatz 2 Satz 2 jetzt bestimmt. Diese Ausnahme von § 303 Satz 1 gilt jedoch nicht, wenn das Revisionsgericht die Sache zur erneuten Verhandlung nach Absatz 1 Satz 2[203] zurückverwiesen hat[204]. In diesem Sonderfall bleibt der früher allgemein geltende § 303 Satz 1[205] weiterhin anwendbar.

---

[198] BGHSt **17** 398; OLG Bremen MDR **1970** 165; OLG Koblenz VRS **45** 189; OLG Köln NJW **1963** 1265; OLG Stuttgart Justiz NStZ **1982** 217; **1987** 235; OLG Zweibrücken MDR **1973** 952; KK-*Ruß*[1] 16; *Kleinknecht/ Meyer*[38] 36; KMR-*Paulus* 47; **a.** A OLG Frankfurt (pflichtgemäßes Ermessen des Gerichts) NJW **1952** 1350.
[199] Vgl. RGSt **66** 80; OLG Hamburg StrVert. **1982** 558; KK-*Ruß*[1] 16; *Kleinknecht/Meyer*[38] 36; *Eb. Schmidt* 19. Muß das Verfahren ausgesetzt werden, so kann, wenn die Aufklärungspflicht nicht wegen der veränderten Rechtslage die Anwesenheit des Angeklagten erfordert, der Hinweis nach § 265 auch zusammen mit der Ladung zum neuen Termin schriftlich erteilt und dieser dann trotz Abwesenheit des Angeklagten durchgeführt werden. Vgl. § 244, 55 mit Nachw.
[200] *Kleinknecht/Meyer*[38] 37; vgl. Rdn. 91.
[201] Vgl. Rdn. 46.
[202] OLG Düsseldorf StrVert. **1982** 216; OLG Karlsruhe NJW **1972** 1871; NStZ **1982** 433; JZ **1975** 429 mit Anm. *Fuhrmann*; OLG Köln NJW **1963** 1265; KK-*Ruß*[1] 19; *Kleinknecht/ Meyer*[38] 39; KMR-*Paulus* 47; vgl. auch Rdn. 69, 70 und die Nachw. Fußn. 172.
[203] Zu dessen Tragweite vgl. Rdn. 79 ff.
[204] KK-*Ruß*[1] 17.
[205] Vgl. RGSt **65** 234; RG JW **1932** 3112.

87 Für die in der nachträglichen Beschränkung der staatsanwaltschaftlichen Berufung liegende **Teilrücknahme** gelten die gleichen Grundsätze. Die Staatsanwaltschaft kann also im Interesse der Verfahrensbeschleunigung, vor allem auch um eine sonst notwendige Aussetzung zu vermeiden, ihr Rechtsmittel nachträglich beschränken[206].

IV. Berufung des Angeklagten und der Staatsanwaltschaft

88 **1. Getrennte Entscheidung.** Haben beide Seiten Berufung eingelegt, so kann, wenn der Angeklagte unentschuldigt ausbleibt, über beide Rechtsmittel in einem Urteil entschieden werden[207]. Es ist aber auch zulässig und entspricht mehr dem Sinn des § 329 Abs. 1, die Berufung des Angeklagten vorweg zu verwerfen und dann erst über die Berufung der Staatsanwaltschaft zu verhandeln und zu entscheiden[208]. Eine einheitliche Entscheidung ist auch nicht etwa deshalb nötig, weil andernfalls das Gericht durch die Verwerfung in seiner Entscheidungsfreiheit beschränkt wäre. Im Gegenteil ist allgemein anerkannt, daß das Berufungsgericht trotz der Verwerfung der Berufung des Angeklagten auf die Berufung der Staatsanwaltschaft hin das Ersturteil auch zugunsten des Angeklagten überprüfen und abändern kann[209]. Ist die Ladung zur Berufungsverhandlung **öffentlich zugestellt** worden (§ 40 Abs. 3), kann zwar die Berufung des Angeklagten verworfen, es kann aber nicht über die Berufung der Staatsanwaltschaft verhandelt werden, da § 40 Abs. 3 insoweit nicht gilt; auch die Rücknahme der Berufung der Staatsanwaltschaft nach Absatz 2 Satz 2 ist nicht möglich[209a].

89 Wird das Verwerfungsurteil **vom Revisionsgericht aufgehoben**, ist auch das auf die Berufung der Staatsanwaltschaft ergangene Sachurteil hinfällig[210] und es muß über beide neu verhandelt werden. Das gleiche gilt, wenn ein Wiedereinsetzungsgesuch des Angeklagten nach § 329 Abs. 3 Erfolg hat[211].

90 **2. Zustellung.** Nach Ansicht des Oberlandesgerichts Karlsruhe[212] ist es, wenn über die Berufungen des Angeklagten und der Staatsanwaltschaft in verschiedenen Urteilen entschieden worden ist, wegen der inneren Verflechtung beider Entscheidungen unzulässig, die Urteile auf verschiedene Art zuzustellen.

V. Erzwingung der Anwesenheit des Angeklagten (Absatz 4)

91 **1. Vorrang der Verfahrenserledigung nach Absatz 1 oder 2.** Die Verpflichtung, bei Ausbleiben des Angeklagten seine Berufung nach Absatz 1 zu verwerfen und über eine Berufung der Staatsanwaltschaft ohne den Angeklagten sachlich zu verhandeln, hat Vorrang vor der Möglichkeit, die Anwesenheit des Angeklagten bei der Berufungsverhandlung zu erzwingen[213]. Es steht nicht im Ermessen des Berufungsgerichts, welchen

---

[206] KK-*Ruß*¹ 17; *Kleinknecht/Meyer*³⁸ 38.
[207] OLG Karlsruhe NJW **1972** 1871; KK-*Ruß*¹ 18; KMR-*Paulus* 18.
[208] RGSt **65** 231; **67** 250; RG DRiZ **1929** Nr. 797; HRR **1931** Nr. 2090; **1932** Nr. 80; JW **1932** 2725; BayObLGSt **17** 113; KG HRR **1928** 1077; OLG Dresden JW **1927** 1079; **1933** 486; HRR **1928** Nr. 806; OLG Königsberg JW **1932** 966; KMR-*Paulus* 47; *Eb. Schmidt* 14 Nachtr. I 8; vgl. auch BayObLGSt **1956** 32.
[209] RGSt **65** 232.
[209a] *Rieß/Hilger* NStZ **1987** 152.
[210] OLG Karlsruhe NJW **1972** 1861; OLG Stuttgart NJW **1961** 1687; KK-*Ruß*¹ 18.
[211] Vgl. Rdn. 122.
[212] OLG Karlsruhe NJW **1972** 1871; KMR-*Paulus* 48.
[213] OLG Bremen MDR **1970** 164; KG JR **1977** 34; OLG Stuttgart NStZ **1982** 217 mit Anm. *Sieg* NStZ **1983** 40; NStZ **1987** 377; OLG Zweibrücken MDR **1973** 952; KK-*Ruß*¹ 20; *Kleinknecht/Meyer*³⁸ 45; KMR-*Paulus* 51.

Weg es beschreiten will. Eine Verhaftung des ausgebliebenen Angeklagten ist nur zulässig, wenn trotz des Umstands, daß ohne den Angeklagten verhandelt werden kann und von einem nicht aussagebereiten Angeklagten auch keine der Sachaufklärung förderlichen Angaben zu erwarten sind, seine Anwesenheit zur Förderung des Verfahrens geboten erscheint[214]. Nur wenn das Gericht nicht nach Absatz 1 Satz 1 oder Absatz 2 verfahren kann, etwa, weil es nach Zurückverweisung durch das Revisionsgericht erneut über die Berufung des Angeklagten verhandelt (Rdn. 79) oder weil es die Anwesenheit des Angeklagten bei der Verhandlung über die Berufung der Staatsanwaltschaft zur Sachaufklärung für geboten hält, muß es bei Aussetzung oder Unterbrechung der Berufungsverhandlung darüber entscheiden, ob und gegebenenfalls welche Zwangsmaßnahmen notwendig und ausreichend sind[215], um die Anwesenheit des Angeklagten bei der Berufungsverhandlung sicherzustellen.

2. Das Gericht ist grundsätzlich **verpflichtet, Zwangsmaßnahmen** anzuordnen, sofern diese zur Sicherung des Verfahrensfortgangs geboten sind, der Grundsatz der Verhältnismäßigkeit gewahrt ist und auch die sonstigen gesetzlichen Voraussetzungen erfüllt sind. Das Ausbleiben des ordnungsgemäß geladenen Angeklagten darf also nicht genügend entschuldigt, die Zwangsmaßnahmen müssen angedroht sein[216]. Ist der Angeklagte befugt der Berufungsverhandlung ferngeblieben, so ist für die Anordnung von Zwangsmittel kein Raum. Muß das Gericht die Sache ohne anwesenden Angeklagten an sich verhandeln, etwa, wenn ein ordnungsgemäß bevollmächtigter Verteidiger erschienen ist[217], hält es aber die Anwesenheit des Angeklagten für erforderlich, dann muß es zunächst sein persönliches Erscheinen anordnen; Zwangsmittel kann es nur für den Fall seines Ausbleibens androhen.

Besteht die **Erwartung**, daß der Angeklagte bei der nächsten Hauptverhandlung auch **ohne Zwangsmaßnahmen** erscheinen wird, dann muß das Gericht von Zwangsmaßnahmen absehen, wie Absatz 4 Satz 2 jetzt ausdrücklich klarstellt. Ob diese Voraussetzung gegeben ist, hat das Berufungsgericht in Abwägung aller Umstände des Einzelfalls nach pflichtgemäßem Ermessen zu beurteilen.

3. Wegen der **Voraussetzungen** und der **Auswahl der Zwangsmittel** wird auf die Erläuterungen § 230 Rdn. 19 bis 44 verwiesen, wegen der Rechtsmittel auf § 230 Rdn. 49, 50.

VI. Revision

1. Mit der Revision kann gerügt werden, daß die **Verfahrensvoraussetzungen** fehlten, etwa, daß ein Verwerfungsurteil nach § 329 Abs. 1 nicht hätte ergehen dürfen, weil die Berufung bereits vorher wirksam zurückgenommen worden war[218]. Die Voraussetzungen des § 329 Abs. 1 Satz 1; Absatz 2 sind **keine Verfahrensvoraussetzungen**[219]. Ob der Angeklagte unentschuldigt im Sinne des Absatz 1 gefehlt hat, so daß das Gericht

---

[214] OLG Bremen MDR **1970** 164.
[215] Vgl. § 230, 27 ff; ferner etwa BayObLG bei Bär DAR **1987** 315 (vom Erstgericht abweichende negative Prognose).
[216] OLG Stuttgart MDR **1986** 778; vgl. § 230, 20.
[217] Wie etwa nach vorangegangenen Strafbefehlsverfahren § 411 Abs. 2; vgl. Rdn. 50 ff.

[218] OLG Zweibrücken VRS **63** 57; vgl. Rdn. 97.
[219] BGHSt **15** 287 = LM Nr. 9 mit Anm. *Martin*; BGHSt **26** 84; BayObLGSt **1968** 106 = NJW **1969** 807; OLG Düsseldorf JMBlNW **1979** 246; OLG Hamm NJW **1963** 65; a. A OLG Karlsruhe MDR **1957** 760.

§ 329 Drittes Buch. Rechtsmittel

seine Berufung sofort verwerfen oder über die Berufung der Staatsanwaltschaft in seiner Abwesenheit verhandeln durfte, hat das Revisionsgericht nicht von Amts wegen zu prüfen, sondern nur auf entsprechende Verfahrensrüge, wobei die Tatsachen, in denen der Rechtsverstoß gesehen wird, in der Revisionsbegründung grundsätzlich gemäß § 344 Abs. 2 anzuführen sind.

96 2. Soweit sich die Revision gegen den **Inhalt der Sachentscheidung nach § 239 Abs. 2** richtet, gelten keine Besonderheiten für die Sach- und Verfahrensrügen. Mit letzterer kann aber auch dargetan werden, daß das Gericht wegen bestimmter Umstände, die im einzelnen dargelegt werden müssen, nicht ohne den Angeklagten zur Sache hätte verhandeln dürfen[220].

97 3. Für die Anfechtung des **Verwerfungsurteils nach § 329 Abs. 1 Satz 1** gelten dagegen einige Besonderheiten.

a) Die **allgemeine Sachrüge** ist, obwohl es sich um ein ausschließlich Verfahrensfragen betreffendes Prozeßurteil handelt, nicht schlechthin unzulässig. Sie führt allerdings nur zu der Nachprüfung, ob die Verfahrensvoraussetzungen für die Entscheidung überhaupt gegeben waren[221]. Nach anderer, früher vertretener Ansicht ist die Revision, die das Prozeßurteil nur mit der Sachrüge anficht, unzulässig[222]. Greift der Revisionsführer allerdings nur die Anwendung des sachlichen Rechts im Ersturteil an, ist die Revision unzulässig, da sie ins Leere geht, denn nicht dieses, sondern nur das Prozeßurteil des Berufungsgerichts kann Gegenstand des Revisionsverfahrens sein[223].

98 Wird ein Verwerfungsurteil nach § 329 Abs. 1 mit einer auf die allgemeinen Sachrüge hindeutenden Behauptung angegriffen, ist trotz dieser Bezeichnung wegen der besonderen Verfahrenslage immer zu prüfen, ob nicht **in Wirklichkeit** damit die **Verfahrensrüge** der unrichtigen Anwendung des § 329 auf den im Urteil festgestellten Sachverhalt erhoben werden soll[224]. Eine solche Auslegung der Revisionsbegründung ist bei einem reinen Prozeßurteil naheliegend[225], wenn der Sachvortrag zugleich die zur Begründung der Verfahrensrüge notwendigen Tatsachen enthält. Was dazu jeweils erforderlich ist, hängt von Inhalt des angefochtenen Urteils und auch vom (strittigen) Umfang der Prüfungskompetenz des Revisionsgerichts ab[226]. Folgt man der vorherrschenden Meinung, wonach das Revisionsgericht an die Feststellungen im Berufungsurteil gebunden ist, dann wäre es formalistisch, die Zulässigkeit der Verfahrensrüge davon abhängig zu machen, daß die Revisionsbegründung die Urteilsfeststellungen wieder-

---

[220] Etwa OLG Hamburg StrVert. **1982** 558; vgl. Rdn. 99.
[221] RGSt **59** 280; RG DRiZ **1929** Nr. 211); BGHSt **21** 242; KG VRS **6** 212; OLG Düsseldorf JMBlNW **1986** 249; OLG Hamm MDR **1973** 694; OLG Karlsruhe MDR **1957** 760; GA **1981** 91; OLG Koblenz DAR **1974** 221; OLG Köln GA **1971** 27; VRS **71** 371; **72** 442; OLG Saarbrücken OLGSt **11**; VRS **23** 298; **44** 190; Bick StrVert. **1987** 273; Hanack JZ **1973** 695; Kleinknecht/Meyer[38] 49; KMR-Paulus 69.
[222] BayObLGSt **27** 249; BayObLGSt **1949/51** 528; OLG Hamburg NJW **1965** 313.
[223] OLG Karlsruhe GA **1981** 91; Kleinknecht/Meyer[38] 49; KMR-Paulus 69.
[224] Vgl. dazu Peters Fortentwicklung 34 (falsche Bezeichnung ist unschädlich); bei Revision gegen ein in Abwesenheit des Angeklagten auf die Berufung der Staatsanwaltschaft hin ergangenes Sachurteil kann dies dagegen nicht ohne weiteres angenommen werden. KMR-Paulus 69; BGHSt **28** 384 läßt dies offen.
[225] Vgl. BGH NJW **1964** 1234; BGH bei Dallinger MDR **1953** 723; OLG Koblenz NJW **1975** 322 mit Anm. Krause NJW **1975** 1713.
[226] Vgl. Rdn. 101.

holt[227]. Die von der Rechtsprechung zugelassene, unsubstantiierte Verfahrensrüge, das Ausbleiben des Angeklagten habe nicht als unentschuldigt angesehen werden dürfen, kann auch in einer angeblichen „Sachrüge" liegen (Auslegungsfrage). Sie führt dazu, die Anwendung des § 329 auf die im Urteil festgestellten Tatsachen zu überprüfen[228].

b) Mit der Verfahrensrüge können die Voraussetzungen des Absatzes 1 Satz 1; Abs. 2 der Nachprüfung des Revisionsgerichts unterstellt werden. Nach § 344 Abs. 2 müssen die Tatsachen vorgetragen werden, die das Ausbleiben des Angeklagten genügend entschuldigen[229], oder die zeigen, daß die Voraussetzungen des § 329 Abs. 1, 2 sonst nicht gegeben waren, etwa, daß das Ausbleiben des Angeklagten auf einem Ladungsfehler beruhte[230]. Trägt die Revision allerdings nur Tatsachen vor, die offensichtlich ungeeignet sind, das Fernbleiben des Angeklagten zu entschuldigen, dann ist es unschädlich, wenn das Urteil nur unzureichend (vgl. Rdn. 69) begründet ist[230a]. Wird die Verletzung der **Aufklärungspflicht** gerügt, müssen die erkennbaren Beweismittel und die Umstände angegeben werden, die das Gericht zur weiteren Sachaufklärung gedrängt hätten[231].

99

c) Gegenstand der Nachprüfung durch das Revisionsgericht. Soweit die Verfahrensrüge zulässig erhoben ist, hat das Revisionsgericht im Wege des **Freibeweises** die für die Beurteilung des Ausbleibens des Angeklagten erforderlichen tatsächlichen Feststellungen selbst zu treffen und es hat in eigener Würdigung darüber zu befinden, ob die von ihm festgestellten Tatsachen eine genügende Entschuldigung abgeben. Wie auch sonst bei Verfahrensverstößen ist die wirkliche Sachlage maßgebend. Dies ist unstreitig bei der **Aufklärungsrüge**. Wird sie in zulässiger Form, unter vollständigem Vortrag der sie belegenden Tatsachen[232] erhoben, muß das Revisionsgericht dies im Freibeweisverfahren überprüfen, ganz gleich, auf welche Voraussetzungen des § 329 Abs. 1 Satz 1; § 329 Abs. 2 sich die Rüge bezieht, also auch, wenn vorgetragen wird, das Berufungsgericht hätte bei genügenden Nachforschungen erkennen können, daß das Ausbleiben des Angeklagten genügend entschuldigt war[233].

100

---

[227] OLG Düsseldorf StrVert. **1884** 149; OLG Köln VRS **72** 442; *Bick* StrVert. **1987** 273; *Kleinknecht/Meyer*[38] 48. Vgl. auch OLG München GA **1985** 237 (kein Vortrag offenkundiger Tatsachen). Wer die Prüfungsbefugnis des Revisionsgerichts ähnlich wie bei der Sachrüge darauf beschränkt, die Rechtsanwendung auf die im Urteil festgestellten Tatsachen zu kontrollieren, kann vom Revisionsführer auch keinen Tatsachenvortrag fordern. Dieser wäre unbeachtlich, soweit er von den Urteilsfeststellungen abweicht; er hätte nur für die Begründung der Aufklärungsrüge Bedeutung.

[228] OLG Bremen NJW **1962** 81; OLG Hamm NJW **1963** 65; OLG Karlsruhe MDR **1957** 760; OLG Köln VRS **70** 458; **72** 442; OLG Schleswig bei *Ernesti/Jürgensen* SchlHA **1969** 154; *Bick* StrVert. **1987** 274; KMR-*Paulus* 69; enger wohl OLG Hamm MDR **1973** 694.

[229] Vgl. etwa OLG Düsseldorf JMBlNW **1979** 246; **1985** 286; OLG Hamm NJW **1963** 65; OLG Saarbrücken VRS **23** 298; *Schmidt* SchlHA **1963** 65; ferner Rdn. 101 ff.

[230] Vgl. Rdn. 30; ferner etwa OLG Düsseldorf JMBlNW **1982** 68; KG JR **1984** 78; Fußn. 239.

[230a] BayObLG VRS **61** 48; OLG Koblenz VRS **73** 51.

[231] KG GA **1974** 16; OLG Saarbrücken NJW **1975** 1614; *Bick* StrVert. **1987** 274; vgl. § 244, 345.

[232] Im Falle der Vertretung durch einen Verteidiger gehört dazu auch das Vorliegen einer ordnungsgemäßen Vollmacht, OLG Düsseldorf JMBlNW **1979** 246; OLG Köln StrVert. **1981** 119.

[233] Vgl. etwa BGHSt **28** 384; OLG Düsseldorf StrVert. **1987** 9; OLG Hamm NJW **1965** 410; OLG Saarbrücken NJW **1975** 1613; OLG Stuttgart Justiz **1981** 288; ferner Fußn. 234.

§ 329

101 **Strittig** ist dagegen der **Umfang der Nachprüfungsbefugnis** des Revisionsgerichts, wenn nur die unrichtige Anwendung von § 329 Abs. 1; 2 gerügt wird. Die **herrschende Meinung** vertritt auf Grund einer eingefahrenen Rechtsprechung in verschiedenen Varianten die Ansicht, daß das Revisionsgericht (ähnlich wie bei der Anwendung des sachlichen Rechts) nur feststellen kann, ob der Erstrichter die vorliegenden Entschuldigungsgründe überhaupt geprüft, im Urteil genügend dargestellt und den Rechtsbegriff der genügenden Entschuldigung rechtlich richtig gewürdigt hat[234]. Dabei soll das Revisionsgericht nur solche Entschuldigungsgründe berücksichtigen dürfen, die dem Berufungsgericht im Zeitpunkt der Entscheidung erkennbar waren[235], das Revisionsgericht soll außerdem an die im Urteil getroffenen Feststellungen gebunden sein, mitunter wird dem Berufungsgericht ein gewisser, vom Revisionsgericht nicht nachprüfbarer Beurteilungs- und Ermessensspielraum zugebilligt.

102 **Gegen** die herrschende Meinung spricht: Das Revisionsgericht prüft bei entsprechenden Sachvortrag auch sonst im Wege des Freibeweises, ob die Voraussetzungen für ein Verhandeln gegen einen nicht anwesenden Angeklagten, etwa ein eigenmächtiges Fernbleiben nach § 231 Abs. 2, vorlagen[236]. Es fehlt an einem hinreichenden Anlaß, bei der Nachprüfung der Voraussetzungen des § 329 Abs. 1 Satz 1; Abs. 2 eine an der revisionsmäßigen Behandlung der echten Sachrüge orientierten Bindung des Revisionsgerichts an die Urteilsfeststellungen anzunehmen, denn die Rüge hat nur die Nachprüfung der richtigen Verfahrensgestaltung zum Gegenstand. Die Bindung kann insbesondere nicht damit gerechtfertigt werden, daß das Revisionsgericht insoweit nicht sein Ermessen an die Stelle des Ermessens des Tatrichters setzen dürfe[237]. Die Entscheidung, ob der Angeklagte genügend entschuldigt ist, ist keine Ermessensentscheidung des Berufungsgerichts[238]. Es handelt sich um die Anwendung eines verfahrensrechtlichen Rechtsbegriffs, den das Berufungsgericht richtig oder falsch ausgelegt hat, bei dem aber kein dem Tatrichter vorbehaltener Ermessensspielraum verbleibt. Die Entscheidung ergeht ohne Anhörung des Angeklagten zu den sie tragenden Tatsachen. Die Bedeutung des Rechts auf Gehör spricht dafür, daß er mit seiner Verfahrensrüge auch Tatsachen geltend machen kann, die das Berufungsgericht bei seiner Entscheidung nicht berück-

---

[234] RGSt **59** 279; **61** 175; **62** 421; **64** 245; **66** 151; RG JW **1930** 67 mit abl. Anm. *Alsberg*; JW **1930** 938; **1931** 2834; **1932** 511; BGHSt **28** 384 (zur Tragweite dieser Entscheidung vgl. aber BGH NJW **1987** 776); BayObLG NJW **1986** 1954 (Vorlagebeschluß; nur für genügende Entschuldigung); BayObLG bei *Rüth* DAR **1973** 210; OLG Braunschweig HRR **1928** Nr. 577; NdsRpfl. **1964** 209; OLG Bremen NJW **1962** 881; StrVert. **1987** 11; OLG Celle NdsRpfl. **1966** 127; OLG Düsseldorf StrVert **1982** 216; MDR **1983** 193; OLG Hamburg GA **1972** 72 146; OLG Hamm JMBlNW **1969** 246; MDR **1961** 169; NJW **1963** 65; KG GA **1973** 29; NJW **1969** 475; JR **1984** 78; StrVert. **1987** 11; OLG Karlsruhe NJW **1972** 1871; NStZ **1982** 433; OLG Koblenz VRS **47** 35; OLG Köln NJW **1963** 1265; VRS **71** 371; OLG Oldenburg NJW **1953** 1933; OLG Saarbrücken NJW **1975** 1614; vgl. auch *Kern* JW **1931** 3561; *Mezger* JW **1928** 417; *Preiser* GA **1965** 366; *v. Scanzoni* JW **1927** 2050; *Schmidt* SchlHA **1963** 265; KK-*Ruß*[1] 14; *Kleinknecht/Meyer*[38] 48; KMR-*Paulus* 70; vgl. ferner die Darstellung der Streitfrage bei *Hohendorf* GA **1979** 416.

[235] RG HRR **1927** Nr. 1877; BGHSt **28** 384; BayObLG bei *Rüth* DAR **1973** 210; OLG Braunschweig HRR **1928** Nr. 577; OLG Frankfurt NJW **1974** 1151; KG GA **1973** 29; OLG Saarbrücken OLGSt 11; 27; *Laube* NJW **1974** 1365.

[236] Vgl. BGH NJW **1987** 776 mit weit. Nachw.

[237] So aber z. B. OLG Frankfurt NJW **1981** 959.

[238] *Busch* JZ **1963** 460; weitgehend vorherrschende Meinung, vgl. Rdn. 33 mit weit. Nachw.; a. A OLG Frankfurt NJW **1970** 595; OLG Hamburg JZ **1963** 481.

Dritter Abschnitt. Berufung §329

sichtigen konnte und daß deren Vorliegen — wie auch sonst bei Verfahrensmängeln, im Wege des Freibeweises festzustellen ist[239].

Zweifelhafter könnte dagegen sein, ob — unabhängig von der Bindung an die Urteilsfeststellungen — die Revision nur auf **Entschuldigungsgründe** gestützt werden kann, die das Berufungsgericht kannte oder die es hätte erkennen müssen[240]. Diese Einschränkung wurde daraus hergeleitet, daß der Gesetzgeber die nachträgliche Geltendmachung der Entschuldigungsgründe in § 329 Abs. 2 (a. F.) an viel engere Voraussetzungen knüpfe; diese Regelung würde unterlaufen werden, wenn man es zulasse, daß auch dem Gericht nicht erkennbare Entschuldigungsgründe mit der Revision geltend gemacht werden könnten. Durch die Neuregelung der Wiedereinsetzung, für die praktisch jetzt die gleichen Anforderungen gelten wie für die genügende Entschuldigung, hat dieses Argument an sachlichem Gewicht verloren[241]. Entscheidend bleibt jetzt nur, ob man annimmt, das Gesetz habe, anders als sonst bei Verfahrensverstößen[242], die Geltendmachung der Entschuldigungsgründe je nachdem, ob sie für das Berufungsgericht erkennbar waren oder nicht, stillschweigend mit Exklusivwirkung auf zwei Verfahren aufgeteilt[243], oder ob man im Interesse einer unnötige Komplizierungen vermeidenden rationellen Verfahrensgestaltung[244] beide eigenständige Rechtsbehelfe auch dort, wo sie den gleichen Sachverhalt erfassen, nebeneinander zuläßt. Die letztgenannte Ansicht sichert dem Angeklagten gegen den Verlust seines Rechts auf Berufung, bzw. gegen die Beeinträchtigung seines Teilnahmerechts an der Berufungsverhandlung einen möglichst umfassenden Rechtsschutz. **103**

Der **in der Minderheit** gebliebenen Meinung im neueren Schrifttum[245] ist daher zuzustimmen, daß das Revisionsgericht die prozessualen Voraussetzungen für die sofortige Verwerfung der Berufung des Angeklagten ebenso wie für das Verhandeln über die Berufung des Staatsanwalts ohne Angeklagten im Wege des Freibeweises in tatsächlicher Hinsicht nachprüfen und rechtlich frei würdigen kann und muß. Das Revisionsgericht kann daher in der Regel nicht schon wegen der Unzulänglichkeit der Urteilsfeststellungen zu dieser Frage das Urteil des Berufungsgerichts aufheben und zurückverweisen[246]. Soweit die Verfahrensrüge zulässig erhoben ist, muß das Revisionsgericht — wie **104**

---

[239] So für Ladungsmängel jetzt auch BGH NJW **1987** 776 auf Vorlage BayObLG NStZ **1986** 281 gegen OLG Düsseldorf StrVert. **1982** 216; KG JR **1984** 78; ferner allgemein § 337, 52.

[240] So etwa KG GA **1973** 29; OLG Düsseldorf NJW **1962** 2022; OLG Frankfurt NJW **1974** 1151; OLG Saarbrücken OLGSt 11, 27; § 337, 52.

[241] Es bedarf daher keiner näheren Erörterung, daß bei einem nicht erkennbaren Entschuldigungsgrund, der aber kein unabwendbarer Zufall ist, die Abwesenheitsentscheidung den Anspruch des Angeklagten auf rechtliches Gehör verletzen kann, wenn ihm auch die Möglichkeit einer nachträglichen Geltendmachung versagt würde. Gerade bei der engen Fassung des alten Absatzes 2 hätte eine verfassungskonforme Auslegung diese Gründe nicht von der Revision ausschließen dürfen.

[242] Vgl. § 337, 87; 90.

[243] So wohl auch BGHSt **28** 384.

[244] Vgl. den umgekehrten Fall der Berücksichtigung von Ladungsfehlern im Wiederaufnahmeverfahren, Rdn. 117; ferner zu den Abgrenzungsfragen v. *Steuber* ZRP **1987** 196.

[245] *Busch* JZ **1963** 460; *Hohendorf* GA **1979** 424; *Eb. Schmidt* Nachtr. I 12. Ebenso schon *Alsberg* JW **1930** 67 mit weiteren Nachweisen. Die von *Preiser* GA **1965** 366 versuchte Widerlegung der Ansicht von *Busch* überzeugt nicht. Vgl. § 337, 52.

[246] So OLG Frankfurt NJW **1970** 959; soweit die herrschende Meinung nicht eine dem Tatrichter vorbehaltene Ermessensentscheidung annimmt, kommt sie dadurch zum gleichen Ergebnis, daß sie das Beruhen des Urteils auf dem Verfahrensverstoß verneint, wenn der erkennbare, aber nicht geprüfte Entschuldigungsgrund den Angeklagten nicht genügend entschuldigt (OLG Frankfurt NJW **1974** 1151).

sonst bei Verfahrensfragen — selbst die nötigen Feststellungen treffen und selbst entscheiden, ob das Fernbleiben des Angeklagten genügend entschuldigt war[247]. Dies trägt in den Fällen, in denen die Urteilsfeststellungen ungenügend sind (Formularurteil!) zur Verfahrensbeschleunigung bei, da das Revisionsgericht dann trotzdem die Revision verwerfen kann, wenn die Entschuldigungsgründe nicht ausreichen.

105 4. **Sonstige Verfahrensfragen.** Hebt das Revisionsgericht ein nach § 329 Abs. 1 ergangenes Berufungsurteil auf, weil dessen Voraussetzungen nicht vorlagen, so darf es das Urteil des ersten Rechtszugs nicht sachlich nachprüfen. Dies ist zunächst Sache des Berufungsgerichts.

106 Hat der Jugendrichter einen Heranwachsenden nach **Jugendrecht** abgeurteilt und die Jugendkammer die Berufung nach § 329 Abs. 1 verworfen, so steht der Revision des Beschwerdeführers § 55 Abs. 2 JGG entgegen[248].

107 5. **Revision und Antrag auf Wiedereinsetzung** nach Absatz 3 stehen als gleichrangige Rechtsbehelfe selbständig nebeneinander. Selbst wenn sie im gleichen Schriftsatz eingelegt worden sind, sind sie hinsichtlich der Wahrung von Form und Frist und auch hinsichtlich des Verfahrensgangs (vgl. § 342 Abs. 2) selbständig zu beurteilen. Das Revisionsgericht ist insbesondere nicht an die Ansicht gebunden, die es als Beschwerdegericht im Verfahren über die Wiedereinsetzung geäußert hat[249]. Daß der Angeklagte einen an sich möglichen Wiedereinsetzungsantrag nicht stellt, macht seine Revision nicht unzulässig[250].

108 Ob der Angeklagte Revision einlegen oder Wiedereinsetzung beantragen will, ist gegebenenfalls durch **Auslegung** seines Rechtsbehelfs zu ermitteln, wobei Sachvortrag, Form und erklärtes Ziel des Rechtsbehelfs, nicht aber die gewählte Bezeichnung maßgebend sind[251]. Nach Ansicht des OLG Karlsruhe[252] ist die Erklärung des Angeklagten in dem Sinn zu deuten, der den meisten Erfolg verspricht. Nimmt man mit der herrschenden Meinung an, daß dem Berufungsgericht nicht erkennbare Entschuldigungsgründe nicht mit der Revision geltend gemacht werden können[253], dann besteht allerdings Anlaß, einen Rechtsbehelf, der einen neuen Entschuldigungsgrund anführt, insoweit in ein wegen § 342 Abs. 3 sonst ausgeschlossenes Wiedereinsetzungsgesuch **umzudeuten**[254]. Umgekehrt wird die Umdeutung eines Wiedereinsetzungsgesuchs in eine Revision meist daran scheitern, daß das Gesuch nach Form, Inhalt und Antragstellung nicht den Anforderungen dieses Rechtsmittels genügt[255].

---

[247] OLG Hamburg JZ **1963** 480; *Busch* JZ **1963** 459; OLG Braunschweig NdsRpfl. **1964** 209 läßt die Frage offen. Vgl. ferner OLG Hamm NJW **1963** 65.

[248] BGHSt 30 98 = JR **1982** 123 mit Anm. *Brunner* (auf Vorlage OLG Hamm MDR **1981** 340 gegen OLG Celle JR **1980** 38); OLG Celle NJW **1968** 1297; KK-*Ruß*[1] 14; vgl. OLG Saarbrücken MDR **1974** 162; a. A OLG Celle JR **1980** 38 (unter Aufgabe von NJW **1968** 1297) mit abl. Anm. *Brunner*; KMR-*Paulus* 68; *Schmidt* NJW **1968** 1841, die § 55 JGG nur bei Rechtsmittel mit Sachprüfung anwenden wollen.

[249] KG HRR **1930** Nr. 756; vgl. § 342, 5.

[250] OLG Dresden HRR **1928** Nr. 97; *Eb. Schmidt* 25.

[251] Vgl. § 300, 5 ff.

[252] OLG Karlsruhe Justiz **1975** 78; KMR-*Paulus* 55.

[253] Vgl. Rdn. 101.

[254] KMR-*Paulus* 55; vgl. § 300, 5; 7.

[255] BayObLG bei *Rüth* DAR **1979** 240; KMR-*Paulus* 55 verneinen die Möglichkeit der Umdeutung. OLG Düsseldorf StrVert. **1982** 52; OLG Hamm JMBlNW **1965** 82 halten dies für möglich.

Die Einlegung der Revision ohne Verbindung mit dem Gesuch um Wiedereinsetzung gilt aber nach § 342 Abs. 3 als **Verzicht** auf die letztere. Dies gilt auch, wenn die Revision unzulässig ist[256]. **109**

Wird die Wiedereinsetzung gegen die Versäumung der Berufungsverhandlung bewilligt, **erledigt** sich dadurch eine zugleich eingelegte **Revision**[257]. Wegen der Einzelheiten vgl. die Erläuterungen zu § 342; s. ferner Rdn. 122. **110**

VII. Wiedereinsetzung in den vorigen Stand (Absatz 3)

1. Zulässigkeit. Die Wiedereinsetzung ist zulässig bei Urteilen, welche die Berufung des Angeklagten gemäß § 329 ohne Verhandlung zur Sache verwerfen, aber auch gegenüber Urteilen, die auf Berufung der Staatsanwaltschaft hin nach Sachverhandlung ergehen[258]. Im letzten Fall kommt es nicht darauf an, ob das Berufungsgericht das Ersturteil zugunsten, zuungunsten des Angeklagten oder überhaupt nicht geändert hat. Lediglich im Falle des Freispruches würde es an einer Beschwer fehlen[259]. **111**

War der Angeklagte **vom Erscheinen** in der Hauptverhandlung **entbunden** worden (§ 233), so hat er keinen Anspruch auf Wiedereinsetzung. Desgleichen, wenn er in der Hauptverhandlung nach § 234 vertreten war[260]. Der verspätete Eingang der Berufungszurücknahme eröffnet keine Wiedereinsetzung gegen die versäumte Berufungsverhandlung[261]. **112**

2. Form des Antrages. Die Wiedereinsetzung setzt einen formgerechten (§ 45) Antrag des Angeklagten voraus, der an das Berufungsgericht zu richten ist. Die Antragsfrist beginnt mit Zustellung oder Ersatzzustellung[262] des gemäß § 329 ergangenen Urteils (§ 329 Abs. 2). Die Fristberechnung richtet sich nach den §§ 42, 43. Die Versäumnisgründe sind glaubhaft zu machen. Wegen der Einzelheiten vgl. § 45 Abs. 1 und die Erläuterungen dazu. Ob die Wiedereinsetzung nach § 45 Abs. 2 Satz 2 auch von Amts wegen gewährt werden kann, ist wegen des Wortlauts („beanspruchen") und auch wegen der anderen Verfahrenslage (Versäumung der Hauptverhandlung und nicht einer Rechtsmittelfrist) strittig[263]. Der Grundsatz, daß ein Rechtsbehelf des Betroffenen so **auszulegen** ist, wie er am ehesten Erfolg verspricht[264], gilt auch für den Wiedereinsetzungsantrag[265]. Einer Eingabe des Angeklagten, gegen den ein Urteil gemäß § 329 ergangen ist, kann meist entnommen werden, daß er vor allem Wiedereinsetzung gemäß Absatz 3 erstrebt und Revision nur für den Fall einlegen will, daß Wiedereinsetzung abgelehnt wird[266]. **113**

---

[256] OLG Stuttgart Justiz **1976** 265; § 342, 1 mit weit. Nachw.; wegen der sonstigen Einzelheiten vgl. § 342, 6 ff.
[257] RGSt **61** 180; **65** 233; BayObLGSt **1972** 45 = NJW **1972** 1725; § 342, 4.
[258] RGSt **61** 181; KK-*Ruß*¹ 22; KMR-*Paulus* 1.
[259] KMR-*Paulus* 55.
[260] BayObLGSt **1965** 5; KK-*Ruß*¹ 22; KMR-*Paulus* 55.
[261] BayObLGSt **1957** 63.
[262] BGHSt **11** 155; BayObLGSt **1957** 79; OLG Celle NJW **1957** 1449; **1960** 930.

[263] Mit der Erwägung, daß der materielle Anspruch auf Wiedereinsetzung nicht notwendig eine formelle Antragstellung erfordert, bejahen dies OLG Düsseldorf VRS **57** 438; KMR-*Paulus* 57 unter Hinweis auf ein obiter dictum in BVerfGE **42** 257. Verneinend *Kleinknecht/Meyer*³⁸ 40; *Schlüchter* 685.2. Vgl. § 45, 12; § 235, 10.
[264] Vgl. § 300, 2.
[265] OLG Karlsruhe Justiz **1975** 78; Rdn. 108.
[266] KG HRR **1930** Nr. 1571.

114 Die unwiderlegbare gesetzliche **Vermutung des Verzichts** auf Wiedereinsetzung, die nach § 342 Abs. 3 in der isolierten Einlegung der Revision liegt, führt zum endgültigen Verlust der Wiedereinsetzung, gegen den auch keine Wiedereinsetzung möglich ist[267].

115 3. **Wiedereinsetzungsgründe** sind seit der Neufassung des § 44 alle Gründe, die den Angeklagten **ohne sein Verschulden** am rechtzeitigen Erscheinen zur Berufungsverhandlung gehindert haben. Da die Wiedereinsetzung das Grundrecht auf rechtliches Gehör sichern soll, dürfen die Anforderungen für ihre Erlangung nicht überspannt werden[268]. Wegen der Einzelheiten wird auf die Erläuterungen zu § 44 verwiesen. Die **frühere Rechtsprechung** zu § 329 Abs. 2 a. F., die an den Begriff des **unabwendbaren Zufalls** strengere Anforderungen stellte, ist gegenstandslos geworden.

116 Ob der Angeklagte gehindert war, **sich rechtzeitig zu entschuldigen**, ist ohne rechtliche Bedeutung[269], wie es auch unerheblich ist, ob das Gericht den Wiedereinsetzungsgrund hätte erkennen können[270].

117 Die Wiedereinsetzung ist in analoger Anwendung von Absatz 3 auch zulässig, wenn wegen einer **fehlerhaften** oder **unterbliebenen Ladung** ein Urteil nach § 329 Abs. 1, 2 gar nicht hätte ergehen dürfen. Dieser Verfahrensfehler kann zwar auch mit der Revision geltend gemacht werden (vgl. Rdn. 99), die herrschende Meinung stellt ihn jedoch der unverschuldeten Terminsversäumung gleich und läßt, nicht zuletzt aus Gründen der Prozeßwirtschaftlichkeit, die Wiedereinsetzung zu[271].

118 Der Antrag auf Wiedereinsetzung kann nach herrschender Meinung nicht auf **Tatsachen** gestützt werden, die das **Berufungsgericht bereits** in seiner Entscheidung als zur Entschuldigung nicht genügend **gewürdigt** hat; die Wertung dieser Tatsachen kann nur mit der Revision bekämpft werden[272]. Zur Begründung des Wiedereinsetzungsgesuchs können sie allenfalls im Zusammenhang mit neuen Tatsachen noch mit herangezogen werden[273]. Dagegen ist es dem Angeklagten nicht verwehrt, sein Wiedereinset-

---

[267] OLG Stuttgart Justiz **1981** 244.
[268] OLG Karlsruhe NJW **1974** 1152, unter Hinweis auf die Rechtspr. des BVerfG.
[269] Vgl. Rdn. 26 mit Nachw.
[270] OLG Frankfurt NJW **1974** 1152. KMR-*Paulus* 60.
[271] BGH NJW **1987** 776; BayObLGSt **1970** 73 = VRS **39** 272; OLG Bremen MDR **1960** 244; OLG Celle JR **1979** 121 mit Anm. *Meyer*; OLG Düsseldorf MDR **1987** 868; StrVert. **1982** 216; OLG Frankfurt JR **1986** 216 mit Anm. *Hilger* = NStZ **1986** 279 mit Anm. *Meyer*; JZ **1978** 409; OLG Hamburg NDR **1982** 250; OLG Hamm NStZ **1982** 521 mit Anm. *Meyer*; OLG Köln VRS **59** 42; **64** 199; OLG München HRR **1938** Nr. 427; OLG Neustadt GA **1955** 248; OLG Stuttgart Justiz **1970** 2234; **1973** 289; **1986** 329; NJW **1970** 2224; LG Siegen NJW **1976** 2359; *Dittmar* NJW **1982** 209; *Roxin*[20] § 52 F II 4 d; *Schlüchter* 685.4; *Wendisch* JR **1976** 426; **1981** 131; a. A OLG Karlsruhe NJW **1981** 471 (keine Wiedereinsetzung, aber Gegenstandsloserklärung des Urteils) mit abl. Anm. *Wendisch* JR **1981** 129; wiederum **anders** (nur mit Revision) KG JR **1976** 425 mit Anm. *Wendisch*; JR **1984** 78; OLG Saarbrücken MDR **1987** 695; *Amelunxen* 94; *Kleinknecht/Meyer*[38] 41; KMR-*Paulus* 61; *Eb. Schmidt* 25; vgl. aber auch OLG Düsseldorf NStZ **1987** 523 (Wiedereinsetzung, wenn Revision nicht zulässig).
[272] RG HRR **1927** Nr. 771; KG GA **1974** 116; OLG Celle NdsRpfl. **1955** 220; OLG Dresden DStR **1939** 65; OLG Düsseldorf MDR **1986** 428 (L); OLG Hamm JMBlNW **1965** 82; **1978** 32; OLG Kassel DRiZ **1930** Nr. 358; OLG Koblenz VRS **64** 211; OLG Köln OLGSt n. F. Nr. 7; OLG Saarbrücken NJW **1969** 1864; OLG Stuttgart Justiz **1981** 244; KK-*Ruß*[1] 23; *Kleinknecht/Meyer*[38] 42; KMR-*Paulus* 58; *Eb. Schmidt* 24.
[273] KG GA **1974** 116; OLG Düsseldorf NJW **1962** 2022; OLG Saarbrücken NJW **1969** 1864; KK-*Ruß*[1] 23; *Kleinknecht/Meyer*[38] 42; KMR-*Paulus* 58.

zungsgesuch auf Tatsachen zu stützen, die das Berufungsgericht bei seiner Entscheidung hätte würdigen müssen, die es aber im Berufungsurteil rechtsfehlerhaft übergangen hat[274].

Neue Beweismittel für bereits gewürdigte Tatsachen können die Wiedereinsetzung nicht begründen; sie müssen mit der Revision (Aufklärungsrüge) geltend gemacht werden[275]. **119**

4. Die **Entscheidung über den Wiedereinsetzungsantrag** erläßt das Berufungsgericht in der für die Entscheidung außerhalb der Hauptverhandlung maßgebenden Besetzung (§ 76 Abs. 1 GVG)[276]. Zur Streitfrage, ob die an dem Beschluß mitwirkenden Richter erkennende Richter im Sinne des § 28 Abs. 2 sind, vgl. § 28, 15. **120**

Erscheint der Angeklagte **verspätet zur Hauptverhandlung**, so kann noch in dieser die Wiedereinsetzung gegen das Verwerfungsurteil nach Absatz 1 Satz 1 und auch gegen ein Sachurteil nach Absatz 2 gewährt und die Sache (erneut) verhandelt werden. Hat die Verhandlung über die Berufung des Staatsanwalts noch zu keinem Sachurteil geführt, so kann das Berufungsgericht auch ohne förmliche Entscheidung über die Wiedereinsetzung die Hauptverhandlung neu beginnen. Hält es den Angeklagten für nicht genügend entschuldigt, dann kann es mit der Hauptverhandlung fortfahren, muß aber dann zweckmäßigerweise seinen Wiedereinsetzungsantrag alsbald bescheiden[277]. **121**

5. Wirkung. Die Wiedereinsetzung gegen das Urteil nach § 329 Abs. 1 stellt die Rechtslage her, die vor der Säumnis bestand. Das oder die nach § 329 Abs. 1, 2 ergangenen Urteile werden mit Bewilligung der Wiedereinsetzung ohne besonderen Ausspruch gegenstandslos[278]. Bleibt der Angeklagte bei dem nach Wiedereinsetzung neu bestimmten Verhandlungstermin wiederum aus, dann kann erneut nach § 329 Abs. 1, 2 verfahren werden[279]. **122**

6. Beschwerde. Die Versagung der Wiedereinsetzung ist mit sofortiger Beschwerde anfechtbar. § 46 Abs. 2 und 3 ist entsprechend anwendbar, auch wenn § 46 in Absatz 3 nicht erwähnt wird. Wegen der Einzelheiten vgl. § 46, 15 ff. **123**

§ 330

(1) Ist von dem gesetzlichen Vertreter die Berufung eingelegt worden, so hat das Gericht auch den Angeklagten zu der Hauptverhandlung vorzuladen und kann ihn bei seinem Ausbleiben zwangsweise vorführen lassen.

(2) ¹Bleibt allein der gesetzliche Vertreter in der Hauptverhandlung aus, so ist ohne ihn zu verhandeln. ²Ist weder der gesetzliche Vertreter noch der Angeklagte bei Beginn einer Hauptverhandlung erschienen, so gilt § 329 Abs. 1 entsprechend; ist lediglich der Angeklagte nicht erschienen, so gilt § 329 Abs. 2 Satz 1 entsprechend.

---

[274] OLG Hamm VRS **55** 275; OLG Köln GA **1963** 58; *Kleinknecht/Meyer*[38] 42.
[275] KG GA **1974** 116; KMR-*Paulus* 58.
[276] KK-*Ruß*[1] 24; *Kleinknecht/Meyer*[38] 43; KMR-*Paulus* 62.
[277] *Kleinknecht/Meyer*[38] 40; 43; KMR-*Paulus* 62.
[278] RGSt **61** 180; **65** 233; OLG Karlsruhe NJW **1972** 24; OLG Schleswig SchlHA **1956** 301; OLG Stuttgart NJW **1961** 1687; vgl. Rdn. 89.
[279] KK-*Ruß*[1] 24; *Kleinknecht/Meyer*[38] 3; KMR-*Paulus* 63; *Küper* NJW **1976** 1276; JZ **1978** 207.

§ 330 Drittes Buch. Rechtsmittel

Entstehungsgeschichte. Art. 3 Nr. 140 VereinhG hat 1950 die Vorschrift (jetzt Absatz 1) neu gefaßt. Art. 1 Nr. 88 des 1. StVRG fügte den Absatz 2 an (*Rieß* NJW **1975** 89). Bezeichnung bis 1924: § 371.

1 1. **Allgemeines.** § 330 enthält eine den § 298 ergänzende Sonderregelung über die Anwendung des § 329 auf die Berufung des gesetzlichen Vertreters, der die selbständige Rechtsmittelbefugnis nur im Interesse des Angeklagten ausüben darf. Sie trägt dem Umstand Rechnung, daß der Angeklagte von einer eigenen Anfechtung nur wegen der Berufung seines gesetzlichen Vertreters abgesehen und deshalb ein eigenes Interesse an der sachlichen Erledigung dieses Rechtsmittels haben kann. § 330 gilt auch für das Rechtsmittel eines Erziehungsberechtigten, der nicht gesetzlicher Vertreter ist (§ 67 Abs. 3 JGG)[1].

2 2. Die **Verwerfung der Berufung** des gesetzlichen Vertreters ohne Verhandlung zur Sache nach § 329 Abs. 1 Satz 1 ist nur zulässig, wenn sowohl der gesetzliche Vertreter als auch der Angeklagte ohne genügende Entschuldigung bei Beginn der Hauptverhandlung ausgeblieben und auch nicht vertreten sind. Ist nur einer von ihnen anwesend oder entschuldigt, ist die Verwerfung ausgeschlossen. Im übrigen ist § 329 Abs. 1 Satz 2 und 3 entsprechend anwendbar (Absatz 2 Satz 2 erster Halbsatz).

3 Ist nur der **Berufungsführer ausgeblieben**, der Angeklagte aber erschienen, dann verhandelt das Gericht sachlich über die Berufung (Absatz 2 Satz 1).

4 3. Ist nur der **ordnungsgemäß geladene Angeklagte** unentschuldigt **ausgeblieben**, so muß das Berufungsgericht unter Berücksichtigung seiner Aufklärungspflicht entscheiden, ob es die Berufungsverhandlung ohne den Angeklagten durchführen[2] oder aber seine Vorführung nach Absatz 1 anordnen will. Eine Verwerfung der Berufung nach § 329 ist ausgeschlossen[3].

5 Die **Verhaftung** des Angeklagten ist, anders als bei § 329, nicht zulässig[4]. Absatz 1 sieht nur die Vorführung des Angeklagten vor; § 329 Abs. 4 wird nicht für entsprechend anwendbar erklärt.

6 4. **Entfernt sich** der Beschwerdeführer oder der Angeklagte **nach Beginn der Hauptverhandlung** zur Sache, so gelten die allgemeinen Regeln[5]. § 329 Abs. 1, 2 ist dann nicht mehr anwendbar.

7 5. **Vertretung.** Ein gesetzlicher Vertreter als Beschwerdeführer gemäß § 298 darf sich stets durch einen besonders bevollmächtigten Rechtsanwalt vertreten lassen, weil kein hinreichender Grund für seine Anwesenheit als Rechtsmittelführer besteht. Auch die entsprechende Vertretung des Angeklagten ist — unbeschadet der Zulässigkeit der Vorführung — ebenso wie bei der Verhandlung nach § 329 Abs. 2 Satz 1 statthaft.

---

[1] KK-*Ruß*[1] 1; *Kleinknecht/Meyer*[38] 1; KMR-*Paulus* 1.

[2] Vgl. *Kleinknecht/Meyer*[38] 2; *Rieß* NJW **1975** 89; § 329, 22 ff.

[3] OLG Bremen NJW **1960** 1171; KK-*Ruß*[1] 2; KMR-*Paulus* 1.

[4] KK-*Ruß*[1] 1; *Kleinknecht/Meyer*[38] 2; KMR-*Paulus* 1; *Eb. Schmidt* 4; *Schmidt* SchlHA **1963** 264.

[5] Vgl. § 329, 11.

6. Zustellung des Urteils. Dem Angeklagten, auch wenn er nicht Beschwerdeführer ist, muß ein in Abwesenheit ergangenes Urteil zugestellt werden, auch damit er Rechte aus § 329 Abs. 3 ausüben kann. Hat der Beschwerdeführer der Verkündung nicht beigewohnt, so ist das Urteil auch ihm zuzustellen (vgl. § 341, 20). Die Frist zur Einlegung der Revision kann für Beschwerdeführer und Angeklagten daher verschieden laufen (§ 341). Die auf die Frist bezügliche Vorschrift des § 298 gilt hier nicht[6]. **8**

§ 331

(1) Das Urteil darf in Art und Höhe der Rechtsfolgen der Tat nicht zum Nachteil des Angeklagten geändert werden, wenn lediglich der Angeklagte, zu seinen Gunsten die Staatsanwaltschaft oder sein gesetzlicher Vertreter Berufung eingelegt hat.

(2) Diese Vorschrift steht der Anordnung der Unterbringung in einem psychiatrischen Krankenhaus oder einer Entziehungsanstalt nicht entgegen.

Schrifttum. *Bachmann* Unbestimmte Jugendstrafe und reformatio in peius, NJW **1973** 1030; *Brachvogel* Die Zulässigkeit der reformatio in peius, ZStW **13** (1893) 206; *Bruns* Sichernde Maßnahmen und Verschlechterungsverbot, JZ **1954** 73; *Eickhoff* Bedeutung des Verschlechterungsverbots für die Bemessung der Führerscheinsperrfristen in der Berufungsinstanz, NJW **1975** 1077; *Frisch* Drei Grundprobleme des Verschlechterungsverbots, MDR **1973** 715; *Frisch* Das Verschlechterungsverbot; Grundfragen und neue Entwicklungen, Jurist. Arbeitsblätter **3** 165; *Ganske* Der Begriff des Nachteils bei den strafprozessualen Verschärfungsverboten, (1960); *Ganslmayer* Nochmals: Zum Verschlechterungsverbot bei Entziehung der Fahrerlaubnis, JZ **1978** 794; *Geppert* Die Bemessung der Sperrfrist bei der strafgerichtlichen Entziehung der Fahrerlaubnis (§§ 42 m und 42 n StGB) (1968); *Geppert* Schwierigkeiten der Sperrfristbemessung bei vorläufiger Entziehung der Fahrerlaubnis, ZRP **1981** 85; *Gerber* Strafr. Abh. Heft 165 (1913); *Gollner* Verschlechterungsverbot bei vorläufiger und endgültiger Entziehung der Fahrerlaubnis, GA **1975** 129; *Gollner* Zum Verschlechterungsverbot bei Entziehung der Fahrerlaubnis und dem Berufsverbot, JZ **1978** 656; *Grebing* Zur Problematik des Verschlechterungsverbots bei der Tagessatz-Geldstrafe, JR **1981** 1; *Grethlein* Problematik des Verschlechterungsverbots im Hinblick auf die besonderen Maßnahmen des Jugendrechts (1963); *Helmer* Strafaussetzung zur Bewährung und das Verbot der Schlechterstellung, JZ **1956** 714; *Kadel* Tagessatzsystem und Verschlechterungsverbot, GA **1979** 459; *Kadel* Die Bedeutung des Verschlechterungsverbots für Geldstrafenerkenntnisse nach dem Tagessatzsystem (1984); *Kapsa* Das Verbot der reformatio in peius im Zivilprozeß (1976); *Kaufmann* Die Strafaussetzung zur Bewährung und das Verbot der reformatio in peius, JZ **1958** 297; *Kleinfeller* Das Verbot der reformatio in peius, GerS **38** (1886) 579; *Lauckner* Zur Geschichte und Dogmatik der reformatio in peius, Strafr. Abh. Heft 171 (1914); *Maiwald* Nachträgliche Gesamtstrafenbildung und das Verbot der reformatio in peius, JR **1980** 353; *D. Meyer* Erhöhung des Tagessatzes bei alleiniger Berufung des Angeklagten? NJW **1979** 148; *D. Meyer* Erhöhung des Tagessatzes als Ausgleich für den Wegfall eines an sich gebotenen Fahrverbots in der Rechtsmittelinstanz, DAR **1981** 33; *Meyer-Goßner* Einstellung des Verfahrens und Verschlechterungsverbot, FS Kleinknecht 287; *Müller* Zur reformatio in peius, DRZ **1947** 101; *Norden* Zum Verbot der reformatio in peius, ZStW **29** (1909) 81; *Oswald* Reichweite und Grenzen des Verböserungsverbots bei Geldstrafen nach dem neuen Tagessatzsystem, DAR **1976** 152; *Petersen* Die reformatio in peius im Jugendrecht, NJW **1961** 348; *Potrykus* Das Verbot der reformatio in peius und das Jugendrecht, NJW **1955** 927; *Potrykus* Jugendstrafrechtliche Zweifelsfragen, NJW **1967** 185; *Preiser* Zwei Grundfragen zur Strafaussetzung zur Bewährung, GA **1956** 1221; *Roos* Bestimmung der Tagessatzhöhe bei nachträglicher Bildung einer Gesamtstrafe, NJW **1976** 1483; *W. Schmidt* Das Für und Wider die strafrechtliche re-

---
[6] Vgl. § 298, 14.

§ 331   Drittes Buch. Rechtsmittel

formatio in peius JR **1950** 193; *Schmidt* Verbot der Reformatio in peius im Kostenfestsetzungsverfahren der StPO, NJW **1980** 682; *Schröder* Erhöhung des Tagessatzes bei alleiniger Berufung des Angeklagten, NJW **1978** 1302; *Schwarz* Die reformatio in peius in der Praxis, JW **1935** 3345; *Seibert* Zum Verbot der Schlechterstellung, MDR **1954** 340; *Seibert* Die reformatio in peius im gerichtlichen Verfahren, Juristische Arbeitsblätter **1970** 225; *Volk* Der Begriff der Strafe in der Rechtsprechung des Bundesverfassungsgerichts ZStW **83** (1971) 405; *Werner* Die Sperrfristlänge gemäß § 42 n StGB in der Berufungsgerichtsentscheidung, NJW **1974** 484; *Wittschier* Das Verbot der reformatio in peius im strafprozessualen Beschlußverfahren (1984); *Wittschier* Das Verbot der reformatio in peius und der Schuldspruch, StrVert. **1986** 173.

Entstehungsgeschichte. Art. 2 Nr. 29 AGGewVerbrG hatte Absatz 2 angefügt; das Gesetz vom 28. 6. 1935 (RGBl. I 844) hob dann aber das Verbot der Verschlechterung überhaupt auf. Seine im wesentlichen jetzt noch geltende Fassung erhielt § 331 im Jahre 1950 durch Art. 3 Nr. 141 VereinhG. Dabei wurde sein Wortlaut mit dem der §§ 358 Abs. 2, 373 Abs. 2 abgestimmt und klargestellt, daß sich das Verbot der Verschlechterung nur auf „Art und Höhe der Strafe" bezieht (ursprünglich: „zum Nachteile des Angeklagten"). Art. 21 Nr. 83 EGStGB ersetzte in Absatz 1 „Strafe" durch „Rechtsfolgen der Tat" und faßte Absatz 2 neu. Die dort vorgesehene Erstreckung des Anwendungsbereiches des Absatzes 2 auf die sozialtherapeutische Anstalt ist nicht wirksam geworden, so daß es bei der Fassung des Absatzes 2 verbleibt, die dieser durch Art. 326 Abs. 5 Nr. 2 Buchst. e EGBGB als Übergangsfassung erhalten hatte (Art. 3 Nr. 3 Buchst. d StVollzÄndG vom 20. 12. 1984 — BGBl. I 1654). Bezeichnung bis 1924: § 372.

Übersicht

	Rdn.		Rdn.
I. Zweck und Tragweite des Verschlechterungsverbots		II. Veränderung des Rechtsfolgenausspruchs zum Nachteil des Angeklagten	
1. Zweck und Rechtsnatur	1	1. Alle Rechtsfolgen	30
2. Gegenstand des Verschlechterungsverbots		2. Ausnahme: Absatz 2	31
		3. Verschlechterung	32
a) Art und Höhe der Rechtsfolgen	6	4. Korrekturen, Nachholung unterbliebener Entscheidungen	37
b) Nicht der Schuldspruch	7		
c) Ausschließlich die Rechtsfolgen	9	III. Einzelfragen	
3. Tragweite des Verschlechterungsverbots		1. Verschlechterung der Strafart	
a) Abgeurteilte Tat und selbständige strafbare Handlung	11	a) Gesetzliche Strafenfolge	41
		b) Freiheitsstrafe	43
b) Nicht weiter als Rechtskraft	12	c) Geldstrafe	45
c) Für das gesamte weitere Strafverfahren	16	d) Verwarnung mit Strafvorbehalt	46
		e) Geldbuße	47
d) Nachverfahren; Verfahren vor Verwaltungsbehörden	20	f) Abführung des Mehrerlöses	48
		g) Jugendstrafverfahren	49
e) Nur Angeklagter, für den Berufung eingelegt	21	2. Strafhöhe	
		a) Allgemeines	57
4. Eintritt der Sperrwirkung		b) Freiheitsstrafe	61
a) Nur bei endgültiger, der Rechtskraft fähiger Entscheidung	22	c) Geldstrafe	63
		d) Gesamtstrafe	65
b) Berufung zugunsten des Angeklagten	23	e) Fortgesetzte Handlung	74
c) Berufung von beiden Seiten	26	3. Strafaussetzung zur Bewährung	
d) Nebenkläger	28	a) Allgemein	75
5. Verzichtbarkeit	29	b) Verschlechterung	76
		c) Einbeziehung weiterer Taten	79

Stand: 1. 11. 1987

	Rdn.		Rdn.
d) Zu Unrecht bewilligte Strafaussetzung	80	f) Führungsaufsicht	96
e) Bewährungsauflagen	82	5. Nebenstrafen und andere Nebenfolgen	
4. Maßregeln der Besserung und Sicherung		a) Allgemeines	97
		b) Fahrverbot	100
a) Geltung des § 331	83	c) Rechtsfolgen nach § 45 StGB	103
b) Unterbringung in einem psychiatrischen Krankenhaus	86	d) Verfall, Einziehung	104
		e) Unbrauchbarmachung	108
c) Sicherungsverwahrung	87	f) Abführung des Mehrerlöses	110
d) Entziehung der Fahrerlaubnis	88	g) Urteilsbekanntmachung	112
e) Berufsverbot	95	6. Kostenentscheidung	114
		IV. Revision	115

I. Zweck und Tragweite des Verschlechterungsverbots

1. Zweck und Rechtsnatur. Die Vorschrift will den Angeklagten davor schützen, **1** daß das Berufungsgericht ein Urteil, das nur zu seinen Gunsten angefochten worden ist, „in Art und Höhe der Strafe" zu seinem Nachteil ändert, eine Befürchtung, die ihn sonst abhalten könnte, das für notwendig erachtete Rechtsmittel einzulegen[1]. Der Angeklagte soll frei vom Zwang einer andernfalls bestehenden Konfliktsituation ohne Furcht vor Nachteilen darüber entscheiden können, ob er ein Rechtsmittel einlegen will. Gleiches gilt für die Personen, die zugunsten des Angeklagten das Urteil anfechten wollen, wie gesetzliche Vertreter und Erziehungsberechtigte.

Das **rechtspolitische Für und Wider** dieser zur „fairen" Prozeßgestaltung beitragenden prozessualen Schutzvorschrift ist umstritten und hier nicht näher zu erörtern[2]. **2** Zwangsläufig aus dem **Rechtsstaatsprinzip** läßt sich das Verschlechterungsverbot nicht herleiten[3]. Grundsätzlich gilt es nur, wenn der Gesetzgeber dies angeordnet hat, wie auch in § 358 Abs. 2 § 373 Abs. 2; § 459 a Abs. 2 Satz 2; § 72 Abs. 2; § 79 Abs. 3 OWiG. Bei **Beschlüssen**, die ähnlich wie ein Urteil Rechtsfolgen mit materieller Rechtskraft festlegen, wird es entsprechend angewendet[3a].

Die **Wirkung des Verschlechterungsverbotes** wird verschiedentlich damit erklärt, **3** daß dieses Verbot eine einseitige, **teilweise Rechtskraft** der verhängten Strafe ausschließlich zugunsten des Angeklagten herbeiführe[4]. Die Sperrwirkung, die die verhängte Strafe zugunsten des Angeklagten eintreten läßt, wird durch Verwendung des Begriffs der Rechtskraft in ihrer Eigenart aber weder zutreffend erfaßt noch erläutert[5]. Zum Wesen der Rechtskraft gehört es, daß sie, soweit sie eingetreten ist, gegen jedermann wirkt, nicht nur zugunsten des Angeklagten, und außerdem, daß sie, soweit sie reicht,

---

[1] BGHSt **7** 86; **11** 323; **27** 178; **29** 269; BGH NJW **1973** 107; **1980** 1967; BayObLGSt **1953** 34; *Frisch* MDR **1973** 715; KK-*Ruß*[1] 2; *Kleinknecht/Meyer*[38] 1; KMR-*Paulus* 2; *Peters* JZ **1957** 484; *Schlüchter* 627; *Eb. Schmidt* 2.

[2] Vgl. zu der schon früher streitigen Frage etwa *Eb. Schmidt* 2; *Schmidt* JR **1950** 193; *Seibert* MDR **1954** 340.

[3] BGHSt **9** 332; BayVerfGHE **11** II 195 = NJW **1959** 285; OLG Hamburg MDR **1980** 598; KK-*Ruß*[1] 2; *Kleinknecht/Meyer*[38] 1.

[3a] Vgl. Vor § 296, 24; Vor § 304, 21; § 309, 19; § 460, 41.

[4] So etwa RGSt **67** 64; BGHSt **11** 322; BGH GA **1970** 84; LM Nr. 21 zu § 358; BayObLGSt **1952** 66; BayObLG JZ **1979** 652; OLG Hamm MDR **1977** 861; KK-*Ruß*[1] 2 (beschränkte Rechtskraft besonderer Art); *Peters* JZ **1957** 483; BGHSt **27** 179 läßt dies offen.

[5] Vgl. KMR-*Paulus* 9; *Eb. Schmidt* 3; Nachtr. I 2; *Hanack* JZ **1973** 660. *Kleinknecht* 1 und *Grethlein* Verschlechterungsverbot 141 erklären das Verschlechterungsverbot als „Verwirkung" des staatlichen Strafanspruchs. *Kapsa* Das Verbot der reformatio in peius im Zivilprozeß (1976) sieht die dogmatische Grundlage des Verbots nur in der gesetzlichen Anordnung, nicht in einer Prozeßmaxime. Zu den verschiedenen Auffassungen vgl. *Meyer-Goßner* FS Kleinknecht 287.

jede Überprüfung des Ersturteils ausschließt, also auch die Nachprüfung der dem Schuldspruch zugrunde liegenden Feststellungen und ihrer rechtlichen Beurteilung. In den Fällen des § 331 trifft alles dies nicht zu. Auch die zugunsten des Angeklagten oder von ihm selbst eingelegte unbeschränkte Berufung verpflichtet das Berufungsgericht, die gesamte Tat selbständig zu beurteilen, wie auch sonst im Berufungsverfahren[6].

4 Will man das Wesen des Verschlechterungsverbots nicht nur als vom Gesetzgeber eingeräumte **Rechtswohltat**[7] erklären sondern es wegen seiner Auswirkungen noch durch einen anderen Rechtsbegriff verdeutlichen, so könnte man es wohl am ehesten als einen in der Unterlassung der Anfechtung des Urteils zum Ausdruck gekommenen, endgültigen **Verzicht** des Staates auf schwerere Rechtsfolgen verstehen oder als **Verwirkung** des auf schwerere Rechtsfolgen gerichteten staatlichen Strafanspruchs durch Nichtbetreiben.

5 Einen **besonderen Strafrahmen** enthält § 331 nicht[8].

2. Gegenstand des Verschlechterungsverbots

6 a) Gegenstand des Verschlechterungsverbots sind **Art und Höhe der Rechtsfolgen**. Absatz 1 deckt sich nunmehr mit den §§ 358 Abs. 2, 373 Abs. 2. Die frühere Verschiedenheit im Wortlaut beruhte darauf, daß § 358 Abs. 2 bereits im Entwurf stand, während § 331 erst von der Reichstagskommission aufgenommen worden ist[9].

7 b) Das Verschlechterungsverbot betrifft **nicht den Schuldspruch**[10] oder einzelne Urteilsfeststellungen. Das Berufungsgericht wird durch § 331 nicht gehindert, über die Schuldfrage neu zu entscheiden, einen größeren Tatumfang anzunehmen oder diese anders, auch schwerer, zu bewerten, also etwa wegen Diebstahls statt wegen Unterschlagung zu verurteilen, oder wegen Verbrechens statt wegen Vergehens, wegen eines schwerere statt leichtere Strafe androhenden Gesetzes, oder wegen Tatmehrheit statt Tateinheit und umgekehrt. Er darf auf die gleiche Strafe erkennen[11]. Nur die vom Erstgericht verhängte Strafe darf es nicht erhöhen oder verschärfen[12], dies gilt auch, wenn im Schuldspruch statt einer Ordnungswidrigkeit ein strafregisterpflichtiges Vergehen angenommen wird[13].

8 Das Verbot der Verschlechterung verhindert eine Veränderung des Schuldspruchs auch dann nicht, wenn dadurch die **Anwendbarkeit eines Straffreiheitsgesetzes** entfällt[14]. Umgekehrt wird auch die Veränderung des Schuldspruchs wegen des Weg-

---

[6] RGSt **62** 402.
[7] BGHSt **332**; **27** 178; **29** 270; KK-*Ruß*[1] 2; *Kleinknecht/Meyer*[38] 1; vgl. KMR-*Paulus* 9 (mehr als die Entscheidungsregel läßt sich nicht hineininterpretieren).
[8] a. A KG GA **75** (1931) 337.
[9] Zur Auslegung der früheren Fassung („Nachteil"): RGSt **9** 324; **25** 398; BayObLGSt **15** 108.
[10] H. M; so etwa BGHSt **21** 260; NJW **1986** 322; NStZ **1984** 262; bei *Pfeiffer/Miebach* NStZ **1986** 209; KK-*Ruß*[1] 3; *Kleinknecht/Meyer*[38] 8; KMR-*Paulus* 3; *Eb. Schmidt* 4; 5; a. A *Wietschier* StrVert. **1986** 173. (Keine Änderung des Tenors zum Nachteil des Angeklagten). *Peters*[2] § 72 II 2 hält eine Verböserung des Schuldspruchs für unzulässig, wenn sich dadurch Charakter und Bedeutung der Bestrafung ändern. Zweifel an der herrschenden Meinung äußern *Grünwald* JZ **1966** 108; **1968** 233 und *Ganske* Der Begriff des Nachteils, 26. Nach *Hanack* JZ **1973** 661 sollte die Frage neu überdacht, eine Verschärfung des Urteilstenors sollte vermieden werden.
[11] BGH NStZ **1984** 262.
[12] RGSt **25** 397; **56** 119; **62** 97; 130; 216; 401; **65** 63 67 217. BGHSt **21** 260; BGH JZ **1978** 245.
[13] BayObLGSt **1955** 160. Zum Teilfreispruch vgl. Rdn. 15.
[14] KMR-*Paulus* 3; vgl. dazu OLG Oldenburg JZ **1955** 511 mit abl. Anm. *Kleinknecht*; ob es die Fürsorgepflicht dem Gericht in solchen Fällen gebietet, den Angeklagten auf die Möglichkeit einer Verschlechterung des

falls der Verfahrensvoraussetzungen für eine abgeurteilte Tat dadurch nicht ausgeschlossen. Nimmt der Erstrichter eine Antragstat an, so steht § 331 der Verurteilung wegen eines Offizialdelikts auch dann nicht entgegen, wenn sich der Mangel des Antrags erst im Berufungsverfahren herausstellt[15]. Wäre die abgeurteilte Tat unter dem vom Erstgericht angenommenen rechtlichen Gesichtspunkt verjährt, so kann das Berufungsgericht den Schuldspruch trotz § 331 auf ein Gesetz gründen, das Verjährung noch nicht rechtfertigt[16]. Fällt umgekehrt ein Verfahrenshindernis weg, so kann zwar der Schuldspruch entsprechend geändert werden, das Verbot der Verschlechterung verhindert aber eine höhere Bestrafung.

c) Das Verschlechterungsverbot betrifft also **ausschließlich die Rechtsfolgen**; es läßt die vom Erstgericht erkannt Strafe zur Obergrenze werden, auch wenn der geänderte Schuldspruch an sich höhere Strafe erlauben oder erfordern würde[17]. Nach dem Gesetzeswortlaut gilt es nur für die im Urteil selbst ausgesprochenen Rechtsfolgen[18]. Ob es analog auch auf die **Beschlüsse** anzuwenden ist, die aus Anlaß des Urteils ergehen, ist strittig[19].

9

Das Verschlechterungsverbot geht auch **zwingenden Vorschriften über die Strafart** und **die Strafbemessung** vor (z. B. Mindeststrafen, Asperationsprinzip u. a.). Es kann zu Strafen führen, die unterhalb der untersten Strafgrenze des vom Berufungsgericht angewandten Strafgesetzes liegen[20]. § 331 enthält aber keine Strafzumessungsregel, sondern legt nur die **Obergrenze** der noch zulässigen Strafe fest. Das Berufungsgericht ist also nicht verpflichtet, eine vom Erstrichter ausgesprochene Strafe nur deshalb zu mildern, weil es die abgeurteilte Tat nur in einem geringeren Umfang für erwiesen hielt oder weil es sie unter einen an sich milderen Gesichtspunkt beurteilt[21]. Der Wegfall einer von mehreren Verurteilungen zwingt auch nicht dazu, die Gesamtstrafe zu mildern[22], denn § 331 Abs. 1 gewährleistet nur die Einhaltung der Obergrenze, nicht aber darüber hinaus zusätzliche, sachlich ungerechtfertigte Vorteile (kein Rabatt). Die Möglichkeit, daß unter Umständen auf die gleiche Strafe erkannt wird, begründet noch keine die freie Entscheidung des Angeklagten beeinträchtigende Besorgnis[23].

10

Schuldspruchs und die sich daraus für ihn ergebenden Nachteile hinzuweisen und eine Rücknahme oder Beschränkung seiner Berufung anzuregen, erscheint fraglich (so aber *Kleinknecht* aaO). In der Hauptverhandlung dürfte die Zustimmung des Staatsanwalts in einem solchen Fall auch kaum noch zu erlangen sein.

[15] RGSt 65 246.
[16] RG HRR 1930 Nr. 685.
[17] RGSt **62** 82; **67** 64; BayObLGSt **1955** 112 = JR **1955** 472; KK-*Ruß*[1] 3; vgl. die Nachw. Fußn. 20.
[18] Vgl. etwa OLG Hamm NJW **1978** 1596; *Gollwitzer* JR **1977** 347; *Horn* MDR **1981** 14.
[19] Dazu § 268 a, 20; § 305 a, 12 mit Nachw. zum Streitstand.
[20] RGSt **62** 82; **65** 63; BGHSt **11** 319; **27** 179 (auf Vorlage OLG Saarbrücken gegen OLG Köln MDR **1976** 597); BayObLGSt **1970** 163; VRS **59** 197; OLG Dresden JW **1930** 332; OLG Düsseldorf NJW **1964** 216; OLG Hamm JMBlNW **1958** 203; OLG Oldenburg MDR **1956** 630; KK-*Ruß*[1] 3; *Kleinknecht/Meyer*[38] 1.
[21] KK-*Ruß*[1] 3; *Kleinknecht/Meyer*[38] 11; Beispiel: War ein Strafausspruch wegen Verwendung eines unzulässigen Straferhöhungsgrundes aufgehoben worden, so darf trotz § 331 mit zutreffender Begründung dieselbe Strafe verhängt werden. (RG DRiZ **1930** Nr. 25; OLG Schleswig bei *Ernesti/Jürgensen* SchlHA **1970** 200); vgl. ferner etwa BGH **11** 323; **27** 179; VRS **66** 443; KG JR **1977** 348; OLG Köln MDR **1953** 440.
[22] RGSt **2** 202; **47** 170; **53** 164; BGH NJW **1953** 164.
[23] BGHSt **7** 86. Vgl. aber auch OLG Düsseldorf StrVert. **1986** 146 und allgemein zu den Grenzen, die sich aus den Einsatzstrafen ergeben Rdn. 11.

3. Tragweite des Verschlechterungsverbots

11 a) Das Verschlechterungsverbot schließt es aus, daß für die **abgeurteilte Tat** im verfahrensrechtlichen Sinn (§ 264) schwerere Rechtsfolgen verhängt werden als im Ersturteil, es gilt aber auch hinsichtlich jeder einzelnen durch Ansatz einer eigenen Rechtsfolge abzuurteilenden **selbständigen strafbaren Handlung** im Sinne des § 53 StGB[24]; denn die Einsatzstrafe kann bei Wegfall der Gesamtstrafe eigenständige Bedeutung erlangen. Zur Neuaufteilung der Einsatzstrafen bei irriger Beurteilung der Konkurrenzlage vgl. Rdn. 68.

12 Im übrigen ändert § 331 nichts daran, daß bei uneingeschränkter Berufung die **ganze Tat** im Sinne des § 264 Gegenstand des Berufungsverfahrens wird[25]. Dies gilt auch, wenn das Erstgericht unter der Annahme mehrerer selbständiger Handlungen im Sinne des § 53 StGB den Angeklagten teils verurteilt, teils freigesprochen hat und nur der Angeklagte das verurteilende Erkenntnis angefochten hatte. Das Berufungsgericht darf — sofern keine wirksame Rechtsmittelbeschränkung vorliegt[26] — wegen des **Gesamtvorgangs** verurteilen[27], es darf lediglich keine höhere Strafe als das Erstgericht aussprechen. Die Aufrechterhaltung des zu Unrecht ergangenen Freispruchs fordert § 331 nicht. Sind **rechtsirrig zwei selbständige Taten** angenommen und vom Amtsgericht in getrennten Verfahren abgeurteilt worden, obwohl es sich nur um eine Tat im verfahrensrechtlichen Sinn gehandelt hat, so darf das Berufungsgericht, das auf Berufung des Angeklagten beide Verfahren zur Behebung der doppelten Rechtshängigkeit verbindet, bei Annahme von Tateinheit nur eine Strafe aussprechen, die hinter der Summe der beiden Einzelstrafen zurückbleibt; denn wenn die Urteile des Amtsgerichts nicht angefochten worden wären, hätte eine Gesamtstrafe gebildet werden müssen[28].

13 b) Die **Sperrwirkung** des Verschlechterungsverbots kann — insoweit ist die Parallele zur Rechtskraft berechtigt — nicht weitergehen, als die **Rechtskraft der nicht angefochtenen Entscheidung** reichen würde. Soweit diese einer erneuten Aburteilung in einem späteren Verfahren nicht entgegensteht, kann auch § 331 den Angeklagten nicht vor einer schärferen Bestrafung schützen, wenn das Verfahren noch nicht abgeschlossen ist. Schließt die Rechtskraft die nachträgliche Änderung einer verhängten Rechtsfolge zum Nachteil des Angeklagten nicht aus, dann ist auch schon das Berufungsgericht daran nicht gehindert, denn dann liegt insoweit keine Verschlechterung der Rechtsposition des Angeklagten vor; so etwa bei der Gesamtstrafenbildung unter Einbeziehung einer Vorverurteilung, die der Erstrichter nicht kannte und über die er nicht mitentschieden hat[29].

---

[24] BGHSt **1** 252; **4** 345; **13** 41; **14** 7; **27** 178; StrVert. **1982** 510; BayObLG VRS **59** 197; OLG Köln VRS **62** 283; OLG Stuttgart NJW **1965** 1874. Vgl. auch BayObLG bei *Rüth* DAR **1974** 183 (Fahrverbot, das allein wegen einer Straftat verhängt wurde, darf nach Freispruch wegen der Straftat vom Berufungsgericht nicht mit einer sachlich damit zusammentreffenden Ordnungswidrigkeit begründet werden).

[25] Vgl. § 327, 1.

[26] Vgl. § 318, 23 ff. Ist die Berufung wirksam auf die Verurteilung beschränkt, so unterliegt der Teilfreispruch nicht der Nachprüfung durch das Revisionsgericht, damit stellt sich das Problem nicht; vgl. OLG Köln VRS **61** 283.

[27] BGHSt **21** 256 = LM Nr. 6 mit Anm. *Kohlhaas*; BayObLGSt **1977** 16 = VRS **53** 127; VRS **59** 197. Zweifelnd insoweit *Grünwald* JZ **1968** 233; *Hanack* JZ **1973** 661; a. A OLG Köln VRS **27** 188; vgl. § 318, 23.

[28] BayObLGSt **1961** 135 = NJW **1961** 1685.

[29] BayObLGSt **1974** 102; **1979** 105 = VRS **48** 86; JR **1980** 378; dazu abl. *Maiwald* JR **1980** 353; BayObLG JZ **1979** 652; OLG Hamm MDR **1977** 861; KK-*Ruß*[1] 4; *Kleinknecht/ Meyer*[38] 10; KMR-*Paulus* 33; a. A OLG Karlsruhe JR **1983** 164 mit abl. Anm. *Gollwitzer* = NStZ **1983** 137 mit abl. Anm. *Ruß*; *Maiwald* JR **1980** 353; vgl. auch *Schlüchter* 627 Fußn. 49; Rdn. 16; 71.

Dies ist insbesondere von Bedeutung, wenn der Erstrichter einen als selbständige **14**
Einzeltat angesehenen Teilakt einer **fortgesetzten Handlung** abgeurteilt hatte. Genauso-
wenig wie dieses Urteil die Strafklage hinsichtlich der übrigen Teile der fortgesetzten
Tat verbraucht, schließt die bei nur einseitiger Anfechtung durch den Angeklagten ein-
tretende Sperrwirkung bei weiteren Tathandlungen eine höhere Bestrafung aus[30].

Das Verschlechterungsverbot gilt, wenn sich eine fortgesetzte Tat im Berufungs- **15**
verfahren als **umfangreicher** darstellt als bei dem Erstrichter[31]. Es gilt jedoch nicht für
die Teile einer fortgesetzten Tat oder Dauerstraftat, die der Angeklagte **nach Verkün-
dung** des angefochtenen Urteils begangen hat[32]. § 331 kann nach seinem Zweck nicht
bewirken, daß eine abgeurteilte Tat während der Dauer des Berufungsverfahrens
straflos fortgesetzt werden kann. Soweit das Berufungsgericht die nach dem Ersturteil
begangenen Tatakte bei seiner Entscheidung mit zu berücksichtigen hat[33], beschränkt
sich die Wirkung des Verschlechterungsverbots auf den zeitlich vor dem Ersturteil lie-
genden Teil der fortgesetzten Tat. Bei Bemessung der Strafe wird dem Verschlechte-
rungsverbot dadurch Rechnung getragen, daß das Berufungsgericht zunächst prüft,
welche Strafe für den vom Erstrichter abgeurteilten Tatteil angemessen ist, wobei § 331
die Obergrenze setzt, und daß es dann bestimmt, welche Strafe durch die nach dem Erst-
urteil liegenden Teilakte verwirkt wäre. Die eigentliche Strafe ist dann unter Berücksich-
tigung des Grundsatzes des § 54 StGB aus beiden fiktiven Teilstrafen zu bilden[34]. Zieht
das Gericht nach § 154 a ausgeschiedene Einzelhandlungen in die Verurteilung mit ein,
steht § 331 der Verhängung einer deswegen ausgesprochenen Strafe nicht entgegen[35].

c) Das Verbot der Verschlechterung gilt nicht nur für das vom Berufungsgericht **16**
selbst zu erlassende Sachurteil. Es setzt dem staatlichen Strafanspruch eine Obergrenze
für das gesamte **weitere Strafverfahren**[36], das ohne die Berufung des Angeklagten nicht
stattgefunden hätte. Soweit dieser Gesichtspunkt reicht, greift das Verschlechterungs-
verbot auch bei **späteren strafrichterlichen Entscheidungen** gegen den Angeklagten
wegen der gleichen Tat ein (vgl. Rdn. 8).

Im **anhängigen Verfahren** ist es bei allen späteren Entscheidungen zu beachten. **17**
Das Rechtsmittelgericht darf wegen einer unterbliebenen Rechtsfolge nicht zurückver-
weisen, wenn diese Folge wegen des Verschlechterungsverbotes nicht mehr verhängt
werden kann[37]. Das Gericht, an das das Berufungsgericht die Sache nach § 328 Abs. 2
weiterverweist, ist dadurch gebunden[38], ebenso aber auch das Berufungsgericht, wenn
es wegen Unzuständigkeit des Amtsgerichts als Gericht des ersten Rechtszuges selbst
entscheidet[39]. Das Verschlechterungsverbot gilt auch, wenn das Amtsgericht zur Sache
entschieden hat, obwohl die Voraussetzungen dafür nicht gegeben waren, etwa weil die
Einspruchsfrist gegen den Strafbefehl versäumt war[40].

---

[30] BGH GA **1970** 84; BayObLGSt **1982** 92 = BayObLG JZ **1982** 869; KK-*Ruß*¹ 7; *Klein-knecht/Meyer*³⁸ 10; KMR-*Paulus* 5.
[31] RGSt **65** 63.
[32] BGHSt **9** 324; BayObLG bei *Rüth* DAR **1984** 254; vgl. § 264, 34 mit weit. Nachw.
[33] Vgl. § 264, 35; 38.
[34] BGHSt **9** 324; OLG Frankfurt GA **1970** 84.
[35] KK-*Ruß*¹ 7.
[36] KK-*Ruß*¹ 10.
[37] Vgl. OLG Koblenz VRS **43** 420.
[38] RGSt **8** 307; *Gössel* GA **1968** 368; vgl. § 328, 30 mit weit. Nachw.

[39] Vgl. § 328, 30 mit Nachw.; ferner den Sonderfall BGHSt **31** 63, wo der Übergang in den ersten Rechtszug am Verschlechterungsverbot scheiterte.
[40] BGHSt **18** 127; BayObLGSt **1953** 34; OLG Düsseldorf JR **1986** 121 mit Anm. *Welp*; OLG Hamm NJW **1970** 1039; *Hanack* JZ **1974** 56; KMR-*Paulus* 7. Ebenso *Grethlein* Verschlechterungsverbot 26; Einl. Kap. 11 36; § 358, 20; vgl. BayObLGSt **1953** 5 = NJW **1953** 756 und OLG Oldenburg NJW **1959** 1983 hinsichtlich der vergleichbaren Rechtslage bei einem trotz fehlender Verfah-

§ 331   Drittes Buch. Rechtsmittel

18 Führt die Berufung des Angeklagten zur Einstellung des Verfahrens wegen des Fehlens einer Verfahrensvoraussetzung, so darf in dem nach Beseitigung des Mangels **neu durchgeführten Verfahren** ebenfalls keine schwerere Strafe als im ersten Verfahren mehr ausgesprochen werden[41]. Es wäre, wie das Bayerische Oberste Landesgericht zu Recht ausführt, willkürlich, hier unterscheiden zu wollen, ob das Verfahrenshindernis nach Zurückverweisung noch im gleichen Verfahren behoben wird oder nach Einstellung in einem neuen. Dem Schutzzweck des Verschlechterungsverbots wird nur Genüge getan, wenn man annimmt, daß die Sperrwirkung, die jedes in der Sache gegen den Angeklagten ergangene und nur von ihm allein angefochtene Urteil zu seinen Gunsten auslöst, den staatlichen Strafanspruch begrenzt; denn die staatlichen Organe haben das Urteil — auch wenn es fehlerhaft war — als endgültige Sacherledigung hingenommen[42]. Nur ein nichtiges Urteil würde diese Sperrwirkung nicht herbeiführen.

19 Das Verbot der Verschlechterung gilt auch beim **Übergang vom Sicherungsverfahren** (§ 413) ins Strafverfahren[43].

20 d) Das Verschlechterungsverbot schließt nicht aus, daß in einem vom Gesetz vorgesehenen **Nachverfahren** (z. B. § 56 e, § 67 a StGB)[44] oder in einem **Verfahren** vor den **Verwaltungsbehörden** wegen der Straftat zusätzliche Anordnungen gegen den Angeklagten ergehen können. Soweit das Strafurteil Bindungswirkungen in einem außerstrafrechtlichen Verfahren äußert, ist dies eine Folge der spezialgesetzlichen Regelung (vgl. § 35 Abs. 3 GewO; § 4 Abs. 3 StVG), nicht aber etwa des Verschlechterungsverbots.

21 e) Das Verschlechterungsverbot verbietet nur, daß **gegen den Angeklagten**, für den die Berufung eingelegt ist, eine nachteiligere Entscheidung ergeht. Eine Verschlechterung des Urteilsspruchs gegen Mitangeklagte oder sonstige Verfahrensbeteiligte wird dadurch nicht ausgeschlossen.

4. Eintritt der Sperrwirkung

22 a) Das Verbot der Verschlechterung kann nur bei einer an sich **endgültigen, der Rechtskraft fähigen Sachentscheidung** eintreten, nicht aber bei Zwischenentscheidungen. Es gilt daher nicht für die instanzrichterliche Befugnis zur Heilung fehlerhafter, der Urteilsfindung vorausgehender Entscheidungen[45]. Hat der Erstrichter versehentlich eine notwendige Entscheidung unterlassen, etwa die Festsetzung einer Einsatzstrafe oder die Bestimmung der Tagessatzhöhe, hindert das Verschlechterungsverbot die

---

rensvoraussetzungen ergangenen Berufungsurteil; ferner BayObLGSt **1955** 247 für Ordnungswidrigkeitenverfahren. Die gegenteilige Ansicht von OLG Dresden JW **1929** 2773; *Mamroth* JW **1932** 1782 beruht, wie BayObLGSt **1953** 34 hervorhebt, darauf, daß das Urteil, dessen Sperrwirkung verneint wurde, zu Unrecht als nichtig angesehen worden ist.

[41] Strittig; wie hier BayObLGSt **1961** 124 = NJW **1961** 1487; OLG Hamburg NJW **1975** 1475; *Amelung* 106; KK-*Ruß*[1] 10; *Kleinknecht/Meyer*[38] 4; KMR-*Paulus* 7; *Eb. Schmidt* 7; Nachtr. I 4; § 358, 18; ferner ähnlich RGSt 9 324; **42** 432 (zu § 389); a. A KG HRR **1931** Nr. 1499; BGHSt **20** 80 (obiter dictum);

KK-*Pickart*[1] § 358, 7; *Sarstedt/Hamm* 161. Zum Streitstand *Meyer-Goßner* FS Kleinknecht, 287; für § 389 vgl. § 389, 11.

[42] Dazu *Grethlein* Verschlechterungsverbot 27 ff, wonach der Staat sein Recht auf strengere Ahndung „verwirkt". Im Schrifttum wird vielfach auch von einer Bindungswirkung gesprochen; vgl. ferner Rdn. 3 („Teilrechtskraft").

[43] BGHSt **11** 322; *Hanack* JZ **1973** 661; KMR-*Paulus* 11.

[44] BayObLG bei *Rüth* DAR **1970** 263; OLG Stuttgart NJW **1954** 611; KMR-*Paulus* 11; zum Teil strittig, vgl. die Kommentare zu § 56 e StGB.

[45] *Schmidt* JZ **1969** 758.

Nachholung nicht, denn insoweit fehlt es an einer verschlechterungsfähigen Entscheidung überhaupt[46].

b) Das Verbot der Verschlechterung greift bei jeder **Berufung zugunsten des Angeklagten** ein, ganz gleich, ob der Angeklagte selbst, zu seinen Gunsten die Staatsanwaltschaft oder sein gesetzlicher Vertreter Berufung eingelegt hat (Absatz 1). In Betracht kommt daher auch Berufung des Verteidigers (§ 297) und des gesetzlichen Vertreters (§ 298). **23**

Ob die **Berufung der Staatsanwaltschaft** zugunsten des Angeklagten eingelegt ist **24** (§ 296 Abs. 2), ist nach dem Gesamtinhalt des Erklärten zu beurteilen, nicht nach Umständen außerhalb dieser Erklärung[47], also nicht nach ihrem übrigen Verhalten im Verfahren, etwa nach ihrem Schweigen auf eine Erklärung des Verteidigers. Leider stellt die Strafprozeßordnung für die Staatsanwaltschaft insoweit keinen Erklärungszwang auf, obwohl schon mit Rücksicht auf § 302 Abs. 1 dringend zu fordern ist, daß sich die Staatsanwaltschaft über die Richtung ihres Rechtsmittels deutlich erklärt. Die Vorschrift des § 331 belegt diese Notwendigkeit ebenfalls. Ist die Richtung der Berufung nicht näher erläutert, so wird das Rechtsmittel, wenn auch sein Inhalt nichts hierüber ergibt, nicht als nur zugunsten des Angeklagten eingelegt gewertet werden können[48]. Nach § 301 wirkt jedes Rechtsmittel der Staatsanwaltschaft auch zugunsten des Beschuldigten[49]. Hatte die Staatsanwaltschaft das Rechtsmittel zuungunsten des Angeklagten eingelegt, hat es jedoch nur zugunsten des Angeklagten Erfolg gehabt, so gilt § 331 ebenfalls[50].

Soweit die **zuungunsten des Angeklagten** eingelegte Berufung zu einer Nachprü- **25** fung des Urteils führt, tritt die Sperrwirkung des § 331 nicht ein. Dies gilt auch, wenn die Staatsanwaltschaft die Berufung fälschlich auf einen keiner gesonderten Nachprüfung zugänglichen Beschwerdepunkt beschränkt hatte[51].

c) Das Verschlechterungsverbot greift auch ein, wenn **beide Seiten Berufung** ein- **26** legen, diejenige der Staatsanwaltschaft aber verworfen wird[52]. Ein verworfenes Rechtsmittel wirkt nicht zum Nachteil des Angeklagten und beseitigt den Rechtsvorteil des § 331 nicht. Es liegt so, als ob der Angeklagte von vornherein allein Berufung eingelegt hätte.

Ficht der Angeklagte den Schuldspruch an, die Staatsanwaltschaft zu seinen Un- **27** gunsten aber nur den Strafausspruch, dann kann das Berufungsgericht die Strafe auf die **beschränkte staatsanwaltschaftliche Berufung** hin allenfalls bis zur oberen Strafgrenze des vom Erstrichter angewandten Strafgesetzes[53] erhöhen, auch wenn die durch die Berufung des Angeklagten veranlaßte Nachprüfung des Schuldspruchs zur Verurteilung wegen eines mit schwerer Strafe bedrohten Strafgesetzes führen sollte. Denn allein eingelegt hätte die beschränkte Berufung der Staatsanwaltschaft keinen weitergehenden Erfolg haben können; es würde gegen den Sinn des § 331 verstoßen, wenn die Berufung

---

[46] BGHSt **4** 345; **13** 403; **30** 93 (auf Vorlage); vgl. Rdn. 39 mit weit. Nachw.
[47] BGHSt **2** 41.
[48] Vgl. § 296, 32 ff.
[49] RGSt **45** 64; vgl. § 301.
[50] RGSt **45** 64; BGHSt **13** 41; JZ **1959** 448 mit Anm. *Peters*; BGH bei *Dallinger* MDR **1969** 904; *Hanack* JZ **1973** 661; KK-*Ruß*¹ 3; § 358, 19.
[51] OLG Hamburg VRS **44** 188; OLG Hamm NJW **1966** 474; KMR-*Paulus* 14.
[52] RGSt **45** 64; OLG Celle NdsRpfl. **1977** 252.
[53] Dies schließt auch eine im früheren Urteil nicht in Erscheinung getretene straflose Nachtat mit ein, BGH JZ **1978** 245.

§ 331   Drittes Buch. Rechtsmittel

des Angeklagten eine darüber hinausgehende Strafverschärfung auslösen könnte[54]. Strittig ist jedoch, ob das Berufungsgericht den hierdurch gezogenen Strafrahmen voll ausschöpfen darf, um auch den erhöhten Unrechtsgehalt des abgeänderten Schuldspruchs mit erfassen zu können oder ob auch hier § 331 erfordert, daß die Strafe vom Berufungsgericht auf der Grundlage des von der Staatsanwaltschaft nicht angefochtenen früheren Schuldspruchs ermittelt wird, um jede nachteilige Auswirkung der Berufung des Angeklagten auf die Strafhöhe auszuschalten[55].

28   d) Hat der **Nebenkläger** zulässigerweise im vollen Umfang Berufung eingelegt, so gilt das Verschlechterungsverbot auch dann nicht, wenn das Berufungsgericht, entgegen dem Erstrichter, ein Strafgesetz anwendet, das an sich nicht zur Nebenklage berechtigt[56].

29   5. **Verzichtbarkeit.** Ob es mit Zweck und Sinn des Verschlechterungsverbotes, die hauptsächlich im Psychologischen liegen, vereinbar ist, daß der Angeklagte aus persönlichen Gründen ausdrücklich auf die Wirksamkeit des Verbots des § 331 verzichten kann, erscheint sehr fraglich[57]. Die Frage dürfte kaum praktische Bedeutung haben, denn ein vernünftiger Grund, warum der Angeklagte auf die Anwendung einer ihn nur begünstigenden Vorschrift verzichten sollte, wird in aller Regel fehlen. Der vom Bundesgerichtshof in BGHSt 5 312 entschiedene Fall findet dadurch ebenfalls keine Patentlösung. Der Angeklagte, der die Sicherheitsverwahrung der Unterbringung in einem psychiatrischen Krankenhaus vorzog, hat damit nur das für ihn persönlich weniger lästige Übel für den Fall wählen wollen, daß die Austauschbarkeit beider Maßregeln (das eigentliche Problem) bejaht wird; er hätte aber kaum in die Sicherungsverwahrung eingewilligt, wenn er der Meinung gewesen wäre, daß diese ohnehin nicht mehr wegen § 331 verhängt werden durfte und daß die Unterbringung im psychiatrischen Krankenhaus entfällt[58].

---

[54] RGSt **62** 216; 403; RG HRR **1928** 2071; BGH JZ **1978** 245; NJW **1986** 322; OLG Celle NJW **1967** 2275; OLG Hamm NJW **1957** 1850; OLG Köln MDR **1981** 1038; OLG Oldenburg NJW **1955** 159; OLG Stuttgart JZ **1966** 105 mit Anm. *Grünwald*; KMR-*Paulus* 15; *Eb. Schmidt* 6.

[55] So OLG Hamburg NJW **1961** 745; *Grünwald* JZ **1966** 109; *Peters* § 74 III 5; **a.** A die wohl herrschende Meinung RGSt **62** 401; RG HRR **1928** Nr. 2071; OLG Oldenburg NJW **1955** 159; OLG Stuttgart JZ **1966** 105; insbes. auch OLG Hamm NJW **1957** 1850. Waren in drei selbständigen Fällen drei Geldstrafen verhängt worden und legt der Angeklagte voll, die Staatsanwaltschaft nur in einem der Fälle unter Beschränkung auf das Strafmaß Berufung ein, so darf künftig wegen einer alle diese Teilakte umfassenden fortgesetzten Tat auf Gefängnis erkannt werden; vgl. auch KG JR **1977** 348.

[56] RGSt **65** 62; 131; RG HRR **1933** Nr. 265; BGHSt **13** 143 (versuchter Mord statt gefährlicher Körperverletzung); KMR-*Paulus* 14.

[57] Verneinend OLG Köln VRS **50** 97; OLG Schleswig SchlHA **1985** 142; KMR-*Paulus* 8; *Eb. Schmidt* Nachtr. I 3 a; *Schlüchter* 631.2; ferner *Grethlein* Verschlechterungsverbot 141 (staatlicher Strafanspruch ist dem Einfluß des Angeklagten auch hinsichtlich des Umfangs seiner Verwirklichung entzogen; kein Paktieren zwischen Staat und Angeklagten, daß über das zulässige Maß hinaus bestraft werde). Einen Verzicht halten für möglich LG Kiel SchlHA **1969** 127; *Ganske* Nachteil 70; *Seibert* MDR **1954** 341.

[58] Vgl. *Bruns* JZ **1954** 334; *Dallinger* MDR **1951** 331.

II. Veränderung des Rechtsfolgenausspruchs zum Nachteil des Angeklagten

1. Die Neufassung des § 331 stellt jetzt klar, daß das Verschlechterungsverbot für **alle Rechtsfolgen** gilt, die der Strafrichter wegen einer Straftat verhängen kann, mit Ausnahme der in Absatz 2 ausdrücklich ausgenommenen Heilbehandlungsmaßnahmen. Unerheblich ist insoweit, ob diese Rechtsfolgen im materiellen Strafrecht als Haupt- oder Nebenstrafen, als Maßregeln der Besserung und Sicherung oder als sonstige Nebenfolgen qualifiziert werden. Dies entspricht dem psychologischen Grundanliegen des Verschlechterungsverbots[59] und entsprach auch schon bei der früheren Fassung des Absatz 1 („Strafe") der herrschenden Meinung[60]. Die **Kosten- und Auslagenentscheidung** rechnet nicht zu den Rechtsfolgen; das Verschlechterungsverbot gilt für sie nicht[61]. **30**

2. Eine Ausnahme macht **Absatz 2** nur bei den dort ausdrücklich aufgeführten Maßregeln der Besserung und Sicherung. Die Unterbringung in einem **psychiatrischen Krankenhaus** oder einer **Entziehungsanstalt** fallen nicht unter das Verschlechterungsverbot. Sie haben die Behandlung des Angeklagten zum Gegenstand; ihre nachträgliche Anordnung dient vom Standpunkt des Gesetzes aus dem wohlverstandenen Interesse des Angeklagten. Die Maßnahmen dürfen deshalb vom Berufungsgericht nachträglich zusätzlich verhängt oder an die Stelle anderer Strafen oder Maßregeln der Besserung und Sicherung gesetzt werden, ohne daß es darauf ankommt, welche Rechtsfolge die mildere ist. Dem umgekehrten Austausch setzt jedoch das Verschlechterungsverbot Grenzen. **31**

3. Ob eine **Verschlechterung** vorliegt, muß durch **Vergleich** aller vom Erstrichter verhängten Unrechtsfolgen mit den vom Berufungsgericht auf Grund des Ergebnisses der Berufungsverhandlung für angebracht gehaltenen Sanktionen ermittelt werden. Ist bei nach Art und Zweck sehr unterschiedlichen Rechtsfolgen nicht möglich, in objektiver Abwägung sicher zu bestimmen, welche den Angeklagten stärker benachteiligt, so muß ein Austausch unterbleiben[62]. **32**

Zu berücksichtigen ist dabei die **Gesamtheit** der für die jeweilige Straftat verhängten Reaktionsmittel („Gesamtschau")[63], so daß, sofern eine Mehr-Weniger-Beziehung zwischen ihnen hergestellt werden kann, eine Verschiebung in Richtung der weniger schweren Maßnahme — bei gleichschweren, im wesentlichen gleichartigen Maßnahmen auch ein Austausch — vorgenommen werden kann. Zum Beispiel wird es für zulässig gehalten, wenn die Geldstrafe vermindert und der abzuführende Mehrerlös erhöht wird[64]. Die Obergrenze, die durch die Summe beider, auf eine Geldzahlung gerichteten Maßnahmen gebildet wird, darf allerdings nicht überschritten werden. Ähnlich kann eine Verringerung der Freiheitsstrafe eine Erhöhung der Geldstrafe rechtfertigen[65] oder die Entziehung der Fahrerlaubnis durch ein Fahrverbot ersetzt werden[66]. **33**

---

[59] Vgl. Rdn. 1.
[60] Vgl. etwa *Frisch* MDR **1973** 719: Strafe ist nach der ratio legis jede als Folge einer Straftat zu begreifende strafrechtliche Sanktion; ferner BGHSt **4** 157; **5** 178.
[61] Vgl. Rdn. 114.
[62] BGHSt **25** 38 = JR **1973** 162 mit Anm. *Maurach*; OLG Oldenburg MDR **1976** 162; *Schlüchter* 629.
[63] Vgl. etwa BGHSt **24** 14; **29** 270; BGH NStZ **1983** 168; BayObLGSt **1979** 9 = VRS **58** 38; OLG Celle MDR **1976** 156; OLG Koblenz VRS **47** 416; OLG Köln NJW **1964** 1984; KK-*Ruß*¹ 5; *Kleinknecht/Meyer*³⁸ 12; KMR-*Paulus* 17; *Schlüchter* 629.
[64] OGHSt **2** 190.
[65] Vgl. Rdn. 44.
[66] Vgl. Rdn. 91. Zum früheren Recht vgl. RGSt **67** 85 (Ermäßigung der Freiheitsstrafe bei Erhöhung der Dauer des Ehrverlusts nach § 36 StGB a. F.); RGSt **69** 76 (Austausch der Sicherungsverwahrung gegen Entmannung); zum Austausch der Sicherungsmittel vgl. BGHSt **5** 312; ferner *Bruns* JZ **1954** 735.

34 Ob eine Verschlechterung vorliegt, ist unter Berücksichtigung der **konkreten Umstände des Einzelfalls**[67] unter Abwägung der Nachteile zu ermitteln, die dem Angeklagten bei **objektiver Würdigung** seiner Belange zugefügt werden. Auf das rein subjektive Empfinden des Betroffenen, auf seine persönlichen Wünsche kommt es nicht an[68], eine schwere Maßregel darf also nicht etwa deshalb verhängt werden, weil sie vom Angeklagten aus rein persönlichen Gründen bevorzugt wird (Beispiel früher: Zuchthaus statt Gefängnis). Jedoch dürfte es möglich sein, bei der Abwägung zweier objektiv gleich schwer erscheinenden Maßnahmen zu berücksichtigen, wenn der Angeklagte verständige Gründe dafür angeben kann, weshalb die eine nach den gegebenen Umständen für ihn schwerer wiegt als die andere[69]. Zu der Frage des Verzichts vgl. Rdn. 29.

35 Strittig ist, ob ein Nachteil im Sinne des Verschlechterungsverbots dann nicht gegeben ist, wenn die vom Berufungsgericht angeordnete Rechtsfolge auch in einem **späteren Verfahren** (strafprozessuales Nachverfahren, Verwaltungsverfahren) ausgesprochen werden könnte, das Urteil des Berufungsgerichts also einen Rechtsverlust, der den Angeklagten ohnehin später treffen würde, **nur vorzieht**[70]. Den Interessen der Prozeßwirtschaftlichkeit steht das Argument entgegen, daß mitunter nicht mit Sicherheit gesagt werden kann, daß eine solche nachträgliche Anordnung auch tatsächlich ergehen wird (Ermessensentscheidungen, andere Beurteilung der Notwendigkeit schon wegen des Zeitablaufs), sowie daß ein sofort angeordneter Rechtsverlust für den Angeklagten ein größeres Übel bedeutet als ein später in einem anderen Verfahren möglicher[71]. Hier sollte man unterscheiden: Es verschlechtert die Position des Angeklagten, wenn das Berufungsgericht schon eine Maßnahme anordnet, die eine Verwaltungsbehörde später in einem anderen Verfahren aus Anlaß der Straftat anordnen könnte (etwa ein Berufsverbot)[72]. Ist dagegen die Rechtsfolge **im Strafverfahren** selbst zu treffen und würde auch die Rechtskraft des Urteils ihrer Anordnung im Nachverfahren nicht entgegenstehen, dann ist das Berufungsgericht durch das Verschlechterungsverbot nicht gehindert, diese Entscheidung zu treffen, etwa eine vom Erstrichter unterlassene Gesamtstrafenbildung nachzuholen[72a].

36 Dem **Vollstreckungsverfahren** vorbehaltene Anordnungen haben bei Beurteilung der Frage, ob eine Verschlechterung der im Urteil festgesetzten Strafe nach Art und Höhe vorliegt, außer Betracht zu bleiben. § 331 verpflichtet das Berufungsgericht nicht, bei Festsetzung der für angemessen gehaltenen Freiheitsstrafe darauf Rücksicht zu nehmen, daß dem Angeklagten die Möglichkeit erhalten bleibt, bedingte Aussetzung des Strafrestes zu erlangen[73].

---

[67] So z. B. BGHSt **24** 11 (abl. *Pawlik* NJW **1971** 666); BayObLG JZ **1970** 695; OLG Köln NJW **1964** 1984; KMR-*Paulus* 17; *Schlüchter* 629; 631.1. Wegen der ähnlichen Erwägungen für die Feststellung des milderen Gesetzes nach § 2 StGB vgl. die Erläuterungsbücher zum StGB. Ob BGHSt **25** 38; OLG Oldenburg MDR **1976** 162 die konkreten Umstände des Einzelfalls bei der Abwägung außer acht lassen wollen, wenn sie im Interesse eines objektiv gesicherten Ergebnisses eine „generell objektive" Betrachtungsweise fordern, erscheint nicht sicher, ausgeschlossen wird mit Recht die rein subjektive Betrachtung.

[68] Wohl herrschende Meinung, vgl. etwa BayObLGSt **1972** 110; OLG Düsseldorf VRS **72** 202; JZ **1954** 730; GA **1956** 234; *Grethlein* Verschlechterungsverbot 142; *Jagusch* JZ **1953** 699; KMR-*Paulus* 17; *Schlüchter* 629; vgl. die Nachw. Fußn. 82.

[69] Vgl. BGHSt **5** 316 (dazu *Eb. Schmidt* 23; *Seibert* MDR **1954** 341); *Dallinger* MDR **1954** 333; *Grethlein* Verschlechterungsverbot 142; *Maurach* JR **1973** 162.

[70] Eine Verschlechterung verneinen RGSt **44** 295; *Cramer* NJW **1968** 1766; *Ganske* Nachteil 7 19, 102.

[71] So etwa *Frisch* MDR **1973** 719; *Grethlein* Verschlechterungsverbot 42; 100.

[72] KMR-*Paulus* 19; vgl. Fußn. 71.

[72a] Vgl. Rdn. 13 mit Nachw.

[73] BayObLGSt **1959** 143 = NJW **1959** 1838 (zu § 26 StGB a. F.)

4. Eine **Korrektur der angefochtenen Entscheidung** wird durch das Verschlechterungsverbot nur insoweit ausgeschlossen, als sie zu einer Verschärfung der durch das Urteil festzusetzenden staatlichen Reaktionsmittel führen würde. Sind in das Urteil rechtsirrig Entscheidungen mit aufgenommen, die vom Gericht nicht im Urteil, eventuell auch gar nicht im Erkenntnisverfahren zu treffen sind, so verstößt es nicht gegen das Verschlechterungsverbot, wenn diese fehlerhaften Zusätze gestrichen oder, eventuell nach Umdeutung des Rechtsmittels, in dem dafür vorgesehenen Verfahren zu Lasten des Angeklagten geändert werden. § 331 ist z. B. nicht verletzt, wenn die Entscheidung über die Erhöhung einer als Bewährungsauflage verhängten Geldbuße fälschlicherweise in das Urteil aufgenommen wird[74] oder wenn ein der Entscheidung der Vollstreckungsbehörde vorgreifender Zusatz über den bedingten Straferlaß auf Grund eines Straffreiheitsgesetzes im Urteil gestrichen wird[75]. **37**

Die **Nachholung** eines versehentlich im Ersturteil **weggelassenen Entscheidungsteils** verstößt nur dann nicht gegen § 331, wenn dies kein zusätzliches Strafübel für den Angeklagten bedeutet; wenn also nur eine bereits im Ersturteil ausgesprochene Strafe oder Maßregel ergänzt oder konkretisiert oder klargestellt wird. **38**

Eine vom Errichter **vergessene Einsatzstrafe** kann vom Berufungsgericht nachträglich festgesetzt werden, sofern sich an der Gesamtstrafe nichts zum Nachteil des Angeklagten ändert, insoweit fehlt eine verschlechterungsfähige Einzelentscheidung[76]. Gleiches gilt für die Nachholung einer in die Gesamtfreiheitsstrafe einbezogenen einzelnen Geldstrafe[77]. Die Einzelstrafen sind jedoch so zu bemessen, daß sich aus ihnen die frühere Gesamtstrafe bilden läßt, die nicht überschritten werden darf[78]. Nachgeholt werden darf auch eine vom Errichter vergessene Festsetzung der **Tagessatzhöhe**[79]. **39**

Auch die Nachholung der **Einziehung des Führerscheins**, die bei der Anordnung über die Entziehung der Fahrerlaubnis vergessen worden ist, hat der Bundesgerichtshof[80] für zulässig erachtet. **40**

III. Einzelfragen

1. Verschlechterung der Strafart

a) Ob eine Verschlechterung der Strafart vorliegt, richtet sich nach der **gesetzlichen Strafenfolge**. Diese hat sich seit dem Wegfall der verschiedenen Arten der Freiheitsstrafe bei den Hauptstrafen vereinfacht. Die einheitliche Freiheitsstrafe steht nunmehr der leichteren Geldstrafe gegenüber[81]. Soweit eine feste gesetzliche Rangfolge **41**

---

[74] OLG Hamm VRS **37** 263.
[75] BGH LM Nr. 15 zu § 358 mit Anm. *Jagusch*.
[76] BGHSt **345** = BGH LM Nr. 11 zu § 358; BGHSt **30** 96; BGH JZ **1952** 538; NJW **1979** 936; OLG Frankfurt NJW **1973** 1057; OLG Karlsruhe Justiz **1974** 386; KK-*Ruß*[1] 4; *Kleinknecht/Meyer*[38] 7; KMR-*Paulus* 30; 36; *K. Meyer* JR **1979** 389; *Seibert* MDR **1954** 340.
[77] BGHSt **30** 96.
[78] RG HRR **1931** Nr. 1828.
[79] BGHSt **30** 93; BGH JR **1979** 389 mit Anm. *Meyer*; OLG Hamm JR **1979** 74 mit Anm. *Gössel*; OLG Stuttgart Justiz **1982** 233; KK-*Ruß*[1] 4; *Kleinknecht/Meyer*[38] 7; KMR-*Paulus* 36; a. A LG Würzburg JZ **1979** 148 (höherer Tagessatz als DM 2,– ist Verschlechterung).
[80] BGHSt **5** 168 = LM Nr. 3 zu § 42 StGB mit Anm. *Kohlhaas* = NJW **1954** 159 mit Anm. *Schmidt-Leichner*.
[81] Ob die §§ 8 bis 13 WStG eine solche Rangfolge zwischen der Freiheitsstrafe und dem Strafarrest begründen, erscheint fraglich. Nach Ansicht von BayObLGSt **1958** 47 = NJW **1958** 876 darf, wenn statt auf Gefängnisstrafe unter einem Monat auf Strafarrest erkannt werden muß, die Dauer des Strafarrests diejenige der Gefängnisstrafe nicht übersteigen.

nicht besteht, wie etwa zwischen den einzelnen Maßregeln der Sicherung und Besserung und den sonstigen Nebenfolgen, ferner bei den Reaktionsmitteln des Jugendrechts (Rdn. 49 ff) ist die Bewertung schwierig und führt zu zahlreichen Zweifelsfragen.

42 Die Vielgestalt und die verschiedene Zielrichtung der einzelnen Unrechtsfolgen erlaubt keinen **einheitlichen, allgemeingültigen Vergleichsmaßstab**. Es ist zwar davon auszugehen, daß nach der Wertordnung unseres Rechtssystems Maßnahmen, die einen Freiheitsentzug herbeiführen, schwerer wiegen als Maßnahmen, die den Angeklagten wirtschaftlich treffen oder die nur die Handlungsfreiheit in einer einzelnen Richtung hin einschränken oder in sonstige Grundrechte, wie etwa das Eigentum (Einziehung!) eingreifen. Da sich aber keine weitergehende allgemeine abstrakte Bewertungsskala aufstellen läßt, in der sich alle in Frage kommenden Reaktionsmittel für alle denkbaren Vergleichskombinationen sicher einordnen lassen, verbleibt nur die Möglichkeit des **Einzelvergleichs** der jeweils in Frage kommenden Maßnahmen im **konkreten Einzelfall**.

43 Im einzelnen:

b) **Freiheitsstrafe** darf, auch bei Aussetzung zur Bewährung, immer durch **Geldstrafe** ersetzt werden, selbst wenn der Angeklagte die Geldstrafe als drückender empfindet, nicht jedoch umgekehrt[82].

44 Mildert das Berufungsgericht die Freiheitsstrafe in eine Geldstrafe, so darf es diese zwar beliebig hoch festsetzen, die durch die Zahl der Tagessätze festgelegte **Ersatzfreiheitsstrafe** darf aber die frühere Freiheitsstrafe nicht überschreiten[83]. Das gleiche gilt bei den bei der Gesamtgeldstrafe festzusetzenden Tagessätzen (Ersatzfreiheitsstrafen) sowie für die Summe der verbleibenden Freiheits- und Ersatzfreiheitsstrafen[84], die nicht höher sein darf, als die Summe der Freiheitsstrafen des Ersturteils. War neben Freiheitsstrafe mit unrichtiger Begründung Geldstrafe verhängt worden, so darf die Freiheitsstrafe nicht erhöht, die Geldstrafe aber mit zutreffender Begründung aufrechterhalten werden.

45 c) Bei der **Geldstrafe** bilden die Zahl der Tagessätze und die Geldsumme, die sich aus dieser Zahl und der Höhe des einzelnen Tagessatzes ergibt Obergrenzen, die nicht überschritten werden dürfen[85]. Die Anzahl der Tagessätze, nach der sich die Ersatzfreiheitsstrafe bemißt, darf deshalb auch dann nicht erhöht werden, wenn sich die Höhe des einzelnen Tagessatzes entsprechend vermindert[86], während umgekehrt bei einer Verminderung der Zahl der Tagessätze eine Erhöhung des einzelnen Tagessatzes möglich ist[87], wenn die Gesamtsumme der früheren Geldstrafe eingehalten bleibt[88]. Be-

---

[82] RGSt **2** 205; **66** 203; RG LZ **1927** 1145; BayObLGSt **1974** 102 = VRS **48** 87; OLG Düsseldorf VRS **72** 202; OLG Hamburg MDR **1982** 776; OLG Hamm VRS **40** 22; OLG Schleswig SchlHA **1949** 138; **1979** 56.

[83] RGSt **62** 82; OGHSt **2** 190; OLG Düsseldorf VRS **72** 202; OLG Oldenburg NdsRpfl. **1958** 40.

[84] BayObLGSt **1952** 239 = NJW **1953** 233; ferner BayObLGSt **1971** 7; **1972** 110; **1982** 43 = GA **1973** 47; VRS **62** 440; OLG Hamburg MDR **1982** 776.

[85] OLG Celle NJW **1976** 121; NdsRpfl. **1977** 252; OLG Düsseldorf JR **1986** 121 mit Anm. *Welp*; OLG Köln VRS **60** 46; KK-*Ruß*¹ 5; *Kleinknecht/Meyer*³⁸ 16; KMR-*Paulus* 34; *Schlüchter* 630; vgl. ferner die Nachw. Fußn. 88.

[86] H. M, vgl. etwa OLG Hamm NJW **1977** 724; *Grebing* JZ **1976** 745; *D. Meyer* MDR **1981** 281; *Oswald* DAR **1976** 152; *Schröder* NJW **1978** 1302; *Vogler* JR **1978** 356; und die Nachw. Fußn. 85, 87, 88.

[87] H. M vgl. Fußn. 38; **a. A** *Kadel* GA **1979** 459 (auch Tagessatzhöhe unterliegt Verschlechterungsverbot).

[88] BayObLGSt **1979** 127 = JR **1981** 40; BayObLG VRS **58** 38 bei *Rüth* DAR **1985** 247; OLG Celle NJW **1976** 121 (dazu *Oswald* DAR **1976** 152); OLG Düsseldorf JR **1986** 121 mit Anm. *Welp*; OLG Hamm NJW **1977** 724; OLG Köln VRS **60** 46; OLG Schleswig

willigt das Gericht **Zahlungserleichterungen,** vor allem die Tilgung der Geldstrafe in Raten (§ 42 StGB), dann darf das Berufungsgericht nur unter den Voraussetzungen des § 459 a Abs. 2 (Vorliegen neuer Tatsachen oder Beweismittel) diese Erleichterungen zum Nachteile des Angeklagten verschlechtern[89].

d) **Die Verwarnung mit Strafvorbehalt** ist die leichteste Sanktion im Strafensystem des Strafgesetzbuchs. An ihrer Stelle kann daher nicht die vorbehaltene Geldstrafe unmittelbar verhängt werden. Dagegen ist es zulässig, an Stelle der Verwarnung von Strafe überhaupt abzusehen (§ 60 StGB)[90]. Die Verhängung einer Geldbuße anstelle der Verwarnung dürfte dagegen mit dem Verschlechterungsverbot zu vereinbaren sein. Hat das Erstgericht die Verwarnung unzulässigerweise mit einem **Fahrverbot** verbunden, dann kann nach Ansicht des BayObLG das Fahrverbot, dessen Voraussetzungen vorlagen, bestehen bleiben[91]. **46**

e) Die wegen einer Ordnungswidrigkeit verhängte **Geldbuße** ist eine mildere Sanktion als die Geldstrafe. Das Berufungsgericht darf also, wenn es eine vom Erstrichter mit Geldbuße geahndete Tat als Straftat wertet, nicht die Geldbuße durch eine Geldstrafe ersetzen. **47**

f) Die **Abführung von Mehrerlös** ist stets milder als eine Freiheitsstrafe, auch wenn inzwischen ein Straffreiheitsgesetz eingreift und daher nunmehr nicht mehr zu einer Freiheitsstrafe verurteilt werden kann[92]. **48**

g) Das Verschlechterungsverbot gilt auch im **Jugendstrafverfahren**[93]. Die hier bestehenden zahlreichen strittigen Einzelfragen können nur zum Teil erwähnt werden. Im übrigen muß auf das einschlägige Schrifttum verwiesen werden. **49**

Die **Jugendstrafe** ist im Sinne des § 331 keine mildere Strafart als die Freiheitsstrafe[94]. Soll daher eine nach Erwachsenenrecht verhängte Freiheitsstrafe durch eine Jugendstrafe ersetzt werden, dann zwingt das Verbot der Verschlechterung unter Umständen dazu, die in § 18 JGG vorgesehene Untergrenze der Jugendstrafe von sechs **50**

SchlHA **1976** 172; *Horn* JR **1977** 97; KK-*Ruß*[1] 5; *Kleinknecht/Meyer*[38] 16; KMR-*Paulus* 34; *D. Meyer* MDR **1981** 281; *D. Meyer* NJW **1979** 148; *Roos* NJW **1976** 1483; *Vogler* JR **1978** 356; *Vogt* NJW **1981** 899; **a. A** *Schröder* NJW **1978** 1302 (nur Zahl der Tagessätze Verschlechterung); ebenso *Grebing* JR **1981** 1. Vgl. auch die Kommentarliteratur zu § 40 StGB.
[89] OLG Hamburg MDR **1986** 517; OLG Schleswig JR **1980** 425 mit Anm. *Zipf*; dazu KK-*Ruß*[1] 5 (keine Verschlechterung weil Geldstrafe gesenkt); KMR-*Paulus* 37; vgl. Rdn. 35.
[90] KMR-*Paulus* 22.
[91] BayObLGSt **1981** 190 = NStZ **1982** 258 mit abl. Anm. *Meyer-Goßner.*
[92] OLG Braunschweig NdsRpfl. **1951** 52.
[93] H. M; vgl. etwa BGHSt **16** 335; *Grethlein,* Verschlechterungsverbot; *Lackner* GA **1955** 33; *Potrykus* NJW **1955** 929; **1961** 863; **1967** 185 und die Kommentare zum JGG.

[94] BGHSt **5** 366; **8** 349; **10** 100; **27** 176; **29** 269; OLG Düsseldorf NJW **1964** 216; OLG Hamm NJW **1958** 203; OLG Oldenburg NJW **1956** 1730; *Eb. Schmidt* 9, Nachtr. I 5; *Potrykus* NJW **1955** 930; *Schnitzerling* NJW **1956** 1385; **a. A** *Petersen* NJW **1961** 349, der zwar die Jugendstrafe für milder hält, ebenso *Peters*[4] § 72 II 2, der aber gleichzeitig darauf hinweist, daß auch dann das Verschlechterungsverbot ausschließt, eine Freiheitsstrafe durch eine längere Jugendstrafe zu ersetzen. *Grethlein,* Verschlechterungsverbot 152 f hält beide Strafarten für gleich schwer, fordert aber, daß bei Umwandlung der Jugendstrafe in Gefängnisstrafe der frühestmögliche Entlassungszeitpunkt (vgl. § 88 Abs. 2 JGG, § 57 StGB) sich nicht zuungunsten des Angeklagten verschieben dürfe. Er will deshalb das Maß der an die Stelle der Jugendstrafe tretenden Freiheitsstrafe nach diesem Zeitpunkt bestimmt wissen; vgl. ferner *Eisenberg*[2] § 55, 87.

§ 331　　　　　　　Drittes Buch. Rechtsmittel

Monaten zu unterschreiten[95]. Umgekehrt darf statt einer Jugendstrafe keine gleichhohe Freiheitsstrafe verhängt werden; ihre Dauer ist so abzustimmen, daß der Angeklagte generell die Möglichkeit hat, nach dem gleichen Vollstreckungszeitraum bedingt entlassen zu werden wie bei der ursprünglichen Jugendstrafe[96]. War wegen zweier Straftaten eine Gesamtfreiheitsstrafe ausgesprochen worden und wird nachträglich hinsichtlich einer dieser Taten auf Jugendstrafe erkannt, dann darf die Dauer der Jugendstrafe zusammen mit der rechtskräftigen Freiheitsstrafe die Dauer der früheren Gesamtstrafe nicht überschreiten[97].

51　**Jugendstrafe von unbestimmter Dauer** darf an die Stelle einer bestimmten Jugendstrafe treten, wenn ihr Höchstmaß das der bestimmten Jugendstrafe nicht überschreitet und ihr Mindestmaß so bemessen wird, daß sich die Möglichkeit, einer bedingten Entlassung nicht verschlechtert[98], während vor allem im umgekehrten Fall strittig ist, ob hier Höchstmaß[99], Mindestmaß[100] oder ein aus beiden zu ermittelndes Mittelmaß[101] die Grenze setzen.

52　War die **Verhängung der Jugendstrafe ausgesetzt** (§ 27 JGG), so darf an ihre Stelle nicht auf eine zu vollziehende Jugendstrafe erkannt werden, auch nicht, wenn sie niedriger ist oder wenn einschneidende Auflagen entfallen[102]. Strittig ist, ob eine Verschlechterung vorliegt, wenn die Jugendstrafe zur Bewährung ausgesetzt wird, wobei das Höchstmaß der möglichen Jugendstrafe ein Jahr und die Höchstdauer der Bewährungsfrist zwei Jahre beträgt[103]. Strittig ist ferner, ob die Aussetzung der Verhängung der Jugendstrafe durch Jugendarrest oder durch geschlossene Fürsorgeerziehung ersetzt werden darf[104].

53　Das Verschlechterungsverbot gilt auch im Verhältnis zwischen den Strafen und den **Zuchtmitteln und Erziehungsmaßregeln** des Jugendrechts; ferner auch zwischen

---

[95] OLG Düsseldorf JMBlNW **1964** 7; OLG Hamm NJW **1958** 203; OLG Oldenburg NJW **1956** 1730; *Brunner*[8] § 55, 39; *Eisenberg*[2] § 55, 88; KMR-*Paulus* 23; *Eb. Schmidt* 9 Nachtr. 5; ferner etwa *Dallinger* MDR **1956** 12; *Lackner* GA **1955** 36 f; *Schnitzerling* NJW **1956** 1385; *Grethlein* Verschlechterungsverbot 151; a. A *Potrykus* NJW **1955** 930; **1956** 656; JZ **1965** 423; *Peters* § 72 II 2 (Jugendstrafe unter 6 Monaten ist ausgeschlossen. Kann wegen des Verschlechterungsverbots keine Jugendstrafe in dieser Höhe verhängt werden, sind nur Zuchtmittel und Erziehungsmaßregeln zulässig).

[96] BGHSt **29** 274; *Kleinknecht/Meyer*[38] 14; KMR-*Paulus* 23; *Schlüchter* 630; *Brunner*[8] § 55, 39; *Eisenberg*[2] § 55, 86; 87.

[97] BGHSt **8** 349.

[98] *Brunner*[8] § 55, 33 (Mindestmaß nicht über ein Drittel der bestimmten Strafe); *Eisenberg*[2] § 55, 84 a mit weit. Nachw. Vgl. auch Fußn. 99 bis 101.

[99] OLG Hamburg NJW **1960** 1970; LG Hannover NJW **1974** 2297; KK-*Ruß*[1] 9; zum Streitstand vgl. *Eisenberg*[2] § 55, 84 a.

[100] *Brunner*[8] § 55, 33; *Grethlein*, Verschlechterungsverbot 60; KMR-*Paulus* 24.

[101] *Petersen* NJW **1961** 349; *Bachmann* NJW **1973** 1030 sieht unter Heranziehung des Rechtsgedankens von § 89 Abs. 3 Satz 3 JGG in der Regel in der um ein Jahr erhöhten Mindeststrafe die Obergrenze für das Verschlechterungsverbot.

[102] *Brunner*[8] § 55, 27; *Eisenberg*[2] § 55, 80.

[103] BGHSt **9** 104 verneint für diesen Fall die Verschlechterung; a. A *Brunner*[8] § 55, 27; *Eisenberg*[2] § 55, 81. Vgl. *Dallinger/Lackner* vor § 55, 23, wonach die Aussetzung der Verhängung der Jugendstrafe milder ist als die Jugendstrafe mit oder ohne Aussetzung zur Bewährung; ferner *Grethlein* Verschlechterungsverbot 92 ff, insbes. 97; wonach nur dann ohne Verletzung des Verschlechterungsverbots auf Jugendstrafe erkannt werden darf, wenn auch ohne die Anfechtung im Nachverfahren nach § 30 JGG Jugendstrafe zu verhängen wäre.

[104] *Brunner*[8] § 55, 27; 26 verneint dies; a. A *Eisenberg*[2] § 55, 79 b mit weit. Nachw.

den einzelnen Zuchtmitteln und Erziehungsmaßregeln[105]. Insbesondere ist auch die schwerste der Erziehungsmaßregeln, die **Fürsorgeerziehung** in einer geschlossenen Anstalt, wegen des damit verbundenen Eingriffs in die Freiheit als nachteilige Rechtsfolge im Sinne des § 331 anzusehen, wenn sie durch das Strafgericht als Folge einer Straftat ausgesprochen wird[106].

Im **Verhältnis** zwischen den **Strafen** und den **Zuchtmitteln** und **Erziehungsmaßregeln** kann nicht davon ausgegangen werden, daß alle echten Strafen, einschließlich der Geldstrafe, schon ihrer Strafnatur wegen schwerer wiegen als die Zuchtmittel und Erziehungsmaßnahmen. An sich läge es nahe, aus der Gruppeneinteilung des § 5 Abs. 2 JGG den Schluß zu ziehen, daß die Zuchtmittel und Erziehungsmaßregeln des JGG gegenüber den Strafen vom Gesetzgeber generell als das mildere Reaktionsmittel klassifiziert sind. Dies trifft jedoch nicht zu, weil diese spezifischen Reaktionsmittel des Jugendrechts gegenüber den Strafen kein minus, sondern ein aliud sind[107]. Die an sich einfachere Bewertung der Gruppe nach müßte in Einzelfällen zu Ergebnissen führen, die mit dem Sinn des Verschlechterungsverbots nicht mehr zu vereinbaren wären. Ob die Strafe oder das Zuchtmittel oder die Erziehungsmaßregel milder ist, hängt davon ab, welches Reaktionsmittel im **konkreten Einzelfall** sich als der tiefere Eingriff in die Rechtsstellung des Betroffenen darstellt[108]. Hierbei ist von der konkreten Belastung auszugehen, die das jeweilige Reaktionsmittel bei vernünftiger objektiver Würdigung der Interessenlage des Verurteilten für diesen bedeutet[109]. **54**

Eine nach der Schwere des Eingriffs geordnete, **abstrakte Rangordnung** der einzelnen Reaktionsmittel[110] kann daher zwar Anhaltspunkte für die Bewertung geben, sie bedarf aber immer der Überprüfung an Hand der besonderen Lage des Einzelfalls. Die zahlreichen und zum Teil streitigen Einzelfragen, die sich hinsichtlich des Vergleichs dieser einzelnen Reaktionsmittel untereinander und im Verhältnis zu den Strafen, Nebenfolgen und Besserungs- und Sicherungsmaßregeln des allgemeinen Strafrechts ergeben, können hier nicht erörtert werden. Insoweit muß auf die Erläuterungsbücher zum JGG verwiesen werden. **55**

---

[105] Vgl. etwa BGHSt 10 198; BGH LM Nr. 16 zu § 358; bei *Dallinger* MDR 1957 397; etwa OLG Köln NJW 1964 1684; OLG Oldenburg OLGSt 1; LG Nürnberg-Fürth NJW 1968 120; *Brunner*[8] § 55, 22 ff; *Eisenberg*[2] § 55, 75 ff; *Grethlein* Verschlechterungsverbot 36; *Kleinknecht/Meyer*[38] 13; KMR-*Paulus* 25.

[106] *Brunner*[8] § 55, 23; *Eisenberg*[2] § 55, 77; *Kleinknecht/Meyer*[38] 13; KMR-*Paulus* 26; *Petersen* NJW 1961 348; *Peters*[4] (§ 72 II 2) ist dagegen der Ansicht, daß die Erziehungsmaßregeln überhaupt nicht unter das Verschlechterungsverbot fallen, da sie materiell-rechtlich fürsorgenden Charakter haben und vom Vormundschaftsrichter jederzeit ohne Bindung an die Auffassung des Strafrichters angeordnet werden könnten; dazu *Grethlein* Verschlechterungsverbot 42 f; 100 f.

[107] *Grethlein* Verschlechterungsverbot 109.

[108] BayObLGSt 1970 160 = JZ 1970 695; OLG Köln NJW 1964 1684; LG Nürnberg-Fürth NJW 1968 120; *Brunner*[8] § 55, 72; *Eisenberg*[2] § 55, 74 a; KMR-*Paulus* 26.

[109] *Brunner*[8] § 55, 22; *Eisenberg*[2] § 55 JGG.

[110] Nach *Brunner*[8] § 55, 23 ergibt sich von unten nach oben folgende Schwereskala: Verwarnung, Erziehungsbeistandschaft, Auflagen (interne Reihenfolge: Entschuldigung, Wiedergutmachung, Buße), Weisungen (einschließlich Erziehungshilfe durch Disziplinarvorgesetzten), Jugendarrest (Kurzarrest, Dauerarrest, Freizeitarrest ist durch konkreten Vergleich einzustufen), Fürsorgeerziehung; Jugendstrafe, Freiheitsstrafe. Das Bußgeld nach dem OWiG ist vor dem Jugendarrest einzusetzen, ob dies auch für die Geldstrafe gilt, ist strittig (vgl. Fußn. 111 ff). Zu ähnlichen Einstufungen vgl. *Eisenberg*[2] § 55, 75 ff; *Grethlein* Verschlechterungsverbot 160; KMR-*Paulus* 26.

§ 331 Drittes Buch. Rechtsmittel

56 Die Befugnis, **Jugendarrest** durch Geldstrafe zu ersetzen, wurde für den jeweils entschiedenen konkreten Fall bejaht[111], wobei allerdings auch hier die Zahl der Arresttage die Zahl der Tagessätze nach oben begrenzen dürfte[112]. Umgekehrt findet sich auch die Ansicht, daß Jugendarrest an die Stelle einer nach Erwachsenenrecht verhängten Geldstrafe treten dürfe[113]. Strittig ist ferner, ob Jugendarrest gegenüber einer zur Bewährung ausgesetzte Freiheitsstrafe die mildere Rechtsfolge ist[114].

2. Strafhöhe

57 a) **Allgemeines.** Bei gleicher Strafart darf das bisherige Strafmaß nicht überschritten werden, auch nicht, wenn jetzt ein Strafgesetz mit höherer Strafuntergrenze angewandt wird[115]. Aufgehobene Freiheitsstrafe begrenzt die neu zu verhängende Freiheitsstrafe; Geldstrafe wird von ihr nur insoweit begrenzt, als ihre Ersatzfreiheitsstrafe (Zahl der Tagessätze) die frühere Freiheitsstrafe nicht übersteigen darf[116]. War früher auf Geldstrafe erkannt, so darf Wertersatzstrafe hinzutreten, wenn beide zusammen die frühere Geldstrafe nicht überschreiten[117].

58 Gewährt das neue Urteil **Strafermäßigung** nach § 157 StGB, so darf die Strafe, von der dabei ausgegangen wird, höher als im angefochtenen Urteil angesetzt werden, jedoch darf die ermäßigte Strafe, auf welche erkannt wird, die frühere nicht übersteigen[118]. Stellt sich heraus, daß ein schwereres Gesetz verletzt ist, als bisher angenommen worden war, so darf die **Mindestgrenze** des verletzten Gesetzes nur insoweit unterschritten werden, als die frühere Strafe niedriger lag[119].

59 Sind wegen **ein- und derselben strafbaren Handlung** (§§ 52, 53 StGB) mehrere Strafen oder sonstige Rechtsfolgen festgesetzt worden, so darf die eine verringert und die andere erhöht werden, wenn nur das Gesamtergebnis den Angeklagten nicht stärker belastet als die ursprüngliche Verurteilung[120]. Waren trotz Tateinheit irrig zwei Strafen nebeneinander verhängt worden, so bildet die aus ihnen gebildete Gesamtstrafe bzw. ihre Summe nunmehr die Höchstgrenze der neuen Strafe[121].

60 Auf das Gesamtergebnis allein darf jedoch nicht abgestellt werden, soweit **mehrere sachlich zusammentreffende Straftaten** im Sinne des § 53 StGB abgeurteilt worden sind. Da die für jede rechtlich selbständige Handlung festgesetzten Rechtsfolgen (Einsatzstrafen usw.) auch selbständig Bestand haben, gilt das Verschlechterungsverbot auch für sie[122].

---

[111] BayObLGSt **1970** 160 = JZ **1970** 695; OLG Köln NJW **1964** 1684; LG Nürnberg-Fürth MDR **1962** 326; vgl. *Eisenberg*² § 55, 91; KMR-*Paulus* 25.

[112] Vgl. *Eisenberg*² § 55, 91; ferner Rdn. 44.

[113] OLG Hamburg NJW **1963** 68; LG Nürnberg-Fürth MDR **1962** 326.

[114] Bejahend die vorherrschende Meinung OLG Düsseldorf NJW **1961** 891; dazu *Potrykus* NJW **1961** 863; OLG Hamburg NJW **1963** 67; OLG Hamm NJW **1971** 1666 = JR **1972** 73 mit abl. Anm. *Brunner*; OLG Oldenburg OLGSt 1; OLG Schleswig SchlHA **1985** 142; *Eisenberg*² § 55, 79 b; KMR-*Paulus* 25; a. A LG Nürnberg-Fürth NJW **1968** 120 (unter Aufgabe von NJW **1962** 326); *Grethlein* Verschlecherungsverbot 120; *Brunner*⁸ § 55, 26 mit weit. Nachw.

[115] Vgl. Rdn. 34; 52.

[116] H. M; vgl. Rdn. 44; RGSt **62** 82; OGHSt **2** 190; OLG Dresden JW **1927** 2080; OLG Schleswig SchlHA **1949** 138; KMR-*Paulus* 22.

[117] OGHSt **2** 187.

[118] RGSt **61** 383; OLG Oldenburg MDR **1976** 162.

[119] RG HRR **1931** Nr. 173.

[120] OLG Oldenburg MDR **1976** 162.

[121] RGSt **62** 63; **67** 275; RGRspr. **2** 239; RG JW **1930** 2437; BGH NJW **1963** 1260; bei *Holtz* MDR **1981** 988; BayObLG bei *Rüth* DAR **1982** 255; KK-*Ruß*¹ 3; KMR-*Paulus* 31; vgl. Rdn. 68.

[122] Vgl. Rdn. 11.

b) Die **Freiheitsstrafe** darf im neuen Urteil nicht erhöht werden. Das neue Urteil **61** darf bei gleichbleibender Freiheitsstrafe auch nicht weniger **Untersuchungshaft** oder eine andere Freiheitsentziehung (§ 51 StGB) anrechnen als das bisherige[123]. Kürzt das Berufungsgericht die Strafe, so darf es die bisherige Anrechnung der Untersuchungshaft ebenso kürzen; das Maß der zu verbüßenden Strafe darf sich dadurch aber nicht erhöhen[124]. War die Untersuchungshaft voll auf die Gesamtstrafe angerechnet worden, so ist sie auch wieder voll anzurechnen, wenn im Berufungsverfahren nur noch eine einzige Tat übrigbleibt. Hat das Berufungsgericht eine Geldstrafe statt der Freiheitsstrafe verhängt, so ist die früher angerechnete Untersuchungshaft durch Verrechnung mit der entsprechenden Zahl von Tagessätzen auszugleichen[125].

Hat das Erstgericht versehentlich eine unter der **Mindeststrafe von sechs Monaten** liegende Freiheitsstrafe verhängt, muß Berufungsgericht trotzdem die Anwendbarkeit des § 47 StGB prüfen[126]. **62**

c) Bei Verurteilung zu einer **Geldstrafe** erfaßt das Verschlechterungsverbot sowohl die Zahl der Tagessätze als auch den Gesamtbetrag, der sich aus Zahl und Höhe des einzelnen Tagessatzes ergibt[127]. Da ein Tagessatz einem Tag Ersatzfreiheitsstrafe entspricht (§ 43)[128], würde die Erhöhung der Zahl der Tagessätze auch bei gleichem Gesamtbetrag eine Verschlechterung bedeuten. Auf die durch die Zahl der Tagessätze festgelegte Ersatzfreiheitsstrafe ist die frühere Rechtsprechung, die eine Verschlechterung auch hinsichtlich der Ersatzfreiheitsstrafe verbot, weiterhin anwendbar. **63**

Hat das Gericht eine unter dem **gesetzlichen Mindestmaß** (fünf Tagessätze) liegende Zahl von Tagessätzen verhängt, so kann das Berufungsgericht diese an sich unzulässige Strafe beibehalten. Das Verschlechterungsverbot verbietet nur ihre Erhöhung, es zwingt aber nicht dazu, überhaupt von Strafe abzusehen[129] **64**

d) Gesamtstrafe. Hat das Ersturteil auf eine Gesamtstrafe (Gesamtfreiheitsstrafe, Gesamtgeldstrafe §§ 53, 55 StGB) erkannt, so gilt das Verbot der Verschlechterung sowohl für die Gesamtstrafe als auch für jede Einzelstrafe, aus der sich die Gesamtstrafe zusammensetzt[130], bei der Geldstrafe auch hinsichtlich der Zahl der Tagessätze (Ersatzfreiheitsstrafe). Die Einbeziehung einer früheren Geldstrafe in die vom Berufungsgericht zu bildende Gesamtstrafe bedeutet eine Verschlechterung[131]. **65**

---

[123] RGSt **66** 353; BGH JZ **1952** 754; KMR-*Paulus* 28.
[124] RGSt **59** 231; RGRspr **2** 602; RG HRR **1930** Nr. 2045; BGH JZ **1952** 754; KMR-*Paulus* 28.
[125] BayObLGSt **1952** 66; KMR-*Paulus* 28.
[126] OLG Köln MDR **1974** 774; KMR-*Paulus* 29.
[127] Vgl. Rdn. 45 mit Nachw. Fußn. 85 ff.
[128] Zum Übergangsrecht vgl. BayObLGSt **1975** 57 = JZ **1975** 538.
[129] BGHSt **27** 176; *Grebing* JZ **1976** 745; *Kleinknecht/Meyer*[38] 1; KMR-*Paulus* 35; a. A OLG Köln JR **1977** 116 mit abl. Anm. *Meyer*; vgl. Rdn. 10 und zum ähnlichen Problem bei der Jugendstrafe Rdn. 50.

[130] H. M; etwa RGSt **53** 164; **67** 236; RG GA **55** (1908) 316; JW **1927** 2050; BGHSt **1** 252; **4** 346; **13** 41; **27** 176; BGH bei *Pfeiffer/Miebach* NStZ **1983** 359; OLG Hamm OLGSt 5; KK-*Ruß*[1] 4; *Kleinknecht/Meyer*[38] 18; KMR-*Paulus* 30; *Peters* JZ **1959** 448; vgl. Rdn. 11.
[131] BGH bei *Holtz* MDR **1977** 109; BayObLGSt **1972** 80; **1974** 102; **1979** 105; OLG Hamm MDR **1977** 861; OLG Karlsruhe NStZ **1983** 137. Zur strittigen Frage der nachträglichen Gesamtstrafenbildung unter Einbeziehung einer früheren Geldstrafe in eine Gesamtfreiheitsstrafe vgl. Rdn. 12, 39 mit Nachw.

66 Wird der ursprünglich wegen mehrerer selbständiger Taten Verurteilte nunmehr **wegen einer Tat freigesprochen**, so entfällt diese Einzelstrafe. Die Gesamtstrafe ist neu zu bilden, darf aber die bisherige nicht überschreiten und hat im übrigen im Rahmen des § 54 StGB zu bleiben[132].

67 War eine einzige Tat angenommen worden, so darf das Berufungsgericht die bisherige Strafe beibehalten, auch wenn es nur einen **geringeren Tatumfang** annimmt[133]. Wird das Strafmaß derart geändert, daß eine Freiheitsstrafe durch eine oder mehrere, nicht in die Gesamtstrafe einzubeziehende Geldstrafen ersetzt wird (im neuen Strafrecht nur noch in Ausnahmefällen denkbar), dann darf die Summe der Freiheits- und Ersatzfreiheitsstrafen die frühere Gesamtfreiheitsstrafe nicht überschreiten[134].

68 Wird statt wegen **Tateinheit** nunmehr wegen **Tatmehrheit** verurteilt, so darf weder die Gesamtstrafe noch die Summe der Einsatzstrafen die frühere Strafe überschreiten[135]. Sind in einem solchen Fall in die Gesamtstrafe noch Einzelstrafen für weitere Straftaten mit einbezogen worden und fallen davon einige weg, so darf jede der neuen Einsatzstrafen, die an die Stelle der früheren Einheitsstrafe treten, deren Höhe erreichen, die neue Gesamtstrafe darf aber weder die frühere Gesamtstrafe übersteigen, noch darf sie die Summe aus den früheren Einheitsstrafen und den bestehengebliebenen anderen Einzelstrafen erreichen[136]. Wird an Stelle zweier Gesamtstrafen nur eine gebildet, so darf die neue Gesamtstrafe auch die Summe der beiden alten nicht überschreiten[137].

69 War Tateinheit angenommen worden, ist jedoch wegen Tatmehrheit zu verurteilen, und hält das Berufungsgericht die bisherige Strafe für eine der beiden Taten für notwendig, so braucht diese **nicht ermäßigt** zu werden[138]. Die nicht zum Tragen kommenden Einsatzstrafen sind trotzdem in den Urteilsgründen schon wegen der Möglichkeit eines späteren Wegfalls der Gesamtstrafe festzusetzen, wobei § 54 StGB notfalls zurückstehen muß[139].

70 Ist **versehentlich** eine **Gesamtstrafe gebildet** worden, die unter Verstoß gegen § 54 StGB **niedriger** ist als eine der festgesetzten Einzelstrafen, so darf das Berufungsgericht die Gesamtstrafe nicht erhöhen[140]. Die höhere Einzelstrafe ist soweit herabzusetzen, daß die unverändert bleibende Gesamtstrafe dem § 54 StGB genügt, da andernfalls der Angeklagte bei Wegfall der Gesamtstrafe schlechter gestellt wäre als vorher. In einem solchen Fall dürfte es allerdings genügen, die (noch nicht rechtskräftige) Einzelstrafe auf den Betrag der neuen Gesamtstrafe herabzusetzen[141]. Sind unter Auflösung einer vom Erstgericht festgesetzten Gesamtstrafe unter Einbeziehung einer Vorverurteilung zwei neue Gesamtstrafen zu bilden, so darf die Summe der beiden neuen Gesamtstrafen nicht höher sein als die Summe der Vorverurteilung und der aufgelösten Gesamtstrafe[142]. Entfällt eine Gesamtstrafe, die aus einer rechtskräftigen Geldstrafe und einer

---

[132] RGSt **2** 202; **25** 297; **47** 166; **53** 164; vgl. BGHSt **7** 87; BayObLGSt **1955** 160.
[133] RG HRR **1933** Nr. 980; vgl. auch BGHSt **7** 86; KG JR **1977** 348 (keine Herabsetzung der Strafe trotz Teilfreispruch); KK-*Ruß*¹ 3.
[134] BayObLGSt **1952** 239; **1971** 7 = MDR **1971** 860.
[135] Vgl. Rdn. 65, Fußn. 130 mit Nachw.
[136] BGHSt **14** 5; vgl. ferner etwa BGH bei Holtz MDR **1980** 988; BayObLGSt **1969** 15; *Kleinknecht/Meyer*³⁸ 18; KMR-*Paulus* 31.
[137] BGHSt **15** 164; *Kleinknecht/Meyer*³⁸ 19.
[138] BayObLGSt **1955** 112 = JR **1955** 472; KMR-*Paulus* 31; *Eb. Schmidt* 35.
[139] OLG Stuttgart NJW **1965** 1874; KMR-*Paulus* 31.
[140] BayObLGSt **1970** 197 = NJW **1971** 1193; OLG Saarbrücken MDR **1970** 65; KMR-*Paulus* 31.
[141] BayObLGSt **1970** 197; vgl. auch Rdn. 69.
[142] LG Hamburg MDR **1965** 761; vgl. auch OLG Koblenz VRS **64** 270 (Beibehalten der fälschlich gebildeten Gesamtstrafe).

Freiheitsstrafe gebildet worden war, so muß die noch nicht rechtskräftige Freiheitsstrafe soweit herabgesetzt werden, daß die Ersatzfreiheitsstrafe für die Geldstrafe und die neue Freiheitsstrafe die frühere Freiheitsstrafe nicht übersteigen[143]. Ist allerdings eine durch Einbeziehung einer Geldstrafe gebildete Gesamtstrafe wegen Verletzung des Verschlechterungsverbots aufgehoben worden, so dürfen die früheren, bei Gesamtbetrachtung milderen Einzelstrafen auch dann wiederhergestellt werden, wenn die Summe aus Freiheitsstrafe und Ersatzfreiheitsstrafe höher ist als die aufgehobene Gesamtstrafe[144].

Hat der Erstrichter die Bildung einer Gesamtstrafe aus einer **Freiheitsstrafe** und einer **Geldstrafe** abgelehnt, so kann diese vom Berufungsgericht nicht mehr gebildet werden, da die Erhöhung der Freiheitsstrafe gegenüber der Geldstrafe das größere Übel wäre[145]. Zur nachträglichen Einbeziehung einer rechtskräftigen früheren Geldstrafe in eine vom Berufungsgericht gebildete Gesamtfreiheitsstrafe vgl. Rdn. 12; 39. **71**

War im früheren Urteil eine **Gesamtstrafe** unter Einbeziehung einer Freiheitsstrafe gebildet worden, die bis zur Entscheidung des Berufungsgerichts bereits **voll verbüßt** worden ist und deshalb für die Gesamtstrafenbildung ausscheidet, dann darf der Angeklagte des Vorteils, den er durch die frühere Gesamtstrafenbildung erlangt hatte, nicht verlustig gehen. Die Strafe wegen der vom Berufungsgericht abzuurteilenden Tat darf nur so bemessen werden, daß sie zusammen mit der bereits verbüßten Strafe die frühere Gesamtstrafe nicht übersteigt[146]. Hat das Berufungsgericht trotzdem noch eine Gesamtstrafe zu bilden, so ist dieser Ausgleich nicht bei den Einzelstrafen, sondern erst bei Bildung der Gesamtstrafe vorzunehmen[147]. **72**

Auch sonst gilt, daß der Angeklagte einen über das Maß der §§ 54, 55 StGB hinausgehenden **Vorteil**, den er durch einen rechtskräftigen oder nur von ihm angefochtenen Strafausspruch erlangt hat, nicht mehr verlieren darf, wenn eine neuerliche Gesamtstrafenbildung notwendig wird[148]. **73**

e) **War** eine **fortgesetzte Handlung** angenommen und die Strafe dafür festgesetzt worden, und werden nunmehr mehrere selbständige Handlungen angenommen, so darf die jetzige Gesamtstrafe die frühere Strafe nicht übersteigen[149]. Bestand in einem solchen Falle die Strafe aus Freiheits- und Geldstrafe, so ist Erhöhung der Geldstrafe nur zulässig, wenn die Freiheitsstrafe um soviel gekürzt wird, wie sich die Ersatzfreiheitsstrafe verlängert[150]. Gelangt umgekehrt das neue Urteil statt einer Mehrheit selbständiger Handlungen zu einer einzigen, aus ihnen gebildeten Tat, so darf die frühere Gesamt- **74**

---

[143] BayObLGSt **1971** 7; **1972** 110 = GA **1973** 47; BayObLGSt **1982** 43 = VRS **62** 440; *Kleinknecht/Meyer*[38] 20; KMR-*Paulus* 33; vgl. auch Rdn. 44 Fußn. 83.

[144] OLG Hamburg MDR **1982** 776 (Vorteil nicht zweimal); *Kleinknecht/Meyer*[38] 20.

[145] BayObLGSt **1974** 102 = VRS **48** 87; OLG Hamburg MDR **1982** 776; OLG Hamm MDR **1972** 162; vgl. auch BGH bei *Holtz* MDR **1977** 109; vgl. Rdn. 12 mit weit. Nachw. Fußn. 25.

[146] BGHSt **12** 94; BGH MDR **1986** 797; BayObLGSt **1958** 123 = NJW **1958** 1406; OLG Braunschweig NJW **1957** 1644; OLG Hamm JMBlNW **1970** 223; *Hanack* JZ **1973** 661.

[147] BayObLGSt **1959** 80.

[148] BGHSt **8** 203 = LM Nr. 15 zu § 79 StGB a. F mit Anm. *Jagusch*; *Kleinknecht/Meyer*[38] 19; OLG Oldenburg JZ **1955** 510 will diesen Gedanken auch anwenden, wenn der Angeklagte infolge eines Rechtsfehlers im angefochtenen Urteil (es war nicht festgestellt, ob er vorsätzlich oder fahrlässig gehandelt hatte) in Gefahr gerät, der Vergünstigung eines Straffreiheitsgesetzes verlustig zu gehen; vgl. dazu die abl. Anm. von *Kleinknecht* JZ **1955** 511; ferner BGHSt **14** 381 (zust. *Hanack* JZ **1973** 661).

[149] RGSt **57** 238; RG JW **1931** 1611.

[150] RG HRR **1931** Nr. 9.

§ 331 Drittes Buch. Rechtsmittel

strafe als Einzelstrafe bestehen bleiben, wenn sie an sich zulässig und angemessen ist[151]. War von der in der ersten Instanz festgestellten fortgesetzten Handlung in der Berufungsinstanz nur noch wegen eines Einzelaktes verurteilt und der Angeklagte im übrigen freigesprochen worden[152], so erfordert § 331 wegen der qualitativen Änderung des Schuldspruchs keine Herabsetzung der Strafe[153].

3. Strafaussetzung zur Bewährung

75 a) **Allgemein.** Die Bewilligung der Strafaussetzung zur Bewährung bedeutet für den Angeklagten eine solche Besserstellung gegenüber einer zu vollstreckenden Freiheitsstrafe, daß es mit dem Sinn des § 331 unvereinbar wäre, dem Angeklagten diese Vergünstigung zu nehmen, ganz gleich, wie man die Strafaussetzung zur Bewährung rechtsdogmatisch einordnet[154]. Die zur Bewährung ausgesetzte Strafe ist stets milder als die nicht zur Bewährung ausgesetzte[155].

76 b) **Verschlechterung.** Bei einer zur Bewährung ausgesetzten Freiheitsstrafe schließt es das Verbot der Verschlechterung sowohl aus, die Freiheitsstrafe als solche zu verschärfen, als auch, die dafür bewilligte Strafaussetzung in Wegfall zu bringen. Insbesondere kann nicht eine längere, zur Bewährung ausgesetzte Freiheitsstrafe durch eine kürzere ohne Bewährungsmöglichkeit ersetzt werden[156] oder umgekehrt eine nicht zur Bewährung ausgesetzte Freiheitsstrafe durch eine längere mit Aussetzung[157].

77 Die vom Erstgericht bewilligte Vergünstigung der Strafaussetzung verliert der Angeklagte auch nicht dadurch, daß das Berufungsgericht die **Tat anders beurteilt** und etwa statt einer Freiheitsstrafe mehrere Strafen verhängt, aus denen eine Gesamtstrafe zu bilden ist. Etwas anderes gilt, wenn in die Gesamtstrafe neu zu bilden ist, weil Verurteilungen einbezogen werden, die nicht Gegenstand der angefochtenen Entscheidung waren (dazu Rdn. 79).

78 Der **Umwandlung** der zur Bewährung ausgesetzten **Freiheitsstrafe in eine Geldstrafe** steht § 331 nicht entgegen[158]; die Ersatzfreiheitsstrafe darf allerdings auch hier die zur Bewährung ausgesetzte frühere Strafe nicht übersteigen[159].

79 c) **Einbeziehung weiterer Taten.** Das Verbot der Verschlechterung schließt den Wegfall der vom Erstrichter bewilligten Strafaussetzung zur Bewährung nicht aus, wenn das Berufungsgericht nicht nur über die vom Erstrichter abgeurteilten Taten zu entscheiden, sondern in die von ihm neu zu bildende Gesamtstrafe auch noch andere Verurteilungen zur Freiheitsstrafe einzubeziehen hat. Dies gilt sowohl, wenn eine frühere Verurteilung im Rahmen der Gesamtstrafenbildung nach § 55 StGB zu berücksichtigen ist und deshalb über die Strafaussetzung zur Bewährung neu entschieden werden

---

[151] RGSt **67** 238; RG GA **70** (1926) 139; JW **1931** 1618; 2502; **1933** 460.
[152] Vgl. § 260, 47.
[153] RG HRR **1933** Nr. 980; BayObLGSt **1955** 169; OLG Hamm MDR **1974** 597; a. A OLG Hamm JMBlNW **1965** 34; MDR **1970** 347 (Herabsetzung der Strafe).
[154] Vgl. dazu BGHSt **24** 43 und die Kommentare zum StGB.
[155] H. M, etwa BGHSt **7** 180; **9** 104; BGH NJW **1954** 40; BayObLGSt **1962** 2 = NJW **1962** 1261 mit zust. Anm. *Gutmann*; OLG Hamm NJW **1955** 1000; OLG Köln MDR **1956** 760.
[156] BayObLGSt **1959** 143 = NJW **1959** 1838; *Kaufmann* JZ **1958** 300; KMR-*Paulus* 47.
[157] BGH JR **1954** 228; JZ **1956** 100; OLG Frankfurt NJW **1964** 368; OLG Köln VRS **50** 97; OLG Oldenburg MDR **1955** 436; *Kaufmann* JZ **1958** 229; *Kleinknecht/Meyer*[38] 17; KMR-*Paulus* 47: Zum strittigen Verhältnis zwischen Jugendarrest und zur Bewährung ausgesetzter Jugend- oder Freiheitsstrafe vgl. Rdn. 56.
[158] OLG Frankfurt NJW **1964** 368; vgl. Rdn. 68 und Fußn. 159.
[159] OLG Oldenburg MDR **1955** 437; KMR-*Paulus* 47.

muß (vgl. § 58 StGB), als auch dann, wenn das Berufungsgericht selbst auf eine weitere zusätzliche Freiheitsstrafe erkennt (etwa nach Nachtragsanklage oder nach Verbindung) oder wenn der Angeklagte die Tat nach dem Ersturteil fortgesetzt hat[160]. In diesen Fällen hat das Berufungsgericht neu über die Strafaussetzung zur Bewährung zu befinden[161]. Es gelten die gleichen Grundsätze wie für die nachträgliche Gesamtstrafenbildung nach § 460.

d) Das Berufungsgericht darf die Strafaussetzung zur Bewährung auch dann **80** nicht in Wegfall bringen, wenn sie vom Errichter dem Angeklagten **zu Unrecht bewilligt** worden ist, sei es, daß die gesetzlichen Voraussetzungen des § 56 StGB überhaupt nicht vorlagen, sei es, daß die vorausgesetzte günstige Täterprognose auf Grund der in der Berufungsverhandlung festgestellten Tatsachen zu verneinen ist[162].

Strittig war, ob dies auch gilt, wenn dem Berufungsgericht Tatsachen bekannt **81** werden, die den **Widerruf der Strafaussetzung** zur Bewährung rechtfertigen[163]. Der Streit ist gegenstandslos geworden. Den Widerruf nach § 56 f StGB rechtfertigen nur noch Handlungen während der Bewährungszeit, die erst mit Rechtskraft des Urteils zu laufen beginnt. Begeht der Angeklagte nach dem Ersturteil, aber vor der Entscheidung des Berufungsgerichts eine neue Straftat, so führt dies später ohnehin zu einer neuen Gesamtstrafenbildung und löst damit eine neue Entscheidung über die Strafaussetzung aus. Es besteht daher jetzt auch kein praktisches Bedürfnis mehr, eine Ausnahme vom Verbot der Verschlechterung hier zuzulassen.

e) Die **Entscheidung über die Bewährungsauflagen** durch Beschluß nach § 268 a **82** wird von § 331 nicht erfaßt. Ob dieser analog anzuwenden ist, ist strittig[164].

4. Maßregeln der Besserung und Sicherung (§ 61 StGB)
a) Geltung des § 331. Das Verschlechterungsverbot greift, wie Absatz 1 („Rechts- **83** folgen" statt „Strafe") jetzt klarstellt, auch bei den Maßregeln der Besserung und Sicherung Platz[165]. Ausgenommen sind nur die in Absatz 2 genannten, ärztlich gebotenen Sicherungs- und Heilungsmaßnahmen, nämlich die Unterbringung in einem psychiatrischen Krankenhaus oder einer Entziehungsanstalt. Diese Maßnahmen können ohne Rücksicht auf die Schwere des Eingriffs auch nachträglich zusätzlich oder statt einer anderen Maßregel der Besserung und Sicherung verhängt werden. Zwischen ihnen läßt § 67 a StGB auch noch während des Vollzugs einen Wechsel zu. Für alle anderen Maßregeln der Besserung und Sicherung gilt dies nicht. Bei ihnen gestattet das Verschlechterungsverbot nur die Ersetzung einer strengeren Maßnahme durch eine weniger belastende.

Im **konkreten Fall** ist mitunter strittig, ob eine Maßregel, deren sachliche Voraus- **84** setzungen gegeben sind, durch eine andere, nach sachlichem Recht ebenfalls zulässige **ersetzt** werden kann[166]. Läßt sich, ähnlich wie bei den Strafen, ein objektives Rangverhältnis der Maßregeln im Sinne der Gleich- oder Unterordnung (härter, milder) aufstel-

---

[160] BayObLGSt **1957** 83 = NJW **1957** 1119; vgl. Rdn. 14.
[161] OLG Celle NJW **1957** 1644; OLG Hamm NJW **1957** 1850; *Bruns* GA **1956** 233.
[162] Vgl. etwa OLG Hamm NJW **1955** 1000; NJW **1957** 1850.
[163] Vgl. LR[23] 81.
[164] Vgl. § 268 a, 20; § 305 a, 12 mit Nachw.

[165] H. M; so schon zur früheren Fassung etwa RGSt **60** 286; RG JW **1935** 2135; BGHSt **5** 178; **14** 381; **25** 38; KK-*Ruß*[1] 8; *Kleinknecht/Meyer*[38] 22; KMR-*Paulus* 41 ff; *Schlüchter* 631.2; *Eb. Schmidt* 16.
[166] Vgl. dazu etwa *Bruns* JZ **1954** 730; *Grethlein* Verschlechterungsverbot; *Oetker* JW **1935** 1417.

len, so verstößt es nicht gegen § 331, wenn eine verhängte Maßregel durch eine objektiv noch gleichschwere oder mildere ersetzt wird. Die Reihenfolge der Aufzählung der Maßregeln in § 61 StGB begründet keine solche Rangordnung. Bei generell **objektiver Wertung** läßt sich nur sagen, daß die freiheitsentziehenden Maßregeln schwerer wiegen als die Maßregeln in § 61 Nr. 5 bis 7 StGB, die die Handlungsfreiheit des Angeklagten nur in einzelnen Bereichen einschränken. Lediglich im Verhältnis zwischen der Unterbringung in einer Entziehungsanstalt und dem Berufsverbot kann dies fraglich sein. Das Berufsverbot wiederum dürfte schwerer wiegen als die Entziehung der Fahrerlaubnis oder die Führungsaufsicht.

85 Im Verhältnis zu den **Strafen** und den **anderen Rechtsfolgen** muß ebenfalls, da eine allgemein gültige, generelle Rangfolge sich nicht im einzelnen aufstellen läßt, nach **objektiven Gesichtspunkten** geprüft werden, welche Rechtsfolge **im konkreten Einzelfall** die schwerere ist[167]. Eine Maßregel, die nach sachlichem Recht unzulässig ist, muß aufgehoben werden, an ihrer Stelle darf auf eine andere Maßregel oder eine sonstige Rechtsfolge aber nur erkannt werden, wenn das Verschlechterungsverbot dies zuläßt[168]. § 331 gilt für alle Maßregeln, ohne Rücksicht darauf, ob das Amtsgericht sie nach seiner durch § 24 GVG begrenzten Strafgewalt verhängen durfte. Er wirkt beim Übergang in das Verfahren des ersten Rechtszugs und nach einer Zurückverweisung durch das Revisionsgericht fort.

86 b) Die **Unterbringung in einem psychiatrischen Krankenhaus** (§ 63 StGB) kann nach Absatz 2 immer angeordnet werden[169], auch wenn die vom Erstgericht verhängte Strafe wegen Schuldunfähigkeit (§ 20 StGB) entfällt[170]. Stellt sich im weiteren Verfahren die volle Schuldfähigkeit eines Angeklagten heraus, so kann er weder bestraft noch untergebracht werden[171].

87 c) Die **Sicherungsverwahrung** (§ 66 StGB) ist im Verhältnis zu den anderen Maßregeln, vor allem auch gegenüber der Unterbringung in einem psychiatrischen Krankenhaus, keine mildere Rechtsfolge. Die Zulässigkeit des Austausches dieser Maßregel gegen die Sicherungsverwahrung (der umgekehrte Fall ist wegen Absatz 2 kein Problem) wird deshalb für den Regelfall verneint[172]. Der Bundesgerichtshof läßt diese Frage nur hinsichtlich des in BGHSt 5 313 gegenteilig entschiedenen Sonderfalls offen. Diese Entscheidung ist zumindest in der Begründung bedenklich[173]. Der Ersatz der Unterbringung in einem psychiatrischen Krankenhaus durch die vom Angeklagten mit seinem Rechtsmittel erstrebte und wohl auch objektiv angemessenere Sicherungsverwahrung (die gesetzlichen Voraussetzungen waren an sich gegeben) kann allenfalls damit unter dem Gesichtspunkt des Verschlechterungsverbots gerechtfertigt werden, daß bei objektiver Abwägung der dem Angeklagten zugefügten Nachteile auch dessen wohlverstandene Interessen mitberücksichtigt werden können und daß deshalb ausnahmsweise die Sicherungsverwahrung für einen auch in der Heilanstalt nur noch zu verwahrenden,

---

[167] Vgl. Rdn. 34.
[168] *Bruns* JZ **1954** 730; *Dallinger* MDR **1954** 334; ferner Rdn. 86 ff und die Kommentare zu den §§ 61 ff StGB.
[169] Da das Berufungsgericht durch die Strafgewalt des Amtsgerichts gebunden ist, kann es die Unterbringung im psychiatrischen Krankenhaus nur nach Übergang in das Verfahren des ersten Rechtszugs anordnen; vgl. § 328, 20.

[170] Anders im umgekehrten Fall; BGHSt **11** 321 = LM Nr. 23 zu § 358 mit Anm. *Martin*; vgl. auch BGHSt **5** 267; RGSt **69** 14.
[171] RGSt **69** 12; KMR-*Paulus* 42.
[172] BGHSt **25** 38 = JR **1973** 163 mit Anm. *Maurach*.
[173] Vgl. *Dallinger* MDR **1954** 333; *Hülle* LM § 358, Nr. 13; *Roxin*[20] § 52 B II 2 e; *Eb. Schmidt* 23; OLG Stuttgart NJW **1967** 2276 läßt die Frage offen.

Dritter Abschnitt. Berufung § 331

nicht aber zu behandelnden Angeklagten im konkreten Fall keine schwerere Art der Freiheitsentziehung bedeutet als die zwecklose Unterbringung im psychiatrischen Krankenhaus[174].

d) Bei der **Entziehung der Fahrerlaubnis** verbietet das Verschlechterungsverbot **88** dem Berufungsgericht auf Entziehung der Fahrerlaubnis erkennen, wenn der Erstrichter dies unterlassen hat[175]. Es darf auch die Sperrfrist nicht verlängern[176] oder eine zu Unrecht vom Erstrichter vorgenommene Anrechnung einer anderen laufenden Sperrfrist wieder beseitigen[177]. Andererseits ist der Angeklagte nicht schlechter gestellt, wenn der vom Erstrichter vorgesehene Anschluß der Sperrfrist an eine bereits laufende andere Sperrfrist wegen der bis zur Berufungsentscheidung verstrichenen Zeit nicht mehr möglich ist[178].

Unter dem Gesichtspunkt des Verschlechterungsverbots kann nach der herrschen- **89** den Meinung nicht beanstandet werden, wenn die weitere Zeit der vorläufigen Entziehung der Fahrerlaubnis, die zwischen Ersturteil und Berufungsurteil vergangen ist, vom Berufungsgericht bei **Festsetzung der Sperrfrist** nicht berücksichtigt wurde[179].

Der Entziehung der Fahrerlaubnis steht die Verhängung einer „**isolierten Sperr- 90 frist**" insoweit gleich. Das auch für diese Maßregel geltende Verschlechterungsverbot schließt es aus, die Entziehung der Fahrerlaubnis nachträglich anzuordnen, wenn vom Erstrichter irrigerweise nur eine Sperrfrist ausgesprochen wurde[180]. Ob umgekehrt eine Fahrerlaubnisentziehung ohne Sperrfrist aufzuheben ist[181], erscheint fraglich.

Es verstößt nicht gegen das Verschlechterungsverbot, wenn die Entziehung der **91** Fahrerlaubnis durch ein **Fahrverbot** ersetzt wird[182]. Das Fahrverbot ist, auch wenn es Strafe und nicht Maßregel der Sicherung und Besserung ist, in jeder Hinsicht das mildere Reaktionsmittel, da es zu einem weniger weitreichenden Eingriff in die persönliche Handlungsfreiheit führt. Zum Ersatz des Fahrverbots durch Geldstrafe oder Geldbuße s. Rdn. 102.

---

[174] *Bruns* JZ **1964** 733; *Grethlein* Verschlechterungsverbot 141; KMR-*Paulus* 8; 42; *Maurach* JZ **1973** 162; *Schlüchter* 631.2.
[175] BGHSt **5** 168; BGH VRS **20** 117; BayObLGSt **1956** 225 = NJW **1957** 511; OLG Koblenz VRS **43** 421.
[176] BayObLGSt **1965** 140 = NJW **1966** 896; OLG Karlsruhe VRS **48** 425; OLG Neustadt NJW **1960** 1483; *Bender* DAR **1958** 204; *Kleinknecht/Meyer*[38] 23; KMR-*Paulus* 43.
[177] OLG Stuttgart NJW **1967** 2071.
[178] BayObLGSt **1965** 140 = NJW **1966** 896.
[179] BGH VRS **21** 335; BayObLGSt **1965** 140 = NJW **1966** 896; OLG Bremen OLGSt § 318, 9; OLG Celle VRS **39** 276; OLG Frankfurt VRS **52** 413; OLG Hamm DAR **1958** 106; VRS **53** 342; **69** 221; JZ **1978** 637 mit Anm. *Gollner*; OLG Karlsruhe VRS **51** 204; OLG Koblenz VRS **65** 371; **50** 361; **52** 432; OLG München DAR **1977** 133; OLG Neustadt DAR **1961** 90; OLG Saarbrücken MDR **1972** 553; *Ganslmayer* JZ **1978** 794; KMR-*Paulus* 45; § 69 a Abs. 4 Satz 2 StGB (lex specialis zu § 331) ähnlich *Kleinknecht/ Meyer*[38] 23; *Werner* NJW **1974** 484; vgl. den Sonderfall OLG Koblenz VRS **43** 421. Gegen die herrschende Meinung sehen in der Hinausschiebung des Fristendes eine Verschlechterung *Eickhoff* NJW **1975** 1007; *Gollner* GA **1975** 129 (mit ratio des § 331 unvereinbar); JZ **1978** 637; **1979** 177; vgl. *Geppert* ZRP **1981** 89.
[180] OLG Braunschweig NdsRpfl **1961** 230; OLG Bremen VRS **51** 278; OLG Frankfurt VRS **64** 12; OLG Karlsruhe VRS **59** 111; OLG Koblenz VRS **51** 96; **60** 431; vgl. auch a. A LG München I DAR **1956** 192.
[181] OLG Düsseldorf MDR **1979** 602 nimmt dies an, da Fahrerlaubnisentziehung ohne Sperrfrist begrifflich ausgeschlossen sei.
[182] BayObLGSt **1970** 160 = JZ **1970** 695; OLG Celle NdsRpfl **1969** 192; OLG Frankfurt NJW **1968** 1793; OLG Karlsruhe VRS **34** 192; OLG Schleswig SchlHA **1970** 200; **1971** 57; OLG Stuttgart NJW **1968** 1792; LG Hechingen MDR **1967** 420; *Cramer* NJW **1968** 1764; vgl. auch OLG Celle NJW **1968** 1102, wo die Frage der Auswechselbarkeit insoweit offengelassen wird. Verneinend AG Bad Homburg NJW **1984** 2840.

§ 331 Drittes Buch. Rechtsmittel

92 Eine **Erhöhung der Geldstrafe** bei Wegfall der Entziehung der Fahrerlaubnis wurde, sofern sich die Gesamtposition des Angeklagten dadurch nicht verschlechterte, ebenfalls für zulässig gehalten[183]. Die Erhöhung der Geldstrafe ist jedoch nur insoweit keine Verschlechterung, als sie ohne Erhöhung der Zahl der Tagessätze und damit automatisch auch ohne Erhöhung der Ersatzfreiheitsstrafe rechtlich möglich ist[184]. Andernfalls ist dies zu verneinen, da die durch die Tagessätze festgelegte Ersatzfreiheitsstrafe bei objektiver Betrachtung schwerer wiegt als die Entziehung der Fahrerlaubnis.

93 Umgekehrt wird eine **Verlängerung der Sperrfrist** zum Ausgleich für die Bewilligung der Strafaussetzung zur Bewährung für zulässig gehalten[185]. Dies ist, sofern man nicht die Vergleichbarkeit überhaupt verneint, allenfalls in engen Grenzen möglich, wenn auch bei objektiver Betrachtung eine Benachteiligung des Angeklagten mit Sicherheit ausscheidet, weil er bei Vollstreckung der Freiheitsstrafe stärkeren Einschränkungen unterlegen hätte[186].

94 Die vom Erstrichter neben der Anordnung der Entziehung der Fahrerlaubnis vergessene **Einziehung des Führerscheins** darf dagegen vom Berufungsgericht nachgeholt werden, da es sich hier um eine bloße Vollzugsmaßnahme, nicht aber um die Anordnung eines zusätzlichen Nachteils handelt[187]. Auf die anzweifelbare Rechtsprechung des Reichsgerichts, wonach polizeiliche Maßnahmen vom Verschlechterungsverbot ausgenommen seien, hätte nicht zurückgegriffen werden brauchen (dazu Rdn. 98).

95 e) **Das Berufsverbot** unterliegt ebenfalls dem Verschlechterungsverbot. Ob eine andere Umschreibung des verbotenen Berufes eine Verschlechterung bedeutet, ist nach Art und Umfang der jeweils verbotenen Tätigkeiten zu beurteilen. Das Verbot, als Handelsvertreter tätig zu werden, geht weiter als das Verbot einer Betätigung als Versicherungsvertreter[188].

96 f) Die **Führungsaufsicht** (§ 68 Abs. 1 StGB) fällt, soweit sie als besondere Maßregel vom Gericht im Urteil angeordnet werden muß, ebenfalls unter das alle Nebenfolgen umfassende Verschlechterungsverbot. Soweit sie kraft Gesetzes (§ 68 Abs. 2 StGB) eintritt, ist sie als Modalität der Vollstreckung im Rahmen des § 331 unbeachtlich.

5. Nebenstrafen und andere Rechtsfolgen

97 a) **Allgemeines.** Einigkeit besteht darüber, daß nach § 331 vom Berufungsgericht keine weitere **Nebenstrafe** ausgesprochen und keine verhängte Nebenstrafe verschärft werden darf[189].

98 Die Nachholung von Rechtsfolgen, die, ohne Strafcharakter zu haben, ausschließlich die **Sicherung der Allgemeinheit** bezwecken, wird durch das Verschlechterungsverbot dem Berufungsgericht ebenfalls verwehrt, soweit der Angeklagte dadurch in irgendeiner Form benachteiligt ist. Das Reichsgericht hatte derartige Maßregeln vom Verschlechterungsverbot ausgenommen, weil sie keine Strafen seien[190]. Die Rechtspre-

---

[183] OLG Hamm DAR **1974** 21; OLG Koblenz VRS **47** 416; vgl. Rdn. 101.
[184] BayObLGSt **1976** 4; **1979** 127 = MDR **1976** 601; JR **1981** 1 mit Anm. *Grebing*; OLG Hamm NJW **1971** 1190; OLG Köln VRS **40** 257; KMR-*Paulus* 18.
[185] LG Oldenburg NdsRpfl **1973** 159.
[186] Vgl. OLG Oldenburg NdsRpfl **1976** 21.
[187] BGHSt **5** 168 = LM Nr. 3 zu § 42 m StGB a. F mit Anm. *Kohlhaas* = NJW **1954** 159 mit Anm. *Schmidt-Leichner*; KMR-*Paulus* 18; *Bruns* GA **1954** 163 Fußn. 11.
[188] OLG Schleswig SchlHA **1974** 184.
[189] BGHSt **4** 157; **14** 381; KMR-*Paulus* 38; *Eb. Schmidt* 15.
[190] RGSt **67** 218 mit weit. Nachw.; dazu *Frisch* MDR **1973** 717; vgl. Rdn. 104.

chung des Bundesgerichtshofs war nicht einheitlich[191]. Durch die Neufassung des Absatzes 1 hat diese von der Auslegung des Begriffs der Strafe bestimmte Unterscheidung die Grundlage verloren.

Die **nachträgliche Anordnung** einer im Interesse der allgemeinen Sicherheit gebotenen Nebenfolge gegen den Angeklagten durch das Berufungsurteil fällt unter § 331 auch dann, wenn eine im Ergebnis gleiche Nebenfolge aus **präventiv-polizeilichen Gründen** nach Polizeirecht angeordnet werden kann. Daß solche Anordnungen auf Grund einer anderen Rechtsgrundlage und in einem anderen Verfahren (mit anderem Rechtsweg) ebenfalls ergehen können, rechtfertigt nicht die Durchbrechung des alle Rechtsfolgen umfassenden Verschlechterungsverbots (vgl. Rdn. 20). **99**

b) Das Fahrverbot (§ 44 StGB) fällt unter das Verbot der Verschlechterung. Hat der Erstrichter wegen **zweier sachlich zusammentreffender Straftaten** verurteilt und wegen beider das Fahrverbot angeordnet, so verstößt es nicht gegen das Verschlechterungsverbot, wenn das Berufungsgericht das Fahrverbot auch dann aufrechterhält, wenn der Angeklagte nur eine der Straftaten (Unfallflucht) mit seiner Berufung angefochten hat und deswegen freigesprochen wird[192]. Dies gilt nicht, wenn das Fahrverbot allein wegen der weggefallenen Straftat ausgesprochen worden ist[193]. **100**

Das Fahrverbot darf durch eine **höhere Geldbuße** ersetzt werden[194]. Die Ahndungsmaßnahmen dürfen aber in der Gesamtschau keine Veränderung zum Nachteil des Angeklagten bedeuten. Dies wäre auch der Fall, wenn die gesetzlichen Voraussetzungen für ein Fahrverbot überhaupt nicht vorgelegen haben[195]. **101**

Ein Ersatz des Fahrverbots durch eine **höhere Geldstrafe** wurde ebenfalls für zulässig gehalten, die Ersatzfreiheitsstrafe durfte dabei allerdings nicht erhöht werden[196]. Diese Einschränkung gilt jetzt auch für die Zahl der Tagessätze, die für die Ersatzfreiheitsstrafe maßgebend sind[197]. Eine Erhöhung der Geldstrafe ist nur noch möglich, wenn ausnahmsweise der einzelne Tagessatz erhöht werden darf, etwa, wenn die Grenze des § 40 Abs. 2 StGB nicht ausgeschöpft ist, weil das wegfallende Fahrverbot bei seiner Bemessung ins Gewicht gefallen ist[198]. Wird umgekehrt eine Ermäßigung der Geldstrafe mit der Neufestsetzung eines Fahrverbots verbunden, ist dies unter dem Blickwinkel der verringerten Ersatzfreiheitsstrafe unbedenklich; maßgebend bleibt, ob die Gesamtwürdigung der gegen den Angeklagten verhängten Rechtsfolgen ergibt, daß er sich dadurch weder wirtschaftlich noch sonstwie verschlechtert[199]. Gegenüber einer Freiheitsstrafe ist, selbst wenn sie zur Bewährung ausgesetzt wird, das Fahrverbot immer eine mildere Sanktion[200]. **102**

---

[191] Einerseits BGHSt **14** 157 (zu § 161 StGB a. F), andererseits BGHSt **5** 165.
[192] BayObLGSt **1966** 64 = VRS **31** 186.
[193] BayObLG bei *Rüth* DAR **1974** 183; KMR-*Paulus* 6; vgl. Rdn. 11.
[194] BGHSt **24** 11 auf Vorlage BayObLG VRS **38** 356; OLG Frankfurt NJW **1970** 1334; VRS **39** 73; OLG Hamburg MDR **1971** 510; OLG Hamm JMBlNW **1975** 269; VRS **38** 469; **54** 454; OLG Schleswig bei *Ernesti/Jürgensen* SchlHA **1979** 204; a. A OLG Oldenburg NJW **1969** 2213.
[195] OLG Schleswig bei *Ernesti/Jürgensen* SchlHA **1979** 204.
[196] OLG Hamm NJW **1971** 1190; OLG Köln VRS **40** 257; LG Kiel SchlHA **1969** 127.
[197] BayObLGSt **1976** 4; **1979** 127 = MDR **1976** 601; JR **1981** 1 mit abl. Anm. *Grebing*; BayObLG bei *Rüth* DAR **1985** 247; KG VRS **52** 113; OLG Hamm NJW **1977** 724 (L); KMR-*Paulus* 18.
[198] BayObLGSt **1976** 4; BayObLG bei *Rüth* DAR **1985** 247; KG VRS **52** 113; *D. Meyer* DAR **1981** 33 (zu BayObLGSt **1979** 127).
[199] BayObLGSt **1977** 153 = VRS **54** 45; OLG Schleswig SchlHA **1984** 90.
[200] Vgl. Rdn. 42.

§ 331　Drittes Buch. Rechtsmittel

103　c) Soweit die **Rechtsfolgen nach § 45 StGB** ohne besonderen Ausspruch im Urteil automatisch eintreten, fallen sie nicht unter das Verbot der Verschlechterung. Sie können daher bei einer entsprechenden Änderung des Schuldspruchs (Verurteilung wegen eines Verbrechens statt wegen eines Vergehens) auch durch das Berufungsurteil herbeigeführt werden. Soweit die Rechtsfolgen dagegen nicht kraft Gesetzes, sondern nur auf Grund einer ausdrücklichen Anordnung des Richters eintreten können (§ 45 Abs. 2, 5), fallen sie unter § 331. Hat nur der Angeklagte Berufung eingelegt, kann sie das Berufungsgericht nicht nachträglich anordnen.

104　d) **Verfall und Einziehung** (§§ 73 bis 74 f StGB) werden, ganz gleich, ob sie einen bestimmten Gegenstand oder den an seine Stelle tretenden Wertersatz betreffen, im vollen Umfang von dem alle Rechtsfolgen umfassenden Verschlechterungsverbot erfaßt. Es kommt nicht darauf an, ob sie im Einzelfall den Charakter einer Sicherungsmaßnahme oder einer Nebenstrafe haben. Soweit die auch früher schon sehr anzweifelbare Rechtsprechung[201] unter Berufung auf den mangelnden Strafcharakter bei der Sicherungseinziehung die Anwendbarkeit des § 331 verneinte[202], kann ihr nach der Klarstellung in Absatz 1, daß das Verbot für alle Rechtsfolgen gilt, nicht mehr gefolgt werden.

105　Die **gegen den Angeklagten** ausgesprochene Einziehung oder Ersatzeinziehung bedeutet eine Verschlechterung seiner Rechtsposition. Selbst wenn er nicht Eigentümer des eingezogenen Gegenstandes ist, wird eine trotzdem gegen ihn ausgesprochene Einziehung in der Regel auch für ihn einen Nachteil — auch wirtschaftlicher Art (Ersatzansprüche usw.) — mit sich bringen[203]. Nur wenn dies im Einzelfall auszuschließen ist, fehlt es an einer Verschlechterung.

106　Die Anordnung, daß die **Einziehung vorbehalten** bleibt (§ 74 b Abs. 2 StGB), fällt ebenfalls unter § 331. Dagegen hindert diese Anordnung nicht, eine vorbehaltene Einziehung durch eine **weniger einschneidende Maßnahme** zu ersetzen (§ 74 b Abs. 2 Satz 2 StGB). Die Anordnung des **Verfalls** kann nach Ansicht von OLG Hamm[204] wegen des verschiedenen Inhalts und der verschiedenen Rechtsnatur der Nebenfolgen nicht durch die Anordnung des **Wertersatzes** ersetzt werden.

107　Da für die Einziehung das Verschlechterungsverbot gilt[205], darf sie nicht auf bisher **nicht erfaßte Gegenstände** ausgedehnt werden. Die bloße **Klarstellung** des Gegenstandes der Einziehung ist jedoch nicht zu beanstanden; andernfalls griffe § 458 ein. Hatte der Erstrichter Miteigentum des Angeklagten angenommen und besteht in Wirklichkeit Alleineigentum, so verstößt Einziehung nicht gegen § 331[206]. Ob dem Urteil beizutreten ist, hängt davon ab, ob man es als Fall erlaubter Klarstellung ansieht oder als Neuverhängung der Einziehung.

108　e) Die **Unbrauchbarmachung** (§ 74 d StGB) fällt, auch wenn sie gegen den Ange-

---

[201] Dazu *Frisch* MDR **1973** 715.
[202] RGSt **27** 245; **67** 218; BGHSt **5** 178; OLG Düsseldorf NJW **1972** 1382; OLG Hamm NJW **1970** 1557; OLG Karlsruhe NJW **1972** 1633; a. A *Eb. Schmidt* 19; *Frisch* MDR **1973** 715 mit weit. Nachw.; Rdn. 97, 98.
[203] Fraglich könnte allerdings sein, ob schon darin, daß ein solcher Urteilsausspruch gegen ihn ergeht, ein Nachteil für den Angeklagten liegt. *Kleinknecht/Meyer*[38] 21 hält die Einziehung für zulässig, wenn sie für den Angeklagten keinen Nachteil bedeutet; ebenso KMR-*Paulus* 39.
[204] OLG Hamm JMBlNW **1981** 107 und *Meyer-Goßner* FS Kleinknecht 292.
[205] Für die Einziehung als Nebenstrafe auch RGSt **27** 245; **67** 218; vgl. ferner *Kleinknecht/Meyer*[38] 21; KMR-*Paulus* 39; *Eb. Schmidt* 18; 19.
[206] BGH LM § 358 Nr. 5.

klagten als Sicherungsmaßnahme angeordnet wird, grundsätzlich ebenfalls unter das Verschlechterungsverbot[207].

Soweit Maßnahmen nach den §§ 73 ff **ausschließlich gegen andere Mitangeklagte** ausgesprochen worden sind, greift § 331 nicht ein, auch wenn materiell dadurch die Rechtsposition des Angeklagten berührt wird. **109**

f) Die **Abführung des Mehrerlöses** (§ 8 WiStG 1954), die an die Stelle des Verfalls tritt (§ 8 Abs. 4 WiStG 1954), unterliegt ebenfalls dem Verbot der Verschlechterung[208]. Die Abführung an den Staat darf weder vom Berufungsgericht nachträglich angeordnet, noch darf der abzuführende Betrag nachträglich erhöht werden. Dabei ist es nicht entscheidend, ob diese Maßnahme (so wie sie der Gesetzgeber konkret geregelt hat) als Nebenstrafe[209] oder als Nebenfolge ohne Strafcharakter[210] anzusehen ist. **110**

Die vom Bestehen eines bürgerlich-rechtlichen Rückforderungsanspruchs abhängige Anordnung der **Rückerstattung des Mehrerlöses** (§ 9 WiStG 1954) dürfte dagegen als Mittel zur Durchsetzung dieses Anspruchs dem Verbot der Verschlechterung ebensowenig unterfallen wie die Anordnung der Entschädigung des Verletzten nach §§ 403 ff. **111**

g) **Urteilsbekanntmachung** (§§ 103, 165, 200 StGB). Auch diese Nebenstrafe ist der Sperre des § 331 unterworfen[211]. Die Bekanntmachungsbefugnis darf nicht nachträglich zuerkannt werden, eine festgesetzte Frist darf nicht verlängert[212], eine versehentlich nicht festgesetzte Frist jedoch neu bestimmt werden, weil dies dem Verurteilten nicht zum Nachteil gereicht. War die Art der Bekanntmachung im Ersturteil nicht geregelt, so darf dies nachgeholt, die Veröffentlichung darf aber nicht auf die Urteilsgründe oder einen Teil davon erstreckt werden[213]. **112**

Wird vom Berufungsgericht die **Person** desjenigen **ausgetauscht**, dem die Veröffentlichungsbefugnis zuerkannt worden ist (z. B. Dienstvorgesetzter an Stelle des beleidigten Richters) so liegt darin keine Verschlechterung im Sinne des § 331, selbst wenn anzunehmen ist, daß der Dienstvorgesetzte eher dazu neigt, von dieser Befugnis Gebrauch zu machen, als der Beleidigte selbst[214]. **113**

6. Die **Kostenentscheidung** kann zum Nachteil des Angeklagten geändert werden, da sie keine Rechtsfolge der Tat im Sinne des Absatz 1 ist[215]. Die gegenteilige Meinung[216] beruht auf der ursprünglichen Gesetzesfassung („zum Nachteil des Angeklag- **114**

---

[207] Ebenso zum früheren Recht *Eb. Schmidt* 19; a. A RGSt **67** 218. *Kleinknecht/Meyer*[37] 3 unterscheidet, ob sich die Anordnung auch zum Nachteil des Angeklagten auswirkt; vgl. ferner KMR-*Paulus* 29 (wenn sich Anordnung nicht gegen den Angeklagten richtet).
[208] BayObLGSt **1955** 247; OLG Köln NJW **1948** 148; OLG Oldenburg MDR **1948** 63; KMR-*Paulus* 38; zweifelnd *Eb. Schmidt* 21; OLG Braunschweig NdsRpfl. **1951** 52 läßt offen, ob die Abführung des Mehrerlöses unter § 331 fällt.
[209] So RGSt **77** 145.
[210] Die Rechtsnatur des Mehrerlöses ist strittig; vgl. dazu etwa BGHSt **3** 130; **5** 95; **7** 91; BGH NJW **1954** 1734; BayObLG MDR **1954** 696; OLG Hamburg MDR **1947** 103 mit Anm.

Tesar; *Winnefeld* MDR **1947** 149; *Blau* NJW **1953** 332; *Jung* NJW **1953** 653.
[211] RG HRR **1933** Nr. 87; BayObLGSt **1954** 71; *Kleinknecht/Meyer*[38] 21; KMR-*Paulus* 38; *Eb. Schmidt* 20.
[212] RG JW **1933** 955.
[213] BayObLGSt **1954** 71; KMR-*Paulus* 38.
[214] BayObLGSt **1962** 311 = NJW **1963** 824 unter Aufgabe von BayObLGSt **1961** 141; vgl. RG JW **1932** 3456; OLG Schleswig SchlHA **1953** 156.
[215] BGHSt **5** 52 = LM Nr. 10 mit Anm. *Jagusch*; h. M, etwa OLG Oldenburg VRS **67** 127; LG Lübeck SchlHA **1982** 62; KK-*Ruß*[1] 3; *Kleinknecht/Meyer*[38] 6; KMR-*Paulus* 17; *Eb. Schmidt* 37; vgl. auch Vor § 464, 2; § 464, 63.
[216] RGSt **45** 92.

§ 331 Drittes Buch. Rechtsmittel

ten"). Zur Anwendbarkeit des Verschlechterungsverbots im Kostenfestsetzungsverfahren vgl. § 464 b[217].

IV. Revision

115 Die Beachtung des Verschlechterungsverbots hat das Revisionsgericht bei entsprechender **Verfahrensrüge**, aber auch von sich aus im Rahmen der **allgemeinen Sachrüge** zu prüfen[218]. Dies gilt auch, wenn man die Sperrwirkung des § 331 wegen der Unterschiede nicht als eine Sonderform der Rechtskraftwirkung versteht[219]. Im übrigen ist strittig, ob dem Verschlechterungsverbot, das als eine besondere prozessuale Schutzvorschrift der weiteren Verwirklichung des staatlichen Strafanspruchs eine Obergrenze setzt[220] und die Anwendung des materiellen Rechts aus prozessualen Gründen beeinflußt, die Bedeutung eines Verfahrenshindernisses zuzubilligen ist[221], dessen Einhaltung unabhängig von den erhobenen Revisionsrügen **von Amts wegen** in jeder Lage des Verfahrens zu beachten ist[222]. Die **Rechtsprechung** kommt — gelegentlich unter Berufung auf die Rechtskraftwirkung — zu diesem Ergebnis; in den meisten Fällen aber auch damit, daß sie, meist ohne nähere Begründung, davon ausgeht, daß das Verbot der Verschlechterung auch ohne spezielle Rüge auf die allgemeine Sachrüge hin zu beachten ist, da die Überschreitung der Strafgrenze eine Verletzung des materiellen Rechts bedeute[223].

116 Ob die **Nachholung** einer **vergessenen Einsatzstrafe** zulässig war, ist vom Revisionsgericht nur bei einer entsprechenden Rüge zu prüfen[224].

117 Ob das Revisionsgericht einen Verstoß gegen § 331 dadurch beheben kann, daß es eine unter Verletzung dieser Vorschrift zusätzlich festgelegte Rechtsfolge aufhebt oder den Rechtsfolgenausspruch auf das zulässige Maß zurückführt oder ob es die Sache zur Neufestsetzung der Rechtsfolgen **zurückverweisen** muß, hängt vom Einzelfall ab. Ist nicht auszuschließen, daß ein fehlerhaftes Verständnis des § 331 die Einzelstrafaussprüche beeinflußt hat, unterfallen alle der Aufhebung[225].

---

[217] § 464 b, 11; ferner etwa *Schmidt* NJW **1980** 682.
[218] BGHSt **12** 95; **14** 7; **18** 81; **29** 270; BGH LM Nr. 21; 29 zu § 358 mit weit. Nachw.; BayObLGSt **1952** 66; **1973** 45; OLG Frankfurt OLGSt 7; OLG Köln VRS **50** 97; OLG Oldenburg VRS **18** 446; OLG Schleswig SchlHA **1983** 182; KK-*Ruß*¹ 12; *Kleinknecht/Meyer*³⁸ 24.
[219] Vgl. Rdn. 3 mit Nachw. zu dieser in der Rspr. vertretenen Ansicht.
[220] Zu dieser als Sperrwirkung bezeichneten Bindung vgl. Rdn. 4.
[221] Neben der Meinung, die das Verschlechterungsverbot mit einer Art Rechtskraftwirkung erklärt (dazu Rdn. 3; und oben Fußn. 218) nehmen ein Verfahrenshindernis an *Hanack* JZ **1973** 662; § 358, 23; zweifelnd *Eb. Schmidt* 3; Nachtr. I 2; **a.** A KG GA **54** (1907) 46; **75** (1931) 336; OLG Celle NdsRpfl **1969** 192; OLG Karlsruhe VRS **48** 426; *Meyer* JR **1979** 389.
[222] So z. B. OLG Celle NdsRpfl **1969** 192; KG GA **75** (1931) 336; *Kleinknecht/Meyer*³⁸ 24.
[223] In der Praxis kommt die Streitfrage Fußn. 221; 222 deshalb nicht zum Tragen.
[224] BGHSt = JZ **1979** 146 (auf Vorlage OLG Düsseldorf gegen OLG Hamm JZ **1978** 408); vgl. Rdn. 38 ff.
[225] BGH StrVert **1982** 510.

Dritter Abschnitt. Berufung § 332

§ 332

Im übrigen gelten die im sechsten Abschnitt des zweiten Buches über die Hauptverhandlung gegebenen Vorschriften.

Bezeichnung bis 1924: § 373.

1. **Vorschriften über die Hauptverhandlung.** Die Verweisung auf den sechsten Abschnitt des zweiten Buchs schließt nicht aus, daß auch **andere Vorschriften** der Strafprozeßordnung für das Verfahren vor dem Berufungsgericht gelten, zum Beispiel § 206 a[1]. Die Anwendbarkeit der §§ 214, 216 bis 225 für die Vorbereitung der Hauptverhandlung schreibt bereits § 323 Abs. 1 Satz 1 vor. Der nirgends erwähnte § 225 a ist nach vorherrschender Meinung[2] ebenfalls anwendbar.

2. Von den Vorschriften über die Hauptverhandlung, die auch das Berufungsverfahren bestimmen, sind **hervorzuheben**:

§§ 231 Abs. 2 bis 232 (Aburteilung eines **Abwesenden**), 234, 234 a (**Vertretung** des Abwesenden), soweit nicht §§ 329, 330 Sonderregelungen enthalten.

§ 233 über **Entbindung des Angeklagten** vom Erscheinen in der Berufungsverhandlung[3]. Solange diese Voraussetzungen nicht erfüllt sind, hat der Angeklagte auch ohne ausdrückliche Anordnung nach § 236 zu erscheinen. Wird der Angeklagte vom Erscheinen entbunden, so muß er durch den ersuchten Richter unter Belehrung zur Anklage vernommen werden (§ 233 Abs. 2, 3). Diese Niederschrift ist in der Berufungsverhandlung zu verlesen. Die Verlesung des Hauptverhandlungsprotokolls mit der erstinstanzlichen Einlassung des Angeklagten genügt nicht. Selbst wenn Gewähr für richtige und erschöpfende Wiedergabe des Verteidigungsvorbringens bestünde, wäre dies mit §§ 324 Abs. 2, 325 unvereinbar[4].

§ 263 gilt auch für die **Abstimmung** in Berufungsverfahren[5].

§ 264; **Gegenstand der Berufung**, falls sie den Schuldspruch erfaßt, ist nicht das Ersturteil, sondern die Tat im Sinne des § 264, wie der Eröffnungsbeschluß sie kennzeichnet und wie sie sich im Berufungsverfahren darstellt[6], unter Umständen also auch neu hervortretende weitere Tatumstände. Ausgenommen bleiben nur selbständige Taten außerhalb des Eröffnungsbeschlusses[7].

§ 265 über den Hinweis auf **neue rechtliche Gesichtspunkte** und Aussetzung der Hauptverhandlung[8].

§ 266; wieweit die Erhebung der **Nachtragsanklage** in der Berufungsinstanz zulässig ist, ist strittig[9].

§§ 271 bis 274; die Vorschriften über das **Sitzungsprotokoll** gelten auch im Berufungsverfahren; vgl. bei §§ 271 bis 274.

3. **Umfang der Beweisaufnahme.** Die Beweisaufnahme wird durch die §§ 244 ff bestimmt und durch § 325 lediglich hinsichtlich der Form aufgelockert[10]. Sie ist auf alle

---

[1] Vgl. § 206 a, 14.
[2] Vgl. OLG Stuttgart MDR **1982** 252; § 225 a, 6; § 323, 1.
[3] Vgl. RGSt **61** 279; **62** 259; **64** 244; **66** 364; § 233, 2; § 329, 54.
[4] *Eb. Schmidt* 4; anders für den Fall, daß die Verlesung der erstrichterlichen Niederschrift die Vollständigkeit der Verteidigung gewährleistet RG HRR **1928** Nr. 2333; JW **1931** 1604.
[5] Vgl. § 263, 1.
[6] Vgl. § 264, 23.
[7] Vgl. § 327, 2.
[8] Vgl. § 265, 13.
[9] Vgl. § 266, 11.
[10] Vgl. § 323, 10 ff; § 325, 1.

§ 332 Drittes Buch. Rechtsmittel

geladenen und erschienenen Zeugen zu erstrecken, auch auf Zeugen, die ihre Aussage bei dem Erstgericht befugt verweigert haben[11].

10   4. Für das **Urteil** gelten die §§ 260, 267, 268, 275 ebenfalls. Die Bezugnahme auf die Urteilsgründe des Erstrichters ist zulässig. Sie muß aber zweifelsfrei zeigen, welche Feststellungen und Rechtsausführungen des Erstrichters das Berufungsgericht nach eigener Prüfung übernimmt, andernfalls ist die Urteilsbegründung fehlerhaft. Die allgemeine Bemerkung, die Verhandlung vor dem Berufungsgericht habe „im wesentlichen" denselben Sachverhalt ergeben, genügt nicht[12].

11   5. § 268a gilt auch im Berufungsverfahren. Das Berufungsgericht, das eine Freiheitsstrafe zur Bewährung aussetzt oder ein Urteil, das Strafaussetzung bewilligt hatte, bestätigt, hat über Bewährungszeit, Auflagen und Weisungen neu zu entscheiden[13]. § 268 b und § 268 c gelten ebenfalls[14].

---

[11] RG DRiZ **1931** Nr. 363; vgl. § 252, 11 ff; 39.
[12] Vgl. § 267, 30.
[13] Vgl. § 268 a, 19; § 305 a, 13 ff.
[14] Vgl. § 268 b, 7; § 268 c, 2.

Stand: 1. 11. 1987

VIERTER ABSCHNITT

Revision

Vorbemerkungen

Schrifttum

Allgemein. *Amelunxen* Die Revision der Staatsanwaltschaft (1980); *Biermann* Zur Revision des Staatsanwalts, GA **1955** 353; *Bohnert* Beschränkungen der strafprozessualen Revision durch Zwischenverfahren (1983); *Breuling* Zur Revision in Strafsachen, DRiZ **1934** 237; *Dahs/Dahs* Die Revision im Strafprozeß ³(1984); *zu Dohna* Die Problematik der Aufgaben des Revisionsgerichts in Theorie und Praxis, DStR **1940** 65; *Duske* Die Aufgaben der Revision, Diss. Marburg 1960; *Eckstein* Studien zur Lehre von den Rechtsmitteln, GerS 84 (1916) 345; *Fezer:* s. bei „Reform"; *Fischer* Zur Entwicklung des Revisionsrechts seit dem Bestehen des BGH, DRiZ **1978** 2; *Freitag* Revision und Kassation unter besonderer Berücksichtigung der Rechtsprechung des Reichsgerichts, Diss. Heidelberg 1933; *Gössel* Die Nachprüfung von Tatsachenfeststellungen in der Revisionsinstanz in Strafsachen, in: Schlosser u.a. (Hrsg.), Tatsachenfeststellungen in der Revisionsinstanz (1982) 117; *Gottwald* Die Revisionsinstanz als Tatsacheninstanz (1975); *Hanack* Der Ausgleich divergierender Entscheidungen in der oberen Gerichtsbarkeit (1962); *Hanack* Die Verteidigung vor dem Revisionsgericht, FS Dünnebier 301; *Hipp* Berufung und Revision im Strafprozeß, Diss. Heidelberg 1910; *Kaiser* Beschleunigung des Revisionsverfahrens ohne Gesetzesänderung, NJW **1977** 95; *Krause* Die Revision in Strafsachen. Grundzüge für Ausbildung und Praxis (1983); *von Kries* Die Rechtsmittel des Civilprozesses und des Strafprozesses nach den Bestimmungen der Deutschen Reichsgesetze (1880); *Lamm* Das Rechtsmittel der Revision im Strafprozeß (1881); *Levin* Der dritte Rechtszug, DJZ **1930** 27; *Loewenstein* Die Revision in Strafsachen ³(1933); *Mannheim* Beiträge zur Lehre von der Revision wegen materiellrechtlicher Verstöße im Strafverfahren (1925); *Meves* Das Rechtsmittel der Revision, sein Wesen und seine Bedeutung, GA 45 (1897) 1; *Müller* Gedanken zur Berufung und Revision in Strafsachen, DR **1941** 163; *Neukamp* Das Rechtsmittel der Revision im Zivil- und Strafprozeß, Festschrift für Wach (1913) **2** 153; *Otto* Möglichkeiten und Grenzen der Revision in Strafsachen, NJW **1978** 1; *Paeffgen* Ermessen und Kontrolle. Probleme einer Begriffsanleihe in bezug auf die Revisibilität von Tatsachen, FS II Peters 61; *Peters* Tat-, Rechts- und Ermessensfragen in der Revisionsinstanz, ZStW 57 (1938) 53; *Peters* Der Wandel im Revisionsrecht FS Schäfer 137; *Pohle* Revision und neues Strafrecht (1930); *Reichhold* Die Revision aus prozessualen Gründen in der Reichsstrafprozeßordnung, Diss. Würzburg 1927; *Rieß* Zur Revisibilität der freien tatrichterlichen Überzeugung, GA **1978** 257; *Rieß* Über Aufhebungsgründe in Entscheidungen des Bundesgerichtshofes, NStZ **1982** 49; *Rosenblatt* Das Rechtsmittel der Revision im Strafprozeß (1906); *Salger* Das Indizienurteil des Strafrichters in der Revisionsinstanz, NJW **1957** 734; *Sarstedt/Hamm* Die Revision in Strafsachen ⁵(1983); *Sarstedt* Die Entscheidungsbegründung im deutschen strafgerichtlichen Verfahren, in: Sprung/König (Hrsg.), Die Entscheidungsbegründung in europäischen Verfahrensrechten und im Verfahren vor internationalen Gerichten (1974) 83; *Schünemann* Grundfragen der Revision im Strafprozeß, JA **1982** 71, 123; *W. Schmid* Der Revisionsrichter als Tatrichter, ZStW 85 (1973) 360; *F. Schmidt* Zur Revision in Strafsachen, DRiZ **1934** 170; *Schoppe* Revision und Kassation unter besonderer Berücksichtigung der Rechtsprechung des Reichsgerichts und des Kassationshofes, Diss. Halle-Wittenberg 1935; *Schwarz* Der Strafrichter als Rechtsschöpfer, DJZ **1936** 209; *Scheweling* Der Verteidiger und die Revision, MDR **1967** 441; *Schwinge* Grundlagen des Revisionsrechts ²(1960); *Schwinge* Die Fortbildung des Revisionsrechts durch die Rechtsprechung des Reichsgerichts, JW **1938** 769; *Seibert* Zur Revision in Strafsachen, DRZ **1948** 371; *Seibert* Revisionsrichter und Tatrichter in Strafsachen, NJW **1958** 132; *Simon* Die Rechtsmittel in der Deutschen Strafprozeßordnung seit 1877 unter besonderer Berücksichtigung ihrer Einschränkung, Diss. Freiburg 1935; *Steuerlein* Die strafprozessuale Revision, Diss. Tübingen 1935; *Stühler* Die Revision im Strafprozeß, Diss. Erlangen 1916;

Vor § 333 Drittes Buch. Rechtsmittel

A. Weber Die Wahrung der Rechtseinheit in Strafsachen, JW **1929** 2678; *Zeiler* Aus der Werkstatt des Revisionsrichters, DRiZ **1935** 42.

S. im übrigen die Angaben bei § 337.

Reform. *Benz* Reform der Rechtsmittel in Strafsachen, ZRP **1977** 58; *Dahs* Die Urteilsrüge – ein Irrweg, NJW **1978** 1551; *Doerffler* Die Rechtsmittel im künftigen Strafverfahren, DStR **1935** 275; *Eckl* Zur Reform des Rechtsmittelsystems im Strafprozeß, BayVerwBl. **1975** 212; *Enzian* Zur Problematik der Aktenwidrigkeitsrüge für eine strafprozessuale Rechtsmittelreform, DRiZ **1976** 374; *Fezer* Reform der Rechtsmittel in Strafsachen (1974); Reihe „recht" des BMJ); *Fezer* Die erweiterte Revision – Legitimierung der Rechtswirklichkeit? (1974); *Fezer* Möglichkeiten einer Reform der Revision in Strafsachen (1975); *Fischinger* Die Vorschläge von Josef Cüppers zur Gestaltung der Rechtsmittel im künftigen Strafverfahren, Gedenkschrift für Cüppers (1955) 136; *Fuhrmann* Die Appellation als Rechtsmittel für eine beschränkte Tatsachennachprüfung in einem dreistufigen Gerichtsaufbau, ZStW **85** (1973) 45; *Fuhrmann* Reform des Rechtsmittelrechts im Strafprozeß, JR **1972** 1; *Hanack* Der dreistufige Aufbau der Strafgerichtsbarkeit im Entwurf eines ersten Justizreformgesetzes, FS Erich Schwinge (1973) 183; *Hartung* Die Rechtsmittel nach dem Vorentwurf einer neuen Strafverfahrensordnung, ZStW **57** (1938) 89; *Jagusch* Revision oder Grundsatzentscheidung? NJW **1953** 161; *Jagusch* Die Revision in Strafsachen – ausreichende Rechtsgarantie? NJW **1971** 2009; *Kaiser* Zur Reform der Rechtsmittel im Strafverfahren, ZRP **1972** 275; *Klefisch* Die Rechtsmittel gegen Strafurteile im künftigen Strafprozeß, NJW **1951** 330; *Knoche* Die Rechtsmittel im Strafverfahren beim dreistufigen Gerichtsaufbau, DRiZ **1972** 97; *Kohlhaas* Empfiehlt es sich, das Rechtsmittelsystem in Strafsachen, insbesondere durch Einführung eines Einheitsrechtsmittels, grundlegend zu ändern? DRiZ **1978** 261; *Krauth* Zu den Bemühungen um eine Rechtsmittelreform in Strafsachen, FS Dreher 697; *Lehmann* Die Urteilsrüge, in: *Gürtner* Das kommende deutsche Strafverfahren (1938) 385; *Lisken* Zur „Rechtsmittelreform" im Strafprozeß, DRiZ **1976** 197; *Mannheim* Zur Reform der Revision im Strafverfahren, DRiZ **1929** 175; *Meyer-Goßner* Empfiehlt es sich, das Rechtsmittel in Strafsachen grundlegend, insbesondere durch Einführung eines Einheitsrechtsmittels, zu ändern? JZ **1978** 329; *Möhring* Das Oberste Bundesgericht in Zivil- und Strafsachen – ein Revisionsgericht! NJW **1949** 1; *Neidhard* Das Rechtsmittel im Strafverfahren nach den Vorstandsbeschlüssen des Deutschen Richterbundes zur großen Justizreform, DRiZ **1967** 106; *Oetker* Die Revision im künftigen Strafverfahren, GerS **107** (1936) 32; *Peters* Zur Neuordnung des Strafverfahrens, ZStW **56** (1937) 34; *Peters* Empfiehlt es sich, das Rechtsmittelsystem in Strafsachen, insbesondere durch Einführung eines Einheitsrechtsmittels, grundlegend zu ändern? (Gutachten C zum 52. DJT, 1978); *Pfeiffer/von Bubnoff* Zur Neuordnung des Rechtsmittelsystems in Strafsachen nach dem Referentenentwurf eines Ersten Justizreformgesetzes, DRiZ **1972** 42; *Rieß* Die Neugestaltung der Rechtsmittel in Strafsachen, DRiZ **1976** 3; *Rieß* Möglichkeiten einer Reform der Revision in Strafsachen, JR **1976** 309; *Rieß* Empfiehlt es sich, das Rechtsmittelsystem in Strafsachen, insbesondere durch Einführung eines Einheitsrechtsmittels, grundlegend zu ändern? (Referat); Verh. 52. DJT, Bd 2, 1978, S. L 8; *Rieß* Was bleibt von der Reform der Rechtsmittel in Strafsachen? Zu den Ergebnissen der Abteilung Strafprozeß des 52. DJT, ZRP **1979** 193; *Sarstedt* Zur Reform der Revision in Strafsachen, FS Dreher 681; *Sarstedt* Empfiehlt es sich, das Rechtsmittelsystem in Strafsachen, insbesondere durch Einführung eines Einheitsrechtsmittels, grundlegend zu ändern? (Referat); Verh. 52. DJT, Bd 2, 1978, S. L 35; *E. Schäfer* Die Stellung der Revision im künftigen Strafverfahren, FS Schlegelberger (1936) 139; *E. Schäfer* Die Auflockerung des Verfahrens im künftigen Strafprozeß und der Gedanke der materiellen Gerechtigkeit, DStR **1935** 247; *Schaffstein* Revision und Berufung im künftigen Strafverfahren, DStR **1935** 465; *Schier/Eckl* Der Referentenentwurf eines Ersten Justizreformgesetzes, NJW **1972** 177; *Schmidt-v. Rhein* Vor- und Nachteile einer erweiterten Revision in Strafsachen, ZRP **1978** 161; *Schwarz* Berufung oder Revision? DStR **1936** 24; *Schwinge* Die Reform der höchstinstanzlichen Rechtsmittel, ZAkDR **1935** 546; *Schwinge* Zur Neugestaltung der Revision wegen verfahrensrechtlicher Verstöße, Festgabe für Jung (1937) 212; *Schwinge* Abschaffung der Rechtsmittel im Strafprozeß? ZAkDR **1937** 589; *Seetzen* Die erweiterte Revision als einheitliches Rechtsmittel in Strafsachen, ZRP **1975** 288; *Seib* Zur Rechtsmittelreform im Strafprozeß, DRiZ **1977** 48; *Seibert* Zur Umgestaltung der Rechtsmittel in Strafsachen, DRiZ **1951** 144; *Siegert* Die Rechtsmittel im neuen Strafverfahren, DR **1935** 533 und FS Graf Gleispach (1936) 138; *Sonnen* Das strafprozessuale Rechtsmittelsystem in der Reform, JA **1978** 456; *Stern* Die Rechtsmittel im künftigen Strafprozeß und ihre Grundlagen in der Gerichtsverfassung, Diss. Frankfurt a. M. 1922; *Strafrechtsausschuß der Bundesrechtsanwaltskammer* Denkschrift zur Reform des Rechtsmittelrechts und der Wiederaufnahme des Verfahrens im Strafprozeß (1971); *Sturm* Rechtsmittel im Strafverfahren, DR **1939** 55; *Teyssen* Empfiehlt sich eine Erweiterung der Revision im Strafprozeß? JR **1978** 309; *Tröndle* Zur Reform des Rechtsmittelsystems in Strafsachen, in: Probleme der Strafprozeßreform (1975) 73; *Warnecke* Die Reform des Rechtsmittelsystems im Strafprozeß, Diss. Hamburg 1952; *A. Weber* Die Unantastbarkeit der tatsächlichen Feststellungen im Lichte der Reformbestrebungen, LZ **1929** 898; *H. Weber* Das veraltete Revisionsverfahren im Strafprozeß, NJW **1961** 1388; *Willms* Sachrüge und erweiterte Revision, JR **1975** 52; *Witt* Gedanken und Bemerkungen zur Regelung der Rechtsmittel, namentlich der Urteilsrüge, im Entwurf einer neuen Strafverfahrensordnung, ZStW **58** (1939) 658.

Entstehungsgeschichte. Der Abschnitt ist, nachdem er nahezu 50 Jahre in der ursprünglichen Fassung bestanden hatte, seit 1922 häufig geändert worden, wenn auch nur in Einzelheiten, nicht im Kern: Durch Art. IV Nr. 1 des Gesetzes zur weiteren Entlastung der Gerichte vom 8.7.1922 (RGBl. I 569) wurde zunächst § 349 Abs. 1 dahin erweitert, daß das Reichsgericht offensichtlich unbegründete Revisionen durch Beschluß verwerfen durfte. Mit der Bek. 1924 wurden die §§ 334, 335, 340 eingefügt und die Bezeichnungen aller übrigen Vorschriften geändert. Kap. I § 6 des Sechsten Teils der 2. AusnVO ermächtigte auch die Oberlandesgerichte zur Verwerfung offensichtlich unbegründeter Revisionen durch Beschluß. Durch Kap. I Art. 2 § 1 Nr. 1 Satz 2 des Ersten Teils der 4. AusnVO wurde die Revision gegen Berufungsurteile ausgeschlossen. Art. 2 Nr. 20 des AG zum GewVerbrG fügte in § 358 Abs. 2 den Satz 2 ein. Art. 1 Nr. 4 Buchst. b des Gesetzes zur Änderung von Vorschriften des Strafverfahrens und des Gerichtsverfassungsgesetzes vom 28.6.1935 (RGBl. I 844) änderte § 358 Abs. 2 dahin, daß das Verbot der Schlechterstellung aufgehoben wurde; Art. 8 Nr. 1 Buchst. a des Gesetzes fügte § 354 a ein. Durch § 16 Abs. 1 der 1. VereinfVO wurde die Revision gegen Amtsgerichtsurteile ausgeschlossen. Nach § 13 der 4. VereinfVO bedurften alle Rechtsmittel der Zulassung durch den Tatrichter; § 14 dieser Verordnung ermächtigte das Reichsgericht, Urteile durch Beschluß aufzuheben, wenn es die Revision für offensichtlich begründet erachtete. Nach dem zweiten Weltkrieg stellte Art. 3 Nr. 142 ff VereinhG im wesentlichen den Zustand von 1931 wieder her; jedoch wurde § 340, der bei der Sprungrevision nach § 335 bestimmte Rügen ausgeschlossen hatte, aufgehoben und die Revisionsbegründungsfrist in § 345 Abs. 1 auf zwei Wochen verlängert. Durch Art. 4 Nr. 4 des 1. StÄndG wurde § 354 Abs. 1 geändert. Art. 4 Nr. 37 und 38 des 3. StRÄndG fügte in § 346 Abs. 2 den Satz 3 ein und faßte § 350 Abs. 1 und 2 neu. Durch Art. 9 Nr. 1 StPÄG 1964 wurde § 345 Abs. 1 abermals neu gefaßt; die Revisionsbegründungsfrist wurde auf einen Monat verlängert. Art. 9 Nr. 2 und 4 StPÄG 1964 faßte die Absätze 2 und 5 des § 349 und den § 354 Abs. 2 neu; Nummer 3 fügte in § 350 den Absatz 3 an. Art. 2 Nr. 10 EGOWiG ergänzte § 335 Abs. 3 Satz 1. Durch Art. 2 Nr. 14 und 15 StaatsschStrafsG wurde § 333 geändert und in § 354 Abs. 2 der Satz 2 eingefügt. Art. IV Nr. 8 PräsVerfG änderte § 338 Nr. 2 und 3. Durch Art. 21 Nr. 84 und 85 EGStGB wurde § 334 aufgehoben und § 358 Abs. 2 neu gefaßt. Durch Art. 1 Nr. 89 und 90 des 1. StVRG wurde § 338 Nr. 7 ergänzt und § 342 geändert. Art. 1 Nr. 28 StVÄG 1979 ergänzte § 336 durch den Satz 2 und Art. 1 Nr. 29 fügte bei § 338 Nr. 1 den Halbsatz 2 (Rügepräklusion) ein.

Geplante Änderungen durch den StVÄGE 1984 betreffen vor allem die Sprungrevision (§ 335), die nach dem RegE praktisch auf die Rüge der Verletzung sachlichen Rechts beschränkt werden soll (s. bei § 340). Weitergehend fordert der Bundesrat die Beseitigung der Sprungrevision und eine Regelung, nach der gegen Berufungsurteile die Revision nur zulässig ist, wenn sie zur Fortbildung des Rechts oder zur Sicherung einer

Vor § 333 Drittes Buch. Rechtsmittel

einheitlichen Rechtsprechung vom Revisionsgericht zugelassen wird (Neufassung der §§ 333 Abs. 2, 334; näher BTDrucks. 10 1313 S. 52, S. 60; Bericht DRiZ **1984** 327; vgl. auch *Werle* ZRP **1983** 197; **1985** 1).

S. ggf. die Erläuterungen im Nachtrag zur 24. Aufl.

Übersicht

	Rdn.		Rdn.
1. Grundsätze der Revision		3. Zur faktischen Erweiterung des Revisionsrechts: Probleme und Gefahren	9
a) Allgemeines	1	4. Revision und Angeklagter. Verteidiger	13
b) „Leistungsmethode". Grundsatz der Verantwortungsteilung	5	5. Reform	
		a) Kein „volkstümliches" Rechtsmittel	14
c) Entscheidung des Revisionsgerichts	6	b) Bis zum Zweiten Weltkrieg	15
2. Zweck der Revision	7	c) Nach 1945	16

1. Grundsätze der Revision

1 **a) Allgemeines.** Die Revision ist das letztinstanzliche Rechtsmittel. Sie ist in starker Anlehnung an die Kassation des französischen Rechts entwickelt worden und an die Stelle der Nichtigkeitsbeschwerde der früheren deutschen Partikularrechte getreten[1]. Darüber zu streiten, ob es einen wesensmäßig festliegenden Begriff der Revision gibt[2], ist müßig: Der Gesetzgeber kann das letztinstanzliche Rechtsmittel nach sehr verschiedenen Gesichtspunkten gestalten[3], und wie er seine Gestaltung bezeichnet, ist eine rein terminologische Frage. Sicher ist freilich, daß der Begriff „Revision" im herkömmlichen Verständnis eine bestimmte Form der Gestaltung charakterisiert, so daß eine prinzipielle Änderung dieser Form auch eine andere Bezeichnung nahelegen würde[4]. Verfehlt wäre es aber, allein aus dem *Begriff* der Revision sachliche Folgerungen zu ziehen; er besagt *als solcher* insbesondere nichts für die streitige Frage (dazu unten Rdn. 7 f) nach dem Zweck der Revision. Erwiesen hat sich im übrigen, daß die gesetzliche Konzeption des Rechtsmittels elastisch ist und eine sehr unterschiedliche praktische Handhabung erlaubt. Das zeigt die Entwicklung der Praxis. Sie ergibt insbesondere durch eine erweiternde Auslegung des zentralen Begriffs der Gesetzesverletzung (§ 337) ein völlig anderes Bild von der Revision als in den ersten Jahrzehnten ihres Bestehens und auch ein Bild, das den Vorstellungen des historischen Gesetzgebers (Rdn. 2) weithin nicht entspricht (Rdn. 4, 9 f). Im Schrifttum wird (nicht nur zur Kennzeichnung einer geforderten *gesetzlichen* Erweiterung der Revision; dazu unten Rdn. 14 ff) das Bild, das das Rechtsmittel in der Praxis heute bietet, oft und nicht zu Unrecht als „erweiterte Revision" charakterisiert. Vgl. auch Rdn. 4.

2 **Nach geltendem Gesetz** ist die Revision ein Rechtsmittel, das nicht, wie die Berufung, zur völligen Neuverhandlung der Sache durch das Rechtsmittelgericht führt. Der Beschwerdeführer kann vielmehr nur das Verfahren des Tatrichters rechtlich beanstanden (sog. *Verfahrensrüge*) und das Urteil selbst im Hinblick auf die richtige Anwendung

---

[1] Zu den geschichtlichen Wurzeln der Revision näher *Schwinge* 6 ff; *Reichold* 6; vgl. auch die Angaben bei *Bohnert* 5 Fußn. 1. Zum Vergleich mit der Kassation s. *Schwinge* 39 ff; *Schaffstein* DStR **1935** 467.

[2] Vgl. dazu etwa *Duske* 81 (bejahend); *Mann-*
heim 33 und *Eb. Schmidt* Vor § 296, 41 (verneinend).

[3] Dazu eingehend z. B. *Duske* 55 ff, 63 ff.

[4] Wie das in entsprechenden Reformvorschlägen auch geschehen ist; s. unten Rdn. 15 ff.

des materiellen Rechts zur Überprüfung stellen (sog. *Sachrüge*). Die Prüfung durch das Revisionsgericht setzt dabei stets voraus, daß der Beschwerdeführer entsprechende Rügen erhebt und, wenn es sich um Verfahrensrügen handelt, in tatsächlicher Hinsicht begründet (§§ 344, 352). Die Revision kann also nur auf Gesetzesverletzungen gestützt werden (§ 337). Sie ist daher ein Rechtsmittel mit begrenzten Prüfungsmöglichkeiten, eine Rechtsbeschwerde, mit der an sich und im Grundsatz eine erneute Wertung der tatsächlichen Feststellungen durch das Revisionsgericht *selbst* nicht erreicht werden kann (vgl. aber Rdn. 3 f). Nach den Motiven ist die Würdigung der Beweise „dem Richter erster Instanz ausschließlich überlassen, und das von diesem festgestellte Ergebnis ist für die höhere Instanz[5] maßgebend, insoweit dasselbe nicht etwa im Wege eines gesetzwidrigen Verfahrens gewonnen worden ist. Die Aufgabe des höheren Richters[5] besteht nur in der rechtlichen Bewertung der Sache" (*Hahn* 1 205; vgl auch § 337, 120). Im grundsätzlichen Ausschluß einer erneuten Prüfung der Tatsachenfeststellungen durch das Revisionsgericht liegt das Wesen der Revision des geltenden Rechts.

Dem Revisionsgericht ist freilich **nicht alles Tatsächliche verschlossen:** **3**

Sind **Verfahrensrügen** erhoben, so ist das Revisionsgericht nicht nur berechtigt, sondern sogar verpflichtet, ihre tatsächlichen Grundlagen zu prüfen (näher § 337, 74 ff), soweit dem nicht die Beweiskraft des Protokolls (§ 274) entgegensteht. Dazu kann es im Wege des Freibeweises (§ 337, 74) Ermittlungen jeder Art anstellen. An die Tatsachen, aufgrund deren der Tatrichter seine verfahrensrechtliche Entscheidung getroffen hat, ist es nur ausnahmsweise gebunden (§ 337, 89 ff). Schon aus diesem Grunde ist es nicht richtig, die Revision als reine Rechtsrüge zu bezeichnen.

Aber auch wenn die **Sachrüge** erhoben, also die Subsumtion des Sachverhalts **4** unter das Gesetz und die Auswahl und Bemessung der Rechtsfolgen zur Prüfung gestellt wird, ist die Revision nach der Entwicklung der Praxis nicht nur eine reine Rechtsrüge im engeren oder im eigentlichen Sinn: Die Revisionsgerichte halten sich bei dieser Prüfung heute durchaus nicht ohne weiteres an die tatrichterlichen Feststellungen zur Schuld- und Rechtsfolgenfrage für gebunden. Sie überprüfen vielmehr auch, ob der vom Tatrichter festgestellte Sachverhalt so beschaffen ist, daß er eine rechtliche Überprüfung überhaupt ermöglicht (näher, auch zum folgenden, § 337, 121 ff) und heben Urteile, bei denen das nach ihrer Überzeugung nicht der Fall ist, im Wege der Sachrüge selbst dann auf, wenn die Rechtsanwendung als solche nicht zu beanstanden ist. Z. B. akzeptieren die Revisionsgerichte keinen tatrichterlich festgestellten Sachverhalt, der sich denkgesetzlich so nicht ereignet haben kann oder allgemeinen Erfahrungssätzen widerspricht. Gleiches gilt, wenn der Tatrichter den Sachverhalt unklar, widersprüchlich oder lückenhaft dargestellt hat, insbesondere wenn der gedankliche Weg, auf dem er zu seiner Überzeugung gelangt ist, nicht oder nicht ohne weiteres schlüssig erscheint. Mit der Sachrüge aufgehoben werden nach Lage des Einzelfalls sogar Urteile, die keine ausreichende Würdigung der Beweise enthalten, bei denen also der Tatrichter Anknüpfungstatsachen nicht dargelegt oder es nach Meinung des Revisionsgerichts unterlassen hat, naheliegende Zweifel abzuhandeln. Im Schrifttum ist diese revisionsrichterliche Prüfungsmethode als **„Darstellungsrüge"** oder **„Darstellungsprüfung"** bezeichnet worden[6]. Der Begriff kennzeichnet recht plastisch, worum es geht: Die Revisionsgerichte kontrollieren im Rahmen der Sachrüge zwar nicht, ob der Tatrichter das *tatsächliche* historische Geschehen richtig festgestellt hat, also z. B. nicht die Frage, ob die Zeugen wirklich so ausgesagt haben, wie das Urteil angibt; sie kontrollieren vielmehr die *Darstel-*

---

[5] Gemeint ist: die Revisionsinstanz.
[6] Z. B. *Fezer* Die erweiterte Revision 9, 41 u. ö. (grundlegend); *Dahs/Dahs* 52; *Schünemann* JA **1982** 126; *Rieß* GA **1978** 277 spricht von „Feststellungsrüge" und *Peters* 615 von „Inhaltsrüge".

lung der Feststellungen und der Beweiswürdigungen *in der Urteilsurkunde* des Tatrichters im Hinblick auf ihre Tragfähigkeit als Voraussetzung und Grundlage der eigentlichen Rechtsanwendung. Die Intensivierung dieser Prüfungsmethode in der neueren Rechtsprechung geht sehr weit; es erscheint kaum überspitzt zu formulieren, daß die Revisionsgerichte die schriftlichen Gründe des angefochtenen Urteils heute z. T. auch anhand rein kriminalistischer oder kriminologischer Maßstäbe prüfen[7], die – bezogen auf die Urteilsurkunde – genau den Überlegungen eines Tatrichters gleichen. Die Entwicklung ist bemerkenswert, aber in vielfältiger Weise problematisch (eingehend § 337, 125 ff; zu ihren mutmaßlichen Gründen s. z. B. Rdn. 9 und 14). Sie charakterisiert in erheblichem Maße die heutige Problematik der Revision in Strafsachen, die sich als eine Art „erweiterte Revision" (vgl. Rdn. 1) von den Vorstellungen des historischen Gesetzgebers (vgl. Rdn. 2) weit entfernt hat.

5 **b) „Leistungsmethode". Grundsatz der Verantwortungsteilung.** Die angedeutete Entwicklung (Rdn. 4) scheint einer zunehmend vertretenen, in der heutigen Lehre durchaus herrschenden Auffassung Recht zu geben, nach der sich die Grenzen dessen, was der Prüfung des Revisionsgerichts unterstellt werden kann, danach bestimmen, was dieses Gericht mit seinen beschränkten Mitteln „leisten" kann, was also im Revisionsverfahren im Bereich des „Durchführbaren", ihm Erkennbaren liegt (sog. Leistungsmethode)[8]. Auch andere kritische Fragen der Revision ließen sich mit Hilfe dieses Maßstabs relativ zwanglos beantworten, zumal wenn man berücksichtigt (dazu unten Rdn. 9), daß die strafrechtliche Revision in der Praxis wesentlich von dem Bedürfnis geprägt wird, auch mit ihrer Hilfe auf die gerechte Entscheidung des Einzelfalles Einfluß zu nehmen. So wäre das Revisionsgericht z. B. zweifellos in der Lage, den Inhalt von Willenserklärungen oder Urkunden, die das tatrichterliche Urteil wiedergibt, selbst auszulegen. Auch wäre es mindestens in Fällen, in denen vor dem Tatrichter zulässigerweise in Abwesenheit des Angeklagten verhandelt worden ist, regelmäßig zur Bemessung der Strafe in der gleichen Weise fähig wie der Tatrichter. Daß das Revisionsgericht in beiden Fällen – und überhaupt – die Prüfung der tatrichterlichen Entscheidung auf Rechtsfehler beschränken muß, folgt aus seiner besonderen Aufgabenstellung; sie macht es unmöglich, die „Leistungsmethode" als allgemeines und beherrschendes Prinzip des Revisionsrechts anzusehen. Diese Aufgabenstellung folgt aus dem gesetzlichen Charakter des Rechtsmittels (Rdn. 2), das schon zur Wahrung der revisionsgerichtlichen Funktionstüchtigkeit eine vom Gesetz gewollte Beschränkung seiner Prüfungskompetenz fordert und ergibt. So verstanden, beruht die Einrichtung der Revision auch auf einer Arbeitsteilung zwischen Tatrichter und Revisionsgericht[9], die es gerade im Zeichen einer „erweiterten Revision" (Rdn. 1, 4) zu betonen gilt, schon weil die Verwischung dieser Arbeitsteilung zu schweren Gefahren für die Strafrechtspflege führen müßte[10]: Die Aufgabe, das Tatsächliche festzustellen, sich eine Überzeugung von der Schuld

---

[7] Vgl. – nur als Beispiel – BGH StrVert. **1983** 360 zur (angeblichen) kriminologischen Erfahrung, daß innerhalb homosexueller Partnerschaften „schon die ‚falsche Gebärde' unmittelbar zur Tötung des Partners führen kann".

[8] *Peters* 610 sowie (grundlegend) ZStW **57** (1938) 69 ff; Gutachten zum 52. DJT, S. C 45 Fußn. 48 m. w. Nachw.; FS Schäfer 139; *Henkel* 375; *Eb. Schmidt* § 337, 6 ff; *Fezer* Möglichkeiten 84 m. w. Nachw.; *Henke* 23 ff; *Warda* 77, 178; *Schünemann* JA **1982** 74, 125 m. Nachw.; wohl auch KMR-*Paulus* Vor § 333, 3.

[9] *Sarstedt/Hamm* 154; vgl. auch KK-*Pikart* 1 Vor § 333; *Schlüchter* 692.1; kritisch *Rieß* GA **1978** 270.

[10] Schäden, die gerade bei der angedeuteten Entwicklung der „Darstellungsprüfung" (Rdn. 4) mittlerweile wohl schon deutlich werden; vgl. dazu Rdn. 11 f.

oder Nichterweislichkeit der Schuld des Angeklagten zu bilden und die Rechtsfolge innerhalb des gesetzlichen Rahmens gerecht zu bemessen, ist allein dem Tatrichter gestellt. Nur er hat hierzu innerhalb der allgemeinen rechtlichen Grenzen die Macht und in der Regel auch die zuverlässigen Mittel. Darum trägt allein er für diesen Bereich auch die Verantwortung; das Revisionsgericht, das ja nicht im Sinne des § 261 aus dem „Inbegriff der Hauptverhandlung" schöpft (*Albrecht* NStZ **1983** 491), kann und darf sie ihm nicht abnehmen[11]. Es hat insoweit für die Richtigkeit der Entscheidung des Tatrichters nicht einzustehen (*W. Schmid* ZStW **85** [1973] 909), ja nicht einmal für seine „Vertretbarkeit"[12]; daß der Gesichtspunkt der Vertretbarkeit bei der Begrenzung des revisiblen Bereichs in mancherlei speziellen Zusammenhängen eine wohl legitime Rolle spielt (vgl. insbesondere § 337, 200 ff), besagt nichts Gegenteiliges.

c) Entscheidung des Revisionsgerichts. Mit dem Charakter der Revision des geltenden Rechts (Rdn. 2) ist, auch nach dem Gesagten (Rdn. 5), bezeichnenderweise eine eigene Entscheidung des Revisionsgerichts in der Sache selbst in aller Regel unvereinbar. Das Gesetz sieht sie in § 354 Abs. 1 aus Gründen der Verfahrensvereinfachung ausnahmsweise bei Konstellationen vor, bei denen die abschließende Entscheidung möglich oder doch vertretbar erscheint. Ansonsten führt die vom Revisionsgericht festgestellte Rechtsverletzung nur zur Aufhebung des Urteils, soweit es angefochten ist und auf dem Rechtsfehler beruht, sowie zur Zurückverweisung der Sache an den Tatrichter. Dieser ist bei der neuen Entscheidung an die Auffassung des Revisionsgerichts gebunden, soweit sie der Urteilsaufhebung zugrunde liegt (§ 358 Abs. 1). Dadurch wird die Auffassung des Revisionsgerichts durchgesetzt, also sichergestellt, daß der Tatrichter nicht an einer Rechtsauffassung festhält, die das Revisionsgericht mißbilligt (vgl. § 358, 1). **6**

2. Zweck der Revision. Im Schrifttum werden Zweck und Aufgaben der Revision häufig erörtert. Die Zahl der Stellungnahmen und die Vielfalt der verschiedenen Ansichten ist kaum noch übersehbar[13]. Weitgehende Übereinstimmung besteht jedoch darüber, daß das Rechtsmittel mehrere Zwecke verfolgt. Als Hauptzwecke werden die Wahrung der Rechtseinheit und die Herbeiführung einer gerechten Entscheidung im Einzelfall angesehen[14]. Daneben wird zum Teil und zu Recht auch die besondere Verantwortung bei der Rechtsfortbildung betont[15]. Streit herrscht vor allem darüber, ob die Zwecke der Rechtseinheit und der gerechten Einzelfallentscheidung gleichwertig sind[16], ob die Wahrung der Rechtseinheit vorrangig ist[17] oder ob die Einzelfallgerechtigkeit im Vordergrund steht[18]. Die letztere Auffassung dringt erkennbar immer mehr **7**

---

[11] Wie auch der BGH in std. Rspr. betont (vgl. z. B. § 337, 126; § 337, 146); aber diese Betonung harmoniert nicht ohne weiteres mit der von ihm real praktizierten Ausdehnung der Revision (§ 337, 147).

[12] Anders LR-*Meyer* in der 23. Aufl. im Anschluß an *W. Schmid* ZStW **85** 909.

[13] Zum Meinungsstand im einzelnen s. *Duske* 41 ff. *Mannheim* 11 ff unterscheidet, im Ansatz vielleicht nicht ohne Grund, sogar zwischen politischen und juristischen Zwecken.

[14] Vgl. z. B. *Kleinknecht/Meyer* Vor § 333, 1; KK-*Pikart* Vor § 333, 6; KMR-*Paulus* Vor § 333, 5 ff; *Eb. Schmidt* Vor § 296, 36 ff; *Schwinge* 27; *Steuerlein* 45 ff; *Warda* 71; *Sarstedt/Hamm* 8; *Tröndle* Reform 99.

[15] Z. B. KK-*Pikart* Vor § 333, 3.

[16] So *Eb. Schmidt* Vor § 296, 37 ff; *v. Hippel* 582; *Sarstedt/Hamm* 8; *Gottwald* 86 ff; *Lobe* GerS **109** (1937) 412; *Pohle* 83.

[17] *Dahs/Dahs* 2; *Herlan* DRiZ **1956** 200; *Kniesch* MDR **1955** 132; insbes. für das sachliche Recht: *Duske* 97 ff; *Schwinge* 33 f; *Teske* 17; vgl. auch *Paeffgen* FS II Peters 78.

[18] *Beling* 330 Fußn. 2 und 396 Fußn. 2; *Mannheim* 21 ff; *Levin* DJZ **1930** 30; *Peters* 606; *Schaffstein* DStR **1935** 469; *W. Schmid* ZStW **85** 362; *Schwarz* ZAKDR **1940** 147; *Zipf* Die Strafmaßrevision (1969) 173.

vor[19] und dürfte nach dem tatsächlichen Bild der Revision heute auch in der Praxis vorherrschen. Ihr verwandt ist die Ansicht, daß der Zweck der Revision in der Gewährung eines „realistischen Rechtsschutzes" beruhe[20].

8 **Die Bedeutung** der Streitfrage hat durch die heutige Entwicklung der Revision insbesondere bei der Überprüfung der tatrichterlichen Feststellungen und Wertungen (Rdn. 4) an praktischer Relevanz erheblich verloren. Unrichtig ist es allerdings, wenn behauptet wird, der Streit sei müßig, weil sich Gerechtigkeit und Rechtseinheit schon begrifflich nicht treffen ließen[21]. Die Frage ihres Verhältnisses hat vielmehr Bedeutung für die gesetzliche Ausgestaltung der Revision, wie schon ihre Entstehungsgeschichte zeigt (*Schwinge* 6 ff) und auch der Streit um ihre Reform (unten Rdn. 14 ff) mindestens mittelbar deutlich macht. Bedeutung hat die Frage aber auch für das Verständnis einzelner Bestimmungen des Revisionsrechts (näher *Hanack* Der Ausgleich 81 ff), weil diese Bestimmungen teils mehr vom einen oder vom anderen Zweck geprägt sind. So ist z. B. unbestreitbar, daß die §§ 121 Abs. 2, 136, 137 GVG primär der einheitlichen Rechtsanwendung dienen. Unbestreitbar ist aber auch, daß bei der Verfahrensrechtsrevision die Aspekte der Einzelfallgerechtigkeit größeren Raum einnehmen, während sich die Sachrevision, historisch gesehen, am Vorrang des Rechtseinheits-Gedankens orientiert (*Schwinge* 26 ff). Richtig ist freilich, daß die Revisionsgerichte im Rahmen der ihnen vom Gesetz eingeräumten Prüfungskompetenz grundsätzlich nicht vor der Frage stehen, ob sie der Rechtseinheit oder der gerechten Einzelfallentscheidung den Vorrang geben müssen. Ihre Rechtsprechung kann vielmehr, wie die heutige Praxis zeigt, das Revisionsrecht so ausschöpfen, daß sie in der Regel beiden Zwecken dient. Dies geschieht typischerweise dadurch, daß die Revisionsgerichte mit dem Bemühen um Einzelfallgerechtigkeit wegen ihrer besonderen Stellung und Autorität zugleich auch die Einheitlichkeit der Rechtsprechung fördern, die sie überdies durch die §§ 121 Abs. 2, 136 GVG zu wahren besonders verpflichtet sind. Nicht hinwegtäuschen kann diese Praxis allerdings darüber, daß sich mit der starken Ausschöpfung der Möglichkeiten zur Einzelfallgerechtigkeit eine Änderung des historischen Zwecks der Revision in Strafsachen ergeben hat, die auch Probleme aufwirft; dazu einiges im folg. Text.

9 **3. Zur faktischen Erweiterung des Revisionsrechts: Probleme und Gefahren.** Es ist nicht zu bestreiten, daß sich das Rechtsmittel der Revision durch seine **faktische Entwicklung** in der Praxis gegenüber seiner Handhabung in den ersten Jahrzehnten nachhaltig verändert hat[22]. Insgesamt ist der Bereich dessen, was in der Praxis von den Revisionsgerichten überprüft wird, ständig und außerordentlich gewachsen. Die Gründe für diese Entwicklung sind vielgestaltig und durch eine Reihe verschiedener Entwicklungslinien gekennzeichnet (eingehend *Peters* FS Schäfer 138). Eine wesentliche Rolle spielt wohl, daß die Revision gerade in schwereren Strafsachen das einzige Rechtsmittel ist und daß sich das Bedürfnis, auch mit Hilfe des Revisionsrechts auf die gerechte Entschei-

---

[19] Bezeichnend ein mit großer Mehrheit gefaßter Beschluß des 52. DJT, daß sich die Revision, jedenfalls soweit sie einziges Rechtsmittel ist, am Revisionszweck der Einzelfallgerechtigkeit orientieren soll; vgl. VerhDJT, Bd. II 1978, S. L 182; dazu *Rieß* ZRP **1979** 195.

[20] *Schünemann* JA **1982** 73; zustimmend *Roxin* § 53 B; *Sarstedt/Hamm* 326; kritisch *Paeffgen* FS II Peters 79 Fußn. 75.

[21] So aber *Eb. Schmidt* Vor § 296, 39; *Sarstedt/* *Hamm* 8; *Fischinger* 144; *Frisch* Revisionsrechtliche Probleme der Strafzumessung (1979) 249; *Tröndle* Reform 99; *LR-Meyer* in der 23. Aufl. Dagegen z. B. *Duske* 46 ff, 68 ff; *Hanack* Der Ausgleich 79 f; *Henke* 193 ff; *Paeffgen* 75 II Peters 81 Fußn. 85; *Roxin* § 53 B.

[22] Zum vielfältig gewandelten Bild der Revision im Überblick z. B. *Hanack* FS Dünnebier 301; *Peters* FS Schäfer 137; *Sarstedt/Hamm* 2 ff; vgl. auch *Bohnert* 5 ff, 11 ff.

dung des Einzelfalles Einfluß zu nehmen, gerade beim Charakter des Strafrechts in der Rechtswirklichkeit einfach nicht abweisen läßt. So mag es sich auch erklären, daß die Revision in Strafsachen eine Eigengesetzlichkeit entwickelt hat, aufgrund derer sie sich vom Rechtsmittel der Revision in anderen Verfahrensgesetzen durchaus und immer stärker unterscheidet, und zwar selbst von der Revision in Zivilsachen, die an sich (*Schwinge* 6 ff) auf denselben historischen Wurzeln beruht.

Die Wege, auf denen sich die Erweiterung des revisiblen Bereichs in der Praxis vollzogen hat, sind verschlungen und kompliziert. Der wichtigste Weg liegt ohne Zweifel in der angedeuteten Ausdehnung der Sachrüge (Rdn. 4; näher § 337, 121 ff) als Instrument zur Kontrolle auch der Plausibilität der tatrichterlichen Feststellungen; über ihre zahlenmäßige Bedeutung in der Rechtsprechung des Bundesgerichtshofs gibt eine Untersuchung von *Rieß* (NStZ **1982** 49) erste Aufschlüsse. Im Schrifttum wird diese Ausdehnung nicht nur unterschiedlich bewertet, sondern auch unterschiedlich gedeutet[23]. Die Ansicht, daß sich so etwas wie eine „erweiterte Revision" (Rdn. 1, 4) gar nicht entwickelt habe (so noch LR-*Meyer* [23] 10), wird heute nur noch selten vertreten und erscheint auch nicht mehr überzeugend. Überwiegend wird angenommen, daß die Revisionsgerichte mit der „Darstellungsrüge" (Rdn. 4) eine Prüfungsmethode praktizieren, die im Gewande der Sachrüge letztlich Aufgaben der Verfahrensrüge, insbesondere der Aufklärungsrüge (vgl. § 244, 339 ff) übernimmt, ohne an deren traditionelle Grenzen gebunden zu sein[24]; teils wird auch die Entwicklung einer allgemeinen Vertretbarkeitsprüfung behauptet[25] oder das Phänomen als eine richterrechtlich entwickelte zusätzliche Tatsachenrüge eigenständigen Charakters verstanden (*Rieß* GA **1978** 273). Am richtigsten ist wohl die letztere Ansicht. Denn die heutige Ausdehnung der Sachrüge erlaubt dem Revisionsgericht – wenn auch beschränkt durch den Zugriff allein auf die Urteilsurkunde –, Mängel der tatrichterlichen Feststellungen und Würdigungen in einer Weise anzugehen, die in dieser Form und Intensität mit der Verfahrensrüge, auch der Aufklärungsrüge, nicht zu leisten wäre; sie führt daher im Ergebnis zu einer Kontrolle (oder möglichen Kontrolle) der tatrichterlichen Feststellungen, die dem historischen Begriff der Gesetzesverletzung (§ 337) und damit zugleich dem Charakter des Rechtsmittels (Rdn. 2) durchaus neue und andere Dimensionen verleiht. Daran ändert auch nichts, daß die Entwicklung im Kern an die schon sehr früh bejahte Revisibilität von Verstößen gegen Denkgesetze und Erfahrungssätze (§ 337, 165 ff, 170 ff) anknüpft oder sich doch jedenfalls in diesen Zusammenhang fast zwanglos einordnen läßt. Insbesondere auch aufgrund dieses Zusammenhangs erscheint jedoch die immer wieder aufgestellte Behauptung, die Methodik der revisionsgerichtlichen Rechtsprechung sei nicht deutlich oder nicht deutlich zu machen, *insoweit* nur bedingt berechtigt.

Nicht zu übersehen ist allerdings, daß das Revisionsrecht gerade durch diese Entwicklung seine **Konturen** und seine **Berechenbarkeit** in erheblichem Maße **verloren** hat. Sie hat nicht nur den Unterschied zwischen Sachrüge und Verfahrensrüge verwischt (vgl. § 337, 127 f); sie hat auch zu Friktionen mit einer zum Teil noch immer geübten und in sich nicht sonderlich klaren Rechtsprechung geführt, nach der unbestimmte Rechtsbegriffe des materiellen Rechts nur einer beschränkten Nachprüfung unterliegen (§ 337, 111 ff). Vor allem aber hat sie dazu geführt, daß der Revisionsführer die **Chancen**

---

[23] Eingehend *Rieß* GA **1978** 259 mit weit. Nachw.; vgl. auch *Rieß* NStZ **1982** 49.
[24] So namentlich *Fezer* Die erweiterte Revision, 53 u. ö.; vgl. näher und kritisch *Gössel* Die Nachprüfung 117 mit zahlr. Nachw., der die Prüfung als Frage der Verfahrensrüge (Verletzung des § 261) versteht bzw. behandelt wissen will.
[25] *W. Schmid* ZStW **85** (1973) 360; vgl. auch *Volk* Wahrheit und materielles Recht im Strafprozeß (1980) 27: „Leitprinzip ist die Vertretbarkeit der Beweiswürdigung."

einer Revision oft schwer beurteilen kann, weil die Revisionsgerichte die Mittel zum Zugriff auf die tatrichterlichen Feststellungen und Wertungen erkennbar in unterschiedlicher und unterschiedlich intensiver Weise handhaben[26]. Eine entsprechende Verunsicherung dürfte sich bei den Tatrichtern ergeben und mit dazu geführt haben, daß ihre Urteile immer ausführlicher geworden sind und wohl auch werden mußten (*Sarstedt* Die Entscheidungsbegründung, 86 f). *Sarstedt* spricht nicht zu Unrecht davon, daß die Tatrichter versuchen, das Revisionsgericht „durch Ausführlichkeit zu überzeugen: einmal von der Sorgfalt ihrer Arbeit, sodann von der Richtigkeit des festgestellten Sachverhalts", und daß sie über diese Richtigkeit mit dem Revisionsgericht „gleichsam eine Diskussion eröffnen". Auch erscheint es problematisch, daß der Zugriff der Revisionsgerichte in so starkem Maße an die *Darstellung* des tatrichterlichen Urteils anknüpft (Rdn. 4), also je nach dessen geschickter oder ungeschickter Gestaltung unterschiedliche Schwachpunkte findet; man darf vermuten, daß dies nicht selten zur Aufhebung von Urteilen führt, die sachlich richtig sind, während in anderen Fällen durch die Art der tatrichterlichen Darstellung echte Schwächen verdeckt bleiben. „Im Grunde genommen prüfen die Revisionsgerichte ... nur die Fähigkeit des Urteilsverfassers nach, ein Strafurteil lege artis zu begründen", während „keinerlei Gewähr dafür (besteht), daß die wirklichen Fehler der Informationsverarbeitung durch den Tatrichter ... erfaßt und korrigiert werden" (*Schünemann* JA **1982** 126). So spricht vieles dafür, daß der Preis für das fortschreitende Bemühen der Revisionsgerichte um die Kontrolle auch der tatrichterlichen Feststellungen und Wertungen nicht gering ist. Er ist es wohl auch deswegen nicht, weil diese Kontrolle für die Revisionsgerichte eine erhebliche Mehrbelastung bedeutet. Mindestens beim Bundesgerichtshof aber könnte das – im Zusammenhang mit seiner zunehmenden Belastung durch die steigende Kompliziertheit des Strafrechts und mit den sonstigen Erweiterungen des revisiblen Bereichs, insbesondere bei der Rechtsfolgenentscheidung (dazu § 337, 185 ff) – leicht zu einer kritischen Situation führen, und zwar nicht nur im Hinblick auf die Belange der Rechtseinheit (vgl. auch Rdn. 12) und der Rechtsfortbildung. Die so groß gewordene Zahl der revisionsgerichtlichen Beschlußverwerfungen ohne Hauptverhandlung und ohne Begründung (vgl. bei § 349), die ohne Zweifel unter dem Aspekt der Rechtsbefriedung wie der Einzelfallgerechtigkeit Besorgnis auslösen muß, ist dafür möglicherweise ein Symptom.

12 Das Bemühen der Revisionsgerichte um gerechte Entscheidung des Einzelfalles, wie es bei der Kontrolle der tatrichterlichen Feststellungen und Wertungen besonders plastisch wird, wirft für den **unbefangenen Betrachter** aber auch manche **weiteren Fragen** auf, die die Sorge um die Berechenbarkeit, Klarheit und Einheitlichkeit der revisionsgerichtlichen Rechtsprechung betreffen[27]. So fragt sich, ob die Revisionsgerichte, insbesondere der BGH, im Rahmen typischer Einzelfallentscheidungen immer genügend auf die Einheitlichkeit der Rechtsprechung achten bzw. die nachgeordnete Praxis nicht durch Divergenzen oder mögliche Divergenzen zu sehr verunsichern[28]. Es fragt

---

[26] Darüber wird im Schrifttum – in verschiedener Weise – immer wieder und zunehmend geklagt: vgl. z. B. *Albrecht* NStZ **1983** 492; *Fezer* Die erweiterte Revision, 26, 52 f u. ö.; *Fezer* Möglichkeiten 172; *Gössel* Die Nachprüfung 122; *Otto* NJW **1978** 1 f; *Rieß* JR **1976** 309 ff und GA **1978** 259; auch NStZ **1982** 49; *Roxin* § 53 D II 3b; *Schünemann* JA **1982** 126.

[27] Treffend *Meyer* JR **1984** 130: „ ... daß die Rspr. der Revisionsgerichte um so unberechenbarer wird, je mehr sich diese Gerichte dem Grundsatz der Einzelfallgerechtigkeit verpflichtet fühlen".

[28] Ein Problem, das durch die vergrößerte Zahl von veröffentlichten Dutzend-Entscheidungen in Zeitschriften (NStZ, StrVert.) unverkennbar an Bedeutung gewinnt, vgl. – nur zum Beispiel – die Diskrepanz zwischen BGHSt. **28** 262 und BGH StrVert. **1982** 51. S. zum Ganzen auch § 356, 2 Fußn. 5.

sich wohl auch, ob nicht die Zahl der Fälle bedenklich zunimmt, in denen die Revisionsgerichte wichtige Rechtsfragen ohne überzeugenden Grund zu sehr nach den „Gegebenheiten", „nach Lage" oder gar nach „Wertung" „des Einzelfalls" entscheiden[29], ob es mittlerweile nicht allzu unterschiedliche Handhabungen bei der Entscheidung gibt, wann das angefochtene Urteil im Sinne des § 337 auf einem Verfahrensmangel beruht, und ob die Praxis der Teilaufhebungen (vgl. § 344, 14 ff) nicht viel zu pragmatisch und damit zu unberechenbar geworden ist. Und es fragt sich vielleicht besonders, ob die Revisibilität der tatrichterlichen Rechtsfolgenentscheidung, die in der Praxis außerordentliche Bedeutung gewonnen hat, wirklich an überzeugende und an klare Grundsätze gebunden ist. So erscheint *jedenfalls* problematisch, daß die Frage, ob die Rechtsfolgenentscheidung des Tatrichters auf einem Zumessungsmangel „beruht", von der Revisionsgerichtsbarkeit ersichtlich nach recht vagen Kriterien beurteilt und sehr verschieden gehandhabt wird (vgl. § 337, 265 ff); problematisch erscheint aber auch, ob das zunehmende Abstellen auf eine „Vertretbarkeitsgrenze" bei der Rechtsfolgenkontrolle, so sehr es der Eigenart dieser Kontrolle entsprechen mag (vgl. § 337, 200 ff), nicht mindestens für das Prinzip der Verantwortungsteilung (Rdn. 5) zu große Gefahren mit sich bringt; auch fällt – gerade in diesem Zusammenhang – auf, daß sich die höchstrichterliche Rechtsprechung in einigen Bereichen der Strafzumessung vor der Aufgabe, Richtlinien zu entwickeln, doch sehr stark zurückzieht[30], ohne indes bei diesem Rückzug insoweit wirklich konsequent und einheitlich zu verfahren.

4. Revision und Angeklagter. Verteidiger. Zu den Problemen, die im Bereich der **13** Revision auch bedrücken, gehört nicht zuletzt die Frage nach der Stellung und den Rechten des Angeklagten im Revisionsverfahren. Insoweit ist nicht nur die zunehmende Zahl von Beschlußverwerfungen ohne Begründung gemäß § 349 Abs. 2 auch unter diesem Gesichtspunkt kritisch (Rdn. 11 a. E), weil sie für die Befriedungsfunktion und Überzeugungskraft der letztinstanzlichen Entscheidung ohne Zweifel erhebliche negative Auswirkungen hat. Kritisch ist trotz mehrfacher (und bezeichnender) Eingriffe des BVerfG nach wie vor auch die Stellung, die das Gesetz oder doch seine überkommene Interpretation dem Angeklagten und seinem Verteidiger in den Fällen einräumt, in denen es zu einer mündlichen Verhandlung vor dem Revisionsgericht kommt (näher bei § 350). Kritisch ist vor allem aber folgendes. Es hat sich gezeigt, daß die „Siebfunktion", die das Gesetz mit der Einschaltung eines Rechtsanwalts oder Verteidigers für die Revisionsbegründung verbindet (§ 345 Abs. 2), in der Praxis aus vielen Gründen weitgehend versagt[31], ganz abgesehen davon, daß die Regelung durch die – auch mögliche – Einschaltung eines Urkundsbeamten der Geschäftsstelle ihre Stimmigkeit verliert (vgl. § 345, 16, 29, 38). Die Folge dieses Zustandes ist, daß die Revisionsgerichte wegen der versagenden Siebfunktion eben doch in zweifellos erheblichem Umfang mit aussichtslosen Revisionen befaßt werden, die sie nach § 349 Abs. 2, 3 verwerfen müssen, was, auf das Ganze gesehen, immerhin auch Arbeit macht, also Arbeitskraft nutzlos bindet[32]. Noch bedenklicher aber ist, daß ganz offenbar viele Anwälte den Anforderungen an

---

[29] Vgl. – nur zum Beispiel –: die Rechtsprechung zur Frage, wann die mangelhafte Unterrichtung über einen auswärtigen Termin das Öffentlichkeitsprinzip verletzt (§ 338 Nr. 6; s. dort Rdn. 114); wann Anspruch auf Bestellung eines auswärtigen Pflichtverteidigers besteht (§ 142; s. dort); wann Rauschgift aufgrund seiner Art und Zusammensetzung „in nicht geringer Menge" vertrieben wird (s. etwa BGH NStZ **1984** 221).

[30] Vgl. etwa BGHSt **27** 215; BGHSt **27** 228.

[31] Dazu näher *Hanack* FS Dünnebier 308 mit Nachw.; s. auch § 349, 5.

[32] Und die so große Zahl der Beschlußverwerfungen zum Teil, aber eben doch wohl nur zum Teil erklärt; vgl. § 349, 5.

eine sachgemäße Revisionsbegründung nicht gewachsen sind (§ 349, 5; vgl. auch § 351, 1). Dies wiegt aufgrund des § 344 Abs. 2 vor allem bei der Verfahrensrüge schwer, so daß auch von daher die strengen oder überstrengen Anforderungen der Rechtsprechung zu dieser Vorschrift (vgl. § 344, 75 ff, 80) fragwürdig erscheinen. Es könnte sein, daß die unverkennbare, aber durchaus problematische Überwucherung der Verfahrensrüge durch die Sachrüge (Rdn. 4, 11; vgl. auch § 337, 127 f) sich mit durch dieses Faktum erklärt oder in ihm sogar eine gewisse Rechtfertigung findet. Ganz offen aber ist, wie viele sachlich begründete oder sogar gebotene Revisionen als Folge fehlenden anwaltlichen Wissens oder Könnens zum Schaden der Betroffenen und der Sache nicht eingelegt werden. Sicher dürfte jedenfalls sein, daß das so kompliziert gewordene Recht der Revision im Interesse der Rechtspflege wie der Angeklagten dringlich den „Fachanwalt für Strafrecht" verlangt (dazu § 349, 5 Fußn. 14).

5. Reform

14 a) Die Revision ist **kein „volkstümliches" Rechtsmittel**[33]. Namentlich dies und die eigentümliche Situation, daß das Gesetz, anders als im Bereich der kleinen und mittleren Kriminalität, gerade für die schwerwiegenden Strafsachen die Revision als einziges Rechtsmittel zur Verfügung stellt, hat im Laufe der Zeit eine kaum mehr zu übersehende **Flut von Vorschlägen** und Stellungnahmen zur Reform der Revision ausgelöst. Dabei ergeben sich[34] im Umriß – und im Zusammenhang namentlich mit den Bestrebungen zu einer grundsätzlicheren Reform des Strafverfahrensrechts – die folgenden Entwicklungslinien[35].

15 b) Die Reformbestrebungen **bis zum Zweiten Weltkrieg** hatten in der Epoche vor der Jahrhundertwende (vgl. Einl. Kap. 4 unter II) die Revision als solche zunächst nicht unmittelbar zum Gegenstand. Im Vordergrund der damaligen Überlegungen stand vielmehr die Einführung der Berufung gegen erstinstanzliche Strafkammerurteile (vgl. *Fezer* Reform 23 ff). Die gelegentlich im Schrifttum erhobene Forderung, die Revision zu erweitern (vgl. etwa *Mannheim* 181 ff, der die Zulassung der Rüge der Aktenwidrigkeit befürwortete), wurde auf breiterer Basis erst aufgegriffen, als unter dem NS-Regime eine Gesamtreform des Strafverfahrensrechts in Angriff genommen wurde. Die so wenig volkstümliche Revision sollte „aufgelockert" werden. Da sie dem Mann aus dem Volke schwer begreiflich zu machen (*Freisler* ZAKDR **1935** 92), überdies eine Folge des „gesetzesstaatlichen Normdenkens" sei (*Sturm* DR **1939** 57) und in eine Strafrechtsprechung nicht mehr paßte, die das gesunde Volksempfinden als unmittelbare Rechtsquelle erschlossen hatte und auch für das Revisionsgericht erschließen wollte (vgl. *E. Schäfer* DStR **1935** 255; *Schwarz* DJZ **1936** 215), sollte sie in eine „**Urteilsrüge**" umgestaltet werden. Dieses neuartige Rechtsmittel sollte die „künstliche Abtrennung" der Rechtsfrage von der Tatfrage weitgehend beseitigen (*Schaffstein* DStR **1935** 475) und es dem Rechtsmittelgericht in größerem Maße ermöglichen, fehlerfrei begründete, aber falsche Urteile aufzuheben und fehlerhaft begründete, aber sachlich zutreffende Urteile beste-

---

[33] Dazu z. B. *Sarstedt/Hamm* 1 m. w. Nachw.; *Mannheim* 32; *Doerffler* DStR **1935** 277; *Rilk* DR **1938** 309 und JW **1937** 2335; *Sturm* DR **1939** 56; *Schweling* MDR **1967** 441; *Tröndle* Reform 92 hält die Vorstellung, ein Rechtsmittel zum obersten Gericht könne volkstümlich sein, mit Recht für laienhaft-naiv; kritisch auch *Schwinge* 206 f.

[34] Unter Außerachtlassung der wiederholten Reformbemühungen zur Entlastung der Revisionsgerichte von offensichtlich unbegründeten Revisionen (dazu bei § 349) und der Reformen im Bereich der Sprungrevision (dazu bei § 335).

[35] Eingehendere Darstellungen insbesondere bei *Fezer* Reform; zur älteren Diskussion *Schwinge* 204 ff; zur neueren *Fezer* Möglichkeiten 6 ff.

hen zu lassen. Die §§ 331 ff des StPO-Entwurfs von 1939 (abgedruckt bei *Fezer* Reform 101) sahen daher vor, daß das Rechtsmittelgericht auf die „Urteilsrüge" hin prüft, ob das tatrichterliche Urteil auf einem Fehler im Verfahren beruht, ob es wegen eines Fehlers bei der Anwendung des Rechts auf die festgestellten Tatsachen oder bei der Ausübung des richterlichen Ermessens, insbesondere der Bemessung der Strafe, ungerecht ist oder ob ein so schweres Bedenken gegen die Richtigkeit der tatsächlichen Feststellungen besteht, daß eine neue Entscheidung notwendig ist (§ 331). Zwar sollte der Beschwerdeführer nach wie vor verpflichtet sein, das Rechtsmittel zu begründen (§ 333). Jedoch sollte das Urteilsrügegericht auch einen nicht gerügten Fehler im Verfahren berücksichtigen, wenn es ihn erkennt (§ 341 Abs. 2 Satz 2). Eine Beweisaufnahme des Urteilsrügegerichts zur Schuld- oder Rechtsfolgenfrage sollte lediglich einen entsprechenden Antrag der Staatsanwaltschaft voraussetzen (§ 340 Abs. 2 Satz 1). Zwingende Aufhebungsgründe wie in § 338 des geltenden Rechts sollte es ebensowenig geben wie die Möglichkeit, das Rechtsmittel auf bestimmte Beschwerdepunkte zu beschränken (ausführlich zu der beabsichtigten Neuregelung: *Fezer* Reform 45 ff; Einl. Kap. 4 unter V 9). Am Ausbruch des Zweiten Weltkriegs sind diese Reformpläne gescheitert.

c) Nach 1945 wurden Forderungen, die Revision zu erweitern, zunächst vor allem damit begründet, daß ein Ersatz für die fehlende Berufung gegen Urteile der erstinstanzlichen Strafkammern und der Schwurgerichte geschaffen werden müsse. Die Denkschrift des *Strafrechtsausschusses der Bundesrechtsanwaltskammer* (dazu *Jagusch* NJW **1971** 2009; *Kaiser* ZRP **1972** 276) forderte, die Revision auf die Rüge unlösbarer Widersprüche zwischen Feststellungen und Protokoll, auf offensichtliche Fehler bei der Beweiswürdigung, auf offensichtlich zur Wiederaufnahme geeignete Tatsachen und auf schwerwiegende Bedenken gegen die Urteilsfeststellungen gesetzlich zu erstrecken (vgl. *Fezer* Reform 55 und Möglichkeiten 28). Eine weitergehende Auflockerung der Revision wurde dann im Zusammenhang mit den Überlegungen vorgeschlagen, auch in Strafsachen einen dreistufigen Gerichtsaufbau einzuführen[36]. Zu diesem Zweck sollte nach einem Reformvorschlag der Strafrechtskommission des *Deutschen Richterbundes* (abgedruckt bei *Fezer* Möglichkeiten 301) die Berufung, gegen die im Schrifttum ohnedies seit langem Bedenken erhoben wurden[37], abgeschafft und die Revision so erweitert werden, daß sie dafür einen einigermaßen ausreichenden Ersatz bietet[38], weil ein Rechtsmittelsystem, das ohne Berufung auskommen will, für eine revisionsgerichtliche Kontrolle im tatsächlichen Bereich notwendigerweise klare und erweiterte Normen bereitstellen müsse. Vom Richterbund wurde daher vorgeschlagen, die Revision auch zuzulassen, wenn „gegen die Richtigkeit oder Vollständigkeit der Feststellungen oder gegen die Verhängung der Rechtsfolgen, insbesondere die Zumessung der Strafe und deshalb auch gegen das Urteil schwerwiegende Bedenken" bestehen (*Fezer* Reform 56). Um die Möglichkeit einer Entscheidung in der Sache selbst zu erweitern, sollte das Revisionsgericht ermächtigt werden, zur Beseitigung von Unklarheiten, Widersprüchen und Lücken in den tatsächlichen Feststellungen und von sonstigen schwerwiegenden Bedenken einzelne Beweise selbst zu erheben oder durch einen beauftragten oder ersuchten Rich-

---

[36] Zur Dreistufigkeit näher *Hanack* FS Schwinge 183 ff; *Kissel* Der dreistufige Aufbau in der ordentlichen Gerichtsbarkeit (1972); *Kregel* JR **1972** 269; *Prüllage* DRiZ **1971** 339; *Rogge* DRiZ **1970** 149; *Schier/Eckl* NJW **1972** 177; vgl. auch Einl. Kap. 5 unter XI.

[37] Näher dazu insbesondere *Tröndle* GA **1967** 161 und Reform 80.

[38] Dazu vor allem *Fuhrmann* JR **1972** 5; *Neidhard* DRiZ **1967** 166; *Pfeiffer/von Bubnoff* DRiZ **1972** 49; *Seetzen* ZRP **1975** 288; *Tröndle* Reform 95.

ter erheben zu lassen. Bei Aufhebung des Urteils aus sachlichrechtlichen Gründen sollte das Revisionsgericht im Strafausspruch selbst entscheiden können, nachdem es über die Strafzumessungstatsachen Beweis erhoben hat.

17 **In der Folgezeit** wurden die Pläne zur Einrichtung eines dreistufigen Gerichtsaufbaus stillschweigend aufgegeben. Es kam jedoch, zum Teil noch im Zusammenhang mit den früheren Plänen, zu weiteren lebhaften Erörterungen über eine grundsätzliche Neuordnung des Rechtsmittelsystems in Strafsachen, die namentlich an den mit großer Sorgfalt erarbeiteten DERechtsmittelG anknüpften[39]. Nach dessen Vorschlägen sollte u. a. die Berufung abgeschafft und die Revision in enger Anlehnung an die §§ 333 ff des geltenden Rechts zu einer **Urteilsrüge** umgestaltet werden. Der Entwurf wollte zwar die Unterscheidung zwischen Sach- und Verfahrensrüge (§ 323 Abs. 2), den Begründungszwang (§§ 322, 323), die zwingenden Aufhebungsgründe (§ 315) sowie die Möglichkeiten der Rechtsmittelbeschränkung (§ 321) grundsätzlich beibehalten, die Rüge- und Prüfungsmöglichkeiten des Revisionsgerichts („Rügegerichts") jedoch erweitern: Die Revision („Urteilsrüge") sollte, ganz ähnlich wie nach den Vorschlägen des Richterbundes (Rdn. 16), auch darauf gestützt werden können, daß „gegen die Richtigkeit erheblicher Feststellungen des Tatrichters oder gegen die Auswahl und Zumessung der Rechtsfolgen schwerwiegende Bedenken" bestehen (§ 314 Abs. 2). In diesem Rahmen sollte das Rechtsmittelgericht „zur Überprüfung und Ergänzung einzelner Feststellungen, die schwerwiegenden Bedenken unterliegen, lückenhaft oder widersprüchlich sind oder auf Verfahrensfehlern beruhen", selbst Beweis erheben können, „wenn ihm hierdurch eine abschließende Entscheidung ermöglicht und das Verfahren beschleunigt werden kann" (§ 330 Abs. 1); für die Beweisaufnahme war an die entsprechende Anwendung der wesentlichen Vorschriften über das Verfahren im ersten Rechtszug gedacht (§ 332).

18 Ihren **vorläufigen Höhepunkt** und Abschluß fanden die erwähnten Erörterungen auf und im Zusammenhang mit den Verhandlungen der Abteilung Strafprozeß des 52. DJT (1978)[40]. Dabei wurde, in Übereinstimmung mit der wohl überwiegenden Meinung im Schrifttum, mit großer Mehrheit nicht nur der Gedanke verworfen, ein Einheitsrechtsmittel einzuführen und die Berufung abzuschaffen. Verworfen wurde auch der Gedanke, dem Revisionsgericht die Befugnis zu einer ergänzenden eigenen Beweisaufnahme einzuräumen; er ist in der Tat aus vielen Gründen gefährlich, insbesondere vielleicht, weil die lediglich partielle Überprüfung tatsächlicher Feststellungen die Gefahr eines zu einseitigen Eingriffs in das Gefüge dieser Feststellungen bedingt[41]. Abgelehnt wurde vom 52. DJT aber auch die vorgeschlagene gesetzliche Erweiterung der Revision auf die Kontrolle der schwerwiegenden Bedenken gemäß § 314 Abs. 2 DE-RechtsmittelG (Rdn. 17). Maßgebend für diese Ablehnung war wohl vor allem die Skepsis gegenüber den Konsequenzen einer gesetzgeberischen Festschreibung der sog. erweiterten Revision und die Annahme, daß das geltende Revisionsrecht zur angemessenen Weiterentwicklung der Rechtsprechung ausreiche oder besser geeignet sei als ein gesetzlicher Eingriff[42]. Nach den Verhandlungen des 52. DJT ist es um die Reformpläne still geworden.

---

[39] Allgemein zu diesem Entwurf *Rieß* DRiZ **1976** 3; *Benz* ZRP **1977** 58; vgl. auch Einl. Kap. **5** unter XI.

[40] Mit Gutachten von *Peters* und Referaten von *Sarstedt* und *Rieß*. Vgl. auch *Hanack* (Schlußbericht) VerhDJT Bd. II, 1978, S. O 9; Berichte NJW **1978** 2186 und JZ **1978** 679. Zusammenfassend *Rieß* ZRP **1979** 193 mit Nachw. auch der begleitenden Diskussion in der Fachpresse.

[41] Dazu näher insbes. *Dahs* NJW **1978** 1555; *Teyssen* JR **1978** 312; *Peters* Gutachten S. C 77 ff; vgl. auch LR-*Meyer* in der 23. Aufl., Rdn. 10.

[42] Dazu auch *Peters* FS Schäfer 138; *Rieß* ZRP **1979** 195.

Die **wesentliche Konsequenz** des Ergebnisses der umschriebenen Reformdiskus- **19** sion dürfte vermutlich sein, daß sich der revisionsrechtliche Trend fortsetzt, die Feststellungen und Würdigungen des Tatrichters vornehmlich und intensiv mit Hilfe der Sachrüge, also anhand der Urteilsurkunde, zu überprüfen (Rdn. 4), aber eben ohne Bezug zu den wirklichen Fehlern der tatrichterlichen Informationsverarbeitung (Rdn. 11). Ob sich diese Form der Sachrüge (und die mit ihr wohl auch verbundene Zurückdrängung der Verfahrensrüge, vgl. Rdn. 4, 11, 13) auf Dauer bewährt und den Belangen der Strafrechtspflege entspricht, ist offen und wird wohl erst die Zeit, wenn nicht das Urteil künftiger Generationen, lehren.

§ 333

Gegen die Urteile der Strafkammern und der Schwurgerichte sowie gegen die im ersten Rechtszug ergangenen Urteile der Oberlandesgerichte ist Revision zulässig.

Entstehungsgeschichte. Die Vorschrift lautete ursprünglich: „Die Revision findet statt gegen die Urteile der Landgerichte und der Schwurgerichte". Sie wurde durch Art. 3 Nr. 142 VereinhG neu gefaßt. Die Worte „sowie gegen die ... Urteile der Oberlandesgerichte" wurden durch Art. 2 Nr. 14 StaatsschStrafsG eingefügt. Bezeichnung bis 1924: § 374.

Zu **geplanten Änderungen** s. Vor § 333.

Übersicht

	Rdn.		Rdn.
I. Zulässigkeit der Revision	1	4. Privatkläger	16
II. Urteile		5. Nebenkläger	17
1. Begriff	4	6. Verfalls- und Einziehungsbeteiligte	18
2. Falsche Bezeichnung	5	**IV. Beschwer**	
3. Revisible Urteile im einzelnen		1. Hinweis	19
a) Strafkammern	8	2. Allgemeines	20
b) Schwurgerichte	9	3. Beschwer durch den Urteilsausspruch	22
c) Oberlandesgerichte	10	4. Beschwer des Angeklagten insbesondere	24
d) Richter beim Amtsgericht als Strafrichter. Schöffengerichte	11	**V. Revisionsgerichte**	
e) Jugendgerichte	12	1. Örtliche Zuständigkeit	30
III. Befugnis zur Revisionseinlegung		2. Sachliche Zuständigkeit	
1. Allgemeines	13	a) Oberlandesgerichte	31
2. Staatsanwaltschaft	14	b) Bundesgerichtshof	32
3. Angeklagte	15		

I. Zulässigkeit der Revision

Das Rechtsmittel der Revision ist, da § 333 für die Urteile der Amtsgerichte **1** durch § 335 ergänzt wird, grundsätzlich **gegen alle** im Strafverfahren erlassenen tatrichterlichen **Urteile** zulässig. Mit der Revision anfechtbar sind also sowohl die im ersten Rechtszug ergangenen Urteile als auch die Berufungsurteile der Landgerichte; das gilt auch für Berufungsurteile, mit denen die Sache nach § 328 Abs. 2 zurückverwiesen oder nach § 328 Abs. 3 an das zuständige Gericht verwiesen wird (vgl. bei § 328). Die Revision

§ 333

ist auch zulässig, wenn nach dem Übergang vom Bußgeld- zum Strafverfahren (§ 81 Abs. 3 OWiG) ein Urteil ergeht oder wenn das Gericht die Tat im Strafverfahren nur als Ordnungswidrigkeit aburteilt (vgl. *Göhler* § 82, 16). Die Zulässigkeit des Rechtsmittels richtet sich nach dem Gesetz, das im Zeitpunkt der Verkündung gilt, bei Verkündung in Abwesenheit (§§ 314 Abs. 2, 341 Abs. 2) nach dem im Zeitpunkt der Urteilszustellung geltenden Recht[1].

2   **Gesetzlich ausgeschlossen** ist die Revision gegen Berufungsurteile in drei Fällen: Nach § 441 Abs. 3 Satz 2 im Verfahren bei nachträglicher und selbständiger Einziehung, nach § 55 Abs. 2 JGG im Jugendgerichtsverfahren (vgl. Rdn. 12) und nach § 10 des Gesetzes über das gerichtliche Verfahren in Binnenschiffahrtssachen v. 27. 9. 1952 (BGBl. I 641) i. d. F. des Art. 99 EGStGB 1974. Im Falle des § 55 Abs. 2 JGG kann der Angeklagte auch ein Urteil, durch das seine zulässige Berufung gemäß § 329 Abs. 1 verworfen worden ist, nicht mit der Revision anfechten[2].

3   Für die Anfechtung einiger **Nebenentscheidungen** stellt das Gesetz zur Verfahrensvereinfachung die **sofortige Beschwerde** gegen Urteile zur Verfügung. Mit diesem Rechtsmittel anfechtbar sind die im Urteil getroffenen Entscheidungen über die Kosten des Verfahrens und die notwendigen Auslagen (§ 464 Abs. 3 Satz 1), über die Aussetzung oder Nichtaussetzung der Jugendstrafe zur Bewährung (§ 59 Abs. 1 JGG) und über die Entschädigung für Strafverfolgungsmaßnahmen (§ 8 Abs. 3 StrEG). Das Revisionsgericht ist dadurch freilich nicht gehindert, die Revisionsentscheidung gegen das Urteil mit der Entscheidung über die sofortige Beschwerde zu verbinden (vgl. BGHSt **25** 77 mit weit. Nachw.), wobei streitig ist, ob das einen besonderen Zusammenhang zwischen den beiden Rechtsmitteln fordert (vgl. BGH StrVert. **1984** 475 mit weit. Nachw.). Eine Anfechtung im Revisionsverfahren findet ferner nicht statt gegen Entscheidungen des erkennenden Gerichts, die **durch besonderen Beschluß** zu treffen sind, da die Revision nach dem Gesetz (§§ 333, 335 Abs. 1) nur gegen Urteile vorgesehen ist, Beschlüsse hingegen regelmäßig mit der Beschwerde angreifbar sind. Entscheidungen, die einen besonderen Beschluß erfordern, sind auch dann nicht mit der Revision anfechtbar, wenn sie anstelle eines solchen Beschlusses im Urteil enthalten sind, weil ein Fehlgriff des Tatrichters in der Wahl der richtigen Entscheidungsform den Instanzenzug nicht zu ändern vermag[3]; entsprechendes gilt, wenn gerügt wird, eine erforderliche Nebenentscheidung sei überhaupt nicht getroffen worden (OLG Hamm NJW **1969** 809).

II. Urteile

4   **1. Begriff.** Urteile sind Entscheidungen, die das Verfahren oder jedenfalls den Rechtszug beenden und nach dem Gesetz eine Hauptverhandlung sowie eine öffentliche Verkündung voraussetzen (vgl. bei § 260). Ob Verhandlung und Verkündung wirklich stattgefunden haben, ist nicht entscheidend. Vielmehr kommt es darauf an, ob die angefochtene Entscheidung nach dem Gesetz nur aufgrund einer Hauptverhandlung und im Wege öffentlicher Verkündung hätte ergehen dürfen. Ist das entgegen dem Gesetz unterblieben, so handelt es sich für die Frage der Anfechtbarkeit dennoch um ein Urteil (BGHSt **8** 384 = JZ **1956** 501 mit Anm. *Henkel*).

---

[1] BayObLGSt **1951** 216; vgl. auch *Sieg* SJZ **1950** 878.
[2] BGHSt **30** 98 = JR **1982** 112 mit zust. Anm. *Brunner*; a. A OLG Celle JR **1980** 37.
[3] RGSt **54** 165 für die Aufhebung einer Beschlagnahme; OLG Hamm VRS **37** 263 für die Festsetzung von Bewährungsauflagen; KK-*Pikart* 3; a. A *Sarstedt/Hamm* 14 unter Bezugnahme auf BGH 5 StR 354/54 v. 2. 7. 1954 für Entscheidungen über die Dauer der Bewährungszeit.

§ 333

2. Falsche Bezeichnung. Bei der Urteilsanfechtung kommt es entgegen der älteren Rechtsprechung des Reichsgerichts[4] nach heute ganz herrschender Meinung nicht darauf an, ob die Entscheidung sich Urteil nennt, sondern darauf, ob sie ein Urteil ist[5]; denn die falsche Bezeichnung kann den gesetzlichen Rechtsmittelzug nicht verändern. **5**

Trotz ihrer **Bezeichnung als Beschluß** ist demgemäß mit dem Rechtsmittel der Revision z. B. anfechtbar: die Entscheidung, die aufgrund einer Hauptverhandlung die Berufung nach § 322 Abs. 1 Satz 2 oder nach § 329 Abs. 1 verwirft[6]; die Entscheidung, mit der das Berufungsgericht ein amtsgerichtliches Urteil wegen Unzuständigkeit aufhebt und die Sache nach § 328 Abs. 3 an das zuständige Gericht verweist[7]; der in der Hauptverhandlung erlassene Einstellungsbeschluß „nach § 206a" (statt nach § 260 Abs. 3)[8]. **6**

Hingegen ist ein **„Urteil"**, mit dem ein verspäteter Einspruch gegen einen Strafbefehl verworfen oder mit dem in rechtsirriger Anwendung des § 260 Abs. 3 das Verfahren nur vorläufig eingestellt wird, als Beschluß anzusehen und mit der Beschwerde nach § 304 Abs. 1 anfechtbar[9]. Die Entscheidung, mit der ein Verurteilter im Wiederaufnahmeverfahren nach § 371 Abs. 2 ohne Hauptverhandlung sofort freigesprochen wird, ist auch dann ein Beschluß, wenn sie sich als Urteil bezeichnet; sie ist nicht mit der Revision, sondern mit der sofortigen Beschwerde anfechtbar[10]. Das gleiche gilt für ein Urteil, mit dem ein Privatklageverfahren nach § 383 Abs. 2 eingestellt wird; erfolgt die Einstellung nach § 390 Abs. 5 wegen Geringfügigkeit, so ist das „Urteil" weder mit der sofortigen Beschwerde noch mit der Revision anfechtbar (näher zum Ganzen bei § 390). Als Beschluß anzusehen ist auch die im Urteil getroffene Entscheidung über die Aussetzung der Vollstreckung einer durch Untersuchungshaft nicht verbüßten Reststrafe zur Bewährung nach § 57 StGB, die mithin für sich allein nur mit der sofortigen Beschwerde gemäß § 454 Abs. 2 anfechtbar ist[11]. **7**

3. Revisible Urteile im einzelnen. Zum Erlaß von Urteilen, die mit der Revision angefochten werden können, sind zuständig: **8**

a) Strafkammern. Sie entscheiden als Gerichte des ersten Rechtszugs oder als Berufungsgerichte. Ihre Zuständigkeit ergibt sich aus §§ 74 bis 74d GVG. Für die Zulässigkeit der Revision kommt es aber nicht darauf an, ob die Strafkammer zuständig war, sondern nur darauf, daß sie entschieden hat. Die Revision ist gerade das Mittel, die Unzuständigkeit (nach § 338 Nr. 4) geltend zu machen, soweit dem nicht § 6a (bei der Zu-

---

[4] RGSt **23** 156; **32** 92; **43** 228; **50** 24; **54** 56; RGRspr. **4** 322; ebenso BayObLGSt **30** 173; OLG Dresden *Alsb.* E 2 Nr. 201; *Beling* 347.
[5] BGHSt **8** 384 (= JZ **1956** 501 mit Anm. *Henkel*); **18** 385; **25** 242; BGH GA **1982** 219; bei *Dallinger* MDR **1966** 384; RGSt **28** 147; **63** 247; **65** 398; RG JW **1933** 967 mit Anm. *Klee*; **1935** 2980; BayObLGSt **1951** 303; **1959** 84 = Rpfleger **1960** 62; BayObLG OLGSt § 473 S. 20; KG JW **1929** 1894 mit Anm. *Pestalozza*; JR **1956** 351; OLG Braunschweig NJW **1968** 410; OLG Celle NJW **1960** 114; NdsRpfl. **1961** 233; OLG Hamm JMBlNRW **1951** 185; **1952** 125; VRS **37** 263; OLG Stuttgart JW **1939** 151; das einschlägige Schrifttum stimmt dem durchgängig zu.
[6] Zum ersteren: RGSt **63** 246 = JW **1930** 3555 mit Anm. *Oetker*; zum letzteren: RG JW **1929** 1894 mit Anm. *Pestalozza*.
[7] RGSt **65** 397 = JW **1932** 1754 mit Anm. *Bohne*; RG JW **1933** 967 mit Anm. *Klee*; vgl. auch BGHSt **26** 108 und bei § 328.
[8] OLG Celle NJW **1960** 114; OLG Koblenz OLGSt § 46 OWiG S. 11; OLG Köln NJW **1966** 1935; OLG Stuttgart Justiz **1972** 363.
[9] BayObLGSt **1959** 84 = Rpfleger **1960** 62 für den verspäteten Einspruch; BGHSt **25** 242 = JR **1974** 522 mit Anm. *Kohlhaas*.
[10] BGHSt **8** 383 = JZ **1956** 501 mit zust. Anm. *Henkel* = NJW **1956** 757 mit abl. Anm. *Schwarz*; BGHSt **14** 66; näher zu der früher streitigen Frage bei § 371.
[11] BGH GA **1982** 281 = StrVert. **1982** 61 mit Anm. *Schlothauer*.

§ 333   Drittes Buch. Rechtsmittel

ständigkeit besonderer Strafkammern), § 16 (bei der örtlichen Zuständigkeit) und § 269 (bei der sachlichen Zuständigkeit) entgegenstehen.

9   **b) Schwurgerichte.** Sie sind seit der Aufhebung der §§ 79 bis 92 GVG durch Art. 2 Nr. 25 des 1. StVRG Strafkammern, die als Schwurgerichte tätig werden (vgl. § 74 Abs. 2 GVG). Daß § 333 (anders als § 135 Abs. 1 GVG) nach wie vor Strafkammern und Schwurgerichte nebeneinanderstellt, ist sachlich nicht mehr begründet.

10   **c) Oberlandesgerichte.** Ihre Zuständigkeit im ersten Rechtszug ist in § 120 GVG geregelt. Als Berufungsgerichte sind sie unter der Bezeichnung Schiffahrtsobergericht, Rheinschiffahrtsobergericht oder Moselschiffahrtsobergericht zuständig nach §§ 11, 15, 18b des Gesetzes über das gerichtliche Verfahren in Binnenschiffahrtssachen (oben Rdn. 2).

11   **d) Richter beim Amtsgericht als Strafrichter. Schöffengerichte.** Ihre Zuständigkeit ergibt sich aus §§ 24, 25, 28 GVG. Gegen die Urteile des Strafrichters und der Schöffengerichte ist die Sprungrevision nach § 335 zulässig.

12   **e) Jugendgerichte** (§ 33 Abs. 2 JGG). Dies sind der Jugendrichter (§ 39 JGG), das Jugendschöffengericht (§ 40 JGG) und die Jugendkammer (§ 41 JGG). Für die Anfechtung der Urteile der Jugendgerichte gelten die allgemeinen Vorschriften, eingeschränkt jedoch durch § 55 JGG: Wer in einer Jugendstrafsache zulässigerweise Berufung eingelegt hatte, kann das Berufungsurteil grundsätzlich nicht mehr mit der Revision anfechten (§ 55 Abs. 2 JGG). Angeklagter, Erziehungsberechtigter und gesetzlicher Vertreter gelten dabei als derselbe Beteiligte; hat einer von ihnen Berufung eingelegt, so wirkt das auch gegen die anderen (§ 55 Abs. 2 Satz 2 JGG). Das gleiche gilt nach § 104 Abs. 1 Nr. 7 JGG, wenn ein Erwachsenengericht gegen den Jugendlichen entscheidet. Bei Heranwachsenden kommt es darauf an, ob Jugendstrafrecht angewendet worden ist (§ 109 Abs. 2 JGG).

III. Befugnis zur Revisionseinlegung

13   **1. Allgemeines.** Revision können außer den Zeugen und Sachverständigen alle Verfahrensbeteiligten einlegen, soweit sie (s. unten Rdn. 19 ff) durch die angefochtene Entscheidung beschwert sind oder als beschwert gelten. Näheres über die Befugnis zur Einlegung von Rechtsmitteln regeln § 296 (Staatsanwaltschaft und Beschuldigte), § 297 (Verteidiger), § 298 (gesetzliche Vertreter), § 390 (Privatkläger), § 401 (Nebenkläger), § 443 Abs. 1 (Einziehungsbeteiligte), § 440 Abs. 3 (Einziehungsbeteiligte im selbständigen Einziehungsverfahren), § 67 Abs. 3 JGG (Erziehungsberechtigte). Beistände (§ 149 Abs. 1 StPO, § 69 Abs. 1 JGG) sind zur Einlegung der Revision nicht befugt[12].

14   **2. Die Staatsanwaltschaft**[13] kann nach § 296 Revision zuungunsten des Angeklagten, aber auch zu seinen Gunsten einlegen. Die Einlegung der Revision zuungunsten des Angeklagten macht stets auch eine Entscheidung zu seinen Gunsten möglich (§ 301). Die Einlegung zu seinen Gunsten (dazu näher bei § 296) setzt eine Beschwer des Angeklagten voraus[14]; sie enthält eine Rechtsmittelbeschränkung dergestalt, daß das Revisionsgericht nicht zu seinen Ungunsten entscheiden darf (§ 358 Abs. 2). Legt die Staatsanwalt-

---

[12] RGSt 7 403; KMR-*Paulus* 7; *Sarstedt/Hamm* 17; *Eisenberg* § 69, 8 für § 69 JGG.

[13] Allgemein zur Revision der Staatsanwaltschaft: *Amelunxen* Die Revision der Staatsanwaltschaft (1980); *Biermann* GA **1955** 353; vgl. auch Nr. 147 RiStBV.

[14] RGSt **42** 400; OLG Koblenz NJW **1982** 1770; allg. M.

schaft das Rechtsmittel zugunsten des Angeklagten ein, so muß sie das wegen dieser und wegen der weiteren besonderen Rechtswirkung des § 302 Abs. 1 Satz 2 deutlich zum Ausdruck bringen[15], und zwar spätestens bis zum Ablauf der Revisionsbegründungsfrist des § 345 Abs. 1[16]. Geschieht das nicht ausdrücklich, so ist die Erklärung nach ihrem gesamten Inhalt auszulegen[17]. Nach h. M. darf dabei aus Umständen außerhalb der eigentlichen Rechtsmittelerklärung auf den Willen der Staatsanwaltschaft nicht geschlossen werden[18]. Im Zweifel ist nicht anzunehmen, daß das Rechtsmittel nur zugunsten des Angeklagten eingelegt ist[19]. Die Staatsanwaltschaft kann die Revision auch zugunsten des Einziehungsbeteiligten einlegen[20], nicht aber zugunsten des Nebenklägers[21] und zugunsten von Personen, die nicht selbst rechtsmittelberechtigt sind. Nicht zum Nachteil des Angeklagten rügen kann die Staatsanwaltschaft die Verletzung von Verfahrensvorschriften, die nur zu seinen Gunsten gegeben sind (§ 339).

3. Der **Angeklagte** kann selbst Revision einlegen, auch wenn er nicht geschäftsfähig ist. Er muß jedoch verhandlungsfähig sein[22]; das gilt auch für die Revision gegen ein Urteil im Sicherungsverfahren nach den §§ 413 ff. Zur Revisionseinlegung durch den Verteidiger vgl. § 297. Der **gesetzliche Vertreter** kann Revision auch gegen den Willen des Angeklagten einlegen (§ 298 Abs. 1), aber nur zu seinen Gunsten[23]. Im Jugendstrafverfahren gelten die §§ 55, 67 JGG. Hier kann der Erziehungsberechtigte selbständig Revision einlegen, auch wenn er nicht der gesetzliche Vertreter des Jugendlichen ist, und zwar selbst gegen den Willen dieser beiden Personen (§ 67 Abs. 3 JGG, § 298 Abs. 1 StPO).

4. Privatkläger. Seine Befugnis zur Einlegung der Revision regelt § 390 Abs. 1. Der Privatkläger kann nicht, wie die Staatsanwaltschaft, zugunsten des Angeklagten Revision einlegen[24]. Auf seine Revision kann das Urteil aber zugunsten des Angeklagten abgeändert werden (§ 390 Abs. 1 Satz 3, § 301). Vgl. im übrigen bei § 390.

5. Nebenkläger können nur im Rahmen der Nebenklagebefugnis Rechtsmittel einlegen und verfolgen, nicht also hinsichtlich rechtlicher Gesichtspunkte außerhalb der Nebenklagedelikte, und zwar auch nicht bei Tateinheit. Entgegen RGSt **22** 400; **62** 213 kann der Nebenkläger zugunsten des Angeklagten ebensowenig Revision einlegen wie

---

[15] OLG Rostock *Alsb.* E **2** Nr. 188; KK-*Ruß* § 296, 5; KMR-*Paulus* § 296, 8; vgl. auch Nr. 147 Abs. 3 Satz 2 RiStBV und im folg.; bei § 296.
[16] BGHSt **2** 43 = NJW **1952** 435 mit Anm. *Cüppers*; vgl. auch KK-*Ruß* § 296, 5; KMR-*Paulus* § 296, 8; **a. A** OLG Koblenz MDR **1974** 331; *Eb. Schmidt* Nachtr. I Vor § 296, 27, die eine besondere Erklärung für überflüssig halten.
[17] BGHSt **2** 43 = NJW **1952** 431 mit Anm. *Cüppers*; RGSt **5** 221; KK-*Ruß* § 296, 5; *Eb. Schmidt* 7.
[18] BGHSt **2** 43 = NJW **1952** 435 mit abl. Anm. *Cüppers*; OLG Koblenz MDR **1974** 331; *Eb. Schmidt* 7; bei § 296; **a. A** *Sarstedt/Hamm* 18; vgl. auch KK-*Ruß* § 296, 5 mit dem Hinweis, daß BGH 5 StR 525/80 v. 16. 12. 1980 die Erklärung der Staatsanwaltschaft akzeptiert hat, die Revision werde nur aufrechterhalten, soweit sie zugunsten des Angeklagten wirke.
[19] RGSt **65** 235; OLG Koblenz MDR **1974** 331; vgl. bei § 296 und bei § 302.
[20] *Kleinknecht/Meyer* 4; *Eb. Schmidt* § 296, 8; *Sarstedt/Hamm* 18.
[21] KMR-*Paulus* 10; *Kleinknecht/Meyer* § 296, 4; *Eb. Schmidt* § 296, 7; **a. A** KK-*Ruß* § 296, 7; *Kleinknecht* 4; *Sarstedt/Hamm* 18.
[22] Näher bei § 296; **a. A** *Sarstedt/Hamm* 20.
[23] BGHSt **19** 198; OLG Hamm NJW **1973** 1850; Einzelheiten bei § 298.
[24] OLG Hamm NJW **1958** 1313; heute h. M., vgl. bei § 296; **a. A** RGSt **22** 402.

der Privatkläger; auch für seine Revision gilt aber § 301. Vgl. zum Ganzen und zu weiteren Fragen der Revisionsbefugnis des Nebenklägers im einzelnen bei § 401.

18 6. **Verfalls- und Einziehungsbeteiligte** können dieselben Rechtsmittel einlegen wie der Angeklagte (§ 433 Abs. 1, § 440 Abs. 3, § 442 Abs. 1). Bei nachträglicher und selbständiger Einziehung ist jedoch § 441 Abs. 3 Satz 2 zu beachten (oben Rdn. 2).

IV. Beschwer

19 1. **Hinweis.** Die Beschwer als generelle Voraussetzung jedes Rechtsmittels ist im einzelnen bei § 296 erörtert. Die folgenden Ausführungen enthalten daher nur eine knappe Darstellung der Frage insbesondere im Hinblick auf die Revision.

20 2. **Allgemeines.** Richtigerweise ist anzunehmen, daß zur Zulässigkeit, nicht erst zur Begründetheit der Revision eine Beschwer desjenigen gehört, der sie eingelegt hat[25], wobei eine vorläufige Beschwer ausreicht (BayObLG VRS **47** 197). Der Beschwerdeführer (Rdn. 13 ff) muß ein rechtlich anzuerkennendes Interesse an der Änderung des Urteils haben, weil seine Rechte oder seine schutzwürdigen Interessen durch die Entscheidung unmittelbar beeinträchtigt sind[26]. Dazu braucht er sich nicht ausdrücklich zu äußern (*Beling* 335). An der Beschwer fehlt es jedoch, wenn seinem Vorbringen zu entnehmen ist, daß er eine Entscheidung erstrebt, die für ihn ungünstiger ist als die angefochtene (*Beling* 335 Fußn. 4). Liegt eine Beschwer vor, so ist daneben ein besonderes Rechtsschutzbedürfnis nicht erforderlich[27]. Das Fehlen einer Beschwer berechtigt den Tatrichter im Verfahren nach § 346 Abs. 1 nicht zur Verwerfung der Revision; ihre Prüfung obliegt allein dem Revisionsgericht (§ 346, 11; § 349, 2).

21 Besonderheiten gelten für die **Staatsanwaltschaft.** Da sie im Strafverfahren nicht Partei ist, sondern im Zusammenwirken mit dem Gericht Aufgaben der staatlichen Rechtspflege erfüllt, ist sie berechtigt, nach pflichtgemäßem Ermessen Entscheidungen entgegenzutreten, die, selbst wenn sie niemanden beschweren, den Geboten der Rechtspflege nicht entsprechen[28]. Die Staatsanwaltschaft kann darum Berufungsurteile mit der Revision zuungunsten des Angeklagten auch dann anfechten, wenn sie gegen das erste Urteil kein Rechtsmittel[29] oder wenn sie selbst zugunsten des Angeklagten Berufung eingelegt hatte[30]. Die Revision der Staatsanwaltschaft ist auch nicht deshalb ausgeschlossen, weil das Urteil dem Antrag ihres Sitzungsvertreters in der Hauptverhandlung entspricht[31]. Eine Beschwer, und zwar des Angeklagten, ist nur erforderlich, wenn die Staatsanwaltschaft zu dessen Gunsten Revision einlegt (oben Rdn. 14). Der Staatsanwaltschaft ist es jedoch, wie den übrigen Verfahrensbeteiligten (unten Rdn. 23), verwehrt, die Revision lediglich mit dem Ziel einzulegen, daß der Urteilsspruch mit geänderter Begründung aufrecht erhalten wird[32].

---

[25] So z. B. BGHSt **16** 374; BayObLG VRS **46** 272; OLG Saarbrücken NJW **1973** 1011; OLG Schleswig JZ **1958** 374 mit abl. Anm. *Eb. Schmidt*; SchlHA **1956** 184; *Dahs/Dahs* 28; *Sarstedt/Hamm* 39; näher, auch zur gegenteiligen Ansicht, die nur die Behauptung einer Beschwer verlangt, bei § 296.

[26] BGHSt **7** 153 = MDR **1955** 308 m. Anm. *H. Meyer*; BGHSt **13** 77; **16** 376; RGSt **42** 401; **63** 185; OLG Hamm NJW **1953** 1484; OLG Saarbrücken NJW **1973** 1011; vgl. auch bei § 296.

[27] *Stephan* NJW **1966** 2394; vgl. Einl. Kap. **10** unter II; Vor § 296.

[28] Näher bei § 296. Vgl. auch *Amelunxen* 14; Nr. 147 RiStVB.

[29] RG JR Rspr. **1925** 1407; OLG Koblenz NJW **1982** 1770; ganz h. M.

[30] *Eb. Schmidt* 6; *Amelunxen* 16.

[31] RGSt **48** 26; RG JW **1927** 912; KG JR **1969** 349; *Amelunxen* 15; *Dahs/Dahs* 16; *Sarstedt/Hamm* 41; vgl. auch bei § 296.

[32] RGSt **63** 184; *Amelunxen* 16; *Sarstedt/Hamm* 41; vgl. auch bei § 296.

3. Beschwer durch den Urteilsausspruch. Eine Beschwer kann sich, wie bei allen **22** Rechtsmitteln (vgl. bei § 296), grundsätzlich nur aus dem Urteilsausspruch selbst ergeben. Revision kann daher nicht zu dem Zweck eingelegt werden, Unrichtigkeiten des Rubrums, z. B. der Bezeichnung der Straftat (OLG Saarbrücken VRS **21** 130), des Urteilskopfes[33] und der Bezeichnung der angewendeten Vorschriften nach § 260 Abs. 5[34] zu beseitigen. Auch bloße Bezeichnungsfehler im Urteilsausspruch, z. B. die Nichtverwendung der gesetzlichen Überschriften der Straftatbestände entgegen § 260 Abs. 4 Satz 2, beschweren weder den Angeklagten noch die anderen Verfahrensbeteiligten.

Eine **Beschwer allein durch die Urteilsgründe** berechtigt nach weit überwiegender **23** und richtiger Ansicht nicht zur Einlegung von Rechtsmitteln; auch die Revision muß daher stets eine Abänderung des Urteilsausspruchs bezwecken[35]; das gilt grundsätzlich auch für die Revision des Angeklagten (näher Rdn. 24 ff). Die Rspr. des BVerfG, wonach ein Strafurteil durch die Art seiner Begründung gegen Grundrechte verstoßen kann[36], ändert daran nichts (OLG Düsseldorf NJW **1960** 1404). Ob anderes gilt, wenn sich eine schwere Grundrechtsverletzung unmittelbar aus den Urteilsgründen ergibt (so LR-*Gollwitzer*[23] § 296, 20), erscheint zweifelhaft, schon weil sich diese Fälle sinnvoll kaum abgrenzen lassen. Eine Ausnahme von dem Grundsatz, daß nur der Urteilsausspruch selbst den Beschwerdeführer beschwert, gilt aber für den Fall, daß die Verurteilung zu einer weiteren Rechtsfolge nach § 260 Abs. 4 Satz 5 nur in den Gründen aufgeführt ist (näher bei § 296).

4. Beschwer des Angeklagten insbesondere. Der Angeklagte ist durch jede ihm **24** nachteilige Entscheidung beschwert, auch wenn eine Strafe nicht verhängt oder eine Maßregel nicht angeordnet wird, also z. B. bei Straffreiheitserklärung nach §§ 199, 233 StGB oder beim Absehen von Strafe nach § 60 StGB oder einer anderen Vorschrift des sachlichen Strafrechts (allg. M.; vgl. auch bei § 296). Eine Beschwer liegt auch dann vor, wenn der Angeklagte zu Recht geltend macht, daß neben einer Freiheitsstrafe seine Unterbringung nach § 64 (oder § 63) StGB nicht angeordnet worden ist. Die gegenteilige Auffassung der h. M.[37] verkennt die Bedeutung der zusätzlichen Maßregelanordnung schon im Hinblick auf die Folgewirkungen des § 67, insbesondere des § 67 Abs. 4, 5 StGB, und harmoniert wohl auch nicht mit dem Rechtsgedanken, der in § 358 Abs. 2 Satz 2 zum Ausdruck kommt. Gegen die Einziehung eines Gegenstandes kann der Angeklagte auch Revision einlegen, wenn er nicht dessen Eigentümer ist[38] oder wenn ein Mitangeklagter, demgegenüber die Einziehung ebenfalls ausgesprochen worden ist, kein Rechtsmittel eingelegt hat[39]. Folgt man der Auffassung des BGH, daß eine Freiheitsstrafe, die durch Untersuchungshaft bereits verbüßt ist, zur Bewährung nicht ausgesetzt

---

[33] D. h. der Bezeichnung des Sitzungstages und der anderen durch § 275 Abs. 3 vorgeschriebenen Angaben; so RGRspr. **9** 840; RG JW **1932** 3105 m. Anm. *Oetker*; OLG Koblenz VRS **45** 191; vgl. auch bei § 275.

[34] Zum rechtlichen Charakter dieser Bezeichnung s. *Kleinknecht/Meyer* § 260, 46. Vgl. auch BGHSt **27** 289.

[35] Vgl. z. B. BGHSt **7** 153 = MDR **1955** 308 m. Anm. *H. Meyer*; BGHSt **13** 77; **16** 377; BGH bei *Dallinger* MDR **1966** 200; RGSt **4** 355; **13** 324; **63** 184; **67** 317; **69** 12, 124 157; RG HRR **1932** 2331; KG HRR **1933** 264; VRS **16** 49; OLG Celle VRS **30** 123; OLG Nürnberg MDR **1964** 943; *Dahs/Dahs* 29; *Sarstedt/Hamm* 39; näher bei § 296.

[36] BVerfGE **6** 7 = NJW **1956** 1833; BVerfGE **28** 159 = MDR **1970** 822; dazu *Jakobs* JZ **1971** 279. Vgl. auch bei § 296.

[37] BGHSt **28** 332; OLG Köln NJW **1978** 2350; KK-*Ruß* Vor § 296, 5; wohl auch KMR-*Paulus* Vor § 296, 5.

[38] BayObLGSt **1955** 107 = MDR **1955** 693; **1973** 176 = VRS **46** 272; OLG Celle NJW **1960** 1983; *Sarstedt/Hamm* 40.

[39] OLG Hamm NJW **1973** 1142; vgl. auch OLG Celle NJW **1960** 1873.

werden kann⁴⁰, ist der Angeklagte durch eine dennoch vorgenommene Aussetzung beschwert (BGH NJW **1961** 1220); doch bestehen gegen die Prämisse des BGH erhebliche Bedenken (*Stree* NStZ **1982** 327). Ist die Untersuchungshaft nicht auf die ausgeworfene Geldstrafe, sondern die nicht zur Bewährung ausgesetzte Freiheitsstrafe angerechnet worden, so beschwert das den Angeklagten nicht (OLG Hamm MDR **1975** 334 L; bei § 296). Wegen der Beschwer bei fehlerhafter Annahme einer fortgesetzten Handlung vgl. § 354, 24.

25 Ist der Angeklagte **freigesprochen** und ist gegen ihn weder auf Maßregeln noch auf Verfall oder Einziehung erkannt worden, so kann er das Urteil nach überwiegender und richtiger Meinung selbst dann nicht anfechten, wenn ihn sein *Inhalt* beschwert[41]. Denn dies würde die Bedeutung der Urteilsgründe in schwerwiegender und gefährlicher Weise geradezu aufwerten und zudem dem Grundsatz widersprechen, daß es prinzipiell nicht Aufgabe des erkennenden Gerichts ist und sein darf, trotz gebotenen Freispruchs noch weitere Untersuchungen zur Sache durchzuführen. Das gilt nicht nur beim Freispruch wegen nicht erwiesener Schuld. Es muß, trotz der besonderen Folgen (§§ 11, 32 Abs. 3 BZRG i. d. F. d. Neubekanntm. v. 21. 9. 1984, BGBl. I 1229), auch bei Freispruch wegen Schuldunfähigkeit nach § 20 StGB gelten, so bitter und unbefriedigend diese Konsequenz ist[42].

26 Wird jedoch zugleich mit dem freisprechenden Urteil eine **Einziehung** oder **Unbrauchbarmachung** angeordnet, so bleibt die Revision zulässig, weil die Anordnung eine Beschwer durch den Urteilsausspruch enthält[43]. Zur Frage der Anfechtung, wenn neben dem Freispruch auf Unterbringung nach §§ 63, 64 StGB oder auf Entziehung der Fahrerlaubnis nach § 69 StGB erkannt worden ist, vgl. § 344, 52; 58.

27 Bei **Einstellung des Verfahrens** ist die Revision mit dem Ziel der Freisprechung zulässig, wenn die Einstellung das Verfahren nicht endgültig erledigt (vgl. bei § 296), z. B. bei Einstellung wegen Fehlens der Anklage oder des Eröffnungsbeschlusses oder wegen fehlenden aber noch nachholbaren Strafantrags (OLG Stuttgart NJW **1963** 1417). Sonst ist der Angeklagte nach h. M. durch die Einstellung regelmäßig nicht beschwert (näher bei § 296). Das gilt auch bei der Einstellung wegen Niederschlagung auf Grund eines Straffreiheitsgesetzes[44], es sei denn, daß die Feststellungen den Freispruch tragen[45] oder ein in dem betreffenden Straffreiheitsgesetz vorgesehener Antrag des Angeklagten auf Verfahrensdurchführung zur Feststellung seiner Unschuld mißachtet wird (*Eb. Schmidt* Vor § 296, 25). Auch im übrigen besteht der Grundsatz, daß dann, wenn nach der Verfahrenslage ein Anspruch auf Freisprechung gegeben ist, z. B. wegen Nichterweislichkeit der angeklagten Straftat oder wegen Verjährung der erwiesenen Ordnungswidrigkeit, gegen das Einstellungsurteil Revision mit dem Ziel der Freisprechung eingelegt werden kann (BGH GA **1959** 17; näher bei § 296).

---

[40] BGH NJW **1961** 1220; BGHSt **31** 25 = NStZ **1982** 326 mit krit. Anm. *Stree*.

[41] Dazu eingehend bei § 296; vgl. auch Einl. Kap. **13** unter VI. Ebenso *Dahs/Dahs* 29 und (mit näheren Erwägungen) *Sarstedt/Hamm* 39.

[42] Die Frage ist sehr umstritten und in der Rechtsprechung noch nach 1945 unterschiedlich behandelt worden (*Hanack* JZ **1973** 659); wie hier die h. M., vgl. näher bei § 296; ferner *Dahs/Dahs* 29; *Sarstedt/Hamm* 39. – Für eine Änderung de lege ferenda zu Recht DERechtsmittelG § 213 und Denkschrift des Strafrechtsausschusses der Bundesrechtsanwaltskammer S. 63; *Hanack* aaO; *K. Peters* Gutachten 52. DJT, 1978, S. C 56 ff mit weit. Nachw.

[43] RGSt **48** 17; **66** 421 für die Einziehung; RGSt **61** 293 = JW **1927** 2713 mit Anm. *Mannheim* für die Unbrauchbarmachung.

[44] RGSt **69** 124 = JW **1935** 1633 m. Anm. *Richter*; RGSt **69** 160; *Eb. Schmidt* Vor § 296, 25; *Sarstedt/Hamm* 40.

[45] So zu Recht BGHSt **13** 272; RGSt **70** 193; *Henkel* 366; *Traub* NJW **1970** 1888; a. A LR-*Meyer* in der 23. Aufl.

Eine Beschwer durch den **Kostenausspruch** allein berechtigt aufgrund von § 464 **28**
Abs. 3 Satz 1 nicht zur Einlegung der Revision (vgl. OLG Braunschweig NJW **1950** 630).
Der Angeklagte kann daher auch gegen das Einstellungsurteil wegen eines Verfahrenshindernisses nicht Revision mit dem Ziel der Freisprechung einlegen, wenn bei der Einstellung gemäß § 467 Abs. 3 Nr. 2 davon abgesehen wurde, seine notwendigen Auslagen der Staatskasse aufzuerlegen; Zweifel an der Schuld des Angeklagten sind in einem solchen Fall im Rahmen der sofortigen Beschwerde über die Kostenentscheidung gemäß § 464 Abs. 3 zu berücksichtigen[46]. Entsprechendes gilt im Hinblick auf § 8 Abs. 1 Satz 3 StrEG (oben Rdn. 2), wenn dem freigesprochenen Angeklagten eine Entschädigung nach dem StrEG versagt wird (OLG Karlsruhe NJW **1984** 1976).

Die **Möglichkeit eines Nachtragsverfahrens** beseitigt hingegen die Berechtigung **29**
zur Revisionseinlegung nicht. Hat z. B. der Tatrichter die Frage der Zahlungserleichterungen gemäß § 42 StGB nicht geprüft, ist der Angeklagte dadurch beschwert[47], obwohl die Vergünstigung gemäß § 459a auch nach Rechtskraft des Urteils angeordnet werden kann. Das gleiche gilt, wenn das Gericht die ihm mögliche Bildung einer Gesamtstrafe nach § 55 StGB unterlassen hat, obgleich die Gesamtstrafe nach § 460 regelmäßig auch nachträglich im Beschlußwege gebildet werden kann[48]. Zur Frage, ob der Mangel mit der Verfahrens- oder Sachrüge beanstandet werden muß, vgl. § 337, 233.

V. Revisionsgerichte

1. Örtliche Zuständigkeit. Grundsätzlich ist, was Bedeutung freilich nur bei den **30**
Oberlandesgerichten hat, das Revisionsgericht örtlich zuständig, zu dessen Bezirk das Gericht gehört, dessen Entscheidung mit der Revision angefochten wird; vgl. im einzelnen Vor § 7, 23 ff.

2. Sachliche Zuständigkeit
a) Die **Oberlandesgerichte,** in Bayern das Bayerische Oberste Landesgericht (§ 9 **31**
EGGVG, Art. 22 Nr. 1 BayAGGVG), entscheiden über Revisionen gegen die Berufungsurteile der kleinen und großen Strafkammer (§ 121 Abs. 1 Nr. 1 Buchst. b GVG) sowie über Sprungrevisionen (§ 335 Abs. 1 StPO) gegen Urteile des Strafrichters (§ 25 GVG) und des Schöffengerichts (§ 28 GVG). Sie sind ferner zuständig zur Entscheidung über Revisionen gegen Urteile der Strafkammern im ersten Rechtszug, wenn das Rechtsmittel nur auf die Verletzung von Landesrecht gestützt wird (§ 121 Abs. 1 Nr. 1 Buchst. c GVG); praktisch kommt das kaum vor, insbesondere da die Anwendung dieser Vorschrift ausgeschlossen ist bei tateinheitlicher Anwendung von Bundesrecht (KG JR **1957** 230) und bei gleichzeitigen Revisionen von Mitangeklagten, mit denen die Verletzung von Bundesrecht gerügt wird[49].

---

[46] BayObLG NJW **1970** 875; OLG Hamburg NJW **1969** 945; **1971** 2185; **a. A** OLG Celle MDR **1970** 164; vgl. auch bei § 467.
[47] Ganz h. M., z. B. BGH StrVert. **1982** 569; **1983** 60 L; vgl. auch RGSt **64** 208; OLG Bremen NJW **1954** 523; OLG Schleswig SchlHA **1976** 184. Ebenso zum ähnlichen Fall der Festsetzung einer Ersatzfreiheitsstrafe nach § 459 a. F. z. B. BGHSt **23** 403; BGH NJW **1973** 1420 und die h. Rspr.
[48] BGHSt **12** 1 = JZ **1959** 94 m. Anm. *Kielwein*; BGHSt **23** 99; **25** 382 mit Anm. *Küper* NJW **1975** 547; RGSt **64** 413; über Ausnahmen von diesem Grundsatz vgl. OLG Koblenz OLGSt § 55 StGB S. 1; *Krüger* MDR **1970** 885.
[49] BGHSt **4** 207; vgl. auch RG GA **45** (1897) 29 und zum Ganzen die Erl. zu § 121 GVG.

32 b) Der **Bundesgerichtshof** entscheidet über Revisionen gegen Urteile der Landgerichte im ersten Rechtszug, sofern nicht der Ausnahmefall des § 121 Abs. 1 Nr. 1 Buchst. c GVG vorliegt (Rdn. 31), und gegen Urteile der Oberlandesgerichte im ersten Rechtszug (§ 135 Abs. 1 GVG). Hatte das Landgericht eine bei der großen Strafkammer anhängige Berufungssache mit einer bei ihr im ersten Rechtszug anhängigen Sache verbunden[50], so ist nach herrschender und richtiger Meinung allein der Bundesgerichtshof das zuständige Revisionsgericht[51]. Das gilt auch, wenn sich die Revision nur gegen die in der Berufungssache getroffene Entscheidung richtet[52].

33 Wenn das **Landgericht,** weil das Amtsgericht seine **Strafgewalt** (§ 24 Abs. 1 Nr. 2 GVG) **überschritten** hatte oder weil die Strafkammer sie auf eine Berufung zuungunsten des Angeklagten überschreiten will (vgl. § 6, 13 ff und bei § 24 GVG), ausdrücklich erklärt, daß es als Gericht des ersten Rechtszugs entscheidet, so ist ebenfalls der Bundesgerichtshof das zuständige Revisionsgericht[53]. Er ist aber wohl auch zuständig, wenn das Landgericht in diesem Fall zwar rechtsfehlerhaft als Berufungsgericht entschieden, dabei jedoch das für die Hauptverhandlung im ersten Rechtszug vorgeschriebene Verfahren eingehalten hat[54]. Eine Zuständigkeit des Oberlandesgerichts besteht in diesem Fall nur, wenn das Berufungsgericht lediglich nach den für das Berufungsverfahren geltenden Vorschriften verfahren ist, insbesondere auch, wenn die kleine Strafkammer entschieden hat. Das Oberlandesgericht muß das Urteil dann aufheben und die Sache an die Strafkammer als Gericht des ersten Rechtszugs zurückverweisen (§ 6, 19 f; vgl. auch *Sarstedt/Hamm* 45).

§ 334

Weggefallen (Art. 21 Nr. 84 EGStGB). Die Vorschrift betraf – im Zusammenhang mit § 313 a. F. – die Zulässigkeit der Revision in Übertretungssachen. Zu **geplanten Änderungen** (Vorschläge des Bundesrats im Rahmen des StVÄGE 1984) s. Vor § 333.

---

[50] Was zulässig ist, s. § 237, 4 und bei § 328; vgl. auch BGHSt **26** 271 zur Verbindung mit einer bei der kleinen Strafkammer anhängigen Sache.

[51] BGH bei *Dallinger* MDR **1975** 178; RGSt **31** 125; **48** 93 und 119; **59** 363; RG Recht **1922** Nr. 1476; KK-*Pikart* 6; *Sarstedt/Hamm* 45; **a. A** *Eb. Schmidt* Nachtr. I § 237, 13; *Beling* 400 Fußn. 1, die die Frage des zulässigen Rechtsmittels für jede Sache gesondert behandeln wollen. Vgl. auch § 237, 15.

[52] BGH MDR **1955** 755; KK-*Treier* § 237, 11; LR-*Wendisch* § 5, 5; LR-*Gollwitzer* § 237, 15; LR-*Meyer* in der 23. Aufl.; **a. A** KMR-*Paulus* § 237, 17; zweifelnd KG JR **1969** 349.

[53] BGHSt **21** 230; **23** 283; *Sarstedt/Hamm* 45; h. M.

[54] BGHSt **23** 285; BGH MDR **1957** 370; RGSt **22** 144; **74** 139; **75** 304; RG JW **1935** 2055 mit Anm. *Schreiber*; OLG Düsseldorf MDR **1957** 118; vgl. auch § 6, 18; **a. A** OLG Hamm JMBlNRW **1953** 287; *Sarstedt/Hamm* 45 Fußn. 9, die dann das Oberlandesgericht für zuständig halten; weitergehend nehmen OLG Celle MDR **1963** 522; OLG Hamburg NJW **1953** 1931 L; *Dallinger* MDR **1954** 153; *Kappe* JR **1958** 213 die Zuständigkeit des BGH auch an, wenn das LG die Vorschriften für das Verfahren im ersten Rechtszug nicht eingehalten hat.

§ 335

(1) Ein Urteil, gegen das Berufung zulässig ist, kann statt mit Berufung mit Revision angefochten werden.

(2) Über die Revision entscheidet das Gericht, das zur Entscheidung berufen wäre, wenn die Revision nach durchgeführter Berufung eingelegt worden wäre.

(3) [1]Legt gegen das Urteil ein Beteiligter Revision und ein anderer Berufung ein, so wird, solange die Berufung nicht zurückgenommen oder als unzulässig verworfen ist, die rechtzeitig und in der vorgeschriebenen Form eingelegte Revision als Berufung behandelt. [2]Die Revisionsanträge und deren Begründung sind gleichwohl in der vorgeschriebenen Form und Frist anzubringen und dem Gegner zuzustellen (§§ 344 bis 347). [3]Gegen das Berufungsurteil ist Revision nach den allgemein geltenden Vorschriften zulässig.

Schrifttum. *Brandenburg* Untersuchungen zu der Behandlung strafprozessualer Formvorschriften in der neueren Rechtsprechung, Diss. Saarbrücken 1969; *Conrad* Zum Begriff der „Beteiligten" im Fall der Sprungrevision in Strafsachen, DJZ **1925** 1181; *Fischer* Berufungsausschluß, Ersatzrevision und Sprungrevision gegen Urteile des Amtsgerichts (1930); *Gutmann* Der Übergang von der Revision zur Berufung, JuS **1962** 174; *A. Mayer* Übergang von der Revision zur Berufung? NJW **1959** 1522; *Schäfer* Zur Anfechtung amtsgerichtlicher Urteile in Strafsachen, NJW **1951** 461; *Eb. Schmidt* Berufung oder Revision im Strafprozeß, NJW **1960** 1651; *Schroeder* Revision der Staatsanwaltschaft bei Verwerfung der Berufung des nichterschienenen Angeklagten, NJW **1973** 308; *Seibert* Die Wahl der Sprungrevision im Strafverfahren, JZ **1951** 216; *Werle* „Sparsamer" Strafprozeß. Zur geplanten Abschaffung... der Sprungrevision (... § 335 StPO), ZRP **1983** 197.

Entstehungsgeschichte. Die Vorschrift geht zurück auf § 34 der EmmingerVO. Mit der Bek. von 1924 wurde sie als § 335 in die Strafprozeßordnung eingefügt. Kap. I Art. 2 § 1 Nr. 1 Satz 2 des Ersten Teils der 2. AusnVO 1932 schränkte sie ein; wer Berufung eingelegt hatte, konnte gegen das Berufungsurteil Revision nicht mehr einlegen. Nach § 16 Abs. 1 der 1. VereinfVO war gegen alle Urteile des Amtsgerichts nur noch die Berufung gegeben. Art. 3 Nr. 143 VereinhG führte § 335 wieder ein. Durch Art. 2 Nr. 10 EGOWiG wurden in Absatz 3 Satz 1 anstelle der Worte „die Revision" die Worte „die rechtzeitig und in der vorgeschriebenen Form eingelegte Revision" gesetzt.

Zu **geplanten Änderungen** s. bei § 340 und Vor § 333.

Übersicht

	Rdn.		Rdn.
1. Allgemeines	1	b) Übergang von der Sprungrevision zur Berufung	17
2. Allgemeine (unbestimmte) Anfechtung		c) Wiedereinsetzung in den vorigen Stand	19
a) Zulässigkeit	4	4. Verfahren bei verschiedenartiger Anfechtung (Absatz 3)	
b) Anfechtungserklärung	8	a) Allgemeines	20
c) Endgültige Wahl	9	b) Beteiligte	22
d) Wahl der Revision	12	c) Behandlung der Revision als Berufung	23
e) Verspätete Anfechtung. Wiedereinsetzung	13	d) Irrige Handhabung	25
3. Wechsel des Rechtsmittels		e) Anfechtung des Berufungsurteils	26
a) Übergang von der Berufung zur Sprungrevision	15	5. Vorlage der Akten an das Rechtsmittelgericht	27

1. Allgemeines. Ein Urteil des Amtsgerichts (Strafrichter und Schöffengericht) kann nach § 312 stets mit der Berufung angefochten werden. Nach § 335 Abs. 1 kann der Beschwerdeführer statt der Berufung aber auch das Rechtsmittel der Revision (sog. **Sprungrevision**) wählen. Er kann das Urteil jedoch immer nur **einheitlich** mit einem dieser Rechtsmittel anfechten. Die Anfechtung teils mit Berufung, teils mit Revision ist auch dann unzulässig, wenn das Urteil mehrere selbständige Straftaten umfaßt[1]. § 335 Abs. 1 dient der Vereinfachung des Verfahrens, also der **Prozeßökonomie** (und hat im übrigen eine erhebliche Funktion als Disziplinierungsmittel zur Einhaltung des Verfahrens durch den Amtsrichter): Wenn es nur auf die Klärung von Rechtsfragen ankommt, nicht auf die Neuverhandlung der Sache in tatsächlicher Hinsicht, soll eine zweite Tatsacheninstanz erspart werden[2]. Für den Angeklagten als Beschwerdeführer hat das regelmäßig allerdings dann kaum einen Sinn, wenn er Rügen, insbesondere Verfahrensrügen, erheben will, die ohnedies nur zur Zurückverweisung der Sache an den Tatrichter führen können[3]. Denn eine neue Tatsachenverhandlung erreicht er mit der Berufung sicherer, und die Revision steht ihm dann immer noch zu. Der Angeklagte wird die Sprungrevision daher im allgemeinen nur wählen, wenn er ein Verfahrenshindernis geltend machen oder einen sachlichrechtlichen Mangel des Urteils rügen will und für ihn dabei günstigere Tatsachenfeststellungen nicht zu erwarten sind (*Dahs/Dahs* 8). In der Praxis ist die Zahl der Sprungrevisionen gering; 1980 z. B. betrug sie 1,25% der gegen die Urteile der Amtsgerichte (außer Jugendsachen) eingelegten Rechtsmittel[4].

Verfahrensrechtliche Besonderheiten hat die Sprungrevision im jetzt geltenden Recht nicht. Nachdem § 340 weggefallen ist, können mit ihr wie mit jeder anderen Revision sämtliche Verfahrensverstöße und sachlichrechtlichen Fehler geltend gemacht werden (BGHSt **2** 65). Auch § 357 ist anzuwenden (OLG Marienwerder JR Rspr. **1926** Nr. 1461). Über die Sprungrevision entscheidet nach § 335 Abs. 2 StPO, § 121 Abs. 1 Nr. 1 Buchst. b GVG das Oberlandesgericht. Die Vorlegungspflicht gemäß § 121 Abs. 2 GVG besteht bei der Sprungrevision wie bei jeder anderen Revision (BGHSt **2** 64; **17** 283). Verweist das Revisionsgericht die Sache an den Tatrichter zurück, so kann der Beschwerdeführer, der Sprungrevision eingelegt hatte, das neue Urteil mit der Berufung anfechten und das Berufungsurteil mit der Revision, falls er nicht erneut die Sprungrevision bevorzugt.

Die **Wahlrevision** nach § 441 Abs. 3 Satz 2 StPO, § 55 Abs. 2 JGG unterscheidet sich von der Sprungrevision dadurch, daß der Beschwerdeführer mit der Wahl der Berufung das Rechtsmittel der Revision kraft Gesetzes verliert; die Einlegung einer zulässigen Berufung schließt die Revision gegen das Berufungsurteil grundsätzlich aus. Bei der Sprungrevision hingegen ist die Revision gegen das Berufungsurteil auch dann zulässig, wenn die Revision wegen der Rechtsmittel anderer Beteiligter zunächst als Berufung behandelt worden ist (§ 335 Abs. 3 Satz 3).

2. Allgemeine (unbestimmte) Anfechtung

a) **Zulässigkeit.** Die zulässig eingelegte Berufung führt grundsätzlich zur vollständigen Neuverhandlung der Strafsache; mit der Revision kann dagegen nur die Prüfung des Urteils und des Verfahrens auf Rechtsfehler erreicht werden (§ 337 Abs. 1; vgl. aber Vor § 333, 4). Die sachgemäße Entscheidung, ob eine Sprungrevision ausreicht oder die

---

[1] RGSt **63** 195; KMR-*Paulus* 2.
[2] BGHSt **2** 65; **5** 339; eingehend *Werle* 199.
[3] Vgl. *Sarstedt/Hamm* 15 Fußn. 10; anders KMR-*Paulus* 2 im Hinblick auf ein Interesse des Beschwerdeführers an einer zusätzlichen Tatsacheninstanz; anders wohl auch *Roxin* § 53 A 2 b.
[4] So StVÄGE 1984, BTDrucks. **10** 1313 S. 31.

Berufung vorzuziehen ist, ist dem Beschwerdeführer im allgemeinen erst nach Zustellung des mit Gründen versehenen Urteils möglich[5]. Das gilt oft auch für die Frage, ob das Urteil auf einem Verfahrensverstoß beruht (BGHSt **2** 66), und zwar im Einzelfall sogar bei Vorliegen eines absoluten Revisionsgrundes gemäß § 338 (dort Rdn. 4 f).

Von der **älteren Rechtsprechung** wurde, nachdem das Reichsgericht zunächst in einer vereinzelt gebliebenen Entscheidung (JW **1926** 2198 mit zust. Anm. *Löwenstein*) die gleichzeitige Einlegung von Berufung und Revision und die spätere Wahl der Revision zugelassen hatte, dennoch gefordert, daß der Beschwerdeführer die Art des Rechtsmittels *bei* der Einlegung, spätestens jedoch bis zum Ablauf der einwöchigen Einlegungsfrist der §§ 314 Abs. 1, 341 Abs. 1, eindeutig bestimmen müsse. Eine allgemeine, unbestimmte, wahlweise oder gehäufte Anfechtung wurde für unzulässig und rechtlich wirkungslos erachtet, weil sie dem Erfordernis der Rechtsmittelklarheit nicht entspreche[6]. **5**

Die **jetzt herrschende Ansicht** ist von dieser Auffassung zu Recht abgerückt: Da ohne Kenntnis der schriftlichen Urteilsgründe der Verzicht auf die Berufung und die Wahl der Sprungrevision vom Beschwerdeführer in aller Regel nicht zu verantworten ist (Rdn. 4), muß die Forderung, daß er bereits innerhalb der Einlegungsfrist unabänderlich Berufung oder Revision zu wählen hat, den Zweck des § 335, das Verfahren in geeigneten Fällen zu verkürzen (oben Rdn. 1), häufig vereiteln. Statt das Verfahren zu vereinfachen, bürdete die ältere Rspr. dem Rechtsmittelführer ein unzumutbares Wagnis auf und nahm dem § 335 so die Bedeutung. Die heute h. M. läßt daher genügen, daß der Beschwerdeführer das Urteil innerhalb der Einlegungsfrist anficht, dabei die Art des Rechtsmittels jedoch zunächst nicht oder noch nicht eindeutig bezeichnet (sog. unbestimmte Anfechtung)[7]. Eine solche unbestimmte Anfechtung kann sogar auch dann noch erklärt werden, wenn zunächst Revision eingelegt war, diese aber in der Frist des § 341 Abs. 1 zu dem Zweck und mit der Erklärung zurückgenommen worden ist, sie durch ein nicht bezeichnetes Rechtsmittel zu ersetzen (OLG Celle NJW **1962** 67). Grundsätzlich unwiderruflich ist jedoch die innerhalb der Revisionsbegründungsfrist getroffene endgültige Wahl des Rechtsmittels (unten Rdn. 9). **6**

Auch wenn das **Urteil in Abwesenheit** des Beschwerdeführers ergangen ist, ist seine unbestimmte Anfechtung zuzulassen. Zwar beginnt dann die Rechtsmittelfrist erst mit der Urteilszustellung (§ 314 Abs. 2, § 341 Abs. 2), so daß es an sich keinen Grund zu geben scheint (vgl. Rdn. 4), dem Beschwerdeführer, der die Urteilsgründe schon bei der Rechtsmitteleinlegung kennt, unbestimmte oder wahlweise Anfechtung zu gestatten. Zu bedenken ist jedoch, daß die unbestimmte Anfechtung bei Verkündung des Urteils in Anwesenheit des Beschwerdeführers für ihn zur Einräumung einer Überlegungsfrist von einem Monat seit Zustellung des Urteils führt (unten Rdn. 9). Der Beschwerdeführer, **7**

---

[5] BGHSt **5** 339; OLG Köln NJW **1954** 692; vgl. auch im folg.
[6] RGSt **60** 354 = JW **1926** 2448 mit Anm. *Mannheim*; RGSt **60** 355; **63** 195; KG JW **1928** 1162; JW **1930** 1322 mit abl. Anm. *Goldschmidt*; OLG Celle JW **1920** 1880 mit Anm. *Mannheim*; OLG Hamm JW **1928** 693; OLG Königsberg JW **1927** 2162 mit abl. Anm. *Löwenstein*; ebenso noch OLG Celle NJW **1951** 495; *Brandenburg* 35; *Sauer* NJW **1949** 317.
[7] BGHSt **2** 63; **5** 339; **6** 207; BayObLGSt **1951** 1 = NJW **1949** 436; **1951** 367 = Rpfleger **1951** 511; **1957** 225 = NJW **1958** 561; **1962** 156 = NJW **1962** 1927; **1970** 158 = JR **1971** 120; OLG Bremen Rpfleger **1958** 182; OLG Hamburg JR **1952** 207; OLG Hamm MDR **1951** 244; OLG Kiel HRR **1928** 578; OLG Köln NJW **1954** 692; OLG Nürnberg HESt **1** 208; NJW **1949** 74 mit abl. Anm. *Sauer* NJW **1949** 30; MDR **1959** 595; OLG Schleswig SchlHA **1961** 307; OLG Stuttgart Justiz **1974** 99; ganz h. L. vgl. z. B. aus dem älteren Schrifttum *Beling* 402 Fußn. 2; *Dallinger* MDR **1952** 147; *Gutmann* JuS **1962** 176; *Hartung* JR **1925** 54; *Seibert* JZ **1951** 216; *Weigelt* DAR **1954** 132.

für den die Rechtsmittelfrist erst mit der Urteilszustellung beginnt, wäre daher wesentlich schlechter gestellt, wenn er sich über die Wahl des Rechtsmittels schon innerhalb einer Woche seit der Zustellung schlüssig werden müßte. Aus diesem Grund muß auch er zunächst unbestimmt oder wahlweise anfechten können[8].

8 b) **Anfechtungserklärung.** Der Beschwerdeführer, der innerhalb der Einlegungsfrist die Art seines Rechtsmittels noch nicht festlegen will, erklärt zweckmäßigerweise entweder ohne Benennung des Rechtsmittels oder unter dem ausdrücklichen Vorbehalt seiner späteren Bezeichnung zunächst lediglich und allgemein, daß er das Urteil anfechte[9]. Er kann aber auch eine „gehäufte" Anfechtung vornehmen, d. h. die Erklärung abgeben, er lege Berufung oder Revision ein[10]. Bei Zweifeln ist davon auszugehen, daß der Beschwerdeführer das Rechtsmittel im Zeitpunkt der Einlegung noch nicht endgültig gewählt hat[11].

9 c) Seine **endgültige Wahl** kann der Beschwerdeführer bis zum Ablauf der Revisionsbegründungsfrist treffen, also bis zum Ablauf der Frist des § 345 Abs. 1, nicht derjenigen des § 317[12]. Eine innerhalb dieser Frist erklärte Wahl ist jedoch verbindlich und unwiderruflich[13]; der Übergang zu dem anderen Rechtsmittel, der an sich zulässig ist (unten Rdn. 15 ff), ist also nicht mehr statthaft, wenn nach unbestimmter Anfechtung eine Wahl des Rechtsmittels erklärt worden ist. Die gegenteilige Auffassung des OLG Celle[14] überdehnt ohne zwingenden Grund die Zwecküberlegungen, die der Zulässigkeit der unbestimmten Anfechtung zugrunde liegen (Rdn. 6), in nicht mehr gebotener Weise (eingehend *Meyer* JR **1982** 39). Der Beschwerdeführer braucht jedoch eine endgültige Erklärung überhaupt nicht abzugeben[15]. Äußert er sich nicht, so wird das Rechtsmittel als Berufung behandelt[16]. Dabei bleibt es auch, wenn der Beschwerdeführer später erklärt, er wähle die Revision; denn nach Ablauf der Revisionsbegründungsfrist ist keine Wahl mehr möglich[17]. Entsprechendes muß wohl gelten, wenn die Revisionsbegründung, die die Wahl der Revision enthält, innerhalb der Begründungsfrist bei

---

[8] BayObLGSt **1957** 225 = NJW **1958** 561; KMR-*Paulus* 5; *Eb. Schmidt* Nachtr. I 4 und JZ **1962** 372; *Hanack* JZ **1973** 728; *Meyer* JR **1982** 39.

[9] BGHSt 2 63, 5 342; 13 393; BayObLGSt **1970** 158 = JR **1971** 120; OLG Düsseldorf MDR **1972** 343; OLG Hamm MDR **1951** 244; OLG Schleswig SchlHA **1961** 307; *Eb. Schmidt* Nachtr. I 4 und die heute ganz h. L.

[10] RG JW **1926** 2198 mit Anm. *Löwenstein*; OLG Köln NJW **1954** 692; OLG Nürnberg MDR **1959** 595; KMR-*Paulus* 5.

[11] BGHSt 17 48 = JZ **1962** 370 mit Anm. *Eb. Schmidt*; 25 324; OLG Düsseldorf JZ **1984** 756; KK-*Pikart* 6; KMR-*Paulus* 7.

[12] BGHSt 2 70; 5 339; 6 207; 13 392; 25 324; BayObLGSt **1957** 225 = NJW **1958** 561; OLG Düsseldorf NStZ **1983** 472 und JZ **1984** 756; OLG Hamburg JR **1952** 207; OLG Hamm MDR **1951** 244; ganz h. L.; a. A *Schäfer* NJW **1951** 464, der die Frist des § 317 für maßgebend hält.

[13] OLG Hamburg JR **1952** 207; KK-*Pikart* 5; *Kleinknecht/Meyer* 2, 3; KMR-*Paulus* 9.

[14] NJW **1982** 397 = JR **1982** 38 mit abl. Anm. *Meyer*.

[15] KK-*Pikart* 6; *Kleinknecht/Meyer* 2; KMR-*Paulus* 7; vgl. auch im folg.; a. A OLG Düsseldorf MDR **1972** 343; OLG Köln NJW **1954** 692.

[16] BGHSt 2 63; 5 338; BayObLGSt **1969** 96 = NJW **1969** 1314; **1970** 158 = JR **1971** 120; **1971** 74 = MDR **1971** 947; OLG Hamm JMBlNRW **1976** 168; **1956** 1168; VRS 49 50; OLG Karlsruhe DAR **1964** 344; OLG Köln MDR **1980** 690; OLG Schleswig **1961** 307 und bei *Ernesti/Jürgensen* SchlHA **1973** 188; OLG Stuttgart Justiz **1972** 208; **1974** 99; OLG Zweibrücken VRS 51 372.

[17] BayObLGSt **1970** 158 = JR **1971** 120; BayObLG bei *Rüth* DAR **1972** 204; OLG Düsseldorf MDR **1972** 343; OLG Hamm JMBl-NRW **1976** 168; OLG Schleswig bei *Ernesti/Jürgensen* SchlHA **1973** 188; OLG Stuttgart Justiz **1972** 208; KK-*Pikart* 5; KMR-*Paulus* 7.

dem zuständigen Gericht, also dem Amtsgericht (§ 345 Abs. 1), nicht eingeht, weil sie an das Landgericht gerichtet war[18].

Läßt eine rechtzeitig (Rdn. 9) abgegebene **Erklärung nicht deutlich** erkennen, ob Berufung oder Revision gewählt ist, so muß das Rechtsmittel ebenfalls als Berufung behandelt werden[19]. Das gilt auch, wenn der Verteidiger schon in der Einlegungsschrift die Verletzung formellen oder materiellen Rechts gerügt hat, oder wenn zweifelhaft bleibt, ob der vom Verteidiger gewählte Übergang zur Revision dem ausdrücklichen Willen des Angeklagten widerspricht[20]. Nicht zu folgen ist einer Gegenmeinung[21], die bei nicht deutlicher Wahl das Rechtsmittel mit der Argumentation für unzulässig hält, daß seine Wahl in der Schwebe bleibt, wenn die abgegebene Erklärung bis zum Ablauf der Revisionsbegründungsfrist keine Klarheit schafft. Denn in der Schwebe bleibt sie auch, wenn der Beschwerdeführer innerhalb dieser Frist überhaupt keine Erklärung abgibt (vgl. Rdn. 9). Es ist daher nicht einzusehen, daß er schlechter stehen soll, weil er sich geäußert, aber keine eindeutige Wahl getroffen hat. Nichts anderes kann gelten, wenn der Beschwerdeführer sich auch in der Begründungsschrift die Wahl noch ausdrücklich offengelassen hat[22].

10

Die **Entscheidung** zwischen den beiden Rechtsmitteln zu treffen, ist allein Sache des Beschwerdeführers, nicht also des Gerichts. Das Gericht braucht nicht zu überlegen und zu verantworten, welches Rechtsmittel dem Beschwerdeführer im Ergebnis eher zum Erfolg verhelfen kann. An einer Rückfrage, die gelegentlich empfohlen wird, ist das Gericht gehindert, weil es den Beschwerdeführer bis zum Fristablauf nicht drängen darf (OLG Köln NJW **1954** 692). Da das Rechtsmittel bei Nichtausübung des Wahlrechts ohnedies als Berufung zu behandeln ist, besteht im übrigen auch kein überzeugender Grund, den Beschwerdeführer zu Erklärungen zu veranlassen.

11

d) **Wahl der Revision.** Wählt der Beschwerdeführer, nachdem er das Urteil zunächst allgemein angefochten hatte, innerhalb der Frist des § 345 Abs. 1 die Revision, muß er richtigerweise so stehen, als ob er dieses Rechtsmittel von vornherein eingelegt hätte. Die Revision ist daher als unzulässig zu verwerfen und nicht etwa als Berufung zu behandeln, wenn sie entgegen § 344 nicht begründet oder lediglich auf nach § 337 unzulässige Rügen gestützt wird[23]. Umstritten und zweifelhaft ist jedoch, ob das gleiche gilt, wenn die eindeutig gewählte Revision nicht rechtzeitig (§ 345 Abs. 1) oder nicht mit einem Schriftsatz begründet wird, der der Form des § 345 Abs. 2 genügt[24]. Grundsätzlich geht es nicht an, eine unzulässige Revision als Berufung zu behandeln, nur weil diese nicht sofort gewählt worden ist. Aber es besteht hier wohl ein Unterschied, ob eine Revisionsschrift zwar vorliegt, aber der Form des § 345 Abs. 2 nicht genügt, oder ob eine Begründungsschrift innerhalb der maßgebenden Frist überhaupt nicht eingereicht ist. Im ersteren Fall wird man die unzulässige Revision aus dem genannten Grund nicht als

12

---

[18] BayObLG MDR **1983** 1045; vgl. auch Rdn. 12.

[19] KK-*Pikart* 6; KMR-*Paulus* 7; *Dallinger/Lackner* § 55, 35; *Sarstedt/Hamm* 15. Vgl. auch OLG Hamm VRS **67** 456 für den Fall, daß der Verteidiger irrig „Rechtsbeschwerde" nach dem OWiG eingelegt.

[20] *Kleinknecht/Meyer* 2 mit Hinweis auf unveröff. Rspr.

[21] OLG Düsseldorf MDR **1972** 343; OLG Köln NJW **1954** 692; *Eb. Schmidt* Nachtr. I 4; *Dalcke/Fuhrmann/Schäfer* 2.

[22] *Sarstedt* Die Revision in Strafsachen[4] 11; a. A OLG Köln NJW **1954** 692; vgl. auch bei § 300.

[23] BGHSt **2** 70; KMR-*Paulus* 8; *Eb. Schmidt* Nachtr. I 4.

[24] Bejahend BGHSt **2** 71; **13** 392 mit krit. Anm. *A. Mayer* NJW **1960** 733; *Kleinknecht* JZ **1960** 755; KK-*Pikart* für § 345 Abs. 2. Verneinend KMR-*Paulus* 8; *Eb. Schmidt* Nachtr. 4; *Gutmann* JuS **1962** 177 Fußn. 49; *Schäfer* NJW **1951** 464; LR-*Meyer* in der 23. Aufl.

Berufung behandeln dürfen; im letzteren Fall muß jedoch, mag der Unterschied insbesondere angesichts des § 346 Abs. 2 vielleicht auch nicht sehr überzeugend sein, der Grundsatz gelten, daß die Nichtausübung des Wahlrechts in der Frist des § 345 Abs. 1 zur Behandlung der unbestimmten Anfechtung als Berufung führt (vgl. Rdn. 9), zumal sich insoweit sonst Unzuträglichkeiten ergeben könnten, wenn eine Revisionsschrift mit absurd grober Verspätung eingereicht würde (offenbar ebenso KK-*Pikart* 6). Die Erhebung der allgemeinen Sachrüge in der Einlegungsschrift bedeutet noch nicht die Wahl der Revision, wenn der Beschwerdeführer ausdrücklich erklärt hat, er behalte sich die Entscheidung über die Rechtsmittelwahl vor[25].

13   e) **Verspätete Anfechtung. Wiedereinsetzung.** Wiedereinsetzung in den vorigen Stand kann unter den Voraussetzungen des § 44 auch bewilligt werden, wenn der Beschwerdeführer das Urteil verspätet angefochten hat, ohne die Art des Rechtsmittels zu bezeichnen. Zur Entscheidung über den Wiedereinsetzungsantrag ist dann das Berufungsgericht zuständig[26], weil die Berufung das regelmäßige Rechtsmittel ist und überdies die unbestimmte Anfechtung im Zweifel (s. Rdn. 9, 10) als Berufung behandelt wird. Dem Berufungsgericht obliegt es daher auch, das verspätet eingelegte unbestimmte Rechtsmittel nach § 319 Abs. 1 zu verwerfen, wenn Wiedereinsetzung nicht beantragt ist oder nicht gewährt wird (*Kleinknecht/Meyer* § 346, 1). Zur Wiedereinsetzung bei Versäumung der Revisionsbegründungsfrist vgl. Rdn. 14.

14   Gegen die **Versäumung der Wahl** des Rechtsmittels innerhalb der Frist des § 345 Abs. 1 als solche ist nach h. M. eine Wiedereinsetzung unzulässig, es sei denn (unten Rdn. 19), daß das Amtsgericht den Beschwerdeführer über die Wahlmöglichkeit nicht belehrt hat. Begründet wird diese „vielleicht etwas formalistische Auffassung" (so *Dallinger/Lackner* § 55, 38) damit, daß die Wiedereinsetzung nach § 44 die Versäumung einer Frist voraussetzt, die Ausübung des Wahlrechts jedoch an eine selbständige Frist nicht gebunden sei und mit Fristablauf als Berufung gelte; daher gehe die Möglichkeit der Wahl zur Revision mit Ablauf der Frist des § 345 Abs. 1 endgültig unter[27]. Hat jedoch der Beschwerdeführer die Revisionsbegründungsfrist versäumt und wird ihm *dagegen* Wiedereinsetzung gewährt, so kann er innerhalb der neuen Frist auch zur Berufung übergehen[28]; für die Wiedereinsetzung ist im übrigen dann trotz des dabei erklärten Übergangs das Revisionsgericht zuständig, nicht das Berufungsgericht[29].

3. Wechsel des Rechtsmittels

15   a) **Übergang von der Berufung zur Sprungrevision.** Die ältere Rspr. forderte nicht nur, daß der Beschwerdeführer die Art des Rechtsmittels sogleich eindeutig bezeichnet (oben Rdn. 5). Sie ließ – folgerichtig – auch eine Änderung des Rechtsmittels nach Ablauf der Einlegungsfrist nicht mehr zu, weil der zweifelsfreie Bestand und die unbedingte Rechtswirksamkeit der das Rechtsmittel betreffenden Willenserklärung wegen der öffentlichrechtlichen Natur des Prozesses und der im öffentlichen Interesse

---

[25] OLG Hamm JMBlNRW **1976** 168; KMR-*Paulus* 7.
[26] BayObLGSt **1962** 156 = NJW **1962** 1927; KK-*Pikart* 8; *Kleinknecht/Meyer* 6; KMR-*Paulus* 12; *Dallinger/Lackner* § 55, 37.
[27] BayObLGSt **1962** 158 (= NJW **1962** 1927); **1970** 158 (= JR **1971** 120); BayObLG MDR **1983** 1046; bei *Rüth* DAR **1972** 204; KG JR **1977** 81; OLG Hamm NJW **1956** 1168; OLG Schleswig MDR **1981** 251; OLG Stuttgart Justiz **1974** 99; OLG Zweibrücken MDR **1979** 956; KK-*Pikart* 6; KMR-*Paulus* 11; vgl. auch § 44, 8.
[28] OLG Schleswig MDR **1981** 251; OLG Zweibrücken MDR **1979** 957; KMR-*Paulus* 12; *Kleinknecht/Meyer* 3.
[29] OLG Schleswig aaO gegen OLG Zweibrücken aaO; *Kleinknecht/Meyer* 3.

zu fordernden Sicherstellung des Verfahrens unabdingbar seien[30]. Auch diese Auffassung ist jetzt allgemein und zu Recht aufgegeben worden, weil beim Zweck des § 335 (oben Rdn. 1) den Interessen des Beschwerdeführers größeres Gewicht beizumessen ist als den öffentlichrechtlichen. Der Beschwerdeführer kann daher nach heutiger Auffassung bis zum Ablauf der Revisionsbegründungsfrist von der Berufung zur Sprungrevision übergehen[31]. Ein nochmaliger Wechsel des Rechtsmittels ist dann jedoch ausgeschlossen[32].

16 Der Übergang zur Revision muß **klar und zweifelsfrei** erklärt werden. Dazu genügt aber die Einreichung eines ausdrücklich als Revisionsrechtfertigungsschrift bezeichneten Schriftsatzes innerhalb der Frist des § 345 Abs. 1 (anders KG *Alsb.* E 2 Nr. 167). Läßt der Schriftsatz nicht eindeutig erkennen, daß er eine Schrift zur Rechtfertigung der Revision darstellt, so bleibt es bei der Berufung, auch wenn der Beschwerdeführer nach Ablauf der Frist erklärt, er wähle die Revision[33].

17 **b) Übergang von der Sprungrevision zur Berufung.** Da die Berufung eine Nachprüfung des Urteils in weiterem Umfang ermöglicht als die Revision, nahm die Rspr. früher an, daß der Beschwerdeführer, der sich gleichwohl für die Sprungrevision entscheidet, damit auf die Berufung verzichtet; ein Übergang von der Revision zur Berufung, selbst innerhalb der Einlegungsfrist, wurde daher nicht mehr für zulässig gehalten, eine entsprechende Erklärung also als unwirksam angesehen[34].

18 Die **heute herrschende Meinung** hat sich auch insoweit gewandelt. Der BGH blieb zwar zunächst auf halbem Wege stehen, indem er den Beschwerdeführer an die „zweifelsfreie" Erklärung der Revisionseinlegung binden wollte[35]. Er hat sich dann aber dafür entschieden, den Übergang von der Revision zur Berufung bis zum Ablauf der Revisionsbegründungsfrist „zumindest in der Regel" allgemein zuzulassen[36]. Diese Ansicht wird heute durchgängig vertreten[37]. Sie gilt auch für Revisionen, die durch

---

[30] RGSt **60** 354 = JW **1926** 2448 mit Anm. *Mannheim*; BayObLGSt **24** 118; **25** 12; BayObLG JR Rspr. **1925** Nr. 459; JW **1928** 1312 mit Anm. *Mamroth*; OLG Düsseldorf GA **1928** 379; OLG Königsberg LZ **1926** 1353; ebenso noch OLG Hamburg JR **1952** 207; OLG für Hessen HESt **2** 132; *Seibert* JZ **1951** 216.

[31] BGHSt **5** 338; **6** 207; **25** 324; BayObLGSt **1971** 74 = MDR **1971** 948; KG JR **1977** 81; OLG Bremen Rpfleger **1958** 182; OLG Celle NdsRpfl. **1953** 232; MDR **1960** 159; OLG Hamburg NJW **1972** 1146; OLG Karlsruhe VRS **52** 26; OLG Koblenz VRS **42** 29; ganz h. L.

[32] OLG Celle NdsRpfl. **1953** 232; KMR-*Paulus* 9; *Dahs/Dahs* 10; vgl. oben Rdn. 9.

[33] OLG Celle MDR **1960** 159; OLG Stuttgart OLSt § 346 S. 1; vgl. oben Rdn. 9.

[34] So insbesondere RGSt **62** 426 = JW **1929** 2748 mit Anm. *Stern*; BayObLGSt **1951** 573; KG HRR **1928** 298; OLG Bamberg HESt **2** 134; OLG Bremen Rpfleger **1958** 182; OLG Nürnberg MDR **1959** 595; OLG Stuttgart NJW **1957** 641 = JZ **1958** 63 mit abl. Anm. *Stratenwerth*; *Beling* 402; *A. Mayer* NJW **1959** 1522; OLG Celle JW **1928** 1880 mit Anm. *Mannheim* und OLG Frankfurt JR Rspr. **1927** Nr. 770 wollten den Übergang wenigstens innerhalb der Einlegungsfrist zulassen.

[35] BGHSt **13** 388 = JZ **1960** 754 mit zust. Anm. *Kleinknecht* und abl. Anm. *A. Mayer* NJW **1960** 733; ebenso BayObLG **1960** 1682; OLG Hamburt GA **1963** 27; *Gutmann* JuS **1962** 177.

[36] BGHSt **17** 44 = JZ **1962** 370 mit Anm. *Eb. Schmidt*; BGHSt **25** 324. Zur möglichen Einschränkung („zumindest in der Regel"), die in der Rechtsprechung Bedeutung nicht gewonnen hat, s. insbesondere BGHSt **17** 48; *Eb. Schmidt* JZ **1960** 1651; OLG Düsseldorf JZ **1984** 756.

[37] BayObLGSt **1971** 74 = MDR **1971** 948; OLG Hamm VRS **17** 373; OLG Karlsruhe NJW **1959** 209; Justiz **1974** 191; OLG Köln NJW **1957** 641; OLG Schleswig SchlHA **1959** 216; MDR **1981** 251; KK-*Pikart* 4; *Kleinknecht/Meyer* 2; KMR-*Paulus* 9; *Dahs/Dahs* 9; *Sarstedt/Hamm* 15; *Hartung* JR **1925** 54; *Kleinknecht* JZ **1960** 755; *Schäfer* NJW **1951** 464; *Eb. Schmidt* NJW **1960** 1651.

§ 335   Drittes Buch. Rechtsmittel

einen Rechtskundigen eingelegt worden sind, insbesondere also für die Revision der Staatsanwaltschaft und des Verteidigers[38]. Entgegen LR-*Meyer*[23] ist aber auch hier eine Erklärung, die bereits in Kenntnis der Urteilsgründe abgegeben wird, noch nicht allein deswegen als bindend anzusehen (vgl. Rdn. 7)[39].

19   c) **Wiedereinsetzung in den vorigen Stand** (vgl. auch Rdn. 14) kann unter den Voraussetzungen des § 44 gewährt werden, um einem Beschwerdeführer, den das Amtsgericht nur über die Möglichkeit der Revision belehrt hat, den nachträglichen Übergang zur Berufung zu ermöglichen[40]. Entgegen der herrschenden Meinung[41] kommt dann aber auch im umgekehrten Fall (Belehrung nur über die Möglichkeit der Berufung) eine Wiedereinsetzung in Betracht. Denn obwohl die Berufung das weitergehende Rechtsmittel ist und der Beschwerdeführer Revision immer noch gegen das Berufungsurteil einlegen kann: Wenn ihm infolge einer Fehlbelehrung die vom Gesetz vorgesehene Verfahrensvereinfachung (oben Rdn. 1) abgeschnitten wird, bedeutet das für ihn einen unter Umständen gravierenden Nachteil, der den nachträglichen Übergang zur Revision ebenso rechtfertigen muß wie die einseitige Belehrung nur über die Möglichkeit der Revision.

4. Verfahren bei verschiedenartiger Anfechtung (Absatz 3)

20   a) **Allgemeines.** Die Vorschrift des § 335 Abs. 3 soll verhindern, daß dieselbe Sache, wenn mehrere Beteiligte verschiedene Rechtsmittel eingelegt haben, von verschiedenen Rechtsmittelgerichten beurteilt wird (RGSt **63** 196). Sie ist über ihren Wortlaut hinaus immer dann anzuwenden, wenn eine Sache sonst gleichzeitig in verschiedene Rechtsmittelzüge geraten würde[42]. Eine ähnliche Regelung gilt nach § 83 Abs. 2 OWiG, wenn ein Strafverfahren teils Ordnungswidrigkeiten, teils Straftaten zum Gegenstand hat (dazu KK-*Pikart* 16).

21   Die **Anwendung des § 335 Abs. 3** setzt nicht voraus, daß sich die Rechtsmittel auf die Verurteilung wegen derselben Tat beziehen. Es kommt nur darauf an, daß dasselbe *Urteil* von mehreren Beteiligten mit verschiedenartigen Rechtsmitteln angefochten worden ist[43]. Das gilt grundsätzlich auch bei beschränkter Anfechtung[44]. Der Fall des § 335 Abs. 3 liegt aber nicht vor, wenn die Sachen schon beim Amtsgericht getrennt worden sind; dann hat jeder Teil sein eigenes Schicksal und seine eigenen Rechtsmittel (*Eb. Schmidt* 9). Jedoch darf das Berufungsgericht die Sachen nicht allein mit dem Ziel trennen, die gesetzgeberische Entscheidung des § 335 Abs. 3 zu vereiteln[45].

22   b) **Beteiligte** im Sinne des § 335 Abs. 3 sind nur diejenigen Verfahrensbeteiligten, denen ein selbständiges Anfechtungsrecht zusteht[46]. Angeklagter und Verteidiger gelten

---

[38] BGHSt **17** 47 = JZ **1962** 370 mit Anm. *Eb. Schmidt*; OLG Celle MDR **1967** 421; OLG Zweibrücken MDR **1979** 957; Hanack JZ **1973** 728; *Eb. Schmidt* NJW **1960** 1651.

[39] *Eb. Schmidt* Nachtr. I 4 und JZ **1962** 373; Hanack JZ **1973** 728; wohl auch KK-*Pikart* 4; KMR-*Paulus* 9.

[40] LG München I NJW **1956** 1368; KMR-*Paulus* 12; *Dallinger/Lackner* § 55, 39; **a. A** offenbar LR-*Wendisch* § 44, 8.

[41] KG JR **1977** 81; KMR-*Paulus* 12; LR-*Wendisch* § 44, 8; LR-*Meyer* in der 23. Aufl.

[42] BGHSt **4** 208; BayObLGSt **1951** 398 = JR **1952** 209; OLG Düsseldorf MDR **1952** 313; KMR-*Paulus* 14.

[43] RGSt **63** 194; KG GA **75** (1931) 261; KMR-*Paulus* 14; *Sarstedt/Hamm* 15; **a. A** OLG Düsseldorf GA **1928** 72; *Beling* 401 Fußn. 4.

[44] KK-*Pikart* 12; *Kleinknecht/Meyer* 7; KMR-*Paulus* 14.

[45] Weitergehend oder doch mißverständlich LR-*Meyer* in der 23. Aufl., der offenbar eine Trennung durch das Berufungsgericht überhaupt für unzulässig hält; vgl. auch KMR-*Paulus* 14; *Sarstedt/Hamm* 15 Fußn. 12.

[46] RGSt **63** 194; BayObLGSt **1951** 399 = JR **1952** 209; KMR-*Paulus* 15; *Eb. Schmidt* 6.

dabei als derselbe Beteiligte; bei Widersprüchen zwischen ihren Rechtsmittelerklärungen gilt der Wille des Angeklagten (§ 297)[47], den das Gericht erforderlichenfalls zu ermitteln hat (§ 300). Beteiligte sind außer der Staatsanwaltschaft auch der Mitangeklagte[48], ferner Privat- und Nebenkläger[49], Einziehungsbeteiligte, gesetzliche Vertreter und Erziehungsberechtigte. Stehen einem Beteiligten mehrere Verfahrensrollen zu, etwa als Mitangeklagter und Nebenkläger[50], so kann er in jeder von ihnen ein anderes Rechtsmittel wirksam und mit der Folge des § 335 Abs. 3 einlegen[51].

c) Behandlung der Revision als Berufung. Nach § 335 Abs. 3 hat die Berufung den Vorrang. Das gilt auch, wenn sie nicht in vollem Umfang eingelegt, sondern etwa auf das Strafmaß beschränkt ist (oben Rdn. 21), oder wenn der Berufungsführer nicht an allen Taten des Revisionsführers beteiligt war. Die neben der Berufung eingelegte Revision wird, solange die Berufung nicht zurückgenommen oder als unzulässig verworfen ist, gesetzlich als Berufung „behandelt". Die Berufung tritt insoweit also an die Stelle der eingelegten Revision. Die Revision wird aber nicht endgültig in eine Berufung umgedeutet, sondern bleibt bis zur Sachentscheidung des Berufungsgerichts bedingt bestehen[52]. Da sie als Berufung behandelt wird, reicht es zunächst aus, daß sie ordnungsgemäß eingelegt (nicht auch: begründet) worden ist[53]. Daran ändert auch § 335 Abs. 3 Satz 2 nichts. Wenn die Berufung zurückgenommen oder als unzulässig verworfen wird, entfällt aber der Grund, die Revision als Berufung zu behandeln. Nur für diesen Fall muß sie vorsorglich rechtzeitig (§ 341) und formgerecht (§§ 344, 345) begründet werden; sonst wird sie nach Fortfall der konkurrierenden Berufung als unzulässig verworfen (OLG Neustadt GA **1957** 422). Ist jedoch die Revision nicht in der Form des § 341 Abs. 1 eingelegt, so ist sie von vornherein unzulässig; sie kann, wie sich aus § 335 Abs. 3 Satz 1 ergibt, nicht als formrechte Berufung behandelt werden und ist darum sogleich als unzulässig zu verwerfen[54]. **23**

Nicht in Form der Berufung ist nach § 335 Abs. 3 Satz 1 über das als Revision eingelegte Rechtsmittel nur dann zu entscheiden, wenn die konkurrierende Berufung zurückgenommen oder als unzulässig verworfen wird. Eine **sinngemäße Anwendung** der Vorschrift kommt nicht in Betracht, wenn das Verfahren gegen den Berufungsführer eingestellt wird[55]. Entgegen einer im Schrifttum verbreiteten Meinung[56] ist § 335 Abs. 3 Satz 1 aber auch nicht anwendbar, wenn die Berufung wegen Nichterscheinens des Beschwerdeführers nach § 329 Abs. 1 verworfen wird[57]: Die Berufung wird dann zwar durch Prozeßurteil (und nach richtiger Auffassung: wegen Verwirkung, vgl. bei § 329) verworfen, aber doch nicht in dem von § 335 gemeinten Sinn als „unzulässig"; denn **24**

---

[47] RG Recht **1926** Nr. 2636; OLG Koblenz MDR **1975** 424; ganz h. L.
[48] RGSt **63** 195; *Kleinknecht/Meyer* 7; KMR-*Paulus* 15; *Eb. Schmidt* 6; *Conrad* DJZ **1925** 1181; a. A KG HRR **1926** 208; *Dalcke/Fuhrmann/Schäfer* 4; *Hartung* JR **1925** 53.
[49] BGHSt **12** 162; RGSt **63** 195; KMR-*Paulus* 15.
[50] Dazu freilich mit Recht sehr einschränkend BGH NJW **1978** 330; näher Vor § 395.
[51] BayObLG HRR **1934** 1507; OLG Hamm VRS **8** 59; OLG München JW **1936** 1393; KK-*Pikart* 15; *Kleinknecht/Meyer* 10; KMR-*Paulus* 15; *Eb. Schmidt* 8.
[52] OLG Neustadt GA **1957** 422; KK-*Pikart* 11; *Kleinknecht/Meyer* 8; KMR-*Paulus* 17; *Eb. Schmidt* 6.
[53] RGSt **59** 64; BayObLGSt **1970** 41 = NJW **1970** 1202; KK-*Pikart* 13; KMR-*Paulus* 17; *Eb. Schmidt* 11.
[54] KK-*Pikart* 13; *Kleinknecht/Meyer* 9; KMR-*Paulus* 9.
[55] *Wunderer* LZ **1924** 795, der allerdings nur Einstellungen nach § 205 behandelt.
[56] *Schroeder* NJW **1973** 308 und ihm folgend KK-*Pikart* 11; *Kleinknecht*[35] 8; *Gössel* § 38 A IV b 4; *Roxin* § 53 A II 2 c.
[57] Im Ergebnis ebenso RGSt **59** 63; *Kleinknecht/Meyer* 8; KMR-*Paulus* 16; *Eb. Schmidt* 11; *Feisenberger* 5; *Wunderer* LZ **1924** 790.

§ 335   Drittes Buch. Rechtsmittel

damit sind bei den problematischen Konsequenzen jeder anderen Betrachtungsweise für den Verfahrensfortgang insbesondere aufgrund des § 329 Abs. 3 (vgl. *Schroeder* NJW **1973** 309) erkennbar nur die Fälle gemeint, in denen die für die Berufungseinlegung (§ 314) vorgeschriebenen formalen Voraussetzungen fehlen (*Eb. Schmidt* 11).

25 **d) Irrige Handhabung.** Hat das Revisionsgericht versehentlich § 335 Abs. 3 Satz 1 übersehen und die „Revision" nach § 349 verworfen, ist der Beschluß prozessual unbeachtlich; seine gebotene Zurücknahme stellt nur die wahre Prozeßlage wieder her[58]. Ob entsprechendes auch gilt, wenn das Revisionsgericht über die „Revision" durch Urteil entscheidet, ist ganz ungeklärt und zweifelhaft, aber wohl eher zu verneinen, falls nicht der Sonderfall vorliegt, daß das Revisionsgericht nur die Sprungrevision des Verteidigers kennt, nicht jedoch die vorrangige (s. Rdn. 22) Berufung des Angeklagten. Hat das Berufungsgericht nur auf die Berufung und nicht auch auf die konkurrierende Revision hin erkannt, bleibt insoweit das Verfahren bei ihm anhängig, da der Zweck des § 335 Abs. 3 Satz 1 sonst ausgehöhlt würde; das gleiche gilt, wenn das Berufungsgericht die konkurrierende Revision fehlerhafterweise nur zum Teil als Berufung behandelt, im übrigen aber als Revision angesehen hat. In diesen Fällen muß das Revisionsgericht daher die „Revision" an das Berufungsgericht zurückverweisen[59].

26 **e) Anfechtung des Berufungsurteils.** Nach § 335 Abs. 3 Satz 3 ist gegen das Berufungsurteil Revision nach den allgemeinen Vorschriften zulässig. Das Berufungsurteil kann auch derjenige Beteiligte mit der Revision anfechten, der schon vorher gegen das Urteil des Amtsgerichts Sprungrevision eingelegt hatte (allg. M.). Verweist das Revisionsgericht die Sache nach § 354 Abs. 2 an das Amtsgericht zurück, so kann der Beschwerdeführer gegen das neue Urteil Berufung (oder Revision) einlegen, auch wenn er das frühere nur mit der Revision angefochten hatte (allg. M.).

27 **5. Vorlage der Akten an das Rechtsmittelgericht.** Bestehen Zweifel, ob der Angeklagte Berufung oder Revision gewählt hat, so muß darüber zunächst das Amtsgericht entscheiden[60]. Denn von der Art des Rechtsmittels hängt es ab, ob die Akten der Staatsanwaltschaft zur Vorlage bei dem Berufungsgericht (§§ 320, 231) übersandt werden müssen oder ob nach § 347 Abs. 1 zu verfahren ist und die Akten sodann an das Revisionsgericht weiterzuleiten sind. Hält das Berufungsgericht, dem die Akten vorgelegt werden, das Rechtsmittel für eine Revision, so muß es die Sache an das Amtsgericht zurückgeben, damit dort das Verfahren nach § 347 Abs. 1 durchgeführt werden kann[61]. Nur wenn das Amtsgericht auf seinem Standpunkt beharrt, daß das Rechtsmittel eine Berufung ist, sind die Akten dem Revisionsgericht vorzulegen. Hat das Amtsgericht das Rechtsmittel als Revision angesehen, so entscheidet nach Vorlage der Akten durch die Staatsanwaltschaft (§ 347 Abs. 2) das Revisionsgericht, ob es in erster Hinsicht angerufen ist[62]. Hält es das Rechtsmittel für eine Berufung, so gibt es die Sache durch Beschluß an das Landgericht ab[63], und zwar mit bindender Wirkung (BGHSt **31** 184; vgl. näher § 348, 5).

---

[58] Vgl. RG JW **1927** 395 mit Anm. *Drucker* und BGHSt **17** 96; zust. KK-*Pikart* 11; KMR-*Paulus* 16.
[59] RGSt **63** 194; KMR-*Paulus* 18; vgl. auch BayObLGSt **1951** 398 = JR **1952** 209.
[60] Ebenso KMR-*Paulus* 10; anders *Kleinknecht* JZ **1960** 674, der die sofortige Einholung der Entscheidung des Revisionsgerichts für erforderlich hält.
[61] Anders KK-*Pikart* 8; *Kleinknecht/Meyer* 5; KMR-*Paulus* 10, die eine unmittelbare Abgabe an das Revisionsgericht befürworten; wie hier aber LR-*Meyer* in der 23. Aufl.
[62] BayObLGSt **1960** 107 = NJW **1960** 1682.
[63] BayObLGSt **1962** 166 = JR **1963** 70; **1971** 24; OLG Schleswig SchlHA **1961** 307.

§ 336

¹Der Beurteilung des Revisionsgerichts unterliegen auch die Entscheidungen, die dem Urteil vorausgegangen sind, sofern es auf ihnen beruht. ²Dies gilt nicht für Entscheidungen, die ausdrücklich für unanfechtbar erklärt oder mit der sofortigen Beschwerde anfechtbar sind.

Schrifttum. *Bohnert* Beschränkungen der strafprozessualen Revision durch Zwischenverfahren (1983); *Dünnebier* Nicht mit der Revision anfechtbare Entscheidungen im Strafprozeß, FS Dreher 669; *Kohlhaas* Verfahrensfehler im Ermittlungsverfahren und Revision, NJW **1968** 26; *Nelles* Zur Revisibilität „fehlerhafter" und „unwirksamer" Eröffnungsbeschlüsse, NStZ **1982** 96; *W. Schmid* Die „Verwirkung" von Verfahrensrügen im Strafprozeß (1967).

Entstehungsgeschichte. Satz 2 ist durch Art. 1 Nr. 28 StVÄG 1979 eingefügt worden. Bezeichnung bis 1924: § 375.

Übersicht

	Rdn.		Rdn.
I. Vorausgegangene Entscheidungen (Satz 1)		8. Hinweis. Einzelfälle	10
1. Allgemeines	1	**II. Unanfechtbare Entscheidungen (Satz 2)**	
2. Entscheidungen	2	1. Allgemeines	11
3. Entscheidungen der Staatsanwaltschaft	3	2. Umfang des Ausschlusses	13
4. Einstellungsbeschlüsse nach § 153 ff	5	3. Fälle des Ausschlusses	
5. Vor Erlaß des Eröffnungsbeschlusses	6	a) Unanfechtbarkeit	18
6. Nach Erlaß des Eröffnungsbeschlusses	8	b) Anfechtbarkeit mit der sofortigen	
7. In früheren Hauptverhandlungen	9	Beschwerde	19

I. Vorausgegangene Entscheidungen (Satz 1)

1. Allgemeines. Mit der Revision können Rechtsfehler gerügt werden, die das **1** Urteil selbst enthält oder die in dem Verfahren entstanden sind, das zu ihm geführt hat. Was bei dieser Sachlage mit Satz 1 gemeint ist, ist recht unklar. Die von KMR-*Sax*⁶ 4 vertretene Meinung, die Bestimmung bezwecke im wesentlichen, daß über sie eine Beschränkung der Verteidigung geltend gemacht werden könne, wenn § 338 Nr. 8 wegen eines fehlenden Gerichtsbeschlusses nicht eingreife, wird von KMR-*Paulus*⁷ zu Recht nicht mehr vertreten. Nach *Eb. Schmidt* 9 soll die Vorschrift vor allem gewährleisten, daß Rechtsfehler bei der Behandlung von Beweisanträgen nach § 336 gerügt werden können. Nach richtiger Ansicht ist die Bestimmung im Grunde überflüssig¹. Denn daß die Revision auf Verfahrensfehler gestützt werden kann, die dem Urteil vorausgegangen sind, ergibt sich ohne weiteres aus § 337. Würde diese Norm für solche Fehler nicht gelten, wäre ihr Anwendungsbereich praktisch auf die Verletzung des sachlichen Rechts beschränkt, was aber dem Gesetz nicht entspricht (vgl. nur § 344 Abs. 2). Der Sinn des § 336 Satz 1 liegt daher – in gewisser Ergänzung des § 305 Satz 1² – nur in der

---

¹ *W. Schmid* 268; *Fuhrmann* JR **1962** 322; vgl. auch *Nelles* NStZ **1982** 97, 98 mit Hinweis auf die Entstehungsgeschichte; KMR-*Paulus* 1.
² Vgl. KK-*Pikart* 1; *Gössel* NStZ **1982** 142 sieht die „konstitutive Bedeutung" des § 336

Satz 1 darin, daß der Beurteilung des Revisionsgerichts unterliegende Entscheidungen nur nach Revisions-, nicht nach Beschwerdegrundsätzen geprüft werden. Vgl. auch unten Rdn. 8.

§ 336 Drittes Buch. Rechtsmittel

Klarstellung einer Selbstverständlichkeit: daß nämlich auch verfahrensrechtliche Entscheidungen, die vor und außerhalb der Hauptverhandlung getroffen worden sind, grundsätzlich der Prüfung des Revisionsgerichts unterliegen, soweit das Urteil auf ihnen beruht. Die Revision richtet sich dann nicht gegen die vor dem Urteil erlassene Entscheidung, sondern gegen das Urteil selbst (*Eb. Schmidt* 3). Sie setzt eine ordnungsgemäß erhobene Verfahrensrüge (§§ 344, 345) voraus, sofern nicht eine Verfahrensvoraussetzung in Frage steht, deren Vorliegen von Amts wegen zu prüfen ist (§ 337, 29 ff).

2 2. **Entscheidungen** im Sinne des § 336 Satz 1 sind nur verfahrensrechtliche Entscheidungen, und zwar ausschließlich solche, die in demselben Verfahren getroffen worden sind, in dem das angefochtene Urteil erlassen worden ist[3]. Ob sie das Gericht oder der Vorsitzende allein erlassen hat, spielt keine Rolle[4]. Zu beachten bleibt aber, daß nach herrschender, wenn auch umstrittener und bedenklicher Meinung sachleitende Anordnungen des Vorsitzenden der Revision regelmäßig nur unterliegen, wenn der Beschwerdeführer die Anordnung im tatrichterlichen Verfahren gemäß § 238 Abs. 2 beanstandet hat (näher § 238, 39 ff; vgl. auch § 337, 280). Entsprechendes gilt nach h. M., soweit der Vorsitzende als befugt angesehen wird, für das Kollegium Vorabentscheidungen zu treffen, gegen die die Beteiligten das Gericht anrufen können, wenn sie mit ihnen nicht einverstanden sind, wie das insbesondere bei der Vorabentscheidung über die Vereidigung von Zeugen und Sachverständigen angenommen wird (vgl. § 337, 279).

3 3. **Entscheidungen der Staatsanwaltschaft** sind mit § 336 Satz 1 nicht gemeint, schon weil das Urteil allein auf ihnen regelmäßig nicht beruht[5]. Das gilt grundsätzlich auch für Mängel der Anklageschrift (§ 200, 60). Nur wenn die Anklageschrift so schwerwiegende Mängel aufweist, daß sie unwirksam ist (dazu § 200, 57 ff), muß das Revisionsgericht das von Amts wegen beachten, weil das Vorliegen einer rechtswirksamen Anklageschrift eine Verfahrensvoraussetzung darstellt, deren Fehlen zur Einstellung des Verfahrens führt (§ 200, 60); auch kann ein in der Hauptverhandlung nicht behobener Mangel in der Informationsfunktion der Anklageschrift wegen Verletzung des Zwecks von § 243 Abs. 3 eine erfolgreiche Verfahrensrüge begründen (§ 200, 60).

4 Selbstverständlich ist, daß **fehlerhaft gewonnene Niederschriften** staatsanwaltschaftlicher (oder polizeilicher) Vernehmungen, die das Gericht bei der Urteilsfindung verwertet, mit der Revision überprüft werden können, wenn ihre Verwertung durch den Tatrichter wegen der ihnen anhaftenden Mängel unzulässig ist. Das ist z. B. der Fall bei der Verwertung von Niederschriften gemäß § 251 Abs. 2, die durch Verstoß gegen § 52 (näher dort), gegen § 69 Abs. 1 (näher dort), gegen § 136 Abs. 1 Satz 2 (streitig; näher § 136, 54 ff), gegen § 136a (dort Rdn. 70 ff) oder gegen §§ 163a Abs. 3 Satz 2, 168c Abs. 1, 5 (näher bei § 168c) zustande gekommen sind. Die Revision betrifft hier nicht die staatsanwaltschaftliche (oder polizeiliche) Verfahrenshandlung, sondern die des Gerichts.

5 4. **Einstellungsbeschlüsse nach § 153 ff** sind grundsätzlich keine dem Urteil vorausgehende Entscheidungen im Sinne des § 336[6]. Es handelt sich um Entscheidungen be-

---

[3] KK-*Pikart* 3; KMR-*Paulus* 11; vgl. auch unten Rdn. 9.
[4] BGHSt 7 282; BGH NJW 1973 1985; KK-*Pikart* 1; *W. Schmid* 268.
[5] BGHSt 6 328; BGH NJW 1967 1869; BGH MDR 1952 565 mit Anm. *Potrykus*; BGH bei *Dallinger* MDR 1967 14; RG JW 1930 3421 mit Anm. *Oetker*; BayObLGSt 1951 63; KK-*Pikart* 2; KMR-*Paulus* 8; *Kohlhaas* NJW 1968 26.
[6] RGSt 66 326; *Eb. Schmidt* 11; KK-*Pikart* 14.

Stand: 1. 5. 1985

Vierter Abschnitt. Revision § 336

sonderer Art, die vom eigentlichen Urteilsverfahren sachlich gelöst sind, selbst wenn sie in einer Hauptverhandlung erfolgen. Dies zeigt sich schon an den besonderen Anfechtungsregelungen, aber auch daran, daß die Einstellung meist in jeder Lage des Verfahrens, also auch im Revisionsrechtszug, angeordnet werden kann. Insoweit kann der Antrag vor dem Revisionsgericht wiederholt, braucht also nicht auf die Fehlerhaftigkeit der ablehnenden Entscheidung des Tatrichters gestützt zu werden[7]. Keine dem Urteil vorausgehende Entscheidung ist aber auch die Nichtanwendung des § 153a und § 153b Abs. 2, obwohl insoweit eine Befugnis des Revisionsgerichts zur Einstellung nicht besteht; denn es geht auch hier um eine nach eigenen Regeln zu treffende Entscheidung, namentlich der Staatsanwaltschaft, die von der eigentlichen Sachentscheidung im gerichtlichen Verfahren abgehoben ist[8]. Von Amts wegen zu beachten hat das Revisionsgericht jedoch das Verfahrenshindernis des § 153a Abs. 1 Satz 4. Ob eine nach § 154 eingestellte Tat hätte wiederaufgenommen werden sollen, hat das Revisionsgericht grundsätzlich nicht zu prüfen[9]. Gleiches gilt bei Beschränkungen gemäß § 154a, es sei denn, daß sonst die Frage der Verjährung nicht abschließend geprüft werden kann oder ein Verstoß gegen § 264 in Frage steht[10]. Revisibel ist die Verletzung des § 154e Abs. 2 (BGHSt 8 133; dazu auch § 337, 47). – Vgl. zum Ganzen und zu weiteren Einzelheiten im übrigen die Erl. zu den §§ 153 ff, insbesondere jeweils bei „Anfechtbarkeit" bzw. „Revision".

5. Vor Erlaß des Eröffnungsbeschlusses getroffene Entscheidungen verfahrensrechtlicher Art werden vom Revisionsgericht nach h. M. grundsätzlich nicht nach § 336 Satz 1 geprüft[11]. Denn der Eröffnungsbeschluß bildet die alleinige Grundlage des weiteren Verfahrens, das zu dem Urteil führt[12]; ist das Hauptverfahren einmal eröffnet worden, könne daher eine Revisionsentscheidung es nicht mehr in den Zustand zurückversetzen, der vor dem Eröffnungsbeschluß bestanden hat[13]. Eine Ausnahme gilt, wenn das Revisionsgericht das Verfahren einstellt; dazu führen aber nicht schon einfache Verfahrensfehler, sondern nur Verfahrenshindernisse (§ 206a, 22 ff; § 337, 29 ff). Die Revision kann daher auf Verfahrensfehler im Ermittlungsverfahren regelmäßig nicht gestützt werden[14]; das Urteil kann auf ihnen nicht beruhen[15]. Nur wenn ausnahmsweise die Entscheidung, z. B. die unzulässige Ablehnung einer Verteidigerbestellung nach §§ 140 f, bis zum Urteil fortwirkt, kann die Revision auf den Verfahrensmangel ohne

6

---

[7] BayObLGSt **1970** 225 = VRS **40** 297; KG JR **1967** 430; VRS **33** 446; OLG Köln MDR **1957** 182; **a. A** für den ähnlichen Fall des § 47 Abs. 2 OWiG: OLG Hamm NJW **1974** 2100; vgl. auch OLG Saarbrücken MDR **1971** 324. Zur eigenen Entscheidung des Revisionsgerichts in diesen Fällen s. § 353, 2.

[8] Im Ergebnis für § 153a ebenso KMR-*Müller* § 153a, 19; *Kleinknecht/Meyer* § 153a, 57; wohl auch KK-*Schoreit* § 153a, 38, die darauf abstellen, daß die staatsanwaltschaftliche Entschließung als Ermessensentscheidung nicht nachprüfbar ist. Zu § 153b vgl. aber auch dort Rdn. 18.

[9] BGH bei *Dallinger* MDR **1970** 383; RGSt 66 362; § 154, 76.

[10] BGHSt **29** 317; **32** 85. Näher § 154a, 46 ff; vgl. auch § 353, 17.

[11] *Eb. Schmidt* 5; *Dahs/Dahs* 6; vgl. auch *Kohlhaas* NJW **1968** 26.

[12] BGHSt **6** 328; **15** 44; RGSt **55** 226; BayObLGSt **1951** 63; KK-*Pikart* 4; KMR-*Paulus* 10.

[13] RGSt **2** 20; **44** 382; RGRspr. **4** 491; RG GA **36** (1888) 161; RG LZ **1915** 1225; RG Recht **1927** Nr. 509; kritisch dazu *W. Schmid* 176 mit weit. Nachw.

[14] BGHSt **6** 328; **15** 44; BGH bei *Dallinger* MDR **1974** 16; RGSt **2** 37; **55** 225; RGRspr. **6** 163; KMR-*Paulus* 10; *Dahs/Dahs* 6; *Sarstedt/Hamm* 189.

[15] BGHSt **6** 328; BGH MDR **1952** 565 mit Anm. *Potrykus*.

§ 336   Drittes Buch. Rechtsmittel

Rücksicht darauf gestützt werden, daß er vor Erlaß des Eröffnungsbeschlusses unterlaufen ist. Zur Bedeutung von Mängeln des Eröffnungsbeschlusses selbst s. § 207, 70 ff, aber (zur Mitwirkung des ausgeschlossenen Richters, die in diesem Kommentar unterschiedlich beurteilt wird) auch § 22, 64.

7 Gemäß § 336 Satz 2 kann die Revision insbesondere nicht auf solche Entscheidungen vor Erlaß des Eröffnungsbeschlusses gestützt werden, die das Gesetz ausdrücklich für unanfechtbar erklärt oder die mit der sofortigen Beschwerde angefochten werden können (dazu unten Rdn. 11 ff). Dabei macht es keinen Unterschied, ob die sofortige Beschwerde verworfen worden ist oder ob der Beschwerdeführer es unterlassen hat, sie einzulegen (unten Rdn. 13). Die Anfechtbarkeit einer Entscheidung mit der **einfachen Beschwerde** schließt hingegen für sich allein die Revision nicht aus[16].

8 **6. Nach Erlaß des Eröffnungsbeschlusses** ergangene Entscheidungen unterliegen nach § 305 Satz 1 nicht der Beschwerde, wenn sie in innerem Zusammenhang mit der Urteilsfällung stehen (näher bei § 305). Die Vorschrift wird durch § 336 dahin ergänzt, daß diese Entscheidungen mit der Revision angefochten werden können[17], soweit nicht Satz 2 eingreift. Es gibt jedoch auch Entscheidungen des erkennenden Gerichts, die sowohl auf eine Beschwerde als auch auf eine mit der Revision erhobene Verfahrensrüge nachgeprüft werden können. Dazu gehören die Ablehnung des Antrags auf Bestellung eines Pflichtverteidigers (vgl. bei § 141) und die Entscheidung über die Zulassung des Nebenklägers (näher § 396, 17 ff). Hat in einem solchen Fall das Beschwerdegericht entschieden, so ist das Revisionsgericht an diese Entscheidung nicht gebunden[18].

9 **7. In früheren Hauptverhandlungen** erlassene Entscheidungen können mit der Revision grundsätzlich nicht beanstandet werden, z. B. nicht die Ablehnung eines Beweisantrags in einer ausgesetzten Hauptverhandlung[19]. Anderes gilt auch hier, wenn die Entscheidung in der neuen Hauptverhandlung weiterwirkt, in der das Urteil erlassen wird (BGHSt 31 15 für die Anfechtung der früheren Verwerfung eines Ablehnungsgesuchs). Wird die Revision gegen ein Berufungsurteil eingelegt, so kann sie nicht auf Mängel gestützt werden, auf denen das Urteil des Gerichts der ersten Instanz beruht[20].

10 **8. Hinweis. Einzelfälle** vorausgegangener Entscheidungen gemäß Satz 1, auf denen das Urteil beruhen oder nicht beruhen kann, werden an dieser Stelle, entgegen den Vorauflagen, nicht mehr behandelt, sondern bei den jeweiligen Einzelvorschriften erörtert[21]. Das gilt auch für die über § 336 Satz 2 hinausgehenden Beschränkungen der Revision vorausgegangener Entscheidungen durch „Zwischenverfahren", über deren komplizierte Wechselwirkung zur Revision die Untersuchung von *Bohnert* Aufschluß gibt. Zum Problem einer Beschränkung der Revision durch sog. Ordnungsvorschriften, durch tatrichterliche Ermessensentscheidungen, durch die sog. Rechtskreistheorie sowie

---

[16] Ganz h. M., vgl. z. B. RGSt **59** 104; BayObLG JW **1929** 1064; *W. Schmid* 172.

[17] KK-*Pikart* 1; *Kleinknecht/Meyer* 1; KMR-*Paulus* 1.

[18] BGH NJW **1973** 1985 = JR **1974** 247 mit Anm. *Peters*; BGH bei *Herlan* MDR **1955** 652; RGSt **33** 316; **59** 243; **66** 347; offengelassen in BGHSt **21** 361; vgl. auch BGHSt **26** 192.

[19] RG JW **1932** 3099 mit Anm. *Bohne*; OLG Saarbrücken VRS **46** 48; KMR-*Paulus* 11.

[20] RGSt **59** 300; **60** 113; **61** 400; RG JW **1932** 405; RG JR Rspr. **1926** Nr. 2094; *Beling* 212; *W. Schmid* 194. Vgl. auch § 344, 101.

[21] Gewisse Übersicht wesentlicher Fälle bei KMR-*Paulus* 12 ff; auch KK-*Pikart* 4 ff.

durch Verzicht und Verwirkung, insbesondere bei unterlassener Wiederholung von Anträgen bzw. unterlassener Anrufung des Gerichts, vgl. § 337, 15 ff; 87 ff; 95 ff; 269 ff.

II. Unanfechtbare Entscheidungen (Satz 2)

1. Allgemeines. Satz 2 enthält eine Ausnahme von Satz 1. Er soll die revisionsrechtlichen Konsequenzen sichern, die sich aus der Entscheidung des Gesetzgebers ergeben, daß eine bestimmte Verfahrensmaßnahme unanfechtbar ist bzw. dem befristeten Rechtsmittel der sofortigen Beschwerde unterliegt: Die Entscheidung des Gesetzgebers über die Unanfechtbarkeit würde unterlaufen, wenn es zulässig wäre, die Revision auf die Fehlerhaftigkeit dieser Maßnahme zu stützen. In den Fällen, in denen eine Verfahrensmaßnahme mit der sofortigen Beschwerde anfechtbar ist, hat der Betroffene die Möglichkeit, mit diesem befristeten Rechtsmittel gegen die Entscheidung vorzugehen, damit sobald wie möglich endgültige Klarheit über deren Rechtmäßigkeit geschaffen wird; macht er von dieser Möglichkeit keinen Gebrauch oder bleibt die Beschwerde erfolglos, soll die Klarheit nicht nachträglich im Revisionsverfahren wieder beseitigt werden. Aus diesen Gründen bestand in Rspr. und Schrifttum schon vor Einfügung des § 336 Satz 2 durch das StVÄG 1979 Übereinstimmung, daß die Revision in der Regel nicht auf die Fehlerhaftigkeit von Entscheidungen gestützt werden kann, die das Gesetz ausdrücklich für unanfechtbar erklärt oder die mit der sofortigen Beschwerde angefochten werden können (vgl. LR-*Meyer*[23] 4 m. Nachw.). 11

§ 336 Satz 2 hat daher im wesentlichen nur **klarstellende Bedeutung**[22]. Der Gesetzgeber hielt die Klarstellung für erforderlich, weil der Ausschluß von Verfahrensrügen im Zusammenhang mit der Prüfung der sachlichen Zuständigkeit und der Zuständigkeit besonderer Strafkammern (§§ 6a, 225a) besondere Bedeutung erlange (BTDrucks. 8 976, S. 59). **Nicht zu verkennen** ist allerdings, daß die Einfügung des Satz 2 bei wortgetreuer Anwendung vereinzelt zu Konsequenzen führt oder doch Konsequenzen begünstigt, die über die zuvor in Rspr. und Schrifttum vertretenen Begrenzungen hinausgreifen oder fragwürdig sind; das gilt vielleicht vor allem für die Revisibilität fehlerhaft zustande gekommener Eröffnungsbeschlüsse[23], aber wohl auch für die Unanfechtbarkeit von Entscheidungen der Oberlandesgerichte gemäß § 304 Abs. 4 (vgl. unten Rdn. 16). Auch macht die Gesetzesregelung in problematischer Weise immanente Ausnahmen aufgrund Verfassungsrechts erforderlich (Rdn. 14). Problematisch erscheint ferner, daß der Gesetzgeber die Zahl der Fälle, in denen Unanfechtbarkeit einer Entscheidung besteht bzw. die Entscheidung nur mit der sofortigen Beschwerde anfechtbar ist, beträchtlich erweitert und damit den Anwendungsbereich des § 336 Satz 2 recht weit gezogen hat. So wird die Neuregelung im Schrifttum zum Teil erheblich kritisiert[24]. 12

---

[22] Näher *Rieß* NJW **1978** 2271 und (kritisch) *Nelles* NStZ **1982** 97 mit Nachw. aus den Gesetzesmaterialien.

[23] Wo die Anwendung des § 336 (BGH NStZ **1981** 447) über das frühere Recht hinaus und recht weit geht, sich aber wegen der Wirkung eines fehlerhaften Eröffnungsbeschlusses u. U. doch nicht durchhalten läßt; vgl. näher § 207, 71 f mit Nachw.

[24] Kritisch insbesondere *Schroeder* NJW **1979** 1527; *Schlüchter* 724.2; *Peters* 682, der eine enge Auslegung des Satz 2 verlangt und die Revision jedenfalls für zulässig hält, wenn mit der Entscheidung eine Grundrechtsverletzung verbunden ist; zum letzteren im folg. Text; vgl. auch *Bohnert* 2.

§ 336   Drittes Buch. Rechtsmittel

13 **2. Umfang des Ausschlusses.** Ausgeschlossen sind Verfahrensrügen sowohl nach § 337 als auch nach § 338[25]. Gleichgültig ist, ob sich die Unanfechtbarkeit der Entscheidung oder die Möglichkeit ihrer Anfechtung mit der sofortigen Beschwerde aus der StPO oder aus anderen Gesetzen, insbesondere aus dem GVG, ergibt. Gleichgültig ist es im Fall der sofortigen Beschwerde auch, ob sie verworfen oder gar nicht eingelegt worden ist, weil es allein auf die Anfechtbarkeit ankommt[26].

14 Handelt es sich um eine Zuständigkeitsbestimmung oder um eine Vorschrift über das **Ausscheiden von Richtern** oder über die Entbindung von Schöffen, so bleibt die Revision aber weiterhin möglich, wenn die beanstandete Entscheidung zugleich eine willkürliche Entziehung des gesetzlichen Richters bedeutet, weil dann auch ein revisibler Verstoß gegen Art. 101 Abs. 1 Satz 2 GG vorliegt; der Verstoß kann dann also trotz des § 336 Satz 2 nach §§ 337, 338 Nr. 1 StPO geltend gemacht werden[27], wobei freilich zu beachten ist, daß nach h. M. Willkür und Irrtum zu unterscheiden sind (näher § 338, 10 und bei § 16 GVG).

15 Die Revision bleibt **auch sonst zulässig,** soweit der Tatrichter die Fehlerhaftigkeit vorausgegangener Entscheidungen in der (weiteren) Hauptverhandlung zu korrigieren verpflichtet war und das nicht getan hat, sich also aus seinem Unterlassen ein revisibler (weiterer) Rechtsfehler ergibt, auf dem das Urteil beruht[28].

16 Soweit gegen Entscheidungen, die ein **Oberlandesgericht gemäß § 304 Abs. 4 Satz 2** oder die der Ermittlungsrichter des Bundesgerichtshofs (§ 304 Abs. 5) erlassen hat, die Beschwerde ausgeschlossen ist, sind nach dem Wortlaut des § 336 Satz 2 auch Verfahrensrügen ausgeschlossen, die an die Stelle der Beschwerde treten. Tatsächlich entsprach die Beschränkung der Revision für § 304 Abs. 4 insoweit auch dem Willen des Gesetzgebers[29]. Sie ist von BGHSt **27** 96 mit Billigung des BVerfG[30] schon vor Einfügung

---

[25] Abweichend KK-*Pikart* 13, wenn sich aus der Vorentscheidung absolute Revisionsgründe ergeben, z. B. wenn der Angeklagte in der Hauptverhandlung nicht ordnungsgemäß verteidigt ist oder ein während der Hauptverhandlung ergangener Gerichtsbeschluß die Verteidigung unzulässig beschränkt. Aber in den genannten Beispielen ergibt sich die (in der Tat trotz des § 336 Satz 2 gegebene) Revisibilität nicht speziell aus der Verletzung absoluter Revisionsgründe, sondern aus der in der Hauptverhandlung fortbestehenden Pflicht zur Verteidigerbestellung gemäß § 140 bzw. auf dem gegen § 265 Abs. 4 verstoßenden Gerichtsbeschluß, mögen sich beide Rechtsfehler im Ergebnis auch als absolute Revisionsgründe darstellen. Wegen dieser Besonderheiten ist in den genannten (und anderen) Fällen die Revision gegeben (vgl. auch Rdn. 15). Im Anwendungsbereich des § 336 Satz 2 selbst kommt es hingegen nicht darauf an, ob der Ausschuß der Revisibilität einen absoluten Revisionsgrund betrifft.

[26] Vgl. schon BGH NJW **1952** 234; **1962** 261; RGSt **29** 281; **34** 215: *Dünnebier* 673.

[27] Vgl. BGHSt **31** 4; BGH NStZ **1982** 476 und GA **1981** 382 für die Entbindung von Schöffen; BGH GA **1981** 321 m. Anm. *Rieß* für die willkürliche Beurteilung des Zuständigkeitsmerkmals der besonderen Bedeutung gemäß § 74 Abs. 1 Satz 2, § 24 Abs. 1 Nr. 3 GVG. Ebenso z. B. *Kleinknecht/Meyer* 4; KK-*Müller* § 52 GVG 8; KMR-*Paulus* 5; *Schlüchter* 724.4; *Rieß* NJW **1978** 2271; *Katholnigg* NJW **1978** 2378; vgl. auch BTDrucks. **8** 976, S. 59.

[28] So z. B. bei einem mangelhaften Eröffnungsbeschluß, der seine Informationsfunktion nicht hinreichend erfüllt (vgl. § 207, 72) oder bei den in Fußn. 25 genannten Fällen.

[29] Vgl. die Nachweise aus den Materialien zum StaatsschStrafG bei BVerfG NJW **1977** 1816.

[30] NJW **1977** 1816 („allein mögliche Deutung", die auch nicht verfassungswidrig sei).

des Satz 2 bejaht worden und entspricht heute der herrschenden Meinung[31]. Sonderlich überzeugend ist es für die Revisibilität der dem Urteil vorausgehenden Entscheidungen der Oberlandesgerichte als erkennende Gerichte des ersten Rechtszuges in der Sache aber jedenfalls nicht, daß z. B. selbst die Rüge ausgeschlossen sein soll, das OLG habe ein Ablehnungsgesuch gegen den erkennenden Richter (§ 28 Abs. 2 Satz 2) zu Unrecht verworfen (so BGHSt **27** 96). Denn es entspricht gewiß nicht dem Sinn des StaatsschStrafG, durch die Einführung eines zweistufigen Instanzenzuges in Staatsschutzstrafsachen eine Überprüfung der erstinstanzlichen Entscheidung mit der Revision zu erreichen, wenn dabei so starke und ganz systemwidrige Einschränkungen der Revision möglich sind (vgl. auch *Schmidt-Leichner* NJW **1977** 1804). Aber § 336 Satz 2 unterscheidet nicht, ob die Unanfechtbarkeit allgemein oder nur für den Fall gesetzlich bestimmt ist, daß sie von einer bestimmten Instanz erlassen wird. Man wird daher, angesichts auch des gesetzgeberischen Willens, die Unanfechtbarkeit nach § 304 Abs. 4 Satz 2 von § 336 Satz 2 nicht deswegen ausnehmen dürfen, weil sie lediglich instanzbezogen, nicht also sachbezogen ist; § 336 Satz 2 besagt nicht, daß die Revisibilität nur ausgeschlossen ist, wenn die vorausgegangene Entscheidung der sofortigen Beschwerde zugänglich oder für *alle* Instanzen unanfechtbar ist.

3. Fälle des Ausschlusses der Revision gemäß § 336 Satz 2 ergeben sich aus zahlreichen Bestimmungen des Gesetzes; zu ihren, oft komplizierten, Einzelheiten s. näher bei Erl. der jeweiligen Vorschriften[32]. **17**

a) Die **Unanfechtbarkeit** verfahrensrechtlicher Entscheidungen wird insbesondere bestimmt in: § 28 Abs. 1, § 46 Abs. 2, § 81c Abs. 3 Satz 4, § 138d Abs. 6 Satz 3, § 201 Abs. 2 Satz 2, § 210 Abs. 1, § 225a Abs. 3 Satz 3, Abs. 4 Satz 2 Halbsatz 2, § 270 Abs. 3 Satz 2, § 304 Abs. 4 Satz 1 und 2 (vgl. Rdn. 16), § 304 Abs. 5, § 372 Satz 2, § 390 Abs. 5 Satz 2, § 431 Abs. 5 Satz 1, § 440 Abs. 3, § 444 Abs. 2 Satz 2, Abs. 3 Satz 1 StPO; § 41 Satz 4, § 52 Abs. 4, § 53 Abs. 2 Satz 2, § 54 Abs. 3 Satz 1 GVG. **18**

Die Unanfechtbarkeit von Entscheidungen des erkennenden Gerichts nach § 305 Satz 1 hindert die Revisionsrüge nicht. Denn die Vorschrift wird durch § 336 Satz 1 dahin ergänzt, daß diese Entscheidungen mit der Revision angefochten werden können (vgl. Rdn. 8); ihre Anfechtbarkeit mit der Revision ist daher durch § 336 Satz 2 nicht ausgeschlossen.

b) Die **Anfechtbarkeit mit der sofortigen Beschwerde** ergibt sich u. a. aus: § 28 Abs. 2 Satz 1, § 46 Abs. 3, § 81 Abs. 5 Satz 1, § 138d Abs. 6 Satz 1, § 200a Abs. 2, § 206b Satz 2, § 210 Abs. 2, § 225a Abs. 3 Satz 3, Abs. 3 Satz 2 Halbsatz 2, § 231a Abs. 3 Satz 3, § 270 Abs. 3 Satz 2, § 372 Satz 1, § 379a Abs. 3 Satz 2, § 383 Abs. 2 Satz 3, § 431 Abs. 5 Satz 2, § 440 Abs. 3, § 441 Abs. 2, § 444 Abs. 2 Satz 2, Abs. 3 Satz 1. **19**

---

[31] KK-*Pikart* 11; *Kleinknecht/Meyer* 3; KMR-*Paulus* 4; *Roxin* § 9 II 6; *Schlüchter* 724.4; *Dünnebier* 669; LR-*Meyer* in der 23. Aufl., ErgBd. § 336, 4; **a. A** *Schmidt-Leichner* NJW **1977** 1804; *Sarstedt/Hamm* 212 für Entscheidungen über Ablehnungsgesuche (dazu im folg. Text).

[32] Vgl. auch die Erörterung vieler Einzelfälle in der Untersuchung von *Bohnert*.

§ 337

(1) Die Revision kann nur darauf gestützt werden, daß das Urteil auf einer Verletzung des Gesetzes beruhe.

(2) Das Gesetz ist verletzt, wenn eine Rechtsnorm nicht oder nicht richtig angewendet worden ist.

Bezeichnung bis 1924: § 376.

Schrifttum (vgl. auch Vor § 333)

Allgemein. *Alsberg* Die Nachprüfung strafprozessualer Revisionsrügen auf ihre tatsächliche Grundlage, JW **1915** 306; *Alsberg* Beweis der außerhalb der Schuld- und Strafzumessungsfragen liegenden Momente, GA **62** (1916) 1; *Arnold* Revision wegen Verletzung einer Rechtsnorm über das Verfahren, Diss. Erlangen 1933; *Beling* Revision wegen „Verletzung einer Rechtsnorm über das Verfahren" im Strafprozeß, FS Binding (1911) **2** 87; *Blomeyer* Revisibilität von Verfahrensfehlern im Strafprozeß, JR **1971** 142; *Bohnert* Ordnungsvorschriften im Strafverfahren, NStZ **1982** 5; *Busch* Begründung, Anfechtung und Revisibilität der Verwerfungsurteile der §§ 329 I und 412 I StPO, JZ **1963** 457; *Doller* Der schweigende Angeklagte und das Revisionsgericht, MDR **1974** 979; *Drost* Das Ermessen des Strafrichters (1930); *Frank* Revisible und irrevisible Strafverfahrensnormen, Diss. Göttingen 1972; *Friedrich* Der Begriff des Gesetzes im Sinne des Revisionsrechts, Diss. Marburg 1960; *Frisch* Ermessen, unbestimmter Rechtsbegriff und „Beurteilungsspielraum" im Strafrecht, NJW **1973** 1345; *Frisch* Zum Wesen des Grundsatzes „in dubio pro reo", FS Henkel 273; *Gottwald* Die Revisionsinstanz als Tatsacheninstanz (1975); *Haddenhorst* Die Einwirkung der Verfahrensrüge auf die tatsächlichen Feststellungen im Strafverfahren (1971); *Henke* Die Tatfrage (1966); *Hüsmann* Zur Revision in Strafsachen. Die Rüge der fehlenden Übereinstimmung des „festgestellten" Sachverhalts mit dem Inbegriff der Hauptverhandlung, MDR **1977** 894; *Kautter* Feststellung prozessual erheblicher Tatsachen im Strafprozeß (1913); *Kisch* Zum Nachprüfungsrecht des Revisionsgerichts, JR **1926** 454; *Lehmann* Die Behandlung des zweifelhaften Verfahrensverstoßes im Strafprozeß (1983); *D. und U. Mann* Die Anwendbarkeit des Grundsatzes „in dubio pro reo" auf Prozeßvoraussetzungen, ZStW **76** (1964) 264; *May* Auslegung individueller Willenserklärungen durch das Revisionsgericht? NJW **1983** 980; *Meyer-Cording* Die Rechtsnormen (1971); *Peters* Tat-, Rechts- und Ermessensfragen in der Revisionsinstanz, ZStW **57** (1938) 53; *Paeffgen* „Ermessen" und Kontrolle. Probleme einer Begriffsanleihe in Bezug auf die Revisibilität von Tatsachen, FS II Peters 61; *Philipps* Wann beruht ein Strafurteil auf einem Verfahrensmangel? FS Bokkelmann 830; *Preiser* Der Umfang der Prüfung des Revisionsgerichts nach § 329 Abs. 1 StPO, GA **1965** 366; *Reichhold* Die Revision aus prozessualen Gründen (1927); *Rieß* Die Bestimmung und Prüfung der sachlichen Zuständigkeit und verwandter Erscheinungen im Strafverfahren, GA **1976** 1; *Rudolphi* Die Revisibilität von Verfahrensmängeln im Strafprozeß, MDR **1970** 93; *Sax* Zur Anwendbarkeit des Satzes „in dubio pro reo" im strafprozessualen Bereich, FS Stock 143; *Scheuerle* Beiträge zum Problem der Trennung von Tat- und Rechtsfrage, AcP **157** (1958) 1; *W. Schmid* Zur Heilung gerichtlicher Verfahrensfehler durch den Instanzrichter, JZ **1969** 757; *W. Schmid* Zur Korrektur von Vereidigungsfehlern im Strafprozeß, FS Maurach 535; *W. Schmid* Der Revisionsrichter als Tatrichter, ZStW **85** (1973) 360; *W. Schmid* Der revisionsgerichtliche Augenscheinsbeweis, ZStW **85** (1973) 893; *W. Schmid* Über den Aktenverlust im Strafprozeß, FS Lange 781; *Eb. Schmidt* Die Verletzung der Belehrungspflicht gemäß § 55 II StPO als Revisionsgrund, JZ **1968** 596; *Schuppenies* Die Revisibilität der normativen Tatbestandsmerkmale, Diss. Halle-Wittenberg 1934; *Seibert* In dubio pro reo und Revision, NJW **1955** 172; *Seibert* Revisionsrichter und Tatrichter in Strafsachen, NJW **1958** 132; *Stenglein* Anfechtbare und unanfechtbare Feststellungen im deutschen Strafprozeß, GerS **46** (1898/99) 1; *Stree* In dubio pro reo (1962) 53 ff; *Sturm* Revision und Gesetz beim Strafurteil, ZStW **36** (1915) 45; *Sulanke* Die Entscheidung bei Zweifeln über das Vorhandensein von Prozeßvoraussetzungen und Prozeßhindernissen im Strafverfahren (1974); *Teske* Die Revision wegen verfahrensrechtlicher Verstöße, Diss. Marburg 1962; *Venator* Besteht eine Abhängigkeit der strafrechtlichen Revision von der Schwere der Verfahrensverstöße? Diss. Köln 1965; *Vollhardt* Die Einschränkung der Revision bei Verfahrensfehlern im Zusammenhang mit den Begriffen „Ordnungsvorschrift", „Verwertungsverbot", „Rechtskreisberührung", Diss.

Erlangen 1970; *Wamser* Die Revisibilität unbestimmter Rechtsbegriffe, Diss. Marburg 1961; *Warda* Dogmatische Grundlagen des richterlichen Ermessens im Strafrecht (1962).

Revisibilität der Beweiswürdigung und der Tatsachenfeststellungen. *Albrecht* Überzeugungsbildung und Sachverständigenbeweis in der neueren strafrechtlichen Judikatur zur freien Beweiswürdigung, NStZ **1983** 486; *Brüning* Die Revisibilität der Erfahrungssätze im Rahmen der Tatsachenfeststellung, Diss. Mainz 1957; *Cuypers* Die Revisibilität der strafrichterlichen Beweiswürdigung, Diss. Bochum 1975; *Engel* Neue Entwicklungen des Revisionsrechts im Strafprozeß – Eine Untersuchung der angeblichen Revisibilität der Erfahrungssätze und Denkgesetze, Diss. Göttingen 1957; *Engisch* Logische Studien zur Gesetzesanwendung³ (1963); *Geerds* Revision bei Verstoß gegen Denkgesetze oder Erfahrungssätze? FS Peters 267; *Grave-Mühle* Denkgesetze und Erfahrungssätze als Prüfungsmaßstab im Revisionsverfahren, MDR **1975** 274; *Haas* Zur Revision gegen Beweiswürdigung und tatsächliche Feststellungen, Die Spruchgerichte **1949** 72; *Hanack* Maßstäbe und Grenzen richterlicher Überzeugungsbildung im Strafprozeß – OLG Celle NJW 1976, 2030, JuS **1977** 727; *Hartung* Zur Frage der Revisibilität der Beweiswürdigung, SJZ **1948** 579; *Heinsheimer* Die Freiheit der richterlichen Überzeugung und die Aufgaben der Revisionsinstanz, FS Klein (1924) 133; *Hempfling* Die Tatsachen in der Rechtsprechung der Revisionsgerichte in Strafsachen, Diss. Münster 1956; *Janetzke* Die Überprüfung der richterlichen Überzeugung durch die Revisionsinstanz, DRiZ **1951** 160; *Klug* Die Verletzung von Denkgesetzen als Revisionsgrund, FS Möhring (1965) 363; *Krause* Grenzen richterlicher Beweiswürdigung im Strafprozeß, FS Peters 323; *Kuchinke* Grenzen der Nachprüfbarkeit tatrichterlicher Würdigung und Feststellungen in der Revisionsinstanz (1964); *Manigk* Die Revisibilität der Auslegung von Willenserklärungen, in: Die Reichsgerichtspraxis im deutschen Rechtsleben (1929) **6** 94; *Meseke* Die Aktenwidrigkeit als Revisionsgrund in Strafsachen, Diss. Göttingen 1973; *Niemöller* Die strafrichterliche Beweiswürdigung in der neueren Rechtsprechung des Bundesgerichtshofs, StrVert. **1984** 431; *Oellrich* Zur Revisibilität der Beweiswürdigung, NJW **1954** 532; *Pagendarm* Verstöße gegen die Denkgesetze, die Erfahrungssätze und das Ermessen als Revisionsgründe, Diss. Marburg 1928; *von der Pfordten* Der Denkverstoß als Revisionsgrund, BayZ **1919** 299; *Salger* Das Indizienurteil des Strafrichters in der Revisionsinstanz, NJW **1957** 734; *Schlosky* Revision wegen Verletzung der Denkgesetze, DRiZ **1933** 103; *Schneider* Über Denkfehler, MDR **1962** 868, 951; *Schöneborn* Die strafprozessuale Beweisverwertungsproblematik aus revisionsrechtlicher Sicht, GA **1975** 33; *Schweling* Die Revisibilität der Erfahrung, ZStW **83** (1971) 435; *Sellke* Die Revisibilität der Denkgesetze, Diss. Marburg 1961; *Sieg* Eigene Beweiserhebung durch das Revisionsgericht, NJW **1983** 2014; *Spangenthal* Begründet bei Äußerungsdelikten fehlerhafte Auslegung die Revision? Diss. Köln 1933; *A. Weber* Revisibilität der Beweiswürdigung, DRiZ **1929** 90; *A. Weber* Die Verletzung der Logik, der allgemeinen Wertungsgesetze und der Erfahrungssätze als Revisionsgrund, DRiZ **1929** 173; *A. Weber* Die Unantastbarkeit der tatsächlichen Feststellungen im Lichte der Reformbestrebungen, LZ **1929** 898; *Wenzel* Das Fehlen der Beweisgründe im Strafurteil als Revisionsgrund, NJW **1966** 577; *Zillmer* Lückenhafte Beweiswürdigung im Strafprozeß als Revisionsgrund, NJW **1961** 720.

Revisibilität des Rechtsfolgenausspruchs. *Bödicker* Die Revisibilität des Strafmaßes, Diss. Göttingen 1949; *Bruns* Strafzumessungsrecht² (1977; zit. Bruns I); *Bruns* Leitfaden des Strafzumessungsrechts (1980; zit. Bruns II); *Bruns* Erweiterung der selbständigen Strafzumessungsbefugnis des Revisionsgerichts? ZAkDR **1941** 143; *Bruns* Zum Revisionsgrund der – ohne sonstige Rechtsfehler – „ungerecht" bemessenen Strafe, FS Engisch 708; *Bruns* Zum „Toleranzbereich" bei der richterlichen Kontrolle des Strafmaßes, FS Henkel 287; *Busch* Die Kontrolle der Ermessensfreiheit des Richters bei der Festsetzung von Strafen und sichernden Maßnahmen, ZStW **69** (1957) 101; *Dahs* Revisionsrechtliche Probleme der Strafzumessung, NZWehrR **1973** 95; *Dennerlein* Die Revisibilität der Strafzumessung, Diss. Erlangen 1951; *Dreher* Strafzwecke und Revisibilität der Strafzumessung, Die Spruchgerichte **1948** 307; *Dreher* Zur Frage der Revisibilität der Strafzumessung, SJZ **1949** 768; *Dreher* Zur Spielraumtheorie als der Grundlage der Strafzumessungslehre des Bundesgerichtshofes, JZ **1968** 209; *Dreher* Über Strafrahmen, FS Bruns 141; *Drost* Das Ermessen des Strafrichters (1930); *Frisch* Revisionsrechtliche Probleme der Strafzumessung (1971); *Gerken* Über die Revisibilität der Strafzumessung, Diss. Hamburg 1955; *Gribbohm* Aufhebung angemessener Strafen in der Revisionsinstanz? NJW **1980** 1440; *Grünwald* Tatrichterliches Ermessen bei der Strafzumessung, MDR **1959** 713, 809; *Hollatz* Die Revisibilität der Strafzumessung, Diss. Heidel-

§ 337

berg 1949; *Kantorowicz* Die Freiheit des Richters bei der Strafzumessung, DJZ **1908** 962; *P. W. Kleinknecht* Revisionsfähigkeit der Entscheidungen über die Unrechtsfolgen, Diss. Tübingen 1950; *P. W. Kleinknecht* Einige Gedanken über die Revision in Strafsachen, insbesondere über die Revisibilität der Strafzumessung, JR **1950** 716; *Krille* Die Kontrolle der Ermessensfreiheit des Richters bei der Festsetzung von Strafen und sichernden Maßnahmen, ZStW **69** (1957) 117; *Lackner* Über neue Entwicklungen in der Strafzumessungslehre und ihre Bedeutung für die richterliche Praxis (1978); *Lamertz* Revisibilität der Strafzumessung in der höchstrichterlichen Rechtsprechung, Diss. Göttingen 1960; *Mösl* Zum Strafzumessungsrecht, DRiZ **1979** 165; NStZ **1981** 131 und seitdem fortlaufend in NStZ; *Nebrich* Die Revisibilität der Strafzumessung, Diss. Leipzig 1939; *Niederreuther* Fehlerhafte Strafzumessungsgründe, DJ **1938** 414; *Oberhofer* Die Revisibilität der Entscheidung über die Straftatfolgen, Diss. Tübingen 1957; *Olbertz* Die Revision der Strafzumessung, Diss. Berlin 1958; *Peters* Die kriminalpolitische Stellung des Strafrichters bei der Bestimmung der Strafrechtsfolgen (1932); *Spendel* Zur Lehre vom Strafmaß (1954); *Stöckel* Zur Revisibilität des Strafuntermaßes, NJW **1968** 1862; *Streng* Strafzumessung und relative Gerechtigkeit (1984); *Warda* Dogmatische Grundlagen des richterlichen Ermessens im Strafrecht (1962); *von Weber* Zur Revisibilität der Strafzumessung, MDR **1949** 389; *Wimmer* Bemerkungen zur Revisibilität der Strafzumessung, NJW **1947/48** 315; *Wimmer* Strafgrenzen und Revisibilität, SJZ **1948** 64; *Zipf* Die Strafmaßrevision (1969).

Verzicht, Verwirkung. *Bohnert* Die Behandlung des Verzichts im Strafprozeß, NStZ **1983** 344; *Fuhrmann* Verwirkung des Rügerechts bei nicht beanstandeten Verfahrensverletzungen des Vorsitzenden (§ 238 Abs. 2 StPO), NJW **1963** 1230; *Jescheck* Die Verwirkung von Verfahrensrügen im Strafprozeß, JZ **1952** 400; *Kiderlen* Die Verwirkung von Verfahrensrügen im Strafprozeß, Diss. Tübingen 1960; *Mattil* Treu und Glauben im Strafprozeß, GA **77** (1933) 1; *H. Müller* Zum Problem der Verzichtbarkeit und Unverzichtbarkeit von Verfahrensnormen im Strafprozeß (1984); *Noack* Die Verwirkung von Verfahrensrügen im Strafprozeß, Diss. Heidelberg 1958; *W. Schmid* Die „Verwirkung" von Verfahrensrügen im Strafprozeß (1967); *von Tippelskirch* Über den Verzicht in Strafsachen, GA **9** (1861) 577, 649, 721, 793; *Walther* „Verwirkung" von Verfahrensrügen? Ein Beitrag zum strafprozessualen Revisionsrecht, Diss. Münster 1960; *Wolff* Verwirken der Verfahrensrüge durch den Angeklagten, NJW **1953** 1656.

Übersicht

	Rdn.
I. Allgemeines	
1. Bedeutung der Vorschrift	1
2. Grenzen der Revisibilität	2
II. Verletzung des Gesetzes. Allgemeines	
1. Gesetzesverletzung	6
2. Revisible Rechtsnormen	
a) Allgemeines	7
b) Einzelfragen zur „Rechtsnorm"	9
c) Soll- oder Ordnungsvorschriften insbesondere	15
3. Gültigkeit der Rechtsnormen	
a) Allgemeines	25
b) Vorlagepflicht nach Art. 100 Abs. 1 GG	26
c) Vorlageverfahren	28
III. Verletzung des Gesetzes: Verfahrensvoraussetzungen	
1. Prüfung der Verfahrensvoraussetzungen	
a) Allgemeines	29
b) Teilrechtskraft	30
c) Entscheidung beim Vorliegen von Prozeßhindernissen	32
2. Beweisfragen. Bindung an Feststellungen	
a) Allgemeines	33
b) Doppelrelevante Tatsachen	35
3. Einzelne Verfahrensvoraussetzungen und -hindernisse	
a) Hinweis	37
b) Abwesenheit des Angeklagten	38
c) Verhandlungsunfähigkeit	39
d) Anklageschrift	42
e) Eröffnungsbeschluß	44
f) Behördliche Strafverlangen und Ermächtigungen	45
g) Immunität des Abgeordneten	46
h) Innehaltungsgebot des § 154e Abs. 2	47
i) Zulässigkeit der Privatklage	48
j) Anderweitige Rechtshängigkeit	49
k) Rechtskraft im anhängigen Verfahren	50
l) Strafantrag	58
m) Erklärung des besonderen öffentlichen Interesses	59
n) Niederschlagung durch Straffreiheitsgesetze	60

Vierter Abschnitt. Revision § 337

	Rdn.		Rdn.

o) Strafklageverbrauch 62
p) Ablehnung der Eröffnung des Hauptverfahrens 63
q) Verjährung 64
r) Zuständigkeit 65

IV. Verletzung des Gesetzes: Sonstiges Verfahrensrecht
1. Abgrenzung zur Sachrüge 66
2. Verfahrensverletzungen 69
3. Beweis der Verfahrensrüge
   a) Allgemeines 70
   b) Beweis durch die Sitzungsniederschrift 71
   c) Beweis durch Urteilsgründe 73
   d) Feststellung im Freibeweis 74
   e) Rekonstruktion des Ablaufs der Hauptverhandlung 75
   f) Zweifel am Vorliegen eines Verfahrensverstoßes 76
4. Grenzen des Beweises der Verfahrensrüge
   a) Grundsatz: Bindung an die Ergebnisse der Beweisaufnahme 77
   b) Einzelheiten; Grenz- und Zweifelsfälle 79
5. Verfahrensrevision bei Ermessensentscheidungen
   a) Allgemeines 87
   b) Entscheidung aufgrund Bewertung tatsächlicher Umstände 89
6. Verfahrensrüge und Beschwer
   a) Allgemeines 93
   b) Rechtskreistheorie insbesondere .. 95

V. Verletzung des Gesetzes: Sachliches Recht
1. Allgemeines 99
2. Prüfungsgrundlagen der Sachrüge
   a) Beschränkung auf Urteilsurkunde . 101
   b) Keine Berücksichtigung des Akteninhalts 104
   c) Keine ergänzenden Feststellungen durch Augenscheineinnahme 106
3. Kontrolle der richtigen Gesetzesanwendung i. e. S.
   a) Allgemeines 108
   b) Auslegung des Gesetzes 109
   c) Deskriptive und normative Merkmale; unbestimmte Rechtsbegriffe . 111
   d) Auslegung von Äußerungen und Urkunden 117
4. Kontrolle der Voraussetzungen richtiger Gesetzesanwendung („Darstellungsrüge")
   a) Grundlagen. Entwicklung 120
   b) Hinweis. Zu System und Problematik 124
   c) Revisibilität der allgemeinen Sachdarstellung 131
   d) Revisibilität der Beweiswürdigung . 144

e) Revisibilität der Überzeugungsbildung 157
f) Revisibilität der Denkgesetze insbesondere 165
g) Revisibilität von Erfahrungssätzen insbesondere 170
h) Revisibilität offenkundiger Tatsachen 179

VI. Verletzung des Gesetzes: Rechtsfolgenausspruch insbesondere
1. Allgemeines
   a) Hinweis 180
   b) Begründungszwang 181
   c) Anforderungen an die Begründung . 184
   d) Grundsätzliche Revisibilität 189
   e) Grenzen der Revisibilität 194
   f) Revisibilität des „Über"- und „Untermaßes" insbesondere 197
   g) „Vertretbarkeit" und „Vergleichbarkeit". Berechenbarkeit 200
2. Einzelne Rechtsfolgeentscheidungen
   a) Bemessung der Tagessatzhöhe (§ 40 StGB) 205
   b) Verhängung einer zusätzlichen Geldstrafe (§ 41) 207
   c) Zahlungserleichterungen (§ 42 StGB) 208
   d) Strafzumessung nach § 46 StGB ... 209
   e) Besonders schwere und minder schwere Fälle insbesondere 218
   f) „Regelbeispiele" insbesondere 220
   g) Unerläßlichkeit der Freiheitsstrafe (§ 47 StGB) 222
   h) Rückfallschärfung nach § 48 StGB . 225
   i) Besondere gesetzliche Milderungsgründe gemäß § 49 StGB 228
   j) Anrechnung von Freiheitsentzug usw. (§ 51 StGB) 229
   k) Gesamtstrafe nach §§ 53 ff StGB ... 231
   l) Strafaussetzung im Falle des § 56 Abs. 1, 3 StGB 234
   m) Strafaussetzung in Fällen des § 56 Abs. 2 StGB 238
   n) Verwarnung mit Strafvorbehalt (§ 59 StGB) 241
   o) Absehen von Strafe (§ 60 StGB) ... 242
   p) Maßregeln der Besserung und Sicherung (§§ 61 ff StGB) 244
   q) Einziehung nach §§ 74 ff StGB 252

VII. Beruhen des Urteils auf der Gesetzesverletzung
1. Allgemeines 254
2. Beruhen auf Verfahrensfehler
   a) Allgemeines 256
   b) Heilung 261
3. Beruhen auf sachlichrechtlichem Fehler
   a) Schuldfeststellung 264
   b) Rechtsfolgeentscheidung 265

	Rdn.		Rdn.
VII. Verlust von Verfahrensrügen. Verzicht. Verwirkung		4. Rügeverlust wegen unterlassener Antrags-Wiederholung	
1. Allgemeines	267	a) Anträge vor der Hauptverhandlung	277
2. Rügeverlust durch Zeitablauf	268	b) Anträge in der Hauptverhandlung	278
3. Rügeverlust durch Verzicht			
a) Allgemeines	269	5. Rügeverlust bei Nichtanrufung des Gerichts	279
b) Unverzichtbare Vorschriften	271		
c) Verzichtbare Vorschriften	273		
d) Erklärung des Verzichts	274	6. Rügeverwirkung bei Arglist	281

I. Allgemeines

1 1. **Bedeutung der Vorschrift.** § 337 ist das Kernstück des Revisionsrechts, der Schlüssel zu seinem Verständnis (*Eb. Schmidt* 1). Die Vorschrift macht das Beruhen des Urteils auf einer Gesetzesverletzung zur Voraussetzung für eine erfolgreiche Revision und gestaltet das Rechtsmittel dadurch zu einer Rechtsbeschwerde. Die Revision eröffnet also keinen weiteren Tatsachenrechtszug. Eine Beweisaufnahme findet, abgesehen von Beweiserhebungen über Verfahrenshindernisse (unten Rdn. 33), Verfahrensverstöße (unten Rdn. 70 ff) und Erfahrungssätze (unten Rdn. 173) nicht statt (vgl. auch § 351, 5). Die ohne Rechtsfehler zustande gekommenen Tatsachenfeststellungen sind für das Revisionsgericht grundsätzlich bindend. Auch der Beschwerdeführer muß sie seiner Revision zugrundelegen; das Rechtsmittel ist unzulässig, wenn es Rechtsfehler allein aufgrund eines anderen als des festgestellten Sachverhalts nachzuweisen versucht (§ 344, 99 f). Die Prüfung des angefochtenen Urteils durch das Revisionsgericht ist auf Rechtsfragen beschränkt, umfaßt nach heute herrschender Praxis freilich auch die Prüfung, ob seine Feststellung und Würdigung der Tatsachen überhaupt eine zuverlässige Grundlage für die rechtliche Überprüfung bildet (unten Rdn. 121 ff).

2 2. Die **Grenzen der Revisibilität** lassen sich allerdings aufgrund der Erkenntnis, daß die Revision eine Rechtsbeschwerde ist, die grundsätzlich von den Tatsachenfeststellungen des angefochtenen Urteils auszugehen hat, keineswegs eindeutig bestimmen. Denn zwischen Tatfrage und Rechtsfrage besteht keine scharfe Grenze[1]. Nicht einmal der Begriff der Tatsache ist klar bestimmbar (*Mannheim* 41 ff); überdies setzen, was schon bei der Abgrenzung des sachverständigen Zeugen vom Sachverständigen zu Schwierigkeiten führt (vgl. bei § 85), viele Tatsachenfeststellungen eine Wertung und Beurteilung voraus, die an rechtliche Gesichtspunkte anknüpft[2]. Bereits aus diesem Grunde ist auch das Begriffspaar Tatsachenfeststellung - Tatsachenbewertung zur Abgrenzung nicht geeignet[3].

---

[1] So die ganz h. M.; vgl. z. B. *Eb. Schmidt* 4; *zu Dohna* 198 ff und JW **1922** 1011; *Henkel* 375; *Peters* 606; *Schwinge* 57; *Warda* 69; *Engisch* Studien 92 ff; *Krause* FS Peters 331; **a. A** *Roxin* § 53 D III; *Henke* 43; *Scheuerle* AcP **1958** 1 ff; *Schünemann* JA **1982** 74; die eine Abgrenzung für durchführbar halten; vgl. auch *Kuchinke* 223 ff; *Paeffgen* FS II Peters 74 ff.

[2] Vgl. *Eb. Schmidt* 4; *Mannheim* 61 ff; *Pohle* 35; *Peters* ZStW **57** (1938) 84; *Hruschka* Die Konstitution des Rechtsfalles (1965) insbes. S. 58 ff.

[3] *Drost* 69; *Henke* 142 ff; *Scheuerle* AcP **1958** 58; *Zipf* Strafmaßrevision 174; *Schwinge* 53 gegen *Mannheim* 36 ff.

Im Schrifttum wird heute überwiegend – und mit vielen Schattierungen im einzel- **3** nen – versucht, die Grenzen der Revisibilität danach zu bestimmen, was die Revision „leisten" kann (sog. **„Leistungsmethode;** vgl. Vor § 333, 5). Maßgebend ist danach insbesondere, ob oder inwieweit es um Besonderheiten des vom Tatrichter aufzuklärenden einmaligen und individuellen Lebensvorgangs geht, die das Revisionsgericht mit den ihm zur Verfügung stehenden Prüfungsmitteln nicht oder doch nicht hinreichend erkennen kann. Die Grenzen der Revisibilität sind daher nach dieser Auffassung dort erreicht, wo der Tatrichter zur Feststellung des Sachverhalts in unmittelbar mündlicher Verhandlung nach den Regeln des Strengbeweises verfahren müßte. Wie schon bemerkt (Vor § 333, 5), spricht für eine solche Sicht auch die *praktische* Entwicklung der Revision, jedenfalls im Bereich der sog. Darstellungsrüge. Aber eine überzeugende Abgrenzung läßt sich mit ihr letztlich nicht gewinnen. Denn es kann nicht Aufgabe des Revisionsgerichts sein, das Urteil so weitgehend zu überprüfen, wie das ohne erneute Beweisaufnahme möglich ist (vgl. Vor § 333, 5). Die Revisionsgerichte würden sonst nicht nur ihre eigentliche, aus § 337 deutlich erkennbare Aufgabe überspringen und in einem Umfang mit tatrichterlichen Fragen befaßt, der den Charakter der eigentlichen Rechtsprüfung hoffnungslos überwuchern müßte. Sie würden vor allem nach durchaus unklaren Maßstäben und nach den durchaus zufälligen Gegebenheiten des Einzelfalles in der bedenklichsten Weise über tatrichterliche Fragen entscheiden, die ihnen im Geflecht der tatrichterlichen Feststellungen und Würdigungen überhaupt nur partiell oder undeutlich erkennbar sein können; die Revisionsinstanz würde in eigentümlicher Form zu einer beschränkten und schlechten Berufungsinstanz. Zu den insoweit schon heute entstandenen Gefahren vgl. Vor § 333, 11 f sowie unten Rdn. 127 ff.

Eine Abgrenzung des revisiblen Bereichs nach dem **Zweck der Revision** stößt **4** heute schon deswegen auf Schwierigkeiten, weil dieser Zweck sehr umstritten ist (Vor § 333, 7) und der Streit im Grunde nur die Kehrseite der Frage nach den Grenzen der Revisibilität darstellt. In Betracht kommt daher lediglich eine Ausrichtung am *historischen* Zweck der Revision, der jedenfalls im Bereich der Sachrüge, um die es insoweit vor allem geht, stark durch das Bestreben geprägt ist, die Rechtseinheit zu wahren[4]. Einen entsprechenden Versuch hat namentlich *Schwinge* 48 ff unternommen, der im Hinblick auf die Zwecke der Rechtseinheit die Grenzen der Revision bei der Sachrüge (anders bei der Verfahrensrüge) mit Hilfe der Unterscheidung „Richtlinienfrage – Frage des Einzelfalles" (S. 50) abgrenzt. Diese Auffassung entsprach in starkem Maße der tatsächlichen Handhabung der Revision durch die Gerichte in den ersten Jahrzehnten ihrer Geltung. Das zeigen etwa die vielen Fälle (Beispiele bei *Schwinge* passim), in denen Revisionsgerichte nur die Auslegung des Kerns einer Rechtsvorschrift überprüften, ihre Anwendung in den Einzelheiten des konkreten Falles hingegen als „Tatfrage", als „im wesentlichen auf tatrichterlichem Gebiet liegend" bezeichneten und damit vom Anwendungsbereich der Revision ausnahmen. Anklänge an diese Handhabung finden sich in der Praxis noch heute und erklären wohl manche Eigentümlichkeiten der Rspr. So meint (z. B.) der BGH, ob eine Kränkung i. S. des § 213 StGB „schwer" sei, bleibe „Sache tatrichterlicher Würdigung"[5], ohne aber diesen Standpunkt doch wirklich durchzuhalten. Das Beispiel zeigt, daß die Abgrenzung *Schwinges* naturgemäß mindestens in den Randzonen schwer justiziabel und berechenbar ist. Bezeichnenderweise sind denn auch die Revisionsgerichte insoweit schon früher durchaus nicht einheitlich verfahren. Heute wird *Schwinges* Meinung im weit überwiegenden Schrifttum abge-

---

[4] *Schwinge* 26 ff; eingehend *Duske* 86 ff mit zahlr. Nachw.
[5] Vgl. BGH NStZ **1982** 27; „nicht durchgehalten" hat der BGH diesen Grundsatz z. B. in den Entscheidungen StrVert. **1983** 198 und 198 f.

lehnt[6], und zwar meist im Zusammenhang auch mit einer anderen Sicht vom Zweck der Revision. Auch entspricht *Schwinges* Meinung, unbeschadet der noch vorhandenen Anklänge, jedenfalls in Strafsachen seit langem nicht mehr der revisionsrechtlichen Rspr. Grund dafür ist ersichtlich vor allem das offenbar unabweisbare praktische Bedürfnis nach einem intensiveren Zugriff auf das tatrichterliche Urteil aufgrund des Bemühens, eine gerechte Entscheidung des Einzelfalles auch mit Hilfe der Revision zu fördern (Vor § 333, 9).

5 Insgesamt gesehen, besteht danach in Theorie und Praxis derzeit die vielbeklagte und durchaus problematische Situation, daß sich die Grenzen der Revisibilität schon begrifflich nicht exakt festlegen lassen. Sagen läßt sich wohl nur folgendes. Die selbstverständliche Erkenntnis, daß nicht revisibel sein kann, was das Revisionsgericht ohne Wiederholung der Beweisaufnahme nicht zu prüfen vermag, ist *eine* Abgrenzungsgrundlage. Eine weitere muß die Einsicht sein, daß das Gesetz die Verantwortung für das richtige Urteil zwischen Tat- und Revisionsrichter aufteilt. Dem Tatrichter vor allem ist es aufgegeben, den richtigen Sachverhalt festzustellen und die Strafe gerecht zu bemessen; dafür trägt im Grundsatz allein er die Verantwortung (vgl. Vor § 333, 5). Das Revisionsgericht kann nur prüfen, ob das Verfahren einwandfrei gewesen ist[7], ob die sachliche Rechtsanwendung zutrifft, ob die Rechtsfolgenentscheidung dem Gesetz entspricht und die Strafe korrekt bemessen ist, ob sich der Straffall nach den Regeln der Logik und den Sätzen der Erfahrung so ereignet haben kann, wie er festgestellt worden ist, und ob – was auf besonders kritische und offene Grenzen stößt – die Darstellung des tatrichterlichen Urteils für diese Prüfung eine ausreichende oder schlüssige Grundlage bietet. Präzisere allgemeine Regeln lassen sich nach dem derzeitigen Stand der Erkenntnis nicht aufstellen.

II. Verletzung des Gesetzes. Allgemeines

6 1. Die **Gesetzesverletzung,** die mit der Revision gerügt werden kann, kann das Verfahren oder das sachliche Recht betreffen. In beiden Fällen ist nach § 337 Abs. 2 die Nichtanwendung anzuwendenden Rechts und die unzulässige oder unrichtige Anwendung des Rechts als Gesetzesverletzung anzusehen. Darüber hinaus begründet selbstverständlich auch die Anwendung einer Nichtrechtsnorm in der irrigen Annahme, sie sei eine Rechtsnorm, die Revision (*Schwinge* 66; *Steuerlein* 33). Zur Abgrenzung des Verfahrensrechts vom sachlichen Recht s. unten Rdn. 66 ff.

2. Revisible Rechtsnormen

7 a) **Allgemeines.** Der Begriff Rechtsnorm (§ 337 Abs. 1 StPO, § 7 EGStPO) ist in weitestem Sinn zu verstehen[8]. Er umfaßt neben dem in den Verfassungen, Gesetzen und Rechtsverordnungen des Bundes und der Länder niedergelegten Recht das ungeschriebene Recht, insbesondere auch alle Grundsätze, die sich aus dem Sinn und Zusammen-

---

[6] Vgl. etwa *Eb. Schmidt* Vor § 296, 42; *Peters* 606; *Warda* 71 ff; *W. Schmid* ZStW **85** (1973) 364; *Zipf* Strafmaßrevision 174; eingehend *Henke* 36 ff.

[7] Wobei sich auch insoweit höchst problematische Grenzen hinsichtlich der Frage ergeben, wieweit es dabei gehen kann oder darf,

wenn die Prüfung des Verfahrensmangels auf eine Wiederholung der tatrichterlichen Beweisaufnahme hinausläuft oder hinauslaufen könnte; vgl. unten Rdn. 75, 77, 80.

[8] RGSt **10** 287; *Dahs/Dahs* 19; *Sarstedt/Hamm* 151; *Mannheim* 130 ff; *Schwinge* 58 ff; *Steuerlein* 26; *Meyer-Cording* 23 ff.

hang der gesetzlichen Vorschriften ergeben[9]. Rechtsnorm ist also auch das Gewohnheitsrecht[10]. Die Norm muß nicht dem sachlichen Strafrecht oder dem Strafverfahrensrecht, sondern kann auch anderen Rechtsgebieten angehören, z. B. dem Verfassungsrecht, dem bürgerlichen Recht, dem Verwaltungsrecht, den allgemeinen Regeln des Völkerrechts nach Art. 25 GG (*Eb. Schmidt* 15).

Rechtsnormen sind auch Auslieferungsverträge und andere **Staatsverträge,** die **8** sich in formellen Gesetzen niedergeschlagen haben[11], sowie **ausländische Rechtsvorschriften,** auf die es ankommt, wenn Vorfragen nach fremdem Recht beurteilt werden müssen, wie bei der Anwendung des § 7 StGB[12] oder des § 251 StPO (vgl. BGH GA **1976** 218). Wo noch, wie in Berlin (West), Besatzungsrecht gilt, handelt es sich ebenfalls um Rechtsnormen (*Eb. Schmidt* 15).

b) Einzelfragen zur „Rechtsnorm"
aa) **Verwaltungsanordnungen.** Sie sind keine Rechtsnormen, sondern Gegenstand **9** tatsächlicher, das Revisionsgericht bindender Feststellungen des Tatrichters[13]. Das gilt sowohl für allgemeine Ausführungsvorschriften der Verwaltung (*Schwinge* 82 ff) als auch für Verwaltungsakte (*Schwinge* 110 ff; *Kisch* JR **1926** 457), z. B. polizeiliche Verfügungen und Verbote[14], Anweisungen für den inneren Behördendienst[15], etwa Fahrdienstvorschriften der Bahn[16], Dienstanweisungen für den Fernsprechrechnungsdienst (OLG Karlsruhe JW **1929** 2067), Richtlinien für das Strafverfahren, im Verwaltungsweg erlassene Strafvollzugsvorschriften.

bb) **Vereinssatzungen** sind keine Rechtsnormen (*Mannheim* 132), ebensowenig **Un- 10 fallverhütungsvorschriften** der Berufsgenossenschaften[17] und **Patenturkunden**[18]. Die streitige Frage, ob allgemeine **Geschäftsbedingungen** Rechtsnormen sind (vgl. *Peters* 605; *Schwinge* 97 ff), ist für das Strafverfahren ohne Bedeutung.

cc) **Denkgesetze und Erfahrungssätze** werden häufig als „Normen des ungeschrie- **11** benen Rechts" angesehen[19]. Das ist jedoch unrichtig. Rechtsnormen regeln menschliches Verhalten, können aber nicht vorschreiben, daß logisch und in Übereinstimmung mit der Lebenserfahrung gedacht werden muß. Denkgesetze und Erfahrungssätze gehen dem Recht zeitlich und begrifflich voraus, sind aber selbst keine Rechtsnormen[20].

---

[9] RGSt **6** 238; **46** 44; **64** 275; KMR-*Paulus* 11; *Peters* 605; *Sarstedt/Hamm* 151; *Schwinge* 69.
[10] RGSt **9** 300; **58** 132; OGHSt **1** 66; KK-*Pikart* 12; KMR-*Paulus* 11; *Schwinge* 59.
[11] RGSt **12** 384; **17** 52; **21** 180; RG GA **36** (1888) 405; RG HRR **1933** 359; *Eb. Schmidt* 15; *Peters* 605; *Loewenstein* 90; *Reichhold* 14.
[12] Vgl. RGSt **10** 285; **57** 48; RGRspr. **6** 142; BayObLGSt **1976** 94 = VRS **29** 354; **1972** 121 = NJW **1972** 1722; *Peters* 605; *Loewenstein* 89; *Reichhold* 14; *Schwinge* 70; *Steuerlein* 32.
[13] OLG Köln NJW **1961** 1127; KMR-*Paulus* 13; *Dahs/Dahs* 22; *Sarstedt/Hamm* 151; *Schwinge* 60; *Steuerlein* 27; a. A *Meyer/Cording* 119; z. T. *Peters* 605.
[14] RGSt **20** 180; **58** 224; BayObLGSt **2** 66; **4** 381.
[15] Vgl. RGSt **29** 183; RG Recht **1910** Nr. 624.

[16] BGH VRS **16** 53; RGSt **1** 125; **53** 134; RG DR **1942** 1794; RG LZ **1916** 683; RG Recht **1918** Nr. 641.
[17] RGSt **52** 42; RG GA **68** (1920) 364; RG Recht **1910** Nr. 624; OLG für Hessen NJW **1947/48** 352; *Kleinknecht/Meyer* 12; *Sarstedt/Hamm* 151; a. A *Peters* 605.
[18] RG JW **1914** 698; eingehend *Schwinge* 111.
[19] BGHSt **6** 72; *Dalcke/Fuhrmann/Schäfer* 6; *Schwinge* 157; 189 und JW **1938** 771; *Blunck* MDR **1970** 473; *Heinsheimer* FS Klein 135; *Lilienthal* JW **1926** 1247; *Weber* JW **1930** 2545.
[20] KMR-*Paulus* 12; *Eb. Schmidt* Nachtr. I 6; *Henkel* 357 Fußn. 3; *Peters* 605; *Roxin* § 53 D I 1; *Sarstedt* FS Hirsch 178; *Cuypers* 232; *Engel* 35; *Gottwald* 163; *Mannheim* 75; *Sellke* 23 ff; *Geerds* FS Peters 272; *Klug* FS Möhring 364; *Schweling* ZStW **83** (1971) 438.

Wird gegen sie verstoßen, so führt das, Beruhen vorausgesetzt, jedoch in der Regel zur fehlerhaften Anwendung von Rechtsnormen[21]. Die Revisionsgerichte beachten das auf die Sachrüge; näher unten Rdn. 165 ff, 170 ff.

12 dd) **Allgemeinkundige Tatsachen** sind Tatsachen und stehen nicht im Rang von Rechtsnormen. Sie werden von den Revisionsgerichten jedoch auf die Sachrüge hin berücksichtigt; vgl. unten Rdn. 179.

13 ee) **Geschäftsverteilungspläne der Gerichte** sind Organisationsakte der gerichtlichen Selbstverwaltung (BVerwG NJW **1976** 1225), aber keine Rechtsnormen[22]. Die Gesetzmäßigkeit der Aufstellung und Abänderung der Geschäftsverteilungspläne sowie die Einhaltung der Geschäftsverteilung unterliegen jedoch der Nachprüfung durch das Revisionsgericht wegen des unbedingten Revisionsgrundes des § 338 Nr. 1 (BGHSt **3** 355; vgl. § 338, 18 ff).

14 ff) **Grundsatz in dubio pro reo.** Über seine Rechtsnatur und seine Tragweite gehen die Meinungen erheblich auseinander[23]. So wird z. T. die Ansicht vertreten, daß es sich gar nicht um einen Rechtssatz, sondern um eine von der Wissenschaft aufgestellte Beweisregel handelt[24]. Soweit der Grundsatz von der heute h. M. – zutreffend – als Rechtssatz charakterisiert wird, wird er z. T. gewohnheitsrechtlich abgeleitet (OLG Hamm NJW **1951** 286), als Rechtssatz auf Grund verfassungsrechtlicher Prinzipien verstanden[25] oder seine enge Verbindung zur Unschuldsvermutung betont[26]. Dabei wird er z. T. als Norm des Prozeßrechts[27] oder doch als prozessuale Kehrseite des materiellen Schuldprinzips[28] angesehen, z. T. als Norm des Rechtsanwendungsrechts interpretiert[29]. Praktische Einigkeit besteht jedoch darüber, daß die Verletzung des Grundsatzes schon auf die Sachrüge hin zu beachten ist, also nicht der Form bedarf, die für die Verletzung des Verfahrensrechts (§ 344 Abs. 2 Satz 2) vorgeschrieben ist (*Sarstedt/Hamm* 282; vgl. auch unten Rdn. 160 f). Nach richtiger Ansicht handelt es sich um einen sachlichrechtlichen Grundsatz, der bei der Anwendung sachlichen Rechts stets zu beachten ist[30]. So darf z. B. wegen Diebstahls nach § 242 StGB nur bestraft werden, wer eine fremde bewegliche Sache in Zueignungsabsicht weggenommen, nicht, wer sie vielleicht oder wahrscheinlich entwendet hat. Verurteilt der Richter unter Mißachtung die-

---

[21] RGSt **61** 154; *Henkel* 275 Fußn. 2; *Hempfling* 14 ff; *Grave-Mühle* MDR **1975**; *Schweling* ZStW **83** (1971) 457; ausführlich *Eb. Schmidt* Nachtr. I 7.
[22] RGSt **36** 321; **76** 233; RG JW **1938** 312; RG Recht 1914 Nr. 2583; **1916** Nr. 278; **1923** Nr. 1079; KMR-*Paulus* 13; *Eb. Schmidt* 17; *Henkel* 126 Fußn. 1; *Roxin* § 53 D I 2; *Dahs/Dahs* 23; *Sarstedt/Hamm* 203 ff; *Kellermann* Probleme des gesetzlichen Richters (1971) 264; *Marquardt* MDR **1958** 225; a. A *Ad. Arndt* NJW **1959** 605; *Schorn/Stanicki* 255; vgl. auch *Kern/Wolf* § 14 III 2: „Rechtssatzcharakter".
[23] Eingehend zuletzt *Lehmann* S. 65 ff mit zahlr. Nachw. Vgl. auch Einl. Kap. **12** unter IX; bei § 261.
[24] RGSt **52** 319; RG DR **1941** 780 L; RG JW **1931** 1578 m. abl. Anm. *Beling* ; *Loewenstein* 11 Fußn. 5; *Schwinge* 159; *Seibert* DRZ **1948** 371; NJW **1955** 172.
[25] *Stree* 19; vgl. auch *Roxin* § 15 D I: „rechtsstaatlicher Fundamentalgrundsatz".
[26] Z. B. KK-*Pfeiffer* Einl. 12; *Dahs/Dahs* 79; *Roxin* § 15 D; bei § 261.
[27] So z. B. *Eb. Schmidt* Teil I Nr. 376 Fußn. 91; *Henkel* S. 376; vgl. auch OGHSt **1** 166: Rechtssatz auf der Grundlage des § 261; *Eb. Schmidt* aaO Nr. 373.
[28] So *Henkel* 352; *Sulanke* 77; *Sax* JZ **1958** 179.
[29] *Frisch* FS Henkel 281 ff; KMR-*Paulus* § 244, 290.
[30] BGH LM Nr. 19 zu § 261; OLG Celle MDR **1957** 436; *Sarstedt* FS Hirsch 186; *Sarstedt/Hamm* 343; *Volk* Prozeßvoraussetzungen 23 ff für die Zwecke des Revisionsrechts unter Offenlassung der Grundsatzfrage.

ses Grundsatzes, wendet er also das sachliche Recht falsch an[31]. Für Verfahrensrecht gilt der Grundsatz entgegen verbreiteter Meinung jedoch nicht. Ihm ähnliche Konsequenzen bei Zweifeln über das Vorliegen von Prozeßvoraussetzungen (dazu unten Rdn. 34) oder bei Zweifeln über das Vorliegen eines sonstigen Verfahrensverstoßes (unten Rdn. 76) folgen vielmehr, jedenfalls im Revisionsrecht, aus der Verantwortung der Rechtspflegeorgane für die Justizförmlichkeit des Verfahrens im Zusammenhang mit der Bedeutung eines möglichen Hindernisses oder Verstoßes.

c) Soll- oder Ordnungsvorschriften, insbesondere
aa) Begriff. Traditionelle Bedeutung. Terminologisch werden heute Soll- und Ordnungsvorschriften meist gleichgesetzt (zu berechtigten abweichenden Meinungen unten Rdn. 23). Mit dem Begriff werden dabei üblicherweise Verfahrensvorschriften von nur „instruktionellem" Charakter (RGSt 42 168) bezeichnet. Nach traditioneller Auffassung hat dieser Charakter der Vorschriften sowohl für den Tatrichter als auch für das Revisionsgericht Bedeutung: Der Tatrichter ist berechtigt, von der Vorschrift abzuweichen. Ob er sie beachtet oder nicht, steht zwar nicht in seinem freien Ermessen. Vielmehr soll er sie regelmäßig befolgen[32]. Jedoch darf er sich über sie hinwegsetzen, wenn ihm dies zweckmäßig erscheint[33] oder wenn dafür doch ein triftiger Grund besteht[34]. Sollvorschriften begründen für den Tatrichter also nur ein „abgeschwächtes Müssen" (*Steuerlein* 43). Revisionsgerichtlich besteht ihre Besonderheit darin, daß ihre Nichtbeachtung mit der Revision erfolgreich nicht soll gerügt werden können. Zwar gelten Sollvorschriften nach herrschender Meinung als Rechtsnormen i. S. des § 337[35]. Ihre Nichtbeachtung sei aber keine relevante Gesetzesverletzung und könne daher nicht zur Grundlage einer Revisionsrüge gemacht werden[36]. Dabei spiele keine Rolle, ob der Tatrichter im Einzelfall Grund hatte, von der Vorschrift abzuweichen, oder ob er sich grundlos über sie hinweggesetzt hat[37]. Nur wenn die Nichtbeachtung der Sollvorschrift zugleich die Aufklärungspflicht des Tatrichters verletzt, soll nach verbreiteter Meinung die Revision auf den Verstoß gegen § 244 Abs. 2 gestützt werden können[38].

bb) Entwicklung. Einzelne Fälle. Das Gesetz bezeichnet eine Reihe von Bestimmungen ausdrücklich als Sollvorschriften („soll"; so heute z. B. § 66c Abs. 4, § 68a, § 257 Abs. 1). Sie werden dann meist, aber nicht immer, in dem umschriebenen Sinne (Rdn. 15) interpretiert (Ausnahme insbesondere: § 246a). Ebenso interpretiert wird aber auch eine

---

[31] OLG Koblenz VRS **46** 454; KK-*Pfeiffer* Einl. 12; KMR-*Paulus* § 244, 293; *Schlüchter* 567; *Roxin* § 15 D; *Dahs/Dahs* 79; *Volk* Prozeßvoraussetzungen 23; *Seibert* DRZ **1949** 557; vgl. auch unten Rdn. 160 f.

[32] RGSt **40** 169; **56** 66; RGRspr. **3** 685. Vgl. auch im folg.

[33] BGH bei *Dallinger* MDR **1955** 397; RGSt **42** 168; **53** 178; **60** 182; **64** 134; OGHSt **3** 149; ebenso *Loewenstein* 43; *Venator* 144; *Vollhardt* 40.

[34] BGHSt **3** 384; ebenso *Rudolphi* MDR **1970** 99.

[35] KMR-*Paulus* 17; *Eb. Schmidt* 19; *Peters* 606; *Dahs/Dahs* 21; *Sarstedt/Hamm* 151; *Frank* 105 ff; *Mannheim* 142; *Vollhardt* 32, **a. A** RGSt **42** 170; *Schwinge* 96 hält sie für Verwaltungsvorschriften in Gesetzesform.

[36] So (mit z. T. etwas verschiedener Begründung) RGSt **2** 378; **6** 267; **31** 384; **40** 158; **42** 168; **44** 284; **54** 298; **62** 182; OGHSt **1** 111; BayObLG MDR **1972** 626; *Beling* 412; *Gerland* 419; LR-*Meyer* in der 23. Aufl.

[37] BGHSt **6** 328; BGH MDR **1952** 565; BGH VRS **22** 147; RGSt **42** 168; **56** 66; **64** 134; RGRspr. **3** 685; **4** 91; RG JW **1927** 793 m. Anm. *Mannheim*; *Beling* 23, 412; *Henkel* 70 Fußn. 6; *Wolf* NJW **1953** 1656.

[38] *Eb. Schmidt* 19; *Dahs/Dahs* 21; *Sarstedt/Hamm* 151; *Schwinge* 96; offengelassen in BGHSt **6** 328; hiergegen *Vollhardt* 50 ff, der darin nur einen zur Revisibilität der Sollvorschriften führenden Umweg sieht. Vgl. auch Rdn. 22.

§ 337   Drittes Buch. Rechtsmittel

Reihe weiterer Bestimmungen. Ihre Charakterisierung als Soll- oder Ordnungsvorschriften ist meist durch die Rspr. erfolgt, manchmal aber auch durch die Lehre. Die Entwicklung der Rspr. beginnt schon kurz nach Inkrafttreten der StPO (näher *Bohnert* NStZ **1982** 6). Ihre Begründungen sind zunächst recht unsicher und unterschiedlich. Nachdem einige Entscheidungen mehr auf ein fehlendes „Beruhen" abgestellt hatten, erklärte RGSt **42** 168 unter Verwendung auch des historisch überkommenen Begriffs der „instruktionellen" Vorschriften (dazu *Schwinge* 94) in einer grundsätzlicheren Entscheidung, daß der Tatrichter, der bei Ordnungsvorschriften von der ihm eingeräumten Befugnis zur Abweichung Gebrauch mache, nicht das Gesetz verletze. In der Folgezeit wurde diese Auffassung – gegen starken Widerspruch im Schrifttum (unten Rdn. 18) – in der Praxis herrschend, freilich nicht immer einheitlich vertreten. Mit gewissen Schwankungen im einzelnen und mit unterschiedlich intensiver Begründung kam es jedenfalls im Laufe der Jahre, insbesondere durch die Rspr., zur Aufstellung eines gewissen Katalogs von Vorschriften, die üblicherweise in dem umschriebenen Sinn als Ordnungsvorschriften behandelt werden (Zusammenstellungen bei *Vollhardt* 15 ff; *Bohnert* NStZ **1982** 5 Fußn. 6).

17 Als **Fälle von Ordnungsvorschriften** werden oder wurden danach namentlich angesehen (Einzelheiten und Nachweise, auch zum Streitstand, bei der jeweiligen Kommentierung): § 57 (Zeugenbelehrung); § 58 Abs. 1 (Reihenfolge der Zeugenvernehmung); § 64 (Protokollvermerk bei Nichtvereidigung); § 66c Abs. 4 (Form der Eidesleistung); § 68 (Zeugenvernehmung zu den Personalien; anders jetzt BGH s. Rdn. 19); § 68a (Frage nach entehrenden Tatsachen beim Zeugen); § 69 Abs. 1 Satz 2 (Bekanntgabe des Untersuchungsgegenstandes beim Zeugen); § 73 Abs. 1 Satz 2 (Fristabrede für Sachverständigengutachten); § 80 Abs. 2 (Einsichts- und Beteiligungsrechte des Sachverständigen); § 80a (Vorbereitung des Sachverständigengutachtens); § 81d Abs. 1 Satz 2 (Untersuchung einer Frau); § 88 (Leichenidentifizierung); § 89 (Umfang der Leichenöffnung); § 89 Abs. 2 Satz 1 (Bestätigungsfrist bei Beschlagnahme); § 109 (Kennzeichnung beschlagnahmter Gegenstände); § 111e Abs. 4 (Veröffentlichung von Beschlagnahmen); § 111k (Herausgabe beschlagnahmter Gegenstände an den Verletzten); § 119 Abs. 5 Satz 2 (Fesselung eines Verhafteten); § 136 Abs. 1 Satz 2, Abs. 2 (Beschuldigtenbelehrung bei erster Vernehmung, sehr streitig für Abs. 1, s. § 136, 54; 59); § 147 Abs. 4 (Akten-Mitgabe an Verteidiger); § 149 Abs. 1 Satz 2 (Terminsmitteilung an Beistand); § 160 Abs. 3 Satz 1 (Staatsanwaltschaftliche Ermittlungen zur Rechtsfolge); § 228 Abs. 3 (Hinweispflicht bei Nichteinhaltung der Ladungsfrist); § 243 Abs. 1 bis Abs. 3 (Ablauf der Hauptverhandlung; Einzelheiten sehr streitig); § 243 Abs. 4 Satz 1 (Belehrung des Angeklagten; anders jetzt BGHSt **25** 325, s. unten Rdn. 19); § 243 Abs. 4 Satz 3 (Vorstrafen-Feststellung beim Angeklagten); § 248 Satz 2 (Anhörungen vor Entlassung von Zeugen und Sachverständigen); § 257 (Erklärungen während der Beweisaufnahme); § 258 (für die Reihenfolge der Schlußvorträge); § 267 Abs. 1 Satz 2 (Angabe der Indizien in den Urteilsgründen; vgl. dazu aber Rdn. 120); § 268 Abs. 3 Satz 1 (Urteilsverkündung nach Verhandlungsschluß); § 275 Abs. 1 Satz 1 (Abfassungsfrist der Urteilsgründe); § 326 Satz 1 (für die Reihenfolge der Schlußvorträge); § 379a Abs. 1, 2 (Gebührenvorschuß bei Privatklage); § 403 Abs. 2 (Hinweispflicht im Entschädigungsverfahren); § 404 Abs. 1 Satz 2 (Angabe der Beweismittel beim Adhäsionsantrag); § 37 JGG (Erzieherische Befähigung von Jugendrichtern und -staatsanwälten); § 43 JGG (Umfang der Ermittlungen); §§ 33, 34 GVG (ungeeignete Schöffen); § 36 Abs. 2 GVG (Ausgewogenheit der Schöffen-Vorschlagsliste).

18 cc) **Im Schrifttum** ist die behauptete Nichtrevisibilität der Soll- oder Ordnungsvorschriften seit jeher auf Kritik gestoßen. *Mannheim* 141 nannte sie „ein besonders trübes Kapitel der Strafrechtspflege". *Schwinge* 92 bezeichnet die Begründung von RGSt **42** 168 (vgl. Rdn. 16) als eine petitio principii, weil die Frage doch gerade sei, ob die Anwendung oder Nichtanwendung einer Sollvorschrift tatsächlich keine Rechtswirkung nach sich ziehe (ebenso *Bohnert* NStZ **1982** 6). *Grünwald* JZ **1968** 752 nennt sie eine bloße „Zauberformel" und *Hanack* JZ **1971** 169 spricht „kurzerhand und ohne jegliche Begründung" (so die Kritik von LR-*Meyer*23; vgl. auch *Bohnert* 9 f) von einer „methodisch... veralteten Vorstellung". Im Schrifttum wurde oder wird z. T. vorgeschlagen, die Revision allgemein (*Kohlrausch* 3) oder wenigstens dann zuzulassen, wenn der Tatrichter die Vorschriften ohne hinreichenden Grund nicht beachtet[39]. Nach anderer Ansicht soll es darauf ankommen, ob die Vorschrift internen Charakter hat oder ob sie unmittelbar die Rechtssphäre der Allgemeinheit berührt[40]. Heute wird im Schrifttum überwiegend auf die verfahrensrechtliche Aufgabe der Vorschrift, also ihren Schutzzweck, und die Frage abgestellt, ob ihre Nichtbefolgung im Einzelfall die Rechte des Beschwerdeführers betrifft[41]. Der Tatrichter soll danach verpflichtet sein, alle Verfahrensvorschriften zu beachten, wenn und soweit es die Umstände des Einzelfalles zur Erreichung des von der Vorschrift verfolgten Zwecks erfordern. Ob ein Verstoß gegen eine bestimmte Vorschrift die Revision begründet, läßt sich nach dieser Auffassung nicht einheitlich entscheiden; der Revisionsrichter müsse dabei vielmehr auch den konkreten Sachverhalt beurteilen[42]. Nach *Roxin* § 53 E I 2 und *Schünemann* JA **1982** 127 sollen Verfahrensfehler in der Hauptverhandlung im Hinblick auf die Justizförmigkeit des Verfahrens immer revisibel sein. Gelegentlich wird die Revisibilität auch davon abhängig gemacht, ob der Vorschrift nach Zweck und Funktion unbedingter Verbotscharakter zukommt (*Frank* 109).

dd) Der Bundesgerichtshof hat sich in BGHSt **25** 325[43] der Ansicht angeschlossen, es sei eine „methodisch veraltete Vorstellung" (Rdn. 18), den Verstoß gegen eine Verfahrensbestimmung (konkret: gegen die Hinweispflicht des § 243 Abs. 4 Satz 1) allein mit der Erwägung für unwesentlich zu erklären, es handele sich um eine bloße Ordnungsvorschrift. Nicht hierauf komme es an, sondern auf den Zweck der mißachteten Bestimmung und auf ihre Auswirkungen für die Rechtsstellung des Angeklagten. Bei der Hinweispflicht des § 243 Abs. 4 hängt dies nach Meinung des BGH vom Einzelfall ab: Kennt der Angeklagte seine Verteidigungsrechte nicht, stehe eine revisible Gesetzesverletzung „außer Frage". Kennt er sie hingegen oder ist die Wahl zwischen Reden und Schweigen für ihn ohnedies ohne Interesse, sei „der Hinweis nicht unerläßliche Voraussetzung der Rechtsausübung... Das Recht, dem der Hinweis dient, ist nicht betroffen.

19

---

[39] *Mannheim* 142 ff und JW **1927** 793; *Steuerlein* 43; vgl. auch *Eb. Schmidt* 19; *Loewenstein* 32 will die Revision bei bewußter Mißachtung zulassen.

[40] *Peters* 606; *Schwinge* 96; ähnlich *Henkel* 375 Fußn. 3.

[41] So – mit z. T. unterschiedlicher Argumentation und Deutlichkeit – KK-*Pikart* 13; KMR-*Paulus* 17 f; *Gössel* § 38 C II b; *Roxin* § 53 E I 2 („allenfalls in der gemilderten Form vertretbar"); *Dahs/Dahs* 21; *Baldus* FS Heusinger, S. 388; *Günwald* JZ **1968** 752; *Rudolphi* MDR **1970** 69; *Blomeyer* JR **1971** 142; *Vollhardt* 36 ff; *Schünemann* JA **1982** 126 f; vgl. auch *Schlüchter* 398; *Dencker* MDR **1975** 359; ähnlich schon *Mannheim* 142 ff; kritisch *Bohnert* NStZ **1982** 10; a. A *Meyer* in der 23. Aufl.; Vgl. auch Rdn. 15 a. E mit Fußn. 38.

[42] So insbesondere KMR-*Paulus* 19; *Baldus* FS Heusinger, S. 388; *Dencker* MDR **1975** 359; ähnlich *Mannheim* 142 ff; *Rudolphi* MDR **1970** 100.

[43] BGHSt **25** 325 = JR **1975** 339 m. Anm. *Hanack* und weiteren Stellungnahmen von *Dencker* MDR **1975** 359; *Hegmann* NJW **1975** 915; *Seelmann* JuS **1976** 157; *Bohnert* NStZ **1982** 9. Vgl. auch *Fezer* JR **1984** 341; *Gössel* NJW **1981** 2219; *Rogall* MDR **1977** 978.

Daraus mag man folgern, daß in *solchen* Fällen der Hinweis... lediglich der Ordnung halber erfolge, § 243 Abs. 4 Satz 1 StPO nur Ordnungsvorschrift sei... Wesentliche Bedeutung kommt dieser Folgerung nicht zu". Ob der BGH die Bedeutung der Hinweispflicht des § 243 bei bloß außergerichtlicher Kenntnis des Angeklagten von seiner Aussagefreiheit *als solche* zutreffend beurteilt hat, mag hier offen bleiben[44]. Jedenfalls enthält die Entscheidung eine Lockerung der traditionellen Position, und zwar mit einer Argumentation, die weniger bei der „Gesetzesverletzung" aus der Sicht des Revisionsrechts ansetzt, sondern beim Verfahrensverstoß des Tatrichters im Hinblick auf den Zweck der Hinweispflicht. Eine in gewisser Weise ähnliche Lockerung enthält auch BGHSt 23 245 für die Feststellung der Personalien des Zeugen gemäß § 68; der BGH erreicht sie wiederum durch eine Zweckbetrachtung, insbesondere die Heranziehung des § 222, mit deren Hilfe er die überkommene Wertung des § 68 als eine Ordnungsvorschrift (RGSt 40 158) letztlich aus den Angeln hebt[45].

20 ee) **Stellungnahme.** Das Problem der sog. Ordnungsvorschriften rührt an ein Dilemma, das noch durchaus ungelöst erscheint: Nach dem Wortlaut der StPO ist – von den Besonderheiten der absoluten Revisionsgründe nach § 338 abgesehen – Revisibilität gegeben, wenn das Urteil auf einer Verletzung des Gesetzes beruht (§ 337). Zwischen Soll-, Kann-, Muß-, Ist- und Ordnungsvorschriften wird dabei nicht unterschieden. Es gibt nicht einmal überzeugende Hinweise dafür, daß ausdrücklich als Sollvorschriften bezeichnete Bestimmungen von der Revisibilität ausgeschlossen sind (vgl. *Bohnert* NStZ 1982 5 f); dagegen spricht sogar der klare Text des § 337 Abs. 2 und vielleicht auch der Umstand, daß das Gesetz in einer ganzen Reihe von Fällen ausdrücklich die Unanfechtbarkeit von „Entscheidungen" vorsieht (§ 336 Satz 2), darunter aber durchaus auch Fälle versteht, in denen die „Entscheidung" nur einen einzelnen richterlichen Akt vor oder auf dem Weg zum Urteil betrifft. Auch ist wenig einzusehen, warum prozessuale „Kann"-Vorschriften überwiegend als grundsätzlich revisibel gelten (unten Rdn. 87), obwohl das „Kann" eigentlich doch ein weiteres Ermessen kennzeichnet als das „Soll".

21 Wollte man aber davon ausgehen, daß **alle Verfahrensvorschriften** unter den Voraussetzungen des § 337 revisibel sind, ergäben sich ohne Zweifel *jedenfalls* **Unzuträglichkeiten**, wenn man dabei nach den üblichen Grundsätzen des „Beruhens" (unten Rdn. 255) verfahren würde (vgl. auch Rdn. 24). So ist mindestens nicht ohne weiteres einsehbar, daß z. B. die Verletzung des § 66c Abs. 4 (Erheben der rechten Hand bei der Eidesleistung) oder gar die Verletzung des § 379a (Zahlung eines Gebührenvorschusses bei der Privatklage) oder auch die Nichtbeachtung des als „Ist"-Vorschrift formulierten § 248 Satz 2 (Anhörung der Beteiligten vor der Entlassung von Zeugen und Sachverständigen) eine erfolgreiche Revision sollte begründen können. Die strenge Auffassung (oben Rdn. 18), daß Verfahrensfehler in der Hauptverhandlung immer revisibel sind, ist schon von daher fragwürdig und nicht überzeugend. Nicht überzeugend ist aber auch die traditionelle Meinung. Ihre wesentliche Argumentation (RGSt 42 168) enthält in der Tat eine petitio principii und erscheint insoweit durchaus als „Zauberformel", die „methodisch veraltet" ist (oben Rdn. 18), mag diese Kritik als solche natürlich auch nicht weiterhelfen. Problematisch an der traditionellen Meinung ist vor allem, daß unter den Begriff der prinzipiell nicht revisiblen Ordnungsvorschriften auch solche Bestimmun-

---

[44] Näher dazu § 243, 108 ff m. Nachw. Offen bleiben mag hier auch, ob es nicht einen unverständlichen Widerspruch bedeutet, wenn noch BGHSt 31 395 die Hinweispflicht nach den §§ 163a Abs. 2 Satz 2, 136 Abs. 1 Satz 2 im Ergebnis abweichend beurteilt (dazu § 136, 59 ff).

[45] Ebenso dann BGHSt 32 128 (GrSSt) = NStZ 1984 36 mit Anm. *Frenzel*; BGH StrVert. 1984 59.

gen subsumiert werden, denen mindestens im Einzelfall eine ganz erhebliche Bedeutung für die Güte des tatrichterlichen Verfahrens und für die Richtigkeit des Urteils zukommt. Das gilt etwa für § 57 (vorherige Zeugenbelehrung), für § 58 Abs 1 (Einzelvernehmung der Zeugen)[46], für § 69 Abs. 1 Satz 2 (Bekanntgabe des Gegenstandes der Untersuchung als Voraussetzung eines – revisiblen – Zeugenberichts), für § 136 Abs. 1 Satz 2.

Der BGH (Rdn. 19) und die heute überwiegende Lehre (Rdn. 18) sind daher grundsätzlich auf dem **richtigen Wege,** wenn sie auf die verfahrensrechtliche Funktion der Vorschrift und die Frage abstellen, ob ihre Nichtbefolgung im Einzelfall Verfahrensrechte des Beschwerdeführers verletzt. Dabei ist, entgegen der schwankend-unsicheren Rspr. (vgl. Fußn. 46), eine revisible Gesetzesverletzung jedenfalls dann zu bejahen, wenn die Mißachtung der „Ordnungsvorschrift" zugleich eine Verletzung der **Aufklärungspflicht** enthält (vgl. auch oben Rdn. 15 a. E.). Denn daß die Verletzung der so zentralen Pflicht des § 244 Abs. 2 revisionsrechtlich nur wegen der angeblichen Nichtrevisibilität der zugleich mißachteten „Ordnungsvorschrift" unbeachtlich ist, läßt sich schlechterdings nicht annehmen. Daß bei solcher Betrachtungsweise möglicherweise stark auf den konkreten Einzelfall abzustellen ist (vgl. oben Rdn. 18), bedeutet sicher eine Erschwerung in der Rechtsanwendung; sie erscheint jedoch in gewissem Umfang unerläßlich und dürfte im übrigen bei den wirklich kritischen Vorschriften schnell zur Entwicklung typischer und handhabbarer Fallgruppen führen. **22**

Für die weitere Handhabung hilfreich sind im übrigen Bemühungen des neueren Schrifttums zur **Einteilung der Verfahrensnormen.** Sie stellen zu Recht weniger auf die formale gesetzliche Charakterisierung als Soll- oder Mußvorschriften ab (die für die Lösung der Sachprobleme geradezu bedeutungslos ist), als auf den Zweck der einzelnen Vorschrift und machen dabei – wenn auch in unterschiedlicher Weise und Terminologie – einen Unterschied zwischen „Soll"- und „Ordnungsvorschriften"[47]. Wichtig ist insoweit namentlich die Einsicht, daß es in der Tat „echte" Ordnungsvorschriften gibt, die als solche nicht revisibel sind, aber auch „echte" Sollvorschriften. Die letzteren müssen nur dann unbedingt beachtet werden, wenn die Erreichung des von der Vorschrift verfolgten Zwecks dies im Regelfall fordert, wobei die Frage, ob ein Regelfall vorliegt, nicht nach freiem Ermessen zu entscheiden ist und infolgedessen als solche der vollen inhaltlichen Überprüfung durch das Revisionsgericht unterliegt. Ob freilich alle „echten" Sollvorschriften im Gesetz selbst durch die Soll-Formulierung charakterisiert sind (so *Bohnert* NStZ 1982 8), ist eine andere, wohl zu verneinende Frage. **23**

Zwiespältig bleibt bei den traditionellen „Ordnungsvorschriften" hingegen der **Gesichtspunkt des „Beruhens".** Daß das Beruhen bei ihnen „meist" „auch" ausgeschlossen werden kann (so KK-*Pikart* 13), ist nicht richtig, jedenfalls wenn man von der gefestigten Auslegung dieses Begriffs ausgeht, nach der im Zweifel schon das mögliche Beruhen ausreicht (unten Rdn. 255). Ob es aber sachgerecht wäre, den einheitlichen Begriff des Beruhens und seine gefestigte Auslegung für bestimmte Vorschriften grundsätzlich **24**

---

[46] Hier läßt denn auch BGH bei *Dallinger* MDR **1955** 396 die Revision bei Verletzung der Aufklärungspflicht des § 244 Abs. 2 zu. Aber noch BGH 3 StR 363/80 v. 29.10.1980 (unveröff.) läßt unter Hinweis auf diese Entscheidung offen, „ob und unter welchen Voraussetzungen" „ausnahmsweise" Revisibilität der „bloße(n) Ordnungsvorschrift" gegeben sei. Vgl. dazu im folgen Text.

[47] *Baldus* FS Heusinger 388; *Dencker* MDR **1975** 360; *Vollhardt* 30 sieht als Sollvorschriften nur diejenigen an, die eine „Soll"-Formulierung enthalten; *Warda* 100 f unterscheidet zwischen irrevisiblen Ordnungsvorschriften und Sollvorschriften, deren Nichtbeachtung nur in Ausnahmefällen zulässig, dann aber auch revisibel sei; vgl. auch *Bohnert* NStZ **1982** 8 f.

§ 337 Drittes Buch. Rechtsmittel

anders zu interpretieren, erscheint zweifelhaft; in der Praxis ohnedies vorhandene Tendenzen dieser Art auch bei Vorschriften, die nicht als Ordnungsvorschriften gelten, führen schon heute zu Unzuträglichkeiten (unten Rdn. 255). Nicht schlüssig erscheint im übrigen die Auffassung, daß eine Verfahrensvorschrift, auf deren Verletzung das Urteil möglicherweise beruhen kann, niemals eine bloße Sollvorschrift (Ordnungsvorschrift) ist[48]. Wäre es anders, könnte es das ganze Problem der traditionellen Ordnungsvorschriften überhaupt nicht geben.

3. Gültigkeit der Rechtsnormen

25 a) **Allgemeines.** Das Revisionsgericht ist verpflichtet, die Rechtsgültigkeit, insbesondere die Verfassungsmäßigkeit der Rechtsnormen, die es anzuwenden hat, von Amts wegen zu prüfen. Die Prüfungspflicht erstreckt sich zunächst darauf, ob das Gesetz oder die Rechtsverordnung formell gültig erlassen worden ist. Wenn eine Rechtsverordnung des Bundes anzuwenden ist, muß geprüft werden, ob die Ermächtigung nach Art. 80 GG vorliegt, ob die Verordnung von der sachlich zuständigen Behörde in der vorgeschriebenen Form erlassen, ob sie ordnungsgemäß bekanntgemacht worden ist und inhaltlich nicht mit einer übergeordneten Norm in Widerspruch steht. Für Verordnungen der Länder gilt Art. 80 Abs. 1 Satz 2 und 3 GG nicht (BVerfGE **12** 325 = NJW **1961** 1155; vgl. aber BVerfGE **55** 226). Für den Fall, daß das Revisionsgericht eine formell gültig erlassene Vorschrift für mit dem Grundgesetz nicht vereinbar hält (nicht aber für den Fall, daß es von der Gültigkeit der Vorschrift ausgeht), schreibt Art. 100 Abs. 1 GG unter bestimmten Voraussetzungen die Aussetzung des Verfahrens und die Einholung der Entscheidung des Bundesverfassungsgerichts vor. Die Landesverfassungen enthalten entsprechende Vorschriften für den Fall, daß eine Norm des Landesrechts als mit der Landesverfassung nicht vereinbar angesehen wird.

26 b) Die **Vorlagepflicht nach Art. 100 Abs. 1 GG** (die durch die Landesverfassungen begründeten Vorlagepflichten können hier nicht dargestellt werden) bezieht sich grundsätzlich nur auf Gesetze im formellen Sinn, also auf Verfassungsnormen, sofern sie an ranghöheren Normen gemessen werden können (BVerfGE **3** 225 = NJW **1954** 65), auf Bundesgesetze einschließlich der Gesetze nach Art. 81 GG (BVerfGE **1** 201) sowie auf Landesverfassungen und Landesgesetze, die nach dem 24. 5. 1949 verkündet worden, also nachkonstitutionelles Recht sind (BVerfGE **2** 124 = NJW **1953** 497; st. Rspr.). Die bloße Neubekanntmachung der geltenden Fassung steht der Verkündung nach dem 24. 5. 1949 nicht gleich (BVerfGE **8** 213). Die Strafprozeßordnung ist aber nachkonstitutionelles Recht, weil Art. 9 VereinhG die Verkündung ausdrücklich als künftige Gesetzesgrundlage bezeichnet (BVerfGE **33** 374 = JZ **1973** 780 mit Anm. *Würtenberger*). Ausnahmsweise erstreckt sich die Vorlagepflicht auch auf vorkonstitutionelle Gesetze, wenn der Gesetzgeber bei einer späteren Änderung und Ergänzung seinen „konkreten Bestätigungswillen" zu erkennen gegeben hat (BVerfGE **6** 64 = NJW **1957** 417; st. Rspr.). Das ist der Fall bei den durch die Reformgesetze nicht geänderten Bestimmungen des Strafgesetzbuchs. Zur Prüfung von ausländischen Rechtsnormen und dem noch in der Bundesrepublik, insbesondere im Land Berlin, geltenden Besatzungsrecht ist das Bundesverfassungsgericht nicht befugt (BVerfGE **3** 368 = NJW **1954** 873; st. Rspr.). Die Verfassungsmäßigkeit solcher Rechtsnormen darf jedes Ge-

---

[48] So aber RGSt **62** 182 und (im einzelnen nicht ganz klar) LR-*Meyer* in der 23. Aufl. (Rdn. 18, 19). Richtig z. B. *Vollhardt* 22; *Bohnert* NStZ **1982** 9. Die Rechtsprechung schon des RG hat, wie der traditionelle Katalog der „Ordnungsvorschriften" zeigt (oben Rdn. 17), mit diesem Gedanken auch selbst nicht ernst gemacht.

richt selbst verneinen. Wegen der Nachprüfbarkeit von Bestimmungen der Europäischen Gemeinschaften vgl. BVerfGE **37** 271 = NJW **1974** 1697. Hält das Revisionsgericht ein Landesgesetz mit einem Bundesgesetz nicht für vereinbar, so ist ebenfalls die Entscheidung des Bundesverfassungsgerichts einzuholen (Art. 100 Abs. 1 Satz 2 GG), sofern das Bundesgesetz nicht erst nach dem Landesgesetz in Kraft getreten ist (BVerfGE **10** 124 = NJW **1959** 2108). Nach Art. 100 Abs. 2 GG besteht die Pflicht zur Vorlegung an das Bundesverfassungsgericht auch, wenn zweifelhaft ist, ob eine Regel des Völkerrechts Bestandteil des Bundesrechts ist und ob sie nach Art. 25 GG unmittelbar Rechte und Pflichten für den einzelnen erzeugt (vgl. dazu *von Münch* JZ **1964** 163). Eine weitere Vorlagepflicht ergibt sich aus Art. 126 GG; danach entscheidet das Bundesverfassungsgericht bei Meinungsverschiedenheiten über das Fortgelten von früherem Recht als Bundesrecht.

Die Vorlagepflicht nach Art. 100 GG **setzt voraus,** daß die zu treffende Entscheidung von der Verfassungsmäßigkeit des Gesetzes abhängt. Unmittelbare Grundlage der Entscheidung muß das Gesetz sein (BVerfGE **2** 411); es genügt aber regelmäßig nicht, daß nur die Begründung der Entscheidung von der Ungültigkeit des Gesetzes betroffen würde (BVerfGE **13** 104). Ferner ist die Vorlagepflicht nach Art. 100 Abs. 1 GG nur gegeben, wenn der Richter von der Verfassungswidrigkeit des Gesetzes überzeugt ist; Zweifel oder bloße Bedenken reichen grundsätzlich nicht aus (BVerfGE **1** 184 = NJW **1952** 497; st. Rspr.). Art. 100 Abs. 1 GG führt zu einem zwingenden Verfahrenshindernis besonderer Art; besteht die Vorlagepflicht, so ist dem Gericht jede andere Entscheidung als die Vorlage an das Bundesverfassungsgericht untersagt (BVerfGE **34** 321 = NJW **1973** 1319 mit Anm. *Bethge* NJW **1973** 2100). Die Vorlagepflicht besteht daher auch, wenn das Bundesverfassungsgericht schon aus anderen Gründen mit der Prüfung derselben Rechtsnorm befaßt ist, insbesondere, wenn das Revisionsgericht (OLG Köln NJW **1961** 2271) oder ein anderes Gericht (OLG Schleswig bei *Ernesti/Jürgensen* SchlHA **1976** 178) dieselbe Rechtsfrage bereits zur Prüfung des BVerfG gestellt hat. Die Aussetzung des Revisionsverfahrens bis zur Entscheidung des Bundesverfassungsgerichts in der anderen Sache ist nicht zulässig.

c) **Vorlageverfahren.** Die Vorlage an das Bundesverfassungsgericht erfolgt in Form eines Vorlagebeschlusses, der in der für Revisionsentscheidungen vorgeschriebenen Besetzung erlassen (BVerfGE **19** 71 = MDR **1965** 722) und von allen mitwirkenden Richtern unterschrieben werden muß (BVerfGE **34** 260 = NJW **1973** 843); mit dem Beschluß wird gleichzeitig das Verfahren ausgesetzt. Das Revisionsgericht muß nach § 80 Abs. 2 Satz 1 BVerfGG seine Auffassung von der Verfassungswidrigkeit des Gesetzes begründen, und zwar unter Darlegung des Sachverhalts (BVerfGE **19** 140; st. Rspr.). Der Beschluß muß aus sich heraus verständlich sein (BVerfGE **22** 177 = NJW **1967** 1604; BVerfGE **26** 307 = NJW **1969** 1953; BVerfGE **34** 257 = NJW **1973** 843). Aus dem Beschluß muß insbesondere ersichtlich sein, inwiefern die Entscheidung von der Gültigkeit der zur Prüfung gestellten Rechtsvorschrift abhängt, warum ihre verfassungskonforme Auslegung nicht möglich ist (BVerfGE **48** 40) und mit welcher übergeordneten Norm sie unvereinbar ist. Das Gericht muß sich klar darüber aussprechen, daß und warum es im Fall der Gültigkeit der Norm anders entscheiden würde als bei ihrer Ungültigkeit (BVerfGE **11** 334 = NJW **1961** 115; BVerfGE **22** 177 = NJW **1967** 1604; BVerfGE **34** 259 = NJW **1973** 843) und dabei auch darlegen, welche Entscheidung es im Falle der Verfassungswidrigkeit treffen würde (BVerfGE **66** 100; vgl. *Aretz* JZ **1984** 919). Dabei genügt es aber, wenn dargetan wird, daß das angefochtene Urteil im Fall der Ungültigkeit der Norm aufgehoben und die Sache an den Tatrichter zu weiterer Sachaufklärung zurückverwiesen werden soll (BVerfGE **24** 133 = NJW **1968**

§ 337   Drittes Buch. Rechtsmittel

2233). Der Vorlagebeschluß, der unanfechtbar ist (OLG Bremen NJW **1956** 387), muß dem Bundesverfassungsgericht in einer beglaubigten Abschrift und 50 einfachen Abschriften (Nr. 190 Abs. 3 RiStBV) unter Beifügung der Akten unmittelbar, nicht auf dem Verwaltungsweg, vorgelegt werden (§ 80 Abs. 2 Satz 2 BVerfGG). Das Begleitschreiben ist von dem Vorsitzenden zu unterschreiben (Nr. 190 Abs. 1 Satz 2 RiStBV). Eine spätere Abänderung des Beschlusses durch das vorlegende Gericht ist grundsätzlich ausgeschlossen; jedoch muß der Beschluß zurückgenommen werden, wenn infolge einer Änderung des Gesetzes seine Grundlagen entfallen sind (BVerfGE **29** 325). Er kann auch aufgehoben werden, wenn das Bundesverfassungsgericht inzwischen in einem anderen Verfahren die strittige Norm für verfassungswidrig erklärt hat.

III. Verletzung des Gesetzes: Verfahrensvoraussetzungen

1. Prüfung der Verfahrensvoraussetzungen

29 a) **Allgemeines.** Prozeßvoraussetzungen und -hindernisse (dazu eingehend Einl. Kap. 11 und 12; § 206a, 22 ff) sind zugleich Voraussetzungen und Hindernisse des Revisionsverfahrens. Das Revisionsgericht muß sie daher, sofern die Revision zulässig eingelegt worden ist, von Amts wegen prüfen (allg. Meinung)[49]. Bei Tateinheit ist die Prüfung für jedes der verletzten Strafgesetze nach den für dieses Gesetz, z. B. im Hinblick auf den Strafantrag, geltenden Grundsätzen vorzunehmen[50]. Das Revisionsgericht hat bei der Prüfung den Zeitpunkt seiner eigenen Entscheidung zugrunde zu legen; ob die Prozeßvoraussetzungen zur Zeit des tatrichterlichen Urteils gefehlt haben, ist gleichgültig (RGSt **67** 55; **68** 124; **72** 397; vgl. auch § 354a, 5).

30 b) **Teilrechtskraft.** Die Prüfung ist auch erforderlich, wenn das Urteil wegen Beschränkung der Berufung oder Revision bereits im Schuldspruch oder in Teilen des Rechtsfolgeausspruchs rechtskräftig ist (heute allg. M.)[51]. Das gilt insbesondere für den Fall, daß es zulässigerweise nur im Strafausspruch angefochten ist[52], daß nur über die Strafaussetzungsfrage noch nicht rechtskräftig entschieden (BGHSt **11** 395) oder das Verfahren nur noch wegen einer Nebenfolge anhängig ist (BGHSt **6** 304; **13** 128). Zum Verfahren, wenn Schuld- und Strafausspruch nicht angefochten und die Sache nur noch wegen einer Maßregel anhängig ist, vgl. bei § 318. Bei rechtskräftigem Schuldspruch ist von der rechtlichen Beurteilung der Tat in dem Schuldspruch auszugehen; das Vorliegen eines Strafantrags wird daher nicht geprüft, wenn der Angeklagte wegen einer Tat verurteilt worden ist, die auch ohne Antrag verfolgt werden kann (OLG Braunschweig

---

[49] Vgl. aus der Rechtsprechung z. B. BGHSt **6** 306; **8** 270; **9** 192; **10** 75, 362; **11** 393; **13** 128; **15** 206; **16** 117; **18** 81; **20** 292; **21** 243; **22** 2; BGH bei *Dallinger* MDR **1956** 146, 272; RGSt **57** 208; **59** 56; **61** 119; **63** 321; **64** 21, 187; **66** 176, 256; **67** 55, 59, 323; **68** 19, 107; **69** 126, 245, 319; **71** 252, 261; **72** 5, 102, 143, 379; **73** 114; **74** 187, 192; **75** 257; **76** 160; OGHSt **2** 376; BayObLGSt **1961** 213; BayObLG VRS **39** 107; KG VRS **8** 863; OLG Hamburg NJW **1962** 2119. Kritisch *Volk* Prozeßvoraussetzungen 57 ff.

[50] BGH bei *Dallinger* MDR **1956** 527; RGSt **62** 88; OGHSt 1 54, 206; OLG Köln GA **1953** 57.

[51] Vgl. aus der Rechtsprechung z. B. BGHSt **6** 305; **8** 269 = JZ **1956** 417 m. Anm. *Jescheck*; BGHSt **11** 393; **13** 128; **15** 207; **21** 243; BGH NJW **1958** 1307; BGH bei *Dallinger* MDR **1956** 146; RGSt **62** 262; **64** 107, 187; **74** 206; RG DR **1939** 836, 1863; BayObLGSt **16** 3; BayObLG HRR **1932** 216; KG JR **1962** 153; OLG Neustadt NJW **1956** 268; a. A und überholt KG JW **1927** 30 660; HRR **1928** 1955; GA **71** (1927) 349.

[52] BGH bei *Dallinger* MDR **1958** 566; RGSt **62** 262; **64** 107; **65** 150; **66** 173; RG JW **1935** 2975; RG HRR **1938** 941; **1939** 1141; BayObLGSt **1963** 215; BayObLG VRS **44** 302; KG VRS **26** 286.

GA **1954** 346; vgl. § 344, 26). Wenn das Rechtsmittel auf die Verurteilung wegen einzelner selbständiger Taten beschränkt ist, in die eine Gesamtstrafe einbezogen worden ist, so ist das Vorliegen von Prozeßvoraussetzungen hinsichtlich der rechtskräftig gewordenen Einzelstrafen weder zu prüfen noch zu beachten (so überzeugend *Grünwald* Die Teilrechtskraft im Strafverfahren (1964) 325; a.A BGHSt **8** 269 = JZ **1956** 417 m. Anm. *Jescheck;* vgl. § 344, 66).

Die Frage, ob die Verfahrensvoraussetzungen auch bei **unzulässiger Revision** zu **31** prüfen sind, ist bei § 346, 34 erörtert. Zum Rangverhältnis unter mehreren zusammentreffenden Verfahrenshindernissen vgl. Einl. Kap. 11 unter VIII.

c) Entscheidung beim Vorliegen von Prozeßhindernissen. Das Fehlen einer Ver- **32** fahrensvoraussetzung führt regelmäßig zur Einstellung des Verfahrens, und zwar des ganzen Verfahrens, auch wenn es bereits im Schuldspruch oder teilweise im Rechtsfolgeausspruch rechtskräftig abgeschlossen ist[53]. Ob der Tatrichter das Fehlen der Verfahrensvoraussetzungen erkannt hatte, spielt keine Rolle[54]. Bei behebbaren Hindernissen muß das Urteil aufgehoben und die Sache an den Tatrichter zurückverwiesen werden (§ 354, 8); bei Zuständigkeitsmängeln wird an den zuständigen Tatrichter zurückverwiesen (§ 355). Wenn der Sachverhalt ohne weiteres die Freisprechung rechtfertigt, ist das Verfahren nicht einzustellen, sondern der Angeklagte freizusprechen (Einl. Kap. 11 unter XI; § 354, 8). Gesetzesverletzungen, die mit anderen tateinheitlich begangen worden sind, sowie Teilakte einer fortgesetzten Handlung (BGHSt **17** 158), bei denen von vornherein eine Verfahrensvoraussetzung gefehlt hat oder später ein Prozeßhindernis eingetreten ist, scheiden aus dem Verfahren aus[55]. Das Revisionsgericht muß die Verurteilung insoweit im Wege der Schuldspruchberichtigung (§ 354, 15 ff) beseitigen. Das gilt insbesondere, wenn ein Prozeßhindernis sich auf ein mit einem Verbrechen in Tateinheit stehendes Vergehen bezieht[56]. Hat der Beschwerdeführer die Revision zurückgenommen, so wird das angefochtene Urteil selbst dann nicht aufgehoben oder geändert, wenn Verfahrenshindernisse bestehen[57].

2. Beweisfragen. Bindung an Feststellungen
a) Allgemeines. Das Revisionsgericht ist bei der Prüfung der Verfahrensvorausset- **33** zungen weder an die tatsächlichen Feststellungen noch an die Beweiswürdigung des Tatrichters gebunden[58]. Es klärt vielmehr die Verfahrensvoraussetzungen selbständig und aufgrund eigener Sachuntersuchung unter Benutzung aller verfügbaren Erkenntnisquellen[59], und zwar im Wege des Freibeweises (Einl. Kap. 11 unter IV 2). Der neuerdings zunehmend vertretenen Auffassung, daß über Prozeßvoraussetzungen im Streng-

---

[53] BGHSt **6** 305; **11** 393; **13** 128; **21** 242; RGSt **65** 150; **74** 207; *Kleinknecht* MDR **1955** 434; *Spendel* ZStW **67** (1955) 569; ganz h. M.; vgl. auch Einl. Kap. 11 unter IV; § 206a, 26.
[54] RGSt **12** 125; BayObLGSt **1958** 313 = MDR **1959** 414; vgl. auch unten Rdn. 69.
[55] BGHSt **7** 306; RGSt **52** 270; **53** 50; **67** 235; RG JW **1924** 1878; OGHSt **3** 46.
[56] Vgl. BayObLG VRS **25** 448; KG VRS **26** 286.
[57] Anders BayObLGSt **1974** 8 = JR **1975** 120 mit abl. Anm. *Teyssen;* näher *Schöneborn* MDR **1975** 6; Einl. Kap. 11 unter V 5; vgl. auch bei § 302.

[58] Vgl. aus der Rechtsprechung z. B. BGHSt **14** 139; BGH bei *Dallinger* MDR **1955** 143, 272; **1958** 142; RGSt **6** 166; **38** 40; **45** 129; **47** 202; **48** 276; **51** 72; **53** 58; **55** 23; **57** 143; **61** 357; **62** 262; **64** 187; **66** 172; OGHSt **1** 242; BayObLGSt **1951** 146; OLG Frankfurt HESt **3** 50; OLG Hamm NJW **1953** 1984; Einl. Kap. 11 unter VI.
[59] So z. B. BGHSt **16** 403; RGSt **51** 72; **52** 262; **55** 231; **56** 109; **59** 56; **61** 119; **62** 262; **64** 188; **71** 262.

beweisverfahren zu entscheiden sei[60], ist jedenfalls für das Revisionsverfahren nicht zu folgen, schon weil sonst der Grundsatz der Amtsprüfung preisgegeben werden müßte (so richtig *Schünemann* JA **1982** 123) und dem Revisionsgericht die Prüfung in zahlreichen Fällen, in denen es auf den Akteninhalt ankommt, zuverlässig kaum möglich wäre. Die Pflicht zur eigenen Sachentscheidung besteht für alle Verfahrensvoraussetzungen, auch für die Verhandlungsunfähigkeit des Angeklagten (streitig; s. unten Rdn. 40). Für die Beweisaufnahme gelten dieselben Grundsätze wie bei der Beweisaufnahme des Revisionsgerichts über Verfahrensverstöße (unten Rdn. 83). Im Freibeweis können auch Ermittlungen darüber angestellt werden, ob der Angeklagte die Tat nach dem Amnestiestichtag fortgesetzt hat (BGH LM Nr. 5 zu § 1 StrFrG 1949). Würde sich die Ermittlung der maßgebenden Tatsachen so schwierig gestalten, daß eine Beweisaufnahme wie in der Hauptverhandlung vor dem Tatrichter erforderlich wäre, so ist es dem Revisionsgericht nicht verboten, das Urteil aufzuheben und die Sache an den Tatrichter zurückzuverweisen (BGHSt **16** 403; OLG Karlsruhe GA **1985** 134).

34   Ob bereits **Zweifel** am Bestehen eines Verfahrenshindernisses zur Einstellung des Verfahrens führen oder ob das Hindernis erwiesen sein muß, ist fraglich und umstritten (vgl. Einl. Kap. 11 unter XI; § 206a, 28 ff). Im Schrifttum wird heute überwiegend und zu Recht angenommen, daß das Verfahren in der Revisionsinstanz schon bei nicht behebbaren Zweifeln am Bestehen eines Verfahrenshindernisses einzustellen ist[61]. Die gegenteilige Auffassung[62], daß sich die Frage nicht für alle Verfahrensvoraussetzungen einheitlich bestimmen lasse, überzeugt nicht (Einl. aaO; § 206a, 29 f); ob sie indes nur noch als an sich berechtigte Warnung vor schablonenhaftem Denken und als Ausdruck von Vorsicht zu erklären ist (Einl. aaO), erscheint nach dem Stand der Rspr. zweifelhaft. Die Ansicht, daß Zweifel *niemals* genügen (BGH bei *Herlan* MDR **1955** 527, 652), wird heute nicht mehr vertreten.

35   **b) Doppelrelevante Tatsachen.** An doppelrelevante Tatsachen, d. h. solche, die nicht unmittelbar zur Beurteilung von Verfahrensvoraussetzungen festgestellt worden sind, sondern die der Tatrichter zur Schuldfrage nach den strengen Beweisvorschriften der §§ 244 ff ermittelt hat, ist das Revisionsgericht grundsätzlich gebunden[63]. Den Tatsachen müssen einheitliche Feststellungen zugrunde liegen, und dabei genießen die tatrichterlichen Feststellungen im Strengbeweis den Vorrang, soweit sie als solche unangreifbar sind. Dies ergibt sich zwar nicht aus der vermeintlich größeren Zuverlässigkeit des Strengbeweises (so richtig KMR-*Paulus* § 244, 360; **a.A** LR-*Meyer*[23]), sondern aus

---

[60] *Roxin* § 21 C; *Volk* Prozeßvoraussetzungen 82 f und passim; *Bovensiepen* Der Freibeweis im Strafprozeß, Diss. Bonn 1978, S. 75 ff; *Többens* Der Freibeweis und die Prozeßvoraussetzungen im Strafrecht, Diss. Freiburg 1979, S. 25 ff und NStZ **1982** 184 mit weit. Nachw. Vgl. auch *Herrmann* ZStW **95** (1983) 128.

[61] *Eb. Schmidt* Teil I Nr. 198; *Henkel* 353; *Roxin* § 15 D 3b; *Peters* 254; *Schlüchter* 390; *Dahs/Dahs* 104, 380; *Mann* ZStW **76** (1964) 278; *Moser* In dubio pro reo, Diss. München 1933, 103 ff; *Niese* DRZ **1949** 507. Vgl. auch § 206a, 28 ff.

[62] BGHSt **18** 227 = JR **1963** 605 m. Anm. *Eb. Schmidt* = MDR **1963** 855 m. Anm. *Dreher*;

BGH NStZ **1984** 520, wo aber für Zweifel *des Tatrichters* anders entschieden wird; RGSt **72** 156; OHGSt **1** 166; KG JR **1954** 470; KK-*Pfeiffer* Einl. 12; KK-*Treier* § 205, 4; LR-*Meyer* in der 23. Aufl., Rdn. 31; *Henkel* 352; *Sulanke* 89; *Sax* JZ **1958** 179. OGHSt **1** 207 = NJW **1949** 556 m. Anm. *Reinicke* und OGHSt **1** 243 wollten bei Prozeßhindernissen, nicht aber bei Prozeßvoraussetzungen, den Zweifel ausreichen lassen (dazu § 206a, 28 Fußn. 71).

[63] BGH bei *Dallinger* MDR **1955** 143; **1956** 272; RGSt **69** 318; **71** 261; *Peters* 624; *Schlüchter* 693; *Alsberg/Nüse* 466. Vgl. aber auch KMR-*Paulus* § 244, 360 und im folg. Text.

der Begrenzung des Revisionsrechts im Hinblick auf den Grundsatz der Verantwortungsteilung (Vor § 333, 5) und dem Gesichtspunkt der Widerspruchsfreiheit (*Schlüchter* 693). Die Bindung besteht vor allem für die Tatzeit, die bei der Verjährung, der Rechtzeitigkeit des Strafantrags und der Straffreiheit nach Amnestiegesetzen von Bedeutung ist[64]. An die rechtliche Bedeutung der festgestellten Tatsachen durch den Tatrichter ist das Revisionsgericht jedoch nicht gebunden (RGSt 74 192), sofern nicht das Urteil im Schuldspruch bereits rechtskräftig ist (vgl. oben Rdn. 30).

36 Eine **Ausnahme von der Bindung** an doppelrelevante Tatsachen macht der BGH in Abkehr von einer früheren Rechtsprechung[65] für den Fall, daß die datenmäßige Fixierung der Tatzeit für den Schuldspruch und die sichere Erfassung der ihm zugrundeliegenden Tat nicht unerläßlich ist (BGHSt 22 90)[66]. Hiergegen bestehen in dieser Allgemeinheit Bedenken: Wenn doppelrelevante Tatsachen nur einheitlich beurteilt werden können und dabei ein Vorrang der tatrichterlichen Feststellungen besteht, falls sie als solche unangreifbar sind (Rdn. 35), darf sich das Revisionsgericht zu diesen Feststellungen jedenfalls nicht in Widerspruch setzen. Es würde sie sonst (wie im Fall BGHSt 22 90) entgegen der Struktur des Revisionsrechts durch die eigenen (Freibeweis-)Feststellungen beiseiteschieben. Dem BGH ist zwar zuzugeben, daß die genauere Bestimmung der Tatzeit durch den Tatrichter für die sichere Beurteilung der zugrundeliegenden Tat häufig entbehrlich ist, also z. B. die Feststellung „nach dem 25. Mai 1966" reicht. Aber auch dann sind die Feststellungen des Tatrichters Bestandteil des Schuldspruchs, die das Revisionsgericht durch eigene Beweisaufnahme nicht *korrigieren* darf. Es darf sie vielmehr nur *ergänzen*, soweit ein Widerspruch zu den tatrichterlichen Feststellungen nicht entsteht und auch bei Zurückverweisung der Sache nicht entstehen kann. Dies ist lediglich dann der Fall, wenn sich aufgrund der ergänzenden Feststellungen des Revisionsgerichts das Vorhandensein eines nicht behebbaren Verfahrenshindernisses ergibt. Denn insoweit verbindet das Revisionsgericht im Rahmen seiner eigenen Kompetenz nur die selbst getroffenen Feststellungen mit denjenigen des Tatrichters zu einer logischen Einheit (so im Ergebnis *Schlüchter* 693). Entsprechend darf das Revisionsgericht im übrigen auch dann verfahren, wenn der Tatrichter überhaupt keine Feststellungen zur Tatzeit getroffen hat. Ansonsten muß es beim Fehlen solcher Feststellungen an den Tatrichter zurückverweisen, damit dieser sie nachholt[67].

3. Einzelne Verfahrensvoraussetzungen und -hindernisse

37 **a) Hinweis.** Die einzelnen Verfahrensvoraussetzungen sind in der Einleitung zu diesem Kommentar (Kap. 11 und 12) dargestellt und bei § 206a, 32 ff hinsichtlich der allgemeinen Konsequenzen behandelt, wenn sich ihr Fehlen nach Eröffnung des Hauptverfahrens herausstellt. Die folgenden Erläuterungen beschränken sich daher auf eine knappe Zusammenfassung spezifisch revisionsrechtlicher Gesichtspunkte.

---

[64] BGH bei *Dallinger* MDR **1955** 143; RGSt 12 436; 45 159; 69 318 = JW **1935** 3396 m. Anm. *Richter*; RGSt 71 261; KG VRS 21 200; OLG Celle GA **1968** 124; OLG Neustadt GA **1962** 125; OLG Schleswig SchlHA **1958** 318; a. A *Eb. Schmidt* Vor § 244, 40; § 337, 12 und Teil I Nr. 197 Fußn. 349.

[65] RGSt **69** 318; BGH bei *Dallinger* MDR **1955** 143.

[66] BGHSt **22** 90 = JR **1968** 466 m. Anm. *Kleinknecht* = JZ **1968** 433 m. Anm. *Eb. Schmidt*; ebenso KMR-*Paulus* § 244, 360; *Hanack* JZ **1973** 729 entgegen der in JZ **1972** 114 vertretenen Ansicht; OLG Celle GA **1968** 124; OLG Neustadt GA **1962** 125; *Willms* FS Heusinger 408; ablehnend *Peters* Nachtr. 35; LR-*Meyer* in der 23. Aufl., Rdn. 33; vgl. auch Ein. Kap. **11** unter VI.

[67] **A. A** (immer Zurückverweisung) KG JW **1927** 925; DAR **1956** 336; VRS 12 451; 21 199; OLG Koblenz OLGSt § 67 StGB S. 13; LR-*Meyer* in der 23. Aufl.; wohl auch *Peters* 624; ebenso offenbar RGSt 71 251.

38 b) Die **Abwesenheit des Angeklagten** im Sinne des § 276 ist ein Verfahrenshindernis (Einl. Kap. 12 unter IX), das im Revisionsverfahren aber praktisch keine Rolle spielt. Findet sonst die Hauptverhandlung in gesetzwidriger Weise in Abwesenheit des Angeklagten statt, so ist nur der zwingende Aufhebungsgrund des § 338 Nr. 5 gegeben (vgl. dort Rdn. 88 ff).

39 c) **Verhandlungsunfähigkeit** (dazu Einl. Kap. 12 unter IX; § 205, 12 ff). Im Gegensatz zur ständigen Verhandlungsunfähigkeit des Angeklagten ist seine nur zeitweilige Verhandlungsunfähigkeit während der tatrichterlichen Hauptverhandlung vom Revisionsgericht nicht von Amts wegen, sondern nur auf eine nach § 338 Nr. 5 erhobene Verfahrensrüge zu prüfen[68]. Im Sicherungsverfahren nach §§ 413 ff und bei vorsätzlich herbeigeführter Verhandlungsunfähigkeit i. S. des § 231a ist der Mangel der Verhandlungsunfähigkeit des Angeklagten überhaupt ohne Bedeutung.

40 Das Revisionsgericht **prüft** auch die ständige Verhandlungsunfähigkeit des Angeklagten ohne Bindung an die tatrichterlichen Feststellungen. Die gegenteilige Auffassung[69] ist mit nichts zu begründen. Sie wird darum im Schrifttum zu Recht abgelehnt und heute wohl auch in der Rspr. nicht mehr vertreten[70]. Richtig ist nur, daß das Revisionsgericht auf Grund des vom Tatrichter persönlich gewonnenen Eindrucks zu eigenen Ermittlungen vielfach keinen Anlaß haben wird[71]. Im übrigen müssen auch hier ernstliche Zweifel an der Verhandlungsfähigkeit reichen (Rdn. 34); vgl. auch § 205, 19; die gegenteilige Meinung ist noch immer verbreitet[72].

41 Ergibt sich, daß der Angeklagte in der Hauptverhandlung **vor dem Tatrichter** verhandlungsunfähig gewesen ist, so muß das Revisionsgericht das Urteil aufheben und die Sache an den Tatrichter zurückverweisen (OLG Düsseldorf GA **1957** 419). Wenn er erst zur Zeit der Hauptverhandlung **vor dem Revisionsgericht** verhandlungsunfähig ist, muß nach §§ 205, 206a verfahren werden (§ 351, 8).

42 d) **Anklageschrift** (dazu Einl. Kap. 12 unter I; § 206a, 41). Das Revisionsgericht hat von Amts wegen zu prüfen, ob eine Anklageschrift vorhanden ist, ob sie sich auf alle von dem Urteil erfaßten Taten im verfahrensrechtlichen Sinn (§ 264) bezieht und ob sie nicht wegen schwerwiegender Mängel (§ 200, 56 ff) unwirksam ist[73]. Das gleiche gilt für die Antragsschrift nach § 414 Abs. 2 und den Einziehungsantrag nach § 440[74]. Wird nach § 266 Abs. 2 mündlich Nachtragsanklage erhoben, so ist anhand der Sitzungsniederschrift, in die sie nach § 266 Abs. 2 Satz 2 aufgenommen werden muß, von Amts wegen zu prüfen, ob ihr Inhalt den Anforderungen des § 200 Abs. 1 genügt[75].

---

[68] OLG Hamm NJW **1961** 842; a. A OGHSt **2** 337; *Eb. Schmidt* Nachtr. I § 344, 3; offenbar auch BGH NJW **1970** 1981; vgl. § 338, 88.

[69] RGSt **29** 326; **24** 14; offengelassen von BGH bei *Dallinger* MDR **1958** 141 f, nicht vertreten von BGH bei *Dallinger* MDR **1958** 142.

[70] Ablehnend z. B. *Eb. Schmidt* Teil I Nr. 197 Fußn. 349; *Henkel* 298 Fußn. 8; v. *Hippel* 275 Fußn. 2. Zur heutigen Rechtsprechung vgl. die folg. Fußn.

[71] Vgl. BGH NStZ **1984** 329; BGH bei *Dallinger* MDR **1958** 142; OGHSt **2** 377; OLG Hamm NJW **1973** 1894; vgl. auch Einl. Kap. 11 unter VI; weitergehend LR-*Meyer* in der 23. Aufl.

[72] Sie wird z. B. vertreten von BGH NStZ **1983** 280; **1984** 181; BGH bei *Dallinger* MDR **1973** 902 und von bei *Dahs/Dahs* Rdn. 104 Fußn. 27 zit. unveröffentlichten Entscheidungen des BGH; von KK-*Pfeiffer* Einl. 12; KK-*Treier* § 205, 4; *Sulanke* 107; vgl. aber BGH NStZ **1984** 520 (Tatrichter darf bei Zweifel an der Verhandlungsfähigkeit keine Hauptverhandlung durchführen).

[73] Std. Rspr., z. B. BGHSt **5** 227; BGH bei *Dallinger* MDR **1956** 272; RGSt **37** 408; **41** 155; **56** 133; **67** 59; **68** 291; **77** 21, 36; RG HRR **1939** 545; vgl. auch § 206a, 41.

[74] Zum ersteren: RGSt **68** 291; **72** 143; RG JW **1935** 532; zum letzteren: OLG Karlsruhe NJW **1974** 711; § 206a, 41.

[75] OLG Koblenz VRS **49** 43; vgl. auch RGSt **67** 59.

War Anklage erhoben, erfaßte sie aber **nicht den Vorgang,** der zur Aburteilung **43** geführt hat (Verstoß gegen § 264), so ist, wenn der Anklagevorwurf nicht erwiesen ist, freizusprechen[76]. Fehlt es bei der Nachtragsanklage nur an einem ordnungsgemäßen Einbeziehungsbeschluß, so kann es ausreichen, das Urteil in dem von diesem Verfahrensmangel betroffenen Umfang aufzuheben (BGH NJW **1970** 950 = JZ **1971** 105 mit Anm. *Kleinknecht*).

e) Eröffnungsbeschluß. Sein Fehlen oder seine Unwirksamkeit wird in der Revi- **44** sion von Amts wegen berücksichtigt, während sonstige Fehler, insbesondere beim Zustandekommen, gemäß §§ 210, 336 Satz 2 mit der Revision überhaupt nicht angreifbar sind; vgl. im einzelnen § 207, 70 ff. Doch läßt BGH NStZ **1984** 133 bei Unvollständigkeit der zugelassenen Anklage (Unklarheit, welche Tatform eines Tatbestandes in Betracht kommt) die Revision dann zu, wenn der Mangel in der Hauptverhandlung nicht geheilt wird und dadurch im Hinblick auf den Zweck des § 243 Abs. 3 eine sachgerechte Verteidigung nicht gewährleistet war; vgl. auch § 207, 72; § 200, 59 f. Hatte sich der Tatrichter für örtlich unzuständig erklärt, so verliert der Eröffnungsbeschluß für die Zukunft seine rechtliche Wirkung. Eine unterlassene Verfahrenseinstellung hat das Revisionsgericht nachzuholen (BGHSt **18** 3).

f) Behördliche Strafverlangen und Ermächtigungen (dazu Einl. Kap. 12 unter **45** X 5). Im Revisionsverfahren gilt in diesen Fällen das gleiche wie bei der Verfahrensvoraussetzung eines wirksamen Strafantrags (unten Rdn. 58).

g) Immunität des Abgeordneten (dazu Einl. Kap. 12 unter IX 4 und bei § 152a). **46** Ihre Nichtbeachtung führt in der Revisionsinstanz zur Einstellung des Verfahrens. Das gleiche gilt, wenn Zweifel daran bestehen und nicht beseitigt werden können, ob die Immunität aufgehoben ist (*Sulanke* 108; vgl. auch oben Rdn. 34).

h) Innehaltungsgebot des § 154e Abs. 2 (dazu Einl. Kap. 12 unter X 5). Es stellt **47** nach h. M. ein von Amts wegen zu berücksichtigendes Verfahrenshindernis dar, so daß seine Nichtbeachtung durch den Tatrichter in der Revision auch ohne Rüge zur Aufhebung des Urteils und zur Zurückverweisung der Sache führen soll (BGHSt **8** 151). Dazu jetzt aus gutem Grund ablehnend LR-*Rieß* § 154 e, 22 f.

i) Zulässigkeit der Privatklage (dazu Einl. Kap. 12 unter IX 5). Das Revisionsge- **48** richt berücksichtigt auch einen Verzicht des Privatklägers auf das Privatklagerecht von Amts wegen (KG NJW **1960** 2207; a.A LG Hof MDR **1958** 444). Das Vorliegen des Sühneversuchs nach § 380 ist dagegen eine bloße Klagevoraussetzung, deren Fehlen für das Revisionsverfahren ohne Bedeutung ist (OLG Hamburg NJW **1956** 552 m. Nachw.; vgl. § 380, 44).

j) Anderweitige Rechtshängigkeit (dazu Einl. Kap. 12 unter IV; § 206a, 42 ff). Sie **49** führt als Verfahrenshindernis zwar in der Regel zur Verfahrenseinstellung, soweit das Prozeßhindernis reicht (BGHSt **22** 235), jedoch nicht ausnahmslos. Wenn Tateinheit in Betracht kommt, kann das Revisionsgericht an den Tatrichter zurückverweisen, damit dieser beide Verfahren verbindet. Unter Umständen ist auch eine eigene Sachentscheidung des Revisionsgerichts möglich, wenn dadurch der Schutz des Angeklagten vor doppelter Verurteilung wegen derselben Tat (Art. 103 Abs. 3 GG) nicht beeinträchtigt wird (BGHSt **10** 362; näher Einl. aaO; § 12, 31). Zur Frage, welchem Gericht bei doppelter Rechtshängigkeit der Vorrang gebührt, s. § 12, 16 ff, 27 ff.

---

[76] BGH bei *Dallinger* MDR **1956** 272; OLG Köln OLGSt § 264 S. 25.

§ 337 Drittes Buch. Rechtsmittel

50 k) **Rechtskraft im anhängigen Verfahren** (dazu Einl. Kap. 12 unter V). Das Revisionsgericht hat ohne Rüge zu prüfen, ob das Verfahren, in dem die Revision eingelegt ist, bereits ganz oder teilweise rechtskräftig erledigt ist. Die Rechtskraft kann auf verschiedene Weise eingetreten sein. Von den §§ 341 ff abgesehen, gilt revisionsrechtlich vor allem folgendes:

51 aa) **Strafbefehl.** Hat der Tatrichter übersehen, daß der Einspruch verspätet oder nicht wirksam eingelegt war, der Strafbefehl also rechtskräftig geworden ist, wird das Verfahren vom Revisionsgericht nicht eingestellt[77], sondern das Urteil aufgehoben und der Einspruch als unzulässig verworfen[78]. War die Zurücknahme des Einspruchs nicht beachtet worden, so hebt das Revisionsgericht das Urteil auf (KG VRS **26** 202) und stellt zur Klarstellung die Rechtskraft des Strafbefehls fest (OLG Hamm VRS **43** 112; OLG Karlsruhe DAR **1960** 237). Haben Amtsgericht *und* Landgericht übersehen, daß ein nach § 412 zu verwerfender Einspruch gar nicht vorlag, so werden beide Urteile aufgehoben (OLG Oldenburg MDR **1971** 680). Zum Verbot der Schlechterstellung vgl. § 358, 20.

52 bb) **Berufungsurteil.** Wird mit der Revision ein Berufungsurteil angefochten, so kann Rechtskraft dadurch eingetreten sein, daß die Berufung (wegen verspäteter oder sonst unwirksamer Einlegung, wegen Fehlens der Befugnis zur Rechtsmitteleinlegung, wegen Verzichts oder Rücknahme) unzulässig war. Das Revisionsgericht hat das stets von Amts wegen zu prüfen[79]. An eine Entscheidung des Berufungsgerichts über die Zulässigkeit der Berufung ist es nicht gebunden (RGSt **65** 253; a.A OLG Königsberg JW **1929** 1507 mit abl. Anm. *Mannheim* für den Fall, daß der Tatrichter einen Rechtsmittelverzicht auf Grund einer Beweisaufnahme festgestellt hat). Zur Prüfung von Wiedereinsetzungsentscheidungen des Tatrichters vgl. § 46, 16 ff.

53 Ist die Unzulässigkeit der Berufung übersehen worden, die Sache also bereits rechtskräftig, so hebt das Revisionsgericht das Berufungsurteil auf und **verwirft** die Berufung **als unzulässig**[80]. Dabei empfiehlt sich die Feststellung, daß das erste Urteil rechtskräftig geworden ist[81]. Zum Verhältnis eines gleichzeitig gestellten Wiedereinsetzungsantrags nach § 329 Abs. 3 s. bei § 329, und zum Verbot der Schlechterstellung § 358, 20.

54 cc) **Berufungsbeschränkung.** War die Berufung auf bestimmte Beschwerdepunkte beschränkt (§ 318), so prüft das Revisionsgericht ohne Rücksicht auf eine Beschwer des

---

[77] So aber OLG Hamm JMBlNRW **1954** 60; *Eb. Schmidt* Teil I Nr. 257 Fußn. 464.
[78] BGHSt **13** 306; BayObLGSt **1953** 36; **1961** 138 = NJW **1961** 1637; BayObLGSt **1961** 195 = NJW **1962** 119; BayObLGSt **1966** 23 = NJW **1966** 1376; OLG Hamm JW **1932** 1782 m. Anm. *Mamroth*; VRS **41** 381; OLG Schleswig SchlHA **1954** 235; das OLG Dresden JW **1929** 2773; **1930** 772 hielt das Urteil in einem solchen Fall für nichtig; vgl. auch BGHSt **26** 183 m. Anm. *Sieg* NJW **1976** 155; OLG Hamm **1970** 1092 für den ähnlichen Fall der Rechtskraft des Bußgeldbescheides.
[79] RGSt **65** 250 = JW **1931** 2370 m. Anm. *Beling*; BayOBLGSt **1951** 515; **1952** 100; **1953** 89 = VRS **5** 544; BayObLGSt **1958** 2; **1962** 69 = NJW **1962** 1527; BayObLGSt **1966** 22 = NJW **1966** 1376; BayObLGSt **1974** 141 = VRS **42** 216; BayObLG JW **1932** 955 mit Anm. *Klee*; NJW **1962** 1527; KG JR **1955** 310 mit Anm. *Sarstedt*; JR **1969** 272; OLG Celle NJW **1967** 640; VRS **25** 128; OLG Düsseldorf GA **1983** 220; OLG Hamm JMBlNRW **1954** 228. KK-*Pikart* 25; *Kleinknecht/Meyer* § 352, 8; KMR-*Paulus* 27; a. A Doerr GA **72** (1928) 91; *Eb. Schmidt* Vor § 312 8 ff will die Amtsprüfung auf die Rechtzeitigkeit der Berufung beschränken.
[80] BayObLGSt **1966** 21 = NJW **1966** 1376; BayObLG MDR **1953** 249; KG JR **1955** 310 m. Anm. *Sarstedt*; OLG Tübingen DRZ **1948** 271.
[81] OLG Hamm VRS **43** 112; OLG Karlsruhe DAR **1960** 237; KMR-*Paulus* 27.

§ 337

Beschwerdeführers auch, ob die Beschränkung rechtswirksam war[82]. Die Prüfung entfällt jedoch, wenn die Revision ihrerseits nur einen abtrennbaren Teil des Urteils angreift, mit dessen Bestand die Berufungsbeschränkung nicht unmittelbar zusammenhängt. Ist z. B. die Revision der Staatsanwaltschaft wirksam auf die Aussetzungsfrage beschränkt, so wird nicht von Amts wegen geprüft, ob die Beschränkung der Berufung des Angeklagten auf einen Teil des Schuldspruchs überhaupt möglich war (BayObLGSt **1967** 14 = VRS **33** 45). Die Beschränkung der von der Staatsanwaltschaft eingelegten Revision auf die Straffrage schränkt die Prüfungspflicht des Revisionsgerichts dagegen nicht ein (OLG Frankfurt VRS **50** 418). An die Auslegung der Berufungseinlegung durch das Berufungsgericht ist das Revisionsgericht nicht gebunden[83].

Bei einer **unwirksamen Beschränkung** der Berufung hat das Berufungsgericht zu Unrecht einen Teil des ersten Urteils für rechtskräftig gehalten und nur eine Teilentscheidung getroffen. Daher muß das Urteil vom Revisionsgericht regelmäßig aufgehoben und die Sache an den Tatrichter zurückverwiesen werden, damit er die fehlende Entscheidung nachholt[84]. Ausnahmsweise braucht das Urteil nicht aufgehoben zu werden, wenn das Landgericht trotz des Irrtums über die Wirksamkeit der Berufungsbeschränkung vollständige Feststellungen auch zur Schuldfrage getroffen hat (BayObLG bei Rüth DAR **1976** 179) oder wenn ausgeschlossen erscheint, daß das Urteil auf dem Fehlen der Feststellungen beruht (OLG Braunschweig VRS **23** 136). **55**

Bei einer **wirksamen Beschränkung,** die das Berufungsgericht nicht beachtet oder irrtümlich für unwirksam gehalten hat, war das erste Urteil bereits teilweise rechtskräftig und durfte in diesem Umfang nicht mehr Teil einer neuen Sachentscheidung sein. Das Revisionsgericht muß den richtigen Zustand wiederherstellen, also regelmäßig das Urteil teilweise aufheben (anders RG JW **1928** 1506 m. Anm. *Oetker*, das zu Unrecht eine Nachprüfung in vollem Umfang für erforderlich hält). Davon kann nur abgesehen werden, wenn die Schuldaussprüche des ersten und zweiten Rechtszuges übereinstimmen oder wenn der Angeklagte Revision eingelegt hat und der Schuldspruch des zweiten Urteils für ihn günstiger ist (KG GA **55** [1908] 122). Zum Verbot der Schlechterstellung vgl. § 358, 20. **56**

---

[82] RGSt **62** 13 = JW **1928** 2291 m. Anm. *Oetker*; RGSt **64** 21, 153 = JW **1930** 2571 m. Anm. *Mannheim*; RGSt **65** 252 = JW **1931** 2370 m. Anm. *Beling*; RGSt **65** 297; **67** 30; RG JW **1929** 264 m. Anm. *Löwenstein*; RG JW **1931** 1616, 2831 m. Anm. *Lissner*; BayObLGSt **1956** 3; **1957** 45, 107; **1959** 126 = JZ **1960** 30 mit Anm. *Heinitz*; BayObLGSt **1967** 14 = VRS **33** 45; BayObLGSt **1967** 146 = JR **1968** 108 mit Anm. *Sarstedt*; BayObLGSt **1971** 46 = VRS **41** 26; BayObLGSt **1973** 203 = NJW **1974** 761; BayObLGSt **1974** 8 = MDR **1975** 72; KG JW **1936** 1146 unter Aufgabe der in JW **1927** 3060 und GA **71** 349 vertretenen Ansicht; KG NJW **1976** 813; OLG Braunschweig VRS **23** 136. OLG Celle NJW **1963** 65; **1969** 1588; VRS **42** 20; OLG Dresden JW **1932** 963; OLG Frankfurt VRS **50** 416; OLG Hamburg NJW **1963** 459; VRS **45** 31; OLG Hamm DAR **1972** 245; JMBlNRW **1957** 58; **1975** 204; NJW **1954** 613; **1955** 644; **1973** 382, 1894; OLGSt § 318 S. 43; VRS **30** 204; **39** 192; **40** 20; **45** 208; OLG Karlsruhe NJW **1971** 157; OLG Koblenz OLGSt § 318 S. 54; § 21 StGB S. 2, 7; VRS **42** 135; **43** 256, 259, 420; **46** 204; **48** 17; **49** 52, 362; OLG Köln MDR **1964** 525; VRS **16** 424; OLG Oldenburg NJW **1959** 1983; VRS **23** 47; OLG Zweibrücken StrVert. **1982** 13.

[83] RGSt **58** 327; RG JW **1927** 2714; **1931** 2831 m. Anm. *Lissner*; KG JW **1922** 3059; OLG Hamburg NJW **1963** 459; OLG Hamm JMBlNRW **1953** 69; **1957** 58; **1959** 107; OLGSt § 318 S. 40; OLG Oldenburg VRS **23** 47; **a. A** BayObLGSt **11** 409; **19** 221; BayObLG JW **1928** 3000 m. abl. Anm. *Mannheim*. Vgl. auch bei § 318.

[84] RGSt **64** 154; RG JW **1929** 264; BayObLG JR **1978** 248; OLG Frankfurt VRS **50** 417; OLG Hamburg VRS **45** 32; OLG Hamm NJW **1962** 1074; KG NJW **1976** 813 in std. Rspr.; OLG Koblenz VRS **42** 135; **43** 421; **60** 449; OLG Zweibrücken StrVert. **1982** 13; *Dahs/Dahs* 351; *Eb. Schmidt* § 352, 3.

57 **dd) Die Sperrwirkung des rechtskräftigen Schuldspruchs** (genauer: § 344, 66) nach revisionsrichterlicher Teilaufhebung eines Urteils oder nach Aufhebung eines Urteils nur im Rechtsfolgenausspruch muß der Tatrichter bei der neuen Verhandlung über die Rechtsfolgen grundsätzlich beachten (zu den streitigen Einzelheiten s. § 353, 26 ff). Ob das geschehen ist, prüft das Revisionsgericht bei einer erneuten Revision von Amts wegen[85].

58 **l) Strafantrag** (dazu Einl. Kap. 12 unter X). Bei Antragsdelikten hat das Revisionsgericht ohne Rüge zu prüfen, ob der Strafantrag vorliegt (allg. M.). An die Feststellungen und die Beweiswürdigung des Tatrichters ist es auch hier nicht gebunden[86]. Der Nachweis rechtzeitiger Antragstellung ist noch im Revisionsverfahren zulässig. Es kann sogar der bisher fehlende Strafantrag noch im Revisionsverfahren nachgebracht werden, falls die Antragsfrist noch nicht abgelaufen sein sollte[87]. Das Fehlen eines Strafantrags führt zur Einstellung des Verfahrens (vgl. § 206a, 45); kann er noch nachgeholt werden, so ist das Urteil aufzuheben und die Sache regelmäßig an den Tatrichter zurückzuverweisen (§ 354, 8). Die Einstellung wegen fehlenden Strafantrags geht der wegen Vorliegens eines Straffreiheitsgesetzes vor (RG DStR **1937** 306; vgl. aber auch § 206a, 49).

59 **m) Erklärung des besonderen öffentlichen Interesses** an der Strafverfolgung (dazu Einl. Kap. 12 unter X; § 206a, 46). Für diese Verfahrensvoraussetzung gelten die Grundsätze zum Strafantrag entsprechend. Die Verfahrensvoraussetzung kann ebenfalls noch in der Revisionsinstanz hergestellt werden[88].

60 **n) Niederschlagung durch Straffreiheitsgesetze** (dazu Einl. Kap. 12 unter VI). Als Prozeßhindernis in der Revisionsinstanz von Amts wegen zu beachten sind Straffreiheitsgesetze auch dann, wenn das Rechtsmittel nur beschränkt eingelegt worden ist[89]. Zu den streitigen Voraussetzungen der Feststellung vgl. § 206a, 29. Hängt die Anwendung des Straffreiheitsgesetzes von der Feststellung der Tatbeendigung (bei Dauerstraftaten oder fortgesetzten Handlungen) oder von der voraussichtlichen Strafhöhe ab, so darf das Revisionsgericht, wenn entsprechende Feststellungen des Tatrichters fehlen oder keinen Bestand haben, nicht selbst entscheiden, sondern muß die Sache an ihn zurückverweisen[90]. So muß auch verfahren werden, wenn das Urteil keine oder keine ausreichende Angabe zur Tatzeit enthält, obwohl es wegen des Amnestiestichtages darauf ankommt (vgl. aber oben Rdn. 33). Richtet sich die Revision der Staatsanwaltschaft oder des Privat- oder Nebenklägers gegen ein freisprechendes Urteil, so stellt das Revisionsgericht das Verfahren wegen Amnestie nur ein, wenn das Urteil Rechtsfehler enthält; anderenfalls wird das Rechtsmittel verworfen[91]. Hat der Angeklagte gegen ein verurteilendes Erkenntnis, in dem das Straffreiheitsgesetz fehlerhaft nicht angewendet worden ist, Revision eingelegt und ergibt die Prüfung, daß eine Straftat aus Rechtsgründen

---

[85] Vgl. z. B. BGHSt **7** 286; BayObLG DAR **1958** 23; OLG Celle VRS **14** 65.

[86] BGH bei *Dallinger* MDR **1955** 143; RGSt **51** 72; RGRspr. **7** 259; RG JW **1928** 2988; a. A BayObLG JW **1925** 2796 mit Anm. *Goldschmidt*.

[87] BGHSt **3** 73; **6** 157, 285; RGSt **68** 124; **73** 114; RG HRR **1939** 1380; a. A RGSt **46** 48; RG GA **69** (1925) 149.

[88] BGHSt **6** 285; **19** 381; BGH bei *Dallinger* MDR **1974** 546; **1975** 367; RGSt **75** 342; **76** 9;

KG VRS **11** 208; OLG Köln JR **1953** 232; OLG Oldenburg NJW **1952** 989.

[89] BGHSt **6** 304; RGSt **74** 206; RG HRR **1939** 1141.

[90] BGH NJW **1952** 633; RGSt **75** 34 für die Tatbeendigung; BGHSt **9** 105 für die Strafhöhe; vgl. auch BGHSt **16** 403; RGSt **73** 66.

[91] OLG Düsseldorf NJW **1950** 360; a. A OLG Frankfurt NJW **1955** 75; vgl. auch OLG Köln NJW **1954** 1696.

nicht vorliegt, so ist nicht das Straffreiheitsgesetz anzuwenden, sondern freizusprechen (§ 354, 8). Die Zurückverweisung an den Tatrichter ist aber erforderlich, wenn die Möglichkeit besteht, daß die neue Verhandlung zur Feststellung einer Straftat führt, die nicht unter das Straffreiheitsgesetz fällt (RGSt 71 271).

Sieht das Straffreiheitsgesetz einen **Antrag des Angeklagten** auf Durchführung des Verfahrens vor, kann der Antrag u. U noch im Revisionsverfahren gestellt werden (näher BGHSt 2 216). **61**

o) **Strafklageverbrauch** (dazu Einl. Kap. 12 unter V 1 und 14). Das Revisionsgericht muß Verstöße gegen das Verbot der Doppelbestrafung (ne bis in idem, Art. 103 Abs. 3 GG) stets von Amts wegen beachten (allg. M.)[92]. Die Entscheidung wird von demjenigen Revisionsgericht getroffen, das über die gegenwärtige Sache zu urteilen hat, und zwar unabhängig von der rechtlichen Bewertung der Tat (Fortsetzungszusammenhang) durch den früheren Richter[93]. Im Falle eines Verstoßes hebt es das angefochtene Urteil auf, gleichgültig, ob es sonst auf einer Verletzung des Gesetzes beruht und ob es früher ergangen ist als das bereits rechtskräftige Urteil (BGHSt 9 192)[94]. Das Verfahren ist einzustellen. Zur beschränkten Rechtskraft von Strafbefehlen vgl. bei § 410 sowie BVerfGE 65 337 und den Vorschlag in Art. 1 Nr. 27 StVÄGE 1984. **62**

p) **Ablehnung der Eröffnung des Hauptverfahrens.** Ob der ablehnende Beschluß (§ 204) auf Grund neuer Tatsachen oder Beweismittel wieder aufgenommen werden durfte (§ 211), prüft das Revisionsgericht von Amts wegen[95], wobei es auf die Voraussetzungen zur Zeit des Urteils ankommt (vgl. § 211, 23). **63**

q) **Verjährung.** Der Eintritt der Verfolgungsverjährung (dazu Einl. Kap. 12 unter VII; § 206a, 47) ist als Verfahrenshindernis vom Revisionsgericht von Amts wegen zu beachten (allg. M.)[96]. Das Revisionsgericht hat dabei nicht nur den Ablauf der Verjährungsfrist zu prüfen, sondern im Wege des Freibeweises auch festzustellen, ob die Verjährung nach § 78c StGB in wirksamer Weise unterbrochen worden ist (BGHSt 4 135; RGSt 12 434). Ist die Strafverfolgung wegen eines tateinheitlich begangenen Delikts verjährt, so wird der Schuldspruch dahin berichtigt, daß die Verurteilung insoweit entfällt (oben Rdn. 32). Wenn das abgeurteilte Vergehen verjährt ist, aber die Verurteilung wegen eines Verbrechens in Betracht kommt, muß aufgehoben und zurückverwiesen werden (vgl. OLG Hamm JMBlNRW 1953 213). Läßt sich die Verjährung ohne Einziehung gemäß § 154a Abs. 1 oder 2 vorläufig ausgeschiedener Tatteile abschließend nicht beurteilen, so hat das Revisionsgericht dem Tatrichter, der das übersehen hat, die entsprechende Möglichkeit zu eröffnen (BGHSt 29 316). **64**

---

[92] Vgl. aus der Rechtsprechung z. B. BGHSt 9 162; 15 268; 20 293; BGH NJW 1963 1020; 1966 114; BGH bei *Dallinger* MDR 1958 566; BGH bei *Martin* DAR 1974 122; RGSt 18 272; 25 29; 30 342; 35 370; 41 153; 49 170; 56 351; 62 262; 65 150; 69 171; 72 102; OGHSt 2 376; KG GA 1953 123; OLG Celle MDR 1960 334; OLG Frankfurt HESt 3 49 = SJZ 1949 872 mit Anm. *Weber*; JR 1949 352 mit Anm. *Weber*; NJW 1969 1915; OLG Saarbrücken VRS 47 433.

[93] Vgl. z. B. BGHSt 15 270; OLG Hamburg VRS 26 50; 45 32.

[94] BGH bei *Dallinger* MDR 1973 556; RGSt 41 152; OLG Frankfurt HESt 2 105; OLG Hamburg VRS 49 378; OLG Kiel NJW 1947/48 394.

[95] BGHSt 7 64; 18 225; RGSt 46 71; 56 92; 57 158; 60 99; OLG Hamm VRS 49 191.

[96] Vgl. aus der Rechtsprechung z. B. BGHSt 2 306; 4 137; 8 270; 11 395; BGH bei *Dallinger* MDR 1952 407; RGSt 63 321; 66 328; 67 55; 76 159; RG JW 1930 3421; RG HRR 1938 941; KG VRS 21 200; 26 286; OLG Bremen NJW 1956 1248; OLG Celle MDR 1966 865; OLG Hamburg MDR 1958 52; OLG Hamm NJW 1972 2097; OLG Neustadt GA 1962 125; OLG Oldenburg NdsRpfl. 1953 207.

65 r) **Zuständigkeit** (dazu Einl. Kap. 12 unter XI). Seine eigene sachliche Zuständigkeit und die der Gerichte der vorangegangenen Rechtszüge prüft das Revisionsgericht nach heute fast allg. M. stets von Amts wegen[97]. Das gilt auch für den Fall, daß das Berufungsgericht die Strafgewalt des Amtsgerichts (§ 24 Abs. 2 GVG) überschritten hat, ohne die Sache als Gericht des ersten Rechtszugs zu verhandeln (näher § 6, 17 ff). Fehlte die sachliche Zuständigkeit, so hebt das Revisionsgericht, abgesehen vom Fall des § 269, das Urteil auf, auch wenn der Angeklagte durch den Mangel nicht beschwert ist (BGHSt 13 161), und verweist die Sache an das zuständige Gericht (§ 355). Näheres zu den revisionsrechtlichen Fragen der sachlichen Zuständigkeit bei § 338, 69 ff. Zur Beachtung der örtlichen Zuständigkeit s. § 16, 18 ff. Die Zuständigkeit besonderer Spruchkörper gemäß § 6a, das Verhältnis zwischen Jugend- und Erwachsenengerichten sowie die geschäftsplanmäßige Zuständigkeit sind keine Verfahrensvoraussetzungen im eigentlichen Sinne; sie werden vom Revisionsgericht nur auf eine ordnungsgemäß erhobene Verfahrensrüge hin geprüft, im Falle des § 6a (s. dort Rdn. 24) nach rechtzeitig erhobenem Einwand gemäß § 6a Satz 3; näher bei § 338, 74 ff.

IV. Verletzung des Gesetzes: Sonstiges Verfahrensrecht

66 1. **Abgrenzung zur Sachrüge.** Die Revision wegen Verletzung des Verfahrensrechts unterliegt, wie schon § 344 Abs. 2 zeigt, etwas anderen Grundsätzen als die wegen Verletzung des sachlichen Rechts. Auch für das Revisionsverfahren ist daher die streitige Frage wichtig, ob Rechtsnormen dem einen oder dem anderen Bereich zugehören[98]. Entscheidend dafür ist nicht die Stellung innerhalb des Gesetzes; es kommt also nicht darauf an, ob eine Norm in der Strafprozeßordnung oder in einem anderen Gesetz steht. Maßgebend ist vielmehr die Funktion. Verfahrensnormen sind danach solche Bestimmungen, die den Weg betreffen, auf dem der Richter zur Urteilsfindung berufen und gelangt ist[99] bzw. auf dem die anderen Prozeßbeteiligten diese Urteilsfindung vorbereiten oder auf sie einwirken. Alle anderen Vorschriften gehören dem sachlichen Recht an und unterliegen daher der Sachrüge. Der Sachrüge unterliegt auch der Verstoß gegen den Grundsatz in dubio pro reo (oben Rdn. 14) und der Verstoß gegen die §§ 51, 66 BZRG i. d. F. der Neubek. vom 21. 9. 1984 (BGBl. I 1229) bei der Strafzumessung (unten Rdn. 176). Zur Bedeutung der Denkgesetze und der Erfahrungssätze s. Rdn. 165 ff und Rdn. 170 ff.

67 Streitig ist, ob *nur* die Verfahrensrüge eingreift, wenn eine Verfahrensverletzung **Grundrechte** des Angeklagten oder eines Dritten (Zeugen) beeinträchtigt. So wird die Ansicht vertreten, unzulässige Schlüsse aus dem Schweigen des Angeklagten oder eines

---

[97] BGHSt 7 27 = MDR 1955 181 m. Anm. *Dallinger*; BGHSt 10 64, 74; 13 161, 397; 14 65; 18 81 – GSSt; BGHSt 22 2; 26 88, 197; BGH NJW 1960 2203; 1970 115; BGH bei *Dallinger* MDR 1956 146; 1972 18; RGSt 66 256; 67 58; RG HRR 1939 1285; BayObLGSt 1953 89 = VRS 5 544; BayObLGSt 1970 62 = VRS 39 107; OLG Celle JR 1950 414; OLG Dresden JW 1928 2375 mit abl. Anm. *Weber*; OLG Hamm JMBlNRW 1953 287; OLG Karlsruhe VRS 48 287; OLG Oldenburg NJW 1957 1329; OLG Saarbrücken NJW 1966 1041; OLGSt § 309 S. 1; KK-*Pikart* 25; *Eb. Schmidt* Nachtr. I § 6, 2 und Teil 1 Nr. 127; *Henkel* 232; *Rieß* GA 1976 10; a. A RGSt 34 256; 62 63; 64 180; RG LZ 1923 142; *Peters* 262, die die Prüfung der sachlichen Zuständigkeit der Gerichte der vorangegangenen Rechtszüge nur auf entsprechende Rüge für erforderlich halten.

[98] Allgemein zu den Problemen zuletzt *Volk* Prozeßvoraussetzungen insbes. S. 28 ff, 204 ff m. Nachw.

[99] BGHSt 19 275; 25 101; BGH JR 1981 433; OLG Karlsruhe OLGSt § 52 StPO S. 1; *Schlüchter* 705; *Loewenstein* 10; *Doller* MDR 1974 979.

Zeugen verletzten auch dessen grundrechtlich geschützte Position, so daß der Verstoß nicht mehr allein der Verfahrensrüge zugeordnet werden könne, sondern auch auf die Sachrüge zu beachten sei[100]. *Peters* hält den Verstoß gegen „Grund- und Menschenrechte" bei der Verfahrensrüge stets für von Amts wegen revisibel[101], was wohl nur im Wege der Sachrüge denkbar ist. Er vertritt, entsprechend der sog. Leistungsmethode (Vor § 333, 5) darüber hinaus, wenn auch in etwas unklarem Umfang, die Ansicht, die Sachrüge erfasse jeden Verfahrensfehler, der sich ohne weitere Darlegungen des Beschwerdeführers aus dem Urteil selbst ergebe[102]. Dem allen ist zu widersprechen[103]: Das Gesetz überläßt die Rüge von Verfahrensmängeln, falls es sich nicht um Prozeßvoraussetzungen oder -hindernisse handelt, allein der Entschließung des Beschwerdeführers. Es kennt insoweit bewußt keine Pflicht des Revisionsgerichts, ihnen von Amts wegen nachzugehen, bindet vielmehr die Rüge „auch dann, wenn es sich um Grundrechtsverletzungen handelt, aus wohlerwogenen und sachgemäßen Gründen an gewisse Formvorschriften" (BGHSt **19** 277). Da Verfahrensfehler die Grundrechtspositionen des Angeklagten oder eines Dritten gewiß sehr häufig, wenn nicht regelmäßig, beeinträchtigen, würde diese Regelung des Revisionsrechts verändert oder unterlaufen, wenn man überall dort, wo ein Verfahrensfehler auch grundrechtlich relevant ist, ihn auf dem Weg über die Sachrüge zugleich als Verletzung des sachlichen Rechts ansehen wollte. Etwas anderes kann *allenfalls* gelten, wenn sich die Grundrechtsverletzung über den Verfahrensfehler hinaus in den Urteilsgründen noch einmal als weitere und selbständige Beeinträchtigung niederschlägt oder wenn die verletzte Verfahrensnorm über ihren generellen Bezug zu den Grundrechten hinaus erkennbar einen absoluten Schutz des betroffenen Verfahrensbeteiligten bezweckt; vgl. dazu *Hanack* JR **1981** 434. Jedenfalls beim Schluß aus dem Schweigen des Angeklagten oder eines Zeugen ist diese Situation nicht gegeben, richtigerweise also lediglich ein Verfahrensmangel zu bejahen[104].

68 Im Ergebnis **stark verwischt** wird der überkommene Unterschied zwischen Sach- und Verfahrensrüge – und damit zugleich auch die traditionelle Begrenzung der Verfahrensrüge – durch den heutigen Anwendungsbereich der sog. **Darstellungsrüge** (vgl. Vor § 333, 4), also die Kontrolle der Voraussetzungen einer richtigen Anwendung des materiellen Rechts mit Hilfe der Sachrüge; dazu näher unten Rdn. 127 f.

69 **2. Verfahrensverletzungen.** Eine Verfahrensverletzung kann darin bestehen, daß eine gesetzlich vorgeschriebene Handlung, insbesondere eine Entscheidung, unterblieben ist, daß sie fehlerhaft vorgenommen worden ist oder daß sie überhaupt unzulässig war (*Eb. Schmidt* 23; *Beling* FS Binding **2** 131 ff). Ob der Fehler auf ausdrücklicher Entscheidung beruht, ist dabei ohne Bedeutung. Maßgebend für die Beurteilung der Verfahrenslage und der Gesetzmäßigkeit des Verfahrens ist grundsätzlich die wirkliche Sachlage, wie das Revisionsgericht sie ermittelt, nicht die Sachlage, die der Tatrichter gekannt und beurteilt hat[105]. Denn Verfahrensmängel werden nicht dadurch aus der Welt geschafft, daß der Tatrichter sich über die Sachlage irrt (*Beling* aaO S. 94). Verfahrensrü-

---

[100] So *Doller* MDR **1974** 980 für das Schweigen des Angeklagten; ihm folgend BGH JR **1981** 432 m. Anm. *Hanack* für das Schweigen des Zeugen.
[101] Gutachten C zum 52. DJT, 1978, S. 76 mit weit. Nachw.
[102] Lehrb. 621; vgl. auch Gutachten aaO S. 71 ff.
[103] Näher zum folgen *Hanack* Anm. in JR **1981** 434; vgl. auch *Dencker* NStZ **1982** 460.
[104] So im Ergebnis auch OLG Karlsruhe GA **1975** 182; OLG Koblenz VRS **45** 366; OLG Oldenburg NJW **1969** 806; wohl auch KG NJW **1966** 605; weitere Nachw. bei *Doller* MDR **1974** 797; offengelassen von OLG Celle VRS **46** 142.
[105] BGHSt **10** 305; **16** 180; **a. A** OLG Dresden JW **1930** 734; OLG Hamburg NJW **1953** 235.

gen können mit der Revision daher auch geltend gemacht werden, wenn dem Beschwerdeführer selbst (RGSt 32 158) oder dem Tatrichter die den Verstoß begründenden Tatsachen (mit oder ohne Verschulden) unbekannt waren[106]. Nur wenn die Verfahrenshandlung den seinerzeitigen Verfahrensstand zur Grundlage zu nehmen hatte, kommt es auf diesen Zeitpunkt an. Die Beurteilung des Teilnahmeverdachts nach § 60 Nr. 2 richtet sich z. B. nach den Gegebenheiten zur Zeit der tatrichterlichen Urteilsfindung (BGH NStZ **1981** 110).

3. Beweis der Verfahrensrüge

70 a) **Allgemeines.** Eine Verfahrensrüge kann nach herrschender Meinung nur Erfolg haben, wenn die Tatsachen, die den Verfahrensmangel ergeben, bewiesen sind (unten Rdn. 76). Auch wenn man das in dieser Allgemeinheit nicht für richtig hält (Rdn. 76), so setzt die Zulässigkeit einer Verfahrensrüge doch jedenfalls voraus, daß die vom Beschwerdeführer hierzu vorgetragenen Tatsachen überhaupt bewiesen werden *können*. Das ist aus Rechtsgründen z. B. nicht möglich, wenn die Gesetzwidrigkeit von Vorgängen gerügt wird, auf die sich das Beratungsgeheimnis nach § 43 DRiG bezieht[107]. Auf Fehler des Abstimmungsverfahrens kann die Revision aber gestützt werden, wenn die Reihenfolge der Abstimmung und die Stimmenverhältnisse im Urteil ausdrücklich dargelegt worden sind[108].

71 b) **Beweis durch die Sitzungsniederschrift.** Soweit Verfahrensverstöße wesentliche Förmlichkeiten der Hauptverhandlung (§ 273 Abs. 1) betreffen, ist Beweisgrundlage nach § 274 ausschließlich die Sitzungsniederschrift. Eine Ausnahme gilt, wenn diese im Einzelfall, z. B. wegen Lückenhaftigkeit, der Beweiskraft entbehrt (dazu bei § 274). Wird die Niederschrift zugunsten des Beschwerdeführers berichtigt, so ist für das Revisionsgericht die berichtigte Fassung maßgebend (vgl. bei § 271). Da ein Gegenbeweis gegen das Sitzungsprotokoll (vom Extremfall des § 274 Satz 2 abgesehen) nicht zulässig ist, andererseits aber eine Protokollberichtigung zu dem Zweck, einer Verfahrensrüge den Boden zu entziehen, von der Rspr. nicht als wirksam angesehen wird (vgl. bei § 271), ist der Beschwerdeführer in der Lage, fehlerhafte Angaben in der Sitzungsniederschrift dazu auszunutzen, Verfahrensfehler erfolgreich geltend zu machen, die tatsächlich überhaupt nicht vorgekommen sind (sog. unwahre Verfahrensrüge). Zur Frage, ob ein Verteidiger, der die Revision in dieser Weise begründet, rechts- oder standeswidrig handelt, s. Vor § 137.

72 Ist die Sitzungsniederschrift **verlorengegangen** oder nicht wirksam hergestellt worden und nicht rekonstruierbar, so muß das Revisionsgericht die von der Revision beanstandeten Verfahrensvorgänge, die sonst aus dem Protokoll bewiesen oder widerlegt werden können, im Wege des Freibeweises (§ 244, 3 f) aufzuklären versuchen (*W. Schmid* FS Lange 799). Die gegenteilige Auffassung des RG, wonach der Verfahrensfehler offenbar als geschehen unterstellt werden soll[109], überzeugt im Hinblick auf die

---

[106] BGHSt **20** 98; **22** 266; RGSt **12** 126; **20** 163; **31** 232; **32** 159; **44** 256; RGRspr. **6** 370; **7** 346; **9** 129; RG JW **1931** 2817; a. A RGSt **16** 214; vgl. insbes. auch bei § 52; bei § 60 und bei § 231.

[107] Vgl. RGSt **26** 205; **36** 373; **61** 217; **67** 280; RG JW **1928** 1310 m. abl. Anm. *Scanzoni*; **1930** 2561 m. Anm. *Alsberg*; RG GA **56** (1909) 212; **64** (1917) 553; OLG Celle MDR **1958** 182; *Henkel* 255 Fußn. 13; a. A *Beling* 419 Fußn. 2; offengelassen bei BGH VRS **48** 363; vgl. im übrigen die Erl. zu § 263 StPO und § 43 DRiG.

[108] So BGH bei *Holtz* MDR **1976** 989; RGSt **60** 295.

[109] RGSt **13** 77; **68** 272 = JW **1934** 2777 m. Anm. *Krille*; vgl. auch RG JW **1928** 1311 m. Anm. *Philipp*.

mögliche Aufklärung nicht. Erst wenn die Aufklärung nicht gelingt, ist davon auszugehen, daß das Revisionsvorbringen zutrifft.[110]

c) Beweis durch die Urteilsgründe. Ein Verfahrensfehler, der sich aus der Sitzungsniederschrift nicht ergibt, kann aufgrund des mit der Revision angefochtenen Urteils erwiesen sein[111]; dem steht dann auch die Beweiskraft des Protokolls nicht entgegen, weil das Urteil gewissermaßen als dessen Ergänzung erscheint, Protokoll und Urteil jedenfalls insoweit als Einheit verstanden werden müssen. Verfahrensfehler können sich aus dem Urteil insbesondere ergeben, wenn in ihm andere Gründe für die Nichtvereidigung eines Zeugen angegeben sind als im Protokoll, wenn aus dem Urteil hervorgeht, daß ein Zeuge teilnahmeverdächtig ist und daher nach § 60 Nr. 2 nicht hätte vereidigt werden dürfen, wenn im Urteil zu entnehmen ist, daß ein Teilnahmeverdacht gegen den unvereidigt gebliebenen Zeugen in Wahrheit nicht oder nicht mehr besteht oder daß die Voraussetzungen für das Absehen von der Vereidigung nach § 61 nicht vorgelegen haben. Entsprechendes gilt, wenn ein Beweisantrag nach § 244 Abs. 3 in der Hauptverhandlung ohne Rechtsfehler abgelehnt worden ist, das Urteil dazu aber weitere Ausführungen enthält, die rechtlich zu beanstanden sind (vgl. bei § 244). Der Urteilsinhalt ist ferner heranzuziehen, wenn die Revision rügt, das Gericht habe einen Beweisantrag zu Unrecht nach § 244 Abs. 4 Satz 1 wegen eigener Sachkunde abgelehnt (OLG Hamburg JR **1964** 151). 73

d) Feststellung im Freibeweis. Verfahrensvorgänge, für die nicht nach § 274 die Beweiskraft des Sitzungsprotokolls gilt, und sonstige tatsächliche Grundlagen von Verfahrensrügen[112] klärt das Revisionsgericht nach herrschender Meinung im Wege des Freibeweises (zum Freibeweis vgl. § 244, 3 f). An die Würdigung des Tatrichters ist das Revisionsgericht dabei nicht gebunden, soweit es sich nicht um doppelrelevante Tatsachen handelt (vgl. oben Rdn. 35 f). Auch was das Urteil über den Verfahrensvorgang feststellt, bindet das Revisionsgericht nicht[113]. Dabei ist gleichgültig, ob auch der Tatrichter die Feststellungen im Freibeweis (RGSt **56** 102) oder nach förmlicher Beweisaufnahme getroffen hat (*Alsberg/Nüse/Meyer* 157 mit Nachw.). Das Revisionsgericht hat erforderlichenfalls eigene Ermittlungen unter Benutzung aller in Betracht kommenden Erkenntnisquellen anzustellen. Es kann dazu insbesondere den Akteninhalt verwenden[114]. Es kann, etwa bei der Aufklärungsrüge nach § 244 Abs. 2[115], auch selbst Ermittlungen anstellen, z. B. Urkunden und Akten beiziehen[116], amtliche Auskünfte einholen[117], dienstliche Äußerungen veranlassen[118] (und zwar auch solche des Verteidigers), den Angeklagten anhören (RGSt **45** 277) und Zeugen zu schriftlichen Erklärungen veranlassen (OLG Frankfurt HESt **3** 50) oder auch uneidlich vernehmen[119]. Auch 74

---

[110] *Stree* 82; **a. A** *Beling* 420, der dann ohne weiteres Aufhebung und Zurückverweisung für erforderlich hält.
[111] Vgl. BayObLGSt **1952** 174; **1953** 151 = MDR **1954** 121 mit Anm. *Mittelbach*; vgl. auch BGH JR **1981** 432; StrVert. **1984** 231.
[112] Vgl. z. B. BayObLG NJW **1964** 1193; OLG Hamburg NJW **1969** 571.
[113] BGHSt **16** 167 = JR **1962** 108 m. Anm. *Eb. Schmidt*; RGSt **4** 388; *Eb. Schmidt* 8; *Kappe* GA **1960** 371.
[114] BGHSt **16** 403; RGSt **4** 389; **6** 164; **38** 40; **46** 68; **55** 285; **61** 46; **62** 14; **63** 321; **64** 187; **66** 174; **71** 261. Weitere Nachw., auch zum folgenden, bei *Alsberg/Nüse/Meyer* 145.
[115] BGH bei *Dallinger* MDR **1972** 572; RG JW **1931** 2030 m. Anm. *Alsberg*.
[116] BGHSt **1** 181; RGSt **20** 163; **35** 368; **49** 170; **71** 261; OLG Celle MDR **1960** 334.
[117] RGSt **12** 126; **61** 118; **72** 5; OLG Hamburg NJW **1969** 571.
[118] BGHSt **3** 187; **15** 349; **17** 339; **21** 182; **22** 28; RGSt **17** 287; **18** 9; **23** 167; **44** 121; **72** 182; **76** 84; OLG Hamburg VRS **24** 438.
[119] OLG Celle MDR **1960** 334; OLG Hamburg HESt **3** 28; vgl. auch *Stein* Privates Wissen 105.

§ 337   Drittes Buch. Rechtsmittel

können Sachverständige angehört (BGHSt 7 83; 23 13) sowie Filme vorgeführt und in Augenschein genommen werden (vgl. BGH bei *Holtz* MDR 1976 634).

75 e) **Eine Rekonstruktion des Ablaufs der Hauptverhandlung** durch Ermittlungen des Revisionsgerichts kann erforderlich sein, wenn und soweit es zur Klärung eines Verfahrensfehlers auf diesen Ablauf ankommt. Dabei können im Einzelfall Abgrenzungsprobleme entstehen, weil die Rekonstruktion nach herrschender Meinung nicht zum Gegenbeweis gegen die Urteilsfeststellungen über das Ergebnis der Beweisaufnahme zur Schuld- und Straffrage (unten Rdn. 77, 80) führen darf. Eine Rekonstruktion kommt etwa in Betracht, wenn gerügt wird, der Angeklagte oder der Verteidiger seien während eines Teils der Verhandlung abwesend gewesen; denn dann muß nach Meinung der Rechtsprechung festgestellt werden, ob während der Abwesenheit *wesentliche* Verfahrensvorgänge geschehen sind (§ 338, 84). Ferner muß das Revisionsgericht Feststellungen über den Gang der Hauptverhandlung treffen, wenn gerügt wird, der Angeklagte sei über sachliche Veränderungen des Anklagevorwurfs nicht ausreichend unterrichtet worden[120]. Der BGH hat Ermittlungen über den äußeren Ablauf der Verhandlung auch vorgenommen, wenn der Angeklagte rügt, ihm sei durch das Unterlassen einer bestimmten Verfahrenshandlung das rechtliche Gehör versagt worden[121]. Zugelassen wird sogar die Rekonstruktion des Inhalts einer Aussage, wenn der Beschwerdeführer rügt, ein nach § 79 unvereidigt gebliebener Sachverständiger habe auch Zeugenaussagen gemacht, auf denen das Urteil beruhe, sei aber nicht als Zeuge vereidigt worden[122]; ist der Inhalt der Aussage nach § 273 Abs. 2 oder 3 aufgenommen worden, kann dazu aber immer das Sitzungsprotokoll herangezogen werden. Auch eine Beweisaufnahme darüber, ob der Vorsitzende dem Angeklagten unzulässige Vorhalte gemacht hat, muß an sich – und vorbehaltlich des streitigen Erfordernisses der vorherigen Beanstandung nach § 238 Abs. 2 (§ 238, 43 ff) – dann grundsätzlich möglich sein, wenn sie nicht einen Gegenbeweis gegen die Urteilsfeststellungen betrifft, sondern die Form der Beweisaufnahme[123].

76 f) **Zweifel am Vorliegen eines Verfahrensverstoßes** wirken, anders als Zweifel am Fehlen von Verfahrensvoraussetzungen (oben Rdn. 34), nach herrschender Meinung zuungunsten des Beschwerdeführers. Wenn sich der behauptete Verstoß nicht oder nicht sicher beweisen läßt, wird also davon ausgegangen, daß der Tatrichter ordnungsgemäß verfahren ist[124]. Die unterschiedliche Behandlung zeigt die besondere Bedeutung der Prozeßvoraussetzungen. Sie überzeugt aber wenig[125] und ist auch von der

---

[120] So BGHSt 19 143; RGSt 76 84; *Meyer* GA 1965 269.
[121] BGHSt 22 26 = JZ 1968 434 m. Anm. *Eb. Schmidt*; zust. *Hanack* JZ 1973 729; wohl auch *Kleinknecht/Meyer* § 260, 30.
[122] Vgl. RGSt 30 33; 42 160; 43 438; s. auch BGHSt 13 251 und BGH StrVert. 1982 251 (wo dies aber jeweils den Urteilsgründen entnommen wird).
[123] Anders RGSt 35 164 und LR-*Meyer* in der 23. Aufl. Rdn. 84; vgl. aber BGHSt 22 26; 16 166 m. krit. Betrachtung *Hanack* JZ 1971 170; *Eb. Schmidt* JR 1962 109. Vgl. auch unten Rdn. 80.
[124] BGHSt 16 167 = JR 1962 108 m. Anm. *Eb. Schmidt*; BGHSt 17 353; 21 10; BGH NJW 1953 837; 1963 836; 1978 1390; BGH VRS 29 204; BGH bei *Herlan* MDR 1955 652; RGSt 52 319; 65 255; RG JW 1931 1578; KG JR 1954 470; VRS 39 445; OLG Frankfurt NJW 1974 1152; OLG Hamm GA 1957 222; NJW 1970 70; VRS 47 122, 370; 50 306; OLG Karlsruhe VRS 33 128; OLG Koblenz DAR 1973 106; OLGSt § 275 S. 17; OLG Saarbrücken VRS 47 435; 48 439; ebenso die herrschende Meinung, z. B. *Kleinknecht/Meyer* 19; KMR-*Paulus* 6; *Alsberg/Nüse/Meyer* 894; *Stree* 78 ff; *Foth* JR 1976 255; *Gossrau* MDR 1958 470; *Petry* Beweisverbote im Strafprozeß (1971) 131; *Sax* JZ 1958 197.
[125] Zum Ganzen eingehend und kritisch *Lehmann* 56 ff mit zahlr. Nachw.

Rechtsprechung nicht immer eingehalten worden[126]. So ist z. B. schwer verständlich, daß selbst der starke Zweifel, ob eine Verletzung des § 136a vorliegt, nach überwiegender, wenn auch umstrittener Ansicht keine Berücksichtigung finden soll (vgl. § 136a, 69). Die – im einzelnen recht unterschiedliche – Begründung der herrschenden Meinung, daß eine Vermutung für das ordnungsgemäße Prozedieren des Tatrichters spreche, der Grundsatz in dubio pro reo nicht gelte[127], die Revisionsinstanz das Urteil also nur aufheben könne, wenn sie vom Vorliegen des Verfahrensfehlers überzeugt sei, steht nicht nur in merkwürdigem Widerspruch zur Auffassung, daß schon das *mögliche* Beruhen auf einer Gesetzesverletzung die Revision begründet (unten Rdn. 255). Sie entspricht in dieser Allgemeinheit vor allem kaum dem rechtsstaatlichen Gedanken von der Justizförmigkeit des Verfahrens, für das gerade die Justizorgane die Verantwortung tragen. Man wird darum *jedenfalls* bei wesentlichen Verfahrensverstößen auch den massiv begründeten, in die Sphäre der Justiz fallenden und nicht aufklärbaren Zweifel an der Ordnungsmäßigkeit des Verfahrens als Grund für eine Urteilsaufhebung ansehen müssen. Im Schrifttum werden solche Ansätze zunehmend erwogen oder vertreten[128], harren freilich noch der fundierten Lösung im einzelnen. *Eine* Anwendungsform ist die Einsicht, daß bei solchen Prozeßhandlungen, deren urkundlicher Nachweis durch das Verfahrensrecht geboten ist, wie z. B. die Ladung zur Hauptverhandlung, das Fehlen des Nachweises von den Justizorganen zu vertreten ist und den Beschwerdeführer daher nicht benachteiligen darf[129].

4. Grenzen des Beweises der Verfahrensrüge
a) Grundsatz: Bindung an die Ergebnisse der Beweisaufnahme. Die Befugnis des **77** Revisionsgerichts zur Aufklärung von Verfahrensrügen findet nach herrschender Meinung dort ihre Grenzen, wo sie zum Gegenbeweis gegen die Urteilsfeststellungen über die Ergebnisse der Beweisaufnahme (nicht: über die benutzten Beweismittel) in der Schuld- und Rechtsfolgenfrage führen müßte. Das ist im Grundsatz richtig, weil das Revisionsgericht für die Beweisaufnahme zur Schuld- und Straffrage weder zuständig noch kompetent ist und eine solche Beweisaufnahme darum auch nicht auf dem Weg über die Verfahrensrüge in der Form eines Gegenbeweises vornehmen darf. Die Ergebnisse der Beweisaufnahme festzustellen und zu würdigen, ist nach der Struktur des Verfahrensrechts Sache des Tatrichters, der sich darüber im Urteil zu äußern hat. Was in ihm zur Schuld- und Straffrage festgestellt ist, bindet daher insoweit bei der Verfahrensrüge das Revisionsgericht[130]. Zweifelhaft ist freilich, wie weit das auch für die Rekonstruktion des bloßen Ablaufs einer Hauptverhandlung (Rdn. 75) gilt (s. unten Rdn. 80) und insbesondere gilt für die Rüge von Verletzungen des § 244 Abs. 2 oder des § 261 (unten Rdn. 82 ff; s. auch § 344, 91). Sehr klar sind die Grundsätze der Rechtsprechung

---

[126] Abweichend RGSt **67** 417; OGHSt **3** 26; vgl. auch KG JR **1954** 470; OLG Hamm GA **1957** 222.

[127] Was an sich richtig ist; s. oben Rdn. 14.

[128] Vgl. im einzelnen neben *Lehmann* (Fußn. 125) insbesondere *Frisch* FS Henkel 274 ff; *Jagusch* LM § 246a Nr. 2; *Kühne* 575; *Peters* 316 (für § 136a); *Petry* Beweisverbote im Strafprozeß, **1971**, 130; *Sax* FS Stock 143 ff; vgl. auch *Roxin* § 15 B 3c und *Eb. Schmidt* JR **1962** 109; kritisch dazu KMR-*Paulus* § 244, 298 ff.

[129] OLG Karlsruhe MDR **1974** 774; KMR-*Paulus* 6; LR-*Meyer* in der 23. Aufl., Rdn. 85. Vgl. auch § 338, 121 a. E.

[130] BGHSt **21** 151; **29** 20 = JR **1980** 168 m. abl. Anm. *Peters*; vgl. auch BGHSt **17** 352 und **31** 141; BGH NJW **1969** 1912; VRS **37** 28; **38** 108; BGH bei *Dallinger* MDR **1973** 557; **1974** 369; RG JW **1939** 228 L; OLG Hamm VRS **29** 39; OLG Koblenz VRS **46** 436; OLG Schleswig bei *Ernesti/Jürgensen* SchlHA **1970** 199; KK-*Pikart* 26; KMR-*Paulus* § 244, 361; vgl. auch bei § 261 und im folg.

78 Nicht überzeugend ist aber auch eine **gegenteilige**, neuerdings insbesondere von *Fezer* vertretene **Auffassung**[132]. Nach ihr soll das Revisionsgericht seine Kompetenz nur dann überschreiten, wenn es die Würdigung der Beweise in unmittelbar-mündlicher Hauptverhandlung vornehmen wollte, nicht jedoch, wenn es sie außerhalb einer Hauptverhandlung feststellen kann, weil ihm die Prüfung dann nicht verwehrt sei und sie der Verfahrensökonomie (Vermeidung überflüssiger Aufhebungen und Zurückverweisungen) diene. Gegen diese Auffassung spricht nicht nur, daß die tatrichterlichen Feststellungen zur Schuld- und Rechtsfolgenfrage selbst gegenüber der Freibeweisprüfung des Revisionsgerichts bei Verfahrensvoraussetzungen Vorrang genießen (oben Rdn. 35 f). Gegen sie spricht vor allem, daß es dem Revisionsgericht mit den Mitteln des Freibeweises (oben Rdn. 74), praktisch insbesondere der Heranziehung des Akteninhalts, allzu oft nicht sicher möglich ist, die vom Tatrichter in der Hauptverhandlung getroffenen Feststellungen zur Schuld- und Straffrage im Sinne eines Gegenbeweises zuverlässig zu kontrollieren. *Fezer* ist zuzugeben, daß die Situation im Einzelfall anders sein kann und daß sich bei Zugrundelegung der sog. Leistungsmethode (Vor § 333, 5) erkennbare Fehlgriffe vielfach abfangen ließen. Aber es bleiben die grundsätzlichen Bedenken, daß die Anerkennung von Ausnahmen logisch nicht begrenzbar ist, von Zufälligkeiten abhängt und insbesondere zu einer tatrichterlichen Entscheidungskompetenz des Revisionsgerichts führen müßte, die in dieser Form seinen Aufgaben widerstreitet, vor allem aber schwerwiegende weitere Gefahren für die sachliche Richtigkeit seiner aufhebenden Entscheidungen mit sich brächte. So müßte z. B. die Frage entstehen, ob oder wann die Ergebnisse der Beweisaufnahme auch durch dienstliche Äußerungen der Richter oder sonstiger Prozeßbeteiligter widerlegt werden könnten. Eine solche Möglichkeit aber wird von der herrschenden Meinung aus gutem Grund prinzipiell abgelehnt[133]. Sie würde zu einer in Form und Sache unannehmbaren Überprüfung von Hauptverhandlungs-Ergebnissen führen.

79 **b) Einzelheiten; Grenz- und Zweifelsfälle.** Die Regeln, nach denen die Rechtsprechung bei den einzelnen Verfahrensvorschriften eine revisionsgerichtliche Überprüfung der tatsächlichen Grundlagen vornimmt, sind unverkennbar recht unterschiedlich, und zwar ohne daß es für diese Unterschiedlichkeiten immer überzeugende Gründe gibt. Im einzelnen muß insoweit auf die jeweiligen Erläuterungen in diesem Kommentar über die Revisibilität der Vorschriften verwiesen werden. Hervorzuheben ist jedoch folgendes.

80 Wie bemerkt, kann zur Aufklärung eines Verfahrensmangels eine gewisse Rekonstruktion des **Ablaufs der Hauptverhandlung** erforderlich sein (Rdn. 75). Diese Rekonstruktion ist vom unzulässigen Gegenbeweis gegen die Urteilsfeststellungen (Rdn. 77) oft schwer zu trennen. Man wird annehmen müssen, daß die Rekonstruktion überall dort noch keinen unzulässigen Gegenbeweis in dem oben umschriebenen Sinne bedeutet, wo sie lediglich zur Rekonstruktion der *Form* und des äußeren Geschehens, nicht aber auch des inhaltlichen Ergebnisses der Hauptverhandlung führt, und sich diese Re-

---

[131] Eingehend zum Ganzen *Gössel* Nachprüfung 123 ff.
[132] *Fezer* Anm. zu BGHSt **31** 140 in JZ **1983** 356 und zu BGHSt **31** 139 in NStZ **1983** 278; vgl. auch *Peters* 616. Grundsätzlich anders auch *Alsberg* JW **1915** 306.
[133] BGHSt **15** 347; OLG Schleswig bei *Ernesti/Jürgensen* SchlHA **1973** 188; *Willms* in FS Heusinger 405.

konstruktion mit (Freibeweis-)Mitteln durchführen läßt, die nicht auf eine neue Beweisaufnahme zur Schuld- oder Rechtsfolgenfrage hinauslaufen. So dürfte z. B. bei Aufklärung der Rüge, der Tatrichter habe entgegen § 267 Abs. 2 einen besonderen, in der Verhandlung zur Sprache gekommenen gesetzlichen Strafmilderungs- oder Ausschließungsgrund in den Urteilsgründen nicht berücksichtigt, zwar die Rekonstruktion des Inhalts der Aussagen von Angeklagten und Zeugen ausgeschlossen sein (BGHSt 31 139), nicht aber die Rekonstruktion des Vortrags von Verteidiger oder Staatsanwalt und erst recht nicht die sonstige Aufklärung des mutmaßlichen Prozeßablaufs mit Hilfe anderer, objektiv feststehender Beweismittel, insbesondere also des gesamten Akteninhalts[134]. Soweit die Rekonstruktion zulässig ist, steht ihr dann selbstverständlich auch nicht das Schweigen der Urteilsgründe entgegen.

Besondere Probleme ergeben sich beim **Widerspruch zwischen Urteilsgründen und Protokollen.** 81

Stimmen die Urteilsfeststellungen über den Inhalt der Einlassung des Angeklagten oder die Bekundungen von Zeugen und Sachverständigen nicht mit dem überein, was die **Sitzungsniederschrift** nach **§ 273 Abs. 2** vermerkt, kann nach ständiger Rechtsprechung auf diese Diskrepanz (bei der Sprungrevision) regelmäßig weder die Rüge der Verletzung des § 261 noch die der Verletzung des § 244 Abs. 2 gestützt werden[135]. Die Begründungen für diese Ansicht gehen auffällig auseinander. Wenn überhaupt, so läßt sie sich wohl nur damit rechtfertigen, daß der Tatrichter über das Ergebnis der Beweisaufnahme nach den Regeln des § 261, im Kollegialgericht auch des § 263 entscheidet, dieser Vorgang jedoch vom Zustandekommen des Sitzungsprotokolls rechtlich und tatsächlich unabhängig ist, auf die Überzeugungsbildung also ohne Einfluß bleibt, so daß auch die revisionsrechtliche Prüfung, ob das Urteil auf einer Verletzung des Gesetzes beruht, nicht an das Protokoll anknüpfen kann, da die gemäß § 273 Abs. 2 fixierten Angaben unstreitig nicht zu den wesentlichen Förmlichkeiten gehören, die den Urteilsgründen vorgehen. Doch bleibt auch diese Begründung nicht ganz schlüssig oder vollständig, weil jedenfalls beim Protokoll des *Einzelrichters* die Divergenz zwischen dem vom Vorsitzenden unterschriebenen Protokoll und den Urteilsgründen auf einen Verstoß des Urteils gegen § 261 hindeutet und weil die Auffassung, beim Protokoll des *Kollegialgerichts* (Schöffengericht) könne sich die Diskrepanz aus der Möglichkeit ergeben, daß der Vorsitzende die Aussage anders aufgefaßt habe als das Kollegium (so LR-*Meyer*[23] Rdn. 83), dann einen nicht ausgeräumten Verstoß gegen die Aufklärungs- 82

---

[134] So – in Abkehr von RGSt 17 346 – schon RG JW 1922 495 mit Anm. *Alsberg*; RG JW 1927 2628; JW 1930 601; OLG Dresden JW 1931 1625 mit Anm. *Stern*; BayObLGSt 1960 300 = JR 1961 151; OLG Hamm NJW 1972 1149; *Löwenstein* JW 1922 1038; vgl. auch bei § 261. Es ist darum zu eng, wenn BGHSt 31 139 – offenbar – nur die Sitzungsniederschrift und die Urteilsgründe heranzieht; vgl. auch *Sieg* NJW 1983 2014.

[135] BGH NJW 1966 63 = JR 1966 305 m. Anm. *Lackner*; BGH NJW 1967 61; 1969 1074; BGH bei *Dallinger* MDR 1966 384, 727; BGH VRS 35 265; 38 115; RGSt 5 353; 49 315; BayObLG NJW 1953 1403; OLG Bremen OLGSt § 273 S. 5; OLG Hamm MDR 1973 516; 1975 246; VRS 32 258; OLG Koblenz VRS 46 436; 51 38; OLG Köln VRS 36 198; ebenso die herrschende Lehre, z. B. KMR-*Müller* § 273 12; *Dahs/Dahs* 389 mit erwogener Ausnahme für „krasse" Fälle (dazu Fußn. 136); grundsätzlich a. A *Cuypers* 390, der den Rückgriff auf das Protokoll mit Rücksicht auf das „empirische Wahrheitskriterium" für unbedingt zulässig hält.

pflicht mindestens nahelegt[136]. Der Beweis eines Verstoßes gegen die §§ 261, 244 Abs. 2 sollte bei unauflöslicher Diskrepanz in der Tat möglich sein. Das Revisionsgericht maßt sich damit nicht einen Gegenbeweis an, ergänzt oder wiederholt also nicht die tatrichterliche Beweisaufnahme, sondern berücksichtigt nur einen hinreichend sicher erkennbaren Verfahrensfehler[137]. Eine solche Haltung würde zugleich auch eine Annäherung an die heutigen Prüfungsmethoden der Sachrüge („Darstellungsrüge") bedeuten: Es ist nicht einzusehen, daß dort mit Akribie die Geschlossenheit der Urteilsgründe in tatsächlicher Hinsicht geprüft wird (unten Rdn. 121 ff), während im Verfahrensrecht die Tatsachenfeststellungen auch dann unangreifbar sein sollen, wenn sie ersichtlich nicht stimmen.

83 Entsprechendes gilt erst recht, wenn der **Wortlaut einer Aussage** gemäß § 273 Abs. 3 in das Protokoll aufgenommen, verlesen und vom Aussagenden genehmigt worden ist, das Urteil den Inhalt der Aussage, ohne Erklärung des Widerspruchs, aber anders wiedergibt. Der Widerspruch muß im Hinblick auf die gesteigerte Beweiskraft der Niederschrift hier jedenfalls die Revision nach § 261 begründen, weil Urteil und Protokoll in diesem Fall die Ergebnisse der Hauptverhandlung nicht unterschiedlich dokumentieren können[138].

84 Bezeichnenderweise läßt die neuere Rechtsprechung Gleiches zu beim Widerspruch zwischen den Urteilsgründen und **verlesenen Urkunden,** insbesondere den Protokollen über kommissarische Vernehmungen, wenn sich ohne Rekonstruktion des Inhalts der Beweisaufnahme der Nachweis führen läßt, daß die im Urteil getroffenen Feststellungen nicht durch in der Hauptverhandlung verwendete Beweismittel oder durch sonstige zum Inhalt der Hauptverhandlung gehörende Vorgänge gewonnen sein können, die verlesene Urkunde also „einen eindeutig anderen Inhalt" hat (BGHSt 29 21). Denn dann ist „offensichtlich" (BGH aaO), daß dem inneren Vorgang der Überzeugungsbildung die notwendige Grundlage fehlt[139]. Entsprechend verfährt BGH 1 StR 642/81 v. 4. 5. 1981 (unveröff.) – mit Hinweis auf § 261 und eine mögliche Verletzung des rechtlichen Gehörs – in einem Fall, in dem der verlesene Bericht über eine Blutentnahme einen anderen, dem Angeklagten günstigeren Zeitpunkt nennt als das Urteil, ohne daß sich dieses mit der Divergenz auseinandersetzt, die also möglicherweise auf einem Irrtum beruht.

---

[136] Vgl. – für „krasse" Fälle – *Sarstedt* Die Revision in Strafsachen⁴ 128 Fußn. 45; ebenso *Cuypers* 394; a. A KG JR **1968** 195; *Meseke* 57. *Sarstedt/Hamm* 179; vgl. auch KK-*Engelhardt* § 274, 5. OLG Frankfurt VRS **37** 61 hat in einem Fall, in dem der Angeklagte bestritt und das Urteil das weder erwähnte noch würdigte, sondern ihn „auf Grund seiner Einlassung" verurteilte, die Sachrüge für begründet erklärt.

[137] Hinreichend sicher jedenfalls dann, wenn man davon ausgeht, daß § 271 Abs. 1 Satz 1 (Unterschrift des Vorsitzenden) keine Farce bedeutet; vgl. dazu bei § 271.

[138] Im Ergebnis ebenso RGSt **42** 160; **58** 59; OLG Hamm VRS **29** 40; *Eb. Schmidt* Nachtr. I § 273, 13; *Cuypers* 395; *Fezer* Möglichkeiten 201; *Ulsenheimer* NJW **1980** 2278; LR-*Meyer* in der 23. Aufl., Rdn. 87; vgl. auch *Glanzmann* 41. DJT, 1955, Bd. II S. G 28; wohl auch KK-*Engelhardt* § 274, 5; a. A OLG Koblenz VRS **46** 436; *Sarstedt* JZ **1965** 293; *Meseke* 56; *Sieß* NJW **1982** 1625; offengelassen bei OLG Hamm MDR **1975** 274 und VRS **49** 277. Vgl. auch bei § 274. Nach dem RegE zum StVÄG (BTDrucks. **10** 1313 S. 30) haben die Revisionsgerichte „alsbald nach der Neuregelung (des § 273 Abs. 3 Satz 1 im StPÄG 1964) klargestellt ..., daß die Revision nicht auf eine Diskrepanz zwischen der wörtlich protokollierten Aussage und dem Inhalt des Urteils gestützt werden kann".

[139] BGHSt **29** 21 m. w. Nachw. = JR **1980** 168 m. Anm. *Peters*; BGH bei *Holtz* MDR **1976** 989; BGH StrVert. **1983** 231 L; **1984** 411; OLG Hamm MDR **1973** 516; **1975** 245; OLG Köln NJW **1974** 1150; a. A *Meseke* 57; *Willms* FS Heusinger 405; vgl. auch RG JW **1899** 800.

Folgt man dem, ist nicht einzusehen, warum grundsätzlich anderes für die Frage **85**
gelten soll, ob die verlesene **Niederschrift nach § 254** tatsächlich ein **Geständnis** enthält[140]. Vielmehr ist im Einzelfall auch und gerade hier ohne Rekonstruktion des Inhalts der Hauptverhandlung (vgl. Rdn. 77) der Nachweis möglich, daß die im Urteil getroffenen Festellungen über das verlesene Geständnis nicht aus dem Inbegriff der Hauptverhandlung gewonnen sein können, das Geständnis also einen „eindeutig anderen Inhalt" hat.

Hingegen erscheint es mindestens in der Regel nicht möglich, daß das Revisions- **86**
gericht nachprüft, ob ein vom Tatrichter in Augenschein genommenes **Lichtbild** für Beweiszwecke ergiebig ist. Denn diese Prüfung setzt durchweg eine Wertung und Würdigung des Beweismittels voraus, führt also in der Sache zur Möglichkeit des untersagten Gegenbeweises[141].

5. Verfahrensrevision bei Ermessensentscheidungen
a) **Allgemeines.** Das Gesetz ermächtigt den Tatrichter in zahlreichen Vorschrif- **87**
ten (z. B. § 79 Abs. 1 Satz 1, § 87 Abs. 2, § 114d Abs. 3, § 118 Abs. 2, § 138 Abs. 2, § 140 Abs. 2, § 147 Abs. 4, § 149 Abs. 3, § 244 Abs. 5, § 246 Abs. 4, § 260 Abs. 4 Satz 4, § 369 Abs. 2), Verfahrensverhandlungen nach seinem Ermessen vorzunehmen (vgl. dazu *Kappe* GA **1960** 364 ff). Dabei handelt es sich stets um rechtlich gebundenes, pflichtgemäßes Ermessen[142]. Das Revisionsgericht prüft auf entsprechende Rüge, ob ein Verfahrensfehler vorliegt, weil sich der Tatrichter der Befugnis, sein Ermessen auszuüben, überhaupt nicht bewußt geworden ist[143], sich insbesondere für gesetzlich gebunden gehalten hat, obwohl er nach seinem Ermessen entscheiden konnte. Der Prüfung durch das Revisionsgericht unterliegt ferner, ob der Tatrichter sein Ermessen rechtsfehlerhaft ausgeübt hat[144]. Das ist nicht nur bei Mißbrauch und Willkür der Fall[145], sondern auch dann, wenn der Tatrichter die anzuwendenden Rechtsbegriffe verkannt[146], wesentliche Umstände nicht beachtet (RGSt **46** 115; **52** 87) oder die Grenzen seiner Ermessensfreiheit sonst durch unzulässige Erwägungen überschritten, sich insbesondere nicht nach den Grundsätzen oder Wertmaßstäben des Gesetzes gerichtet hat[147]. Sein eigenes Ermessen darf das Revisionsgericht nicht an die Stelle des tatrichterlichen Ermessens setzen[148].

Zur **Begründung** seiner Entscheidung ist der Tatrichter bei Ausübung rechtlich ge- **88**
bundenen Ermessens grundsätzlich nicht verpflichtet. Im allgemeinen genügt daher, wenn „das Ermessen als rechtliche Grundlage der Entscheidung erkennbar" wird[149].

---

[140] So aber BGH bei *Dallinger* MDR **1975** 369; wohl auch BGHSt **29** 21; *Willms* FS Heusinger 404; RG GA **55** (1908) 328; RG Recht **1914** Nr. 2814; LR-*Meyer* in der 23. Aufl., Rdn. 87.

[141] BGHSt **29** 18 = JR **1980** 168 mit abl. Anm. *Peters*; *Gössel* Nachprüfung 136; LR-*Meyer* in der 23. Aufl. Rdn. 87; a. A OLG Bremen VRS **48** 436. Vgl. im übrigen auch Rdn. 107.

[142] BGHSt **1** 177; grundlegend BGH JR **1956** 426; vgl. auch *Drost* 83 ff; *Warda* 175 ff.

[143] BGHSt **6** 300; RGSt **68** 36; **74** 306; KMR-*Paulus* 23; *Peters* 609 f; *Warda* 184.

[144] Weitergehend *Drost* 53 ff und *Mannheim* 160.

[145] Vgl. BGHSt **1** 181; **8** 180; RGSt **68** 311; **74** 306.

[146] BGH JR **1955** 190; RGSt **4** 173; **12** 105; **61** 175; RG JW **1926** 1218; *Kleinknecht/Meyer* 3; KMR-*Paulus* 23; *Peters* 55.

[147] BGHSt **1** 177; **6** 300; **10** 329; **18** 239; RGSt **54** 22; **68** 311; **77** 332; *Kleinknecht/Meyer* 3; KMR-*Paulus* 23; *Peters* 609 f; *Dahs/Dahs* 20; zum Verkennen von Wertmaßstäben RG JW **1928** 417 und *Warda* 175.

[148] BGHSt **5** 58; **15** 393; BGH JR **1956** 427; RGSt **45** 63; *Peters* 2) 571; a. A *Warda* 183 Fußn. 24.

[149] BGHSt **1** 177; **10** 329; OGHSt **3** 155; *Kleinknecht/Meyer* § 34, 3; KMR-*Paulus* 23; grundsätzlich a. A *Drost* 56 ff.

Regelmäßig muß es auch als ausreichend angesehen werden, wenn ersichtlich ist, welcher Ermessensfall angenommen worden ist[150].

89 **b) Entscheidung aufgrund Bewertung tatsächlicher Umstände.** Bei einer Reihe von Prozeßentscheidungen des Tatrichters handelt es sich nicht um Ermessensentscheidungen im eigentlichen Sinne, sondern um Entscheidungen, die nach herrschender Meinung auf einer Bewertung tatsächlicher Umstände beruhen, bei der dem Tatrichter ein Beurteilungsspielraum eingeräumt ist. Während etwa die Frage, ob mehrere Strafverfahren nach §4 oder §237 miteinander verbunden werden, prinzipiell eine Ermessensentscheidung ist, steht es nicht im Ermessen des Tatrichters, einen teilnahmeverdächtigen Zeugen nach §60 Nr. 2 unvereidigt zu lassen. *Er* hat jedoch die Tatsachen festzustellen und zu würdigen, die den Teilnahmeverdacht ergeben oder nicht ergeben. Die Würdigung gilt als Frage des pflichtgemäßen Ermessens.

90 Das Revisionsgericht prüft in derartigen Fällen nach h. M. die **tatsächlichen Umstände nicht** nach, auf denen die Entscheidung des Tatrichters beruht. Die Prüfung soll sich vielmehr darauf beschränken, ob dem Tatrichter die Möglichkeit einer Ermessensentscheidung überhaupt bewußt geworden ist (BGHSt **22** 267) und ob er die anzuwendenden Rechtsbegriffe verkannt hat[151]. Einheitlich gehandhabt wird diese Auffassung in der Praxis jedoch nicht[152]. Sie führt zu wenig einleuchtenden Differenzierungen und widerspricht in weitem Umfang dem Zweck der Verfahrensrüge. Daher wird im Schrifttum mit guten Gründen gefordert, das Revisionsgericht müsse auch in diesen Fällen, wie bei der Prüfung anderer Verfahrensvorgänge, frei von jeder Bindung an festgestellte Tatsachen bleiben[153]. Die Kritik von LR-*Meyer*[23], das genannte Schrifttum wolle damit „aus dem Revisionsverfahren in diesem Bereich ein Beschwerdeverfahren machen", trifft die Problematik nicht.

91 **Einzelfälle.** Nach der h. M. hat das Revisionsgericht in tatsächlicher Hinsicht namentlich nicht zu prüfen (Näheres bei den jeweiligen Einzelkommentierungen): die tatsächlichen Umstände für ein nach §52 bedeutsames **Verlöbnis**; die Tatsachen, die der **Schwägerschaft** im Sinne des §52 zugrunde liegen; die **Eidesunfähigkeit** des Zeugen wegen Verstandesschwäche nach §60 Nr. 1; den **Teilnahmeverdacht** beim Zeugen gemäß §60 Nr. 2; die **Befangenheit** des Sachverständigen; die Notwendigkeit der **Anstaltsbeobachtung** nach §81; bei **Beweisanträgen** nach §244 Abs. 3 die Offenkundigkeit und Erheblichkeit der Beweistatsache, die Unerreichbarkeit und die völlige Ungeeignetheit des Beweismittels sowie die Tatsachen, die die Verschleppungsabsicht begründen[154]; die tatsächlichen Voraussetzungen für die **Verlesung einer Niederschrift** nach §251. Entsprechendes soll gelten: für die tatsächlichen Voraussetzungen der zeitweiligen **Verhandlungsunfähigkeit** des Angeklagten[155], und zwar auch bei Abgabe einer Rechtsmittelverzichtserklärung (RGSt **64** 15); für die **Prozeßfähigkeit** des Nebenklägers bei der Zulassung (RG GA **70** [1926] 243); für die **Verhinderung des Richters** an

---

[150] BGHSt **1** 177; RGSt **57** 44; **77** 332; RG JW **1935** 47; OGHSt **3** 155; OLG Celle NJW **1961** 1319.

[151] KMR-*Paulus* 23; *Dalcke/Fuhrmann/Schäfer* 3; *Reichhold* 35 ff; *Kappe* GA **1960** 371.

[152] Vgl. *Hanack* JZ **1973** 729; *Meyer* JR **1983** 36.

[153] So insbesondere *Beling* 414; *Henkel* 289; *Schwinge* 170; kritisch auch *Hanack* JZ **1973** 729.

[154] BGHSt **1** 44; RGSt **12** 337; RG HRR **1934** Nr. 1426; vgl. auch RG JW **1912** 945; **1924** 316; **1930** 154; **1932** 2732; wohl auch BGH JR **1983** 35 mit Anm. *Meyer*. Anders aber BGHSt **21** 123; OLG Hamm VRS **42** 117; OLG Hamburg JR **1980** 34 mit zust. Anm. *Gollwitzer*. Vgl. zum Ganzen näher *Meyer* aaO mit weit. Nachw.

[155] RGSt **1** 151; **57** 373; RG JW **1928** 2992; RG DJZ **1914** 755; RG GA **69** 85; OGHSt **2** 377.

der Mitwirkung gemäß § 21e Abs. 3 GVG[156]; für die Voraussetzungen einer **Änderung des Geschäftsverteilungsplans** (§ 338, 23); für die ausreichende Übersetzungstätigkeit des **Dolmetschers**[157].

Bei **Verwerfung einer Berufung** nach § 329 Abs. 1 oder eines **Einspruchs** nach § 412 durch den Tatrichter prüft das Revisionsgericht auf entsprechende Rüge in tatsächlicher Hinsicht stets, ob die Ladung ordnungsgemäß erfolgt ist[158]. Im übrigen ist die Prüfung nach h. M. darauf beschränkt, ob das Gericht die Ermittlungspflicht verletzt oder die Rechtsbegriffe des Ausbleibens und der genügenden Entschuldigung verkannt hat; Grundlage der Prüfung sind dabei nur das in dem Verwerfungsurteil erörterte Entschuldigungsvorbringen und diejenigen vom Tatrichter angeblich nicht berücksichtigten, ihm bekannten oder erkennbaren Tatsachen, die der Beschwerdeführer in der Revisionsbegründungsschrift formgerecht bezeichnet hat; auf Tatsachen, die dem Tatrichter ohne Verschulden nicht bekannt waren bzw. die er ohne Verschulden nicht ermittelt hat, soll die Revision nicht gestützt werden können (näher bei § 329 und bei § 412). Der gegenseitigen Ansicht (LR-*Gollwitzer*[23] § 329, 100 ff mit Nachw.) ist zuzugeben, daß die herrschende Meinung das Verwerfungsurteil (in starker Anlehnung an die Grundsätze der Sachrüge) verfahrensrechtlich bedenklich behandelt, weil es um Verfahrensfragen geht, bei denen eine Bindung des Revisionsgerichts an die Feststellungen des Tatrichters an sich gerade nicht besteht. Mit *Gollwitzer* und einer (aaO zitierten) Mindermeinung, die zum Teil auch in der Rechtsprechung vertreten wird, ist deswegen in der Tat davon auszugehen, daß das Revisionsgericht jedenfalls die tatsächlichen Voraussetzungen für die Verwerfung im Wege des Freibeweises frei nachprüfen und würdigen kann und muß, zumal dies auch der Verfahrensbeschleunigung dienen kann. Zweifelhaft bleibt jedoch, ob Entschuldigungsgründe, die der Tatrichter auch unter Beachtung seiner Aufklärungspflicht nicht erkennen konnte, mit der Revision geltend gemacht, also erstmals eingeführt werden können (so LR-*Gollwitzer*[23] § 329, 103). Dagegen spricht, daß der Angeklagte das tatrichterliche Verfahren dann letztlich umgehen oder sogar absichtlich auf die Revisionsinstanz verlagern kann. Eine solche Verlagerung widerspricht dem Sinn des Gesetzes, nämlich der Aufgabenteilung zwischen Tatrichter und Revisionsgericht. Dies zeigt, trotz der Überlegungen von *Gollwitzer,* auch das in den §§ 329 Abs. 3, 412 Satz 1 vorgesehene Wiedereinsetzungsverfahren. Denn dieses Verfahren soll zur Urteilsaufhebung gerade in den Fällen führen, in denen Entschuldigungsgründe bei Erlaß des Verwerfungsurteils nicht gewürdigt werden konnten, weil sie dem Gericht nicht bekannt geworden waren. Diese gesetzliche Regelung wäre überflüssig, wenn dasselbe Ergebnis mit der Revision erreicht werden könnte[159].

6. Verfahrensrüge und Beschwer

a) **Allgemeines.** Auf die unrichtige Anwendung oder die Nichtanwendung einer Rechtsnorm kann die Revision auch bei der Verfahrensrüge nur gestützt werden, wenn der Beschwerdeführer hierdurch beschwert ist. Jeder Verfahrensbeteiligte kann daher, auch wenn es sich um unbedingte Revisionsgründe handelt (§ 338), nur Verfahrensverstöße rügen, die ihn selbst betreffen[160]. Das können Verfahrensakte sein, die ihn von

---

[156] BGHSt **12** 34, 114; **15** 391; BGH LM NR. 4 zu § 67 GVG; RGSt **30** 229; OLG Hamm JMBlNRW **1968** 43.
[157] BGH bei *Holtz* MDR **1976** 234; RGSt **76** 177.
[158] RG JW **1927** 2049 mit Anm. *Mannheim;* KG JR **1984** 78.
[159] So mit Recht KG GA **1973** 30; OLG Düsseldorf NJW **1962** 2022; LR-*Meyer* in der 23. Aufl. Rdn. 92.
[160] BGHSt **10** 121; BGH bei *Dallinger* MDR **1973** 192; RGSt **8** 155; **20** 124; **32** 122; **59** 63; RG GA **40** 322; **70** 107; RG Recht 1911 Nr. 3278; OLG Saarbrücken VRS **35** 42; *Eb. Schmidt* 25; *Kleinknecht* NJW **1966** 1539; vgl. auch § 338, 5.

vornherein unmittelbar berührt haben, aber auch solche, die zunächst nur andere Prozeßbeteiligte, insbesondere Mitangeklagte, betroffen haben, sofern das durch sie erzielte Ergebnis später auch gegen den Beschwerdeführer verwendet worden ist (RGSt **62** 261; **67** 418). Der Angeklagte kann daher z. B. rügen, daß die Ehefrau eines Mitangeklagten, gegen den das Verfahren abgetrennt war, nicht nach § 52 Abs. 3 Satz 1 belehrt worden ist[161], daß ein Brief des Mitangeklagten an dessen Eltern nach § 97 nicht hätte beschlagnahmt und verwertet werden dürfen, wenn das Beweismittel auch für seine eigene Verurteilung von Bedeutung war (RGSt **20** 93), oder daß ein Geständnis des Mitangeklagten, das ihn selbst belastet, nach § 136a nicht hätte verwertet werden dürfen (vgl. § 136a, 71). Hat das Gericht entgegen einem Antrag der Staatsanwaltschaft den Sachverständigen nicht nach § 79 vereidigt, so kann auch der Angeklagte hierauf die Revision stützen (OLG Hamm NJW **1960** 1361). Gleiches gilt, wenn das Gericht entgegen einem Antrag der Staatsanwaltschaft keinen minder schweren Fall annimmt, das aber entgegen § 267 Abs. 3 Satz 2 im Urteil nicht begründet (RGSt **45** 331). Rügen kann der Angeklagte auch, daß ihn das Gericht in Verletzung des § 264 nur wegen einer Einzeltat verurteilt hat, die in Wahrheit als Teilakt einer fortgesetzten Handlung erscheint, deren übrige Teilakte das Gericht nicht einbezogen hat (BayObLG JZ **1982** 896).

94 Bei **Beweisanträgen** eines Mitangeklagten kann der Angeklagte die rechtsfehlerhafte Behandlung rügen, wenn er sich ihnen ausdrücklich angeschlossen hatte oder wenn sich aus den Umständen ergibt, daß er mit ihnen einverstanden war, und wenn er nach Lage der Sache erwarten durfte, daß das Gericht sie auch zu seinen Gunsten würdigt[162]. Wenn die Staatsanwaltschaft zuungunsten des Angeklagten Revision eingelegt hat, gilt Entsprechendes für die Rüge, ein Beweisantrag des Angeklagten sei zu Unrecht übergangen worden (vgl. OLG Bremen NJW **1947/48** 313). Der Nebenkläger kann die Ablehnung eines Beweisantrags der Staatsanwaltschaft rügen (BayObLG DJZ **1931** 174). Auf die Verletzung des § 244 Abs. 3 oder 6 kann bei einem Beweisantrag der Staatsanwaltschaft oder des Nebenklägers (RG GA **61** [1914] 339) auch der Angeklagte die Revision stützen, wenn der Antrag zu seinen Gunsten gestellt war (RG Recht **1909** Nr. 2881; **1924** Nr. 82) oder wenn sich aus den Umständen jedenfalls ergibt, daß der Antrag nicht ausschließlich zu seiner Belastung, sondern zur objektiven Erforschung der Tatumstände gestellt war und der Angeklagte durch sein Verteidigungsvorbringen hinreichend erkennen läßt, daß er gleichfalls diese Aufklärung wünscht, sich mithin dem Beweisantrag anschließt[163]. Das gilt jedoch nicht für Hilfsanträge der Staatsanwaltschaft, über die das Gericht nicht zu entscheiden brauchte, weil es dem Hauptantrag stattgegeben hat (RGSt **17** 375).

95 **b) Rechtskreistheorie insbesondere.** Fraglich ist, ob das Gesetz verfahrensrechtliche Bestimmungen kennt, auf deren Verletzung das Urteil zwar beruhen kann, bei denen es aber nur um die Rechtsstaatlichkeit der Verfahrenswirkungen auf Außenstehende mit der Folge geht, daß ihre Nichtbeachtung die Rechte des Angeklagten nicht berührt und darum von ihm mit der Revision nicht geltend gemacht werden kann. Der **Bundesgerichtshof** verneint ein allgemeines Recht des Angeklagten, jedes prozeßordnungswidrige Verhalten, also jeden irgendwie gearteten Verfahrensverstoß, mit der Revision zu rügen. Er hat in einer grundsätzlichen Entscheidung verlangt, daß bei jeder

---

[161] BGH bei *Dallinger* MDR **1973** 902; RGSt **16** 154; *Schöneborn* NJW **1974** 535; vgl. auch bei § 52.
[162] BGH StrVert. **1982** 205; BGH bei *Dallinger* MDR **1952** 410; BGH VRS **7** 55; RGSt **58** 141; **64** 32; **67** 183; RG JW **1916** 1028 m. Anm.

Alsberg; RG JW **1922** 587; **1926** 1221 m. Anm. *Beling;* **1926** 2759 m. Anm. *Oetker* ; RG LZ **1932** 969; *Beling* ZStW **38** (1916) 816; *Mattiel* GA **77** (1933) 12; *Meves* GA **40** (1892) 435.
[163] BGH NJW **1952** 273; *Meves* GA **40** (1892) 436.

Vorschrift, deren Verletzung der Angeklagte rügt, auch geprüft werden muß, ob ein Verstoß gegen sie seinen „Rechtskreis" wesentlich berührt oder ob sie für ihn nur von untergeordneter oder von gar keiner Bedeutung gewesen ist (BGHSt 11 213 – GSSt). Zu prüfen seien vor allem der „Rechtfertigungsgrund" (Zweck) der Vorschrift und die Frage, in wessen Interesse sie geschaffen ist. Verstöße gegen Bestimmungen, die ausschließlich dem Schutz anderer Personen dienen, könne der Angeklagte mit der Revision nicht rügen. Dies gelte insbesondere für Beweisergebnisse, die einen Zeugen der Gefahr der eigenen Bestrafung aussetzen (§ 55) oder die Interessen des Staates an der Wahrung von Dienstgeheimnissen beeinträchtigen (§ 54).

Die **Revision nicht stützen** kann der Angeklagte danach insbesondere (meist sehr **96** streitig, näher bei den einzelnen Vorschriften): auf die Verletzung des § 50; auf das Nichtvorliegen einer Aussagegenehmigung gemäß § 54: auf einen Verstoß gegen § 55 Abs. 2 (BGHSt 11 213; besonders streitig); auf das Unterlassen der in § 70 vorgesehenen Erzwingungsmaßnahmen; auf eine Verletzung des § 81c Abs. 1 und Abs. 2 Satz 1 sowie des § 81d; auf unterlassene Erzwingungsmaßnahmen zur Erfüllung einer Herausgabepflicht gemäß § 95 Abs. 2 Satz 2, soweit ein Auskunftsverweigerungsrecht nach § 55 bestanden hat, sowie auf die Verletzung des § 96.

Im Schrifttum hat diese „Rechtskreistheorie" wenig Anklang gefunden[164]. Ge- **97** gen sie sprechen in der Tat erhebliche dogmatische und nicht zuletzt praktische Bedenken, die oft ausgebreitet worden sind und sich auch in einer nicht einheitlichen Handhabung der Rechtskreistheorie widerspiegeln[165]. Gerade nicht stützen läßt sich die Rechtskreistheorie jedenfalls auf § 339[166], weil diese Vorschrift als Ausnahme vom Prinzip zu verstehen ist, der Rechtskreistheorie also sogar widerstreitet[167]. Die Lösungsversuche im Schrifttum gehen weit auseinander[168]. Vielfach wird die Rechtskreistheorie mit der Begründung abgelehnt, der Angeklagte habe Anspruch darauf, daß bei der Beweisaufnahme die gesetzlich zugelassenen Methoden der Wahrheitsfindung beachtet werden; daher berühre *jeder* Verstoß hiergegen seinen Rechtskreis und überdies die Gewährleistung der Justizförmigkeit des Verfahrens[169]. Eine andere Meinung erkennt die Rechtskreistheorie grundsätzlich an, hält aber für wesentlich, ob der Schutzzweck der Vorschrift bereits endgültig vereitelt wird, sobald gegen sie verstoßen worden ist, oder ob erst durch die Verwertung des Beweismittels eine Vollendung oder wenigstens eine Ver-

---

[164] Zustimmend aber *Kleinknecht/Meyer* 7; KK-*Pikart* 7 mit Mahnung zur Vorsicht; *Dahs/Dahs* 31; *Sarstedt/Hamm* 236; LR-*Meyer* in der 23. Aufl. Rdn. 95 f; im Ergebnis auch *Blomeyer* JR **1971** 145; *Otto* GA **1970** 301; vgl. auch Einl. Kap. 14 unter III.

[165] Eingehend z. B. *Rengier* Die Zeugnisverweigerungsrechte im geltenden und künftigen Strafverfahrensrecht (1979) 291 ff; *Rogall* ZStW **91** (1979) 25 f; KMR-*Paulus* 504; weitere Nachw. in den folg. Fußn.

[166] So aber z. B. KK-*Pikart* 7; *Kleinknecht/ Meyer* 7 und § 339, 1; LR-*Meyer* in der 23. Aufl. Rdn. 95.

[167] KMR-*Paulus* 504; *Schlüchter* 723.2; *Frank* 21; *Rudolphi* MDR **1970** 96; *Haffke* GA **1973** 78; *Rengier* aaO. 298 f.

[168] Katalogisierungsversuche (anknüpfend an die Lehrmeinungen zum Beweisverbot, um die es heute wesentlich geht) bei *Fezer* JuS **1978** 328; *Rogall* ZStW **91** (1979) 22 ff; vgl. auch KMR-*Paulus* 505 ff.

[169] *Eb. Schmidt* Nachtr. I § 55, 2 und JZ **1958** 596; *Peters* 330; *Frank* 54; *Goßrau* MDR **1958** 468; *Hanack* JZ **1971** 127; **1972** 238; *Schöneborn* NJW **1974** 536; *Schütz* Die Verletzung des § 55 StPO als Revisionsgrund, Diss. Erlangen 1960, 76 ff; *Sydow* Kritik der Lehre von den „Beweisverboten" (1976) 68 ff; eingehend *Rengier* (s. Fußn. 165) 291 ff mit weit. Nachw.; *Schlüchter* 723.2 und 4.1; mit gewissen Einschränkungen auch *Rudolphi* MDR **1970** 95 ff; dem Grunde nach *Roxin* § 24 D III 2 in Auflockerung früherer Auflagen.

tiefung der Verletzung des geschützten Rechtsguts eintreten würde[170]. Zum Teil verwandt sind Ansichten, die „generalpräventiv" auf den Eigenwert des Strafverfahrens und auf die Autorität des Urteils abstellen[171] oder „spezialpräventiv" an den Gedanken einer Disziplinierung der Rechtspflegeorgane mit dem Ziel anknüpfen, ihnen den Anreiz für Prozeßverstöße zu nehmen[172]. Weiter wird die Ansicht vertreten, es komme nicht auf den vordergründigen Schutzzweck der Vorschrift, sondern darauf an, ob ihre Nicht- oder Falschanwendung das Interesse des Beschwerdeführers berührt, daß ihm gegenüber rechtsstaatlich verfahren werde, wobei insbesondere das Verhältnismäßigkeitsprinzip und die konkrete Abwägung aller Umstände des Einzelfalles zu beachten seien[173].

98   Zunehmend **gefordert wird mit Recht** eine umfassende „abwägende Analyse der verschiedenen Interessenlagen" (*Roxin*), die bei den einzelnen Vorschriften ansetzt und *von daher* die Rechtsfolgen ihrer Verletzung bestimmt[174]. Insgesamt gesehen, sind also die genannten – und weitere – Ansätze im neueren Schrifttum, soweit sie nicht auf dem strengen Standpunkt verharren, daß jeder Verstoß gegen die gesetzlichen Methoden der Wahrheitsfindung revisibel sei (Fußn. 97), Ausprägungen des generelleren Bemühens der Lehre um eine sachgemäße Erfassung der Beweis- und Beweisverwertungsverbote, in die insoweit die Diskussion um die „Rechtskreistheorie" aufgegangen ist. Mit der Schwierigkeit dieses Bemühens, das noch durchaus im Flusse ist, hängt es zusammen, daß die verschiedenen Ansätze der neueren Lehre im Ergebnis der „Rechtskreistheorie" in eigentümlich unterschiedlichem und differenziertem Umfang folgen oder widersprechen. Jedenfalls ist die Ablehnung der Ergebnisse, zu denen die Rechtskreistheorie kommt, längst nicht mehr so verbreitet wie früher. Aber die Erörterung dieser Ergebnisse geschieht, wohl zu Recht, sehr viel intensiver als es nach der „Rechtskreistheorie" möglich ist.

V. Verletzung des Gesetzes: Sachliches Recht

99   **1. Allgemeines.** Die Rüge der Verletzung des sachlichen Rechts (vgl. § 344, 95 ff; § 352, 10) dient in erster Hinsicht (nach den Vorstellungen des Gesetzgebers von 1877 sogar ausschließlich, s. Vor § 333, 2) dem Zweck, das Revisionsgericht zu einer Prüfung zu veranlassen, ob die vom Tatrichter festgestellten Tatsachen die Anwendung der Rechtsnormen rechtfertigen, auf die die Verurteilung oder der Freispruch gestützt ist, oder ob Rechtsnormen irrig nicht oder falsch angewendet worden sind. Es geht also um die richtige Gesetzesanwendung im eigentlichen Sinne. Vgl. dazu näher unten Rdn. 108 ff.

---

[170] So z. B. *Grünwald* JZ **1966** 493; ähnlich *Petry* Beweisverbote im Strafprozeß, 1970, 77 ff; dagegen z. B. *Dencker* Verwertungsverbote im Strafprozeß (1977) 32; *Vollhardt* 29 will die Revision dann nicht zulassen, wenn eine Verfahrensnorm, die weder der Wahrheitsfindung noch den Interessen des Angeklagten dient, irreparabel verletzt ist.

[171] *Dencker* Verwertungsverbote im Strafprozeß (1977) 59 ff, 65, 72 u. ö.; kritisch oder ablehnend dazu *Fezer* JuS **1978** 329; *Rogall* ZStW **91** 14; KMR-*Paulus* 509; *Rieß* GA **1978** 255.

[172] *Klug* 46. DJT, 1966, S. F 35 f; *Baumann* GA **1959** 33, 36; *Spendel* NJW **1966** 1108; kritisch und mit weit. Nachw. KMR-*Paulus* 508.

[173] So namentlich und sehr ausführlich KMR-*Paulus* 512 ff; vgl. auch im folg. Text.

[174] *Roxin* § 24 D III 2; *Fezer* JuS **1978** 325; *Rogall* ZStW **91** 31; *Gössel* FS Bockelmann 801 und NJW **1981** 2217; vgl. auch KMR-*Paulus* 512 ff und *Philipps* FS Bockelmann 830, der freilich bezweifelt (S. 845), ob es überhaupt hinreichend genaue Entscheidungsmaßstäbe geben könne.

Über diesen engen Bereich hinaus prüfen die Revisionsgerichte seit langem und **100**
mit erkennbar zunehmender Intensität auf die Sachrüge auch, ob die **Tatsachenfeststellungen Mängel** aufweisen, die aus dem Urteil selbst erkennbar sind, und ob der logische (nicht: der verfahrensrechtliche) Weg, auf dem der Tatrichter zu diesen Feststellungen gelangt ist, im Urteil fehlerfrei und überzeugend dargestellt ist. „In der Rechtspraxis sind Rügen, die das Revisionsgericht zu derartigen Prüfungen veranlassen, mindestens so zahlreich wie reine Rechtsrügen"[175]. Sie bedeuten, vornehmlich aus Gründen des Bemühens um Einzelfallgerechtigkeit, eine richterrechtlich entwickelte Ausweitung der Revision, die in der Lehre gern schlagwortartig als „erweiterte Revision" und als „Darstellungsrüge" bezeichnet wird (vgl. schon Vor § 333, 4; 10). Zu ihrer Begründung und Ausprägung im einzelnen näher unten 120 ff.

2. Prüfungsgrundlagen der Sachrüge
a) Beschränkung auf Urteilsurkunde. Für die Prüfung, ob der Tatrichter das ma- **101**
terielle Recht richtig angewendet hat, stehen dem Revisionsgericht nur die Urteilsurkunde und deren Angaben über die Beweiswürdigung, das Tatgeschehen und dessen rechtliche Würdigung zur Verfügung (*W. Schmid* ZStW **85** 367). Alle anderen Erkenntnisquellen, aus denen sich die Überzeugung des Tatrichters ermitteln oder die Unrichtigkeit seiner Feststellungen herleiten ließe, sind mit dem Revisionsrichter bei der Sachrüge verschlossen. Das Revisionsgericht darf insbesondere die Urteilsfeststellungen nicht nach dem Akteninhalt ergänzen (BGHSt **7** 77; Rdn. 104 ff). Geben sie allerdings das Ergebnis der Beratungen erkennbar nicht zutreffend wieder, so gilt dies als sachlichrechtlicher Mangel, weil dann die Grundlage der revisionsrichterlichen Prüfung überhaupt in Frage gestellt ist[176].

Die nach § 268 Abs. 1 **mündlich mitgeteilten Urteilsgründe** sind niemals maßge- **102**
bend; sie haben im Revisionsrecht keine Bedeutung[177]. Unbeachtlich sind auch Einfügungen in das Urteil, die der Vorsitzende nachträglich ohne Einwilligung der Beisitzer vorgenommen hat[178], Erklärungen, die von den Richtern später zu den Feststellungen abgegeben worden sind[179], und Berichtigungsbeschlüsse, die in unzulässiger Weise (vgl. bei § 268) die Urteilsfeststellungen nachträglich ändern[180].

Allgemeinkundige Tatsachen sind die einzigen Tatsachen, die der Revisionsrich- **103**
ter außer den in dem Urteil mitgeteilten berücksichtigt[181]. Es gilt als sachlichrechtlicher

---

[175] So LR-*Meyer* in der 23. Aufl., Rdn. 99, der aber die im folgenden Text angedeuteten Konsequenzen einer „erweiterten Revision" und einer (verselbständigten) „Darstellungsrüge" für verfehlt hält. Zur zahlenmäßigen Bedeutung der Rügen in der neueren Praxis des BGH s. *Rieß* NStZ **1982** 49.
[176] BGHSt **21** 9; RGSt **47** 117; RG JW **1928** 2270 m. Anm. *Mannheim*; OLG Celle MDR **1958** 182; a. A *Beling* 420 ff, der die Feststellung des Beratungsergebnisses im Freibeweis für zulässig hält.
[177] BGHSt **2** 66; **7** 370; **15** 269; BGH VRS **10** 214; **25** 113; BGH bei *Dallinger* MDR **1951** 539; RGSt **4** 383; **13** 68; RG DJ **1937** 513; RG GA **64** (1917) 553; BayObLGSt **1952** 234 = MDR **1953** 248; OLG Hamburg SJZ **1948** 700 m. Anm. *Niethammer*; OLG Koblenz OLGSt § 275 S. 17; § 222 StGB S. 50; VRS **49** 286; vgl. auch bei § 268.
[178] RGSt **13** 69; vgl. näher bei § 275.
[179] BGHSt **2** 248; **26** 92; rechtlich unhaltbar daher OLG Bremen VRS **48** 436; näher bei § 275.
[180] BGHSt **2** 248; **3** 245; **26** 92; BGH GA **1969** 119; BGH bei *Dallinger* MDR **1973** 902; RGSt **28** 81, 247; **56** 233; RG GA **71** (1927) 92; RG HRR **1939** 1010; OLG Hamm MDR **1973** 952; JMBlNRW **1965** 105.
[181] RGSt **31** 187; **57** 257; OGHSt **2** 18, 301; BayObLGSt **1951** 178, 200; OLG Hamburg JR **1964** 278; OLG Hamm VRS **14** 454; vgl. auch bei § 261.

§ 337   Drittes Buch. Rechtsmittel

Mangel des Urteils, wenn seine Feststellungen im Widerspruch zu solchen Tatsachen stehen[182].

104 b) **Keine Berücksichtigung des Akteninhalts.** Wird dem Revisionsgericht der Akteninhalt ganz oder teilweise auf eine Verfahrensrüge (etwa nach § 244 Abs. 2) zugänglich, so darf es eigene tatsächliche Feststellungen dennoch nur treffen, soweit das für die Entscheidung über die Verfahrensrüge erforderlich ist. Es darf nicht etwa die Verfahrensrüge zum Anlaß nehmen, den Akten Tatsachen auch für die Anwendung des sachlichen Rechts zu entnehmen, weil damit (zumal im Fall der unbegründeten Verfahrensrüge) die Abgrenzung zwischen beiden Rügen (oben Rdn. 66) verwischt und das Revisionsgericht auf dem Weg über die Verfahrensrüge entgegen dem Gesetz reine Tatfragen bei der Anwendung des sachlichen Rechts berücksichtigen würde[183].

105 Ist *nur* die Sachrüge erhoben, so darf das Revisionsgericht den Akteninhalt erst recht nicht zur Prüfungsgrundlage machen. Es darf also einen unklaren oder lückenhaften Sachverhalt nicht aus den Akten ergänzen[184]. Das gilt auch, wenn es sich um den Inhalt von Schriften oder um Steuererklärungen handelt[185]. Daher kann mit der Sachbeschwerde nicht gerügt werden, daß die Tatsachenfeststellungen dem Inhalt der Akten widersprechen. Es gibt nach geltendem Recht keine **Rüge der „Aktenwidrigkeit"**[186]. Daher können auch in den Akten befindliche Urkunden, deren Inhalt die Unrichtigkeit der Tatsachenfeststellungen beweist oder vermuten läßt, mit der Sachrüge nicht herangezogen werden, um die tatsächlichen Feststellungen des angefochtenen Urteils in Frage zu stellen[187]. Das gilt auch für Auszüge aus dem Zentralregister, aufgrund deren die Voraussetzungen des Rückfalls nach § 48 StGB festgestellt oder nicht festgestellt worden sind[188]. Der Weg, solche unrichtigen Feststellungen zu bekämpfen, ist die Rüge der Verletzung des § 244 Abs. 2 oder des § 261[189]. Denn wenn der Tatrichter Feststellungen getroffen hat, deren Gegenteil sich aus Urkunden in den Akten ergibt, so hat

---

[182] KG JR **1960** 73; OLG Saarbrücken VRS **38** 454; vgl. näher unter Rdn. 170 ff.

[183] BGH GA **1955** 269; RG JW **1931** 2028; *W. Schmid* ZStW **85** 906; KMR-*Paulus* 5; a. A offenbar BGHSt **22** 289 und wohl auch BGHSt **28** 316 sowie OLG Celle NJW **1982** 1545, die augenscheinlich Schriften im Rahmen der Sachrüge nachprüfen; a. A auch *Peters* 616; vgl. auch *Sarstedt/Hamm* 259; OLG Hamburg SJZ **1948** 700 mit abl. Anm. *Niethammer*. Eingehend *Fezer* Möglichkeiten, 201 ff.

[184] BGHSt **7** 77; RG HRR **1938** 920; **1940** 46; OGHSt **1** 43; KG DAR **1957** 103; **1962** 20; OLG Schleswig bei *Ernesti/Jürgensen* SchlHA **1973** 188.

[185] RG JW **1929** 1468; **1931** 2028; vgl. aber auch Fußn. 183 und Rdn. 106 Fußn. 190.

[186] OLG Koblenz VRS **46** 441; *Eb. Schmidt*; *Dahs/Dahs* 44; *Sarstedt/Hamm* 319; *Alsberg/Nüse* 7; *Hempfling* 44 ff; *Meseke* 45. – Ihre Einführung wird allerdings im Schrifttum befürwortet; vgl. *Mannheim* 181 ff; *Schwarz* DStR **1936** 33 ff; hiergegen *Eb. Schmidt* 34; *Schwinge* 245 ff und ZAkDR **1935** 548; *Enzian* DRiZ **1976** 374; *Nagler* ZAkDR **1939** 274; *Meseke* empfiehlt die Einführung der Rüge der Urkunden- und Sitzungsprotokollwidrigkeit; vgl. auch *Fezer* Möglichkeiten 198 ff; *Haddenhorst* 122 ff; *Wiedemann* Die Korrektur strafprozessualer Entscheidungen außerhalb des Rechtsmittelverfahrens (1981), S. 64 ff.

[187] Vgl. RG GA **59** (1912) 350; OLG Schleswig bei *Ernesti/Jürgensen* SchlHA **1973** 188; KMR-*Paulus* 5; *Dahs/Dahs* 24; a. A *Peters* 616, der die Prüfung der Urkundswidrigkeit auf die Sachrüge zulassen will; auch *Willms* JR **1975** 55 hält die Beachtung der „unzweifelhaften Urkundenwidrigkeit" auf die Sachrüge offenbar schon nach geltendem Recht für erwägenswert; in Grenzen ebenso *Jagusch* in der 21. Aufl. dieses Kommentars, Vor § 296 Anm. E 3 b.

[188] BGH bei *Herlan* MDR **1955** 18; RGRSpr. **47**; RG HRR **1938** 920; **1940** 46; KG VRS **16** 111; a. A *Gottwald* 211, der dann das Revisionsgericht zur Akteneinsicht für befugt hält.

[189] Vgl. RG ZAkDR **1939** 273 m. Anm. *Nagler*, wo allerdings die Sachrüge recht großzügig in eine Aufklärungsrüge umgedeutet wurde.

er in dem Fall, daß er die Urkunde nicht benutzt hat, gegen § 244 Abs. 2 (vgl. RG HRR **1939** 546; **1942** 338), für den Fall, daß er sie benutzt, ihren Inhalt aber in dem Urteil eindeutig falsch wiedergegeben hat, gegen § 261 verstoßen.

c) Keine ergänzenden Feststellungen durch Augenscheinseinnahme. Eine merkwürdige Unsicherheit besteht (schon vor Einfügung des § 267 Abs. 1 Satz 3) bei der Frage, ob dem Revisionsgericht bei der Sachrüge die wertende Heranziehung (Inaugenscheinnahme) von Abbildungen oder sogar von Schriften[190] gestattet ist, von deren Inhalt die Rechtsanwendung abhängt. Sie wird nicht selten mit der Begründung zugelassen, es könne sonst nicht geprüft werden, ob die rechtliche Beurteilung durch das Tatgericht einwandfrei sei[191]. Das soll insbesondere gelten, wenn eine Vielzahl gleichartiger pornographischer Abbildungen zu beurteilen ist, deren Inhalt im Urteil des Tatrichters nicht wiedergegeben werden kann, oder wenn es sich um Spielfilme handelt[192]. Im Schrifttum (ausführlich *W. Schmid* ZStW **85** [1973] 893) wird das heute teils im Hinblick auf § 267 Abs. 1 Satz 3 (dazu Rdn. 107), teils mit der Überlegung gebilligt, eine Beschränkung sei dem Revisionsgericht ohnedies nur auferlegt, wenn es seine Kontrolle innerhalb des sprachlich mitteilbaren Bereichs ausübt (*Roxin* § 53 D III 2). All dem kann in dieser Form nicht zugestimmt werden. Es verstößt „in grober Weise" (LR-*Meyer*[23]) gegen die Grundsätze des Revisionsrechts, wenn sich der Revisionsrichter als Tatrichter betätigt, indem er Beweise zur Schuldfrage erhebt. Es ist weder seine Aufgabe, noch fällt es in seinen Verantwortungsbereich festzustellen, welchen Inhalt Bilder, Filme, Fotos oder gar Schriften haben. Die Mitteilung darüber entzieht sich auch nicht dem sprachlichen Ausdruck[193]. Diese Mitteilung ist vielmehr Grundlage der revisionsgerichtlichen Prüfung[194]. Das gleiche gilt für Schallplatten; das Revisionsgericht darf sich von ihrem Inhalt nicht durch Abhören überzeugen[195].

Etwas grundsätzlich anderes ergibt sich entgegen der heute herrschenden Lehre[196] auch nicht aufgrund des durch das StVÄG 1979 eingefügten **§ 267 Abs. 1 Satz 3**, der dem Tatrichter gestattet, auf **Abbildungen** (aber nur auf diese; vgl. näher bei § 267), die sich bei den Akten befinden, „wegen der Einzelheiten" zu verweisen. Denn die

---

[190] Vgl. zum letzteren BGHSt **29** 22 und oben Fußn. 183. Es würde sich insoweit entgegen dem BGH übrigens nicht um eine revisionsgerichtliche Augenscheinseinnahme, sondern um Urkundenbeweis handeln. Zur richtigen revisionsrechtlichen Behandlung s. unten Rdn. 117 ff.

[191] RGSt **61** 397; BayObLGSt **1970** 135 = MDR **1970** 942; BayObLG und OLG Hamm bei *W. Schmid* ZStW **85** 895 Fußn. 5; OLG Bremen NJW **1982** 1681. Offengelassen in BGHSt **29** 22 = JR **1980** 168 mit abl. Anm. *Peters*. Vgl. auch *Peters* 612. Der Versuch von BGHSt **29** 22, einen möglichen Unterschied zwischen der Inaugenscheinnahme von pornographischen Schriften und Bildern sowie Schallplatten einerseits und einem Radarfoto andererseits zu machen, erscheint nicht überzeugend. Vgl. zum Ganzen auch BGHSt **22** 289 und die folg. Fußn.

[192] OLG Hamm JMBlNRW **1969** 246 für Pornographie; OLG Schleswig SchlHA **1970** 198 für Spielfilme, das dann die Voraussetzungen des § 184 StGB wie ein Tatgericht prüft.

[193] Insoweit **a. A** *Roxin* § 53 B III 2 (der dem aber Bedeutung nur bei einer Revision der Staatsanwaltschaft gegen ein freisprechendes Urteil beimißt); zweifelnd auch *Schlüchter* 696.

[194] Ebenso RG JW **1914** 886; OLG Frankfurt JZ **1974** 517; OLG Hamm bei *W. Schmid* ZStW **85** 896 Fußn. 7; *Schlüchter* 696; BGHSt **29** 18 = JR **1980** 168 mit abl. Anm. *Peters* und BayObLG VRS **1881** 42 für (Radar-) Fotos. Vgl. auch die folg. Fußn. für Schallplatten. Kritisch *Schünemann* JA **1982** 162 Fußn. 75.

[195] So BGHSt **23** 78; OLG Köln GA **1968** 344.

[196] OLG Hamburg JR **1982** 76 mit abl. Anm. *Bottke*; *Kleinknecht*[35] 14; wohl auch LR-*Gollwitzer*[23] ErgBd. § 267, 2; KK-*Hürxthal* § 267, 6; *Schlüchter* 692; *Rieß* NJW **1978** 2271.

Vorschrift, die revisionsrechtlich fragwürdig erscheint[197], gestattet die Verweisung eben nur „wegen der Einzelheiten", nicht also im Kern. „Wegen dieser Einzelheiten" wird dann zwar in der Tat die Abbildung auch der Würdigung des Revisionsgerichts zugänglich. Aber dies kann nicht bedeuten, daß das Revisionsgericht durch Augenscheinseinnahme – partiell und möglicherweise ohne Bezug zur Beweiswürdigung im übrigen – zum Tatrichter wird. Vielmehr muß der Tatrichter den wesentlichen Inhalt, den eigentlichen Kern der Beurteilung, nach wie vor so mit Worten in den Urteilsgründen darlegen, daß dem Revisionsgericht auch ohne Verweisung gemäß § 267 Abs. 1 Satz 3 eine Gesetzesanwendung möglich wird, auf die das Revisionsgericht dann auch beschränkt ist[198]. Die Bezugnahme auf die „Einzelheiten" berechtigt das Revisionsgericht daher grundsätzlich nicht zur eigenen Prüfung. Sie ist für dieses Gericht nur für (weitere) Einzelheiten und insoweit von Belang, wie bei Betrachtung der Einzelheiten deutlich wird, daß der Tatrichter auch im Kern rechtsfehlerhaft verfahren ist. Und das macht einen erheblichen Unterschied.

3. Kontrolle der richtigen Gesetzesanwendung i. e. S.

108 a) **Allgemeines.** Wenn die Sachrüge erhoben ist, besteht die eigentliche Aufgabe des Revisionsgerichts in der Prüfung, ob die Tatsachenfeststellungen die Rechtsanwendung tragen. Das sachliche Recht ist verletzt, wenn der Tatrichter eine auf den festgestellten Sachverhalt anzuwendende Rechtsnorm (dazu oben Rdn. 7 ff) des materiellen Rechts (dazu oben Rdn. 66 f) nicht oder nicht richtig angewendet hat (§ 337 Abs. 2) oder wenn er eine unanwendbare Rechtsnorm oder eine „Norm" angewendet hat, die keine Rechtsnorm ist (s. Rdn. 6). Der Rechtsfehler kann insbesondere in falscher Auslegung der Rechtsnorm oder (s. Rdn. 110 ff) in falscher Subsumtion liegen[199]. Das Revisionsgericht hat das zur Zeit der tatrichterlichen Entscheidung geltende Recht zugrunde zu legen, es sei denn, daß inzwischen milderes Recht in Kraft getreten ist (§ 354a). Hat der Angeklagte Revision eingelegt, so wird das Rechtsmittel im allgemeinen auch dann verworfen, wenn die Rechtsanwendung unrichtig, der Angeklagte aber dadurch nicht beschwert ist; eine Schuldspruchberichtigung zu seinen Ungunsten ist rechtlich zulässig, aber meist nicht üblich (näher bei § 354, 21 ff). Hat der Tatrichter die Angabe der angewendeten Rechtsnormen, insbesondere der Paragraphenbezeichnungen oder der konkreten Begehungsmodalität, unterlassen, so ist das unschädlich, wenn das Urteil erkennen läßt, auf welche konkreten gesetzlichen Vorschriften es gestützt ist[200]. Wenn die Urteilsgründe andere gesetzliche Vorschriften anführen als der Urteilsausspruch, kann das zur Aufhebung der Entscheidung zwingen (vgl. KG VRS **16** 44).

109 b) **Auslegung des Gesetzes.** Bei der Auslegung des Gesetzes ist das Revisionsgericht von der Ansicht des Tatrichters gänzlich unabhängig. Es überprüft die in dem angefochtenen Urteil dargelegten Gesichtspunkte, die der Tatrichter zur Begründung seiner Auslegung ausführt, und nimmt nötigenfalls eine eigene Auslegung vor; es hebt das Urteil auf, wenn es eine andere Auslegung für richtig hält und das Urteil auf der Diskrepanz beruht (*Eb. Schmidt* 35).

---

[197] Zu ihrem gesetzgeberischen Zweck näher LR-*Gollwitzer*[23] ErgBd. § 267, 1 mit Nachw.
[198] Ebenso wohl KMR-*Paulus* 17; *Kleinknecht/Meyer* 14; vgl. (auf der Grundlage des früheren Rechts) auch schon RGSt **41** 23 und dazu *Nüse* JR **1965** 231; RG JW **1926** 1221 m. Anm. *Mamroth*; OLG Karlsruhe NJW **1974** 2016; auch BGHSt **23** 78.
[199] Vgl. *Eb. Schmidt* 31; *Henkel* 376; *Peters*[2] 565; *Schwinge* 66.
[200] RGSt **32** 351; **43** 299; **51** 33; OGHSt **1** 55; OLG Karlsruhe DAR **1959** 217; KMR-*Paulus* 45; *Dahs/Dahs* 79; vgl. auch bei § 267; kritisch *Peters* 454.

Auslegung ist grundsätzlich auch die **Subsumtion,** d. h. der Vergleich des festgestell- **110** ten Sachverhalts mit dem in Betracht kommenden Rechtssatz[201]. Sie geschieht durch eine speziellere, auf die Besonderheiten des Sachverhalts zugeschnittene Erfassung des gesetzlichen Bedeutungsgehalts, der dabei soweit wie möglich dem Sachverhalt mit der Folge angenähert wird, daß am Sachverhalt Abstrahierungen, am Rechtssatz Konkretisierungen zu dem Zweck vorgenommen werden, festzustellen, ob der Sachverhalt unter das Gesetz fällt. Der Tatrichter muß die Tatsachen, in denen die gesetzlichen Merkmale der Straftat gefunden werden, im Urteil angeben (§ 267 Abs. 1 Satz 1). An diese Tatsachen ist das Revisionsgericht gebunden, sofern sie rechtsfehlerfrei festgestellt worden sind. Zweifelhaft und seit jeher umstritten ist jedoch, wie sich die Eigentümlichkeiten des Subsumtionsvorgangs, also die Abstrahierungen am Sachverhalt und die Konkretisierungen am Rechtssatz, in der Revision auswirken; vgl. dazu im folg. Text.

c) **Deskriptive und normative Merkmale; unbestimmte Rechtsbegriffe.** Nach ver- **111** breiteter Meinung ist die Revisibilität der Auslegung des Gesetzes speziell bezüglich der Subsumtion unterschiedlich je nachdem, ob es sich um deskriptive oder normative Gesetzesmerkmale oder um unbestimmte Rechtsbegriffe handelt. Als unbestimmte Rechtsbegriffe gelten üblicherweise solche, deren Inhalt und Umfang weitgehend ungewiß ist. Viele dieser Begriffe sind auch normative Begriffe, also solche, bei denen, im Gegensatz zum deskriptiven Begriff, für die Rechtsanwendung im Einzelfall eine spezielle normative Wertung erforderlich ist[202]. Scharfe Grenzen zwischen den verschiedenen Begriffen lassen sich nicht ziehen (dazu auch unten Rdn. 116).

Bei den **deskriptiven Merkmalen** und denjenigen normativen Merkmalen, die **112** keine unbestimmten Rechtsbegriffe sind, ist die Auslegung des Revisionsgerichts nach heute ganz herrschender Ansicht und ständiger Praxis nicht eingeschränkt. Was ein Tier, ein Mensch oder eine Sache ist oder was der Begriff der Wegnahme bedeutet (dazu aber auch unten Rdn. 116), beurteilen die Revisionsgerichte daher unabhängig von der Ansicht des Tatrichters (vgl. nur *W. Schmid* ZStW **85** 384).

Streitig ist hingegen die Revisibilität der Anwendung **unbestimmter Rechtsbegrif-** **113** **fe.** Es handelt sich – nach Lehre und Praxis – teils um im Gesetz nicht ausdrücklich formulierte Merkmale, z. B. den ursächlichen Zusammenhang, die Voraussehbarkeit beim fahrlässigen Erfolgsdelikt oder den Gesamtvorsatz bei der fortgesetzten Handlung, überwiegend aber um Merkmale eines gesetzlichen Tatbestandes oder Rechtfertigungsgrundes, wie z. B. die Geringwertigkeit der Sache in § 248a StGB, das auffällige Mißverhältnis in § 302a Abs. 1 StGB, die Gefährdung im Sinne der §§ 315 Abs. 1, 315a Abs. 1, § 315b Abs. 1 und § 315c Abs. 1 StGB, die geringe Menge im Sinne des § 29 Abs. 3 Nr. 4 BtMG (vgl. im übrigen die Zusammenstellungen bei *Eb. Schmidt* 37 ff, *Mannheim* 85 ff, *W. Schmid* ZStW **85** 387, *Wamser* 34 ff).

Nach einer im **Schrifttum** verbreiteten Auffassung prüft das Revisionsgericht die **114** Entscheidung des Tatrichters auch hier grundsätzlich uneingeschränkt[203]; etwas anderes soll nur gelten, soweit dem die begrenzte Mitteilbarkeit der entscheidungserheblichen Tatsachen entgegensteht (so *Warda* 76) oder soweit die Generalisier- und Abstrahierbarkeit des einzelnen Subsumtionsschlusses nach den Umständen des Einzelfalles für die Einheitlichkeit der Rechtsprechung ohne Interesse ist (so *Schwinge* 130 ff, des-

---

[201] Vgl. *Eb. Schmidt* 36; *Mannheim* 65. Allgemein zur Subsumtion und ihrem Verhältnis zur Auslegung z. B. *Zippelius* Einführung in die juristische Methodenlehre² (1974) 106 ff; *Larenz* Methodenlehre⁴ (1979) 257 ff.
[202] Zum Ganzen näher *Engisch* Einführung in das juristische Denken[7] (1977) S. 108 ff; vgl. auch *Wamser* 1 ff.
[203] *Drost* 74 ff; *Mannheim* 70 ff; *Wamser* 17 ff; *Frisch* NJW **1973** 1349; *Warda* 76 und *Schwinge* 130 (vgl. aber auch im folg. Text); wohl auch *Roxin* § 53 D III 1.

§ 337　　Drittes Buch. Rechtsmittel

sen Ansicht damit im Ergebnis stark auf die Differenzierungen jedenfalls der älteren Rechtsprechung hinausläuft).

115　Die **Rechtsprechung** hat früher sehr geschwankt und ein uneinheitliches Bild gezeigt[204]. Daß sie „jetzt aber zu einheitlichen Grundsätzen gefunden" habe (so LR-*Meyer*[23] Rdn. 158), läßt sich nur bedingt sagen. Vielmehr ist unverkennbar, daß unbestimmte Rechtsbegriffe auch heute mit unterschiedlicher Intensität geprüft werden; das gilt nicht nur für die verschiedenen Begriffe dieser Art[205]; es gilt mindestens zum Teil auch für die Intensität, mit der der gleiche Begriff im Einzelfall nachgeprüft wird[206]. So läßt sich wohl nur mit gewisser Vorsicht folgendes feststellen (insoweit im Anschluß an LR-*Meyer*[23]): Die Revisionsgerichte prüfen Inhalt und Tragweite der unbestimmten Rechtsbegriffe zwar ohne Bindung an die Ansicht des Tatrichters. Sie stellen dabei auch allgemeine Begriffsbestimmungen auf und konkretisieren die gesetzlichen Wertungsgesichtspunkte durch allgemeine Grundsätze. Ihre Prüfung beschränkt sich dann aber oft oder vielfach darauf, ob der Tatrichter bei der Anwendung des unbestimmten Begriffs von einer zutreffenden Auffassung über dessen Inhalt ausgegangen ist und seiner Beurteilung die richtigen rechtlichen *Maßstäbe* zugrunde gelegt hat[207]. Die weiteren Einzelheiten der Subsumtion gelten dann als nicht revisibel („im wesentlichen Tatfrage" oder „nicht revisible Tatfrage"). Die Abgrenzungen sind in der Praxis häufig nicht eindeutig[208]. Im übrigen verlangen die Revisionsgerichte gemäß den heute üblichen allgemeinen Regeln (unten Rdn. 121 ff) auch hier, daß der Tatrichter die wesentlichen oder naheliegenden tatsächlichen Umstände angibt und widerspruchsfrei darstellt. Hat er im Einzelfall Umstände herangezogen, die die Subsumtion fehlerhaft machen, kann das aber unschädlich sein, wenn das Urteil darüber hinaus Umstände feststellt, die das Revisionsgericht als ausreichende Grundlage ansieht (OLG Hamburg VRS **47** 320).

116　Die angedeuteten **Unterschiedlichkeiten der Rechtsprechung** mögen berechtigt gewesen sein, solange die Revisionsgerichte vom Tatrichter eine genaue Angabe der wesentlichen oder naheliegenden tatsächlichen Umstände nicht forderten und die Anforderungen an die Sachverhaltsdarstellung im tatrichterlichen Urteil gering hielten. Im Zeichen einer Praxis, die anders verfährt (unten Rdn. 121 ff), ist die beschränkte Revisibilität der unbestimmten Begriffe nicht mehr einsehbar und logisch. Denn wenn der Tatrichter die entscheidenden Umstände, auf denen seine Anwendung eines unbestimmten Begriffs beruht, darzulegen hat, können die Revisionsgerichte die Rechtsanwendung auch insoweit ohne Mühe und ohne Mißachtung ihrer begrenzten Aufgabe voll kontrol-

---

[204] Dazu näher *Eb. Schmidt* 38 ff; *Drost* 73 ff; *Mannheim* 82 ff; *Pohle* 7 ff; *Wamser* 34 ff; *Warda* 61; vgl. auch *Schwinge* 103 ff.

[205] So prüft der BGH z. B. einschlägige Mordmerkmale (niedrige Beweggründe), die heute wohl schon zu den unbestimmten Begriffen zählen müßten (vgl. unten Rdn. 116), praktisch uneingeschränkt. Bei anderen Merkmalen, z. B. der Geringwertigkeit im Sinne des § 248a StGB hingegen erkennt er ein recht weitgehendes tatrichterliches Ermessen an (BGH bei *Dallinger* MDR **1975** 543), während er bei wieder anderen Merkmalen, z. B. der Gefährdung in den §§ 315 ff StGB (dazu *Dreher/Tröndle* § 315, 14 ff), dem Tatrichter nur geringen Spielraum läßt.

[206] Als Beispiel mag die insoweit durchaus unterschiedliche Rechtsprechung zur Geringwertigkeit im Sinne des § 248a StGB (dazu *Dreher/Tröndle* § 248a, 5) gelten.

[207] Vgl. in diesem Sinne z. B. BGHSt **5** 264; **6** 43; BGH NStZ **1982** 27; OLG Frankfurt JZ **1974** 517; OLG Hamburg VRS **47** 320; zustimmend KK-*Pikart* 31; *Kleinknecht/Meyer* 4; *Beling* 414; *Henkel* 377; *Peters* 608; *Dahs/Dahs* 47; wohl auch KMR-*Paulus* 24 und im Prinzip *Eb. Schmidt* 38 ff.

[208] Vgl. *Dahs/Dahs* 47 und als Beispiel BGH NStZ **1982** 27 (dazu auch in der folg. Fußn.).

Stand: 1. 5. 1985

lieren²⁰⁹. So erklären sich die heutigen Unterschiedlichkeiten im Grunde nur dadurch, daß die revisionsgerichtliche Kontrolle in einem jeweils verschiedenen Stadium ohne Not gleichsam abgebrochen wird. Im übrigen ist der ganze Unterschied zwischen deskriptiven, normativen und unbestimmten Merkmalen und Rechtsbegriffen zwar methodologisch nützlich, aber revisionsrechtlich wenig schlüssig. So gibt es nicht nur „deskriptive" Merkmale, die, ähnlich wie die unbestimmten Begriffe, einen Begriffskern und einen Begriffshof enthalten (so das Merkmal Wegnahme, bei dem man revisionsrechtlich durchaus entsprechend trennen könnte und früher z. T. auch getrennt hat). Vor allem aber ist es beim fließenden Unterschied zwischen „normativen" und „unbestimmten" Begriffen nicht stimmig, die ersteren als voll revisibel zu behandeln, die letzteren nicht. Wer wollte z. B. sagen, warum der Begriff „Gefährdung" als unbestimmter Begriff gilt, der Begriff des „niedrigen Beweggrundes" bei § 211 StGB hingegen (traditionellerweise) nicht, und warum der Umfang der Revisibilität von dieser Unterscheidung abhängen soll. Nach den heutigen Prinzipien der Rechtsanwendung müßten viele bisher „nur" als „normativ" angesehene Begriffe als so „unbestimmt" angesehen werden (z. B. der Begriff „niedrige Beweggründe"), daß sie eher als unbestimmte Begriffe zu gelten hätten. Für die Revisibilität entsprechende Konsequenzen zu ziehen, wird von der Rechtsprechung aber ersichtlich nicht erwogen.

117 **d) Auslegung von Äußerungen und Urkunden.** Streitig und viel erörtert ist, ob oder wann die Auslegung von Äußerungen, Erklärungen, Urkunden und Verträgen (Gedankenäußerungen) der Revision unterliegt²¹⁰. Obwohl die Rechtsanwendung gewiß bereits mit der Feststellung der Fakten beginnt²¹¹ und darum gerade die tatrichterliche Auslegung von Gedankenäußerungen in starkem Maße rechtliche Aspekte enthält, ist zweifelhaft, ob die Auslegung solcher Äußerungen der „Tatfrage" oder der „Rechtsfrage" zuzuordnen ist. Richtigerweise wird man annehmen müssen, daß sie noch nicht zur rechtlichen Subsumtion gehört, sondern ihr vorausgeht²¹². Sie ist auch keine Beweistätigkeit im eigentlichen Sinne, sondern eine Tatsachenwürdigung, eine Bedeutungsklärung zum Zwecke der Subsumtion²¹³. *Jedenfalls* ist die Auslegung der Gedankenäußerungen eine typische Aufgabe des Tatrichters; dem Revisionsgericht ist die eigene Wertung daher ebenso verboten wie bei der Beweiswürdigung²¹⁴. Das muß auch

---

²⁰⁹ Vgl. dazu nur *Roxin* § 53 B III 1. Charakteristisch insoweit die schon zit. Entscheidung BGH NStZ **1982** 27, die (für die Frage der „schweren" Kränkung im Sinne des § 213 StGB zunächst davon spricht, es handele sich um eine „Sache tatrichterlicher Würdigung", dann aber den konkreten Fall teils erwägend, teils konkret („insgesamt eine schwere Kränkung") nachprüft; vgl. auch BGH StrVert. **1983** 61.
²¹⁰ Eingehend *Schwinge* 173 ff mit Nachw.; *May* NJW **1983** 980 und *Kuchinke* 144 ff mit Nachw. (speziell für den Zivilprozeß).
²¹¹ *Scheuerle* Rechtsanwendung (1952) 23; vgl. auch *Schwinge* 176.
²¹² *Mannheim* 77; *Sellke* 42; **a. A** *Stein* Privates Wissen 44, der sie sogar als besonders wichtigen Fall der Subsumtion bezeichnet; vgl. auch *Kuchinke* 145 ff.
²¹³ *Stree* 36; *Beling* 278 Fußn. 2 hält sie für

einen Teil der Beweisaufnahme, *W. Schmid* ZStW **85** 377 für einen Teil der Sachverhaltsfeststellung.
²¹⁴ BGHSt **3** 70; **21** 372; **23** 73 (sehr weitgehend); **26** 26; **32** 311; BGH NJW **1952** 1186; MDR **1953** 403; VRS **16** 23; RGSt **22** 240; **23** 347; **24** 189; **25** 158; **27** 431; **28** 64; **30** 39; **31** 185; **33** 87; 170; **39** 267; **40** 185; **41** 60; 178; **47** 314; **48** 244; **50** 147; **54** 267; **55** 130, 132; **56** 129; **64** 211; RG JW **1922** 297, 1021; **1931** 1571; OLG Bremen MDR **1962** 234; OLG Celle StrVert. **1983** 284; OLG Düsseldorf JMBlNRW **1981** 224; OLG Hamm NJW **1961** 1937; KG JR **1980** 291; OLG Köln NJW **1977** 399 und **1982** 657; OLG Stuttgart OLGSt § 186 StGB S. 3; KMR-*Paulus* § 261 38; *Peters* 609; *Dahs/Dahs* 78; *Sarstedt/Hamm* 367; vgl. auch *Gottwald* 234 ff; *Schwinge* 176 ff; *Stein* Privates Wissen 44 ff.

§ 337 Drittes Buch. Rechtsmittel

gelten, wenn die Äußerung oder die Urkunde in dem Urteil wörtlich wiedergegeben ist[215]; daß das Revisionsgericht in diesem Fall dieselben tatsächlichen Grundlagen für die Auslegung hat wie der Tatrichter, berechtigt es nicht, in dessen Verantwortungsbereich einzugreifen. Eine im Schrifttum verbreitete gegenteilige Meinung, die dem Revisionsgericht nur die Auslegung der Willensrichtung des Äußernden untersagen will, nicht aber die Auslegung des objektiven Sinns der Äußerung[216], mag zwar der „Leistungsmethode" (vgl. Vor § 333, 5) entsprechen, überdehnt aber den Aufgabenbereich des Revisionsgerichts, das nach dem Gesetz für die eigentliche Tatsachenwürdigung nicht zuständig ist. Das gilt auch für die Auslegung von Verwaltungsanordnungen; dem Revisionsgericht steht auch hier keine eigene Wertung zu[217].

118 Revisibel ist die Auslegung von Gedankenäußerungen freilich, wenn sie als solche rechtsfehlerhaft ist, insbesondere auf Rechtsirrtum beruht[218]. Entsprechend dem heutigen Anwendungsbereich der Revision bei der Sachverhaltsfeststellung und -würdigung (unten Rdn. 121 ff), prüfen die Revisionsgerichte die Auslegung dabei auch auf Lückenhaftigkeit[219], auf Verstöße gegen Sprach- und Denkgesetze sowie gegen Erfahrungssätze, und zwar einschließlich der besonders wichtigen Frage, ob die Auslegung allgemeine Auslegungsregeln (dazu Rdn. 119) verletzt[220]. Sie verlangen insoweit zunehmend und folgerichtig auch eine genaue tatrichterliche Darstellung, die ihnen die revisionsgerichtliche Kontrolle erlaubt[221]. Ist diesen Anforderungen genügt, braucht die Auslegung des Tatrichters jedoch nicht zwingend zu sein; er braucht nicht einmal die wahrscheinlichere der denkbaren Lösungen gefunden zu haben; das Revisionsgericht ist an seine Meinung gebunden, wenn er zu einer vertretbaren Lösung gelangt ist[222]. Fehlerhaft ist es aber, wenn der Tatrichter von mehreren Auslegungsmöglichkeiten nur eine erwägt oder prüft[223].

119 Auslegungsregeln sind Erfahrungssätze darüber, wie man einen bestimmten Gedankeninhalt auszudrücken pflegt (dazu eingehend *Kuchinke* 158 ff). Eine allgemeine Auslegungsregel ist insbesondere der Grundsatz, daß, wenn der Inhalt der Gedankenäußerung nicht eindeutig ist, ihr Sinn aus den Nebenumständen, vor allem aus Zusammenhang und Zweck der Äußerung zu erforschen ist[224]. Dazu sind auch die örtlichen und die sozialen Umstände heranzuziehen, die namentlich für die Beurteilung von

---

[215] KG JR **1980** 291 m. Anm. *Volk* ; OLG Köln OLGSt § 185 StGB S. 15; *Sarstedt/Hamm* 367; wohl auch *Peters* 609.
[216] *Eb. Schmidt* 43; *Beling* 414; *Mannheim* 75 ff; *Schwinge* 177 für „typische Verträge".
[217] BGH VRS **16** 53; **a. A** RGSt **44** 197; **52** 141; *Gottwald* 237 ff; vgl. auch schon oben Rdn. 9.
[218] So schon RGSt **21** 305; **25** 404; **30** 195; **39** 400; **41** 79; **54** 267; OLG Düsseldorf JMBlNRW **1981** 224; OLG Hamm NJW **1971** 1853; OLG Köln NJW **1982** 657; ebenso die in Fußn. 214 Genannten.
[219] RG JW **1924** 304 m. Anm. *Mamroth*; OLG Köln NJW **1982** 657; *W. Schmid* ZStW **85** 377; *Kuchinke* 162.
[220] BGHSt **21** 372; BGH LM Nr. 2 § 154 StGB; RGSt **41** 79; **45** 139; **61** 154 = JW **1928** 1225 m. Anm. *Oetker*; RGSt **63** 113; **64** 352; RG JW **1930** 2545 m. Anm. *A. Weber*; RG JW **1932** 3113; BayObLGSt **1957** 162 = NJW **1957** 1607; OLG Celle NJW **1982** 1545; StrVert. **1983** 284; OLG Hamburg NJW **1970** 1650; JR **1983** 508; OLG Hamm NJW **1971** 835; OLG Köln NJW **1982** 657; OLG Stuttgart JW **1932** 1026 m. Anm. *Clad*; *Hartung* SJZ **1948** 579; *W. Schmid* ZStW **85** 377; *Schwinge* 178 will bei Gedankenäußerungen die Prüfung auf die Verletzung von Auslegungsregeln beschränken.
[221] Vgl. OLG Stuttgart OLGSt § 186 StGB S.4: Das Urteil muß die auszulegende Erklärung so vollständig wiedergeben, daß die Prüfung durch das Revisionsgericht möglich ist; vgl. auch BGHSt **23** 78.
[222] Vgl. RG JW **1938** 1013; *Sarstedt/Hamm* 368; *Dahs/Dahs* 78; *W. Schmid* ZStW **85** 378.
[223] RGSt **63** 113; OLG Hamburg NJW **1970** 1650; *W. Schmid* ZStW **85** 377; *Dahs/Dahs* 78; vgl. auch BGHSt **25** 367.
[224] RGSt **30** 195; **39** 401; **61** 154 = JW **1928** 1225 m. Anm. *Allfeld*; OLG Bremen MDR **1962** 234; *Schwinge* 179; *Kisch* JR **1926** 459.

Beleidigungen oder angeblich falschen Aussagen wichtig sind (*Peters* 609). Der Grundsatz in dubio pro reo ist nicht anwendbar; denn der Inhalt der Erklärung kann nicht dadurch beeinflußt werden, daß er später in einem Strafverfahren von Bedeutung ist[225].

4. Kontrolle der Voraussetzungen richtiger Gesetzesanwendung („Darstellungsrüge")
a) **Grundlagen. Entwicklung.** *Verfahrensrechtlich* ist der Tatrichter nicht verpflichtet, die benutzten Beweismittel und die Beweiswürdigung im Urteil mitzuteilen. Nur die für seine Überzeugungsbildung verwendeten Beweisanzeichen „soll" er nach § 267 Abs. 1 Satz 2 angeben. Die Vorschrift gilt bemerkenswerterweise als „Sollvorschrift", auf die eine Verfahrensrüge nicht soll gestützt werden können[226]. Sie zeigt, daß der Gesetzgeber bewußt darauf verzichtet hat, dem Tatrichter Urteilsausführungen darüber vorzuschreiben, auf welchem Wege er zur Überzeugung von dem festgestellten Sachverhalt gelangt ist[227], und entspricht damit der Absicht des historischen Gesetzgebers, mit der Beschränkung der Revision auf Gesetzesverletzungen (§ 337) die Überprüfbarkeit der tatsächlichen Feststellungen vom Anwendungsbereich der Revision weitgehend auszuschließen[228]. Die Regelung des § 267 Abs. 1 ist freilich mittlerweile schon dadurch widersprüchlich geworden, daß § 267 Abs. 3 in der Fassung des VereinhG heute sogar die Aufnahme der Strafzumessungserwägungen in das Urteil zwingend vorschreibt. „Mit der unverändert gebliebenen Fassung des § 267 Abs. 1 ist das Gesetz in ganz unverständlicher Weise hinter seiner eigenen Entwicklung zurückgeblieben" (LR-*Meyer*[23]).

120

Die Rechtsprechung hat nun, unabhängig von der Frage des Verfahrensverstoßes, frühzeitig begonnen, an die Tatsachenfeststellungen im Urteil des Tatrichters bestimmte sachliche Anforderungen zu stellen, deren Erfüllung sie als Voraussetzung dafür ansieht, daß die Feststellungen überhaupt zur Grundlage einer zuverlässigen revisionsrechtlichen Prüfung gemacht werden können. Sie bejaht einen im weiteren Sinne sachlichrechtlichen Mangel nicht nur, wenn das Urteil keine Gründe enthält (und hat so auch die verfahrensrechtliche Bestimmung des § 338 Nr. 7, die in *diesem* Falle die unbedingte Urteilsaufhebung gebietet, insoweit überflüssig gemacht). Sie bejaht einen Mangel auch, wenn die Darstellung und Würdigung des festgestellten Sachverhalts unklar, widersprüchlich oder ersichtlich nicht vollständig ist, wenn sie Denkfehler enthält oder Erfahrungssätze mißachtet. Da es bei diesen Anforderungen jeweils um die *tragfähige Grundlage* des Urteils als *Voraussetzung* seiner eigentlichen Überprüfung auf Rechtsfehler geht, folgert die Rechtsprechung daraus, daß ihre Verletzung auf die Sachrüge hin zu beachten ist[229]. Der eigentliche Grund für die Beachtung der Anforderungen liegt

121

---

[225] Vgl. BGH bei *Dallinger* MDR **1972** 572; OLG Hamburg NJW **1958** 1246; *Sarstedt/ Hamm* 369; *Sulanke* 12; a. A *Kuchinke* 166; *Stree* 36; *Seibert* DRZ **1949** 558.

[226] BGHSt **12** 315; BGH bei *Dallinger* MDR **1975** 198; RGSt **47** 109; kritisch *Baldus* FS Heusinger 384 („Versäumte Gelegenheiten"); vgl. auch bei § 267.

[227] *Blunck* MDR **1970** 401; *Wenzel* NJW **1966** 578; LR-*Meyer* in der 23. Aufl., Rdn. 109; vgl. (zu den komplizierten historischen Gründen) auch *Baldus* FS Heusinger 385.

[228] Vgl. Vor § 333, 2. Zu diesem beabsichtigten Ausschluß z. B. auch *Rieß* GA **1978** 268; *Gössel* Nachprüfung 117.

[229] Vgl. nur OGHSt **1** 117, 147; grundsätzlich zustimmend KK-*Pikart* 28; KMR-*Paulus* § 244 27 ff; *Schlüchter* 294.3; *Dahs/Dahs* 67 ff; *Sarstedt/Hamm* 328 ff; *Sarstedt* FS Hirsch 180; *Cramer* FS Peters 241; *Cuypers* 452; *Geerds* FS Peters 275; *Otto* NJW **1978** 1; *W. Schmid* ZStW **85** 376; *Willms* JR **1975** 54; *Wimmer* DRZ **1950** 391; a. A *Henkel* 376 Fußn. 6; *Gössel* Nachprüfung 137; *Pagendarm* 19; *Schwinge* 198; *Sellke* 48; *Teske* 29 ff, 34, die darin einen Verfahrensfehler sehen. *Peters* 458 hält bei unklaren Urteilsgründen sowohl § 267 als auch das sachliche Recht für verletzt; *Kuchinke* 209 nimmt bei Verstößen gegen Erfahrungssätze Verletzung des § 261 an. Ausführlich zum Meinungsstand *Cuypers* 236 ff.

§ 337   Drittes Buch. Rechtsmittel

also nicht, wie der BGH gelegentlich angenommen hat (BGHSt 6 70), in der Annahme, daß zu den Rechtsnormen im Sinne des § 337 auch die Gesetze der Logik und die Sätze der Erfahrung gehören. Er liegt auch nicht in der Anerkennung der sog. Leistungsmethode (vgl. Vor § 333, 5)[230], zu der im Ergebnis freilich starke Berührungspunkte bestehen. Entscheidend ist vielmehr die Anknüpfung an Intensität, Überzeugungskraft und Geschlossenheit der tatrichterlichen Feststellungen in der Urteilsurkunde als Voraussetzung für die revisionsrichterliche Kontrolle der eigentlichen Rechtsanwendung. Das zeigen mittlerweile ungezählte Revisionsentscheidungen.

122   Die Revisionsgerichte **nehmen es nicht mehr hin** (was *Stein* Privates Wissen 111 noch für selbstverständlich hielt), wenn der Tatrichter „von dem tollen Satz ausgegangen ist, daß ein Zeuge nach drei Jahren noch den genauen Wortlaut einer zweistündigen Rede im Kopf haben könne", wenn er festgestellt hat, daß ein „Liebestrank" ein wirkungsvolles Mittel sei, Zuneigung hervorzurufen (was RGSt 8 352 f noch für eine gegebenenfalls bindende tatrichterliche Feststellung hielt), oder wenn er seine Überzeugung von der Täterschaft des Angeklagten in einem kritischen Fall begründungslos aus der Überzeugung gewinnt, daß es sich um „typisches Männerwerk" handele (BGH StrVert. **1982** 60).

123   **Im einzelnen** ist die Entwicklung der revisionsgerichtlichen Praxis schrittweise, aber nicht einheitlich und gradlinig verlaufen[231]. Relativ früh bejaht wurde die Revisibilität von Verstößen gegen *Denkgesetze* (unten Rdn. 165 ff) und gegen *Erfahrungssätze* (unten Rdn. 170 ff), die heute meist nur als Einkleidung bzw. als spezielle Ausprägung einer sehr viel umfassenderen Prüfungsmethodik erscheint[232]. In neuerer Zeit sind vor allem die Anforderungen gewachsen, die die Revisionsgerichte sachlichrechtlich an die tatrichterliche *Beweiswürdigung* (unten Rdn. 144 ff) und an die spezielle *Überzeugungsbildung* (unten Rdn. 157 ff) bzw. an deren Darstellung im Urteil stellen. Gewachsen sind, zum Teil in untrennbarem Zusammenhang damit, auch die im Ansatz schon vom Reichsgericht entwickelten Anforderungen an die Intensität der *allgemeinen tatrichterlichen Feststellungen* (unten Rdn. 131 ff), die als gewissermaßen abstrakt-generelle und geradezu verselbständigte Anforderungen an sein Urteil gestellt werden; ein charakteristisches Beispiel dafür ist die heutige Pflicht des Tatrichters, sich mit den Anknüpfungstatsachen und den Ausführungen eines Sachverständigengutachtens im Urteil auseinanderzusetzen (unten Rdn. 140).

b) Hinweis. Zu System und Problematik

124   **aa) Die folgende Darstellung** (Rdn. 131 ff) versucht, die verschiedenen Methoden und Formen des Zugriffs der revisionsrichterlichen Praxis auf die tatrichterlichen Feststellungen und Würdigungen, so wie sie heute geübt werden, ordnend zu *beschreiben*. Daß sich dabei Überschneidungen und ein insgesamt recht verwirrendes Bild ergibt, liegt an der Art und Vielfalt dieser Methoden und Formen. Die Beschreibung bedeutet auch nicht, daß der **Bearbeiter** das Beschriebene in den Einzelheiten für richtig hält. Er meint jedoch, die Wege, die die Rechtsprechung beschreitet, auch als solche wiedergeben zu sollen, obwohl man sie nach logisch-systematischen Gesichtspunkten auch etwas

---

[230] Anders namentlich *Peters* 608; ZStW **57** (1938) 82; Gutachten C zum 52. DJT, 1978, S. C 45; vgl. auch *Schünemann* JA **1982** 152; *Otto* NJW **1978** 7.

[231] Zur Entwicklung namentlich *Peters* FS Schäfer 137; vgl. auch *Peters* 610.

[232] Vgl. *Fezer* Erweiterte Revision 44, der Gleiches sogar für die Rüge von Unklarheiten und Widersprüchen feststellt; vgl. aber auch unten Rdn. 170.

anders hätte darstellen, insbesondere stärker an der Problematik der Beweiswürdigung bzw. des § 261 orientieren können, um die es im Kern geht[233].

bb) Zu System und Problematik der „Darstellungsrüge". Der starke Bezug der erörterten Zugriffsmethoden zur *Darstellung* des tatrichterlichen Urteils läßt ihre Charakterisierung als „Darstellungsrüge" (oder „Darstellungsprüfung"; vgl. Vor § 333, 4) angezeigt erscheinen, mag das natürlich auch nur eine schlagwortartige Umschreibung des Phänomens bedeuten. Es handelt sich um eine eigenständige, richterrechtlich entwickelte Prüfungsmethode, die mindestens mit den Vorstellungen des historischen Gesetzgebers nicht in Einklang steht und nach Ergebnis und Folgen durchaus eine „erweiterte Revision" (vgl. Vor § 333, 3, 10) ist. Entstanden ist sie aus dem richterlichen Bemühen, die Revision, wenn auch auf der abstrakten Grundlage der Urteilsurkunde, im Interesse einer richtigen Entscheidung (oben Rdn. 122; Vor § 333, 9) zur Kontrolle der tatrichterlichen Feststellungen nutzbar zu machen. **125**

Ein **Verstoß gegen das Gesetz** liegt darin, rein systematisch und formal betrachtet, im letztlich zentralen Punkt, der Achtung vor der freien richterlichen Überzeugung des Tatrichters (§ 261) sicher nicht, wie namentlich *Rieß, Walter* und *Gössel* herausgearbeitet haben[234]. Denn die Überzeugungsbildung des Tatrichters bleibt als solche unangetastet; das Revisionsgericht ersetzt sie, wie immer wieder ausgesprochen wird (unten Rdn. 146), also auch dort nicht durch seine eigene Auffassung, wo ihm diese näherzuliegen scheint. Es beanstandet gegebenenfalls nur die Logik dieser Überzeugungsbildung als Voraussetzung (oder notwendigen Bestandteil) richtiger Rechtsanwendung. Diese Art von Kontrolle bedeutet keine Verletzung des § 261. **126**

Problematisch ist jedoch die **Verwischung von Verfahrens- und Sachrüge**, die der Zugriff auf die tatrichterlichen Feststellungen und Würdigungen im Wege der Sachrüge mit sich bringt. Überwuchert werden nicht nur § 267 Abs. 1 Satz 2 (oben Rdn. 120) sowie § 338 Nr. 7 (oben Rdn. 121) und die diesen Vorschriften zugrundeliegenden Wertungen. Vielfältig überwuchert wird, was erheblich fragwürdiger erscheint, auch der sonstige traditionelle Aufgabenbereich und Charakter der Verfahrensrüge, insbesondere der Grundsatz, daß die Verletzung von Verfahrensvorschriften nur auf eine entsprechende Rüge hin zu beachten ist (§ 344 Abs. 2). Das gilt vor allem für spezifische Verletzungen des § 261[235] und des § 244 Abs. 2[236]. Es zeigt sich z. B. an der, an sich folgerichtigen Auffassung von LR-*Meyer*[23] (Rdn. 134), daß der unzulässige Schluß aus dem Schweigen des Angeklagten oder eines Zeugen stets schon auf die Sachrüge zu beachten sei, weil er die Verallgemeinerung eines nicht bestehenden Erfahrungssatzes enthält (dazu unten Rdn. 170 ff), nämlich des Satzes, daß nur der Schuldige oder derjenige Zeuge schweigt, der zum Nachteil des Angeklagten aussagen müßte (im Ergebnis ebenso BGH StrVert. **1983** 322); die Nichtbeachtung des Schweigerechts ist an sich jedoch ein typischer Verfahrensverstoß (vgl. auch Rdn. 67). **127**

Indem die Revisionsgerichte mit der „Darstellungsrüge" in Wahrheit auch spezielle Verfahrensverletzungen mit der Sachrüge prüfen oder prüfen können, **erweitern** sie, und zwar in bislang ganz unklarer Abgrenzung, deren Anwendungsbereich auf **128**

---

[233] Zur Orientierung an der Problematik des § 261 z. B. *Rieß* GA **1978** 257; *Gössel* Nachprüfung 127; *Niemöller* StrVert. **1984** 433 (mit zahlr. Beispielen aus der Praxis). Vgl. auch die etwas abweichenden Darstellungen bei *Dahs/Dahs* 46 ff; *Sarstedt/Hamm* 328 ff.

[234] *Rieß* GA **1978** 262, 266, 276; *Walter* 318; *Gössel* Nachprüfung 128.

[235] Vgl. nur *Gössel* Nachprüfung 124 f mit Nachw.

[236] Vgl. z. B. BGHSt **3** 175; **17** 351; BGH NJW **1978** 114 nimmt zugleich einen Verfahrensverstoß wie einen sachlichrechtlichen Fehler an; vgl. auch *Gössel* Nachprüfung 123; *Fezer* Erweiterte Revision 53.

Kosten der Verfahrensrüge. Zu Ende gedacht, könnte oder müßte die Handhabung letztlich zur weitgehenden Verödung der Verfahrensrüge und zu den, dem geltenden Recht gewiß nicht entsprechenden Folgerungen von *Peters* 621 führen, daß der Sachrüge ohne Rücksicht auf die Unterscheidung zwischen Verfahrensrecht und sachlichem Recht alles unterliegt, was aus den Urteilsgründen als Entscheidungsmangel erkennbar ist. Nach der Logik der Prüfungsmethode könnten die Revisionsgerichte wohl sogar dem Wunsch eines Beschwerdeführers nicht entsprechen, der auf eine Verfahrensrüge ausdrücklich verzichtet, weil er die tatsächlichen Feststellungen als solche hinnehmen, also mit der Sachrüge nur die Gesetzesanwendung im eigentlichen Sinn (oben Rdn. 99) überprüft wissen will; denn wenn die Kontrolle dieser Feststellungen als Voraussetzung einer richtigen Rechtsanwendung zu verstehen ist (oben Rdn. 121), ist die Möglichkeit einer entsprechenden Teilanfechtung (§ 344, 14 ff) mindestens zweifelhaft. Wenn man aber, wie das neuerdings z. B. *Gössel* wieder fordert und wie es dogmatisch gewiß geboten ist[237], die Überprüfung der tatsächlichen Feststellungen nur auf die Verfahrensrüge hin zuläßt, wäre die mißliche Konsequenz, daß die Nachprüfung der Feststellungen allein vom Geschick des Beschwerdeführers bzw. seines Verteidigers abhinge. Die Revisionsgerichte haben gewiß verständlichen Grund, das zu vermeiden (vgl. auch Vor § 333, 13). Aber damit zeigt sich besonders deutlich, daß ihre Rügeform eigenständiges Richterrecht ist.

129 Auch für das **Beruhen auf der Gesetzesverletzung** wirft die „Darstellungsrüge" erhebliche Probleme auf, die bislang offenbar noch nicht näher bedacht sind: Zwar ist aus gutem Grund anerkannt, daß ein Urteil schon dann auf einer Verletzung des Gesetzes beruht, wenn die Möglichkeit des Beruhens nicht auszuschließen ist (unten Rdn. 255). Aber die Kausalität ist dabei der Sache nach doch immer auf die mögliche Verletzung einer *konkreten* Rechtsnorm bezogen. Bei der „Darstellungsrüge" verflüchtigt sich dieser Bezugspunkt. Er wird – stillschweigend – nur zu oft durch die Annahme ersetzt, das Urteil beruhe schon dann auf einer möglichen Gesetzesverletzung, wenn dem Revisionsgericht wegen der Art der Urteilsdarstellung die Voraussetzungen (!) für die Kontrolle der richtigen Rechtsanwendung (oben Rdn. 121) fehlen. Im Einzelfall werden damit unter Umständen auch rein formale Mängel der Darstellung als mögliche Gesetzesverletzungen behandelt, so z. B. die Nichtangabe der Anknüpfungstatsachen für ein Sachverständigengutachten (unten Rdn. 140). Das geht, insbesondere bei der Revisibilität der allgemeinen Sachdarstellung (unten Rdn. 131 ff), ohne Zweifel sehr weit und muß schon angesichts der oft kaum berechenbaren Anforderungen, die das Revisionsgericht im Einzelfall stellt (vgl. Rdn. 130), namentlich den Tatrichter verunsichern und zu immer größerer Schreibarbeit drängen (vgl. auch Vor § 333, 11).

130 Problematisch ist weiter die **mangelnde Abgrenzbarkeit** und damit **Berechenbarkeit,** die mit der revisionsgerichtlichen Kontrolle von Schlüssigkeit und Überzeugungskraft der tatsächlichen Feststellungen und ihrer Würdigung anhand der schriftlichen Urteilsgründe notwendig verbunden ist. Es ist oft ausgesprochen worden[238], daß sich diese Kontrolle nicht mehr klar begrenzen läßt und letztlich auf eine revisionsgerichtliche Vertretbarkeitsprüfung hinausläuft, wie auch die Analyse der Praxis bestätigt. Denn sie hängt nicht nur in der bedenklichsten Weise vom Geschick der tatrichterlichen Darstellung ab (Vor § 333, 11). Abhängig ist sie vor allem auch von den Anforderungen, die das Revisionsgericht selbst stellt. Diese Anforderungen aber sind – unbeschadet der

---

[237] *Gössel* Nachprüfung 137; vgl. im übrigen auch die oben Rdn. 121 Fußn. 229 genannten Autoren.

[238] Dazu Vor § 333, 11 Fußn. 26. Vgl. auch *Peters* JR **1983** 163, der unterschiedliche Maßstäbe bei Kontrolle der Überzeugungsbildung vermutet.

verbalen Anerkennung der freien richterlichen Überzeugung – bei der Vielgestaltigkeit der Lebenssachverhalte und ihres Beweises jedenfalls in kritischeren Fällen, so etwa beim Indizienbeweis oder der Feststellung innerer Tatsachen, in ihren Möglichkeiten nahezu unerschöpflich und nicht logisch begrenzbar. Die Revisionsgerichte haben zwar gewisse typische Zugriffskriterien entwickelt; aber diese sind, insbesondere wohl bei der Prüfung auf mögliche Lücken, ihrer Natur nach vage genug, eröffnen jedenfalls einen weiten Spielraum, in dem das Revisionsgericht eingreifen oder nicht eingreifen kann. Auf die Folgen und den Preis, der damit für die Berechenbarkeit, Klarheit und Einheitlichkeit des Revisionsrechts verbunden ist, ist schon hingewiesen worden (Vor § 333, 11, 12). Versuche, etwa von *Gössel* Nachprüfung 135, mit Hilfe der sog. Leistungsmethode den revisiblen Bereich genauer abzugrenzen, dürften bislang ungeeignet sein, diesem Dilemma überzeugend zu begegnen.

c) Revisibilität der allgemeinen Sachdarstellung

aa) Allgemeines. Nach § 267 Abs. 1 Satz 1 müssen die Urteilsgründe die für erwiesen erachteten Tatsachen angeben, in denen die gesetzlichen Merkmale der Straftat gefunden werden (vgl. bei § 267). Mehrdeutige Tatsachenfeststellungen sind nur ausnahmsweise, nämlich bei der Wahlfeststellung, zulässig (Einzelheiten bei § 261). Beim Freispruch erfordert § 267 Abs. 5 eine Sachverhaltsschilderung, die von dem Anklagetatbestand ausgeht und diejenigen Tatumstände, die das Gericht nicht für erwiesen hält, deutlich herausstellt (näher bei § 261). Eine Freisprechung gilt regelmäßig als fehlerhaft, wenn sie wegen Nichterweislichkeit von Merkmalen des inneren Tatbestandes ausgesprochen wird, ohne daß festgestellt ist, was der Angeklagte im einzelnen getan hat[239]. Entspricht das Urteil diesen Anforderungen nicht, enthält es insbesondere keine eindeutige und widerspruchsfreie Sachdarstellung, die dem Revisionsgericht die Prüfung der richtigen Rechtsanwendung erlaubt, so wird ein sachlichrechtlicher Mangel bejaht[240]. Die Rüge der Verletzung des § 267 ist daher insoweit neben der Sachbeschwerde ohne Bedeutung[241].

131

Ob die Tatsachenfeststellungen des Urteils als solche **richtig oder falsch** sind, unterliegt hingegen nicht der revisionsgerichtlichen Prüfung[242]. Denn regelmäßig würde nur eine mindestens teilweise Wiederholung der Beweisaufnahme das Revisionsgericht in die Lage versetzen, die Feststellungen des Urteils auf ihren Wahrheitsgehalt zu prüfen. Da es aber die Beweisaufnahme nicht wiederholen darf, muß es insoweit notwendigerweise an die Feststellungen des Tatrichters gebunden sein (*Eb. Schmidt* 7). Das gilt ausnahmslos, auch wenn es (bei Urkunden und anderen Aktenbestandteilen) dem Revisionsgericht ohne Schwierigkeiten und ohne besonderen Zeitaufwand möglich wäre, die Beweise selbst zu prüfen (oben Rdn. 104 ff). Es gehört zum Wesen der Revision des geltenden Rechts, daß die Sachrüge von den tatsächlichen Feststellungen des Urteils ausgeht und sie nicht durch andere ersetzen darf (*Loewenstein* 96 ff).

132

bb) In sich geschlossene Sachdarstellung. Nach der Rechtsprechung muß die Darstellung des geschichtlichen Vorgangs, der der tatrichterlichen Entscheidung zugrunde liegt, grundsätzlich so beschaffen sein, daß dem Revisionsgericht die rechtliche Prüfung möglich ist. Das Urteil leidet daher an einem sachlichrechtlichen Mangel, wenn es keine

133

---

[39] BGH GA **1974** 61; BGH bei *Dallinger* MDR **1956** 272; RGSt **43** 399; **47** 419; OGHSt 1 188; a. A RG JW **1917** 555 bei nicht widerlegbarem Irrtum; vgl. auch *Peters* 456.

[40] So schon RGSt **4** 370; *Eb. Schmidt* 32; vgl. auch unten Rdn. 151.

[241] Grundsätzlich anderer Ansicht *Cuypers* 312 ff; vgl. im übrigen bei § 267.

[242] Vgl. schon RGSt **31** 232; **54** 25; RG JW **1929** 264 m. Anm. *Mannheim*; OLG Koblenz VRS **47** 272; *Eb. Schmidt* 34.

Sachdarstellung enthält oder wenn die vorhandene Sachdarstellung die Ergebnisse der Hauptverhandlung nicht in klarer, zur Überprüfung geeigneter Weise zusammenfaßt[243]. Die tatsächlichen Feststellungen müssen in sich geschlossen, sollen also nicht über das Urteil verstreut sein[244]. Verstöße hiergegen begründen aber die Revision nicht ohne weiteres. Denn die schriftlichen Urteilsgründe bilden eine Einheit, deren tatsächliche Angaben berücksichtigt werden müssen, wo immer sie niedergelegt sind (unten Rdn. 135). Anderes gilt, wenn unklar bleibt, ob es sich bei in den Rechtsausführungen nachgeschobenen Feststellungen um ergänzende Tatsachenfeststellungen oder um eine rechtliche Würdigung handelt (BGHSt 10 131).

134 Wenn das Urteil auf ein anderes **Bezug nimmt**, gilt das Erfordernis einer in sich geschlossenen Darstellung des erwiesenen Sachverhalts grundsätzlich als nicht erfüllt[245]. Ausgeschlossen ist insbesondere die Bezugnahme auf ein vom Revisionsgericht aufgehobenes Urteil (§ 354, 71), nach BGHSt 30 226 jedoch nicht bei Bezugnahme auf inhaltsgleiche Feststellungen im nicht aufgehobenen Teil des Urteils. Im Berufungsverfahren darf auf das Urteil des ersten Richters ausnahmsweise Bezug genommen werden, wenn dadurch keine Unklarheiten entstehen (vgl. bei § 267). Daß selbständige Teile der Urteilsgründe dem Urteil als Anlage beigefügt werden können, meint RGSt 53 258. Ausnahmslos unzulässig ist eine Verweisung auf die Sachdarstellung in der Anklageschrift, auf die Sitzungsniederschrift oder auf den Eröffnungsbeschluß[246].

135 cc) **Vollständige und verständliche Sachdarstellung.** Als rechtsfehlerhaft gilt die Sachdarstellung auch, wenn sie Lücken, Widersprüche oder Unklarheiten enthält[247], weil die richtige Rechtsanwendung und ihre Prüfung durch das Revisionsgericht stets einen vollständigen, eindeutigen und widerspruchsfreien Sachverhalt erfordern. Mängel in dieser Hinsicht, die vielfach im Zusammenhang mit der Kontrolle der Beweiswürdigung stehen oder deutlich werden (dazu unten Rdn. 144), führen daher auf die Sachrüge zur Aufhebung des Urteils. Wie bemerkt (Rdn. 133), kann es allerdings genügen, wenn wenigstens der Zusammenhang der Urteilsgründe ergibt, welche Feststellungen der Tatrichter getroffen hat[248]. Jedoch müssen Tatzeit und Tatort, soweit das, wie regelmäßig, zur Identifizierung der Tat erforderlich ist, angegeben werden (näher dazu Rdn. 35 f). Anzugeben sind auch diejenigen Umstände, die für die Bestimmung des

---

[243] BGH StrVert. **1984** 64 L.; RGSt **71** 26; RG HRR **1937** 541; KG DAR **1962** 56; OLG Oldenburg NdsRpfl. **1954** 36; *Eb. Schmidt* 33; vgl. auch bei § 267.
[244] Vgl. BGH VRS **5** 606; OGHSt **2** 270; KG VRS **12** 221; OLG Oldenburg NJW **1962** 693.
[245] BGH NJW **1951** 413; BGH bei *Pfeiffer/Miebach* NStZ **1983** 213 und **1984** 18 mit weit. Nachw.; RGSt **4** 370; **23** 301; **30** 145; **66** 8; RG JW **1923** 359; **1932** 404; **1934** 44; RG HRR **1939** 1009; RG GA **51** (1904) 394; **69** (1925) 92; vgl. auch bei § 267.
[246] RGSt **4** 137, 382; RG JR Rspr. **1927** Nr. 769; RG HRR **1939** 548; RGRspr. **1** 558 für Niederschriften; RGSt **4** 382 und OLG Braunschweig NJW **1956** 72 für den Eröffnungsbeschluß. Die gesetzlich bestimmte Ausnahme in § 267 Abs. 4 Satz 1 zweiter Halbsatz bezieht sich nur auf rechtskräftige Urteile.
[247] BGH StrVert. **1982** 156 m. Anm. *Jungfer*; BGHSt **3** 215; **7** 77; RG JW **1927** 913; RG HRR **1937** 541; OGHSt **1** 117, 148; OLG Koblenz VRS **45** 210; **47** 265; **51** 106; OLG Köln NJW **1954** 1298; OLG Saarbrücken VRS **38** 454; vgl. auch bei § 267, 18. Eingehend *Fezer* Möglichkeiten, 130 ff; *Niemölle* StrVert. **1884** 432 ff.
[248] OLG Saarbrücken OLGSt § 263 StGB S 140; eingehend und kritisch zur Praxis *Fezer* Erweiterte Revision 24 ff.

Schuldumfangs von wesentlicher Bedeutung sind[249]. Zu den Urteilsanforderungen bei einer Mehrzahl in etwa gleichartiger Fälle s. BGH bei *Holtz* MDR **1985** 91; vgl. auch Rdn. 137. Ist die Sachdarstellung erkennbar unvollständig, so darf sie das Revisionsgericht nicht aufgrund des Akteninhalts ergänzen (Rdn. 101, 104 ff). Es darf zur Ergänzung auch Erfahrungssätze, die nicht unwiderlegbar sind (unten Rdn. 174 ff), nicht heranziehen (OGHSt 1 42); allgemeingültige Erfahrungstatsachen (Rdn. 171 ff) und allgemeinkundige Tatsachen (Rdn. 179) darf es jedoch berücksichtigen, um Lücken zu schließen oder Widersprüche auszuräumen[250].

Der Tatrichter muß grundsätzlich in den **Begriffen der Sprache** die für erwiesen **136** erachteten Tatsachen mitteilen. Die schriftlichen Urteilsgründe sind so abzufassen, daß Gedankengang und Meinung des Tatrichters deutlich und verständlich werden. Der Verstoß gegen diese Pflicht wird vom Revisionsgericht auf die Sachrüge beanstandet. Eine **Bezugnahme** auf Schriftstücke ist darum, auch wenn sie sich bei den Akten befinden, unzulässig (vgl. im folg.). Auf Abbildungen, zu denen auch Fotos und Zeichnungen gehören, darf hingegen nach § 267 Abs. 1 Satz 3 neuerdings Bezug genommen werden, aber nur „wegen der Einzelheiten"; vgl. dazu schon oben Rdn. 107.

dd) Schriftstücke. Abbildungen. Örtlichkeiten. Schriftstücke, die den äußeren Tat- **137** bestand einer Straftat erfüllen, müssen mit ihrem wesentlichen Inhalt in dem Urteil wiedergegeben oder dargestellt werden[251]; wenn der Verstoß gegen diese Pflicht dem Revisionsgericht die Kontrolle der Rechtsanwendung nicht erlaubt, führt auch das auf die Sachrüge zur Urteilsaufhebung. Bei einer Vielzahl gleichartiger Schriften wird jedoch die Feststellung als genügend angesehen, daß sie einen gleichen Inhalt haben wie diejenigen, deren Inhalt in dem Urteil ausdrücklich wiedergegeben ist[252]. Ist der Inhalt der Schrift allgemeinkundig, wie z. B. bei einem Buch, das im Handel erhältlich oder in Büchereien vorrätig ist, soll nach Meinung des Schrifttums bei der Sachverhaltsdarstellung (nicht: der Würdigung) auf seinen Inhalt verwiesen werden können[253].

Ist eine **Abbildung** Gegenstand des Urteils, darf auf sie heute zwar „wegen der **138** Einzelheiten" verwiesen werden (§ 267 Abs. 1 Satz 3); wie schon dargelegt, entbindet das den Tatrichter aber nicht von der Pflicht, die eigentliche Rechtsanwendung selbst vorzunehmen (oben Rdn. 107), so daß auch Verstöße gegen die entsprechende Pflicht zur Darstellung weiterhin als revisibel gelten müssen. Bei pornographischen Schriften genügt eine schlagwortartige Wiedergabe der geschlechtsbetonten Vorgänge, nicht jedoch die globale Feststellung, es handele sich um „möglichst intensive Darstellungen

---

[249] BGH StrVert. **1982** 296 für die Qualität verkauften Heroins; BGH NStZ **1982** 425 und StrVert. **1984** 498 für die Berechnung verkürzter Steuern; BGH NJW **1983** 461 für § 266 StGB. Zur streitigen Frage, ob und wann nur der Mittelwert einer Blutalkoholkonzentration angegeben werden muß, s. BGHSt **28** 235.

[250] BGHSt **4** 77; RGSt **57** 257; **58** 308; RG JW **1932** 420; OLG Hamburg DAR **1960** 27; JR **1964** 267; *Gottwald* 216; *A. Weber* DRiZ **1929** 173; OLG Saarbrücken VRS **38** 454 für Widersprüche.

[251] BGHSt **17** 390; **23** 78; BGH NJW **1970** 820; BGH bei *Wagner* GA **1961** 9 Nr. 5; OLG Düsseldorf JR **1985** 157 mit Anm. *Lampe*; RGSt **41** 23; **62** 216; **66** 4; RG JW **1929** 1051 m. Anm. *Brandt*; RG JW **1929** 2739; **1931** 1572; RG Recht **1915** Nr. 278; **1918** Nr. 1646; BayObLG NJW **1972** 1961 m. Anm. *Heiligmann*; OLG Braunschweig NJW **1956** 72; OLG Hamburg VRS **29** 128; vgl. auch BGHSt **11** 31.

[252] RG JW **1929** 2739 m. Anm. *Werthauer*; KMR-*Paulus* § 267, 11; vgl. auch bei § 267.

[253] *Heiligmann* Anm. in NJW **1972** 1961; *W. Schmid* ZStW **85** 903 (unter Einschränkung auf legal erhältliche Schriften); KMR-*Paulus* § 267, 11; LR-*Meyer* in der 23. Aufl., Rdn. 147.

§ 337

von Praktiken des Sexualverkehrs"[254]. Die Sachrüge ist auch begründet, wenn der wesentliche Inhalt von **Schallplatten** nicht so in die Urteilsgründe aufgenommen worden ist, daß diese aus sich selbst heraus verständlich sind.

139 Kommt es auf die **Verhältnisse einer Örtlichkeit** an, etwa einer Unfallstelle in Verkehrsstrafsachen, so müssen auch sie im Urteil geschildert werden; nur wegen der Einzelheiten darf wiederum auf eine Unfallskizze Bezug genommen werden (§ 267 Abs. 1 Satz 3; dazu schon oben Rdn. 107).

140 ee) Bei **Sachverständigengutachten,** denen sich der Tatrichter anschließt, verlangen die Revisionsgerichte als Voraussetzung für die Rechtskontrolle im Wege der Sachrüge regelmäßig, daß er die Anknüpfungstatsachen und Ausführungen des Sachverständigen sowie seine eigenen Erwägungen dazu angibt[255]. Weicht der Tatrichter von einem Sachverständigengutachten ab, verlangen sie auch, daß er die Gründe dafür darlegt und gegebenenfalls dartut, warum er sich, obwohl er den Rat eines Sachverständigen für erforderlich gehalten hatte, nunmehr eine ausreichende eigene Sachkunde selbst zutraut[256]. Hat sich der Tatrichter sachverständiger Hilfe nicht bedient, obwohl das nach den Umständen des Falles erforderlich war, liegt nach dem Ausgangspunkt der Rechtsprechung (oben Rdn. 121) nicht nur ein Verstoß gegen § 244 Abs. 2 vor, sondern auch ein Mangel, den die Revisionsgerichte auf die Sachrüge berücksichtigen können[257].

141 ff) **Auflösung der Tatbestandsmerkmale in Handlungen und Tatsachen.** Sofern es sich nicht um unmißverständliche einfache Rechtsbegriffe handelt (vgl. bei § 267), muß das Urteil die Merkmale des gesetzlichen Tatbestandes in einzelne konkrete Handlungen und Tatsachen auflösen. Da andernfalls das Revisionsgericht nicht in der Lage ist, die Subsumtion der Tatsachen unter das Gesetz auf ihre Richtigkeit zu überprüfen[258], begründet der Verstoß dagegen die Sachrüge. Allgemeine Formeln (zur Verwendung von Vordrucken vgl. bei § 267), Redewendungen und Wertungen sind ebensowenig zulässig wie summarische Angaben[259]. Bei fortgesetzten Handlungen muß jeder Teilakt so beschrieben werden, daß die Rechtsanwendung nachprüfbar ist[260].

142 **Rechtsbegriffe** dürfen regelmäßig nicht als Ersatz von Feststellungen verwendet werden. Daher ist z. B. die Ordnungsmäßigkeit einer Pfändung durch Tatsachen zu be-

---

[254] OLG Frankfurt JZ **1974** 516; OLG Hamm OLGSt § 184 StGB S. 63; zum letzteren OLG Karlsruhe NJW **1974** 2016.

[255] Vgl. BGHSt **7** 238; **8** 118; **12** 314; OLG Koblenz VRS **67** 443; BGH StrVert. **1982** 210 und 650 verlangen die Angabe entweder der eigenen Erwägungen oder der Anknüpfungstatsachen und der Ausführungen des Sachverständigen; vgl. auch BGH StrVert. **1983** 404; OLG Hamm NJW **1962** 405; OLG Köln GA **1965** 156; KMR-*Paulus* § 267, 43; *Dahs/Dahs* 74.

[256] BGH NStZ **1983** 377; StrVert. **1982** 69; **1983** 8; **1984** 241 und 242; BGH GA **1977** 275; BGH MDR **1977** 637; BGH bei *Holtz* MDR **1980** 104.

[257] BGH 1 StR 236/72 v. 11.7.1972 (unveröff.);

vgl. auch BGH NJW **1964** 2213; offenbar auch OLG Hamm NJW **1973** 1077.

[258] RGSt **2** 419; **3** 201; RG JW **1936** 1671; OGHSt **1** 87, 290; KG DAR **1962** 56; OLG Hamm NJW **1969** 625; VRS **43** 448; OLG Oldenburg NdsRpfl. **1954** 36; OLG Saarbrücken NJW **1974** 1392; *Peters* 458; *Dahs/Dahs* 68; *Loewenstein* 94 ff; *Börker* DRiZ **1953** 46; *Seibert* NJW **1960** 1285; vgl. auch bei § 267; einschränkend RGSt **3** 201.

[259] BGH NStZ **1981** 401; OGHSt **1** 191; OLG Schleswig SchlHA **1949** 238; *Eb. Schmidt* § 267, 7; *Niemöller* StrVert. **1984** 432; vgl auch bei § 267.

[260] BGH GA **1965** 92; RG DR **1944** 450; OLG Hamm VRS **48** 239; OLG Schleswig bei *Ernesti/Jürgensen* SchlHA **1975** 191; vgl. auch bei § 267.

legen[261]. Ein Fußgängerüberweg ist ebenso zu beschreiben wie die Tatsachen, aus denen sich die Vorfahrtberechtigung oder die Unübersichtlichkeit einer Straßenstelle ergibt[262]. Gleiches gilt für den „weiten Bogen" beim Einbiegen, das „Schritttempo" und für die „überhöhte Geschwindigkeit"[263], bei der allerdings nähere Darlegungen entbehrlich sein sollen, wenn sie offensichtlich zu hoch gewesen ist[264].

Auch zum **inneren Tatbestand** müssen Tatsachen festgestellt werden; enthält das Urteil dazu nur formelhafte Ausführungen, so daß Zweifel bleiben, gilt das sachliche Recht als verletzt[265]. Ausführliche tatsächliche Feststellungen zur inneren Tatseite sind namentlich erforderlich, wenn sich nicht von selbst versteht, daß der Angeklagte vorsätzlich gehandelt hat[266]. Der Rechtsbegriff des Vorsatzes muß in entsprechende innere Tatsachen aufgelöst werden[267]. Bedingter Vorsatz bedarf eingehender Begründung, wenn er nach der Lebenserfahrung nicht auf der Hand liegt[268]. Wenn ein Verbotsirrtum nach den Feststellungen naheliegt oder wenn der Angeklagte sich auf ihn beruft, müssen Feststellungen zum Unrechtsbewußtsein getroffen werden[269], was wiederum auf die Sachrüge berücksichtigt wird. Ausführungen zum inneren Tatbestand gelten jedoch als entbehrlich, wenn schon die Darstellung des äußeren Sachverhalts die Merkmale des inneren Tatbestands hinreichend dartut[270]. Insbesondere dadurch enthält die Praxis der Revisionsgerichte bei der Überprüfung fehlender Ausführungen oder formelhafter Wendungen einen erheblichen, zum Teil nicht unbedenklichen oder überzeugenden Spielraum (eingehend *Fezer* Erweiterte Revision, insbesondere S. 24 ff).

d) Revisibilität der Beweiswürdigung
aa) Allgemeines. Daß die Beweiswürdigung vornehmlich in den Verantwortungsbereich des Tatrichters fällt und vom Revisionsgericht nur in Grenzen nachgeprüft werden könne, wird von der Rechtsprechung immer wieder betont (unten Rdn. 146). Unbeschadet dieses Grundsatzes und unbeschadet auch der möglichen Verfahrensrevision bei Verletzung des § 261 hat jedoch die Rechtsprechung die Revisibilität der Beweiswürdigung im Wege der Sachrüge, also als Voraussetzung einer zuverlässigen Kontrolle für die Anwendung des materiellen Rechts (oben Rdn. 121), stark ausgebaut und

---

[261] RGSt **36** 136; BayObLGSt **1951** 439 = JR **1952** 288.
[262] BayObLGSt **1967** 156 = NJW **1968** 313 für den Fußgängerweg; OLG Schleswig SchlHA **1960** 148 für die Vorfahrtberechtigung; BayObLG DAR **1962** 272; KG VRS **11** 71; **30** 383; OLG Hamm VRS **38** 50; **51** 449.
[263] BayObLGSt **1952** 40 für den „weiten Bogen"; OLG Celle VRS **36** 220 für das Einbiegen; BGH VRS **38** 432; OLG Hamm VRS **51** 448; OLG Stuttgart DAR **1963** 335. Vgl. auch bei § 267.
[264] KG VRS **33** 55; OLG Celle NdsRpfl. **1963** 23; VerkMitt. **1967** 51; OLG Frankfurt DAR **1964** 350; OLG Koblenz DAR **1966** 162; OLG Köln VRS **26** 223.
[265] Vgl. BGH bei *Holtz* MDR **1983** 448 (für die Voraussetzungen des § 20 StGB); OGHSt **1** 69, 116, 290; OLG Oldenburg VRS **32** 276; OLG Saarbrücken NJW **1974** 1392; OLG Zweibrücken VRS **51** 213.

[266] BGHSt **5** 145; BGH NStZ **1983** 19, 71 (für möglichen Tatbestandsirrtum), 407; StrVert. **1984** 187; OLG Frankfurt NJW **1983** 294; a. A RGSt **8** 46; **51** 204; **57** 172.
[267] Vgl. KG DAR **1962** 56; OLG Oldenburg VRS **32** 276; *Hülle* DRiZ **1952** 92; vgl. auch bei § 267.
[268] BGH NStZ **1982** 506; StrVert. **1982** 509; BGH VRS **50** 94; BGH bei *Holtz* MDR **1977** 105; **1978** 458; **1981** 630.
[269] OLG Braunschweig NJW **1957** 640; OLG Frankfurt NJW **1983** 295; OLG Oldenburg VRS **32** 276; OLG Schleswig SchlHA **1972** 162; KMR-*Paulus* § 267, 32; *Dahs/Dahs* 53.
[270] RG JW **1926** 1183 mit abl. Anm. *Löwenstein*; OLG Celle NJW **1966** 2325; OLG Koblenz VRS **47** 24; OLG Saarbrücken NJW **1974** 1392; VRS **40** 451; *Cuypers* 320; vgl. auch *Fezer* Erweiterte Revision S. 35 und im folg. Text.

intensiviert. Sie ist die eigentliche Domäne und der zentrale Punkt (aber wohl ohne Zweifel auch: das eigentliche Anliegen) der „Darstellungsrüge" in der heutigen Praxis. Die revisionsgerichtliche Kontrolle der allgemeinen Sachverhaltsdarstellung (oben Rdn. 131 ff), aber auch die sonstigen Methoden zur Kontrolle der Feststellungen und Würdigungen des Tatrichters (unten Rdn. 157 bis 179), sind letztlich nur spezielle Ausprägungen und Mittel des Zugriffs auf die Beweiswürdigung. Dieser Zugriff betrifft dabei heute nicht nur solche Fälle, in denen im Urteil des Tatrichters Feststellungen fehlen oder unklar sind, die das Revisionsgericht für die Anwendung einer *konkreten* Rechtsnorm *unmittelbar* benötigt[271]; er betrifft vielmehr in weitem Maß auch Fälle einer „Kritik" des Revisionsgerichts an den mehr *mittelbar* relevanten Feststellungen, also gewissermaßen den Feststellungen im allgemeinen oder gar „kriminalistischen" Vorfeld der konkreten Rechtsanwendung[272], was die erhebliche Verselbständigung der Sachrüge als Instrument zur Kontrolle der tatsächlichen Feststellungen und Würdigungen insgesamt (oben Rdn. 125) besonders deutlich macht.

145 Durch die praktische Entwicklung **obsolet geworden** ist damit die Auffassung, daß der Tatrichter den Weg, auf dem sich seine Beweiswürdigung gebildet hat, grundsätzlich nicht angeben muß (das Revisionsgericht jedoch, *wenn* er dies tut, auf die Sachrüge prüft, ob der Weg einwandfrei ist und die Beweisanzeichen lückenlos zusammenfügt)[273]. Die „nunmehr allgemeine Rechtsüberzeugung" verlangt vielmehr, daß der Tatrichter im Urteil „regelmäßig" die Beweismittel und Beweisgründe angibt, „um dem Revisionsgericht die Prüfung zu ermöglichen, ob die Beweiswürdigung Mängel enthält"[274]. In diese Rechtsüberzeugung eingegangen ist auch die gelegentlich vertretene Ansicht, wenn die Beweisgründe nicht dargelegt werden, erwecke das Urteil den Anschein, es enthalte nur Behauptungen, aber keine Gründe[275].

146 Bei all dem bleibt, wie bemerkt, in der Rechtsprechung anerkannt, daß der **Tatrichter** bei der Würdigung des Ergebnisses der Beweisaufnahme **frei** ist[276]. Seine Schlußfolgerungen tatsächlicher Art brauchen nicht einmal zwingend zu sein; es soll reichen, daß sie möglich sind und daß er von ihrer Richtigkeit überzeugt ist, weil der Grundsatz der freien Beweiswürdigung (§ 261) es ausschließe, daß das Revisionsgericht dem Tatrichter vorschreibt, zu einer bestimmten Schlußfolgerung und einer bestimmten Überzeugung zu kommen[277]. So halten sich die Revisionsgerichte grundsätzlich

---

[271] Vgl. – nur als Beispiel – für solche Fälle, die selbstverständlich früher wie heute vorkommen, etwa BGH NStZ **1983** 35 zu nicht ausreichenden Feststellungen für die konkrete Anwendung des § 211 StGB; vgl. auch *Fezer* Erweitere Revision 30.

[272] Vgl. – wiederum nur als Beispiel – etwa BGH StrVert. **1981** 55, 114 für Fälle des Wiedererkennens. Vgl. auch Vor § 333, 4.

[273] So insbesondere noch BGHSt **12** 315; dazu kritisch *Baldus* FS Heusinger 384.

[274] So LR-*Meyer* in der 23. Aufl., Rdn. 110 unter Bezugnahme auf OLG Bremen VRS **50** 129; OLG Hamm VRS **39** 437; *Wenzel* NJW **1966** 581; a. A noch BGH NJW **1951** 413; grundsätzlich a. A auch *Blunck* MDR **1970** 470; *Cuypers* 366 ff hält den Tatrichter nur für verpflichtet, den Inhalt der Beweisaufnahme mitzuteilen, nicht aber, die Beweise in den Urteilsgründen zu würdigen; a. A auch Stimmen im älteren Schrifttum, die jeden Eingriff des Revisionsgerichts in die Beweiswürdigung für unzulässig halten; z. B. *Pohle* 23.

[275] So OLG Celle NdsRpfl. **1956** 161; *Eb. Schmidt* § 267, 6; *Salger* NJW **1957** 735.

[276] Vgl. nur BGHSt **29** 19 = JR **1980** 168 mit abl. Anm. *Peters*: „allein seine Aufgabe"; BGH StrVert. **1982** 210: seine „ureigene Aufgabe". Vgl. auch im folg.

[277] BGHSt **10** 210 = JR **1957** 386 mit Anm. *Eb. Schmidt*; BGHSt **20** 164; **25** 367 („nicht zwingend"); **26** 63; **29** 19; BGH NJW **1967** 360; JZ **1954** 512 mit Anm. *Baumann*; BGH VRS **7** 56; MDR **1951** 118; BayObLGSt **1965** 32 = VRS **29** 151; OLG Hamm VRS **31** 463; *Cuypers* 141 ff; *Zillmer* NJW **1961** 720; vgl. auch bei § 261.

Vierter Abschnitt. Revision § 337

nicht für berechtigt, die Beweiswürdigung des Tatrichters durch ihre eigene zu ersetzen[278]; sie betonen, ihm die Verantwortung für die Beweiswürdigung nicht abzunehmen. So kann das Revisionsgericht (z. B.) zwar beanstanden, daß der Tatrichter Äußerungen des aus subjektiven Gründen vom Vorwurf der Vergewaltigung freigesprochenen Angeklagten nach der Tat nicht berücksichtigt hat, obwohl sie möglicherweise Indizien für eine vorsätzliche Gewaltanwendung enthalten; es kann diese Indizien aber nicht selbst würdigen, sondern den Tatrichter nur anweisen, dies in einer neuen Verhandlung zu tun (Fall BGH StrVert. **1982** 210). An die *Tatsachen,* auf denen die tatrichterliche Beweiswürdigung beruht, ist das Revisionsgericht stets gebunden[279], sofern sie als solche rechtsfehlerfrei festgestellt sind; unzulässig sind Revisionsangriffe, mit denen die falsche Würdigung der Beweise gerügt und versucht wird, die tatrichterliche Beweiswürdigung durch die des Beschwerdeführers[280] oder des Revisionsgerichts zu ersetzen.

Die so intensiv gewordenen Anforderungen an die Pflicht des Tatrichters, nachprüfbar darzutun, daß seine Beweiswürdigung auf tragfähigen Grundlagen beruht, dürften freilich nur zu oft dazu führen, daß das **Revisionsgericht** – auf dem geschilderten Weg – in Wahrheit **doch seine eigene Überzeugung** von der richtigen Beweiswürdigung einsetzt, schon weil sich die Kriterien für eine „objektive" Beanstandung von der eigenen Überzeugung des Revisionsrichters über das richtige oder naheliegende Ergebnis der Beweiswürdigung und seiner Überzeugung von den dafür relevanten Faktoren logisch nicht trennen lassen (vgl. auch oben Rdn. 130). Die dadurch und durch die Anknüpfung an die *Darstellung* des Tatrichters bedingten Gefahren insbesondere für die Berechenbarkeit der revisionsgerichtlichen Entscheidung und für die sachliche Berechtigung einer Aufhebung sind nicht zu verkennen (oben Rdn. 130; Vor § 333, 11). Sie werden gerade bei der Kontrolle der Beweiswürdigung verstärkt durch die zum Teil doch recht vagen Kriterien, mit denen der revisionsgerichtliche Zugriff erfolgt, vgl. im folg. Text. Diese gehen hin bis zum Gesichtspunkt, die tatrichterliche Würdigung sei „zu ungenau", „als daß sie dem Gericht eine sichere Prüfung ermöglicht, ob das Landgericht in jeder Hinsicht von zutreffenden Voraussetzungen ausgegangen ist"[281]. Die Formulierung von der „alleinigen" oder „ureigenen" Aufgabe des Tatrichters (oben Fußn. 276) wirkt dadurch manchmal reichlich akademisch oder gar widersprüchlich (*Peters* 613: „längst überholt").

147

bb) Einzelheiten. Nach heutiger Praxis ist eine Beweiswürdigung fehlerhaft und auf die Sachrüge zu beanstanden, wenn sie *lückenhaft, widersprüchlich* oder *unklar* ist oder wenn sie gegen *Denkgesetze* und *Erfahrungssätze* verstößt. Als fehlerhaft gilt sie insbesondere, „wenn sich das Urteil ... nicht mit allen festgestellten Umständen auseinandersetzt, die zu einer Würdigung drängen, weil sie für oder gegen den Angeklagten sprechen und für die Entscheidung Bedeutung haben können"[282]. Indem das Revisionsgericht „die Anforderungen an das Maß der Würdigung des Sachverhalts" bestimmt, „die an das Urteil zu stellen sind, damit dem Revisionsgericht eine Nachprüfung auf etwaige

148

---

[278] Vgl. statt aller BGHSt **26** 63; **29** 20; **31** 288. Zum Ganzen zuletzt *Albrecht* NStZ 1984 491.

[279] Vgl. nur OLG Hamm VRS **46** 34; OLG Saarbrücken VRS **47** 438.

[280] Vgl. BGH VRS **35** 264; OLG Köln VRS **12** 123; vgl. auch § 344, 100; *Sarstedt/Hamm* 319 ff.

[281] So BGH (allerdings in einem Aufhebungsbeschluß nach § 349 Abs. 4) 3 StR 43/79 v. 7.3.1979 (unveröff.).

[282] So BGH StrVert. **1982** 210 m. w. Nachw. und dem Hinweis auf eine „ständige Rechtsprechung" des Bundesgerichtshofs; vgl. auch BGH NStZ **1981** 488; StrVert. **1981** 169.

Rechtsfehler ermöglicht wird"[283], eröffnet es sich jeden möglichen Zugriff. Die Revisionsgerichte umschreiben die genannten Voraussetzungen in etwas unterschiedlicher sachlicher Formulierung und unverkennbar auch etwas unterschiedlicher Akzentuierung[284]. Die verschiedenen Ansatzpunkte des Zugriffs sind dabei nicht immer klar voneinander abgegrenzt (und oft auch nicht klar abgrenzbar)[285]. In der Sache geht es insbesondere um die folgenden Ansatzpunkte.

149   **Fehlen notwendiger Beweiswürdigung.** Als sachlichrechtlicher Mangel gilt, daß das Urteil keine Beweiswürdigung enthält, obwohl das wegen der Besonderheit des Falles notwendig ist[286]. Auf die Darlegung der Beweiswürdigung soll insbesondere nicht verzichtet werden können, wenn der Angeklagte nur durch Indiztatsachen überführt worden ist (OLG Köln VRS **51** 213). Haben die vorhandenen Beweistatsachen zu seiner Überführung nicht ausgereicht, wird zum Teil auf die Schwierigkeit der Sach- und Beweislage und den Zweck der schriftlichen Urteilsbegründung abgestellt[287]. Vgl. auch Rdn. 151.

150   Verweigert der Angeklagte die **Einlassung,** so muß der Inhalt der Zeugenaussagen und der sonstigen Beweismittel, durch die er überführt worden ist, im Urteil angegeben werden (OLG Koblenz GA **1976** 185). Eine Würdigung der Einlassung des Angeklagten ist jedenfalls notwendig, wenn Zweifel daran bestehen, ob der Tatrichter sie richtig verstanden und lückenlos gewürdigt hat[288]. Verteidigt sich der Angeklagte mit Tatsachenbehauptungen, so sind regelmäßig die Feststellungen und Erwägungen zu erörtern, die diese Einlassung widerlegen[289]. Wird der Angeklagte ausschließlich durch Zeugen überführt, soll die Beweiswürdigung hingegen häufig entbehrlich sein, weil meist auszuschließen sei, daß die Würdigung, die sich dann im wesentlichen auf die Glaubwürdigkeit der Zeugen bezieht, rechtsfehlerhaft ist[290]. Anderes gilt jedoch, wenn der Angeklagte bestimmte Tatsachen gegen die Glaubwürdigkeit der Zeugen vorgebracht hat, wenn das Gericht einem Zeugen nur teilweise glaubt, wenn die Entscheidung von weiteren Schlußfolgerungen abhängt, die der Tatrichter aus der Zeugenaussage gezogen hat[291], oder wenn es um Probleme des Wiedererkennens geht[292].

---

[283] So BGH NStZ **1981** 401 unter Bezugnahme auf BGH GA **1974** 61; NJW **1980** 2423; BGH bei *Holtz* MDR **1980** 806.
[284] Ein Beispiel, wo alle Kriterien gehäuft werden: BGH NStZ **1982** 479.
[285] Vgl. – nur als Beispiel – BGH StrVert. **1981** 55, wo die Rüge eines Denkfehlers mit dem Fehlen genauerer Darlegungen verbunden wird.
[286] Vgl. nur BGHSt **28** 91; OLG Hamburg MDR **1971** 414; OLG Hamm VRS **44** 425; OLG Saarbrücken VRS **47** 50; aber auch BGH NJW **1983** 462. Weitere Beispiele bei *Niemöller* StrVert. **1984** 432.
[287] BGHSt **12** 315; BGH bei *Dallinger* MDR **1975** 198; OLG Celle NdsRpfl. **1965** 161 verlangte bei einfachem Sachverhalt keine Beweiswürdigung. Ob die zit. BGH-Entscheidungen der heutigen Praxis noch entsprechen, erscheint zweifelhaft.
[288] BGH GA **1965** 109; BayObLGSt **1972** 103 = NJW **1972** 1433; OLG Celle NJW **1966** 2325; weitergehend hält OLG Zweibrücken VRS **51** 213 die Wiedergabe der Einlassung stets für erforderlich.
[289] BGH StrVert. **1981** 508; OLG Stuttgart Justiz **1972** 291; vgl. auch OLG Düsseldorf GA **1984** 25.
[290] So BGH GA **1961** 172; OLG Koblenz VRS **45** 112; OLG Oldenburg NdsRpfl. **1954** 35; wie weit das heute noch der Praxis entspricht, ist zweifelhaft; a. A OLG Frankfurt VRS **37** 60, das bei Verurteilung zu 40,- DM Geldstrafe eine „sorgfältige Beweiswürdigung darüber verlangt, weshalb das Gericht dem Belastungszeugen und nicht dem Angeklagten glaubt"; sehr weitgehend auch OLG Düsseldorf StrVert. **1982** 12.
[291] Vgl. z. B. BGH NStZ **1983** 133; BGH NJW **1961** 2070; OLG Koblenz OLGSt § 261 S. 62; OLG Hamm NJW **1972** 916; vgl. auch OLG Saarbrücken VRS **47** 51; OLG Düsseldorf StrVert. **1982** 12.
[292] Vgl. z. B. BGHSt **16** 204 (grundsätzlich) BGH StrVert. **1981** 55, 114; KG NStZ **1982** 215.

§ 337

151 Lücken. Eine notwendige Beweiswürdigung (Rdn. 149), die unvollständig ist, ermöglicht dem Revisionsgericht keine rechtliche Überprüfung[293], so daß nach der Rechtsprechung auch hier ein auf die Sachrüge zu berücksichtigender Mangel vorliegt. Da die Tatrichter heute im allgemeinen im Urteil mindestens eine gewisse Beweiswürdigung vornehmen, hat dieser Rügegrund in neuerer Zeit zunehmende Bedeutung erlangt und überwuchert praktisch in starkem Maße die geschilderten Anforderungen an die notwendige Beweiswürdigung. Die Revisionsgerichte halten den Tatrichter für verpflichtet, „den festgestellten Sachverhalt, soweit er bestimmte Schlüsse zugunsten oder zuungunsten des Angeklagten nahelegt, im Urteil erschöpfend zu würdigen"[294]; „seinem Urteil muß... bedenkenfrei entnommen werden können, daß er bei seiner Prüfung keinen wesentlichen Gesichtspunkt außer acht gelassen hat, der geeignet sein könnte, das Beweisergebnis zu beeinflussen[295]. Das gilt insbesondere für die innere Tatseite (vgl. auch Rdn. 143). Eine Auseinandersetzung mit allen festgestellten, für den inneren Tathergang wesentlichen oder sich aufdrängenden Umständen gilt als erforderlich[296], z. B. im Hinblick auf die Möglichkeit einer Affekttat[297].

152 Handelt es sich um einen **Indizienbeweis,** so darf die Verurteilung nur erfolgen, wenn die Beweiskette lückenlos ist[298]. Der Tatrichter muß sich mit allen festgestellten Beweisanzeichen unter den für die Beurteilung maßgebenden Gesichtspunkten auseinandersetzen[299].

153 Ein **Freispruch** wegen nicht erwiesener Schuld darf nicht ergehen, bevor die Prüfung der Beweise und die Würdigung der festgestellten Tatsachen zum Abschluß gediehen sind[300].

154 **Widersprüche.** Eine Beweiswürdigung, die Widersprüche enthält, verstößt gegen die Denkgesetze (*Sellke* 62 ff), gilt aber auch wegen ihrer Unklarheit nicht als geeignete Grundlage eines verurteilenden oder freisprechenden Erkenntnisses. Eine widersprüchliche Beweiswürdigung ist insbesondere gegeben, wenn der Tatrichter einander widersprechende Tatsachen für zwanglos miteinander vereinbar hält oder wenn aus ihnen abgeleitete Folgerungen sich nicht miteinander vereinbaren lassen[301]. Ein Widerspruch be-

---

[293] Vgl. BGHSt **15** 3; OLG Hamm NJW **1976** 916; VRS **39** 436; OLG Koblenz VRS **51** 106; *Blunck* MDR **1970** 473.

[294] So BGH NStZ **1981** 488 (entspricht „anerkannten Rechtsgrundsätzen"); BGH StVert. **1981** 169. Vgl. auch BGH NJW **1983** 462, wo eine Lücke entgegen der Auffassung des Generalbundesanwalts verneint wird.

[295] So BGH StVert. **1981** 114; vgl. weiter BGHSt **14** 164; **25** 286; BGH VRS **16** 269; **25** 268; RG HRR **1936** 1115; KG JR **1959** 106; OLG Celle DAR **1956** 166; OLG Hamm NJW **1973** 818; OLG Karlsruhe VRS **48** 309; OLG Köln NJW **1967** 1924; *Jagusch* NJW **1971** 2010.

[296] BGHSt **1** 266; **18** 206; BGH NJW **1953** 1441; **1962** 31, 549; StVert. **1982** 210; OGHSt **2** 37; BayObLGSt **1971** 129 = JR **1972** 31 m. Anm. *Peters*.

[297] Vgl. z. B. BGH GA **1975** 306; StVert. **1981** 140, 231; **1982** 113; BGH bei *Holtz* MDR **1980** 629, 985.

[298] BGH StVert. **1981** 114 (sehr instruktiv und weitgehend); BGH bei *Herlan* MDR **1955** 18; *Blunck* MDR **1970** 473.

[299] BGHSt **12** 315; **20** 342; BGH GA **1974** 61; JR **1954** 464; RGSt **77** 79; OLG Bremen VRS **48** 277; OLG Hamm NJW **1963** 405; VRS **40** 198; vgl. auch bei § 267.

[300] BGH NJW **1962** 549; BGH bei *Dallinger* MDR **1974** 548; bei *Holtz* MDR **1980** 631; RGSt **77** 79, 161; RG DR **1939** 1439 L.; RG HRR **1936** 1155; BayObLGSt **30** 97 = JW **1931** 957 m. Anm. *Mannheim*; BayObLGSt **1954** 39 = NJW **1954** 1257; OLG Braunschweig NJW **1947/48** 353; OLG für Hessen SJZ **1948** 617; OLG Hamm HESt **3** 46; NJW **1960** 60; **1973** 818; VRS **45** 277; **51** 30, 359.

[301] Vgl. BGHSt **3** 215; **14** 164; **19** 34; OGHSt **1** 117; OLG Dresden JW **1927** 2066; OLG Köln VRS **30** 313; vgl. auch *Niemöller* StVert. **1984** 435.

steht auch, wenn eine unwahre Schutzbehauptung des Angeklagten zu seiner Überführung benutzt wird[302].

155 **Sonstige Unklarheiten.** Ein sachlichrechtlicher Mangel wird auch angenommen, wenn die Beweiswürdigung aus sonstigen Gründen unklar ist[303], etwa weil sie nicht erkennen läßt, welchen Sachverhalt der Tatrichter seiner Beurteilung zugrunde gelegt hat[304]. Der Begriff der Unklarheit wird in Praxis und Lehre – insbesondere bei der generellen *Umschreibung* der Voraussetzungen für die Revisibilität der Beweiswürdigung – viel benutzt. Er hat aber ersichtlich im Rahmen der anderen Prüfungskriterien überwiegend keine selbständige Bedeutung[305].

156 **Nichtbeachtung naheliegender Möglichkeiten.** Praktisch bedeutsamer ist die Nichtbeachtung naheliegender anderer Möglichkeiten des Tatgeschehens, die die revisionsgerichtliche Rechtsprechung, bei manchen Schwankungen im einzelnen[306], nach folgenden Gesichtspunkten handhabt, die wiederum einen erheblichen Spielraum ergeben: Der Tatrichter ist nicht verpflichtet, jede theoretisch denkbare, aber den Umständen nach fernliegende Möglichkeit der Fallgestaltung in seine Erwägungen einzubeziehen bzw. im Urteil abzuhandeln[307]. Hat er jedoch, obwohl der Sachverhalt dazu drängt, eine naheliegende Möglichkeit des Tathergangs außer Betracht gelassen, gilt seine Beweiswürdigung als lückenhaft und das sachliche Recht als verletzt[308]. *Sarstedt/Hamm* 349 haben das ein „Mittel aus dem Giftschrank des Revisionsrichters" genannt, das er „gelegentlich nicht entbehren kann, jedoch nur mit äußerster Vorsicht anwenden darf", weil es sich „in der Regel" um eine Frage handele, „die nur den Tatrichter angeht". Der BGH spricht von einem „sich von selbst verstehenden Grundsatz" (StrVert. **1982** 60). Es handelt sich praktisch vor allem um Fälle, in denen der Tatrichter von mehreren Möglichkeiten des äußeren oder inneren Geschehensablaufs, die mehr oder weniger gleich naheliegen, nur die eine erwogen, die andere aber ungeprüft gelassen hat[309].

e) Revisibilität der Überzeugungsbildung

157 **aa) Allgemeines.** Der Tatrichter entscheidet über die Beweiswürdigung gemäß § 261 „nach seiner freien ... Überzeugung". Die Überzeugung verlangt nach herrschen-

---

[302] OLG Köln NJW **1954** 1294; vgl. auch OLG Saarbrücken OLGSt § 267 S. 26 sowie Rdn. 167.
[303] BGHSt **3** 215; (dazu auch unten Fußn. 305); RG JW **1931** 1494; *Eb. Schmidt* 20; *Beling* 413; *Blunck* MDR **1970** 473.
[304] OLG Hamm VRS **47** 280; KG NJW **1976** 183; vgl. auch BGH NJW **1981** 2310: „Annahme (des Tatrichters) findet in den Feststellungen keine Stütze"; BGH NStZ **1981** 488.
[305] Vgl. *Fezer* Erweiterte Revision 15 und als Beispiel auch BGHSt **3** 215, wo ein Fall des Widerspruchs als Unklarheit behandelt wird.
[306] Näher *Fezer* Möglichkeiten, insbes. S. 105 ff; *Dahs/Dahs* 76.
[307] Vgl. z. B. BGH StrVert. **1981** 508; OLG Schleswig bei *Ernesti/Jürgensen* SchlHA **1976** 171.
[308] BGHSt **18** 207; **25** 367; BGH bei *Holtz* MDR **1983** 793; BGH NJW **1953** 1441; GA **1975** 307; StrVert. **1981** 401; **1982** 60; VRS **25** 268; **27** 445; **50** 424; JW **1932** 3070 mit Anm. *Alsberg*; OGH NJW **1950** 512; KG VRS **30** 384; OLG Celle NdsRpfl. **1949** 162; DAR **1956** 166; OLG Dresden JW **1928** 2164 m. Anm. *Mannheim*; OLG Hamm NJW **1960** 398; VRS **37** 431; **44** 430; Blutalkohol **1977** 123; OLG Köln NJW **1977** 1924; vgl. auch die Fälle bei *Fezer* Erweiterte Revision, z. B. S. 130, 143, 145; *Niemöller* StrVert. **1984** 440.
[309] So insbes. BGH StrVert. **1981** 508; **1982** 60; BGH GA **1975** 307; MDR **1951** 117; BGH bei *Dallinger* MDR **1951** 276; bei *Holtz* MDR **1976** 987; RG JW **1932** 3070 m. Anm. *Alsberg*; OLG Hamm NJW **1973** 817; OLG Hamburg NJW **1970** 1650; OLG Jena JW **1927** 2070; OLG Köln VRS **30** 386; OLG Oldenburg VRS **3** 129; OLG Saarbrücken VRS **47** 439; OLG Schleswig SchlHA **1956** 184; *Schwinge* 200.

der Meinung persönliche Gewißheit, für die ein hoher Grad von Wahrscheinlichkeit nicht ausreicht, aber auch keine „mathematische Sicherheit" erforderlich ist, und bei der abstrakt denkbare, theoretische Zweifel, die sich aus der Unzulänglichkeit des menschlichen Erkenntnisvermögens ergeben, außer Betracht zu bleiben haben[310]. Die rechtlichen Anforderungen an die Überzeugungsbildung betreffen eine geradezu klassische Frage des Verfahrensrechts, unterliegen also auf entsprechende Rüge (§ 344 Abs. 2) der Verfahrensrevision (näher bei § 261). Darüber hinaus kontrollieren die Revisionsgerichte diese Anforderungen – als Voraussetzung sachgemäßer Rechtsanwendung, oben Rdn. 121 – regelmäßig aber auch auf die Sachrüge, und zwar in eher großzügigerer Weise als bei der speziellen Rüge der Verletzung des § 261. Die Verwischung des traditionellen Aufgabenbereichs von Verfahrens- und Sachrüge (oben Rdn. 127) wird auch hier deutlich[311].

Die Revisionsgerichte beachten dabei freilich, daß die **tatrichterliche Überzeugung** gemäß § 261 „**frei**" ist: Sie halten sich, wie bei der Beweiswürdigung selbst (oben Rdn. 146), grundsätzlich nicht für befugt, die Überzeugung des Tatrichters durch die eigene zu ersetzen[312]. Sie akzeptieren also z. B. eine auf „wirkliche ‚letzte Zweifel' gestützte" Freisprechung (so BGHSt **10** 210) und die mit der Überzeugung verbundene „Freiheit der Entscheidung gegenüber objektiv an sich möglichen Zweifeln" (so BGH NJW **1967** 360; unten Rdn. 164)[313]. Daß die gelegentlich aufgestellte Behauptung oder Andeutung richtig ist, die Revisionskontrolle sei bei Freispruch durch den Tatrichter strenger als bei Verurteilung, läßt sich nicht verifizieren; erkennbar ist – aus möglicherweise guten Gründen – nur, daß die Zahl der veröffentlichten Revisionsentscheidungen zur Revisibilität von Freisprüchen größer ist. **158**

bb) Revisibilität bei Verurteilung. Von den Revisionsgerichten wird (auch) ein sachlichrechtlicher Mangel bejaht, wenn der Tatrichter zu geringe oder zu strenge Anforderungen an seine eigene Überzeugung gestellt, insbesondere den Rechtsbegriff der freien Überzeugung als solchen verkannt oder möglicherweise verkannt hat. So reicht als Grundlage einer Verurteilung nicht, was nur möglich oder naheliegend ist oder seine Grundlage allein im „Glauben" des Richters hat[314]; insoweit mag man von der Notwendigkeit einer revisionsgerichtlich „nachvollziehbaren" Entscheidung sprechen[315]. Die **159**

---

[310] Näher zu den umstrittenen Einzelheiten bei § 261; ausführlich *Walter* 88 ff; zusammenfassend *Hanack* JuS **1977** 727.

[311] Vgl. – nur zum Beispiel – OLG Celle NJW **1976** 2030 und dazu die kritischen Bemerkungen von *Hanack* JuS **1977** 730 Fußn. 38. Ablehnend zur Kontrolle im Wege der Sachrüge noch BayObLG JZ **1965** 291.

[312] Vgl. nur BGHSt **10** 209; **25** 367; BGH NJW **1967** 360; auch BGH NStZ **1982** 33.

[313] Ablehnend oder kritisch insoweit insbesondere *Peters* 282, JR **1977** 83 sowie Gutachten C zum 52. DJT 1978, S. C 48 ff (52.); *Roxin* § 15 A II 1a; *Stree* 40 (sehr vorsichtig); *Krause* FS Peters 332, die – mit unterschiedlicher Intensität – fordern, daß das Revisionsgericht den Urteilsbildungsprozeß als solchen nachvollziehen kann. Dagegen wiederum *Hanack* JuS **1977** 731; vgl. aber auch *Hanack* zu den Ergebnissen des 52. DJT, Verh. Bd. II Teil O S. 11.

[314] Vgl. z. B. BGH NJW **1982** 347; BGH NStZ **1981** 33; BayObLGSt **1971** 128 = JR **1972** 31 mit Anm. *Peters*; BayObLG bei *Rüth* DAR **1976** 177; OLG Köln NJW **1977** 399 („nachvollziehbarer" Schluß; dazu im folg. Text); OLG Saarbrücken VRS **44** 218; KK-*Hürxthal* § 261, 4 mit weit. Nachw.

[315] So auch LR-*Meyer* in der 23. Aufl. Rdn. 113. Entgegen *Peters* und wohl auch den in Fußn. Genannten muß dies aber noch nicht bedeuten, daß das Revisionsgericht selbst den Schuldspruch für überzeugend hält. Insoweit übereinstimmend *Meyer* aaO („daß das Schicksal des Angeklagten ... von den Persönlichkeiten der erkennenden Gerichts abhängt ..., ist ... ganz unvermeidbar, wenn nicht das Revisionsverfahren ein Berufungsverfahren werden soll"); *Walter* 168.

§ 337 Drittes Buch. Rechtsmittel

Überzeugungsbildung muß sich namentlich auf eine tragfähige Grundlage stützen und erkennen lassen, daß die vom Gericht gezogene Schlußfolgerung nicht etwa nur eine Annahme ist oder sich als eine bloße Vermutung erweist, die letztlich nicht mehr als einen Verdacht zu begründen vermag[316]; hier überschneidet sich die Kontrolle untrennbar mit den Anforderungen an eine tragfähige Beweiswürdigung (oben Rdn. 144 ff), auf deren Verletzung dabei häufig allein abgestellt wird.

160 Hält der Tatrichter den Angeklagten für schuldig, obwohl er Zweifel an seiner Täterschaft hat, ist der Grundsatz **in dubio pro reo** (dazu oben Rdn. 14) verletzt und diese Verletzung auf die Sachrüge hin zu beachten. Das gilt nach einer sachlichrechtlich umstrittenen Rechtsprechung auch für den Zusammenhang zwischen dem Verhalten des Angeklagten und dem eingetretenen Erfolg[317]. Entgegen einer irreführenden und mißverständlichen Rechtsprechung des BGH[318] gilt der Grundsatz in dubio pro reo auch für Indiztatsachen, so daß bei der Abwägung über Zweifel selbst ein mißglückter **Alibibeweis** zu berücksichtigen ist (mag die bloße Möglichkeit, daß der Angeklagte zur Tatzeit nicht am Tatort gewesen ist, natürlich auch die in anderer Weise gewonnene Überzeugung des Tatrichters von seiner Schuld nicht ausschließen); hat der Tatrichter verkannt, daß das Scheitern eines Alibibeweises kein Beweisanzeichen für die Täterschaft des Angeklagten ist[319] oder unzulässigerweise einen Indizienbeweis mit bloßen Verdachtsgründen geführt[320], begründet auch dies die Sachrüge. Zur Auseinandersetzung mit „Schutzbehauptungen" (und der Bedenklichkeit einer undifferenzierten Verwendung dieses Begriffs) s. OLG Düsseldorf NStZ **1985** 81.

161 Da ansonsten gegen den Grundsatz in dubio pro reo nur verstoßen ist, wenn der **Tatrichter selbst Zweifel** hat, können sich diese Zweifel in der Regel nur aus dem Urteil ergeben[321]. Zweifel, die der Richter nach Ansicht des Beschwerdeführers hätte haben sollen, bedeuten nichts[322]; eine Sachrüge, die lediglich beanstandet, der Tatrichter hätte Zweifel haben müssen, ist insoweit daher lediglich ein unzulässiger Angriff auf die Beweiswürdigung.

162 **cc) Revisibilität bei Freispruch.** Die Revisionsgerichte prüfen auch hier, wie bei der Verurteilung, auf die Sachrüge, ob der Tatrichter von zutreffenden rechtlichen Anforderungen an die eigene Überzeugung ausgegangen ist. Daran fehlt es insbesondere, wenn er zu strenge Anforderungen an seine persönliche Gewißheit gestellt hat, z. B. wegen

---

[316] Vgl. z. B. BGH NStZ **1981** 33 m. w. Nachw. („objektiv ... hinreichend fundiert"); **1982** 478 = JR **1983** 163 mit Anm. *Peters*; BGH StrVert. **1982** 256, 407; BayObLGSt **1971** 129 = JR **1972** 30 m. Anm. *Peters*; vgl. auch BGH bei *Dallinger* MDR **1969** 194: keine Konstruktion der Gewißheit aus der Summe mehrerer Wahrscheinlichkeiten.

[317] BGHSt **11** 1; 24 34; BGH NJW **1973** 1381; BGH VRS **16** 438; **21** 342; **24** 206; **27** 349; **32** 37; BayObLGSt **1971** 129 = JR **1972** 31 mit Anm. *Peters*; KK-*Hürxthal* § 261 59; vgl. auch bei § 261. Sachlichrechtlich umstritten ist das für die Beziehung zwischen Fahrlässigkeit und Erfolg, vgl. statt aller *Lackner* § 15 Anm. 2b.

[318] BGHSt **25** 285; BGH JR **1978** 378 mit abl. Anm. *Tenckhoff*; vgl. auch KK-*Hürxthal* § 261, 66; OLG Celle JR **1977** 83 m. Anm. *Pe-*

ters; OLG Hamm JZ **1968** 676. Kritisch oder ablehnend zu BGHSt **25** 285 *Foth* NJW **1974** 1572; *Hanack* JR **1974** 383; *Schneider* MDR **1974** 944; *Stree* JZ **1974** 298; *Strate* StrVert. **1982** 159; *Volk* JuS **1975** 25; *Roxin* § 15 B I. Richtig jetzt aber BGH StrVert. **1983** 267.

[319] Vgl. BGH StrVert. **1982** 158 und 159 m. Anm. *Strate*; s. auch BGH StrVert. **1984** 495.

[320] BGH JR **1954** 468; NJW **1974** 654 = JR **1975** 34 mit Anm. *Peters*; s. auch unten Rdn. 169.

[321] BGH NJW **1951** 325; OGHSt **1** 57; OLG Koblenz VRS **50** 356; *Kleinknecht/Meyer* § 261, 39.

[322] BGH NJW **1951** 283 L; BGH bei *Dallinger* MDR **1970** 899; RGSt **52** 319; OGHSt **1** 112; OLG Hamm HESt **2** 255; *Eb. Schmidt* Teil I Nr. 376; *Sarstedt/Hamm* 403; Seibert NJW **1955** 172.

bloß „theoretischer" Zweifel freigesprochen hat[323]. Die Revisionsgerichte prüfen darüber hinaus – bzw. im Zusammenhang damit und wiederum (vgl. Rdn. 159) in untrennbarer Überschneidung mit den allgemeinen Anforderungen an eine sachgerechte Beweiswürdigung – auf die Sachrüge ebenfalls, ob der Tatrichter die festgestellten Tatsachen ausgeschöpft hat und naheliegenden Verdachtsgründen widerspruchsfrei sowie ohne Verstoß gegen Denkgesetze oder Erfahrungssätze nachgegangen ist; das verlangt grundsätzlich eine zusammenfassende Darlegung der dem Angeklagten zur Last gelegten Straftat und der dazu getroffenen Feststellungen[324].

Bei **verweigerter Einlassung** des Angeklagten darf er nicht aufgrund bloßer Unterstellungen freigesprochen werden. Der Tatrichter darf insbesondere Ausnahmen von dem regelmäßigen, der Lebenserfahrung entsprechenden Ablauf der Ereignisse, die sonst nur auf spezielles Verteidigungsvorbringen untersucht werden, nicht zugunsten des Angeklagten als möglich annehmen, wenn tatsächliche Anhaltspunkte für einen regelwidrigen Geschehensablauf nicht bestehen[325]. Bestehen sie, muß er ihnen freilich grundsätzlich nachgehen. **163**

Hat der Tatrichter den umschriebenen Anforderungen genügt, wird sein **Urteil** auch dann **nicht beanstandet,** wenn er sich trotz hoher Wahrscheinlichkeit und des Fehlens von Anhaltspunkten für ein gegenteiliges Geschehen von der Schuld des Angeklagten keine Gewißheit verschaffen konnte[326]. Denn Grundlage für die Verurteilung ist nach heutiger Auffassung immer nur die richterliche Überzeugung von der Wahrheit, nicht die Überzeugung von einer hohen Wahrscheinlichkeit[327]. **164**

f) Revisibilität der Denkgesetze insbesondere

aa) Allgemeines. Ob man die Gesetze des Denkens als Rechtsnorm ansieht oder nicht (oben Rdn. 11): Anerkannt ist seit langem, daß die Freiheit der Überzeugungsbildung des Tatrichters ihre Grenze in den Denkgesetzen findet, deren Verletzung also der Revision unterliegt[328]. Umstritten ist jedoch, ob die Verletzung im Wege der Verfahrens-oder der Sachrüge geltend zu machen ist. Da die unrichtige Anwendung einer Rechtsnorm auch dadurch bedingt sein kann, daß sie auf einen Sachverhalt angewendet wird, den der Tatrichter unter Verstoß gegen Denkgesetze für erwiesen hält, bejahen die Revisionsgerichte, entsprechend ihrem Ausgangspunkt (oben Rdn. 121) einen Fall **165**

---

[323] Vgl. z. B. BGH NJW **1951** 83, 122; **1967** 360; BGH MDR **1967** 266; BGH bei *Holtz* MDR **1978** 806; BGH GA **1954** 152; **1969** 181; BGH VRS 24 210; **39** 105; **49** 429; RGSt **61** 206; **66** 146; vgl. auch RGSt **75** 374; OLG Celle NJW **1976** 2030 = JR **1977** 82 m. Anm. *Peters;* OLG Hamm JMBlNRW **1976** 18; OLG Koblenz GA **1975** 220 und VRS **44** 44.

[324] Vgl. BGH NStZ **1982** 479 m. w. Nachw.; BGH VRS **24** 210; **39** 104; BGH bei *Holtz* MDR **1978** 806, 998; **1980** 108; vgl. auch BGHSt **19** 34; OLG Hamburg NJW **1968** 686; RG JW **1929** 862; OLG Hamm NJW **1970** 1246.

[325] BayObLG bei *Rüth* DAR **1969** 237; KG VRS **45** 288; OLG Hamburg VRS **41** 196; OLG Hamm VRS **46** 366; *Kleinknecht/Meyer* § 261, 18; *Kleinknecht* JR **1966** 271.

[326] Vgl. z. B. BGHSt **10** 210 = JR **1957** 386 m. Anm. *Eb. Schmidt*; BGH NStZ **1982** 479; **1938** 278; BGH VRS **39** 104; BGH bei *Holtz* MDR **1978** 281; RGSt **61** 206; RG JW **1928** 116 m. Anm. *Mannheim*; RG DRiZ **1927** Nr. 964; BayObLG NJW **1968** 668; VRS **39** 39; OLG Celle NJW **1976** 2030; KK-*Hürxthal* § 261, 51; *Cuypers* 159; *Niese* GA **1954** 148.

[327] Vgl. nur BGHSt **10** 201 in Auseinandersetzung mit einer **a. A** von RGSt **61** 206; OLG Celle NJW **1976** 2030; *Ehrenzweig* JW **1929** 85; *von Scanzoni* JW **1928** 2181; NJW **1951** 222; *Hanack* JuS **1977** 728; oben Rdn. 157.

[328] Eingehend zum Ganzen *Sarstedt/Hamm* 338 ff; *Sellke* Diss. 1961; *Schwinge* 193 ff, der den Begriff für entbehrlich hält, weil er entweder eine falsche Gesetzesauslegung oder eine fehlerhafte Sachverhaltsanwendung bedeutet; dagegen *Eb. Schmidt* 15; kritisch auch *Paeffgen* FS II Peters 75 Fußn. 67.

der Sachrüge[329]. Im Schrifttum wird demgegenüber, wie bei den Erfahrungssätzen (unten Rdn. 170 ff), vielfach angenommen, daß die Verletzung der Denkgesetze jedenfalls dann der Verfahrensrüge unterliegt, wenn sie die Verletzung der Beweiswürdigung betrifft[330].

166 bb) Einzelheiten. Verstöße gegen Denkgesetze kommen – bei der Gesetzesauslegung wie bei der Tatsachenfeststellung und -würdigung – in sehr verschiedenen Formen vor. So gehören im Grunde auch die Widersprüche (oben Rdn. 154), ja vielfach selbst die Verkennung von Erfahrungssätzen (unten Rdn. 170 ff) oder die Verletzung der Anforderungen an den Indizienbeweis (oben Rdn. 160) hierher. In der Praxis der Revisionsgerichte wird demgemäß bei der Kontrolle der Sachverhaltsfeststellung und -würdigung der Verstoß gegen Denkgesetze von anderen Formen inkorrekter Feststellung und Würdigung häufig nicht genau abgehoben oder doch mit ihnen ungetrennt zusammen behandelt; sie spielen als solche keine große Rolle mehr, sondern erscheinen nur noch als besondere Ausprägung der „Darstellungsrüge" (vgl. *Fezer* Erweiterte Revision, 44). Ihre Rüge ist beliebt und häufig, aber nur zu oft verfehlt oder unberechtigt[331]. Charakteristisch für die eigentlichen Denkverstöße sind insbesondere die folgenden Formen.

167 **Verstöße gegen die allgemeine Logik.** Sie liegen insbesondere bei Kreis- oder Zirkelschlüssen vor, d. h. beim Beweis einer Behauptung durch sich selbst[332], ferner bei Begriffsvertauschungen, wie etwa der Verwechselung des Begriffs Verteidigung in § 32 Abs. 2 StGB mit dem in § 145 Abs. 1 Satz 1 StPO[333], sowie bei Rechenfehlern, soweit es sich nicht um bloße Schreibversehen handelt[334], und bei Widersprüchen (oben Rdn. 154).

168 **Irrtümliche Annahme, eine Schlußfolgerung sei zwingend.** Der Tatrichter verstößt gegen Denkgesetze, wenn die Schlußfolgerung in Wahrheit nicht zwingend ist[335].

---

[329] BGHSt **3** 215; **6** 72; **10** 211; **19** 34; BGH NStZ **1981** 231; BGH VRS **12** 214; RGSt **61** 154 = JW **1928** 1225 m. Anm. *Oetker*; RGSt **73** 248; RG JW **1922** 1017 und **1932** 3070, je mit Anm. *Alsberg*; OLG Dresden JW **1922** 1053 m. Anm. *Alsberg*; JW **1928** 2164 m. Anm. *Mannheim*; OLG Frankfurt VRS **49** 358; OLG Hamm JMBlNRW **1950** 198; OLG Köln NJW **1954** 1298; OLG Neustadt VRS **28** 30; KK-*Pikart* 29; KMR-*Paulus* § 244, 27; *Schlüchter* 694.3; *Dahs/Dahs* 54; *Cuypers* 172 ff; einschränkend OLG Jena JW **1928** 2286; *Mannheim* 75 und *Alsberg* JW **1932** 3070, die den Fehler nur beachten wollen, wenn er bei der Feststellung eines Tatbestandsmerkmals unterlaufen ist; a. A *Pohle* 25; *A. Weber* LZ **1929** 907.

[330] *Eb. Schmidt* Nachtr. I 6; *Klug* FS Möhring 365 ff, die danach gegebenenfalls entweder die Verfahrens- oder die Sachrüge zulassen wollen; vgl. auch *Schwinge* 196 ff; *Sellke* 58 ff und *Geerds* FS Peters 275 halten einen Verstoß gegen § 261 für gegeben; *Schwinge* 198 hält § 267 für verletzt.

[331] Vgl. *Sarstedt/Hamm* 345, 354; *Eb. Schmidt* Nachtr. I 21; auch *Dahs/Dahs* 58.

[332] BGH StrVert. **1984** 190 L; *Engel* 90; *Sellke* 11, 71 ff; *Klug* FS Möhring 397 ff; *Schneider* MDR **1962** 871.

[333] Vgl. *Peters* 613; *Dahs/Dahs* 69; *Sarstedt/Hamm* 357; *Engel* 88 ff; *Sellke* 11; *Klug* FS Möhring 378 ff.

[334] *Peters*[2] 567; *Sarstedt/Hamm* 350; *Pagendarm* 21 ff; *Sellke* 11; *Geerds* FS Peters 269; *Klug* FS Möhring 375; a. A *Beling* 414; *Schwinge* 201, die sie nicht für revisibel halten; *Stein* Privates Wissen 19 nimmt nur einen Verstoß gegen Erfahrungssätze an.

[335] BGHSt **12** 316; BGH StrVert. **1982** 60; BGH MDR **1951** 117; BGH bei *Herlan* MDR **1955** 19; RG JW **1932** 3070 mit Anm. *Alsberg*; BayObLGSt **1964** 6 = NJW **1964** 1381; **1965** 32 = VRS **29** 151; KG JR **1959** 106 mit Anm. *Sarstedt*; VRS **30** 386; OLG Celle DAR **1956** 166; NdsRpfl. **1949** 162; VRS **39** 39; OLG Dresden JW **1922** 1053 mit Anm. *Alsberg*; OLG Düsseldorf VerkMitt. **1968** 81; OLG Hamburg HESt **2** 142; NJW **1970** 1650; OLG Hamm JMBlNRW **1969** 287; NJW **1960** 398; VRS **16** 353; OLG Köln VRS **44** 105; OLG Oldenburg VRS **3** 129; OLG Saarbrücken VRS **47** 439; OLG Schleswig SchlHA **1956** 184; *Dahs/Dahs* 56; *Sellke* 11 ff.

Schlußfolgerungen, die der Tatrichter zieht, müssen im übrigen zwar denkgesetzlich möglich erscheinen[336]; sie brauchen jedoch weder „zwingend", d. h. im logischen Sinne allein denkbar, noch auch nur wahrscheinlich zu sein[337]. Hier liegt eine der wesentlichen Ursachen dafür, warum der oft gerügte Verstoß gegen Denkgesetze (oben Rdn. 166) keinen Erfolg hat.

Verwendung von Nichtbewiesenem als Beweisanzeichen (vgl. bei § 261). Es handelt sich eher um einen Verstoß gegen Denkgesetze, nicht aber, wie der BGH annimmt[338], um eine Verletzung des Grundsatzes in dubio pro reo; denn von der Schuld des Angeklagten ist der Tatrichter ja überzeugt. Werden beim Indizienbeweis bloße Verdachtsgründe herangezogen, liegt eine Verletzung der Denkgesetze immer vor[339]; das gilt etwa, wenn der Tatrichter eine Einlassung des Angeklagten heranzieht, die lediglich nicht widerlegt ist[340], oder wenn er sich zu seinen Ungunsten auf eine widerlegte Schutzbehauptung stützt[341] (vgl. auch oben Rdn. 160). Feststehen müssen aber immer nur die den Verdacht begründenden Umstände als solche; nicht verboten ist es dem Tatrichter, aus mehreren vorhandenen Verdachtsgründen auf die Täterschaft zu schließen[342]. Ob oder wann aus Tatsachen, die gemäß § 244 Abs. 3 zugunsten des Angeklagten unterstellt worden sind, nachteilige Schlüsse gezogen werden dürfen, ist umstritten (näher bei § 244). **169**

g) Revisibilität von Erfahrungssätzen insbesondere
aa) Allgemeines. Ähnlich wie bei den Denkgesetzen (Rdn. 165 ff) ist umstritten, ob Erfahrungssätze Rechtsnormen sind (vgl. oben Rdn. 11). Anerkannt ist jedoch auch hier seit langem, daß ihre Verletzung grundsätzlich revisibel ist[343]. Solche Verletzungen spielen in der revisionsgerichtlichen Praxis eine beträchtliche Rolle[344], wenn auch nur als Teil oder als besondere Ausprägung der insgesamt weitergehenden „Darstellungsrüge". Bedeutsam ist in der Praxis namentlich der Unterschied zwischen allgemeingültigen und sonstigen Erfahrungssätzen (dazu im folg. Text). Die Unterscheidung kann im Einzelfall zweifelhaft sein[345], ebenso aber die Frage, ob überhaupt ein Erfahrungs- **170**

---

[336] *Geerds* FS Peters 269; *Hartung* SJZ **1948** 579; *Seibert* DRZ **1948** 372; *Dahs/Dahs* 56.
[337] Vgl. BGHSt **10** 210 = JR **1957** 368 m. Anm. *Eb. Schmidt*; BGHSt **25** 367; **26** 62; **29** 20; BGH GA **1974** 61; BGH MDR **1951** 117; BGH NJW **1951** 325; **1953** 1897; BGH VRS **14** 192; **29** 15; **30** 101; **33** 431; **37** 30; **49** 430; BGH bei *Dallinger* MDR **1951** 276; **1970** 198; RG JW **1931** 1816 mit Anm. *Alsberg*; BayObLGSt **1951** 231, 523 = VRS **4** 384; BayObLGSt **1965** 32 = VRS **29** 151; OLG Hamburg VerkMitt. **1968** 61; OLG Hamm DAR **1972** 191; JMBlNRW **1950** 198; VRS **31** 463; **39** 38; **41** 42; **44** 429; OLG Koblenz VRS **44** 194; **45** 112; 119; **46** 34, 38, 441; OLG Köln MDR **1954** 631; NJW **1968** 1247; VRS **21** 122; **36** 198; **44** 105; **51** 35; OLG Saarbrücken VRS **47** 439.
[338] BGH LM Nr. 19 zu § 261 = JR **1954** 468; BGH NJW **1974** 655 = JR **1975** 34 m. Anm. *Peters*.
[339] Vgl. OGHSt **1** 165; KG NJW **1966** 606; OLG Hamm NJW **1960** 398; OLG Köln NJW **1953** 638; OLG Schleswig SchlHA **1970** 199; *Eb. Schmidt* § 267, 13; *Salger* NJW **1957** 736.
[340] BGH bei *Dallinger* MDR **1975** 198; BGH VRS **30** 99; OGHSt **1** 166; OLG Hamm VRS **40** 363.
[341] OLG Köln NJW **1954** 1298, das aber auch einen Verstoß gegen den Grundsatz in dubio pro reo für möglich hält; vgl. auch RG JW **1932** 3070.
[342] Mißverständlich oder unklar BGH NJW **1974** 655 = JR **1975** 34 mit Anm. *K. Peters*.
[343] BGHSt **31** 89; zum Ganzen eingehend *Albrecht* NStZ **1983** 489; *Schwinge* 159 ff; *Geerds* FS Peters 267; *Fezer* Möglichkeiten, insbes. S. 114 ff, 170 ff; vgl. auch *Kuchinke* 174 ff; *Katholnigg* JR **1983** 129.
[344] Anders, aber insoweit nach dem Bild der Praxis doch zweifelhaft, *Fezer* Erweiterte Revision 44 und *Peters* 613.
[345] Vgl. BGHSt **31** 89 f = JR **1983** 128 mit Anm. *Katholnigg*; kritisch zu dem Unterschied *Walter* 321 f; *Albrecht* NStZ **1983** 489.

§ 337   Drittes Buch. Rechtsmittel

satz (mit oder ohne Allgemeingültigkeit) vorliegt. Für die revisionsgerichtliche Kontrolle ergibt sich dadurch wiederum ein gewisser Spielraum und sogar die Gefahr von Fehlgriffen durch das Revisionsgericht selbst[346].

171   bb) **Allgemeingültige Erfahrungssätze.** Die Rechtsprechung nimmt, in Übereinstimmung mit der herrschenden Lehre, einen Rechtsverstoß des Tatrichters an, wenn er einen Sachverhalt festgestellt hat, der sich nach allgemeingültigen Erfahrungssätzen so nicht zugetragen haben kann. Sie bejaht daher einen Verstoß des Tatrichters gegen das sachliche Recht, wenn er bei der Tatsachenfeststellung oder -würdigung Sätze des gesicherten Erfahrungswissens mißachtet[347]. Erfahrungssätze in diesem Sinne sind die aufgrund allgemeiner Lebenserfahrung oder wissenschaftlicher Erkenntnisse gewonnenen Regeln, die keine Ausnahme zulassen und mit an Sicherheit grenzender Wahrscheinlichkeit gelten[348]. Allgemeinkundig brauchen sie nicht zu sein, mag die Allgemeinkundigkeit auch häufig vorliegen[349]. Der Tatrichter muß Erfahrungssätze dieser Art auch dann berücksichtigen, wenn er sie für falsch hält; sie binden ihn wegen ihres Charakters in der gleichen Weise wie die Denkgesetze[350]. Die Bindung entfällt nur, wenn neuere Erkenntnisse der Wissenschaft die bisherigen widerlegen[351].

172   Insbesondere wenn der Tatrichter von einem **nicht bestehenden Erfahrungssatz** ausgegangen ist, liegt darin ein Mangel, den die Revisionsgerichte auf die Sachrüge berücksichtigen[352]. Denn was nach wissenschaftlichen Erkenntnissen und allgemeiner Erfahrung nicht beweisbar ist, darf der Tatrichter nicht als Möglichkeit des Geschehensablaufs berücksichtigen[353]. Das gilt nicht nur für die überkommenen Beispiele der He-

---

[346] So hat das OLG Stuttgart einmal in Übereinstimmung mit dem Tatrichter das Vorhandensein eines (allgemeingültigen) Erfahrungssatzes verneint, aber übersehen, daß ein Erfahrungssatz ohne Allgemeingültigkeit in Betracht kam; s. OLG Stuttgart NJW **1982** mit Anm. *Ebert* in JR **1982** 419; **1983** 43, der zu Recht bemerkt, daß das tatrichterliche Urteil „gerade in dem Punkt fehlerhaft war, in dem der Senat ihm Fehlerfreiheit attestiert".

[347] BGHSt **6** 72; **31** 89; RGSt **61** 154; **64** 251; **67** 289; RG JW **1927** 2052 m. Anm. *Mannheim*; BGHSt **1** 118; BayObLGSt **1951** 523; **1976** 49; BayObLG NJW **1952** 235; OLG Braunschweig NJW **1955** 1202; OLG Saarbrücken VRS **47** 438; vgl. auch BGH NStZ **1982** 479; ebenso KK-*Pikart* 28; *Schlüchter* 695; *Dahs/Dahs* FS Hirsch 180; **a. A** noch *Beling* 413 Fußn. 5; *Stein* Privates Wissen 1112, die das nicht für revisibel hielten.

[348] BGHSt **31** 89; OLG Braunschweig NJW **1955** 1202; OLG Hamm HESt **2** 257; JMBlNRW **1950** 199; OLG Koblenz VRS **50** 296; OLG Köln OLGSt § 233 StGB S. 12; VRS **48** 24; OLG Saarbrücken VRS **47** 438; *Dahs/Dahs* 72; *Cuypers* 69 ff; *Sellke* 13; *Geerds* FS Peters 270; *Grave-Mühle* MDR **1975** 227; *A. Mayer* Blutalkohol **1975** 266; *Weigelt* DAR **1954** 241; *Brüning* 69 sowie

Stein Privates Wissen 16 ff und *Schweling* ZStW **83** (1970) 449 wollen einen hohen Grad von Wahrscheinlichkeit reichen lassen.

[349] *Alsberg/Nüse* 124; *Cuypers* 74; *Alsberg* JW **1918** 792; *Mannheim* JW **1928** 1230; **a. A** KG Recht **1928** Nr. 714 *Stein* Privates Wissen 27.

[350] BGHSt **5** 36; **6** 73; **10** 211; **13** 279; **15** 3; **17** 385; **21** 159; **24** 203; **25** 248; **29** 21; BGH LM Nr. 24 zu § 261; BGH VRS **3** 423; **27** 350; BGH bei *Dallinger* MDR **1952** 275; RG JW **1938** 1813; OLG Celle NJW **1960** 2285; OLG Hamburg VRS **49** 137; OLG Hamm JMBl-NRW **1969** 620; MDR **1949** 636; NJW **1960** 1404; Blutalkohol **1975** 70 m. Anm. *Händel*; OLG Koblenz VRS **37** 202; *Kleinknecht/Meyer* 10; *Eb. Schmidt* § 261 23 und JZ **1970** 338; *Roxin* § 15 C II 2a; *Dahs/Dahs* 72; *Gottwald* 170; *Kuchinke* 179.

[351] Vgl. z. B. BGHSt **21** 157; dazu *Krause* FS Peters 327; *Oetker* GerS **107** (1936) 36.

[352] BGHSt **7** 83; **19** 83; BGH NJW **1982** 295; StrVert. **1982** 474; RG HRR **1942** 514; BayObLGSt **1951** 365; OLG Braunschweig NJW **1955** 1201; OLG Hamm VRS **37** 120; OLG Saarbrücken NJW **1951** 1905; *Dahs/Dahs* 62; *Grave-Mühle* MDR **1975** 277.

[353] *Roxin* § 15 C II 2a; *Armin Kaufmann* JZ **1971** 572; **a. A** noch RGSt **8** 353, das das Revisionsgericht an die Feststellung der Wirksamkeit eines Liebestranks für gebunden hielt.

xerei, des Hellsehens und des Tötens durch „Beschwören"[354]. Es gilt z. B. auch für die Annahme des in Wahrheit nicht bestehenden Erfahrungssatzes, daß die von der polizeilichen Aussage abweichende Einlassung des Angeklagten in der Hauptverhandlung unrichtig sein müsse (BGH NStZ **1981** 488), oder die Annahme, kein Mensch rechne von vornherein damit, daß bei einem Unfall die schwersten denkbaren Folgen eingetreten sind (BGH VRS **63** 453). Der Tatrichter darf in solchen Fällen das objektive Fehlen wissenschaftlicher Nachweise nicht durch seine eigene Überzeugung ersetzen.

Nach herrschender Meinung sind die Revisionsgerichte berechtigt und gegebenenfalls verpflichtet, **im Wege des Freibeweises,** insbesondere durch Anhörung von Sachverständigen, festzustellen, ob ein allgemeingültiger Erfahrungssatz besteht oder nicht[355]. Daß das Revisionsgericht entsprechende Feststellungen trifft, ist selbstverständlich sinnvoll oder unabdingbar. Aber es zeigt den Bruch im System und den richterrechtlich entwickelten Charakter der Zugriffsmethode (oben Rdn. 125), wenn man dafür das – in der Sache gewiß ausreichende – Freibeweisverfahren heranzieht, das doch an sich nur für die Feststellung prozessualer Tatsachen gilt. **173**

cc) **Erfahrungssätze ohne Allgemeingültigkeit.** Neben den gesicherten wissenschaftlichen Erkenntnissen und den anderen Erfahrungssätzen mit zwingender Allgemeingültigkeit gibt es Erfahrungssätze des täglichen Lebens, die den regelmäßigen Ablauf der Dinge beschreiben, aber nicht ausnahmslos gelten[356]. Darunter fallen die Sätze der Verkehrssitte, des Brauches und der Verkehrsauffassung, insbesondere aber typische Verhaltensweisen. Die Heranziehung und Verwertung solcher Erfahrungssätze als Beweisanzeichen ist grundsätzlich eine Frage der richterlichen Beweiswürdigung, deren Überprüfung dem Revisionsgericht nach allgemeinen Regeln nur begrenzt möglich ist (oben Rdn. 146). In Betracht kommt die revisionsgerichtliche Kontrolle hier namentlich in zwei Fallgruppen. **174**

Die **Revisionsgerichte prüfen** als Voraussetzung richtiger Rechtsanwendung (oben Rdn. 121) auf die Sachrüge, ob der Tatrichter derartige Erfahrungssätze ohne Allgemeingültigkeit irrtümlich für zwingend gehalten und seiner Entscheidung ohne weiteres zugrunde gelegt, sie also **unzulässig verallgemeinert** hat, und ob das Urteil auf diesem Mangel beruht oder möglicherweise beruht[357]. Ergibt das Urteil nichts für einen solchen Irrtum, so ist die Beweiswürdigung nicht zu beanstanden[358]. **175**

Die Revisionsgerichte prüfen – wiederum folgerichtig zum Ausgangspunkt, s. oben Rdn. 121 – auf die Sachrüge aber auch, ob der Tatrichter bei der Beweiswürdigung von derartigen Erfahrungssätzen **ohne Grund abgewichen** ist; er darf das bei der regelmäßig gegebenen Bedeutung der Sätze nur, wenn dafür hinreichende Gründe vorlie- **176**

---

[354] RGSt **33** 323; *Beling* 413; *Krause* FS Peters 328; *Wimmer* NJW **1976** 1132; vgl. auch BGH bei *Holtz* MDR **1978** 627 für Erkenntnisse der Parapsychologie.
[355] Vgl. BGHSt **19** 84; **23** 156; **25** 249; OLG Hamm DAR **1960** 365; NJW **1970** 907; **1972** 1529; **1976** 2308; KMR-*Paulus* § 244 157; *Gottwald* 169; *Henke* 128; vgl. auch § 351, 5.
[356] BGHSt **31** 89; OLG Hamm HESt **2** 256; KK-*Pikart* 28; KMR-*Paulus* § 244 169 ff; *Eb. Schmidt* § 261, 24; *Peters* 613; *Dahs/Dahs* 73; vgl. auch im folg.
[357] BGH StrVert. **1982** 60; vgl. auch BGH NStZ **1981** 271 und **1982** 984; RGSt **70** 72; RG JW **1931** 235; RG HRR **1934** 615; OGHSt 1 70, 146; **3** 134; KG JW **1931** 233 m. Anm. *Klefisch*, VRS **6** 212; **42** 217; **45** 287; OLG Braunschweig NdsRpfl. **1948** 96; OLG Celle VRS **45** 446; OLG Hamburg MDR **1953** 121; OLG Hamm HESt **2** 258; NJW **1973** 160; VRS **6** 214; OLG Köln NJW **1969** 443; VRS **48** 24; OLG Neustadt VRS **28** 30; OLG Schleswig bei *Ernesti/Jürgensen* SchlHA **1956** 168.
[358] *Sarstedt/Hamm* 365; a. A OLG Koblenz VRS **50** 296, das offenbar eine irrige Beweiswürdigung stets vermutet.

§ 337　　　　　　　　　Drittes Buch. Rechtsmittel

gen[359]. Als rechtsfehlerhaft wird es insbesondere angesehen, wenn er den Erfahrungssatz überhaupt nicht als Beweisanzeichen berücksichtigt hat[360]. Es liegt dann ein spezieller Fall der lückenhaften Beweiswürdigung (oben Rdn. 151) vor; vgl. auch *Fezer* Möglichkeiten 127.

177　　Zur zweifelhaften Frage, ob das Revisionsgericht mit der Sachrüge auch eingreifen kann, wenn der Tatrichter **das Schweigen** des Angeklagten oder eines Zeugen unzulässigerweise gewertet und damit irrtümlich einen Erfahrungssatz angenommen hat, daß nur der Schuldige oder der zum Nachteil aussagende Zeuge schweigt, s. oben Rdn. 127; vgl. auch Rdn. 163.

178　　Aus der begrenzten Indizwirkung der Erfahrungssätze ohne Allgemeingültigkeit folgt im übrigen, daß das Revisionsgericht solche Sätze **nicht von sich aus** zur Schließung von Lücken im tatrichterlichen Urteil heranziehen darf (OGHSt 1 42).

179　　h) **Revisibilität offenkundiger Tatsachen.** Offenkundige Tatsachen (dazu bei § 244) bedürfen keines Beweises, sind aber selbstverständlich bei der Beweiswürdigung relevant. Die Revisionsgerichte kontrollieren das als Voraussetzung richtiger Rechtsanwendung (oben Rdn. 121) im Rahmen der Beweiswürdigung ebenfalls mit der Sachrüge. Die Beweiswürdigung gilt namentlich als fehlerhaft, wenn der Tatrichter offenkundige, insbesondere geschichtliche Tatsachen außer acht gelassen hat[361] oder wenn er Tatsachen für offenkundig hält, die es nicht sind[362]. Dabei ist zu unterscheiden, ob es sich um gerichtskundige oder allgemeinkundige Tatsachen handelt. Wendet der Tatrichter gerichtskundige Tatsachen an, so darf das Revisionsgericht, bei dem sie nicht selbst gerichtskundig sind, sie nicht auf ihre Richtigkeit prüfen; die Nachprüfung beschränkt sich vielmehr auf die Frage, ob der Begriff der Gerichtskundigkeit verkannt worden ist[363]. Wenn es sich dagegen um allgemeinkundige Tatsachen handelt oder nach Ansicht des Tatrichters handeln soll, prüft das Revisionsgericht aufgrund seines eigenen Wissens nach, ob sie zutreffen[364].

---

[359] Vgl. BayObLGSt **1951** 523 = VRS **4** 384; OGH NJW **1950** 271; vgl. auch in der folg. Fußn.

[360] BGHSt **3** 23; **16** 206; RGSt **73** 248; RG JW **1932** 422 mit Anm. *Alsberg*; RG HRR **1930** 363; **1942** 743; BayObLGSt **1951** 523 = VRS **4** 384; BayObLG JR **1956** 188; KG JW **1929** 885; VRS **30** 384; OLG Hamburg HRR **1933** 1158; MDR **1971** 414; OLG für Hessen HESt **1** 197; OLG Köln OLGSt § 170 b StGB S. 26; OLG Oldenburg VRS **1** 300; OLG Stuttgart HESt **1** 182 = SJZ **1948** 615 m. Anm. *Hartung*; einschränkend OLG Hamburg HESt **2** 142.

[361] BGHSt **4** 77; RG JW **1932** 420; OGHSt **2** 291; OLG Braunschweig NJW **1947/48** 353; vgl. auch bei § 261.

[362] RGSt **33** 77; KG NJW **1972** 1909; OLG Düsseldorf VRS **3** 362.

[363] RG JW **1925** 797 m. Anm. *Alsberg*; KMR-*Paulus* § 244, 218; *Beling* 413 Fußn. 3; *Alsberg* JW **1918** 795; *Stern* JW **1928** 3000. Ob die gerichtskundige Tatsache in der Hauptverhandlung mit den Beteiligten erörtert worden ist (vgl. OLG Hamm VRS **67** 44), wird im Wege der Verfahrensrüge geprüft.

[364] BGHSt **1** 197; **2** 241; **3** 127; **5** 170; **6** 296; **26** 59; RGSt **31** 187; **57** 257; **58** 308; BayObLGSt **1951** 178; KG NJW **1972** 1909; KMR-*Paulus* § 244, 218; *Beling* 413; *Dahs/Dahs* 71; *Gottwald* 215; *Alsberg* JW **1918** 795; *Stern* JW **1928** 3000; a. A RG JW **1980** 64; *Stein* Privates Wissen 172, die das Revisionsgericht an die tatsächlichen Feststellungen für gebunden halten.

VI. Verletzung des Gesetzes: Rechtsfolgenausspruch insbesondere

1. Allgemeines

a) Hinweis. Die folgenden Ausführungen betreffen nur die Revisibilität der **180** Rechtsfolgenentscheidung. Sie versuchen, deren grundsätzliche Prinzipien darzulegen (Rdn. 181 ff) und behandeln dann wichtige Einzelvorschriften (Rdn. 205 ff). Sie können jedoch die Fülle der **sachlichrechtlichen Einzelfragen,** die sich durch die starke „Verrechtlichung" der Rechtsfolgenentscheidung, insbesondere durch § 46 StGB, ergeben haben, nicht im einzelnen abhandeln. Insoweit ist vielmehr auf die Erläuterungswerke zum StGB und die monographischen Darstellungen von *Bruns* (Strafzumessungsrecht², 1974; Leitfaden des Strafzumessungsrechts, 1980) zu verweisen; förderlich sind auch die Rechtsprechungsübersichten zum Strafzumessungsrecht (im weitesten Sinne) von *Mösl* (zunächst DRiZ **1979** 165, dann seit NStZ **1981** 131 fortlaufend in dieser Zeitschrift).

b) Begründungszwang. Nach § 267 Abs. 3 Satz 1 muß der Tatrichter die Um- **181** stände anführen, die für die Zumessung der **Strafe** bestimmend gewesen sind. Diese Verpflichtung bezieht sich auf die Zumessungstatsachen und die Zumessungserwägungen[365]. Beide sind Grundlagen der Prüfung des Revisionsgerichts (OLG Saarbrücken OLGSt § 13 StGB a. F. S. 9). Teilt das Urteil sie nicht mit oder sind sie fehlerhaft, so liegt darin aber zugleich auch ein sachlichrechtlicher Mangel. Die Rüge der Verletzung des § 267 Abs. 3 Satz 1 hat daneben praktisch keine Bedeutung (vgl. bei § 267).

Für **sonstige Rechtsfolgen,** insbesondere Maßregeln (unten Rdn. 244 ff) und den **182** besonderen Begründungszwang, den § 267 Abs. 3 Satz 2 bis 4 für spezielle Rechtsfolgenfragen vorsieht, gilt entsprechendes. Auch erstreckt sich der Begründungszwang auf sämtliche verhängten Strafen. Bei **Tatmehrheit** müssen darum alle Einzelstrafen angegeben und begründet werden (unten Rdn. 231).

Bezugnahmen auf die Rechtsfolgenentscheidung oder die Strafzumessungsgründe **183** anderer Urteile sind grundsätzlich unzulässig[366]. Insbesondere die Strafzumessungstatsachen und -erwägungen müssen im Urteil selbst enthalten sein. Anderes gilt nur bei Teilaufhebungen, insbesondere für die Bindungswirkung der von der Teilaufhebung nicht erfaßten Umstände (§ 353, 26 ff). Lediglich in Berufungsurteilen darf auf das erste Urteil Bezug genommen werden, wenn dadurch keine Unklarheiten entstehen (KG JR **1966** 355). Die wörtliche Übereinstimmung der Strafzumessungsgründe mit denen eines vom Revisionsgericht aufgehobenen Urteils ist zwar nicht von vornherein unzulässig (BGH bei *Dallinger* MDR **1958** 15), sollte aber vermieden werden, weil sie den Eindruck erwecken kann, der Tatrichter habe keine eigenen Erwägungen angestellt. Verhängt der Tatrichter nach Aufhebung und Zurückverweisung die gleiche Strafe, obwohl er nunmehr einen niedrigeren Strafrahmen anzuwenden hat, liegt ein sachlichrechtlicher Mangel vor, wenn er diese Entscheidung nicht oder nicht eingehend und plausibel begründet (BGH NStZ **1982** 507). Ein sachlichrechtlicher Mangel ist es auch, wenn das Urteil nur mitteilt, zur Herabsetzung der in dem Strafbefehl festgesetzten Strafe oder der Strafe, die der erstinstanzliche Tatrichter verhängt hat, bestehe kein Anlaß (OLG Bremen NJW **1953** 1078).

c) Anforderungen an die Begründung. Das Gesetz verlangt weder verfahrensrecht- **184** lich (§ 267 Abs. 3 Satz 1) noch aus sachlichrechtlichen Gründen eine erschöpfende Dar-

---

[365] OLG Köln HESt. **1** 203 = MDR **1947** 207; *Dahs/Dahs* 82; *Bruns* I 144; *von Weber* MDR **1949** 389; *Wimmer* NJW **1947/48** 127; vgl. auch *Spendel* ZStW **83** (1971) 204.

[366] BGH bei *Mösl* NStZ **1983** 161; bei *Pfeiffer/Miebach* NStZ **1983** 358; OLG Hamm VRS 7 116; *Bruns* I 138 ff.

§ 337 Drittes Buch. Rechtsmittel

stellung der Strafzumessungstatsachen und -erwägungen, die regelmäßig auch kaum möglich ist[367]. Entsprechendes gilt wiederum bei den sonstigen Rechtsfolgeentscheidungen. So müssen bei der Strafzumessung nicht etwa alle in § 46 Abs. 2 StGB bezeichneten Gesichtspunkte abgehandelt werden. Daß ein für die Strafzumessung oder die sonstige Rechtsfolgeentscheidung möglicherweise bedeutsamer Umstand nicht erwähnt ist, läßt daher für sich allein noch nicht den Schluß zu, der Tatrichter habe ihn übersehen und nicht gewürdigt[368]. Vgl. aber auch unten Rdn. 188, 210.

185   In der **revisionsgerichtlichen Praxis** sind die Anforderungen an die Begründung der tatrichterlichen Rechtsfolgeentscheidung ohne Zweifel etwas fallbezogen und erkennbar nicht immer einheitlich. Insgesamt gesehen, sind sie heute streng. Sie spiegeln damit eine vielzitierte „Verrechtlichung" wider, die sich auch in einer bemerkenswert großen Zahl von Aufhebungen speziell des Rechtsfolgenausspruchs niederschlägt[369].

186   Bei **milden Strafen** ist heute selbst die früher gängige Auffassung, daß die Anforderungen an die Begründung um so geringer sein könnten, je milder die Strafe ist[370], mit Vorsicht zu betrachten und in Zweifel zu ziehen. Eine Vielzahl von Entscheidungen nimmt z. B. die formelhafte Bezugnahme auf § 46 StGB oder phrasenhafte Wendungen nicht hin[371], auch wenn nur geringe Geldstrafen festgesetzt werden[372]. Ist auf die Mindeststrafe erkannt worden, muß das Urteil im übrigen wenigstens erkennen lassen, daß die Grundsätze des § 46 beachtet worden sind[373].

187   Bei **hohen Strafen** verlangt die Rechtsprechung, daß die Begründung um so ausführlicher ist, je mehr sich die Strafe dem Höchstmaß nähert; insbesondere bedürfen ungewöhnlich hohe Strafen, aber auch Strafen, die in auffälliger Weise von den Strafen abweichen, die in derartigen oder ähnlichen Fällen „üblicherweise" verhängt werden (dazu unten Rdn. 203), einer sorgfältigen Begründung, die die Besonderheiten des Falles deutlich macht[374]. Dies gilt auch bei Strafen für Delikte, die im gesetzlichen

---

[367] BGHSt 3 179; 24 268 = NJW 1972 454 m. Anm. *Jagusch*; BGHSt 27 3; BGH NJW 1976 2220; BGH NStZ 1981 299; BGH GA 1961 172; BGH VRS 6 452; 18 424; 21 57; BGH *bei Dallinger* MDR 1951 276; 1970 899; OGHSt 1 284; 2 393; KG NJW 1982 838; OLG Stuttgart NJW 1947/48 637; KK-*Pikart* 32; *Dahs/Dahs* 82; *Bruns* I 140; *Dallinger* SJZ 1950 743; *Seibert* MDR 1952 457; 1959 259.

[368] BGH bei *Dallinger* MDR 1971 721; OLG Hamburg NJW 1972 265; OLG Stuttgart MDR 1961 343 m. Anm. *Dreher*; a. A offenbar OLG Frankfurt NJW 1972 1524; VRS 44 185; OLG Saarbrücken OLGSt § 13 StGB a. F. S. 10.

[369] Zur „Verrechtlichung" statt aller *Bruns* II 2 mit Nachw. (für die Strafzumessung i. e. S.). Nach den Untersuchungen von *Rieß* über Aufhebungsgründe des BGH zwischen den 1.7.1979 und dem 30.6.1981 betrafen rund die Hälfte der Beanstandungen die Rechtsfolgeentscheidung (NStZ 1982 49, 53; dabei ist freilich zu beachten, daß sich diese Aufhebungen zum Teil auch aus Mängeln bei der sonstigen Rechtsanwendung ergeben, die nur auf die Rechtsfolgeentscheidung zurückwirken).

[370] Z. B. BGH VRS 25 42; *Bruns* I 136.

[371] BGH StrVert. 1981 277; BGH bei *Dallinger* MDR 1976 13; BayObLG 1954 1212; OLG Zweibrücken NJW 1967 364 m. Anm. *Seibert*; *Bruns* I 137; *Seibert* MDR 1952 457.

[372] OLG Frankfurt VRS 37 60; OLG Schleswig bei *Ernesti/Jürgensen* SchlHA 1976 165 läßt hier die Erwägung genügen, daß die Strafe „tat- und schuldangemessen" sei. Vgl. aber auch § 17 Abs. 3 Satz 2 Halbsatz 2 OWiG und dazu z. B. OLG Düsseldorf MDR 1984 1046.

[373] OLG Koblenz VRS 51 106; vgl. auch OLG Koblenz VRS 46 336.

[374] BGH NStZ 1983 269; BGH StrVert. 1984 152; BGH GA 1974 78; BGH MDR 1954 496; BGH bei *Dallinger* MDR 1954 454; 1967 898; BGH bei *Spiegel* DAR 1978 149; OLG für Hessen HESt 1 195 = SJZ 1946 235; OLG Köln NJW 1954 1053; OLG Karlsruhe NJW 1980 134; OLG Stuttgart MDR 1961 343 m. Anm. *Dreher*; von *Weber* MDR 1949 39; vgl auch BGHSt 1 136; *Grünwald* MDR 1959 714 ff; *W. Schmid* ZStW 85 394; *Mösl* DRiZ 1979 166; NStZ 1984 160 und 493; *Bruns* I 274 m. w. Nachw.

Stand: 1.5.1985

Höchstmaß mit einem Jahr Freiheitsstrafe bedroht sind (vgl. BGH StrVert. **1984** 152). Eine spezielle Begründung, warum das Gericht über den Antrag der Staatsanwaltschaft hinausgegangen ist, braucht das Urteil jedoch nicht zu enthalten (BGH bei *Dallinger* MDR **1974** 365). Hat der Tatrichter die Höchststrafe verhängt, muß das Urteil erkennen lassen, daß er mögliche Milderungsgründe in seine Prüfung einbezogen hat, mag er auch deren Vorliegen oder deren Auswirkungen auf die Strafhöhe verneint haben[375].

Lücken in der Entscheidung zur Rechtsfolge, die zu der Besorgnis Anlaß geben, der Tatrichter habe wesentliche Gesichtspunkte bei der Auswahl oder Anwendung von Rechtsfolgen nicht berücksichtigt, werden in Rechtsprechung und Lehre ebenso wie **Widersprüche** trotz des eingeschränkten Begründungszwangs (Rdn. 184) heute grundsätzlich als revisible Rechtsfehler angesehen, die bei der Sachrüge zu berücksichtigen sind; es gelten insoweit für die Anforderungen an die Darstellung und die Überzeugungskraft des tatrichterlichen Urteils im Prinzip die gleichen Grundsätze wie bei der sonstigen revisionsrechtlichen Prüfung im Rahmen der Sachrüge (oben Rdn. 121 ff). Läßt z. B. das Gesetz Milderungen nach § 49 StGB zu oder schreibt es sie vor, so muß das Urteil ergeben, daß der Tatrichter das nicht übersehen hat (unten Rdn. 228). Ebenso liegt ein sachlich rechtlicher Mangel vor, wenn der Tatrichter wesentliche Umstände des Sachverhalts bei der Strafzumessung übergangen hat[376], das Urteil etwa die persönlichen Verhältnisse des Angeklagten nicht berücksichtigt[377], das festgestellte Mitverschulden des Verletzten außer acht läßt[378] oder auf sein nicht auszuschließendes Mitverschulden nicht eingeht[379]. **188**

d) Grundsätzliche Revisibilität. Die Rechtsfolgeentscheidung ist als Rechtsanwendung grundsätzlich revisibel. Der Umfang der Revisibilität ist jedoch bei den einzelnen Strafen, den Maßregeln und den weiteren Folgeentscheidungen (z. B. der Strafaussetzung zur Bewährung) auf Grund ihrer unterschiedlichen Struktur und ihrer unterschiedlichen gesetzlichen Voraussetzungen zum Teil etwas verschieden. Einzelheiten ergeben sich aus der weiteren Darstellung unten Rdn. 205 ff. **189**

Grundsätzlich revisibel ist insbesondere die **Strafzumessung**. Nach überkommener Meinung setzt der Tatrichter die Strafe nach „pflichtgemäßem Ermessen" fest[380]. Diese Sicht erscheint nach dem Stand der Entwicklung dogmatisch überholt oder doch mißverständlich: Wenn die Revisionsgerichte (mit Billigung der Lehre) die Revisibilität der Strafzumessung als solche anerkennen, bedeutet die Ablehnung einer Strafmaßrevision als unbegründet nicht, daß sie das Ermessen des Tatrichters hinnehmen, sondern daß sie bei der rechtlichen Überprüfung der Strafzumessung keinen Rechtsfehler gefunden **190**

---

[375] BGH bei *Dallinger* MDR **1976** 14 Fußn. 3; BGH bei *Holtz* MDR **1977** 106; vgl. aber auch MDR **1978** 623.
[376] BGH NJW **1960** 1870; BGH MDR **1958** 429; OGHSt **2** 204; OLG Koblenz VRS **47** 256; *Schönke/Schröder/Stree* § 46, 65.
[377] Z. B. BGH NJW **1976** 220 = JR **1977** 162 m. Anm. *Bruns*; BGH StrVert. **1982** 336; **1983** 456 m. w. Nachw.; RGSt **69** 169; RG JW **1925** 2138; beim Schweigen des Angeklagten muß das Gericht versuchen, in anderer Weise Aufklärung über seine Persönlichkeit zu gewinnen; vgl. z. B. BGH StrVert. **1984** 192 m. w. Nachw.
[378] BGHSt **3** 220; BGH VRS **10** 216; **19** 30; **29** 278.
[379] BGH DAR **1954** 299; BGH VRS **14** 191; **19** 126; **25** 113; **36** 362; BGH bei *Dallinger* MDR **1958** 566; BGH bei *Holtz* MDR **1979** 986; KG VRS **17** 143; **23** 133; **29** 212; KG NJW **1982** 838: „ständ. Rspr."; OLG Hamm VRS **41** 368; OLG Schleswig VRS **10** 462.
[380] BGHSt **5** 58; **15** 375; **17** 36; **29** 320; BGH *bei Dallinger* MDR **1951** 276; OGHSt **2** 247; BayObLG NJW **1968** 1898; KG VRS **3** 276; OLG Celle NJW **1969** 758; OLG Hamburg DAR **1964** 48; NJW **1963** 2397; OLG Hamm NJW **1973** 1151; OLG Koblenz HESt **1** 103; OLG Oldenburg VRS **5** 320; OLG Zweibrücken NJW **1968** 2071; *Eb. Schmidt* 44; *Peters* 609; *Schönke/Schröder/Stree* § 46, 68; *Warda* 83; *von Weber* MDR **1949** 389.

haben (vgl. *Bruns* II 267 f). Ein „Ermessen" (genauer: ein revisionsrechtlich zu akzeptierender Spielraum) besteht nur insoweit, als die Revisionsgerichte die konkrete Bemessung dann hinnehmen und hinnehmen müssen (unten Rdn. 195 ff), wenn sich bei der rechtlichen Überprüfung Rechtsfehler nicht ergeben, und zwar auch nicht (näher unten Rdn. 199) in bezug auf die Angemessenheit der Strafe im Hinblick auf das Schuldprinzip, also die auffällige und unbegründete Abweichung im Strafmaß nach oben oder unten.

191 Auch die sog. **Spielraumtheorie** steht dem, entgegen vielfachen Unklarheiten, nicht prinzipiell entgegen. Nach dieser Auffassung, die insbesondere die Rechtsprechung vertritt, besteht innerhalb des Strafrahmens der anzuwendenden Vorschrift ein gewisser Rahmen, ein Spielraum, innerhalb dessen eine Strafe schon oder noch als schuldangemessen anzuerkennen ist[381]. Dies kann aber nicht bedeuten, daß der Tatrichter von mehreren möglicherweise ebenso gerechten Strafen nach seinem Ermessen eine auswählen und verhängen darf; vielmehr muß er auch nach dieser Theorie *die* Strafe bemessen, die seiner Auffassung nach der Schuld des Angeklagten entspricht und gerecht ist[382], insbesondere den „Spielraum" nach general- oder spezialpräventiven Gesichtspunkten sachgemäß auszufüllen trachten. Die Annahme der „Spielraumtheorie", daß alle innerhalb des „Rahmens" liegende Strafen schuldangemessen sind (z.B. BGHSt 7 32), hindert daher die revisionsgerichtliche Kontrolle nicht, ob der Tatrichter bei ihrer konkreten Bestimmung innerhalb des „Rahmens" rechtsfehlerhaft verfahren ist und das Urteil auf dem Rechtsfehler beruht[383]. Die „Spielraumtheorie" darf also in ihrer materiellrechtlichen Bedeutung nicht mit dem prozessualen Problem der revisionsgerichtlichen Kontrolle vermengt werden[384]. Insbesondere ist der materiellrechtliche „Spielraum" nicht ohne weiteres identisch mit den Grenzen der revisionsrechtlichen Prüfung. Ob diese Grenzen weiter oder enger sind, ist sehr umstritten[385]. Richtigerweise wird man annehmen müssen, daß sie *anders* sind. Praktisch geht es vor allem um die Frage, mit welcher Intensität die Revisionsgerichte die Ausfüllung des Spielraums zu kontrollieren bereit sind. Die Klage *Lackners* vom Jahre 1978[386], daß die Revisionsgerichte die Offenlegung der gedanklichen Stationen in der tatrichterlichen Wertung, insbesondere bei Ausfüllung des „Spielraums", nicht fordern, obwohl dies der eigentliche neuralgische

---

[381] BGHSt 7 32 = JZ **1955** 504 m. Anm. *Schneidewin*; BGHSt 7 89; **20** 267; **24** 133; BGH bei *Dallinger* MDR **1971** 720; **1974** 721; OLG Frankfurt VRS **44** 185 OLG Hamburg NJW **1954** 1737; OLG Hamm MDR **1972** 255; OLG Stuttgart NJW **1947/48** 639; *Zipf* 70 und JuS **1974** 143; *Spendel* 184 ff und NJW **1954** 775; *Schaffstein* FS Gallas, 99; vgl. auch die Darstellung bei *Bruns* II 85 ff.

[382] OGHSt **2** 145; KMR-*Paulus* § 267, 64; *Dreher/Tröndle* § 46, 12 mit weit. Nachw.; *Dreher* JZ **1967** 45; **1968** 211; FS Bruns 153; *Grünwald* MDR **1959** 809; *Zipf* 76 ff, 165; *Jescheck* GA **1956** 109; vgl. auch *Bruns* I 269 und II 280.

[383] *Zipf* 249; vgl. auch *Bruns* II 282. So wäre z. B. die Bestimmung einer konkreten Strafe rechtsfehlerhaft und revisibel, bei der der Tatrichter den Spielraum, wenn auch innerhalb des schuldangemessenen Rahmens, unter Verstoß gegen das Doppelverwertungsverbot des § 46 Abs. 3 StGB oder unter unzulässiger Heranziehung der Ausländereigenschaft gewonnen hätte; zur Frage, wann das Urteil dann auf dem Mangel beruht, s. unten Rdn. 265 f.

[384] Vgl. nur *Dreher* FS Bruns, 153 f in Auseinandersetzung mit der Vermengung beider Gesichtspunkte durch BGHSt 7 3, und mit weit. Nachw.

[385] So meint z. B. *Dreher* FS Bruns 154, daß der revisionsfreie Raum über den materiellrechtlichen Spielraum deutlich hinausreiche; für weitergehende Revisibilität hingegen z. B. *Bruns* I 711; *Frisch* 317, 320; *Zipf* 249; vgl. auch *Bruns* II 267 ff.

[386] *Lackner* Neue Entwicklungen S. 14, 30 („ein beklagenswerter Zustand"); vgl. auch *Bruns* II 89, 277.

Punkt beim Bestreben nach einer rationaleren Strafzumessung und ihrer Kontrolle sei, markiert insoweit auch heute noch den in der Tat „neuralgischen Punkt".

Die Lehre von der sog. **Punktstrafe,** die der BGH ausdrücklich ablehnt (BGHSt **192** 27 3), dürfte gegenüber der „Spielraumtheorie" revisionsrechtlich im Grundsatz kaum zu anderen Ergebnissen führen. Diese Lehre, über die viele Mißverständnisse bestehen (*Bruns* II, 3, 33, 48, 85), geht davon aus, daß nur eine einzige, bestimmte Strafe rechtmäßig sei. Aber das kann nicht eine Art mathematischer „Poenometrie" bedeuten, sondern muß wohl einen gewissen Beurteilungsspielraum ergeben[387]; *jedenfalls* aber darf es nicht zu der Konsequenz führen, daß das Revisionsgericht seine Auffassung von der allein richtigen Strafe durchsetzt, weil dem Aufgabe und Begrenzung des Rechtsmittels entgegenstehen (unten Rdn. 195 f).

Wie sich die sog. **Stellenwerttheorie** („Stufentheorie") revisionsrechtlich auswir- **193** ken würde, die zunächst die Festsetzung eines abstrakten, allein am Maß der Schuld orientierten Strafquantums fordert und dann die Umsetzung dieses Quantums in eine bestimmte Strafart ausschließlich durch präventive Gesichtspunkte bestimmten will[388], ist noch nicht klar. Vermutlich wären im Ergebnis die Unterschiede im Ausmaß der Revisibilität gering. Die Frage darf hier vernachlässigt werden, weil diese Auffassung in der Praxis bislang keine Bedeutung gewonnen hat.

e) **Grenzen der Revisibilität.** Insbesondere bei der Strafzumessung im engeren **194** Sinne (§ 46 StGB), aber auch bei den sonstigen Rechtsfolgeentscheidungen, stellt sich die Frage, ob oder in welchem Umfang das Revisionsgericht berechtigt ist, der konkreten Entscheidung des Tatrichters seine eigene Auffassung von der im Einzelfall richtigen Rechtsfolge, namentlich der gerechten Strafe, entgegenzuhalten. Die Frage läßt sich nicht ohne weiteres einheitlich beantworten, weil die Rechtsfolgeentscheidungen unterschiedlich strukturiert sind bzw. an unterschiedliche gesetzliche Voraussetzungen anknüpfen. So macht es im Zweifel z. B. durchaus einen Unterschied, ob eine Rechtsfolge nach dem Gesetz zwingend vorgeschrieben oder dem pflichtgemäßen Ermessen des Tatrichters überlassen ist, einen Unterschied aber auch, ob eine Rechtsfolge nach den speziellen Regeln des § 46 StGB oder (wie etwa bei § 56 StGB) im Hinblick auf eine getroffene Prognose oder auf die Anwendung eines unbestimmten Rechtsbegriffs zu überprüfen ist. Zu dem differenzierten Bild, das sich dadurch für die einzelnen Rechtsfolgen ergibt, s. näher unten Rdn. 205 ff.

Generell gilt jedoch folgendes. Die Rechtsfolgeentscheidung ist, wie bemerkt **195** (oben Rdn. 189), grundsätzlich revisibel. Nachprüfbar ist sie aber, wie alle Rechtsanwendungen, vom Revisionsgericht nur auf Rechtsfehler. Läßt sich ein solcher Rechtsfehler nicht feststellen, muß es damit in der Regel sein Bewenden haben. Das Revisionsgericht ist grundsätzlich nicht berufen, dem Tatrichter seine eigene Auffassung von der „gerechten" oder „angemessenen" Reaktion dort entgegenzuhalten, wo die tatrichterliche Entscheidung erkennbar nicht rechtsfehlerhaft ist. Dem steht schon der Grundsatz der Verantwortungsteilung entgegen (Vor § 333, 5), insbesondere der damit zusammenhängende Umstand, daß das Revisionsgericht, das bei der sachlichrechtlichen Prüfung nur von der Urteilsurkunde ausgehen kann (oben Rdn. 101), eine viel schmalere Entscheidungsbasis hat als der Tatrichter. Insofern ist daher, so sehr das auch immer wieder bestritten wird, der Satz prinzipiell richtig, daß der Tatrichter für die Bemessung der Strafe (und der sonstigen Rechtsfolgen) die Verantwortung trägt, daß die Strafzumes-

---

[387] Näher *Streng* 33 mit weit. Nachw.

[388] Zu dieser Theorie vor allen SK-*Horn* § 46, 4 ff; *Horn* und *Schöch* FS Schaffstein, 241 und 255; *Horn* FS Bruns 223; kritisch statt aller *Lackner* Neue Entwicklungen 10 ff mit weit. Nachw.

§ 337 Drittes Buch. Rechtsmittel

sung seine eigene oder gar „ureigene" Aufgabe ist[389], die bei der revisionsgerichtlichen Kontrolle (vgl. Rdn. 191) einen gewissen „Rahmen" oder „Spielraum" ergibt[390], innerhalb dessen das Revisionsgericht davon absehen muß, die Höhe der Strafe (oder die sonstige Rechtsfolgeentscheidung) zu beanstanden. Das Revisionsgericht hat weder die Aufgabe noch gehört es zu seinen besonderen Fähigkeiten, Strafen oder sonstige Rechtsfolgen, die ersichtlich nicht rechtsfehlerhaft sind, anders zu bemessen als es der Tatrichter getan hat.

196 Dies bedeutet aber nicht, daß das Revisionsgericht innerhalb des Spielraums oder Rahmens Rechtsfehler deswegen hinnehmen darf, weil *ihm selbst* das Ergebnis des Tatrichters „gerecht" oder „angemessen" erscheint. Seine begrenzte Kompetenz verbietet ihm vielmehr auch oder gerade einen solchen Eingriff in die „ureigene" Aufgabe des Tatrichters. Die Anerkennung dieser Aufgabe bestätigt im übrigen die Einsicht (oben Rdn. 191 mit Fußn. 383), daß das Revisionsgericht die tatrichterliche Entscheidung auch nach der sog. Spielraumtheorie grundsätzlich auf alle Rechtsfehler zu überprüfen hat, auf denen sie nach ihren Maßstäben beruht; näher zur Frage des „Beruhens" unten Rdn. 265 f; vgl. aber auch Rdn. 200 f zur „Vertretbarkeit".

197 f) **Revisibilität des „Ober"- und „Untermaßes" insbesondere.** Schwierigkeiten bereitet seit jeher die Frage, wie weit das Revisionsgericht eine Rechtsfolgeentscheidung des Tatrichters hinzunehmen hat, bei der die verhängte Sanktion in erheblichem Maße nach oben oder nach unten von dem abweicht, was („üblicherweise" oder „in der Praxis") als „gerecht" oder „angemessen" gilt oder anzusehen ist, die tatrichterliche Entscheidung als solche aber besondere Rechtsfehler nicht erkennen läßt, also „nur" bei der Bemessung ungewöhnlich erscheint. Die Frage wird insbesondere bei der Strafzumessung i. e. S. lebhaft und mit unterschiedlichen Ergebnissen erörtert[391]. Sie kann sich in ähnlicher Weise aber auch bei sonstigen Rechtsfolgen stellen (vgl. im einzelnen unten Rdn. 205 ff).

198 In der Praxis hat das Problem infolge der strengen Anforderungen an die Begründungspflicht des Tatrichters (oben Rdn. 185 ff) heute viel an Gewicht verloren, weil die Rechtsprechung diese Anforderungen gern zu **„Ausweichkonstruktionen"** benutzt, insbesondere als Rechtsfehler beanstandet, daß der Tatrichter die Abweichung vom Üblichen nicht verständlich gemacht habe[392].

199 Im übrigen hat sich die traditionell zurückhaltende **Haltung der Rechtsprechung** jedenfalls im Bereich der Strafzumessung **schrittweise gelockert**[393]: Nachdem lange Zeit Eingriffe in die Strafhöhe überhaupt als unzulässig galten, wurden unter dem Einfluß einer positivrechtlichen Bestimmung des Besatzungsrechts dann immerhin grausame und übermäßig erhöhte Strafen der Rechtskontrolle unterworfen, dabei frei-

---

[389] Vgl. z. B. BGHSt **17** 36; **22** 266; **24** 268; **29** 320; BGH bei *Dallinger* MDR **1974** 721; OLG Freiburg HESt **2** 144; OLG Hamburg NJW **1975** 2031; OLG Hamm Blutalkohol **1975** 65; OLG Koblenz VRS **51** 97.

[390] Vgl. – für die Strafzumessung – z. B. BGHSt **27** 3; **29** 320; BGH NJW **1977** 639; SK-*Horn* § 46, 49; *Olbertz* 68; *Spendel* 189; *Jescheck* GA **1956** 109; grundsätzlich a. A *Bruns* I 273 (vgl. aber *Bruns* II 271, 279 ff); *Frisch* NJW **1973** 1348; *Grünwald* MDR **1959** 810.

[391] Näher und mit w. Nachw. insbes. *Bruns* I 274 ff; *Frisch* 41 ff, 209 ff, u. ö.; *Zipf* 227 ff.

[392] Eingehend zu diesen Konstruktionen *Bruns* II 272 ff; zur „Abweichung vom Üblichen" vgl. schon Rdn. 187 und im übrigen auch unten Rdn. 203 hinsichtlich der „Vergleichbarkeit".

[393] Eingehende Darstellung der – durchaus nicht gradlinigen – Entwicklung bei *Bruns* I 663 ff; II 276 ff.

lich von solchen abgegrenzt, die nur „unangebracht hoch" erscheinen[394]; zum Teil wurden auch sonst verfehlte, insbesondere als zu niedrig angesehene Strafen[395], letztlich allein deswegen beanstandet. Der BGH erkannte später in einem vielzitierten obiter dictum die Möglichkeit eines revisionsgerichtlichen Eingriffs wegen „offensichtlich groben Mißverhältnisses" an[396]. Die neueste Rechtsprechung versteht die Kontrolle der Strafhöhe zutreffend als Problem der Schuld im Sinne des § 46 StGB, kontrolliert also unter diesem Gesichtspunkt die Angemessenheit des Strafüber- oder -untermaßes[397]. Sie hat damit einen gewissen normativen Maßstab gewonnen, bei dem insbesondere die Einordnung des Einzelfalles in die „gleichsam unsichtbare kontinuierliche Schwereskala" des gesetzlichen Strafrahmens eine förderliche Rolle spielt[398]. Für den „Spielraum" oder „Rahmen", der natürlich auch insoweit bei der revisionsgerichtlichen Kontrolle bleibt[399], benutzt die Rechtsprechung bisweilen ausdrücklich den Gradmesser der „Vertretbarkeit", der sich im Bereich der Rechtsfolgenkontrolle zu einem allgemeinen Prinzip zu entwickeln scheint; vgl. dazu im folg. Text.

g) „Vertretbarkeit" und „Vergleichbarkeit". Berechenbarkeit. Das Vertretbare **200** steht, wie insbesondere *Engisch* entwickelt hat, auf den sich die neuere Rechtsprechung auch beruft[400], im Gegensatz zum Richtigen und enthält insoweit einen Begriff von größerer Bandbreite. Er erlaubt, dem volitiven Moment, das bei der Rechtsfolgeentscheidung, im Unterschied zum kognitiven Subsumtionsurteil, besonders in Erscheinung tritt, dort Rechnung zu tragen, wo sich „wegen der Kombination von Erkenntnis- und Willensakt" „ein bestimmtes Zahlenergebnis nicht als ‚allein richtig', ein anderes nicht als ‚allein falsch' bezeichnen" läßt, vielmehr „eine Bandbreite der Entscheidung" verbleibt, innerhalb deren beide Entscheidungen „gewissermaßen vertretbar" sind[401]. Er entspricht im wesentlichen dem, was der DERechtsmittelG mit der Einführung einer speziellen Rüge der „schwerwiegenden Bedenken" gegen die Auswahl und Zumessung der Rechtsfolge erreichen wollte.

Das **Vertretbarkeitskriterium** spielt vor allem bei der Revisibilität der „besonde- **201** ren Umstände" gemäß § 56 Abs. 2 StGB eine wichtige Rolle; dazu näher unten Rdn. 239 mit Nachw. Bei der Strafzumessung im Sinne des § 46 StGB wird es (bezeichnenderweise, vgl. oben Rdn. 198) vergleichsweise sehr selten herangezogen und wohl durchaus als

---

[394] OGHSt **3** 33; näher *Bruns* I 680 ff; II 277 f; vgl. auch KG JR **1948** 164; OGHSt **1** 174; BayObLG HESt **1** 64.

[395] RGSt **76** 325; RG HRR **1941** 527; OLG Bremen HESt **3** 62 = DRZ **1950** 284; OLG Koblenz MDR **1968** 436; OLG Oldenburg VRS **5** 398; OLG Stuttgart Justiz **1972** 207; vgl. auch BGHSt **5** 59; *Stöckel* NJW **1968** 1862; aber auch KG JR **1950** 119; OLG für Hessen HESt **2** 115.

[396] BGHSt **17** 37; vgl. auch BGH bei *Dallinger* MDR **1974** 721; BayObLG **1968** 1898; OLG Hamm NJW **1972** 1151; OLG Koblenz VRS **51** 97.

[397] BGHSt **29** 320; JR **1981** 336 mit Anm. *Bruns*; BGH NJW **1977** 1247 = JR **1977** 159 m. Anm. *Bruns*; BGH NJW **1978** 174; **1981** 692; BGH bei *Holtz* MDR **1978** 110; OLG Hamm NJW **1977** 2087; JMBlNRW **1977** 51; vgl. auch schon RGSt **76** 325; RG DR **1944** 329.

[398] *Bruns* Anm. zu BGHSt **27** 2 in JR **1977** 164; vgl. auch *Bruns* II 281.

[399] BGHSt **29** 320: „Spielraum", „bei dem eine exakte Richtigkeitskontrolle ausgeschlossen ist".

[400] *Engisch* FS Mezger 152; FS Peters 15; auf *Engisch* berufen sich z. B. BGH NJW **1977** 639 und zahlreiche Entscheidungen zu § 56 Abs. 2 StGB (z. B. BGH NStZ **1981** 435).

[401] Vgl., auch zum folg., *Bruns* II 281 ff (283), von dem auch die Zitate stammen. *Bruns* beurteilt die Formel insgesamt positiv und spricht von einem „vorläufigen Abschluß", der „allen berechtigten Reformwünschen befriedigend Rechnung trägt".

Ausnahme verstanden[402]. Wie bei § 56 Abs. 2 (s. Rdn. 239), ist die Heranziehung dabei z. T. auch hier überflüssig. Zunehmend herangezogen wird das Kriterium aber auch bei der revisionsrechtlichen Kontrolle sonstiger Rechtsfolgen[403]. Das geschieht überall dort aus gutem Grund, wo in dem geschilderten Sinne (Rdn. 200) eine „Bandbreite" des Vertretbaren besteht, die sich der exakten Richtigkeitskontrolle entzieht. Nur bleibt zu beachten, daß die Revisibilität von *speziellen* Rechtsfehlern, und zwar einschließlich lückenhafter oder widersprüchlicher Feststellungen, auch gegenüber der Vertretbarkeitsprüfung vorrangig ist (*Bruns* I 282); auch darf die Vertretbarkeitsprüfung, entsprechend dem Grundgedanken von der Respektierung der vertretbaren tatrichterlichen Entscheidung (Rdn. 200) und dem Prinzip der auf Rechtsverletzungen beschränkten revisionsrechtlichen Kontrolle (Rdn. 195), selbstverständlich nicht dazu führen, daß das Revisionsgericht eine vertretbare Entscheidung des Tatrichters durch eine andere und eigene, ihm vertretbar erscheinende Entscheidung ersetzt[404].

202 Zu beachten bleibt – im Zusammenhang damit – ferner, daß der **Bezugspunkt der Vertretbarkeitskontrolle** in der heutigen Praxis ein recht unterschiedlicher ist. So bezieht sie sich bei § 46 StGB speziell auf die Revisibilität des Strafüber- oder -untermaßes, also die Kontrolle einer bestimmten Endstrafenhöhe insbesondere anhand der „Schwereskala" des gesetzlichen Strafrahmens (oben Rdn. 199), bei § 56 Abs. 2 StGB und den meisten anderen Anwendungsfällen hingegen speziell auf die Kontrolle eines unbestimmten Rechtsbegriffs („besondere Umstände" gemäß § 56 Abs. 2). Diese Unterschiedlichkeit der Bezugspunkte darf nicht außer acht gelassen werden. Denn sie führt dazu, daß das Revisionsgericht bei § 46 StGB an etwas andere und regelmäßig konkretere Maßstäbe anknüpfen kann als z. B. bei § 56 Abs. 2, wo die Prüfung, wie die Praxis bestätigt, weit mehr auf den Einzelfall zugeschnitten ist.

203 Zweifelhaft ist die Bedeutung der **Vergleichbarkeit** als Kriterium der Vertretbarkeitsprüfung bzw. die Frage, in welchem Verhältnis sie zu dieser Prüfung steht. An sich ist der Vergleich der einzelnen Rechtsfolgenentscheidung mit anderen oder mit dem, was in anderen Fällen „üblich" ist, kein normatives Kriterium. Daß er aufgrund der Überschau und Erfahrung des Revisionsrichters praktische Bedeutung doch besitzt, ist sicher und – in Grenzen – auch richtig[405]. Aber die Einzelheiten sind wenig geklärt[406]. Die Rechtsprechung verfährt nicht ganz einheitlich. Überwiegend und im Grundsatz hält sie den Vergleich mit anderen Fällen nicht für ein zulässiges Kriterium, und zwar auch nicht bei Beteiligten an derselben Tat im Hinblick auf eine Abstufung im Gewicht der

---

[402] Herangezogen worden ist es insbesondere in der Entscheidung BGH NJW **1977** 1249, nicht aber z. B. in BGHSt **29** 230, obwohl dort auf diese Entscheidung verwiesen wird. Zur sachlichen Bedeutung des Kriteriums bei § 46 StGB vgl. insbesondere *Bruns* JR **1977** 161; **1981** 336.

[403] So bei Bemessung der Tagessatzhöhe (vgl. BGHSt **27** 230 = JR **1978** 163 m. Anm. *Zipf*); bei § 59 StGB (vgl. LK-*Ruß* § 59, 12); bei § 60 StGB (vgl. OLG Karlsruhe **1974** 1007; LK-*Rüth* § 60, 48); der Tendenz nach auch bei der Entscheidung über das Vorliegen eines minder schweren Falles (vgl. BGH NStZ **1982** 62).

[404] Wie BGH NJW **1976** 1413 in einem obiter dictum bei der Revisibilität des § 56 Abs. 2 StGB befürchten ließ; dazu unten Rdn. 239.

[405] Vgl. BGHSt **28** 324 für die tatrichterliche Entscheidung: „kann Ausdruck einer allgemeinen Gerichtsauffassung sein und ... den Strafrichter dazu führen, den Gesichtspunkt der Gleichmäßigkeit des Strafens als Gebot der Gerechtigkeit ... in seine Strafzumessungserwägungen mit einzubeziehen ...".

[406] Vgl., auch zum folg., näher *Bruns* II 10, 170; *Bruns* I 508; *Streng* 298; 299 ff; *Warda* 155 ff; neustens *Theune* StrVert. **1985** 207.

Tatbeteiligung[407]. Sie verlangt jedoch mit unterschiedlicher Strenge, daß der Tatrichter Abweichungen vom Vergleichbaren verständlich macht[408] und hat neuerdings auch ausgesprochen, „daß gegen Mittäter verhängte Strafen... in einem gerechten Verhältnis zueinander stehen sollten, kann... nicht völlig außer Betracht bleiben"[409].

Insgesamt gesehen, stellt die Vertretbarkeitsprüfung an das **Verantwortungsbewußtsein des Revisionsrichters** und sein Gespür hohe Anforderungen. Das gilt insbesondere – aber nicht nur – bei § 56 Abs. 2 StGB und den ähnlichen Fallgruppen, bei denen es speziell um die Kontrolle der Anwendung unbestimmter Rechtsbegriffe geht. Man muß sehen, daß das Ausloten der „Bandbreite", unbeschadet seiner rechtlichen Bezugspunkte, in erheblichem Umfang revisionsrichterliche Dezision ist. Die Gefahr, daß die Revisionsentscheidungen in zu starkem Maße – und mit allen Folgen der Verunsicherung für die Betroffenen, die Verteidiger und namentlich die nachgeordnete Praxis – **unberechenbar** wird oder als unberechenbar gilt, besteht auch hier. Sie verstärkt oder betätigt eine ohnedies bestehende allgemeine Problematik (vgl. Vor § 333, 9 ff), die sich namentlich aus der Entwicklung des Revisionsrechts im Strafprozeß hin zum Bemühen um Einzelfallgerechtigkeit ergibt. Der unbefangene Leser von Revisionsentscheidungen fragt sich schon heute nicht selten, warum das Revisionsgericht die Rechtsfolgeentscheidung in einem Fall hinnimmt, im anderen nicht. **204**

2. Einzelne Rechtsfolgeentscheidungen

a) Die **Bemessung der Tagessatzhöhe (§ 40 StGB)** prüfen die Revisionsgerichte nur auf Rechtsfehler[410]. Damit die Prüfung möglich ist, muß der Tatrichter im Urteil die Bemessungsgrundlagen und -erwägungen mitteilen, insbesondere klarstellen, wie er das Nettoeinkommen errechnet hat. Die Prüfung des Revisionsgerichts bezieht sich auch auf die Frage, ob der Tatrichter die persönlichen und wirtschaftlichen Verhältnisse des Angeklagten ausreichend festgestellt hat[411]. Die Begründung muß besonders eingehend sein, wenn die Tagessatzhöhe auf das gesetzliche Mindest- oder Höchstmaß (§ 40 Abs. 2 Satz 3 StGB) festgesetzt wird[412]. Ein sachlichrechtlicher Mangel des Urteils liegt vor, wenn der Tatrichter Abweichungen vom Nettoeinkommen (§ 40 Abs. 2 Satz 2 StGB) nicht erwogen hat, obwohl die Umstände das nahelegen[413]. Zweifelhaft ist jedoch, ob oder in welchem Umfang Gesichtspunkte, die zur Abweichung von der Berechnung der Tagessatzhöhe anhand des Nettoeinkommens führen, als solche revisibel sind[414]. Der BGH vertritt die Meinung, daß dies keine Rechtsfrage (im Sinne des § 121 Abs. 2 GVG) sei, weil das Revisionsgericht nicht die Aufgabe habe, den „flexiblen Hinweis" des § 40 Abs. 2 „durch eine Vielzahl gerichtlicher Sätze" nach Art eines Katalogs „aufzufül- **205**

---

[407] Vgl. BGHSt **28** 323 (mit angedeuteten Lokkerungen mindestens für Massendelikte mit typischer Prägung); BGH bei *Holtz* MDR **1977** 808 (für tatbeteiligte Eheleute); BGH bei *Holtz* MDR **1979** 986; BGH 1 StR 51/77 v. 19.4.1977 (unveröff.).

[408] So insbes. BGH **1967** 898; BGH bei *Dallinger* MDR **1954** 495 f; **1967** 106 m. w. Nachw.; BGH bei *Holtz* MDR **1977** 808.

[409] So BGH StrVert. **1981** 123 unter Bezugnahme auf BGH 1 StR 8/78 v. 14.3.1978.

[410] OLG Hamm MDR **1976** 418; NJW **1976** 2221; OLG Oldenburg MDR **1975** 1038; vgl. auch BGHSt **27** 215 mit weit. Nachw.; BGHSt **27** 320.

[411] BGHSt **27** 215, 230 und ständ. Rspr.

[412] BGHSt **26** 329 m. Anm. *D. Meyer* NJW **1976** 2219; OLG Hamburg MDR **1976** 157; vgl. auch Rdn. 187.

[413] BayObLGSt **1975** 73 = JR **1976** 161 m. Anm. *Tröndle*; OLG Düsseldorf NJW **1977** 260; OLG Schleswig MDR **1976** 243; *von Spiegel* Anm. in JR **1982** 162.

[414] Eingehend zum Ganzen – und abweichend vom weiteren Text – LK-*Tröndle* § 40, 43; 80 mit weit. Nachw.

len"[415]; es habe vielmehr nur nachzuprüfen, ob die persönlichen und wirtschaftlichen Verhältnisse des Täters ausreichend festgestellt und in rechtsfehlerfreier Weise berücksichtigt seien, müsse im übrigen aber die Wertung des Tatrichters „bis zur Grenze des Vertretbaren hinnehmen". Das ist in *dieser* Form ganz unbefriedigend[416] und bedeutet einen bedenklichen Rückzug aus der revisionsgerichtlichen Kontrolle. Richtigerweise ist anzunehmen: Die Frage, ob bestimmte Umstände, etwa Unterhaltsverpflichtungen, den regelmäßigen Berechnungsmaßstab des Nettoeinkommens (§ 40 Abs. 2 Satz 2) verändern, bewegt sich auf rechtlichem Gebiet; die Entscheidung darüber liegt nicht im Ermessen des Tatrichters[417]. In seinem Ermessen steht höchstens der Maßstab, mit dem er die Umstände berücksichtigt[418].

206   Kommt es auf das **fiktive Einkommen** eines Erwerbslosen an, so müssen die Urteilsgründe auch die beruflichen Möglichkeiten und die Verdienstmöglichkeiten des Angeklagten erörtern[419]. Wenn das Einkommen sonst nach § 40 Abs. 3 **geschätzt** wird, so muß der Tatrichter ebenfalls die Tatsachen und Erwägungen angeben, die für die Bemessung der Tagessatzhöhe bestimmend waren[420]. Die Schätzung prüft das Revisionsgericht nur auf Rechtsfehler.

207   b) Die **Verhängung einer zusätzlichen Geldstrafe (§ 41)** steht nach dem Gesetz im pflichtgemäßen Ermessen des Tatrichters („kann"). Das Revisionsgericht prüft die Entscheidung nur auf Rechtsfehler, insbesondere auf ihre rechtliche Zulässigkeit (OLG Hamm NJW **1975** 1370). Bei Festsetzung einer besonders hohen Zahl von Tagessätzen muß der Tatrichter deutlich machen, daß er auch die Umstände in Erwägung gezogen hat, die gegen eine zusätzliche Geldstrafe bei einem vermögenslosen und möglicherweise hoch verschuldeten Angeklagten sprechen (BGHSt **26** 329).

208   c) Ob **Zahlungserleichterungen (§ 42 StGB)** zu bewilligen sind, muß der Tatrichter auch ohne Antrag erörtern, wenn das nach den Feststellungen über die wirtschaftlichen Verhältnisse des Angeklagten naheliegt[421]. Die Entscheidung steht nicht im Ermessen des Tatrichters[422]. Als Strafzumessungsentscheidung ist sie nach allgemeinen Grundsätzen (oben Rdn. 189 ff) revisibel, und zwar insbesondere im Hinblick auf die Verkennung des Maßstabes der Zumutbarkeit, wobei dem Tatrichter freilich in der

---

[415] BGHSt **27** 215 mit weit. Nachw.; BGHSt **27** 230; BGH MDR **1977** 854; vgl. auch OLG Celle NJW **1975** 1038 = JR **1975** 471 mit Anm. *Tröndle*; OLG Celle JR **1977** 246 mit Anm. *Tröndle*.

[416] Wie BGHSt **27** 228 zeigt: Ablehnung, die höchst streitige Frage des sog. Ehegattensplitting im Wege des § 121 Abs. 2 GVG zu klären. Mit den „Grenzen der Vertretbarkeit", die sich in der revisionsgerichtlichen Praxis schnell durchgesetzt haben, lassen sich im übrigen hier auch nur zu leicht Rechtsmängel verdecken, die an sich auch der BGH für revisibel hält; vgl. nur OLG Hamburg JR **1982** 161 mit krit. Anm. *von Spiegel*.

[417] So – für Unterhaltsverpflichtungen – OLG Frankfurt NJW **1976** 2220 und JR **1977** 249 mit abl. Anm. *Tröndle*; OLG Hamm NJW **1976** 2221; OLG Schleswig SchlHA **1976** 184; vgl. auch *Grebing* JZ **1976** 747; *Eb. Kaiser* NJW **1976** 610; LR-*Meyer* in der 23. Aufl. Rdn. 159.

[418] OLG Hamm MDR **1976** 596 mit Anm. *D. Meyer* NJW **1976** 1110 für Unterhaltsverpflichtungen; LR-*Meyer* in der 23. Aufl.

[419] OLG Koblenz NJW **1976** 1275.

[420] BGH NJW **1976** 234; BayObLG bei *Rüth* DAR **1976** 174; OLG Celle JR **1983** 204; OLG Frankfurt StrVert. **1984** 157; *D. Meyer* DAR **1976** 146.

[421] BGHSt **33** 40; OLG Schleswig SchlHA **1976** 184 und NJW **1980** 1535 = JR **1980** 425 mit Anm. *Zipf*.

[422] LK-*Tröndle* § 40, 8; Dreher/*Tröndle* § 42, 4; a. A LR-*Meyer* in der 23. Aufl.

Regel ein erheblicher Beurteilungsspielraum bleibt[423]. Trotz der Möglichkeit der nachträglichen Entscheidung gemäß § 459a ist der Angeklagte durch die Verletzung des § 42 StGB beschwert (vgl. § 333, 29). Zur eigenen Entscheidungsbefugnis des Revisionsgerichts s. § 354, 35.

d) Die **Strafzumessung nach § 46 StGB** betrifft die Festlegung der Höhe der Strafe und gilt insoweit insbesondere für die Freiheits- und Geldstrafe. Sie steht im Vordergrund der revisionsgerichtlichen Kontrolle, die gerade aufgrund der Maßstäbe des § 46, der durch das 2. StrRG eingeführt wurde, in der Praxis eine erhebliche „Verrechtlichung" und Verfeinerung erfahren hat. **209**

Zum **Begründungszwang** und den Folgen seiner Verletzung vgl. schon oben Rdn. 181 ff. Da das Gesetz nur die Angabe der bestimmenden Strafzumessungsgründe verlangt (§ 267 Abs. 3 Satz 1), braucht der Tatrichter, wie schon erwähnt (oben Rdn. 184), nicht alle in § 46 Abs. 2 StGB genannten Zumessungskriterien abzuhandeln. Die Strafzumessung ist jedoch fehlerhaft und damit revisibel, wenn sie besorgen läßt, daß der Tatrichter wesentliche Umstände nicht berücksichtigt hat (oben Rdn. 188). Insoweit greift die Sachrüge ein, wenn sich diese Umstände aus der Urteilsdarstellung selbst ergeben. Die Rüge der Verletzung des § 267 Abs. 3 Satz 1 oder der weiteren speziellen Begründungsanforderungen des § 267 Abs. 3 hat daneben regelmäßig keine Bedeutung (vgl. bei § 267). **210**

Rechtsfehlerhaft ist jede Strafzumessung, die gegen Rechtssätze verstößt, die sich aus dem Gesetz selbst ergeben oder zu seiner Ausfüllung von der Rechtsprechung entwickelt worden sind (LK-*Hirsch* § 46, 125). Ein **Beruhen des Urteils** auf dem Rechtsfehler ist dann gegeben, wenn das Revisionsgericht nach dem Inhalt des Urteils nicht ausschließen kann, daß der Tatrichter ohne den Fehler zu einer anderen Strafe gekommen wäre, nicht jedoch davon abhängig, ob das Revisionsgericht auf dieselbe Strafe erkannt hätte; vgl. zu der wenig geklärten und streitigen Frage näher unten Rdn. 265 f. – Wegen der Einzelheiten zulässiger und unzulässiger Strafzumessungserwägungen muß auf die Erläuterungswerke zum StGB und die einschlägigen sonstigen Darstellungen (oben Rdn. 180) verwiesen werden. Hier ist vor allem folgendes hervorzuheben. **211**

Ist der Tatrichter von einem **falschen Strafrahmen** ausgegangen, ist die Strafzumessung grundsätzlich fehlerhaft und beruht im Zweifel auch auf diesem Fehler[424]. Das gilt insbesondere, wenn er gesetzliche Milderungsmöglichkeiten außer acht gelassen hat (unten Rdn. 228). Entsprechendes gilt aber auch, wenn der Tatrichter die **Bedeutung des Strafrahmens** verkannt hat, etwa durch die Annahme, daß der Durchschnittsfall als Fall von mittlerer Schwere in der Mitte des gesetzlichen Strafrahmens anzusiedeln sei[425]. **212**

Hat der Tatrichter einen **nicht** einwandfrei **geklärten Sachverhalt** zugrunde gelegt, besteht ebenfalls ein sachlichrechtlicher Mangel[426], so etwa, wenn die Strafzumes- **213**

---

[423] Offenbar a. A und weitergehend – trotz gleichen Ausgangspunkts – LK-*Tröndle* § 42, 8, der von „ureigenen tatrichterlichen Fragen" spricht; vgl. auch *Tröndle* ZStZ **86** (1974) 555; **a. A** wohl auch LR-*Meyer* in der 23. Aufl., der ein „Ermessen des Tatrichters" bejaht.

[424] Fälle dieser Art kommen recht häufig vor, die Entscheidungen werden aber selten veröffentlicht; Vgl. schon RGSt **42** 334; OGHSt **2** 247; eingehend und mit weiteren Nachw. *Bruns* II 37 ff, 272 ff; *Mösl* NStZ **1982** 148.

[425] BGHSt **27** 2 = JR **1977** 164 m. Anm. *Bruns* und Anm. *Frank* NJW **1977** 2355 in einer Entscheidung von grundsätzlicher Bedeutung; vgl. auch *Mösl* NStZ **1984** 160; RG DJZ **1908** 1108.

[426] BGHSt **1** 51; OGHSt **2** 204; KK-*Pikart* 32; BGH NStZ **1981** 99; vgl. auch BGH NJW **1981** 2422 für die strafschärfende Verwertung von Tatsachen, die nicht unmittelbar von der Anklageerhebung erfaßt sind.

§ 337 Drittes Buch. Rechtsmittel

sungsgründe Widersprüche aufweisen[427], insbesondere im Widerspruch zu den Schuldfeststellungen stehen[428], oder wenn sie sonst gegen die Denkgesetze oder gegen Erfahrungssätze verstoßen[429]. Nach ganz herrschender Meinung ist bei der Strafzumessung auch der Grundsatz **in dubio pro reo** (vgl. oben Rdn. 14) zu beachten, so daß der Tatrichter dem Urteil unbewiesene Tatsachen nicht zugrunde legen darf[430]. Das gilt insbesondere, wenn bei einer Fortsetzungstat nicht geklärte oder ausgeschiedene Einzelakte bei der Strafzumessung berücksichtigt worden sind[431] oder wenn ein bloßer Verdacht strafschärfend berücksichtigt wird[432].

214   **Vorstrafen** und **Vortaten** darf der Tatrichter nur verwerten, wenn er in dem Urteil über sie ausreichende Feststellungen trifft[433]. Sie müssen in dem Urteil so genau wiedergegeben werden, daß auch geprüft werden kann, ob ihre Berücksichtigung gegen das Verwertungsverbot nach §§ 51, 66 BZRG i. d. F. der Neubek. vom 21. 9. 1984 (BGBl. I 1229) verstößt; dieses Verbot gehört dem sachlichen Recht an[434]. Ob oder wann eine Heranziehung nicht abgeurteilter Taten zulässig ist, ist umstritten[435]. Soweit sie zulässig oder sogar geboten ist, muß der Tatrichter eindeutige Feststellungen treffen, wenn er sie als Indiztatsachen in die Strafzumessung einbeziehen will, wie das der BGH z. B. bei weiteren laufenden Strafverfahren gegen den Angeklagten für zulässig hält[436]. Zur Zulässigkeit der Berücksichtigung von Taten oder Tatteilen, die nach §§ 154, 154a ausgeschieden worden sind, s. § 154, 54 ff und zur Revisibilität § 154, 77.

215   **Hypothetische Strafzumessungserwägungen** sind grundsätzlich unzulässig. Das gilt z. B. für die Erwägung, daß auf dieselbe Strafe erkannt worden wäre, wenn die Tat anders beurteilt werden müßte[437] oder wenn die eine oder andere Rechtsverletzung nicht vorläge[438]. Derartige Erwägungen sind nur dann unschädlich, wenn das Revisionsgericht die Beurteilung des Sachverhalts durch den Tatrichter nicht billigt, sondern

---

[427] BGHSt **16** 364; BGH StrVert. **1982** 166; BGH bei *Dallinger* MDR **1953** 148; **1972** 250; OGHSt **2** 204.

[428] BGH NJW **1962** 499; BGH bei *Dallinger* MDR **1973** 16; OGHSt **2** 71; OLG Saarbrücken VRS **20** 291; *Seibert* MDR **1952** 459.

[429] So für Denkgesetze z. B. BayObLG HESt **3** 64; KG VRS **3** 276; OLG Koblenz HESt **1** 103; *Sellke* 74 ff; für Erfahrungssätze z. B. OLG Hamm VRS **21** 72; OLG Köln VRS **8** 364; OLG Oldenburg VRS **5** 320; *Lamertz* 166 ff.

[430] BGH GA **1965** 204; BGH VRS **6** 452; RG JW **1937** 699; **1938** 3157; OLG Celle NdsRpfl. **1956** 231; OLG Köln NJW **1953** 157; OLG Saarbrücken VRS **30** 55; eingehend *Bruns* I 172 und II 255; LK-*Hirsch* § 46, 122; a. A LR-*Meyer* in der 23. Aufl., der aber einen Verstoß gegen die Denkgesetze annimmt.

[431] BGH MDR **1971** 545; BGH bei *Dallinger* MDR **1954** 531 = NJW **1954** 1375 L; OLG Hamm VRS **48** 239.

[432] BGHSt **4** 344; BGH NJW **1951** 532; BGH bei *Dallinger* MDR **1958** 14; **1973** 16; **1975** 195; BGH NStZ **1983** 168; RGSt **23** 91; RG JW **1932** 2547 mit Anm. *Alsberg*; RG JW **1936** 46; BayObLGSt **1951** 494; OLG Freiburg HESt **2** 113; *Bruns* I 167 ff.

[433] BGH VRS **28** 422; BGH bei *Dallinger* MDR **1976** 13; BayObLG MDR **1976** 429, 598; BayObLG bei *Rüth* DAR **1976** 177; KG JR **1966** 356; DAR **1966** 305; VRS **32** 219; **33** 376; OLG Koblenz OLGSt § 21 StGB S. 8; VRS **50** 205; OLG Zweibrücken VRS **38** 40. Vgl. auch *Mösl* NStZ **1984** 493.

[434] BGHSt **24** 378; **25** 100; BayObLGSt **1972** 75 = MDR **1972** 629; BayObLGSt **1972** 128 = NJW **1972** 2009; OLG Frankfurt VRS **49** 453; OLG Karlsruhe GA **1974** 85; Justiz **1972** 361; NJW **1973** 292.

[435] Vgl. im einzelnen *Bruns* II 195 ff, 248 mit Nachw.

[436] BGH NStZ **1982** 326; **1981** 99; BGH NJW **1951** 769; BGH bei *Dallinger* MDR **1975** 195; vgl. auch *Bruns* NStZ **1981** 81.

[437] BGHSt **7** 359; RGSt **70** 403; **71** 104; RG JW **1935** 1938; **1936** 1380, 1446; *Eb. Schmidt* 56a; allgemein *Bruns* I 175 und II 257.

[438] BGH LM Nr. 17 zu § 74 StGB = JR **1955** 228; RG DR **1941** 442; RG HRR **1937** 1053; a. A BGH bei *Bruns* I 180; RG JW **1936** 1053.

die Sach- oder Rechtslage für gegeben hält, für die die Hilfserwägung gelten soll (BGHSt 7 359).

Revisibel ist auch die Verletzung der **anerkannten Grundsätze staatlichen** **216** **Strafens**[439]. Das ist insbesondere der Fall, wenn die Schuld des Täters als Grundlage für die Zumessung der Strafe (§ 46 Abs. 1 Satz 1 StGB) nicht beachtet wird oder wenn die Festsetzung der Strafe ohne Rücksicht auf die Schuld des Täters nach einheitlichen Tarifen oder Taxen erfolgt[440]. Die Strafe darf mindestens auch nicht allein oder überwiegend zur Vergeltung, zur Befriedigung des Sicherungsbedürfnisses der Allgemeinheit oder zur Abschreckung anderer bemessen werden[441]. Die Grundsätze staatlichen Strafens verlangen im übrigen eine Abwägung der für und gegen den Täter sprechenden Umstände, also eine **Gesamtbewertung;** die bloße Aufzählung der Schärfungs- und Milderungsgründe ist daher grundsätzlich ein revisibler Rechtsfehler[442]. Gleiches gilt, wenn das Fehlen eines Strafschärfungsgrundes mildernd und das Fehlen eines Milderungsgrundes schärfend bewertet wird[443]. Die strafschärfende Berücksichtigung der Gesinnung und des Charakters sind ebenso rechtsfehlerhaft[444] wie die Berücksichtigung der allgemeinen Lebensführung, soweit sie nicht im Zusammenhang mit der konkreten Tat als Indiz für die kriminelle Energie des Täters gelten kann[445].

Revisibel ist auch die Verhängung einer im **Verhältnis zur Schuld** zu hohen oder **217** geringen Strafe aufgrund fehlerhafter Rechtserwägungen. Das gilt z. B., wenn eine Freiheitsstrafe von nicht mehr als zwei Jahren möglicherweise nur deshalb ausgesprochen worden ist, damit die Vollstreckung nach § 56 Abs. 2 StGB zur Bewährung ausgesetzt werden kann[446], wenn die Strafe wegen gleichzeitiger Aussetzung ihrer Vollstreckung oder deswegen zu hoch angesetzt wird, weil Sicherungsverwahrung nach § 66 StGB aus Rechtsgründen nicht angeordnet werden darf[447], oder wenn sie wegen Nichtbewilligung einer Strafaussetzung oder wegen gleichzeitiger Anordnung einer Maßregel zu niedrig bemessen ist[448]. Auch bei Berücksichtigung der Wirkungen, die von der Strafe

---

[439] OGHSt 3 136; OLG Bremen MDR **1949** 504; OLG Frankfurt HESt 3 69; OLG Jena HRR **1930** 1079; *Eb. Schmidt* 51; *Zipf* 219 ff. Vgl. im übrigen auch oben Rdn. 199.

[440] BGH bei *Martin* DAR **1963** 187; KG VRS 30 281; OLG Bremen VRS 4 290; OLG Hamburg DAR **1964** 48; NJW **1973** 2387; OLG Hamm MDR **1974** 254; NJW **1972** 1151; OLG Köln NJW **1966** 895; OLG Neustadt DAR **1963** 304; vgl. aber auch *Bruns* II 263 und (für „massenhaft auftretende Taten typischer Prägung") BGHSt 28 324.

[441] BVerfGE 28 391; BGHSt 3 179; 7 216; 20 267; 23 192; BGH StrVert. **1982** 166; BGH JR **1969** 187 m. Anm. *Koffka;* BGH VRS 11 53; 28 362; BGH bei *Dallinger* MDR **1971** 720; **1973** 190; RGSt 61 417; OLG Hamburg HESt 2 229; OLG Hamm MDR **1972** 255; NJW **1972** 799; OLG Köln GA **1973** 188. Ob, wie die Rechtsprechung meint, generalpräventive Gesichtspunkte *überhaupt* bei der Strafzumessung schärfend herangezogen werden dürfen, ist im Schrifttum aus gutem Grund umstritten; vgl. näher *Bruns* II 78.

[442] BGH NJW **1976** 2220 mit weit. Nachw. = JR **1977** 162 mit Anm. *Bruns;* BGH Strafvert.

1981 336; BGH GA **1979** 59; BGH bei *Holtz* MDR **1979** 105; OLG Koblenz VRS 56 338; *Mösl* DRiZ **1979** 167; eingehend *Bruns* II 223 ff.

[443] Eine Frage, die die Rechtsprechung in neuerer Zeit unter den verschiedensten Aspekten sehr oft beschäftigt; vgl. z. B. BGH NJW **1980** 2821 mit weit. Nachw.; BGH JR **1980** 335 m. Anm. *Bruns;* BGH NStZ **1981** 343; **1982** 166, 343; BGH bei *Holtz* MDR **1980** 183; weitere Nachweise bei *Mösl* NStZ **1981** 133; **1982** 151.

[444] BGH MDR **1954** 693; BGH bei *Dallinger* MDR **1971** 721.

[445] Vgl. z. B. BGHSt 5 132; BGH StrVert. **1981** 178; **1982** 419; vgl. auch BGH NJW **1959** 1835.

[446] Dazu BGHSt 29 321 mit weit. Nachw.

[447] Zum ersteren Fall: OLG Frankfurt NJW **1956** 113 L; OLG Köln VRS 50 97; zum letzteren Fall BGH bei *Dallinger* MDR **1973** 727.

[448] BGH NJW **1954** 41 für die nicht bewilligte Strafaussetzung; BGHSt 24 132; OLG Hamm DAR **1955** 22 für die gleichzeitige Anordnung einer Maßregel; s. dazu auch *Bruns* II 65 mit weit. Nachw.

§ 337 Drittes Buch. Rechtsmittel

für das künftige Leben des Täters zu erwarten sind (§ 46 Abs. 1 Satz 2 StGB), darf sie sich nicht von ihrer Schuldangemessenheit lösen[449]. Zur kritischen Frage der Revisibilität des Strafüber- oder Untermaßes beim Fehlen erkennbarer spezieller Strafzumessungsfehler vgl. oben Rdn. 197 ff.

218 e) **Besonders schwere und minder schwere Fälle** insbesondere. Bei diesen sog. unbenannten Strafänderungen handelt es sich nach herrschender Meinung um Ergänzungen des Regelstrafrahmens ohne tatbestandliche Ausformung und damit um Sonderformen der Strafzumessung[450]. Die Kriterien, die der Richter zur Beurteilung „besonders schwerer Fälle" heranziehen darf, sind nach der Rechtsprechung etwas enger als die Kriterien zur Beurteilung „minder schwerer Fälle". Erforderlich ist aber jeweils eine Gesamtbetrachtung sowie eine sorgfältige Abwägung der in Betracht kommenden be- und entlastenden Umstände[451]. Die Revisionsgerichte kontrollieren das heute im allgemeinen sehr genau. Geprüft wird namentlich auch, ob der Tatrichter naheliegende Gesichtspunkte herangezogen hat, seine Entscheidung nicht im Widerspruch zu anderen Rechtsfolgebemessungen steht und ob sie alle wichtigen Bemessungsfaktoren erfaßt bzw. ob die Bemessungsfaktoren rechtlich zulässig sind. Wie bei § 46 wird dabei jedoch eine erschöpfende Aufzählung der Strafzumessungsgründe nicht verlangt[452]. Soweit die tatrichterliche Prüfung den Erfordernissen genügt, also Rechtsfehler nicht aufweist, ist die eigentliche Abwägung vom Revisionsgericht nur sehr begrenzt nachprüfbar; das Revisionsgericht kann eine Gewichtung der einzelnen Abwägungsfaktoren regelmäßig nicht vornehmen[453].

219 Zur **Begründung der Entscheidung** ist der Tatrichter verfahrensrechtlich verpflichtet, wenn er einen minder schweren Fall bejaht oder entgegen einem in der Verhandlung gestellten Antrag verneint (§ 267 Abs. 3 Satz 2), während für den besonders schweren Fall verfahrensrechtlich ein Begründungszwang nur in Sonderfällen und bei „Regelbeispielen" besteht (§ 267 Abs. 3 Satz 2; dazu unten Rdn. 220 f); zu den Voraussetzungen des gestellten Antrags vgl. näher bei § 267. Sachlichrechtlich besteht nach dem Gesagten auch hier ein weitergehender Begründungszwang. Die Revisionsgerichte verlangen insbesondere beim minder schweren Fall eine Darlegung der Gründe für seine Verneinung, wenn die Einzelfeststellungen zu einer solchen Prüfung drängen oder die infrage stehende Tathandlung „die Schwelle" nicht „so weit" überschreitet, daß eine Bejahung des minder schweren Falles „ohne nähere Begründung ausgeschlossen wäre"[454]. Zur revisionsgerichtlichen Kontrolle der Abgrenzung des minder schweren Falles von der Milderung nach § 49 vgl. unten Rdn. 228.

---

[449] BGHSt **29** 321; allgemein zu § 46 Abs. 1 Satz 2 StGB *Bruns* II 74.
[450] Vgl. – mit weit. Nachw. – nur *Lackner* § 46, 2 a; LK-*Hirsch* Vor § 46, 45 ff; allgemein *Bruns* II 40.
[451] Vgl., auch zum folgenden, z. B. BGHSt **8** 189; BGH NJW **1964** 261; **1981** 135; NStZ **1981** 179; **1983** 119; BGH StrVert. **1984** 464; BGH GA **1976** 303; BGH bei *Holtz* MDR **1980** 105, auch 453; BGH bei *Spiegel* DAR **1977** 167; RGSt **48** 310.
[452] BGH NJW **1981** 135; NStZ **1982** 26, 464; StrVert. **1982** 575; GA **1963** 208; BGH bei *Holtz* MDR **1979** 106, 135. Die Abgrenzungen sind durchaus unklar und ergeben einen beträchtlichen Spielraum für die revisionsgerichtliche Prüfung.
[453] Vgl. BGH NStZ **1982** 26 mit weit. Nachw.; BGH GA **1963** 208, wo das sogar als unzulässig bezeichnet wird.
[454] So die Formulierung von BGH 1 StR 403/76 v. 30.11.1976 (unveröff.). Vgl. auch BGH StrVert. **1981** 541, 547; **1982** 71 mit weit. Nachw., wo für die Prüfung darauf abgestellt wird, ob „die strafmildernden Umstände ersichtlich im Vordergrund" stehen; vgl. auch BGH NStZ **1983** 119; bei *Mösl* NStZ **1984** 494 für formelhafte Verneinungen.

f) **„Regelbeispiele" insbesondere.** Die vom Gesetzgeber zunehmend verwendete **220** Technik der strafschärfenden sog. Regelbeispiele (z. B. § 243 StGB) ist eine Mischform der Strafrahmenverschiebung zwischen „benannten" und „unbenannten" Strafrahmenänderungen, die nach herrschender, aber nicht unbestrittener Meinung lediglich eine Strafzumessungsregel darstellt; die Gesamtheit der jeweiligen Regelbeispiele gibt dem Tatrichter nur einen konkreten Hinweis, welcher ungefähre Schweregrad der Strafrahmenänderung zugrunde liegt[455]. Verfahrensrechtlich ist der Richter gemäß § 267 Abs. 3 Satz 3 zur Begründung der Entscheidung nur verpflichtet, wenn er trotz Vorliegens eines Regelbeispiels einen besonders schweren Fall verneint[456], wenn er einen besonders schweren Fall bejaht, obwohl ein gesetzlich genanntes Regelbeispiel nicht vorliegt[457], oder wenn er im letzteren Fall einem entsprechenden, in der Verhandlung gestellten Antrag nicht entspricht; vgl. dazu näher bei § 267. Sachlichrechtlich dürfte nur in folgendem Sonderfall eine weitergehende Begründungspflicht bestehen: Der Richter, der die Feststellung trifft, daß die Voraussetzungen eines Regelbeispiels vorliegen, ist wegen der sog. Indizwirkung der Regelbeispiele zwar im allgemeinen nicht verpflichtet, die Strafschärfung besonders zu begründen[458]. Er muß dies jedoch dann tun, wenn sich Umstände aufdrängen, die trotz Erfüllung des Regelbeispiels eine Anwendung des Normalstrafrahmens möglich erscheinen lassen[459].

Ob die **gesetzlichen Voraussetzungen** eines Regelbeispiels gegeben sind, ist eine **221** Rechtsfrage, die das Revisionsgericht nach allgemeinen Grundsätzen wie die Voraussetzungen eines Tatbestandsmerkmals voll überprüft. Es prüft nach allgemeinen Grundsätzen auch, ob der Tatrichter innerhalb des verschärften Strafrahmens die Strafe rechtsfehlerfrei bemessen und von anderen Rechtsfolgebestimmungen, z. B. gemäß § 49 StGB, rechtsfehlerfrei abgegrenzt hat. Hat der Tatrichter trotz Vorliegens eines Regelbeispiels die **Indizwirkung verneint,** prüft das Revisionsgericht die Richtigkeit und Vollständigkeit der dabei anzuwendenden rechtlichen Gesichtspunkte; gibt die Entscheidung zu rechtlichen Beanstandungen keinen Anlaß, wird das Revisionsgericht seine eigene Wertung regelmäßig nicht an die Stelle der tatrichterlichen setzen dürfen[460]. Entsprechendes gilt, wenn der Tatrichter **umgekehrt** trotz Fehlens eines gesetzlich genannten Regelbeispiels die Anwendung des schärferen Strafrahmens für erforderlich gehalten hat. In beiden Fällen ist die Revision schon begründet, wenn die erforderliche Gesamtabwägung (oben Rdn. 220 Fußn. 456, Fußn. 457) fehlt. Sie ist ebenfalls begründet, wenn der Tatrichter trotz naheliegender Anhaltspunkte die mangelnde Indizwirkung eines Regelbeispiels nicht in der gebotenen Weise (oben Rdn. 220 a. E.) erörtert.

g) **Unerläßlichkeit der Freiheitsstrafe (§ 47 StGB).** Verfahrensrechtlich ist der Tat- **222** richter zur Begründung nur verpflichtet, wenn er in Anwendung des § 47 auf eine Frei-

---

[455] Vgl. – mit weit. Nachw. – nur *Lackner* § 46, 2 b; LK-*Hirsch* Vor § 46, 48 ff; allgemein *Bruns* II 40.

[456] Dazu BayObLG NJW **1973** 1808: Darlegung der für diese Annahme bestimmenden tat- und täterbezogenen Umstände anhand einer Gesamtbetrachtung.

[457] Die Begründung muß dann genau sein und verlangt eine Gesamtabwägung der tat- und täterbezogenen Umstände; vgl. BGHSt 28 320 = JR **1979** 353 m. Anm. *Bruns*; BGH MDR **1981** 63; vgl. auch BGH GA **1978** 242 und BGHSt 30 322.

[458] OLG Braunschweig NdsRpfl. **1974** 87; *Lackner* § 46, 2 b; LK-*Hirsch* Vor § 46, 50.

[459] BGH Str.Vert. **1982** 221 und 225 für besonders schwere Fälle nach dem BtMG. Verlangt wird dann die umfassende Abwägung aller bedeutsamen tat- und täterbezogenen Umstände; vgl. auch *Lackner* § 46, 2 a bb.

[460] OLG Karlsruhe NJW **1978** 1679; *Lackner* § 46, 2 a bb: Sache „tatrichterlicher Würdigung".

heitsstrafe oder entgegen einem in der Verhandlung gestellten Antrag auf Geldstrafe erkannt hat (§ 267 Abs. 3 Satz 2). Sachlichrechtlich besteht nach h. M. ein weitergehender Begründungszwang: Ein Sachmangel liegt immer vor, wenn der Tatrichter die Anwendung des § 47 StGB nicht erörtert, obwohl das nach den festgestellten Umständen naheliegt[461]. Im Fall der Tatmehrheit müssen die Voraussetzungen des § 47 StGB für alle Einzelstrafen erörtert werden[462].

223 Das **Revisionsgericht prüft** die Entscheidung nur auf Rechtsfehler[463]; darüber hinaus darf es auch hier seine eigene Auffassung nicht an die Stelle der tatrichterlichen Entscheidung setzen[464]. Damit die Prüfung möglich ist, muß das Urteil ausreichend begründet werden[465]. Dazu bedarf es grundsätzlich einer Darlegung der „besonderen Umstände", die die Freiheitsstrafe unerläßlich machen (BGH StrVert. **1982** 366). Die Anforderungen an die Begründung sind gering, wenn der Angeklagte zu zahlreichen Einzelstrafen verurteilt worden ist, unter denen sich nur wenige unter sechs Monaten befinden[466]. Sie sind hoch, wenn die Urteilsfeststellungen die Verhängung einer Freiheitsstrafe nahelegen, der Tatrichter aber dennoch auf eine Geldstrafe erkannt hat[467], oder wenn auf eine Freiheitsstrafe erkannt worden ist, obwohl die Feststellungen gegen ihre Erforderlichkeit sprechen. Das Urteil muß eine auf den Einzelfall bezogene, die Würdigung von Tat und Täterpersönlichkeit enthaltene Begründung enthalten, warum in solchen Fällen eine kurzfristige Freiheitsstrafe unerläßlich oder eine Geldstrafe ausreichend ist. Formelhafte Wendungen genügen auch hier nicht[468]. Kommt es entscheidend auf eine oder mehrere Vortaten an, müssen deren nähere Umstände festgestellt und dargetan werden[469].

224 Ist zweifelhaft, **ob zur Verteidigung der Rechtsordnung** auf eine Freiheitsstrafe erkannt werden muß, hat der Tatrichter alle in Betracht kommenden Umstände in einer für das Revisionsgericht nachprüfbaren Weise darzulegen[470]. Welches Gewicht der Verteidigung der Rechtsordnung zukommt, ist im wesentlichen eine Rechtsfrage. Das Revisionsgericht darf zwar die Wertung des Tatrichters, welches Gewicht den Umstän-

---

[461] OLG Stuttgart Justiz **1970** 93; vgl. auch OLG Koblenz VRS **45** 173; OLG Köln GA **1980** 267; *Dreher/Tröndle* § 47, 11; *Lackner* § 47, 3.

[462] BGHSt **24** 165; BGH MDR **1969** 1022; OLG Frankfurt NJW **1971** 667; OLG Hamm GA **1970** 117.

[463] OLG Hamm VRS **38** 180, 259; **41** 96; OLG Koblenz VRS **51** 429; OLG Köln StrVert. **1984** 378; das bedeutet jedoch nicht, daß die Anwendung des § 47 StGB im Ermessen des Tatrichters stünde (so aber OLG Frankfurt VRS **42** 272; OLG Stuttgart Justiz **1970** 93; LR-*Meyer* in der 23. Aufl.; wohl auch OLG Köln aaO).

[464] So im Ergebnis auch OLG Hamm VRS **40** 102; vgl. auch oben Rdn. 195 f.

[465] BGH StrVert. **1982** 366; OLG Braunschweig MDR **1970** 435; OLG Düsseldorf VRS **39** 328; OLG Frankfurt VRS **42** 272; OLG Schleswig StrVert. **1982** 367.

[466] OLG Hamburg MDR **1970** 437; vgl. aber auch (offenbar strenger) BGH StrVert. **1982** 366 L.

[467] OLG Koblenz Blutalkohol **1976** 432; MDR **1970** 693; VRS **40** 10; **45** 176; OLG Schleswig StrVert. **1982** 367; OLG Stuttgart NJW **1971** 2181 L = VRS **41** 413; OLG Zweibrücken OLGSt § 27 b StGB a. F. S. 21.

[468] OLG Köln DAR **1971** 301; *Eb. Schmidt* Nachtr. II 3; vgl. auch BGH StrVert. **1982** 366.

[469] OLG Celle DAR **1970** 188; VRS **39** 258; OLG Frankfurt VRS **42** 191; OLG Hamm DAR **1972** 244; VRS **39** 97; OLG Koblenz VRS **51** 429; OLG Köln Blutalkohol **1971** 297.

[470] BayObLGSt **1971** 191 = VRS **42** 142; OLG Düsseldorf VRS **39** 328; insbes. bei schwerwiegenden Straftaten darf das Gericht die Frage der Verteidigung der Rechtsordnung nicht ungeprüft lassen; vgl. OLG Stuttgart NJW **1971** 2181 L = VRS **41** 413 (bei Trunkenheit im Straßenverkehr in Tateinheit mit § 222 StGB).

den des Falles konkret beizumessen ist, nicht ohne weiteres durch eine eigene ersetzen[471]. Wenn die Urteilsfeststellungen vollständig sind, ist das Revisionsgericht aber befugt, die Frage der Notwendigkeit, die Rechtsordnung zu verteidigen, selbst zu entscheiden, sofern eine andere Entscheidung dem Gesetz widerspräche[472]. Vgl. im übrigen Rdn. 237.

h) Rückfallschärfung nach § 48 StGB. Das Vorliegen der Rückfallvoraussetzungen ist ein straferhöhender Umstand, der nach § 267 Abs. 2 in den Urteilsgründen erörtert werden muß, wenn in der Verhandlung Vorstrafen behauptet oder festgestellt worden sind, die die Anwendung des § 48 StGB nahelegen. Das Urteil gilt aber auch als sachlichrechtlich fehlerhaft, wenn es, obwohl die Umstände dazu Anlaß geben, zu § 48 StGB keine Ausführungen enthält. Über die Vorstrafen muß das Urteil selbst die erforderlichen Angaben enthalten; eine Bezugnahme auf die Anklageschrift oder auf frühere Urteile ist auch hier unzulässig[473]; nur das Berufungsgericht kann auf das erste Urteil Bezug nehmen, wenn dadurch keine Unklarheiten entstehen. **225**

Die **Angaben im Urteil** des Tatrichters müssen so beschaffen sein, daß das Revisionsgericht die sachlichen Voraussetzungen des § 48 StGB nachzuprüfen vermag. Anzugeben sind insbesondere die Tatzeiten der den einzelnen Vorverurteilungen zugrundeliegenden Taten[474], nicht aber, da es hierauf regelmäßig nicht ankommt, der Zeitpunkt der Rechtskraft der ersten Verurteilung[475]. Die Frage, ob dem Angeklagten vorzuwerfen ist, daß er sich die Vorverurteilungen nicht hat zur Warnung dienen lassen, erfordert auch in Fällen gleichartigen Rückfalls jedenfalls bei abnehmender Rückfalltendenz, bei Rückfälligkeiten im Zusammenhang mit dem Berufsleben sowie in Fällen verminderter intellektueller Fähigkeiten (§ 21 StGB) und sozialer Hilflosigkeit eine ausdrückliche und sorgfältige Begründung[476]. **226**

Das **Revisionsgericht prüft** die Entscheidung grundsätzlich nur auf Rechtsfehler; sind die Urteilsfeststellungen vollständig, wird es die Entscheidung ausnahmsweise selbst treffen können, wenn ein Ermessensspielraum nach Lage des Falles nicht mehr besteht. **227**

i) Besondere gesetzliche Milderungsgründe gemäß § 49 StGB. Läßt das Gesetz Milderungen nach § 49 StGB zu oder schreibt es sie vor, so muß das Urteil ergeben, daß der Tatrichter das nicht übersehen hat[477]. Das gilt insbesondere für die Strafmilderung beim vermeidbaren Verbotsirrtum nach § 17 Satz 2 StGB[478], für die verminderte Schuldfähigkeit nach § 21 StGB[479] und für den Versuch nach § 23 Abs. 2 StGB[480]. **228**

---

[471] BayObLG bei Rüth DAR **1975** 203; vgl. auch oben Rdn. 195 f.

[472] Vgl. (meist unter Abstellung auf „fehlerhaftes Ermessen", auf das auch LR-*Meyer* in der 23. Auflage abhebt) BGH bei *Dallinger* MDR **1970** 196; KG VRS **44** 94; OLG Koblenz VRS **40** 98; ferner OLG Celle NJW **1970** 872; OLG Hamm MDR **1972** 694; OLG Köln NJW **1970** 258.

[473] BayObLGSt **25** 169; *Dreher/Tröndle* § 48, 14; LK-*Hirsch* § 48, 51; vgl. auch Rdn. 183.

[474] BGH StrVert. **1983** 327 L; OLG Karlsruhe NJW **1976** 433; OLG Schleswig StrVert. **1984** 374; bei *Ernesti/Lorenzen* SchlHA **1982** 98.

[475] BGH NJW **1976** 2171; BayObLG NJW **1975** 1351 = JR **1976** 290 m. Anm. *Zipf*; a. A OLG Karlsruhe Justiz **1972** 361; **1973** 213; NJW **1976** 433.

[476] Näher OLG Köln NStZ **1984** 550 mit weiteren Nachw.

[477] BGH bei *Dallinger* MDR **1969** 358; BGH LM Nr. 1 § 44 StGB a. F; KG JR **1966** 307; LK-*Hirsch* § 48, 17; vgl. auch BGH GA **1980** 469; a. A *Lamertz* 71.

[478] BGH bei *Dallinger* MDR **1969** 358; OLG Hamburg NJW **1967** 215; OLG Hamm VRS **10** 358.

[479] BGHSt **16** 363; BGH bei *Holtz* MDR **1982** 969; RG JW **1935** 3380; OLG Hamm VRS **41** 105.

[480] BGH StrVert. **1982** 114; BGH LM Nr. 4 zu § 267 Abs.3; OGHSt **2** 392; KG JR **1966** 307.

§ 337   Drittes Buch. Rechtsmittel

Enthält das Urteil hierzu keine ausdrücklichen Ausführungen, liegt in der Regel ein sachlichrechtlicher Mangel vor. Aus dem Zusammenhang der Urteilsgründe kann sich freilich ergeben, daß der Tatrichter die Milderungsmöglichkeit erkannt und von ihr ohne Rechtsfehler keinen Gebrauch gemacht hat. Ein floskelhafter Hinweis, etwa der Art, das Gericht habe zugunsten des Angeklagten berücksichtigt, „daß seine Schuldfähigkeit gemäß § 21 StGB erheblich gemildert war", ist nicht ausreichend, weil sie dem Revisionsgericht keine ausreichende Prüfung ermöglicht, ob der Tatrichter die Frage sachlichrechtlich zutreffend beurteilt hat[481] Folgt man der herrschenden, nicht unbedenklichen Meinung, daß der Tatrichter die Wahlmöglichkeit hat, ob er eine Strafe (z. B. wegen des Vorliegens von § 21 StGB) nach § 49 StGB mildert oder statt dessen einen minderschweren Fall (z. B. nach § 213 StGB) annimmt[482], müssen die Urteilsgründe des Tatrichters ergeben, daß er die Wahlmöglichkeit gesehen und sorgfältig abgewogen hat; die Revisionsgerichte prüfen diese Abwägung als eine Frage des „pflichtgemäßen Ermessens" nur auf Rechtsfehler, aber nach durchaus strengen Maßstäben[483].

229 j) **Anrechnung von Freiheitsentzug usw. (§ 51 StGB).** Da die in § 51 vorgesehenen Anrechnungen die gesetzliche Regel sind, braucht die anrechnende Entscheidung im allgemeinen nicht besonders begründet zu werden[484]. Etwas anderes gilt, wenn Anhaltspunkte dafür bestehen, daß die Voraussetzungen für eine Nichtanrechnung (§ 51 Abs. 1 Satz 2, Abs. 3, Abs. 4) vorliegen; das Urteil muß dann erkennen lassen, daß der Tatrichter die Frage geprüft hat[485]. Ausdrücklicher Feststellungen bedarf es ferner bei Anrechnung einer ausländischen Strafe oder Freiheitsentziehung, weil das Gericht hier den Anrechnungsmaßstab nach seinem Ermessen bestimmt (§ 51 Abs. 3, Abs. 4 Satz 2). Das Urteil muß daher diesen Anrechnungsmaßstab angeben und erkennen lassen, daß und in welcher Weise der Tatrichter sein Ermessen ausgeübt hat[486]; es wird vom Revisionsgericht nur auf Rechtsfehler überprüft.

230 Ordnet der Tatrichter eine **Nichtanrechnung** an, muß er das eingehend begründen. Formelhafte Wendungen genügen auch hier nicht[487]. Das Revisionsgericht prüft die tatrichterliche Entscheidung, die nach dem Gesetz eine Frage seines Ermessens ist, nur auf Rechtsfehler, wobei freilich zu beachten bleibt, daß eine unberechtigte Nichtanrechnung keine Ermessensfrage ist[488], so daß *insoweit* volle Revisibilität besteht. Eine eigene Sachentscheidung des Revisionsgerichts ist nicht notwendig ausgeschlossen[489].

231 k) **Gesamtstrafe nach §§ 53 ff StGB.** Da sich der Begründungszwang auf sämtliche verhängten Strafen erstreckt, muß das Urteil bei Tatmehrheit alle Einzelstrafen angeben und begründen[490]. Das gilt auch für die Bestimmung der Tagessatzhöhe einer

---

[481] BGH bei *Holtz* MDR **1982** 969; vgl. auch *Mösl* NStZ **1981** 135 mit weit. Nachw.
[482] BGHSt **21** 59; StrVert. **1982** 69, 71, 113, 200, 417 (std. Rspr.); zum sachlichrechtlichen Problem vgl. *Lackner* § 50 Anm. 2a mit Nachw.
[483] Vgl. im einzelnen (und mit weit. Nachw.) z. B. BGH NStZ **1982**, 200; **1984** 118; BGH StrVert. **1981** 519; **1982** 221, 417; GA **1980** 469; bei *Holtz* MDR **1979** 105.
[484] BGH bei *Dallinger* MDR **1970** 13; LK-*Tröndle* § 51, 80; vgl. auch BGHSt **24** 30; BGH NStZ **1982** 326.
[485] LK-*Tröndle* § 51, 80; vgl. auch *Eb. Schmidt* MDR **1968** 357 zum früheren Recht.
[486] BGH NStZ **1982** 326; **1983** 455; **1984** 214; *Holtz* MDR **1980** 454; zur Art der revisionsgerichtlichen Kontrolle vgl. BGHSt **30** 282.
[487] OLG Köln NJW **1973** 796; *Lackner* § 51, 1 f.
[488] *Dreher/Tröndle* § 51, 12; LK-*Tröndle* § 51, 52.
[489] *Lackner* § 51, 1 f; a. A BGH NJW **1972** 730; LK-*Tröndle* § 51, 81 hält sie „in der Regel" für unmöglich.
[490] BGHSt **4** 346; BGH NJW **1966** 510; BGH bei *Dallinger* MDR **1951** 464; **1958** 739; RGSt **2** 235; **25** 308; **52** 146; RG JW **1925** 57; RG HRR **1933** 1545; **1938** 1316; KG VRS **32** 116; näher zum Ganzen *Mösl* NStZ **1981** 425.

Einzelgeldstrafe, die in eine Gesamtfreiheitsstrafe einbezogen worden ist, so daß die unterlassene Bestimmung in der Regel zur Zurückverweisung an das Tatgericht zwingt[491]. Die Bemessung der Gesamtstrafe ist nach § 54 Abs. 1 Satz 2 zu begründen, indem die Person des Täters und die einzelnen Straftaten zusammenfassend gewürdigt werden. Eine eingehendere Begründung ist erforderlich, wenn die Einsatzstrafe nur geringfügig überschritten oder wenn die Summe der Einzelstrafen nahezu erreicht wird[492]. Wegen der Einzelheiten wird auf die Kommentare zu § 54 StGB verwiesen.

232 Ob auf eine Gesamtstrafe zu erkennen ist, wenn zeitige **Freiheitsstrafen mit Geldstrafen** zusammentreffen, steht im Ermessen des Tatrichters (§ 53 Abs. 2 StGB). Das Urteil muß aber darlegen, weshalb von der Gesamtstrafenbildung abgesehen worden ist oder warum, wenn nach den besonderen Umständen des Falls eine Gesamtstrafe als das schwerere Strafübel erscheint, gleichwohl eine Gesamtstrafe gebildet wurde[493].

233 Durch das **Unterlassen der Gesamtstrafenbildung** nach § 55 StGB ist der Angeklagte beschwert. Er kann die Revision auf den Mangel ohne Rücksicht auf die Möglichkeit eines Nachtragsverfahrens nach § 460 stützen (vgl. § 333, 29). Es ist jedoch nicht immer ein sachlichrechtlicher Mangel, wenn das Urteil Vorstrafen aus jüngerer Zeit erwähnt, ohne die Frage der Gesamtstrafenbildung ausdrücklich zu erörtern, falls sich nämlich dem Urteilszusammenhang mit ausreichender Sicherheit entnehmen läßt, daß die Frage weder übersehen noch aus rechtsirrigen Erwägungen verneint wurde (BGH NJW **1957** 509). Ergeben jedoch die Urteilsfeststellungen, daß eine Gesamtstrafenbildung nach § 55 in Betracht kommt, so muß das Gericht, wenn es die Vorschrift nicht anwendet, die Gründe dafür mitteilen (OLG Stuttgart Justiz **1968** 233). Gegebenenfalls ist darzulegen, daß die Bildung einer Gesamtstrafe dem Nachtragsverfahren nach § 460 überlassen werden mußte, weil die Vorstrafakten nicht zur Verfügung standen[494]. Ob sich der Tatrichter in einem solchen Fall mit Ersatzurkunden (Urteilsabschriften) zufrieden gibt, liegt in seinem Ermessen[495]. Die Revisionsgerichte prüfen auf die Sachrüge nur, ob die Entscheidung rechtsfehlerhaft ist, nicht aber, ob die Unmöglichkeit, nach § 55 zu verfahren, von dem Gericht dadurch verschuldet worden ist, daß es infolge mangelnder Terminvorbereitung die erforderlichen Akten nicht herangezogen hat[496]. Insoweit muß die Rüge der Verletzung des § 244 Abs. 2 erhoben werden. Ist eine Gesamtstrafenbildung ganz oder teilweise unmöglich geworden, kontrollieren die Revisionsgerichte, ob der Tatrichter die darin liegende Härte bei Bemessung der Strafe berücksichtigt hat[497].

234 l) **Strafaussetzung im Falle des § 56 Abs. 1, 3 StGB.** Verfahrensrechtlich ist der Tatrichter zur Begründung der Aussetzungsentscheidung nur verpflichtet, wenn die Strafe ausgesetzt oder entgegen einem in der Verhandlung gestellten Antrag nicht ausgesetzt wird (§ 267 Abs. 3 Satz 4); näher dazu bei § 267. Die Verletzung der Vorschrift

---

[491] BGHSt **30** 93 = JR **1982** 72 mit Anm. *D. Meyer* in Klärung einer divergierenden Rechtsprechung; *K. Meyer* Anm. in JR **1979** 389.

[492] BGHSt **24** 271 = NJW **1972** 454 m. Anm. *Jagusch*; *Bruns* I 150, 470 ff; *Mösl* NStZ **1981** 425 mit weit. Nachw.

[493] OLG Schleswig bei *Ernesti/Jürgensen* SchlHA **1976** 166; BGH bei *Dallinger* MDR **1973** 17 = VRS **43** 422; entsprechendes gilt im Hinblick auf § 56 Abs. 2 StGB, wenn erst die Gesamtstrafenbildung dazu führt, daß die Freiheitsstrafe ein Jahr übersteigt, vgl.

BayObLG StrVert. **1982** 362 mit weit. Nachw.

[494] OLG Hamm NJW **1970** 1200; OLG Köln MDR **1983** 423 mit weit. Nachw.

[495] OLG Hamburg JR **1955** 308; OLG Hamm aaO.

[496] OLG Hamm NJW **1970** 1200 mit Anm. *Küper* NJW **1970** 1559; **a. A** offenbar OLG Köln MDR **1983** 423.

[497] BGHSt **31** 103; BGH GA **1979** 189; BGH bei *Holtz* MDR **1979** 635; **1980** 454; *Mösl* NStZ **1981** 425 mit weit. Nachw.; vgl. aber auch BGH GA **1983** 274.

enthält einen revisiblen Verfahrensfehler, auf dem das Urteil auch beruhen kann[498]. Sie hat jedoch keine große praktische Bedeutung, weil nach ganz herrschender Rechtsprechung und Lehre sachlichrechtlich eine weitgehende Begründungspflicht besteht, insbesondere wenn Strafaussetzung nicht bewilligt wird: Das Urteil leidet an einem sachlichrechtlichen Mangel, wenn nach den Urteilsfeststellungen Anlaß zur Prüfung der Aussetzungsfrage besteht oder wenn sich aus dem Urteil gar ergibt, daß der Tatrichter den Gesichtspunkt des § 56 StGB übersehen hat[499].

235 Die **Begründung der Aussetzungsentscheidung** muß dabei so eingehend sein, daß dem Revisionsgericht die Prüfung auf Rechtsfehler möglich ist. Formelhafte Wendungen reichen nicht aus[500]. Erforderlich ist vielmehr eine umfassende Gesamtwürdigung aller Umstände, die einen Schluß auf die Persönlichkeit des Täters und die Wirkung der Strafaussetzung auf ihn zulassen[501]. Einer besonders eingehenden Begründung bedarf es, wenn der Tatrichter meint, die Strafaussetzung trotz mehrfacher, insbesondere einschlägiger Vorstrafen des Angeklagten rechtfertigen zu können. In diesem Fall muß sich das Urteil auch mit den Vortaten und den Umständen auseinandersetzen, unter denen sie begangen worden sind[502]. Lehnt das Tatgericht die Strafaussetzung wegen der Vorstrafen des Angeklagten ab, so sind regelmäßig das Tatgeschehen und die Umstände der Vortaten zu schildern und im Hinblick auf ihren prognostischen Aussagewert zu würdigen (OLG Hamm JMBlNRW **1972** 261). Eine knappe Begründung reicht aber aus, wenn sie zwar verfahrensrechtlich erforderlich ist, die Strafaussetzung nach den gesamten Umständen aber offensichtlich nicht in Betracht kommt (vgl. OLG Koblenz GA **1975** 370).

236 Die **Prognoseentscheidung** nach § 56 Abs. 1 bewegt sich im wesentlichen auf tatsächlichem Gebiet (KG VRS **41** 255) und ist darum der Überprüfung durch das Revisionsgericht weitgehend entzogen[503]. Das Revisionsgericht prüft die Entscheidung nur auf Rechtsfehler[504]. Es darf nicht seine eigene skeptische Prognose an die Stelle der op-

---

[498] Vgl. BGH StrVert. **1982** 61 m. Anm. *Schlothauer*; **1982** 257 mit weit. Nachw.
[499] BGHSt **6** 68, 172; BGH VRS **7** 357; BayObLG bei *Rüth* DAR **1975** 203; KG JR **1964** 107; VRS **22** 33; **30** 281; OLG Hamm VRS **8** 121; **36** 177; OLG Koblenz GA **1975** 370; OLG Köln NJW **1954** 1091; *Eb. Schmidt* 48; *Dreher/Tröndle* § 56, 10; *Lackner* § 56 8; a. A *Peters* 455, der wohl nur § 267 Abs. 3 Satz 4 für maßgebend hält.
[500] KG DAR **1962** 20; OLG Braunschweig NJW **1954** 363; vgl. auch *Mösl* NStZ **1981** 426 m. Nachw.
[501] OLG Hamburg NJW **1966** 1468; OLG Koblenz Blutalkohol **1971** 69; VRS **40** 99; **42** 136; **51** 97, 107; LK-*Ruß* § 56 25. Vgl. auch in der folg. Fußn.
[502] BGH VRS **17** 183; OLG Hamm DAR **1972** 245; JMBlNRW **1972** 214; OLG Karlsruhe VRS **50** 98; OLG Koblenz Blutalkohol **1977** 62; MDR **1971** 235; VRS **42** 135; **43** 258; **51** 107; **62** 442; OLG Köln Blutalkohol **1973** 268; MDR **1972** 438; OLG Stuttgart DAR **1971** 271; VRS **39** 420. Das gilt vor allem, wenn die abzuurteilende Tat in einer Bewährungszeit begangen worden ist, s. OLG Koblenz VRS **43** 422.
[503] BGH NJW **1965** 407; **1978** 599; BayObLGSt **1974** 32 = JR **1974** 519 m. Anm. *Zipf*; BayObLG OLGSt § 23 StGB a. F. S. 151; OLG Frankfurt NJW **1967** 303; OLG Hamburg NJW **1966** 1468; OLG Koblenz Blutalkohol **1975** 76; **1977** 61; OLG Zweibrücken OLGSt § 23 StGB a. F. S. 202, 205; vgl. auch LK-*Ruß* § 56, 52; grundsätzlich **a. A** *Frisch* Prognosemethoden im Strafrecht (1983) 172 ff (reine Rechtsfrage als „spezifischer Typus fallbezogener, erfahrungsfundierter Normkonkretisierung" im Sinne der heutigen Revisibilität von Verstößen gegen Erfahrungssätze).
[504] BGHSt **6** 300; BGH NJW **1971** 1415; BGH bei *Holtz* MDR **1978** 279; KG VRS **9** 451; OLG Hamm VRS **41** 96; OLG Koblenz Blutalkohol **1975** 406; VRS **51** 24; 403; OLG Köln VRS **39** 419; **42** 95; OLG Saarbrücken NJW **1975** 2216; OLG Schleswig bei *Ernesti/Jürgensen* SchlHA **1968** 225; OLG Stuttgart VRS **39** 333; *Dreher/Tröndle* § 56 10; LK-*Ruß* § 56, 52.

timistischeren des Tatrichters setzen und umgekehrt[505]. Allenfalls ausnahmsweise kann das Revisionsgericht über die Prognose selbst entscheiden, wenn die tatrichterlichen Feststellungen eindeutig und vollständig sind[506]. Zu prüfen hat es aber, ob der Tatrichter alle Umstände gewürdigt hat, auf die es nach § 56 Abs. 1 für die Entscheidung ankommt[507], und ob in seiner Entscheidung Verstöße gegen Denkgesetze oder Erfahrungssätze erkennbar sind. Ein Rechtsfehler liegt insbesondere vor, wenn der Tatrichter wichtige Umstände, die sich aus dem Urteil ergeben, bei der Aussetzungsentscheidung außer acht gelassen hat. Zum Dilemma einer Revisibilität der angewendeten Prognosemethoden als solcher s. unten Rdn. 246.

Wird die **Verteidigung der Rechtsordnung** (§ 56 Abs. 3 StGB) als Versagungsgrund einer Strafaussetzung trotz günstiger Sozialprognose nicht geprüft, obwohl aufgrund der Feststellungen dazu Anlaß besteht, leidet das Urteil an einem sachlichrechtlichen Mangel[508]. Liegen solche Anhaltspunkte nicht vor, so bedarf es jedoch keiner besonderen Begründung[509]. Ist eine Erörterung der Voraussetzungen des § 56 Abs. 3 im Einzelfall notwendig, muß der Tatrichter alle die Tat und den Täter kennzeichnenden Umstände in ihrer Gesamtheit würdigen[510]. Begründet er die Versagung der Strafaussetzung damit, daß bestimmte Straftaten in bedenklichem Maße zunehmen, so muß er das in erfahrungswissenschaftlich überzeugender Weise feststellen[511]. Der Begriff „Verteidigung der Rechtsordnung" ist ein auslegungsbedürftiger Rechtsbegriff, der dem Tatrichter nur einen geringen Beurteilungsspielraum läßt[512], und den das Revisionsgericht darum in weiterem Umfang prüft als die Prognoseentscheidung nach § 56 Abs. 1. Das Revisionsgericht kann allerdings auch hier nur eingreifen, wenn der Tatrichter rechtsfehlerhaft entschieden hat, insbesondere von unrichtigen oder unvollständigen Erwägungen ausgegangen ist oder von seinem eingeschränkten „Ermessen" (Beurteilungsspielraum) fehlerhaft Gebrauch gemacht hat[513]. Eine abschließende Entscheidung des Revisionsgerichts ist ausnahmsweise zulässig, wenn der Tatrichter alle Umstände des Falles herangezogen hat und die Gesamtwürdigung ergibt, daß jede andere Ent-

---

[505] BGH NJW **1978** 599 (der dabei auch die „Vertretbarkeit" heranzieht); OLG Koblenz Blutalkohol **1975** 406; OLGSt § 56 StGB S. 35; OLG Köln VRS **42** 92. Vgl. auch *Mösl* NStZ **1981** 426.

[506] Vgl. BGH NJW **1953** 1839; **1954** 40; VRS **38** 333; BayObLG MDR **1968** 512; LK-*Ruß* § 56, 52. Einen Beschluß gemäß § 268 a darf das Revisionsgericht, wenn es dabei die Aussetzung anordnet, jedoch regelmäßig nicht selbst erlassen; vgl. näher § 354, 42.

[507] Und zwar auch hinsichtlich einer zutreffenden Auffassung von Sinn und Wesen der Aussetzung, vgl. OLG Karlsruhe NJW **1980** 134; LK-*Ruß* § 56, 52 mit weit. Nachw.

[508] OLG Saarbrücken NJW **1975** 2216; allgemein zur Verteidigung der Rechtsordnung *Bruns* II 93.

[509] BGH NJW **1976** 1414; BGH bei *Holtz* MDR **1977** 808; die gegenteilige Ansicht von *Zipf* JR **1974** 520 und möglicherweise auch von *Dreher/Tröndle* § 56, 10 entspricht nicht dem Ausnahmecharakter des § 56 Abs. 3; das gilt auch für die von *Zipf* und *Dreher/Tröndle* angesprochene erhebliche Vorbestraftheit des Angeklagten (BayObLGSt **1974** 32 = JR **1974** 519 m. Anm. *Zipf*; ebenso LR-*Meyer* in der 23. Aufl.).

[510] BayObLG bei *Rüth* DAR **1975** 203; OLG Koblenz VRS **49** 318.

[511] KG VRS **44** 95; OLG Frankfurt VRS **42** 186; OLG Karlsruhe VRS **48** 342; OLG Koblenz OLGSt § 23 StGB S. 191; VRS **52** 23; vgl. aber auch KG JR **1980** 256 m. Anm. *Naucke*; allgemein *Dreher/Tröndle* § 56, 10.

[512] BayObLGSt **1970** 102 = NJW **1970** 1383; OLG Koblenz VRS **49** 176.

[513] OLG Hamm Blutalkohol **1975** 66 m. Anm. *Händel*; JMBlNRW **1971** 212; LK-*Ruß* § 56, 53; **a. A** BayObLGSt **1970** 103 = NJW **1970** 1383, das auch die Anwendung des Rechtsbegriffs voll der Prüfung durch das Revisionsgericht unterstellt.

§ 337 Drittes Buch. Rechtsmittel

scheidung fehlerhaft wäre[514]. Ansonsten ist es dem Revisionsgericht nicht erlaubt, seine eigene Würdigung an die Stelle derjenigen des Tatrichters zu setzen[515].

238 m) **Strafaussetzung in Fällen des § 56 Abs. 2 StGB.** Die Entscheidung, ob besondere Umstände i. S. der Vorschrift oder des § 21 Abs. 2 JGG die Aussetzung einer Freiheitsstrafe von mehr als einem Jahr rechtfertigen, ist unter den Voraussetzungen des § 267 Abs. 3 Satz 4 verfahrensrechtlich stets zu begründen; näher dazu bei § 267. Wenn solche Umstände offensichtlich nicht vorliegen, besteht sachlichrechtlich keine weitergehende Begründungspflicht[516]. Erscheinen jedoch nach Lage des Einzelfalles Anhaltspunkte für das Vorliegen besonderer Umstände nicht ausgeschlossen, leidet das Urteil an einem sachlichrechtlichen Mangel, wenn der Tatrichter dem in den Urteilsgründen nicht oder nur mit formelhaften Wendungen[517] nachgeht, wobei sich aufgrund der recht großzügig gewordenen Interpretation der Umständeklausel durch die höchstrichterliche Rechtsprechung insoweit strenge und für den Tatrichter nicht immer eindeutige Anforderungen ergeben[518]. Hat der Tatrichter eine Gesamtstrafe gebildet, für die die Prüfung des § 56 Abs. 2 erforderlich ist, so muß sich die Gesamtwürdigung auch mit den einzelnen von der Gesamtstrafe erfaßten Taten auseinandersetzen[519]. Für die revisionsgerichtliche Kontrolle der Prognoseentscheidung und für die Prüfung, ob trotz günstiger Prognose eine Strafaussetzung zur Verteidigung der Rechtsordnung (§ 56 Abs. 3 StGB) ausscheidet, gelten die Ausführungen zu § 56 Abs. 1 entsprechend (Rdn. 237).

239 Die Beurteilung, ob die **besonderen Umstände** des § 56 Abs. 2 vorliegen, steht nach dem Gesetz im pflichtgemäßen Ermessen des Tatrichters („kann"; vgl. BGH DRiZ **1974** 62). Daraus folgt nach allgemeinen Regeln, daß das Revisionsgericht sie beanstanden muß, wenn der Tatrichter dieses Ermessen nicht ausgeübt hat oder wenn seine Entscheidung rechtsfehlerhaft ist; das ist insbesondere der Fall, wenn sie die geforderte Gesamtwürdigung außer acht läßt, die tatsächlichen Umstände lückenhaft oder widersprüchlich würdigt, gegen Denkgesetze verstößt oder Erfahrungssätze mißachtet[520]. Die Rechtsprechung insbesondere des BGH bejaht dabei gerade hier eine Vertretbarkeitsgrenze (dazu schon oben Rdn. 200 f) mit der Folge, daß das Revisionsgericht die „vertretbare" oder „noch vertretbare" tatrichterliche Wertung, die den genannten Anforderungen genügt, „in Zweifelsfällen" und „bis zur Grenze des Vertretbaren" hinzu-

---

[514] BGH NStZ **1985** 166; vgl. auch BGH NJW **1972** 834; BGH GA **1972** 208; BGH VRS **38** 334; OLG Stuttgart NJW **1970** 258; OLG Zweibrücken VRS **45** 108.

[515] BayObLG NJW **1978** 1337; OLG Karlsruhe VRS **57** 109; LK-*Ruß* § 56, 53; *Spiegel* DAR **1980** 201. Vgl. auch oben Rdn. 224.

[516] Vgl. z. B. BGH NStZ **1983** 218; BGH bei *Mösl* NStZ **1984** 496; OLG Hamm VRS **46** 131; OLG Karlsruhe OLGSt § 23 StGB a. F. S. 185; vgl. auch bei § 267.

[517] Vgl. z. B. BGHSt **29** 370 (372); BGH NJW **1983** 1624; BGH StrVert. **1981** 70.

[518] Zur Pflicht, naheliegenden Umständen nachzugehen, vgl. z. B. BGHSt **29** 370; BGH StrVert. **1981** 71, 197; **1982** 72; 420, 570; OLG Bremen StrVert. **1982** 226; s. auch die weiteren Nachw. in den folg. Fußn.; zur großzügig gewordenen Interpretation der Umständeklausel vgl. statt aller *Dreher/Tröndle* § 56, 9 ff m. Nachw.

[519] BGHSt **25** 142; BGH NJW **1976** 1413; BGH VRS **52** 115; etwas lockernd BGHSt **29** 373. Eine besondere Prüfungspflicht besteht, wenn die Einjahresgrenze des § 56 Abs. 1 erst durch eine Gesamtstrafenbildung überschritten wird (BGHSt **29** 370; vgl. auch BayObLG StrVert. **1982** 362 mit weit. Nachw.).

[520] Das entspricht im Ergebnis auch der std. Rspr. (vgl. im folg.), mögen die Prüfungskriterien bei ihr heute durch das Abstellen auf die „Vertretbarkeitsgrenze" meist als solche auch nicht so deutlich werden.

nehmen hat[521]. Betrachtet man die Rechtsprechung im einzelnen, zeigt sich, daß das Abstellen auf die Vertretbarkeit zum Teil entbehrlich ist, weil und soweit sich das Revisionsgericht nämlich doch nur mit der Prüfung begnügt, ob der Tatrichter die Umstände, die für und gegen eine Strafaussetzung sprechen, herangezogen hat bzw. ob es sich dabei um besondere Umstände im Sinne des § 56 Abs. 2 handelt (so z. B. im Fall BGH NStZ **1982** 114). Es zeigt sich aber auch, daß die Vertretbarkeit oft nicht nur auf die eigentliche Abwägung bezogen wird, sondern zugleich auch die Prüfung der Frage überlagert, welche Gesichtspunkte überhaupt als Kriterien für die „besonderen Umstände" gelten können, weil sich die Rechtsprechung insoweit zu einer „Gesamtbetrachtung" gezwungen sieht, bei der auch „durchschnittliche" oder „einfache" Strafmilderungsgründe zu beachten sind (vgl. z. B. BGH StrVert. **1981** 337; NStZ **1984** 360). Insgesamt gesehen, haben sich die Revisionsgerichte durch diese Prüfungsweise einen erheblichen, dogmatisch nicht immer zwingenden Spielraum geschaffen, der für die Einheitlichkeit der Rechtsanwendung und vielleicht sogar für die revisionsgerichtliche Kontrolle des Begriffs der besonderen Umstände i. S. des § 56 Abs. 2 durchaus Gefahren schafft[522]. Im übrigen fällt das Fehlen von revisionsgerichtlichen Entscheidungen auf, die das Vertretbarkeitskriterium zur Aufhebung tatrichterlicher Entscheidungen heranziehen, durch die in *nicht* „vertretbarer" Weise Strafaussetzung gewährt worden ist. Ob das eine Abkehr von BGH NJW **1976** 1413 bedeutet, wo der 4. Strafsenat in einem obiter dictum offenbar auch diesen Fall in die Vertretbarkeitsprüfung einbeziehen wollte, läßt sich nicht erkennen. In der Sache erscheint es jedoch richtig, auf diese Einbeziehung zu verzichten, weil die Sachlage hier etwas anders liegt als beim „Strafuntermaß" (oben Rdn. 199): Hat der Tatrichter aufgrund von Wertungen, die als solche nicht angreifbar sind, besondere Umstände im Sinne des § 56 Abs. 2 bejaht, darf das Revisionsgericht die Konsequenzen dieser Bejahung nicht durch seine gegenteilige Wertung ersetzen; nur dies entspricht auch dem logischen Ausgangspunkt der Vertretbarkeitsgrenze bei § 56 Abs. 2, in Zweifelsfällen vom Vorrang der tatrichterlichen Entscheidung auszugehen.

240 Soweit das **Revisionsgericht** die tatrichterliche Entscheidung zu § 56 Abs. 2 **aufhebt,** wird es in aller Regel nur zurückverweisen, nicht aber selbst entscheiden können[523].

241 n) **Verwarnung mit Strafvorbehalt (§ 59 StGB).** Verfahrensrechtlich besteht, wie bei § 56 StGB, eine Begründungspflicht nur, wenn § 59 angewendet oder entgegen einem ausdrücklich gestellten Antrag nicht angewendet worden ist (§ 267 Abs. 3 Satz 4; näher dazu bei § 267). Eine weitergehende Begründungspflicht aus sachlichrechtlichen Gründen wird wegen des Ausnahmecharakters der Vorschrift nicht häufig in Betracht kommen. Sie besteht, wenn die Umstände des Falles eine Erörterung nahelegen oder der Eindruck besteht, daß der Tatrichter die mögliche Anwendung des § 59 übersehen hat[524]. Dann reicht auch eine formelhafte Begründung nicht aus. Nach dem Gesetz liegt die An-

---

[521] So – in unverkennbar etwas unterschiedlicher Akzentuierung – z. B. BGH NJW **1976** 1433; **1977** 639 = JR **1978** 32 m. Anm. *Lintz*; BGH NStZ **1981** 61, 389, 434; **1982** 114, 286; BGH GA **1978** 81; **1979** 314, 339; **1982** 40; BGH bei *Holtz* MDR **1976** 987; **1981** 452; BGH DRiZ **1979** 188. – Anders z. B. noch BGH GA **1973** 84; VRS **50** 340; OLG Zweibrücken MDR **1973** 514, die die Aussetzung sehr eingeschränkt nachprüften.

[522] Vgl. *Lintz* JR **1978** 33; *Dreher/Tröndle* § 56, 9 c; SK-*Horn* § 56, 29; vgl. auch *Schreiber* JR **1977** 63 sowie *Bruns* II 281 ff, der (S. 284) „der Sachkunde und dem Verantwortungsgefühl der Revisionsgerichte" vertraut.

[523] Anders jedoch eine bei LK-*Ruß* § 56, 54 Fußn. 36 zit. Entscheidung des BGH (1 StR 195/77 v. 3.5.1977).

[524] OLG Zweibrücken VRS **66** 196; *Lackner* § 59, 7; LK-*Ruß* § 59, 10.

wendung des § 59 im pflichtgemäßen Ermessen des Tatrichters („kann"). Das Revisionsgericht prüft sie nur auf Rechtsfehler, wobei nach herrschender Meinung auch hier die Vertretbarkeitsgrenze (oben Rdn. 200 ff) gilt[525]. Die Prüfung erstreckt sich insbesondere auf die Frage, ob der Tatrichter den Ausnahmecharakter der Vorschrift genügend beachtet hat[526]. Entgegen LK-*Ruß* § 58, 12 unterliegt, wie bei § 56, die Prüfung auf Rechtsfehler jedoch verschiedenen Anforderungen im Hinblick auf die Vertretbarkeitsgrenze, je nachdem, ob sie die Prognose (vgl. oben Rdn. 236), die besonderen Umstände (vgl. oben Rdn. 239), die „Verteidigung der Rechtsordnung" (vgl. oben Rdn. 237) oder die abwägende Gesamtentscheidung selbst betrifft. Auch bleibt zu beachten, daß für den Tatrichter trotz der Gesetzesformulierung („kann") ein Spielraum nicht bestehen dürfte, wenn alle Voraussetzungen für die Anwendung des § 59 gegeben sind, weil es dann nicht möglich sein wird, überzeugende Gründe für seine Ablehnung zu finden[527].

242   o) **Absehen von Strafe (§ 60 StGB).** Die Entscheidung muß auch hier, wie bei §§ 56, 59 StGB, verfahrensrechtlich nur begründet werden, wenn das Gericht von Strafe abgesehen oder entgegen einem in der Hauptverhandlung gestellten Antrag nicht abgesehen hat (dazu im einzelnen bei § 267). Sachlichrechtlich besteht, wiederum wie bei § 56 und § 59 StGB, nach h. M. eine weitergehende Begründungspflicht: Es bedeutet einen sachlichrechtlichen Mangel, wenn das Urteil zu § 60 keine Begründung enthält, obwohl der Sachverhalt dazu Anlaß gibt[528]. Besteht eine Begründungspflicht, so ist eine lückenlose Gesamtabwägung aller sich nach der Sachlage aufdrängenden erheblichen Gesichtspunkte erforderlich[529]. Bei einer Gesamtstrafe ist die Anwendung des § 60 für jede Einzeltat gesondert zu prüfen[530].

243   § 60 enthält **zwingendes Recht.** Er wird vom Revisionsgericht auf Rechtsfehler, insbesondere darauf geprüft, ob der Tatrichter von unrichtigen oder unvollständigen Erwägungen ausgegangen ist oder den Ausnahmecharakter der Vorschrift verkannt hat. Dabei ergibt sich für die Frage der Offensichtlichkeit ein gewisser Beurteilungsspielraum, den das Revisionsgericht hinzunehmen hat[531]. Es wird daher seine Beurteilung der Offensichtlichkeit regelmäßig nicht an die Stelle der des Tatrichters setzen können[532]. Daß dies aber ausnahmslos gelten und insbesondere die unmittelbare Anwendung des § 60 durch das Revisionsgericht zwingend ausschließen soll[533], ist, weil auch der Rechtsbegriff der Offensichtlichkeit revisibel ist, dann nicht zwingend, wenn die Feststellungen des Tatrichters erschöpfend sind und aufgrund dieser Feststellungen jede andere Entscheidung verfehlt wäre[534].

---

[525] OLG Celle NdsRpfl. **1977** 90; OLG Schleswig SchlHA **1977** 178; LK-*Ruß* § 59, 12.
[526] BayObLGSt **1975** 127 = VRS **50** 109; OLG Hamm NJW **1976** 1221.
[527] So zu Recht die herrschende Meinung im Schrifttum; vgl. *Dreher/Tröndle* § 59, 6 mit Nachw.; vgl. auch BGHSt **6** 299, § 23 a. F. StGB.
[528] Vgl. BGH bei *Dallinger* MDR **1972** 750; OLG Koblenz VRS **44** 416; LK-*Hirsch* § 60, 48.
[529] OLG Karlsruhe NJW **1974** 1007 = JR **1975** 161 m. Anm. *Zipf* = JZ **1974** 772 m. Anm. *Maiwald*; LK-*Hirsch* § 60, 48.
[530] *Dreher/Tröndle* 5; *Lackner* 3b; *Schönke-Schröder* 9; alle zu § 60.

[531] Vgl. im einzelnen BayObLG NJW **1971** 766; OLG Celle NJW **1971** 757; OLG Frankfurt NJW **1971** 768; OLG Hamm DAR **1973** 247; VRS **40** 354; **43** 20; OLG Stuttgart Justiz **1970** 423; vgl. auch BGHSt **27** 298.
[532] OLG Düsseldorf VRS **42** 274; OLG Hamm DAR **1973** 247; OLG Karlsruhe NJW **1974** 1007 = JR **1975** 161 m. Anm. *Zipf* = JZ **1974** 772 m. Anm. *Maiwald*; OLG Köln NJW **1971** 2037; OLG Zweibrücken VRS **45** 107.
[533] So insbes. das OLG Karlsruhe und wohl auch die übrigen in der vorigen Fußn. genannten Entscheidungen.
[534] Ebenso LK-*Hirsch* § 60, 48 und, vielleicht zu weitgehend, BayObLG NJW **1972** 696.

p) Maßregeln der Besserung und Sicherung (§§ 61 ff StGB). Verfahrensrechtlich **244** ist der Tatrichter zur Begründung einer Maßregelentscheidung nur verpflichtet, wenn er sie anordnet oder entgegen einem gestellten Antrag nicht anordnet bzw. wenn er sie im Fall des § 69a Abs. 1 Satz 3 StGB nicht ausspricht, obwohl dies nach der Art der Straftat in Betracht kommt (§ 267 Abs. 6; dazu näher bei § 267). Sachlichrechtlich bestehen nach den heutigen Rechtsgrundsätzen (oben Rdn. 121 ff) weitergehende Begründungspflichten insbesondere, wenn sich der Tatrichter mit der Möglichkeit oder Notwendigkeit einer Maßregelanordnung nicht auseinandersetzt, obwohl die Umstände des Falles dazu drängen (vgl. auch bei § 267). Die Revisibilität der tatrichterlichen Entscheidung unterliegt, entsprechend dem Charakter der verschiedenen Maßregeln und Maßregelvoraussetzungen, aber auch den Gegebenheiten des konkreten Falles, recht differenzierten und unterschiedlichen Regeln. Im Überblick gilt folgendes.

Die Anordnung von Maßregeln setzt, wenn auch in etwas verschiedener Abstu- **245** fung und Intensität, stets die Gefahr voraus, daß der Täter weitere Straftaten begeht. Diese **Gefährlichkeitsprognose** liegt, wie bei § 56 StGB, weitgehend auf tatsächlichem Gebiet. Sie ist daher (vgl. oben Rdn. 236) grundsätzlich nur revisibel, wenn sie rechtsfehlerhaft ist. Das gilt sinngemäß auch bei § 69 Abs. 1 StGB für die Frage, wie die vorläufige Entziehung auf den Angeklagten gewirkt hat und ob dieser auch jetzt noch ungeeignet zum Führen von Kraftfahrzeugen ist[535]. Rechtsfehlerhaft ist die tatrichterliche Prognoseentscheidung nicht nur, wenn sie die bei der betreffenden Maßregel erforderliche Art und Stärke der Gefahr rechtlich verkennt oder gegen den Grundsatz in dubio pro reo verstößt[536]. Als rechtsfehlerhaft gilt sie auch, wenn sich das Urteil mit formelhaften Begründungen begnügt, die dem Revisionsgericht die sachliche Nachprüfung nicht erlauben, wenn es die tatsächlichen Umstände des Falles nicht ausreichend berücksichtigt, gegen Denkgesetze verstößt oder Erfahrungssätze außer acht läßt[537]. Dabei ergibt sich allerdings gerade hier das Dilemma, daß nach dem derzeitigen Stand der Erkenntnis über die Kriterien und Methoden einer Prognose der weiteren Gefährlichkeit in Theorie und Praxis eine erhebliche Unsicherheit besteht, die auch das Revisionsgericht nicht ändern kann. Es wird daher insoweit nur eingreifen, wenn üblicherweise als wesentlich angesehene Kriterien verkannt oder nicht herangezogen worden sind[538], und es wird den Tatrichter auch nicht auf eine der vertretenen Prognosemethoden festnageln dürfen. Die **Nichtzuziehung eines Sachverständigen** kann, über § 246a und dessen fehlerhafte Handhabung hinaus (s. näher bei § 246a) als Verstoß gegen die Aufklärungspflicht (§ 244 Abs. 2) die Verfahrensrevision begründen. Die Sachrüge ist nach den allgemeinen Regeln der heutigen Praxis (oben Rdn. 140) gegeben, wenn sich der Tatrichter mit dem Gutachten eines Sachverständigen nicht sachgemäß auseinandersetzt oder seine eigene Sachkunde dort nicht begründet, wo sie zweifelhaft ist.

Entsprechendes gilt für die mit der Prognose zusammenhängende **Gesamtwürdi- 246 gung** des Täters und seiner Tat, die das Gesetz, mit Besonderheiten bei § 69 StGB, für die Prognose und unter Beachtung des Verhältnismäßigkeitsgrundsatzes (§ 62 StGB) grundsätzlich auch dort verlangt, wo es das nicht ausdrücklich sagt[539]. Die begrenzte

---

[535] BayObLGSt **1976** 49 = NJW **1977** 445; vgl. auch OLG Oldenburg VRS **51** 282.

[536] Vgl. BGHSt **5** 176; BGH NJW **1952** 836; **1968** 998; BGH bei Holtz MDR **1979** 280; OLG Celle NJW **1976** 1320; zum Ganzen näher LK-*Hanack* Vor § 61, 48 ff.

[537] Vgl. – nur als Beispiel – etwa BGHSt **3** 170; BGH NJW **1968** 668; BGH bei Holtz MDR **1979** 280; **1980** 454.

[538] Zu diesen Kriterien und zu den Unsicherheiten über die Prognose näher z. B. LK-*Hanack* Vor § 61, 102 ff.

[539] So bei § 64, bei § 68 und bei § 69 StGB (näher mit weit. Nachw. LK-*Hanack* § 64, 79 und § 68, 13; LK-*Rüth* § 69, 21 ff, auch zu den Besonderheiten des § 69).

Nachprüfbarkeit besteht dabei auch hinsichtlich derjenigen speziellen Voraussetzungen einer Maßregel, die mit der Gesamtwürdigung und der Prognose in untrennbarem Zusammenhang stehen. Das gilt etwa für die Hangtätereigenschaft i. S. des § 66 Abs. 1 Nr. 3 StGB, für die Beurteilung der weiteren Gefährlichkeit „infolge seines Hangs" bei § 64 StGB oder für die Ungeeignetheit zum Fahren von Kraftfahrzeugen gemäß § 69 Abs. 1 StGB. Das Revisionsgericht kann hier im allgemeinen nur kontrollieren, ob der Tatrichter die für diese Prüfung relevanten Faktoren beachtet und widerspruchsfrei gewürdigt und ob er – im Zusammenhang damit – die zugrundeliegenden Rechtsbegriffe als solche richtig interpretiert hat, z. B. von einem zutreffenden Verständnis des „Hangs" bei § 66 oder § 64 ausgegangen ist oder innerhalb seines Beurteilungsspielraums im konkreten Fall den Rechtsbegriff des drohenden „schweren Schadens" gemäß § 66 Abs. 1 Nr. 3 StGB nicht verkannt hat[540].

247 Das **Revisionsgericht** kann in dem genannten Bereich (Rdn. 245, 246) seine eigene Würdigung regelmäßig nicht an die Stelle derjenigen des Tatrichters setzen. Das entspricht bei allen Maßregeln der ständigen Praxis. Etwas anderes gilt – bei erschöpfenden tatrichterlichen Feststellungen – allenfalls ausnahmsweise, wenn bei Erfüllung der Maßregelvoraussetzungen ihre Anwendung zwingend und ohne zeitliche Bemessung durch den Tatrichter vorgeschrieben ist[541]. Ist die Anordnung der Maßregel nach dem Gesetz in das Ermessen des Tatrichters gestellt („kann"), treffen ihn besonders strenge Begründungspflichten, wenn er sie anwendet; prinzipiell ausgeschlossen erscheint in diesen Fällen, daß das Revisionsgericht eine Nichtanordnung, die von Rechtsfehlern beeinflußt ist, durch die eigene Anordnung der Maßregel ersetzt. Zur Schuldspruchberichtigung im Maßregelrecht vgl. im übrigen § 354, 43.

248 Die **sonstigen Maßregelvoraussetzungen** unterliegen den allgemeinen Regeln (oben Rdn. 101 ff, Rdn. 121 ff) der Sachrevision. Voll revisibel sind daher außer den Feststellungen zur Anlaßtat und ihrer Würdigung diejenigen gesetzlichen Merkmale einer Maßregel, die nicht speziell mit der Prognose und der darauf beruhenden Gesamtwürdigung (Rdn. 245, 246) zusammenhängen. Das gilt z. B. für die sog. formellen Voraussetzungen der Sicherungsverwahrung, also die Vorverurteilungen und Vorverbüßungen gemäß § 66 Abs. 1 Nr. 1, Nr. 2 StGB, für das Begehen der Anlaßtat „im Zustand der Schuldunfähigkeit oder der verminderten Schuldfähigkeit" bei § 63 StGB, für die entsprechende Klausel und den „Zusammenhang mit dem Führen eines Kraftfahrzeuges" bei § 69 StGB, für die Bezogenheit der Anlaßtat auf Beruf oder Gewerbe, aber auch für die Bestimmung des sachlichen Umfangs der verbotenen Berufsausübung bei § 70 StGB; zum letzteren vgl. auch § 260 Abs. 2 und die dort. Erl.

249 Ob oder wann die **Bemessung der Dauer** einer Maßregel der Revision unterliegt, wenn der Tatrichter diese Dauer von vornherein im Urteil konkret bestimmen muß (so nach § 69a und § 70 StGB) oder doch kann (so nach § 68c Abs. 1 StGB), ist wenig geklärt. Da die Dauer nicht von Schuldgesichtspunkten abhängt, sondern von der Prognose und dem Grundsatz der Verhältnismäßigkeit, ist eine Überprüfung nach den heute für die Strafe geltenden Prinzipien des Schuldüber- oder -untermaßes (oben Rdn. 197 ff) nicht möglich. In Betracht kommt jedoch eine Vertretbarkeitsprüfung nach dem Verhältnismäßigkeitsgrundsatz (§ 62 StGB). Da sie aber im Zusammenhang mit der Prognose steht, die der Beurteilung des Revisionsgerichts nur begrenzt zugänglich ist (oben Rdn. 245), wird das Revisionsgericht bei zeitiger Maßregelanordnung insoweit nur sel-

---

[540] Vgl. – als Beispiele zu § 66 StGB – z. B. BGHSt **24** 154, 163; BGH NJW **1976** 300; BGH JR **1980** 338 m. Anm. *Hanack*; BGH GA **1974** 176; BGH bei *Holtz* MDR **1980** 454.

[541] So BGH NJW **1973** 108 für einen Fall des § 63 (§ 42 b a.F.) StGB, bei dem der Tatrichter die Anordnung rechtsfehlerhaft durch eine solche nach § 66 StGB ersetzt hatte.

ten und nur in Fällen erkennbar krasser Unverhältnismäßigkeit eingreifen können. Die Praxis scheint hier eine Revisibilität überhaupt nur unter dem Gesichtspunkt der Schuldspruchberichtigung bei Rechtsirrtümern anzuerkennen (dazu § 354, 43). Weitergehende Kontrollbefugnisse ergeben sich aber bei der lebenslangen Maßregelanordnung gemäß § 69a Abs. 1 Satz 2, § 70 Abs. 1 Satz 2 StGB, weil hier für die Verhältnismäßigkeitsgrenze klarere und sehr strenge Maßstäbe bestehen[542].

250 Die **Aussetzung einer freiheitsentziehenden Maßregel** zugleich mit dem Urteil (§ 67b StGB) verlangt besondere Umstände, die im Urteil darzulegen sind. Das Revisionsgericht kann sie regelmäßig nur auf Rechtsfehler oder Widersprüche prüfen bzw. eingreifen, wenn erkennbar wird, daß der Tatrichter an die Aussetzung nicht gedacht hat, obwohl dafür Anhaltspunkte bestehen; eine eigene Entscheidung des Revisionsgerichts kommt nur ausnahmsweise in Betracht, inbesondere wenn feststeht, daß die Voraussetzungen der Aussetzung mit Sicherheit nicht vorliegen (BGH NStZ **1983** 167[543]). Bei Entscheidung über die **Reihenfolge der Vollstreckung** (§ 67 Abs. 1, Abs. 2 StGB) ist der Tatrichter verpflichtet anzugeben, warum er von der Regel des § 67 Abs. 1 abweicht oder trotz gegebener Anhaltspunkte im Sinne des § 67 Abs. 2 StGB nicht abweicht. Das Revisionsgericht kann auch diese Entscheidung in der Regel nur auf Rechtsfehler kontrollieren.

251 Bei **Verbindung von Maßregeln** (§ 72 StGB) prüfen die Revisionsgerichte, ob der Tatrichter den Pflichten des § 72 Abs. 1 entsprochen hat. Dabei haben sie seine tatsächlichen Feststellungen, wenn sie als solche rechtsfehlerfrei getroffen sind, hinzunehmen, können jedoch unbeschadet des Umstandes, daß die Entscheidung des Tatrichters stark von den Gegebenheiten des Einzelfalles abhängt, in der Regel genau prüfen, ob oder welche einzelnen Maßregeln reichen[544].

252 q) **Einziehung nach §§ 74 ff StGB.** Ist die Einziehung nicht zwingend vorgeschrieben, so muß das Urteil erkennen lassen, daß sich der Tatrichter der Befugnis, nach seinem Ermessen zu entscheiden, bewußt gewesen ist, ob er nun die Einziehung anordnet oder von ihr absieht[545]. Die Erwägungen, die der Ermessensentscheidung zugrunde liegen, sind im Urteil darzulegen[546]. Den Urteilsgründen muß ferner entnommen werden können, ob die Einziehung in erster Linie als Strafe oder zu Sicherungszwecken angeordnet worden ist. Im ersteren Fall sind auch die allgemeinen Strafzumessungsgründe des § 46 StGB zu beachten[547]; die Entscheidung verlangt dann eine Gesamtbetrachtung mit den Erwägungen zur Hauptstrafe, von der nur abgesehen werden darf, wenn die Einziehung im Einzelfall kein wesentlicher Zumessungsfaktor ist[548]. Kommt eine Einziehung sowohl nach § 74 Abs. 2 Nr. 1 als auch nach Nr. 2 in Betracht, so muß der Tatrichter, der sie anordnet, auch klarstellen, ob beide Einziehungsgründe vorliegen.

---

[542] Vgl. für § 69 a Abs. 1 Satz 2 die Nachw. bei LK-*Rüth* § 69a Rdn. 8, und für § 70 Abs. 1 Satz 2 LK-*Hanack* § 70, 63.
[543] Näher zum Ganzen LK-*Horstkotte* § 67 b, 136 ff. BGH NJW **1978** 599 stellt bei der Nachprüfung auch hier auf die Vertretbarkeit (dazu oben Rdn. 200 ff) ab.
[544] Dazu im einzelnen die Nachweise und Angaben bei LK-*Hanack* § 70.
[545] OLG Köln NJW **1965** 2360; LK-*Schäfer* § 74, 64. Enthält das Urteil den Satz: „Die Sache war einzuziehen", so legt das im allgemeinen die Annahme nahe, daß der Tatrichter irrtümlich geglaubt hat, die Einziehung sei zwingend; vgl. BGHSt **19** 256; BGH bei *Dallinger* MDR **1951** 657; OLG Saarbrücken NJW **1975** 66.
[546] OLG Koblenz GA **1974** 379; anders und bedenklich BGH NJW **1955** 1327 für einen Fall, wo die Gründe für die Einziehung nach seiner Ansicht auf der Hand lagen.
[547] OLG Düsseldorf GA **1977** 21; OLG Hamm NJW **1975** 67; OLG Saarbrücken NJW **1975** 66; vgl. auch LK-*Schäfer* § 74b, 3. Vgl. auch BGH MDR **1983** 767 (Gesamtbetrachtung).
[548] Vgl. BGH **1983** 2711; BGH NStZ **1984** 181 L.

§ 337

253 Das **Revisionsgericht prüft** die Entscheidung, wenn sie in dem umschriebenen Sinne (Rdn. 252) vollständig ist, nur auf Rechtsfehler. Dazu gehört auch ein Verstoß gegen den Verhältnismäßigkeitsgrundsatz, der, über § 74b Abs. 1 StGB hinaus, auch bei der zwingenden Einziehung zu beachten ist[549]. Schweigt der Tatrichter zu seiner Anwendung, ist das unschädlich, wenn das Revisionsgericht die Gründe dafür dem Urteil ohne weiteres entnehmen kann[550]. Hat der Tatrichter die Möglichkeit milderer Maßnahmen nicht erörtert, ist dies ein Rechtsfehler, wenn für die Prüfung Anlaß bestand, nicht jedoch, wenn die Anwendung des § 74b offensichtlich verfehlt wäre[551].

VII. Beruhen des Urteils auf der Gesetzesverletzung

254 1. **Allgemeines.** Regelmäßig hängt der Erfolg der Revision nicht nur von einem Rechtsverstoß des Tatrichters, sondern auch davon ab, daß das Urteil auf ihm beruht. Bei bestimmten schwerwiegenden Verfahrensverstößen wird das gesetzlich vermutet; sie sind zwingende Urteilsaufhebungsgründe (§ 338). Der Wortlaut des § 337 („nur darauf gestützt werden, daß das Urteil auf einer Verletzung des Gesetzes beruhe") ist nicht so zu verstehen, daß, wenn die Voraussetzungen des § 338 nicht vorliegen, der Beschwerdeführer das Beruhen behaupten oder gar beweisen muß (näher § 344, 87). Die Vorschrift bringt nur allgemein zum Ausdruck, daß eine Gesetzesverletzung, die für das angefochtene Urteil keinerlei Bedeutung hat, die Revision nicht begründen kann. Es handelt sich also um eine Frage des ursächlichen Zusammenhangs[552]: Die unrichtige Anwendung einer Rechtsnorm ist ohne Bedeutung, wenn auch bei ihrer richtigen Anwendung das Urteil nicht anders ausgefallen wäre (BGH NJW **1951** 206); entsprechendes gilt, wenn eine anzuwendende Rechtsnorm fehlerhaft nicht angewendet worden ist.

255 Der ursächliche Zusammenhang **muß nicht erwiesen** sein. Insbesondere bei Verfahrensverstößen läßt sich oft nicht sicher nachweisen, ob sie das Urteil nachteilig beeinflußt haben. Der Kausalität wird daher nach ständiger, von der Lehre gebilligter Rechtsprechung die *Möglichkeit* der Kausalität gleichgestellt. Das Urteil beruht danach schon dann auf dem Rechtsfehler, wenn es als möglich erscheint oder wenn nicht auszuschließen ist, daß es ohne den Fehler anders ausgefallen wäre[553]. An dem ursächlichen Zusammenhang fehlt es nur, wenn die Möglichkeit, daß der Verstoß das Urteil beeinflußt hat, ausgeschlossen oder rein theoretisch ist[554]. Gewissen Tendenzen, diese Anfor-

---

[549] Zur Anwendung bei § 74b s. OLG Hamm NJW **1975** 67; LK-*Schäfer* § 74b, 3 f; zur Geltung auch bei zwingender Einziehung s. BGHSt **23** 269; OLG Braunschweig MDR **1974** 594; vgl. auch LK-*Schäfer* § 74b, 2.

[550] OLG Hamm NJW **1973** 1143; LK-*Schäfer* § 74b, 3.

[551] BayObLG NJW **1974** 2060; OLG Köln OLGSt § 74 S. 1; LK-*Schäfer* § 74b, 8.

[552] RGSt **1** 255; **42** 107; **45** 143; OLG Hamm JR **1971** 516; allg. Meinung, z. B. KK-*Pikart* 33; *Kleinknecht/Meyer* 17; *Henkel* 378; *Peters* 617; *Roxin* § 53 E I 1.

[553] So z. B. BVerfGE **4** 417 = NJW **1956** 545; BGHSt **1** 350; **8** 158; **9** 84, 364; **14** 268; **20** 164; **21** 290; **22** 280; **27** 168; **28** 199; **31** 145; BGH NJW **1951** 206; BGH NStZ **1983** 135, 568; RG in ständ. Rspr., z. B. RGSt **1** 212; **9** 69; **10** 139; **64** 413; **66** 10; **72** 183; OGHSt **2** 157; KG JW **1931** 234; OLG Hamburg GA **1970** 55; OLG Hamm VRS **8** 370; OLG Koblenz VRS **49** 371; allg. Meinung im Schrifttum.

[554] BGHSt **1** 210; **2** 250; **14** 268; **18** 295; **27** 17; BGH NStZ **1982** 431 (für einen Fall des § 60 Nr. 2; dazu *Lenckner* NStZ **1982** 404); **1982** 517; **1985** 135; BGH GA **1980** 184; BGH StrVert. **1982** 101; BGH VRS **11** 440; BGH bei *Dallinger* MDR **1975** 369; RGSt **9** 320; **44** 348; **73** 86 u. ö.; OLG Koblenz VRS **49** 371; allg. M.; *Peters* 618 verlangt, daß es sich dabei „um vernünftigerweise zu beachtende Möglichkeiten, nicht um rein mathematische oder abstrakte handelt".

derungen insbesondere bei solchen Verfahrensvorschriften zu lockern, bei denen ihrer Natur nach im allgemeinen wenig naheliegt, daß das Urteil auf ihrer Verletzung beruht, ist im Hinblick auf die Bedeutung der Justizförmigkeit des Verfahrens für die Rechtsgewinnung zu widersprechen; dazu im folg. Text. Zum Problem der sog. Ordnungsvorschriften, die überhaupt nicht revisibel sein sollen, s. oben Rdn. 15 ff, und zur Einschränkung der Revisibilität durch die „Rechtskreistheorie" oben Rdn. 95 ff.

2. Beruhen auf Verfahrensfehler
a) Allgemeines. Bei Verfahrensverstößen kommt es für die Beurteilung der Beruhensfrage nicht darauf an, ob ohne den Rechtsfehler gerade das vorliegende Urteil ergangen wäre; entscheidend ist vielmehr, ob ein unter Einhaltung der Verfahrensvorschriften durchgeführtes Verfahren zu demselben Ergebnis geführt hätte oder möglicherweise anders ausgefallen wäre[555]. Wenn ein fehlerhafter Verfahrensakt das weitere Verfahren und damit das angefochtene Urteil erst ermöglicht hat, bedeutet das daher noch nicht notwendig, daß das Urteil auf ihm beruht[556]. Zu widersprechen ist jedoch der Auffassung des BGH, daß das Urteil auf einer Nichtbeachtung der Pflicht, dem Antragsteller die dienstliche Erklärung eines abgelehnten Richters vor der Entscheidung bekanntzugeben (§ 33), deswegen nicht beruhe, weil der Antragsteller nach späterer Kenntnisnahme von der Erklärung das Ablehnungsgesuch erneuern könne[557]; hier wird verkannt, daß die Entscheidung über die Ablehnung möglicherweise auf dem Mangel beruht und es einen gravierenden Unterschied macht, ob der Antragsteller gegen eine schon gefällte Entscheidung angeht oder auf eine noch nicht gefällte Entscheidung Einfluß nimmt. **256**

Die **Beurteilung der Beruhensfrage** hängt – unbeschadet der in Rdn. 255 genannten Richtlinie – stark von den Umständen des Einzelfalles ab. Feststehende Regeln lassen sich wohl nicht aufstellen[558]. Im einzelnen ist daher auf die Erläuterungen zu den einzelnen Verfahrensvorschriften zu verweisen. Hervorgehoben sei jedoch folgendes. **257**

Auch bei Verfahrensvorschriften, bei denen es nach ihrem Charakter **wenig naheliegt**, daß das Urteil auf ihrer Verletzung beruht, kommt es allein auf die *Möglichkeit* des ursächlichen Zusammenhangs an, an der es nur fehlt, wenn diese Möglichkeit ausgeschlossen oder rein theoretisch ist. Es ist daher, wenn die Revisibilität dieser Vorschriften nicht unterlaufen werden soll, davon auszugehen, daß sich das „Beruhen" auf dem Mangel auch hier nur ausnahmsweise verneinen läßt, wenn nämlich besondere Umstände ersichtlich sind, die den Sonderfall begründen[559]. Daß sich die Rechtsprechung an diese Grundsätze nicht immer hält, sondern die Anforderungen im Einzelfall großzügiger und insgesamt etwas unterschiedlich handhabt (und auch dadurch dem Beschwerdeführer die Berechenbarkeit des Rechtsmittels erschwert, vgl. Vor § 333, 11 f), ist kaum zu verkennen. So ist die (auch zeitlich) etwas schwankende Praxis zu den verschiedenen Einzelvorschriften zum Teil nicht ohne Grund wiederholt kritisiert worden. **258**

---

[555] RGSt **2** 122; **52** 306; **61** 354; **68** 380; RG JW **1928** 2260; OLG Braunschweig VRS **23** 136; KK-*Pikart* 33; *Henkel* 378; *Sarstedt/Hamm* 178, 188; vgl. auch KMR-*Paulus* 34.

[556] Vgl. RGSt **2** 122; **52** 306; vgl. auch im weiteren Text Rdn. 260.

[557] BGHSt **21** 85; BGH StrVert. **1982** 457; dagegen *Hanack* JZ **1971** 92.

[558] RGSt **42** 107; **44** 345; **52** 306; *Eb. Schmidt* 58.

[559] So auch BGH StrVert. **1982** 5 für den Verstoß gegen § 268 Abs. 3 Satz 2; ähnlich BGHSt **23** 224 für § 229 Abs. 1; vgl. auch BGHSt **21** 290 und **22** 281; BGH StrVert. **1984** 104 („nur in Ausnahmefällen") für § 258 Abs. 2 Halbs. 2 und dazu in der folg. Fußn.

Sie kann, wie etwa bei § 258 Abs. 2 Halbsatz 2 deutlich wird, leicht zur Aushöhlung der mit den Vorschriften verfolgten rechtsstaatlichen Belange führen[560]. Auch in anderen Bereichen der Verfahrensrevision zeigen sich bei der Beruhensfrage bisweilen fragwürdige Differenzierungen oder sogar aushöhlende Tendenzen. Mindestens bedenklich ist beispielsweise die Auffassung des BGH, in „einfach gelagerten Fällen" beruhe das Urteil auch dann nicht auf der unterlassenen Verlesung des Anklagesatzes (Verstoß gegen § 243 Abs. 3 Satz 1), wenn denjenigen Verfahrensbeteiligten, die die Anklage nicht ohnedies kennen, „die Erfassung der maßgeblichen Verfahrensvorgänge" während der Verhandlung „im erforderlichen Umfang möglich war"[561]. Die Differenzierung ist vage und wenig tragfähig, wie die entschiedenen Fälle auch zeigen[562]; sie bedeutet eine problematische Relativierung des § 243 Abs. 3 Satz 1, weil die mögliche Kausalität des Mangels allein anhand einer überschlägigen revisionsrichterlichen Einschätzung vom Vermögen der Prozeßbeteiligten erfolgt, die als solche keine Sicherheit bietet, daß die Kausalität des Verfahrensverstoßes wirklich ausgeschlossen oder nur theoretisch ist.

259 Schwierigkeiten können entstehen, wenn das Urteil sich bei der **Zusammenfassung der benutzten Beweismittel** mit einer formelhaften Aufführung begnügt. Nach herrschender Rechtsprechung besagt die Nennung eines Zeugen oder eines anderen Beweismittels allein noch nicht, daß das Urteil auf diesem Beweis beruht; sie bedeutet nur, daß die Beweisaufnahme auf die genannten Beweismittel erstreckt worden ist, nicht aber, daß sie auch Bedeutung für die Entscheidung gehabt haben[563]. Das erscheint bedenklich, wenn und soweit dadurch die Möglichkeit des Beruhens (Rdn. 255) überspielt wird. In vielen Fällen hilft hier aber heute wenigstens die Sachrüge in der Form der „Darstellungsrüge" (oben Rdn. 121 ff).

260 **Das Revisionsgericht** kann bei Entscheidung der Frage, ob das Urteil auf einem Verfahrensmangel beruht, einen an sich unwirksamen Verzicht (unten Rdn. 269 ff) des Beschwerdeführers auf Einhaltung des gesetzlichen Verfahrens in vorsichtiger Form berücksichtigen[564]. Bei verfahrensfehlerhafter Außerachtlassung von Beweismitteln muß das Revisionsgericht die Frage, ob das Urteil auf dem Fehler möglicherweise nicht beruht, mit größter Zurückhaltung beurteilen, und zwar auch bei Urkunden[565]. Auf Verstößen im Vorverfahren beruht das Urteil nur, wenn sie in die Hauptverhandlung

---

[560] Kritisch zur (mindestens früheren) Handhabung bei § 258 Abs. 2 z. B. *Eb. Schmidt* JR **1969** 234; *Hanack* JZ **1972** 276 mit weit. Nachw. Vgl. z. B. auch *Eb. Schmidt* 26 zur Rspr. des RG bei § 265 (und dazu näher die dort. Erl.).

[561] So BGH NJW **1982** 1087 und BGH NStZ **1982** 518 mit weit. Nachw.; vgl. auch BGH NStZ **1982** 431 und StrVert. **1984** 493, wo ein „einfach gelagerter Fall" jedoch abgelehnt wird. Die bisherige Rechtsprechung war insoweit insgesamt zurückhaltender; vgl. auch die Angaben bei § 243, 107.

[562] So betraf BGH NJW **1982** 1087 ein versuchtes Tötungsdelikt mit bedingtem Vorsatz in einer Gastwirtschaft, und BGH NStZ **1982** 518 den Fall einer ursprünglich gesondert angeklagten Vermittlung von Heroin, bei der immerhin nur eine erste Teillieferung erfolgt war. Wenn BGH NStZ **1982** 431 die Frage des „einfach gelagerten Falls" sogar für eine komplizierte Betrugsanklage prüft, bleibt die Frage nach den Begrenzungen drängend.

[563] BGH NJW **1951** 325; BGH bei *Dallinger* MDR **1972** 17; OLG Hamm VRS **41** 123; OLG Schleswig bei *Ernesti/Jürgensen* SchlHA **1976** 171; *Dahs/Dahs* 27.

[564] Vgl. RGSt **61** 354; OLG Braunschweig VRS **23** 136; *Jescheck* JZ **1952** 403.

[565] RGSt **65** 308; vgl. § 245, 92. Die Ausnahme, die BGH bei *Dallinger* MDR **1975** 369 für Urkunden macht, ist nicht zu rechtfertigen; sie läuft auf eine mögliche partielle Wiederholung der Beweisaufnahme hinaus, die dem Revisionsgericht (schon wegen der Gefahren gerade einer *partiellen* Wiederholung) grundsätzlich untersagt ist (oben Rdn. 77 ff).

hineingewirkt und dadurch das Urteil mittelbar beeinflußt haben (vgl. § 336, 3 ff). Verfahrensfehler nach Erlaß des Urteils scheiden als Revisionsgründe aus, weil das Urteil auf ihnen nicht beruhen kann[566].

b) Heilung. Auf einem Verfahrensfehler beruht das Urteil nicht, wenn der Tatrichter ihn rechtzeitig geheilt hat[567]. Er darf von der Heilung nicht etwa deshalb absehen, weil er dem Verstoß für das Urteil keine Bedeutung beimißt; die Beurteilung der Frage, ob seine Entscheidung auf dem Mangel beruht, ist dem Revisionsgericht überlassen (*W. Schmid* FS Maurach 540). Die zur Heilung erforderlichen Maßnahmen ordnet der Vorsitzende an, wenn der Verstoß aufgrund einer von ihm getroffenen Maßnahme eingetreten ist; anderenfalls ist das ganze Gericht zuständig[568].

261

Die **Heilung erfolgt** bei fehlerhaft unterlassener Verfahrenshandlung durch Nachholung[569], bei fehlerhaft durchgeführtem Verfahrensvorgang durch Wiederholung in einwandfreier Form[570] und bei gesetzeswidrigen Entscheidungen durch deren Rücknahme[571]. Der Heilung **steht es gleich,** wenn ein Verfahrensvorgang, der sich nicht mehr rückgängig machen läßt, nach ausdrücklichem, in die Sitzungsniederschrift aufzunehmendem Hinweis an die Verfahrensbeteiligten (*W. Schmid* JZ **1969** 758) so behandelt wird, als sei er nicht geschehen[572].

262

Möglich ist die Heilung nur **bis zur Beendigung der Urteilsverkündung**[573]. Durch Nachholung erst in den Urteilsgründen können unterlassene Entscheidungen, etwa bei der Zeugenvereidigung, und Rechtsfehler bei der Behandlung von Anträgen der Prozeßbeteiligten nicht mehr geheilt werden[574].

263

3. Beruhen auf sachlichrechtlichem Fehler

a) Schuldfeststellung. Der Einfluß eines Rechtsfehlers auf das Urteil ist nach dessen schriftlichen Gründen zu beurteilen (oben Rdn. 101 f). Im Gegensatz zur Beurteilung der Auswirkung von Verfahrensmängeln bereitet das bei der Kontrolle der richtigen Anwendung des sachlichen Rechts meist keine Schwierigkeit. Das Urteil beruht auf der rechtsirrigen Anwendung eines schwereren Strafgesetzes auch, wenn die Gründe

264

---

[566] BGH NJW **1951** 970; RGSt **2** 378; **59** 362; allg. M. im Schrifttum.
[567] *Beling* 211 ff; ausführlich *W. Schmid* JZ **1969** 757; zum Ganzen auch Vor § 226, 54 ff; § 338, m. Nachw.; vgl. auch *W. Schmid* FS Maurach 535 für Vereidigungsfehler. Zur Heilung ist der Tatrichter nicht nur befugt, wie *Beling* 212 annimmt, sondern verpflichtet, wenn er den Mangel noch in der Hauptverhandlung bemerkt (RGSt **41** 218, 405; OLG Oldenburg NdsRpfl. **1954** 34).
[568] *W. Schmid* JZ **1969** 762. Es reicht aber aus, daß der Vorsitzende die Berichtigung mit der stillschweigenden Billigung des Gerichts vornimmt (RGSt **39** 247).
[569] So insbesondere bei Eröffnungsbeschlüssen (näher § 207 44 f); bei unterbliebener Zeugenvereidigung (näher § 60, 54) oder bei Verstoß gegen die Gewährung des letzten Worts (s. bei § 258).
[570] RGSt **32** 379; **33** 75; OLG Hamburg NJW **1975** 1574; vgl. auch § 338, 3. Zulässig ist auch die Wiederholung einzelner Abschnitte der Hauptverhandlung, insbesondere einer fehlerhaften Urteilsverkündung (§ 338, 2, 3).
[571] RGSt **37** 114; RGRspr. **8** 850; BayObLGSt **1952** 270 = NJW **1953** 433; BayObLGSt **1953** 214 = VRS **6** 53; BayObLG MDR **1955** 56.
[572] Zulässig ist das z. B. durch Nichtberücksichtigung einer Zeugenaussage, die unter Verstoß gegen § 52 Abs. 3 zustandegekommen ist (s. bei § 52), bei unzulässiger Vereidigung (§ 60, 54) sowie bei unzulässiger Verlesung eines Protokolls oder einer sonstigen Urkunde (RGSt **42** 21, **72** 272).
[573] RG DJZ **1904** 324; RMG **15** 218; OLG Hamm JMBlNRW **1955** 237; *Poppe* NJW **1954**, eingehend *W. Schmid* JZ 1969 762. Vgl. auch Vor § 226, 54.
[574] BGHSt **19** 26; BGH NJW **1951** 368; VRS **35** 132; **36** 215; RG JW **1931** 2823; **1934** 2476; RG HRR **1938** 1381; vgl. für Beweisanträge näher § 244, 150 f.

§ 337 Drittes Buch. Rechtsmittel

hervorheben, daß bei Anwendung des milderen Gesetzes auf dieselbe Strafe erkannt worden wäre (RG JW **1933** 968; oben Rdn. 215). Enthalten die Gründe zu einem Punkt widersprüchliche Tatsachenfeststellungen, so läßt sich oft nicht ausschließen, daß auch die übrigen Feststellungen mangelhaft sind[575]. Sind lediglich Hilfserwägungen fehlerhaft, ist das im allgemeinen jedoch unschädlich (*Dahs/Dahs* 25). Bei der Kontrolle der tatrichterlichen Feststellungen und Würdigungen im Wege der Sachrüge („Darstellungsrüge", oben Rdn. 120 ff) müssen die Revisionsgerichte ein mögliches Beruhen des Urteils konsequenterweise immer annehmen, wenn sie eine mangelhafte Darstellung bejahen; das geht, insbesondere bei Revisibilität der allgemeinen Sachdarstellung (oben Rdn. 131 ff), unter Umständen sehr weit (vgl. schon oben Rdn. 129).

265 b) **Rechtsfolgenentscheidung.** Überraschend wenig erörtert ist, wann ein Urteil (genauer: eine Rechtsfolgenentscheidung) auf einem Fehler bei Bestimmung der Rechtsfolge, insbesondere einer fehlerhaften Strafzumessung, beruht. Die Frage wirft dann keine Schwierigkeiten auf, wenn der Tatrichter eine gesetzlich vorgesehene Rechtsfolge übersehen oder zu Unrecht angeordnet hat, also z. B. an die Annahme eines minder schweren Falles nicht gedacht oder in Verkennung der gesetzlichen Voraussetzungen eine Maßregel ausgesprochen hat. Auch bei fehlerhafter Bemessung der Strafe oder einer sonstigen Rechtsfolge liegt das mögliche Beruhen vielfach auf der Hand. Ist der Tatrichter etwa von einem falschen Strafrahmen ausgegangen (oben Rdn. 212) oder hat er einen bestimmenden Strafzumessungsgrund (oben Rdn. 210) vernachlässigt oder grob verkannt, ist in der Regel die objektive Wahrscheinlichkeit groß, daß das Urteil auf dem Mangel beruht, also ohne den Mangel anders ausgefallen wäre[576], was allein entscheidend ist (vgl. im folg. Text). Eine solche Handhabung des Beruhens entspricht bei gravierenderen Fehlern auch der ständigen Praxis.

266 **Problematisch** wird die Beruhensfrage, wenn der Rechtsfehler in den Zumessungsgründen so gravierend nicht ist, oder wenn er zwar gravierenden Charakter hat, die Strafe aber **im Ergebnis** dennoch **angemessen** erscheint, also im Rahmen des Üblichen (oben Rdn. 203) oder des Vertretbaren (oben Rdn. 200 ff) liegt oder – bei Revision des Angeklagten – sogar vergleichsweise besonders milde ist. Es wird die Meinung vertreten, die auch einer verbreiteten Neigung der Revisionsgerichte entspricht, daß ein Beruhen in solchen Fällen zu verneinen ist, wenn der Revisionsrichter die rechtsfehlerhafte Zumessungserwägung „nach dem Zusammenhang der Urteilsgründe für so unbedeutend hält, daß er ihr keinen Einfluß auf die Strafbemessung einräumt"[577]. Dafür spricht in der Tat, daß das Revisionsgericht eine gewisse Vertretbarkeitskontrolle der Entscheidung vornimmt (oben Rdn. 200 f); dafür spricht, bei nicht so gravierenden Mängeln, auch, daß der Tatrichter ohnedies nur die „bestimmenden" Strafzumessungsgründe (oben Rdn. 210) anzuführen hat, sich also oft schwer beurteilen läßt, wieweit eine fehlerhafte Einzelerwägung überhaupt kausal war. Dennoch ist der genannten Meinung zu widersprechen. Gerade wenn man für die tatrichterliche Rechtsfolgenbemessung, prozessual gesehen, einen „Spielraum", eine „Vertretbarkeitsgrenze", einen Beurteilungsspielraum oder gar ein „Ermessen" anerkennt (dazu oben Rdn. 195) und die Entscheidung als „ureigene" Aufgabe des Tatrichters ansieht (oben Rdn. 195), ist für die Beruhensfrage allein wesentlich, ob die Entscheidung des Tatrichters ohne den Rechtsfehler

---

[575] KG DAR **1956** 333; VRS **14** 45.
[576] Über denkbare Ausnahmen, die im Fall der Schuldspruchberichtigung angenommen werden, s. § 354, 25.
[577] So LR-*Meyer* in der 23. Aufl. Rdn. 214;

ebenso (eingehend) *Frisch* 292 ff, 297 ff, 303; v. *Weber* Die richterliche Strafzumessung, 1956, S. 20; vgl. zur Sicht („Neigung") des Revisionsrichters ferner *Sarstedt/Hamm* 442.

möglicherweise anders ausgefallen wäre; dies ist aber schon deswegen zu vermuten, weil er Zumessungserwägungen, auf die es ihm nicht ankommt, in das Urteil regelmäßig überhaupt nicht aufnimmt. Jede andere Betrachtung ist auch deswegen nicht akzeptabel, weil sie den Anspruch des Angeklagten auf eine rechtsfehlerfreie Ausübung des dem Tatrichter übertragenen Verantwortungsbereichs („Ermessens") aushöhlt[578]. Sie würde zudem darauf hinauslaufen, daß das Revisionsgericht in der Sache selbst entscheidet[579], also allein anhand der Urteilsurkunde eine eigene und andere Entscheidung in der Straffrage trifft. Dies aber ist ihm aus gutem Grunde nicht oder doch nur in den Fällen des § 354 Abs. 1 gestattet, wie im übrigen auch die andersartige Regelung für Ordnungswidrigkeiten (§ 79 Abs. 6 OWiG) zeigt. Es entspricht auch nicht dem Interesse an einer wirksamen revisionsrechtlichen Kontrolle, daß das Revisionsgericht Rechtsfehler des Tatrichters, die für die Entscheidung möglicherweise relevant sind, mit eigenen Einschätzungen verdeckt. Daß für die Nachprüfungskompetenz eine „Vertretbarkeitsgrenze" gilt, besagt nichts Gegenteiliges. Denn diese Begrenzung betrifft nicht die Frage des möglichen Beruhens, sondern das durchaus andere Problem eines gewissen Vorrangs der tatrichterlichen Entscheidung in Grenzfällen (und spricht damit *jedenfalls gegen* die Kompetenz des Revisionsgerichts). Nach allem ist für das Beruhen nicht entscheidend, ob das Revisionsgericht bereit wäre, mit einer richtigen rechtlichen Begründung auf dieselbe Strafe zu erkennen, und erst recht nicht seine Einschätzung, ob ein neuer Tatrichter im Falle der Hauptverhandlung ebenso oder anders entscheiden würde. Entscheidend ist vielmehr allein, ob das Revisionsgericht nach dem Inhalt des angefochtenen Urteils nicht ausschließen kann, daß der erkennende Richter ohne den Rechtsfehler anders entschieden hätte[580].

VIII. Verlust von Verfahrensrügen. Verzicht. Verwirkung

1. Allgemeines. Die Strafprozeßordnung enthält keine dem § 295 ZPO entsprechende Vorschrift darüber, ob und unter welchen Voraussetzungen die Rüge der Verletzung von Verfahrensbestimmungen wegen Verzichts der Prozeßbeteiligten auf ihre Befolgung oder aus anderen Gründen unzulässig ist. Aus den Gesetzesmaterialien ergibt sich, daß man der Auffassung war, die Frage sei durch die Beruhensregel des § 337 gelöst, da diese den Grundsatz enthalte, „daß der Beschwerdeführer die Revision nicht auf die Beschränkung einer prozessualen Befugnis gründen könne, wenn er durch sein eigenes Verhalten zu erkennen gegeben hat, daß er die Beschränkung für eine ihm nachteilige nicht erachte" (*Hahn* **2** 251). Dabei ist übersehen worden, daß es auch andere schwerwiegende Verfahrensverstöße gibt als die Beschränkung von prozessualen Befugnissen[581] und daß es für die Beurteilung, ob eine Entscheidung auf dem Verfah-

---

[578] Treffend *Gribbohm* NJW **1980** 1441. Daß dem Tatrichter bei einem Rechtsfehler vom Revisionsgericht „Gelegenheit gegeben werden (muß) ..., von seinem (!) Ermessen Gebrauch zu machen", erkennen (im Fall des falschen Strafrahmens) übrigens auch *Sarstedt/Hamm* 420 an.

[579] So denn auch ausdrücklich LR-*Meyer*[23], 241; dazu und dagegen *Gribbohm* NJW **1980** 1441.

[580] OLG Bremen MDR **1960** 698; OLG Celle NJW **1949** 600; eingehend *Gribbohm* NJW **1980** 1440.

[581] Vgl. auch *H. Müller* 13; *W. Schmid* 28, die mit Recht die Frage stellen, was mit dem Begriff denn eigentlich gemeint sei. In der Sache knüpft er ersichtlich an die Rechtsprechung der preußischen Obergerichte an, die bei bewußtem Nichtgebrauch einer gesetzlich eingeräumten Abwehrbefugnis gegen die Verletzung einer den Angeklagten „schützenden" Verfahrensnorm einen Rügeausschluß bejahten (dazu näher *von Tippelskirch* 650 ff; vgl. auch *H. Müller* 13 Fußn. 4).

§ 337

rensverstoß beruht, auf die Meinung des Beschwerdeführers jedenfalls dann nicht ankommt, wenn es sich um Vorschriften handelt, die nicht lediglich zu seinem Schutz (vgl. § 339) geschaffen sind. Da die Einhaltung der Vorschriften der Strafprozeßordnung fast ausschließlich im öffentlichen Interesse liegt, sind die Fälle selten, in denen die Verfahrensrüge eines Beschwerdeführers, aus Gründen, die in seinem eigenen Verhalten liegen, unzulässig ist; vgl. im einzelnen im folg. Text.

268   **2. Rügeverlust durch Zeitablauf.** Eine Reihe von Verfahrenseinreden ist gesetzlich befristet und später unzulässig. Dazu gehören der Einwand der örtlichen Unzuständigkeit (§ 16) und der Zuständigkeit der besonderen Strafkammern (§ 6a), die Richterablehnung wegen Befangenheit (§§ 25, 31), die Rüge der Nichteinhaltung der Ladungsfrist (§ 217 Abs. 2), der unterlassenen Ladung des Verteidigers (§ 218 Satz 2), der vorschriftswidrigen Besetzung des Gerichts in den Fällen der §§ 222a, 222b (§ 338 Nr. 1), der verspäteten Namhaftmachung von Zeugen und Sachverständigen (§ 246 Abs. 2) sowie das Aussetzungsverlangen bei veränderter Sachlage (§ 265 Abs. 3) und bei Nachtragsanklage (§ 266 Abs. 3). Ein Rügeverlust tritt regelmäßig auch ein, wenn der Beschwerdeführer einen Verfahrensverstoß nicht bis zum Ablauf der Revisionsbegründungsfrist des § 345 Abs. 1 rügt. Eine Verfahrensrüge, die nicht sogleich mit der ersten Revision, sondern erst nach Aufhebung und Zurückverweisung mit einer erneuten Revision erhoben wird, ist daher unzulässig, ohne daß es darauf ankommt, ob der Beschwerdeführer den Verfahrensverstoß schon früher erkannt hatte[582].

3. Rügeverlust durch Verzicht
269   **a) Allgemeines.** Der Verzicht der Prozeßbeteiligten auf die Einhaltung einzelner Verfahrensvorschriften wird im Gesetz bisweilen ausdrücklich für unbeachtlich erklärt (§ 136a Abs. 3), bisweilen ausdrücklich zugelassen (§ 217 Abs. 3, § 245 Abs. 1 Satz 2). Über diese wenigen gesetzlich geregelten Fälle hinaus ist die Wirksamkeit eines Verzichts mit der Rechtsfolge, daß die Revision auf den Verfahrensverstoß nicht wirksam gestützt werden kann, nach weit überwiegender Meinung nur oder allenfalls in engen Grenzen anzuerkennen[583]. Denn grundsätzlich kann nicht erlaubt sein, daß Gericht und Prozeßbeteiligte die gesetzliche Verfahrensordnung für den Einzelfall abändern. Dem Parteiwillen und der Umgestaltung durch die Prozeßbeteiligten ist das Verfahren jedenfalls in allen seinen bestimmenden Grundsätzen entzogen. Insbesondere können die grundlegenden Verfahrensvorschriften, die ein rechtsstaatliches Verfahren garantieren, nicht Gegenstand von Parteidispositionen sein[584]. Der Verzicht kann in solchen Fällen jedoch Bedeutung für die Frage haben, ob das Urteil auf dem Verfahrensverstoß beruht (oben Rdn. 260).

270   **Die Einzelheiten** sind umstritten. Das gilt insbesondere für die Frage, nach welchen Kriterien es sich beurteilt, ob eine Vorschrift zu denjenigen gehört, auf deren Anwendung die Prozeßbeteiligten wirksam verzichten können[585]. Richtigerweise ist anzu-

---

[582] Vgl. BGHSt 10 281 mit zust. Anm. *Kern* JZ 1958 93; *Kleinknecht/Meyer* 25; KMR-*Paulus* § 344, 33; *Kiderlen* 103.
[583] KMR-*Paulus* § 344, 34; vgl. auch im folg. Text; a. A *Fuhrmann* NJW 1963 1234, der den Rügeverzicht nur bei unbedingten Revisionsgründen ausschließen will.
[584] BGHSt 17 121; OLG Hamm NJW 1956 1330; KMR-*Paulus* § 344, 34; *Kiderlen* 52; *Noack* 16; *W. Schmid* 96; *Wolff* NJW 1953 1656.
[585] Eingehende Darstellung der in Rspr. und Schrifttum vertretenen Meinungen bei *W. Schmid* 26 ff; *H. Müller* 10 ff; vgl. auch *Bohnert* NStZ 1983 344.

nehmen, daß sich das jeweils nur aufgrund einer sorgfältigen Prüfung der Funktion bestimmen läßt, die der betreffenden Norm im Gefüge des Verfahrensrechts zukommt: Unverzichtbar ist sie dann, wenn sie dem Gericht aus Gründen der Wahrheitsermittlung eine bestimmte Verfahrensweise zwingend vorschreibt, deren Nichteinhaltung also eine Beeinträchtigung der richterlichen Wahrheitsfindung nach sich ziehen könnte; dazu gehören auch solche Bestimmungen, die das rechtliche Gehör sichern oder den Beteiligten eine sachdienliche Einwirkung auf das Verfahren im Interesse der Wahrheitsfindung sichern sollen[586]. In vielfältiger Weise umstritten oder doch verunklart sind weiter Wesen, Charakter und Anknüpfungspunkt des Verzichts[587], der namentlich immer wieder mit der Verwirkung (unten Rdn. 281 ff) verwechselt oder vermischt wird[588]. Es ist darum klarzustellen: Beim Verzicht in dem hier erörterten Sinne geht es lediglich um die Frage, ob ein im Verfahren vor dem Tatrichter erklärter Verzicht beachtlich ist und deswegen ein Verfahrensfehler, der mit der Revision gerügt werden könnte, gar nicht vorliegt; ein solcher Verzicht ist im übrigen zu unterscheiden von der Nichtausübung eines bestimmten Rechts, insbesondere eines Gehörsrechts, und führt selbstverständlich nicht zum Verzicht auf den „Rahmenanspruch" des rechtlichen Gehörs[589], der als solcher nach allgemeiner Meinung unverzichtbar ist. Besonders kritisch ist schließlich die mit dem vorigen zusammenhängende weitere Frage, unter welchen Voraussetzungen die tatsächliche Erklärung eines solchen Verzichts überhaupt angenommen werden kann, vgl. dazu unten Rdn. 274 ff.

b) Unverzichtbare Vorschriften. Wegen ihrer Bedeutung grundsätzlich unverzicht- **271** bar ist die Beachtung der Verfahrensvoraussetzungen[590]. So ist z. B. der Verzicht auf das Vorliegen und die Wirksamkeit der Anklageschrift[591] ebensowenig beachtlich wie der Verzicht auf den Eröffnungsbeschluß[592], die Einhaltung der Auslieferungsbeschränkungen[593] oder die sachliche Zuständigkeit des Gerichts (RGSt **18** 55). Nicht wirksam ist auch der Verzicht auf die Beachtung von Bestimmungen, deren Verletzung zu den absoluten Revisionsgründen des § 338 führt[594]. So kann der Angeklagte wirksam weder auf die ordnungsgemäße Besetzung des Gerichts verzichten[595] noch auf das Verbot der Mitwirkung eines gesetzlich ausgeschlossenen Richters[596] oder, soweit nicht Ausnahmebestimmungen wie § 233 eingreifen, auf seine eigene Anwesenheit oder die

---

[586] *H. Müller* 31 ff, insbes. 44, 64.
[587] Vgl. nur *Bohnert* NStZ **1983** 344 (mit weit. Nachw.), der meint, der im Revisionsrecht „erörterte ‚Verzicht' ist kein Verzicht" und ihn als „selbständiges Rechtsinstitut" versteht, das „richterliches Gewohnheitsrecht" sei. Zu den vielfachen Unklarheiten auch *H. Müller* 29.
[588] *Bohnert* NStZ **1983** 344, der aber BGHSt **17** 112 (120) eine solche Vermischung wohl zu Unrecht vorwirft.
[589] Zum Ganzen näher *H. Müller* 55, 56.
[590] KMR-*Paulus* § 344, 36; *Eb. Schmidt* 66; *Kiderlen* 40; *Noack* 27 ff; *H. Müller* 82 ff; *W. Schmid* 97 ff.
[591] RGSt **24** 201; **67** 62; vgl. aber auch RGSt **58** 127 und dagegen *Rasch* GA **69** (1925) 390.
[592] BGH bei *Dallinger* MDR **1975** 198; RGSt **43** 419; **55** 159; **61** 353 = JW **1928** 226 mit Anm. *Oetker*; RG JW **1934** 2925; BayObLG NJW **1960** 2014 und OLGSt § 203 S. 3; *Wolff* NJW **1953** 1656.
[593] BGH NJW **1967** 2369; GA **1965** 56; RGSt **34** 191; **41** 274; **45** 280; **64** 190; **66** 173.
[594] KMR-*Paulus* § 344, 38; *Eb. Schmid* 66; *Dahs/Dahs* 296; *Kiderlen* 39; *H. Müller* 116 ff; *W. Schmid* 99 ff; *Jescheck* GA **1953** 89; a. A *Peters* 619.
[595] BGH NJW **1953** 1801; RGSt **14** 213; **17** 174; **26** 3; **64** 309; RG JW **1926** 2579, 2762; **1930** 2573 mit Anm. *Doerr*; OLG Hamm VRS **11** 225.
[596] RGRspr. **9** 522; *Wolff* NJW **1953** 1656.

§ 337 Drittes Buch. Rechtsmittel

Anwesenheit eines anderen notwendigen Beteiligten[597] oder auf die Öffentlichkeit der Hauptverhandlung[598].

272 Unverzichtbar sind aber auch alle **sonstigen Verfahrensvorschriften,** die in dem umschriebenen Sinne (Rdn. 270) der rechtsstaatlichen Ausgestaltung des Strafverfahrens im Interesse der Wahrheitsfindung dienen. Dazu gehören etwa: die Beachtung des § 69 Abs. 1 Satz 1 bei der Zeugenvernehmung[599]; die Aufklärungspflicht nach § 244 Abs. 2 (BGH VRS 4 30); die Unmittelbarkeit der Beweisaufnahme[600], insbesondere das Verlesungsverbot nach § 250[601] und nach § 252[602]; das Verbot der Verlesung einer Auskunft oder eines schriftlichen Gutachtens in anderen als den in § 256 zugelassenen Fällen[603]. Unzulässig ist ferner der Verzicht auf die Beschlußfassung des Gerichts nach § 244 Abs. 6[604], und sei es unter Übertragung der Entscheidung auf den Vorsitzenden[605], der Verzicht auf die Gelegenheit zum letzten Wort[606], auf das Verbot der Schlechterstellung nach §§ 331, 358 Abs. 2[607], auf das Verbot von Fernsehaufnahmen nach § 169 Satz 2 GVG (BGHSt **22** 85), auf die Vereidigung des Dolmetschers nach § 189 GVG[608], auf die Zustellung der anzufechtenden Entscheidung[609] sowie der einseitige Verzicht auf die Vereidigung von Zeugen[610].

273 c) **Verzichtbare Vorschriften.** Die Möglichkeit eines wirksamen Verzichts auf die Einhaltung von Verfahrensvorschriften besteht danach nur in wenigen Fällen, die überdies oft umstritten sind[611]. Sie ist angenommen worden: für die Rechtsmittelbelehrung nach § 35a[612]; für die Mitteilung der Anklageschrift nach § 201[613] und die Zustel-

---

[597] BGHSt **3** 191; **15** 308; **22** 20; BGH NJW **1973** 522; **1976** 1108; RGSt 40 230; **42** 198; **58** 150 = JW **1924** 1763 m. Anm. *Aschkanasy*; RGSt **69** 20; BayObLG NJW **1954** 249; OLG Braunschweig NJW **1963** 1322 m. Anm. *Kleinknecht*; OLG Hamburg GA **1967** 177; OLG Karlsruhe Justiz **1969** 127; *Eb. Schmidt* § 230, 5; *Loewenstein* 49; *W. Schmid* 100; a. A OLG Bremen GA **1953** 87 m. Anm. *Jescheck* für die Anwesenheit des Staatsanwalts; OLG Neustadt NJW **1962** 1632 für die Anwesenheit des Angeklagten bei der Urteilsverkündung.

[598] BGH NJW **1967** 687; BGH bei *Holtz* MDR **1978** 461; RGSt **64** 388 = JW **1931** 221 mit Anm. *Mamroth*; RG JW **1935** 1947; OLG Oldenburg NJW **1952** 1151; *Eb. Schmidt* Nachtr. I § 338, 21; *W. Schmid* 99; *Kuhlmann* NJW **1974** 1232; *Wolff* NJW **1953** 1656.

[599] BGH NJW **1953** 35; BGH StrVert. **1981** 269; *Dahs/Dahs* 209; vgl. auch § 69, 16.

[600] BGHSt **17** 121; RGSt **40** 55; **44** 11; RG HRR **1935** 533; OLG Celle GA **1954** 311; OLG Hamm VRS **26** 212; *W. Schmid* 106 ff.

[601] BGH DAR **1953** 57; RGSt **9** 49; **12** 106; RG JW **1935** 2380.

[602] BGHSt **10** 79 = JZ **1957** 98 m. Anm. *Eb. Schmidt*; *W. Schmid* 108; vgl. auch bei § 252.

[603] OLG Hamm JMBlNRW **1964** 5 und OLG Schleswig DAR **1962** 215 für Auskünfte; RG JW **1932** 1751; OLG Düsseldorf NJW **1949** 917 für § 256.

[604] BGH NStZ **1983** 422; *Alsberg/Nüse/Meyer* 754, 767. Vgl. auch Rdn. 274 a. E.

[605] BGH bei *Dallinger* MDR **1957** 268; RGSt **75** 168.

[606] *Eb. Schmidt* 66; *Noack* 36; *Wolff* NJW **1953** 1656; a. A KMR-*Paulus* § 344 29; *Kiderlen* 71.

[607] OLG Köln VRS **50** 98.

[608] BGHSt **22** 120; OLG Hamm VRS **20** 68; vgl. auch bei § 189 GVG.

[609] RGRspr. **1** 118; BayObLGSt **8** 139; OLG Bremen GA **1954** 297; LG Kaiserslautern GA **1958** 132; *W. Schmid* 97; *Oetker* JW **1928** 2264.

[610] RGSt **37** 195; **57** 263; **66** 115; RGRspr. **1** 398; *W. Schmid* 104; vgl. auch bei § 59.

[611] Übersicht bei *W. Schmid* 93 ff; *Bohnert* NStZ **1983** 345.

[612] OLG Hamm NJW **1956** 1330; *W. Schmid* 96, 230; kritisch *Bohnert* NStZ **1983** 347 Fußn. 49.

[613] LR-*Meyer* in der 23. Aufl. Rdn. 221 unter Bezugnahme auf BGHSt **15** 45 und RGSt **58** 128; vgl. auch *Bohnert* NStZ **1983** 345 mit Fußn. 19; a. A OLG Hamburg NJW **1965** 2417 und die heute herrschende Lehre (einschließlich *Meyer* in Kleinknecht/Meyer 1), vgl. § 201, 3.

Vierter Abschnitt. Revision § 337

lung des Eröffnungsbeschlusses nach § 215[614]; für die Ladung nach § 216[615]; für die Ladung des Verteidigers nach § 218[616]; für die Namhaftmachung nach § 222[617]; für die Benachrichtigung nach § 224[618]; für die Zulässigkeit einer kommissarischen Zeugenvernehmung[619]; für die Zustellung des angefochtenen Urteils im Falle des § 316 Abs. 2[620]; für den Verzicht auf das letzte Wort gemäß § 258 Abs. 3[621]; für den Verzicht des verspätet zugelassenen Nebenklägers auf die Wiederholung der in seiner Abwesenheit geschehenen Vorgänge der Hauptverhandlung[622].

d) Erklärung des Verzichts. Der Verzicht kann nachträglich, aber auch vorab erklärt werden. Die gegenteilige Auffassung, nach der ein von vornherein erklärter Verzicht auf die Einhaltung des Gesetzes unzulässig ist[623], überzeugt nicht, wie z. B. der Verzicht auf die Einhaltung des § 224 zeigt. Der Verzicht muß eindeutig sein, wenn auch nicht unbedingt ausdrücklich abgegeben werden. Es reicht noch nicht das bloße Unterlassen eines Widerspruchs oder eines Gegenantrags[624]; jedoch genügen schlüssige Handlungen, die den Verzicht klar ergeben[625]. Der Unterschied ist im Einzelfall schwer zu bestimmen; die Rechtsprechung ist nicht immer einheitlich, sondern z. T. zu weitgehend und zu undifferenziert[626]. Bei Zweifeln ist das Vorliegen eines Verzichts nicht zu vermuten. Vgl. auch im folg. Text. **274**

Mindestvoraussetzung des Verzichts ist, daß der Verfahrensbeteiligte den Mangel und die prozessuale Abwehrbefugnis gekannt hat[627]. Das Stillschweigen eines Angeklagten, der keinen Verteidiger hat und bei dem die Kenntnis seiner Rechte nicht vorausgesetzt werden kann, ist daher grundsätzlich nicht als Verzicht auf die Einhaltung von Verfahrensvorschriften aufzufassen[628]. Das gilt z. B. für die Bereitschaft des Angeklagten, sich in Abwesenheit des nicht benachrichtigten Verteidigers von dem Vorsitzenden vor der Hauptverhandlung vernehmen zu lassen (OLG Hamm MDR **1974** 149) oder in der Hauptverhandlung zur Sache zu verhandeln, obwohl der Eröffnungsbeschluß nicht zugestellt[629] oder der Wahlverteidiger nicht geladen ist[630]. Etwas ande- **275**

---

[614] Vgl. im einzelnen § 215, 7.
[615] OLG Hamburg HESt **3** 28; § 216, 18 mit weit. Nachw.
[616] OLG Koblenz MDR **1968** 944; indessen gilt das nicht für den Verzicht des Angeklagten auf diese Ladung (BGHSt **18** 396). Näher § 218, 17 f.
[617] Näher bei § 222, 15.
[618] BGHSt **25** 359 (vgl. aber auch BGHSt **1** 268, wo auf das fehlende Beruhen und BGHSt **9** 28, wo auf Verwirkung abgestellt wird). Vgl. auch § 224, 23.
[619] BGH bei *Herlan* MDR **1955** 529.
[620] OLG Köln NStZ **1984** 475 (VB) gegen OLG Hamm JMBlNRW **1982** mit Nachw.
[621] *H. Müller* 69 ff mit Nachw. (differenzierend); vgl. BGHSt **20** 275.
[622] BGH bei *Dallinger* MDR **1952** 660; OLG Koblenz VRS **44** 433.
[623] So LR-*Meyer* in der 23. Aufl. Rdn. 222 im Anschluß an *Kiderlen* 26. Im Sinne des Textes z. B. *H. Müller* S. 73, 75; *Bohnert* NStZ **1983** 344 je mit Nachw.
[624] *W. Schmid* 115 ff; *Dahs/Dahs* 296; a. A *Kiderlen* 18; *Teske* 158.

[625] RGSt **58** 127; OLG Hamm VRS **45** 124; OLG Koblenz MDR **1968** 944; KMR-*Paulus* § 344, 42; *Alsberg/Nüse/Meyer* 807 mit zahlr. Nachw. Verfehlt *Bohnert* NStZ **1983** 348 f, der eine revisionsgerichtliche Prüfung des Verzichts (Willens) für unmöglich hält.
[626] So z. B. BGHSt **1** 286.
[627] *Beling* 212; *Kiderlen* 18; *H. Müller* 73 ff; *Noack* 12; *Löwenstein* JW **1929** 865; vgl. auch KMR-*Paulus* § 344, 42.
[628] Vgl. BGHSt **6** 140; BGH MDR **1961** 249; NJW **1951** 206; RGSt **42** 95; **63** 142; RG JW **1922** 1585; **1932** 1660; **1938** 3110; KG NJW **1954** 124; OLG Hamm JZ **1956** 258; NJW **1969** 705; OLG Koblenz VRS **41** 208; OLG Köln NJW **1954** 47; **1961** 933; OLG Oldenburg VRS **40** 203; *Walther* 90; *Niese* JZ **1953** 221; vgl. auch OLG Zweibrücken StrVert. **1982** 13.
[629] Bedenklich vage, weil auf die Umstände abstellend, aber LR-*Gollwitzer* § 215, 7.
[630] Näher § 218, 19; vgl. auch *Bohnert* NStZ **1983** 345.

§ 337 Drittes Buch. Rechtsmittel

res soll für den Fall gelten, daß das Gesetz, wie angeblich in § 217 Abs. 2, davon ausgeht, der Angeklagte werde sich auf die Beschränkung seiner Verteidigung berufen, auch wenn er die Vorschriften der Strafprozeßordnung nicht im einzelnen kennt[631]. Bedenklich erscheint, daß die widerspruchslose Hinnahme der Verlesung einer Niederschrift über die kommissarische Verlesung, ohne daß der Angeklagte nach § 224 benachrichtigt war, von der Rechtsprechung durchweg als stillschweigender Verzicht angesehen wird[632].

276 Ein Verzicht des Angeklagten **bindet** auch den **Verteidiger**[633]. Umgekehrt sind Verzichtserklärungen des Verteidigers gegen den erklärten Willen des Angeklagten unwirksam (*W. Schmidt* 127). Der Verzicht des Verteidigers, dem der Angeklagte nicht widerspricht, ist aber in der Regel für beide wirksam[634], und zwar auch, wenn sich der Angeklagte nicht zur Sache äußert[635]. Ein nur stillschweigender Verzicht des Verteidigers genügt aber nicht, wenn nicht erkennbar ist, daß auch das Stillschweigen des Angeklagten als Verzicht aufzufassen ist[636]. Bei zulässiger Verhandlung in Abwesenheit des Angeklagten reicht die Erklärung des Verteidigers aus, der ihn vertritt[637].

4. Rügeverlust wegen unterlassener Antrags-Wiederholung

277 a) **Anträge vor der Hauptverhandlung.** Hat der Angeklagte, der ohne Verteidiger ist, vor der Hauptverhandlung Anträge gestellt, die nicht beschieden worden sind, kann er hierauf die Revision grundsätzlich auch dann stützen, wenn er sie in der Hauptverhandlung nicht wiederholt hat; das gilt insbesondere für Beweisanträge nach § 219 (näher dort Rdn. 24 ff), aber z. B. auch für Anträge auf Ablehnung eines Sachverständigen wegen Besorgnis der Befangenheit oder Anträge auf Beiordnung eines Pflichtverteidigers. Wenn der Angeklagte keinen Verteidiger hat, kann die Fürsorgepflicht (vgl. Einl. Kap. 6 unter VI) das Gericht auch sonst dazu zwingen, ihn zur Wiederholung seiner Anträge zu veranlassen[638]. Zur Frage, ob der Verteidiger in der Verhandlung Anträge wiederholen muß, die er vor der Hauptverhandlung gestellt hat, s. § 219, 29 f[639].

278 b) **Anträge in der Hauptverhandlung.** Hat der Angeklagte in der Hauptverhandlung einen Antrag gestellt, den das Gericht zu bescheiden unterlassen hat, so kann in der Nichtwiederholung ein Verzicht auf den Antrag liegen. Das richtet sich nach den Umständen des Falles. Wenn der Angeklagte keinen Verteidiger hat, wird ein Verzicht im allgemeinen nicht vorliegen. Der Verteidiger soll hingegen unter Umständen verpflichtet sein, einen Antrag zu wiederholen, wenn er bemerkt, daß das Gericht ihn über-

---

[631] So BGHSt **24** 148 = JR **1972** 159 m. Anm. *Cramer*, wo das als Fall der Verwirkung angesehen wird, a. A OLG Hamburg JR **1967** 192 m. Anm. *Koffka*; vgl. auch § 217, 10.

[632] BGHSt **1** 286; **9** 26; BGH NJW **1952** 1426; VRS **27** 109; RGSt **4** 301; **50** 355; **58** 100; OLG Hamm VRS **36** 53; OLG Oldenburg NdsRpfl. **1954** 17; ebenso *Niese* JZ **1953** 221. Vgl. dazu § 224, 32 f.

[633] RGSt **16** 372; OLG Hamm VRS **45** 142.

[634] *W. Schmid* 128; vgl. z. B. auch § 245, 34.

[635] Näher *Alsberg/Nüse/Meyer* 806 mit weit. Nachw.; a. A KG GA **72** (1928) 358 = HRR **1928** 1167.

[636] OLG Hamm VRS **36** 53; *Jescheck* JZ **1952** 402; vgl. aber BGH bei *Herlan* MDR **1955** 529.

[637] BGHSt **3** 201; OLG Hamm NJW **1954** 1856; a. A BayObLGSt **1963** 171 = JZ **1964** 328 m. Anm. *Kleinknecht*; *W. Schmid* 127; vgl. auch § 245, 35.

[638] BGHSt **1** 54; OLG Hamburg NJW **1955** 1934; OLG Saarbrücken VRS **29** 293; *Alsberg/Nüse/Meyer* 363.

[639] Vgl. auch *W. Schmid* 261; *Bohnert* NStZ **1983** 345.

sehen hat oder irrig als überholt ansieht[640]. In der Erklärung des Verteidigers, er stelle keine weiteren Beweisanträge mehr, liegt aber nicht der Verzicht auf die schon gestellten, nicht beschiedenen Anträge[641].

5. Rügeverlust bei Nichtanrufung des Gerichts. Wenn das Gesetz dem Vorsitzenden die Entscheidung auch in der Hauptverhandlung allein zuweist (wie bei der Verteidigerbestellung nach § 141 Abs. 4, § 142 Abs. 1), kann die Revision unmittelbar auf diese Entscheidung gestützt werden. In bestimmten anderen Fällen gilt der Vorsitzende, dem die Verhandlungsleitung obliegt, in der Hauptverhandlung als befugt, **Vorabentscheidungen** zu treffen, gegen die die Prozeßbeteiligten das Gericht anrufen können, wenn sie mit ihnen nicht einverstanden sind. Das wird von der ständigen Rechtsprechung insbesondere angenommen bei der Vorabentscheidung über die Beeidigung von Zeugen und Sachverständigen (näher bei § 59 und bei § 79). Hierbei handelt es sich entgegen der h. M.[642] aber nicht um einen Unterfall des § 238 Abs. 2, weil der Vorsitzende ohne ausdrückliche gesetzliche Ermächtigung anstelle des an sich zuständigen Gerichts (vgl. nur § 61) handelt und seine Entscheidung nicht nur als unzulässig beanstandet werden kann[643]. Daher finden die umstrittenen Grundsätze über die Revisibilität sachleitender Anordnungen bei Nichtanrufung des Gerichts gemäß § 238 Abs. 2 (dazu Rdn. 280) jedenfalls keine direkte Anwendung. Richtigerweise ist anzunehmen, daß es auch insoweit um die Problematik des Verzichts (Rdn. 269 ff) geht: Wird gegen die Vorabentscheidung des Vorsitzenden das Gericht nicht angerufen, kann darin ein die Revision ausschließender Verzicht nur liegen, soweit es sich um eine verzichtbare Vorschrift handelt (Rdn. 270) und eine hinreichend deutliche Erklärung des Verzichts (Rdn. 274 ff) vorliegt. So ist z. B. bei der Vereidigung ein Verzicht gegen die Vorabentscheidung des Vorsitzenden im Falle des § 61 Nr. 4 möglich, nicht jedoch, wenn die Vorabentscheidung gegen das zwingende Vereidigungsverbot des § 60 verstößt. Das Vorliegen eines (zulässigen) Verzichts wird nach Lage des Falles in der Regel anzunehmen sein, wenn der Angeklagte oder gar sein rechtskundiger Verteidiger einer Anregung des Vorsitzenden, von der Vereidigung abzusehen, nicht widerspricht, obwohl er bei früheren Zeugen entsprechende Erklärungen abgegeben hat[644]. Hat der Vorsitzende jedoch eine Vorabentscheidung gar nicht getroffen, ist also z. B. die Entschließung über die Vereidigung versehentlich überhaupt unterblieben, kann das mit der Revision unmittelbar gerügt werden[645].

Daß eine **sachleitende Anordnung des Vorsitzenden** nach § 238 Abs. 1 fehlerhaft ist, kann nach herrschender Rechtsprechung und überwiegender Ansicht mit der Revision regelmäßig nicht unmittelbar gerügt werden. Erforderlich sei vielmehr zunächst

---

[640] BGH bei *Dallinger* MDR **1957** 268; KG VRS **32** 138; OLG Hamm JR **1971** 516; differenzierend und mit weit. Nachw. *Alsberg/Nüse/Meyer* 808, 860 ff für Beweisanträge. Vgl. aber auch unten Rdn. 281 ff.

[641] BGH bei *Dallinger* MDR **1971** 18; KMR-*Paulus* § 344, 42; *Dahs/Dahs* 296; zweifelnd BGH bei *Pfeiffer/Miebach* NStZ **1983** 212; vgl. auch *Alsberg/Nüse/Meyer* 808 und bei § 244.

[642] So insbes. der BGH in std. Rspr., vgl. z. B. NJW **1952** 233; bei *Dallinger* MDR **1958** 14; NStZ **1981** 70; StrVert. **1984** 319; offengelassen von BGH NJW **1978** 1815; ebenso z. B. OLG Hamburg MDR **1979** 74; RGSt **3** 370; **57** 263; **68** 396 und die überwiegende Lehre; vgl. auch bei § 59, 15.

[643] *Fuhrmann* GA **1963** 78; NJW **1963** 1235; *Peters* 333; LR-*Meyer* in der 23. Aufl. Rdn. 227; LR-*Dahs* § 59, 15; vgl. auch RGSt **44** 67.

[644] Vgl. im einzelnen z. B. BGH NJW **1978** 1815; BayObLG NJW **1978** 1817 für die stillschweigende Zustimmung zur Verlesung einer Zeugenaussage nach § 251 Abs. 1 Nr. 4.

[645] BGHSt **1** 273; BGH NStZ **1981** 70; BGH StrVert. **1984** 320 mit weit. Nachw.; OLG Hamburg MDR **1979** 75; OLG Köln NJW **1954** 1820. Vgl. auch § 59, 21.

§ 337 Drittes Buch. Rechtsmittel

die Anrufung des Gerichts nach § 238 Abs. 2; erst gegen dessen Entscheidung soll dann die Revision zulässig sein (näher und kritisch LR-*Gollwitzer* § 238, 43 ff mit Nachw.). Der zunehmend verbreiteten Gegenmeinung (vgl. § 238, 45), die auch *Gollwitzer* vertritt, ist *jedenfalls* zuzugeben, daß dies dann nicht gelten kann, wenn der Angeklagte keinen Verteidiger hat und sein Beanstandungsrecht nicht kennt[646]. Die Frage verliert im übrigen an Gewicht, wenn man mit dem vorigen (Rdn. 279) anerkennt, daß eine Vorabentscheidung des Vorsitzenden keine sachleitende Anordnung ist und nur den allgemeinen Verzichtsgrundsätzen unterliegt.

281   6. **Rügeverwirkung bei Arglist.** Die Gerichte, nicht die Verfahrensbeteiligten, tragen die Verantwortung für ein ordnungsgemäßes Verfahren[647]. Die Verfahrensbeteiligten sind, mit Ausnahme wohl der Staatsanwaltschaft (unten Rdn. 286), regelmäßig nicht verpflichtet, das Gericht auf Verfahrensverstöße aufmerksam zu machen, die in der Hauptverhandlung unterlaufen. Daß sie zu einem ihnen bekannten Verfahrensverstoß geschwiegen haben, nimmt ihnen daher grundsätzlich nicht das Recht, ihn mit der Revision zu rügen[648]. Die umstrittene Frage ist, ob oder wann von diesem Grundsatz Ausnahmen anzuerkennen sind[649].

282   Allein aus dem Grundsatz von **Treu und Glauben** lassen sich, entgegen manchen Stimmen im Schrifttum, solche Ausnahmen angesichts der Struktur des Strafprozesses noch nicht ableiten[650]. Denkbar sind sie allenfalls bei spezifisch **arglistigem Verhalten,** also dann, wenn die Prozeßbeteiligten durch eigenes Zutun den Verfahrensfehler selbst und in der Absicht herbeigeführt haben, auf ihn gegebenenfalls die Revision zu stützen[651].

283   Handelt es sich um einen der Fälle, in denen auf die Einhaltung der **Vorschrift verzichtet** werden kann (oben Rdn. 273), wird man unter den genannten Voraussetzungen die Möglichkeit einer Verwirkung anerkennen können: Die Herbeiführung eines Verfahrensfehlers in der Absicht, ihn später mit der Revision auszunutzen, enthält regelmäßig einen Mißbrauch prozessualer Befugnisse, die den Beteiligten zu solchem Zweck nicht eingeräumt sind. Sie bedeutet zugleich den Versuch der Prozeßverschleppung, den das Gesetz auch sonst (§ 26a Abs. 1 Nr. 3, § 244 Abs. 3 Satz 2, § 245 Satz 1) nicht zuläßt[652]. Und sie enthält überdies mindestens Aspekte des Verzichts, nämlich den Verzicht auf die Einhaltung der Vorschriften im Verfahren vor dem Tatrichter; die Revision ist nicht dazu da, das auszugleichen[653].

284   Handelt es sich hingegen um Vorschriften, deren **Einhaltung unverzichtbar** ist (oben Rdn. 271 f), ist die Frage kritischer. Die Verfahrensrüge kann hier nicht schon

---

[646] Vgl. auch OLG Celle MDR **1969** 1981; OLG Hamm GA **1962** 87 für den Nebenkläger; *Kiderlen* 120.
[647] OLG Hamm VRS **14** 370; KMR-*Sax* Einl. X 77 ff; *Teske* 160 ff.
[648] OLG Frankfurt HESt **3** 39; OLG Hamm VRS **14** 371; KMR-*Paulus* § 344, 43; *Eb. Schmidt* 67; *Peters* 619; *Jescheck* GA **1953** 89; JZ **1952** 402; a. A *Wolff* NJW **1953** 1658; der „tätige Teilnahme" an der Hauptverhandlung verlangt; a. A wohl auch KK-*Pikart* § 344, 61 unter nicht stimmiger Bezugnahme auf BGH **24** 148.
[649] Eingehend *W. Schmid* 297 ff; KMR-*Sax* Einl. X 71 ff.
[650] Dazu und dagegen überzeugend KMR-*Sax* Einl. X 76 ff.
[651] OLG Hamm NJW **1960** 1361; VRS **20** 61; *Kleinknecht/Meyer* 23; KMR-*Paulus* § 344, 43; *Eb. Schmid* 67; *Peters* 619; *Teske* 168; *Jescheck* JZ **1952** 402; weitergehend wohl KK-*Pikart* § 344, 61. Vgl. auch Vor § 226, 49 ff.
[652] Vgl. *Walther* 97; *Kiderlen* 15; *W. Schmid* 336; weitgehend a. A KMR-*Sax* Einl. X 80 ff, die eine richterliche Ausweitung dieser Vorschriften grundsätzlich ablehnen.
[653] Vgl. *W. Schmid* 336; *Kiderlen* 15.

wegen des mit dem arglistigen Verhalten verbundenen Verzichts unzulässig sein; denn dann gäbe es keine unverzichtbaren Mängel[654]. Die Unverzichtbarkeit ist aber grundsätzlich ein Anzeichen dafür, daß die Vorschrift für den Gang des Verfahrens so wichtig ist, daß selbst ein arglistiges Verhalten dem Beschwerdeführer das Rügerecht nicht nehmen kann[655]. Ein Verteidiger, etwa, der sich in der Absicht, hieraus später einen Revisionsgrund herzuleiten, für einige Zeit aus der Verhandlung entfernt, handelt zwar möglicherweise standeswidrig (vgl. *Dahs* Hdb. 686 ff); die Revision kann er nach § 338 Nr. 5 gleichwohl darauf stützen, daß er an einem wesentlichen Abschnitt der Verhandlung nicht mitgewirkt hat[656]. Bei einer unverzichtbaren Rüge steht der Revision auch nicht entgegen, daß mit dem Verfahrensverstoß einem Antrag des Angeklagten oder seines Verteidigers entsprochen worden ist[657] oder daß der Verteidiger ausdrücklich zugesichert hat, er werde die Revision darauf nicht stützen (OLG Hamm VRS **11** 225). Handelt nur der Verteidiger arglistig, so kann das dem daran nicht beteiligten Angeklagten ohnedies nicht zum Nachteil gereichen[658].

Es ist daher verständlich, daß Fälle, in denen eine Verfahrensrüge wegen arglistigen Verhaltens als unzulässig behandelt worden ist, **kaum vorkommen**[659]. Soweit Revisionsgerichte ein arglistiges Verhalten angenommen haben, sind ihre Entscheidungen überdies **durchweg bedenklich**[660]. Das gilt etwa für die Entscheidung des OLG Bremen GA **1953** 87, die Arglist für eine Rüge der Abwesenheit des Staatsanwalts trotz erklärten Verzichts auf die Wiederholung des davon betroffenen Verhandlungsteils bejahte; denn dieser Verzicht war wirkungslos und durfte für das Revisionsgericht nicht dadurch wirksam gemacht werden, daß die Rüge wegen arglistigen Verhaltens nicht zugelassen wurde[661]. Entsprechendes gilt für die Entscheidung des OLG für Hessen HESt **3** 71 = JR **1949** 515, die bei mehrmaligem kurzen Abtreten des Angeklagten mit Genehmigung des Gerichts und im Einverständnis mit dem Verteidiger einen Verzicht bejaht; denn wenn das während wesentlicher Teile der Hauptverhandlung geschah, war ein Verzicht auf die Rüge des § 338 Nr. 5 unwirksam, und es ist nicht erkennbar, wieso dieser Verzicht auf dem Weg der Verwirkung wirksam gemacht werden könnte. Abzulehnen ist auch die Auffassung des OLG für Hessen NJW **1947/48** 395, die Arglist bei einer Einverständniserklärung mit dem Abschluß der Beweisaufnahme annahm, obwohl eine Beschlußfassung nach § 242 noch ausstand und der Verteidiger das wußte; die Annahme der Arglist setzte hier eine Hinweispflicht des Verteidigers gegenüber dem Gericht voraus, die nicht besteht.

---

[654] Vgl. BGHSt **10** 70 = JZ **1957** 98 mit Anm. *Eb. Schmidt*; *Noack* 103; *Kiderlen* 16.

[655] Vgl. BGHSt **15** 308; **22** 85; BGH bei *Holtz* MDR **1978** 461; BGH NJW **1967** 687; RGSt **64** 388; KK-*Pikart* § 344, 61; KMR-*Paulus* § 344, 43; **a. A** *Peters* 619 selbst für § 338; **a. A** auch eine Reihe von OLG-Entscheidungen, vgl. bei *W. Schmid* 53 ff, *Dahs/Dahs* 299 und im folg. Text.

[656] Vgl. RGSt **38** 216; s. auch BGHSt **15** 308; KMR-*Paulus* § 344, 43; *Mattil* GA **77** (1933) 17.

[657] BGH bei *Holtz* MDR **1978** 461; *Mattil* GA **77** (1933) 17.

[658] Vgl. BGHSt **24** 283; KK-*Pikart* § 344, 61; *Peters* 619; *Noack* 22 ff; *Teske* 170; *W. Schmid* 331, 370; *Jescheck* JZ **1952**, 402; **a. A** *Kiderlen* 80; *Walther* 98 will arglistiges Zusammenwirken vermuten.

[659] Übersicht zur Rechtsprechung des Reichsgerichts und der Oberlandesgerichte bei *W. Schmid* 42 ff, 53 ff; Beispiele auch bei *Dahs* Hdb. 688 ff; vgl. auch *Dahs/Dahs* 299.

[660] Zum folgenden auch KMR-*Sax* Einl. **X** 79 ff.

[661] Ablehnend z. B. auch *Jescheck* GA **1953** 90; *W. Schmid* 55 ff; *H. Müller* 130 ff; vgl. aber auch *H. Müller* 2 mit Fußn. 2.

286 Zweifelhaft ist, ob **bei der Staatsanwaltschaft** strengere Anforderungen zu stellen sind als bei den anderen Verfahrensbeteiligten[662]. Grundsätzlich wird man aus ihrer Mitwirkungspflicht zwar insbesondere ableiten müssen, daß sie verpflichtet ist, Verstöße gegen verzichtbare Verfahrensmängel in der Hauptverhandlung sofort aufzudecken[663]. Tut sie das nicht, sondern rügt den Verfahrensverstoß später mit der Revision, setzt die Annahme eines arglistigen Verhaltens jedoch voraus, daß der Sitzungsvertreter den Verfahrensfehler erkannt, aber bewußt nicht beanstandet hat. Dies wird sich im allgemeinen kaum aufdecken lassen, da in der Regel davon auszugehen ist, daß eine Verletzung des Verfahrensrechts, die das Gericht nicht bemerkt hat, auch von der Staatsanwaltschaft zunächst nicht erkannt worden ist[664]. Für den **Privat-** und den **Nebenkläger** gelten die – theoretisch – strengeren Anforderungen aber nicht, weil ihn keine vergleichbare Rechtspflicht zur Wahrung der Justizförmigkeit des Verfahrens trifft[665].

§ 338

Ein Urteil ist stets als auf einer Verletzung des Gesetzes beruhend anzusehen,
1. wenn das erkennende Gericht nicht vorschriftsmäßig besetzt war; war nach § 222a die Mitteilung der Besetzung vorgeschrieben, so kann die Revision auf die vorschriftswidrige Besetzung nur gestützt werden, soweit
   a) die Vorschriften über die Mitteilung verletzt worden sind,
   b) der rechtzeitig und in der vorgeschriebenen Form geltend gemachte Einwand der vorschriftswidrigen Besetzung übergangen oder zurückgewiesen worden ist,
   c) die Hauptverhandlung nicht nach § 222a Abs. 2 zur Prüfung der Besetzung unterbrochen worden ist oder
   d) das Gericht in einer Besetzung entschieden hat, deren Vorschriftswidrigkeit es nach § 222b Abs. 2 Satz 2 festgestellt hat;
2. wenn bei dem Urteil ein Richter oder Schöffe mitgewirkt hat, der von der Ausübung des Richteramtes kraft Gesetzes ausgeschlossen war;
3. wenn bei dem Urteil ein Richter oder Schöffe mitgewirkt hat, nachdem er wegen Besorgnis der Befangenheit abgelehnt war und das Ablehnungsgesuch entweder für begründet erklärt war oder mit Unrecht verworfen worden ist;
4. wenn das Gericht seine Zuständigkeit mit Unrecht angenommen hat;
5. wenn die Hauptverhandlung in Abwesenheit der Staatsanwaltschaft oder einer Person, deren Anwesenheit das Gesetz vorschreibt, stattgefunden hat;
6. wenn das Urteil auf Grund einer mündlichen Verhandlung ergangen ist, bei der die Vorschriften über die Öffentlichkeit des Verfahrens verletzt sind;
7. wenn das Urteil keine Entscheidungsgründe enthält oder diese nicht innerhalb des sich aus § 275 Abs. 1 Satz 2 und 4 ergebenden Zeitraums zu den Akten gebracht worden sind;
8. wenn die Verteidigung in einem für die Entscheidung wesentlichen Punkt durch einen Beschluß des Gerichts unzulässig beschränkt worden ist.

---

[662] So *Dahs/Dahs* 300 unter Hinweis auf Einzelfälle illoyaler staatsanwaltschaftlicher Verfahrensrügen zur Zeit des RG bei *W. Schmid* 45.
[663] *W. Schmid* 363; *Henkel* 379; vgl. auch KMR-*Paulus* § 344, 45; *Dahs/Dahs* 300.
[664] OLG Hamm JMBlNRW **1964** 6; KMR-*Paulus* § 344, 45; grundsätzlich ablehnend *Kiderlen* 76.
[665] KMR-*Paulus* § 344 45; *W. Schmid* 366 ff, 374; vgl. auch *Kiderlen* 46.

Schrifttum

Allgemein. *Becker* Die absoluten Revisionsgründe im deutschen Strafprozeß, Diss. Bonn 1950; *Cramer* Zur Berechtigung absoluter Revisionsgründe, FS Peters 239; *Dahs* Die Relativierung absoluter Revisionsgründe, GA **1976** 353; *Hilger* Absolute Revisionsgründe. Aus der neueren Rechtsprechung des BGH, NStZ **1983** 337; *Mehle* Einschränkende Tendenzen im Bereich der absoluten Revisionsgründe (§ 338 StPO), Diss. Bonn 1981; *Metzger* Die sogenannten absoluten Revisionsgründe in der Strafprozeßordnung, Diss. Würzburg 1925; *Schwinge* Zur Neugestaltung der Revision wegen verfahrensrechtlicher Mängel, FS Jung (1937) 212; *Teske* Die Revision wegen verfahrensrechtlicher Verstöße, Diss. Marburg 1962.

Zu Nummer 1. *Heintzmann* Negativer Kompetenzkonflikt und Geschäftsverteilung, DRiZ **1975** 320; *Kellermann* Probleme des gesetzlichen Richters unter besonderer Berücksichtigung der großen Strafverfahren (1971); *Knauth* Die unwirksame Schöffenwahl, DRiZ **1984** 474; *Kohlhaas* Reformbedürftigkeit des § 338 Ziff. 1 StPO, NJW **1958** 1428; *Rieß* Ausschluß der Besetzungsrüge (§ 338 Nr. 1 StPO) bei irriger, aber vertretbarer Rechtsanwendung, GA **1976** 33; *Rieß* Die Besetzungsrüge in der neueren Rechtsprechung des Bundesgerichtshofes, DRiZ **1977** 289; *Schorn* Der Laienrichter in der Strafrechtspflege (1955); *Seibert* Der verhandlungsunfähige oder unaufmerksame Richter im Strafverfahren, NJW **1963** 1044; *Siebecke* Reformbedürftigkeit des § 338 Ziff. 1 StPO? NJW **1958** 1816; *Siegert* Nachprüfung der Besetzung von Kollegialgerichten in der Revisionsinstanz, DRiZ **1958** 191; *von Stackelberg* Ist § 338 Ziff. 1 StPO wirklich reformbedürftig? NJW **1959** 469 mit Schlußwort *Kohlhaas*; *von Stackelberg* Die Besetzungsrüge in der strafrechtlichen Revision, FS Schmidt-Leichner 207; *Vogt/Kurth* Der Streit um die Frankfurter Schöffenwahl, NJW **1985** 103; *von Winterfeld* Abbau des gesetzlichen Richters? NJW **1972** 1399. Vgl. auch die Schrifttumsangaben bei § 16 GVG und (für die Rügepräklusion des Halbsatz 2) bei § 222a. – **Zu Nummer 3.** *Sieg* Verwerfung der Richterablehnung und das Recht auf den gesetzlichen Richter, NJW **1978** 1962. – **Zu Nummer 5.** *Molketin* Abwesenheit des „notwendigen Verteidigers" bei Verlesung der Urteilsformel – ein absoluter Revisionsgrund im Sinne von § 338 Nr. 5 StPO? AnwBl. **1981** 217; *Poppe* Urteilsverkündung in Abwesenheit notwendiger Prozeßbeteiligter im Strafprozeß, NJW **1954** 1914. – **Zu Nummer 6.** *Bäumler* Das subjektiv öffentliche Recht auf Teilnahme an Gerichtsverhandlungen, JR **1978** 317; *Fuchs* Setzt die Revisionsrüge des § 377 Nr. 6 StPO ein Verschulden des Vorsitzenden oder des Gerichts an der gesetzwidrigen Nichtöffentlichkeit der Hauptverhandlung voraus? JW **1912** 521; *Gössel* Über die revisionsgerichtliche Nachprüfbarkeit von Beschlüssen, mit denen die Öffentlichkeit gemäß §§ 172, 173 GVG im Strafverfahren ausgeschlossen wird, NStZ **1982** 141; *Kleinknecht* Schutz der Persönlichkeit in der Hauptverhandlung, FS Schmidt-Leichner 111; *Kuhlmann* Der verschlossene Zuhörerraum, NJW **1974** 1231; *Miebach* Der Ausschluß der Öffentlichkeit im Strafprozeß, DRiZ **1977** 271; *Rieß* Zeugenschutz durch Änderung des § 338 Nr. 6 StPO? FS Wassermann (1985) 969; *Roxin* Aktuelle Probleme der Öffentlichkeit im Strafverfahren, FS Peters 393; *Sprenger* Der Ausschluß der Öffentlichkeit des Strafverfahrens zum Schutz der Privatsphäre des Angeklagten, Diss. Würzburg 1975; *Thym* Augenschein und Öffentlichkeit, NStZ **1981** 293; *Zipf* Der Anspruch des Angeklagten auf Ausschluß der Öffentlichkeit zum Schutze des Privatbereichs – BGHSt 23, 82, JuS **1973** 350. Vgl. auch die Schrifttumsangaben Vor § 169 GVG. – **Zu Nummer 7.** *Hahn* Die Fristversäumung der Urteilsniederschrift als absoluter Revisionsgrund, ZRP **1976** 63; *Mertens* Wiedereinsetzung in den vorigen Stand und § 338 Nr. 7 StPO, NJW **1979** 1698; *Pahlmann* § 338 Nr. 7 StPO – ein absoluter Revisionsgrund! NJW **1979** 98; *Rieß* Die Urteilsabsetzungsfrist (§ 275 I StPO), NStZ **1982** 441; *Stein* § 338 Nr. 7 StPO und die Wiedereinsetzung in den vorigen Stand, NJW **1980** 1086. – **Zu Nummer 8.** *Baldus* Versäumte Gelegenheiten; zur Auslegung des § 338 Nr. 8 und des § 267 Abs. 1 Satz 2 StPO, FS Heusinger 373; *Fuhrmann* Gehört zur Revisibilität eines Verfahrensverstoßes ein Gerichtsbeschluß? JR **1962** 321; *ter Veen* Die Beschneidung des Fragerechts und die Beschränkung der Verteidigung als absoluter Revisionsgrund, StrVert. **1983** 167.

Entstehungsgeschichte. Art. IV Nr. 8 PräsVerfG strich in Nummer 2 und 3 jeweils das Wort „Geschworener". Durch Art. 1 Nr. 90 des 1. StVRG wurde in Nummer 7 die zweite Satzhälfte eingefügt. Nummer 1 wurde durch Art. 1 Nr. 29 StVÄG 1979 um den zweiten Halbsatz (Rügepräklusion) ergänzt. Bezeichnung bis 1924: § 377.

§ 338

Übersicht

	Rdn.
I. Allgemeines	
1. Unbedingte Revisionsgründe	1
2. Heilung des Verstoßes	3
3. Urteilsaufhebung	4
II. Vorschriftswidrige Gerichtsbesetzung (Nummer 1)	
1. Allgemeines	6
2. Revisible Besetzungsmängel (Nr. 1 Halbsatz 1)	
a) Erkennendes Gericht	8
b) Gesetzlich berufene Richter	9
aa) Allgemeines	9
bb) Ausdrückliche gesetzliche Bestimmungen	12
cc) Anspruch auf den gesetzlichen Richter	13
dd) Geschäftsverteilung insbesondere	18
c) Gesetzlich berufene Schöffen insbesondere	29
d) Mängel in der Person mitwirkender Richter oder Schöffen	38
3. Rügepräklusion (Nr. 1 Halbsatz 2)	
a) Allgemeines	45
b) Anwendungsbereich	47
c) Ausschluß der Besetzungsrüge. Grundsatz	52
d) Die gesetzlichen Ausnahmefälle	54
III. Ausschließung kraft Gesetzes (Nummer 2)	61
IV. Richterablehnung wegen Befangenheit (Nummer 3)	
1. Allgemeines	62
2. Anfechtbarkeit	63
3. Prüfung des Revisionsgerichts	64
4. Mit Unrecht verworfen	65
V. Fehlende Zuständigkeit (Nummer 4)	
1. Allgemeines	66
2. Örtliche Zuständigkeit	67
3. Sachliche Zuständigkeit	69
4. Besondere Zuständigkeit gleichrangiger Spruchkörper	74
5. Verfahren	79
VI. Gesetzeswidrige Abwesenheit (Nummer 5)	
1. Allgemeines	80
2. Abwesenheit	83
3. Einzelheiten	86
a) Staatsanwalt	87
b) Angeklagter	88
c) Verteidiger	93
d) Beistände	97
e) Privatkläger	98
f) Nebenkläger	99
g) Dolmetscher	100
h) Sachverständige	101
i) Urkundsbeamte der Geschäftsstelle	102
VII. Vorschriften über die Öffentlichkeit (Nummer 6)	
1. Allgemeines	103
2. Anwendungsbereich	105
3. Einzelheiten	109
VIII. Fehlende Entscheidungsgründe. Verspätete Urteilsabsetzung (Nummer 7)	
1. Fehlen der Entscheidungsgründe	
a) Allgemeines	115
b) Fehlende Gründe	116
c) Sinngemäße Anwendung	118
2. Verspätet zu den Akten gebrachtes Urteil	
a) Allgemeines	119
b) Überschreitung des gesetzlich bestimmten Zeitraums	121
IX. Unzulässige Beschränkung der Verteidigung (Nummer 8)	
1. Allgemeines	124
2. Für die Entscheidung wesentlicher Punkt	125
3. Unzulässige Verteidigungsbeschränkung	126
4. Gerichtsbeschluß	129
5. Privat- und Nebenkläger. Einziehungsbeteiligte	131
X. Begründung von Verfahrensrügen gemäß § 338 Nr. 1 bis 8	
1. Allgemeines	132
2. Einzelheiten	133
a) Vorschriftswidrige Gerichtsbesetzung (§ 338 Nr. 1)	134
b) Ausgeschlossene und abgelehnte Richter (§ 338 Nr. 2, 3)	136
c) Fehlende Zuständigkeit (§ 338 Nr. 4)	137
d) Gesetzeswidrige Abwesenheit (§ 338 Nr. 5)	138
e) Vorschriften über die Öffentlichkeit (§ 338 Nr. 6)	139
f) Verspätete Urteilsabsetzung (§ 338 Nr. 7, 2. Alt.)	140
g) Unzulässige Beschränkung der Verteidigung (§ 338 Nr. 8)	141

I. Allgemeines

1 1. **Unbedingte Revisionsgründe.** Die Nummern 1 bis 7 des § 338 enthalten keine selbständigen Verfahrensvorschriften, sondern gestalten nur einzelne Verfahrensverstöße, die besonders schwerwiegend sind oder jedenfalls so beurteilt werden, zu unbedingten Revisionsgründen aus. Ob das zur Erreichung der mit der Revision verfolgten Zwecke notwendig ist, wird gelegentlich bestritten[1]. § 338 stellt die unwiderlegbare Vermutung auf, daß das Urteil auf einer Verletzung der in Nummern 1 bis 7 genannten Verfahrensbestimmungen beruht[2]. Wieweit entsprechendes auch für § 338 Nr. 8 gilt, ist umstritten (unten Rdn. 124 ff). Daß das Revisionsgericht der Notwendigkeit enthoben wird, die Beruhensfrage zu prüfen[3], ist jedoch die einzige Besonderheit der in § 338 bezeichneten Verfahrensverstöße. Von Amts wegen werden sie nur berücksichtigt, wenn es sich, wie etwa bei der sachlichen Zuständigkeit, um Verfahrensvoraussetzungen handelt; sonst ist eine formgerecht erhobene Revisionsrüge erforderlich[4]. Ein Verzicht auf die Einhaltung des durch § 338 geschützten Verfahrens vor dem Tatrichter ist grundsätzlich unwirksam, schließt also die Revision nicht aus (vgl. § 337, 271).

§ 338 führt die Fälle **erschöpfend** auf, in denen ein Urteil stets als auf einer Verletzung des Gesetzes beruhend anzusehen ist (RGSt **61** 219). Allerdings gibt es andere Verfahrensverstöße, bei denen regelmäßig nicht ausgeschlossen werden kann, daß das Urteil auf ihnen beruht; sie kommen daher praktisch den unbedingten Revisionsgründen nahe. **2**

2. Heilung des Verstoßes. Wenn das Gericht den Verfahrensfehler noch in der Hauptverhandlung bemerkt, muß es dessen Folgen, soweit möglich, beseitigen (vgl. § 337, 261 ff), und zwar bis zur Beendigung der Urteilsverkündung (§ 337, 263). Denn die Heilung des Verfahrensverstoßes ist bei unbedingten Revisionsgründen in gleicher Weise möglich wie bei anderen[5]. Die Heilung erfolgt durch Wiederholung der Hauptverhandlung, soweit sie fehlerhaft war, in ihren wesentlichen Teilen[6]. Dafür genügt es nicht, daß der Vorsitzende den Inhalt der bisherigen Verhandlung vorträgt, auch wenn diese Mitteilung inhaltlich zutrifft und von den Prozeßbeteiligten als richtig anerkannt wird[7]. Zur Heilung eines Verstoßes gegen die durch § 338 Nr. 5 erfaßten Vorschriften ist die Wiederholung der Urteilsverkündung zulässig, wenn der Verstoß nur diesen Verfahrensteil betrifft[8]. **3**

---

[1] Vgl. insbesondere *Cramer* FS Peters 239; *Schwinge* Jung-Festgabe 217 ff hält jedenfalls die Nrn. 6 bis 8 für „abbaureif"; rechtspolitisch besonders umstritten sind heute Berechtigung und Reichweite des § 338 Nr. 6 namentlich im Zusammenhang mit seiner traditionellen Begrenzung auf die unzulässige Beschränkung der Öffentlichkeit (dazu unten Rdn. 104).

[2] BGHSt **27** 98; RGSt **38** 217; **42** 107; RG DJZ **1914** 508; ganz h. L., z. B. *Eb. Schmidt* 1; *Peters* 618; *Schlüchter* 726; *Dahs/Dahs* 113; *Sarstedt/Hamm* 193; grundsätzlich a. A *Bekker* 42 ff, der für die Nrn. 1–6 die Frage des Kausalzusammenhangs für bedeutungslos hält. In den Fällen des § 338 Nr. 7 bezieht sich die Vermutung, genau genommen, natürlich auf die Urteils*gründe* (unten Rdn. 115, 120).

[3] RGSt **29** 297; *Fuhrmann* JR **1962** 323; *Teske* 99.

[4] Anders *Siegert* DRiZ **1958** 193 für § 338 Nr. 1; *Becker* 124 hält eine Gesetzesänderung, die zur Prüfung von Amts wegen zwingt, für empfehlenswert.

[5] BGHSt **9** 244; **21** 334; **30** 74; RGSt **35** 354; **44** 18; **55** 168; **62** 198; **64** 309; **70** 110; OLG Hamburg OLGSt § 247 S. 1; OLG Hamm VRS **14** 370; OLG Oldenburg NdsRpfl. **1954** 34; *Poppe* NJW **1954** 1915; *W. Schmid* JZ **1969** 757.

[6] BGHSt **9** 243; BGH bei *Holtz* MDR **1979** 989; BGH NJW **1953** 1801; RGSt **38** 216; **64** 309; RG JW **1927** 2043 m. Anm. *Alsberg*; OLG Hamm JMBlNRW **1976** 226.

[7] BGHSt **30** 74; RGSt **38** 218; *W. Schmid* JZ **1969** 760.

[8] RG Recht **1910** Nr. 3873; RG GA **41** (1893); 45; OLG Oldenburg NdsRpfl. **1954** 34; *Sarstedt/Hamm* 217; *Poppe* NJW **1954** 1915; *a. A Eb. Schmidt* § 268, 4; *Schorn* Der Strafrichter (1960) 299; *W. Schmid* JZ **1969** 764. Vgl. auch bei § 268.

§ 338

4 3. **Urteilsaufhebung.** Liegt ein unbedingter Revisionsgrund vor, so ist das Urteil aufzuheben, wenn nicht ausnahmsweise ein Einfluß des Verfahrensmangels auf das Urteil zum Nachteil des Beschwerdeführers denkgesetzlich ausgeschlossen ist[9]. Kann sich der Verfahrensverstoß nicht auf das ganze Urteil ausgewirkt haben, ist nur der betroffene Urteilsteil aufzuheben, vorausgesetzt, daß er abtrennbar ist[10]. Ist die Revision rechtswirksam auf bestimmte Beschwerdepunkte beschränkt, so führt der unbedingte Revisionsgrund ebenfalls nur zur Teilaufhebung, auch wenn er das ganze Urteil beeinflußt hat[11].

5 Auf dem Weg über § 338 rügen können den Verfahrensverstoß nur Beteiligte, gegen die er sich **unmittelbar gerichtet** hat. So kann z. B. die Mitwirkung eines nach § 22 ausgeschlossenen Richters nur der Angeklagte rügen, dem gegenüber er ausgeschlossen war (RGSt **29** 297; **54** 317), die unrechtmäßige Ablehnung eines Ablehnungsgesuchs gegen einen Richter nur der Angeklagte, der das Gesuch gestellt hat (BGH bei *Dallinger* MDR **1973** 730), die nichtöffentliche Verhandlung gegen Jugendliche und Erwachsene nur der Erwachsene (BGHSt **10** 120), die nichtöffentliche Zeugenaussage nur der Mitangeklagte, den sie betrifft (BGH NJW **1962** 261), die Abwesenheit des notwendigen Verteidigers eines Angeklagten nur dieser Angeklagte (RGSt **52** 188; **57** 373). Auch die unzulässige Abwesenheit eines Angeklagten ergibt für einen Mitangeklagten keinen Revisionsgrund gemäß § 338 Nr. 5[12]. Betrifft der Verstoß nur einen von mehreren Angeklagten, kann ihn ein anderer Angeklagter jedoch nach § 337 rügen, sofern der Verstoß die diesen Angeklagten betreffende Entscheidung nachteilig beeinflußt haben kann (RGSt **62** 261); das ist insbesondere im Fall der unzulässigen Abwesenheit eines Mitangeklagten leicht denkbar (Verletzung des § 244 Abs. 2; vgl. BGH bei *Pfeiffer* NStZ **1981** 297).

II. Vorschriftswidrige Gerichtsbesetzung (Nummer 1)

6 1. **Allgemeines.** Die Vorschrift will sicherstellen, daß an der Rechtsfindung Richter in der gesetzlich bestimmten Zahl teilnehmen und daß nur die Richter mitwirken, die bei Einhaltung der gesetzlichen Bestimmungen dazu berufen sind; das gilt der Idee nach auch für die Kontrolle der „vorweggenommenen Besetzungsrüge" nach Halbsatz 2. Im übrigen führt nicht jede Verletzung der gesetzlichen Vorschriften über die mitwirkenden Richter dazu, daß die Besetzung des Gerichts im Sinne des § 338 Nr. 1 Halbsatz 1 vorschriftswidrig ist. Denn der Verstoß gegen die Zuständigkeit des Gerichts ist nicht hier, sondern in § 338 Nr. 4 geregelt, und die Teilnahme eines ausgeschlossenen oder mit Erfolg abgelehnten Richters fällt unter § 338 Nr. 2 und 3. Andererseits kann selbst bei Mitwirkung der nach den gesetzlichen Vorschriften dazu berufenen Richter das Gericht wegen Mängel in deren Person, insbesondere wegen Verhandlungsunfähigkeit, im Sinne des § 338 Nr. 1 vorschriftswidrig besetzt sein (unten Rdn. 38 ff).

7 Der zwingende Aufhebungsgrund des § 338 Nr. 1 liegt schon vor, wenn das erkennende Gericht nur während eines **Teils der Hauptverhandlung** nicht vorschriftsmä-

---

[9] BGH NJW **1977** 443; RGSt **54** 317; KK-*Pikart* 5; *Dahs/Dahs* 113; *Teske* 40; *Beling* FS für Binding (1911) **2** 100; gegen Ausnahmen in eingehender Untersuchung *Mehle* 38 ff, 51 ff, 74 ff, 146.

[10] BGH NStZ **1983** 375; BGH StrVert. **1981** 3; BGH NJW **1977** 1644; BGH GA **1975** 283; RGSt **44** 19; **53** 202; **69** 256; a. A *Mehle* 146 f.

[11] KK-*Pikart* 6; *Sarstedt/Hamm* 90; vgl. auch § 344, 19, 25.

[12] BGHSt **31** 331; BGH bei *Pfeiffer* NStZ **1981** 297; RGSt **38** 274; **62** 260; **67** 418; RG JW **1924** 1250 m. Anm. *Alsberg*; KK-*Pikart* 82; *Beling* 158 Fußn. 4; *Dahs/Dahs* 153; a. A RGSt **29** 294; *Eb. Schmidt* 25.

ßig besetzt war[13]. Auch müssen die gesetzlichen Voraussetzungen der vorschriftsmäßigen Gerichtsbesetzung von vornherein vorliegen. Daher ist insoweit eine **nachträgliche Heilung** durch spätere Verwaltungsmaßnahmen, etwa durch die nachträgliche Ernennung zum Richter oder die Bestellung zum Hilfsrichter, nicht möglich[14].

2. Revisible Besetzungsmängel (Nr. 1 Halbsatz 1)

a) **Erkennendes Gericht.** § 338 Nr. 1 bezieht sich nicht, wie § 28 Abs. 2 Satz 2, § 305 Satz 1, auf das nach Eröffnung des Hauptverfahrens tätige Gericht, sondern nur auf das Gericht, das in der Hauptverhandlung das Urteil fällt[15]. Haben bei Entscheidungen vor der Hauptverhandlung Richter mitgewirkt, die dazu nicht berufen waren, so ist allenfalls ein Revisionsgrund nach den §§ 336, 337 gegeben (vgl. § 207, 50). Die vorschriftswidrige Besetzung des Amtsgerichts kann mit der Revision gegen das Berufungsurteil auch nach diesen Vorschriften nicht gerügt werden[16]. **8**

b) **Gesetzlich berufene Richter**

aa) **Allgemeines.** Welches Verfahren zur Bestimmung des im Einzelfall berufenen Richters einzuhalten ist und welche Richter an der Entscheidung mitwirken müssen, ist im Gesetz ausdrücklich geregelt (unten Rdn. 12). Über diesen „durchnormierten Bereich"[17] hinaus gelten aber weitere, „nicht voll durchnormierte"[17] Rechtsgrundsätze, die sich daraus ergeben, daß sowohl nach einfachem Recht (§ 16 GVG) als auch nach Verfassungsrecht (Art. 101 Abs. 1 Satz 2 GG) niemand seinem gesetzlichen Richter entzogen werden darf (unten Rdn. 13 ff), wobei gesetzlicher Richter in diesem Sinn nicht nur der jeweilige Spruchkörper, sondern auch jeder an der gerichtlichen Entscheidung mitwirkende Richter ist[18]. Die Frage, ob es **revisionsrechtlich einen Unterschied** macht, welcher der beiden Gruppen ein Gesetzesverstoß zuzurechnen ist, der zu einer vorschriftswidrigen Besetzung des Gerichts geführt hat, ist streitig: **9**

Ergibt sich die falsche Besetzung lediglich aus dem **Grundsatz,** daß niemand seinem **gesetzlichen Richter** entzogen werden darf, so führt das nach ganz herrschender Meinung nur beim Hinzutreten weiterer Voraussetzungen zur Urteilsaufhebung gemäß § 338 Nr. 1. Denn Art. 101 Abs. 1 Satz 2 GG will nur Schutz gegen Willkür, nicht gegen Irrtum bieten[19]. Daher ist bei einer falschen Gerichtsbesetzung, die lediglich zu einem Verstoß gegen Art. 101 Abs. 1 Satz 2 GG führt, nicht schon eine auf rechtsirrtümlicher, aber vertretbarer Rechtsauffassung beruhende Fehlbesetzung revisibel, sondern nur die willkürliche Verletzung. Die Begrenzung des Art. 101 Abs. 1 Satz 2 GG auf willkürliche Verstöße spiegelt sich also insoweit in der Revisibilität bei Verletzung dieser Vorschrift wider. Der Begriff der Willkür ist dabei nach objektiven Merkmalen zu beurteilen[20]: eine absichtliche Entziehung wird nicht vorausgesetzt. Es reicht, daß die zur Fehlbesetzung führende Anordnung oder Maßnahme sich so von dem verfassungsrechtlichen Grundsatz des gesetzlichen Richters entfernt, daß sie nicht mehr zu rechtfertigen, son- **10**

---

[13] BGH bei *Dallinger* MDR **1954** 151; OLG Oldenburg NJW **1952** 1310 für die Urteilsverkündung durch einen Referendar; KMR-*Paulus* 9.

[14] RGSt **55** 225; **60** 27; **66** 122; *W. Schmid* JZ **1969** 760; vgl. auch unten Rdn. 18.

[15] RGSt **2** 344; KMR-*Paulus* 9; *Eb. Schmidt* Nachtr. I 5; *Loewenstein* 45.

[16] RGSt **59** 300; *Eb. Schmidt* § 336, 18; vgl. auch § 336, 9.

[17] Vgl. *Rieß* GA **1976** 136.

[18] BVerfGE **17** 298 = JZ **1965** 57 m. Anm. *Kern*; **18** 69; **18** 349 = NJW **1965** 1219 m. Anm. *Ad. Arndt* und *Dinslage*; BVerfG NJW **1976** 283.

[19] Vgl. z. B. BVerfGE **3** 364; **4** 416; **15** 248; **22** 266; **29** 28; **30** 167; BGHSt **11** 110 = MDR **1958** 253 m. Anm. *Marquordt*; **26** 211; *Rieß* GA **1976** 136; weitere Nachweise bei § 16 GVG.

[20] Eingehend *Kellermann* 135 ff; 189 ff; vgl. im übrigen Fußn. 19 und bei § 16 GVG.

dern offensichtlich unhaltbar ist[21]. Das ist insbesondere der Fall, wenn eine Rechtsfrage falsch entschieden worden ist, die bereits obergerichtlich geklärt und Gegenstand einer veröffentlichten Entscheidung gewesen ist[22]. Da mittlerweile wohl zu allen wichtigen Zweifelsfragen der Anwendung des Art. 101 Abs. 1 Satz 2 GG und des § 16 GVG obergerichtliche Entscheidungen mit einheitlichen Auffassungen ergangen sind, hat die Beschränkung der Revision auf das Willkürverbot praktische Bedeutung im wesentlichen nur noch für den Fall der Abweichung vom Geschäftsteilungsplan (unten Rdn. 23).

11 Ob entsprechendes auch im „durchnormierten Bereich", also dort gilt, wo die **Richterbesetzung durch ausdrückliche gesetzliche Bestimmungen** geregelt ist, ist zweifelhaft[23]. Der BGH hat eine solche Auffassung zunächst nicht praktiziert[24]. Er hat dann aber in zunehmendem Maße eine Einschränkung der Revisibilität durch das objektive Willkürverbot auch in derartigen Fällen angenommen, wenn sie auf der zwar irrigen oder möglicherweise irrigen, aber immerhin vertretbaren Auslegung einer nicht eindeutigen oder noch nicht eindeutig geklärten Gesetzesvorschrift oder Rechtsfrage beruht. Dies entspricht heute auch der herrschenden Meinung[25]. Ihr ist zuzugeben, daß eine unterschiedliche Behandlung der beiden Gruppen von Gesetzesverstößen (Rdn. 9) nicht ohne weiteres einsehbar erscheint. Zuzugeben ist ihr auch, daß einiges dafür sprechen mag, den absoluten Revisionsgrund des § 338 Nr. 1, insbesondere aus praktischen Bedürfnissen, auf den Schutz vor objektiver Willkür zu beschränken. Zu bedenken bleibt indessen, daß § 338 Nr. 1 erkennbar eben nicht nur den Schutz vor willkürlicher Entziehung des gesetzlichen Richters betrifft, den das GG heute aus einleuchtenden Gründen auch verfassungsrechtlich sichert, sondern einen absoluten Revisionsgrund normiert, wenn das Gericht nach den dafür geltenden spezifischen Gesetzesbestimmungen „nicht vorschriftsmäßig besetzt war". Die irrige Auslegung der Normen, über die wie immer im Revisionsrecht das Revisionsgericht befindet, aber bleibt ein Gesetzesverstoß nach § 337 und erst recht nach § 338 auch dann, wenn sie auf einer vertretbaren Auslegung beruht. Die gegenteilige Ansicht führt zudem nicht nur zu problematischen, gerade insoweit kaum verifizierbaren Differenzierungen im Hinblick auf die Grenze der Vertretbarkeit und zu erheblichen Gefahren für die Rechtssicherheit; sie enthält auch einen (weiteren) Schritt zur Relativierung der absoluten Revisionsgründe, weil sie sich fast notwendig auch in anderen Bereichen des § 338 auswirken muß[26]. Ihr ist daher nicht zu folgen.

12 bb) **Ausdrückliche gesetzliche Bestimmungen** über die zur Entscheidung berufenen Richter in dem umschriebenen Sinne (Rdn. 9, 11) enthalten die §§ 21a bis e GVG (Wahl, Größe und Aufgaben der Präsidien), § 21 f GVG (Vorsitz in den Spruchkörpern und Vertretung bei Verhinderung), § 21 g GVG (Geschäftsverteilung innerhalb der Spruchkörper), § 22 Abs. 2 GVG (Übertragung eines weiteren Richteramts für den Richter am Amtsgericht), § 22 Abs. 5 GVG (Beschäftigung von Richtern auf Probe und kraft Auftrags bei den Amtsgerichten), § 22 a GVG (Präsidium bei den Amtsgerichten).

---

[21] BVerfGE **29** 49; BGH NJW **1976** 2357; vgl. auch bei § 16 GVG.
[22] So z. B. BGH GA **1976** 142; **1980** 69.
[23] Näher und eingehend zu der Frage insbesondere *Rieß* und *Dahs* GA **1976** 133 und 353.
[24] Vgl. *Rieß* GA **1976** 134 mit Nachw. Ebenso noch BGH JR **1978** 210 m. zust. Anm. *Meyer*.
[25] Vgl. im einzelnen insbes. BGHSt **25** 241; **27** 107; wohl auch BGHSt **29** 288 (dazu *Katholnigg* NStZ **1981** 32); BGH GA **1976** 141;

weitere Nachweise aus der unveröff. Rspr. bei *Rieß* GA **1976** 134 Fußn. 4 und 5; s. auch *Rieß* DRiZ **1977** 290; KK-*Pikart* 20; *Kleinknecht/Meyer* 7; KMR-*Paulus* 7; *Peters* 135 *Schlüchter* 728 mit Nachw.; vgl. auch *Sarstedt/Hamm* 194; *Frisch* NStZ **1984** 89.
[26] Zu allem näher *Dahs* GA **1976** 353 ff; *Mehle* 129 ff. Ablehnend auch LR-*Meyer* in der 23. Aufl.

§ 22 b GVG (Vertretungsregelung für kleine Amtsgerichte), § 29 GVG (Zusammensetzung des Schöffengerichts), § 59 GVG (Besetzung der Spruchkörper; Übertragung mehrerer Richterämter; Beschäftigung von Richtern auf Probe und kraft Auftrags beim Landgericht), § 70 GVG (Beiordnung von Richtern auf Probe oder kraft Auftrags), § 76 Abs. 2 GVG (Besetzung der Strafkammer), § 78 Abs. 2 GVG (Besetzung der auswärtigen Strafkammern), § 122 GVG (Besetzung der Strafsenate der Oberlandesgerichte), § 192 GVG (Zahl der mitwirkenden Richter; Ergänzungsrichter), § 201 GVG (Ferienstrafkammern und Feriensenate), § 18 DRiG (nichtige Ernennung), § 19 DRiG (Zurücknahme der Ernennung), § 28 DRiG (Besetzung der Gerichte mit Richtern auf Lebenszeit; Vorsitzender), § 29 DRiG (Mitwirkung von Richtern auf Probe, Richtern kraft Auftrags und abgeordneten Richtern), § 37 DRiG (Abordnung von Richtern). Der Inhalt dieser Vorschriften ist hier nicht weiter zu erörtern; wegen der Einzelheiten wird auf ihre Erläuterungen in diesem Kommentar verwiesen.

cc) Der **Anspruch auf den gesetzlichen Richter** nach § 101 Abs. 1 Satz 2 GG, § 16 **13** GVG (vgl. Rdn. 9, 10) verlangt darüber hinaus im wesentlichen noch die Beachtung folgender Grundsätze:
Zuweisung nach allgemeinen, abstrakten Merkmalen. Der zwingende Aufhebungs- **14** grund nach § 338 Nr. 1 liegt vor, wenn die Sache nicht „blindlings" an den Spruchkörper gelangt, sondern es auf Merkmale angekommen ist, die es der Geschäftsstelle oder der Staatsanwaltschaft ermöglichen, auf den gesetzlichen Richter Einfluß zu nehmen[27].
Überbesetzung von Spruchkörpern. Nach h. M. ist der Angeklagte seinem gesetzli- **15** chen Richter nicht ohne weiteres deshalb entzogen, weil der Spruchkörper, von dem er verurteilt worden ist, überbesetzt war. Mit dem Grundsatz des § 101 Abs. 1 Satz 2 ist es aber nicht vereinbar, daß einem Spruchkörper so viele Richter angehören, daß er in zwei personell verschiedenen Gruppen Recht sprechen kann[28].
Unzulässige Heranziehung von Richtern auf Probe. Die in § 22 Abs. 5, § 59 Abs. 3 **16** GVG ausdrücklich zugelassene Besetzung der Spruchkörper mit Richtern auf Probe und kraft Auftrags verstößt gegen Art. 101 Abs. 1 Satz 2 GG, wenn sie zur Dauereinrichtung wird und dazu führt, daß über mehrere Geschäftsjahre dem feststehenden Bedarf an Richterkräften zu einem wesentlichen Teil und ständig mit Proberichtern genügt wird[29].
Keine willkürliche Abweichung vom Geschäftsverteilungsplan. Vgl. dazu unten **17** Rdn. 23.

dd) **Geschäftsverteilungsplan insbesondere.** Nach § 21 e Abs. 1 Satz 1 GVG haben **18** die Präsidien der Gerichte in einem Geschäftsverteilungsplan die Besetzung der Spruchkörper und die Vertretung zu regeln sowie die Geschäfte zu verteilen. Die Gesetzmäßigkeit der Aufstellung und Abänderung der Geschäftsverteilungspläne unterliegt, und zwar nicht beschränkt durch den Gesichtspunkt der objektiven Willkür (oben Rdn. 11), der Prüfung durch das Revisionsgericht[30]. Der unbedingte Revisionsgrund des § 338

---

[27] Vgl. BGHSt 7 23; **15** 116; BGH NJW **1958** 1503 L; OLG Bremen NJW **1965** 1448; OLG Neustadt MDR **1965** 225; OLG Nürnberg MDR **1963** 502 m. Anm. *Maywald* NJW **1963** 923; OLG Saarbrücken NJW **1966** 1041; OLG Zweibrücken MDR **1967** 147; vgl. auch *Hilger* NStZ **1983** 338 Fußn. 4 und bei § 21 e GVG. Zur sog. beweglichen Zuständigkeit (§ 24 Abs. 1 Nr. 3 GVG) näher bei § 16 GVG.
[8] So die std. Rspr. des BVerfG, z. B. BVerfGE 17 300 = JZ **1965** 57 m. Anm. *Kern*; **18** 69; **18** 349 = NJW **1965** 1219 m. Anm. *Ad. Arndt* und *Dinslage*; ebenso z. B. BGH NJW **1965** 175, 1715; **1966** 1084, 1458; weitere Nachw. bei § 21 f GVG.
[29] BVerfGE 4 331; **14** 156; BGHSt 8 159; **9** 108; **14** 326; weitere Nachw. bei § 59 GVG.
[30] BGHSt 3 353; **11** 109 (= MDR **1958** 253 m. Anm. *Marquordt*); **12** 402; BGH NJW **1958** 550; BGH GA **1959** 222; RGSt 37 59; **65** 299.

Nr. 1 liegt insbesondere auch vor, wenn die Gerichtsbesetzung durch eine Entscheidung des Präsidenten des Gerichts oder seines Vertreters zustandegekommen ist, obwohl das Präsidium hätte entscheiden müssen[31]. Weder die nachträgliche Kenntnisnahme noch die nachträgliche Genehmigung durch das Präsidium kann diesen Mangel heilen[32]. Zum Problem der Eilentscheidungen gemäß § 21 i Abs. 2, § 22 b Abs. 3 GVG s. unten Rdn. 27.

19 Bei **negativen Kompetenzkonflikten** unter mehreren Spruchkörpern nach dem Geschäftsverteilungsplan (nicht: nach dem Gesetz, vgl. BGHSt 26 200) gehört es zu den Aufgaben des Präsidiums auch, den Geschäftsverteilungsplan auszulegen und den zuständigen Spruchkörper zu bestimmen[33]. Hat sich das Präsidium diese Entscheidung ausdrücklich vorbehalten, darf der Gerichtspräsident nicht an seiner Stelle handeln[34]. Jedoch ist das Präsidium befugt, die Entscheidung allgemein dem Präsidenten, der ihm vorsitzt, zu übertragen[35]. Ist die Entscheidung von der zuständigen Stelle getroffen worden, kann sie das Revisionsgericht nur auf Ermessensmißbrauch prüfen[36].

20 Eine **fehlerhafte Zusammensetzung des Präsidiums,** die auf Fehlern bei seiner Wahl gemäß § 21 b GVG beruht, kann mit der Revision nicht gerügt werden, weil insoweit das besondere Anfechtungsverfahren des § 21 b Abs. 6 GVG vorgeht; nach Satz 3 der Vorschrift schließt das die Prüfung der Wahl durch ein anderes Gericht, auch durch das Revisionsgericht, aus[37]. Ist das Präsidium einwandfrei gewählt worden, aber bei der Beschlußfassung im Einzelfall falsch zusammengesetzt, etwa durch Verstoß gegen § 21 c Abs. 2 GVG, liegt der unbedingte Revisionsgrund des § 338 Nr. 1 grundsätzlich ebenfalls nicht vor. Da die gesetzliche Regelung nunmehr klar und eindeutig ist, besteht zwar kein Grund, die zu § 64 Abs. 3 GVG a. F. entwickelte Rechtsprechung[38] fortzuführen, daß Geschäftsverteilungspläne nicht deswegen ungültig sind, weil das Präsidium aufgrund irriger, aber vertretbarer Auslegung einer eindeutigen Gesetzesbestimmung vorschriftswidrig gebildet war. Jedoch führt die infolge bloßen Rechtsirrtums fehlerhafte Zusammensetzung des Präsidiums schon deshalb nicht zur Unwirksamkeit der von ihm beschlossenen Geschäftsverteilung, weil die Gültigkeit eines Aktes der richterlichen Selbstverwaltung nicht von der richterlichen Besetzung des Kollegiums abhängt, das ihn erlassen hat[39].

21 **Inhaltliche Mängel des Geschäftsverteilungsplans** führen, und zwar nicht nur im Fall objektiver Willkür, zum absoluten Revisionsgrund des § 338 Nr. 1, wenn das Präsidium bei Aufstellung und Abänderung des Verteilungsplans gegen die gesetzlichen Einzelregelungen des GVG und des DRiG verstoßen hat (vgl. oben Rdn. 11, 12). Soweit Grundsätze der Geschäftsverteilung dort nicht geregelt sind, hat das Präsidium den Verfassungsgrundsatz des Art. 101 Abs. 1 Satz 2 GG zu beachten, daß niemand seinem ge-

---

[31] BGHSt **3** 353; **15** 218; RGSt **23** 166; **37** 59, 301; **38** 416; **40** 85.
[32] BGH NJW **1958** 550; RGSt **23** 166; vgl. auch RGSt **41** 186 und bei § 21 e GVG. Nach BGHSt **30** 268 = NStZ **1982** 295 mit Anm. *Rieß* kann die Feststellung der Verhinderung freilich noch im Rahmen des Verfahrens nach §§ 222 a, 222 b erfolgen.
[33] Vgl. BGHSt **25** 244; *Kissel* § 21 e, 105 f mit weit. Nachw.; *Kern/Wolf* § 14 IV 2; **a. A** BVerfG bei *Heintzmann* DRiZ **1975** 321 Fußn. 8 und 17; *P. Müller* JZ **1976** 587, die eine anderweitige Kompetenzregelung verlangen; vgl. auch § 209, 7 ff.
[34] BGHSt **26** 200; BGH NJW **1975** 1425.
[35] Vgl. dazu *Heintzmann* DRiZ **1975** 320.
[36] BGH NJW **1975** 1425 mit weit. Nachw.
[37] BGHSt **26** 208; *Kissel* § 21 e, 108; näher bei § 21 b GVG.
[38] BGHSt **12** 227, 406; **13** 268; BGH MDR **1951** 591.
[39] BVerfGE **21** 54 = DVBl. **1971** 786 m. abl. Anm. *Bettermann*; *Kern/Wolf* § 14 IV 1 *Schorn/Stanicki* 260; vgl. auch bei §§ 16, 21 e GVG.

setzlichen Richter entzogen werden darf, wobei *insoweit* Revisibilität nur bei objektiver Willkür besteht (oben Rdn. 10). Der Geschäftsverteilungsplan ist insbesondere fehlerhaft, wenn von vornherein feststeht, daß er nicht eingehalten werden kann[40], wenn er unvollständig ist[41], z. B. die Verteilung nur für Teile des Geschäftsjahrs regelt, einem Spruchkörper einen noch nicht namentlich bekannten Richter oder einen Richter nur für die Erledigung bestimmter Aufgaben zuteilt[42], wenn er über die Verwendung eines Hilfsrichters nicht entscheidet[43] oder eine von vornherein abzusehende dauernde Verhinderung nicht berücksichtigt[44]. Weitere Mängel können darin liegen, daß ein Richter mehreren Spruchkörpern zugeteilt wird, ohne daß bestimmt ist, in welchem er vorrangig tätig zu werden hat[45], oder daß einem Vorsitzenden zwei Spruchkörper übertragen werden, obwohl von vornherein feststeht, daß er in einem meist oder dauernd verhindert sein wird[46]. Vgl. im übrigen die Erl. zu § 21 e GVG.

Eine **Änderung des Geschäftsverteilungsplans** im Laufe des Geschäftsjahrs überprüft das Revisionsgericht auf entsprechende Rüge im Hinblick auf die Frage, ob die Voraussetzungen des § 21 e Abs. 3 GVG vorliegen[47]. Die Prüfung beschränkt sich aber darauf, ob Rechtsfehler erkennbar sind, wobei das pflichtgemäße Ermessen des Präsidiums nicht durch das eigene Ermessen des Revisionsgerichts ersetzt werden darf[48]; auf die Tatsachen, die zu der Änderung geführt haben, erstreckt sie sich nach herrschender Meinung nicht[49]. Das gilt insbesondere, wenn im Laufe des Geschäftsjahrs ein neuer Spruchkörper oder eine Hilfsstrafkammer (vgl. dazu bei § 60 GVG) gebildet worden ist; das Revisionsgericht überprüft nur, ob die neuen Spruchkörper in gesetzmäßiger Weise vom Präsidium errichtet worden sind[50] und ob die für die Bildung der Spruchkörper als Grund angegebenen Tatsachen den Rechtsbegriff der Überlastung erfüllen[51]. **22**

Auf **Abweichungen vom Geschäftsverteilungsplan** kann, da der Plan keine Rechtsnorm ist (§ 337, 13), die Revision nicht ohne weiteres gestützt werden[52]. Vielmehr gilt der Grundsatz, daß der absolute Revisionsgrund des § 338 nur vorliegt, wenn die Abweichung vom Geschäftsverteilungsplan willkürlich oder sonst mißbräuchlich war, der Angeklagte also seinem gesetzlichen Richter entzogen worden ist (oben Rdn. 9, 10, 13 ff)[53]. Gegen das Willkürverbot (Rdn. 10) ist angesichts der Bedeutung des Art. 101 Abs. 1 Satz 2 GG nicht nur bei offensichtlicher Fehlerhaftigkeit, sondern auch dann verstoßen, wenn die Abweichung vom Geschäftsverteilungsplan ohne hinreichenden **23**

---

[40] BGHSt **7** 205; *Sarstedt/Hamm* 203; vgl. auch bei § 21 e GVG; a. A KG JR **1982** 434.
[41] *Kleinknecht/Meyer* § 21 e GVG, 2 mit Nachw.; vgl. auch *Feiber* NJW **1975** 2005.
[42] Zum ersteren: BGHSt **19** 116; BGH NJW **1979** 1052; zum letzteren: BGHSt **8** 252.
[43] BGH NJW **1961** 1685 L; RGSt **37** 303.
[44] BGHSt **7** 210; **25** 239 m. Anm. *Müller* NJW **1974** 656; vgl. auch bei § 21 e GVG.
[45] Vgl. BGHSt **25** 163, wo aber ergänzende Anordnungen des Präsidenten zugelassen werden.
[46] BGHSt **2** 71; **8** 17; vgl. auch RGSt **25** 389; **54** 298; **55** 201, 238; **56** 157; **62** 273, 309, 366; **64** 6.
[47] BGHSt **7** 23; **10** 179; **13** 55; **19** 116; **20** 132; **21** 250; **22** 238; BGH NJW **1976** 2029; BGH bei *Holtz* MDR **1981** 455.
[48] BGHSt **22** 239; **27** 398.
[49] RGSt **76** 233; KMR-*Paulus* 25; *Sarstedt/Hamm* 204; *Schorn/Stanicki* 262 ff; vgl. auch RG JW **1938** 312.
[50] BGHSt **21** 260; BGH NJW **1953** 1034; RGSt **37** 59. Vgl. auch BGHSt **51** 391 = JR **1983** 519 mit Anm. *Katholnigg* zum verzögerten Abschluß der Tätigkeit einer Hilfsstrafkammer.
[51] BGH LM Nr. 1 zu § 338 Ziff. 3; BGH NJW **1956** 111; **1967** 660; RGSt **62** 310; OLG Celle NdsRpfl. **1966** 127; noch enger möglicherweise BGH bei *Holtz* MDR **1981** 455.
[52] BGHSt **11** 110 = MDR **1958** 253 m. Anm. *Marquordt*; RGSt **36** 321; RG JW **1938** 212; a. A *Teske* 110 ff; vgl. auch *Sarstedt/Hamm* 205 ff.
[53] Vgl. BGHSt **11** 110 = MDR **1958** 253 mit Anm. *Marquordt*; BGH NJW **1975** 1424; BGH GA **1971** 37; OLG Karlsruhe MDR **1976** 777; ganz herrschende Lehre; vgl. auch bei § 21 e GVG.

§ 338

Grund, und sei es versehentlich, erfolgt[54]. Diese Grundsätze gelten auch für **Urteile der Amtsgerichte**. Die Vorschrift des § 22 d GVG, wonach die Gültigkeit der Handlung eines Richters beim Amtsgericht nicht dadurch berührt wird, daß die Handlung nach der Geschäftsverteilung von einem anderen Richter wahrzunehmen gewesen wäre, schränkt nach allgemeiner, wenn auch unterschiedlich begründeter Ansicht die Revision nicht ein (näher bei § 22 d GVG).

24 Führt der **Geschäftsverteilungsplan des Vorsitzenden** (§ 21 g Abs. 2 GVG) wegen Verstoßes gegen ausdrückliche, wenn auch auslegungsbedürftige gesetzliche Vorschriften zu einer gesetzeswidrigen Gerichtsbesetzung, so ist der Revisionsgrund des § 338 Nr. 1 gegeben[55]. Ansonsten liegt bei Abweichung von dem Geschäftsverteilungsplan der unbedingte Revisionsgrund nur bei Willkür und Mißbrauch vor[56].

25 Ist die **Verhinderung des Vorsitzenden** (§ 21 f Abs. 2 GVG) oder eines beisitzenden Richters nicht offenkundig, muß sie ausdrücklich festgestellt werden[57], und zwar nach h. M. vom Gerichtspräsidenten oder (§ 21 h GVG) seinem Vertreter, nicht vom Präsidium[58]. Führt der Verhinderungsfall nur zur Vertretung innerhalb desselben Spruchkörpers, dürfte der Vorsitzende befugt sein, ihn selbst festzustellen[59]. Die Feststellung muß jeweils *vor* Beginn der richterlichen Aufgabe getroffen werden, an der statt des verhinderten Richters ein Vertreter mitwirken soll[60]. Eine besondere Form für die Feststellung ist nicht vorgeschrieben. Erforderlich ist aber, daß eine Verhinderung, die nicht offenkundig ist, in einer für das Revisionsgericht nachprüfbaren Weise festgestellt wird[61]; zweckmäßig ist daher die Schriftform[62]. Der unbedingte Revisionsgrund des § 338 Nr. 1 ist gegeben, wenn das Verfahren gegen diese Grundsätze verstößt.

26 Für die **Prüfung der tatsächlichen Umstände**, die dem Verhinderungsfall zugrunde liegen, sind die Umstände im Zeitpunkt der Hauptverhandlung maßgebend, nicht später eingetretene[63]. Die Revisionsgerichte prüfen nicht nach, ob die Tatsachen, mit denen die Verhinderung begründet worden ist, zutreffen, weil es sich um eine Ermessensfrage (vgl. § 337, 87 ff) handele, über die der Landgerichtspräsident oder, falls er zur Feststellung der Verhinderung befugt ist, der Vorsitzende zu entscheiden habe[64].

---

[54] So richtig BayObLG StrVert. **1981** 511; KK-*Pikart* 26. Die versehentliche Abweichung infolge eines in der Anklageschrift falsch angegebenen Geburtsdatums hält BGH NStZ **1983** 182 noch nicht für objektiv willkürlich; vgl. auch OLG Hamm JMBlNRW **1982** 45.

[55] Anders insbes. BGHSt **25** 241, wo eine zwar irrige, aber vertretbare Gesetzesauslegung für unschädlich gehalten wird; dazu oben Rdn. 11.

[56] BGHSt **21** 255; **29** 162; vgl. auch oben Rdn. 23 und bei § 61 g GVG.

[57] BGHSt **12** 35, 114; **18** 164; BGH MDR **1963** 773; BayObLG MDR **1962** 498; OLG Hamm JMBlNRW **1968** 43; OLG Koblenz MDR **1966** 1024.

[58] BGHSt **12** 33, 133; **21** 176; **30** 268; BGH NJW **1974** 870 m. abl. Anm. *P. Müller* NJW **1974** 1665; BGH MDR **1963** 773; RGSt **46** 254; OLG Stuttgart Justiz **1965** 65; a. A *Schorn/Stanicki* 103; *P. Müller* JZ **1976** 558 Fußn. 21; *Stanicki* DRiZ **1972** 414; **1973** 124,

357, die das Präsidium für zuständig halten. Der Präsident des LG kann auch seine eigene Verhinderung feststellen (BGHSt **21** 174).

[59] Streitig. Wie hier BGH NJW **1968** 512; OLG Celle NJW **1968** 1489; *Dinslage* DRiZ **1965** 334; a. A BGH DRiZ **1966** 93; *Poischen* DRiZ **1966** 20; offengelassen in BGHSt **21** 176; vgl. auch BGH MDR **1963** 773.

[60] BGHSt **21** 179; OLG Hamm JMBlNRW **1968** 43. Vgl. aber auch oben Fußn. 32: Feststellung noch während des Verfahrens gemäß §§ 222 a, 222 b.

[61] BGHSt **12** 36; **21** 179; BGH NJW **1974** 870.

[62] BGHSt **21** 179; BGH NJW **1968** 512; RGSt **65** 301.

[63] Vgl. BGHSt **14** 16; RG Recht **1928** Nr 1128.

[64] BGHSt **12** 35; **15** 391; **21** 42; RGSt **55** 237 OLG Hamm JMBlNRW **1968** 43; vgl. auch RGSt **56** 64; *Rieß* GA **1976** 136 Fußn. 15 hält das für eine Einschränkung der Revision auf Verstöße gegen das Willkürverbot nach Art 101 Abs. 1 Satz 2 GG.

Geprüft wird jedoch, ob der Rechtsbegriff der Verhinderung im Sinn des § 21 f GVG erfüllt ist, insbesondere, ob die Verhinderung nur vorübergehend war[65].

Eine **Vertreterbestellung** durch das Präsidium oder durch den Gerichtspräsidenten wegen zeitweiliger Verhinderung eines Richters prüfen die Revisionsgerichte ebenfalls nur auf Rechtsfehler, nicht jedoch hinsichtlich der Frage, ob die tatsächlichen Voraussetzungen, die zur Annahme der Verhinderung geführt haben, vorliegen[66]. Entsprechendes muß dann auch für die Entscheidung des Präsidenten gelten, daß eine Entscheidung des Präsidiums nicht mehr rechtzeitig ergehen kann (§ 21 i Abs. 2, § 22 b Abs. 3), weil sie davon abhängt, wann ihm die Hinderungsgründe bekanntgeworden sind. Auch auf Ermessensfehler geprüft wird aber die Ausübung des Ermessens des Präsidenten bei Feststellung der Verhinderung[67].

Die **Selbstanzeige nach § 30** ist nach herrschender, wenn auch umstrittener Meinung eine Dienstpflicht des Richters, nicht aber eine richterliche Entscheidung, so daß auf ihr Unterbleiben die Revision auch bei Ermessensmißbrauch nicht soll gestützt werden können (§ 30, 19). Auch den auf die Selbstablehnung ergehenden Beschluß kann das Revisionsgericht in entsprechender Anwendung des § 28 Abs. 1 nicht nachprüfen (§ 30, 20). Etwas anderes muß jedoch gelten, wenn eine willkürliche Entziehung des gesetzlichen Richters (Rdn. 9 f, 13 ff) vorliegt[68]. Der unbedingte Revisionsgrund des § 338 Nr. 1 liegt vor, wenn ein Richter, der eine Anzeige gemäß § 30 gemacht hat, durch einen anderen ersetzt wird, ohne daß über die Anzeige entschieden worden wäre; ob die Anzeige berechtigt war, ist ohne Bedeutung und wird vom Revisionsgericht nicht geprüft[69].

c) **Gesetzlich berufene Schöffen insbesondere**

aa) **Allgemeines.** Für die Berufung, Auswahl und Heranziehung der Schöffen gelten die detaillierten Vorschriften der §§ 30 bis 57, § 77 GVG, §§ 44, 45 DRiG, § 35 JGG. Es kann daher nicht die Rede davon sein, daß es sich um einen „nicht voll durchnormierten" Bereich mit der Folge handelt (oben Rdn. 9 f), daß die vorschriftswidrige Besetzung mit Schöffen vom Revisionsgericht im Hinblick auf Art. 101 Abs. 1 Satz 2 GG, § 16 GVG nur auf objektive Willkür zu überprüfen ist. Vielmehr sind Zweifelsfragen durch Auslegung der genannten Vorschriften unter Beachtung der dazu im Gesetz zum Ausdruck kommenden allgemeinen Grundgedanken zu lösen. Hat der Tatrichter sie falsch beantwortet und ist das der Grund für eine vorschriftswidrige Besetzung des Gerichts, so ist der unbedingte Revisionsgrund des § 338 Nr. 1 ohne weiteres gegeben (vgl. oben Rdn. 11). Der **Bundesgerichtshof** vertritt demgegenüber auch und gerade hier die Auffassung, daß bei im Gesetz nicht gelösten Zweifelsfragen oder sogar bei einem nicht klar zutage liegenden (vertretbaren) Gesetzesverstoß eine revisible Verletzung des § 338

---

[65] BGHSt **8** 17; **14** 14; **21** 131; **25** 54 = JZ 1974 586 m. Anm. *Kleinknecht*; BGH NJW 1974 1572 m. Anm. *P. Müller* NJW 1974 2242; RGSt **62** 273; vgl. auch bei § 21 f GVG.

[66] BGH LM Nr. 1 und 4 zu § 67 GVG a. F.; BGH bei *Dallinger* MDR **1951** 539; RGSt **40** 264; **46** 256; a. A *Eb. Schmidt* 8.

[67] BGHSt **7** 207; vgl. auch OLG Hamm GA **1971** 186.

[68] *Kleinknecht/Meyer* § 30, 10; KMR-*Paulus* § 30, 13; *Arzt* JR **1974** 76; vgl. auch § 30, 25. Auch kann die Nichtbeachtung eines Ausschließungsgrundes nach § 338 Nr. 2 gerügt werden (unten Rdn. 61).

[69] So BGHSt **25** 122 (= JR **1974** 73 m. abl. Anm. *Arzt*) gegen BGH NJW **1952** 789; ebenso OLG Hamm MDR **1964** 77; vgl. auch 30, 25.

§ 338 Drittes Buch. Rechtsmittel

Nr. 1 nur bei objektiver Willkür vorliege[70]. Den Bereich zu bestimmen, in dem das der Fall sein soll, bereitet ihm dabei naturgemäß Schwierigkeiten; sie führen zu Unterscheidungen, die dem Revisionsrichter einen erheblichen Spielraum belassen und als solche nicht immer einleuchten[71].

30   bb) **Einzelheiten.** Revisionsrechtlich gelten insbesondere folgende Grundsätze:
Rechtsverstöße in dem **Berufungsverfahren,** durch das der Schöffe berufen worden ist, können die vorschriftsmäßige Besetzung des Gerichts nicht in Frage stellen, wenn sie außerhalb des Bereichs begangen worden sind, auf den die Gerichte unmittelbar einwirken. Verstöße gegen § 36 Abs. 4 GVG begründen daher die Revision nicht[72]. Auch die fehlerhafte Besetzung des Wahlausschusses nach § 40 GVG ist nach dem Grundgedanken des § 21 b Abs. 6 Satz 3 GVG kein Revisionsgrund, sofern der Fehler nicht so schwerwiegend ist, daß von einer Wahl im Rechtssinn überhaupt nicht mehr gesprochen werden kann[73]. Gleiches gilt, wenn der Vorsitzende im Schöffenwahlausschuß fehlerhafterweise nicht nach § 21 e Abs. 1 GVG bestellt worden ist (BGHSt **29** 287). Die Entscheidung der Justizverwaltungsbehörden über die Zahl der Hauptschöffen (§ 43 Abs. 1 GVG), die sich im Rahmen einer angemessenen Handhabung des in § 43 Abs. 2 GVG aufgestellten Bemessungsgrundsatzes hält, kann mit der Revision ebenfalls nicht angegriffen werden[74]. Die Revision kann aber darauf gestützt werden, daß ein Jugendschöffe entgegen § 35 Abs. 1 Satz 1 JGG nicht aufgrund des Vorschlags des Jugendwohlfahrtsausschusses gewählt worden ist[75]. Als revisibler Mangel des Berufungsverfahrens ist es auch anzusehen, wenn ein (Hilfs-)Schöffe aus der Vorschlagsliste eines anderen Gerichtsbezirks gewählt[76] oder wenn die durch § 42 Abs. 1 GVG geforderte Wahl der Schöffen durch ein reines Losverfahren unterlaufen wird[77]. Verstöße gegen die Ausgewogenheit der Vorschlagsliste gemäß § 36 Abs. 2 GVG begründen hingegen als solche die Revision nicht, zumal es sich insoweit um eine Sollvorschrift handelt (vgl. BGHSt **30** 252 mit Nachw.).

31   Fehler bei **Auslosung** und **Verteilung** der Schöffen nach den §§ 45, 48, 77 GVG zwingen zur Urteilsaufhebung bei Mitwirkung der so bestimmten Schöffen gemäß § 338 Nr. 1. Das gilt nicht nur für Rechtsfehler bei der Art und Weise der Auslosung und

---

[70] BGHSt **25** 72; **27** 107; BGH GA **1976** 142; vgl. auch BGH GA **1981** 520 und NStZ **1982** 477; *Rieß* GA **1976** 136 Fußn. 4 mit weit. Nachw.; KK-*Pikart* 46 mit weit Nachw.; anders noch BGHGSt **22** 293, aber anders wohl auch BGHSt **30** 149. OLG Celle NdsRpfl. **1972** 92 will die Revision sogar auf Fälle bewußter Manipulation beschränken; hiergegen mit Recht *von Winterfeld* NJW **1972** 1401. Vgl. im übrigen oben Rdn. 11.

[71] Warum z. B. im Fall BGHSt **33** 41 („Frankfurter Schöffenwahl"), wo der Senat im übrigen unnötigerweise auf Art. 101 Abs. 1 Satz 2 GG abstellt (vgl. *Meyer* NJW **1984** 2805), die Frage der objektiven Willkür nicht einmal angeschnitten wird, ist (jedenfalls bei Heranziehung der Mitteilungen von *Knauth* DRiZ **1974** 474 Fußn. 1) wenig einsichtig (vgl. auch Fußn. 77).

[72] BGHSt **22** 122; vgl. auch bei § 36 GVG.

[73] BGHSt **26** 202; s. auch BGH bei *Hilger* NStZ **1983** 338; vgl. aber BGHSt **20** 37. Anders die Rechtslage vor Inkrafttreten des § 21 b: BGHSt **12** 202; **20** 39, 309; RGSt **67** 119; OLG Frankfurt NJW **1971** 1328.

[74] BGH NJW **1974** 155; *Kleinknecht/Meyer* § 43 GVG, 3; vgl. auch bei § 43 GVG.

[75] BGHSt **26** 393 = JR **1977** 299 m. Anm. *Rieß*, wo der Fall aber unter den Gesichtspunkt des Willkürverbots nach Art. 101 Abs. 1 Satz 2 GG erörtert wird.

[76] BGHSt **29** 144; näher dazu *Wagner* JR **1980** 451.

[77] Vgl. BGHSt **33** 41 = JR **1985** 80 mit Anm. *Katholnigg* (im konkreten Fall angesichts der von *Knauth* DRiZ **1984** 474 Fußn. 1 angegebenen Einzelheiten zweifelhaft; vgl. auch *Schultz* MDR **1985** 111, 112 und im übrigen bei § 42 GVG). Die von einem solchen Mangel betroffenen Urteile sind aber keine Nichturteile; vgl. BGH NJW **1985** 926 mit weit Nachw.

Verteilung[78], sondern auch für das Unterlassen der gebotenen Neuauslosung für außerordentliche Sitzungen[79] und für neu gebildete Spruchkörper und Hilfsstrafkammern[80] sowie für die Unzulässigkeit der Auslosung nach § 48, weil keine außerordentliche Sitzung stattgefunden hat[81]. Selbstverständlich darf die durch Auslosung festgestellte Schöffenbesetzung auch nicht durch die Geschäftsstelle verändert werden[82]. Unschädlich ist es, wenn sich der Landgerichtspräsident bei der Auslosung vertreten läßt oder im Fall der §§ 48, 77 Abs. 3 Satz 1 GVG anstelle des zuständigen Vorsitzenden tätig wird[83]. Die neuerdings vom BGH vertretene Auffassung, die unrichtige Anwendung der Vorschriften über die Auswahl der Schöffen begründe die Revision nicht, wenn sie auf einer vertretbaren Rechtsauffassung beruht, verdient keine Zustimmung (oben Rdn. 11).

Bei **fehlender Vereidigung** eines mitwirkenden Schöffen (vgl. § 45 Abs. 2 bis 4 DRiG) ist das Gericht nach ganz herrschender Rechtsprechung ebenfalls unvorschriftsmäßig besetzt[84]. Wird der Mangel noch in der Hauptverhandlung entdeckt, so muß diese nach Nachholung der Vereidigung mindestens in allen wesentlichen Teilen wiederholt werden[85]; davon darf auch nicht aufgrund eines Einverständnisses der Prozeßbeteiligten abgesehen werden[86]. Ist der nicht vereidigte Schöffe ein Ergänzungsschöffe, der nicht eingesetzt worden ist, so ist das Unterlassen der Vereidigung unschädlich. Eine Einzelvereidigung schreibt § 45 Abs. 3 DRiG nicht mehr vor[87]. **32**

Die Mitwirkung einer **vom Schöffenamt ausgeschlossenen Person** begründet im Fall des § 31 Satz 2 GVG (nichtdeutscher Schöffe)[88] und im Fall des § 32 GVG (Unfähigkeit zum Schöffenamt)[89] die Revision nach § 338 Nr. 1. Die Bestimmungen der §§ 33, 34 GVG sind hingegen nur Sollvorschriften, deren Nichteinhaltung die Revision nach h. M. nicht begründet[90]. Weist ein Schöffe geistige Gebrechen auf (§ 33 Nr. 4 GVG), die ihn verhandlungsunfähig machen, kann die Revision aber auf diesen Umstand gestützt werden (unten Rdn. 38 ff). **33**

Bei **Streichung von der Schöffenliste** gemäß § 52 Abs. 1 oder 2 GVG kann die Revision seit dem StVÄG 1979 auf die Unrichtigkeit der Entscheidung grundsätzlich nicht mehr gestützt werden, weil sie gemäß § 52 Abs. 4 GVG nicht anfechtbar und damit der Revision entzogen ist (§ 336 Satz 2). Etwas anderes gilt, wie bei § 54 GVG (unten **34**

---

[78] BGHSt **3** 68; **16** 109; BGH NStZ **1984** 89 (für die Öffentlichkeit der Auslosung); BGH MDR **1955** 564; RGRspr. **9** 522; OLG Hamm NJW **1976** 1937; OLG Koblenz NJW **1965** 546.
[79] BGHSt **17** 176; RGSt **65** 298.
[80] BGHSt **22** 209; **25** 174; BGH **1973** 1139.
[81] BGHSt **11** 54 = JZ **1958** 218 m. Anm. *Kern*; BGHSt **16** 65.
[82] Vgl. nur BGH StrVert. **1982** 358.
[83] Zum ersteren BGHSt **25** 257 = JR **1925** 206 m. Anm. *Kohlhaas*, zum letzteren BayObLG NJW **1961** 568.
[84] So z. B. BGHSt **3** 176; **4** 158; BGH NJW **1953** 1034, 1113, 1801; BGH bei *Dallinger* MDR **1954** 151; RGSt **64** 308; **67** 363; RG JW **1930** 2573 m. Anm. *Doerr*; OLG Hamm VRS **14** 370; OLG Köln VRS **50** 444; OLG Stuttgart Justiz **1964** 172.
[85] RGSt **64** 308; OLG Hamm VRS **14** 370; *W. Schmid* JZ **1969** 760; vgl. oben Rdn. 3.
[86] BGH NJW **1953** 1801; BGH bei *Dallinger* MDR **1954** 151; RGSt **64** 308.
[87] Vor Inkrafttreten dieser Vorschrift war streitig, ab die gleichzeitige Vereidigung mehrerer Schöffen ein unbedingter Revisionsgrund ist (bejahend z. B. RGSt **61** 374; *Eb. Schmidt* § 51 GVG, 4; verneinend z. B. RGSt **72** 53; RG JW **1926** 2762).
[88] *Eb. Schmidt* § 31 GVG, 5; *Schorn* Laienrichter 47.
[89] RGSt **2** 241; **25** 415; **46** 77; ganz herrschende Lehre; *Schorn* Laienrichter 51 und *Steinbeck* GA **76** (1932) 12 nehmen sogar an, daß das Urteil dann nichtig ist.
[90] BGHSt **30** 257 = StrVert. **1982** 6 mit Anm. *Katholnigg*; BGH GA **1961** 206; BGH bei *Dallinger* MDR **1971** 723; RGSt **39** 306; RG JW **1927** 793 mit Anm. *Mannheim*; OLG Köln MDR **1970** 864; OLG Rostock HRR **1928** 191.

35 Die **Entbindung eines Schöffen** von der Dienstleistung im Einzelfall gemäß §§ 54, 77 GVG ist durch das StVÄG 1979 ebenfalls für unanfechtbar erklärt worden (§ 74 Abs. 3 GVG; dazu näher LR[23] EB § 52 GVG, 3). Die Regelung bezweckte, in Verbindung mit § 336 Satz 2 die Entbindungsentscheidung grundsätzlich der Nachprüfung durch das Revisionsgericht zu entziehen; sie macht damit eine strenge Rechtsprechung zu § 54 GVG a. F. weitgehend gegenstandslos (näher EB aaO). Seit der Neuregelung ist anerkannt, daß eine revisionsrechtliche Nachprüfung der Entscheidung nur in Betracht kommt, wenn sich die Entbindung als Entziehung des gesetzlichen Richters im Sinne des Art. 101 Abs. 1 Satz 2 GG darstellt[92]. Diese Möglichkeit, die der Gesetzgeber nicht ausschließen konnte und wollte (BTDrucks. **8** 976 S. 59), greift nur bei objektiver Willkür ein. Dies ist etwa der Fall, wenn über die Entbindung nicht der Richter, sondern der Urkundsbeamte entschieden hat[93]. In Betracht kommt objektive Willkür nach Lage des Einzelfalles auch, wenn der Schöffe erkennbar nur Ausflüchte vorbringt oder sachwidrige Gründe geltend macht und der zuständige Richter den Schöffen gleichwohl ohne weiteres von der Dienstleistung entbindet[94]. Liegen Anhaltspunkte dafür nicht vor, brauchen die tatsächlichen Voraussetzungen der Bindung einschließlich der Frage, ob die vom Schöffen vorgebrachten Hinderungsgründe glaubhaft sind, vom Richter nicht nachgeprüft zu werden[95]. Im übrigen setzt die Rüge objektiver Willkür gemäß § 344 Abs. 2 voraus, daß der Beschwerdeführer Tatsachen vorträgt, die die schlüssige Behauptung einer solchen Willkür begründen[96]. Die Entbindung eines Schöffen kann nach Eingang der Entscheidung bei der Schöffengeschäftsstelle zwar nicht mehr widerrufen werden (BGHSt **30** 149). Entgegen dem BGH (aaO; vgl. auch BGHSt **31** 4) ist aber mindestens zweifelhaft, ob nicht auch ein dennoch erfolgter Widerruf von § 54 Abs. 3 GVG erfaßt wird, also gemäß § 336 Satz 2 irrevisibel ist[97].

36 Ist ein **Hilfsschöffe,** der nach Wegfall eines Schöffen an seine Stelle tritt, nicht nach der Reihenfolge des § 45 Abs. 2 Satz 4, § 77 GVG bestimmt worden, liegt der zwingende Aufhebungsgrund des § 338 Nr. 1 vor[98]. Gleiches gilt, wenn bei der Heranziehung zu einzelnen Sitzungen die Zuweisung nach der Reihenfolge aus der Hilfs-

---

[91] KK-*Pikart* 47; *Kleinknecht/Meyer* § 52, 4 GVG; KMR-*Paulus* 14; *Rieß* JR **1982** 265; vgl. auch BGHSt **30** 152 und BGH bei *Herlan* GA **1971** 34.

[92] BGH GA **1981** 382; BGH bei *Hilger* NStZ **1983** 339; OLG Karlsruhe NStZ **1981** 272; Hamm NJW **1979** 136; *Katholnigg* NJW **1978** 2378; *Rieß* NJW **1978** 2271; JR **1981** 93 f; **1982** 257; vgl. auch BGHSt **30** 152. Zur streitigen Frage, wieweit der willkürlich entbundene Schöffe unter Rückgängigmachung der Entbindung noch zur Dienstleistung herangezogen werden darf, s. *Rieß* JR **1982** 257 gegen *Katholnigg* NStZ **1981** 400.

[93] Vgl. BGH DRiZ **1976** 63 zum alten Recht.

[94] Näher OLG Karlsruhe NJW **1981** 727.

[95] BGH bei *Pfeiffer* NStZ **1981** 297; OLG Karlsruhe aaO; vgl. (zum alten Recht) auch BGH NJW **1977** 443.

[96] OLG Karlsruhe NJW **1981** 272; Hamm NJW **1979** 136.

[97] Vgl. *Katholnigg* NStZ **1981** 400; *Rieß* JR **1982** 252; wie der BGH aber *Kleinknecht/Meyer* § 54 GVG, 10; *Kissel* § 54, 16.

[98] So schon zum früheren Recht (§ 42 Abs. 1 Nr. 1 GVG a. F.): BGHSt **6** 118; **10** 252; **12** 243; BGH bei *Dallinger* MDR **1953** 598; RGSt **65** 319; **66** 75. Das heutige Recht (§ 45 Abs. 2) hat daran in der Sache nichts geändert; vgl. BGHSt **30** 150 = NStZ **1981** 399 mit Anm. *Katholnigg* = JR **1982** 255 mit Anm. *Rieß*.

schöffenliste gemäß § 49 Abs. 1, § 77 GVG mißachtet wird[99]. Ist die Zuziehung eines Hilfsschöffen ordnungsgemäß verfügt worden, so muß es hierbei auch bleiben, wenn der Hauptschöffe wieder eingesetzt werden könnte (s. Rdn. 35 a. E.). Ein Hilfsschöffe, der bereits zum Ergänzungsschöffen berufen worden ist, darf nicht mehr bei einem anderen Spruchkörper an die Stelle eines verhinderten Hauptschöffen treten[100].

Für den **Eintritt von Ergänzungsschöffen** gelten die Grundsätze für Hilfsschöffen entsprechend[101]. Die Frage, ob ein zur Heranziehung des Ergänzungsschöffen zwingender Fall der Verhinderung des Hauptschöffen vorliegt (§ 192 Abs. 2 und 3 GVG), entscheidet das Gericht, nicht der Vorsitzende (§ 77 Abs. 3 Satz 2 GVG); anderenfalls liegt der unbedingte Revisionsgrund des § 338 Nr. 1 vor[102]. Da gegen die Entscheidung über die Verhinderung eines Schöffen seit dem StVÄG 1979 die Revision ausgeschlossen ist, soweit die Entscheidung keine willkürliche Entziehung des gesetzlichen Richters bedeutet (oben Rdn. 34, 35), wird man annehmen müssen, daß insoweit auch die auf dieser Entscheidung beruhende Heranziehung des Ergänzungsschöffen nicht revisibel ist[103].

37

d) Mängel in der Person mitwirkender Richter oder Schöffen
aa) Allgemeines. Nach der älteren Rechtsprechung des RG lag der unbedingte Revisionsgrund des § 338 Nr. 1 nur vor, wenn ein Richter bei dem Urteil mitgewirkt hatte, der nicht in gesetzlicher Weise *berufen* war[104]. Erst im Jahre 1926 hat sich RGSt **60** 64 (ohne nähere Begründung) über die Bedenken hinweggesetzt, die dagegen sprechen, die Vorschriftswidrigkeit der Gerichtsbesetzung daraus herzuleiten, daß bei einzelnen Mitgliedern persönliche Mängel vorgelegen haben. Allerdings ist der wegen solcher Mängel verhandlungsunfähige Richter nicht in dem Sinne „anwesend", daß er die Aufgaben erfüllen könnte, zu deren Wahrnehmung er berufen ist (BGHSt **4** 193). Eine solche Abwesenheit fällt bei Personen, deren Anwesenheit das Gesetz vorschreibt, an sich unter § 338 Nr. 5. Es entspricht jedoch nunmehr ersichtlich allgemeiner Ansicht[105], daß insoweit § 338 Nr. 1 für Richter und Schöffen die Sondervorschrift ist.

38

bb) Im einzelnen geht es um die folgenden Mängel bzw. Schwächen.

39

Die Mitwirkung eines **blinden Richters,** auch als Beisitzer ist *jedenfalls* unzulässig, wenn es darauf ankommt, daß dem Richter visuelle Eindrücke oder Erkenntnisse vermittelt werden, für die der Gehörsinn keinen ausreichenden Ersatz bietet. Darunter fallen die Augenscheinseinnahme und die Erläuterung von Gutachten und Zeugenaussagen

---

[99] So – schon vor Neufassung des § 49 durch das StVÄG 1979, die insoweit aber nichts geändert hat – BGHSt **5** 73; **9** 206; **10** 384; **26** 21; BGH LM Nr. 4 zu § 49 GVG; RGSt **62** 202, 424; **63** 309; BayObLGSr **1951** 36; OLG Braunschweig NJW **1965** 1240; OLG Hamm NJW **1968** 119; OLG Schleswig SchlHA **1953** 67; OLG Stuttgart NJW **1952** 315.

[100] BGHSt **25** 66 (wo der BGH, weil die Frage bis dahin noch nicht behandelt worden war, die „immerhin vertretbare" Gegenmeinung nicht als willkürlich ansah und Revisibilität nach § 338 Nr. 1 deswegen verneinte; dazu oben Rdn. 11).

[101] BGHSt **18** 349 = JZ **1963** 766 mit Anm. *Kern*; RGSt **61** 307.

[102] RGSt **13** 191; **30** 230; vgl. aber RGSt **38** 43.

[103] Vor dem StVÄG 1979 wurde insoweit geprüft, ob der Rechtsbegriff der Verhinderung verkannt worden war (RGSt **7** 284; **30** 229; RG HRR **1931** 1995).

[104] RGSt **22** 107; **30** 399; RG JW **1925** 1007 mit abl. Anm. *Heilberg*; RG GA **68** (1920) 360; RG LZ **1920** 804.

[105] Zweifelnd noch KG JW **1930** 1104. Die Einführung der Rügepräklusion nach Halbsatz 2 hat an der allgemeinen Ansicht nichts geändert, weil es auf sie hier nicht ankommt (unten Rdn. 50).

§ 338 Drittes Buch. Rechtsmittel

anhand von Zeichnungen und Skizzen[106]. Eine strengere Auffassung will die Mitwirkung blinder Richter auch dann nicht zulassen, wenn es zu derartigen Beweiserhebungen nicht kommt[107]. Daran ist richtig, daß visuelle Eindrücke (Mimik und Gestik von Angeklagten und Zeugen) bei der Beweisaufnahme oft von ganz erheblicher Bedeutung sind. Mit dem BGH wird man aufgrund vorhandener Erfahrungen, insbesondere in der Nachkriegszeit, jedoch annehmen können, daß ein Blinder das Fehlen dieser Eindrücke durch den geschärften Gehörsinn auszugleichen vermag (BGHSt 4 194), seine Mitwirkung daher sogar ein Vorteil sein kann[108].

40 **Stumme** Schöffen oder Richter dürfen an der Verhandlung schon wegen des Mündlichkeitsgrundsatzes (Einl. Kap. 13 unter VII) nicht mitwirken. Andernfalls besteht der zwingende Aufhebungsgrund nach § 338 Nr. 1[109].

41 **Taubheit** steht der Abwesenheit gleich und führt damit (Rdn. 38) zur Urteilsaufhebung nach § 338 Nr. 1[110].

42 **Erkrankungen** körperlicher und geistiger Art (z. B. hohes Fieber, aber auch Schwindelanfälle, Atemnot, offensichtlicher „Nervenzusammenbruch") beeinträchtigen oder verhindern die Fähigkeit des Richters oder Schöffen, der Verhandlung zu folgen. Seine Mitwirkung ist daher unzulässig und nach § 338 Nr. 1 (Rdn. 38) unbedingt revisibel[111].

43 Das **Schlafen** eines Richters oder Schöffen wird, falls der davon betroffene Verhandlungsteil nicht wiederholt worden ist (oben Rdn. 3), von der Rechtsprechung als Fall der Abwesenheit (vgl. Rdn. 38) angesehen, aber nur, wenn es sich um „festes" Schlafen während eines „nicht unerheblichen Zeitraums" gehandelt hat[112]. Die Rechtsprechung benutzt diese Einschränkungen zur Abgrenzung von der „vorübergehenden Unaufmerksamkeit" (Rdn. 44); sie nimmt damit auf die Erfahrung Rücksicht, daß „bei längeren und schwierigen Verhandlungen nicht alle Gerichtspersonen und Prozeßbeteiligte jeder Einzelheit folgen können"[113]. Dadurch und weil die Frage im Wege des Freibeweises (§ 244, 3) zu klären ist, bei dem namentlich dienstliche Äußerun-

---

[106] BGHSt 4 191 (= JZ 1953 670 m. Anm. *Wimmer*); 5 354; 11 78; 18 51 (und dazu *Sarstedt/Hamm* 211 Fußn. 318); BGH MDR 1964 522; OLG Hamm JMBlNRW 1969 245; VRS 11 223.

[107] RGSt 60 64; RG JW 1925 1008; 1928 821; *Kleinknecht/Meyer* 5 gegen *Kleinknecht*[35]; *Eb. Schmidt* 14 und JZ 1970 340; *Schorn* JR 1954 298; *Wimmer* JZ 1953 671; LR-*Meyer* in der 23. Aufl. Rdn. 42; kritisch auch *Roxin* § 44 B V 2.

[108] BGHSt 5 356. Im Ergebnis ebenso KK-*Pikart* 50; *Kleinknecht*[35] 4; KMR-Paulus 31; *Schlüchter* 727 Fußn. 462; *Sarstedt/Hamm* 211; *Kissel* § 16, 46 mit weit. Nachw.; *Hanack* JZ 1972 315.

[109] Ganz h. M.; z. B. KK-*Pikart* 50; *Kleinknecht/Meyer* 5; KMR-*Paulus* 31.

[110] BGHSt 4 193 = JZ 1953 670 m. Anm. *Wimmer*; ganz h. L., z. B. *Kleinknecht/Meyer* 5; KMR-*Paulus* 31; *Roxin* § 44 B V 1; vgl. aber auch *Kissel* § 16, 45

[111] BGH bei *Dallinger* MDR 1971 723; RG JW 1928 821 m. Anm. *Heilberg*; RG DRZ 1920 Nr. 76 (für geistige Erkrankung); OLG Rostock HRR 1933 1159; ganz h. L.

[112] BGHSt 2 15; 11 77; BGH NStZ 1982 41; BGH bei *Dallinger* MDR 1956 398; 1971 364; RGSt 60 63 = JW 1926 709 mit Anm. *Drukker*; RG JW 1931 1094 mit Anm. *Mannheim* und *Heilberg*; RG JW 1936 3473; RG HRR 1933 1066; KG JW 1930 1104; OLG Hamm NJW 1969 572; a. A *Roxin* § 54 V 3 a, der nur einen relativen Revisionsgrund nach § 337 für gegeben hält. *Eb. Schmidt* Die Sache der Justiz (1961) 20 und *Mehle* 125 ff lehnen die Einschränkung hinsichtlich des Zeitraums ab. Zum Ganzen auch *Sarstedt/Hamm* 209.

[113] Vgl. nur BGHSt 2 15, wo – sachlich zu Unrecht – auch darauf abgestellt wird, daß der Prozeßstoff den Richtern auch durch die Schlußvorträge und die Beratung (!) „zur Kenntnis gelangt und deshalb bei der Entscheidung berücksichtigt wird".

gen eine oft nicht unproblematische Rolle spielen[114], bleibt der Revisionsgrund in den rechtlichen Konturen verschwommen und in der praktischen Handhabung bisweilen peinlich. Bei allem Verständnis für die genannte Erfahrung wird man (vgl. auch § 337, 76) jedenfalls bei ernsthaften Anhaltspunkten für ein „festes" Schlafen über einen „nicht unerheblichen Zeitraum" einen ausreichenden Beweis des Verfahrensverstoßes annehmen müssen[115].

Eine **sonstige Unaufmerksamkeit** infolge vorübergehender **Übermüdung** führt nach ständiger Rechtsprechung und herrschender Meinung noch nicht zur vorschriftswidrigen Besetzung des Gerichts. Die Rechtsprechung berücksichtigt insoweit die Erfahrung, daß ohnehin niemand unausgesetzt einer längeren und schwierigen Verhandlung in allen Einzelheiten folgen könne (vgl. Rdn. 43). Sie hält den zwingenden Aufhebungsgrund des § 338 Nr. 1 nur für gegeben, wenn der Richter oder Schöffe vom Schlaf übermannt worden ist, nicht schon, wenn er mit ihm nur gekämpft hat[116]. Können Richter der Verhandlung nicht aufmerksam genug folgen, weil sie sich durch eine mit ihr nicht unmittelbar zusammenhängende Tätigkeit selbst abgelenkt haben (Durchsicht von Gefangenenbriefen, Studium anderer Akten), ist ein Verstoß gegen § 338 Nr. 1 möglich, wenn der Richter sich außerstande gesetzt hat, der Verhandlung in wesentlichen Teilen aufmerksam zu folgen[117]. Die Niederschrift der Urteilsformel während des Schlußvortrags des Verteidigers soll ihn daran nach BGHSt **11** 74 im allgemeinen nicht hindern[118]. **44**

3. Rügepräklusion (Nr. 1 Halbsatz 2)

a) **Allgemeines.** Der Gesetzgeber hat mit den durch das StVÄG 1979 eingefügten §§ 222 a, 222 b Verfahrensvorschriften geschaffen, die die Zahl der Urteilsaufhebungen wegen vorschriftswidriger Besetzung verringern sollen und gleichzeitig den „unnützen Aufwand" sowie die „erhebliche Verfahrensverzögerung", die mit derartigen Aufhebungen regelmäßig verbunden sind (näher § 221 a, 1). Angemessenheit und Notwendigkeit der komplizierten Regelung sind umstritten (vgl. § 221 a, 1). Zu den bisherigen Erfahrungen in revisionsrechtlicher Hinsicht s. *Rieß* JR **1981** 89; **1982** 256; vgl. auch *Brauns* 278 ff. **45**

§ 338 Nr. 1 n. F. zieht die **revisionsrechtlichen Konsequenzen** aus der Neuregelung: War nach § 222 a die Mitteilung der Besetzung vorgeschrieben, so ist die Besetzungsrüge grundsätzlich nur zulässig, wenn der Einwand der vorschriftswidrigen Besetzung schon vor dem Tatrichter geltend gemacht worden ist. Den Prozeßbeteiligten wird verwehrt, die Entscheidung, ob sie Fehler der Gerichtsbesetzung überhaupt rügen wollen, wie früher, vom Ausgang des Verfahrens abhängig zu machen (vgl. § 222 b, 1). Ausnahmen gelten nach § 338 Nr. 1 Buchst. a bis d nur, wenn die Vorschriften über die Mitteilung verletzt worden sind, wenn der Einwand zu Unrecht unberücksichtigt geblieben ist oder wenn die Prüfungsmöglichkeiten nicht hinreichend gewährt worden sind. **46**

---

[114] Wünschenswert streng gegenüber solchen Äußerungen BVerwG NJW **1981** 413; vgl. auch OLG Frankfurt (zu § 42 ZPO) MDR **1978** 409.

[115] In diesem Sinne wohl auch BGH NStZ **1982** 41.

[116] BGHSt **2** 15; **11** 77; RGSt **60** 63 = JW **1926** 709 mit Anm. *Drucker*; RG JW **1932** 2888 mit Anm. *Heilberg*; KG JW **1930** 1104; OLG Braunschweig NJW **1947/48** 150; OLG Hamm NJW **1969** 572; zust. z. B. KK-*Pikart* 51; KMR-*Paulus* 33; *Kleinknecht/Meyer* 5; vgl. auch *Sarstedt/Hamm* 209.

[117] BGH NJW **1962** 2212 = JR **1963** 229 mit Anm. *Eb. Schmidt*; dazu *Marr* NJW **1963** 309; vgl. auch *Seibert* NJW **1963** 1044; a. A LR-*Meyer* in der 23. Aufl. Rdn. 47.

[118] Zust. KK-*Pikart* 51; *Kleinknecht/Meyer* 5; KMR-*Paulus* 33; kritisch *Hanack* JZ **1972** 315 mit weit. Nachw.; *Schlüchter* 727.

§ 338   Drittes Buch. Rechtsmittel

Darüber hinaus bleibt die Rüge aber auch dann zulässig, wenn der Besetzungsfehler erst nach der Rügefrist des § 222 b Abs. 1 entstanden ist (unten Rdn. 50) oder wenn er vor Ablauf dieser Frist objektiv nicht erkennbar war (unten Rdn. 51). An dem Grundsatz, daß die vorschriftswidrige Besetzung des erkennenden Gerichts ein unbedingter Revisionsgrund ist, hat die Neufassung des § 338 Nr. 1 im übrigen und als solche aber nichts geändert.

47   b) **Anwendungsbereich.** § 338 Nr. 1 sieht den Ausschluß der Besetzungsrüge nur vor, wenn der Tatrichter gemäß § 222 a Abs. 1 den Prozeßbeteiligten die Gerichtsbesetzung mitzuteilen hat. Liegen die Voraussetzungen dieser Vorschrift nicht vor, ist die Besetzungsrüge uneingeschränkt zulässig. Hat das Gericht den Prozeßbeteiligten seine Besetzung mitgeteilt, obwohl es dazu nach § 222 a nicht verpflichtet war, kann daher ein Verfahrensbeteiligter, der hierauf den Einwand der vorschriftswidrigen Besetzung nicht geltend macht, die Rüge nach § 338 Nr. 1 erheben.

48   Da sich § 222 a Abs. 1 nicht auf die **Urteile der Amtsgerichte** und die Urteile der **Landgerichte im Berufungsrechtszug** bezieht, ist für die Urteile dieser Gerichte die Besetzungsrüge nicht eingeschränkt. Hat das Landgericht eine Berufungssache nach § 237 mit einer bei ihm im ersten Rechtszug anhängigen Strafsache verbunden, kann, weil § 222 a für das Berufungsverfahren nicht gilt, die Revision gegen die Entscheidung über dieses Rechtsmittel auf die vorschriftswidrige Besetzung des Gerichts gestützt werden (vgl. auch § 222 b, 9).

49   Wird die Hauptverhandlung auf einen Einwand gemäß § 222 b in **geänderter Besetzung neu begonnen,** greift die Rügepräklusion ebenfalls nicht ein, weil in diesem Fall gemäß § 222 b Abs. 2 Satz 3 keine Mitteilungspflicht nach § 222 a Abs. 1 besteht (§ 222 b, 34 ff, 49).

50   Auch Besetzungsfehler, die erst **nach Beginn der Hauptverhandlung** bzw. nach Beginn der Vernehmung des ersten Angeklagten zur Sache (§ 222 b Abs. 1) entstanden sind, werden nicht erfaßt[119]. So ist insbesondere der Einwand, daß das Verfahren wegen Mängel in der Person eines mitwirkenden Richters oder Schöffen fehlerhaft war (oben Rdn. 38 ff) nicht abgeschnitten[120].

51   Entsprechendes gilt für zwar vorhandene, jedoch **objektiv nicht erkennbare Besetzungsfehler,** also Fälle, in denen der die Besetzung überprüfende Prozeßbeteiligte bis zu dem Zeitpunkt, in dem er die Besetzung nach § 222 b Abs. 1 rügen kann, das Vorhandensein eines Mangels selbst anhand der vollständigen Besetzungsunterlagen objektiv überhaupt nicht zu erkennen vermag[121]. Denn mindestens soweit mit dem nicht erkennbaren Besetzungsfehler eine willkürliche Entziehung des gesetzlichen Richters verbunden sein könnte (Art. 101 Abs. 1 Satz 2 GG), darf sich das Revisionsgericht nach allgemeinen Grundsätzen der Überprüfung nicht entziehen.

52   c) **Ausschluß der Besetzungsrüge. Grundsatz.** Ein Verfahrensbeteiligter, dem die Gerichtsbesetzung nach § 222 a Abs. 1 mitgeteilt worden ist (dazu § 222 a, 3 ff), kann den Einwand, daß das Gericht vorschriftswidrig besetzt gewesen sei, gemäß § 222 b Abs. 1 Satz 1 nur bis zum Beginn der Vernehmung des ersten Angeklagten zur Sache (dazu § 222 b, 5 ff) geltend machen. Das gilt auch für Verfahrensbeteiligte, in deren Abwesen-

---

[119] Allg. M., z. B. KK-*Pikart* 9; *Kleinknecht/ Meyer* 8; *Rieß* NJW **1978** 2269; eingehend *Ranft* NJW **1981** 1476; vgl. auch § 222 b, 39.
[120] KK-*Pikart* 9; *Kleinknecht/Meyer* 8; *Roxin* § 53 E II 2 a; *Schlüchter* 729.2; *Sarstedt/Hamm* 209; *Ranft* NJW **1981** 1476.
[121] BVerfG [Vorprüfungsausschuß] NStZ **1984** 371; KK-*Pikart* 9; *Kleinknecht/Meyer* 8; *Brauns* 172; *Ranft* NJW **1981** 1476 f; *Vogt/ Kurth* NJW **1985** 105; vgl. auch § 222 b, 18.

heit verhandelt wird (§ 222 b, 8). Wer es unterläßt, den Einwand zu erheben, oder wer dabei die durch § 222 b Abs. 1 Satz 2 bis 4 vorgeschriebene Form (dazu § 222 b, 11 ff, 18 f) nicht beachtet, kann – vorbehaltlich der in § 338 Nr. 1 Halbsatz 2 genannten Ausnahmen – mit der Revision die unvorschriftsmäßige Besetzung des Gerichts grundsätzlich nicht rügen. Ausgeschlossen ist dann sowohl die Rüge nach § 338 Nr. 1 als auch die Verfahrensrüge nach § 337[122].

Der Ausschluß betrifft aber immer nur die **Tatsachen,** auf die sich die **Mitteilung** 53 nach § 222 a Abs. 1 **bezogen** hat. Auf Einzelheiten der Gerichtsbesetzung, die nicht Inhalt der Mitteilung gewesen waren, kann die Rüge nach § 338 Nr. 1 ohne Einschränkung gestützt werden. Gleiches gilt für nachträglich entstandene Besetzungsfehler (Rdn. 50) und für zwar vorhandene, aber objektiv nicht erkennbare Fehler (Rdn. 51).

d) Die gesetzlichen Ausnahmefälle. Mit den Ausnahmen des Halbsatz 2 will das 54 Gesetz solche Fälle erfassen, in denen die Rügepräklusion wegen fehlerhafter Anwendung der Mitteilungspflichten, wegen unzureichender Behandlung des Einwands oder aus ähnlichen Gründen insbesondere im Hinblick auf das Verfassungsgebot des gesetzlichen Richters (Art. 101 Abs. 1 Satz 2 GG) unzulässig oder bedenklich erscheint. Der Katalog der Ausnahmen ist dabei nicht ganz vollständig (oben Rdn. 50, 51). Im einzelnen haben die im Gesetz genannten Ausnahmen unterschiedliche Bedeutung. Ihre Probleme liegen weniger im Bereich der Revision als im Bereich der den Tatrichter nach §§ 222 a, 222 b treffenden Pflichten.

aa) Verletzung der Mitteilungspflicht (Buchst. a). Fehler in dem Mitteilungsverfah- 55 ren nach § 222 a sind *für sich allein* keine revisiblen Verfahrensverstöße (§ 222 b, 51). Sie haben jedoch zur Folge, daß die Besetzungsrüge auch zulässig ist, wenn ein Einwand nach § 222 b vor dem Gericht des ersten Rechtszuges nicht, nicht rechtzeitig oder nicht in der vorgeschriebenen Form erhoben worden ist. Zulässig ist die Rüge dabei aber nur, soweit gegen die Mitteilungspflichten verstoßen worden ist; der Verfahrensfehler eröffnet die Rüge der vorschriftswidrigen Besetzung also nicht in vollem Umfang. Ist die Mitteilung z. B. nur hinsichtlich *eines* mitwirkenden Berufsrichters oder Schöffen unrichtig oder unvollständig, so kann nur wegen der Mitwirkung dieses Richters die Besetzungsrüge erhoben werden[123].

Zu den **Vorschriften über die Mitteilung** gehört in erster Linie die Mitteilungs- 56 pflicht selbst. Die Besetzungsrüge kann jeder Verfahrensbeteiligte erheben, dem das Gericht entgegen § 222 a Abs. 1 keine Mitteilung über die Gerichtsbesetzung gemacht hat. Das gilt auch, wenn der Beschwerdeführer, wozu er berechtigt ist (§ 222 b, 4), trotz des Fehlens der Mitteilung schon in der Hauptverhandlung den Einwand der vorschriftswidrigen Besetzung erhoben hat. Vorschriften über die Mitteilung sind ferner verletzt, wenn die Mitteilung zwar erfolgt ist, aber falsch oder unvollständig war (§ 222 b, 6), oder wenn die Verfahrensbeteiligten entgegen § 222 a Abs. 1 nicht spätestens bis zum Beginn der Hauptverhandlung (dazu § 222 a, 4 f), sondern erst in deren Verlauf unterrichtet worden sind. Das Nachschieben der Mitteilung, selbst vor dem Zeitpunkt, in dem die Prozeßbeteiligten nach § 222 b Abs. 1 Satz 1 den Einwand spätestens geltend machen müssen, ändert an der Zulässigkeit der Besetzungsrüge nichts. Zu den Vorschriften über die Mitteilung gehört schließlich auch der Anspruch auf ausreichenden Einblick in die Besetzungsunterlagen (§ 222 b, 44; vgl. auch § 222 a Abs. 3 und dazu § 222 a, 17 f). Verweigert das Gericht den Einblick in diese Unterlagen oder stellt es sie nur für einen Zeitraum zur Verfügung, der zur Unterrichtung über ihren Inhalt nicht

---

[122] *Rieß* NJW **1978** 2269 Fußn. 92; *Schlüchter* 729.2; vgl. auch BTDrucks. 8 976, S. 60.

[123] KK-*Pikart* 11; *Kleinknecht/Meyer* 10; *Rieß* NJW **1978** 2269; § 222 b, 44.

§ 338 Drittes Buch. Rechtsmittel

ausreicht, so bleibt die Besetzungsrüge erhalten. Im letzteren Fall überschneidet sich Buchst. a praktisch vielfach mit Buchst. b. Doch ist der Anspruch auf ausreichend lange *Unterbrechung* im Sinne des § 222 a Abs. 2 als solcher keine „Vorschrift über die Mitteilung" (a. A *Hamm* NJW **1979** 137), sondern unterfällt Buchst. c.

57   bb) **Fehlbehandlung des Einwands (Buchst. b).** Wenn das Gericht es unterläßt, einen rechtzeitig (§ 222 b Abs. 1 Satz 1) und in der durch § 222 b Abs. 1 Satz 2 bis 4 vorgeschriebenen Form erhobenen Besetzungseinwand zu bescheiden, oder wenn es ihn als unzulässig oder unbegründet zurückweist, steht demjenigen, der den Einwand erhoben hat, die Verfahrensrüge zu. Das gilt, wie sich aus Buchst. b ergibt, aber nur, soweit der Einwand erhoben worden ist. Maßgebend dafür sind die Angaben, die der Beschwerdeführer nach § 222 b Abs. 1 Satz 2 über die Tatsachen gemacht hat, aus denen sich die vorschriftswidrige Besetzung ergeben soll. Nur in bezug auf diese konkret bezeichneten Tatsachen bleibt die Besetzungsrüge erhalten (vgl. BTDrucks. **8** 1976, S. 47); neue Tatsachen kann der Beschwerdeführer zur Begründung der Rüge auch dann nicht nachschieben, wenn sie sich auf denselben Richter beziehen (§ 222 b, 45).

58   cc) **Nicht erfolgte Unterbrechung (Buchst. c).** Nach § 222 a Abs. 2 kann das Gericht auf Antrag eines Prozeßbeteiligten die Hauptverhandlung zur Nachprüfung der ordnungsgemäßen Gerichtsbesetzung unterbrechen, wenn diesem die Mitteilung der Besetzung oder einer Besetzungsänderung später als eine Woche vor Beginn der Hauptverhandlung zugegangen ist (näher § 222 a, 19 ff). Die Vorschrift ist entsprechend anzuwenden, wenn innerhalb der Wochenfrist die zur Prüfung erforderlichen Unterlagen nicht, nicht vollständig oder für eine nicht ausreichende Zeitspanne zugänglich gemacht worden sind (§ 222 a, 20; § 222 b, 46). Der Antrag auf Unterbrechung muß spätestens bis zum Beginn der Vernehmung des ersten Angeklagten zur Sache (dazu § 222 a, 21) gestellt werden. Das Gericht ist nicht verpflichtet, ihm stattzugeben. Bescheidet es ihn nicht oder lehnt es ihn als unzulässig oder unbegründet ab, so kann zwar die Revision nicht darauf gestützt werden, daß das Gericht gegen § 222 a Abs. 2 verstoßen hat (vgl. § 222 b, 51); jedoch bleibt dann die Besetzungsrüge nach § 338 Nr. 1 zulässig. Das gilt auch, wenn der Unterbrechungsantrag mißbräuchlich, insbesondere wenn er nur zum Zweck der Prozeßverschleppung gestellt war. Der Tatrichter hat es durch Übergehen des Unterbrechungsantrags stets in der Hand, dem Beschwerdeführer die Besetzungsrüge zu erhalten (dazu § 222 a, 24).

59   Eine **zu kurze Bemessung der Unterbrechung** steht nach allgemeiner Meinung ihrer Ablehnung gleich. Stark angegriffen wird jedoch die insbesondere von BGHSt **29** 285 vertretene Ansicht, daß die Frist regelmäßig auf eine Woche zu bemessen sei (näher § 222 a, 25). Sie entspricht in der Tat nicht den gesetzgeberischen Vorstellungen (*Rieß* JR **1981** 92) und kann bei den Tatgerichten zu Schwierigkeiten führen, die die Gefahr begründen, daß sie mit Rücksicht auf ihre Terminpläne auf eine Unterbrechung zu oft verzichten. Doch bleibt zu beachten, daß die Prüfung der tatsächlichen Vorgänge durchaus zeitaufwendig sein kann, insbesondere wenn sie vom Gericht in der Verhandlung nicht oder nicht vollständig vorgelegt werden können; auch ist die Vorstellung, der Antragsteller werde die Zeit der Unterbrechung ausschließlich auf die Prüfung verwenden (vgl. § 222 a, 25), unter dem Aspekt des Schutzes vom rechtlichen Gehör mindestens bedenklich, wenn und weil sich der Antragsteller für die Prüfung meist ja eines Verteidigers oder Rechtsanwalts bedienen muß (§ 222 a Abs. 3), der im Zweifel auch andere Verpflichtungen hat, also unter Umständen nur für die Zeit der ausfallenden Verhandlungstermine zur Verfügung steht. So spricht im Ergebnis viel für die Auffassung, die Frist von einer Woche jedenfalls dann als eine Art Regelfrist anzusehen, wenn der Prozeßbeteiligte, der die Besetzung der gesamten Richterbank in bezug auf Berufsrichter und

Schöffen überprüfen will, darum bittet. Eine solche Handhabung vermeidet auch die Unsicherheiten und Probleme, die mit einer Bemessung anhand der konkreten Umstände, auf die die gegenteilige Meinung abstellt, typischerweise verbunden sind.

dd) Vorschriftswidrige Weiterverhandlung (Buchst. d). Hält das Gericht den Einwand eines Prozeßbeteiligten nach § 222 b für begründet, muß es gemäß § 222 b Abs. 2 Satz 2 feststellen, daß es nicht vorschriftsmäßig besetzt ist. Daß es dennoch in der vorschriftswidrigen Besetzung weiterverhandelt und entscheidet, wird kaum vorkommen (vgl. § 222 b, 47). Für den Fall, daß es dennoch geschieht, läßt § 338 Nr. 1 Buchst. d die Besetzungsrüge bestehen. Sie beschränkt sich aber wiederum auf die Richter und Tatsachen, die Gegenstand des Besetzungseinwands und der Entscheidung nach § 222 b waren (§ 222 b, 47). Für die umstrittene Frage, ob das Tatgericht nach Eintritt der Präklusionsklage an eine erst jetzt als unrichtig erkannte Besetzung gebunden ist (dazu § 222 b, 38), gibt die Regelung des Buchst. d nichts her (*Rieß* JR **1981** 94).

III. Ausschließung kraft Gesetzes (Nummer 2)

§ 338 Nr. 2 ist gegenüber Nr. 1 die vorrangige Sondernorm, so daß insoweit die dort vorgesehene Rügepräklusion nicht gilt[124]. Die Vorschrift greift ein, soweit ein gesetzlich ausgeschlossener Richter oder Schöffe „bei dem Urteil" mitgewirkt hat. Die Ausschlußgründe ergeben sich aus den §§ 22, 23 (näher dort), die nach § 31 auch für Schöffen gelten. „Bei dem Urteil mitgewirkt" hat ein ausgeschlossener Richter noch nicht durch Mitwirkung am Eröffnungsbeschluß[125] und auch nicht durch Verfügungen zur Vorbereitung der Hauptverhandlung[126]. Ein solcher Verfahrensfehler kann jedoch nach den §§ 337, 336 gerügt werden, sofern das Urteil auf ihm beruht. Ob das auch bei der Terminsanberaumung durch den ausgeschlossenen Richter der Fall ist, ist streitig[127]. Der Beschwerdeführer kann sich auf § 338 Nr. 2 auch berufen, wenn er den Richter oder Schöffen nicht nach § 24 wegen des Ausschließungsgrundes abgelehnt (vgl. § 25, 2; § 28, 33) oder wenn er zwar den Ausschluß beantragt, die ablehnende Entscheidung aber nicht oder erfolglos mit der sofortigen Beschwerde angefochten hatte (§ 28, 10). Mit der Revision können auch Tatsachen vorgebracht werden, auf die der Beschwerdeführer einen Ablehnungsantrag nach § 24 nicht gestützt hatte (§ 28, 33). Die Mitwirkung eines „ausgeschlossenen" Staatsanwalts ist kein Fall des § 338 Nr. 2[128].

IV. Richterablehnung wegen Befangenheit (Nummer 3)

1. Allgemeines. Der unbedingte Revisionsgrund des § 338 Nr. 3 ist gegeben, wenn Richter oder Schöffen bei dem Urteil mitgewirkt haben, die nach § 24 wegen Besorgnis der Befangenheit abgelehnt worden sind und das Ablehnungsgesuch für begründet erklärt oder zu Unrecht verworfen worden ist. Die Vorschrift betrifft nur die Mitwirkung „bei dem Urteil" selbst, nicht an Entscheidungen vor der Hauptverhandlung[129]. Auch

---

[124] KK-*Pikart* 57.
[125] Zur auch innerhalb dieses Kommentars streitigen Frage (BGHSt **29** 356), ob die Mitwirkung den Beschluß unwirksam macht, s. einerseits § 22, 64 (*Wendisch*), andererseits § 207, 51 f (*Rieß*).
[126] So auch *Dahs/Dahs* 134 gegenüber der offenbar anderen Auffassung von *Dahs* GA **1977** 354 f; h. M.
[127] Bejahend BVerfGE **4** 412 = JZ **1956** 407 mit Anm. *Kern*; BGH JZ **1956** 409 mit Anm. *Kern*; a. A OLG Celle VRS **39** 431; LR-*Meyer* in der 23. Aufl., § 336, 10.
[128] Vgl. *Hilger* NStZ **1983** 339 mit Nachw.; näher zum Problem Vor § 22, 8 ff.
[129] BGH JZ **1956** 409 m. Anm. *Kern*; *Eb. Schmidt* 17; vgl. auch Rdn. 61.

§ 338 Drittes Buch. Rechtsmittel

kann die Revision auf eine fehlerhafte Behandlung von Ablehnungsgesuchen vor Eröffnung des Hauptverfahrens nicht gestützt werden, weil dann gegen die Entscheidung nach § 28 Abs. 2 Satz 1 sofortige Beschwerde möglich ist[130]. Nicht gestützt werden kann sie auch auf Ablehnungsgesuche im ersten Rechtszug, wenn sich die Revision gegen das Berufungsurteil richtet (RGSt 60 112). Gestützt werden kann sie jedoch auf ein Gesuch, das schon in einer später ausgesetzten Hauptverhandlung angebracht worden ist (BGHSt 31 15; § 336, 9). Daß ein mit Erfolg abgelehnter Richter oder Schöffe an dem Urteil mitwirkt, dürfte nicht vorkommen; praktische Bedeutung hat § 338 Nr. 3 daher nur für den Fall, daß das Ablehnungsgesuch zu Unrecht verworfen worden ist.

63 **2. Anfechtbarkeit.** Nach § 28 Abs. 2 Satz 2 kann der Beschluß, mit dem ein gegen Richter oder Schöffen gerichtetes Ablehnungsgesuch (§§ 24, 31) als unzulässig verworfen oder als unbegründet zurückgewiesen worden ist, nur zusammen mit dem Urteil angefochten werden, wenn die Entscheidung einen erkennenden Richter (dazu § 28, 11 ff) betrifft. Das setzt voraus, daß der Beschluß überhaupt anfechtbar ist. Hat das Oberlandesgericht im ersten Rechtszug entschieden, so ist nach BGHSt 27 96 und herrschender Meinung ein Beschluß über die Richterablehnung nach § 304 Abs. 4 Satz 2 nicht mit der Beschwerde und daher gemäß § 336 Satz 2 auch nicht mit der Revision anfechtbar (näher § 336, 16). Gleiches gilt, wenn das Oberlandesgericht in einer beim Landgericht anhängigen Sache nach § 27 Abs. 4 an seiner Stelle entschieden hat (vgl. § 28, 27). Bei der Anfechtung zusammen mit der Revision muß nicht innerhalb der Frist des § 341 eine besondere sofortige Beschwerde eingelegt werden[131]. Jedoch muß die Formvorschrift des § 344 Abs. 2 Satz 2 beachtet werden (BGH bei *Holtz* MDR **1979** 637; unten Rdn. 134); denn das Rechtsmittel ist ein Teil der Revision[132].

64 **3. Prüfung des Revisionsgerichts.** Für die nach § 28 Abs. 2 Satz 2 ausgeschlossene sofortige Beschwerde soll durch die Revision voller Ersatz gewährt werden[133]. Das Revisionsgericht behandelt das Rechtsmittel daher nach Beschwerdegrundsätzen (§ 28, 34). Es darf und muß den Beschluß des Tatrichters nicht nur auf Rechtsfehler, sondern auch in tatsächlicher Hinsicht prüfen und dabei sein eigenes Ermessen an die Stelle des Ermessens des Tatrichters setzen[134]. Seiner Prüfung ist aber nur der Tatsachenstoff zugrunde zu legen, der zur Zeit der Entscheidung durch den Tatrichter vorhanden war; neue Tatsachen und Beweismittel dürfen nicht berücksichtigt werden[135]. Fehlt die tatsächliche Beurteilungsgrundlage, weil der Tatrichter in der irrigen Annahme, es komme hierauf nicht an, die geltend gemachten Tatsachen nicht aufgeklärt hat, so muß das Revisionsgericht darüber wie ein Beschwerdegericht eigene Ermittlungen anstellen. Die Ansicht des BGH, es sei nicht Sache des Revisionsgerichts, insoweit nachzuholen, was der

---

[130] BGH NJW **1952** 234; **1962** 261; RGSt 7 175; vgl. auch § 28, 16.
[131] OLG Hamm JMBlNRW **1973** 272; OLG Karlsruhe Justiz **1968** 345; MDR **1974** 418; OLG Köln MDR **1976** 774; vgl. auch BayObLG NJW **1957** 599.
[132] RGSt 22 136; 74 296; KG GA **1910** 233; OLG Köln GA **1974** 379; MDR **1976** 774; vgl. auch BGHSt 27 98 und BVerfG NJW **1977** 1816.
[133] So schon RGSt 7 343; 30 277.
[134] Std. Rspr., z. B. BGHSt 1 36; 2 11; 18 203; 21 88, 340; 23 265; 25 126; BGH NStZ **1984** 203; BGH JR **1957** 68; RGSt 7 341; 22 136; 55 56; 60 44; 65 42; 74 297; BayObLGSt **1971** 124; OLG Koblenz VRS 44 292; OLG Köln JMBlNRW **1973** 259; ganz h. L.
[135] BGHSt 21 88 = JR **1967** 228 m. Anm. *Hanack*; BGH NJW **1960** 2108; BGH bei *Dallinger* MDR **1952** 659 und bei *Hilger* NStZ **1983** 340 Fußn. 55; RGSt 60 44; 74 297; RG LZ **1921** 66; OLG Stuttgart Justiz **1971** 312; ganz h. L.; a. A jedoch *Schorn* GA **1963** 183 ff, 185 unter unzutreffender Bezugnahme auf *Seibert* JZ **1960** 85.

Tatrichter aus Rechtsirrtum unterlassen hat[136], läßt außer acht, daß das Revisionsgericht hier nach Beschwerdegrundsätzen entscheidet[137]; vgl. auch im folg. Text.

4. Mit Unrecht verworfen. Hierunter fällt die Verwerfung als unbegründet **65** ebenso wie die als unzulässig[138]. In jedem Fall kommt es aber darauf an, ob das Ablehnungsgesuch *sachlich* begründet war; nur dann ist es im Sinne des § 338 Nr. 3 mit Unrecht verworfen[139]. Andere Rechtsfehler, die dem Tatrichter bei der Entscheidung über das Gesuch unterlaufen sind, führen nach dem Zweck des § 338 Nr. 3 für sich allein nicht zur Urteilsaufhebung. Das gilt nicht nur, wenn das über die Ablehnung beschließende Gericht unzuständig oder nicht ordnungsgemäß besetzt war[140]. Es gilt auch, wenn der Tatrichter das sachlich nicht begründete Gesuch rechtsirrig als verspätet angesehen[141] oder aus anderen Gründen für unzulässig gehalten und nach § 26 a Abs. 1 unter Mitwirkung des abgelehnten Richters verworfen hat[142]. Das Revisionsgericht entscheidet in der Sache selbst und prüft die Begründetheit des Ablehnungsgesuchs in all diesen Fällen selbständig. Der BGH macht dabei eine Ausnahme für den Fall, daß der Tatrichter das Gesuch fehlerhaft als unzulässig verworfen hat und dem Revisionsgericht die Tatsachengrundlage für die Beurteilung fehlt, ob das Gesuch begründet war. Es soll dann zulässig sein, einen „bedingten Aufhebungsgrund" anzunehmen und die Sache unter Aufhebung des Urteils an den Tatrichter zurückzuverweisen[143]. Diese Ansicht verdient keine Zustimmung (oben Rdn. 64); gegen sie spricht auch, daß sich die revisionsrechtlichen Folgen der sachlich fehlerhaften Behandlung von Ablehnungsgesuchen nur nach § 338 Nr. 3 beurteilen.

V. Fehlende Zuständigkeit (Nummer 4)

1. Allgemeines. Unter Zuständigkeit versteht § 338 Nr. 4 die örtliche, die sach- **66** liche und die besondere Zuständigkeit gleichrangiger Gerichte. Für die Zuständigkeit nach dem Geschäftsverteilungsplan hat die Vorschrift keine Bedeutung; insoweit gilt § 338 Nr. 1[144]. Aus § 338 Nr. 4 folgt nicht, daß die örtliche und sachliche Zuständigkeit nicht von Amts wegen zu berücksichtigen sind (a. A OLG Stuttgart NJW **1959** 1698). Sie sind nach heutigem Verständnis Verfahrensvoraussetzungen[145]; die undeutliche Regelung des § 338 Nr. 4 findet ihre Erklärung darin, daß die Lehre von den Prozeßvoraussetzungen noch nicht allgemein anerkannt war, als die StPO in Kraft trat[146].

---

[136] BGHSt **23** 203 = JR **1970** 268 mit abl. Anm. *Peters*; BGHSt **23** 267 = JR **1970** 467 mit Anm. *Peters*; BGH JR **1972** 68; ebenso KK-*Pikart* 63; LR-*Wendisch* § 28, 35.

[137] Ablehnend auch *Kleinknecht/Meyer* 13; KMR-*Paulus* 43; *Schlüchter* 732 Fußn. 500; *Dahs/Dahs* 139; *Hanack* JZ **1973** 730.

[138] BGHSt **5** 155; BGH NJW **1962** 2359; KG JR **1976** 26.

[139] Vgl. z. B. BGH NStZ **1984** 230; näher *Eb. Schmidt* Nachtr. I 13.

[140] BGHSt **18** 200 mit Anm. *Schaper* NJW **1963** 1883; BGHSt **21** 338; BGH JR **1957** 68; RG DRiZ **1924** Nr. 841; KK-*Pikart* 59; *Kleinknecht/Meyer* 12; *Eb. Schmidt* Nachtr. I 18 (unter Aufgabe seiner früher gegenteiligen Ansicht); *Dahs/Dahs* 139; *Hanack* JZ **1973** 730; a. A BGH bei *Dallinger* MDR **1955** 271; RGSt **19** 339; **49** 12; RG JW **1933** 445; *Sieg* NJW **1978** 1962.

[141] Anders insoweit BGH NJW **1962** 2359.

[142] BGHSt **23** 202 und 267 = JR **1970** 268 und 467 mit Anm. *Peters*; BGH bei *Dallinger* MDR **1973** 371; OLG Köln JMBlNRW **1973** 259.

[143] BGHSt **23** 203 = JR **1970** 268 mit abl. Anm. *Peters*; kritisch auch *Hanack* JZ **1973** 730 Fußn. 27.

[144] BGHSt **3** 355; BGH bei *Pfeiffer* NStZ **1981** 297; RGSt **45** 262; OLG Karlsruhe GA **1976** 307.

[145] Näher Einl. Kap. **12** unter XI; § 206 a, 39, 40.

[146] BGHSt **10** 75; eingehend *Teske* 121 ff.

§ 338   Drittes Buch. Rechtsmittel

67   **2. Örtliche Zuständigkeit.** Im Revisionsverfahren ist das Fehlen der örtlichen Zuständigkeit nicht von Amts wegen zu berücksichtigen. Es handelt sich zwar um eine Verfahrensvoraussetzung, aber um eine kurzlebige (Einl. Kap. 12 unter XI). Schon der Tatrichter hat die örtliche Zuständigkeit von Amts wegen nur bis zur Eröffnung des Hauptverfahrens zu prüfen; danach berücksichtigt er sie nur auf Einwand des Angeklagten, der ihn nur bis zum Beginn seiner Vernehmung zur Sache geltend machen kann (§ 16). Das Revisionsgericht darf daher auf entsprechende Rüge lediglich prüfen, ob der Einwand rechtzeitig erhoben worden ist und ob ihn der Tatrichter zu Unrecht verworfen, die Vorschriften der §§ 7 ff also unrichtig angewendet hat[147]. Nur in diesem Rahmen fällt der Einwand der örtlichen Unzuständigkeit unter § 338 Nr. 4[148]. Auf die Entscheidung über eine Unzuständigkeitseinwendung, die *vor* Erlaß des Eröffnungsbeschlusses getroffen worden ist, kann die Revision nicht gestützt werden; sie ist insoweit gemäß § 201 Abs. 2 Satz 2, § 336 Satz 2 ausgeschlossen (§ 201, 41). Wohl aber hindert eine solche Entscheidung im Zwischenverfahren nach heutigem Recht (vgl. § 16, 15) nicht, daß der Angeklagte den Einwand in der Hauptverhandlung gemäß § 16 bis zum Beginn seiner Vernehmung zur Sache erneut geltend macht (§ 201, 41). Ein Einwand, der *nach* Eröffnung des Hauptverfahrens erhoben und zurückgewiesen oder nicht beschieden worden war, muß immer beachtet werden, auch wenn er in der Hauptverhandlung nicht wiederholt worden ist[149].

68   Das **Revisionsgericht prüft** die örtliche Zuständigkeit nur nach den Tatsachen, die dem Eröffnungsbeschluß zugrunde liegen. Auch eine davon abweichende rechtliche Beurteilung der Tat beeinflußt die örtliche Zuständigkeit nicht[150]. Hat nur ein Mitangeklagter den Einwand erhoben, so erstreckt sich die Prüfung und Entscheidung auch auf Mitangeklagte. Hat sich der Tatrichter für örtlich unzuständig erklärt, das Verfahren aber nicht eingestellt, muß das Revisionsgericht das nachholen (BGHSt 18 3; § 16, 19). Die **Staatsanwaltschaft** kann die örtliche Zuständigkeit nicht zuungunsten des Angeklagten rügen (§ 16, 18).

69   **3. Sachliche Zuständigkeit.** Mit dem Begriff gemeint ist die gesetzlich bestimmte Zuständigkeit eines Gerichts in der Abgrenzung zur Zuständigkeit eines anderen Gerichts niederer oder höherer Ordnung. Eine verschiedenartige sachliche Zuständigkeit haben demnach im Verhältnis zueinander bei den *allgemeinen Strafgerichten* der Strafrichter (§ 25 GVG), das Schöffengericht (§§ 24, 28, 29 GVG), die Strafkammer (§ 74 Abs. 1 und 2 GVG) und der Strafsenat (§ 120 GVG), bei den *Jugendgerichten* der Jugendrichter (§ 39 JGG), das Jugendschöffengericht (§ 40 JGG) und die Jugendkammer (§ 41 JGG). Zur besonderen Zuständigkeit von Gerichten gleicher Ordnung s. unten Rdn. 74 ff und speziell zum Verhältnis zwischen Erwachsenengerichten und Jugendgerichten unten Rdn. 77. Die Zuständigkeit der Rechtsmittelgerichte bestimmt sich ausschließlich danach, welches Gericht das angefochtene Urteil erlassen hat[151]. Soweit zur Prüfung der Urteile Rechtsmittelgerichte verschiedener Ordnung (kleine und große Strafkammer nach § 76 Abs. 2 GVG, Oberlandesgericht nach § 121 GVG, Bundesgerichtshof nach § 135 GVG) bestimmt sind, handelt es sich ebenfalls um eine Frage der sachlichen Zuständigkeit[152]. Auch die Unzuständigkeit des Landgerichts als Berufungs-

---

[147] RGSt 3 137; 17 412; RG GA 45 (1897) 138.
[148] BGHSt 11 131; RGSt 40 359.
[149] RGSt 40 357; 70 240 = JW 1936 2239 mit Anm. *Siegert;* RG JW 1933 444; a. A RGSt 17 412; vgl. auch § 16, 18.
[150] RGSt 65 267 = JW 1931 2503 mit Anm. *Beling.*

[151] BGHSt 22 48; vgl. näher § 355, 6.
[152] BayObLGSt 1970 62 = VRS 39 107; a. A offenbar OLG Dresden LZ 1928 1004; vgl. auch *Gössel* GA 1968 36 5; Vor § 1, 7; § 348, 1.

gericht bei Überschreitung der Strafgewalt des Amtsgerichts ist sachlicher Art[153]. Die sachliche Zuständigkeit ist als Verfahrensvoraussetzung von den Revisionsgerichten von Amts wegen zu prüfen; eine Revisionsrüge ist nicht erforderlich. § 338 Nr. 4 hat insoweit keine Bedeutung mehr (oben Rdn. 66).

Daß statt eines niederen ein **höheres Gericht** entschieden hat, kann, wie sich aus § 269 ergibt, mit der Revision regelmäßig nicht gerügt werden[154]. Anders ist es nur, wenn die Zuständigkeit des höheren Gerichts willkürlich begründet und der Angeklagte dadurch seinem gesetzlichen Richter entzogen worden ist[155]. Nur auf Willkür überprüft wird nach h. M. auch die Begründung der **Zuständigkeit wegen besonderer Bedeutung** (§§ 74 Abs. 1 Satz 2, 24 Abs. 1 Nr. 3 GVG), die im übrigen schon wegen der Unanfechtbarkeit des Eröffnungsbeschlusses (§ 210 Abs. 1) gemäß § 336 Satz 2 nicht angefochten werden kann[156]. **70**

Ob der Tatrichter seine **sachliche Zuständigkeit zu Unrecht** angenommen hat, beurteilt sich nach den von ihm getroffenen tatsächlichen Feststellungen (RGSt 44 137). Maßgebend ist ausschließlich die objektive Sachlage[157]. Die sachliche Unzuständigkeit ergibt sich daher nicht ohne weiteres daraus, daß der Tatrichter nach der rechtlichen Einordnung der Tat im Anklagesatz oder Eröffnungsbeschluß nicht zuständig war. Er hat seine Zuständigkeit gleichwohl dann nicht zu Unrecht angenommen, wenn er bei zutreffender Beurteilung der Tat sachlich zuständig gewesen ist[158]. Waren Anklagesatz und Eröffnungsbeschluß rechtsfehlerfrei, so mangelt es dem Tatrichter auch nicht deswegen an der sachlichen Zuständigkeit, weil er den Angeklagten infolge eines Irrtums über die sachlichrechtliche Einordnung wegen einer Tat verurteilt, die nicht in seine Zuständigkeit fällt. Das Urteil muß dann zwar auf die Sachrüge hin aufgehoben werden, nicht aber wegen Fehlens der sachlichen Zuständigkeit[159]. **71**

Auf die **Revision des Angeklagten** wird ein Zuständigkeitsmangel nur beachtet, wenn der Tatrichter im Zeitpunkt des Urteils seine Zuständigkeit zu Unrecht angenommen hat[160]. Ergibt sich also in der Hauptverhandlung der Verdacht einer Tat, deren Aburteilung zur Zuständigkeit eines höheren Gerichts gehört, wird der Angeklagte dann aber nur wegen einer Tat verurteilt, die in den Zuständigkeitsbereich des erkennenden Gerichts fällt, so führt die Revision des Angeklagten oder die ausschließlich zu seinen Gunsten eingelegte Revision der Staatsanwaltschaft nicht zur Aufhebung des Urteils wegen fehlender Zuständigkeit[161]. Das gilt auch, wenn das Gericht neben den Merkmalen der schwereren Tat andere Tatsachen feststellt, die die Freisprechung begründen[162]. Gegenteiliger Ansicht ist der 5. Strafsenat des BGH, der davon ausgeht, daß es dem niederen Gericht verwehrt sei, auch nur dem Verdacht einer Tat nachzugehen, für **72**

---

[153] BGH NJW **1970** 156; vgl. im übrigen § 6, 17 ff.
[154] BGHSt **9** 368; **21** 358; BGH bei *Herlan* GA **1963** 100; BGH bei *Pfeiffer* NStZ **1981** 297; vgl. auch RGSt **16** 40; ganz h. L.
[155] BGH GA **1970** 25; BGH bei *Hilger* NStZ **1983** 340; OLG Celle OLGSt § 269 S. 1; vgl. auch bei § 269.
[156] BGH GA **1981** 321 mit Anm. *Rieß*; s. näher § 209, 49 mit weit. Nachw.
[157] OLG Celle JR **1950** 414; *Gössel* GA **1968** 357; *Traut* GerS **57** (1900) 379; vgl. auch RGSt **6** 315; **74** 140.

[158] RGSt **8** 252; KMR-*Paulus* 50; *Eb. Schmidt* Nachtr. I § 270, 7; *Dallinger* MDR **1952** 118.
[159] *Eb. Schmidt* Nachtr. I § 270, 8; *Dallinger* MDR **1952** 118.
[160] BGHSt **1** 346 = MDR **1952** 117 mit abl. Anm. *Dallinger*; BGHSt **10** 64; BGH MDR **1974** 54; *Dahs/Dahs* 146; **a. A** *Eb. Schmidt* § 270, 8 ff.
[161] RGSt **8** 253; vgl. weiter Rdn. 73; *Eb. Schmidt* Nachtr. I § 270, 10.
[162] OLG Celle NJW **1963** 1886; **a. A** *Eb. Schmidt* Nachtr. I § 270, 11.

deren Aburteilung es nicht zuständig ist[163]. Dabei wird jedoch der Gesichtspunkt der Beschwer des Angeklagten außer acht gelassen und das Fehlen der sachlichen Zuständigkeit mit der bloßen Verletzung des § 270 verwechselt: Dem Angeklagten kann es gleichgültig sein, welches Gericht ihn der schwereren Tat nicht überführt. Daher können nur die Staatsanwaltschaft und der Nebenkläger, wenn sie die Verurteilung wegen dieser Tat erstreben, die Revision darauf stützen, daß das sachlich unzuständige Gericht entschieden hat[164]. Daß der Angeklagte wegen der weniger schwerwiegenden Tat von einem Gericht verurteilt worden ist, das bei Beachtung des § 270 nicht entschieden hätte, berührt nicht die sachliche Zuständigkeit (weil und wenn das Gericht für die Aburteilung dieser Tat zuständig war), sondern den Anspruch des Angeklagten auf den gesetzlichen Richter. Eine Urteilsaufhebung erfolgt dann jedoch nur, wenn dieser Anspruch willkürlich verletzt worden ist (oben Rdn. 10).

73 Durfte das Gericht das Hauptverfahren vor sich gar nicht eröffnen, weil die **Anklage** auf eine Tat lautete, die von einem höheren Gericht abzuurteilen ist, gilt entsprechendes: Wird der Angeklagte nur wegen einer Tat verurteilt, zu deren Aburteilung das erkennende Gericht zuständig war, wird das Urteil nicht wegen Fehlens der sachlichen Zuständigkeit aufgehoben, wenn allein der Angeklagte oder zu seinen Gunsten die Staatsanwaltschaft Revision eingelegt hat[165]. Denn sonst müßte zugleich mit der Aufhebung die Sache gerade an den Tatrichter zurückverwiesen werden, der das Urteil erlassen hat[166]. Hingegen können die Staatsanwaltschaft und der Nebenkläger rügen, daß die Frage, ob der Angeklagte der schwerwiegenderen Straftat schuldig ist, die ihm in der zugelassenen Anklage vorgeworfen wurde, von einem hierfür sachlich nicht zuständigen Gericht geprüft worden ist.

74 **4. Besondere Zuständigkeit gleichrangiger Spruchkörper.** Die gesetzliche Zuweisung spezieller Aufgaben an bestimmte Spruchkörper innerhalb eines Gerichts gleicher Ordnung begründet für diese Spruchkörper einen besonderen sachlichen Geschäftskreis, der in der Mitte zwischen der sachlichen und der nur geschäftsverteilungsmäßigen Zuständigkeit steht; der Eingriff in diesen Geschäftskreis ist in der Regel von geringerem Gewicht, so daß er, sofern das Gesetz selbst nichts anderes bestimmt, der sachlichen Zuständigkeit im engeren Sinne in der Regel nicht gleichsteht, also nicht als Verfahrensvoraussetzung von Amts wegen zu prüfen ist[167]. Soweit im Revisionsverfahren die Rüge einer Verletzung der Zuständigkeit besonderer Spruchkörper zulässig ist, besteht jedoch der zwingende Aufhebungsgrund des § 338 Nr. 4. Für die einzelnen gesetzlichen Fälle gilt folgendes.

75 **Schiffahrtsgerichte.** Die Zuständigkeit der nach dem Gesetz über das gerichtliche Verfahren in Binnenschiffahrtssachen v. 27. 9. 1952 (BGBl. I 641) eingerichteten Schiff-

---

[163] BGH GA **1962** 149; BGH bei *Dallinger* MDR **1972** 18; ähnlich schon RGSt **9** 327; **45** 296. Vgl. auch *Eb. Schmidt* Nachtr. I § 270, 8 ff und *Dallinger* MDR **1952** 118, die deswegen die Ansicht von BGHSt **1** 346 ablehnen, nach der die Revision des Angeklagten nicht darauf gestützt werden kann, daß das nach Anklage und Eröffnungsbeschluß unzuständige Gericht den Angeklagten schließlich nur wegen einer Tat verurteilt, die in seine Zuständigkeit fällt.

[164] Die Entscheidung BGH GA **1962** 149 ist, da sie auch auf Revision der Staatsanwaltschaft ergangen ist, daher im Ergebnis richtig.

[165] BGHSt **1** 346 (= MDR **1952** 117 mit abl. Anm. *Dallinger*); BGHSt **10** 64; BGH MDR **1974** 54; KMR-*Paulus* 50; **a. A** *Eb. Schmidt* Nachtr. I § 270, 7; zweifelnd auch *Rieß* GA **1976** 16 Fußn. 88.

[166] So mit Recht BGHSt **1** 348; anders aber offenbar BGH bei *Dallinger* MDR **1972** 18, wo auf die Revision des Angeklagten an die (nach damaligem Recht) höhere Instanz zurückverwiesen wurde.

[167] Näher *Rieß* GA **1976** 22; vgl. auch BGHSt **18** 83 und 175; § 6 a, 2 und § 209 a, 1.

fahrts-, Rheinschiffahrts- und Moselschiffahrtsgerichte ist nur insoweit eine sachliche, als nach § 1 dieses Gesetzes die Amtsgerichte im ersten Rechtszug auch zuständig sind, wenn an sich die Zuständigkeit des Landgerichts gegeben wäre. Das Verhältnis zwischen den Schiffahrtsgerichten und den allgemeinen Abteilungen für Straf-und Bußgeldsachen des Amtsgerichts betrifft dagegen nicht die sachliche Zuständigkeit; es handelt sich nur um eine besondere Zuständigkeit gleichrangiger Gerichte. Eine Prüfung der Zuständigkeit von Amts wegen findet daher nicht statt[168].

Besondere Strafkammern. Das StVÄG 1979 hat zwischen der Schwurgerichtskammer, der Wirtschaftsstrafkammer und der Staatsschutzkammer, auch im Verhältnis zur allgemeinen Strafkammer, ein Vorrangverhältnis normiert (§ 74 e GVG) und das Prüfungsverfahren für die Bestimmung dieses Rangverhältnisses in § 6 a entsprechend den Grundsätzen des § 16 über die örtliche Zuständigkeit geregelt, die Bestimmung der Folgen der Unzuständigkeit dagegen den Regelungen über die sachliche Unzuständigkeit angelehnt (§ 209 a, § 225 a Abs. 4, § 270 Abs. 1 Satz 2). *Der Angeklagte* (oder zu seinen Gunsten die Staatsanwaltschaft) kann danach die Unzuständigkeit der Spezialkammer oder die verkannte Zuständigkeit der allgemeinen Strafkammer mit der Revision nur rügen, wenn er den Unzuständigkeitseinwand gemäß § 6 a Satz 2 rechtzeitig erhoben hat (näher § 6 a, 24; § 209 a, 44); für die Revisibilität von Entscheidungen über von ihm vorher gestellte Anträge gilt das in Rdn. 67 Gesagte entsprechend. Auf die bloße Verletzung normativer Zuständigkeitskriterien, z. B. das Erfordernis der besonderen Kenntnisse des Wirtschaftslebens, kann die Unzuständigkeitsrüge nach h. M. überhaupt nicht gestützt werden (näher § 209 a, 45). *Die Staatsanwaltschaft* kann einen Zuständigkeitsmangel nicht zuungunsten des Angeklagten mit der Revision rügen (näher § 6 a, 25; vgl. auch Rdn. 68); und zwar auch nicht bei Verletzungen der §§ 209 a, 225 a, 270, weil ihr insoweit die Möglichkeit der sofortigen Beschwerde zusteht, die nach § 336 Satz 2 die Revision ausschließt. Nicht mit der Revision rügen kann sie darum auch, daß ein Verweisungsbeschluß nach § 225 a Abs. 4 entgegen ihrem Antrag ergangen ist[169].

Jugendgerichte. Der BGH betrachtete das Verhältnis zwischen den Erwachsenengerichten und den Jugendgerichten zunächst als eine Frage der sachlichen Zuständigkeit[170]. Später hat sich dann die Ansicht durchgesetzt, daß die Jugendgerichte keine andersartige sachliche Zuständigkeit haben als die allgemeinen Strafgerichte, ihnen vielmehr nur innerhalb derselben Gerichtszuständigkeit ein besonderer sachlicher Geschäftsbereich zugewiesen ist, so daß ihre Zuständigkeit im Revisionsverfahren nicht von Amts wegen zu prüfen sei[171]. Angenommen wird das von der h. M. nicht nur für den Fall, daß anstelle des Erwachsenengerichts ein Jugendgericht gleicher Stufe (z. B. Jugendkammer statt Strafkammer) entschieden hat[172], sondern auch im umgekehrten Fall der Entscheidung durch das unzuständige Erwachsenengericht[173]. An dieser h. M.

---

[168] KG VRS **46** 43; OLG Hamm VRS **29** 236; vgl. aber auch OLG Karlsruhe VRS **48** 285 und § 209, 10.
[169] KK-*Treier* § 225 a, 17; **a. A** *Kleinknecht/Meyer* § 225 a, 30.
[170] BGHSt **7** 26; **8** 353; **10** 64, 67; **13** 161; BGH NJW **1960** 2203; ebenso z. B. BayObLGSt **1955** 53; **1961** 122.
[171] BGHSt **18** 79 (GrSSt); BGHSt **18** 175; KMR-*Paulus* Vor § 1, 32; *Kleinknecht/Meyer* 13; *Dallinger/Lackner* § 33, 31; *Rieß* GA **1976** 3 und LR § 206 a, 40; LR-*Schäfer* Ein. Kap. **12** unter XI; vgl. aber auch im folg.

[172] Nur auf diesen Fall bezieht sich die Entscheidung des GrSSt in BGHSt **18** 79.
[173] BGHSt **26** 198; BayObLGSt **1974** 135 = JR **1975** 202 mit abl. Anm. *Brunner* unter Aufgabe der früheren gegenteiligen Ansicht; OLG Frankfurt VRS **51** 219; OLG Hamm VRS **51** 53; **a. A** insoweit OLG Saarbrücken NJW **1966** 1041; KK-*Pikart* 69; *Eb. Schmidt* Nachtr. § 6, 10; *Brunner*[5] § 33, 13 ff und JR **1975** 202 (aufgegeben in *Brunner*[7] § 33, 4 ff); *Hanack* JZ **1971** 90.

§ 338 Drittes Buch. Rechtsmittel

hat sich für das Revisionsverfahren auch durch das StVÄG 1979 nichts geändert. Zwar wird die Zuständigkeit der Jugendgerichte seitdem in mancherlei Weise gesetzlich wie die Zuständigkeit eines Spruchkörpers höherer Ordnung behandelt (§§ 209 a, 225 a Abs. 1, § 270 Abs. 1, § 103 Abs. 2 JGG), aber doch nur im Bereich des Tatrichters, der die Unzuständigkeit insoweit schon vor der Gesetzesänderung in jeder Lage des Verfahrens zu berücksichtigen hatte. Nach h. M. ist daher das Verhältnis der Jugendgerichte zu den Erwachsenengerichten und umgekehrt nach wie vor nur auf entsprechende Rüge hin zu beachten[174]. Die Unzuständigkeit des Erwachsenengerichts kann dabei ohne vorherigen Einwand nach § 6 a oder nach § 225 a uneingeschränkt geltend gemacht werden[175]. Nach § 47 JGG bleibt es jedoch trotz des Wortlauts von § 103 Abs. 3 JGG nach Eröffnung des Hauptverfahrens bei der Zuständigkeit des Jugendgerichts auch, wenn die Sache nur noch Erwachsene betrifft; verhandelt dennoch die allgemeine Strafkammer, liegt ein Verstoß gegen § 338 Nr. 4 vor[176].

78   **Jugendschutzsachen.** Auf die Verkennung der besonderen Merkmale für die Zuständigkeit in Jugendschutzsachen (§ 26, § 74 b GVG) kann die Revision grundsätzlich nicht gestützt werden (§ 209 a, 47), schon weil nach der Eröffnung des Hauptverfahrens eine Zuständigkeitsänderung oder ein Unzuständigkeitseinwand des Angeklagten nicht möglich ist (vgl. § 209 a, 32). Im Einzelfall in Betracht kommt jedoch Revisibilität wegen willkürlicher Entziehung des gesetzlichen Richters.

79   **5. Verfahren.** Wird das Urteil aufgehoben, weil das Gericht örtlich oder sachlich unzuständig war, so verweist das Revisionsgericht die Sache nach § 355 an das zuständige Gericht. Entsprechendes gilt für Aufhebungen, weil die besondere Zuständigkeit eines gleichrangigen Gerichts besteht oder nicht besteht (vgl. § 355, 4). Der Fall, daß sich das Gericht zu Unrecht für unzuständig erklärt, ist nicht geregelt, weil Einstellungsurteile im ersten Rechtszug und Berufungsurteile gemäß § 328 Abs. 3 nach den allgemeinen Vorschriften angefochten werden können (vgl. *Traut* GerS 57 [1900] 380).

VI. Gesetzwidrige Abwesenheit (Nummer 5)

80   **1. Allgemeines.** § 338 Nr. 5 sichert in der Form eines absoluten Revisionsgrundes die Pflicht zur Anwesenheit der notwendigen Verfahrensbeteiligten. Für Richter und Schöffen gilt insoweit jedoch § 338 Nr. 1 (oben Rdn. 38 ff).

81   Nach § 226 ist die Hauptverhandlung in **ununterbrochener Anwesenheit** nicht nur der Richter (dazu Rdn. 80), sondern auch des Staatsanwalts und des Urkundsbeamten durchzuführen. Grundsätzlich ist auch die Anwesenheit des Angeklagten erforderlich (§ 230 Abs. 1), soweit nicht die Ausnahmen der §§ 231 ff, 247, 415 Abs. 1 eingreifen. Unerläßlich ist ferner die Anwesenheit des notwendigen Verteidigers (§ 140) und, sofern der Angeklagte oder andere Personen der deutschen Sprache nicht mächtig sind, eines Dolmetschers (§ 185 GVG). Auf die Einhaltung dieser Vorschriften kann nicht wirksam verzichtet werden (§ 337, 271). Eine Heilung des Mangels (vgl. § 337, 261 ff) ist nicht durch bloße Unterrichtung des abwesenden Beteiligten möglich, sondern nur durch Wiederholung des von der Abwesenheit betroffenen Verhandlungsteils (oben Rdn. 3).

---

[174] Dazu *Rieß* NJW **1978** 2267 und NStZ **1981** 305 mit Hinweisen auf unveröff. BGH-Entscheidungen; jetzt auch *Brunner* § 33, 8; **a. A** OLG Oldenburg NJW **1981** 1384 mit abl. Anm. *Rieß* NStZ aaO; *Eisenberg* § 33, 10.

[175] BGHSt **30** 260; BGH StrVert. **1981** 77; vgl. auch § 209 a, 46.

[176] BGHSt **30** 260; vgl. auch BGH bei *Holtz* MDR **1980** 456.

Bewiesen wird die An- oder Abwesenheit eines Prozeßbeteiligten, die als Förm- **82** lichkeit im Sinne der §§ 273, 274 gilt, durch das Sitzungsprotokoll[177], soweit dessen Beweiskraft nicht durch Mängel aufgehoben ist. Der Beweis bezieht sich aber nicht ohne weiteres auf die Frage, ob die Abwesenheit einen Verhandlungsteil betrifft, den die Rechtsprechung (unten Rdn. 84) als wesentlichen Verhandlungsteil ansieht.

2. Abwesenheit. Der Anwesenheitspflicht wird nicht schon durch körperliche Teil- **83** nahme an der Verhandlung genügt. Als abwesend ist daher auch anzusehen, wer durch schwere körperliche oder geistige Beeinträchtigung an der Wahrnehmung wesentlicher Verhandlungsvorgänge gehindert, also verhandlungsunfähig ist[178]. Insoweit gelten dieselben Grundsätze wie für Richter und Schöffen (oben Rdn. 39 ff). Ferner setzt die Anwesenheit voraus, daß der Prozeßbeteiligte der Verhandlung auch sonst folgen kann. Daher ist ein Angeklagter, der zu einer Ortsbesichtigung zwar erscheint, sich aber außerhalb der Hörweite des Gerichts aufhält, nicht anwesend[179]; anders kann es sein, wenn er auf Weisung des Gerichts an der Rekonstruktion eines Verkehrsvorgangs mitwirkt[180].

Abwesenheit im Sinne des § 338 Nr. 5 ist schon gegeben, wenn ein notwendiger **84** Beteiligter nur bei einem **Teil der Hauptverhandlung** nicht zugegen gewesen ist[181]. Nach ganz herrschender Rechtsprechung schadet die Abwesenheit aber nur, wenn sie sich auf **wesentliche Teile** der Hauptverhandlung erstreckt[182]. Gegen diese, oft kaum verifizierbare und in den Einzelheiten umstrittene Unterscheidung werden im Schrifttum zu Recht Bedenken erhoben[183]. Zu den wesentlichen Vorgängen der Hauptverhandlung gehören nach der Rechtsprechung die über die bloße Identitätsfeststellung hinausgehende Vernehmung des Angeklagten über seine persönlichen Verhältnisse und seine Vernehmung zur Sache[184], die Verlesung des Anklagesatzes oder des erstinstanzlichen Urteils[185], der Vortrag des Berichterstatters nach § 324[186], die Feststellung der Vorstrafen (BGH NJW **1972** 2006), die Beweisaufnahme[187] einschließlich der Erörterungen über ihren Umfang (RGSt **44** 18) oder über den Beweisantrag eines Mitangeklagten (RG HRR **1937** 288), die Vernehmung der Mitangeklagten[188] und der Sachver-

---

[177] RGSt **34** 385; RG JW **1930** 3858 mit Anm. *Alsberg*; OLG Bremen OLGSt § 274 S. 13; vgl. auch bei §§ 273, 274.

[178] BGH NJW **1970** 1981; BGH bei *Dallinger* MDR **1953** 578; RGSt **1** 149; **29** 324; **57** 373; OGHSt **2** 377; vgl. auch § 230, 9 für den Angeklagten.

[179] OLG Hamm OLGSt § 231 S. 3.

[180] Dazu OLG Braunschweig NJW **1963** 1322 mit Anm. *Kleinknecht*; OLG Köln VRS **6** 461; OLG Oldenburg OLGSt § 338 S. 31; vgl. § 230, 8.

[181] RGSt **38** 216; **40** 230; **44** 18; RGRspr. **10** 279.

[182] BGHSt **26** 91; BGH GA **1963** 19; BGH bei *Holtz* MDR **1978** 460; **1983** 92; BGH bei *Hilger* NStZ **1983** 34; RGSt **16** 18; **58** 180. Vgl. im übrigen im folg.

[183] *Eb. Schmidt* § 230, 5; *Roxin* § 42 F II 3 a; *Sarstedt/Hamm* 179 Fußn. 256; *Mehle* 138 ff; *Maiwald* JR **1982** 35.

[184] BGHSt **9** 244; BGH NJW **1953** 1801; RGSt **38** 217; **53** 170; RG DR **1939** 627 mit Anm. *Hülle*; KG JW **1932** 1169; a. A OLG Stuttgart NJW **1950** 359 mit Anm. *Roesen* = DRZ **1950** 373 mit Anm. *Otto*, wonach es genügt, wenn der Verteidiger nach Beginn der Sachvernehmung des Angeklagten erscheint.

[185] Zum ersteren: BGHSt **9** 244; zum letzteren (das auch nach der Neufassung des § 324 Abs. 1 Satz 2 gelten muß) RG HRR **1930** 1178; OLG Stuttgart Justiz **1964** 172.

[186] RG HRR **1930** 1178; KMR-*Paulus* 55.

[187] BGHSt **9** 244; **15** 306; **21** 334; BGH NStZ **1981** 449; BGH NJW **1973** 522; BGH bei *Holtz* MDR **1983** 92; BayObLG NJW **1974** 249.

[188] BGHSt **30** 75; BGH GA **1963** 19; RGSt **55** 168; OLG Düsseldorf JR **1948** 352; vgl. auch unten Rdn. 91.

§ 338   Drittes Buch. Rechtsmittel

ständigen[189], die Vernehmung und Vereidigung von Zeugen[190], die Ortsbesichtigung[191], ferner der Schlußvortrag des Verteidigers eines Mitangeklagten[192] und des Prozeßbevollmächtigten eines Nebenklägers[193] sowie die Verlesung der Urteilsformel nach § 268 Abs. 2[194].

85   Generell als **unwesentliche Teile** der Hauptverhandlung gelten insbesondere: der Aufruf der Zeugen und Sachverständigen[195], die Festsetzung von Ordnungsmitteln gegen ausgebliebene Zeugen nach § 51 Abs. 1[196], die bloße Feststellung der Identität des Angeklagten[197], die mündliche Eröffnung der Urteilsgründe[198], die Bekanntmachung eines Termins zur Urteilsverkündung[199], die Verkündung von Beschlüssen nach § 268 a, die erst nach Beendigung der Urteilsverkündung erfolgt und nicht mehr zu ihr gehört[200], von Beschlüssen nach § 268 b sowie die Belehrungen nach §§ 35 a, 268 a Abs. 2[201].

86   **3. Einzelheiten.** Im Hinblick auf die unterschiedliche Funktion und die unterschiedliche Rechtsstellung der Beteiligten, deren Anwesenheit das Gesetz vorschreibt, ergeben sich für die Voraussetzungen der Abwesenheit im Sinne des § 338 Nr. 5 zum Teil auch etwas unterschiedliche Rechtsgrundsätze und Probleme. Im einzelnen gilt insbesondere folgendes.

87   **a) Staatsanwalt.** Die Staatsanwaltschaft muß während der gesamten Hauptverhandlung vertreten sein, auch während der Urteilsverkündung[202]. Mehrere Staatsanwälte dürfen nacheinander tätig werden (§ 227; näher dort). Der Staatsanwalt gilt auch dann als abwesend, wenn er nicht befugt war, in der Hauptverhandlung aufzutreten (näher § 226, 4 ff). Hat er nach seiner Vernehmung als Zeuge die Anklagebehörde in unzulässiger Weise weiter vertreten (dazu Vor § 48; § 226, 7), so liegt kein unbedingter Revisionsgrund vor, sondern ein Verfahrensfehler, der nach § 337 zu prüfen ist[203]. Das

---

[189] RGSt 60 180; 69 256.
[190] BGH NStZ **1981** 449 und bei *Pfeiffer/Miebach* NStZ **1983** 355 mit weit. Nachw.; OLG Hamm JMBlNRW **1961** 94; OLG Köln NJW **1952** 578; vgl. auch BGH bei *Holtz* MDR **1983** 281 f für den Verzicht auf die Vernehmung geladener Zeugen.
[191] BGHSt **3** 188; **25** 318; BGH StrVert. **1981** 510; **1983** 402; RGSt **42** 198; **66** 28; OLG Braunschweig NJW **1963** 1322 mit Anm. *Kleinknecht*; OLG Celle GA **1954** 316; OLG Hamburg GA **1961** 177; OLG Hamm OLGSt § 231 S. 3; OLG Oldenburg OLGSt § 338 S. 31.
[192] BGH NStZ **1983** 34; RG JW **1930** 717 mit Anm. *Beling*.
[193] RGSt **40** 230.
[194] BGHSt **8** 41; **15** 263; **16** 180; BGH NJW **1953** 155; BGH bei *Dallinger* MDR **1956** 11; **1957** 141; **1973** 372; ebenso schon das RG in std. Rspr., z. B. RGSt **9** 275; **31** 399; **63** 249; **64** 311; RG JW **1930** 3858 (mit Anm. *Alsberg*); **1938** 1644 (mit Anm. *Rilk*); OLG Düsseldorf GA **1957** 418; OLG Hamm MDR **1970** 525; OLG Schleswig bei *Ernesti/Jürgensen* SchlHA **1973** 189; OLG Zweibrücken VRS **47** 352; OLG Neustadt NJW **1962** 1632 läßt eine Befreiung von der Teilnahme am Verkündungstermin zu; **a. A** RGSt **54** 292; OLG Hamm AnwBl. **1981** 199 für den Fall, daß der nach § 140 Abs. 2 notwendige (Wahl-) Verteidiger ausbleibt (dazu unten Rdn. 95 Fußn. 236).
[195] BGHSt **15** 263; BGH NJW **1953** 1801; RGSt **58** 180; **64** 309.
[196] BGH bei *Dallinger* MDR **1975** 23.
[197] BGH NJW **1953** 1800; näher *Sarstedt/Hamm* 217.
[198] BGHSt **15** 264; **16** 180; KK-*Pikart* 74; KMR-*Paulus* 55; **a. A** RG JW **1938** 1644 mit Anm. *Rilk*; *Roxin* § 47 A I; *Poppe* NJW **1954** 1914.
[199] RG JW **1934** 1177.
[200] BGHSt **25** 333; *Roxin* § 47 A I.
[201] KMR-*Paulus* 55; *Poppe* NJW **1954** 1915.
[202] Vgl. § 226, 3; s. auch RG JW **1934** 2240 mit Anm. *Krille*; OLG Zweibrücken VRS **47** 352.
[203] BGHSt **14** 265; RGSt **29** 236; RG JW **1933** 523; GA **71** (1927) 92; vgl. auch Vor § 48.

gleiche gilt für den Fall, daß der Staatsanwalt nicht mitwirken durfte, weil er Richter des ersten Rechtszugs war[204]. Die bloße Unaufmerksamkeit des Staatsanwalts fällt nicht unter § 338 Nr. 5[205], sofern er sich nicht außerstande setzt, wesentlichen Teilen der Verhandlung zu folgen. Auch die Weigerung, einen Schlußvortrag zu halten, ist kein zwingender Aufhebungsgrund, sondern ein nach § 337 zu rügender Verfahrensfehler[206]. In der unterlassenen Mitwirkung an einem nach § 377 Abs. 2 übernommenen Privatklageverfahren sieht das OLG Saarbrücken[207] ein von Amts wegen zu beachtendes Verfahrenshindernis. Die Mitwirkung eines „ausgeschlossenen" oder „befangenen" Staatsanwalts ist nach richtiger Meinung zwar revisibel[208], aber nicht nach § 338 Nr. 5.

b) Angeklagter. Seine Verhandlungsunfähigkeit (dazu § 205, 12 ff) in der Hauptverhandlung ist, außer im Sicherungsverfahren nach §§ 413 ff und im Sonderfall des § 231 a, ein von Amts wegen zu berücksichtigendes Verfahrenshindernis. Über die Bedeutung von Zweifeln an ihrem Vorliegen s. § 337, 34, 40. Vom Verfahrenshindernis der Verhandlungsunfähigkeit wird man jedoch den Fall der zeitweiligen Verhandlungsunfähigkeit infolge vorübergehender Beeinträchtigungen durch Erkrankung oder Übermüdung zu unterscheiden haben (streitig; vgl. § 337, 39), dem das Gewicht eines Verfahrenshindernisses nicht zukommt (vgl. auch § 230, 9); insoweit verlangt daher die Verletzung des § 338 Nr. 5 eine gemäß § 344 Abs. 2 Satz 2 begründete Rüge. 88

Ein Verstoß gegen § 230 Abs. 1, wonach gegen einen **ausgebliebenen Angeklagten** eine Hauptverhandlung nicht stattfindet, war nach der Rechtsprechung des RG nur auf entsprechende Rüge als Aufhebungsgrund gemäß § 338 Nr. 5 zu behandeln[209]. Nach 1945 haben jedoch die Oberlandesgerichte überwiegend die Auffassung vertreten, die Anwesenheit des Angeklagten in der Hauptverhandlung sei eine Verfahrensvoraussetzung, so daß stets von Amts wegen zu prüfen sei, ob ein gesetzlicher Grund die Verhandlung in seiner Abwesenheit gestatte[210]. Als Prozeßvoraussetzungen wurden z. T. sogar der durch § 232 Abs. 1 Satz 1 vorgeschriebene Hinweis und die Einhaltung der durch § 233 Abs. 1 Satz 2 begrenzten Strafgewalt angesehen[211], meist jedoch nicht das Vorliegen der Voraussetzungen des § 329 Abs. 1[212] und des § 412 Abs. 1[213]. Der **BGH** hat in der Verletzung des § 230 Abs. 1 und des § 231 Abs. 2 stets nur einen Aufhebungsgrund nach § 338 Nr. 5, aber kein Verfahrenshindernis gesehen[214]. Auf Vorlegung des BayObLG (VRS **46** 356) hat er dann ganz allgemein entschieden, daß übergeordnete Belange der Allgemeinheit oder sonstige öffentliche Interessen, wie sie Anlaß und Grund 89

---

[204] OLG Stuttgart NJW **1974** 1394 mit Anm. *Fuchs*.
[205] OLG Kiel JW **1929** 2775 mit Anm. *Mamroth*; OLG Oldenburg MDR **1963** 443 für Aktenbearbeitung während der Hauptverhandlung; *Seibert* NJW **1963** 1590 für Zeitunglesen während des Schlußvortrags des Verteidigers.
[206] OLG Düsseldorf NJW **1963** 1167; OLG Frankfurt NJW **1956** 1250; vgl. auch AG Bad Oldesloe MDR **1976** 776.
[207] NJW **1959** 163; ebenso KMR-*Paulus* 58.
[208] Näher zu der streitigen Frage Vor § 22, 8 ff, insbes. 11.
[209] RGSt **29** 295; **40** 230; **54** 211; **58** 150; **62** 259.
[210] Vgl. die Nachweise bei § 230, 6 Fußn. 11; ebenso insbes. *Eb. Schmidt* 25 und Teil I Nr. 147.
[211] OLG Köln JMBlNRW **1959** 72 bzw. OLG Köln GA **1971** 27.
[212] BGHSt **15** 287; RGSt **62** 259; BayObLG NJW **1969** 408 unter Aufgabe der früher vertretenen Ansicht; OLG Hamm NJW **1963** 65; OLG Saarbrücken VRS **44** 192; a. A OLG Karlsruhe MDR **1957** 760.
[213] OLG Hamburg NJW **1965** 315; OLG Stuttgart NJW **1968** 1733; *Busch* JZ **1963** 460; a. A OLG Düsseldorf MDR **1958** 632; *Preiser* GA **1965** 366.
[214] Zum ersteren: BGHSt **25** 318; zum letzteren: BGHSt **10** 306 = JZ **1957** 673 mit Anm. *Eb. Schmidt*; **25** 4, 320; BGH GA **1970** 281.

§ 338   Drittes Buch. Rechtsmittel

für die Annahme einer Verfahrensvoraussetzung sind, im Fall der gesetzwidrigen Abwesenheit des Angeklagten in der Hauptverhandlung nicht bestehen (BGHSt 26 84)[215].

90   Grundsätzlich ist die **ununterbrochene Anwesenheit** des Angeklagten in der Hauptverhandlung erforderlich, sofern nicht einer der gesetzlichen Ausnahmegründe (unten Rdn. 92) eingreift. Das Gericht kann den Angeklagten nicht wirksam von der erforderlichen Anwesenheit entbinden[216]. Auch die nicht berechtigte kurzfristige Abwesenheit[217] oder die nicht berechtigte kurzfristige Beurlaubung[218] sind unzulässig und führen zum absoluten Revisionsgrund des § 338 Nr. 5, nach Meinung der Rechtsprechung allerdings nur, soweit sie sich auf einen wesentlichen Teil der Verhandlung beziehen (oben Rdn. 84).

91   Die vorübergehende **Trennung des Verfahrens** gegen einen von mehreren Mitangeklagten läuft zwar auf eine zeitweilige Beurlaubung des Angeklagten hinaus, dessen Verfahren abgetrennt wird. Die Trennung ist nach h. M. aber als solche und trotz des § 231 c[219] rechtlich nicht unzulässig. Hat die Verhandlung in Abwesenheit eines Angeklagten Vorgänge zum Gegenstand, die die gegen ihn erhobenen Vorwürfe berühren oder läßt sich das nicht sicher ausschließen, enthält die Trennung jedoch eine Umgehung des durch § 230 gesicherten Anwesenheitsgebots, so daß trotz der formal nicht verbotenen Abtrennung auf die Rüge des Angeklagten der absolute Revisionsgrund des § 338 Nr. 5 eingreift[220]. Die gegenteilige Auffassung, wonach in diesen Fällen nur eine Verletzung des § 261 vorliegt, die lediglich unter den Voraussetzungen des § 337 erfolgreich gerügt werden kann[221], entspricht nicht der Bedeutung der Verletzung und ist darum als Aushöhlung des absoluten Revisionsgrunds abzulehnen[222]. Die unzulässige Abwesenheit eines Mitangeklagten kann der Angeklagte nach § 338 Nr. 5 nicht rügen (oben Rdn. 5); in Betracht kommt insoweit allenfalls eine Verletzung des § 244 Abs. 2[223].

92   Eine **zulässige Verhandlung in Abwesenheit** des Angeklagten ist insbesondere in den §§ 231 Abs. 2, 231 a, 231 b, 231 c, 247, 415 vorgesehen. Verstöße gegen die Voraussetzungen (einschließlich des erforderlichen Gerichtsbeschlusses) und gegen den Anwendungsbereich dieser Vorschriften führen auf entsprechende Rüge (vgl. Rdn. 89) regelmäßig zum absoluten Revisionsgrund des § 338 Nr. 5, unterliegen jedoch hinsichtlich der Art und des Umfangs der revisionsgerichtlichen Prüfung, entsprechend ihren verschiedenartigen Voraussetzungen, etwas unterschiedlichen Maßstäben. Im einzelnen

---

[215] Zustimmend *Kleinknecht/Meyer* § 230, 16; KMR-*Paulus* 60 und § 206 a, 41; Einl. Kap. **12** unter XI; § 230, 6.

[216] BGHSt **25** 318; BGH NJW **1973** 522.

[217] Vgl. nur BGH NStZ **1981** 449 (sieben Minuten).

[218] RGSt **40** 230; **42** 197; **58** 150; **70** 68; RG JW **1927** 2042; RG HRR **1937** 288; a. A OLG Neustadt HESt **2** 94 = DRZ **1949** 283 mit Anm. *Niethammer*; **3** 32 für Hauptverhandlungen mit zahlreichen Angeklagten; OLG für Hessen HESt **3** 71 = JR **1949** 515 für minutenlange Beurlaubungen in einer mehrtägigen Hauptverhandlung; zu diesen Entscheidungen ablehnend § 230, 17.

[219] Näher § 231 c; vgl. auch § 230, 15.

[220] BGHSt **24** 259; **30** 74, 273; **32** 101; BGH StrVert. **1982** 252; vgl. auch § 230, 15 und 52 m. w. Nachw. in Fußn. 31 und 84, wo zu Recht darauf hingewiesen wird, daß BGHSt **32** 270 (274) den absoluten Revisionsgrund in diesem Bereich relativiert, wenn dort darauf abgestellt wird, ob die Verhandlung im abgetrennten Teil Verteidigungsinteressen des Angeklagten berührt haben könnte; vgl. aber auch § 230, 16.

[221] RGSt **69** 360; **70** 67 = JW **1935** 1098 mit Anm. *Klefisch*; RG JW **1935** 2980; vgl. aber jüngst auch BGH NJW **1984** 2172 = JR **1985** 127 mit Anm. *Gollwitzer*.

[222] Im Ergebnis ebenso *Kleinknecht/Meyer* § 230, 16; KMR-*Paulus* 61; LR-*Meyer* in der 23. Aufl. Rdn. 84; vgl. auch § 230, 52; unklar KK-*Pikart* 78.

[223] BGH bei *Pfeiffer* NStZ **1981** 297; vgl. auch § 230, 53.

wird auf die Erl. der genannten Vorschriften verwiesen. Im Falle des § 231 a ist die Revision aufgrund von § 231 a Abs. 3 Satz 3 i. V. mit § 336 Satz 2 stark eingeschränkt (§ 231 a, 47 f); sie greift jedoch auch ein, wenn der verhandlungsunfähige Angeklagte gegen seinen Willen von der Verhandlung ferngehalten worden ist[224]. Im Fall des § 231 c liegt der absolute Revisionsgrund nur vor, wenn die Verhandlung in Abwesenheit Umstände betraf, die den beurlaubten Angeklagten zumindest mittelbar berühren (§ 231 c, 24; vgl. auch Rdn. 91). Bei § 247 ist insbesondere zu beachten, daß ein Verstoß gegen die zulässige Verhandlung in Abwesenheit mit der Folge des § 338 Nr. 5 auch vorliegt, wenn während der Abwesenheit des Angeklagten Prozeßhandlungen erfolgt sind, die nicht oder nicht mehr in seiner Abwesenheit erfolgen mußten, z. B. eine Urkunde verlesen, ein Zeuge vereidigt oder über die Nichtvereidigung eines Zeugen entschieden worden ist (vgl. § 247, 32 ff; 47). Verstöße, die nicht die Zulässigkeit und den Umfang des Verfahrens in Abwesenheit betreffen, sondern nur die dabei zum Schutze des Angeklagten gegebenen Anhörungs-, Belehrungs- und Informationsrechte, etwa nach § 247 Abs. 4, können nur nach § 337, nicht aber nach § 338 Nr. 5 gerügt werden[225]. Zur Revisibilität von Verstößen gegen § 329 und § 412 sowie gegen § 415 s. die Erl. dieser Bestimmungen.

c) Verteidiger. Der unbedingte Revisionsgrund des § 338 Nr. 5 ist gegeben, wenn der bestellte Pflichtverteidiger, auch wenn die Bestellung nach § 140 Abs. 3 Satz 1 hätte aufgehoben werden können, nicht anwesend war oder wenn kein Verteidiger mitgewirkt hat, obwohl die Verteidigung nach § 140 Abs. 1 oder 2 notwendig war[226]. Die Mitwirkung eines Verteidigers, die gegen § 139 verstößt, begründet dann den absoluten Revisionsgrund[227]. Auf die Fehlerhaftigkeit eines Verteidigerausschlusses gemäß §§ 138 a ff kann die Revision als solche nicht gestützt werden (§ 138 d Abs. 6 in Verb. mit § 336 Satz 2). Zur Revisibilität von Verstößen gegen § 137 Abs. 1 Satz 2 und gegen § 146 vgl. die Erl. zu diesen Vorschriften; soweit im Fall des § 146 ein revisibler Rechtsverstoß anzuerkennen ist, beurteilt er sich nach § 338 Nr. 5, nicht nach § 337, weil die unzulässige Verteidigung der fehlenden gleichgeachtet werden muß[228]. In den Fällen nicht notwendiger Verteidigung fallen das Ausbleiben und die zeitweilige Abwesenheit des Wahlverteidigers nicht unter § 338 Nr. 5[229]. Bei notwendiger Verteidigung macht es hingegen keinen Unterschied, ob der Wahlverteidiger oder der Pflichtverteidiger abwesend ist. Hat der Angeklagte mehrere Verteidiger, so genügt regelmäßig die Anwesenheit eines von ihnen[230]. Das Auftreten mehrerer Verteidiger nacheinander ist zulässig (§ 227; näher dort). Ergibt sich die Notwendigkeit der Verteidigung erst während der Verhandlung, so muß diese, wenn der Angeklagte bis dahin unverteidigt war, in Anwesenheit eines bestellten oder gewählten Verteidigers wiederholt werden[231]; anderenfalls greift

93

---

[224] BGHSt **26** 234; näher § 231 a, 37.
[225] Vgl. § 247, 48 f, § 231 a, 49; § 231 b, 24.
[226] BGHSt **15** 307; BGH GA **1959** 178; BGH bei *Dallinger* MDR **1956** 11; RGSt **57** 265; **62** 22; vgl. auch Rdn. 94.
[227] Vgl. BGHSt **26** 319, wo das als selbstverständlich vorausgesetzt wird.
[228] BGH NStZ **1981** 190; LR-*Dünnebier*23 § 146, 18; vgl. auch OLG Koblenz NJW **1980** 1058; a. A KMR-*Paulus* 63; LR-*Meyer* in der 23. Aufl. Rdn. 86 unter Bezugnahme auf BGH NJW **1977** 115 = BGHSt **27** 22; vgl. auch *Meyer* JR **1977** 202 f.
[229] RGSt **28** 413; **44** 217; **61** 182; BayObLG JR **1960** 190; KG JW **1932** 1169; ganz h. L. Zur Frage, wann bei Ausbleiben, Verhinderung oder Verspätung des Wahlverteidigers Revisibilität nach § 337 gegeben ist, vgl. § 228, 20 ff; 34.
[230] Vgl. § 227, 5; 10; dazu auch RG JW **1930** 716 mit Anm. *Beling*.
[231] BGHSt **9** 244; RGSt **44** 217; vgl. oben Rdn. 5.

§ 338 Nr. 5 ein. Auch wenn die Voraussetzungen des § 140 Abs. 2 etwa infolge einer Beschränkung der Berufung weggefallen sind, besteht die notwendige Verteidigung fort, solange der Tatrichter nicht ausgesprochen oder kenntlich gemacht hat, daß er ihren Fortbestand verneint[232].

94 Auch wenn ein Fall notwendiger **Verteidigung nach § 140 Abs. 2** vorliegt, ist nach heute h. M. der absolute Revisionsgrund des § 338 Nr. 5 gegeben, wenn ein Verteidiger nicht mitgewirkt hat bzw. nicht bestellt worden ist, weil das Gericht die Vorschrift übersehen hat oder irrig der Meinung war, die Voraussetzungen der Pflichtverteidigerbestellung lägen nicht vor[233]. Die gegenteilige Auffassung von *Dünnebier,* die auch der älteren Rechtsprechung entspricht[234], hält demgegenüber nur den relativen Revisionsgrund des § 337 für einschlägig, wenn erst die Ermessensfrage zu prüfen ist, ob die Mitwirkung eines Verteidigers gemäß § 140 Abs. 2 überhaupt geboten erscheint, weil das Gesetz zwischen der notwendigen Verteidigung (§ 140 Abs. 1) und der aufgrund richterlicher Feststellung angeordneten Verteidigung (§ 140 Abs. 2) unterscheide. Die Streitfrage hat kaum praktische Auswirkungen, weil das Urteil auf dem Fehlen der Mitwirkung eines nach § 140 Abs. 2 zu bestellenden Verteidigers stets beruhen wird und das Revisionsgericht die Gebotenheit der Bestellung regelmäßig voll überprüfen kann, selbst wenn man sie[235] als Ermessensentscheidung versteht. Im übrigen zeigt § 141 Abs. 1 und 2, daß das Gesetz die Fälle des § 140 Abs. 1 und 2 gleichstellt, so daß, zumal angesichts der Bedeutung des § 140, für seinen Absatz 2 die umstrittenen Regeln über die begrenzte Revisibilität von Ermessensentscheidungen (§ 337, 87 ff) bei der unterlassenen Bestellung gar nicht einschlägig sein dürften. Vgl. im übrigen bei § 140 und § 141.

95 Auch der notwendige Verteidiger muß während der **ganzen Verhandlung** anwesend sein. Seine Abwesenheit bei unwesentlichen Vorgängen (vgl. oben Rdn. 84 f) soll jedoch nach h. M. auch hier die Revision nicht begründen können[236]. Unschädlich ist es jedenfalls, wenn der Verteidiger nur während eines Zeitraums abwesend war, in dem über einen Tatvorwurf verhandelt wurde, von dem der Angeklagte freigesprochen worden ist oder der nur Mitangeklagte betraf[237]. War die Verteidigung notwendig, weil die Anklage ein Verbrechen zum Gegenstand hatte (§ 140 Abs. 1 Nr. 2) oder das Verfahren zu einem Berufsverbot führen konnte (§ 140 Abs. 1 Nr. 3), so ist der unbedingte Revisionsgrund des § 338 Nr. 5 bei fehlender Mitwirkung eines Verteidigers auch gegeben,

---

[232] *Eb. Schmidt* JZ **1957** 760 gegen OLG Hamm JZ **1957** 759; *Dahs/Dahs* 155; vgl. auch BGHSt **7** 69 und im übrigen bei § 140; unklar KMR-*Paulus* 63.

[233] BGHSt **15** 307; BGH LM § 140 Nr. 16; OLG Bremen NJW **1955** 1530; OLG Celle NJW **1962** 601; OLG Düsseldorf NJW **1964** 877; OLG Hamm NJW **1951** 614; **1957** 1530; NStZ **1982** 298; OLG Köln MDR **1972** 798; KK-*Pikart* 79; KMR-*Paulus* 63; *Peters* 204; *Roxin* § 42 E IV; *Eb. Schmidt* 30; *Dahs/Dahs* 155; *Sarstedt/Hamm* 216; **a. A** LR-*Meyer* in der 23. Aufl. Rdn. 87; *Kleinknecht/Meyer* § 141, 27 gegen *Kleinknecht*[35].

[234] LR-*Dünnebier*[23] § 141, 53 ff in Verb. mit § 140, 31; ebenso z. B. RGSt **68** 36; **74** 305; vgl. auch BGHSt **6** 202 und die weiteren bei LR-*Dünnebier*[23] § 141, 54 genannten Entscheidungen.

[235] Wie das auch *Dahs/Dahs* 155 annehmen; richtiger ist die Annahme eines Beurteilungsspielraums (OLG Hamm NStZ **1982** 298).

[236] Dazu näher insbes. *Eb. Schmidt* Nachtr. I § 140, 5, der Ausnahmen unter keinen Umständen zulassen will. OLG Hamm Anw.Bl. **1981** 199 zählt dazu entgegen den sonst geltenden Grundsätzen (oben Rdn. 84 mit Fußn. 194) auch die Abwesenheit des Wahlverteidigers im Falle notwendiger Verteidigung gemäß § 140 Abs. 2 bei Verkündung der Urteilsformel; dagegen ausführlich *Molketin* AnwBl. **1981** 217.

[237] Zum ersteren BGHSt **15** 308; zum letzteren BGHSt **21** 180; BGH NStZ **1983** 375. Zust. KMR-*Paulus* 63; *Kleinknecht/Meyer* 17.

wenn der Angeklagte nur wegen eines Vergehens verurteilt oder das Berufsverbot im Urteil nicht angeordnet worden ist[238]; anderes gilt nur, wenn erst der Staatsanwalt in seinem Schlußvortrag die Anordnung eines Berufsverbots beantragt hat, das Gericht diesem Antrag aber nicht gefolgt ist[239]. In den Fällen des § 140 Abs. 1 Nr. 2 und 3 führt die Abwesenheit des Verteidigers zur Aufhebung des Urteils in vollem Umfang auch, wenn die notwendige Verteidigung nur eine der abgeurteilten Taten betraf[240].

Wenn der erschienene Verteidiger die **Verteidigung geführt** hat, kann mit der Revision grundsätzlich nicht geltend gemacht werden, daß er außerstande gewesen sei, sie ordnungsgemäß zu führen[241]; eine Ausnahme kommt nur in Betracht, wenn der Verteidiger erkennbar verhandlungsunfähig war (oben Rdn. 83)[242]. Daß der notwendige Verteidiger es abgelehnt hat, einen Schlußvortrag zu halten, begründet jedenfalls nicht die Revision nach § 338 Nr. 5[243]. War die Verteidigung nach § 140 notwendig, so kann auch der zeitweilig nicht anwesende Wahlverteidiger die Revision auf § 338 Nr. 5 stützen (BGHSt 15 308); eine Verwirkung tritt nicht ein (§§ 337, 269 ff, 281 ff). **96**

d) Beistände (§ 149 StPO, § 69 Abs. 1 JGG) gehören nicht zum Personenkreis des § 338 Nr. 5[244]. **97**

e) Privatkläger. Ist gemäß § 387 Abs. 3 sein Erscheinen angeordnet, führt sein Ausbleiben zur Rechtsfolge des § 391 Abs. 2. Richtigerweise muß dies auch gelten, wenn er sich vor Ende der Urteilsverkündung entfernt; vgl. näher § 391, 31 f; 36. **98**

f) Nebenkläger. Er gehört nicht zu den Personen, die in der Hauptverhandlung anwesend sein müssen[245]. Er kann daher auch bei der Urteilsverkündung fehlen. Wird er von der Verhandlung ausgeschlossen, kann er das nach §§ 337, 336 rügen[246], ein anderer Beteiligter auf diesen Mangel die Revision jedoch nicht stützen[247]. Ist der Nebenkläger nicht geladen und darum in der Verhandlung nicht erschienen oder nur als Zeuge behandelt worden, liegt entgegen RGSt 28 222 § 338 Nr. 5 ebenfalls nicht vor, wohl aber ein Verfahrensfehler gemäß § 337, auf dem das Urteil regelmäßig auch beruht[248]. **99**

g) Dolmetscher. Soweit und solange seine Mitwirkung gemäß § 185 Abs. 1 Satz 1 GVG erforderlich ist, weil ein Beteiligter der deutschen Sprache nicht mächtig ist (näher bei § 185 GVG), gehört der Dolmetscher zu den Personen, deren Anwesenheit das Gesetz vorschreibt (allg. M.). Sein Fehlen oder seine zeitweilige Abwesenheit führt daher **100**

---

[238] Vgl. BGHSt 4 322; RGSt 70 318; RG HRR 1942 256; KMR-*Paulus* 55.
[239] BGH bei *Dallinger* MDR 1957 141; KMR-*Paulus* 55.
[240] BGH NJW 1956 1767; BGH GA 1959 55; RGSt 67 12; 68 398; KMR-*Paulus* 55; *Eb. Schmidt* Nachtr. I § 140, 6.
[241] BGH NJW 1964 1485; BGH JR 1962 428; RGSt 57 373; RG JW 1938 1644; heute ganz h. L.; **a A** RG HRR 1940 344.
[242] *Sarstedt/Hamm* 215 Fußn. 334; *Kleinknecht/Meyer* § 141, 10 und zu der von ihm zit. BGH-Entscheidung *Hanack* JZ 1971 219 Fußn. 22.
[243] Vgl. BGH bei *Pfeiffer* NStZ 1981 295, wo Revisibilität überhaupt verneint wird (was bedenklich erscheint; s. *Eb. Schmidt* Nachtr. I § 258, 10 a. E.); ebenso aber *Dahs/Dahs* 157 a.
[244] BGHSt 4 207; vgl. auch bei § 149.
[245] RGSt 28 225; 31 37; 59 104; OLG Karlsruhe Justiz 1974 345; vgl. auch bei § 397.
[246] RGSt 59 104; OLG Karlsruhe Justiz 1974 345; VRS 50 119.
[247] RG JW 1931 2501 mit abl. Anm. *Beling*; KMR-*Paulus* 69; *Sarstedt/Hamm* 216.
[248] OLG Karlsruhe OLGSt § 218, 9; vgl. auch § 398, 5; *Dahs/Dahs* 159.

zum absoluten Revisionsgrund des § 338 Nr. 5[249]. Die fehlende Vereidigung des Dolmetschers steht der Abwesenheit nicht gleich, begründet aber unter Umständen die Revision nach § 337[250]. Ist der Angeklagte der deutschen Sprache teilweise mächtig, bildet das Fehlen oder die zeitweilige Abwesenheit des Dolmetschers nach h. M. nicht ohne weiteres einen Revisionsgrund, weil der Umfang der Mitwirkung dann vom pflichtgemäßen Ermessen des Tatrichters abhängen soll[251]; dabei ist jedoch Vorsicht geboten, also im Zweifel die Zuziehung als erforderlich anzusehen[252].

101 h) **Sachverständige** gehören nicht zum Kreis der Personen, deren ständige Anwesenheit in der Hauptverhandlung erforderlich ist (näher § 226, 15 ff). Auch wenn entgegen § 246 a kein Sachverständiger zugezogen worden ist, ist nach herrschender und richtiger Meinung nur die Rüge nach § 337 zulässig[253].

102 i) **Urkundsbeamte der Geschäftsstelle.** Ihre ständige Anwesenheit als Protokollführer ist nach § 226 erforderlich; anderenfalls liegt der unbedingte Aufhebungsgrund des § 338 Nr. 5 vor[254]. Sie können sich aber ablösen und müssen auch nicht bei dem Gericht tätig sein, dem die erkennenden Richter angehören (§ 226, 9; 10). Ein Verzicht auf die Zuziehung ist unwirksam[255].

VII. Vorschriften über die Öffentlichkeit (Nummer 6)

103 1. **Allgemeines.** Unstreitig ist, daß § 338 Nr. 6 (jedenfalls primär, s. Rdn. 105 ff) dem Interesse der Allgemeinheit an der Öffentlichkeit des Verfahrens dient, also den in § 169 Satz 1 GVG, Art. 6 Abs. 1 Satz 1 MRK gewährleisteten Grundsatz schützt, daß Gerichtsverhandlungen öffentlich zu führen sind. Insoweit steht die Vorschrift daher auch nicht zur Disposition der Verfahrensbeteiligten, so daß z. B. der Angeklagte den absoluten Revisionsgrund auch dann geltend machen kann, wenn er selbst die unzulässige Ausschließung der Öffentlichkeit verlangt hatte[256]. Den durch § 338 Nr. 6 verbürgten strengen Schutz als „offensichtlichen Fehlgriff" des Gesetzgebers anzusehen[257], erscheint zumindest überzogen. Denn die Öffentlichkeit des Verfahrens ist, gerade im Strafprozeß, eine grundlegende Einrichtung des Rechtsstaats[258]. Der BGH hat seine Bedeutung häufig betont[259].

104 **Nicht zu verkennen** ist freilich, daß das Öffentlichkeitsprinzip insbesondere im Zeichen moderner Kommunikationsmethoden und eines weit stärker als früher auch auf

---

[249] BGHSt **3** 286 im Anschluß an RG GA **47** (1900) 384 für den Angeklagten. Daß der Dolmetscher, der seine Aufgabe erfüllt, während der Verhandlung auch als Sachverständiger oder Zeuge auftritt, begründet nach BGH (zit. bei KK-*Pikart* 80) nicht die Rüge der mangelnden Zuziehung.

[250] BGH NStZ **1982** 517; vgl. aber auch BGH NStZ **1984** 328; näher bei § 189 GVG.

[251] BGHSt **3** 285; BGH NStZ **1984** 328; BGH GA **1963** 148 (zurückhaltend); RG GA **50** (1903) 394; ganz h. L.; vgl. bei § 185 GVG.

[252] Vgl. BGH GA **1963** 148; OLG Frankfurt NJW **1952** 1310; *Eb. Schmidt* § 185 GVG, 3; *Kleinknecht/Meyer* § 185 GVG, 6.

[253] Vgl. § 246 a, 12 mit Nachw. in Fußn. 12 (streitig); im Sinne des Textes auch BGH bei *Hilger* NStZ **1983** 341; RG JW **1937** 1836 L;

Roxin § 42 E V; *Dahs/Dahs* 158; anders aber auch *Sarstedt/Hamm* 215 unter Bezugnahme auf unveröff. ältere BGH-Entscheidungen.

[254] OLG Hamm JMBlNRW **1982** 155; OLG Oldenburg NdsRpfl. **1954** 34; OLG Schleswig bei *Ernesti/Jürgensen* SchlHA **1973** 189.

[255] OLG Hamm aaO; KMR-*Paulus* § 344, 38; vgl. auch § 226, 21.

[256] BGH NJW **1967** 687; RGSt **64** 388; vgl. § 337, 269 ff, insbes. 271.

[257] So *Beling* JW **1931** 2506; *Schwinge* Jung-Festgabe 218.

[258] Dazu näher die Verh. des 54. DJT, 1982 (mit Gutachten *Zipf*) und Einl. Kap. **13** unter XII.

[259] BGHSt **3** 387; **7** 221; **21** 72; **22** 301; **23** 178; **28** 344.

die Persönlichkeitserforschung und auf subjektive Merkmale abstellenden materiellen Strafrechts heute kritische **Probleme aufwirft**[260], die auch § 338 Nr. 6 berühren. Das gilt nicht nur für die Frage, ob die traditionelle Begrenzung des unbedingten Revisionsgrundes auf die unzulässige Beschränkung der Öffentlichkeit (Rdn. 105 ff), die dem geltenden Recht zugrunde liegt, wirklich zwingend ist. Es gilt, in unlösbarem Zusammenhang damit, vor allem auch für die Frage, ob diese traditionelle Begrenzung nicht eine derzeit viel beklagte Situation fördert: daß die Tatgerichte, um den absoluten Revisionsgrund zu vermeiden, die gesetzlichen Möglichkeiten zum Ausschluß der Öffentlichkeit (insbesondere § 172 Nr. 2 GVG) zu restriktiv handhaben, so daß der heute unumgängliche Schutz des höchstpersönlichen Lebensbereichs namentlich von Angeklagten, Zeugen und Verletzten im Ergebnis nicht hinreichend gewährleistet ist; näher zu diesen Sorgen und Erfahrungen sowie den durch sie ausgelösten Überlegungen, Forderungen und Gesetzesvorschlägen, die auch die generelle Problematik unbedingter Revisionsgründe betreffen, *Rieß* FS Wassermann 969 mit weit. Nachw. Im übrigen fragt sich wohl auch, ob die Rechtsprechung der Revisionsgerichte den Schutz des Öffentlichkeitsprinzips in Anwendung des § 338 Nr. 6 nicht manchmal zu hoch ansetzt[261], andererseits aber in bestimmten Bereichen durch zunehmend verästelte Differenzierungen in einer Weise handhabt, die verwirren muß und nicht mehr überzeugen kann[262].

2. Anwendungsbereich. Nach ständiger Rechtsprechung (begründet schon in **105** RGSt 3 297, 1881) und nach überwiegender Lehre erfaßt § 338 Nr. 6 nur die unzulässige Beschränkung der Öffentlichkeit („zu wenig Öffentlichkeit"), nicht hingegen ihre unzulässige Erweiterung[263]. Obwohl eine solche Begrenzung im Gesetzeswortlaut selbst nicht zum Ausdruck kommt, spricht für sie sicher und namentlich, daß § 338 nur besonders schwere Verfahrensverstöße zum Gegenstand hat und auf den Schutz grundlegender Verfahrensvorschriften ausgerichtet ist, ein solcher Schutz zur Zeit der Entstehung der StPO jedoch aufgrund der geschichtlichen Entwicklung allein für das Öffentlichkeitsprinzip, nicht aber auch für seine damals durchaus spärlicheren Ausnahmen sinnvoll erscheinen mußte[264]; vgl. im übrigen Rdn. 107.

---

[260] Näher auch dazu die Verh. des 54. DJT, 1982, und Einl. Kap. 13 unter XII; *Dahs* NJW **1984** 1921.

[261] So insbesondere bei den Anforderungen an die Begründung eines Ausschließungsgrundes (vgl. *Miebach* DRiZ **1977** 271) und bei unberechtigter Ausschließung einzelner Personen als angebliche „Repräsentanten" der Öffentlichkeit (unten Rdn. 109). Zum Unbehagen an der Rechtsprechung s. *Salger* Verh. des 54 DJT, 1982, Bd. II S. K 98 f, 123 (und zu seinem, eher spontan geäußerten „extremen" Vorschlag, § 338 Nr. 6 abzuschaffen, die unterschiedlichen Stellungnahmen aaO S. K S. 109, 121, 125, 131, 134, 138, 142, 143, 144).

[262] So insbesondere für die Anforderungen zur Wahrung des Öffentlichkeitsprinzips bei auswärtiger Fortsetzung der Verhandlung (unten Rdn. 114).

[263] BGHSt **10** 206; **23** 85 (= JZ **1970** 34 mit Anm. *Eb. Schmidt*); **23** 178 mit weit. Nachw.; BHG MDR **1952** 153; BGH GA **1953** 84;

BGH bei *Dallinger* MDR **1953** 149; bei *Holtz* MDR **1979** 458; RGSt 3 297; **69** 402; **77** 186; RGRspr. **1** 324, 652; **4** 286; OGHSt **2** 338; KG JR **1950** 119; OLG Hamm HESt **2** 143; OLG Karlsruhe NJW **1975** 2082; OLG Köln NJW **1976** 637; aus dem Schrifttum z. B. *KK-Pikart* 84; *Kleinknecht/Meyer* 18; *KMR-Paulus* 73; *Eb. Schmidt* Nachtr. I 21; *Kühne* 383; *Peters* 529; *Schlüchter* 738; *Kleinknecht* FS Schmidt-Leichner 117; *Loewenstein* 51; *Zipf* JuS **1973** 253. Vgl. aber auch im folg. Text.

[264] Vgl. nur BGHSt **23** 178, wo es (ohne weitere Begründung) heißt, daß „nach der geschichtlichen Entwicklung daran kein Zweifel bestehen" kann; a. A insbes. *Roxin* JZ **1968** 805, dessen Heranziehung der Motive zu § 551 Nr. 6 ZPO wegen der insoweit anderen Rechtslage bei den Ausnahmen (vgl. *Sarstedt/Hamm* 219) jedoch wenig überzeugt; ebenso aber *Sprenger* 69 ff.

106 Zweifelhaft bleibt dennoch, ob nicht wenigstens der **Schutz des § 169 Satz 2 GVG** (Verbot von Ton-, Rundfunk- und Filmaufnahmen) vom absoluten Revisionsgrund des § 338 Nr. 6 erfaßt werden muß, zumal es hier um die Abwehr von Erweiterungen des Öffentlichkeitsprinzips geht, die es gewissermaßen desavouieren und seinen ihm *auch* innewohnenden Sinn verfälschen, daß der Richterspruch nicht durch sachfremde Einflüsse gefährdet wird. Dies hat in eindrucksvoller Weise namentlich *Eb. Schmidt* behauptet, nachdem § 169 Satz 2 GVG durch das StPÄG 1964 eingeführt worden ist[265]. Der BGH hat die Frage offengelassen. Er hat sogar für zweifelhaft gehalten, ob sie jemals entschieden werden müsse, weil Fälle, in denen das Urteil auf dem Verstoß nicht beruhen können, kaum denkbar seien[266]. Indes erscheint das letztere, z. B. bei einem Verstoß während der Urteilsverkündung, mindestens so sicher nicht, so daß der BGH die Frage schon hätte entscheiden sollen[267]. Die Anerkennung eines absoluten Revisionsgrundes würde eine zulässige Rechtsfortbildung bedeuten, für die (entgegen LR-*Meyer*[23] 100) gute Gründe sprechen. Denn auch wenn nicht zu verkennen ist, daß das Gesetz mit dem Grundsatz der Öffentlichkeit im Interesse der Rechtsstaatlichkeit des Verfahrens „Übelstände aller Art"[268] in Kauf genommen hat: Das apodiktische Verbot des § 169 Satz 2 GVG schützt ein so überragendes Anliegen der Menschenwürde und des rechtsstaatlichen Verfahrensrechts, daß es angesichts seines „„normativen Bezugspunkts" (*Roxin* JZ **1968** 805) zum Grundsatz des § 169 Satz 1 GVG als konkretisierender Bestandteil des Grundsatzes angesehen, also entgegen der h. M. (Rdn. 105) in den absoluten Revisionsgrund des § 338 Nr. 6 integriert werden sollte[269].

107 Darüber hinaus auch **Verstöße** gegen die **Vorschriften zum Ausschluß der Öffentlichkeit** dem § 338 Nr. 6 zu unterwerfen, erscheint allerdings nicht möglich[270]. Denn der Gesetzgeber hat, wie angedeutet (Rdn. 106) Nachteile des Öffentlichkeitsgrundsatzes bewußt in Kauf genommen. Und wenn er diesen Nachteilen heute auch durch einen erweiterten Katalog von Ausschlußmöglichkeiten zu begegnen sucht: dem Prinzip (Öffentlichkeit) seine Ausnahmen (Einschränkung im Einzelfall) generell gleichzustellen, wäre nahezu widersprüchlich, zumal die Ausnahmen durchaus unterschiedliches Gewicht besitzen und durchaus unterschiedliche Zwecke verfolgen. Es entspricht (im Strafprozeß) erkennbar auch nicht dem historischen Charakter des absoluten Revisionsgrundes (oben Rdn. 105). Dies zeigt sich auch daran, daß die strafprozessualen Ausschlußgründe (außer § 48 Abs. 1 JGG) durchweg als Kannvorschriften und mit unbestimmten Rechtsbegriffen umschrieben sind, die vom Tatrichter notwendigerweise in einem kurzen Zwischenverfahren beurteilt werden, und zwar typischerweise in einem Prozeßstadium, in dem noch nicht sicher feststeht, was zur Sprache kommen wird; dies aber verträgt sich nicht mit der Annahme eines absoluten Revisionsgrundes[271].

---

[265] *Eb. Schmidt* Justiz und Publizistik (1968) 39 ff unter Aufgabe seiner früheren Ansicht (Nachtr. I § 338, 21); vgl. auch *Eb. Schmidt* NJW **1968** 804.
[266] BGHSt **22** 83 = NJW **1968** 804 mit Anm. *Eb. Schmidt* = JZ **1968** 803 mit Anm. *Roxin*.
[267] Vgl. *Peters* Nachtr. I 36; *Roxin* JZ **1968** 803 und FS Peters 402 Fußn. 21; *Zipf* Gutachten C zum 54. DJT, 1982, S. C 62.
[268] *Eb. Schmidt* Teil I Nr. 402 mit Nachw.; vgl. auch BGHSt **10** 206.
[269] Im Ergebnis ebenso *Gössel* § 20 V; *Schlüchter* 738.2; *Kissel* § 169, 59; *Dahs* Hdb. 826; *Roxin* § 45 C II 2; JZ **1968** 803 und FS Peters 402. Ausdrücklich a. A (u. a.) LR-*Meyer* in der 23. Aufl. Rdn. 98.
[270] A. A *Kern/Wolf* § 25 V; *Sprenger* 68 ff (eingehend); wohl auch *Kissel* § 169, 5; weitergehend auch *Roxin* FS Peters 404 Vgl. auch Rdn. 108 bei Fußn. 278.
[271] *Kleinknecht* FS Schmidt-Leichner 118 unter Hinweis auf BGHSt **22** 26; **23** 180. Vgl. auch *Kühne* 383 und *Rieß* FS Wassermann 977.

Eine **Revision nach** § 337 wegen rechtsfehlerhaften Nichtausschlusses der Öffent- **108** lichkeit bleibt hingegen möglich[272]. Die verwirrende Annahme von BGHSt 23 82, die – vor der Neufassung des § 172 GVG durch Art. 22 Nr. 10 EGStGB – einen mit der Revision durchsetzbaren Anspruch auf Ausschließung selbst im Hinblick auf Art. 1, 2 GG und Art. 6 MRK geleugnet hat, ist insoweit schon durch die gesetzliche Entwicklung überholt, so daß es auf die berechtigte Kritik an ihr im übrigen[273] nicht ankommt. Nach § 337 kann also gerügt werden, daß der Antrag des Angeklagten auf Ausschließung zu Unrecht abgelehnt worden ist[274], daß das Gericht unter Verstoß gegen den Ausschließungsbeschluß öffentlich verhandelt hat[275], daß wegen der großen Zahl von Personen, denen gemäß § 175 Abs. 2 GVG der Zutritt gestattet war, die Verhandlung entgegen dem Ausschließungsbeschluß tatsächlich öffentlich geführt worden ist[276] oder daß eine am Verfahren nicht beteiligte Person in der nichtöffentlichen Sitzung anwesend war, ohne daß ein Beschluß nach § 175 Abs. 2 Satz 2 GVG vorlag[277]. (Nur) nach § 337 gerügt werden kann auch, daß die Öffentlichkeit entgegen § 48 Abs. 1 JGG nicht ausgeschlossen wurde[278].

3. Einzelheiten. § 338 Nr. 6 greift nach dem Gesagten (Rdn. 105 ff) nur ein, wenn **109** entgegen dem Gesetz nichtöffentlich verhandelt worden ist oder (Rdn. 106) ein Verstoß gegen § 169 Satz 2 GVG vorliegt. Im ersteren Fall, um den es vor allem geht, erfaßt der absolute Revisionsgrund sowohl die Verletzung der Vorschriften über die Öffentlichkeit des Verfahrens als auch die Nichtbeachtung der für die Ausschließung der Öffentlichkeit vorgesehenen prozessualen Formen. Die prozessualen Formen bei Beschränkung der Öffentlichkeit regelt § 174 Abs. 1 GVG. Wann die Öffentlichkeit entgegen § 169 Satz 1 GVG beschränkt oder ausgeschlossen werden darf, ist in den §§ 171 a bis 173, 175 und 177 GVG, §§ 48, 109 JGG bestimmt. Dort sind allerdings die Gründe, aus denen einzelnen Personen die Anwesenheit in der Hauptverhandlung versagt werden darf, nicht ganz erschöpfend aufgezählt[279]. Nach ganz herrschender Meinung liegt § 338 Nr. 6 nicht nur vor, wenn alle Zuhörer von der Verhandlung ausgeschlossen werden. Es soll genügen, daß einzelnen Personen, sofern sie „Repräsentanten" der Öffentlichkeit sind[280], in einer dem Gesetz nicht entsprechenden Weise der Zutritt versagt wird oder

---

[272] BGH bei *Holtz* DR **1979** 458; BGH GA **1978** 13; *Kleinknecht/Meyer* 17; *Peters* 529; *Kleinknecht* FS Schmidt-Leichner 118; *Zipf* JuS **1973** 350; vgl. KK-*Pikart* 84; KMR-*Paulus* 73 sowie im folg.
[273] *Peters* Nachtr. 21; *Hanack* JZ **1973** 731; *Eb. Schmidt* JZ **1970** 35; *Zipf* JuS **1973** 350; vgl. auch *Müller-Gindulles* NJW **1973** 1218.
[274] BGH bei *Holtz* MDR **1979** 458; BGH bei *Dallinger* MDR **1953** 149; RG HRR **1939** 278; OLG Dresden JW **1932** 3657 mit Anm. *Mamroth*; KG JR **1950** 119.
[275] BGH bei *Herlan* GA **1963** 102.
[276] RGSt 77 186; KMR-*Paulus* 73.
[277] RG LZ **1921** 114; OGHSt 2 338; KMR-*Paulus* 73; vgl. auch OLG Stuttgart NJW **1969** 1776; BGH bei *Pfeiffer* 1981 297 hält die stillschweigende Zulassung bzw. die stillschweigende Einwilligung der Verfahrensbeteiligten für möglich.
[278] BGHSt 23 178; OLG Hamm HESt 2 143; h. M., und zwar auch im JGG-Schrifttum (*Dallinger/Lackner* § 48, 7; *Eisenberg* § 48, 23; *Brunner* § 48, 6); a. A *Zipf* Gutachten C zum 54. DJT, 1982, S. C 63; vgl. auch bei Rdn. 107.
[279] BGHSt 3 338; 17 203; dazu *Kern* JZ **1962** 564; RGSt 64 385.
[280] Vgl. OLG Karlsruhe NJW **1977** 311, wo das zu Recht für den Fall verneint wird, daß der auf die nächste Sitzung wartende, nach Meinung des Gerichts nicht angemessen gekleidete Sitzungsvertreter der Staatsanwaltschaft des Saals verwiesen wird.

daß einzelne Zuhörer aus dem Verhandlungsraum entfernt werden[281]. Ob diese strenge Ansicht immer sachgemäß ist oder nicht mindestens dann einer teleologischen Einschränkung bedarf, wenn die ausgeschlossenen Einzelpersonen in Wahrheit eine „echte" Öffentlichkeit gar nicht repräsentieren, erscheint zweifelhaft[282]. Die genannten Vorschriften des GVG sind hier nicht zu erläutern. An dieser Stelle ist nur zu erörtern, wann ein Verstoß gegen sie den absoluten Revisionsgrund ergibt.

110 § 338 Nr. 6 liegt vor, wenn die Verhandlung entgegen § 169 Satz 1 GVG nicht öffentlich geführt worden ist, obwohl das Gesetz einen Ausschluß nicht erlaubt. Nicht öffentlich geführt ist sie auch, wenn das Gericht an einem Ort verhandelt, der fremdem Hausrecht untersteht und darum nicht jedermann zu der Verhandlung Zugang hatte[283]. Die Urteilsaufhebung ist ferner zwingend, wenn die Öffentlichkeit nur für einen bestimmten Verfahrensvorgang, etwa die Vernehmung eines Zeugen zu bestimmten Punkten, ausgeschlossen war, dann aber nicht wieder hergestellt worden ist[284] oder wenn im Fall einer erneuten Vernehmung des Zeugen unter Ausschluß der Öffentlichkeit in derselben Verhandlung über den Ausschluß nicht erneut entschieden wurde (BGH GA **1981** 320). Gegeben ist § 338 Nr. 6 weiter, wenn die Öffentlichkeit nicht durch Gerichtsbeschluß, sondern vom Vorsitzenden allein ausgeschlossen worden ist[285], wenn der Beschluß, der die Öffentlichkeit ausschließt, entgegen § 174 Abs. 1 Satz 3 GVG den Ausschließungsgrund nicht oder (BGHSt **27** 118) nicht hinreichend klar angibt[286], nicht aus sich heraus verständlich ist[287] oder entgegen § 174 Abs. 1 Satz 2 nicht in öffentlicher Sitzung verkündet worden ist[288]. Zur umstrittenen Frage, wieweit Kontrollen, die Ausgabe von Einlaßkarten und die Einbehaltung von Personalausweisen eine unzulässige Einschränkung der Öffentlichkeit bedeuten, die § 338 Nr. 6 unterfällt, s. näher bei § 176 GVG.

111 Das RG hat auch die **unterlassene Anhörung** der Beteiligten nach § 174 Abs. 1 Satz 1 GVG als unbedingten Revisionsgrund angesehen, wobei es eine ausdrückliche Worterteilung verlangte, die bloße Gelegenheit zur Äußerung also nicht genügen ließ[289]. Der BGH hält das für eine nicht zu rechtfertigende Formstrenge. Er vertritt die Ansicht, daß es lediglich einer Anhörung nach § 33 bedarf, also genügt, wenn die Pro-

---

[281] BGHSt **3** 388; **17** 205; **18** 180 = JR **1963** 307 mit Anm. *Eb. Schmidt*; **24** 330 = JZ **1972** 663 mit Anm. *Stürner*; BGH NStZ **1982** 389; BGH bei *Dallinger* MDR **1973** 730; BGH bei *Martin* DAR **1974** 122; RGSt **30** 244; **64** 388; OLG Karlsruhe NJW **1975** 2080 = JR **1976** 383 mit Anm. *Roxin*; OLG Koblenz NJW **1975** 1333; ganz h. L.

[282] Vgl. *Hanack* JZ **1973** 731 zu BGHSt **17** 205 und **18** 180; zu BGHSt **17** 205 kritisch auch *Kern* JZ **1962** 564.

[283] Vgl. BGH NJW **1979** 770 = JR **1979** 261 mit Anm. *Foth* für die Verhandlung in einer Justizvollzugsanstalt, die nur den dort tätigen Bediensteten zugänglich war.

[284] BGHSt **7** 218; BGH bei *Dallinger* MDR **1970** 562; BGH bei *Holtz* MDR **1976** 988, vgl. auch BGH bei *Hilger* NStZ **1983** 284.

[285] BGHSt **17** 222; BGH StrVert. **1984** 499 L; BGH bei *Dallinger* MDR **1955** 653.

[286] BGHSt **1** 334; **2** 56; **27** 187; BGH NStZ **1982** 169; **1983** 324; BGH MDR **1980** 773 mit weit. Nachw.; RGSt **25** 249; OGHSt **3** 81; OLG Saarbrücken JBl. Saar **1960** 234; ganz h. L.; eingehend zu den Anforderungen bei den verschiedenen Ausschließungsgründen *Gössel* NStZ **1982** 141 (differenzierend); *Miebach* DRiZ **1977** 271.

[287] BGHSt **1** 334; klarstellend BGHSt **30** 301 mit weit. Nachw.

[288] BGH bei *Dallinger* MDR **1966** 728; **1972** 926; BGH bei *Holtz* MDR **1976** 988; RGSt **70** 111; RG JW **1932** 204; KG JW **1932** 204; das gilt auch, wenn der weitere Ausschluß der Öffentlichkeit nicht in öffentlicher Sitzung verkündet wird (BGH NStZ **1985** 38 mit weit. Nachw.).

[289] RGSt **1** 50; **10** 92; **20** 23; **35** 103; **57** 26, 264 60 280; **69** 176; RG JW **1928** 2146; **1931** 1619 2505; **1934** 1365; ebenso OLG Düsseldorf HESt **1** 206; anders aber RGSt **69** 401 = JW **1936** 733 mit zust. Anm. *Siegert*; RG HRR **1939** 1967.

zeßbeteiligten Gelegenheit zur Äußerung haben²⁹⁰. Ein Verstoß gegen die Anhörungspflicht nach § 33 soll nur nach § 337 gerügt werden können²⁹¹. *Eb. Schmidt* (§ 174 GVG, 11) bezeichnet das als abwegig, weil § 174 GVG das Erfordernis einer „Verhandlung" gegenüber § 33 selbständig aufstelle und es damit zu einer Vorschrift über die Öffentlichkeit des Verfahrens im Sinne des § 338 Nr. 6 mache. Daran ist richtig, daß § 174 Abs. 1 Satz 1 GVG gegenüber § 33 die Sondervorschrift ist. Nicht einzusehen ist jedoch, daß ein Verstoß gegen sie nach § 338 Nr. 6 zur Urteilsaufhebung zwingen muß. Denn mehr als die Pflicht zur Anhörung bestimmt auch § 174 Abs. 1 Satz 1 GVG trotz der Formulierung von „verhandeln" nicht; um eine Vorschrift über die „Öffentlichkeit" des Verfahrens im eigentlichen Sinn geht es insoweit nicht.

Die **Urteilsverkündung** gehört nach h. M. zur „mündlichen Verhandlung" im Sinne des § 338 Nr. 6. Die Verkündung unter unzulässigem Ausschluß der Öffentlichkeit (§ 173 Abs. 1 GVG) ist daher ein unbedingter Revisionsgrund²⁹². Zur Frage, ob in diesem Fall das Urteil mit allen Feststellungen aufgehoben werden muß, vgl. § 353, 20. **112**

Sehr streitig ist, ob § 338 Nr. 6 ein **Verschulden des Gerichts** an der unzulässigen Beschränkung der Öffentlichkeit voraussetzt, wie die h. M. annimmt²⁹³. Da bei Verfahrensverstößen auch sonst grundsätzlich die objektive Gesetzesverletzung ausreicht (§ 337, 69), hält eine eindringlich vertretene Mindermeinung das Abstellen auf ein Verschulden des Gerichts auch hier für unzulässig²⁹⁴ und wirft der gegenteiligen Auffassung gewiß nicht ohne Grund eine gefährliche Aufweichung und Beschränkung des absoluten Revisionsgrundes vor. Zu bedenken ist indessen – mit der h. M. –, daß eine objektive Verletzung des Öffentlichkeitsgrundsatzes leicht auch auf Umständen beruhen kann, die außerhalb des spezifischen Einflußbereichs und der spezifischen Einwirkungsmöglichkeiten des Gerichts liegen, von ihm also auch bei aufmerksamer Beachtung der Vorschriften über die Öffentlichkeit nicht bemerkt werden konnten. Bei diesen Eigentümlichkeiten gerade im Bereich der Pflichten zur Wahrung des Öffentlichkeitsprinzips²⁹⁵ erscheint die Formstrenge der Mindermeinung zur Gewährleistung der durch § 338 Nr. 6 geschützten Interessen nicht zwingend erforderlich, so daß im Ergebnis die besseren Gründe für die Auffassung sprechen dürften, daß ein revisibler Verstoß gegen die Öffentlichkeit der Verhandlung ein dem Gericht zurechenbares Verhalten voraussetzt. Der Revisionsgrund greift daher grundsätzlich nur ein, wenn das Gericht oder der Vorsitzende eine die Öffentlichkeit unzulässig beschränkende Anordnung getroffen, eine ihnen bekannte Beschränkung nicht beseitigt oder (s. Rdn. 114) eine ihnen obliegende zumutbare Aufsichtspflicht verletzt haben. Hingegen begründet allein das Ver- **113**

---

[290] BGH LM Nr. 1 zu § 338 Nr. 6; BGH JR **1979** 434 mit Anm. *Gollwitzer*; ebenso schon RGSt **37** 437; **47** 342; RG JW **1926** 270 mit Anm. *Oetker*; OGHSt **2** 113.

[291] BGH LM Nr. 2 zu § 33; BGH bei *Herlan* GA **1963** 102; BGH bei *Dallinger* MDR **1975** 199; ebenso *Kleinknecht/Meyer* 19; KMR-*Paulus* 81; *Dahs/Dahs* 168.

[292] BGHSt **4** 279; BGH MDR **1955** 246; BGH bei *Hilger* NStZ **1983** 342; RGSt **1** 90, **20** 283; **35** 103; **55** 103; **57** 26; **60** 279; OGHSt **3** 85; OLG Hamburg GA **1964** 26; OLG Oldenburg NJW **1979** 1506; LG Hagen JMBlNRW **1964** 19; weit überwiegende Lehre; a. A RGSt **69** 175, 401; **71** 377; OLG Köln HESt **1** 207; *Niethammer* SJZ **1984** 194; *Pöppe* NJW **1955** 7; vgl. auch bei § 173 GVG.

[293] BGHSt **21** 74; **22** 301; BGH bei *Hilger* NStZ **1983** 341 f; RGSt **2** 203; **43** 189; **71** 380; RGRspr. **1** 324; **4** 268; RG JW **1911** 247; **1915** 1265; **1926** 2762 mit Anm. *von Scanzoni*; RG DJZ **1912** 459; OLG Hamm NJW **1960** 785; **1970** 72; **1974** 781; OLG Neustadt MDR **1962** 1010; KK-Pikart 89 (zurückhaltend); *Kleinknecht/Meyer* 18; KMR-*Paulus* 78; *Peters* Nachtr. 21; *Sarstedt/Hamm* 220; *Kissel* § 169, 57; weitere Nachw. bei *Mehle* S. 147 Fußn. 303 (der selbst a. A ist).

[294] *Eb. Schmidt* Nachtr. I 21; *Beling* 409 Fußn. 9 und GA **38** (1891) 619; *Roxin* § 45 C I; *Dahs/Dahs* 167; *Beck* NJW **1966** 1976; *Dahs* GA **1976** 356; *Fuchs* JW **1912** 521; eingehend *Mehle* 147 ff.

[295] Dazu BGHSt **21** 73; **22** 301 f.

schulden untergeordneter Beamter (Protokollführer, Gerichtswachtmeister) die Revision regelmäßig nicht und ebensowenig fehlerhafte Maßnahmen des Behördenleiters[296]. Gleiches gilt, wenn bloße mechanische Einflüsse (Zuschlagen der Außentür) zur Beschränkung der Öffentlichkeit geführt haben[297].

114 Allerdings ist eine **Aufsichtspflicht** des Vorsitzenden und des Gerichts gegenüber den untergeordneten Beamten und gegenüber sonstigen möglichen Fehlerquellen, die die Öffentlichkeit der Verhandlung gefährden, von dem hier vertretenen Standpunkt aus unabweisbar. Sie wird auch von der h. M. bejaht. Die Formulierung des BGH, daß die Anforderungen insoweit „nicht überspannt" werden dürften[298], ist dabei eine für sich problematische Aussage, die aber schon nach dem Kontext der Formulierung ersichtlich nur die fortgesetzte Kontrolle in bezug auf atypische Vorgänge außerhalb des Gerichtssaals meint. Die Aufsichtspflicht besteht grundsätzlich nicht nur zu Beginn, sondern während der gesamten Dauer der Verhandlung. In ihrer Intensität orientiert ist sie namentlich an der Zuverlässigkeit des Gerichtspersonals[299]. Unter besonderen Umständen, insbesondere wenn die Sitzung nicht im Gerichtsgebäude stattfindet, führt die Aufsichtspflicht dazu, daß das Gericht sich selbst davon überzeugen muß, ob die Vorschriften über die Öffentlichkeit beachtet sind[300]. Dies gilt insbesondere bei auswärtiger Fortsetzung der Hauptverhandlung, weil hier immer wieder spezifische Fehlerquellen entstehen, die sich auch in einer schwankenden, unsicheren und in bedenklicher Weise auf den Einzelfall abstellenden Rechtsprechung niederschlagen[301]. Wenn das Gericht die Tatsachen kennt, aber rechtlich falsch bewertet, ist die Beschränkung der Öffentlichkeit immer verschuldet und der Revisionsgrund des § 338 Nr. 6 gegeben[302].

VIII. Fehlende Entscheidungsgründe. Verspätete Urteilsabsetzung (Nummer 7)

1. Fehlen der Entscheidungsgründe

115 a) **Allgemeines.** Auch ein Urteil ohne die in § 267 vorgeschriebenen schriftlichen Gründe ist ein Urteil im Rechtssinne, das erst auf ein Rechtsmittel hin beseitigt werden kann, also angefochten werden muß[303]. Die verkündete Urteilsformel kann zwar nicht darauf beruhen, daß bei der nachfolgenden Urteilsabfassung keine Gründe niedergeschrieben werden oder daß ein schriftliches Urteil überhaupt nicht abgefaßt wird. Das Fehlen der Urteilsgründe macht aber die rechtliche Prüfung im Revisionsverfahren unmöglich. Nach heutigem Verständnis (§ 337, 121) muß das Urteil daher schon auf die Sachrüge aufgehoben werden[304]. Aus dieser Sicht ist es unnötig[305], daß das Gesetz

---

[296] Vgl. insbes. BGHSt **22** 297 m. w. Nachw.; RG DJZ **1912** 416; vgl. auch *Stürner* JZ **1972** 666, der für fehlerhafte Maßnahmen des Behördenleiters a. A ist.

[297] BGHSt **21** 72 mit Anm. *Beck* NJW **1966** 1976.

[298] BGHSt **22** 302; ebenso z. B. BayObLG GA **1970** 242; Kuhlmann NJW **1974** 1432.

[299] Näher dazu BGHSt **22** 302.

[300] BGH StrVert. **1981** 3; BayObLG GA **1970** 242; OLG Bremen MDR **1966** 864; OLG Hamburg GA **1964** 27; OLG Hamm NJW **1960** 785; **1970** 72; JMBlNRW **1973** 273; OLG Köln OLGSt § 169 GVG S. 15; a. A RGSt **43** 149 unter Aufgabe der in RGSt **23** 222 vertretenen Ansicht; offengelassen in BGHSt **21** 74.

[301] Vgl. z. B. (auch in ihren Unterschiedlichkeiten) BGH GA **1981** 311; **1982** 216; BayObLG MDR **1980** 780; OLG Düsseldorf StrVert. **1982** 563; OLG Köln StrVert. **1984** mit Anm. *Fezer*; *Thym* NStZ **1981** 293 mit Nachw.; näher bei § 169 GVG.

[302] BGH MDR **1979** 247; OLG Hamm **1974** 1781.

[303] BGHSt **8** 42; RGSt **2** 207; BayObLG NJW **1967** 1578.

[304] OLG Celle NJW **1959** 1648; heute allg. M.; vgl. dazu z. B. *Kleinknecht* JR **1969** 470; *Lintz* JR **1977** 128; *Rieß* NStZ **1982** 445.

[305] *Dahs/Dahs* 169; KMR-*Paulus* 84; *Sarstedt Hamm* 222; *Cramer* FS Peters 241; *Schwing Jung*-Festgabe 220.

beim Fehlen der Urteilsgründe auch einen unbedingten verfahrensrechtlichen Revisionsgrund gibt[306].

b) Fehlende Gründe. Das Urteil enthält nicht nur dann keine Entscheidungsgründe, wenn sie ganz fehlen (RGSt **40** 184), etwa weil der Richter nach der Urteilsverkündung erkrankt oder gestorben ist (OLG Celle NJW **1959** 1648). Urteilsgründe sind auch dann nicht vorhanden, wenn zwar ein Urteilsentwurf abgefaßt worden ist, der Richter das Urteil aber aus Rechtsgründen nicht wirksam unterschreiben kann, weil er inzwischen aus dem Richterdienst ausgeschieden ist[307], wenn die Unterschrift eines Richters fehlt, etwa weil ein Beisitzer sie verweigert[308] oder weil eine vorweg unterzeichnete Urteilsurkunde nicht auch spätere Änderungen durch den Vorsitzenden oder einen Beisitzer erfaßt[309]. Der Revisionsgrund des § 338 Nr. 7 liegt ferner vor, wenn bei mehreren Taten Urteilsgründe nicht für alle Taten vorhanden sind, etwa bei einer Tat fehlen[310]; das Urteil muß dann aber nur in diesem Umfang aufgehoben werden (RGSt **44** 29). Kein zwingender Aufhebungsgrund liegt jedoch darin, daß sich in den Akten nur eine beglaubigte Urteilsabschrift befindet; es genügt, daß eine Urschrift vorhanden ist[311].

116

Mangelhafte Entscheidungsgründe stehen für die revisionsgerichtliche Überprüfung an sich dem Fall gleich, daß ein Urteil keine Gründe hat, weil diese Überprüfung auf unklaren, widersprüchlichen oder offensichtlich unvollständigen Feststellungen nicht aufbauen kann (vgl. § 337, 121 ff). Eine ältere Auffassung wollte daher bei solchen Mängeln, insbesondere im Falle des § 267 Abs. 2, den absoluten Revisionsgrund des § 338 Nr. 7 eingreifen lassen[312]. Nach jetzt allgemein vertretener Ansicht fallen sie jedoch nicht unter § 338 Nr. 7, namentlich weil insoweit grundsätzlich die Sachrüge eingreift; die Vorschrift ist danach also wörtlich zu nehmen[313].

117

c) Sinngemäße Anwendung. § 338 Nr. 7 ist entsprechend anzuwenden, wenn ein Urteil mit Gründen vorhanden gewesen, aber nicht zu den Akten gelangt[314] oder mit den Akten verlorengegangen ist und eine Abschrift nicht beschafft werden kann[315]. Daß

118

---

[306] Nach Ansicht von *Kleinknecht* JR **1969** 470 handelt es sich in Wahrheit um eine Sachrüge; *Beling* 442 Fußn. 6 sieht den Sinn des § 338 Nr. 7 darin, daß dem Revisionsgericht verwehrt wird, das Beratungsergebnis auf andere Weise festzustellen.

[307] BayObLG NJW **1967** 1578; a. A *Kohlhaas* GA **1974** 147 ff; vgl. auch bei § 275.

[308] BGH bei *Dallinger* MDR **1954** 337.

[309] BGHSt **27** 334; BGH StrVert. **1984** 274.

[310] RGSt **3** 149; **43** 298; RG JW **1935** 2981; *Kleinknecht/Meyer* 21; KMR-*Paulus* 85; *Eb. Schmidt* Nachtr. I 33; *Schlüchter* 739 Fußn. 521; *Rieß* NStZ **1982** 445; *Sarstedt/Hamm* 222; a. A *Teske* 142. Zur Abgrenzung von den Fällen der nachgeholten Unterschrift nach Fristablauf (unten Rdn. 123) s. *Rieß* aaO.

[311] OLG Celle MDR **1970** 608; ebenso im Ergebnis OLG Stuttgart MDR **1976** 511 = JR **1977** 126 mit Anm. *Lintz*, der aber aus § 275 Abs. 1 den Schluß zieht, die Urschrift müsse bei den Akten bleiben; ausdrücklich gegen diesen Schluß *Rieß* NStZ **1982** 444.

[312] RGSt **3** 147; RG GA **56** (1909), 230; OLG Dresden JW **1928** 1881 mit Anm. *Löwenstein*; *von Kries* S. 674; *Oetker* JW **1927** 2628.

[313] BGH bei *Dallinger* MDR **1971** 548; RGSt **43** 298; **63** 168; RG JW **1935** 2981; RG Recht 1912 Nr. 158; OLG Schleswig bei *Ernesti/Jürgensen* SchlHA **1976** 173; KK-*Pikart* 94; *Kleinknecht/Meyer* 21; KMR-*Paulus* 85; *Eb. Schmidt* Nachtr. I 33; *Schlüchter* 739; *Dahs/Dahs* 169; *Sarstedt/Hamm* 222.

[314] RGSt **40** 184; **65** 373 = JW **1932** 1561 mit Anm. *Löwenstein*; RG GA **69** (1925) 115.

[315] RGSt **54** 101; heute allg. M. Gleiches gilt, wenn zweifelhaft ist, ob neu formulierte Urteilsgründe der verlorengegangenen Urteilsurkunde in allen Punkten inhaltlich entsprechen; so BGH NJW **1980** 1007; KK-*Pikart* 93; KMR-*Paulus* 87; *Schlüchter* 739 Fußn. 522 d.

2. Verspätet zu den Akten gebrachtes Urteil

119 **a) Allgemeines.** § 338 Nr. 7 ist durch das 1. StVRG dahin ergänzt worden, daß auch der Verstoß gegen § 275 Abs. 1 Satz 2 und 4 ein zwingender Aufhebungsgrund ist. Auf einer verspäteten Urteilsabsetzung beruht der Urteilsausspruch zwar ebensowenig wie auf dem Fehlen der Entscheidungsgründe. Der Zeitverlust hat aber Einfluß auf die Richtigkeit und Vollständigkeit der für die Prüfung des Revisionsgerichts maßgebenden Urteilsgründe. Es läßt sich oft nicht mit Sicherheit ausschließen, daß sie bei alsbaldiger Urteilsabsetzung anders gelautet haben würden. Das hat den Gesetzgeber (im Zusammenhang mit der gleichzeitigen Reform des § 275) veranlaßt, die Urteilsaufhebung ohne Rücksicht darauf vorzuschreiben, ob das Urteil im Einzelfall Mängel aufweist; der Richter soll dadurch gezwungen werden, das Urteil innerhalb der gesetzlich vorgeschriebenen Frist abzufassen[317].

120 Eine **Wiedereinsetzung in den vorigen Stand** kommt nicht in Betracht, wenn der Rechtsmittelberechtigte die Frist zur Einlegung der Revision (§ 341) hat verstreichen lassen und sich erst später zeigt, daß das Urteil verspätet zu den Akten gebracht worden ist, also an sich der absolute Revisionsgrund des § 338 Nr. 7 vorliegt. Denn das Gesetz geht davon aus, daß die Entscheidung über die Revisionseinlegung schon aufgrund der mündlichen Urteilsgründe erfolgt, ganz abgesehen davon, daß eine Beschwer durch die Urteilsgründe selbst zur Wiedereinsetzung nicht berechtigt[318].

121 **b) Überschreitung des gesetzlich bestimmten Zeitraums.** Nach § 275 Abs. 1 Satz 1 ist das Urteil, wenn es nicht mit den Gründen bereits in das Protokoll aufgenommen worden ist, unverzüglich zu den Akten zu bringen. Ob das geschehen ist, prüft das Revisionsgericht nicht nach. Der zwingende Revisionsgrund ist aber gegeben, wenn die in **§ 275 Abs. 1 Satz 2** bestimmten Höchstfristen überschritten worden sind (dazu näher bei § 275). Maßgebend dafür, wann das Urteil zu den Akten gelangt ist, ist in erster Hinsicht der Eingangsvermerk nach § 275 Abs. 1 Satz 5. Er stellt aber keine unwiderlegliche Vermutung auf (vgl. bei § 275), so daß der Nachweis, daß das Urteil fristgerecht fertiggestellt und zu den Akten gebracht worden ist, auch auf andere Weise und sogar im Widerspruch zum Inhalt des Eingangsvermerks festgestellt werden kann, und zwar auch durch nachträgliche dienstliche Erklärung des Richters[319]. Fehlt ein Eingangsvermerk und läßt sich auch nicht auf andere Weise feststellen, wann das Urteil zu den Akten gelangt ist, so ist davon auszugehen, daß die Frist des § 275 Abs. 1 Satz 2 nicht eingehalten und der unbedingte Aufhebungsgrund des § 338 Nr. 7 gegeben ist[320].

122 Die Voraussetzungen einer zulässigen **Fristüberschreitung gemäß § 275 Abs. 1 Satz 4** beurteilt allein das Revisionsgericht[321]. Erforderlichenfalls stellt es hierüber im

---

[316] OLG Stuttgart JR **1977** 126 mit insoweit zust. Anm. *Lintz* ; KK-*Pikart* 93; KMR-*Paulus* 87; *Schlüchter* 739 Fußn. 522; zum Ganzen *W. Schmid* FS Lange 788.

[317] Vgl. *Rieß* NJW **1975** 88. Zur Entwicklung des Revisionsgrundes in der Praxis *Rieß* NStZ **1982** 441.

[318] *Stein* NJW **1980** 1086; *Mertens* NJW **1979** 1698; *Rieß* NStZ **1982** 442; vgl. auch § 44, 10; a. A *Pahlmann* NJW **1979** 98.

[319] BGHSt **29** 47 (wo diesen richterlichen Erklärungen „keine geringere Beweiskraft" zugeschrieben wird); OLG Karlsruhe Justiz **1977** 23; h. M., vgl. bei § 275.

[320] OLG Stuttgart GA **1977** 26; KK-*Pikart* 96; *Kleinknecht/Meyer*[23]; KMR-*Paulus* 90; *Dahs/Dahs* 170; *Rieß* NStZ **1982** 443; vgl. auch § 337, 6.

[321] Vgl. BGHSt **26** 247 = JR **1976** 342 mit Anm. *Meyer*; OLG Hamm VRS **50** 121; OLG Karlsruhe Justiz **1976** 442; OLG Koblenz G. **1976** 251; MDR **1976** 950.

Wege des Freibeweises (§ 244, 3) Ermittlungen an[322], und zwar auch hinsichtlich der Frage, ob die Urteilsabsetzung dann mit der erforderlichen Beschleunigung (vgl. BGH NStZ **1982** 519) erfolgt ist. Ergeben sich Umstände, die der Fristeinhaltung entgegenstehen, nicht aus den Akten, hat insbesondere der Tatrichter nicht auf derartige Umstände hingewiesen, wird im allgemeinen ohne weiteres die Aufhebung des Urteils zu beschließen sein.

Nachträgliche Ergänzungen des Urteils sind nach § 275 Abs. 1 Satz 3 unzulässig; das Revisionsgericht beachtet sie daher nicht. Die Ansicht von *Kleinknecht*[35] 23, der Tatrichter könne gleichwohl die *völlige* Urteilsaufhebung nach § 338 Nr. 7 dadurch abwenden, daß er innerhalb der Frist des § 275 Abs. 1 Satz 2 die zum Schuldspruch fertiggestellte Urkunde zu den Akten bringt, die Ausführungen zum Rechtsfolgenausspruch aber nachliefert, hat sich zu Recht nicht durchgesetzt[323]. Aus § 275 Abs. 1 und 2 ergibt sich eindeutig und aus gutem Grund, daß das Urteil innerhalb der gesetzlich bestimmten Frist nicht nur teilweise zu den Akten gelangt sein darf, sondern die Urteilsgründe vollständig abgefaßt sein müssen. Schon nach dem Gesetzeswortlaut („Entscheidungsgründe") unschädlich ist es jedoch, wenn Rubrum und Urteilsformel noch fehlen, falls sie sich nur im Protokoll befinden; es liegt dann zwar ein Verstoß gegen § 275, nicht aber der absolute Revisionsgrund des § 338 Nr. 7 vor[324]. Die Nachholung richterlicher Unterschriften nach Ablauf der Fristen des § 275 Abs. 1 Satz 2 ist zwar nicht unzulässig, da darin keine Änderung der Urteilsgründe im Sinne des § 275 Abs. 1 Satz 3 liegt. Das Urteil ist dann jedoch nicht innerhalb der Frist vollständig zu den Akten gebracht (BGHSt **26** 248), also gemäß § 336 Nr. 7 aufzuheben[325]. Entsprechendes gilt im Falle eines **Ersetzungsvermerks** gemäß § 275 Abs. 2 Satz 2, wenn die zulässige Prüfung ergibt, daß eine Verhinderung in Wahrheit nicht vorliegt[326]. Unschädlich dürfte es jedoch sein, wenn bei Verhinderung des Vorsitzenden entgegen § 275 Abs. 2 Satz 2 der dienstjüngere Richter für ihn unterschrieben hat[327].

IX. Unzulässige Beschränkung der Verteidigung (Nummer 8)

1. Allgemeines. Die Vorschrift ist nach einer im Schrifttum verbreiteten Meinung überflüssig, insbesondere weil sie wegen ihrer Bezogenheit auf einen für die Verteidigung wesentlichen Punkt die Aussichten der Revision in keiner Weise erweitere[328]. Allenfalls wird anerkannt, daß sie die gesetzlichen Rechte der Verteidigung besonders herausstellt bzw. den Grundsatz ihrer Unbeschränkbarkeit allgemein aufstellt und ihnen dadurch in der Praxis eine größere Beachtung verschafft, als wenn die Beschränkung der

---

[322] Vgl. BTDrucks. **7** 551 S. 88.
[323] Ablehnend jetzt auch *Kleinknecht/Meyer* 24; ferner KMR-*Paulus* 91; *Sarstedt/Hamm* 225; *Rieß* NStZ **1982** 445; wohl auch KK-*Pikart* 97.
[324] OLG Köln NJW **1980** 1405; *Schlüchter* 739; *Rieß* aaO.
[325] BGHSt **27** 335; **28** 197; BGH bei *Holtz* MDR **1978** 988; BGH StrVert. **1984** 275; BayObLG GA **1981** 475; LG Düsseldorf NStZ **1981** 312; offengelassen in BGHSt **26** 248.
[326] BGHSt **28** 194; vgl. auch BGHSt **27** 335. Der Ersetzungsvermerk wird (im Wege des Freibeweises) nur auf Willkür bzw. dann geprüft, wenn er die Verhinderung nicht schlüssig ergibt; vgl. BGHSt **31** 214 mit weit. Nachw.
[327] BGH bei *Holtz* MDR **1980** 456; *Schlüchter* 739.
[328] KMR-*Paulus* 4, 95; *von Hippel* 592 Fußn. 5; *von Kries* 674; *Kühne* 672; *Roxin* § 53 E II 2 d; *Rüping* 176; *Schwinge* 221 und Jung-Festgabe 219; *Dahs/Dahs* 172; *Alsberg/Nüse* 453; *Beling* JW **1926** 1227; *Cramer* FS Peters 242; *Fuhrmann* JR **1962** 326; vgl. auch KK-*Pikart* 99; *Eb. Schmidt* 1; *Sarstedt/Hamm* 227.

§ 338   Drittes Buch. Rechtsmittel

Verteidigung nur nach § 337 zu beurteilen wäre[329]. Tatsächlich hat die Vorschrift jedoch nicht nur in der historischen Entwicklung der Verteidigungsrechte eine eigenständige und wichtige Bedeutung (unten Rdn. 127). Sie besitzt eine solche Bedeutung mindestens in Einzelfällen auch heute noch (vgl. im folg. Text und unten Rdn. 127).

125   **2. Für die Entscheidung wesentlicher Punkt.** Nicht überzeugend ist auch die Auffassung der herrschenden Meinung, daß § 338 Nr. 8 keinen unbedingten Revisionsgrund enthalte. Die h. M. meint, da nur die Beschränkung in einem für die Entscheidung wesentlichen Punkt zur Urteilsaufhebung führt, kämen für die Aufhebung lediglich Verfahrensmängel in Betracht, auf denen das Urteil auch beruhen kann, so daß insoweit kein Unterschied zu § 337 bestehe[330]; § 338 Nr. 8 erläutere also nur § 337 und stehe daher an falscher Stelle[331]. Dabei wird jedoch außer acht gelassen, daß es in § 338 Nr. 8 nur darauf ankommt, ob die Verteidigung *abstrakt* in einem wesentlichen Punkt beschränkt worden ist, nicht aber darauf, ob dieser Punkt für die Entscheidung auch *konkret* von kausaler Bedeutung war[332]. Dies aber kann in gewissen Einzelfällen durchaus von Bedeutung sein, wie z. B. BGHSt **10** 202 deutlich macht (vgl. *Mehle* 99 f).

126   **3. Unzulässige Verteidigungsbeschränkung.** Die h.M. faßt die Unzulässigkeit einer Beschränkung der Verteidigung, von der § 338 Nr. 8 spricht, dahin auf, daß sie wie die übrigen Vorschriften des § 338 die Verletzung einer besonderen Verfahrensvorschrift voraussetze[333]. § 338 Nr. 8 ist nach dieser Auffassung eine verfahrensrechtliche Blankettvorschrift, die durch die einzelnen Vorschriften der StPO und anderer Gesetze über die Rechte des Angeklagten und des Verteidigers ausgefüllt wird. In diesem Sinne ist die Bestimmung in zahlreichen Entscheidungen „angewendet", d. h. herangezogen oder erwähnt worden[334]. Zu irgendwelchen Rechtsfolgen, die nicht auch dann eingetreten wären, wenn nur die Verletzung der einzelnen Verfahrensvorschriften nach § 337 gerügt und geprüft worden wäre, führen diese Entscheidungen nicht; sie hätten auf die Erwähnung des § 338 Nr. 8 durchweg verzichten können.

127   Dieser **Auslegung des Wortes unzulässig** ist *Baldus* mit überzeugenden Gründen entgegengetreten[335]. Er weist darauf hin, daß das RG der Vorschrift durchaus einen

---

[329] KMR-*Paulus* 95; *Dahs/Dahs* 172; *Rüping* 176 betont die Ausprägung des Anspruchs auf rechtliches Gehör.
[330] BGHSt **30** 135 mit weit. Nachw.; BGH VRS **35** 132; RGSt **44** 345; BayObLGSt **30** 118; OLG Hamburg MDR **1964** 524; OLG Oldenburg NdsRpfl. **1951** 191; die in Fußn. 328 Genannten sowie LR-*Meyer* in der 23. Aufl. Rdn. 113.
[331] So insbesondere *Beling* 442 Fußn. 6 und JW **1926** 1227; *Seibert* JR **1952** 471; LR-*Meyer* in der 23. Aufl. Rdn. 113; *Schwinge* Jung-Festgabe 219 hält die Vorschrift für irreführend.
[332] Eingehend *Schlüchter* 743; *Mehle* 98 ff; *Dünnebier* StrVert. **1981** 506; ebenso *Peters* 618; *Schünemann* JA **1982** 129; *terVeen* StrVert. **1983** 170; zweifelnd *Baldus* FS Heusinger 374; *Roxin* § 53 E II 2 d meint, „die Frage harrt noch weiterer Klärung".
[333] BGHSt **21** 360; **30** 137; RGSt **42** 170; RG DJZ **1914** 508; RG GA **53** (1906) 293; RG LZ **1916** 1198; BayObLG DAR **1957** 131; OLG Celle NdsRpfl. **1964** 234; OLG Düsseldorf HESt **3** 72 = SJZ **1950** 59 mit Anm. *Niethammer*; OLG Hamm GA **1977** 310; OLG Koblenz wistra **1983** 42; OLG Köln VRS **23** 296; OLG Stuttgart NJW **1979** 559; KMR-*Paulus* 95; *Eb.Schmidt* 35; *Dahs/Dahs* 172; *Alsberg/Nüse* 453; *Fuhrmann* JR **1962** 323.
[334] So z. B. in BGHSt **1** 221; **21** 359; BGH NStZ **1981** 135; BGH NJW **1965** 2165; **1958** 1737; BGH bei *Dallinger* MDR **1966** 26; **1973** 372; RGSt **57** 263; **64** 114; OGHSt **1** 212, 282; **3** 30, 142; BayObLG HESt **3** 32; OLG Düsseldorf StrVert. **1983** 269; OLG Hamm JMBlNRW **1980** 81, 83; OLG Karlsruhe AnwBl. **1981** 18; OLG Köln VRS **23** 295; OLG Stuttgart JR **1979** 170.
[335] *Baldus* FS Heusinger 373; ihm ist schon LR-*Meyer* in der 23. Aufl. 115 gefolgt.

materiellen Gehalt zuerkannt und sie insbesondere dazu benutzt hat, das Beweisantragsrecht zu entwickeln, das in der StPO zunächst nur unzulänglich geregelt war[336]. Erst später hat die Rechtsprechung es vorgezogen, den Fällen, in denen eine unzulässige Beschränkung der Verteidigung nicht unmittelbar gegen verfahrensrechtliche Einzelvorschriften verstößt, durch ausdehnende oder sinngemäße Anwendung solcher Vorschriften zu begegnen[337]. Die Gelegenheit, hierzu § 338 Nr. 8 zu verwenden, wurde nicht mehr genutzt, die dort gebrauchte Wendung „unzulässig" vielmehr mit den Einzelvorschriften der StPO identifiziert. *Baldus* erklärt mit Recht, daß § 338 Nr. 8, wenngleich nur für Ausnahmefälle, dennoch nicht überflüssig ist; denn es können Verteidigungsbeschränkungen vorkommen, die zu verbieten der Gesetzgeber trotz seines Bemühens, ein vollständiges System von Einzelbestimmungen zu schaffen und ständig zu ergänzen, unterlassen hat[338]. In der neueren Rechtsprechung finden sich Anzeichen dafür, daß die Revisionsgerichte die Vorschrift in dieser Weise nutzbar machen. So erwähnt BGH NJW **1964** 1485 im Zusammenhang mit der Rüge, das Gericht habe es zu Unrecht abgelehnt, einen Presseberichterstatter auszuschließen, der unsachliche und aufreizende Angriffe gegen den Verteidiger geführt habe, als verletzte Verfahrensvorschrift in erster Hinsicht § 338 Nr. 8. Nach BGH NJW **1957** 271 kann die Rüge, der Angeklagte sei in der Hauptverhandlung in unzulässiger Weise gefesselt worden, allenfalls auf § 338 Nr. 8 gestützt werden. In BGHSt **23** 244 wird die Urteilsaufhebung wegen Geheimhaltung der Personalien eines in der Hauptverhandlung vernommenen Zeugen (vor Einführung des § 68 Satz 2) allein auf § 338 Nr. 8 gestützt. Die Entscheidung BGH 5 StR 155/55 v. 24. 5. 1955[339] will für den Fall der unrechtmäßigen Verweigerung der Akteneinsicht unmittelbar auf § 338 Nr. 8 zurückgreifen, weil es insoweit an einer besonderen zum Schutz des Angeklagten gegebenen Vorschrift fehle. BGH JR **1980** 218 mit Anm. *Meyer* greift in einem krassen Fall, in dem der Tatrichter schlechthin alle weiteren Anträge des Verteidigers von vornherein abzulehnen beschlossen hatte, im wesentlichen unmittelbar auf § 338 Nr. 8 zurück. Und das OLG Köln (NJW **1961** 1127; **1980** 302) nimmt zu Recht in unmittelbarer Anwendung des § 338 Nr. 8 an, daß in Extremfällen ein Urteil aufzuheben ist, wenn dem Verteidiger oder dem Angeklagten in der Verhandlung ein Platz zugewiesen ist, von dem aus die Verteidigung nicht sachgerecht geführt werden kann. Eine Beruhensprüfung kommt in all diesen Fällen nicht in Betracht (oben Rdn. 125).

128 § 338 Nr. 8 bietet nach allem eine **letzte Sicherheit** für den Fall, daß das gesetzliche System der Verteidigungsrechte im Einzelfall eine Lücke zeigt. Ansonsten freilich ist die Vorschrift nahezu überflüssig, weil (und solange) das in den letzten Jahrzehnten aufgebaute System gesetzlicher Einzelvorschriften über die Verteidigungsrechte des Angeklagten besteht. Denn insoweit hat sie (nach der in Rdn. 125 vertretenen Meinung) revisionsrechtliche Bedeutung bei Verletzung dieser Einzelvorschriften nur, indem sie bei Verteidigungsbeschränkungen in einem wesentlichen Punkt jede Beruhensprüfung ausschließt; Fälle, in denen das einen Unterschied macht, dürften jedoch nicht häufig sein.

---

[336] Vgl. die Nachw. bei *Baldus* aaO 376.
[337] Besonders deutlich BGHSt **10** 202 (207); dazu *Baldus* aaO 378.
[338] Im Ergebnis ebenso OLG Köln NJW **1980** 302; *Kleinknecht/Meyer* 25; *Schlüchter* 741; *Mehle* 94 ff; auch KK-*Pikart* 99, 100; vgl. auch *Rüping* 176; **a. A** KMR-*Paulus* 3, 102; *Roxin* § 53 E II 2 d; *Meyer-Goßner* NStZ **1982** 362, die statt dessen auf die (vagen) Grundsätze des fairen Verfahrens und/oder der Fürsorgepflicht abstellen.
[339] Im Wortlaut wiedergegeben bei OLG Hamm NJW **1972** 1096.

129 **4. Gerichtsbeschluß.** Die Anwendung des § 338 Nr. 8 setzt einen *in* der Hauptverhandlung ergangenen Gerichtsbeschluß voraus. Es genügt daher weder ein Beschluß vor der Hauptverhandlung[340], noch kann ohne weiteres gegen eine Anordnung des Vorsitzenden die Rüge nach § 338 Nr. 8 erhoben werden[341]. Dies hat jedoch nichts mit der umstrittenen allgemeinen Frage zu tun (s. § 337, 279 f), ob oder wann die Nichtanrufung des Gerichts zum Verlust einer Verfahrensrüge führt; insbesondere folgt aus § 338 Nr. 8 selbstverständlich keine Einschränkung des § 337 dahin, daß die Revisibilität gegen Anordnungen, die die Verteidigung beschränken, auf Gerichtsbeschlüsse begrenzt ist[342].

130 Nach h. M. steht die **unterlassene Bescheidung** eines Antrags durch das Gericht einem die Verteidigung beschränkenden Beschluß gleich[343]. Die einschlägigen Entscheidungen betreffen jedoch durchweg Verfahrensfehler, die auch nach § 337 erfolgreich hätten gerügt werden können, wie etwa die Nichtbescheidung eines Beweisantrags nach § 244 Abs. 6. Der § 338 Nr. 8 ist hier praktisch bedeutungslos[344].

131 **5. Privat- und Nebenkläger. Einziehungsbeteiligte.** Privat- und Nebenkläger können die Beschränkung ihrer Rechte nicht nach § 338 Nr. 8 rügen; das gleiche dürfte trotz des § 433 Abs. 1 Satz 1 für Einziehungsbeteiligte gelten. Denn § 338 Nr. 8 betrifft nur die spezifischen Verteidigungsrechte des Angeklagten[345], nicht die sonstige Interessenwahrung.

X. Begründung von Verfahrensrügen gemäß § 338 Nummern 1 bis 8

132 **1. Allgemeines.** Auch die Rüge, mit der die Verletzung eines absoluten Revisionsgrundes geltend gemacht wird, unterliegt den Anforderungen des § 344 Abs. 2 Satz 2, die die Rechtsprechung streng oder sogar überstreng handhabt (näher § 344, 75 ff). Der Revisionsführer muß das gerade im Bereich des § 338 beachten, wo man sich manchmal des Eindrucks nicht ganz erwehren kann, daß die Revisionsgerichte die Anforderungen besonders hoch schrauben oder sogar als gewisses Korrektiv gegenüber den weitreichenden Folgen eines unbedingten Revisionsgrundes benutzen[346].

---

[340] BGHSt **21** 359; BGH bei *Herlan* MDR **1955** 530; RGSt **20** 39; RG JW **1931** 1098 (mit Anm. *Mannheim*); **1932** 3099 (mit Anm. *Bohne*); OGHSt **2** 198; OLG Hamburg NJW **1967** 1577 und MDR **1985** 343; OLG Hamm NJW **1972** 1096; OLG Schleswig bei *Ernesti/ Jürgensen* SchlHA **1975** 192; ganz h. L.

[341] RGSt **1** 109; **17** 46; RG JW **1926** 1225; **1931** 950; **1933** 520 mit Anm. *Henkel* ; RG HRR **1937** 287; OLG Braunschweig NJW **1947/48** 150; OLG Hamburg NJW **1953** 434; OLG Koblenz Vers **45** 285; OLG Neustadt NJW **1964** 313; ganz h. L.; **a. A** OLG Düsseldorf SJZ **1950** 59 mit Anm. *Niethammer*.

[342] So mit Recht *Fuhrmann* JR **1962** 325; anders aber ersichtlich *Schlüchter* 742.

[343] BGH VRS **35** 132; RGSt **57** 263; **58** 80; **61** 273; RG JW **1926** 1225 (mit Anm. *Beling*); **1931** 1097 (mit Anm. *Mannheim*); OLG Düsseldorf GA **1979** 226; OLG Hamburg MDR **1964** 524; NJW **1967** 1577; OLG Hamm JMBlNRW **1980** 82 und 83; OLG Saarbrücken NJW **1975** 1615; OLG Zweibrücken MDR **1966** 528; ganz h. L.; einschränkend jedoch *Sarstedt/Hamm* 229 und **a. A** *Alsberg* JW **1929** 1047.

[344] So schon *Alsberg* JW **1929** 1046.

[345] RG JW **1931** 2821 mit Anm. *von Scanzoni*; KG DJZ **1929** 510; heute allg. M., z. B. KK-*Pikart* 103; *Kleinknecht/Meyer* 27; KMR-*Paulus* 96; *Alsberg/Nüse/Meyer* 867 Fußn. 5 m. w. Nachw.; **a. A** OLG Königsberg JW **1928** 2293 mit Anm. *Stern*.

[346] So verwirft BGH GA **1983** 180 eine Revision trotz eines vom Senat ersichtlich selbst bejahten Verfahrensfehlers wegen einer (ganz belanglosen) Begründungsschwäche der Rechtfertigungsschrift. Vgl. auch § 344, 81.

2. Einzelheiten. Die Rechtsprechung verlangt grundsätzlich, daß alle tatsächlichen Umstände, die den absoluten Revisionsgrund im Falle ihres Beweises ergeben, in der Revisionsbegründungsschrift so konkret angeführt sind, daß das Revisionsgericht die Möglichkeit des rechtlichen Mangels anhand der Schrift selbst erkennen kann (§ 344, 78 ff). Ausnahmen bestehen nur für Tatsachen, die dem Beschwerdeführer als justizinterne Vorgänge auch als Verfahrensbeteiligtem nicht zugänglich sind (§ 344, 79). Im einzelnen gilt danach insbesondere folgendes. **133**

a) **Vorschriftswidrige Gerichtsbesetzung (§ 338 Nr. 1).** Die Revision muß die Tatsachen, aus denen sich der Besetzungsfehler ergibt, genau bezeichnen[347]. Angegeben werden müssen daher die Namen der Richter, die nach Ansicht der Revision in der Sache nicht hätten mitwirken dürfen, sofern nicht gerügt wird, daß keiner der Richter hätte tätig werden dürfen[348]. Dargelegt werden müssen auch die Gründe, die der Mitwirkung der Richter entgegengestanden haben[349], und es müssen die Richter namentlich bezeichnet werden, die nach Ansicht des Beschwerdeführers zur Entscheidung berufen waren[350]. Wird gerügt, der erkennende Richter sei aufgrund eines Geschäftsverteilungsplans bestellt worden, der den Vorschriften des GVG nicht entspreche, muß das in tatsächlicher Hinsicht begründet werden[351]. Die Rüge, der Richter sei nach dem Geschäftsverteilungsplan nicht Mitglied des Spruchkörpers gewesen, verspricht Erfolg nur, wenn dargetan wird, daß er durch den Geschäftsverteilungsplan oder durch eine Anordnung gemäß § 21 i Abs. 2 GVG auch nicht zum Vertreter bestellt worden ist[352]. Ebensowenig genügt es, wenn die Revision vorträgt, der Beschluß über die Vertreterbestellung sei nicht rechtmäßig[353] oder die Schöffen seien nicht nach der Schöffenliste berufen worden[354]. Die Rüge, ein Richter oder Schöffe habe geschlafen oder sei sonst verhandlungsunfähig gewesen und habe darum wesentliche Vorgänge in der Hauptverhandlung nicht wahrnehmen können (oben Rdn. 38 ff), muß den Mangel und den in Betracht kommenden Verhandlungsabschnitt genau angeben[355]. Zu den Anforderungen an die Rüge, ein Schöffe sei willkürlich von der Schöffenliste gestrichen oder von der Dienstleistung entbunden worden (vgl. Rdn. 34, 35) s. oben Rdn. 35. **134**

Wird geltend gemacht, daß die **Rügepräklusion nicht eingreift** (§ 338 Nr. 1 Halbsatz 2), obwohl das Verfahren im ersten Rechtszug vor dem Landgericht oder dem Oberlandesgericht stattgefunden hat, muß der Beschwerdeführer die Tatsachen im einzelnen angeben, aus denen sich der Ausnahmegrund (Halbsatz 2 Buchst. a bis d) ergibt; vgl. dazu § 222 b, 50. So muß er z. B. im Falle des § 338 Nr. 1 Buchst. c Zeitpunkt und Inhalt seines Unterbrechungsantrags sowie den Inhalt des ihn ablehnenden Beschlusses mitteilen; und wenn er geltend machen will, die Unterbrechung sei zu kurz gewesen, muß er angeben, wie lange die Unterbrechung gedauert hat, welche Prüfung er hat vornehmen müssen, und wohl auch, weshalb die Unterbrechung dazu nicht ausgereicht hat. Darlegen muß er auch, daß er den Besetzungseinwand entsprechend § 222 b Abs. 1 Satz 1 geltend gemacht hat (BGH NJW **1985** 502). **135**

---

[347] BGHSt **12** 33; **22** 170; BGH GA **1962** 371; BayObLG StrVert. **1984** 141.

[348] KK-*Pikart* 52 unter Bezugnahme auf BGH 5 StR 331/75 v. 16.9.1975.

[349] OLG Schleswig bei *Ernesti/Jürgensen* Schl-HA **1974** 184.

[350] BGH GA **1983** 180; einschränkend („nicht unbedingt") KK-*Pikart* 52.

[351] BGHSt **10** 281; **12** 33; **28** 290; BayObLG **1968** 185.

[352] BGHSt **22** 169; BayObLG StrVert. **1984** 414; OLG Koblenz VRS **47** 271; Beispiele für zulässige und unzulässige Rügen bei *Sarstedt/Hamm* 167.

[353] OLG Neustadt VRS **28** 442.

[354] BGHSt **12** 244; BGH GA **1983** 180 mit Anm. *Katholnigg*; BGH bei *Dallinger* MDR **1969** 904.

[355] BGH bei *Dallinger* MDR **1974** 725; vgl. auch BGHSt **2** 15; BGH NStZ **1982** 41.

136 **b) Ausgeschlossene und abgelehnte Richter (§ 338 Nr. 2, 3).** Rügt der Beschwerdeführer, daß ein ausgeschlossener Richter mitgewirkt habe, muß er angeben, welcher Richter aus welchen Gründen ausgeschlossen war[356]. Wird die Verletzung des § 338 Nr. 3 behauptet, sind der Inhalt des Ablehnungsantrags und die Gründe des Ablehnungsbeschlusses mitzuteilen[357], wobei die Wiedergabe einzelner Sätze nicht als ausreichend angesehen wird[358]. Will der Beschwerdeführer geltend machen, der Tatrichter habe das Gesuch zu Unrecht gemäß § 26 a als verspätet verworfen, ist der Verfahrensablauf, um den es geht, vollständig mitzuteilen[359]. Bei Verwerfung des Ablehnungsantrags als unzulässig (§ 26 a) muß die Revision im übrigen auch die Tatsachen vortragen, aus denen sich ergibt, daß die Ablehnung *unbegründet* war[360]. Zu den Anforderungen, wenn entgegen § 24 Abs. 3 Satz 2 die Namen der mitwirkenden Richter nicht bekanntgegeben worden sind, s. § 28, 31.

137 **c) Fehlende Zuständigkeit (§ 338 Nr. 4).** Soweit die Rüge zulässig ist bzw. die Zuständigkeit nicht von Amts wegen geprüft wird (oben Rdn. 66 ff), muß der Beschwerdeführer auch hier die Tatsachen vortragen, aus denen sich die Unzuständigkeit ergibt, also z. B. darlegen, daß der vom Erwachsenengericht verurteilte Angeklagte noch Jugendlicher war und die tatsächlichen Voraussetzungen des § 103 Abs. 2 JGG nicht vorlagen. Rügt er die örtliche Unzuständigkeit oder die Verletzung der Zuständigkeit besonderer Strafkammern, hat er auch mitzuteilen, daß er den nach § 16 bzw. § 6 a erforderlichen Einwand rechtzeitig erhoben hat[361].

138 **d) Gesetzeswidrige Abwesenheit (§ 338 Nr. 5).** Die Rüge verlangt grundsätzlich die genaue Angabe, während welchen Teils der Hauptverhandlung der notwendige Prozeßbeteiligte abwesend war, weil die Revisionsgerichte prüfen (s. oben Rdn. 84 ff), ob es sich um einen wesentlichen Teil der Verhandlung gehandelt hat[362]. Bei Abwesenheit des Angeklagten sind ferner die Umstände darzulegen, aus denen sich ergibt, daß keine Eigenmacht im Sinne des § 231 Abs. 2 vorlag[363]. Wird die Verletzung des § 231 a gerügt (vgl. dort Rdn. 48), sind auch alle Tatsachen anzugeben, aus denen folgt, daß das Gericht nicht ohne den Angeklagten verhandeln oder weiterverhandeln durfte, aber verhandelt hat. Macht der Beschwerdeführer im Fall des § 247 geltend, das Gericht habe Verhandlungsteile unnötigerweise während der angeordneten Entfernung des Angeklagten vorgenommen (vgl. § 247, 32 ff), sind die entsprechenden Teile genau zu bezeichnen. Die Behauptung, der Beschwerdeführer sei in seinem Recht auf Anwesenheit durch gesetzwidrige Entfernung aus dem Gerichtssaal beschränkt worden, verlangt nach dem Gesagten (oben Rdn. 133) auch die Angabe der Gründe, auf die das Tatgericht die Entfernung gestützt hat[364]. Bei der Rüge, es sei entgegen § 185 GVG ohne Dolmetscher verhandelt worden, ist darzulegen, welche an der Verhandlung beteiligte Per-

---

[356] BGH NJW **1962** 500; § 28, 31.
[357] BGH bei *Hilger* NStZ **1983** 340; RG Recht **1931** Nr. 457; BayObLG VRS **42** 46; OLG Karlsruhe Justiz **1974** 65; OLG Koblenz OLGSt § 244 Abs. 4 S. 31; § 77 d StGB S. 4; OLG Stuttgart NJW **1969** 1776. Vgl. auch Fußn. 358.
[358] BGHSt **21** 340; BGH bei *Dallinger* MDR **1972** 387; OLG Koblenz MDR **1978** 423; OLG Schleswig bei *Ernesti/Jürgensen* SchlHA **1976** 172; § 28, 30.
[359] BGH bei *Holtz* MDR **1977** 109; § 28, 31.
[360] BGH bei *Holtz* MDR **1977** 367; § 28, 31.
[361] Vgl. BGH GA **1980** 255 für § 16.
[362] BGHSt **26** 91; BGH GA **1963** 19; BGH bei *Holtz* MDR **1981** 457 für den Angeklagten; § 230, 45. Nach BGH StrVert. **1983** 3 braucht der Angeklagte jedoch nicht anzugeben, worüber in seiner Abwesenheit verhandelt wurde und was die dabei vernommenen Personen ausgesagt haben.
[363] Dazu die Nachw. bei § 231, 36.
[364] *Blaese/Wielop* 125 für § 247 unter Bezugnahme auf BGH 1 StR 792/76 v. 1.2.1977, wonach der Verweis auf die Sitzungsniederschrift unbeachtlich ist.

son aus welchen Gründen der deutschen Sprache nicht mächtig war und wohl auch (s. oben Rdn. 100), daß sie ihrer nicht teilweise mächtig war; wird ein Ermessensverstoß bei der teilweisen Heranziehung eines Dolmetschers (vgl. Rdn. 100) gerügt, ist in der Regel die Angabe der einzelnen Umstände erforderlich, derentwegen (bei einem wesentlichen Verhandlungsteil) die Heranziehung geboten war. Für die Rüge, ein notwendiger Beteiligter sei vorübergehend verhandlungsunfähig gewesen, gelten die Ausführungen in Rdn. 134 entsprechend.

e) Vorschriften über die Öffentlichkeit (§ 338 Nr. 6). Macht die Revision geltend, **139** die Öffentlichkeit sei zu Unrecht ausgeschlossen worden, ist der genaue Inhalt des Ausschließungsbeschlusses anzugeben[365] und darzulegen, während welchen Zeitraums unter Ausschluß oder unter weiterem Ausschluß der Öffentlichkeit verhandelt worden ist. Rügt der Beschwerdeführer, daß ein Zuhörer ohne Gerichtsbeschluß des Saales verwiesen wurde, sind die entsprechenden Vorgänge im einzelnen zu dokumentieren. Gleiches gilt, wenn der Beschwerdeführer einen Ausschluß der Öffentlichkeit in sonstiger Weise, etwa durch eine zugeschlagene Tür (oben Rdn. 113) oder durch zeitlich verzögerten Zutritt zur Verhandlung, behauptet[366]; er sollte dann soweit möglich (s. Rdn. 133) auch die Umstände darlegen, aus denen sich nach seiner Auffassung ein Verschulden des Gerichts (oben Rdn. 113 f) an der versehentlichen Verletzung des Grundsatzes der Öffentlichkeit ergibt. Rügt der Angeklagte, daß ein Ausschließungsantrag zu Unrecht abgelehnt wurde, so muß er, weil es sich insoweit um einen relativen Revisionsgrund handelt (oben Rdn. 107, 108), neben den Anträgen und Beschlüssen auch darlegen, welche zusätzlichen Angaben er gemacht oder welche zusätzlichen Anträge er bei Ausschluß der Öffentlichkeit gestellt hätte[367].

f) Verspätete Urteilsabsetzung (§ 338 Nr. 7, 2. Alt.). Rügt der Beschwerdeführer, **140** das Urteil sei nicht fristgemäß zu den Akten gebracht worden, muß er alle Tatsachen angeben[368], die dem Gericht die Berechnung der Frist des § 275 Abs. 1 Satz 2 ermöglichen, also den Tag der Urteilsverkündung und den Tag, an dem es im Sinne des § 275 zu den Akten gebracht wurde[369]. Die Angabe, wie lange die Hauptverhandlung gedauert hat, ist eigentlich höchstens im Ausnahmefall des § 275 Abs. 1 Satz 2 Halbsatz 2 erforderlich[370]; der Beschwerdeführer sollte sie angesichts einer nicht ganz klaren Rechtsprechung[371] freilich besser auch sonst angeben. Im Falle des § 275 Abs. 1 Satz 4[372] sollte sich der Beschwerdeführer soweit möglich (oben Rdn. 133) auch zu den Tatsachen äußern, die der Annahme „besonderer Umstände" entgegenstehen, sofern sie aus den Akten ersichtlich sind (vgl. auch Rdn. 122).

g) Unzulässige Beschränkung der Verteidigung (§ 338 Nr. 8). Soweit der Revi- **141** sionsgrund in besonderen Fällen heranzuziehen ist (oben Rdn. 127), sind die den

---

[365] BGH NJW **1982** 1655, wo die Bezugnahme auf das Sitzungsprotokoll nicht für ausreichend erklärt wird.
[366] Zum letzteren BGHSt **28** 342; **29** 262 für Fälle vorheriger Zuhörerkontrolle.
[367] BGH bei *Holtz* MDR **1979** 109, 458.
[368] Daß dies nicht bei erhobener Sachrüge gelte, wie das OLG Koblenz meint (OLGSt § 222 StGB S. 50 und § 275 S. 16), ist aus heutiger Sicht nicht richtig; näher *Rieß* NStZ **1982** 446.
[369] BGHSt **29** 44; **29** 203 = JR **1980** 520 mit abl. Anm. *Peters* (dazu auch § 344, 81); *Rieß* NStZ **1982** 446 mit weit. Rspr.-Nachw. in Fußn. 118.
[370] BGHSt **29** 44; BGH NJW **1980** 1292; KK-Engelhardt § 275, 73; KMR-*Paulus* 93; *Schlüchter* 739 Fußn. 222 a; *Rieß* aaO; anders KK-*Pikart* 98, wo „in der Regel" die Angabe verlangt wird.
[371] Näher *Rieß* aaO insbes. in Fußn 120, 121; vgl. auch KK-Pikart 98.
[372] Verwirrend dazu KK-*Pikart* 98.

Verstoß begründenden Tatsachen im einzelnen darzulegen; der Nachweis eines kausalen Zusammenhangs ist dann nach der hier vertretenen Meinung nicht erforderlich (§ 127 a. E.).

§ 339

Die Verletzung von Rechtsnormen, die lediglich zugunsten des Angeklagten gegeben sind, kann von der Staatsanwaltschaft nicht zu dem Zweck geltend gemacht werden, um eine Aufhebung des Urteils zum Nachteil des Angeklagten herbeizuführen.

Bezeichnung bis 1924: § 378.

1 **1. Allgemeines.** Daß das Gesetz Vorschriften kennt, die „lediglich zugunsten des Angeklagten gegeben sind", ist an sich eine problematische Vorstellung (vgl. auch Rdn. 3). Gemeint ist folgendes. Es gibt Bestimmungen, deren Verletzung sich nur zuungunsten des Angeklagten auswirken kann, bei denen aber rechtlich nicht vorstellbar ist, daß ihm die Verletzung einen Vorteil bringen könnte (vgl. *Eb. Schmidt* 5). Wird dem Angeklagten z. B. entgegen § 140 kein Pflichtverteidiger bestellt, so kann dieser Verfahrensverstoß aus rechtlicher Sicht nicht zu seinen Gunsten wirken. Bei derartigen Vorschriften kann der Angeklagte die Rechtsverletzung nach § 337 Abs. 1 mit der Revision rügen, wenn das Urteil auf ihr beruht. Auch die Staatsanwaltschaft kann die Revision darauf stützen, wenn sie das Rechtsmittel gemäß § 296 Abs. 2 nur zugunsten des Angeklagten einlegt (RGSt 5 221). Ist jedoch trotz Verletzung einer solchen Vorschrift ein dem Angeklagten günstiges Urteil ergangen, ist er z. B. trotz des nicht bestellten Pflichtverteidigers freigesprochen worden, so wird im allgemeinen nicht zweifelhaft sein, daß sich die Rechtsverletzung auf das Urteil nicht ausgewirkt hat (vgl. *Eckstein* GerS 84 [1916] 400); die Staatsanwaltschaft kann dann eine Revision schon deswegen nicht auf den Verfahrensfehler stützen, weil das Urteil auf ihm nicht beruht. Indem § 339 es für unzulässig erklärt, eine zuungunsten des Angeklagten eingelegte Revision auf die Verletzung der Rechtsnorm zu stützen, schließt es aus, daß das Revisionsgericht in derartigen Fällen die Beruhensfrage überhaupt prüfen muß. Die Bestimmung soll sicherstellen, daß die Staatsanwaltschaft die Verletzung einer solcherart nur zugunsten des Angeklagten gegebenen Rechtsnorm dazu benutzt, um im Rechtsmittelzuge ein ihm ungünstigeres Urteil anzustreben (*Eb. Schmidt* 5), also Schutzbestimmungen für den Angeklagten sich „gleichsam in ihr Gegenteil verkehren" (*Schlüchter* 723.2) könnten. § 339 schränkt insoweit die Vorschrift des § 337 ein. Über ihr umstrittenes Verhältnis zur „Rechtskreistheorie" s. § 337, 97.

2 **2. Rechtsnormen im Sinne des § 339** sind nach ganz h. M. nur Verfahrensvorschriften[1]; die Verletzung sachlichrechtlicher Bestimmungen kann die Staatsanwaltschaft mit einer zuungunsten des Angeklagten eingelegten Revision ohne Einschränkungen rügen.

---

[1] RGSt 3 385; KK-*Pikart* 5; KMR-*Paulus* 1; *Eb. Schmidt* 1 mit weit. Nachw.; *Henkel* 397 Fußn. 15; *Peters* 619; *Amelunxen* 50; offengelassen in BGH LM Nr. 1; vgl. aber § 154, 77.

Gemeint sind nach dem Zweck der Vorschrift (Rdn. 1) vor allem Normen über **3** Verfahrensbefugnisse des Angeklagten oder seines Verteidigers, die speziell seinem Schutz dienen oder darauf abzielen, seine prozessuale Lage aussichtsreicher zu gestalten, insbesondere seine Verteidigungsmöglichkeiten zu verstärken (*Eb. Schmidt* 2). Ob eine Bestimmung in diesem Sinne nur zugunsten des Angeklagten wirkt oder ob sie nach ihrer allgemeinen prozessualen Bedeutung, namentlich zur Sicherung der Wahrheitserforschung, auch gegen ihn gegeben ist, läßt sich nicht immer leicht sagen, weil natürlich auch die speziell dem Schutz und der Verteidigung des Angeklagten dienenden Normen etwas mit dem Allgemeininteresse an der Rechtsstaatlichkeit des Verfahrens zu tun haben (so daß die Differenzierung des Gesetzes nicht sonderlich glücklich erscheint; vgl. auch Rdn. 6). Nicht unbedingt entscheidend dürfte sein, ob der Angeklagte auf die Einhaltung der Vorschrift verzichten kann (so aber LR-*Meyer*[23]). Wesentlich ist vor allem, wie weit die Vorschrift nicht nur als Reflex auch der Rechtsstaatlichkeit des Verfahrens im Allgemeininteresse dient (KMR-*Paulus* 5; vgl. auch KK-*Pikart* 3), und wichtig wohl auch, wie weit auf ihrer Verletzung ein dem Angeklagten günstiges Urteil beruhen kann. Dies muß in jedem einzelnen Fall geprüft werden (*Peters* 619). Dabei kommt es jedoch auf die allgemeine Bedeutung der Vorschrift, nicht auf die Besonderheiten des einzelnen Straffalls an (RGSt **29** 48).

3. Nur zugunsten des Angeklagten in diesem Sinne dienen die Vorschriften der **4** §§ 140, 145 über die notwendige Verteidigung[2]; des § 146 über die Unzulässigkeit der gemeinschaftlichen Verteidigung mehrerer Angeklagter[3]; des § 217 über die Ladungsfrist[4]; des § 244 Abs. 3 über das Verbot der Wahrunterstellung von Tatsachen zuungunsten des Angeklagten[5]; der §§ 231 Abs. 2, 231 b Abs. 4, 247 Satz 4 über die Unterrichtung des abwesenden bzw. des zwangsweise entfernten Angeklagten; des § 257 über die Befragung des Angeklagten nach jeder Beweiserhebung[6]; des § 258 Abs. 2 über das letzte Wort[7]; des § 265 über den Hinweis auf veränderte Gesichtspunkte[8]; des § 266 Abs. 1 über die Zustimmung des Angeklagten zur Nachtragsanklage[9]; ferner alle Vorschriften, die, wie § 136 Abs. 1, § 228 Abs. 3, § 243 Abs. 4 Satz 1, Belehrungen und Hinweise an den Angeklagten vorsehen[10].

Nicht nur zugunsten des Angeklagten wirken hingegen namentlich Verletzungen **5** des § 338, die zur Aufhebung des Urteils führen, ohne daß es darauf ankommt, ob es auf dem Verstoß beruht. Dazu gehören etwa die Vorschriften der §§ 22, 23 über den Ausschluß von Richtern[11]; des § 230 Abs. 1 über das Verbot der Verhandlung gegen einen ausgebliebenen Angeklagten[12]; des § 169 GVG über die Öffentlichkeit[13]; die

---

[2] KK-*Pikart* 2; *Kleinknecht/Meyer* 2; KMR-*Paulus* 4; *Eb. Schmidt* 3; *Gössel* § 38 C III c; *Amelunxen* 54.
[3] KMR-*Paulus*; *Sarstedt/Hamm* 19; *Amelunxen* 54.
[4] KMR-*Paulus* 4; *Loewenstein* 14; *Sarstedt/Hamm* 19.
[5] BGH NStZ **1984** 564; RG HRR **1939** 817; OLG Stuttgart JR **1968** 151 mit Anm. *Koffka*; KK-*Pikart* 3; *Kleinknecht/Meyer* 2; KMR-*Paulus* 4; vgl. aber auch Rdn. 5.
[6] RGSt **59** 101; KK-*Pikart* 2; *Eb. Schmidt* 3.
[7] *Peters* 619; *Roxin* § 53 E III; *Amelunxen* 54.
[8] BGH bei Dallinger MDR **1968** 18; RGSt **5** 221; OLG Stuttgart MDR **1955** 505; KK-*Pikart* 2; *Kleinknecht/Meyer* 2; *Eb. Schmidt* 3;

Loewenstein 14, 66; *Sarstedt/Hamm* 16; offengelassen von BGH bei *Dallinger* MDR **1955** 652.
[9] KMR-*Paulus* 4; *Amelunxen* 54.
[10] KK-*Pikart* 2; KMR-*Paulus* 4; *Eb. Schmidt* 3; vgl. auch RGSt **59** 101.
[11] RGSt **59** 267; KK-*Pikart* 3; KMR-*Paulus* 5; *Sarstedt/Hamm* 19.
[12] RGSt **29** 48; **60** 108; KK-*Pikart* 3; *Kleinknecht/Meyer* 2; a. A *Eckstein* GerS **84** (1916) 401.
[13] RGSt **1** 91; OLG Köln OLGSt § 169 GVG S. 15; KMR-*Paulus* 5; *Peters* 619; *Roxin* § 53 E III; *Loewenstein* 14; a. A *Eckstein* GerS **84** 399.

Vorschriften über die ordnungsgemäße Besetzung des Gerichts (RG JW **1930** 2573) und über die Frist zur Urteilsabsetzung (BGH NStZ **1985** 185). Nicht nur zugunsten des Angeklagten besteht auch die Vorschrift des § 264 über den Gegenstand der Verurteilung[14]; des § 244 über die Verletzung der Aufklärungspflicht, so daß die Staatsanwaltschaft insoweit rechtsfehlerhafte Wahrunterstellungen rügen kann (BGH bei *Pfeiffer* NStZ **1982** 189). Beanstanden kann die Staatsanwaltschaft auch, daß der Tatrichter mit der Ablehnung wegen Wahrunterstellung den Sinngehalt eines Beweisantrages nicht erschöpft habe (BGH NStZ **1984** 564).

6   **4. Erweiternde Auslegung der Vorschrift.** Dem § 339 ist über seinen Wortlaut hinaus der allgemeine Grundsatz zu entnehmen, daß kein Prozeßbeteiligter ein Rechtsmittel zuungunsten seines Prozeßgegners auf die Verletzung von Verfahrensvorschriften stützen kann, wenn die rechtsfehlerfreie Anwendung der Vorschrift diesem nur einen Vorteil hätte bringen können[15]. Das gilt auch für die Staatsanwaltschaft. Deren Aufgabe ist es zwar, im Allgemeininteresse über die Einhaltung aller Verfahrensbestimmungen zu wachen; sie kann Rechtsmittel auch einlegen, wenn sie durch die Entscheidung nicht beschwert ist (§§ 333, 21). Aber die Interessen der Allgemeinheit verlangen nicht, daß ein für den Angeklagten günstiges Urteil mit der Rüge von Verfahrensfehlern selbst dann zu Fall gebracht werden darf, wenn ein einwandfreies Verfahren wahrscheinlich erst recht eine Entscheidung zu seinen Gunsten herbeigeführt hätte. Es ist z. B. nicht einzusehen, warum die Staatsanwaltschaft die zuungunsten des Angeklagten eingelegte Revision gegen ein freisprechendes Urteil darauf sollte stützen dürfen, daß ein Beweisantrag des Verteidigers rechtsfehlerhaft abgelehnt worden ist[16], wenn der Antrag allein zugunsten des Angeklagten wirken könnte. Aus diesem Grund muß § 339 erweiternd dahin ausgelegt werden, daß die Staatsanwaltschaft bei einer Revision zuungunsten des Angeklagten die Verletzung einer Rechtsnorm über das Verfahren, auch wenn sie nicht ausschließlich zugunsten des Angeklagten gegeben ist, nicht rügen kann, wenn deren rechtsfehlerfreie Anwendung sich nur zu dessen Gunsten hätte auswirken können[17].

7   Einer erweiternden Auslegung bedarf § 339 auch für die Revisionen der **Privatkläger** und der **Nebenkläger**. Sie muß nach ihrem Sinn und trotz ihres engeren Wortlauts nicht nur für die Staatsanwaltschaft gelten, sondern auch für Privat- und Nebenkläger, wie heute allgemein anerkannt ist[18].

---

[14] *Kleinknecht/Meyer* 2; KMR-*Paulus* 5; *Sarstedt/Hamm* 19.

[15] *Kleinknecht/Meyer* 1, die darin freilich eine Bestätigung der „Rechtskreistheorie" sehen (dazu § 337, 97); vgl. aber auch *Eb. Schmidt* 7.

[16] OLG Bremen NJW **1947/48** 313; KMR-*Paulus* 1; *Sarstedt/Hamm* 19.

[17] BayObLGSt **1951** 136; OLG Bremen NJW **1947/48** 313; KMR-*Paulus* 1; *Kleinknecht/Meyer* 1; *von Kries* 676; *Sarstedt/Hamm* 91; vgl. auch *Eb. Schmidt* 7, 8; **a. A** *Amelunxen* 55, der eine solche Prognose für unmöglich hält; anders auch *Schlüchter* 723.2, deren Bedenken sich ersichtlich aber nur auf Schlußfolgerungen hinsichtlich der „Rechtskreistheorie" (§ 337, 95 ff) beziehen.

[18] BGH bei *Dallinger* MDR **1968** 18; RGSt **59** 101; OLG Stuttgart JR **1968** 151 mit Anm. *Koffka*; KK-*Pikart* 1; *Kleinknecht/Meyer* 1; KMR-*Paulus* 2; *Eb. Schmidt* 9; *Sarstedt/Hamm* 91.

§ 340

Weggefallen (Art. 3 Nr. 145 VereinhG). Die Vorschrift betraf die Beschränkung der Verfahrensrüge bei der Ersatzrevision in Übertretungssachen und bei der Sprungrevision (vgl. BGHSt **2** 65).

Geplante Änderungen. Nach Art. 1 Nr. 14 StVÄGE 1984 soll die Vorschrift, sachlich übereinstimmend mit dem früheren Recht, in folgendem Wortlaut wieder eingeführt werden (vgl. aber auch Vor § 333):

> In den Fällen, in denen die Revision statt der Berufung eingelegt wird (§ 335), kann die Revision wegen der Verletzung einer Rechtsnorm über das Verfahren nur auf eine Verletzung des § 358 gestützt werden.

S. ggf. die Erläuterungen im Nachtrag zur 24. Aufl. Zur Abgrenzung zwischen Sach- und Verfahrensrüge vgl. im übrigen insbesondere § 337, 66 ff und 127 f.

§ 341

(1) Die Revision muß bei dem Gericht, dessen Urteil angefochten wird, binnen einer Woche nach Verkündung des Urteils zu Prokoll der Geschäftsstelle oder schriftlich eingelegt werden.
(2) Hat die Verkündung des Urteils nicht in Anwesenheit des Angeklagten stattgefunden, so beginnt für diesen die Frist mit der Zustellung.

Schrifttum. *Blaese/Wielop* Die Förmlichkeiten der Revision in Strafsachen ²(1983); *Jäger* Die Einlegung und Begründung der Revision im deutschen Reichsstrafprozesse, Diss. Würzburg 1929.

Bezeichnung bis 1924: § 381.

Übersicht

	Rdn.		Rdn.
I. Revisionseinlegung		d) Fernmündlich	15
1. Rechtsmittelerklärung	1	e) Telegrafisch	16
2. Vorsorgliche und bedingte Revisionseinlegung	3	f) Fernschriftlich	17
3. Einlegung durch Vertreter oder Verteidiger	6	II. Revisionseinlegungsfrist	
4. Zuständiges Gericht	9	1. Bei Urteilsverkündung in Anwesenheit des Angeklagten (Absatz 1)	18
5. Form der Revisionseinlegung		2. Bei Urteilsverkündung in Abwesenheit des Angeklagten (Absatz 2)	20
a) Allgemeines	10	3. Fristwahrung	23
b) Zu Protokoll der Geschäftsstelle	11	III. Zurücknahme und Verzicht	26
c) Schriftlich	14		

I. Revisionseinlegung

1. Rechtsmittelerklärung. Revisionseinlegung ist jede Erklärung, aus der hervor- **1** geht, daß der Beschwerdeführer sich mit der Entscheidung des Tatrichters nicht zufriedengeben will[1]. In welche Worte er diese Erklärung kleidet, ist für deren rechtliche

---
[1] OLG Hamburg NJW **1965** 1147; *Kleinknecht* JZ **1960** 674; Vgl. auch § 300, 2 ff.

§ 341

Wirksamkeit ohne Bedeutung; das Wort Revision braucht nicht benutzt zu werden[2]. Wegen unbenannter Rechtsmittel gegen Urteile des Amtsgerichts vgl. § 335, 4 ff. Eine falsche Bezeichnung des Rechtsmittels ist unschädlich (§ 300). Es muß nur ersichtlich sein, daß es sich nicht um eine bloße Unmutsäußerung, sondern um eine ernstgemeinte Urteilsanfechtung handelt (*Sarstedt/Hamm* 66; vgl. auch Rdn. 10). Der Antrag, der als Pflichtverteidiger beigeordnete Referendar möge zur Einlegung der Revision veranlaßt werden, kann ausreichen (RG JW **1931** 2373), nicht aber die Bitte um Übersendung einer schriftlichen Ausfertigung des Urteils[3]. Die Erklärung des Angeklagten in der Hauptverhandlung, er nehme das Urteil nicht an, enthält im Zweifel ebenfalls noch keine Revisionseinlegung, sondern nur die Ablehnung eines Rechtsmittelverzichts[4].

2 Legen **mehrere Verfahrensbeteiligte** Revision ein, so handelt es sich um selbständige Rechtsmittel, auch wenn sie dasselbe Ziel verfolgen. Anders ist es nur, wenn außer dem Angeklagten auch sein Verteidiger für ihn Revision einlegt. In diesem Fall liegt, was für die Rücknahme wichtig ist, nur ein einziges Rechtsmittel vor[5].

3 **2. Vorsorgliche und bedingte Revisionseinlegung.** Nach herrschender Meinung ist ein schon vor Erlaß der Entscheidung eingelegtes Rechtsmittel, also auch eine schon vor Urteilserlaß eingelegte Revision, unzulässig[6]. Nun kann man zwar in der Tat eine Entscheidung, die noch nicht ergangen ist, nicht anfechten. Indessen fragt sich, ob die vorzeitige Anfechtung durch den nachträglichen Entscheidungserlaß nicht doch wirksam wird, weil es sich hier um eine echte Bedingung nicht handelt[7]. Statthaft ist es aber *jedenfalls*, die Revision nach Verlesung der Urteilsformel, jedoch vor Beendigung der Eröffnung der Urteilsgründe, durch Übergabe der Revisionsschrift an den Protokollführer oder auf der Geschäftsstelle einzulegen[8]. Wenn sich nicht feststellen läßt, ob die Revision vor oder nach Erlaß des Urteils eingelegt ist, gilt sie auch nach herrschender Meinung als zulässig (Vor § 296).

4 An **Bedingungen** darf die Einlegung der Revision, wie jedes Rechtsmittel, nicht geknüpft werden. Sonst ist sie unzulässig[9]. Unstatthaft ist es insbesondere, die Revision unter der Bedingung einzulegen, daß auch ein anderer Prozeßbeteiligter Revision eingelegt hat[10], daß dem Beschwerdeführer durch das Rechtsmittel keine Kosten entstehen oder daß von der Behörde nicht nachträglich Zahlungserleichterungen gewährt wer-

---

[2] KK-*Pikart* 1; *Sarstedt/Hamm* 66; *Beling* 461 Fußn. 1; *Loewenstein* 22.

[3] RGRspr. **1** 110; *Jäger* 6; a. A OLG Dresden JW **1931** 241; vgl. auch bei § 300.

[4] RG Recht **1921** Nr. 2086; *Jäger* 6.

[5] LG Hamburg NJW **1947/48** 359; näher bei § 302.

[6] Vgl. BGHSt **25** 189 = JR **1974** 295 mit abl. Anm. *Hanack*; RG JW **1902** 301; BayObLGSt **1961** 138 = NJW **1961** 1637 m. abl. Anm. *Erdsiek*; OLG Bremen Rpfleger **1962** 387; OLG Dresden DRiZ **1930** Nr. 43; OLG Hamm VRS **37** 61; OLG Stuttgart DRiZ **1927** Nr. 94; LG Frankenthal NJW **1966** 138; KK-*Pikart* 4; *Kleinknecht/Meyer* Vor § 296, 10; KMR-*Paulus* Vor § 296, 41; *Loewenstein* 26; *Jäger* 19.

[7] So *Bennecke/Beling* S. 289; *Eckstein* GerS **84** (1916) 348; eingehend *Erdsiek* NJW **1961** 1637; *Hanack* JR **1974** 296.

[8] OLG Rostock HRR **1932** 215; KG GA **74** (1930) 387.

[9] BGHSt **5** 183; **25** 188 = JR **1974** 295 mit Anm. *Hanack*; RGSt **60** 355, 356; **66** 268; RGRspr. **3** 490; OLG Bamberg HESt. **2** 135; OLG Celle JW **1928** 1880 m. Anm. *Mannheim*; OLG Hamm **1973** 257; KK-*Pikart* 3; *Kleinknecht/Meyer* Einl. 118; KMR-*Paulus* Vor § 269, 64; *Sarstedt* 49; *Jäger* 7; vgl. auch BVerfGB **40** 275 = NJW **1976** 141; *Beling* DJZ **1901** 302; *Eckstein* GerS **84** 349 ff; Einl. Kap. 10 unter VI; Vor § 296.

[10] BayObLG **1928** Nr. 82; OLG Hamm JMBl-NRW **1956** 190, OLG Köln NJW **1963** 1073; KK-*Pikart* 3 einschränkend; a. A *Beling* 346 Fußn 3; vgl. auch Vor § 296.

Stand: 1. 5. 1985

den¹¹. Unschädlich ist dagegen die Angabe des Beweggrundes („mit Rücksicht auf die von der Staatsanwaltschaft eingelegte Revision..."); denn hierin liegt keine Bedingung¹². Zulässig ist es auch, die Revision an bloße Rechtsbedingungen zu knüpfen, z. B. davon abhängig zu machen, daß die gleichzeitig eingelegte Berufung unzulässig ist¹³ oder daß ein gleichzeitig gestellter Wiedereinsetzungsantrag verworfen wird¹⁴.

Schon **Zweifel**, ob eine andere als eine Rechtsbedingung vorliegt, machen nach – bedenklich strenger – herrschender Meinung das Rechtsmittel unzulässig¹⁵. Solche Zweifel sollen sich sogar aus der ausdrücklichen Erklärung des Beschwerdeführers ergeben können, die Revision werde nur „vorsorglich" eingelegt (näher Vor § 296). Diese Erklärung, die ohne rechtliche Bedeutung ist, weil das Rechtsmittel zurückgenommen und weil auf die Zurücknahme nicht verzichtet werden kann, sollte daher vermieden werden¹⁶. Die Einlegung der Revision „zur Fristwahrung" ist jedoch unbedenklich, auch wenn zugleich erklärt wird, daß die Zurücknahme vorbehalten bleibe, falls die Staatsanwaltschaft keine Revision einlegt¹⁷.

3. Einlegung durch Vertreter oder Verteidiger. Bei der Revisionseinlegung ist die Vertretung durch einen Bevollmächtigten, der weder Verteidiger noch Rechtsanwalt ist, sowohl in der Erklärung als auch im Willen zulässig¹⁸. Vertreter kann auch eine juristische Person sein¹⁹; ihre Erklärung ist dann von dem gesetzlichen Organ abzugeben (OLG Hamm NJW **1952** 1150).

Beim **Verteidiger**, dessen Vollmacht oder Tätigkeit gegen § 146 verstößt, ist namentlich streitig, ob die Revisionseinlegung (und die Revisionsbegründung) schon kraft Gesetzes unwirksam ist oder ob das Gericht den Verteidiger pflichtgemäß zurückweisen muß, wie insbesondere BGHSt **26** 291 und 335 annimmt; die Frage wird im einzelnen bei § 146 behandelt. Für den Verteidiger, dessen Vollmacht oder Tätigkeit gegen **§ 137 Abs. 1 Satz 2** verstößt, bestehen ähnliche Meinungsverschiedenheiten; vgl. näher bei § 137. In beiden Fällen ist bei einer nicht zulässigen Revisionseinlegung die Wiedereinsetzung in den vorigen Stand gegen die Versäumung der Einlegungsfrist des § 341 möglich (vgl. BGHSt **26** 373 für § 146) und ebenso gegen die Versäumung der Begründungsfrist des § 345, wobei im letzteren Fall – abweichend von § 45 Abs. 2 Satz 2 – die Monatsfrist des § 345 Abs. 1 gilt (BGHSt **26** 338 f). Das Revisionsgericht kann bei Entscheidungsreife die Revision jedoch auch gemäß § 349 Abs. 2 verwerfen (vgl. BGHSt **27** 131 f für § 137 Abs. 1 Satz 2).

Wird die Revision durch einen Vertreter des Beschwerdeführers oder durch einen Verteidiger eingelegt, so muß dieser bereits im Zeitpunkt der Einlegung **bevoll-**

---

[11] OLG Hamm MDR **1974** 777 für Kosten; OLG Hamm NJW **1973** 257 für Zahlungserleichterungen.
[12] BGH bei *Dallinger* MDR **1954** 18; KMR-*Paulus* 66.
[13] BayObLGSt **24** 90 = DJZ **1924** 1000; OLG Düsseldorf GA **69** (1925) 468; OLG Köln NJW **1963** 1073; KK-Pikart 3; *Kleinknecht/Meyer* Einl. 118; KMR-*Paulus* Vor § 296, 65; *Eb. Schmidt* § 300, 4; Vor § 296.
[14] OLG Schleswig bei *Ernesti/Jürgensen* Schl-HA **1973** 188; KK-*Pikart* 3.
[15] BGHSt **5** 183; OLG Hamm MDR **1974** 777; KK-*Pikart* 3; *Eb. Schmidt* Vor § 296, 12; *Blaese/Wielop* 64.
[16] *Eb. Schmidt* Vor § 296, 12; *Sarstedt/Hamm* 67; *Dahs* Hdb. 724; Nr. 148 Abs. 2 RiStBV für Revisionen der Staatsanwaltschaft.
[17] KMR-*Paulus* 66; *Schlüchter* 700 Fußn. 368; a. A OLG Düsseldorf MDR **1956** 376 mit abl. Anm. *Stephan*.
[18] RGSt **17** 256; **38** 282; **66** 211; BayObLGSt **10** 454; OLG Celle *Alsb* . E 1 Nr. 326; OLG Dresden JW **1931** 1850; DStrZ **1922** 183; ganz h. L.; vgl. auch § 345, 32 ff und bei § 297.
[19] OLG Hamm NJW **1952** 1150; *Sarstedt/Hamm* 73; a.A noch OLG Hamm MDR **1950** 755; vgl. auch bei § 296.

mächtigt sein; die spätere Genehmigung der Revisionseinlegung genügt nicht[20]; daher kann die Revision auch nicht von einem vollmachtlosen Vertreter unter dem Vorbehalt späterer Genehmigung eingelegt werden (RGSt 66 265). Jedoch kann der Nachweis der Genehmigung nachgeholt werden, auch nach Ablauf der Einlegungsfrist[21]. Legt ein Dritter Revision ein, ohne eine Bevollmächtigung zu behaupten, soll nach RGSt 55 213 darin der stillschweigende Antrag auf Zulassung als Verteidiger nach § 138 Abs. 2 liegen können.

9   **4. Zuständiges Gericht.** Die Revision ist nicht bei dem Revisionsgericht einzulegen, sondern bei dem Gericht, dessen Urteil angefochten werden soll. Bei der Sprungrevision (§ 335 Abs. 1) ist dies das Amtsgericht. Gegen ein Berufungsurteil kann der auf freiem Fuß befindliche Angeklagte die Revision nur beim Berufungsgericht, nicht bei dem im ersten Rechtszug tätig gewesenen Amtsgericht einlegen (BayObLG bei *Rüth* DAR **1976** 178). Hat das Amtsgericht eine auswärtige Zweigstelle, so kann die Revision sowohl bei dem Stammgericht als auch bei der Zweigstelle eingelegt werden, selbst wenn sie mit der Sache nicht befaßt war[22]. Das gleiche gilt, wenn das Gericht einen auswärtigen Gerichtstag abhält; die schriftliche Revisionseinlegung kann dort abgegeben werden, ohne daß es auf den Zeitpunkt des Eingangs bei dem Amtsgericht ankommt[23]. Ist gemäß § 58 GVG für den Bezirk mehrerer Amtsgerichte ein gemeinsames Schöffengericht gebildet worden, dessen Vorsitzender seinen Amtssitz nicht am Sitz dieses Schöffengerichts, sondern an einem anderen Amtsgericht hat, kann die Revision auch bei diesem Amtsgericht eingelegt werden[24]. Gegen Urteile der auswärtigen Strafkammer (§ 78 GVG) kann sie bei dieser Strafkammer oder bei dem Amtsgericht eingelegt werden, bei dem die Strafkammer gebildet ist[25], aber auch bei dem Landgericht, zu dem sie gehört[26]. Bei einer auswärtigen Kammer für Handelssachen kann die Revision aber nicht wirksam eingelegt werden (BGH bei *Dallinger* MDR **1975** 557).

5. Form der Revisionseinlegung

10   **a) Allgemeines.** Die Revision muß nach § 341 Abs. 1 zur Niederschrift der Geschäftsstelle des Gerichts oder schriftlich eingelegt werden. Die Vorschrift stimmt insoweit wörtlich mit § 306 Abs. 1 Satz 1 und § 314 Abs. 1 überein. Die Staatsanwaltschaft kann nur durch einen dazu befugten Beamten Revision einlegen[27]; zu den Formerfordernissen im einzelnen s. bei § 314. Der BGH verlangt, daß die Einlegungsschrift in deut-

---

[20] RGSt **1** 71; **3** 92; **29** 257; KK-*Pikart* 13; *Sarstedt/Hamm* 73; vgl. auch BayObLG StrVert. **1983** 53; bei § 297; **a. A** *Beling* 183 Fußn. 4; *Eckstein* GerS **84** (1916) 388; *Mannheimer* MDR **1954** 455.

[21] Vgl. RGSt **21** 125; **41** 15; **46** 372; **55** 213; BayObLGSt **1** 2; OLG Bremen NJW **1954** 46; KG JW **1925** 2378; *Dahs/Dahs* 15; *Sarstedt/Hamm* 73; *Jäger* 9; *Kronecker* GA **38** (1891) 127; **a. A** RGSt **3** 91; KG JW **1920** 985 und **1932** 2179 mit abl. Anm. *Alsberg* und *Klefisch*; KG GA **69** (1925) 229. Vgl. auch § 345, 33 und bei § 297.

[22] BayObLGSt **1975** 9 = NJW **1975** 946; BayObLG bei *Rüth* DAR **1976** 178; *Kleinknecht/Meyer* § 314, 1; vgl. auch KK-*Pikart* 6; **a. A** *Müller* NJW **1963** 617.

[23] OLG Schleswig SchlHA **1953** 70; *Eb. Schmidt* 4; *Sarstedt/Hamm* 74 Fußn. 51.

[24] Vgl. RGSt **60** 329; *Eb. Schmidt* § 314, 1.

[25] OLG Naumburg HRR **1932** 1627; KK-*Pikart* 6; *Dahs/Dahs* 302; *Sarstedt/Hamm* 74.

[26] BGH NJW **1967** 107; RGRspr. **2** 30; OLG Celle NdsRpfl. **1964** 254; OLG Düsseldorf JMBlNRW **1954** 230; KK-*Pikart* 6; *Kleinknecht/Meyer* 1; *Eb. Schmidt* 3; *Sarstedt/Hamm* 74; **a. A** RGSt **1** 270; *Jäger* 10; *Friedländer* GerS **64** (1904) 409; *Müller* NJW **1963** 617, die nur die Einlegung bei der auswärtigen Strafkammer für zulässig halten; vgl. auch bei § 78 GVG.

[27] RG JW **1931** 1615; *Loh* MDR **1970** 812; *Amelunxen* 40; vgl. auch bei § 314 sowie bei den §§ 143, 144 GVG.

scher Sprache verfaßt ist[28]. Wird die Revisionsschrift – über bloße Äußerungen des Unwillens und der Verärgerung hinaus – nur zu Beleidigungen und Beschimpfungen der Richter oder sonstiger Personen benutzt, so wird das Rechtsmittel als unzulässig verworfen, wenn eindeutig ist, daß es nur diesen Mißbrauch bezweckt[29].

b) Zu Protokoll der Geschäftsstelle[30]. Zuständig ist nur die Geschäftsstelle des **11** Gerichts, dessen Urteil angefochten werden soll (oben Rdn. 9; vgl. auch § 345, 30). Für nicht auf freiem Fuß befindliche Angeklagte, nicht aber für andere inhaftierte Beschwerdeführer, gilt § 299, auch wenn sich das Landgericht, dessen Urteil angefochten werden soll, am selben Ort befindet (näher bei § 299). Geschäftsstelle im Sinne des § 341 ist auch die Rechtsantragsstelle (OLG Hamm JMBlNRW **1960** 117 = Rpfleger **1960** 213). Das von der Geschäftsstelle eines unzuständigen Gerichts aufgenommene Protokoll ist wirkungslos, kann aber als schriftliche Revisionseinlegung angesehen werden, wenn der Beschwerdeführer es unterschrieben hat (weitergehend RGSt **17** 256, wo selbst das Fehlen der Unterschrift für unschädlich gehalten wird); die Frist des § 341 ist dann aber nur gewahrt, wenn das Protokoll rechtzeitig bei dem zuständigen Gericht eingeht.

Der Rechtspfleger ist zuständig zur Aufnahme der Erklärung (§ 24 Abs. 1 Nr. 1 **12** Buchst. b RpflG). Hat statt seiner ein Amtsinspektor gehandelt, ist die Erklärung unwirksam, falls sie nicht (vgl. Rdn. 11) vom Angeklagten selbst unterzeichnet worden ist (OLG Koblenz MDR **1982** 166). Die Zuständigkeit des Rechtspflegers schließt jedoch nicht aus, daß der Beschwerdeführer die Revision im Anschluß an die Urteilsverkündung in Anwesenheit des Gerichts zu Protokoll erklärt[31]. Denn wenn neben dem Urkundsbeamten der Geschäftsstelle auch der Vorsitzende den die Revisionseinlegung enthaltenden Teil des Sitzungsprotokolls unterschreibt, ist das Fehlen der Mitwirkung eines Rechtspflegers nach § 8 RpflG unschädlich[32]. Der Beschwerdeführer hat aber keinen Anspruch auf diese Art der Revisionseinlegung[33]; sie entspricht nicht der Würde des Gerichts und sollte regelmäßig verweigert werden[34].

Zum erforderlichen **Inhalt** des Protokolls vgl. § 314, 2 ff. Die Unterschrift des Be- **13** schwerdeführers ist auch dann keine Voraussetzung für die Wirksamkeit der Erklärung, wenn die Revisionseinlegung in die Sitzungsniederschrift aufgenommen wird[35]. Zur Abgabe der Erklärung durch einen Vertreter vgl. oben Rdn. 6 ff und § 345, 32 f.

---

[28] BGHSt **30** 182 = JR **1982** 156 mit krit. Anm. *Meurer* und weit. Nachw. Näher zu der streitigen Frage bei § 184 GVG.

[29] OLG Hamm NJW **1976** 978 mit weit. Nachw.; vgl. näher Vor § 296.

[30] Zur rechtspolitischen Problematik, die sich vor allem bei § 345 Abs. 2 stellt, s. § 345, 35.

[31] BGHSt **31** 109 = JR **1983** 383 mit krit. Anm. *Fezer*; OLG Bremen JZ **1953** 516; OLG Dresden NJW **1947/48** 354; OLG Hamburg HESt **3** 75; OLG Rostock HRR **1930** 1901; KK-*Pikart* 9; *Sarstedt/Hamm* 70; **a. A** RGSt **32** 279; BayObLG NStZ **1981** 445; OLG München *Alsb*. E 2 Nr. 147, die das für unzulässig halten. Vgl. auch bei § 314.

[32] BGHSt **31** 109 m. w. Nachw. gegen BayObLG NStZ **1981** 445 VB; OLG Düsseldorf VRS **50** 383; vgl. auch OLG Köln Rpfleger **1977** 105.

[33] RGSt **66** 418; OLG Rostock HRR **1930** 1901; *Eb. Schmidt* § 314, 4; *Dahs/Dahs* 304; *Sarstedt/Hamm* 70; *Jäger* 13.

[34] OLG Düsseldorf VRS **50** 384; vgl. auch *Dahs* Hdb. 785; RiStVB Nr. 142 Abs. 2 Satz 2; bei § 314.

[35] BGHSt **31** 109; RGSt **48** 79; OLG Dresden NJW **1947/48** 354; *Jäger* 12; *W. Schmid* Rpfleger **1962** 303; die entgegengesetzte Ansicht von RG JW **1902** 584 ist aufgegeben worden.

14 c) **Schriftliche Einlegung.** Für das Erfordernis der Schriftlichkeit gelten die gleichen Grundsätze wie bei der Berufung (§ 314) und der Beschwerde (§ 306). Zu verweisen ist daher auf die dortigen Ausführungen, insbesondere bei § 314.

15 d) **Eine fernmündliche Einlegung** ist im Gesetz nicht vorgesehen. Der Schriftform genügt sie nicht. Ob sie bei entsprechender Aufnahme durch den Urkundsbeamten die Voraussetzungen der Einlegung zu Protokoll erfüllt, ist streitig. Vgl. im einzelnen Vor § 42, 8 ff. BGHSt **29** 175 hat die Frage für § 341 ausdrücklich offen gelassen (aber für Bußgeldverfahren bejaht), BGHSt **30** 64 sie mit wohl allgemeingültigen Erwägungen jedoch für die Berufung (§ 314) verneint.

16 e) **Die telegraphische Einlegung** wird heute allgemein und in allen Rechtsgebieten als schriftliche Einlegung anerkannt (BGHSt **31** 8: „Gewohnheitsrecht"), auch wenn die Aufgabe zur Post fernmündlich erfolgt (BGHSt **8** 174), wobei BGHSt **14** 233 in Übereinstimmung mit der herrschenden Meinung aus Gründen der Praktikabilität die Einlegungsfrist als gewahrt ansieht, wenn der Inhalt des Ankunftstelegramms innerhalb dieser Frist fernmündlich zugesprochen und vom zuständigen Urkundsbeamten in einer Aktennotiz festgehalten wird, das eigentliche Telegramm aber erst nach Fristablauf eingeht; vgl. näher Vor § 42, 26 ff.

17 f) **Die fernschriftliche Einlegung** wird von der Rechtsprechung der Obergerichte heute ebenfalls für zulässig gehalten und wie die telegraphische Rechtsmitteleinlegung behandelt (vgl. BGHSt **31** 7 mit zahlr. Nachw. sogar für die Revisions*begründung*). Vorausgesetzt wird, daß das Fernschreiben unmittelbar von der Fernschreibstelle des Gerichts oder der ihm zugeordneten Staatsanwaltschaft aufgenommen wird und daß es abschließend – als Ersatz der an sich erforderlichen, technisch aber nicht möglichen Unterschrift – den Namen des Erklärenden anführt (vgl. BGHSt **31** 9). Entsprechendes muß erst recht für die Einlegung (und Begründung) mit Hilfe des sog. **Telebriefs** (Fernkopieverfahren der Bundespost) gelten (OLG Koblenz NStZ **1984** 236). Zum Ganzen näher Vor § 42, 29 mit weit. Nachw.

II. Revisionseinlegungsfrist

18 1. **Bei Urteilsverkündung in Anwesenheit des Angeklagten (Absatz 1).** Die Frist für die Einlegung der Revision beträgt nach § 341 Abs. 1, entsprechend der Regelung des § 314 Abs. 1 für die Berufung, eine Woche; sie beginnt mit der Urteilsverkündung. Eine Fristverlängerung ist unzulässig und, wenn sie gleichwohl bewilligt wird, wirkungslos, wird aber in der Regel die Wiedereinsetzung in den vorigen Stand begründen (Vor § 42, 4). Die Frist des § 341 Abs. 1 gilt auch, wenn die Rechtsmittelbelehrung nach § 35 a unterlassen wurde[36] oder wenn sie unrichtig oder unvollständig erteilt worden ist[37]; derartige Verfahrensmängel sind aber nach § 44 Satz 2 zwingende Wiedereinsetzungsgründe (näher § 35 a, 25; § 44, 64 ff), es sei denn, daß der Beschwerdeführer auf das Rechtsmittel wirksam verzichtet hat (BGH GA **1980** 469).

19 Unter **Urteilsverkündung** ist bei § 341 Abs. 1 wie in § 268 Abs. 2 die Verlesung der Urteilsformel und die Eröffnung der Urteilsgründe zu verstehen (vgl. aber § 314 bei

---

[36] BGH NJW **1974** 1336; GA **1980** 469; bei *Dallinger* MDR **1973** 557; BayObLGSt **1954** 52; **1957** 157; **1967** 58; OLG Frankfurt NJW **1953** 1725; OLG Hamm NJW **1963** 1791; OLG Köln VRS **43** 296; OLG Saarbrücken NJW **1964** 633; KK-*Pikart* 18; *Dahs/Dahs* 301; *Friese* NJW **1954** 663; *Röhl* NJW **1954** 1314; vgl. auch *Sarstedt/Hamm* 110 Fußn. 17 a. A OLG Neustadt GA **1955** 187; *Eb Schmidt* § 354, 7. Vgl. auch § 35 a, 24 f.

[37] OLG Köln VRS **43** 296; näher § 35 a, 26 f mit weit. Nachw.

„Berufungsfrist"). Denn die Kenntnis der Gründe ist wesentlich für den Entschluß des Angeklagten, Revision einzulegen oder sich mit dem Urteil zufriedenzugeben. Wird entgegen § 268 Abs. 2 die mündliche Eröffnung der Urteilsgründe unterlassen, so beginnt die Revisionsfrist daher erst mit der Zustellung des Urteils (RGSt 1 192; *Jäger* 14). Das gleiche gilt, wenn sich der Angeklagte während der Eröffnung der Urteilsgründe entfernt[38].

2. Bei Urteilsverkündung in Abwesenheit des Angeklagten (Absatz 2). Die Regelung entspricht dem für die Berufungseinlegung geltenden § 314 Abs. 2. Die Verkündung des Urteils hat in Abwesenheit des Angeklagten stattgefunden, wenn er bei der Verkündung (Rdn. 19) auch nur zeitweise abwesend war (BGHSt 15 265). Ob er der Urteilsverkündung mit Genehmigung des Gerichts oder unerlaubt ferngeblieben ist, spielt keine Rolle (*Loewenstein* 25; *Jäger* 15). Die Zustellung des Urteils an den bei der Urteilsverkündung abwesenden Beschwerdeführer schreibt § 35 Abs. 1 Satz 1 vor; sie ist ohne Rücksicht darauf erforderlich, ob bereits Revision eingelegt worden ist (*Eb. Schmidt* 7). Für den Beginn der Revisionseinlegungsfrist ist die Anwesenheit eines Verteidigers oder Vertreters des abwesenden Angeklagten ohne Bedeutung[39]; das gilt auch, wenn der Verteidiger zur Vertretung des Angeklagten berechtigt war[40]. **20**

Nur die **Zustellung des Urteils** setzt die Frist des § 341 in Lauf. Erforderlich ist, daß das vollständige Urteil mit den Gründen zugestellt wird (vgl. § 345, 6). Zur streitigen Frage, ob der sprachunkundige ausländische Angeklagte dabei Anspruch auf das Vorliegen einer Übersetzung des Urteils hat, vgl. bei §§ 184 f GVG. Ein Verzicht auf die Zustellung ist unwirksam (§ 337, 272). Die Zustellung darf bei Abwesenheitsverhandlung nach § 232 nicht an den Verteidiger erfolgen (§ 145 a Abs. 2; § 232 Abs. 4); in anderen Fällen der Abwesenheit braucht dem Angeklagten nicht selbst zugestellt zu werden (näher bei § 145 a). Zur Ersatzzustellung nach den §§ 181 ff ZPO vgl. § 37, 32 ff. Wird bei der Urteilszustellung gegen § 145 a verstoßen, so hat das für den Fristbeginn keine Bedeutung (näher bei § 145 a). Wegen fehlender oder unvollständiger Rechtsmittelbelehrungen vgl. oben Rdn. 18, wegen Doppelzustellungen § 37 Abs. 2. Die Einlegung der Revision vor Zustellung des Urteils ist zulässig[41]. War die Urteilszustellung unwirksam, so kann die Rechtsmitteleinlegung wiederholt werden, auch wenn die Revision bereits wegen vermeintlicher Unzulässigkeit verworfen worden ist (BayObLGSt **1971** 228 = NJW **1972** 1097). **21**

Für die **Staatsanwaltschaft** ist § 341 Abs. 2 sinngemäß anzuwenden, wenn sie bei einer Urteilsverkündung (unzulässigerweise) nicht vertreten war[42]. Für den **Privatkläger** gilt entsprechendes nur, wenn ihm der Termin, in dem das Urteil verkündet wurde, nicht bekanntgemacht worden war (streitig; näher § 390, 8 ff; vgl. auch § 314). Übernimmt die Staatsanwaltschaft im Privatklageverfahren gemäß § 377 Abs. 2 Satz 2 die Verfolgung durch Einlegung der Revision, so muß sie das in der für den Privatkläger gel- **22**

---

[38] OLG Dresden DRiZ **1928** 975; a. A KG NJW **1955** 565; KMR-*Paulus* § 314, 7; LR-*Gollwitzer* für § 314 (s. dort). Vgl. auch im folg. Text.
[39] BGHSt **25** 234 = JR **1974** 249 mit Anm. *Peters*; KK-*Pikart* 19; KMR-*Paulus* § 314, 10; *Loewenstein* 25; *Küper* NJW **1974** 1928.
[40] OLG Kassel GA **37** (1889) 312; OLG Köln VRS **41** 440; *Kleinknecht/Meyer* 2.
[41] BGHSt **25** 189 = JR **1974** 295 mit Anm. *Hanack*; RGSt **64** 428; RG JW **1900** 492; OLG Bamberg HESt **2** 134; OLG Hamm JMBl NRW **1976** 23; ganz h. L.
[42] OLG Bamberg HESt **1** 209 = SJZ **1984** 476; OLG für Hessen HESt **2** 125; OLG Neustadt NJW **1963** 1074; KMR-*Paulus* § 314, 11; *Dahs/Dahs* 301; a. A OLG Königsberg DRiZ **1928** Nr. 826; *Dalcke/Fuhrmann/Schäfer* 4. Vgl. auch bei § 314.

§ 341 Drittes Buch. Rechtsmittel

tenden Frist tun (KG GA 38 [1891] 369). Für den **gesetzlichen Vertreter** gilt § 298 Abs. 1, für den **Nebenkläger** § 401 Abs. 2 Satz 1; beim **Einziehungsbeteiligten** ist § 436 Abs. 4 Satz 1 zu beachten.

23 3. **Fristwahrung.** Die Revisionseinlegungsfrist wird nach § 43 berechnet. Ist z. B. das Urteil an einem Dienstag in Anwesenheit des Angeklagten verkündet worden, so muß die Revision bis zum Ablauf des Dienstags der folgenden Woche bei Gericht eingelegt werden; ist der letzte Tag der Frist arbeitsfrei, endet sie erst mit Ablauf des nächsten Werktages (§ 43 Abs. 2). Zur Frage, wann eine Schrift beim zuständigen Gericht und rechtzeitig eingegangen, die Revision also „eingelegt" ist, vgl. im einzelnen Vor § 42, 13 ff.

24 Wie sich **nicht behebbare Zweifel** an der Rechtzeitigkeit *des Eingangs* der Revisionsschrift auswirken, ist streitig (vgl. auch bei § 314). Nach herrschender Meinung ist stets zuungunsten der Rechtskraft und zugunsten des Beschwerdeführers zu entscheiden, also die Revision als rechtzeitig zu behandeln. Das wird damit begründet, daß die Verwerfung des Rechtsmittels als unzulässig nicht nur die Möglichkeit, sondern die Gewißheit seiner verspäteten Einlegung voraussetze[43]. Nach anderer Auffassung ist immer zugunsten der Rechtskraft zu entscheiden, also das Rechtsmittel als unzulässig zu verwerfen. Dem liegt die Erwägung zugrunde, daß die bloße Möglichkeit, daß das Urteil noch keine Rechtskraft erlangt hat, nicht zu seiner Überprüfung im Rechtsmittelverfahren führen dürfe[44]. Eine dritte Ansicht geht dahin, daß im Zweifel zugunsten des Angeklagten zu entscheiden, also seine eigene und die zu seinen Gunsten eingelegte Revision der Staatsanwaltschaft, des gesetzlichen Vertreters und des Erziehungsberechtigten als rechtzeitig, die zu seinen Ungunsten eingelegte Revision der Staatsanwaltschaft, des Privatklägers und des Nebenklägers aber als verspätet anzusehen ist[45]. Dieser Auffassung ist beizutreten: Der Angeklagte darf keinen Nachteil dadurch erleiden, daß Fehler der Strafjustiz die Feststellung unmöglich machen, ob ein zu seinen Gunsten eingelegtes Rechtsmittel fristgerecht angebracht worden ist. Andererseits wäre es unvertretbar, das Verfahren fortzusetzen und das erste Urteil durch eine Rechtsmittelentscheidung zuungunsten des Angeklagten zu ändern, obwohl es möglicherweise mangels rechtzeitiger Anfechtung bereits rechtskräftig geworden ist.

25 Im Falle des **Aktenverlusts** oder des Verlusts der Revisionsschrift *nach* der Einlegung muß das Revisionsgericht im Wege des Freibeweises feststellen, ob das Rechtsmittel rechtzeitig bei Gericht eingegangen ist[46]. Von seiner Rechtzeitigkeit kann ausgegangen werden, wenn der Verteidiger versichert, daß er die Fristwahrung persönlich überwacht habe[47]. Etwas anderes gilt jedoch bei nicht behebbaren Zweifeln, ob die Revi-

---

[43] BGH NJW **1960** 2202; BayObLGSt **1965** 142 = NJW **1966** 947; OLG Braunschweig NJW **1973** 2119; OLG Düsseldorf MDR **1969** 1031; OLG Karlsruhe NJW **1981** 137; OLG Oldenburg OLGSt § 314 S. 1; OLG Stuttgart NJW **1981** 471; KK-*Pikart* 22; KMR-*Paulus* Vor § 42, 20; *Eb. Schmidt* § 314, 14; *Dahs/Dahs* 301; *D.* und *U. Mann* ZStW **76** (1964) 264 ff; *Stree* In dubio pro reo (1962) 73 ff.

[44] KG JR **1954** 470 mit abl. Anm. *Sarstedt*; OLG Celle NJW **1967** 640; OLG Düsseldorf NJW **1964** 1684 mit abl. Anm. *Schürmann* NJW **1964** 2266; OLG Hamm GA **1957** 222.

[45] OLG Hamburg NJW **1975** 1750 = JR **1976** 254 mit Anm. *Foth*; *Kleinknecht/Meyer* § 261, 35; *Amelunxen* 48; *Sulanke* Die Entscheidung bei Zweifeln über das Vorhandensein von Prozeßvoraussetzungen und Prozeßhindernissen im Strafverfahren (1974) 126; LR-*Schäfer* Einl. Kap. II unter XI 3.

[46] Vgl. RGSt **65** 256 = JW **1931** 2370 mit Anm. *Beling*; RGSt **75** 402; *W. Schmid* FS Lange 801; vgl. auch bei § 314.

[47] BGHSt **11** 395; vgl. auch RG JW **1928** 1311 mit Anm. *Philipp*.

sionsschrift *überhaupt* je bei Gericht eingegangen ist. Denn hier geht es nicht oder doch nicht ohne weiteres um mögliche Fehler im Bereich der Strafverfolgungsbehörden. Den berechtigten Belangen des Beschwerdeführers kann daher insoweit nur unter den Voraussetzungen der Wiedereinsetzung in den vorigen Stand Rechnung getragen werden (OLG Hamm NSt **1982** 44).

III. Zurücknahme und Verzicht

Für sie gilt dieselbe Form wie für die Einlegung der Revision; wegen der Einzelheiten vgl. die Erl. zu § 302. Eine erneute Revisionseinlegung ist sowohl bei Verzicht als auch bei Zurücknahme ausgeschlossen[48]. Der Verzicht auf die Revision ist auch wirksam, wenn eine Rechtsmittelbelehrung unterblieben ist (BGH NStZ **1984** 329). Zur Entscheidung bei Zweifeln über die Rücknahme s. OLG Düsseldorf JZ **1985** 300.

26

§ 342

(1) Der Beginn der Frist zur Einlegung der Revision wird dadurch nicht ausgeschlossen, daß gegen ein auf Ausbleiben des Angeklagten ergangenes Urteil eine Wiedereinsetzung in den vorigen Stand nachgesucht werden kann.

(2) ¹Stellt der Angeklagte einen Antrag auf Wiedereinsetzung in den vorigen Stand, so wird die Revision dadurch gewahrt, daß sie sofort für den Fall der Verwerfung jenes Antrags rechtzeitig eingelegt und begründet wird. ²Die weitere Verfügung in bezug auf die Revision bleibt dann bis zur Erledigung des Antrags auf Wiedereinsetzung in den vorigen Stand ausgesetzt.

(3) Die Einlegung der Revision ohne Verbindung mit dem Antrag auf Wiedereinsetzung in den vorigen Stand gilt als Verzicht auf die letztere.

Entstehungsgeschichte. Durch Art. 1 Nr. 90 des 1. StVRG wurde in den Absätzen 2 und 3 jeweils das Wort „Gesuch" durch das Wort „Antrag" ersetzt. Bezeichnung bis 1924: § 382.

1. Zusammentreffen von Revision und Wiedereinsetzungsantrag. Die Vorschrift entspricht dem für das Berufungsverfahren geltenden § 315. Der Angeklagte kann, wenn die Hauptverhandlung in den Fällen der §§ 232, 329, 412 in seiner Abwesenheit durchgeführt worden ist, binnen einer Woche nach Zustellung des Urteils die Wiedereinsetzung in den vorigen Stand beantragen (§ 235 Satz 1, § 329 Abs. 3, § 412 Satz 1). Wenn er nur die Fehlerhaftigkeit des Abwesenheitsurteils rügen und keinen Wiedereinsetzungsgrund behaupten will, kann er gegen das Urteil aber auch innerhalb einer Woche nach Zustellung (§ 341 Abs. 2) Revision einlegen. Das Rechtsmittel ist nicht etwa deshalb unzulässig, weil ein Wiedereinsetzungsantrag möglich wäre[1]. Will der Angeklagte sowohl einen Wiedereinsetzungsgrund als auch einen Revisionsgrund geltend machen, so kann er Rechtsbehelf und Rechtsmittel gleichzeitig anbringen. Die Revision gilt dann aber

1

---

[48] BGHSt **10** 247; BGH GA **1980** 469; a A für den Fall der Zurücknahme *Specht* GA **1977** 72. Vgl. auch bei § 297.

[1] KG JW **1930** 1103 mit Anm. *Beling*; OLG Dresden HRR **1928** 97; KK-*Pikart* 1; KMR-*Paulus* § 315, 3; vgl. auch bei § 329.

nur als vorsorglich für den Fall eingelegt, daß der Wiedereinsetzungsantrag keinen Erfolg hat.

2 Hierzu bestimmt § 342 Abs. 1, daß der Beginn der **Revisionseinlegungsfrist** durch den Wiedereinsetzungsantrag nicht hinausgeschoben wird. Der Angeklagte darf mit der Revisionseinlegung also nicht warten, bis sein Wiedereinsetzungsantrag verworfen worden ist, sondern muß die Revision „sofort", d. h. in der Frist des § 341, einlegen (§ 342 Abs. 2 Satz 1). Revisionseinlegung und Wiedereinsetzungsantrag kann er in einem Schriftstück verbinden, muß das jedoch nicht tun (vgl. aber unten Rdn. 7). Nach § 342 Abs. 2 Satz 1 muß die vorsorglich für den Fall der Verwerfung des Wiedereinsetzungsantrags eingelegte Revision rechtzeitig, also spätestens binnen eines Monats nach Ablauf der Einlegungsfrist (§ 345 Abs. 1), begründet werden. Der Angeklagte darf bei der Begründung des Rechtsmittels ebensowenig wie bei dessen Einlegung die Entscheidung über den Wiedereinsetzungsantrag abwarten. Das entspricht jetzt allgemeiner Ansicht[2].

3 **2. Weiteres Verfahren.** Da die Revision nur für den Fall der Verwerfung des Wiedereinsetzungsantrags eingelegt gilt, bestimmt § 342 Abs. 2 Satz 2, daß über sie vor der Erledigung dieses Antrags nicht zu befinden ist. Zunächst ist also immer nur über den Wiedereinsetzungsantrag zu entscheiden. Der rechtskräftige Abschluß des Wiedereinsetzungsverfahrens ist Voraussetzung für die Entscheidung über die Revision. Das gilt ausnahmslos. Auch wenn von vornherein kein Zweifel daran besteht, daß die Revision begründet ist und zur Aufhebung des Abwesenheitsurteils führen muß, darf daher von der Entscheidung über den Wiedereinsetzungsantrag oder über eine sofortige Beschwerde gegen die Verwerfung des Antrags nach § 46 Abs. 3 nicht abgesehen werden.

4 Wenn der **Wiedereinsetzungsantrag Erfolg** hat, ist das Urteil beseitigt[3]. Da die Revision dann gegenstandslos ist, braucht über sie nicht mehr entschieden zu werden. Hat der Angeklagte Wiedereinsetzung sowohl gegen das Berufungsurteil als auch wegen der Versäumung der Revisionseinlegungsfrist beantragt, so muß zuerst über den Wiedereinsetzungsantrag nach § 329 Abs. 3 entschieden werden; denn wenn er Erfolg hat, ist der zweite Antrag gegenstandslos (RG Recht **1927** Nr. 1326).

5 Bei der **Entscheidung über die Revision** ist das Revisionsgericht an die Entscheidung im Wiedereinsetzungsverfahren nicht gebunden. Wenn der Wiedereinsetzungsantrag als unzulässig mit der Begründung verworfen worden war, die Einlegungsfrist sei nicht gewahrt, so ist das Revisionsgericht daher nicht gehindert, die Revisionseinlegung, die mit demselben Schriftstück erklärt worden ist, für rechtzeitig zu halten (KK-*Pikart* 8). Hatte das Oberlandesgericht über eine sofortige Beschwerde gegen den die Wiedereinsetzung versagenden Beschluß des Berufungsgerichts entschieden, so ist es an diesen Beschwerdebeschluß bei seiner Entscheidung über die Revision ebenfalls nicht gebunden (KG JW **1930** 1103 mit Anm. *Beling;* näher bei § 329).

6 **3. Verzicht auf die Wiedereinsetzung (Absatz 3).** Die Vorschrift enthält die unwiderlegbare gesetzliche Vermutung, daß der Beschwerdeführer, der gegen das Urteil nur Revision einlegt, dadurch auf Wiedereinsetzung verzichtet (OLG Stuttgart NJW **1984** 2900). Im umgekehrten Fall gilt die Verzichtsvermutung nicht. Wer die Wiederein-

---

[2] RG DRiZ **1930** Nr. 429; OLG Celle NJW **1959** 2177; OLG Frankfurt NJW **1964** 1536; OLG Hamm NJW **1955** 565; KK-*Pikart* 3; KMR-*Paulus* § 315, 3; *Kleinknecht/Meyer* 1; *Eb. Schmidt* Nachtr. I 1; vgl. auch RGSt **52** 78.

[3] RGSt **61** 180; **65** 233; BayObLGSt **1972** 45 = NJW 1972 1725; KK-*Pikart* 4.

setzung beantragt hat, kann daher, solange die Frist des § 341 nicht abgelaufen ist, noch Revision gegen das Abwesenheitsurteil einlegen.

Die Vermutung **setzt voraus,** daß die Revision „ohne Verbindung" mit dem Wiedereinsetzungsantrag eingelegt wird. Das ist nicht so zu verstehen, daß der Beschwerdeführer, um die Vermutung abzuwenden, Revisionseinlegung und Wiedereinsetzungsantrag in einem und demselben Schriftsatz erklären muß[4]. Diese Art der Verbindung ist zwar zweckmäßig, aber nicht unbedingt erforderlich. Fertigt der Beschwerdeführer zwei verschiedene Schriftsätze, so genügt deren gleichzeitiger Eingang bei Gericht. Die Gleichzeitigkeit ist aber nicht schon gewahrt, wenn die Schriftstücke am selben Tag nacheinander bei Gericht eingehen (OLG Stuttgart NJW **1984** 2901).

Wenn der Wiedereinsetzungsantrag nicht vor oder gleichzeitig mit der Revisionseinlegung bei Gericht angebracht wird, gilt die Verzichtsvermutung **ausnahmslos.** Es ist ohne Bedeutung, ob die Revision, etwa in dem Fall des § 55 Abs. 2 JGG, von vornherein unzulässig ist (OLG Stuttgart Justiz **1976** 265) oder ob sie später zurückgenommen wird[5]. Die Verzichtsvermutung besteht auch, wenn die Revision schon vor Beginn der Frist des § 341 eingelegt wird; denn die zwingende Vorschrift des § 342 Abs. 3 kann nicht einfach dadurch umgangen werden, daß bei der Revisionseinlegung die Urteilszustellung nicht abgewartet wird[6]. Sie läßt sich auch nicht dadurch umgehen, daß die Revision zurückgenommen und alsdann erneut, diesmal zugleich mit einem Wiedereinsetzungsantrag, eingelegt wird[7].

Die Verzichtsvermutung besteht ferner ohne Rücksicht darauf, ob der Angeklagte darüber **belehrt** worden ist, daß die Einlegung der Revision als Verzicht auf die Wiedereinsetzung gilt[8]. Sie hängt auch nicht davon ab, daß der Angeklagte nach § 35 a über die Revision und nach § 235 Satz 2 über die Wiedereinsetzung belehrt worden ist (OLG Neustadt NJW **1964** 1868; einschränkend *Eb. Schmidt* Nachtr. I 2).

§ 343

(1) Durch rechtzeitige Einlegung der Revision wird die Rechtskraft des Urteils, soweit es angefochten ist, gehemmt.

(2) Dem Beschwerdeführer, dem das Urteil mit den Gründen noch nicht zugestellt war, ist es nach Einlegung der Revision zuzustellen.

Bezeichnung bis 1924: § 383.

1. Hemmung der Rechtskraft (Absatz 1). Die Vorschrift entspricht wörtlich dem für das Berufungsverfahren geltenden § 316 Abs. 1. Wenn innerhalb der Frist des § 341 kein Rechtsmittel eingelegt wird, tritt Rechtskraft ein. Nur die rechtzeitig eingelegte Berufung oder Revision und die allgemeine Anfechtung (§ 335, 4 ff) hemmen die Rechts-

---

[4] OLG Stuttgart NJW **1984** 2901; Justiz **1981** 244; unklar, aber wohl ebenso KK-*Pikart* 4.
[5] OLG Zweibrücken NJW **1965** 1033; KK-*Pikart* 7; KMR-*Paulus* § 315, 5; *Kleinknecht/Meyer* 3.
[6] OLG Köln JMBlNRW **1954** 109; KK-*Pikart* 7; KMR-*Paulus* § 315, 5.
[7] OLG Neustadt NJW **1964** 1868; OLG Stuttgart Justiz **1976** 265; KK-*Pikart* 7; KMR-*Paulus* § 315, 5; *Eb. Schmid* Nachtr. I 1.
[8] OLG Neustadt NJW **1964** 1868; KK-*Pikart* § 315, 5.

kraft des Urteils; vgl. auch § 346, 22. Ob das Rechtsmittel aus irgendwelchen Gründen unzulässig ist, spielt keine Rolle[1]. Die Revision muß aber an sich statthaft sein. Ihre Einlegung hemmt die Rechtskraft nicht, wenn sie nach § 441 Abs. 3 Satz 2 StPO, § 55 Abs. 2 JGG, § 10 des Gesetzes über das gerichtliche Verfahren in Binnenschiffahrtssachen vom 27. 9. 1952 (BGBl. I 641) i. d. F. des Art. 99 EGStGB gesetzlich ausgeschlossen ist[2]. Wird in diesen Fällen das Urteil mit der Revision angefochten, so hat darüber zwar das Rechtsmittelgericht zu entscheiden; der Beschluß, mit dem es die Revision als unzulässig verwirft, hat aber nur feststellende Bedeutung[3].

2 Wenn die Revision bei ihrer Einlegung wirksam (§ 344, 14 ff) **beschränkt** worden ist, erstreckt sich die Hemmung der Rechtskraft nach § 343 Abs. 1 nur auf die angefochtenen Urteilsteile; im übrigen wird das Urteil rechtskräftig (zur Teilrechtskraft vgl. § 344, 66) und vollstreckbar (vgl. bei § 449). Wegen der Hemmung der Rechtskraft aufgrund einer Einziehungsanordnung gegen mehrere Angeklagte, von denen nur einer Revision eingelegt hat, vgl. bei § 316.

3 Wenn die Rechtskraft gehemmt ist, bleibt das **Verfahren anhängig**; das Urteil ist nicht vollstreckbar (§ 449; vgl. aber § 346 Abs. 2 Satz 2 Halbsatz 2). Die Hemmung dauert bei einer an sich statthaften, im Einzelfall jedoch unzulässigen Revision bis zur endgültigen Entscheidung nach § 346 oder bis zur Entscheidung nach § 349 Abs. 1, 5, bei anderen Revisionen bis zur Sachentscheidung des Revisionsgerichts. Dann tritt die Rechtskraft auch ein, wenn versehentlich nicht in vollem Umfang über das Rechtsmittel entschieden worden ist (vgl. bei § 316).

2. Zustellung des Urteils (Absatz 2)

4 a) **Allgemeines.** Wenn das Urteil mit den Gründen noch nicht nach § 341 Abs. 2 zugestellt worden war, ist es dem Beschwerdeführer (vgl. unten Rdn. 8) nach Einlegung der Revision alsbald zuzustellen, damit er das Rechtsmittel begründen kann. Die Abweichung des § 343 Abs. 2 von § 316 Abs. 2 („sofort") ist bedeutungslos (*Eb. Schmidt* 1). Die Zustellung darf nicht deshalb unterbleiben, weil bereits die Revisionsbegründung vorliegt; denn sie kann Anlaß geben, diese zu ergänzen und zu ändern. Ein Verzicht auf die Zustellung ist wirkungslos (§ 337, 272).

5 b) **Voraussetzungen.** Auch die Zustellung des Urteils nach § 343 Abs. 2 setzt eine rechtzeitig eingelegte und statthafte Revision voraus[4]. War die Einlegungsfrist versäumt, so ist, falls nicht Wiedereinsetzung beantragt wird (RGSt **52** 76), die Revision nach § 346 Abs. 1 ohne weiteres als unzulässig zu verwerfen. Wenn das Rechtsmittel zwar rechtzeitig eingelegt, gesetzlich aber nicht statthaft ist (oben Rdn. 1), sind die Akten dem Revisionsgericht vorzulegen. Ist die Revision aber statthaft und rechtzeitig eingelegt, so muß das Urteil auch dann zugestellt werden, wenn andere Bestimmungen über die Einle-

---

[1] BGHSt **25** 260, RGSt **53** 237; KK-*Pikart* 3; KMR-*Paulus* § 316, 2; mißverständlich RGSt **69** 245.

[2] OLG Saarbrücken VRS **46** 152; KK-*Pikart* 3; *Dallinger/Lackner* § 55 JGG, 43; vgl. auch unten Fußn. 3; a. A OLG Stuttgart GA **1980** 192; KMR-*Paulus* § 316, 2; *Eisenberg* § 55, 68.

[3] KG GA **70** (1926) 46; OLG Hamm NJW **1973** 1517; OLG Saarbrücken VRS **46** 152; KK-*Pikart* 3; grundsätzlich a. A BGHSt **25** 260; BayObLGSt **1972** 169 = VRS **44** 50 unter Aufgabe der in BayObLGSt **1969** 161 = DAR **1970** 51 vertretenen Ansicht; diese Entscheidungen beziehen sich allerdings auf die besondere Problematik der §§ 72, 79 Abs. 1 Nr. 5 OWiG.

[4] RGSt **52** 76; BayObLGSt **1962** 157 = NJW **1962** 1927; KK-*Pikart* 5; *Kleinknecht/Meyer* 2; KMR-*Paulus* § 316, 9; *Eb. Schmidt* 4; *Dahs/Dahs* 323; a. A *Kaiser* NJW **1977** 96, der Verfahrensverzögerungen im Fall der Wiedereinsetzung verhindern will.

gung des Rechtsmittels nicht beachtet worden sind, z. B. wenn die für die Revisionseinlegung erforderliche Vollmacht nicht vorliegt (RGSt **62** 250). Von der Zustellung darf nur abgesehen werden, wenn der Beschwerdeführer zur Einlegung des Rechtsmittels offensichtlich nicht befugt ist (vgl. bei § 316). Legt ein Nebenkläger, der sich erst damit dem Verfahren anschließt, Revision ein, so hat das Gericht zunächst über die Anschlußberechtigung zu entscheiden; das Urteil ist nur zuzustellen, wenn sich danach die Zulässigkeit der Revision ergibt[5]. Gibt das Revisionsgericht einem Antrag nach § 346 Abs. 2 statt oder setzt es den Beschwerdeführer gegen die Versäumung der Einlegungsfrist in den vorigen Stand ein, so wird nunmehr die Urteilszustellung erforderlich (RGSt **52** 77; KG JW **1932** 124).

c) Verfahren. Die Urteilszustellung wird von dem Vorsitzenden angeordnet und **6** von der Geschäftsstelle des Gerichts bewirkt (§ 36 Abs. 1). Zugestellt wird eine Ausfertigung des Urteils; jedoch ist auch die Zustellung einer beglaubigten Abschrift wirksam (BGHSt **26** 141; BGH bei *Dallinger* MDR **1973** 19; RGSt **9** 274), nicht dagegen die einer einfachen Abschrift (RGRspr. **1** 118). Das Verfahren bei der Zustellung regeln die §§ 37, 41. Wegen der öffentlichen Zustellung vgl. § 40.

d) Inhalt der Zustellung. Das Urteil ist mit den Gründen, soweit sie vorhanden **7** sind, zuzustellen; andernfalls beginnt die Begründungsfrist nicht zu laufen (§ 345, 6). Urteilsteile, die ausschließlich andere Angeklagte und den Beschwerdeführer auch nicht mittelbar betreffen, dürfen fehlen (RGRspr. **10** 429); zweckmäßig und üblich ist aber auch in solchen Fällen die Zustellung des ganzen Urteils. Bei einer öffentlichen Zustellung an den Angeklagten geht die Sondervorschrift des § 40 Abs. 2 vor; die Urteilsgründe werden nicht ausgehängt oder veröffentlicht[6].

e) Empfänger der Zustellung. Das Urteil ist nach § 343 Abs. 2 dem Beschwerde- **8** führer zuzustellen. Beschwerdeführer ist der Angeklagte auch, wenn der Verteidiger die Revision eingelegt hat (vgl. § 297: „Für den Beschuldigten…"). Haben der Angeklagte oder sein Verteidiger Revision eingelegt, so kann aber die Zustellung nach § 145 a an den Verteidiger erfolgen, es sei denn, daß das Urteil nach § 232 in Abwesenheit des Angeklagten ergangen ist (§ 145 a Abs. 2) oder daß sich die Vollmacht des Verteidigers nicht bei den Akten befindet (§ 145 a Abs. 1; vgl. auch BGH StrVert. **1981** 12). Die Zustellung kann, vom Fall des § 232 Abs. 4 abgesehen, auch an andere Personen erfolgen, die der Angeklagte oder andere Beschwerdeführer zu Zustellungsbevollmächtigten bestellt haben. Die Zustellung an den Beschwerdeführer selbst ist stets wirksam, auch wenn er die Zustellung an seinen Zustellungsbevollmächtigten beantragt hat (vgl. bei § 145 a und § 316). Das Fehlen der in § 145 a Abs. 4 vorgeschriebenen Unterrichtung ist für die Wirksamkeit der Zustellung ohne Bedeutung (vgl. bei § 145 a). Die dem Prozeßbevollmächtigten des Nebenklägers erteilte Zustellungsvollmacht bleibt wirksam, solange der Widerruf nicht ausdrücklich angezeigt worden ist[7]. Wenn der gesetzliche Vertreter nach § 298 Revision eingelegt hat, ist ihm, nicht dem Angeklagten, das Urteil zuzustellen; haben beide das Rechtsmittel eingelegt, so muß das Urteil jedem von ihnen zugestellt werden (näher bei § 316).

RGSt **69** 245; *Eb. Schmidt* 5 weist darauf hin, daß das nicht verallgemeinert werden darf; vgl. auch RGSt **48** 235; **66** 393; bei § 316. OLG Hamm JMBlNRW **1974** 214; OLG Königsberg HRR **1930** 1423; *Eb. Schmidt*

§ 316, 8; *Dalcke/Fuhrmann/Schäfer* 2; a. A *Falck* GerS **84** (1916) 251; vgl. auch § 40, 15.
[7] OLG Hamm NJW **1961** 474; *Eb. Schmidt* Nachtr. I 2.

§ 344

9   f) Verfahren bei Aktenverlust. Wenn die Akten verlorengegangen sind, bevor das Urteil zugestellt worden ist, muß versucht werden, es mit den Gründen wiederherzustellen[8] (dazu die VO v. 18.6.1942, RGBl. I, 395). Können die Urteilsgründe nicht rekonstruiert werden, so ist, wenn möglich, wenigstens der Urteilsausspruch wiederherzustellen und zuzustellen; auch dadurch wird die Frist für die Revisionsbegründung in Lauf gesetzt (§ 345, 6). In diesem Fall ist das Urteil, wenn die Rüge aus § 338 Nr. 7 erhoben wird, sonst auf die Sachrüge (§ 337, 121), aufzuheben (OLG Hamburg LZ **1920** 311). Wenn das Urteil schon vor dem Aktenverlust zugestellt worden war, bedarf es, auch bei Verlust der Unterlagen über diese Zustellung, keiner erneuten Zustellung, um die Fristen in Lauf zu setzen (RG HRR **1928** 694; vgl. auch bei § 316). Zu der Frage, ob die Revisionsfrist bei Zweifeln als gewahrt anzusehen ist, vgl. § 341, 24 f.

§ 344

(1) Der Beschwerdeführer hat die Erklärung abzugeben, inwieweit er das Urteil anfechte und dessen Aufhebung beantrage (Revisionsanträge), und die Anträge zu begründen.

(2) [1]Aus der Begründung muß hervorgehen, ob das Urteil wegen Verletzung einer Rechtsnorm über das Verfahren oder wegen Verletzung einer anderen Rechtsnorm angefochten wird. [2]Ersterenfalls müssen die den Mangel enthaltenden Tatsachen angegeben werden.

Schrifttum. Zur Beschränkung. *Bastelberger* Die Beschränkung von Rechtsmitteln auf einzelne Beschwerdepunkte, Diss. Erlangen 1919; *Beling* Beschränkung des Rechtsmittels auf die Straffrage, ZStW **24** (1904) 273; *Beling* Teilung der Rechtsmittel, ZStW **38** (1916) 637, 797; *Beling* Der nicht mitangefochtene und der teilweise angefochtene Schuldspruch, GA **63** (1916/17) 163; *Bruns* Teilrechtskraft und innerprozessuale Bindungswirkung des Strafurteils (1961); *Doerr* Über die Beschränkung der Rechtsmittel gegen Strafurteile, Diss. Gießen 1931; *Doller* Klippen der Revisionsbegründung, MDR **1977** 370; *Foth* Zum Beschluß BGHSt 19, 46 und zur Teilanfechtung der Schuldsprüche, JR **1964** 286; *Grünwald* Die Teilrechtskraft im Strafverfahren (1964); *Hegler* Zur Frage der teilweisen Rechtskraft der Strafurteile, JW **1924** 280; *Hennke* Rechtsmittelbeschränkung bei Anordnung der Sicherungsverwahrung, GA **1956** 41; *Kaiser* Wie läßt sich die Unwirksamkeit von Rechtsmittelbeschränkungen insbesondere in Trunkenheitsfällen vermeiden? NJW **1983** 2418 *Krause* Einzelfragen zur Revisionsbegründung nach § 344 Abs. 2 StPO, StrVert. **1984** 483; *Kunt* Die teilweise Anfechtung im Strafprozeß, Diss. Erlangen 1930; *Mayer* Rechtsmittelbeschränkung ohne Ermächtigung, MDR **1979** 196; *Meyer-Goßner* Der fehlende Nachweis der Ermächtigung zur Beschränkung eines Rechtsmittels, MDR **1979** 809; *Mezger* Teilrechtskraft und Rechtsmittelbeschränkung im Strafprozeß, Diss. Erlangen 1958; *Niethammer* Zur Beschränkung des Rechtsmittels auf die Straffestsetzung, JR **1935** 121; *Rödding* Rechtsmittelbeschränkung in Verkehrsstrafsachen, NJW **1956** 1342; *Schirmer* Die Beschränkungen der Rechtsmittel im Strafprozeß, Diss. Jena 1933; *Sieveking* Teilanfechtung von Strafurteilen – Neue Wege zur Lösung der mit der Teilanfechtung von Strafurteilen verbundenen Probleme (1967); *Wurzer* Die Untrennbarkeit der Schuldfrage von der Straffrage, JW **1924** 1674. Vgl. auch die Schrifttumsangaben bei § 318.

Zur Begründung. *Blaese/Wielop* Die Förmlichkeiten der Revision in Strafsachen [2](1983); *Hü*... Die Revisionsrechtfertigung in Strafsachen, AnwBl. **1952/53** 34; *Gribbohm* Das Scheitern der R...

---

[8] Vgl. RG JW **1917** 52; OLG Hamm GA **62** (1915/16) 210; KMR-*Paulus* § 316, 15; *Gadow* DJZ **1907** 587; *Lafrenz* Recht **1919** 386; *Stuhlmann* DStrZ **1919** 230; s. auch *L*... wenstein DJZ **1907** 284 und *W. Schmid* ... Lange, 781 ff.

vision nach § 344 StPO, NStZ **1983** 97; *Jäger* Die Einlegung und Begründung der Revision im deutschen Reichsstrafprozess, Diss. Würzburg 1929; *Peters* Justizgewährungspflicht und Abblocken von Verteidigungsvorbringen, FS Dünnebier 53; *Schmidt-Leichner* Zum sachlichen Inhalt der Revisionsbegründung in Strafsachen, NJW **1963** 994; *Schneidewin* Fehlerhafte Revisionsbegründungen in Strafsachen, JW **1923** 345; *Traulsen* Die Aufklärungsrüge des Verteidigers, Diss. Kiel 1974; *Weigelt* Die Rechtfertigung der Revision in Verkehrsstrafsachen, DAR **1954** 232; *Wessels* Die Aufklärungsrüge im Strafprozeß, Jus **1969** 1.

Bezeichnung bis 1924: § 384.

Übersicht

	Rdn.		Rdn.
I. Revisionsanträge		8. Rechtsfolgen unwirksamer Revisionsbeschränkung	67
1. Allgemeines	1	III. Begründung der Revisionsanträge	
2. Fehlen der Anträge	3	1. Allgemeines	68
II. Beschränkung der Revision		2. Keine bedingten Revisionsrügen	69
1. Gesetzliche Beschränkungen	6	3. Auslegung der Revisionsbegründung	
2. Erklärung der Revisionsbeschränkung		a) Allgemeines	70
a) Allgemeines	7	b) Irrtum des Beschwerdeführers	72
b) Auslegung der Begründungsschrift	9	c) Auslegung als Sachrüge	73
c) Beschränkung durch den Verteidiger	11	4. Begründung von Verfahrensrügen	
3. Allgemeine Grundsätze der Revisionsbeschränkung	14	a) Allgemeines	75
4. Beschränkung auf Verfahrensvoraussetzungen	17	b) Erschöpfende Angaben bestimmter Tatsachen	78
5. Beschränkung bei Verurteilung wegen mehrerer Straftaten		c) Keine Bezugnahmen	82
a) Voneinander unabhängige Straffälle	19	d) Bestimmte Behauptung der Tatsachen	85
b) Tatidentität im Sinne des § 264	21	e) Unzulässigkeit sog. Protokollrügen	86
6. Beschränkung bei Verurteilung wegen einer einheitlichen Straftat		f) Ausführungen zur Beruhensfrage	87
a) Allgemeines	25	g) Begründung einzelner Verfahrensrügen (Benutzerhinweis)	88
b) Schuldspruch	27	h) Begründung der Aufklärungsrüge insbesondere	89
c) Hauptstrafen	30	5. Begründung der Sachrüge	
d) Nebenstrafen	44	a) Allgemeines	95
e) Nebenfolgen	46	b) Allgemeine Sachrüge	98
f) Maßregeln gemäß § 61 ff StGB	50	c) Unzulässigkeit aufgrund von Einzelausführungen	99
g) Beschränkung auf Verfall und Einziehung	63	d) Anfechtung von Verwerfungsurteilen nach §§ 329, 412	101
7. Rechtsfolgen wirksamer Revisionsbeschränkung	66		

I. Revisionsanträge

1. Allgemeines. Die Revision kann, wie sich schon aus § 343 Abs. 1 („soweit es angefochten ist...") ergibt und § 344 Abs. 1 nochmals klarstellt, ebenso wie die Berufung 318) auf bestimmte Beschwerdepunkte beschränkt werden. Nur in diesem Umfang unterliegt das Urteil der Prüfung des Revisionsgerichts (§ 352 Abs. 1; vgl. BGHSt **29** 364). Anders als bei der Berufung, die beim Fehlen einer einschränkenden Erklärung als in vollem Umfang eingelegt gilt, muß der Beschwerdeführer bei der Revision den Umfang der Anfechtung deutlich machen. Dazu dienen die Revisionsanträge. Nach der ausdrücklichen Vorschrift des § 344 Abs. 1 müssen sie ergeben, ob das Urteil in vollem Umfang oder nur in bestimmten Teilen angegriffen, inwieweit also seine Aufhebung beantragt

§ 344   Drittes Buch. Rechtsmittel

wird[1]. Unter „Urteil" ist dabei nur die in dem erkennenden Teil enthaltene Entscheidung, also der Urteilsausspruch, zu verstehen[2]. Eine Ausnahme gilt nur, wenn Rechtsfolgen der Tat nach § 260 Abs. 4 Satz 5 in die Urteilsformel nicht aufgenommen worden sind.

2 Die Revisionsanträge sind in der Begründungsschrift, nicht erst in der Revisionsverhandlung, zu stellen. Die **Formulierung:** „Ich werde beantragen…", ist daher fehlerhaft[3], aber unschädlich. Die bei der Urteilsaufhebung (§ 353 Abs. 1) erforderlichen weiteren Entscheidungen des Revisionsgerichts nach den §§ 354, 355 brauchen nicht ausdrücklich beantragt zu werden (RGSt **3** 45; KG JW **1921** 855). Doch ist eine solche Antragstellung oft zweckmäßig (*Dahs/Dahs* 339) und in der Praxis üblich. Die Revisionsanträge, deren ausdrückliche Formulierung das Gesetz nicht vorschreibt (unten Rdn. 3), lauten etwa dahin, das Urteil (in vollem Umfang, hinsichtlich der Verurteilung wegen…, im Strafausspruch) aufzuheben, das Verfahren einzustellen, den Angeklagten freizusprechen oder die Sache an den Tatrichter zurückzuverweisen.

3 **2. Fehlen der Anträge.** Das Gesetz verlangt nicht, daß die Revisionsanträge äußerlich von der eigentlichen Begründung getrennt oder durch die Verwendung bestimmter Formeln besonders hervorgehoben werden. Das Fehlen *ausdrücklicher* Anträge ist daher unschädlich, wenn sich dem gesamten Inhalt der Revisionsschrift eindeutig entnehmen läßt, wodurch sich der Beschwerdeführer beschwert fühlt und welches Ziel seine Revision verfolgt[4]. Wenn ohnehin nur eine Anfechtung in vollem Umfang in Betracht kommt, wie bei der Revision gegen ein Verwerfungsurteil nach § 329 Abs. 1, ist das Fehlen von Revisionsanträgen immer ohne Bedeutung (OLG Saarbrücken VRS **44** 19). Gelegentlich, etwa wenn sich die Revision gegen ein Berufungsurteil richtet, das das erste Urteil auf die Berufung der Staatsanwaltschaft zuungunsten des Beschwerdeführers abgeändert hat (OLG Zweibrücken VRS **46** 367), oder wenn schon die Berufung auf die Straffrage beschränkt war (OLG Koblenz VRS **51** 96), kann sich das Ziel der Revision auch aus dem Gang des bisherigen Verfahrens ergeben (**a. A** im erstgenannten Fall OLG Düsseldorf JMBlNRW **1982** 45). Dem Inhalt des angefochtenen Urteils wird es regelmäßig nicht entnommen werden können. Zur stillschweigenden Beschränkung der Revision durch den Inhalt der Revisionsbegründungsschrift vgl. unten Rdn. 9 ff.

---

[1] Einer Bemerkung von *Sarstedt* NJW **1976** 69 („Beim BGH kommt es in jeder Woche ein paar Mal vor, daß der Bf. keinen Antrag stellt. Niemand nimmt davon Notiz") hat *Meyer* in der 23. Aufl. entnommen, daß die Vorschrift beim BGH nicht mehr beachtet werde. *Sarstedt/Hamm* 147 Fußn. 102 haben das als ein Mißverständnis bezeichnet: Die Vorschrift sei „ausdrücklich"; aber sie verlange nach ihrer ständigen Auslegung durch den BGH nicht, daß die in ihr vorgeschriebene Erklärung ebenfalls „ausdrücklich" sein müsse. Auch BGH 2 StR 160/82 v. 27. 5. 1982 spricht unter Hinweis auf eine „ständige Rechtsprechung" davon – und zwar sogar im Fall einer Verurteilung wegen mehrerer selbständiger Straftaten (wie bei *Pfeiffer/Miebach* NStZ **1983** 359 nicht deutlich wird) – durch die Geltendmachung der allgemeinen Sachrüge habe der Beschwerdeführer „eindeutig zu erkennen gegeben, daß das Urteil … in vollem Umfang überprüft werden solle" und darum „eines ausdrücklichen Antrags" nicht bedürfe. Kritisch zur „Besonderheit des Einzelfalles" jedoch *Gribbohm* NStZ **1** 98 unter Hinweis auf die Motive und unten Rdn. 5 zitierten abweichenden Meinungen.

[2] RGSt **63** 184; *Eb. Schmidt* § 318, 11; *Dahs* 337; *Mezger* 5; *Schirmer* 27.

[3] *Dahs/Dahs* 338; *Sarstedt/Hamm* 146; L Hdb. 791.

[4] BGH StrVert. **1981** 393; RGSt **56** 225; Recht 1910 Nr. 256; OLG Braunschweig HESt **1** 34; OLG Düsseldorf JMBlNRW **1982** 45; OLG Karlsruhe NJW **1983** 10; *Peters* 620; *Dahs/Dahs* 337; *Sarstedt/Hamm* 147; KK-*Pikart* 2 mit weit. Nachw.; vgl. Fußn. 1; **a. A** KG JW **1921** 854 m. Anm. *Dücker;* OLG Dresden GA **54** (1907) 321.

Stand: 1. 5. 1985

Wenn das Urteil nur eine **einzige Straftat** zum Gegenstand hat, ist im Zweifel **4** davon auszugehen, daß der Beschwerdeführer die Revision nicht beschränken will. Die Rüge, die Anwendung des Strafgesetzes auf den festgestellten Sachverhalt sei fehlerhaft, läßt dann mit ausreichender Sicherheit erkennen, daß das Urteil in vollem Umfang, also im Schuld- und Rechtsfolgenausspruch, angefochten wird[5]. Das gilt auch, wenn eine fortgesetzte Handlung abgeurteilt worden ist (RGSt **56** 225).

Ist der Angeklagte wegen **mehrerer selbständiger Straftaten** verurteilt worden, so **5** wird (oder wurde doch bisher) nach dem Bild der veröffentlichten Rspr. von den Revisionsgerichten nicht ohne weiteres unterstellt, daß er, wenn seiner Revisionsbegründungsschrift nichts anderes zu entnehmen ist, die Aufhebung des Urteils in vollem Umfang erstrebt[6]. Überwiegend wird (oder wurde) vielmehr angenommen, daß das Fehlen ausdrücklicher Anträge zur Unzulässigkeit der Revision führt, wenn deren Begründung Zweifel daran läßt, ob das Urteil in vollem Umfang oder nur teilweise angefochten ist[7]. Das gleiche gilt, wenn der Beschwerdeführer zwar erklärt, die Revision werde auf einige der mehreren Verurteilungen beschränkt, jedoch nicht mitteilt, auf welche[8]. Lassen die Ausführungen zur Revisionsbegründung aber keinen Zweifel an dem Umfang der Anfechtung, so ist das Fehlen der Anträge auch bei tatmehrheitlichen Verurteilungen unschädlich[9].

II. Beschränkung der Revision

1. Gesetzliche Beschränkungen. In einigen Fällen bestimmt das Gesetz ausdrück- **6** lich, daß das Urteil nur in beschränktem Umfang angefochten werden darf. So untersagt § 339 der Staatsanwaltschaft, die Revision zuungunsten des Angeklagten auf die Verletzung von Verfahrensvorschriften zu stützen, die lediglich zu dessen Gunsten gegeben sind. Aus dem Zusammenhang der §§ 395 ff folgt, daß der Nebenkläger nach § 401 ein Rechtsmittel nur insoweit einlegen kann, als das Urteil ein Nebenklagedelikt zum Gegenstand hat (vgl. § 401, 13 ff). Ferner wird die Revision nach h. M durch § 464 Abs. 3 Satz 1 beschränkt (vgl. bei § 464) und ebenso durch § 8 Abs. 3 StrEG[10]. Das bedeutet, daß die Entscheidung über Kosten und notwendige Auslagen sowie über die Entschädigung für Strafverfolgungsmaßnahmen mit der unbeschränkt eingelegten Revision weder angefochten ist, noch mit der Revision überhaupt angefochten werden kann (BGHSt **25** 77; dazu *Meyer* JR **1971** 96). Schließlich ergeben sich notwendige Beschränkungen der Revision aus dem Grundsatz, daß jedes Rechtsmittel eine Beschwer des Verfahrensbeteiligten voraussetzt, der es einlegt (§ 333, 19 ff); das gilt auch für einzelne Teile des Urteilsausspruchs.

---

[5] BGH bei *Holtz* MDR **1979** 282; bei *Pfeiffer/Miebach* NStZ **1983** 214; RGSt **5** 186; **56** 225; RGRspr. **9** 420; RG Recht **1910** Nr. 256; KG GA **58** (1911) 229; OLG Hamm NJW **1954** 613; **1965** 1193; OLG Koblenz NJW **1973** 2118; VRS **41** 269; a. A OLG Schleswig bei *Ernesti/Jürgensen* SchlHA **1973** 189.

[6] Dagegen mit Recht *Sarstedt* NJW **1976** 69; anders auch die in Fußn. 1 zit. Entscheidung des BGH v. 27. 5. 1982 unter Bezugnahme auf eine ständige Rspr. Vgl. auch KK-*Pikart* 3, 5.

[7] RGRspr. **3** 792; OLG Hamm JMBlNRW **1967** 213 = VRS **33** 48; NJW **1976** 68 mit abl.

Anm. *Sarstedt;* OLG Koblenz VRS **50** 447; OLG Stuttgart Justiz **1971** 312; OLG Schleswig SchlHA **1979** 56; OLG Zweibrücken NJW **1974** 659; ebenso KMR-*Paulus* § 344, 5; LR-*Meyer* in der 23. Aufl.; vgl. auch *Gribbohm* NStZ **1983** 98.

[8] BayObLGSt **1954** 84 = JR **1955** 28 mit Anm. *Sarstedt; Dahs/Dahs* 342.

[9] OLG Braunschweig HESt **1** 34; OLG Stuttgart Justiz **1971** 360; vgl. auch Fußn. 1.

[10] BayObLGSt **1972** 7 = MDR **1972** 534; BayObLG MDR **1972** 804; OLG Karlsruhe NJW **1972** 2323.

2. Erklärung der Revisionsbeschränkung

7 **a) Allgemeines.** Die Rechtsmittelbeschränkung (zur Rechtsnatur der Erklärung vgl. bei § 318) kann schon bei Einlegung der Revision erklärt werden, ist aber auch in der Weise möglich, daß die zunächst in vollem Umfang eingelegte Revision teilweise zurückgenommen wird (RGSt 39 393; vgl. auch bei § 318). In der Erklärung, die Revision werde unter Beschränkung auf bestimmte Beschwerdepunkte eingelegt, liegt nicht ohne weiteres der Verzicht auf eine weitergehende Anfechtung[11]. Allerdings ist ein solcher Verzicht auch stillschweigend möglich; er kann sich insbesondere aus dem sonstigen Inhalt der Revisionseinlegungsschrift ergeben[12]. Im Zweifel ist davon auszugehen, daß nur von dem Recht der Teilanfechtung Gebrauch gemacht wird, aber kein Verzicht auf das weitergehende Rechtsmittel ausgesprochen ist (KMR-*Paulus* § 318, 13). Soweit das Urteil nicht angefochten ist, tritt Teilrechtskraft (vgl. unten Rdn. 66) dann noch nicht mit dem Eingang der Rechtsmittelerklärung ein. Nach h. M entsteht sie aber mit dem Ablauf der Frist des § 341, so daß der Beschwerdeführer, der nicht ausdrücklich oder schlüssig auf die weitergehende Anfechtung verzichtet hat, das Rechtsmittel (nur) bis dahin noch erweitern kann[13]. Das ist jedoch nicht überzeugend, weil die Bestimmung der Entscheidungsteile, auf die sich die Nachprüfung erstrecken soll, nach § 344 Abs. 1 erst in der Revisionsbegründungsschrift erfolgt. Richtigerweise und trotz der Formulierung des § 343 Abs. 1 ist daher anzunehmen, daß der Umfang des Rechtsmittelangriffs erst mit dem Verstreichen der Revisionsbegründungsfrist des § 345 Abs. 1 oder (s. Rdn. 8) durch einen in der Begründungsschrift erklärten Teilverzicht endgültig festgelegt wird, bis dahin also auch eine nicht als Verzicht zu wertende Teilanfechtung wirksam noch erweitert werden kann[14].

8 Die Revisionsbeschränkung durch **Teilrücknahme** muß gegenüber dem Gericht in der für die Einlegung vorgeschriebenen Form erklärt werden. Die Erklärung wird mit ihrem Eingang bei Gericht wirksam. Wenn die Sache schon bei dem Revisionsgericht anhängig ist (§ 349, 9 ff), muß die Erklärung diesem gegenüber abgegeben werden. In der Revisionsverhandlung kann die Rechtsmittelbeschränkung mündlich erklärt werden; nach § 303 ist dann die Zustimmung des Gegners erforderlich. Die Beschränkung der Revision darf nicht an eine Bedingung geknüpft werden (vgl. bei § 318). Ein Widerruf der Erklärung ist grundsätzlich unbeachtlich[15]. Insbesondere kann eine in der Rechtsmittelbegründungsschrift wirksam beschränkte Revision nicht durch eine weitere Begründungsschrift, auch wenn sie noch innerhalb der Frist des § 345 Abs. 1 eingeht, wieder erweitert werden (RGSt 39 393). Ist die Rechtsmittelbeschränkung wegen Formmangels unwirksam, so ist das Urteil in vollem Umfang angefochten.

9 **b) Auslegung der Begründungsschrift.** Grundsätzlich muß die Beschränkung der Revision auf bestimmte Beschwerdepunkte nach § 344 Abs. 1 ausdrücklich erklärt wer-

---

[11] RGSt 64 164; RG JW 1912 1070; KMR-*Paulus* § 318, 13; *Grünwald* 73 Fußn. 140; a. A BGHSt 3 46; 10 321; RGSt 42 242; RG JW 1925 1008; *Eb. Schmidt* § 318, 1 und Nachtr. I § 302, 3; *Mezger* 8; *Niethammer* JR 1935 121; *Puppe* 25; *Sieveking* 81; vgl. auch bei § 302 und bei § 318.

[12] RGSt 64 164, das aber zu Unrecht jede Beschränkungserklärung des Verteidigers als Verzicht ansieht; BayObLGSt 1967 146 = JR 1968 109 mit zust. Anm. *Sarstedt*; KMR-*Paulus* § 318, 13.

[13] RG JW 1912 1070; BayObLGSt 1967 146 = JR 1968 109 mit Anm. *Sarstedt*; KK-*Pikart* § 341, 14; *Kleinknecht/Meyer* § 318, 5; KMR-*Paulus* § 318, 14; *Sarstedt/Hamm* 79; LR-*Meyer* in der 23. Aufl. Vgl. auch bei § 318.

[14] So eingehend und zu Recht *Grünwald* 72 ff (mit Hinweisen auch auf die nicht ganz einheitliche Rechtsprechung).

[15] RGSt 39 394; *Sarstedt/Hamm* 81; *Puppe* 26; *Niethammer* JR 1935 121.

den (oben Rdn. 1). Sie kann sich aber auch aus dem Inhalt der Revisionsbegründungsschrift ergeben[16], wobei die Auslegung „nach dem aus den Willensäußerungen des Beschwerdeführers erkennbaren Sinn und Ziel seines Rechtsmittels fragen" muß (BGHSt **29** 365). Eine Revisionsbeschränkung kann nach den Gegebenheiten des Einzelfalles z. B. anzunehmen sein, wenn die allgemeine Sachrüge erhoben wird, aber im Widerspruch zu dem darin liegenden Antrag, das Urteil in vollem Umfang aufzuheben, im einzelnen *erkennbar* nur der Strafausspruch oder das Unterlassen einer Gesamtstrafenbildung nach § 55 StGB beanstandet wird[17]. Sind keine Revisionsanträge gestellt worden, so kann sich, insbesondere wenn die Schuld des Angeklagten ausdrücklich eingeräumt wird (BGH VRS **34** 437), die Revisionsbeschränkung ebenfalls daraus ergeben, daß sich die Begründung nur auf den Maßregelausspruch oder auf den Strafausspruch bezieht[18]. Läßt die Auslegung der Begründungsschrift den Beschränkungswillen des Beschwerdeführers nicht zweifelsfrei erkennen, so ist die Revision entsprechend den dahin lautenden Anträgen als unbeschränkt zu behandeln[19]. Ist der Angeklagte wegen einer einzigen Straftat verurteilt, liegt daher im Zweifel keine Beschränkung darin, daß die Revision entgegen dem unbeschränkten Revisionsantrag nur teilweise begründet worden ist (OLG Koblenz OLGSt § 316 StGB S. 108). Wenn das Urteil mehrere selbständige Taten zum Gegenstand hat, ist das Rechtsmittel als unzulässig zu verwerfen, soweit sich zeigt, daß eine wirksame Begründung fehlt[20]. Bei einem Widerspruch zwischen der eindeutigen Beschränkungserklärung und dem auf Aufhebung des Urteils in vollem Umfang lautenden Revisionsantrag ist in der Regel wohl die ausdrückliche Erklärung der Revisionsbeschränkung maßgebend (anders OLG Koblenz VRS **51** 106, das den Revisionsanträgen folgt).

Die Auslegung der Begründungsschrift kann ergeben, daß entgegen den ausdrücklich gestellten Revisionsanträgen eine **Rechtsmittelbeschränkung nicht vorliegt,** weil das vom Beschwerdeführer nach seinem Gesamtvorbringen erstrebte Ziel mit der Rechtskraft einzelner Entscheidungsteile nicht vereinbar wäre (*Grünwald* 70). So ist eine Revision trotz anderslautender Erklärung nicht auf die Straffrage beschränkt, wenn in Wahrheit die Schuldfeststellungen angegriffen werden[21]. Das ist auch der Fall, wenn die Revision der Staatsanwaltschaft geltend macht, der Tatrichter habe eine zu geringe Strafe bemessen, weil er einen den Schuldumfang vergrößernden Umstand übersehen habe (BGH NJW **1956** 1845 = VRS **11** 443 löst den Fall unnötigerweise dadurch, daß die Revisionsbeschränkung für unwirksam erklärt wird; hiergegen mit Recht *Mezger* 51). **10**

c) **Beschränkung durch den Verteidiger.** Der Verteidiger ist auch ohne besondere Vollmacht berechtigt, das Urteil dadurch rechtskräftig werden zu lassen, daß er es nicht **11**

---

[16] *Kleinknecht/Meyer* 15; KMR-*Paulus* § 318, 5; *Dahs/Dahs* 337; *Mezger* 6 ff; vgl. auch bei § 318 für die Berufungsbeschränkung.

[17] BGH NJW **1956** 757; OLG Koblenz VRS **51** 122; für die unterlassene Gesamtstrafenbildung OLG Saarbrücken OLGSt § 344 Abs. 2 S. 1, vgl. auch *Eb. Schmidt* 6.

[18] RGSt **51** 150; RG DR **1945** 18; OLG Hamburg OLGSt § 11 BetMG S. 22; OLG Koblenz VRS **44** 416. Das gilt namentlich für Revisionen der Staatsanwaltschaft.

[19] BGSt **29** 365 mit Nachw. aus der Rechtspr.; KMR-*Paulus* § 318, 2, 12; *Dahs/Dahs* 343; vgl. auch bei § 318.

[20] BGH LM Nr. 1 zu § 302; RG HRR **1940** 346; OLG Karlsruhe Justiz **1974** 308; KMR-*Paulus* § 302, 4; *Dahs/Dahs* 342; *Eb. Schmidt* 7.

[21] BGH VRS **17** 47; BGH bei *Pfeiffer/Miebach* NStZ **1985** 17. OLG Düsseldorf VRS **64** 177; OLG Hamm NJW **1962** 1074; KMR-*Paulus* § 318, 12; *Mezger* 49; vgl. auch RGSt **67** 30; RG JW **1930** 329; RG HRR **1931** 387; RG Recht **1928** Nr. 994; OLG Hamm VRS **13** 449.

anficht. Er braucht folglich auch keine besondere Ermächtigung, wenn er die Revision von vornherein nur beschränkt einlegt, das Urteil also auf diese Weise rechtskräftig werden läßt[22]. Dem steht auch § 302 Abs. 2 nicht entgegen, weil diese Vorschrift sich auf einen anderen Fall bezieht. In der beschränkten Revisionseinlegung liegt jedoch nur dann ein Verzicht auf die weitergehende Revision, wenn der Verteidiger einen solchen Verzicht ausdrücklich ausspricht. Ansonsten muß auch die beschränkte Revision als eingelegte Revision i. S des § 341 mit der Folge gelten, daß es dem Verteidiger freisteht, die Revisionsanträge innerhalb der Frist des § 345 (oben Rdn. 7) zu erweitern. Demgegenüber meint die herrschende Meinung, in der Revisionsbeschränkung liege im Hinblick auf § 302 Abs. 2 ein unwirksamer Teilverzicht[23], und zwar selbst dann, wenn der Verteidiger zur Rücknahme des Rechtsmittels ermächtigt ist[24]. Sie zieht daraus jedoch unterschiedliche Folgerungen. BGHSt 3 46 hält trotz der angeblichen Unwirksamkeit des Teilverzichts das Rechtsmittel nicht für unbeschränkt eingelegt, sondern nimmt an, es bleibe als beschränkt eingelegtes Rechtsmittel „bestehen", könne aber innerhalb der Rechtsmittelfrist noch erweitert werden[25]. Das erscheint widersprüchlich[26]. Richtiger wäre es dann schon, mit einer verbreiteten Ansicht im Schrifttum die Revision als unbeschränkt eingelegt zu betrachten[27] oder doch zu verlangen, daß die Staatsanwaltschaft bereits im Rahmen der Aktenvorlage die bestehende Unklarheit ausräumt[28]. Im übrigen müßte es auch bei Zugrundelegung des Standpunkts von BGHSt 3 46 für die Erweiterung nicht auf die Einlegungsfrist des § 341, sondern die Begründungsfrist des § 345 Abs. 1 ankommen[29].

12   Anders ist es, wenn der Verteidiger zunächst in vollem Umfang Revision eingelegt hat, das Rechtsmittel dann aber **teilweise zurücknimmt.** Hierzu bedarf er nach § 302 Abs. 2 einer besonderen Vollmacht[30]. Fehlt sie und hat der Verteidiger die Revision infolge der unwirksamen Teilrücknahme nur teilweise begründet, so ist sie im übrigen als unzulässig zu verwerfen[31]; wenn sie in vollem Umfang begründet worden ist, muß das Urteil uneingeschränkt geprüft werden (OLG Braunschweig NdsRpfl. **1958** 169).

13   Legen der **Angeklagte und der Verteidiger** Revision ein und beschränkt nur einer von ihnen das Rechtsmittel, so ist zu unterscheiden: Eine Rechtsmittelbeschränkung des Verteidigers, die keinen ausdrücklichen und wirksamen Verzicht auf die weitergehende Urteilsanfechtung enthält, hindert den Angeklagten nicht, innerhalb der Begründungsfrist (oben Rdn. 7) in vollem Umfang Revision einzulegen. Hat dagegen der Angeklagte

---

[22] KMR-*Paulus* § 318, 10; *Schlüchter* 635; *Sarstedt/Hamm* 84 Fußn. 43; *Grünwald* 73; LR-*Meyer* in der 23. Aufl.; **a. A** *Mezger* 9; *Puppe* 25.
[23] BGHSt 3 46; 10 321; KK-*Ruß* § 302, 13; *Kleinknecht/Meyer* § 302, 14; *Eb. Schmidt* Nachtr. I § 302, 13, vgl. auch bei § 302.
[24] BGHSt 3 46; BGH LM Nr. 3 zu § 302; RGSt 64 166; KK-*Ruß* § 203, 13; *Kleinknecht/Meyer* § 302, 15; ablehnend *Sarstedt/Hamm* 78 Fußn. 6; erkennbar kritisch *Mayer* MDR **1979** 196.
[25] Ebenso BGHSt 10 321; RGSt 64 164; KK-*Ruß* § 203, 14; LR-*Meyer* in der 23. Aufl.; vgl. auch im folg. Text.
[26] Kritisch oder ablehnend insbesondere *Eb. Schmidt* Nachtr. I § 302, 13; *Spendel* ZStW 67 (1955) 563; *Mayer* MDR **1979** 196.
[27] *Eb. Schmidt; Spendel; Mayer* jeweils aaO; *Peters* 202; *Meyer-Goßner* MDR **1979** 809; *Puppe* 25.
[28] Vgl. *Mayer* MDR **1979** 197 (fernmündliche Rücksprache mit dem Verteidiger, dessen Erklärung, in einem Aktenvermerk festgehalten, gegebenenfalls als Nachweis der Ermächtigung ausreicht); vgl. auch BGH NJW **1952** 273.
[29] So auch BayObLGSt **1954** 84 = JR **1955** 28; *Grünwald* 73; vgl. oben Rdn. 7.
[30] OGHSt 1 74 = SJZ **1949** 60 mit Anm. *Hartung;* OLG Braunschweig NdsRpfl. **1958** 169; vgl. näher bei § 302.
[31] BGH LM Nr. 1 zu § 302; RG HRR **1940** 346; *Eb. Schmidt* 7; *Sarstedt/Hamm* 84.

selbst eine auf bestimmte Beschwerdepunkte beschränkte Revision eingelegt, so ist, da sein Wille bei Widersprüchen maßgebend ist (§ 297), die weitergehende Revision des Verteidigers unbeachtlich. Das bleibt sie auch, wenn der Angeklagte nach Ablauf der Frist sein eigenes Rechtsmittel mit dem ausdrücklichen Vorbehalt zurücknimmt, daß die Revision des Verteidigers aufrechterhalten wird; diese Erklärung ist unwirksam (Rdn. 8). Legt von zwei Verteidigern der eine die Revision unbeschränkt ein, der andere unter Beschränkung auf bestimmte Beschwerdepunkte, so ist sie in vollem Umfang eingelegt, auch wenn der zweite Verteidiger die Revision mit Verzichtswillen und mit der zum Verzicht erforderlichen Vollmacht beschränkt eingelegt hatte.

3. Allgemeine Grundsätze der Revisionsbeschränkung. Der Beschwerdeführer **14** kann, schon da es in seinem Belieben steht, nur Verfahrensfragen oder nur die Anwendung des sachlichen Rechts zur Nachprüfung zu stellen, den Umfang der Prüfungstätigkeit des Revisionsgerichts in gewissen Grenzen selbst bestimmen. Er kann jedoch das Rechtsmittel nicht beliebig auf einzelne Beschwerdepunkte beschränken. Denn welche Rechtsmittelbeschränkungen wirksam und möglich sind[32], beurteilt sich allein danach, ob Teile des Urteils selbständig angefochten werden können, ohne daß sich hieraus verfahrensrechtlich unerträgliche Folgen ergeben. Das Gesetz gibt dazu keinerlei Hinweise. In Rechtsprechung und Schrifttum werden zu fast allen wichtigen Einzelfragen unterschiedliche Auffassungen vertreten. Der Zustand der Rechtsunsicherheit, der dadurch eingetreten ist (vgl. *Grünwald* 2 ff), stellt die Verfahrensvereinfachung, die der Gesetzgeber mit der Möglichkeit der Rechtsmittelbeschränkung herbeiführen wollte, seit langem in Frage. Der Entwurf von 1939 sah, wenn auch nicht allein aus diesem Grund, den völligen Wegfall der Rechtsmittelbeschränkung vor (zustimmend *von Hippel* 579, 594; dagegen DERechtsmittelG 83 f). Selbst in so wichtigen Fragen wie der Möglichkeit der Rechtsmittelbeschränkung auf eine von mehreren tatmehrheitlichen Verurteilungen, die noch bis vor kurzem fast problemlos war, herrscht keine Klarheit mehr (unten Rdn. 21 ff). Die Obergerichte haben es nicht verstanden, klare und einfache Grundsätze zu erarbeiten[33].

Nach allgemeiner Ansicht bestimmt sich die Wirksamkeit der Rechtsmittelbe- **15** schränkung in erster Linie nach der **sog. Trennbarkeitsformel.** Danach ist die Beschränkung nur möglich, wenn sie sich auf solche Beschwerdepunkte bezieht, die nach dem inneren Zusammenhang des Urteils losgelöst von seinem nicht angegriffenen Teil rechtlich und tatsächlich selbständig beurteilt werden können, ohne eine Prüfung der Entscheidung im übrigen nötig zu machen[34]. Das ist im Grunde eine Leerformel, die im Schrifttum mit Recht als ebenso nichtssagend wie einprägsam bezeichnet wird (*Grünwald* 75; vgl. auch *Mezger* 14: „Sie gleicht dem großen Rahmen, der die unbemalte Leinwand umspannt"). Soweit es auf die Wirksamkeit der Revisionsbeschränkung an-

---

[32] Das Wort „zulässig" sollte hier vermieden werden, da es stets um die Beachtlichkeit der Beschränkung geht; vgl. *Eb. Schmidt* § 318, 2; *Beling* GA **63** (1916/17) 172; *Sieveking* 11.

[33] Einiges zur Erklärung der Situation, verbunden mit der Aufforderung an die Revisionsgerichte, im Zweifel zugunsten der Trennbarkeit zu entscheiden, um vermeidbare und für den Angeklagten oft nutzlose Prozeßverzögerungen zu vermeiden, bei *Kaiser* NJW **1983** 2418.

[34] BGHSt **5** 252; **10** 101; **16** 239; **19** 48; **21** 258; **22** 217; **24** 187; **29** 364; BGH MDR **1980** 682; BGH NJW **1977** 442; RG in std. Rspr., z. B. RGSt **22** 217; **33** 22; **37** 284; **42** 31; **69** 111; **71** 265; **74** 191; **75** 173; OGHSt **1** 75 = SJZ **1949** 60 m. Anm. *Hartung;* BayObLGSt **1959** 128 = JZ **1960** 31 m. Anm. *Heinitz;* BayObLGSt **1968** 120; OLG Koblenz VRS **51** 350; vgl. auch bei § 318.

§ 344   Drittes Buch. Rechtsmittel

kommt, kann die Formel überdies zu Mißverständnissen führen. Denn das Revisionsgericht ist in der Lage, fast jede Rechtsfrage für sich zu prüfen und zu beantworten. Die Wirksamkeit der Beschränkung des Rechtsmittels hängt aber davon ab, ob es dem **neuen Tatrichter,** an den die Sache bei erfolgreicher Revision zurückverwiesen werden müßte, nach Ansicht des Revisionsgerichts möglich ist, den mit der Revision angegriffenen Urteilsteil losgelöst von dem übrigen Urteilsinhalt zu beurteilen (vgl. OLG Hamm NJW 1970 1614). Die Voraussetzungen, unter denen das Rechtsmittel beschränkt werden kann, sind daher für die Revision grundsätzlich keine anderen als für die Berufung[35]. Sie sind ferner dafür maßgebend, in welchem Umfang die Teilaufhebung eines Urteils durch das Revisionsgericht möglich ist (vgl. § 352, 5).

16   Die Möglichkeit der Rechtsmittelbeschränkung ist ferner eingeschränkt durch das **Erfordernis der Widerspruchsfreiheit,** das mit der Trennbarkeitsformel in engstem Zusammenhang steht. Eine Beschränkung ist unwirksam, wenn sie zu Widersprüchen zwischen den nicht angefochtenen Teilen des Urteils und der Entscheidung des Rechtsmittelgerichts oder des neuen Tatrichters führen kann (vgl. auch bei § 318)[36]. Die trotz ihres stufenweisen Zustandekommens als einheitliches Ganzes anzusehende abschließende Entscheidung des Verfahrens darf nicht in sich widerspruchsvoll sein[37]. Dabei ist jedoch zu beachten, daß diese Grundsätze für die Rechtsmittelbeschränkung bei der Verurteilung wegen einer einheitlichen Tat im sachlichrechtlichen Sinn (unten Rdn. 25 ff) entwickelt worden sind. Die Auffassung des Bundesgerichtshofs, daß sie auch auf den Fall der Rechtsmittelbeschränkung bei der Verurteilung wegen mehrerer Straftaten anzuwenden sind (unten Rdn. 22), führt zu weiterer Rechtsunsicherheit.

17   **4. Beschränkung auf Verfahrensvoraussetzungen.** Die Revision kann grundsätzlich nur auf trennbare Teile des Urteilsausspruchs beschränkt werden. Es ist daher nicht möglich, das Urteil zwar in vollem Umfang anzufechten, aber nur bestimmte rechtliche Gesichtspunkte der Nachprüfung des Revisionsgerichts zu unterstellen (unten Rdn. 27). Eine Ausnahme gilt jedoch für die Verfahrensvoraussetzungen. Zwar kann der Beschwerdeführer ihre Prüfung durch das Revisionsgericht niemals ausschließen (*Sarstedt/Hamm* 85). Jedoch ist umgekehrt die Beschränkung der Revision auf die Überprüfung des Vorliegens der Verfahrensvoraussetzungen nach ganz herrschender Meinung[38] dann möglich, wenn sich die Frage losgelöst vom Schuld- und Strafausspruch beurteilen läßt. Das ist für jede Verfahrensvoraussetzung besonders zu prüfen (*Sarstedt/Hamm* 85; vgl. auch bei § 318).

18   **Im einzelnen** können danach, ohne daß auf den übrigen Inhalt des Urteils eingegangen werden muß, selbständig geprüft werden: der Verbrauch der Strafklage[39]; das

---

[35] Vgl. *Kleinknecht/Meyer* 15; KMR-*Paulus* 6; *Sarstedt/Hamm* 84 Fußn. 40; *Grünwald* 81; a. A *Eb. Schmidt* § 318, 28. Vgl. auch bei § 318.

[36] Beim heutigen Umfang der revisionsgerichtlichen Kontrolle insbesondere aufgrund der „Darstellungsrüge" (§ 337, 121 ff) und bei der Rechtsfolgenentscheidung (§ 337, 180 ff) gewinnt dieser Umstand in der Praxis immer größere Bedeutung (vgl. auch *Kaiser* NJW **1983** 2421). Die mit ihm verbundenen Probleme sind einer der wesentlichen Gründe für die heutige Rechtsunsicherheit.

[37] BGHSt 7 287; **10** 72; **24** 188; **29** 365; BGH MDR **1980** 769; BGH VRS 17 48; RGSt **42** 243; BayObLGSt **1959** 129 = JZ **1960** 31 m. Anm. *Heinitz*; BayObLGSt **1972** 29 = VRS **43** 122; OLG Celle VRS **14** 65; OLG Hamburg VRS **25** 353; OLG Karlsruhe NJW **1971** 158; OLG Stuttgart Justiz **1972** 187.

[38] KK-*Pikart* 24; KMR-*Paulus* § 318, 19; *Sarstedt/Hamm* 85; *Grünwald* 375; *Hartung* SJZ **1949** 66; a. A *Puppe* 54. Vgl. auch im folg. Text.

[39] RGSt **40** 274; **51** 241; **54** 83; KMR-*Paulus* § 318, 19; *Sarstedt/Hamm* 85.

Stand: 1. 5. 1985

Vorliegen des Strafantrags[40]; die Einhaltung der Auslieferungsbedingungen[41]. Dagegen ist die Revisionsbeschränkung in der Regel nicht möglich für isolierte Prüfung der Anwendbarkeit eines Straffreiheitsgesetzes[42] und die Frage, ob Verfolgungsverjährung eingetreten ist[43]; doch gilt bei der Verfolgungsverjährung anderes, wenn ein Rückgriff auf die Schuldfrage im Einzelfall nach Lage der Sache nicht in Betracht kommt (vgl. OLG Frankfurt NStZ **1982** 35). Bei Nichtbeschränkbarkeit ist davon auszugehen, daß die allgemeine Sachrüge erhoben ist (unten Rdn. 74).

5. Beschränkung bei Verurteilung wegen mehrerer Straftaten
a) Voneinander unabhängige Straffälle. Richtet sich ein Urteil gegen mehrere Angeklagte, so kann jeder von ihnen unabhängig von anderen selbständig Revision einlegen. Wenn Gegenstand des Urteils mehrere sachlichrechtlich in Tatmehrheit (§ 53 StGB) stehende Taten eines Angeklagten sind, die auch in dem verfahrensrechtlichen Sinn des § 264 voneinander unabhängig sind, ist die Beschränkung der Revision auf eine der mehreren Verurteilungen ebenfalls ausnahmslos wirksam[44]. Das gilt auch, wenn eine Verfahrensrüge erhoben wird, die an sich das ganze Verfahren betrifft (BayObLGSt **1959** 125). Ob in dem weiteren Verfahren Widersprüche zwischen den infolge der Rechtsmittelbeschränkung rechtskräftig werdenden und den angefochtenen Urteilsteilen möglich sind, spielt keine Rolle (vgl. bei § 318). Denn wenn die Taten in verschiedenen Verfahren abgeurteilt worden wären, würde es auf Widerspruchsfreiheit ebenfalls nicht ankommen (vgl. bei *Bruns* 19; *Grünwald* 17); sie ist daher auch dann nicht zu fordern, wenn die Verfahren verbunden worden sind[45]. Auch der Umstand, daß die Höhe der Einzelstrafen aufeinander abgestimmt ist, zwingt nicht ohne weiteres dazu, das Urteil jedenfalls im Strafausspruch in vollem Umfang als angefochten anzusehen[46]. Ferner steht der Revisionsbeschränkung nicht entgegen, daß die Vollstreckung aller Strafen zur Bewährung ausgesetzt ist[47], daß mit der Einzelstrafe, die nicht angefochten werden soll, eine Gesamtstrafe gebildet wurde[48], oder daß das Urteil andere Rechtsfolgen anordnet, die sämtliche abgeurteilte Straffälle zur Grundlage haben (a. A *Grünwald* 268), wie z. B. die Verhängung eines Fahrverbots (BayObLG NJW **1966** 2370), die Anordnung der Sicherungsverwahrung (RG HRR **1938** 264) und die Entziehung der Fahrerlaubnis (BayObLG NJW **1966** 2370; vgl. auch OLG Hamm NJW **1977** 208).

---

[40] RGSt **43** 367; BayObLG JW **1925** 2796; KG JW **1933** 1902; KMR-*Paulus* § 318, 19.
[41] RGSt **64** 183; **66** 172; KMR-*Paulus* § 318, 19.
[42] BGH NJW **1951** 810; RGSt **53** 40; **54** 8; **74** 190; BayObLGSt **1956** 2 = JZ **1956** 188; KMR-*Paulus* § 318, 19; *Sarstedt/Hamm* 85; a. A RGSt **54** 82; vgl. auch bei § 318.
[43] BGHSt **2** 385; BGH NJW **1984** 988 (insoweit in BGHSt **32** 209 nicht abgedruckt); OLG Braunschweig NJW **1956** 1118; OLG Celle MDR **1966** 865; VRS **31** 194; OLG Hamburg MDR **1958** 52; OLG Oldenburg NdsRpfl. **1953** 207; KMR-*Paulus* § 318, 19; *Sarstedt/Hamm* 85.
[44] *Peters*[2] 428; *Schirmer* 3; *Beling* ZStW **38** (1916) 798 nimmt sogar an, es handele sich im Grunde um mehrere Rechtsmittel. Vgl. auch bei § 318.
[45] BayObLGSt **1959** 128 = JZ **1960** 30 m. Anm. *Heinitz*; BayObLGSt **1966** 86 = NJW **1966** 2370; *Bruns* 20; *Grünwald* 50; *Sieveking* 70; *Meyer* JR **1972** 205; a. A OGHSt 1 78 = SJZ **1949** 60 mit abl. Anm. *Hartung*; OLG Celle NJW **1959** 400.
[46] RG DRiZ **1929** Nr. 696; a. A RGSt **35** 65; *Mezger* 25; *Sieveking* 70. Vgl. aber Rdn. 20.
[47] BayObLGSt **1966** 88 = NJW **1966** 2370; KMR-*Paulus* § 318, 25; LR-*Meyer* in der 23. Aufl.
[48] *Grünwald* 268 Fußn. 541; *Puppe* 60; *Schirmer* 2; vgl. auch RGSt **25** 297.

20   **Mitangefochten** sind dann aber immer die Gesamtstrafe und die für alle Straffälle angeordneten sonstigen Rechtsfolgen[49]. Eine Ausnahme gilt nur für den Fall, daß die angefochtene Einzelstrafe ersichtlich für die Gesamtstrafe, Nebenstrafe oder Maßregel ohne jede Bedeutung gewesen ist (vgl. für die Sicherungsverwahrung RG HRR **1938** 264). Die Revision umfaßt immer auch den Ausspruch über die Anrechnung oder Nichtanrechnung der Untersuchungshaft, soweit er die Gesamtstrafe betrifft. Zur Beschränkung der Revision auf den Gesamtstrafausspruch vgl. unten Rdn. 37.

21   b) **Tatidentität im Sinne des § 264.** Hat das Urteil mehrere Straftaten zum Gegenstand, die zwar sachlichrechtlich in Tatmehrheit (§ 53 StGB) stehen, bei denen aber im verfahrensrechtlichen Sinn Tatidentität besteht (§ 264), so ist die Beschränkung der Revision auf eine der mehreren Verurteilungen nach herrschender Ansicht, die aber oft nicht unterscheidet, ob Tatidentität vorliegt oder nicht, grundsätzlich möglich[50]. Dabei ist jedoch nicht die Ansicht des Tatrichters, sondern die des Revisionsgerichts über die Konkurrenzverhältnisse maßgebend. Die Beschränkung der Revision ist daher unwirksam, wenn nach Auffassung des Revisionsgerichts Tateinheit vorliegt[51]. Das gleiche gilt, wenn der Tatrichter nach Ansicht des Revisionsgerichts irrig keinen Fortsetzungszusammenhang angenommen hat[52]. Hat er infolge seines Irrtums über die Konkurrenzverhältnisse den Angeklagten teilweise freigesprochen, so kann die Revision der Staatsanwaltschaft nicht auf diesen Urteilsteil beschränkt werden[53], und auch der Angeklagte muß die Freisprechung mitanfechten, wenn er gegen das Urteil Revision einlegt[54]. Das alles gilt auch, wenn die Feststellungen unvollständig sind und nur die *Möglichkeit* besteht, daß die neue Verhandlung das Vorliegen von Tateinheit oder Fortsetzungszusammenhang ergibt[55].

22   Im übrigen gelten die oben Rdn. 19 ff aufgezeigten Grundsätze. Zweifelhaft ist nur, ob das Erfordernis der **Widerspruchsfreiheit** (Rdn. 16) auch für diesen Fall der Rechtsmittelbeschränkung gilt. Wer das für notwendig hält, muß zwangsläufig in Schwierigkeiten geraten; denn Tatidentität im Sinne des § 264 bedeutet, daß ein einheitlicher geschichtlicher Vorgang abgeurteilt wird, dessen getrennte Behandlung eine unnatürliche Aufspaltung eines zusammengehörenden Geschehens wäre (vgl. bei § 264). Eine getrennte Beurteilung der zu diesem einheitlichen Vorgang gehörenden mehreren

---

[49] BGHSt **8** 271 = JZ **1956** 417 m. Anm. *Jescheck; Kleinknecht/Meyer* § 318, 2; KMR-*Paulus* § 318, 19; *Mezger* 22; *Puppe* 61; *Beling* ZStW **38** (1916) 800.

[50] BGHSt **9** 344; **21** 258; **24** 187; **25** 74; BGH NJW **1961** 2220; BGH VRS **11** 426; **13** 122; RGSt **33** 21; **51** 307; **64** 21; BayObLGSt **1956** 162 = JZ **1960** 30 mit Anm. *Heinitz*; BayObLG NJW **1966** 2370; VRS **43** 122; OLG Hamm VRS **45** 209; OLG Karlsruhe NJW **1971** 157; MDR **1976** 71; OLG Schleswig VerkMitt. **1973** 83; *Kleinknecht/Meyer* § 318, 2; KMR-*Paulus* § 318, 27; *Eb. Schmidt* § 318, 13; *Dahs/Dahs* 345; *Sarstedt/Hamm* 85; *Mezger* 18; *Puppe* 60; *Schirmer* 2; *Sieveking* 35; vgl. auch bei § 318.

[51] BGHSt **6** 230; **21** 258 = JZ **1968** 233 mit Anm. *Grünwald*; RGSt **59** 318; **63** 360; **73** 245; **74** 390; BayObLGSt **29** 163; OLG Braunschweig NJW **1954** 45; OLG Köln MDR **1964** 525; OLG Stuttgart VRS **45** 128; KMR-*Paulus* § 318, 4; *Eb. Schmidt* § 318, 14; *Sarstedt/Hamm* 85; *Mezger* 83; *Sieveking* 71; *Schorn* JR **1963** 51; a. A *Beling* 337 Fußn. 3; *Puppe* 60 Fußn. 193, die die Einstellung des Verfahrens wegen der nichtangefochtenen „Tat" für geboten halten; vgl. auch bei § 318 und unten Rdn. 28.

[52] RGSt **74** 390; KMR-*Paulus* § 318, 27; *Eb. Schmidt* § 318, 14; *Mezger* 21; *Hanack* JZ **1973** 694; vgl. unten Rdn. 28.

[53] RGSt **58** 31; OLG Hamm VRS **39** 191; KMR-*Paulus* § 318, 27.

[54] BGHSt **21** 256 = JZ **1968** 233 mit Anm. *Grünwald*; BGHSt **26** 221; BayObLGSt **1954** 42; OLG Stuttgart VRS **45** 128; *Kleinknecht/Meyer* § 327, 4; a. A OLG Köln NJW **1964** 478; vgl. auch bei § 318.

[55] RGSt **73** 243; RG GA **74** (1930) 201; KMR-*Paulus* § 318, 27; *Sarstedt/Hamm* 85.

Straftaten ist daher vielfach gar nicht möglich; oft überschneiden sich sogar die Merkmale der einzelnen Straftatbestände. Die Möglichkeit von Widersprüchen zwischen den Feststellungen zu dem nicht angefochtenen Urteilsteil und demjenigen, der Gegenstand des Revisionsangriffs ist, läßt sich dann nicht ausschließen, wie z. B. BGHSt **28** 119 zeigt (dazu *Grünwald* JR **1979** 301). Eine stark vertretene Meinung will, da sie die Möglichkeit solcher Widersprüche für unerträglich hält, die Revisionsbeschränkung nicht als wirksam behandeln[56]. Der Bundesgerichtshof geht zwar ebenfalls von der Notwendigkeit der Widerspruchsfreiheit aus, hält aber die Revisionsbeschränkung deswegen nicht für unwirksam, sondern verlangt nur, daß sich der Richter in dem weiteren Verfahren an die Feststellungen zu dem nicht angefochtenen Urteilsteil für gebunden hält[57]. Diesen Auffassungen ist nicht zuzustimmen. Sie überträgt Grundsätze, die für die Teilanfechtung bei Verurteilung wegen einer einheitlichen Straftat entwickelt worden sind (oben Rdn. 16), unnötigerweise auf die Rechtsmittelbeschränkung im Fall der tatmehrheitlichen Verurteilung. Bei dieser ist Widerspruchsfreiheit jedoch auch dann nicht erforderlich, wenn Tatidentität im Sinne des § 264 besteht[58]. Denn das Urteil bildet in diesem Fall nicht, wie beim Schuld- und Rechtsfolgenausspruch über eine einheitliche Tat im sachlichrechtlichen Sinne, ein „einheitliches Ganzes". Wäre es anders, so müßte der teilweise freigesprochene Angeklagte gezwungen werden, zugleich mit dem verurteilenden Teil des Erkenntnisses den Teilfreispruch, der ihn nicht beschwert, anzufechten. Das verlangt zu Recht niemand.

Eine Rechtsmittelbeschränkung ist jedoch ausgeschlossen, wenn jede der in Tatmehrheit stehenden Straftaten in **Tateinheit mit demselben leichteren Delikt** steht[59]. Die gegenteilige Auffassung von LR-*Meyer*[23] und BGHSt **23** 150 (= JZ **1970** 330 mit abl. Anm. *Grünwald*) führt zu der unannehmbaren Konsequenz, daß die Verurteilung wegen des leichteren Delikts bezüglich der einen schwereren Tat rechtskräftig würde, hinsichtlich der anderen hingegen anhängig bliebe. **23**

Auch wenn erst die Begründetheit des Rechtsmittels darüber entscheidet, **ob überhaupt mehrere Straftaten** vorliegen, ist eine Beschränkung der Revision nicht möglich. Das ist z. B. der Fall, wenn nach Ansicht des Revisionsgerichts anstelle der in Tatmehrheit stehenden Taten die einheitliche Straftat des Vollrauschs (§ 323 a StGB) in Betracht kommt (OLG Hamm VRS **39** 190) oder wenn es sich um eine einheitliche Trunkenheitsfahrt handelt, die nur durch den Entschluß des Täters, sich nach einem Unfall unerlaubt von der Unfallstelle zu entfernen, sachlichrechtlich in zwei Teile aufgespalten wird und als einheitliche Tat zu beurteilen ist, wenn sich die Verurteilung nach § 142 StGB als unberechtigt erweist[60]. Eine Beschränkung der Revision ist in derartigen Fällen auch aus- **24**

---

[56] OLG Celle NJW **1959** 400; OLG Hamm NJW **1971** 771 mit Anm. *Lemmel* NJW **1971** 1225; VRS **40** 19; **41** 28, 156; OLG Köln VRS **40** 110; OLG Stuttgart DAR **1959** 131; *Grünwald* 258 ff; JZ **1966** 108; **1970** 331; einschränkend auch OLG Hamm VRS **43** 179; vgl. auch bei § 318.

[57] BGHSt **24** 185 = JR **1972** 203 mit abl. Anm. *Meyer*; BGHSt **28** 121 = JR **1979** 299 mit abl. Anm. *Grünwald*; ebenso OLG Karlsruhe MDR **1976** 71; KK-*Pikart* 7; *KMR-Paulus* § 318, 27; vgl. auch bei § 318.

[58] *Meyer* JR **1972** 205 ff; *Sieveking* 129; vgl. auch *Eckstein* GerS **84** (1916) 353.

[59] BGHSt **25** 75; BayObLG NJW **1957** 1485; **1966** 2370; JZ **1960** 32 mit Anm. *Heinitz*; OLG Celle NJW **1959** 400; OLG Hamm JMBlNRW **1964** 143 = VRS **7** 135; VRS **13** 215; OLG Köln MDR **1964** 525; *Mezger* 85; *Grünwald* 266; vgl. auch OLG Celle MDR **1958** 707 für den Fall, daß der Angeklagte teilweise freigesprochen worden ist; s. auch bei § 318.

[60] BGHSt **25** 72; BayObLGSt **1971** 47 = VRS **41** 46; **1972** 28 = VRS **43** 122; BayObLG bei *Rüth* DAR **1973** 211; OLG Hamm NJW **1970** 1244 = VRS **39** 335; VRS **48** 266; OLG Karlsruhe NJW **1971** 157; OLG Koblenz VRS **46** 204; **48** 26; KMR-*Paulus* § 318, 28; *Kleinknecht/Meyer* § 318, 2; vgl. auch BayObLG NJW **1981** 438 = JR **1981** 436 mit Anm. *Stein* und bei § 318.

geschlossen, wenn die Staatsanwaltschaft gegen den freisprechenden Teil des Erkenntnisses Revision einlegt; die Verurteilung wegen der anderen Tat kann von dem Rechtsmittel nicht ausgenommen werden (OLG Köln OLGSt § 318 S. 45).

6. Beschränkung bei Verurteilung wegen einer einheitlichen Straftat

25 a) **Allgemeines.** Wie bei der Berufung (vgl. bei § 318) kann auch die Revision in der Weise beschränkt werden, daß nur einzelne Bestandteile der Verurteilung wegen einer Tat im sachlichrechtlichen Sinn angegriffen werden. Das gilt auch, wenn eine Verfahrensrüge erhoben wird, die das ganze Urteil zu Fall bringen könnte. Daß ein Mitangeklagter in vollem Umfang Revision einlegt, steht der Beschränkung ebenfalls nicht entgegen (vgl. BayObLG bei *Rüth* DAR **1976** 177). Bei dieser Art Beschränkung gilt der Grundsatz, daß stets die Teile des Urteils mitangefochten sind, die dem mit der Revision angegriffenen Teil in der logischen Reihenfolge nachgehen (Rdn. 67), dem angefochtenen Urteilsteil vorausgehende Gesichtspunkte hingegen nur dann erfaßt werden, wenn sie für die Beurteilung der nachgeordneten Frage von ausschlaggebender Bedeutung sind, so z. B. bei Revision der Strafzumessung die Frage, ob Jugend- oder Erwachsenenstrafrecht anzuwenden ist (BayObLG **1956** 7 = NJW **1956** 921). Die Wirksamkeit der Beschränkung hängt jedoch nicht ohne weiteres davon ab, daß der Schuldspruch rechtlich zutrifft; wenn das immer geprüft werden müßte, könnte die Revision auf einzelne Urteilsbestandteile gar nicht beschränkt werden[61]. Doch wird das Revisionsgericht ohne Rücksicht auf die Beschränkung des Rechtsmittels erkannte Unrichtigkeiten, die zuungunsten des Angeklagten wirken, dann zu berücksichtigen haben, wenn ohne diese Berücksichtigung seine eigene Entscheidung einer tragfähigen Grundlage ermangelt[62]. Daher hat das Revisionsgericht stets zu prüfen, ob sich der Schuldspruch überhaupt auf einen Straftatbestand gründet[63] und ob ihm ein gültiges Gesetz zugrundeliegt[64]. Ist das nicht der Fall, so ist die Rechtsmittelbeschränkung unbeachtlich und der Angeklagte freizusprechen oder die Sache an den Tatrichter zurückzuverweisen (*Spendel* ZStW **67** [1955] 562 hält die Feststellung der Nichtigkeit des Urteils für geboten). Dem steht nicht entgegen, daß das Revisionsgericht die Frage, ob der Schuldspruch sich auf ein gültiges Strafgesetz stützt, nicht prüft, wenn der Beschwerdeführer nur eine Verfahrensrüge erhebt, die sachliche Rechtsanwendung aber nicht beanstandet. Denn in diesem Fall ist das Revisionsgericht mit dem Schuldspruch überhaupt nicht befaßt; bei der Revisionsbeschränkung muß es aber immer Urteilsteile nachprüfen, die auf dem Schuld-

---

[61] OLG Celle NJW **1963** 65; OLG Hamm NJW **1954** 613; OLG Stuttgart Justiz **1972** 187; *Mezger* 38; *Baumann* NJW **1966** 1055; *Niethammer* JR **1935** 122; *Spendel* ZStW **67** 570; **a. A** RGSt **22** 217; **33**, 21; *Meister* MDR **1950** 713; *Sieveking* 97, der sich auf Art. 1 Abs. 1, Art. 103 Abs. 2 GG beruft; vgl. auch OLG Zweibrücken NJW **1966** 1086; VRS **36** 12.

[62] *Gollwitzer* bei § 318; vgl. auch unten Rdn. 66. Im Anschluß an *Spendel* ZStW **67** (1955) 567 f wollen *Roxin* § 51 B III und *Peters* 476 jede erkannte Unrichtigkeit berücksichtigt wissen, was wohl zu weit geht (*Gollwitzer* aaO). Die Haltung der Rechtsprechung ist unsicher und nicht einheitlich.

[63] BayObLGSt **17** 115; BayObLGSt **1953** 263 = NJW **1954** 611; BayObLGSt **1954** 159 = JR **1955** 151 mit Anm. *Sarstedt* und weiterer Anm. *Müller* NJW **1955** 642; KMR-*Paulus* § 318, 34; *Eb. Schmidt* § 318, 47; *Mezger* 63 ff; *Sieveking* 29; *Hegler* JW **1923** 427. Vgl. im übrigen § 337, 55 zur Bedeutung einer unwirksamen Berufungsbeschränkung für das Revisionsgericht wegen nicht tragfähiger Grundlagen des Berufungsurteils.

[64] BGH bei *Holtz* MDR **1978** 282; BayObLGSt **1962** 216 = NJW **1962** 2213; KG JW **1932** 1774 L; OLG Oldenburg NdsRpfl. **1962** 237; OLG Stuttgart NJW **1962** 2118; *Kleinknecht* MDR **1955** 435; *Eb. Schmidt* § 318, 47; *Peters* 476; *Dahs/Dahs* 345; *Sieveking* 87 ff; vgl. auch *Grünwald* 333 ff; bei § 318.

spruch aufbauen. Wegen des Außerkrafttretens der angewendeten Strafnorm vgl. § 354a, 9.

Die **Wirksamkeit der Beschränkung** setzt voraus, daß die Feststellungen des angefochtenen Urteils zum Schuldspruch klar, vollständig und ohne Widersprüche sind[65]. Unwirksam ist die Revisionsbeschränkung insbesondere, wenn das angefochtene Urteil keine tatsächlichen Feststellungen enthält, weil der Tatrichter irrig angenommen hat, die Berufung sei wirksam auf den Strafausspruch beschränkt (OLG Hamm NJW **1973** 381), wenn das Urteil das angewendete Strafgesetz nicht erkennen läßt (vgl. bei § 318) oder mehrere Strafgesetze zur Auswahl stellt (RG HRR **1939** 547; *Mezger* 54), wenn die Voraussetzungen des § 20 StGB nicht geprüft worden sind, obwohl dazu Anlaß bestand (OLG Frankfurt NJW **1968** 1638), wenn bei Verurteilung nach den §§ 315c, 316 StGB die Trinkzeit nicht angegeben ist, obwohl wegen der Höhe der Blutalkoholkonzentration die Verurteilung aufgrund vorverlegter Schuld oder die Anwendung des § 21 StGB in Betracht kommen (OLG Hamm DAR **1972** 245; OLG Koblenz VRS **51** 350), oder wenn die Angabe der Schuldform fehlt[66]. Ist nach Erlaß des angefochtenen Urteils eine Gesetzesänderung eingetreten, so ist die Revisionsbeschränkung unwirksam, wenn sich ohne Erörterung der Schuldfrage nicht feststellen läßt, welches Gesetz das mildeste im Sinne des § 2 Abs. 3 StGB ist[67], es sei denn, daß die Gesetzesänderung nur das Strafmaß betrifft[68]. Wegen der Berücksichtigung von Verfahrenshindernissen trotz erklärter Revisionsbeschränkung vgl. § 337, 30. Die Ansicht, daß eine Revisionsbeschränkung auch dann unbeachtlich ist, wenn es von der rechtlichen Beurteilung der Tat abhängt, ob sie verjährt ist[69], erscheint unrichtig. Denn bei Prüfung der Verfahrensvoraussetzungen ist das Revisionsgericht an die rechtliche Bewertung der Tat gebunden, wenn das Urteil im Schuldspruch nicht angefochten ist[70].

b) Schuldspruch. Der Schuldspruch kann regelmäßig nur einheitlich beurteilt werden. Eine Beschränkung der Revision auf einzelne Rechts- oder Beweisfragen ist nicht möglich[71]. Das gilt insbesondere auch für die Frage, ob der Tatrichter zu Recht Tateinheit oder Tatmehrheit angenommen hat[72]. Eine Ausnahme besteht nur für den Fall, daß das Bundesverfassungsgericht die angewendete Strafvorschrift für nichtig erklärt hat;

---

[65] RG HRR **1939** 548; KG NJW **1976** 813; OLG Celle NdsRpfl. **1970** 22; OLG Hamm JMBlNRW **1969** 56; *Mezger* 54; vgl. auch bei § 318.

[66] OLG Celle VRS **38** 261; OLG Hamburg GA **1959** 252 = VRS **17** 216; OLG Stuttgart VRS **37** 121; vgl. auch bei § 318.

[67] RGSt **61** 322; BayObLGSt **1970** 183 = NJW **1971** 392; OLG Hamm JMBlNRW **1973** 68; *Dahs/Dahs* 346; *Mezger* 46; *Kubisch* NJW **1956** 1531; *Niederreuther* JW **1934** 2434; *Spendel* ZStW **67** 564; vgl. auch bei § 318.

[68] OLG Hamm GA **1975** 25 = MDR **1974** 457 L; vgl. dazu aber auch RGSt **58** 238; s. auch § 354a, 10.

[69] So OLG Braunschweig NJW **1956** 1118 mit abl. Anm. *Kubisch* NJW **1956** 1530; *Mezger* 60 ff; *Sieveking* 31; vgl. auch RGSt **74** 192.

[70] RG DRiZ **1931** Nr. 39; OLG Braunschweig GA **1954** 346; OLG Bremen NJW **1956** 1248; *Sarstedt/Hamm* 85.

[71] BGHSt **19** 48; BGH VRS **25** 426; RGSt **2** 291; **57** 84; **60** 109; **63** 359; **64** 153; RG JW **1928** 2270; **1931** 2831 mit Anm. *Lissner*; RG LZ **1929** 496; OLG Hamm NJW **1955** 644; KMR-*Paulus* § 318, 37; *Eb. Schmidt* § 318, 19 und 25; *Roxin* § 51 B III 1b; *Sarstedt/Hamm* 86; *Mezger* 75 ff; *Schirmer* 29; *Niethammer* JR **1935** 121; a. A *Eckstein* GerS **84** (1916) 362 ff; vgl. auch *Foth* JR **1964** 286; bei § 318; wegen der Revision des Nebenklägers vgl. bei § 401.

[72] RGSt **51** 307; **60** 317; RG JW **1932** 404 mit Anm. *Oetker*; OLG Dresden LZ **1918** 1716; OLG Düsseldorf HESt **1** 260; OLG Hamm VRS **40** 191; *Sarstedt/Hamm* 86; *Mezger* 86.

§ 344   Drittes Buch. Rechtsmittel

dann ist eine Revision zulässig, die lediglich die Auswechslung der nichtigen durch eine andere, gültige Strafbestimmung erstrebt[73].

28   Auch bei Verurteilung wegen mehrerer in **Tateinheit** (§ 52 StGB) stehender Taten kann sich die Revision, wenn sie nicht lediglich ein Prozeßhindernis wegen der einen Tat geltend macht[74], nur einheitlich gegen den ganzen Schuldspruch richten[75]. Entsprechendes gilt auch bei **Gesetzeskonkurrenz**[76] und bei **Fortsetzungszusammenhang**[77]. Es spielt dabei keine Rolle, ob Tateinheit, Gesetzeskonkurrenz oder Fortsetzungszusammenhang in dem angefochtenen Urteil zu Recht oder zu Unrecht angenommen worden sind[78]. Hat der Tatrichter den Angeklagten in rechtsirriger Anwendung des § 260 Abs. 1 von der Anklage wegen eines der tateinheitlich begangenen Delikte freigesprochen, so erstreckt sich die Revision der Staatsanwaltschaft auch auf den verurteilenden Teil des Erkenntnisses (KG GA 58 [1911] 227) und die Revision des Angeklagten gegen das Urteil auch auf den Freispruch (oben Rdn. 21).

29   Die Anfechtung des Schuldspruchs erfaßt notwendigerweise alle weiteren Urteilsteile; eine **weitere Rechtsmittelbeschränkung** ist daher unwirksam[79]. Mitunter zweifelhaft ist jedoch die Abgrenzung, welche Urteilsbestandteile zur Schuldfrage und welche zur Rechtsfolgenfrage gehören. Nach herrschender Ansicht ist die Frage der verminderten Schuldfähigkeit nach § 21 StGB Teil der Straffrage[80]. Das gleiche gilt für die Anwendung des § 157 StGB[81], die Anwendung der §§ 158, 163 Abs. 2 StGB[82] sowie des

---

[73] BGHSt **19** 46; OLG Celle NJW **1962** 2363; OLG Hamburg NJW **1963** 459; OLG Oldenburg VRS **23** 310; OLG Stuttgart NJW **1962** 2118; *Eb. Schmidt* Nachtr. I § 318, 11; *Hanack* JZ **1973** 694; a. A BayObLGSt **1962** 216 = NJW **1962** 2213; *Grünwald* 363 Fußn. 22a.

[74] RGSt **66** 173; BayObLGSt **1968** 121 = VRS **37** 54; KMR-*Müller* § 318, 37.

[75] BGHSt **6** 230; **21** 258; **24** 189; BGH NJW **1961** 2220; BGH VRS **32** 117; RG in std. Rspr., z. B. RGSt **14** 150; **31** 21; **47** 11, 308; **59** 318; **60** 109, 345; **61** 349; **63** 360; **65** 129; OGHSt **1** 39; BayObLGSt **1953** 101; **1957** 107; **1966** 86; **1967** 15; **1968** 102; **1972** 29; BayObLG NJW **1969** 1186; GA **1974** 237; OLG Celle NJW **1959** 400; OLG Hamm VRS **45** 209; OLG Koblenz VRS **43** 182; **49** 380; OLG Köln NJW **1966** 895; OLG Oldenburg VRS **16** 297; ganz herrschende Lehre; a. A *Beling* 338 Fußn. 3 und GA **63** (1916/17) 198 ff.

[76] BayObLG *Alsb*. E **2** Nr. 177; *Puppe* 43; *Zitzlaff* GerS **88** (1922) 404.

[77] RGSt **14** 150; **57** 84; RG JW **1932** 60 mit Anm. *Klefisch*; BayObLGSt **15** 57; OLG Stuttgart *Alsb*. E **2** Nr. 240 Hartung SJZ **1949** 66; heute ganz herrschende Lehre.

[78] BayObLG OLGSt § 264 S. 20; OLG Braunschweig NJW **1954** 45; OLG Hamm JZ **1953** 674; OLG Köln MDR **1964** 525; OLG Oldenburg VRS **16** 298; KMR-*Paulus* § 318, 37; *Eb. Schmidt* § 318, 15; *Grünwald* 257; *Mezger* 84; *Sieveking* 71.

[79] BGH VRS **25** 426; OLG Bremen JZ **1951** 146; OLG Hamm NJW **1954** 613; OLG Schleswig VRS **29** 266; OLG Zweibrücken VRS **29** 16; ganz herrschende Lehre.

[80] BGHSt **7** 283 = MDR **1955** 433 mit Anm. *Kleinknecht*; heute std. Rspr.; ebenso RGSt **69** 112, 318; **71** 266; RG JW **1934** 2914; BayObLGSt **1954** 162 = NJW **1955** 353; OLG Köln MDR **1956** 53; *Sarstedt/Hamm* 89 mit Einschränkung für Fälle auf der Grenze zu § 20 StGB; *Mezger* 71; *Sieveking* 15; *Niethammer* JR **1935** 123; a. A RG JW **1934** 2913; RG HRR **1934** 1417; OGHSt **1** 371; KMR-*Paulus* § 318, 39; *Eb. Schmidt* § 318, 18; *von Hippel* 579 Fußn. 1; *Puppe* 50; *Spendel* ZStW **67** 565; vgl. auch bei § 318.

[81] RGSt **60** 106; OLG Stuttgart NJW **1978** 711; KMR-*Paulus* § 318, 40; a. A OLG Braunschweig NdsRpfl. **1953** 166; vgl. auch bei § 318.

[82] BGH NJW **1962** 2164; **1963** 1461; BGH LM Nr. 2 zu § 300 StGB; RGSt **61** 123, 195; **74** 204; BayObLGSt **1956** 7 = NJW **1956** 921; OLG Hamm MDR **1954** 631 unter Aufgabe der in MDR **1950** 120 vertretenen Ansicht; herrschende Lehre, z. B. *Grünwald* 164 ff; *Schirmer* 39; *Sieveking* 17; vgl. auch bei § 318.

Stand: 1. 5. 1985

§ 213 StGB[83] und des § 316 a Abs. 2 StGB (BGHSt 10 320). Die Voraussetzungen eines minder schweren oder eines besonders schweren Falles betreffen an sich grundsätzlich die Straffrage; sie können jedoch mit zur Schuldfrage gehören, wenn sie zugleich den Umfang der Schuld betreffen oder sonst mit den Feststellungen zur Schuldfrage untrennbar verzahnt sind (vgl. bei § 318). Das gilt im Einzelfall auch für die Regelbeispiele des § 243 Abs. 1 Nr. 1, 2 und 4 (eingehend BGHSt 29 359 mit weit. Nachw.). Strafänderungsgründe (qualifizierte oder privilegierte Tatbestände) gehören hingegen grundsätzlich zum Schuldspruch[84]. Bei der Frage eines Mitverschuldens des Unfallopfers wird zu differenzieren sein: Sie gehört zur Schuldfrage, wenn eine neue Beweisaufnahme über den Unfallhergang erforderlich ist[85], sonst zur Straffrage[86]. Zur Abgrenzung der Schuldfrage von der Rechtsfolgenfrage beim Verbotsirrtum und bei der Verurteilung nach § 323 a vgl. bei § 318.

c) Hauptstrafen
aa) Allgemeines. Die Beschränkung der Revision auf den Strafausspruch wird seit **30** der Entscheidung RGSt 45 149 überwiegend für wirksam gehalten[87]. In der Rechtsprechung wird keine abweichende Ansicht vertreten. Nur ein Teil des Schrifttums erachtet eine Trennbarkeit von der Schuldfrage für unmöglich[88]. Dem dürfte mit der vorherrschenden Lehre nicht zu folgen sein. Denn trotz aller Verzahnungen mit dem Schuldspruch ist eine beschränkte Anfechtung hier in weitem Umfang möglich und darum insbesondere im Interesse des Angeklagten auch zuzulassen.

bb) Weitere Rechtsmittelbeschränkungen. Im Gegensatz zum Schuldspruch ist **31** der Strafausspruch nicht grundsätzlich unteilbar. Eine weitere Revisionsbeschränkung ist daher möglich, wenn sie sich auf einen abtrennbaren Teil des Strafausspruchs bezieht, der selbständig angefochten werden kann[89]. Im einzelnen gilt folgendes:

(1) Die Revision kann regelmäßig auf die **Höhe des Tagessatzes** der Geldstrafe **32** (§ 40 StGB) beschränkt werden[90]. Auch Entscheidungen über **Zahlungserleichterungen** nach § 42 StGB sind gesondert anfechtbar (vgl. RGSt 64 208; a. A OLG Bremen NJW **1954** 523).

---

[83] BGH NJW **1956** 756, heute std. Rspr. (z.B. StrVert. **1982** 70, 71, 223, 417, 474).
[84] BGH NStZ **1982** 30 für die gewerbsmäßige Hehlerei nach § 260 StGB; vgl. auch Sarstedt/Hamm 89 und RGSt 60 109.
[85] BayObLGSt **1966** 155 = VRS **32** 382; OLG Hamm DAR **1957** 303; KMR-*Paulus* § 318, 40.
[86] BayObLGSt **1966** 157 = NJW **1967** 1241; OLG Celle DAR **1957** 217; VRS **42** 139; a. A BGH VRS **19** 110; KG VRS **16** 139; OLG Köln DAR **1957** 104: immer zur Straffrage; *Grünwald* 124: immer zur Schuldfrage. Vgl. auch bei § 318.
[87] Z.B. BGHSt 7 283; 10 72; 320; 24 188; BGH NJW **1962** 2164; **1963** 1461; BGH VRS **34** 438; RGSt 47 228; **52** 342; **54** 180; 60 109; 61 209; 64 20, 164; 65 296; 69 111; 74 191; OGHSt 1 119; BayObLGSt **1970** 183 = NJW **1971** 392; OLG Celle MDR **1961** 954; OLG Düsseldorf HESt **1** 261 = JMBlNRW **1947** 114.

[88] zu *Dohna* 198; *Gerland* 396 und GerS **69** (1906) 339; *von Kries* 659; *Grünwald* 157; *Schirmer* 36; *Schlayer* ZStW **23** (1903) 716; *Wurzer* JW **1924** 1674; **1925** 1008; *Zitzlaff* GerS **88** (1922) 403.
[89] BGHSt 10 331; BayObLGSt **1956** 7 = NJW **1956** 921; OLG Bremen NJW **1962** 1217; OLG Celle NdsRpfl. **1960** 116; h. Lehre; a. A *Jagusch* JZ **1953** 690 Fußn. 23; vgl. auch oben Rdn. 15 und § 318.
[90] BGHSt **27** 70 auf Vorlegung des BayObLG VRS **51** 22; BayObLGSt **1975** 73 = JR **1976** 161 mit Anm. *Tröndle*; KG VRS **52** 113; OLG Düsseldorf NJW **1977** 260; OLG Hamm MDR **1976** 595; OLG Koblenz NJW **1976** 1275; OLG Köln NJW **1977** 307; OLG Zweibrücken OLGSt § 344 S. 16; h. Lehre, vgl. eingehender *D. Meyer* DAR **1976** 149; SchlHA **1976** 106; *Horn* JR **1977** 97; a. A OLG Hamburg MDR **1976** 156. Vgl. auch bei § 318.

33 (2) Ist nach § 41 StGB auf **Geldstrafe neben Freiheitsstrafe** erkannt worden, so kann die Verhängung der Geldstrafe für sich allein angefochten werden, wenn nur geltend gemacht wird, daß sie unzulässig war (vgl. *Mezger* 88; *Eckstein* GerS 84 [1916] 360). Wird sonst die Verhängung oder Bemessung der Geldstrafe beanstandet, so ist wegen der wechselseitigen Abhängigkeit der beiden Hauptstrafen eine Beschränkung regelmäßig nicht wirksam[91].

34 (3) Auf die Frage, ob die Verhängung einer **Freiheitsstrafe unerläßlich** ist (§ 47 StGB), kann die Revision regelmäßig nicht beschränkt werden, weil die Entscheidung eine umfassende Würdigung der Tat wie des Täters erfordert (vgl. bei § 318)[92].

35 (4) Auch die Frage, ob die Voraussetzungen des **Rückfalls** (§ 48 StGB) vorliegen, kann nicht losgelöst von der Straffrage im engeren Sinn behandelt werden. Eine Beschränkung der Revision auf die Frage ist daher nicht möglich[93].

36 (5) Die **Anrechnung der Untersuchungshaft** darf nach § 51 Abs. 1 Satz 2 StGB nur unterbleiben, wenn sie im Hinblick auf das Verhalten des Verurteilten nach der Tat nicht gerechtfertigt ist. Das läßt sich regelmäßig losgelöst von der Tat und der Persönlichkeit des Täters beurteilen und steht mit der Strafbemessung in keinem untrennbaren Zusammenhang. Die Beschränkung der Revision auf die Anrechnung oder Nichtanrechnung der Haft ist daher im allgemeinen möglich[94]. Eine Ausnahme besteht, wenn die Nichtanrechnung der Untersuchungshaft auf ein Verhalten des Angeklagten gestützt ist, das bei der Strafbemessung wesentlich ins Gewicht gefallen ist, insbesondere, wenn es selbst Gegenstand der Verurteilung war. Beanstandet die Revision lediglich, daß der Tatrichter auf die Strafe mehr Untersuchungshaft angerechnet hat, als vollzogen worden ist, so ist die Revisionsbeschränkung stets wirksam[95]. Für die Anrechnung oder Nichtanrechnung der vorläufigen **Entziehung der Fahrerlaubnis** gemäß § 51 Abs. 5 StGB gelten diese Grundsätze entsprechend.

37 (6) Bei Bemessung der **Gesamtstrafe** werden die Person des Täters und die einzelnen Straftaten zusammenfassend gewürdigt (§ 54 Abs. 1 Satz 2 StGB). Die hierbei anzustellenden Erwägungen sind von dem übrigen Inhalt des Urteils trennbar. Die Beschränkung der Revision auf die Gesamtstrafenbildung als solche ist daher möglich[96], es sei denn, daß der Tatrichter die Festsetzung einer Einzelstrafe unterlassen hat (RGSt 65 296). Die Revision kann auch auf die Frage beschränkt werden, ob eine Gesamtstrafenbildung nach § 53 oder § 55 StGB zu Unrecht vorgenommen oder unterlassen worden ist[97].

---

[91] RGSt **33** 378; RGRspr. **5** 663; KMR-*Paulus* § 318, 45; *Bastelberger* 52; *Grünwald* 194; *Schirmer* 41; *Eckstein* GerS 84 (1916) 359 ff; **a. A** RGSt **42** 31; **47** 227; **58** 238; OLG Köln OLGSt § 41 StGB S. 1; *Sarstedt/Hamm* 89; *Sieveking* 72 ff. Vgl. auch bei § 318.

[92] Für § 27b StGB a.F. wurde jedoch die Beschränkung überwiegend für wirksam gehalten (BGHSt **10** 330; RGSt **58** 235; **60** 168; RG JW **1924** 1724; *Eb. Schmidt* § 318, 29; anders OLG Oldenburg JZ **1953** 382; *Puppe* 67).

[93] OLG Frankfurt NJW **1971** 1419; KMR-*Paulus* § 318, 51; *Dreher/Tröndle* § 48, 14; LK-*Hirsch* § 48, 52; **a. A** für das frühere Recht RGSt **48** 21; **54** 180; **64** 159. Vgl. auch bei § 318.

[94] LK-*Tröndle* § 51, 79; vgl. auch bei § 318 und für das frühere Recht eingehend BGHSt 7 714 = JZ **1955** 383 mit abl. Anm. *Würtenberger* sowie die weiteren Nachweise in der 23. Aufl. Fußn. 8. Zur Situation bei der Gesamtstrafe s. Rdn. 38.

[95] RGSt **41** 419; RG JW **1927** 2058 KMR-*Paulus* § 318, 47; *Eb. Schmidt* § 318, 32.

[96] OLG Hamburg MDR **1976** 419; OLG Köln OLGSt § 74 StGB a.F. S. 1; KMR-*Paulus* § 318, 48; *Grünwald* 271; *Mezger* 26; *Puppe* 61; *Beling* GA 63 (1916/17) 173 Fußn. 17; *Eckstein* GerS 84 (1916) 354 ff; *Schweling* GA **1955** 302.

[97] Vgl. RGSt **37** 284; **40** 274; **49** 91; **66** 351; RG HRR **1938** 1205; OLG Saarbrücken OLGSt § 344 Abs. 2 S. 1; *Eb. Schmidt* § 318, 20; *Mezger* 25; *Niederreuther* JW **1934** 2435; *Schweling* GA **1955** 302; vgl. auch bei § 318.

Wie sich aus § 55 Abs. 2 StGB ergibt, sind **Nebenstrafen, Nebenfolgen, Maßre-** **38**
geln der Besserung und Sicherung sowie Verfall, Einziehung und Unbrauchbarmachung
grundsätzlich vom Bestand der Gesamtstrafe abhängig. Es ist daher nicht möglich, die
Revision auf den Gesamtstrafausspruch zu beschränken und die Entscheidung über
Nebenstrafe, Nebenfolgen und Maßnahmen von der Anfechtung auszunehmen[98].
Immer mitangefochten sind insoweit auch die Entscheidungen über die Anrechnung der
Untersuchungshaft (BGH LM Nr. 1 zu § 450; RGSt 66 351) und über die **Strafausset-**
zung zur Bewährung (*Grünwald* 278).

cc) **Notwendige Erstreckung der Strafmaßrevision.** Greift der Beschwerdeführer **39**
das Strafmaß an, so können von dieser Anfechtung außer dem Schuldspruch ausgenom-
men werden die Frage der Einziehung, falls keine Wechselbeziehung zu der Strafe be-
steht[99]. Gleiches gilt für die Frage der Urteilsbekanntmachung (*Mezger* 196) und der Ab-
führung des Mehrerlöses (*Mezger* 193). Dagegen sind immer mitangefochten: die Fra-
ge, ob die Rückfallvoraussetzungen nach § 48 StGB vorliegen[100]; die Gesamtstrafe[101];
Nebenstrafen, wenn eine gegenseitige Abhängigkeit nicht auszuschließen ist (vgl. unten
Rdn. 44); die Frage der Strafaussetzung zur Bewährung[102]. In der Regel nicht ausge-
nommen werden können auch Maßregeln der Besserung und Sicherung[103], wie die Ent-
ziehung der Fahrerlaubnis, sofern sie nicht wegen körperlicher oder geistiger Mängel,
sondern wegen charakterlicher Ungeeignetheit angeordnet worden ist[104]; das gilt
auch, wenn von der Anordnung der Entziehung abgesehen worden ist[105]. Ausnahmen
kommen im Einzelfall für Maßregelanordnungen allenfalls in Betracht, wenn deren Be-
stand von der rechtsfehlerhaften Strafzumessungsentscheidung erkennbar unabhängig
ist[106]. Insoweit ist aber äußerste Vorsicht geboten, weil sich das den Urteilsgründen
meist nicht sicher genug entnehmen läßt; vgl. auch unten Rdn. 50 ff.

---

[98] BGHSt **7** 182; **12** 86; **14** 382; BGH VRS **17** 49; RGSt **73** 367; **75** 212; OLG Koblenz JZ **1962** 448 mit Anm. *Eb. Schmidt;* OLG Köln NJW **1953** 1564; a. A *Grünwald* 278.

[99] OLG Düsseldorf GA **1977** 21 = VRS **51** 439; vgl. auch *Mezger* 104.

[100] OLG Frankfurt NJW **1971** 1419; OLG Koblenz VRS **49** 52; OLG Zweibrücken OLGSt § 23 StGB S. 201; KMR-*Paulus* § 318, 51; vgl. auch oben Rdn. 35; a. A *Sarstedt/Hamm* 86 und für das frühere Recht BGHSt **5** 252; RGSt **32** 312; **54** 180; **65** 237; OLG Bremen NJW **1953** 1034; OLG Celle NdsRpfl. **1958** 281; OLG Hamm MDR **1954** 631.

[101] *Grünwald* 270; *Mezger* 22; *Puppe* 57; vgl. auch oben Rdn. 20.

[102] OLG Düsseldorf NJW **1956** 1889; KMR-*Paulus* 318, 48; *Mezger* 183; *Puppe* 57; vgl. auch bei § 318.

[103] *Puppe* 58; für die Sicherungsverwahrung: *Grünwald* 241 Fußn. 438; *Mezger* 140; *Hennke* GA **1956** 44. Vgl. auch BGH NJW **1984** 623 für das Verhältnis von Strafe und Berufsverbot.

[104] BGHSt **10** 379 auf Vorlegung des OLG Hamm VRS **13** 117; BGHSt **24** 12; BGH NJW **1961** 1269; BGH VRS **17** 192; **19** 10; **23** 442; **25** 426; BayObLG NJW **1966** 678; VRS **35** 261; **38** 357; KG GA **1971** 157; MDR **1966** 345; OLG Braunschweig NJW **1955** 1333 mit Anm. *Hartung;* OLG Bremen OLGSt § 318 S. 9; OLG Celle VRS **10** 210; **44** 96; OLG Frankfurt NJW **1955** 1331 und **1959** 1504 je mit Anm. *Hartung;* OLG Hamburg NJW **1963** 460; MDR **1973** 602; OLG Hamm DAR **1954** 67; NJW **1955** 194; OLG Karlsruhe VRS **46** 425; OLG Koblenz VRS **43** 260, 421; **50** 32; **51** 428; OLG Köln VRS **48** 85; OLG Saarbrücken NJW **1968** 460; *Grünwald* 221 und die h. Lehre; a. A BayObLGSt **1956** 255 = NJW **1957** 511; *K. Müller* NJW **1960** 805; *Rödding* NJW **1956** 1342; grundsätzlich a. A auch *Mezger* 162. Vgl. auch bei § 318.

[105] OLG Stuttgart MDR **1964** 615; a. A KG VRS **26** 24; OLG Celle MDR **1961** 1036.

[106] BGH NStZ **1982** 483 mit Nachw.; RG DJ **1936** 1913; OLG Hamburg MDR **1983** 863; KK-*Pikart* § 353, 21; *Mösl* NStZ **1983** 496. Vgl. auch BGH StrVert. **1984** 420.

40   dd) **Strafaussetzung zur Bewährung.** Bei Entscheidungen nach § 56 Abs. 1 StGB, § 21 Abs. 1 JGG ist die Beschränkung der Revision auf die Strafaussetzungsfrage in der Regel unwirksam; denn die Gesamtwürdigung von Tat und Täter, auf die es bei der Entscheidung ankommt, ist auch die Grundlage der Strafbemessung. Staatsanwaltschaft und Angeklagte können daher regelmäßig nur den ganzen Strafausspruch anfechten[107]. Entsprechendes gilt in den Fällen des § 56 Abs. 2 StGB und des § 21 Abs. 2 JGG. Die Beschränkung der Revision auf die Strafaussetzungsfrage wird demgegenüber in Rechtsprechung und Schrifttum teils mit der Begründung, es handele sich um einen Entscheidungsteil, der in keinem unlösbaren Zusammenhang mit den übrigen Urteilsteilen stehe, allgemein bejaht[108], teils unter der Voraussetzung für wirksam gehalten, daß im Einzelfall eine Verknüpfung mit der Straffrage nicht erkennbar ist[109]. Im einzelnen gehen insoweit die Ansichten in der Rechtsprechung weit auseinander; eine einheitliche Handhabung besteht nicht (und selbst die ordnende Katalogisierung der Rechtsprechung ist nur bedingt möglich). Anerkannt ist auch hier, daß eine Rechtsmittelbeschränkung ausgeschlossen ist, wenn die Feststellungen zum Schuldspruch unklar, unvollständig oder widersprüchlich sind[110].

41   Soweit die Entscheidungen auf den Einzelfall abstellen, beurteilt die Rechtsprechung die Möglichkeiten der Rechtsmittelbeschränkung unterschiedlich (vgl. auch bei § 318). Die Beschränkung der **Revision der Staatsanwaltschaft** wird gelegentlich ohne weiteres für wirksam gehalten[111], oft aber auch mit der Begründung, eine Verknüpfung der Aussetzungsfrage mit der Straffrage sei in dem angefochtenen Urteil nicht ersichtlich oder doch nicht „so eng..., daß das Rechtsmittel – ausnahmsweise – notwendig den ganzen Strafausspruch ergreift" (so BGH NStZ **1982** 286)[112]. Dabei wird übersehen, daß es darauf ankommt, ob auch für den Fall der Zurückverweisung eine wechselseitige Beeinflussung ausgeschlossen werden kann (oben Rdn. 15). Vielfach wird aber auch die Revisionsbeschränkung wegen der inneren Abhängigkeit der Aussetzungsfrage von der Straffrage für unwirksam gehalten[113]. Die Beschränkung der **Revision des Angeklagten** auf die Ablehnung der Strafaussetzung wird häufig ohne weiteres zu-

---

[107] Ebenso *Grünwald* 182; *Puppe* 66; vgl. auch BGH bei *Spiegel* DAR **1976** 92.

[108] So z.B. BayObLGSt **1954** 54 = NJW **1954** 1416; OLG Frankfurt NJW **1956** 233; *Kleinknecht/Meyer* § 318, 3; *Dahs/Dahs* 348; *Heinitz* JZ **1960** 34; *Hennke* DRiZ **1955** 5.

[109] OLG Koblenz MDR **1975** 334; OLG Stuttgart Justiz **1963** 63; KK-*Pikart* 12; KMR-*Paulus* 318, 56 ff; LK-*Ruß* § 56, 49; *Bruns* GA **1956** 238; *Molketin* AnwBl. **1980** 486. Vgl. auch bei § 318 und im folgenden.

[110] OLG Celle NJW **1969** 1588 = VRS **37** 347; VRS **38** 261; OLG Hamburg JR **1964** 267 = VRS **27** 99; OLG Koblenz VRS **48** 17; vgl. oben Rdn. 25.

[111] BGHSt **24** 165; BGH JZ **1975** 185; BayObLGSt **1954** 55 = NJW **1954** 1416; OLG Hamburg MDR **1976** 773; OLG Hamm DAR **1955** 254; VRS **13** 363; OLG Koblenz Blutalkohol **1977** 61; OLGSt § 23 StGB a.F. S. 189; § 56 StGB S. 35; VRS **46** 336; OLG Oldenburg VRS **38** 426.

[112] Unter – wenig schlüssiger – Bezugnahme insbesondere auf BGHSt **19** 48 und mit weit. Nachw.; entsprechend BGH NJW **1983** 1624 für die Revision des Angeklagten; vgl. weiter KG VRS **33** 266; OLG Karlsruhe DAR **1964** 344; OLG Koblenz VRS **51** 25; OLG Köln NJW **1971** 1417; VRS **28** 106; OLG Zweibrücken OLGSt § 23 StGB a.F. S. 208.

[113] BGH GA **1980** 108; **1976** 115; BGH DRiZ **1974** 62; BGH VRS **46** 101; **50** 341; BGH bei *Dallinger* MDR **1955** 394; BayObLG NJW **1968** 2301; OLG Frankfurt NJW **1970** 303; OLGSt § 51 StGB S. 5; OLG Hamm NJW **1969** 474; VRS **13** 449; **32** 19; OLG Karlsruhe NJW **1980** 133; VRS **50** 98; OLG Koblenz MDR **1975** 334; OLG Saarbrücken NJW **1975** 2215; OLG Stuttgart VRS **39** 421.

gelassen[114], gelegentlich mit der Begründung, das Urteil lasse keine untrennbare Verbindung mit der Strafaussetzung erkennen[115]. BGH NJW **1983** 1624 versteht die Untrennbarkeit auch hier als Ausnahme, „wenn sich die für die Aussetzung ... maßgeblichen Gesichtspunkte mit sonstigen Erwägungen im Urteil überschneiden", beurteilt das im entschiedenen Fall letztlich aber nur nach dem Revisionsvorbringen oder doch nach dem mutmaßlichen Anliegen des Beschwerdeführers. Soweit in einigen Entscheidungen die Wirksamkeit der Revisionsbeschränkung verneint wird, geschieht das meist im Hinblick auf die Persönlichkeit des Angeklagten oder das Zusammenspiel spezialpräventiver Zwecke[116]. – Um die Herausarbeitung genauerer Kriterien zur Frage der Trennbarkeit haben sich in neuerer Zeit namentlich bemüht OLG Frankfurt MDR **1980** 425 und OLG Köln VRS **61** 365; vgl. auch *Molketin* AnwBl. **1980** 486.

Ist die Strafaussetzung wegen der Notwendigkeit der **Verteidigung der Rechtsordnung** nach § 56 Abs. 3 StGB versagt worden, so ist eine Rechtsmittelbeschränkung auf diesen Gesichtspunkt jedenfalls unwirksam. Denn für den Fall, daß das Urteil aufgehoben und die Sache an den Tatrichter zurückverwiesen wird, läßt sich niemals ausschließen, daß es nunmehr auf eine Prognoseentscheidung nach § 56 Abs. 1 StGB ankommt, bei der die für die Strafaussetzung maßgebenden Feststellungen und Erwägungen von Bedeutung sind. Die Rechtsprechung ist indes nicht einheitlich. Die Revisionsbeschränkung des Angeklagten wird teils ohne weiteres für möglich gehalten[117], teils wegen der inneren Verknüpfung mit der Straffrage für unwirksam erachtet[118]. In der Regel nicht möglich ist eine Revisionsbeschränkung auch im umgekehrten Fall, also bezüglich der Rüge der Staatsanwaltschaft, die Voraussetzungen des § 56 Abs. 3 StGB seien zu Unrecht nicht angenommen worden. Denn im Falle der Aufhebung und Zurückverweisung an den Tatrichter hat dieser über die Anwendung des § 56 Abs. 3 aufgrund einer umfassenden Würdigung von Tat und Täter zu entscheiden, im Zweifel also wiederum Feststellungen zu treffen und Erwägungen zu beachten, die auch für die Straffestsetzung Bedeutung besitzen (OLG Saarbrücken NJW **1975** 2215). Immerhin hat der BGH in einem „ganz besonderen Fall" (vgl. *Sarstedt/Hamm* 89 Fußn. 96) die Beschränkung der Revision der Staatsanwaltschaft mit der Begründung für wirksam erachtet, ein Einfluß der Aussetzungsentscheidung auf die Höhe der Strafe sei nicht ersichtlich (NJW **1972** 834 mit abl. Anm. *Naucke*).

42

---

[114] BGHSt **14** 75; **24** 165; BGH GA **1983** 218; BGH NJW **1954** 41; **1955** 1889; **1956** 1567; KG VRS **12** 184; OLG Braunschweig NJW **1957** 111; OLG Bremen DAR **1962** 210; OLG Frankfurt NJW **1971** 1814; OLG Hamm JMBlNRW **1956** 237; OLG Koblenz JZ **1957** 30; OLG Oldenburg NJW **1959** 1984; VRS **7** 47; OLG Schleswig SchlHA **1953** 294; OLG Stuttgart NJW **1956** 119.

[115] OLG Hamm VRS **12** 429; OLG Koblenz OLGSt § 56 StGB S. 5; VRS **43** 257; **49** 318; **52** 22; OLG Oldenburg OLGSt § 23 StGB a.F. S. 129.

[116] So insbesondere BGH VRS **25** 256 und ihm folgend z.B. OLG Celle VRS **42** 20; OLG Frankfurt NJW **1970** 957; OLG Hamm NJW **1970** 1614.

[117] OLG Frankfurt NJW **1971** 1814; vgl. auch OLG Koblenz VRS **49** 176; ebenso KMR-*Paulus* § 318, 60, sofern die Feststellungen nicht im Einzelfall der Basis der Straffrage unvereinbar widersprechen können. In den Fällen des § 23 Abs. 3 StGB in der bis 1970 geltenden Fassung wurde die Revisionsbeschränkung überwiegend zugelassen (BGHSt **6** 299; **11** 394; BGH NJW **1964** 1910; weitere Nachw. in der 23. Aufl. Fußn. 11). Da es dabei aber immer nur wesentlich um Fragen ging, die mit der Beurteilung des Täters nicht zusammenhingen (öffentliches Interesse, frühere Bewährungszeit, Vorstrafen), hat diese Rechtsprechung für § 56 StGB keine Bedeutung mehr.

[118] OLG Hamm NJW **1970** 1614; vgl. auch OLG Saarbrücken NJW **1975** 2215. „Im allgemeinen" für Unwirksamkeit *Sarstedt/Hamm* 89.

43 Soweit die Beschränkung der Revision auf die Strafaussetzungsfrage für wirksam gehalten wird, können **Entscheidungen über die Maßregeln** der Besserung und Sicherung, insbesondere über die Entziehung der Fahrerlaubnis nach § 69 StGB, von dem Rechtsmittel nicht ausgenommen werden. Die Entscheidungen über Strafe, Strafaussetzung und Maßregeln bilden in aller Regel eine untrennbare Einheit, die nur einer gemeinsamen Beurteilung zugänglich sind. In der Rechtsprechung wird die Nichtanfechtung der Entziehung der Fahrerlaubnis bei Beschränkung der Revision auf die Frage der Strafaussetzung teils allgemein oder doch wegen der besonderen Umstände des Falles für zulässig gehalten[119], teils hingegen allgemein[120] oder doch im Hinblick auf die konkrete Verknüpfung beider Urteilsteile für unwirksam erachtet[121].

d) Nebenstrafen

44 aa) **Allgemeines**. Die Beschränkung der Revision auf eine Nebenstrafe ist stets wirksam, wenn nur gerügt wird, daß deren Verhängung unzulässig war (*Eb. Schmidt* § 318, 33; *Schirmer* 41). Sonst kommt es darauf an, ob zwischen der Nebenstrafe und der Hauptstrafe eine wechselseitige Abhängigkeit besteht. Wenn das der Fall ist, kann die Revision nicht auf die Nebenstrafe beschränkt werden[122].

45 bb) **Fahrverbot (§ 44 StGB)**. Die Beschränkung der Revision auf den Ausspruch über die Nebenstrafe des Fahrverbots wird in der Rechtsprechung oft ohne weiteres als wirksam angesehen[123], gelegentlich unter der Voraussetzung, daß der Tatrichter die Nebenstrafe ersichtlich ohne Rücksicht auf die Hauptstrafe für erforderlich gehalten hat[124]. Nach richtiger Ansicht ist sie in der Regel unwirksam[125]. Das gilt vor allem für den Fall, daß der Angeklagte Revision eingelegt hat und als Hauptstrafe eine Geldstrafe verhängt worden ist. Denn das Gericht kann unter Umständen, ohne gegen das Verbot der Schlechterstellung zu verstoßen, das Fahrverbot wegfallen lassen, dafür aber die Geldstrafe erhöhen (vgl. bei § 331); wegen dieser inneren Verknüpfung der beiden Strafen ist eine Rechtsmittelbeschränkung unwirksam[126]. Zur Anrechnung der vorläufigen Entziehung der Fahrerlaubnis nach § 51 StGB vgl. oben Rdn. 36; die Ausführungen gelten entsprechend. —

46 cc) **Verlust von Amtsfähigkeit, Wählbarkeit** und **Stimmrecht** (§ 45 Abs. 2 StGB). Die Revision kann jedenfalls dann auf die Nebenstrafe beschränkt werden, wenn es nur

---

[119] OLG Hamm DAR **1955** 254; OLG Koblenz VRS **43** 258; **51** 24; OLG Stuttgart NJW **1956** 1119; auf die Umstände abstellend OLG Hamburg NJW **1963** 460; vgl. auch KMR-*Paulus* § 318, 66.

[120] So OLG Hamm NJW **1970** 1614; ebenso *Grünwald* 225.

[121] So KG VRS **31** 259; **33** 267; OLG Hamm VRS **12** 429; **32** 19; OLG Karlsruhe DAR **1964** 344; OLG Oldenburg VRS **38** 426; OLG Schleswig MDR **1977** 1039; *Dreher/Tröndle* § 69, 18; vgl. auch bei § 318.

[122] OLG Hamm NJW **1975** 67; KMR-*Paulus* § 318, 53; *Eb. Schmidt* § 318, 33; *Mezger* 92; *Schirmer* 41; *Sieveking* 77; *Puppe* 64 schließt eine Wechselwirkung niemals aus.

[123] BayObLGSt **1966** 64 = VRS **31** 186; OLG Hamm VRS **34** 418; OLG Koblenz NJW **1971** 1472 mit abl. Anm. *Händel;* OLG Saarbrücken VRS **37** 310.

[124] BayObLGSt **1967** 7; BayObLG VRS **32** 347; OLG Hamm VRS **41** 194; vgl. auch bei § 318.

[125] OLG Frankfurt VRS **55** 182; OLG Oldenburg VRS **42** 193; OLG Celle VRS **62** 38; *Dreher/Tröndle* § 44, 17; LK-*Schäfer* § 44, 51 je mit weit. Nachw. Vgl. auch Fußn. 126.

[126] OLG Schleswig NStZ **1984** 90. Auch im Bußgeldverfahren wird die Beschränkung der Rechtsbeschwerde auf die Anordnung des Fahrverbots nach § 25 StVG grundsätzlich für unwirksam gehalten (BGHSt **24** 12; BayObLG bei *Rüth* DAR **1974** 188; OLG Celle NJW **1969** 1187; OLG Düsseldorf NJW **1970** 1937; OLG Frankfurt NJW **1970** 1334; VRS **39** 73; OLG Hamburg VRS **40** 461; OLG Hamm VRS **50** 50; OLG Köln OLGSt § 79 OWiG S. 29; OLG Oldenburg NJW **1969** 2213; OLG Zweibrücken VRS **44** 452; a. A OLG Hamm VRS **39** 72).

auf die Rechtsfrage ankommt, ob die Anordnung nach § 45 Abs. 2 StGB neben der Verurteilung überhaupt zulässig ist (*Grünwald* 246). Aber auch sonst wird die Rechtsmittelbeschränkung regelmäßig wirksam sein, weil die Ermessensfrage, ob und für welche Dauer eine Anordnung gemäß § 45 Abs. 2 StGB zu treffen ist, von den Erwägungen für die Verhängung der Hauptstrafe fast immer nicht abhängig sein dürfte[127].

dd) Einziehung. Vgl. unten Rdn. 64 ff. **47**

e) Nebenfolgen
aa) Abführung des Mehrerlöses (§§ 8, 9 WiStG). Die Anordnung der Abführung **48** oder Rückerstattung des Mehrerlöses ist eine Nebenfolge, die weder den Schuld- noch den Strafausspruch unmittelbar berührt. Die Beschränkung der Revision auf diese Anordnung ist daher nach allgemeiner Ansicht möglich[128].

bb) Bekanntgabe der Verurteilung. Diese in zahlreichen Bestimmungen vorgese- **49** hene Nebenfolge (vgl. §§ 103 Abs. 2, 165, 200 StGB, § 16 Abs. 3 GebrMG, § 14 Abs. 3 GeschmMG, § 49 Abs. 3 PatG, § 111 UrhG, § 23 Abs. 1 UWG, § 30 Abs. 2 WZG) hängt von den Feststellungen und Erwägungen zur Schuld- und Straffrage in aller Regel nicht unmittelbar ab. Die Revisionsbeschränkung ist daher grundsätzlich wirksam[129].

f) Maßregeln gemäß §§ 61 ff StGB
aa) Allgemeines. Maßregeln der Besserung und Sicherung nach §§ 61 ff StGB **50** sind, auch wenn sie, wie die Entziehung der Fahrerlaubnis nach § 69 StGB, in der faktischen Wirkung Strafcharakter haben mögen, keine Nebenstrafen. Die Wirksamkeit der Revisionsbeschränkung beurteilt sich daher nicht nach den für Nebenstrafen (oben Rdn. 44) geltenden Grundsätzen. Vielmehr ist jeweils nach Art und Auswirkung der Maßregel zu prüfen, ob eine von der Schuldfrage und von der sonstigen Rechtsfolgenentscheidung losgelöste Beurteilung möglich ist[130]. Da auch Maßregeln stets die Begehung einer mindestens rechtswidrigen Tat voraussetzen („Anlaßtat"), kommt bei unklaren, lückenhaften oder widersprüchlichen Feststellungen zur „Schuldfrage" eine Revisionsbeschränkung auch hier nicht in Betracht[131]. Auch der Grundsatz, daß die Revisionsbeschränkung unwirksam ist, wenn die Tat unter kein Strafgesetz fällt (oben Rdn. 25), findet Anwendung; jedoch kann im Einzelfall der Maßregelausspruch aufrechterhalten werden, ist die Beschränkung also wirksam, wenn die Maßregel aufgrund eines anderen Strafgesetzes gerechtfertigt ist, das auf den festgestellten Sachverhalt anzuwenden ist[132]. Zur Frage, ob eine Aufhebung im Strafausspruch auch die Maßregel erfaßt (s. § 353, 12) gelten die in Rdn. 39 dargelegten Grundsätze entsprechend.

bb) Unterbringung in einem psychiatrischen Krankenhaus (§ 63 StGB). Die Maß- **51** regel ist sowohl zulässig, wenn der Täter nach § 20 StGB freigesprochen wird, als auch neben der Verurteilung zu Strafe, wenn er nur vermindert schuldfähig (§ 21 StGB) ist.

---

[127] KMR-*Paulus* § 318, 55; *Sarstedt/Hamm* 88; ebenso für den Ehrverlust nach § 32 StGB a.F.: BGHSt 4 230; 5 209; RGSt 42 241; 65 296; 68 176; a. A *Grünwald* 245; *Schirmer* 42.
[128] OGHSt 1 161; OLG Hamburg HESt 1 156 = MDR 1947 103 mit Anm. *Tesar*; OLG Köln NJW 1954 245; KMR-*Paulus* § 318, 78; *Mezger* 193.
[129] RGSt 42 318; RG GA 1904 179; BayObLGSt 11 407; KMR-*Paulus* § 318, 78; *Grünwald* 288; *Mezger* 195; *Schirmer* 43.

[130] OLG Koblenz VRS 43 260; *Eb. Schmidt* § 318, 34; KMR-*Paulus* § 318, 65; a. A *Puppe* 77 ff, die eine Trennung für unmöglich hält. Vgl. auch bei § 318.
[131] OLG Hamm VRS 30 203; OLG Koblenz VRS 48 16; KMR-*Paulus* § 318, 65. Vgl. oben Rdn. 26.
[132] BayObLGSt 1954 159 = NJW 1955 395 = JR 1955 151 mit zust. Anm. *Sarstedt* und weiterer zust. Anm. H. *Müller* NJW 1955 642; vgl. dazu *Grünwald* 331 ff.

§ 344   Drittes Buch. Rechtsmittel

Die Beschränkung der Revision auf den Maßregelausspruch ist in beiden Fällen streitig, richtiger Ansicht nach aber ausgeschlossen.

52 Rügt die Staatsanwaltschaft, daß das Gericht **neben dem Freispruch** nicht die Anordnung nach § 63 StGB getroffen hat, so kann sie die Revision nicht auf den Maßregelausspruch beschränken. Denn die Entscheidung über die Maßregel verlangt grundsätzlich die Überprüfung des ganzen Tat- und Schuldunterbaus[133]. Anders hat jedoch BGH GA **1968** 148 in einem Fall entschieden, in dem die Staatsanwaltschaft gegen das Strafe wie Unterbringung ablehnende Urteil „in vollem Umfang" Revision einlegte, die Begründung sich aber allein mit der Unterbringung befaßte. Für den Fall, daß der freigesprochene Angeklagte den Wegfall der Unterbringungsanordnung erstrebt, wird die Rechtsmittelbeschränkung teilweise nicht nur für wirksam, sondern sogar für notwendig gehalten, weil der Angeklagte durch die Freisprechung nicht beschwert sei und das Gericht überdies wegen des Verbots der Schlechterstellung (§ 358 Abs. 2) auch im Fall der Urteilsaufhebung und Zurückverweisung wieder auf Freisprechung erkennen müßte[134]. Daß auch in diesem Fall die Frage der Schuldfähigkeit von der Prüfung des Revisionsgerichts nicht ausgenommen werden kann, wird aber anerkannt[135]. Nach anderer Ansicht läßt sich die Revision wegen der inneren Verknüpfung mit der Schuldfrage nicht auf den Maßregelausspruch beschränken[136]. Dieser Ansicht ist zuzustimmen. Denn da die Unterbringungsfrage nicht ohne Rückgriff auf die für die Freisprechung entscheidende Frage der Schuldunfähigkeit beurteilt werden kann, ist eine Trennung des Urteils unmöglich; die Anfechtung erfaßt eben notwendigerweise auch den freisprechenden Teil des Erkenntnisses. Ließe man die Revisionsbeschränkung zu, so könnte das dazu führen, daß die Schuldfähigkeit bei der Anwendung des § 63 StGB anders beurteilt wird als bei der Schuldfrage; ein solcher Widerspruch muß vermieden werden. Daß der Angeklagte durch ein freisprechendes Urteil an sich nicht beschwert ist (vgl. § 333, 25), spielt unter diesen besonderen Umständen keine Rolle. Folgt man der herrschenden Meinung, nach der das Verschlechterungsverbot nicht den Schuldspruch betrifft (vgl. bei § 318), ist im übrigen zweifelhaft, ob das Verbot eine erneute Freisprechung tatsächlich verlangt; vielmehr liegt es dann mindestens nahe anzunehmen, daß die Vorschrift auch die Aufhebung des freisprechenden Urteils und den Ausspruch nicht hindert, daß der Angeklagte der Tat „schuldig" ist[137].

53 Ist der Angeklagte **zu Strafe verurteilt** worden und erstrebt die Staatsanwaltschaft zusätzlich die Unterbringungsanordnung, so soll nach der Rechtsprechung des BGH zwar die Beschränkung der Revision auf den Maßregelausspruch wirksam, eine Zurückverweisung der Sache aber nur unter Aufhebung der gesamten Feststellungen zu § 63 StGB mit Ausnahme der Feststellungen zum Schuldspruch zulässig sein (BGHSt **15** 285). Das erscheint nicht richtig. Eine Trennung ist nicht möglich, weil die Frage der verminderten Schuldfähigkeit sowohl für die Schuldfrage als auch für den Maßregel-

---

[133] So *Dreher/Tröndle* § 63, 17; *Grünwald* 203 ff; vgl. auch *Eb. Schmidt* § 318, 36.
[134] BGHSt **5** 267; RGSt **69** 12; KG NJW **1953** 196; *Schönke-Schröder* § 63, 29; *Mezger* 114; *Sieveking* 78; vgl. auch *Sarstedt/Hamm* 88; differenzierend KMR-*Paulus* § 318, 65. Vgl. auch BayObLG bei *Rüth* DAR **1980** 270 (für § 64 StGB) sowie BayObLG NStZ **1985** 90.
[135] BGHSt **5** 268; BayObLGSt **1954** 163 = NJW **1955** 353; *Mezger* 114; vgl. auch *Grünwald* 203, der den Freispruch für unanfechtbar hält, aber keine Bindung an Feststellungen eintreten lassen will, die für den Angeklagten nachteilig sind.
[136] BGH NJW **1951** 450; RGSt **71** 265; **72** 354; KG HESt **1** 240 = DRZ **1948** 255 mit Anm. *Gallas*; OLG Tübingen NJW **1953** 1444; *Eb. Schmidt* § 318, 36; *Dreher/Tröndle* § 63, 17; *Puppe* 58 Fußn. 186.
[137] So KMR-*Paulus* § 318, 68; *Eb. Schmidt* § 318, 36; *Dreher/Tröndle* § 63, 17; LR-*Meyer* in der 23. Aufl.

ausspruch von Bedeutung ist[138]. Gleiches muß aber auch für den Fall gelten, daß der zu Strafe verurteilte Angeklagte das Urteil nur wegen der gleichzeitig getroffenen Unterbringungsanordnung anficht. Denn auch hier lassen sich Widersprüche in den Urteilsfeststellungen nur vermeiden, wenn die Anfechtung in vollem Umfang verlangt wird (*Grünwald* 209; LR-*Meyer*[23]). Die ganz herrschende Ansicht hält demgegenüber die Rechtsmittelbeschränkung für wirksam[139].

cc) Unterbringung in einer Entziehungsanstalt (§ 64 StGB). Die Anordnung der **54** Maßregel ist sowohl neben dem Freispruch wegen erwiesener oder nicht auszuschließender Schuldunfähigkeit (§ 20 StGB) als auch neben der Verurteilung zu Strafe zulässig. Die Wirksamkeit der Revisionsbeschränkung beurteilt sich nach denselben Grundsätzen wie bei der Entziehung der Fahrerlaubnis (unten Rdn. 57 ff; vgl. aber bei § 318). Bei der Unterbringung in einer Trinkerheilanstalt nach § 42 c StGB a. F. und der Unterbringung in einem Arbeitshaus nach § 42 d StGB a. F., die allerdings nur neben der Verurteilung zu Strafe zulässig waren, ist die Beschränkung der Revision auf die Maßregel jedoch überwiegend für grundsätzlich zulässig gehalten worden[140].

dd) Unterbringung in der Sicherungsverwahrung (§ 66 StGB). Nach ganz herr- **55** schender Meinung steht die Maßregel in keiner untrennbaren Verbindung zur *Schuldfrage;* diese soll daher von der Anfechtung grundsätzlich ausgenommen werden können[141]. Die herrschende Meinung ist indessen nach der Neufassung des § 66 StGB durch das 1. StrRG dann kaum vertretbar, wenn der Tatrichter im Fall der Zurückweisung bei der erneuten Prüfung der Voraussetzungen des § 66 Abs. 1 Nr. 3 StGB auch Einzelheiten der die Maßregel auslösenden Anlaßtat(en) zu würdigen hat; insoweit ist daher im Einzelfall Untrennbarkeit zu bejahen. – Ob die Revision auf die Anordnung oder Nichtanordnung der Maßregel unter Ausnahme des *Strafausspruchs* gestützt werden kann, ist umstritten. Die herrschende Meinung stellt darauf ab, ob im Einzelfall zwischen der verhängten Strafe und der Maßregelentscheidung „ersichtlich" oder „erkennbar" ein untrennbarer Zusammenhang besteht[142]. Da dieser Zusammenhang auch nach Wegfall des § 20 a StGB a. F. vielfach oder sogar in der Regel vorhanden sein wird, ohne daß die tatrichterlichen Urteilsgründe darüber hinreichend deutlich Auskunft geben[143], wird man den Zusammenhang schon dann bejahen müssen, wenn er sich nicht ausschlie-

---

[138] Ebenso *Grünwald* 210 ff; vgl. auch LK-*Hanack* § 63, 134.

[139] BGHSt **5** 313; BGH NJW **1963** 1414; **1969** 1578; RGSt **71** 266; BayObLGSt **1954** 163 = NJW **1955** 353; OLG Hamburg JZ **1951** 152 L; KK-*Pikart* § 344, 12; KMR-*Paulus* § 318, 69; *Sarstedt/Hamm* 88; Schönke/Schröder § 63, 29; *Mezger* will eine Ausnahme für den Fall machen, daß die Unterbringungsanordnung die Strafe beeinflußt hat; RG DR **1945** 18; RG HRR **1938** 709 halten die Trennung vom Strafausspruch grundsätzlich nicht für möglich; vgl. auch *Seibert* NJW **1961** 10 und oben Rdn. 39.

[140] Zu § 42c StGB a.F.; BGHSt **3** 339. Zu § 42d StGB a.F.; RGSt **72** 224; BayObLGSt **1954** 164 = NJW **1955** 353; OLG Hamm NJW **1951** 372; *Mezger* 122; anders RG JW **1935** 524; *Eb. Schmidt* § 318, 38; *Grünwald* 243.

[141] BGHSt **1** 314; RGSt **68** 385; **69** 110; **70** 128; BayObLGSt **1954** 164 = NJW **1955** 353; *Mezger* 128; *Hennke* GA **1956** 41.

[142] BGHSt **7** 101 = JZ **1955** 384 mit zust. Anm. *Würtenberger;* BGH NJW **1968** 998; **1971** 1416; **1980** 1055 = JR **1980** 338 mit Anm. *Hanack;* BGH GA **1974** 174; RGSt **73** 82; RG JW **1936** 3458; KK-*Pikart* 12; KMR-*Paulus* § 318, 70; *Mezger* 140; *Hennke* GA **1956** 41; für weitergehende Trennbarkeit ersichtlich *Sarstedt/Hamm* 87 im Hinblick auf das Interesse des Angeklagten.

[143] Vgl. *Marquardt* Dogmatische und kriminalpolitische Aspekte des Vikariierens von Strafe und Maßregel (1972) 157 ff; vgl. auch LK-*Hanack* Rdn. 16 vor § 61.

§ 344 Drittes Buch. Rechtsmittel

ßen läßt[144]. Es ist dabei nicht berechtigt, den Zusammenhang bei Nichtanordnung der Maßregel eher zu bejahen als bei ihrer Anordnung[145]. Es besteht – bei Beachtung der genannten Kautelen – aber auch kein Anlaß, die Beschränkung stets für unwirksam zu halten[146].

56 ee) **Anordnung der Führungsaufsicht (§ 69 StGB).** Die Führungsaufsicht darf nur angeordnet werden, wenn die Rückfallvoraussetzungen (§ 48 StGB) vorliegen oder der Angeklagte zu einer Freiheitsstrafe von mindestens sechs Monaten verurteilt worden ist und die Gefahr besteht, daß er weitere Straftaten begehen wird. Das läßt sich im Einzelfall, und zwar auch bei Zurückverweisungen, unabhängig von der *Schuldfrage* beurteilen; insoweit ist daher Trennbarkeit gegeben. Hingegen besteht zur *Straffrage* regelmäßig eine sehr enge Verknüpfung; der Angriff auf die Anordnung oder Nichtanordnung der Maßregel wird sich daher kaum je von der Straffrage trennen lassen[147].

57 ff) **Entziehung der Fahrerlaubnis (§ 69 StGB).** Die Anordnung der Maßregel ist sowohl neben dem Freispruch wegen erwiesener oder nicht auszuschließender Schuldfähigkeit (§ 20 StGB) als auch neben der Verurteilung zu Strafe zulässig. Die Behandlung beider Fallgruppen ist umstritten. Richtigerweise ist anzunehmen, daß die Beschränkung der Revision auf den Maßregelausspruch im ersten Fall stets, im zweiten regelmäßig unwirksam ist:

58 Legt die Staatsanwaltschaft Revision ein, weil **neben der Freisprechung** nicht die Fahrerlaubnis entzogen worden ist, so kann sie das Rechtsmittel entgegen BayObLG NStZ **1985** 90 nicht beschränken; auch der Freispruch ist angefochten (*Grünwald* 232). Für den Fall, daß der freigesprochene Angeklagte die Anordnung der Maßregel anficht, gilt nichts anderes; auch in diesem Fall kann die Frage, ob wegen der Schuldunfähigkeit eine Entziehung der Fahrerlaubnis erforderlich ist, nicht von der Schuldfrage getrennt werden[148]. Die Frage der Beschwer oder Nichtbeschwer durch ein freisprechendes Urteil (vgl. § 333, 25) spielt hier keine Rolle; denn es geht nicht darum, ob der Freispruch angefochten werden *kann*, sondern ob er notwendigerweise mitangefochten werden *muß*[149]. Vgl. im übrigen Rdn. 52.

59 Ist die Fahrerlaubnis in einem Erkenntnis entzogen, das den Angeklagten **zu**

---

[144] In diesem Sinne auch BGH NJW **1980** 1055; **1968** 998; GA **1974** 174; *Hanack* JR **1980** 314; KMR-*Paulus* § 318, 70.

[145] Näher *Hanack* JR **1980** 341 Fußn. 20; vgl. auch *Grünwald* 241; a. A LR-*Meyer* in der 23. Aufl.

[146] Anders insoweit *Eb. Schmidt* § 318, 39 und *Grünwald* 241.

[147] Anders noch LK-*Hanack* § 68, 29 (Trennung vom Strafausspruch „vielfach möglich"); LR-*Meyer* meint in der 23. Aufl., daß die Trennung „grundsätzlich nicht in Betracht kommt". Vgl. für die Rückfallvoraussetzungen auch Rdn. 39. – Bei der Polizeiaufsicht nach § 38 StGB a.F. wurde die Revisionsbeschränkung teils ohne weiteres für wirksam gehalten (BGH NJW **1971** 948; RGSt **42** 241; **47** 229; BayObLG JW **1926** 1239), teils wurde darauf abgestellt, ob sich im Einzelfall eine Verknüpfung mit der Straffrage ausschließen ließ (*Mezger* 166). Da die Polizeiaufsicht nicht in der Form des heutigen § 68 StGB von gesetzlich näher bestimmten Voraussetzungen abhängig war, lassen sich diese Rechtsgrundsätze nicht auf die Führungsaufsicht übertragen; a. A KMR-*Paulus* § 318, 71, die unter Hinweis auf diese Grundsätze Trennbarkeit für „grundsätzlich zulässig" halten.

[148] *Eb. Schmidt* § 318, 41; *Heinitz* JZ **1960** 34; differenzierend nach der Intention des Angeklagten KMR-*Paulus* § 318, 74 i.V. mit 65.

[149] Anders OLG Hamm NJW **1956** 560; *Grünwald* 232; *Mezger* 152, die zwar den Maßregelausspruch für untrennbar vom Schuldspruch und die erneute Prüfung der Schuldfähigkeit für geboten, aber eine Anfechtung des Freispruchs für unzulässig halten. Vgl. auch BayObLG NStZ **1985** 90 mit weit. Nachw. und bei § 318.

Strafe verurteilt, so ist die Maßregel vom Schuldspruch grundsätzlich trennbar[150]. Die weitere Frage, ob bei der Urteilsanfechtung auch der Strafausspruch ausgenommen werden kann, wird unterschiedlich beantwortet. Die Revisionsbeschränkung wird für wirksam gehalten bei einer Revision der Staatsanwaltschaft, mit der eine in unzulässiger Weise beschränkte Anordnung der Fahrerlaubnisentziehung (BGHSt **6** 183) oder die Nichtanordnung der Maßregel gerügt wird[151]. Nach verbreiteter Auffassung gilt das auch für die Revision des zu Strafe verurteilten Angeklagten, der lediglich den Wegfall der Maßregel erstrebt[152]. Zutreffend ist jedoch die Ansicht, daß sowohl die Revisionsbeschränkung der Staatsanwaltschaft als auch die des Angeklagten auf die Maßregelfrage immer dann unwirksam ist, wenn zum Maßregelausspruch die gleichen Feststellungen und Erwägungen notwendig oder möglich sind, die für die Strafbemessung Bedeutung haben[153]. Das wird sich regelmäßig nicht ausschließen lassen, wenn die Fahrerlaubnis im Hinblick auf Charaktermängel des Angeklagten entzogen worden ist[154]. Anders kann es liegen, wenn Grund der Entziehung eine fahrtechnische (körperliche oder geistige) Ungeeignetheit des Angeklagten ist (BGHSt **10** 382) oder wenn nach § 60 StGB von Strafe abgesehen wurde (OLG Hamm VRS **43** 22; vgl. auch bei § 318).

Ist die Freiheitsstrafe zur **Bewährung** ausgesetzt worden, so kann die Revision **60** nicht auf den Maßregelausspruch beschränkt werden[155]. Nach OLG Braunschweig NJW **1958** 680 ergreift die Revision dann aber nicht die ganze Straffrage, sondern nur die Aussetzungsfrage; auch OLG Oldenburg NJW **1959** 1983 hält eine Beschränkung auf die Aussetzungsfrage und den Maßregelausspruch für wirksam.

Die Beschränkung der Revision auf die **Bemessung der Sperre** nach § 69a StGB **61** wird überwiegend unter der Voraussetzung für wirksam gehalten, daß die Gründe für die Anordnung der Sperrfrist von denen trennbar sind, die zu der Fahrerlaubnisentziehung geführt haben[156]. Regelmäßig wird eine solche Trennung aber nicht möglich sein[157].

---

[150] BayObLGSt **1954** 160 = JR **1955** 151; KG VRS **26** 198; OLG Braunschweig NJW **1955** 1333 mit Anm. *Hartung;* OLG Hamburg DAR **1956** 167 = VRS **10** 355; *Dreher/ Tröndle* § 69, 18; *Lackner* § 69a, 8; *Mezger* 154; a. A *Heinitz* JZ **1960** 34. Vgl. auch bei § 318.

[151] BGHSt **7** 166; **15** 317; BGH MDR **1955** 117; BGH VRS **13** 212; BayObLGSt **1976** 48 = VRS **51** 276; OLG Hamburg NJW **1955** 1080; OLG Oldenburg NJW **1969** 199; OLG Schleswig DAR **1967** 21; SchlHA **1954** 261; OLG Stuttgart NJW **1955** 431; vgl. aber auch OLG Stuttgart VRS **46** 103.

[152] BGHSt **5** 173; **7** 166; **15** 317; **18** 288; **25** 101; BGH VRS **18** 350; **20** 117; **45** 117; BGH bei *Dallinger* MDR **1954** 16; KG VRS **26** 198; OLG Braunschweig NJW **1955** 1333 mit Anm. *Hartung;* OLG Hamburg VRS **10** 355; OLG Koblenz VRS **43** 420; **50** 362; OLG Neustadt GA **1956** 268; OLG Oldenburg VRS **51** 281; OLG Zweibrücken MDR **1965** 506; *Bruns* GA **1954** 192; *K. Müller* NJW **1960** 804; *Rödding* NJW **1956** 1342; *Weigelt* DAR **1956** 73, 215.

[153] BGH NJW **1954** 1168; BGH VRS **17** 36; BayObLG bei *Rüth* DAR **1954** 184; KG GA **1971** 157; OLG Celle MDR **1961** 954; *Dahs/ Dahs* 348; *Sarstedt/Hamm* 87; *Mezger* 158.

[154] *Dreher/Tröndle* § 69, 18; *Grünwald* 228 ff halten die Revisionsbeschränkung sogar stets für unwirksam; vgl. auch bei § 318.

[155] OLG Bremen OLGSt § 318 S. 9; OLG Hamm VRS **32** 18; OLG Köln NJW **1959** 1237 L = VRS **16** 422; a. A BGH VRS **21** 40; **29** 15; KMR-*Paulus* § 318, 75 und LK-*Rüth* § 69, 60 stellen auf den Einzelfall ab.

[156] BGHSt **15** 394; VRS **17** 192; **21** 262, 266; OLG Bremen DAR **1965** 216 = VRS **29** 17; OLG Karlsruhe DAR **1971** 188; VRS **48** 425; OLG Koblenz VRS **48** 16; **50** 362; OLG Köln VRS **43** 96; OLG Oldenburg OLGSt § 42m StGB a.F. S. 5; OLG Saarbrücken OLGSt § 42m StGB a.F. S. 37; OLG Schleswig DAR **1967** 21; OLG Zweibrücken NJW **1983** 1007; h.M. im strafrechtlichen Schrifttum.

[157] KG VRS **33** 266; GA **1971** 157; OLG Celle NdsRpfl. **1965** 46; OLG Düsseldorf VerkMitt. **1957** 59; *Dreher/Tröndle* § 69, 18; *Grünwald* 228 hält sie stets für ausgeschlossen. Vgl. auch bei § 318.

§ 344   Drittes Buch. Rechtsmittel

62   gg) **Anordnung des Berufsverbots (§ 70 StGB).** Die Anordnung der Maßregel läßt sich im allgemeinen losgelöst von der Schuldfrage beurteilen[158]. Von der Straffrage kann sie regelmäßig nicht getrennt werden, weil die dieser zugrunde liegenden Feststellungen und Erwägungen auch für die Maßregel gelten[159]. Etwas anderes gilt im Einzelfall insbesondere, wenn die Revision des Angeklagten erkennbar nur die Verletzung solcher speziellen Merkmale des § 70 StGB rügt, die von der Straffrage und den ihr zugrunde liegenden Gesichtspunkten als solche unabhängig sind, also z. B. der Begrenzung des Umfangs der verbotenen Tätigkeit in Beruf oder Gewerbe.

g) Beschränkung auf Verfall und Einziehung

63   aa) **Verfall.** Die Anordnung des Verfalls (§ 73 StGB) und des Verfalls von Wertersatz (§ 73a StGB) kann unabhängig von der Schuldfrage geprüft werden. Sie steht auch in keinem untrennbaren Zusammenhang mit der Straffrage, da sie lediglich bezweckt, dem Täter die für oder durch die Tat erlangten Vorteile zu nehmen; sie ist keine Nebenstrafe, sondern eine Maßnahme eigener Art. Die Revision kann daher auf die Verfallsanordnung beschränkt werden[160].

64   bb) **Einziehung.** Die Revisionsbeschränkung ist immer wirksam, wenn das Rechtsmittel nur formelle Fragen zum Gegenstand hat, wie z. B. die genaue Bezeichnung der Einziehungsgegenstände im Urteilsausspruch (BGHSt **9** 88). Auch sonst wird die Beschränkung überwiegend ohne weiteres für wirksam gehalten, mag es sich um die Revision der Staatsanwaltschaft gegen die Ablehnung der Einziehungsanordnung[161] oder die Revision des Angeklagten gegen die Anordnung handeln[162]. Das ist jedoch so allgemein nicht richtig. Die Einziehung nach § 74 StGB kann Nebenstrafe oder Sicherungsmaßnahme sein. Im letzteren Fall kann der Einziehungsausspruch losgelöst von der Straffrage beurteilt werden[163]. Als Nebenstrafe steht die Einziehung dagegen meist in untrennbarer Verbindung mit der Hauptstrafe (vgl. oben Rdn. 44), läßt sich insbesondere regelmäßig nicht ausschließen, daß diese wegen der Anordnung oder Nichtanordnung der Einziehung geringer oder höher bemessen worden ist[164]. Bei der Einziehung des Wertersatzes nach § 74c StGB gelten keine Besonderheiten (vgl. BGHSt **4** 62; **6** 305; **16** 296).

65   Wird die Einziehung im Verfahren gegen eine bestimmte Person abgelehnt, obwohl sie nach § 76a StGB möglich ist, so kann die Staatsanwaltschaft die Revision gegen das Urteil auf die Einziehungsfrage beschränken und den freisprechenden Teil des Erkenntnisses unangefochten lassen (vgl. RGSt **33** 22; a. A *Grünwald* 251). Im umgekehr-

---

[158] BayObLGSt **1964** 164 = NJW **1955** 353; LK-*Hanack* § 70, 94; *Mezger* 143; a. A *Eb. Schmidt* § 318, 40; offenbar *Dahs/Dahs* 348.
[159] RGSt **74** 54; BayObLGSt **1954** 164 = NJW **1955** 353; BayObLGSt **1961** 58; KMR-*Paulus* § 318, 77; *Dreher/Tröndle* § 70, 18; *Lackner* § 70, 6; *Grünwald* 243; a. A BGHSt **17** 39; BGH NJW **1975** 2249; BGH bei *Dallinger* MDR **1954** 16; OLG Hamm NJW **1957** 1773; *Sarstedt/Hamm* 87; *Schönke/Schröder* § 70, 17; *Mezger* 144; vgl. auch bei § 318.
[160] RGSt **67** 30; KMR-*Paulus* § 318, 78; *Sarstedt/Hamm* 88; a. A *Grünwald* 246 ff; *Mezger* 106 hält die Beschränkung nur für wirksam, wenn es um die bloße Zulässigkeit der Verfallserklärung geht; vgl. auch bei § 318.

[161] BGHSt **18** 137; RGSt **42** 30; **74** 206.
[162] RGSt **42** 31; **46** 222; OLG Celle NdsRpfl. **1966** 131; OLG Düsseldorf NJW **1972** 1382; OLG Freiburg HESt **2** 140 = DRZ **1949** 140; OLG Oldenburg NJW **1971** 769; OLG Saarbrücken OLGSt § 40 StGB a. F. S. 7; vgl. auch *Sarstedt/Hamm* 87.
[163] OLG Düsseldorf NJW **1972** 1382; OLG Hamm NJW **1975** 67; *Schirmer* 42; *Dreher/Tröndle* § 74, 21; a. A *Grünwald* 249 ff, der die Trennbarkeit stets für unmöglich hält.
[164] OLG Düsseldorf GA **1977** 21; KMR-*Paulus* § 318, 78; *Mezger* 103 ff; *Dreher/Tröndle* § 74, 21; in den Fällen OLG Hamm NJW **1975** 67; OLGSt § 74 StGB S. 3 war das nach den Umständen ausgeschlossen.

ten Fall (der freigesprochene Angeklagte legt Revision gegen die Einziehungsanordnung ein) gilt das gleiche (RGSt **61** 293; *Grünwald* 251).

7. Rechtsfolgen wirksamer Revisionsbeschränkung. Nach § 343 Abs. 1 wird die **66** Rechtskraft des Urteils gehemmt, soweit es angefochten ist. Daraus scheint sich zwangsläufig zu ergeben, daß es im übrigen rechtskräftig wird. In Rechtsprechung und Schrifttum ist auch oft allgemein davon die Rede, daß wirksame Rechtsmittelbeschränkung zur Teilrechtskraft führt[165]. Dabei ist jedoch zu unterscheiden: Wird die Verurteilung wegen einer oder mehrerer in Tatmehrheit begangener Straftaten rechtskräftig, so bestehen keine Besonderheiten gegenüber der Rechtskraft, die eintritt, wenn das ganze Urteil in Rechtskraft erwächst. Das gilt auch, wenn Tatidentität im Sinne des § 264 vorliegt[166]. Das Urteil ist vollstreckbar, soweit es nicht angefochten ist. Wegen der Rechtskraft der Einzelverurteilungen sind selbst nachträglich entdeckte oder entstehende Verfahrenshindernisse ohne Bedeutung[167]. Bei der Teilrechtskraft, die eintritt, wenn nur einzelne Bestandteile der Verurteilung wegen einer einheitlichen Tat angefochten werden, entsteht nach zunehmend vertretener Meinung[168], die sich mittlerweile auch in der Rechtsprechung widerspiegelt[169], nur eine innerprozessuale Bindungswirkung für das Rechtsmittelgericht, die mit der Vollrechtskraft lediglich den Namen gemeinsam hat[170]. Ihre Konsequenzen im einzelnen sind noch umstritten. Praktisch wichtig ist, daß sie weder zur Vollstreckbarkeit noch zu derselben Unabänderlichkeit wie die Vollrechtskraft führt (*Kleinknecht* MDR **1955** 435), vielmehr eben nur eine Bindung an die Feststellungen in den nicht angefochtenen Urteilsteilen enthält. Die horizontale Rechtskraft hindert daher nicht die Einstellung des Verfahrens wegen eines Verfahrenshindernisses und steht auch einer Abänderung des Schuldspruchs oder einer Freisprechung nicht entgegen, wenn das sachliche Recht sich nachträglich geändert hat (§ 354 a, 9). Sie dürfte nach freilich umstrittener Ansicht im Falle der Teilaufhebung durch das Revisionsgericht überdies dazu führen, daß der Tatrichter in der Neuverhandlung an die Feststellungen im nicht angefochtenen Teil des Urteils dann nicht gebunden ist, wenn sich im Rahmen der zulässigen Beweisaufnahme die fehlende Schuldfähigkeit ergibt oder zeigt, daß der Angeklagte die Tat gar nicht begangen hat; vgl. dazu § 353, 29 f.

8. Rechtsfolgen unwirksamer Revisionsbeschränkung. Hält das Revisionsgericht **67** die Beschränkung des Rechtsmittels nicht für wirksam, behandelt es die Revision nicht als unzulässig, sondern als in vollem Umfang oder jedenfalls in dem Umfang eingelegt, in dem die übrigen Urteilsteile in der logischen Reihenfolge zur Prüfung mit herangezo-

---

[165] BGHSt **7** 283; **10** 72; **16** 239; **24** 109; BGH NJW **1963** 499; RGSt **42** 243; **58** 373; **61** 209; **62** 403 u.ö. *Mezger* 3; *Hartung* NJW **1955** 1332; KK-*Ruß* § 318, 9.
[166] Vgl. KMR-*Paulus* § 318, 4; *Henkel* 392; *Grünwald* 47 ff; *Puppe* 21; *Sieveking* 43; *Hartung* SJZ **1949** 66; *Meister* DAR **1950** 715.
[167] *Henkel* 392; *Sieveking* 125; **a. A** BGHSt **8** 269 = JZ **1956** 417 mit zust. Anm. *Jescheck*.
[168] Vgl. insbesondere KMR-*Sax* Einl. **XIII** 87 mit weit. Nachw. KMR-*Paulus* § 318, 4, 6;

Eb. Schmidt § 318, 1; *Henkel* 393; *Roxin* § 51 B II 2 b; *Schlüchter* 637; vgl. auch *Kleinknecht/Meyer* Einl. 185 ff.
[169] Vgl. BGHSt **24** 187; **28** 121 = JR **1979** mit Anm. *Grünwald*; BGH NJW **1980** 1807.
[170] KMR-*Sax* und KMR-*Paulus* aaO; *Schirmer* spricht von einer relativen, *Peters* 476 von einer aufschiebend bedingten Rechtskraft; **a. A** *Puppe* 22, die keinen Unterschied feststellt.

gen werden müssen[171]. Ist die Revision in wirksamer Weise auf Verfahrensvoraussetzungen beschränkt, gilt die allgemeine Sachrüge als erhoben (unten Rdn. 74).

III. Begründung der Revisionsanträge

68 **1. Allgemeines.** Im Gegensatz zur Berufung (§§ 317, 318 Satz 2) muß die Revision stets begründet werden; sonst ist sie unzulässig (§ 346 Abs. 1). Dabei sind die Frist des § 345 Abs. 1 und die Formvorschrift des § 345 Abs. 2 zu wahren. Aus der Begründung muß hervorgehen, ob das Urteil wegen Verletzung einer Rechtsnorm über das Verfahren (Verfahrensrüge) oder wegen Verletzung einer anderen Rechtsnorm (Sachrüge) angefochten wird (§ 344 Abs. 2 Satz 1). Die Verfahrensrüge erfordert nähere Ausführungen; die Revision muß die den Verfahrensmangel enthaltenden Tatsachen angeben (§ 344 Abs. 2 Satz 2). Nur diese Tatsachen unterliegen der Prüfung des Revisionsgerichts (§ 352 Abs. 1). Wird nur das Verfahren beanstandet, so ist die unrichtige Anwendung des sachlichen Strafrechts nicht gerügt und vom Revisionsgericht nicht zu beachten. Im Gegensatz zu der Verfahrensrüge braucht die Sachrüge nicht weiter begründet zu werden (unten Rdn. 98). Sie muß aber zweifelsfrei erhoben werden. Die Revisionseinlegung allein kann nicht als Erhebung der Sachrüge angesehen werden[172]. Genügt die Revisionsbegründung den Erfordernissen des § 344 Abs. 2, so ist eine weitere Begründung nicht erforderlich und, wenn sie unrichtig ist, unschädlich (§ 352 Abs. 2). Zum Verfahren beim Verlust der Revisionsrechtfertigungsschrift vgl. § 352, 1.

69 **2. Keine bedingten Revisionsrügen.** Eine Erhebung von Revisionsrügen unter Bedingungen ist unzulässig und führt zu ihrer Unwirksamkeit[173]. Eine Rüge darf daher weder an die Bedingung geknüpft werden, daß die Revisionsrügen des Gegners Erfolg haben (RGRspr. 3 490), noch ist die Erhebung von Revisionsrügen für den Fall statthaft, daß andere Rügen nicht durchgreifen[174].

3. Auslegung der Revisionsbegründung

70 **a) Allgemeines.** Als Willenserklärung im Prozeß ist die Revisionsbegründung auslegungsfähig[175], und zwar auch zum Nachteil des Beschwerdeführers (unten Rdn. 99). Hierbei sind die Ausführungen zur Rechtfertigung der Revision in ihrer Gesamtheit zu würdigen; das Revisionsgericht darf nicht am Wortlaut haften, sondern muß den Sinn der Rüge erforschen, wie er der Begründungsschrift verständigerweise zu entnehmen

---

[171] RGSt **14** 150; **33** 21; **51** 307; **54** 83; **58** 240; **61** 326; **62** 13; **65** 297; **69** 110; **75** 173; RG JW **1926** 1223 mit Anm. *Beling;* OGHSt I 36, 74; BayObLGSt **1970** 183 = NJW **1971** 393; OLG Celle VRS **38** 261; OLG Hamburg MDR **1958** 52; OLG Hamm GA **1975** 25; OLG Königsberg DJZ **1925** 1663; *Eb. Schmidt* 5 und § 318, 2; *Peters* 474; *Dahs/Dahs* 350; *Gribbohm* NStZ **1983** 99; *Sarstedt* NJW **1976** 69; *Hartung* NJW **1955** 1332; *Spendel* ZStW **67** 563; einschränkend *Beling* 339; vgl. auch bei § 318.

[172] OGHSt **2** 138 = DRZ **1950** 21 mit Anm. *Bader;* KK-*Pikart* 17; *Gribbohm* NStZ **1983** 98; *Meyer* in der 23. Aufl.; wohl auch BGH bei *Pfeiffer* NStZ **1982** 191.

[173] RGSt **53** 51; RG HRR **1933** 1556; RG LZ **1919** 1142; KMR-*Paulus* 12; *Eb. Schmidt* 9; *Dalcke/Fuhrmann/Schäfer* 4; *Loewenstein* 32.

[174] BGHSt **17** 253 = JR **1962** 387 mit Anm. *Eb. Schmidt;* RG DR **1942** 1794; OLG Koblenz VRS **47** 28; KMR-*Paulus* 12; *Sarstedt/Hamm* 150; *Sarstedt* FS Mayer 530; a. A *Hellm. Mayer* FS Schmidt 634 ff; vgl. auch § 353, 14.

[175] BGHSt **25** 275; BGH JR **1956** 228; RGSt **40** 99; **44** 162; **67** 198; OLG Köln MDR **1954** 57; KK-*Pikart* 20; KMR-*Paulus* 14; *Sarstedt/Hamm* 149; *Krause* StrVert. **1984** 485.

ist[176]. Der gesetzliche Grundgedanke des § 300 ist zu berücksichtigen, soweit Wortlaut und Sinn der Erklärungen es gestatten. Die Begründung ist daher so auszulegen, daß der mit der Revision erstrebte Erfolg auch wirklich erreicht wird[177]. Das gilt insbesondere, wenn die Revisionsbegründung zu Protokoll der Geschäftsstelle erklärt worden ist[178]. Bei nichtssagenden Erklärungen, die unklar lassen, ob das Verfahren beanstandet oder die Sachrüge erhoben wird, lassen die Revisionsgerichte in zum Teil bedenklicher Strenge eine Auslegung oft nicht zu, verwerfen also das Rechtsmittel wegen Verstoßes gegen § 344 Abs. 2 Satz 1. Das gilt etwa für Erklärungen wie: „Anfechtung des Urteils in seinem ganzen Umfang" (RGSt 44 263; zust. KMR-*Paulus* 14); „in seinem ganzen Umfang wegen Rechtsverletzung" (OLG Düsseldorf Alsb. E 2 Nr. 210); „seinem ganzen Inhalt nach" (OLG Dresden LZ 1914 1727); „nach allen Richtungen" (BayObLGSt 20 333; OLG Hamm NJW 1964 1736); „mit Begründung nach § 337 StPO" (OLG Hamburg GA 1984 375). Aus dem gleichen Grund hat der BGH Revisionen verworfen, in denen nur beantragt wurde, das angefochtene Urteil aufzuheben und an eine andere Kammer des Landgerichts zurückzuverweisen (4 StR 373/79 v. 12.7.1979 mit weit. Nachw.; *Gribbohm* NStZ 1983 98). Als nicht ausreichende Erklärung hat er ferner, was erhebliche Bedenken erwecken muß (oben Rdn. 3), auch die Beschränkung des Rechtsmittels „auf die Strafaussetzung zur Bewährung" angesehen (5 StR 741/79 v. 4.12.1979). Vgl. auch Rdn. 73.

71 Über ihren **Gesamtinhalt** hinaus kann die Begründung der Revision auch nicht durch Auslegung erstreckt werden (BGH NJW 1956 757). Eine Auslegung der Revision des Angeklagten aufgrund der Revisionsbegründung des gesetzlichen Vertreters kommt daher wegen der Selbständigkeit der beiden Rechtsmittel nicht in Betracht (*Kleinknecht/Meyer* 14).

72 b) Ein **Irrtum des Beschwerdeführers** in der Bezeichnung der Rüge als Sach-oder Verfahrensrüge ist unschädlich[179], vorausgesetzt, daß der Inhalt der Begründungsschrift deutlich erkennen läßt, welche Rüge gemeint ist[180] (und bei gegebener Verfahrensrüge § 344 Abs. 2 Satz 2 beachtet worden ist). Entscheidend ist immer die wirkliche rechtliche Bedeutung des Revisionsangriffs, wie er dem Sinn und Zweck des Revisionsvorbringens zu entnehmen ist (BGHSt 19 275; OLG Hamm VRS 42 141). Eine Bezeichnung der verletzten Gesetzesvorschrift ist nicht erforderlich[181]; ihre unrichtige Bezeichnung schadet daher nichts[182].

73 c) **Auslegung als Sachrüge.** Nach verbreiteter Meinung nicht als Sachrüge aufzufassen ist die Beschränkung der Anfechtung auf einen bestimmten Beschwerdepunkt (OLG Neustadt GA 1957 422), wie etwa die Strafaussetzung zur Bewährung (vgl.

---

[176] BGHSt 19 275; BGH JR 1956 228; Kleinknecht/*Meyer* 14; KMR-*Paulus* 14.
[177] BGH NJW 1956 757; RGSt 47 236; 67 125; OLG Hamm NJW 1953 839; VRS 42 121; OLG Schleswig DAR 1962 214; OLG Stuttgart OLGSt § 344 S. 34.
[178] OLG Koblenz NJW 1975 322 mit Anm. *Krause* NJW 1975 1713; Kleinknecht/*Meyer* 14; KMR-*Paulus* 14.
[179] BGHSt 19 275; BGH bei *Dallinger* MDR 1953 723; eingehend KK-*Pikart* 19; KMR-*Paulus* 15.
[180] OLG Koblenz NJW 1975 322 mit Anm. *Krause* NJW 1975 1713; OLG Neustadt GA 1957 422.
[181] BGH JR 1956 228; KG VRS 26 288; OLG Hamm VRS 42 141; OLG Stuttgart DAR 1956 247; KMR-*Paulus* 14; *Beling* 417; *Weigelt* DAR 1954 233; die scheinbar gegenteilige Ansicht von *Sarstedt/Hamm* 151 dürfte ein Versehen sein.
[182] BGHSt 19 94, 276; 20 98; 29 10; BGH JR 1956 228; RGSt 2 241; BayObLG OLGSt § 344 S. 1; KG VRS 26 288; KK-*Pikart* 34; KMR-*Paulus* 14; *Jescheck* GA 1953 288.

Rdn. 70) sowie die Rüge der Verletzung des „Rechts" oder des „Gesetzes" ohne weitere Ausführungen[183]. Das erscheint bedenklich und formalistisch, weil in diesen Fällen, gerade wenn man Kenntnis des Beschwerdeführers von der Vorschrift des § 344 Abs. 2 Satz 2 voraussetzt, regelmäßig angenommen werden muß, daß er die Sachrüge geltend machen will. Nach allgemeiner Meinung ist die Sachbeschwerde jedoch erhoben mit der Rüge der Verletzung des materiellen Rechts (unten Rdn. 98). Als ausreichend gilt auch das Vorbringen, die Feststellungen seien widersprüchlich (so schon RG JW **1931** 1618), der Satz in dubio pro reo sei verletzt (vgl. *Sarstedt/Hamm* 382) oder der Angeklagte sei zu Unrecht bestraft worden (OLG Hamm NJW **1964** 1736). Auch im Bestreiten der Tat (OLG Karlsruhe DAR **1958** 24) und in dem Antrag auf Freisprechung durch das Revisionsgericht, die selbst bei erfolgreicher Verfahrensrüge nicht möglich ist, kann eine Sachrüge gesehen werden (OLG Hamm NJW **1964** 1736; **1972** 2056). Ob es richtig ist, daß die Summe unzulässiger Einzelausführungen eine zulässige Sachrüge ergeben kann, erscheint zweifelhaft (LR-*Meyer*[23]); großzügig aber OLG Köln MDR **1954** 57. Trotz ausdrücklich erhobener Sachrüge kann die Revision unzulässig sein, wenn das weitere Vorbringen ergibt, daß nur unzulässige Angriffe gegen die Tatsachenfeststellungen und die Beweiswürdigung geführt werden (unten Rdn. 99).

74 Für den Fall, daß die Beschränkung der Revision auf das Vorliegen von **Verfahrensvoraussetzungen** unwirksam ist (oben Rdn. 17 ff), nimmt die Rechtsprechung an, daß das Urteil sachlichrechtlich in vollem Umfang zu prüfen ist, daß also die Rüge des Vorliegens von Prozeßhindernissen die allgemeine Sachrüge bedeutet[184].

4. Begründung von Verfahrensrügen

75 **a) Allgemeines.** Aus § 344 Abs. 2 Satz 2 ergibt sich, daß es nicht Aufgabe des Revisionsgerichts ist, die Akten daraufhin durchzusehen, ob sie Tatsachen enthalten, die der Verfahrensrüge als Grundlage dienen können. Das geltende Recht kennt keine „allgemeine Verfahrensrüge"[185]. Zur Begründung einer Verfahrensrüge reicht daher die bloße Angabe der verletzten Vorschrift nicht und erst recht nicht das Vorbringen, „das Verfahrensrecht" oder § 337 seien verletzt oder die Verteidigung sei unzulässig beschränkt worden; vgl. auch Rdn. 78 f.

76 Sofern der behauptete Mangel nicht ein Verfahrenshindernis ist (vgl. § 337, 29 ff), muß die Revision zur Begründung von Verfahrensrügen vielmehr die den Mangel enthaltenden **Tatsachen angeben** (§ 344 Abs. 2 Satz 2). Das gilt auch im Jugendstrafverfahren (BGH GA **1953** 83 mit Anm. *Herlan*), im Verfahren nach § 80 OWiG (OLG Düsseldorf JMBlNRW **1982** 235) und für Rügen, mit denen die Verletzung von Grundrechtsnormen über das Verfahren behauptet wird[186]. Ob die vorgebrachten Tatsachen einen Verfahrensfehler aufweisen, ist eine Frage der Begründetheit, nicht der Zulässig-

---

[183] OLG Düsseldorf DRiZ **1933** Nr. 274; KMR-*Paulus* 16; *Sarstedt/Hamm* 322 Fußn. 652; *Beling* 416; *Loewenstein* 33; *Schneidewin* JW **1923** 346; **a.** A OLG Düsseldorf Alsb. E **2** Nr. 210; OLG Oldenburg NdsRpfl. **1949** 43; vgl. auch oben Rdn. 70.

[184] Für Amnestie: BGH NJW **1951** 811; RGSt **53** 40; **54** 8; **74** 109; BayObLGSt 1956 **2** = JR **1956** 188; für Verjährung: BGHSt **2** 385; BGH NJW **1984** 989; OLG Braunschweig NJW **1956** 1118 mit Anm. *Kubisch* NJW **1956** 1530; OLG Celle MDR **1966** 865; OLG Hamburg MDR **1958** 52; OLG Oldenburg NdsRpfl. **1953** 207; kritisch dazu *Grünwald* 370 ff.

[185] Allg. M., vgl. z.B. OLG Saarbrücken VRS **42** 426; *Eb. Schmidt* 17; KMR-*Paulus* 24; *Dahs* Hdb. 814.

[186] BGHSt **19** 277 = JZ **1965** 66 mit Anm. *Evers* BGHSt **21** 340; **26** 90; BGH GA **1970** 25; BGH bei *Dallinger* MDR **1953** 724; BayObLGSt **1968** 108 = NJW **1969** 808; OLG Celle NJW **1969** 1075; OLG Hamm NJW **1972** 1076; vgl. dazu BVerfG DAR **1976** 239.

keit der Revision. Der Beschwerdeführer selbst muß jedoch die Tatsachen nicht rechtlich werten. Eine fehlerhafte rechtliche Beurteilung ist daher unschädlich (oben Rdn. 72). Andere als die in der Revisionsbegründungsschrift zur Begründung der Verfahrensrüge angeführten Tatsachen berücksichtigt das Revisionsgericht nicht. Das ist aber, wie häufig übersehen wird, keine Frage der Auslegung des § 344, sondern ergibt sich aus der ausdrücklichen gesetzlichen Regelung des § 352 Abs. 1, die mit § 344 in unmittelbarem Zusammenhang steht (BGHSt 15 208). Näheres bei § 352, 7 ff.

Die **Beweismittel** für seine tatsächlichen Behauptungen braucht der Beschwerdeführer außer bei der Aufklärungsrüge (unten Rdn. 93) an sich nicht anzugeben[187]. Er muß insbesondere nicht die Aktenstellen bezeichnen, aus denen sich die behaupteten Tatsachen ergeben (mag dies auch zweckmäßig und arbeitserleichternd sein); denn soweit es auf den Beweis der behaupteten Tatsachen ankommt, hat das Revisionsgericht den Inhalt der Akten von Amts wegen zu prüfen. Freilich verlangt die Rechtsprechung im Rahmen ihrer strengen Anforderungen zur Geschlossenheit der Revisionsbegründung (Rdn. 78 ff), daß der Beschwerdeführer Schriftstücke oder Aktenstellen, auf die es für die Verfahrensbeschwerde ankommt, in die Begründungsschrift, und zwar ohne Bezugnahme (vgl. Rdn. 82), wörtlich oder inhaltlich aufnimmt, wobei „nach der Rechtsprechung des BGH" auch „ihre genaue Bezeichnung" verlangt wird (so BGH bei *Pfeiffer/Miebach* NStZ **1984** 213 unter nicht stimmiger Bezugnahme auf KK-*Pikart* 38, 39), so daß sich die Anforderungen insoweit unklar verwischen, was der Beschwerdeführer berücksichtigen sollte (s. Rdn. 80). Zur Beweislast s. § 352, 6 und zum revisionsrechtlichen Beweis der Verfahrensrüge § 337, 70 ff.

77

b) **Erschöpfende Angaben bestimmter Tatsachen.** Die einhellige Rechtsprechung interpretiert § 344 Abs. 2 Satz 2 dahin, daß in der Regel die tatsächlichen Umstände, die den behaupteten Verfahrensmangel ergeben, so vollständig und genau anzugeben sind, daß das Revisionsgericht allein aufgrund der Rechtfertigungsschrift erschöpfend prüfen kann, ob ein Verfahrensfehler vorliegt, wenn die behaupteten Tatsachen erwiesen werden[188]. Die Revisionsbegründung muß insbesondere erkennbar machen, gegen welche bestimmte Handlung oder gegen welches Unterlassen des Tatrichters der Vorwurf fehlerhafter Verfahrensweise erhoben wird[189]. Eine wahlweise Tatsachenbehauptung genügt in der Regel nicht[190]. Ebensowenig reicht ein unbestimmtes Tatsachenvorbringen aus, z. B. die Behauptung, es habe „in mehreren Fällen" an der Benachrichtigung von der Zeugenvernehmung gefehlt (BGHSt **2** 304), „verschiedene Zeugen" seien nicht vereidigt worden (BGH bei *Dallinger* MDR **1951** 406), „mindestens ein Schöffe" habe der Verhandlung nicht folgen können (BGH bei *Dallinger* MDR **1971** 723), „ein Teil der Schöffen" sei unfähig gewesen (BayObLGSt **1951** 112), der Vorsitzende habe „erheblichen Druck" auf die Schöffen ausgeübt (OLG Koblenz MDR **1974** 421). Schließlich gilt auch ein widersprüchlicher Tatsachenvortrag, etwa in den Revisionsbegrün-

78

---

[187] KK-*Pikart* 41; KMR-*Paulus* 24; LR-*Meyer* in der 23. Aufl. Die Staatsanwaltschaft soll jedoch die Aktenstellen angeben: vgl. RiStBV Nr. 156 Abs. 3 für die Revisionsrechtfertigung, Nr. 162 Abs. 2 für die Gegenerklärung.

[188] BGHSt **3** 213; **21** 340; **22** 169; **27** 217; BGH StrVert. **1984** 455; BGH NJW **1969** 2283; **1982** 1655; BGH bei *Dallinger* MDR **1974** 725; BGH bei *Herlan* MDR **1955** 19; BayObLGSt **24** 59; OLG Bremen VRS **36** 181; **50** 35; OLG Düsseldorf JMBlNRW **1982** 235; OLG Hamburg NJW **1956** 315; OLG Hamm NJW **1972** 1096; VRS **45** 206; OLG Koblenz MDR **1974** 421; VRS **48** 121; **49** 195, 278; OLG Saarbrücken MDR **1974** 421; vgl. auch BVerfG NJW **1983** 1045; eingehend *Gribbohm* NStZ **1983** 101; zust. die ganz h. Lehre, z.B. KK-*Pikart* 38f; *Kleinknecht/Meyer* 12; KMR-*Paulus* 25.

[189] BGHSt **2** 168; BGH bei *Dallinger* MDR **1953** 273; RGSt **50** 253; RG HRR **1940** 343.

dungsschriften mehrerer Verteidiger, zur Begründung von Verfahrensrügen als nicht geeignet (RGSt **52** 68; RG Recht **1924** Nr. 1612; *Jäger* 39). Wenn der Angeklagte die Revision zu Protokoll des Urkundsbeamten der Geschäftsstelle begründet hat, stellen die Revisionsgerichte an das Tatsachenvorbringen mitunter geringere Anforderungen (vgl. BGH JR **1955** 189). Dem Fehlen erforderlicher Angaben stellt BGHSt **33** 44 = StrVer. **1985** 135 mit Anm. *Hamm* unleserliche Angaben in der Revisionsschrift (Ablichtungen handschriftlicher Beweisanträge aus der Tatsacheninstanz) gleich; vgl. auch § 345, 20.

79   **Ausnahmen** von der Pflicht zur erschöpfenden Darlegung erkennt die Rechtsprechung nur an, wo es sich um Tatsachen handelt, die dem Beschwerdeführer nicht allgemein oder als Verfahrensbeteiligtem zugänglich sind, sondern sich lediglich aus gerichts- oder präsidiumsinternen Vorgängen ergeben (BGHSt **28** 291; **29** 164). Sie verlangt – in nicht ganz einheitlicher Praxis – die erschöpfende Darlegung auch dann nicht, wenn die in Frage stehenden Verfahrensvorgänge im Urteil selbst umfassend wiedergegeben sind, so etwa die Ablehnungsgründe eines Hilfsbeweisantrags[191] oder der wesentliche Inhalt einer verlesenen Niederschrift, deren nach § 251 unzulässige Verlesung der Beschwerdeführer beanstandet (BGH StrVert. **1981** 164 entgegen der Auffassung des Generalbundesanwalts).

80   **Ansonsten und insgesamt gesehen,** sind die Anforderungen der Praxis an die Vollständigkeit und Genauigkeit des Tatsachenvortrags zwar nicht ganz einheitlich, aber in der Regel **äußerst streng,** so daß *Dahs/Dahs* 362 dem Beschwerdeführer zu Recht raten, er solle „lieber zu viel als zu wenig schreiben". Gegenüber dieser strengen Rechtsprechung ist eine Besinnung auf den Zweck des § 344 Abs. 2 Satz 2 geboten. Dieser Zweck ergibt sich aus der Notwendigkeit, die Verfahrensrüge, bei der das Revisionsgericht den Mangel ja regelmäßig nicht, wie bei der Sachrüge, aus der Lektüre der Urteilsurkunde selbst entnehmen kann, so zu konkretisieren, daß das Revisionsgericht die tatsächlichen Feststellungen hinsichtlich des behaupteten Verfahrensverstoßes zu treffen vermag; „hierfür müssen ihm entsprechende Anhaltspunkte geliefert werden" (*Schlüchter* 705). Gewiß soll das Revisionsgericht damit zugleich von der Verpflichtung freigestellt werden, die Akten wegen behaupteter Verfahrensverstöße durchzuarbeiten, wie schon eine vielzitierte – bezeichnenderweise aber doch vorsichtig formulierte – Stelle aus den Motiven zur StPO deutlich macht[192]. Dies darf jedoch nicht zur Verabsolutierung der Anforderungen im Hinblick auf die erschöpfende Darstellung und ihre „Genauigkeit" führen[193]. § 344 Abs. 2 Satz 2 ist primär kein Mittel zur Erleichterung der revisionsgerichtlichen Schlüssigkeitsprüfung, sondern bezweckt die sinnvolle Konkretisierung der Rügen, damit das Revisionsgericht Gegenstand und Angriffsrichtung der Revision zu erkennen vermag.

81   Die Angabe der Tatsachen i. S des § 344 Abs. 2 Satz 2 verlangt dabei vielfach gewiß ein hohes Maß an Bestimmtheit, eben weil der behauptete Verfahrensmangel als solcher herausgearbeitet und abgegrenzt werden muß, also z. B. zu verdeutlichen ist, worin die fehlerhafte Ablehnung eines Beweisantrags liegen soll oder warum welcher

---

[190] OLG Celle NdsRpfl. **1952** 18; OLG Koblenz VRS **47** 281; KMR-*Paulus* 25.
[191] BGH StrVert. **1982** 268; BGH bei *Dallinger* MDR **1956** 272; BayObLGSt **1954** 20 = NJW **1955** 563; OLG Hamburg NJW **1968** 2304; OLG Koblenz VRS **42** 425.
[192] „In keinem Falle kann es Aufgabe des Revisionsrichters sein, die Akten behufs Auffindung solcher Tatsachen durchzusehen, welche der aufgestellten Rüge etwa zur Grundlage dienen könnten" (vgl. *Hahn* Bd. 1 S. 254).
[193] Kritisch zu den gestellten Anforderungen *Peters* FS Dünnebier 64 und JR **1980** 520; vgl. auch *Hanack* JZ **1973** 777 sowie den Hinweis von *Krause* StrVert. **1984** 484 auf KG VRS **14** 39 und BGH GA **1961** 315, die dem Rechnung tragen.

mitwirkende Richter nicht Mitglied der erkennenden Kammer gewesen ist. Liegt jedoch eine Konkretisierung durch Tatsachenbehauptungen vor, die den Gegenstand der geltend gemachten Verfahrensrüge unzweideutig umreißt, ist dem Zweck des § 344 Abs. 2 Satz 2 Genüge getan (*Peters* 621 und FS Dünnebier 64). Es entspricht dann nicht der Würde des Revisionsgerichts, sondern bedeutet im Zweifel geradezu eine Verletzung des „fair trial", wenn nicht sogar eine Rechtsverweigerung, die Prüfung des behaupteten Verfahrensmangels allein mit dem Hinweis auf die nicht vollständige „Ablesbarkeit" der Rügevoraussetzungen in der Revisionsbegründung zu umgehen. So ist es zwar richtig, daß BGH StrVert. **1982** 5 mit Anm. *Peters,* entgegen der Auffassung des Generalbundesanwalts (!), eine ausdrückliche Angabe des Kalendertages nicht verlangt, an dem die Elftagefrist des § 268 Abs. 3 Satz 2 abgelaufen ist, wenn sich das „durch einen Blick in den Kalender" (BGH) leicht klären läßt (vgl. auch OLG Hamburg NStZ **1981** 364). Es erscheint jedoch bedenklich und widersprüchlich, eine Rüge, das Urteil sei nicht innerhalb der Fünfwochenfrist des § 275 zu den Akten gebracht, als unzulässig zu verwerfen, weil der Beschwerdeführer die entsprechenden Daten nicht genannt hat, obwohl sie sich aus dem Urteil und dem Vermerk des Urkundsbeamten ohne weiteres feststellen ließen (so aber BGHSt **29** 203 = JR **1980** 520 mit abl. Anm. *Peters*)[194]. Nicht angemessen erscheint es auch, die bloße Rüge für unzulässig zu halten, der Tatrichter habe den Antrag auf Vernehmung eines Sachverständigen zu Unrecht abgelehnt, wenn das Revisionsgericht feststellt (!), daß der Beschluß überhaupt keine Begründung enthält (so aber BGH MDR **1951** 371 mit abl. Anm. *Dahs*[195]), oder zu bezweifeln, ob die Rüge der Ablehnung eines Befangenheitsantrags deswegen nicht ordnungsgemäß erhoben ist, weil der Beschwerdeführer zwar den Ablehnungsbeschluß „vollinhaltlich" mitgeteilt hatte, das Ablehnungsgesuch jedoch nur auszugsweise (vgl. BGHSt **21** 340). Problematisch erscheinen schließlich Fälle, in denen sich die Anforderungen an den gebotenen Tatsachenvortrag überhaupt erst dadurch ergeben, daß das Revisionsgericht eine bis dahin unklare Rechtsfrage aus Anlaß einer Verfahrensrüge untersucht oder weiterführt, und der Beschwerdeführer darauf hinsichtlich seines Vortrags nicht oder nicht ohne weiteres eingerichtet sein konnte (so der Fall BGHSt **29** 258). Man wird hier vom Revisionsgericht verlangen müssen, daß es, wenn die Angriffsrichtung als solche klar und klar begründet ist, diejenigen ergänzenden Tatsachen selbst aufklärt, mit deren Relevanz der Beschwerdeführer nicht zu rechnen brauchte.

c) Keine Bezugnahmen. Entsprechend dem Grundsatz, daß alles, was mit der Revisionsbegründung zur Ausführung der Verfahrensrüge gesagt werden soll, aus ihr selbst hervorgehen muß (Rdn. 78), werden nach ständiger Rechtsprechung Bezugnahmen jeder Art in der Rechtsmittelschrift vom Revisionsgericht nicht berücksichtigt. Sie gelten als nicht geschrieben. Für die Bezugnahme auf Anlagen wird das schon aus § 345 Abs. 2 gefolgert (dort Rdn. 21). Aber auch auf andere Schriftstücke darf nicht Bezug genommen werden, weil das mit dem Sinn des § 344 schlechthin unvereinbar sei[196]. Das Revisionsgericht soll eben allein aufgrund der Revisionsbegründungsschrift prüfen können, ob ein Verfahrensfehler vorliegt, wenn das tatsächliche Vorbringen der Revision

82

---

[94] Den BGH verteidigend jedoch *Rieß* NStZ **1982** 446. – Erst recht besteht keinerlei Anlaß, darauf abzustellen, ob der Beschwerdeführer den Tag der Urteilsverkündung besonders genannt hat (mit verschiedenen Erwägungen offengelassen von BGH aaO).

[95] Kritisch auch *Dallinger* MDR **1951** 406; *Eb. Schmidt* 12; *Sarstedt/Hamm* 167 Fußn. 206

halten die Entscheidung für „sehr streng, aber vertretbar".

[96] BGH VRS **3** 252; BGH bei *Dallinger* MDR **1970** 900; BGH bei *Herlan* MDR **1955** 19; KG VRS **11** 279; OLG Koblenz OLGSt § 222 StGB S. 51; VRS **48** 121; *Eb. Schmidt* 8; *KK-Pikart* m.w.Nachw.; *Kleinknecht/Meyer* 12; *Sarstedt/Hamm* 171.

83 Als **unzulässig** gilt daher die Verweisung auf die Akten (OLG Bremen VRS **50** 36), ja sogar auf die Sitzungsniederschrift[197], oder auf Beiakten, auf früher in derselben Sache eingereichte Verteidigungsschriften, auf schriftliche Erklärungen von Angeklagten, Zeugen oder Sachverständigen (RG GA **68** [1920] 364), auf einen Antrag, der die Berichtigung der Sitzungsniederschrift erstrebt (RG GA **69** [1925] 93), auf die Berufungsrechtfertigungsschrift (KG DJZ **1914** 758), auf die Begründung einer früheren Revision in derselben oder einer anderen Sache[198] und auf die Revisionsbegründung eines Mitangeklagten[199]. Das alles gilt auch für Revisionsbegründungen der Staatsanwaltschaft (RGSt **29** 411).

84 Eine an sich formgerechte Revisionsbegründung wird jedoch nicht deswegen als unzulässig angesehen, weil sie die wahl- und gedankenlose **Abschrift** einer anderen Begründung darstellt (RG JR Rspr. **1925** Nr. 122). Auch muß der Verteidiger nicht in demselben Schriftsatz alle Rügen vortragen; eine **Zerlegung** der Revisionsbegründung in mehrere Schriftsätze ist zulässig.

85 d) **Bestimmte Behauptung der Tatsachen.** Die den Verfahrensfehler begründenden Tatsachen müssen überdies in der Beschwerdeschrift ausdrücklich und bestimmt *behauptet* werden[200]. Es genügt nicht, daß der Beschwerdeführer den Verfahrensverstoß als möglich bezeichnet[201] oder daß er Vermutungen oder bloße Zweifel an der Ordnungsmäßigkeit des Verfahrens äußert[202]. Auch die Bitte um Nachprüfung, ob ein Verfahrensverstoß vorgekommen ist, entspricht nicht der gesetzlich vorgeschriebenen Form[203]. Gibt die Revisionsbegründung des Verteidigers lediglich Behauptungen des Angeklagten wieder, die der Verteidiger erkennbar nicht in eigener Verantwortung vortragen will, so fehlt es schon an der Form des § 345 Abs. 2 (vgl. dort Rdn. 27 ff), nicht erst an der des § 344 Abs. 2 (so aber OLG Hamm NJW **1961** 842 und wohl auch BGHSt **25** 274).

86 e) **Unzulässigkeit sog. Protokollrügen.** Ein Verfahrensverstoß ist auch nicht gerügt, wenn die Revision nur vorbringt, daß ein bestimmter Verfahrensvorgang in der Sitzungsniederschrift nicht vermerkt worden sei. Denn nicht das Schweigen des Sitzungsprotokolls über einen wesentlichen Vorgang, sondern dessen Unterbleiben in der Hauptverhandlung ist der Verfahrensfehler, auf den sich die Revision stützen muß. Entsprechendes gilt für den umgekehrten Fall, daß die Revision sich auf die Behauptung beschränkt, das Protokoll enthalte den Vermerk, daß ein verfahrensrechtlich unzulässiger Vorgang geschehen sei. In beiden Fällen wird nicht mit Bestimmtheit die Tatsache

---

[197] OLG Koblenz VRS **46** 285; KMR-*Paulus* 10; *Sarstedt/Hamm* 171; **a.** A KG VRS **11** 278; *Beling* 188 Fußn. 5.

[198] BGH bei *Dallinger* MDR **1951** 406; RGSt **18** 95; **20** 42; BayObLGSt **6** 201; KMR-*Paulus* 10.

[199] RG GA **47** (1900) 163; RG JW **1930** 3404 mit Anm. *Löwenstein*; RG DR **1940** 108; RG Recht **1921** Nr. 2695; *Sarstedt/Hamm* 149; *Schneidewin* JW **1923** 346.

[200] BGHSt **7** 162; **19** 276; **25** 274; BGH NJW **1962** 500; OLG Bremen GA **1953** 88; VRS **50** 35; OLG Hamm NJW **1972** 1096; ebenso (auch zum folgenden) *Eb. Schmidt* 18; KK-*Pikart* 33; KMR-*Paulus* 13; *Dahs/Dahs* 365; *Sarstedt/Hamm* 170; *Dallinger* NJW **1951** 256; *Krause* StrVert. **1984** 486; *Schneidewin* JW **1923** 348; *Weigelt* DAR **1954** 233.

[201] BGHSt **7** 163; **19** 276; BGH NJW **1953** 836; BGH bei *Dallinger* MDR **1951** 276 RGSt **53** 50, 189; OLG Celle NJW **1956** 1167 *Loewenstein* 32; *W. Schmid* Rpfleger **1962** 304; die in Fußn. 200 Genannten.

[202] BGHSt **19** 276; BGH NJW **1962** 500; BGH GA **1962** 371; RGSt **48** 288; RG HRR **1940** 343; RG LZ **1917** 464; **1918** 114; **1920** 58.

[203] BGHSt **12** 33; **19** 276; KG JR **1976** 255 allg. M.

selbst, sondern lediglich ihre Aufnahme oder Nichtaufnahme in die Sitzungsniederschrift behauptet. Auf diesem Mangel kann aber das Urteil nicht beruhen. Derartige „Protokollrügen" sind daher nach allgemeiner Ansicht in Rechtsprechung und Schrifttum unzulässig[204]. Eine Protokollrüge in dem umschriebenen Sinne liegt freilich noch nicht vor, wenn der in der Begründungsschrift enthaltene Hinweis „ausweislich des Verhandlungsprotokolls" erkennbar nur als Verweis auf ein im Protokoll enthaltenes Beweismittel (§ 273 Abs. 1 Satz 1) zu verstehen ist, ohne daß dadurch die Ernsthaftigkeit und Unbedingtheit der Tatsachenbehauptung selbst in Frage gestellt wird (so richtig BGH StrVert. **1982** 5). Der Beschwerdeführer wird angesichts der strengen Rechtsprechung jedoch gut daran tun, solche – leicht mißverständliche oder gar doppeldeutige – Formulierungen zu vermeiden bzw. entsprechende Hinweise besser zu verdeutlichen.

f) Ausführungen zur Beruhensfrage. Das Gesetz schreibt nicht vor, daß der Beschwerdeführer Ausführungen darüber machen muß, daß das Urteil auf dem Verfahrensmangel beruht[205]. Das Revisionsgericht prüft vielmehr die Beruhensfrage aufgrund der Umstände des Einzelfalls von Amts wegen (§ 337, 254). Wenn sonst keinerlei Anhaltspunkte dafür bestehen, daß der Verfahrensverstoß das Urteil beeinflußt haben könnte, sollte der Beschwerdeführer, sofern er das kann, aber die Tatachen darlegen, aus denen sich ergibt, daß das Urteil auf dem Mangel beruht. Anderenfalls muß er – zumal angesichts einer durchaus nicht einheitlichen und auch nicht immer großzügigen Handhabung der Beruhensfrage (§ 337, 258) – damit rechnen, daß das Revisionsgericht es für ausgeschlossen hält, daß zwischen dem Verfahrensverstoß und dem Urteil ein ursächlicher Zusammenhang besteht. Das gilt etwa für den Fall, daß der Tatrichter den durch § 265 Abs. 1 vorgeschriebenen Hinweis unterlassen hat; wenn nicht ersichtlich ist, daß der Angeklagte sich bei Einhaltung der Vorschrift anders hätte verteidigen können, tut er gut daran, dem Revisionsgericht zu erläutern, was er nach erhaltenem Hinweis unternommen hätte (vgl. *Sarstedt/Hamm* 316). Auch sonst sind Darlegungen zur Beruhensfrage zweckmässig, wenn es nach der Lebenserfahrung nicht wahrscheinlich ist, daß ein Verfahrensverstoß das Urteil beeinflußt hat. Das ist z. B. der Fall, wenn ein Hinweis an den Angeklagten auf die Aussagefreiheit nach § 243 Abs. 4 Satz 1 (vgl. BGHSt **25** 325 und dazu § 337, 19) unterlassen worden ist.

g) Begründung einzelner Verfahrensrügen (Benutzerhinweis). Die speziellen Anforderungen an die Begründung einzelner Verfahrensrügen werden, abweichend von den Vorauflagen (und soweit erforderlich), nur bei Erläuterung der betreffenden Vorschriften selbst behandelt, von der im folgenden erörterten Ausnahme abgesehen.

h) Begründung der Aufklärungsrüge insbesondere. Die Rüge der Verletzung des § 244 Abs. 2 (sog. Aufklärungsrüge) nimmt in der Praxis aus mehreren Gründen eine Sonderstellung ein (vgl. näher § 244, 339 ff). Wichtig ist insbesondere, daß diese Rüge dem Beschwerdeführer wie wohl keine andere Verfahrensrüge eine prozessuale Möglichkeit gibt, die tatsächlichen Grundlagen des Urteils im Hinblick auf die Ausnutzung der erheblichen Beweismittel anzugreifen, und zwar anhand des gesamten Akteninhalts.

---

[204] Vgl. aus der Rspr. BGHSt **7** 162; BGH GA **1968** 373; RGSt **13** 77; **42** 170; **47** 237; **48** 39, 288; **58** 144 = JW **1924** 1771 mit Anm. *Fränkel;* RGSt **64** 215; **68** 274; RG JW **1932** 2347 mit Anm. *Alsberg;* BayObLGSt **1951** 32; OLG Celle NJW **1956** 1167; OLG Hamm NJW **1953** 839; OLG Koblenz DAR **1974** 164; VRS **42** 29; **45** 45; OLG Schleswig SchlHA **1954** 387; aus dem Schrifttum *Dahs/Dahs* 385; *Sarstedt/Hamm* 172; *Dahs* Hdb. 805 ff.

[205] RGSt **9** 70; **10** 207; **66** 10; BayObLG NJW **1978** 232; OLG Braunschweig NdsRpfl. **1956** 77; KMR-*Paulus* 28; *Alsberg/Nüse/Meyer* 906; *Dahs/Dahs* 27; *Sarstedt/Hamm* 525.

Wichtig ist aber auch, daß die Revisionsgerichte die Aufklärungsrüge grundsätzlich nicht als Mittel ansehen, Versäumnisse und Fehler des Beschwerdeführers in der Tatsacheninstanz auszugleichen. Diese Zwiespältigkeit spiegelt sich auch in den Anforderungen an die Begründung der Rüge wider[206], an die in der Praxis besonders strenge Anforderungen gestellt werden. Vereinzelt geblieben ist die Auffassung von *Peters* 621, daß es einer ausdrücklichen Rüge nicht bedürfe, wenn sich die Verletzung der Aufklärungspflicht unmittelbar aus dem Urteil ergibt, weil der Mangel dann der Sachrüge zuzuordnen sei. In der Tat liegt zwar in diesen Fällen nach den heutigen Grundsätzen der Rechtsprechung (§ 337, 121 ff) in der Regel auch ein Sachmangel vor; doch greift die Aufklärungsrüge weiter und unterliegt als Verfahrensverstoß deren besonderen, nach § 344 von der Initiative des Beschwerdeführers abhängigen Regeln (vgl. auch *Hanack* JR **1981** 434).

90   **Nicht in Betracht** kommt die Aufklärungsrüge regelmäßig, wie immer wieder verkannt wird, bei Verletzung einer spezielleren Verfahrensnorm. Dann ist vielmehr die Verletzung dieser Norm zu rügen. Das kann praktische Bedeutung haben. Denn obwohl ein Irrtum des Beschwerdeführers über die verletzte Norm unschädlich ist (Rdn. 76), ist es doch möglich, daß die Verletzung der Spezialnorm weitergehende tatsächliche Ausführungen verlangt, die in dem Tatsachenvortrag zur Aufklärungsrüge nicht enthalten sind[207]. Regelmäßig keinen Erfolg hat die Aufklärungsrüge auch, wenn der Tatrichter einen Beweisantrag ohne Rechtsfehler aus einem der Gründe des § 244 Abs. 3 bis 5 abgelehnt hat, weil dann auch die Aufklärungspflicht des § 244 Abs. 2 im Zweifel nicht verletzt sein wird[208]. Etwas anderes gilt jedoch unter Umständen insbesondere für die unterlassene Anhörung eines weiteren Sachverständigen[209]. Im Einzelfall möglich ist es auch, daß das Revisionsgericht ein Vorbringen, mit dem der Beschwerdeführer die Verletzung des § 244 Abs. 3 in nicht genügender Form rügt, unter dem Gesichtspunkt der Aufklärungsrüge prüft, wenn die hierzu vorgetragenen Tatsachen ausreichen[210].

91   **Unzulässig** ist die Aufklärungsrüge nach herrschender Praxis in der Regel, wenn der Beschwerdeführer geltend macht, der Tatrichter habe ein bestimmtes Beweismittel nicht voll ausgeschöpft, etwa einem Zeugen oder Sachverständigen bestimmte Fragen nicht gestellt oder bestimmte Vorhalte nicht gemacht[211], schon weil das Revisionsgericht dann den Inhalt der tatrichterlichen Feststellungen im Grunde durch eine eigene Beweisaufnahme ersetzen müßte, was ihm insoweit verwehrt ist (vgl. § 337, 77 ff). Eine Ausnahme gilt jedoch, wenn das Urteil selbst erkennen läßt, daß einem Zeugen ein bestimmter Vorhalt nicht gemacht (BGHSt **12** 353) oder eine wichtige Frage nicht gestellt worden ist (BGH bei *Pfeiffer/Miebach* NStZ **1985** 14), wenn die Niederschrift über eine

---

[206] Dazu eingehend *Alsberg/Nüse/Meyer* 875 ff; *Dahs/Dahs* 370 ff; *Sarstedt/Hamm* 243 ff, insbes. 275 ff; *Traulsen* 45 ff; vgl. auch *Wessels* JuS **1969** 1; § 244, 345.

[207] *Dahs/Dahs* 372; eingehend *Alsberg/Nüse/Meyer* 868.

[208] *Alsberg/Nüse/Meyer* 868; *Wessels* JuS **1969** 4, 9.

[209] BGHSt **10** 116; **23** 187; OLG Celle NJW **1974** 616; OLG Oldenburg VRS **46** 200; weitergehend BGH GA **1954** 473; OLG Celle MDR **1964** 944.

[210] BGH bei *Holtz* MDR **1978** 805; BGH bei *Spiegel* DAR **1978** 161; OLG Koblenz VRS **45** 49; OLG Oldenburg VRS **46** 201; OLG Stuttgart VRS **61** 380; *Alsberg/Nüse/Meyer* 868 m.w.Nachw.

[211] BGHSt **4** 126; **17** 352; BGH VRS **15** 269, 446; **17**, 347; **21** 357; **24** 370; **27** 193; **30** 101, 351; **34** 346, 354; **36** 24; BGH bei *Martin* DAR **1975** 120; RGSt **6** 135; **13** 158; **41** 272; OGHSt **3** 39; KG VRS **20** 361; **24** 131; OLG Hamm NJW **1970** 69; OLG Koblenz DAR **1973** 106; VRS **47** 272; OLG Saarbrücken VRS **35** 42; **48** 431; OLG Stuttgart VRS **50** 266. Vgl. auch § 244, 342.

frühere Vernehmung verlesen worden ist und der Inhalt der Aussage daher feststeht[212] oder wenn ausweislich der Sitzungsniederschrift eine bestimmte Frage nicht zugelassen worden ist[213]. Zur Frage, ob die Aufklärungsrüge auf einen Widerspruch zwischen den Urteilsfeststellungen und der Sitzungsniederschrift gestützt werden kann, s. § 337, 81 ff.

Soweit nach dem Gesagten eine Aufklärungsrüge nicht ausgeschlossen ist, hat **92** der Beschwerdeführer zunächst die **nicht ermittelten Tatsachen** genau zu bezeichnen, denen das Gericht nach den Grundsätzen des § 244 Abs. 2 hätte nachgehen sollen[214]. Bezugnahmen auf andere Schriftstücke gelten auch hier als unzulässig[215]. Nur allgemeine Behauptungen reichen nicht, so daß es z. B. nicht genügt, wenn der Beschwerdeführer vorträgt, das Gericht hätte den Tatvorgang erforschen oder die Unschuld des Angeklagten aufklären müssen[216]. Daß die Tatsachen die Entscheidung zugunsten des Beschwerdeführers beeinflußt hätten, die Nichtaufklärung ihn also beschwert, muß jedenfalls dann vorgetragen werden, wenn es sich nicht ohne weiteres aus den Umständen ergibt[217]. Rügt der Beschwerdeführer mit der Aufklärungsrüge, der Tatrichter habe einen Zeugen zu Unrecht als unerreichbar angesehen, verlangt BGH NStZ **1984** 330, daß er die tatrichterliche Begründung dafür genau angibt, weil sonst an die Aufklärungsrüge in sinnwidriger Weise geringere Anforderungen gestellt würden als an die Rüge der fehlerhaften Ablehnung eines Beweisantrags; dazu ablehnend, aber überzogen *Krause* StrVert. **1984** 486.

Ferner müssen die **Beweismittel** genau angegeben werden, denen sich der Tatrich- **93** ter nach Auffassung der Revision hätte bedienen sollen[218]. Dabei braucht der Beschwerdeführer die Anschriften von Zeugen nicht unbedingt mitzuteilen (die Verletzung der Aufklärungspflicht kann gerade darin liegen, daß sie nicht ermittelt worden sind). Sachverständige braucht er nicht namentlich zu benennen (vgl. bei § 73). Augenscheinsgegenstände und Urkunden sind jedoch genau zu bezeichnen. Handelt es sich um ein Tonband, muß nach OLG Köln MDR **1977** 71 dessen Inhalt wiedergegeben werden. Die Angabe der Beweismittel kann ausnahmsweise entbehrlich sein, wenn sie sich aus den Umständen von selbst ergeben (BGH GA **1961** 316; KG VRS **14** 38).

Darzulegen sind weiter die Umstände, die den Tatrichter zur **weiteren Beweiser-** **94** **hebung** drängen mußten (z. B. Hinweise in den Gerichtsakten, Beweisermittlungsanträge, Beweisanträge vor der Hauptverhandlung, zurückgenommene Beweisanträge)[219]. Die Aktenstellen, aus denen sich solche Umstände ergeben, müssen nach BGH VRS **32**

---

[212] *Sarstedt/Hamm* 254 Fußn. 474; *Traulsen* 133; vgl. auch BGH StrVert. **1984** 411, wo die Diskrepanz der Urteilsfeststellungen zu einer im Urteil wiedergegebenen Niederschrift im Wege der Sachrüge berücksichtigt wird.

[213] *Traulsen* 134 ff; vgl. auch *Kleinknecht/Meyer* 82.

[214] OLG Düsseldorf VRS **51** 380; OLG Hamburg VRS **45** 44; OLG Koblenz OLGSt § 325 S. 2; VRS **45** 174, 222; **46** 452; **49** 372; **50** 368; vgl. auch BGHSt **27** 252 und **30** 138; ganz h. Lehre; **a. A** jedoch *Peters* 621 (oben Rdn. 89). Vgl. zum Ganzen auch § 244, 346.

[215] OLG Hamburg VRS **45** 44; **a. A** *Traulsen* 236. Vgl. oben Rdn. 82.

[216] Vgl. z.B. BGHSt **2** 168; **6** 129; *Dahs/Dahs* 374; vgl. auch *Sarstedt/Hamm* 257 ff.

[217] *Dahs/Dahs* 377; *Kleinknecht/Meyer* 81; *Wessels* JuS **1969** 9; vgl. auch BGH NJW **1951** 283 und *Sarstedt/Hamm* 260; **a. A** *Traulsen* 45; anders für den Regelfall auch *Alsberg/Nüse/Meyer* 881.

[218] BGHSt **2** 168; BGH VRS **11** 440; **27** 193; **30** 101; BGH bei *Dallinger* MDR **1970** 908; bei *Herlan* MDR **1955** 19; KG VRS **30** 385; OLG Braunschweig NdsRpfl. **1951** 192; OLG Bremen DAR **1961** 20; OLG Hamburg VRS **29** 127; OLG Hamm VRS **51** 30; OLG Koblenz DAR **1974** 245; OLGSt § 77d StGB S. 3; VRS **44** 280; **45** 174, 222; **46** 452; **47** 272, 341; **48** 202; **50** 368; **51** 39, 455; *Dahs/Dahs* 375; *Sarstedt/Hamm* 258.

[219] BGH VRS **15** 338; OLG Koblenz VRS **50** 368; OLG Saarbrücken VRS **49** 45; *Dahs/Dahs* 376; *Sarstedt/Hamm* 258. Vgl. § 244, 345.

250 exakt bezeichnet werden. Vor allem aber muß die Revision dartun, daß und warum die Tatsachen und Beweismittel, auf die die Beweisaufnahme hätte erstreckt werden sollen, dem Tatrichter bekannt waren oder hätten bekannt sein müssen[220]. Ausführungen darüber, warum trotz der Notwendigkeit weiterer Sachaufklärung vom Beschwerdeführer keine entsprechenden Anträge gestellt worden sind, erfordert die Begründung der Rüge jedoch nicht. Sie sind aber empfehlenswert, weil die Revisionsgerichte in Zweifelsfällen zu der Annahme neigen, daß eine Aufklärung, die der Beschwerdeführer nicht verlangt hat, sich auch dem Gericht nicht aufdrängen mußte[221].

5. Begründung der Sachrüge

95 **a) Allgemeines.** Die Sachrüge ist in erster Hinsicht die Rüge, daß das Recht, auch Grundrechtsnormen (BGHSt **19** 275; OLG Celle NJW **1969** 1076), auf den vom Tatrichter als erwiesen angesehenen Sachverhalt unrichtig angewendet worden ist. Zur Frage, was insoweit, insbesondere im Zeichen der „erweiterten Revision", als auf die Sachrüge zu beachtender Rechtsverstoß gilt, vgl. § 337, 121 ff. Die Rüge führt grundsätzlich zur Prüfung des Urteils in sachlichrechtlicher Hinsicht in vollem Umfang (vgl. § 352, 10).

96 Die Sachrüge muß eindeutig erhoben werden (oben Rdn. 68). Zur Auslegung vgl. oben Rdn. 70 ff. Eine nähere **Begründung** ist nicht vorgeschrieben (unten Rdn. 98). Bezugnahmen und Hinweise auf Rechtsausführungen in anderen Schriftstücken, etwa in einem vom Angeklagten eingeholten Rechtsgutachten oder in Revisionsbegründungen in anderer Sache, sind ebenso zulässig wie Bezugnahmen auf Zeitschriftenaufsätze und Gerichtsentscheidungen (allg. M., vgl. z. B. *Meyer* JR **1982** 168). Die Begründung der Sachrüge ist, weil sie nur eine Hilfe für die Amtsprüfung des Revisionsgerichts darstellt, auch an keine Frist gebunden (OLG Stuttgart NStZ **1981** 492; allg. M.). Sie ist daher jederzeit bis zum Erlaß der Entscheidung des Revisionsgerichts möglich und kann bis dahin auch ergänzt werden (vgl. § 352, 10), bedarf jedoch auch insoweit der Form des § 345 Abs. 2 (vgl. § 345, 15).

97 Mit **Bestimmtheit** muß der Beschwerdeführer die Behauptung, das Urteil verletze das sachliche Recht, nicht aufstellen. Zwar wird die Ansicht vertreten, die Revision müsse eindeutig zum Ausdruck bringen, daß der Beschwerdeführer das sachliche Recht tatsächlich als verletzt ansieht, der Rechtsverstoß also bestimmt, nicht als bloße Möglichkeit behauptet werden[222]; auch der BGH meint, die Revision müsse die „formgültige Behauptung fehlerhafter Anwendung des sachlichen Rechts auf den festgestellten Sachverhalt enthalten" (BGHSt **25** 275 = JR **1974** 477 mit abl. Anm. *Meyer*). Dem steht aber schon entgegen, daß die allgemeine Sachrüge, die eine solche Behauptung nicht enthält, stets als zulässig angesehen worden ist (Rdn. 98). Anders als bei den Verfahrensrügen, deren Zulässigkeit die bestimmte Behauptung der den Verfahrensverstoß begründenden Tatsachen voraussetzt (oben Rdn. 85), genügt für die Sachrüge, daß der Angeklagte den Willen kundgibt, das Revisionsgericht möge das Urteil in dem sich aus dem Gesetz und der Sachlage ergebenden Umfang sachlichrechtlich prüfen[223]. Daß die Revision unzulässig ist, wenn sie erkennen läßt, daß der Beschwerdeführer sich durch das

---

[220] BGH bei *Herlan* MDR **1955** 529; näher *Dahs/Dahs* 376.
[221] *Dahs/Dahs* 370; *Traulsen* 58; vgl. auch *Sarstedt/Hamm* 252. Ein eigener Beweisantrag ist entgegen verbreiteter Meinung aber nicht zwingende Voraussetzung der Aufklärungsrüge (vgl. z. B. BGH bei *Pfeiffer/Miebach* NStZ **1984** 210). Näher zum Ganzen § 244, 340.
[222] *Eb. Schmidt* 23; KK-*Pikart* 26; KMR-*Paulus* 13; *Schöneborn* MDR **1975** 7 Fußn. 8.
[223] RG JW **1931** 1760 mit Anm. *Alsberg;* KG JR **1976** 255; *Meyer* JR **1974** 480.

Urteil gar nicht beschwert fühlt, die Nachprüfung durch das Revisionsgericht also nicht ernsthaft begehrt (so *Meyer*[23]), wird sich allenfalls in Extremfällen dann annehmen lassen, wenn der Beschwerdeführer lediglich Unmutsäußerungen abgibt; ansonsten ist anzunehmen, daß er sich nur ungeschickt ausdrückt, also trotz der angeblich nicht empfundenen Beschwer die Überprüfung des (von ihm ja immerhin angefochtenen) Urteils wünscht.

b) Allgemeine Sachrüge. Für die Sachbeschwerde genügt eine allgemeine Wendung, aus der nicht mehr hervorzugehen braucht, als daß die Verletzung des sachlichen Rechts gerügt wird. Nach allgemeiner Ansicht zulässig ist daher die sog. „unausgeführte" allgemeine Sachrüge (BGHSt **25** 272; dazu *Gribbohm* NStZ **1983** 100), die nur aus dem Satz besteht: „Es wird Verletzung sachlichen Rechts gerügt". Die Staatsanwaltschaft soll nach Nr. 156 Abs. 2 RiStBV die Revision jedoch nicht in dieser Weise begründen. Die „ergänzte" allgemeine Sachrüge enthält neben dieser allgemeinen Rüge einzelne Ausführungen zu Rechtsverstößen, die das Urteil nach Ansicht des Beschwerdeführers erkennen läßt. Werden im Rahmen einer nicht als allgemein bezeichneten Sachrüge nur solche Ausführungen gemacht, ist regelmäßig auch die allgemeine Sachrüge erhoben[224]; anders ist es nur, wenn das Revisionsvorbringen insgesamt eindeutig ergibt, daß die Revision auf bestimmte Beschwerdepunkte beschränkt ist (oben Rdn. 9).

c) Unzulässigkeit aufgrund von Einzelausführungen. Denkbar ist, daß Einzelausführungen zur Sachrüge die Revision unzulässig machen, wenn sie nämlich zeigen, daß der Beschwerdeführer in Wahrheit keine Rechtsrüge erhebt, sondern nur unzulässige Angriffe gegen die Beweiswürdigung oder die Feststellungen führt[225]. Die Revisionsgerichte verfahren insoweit unterschiedlich, aber mit erkennbar nachlassender Strenge (vgl. auch *Sarstedt/Hamm* 322). Kein Fall der genannten Art liegt natürlich vor, wenn der Beschwerdeführer Angriffe gegen die Beweiswürdigung oder die Feststellung *in der Form* führt, die die Revisionsgerichte als „Darstellungsrüge" (§ 337, 121 ff) heute selbst ständig praktizieren. Aber auch beim unzulässigen Angriff bleibt die Revision jedenfalls zulässig, wenn die Einzelausführungen, etwa durch eine Einleitung, mit der allgemeinen Sachrüge in einer Weise gekoppelt sind, aus der sich ergibt, daß die Einzelausführungen keinen erschöpfenden Revisionsangriff enthalten; das ist z. B. der Fall, wenn der Beschwerdeführer in der Begründungsschrift formuliert, daß er die Ausführungen „Zur Ergänzung, nicht zur Erläuterung der Sachrüge" macht oder durch Benutzung des einleitenden Wortes „insbesondere" charakterisiert[226]. Im übrigen ist die Frage, ob der Beschwerdeführer ausschließlich unzulässige Angriffe führen will, gegebenenfalls anhand des gesamten Inhalts der Begründungsschrift festzustellen; eine solche Feststellung wird sich – zumal angesichts der schwierigen Abgrenzung von der „Darstellungsrüge" – wohl nur in Extremfällen sicher treffen lassen.

---

[224] BGHSt **1** 46; RGSt **33** 125; **48** 339; OLG Dresden GA **54** (1907) 321.

[225] RGSt **40** 99; **50** 253; **53** 235; **67** 198; RG JW **1921** 841 mit abl. Anm. *Stein;* RG JW **1923** 690 mit abl. Anm. *Löwenstein;* RG DJZ **1912** 225; RG LZ **1916** 1198; BayObLGSt **1953** 82 = NJW **1953** 1413; KG GA **55** (1908) 235; VRS **6** 212; OLG Hamm Rpfleger **1948** 37 L; OLG Saarbrücken OLGSt § 327 S. 3; VRS **50** 448; *Kleinknecht/Meyer* 5; KMR-*Paulus* 22; *Eb. Schmidt* 24; *Dahs/Dahs* 358; *Sarstedt/* Hamm 319 ff; *Krause* StrVert. **1984** 485; a. A OGHSt **1** 75 = SJZ **1949** 60 mit abl. Anm. *Hartung; Loewenstein* 30 leitet aus dem Fehlen einer Begründungspflicht die Unschädlichkeit einer unzulässigen Begründung her; *Stein* Privates Wissen 109 Fußn. 22 hält die Revision dann für unbegründet.

[226] *Sarstedt/Hamm* 322 Fußn. 651; *Dahs* Hdb. 844; *Gribbohm* NStZ **1983** 99; anders für die Charakterisierung durch „insbesondere" OLG Saarbrücken VRS **50** 448.

100 Ähnliches gilt für Fälle (die sich mit den im vorigen geschilderten oft überschneiden), in denen Einzelausführungen zur Revisionsrüge ergeben, daß der Beschwerdeführer die Fehlerhaftigkeit des Urteils lediglich aus tatsächlichen Behauptungen herleitet, die **im Urteil keine Stütze** haben. Auch sie können, streng betrachtet, die Revision unzulässig machen[227].

101 d) **Anfechtung von Verwerfungsurteilen nach §§ 329, 412.** Die Revision kann die Sachrüge erheben, sofern (was aber stets der Fall sein wird) theoretisch denkbar ist, daß ein Verfahrenshindernis besteht. Die Prüfung durch das Revisionsgericht beschränkt sich dann aber auf die Verfahrensvoraussetzungen[228]. Ob das Urteil des Amtsgerichts sachlichrechtliche Fehler enthält, darf nicht geprüft werden[229]. Die Umdeutung der Sachrüge in die Rüge der Verletzung der §§ 329, 412 (die *Peters* Nachtr. 35 für geboten hält), wird kaum je in Betracht kommen, weil die Einzelausführungen meist ergeben, daß die sachliche Prüfung des Schuldvorwurfs erstrebt wird; sie würde der Revision auch nur selten zum Erfolg verhelfen, weil es fast immer an dem zur Prüfung der Verwerfungsvoraussetzungen erforderlichen Tatsachenvortrag fehlt[230]. In der Erhebung der allgemeinen Sachrüge liegt keinesfalls die Rüge, das Berufungsgericht habe die rechtlichen Voraussetzungen des § 329 verkannt (OLG Hamm MDR **1973** 694; vgl. aber bei § 329).

§ 345

(1) ¹Die Revisionsanträge und ihre Begründung sind spätestens binnen eines Monats nach Ablauf der Frist zur Einlegung des Rechtsmittels bei dem Gericht, dessen Urteil angefochten wird, anzubringen. ²War zu dieser Zeit das Urteil noch nicht zugestellt, so beginnt die Frist mit der Zustellung.

(2) Seitens des Angeklagten kann dies nur in einer von dem Verteidiger oder einem Rechtsanwalt unterzeichneten Schrift oder zu Protokoll der Geschäftsstelle geschehen.

Schrifttum. *Blaese/Wielop* Die Förmlichkeiten der Revision in Strafsachen ²(1983); *Brandenburg* Untersuchungen zu der Behandlung strafprozessualer Formvorschriften in der neueren Rechtsprechung, Diss. Saarbrücken 1969; *Dencker* Für eine Verlängerung der Revisionsbegründungsfrist, ZRP **1978** 5; *Freymuth* Zur Abfassung der Revisionsbegründung in Strafsachen, GA **56** (1909) 279; *Jäger* Die Einlegung und Begründung der Revision im deutschen Reichsstrafprozesse,

---

[227] So in der Tat BGH NJW **1956** 1767; OLG Karlsruhe Justiz **1968** 181; *Dahs* Hdb. 844; vgl. auch BGHSt **15** 350 sowie KMR-*Paulus* 22; *Sarstedt/Hamm* 319 ff.
[228] BGHSt **21** 242; RG DRiZ **1929** Nr. 211; BayObLGSt **1959** 276 = JR **1960** 145 mit Anm. *Sarstedt*; OLG Hamm MDR **1973** 694; OLG Karlsruhe MDR **1957** 760; OLG Koblenz DAR **1974** 221; VRS **47** 360; OLG Köln GA **1971** 27; OLG Saarbrücken VRS **23** 298; **44** 192; KK-*Pikart* 31; *Hanack* JZ **1973** 695; *Laube* NJW **1954** 1366; *H.W. Schmidt* SchlHA **1963** 265; a. A BayObLGSt **27** 249; **1951** 528; OLG Hamburg NJW **1965** 315; OLG Hamm Rpfleger **1960** 213; *Loewenstein* 104; *Sarstedt/Hamm* 129 Fußn. 51, die die Sachrüge für unzulässig oder gegenstandslos halten. OLG Köln OLGSt § 329 S. 45 prüft auf die Sachrüge die Verletzung des § 329, OLG Oldenburg NJW **1964** 830 die des § 412. Vgl. auch bei § 329.
[229] RGSt **59** 280; OLG Frankfurt NJW **1963** 461; OLG Hamm MDR **1973** 694.
[230] Vgl. aber OLG Koblenz NJW **1975** 322 mit Anm. *Krause* NJW **1975** 1713 und bei § 329.

Diss. Würzburg 1929; *Lappe* Zur Revisionsbegründung in Strafsachen durch den UdG, Rpfleger **1958** 366; *Pentz* Die Revisionsbegründung zu Protokoll der Geschäftsstelle, MDR **1962** 532; *W. Schmid* Die Revisionsbegründung zu Protokoll des UdG, Rpfleger **1962** 301; *Richter II* Praktische Theorie. Immer noch einmal:... Zur Revisionsbegründungsfrist..., FS II Peters, 239; *Schneidewin* Fehlerhafte Revisionsbegründungen in Strafsachen, JW **1923** 345; *Seibert* Die Revisionsbegründung in Strafsachen zu Protokoll des UdG, Rpfleger **1951** 546; *Seibert* Zur Verantwortung des Verteidigers im Revisionsverfahren, AnwBl. **1955** 225; *Weigelt* Zur Rechtfertigung der Revision in Verkehrsstrafsachen, DAR **1954** 232; *Willms* Vorsorgliche Begründung der Revision? NJW **1965** 2334; *Zaeschmar* Zur Abfassung der Revisionsbegründung in Strafsachen, DJZ **1909** 703.

Entstehungsgeschichte. Durch Art. 1 Abs. II Nr. 2 der Verordnung vom 30. 11. 1927 (RGBl. I 334) wurde in Absatz 2 das Wort „Gerichtsschreiberei" durch das Wort „Geschäftsstelle" ersetzt. Art. 3 Nr. 146 VereinhG faßte Absatz 1 neu und verlängerte insbesondere die Begründungsfrist von einer auf zwei Wochen. Durch Art. 9 Nr. 1 StPÄG 1964 wurde der Absatz 1 abermals neu gefaßt; dabei wurde die Begründungsfrist auf einen Monat verlängert. Bezeichnung bis 1924: § 385.

Übersicht

	Rdn.		Rdn.
I. Revisionsbegründungsfrist (Absatz 1)		a) Verteidiger	17
1. Frist	1	b) Rechtsanwalt	18
2. Fristbeginn		c) Schrift	20
a) Allgemeines	4	d) Unterzeichnung	22
b) Urteilszustellung	5	e) Übernahme der Verantwortung für den Inhalt	27
c) Urteilsberichtigung	8	4. Erklärung zu Protokoll der Geschäftsstelle	
d) Wiedereinsetzung in den vorigen Stand	9	a) Zuständiges Gericht	30
e) Entscheidung des Revisionsgerichts nach § 346 Abs. 2	10	b) Zuständiger Beamter	31
f) Nebenkläger	11	c) Erklärung zu Protokoll	32
3. Zuständiges Gericht	12	d) Förmlichkeiten der Protokollaufnahme	34
4. Fristwahrung	13	e) Zweck der Protokollaufnahme. Prüfungspflicht	35
II. Form der Revisionsbegründung (Absatz 2)		f) Anspruch auf Protokollaufnahme	37
1. Anwendungsbereich der Vorschrift	14	g) Wiedereinsetzung in den vorigen Stand. Rechtsmittel	41
2. Zweck der Vorschrift	16	5. Revision der Staatsanwaltschaft	42
3. Von einem Verteidiger oder Rechtsanwalt unterzeichnete Schrift			

I. Revisionsbegründungsfrist (Absatz 1)

1. Die Frist beträgt ohne Rücksicht auf den Umfang der Sache und des Urteils **1** einen Monat. Sie gilt für alle Beschwerdeführer, auch für die Staatsanwaltschaft. Die Frist wird nach § 43 berechnet. Beginnt die Revisionsbegründungsfrist z. B. am 3. Juni, so endet sie mit Ablauf des 3. Juli. Gibt es in dem folgenden Monat keinen dem Fristbeginn entsprechenden Tag, so endet die Frist mit Ablauf des letzten Tages des Monats (Fristbeginn 31. Mai: Fristablauf 30. Juni). Ist der letzte Tag der Frist arbeitsfrei, endet sie mit Ablauf des nächsten Werktags (§ 43 Abs. 2). Eine Verlängerung der Frist ist unzulässig und unwirksam (Vor § 42, 4). Diese harte Regelung ist, insbesondere im Großverfahren, bedenklich und steht in merkwürdigem Gegensatz zu allen anderen modernen Verfahrensordnungen (vgl. *Dahs* Hdb. 794). Ihre gesetzliche Angleichung an die Fristen des § 275 Abs. 1 fordert mit gutem Grund *Dencker* ZRP **1978** 5; ähnlich ein Beschluß des 52. DJT, Verh. DJT Bd. II, 1978, S. L 223. *Richter II* 243 f hält die Regelung in Extrem-

§ 345   Drittes Buch. Rechtsmittel

verfahren für eine Verletzung des rechtlichen Gehörs und empfiehlt Vereinbarungen über eine vorzeitige Überlassung von Urteil und Protokoll vor der Urteilszustellung, orientiert an den Grenzen des § 275 Abs. 1 Satz 2. Vgl. auch OLG Düsseldorf NStZ **1984** 91.

2   Innerhalb der Frist müssen die **Revisionsanträge und ihre Begründung** (§ 344 Abs. 1) angebracht und, wenn Verfahrensmängel gerügt werden, die den Mangel enthaltenden Tatsachen angegeben werden (§ 344 Abs. 2 Satz 2). Nach Fristablauf können zur Sachrüge ergänzende Ausführungen gemacht werden (§ 352, 10; § 344, 96); Ergänzungen des Tatsachenvorbringens (nicht aber: Rechtsausführungen) zu Verfahrensrügen sind unbeachtlich, wenn sie nach Fristablauf bei Gericht eingehen (§ 352, 4). Über die Wiedereinsetzung in den vorigen Stand zum Nachholen einzelner Verfahrensrügen s. § 44, 15 ff.

3   Schon **vor Fristbeginn,** insbesondere zugleich mit der Revisionseinlegung, kann' die Revision begründet werden[1]. Entgegen verbreiteter Meinung muß jedoch bezweifelt werden, ob das sonderlich empfehlenswert ist[2]. Denn wenn die Revisionsbegründungsfrist versäumt wird, gewähren die Revisionsgerichte in der Regel keine Wiedereinsetzung zur Nachholung einzelner Verfahrensrügen (vgl. § 44, 15 ff), während eine Wiedereinsetzung wegen Versäumung der gesamten Revisionsbegründung für den Angeklagten leichter zu erreichen ist, wenn, wie meist, der Verteidiger die Frist versäumt hat (vgl. § 44, 48 ff; aber auch *Dahs* Hdb. 794). Auch läßt sich ein Angriff auf die tatrichterlichen Feststellungen und Würdigungen im Wege der Sachrüge („Darstellungsrüge"; vgl. § 337, 121 ff) sinnvoll selbstverständlich nur in Kenntnis der schriftlichen Urteilsgründe führen.

2. Fristbeginn

4   a) **Allgemeines.** Wenn das Urteil, wie im Regelfall, bei der Revisionseinlegung noch nicht zugestellt war, beginnt die Frist nach § 345 Abs. 1 Satz 2 mit der Urteilszustellung, die § 343 Abs. 2 für den Fall vorschreibt, daß die Revision rechtzeitig eingelegt' wird. Sind mehrere Beschwerdeführer vorhanden, so beginnt für jeden von ihnen die Frist gesondert mit der an ihn oder seinen Verteidiger erfolgten Urteilszustellung (*Loewenstein* 33). War das Urteil schon vor der Revisionseinlegung zugestellt, was nur bei Abwesenheitsurteilen zulässig ist (§ 35 Abs. 2 Satz 1), so schließt sich die Revisionsbegründungsfrist an die Einlegungsfrist des § 341 Abs. 1 an. Maßgebend ist nur der Ablauf dieser Frist, nicht ein früherer Zeitpunkt, in dem die Revision eingelegt worden ist. Bei der Berechnung der Begründungsfrist muß also zunächst der Ablauf der Einlegungsfrist (dazu § 341, 23) festgestellt werden; danach beginnt erst die Monatsfrist des § 345 Abs. 1. Wegen des Fristbeginns bei verspäteter Revisionseinlegung und gleichzeitigem Antrag auf Wiedereinsetzung in den vorigen Stand vgl. unten Rdn. 9.

5   b) **Urteilszustellung.** Nur eine ordnungsgemäße Urteilszustellung nach §§ 36, 37, 40, 41 setzt die Frist in Lauf. Für Doppelzustellungen gilt § 37 Abs. 2. Die nochmalige Zustellung an denselben Beschwerdeführer ist bedeutungslos[3]. Fehlt die durch § 35 a vorgeschriebene Rechtsmittelbelehrung oder ist sie unrichtig oder unvollständig, so ist das für den Fristbeginn unerheblich; der Mangel gibt nur einen zwingenden Wiederein-

---

[1] RG JW **1890** 233; BayObLGSt **1951** 338; Kleinknecht/Meyer 1; KMR-*Paulus* 2; *Eb. Schmidt* Nachtr. I 11; *Dahs/Dahs* 326; *Jäger* 42.
[2] Vgl. *Dahs* Hdb. 786; *Willms* NJW **1965** 23;

anders KMR-*Paulus* 2; *Loewenstein* 34 ff; *Sarstedt/Hamm* 120; *Schneidewin* JW **1923** 346; *Weigelt* DAR **1954** 239.
[3] Vgl. z.B. BGH NJW **1978** 60; OLG Hamburg NJW **1965** 1614.

Vierter Abschnitt. Revision § 345

setzungsgrund nach § 44 Satz 2 (vgl. § 341, 18). Verstöße gegen § 145 a haben, sofern nicht auch ein Verstoß gegen § 36 Abs. 1 Satz 1 vorliegt (vgl. OLG Düsseldorf VRS 64 197), auf den Beginn der Frist ebenfalls keinen Einfluß, sondern begründen allenfalls einen Anspruch auf Wiedereinsetzung (näher bei § 145 a). Die Zustellung an einen Verteidiger setzt die Frist jedoch dann nicht in Lauf, wenn sich seine Vollmacht nicht bei den Akten befindet (BGH NJW 1979 936 mit weit. Nachw.). Die Frage, ob der der deutschen Sprache unkundige ausländische Angeklagte einen Anspruch auf schriftliche Übersetzung des Urteils hat, wird von BGHSt 30 182 verneint; vgl. auch BVerfG NJW 1983 2764 und näher bei § 184 f GVG.

Grundsätzlich setzt nur die Zustellung des **vollständigen** Urteils mit Gründen die **6** Frist in Lauf[4], da erst die Kenntnis der Urteilsgründe den Beschwerdeführer in die Lage versetzt, das Rechtsmittel sachgemäß zu begründen. Zur Vollständigkeit des Urteils gehört, daß sämtliche Richter, die an ihm mitgewirkt haben, es nach § 275 Abs. 2 Satz 1 unterzeichnet oder daß der Vorsitzende oder der dienstälteste Beisitzer nach § 275 Abs. 2 Satz 2 die Verhinderung einzelner Richter vermerkt haben[5]. Eine vorher bewirkte Zustellung ist wirkungslos; die Revisionsbegründungsfrist beginnt erst mit der Zustellung des durch Nachholung aller Unterschriften fertiggestellten Urteils (RG LZ 1916 153; vgl. auch bei § 275). Entsprechendes gilt für den Fall, daß entgegen § 275 Abs. 3 im Urteilskopf die Namen der Schöffen nicht angegeben sind (*Blaese/Wielop* 78). Auch wenn die Urteilsausfertigung vom Original abweicht, fehlerhaft, verstümmelt oder sonst unvollständig ist, wird die Begründungsfrist nicht in Lauf gesetzt, sofern der Fehler nicht nur unwesentliche Einzelheiten betrifft[6]. Die Frist beginnt dann erst mit der Zustellung einer einwandfreien Urteilsausfertigung, die den Inhalt der Urschrift hinreichend klar erkennen läßt[7]. Das Fehlen von Urteilsteilen, die ausschließlich Mitangeklagte betreffen und den Beschwerdeführer auch mittelbar nicht berühren, ist jedoch ohne Bedeutung (RGRspr. 10 429). Sind Urteilsgründe überhaupt nicht vorhanden, etwa weil der Richter nach der Urteilsverkündung verstorben ist, so setzt ausnahmsweise schon die Zustellung der Urteilsformel die Begründungsfrist in Lauf[8]; das gleiche gilt, wenn das **Urteil verlorengegangen** ist und nicht wiederhergestellt werden kann[9]. Denn das Fehlen der Gründe ist ein zwingender Revisionsgrund nach § 338 Nr. 7, aber kein Hindernis für das weitere Revisionsverfahren[10].

Bevor das **Sitzungsprotokoll fertiggestellt** ist, darf das Urteil nach § 273 Abs. 4 **7** nicht zugestellt werden. Ein Verstoß gegen diese Vorschrift wiegt so schwer, daß er die

---

[4] RGRspr. 9 161; OLG Hamburg LZ 1920 311; OLG Neustadt GA 1955 186; OLG Schleswig bei *Ernesti/Jürgensen* SchlHA 1976 173; KK-*Pikart* 6; KMR-*Paulus* 7. Vgl. auch im folg. Text.
[5] Vgl. BGHSt 26 248; BayObLG NJW 1967 1578; OLG Karlsruhe Justiz 1976 442; OLG Koblenz MDR 1976 950. Vgl. auch bei § 275.
[6] BGH NJW 1978 60; KG JR 1982 251 mit weit. Nachw.
[7] BGH StrVert. 1981 170; RG HRR 1928 497; OLG Koblenz VRS 52 42; ganz h.M.
[8] KMR-*Paulus* § 314, 9; *Eb. Schmidt* 3; a. A BayObLGSt 31 152.

[9] *W. Schmid* FS Lange 791; KMR-*Paulus* § 314, 9; *Beling* 210 nimmt an, daß das Urteil unwirksam wird und daß neuverhandelt werden muß. Vgl. auch VO vom 18. 6. 1942, RGBl. I, 395.
[10] Vgl. RGSt 40 184; RG GA 69 (1925) 115; OLG Hamburg LZ 1920 311 = ZStW 41 (1920) 449 mit Anm. *Schön* und *Feisenberger*; a. A *Loewenstein* DJZ 1907 284, der bei Aktenverlust die Einstellung des Verfahrens für notwendig hält; vgl. auch *Gadow* DJZ 1907 587; *Lafrenz* Recht 1919 368; *Mittermaier* JW 1923 17.

§ 345   Drittes Buch. Rechtsmittel

Urteilszustellung unwirksam macht[11]. Die Ansicht, bei einem Verstoß gegen § 273 Abs. 4 beginne die Revisionsbegründungsfrist mit der nachträglichen Fertigstellung des Protokolls (so KMR-*Sax*[6] 1), ist abzulehnen und wird wohl auch nicht mehr vertreten: Der innerdienstliche Vorgang, von dessen Zeitpunkt die Verfahrensbeteiligten nichts erfahren, wenn sie nicht die Akten einsehen, kann die Revisionsbegründungsfrist nicht in Lauf setzen (so mit Recht *Börtzler* MDR **1972** 185). An einer Fertigstellung des Protokolls fehlt es aber nicht schon deswegen, weil die Niederschrift unrichtig oder lückenhaft ist oder sonstige Mängel aufweist (BGH NStZ **1984** 89). Ohne Einfluß auf die Wirksamkeit der Zustellung ist es auch, daß in dem offensichtlich fertiggestellten Protokoll nur die Angabe des Zeitpunkts fehlt, in dem das geschah[12]. Wenn ein Sitzungsprotokoll nicht hergestellt werden kann, etwa weil alle Unterlagen für seine Anfertigung verlorengegangen sind, kann dem Gesetzesbefehl des § 273 Abs. 4 nicht nachgekommen werden. Die Frist für die Revisionsbegründung beginnt dann ohne Rücksicht auf diese Vorschrift mit der Urteilszustellung[13].

8   **c) Urteilsberichtigung.** Ausnahmsweise setzt nicht die Zustellung des Urteils, sondern die eines später erlassenen Beschlusses die Frist in Lauf. Das ist der Fall, wenn das Urteil berichtigt wird. Die Revisionsbegründungsfrist beginnt dann mit der Zustellung des Berichtigungsbeschlusses[14], es sei denn, daß sich die Berichtigung auf einen Nebenpunkt bezieht, der für die Revisionsbegründung keinerlei Einfluß haben kann (OLG Hamm NJW **1956** 923 L), so z. B. eine unrichtige Angabe des Verkündungstages der angefochtenen Entscheidung, die Zweifel nicht aufkommen läßt (BayObLG VRS **62** 371).

9   **d) Wiedereinsetzung in den vorigen Stand.** Wird der Beschwerdeführer wegen Versäumung der Revisionseinlegungsfrist in den vorigen Stand eingesetzt, so können Schwierigkeiten entstehen, wenn es sich um ein nach § 35 Abs. 2 Satz 1 bereits zugestelltes Abwesenheitsurteil handelt oder wenn das Urteil entgegen § 343 Abs. 2 trotz der verspäteten Revisionseinlegung zugestellt worden ist. Wäre auch in diesen Fällen der Zeitpunkt der Urteilszustellung für den Beginn der Frist maßgebend, so müßte der Beschwerdeführer das Rechtsmittel vorsorglich für den Fall begründen, daß ihm Wiedereinsetzung bewilligt wird. Das kann nicht verlangt werden; die Revisionsbegründungsfrist beginnt daher mit der Zustellung des Wiedereinsetzungsbeschlusses, worauf zweckmäßigerweise mit der Zustellung hingewiesen wird. Eine nochmalige Urteilszustellung ist nicht erforderlich und, wenn sie gleichwohl erfolgt, für den Fristbeginn ohne Bedeutung[15]. Wird jedoch der die Wiedereinsetzung gewährende Beschluß nur form-

---

[11] BGHSt **27** 80; KK-*Pikart* 7; *Kleinknecht/Meyer* § 273, 26; KMR-*Paulus* 7; *Dahs/Dahs* 322; *Börtzler* MDR **1972** 185 unter Hinweis auf die Begründung zum Entwurf des StPÄG 1964, die das ausdrücklich als Ziel der Vorschrift bezeichnet; a. A OLG Stuttgart MDR **1970** 68; OLG Karlsruhe Justiz **1976** 264 hält eine verfrühte Zustellung für wirksam, wenn keine Verfahrensrügen erhoben sind. Vgl. auch bei § 273.

[12] BGHSt **23** 115; OLG Köln MDR **1972** 260 = Rpfleger **1970** 139 mit Anm. *Reiss;* KMR-Paulus 7.

[13] KMR-*Paulus* 7; *W. Schmid* FS Lange 797. Zu den Folgen für die Geltendmachung von Verfahrensrügen s. § 337, 72.

[14] BGHSt **12** 374; RG HRR **1939** 1010; OLG Düsseldorf JMBlNRW **1982** 139; KK-*Pikart* 3; KMR-*Paulus* 6; *Kleinknecht/Meyer* 2; *Eb. Schmidt* Nachtr. I 3.

[15] Näher § 46, 12 mit Nachw.; ebenso KK-*Pikart* 3; *Kleinknecht/Meyer* 2; KMR-*Paulus* 6; *Eb. Schmidt* 5; *Dahs/Dahs* 323; *Sarstedt/Hamm* 112; *Jäger* 43. Nach BGHSt **30** 338 std. Rspr. des BGH. RGSt **52** 76. RG DR **1942** 1650 und *Loewenstein* 33 verlangten eine nochmalige Zustellung. *Kaiser* verlangt in NJW **1977** 96 entgegen seiner Äußerung in NJW **1975** 338, die Begründungsfrist müsse mit der ersten Zustellung beginnen.

los bekanntgemacht, das Urteil aber nochmals zugestellt, so beginnt mit dieser Zustellung die Revisionsbegründungsfrist. Die Zustellung des Wiedereinsetzungsbeschlusses braucht nicht nachgeholt zu werden. Für den Beginn der Begründungsfrist ist die Zustellung dieses Beschlusses auch dann maßgebend, wenn die Wiedereinsetzung vom Revisionsgericht deshalb bewilligt wird, weil der Tatrichter die Revision nach § 346 Abs. 1 verworfen hat, ohne den begründeten Antrag des Angeklagten auf Bestellung eines Pflichtverteidigers für die Revisionsbegründung zu bescheiden (OLG Hamm OLGSt § 141 S. 13).

e) Entscheidung des Revisionsgerichts nach § 346 Abs. 2. Das gleiche wie im Fall **10** der Wiedereinsetzung (Rdn. 9) gilt, wenn das Revisionsgericht gemäß § 346 Abs. 2 einen die Revision wegen vermeintlicher Verspätung verwerfenden Beschluß des Tatrichters aufhebt und das Urteil entgegen § 343 Abs. 2 bereits zugestellt war. Die Revisionsbegründungsfrist beginnt dann mit der Zustellung des Beschlusses nach § 346 Abs. 2[16]. Hierauf sollte in dem Beschluß hingewiesen werden.

f) Nebenkläger. Für den Nebenkläger, der die Revision eingelegt hat, bevor ihm **11** der Beschluß über seine Zulassung zugestellt worden ist, beginnt die Revisionsbegründungsfrist auch dann, wenn ihm vorher bereits das Urteil zugestellt worden war, erst mit der Zustellung des Zulassungsbeschlusses; auch hier ist eine nochmalige Urteilszustellung nicht erforderlich[17].

3. Zuständiges Gericht. Nach § 345 Abs. 1 Satz 1 ist die Revisionsbegründung, wie **12** die Revisionseinlegung, nicht bei dem Revisionsgericht anzubringen, sondern bei dem Gericht, dessen Urteil angefochten ist. Näher bei § 341, 9.

4. Fristwahrung. Die Revisionsbegründungsschrift muß bis zum Ablauf der Frist **13** des § 345 Abs. 1 bei dem zuständigen Gericht eingehen. Als nicht ausreichend gilt die Einreichung einer nicht unterzeichneten Abschrift oder die beglaubigte Abschrift der anderswo vorgelegten Schrift[18]. Ist die Abschrift aber unterzeichnet, so steht sie der Urschrift gleich[19]. Zur Frage, wann eine Schrift bei Gericht eingegangen ist, s. im einzelnen Vor § 43, 13 ff, und zur Frage, wie sich unbehebbare Zweifel an der Rechtzeitigkeit des Eingangs auswirken, § 341, 25 f. Wird die Revisionsbegründung zu Protokoll der Geschäftsstelle erklärt, so genügt es, daß dies am letzten Tag der Frist geschieht, auch wenn die Erklärung im Fall des § 299 nicht bei der Geschäftsstelle des Gerichts angebracht wird, gegen dessen Urteil Revision eingelegt worden ist.

II. Form der Revisionsbegründung (Absatz 2)

1. Anwendungsbereich der Vorschrift. Die Formvorschrift des § 345 Abs. 2 gilt **14** nicht nur für die Revisionsbegründung des Angeklagten, sondern auch für die des gesetzlichen Vertreters (§ 298), des Erziehungsberechtigten (§ 67 Abs. 3 JGG) und des nach § 433 Abs. 1, § 440 Abs. 3 zur Rechtsmitteleinlegung berechtigten Einziehungsbe-

---

[16] OLG Karlsruhe Justiz **1984** 25; KK-*Pikart* 3; KMR-*Paulus* 6; anders *Dahs/Dahs* 323, die eine erneute Urteilszustellung für erforderlich halten.

[17] RGSt **77** 281; OLG Dresden JW **1931** 3580; KMR-*Paulus* 6; *Beling* 462 und ZStW **36** (1915) 295; *Sarstedt/Hamm* 118; **a. A** RGSt 48 236; **66** 393; RG Recht **1908** Nr. 440; BayObLG LZ **1925** 379.

[18] Zum ersteren: RG Recht **1921** Nr. 2087; zum letzteren: RG JW **1901** 503; *Beling* 188; *Loewenstein* 27; vgl. auch RGSt 48 276.

[19] Vgl. *Sarstedt/Hamm* 139; *Blaese/Wielop* 130.

teiligten. Der Privatkläger kann die Revisionsbegründung nur mittels einer von einem Rechtsanwalt unterzeichneten Schrift, nicht also zu Protokoll der Geschäftsstelle, anbringen (§ 390 Abs. 2); wenn er Rechtsanwalt ist, kann er selbst unterzeichnen (unten Rdn. 19). Dasselbe gilt für den Nebenkläger (§ 397 Abs. 1)[20]. Zur Revision der Staatsanwaltschaft vgl. unten Rdn. 42.

15 Auch der Angeklagte, der einen **Verteidiger hat,** kann die Revisionsbegründung zu **Protokoll der Geschäftsstelle** erklären (OLG Hamburg NJW **1966** 2324; allg. M.). Ferner kann die bereits von einem Verteidiger oder Rechtsanwalt begründete Revision innerhalb der Frist des § 345 Abs. 1 durch Niederschrift zu Protokoll der Geschäftsstelle ergänzt werden. Gleiches gilt im umgekehrten Fall. Die beiden Möglichkeiten des § 345 Abs. 2 schließen einander nicht aus. Der Verteidiger muß seine Revisionsbegründung aber selbst anfertigen; er ist nicht berechtigt, sie zu Protokoll der Geschäftsstelle zu erklären[21]; auch ein Rechtsanwalt, der die Revisionsbegründungsschrift in eigener Sache selbst unterzeichnen darf (unten Rdn. 19), hat diese Möglichkeit nicht. Die Form des § 345 Abs. 2 ist auch bei Ergänzungen zu wahren, so daß **zusätzliche Erklärungen des Angeklagten** selbst in einfacher Schriftform auch zur Sachrüge nicht reichen[22]. Die gegenteilige Ansicht, die sich auf die Zulässigkeit von Bezugnahmen bei der Revisionsbegründung (§ 344, 96) stützt, kann im Hinblick auf den Zweck des § 345 Abs. 2 (Rdn. 16) nicht überzeugen.

16 2. Zweck der Vorschrift. § 345 Abs. 2 schließt (ebenso wie § 172 Abs. 3 Satz 2 und § 366 Abs. 2) Erklärungen in einfacher Schriftform aus. Die Vorschrift verlangt im Interesse des Angeklagten und des Revisionsgerichts, daß die Revisionsbegründung von sachkundiger Seite herrührt, damit auch ihr Inhalt gesetzmäßig und sachgerecht ist[23]. Dem Revisionsgericht soll vor allem die Prüfung grundloser oder unverständiger Anträge möglichst erspart werden[24]. Daher darf sich die Mitwirkung des Verteidigers, Rechtsanwalts oder Urkundsbeamten nicht in bloßer Beurkundung erschöpfen. Insbesondere der Rechtsanwalt muß sich an der Revisionsbegründung regelmäßig (vgl. aber unten Rdn. 20) gestaltend beteiligen. Er muß für den Inhalt der Begründung die Verantwortung übernehmen (unten Rdn. 27 ff). Das schließt aus, daß er sich von dem rechtsunkundigen Angeklagten Rügen vorschreiben läßt oder lediglich auf dessen Wunsch erhebt, die offensichtlich aussichtslos sind[25]. Bedenken, die gegen diese Regelung und ihre Konsequenzen vorgebracht werden[26], können nach geltendem Recht dogmatisch nicht überzeugen. Richtig ist allerdings, daß sich die gesetzgeberische Erwartung einer Siebfunktion des Verteidigers in der Praxis aus vielen Gründen als weitgehend irreal erwiesen hat (näher *Hanack* FS Dünnebier 309). Die Problematik zeigt sich auch an dem

---

[20] RGSt **19** 115; **36** 75; RG DJZ **1913** 168; RG LZ **1917** 411; OLG Dresden DRiZ **1932** Nr. 768; KMR-*Paulus* 9; *Sarstedt/Hamm* 129.
[21] OLG Düsseldorf MDR **1975** 73 L; KK-*Pikart* 19; KMR-*Paulus* 20; a. A *W. Schmid* Rpfleger **1962** 301.
[22] OLG Stuttgart NStZ **1981** 492 = JR **1982** 167 mit abl. Anm. *Meyer*; a. A *Kleinknecht/Meyer* 8. Vgl. auch KK-*Pikart* 11.
[23] BGHSt **25** 273 = JR **1974** 478 mit Anm. *Meyer*; BGHSt **32** 328; BGH NStZ **1984** 563; BGH bei *Dallinger* MDR **1970** 15; RGSt **2** 359; **4** 8; **14** 349; **18** 104; **64** 65 = JW **1930** 3421 mit Anm. *Mannheim*; RG JW **1909** 336; BayObLGSt **1955** 256; OLG Karlsruhe NJW **1974** 915; OLG Köln NJW **1975** 890; OLG Stuttgart MDR **1982** 74; *Schneidewin* JW **1923** 345; *Zaeschmar* DJZ **1909** 703; vgl. auch BVerfG NJW **1983** 2764.
[24] BGHSt **32** 328; BfU NStZ **1984** 563; OLG Köln NJW **1975** 890; OLG Stuttgart MDR **1982** 74; KMR-*Paulus* 10.
[25] Vgl. BGHSt **25** 273 = JR **1974** 478 mit Anm. *Meyer*; BVerfG NJW **1983** 2764.
[26] Vgl. vor allem *Beulke* Der Verteidiger im Strafverfahren, 1980, S. 138; ablehnend auch *Alsberg* JW **1931** 1760; *Mannheim* JW **1930** 3422.

eigentümlichen Widerspruch zur überwiegend vertretenen Ansicht, daß bei der Revisionsbegründung zu Protokoll der Geschäftsstelle etwas andere Maßstäbe gelten sollen (unten Rdn. 38). Und sie zeigt sich ferner an der Konzession, die die herrschende Meinung zuläßt, wenn der Rechtsanwalt die Begründung einer Revision mit seinem Gewissen oder seiner Standeswürde nicht glaubt vereinbaren zu können: Die Erhebung der allgemeinen Sachrüge soll ihm auch erlaubt sein, wenn er die Revision für aussichtslos hält, weil sich das in jedem Fall verantworten lasse (unten Rdn. 29).

3. Von einem Verteidiger oder Rechtsanwalt unterzeichnete Schrift

a) **Verteidiger** ist jeder, der im unteren Rechtszug als Verteidiger tätig gewesen ist, auch der nach § 138 Abs. 2 zugelassene Verteidiger[27], der im Fall der notwendigen Verteidigung (§ 140) aber gemeinschaftlich mit einem Rechtsanwalt oder Rechtslehrer handeln muß[28], und auch der nach § 139 tätig gewordene Referendar (KG JR Rspr. **1925** Nr. 1478). Der Beistand gemäß § 149 ist kein Verteidiger (RGSt **7** 403). Der Verteidiger darf die Begründung der Revision unterzeichnen, solange seine Vollmacht nicht widerrufen ist; eine *besondere* Vollmacht braucht er nicht[29]. Die Bestellung zum Pflichtverteidiger gilt auch für die Revisionsbegründung (näher § 350, 8). Auch der erst für das Revisionsverfahren bestellte Verteidiger kann die Revisionsbegründungsschrift unterzeichnen[30], selbst wenn er nur beim Bundesgerichtshof zugelassen ist. Die Vollmacht muß innerhalb der Frist des § 345 Abs. 1 erteilt, kann dem Gericht aber auch später nachgewiesen werden (§ 341, 8). Jedoch kann der Pflichtverteidiger seine Befugnisse nicht wirksam durch Untervollmacht übertragen (BGH StrVert. **1982** 213 und 360). Wer der Zulassung als Verteidiger nach § 138 Abs. 2 bedarf, kann sie zugleich mit der Einlegung der Revision (RGSt **55** 213) oder mit der Einreichung der Revisionsbegründungsschrift beantragen (OLG Hamm MDR **1951** 503); mit der Zulassung wird die Revisionsbegründung rückwirkend wirksam; zur Zuständigkeit für die Entscheidung über die Zulassung vgl. § 347, 12. Auch ein Referendar kann nach § 139 mit der Unterzeichnung der Revisionsbegründungsschrift erstmals als Verteidiger tätig werden. Seine Revisionsbegründung ist aber unwirksam, wenn er selbst angeklagt ist und sich von einem Rechtsanwalt die eigene Verteidigung nach § 139 hat übertragen lassen (OLG Karlsruhe MDR **1971** 320). Auch ein Hochschullehrer, der selbst angeklagt ist, kann die Revisionsbegründung nicht wirksam vornehmen, weil er sich zwar selbst verteidigen darf, damit aber nicht sein eigener Verteidiger wird[31]. Zur Revisionsbegründung durch Verteidiger, die nach § 137 Abs. 1 Satz 2, § 138a oder § 146 ausgeschlossen sind, s. bei Erl. dieser Vorschriften.

b) **Rechtsanwalt.** In § 345 Abs. 2 ist neben dem Verteidiger der Rechtsanwalt besonders aufgeführt, weil nicht jeder Verteidiger Rechtsanwalt sein muß (§§ 138, 139) und weil ein Rechtsanwalt die Begründungsschrift auch unterzeichnen darf, wenn ihm

---

[27] BayObLGSt **1955** 256; OLG Koblenz OLGSt § 79 OWiG S. 30; OLG Naumburg DRiZ **1929** Nr. 556; KMR-*Paulus* 12.
[28] BGHSt **32** 326 (für den Rechtsbeistand, auch wenn er Mitglied der Anwaltskammer ist); KG NJW **1974** 916; JR **1983** 83; vgl. auch bei § 138.
[29] RGSt **3** 224; KMR-*Paulus* 12; *Sarstedt/Hamm* 136, die das als std. Praxis des BGH bezeichnen; *Jäger* 36; *Lamm* 16; **a.** A KG JW **1932** 2179 mit abl. Anm. *Alsberg* und *Klefisch*.

[30] RGSt **28** 430; KMR-*Paulus* 12; *Loewenstein* 15; *Jäger* 36; *Friedländer* GerS **60** (1902) 423; *Köhler* GerS **53** (1897) 198; **a. A** *von Kries* 640.
[31] KG GA **45** (1897) 445; *Sarstedt/Hamm* 136; vgl. auch BVerfG NJW **1980** 1677 f; *Jäger* 36 hält diese Regelung, weil sie für den selbst angeklagten Rechtsanwalt nicht gilt (Rdn. 19), für ungerecht.

die Verteidigung im übrigen nicht übertragen ist (BayObLG NJW **1976** 157). Der Rechtsanwalt muß bei einem Gericht im Geltungsbereich der Strafprozeßordnung zugelassen sein[32], weil er nur dann als sachkundig genug gilt, um die Verantwortung für den Inhalt der Revisionsbegründung zu übernehmen. Die Zulassung in der DDR reicht nicht aus[33]. Der Rechtsanwalt muß bei der Unterzeichnung bevollmächtigt sein; den Nachweis der Vollmacht kann er später erbringen (§ 341, 8). Hat der Angeklagte die Revision selbst eingelegt, so braucht der Rechtsanwalt, der die Begründung einreicht, keine Vollmacht vorzulegen, wenn nichts dafür spricht, daß er ohne Auftrag gehandelt hat[34]. Der nach § 146 ausgeschlossene Verteidiger kann die Revision nicht wirksam als „Rechtsanwalt" begründen (BGHSt **26** 337 und 373; näher bei § 146).

19 Ein Rechtsanwalt (nicht ein Hochschullehrer, s. Rdn. 17), der **selbst angeklagt** ist, ist nach ganz h. M. befugt, die Revisionsbegründung in der eigenen Sache selbst zu unterzeichnen, solange er als Rechtsanwalt zugelassen ist[35]. Das gilt aber nicht, wenn gegen ihn ein Berufsverbot nach § 150 Abs. 1 BRAO verhängt worden ist. Zwar bestimmt § 155 Abs. 5 Satz 1 BRAO, daß die Wirksamkeit von Rechtshandlungen durch das Berufsverbot nicht berührt wird. Das ist jedoch nur eine Vorschrift zum Schutze des anwaltlichen Mandanten und besagt darum nicht, daß der Rechtsanwalt befugt ist, in eigener Sache und zum eigenen Nutzen Rechtshandlungen vorzunehmen, die ihm verboten sind. Ob er die Revisionsbegründung in eigener Sache unterzeichnen darf, ist im übrigen eine Frage der Auslegung des § 345 Abs. 2 StPO, nicht des § 155 Abs. 5 Satz 1 BRAO[36].

20 c) **Schrift.** Nach § 345 Abs. 2 muß die Schrift vom Verteidiger oder einem Rechtsanwalt unterzeichnet sein. Daß er sie selbst verfassen muß, läßt sich der Vorschrift nicht entnehmen[37]. Es genügt daher, daß er an der Abfassung mitgewirkt oder jedenfalls für den Inhalt der Schrift die Verantwortung übernommen hat[38]. Die Revisionsbegründung kann darum zulässig sein, wenn der Verteidiger oder Rechtsanwalt ein vom Angeklagten selbst verfaßtes Schriftstück lediglich mit seiner Unterschrift versieht, falls keine Zweifel daran bestehen, daß er die Verantwortung für den Inhalt der Schrift (unten Rdn. 27)

---

[32] OLG Köln MDR **1955** 311; OLG München MDR **1975** 247; KMR-*Paulus* 12. Auch der selbständige Anwalt eines anderen EG-Staates kann die Begründung nur – aber immerhin – im Einvernehmen mit einem im Geltungsbereich der StPO zugelassenen Rechtsanwalt vornehmen (vgl. § 4 Abs. 1 Satz 1 des Gesetzes v. 18.6.1980, BGBl. I 1453), bedarf also dessen verantwortlicher Gegenzeichnung.

[33] OLG Hamburg NJW **1962** 1689; KMR-*Paulus* 12; *H.W. Schmidt* SchlHA **1959** 138.

[34] RGSt **15** 226; RGRspr. **6** 355; RG GA **42** (1894) 37; BayObLGSt **16** 68; OLG Karlsruhe OLGSt § 345 Abs. 2 S. 17; *Loewenstein* 27; *Jäger* 36; *Alsberg* JW **1932** 2179; a. A KG GA **59** (1912) 477; vgl. auch KG JW **1931** 2857.

[35] RGSt **69** 377; RGRspr. **4** 695; BayObLGSt **1975** 154 = VRS **50** 298; KG GA **1962** 311; OLG Hamm NJW **1947/48** 704; *Kleinknecht/Meyer* 5; *Sarstedt/Hamm* 136; *Jäger* 35; vgl. auch *Klussmann* NJW **1973** 1966.

[36] Im Ergebnis wie hier: KG NJW **1969** 338; OLG Karlsruhe MDR **1971** 320; *Kleinknecht/Meyer* 5; a. A RGSt **69** 377; BayObLG MDR **1969** 153; OLG Oldenburg NdsRpfl. **1963** 117; KMR-*Paulus* 13; *Blaese/Wielop* 131; *Kalsbach* § 155 BRAO, 5. Vgl. auch BGH NJW **1971** 1373.

[37] RGSt **30** 367; BayObLGSt **3** 59; **12** 96; *Sarstedt/Hamm* 138; *Jäger* 37.

[38] RGSt **21** 160; **64** 65 = JW **1930** 3421 mit Anm. *Mannheim*; *Beling* 187; *Friedländer* JW **1933** 1634; *W. Schmid* Rpfleger **1962** 306 ff; a. A RG JW **1907** 561; GA **55** (1908) 313; LZ **1915** 1226, 1458; **1916** 823; OLG Köln NJW **1975** 890; OLG Rostock GA **70** (1926) 150; KMR-*Paulus*, die mindestens die Mitwirkung bei der Abfassung verlangen; BGHSt **25** 273 hält eine „gestaltende Beteiligung" für unerläßlich.

übernommen hat. Ist die Schrift von einem juristischen Laien verfaßt worden, wird die bloße Unterzeichnung durch den Verteidiger oder Rechtsanwalt den Anforderungen aber regelmäßig nicht genügen (vgl. unten Rdn. 27 f). An der Schriftform fehlt es nach BGHSt 33 44 = StrVert. 1985 135 mit Anm. *Hamm* bei unleserlichen Angaben; vgl. auch § 344, 78.

Wird in einem Schreiben an das Gericht nur auf ein **beigefügtes Schriftstück** 21 **Bezug** genommen, das der Angeklagte oder ein sonstiger Dritter verfaßt hat, liegt nach überkommener Rechtsprechung eine Schrift des Verteidigers oder Rechtsanwalts im Sinne des § 345 Abs. 2 nicht vor[39]. Manche Entscheidungen erwecken sogar den Eindruck, daß selbst Anlagen als unbeachtlich angesehen werden, auf die der Verteidiger oder Anwalt in seiner Revisionsbegründungsschrift Bezug nimmt, insbesondere wenn sie nicht abgezeichnet sind[40]. Offenbar aufgrund dieser Entscheidungen hat LR-*Meyer*23 eine entsprechende Schlußfolgerung auch in der Tat gezogen. Aber das ist (oder wäre) in dieser Form nicht richtig (vgl. auch KK-*Pikart* 13; BGH NStZ 1984 563). Denn anerkannt ist, daß jedenfalls bei Rechtsausführungen zur Sachrüge Bezugnahmen ohne weiteres erlaubt sind (§ 344, 96). Für Rechtsausführungen zur Verfahrensrüge, bei denen selbst Fehlerhaftigkeit nicht schadet (§ 344, 72; 75), kann nichts anderes gelten. Richtig ist nur, daß die – bedenklich formalistische – Rechtsprechung für das *tatsächliche* Vorbringen zur Begründung einer Verfahrensrüge (§ 344 Abs. 2 Satz 2) jede Bezugnahme als nicht geschrieben ansieht, weil das Revisionsgericht die Berechtigung der Rüge allein aufgrund der Begründungsschrift müsse prüfen können (vgl. § 344, 72 ff, insbes. 82).

d) Unterzeichnung. Im Gegensatz zur Revisionseinlegung, für die einfache 22 Schriftform genügt, erfordert die Revisionsbegründung die Unterzeichnung, also (BGHSt 31 7) die eigenhändige Unterschrift. Fehlt sie, reicht nicht aus, daß aus den Umständen ersichtlich ist, von wem die Schrift stammt oder der Nachweis geführt wird, daß der Rechtsanwalt die Schrift verfaßt hat[41]. Hat der Verteidiger einen innerhalb der Begründungsfrist eingegangenen Schriftsatz versehentlich nicht unterzeichnet, läßt BGH NStZ 1983 132 die Wiedereinsetzung in den vorigen Stand zu, wenn die Revision bereits in anderer Weise form- und fristgerecht begründet war; es handelt sich insoweit um eine Ausnahme von dem umstrittenen Grundsatz (dazu näher § 44, 15 ff), daß eine Wiedereinsetzung zum Nachholen einzelner Verfahrensrügen regelmäßig nicht zu gewähren sei. Die Unterschrift muß eigenhändig abgegeben werden. Eine Vertretung bei der Unterzeichnung ist unzulässig[42], ausgenommen die des amtlich bestellten Vertreters, auch wenn er nicht Rechtsanwalt ist. Unterschreibt ein Unterbevollmächtigter des Rechtsanwalts oder Verteidigers, so muß er das Vertretungsverhältnis kenntlich machen; unüberwindliche Zweifel daran, ob er zulässig als Unterbevollmächtigter oder unzulässig als Vertreter in der Unterschrift unterzeichnet hat, machen nach KG JR 1974 208 mit Anm. *Kohlhaas* die Revisionsbegründung unwirksam. Der Pflichtverteidiger kann eine wirksame Untervollmacht nicht erteilen (oben Rdn. 17).

---

[39] RGSt 14 348; 74 297; RG JW 1901 503; 1936 2144; RG GA 35 (1887) 163 und 393; 68 (1920) 364; RG HRR 1934 1501; RG LZ 1915 1226; BayObLGSt 1955 257 = Rpfleger 1956 286; OLG Köln NJW 1975 890.

[40] So BGH LM Nr. 2; BGH VRS 3 525; RGSt 14 348; 18 95; 20 42; 29 411; RG GA 47 (1900) 163; 68 (1924) 364. Vgl. auch KMR-*Paulus* 16.

[41] RGSt 30 366; 37 82; RG Rspr. 9 144; *Dahs/Dahs* 329; *Sarstedt/Hamm* 139; *Jäger* 37.

[42] BGH StrVert. 1982 213; KG GA 59 (1912) 474; JR 1974 208 mit Anm. *Kohlhaas*; KMR-*Paulus* 18; *Eb. Schmidt* 17; *Dahs/Dahs* 329; *Sarstedt/Hamm* 139.

23 Für die **telegraphische Revisionsbegründung** läßt der BGH in Übereinstimmung mit der herrschenden Meinung und der Rechtspraxis in allen anderen Rechtsgebieten eine Ausnahme von der eigenhändigen Unterschrift zu[43], die nach BGHSt **31** 8 mittlerweile zu Gewohnheitsrecht erstarkt sein soll. Entsprechend verfährt BGHSt **31** 8 mit weit. Nachw., ebenfalls in Übereinstimmung mit der weit vorherrschenden Meinung, für die **fernschriftliche** Revisionsbegründung, falls das Fernschreiben unmittelbar von der Fernschreibstelle des Gerichts oder der ihr zugeordneten Staatsanwaltschaft aufgenommen wird, das Fernschreiben in seinem übrigen Inhalt den Anforderungen einer ordnungsgemäßen Revisionsbegründung entspricht und – „als Ersatz der an sich erforderlichen, technisch aber nicht möglichen Unterschrift" – abschließend den Namen des Erklärenden aufführt. Entsprechendes muß dann auch für das **Telekopieverfahren** gelten (vgl. Vor § 42, 29; bei § 341, 17).

24 Ansonsten muß bei der **Unterschrift** der volle bürgerliche (Zu-)Name handschriftlich wiedergegeben werden. Die Unterschrift muß nicht lesbar sein, aber aus Schriftzügen bestehen, die die Identität des Unterschreibenden hinreichend kennzeichnen[44]. Die Rechtsprechung, der die h. M folgt, ist insoweit seit jeher streng, um der Gefahr von Mißbräuchen zu begegnen. Berechtigt ist diese Strenge aber nur dort, wo vernünftigerweise Zweifel entstehen und nicht behoben werden können, zumal die Nichtanerkennung der Unterschrift regelmäßig eine Wiedereinsetzung in den vorigen Stand begründet, also zu unnötigem Leerlauf führt. Als nicht ausreichend gelten: die Verwendung der bloßen Anfangsbuchstaben[45]; geometrische Figuren oder Zeichen[46] sowie geschlängelte Linien[47], denen die charakteristischen Merkmale der Unterschrift fehlen. Unzulässig ist die Verwendung eines Namens- oder Kanzleistempels[48].

25 Das Erfordernis der Unterzeichnung ist **nicht unbedingt räumlich** zu verstehen; die Unterschrift muß sich nicht unter der Schrift befinden[49]. Wenig einleuchtend ist dann aber, daß die Unterschrift auf einem besonderen Blatt oder auf einem aufgeklebten Zettel als nicht ausreichend gilt[50]. Nach verbreiteter Meinung soll auch die Unterschrift auf einem Anschreiben, dem die nicht unterzeichnete Revisionsbegründungsschrift beigefügt ist, nicht genügen[51]. Dies erscheint jedoch nicht angemessen, wenn das unterzeichnete Anschreiben keine Anzeichen enthält, die auf eine sachliche Distanzierung von der beigefügten Begründungsschrift hindeuten[52]. Zur Einreichung einer Abschrift vgl. oben Rdn. 13.

---

[43] BGHSt **8** 174 = JZ **1956** 32 mit Anm. *Niethammer;* vgl. auch BGHSt **31** 8 = NStZ **1983** 36 mit Anm. *W. Schmid* und zahlr. Nachw.; vor § 42, 29; **a. A** noch LR-*Meyer* in der 23. Aufl.; kritisch auch *Sarstedt/Hamm* 140.

[44] BGH MDR **1960** 397; **1964** 747; KMR-*Paulus* 18; *Kleinknecht/Meyer* Einl. 129; *Dahs/Dahs* 329; *Sarstedt/Hamm* 139; kritisch zu den strengen Maßstäben (s. im folg. Text) *Hanack* JZ **1973** 777.

[45] BGH NJW **1967** 2310; RGSt **37** 81; **69** 138; KK-*Pikart* 12; KMR-*Paulus* 18; *Kleinknecht/Meyer* Einl. 129; *Dahs/Dahs* 329; *Sarstedt/Hamm* 139.

[46] BGHSt **12** 317; RG JW **1929** 52 mit Anm. *Ascher/Jansen* JW **1929** 264; RG DRiZ **1928** Nr. 937; OLG Hamburg MDR **1973** 428; OLG Köln OLGSt § 345 S. 13; die in Fußn. 45 Genannten.

[47] BGH JR **1974** 381 mit Anm. *Bassenge* = AnwBl. **1974** 225 mit Anm. *Chemnitz;* BGH NJW **1975** 1705 = Rpfleger **1975** 351 mit Anm. *Vollkommer;* OLG Düsseldorf NJW **1956** 923; OLG Saarbrücken JBl.Saar **1959** 158; die in Fußn. 45 Genannten.

[48] RGSt **69** 137; RG LZ **1918** 780; BayObLGSt **20** 298; OLG Köln LZ **1926** 243; die in Fußn. 45 Genannten; *Jäger* 37.

[49] RG HRR **1939** 1284; vgl. aber RG HRR **1942** 515.

[50] So aber RGSt **18** 103; KMR-*Paulus* 18; *Dahs/Dahs* 329; *Sarstedt/Hamm* 139; *Jäger* 37; LR-*Meyer* in der 23. Aufl.

[51] KMR-*Paulus* 18; *Dahs/Dahs* 329; *Sarstedt/Hamm* 139; LR-*Meyer* in der 23. Aufl.; vgl. auch Rdn. 21.

[52] In diesem Sinne wohl auch KK-*Pikart* 13; vgl. auch BFH – GS – NJW **1974** 1582.

Wesentlich ist, daß die Unterschrift den **Inhalt deckt**, also deutlich genug erkennen läßt, daß es sich um die Begründungsschrift des Verteidigers oder Rechtsanwalts handelt. Ist die Unterschrift auf einem Schriftsatz des Angeklagten angebracht, so läßt der Zusatz „zur Beglaubigung" oder „zur Legalisierung" offen, ob sie sich nur auf die Unterschrift des Angeklagten bezieht[53]; vgl. auch im folg. Text. **26**

e) Übernahme der Verantwortung für den Inhalt. Nach ständiger Rechtsprechung[54], der die ganz h. L. folgt, gilt eine Revisionsbegründung trotz Unterzeichnung durch den Verteidiger oder Rechtsanwalt als unwirksam, wenn erkennbar ist, daß er die Verantwortung für den Inhalt der Begründung und der Anträge nicht übernommen hat bzw. übernehmen wollte. Diese Handhabung entspricht in der Tat dem Zweck des § 345 Abs. 2 (oben Rdn. 16). Sie ist jedoch problematisch, soweit die Annahme, der Verteidiger oder Anwalt habe die Verantwortung nicht übernommen, aus Indizien gefolgert wird, die möglicherweise nur auf Ungeschicklichkeit oder Rechtsunkenntnis beruhen, wie das beim trüben Bild vieler anwaltlicher Begründungen (§ 349, 5) gewiß nicht selten ist, so insbesondere wohl in Fällen, in denen der Unterzeichnende zu stark betont, nur auf Wunsch oder Weisung des Angeklagten (vgl. Rdn. 28) zu handeln. Und problematisch ist – gerade in diesem Zusammenhang – vor allem, daß die in § 345 Abs. 2 vorausgesetzte Siebfunktion ja auch *zum Nachteil* des Angeklagten fehlgehen kann. Das zeigt sich exemplarisch, wenn der Verteidiger oder Anwalt eine Revisionsschrift zwar einreicht, dabei aber erkennbar nur auf Wunsch des Angeklagten handelt, während er selbst die Revision offensichtlich für unbegründet und aussichtslos hält, und das Revisionsgericht die Begründung demgemäß wegen fehlender Übernahme der Verantwortung als unzulässig ansieht. In diesem Fall hat schon RGSt **73** 23 gefragt, ob der Angeklagte nicht „in seinem Recht, von dem Rechtsmittel ... Gebrauch zu machen, verkürzt worden ist", und dazu bezeichnenderweise bemerkt, über die Aussichten der Revision zu entscheiden, sei „Sache des Revisionsgerichts". Der Rat des RG, der Verteidiger könne ja den Angeklagten in einem solchen Fall veranlassen, die Revision zu Protokoll der Geschäftsstelle einzulegen (dazu unten Rdn. 38) oder sich darauf beschränken, „ganz allgemein die Verletzung sachlichen Rechts zu rügen" (dazu unten Rdn. 29), ist ebenso widersprüchlich wie verräterisch. Man wird den Revisionsgerichten trotz dieser Probleme jedoch raten müssen, an der genannten Rechtsprechung im Grundsatz festzuhalten, weil sie „an die Verantwortung des Anwalts erinnert" (*Sarstedt* JR **1955** 233), die für die Revision so wesentlich ist. Zur zweifelhaften Frage, ob oder wann die Unwirksamkeit der Revisionsbegründung eine Wiedereinsetzung in den vorigen Stand begründet, vgl. § 44, 9 und 48 ff, insbes. 54 mit weit. Nachw.; dazu auch *Sarstedt* JR **1955** 29. Eine spätere Erklärung des Verteidigers, er habe die Verantwortung nicht ablehnen wollen, ist an sich unbeachtlich[55]; in Grenzfällen wird man bei der Auslegung aber auch spätere Erläuterungen mitberücksichtigen dürfen (*Sarstedt* JR **1955** 233). Fehlt die Übernahme der Verantwortung nur zum Teil, hält RGSt **60** 53 die ganze Revisionsbegründung für wirksam, während BGHSt **25** 276, wohl überzeugender, nur die von der Distanzierung betroffenen Teile der Schrift für unwirksam hält. **27**

---

[53] RGSt **9** 68; **21** 159; RG Rspr. **5** 528; **10** 149; RG GA **38** (1887) 396; *Sarstedt/Hamm* 139; *Jäger* 37; vgl. aber auch KG GA **38** (1891) 232 und im folg. Text.
[54] BGHSt **25** 273 = JR **1974** 478 mit Anm. *Meyer*; BGH NJW **1973** 1514; BGH bei *Dallinger* MDR **1970** 15; RGSt **21** 160; **60** 53; **73** 23; KG JW **1931** 1633 mit Anm. *Friedländer*; JR **1956** 437; JR **1974** 208 mit Anm. *Kohlhaas*; OLG Bremen JR **1955** 233 mit Anm. *Sarstedt*; GA **1956** 116; OLG Hamm JMBlNRW **1951** 184; OLG Köln NJW **1975** 890; vgl. auch BGH NStZ **1984** 563; BFH NJW **1982** 2896.
[55] BayObLGSt **1975** 154 = VRS **50** 298; OLG Hamburg JR **1955** 233 mit Anm. *Sarstedt*.

28   In Betracht kommt eine **erkennbar fehlende Übernahme** der Verantwortung namentlich in zwei Fallgruppen. Bei der ersten geht es darum, daß der Verteidiger oder Rechtsanwalt lediglich einen vom Angeklagten selbst verfaßten Schriftsatz unterzeichnet hat. Obwohl das rechtlich nicht unzulässig ist (vgl. Rdn. 20), wird die Revisionsbegründung in solchen Fällen als unwirksam angesehen, wenn nach dem Inhalt der Schrift ausgeschlossen erscheint, daß ein rechtskundiger Verteidiger dafür die Verantwortung übernommen hat[56]. Daran ändert dann auch nichts, daß sich der Unterzeichnende dem Schriftsatz „voll" oder „vollinhaltlich" anschließt[57], oder daß er die Schrift „als Pflichtverteidiger" (RG LZ **1915** 1458), „in Gemäßheit des § 345 StPO" (RGSt **18** 103), „entsprechend der formellen Vorschrift des § 345 StPO" (RG LZ **1916** 823; *Schneidewin* JW **1923** 346) oder „mit Rücksicht auf den Ablauf der Frist" (RGSt **19** 95) unterzeichnet. Nicht unwirksam ist jedoch die bloße Unterzeichnung des vom Angeklagten verfaßten Schriftsatzes, den dieser, insbesondere als Rechtskundiger, sachgemäß begründet hat, weil es dann überflüssige Schreibarbeit wäre, wenn sie der Verteidiger oder Rechtsanwalt in einen eigenen Schriftsatz aufnehmen müßte[58]. Bei der zweiten Fallgruppe geht es darum, daß der Verteidiger oder Anwalt in seinem Schriftsatz selbst deutlich zum Ausdruck bringt, daß er die Verantwortung für den Inhalt nicht übernommen hat oder übernehmen will. Denkbar ist dies etwa, wenn er erklärt: er habe den Schriftsatz nicht verfaßt (RG DStrZ **1916** 167); er kenne die Sache zwar nicht, erhebe aber zur Fristwahrung die Sachrüge (OLG Celle NdsRpfl. **1954** 32); er unterzeichne nur auf „Wunsch" oder „ausdrücklichen Wunsch", auf „Anweisung" des Angeklagten oder „auftragsgemäß"[59]; die Unterzeichnung erfolge nur „zur anwaltlichen Deckung"[60]. Selbst die einleitende Bemerkung: „Der Angeklagte begründet die Revision wie folgt", kann das Rechtsmittel unzulässig machen, wenn ersichtlich ist, daß es sich nicht nur um die ungeschickte Formulierung, etwa eines sonst in Zivilsachen tätigen Anwalts, handelt, sondern daß damit die eigene Verantwortung des Unterzeichnenden abgelehnt wird[61]. Entsprechendes kann gelten, wenn in der Begründung in distanzierender Weise nur von den Einwendungen des Angeklagten gegen das Urteil die Rede ist[62].

29   Ob für die unausgeführte **allgemeine Sachrüge** (§ 344, 98) hinsichtlich der Übernahme der Verantwortung (Rdn. 27 f) abweichende Grundsätze gelten, ist zweifelhaft. LR-*Meyer*[23] hat die Meinung vertreten, da der Angeklagte das Recht habe, beim Revisionsgericht die Überprüfung des Urteils in sachlichrechtlicher Hinsicht zu beantragen, der Verteidiger oder Rechtsanwalt also im Grunde keinerlei Verantwortung übernehme, wenn er auf Wunsch des Angeklagten die allgemeine Sachrüge erhebt, könne er in diesem Fall die Zulässigkeit der Revisionsbegründung auch nicht durch irgendwelche

---

[56] RG GA **55** (1908) 313; HRR **1942** 515; OLG Bremen DRZ **1950** 186 mit Anm. *Müller;* OLG Rostock GA **70** (1926) 150; vgl. auch BGH NStZ **1984** 563.

[57] Vgl. RGSt **21** 159; RG HRR **1934** 1501; RG LZ **1916** 823; RG Recht **1915** Nr. 1687; OLG Düsseldorf *Alsb.* E 2 Nr. 292a; OLG Karlsruhe JW **1933** 2076; OLG Köln NJW **1975** 890.

[58] BayObLGSt **12** 96 = DJZ **1912** 1136; *W. Schmid* Rpfleger **1962** 308; LR-*Meyer* in der 23. Aufl., Rdn. 27.

[59] BGH bei *Dallinger* MDR **1970** 15; RGSt **54** 282; **73** 23; RG HRR **1931** 1111; RG JW **1939** 228; BayObLGSt **1975** 154 = VRS **50** 298;

OLG Bremen DRZ **1950** 186 mit Anm. *Müller;* OLG Hamburg JR **1955** 233 mit Anm. *Sarstedt; Schneidewin* JW **1923** 346; *Seibert* AnwBl. **1955** 225. Vgl. zu diesen Fällen, bei denen vorsichtig verfahren werden sollte, auch Fußn. 54.

[60] Vgl. BayObLG JW **1929** 1490 mit Anm. *Klefisch.*

[61] Vgl. RGSt **60** 53; RG JW **1933** 969; OLG Hamm NJW **1961** 843.

[62] BGHSt **25** 273; BGH NJW **1973** 1514; RGSt **73** 23; RG DR **1940** 2239 L; RG HRR **1940** 846; OLG Hamm JMBlNRW **1951** 184; NJW **1961** 843; OLGSt § 80 OWiG S. 27; OLG Saarbrücken JBl. Saar **1959** 158.

Zusätze in Frage stellen. Dem dürfte mit der heute herrschenden Ansicht[63] jedoch zu widersprechen sein: Schon die heute gängige Ansicht, daß der Verteidiger oder Rechtsanwalt die allgemeine Sachrüge ohne Rücksicht auf seine eigene Beurteilung allein auf Wunsch des Angeklagten erheben darf[64], versteht sich beim Zweck des § 345 Abs. 2 (oben Rdn. 16) nicht von selbst; sie läßt sich wohl nur mit der Erfahrung rechtfertigen, daß gerade im Zeichen der so unberechenbar gewordenen Revision (Vor § 333, 11 f) die Fälle nicht selten sind, in denen das Revisionsgericht Rechtsfehler entdeckt, die der Verteidigung verborgen geblieben sind (vgl. *Dahs* Hdb. 797). Dem Verteidiger oder Rechtsanwalt entgegen dem Sinn des § 345 Abs. 2 auch insoweit das bewußte Ausweichen vor jeglicher Verantwortung zu gestatten und damit die Siebfunktion des § 345 Abs. 2 vollends zur Farce zu machen, erscheint weder angezeigt noch vertretbar.

4. Erklärung zu Protokoll der Geschäftsstelle

a) **Zuständiges Gericht.** Zuständig ist ausschließlich die Geschäftsstelle des Gerichts, dessen Urteil angefochten ist[65]. Auch die Rechtsantragsstelle ist Geschäftsstelle (vgl. § 341, 11). Der nicht auf freiem Fuß befindliche Angeklagte kann die Revisionsbegründung nach § 299 zu Protokoll der Geschäftsstelle des Amtsgerichts des Verwahrungsorts erklären. Das gilt auch, wenn das Landgericht, von dem er verurteilt worden ist, sich am selben Ort befindet (näher bei § 299); zur Frage, ob der Angeklagte dann ein Wahlrecht hat, vgl. § 299, 1 und eingehend *Meyer* Anm. zu OLG Stuttgart JR **1982** 169. Für die anderen Verfahrensbeteiligten findet § 299 keine Anwendung. Die Beurkundung eines unzuständigen Gerichts macht die Revisionsbegründung nach herrschender Meinung unwirksam[66], und zwar auch dann, wenn es auf Ersuchen der zuständigen Geschäftsstelle tätig geworden ist[67]. **30**

b) **Zuständiger Beamter.** Die Aufnahme von Erklärungen über die Einlegung und Begründung der Revision in Strafsachen überträgt § 24 Abs. 1 Nr. 1 Buchst. b RpflG dem Rechtspfleger. Andere Beamte, auch Rechtspflegeranwärter[68], sind nicht zuständig. Der Beamte, der die Erklärung aufnimmt, muß nach § 12 RpflG seiner Unterschrift das Wort „Rechtspfleger" beifügen. Unterläßt er das, so ist das Protokoll aber nicht unwirksam; denn daß der Beamte zur Aufnahme der Erklärung zuständig ist, braucht aus der Niederschrift nicht zweifelsfrei hervorzugehen[69]. Insoweit können vielmehr Feststellungen im Freibeweis getroffen werden. Die Aufnahme der Erklärung durch einen un- **31**

---

[63] BGHSt **25** 272 m.w.Nachw. = JR **1974** 478 mit abl. Anm. *Meyer;* OLG Hamm JMBl-NRW **1975** 111 unter Aufgabe der in MDR **1972** 439 = MDR **1973** 244 vertretenen gegenteiligen Ansicht; KK-*Pikart* 15; *Kleinknecht/Meyer* Einl. 130; KMR-*Paulus* 17; wohl auch *Roxin* § 53 F I; *Schlüchter* 702.2; offengelassen bei KG JR **1976** 255, das aber jedenfalls in der neben der allgemeinen Sachrüge ausgesprochenen Bitte um Nachprüfung des Urteils keinen einschränkenden Zusatz sieht.

[64] So schon RGSt **73** 24 (oben Rdn. 27) und ihm folgend BGHSt **25** 276; KMR-*Paulus* 17; *Dahs* Hdb. 797.

[65] RGSt **7** 174; RG JW **1913** 164; BayObLGSt **1951** 350; GA **1984** 430 in einer OWiG-Sache und mit eingehenden Erwägungen; OLG Stuttgart MDR **1982** 74 = JR **1982** 169 mit Anm. *Meyer.*

[66] RGSt **59** 419; BayObLGSt **25** 222 = JW **1926** 1239 mit Anm. *Löwenstein;* GA **1984** 430; KMR-*Paulus* 21; *Sarstedt/Hamm* 129.

[67] RG JW **1913** 164; *W. Schmid* Rpfleger **1962** 301.

[68] BayObLG OLGSt § 345 Abs. 2 S. 11; OLG Karlsruhe Justiz **1974** 431.

[69] KMR-*Paulus* 22; *W. Schmid* Rpfleger **1962** 302; a. A RG JW **1927** 524 mit abl. Anm. *Mannheim;* OLG Naumburg JW **1927** 2645 mit abl. Anm. *Fuchs.*

32 c) **Erklärung zu Protokoll.** Die Protokollaufnahme erfordert die **Anwesenheit** desjenigen, der die Erklärung abgibt, auf der Geschäftsstelle des Gerichts. Der Angeklagte kann die Erklärung daher nicht telefonisch abgeben[72]. Er kann sich aber durch einen **Bevollmächtigten,** der kein Verteidiger ist (oben Rdn. 15), vertreten lassen, und zwar sowohl in der Erklärung als auch im Willen[73]. Der Vertreter muß verhandlungsfähig, braucht aber nicht geschäftsfähig nach bürgerlichem Recht zu sein[74]. Der Verteidiger kann den Angeklagten bei der Protokollaufnahme nicht vertreten; er muß die Revision durch eine selbst unterzeichnete Schrift begründen (vgl. Rdn. 15). Unzulässig ist auch die Vertretung durch einen zugelassenen Rechtsbeistand, der dadurch die Einholung der Genehmigung nach § 138 Abs. 2 ersparen will[75].

33 Die **Vollmacht** muß bei der Niederschrift bestanden haben (vgl. Vor § 137); der Nachweis darüber kann aber später geführt werden[76]. Wenn der Vertreter behauptet, bevollmächtigt zu sein, darf daher der Urkundsbeamte die Aufnahme der Erklärung nicht wegen fehlender Vollmacht zurückweisen. Bei einem Ehegatten, der die Revision seines Ehepartners rechtfertigt, ist im Zweifel anzunehmen, daß er in dessen Namen handelt; der Urkundsbeamte braucht dann eine schriftliche Vollmacht nicht zu verlangen[77].

34 d) **Förmlichkeiten der Protokollaufnahme.** Das Protokoll darf nicht in Kurzschrift abgefaßt werden[78]. Es muß vom Urkundsbeamten unterschrieben werden[79]. Die Unterschrift kann nachgeholt werden; wird sie aber erst nach Ablauf der Begründungsfrist geleistet, ist die Beurkundung unwirksam[80], was grundsätzlich die Wiedereinsetzung in den vorigen Stand (unten Rdn. 41) rechtfertigt. Das Protokoll ist dem Angeklagten vorzulesen und zur Durchsicht vorzulegen; wenn er es genehmigt, wird es ihm üblicherweise zur Unterschrift vorgelegt. Verlesung und Genehmigung müssen nicht unbe-

---

[70] KMR-*Paulus* 22; *Kleinknecht/Meyer* 6; *Blaese/Wielop* 131; *W. Schmid* Rpfleger **1962** 302. Vgl. für die Rechtslage vor Inkrafttreten des § 24 RpflG z.B. BGH NJW **1952** 1386; OLG Celle NJW **1968** 905; OLG Hamm MDR **1960** 426.

[71] RG JW **1934** 2073 L = DJ **1934** 1193; RG DJZ **1906** 84; vgl. auch § 341, 12.

[72] *Dahs/Dahs* 334; *Loewenstein* 28; *W. Schmid* Rpfleger **1962** 301 Fußn. 5; vgl. auch BGHSt **30** 64; **a. A** KMR-*Sax* Einl. **X** 57, die die telefonische Anbringung der allgemeinen Sachrüge zulassen wollen. Vgl. auch Vor § 42, 8 ff.

[73] RG Recht **1903** Nr. 1527; **1913** Nr. 2819; BayObLGSt **34** 82; **1964** 86 (= JR **1964** 427 mit Anm. *Dünnebier);* **1975** 104; BayObLG DRiZ **1926** Nr. 986; KG JW **1930** 3445; GA **71** (1927) 227; OLG Bremen NJW **1964** 46; OLG Dresden JW **1933** 189; OLG Posen GA **60** (1913) 332; *Dahs/Dahs* 332; *W. Schmid* Rpfleger **1962** 301; **a. A** RGSt **9** 78; **62** 250; RG LZ **1920** 867; KG HRR **1931** 1402; OLG Hamburg GA **63** (1916/17) 136; *Jäger* 39, die nur die Vertretung durch einen Verteidiger zulassen wollen; vgl. auch KG JW **1931** 2387 mit Anm. *Klefisch*.

[74] BayObLGSt **1964** 86 = JR **1964** 427 mit Anm. *Dünnebier; Kleinknecht/Meyer* Einl. 134; KMR-*Paulus* 20.

[75] RG HRR **1931** 1402; *Seibert* JZ **1951** 441.

[76] RGSt **21** 125; **46** 372; **66** 210; OLG Bremen NJW **1954** 46; OLG Dresden HRR **1934** 1499; KMR-*Paulus* 20; *Sarstedt/Hamm* 129; **a. A** KG JW **1928** 3198. Vgl. auch § 341, 8.

[77] OLG Celle GA **61** (1914) 368; OLG Dresden JW **1933** 189; *Eb. Schmidt* 15; **a. A** *Jäger* 39.

[78] OLG Celle NJW **1958** 1313; KMR-*Paulus* 26; *Lappe* Rpfleger **1958** 368; *Pentz* MDR **1962** 533.

[79] *Kleinknecht/Meyer* Einl. 134; KMR-*Paulus* 26; *Dahs/Dahs* 332; *Sarstedt/Hamm* 133; *Blaese/Wielop* 134; vgl. aber auch bei § 314.

[80] RG Recht **1903** Nr. 2416; OLG Königsberg JW **1930** 1526; *W. Schmid* Rpfleger **1962** 303.

dingt beurkundet werden[81]; ein Protokollvermerk ist aber üblich und zweckmäßig. Die Unterschrift des Angeklagten darf fehlen[82]. Hat der Angeklagte sie jedoch verweigert, ist eine wirksame Erklärung zu Protokoll grundsätzlich nicht abgegeben[83]. Die Verweigerung braucht dabei nicht den gesamten Inhalt des Protokolls zu umfassen. Im Einzelfall kann sie dessen Wirksamkeit sogar unberührt lassen, z. B. wenn sie nur erfolgt, weil der Urkundsbeamte sich geweigert hat, das weitere Vorbringen des Angeklagten aufzunehmen[84].

e) Zweck der Protokollaufnahme. Prüfungspflicht. Auch die Einschaltung des Urkundsbeamten soll dazu beitragen, daß dem Revisionsgericht die Prüfung grundloser Anträge erspart wird[85]. Ob die Regelung rechtspolitisch (noch) angemessen ist und die Belange des Angeklagten hinreichend wahrt, ist umstritten[86]. Problematisch ist aber *jedenfalls*, daß sie nach herrschender Meinung (dazu im weiteren Text, insbes. Rdn. 38) etwas anderen Grundsätzen unterliegt und wohl auch unterliegen muß als die Revisionsbegründung durch den Verteidiger oder Rechtsanwalt, so daß sich insoweit eigentümliche Friktionen, und zwar auch zum Zweck des § 345 Abs. 2 (oben Rdn. 16), ergeben. Kaum zu bestreiten dürfte im übrigen sein, daß die Regelung manchmal nur eine gewisse „Alibifunktion" hat; das zeigt die höchst befremdliche Formulierung in Nr. 150 Abs. 2 Satz 1 RiStBV, nach der der Rechtspfleger bei Aufnahme der Revision dafür sorgen „soll", „daß er die Gerichtsakten, mindestens aber eine Abschrift des angefochtenen Urteils zur Hand hat". Die Friktionen und die „Alibifunktion" folgen daraus, daß die eigentliche Aufgabe des Urkundsbeamten wohl darin besteht (s. Rdn. 38), das gewünschte und nicht völlig abwegige Revisionsvorbringen in sachgemäße und geeignete Form zu bringen. Insoweit hat er gegenüber dem Revisionsvorbringen auch eine Prüfungs- und Mitwirkungspflicht (unten Rdn. 37 f). Dieser Aufgabe wird er nicht gerecht, wenn er als bloße Schreibkraft des Angeklagten oder nur als Briefannahmestelle tätig wird[87]. Die Revisionsbegründung ist daher regelmäßig (vgl. aber Rdn. 36) unzulässig: wenn der Urkundsbeamte sich den Inhalt des Protokolls vom Angeklagten diktieren

---

[81] RGSt **48** 84; RG LZ **1916** 1319; KMR-*Sax* Einl. X, 58.
[82] RGSt **48** 78; RG JW **1931** 3562; BayObLGSt **1961** 177; OLG Dresden HESt 1 194 = NJW **1947/48** 354; OLG Hamburg HESt 3 75; OLG Rostock HRR **1930** 1901; *Lappe* Rpfleger **1958** 368; *Pentz* MDR **1962** 533; *W. Schmid* Rpfleger **1962** 303; die gegenteilige Ansicht von RG JW **1902** 584 ist aufgegeben worden. Vgl. auch bei § 314.
[83] RG JW **1931** 3562; RG LZ **1916** 1319; BayObLGSt **1961** 177; KG GA **55** (1908) 124; *Kleinknecht/Meyer* Einl. 136; KMR-*Paulus* 26; *Sarstedt/Hamm* 133. Vgl. auch bei § 314.
[84] RG JW **1902** 584; BayObLGSt **1961** 177; KMR-*Paulus* 26; *W. Schmid* Rpfleger **1962** 303.
[85] RGSt **14** 348; **48** 81; **64** 65 = JW **1930** 3421 mit Anm. *Mannheim*; RGSt **67** 199; BayObLG Rpfleger **1951** 379; OLG Hamm Rpfleger **1960** 213; OLG Karlsruhe NJW **1974** 915. Vgl. auch BVerfG NJW **1983** 2764.
[86] So hält z.B. *Dahs* NStZ **1982** 345 sie für überholt und verfehlt („ein Fossil"); der DE-RechtsmittelG wollte sie, nicht nur im Hinblick auf die von ihm geplante „Urteilsrüge" (s. Vor § 333, 17) beseitigen (vgl. § 322 und Begründung S. 85). *Sarstedt* (in *Sarstedt/Hamm* 130 ff mit weit. Nachw. zum Ganzen) beurteilt sie hingegen positiv; er meint insbesondere, daß die Revisionsbegründungen der Geschäftsstelle „im großen Durchschnitt eher besser sind als die der Rechtsanwälte" und Angeklagte manchmal „nur mit Hilfe des Urkundsbeamten zu ihrem Recht gekommen sind, zu dem ihr Anwalt ihnen nicht hat verhelfen können" (Rdn. 130); dazu auch OLG Hamm NStZ **1982** 345 mit weit. Nachw.
[87] RG JW **1925** 2779 mit Anm. *Alsberg*; vgl. auch OLG Hamm NStZ **1982** 526 sowie BVerfG NJW **1983** 2764.

§ 345   Drittes Buch. Rechtsmittel

läßt[88]; wenn er sich darauf beschränkt, einen vom Angeklagten überreichten Schriftsatz wörtlich abzuschreiben[89]; wenn er einen Schriftsatz des Angeklagten lediglich mit den üblichen Eingangs- und Schlußformeln eines Protokolls umkleidet[90] oder wenn er eine vom Angeklagten in Protokollform verfaßte Privatschrift nur verliest und unterschreiben läßt (OLG Schleswig Rpfleger **1952** 430). Auch die bloße Bezugnahme auf die dem Protokoll als Anlage beigefügte Privatschrift des Angeklagten ist grundsätzlich unzulässig[91].

36   **Ausnahmsweise** kann der vom Angeklagten überreichte Schriftsatz nach Durchsicht und Prüfung, gegebenenfalls auch nach Einfügung etwa erforderlicher Abänderungen, benutzt werden[92]. Voraussetzung dafür ist, daß der Urkundsbeamte nach sorgfältiger Prüfung zu der Überzeugung gelangt, die ihm vorgelegte Schrift enthalte eine treffende, sachliche und sachgerechte Begründung der Revision; die Schrift kann dann für die Protokollaufnahme ohne inhaltliche Abänderungen verwendet werden[93]. Ein klarstellender Vermerk, daß der Urkundsbeamte den Inhalt der Schrift geprüft hat und für ihn die Verantwortung übernimmt, ist empfehlenswert[94].

37   **f) Anspruch auf Protokollaufnahme.** Wenn das Erfordernis, daß der Angeklagte die Revision nicht durch einen Privatschriftsatz rechtfertigen kann, einen Sinn haben soll, kann der Urkundsbeamte nicht verpflichtet sein, sich bei der Protokollaufnahme ohne weiteres den Wünschen des Angeklagten zu fügen. An dessen Willen gebunden ist er ohne Zweifel insoweit, als er Revisionsrügen nicht erheben darf, die der Angeklagte nicht anbringen will. Verpflichtet ist er sicherlich auch, stets die allgemeine Sachrüge aufzunehmen, wenn der Angeklagte erklärt, sich mit dem Urteil nicht zufriedengeben zu wollen (vgl. oben Rdn. 16, 29). Im übrigen aber hat der Urkundsbeamte nach ganz herrschender und richtiger Meinung nicht nur eine Belehrungs-, sondern auch eine Prüfungspflicht[95]. Deren Umfang ist jedoch recht unklar. *Jedenfalls* dürfte anzunehmen sein, daß der Urkundsbeamte unsachliches, insbesondere verunglimpfendes oder beleidigendes Vorbringen, das die Revisionsbegründung unzulässig machen würde (vgl. Vor § 296), ebensowenig aufnehmen darf wie sinnlose, gänzlich neben der Sache liegende

---

[88] RGSt **27** 211; **52** 277; **64** 63 = JW **1930** 3421 mit Anm. *Mannheim;* RG JW **1895** 468; **1900** 492; RG DJZ **1909** 85; RG Recht **1911** Nr. 268; OLG Hamburg Recht **1928** Nr. 237; OLG Neustadt Rpfleger **1953** 80; *Eb. Schmidt* 15; *Loewenstein* 27; *Jäger* 38; *Zaeschmar* DJZ **1909** 703; a. A *Frymuth* GA **56** (1909) 279.

[89] RGSt **4** 9; **12** 367; RG JW **1895** 468; **1900** 492; OLG Dresden DRiZ **1927** 345; OLG Hamburg Recht **1928** Nr. 237; OLG Oldenburg NJW **1952** 908; *Eb. Schmidt* 15; *Zaeschmar* DJZ **1909** 703.

[90] RGSt **2** 444; **14** 349; RG JW **1933** 2957 mit Anm. *Gerland;* RG HRR **1941** 179; RG LZ **1923** 610; KG GA **70** (1926) 48; OLG Düsseldorf JMBlNRW **1971** 56; OLG Karlsruhe NJW **1974** 915; *Jäger* 38.

[91] BGH bei *Dallinger* MDR **1970** 15; RGSt **2** 358; **4** 7; **14** 349; **18** 104; RG JR Rspr. **1926** Nr. 647; OLG Bamberg MDR **1961** 529; OLG Braunschweig GA **70** (1926) 152; OLG Dresden JW **1930** 1105; DRiZ **1927** Nr. 345; OLG Hamm VRS **46** 305; OLG Koblenz VRS **48** 449; OLG München *Alsb.* E **2** 294a; OLG Naumburg DR **1939** 1069; KMR-*Paulus* 26; *Loewenstein* 27; *Sarstedt/Hamm* 132; *Jäger* 39; vgl. auch Nr. 150 Abs. 3 RiStBV.

[92] OLG Köln JR **1957** 308; KMR-*Paulus* 26; *Sarstedt/Hamm* 132.

[93] RG JW **1895** 468; **1909** 336; RG Recht **1912** Nr. 160; OLG Köln JR **1957** 308; Rpfleger **1958** 229; OLG Oldenburg NJW **1952** 908; *Gerland* JW **1933** 2958; *W. Schmid* Rpfleger **1962** 307; *Weber* JW **1931** 1640; *Zaeschmar* DJZ **1909** 703; a. A OLG Bamberg MDR **1961** 529.

[94] *Pentz* MDR **1962** 533; vgl. aber *W. Schmid* Rpfleger **1962** 308, der mit Recht darauf hinweist, daß dieser Vermerk nichts nützt, wenn es nach den Umständen ausgeschlossen erscheint, daß er zutrifft.

[95] RG JW **1933** 1417 und 2957 mit Anm. *Gerland;* KK-*Pikart* 18; *Kleinknecht/Meyer* Einl. 133; KMR-*Paulus* 24; *Eb. Schmidt* 15; *Dahs/Dahs* 332; *Blaese/Wielop* 133 f; vgl. auch *Sarstedt/Hamm* 132.

Rechts- oder Tatsachenausführungen des Angeklagten[96], etwa Angriffe gegen das Urteil des Amtsgerichts bei Revision gegen das Berufungsurteil.

Nach h. M ist nicht völlig neben der Sache liegendes Vorbringen vom Urkundsbeamten jedoch grundsätzlich aufzunehmen[97]; die Erhebung von Verfahrensrügen und Ausführungen zur Sachrüge dürfen dem Angeklagten insoweit also nicht allein deshalb verwehrt werden, weil der Urkundsbeamte sie für unzulässig oder aussichtslos hält. Diese Interpretation versteht sich im Hinblick auf den Zweck des § 345 Abs. 2 (oben Rdn. 16) nicht von selbst. Überdies mutet sie dem Urkundsbeamten höchst fragwürdige Abgrenzungen zu. Dennoch wird ihr im Prinzip zu folgen sein. Zwar ist die Argumentation, daß sonst „die Entscheidung über die Revisionsbegründung des Angeklagten... in die Hand des Urkundsbeamten gelegt und dem gesetzlich dazu berufenen Revisionsgericht entzogen" würde[98], insbesondere in ihrem zweiten Teil an sich wenig überzeugend. Denn „entzogen" wird dem Revisionsgericht die Entscheidung u. U. auch bei der Einschaltung eines Verteidigers oder Rechtsanwalts, und das Gesetz stellt nun einmal den Urkundsbeamten in die gleiche Reihe; auch erscheint es nahezu sinnwidrig, daß die beim Verteidiger und Rechtsanwalt vorausgesetzte Siebfunktion durch die (zusätzlich immer mögliche, vgl. Rdn. 15) Revision zu Protokoll der Geschäftsstelle und ihre anderen Maßstäbe im Ergebnis geradezu unterlaufen werden kann. Aber entscheidend muß wohl sein, daß es zu fragwürdig wäre, wenn der Urkundsbeamte eines unteren Gerichts über die Erfolgsaussichten der Revision zu entscheiden hätte; die dafür erforderlichen Rechtskenntnisse darf er sich regelmäßig gar nicht zutrauen; ihm kann daher nicht im gleichen Maße wie dem Verteidiger oder Rechtsanwalt die Funktion zukommen, das Revisionsgericht vor abwegigen Rügen zu bewahren[99]. Sein Recht wie seine Pflicht ist vielmehr in erster Linie, den wesentlichen Inhalt eines gewünschten Revisionsvorbringens in die sachgemäße Form zu bringen und ihm einen klaren und angemessenen Ausdruck zu geben[100]. Im übrigen sollte der Rechtspfleger in besonders schwierigen Sachen davon absehen, die Revisionsbegründung aufzunehmen und statt dessen den Antrag anregen und protokollieren, dem Angeklagten für die Revisionsbegründung einen Pflichtverteidiger beizuordnen[101].

Einschränkende Zusätze, etwa des Inhalts, daß er die Verantwortung für das Revisionsvorbringen nicht übernehme, sind dem Urkundsbeamten gestattet, wenn der Angeklagte trotz Belehrung darauf besteht, daß er die Revisionsbegründung selbst diktiert oder daß die von ihm überreichte Schrift nicht verändert wird (OLG Neustadt Rpfleger **1953** 80). Die Revision ist dann aber regelmäßig unzulässig (oben Rdn. 35). Darüber hinaus besteht kein Grund, dem Urkundsbeamten die Möglichkeit zu geben, sich durch solche Zusätze von der Revisionsbegründung zu distanzieren[102]: Ist der Inhalt der Revisionsbegründung zulässig, können einschränkende Vermerke dieser Art

---

[96] OLG Karlsruhe NJW **1974** 915; KMR-*Paulus* 24; *Blaese/Wielop* 133; *W. Schmid* Rpfleger **1962** 307.
[97] BVerfGE **10** 283 = NJW **1960** 427; KMR-*Paulus* 24; *Frymuth* GA **56** (1909) 281; a. A *Zaeschmar* DJZ **1909** 703. Vgl. auch Fußn. 100.
[98] So LR-*Meyer*23 im Anschluß an RG JW **1929** 2779 mit Anm. *Alsberg*; vgl. auch BVerfGE **10** 283 = NJW **1960** 427; RGSt **73** 23, oben Rdn. 27.
[99] Vgl. OLG Bremen NJW **1967** 641; *Meyer* JR **1974** 479; *Sarstedt/Hamm* 132.
[100] RGSt **4** 7; **14** 348; **27** 211; **52** 577; **64** 63 = JW **1930** 3421 mit Anm. *Mannheim;* RG JW **1933** 2957 mit Anm. *Gerland;* vgl. auch BVerfGE **10** 283 = NJW **1960** 427 und Nr. 150 Abs. 2 Satz 2 RiStBV.
[101] *Sarstedt/Hamm* 131, 132; *Blaese/Wielop* 133; *W. Schmid* Rpfleger **1962** 307; vgl. auch OLG Hamm NStZ **1982** 345.
[102] *Frymuth* GA **56** (1909) 281; *Seibert* Rpfleger **1951** 545; a. A BVerfGE **10** 282 = NJW **1960** 427, das dann jedoch die Gewährung des rechtlichen Gehörs verlangt; OLG Köln NJW **1952** 239; *Kleinknecht/Meyer* Einl. 133; *Eb. Schmidt* 15; vgl. auch Nr. 150 Abs. 2 Satz 4 RiStBV.

§ 345 Drittes Buch. Rechtsmittel

nach dem Gesagten (Rdn. 38) ihr die Wirksamkeit nicht nehmen[103]; ist das Revisionsvorbringen aber unzulässig, so kommt es für die Entscheidung des Revisionsgerichts ohnehin nicht darauf an, ob der Beamte es verantwortet hat oder nicht. Es besteht daher kein Anlaß, dem Vorschlag von *Pentz* MDR **1962** 533 ff zu folgen, der Urkundsbeamte sollte notfalls in einem zweiten Teil des Protokolls solches Vorbringen des Angeklagten aufnehmen, für das er die Verantwortung nicht übernehmen will, und das entsprechend vermerken.

40 Auch der Zusatz, das Vorbringen werde **auf ausdrücklichen Wunsch** des Angeklagten aufgenommen, berührt die Wirksamkeit der Niederschrift nicht[104], ob er sich nun auf das ganze Vorbringen oder nur auf einen Teil bezieht. Der Zusatz kann dem Rechtspfleger aber nicht verwehrt werden. Ihm muß gestattet sein zu zeigen, daß er versucht hat, den Angeklagten von der Aussichtslosigkeit der erhobenen Rüge(n) zu überzeugen[105].

41 g) **Wiedereinsetzung in den vorigen Stand. Rechtsmittel.** Ist die Revisionsbegründung infolge Verschuldens des Urkundsbeamten unwirksam, so kann der Angeklagte Wiedereinsetzung in den vorigen Stand verlangen[106]. Gleiches gilt, wenn der Urkundsbeamte die Aufnahme der Erklärung zu Unrecht abgelehnt hat (OLG Bremen NJW **1954** 46). Die Wiedereinsetzung zur Nachholung einzelner Revisionsrügen, die von der Rechtsprechung beim verteidigten Angeklagten meist für unzulässig gehalten wird (näher § 44, 15 ff), wird für den Fall, daß die Rügen durch Verschulden des Urkundsbeamten nicht rechtzeitig angebracht worden sind, im allgemeinen zugelassen[107]. Außer der Wiedereinsetzung ist gegen die Weigerung des Rechtspflegers, eine Erklärung aufzunehmen, nur die Dienstaufsichtsbeschwerde möglich, nicht jedoch ein Rechtsmittel zulässig, auch nicht die Erinnerung nach § 11 RpflG (OLG Hamburg MDR **1983** 512).

42 5. **Revision der Staatsanwaltschaft.** Für sie genügt einfache Schriftform (näher bei § 314), da § 345 Abs. 2 nur die Revision des Angeklagten betrifft. Die Schrift der Staatsanwaltschaft muß an das Gericht gerichtet sein, dessen Urteil angefochten wird. Sie muß vom zuständigen Beamten der Staatsanwaltschaft unterzeichnet sein oder doch deutlich erweisen, daß sie von ihm herrührt. Schriftzugstempel können verwendet werden (RGSt **62** 53; **63** 247); nicht ausreichend ist jedoch die Abzeichnung mit dem Anfangsbuchstaben des Namens (OLG Karlsruhe HRR **1933** 88). Die Einreichung einer beglaubigten Abschrift genügt[108].

---

[103] RG JW **1909** 336; JW **1931** 1760 mit Anm. *Alsberg;* Kleinknecht/Meyer 7; *Pentz* MDR **1962** 354; **a. A** RGSt **64** 65 = JW **1930** 3421 mit Anm. *Mannheim,* das bei „unsachgemäßem" Vorbringen dann die Wirksamkeit der Revisionsbegründung verneint; KK-*Pikart* 18 unter Hinweis auf mehrere BGH-Entscheidungen, soweit sich die Vorbehalte nicht allein auf die allgemeine Sachrüge beziehen; ebenso KMR-*Paulus* 25.

[104] RG JW **1909** 336; RG Recht **1910** Nr. 2333; OLG Bremen NJW **1967** 641; *Sarstedt/Hamm* 132; *W. Schmid* Rpfleger **1962** 309; möglicherweise einschränkend auf die allgemeine Sachrüge KMR-*Paulus* 25; **a. A** BayObLG Rpfleger **1951** 379 mit Anm. *Wedewer; Jäger* 39; *Pentz* MDR **1962** 535 unter unzutreffender Bezugnahme auf RGSt **64** 64.

[105] Vgl. RG JW **1925** 2779 mit Anm. *Alsberg; Jäger* 38; *Wedewer* Rpfleger **1951** 379; vgl. auch *Blaese/Wielop* 133. *Sarstedt/Hamm* 132 raten von entsprechenden Zusätzen ab.

[106] BGH NJW **1952** 1386; RGSt **67** 199; **68** 300; RG JW **1925** 2779 mit Anm. *Alsberg;* RG JW **1933** 1417; BayObLGSt **16** 99; **25** 222 = JW **1926** 1239 mit Anm. *Löwenstein;* BayObLG MDR **1978** 777; OLG Braunschweig GA **1926** 152; OLG Dresden JW **1930** 1105; OLG Hamm NJW **1956** 1572; MDR **1960** 426; OLG Oldenburg NJW **1952** 98; ganz h.L.; vgl. auch § 44, 9.

[107] BayObLGSt **1959** 275 = JR **1960** 145 mit Anm. *Sarstedt* = Rpfleger **1960** 213 mit Anm. *Lappe;* OLG Celle GA **1968** 153; *Kaiser* NJW **1975** 339; vgl. auch § 44 15 und *Hilger* NStZ **1983** 152 Fußn. 5.

§ 346

(1) Ist die Revision verspätet oder sind die Revisionsanträge nicht rechtzeitig oder nicht in der in § 345 Abs. 2 vorgeschriebenen Form angebracht worden, so hat das Gericht, dessen Urteil angefochten wird, das Rechtsmittel durch Beschluß als unzulässig zu verwerfen.

(2) ¹Der Beschwerdeführer kann binnen einer Woche nach Zustellung des Beschlusses auf die Entscheidung des Revisionsgerichts antragen. ²In diesem Falle sind die Akten an das Revisionsgericht einzusenden; die Vollstreckung des Urteils wird jedoch hierdurch nicht gehemmt. ³Die Vorschrift des § 35 a gilt entsprechend.

Schrifttum. *Baumdicker* Probleme der §§ 319 und 346 StPO, insbesondere des Antrags auf Entscheidung des Berufungs- oder Revisionsgerichts, Diss. Würzburg 1967; *von Feilitsch* Rechtsmittel und Wiedereinsetzung in den vorigen Stand, DJZ **1922** 114; *Haas* Bemerkungen über Rechtskraft der Urteile in den Fällen der §§ 360, 363, 386, 389 der deutschen Strafprozeßordnung, GerS **33** (1885) 522; *Karnowsky* Revisionszulässigkeit und Verfahrenshindernisse im Strafverfahren, Diss. Münster 1974; *Küper* Unzulässige Revision und formelle Rechtskraft des Strafurteils, GA **1969** 364; *Küper* Der Eintritt der Rechtskraft bei verspäteter Revisions- oder Rechtsbeschwerdebegründung, MDR **1971** 806; *Niese* Die allgemeine Prozeßrechtslehre und der Rechtskrafteintritt bei zurückgenommenen und unzulässigen Rechtsmitteln, JZ **1957** 73; *Pentz* Wiedereinsetzung im Rahmen von § 346 StPO, NJW **1962** 1236; *Eb. Schmidt* Revisionsgericht und Verfahrenshindernisse, JZ **1962** 155; *R. Schmitt* Können die Beschlüsse aus §§ 346, 349 StPO zurückgenommen werden? JZ **1961** 15; *Schöneborn* Die Behandlung der Verfahrenshindernisse im strafprozessualen Verfahrensgang, MDR **1975** 6; *Sieg/Schöneborn* Zur Berücksichtigung von Verfahrenshindernissen bei nicht ordnungsgemäß begründeter Revision, MDR **1975** 811; *Theuerkauf* Die Behandlung der nach § 345 StPO unzulässigen Revision bei Verfahrenshindernissen, NJW **1963** 1813.

Entstehungsgeschichte. Durch Art. 4 Nr. 37 des 3. StRÄndG wurde dem Absatz 2 der Satz 3 angefügt: Bezeichnung bis 1924: § 386.

Übersicht

	Rdn.		Rdn.
I. Verwerfung der Revision durch den Tatrichter (Absatz 1)		b) Hemmung der Rechtskraft	23
1. Zweck der Vorschrift	1	c) Eintritt der Rechtskraft	24
2. Prüfungsbefugnis des Tatrichters	2	**II. Antrag auf Entscheidung des Revisionsgerichts (Absatz 2)**	
a) Verspätung der Revisionseinlegung	3	1. Antrag	
b) Verspätung der Revisionsbegründung	4	a) Allgemeines	25
		b) Ausschluß der Beschwerde	26
c) Nicht formgerechte Revisionsbegründung	5	c) Irrige Bezeichnung	27
d) Revision des Privatklägers und des Nebenklägers	6	2. Antragsrecht	28
		3. Vorlegung der Akten	29
e) Andere Fälle	7	4. Prüfung des Revisionsgerichts	30
3. Verwerfungsbeschluß		5. Beachtung von Verfahrenshindernissen	32
a) Erforderlichkeit	15	6. Beschluß des Revisionsgerichts	35
b) Verfahren	16	7. Vollstreckung	37
c) Wirksamkeit bei Überschreitung der Prüfungsbefugnis	19	8. Wiedereinsetzung in den vorigen Stand	
d) Aufhebung	20	a) Allgemeines	38
e) Verfahrenshindernisse	21	b) Bindung an die Entscheidung des unzuständigen Tatrichters	39
4. Rechtskraft		c) Entscheidung anstelle des Beschwerdegerichts	40
a) Verspätet eingelegte Revision	22		

[108] GmS-OGB NJW **1980** 174; heute ganz h. M; **a. A** noch RGSt **34** 137; **57** 280; RG JW **1901** 503; *Jäger* 39.

I. Verwerfung der Revision durch den Tatrichter (Absatz 1)

1. Zweck der Vorschrift. Mit § 346 Abs. 1 soll, wie mit § 319 im Berufungsverfahren, eine Entlastung der Rechtsmittelgerichte und die Beschleunigung des Verfahrens erreicht werden. Zu diesem Zweck wird das Gericht, dessen Urteil angefochten ist, zur Verwerfung unzulässiger Revisionen ermächtigt und verpflichtet („hat... zu verwerfen"). Ihm werden damit Prüfungsaufgaben übertragen, die an sich Sache des Revisionsgerichts sind (BayObLGSt **1974** 99 = MDR **1975** 71). Die Prüfung obliegt dem Gericht, nicht der Geschäftsstelle; sie erfolgt von Amts wegen. Wegen der Verwerfung eines nicht zulässigen unbenannten Rechtsmittels (§ 335 Abs. 1) vgl. bei § 319.

2. Prüfungsbefugnis des Tatrichters. Die Vorschrift ermächtigt den Tatrichter nicht zu der umfassenden Prüfung der Zulässigkeit der Revision, die dem Revisionsgericht zusteht. Dem Tatrichter ist nur die Prüfung folgender einfacher Fragen der Zulässigkeit übertragen:

a) Verspätung der Revisionseinlegung. Der Tatrichter hat in jedem Fall zu prüfen, ob die Revision in der Frist des § 341 eingelegt worden ist.

b) Verspätung der Revisionsbegründung. Nach § 344 Abs. 1 muß der Beschwerdeführer erklären, inwieweit er das Urteil anficht und dessen Aufhebung beantragt (Revisionsanträge); die Anträge muß er begründen. Das muß innerhalb der Frist des § 345 Abs. 1 geschehen. Über den Wortlaut des § 346 Abs. 1 hinaus erstreckt sich die Prüfung des Tatrichters nicht nur darauf, ob die Revisionsanträge rechtzeitig gestellt worden sind, sondern auch auf die damit verbundene Frage, ob die Revisionsbegründung innerhalb der Frist des § 345 Abs. 1 angebracht worden ist[1]. Die Prüfung erstreckt sich nur auf die Rechtzeitigkeit, nicht also auf das Fehlen ausdrücklicher Anträge (unten Rdn. 13), deren Bedeutung umstritten ist (vgl. § 344, 2 ff). Zu beachten hat der Tatrichter im übrigen, daß das Fehlen einer genaueren Begründung die Revision nicht unzulässig macht, wenn die Revisionsanträge eindeutig ergeben, daß die Sachrüge erhoben ist (vgl. § 344, 73).

c) Nicht formgerechte Revisionsbegründung. Der Tatrichter hat zu prüfen, ob die Revisionsanträge und ihre Begründung, wie § 345 Abs. 2 vorschreibt, in einer von dem Verteidiger oder einem Rechtsanwalt unterzeichneten Schrift oder zu Protokoll der Geschäftsstelle angebracht worden sind. Eine Prüfung des Inhalts der Revisionsbegründungsschrift steht ihm jedoch nicht zu. Ob die Revisionsbegründung unzulässig ist, weil der Rechtsanwalt die volle Verantwortung für den Inhalt der Revisionsbegründungsschrift nicht übernommen hat (§ 345, 27 ff), weil die Verteidigervollmacht gegen § 137 Abs. 1 Satz 2 oder § 146 verstößt oder weil das Protokoll des Urkundsbeamten unwirksam ist (§ 345, 34 ff), hat der Tatrichter daher nicht zu beurteilen (vgl. unten Rdn. 13).

d) Revision des Privatklägers und des Nebenklägers. Obwohl § 346 Abs. 1 darüber nichts ausdrücklich sagt, erstreckt sich die Prüfungsbefugnis des Tatrichters auch auf die Einhaltung der Formvorschrift des § 390 Abs. 2 im Privatklageverfahren[2]. Das gleiche gilt für Revisionen der Nebenkläger, auf die diese Vorschrift nach § 397 Abs. 1 anzuwenden ist[3].

---

[1] RGSt **44** 263; RG Recht **1912** 1571; BayObLGSt **20** 333; OLG Dresden GA **40** (1892) 62; LZ **1914** 1727; KK-*Pikart* 3; KMR-*Paulus* 3; *Schlüchter* 715.1.

[2] BayObLGSt **1954** 4 = NJW **1954** 1417; KMR-*Paulus* 4.

[3] RG LZ **1917** 411; OLG Dresden DRiZ **1932** Nr. 768.

e) Andere Fälle. Eine erweiternde Auslegung des § 346 Abs. 1 dahin, daß der Tatrichter über die genannten Fälle hinaus zur Verwerfung der Revision ermächtigt ist, wird mit Recht allgemein abgelehnt[4]. Denn Wortlaut und Sinn der Vorschrift sprechen dafür, dem Tatrichter von den ihrem Wesen nach zur Entscheidung des Revisionsgerichts gehörenden Fragen nur solche zur Prüfung zu überlassen, die ausschließlich eine rein formale Nachprüfung erfordern[5]. Daraus ergibt sich insbesondere folgendes. 7

Bei Zweifeln, ob ein Schreiben des Angeklagten **eine Revisionseinlegung** enthält (OLG Hamburg NJW **1965** 1147) oder ob die **Schriftform** eingehalten ist (RGRspr. **1** 266), darf der Tatrichter die Revision nicht verwerfen. 8

Nicht verwerfen darf er sie auch wegen des Fehlens der gesetzlichen **Ermächtigung zur Revisionseinlegung** (BGH MDR **1959** 507), etwa weil die Voraussetzungen für die Zulassung als Nebenkläger nicht vorliegen (KMR-*Paulus* 5). 9

Auch die **fehlende Bevollmächtigung** zur Revisionseinlegung oder -begründung berechtigt den Tatrichter nicht zur Verwerfung (BayObLGSt **18** 113). 10

Ebensowenig darf der Tatrichter die Revision wegen **fehlender Beschwer** verwerfen. 11

Nicht verwerfen darf er sie auch, wenn er die Revision infolge **Rechtsmittelverzichts** (BGH NStZ **1984** 181; RG Recht **1919** Nr. 527) oder wegen **Zurücknahme** des Rechtsmittels (RG HRR **1941** 678 L) für unzulässig hält. 12

Ein **nicht ausreichender Inhalt** der Revisionsbegründungsschrift berechtigt ihn ebenfalls nicht zur Anwendung des § 346 Abs. 1. Das gilt insbesondere bei Nichtbeachtung der Formvorschrift des § 344[6] oder bei Zweifeln, ob der Verteidiger für den Inhalt der Schrift die **volle Verantwortung** (vgl. § 345, 27 ff) übernommen hat (BayObLGSt **1975** 153 = MDR **1976** 248). 13

Eine Revision, die nach § 441 Abs. 3 Satz 3 StPO, § 55 Abs. 2 JGG, § 10 des Gesetzes über das gerichtliche Verfahren in Binnenschiffahrtssachen v. 27. 9. 1952 (BGBl. I 641) **gesetzlich ausgeschlossen** ist, darf der Tatrichter nicht dieses Ausschlusses wegen verwerfen[7]. Liegt aber einer der Gründe vor, aus denen der Tatrichter die Revision, wenn das Gesetz sie zuließe, nach § 346 Abs. 1 als unzulässig verwerfen könnte, so ist er dazu auch befugt, wenn sie gesetzlich ausgeschlossen ist[8]. 14

3. Verwerfungsbeschluß

a) Erforderlichkeit. Ein Beschluß ist nur erforderlich, wenn die Revision verworfen wird. Ergibt die Prüfung des Tatrichters, daß sie zulässig ist, so hat er lediglich die Aktenvorlage an das Revisionsgericht nach § 347 Abs. 2 anzuordnen. Einen Antrag der Staatsanwaltschaft auf Erlaß eines Verwerfungsbeschlusses nach § 346 Abs. 1 braucht er nicht förmlich zu bescheiden[9]. Wenn der Tatrichter die Revision zwar für unzulässig, sich selbst aber zu ihrer Verwerfung nach § 346 Abs. 1 nicht für befugt hält, legt er die Akten ebenfalls dem Revisionsgericht vor. Dieses ist an seine Ansicht über die Zulässigkeit der Revision nicht gebunden (RGSt **59** 244). 15

---

[4] Vgl. z.B. KK-*Pikart* 3; KMR-*Paulus* 3, 5; *Eb. Schmidt* 2; *Baumdicker* 97; *Karnowsky* 67.

[5] BGHSt **2** 70; BGH MDR **1959** 507; BayObLGSt **1951** 338; **1962** 207 (= NJW **1963** 63); **1975** 153 (= MDR **1976** 248).

[6] RGRspr. **9** 420; BayObLGSt **1951** 337; **1954** 3; KK-*Pikart* 3; KMR-*Paulus* 3; Sarstedt/Hamm 450.

[7] BayObLGSt **1962** 207 = NJW **1963** 63; BayObLG DRiZ **1933** Nr. 131; KK-*Pikart* 3;

KMR-*Paulus* 5; Kleinknecht/Meyer 3; *Eisenberg* § 55, 68 mit weit. Nachw.; *Vogel* JW **1933** 1636; a. A *Wunderer* LZ **1932** 1458, der hier § 346 Abs. 1 entsprechend anwenden will.

[8] Vgl. BayObLGSt **1972** 169 = VRS **44** 50; OLG Karlsruhe Justiz **1973** 400 für den ähnlichen Fall des § 79 Abs. 1 Satz 1 Nr. 5 OWiG.

[9] OLG Kassel JW **1930** 2598; KMR-*Paulus* § 319, 9; *Dahs/Dahs* 398.

16   **b) Verfahren.** Geht innerhalb der Frist des § 345 Abs. 2 eine formfehlerhafte Begründung ein, so ist erst abzuwarten, ob bis zum Fristablauf noch eine formgerechte Revisionsbegründungsschrift eingereicht wird (*Karnowsky* 15). Der Tatrichter stellt die Entscheidung nach § 346 Abs. 1 auch zurück, wenn die Wiedereinsetzung in den vorigen Stand beantragt wird[10]. Über diesen Antrag hat das Revisionsgericht zu entscheiden (§ 46 Abs. 1); ihm sind daher die Akten zu übersenden. Das gleiche gilt, wenn der Tatrichter nach § 45 Abs. 2 Satz 3 die Gewährung der Wiedereinsetzung von Amts wegen für angebracht hält oder wenn, wie im Fall der Nichtbescheidung des Antrags auf Bestellung eines Pflichtverteidigers für die Revisionsbegründung, ein noch zu stellender Wiedereinsetzungsantrag Erfolg haben wird (OLG Hamm GA **1976** 372 L).

17   Die unzulässige Revision verwirft der Tatrichter durch **Beschluß**. Das kann, solange die Akten noch nicht an das Revisionsgericht abgegeben worden sind, auch noch geschehen, wenn die Revisionsschrift dem Gegner des Beschwerdeführers bereits nach § 347 Abs. 1 zugestellt ist. Die Staatsanwaltschaft ist nach § 33 Abs. 2 vor der Entscheidung zu hören, wenn sie die Revision nicht selbst eingelegt hat (*Dahs/Dahs* 397). Auch der Angeklagte ist zur Tatsache der Fristversäumung zu hören; das rechtliche Gehör kann aber in dem Verfahren nach § 346 Abs. 2 nachgeholt werden (BayObLG bei *Rüth* DAR **1975** 208). Die Entscheidung ist, weil sie die Frist des § 346 Abs. 2 Satz 1 in Lauf setzt, den zur Stellung des Antrags auf Entscheidung des Revisionsgerichts berechtigten Verfahrensbeteiligten (unten Rdn. 28) förmlich zuzustellen (§ 35 Abs. 2 Satz 1), dem Angeklagten also auch, wenn die Revision des gesetzlichen Vertreters verworfen worden ist (OLG Hamm NJW **1973** 1850). Den übrigen Verfahrensbeteiligten wird die Entscheidung formlos bekanntgegeben. Das Gesetz sieht den Antrag auf Entscheidung des Revisionsgerichts nicht als Rechtsmittel im Sinne des § 35 a an; es bestimmt daher in § 346 Abs. 2 Satz 3, daß bei der Beschlußzustellung eine Belehrung über das Antragsrecht in entsprechender Anwendung des § 35 a zu erfolgen hat. Die Belehrung muß sich auf Form und Frist des Antrags erstrecken und das Gericht bezeichnen, bei dem er zu stellen ist (BayObLGSt **1976** 19 = VRS **50** 430).

18   Eine **teilweise Verwerfung** der Revision ist unzulässig, wenn nur ein Beschwerdeführer das Rechtsmittel eingelegt hat. Haben jedoch mehrere Prozeßbeteiligte Revision eingelegt, so kann der Tatrichter eine von ihnen nach § 346 Abs. 1 als unzulässig verwerfen und wegen der übrigen nach § 347 verfahren.

19   **c) Wirksamkeit bei Überschreitung der Prüfungsbefugnis.** Verwirft der Tatrichter die Revision aus einem der Gründe, auf die sich seine Prüfungsbefugnis nicht erstreckt (oben Rdn. 7 ff), so ist das auf die Wirksamkeit des Beschlusses ohne Einfluß. Wenn die Entscheidung nicht rechtzeitig nach § 346 Abs. 2 angefochten wird, tritt auch in diesem Fall Rechtskraft ein[11]. Die in der Entscheidung BGH MDR **1959** 507 vertretene Ansicht, der Beschluß sei gegenstandslos, steht damit nur scheinbar in Widerspruch. Der Bundesgerichtshof hat mit dieser Entscheidung die Revision nach § 349 Abs. 1 verworfen und nur zum Ausdruck gebracht, daß der Beschluß des unzuständigen Tatrichters nicht ausdrücklich aufgehoben zu werden braucht.

20   **d)** Die **Aufhebung** des Verwerfungsbeschlusses durch den Richter, der ihn erlassen hat, ist unzulässig. Das gilt nicht nur bei Fehlerhaftigkeit des Beschlusses infolge Rechtsirrtums (OLG Hamm NJW **1965** 546), sondern auch, wenn der Tatrichter die Re-

---

[10] KMR-*Paulus* § 319, 7; *Kleinknecht/Meyer* 13; *von Feilitsch* DJZ **1922** 114; *Mittelbach* DR **1941** 1406; vgl. auch KK-*Pikart* 30.

[11] BayObLGSt **1962** 208 = NJW **1963** 63; *Dallinger/Lackner* § 55, 58; vgl. auch bei § 449.

vision aufgrund irrtümlicher Annahme von Tatsachen als unzulässig verworfen hat[12]. Ein gleichwohl erlassener Aufhebungsbeschluß ist gegenstandslos und hat keine rechtliche Wirkung[13]; hat der Angeklagte aber auf seine Wirksamkeit vertraut und deswegen einen Antrag nach § 346 Abs. 2 unterlassen oder zurückgenommen, so muß ihm entsprechend § 44 gegen die Versäumung der Wochenfrist des § 346 Abs. 2 freilich Wiedereinsetzung in den vorigen Stand gewährt werden.

e) **Verfahrenshindernisse.** Wenn der Tatrichter bei der Urteilsfällung ein Verfahrenshindernis übersehen hat, berechtigt ihn das nicht, das Urteil aufzuheben oder abzuändern (näher § 206 a, 10). Entsteht das Verfahrenshindernis nach dem Urteilserlaß, so hat der Tatrichter, solange dem Revisionsgericht die Akten nicht nach § 347 Abs. 2 vorgelegt worden sind, eine unzulässige Revision nicht nach § 346 Abs. 1 zu verwerfen, sondern das Verfahren nach § 206 a einzustellen (näher § 206 a, 12).

4. Rechtskraft

a) Eine **verspätet eingelegte Revision** hemmt die Rechtskraft des Urteils nicht (§ 343 Abs. 1). Die Entscheidung, mit der die Revision in diesem Fall nach § 346 Abs. 1 als unzulässig verworfen wird, hat daher nur feststellende Bedeutung[14]. Das gleiche gilt, wenn die Revision nach ausdrücklicher Vorschrift (oben Rdn. 14) gesetzlich ausgeschlossen ist (näher § 343, 1).

b) **Hemmung der Rechtskraft.** In allen anderen Fällen wird die Rechtskraft des Urteils durch die Einlegung einer unzulässigen Revision gehemmt (BGHSt 25 261). Insbesondere tritt Rechtskraft nicht dadurch ein, daß die Revision bis zum Ablauf der Frist des § 345 Abs. 1 nicht oder nicht ordnungsgemäß begründet worden ist[15]. Die insbesondere vom KG in einer älteren Entscheidung vertretene Gegenmeinung[16] hat heute keine Anhänger mehr.

c) **Eintritt der Rechtskraft.** Streitig ist, ob bei rechtzeitiger Einlegung der Revision schon der Erlaß des Verwerfungsbeschlusses nach § 346 Abs. 1 die Rechtskraft des Urteils herbeiführt oder ob sie erst eintritt, wenn der Beschluß selbst rechtskräftig geworden, d. h. innerhalb der Frist des § 346 Abs. 2 Satz 1 nicht angefochten oder durch die nach dieser Vorschrift ergangene Entscheidung des Revisionsgerichts bestätigt worden ist. Die Frage wird ausführlich bei § 449 behandelt. Zu folgen ist der heute überwiegend vertretenen Meinung, daß die Rechtskraft des Urteils mit der des Beschlusses nach § 346 Abs. 1 zusammenfällt, also erst nach Ablauf der Frist des § 346 Abs. 2 Satz 2 oder mit Erlaß der Entscheidung des Revisionsgerichts eintritt. Sie vermeidet die eigenartige Folge der gegenteiligen Ansicht, nach der die Entscheidung des nach § 346 Abs. 2 angerufenen Revisionsgerichts unter Umständen in ein bereits rechtskräftig abgeschlossenes

---

[12] RGSt **37** 292; **38** 157; **55** 235; RG JW **1921** 840 mit Anm. *Stein;* RG LZ **1918** 1149; **1919** 911; KG JW **1927** 2073; OLG Celle NdsRpfl. **1960** 120; OLG Düsseldorf JMBlNRW **1955** 251; MDR **1984** 963 mit weit. Nachw.; KMR-*Paulus* 1 i.V. mit § 319, 14; *Eb. Schmidt* § 306, 9; *Beling* 257 Fußn. 2; *Baumdicker* 134; *Karnowsky* 143; *Loewenstein* 36; *R. Schmitt* JZ **1961** 17; vgl. auch vor § 304.

[13] RG JW **1921** 840 mit Anm. *Stein;* RG LZ **1918** 1149; **1919** 911; OLG Celle NdsRpfl. **1960** 120; a. A OLG Düsseldorf JMBlNRW **1955** 251.

[14] RGSt **53** 236; KG DJZ **1926** 458; allg. M., z.B. KK-*Pikart* 25; *Schlüchter* 716; *Eb. Schmidt* 5; *Baumdicker* 67; *Küper* GA **1969** 364 ff; *Theuerkauf* NJW **1963** 1815.

[15] BGHSt **22** 219; RGSt **53** 235; KG DJZ **1926** 458; OLG Düsseldorf JMBlNRW **1951** 60; OLG Hamburg NJW **1963** 265; OLG Neustadt GA **1955** 185.

[16] KG HRR **1928** 580 = JW **1927** 3060 mit Anm. *Beling;* ebenso *Dalcke/Fuhrmann/Schäfer* 1; *Beling* 264 Fußn. 3.

Verfahren eingreift. Die Vollstreckbarkeit des Urteils nach § 346 Abs. 2 Satz 2 Halbsatz 2 hängt von der Rechtskraft des Verwerfungsbeschlusses nicht ab; es handelt sich um eine vorläufige Vollstreckbarkeit[17]. Daß es eine Vollstreckbarkeit dieser Art gibt, muß übrigens auch die Gegenmeinung anerkennen. Denn wenn das Revisionsgericht den Verwerfungsbeschluß des Tatrichters aufhebt, erweist sich die inzwischen vorgenommene Strafvollstreckung zwingend als vor Eintritt der Rechtskraft vollzogen, also ebenfalls als vorläufig.

II. Antrag auf Entscheidung des Revisionsgerichts (Absatz 2)

1. Antrag

25 a) **Allgemeines.** Gegen den Verwerfungsbeschluß des Tatrichters kann der Beschwerdeführer innerhalb einer Woche seit Zustellung auf Entscheidung des Revisionsgerichts antragen. Die Regelung entspricht der des § 319 Abs. 2 für das Berufungsverfahren. Die Frist wird nach § 43 bemessen. Der Streit darüber, ob es sich bei dem Antrag um eine sofortige Beschwerde handelt[18] oder um einen Rechtsbehelf eigener Art[19], führt zu nichts. Der Antrag ist ein befristetes Rechtsmittel, das das Gesetz nicht als sofortige Beschwerde bezeichnen konnte, weil das Revisionsgericht, das über ihn zu befinden hat, nicht immer zugleich das Beschwerdegericht ist. Form und Frist für die Anbringung des Antrags stimmen aber mit denen für die sofortige Beschwerde überein. Es genügt einfache Schriftform (dazu bei § 314). Das Fehlen einer Unterschrift kann unschädlich sein (BGHSt **11** 154). Der Antrag kann schon vor der Zustellung des tatrichterlichen Verwerfungsbeschlusses gestellt werden (BGH bei *Rüth* DAR **1975** 208). Angebracht werden kann er nach herrschender und richtiger Meinung sowohl beim Tatrichter als auch beim Revisionsgericht, weil besondere Vorschriften über die Einlegung fehlen und es einen allgemeinen Rechtssatz, daß Rechtsmittel stets beim judex a quo eingelegt werden müßten, nicht gibt[20]. Die gegenteilige Auffassung des BGH, der nur den judex a quo für zuständig hält[21], ist nicht begründet und läßt sich auch nicht mit der Erwägung halten (so aber KK-*Pikart* 15), daß für § 346 Abs. 2 der § 311 Abs. 2 Satz 2 nicht gelte. Der Tatrichter darf dem Antrag nicht abhelfen[22] und ihn ebensowenig wie eine sofortige Beschwerde verwerfen, wenn er verspätet angebracht worden ist. Vielmehr müssen die Akten auf jeden Fall dem Revisionsgericht vorgelegt werden (*Dahs/Dahs* 401).

26 b) **Ausschluß der Beschwerde.** Neben dem Antrag nach § 346 Abs. 2 ist eine Beschwerde nach § 304 Abs. 1 nicht statthaft[23]. Auch wenn der Tatrichter seine Prüfungsbefugnis überschritten hat, ist nicht die einfache Beschwerde, sondern nur der Antrag

---

[17] KK-*Pikart* 27; *Karnowsky* 74; *Küper* MDR **1971** 807; *Niese* JZ **1951** 758; vgl. auch unten Rdn. 40 und bei § 449; unentschieden BGHSt **15** 209; **22** 218.

[18] So z.B. KG JR Rspr. **1926** Nr. 881; OLG Neustadt GA **1955** 186; OLG Stuttgart NJW **1951** 46; *Gaedeke* JW **1925** 2809; *Spindler* ZStW **27** (1907) 459; *Stein* JW **1921** 840.

[19] So z.B. BGHSt **16** 118; RGSt **38** 9; BayObLGSt **1976** 10; OLG Celle MDR **1954** 313; *Kleinknecht/Meyer* 6; KMR-*Paulus* § 319, 16; *Eb. Schmidt* 7; *Beling* 331; *Baumdicker* 32; *Karnowsky* 72; *Haas* GerS **33** (1881) 528.

[20] KG JR **1978** 87; BayObLG bei *Rüth* DAR **1974** 188; BayObLG VRS **50** 371 VB; OLG Düsseldorf OLGSt § 346 S. 3; OLG Hamm JMBlNRW **1956** 105; *Kleinknecht/Meyer* 6; KMR-*Paulus* § 319, 19; *Eb. Schmidt* 6; *Schlüchter* 717.1.

[21] 5 StR 578/72 v. 7.11.1972, s. NJW **1977** 964. Mit Rücksicht auf diese Entscheidung hat BGH NJW **1977** 964 über einen Vorlagebeschluß des BayObLG nicht entschieden, sondern die Sache an das vorlegende Gericht zurückgegeben.

[22] OLG Celle JR **1949** 22; KMR-*Paulus* § 319, 21; *Eb. Schmidt* 8; vgl. auch Rdn. 20.

[23] BGHSt **10** 91; OLG Dresden *Alsb.* E **2** Nr. 191a; OLG Hamburg *Alsb.* E **2** Nr. 191 i; KK-*Pikart* 19; KMR-*Paulus* § 319, 16.

nach § 346 Abs. 2 zulässig und zur Beseitigung des Verwerfungsbeschlusses erforderlich (anders *Eb. Schmidt* 3). Denn es ist nicht einzusehen, weshalb in die Zulässigkeitsprüfung außer dem Tatrichter und dem Revisionsgericht auch das – von diesem oft verschiedene – Beschwerdegericht eingeschaltet werden müßte. Gleiches gilt für den Fall, daß das Rechtsmittel, das das Amtsgericht als unzulässig verworfen hat, keine Sprungrevision (§ 335 Abs. 1), sondern eine Berufung ist[24].

c) Irrige Bezeichnung. Der Antrag auf Entscheidung des Revisionsgerichts wird **27** häufig als Wiedereinsetzungsantrag zu behandeln sein (§ 300). Es kommt darauf an, ob der Beschwerdeführer die Tatsachen bestreitet, mit denen die Unzulässigkeit der Revision begründet worden ist, oder ob er nur Gründe dafür anführt, weshalb er gehindert war, die Revision rechtzeitig und formgerecht einzulegen (vgl. RGSt **53** 288; *Sarstedt/ Hamm* 449). Da er bei der Zustellung des Verwerfungsbeschlusses zwar über das Antragsrecht nach § 346 Abs. 2 belehrt, nicht aber auf sein Recht hingewiesen wird, die Wiedereinsetzung zu beantragen, ist hier die irrige Bezeichnung des in Wahrheit gemeinten Rechtsbehelfs besonders häufig. Zulässig ist es, den Antrag nach § 346 Abs. 2 und den Wiedereinsetzungsantrag gleichzeitig zu stellen (vgl. unten Rdn. 38). Das ist sogar empfehlenswert, wenn der Beschwerdeführer oder sein Verteidiger Zweifel haben, welches der richtige Rechtsbehelf ist[25]. Über den Wiedereinsetzungsantrag ist vorrangig zu entscheiden, weil die Bewilligung der Wiedereinsetzung dem Verfahren nach § 346 Abs. 2 die Grundlage entzieht (vgl. unten Rdn. 38).

2. Antragsrecht. Den Antrag nach § 346 Abs. 2 können nur die Verfahrensbeteilig- **28** ten stellen, deren Revision der Tatrichter als unzulässig verworfen hat (RGRspr. **4** 889; OLG Köln JW **1928** 129), nicht dritte Personen, die an dem Verfahren nicht beteiligt sind (RGSt **38** 9; BayObLGSt **7** 40; KG GA **71** [1927] 43). Eine Ausnahme gilt für den Fall, daß die Revision des gesetzlichen Vertreters als unzulässig verworfen wird; dann hat der Angeklagte ein eigenes Antragsrecht[26]. Bei einer Revision des Angeklagten können dagegen zu seinen Gunsten weder die Staatsanwaltschaft noch diejenigen Personen, die für den Angeklagten Revision einlegen können (§ 298 StPO, § 67 Abs. 3 JGG), den Antrag nach § 346 Abs. 2 stellen[27]. Der Verteidiger kann den Antrag für den Angeklagten aufgrund seiner Vollmacht stellen; ob er oder der Angeklagte die Revision eingelegt hat, spielt keine Rolle.

3. Vorlegung der Akten. Der Tatrichter legt die Akten dem Revisionsgericht **29** durch Vermittlung der Staatsanwaltschaft vor, und zwar entgegen dem mißverständlichen Wortlaut des § 346 Abs. 2 Satz 1 auch bei verspätetem Eingang des Antrags (KMR-*Paulus* § 319, 21). Das sonst auf die Revision erforderliche Verfahren nach § 347 braucht nicht eingehalten zu werden; denn die Zustellung an den Gegner und dessen Gegenerklärung wären bei einer unzulässigen Revision zwecklos[28]. Der durch die Weiterbehandlung einer nach Ansicht des Tatrichters unzulässigen Revision entstehende unnütze Arbeitsaufwand soll gerade vermieden werden (BGHSt **11** 155; BayObLGSt **1955** 338; **1974** 99).

---

[24] OLG Dresden JW **1929** 1078 mit Anm. *Mannheim*; OLG Hamm NJW **1956** 1168; **1969** 1821; OLG Stuttgart GA **72** (1928) 226; *Kleinknecht* JZ **1960** 674; **a. A** KG JW **1925** 2807; OLG Stuttgart Justiz **1972** 208.
[25] *Eb. Schmidt* 7; *Dahs/Dahs* 448; *Sarstedt/ Hamm* 448.
[26] OLG Celle NJW **1964** 417; OLG Hamm NJW **1973** 1850; KK-*Pikart* 17; *Kleinknecht/ Meyer* 7; vgl. auch bei § 298.
[27] Für den ersteren Fall: OLG Köln JW **1928** 129; für den letzteren: RGSt **38** 9; RG Recht **1917** Nr. 540; **1920** Nr. 2978. Heute ganz h.M.
[28] RGRspr. **1** 266; BayObLGSt **18** 113; BayObLG DRiZ **1933** Nr. 131.

§ 346

30 **4. Prüfung des Revisionsgerichts.** Ein verspätet eingegangener Antrag wird als unzulässig verworfen, ein Antrag, der nur grobe Verunglimpfungen der Justizorgane enthält, sachlich nicht beschieden[29]. Ist der Antrag zulässig, so prüft das Revisionsgericht die Zulässigkeit der Revision in umfassender Weise[30]. Stellt sich heraus, daß die Revision zwar gemäß § 346 Abs. 1 unzulässig ist, aber nicht aus dem Grund, den der Tatrichter angenommen hatte, so verwirft das Revisionsgericht den Antrag. Wenn aber die Revision aus Gründen unzulässig ist, die der Tatrichter nicht zu prüfen hatte (oben Rdn. 7 ff), wird der Beschluß üblicherweise aufgehoben (anders BGH MDR **1959** 507, der ihn für gegenstandslos hält) und durch einen neuen Verwerfungsbeschluß nach § 349 Abs. 1 ersetzt[31]. Wird der Antrag nach § 346 Abs. 2 verworfen, so bedarf es, da das Gerichtskostengesetz eine Gebühr nicht vorsieht, keiner Kostenentscheidung[32].

31 Hat der Beschwerdeführer die **Revision** rechtswirksam **zurückgenommen,** der Tatrichter sie aber gleichwohl nach § 346 Abs. 1 verworfen, so hebt das Revisionsgericht den Beschluß auf und erklärt die Revision für erledigt (RGSt **55** 214).

32 **5. Beachtung von Verfahrenshindernissen.** Wenn die Revision nicht rechtzeitig eingelegt, die Rechtskraft des Urteils nach § 343 Abs. 1 also nicht gehemmt war, hat das Revisionsgericht Verfahrenshindernisse, die der Tatrichter im Urteil übersehen hatte, schon deshalb nicht zu berücksichtigen, weil dem die Rechtskraft der Entscheidung entgegensteht[33].

33 Wenn die **Rechtskraft** des Urteils nach § 343 Abs. 1 **gehemmt** war, kommt es für die Frage, ob das Revisionsgericht ein vor oder nach Erlaß des Urteils eingetretenes Verfahrenshindernis zu beachten hat, nicht darauf an, ob dem Verwerfungsbeschluß nach § 346 Abs. 1 eine die Rechtskraft des Urteils unmittelbar herbeiführende Wirkung beigemessen wird (oben Rdn. 24). Denn die umfassende Prüfungspflicht des Revisionsgerichts erstreckt sich jedenfalls darauf, ob der Tatrichter an der Verwerfung des Rechtsmittels dadurch gehindert war, daß ein Verfahrenshindernis bestand, das Verfahren also einzustellen war (vgl. *Küper* GA **1969** 374). Für das nach § 346 Abs. 2 angerufene Revisionsgericht würde daher eine bereits eingetretene Rechtskraft unbeachtlich sein (vgl. OLG Hamburg NJW **1963** 265).

34 **Streitig ist** aber, ob und in welchem Umfang das Revisionsgericht bei der Entscheidung nach § 346 Abs. 2 Verfahrenshindernisse zu berücksichtigen hat (dazu Einl. Kap. 11 unter V). Eine Mindermeinung will sie beachten, gleichviel, ob sie schon vor Erlaß des Urteils vorgelegen haben oder erst danach vor der Entscheidung des Revisionsgerichts entstanden sind[34]. Eine andere Ansicht geht davon aus, daß die Prüfung der Verfahrensvoraussetzungen, wie jede Prüfung eines Urteils, dem Revisionsgericht nur soweit obliegen kann, wie das Urteil in zulässiger Weise mit einem Rechtsmittel angefochten ist; nach dieser Auffassung darf das Revisionsgericht Verfahrenshindernisse

---

[29] Dazu OLG Hamm NJW **1976** 978 mit weit. Nachw.; vgl. näher Vor § 296.

[30] BGHSt **11** 155; **15** 120; **16** 118; RGRspr. 1 266; BayObLGSt **1951** 337; **1969** 143 (= JR **1970** 270 mit Anm. *Küper*); **1974** 99; OLG Hamburg NJW **1963** 265; allg. M.

[31] BGHSt **16** 118; RG HRR **1941** 678 L; BayObLGSt **18** 114; *Kleinknecht/Meyer* 8; KMR-*Paulus* § 319, 24; *Dahs/Dahs* 401; *Sarstedt/Hamm* 450.

[32] KK-*Pikart* 23; *Kleinknecht/Meyer* 9; KMR-*Paulus* § 319, 26; **a. A** OLG Zweibrücken OLGSt § 346 S. 13.

[33] RGSt **53** 236; ganz h. M., z.B. *Kleinknecht/Meyer* 5; KMR-*Paulus* § 206a, 6; *Dahs/Dahs* 356; *Küper* GA **1969** 366 mit weit. Nachw.; vgl. auch Einl. **11** unter V; § 206a, 17.

[34] RGSt **53** 237 = JW **1920** 300 mit Anm. *Kohlrausch*; KG DJZ **1926** 458; OLG Neustadt GA **1955** 185; *Eb. Schmidt* Teil I Nr. 200 mit JZ **1962** 155; *Peters* 628; *Roxin* § 53 J I 2; *Karnowsky* 127.

auch dann nicht mehr beachten, wenn sie erst im Revisionsverfahren entstanden sind[35]. Die Rechtsprechung des Bundesgerichtshofs war zunächst uneinheitlich. Die Auffassung, Verfahrenshindernisse seien stets zu berücksichtigen, auch wenn sie schon bei Urteilserlaß bestanden haben (BGHSt **15** 203 = JZ **1961** 390 mit Anm. *Stratenwerth*), wurde alsbald zugunsten der Ansicht aufgegeben, sie seien jedenfalls dann nicht zu beachten, wenn bereits der Tatrichter das Verfahrenshindernis übersehen hatte (BGHSt **16** 115[36]). In der grundlegenden Entscheidung BGHSt **22** 213 = JR **1969** 347 mit Anm. *Koffka* ist der BGH dann der Auffassung beigetreten, daß Verfahrenshindernisse zu beachten sind, wenn sie nach Urteilserlaß entstanden sind, sonst aber nicht. Denn wenn die Nichtbeachtung des Verfahrenshindernisses in das Urteil eingegangen ist, könne nur eine zulässige Revision selbst in unmittelbarem Zugriff auf dem Weg über die Aufdeckung des Rechtsmangels das Urteil beseitigen. Ist die Revision unzulässig, so bleibt danach das Urteil trotz des Rechtsfehlers bestehen. Für Verfahrenshindernisse, die erst nach Urteilserlaß entstanden sind, bestehe hingegen keine gesetzliche Schranke, die der Berücksichtigung durch das Revisionsgericht entgegenstünde, und zwar gleichgültig, ob das Verfahrenshindernis vor oder nach Erlaß des Verwerfungsbeschlusses gemäß § 346 Abs. 1 eingetreten ist. Diese Ansicht wird jetzt überwiegend vertreten[37]. Zur Frage, ob Verfahrenshindernisse auch berücksichtigt werden müssen, wenn das Urteil bereits teilweise rechtskräftig ist, vgl. § 337, 30.

6. Der **Beschluß des Revisionsgerichts** ist wie jede andere Revisionsentscheidung **35** unanfechtbar und wird daher mit seinem Erlaß rechtskräftig[38]. Der Beschluß ist auch rechtswirksam und unanfechtbar, wenn ihn ein Oberlandesgericht anstelle des zuständigen Bundesgerichtshofs erlassen hat[39]. Da der Beschluß die Rechtskraft des Urteils herbeiführt, kann er nicht deshalb abgeändert oder zurückgenommen werden, weil er auf einem Irrtum über Rechtsfragen beruht[40]. Sind jedoch die tatsächlichen Voraussetzungen der Entscheidung unrichtig, läßt eine verbreitete, aber umstrittene Meinung im Anschluß an RGSt **59** 419 die Aufhebung des Beschlusses durch das Revisionsgericht zu[41]. Es handelt sich dabei um eine Ausnahme vom Prinzip, die, soweit heute nicht

---

[35] RGSt **63** 17 = JW **1929** 1056 mit Anm. *Beling;* OLG Hamburg MDR **1958** 52; *Beling* 422; *Peters*² 582 und Nachtr. 22; *Rüping* 171; *Volk* Prozeßvoraussetzungen im Strafrecht, 1978, 68 ff; *Schöneborn* MDR **1975** 6; *Theuerkauf* NJW **1963** 1813.

[36] Ebenso BayObLGSt **1953** 82 = JZ **1954** 579 mit Anm. *Niethammer;* KG VRS **22** 372.

[37] BGHSt **23** 367; **25** 261; BayObLGSt **24** 93; BayObLGSt **1953** 97 = NJW **1953** 1403; **1969** 144 = JR **1970** 270 mit Anm. *Küper;* OLG Hamburg NJW **1963** 265; OLG Hamm MDR **1974** 956; KK-*Pikart* 2; *Kleinknecht/Meyer* 5; KMR-*Paulus* § 34a, 13; *Dahs/Dahs* 356; *Küper* GA **1969** 365; JR **1970** 272; NJW **1975** 1330; *Nüse* JR **1971** 395; *Sieg* MDR **1975** 811; Einl. Kap. **11** unter V; § 206 a, 17.

[38] Im Grundsatz unbestritten, z.B. KMR-*Paulus* § 319, 36; *Dahs/Dahs* 402; *Niese* JZ **1957** 77.

[39] RGSt **55** 100; *Loewenstein* 36; *Baumdicker* 92; *Wurzer* JW **1921** 808.

[40] BGH NJW **1951** 771; OLG Tübingen DRZ **1948** 317; KMR-*Paulus* § 319, 30; *Dahs/Dahs* 402; eingehend *R. Schmitt* JZ **1961** 15.

[41] BGH NJW **1951** 771 in einem obiter dictum; RG JW **1927** 395 m. Anm. *Drucker;* RG JR Rspr. **1926** Nr. 124; KG GA **76** (1932) 236; OLG Hamburg MDR **1976** 511; OLG Koblenz OLGSt § 80 OWiG S. 33; OLG Naumburg HRR **1932** 1278; OLG Nürnberg MDR **1966** 351; OLG Oldenburg HESt **1** 210; ebenso KK-*Pikart* 22; KMR-*Paulus* § 319, 30; *Dahs/Dahs* 402; *Rieß* JR **1978** 524; *Baumdicker* 134 will § 359 Nr. 5 entsprechend anwenden; offengelassen in BGHSt **17** 94 und BGH MDR **1956** 52; **a. A** KG JW **1927** 2073; *Eb. Schmidt* § 349, 11 und Nachtrag I § 349, 15; *Beling* 257 Fußn. 2; *Geppert* GA **1972** 175 Fußn. 80; *R. Schmitt* JZ **1961** 17; vgl. auch Vor § 304.

§ 33 a eingreift, sich dogmatisch nur mit einer nicht unbedenklichen Analogie zum Wiederaufnahmeverfahren rechtfertigen läßt (vgl. KMR-*Paulus* Vor § 304, 19; *Rieß* Anm. JR **1978** 524). Daß es aber nicht richtig ist, gegen eine Entscheidung des Revisionsgerichts, die eine Berufung aufgrund irrtümlicher tatsächlicher Grundlagen als unzulässig verwirft, Wiedereinsetzung in den vorigen Stand gegen die Versäumung der Berufungsfrist zu gewähren (so jedoch OLG Frankfurt JR **1978** 522), hat *Rieß* aaO treffend dargelegt.

36   Die Entscheidung nach § 346 Abs. 2 **zwingt zur Vorlegung,** wenn das Gericht dabei im Sinne der §§ 121 Abs. 2, 136 GVG von einer anderen Entscheidung abweichen will[42]. Denn auch sie ist eine Entscheidung über die Revision.

37   7. **Vollstreckung.** Nach § 346 Abs. 2 Satz 2 Halbsatz 2 steht der Antrag auf Entscheidung des Revisionsgerichts der Vollstreckung des Urteils nicht entgegen. Üblicherweise wird damit heute aber bis zur Entscheidung des Revisionsgerichts gewartet (KK-*Pikart* 20). Die Vorschrift kann sonst zur Vollstreckung von Strafen führen, die später nicht verhängt werden (vgl. den von *Arndt* DRiZ **1965** 369 mitgeteilten Fall). Die Bestimmung sollte nicht mehr angewendet[43] und vom Gesetzgeber beseitigt werden.

8. Wiedereinsetzung in den vorigen Stand

38   a) **Allgemeines.** Der Beschwerdeführer erfährt oft erst durch den Verwerfungsbeschluß nach § 346 Abs. 1 die Tatsachen, aufgrund deren seine Revision unzulässig ist. Neben dem Antrag nach § 346 Abs. 2 kommt daher häufig die Wiedereinsetzung in den vorigen Stand gegen die Fristversäumung in Betracht. Für diese Entscheidung ist das Revisionsgericht zuständig (§ 46 Abs. 1). Ein Wiedereinsetzungsantrag kann nach ganz h. M. noch gestellt werden, wenn der nach § 346 Abs. 1 ergangene Verwerfungsbeschluß rechtskräftig ist[44]. Über den Antrag ist vor dem Antrag nach § 346 Abs. 2 zu entscheiden (BGHSt **11** 254; OLG Hamm GA **1973** 118). Denn wenn das Revisionsgericht die Wiedereinsetzung gewährt, erledigt sich der Antrag nach § 346 Abs. 2; der Verwerfungsbeschluß des Tatrichters wird dadurch ohne weiteres gegenstandslos (RGSt **61** 181; OLG Neustadt GA **1960** 121). Zur Klarstellung empfiehlt es sich jedoch, das ausdrücklich auszusprechen. Andererseits ist der Wiedereinsetzungsantrag gegenstandslos, wenn die Frist gewahrt war[45]. Wird die Wiedereinsetzung versagt, so verbleibt es bei der Verwerfung der Revision nach § 346 Abs. 1. War sie noch nicht ausgesprochen, so müßte, sofern das Revisionsgericht noch nicht nach § 347 Abs. 2 zuständig geworden ist (vgl. § 347, 9), an sich der Tatrichter die Revision gemäß § 346 Abs. 1 verwerfen. Da aber eine andere als diese Verwerfungsentscheidung aus Rechtsgründen nicht in Betracht kommt, ist es aus Gründen der Prozeßwirtschaftlichkeit zulässig, daß das Revisionsgericht das Rechtsmittel selbst nach § 349 Abs. 1 verwirft[46].

39   b) **Bindung an die Entscheidung des unzuständigen Tatrichters.** Hat der dafür nach § 46 Abs. 1 nicht zuständige Tatrichter die Wiedereinsetzung bewilligt, so ist das Revisionsgericht hieran gebunden[47]. Die ablehnende Entscheidung des Tatrichters bin-

---

[42] BGHSt **11** 154; **15** 204; **22** 215; BGH NJW **1977** 965; ganz h.M.
[43] *Kleinknecht/Meyer* 10; KMR-*Paulus* § 319, 18; *Schlüchter* 716; LR-*Meyer*[23].
[44] BGHSt **25** 91; RGSt **37** 293; **53** 288 = JW **1920** 150 mit abl. Anm. *Löwenstein;* RGSt **67** 200; KK-*Pikart* 31; KMR-*Paulus* § 319, 32.
[45] BGHSt **11** 154; RGSt **53** 288; BayObLGSt **1954** 100 = MDR **1975** 71.
[46] BayObLGSt **1975** 98 = MDR **1975** 71; OLG Koblenz VRS **62** 449; KK-*Pikart* 38; *Kleinknecht/Meyer* 6; KMR-*Paulus* § 349, 4.
[47] RGSt **40** 271; weitere Nachw. bei § 46, 17; ebenso KK-*Pikart* 32; KMR-*Paulus* § 319, 34; *Sarstedt/Hamm* 451.

det es hingegen nicht[48]. Hat der Tatrichter die Wiedereinsetzung jedoch rechtskräftig abgelehnt, so beläßt es das Revisionsgericht dabei, wenn es nunmehr den Antrag nach § 346 Abs. 2 verwirft[49]. Bedenklich erscheint die Ansicht des Reichsgerichts, das Revisionsgericht könne wegen der unlösbaren inneren Verbindung zwischen § 46 und § 346 Abs. 2 die Wiedereinsetzung entgegen der ablehnenden Entscheidung des Tatrichters auch bewilligen, wenn keine sofortige Beschwerde nach § 46 Abs. 3, sondern nur der Antrag nach § 346 Abs. 2 vorliegt[50].

c) Entscheidung anstelle des Beschwerdegerichts. Zur Zuständigkeit des Revisionsgerichts, bei gleichzeitig gestelltem Antrag nach § 346 Abs. 2 anstelle des Beschwerdegerichts über die sofortige Beschwerde gegen den Beschluß des unzuständigen Amtsgerichts zu entscheiden, mit dem der Wiedereinsetzungsantrag abgelehnt worden ist (BayObLGSt **1961** 157), vgl. näher bei § 46, 20. **40**

§ 347

(1) ¹Ist die Revision rechtzeitig eingelegt und sind die Revisionsanträge rechtzeitig und in der vorgeschriebenen Form angebracht, so ist die Revisionsschrift dem Gegner des Beschwerdeführers zuzustellen. ²Diesem steht frei, binnen einer Woche eine schriftliche Gegenerklärung einzureichen. ³Der Angeklagte kann letztere auch zu Protokoll der Geschäftsstelle abgeben.

(2) Nach Eingang der Gegenerklärung oder nach Ablauf der Frist sendet die Staatsanwaltschaft die Akten an das Revisionsgericht.

Bezeichnung bis 1924: § 387.

Übersicht

	Rdn.		Rdn.
1. Zustellung der Revisionsschrift an den Gegner		c) Mitteilung der Gegenerklärung an den Beschwerdeführer	7
a) Gegner des Beschwerdeführers	1	3. Aktenübersendung an das Revisionsgericht (Absatz 2)	8
b) Revisionsschrift	2	4. Anhängigwerden der Sache bei dem Revisionsgericht	
c) Zustellung	3	a) Allgemeines	9
2. Gegenerklärung		b) Erklärungen über die Revision	10
a) Allgemeines	5	c) Zuständigkeit für gerichtliche Entscheidungen	11
b) Gegenerklärung der Staatsanwaltschaft	6		

---

[48] RGSt **75** 172 = DR **1941** 1406 mit Anm. *Mittelbach;* BayObLGSt **1961** 158 = NJW **1961** 1982; OLG Hamm MDR **1977** 72 VB und **1979** 46; OLG Neustadt GA **1960** 121; a. A OLG Düsseldorf GA **1968** 247; vgl. auch § 46, 19.
[49] KG JR **1956** 111 mit Anm. *Sarstedt.* Die Frage ist streitig; a. A BGH bei *Holtz* MDR **1977** 284; vgl. näher § 46, 19.
[50] RGSt **75** 172 = DR **1941** 1406 mit Anm. *Mittelbach;* ebenso KK-*Pikart* 32; *Schlüchter* 718.1; *Sarstedt/Hamm* 451; a. A *Eb. Schmidt* § 46, 7; kritisch wohl auch KMR-*Paulus* § 319, 34.

§ 347

1. Zustellung der Revisionsschrift an den Gegner

1 a) **Gegner des Beschwerdeführers.** § 347 Abs. 1 sieht die Möglichkeit einer Gegenerklärung auf die Revisionsschrift vor; sie bestimmt daher die Zustellung (§ 37) der Revisionsschrift an den Gegner des Beschwerdeführers. Gegner ist bei einer Revision der Staatsanwaltschaft zu seinen Ungunsten und bei Revisionen des Nebenklägers der Angeklagte, bei Revisionen des Angeklagten, des gesetzlichen Vertreters, Erziehungsberechtigten und Einziehungsbeteiligten die Staatsanwaltschaft. Die Revisionsschrift ist dem Angeklagten aber auch zuzustellen, wenn die Staatsanwaltschaft das Rechtsmittel zu seinen Gunsten eingelegt hat (KMR-*Paulus* 3; *Eb. Schmidt* 2). Haben beide Revision eingelegt, so sind die Revisionsschriften wechselseitig zuzustellen. Dem Nebenkläger muß jede Revisionsschrift zugestellt werden, die ein von seinen Anträgen in der Hauptverhandlung oder im Revisionsverfahren abweichendes Ergebnis verfolgt.

2 b) **Revisionsschrift.** Der Begriff Revisionsschrift umfaßt, wie § 345 Abs. 1 ergibt, die Revisionsanträge und ihre Begründung. Revisionsschrift ist, wie aus § 345 Abs. 2 folgt, auch eine zur Niederschrift der Geschäftsstelle erklärte Revisionsbegründung, nicht aber eine vom Angeklagten selbst verfaßte Erklärung.

3 c) **Zustellung.** Die Zustellung nach § 347 Abs. 1 Satz 1 ist nur erforderlich, wenn die Revision rechtzeitig eingelegt (§ 341) und rechtzeitig und formgerecht begründet (§ 345) worden ist. Anderenfalls ist nach § 346 Abs. 1 zu verfahren (vgl. dort Rdn. 29). Mit der Zustellung der Revisionsschrift an den Gegner des Beschwerdeführers wird die Frist von einer Woche in Lauf gesetzt, innerhalb deren eine schriftliche Gegenerklärung abgegeben werden kann (§ 347 Abs. 1 Satz 2). Die Frist ist aber keine Ausschlußfrist (unten Rdn. 5). Enthält bereits die Revisionseinlegungsschrift eine Begründung, so kann sie dem Beschwerdegegner sofort zugestellt werden, wenn nicht eine weitere Begründung in Aussicht gestellt ist. Der Ablauf der Begründungsfrist braucht nicht abgewartet zu werden, mag sich das in der Regel auch empfehlen (*Kleinknecht/Meyer* 1), weil sonst auch eine weitere Rechtfertigung, die innerhalb der Begründungsfrist eingeht, noch zugestellt werden müßte. Ergänzt die Staatsanwaltschaft ihre Ausführungen, so ist dem Gegner die Ergänzung so rechtzeitig zuzustellen, daß das rechtliche Gehör auch bei seinem Nichterscheinen in der Revisionsverhandlung gewährleistet ist (unten Rdn. 5; § 350, 5).

4 Die Zustellung hat stets **das Gericht zu bewirken,** die Staatsanwaltschaft auch dann nicht, wenn sie selbst Revision eingelegt hat; vgl. näher § 36, 31 f. Hat die Staatsanwaltschaft jedoch versehentlich eine sonst mangelfreie und vollständige Zustellung bewirkt, so muß das Gericht sie nicht wiederholen[1].

2. Gegenerklärung

5 a) **Allgemeines.** Die Möglichkeit, sich zu dem Rechtsmittel des Gegners zu erklären, sichert das rechtliche Gehör. Eine dienstliche Pflicht zur Gegenerklärung besteht aufgrund von Verwaltungsvorschriften für die Staatsanwaltschaft (unten Rdn. 6); die übrigen Prozeßbeteiligten müssen keine Erklärung abgeben. Die Erklärung ist bei dem Gericht einzureichen, dessen Urteil angefochten ist, und kann auch nach Ablauf der Wochenfrist des § 347 Abs. 1 Satz 2, die keine Ausschlußfrist ist, abgegeben werden (allg. M). Sie bedarf nur der einfachen Schriftform. Der Angeklagte kann sie daher selbst schreiben (*Eb. Schmidt* 5) oder auch zu Protokoll der Geschäftsstelle abgeben (§ 347 Abs. 1 Satz 3). Die Abgabe der Gegenerklärung gehört zum Aufgabenbereich des

---

[1] OLG Breslau Alsb. E **1** Nr. 87; *Kleinknecht/Meyer* 3; KMR-*Paulus* 4.

für den Tatsachenrechtszug beigeordneten Pflichtverteidigers[2]. Die Gegenerklärung kann weitere Prozeßerklärungen enthalten, z. B. das besondere öffentliche Interesse an der Strafverfolgung trotz fehlenden Strafantrags ausdrücken (BGHSt 6 285). Nicht innerhalb der Frist des § 345 Abs. 1 erhobene Verfahrensrügen können mit der Gegenerklärung nicht nachgeschoben werden; auch ihre Ergänzung in tatsächlicher Hinsicht ist unzulässig (§ 352, 4). Eine Antwort auf die Gegenerklärung ist nicht ausdrücklich vorgesehen, aber bis zum Erlaß der Entscheidung zulässig.

b) Gegenerklärung der Staatsanwaltschaft. Der Staatsanwaltschaft ist durch Nr. 162 RiStBV vorgeschrieben, eine Gegenerklärung abzugeben, wenn das Urteil wegen eines Verfahrensmangels angefochten wird und anzunehmen ist, daß die Gegenerklärung die Prüfung der Revisionsbeschwerden erleichtert. Diese Erklärung dient also nicht der Unterrichtung des Beschwerdeführers, sondern der Arbeitserleichterung des Revisionsgerichts (*Dahs/Dahs* 430). Nach den Erfahrungen von LR-*Meyer* (22. und 23. Aufl.) bestehen solche Gegenerklärungen „nur aus auszugsweisen Abschriften der Sitzungsniederschrift und anderer Aktenteile, sind oft überflüssig (z. B. bei unzulässigen Verfahrensrügen) und verzögern das Revisionsverfahren häufig in unnötiger Weise". Nach Nr. 162 Abs. 3 Satz 1 RiStBV teilt die Staatsanwaltschaft ihre Gegenerklärung dem Beschwerdeführer mit und legt sie dem Gericht vor, dessen Urteil angefochten ist. Dieses hat dann Gelegenheit, eine dienstliche Äußerung abzugeben oder die Vollständigkeit des Protokolls zu prüfen (vgl. BGHSt 9 200).

c) Mitteilung der Gegenerklärung an den Beschwerdeführer. § 347 schreibt nicht vor, daß die Gegenerklärung dem Beschwerdeführer bekanntgemacht werden muß (wegen der Gegenerklärung der Staatsanwaltschaft vgl. aber Rdn. 6). Besteht die Gegenerklärung nur aus Rechtsausführungen, soll nach Meinung des Bayerischen Verfassungsgerichtshofs das Unterlassen ihrer Mitteilung an den Beschwerdeführer den Anspruch auf rechtliches Gehör nicht verletzen[3]. Dem ist mindestens im Fall entscheidungserheblicher Rechtsausführungen schon deswegen nicht zu folgen, weil sich die Bedeutung des Grundsatzes vom rechtlichen Gehör auch auf den Schutz vor Überraschungsentscheidungen erstreckt[4]. Daß es zum rechtlichen Gehör gehört, dem Beschwerdeführer die Gegenerklärung der Staatsanwaltschaft dann zur Kenntnis zu bringen, wenn sie neue Tatsachen oder Beweisergebnisse, z. B. dienstliche Äußerungen zu Verfahrensrügen, enthält, ist seit der Entscheidung BVerfGE 7 725 = JZ **1958** 433 mit Anm. *Peters* allgemein anerkannt (vgl. auch Nr. 162 Abs. 3 Satz 2 RiStBV). Mindestens in diesem Fall empfiehlt sich daher, wie die RiStBV aaO auch vorsehen, die förmliche Zustellung der Gegenerklärung (KK-*Pikart* 9; KMR-*Paulus* 7). Denn dann muß bei Verwerfung der Revision nach § 349 Abs. 2 oder in der Hauptverhandlung, in der der Beschwerdeführer nicht erschienen oder vertreten ist, feststehen, daß ihm die Gegenerklärung zugegangen ist. Hat der Angeklagte einen Verteidiger, so genügt es, daß diesem die Gegenerklärung mitgeteilt wird (*Kleinknecht/Meyer* 5; KMR-*Paulus* 7).

3. Aktenübersendung an das Revisionsgericht (Absatz 2). Nach Eingang der Gegenerklärung, spätestens nach Ablauf der Wochenfrist, auch wenn eine Gegenerklärung

---

[2] BayObLGSt **1952** 86 = NJW **1952** 716; OLG Hamm SJZ **1950** 219; *Eb. Schmidt* 7.
[3] BayVGHE 15 II 38 = JZ **1963** 63 mit Anm. *Ad. Arndt*; ebenso LR-*Meyer* in der 23. Aufl.; erkennbar auch KK-*Pikart* 9.
[4] Eingehend *Ad. Arndt* aaO; *Dahs* Das rechtliche Gehör im Strafprozeß (1965) S. 110, dem sich *Eb. Schmidt* Nachtr. I 1 unter Aufgabe seiner früheren Meinung angeschlossen hat; KMR-*Paulus* 7 unter Hinweis auf das prozessuale Fairneßgebot; vgl. auch Dahs/Dahs 431 unter Hinweis auf BVerfGE 46 202, 212 (wo die Frage aber letztlich offenbleibt).

§ 347

angekündigt ist (*Eb. Schmidt* 3), legt der Vorsitzende (vgl. Nr. 162 Abs. 4 RiStBV) die Akten dem Revisionsgericht vor. Das geschieht über die Staatsanwaltschaft (§ 347 Abs. 2), und zwar über die bei dem Revisionsgericht (Nr. 163 Abs. 1 RiStBV). Die unmittelbare Übersendung der Akten an das Revisionsgericht durch den Tatrichter ist unzulässig. Die Staatsanwaltschaft muß um Beschleunigung bemüht sein. Sie hat bei der Vorlage an den Bundesgerichtshof immer, bei der an ein Oberlandesgericht nur, wenn nichts anderes bestimmt ist, einen Revisionsübersendungsbericht beizufügen (Nr. 163 Abs. 1 Satz 3 RiStBV). Zum Inhalt dieses Berichts vgl. Nr. 164, 165 RiStBV. Die Staatsanwaltschaft bei dem Revisionsgericht ist im Rahmen des § 145 GVG berechtigt, das Rechtsmittel zurückzunehmen; sie kann auch die untere Staatsanwaltschaft zur Zurücknahme anweisen (Nr. 168 RiStBV). Der Generalbundesanwalt ist nicht Vorgesetzter der Staatsanwälte der Länder und kann daher deren Rechtsmittel nicht zurücknehmen; er kann die Zurücknahme aber anregen, wenn er die Revision für aussichtslos hält.

4. Anhängigwerden der Sache bei dem Revisionsgericht

9   **a) Allgemeines.** Mit dem Eingang der Akten auf der Geschäftsstelle des Revisionsgerichts wird die Sache bei diesem anhängig, sofern ihm die Akten ordnungsgemäß nach § 347 vorgelegt worden sind[5]. Ob das Revisionsgericht für die Entscheidung zuständig ist, ist für die Anhängigkeit ohne Bedeutung[6]. Gelangen die Akten aus einem anderen Grund, etwa zur Entscheidung über eine Haftbeschwerde oder einen Wiedereinsetzungsantrag, an das auch für die Revisionsentscheidung zuständige Oberlandesgericht, so darf es über die Revision noch nicht entscheiden, auch wenn die Sache insoweit entscheidungsreif ist (vgl. aber § 346, 38). Stellt das Revisionsgericht fest, daß die Revisionsbegründungsfrist nach § 345 Abs. 1 mangels wirksamer Urteilszustellung noch nicht in Lauf gesetzt worden ist (§ 345, 5), so gibt es die Akten dem Tatrichter zurück, der die Zustellung nachzuholen und die Akten sodann erneut nach § 347 dem Revisionsgericht vorzulegen hat (vgl. BayObLGSt **1975** 107 = NJW **1976** 157).

10   **b) Erklärungen über die Revision** (Zurücknahme, Beschränkung) sind, bevor die Revision bei dem Revisionsgericht anhängig wird, dem Tatrichter gegenüber abzugeben (OLG Hamm GA **1972** 86); dieser hat so lange auch die anfallenden Entscheidungen zu treffen (unten Rdn. 12). Nachdem das Revisionsgericht zuständig geworden ist, muß aber eine Rücknahmeerklärung dorthin gerichtet werden (RG DJ **1944** 221), auch wenn es sich in Wahrheit nicht um eine Revision, sondern um eine Berufung oder Rechtsbeschwerde handelt (BayObLGSt **1975** 1 = MDR **1975** 424). Geht die Erklärung erst nach der Entscheidung des Revisionsgerichts ein, so ist sie unbeachtlich[7]. Das gilt auch, wenn sie schon vor der Entscheidung bei dem Tatgericht eingegangen war, aber bereits die Zuständigkeit des Revisionsgerichts bestanden hat. Es kann daher vorkommen, daß das Revisionsgericht ein Urteil aufhebt und eine neue Entscheidung vor dem Tatrichter stattfinden muß, obwohl sich der Angeklagte schließlich mit dem ersten Urteil zufriedengeben wollte. War der Tatrichter noch zuständig und die Zurücknahme nur versehentlich unbeachtet geblieben, so ist die Revisionsentscheidung gegenstandslos, da, als sie erging, kein Rechtsmittel mehr vorlag. Sie ist aufzuheben und die Revision für gegenstandslos zu erklären (RGSt **55** 214).

---

[5] BGHSt **12** 218; RGSt **67** 146; BayObLGSt **1954** 4; **1961** 231; **1974** 99; **1974** 122 = JR **1975** 425 mit Anm. *Kunert;* OLG Karlsruhe NJW **1975** 1459; OLG Stuttgart NJW **1958** 1939; *Kleinknecht/Meyer* 6; KMR-*Paulus* 10.

[6] KMR-*Paulus* 10; *Geppert* GA **1972** 166;

a. A OLG Hamm NJW **1971** 1623 mit abl. Anm. *Jauernig* S. 1819.

[7] BGH JZ **1951** 791; OLG Köln JR **1976** 514 mit Anm. *Meyer;* vgl. auch RGSt **77** 370; OLG Jena HRR **1937** 1204.

c) **Zuständigkeit für gerichtliche Entscheidungen.** Auf die Zuständigkeit für gerichtliche Entscheidungen hat das Anhängigwerden der Sache beim Revisionsgericht in denjenigen Fällen **keinen Einfluß,** in denen das Revisionsgericht bereits mit Einlegung der Revision zuständig wird oder in denen trotz der Revisionseinlegung die Zuständigkeit des letzten Tatrichters bestehenbleibt. Bereits mit der Einlegung der Revision wird das Revisionsgericht zuständig für Anträge auf Wiedereinsetzung gegen die Versäumung der Fristen für Einlegung und Begründung der Revision (§ 46 Abs. 1), über die Prozeßkostenhilfe für den Privat- oder Nebenkläger zum Zweck der Revisionsbegründung[8] und über den Anschluß des Nebenklägers[9]. Bei der Zuständigkeit des letzten Tatrichters verbleibt es auch nach Einlegung der Revision für Entscheidungen über die Untersuchungshaft (§ 126 Abs. 2 Satz 2), über Beschlagnahmen (vgl. bei § 98), über die vorläufige Entziehung der Fahrerlaubnis (vgl. bei § 111 a) und über das vorläufige Berufsverbot (vgl. § 132 a, 9; 19). Das Revisionsgericht darf auch nicht über Wiedereinsetzungsanträge entscheiden, wenn hierfür nach § 46 Abs. 1 der Tatrichter zuständig war, die Entscheidung (z. B. gegen die Versäumung der Einspruchsfrist im Strafbefehlsverfahren) aber versehentlich unterlassen hatte[10].

Zum **Übergang der Zuständigkeit** vom letzten Tatrichter auf das Revisionsgericht kommt es demgegenüber durch das Anhängigwerden der Sache beim Revisionsgericht dort, wo nunmehr dessen Kompetenz für das weitere Verfahren eingreift. Das ist insbesondere der Fall: bei der Bestellung eines Pflichtverteidigers (§ 141 Abs. 4; näher bei § 141; vgl. auch § 350, 12); bei der Zurückweisung von Verteidigern gemäß § 137 Abs. 1 Satz 2 (vgl. OLG Stuttgart NStZ **1985** 39 L); bei der Zulassung eines Verteidigers nach § 138 Abs. 2 (s. bei § 138); bei der Einstellung wegen eines Verfahrenshindernisses[11]; bei der Entscheidung über die Kosten und die Auslagen nach Rücknahme der Revision[12], und zwar auch, wenn es sich in Wahrheit um eine Berufung handelt (BayObLGSt **1975** 1 = MDR **1975** 424).

---

[8] BayObLGSt **1974** 121 = JR **1975** 425 mit Anm. *Kunert* unter Aufgabe der in BayObLGSt **1954** 3 = NJW **1954** 1417 vertretenen Ansicht; KG JW **1925** 2378 mit Anm. *Jonas;* GA 69 (1925) 448; OLG Hamburg MDR **1968** 781; OLG Königsberg DJZ **1926** 1352; KK-*Pikart* 11; KMR-*Müller* § 379, 9; a. A BayObLGSt **12** 322; **34** 114; OLG Breslau GA **75** (1931) 346, die den letzten Tatrichter für zuständig halten. Vgl. auch bei § 379.

[9] RGSt **6** 139; **48** 235; **76** 180; RGRspr. **4** 273; **5** 358; BayObLGSt **1955** 19; **1970** 172; **1974** 123 = JR **1975** 425 mit Anm. *Kunert;* vgl. auch *Kirchhof* GA **1954** 364.

[10] BGHSt **22** 52; OLG Stuttgart NJW **1976** 1905; *Kleinknecht/Meyer* § 46, 1; *Hanack* JZ **1973** 778; a. A BayObLG NJW **1960** 1730; JZ **1974** 385 mit Anm. *Hellm. Mayer;* OLG Celle NdsRpfl. **1963** 237; *Peters* Nachtr. 34; vgl. auch § 46, 5 ff.

[11] RGSt **67** 145; BayObLGSt **1953** 97 = NJW **1953** 1403; BayObLG JW **1935** 1191 unter Aufgabe der früher gegenteiligen Ansicht; OLG Köln NJW **1954** 1696; **1955** 396; KMR-*Paulus* 14; *Eb. Schmidt* 6.

[12] BGHSt **12** 218; BGH GA **1958** 151; OLG Bremen NJW **1956** 74; OLG Celle NJW **1959** 210 = JZ **1959** 253 m. Anm. *Schaefer;* NdsRpfl. **1962** 263; OLG Hamm NJW **1959** 1936; **1973** 772; JMBlNRW **1970** 46 unter Aufgabe der in NJW **1961** 135 = NJW **1961** 184 m. Anm. *Gossrau* vertretenen Ansicht; OLG Schleswig DAR **1962** 269; OLG Stuttgart NJW **1958** 1935; KMR-*Paulus* 14; a. A BayObLG NJW **1958** 1984; OLG Hamm NJW **1958** 154 L; OLG Nürnberg GA **1961** 379; OLG Oldenburg NdsRpfl. **1957** 156, die das Revisionsgericht immer für zuständig halten.

§ 348

(1) Findet das Gericht, an das die Akten gesandt sind, daß die Verhandlung und Entscheidung über das Rechtsmittel zur Zuständigkeit eines anderen Gerichts gehört, so hat es durch Beschluß seine Unzuständigkeit auszusprechen.

(2) Dieser Beschluß, in dem das zuständige Revisionsgericht zu bezeichnen ist, unterliegt keiner Anfechtung und ist für das in ihm bezeichnete Gericht bindend.

(3) Die Abgabe der Akten erfolgt durch die Staatsanwaltschaft.

Bezeichnung bis 1924: § 388.

1. **1. Entscheidung über die Zuständigkeit.** Die Vorschrift bezieht sich nur auf die sachliche, nicht auf die örtliche Zuständigkeit (*Eb. Schmidt* 1; KK-*Pikart* 1); Ein Zuständigkeitsstreit ist insoweit auch kaum vorstellbar. Die sachliche Zuständigkeit des Revisionsgerichts (in Betracht kommen der Bundesgerichtshof nach § 135 GVG, die Oberlandesgerichte nach § 121 GVG, in Bayern das Bayerische Oberste Landesgericht nach § 9 EGGVG, Art. 22 Nr. 1 BayAGGVG) soll nicht Gegenstand eines Zuständigkeitsstreits werden. Daher entscheidet das Revisionsgericht, dem die Akten zuerst nach § 347 Abs. 2 vorgelegt worden sind (RGSt **22** 115), endgültig über die Frage. Hält es sich für sachlich unzuständig, so spricht es das nach § 348 Abs. 1 durch Beschluß aus und bezeichnet in dem Beschluß gleichzeitig das seiner Ansicht nach zuständige Gericht (§ 348 Abs. 2). Das gilt auch, wenn statt des Bundesgerichtshofs, an den die Akten gelangt sind, ein Oberlandesgericht zuständig ist (RGSt **40** 221); § 269 ist nicht sinngemäß anzuwenden.

2. **2. Verfahren.** Der Verweisungsbeschluß wird ohne mündliche Verhandlung erlassen. Eine vorherige Anhörung der Staatsanwaltschaft ist erforderlich (§ 33 Abs. 2). Die Ansicht, daß die (übrigen) Prozeßbeteiligten nicht gehört zu werden brauchten[1], ist trotz des § 33 Abs. 3 aus verfassungsrechtlichen Gründen (vgl. BVerfGE **61** 37 = NJW **1982** 2367) zweifelhaft (vgl. auch § 33, 32). Die Übersendung der Akten an das zuständige Gericht erfolgt über die Staatsanwaltschaft (§ 348 Abs. 3).

3. **3. Bindungswirkung des Verweisungsbeschlusses.** Der Beschluß bindet das als zuständig bezeichnete Revisionsgericht, Bundesgerichtshof oder Oberlandesgericht, auch wenn er unrichtig ist[2]. Eine Zurücknahme des Verweisungsbeschlusses ist gesetzlich nicht vorgesehen. Die Bindungswirkung erstreckt sich nur auf die sachliche Zuständigkeit, indem sie eine Rück- und Weiterverweisung ausschließt. In der sonstigen rechtlichen Beurteilung ist das nunmehr zuständige Revisionsgericht frei (allg. M).

4. **4. Die Entscheidung des sachlich unzuständigen Revisionsgerichts,** das in Verkennung seiner Zuständigkeit den Verweisungsbeschluß nach § 348 unterlassen hat, ist als revisionsgerichtliche Entscheidung unanfechtbar und endgültig. Hat das Oberlandesgericht über die Revision entschieden, so kann daher nicht der Bundesgerichtshof auf Antrag des Beschwerdeführers die Entscheidung aufheben und als zuständiges Gericht

---

[1] So KK-*Pikart* 2 und LR-*Meyer* in der 23. Aufl.; unklar KMR-*Paulus* 2.
[2] BGHSt **31** 184; RGSt **35** 157; **67** 59; RGRspr. **6** 298; KK-*Pikart* 3; KMR-*Paulus* 1; *Kleinknecht/Meyer* 2.

selbst entscheiden³. Das gilt auch, wenn das Oberlandesgericht über die Revision durch Beschluß nach § 349 Abs. 2 entschieden hat. Die Ansicht des OLG Hamm (NJW **1971** 1623 mit abl. Anm. *Jauernig* NJW **1971** 1819), ein solcher Beschluß sei eine Prozeßhandlung ohne prozessuale Wirkung und könne daher von dem Oberlandesgericht zurückgenommen werden, ist abzulehnen (eingehend *Geppert* GA **1972** 156).

5. Die sinngemäße Anwendung des § 348 ist angezeigt, wenn das Revisionsgericht **5** eine ihm vorgelegte Revision, insbesondere eine Sprungrevision (§ 335 Abs. 1), als Berufung ansieht oder wenn der Tatrichter nach § 346 Abs. 1 ein Rechtsmittel als unzulässige Revision verworfen hat, das der nach § 346 Abs. 2 angerufene Revisionsrichter für eine Berufung hält⁴. Die abweichende Ansicht von LR-*Meyer*²³ (auch *Kleinknecht/Meyer* § 335, 5) überzeugt nicht. Er hält – außer in Bayern wegen der Einrichtung des BayObLG – die sinngemäße Anwendung für unnötig, weil das Landgericht im Falle der Weigerung, Termin zur Berufungsverhandlung anzusetzen, auf Beschwerde der Staatsanwaltschaft vom Oberlandesgericht dazu gezwungen werden könne. Aber das erfordert ein zusätzliches Rechtsmittelverfahren und führt, insbesondere wenn nach der Geschäftsverteilung des Oberlandesgerichts ein anderer Senat für die Beschwerde zuständig ist, nicht notwendig zur Lösung des Konflikts (BGHSt **31** 184). So bietet sich für diese Lösung die analoge Anwendung des § 348 an, der einen Zuständigkeitsstreit vermeiden soll und vom Vorrang der Entscheidung des nach § 347 Abs. 2 mit der Sache befaßten Revisionsgerichts ausgeht.

§ 349

(1) Erachtet das Revisionsgericht die Vorschriften über die Einlegung der Revision oder die über die Anbringung der Revisionsanträge nicht für beobachtet, so kann es das Rechtsmittel durch Beschluß als unzulässig verwerfen.

(2) Das Revisionsgericht kann auf einen Antrag der Staatsanwaltschaft, der zu begründen ist, auch dann durch Beschluß entscheiden, wenn es die Revision einstimmig für offensichtlich unbegründet erachtet.

(3) ¹Die Staatsanwaltschaft teilt den Antrag nach Absatz 2 mit den Gründen dem Beschwerdeführer mit. ²Der Beschwerdeführer kann binnen zwei Wochen eine schriftliche Gegenerklärung beim Revisionsgericht einreichen.

(4) Erachtet das Revisionsgericht die zugunsten des Angeklagten eingelegte Revision einstimmig für begründet, so kann es das angefochtene Urteil durch Beschluß aufheben.

(5) Wendet das Revisionsgericht Absatz 1, 2 oder 4 nicht an, so entscheidet es über das Rechtsmittel durch Urteil.

---

³ RGSt **22** 113; **32** 93; KK-*Pikart* 4; *Schlüchter* 719.2; *Eb. Schmidt* 5; *Friedländer* GerS **58** (1901) 370; *Wurzer* JW **1921** 809; a. A von *Kries* 708; *Nagler* GerS **65** (1905) 464.

⁴ BGHSt **31** 183 = JR **1983** 343 mit krit. Anm. *Meyer*; BayObLGSt **1962** 166 (= JR **1963** 70); **1971** 24; KK-*Pikart* 4; *Kleinknecht* JZ **1960** 674, 757.

Schrifttum. *Börker* Zur Fassung des Entscheidungssatzes bei Verwerfung offensichtlich unbegründeter Revisionen in Strafsachen, DRiZ **1957** 139; *Dahs* Disziplinierung des Tatrichters durch Beschlüsse nach § 349 Abs. 2? NStZ **1981** 205; *Egberts* Die Entscheidung des Revisionsgerichts in Strafsachen, Diss. Erlangen 1925; *Haas* Bemerkungen über Rechtskraft der Urteile in den Fällen der §§ 360, 363, 386, 389 der deutschen Strafprozeßordnung, GerS **33** (1881) 522; *Hamm* Aus der Beschlußverwerfungspraxis (§ 349 Abs. 2 StPO) der Revisionsgerichte, StrVert. **1981** 249, 315; *Hanack* Die Verteidigung vor dem Revisionsgericht, FS Dünnebier 301; *Hartung* Revisionsurteil oder Revisionsbeschluß, DRZ **1950** 219; *Hülle* Die offensichtlich begründete Revision in Strafsachen, NJW **1952** 411; *Jagusch* Über offensichtlich unbegründete Revisionen (§ 349 Abs. 2 StPO), NJW **1960** 73; *Kreuzer* Heranwachsendenrecht, kurze Freiheitsstrafe und Beschlußverwerfungspraxis, StrVert. **1982** 438 (444); *Kruse* Die „offensichtlich" unbegründete Revision im Strafverfahren. Eine Untersuchung anhand von Aktenfällen (1980); *Less* Revisionsurteil oder Revisionsbeschluß, SJZ **1950** 68; *Lobe* „Offensichtlich unbegründet", JW **1925** 1612; *Fritz Meyer* Stellungnahme zur Kritik an der Praxis der Revisionsverwerfung nach § 349 Abs. 2 StPO, StrVert. **1984** 222; *Niese* Die allgemeine Prozeßrechtslehre und der Rechtskrafteintritt bei zurückgenommenen und unzulässigen Rechtsmitteln, JZ **1957** 73; *Ostler* Zur Fassung des Entscheidungssatzes bei Verwerfung offensichtlich unbegründeter Revisionen in Strafsachen, DRiZ **1957** 61; *Penner* Reichweite und Grenzen des § 349 Abs. 2 StPO (Lex Lobe), Diss. Köln 1962; *Peters* Justizgewährungspflicht und Abblocken von Verteidigungsvorbringen, FS Dünnebier 53; *Römer* Die Beschlußverwerfung wegen offensichtlicher Unbegründetheit der Revision (§ 349 Abs. 2 StPO), MDR **1984** 353; *Rottmann* Die Zurückweisung der Revision wegen offensichtlicher Unbegründetheit, Diss. Göttingen 1981; *Sarstedt* Über offensichtlich unbegründete Revisionen, JR **1960** 1; *R. Schmitt* Können die Beschlüsse aus §§ 346, 349 StPO zurückgenommen werden? JZ **1961** 15; *Schöttler* Zur Problematik der ersatzlosen Streichung des § 349 Abs. 2 StPO, NJW **1960** 1335; *Seibert* Zur Revision in Strafsachen, DRiZ **1948** 371; *Seibert* Einige Bemerkungen zur Revision in Strafsachen nach dem StPÄG, MDR **1965** 266; *Seibert* Urteilsaufhebung durch Beschluß (§ 349 Abs. 4 StPO), NJW **1966** 1964; *Siegert* Die „offensichtlich unbegründeten" Revisionen, NJW **1959** 2152; *von Stackelberg* Über offensichtlich unbegründete Revisionen (§ 349 Abs. 2 StPO), NJW **1960** 505; *von Stackelberg* Zur Beschlußverwerfung der Revision in Strafsachen als „offensichtlich unbegründet", FS Dünnebier 365; *Stoll* Entwicklung und Bedeutung der Lex Lobe (§ 349 Abs. 2 StPO) für den Bundesgerichtshof, Diss. Marburg 1961; *Weber* Ein Vorschlag zu § 349 StrPO, DJZ **1927** 80; *Wimmer* Verwerfung der Revision durch Urteil oder Beschluß? NJW **1950** 201.

Entstehungsgeschichte. Die Vorschrift bestand ursprünglich nur aus den jetzigen Absätzen 1 und 5, sah also die Verwerfung durch Beschluß nur bei unzulässigen Revisionen vor. Art. IV Nr. 1 des Gesetzes zur weiteren Entlastung der Gerichte vom 8. 7. 1922 (RGBl. I 569) erweiterte Absatz 1 durch Einfügung eines Satzes 2 dahin, daß das Reichsgericht (nicht die Oberlandesgerichte) zur Verwerfung offensichtlich unbegründeter Revisionen durch Beschluß ermächtigt wurde („Lex Lobe"). Die Möglichkeit, offensichtlich unbegründete Revisionen durch Beschluß zu verwerfen, wurde durch Kap. I § 6 der 2. AusnVO auch den Oberlandesgerichten eröffnet. Durch § 14 der 4. VereinfVO wurde das Reichsgericht ermächtigt, Urteile durch Beschluß aufzuheben, wenn es die Revision für offensichtlich begründet erachtete. Art. 3 Nr. 147 VereinhG beseitigte diese Möglichkeit wieder und stellte inhaltlich die bis 1944 geltende Fassung des § 349 wieder her, wobei der frühere Absatz 1 Satz 2 als Absatz 2 eingestellt wurde. Die Absätze 2 und 5 erhielten ihre jetzige Fassung durch Art. 9 Nr. 2 StPÄG 1964; ferner wurden durch diese Vorschrift die Absätze 3 und 4 eingefügt. Zur Entstehungsgeschichte des heutigen § 349 Abs. 2 eingehend z. B. *Penner* 3 ff; *Stoll* 27 ff; *Römer* MDR **1984** 353. Bezeichnung bis 1924: § 389.

§ 349

Übersicht

I. Verwerfung unzulässiger Revisionen durch Beschluß (Absatz 1)
1. Allgemeines ... 1
2. Vorschriften über die Einlegung der Revision ... 2
3. Vorschriften über die Anbringung der Revisionsanträge ... 3
4. Beschluß ... 4

II. Verwerfung offensichtlich unbegründeter Revisionen durch Beschluß (Absatz 2)
1. Allgemeines ... 5
2. Kannvorschrift ... 7
3. Offensichtlich unbegründet ... 8
4. Einstimmigkeit ... 12
5. Antrag der Staatsanwaltschaft
   a) Allgemeines ... 13
   b) Begründung ... 16
   c) Mitteilung ... 18
   d) Gegenerklärung ... 20
6. Beschluß
   a) Allgemeines ... 21
   b) Teilentscheidung ... 24
   c) Abänderung des Urteils ... 25
   d) Bekanntmachung des Beschlusses ... 26

III. Rechtskraft der Beschlüsse nach Absatz 1 und 2
1. Rechtskraft ... 27
2. Zurücknahme. Abänderung ... 28
3. Wiedereinsetzung in den vorigen Stand ... 29
4. Gewährung rechtlichen Gehörs ... 30

IV. Aufhebung des Urteils durch Beschluß (Absatz 4)
1. Allgemeines ... 31
2. Revision zugunsten des Angeklagten ... 32
3. Einstimmige Annahme der Begründetheit ... 33
4. Entscheidung zugunsten des Angeklagten ... 34
5. Verhältnis zu §§ 206a, 206b ... 35
6. Beschluß
   a) Anhörung der Staatsanwaltschaft ... 37
   b) Verbindung mit der Entscheidung nach § 349 Abs. 2 ... 38
   c) Begründung ... 39
   d) Bekanntmachung ... 40
   e) Zurücknahme ... 41

I. Verwerfung unzulässiger Revisionen durch Beschluß (Absatz 1)

1. Allgemeines. Für den Fall, daß die Revision unzulässig ist, vereinfacht § 349 Abs. 1 das Verfahren. Eine entsprechende Regelung enthält § 322 für das Berufungsverfahren. Nach § 346 Abs. 1 kann breits das Gericht, dessen Urteil angefochten ist, die Revision dann als unzulässig verwerfen, wenn sie verspätet eingelegt ist oder wenn die Revisionsanträge nicht rechtzeitig oder nicht in der durch § 345 Abs. 2 vorgeschriebenen Form angebracht worden sind. Solche Einschränkungen enthält § 349 Abs. 1 nicht; das Revisionsgericht darf vielmehr die Revision in allen Fällen der Unzulässigkeit ohne Hauptverhandlung durch Beschluß verwerfen. Hat das Gericht, dessen Urteil angefochten ist, die Verwerfung des Rechtsmittels nach § 346 Abs. 1 unterlassen, obwohl sie zulässig war, so verfährt das Revisionsgericht nach § 349 Abs. 1 oder verwirft die Revision nach § 349 Abs. 5 durch Urteil. Wenn ihm die Akten nach § 347 Abs. 2 vorgelegt worden sind und die Sache daher bei ihm anhängig ist (§ 347, 9), darf es sie nicht etwa an das untere Gericht zur Nachholung der Entscheidung nach § 346 Abs. 1 zurückverweisen (BayObLGSt **1974** 99 = MDR **1975** 71). Hat das untere Gericht einen Verwerfungsbeschluß nach § 346 Abs. 1 erlassen, ohne daß die Voraussetzungen dieser Vorschrift vorlagen, so muß das nach § 346 Abs. 2 angerufene Revisionsgericht prüfen, ob eine Verwerfung nach § 349 Abs. 1 geboten ist (vgl. § 346, 30). Der Ausspruch des Richters, dessen Urteil angefochten ist, die Revision sei zulässig, bindet das Revisionsgericht nicht und hindert daher nicht die Verwerfung nach § 349 Abs. 1 (RGSt **59** 244; vgl. § 346, 15). Das Revisionsgericht kann über eine unzulässige Revision immer auch in der Hauptverhandlung nach § 349 Abs. 5 entscheiden (anders *Penner* 16, der § 349 Abs. 1 für eine Mußvorschrift hält); dann muß durch Urteil entschieden werden (vgl. unten Rdn. 4). Das wird in Betracht kommen, wenn die Unzulässigkeit erst in der Hauptverhandlung

§ 349 Drittes Buch. Rechtsmittel

bemerkt wird oder wenn die Zulässigkeit zweifelhaft ist und der Erörterung in der Hauptverhandlung bedarf.

2. Vorschriften über die Einlegung der Revision. In erster Hinsicht handelt es sich um § 341, der Frist und Form der Einlegung bestimmt. Als Vorschriften über die Einlegung der Revision gelten hier aber auch solche, die die Befugnis regeln, das Rechtsmittel einzulegen[1]. Das sind § 296 (Beschuldigte, Staatsanwaltschaft), § 297 (Verteidiger; hier sind auch § 137 Abs. 1 Satz 2 und § 146 zu beachten), § 298 (gesetzliche Vertreter), § 390 (Privatkläger), § 401 (Nebenkläger), § 433 Abs. 1, § 440 Abs. 3 StPO (Einziehungsbeteiligte) und § 67 Abs. 3 JGG (Erziehungsberechtigte). Zu den Vorschriften über die Einlegung der Revision gehört ferner der Grundsatz, daß jedes Rechtsmittel eine Beschwer voraussetzt (vgl. § 333, 19 ff). Unzulässig ist auch eine Revision, auf deren Einlegung wirksam verzichtet worden war[2]. Wird die Revision nach Zurücknahme erneut eingelegt, so ist sie nicht als unzulässig zu verwerfen, sondern für erledigt zu erklären[3]. Die Verwerfung durch Beschluß ist ferner zulässig, wenn das Rechtsmittel nach § 441 Abs. 3 Satz 2 StPO, § 55 Abs. 2 JGG, § 10 des Gesetzes über das gerichtliche Verfahren in Binnenschiffahrtssachen v. 27. 9. 1952 (BGBl. I 641) gesetzlich ausgeschlossen ist (BGHSt **13** 293).

3. Vorschriften über die Anbringung der Revisionsanträge sind § 345 (Frist und Form) sowie § 344 (Anträge; erforderlicher Inhalt der Begründung). Eine Verwerfung als unzulässig kommt darüber hinaus vor allem in Betracht, wenn der Beschwerdeführer Widersprüche oder Denkfehler in den Urteilsgründen daraus herzuleiten versucht, daß er diese unrichtig wiedergibt (vgl. z. B. BGH NJW **1956** 1767), oder wenn er entgegen § 337 keine Rechtsfehler rügt, sondern die Beweiswürdigung lediglich in tatsächlicher Hinsicht beanstandet[4]. Dabei ist freilich zu beachten, daß die Rüge unzureichender Feststellungen und Beweiswürdigungen nach heutiger Rechtsprechung als revisibler Rechtsfehler gilt, der der Sachrüge unterfällt (näher § 337, 121 ff), so daß entsprechende Angriffe durch den Beschwerdeführer selbstverständlich zulässig sind; unzulässig ist nur die auf den Vortrag tatsächlicher Umstände gegründete Rüge, daß der Sachverhalt in Wahrheit ganz anders liege; vgl. § 344, 99 f. Unzulässig ist die Revision auch, wenn der Angeklagte gegen ein Prozeßurteil nach § 329 Abs. 1 ausschließlich die Sachrüge erhebt und sie allein mit sachlichrechtlichen Angriffen auf das erstinstanzliche Urteil begründet (OLG Karlsruhe GA **1980** 91; vgl. aber § 344, 101), oder wenn er einen Verfahrensmangel rügt, der lediglich den Mitangeklagten beschwert (BGHSt **10** 120).

4. Beschluß. Der Verwerfungsbeschluß, für den nur eine einfache Mehrheit erforderlich ist (§ 196 Abs. 1 GVG), wird ohne Hauptverhandlung erlassen. Findet eine Hauptverhandlung statt, so muß, falls nicht eine Einstellung (z. B. nach § 441 Abs. 4 oder §§ 153 Abs. 2, 154 Abs. 2) in Betracht kommt, immer gemäß § 349 Abs. 5 durch Urteil entschieden werden[5]. In beiden Fällen wirken bei dem Bundesgerichtshof fünf Richter mit

---

[1] RGSt **35** 25; **66** 405; **69** 245; BayObLG LZ **1918** 943; OLG Hamm NJW **1964** 265; heute allg. M.
[2] RGRspr. **9** 230; BayObLGSt **1960** 238 = Rpfleger **1961** 46.
[3] RGSt **55** 214; KG HRR **1932** 2009; OLG Schleswig bei *Ernesti/Jürgensen* SchlHA **1972** 161; vgl. aber auch bei § 322.
[4] Vgl. RGSt **1** 257; **40** 99; **53** 235; **67** 198; RGRspr. **8** 336; RG JW **1921** 841; BayObLG NJW **1953** 1403; OLG Karlsruhe Justiz **1968** 181; OLG Saarbrücken OLGSt § 327 S. 3.
[5] RGSt **59** 244; **64** 247; BayObLG NJW **1962** 118; KK-*Pikart* 12; *Kleinknecht/Meyer* 23; a. A *Beling* 481; *Egberts* 34, die auch dann die Beschlußverwerfung für erforderlich halten.

(§ 139 Abs. 1 GVG), bei den Oberlandesgerichten drei (§ 122 Abs. 1 GVG). Wenn das Revisionsgericht Beweise über die Zulässigkeit der Revision erhoben, etwa dienstliche Äußerungen eingeholt oder Justizbedienstete vernommen hat, darf der Beschluß nicht ergehen, bevor dem Beschwerdeführer Gelegenheit gegeben worden ist, zu den Beweisergebnissen Stellung zu nehmen[6]. Die Frage, ob das Revisionsgericht Verfahrenshindernisse auch berücksichtigen muß, wenn die Revision unzulässig ist, ist bei § 346, 34 erörtert. Zur Rechtskraft des Beschlusses vgl. unten Rdn. 27 ff.

II. Verwerfung offensichtlich unbegründeter Revisionen durch Beschluß (Absatz 2)

1. Allgemeines. Die Vorschrift („Lex Lobe", vgl. Entstehungsgeschichte) bezweckt die Entlastung der Revisionsgerichte durch rasche Erledigung offensichtlich aussichtsloser oder mutwillig eingelegter Revisionen. Bei Rechtsmitteln dieser Art kann das umständliche Hauptverhandlungsverfahren durch die Beschlußverwerfung ersetzt und damit zugleich (unten Rdn. 21) auf eine nähere Begründung der zurückweisenden Entscheidung verzichtet werden. Das gilt auch für Revisionen der Staatsanwaltschaft (unten Rdn. 14); wegen der Revisionen der Privat- und Nebenkläger vgl. unten Rdn. 15. Zu einer zurückhaltenden Anwendung der Vorschrift, die im Schrifttum vielfach empfohlen wird[7], sieht die Rechtsprechung keinen Grund, insbesondere seit durch die Änderung des § 349 Abs. 2 (Erfordernis eines mit Begründung versehenen Antrags der Staatsanwaltschaft) und die Einfügung des Absatzes 3 (Mitteilung des Antrags an den Beschwerdeführer und Zweiwochenfrist für die Abgabe einer Gegenerklärung) dafür gesorgt ist, daß der Beschwerdeführer durch das Beschlußverfahren nicht überrascht werden kann, sondern vor der Entscheidung ausreichend Gelegenheit zur Äußerung erhält. In der Praxis ist die Beschlußentscheidung nach § 349 Abs. 2 – bei steigender Tendenz und bei Zunahme auch der Beschlußentscheidung nach § 349 Abs. 4 (unten Rdn. 31) – heute die dominierende Entscheidungsform. So hat der Bundesgerichtshof in den Jahren zwischen 1976 und 1983 jeweils zwischen 81,3 % und 78,8 % aller in der Sache entschiedenen Revisionen gemäß § 349 Abs. 2 verworfen, während es 1954 noch 52 % waren[8]. Bei den Oberlandesgerichten ist der Anteil der Beschlußverwerfungen unterschiedlich, aber ebenfalls hoch[9]. Ob dieser massive Gebrauch der Beschlußverwerfung, die nach Entstehungsgeschichte und Voraussetzungen eher als Ausnahme zu verstehen ist, dem Gesetz entspricht, erscheint mindestens zweifelhaft. Nicht zu leugnen ist jedenfalls, daß beim Bundesgerichtshof die Anwendung der Vorschrift in einer Relation zu seinem wechselnden bzw. zunehmenden Arbeitsanfall steht[10], die Auslegung der vagen Voraussetzungen der Vorschrift (unten Rdn. 8 ff) also ersichtlich von diesem Arbeitsan-

---

[6] BVerfGE **9** 261; **10** 274; vgl. auch BVerfGE **7** 275 = JZ **1958** 433 mit Anm. *Peters*; BVerfG DAR **1976** 239; allg. M.

[7] Z.B. – mit sehr verschiedener Begründung und in verschiedener Weise – *Henkel* 380 Fußn. 18; *Peters* 622, JZ **1958** 436 und **1965** 489; *Dahs/Dahs* 440; *Sarstedt/Hamm* 459 ff; *Hartung* DRZ **1950** 219; *Jagusch* NJW **1960** 75; *Seibert* DRZ **1948** 371.

[8] Zahlen z.B. bei *F. Meyer* StrVert. **1984** 226; *Dahs/Dahs* V; *Rieß* FS Sarstedt 320; 52. DJT S. L 28. DERechtsmittelG S. 134 ff.

[9] Sie betrug z.B. zwischen 1975 und 1979 jährlich zwischen 63,4 und 69,0 % insgesamt bei auffälligen Unterschieden für die einzelnen Oberlandesgerichte, z.B. 1973 zwischen 25,1 und 71,5 %; vgl. *Rottmann* 2, 133; vgl. auch die Zahlen bei *Kreuzer* StrVert. **1982** 445.

[10] Dazu eingehend und überzeugend *F. Meyer* StrVert. **1984** 222 ff; vgl. auch *Sarstedt/Hamm* 471; *Hanack* 308.

fall mitbeeinflußt ist. Kaum zu leugnen ist ferner, daß mit Hilfe des Verfahrens im Einzelfall Entscheidungen getroffen werden, bei denen die anstehenden Rechtsfragen durchaus nicht „offensichtlich" sind[11]. Nachdenklich stimmen muß im übrigen der auch von besonnenen Verteidigern immer wieder erhobene Vorwurf, mit dem Verfahren werde mancher kritische Rechtsfehler zugedeckt[12]. Daß es sich dabei um mehr als Einzelfälle handelt, ist jedoch nicht erwiesen. Vorhandene empirische Untersuchungen[13] sind insoweit wegen ihrer schmalen Basis wenig aussagekräftig. Sie bestätigen aber die alte Klage über eine Vielzahl schlechter anwaltlicher Revisionsbegründungen in einer Weise, die bestürzen muß[14] und die verbreitete Skepsis vieler Revisionsrichter gegenüber dem Wert einer Revisionshauptverhandlung (vgl. § 351, 1) verständlich macht.

6 **Verbreitete Einwendungen** gegen die Vorschrift betreffen heute vor allem ihre Handhabung und Ausuferung sowie die damit verbundenen Konsequenzen für die Rechtspraxis[15]. Diese Konsequenzen sind nicht nur für die Befriedungsfunktion gegenüber den konkret Betroffenen in der Tat gravierend. Sie stehen überdies in eigentümlichem Gegensatz zur richterrechtlichen Erweiterung des Anwendungsbereichs der Revision („Darstellungsrüge"; vgl. § 337, 121 ff), für die sie wohl ein gewisser, auch von daher problematischer Preis sind. Seit jeher umstritten und viel erörtert ist darüber hinaus die Frage der Systemgemäßheit und der Rechtsstaatlichkeit des § 349 Abs. 2[16]. Das BVerfG hat gegen die Regelung keine verfassungsrechtlichen Bedenken (NJW **1982** 925, Vorprüfungsausschuß; vgl. auch KK-*Pikart* 16; unten Rdn. 8).

7 **2. Kannvorschrift.** § 349 Abs. 2 ist, wie auch sein Wortlaut zeigt, eine Kannvorschrift. Das Revisionsgericht kann daher, wenn es das für sachdienlich hält (dazu *Penner* 23), auch offensichtlich unbegründete Revisionen aufgrund einer Hauptverhandlung durch Urteil verwerfen (§ 349 Abs. 5). Dazu kann etwa Anlaß bestehen, wenn die Öffentlichkeit an dem Verfahren ein besonderes Interesse hat oder wenn ein Rechtsfehler gerügt wird, auf dem das Urteil zwar nicht beruht, zu dem das Revisionsgericht aber

---

[11] So z.B. im Fall BGH LM (!) § 123 StGB 1971 Nr. 1 = MDR **1982** 449 zur „verbalen Gewalt" (dazu *Römer* MDR **1984** 353) oder im Fall BGH NStZ **1981** 447 mit Anm. *Rieß* zur Revisibilität des fehlerhaften Eröffnungsbeschlusses (in einem auch in der Öffentlichkeit sehr umstrittenen Verfahren gegen einen Rechtsanwalt; vgl. *Strate* StrVert. **1981** 261). Vgl. auch *Peters* 622 f; *Kreuzer* StrVert **1982** 446. BGH bei *Holtz* MDR **1984** 443 läßt sogar eine „insbesondere" in Beschlüssen nach § 349 Abs. 2 vertretene Divergenz zur heute h.M. über den versuchten Diebstahl im besonders schweren Fall erkennen.

[12] Vgl. nur *Hanack* 308 mit weit. Nachw.; vgl. auch *Sarstedt/Hamm* 130 zum Verhältnis der anwaltlichen Revisionen zu denen der Urkundsbeamten der Geschäftsstelle.

[13] *Kruse* 99 ff, 208 ff für den BGH und das BayObLG (dazu *Welp* GA **1982** 517; *F. Meyer* StrVert. **1984** 223) und *Rottmann* 57 ff für das OLG Celle; zu beiden Arbeiten *Römer* MDR **1984** 355; *Kreuzer* StrVert. **1982** 445.

[14] Vgl. nur *Hanack* 308 f mit Nachw.; vgl. auch § 345, 35 mit Fußn. 86. Sie spricht beredt für die neuerdings wieder stärker vertretene Forderung, einen „Fachanwalt für Strafrecht" einzuführen; vgl. dazu zuletzt *Römer* MDR **1984** 360 mit weit. Nachw.

[15] Aus neuerer Zeit insbesondere *Peters* 623, JR **1977** 477 und FS Dünnebier 67 mit zahlr. Nachw. in Fußn. 39; *Sarstedt/Hamm* 454 ff; *Kreuzer* StrVert **1982** 445; *F. Meyer* StrVert. **1984** 222 ff; *Römer* MDR **1984** 353 ff.

[16] Eingehend namentlich *Stoll* 34 ff; *Kruse* 4 ff; *Rottmann* 14 ff; *F. Meyer* StrVert. **1984** 224; vgl. im übrigen das von *Peters* aaO genannte Schrifttum. Auf dem 52. DJZ (1978) sind früher verbreitete Vorschläge zur Streichung der Vorschrift nicht wiederholt und Vorschläge zur einschränkenden Modifizierung nicht gebilligt worden; vgl. *Rieß* ZRP **1979** 193; *Sarstedt/Hamm* 457.

ausführlichere Rechtsausführungen für geboten hält, damit er in der Praxis künftig vermieden wird (*Sarstedt/Hamm* 471; weitergehend *Peters* 622).

3. Offensichtlich unbegründet. Über den Inhalt dieses Begriffs gehen die Ansichten nicht nur in den Einzelheiten erheblich auseinander[17]. Eine wirklich präzise, im konkreten Fall sicher zu handhabende Umschreibung ist nicht gefunden worden und läßt sich wohl auch nicht finden. Das gilt auch für die Umschreibungskriterien der h. M[18], die aber dem Gesetzeszweck immerhin noch am nächsten kommen. Danach ist eine Revision dann offensichtlich unbegründet, wenn die zur Entscheidung berufenen Richter und andere Beurteiler mit gleicher Sachkunde sofort erkennen, welche Rechtsfragen vorliegen, wie sie zu beantworten sind und daß die Revisionsrügen das Rechtsmittel nicht begründen können[19]. Das bedeutet nicht, daß alle Rechtsfragen mit dem paraten Wissen des Beurteilers gelöst werden müssen. Es genügt, daß sich ihm die Unbegründetheit der Revision ohne weiteres aufdrängt und daß dann ein Blick in einen Kommentar bestätigt, daß sie nicht zum Erfolg führen kann. Nicht ausgeschlossen ist, daß der Stand der Rechtsprechung zu einer entlegenen, seltenen Frage erst festgestellt werden muß, wenn nur danach keine rechtlichen Zweifel mehr bestehen[20]. Diese Interpretation entspricht auch einem Verwerfungsbeschluß des BVerfG (2 BvR 1168/79), den *Peters* 623 zitiert. Die Ansicht von *Peters* aaO, daß sie „nicht haltbar" sei, sondern „dem Subjektivismus des Revisionsrichters Tür und Tor" öffne und „zu einer Zweiteilung der beteiligten Juristen" führe, ist sicher nicht ohne Berechtigung. Aber sie läßt außer acht, daß es bei der Beurteilung, jedenfalls primär, nach geltendem Recht nun einmal notwendigerweise vor allem auf die Auffassung des Revisionsgerichts ankommen muß; vgl. im übrigen auch Rdn. 10, 11.

Entgegen neueren Tendenzen[21] nicht abzustellen ist aber auf die Frage, ob nach Überzeugung des Revisionsgerichts eine **Hauptverhandlung** über die Revision **entbehrlich** ist. Denn darauf hebt das Gesetz nicht ab, ganz abgesehen davon, daß damit ein besonders vager Maßstab eingeführt würde, der schon angesichts der sehr unterschiedlichen und traditionell skeptischen Auffassungen über die Bedeutung der Revisionsverhandlung fragwürdig und kaum judizierbar bliebe.

Muß auch nur ein Mitglied des Gerichts das Für und Wider **länger erwägen** und **Zweifel klären,** die sich nicht sofort beseitigen lassen, so besteht keine Offensichtlichkeit (so schon *Kahl* JW **1925** 1405). Eine Hauptverhandlung ist erforderlich, wenn auch nur einer der Richter die Entscheidung in irgendeinem Punkt für zweifelhaft hält. Die Länge der Revisionsbegründung ist dabei jedoch für sich allein kein Maßstab zur Beurteilung der Frage. Zwar kommt die Verwerfung nach § 349 Abs. 2 vor allem in Betracht, wenn nur die unausgeführte allgemeine Sachrüge erhoben ist und die Nachprüfung keine Rechtsfehler ergibt[22]. Es kann aber auch die Prüfung einer besonders ausführlichen Be-

---

[17] Dazu eingehend namentlich *Penner* 20 ff; *Stoll* 61 ff; *Kruse* 24 ff je mit zahlr. Nachw.; *Römer* MDR **1984** 355.
[18] Kritisch z.B. *Römer* MDR **1984** 355; *Kruse* 32; *Penner* 21; DERechtsmittel 94; *Sarstedt/Hamm* 469 meinen sogar, die begrifflichen Auseinandersetzungen seien unfruchtbar, weil die Offensichtlichkeit ein „Erlebnis" sei: „man hat es oder man hat es nicht".
[19] OLG Düsseldorf GA **1983** 221; KK-*Pikart* 23; *Kleinknecht/Meyer* 9; KMR-*Paulus* 13; *Schlüchter* 746; *Eb. Schmidt* Nachtr. I 9;

Dahs/Dahs 437; *Kahl* JW **1925** 1403; *Lobe* JW **1925** 1615; *Seibert* DRZ **1948** 371; *Wimmer* NJW **1950** 203.
[20] *Jagusch* NJW **1960** 76; *Wimmer* NJW **1950** 203; a. A z.B. *von Stackelberg* NJW **1960** 505.
[21] So insbes. *Penner* 22; *Rottmann* 22; vgl. auch KMR-*Paulus* 2; *Fezer* Möglichkeiten 272; *Römer* MDR **1984** 356, der sie als „ausbaufähig" empfiehlt.
[22] Vgl. *Sarstedt/Hamm* 466; *von Stackelberg* NJW **1960** 506.

gründungsschrift zu dem Ergebnis führen, daß alle Revisionsangriffe gegen das Urteil offensichtlich unbegründet sind (anders *Wimmer* NJW **1950** 203, der einen leicht zu überblickenden Entscheidungsstoff für erforderlich hält). Nahe liegt die Verwerfung, wenn die Revision eine gefestigte Rechtsprechung bekämpft, aber keine neuen Gesichtspunkte vorbringt (*Peters* JZ **1965** 489). Auch wenn von einer ursprünglich schwierigen Sache im Revisionsverfahren nur ein überblickbarer Sachverhalt mit unzweifelhaft richtig entschiedenen Rechtsfragen übrig bleibt, ist die Verwerfung durch Beschluß zulässig. Unerheblich für die Entscheidung, ob eine Revision offensichtlich unbegründet ist, sind die Art der Straftat, die Bedeutung der Sache und die Höhe der verhängten Strafe[23].

11   Hat die Revision **Ermittlungen des Revisionsgerichts** erforderlich gemacht, ob die Verfahrensvoraussetzungen vorliegen oder Verfahrensfehler vorgekommen sind, so ist die Revision nicht offensichtlich unbegründet. Denn die offensichtliche Unbegründetheit ist in dem Zeitpunkt zu beurteilen, in dem die Revision erstmals zu prüfen ist[24]. Nach § 349 Abs. 2 verfahren werden darf jedoch, wenn bereits die Staatsanwaltschaft solche Ermittlungen angestellt hat und danach beim Eingang der Sache bei dem Revisionsgericht keine Zweifel mehr bestehen. Keinen Bedenken unterliegt es auch, eine offensichtlich unbegründete Revision als solche gemäß § 349 Abs. 2 zu verwerfen, wenn offen ist, ob sie in zulässiger Weise eingelegt ist und dies kompliziertere Ermittlungen des Revisionsgerichts erfordern oder einen zulässigen Antrag auf Wiedereinsetzung begründen könnte[25].

12   **4. Einstimmigkeit.** Die von § 349 Abs. 2 geforderte Einstimmigkeit muß sich auf die Offensichtlichkeit wie auf die Unbegründetheit beziehen[26]. Nach Berichten aus der Praxis ergibt sie sich nicht selten dadurch, daß Senatsmitglieder, die aus Parallelfällen wissen, daß sie mit ihrer Rechtsmeinung in der Minderheit sind, schweigen, weil es sonst nur zu einer „nutzlosen" Hauptverhandlung kommt, aufgrund derer dann auch eine schriftliche Urteilsbegründung zu verfassen ist[27], sich an der Zurückweisung der Revision jedoch nichts ändert. So verständlich eine solche Haltung sein mag, dem Gesetz entspricht sie wohl nicht. Denn die Einstimmigkeit verlangt eben die Ansicht jedes Revisionsrichters, daß die Revision offensichtlich unbegründet ist; sie bedeutet insoweit (vgl. *Römer* 356) eine weitere Sicherung im Hinblick auf den als Ausnahme gedachten Charakter der Vorschrift. Im übrigen muß sich die Einstimmigkeit in der Regel auch auf die Begründung beziehen, nicht nur auf das Ergebnis (KK-*Pikart* 25).

5. Antrag der Staatsanwaltschaft

13   **a) Allgemeines.** Der Antrag auf Verwerfung der Revision nach § 349 Abs. 2 kann nur von der Staatsanwaltschaft beim Revisionsgericht gestellt werden. Er ist eine zwin-

---

[23] *Sarstedt/Hamm* 471 und *Meyer* in der 23. Aufl. (in Übereinstimmung mit der Praxis); a. A *Wimmer* NJW **1950** 203, der bei hochbestraften Kapitalverbrechen eine Beschlußverwerfung nicht für angängig hält.

[24] Im Ergebnis ebenso KMR-*Paulus* 13; *Schlüchter* 746 Fußn. 542; *Geppert* GA **1972** 177; *Peters* JZ **1958** 436.

[25] BGHSt **27** 132; OLG Frankfurt NJW **1978** 2164 für fragliche Verstöße gegen § 137 und § 146.

[26] *Dahs/Dahs* 440; *Penner* 18; *Jagusch* NJW **1960** 75; näher zum Ganzen *Stoll* 57; *Römer* MDR **1984** 356.

[27] Vgl. auch die Andeutungen von *Sarstedt/Hamm* 456 unter Hinweis auf die Situation insbesondere beim OLG-Senat. Berichtet wird sogar, daß gerade das Senatsmitglied, das nicht schweigt, dann das Urteil absetzen muß.

gende Voraussetzung für das Beschlußverfahren. Fehlt der Antrag, ist eine dennoch getroffene Entscheidung des Revisionsgerichts wegen Verstoßes gegen das Willkürverbot aufzuheben (BVerfG NJW **1983** 234). Der Staatsanwaltschaft wird durch die Antragsvoraussetzung ein entscheidender Einfluß auf den Umfang der Verwerfungspraxis des Revisionsgerichts eingeräumt. Das Revisionsgericht ist allerdings formal nicht gehindert, bei der Staatsanwaltschaft die Stellung eines Antrags auf Beschlußverwerfung anzuregen, wenn ihm die Akten nach § 347 Abs. 2 ohne einen solchen Antrag vorgelegt worden sind, es die Revision aber für offensichtlich unbegründet hält[28]. Jedoch wird eine Revision, deren Verwerfung gemäß § 349 Abs. 2 die Staatsanwaltschaft selbst nicht von vornherein beantragt, im allgemeinen nicht offensichtlich unbegründet sein. Denn auch die Staatsanwälte beim Revisionsgericht gehören zu dem Kreis sachkundiger Personen, von deren Beurteilung es abhängt, ob eine Revision als offensichtlich unbegründet bezeichnet werden kann. Das Revisionsgericht sollte daher die Anregung entsprechender Anträge unterlassen.

Zweifelhaft und umstritten ist, ob auch eine **Revision der Staatsanwaltschaft** als **14** offensichtlich unbegründet verworfen werden darf. Aus § 349 Abs. 3, der zwischen der Staatsanwaltschaft und dem Beschwerdeführer unterscheidet, wird vielfach gefolgert, daß die Beschlußverwerfung für staatsanwaltschaftliche Revisionen nicht in Betracht kommt[29]. Die Frage hat keine große praktische Bedeutung, weil die Staatsanwaltschaft beim Oberlandesgericht, die eine von der Staatsanwaltschaft beim Landgericht eingelegte Revision für offensichtlich unbegründet hält, deren Zurücknahme veranlassen oder nach § 145 Abs. 1 GVG selbst erklären kann (vgl. Nr. 168 RiStBV). Auch der Generalbundesanwalt kann bei der Landesstaatsanwaltschaft die Zurücknahme einer Revision anregen, die er für aussichtslos hält. Ist er daran jedoch gehindert, weil die Revision zugunsten des Angeklagten eingelegt war und dieser die Zustimmung zur Rücknahme verweigert (vgl. § 302 Abs. 1 Satz 2), oder entspricht die Landesstaatsanwaltschaft der Anregung der Bundesanwaltschaft nicht, ist auch ein Verwerfungsantrag des Generalbundesanwalts und die entsprechende Entscheidung des Revisionsgerichts nach dem Gesetz nicht ausgeschlossen[30].

Die Revision des **Privatklägers** kann durch Beschluß als offensichtlich unbegrün- **15** det verworfen werden, ohne daß das weiter in § 349 Abs. 2 und 3 geregelte Verfahren einzuhalten ist (§ 385 Abs. 5). Die Verwerfung der Revision des **Nebenklägers** nach § 349 Abs. 2 ist ebenfalls zulässig; sie setzt einen entsprechenden Antrag der Staatsanwaltschaft voraus (OLG Köln NJW **1968** 561).

b) **Begründung.** § 349 Abs. 2 verlangt, daß der Antrag der Staatsanwaltschaft be- **16** gründet wird. Der Beschwerdeführer soll auf diese Weise zur Sicherung des rechtlichen Gehörs (unten Rdn. 18) von den Erwägungen unterrichtet werden, die der Antragstellung durch die Staatsanwaltschaft zugrunde liegen. Die Begründung muß diesem Zweck entsprechen, also dartun, warum das Rechtsmittel nach Meinung der Staatsanwaltschaft offensichtlich keinen Erfolg haben kann. Wie das geschieht, richtet sich nach den Gegebenheiten des Einzelfalles. Eine kurze Auseinandersetzung mit dem Revisions-

---

[28] *Kleinknecht* JZ **1965** 160 Fuß. 81; zustimmend KMR-*Paulus* 15; erkennbar skeptisch (wie im folg. Text) aber *Römer* MDR **1984** 357; *Sarstedt/Hamm* 458.

[29] OLG Köln NJW **1968** 562; *Kleinknecht/Meyer* 6 gegen *Kleinknecht*[35]; *Eb. Schmidt* Nachtr. I 4; *Amelunxen* 76 f.

[30] BGH GA **1975** 333; BayObLG BayJMBl. **1972** 40; OLG Koblenz NJW **1966** 362; KK-*Pikart* 31; KMR-*Paulus* 9; *Roxin* § 53 G II 1 und NJW **1967** 792; *Schlüchter* 746; *Dahs/Dahs* 439.

vorbringen ist erforderlich, aber auch ausreichend. Breit angelegte, in Gutachtenform erstellte Begründungen sind nicht notwendig und nicht einmal angebracht (vgl. auch *Kleinknecht* JZ **1965** 160). Wird auf spezielle Rechtsausführungen des Beschwerdeführers eingegangen, so ist die Rechtslage in knapper Form, regelmäßig unter Hinweis auf die einschlägige Rechtsprechung oder das Schrifttum, insbesondere auf Kommentare, darzustellen. Eine ganz kurze, unter Umständen sogar formelhafte Antragsbegründung kann genügen, wenn die Revision nur allgemein die Sachrüge erhebt, erkennbar unzulässige oder nicht ausgeführte Verfahrensrügen erhoben worden sind, wenn sich das Einzelvorbringen der Revision darin erschöpft, das Fehlen von Ausführungen zu rügen, die tatsächlich in dem Urteil enthalten sind, oder wenn Feststellungen beanstandet werden, die dort nicht getroffen sind (OLG Stuttgart NJW **1968** 1152). Eine längere Begründung des Verwerfungsantrags muß nicht immer gegen die Annahme sprechen, daß die Revision offensichtlich unbegründet ist; denn es gibt Revisionen, mit denen zahlreiche offensichtlich unbegründete Rügen erhoben werden.

17 Die Revision darf auch **aus anderen Gründen** als den von der Staatsanwaltschaft dargelegten nach § 349 Abs. 2 verworfen werden. Der Beschwerdeführer erfährt daher aus der Antragsbegründung der Staatsanwaltschaft nicht immer die wirklichen Gründe, deretwegen das Revisionsgericht das Rechtsmittel als offensichtlich unbegründet verworfen hat. In solchen Fällen sollte das Revisionsgericht den Verwerfungsbeschluß kurz begründen (vgl. unten Rdn. 21).

18 c) **Mitteilung.** Um eine Überraschung des Beschwerdeführers durch die Beschlußverwerfung auszuschließen und ihm das rechtliche Gehör zu sichern, schreibt § 349 Abs. 3 Satz 1 vor, daß ihm der Antrag der Staatsanwaltschaft mit den Gründen mitzuteilen ist. Der Beschwerdeführer soll Gelegenheit erhalten, zu dem Antrag Stellung zu nehmen und Einwände vorzubringen, insbesondere aber auch zu prüfen, ob er die Revision nicht besser zurücknimmt. Die Mitteilung hat die Staatsanwaltschaft zu machen, nicht das Revisionsgericht. Hat der Beschwerdeführer einen Verteidiger oder Prozeßbevollmächtigten, so ist die Mitteilung an diesen zu richten. Eine besondere Benachrichtigung des Beschwerdeführers selbst ist dann nicht erforderlich; § 145 a Abs. 4 gilt nicht, da es sich nicht um eine Entscheidung handelt (BGH GA **1980** 390). In der Mitteilung ist der Beschwerdeführer zweckmäßigerweise über sein Recht, binnen zwei Wochen eine schriftliche Gegenerklärung beim Revisionsgericht einzureichen (§ 349 Abs. 3 Satz 2), zu belehren, obwohl das Gesetz das nicht ausdrücklich vorschreibt (*Eb. Schmidt* Nachtr. I 5). Da die Mitteilung die Zweiwochenfrist für die Gegenerklärung in Lauf setzt, ist die Übermittlung an den Verteidiger gegen Empfangsbekenntnis, an den Beschwerdeführer selbst durch förmliche Zustellung geboten (allg. M.).

19 Wenn die Mitteilung **nicht durchführbar** ist, weil der Angeklagte keinen Verteidiger hat und seinen Aufenthaltsort verschweigt oder jedenfalls unauffindbar ist, hindert das die Verwerfung der Revision durch Beschluß nicht (OLG Hamburg MDR **1975** 335 L). Wer Revision einlegt, dann aber nicht dafür sorgt, daß ihn Mitteilungen der Justizbehörden erreichen, verwirkt seinen Anspruch auf rechtliches Gehör. Eine öffentliche Zustellung des Verwerfungsantrags der Staatsanwaltschaft kommt in solchen Fällen nicht in Betracht; denn § 40 bezieht sich nicht auf Mitteilungen der Staatsanwaltschaft an den Angeklagten (*Kleinknecht/Meyer* 15; KMR-*Paulus* 18).

20 d) **Gegenerklärung.** Die in § 349 Abs. 3 Satz 2 vorgesehene Gegenerklärung gibt dem Beschwerdeführer nicht nur die Möglichkeit, zum Antrag der Staatsanwaltschaft Stellung zu nehmen, sondern kann auch dazu benutzt werden, das Revisionsvorbringen in rechtlicher Hinsicht zu ergänzen und zu erweitern. Die Gegenerklärung ist binnen zwei Wochen seit Zustellung der Mitteilung des Antrags der Staatsanwaltschaft abzugeben. Eine Fristverlängerung durch die Staatsanwaltschaft ist unzulässig. Die Frist ist aber keine Ausschlußfrist, ihre Überschreitung daher unschädlich. Für die Gegenerklärung genügt einfache Schriftform; die Form des § 345 Abs. 2 wird nicht verlangt (allg. M). Der inhaftierte Angeklagte kann die Gegenerklärung nach § 299 zu Protokoll erklären. Abzugeben ist die Gegenerklärung gegenüber dem Revisionsgericht (§ 349 Abs. 3 Satz 2). Dieses kann sie der Staatsanwaltschaft zur Stellungnahme vorlegen, wenn dazu Anlaß besteht[31]. Das Revisionsgericht berücksichtigt bei seiner Entscheidung die Gegenerklärung ohne Rücksicht auf den Zeitpunkt ihres Eingangs (BGH bei *Dallinger* MDR **1966** 728). Es darf schon vor Ablauf der Erklärungsfrist entscheiden, wenn die Gegenerklärung bereits eingegangen und eine Ergänzung nicht angekündigt worden ist[32]. Wird eine Ergänzung in Aussicht gestellt, so braucht ihr Eingang nicht mehr abgewartet zu werden, wenn die Frist abgelaufen ist (BGHSt **23** 102). Geht erst nach Erlaß des Verwerfungsbeschlusses eine Gegenerklärung ein, so verbietet es die Rechtskraft des Beschlusses, sie noch zu berücksichtigen (BGH bei *Dallinger* MDR **1966** 728); zur Frage einer Wiedereinsetzung s. unten Rdn. 29 f.

6. Beschluß

a) Allgemeines. Der Verwerfungsbeschluß hat grundsätzlich die Wirkungen eines Urteils (OLG Braunschweig NJW **1950** 38). Er kann nur einstimmig ergehen (dazu Rdn. 12). Für die Besetzung des Revisionsgerichts gilt dasselbe wie bei dem Beschluß nach § 349 Abs. 1 (oben Rdn. 4). Nach ständiger Praxis und herrschender Lehre braucht der Beschluß **nicht begründet** zu werden, ist also § 34 nicht anwendbar[33]. Dies läßt sich mit dem Zweck der Vorschrift (Rdn. 5), ihrem Bezug zu offensichtlich unbegründetem Vorbringen und heute wohl auch damit rechtfertigen, daß dem Beschwerdeführer immerhin der Verwerfungsantrag der Staatsanwaltschaft samt Begründung mitzuteilen ist (Absatz 3). Ein kurzer Hinweis auf die Rechtslage wird dadurch freilich nicht ausgeschlossen (vgl. Rdn. 17); er ist oft angebracht (und üblich), wenn hierzu, etwa mit Rücksicht auf die Gegenerklärung des Beschwerdeführers, Anlaß besteht (KK-*Pikart* 28). Begründungen, die eine Art „Disziplinierung" des Tatrichters enthalten („ungewöhnlich milde Strafe"), sind in der Begründung unbedingt zu vermeiden (näher *Dahs* NStZ **1981** 206).

In dem Beschluß muß nicht notwendig zum Ausdruck kommen, daß er einstimmig gefaßt worden und auf Antrag der Staatsanwaltschaft ergangen ist, mag das letztere auch üblich sein (*Kleinknecht/Meyer* 9; **a. A** KK-*Pikart* 27). Es muß aber irgendwie kenntlich gemacht werden, daß die Revision als offensichtlich unbegründet verworfen wird[34]. In der Praxis hat es sich vielfach eingebürgert, in den Entscheidungssatz die Formulierung aufzunehmen „da die Nachprüfung des Urteils keine Rechtsfehler zum Nachteil des Angeklagten ergeben hat (§ 349 Abs. 2)" (KK-*Pikart; Dahs* aaO).

Der Beschluß nach § 349 Abs. 2 **kann verbunden werden** mit der Entscheidung über eine Beschwerde nach § 305 a, über eine Beschwerde gegen die Kosten- und Auslagenentscheidung des Urteils (§ 464 Abs. 3 Satz 1) und die Entscheidung über die Entschädigungspflicht.

---

[31] *Kleinknecht* JZ **1965** 160; KMR-*Paulus* 19; *Eb. Schmidt* Nachtr. I 7; *Dahs/Dahs* 435.

[32] BGH bei *Holtz* MDR **1982** 283; BGH bei *Pfeiffer/Miebach* NStZ **1983** 214; allg. M.

[33] KK-*Pikart* 27; *Kleinknecht/Meyer* 9; KMR-*Paulus* 25; *Eb. Schmidt* Nachtr. I 14; *Jagusch* NJW **1960** 76; vgl. auch *Dahs* NStZ **1981** 205.

[34] *Kleinknecht/Meyer* 9; *Eb. Schmidt* Nachtr. I 14; *Börker* DRiZ **1957** 139; *Penner* 17; **a. A** KK-*Pikart* 27; *Ostler* DRiZ **1957** 61; *Peters* JR **1977** 477 will die Bezugnahme auf Absatz 2 in der Beschlußbegründung reichen lassen.

24 **b) Teilentscheidung.** Daß über dasselbe Rechtsmittel nur einheitlich durch Urteil oder durch Beschluß entschieden werden darf[35], erscheint nicht zwingend[36]. Es sollte jedoch, entsprechend dem Wortlaut des Gesetzes, in der Regel so verfahren werden, schon um eine unnötige Komplizierung des Revisionsverfahrens zu vermeiden (KK-*Pikart* 33). In der revisionsgerichtlichen Praxis ist es üblich, bei der Entscheidung *durch Urteil* bestimmte Ausführungen oder Rügen des Beschwerdeführers ohne nähere Begründung als „offensichtlich unbegründet" zu charakterisieren (z. B.: BGHSt **31** 325). Es handelt sich insoweit um eine entsprechende Anwendung des § 349 Abs. 2 für die Urteilsbegründung, gegen die grundsätzliche Bedenken nicht bestehen. Über die Verbindung einer Verwerfungsentscheidung mit einer Entscheidung nach § 349 Abs. 4 vgl. unten Rdn. 38. Haben in einer Sache mehrere Prozeßbeteiligte Revision eingelegt, so kann eines dieser Rechtsmittel vorab nach § 349 Abs. 2 verworfen, das andere durch Beschluß nach § 349 Abs. 4 oder durch Urteil aufgrund einer Hauptverhandlung gemäß § 349 Abs. 5 beschieden werden. Zulässig ist es auch, in einem solchen Fall einheitlich durch Urteil zu entscheiden und in den Gründen anzugeben, daß eine der Revisionen offensichtlich unbegründet ist; dann aber liegt wiederum kein Fall des § 349 Abs. 2 vor, sondern ebenfalls nur eine besondere Form der Urteilsbegründung.

25 **c) Abänderung des Urteils.** Ob oder wann bei der Verwerfung nach § 349 Abs. 2 auch eine Abänderung des angefochtenen Urteils zulässig ist, ist umstritten. In der Praxis wird sie heute vorgenommen (vgl. BGH NJW **1982** 190), und zwar sogar z. T in recht weitem Umfang und auch zum Nachteil des Angeklagten (*Dahs* NStZ **1981** 205). Unbedenklich ist jedenfalls die Berichtigung offensichtlicher Versehen, wenn dadurch der Urteilsbestand im übrigen nicht berührt wird[37], da eine solche Berichtigung auch sonst stets statthaft ist (näher bei § 354, 47 ff). Aber auch eine Schuldspruchberichtigung oder -ergänzung (dazu § 354, 15 ff) zugunsten des Angeklagten erscheint im Einzelfall durchaus möglich[38]. Denn die Beschlußverwerfung ist eine besondere Form der revisionsgerichtlichen Sachentscheidung, für die die allgemeinen Regeln gelten müssen. Es läßt sich auch nicht annehmen, eine Revision, die zur Schuldspruchänderung führt, könne niemals „offensichtlich unbegründet" sein; daher besteht auch keine Notwendigkeit, bei einer Schuldspruchänderung zugunsten des Angeklagten eine Verbindung des Verwerfungsbeschlusses mit einem Beschluß nach § 349 Abs. 4 vorzunehmen (wie LR-*Meyer* in der 23. Aufl. empfahl). Eine Schuldspruchberichtigung zum Nachteil des Angeklagten kommt nach dem Gesagten ebenfalls in Betracht, wenn die dafür geltenden allgemeinen Voraussetzungen erfüllt sind (§ 354, 21 ff) und im Einzelfall trotz der Änderung die Kriterien der „offensichtlich unbegründeten" Revision vorliegen[39].

26 **d) Bekanntmachung des Beschlusses.** Eine Ausfertigung des Verwerfungsbeschlusses braucht dem Beschwerdeführer und den übrigen Prozeßbeteiligten nur formlos übersandt zu werden; § 35 Abs. 2 Halbsatz 2 gilt nicht, weil die Entscheidung zwar

---

[35] So *Eb. Schmidt* Nachtr. I 11; LR-*Meyer* in der 23. Aufl.; offenbar auch KMR-*Paulus* 10; *Dahs/Dahs* 438 halten die Hauptverhandlung für „angezeigt".

[36] Anders darum auch OLG Hamburg JR **1967** 31 mit abl. Anm. *Sarstedt*; *Kleinknecht/ Meyer* 5 und KK-*Pikart* 33 je mit Hinweis auf Entscheidungen des BGH; offengelassen von BVerfG NJW **1982** 238.

[37] RG GA **55** (1908) 331; *Kleinknecht/Meyer* 24; KMR-*Paulus* 23; *Penner* 36; a. A *Eb. Schmidt* Nachtr. I 11.

[38] KK-*Pikart* 29; KMR-*Paulus* 24; *Dahs/Dahs* 442; *Schroeder* JuS **1982** 496; a. A *Eb. Schmidt* Nachtr. I 11; *Penner* 34; *Batereau* Die Schuldspruchberichtigung (1971) 55; LR-*Meyer* in der 23. Aufl.

[39] Anders *Penner* 35; KMR-*Paulus* 24; *Batereau* aaO; LR-*Meyer* in der 23. Aufl.

einem Urteil gleichsteht, aber eben kein Urteil ist. Da eine förmliche Zustellung nicht geboten ist, braucht der Beschluß auch nicht nach § 40 öffentlich zugestellt zu werden, wenn der Beschwerdeführer unbekannten Aufenthalts ist[40].

III. Rechtskraft der Beschlüsse nach Absatz 1 und 2

1. Rechtskraft. Entscheidungen des Revisionsgerichts über Revisionen, die durch Beschluß ergehen, stehen grundsätzlich einem das Verfahren abschließenden Revisionsurteil gleich[41] und erwachsen wie dieses in Rechtskraft. Wird die Revision als unzulässig verworfen, weil sie nicht rechtzeitig eingelegt war, war die Rechtskraft des angefochtenen Urteils nicht gehemmt (§ 343 Abs. 1), so daß der Verwerfungsbeschluß nach § 349 Abs. 1 nur feststellende Bedeutung hat (§ 346, 22). In allen anderen Fällen führt der Beschluß unmittelbar die Rechtskraft des Urteils herbei. Die Rechtskraft gilt dabei mit dem Ablauf des Tages als eingetreten, an dem der Beschluß gefaßt worden ist (§ 34 a; dort Rdn. 7).

2. Zurücknahme. Abänderung. Ein Verwerfungsbeschluß kann nach seinem Erlaß vom Revisionsgericht grundsätzlich nicht zurückgenommen oder abgeändert werden, weil er Rechtsfehler enthält[42]. Ist jedoch die Revision in Unkenntnis der zuvor in zulässiger Weise erklärten Zurücknahme des Rechtsmittels als unzulässig verworfen worden, so ist der Verwerfungsbeschluß zurückzunehmen und die Revision für erledigt zu erklären[43]. Beruht ein Verwerfungsbeschluß nach § 349 Abs. 1 auf unrichtigen tatsächlichen Voraussetzungen, läßt eine verbreitete Rechtsprechung seine Abänderung zu (näher § 346, 35). Dagegen darf ein Beschluß nach § 349 Abs. 2 nach jetzt vorherrschender Ansicht auch dann nicht zurückgenommen werden, wenn er auf einem Tatsachenirrtum beruht, weil der Beschluß eine urteilsgleiche verfahrensabschließende Sachentscheidung enthält, deren spätere Korrektur durch dasselbe Gericht nicht möglich ist[44]. Etwas anderes gilt nur, wenn über das Rechtsmittel nach § 335 Abs. 3 Satz 1 als Berufung hätte entschieden werden müssen[45] oder wenn sich nachträglich herausstellt, daß überhaupt keine Revision eingelegt war (OLG Köln NJW **1954** 692); die Zurücknahme hat dann aber nur klarstellende Bedeutung (vgl. BGHSt **17** 96). Zur Frage weiterer Ausnahmen insbesondere bei Verletzungen des rechtlichen Gehörs, die seiner Verweigerung gleichkommen, s. im folg. Text. Daß der Beschluß nicht wegen nachträglich erkannter sachlicher Unzuständigkeit zurückgenommen werden kann, ist bei § 348, 4 erörtert.

3. Wiedereinsetzung in den vorigen Stand. Eine Wiedereinsetzung in den vorigen Stand mit dem Ziel, den Verwerfungsbeschluß nach § 349 Abs. 1 zu beseitigen, ist möglich und wird auch von der ganz herrschenden Meinung für zulässig gehalten[46]. Ande-

---

[40] KMR-*Paulus* 26; LR-*Meyer* in der 23. Aufl.; a. A aber *Kleinknecht/Meyer* 17.
[41] Vgl. BGHSt **17** 95; BGH MDR **1965** 52; *Geppert* GA **1972** 174.
[42] BGH NJW **1951** 771; OLG Braunschweig MDR **1950** 500; OLG Tübingen DRZ **1948** 317; eingehend *R. Schmitt* JZ **1961** 15; ganz h. Lehre.
[43] RGSt **55** 213; OLG Schleswig bei *Ernesti/Jürgensen* SchlHA **1972** 161; *Hanack* JZ **1973** 778.
[44] BGHSt **17** 96 mit Anm. *Schaper* NJW **1962** 1357; BGH MDR **1956** 52; KK-*Pikart* 47; *Kleinknecht/Meyer* 25; KMR-*Paulus* 37, 39; *Eb. Schmidt* 11; *Beling* 257; *Penner* 28; *Dahs/Dahs* 444; *Hanack* JZ **1973** 778; *R. Schmitt* JZ **1961** 16; *Woesner* NJW **1960** 2131; a. A RG Recht **1928** Nr. 1492; **1930** Nr. 754; OLG Braunschweig MDR **1950** 500.
[45] RG JW **1927** 359 mit Anm. *Drucker*; KMR-*Paulus* 37; vgl. auch BGHSt **17** 96.
[46] BGHSt **25** 91; RGSt **53** 288; **67** 199; KK-*Pikart* 48; KMR-*Paulus* 35.

res soll hingegen nach überwiegender Meinung bei Verwerfungsbeschlüssen nach § 349 Abs. 2 gelten, weil die Rechtssicherheit bei einem Verfahren, das durch eine Sachentscheidung des Revisionsgerichts zum Abschluß gekommen ist, keinen Eingriff in die Rechtskraft gestatte, das Verfahren vielmehr nur im Wege der Wiederaufnahme (§§ 359 ff) neu aufgerollt werden könne[47]. Das erscheint wenig überzeugend, weil das Institut der Wiedereinsetzung auch ermöglicht, eine schon eingetretene Rechtskraft zu beseitigen (RGSt **53** 288) und eine Gefährdung der Rechtssicherheit unter den Voraussetzungen und in den Grenzen der §§ 44 ff hinnehmbar erscheint[48]. Eine Wiedereinsetzung gegen Versäumung der Frist zur Gegenerklärung (§ 349 Abs. 3 Satz 2) ist hingegen grundsätzlich nicht möglich[49], da sie entgegen § 345 auf eine weitere Begründung der Revision hinausliefe.

30 **4. Gewährung rechtlichen Gehörs.** Sowohl bei der Verwerfungsentscheidung nach § 349 Abs. 1 als auch im Verfahren nach § 349 Abs. 2 kann es vorkommen, daß das Gericht versehentlich von einem Schriftsatz des Beschwerdeführers keine Kenntnis nimmt. Dann ist in der Regel gemäß § 33 a zu verfahren[50]. Etwas anderes muß im Einzelfall jedoch gelten, wenn vor Erlaß des Verwerfungsbeschlusses nach § 349 Abs. 2 eine rechtzeitige und formgerechte Revisionsbegründung vorlag, die das Revisionsgericht durch ein Versehen nicht zur Kenntnis genommen hat (OLG Köln MDR **1979** 603); hier dürfte das Nachholverfahren des § 33 a wegen der so weitgehenden Verletzung des rechtlichen Gehörs jedenfalls dann nicht ausreichen, wenn die übersehene Revisionsbegründung auch die Anwendbarkeit des § 349 Abs. 2 fraglich macht. Aufzuheben ist der Beschluß auch bei Entscheidung trotz fehlenden Antrags der Staatsanwaltschaft (oben Rdn. 13). Nach BVerfGE **18** 155 (157) gilt gleiches, wenn das angefochtene Urteil gar nicht zugestellt, also auch die Begründungsfrist noch nicht in Lauf gesetzt war.

IV. Aufhebung des Urteils durch Beschluß (Absatz 4)

31 **1. Allgemeines.** Die durch das StPÄG 1964 eingeführte Beschlußentscheidung nach § 349 Abs. 4 dient ebenfalls der Verfahrensvereinfachung und der Entlastung der Revisionsgerichte. Eine ähnliche Regelung, die allerdings die offensichtliche Begründetheit der Revision voraussetzte, galt vorübergehend schon aufgrund der VO v. 13. 12. 1944; sie hat aber praktisch nur eine geringe Rolle gespielt[51]. Auch § 349 Abs. 4 hat in der Praxis nicht dieselbe Bedeutung gewonnen wie § 349 Abs. 2. Beim Bundesgerichtshof wurden in den Jahren zwischen 1976 und 1983 jeweils rund 10 % aller Revisionen gemäß Abs. 4 entschieden, wobei sich aber auch insoweit eine steigende Tendenz zeigt[52]. Das

---

[47] Vgl. § 44, 18 mit Nachw.; ebenso BGH bei *Pfeiffer/Miebach* NStZ **1983** 208; OLG Hamburg JZ **1964** 329 L; OLG Stuttgart MDR **1957** 117 L; KK-*Pikart* 48.

[48] Ebenso *Eb. Schmidt* Nachtr. I 5; *Geppert* GA **1972** 175; *Hanack* JZ **1971** 92 (anders aber JZ **1973** 778); LR-*Wendisch* § 44, 18 mit weit. Nachw.; KMR-*Paulus* 40 für Sonderfälle; OLG Düsseldorf MDR **1983** 10 für eine bloße Prozeßentscheidung.

[49] KK-*Pikart* 35; *Kleinknecht/Meyer* 26; *Dahs/Dahs* 436; vgl. auch BGH bei *Spiegel* DAR **1979** 190.

[50] BVerfGE **42** 203 = JZ **1977** 21 mit Anm. *Goerlich;* BGH bei *Holtz* MDR **1976** 634; **1979** 108; KK-*Pikart* 49; KMR-*Paulus* § 33a, 3; *Hanack* JZ **1973** 778; offengelassen in BGHSt **23** 102; vgl. auch § 33a, 3, 4.

[51] Dazu *Hülle* NJW **1972** 411; *Seibert* MDR **1965** 266. Diese Regelung wurde durch das VereinhG aufgehoben.

[52] Zahlen bei *F. Meyer* StrVert. **1984** 226; *Rieß* FS Sarstedt 286.

typische Anwendungsgebiet der Vorschrift betrifft solche Fälle ohne rechtsgrundsätzliche Bedeutung, in denen die Urteilsaufhebung wegen eines klaren Gesetzesverstoßes nur einer relativ kurzen Begründung bedarf[53]. Vgl. auch Rdn. 33.

2. Revision zugunsten des Angeklagten. Die Urteilsaufhebung gemäß § 349 Abs. 4 darf nur erfolgen, wenn die Revision zugunsten des Angeklagten eingelegt ist. Das ist der Fall, wenn er selbst oder für ihn sein Verteidiger, der gesetzliche Vertreter, der Erziehungsberechtigte oder die Staatsanwaltschaft gemäß § 296 Abs. 2 zu seinen Gunsten Revision eingelegt haben. Entgegen verbreiteter Meinung ist die Aufhebung des Urteils durch Beschluß aber auch möglich, wenn die von der Staatsanwaltschaft zuungunsten des Angeklagten eingelegte Revision nach § 301 nur zu seinen Gunsten Erfolg hat. Denn auch in diesem Fall ist die Entscheidung durch Beschluß, da sie den Angeklagten nicht beschwert, unbedenklich[54]. **32**

3. Einstimmige Annahme der Begründetheit. Das Revisionsgericht muß einstimmig der Meinung sein, daß die Revision begründet ist. Offensichtlich begründet braucht sie nicht zu sein, wie sich aus dem Gesetz klar ergibt (**a. A** nur *Creifelds* JR 1965 4). Es braucht auch kein schwerwiegender Verfahrensfehler oder gar ein unbedingter Revisionsgrund (§ 338) zur Aufhebung zu zwingen. Auch eine Verletzung des sachlichen Rechts kann zur Aufhebung des Urteils durch Beschluß führen (dazu *Dahs/Dahs* 446). Rechtlich möglich ist jede Urteilsaufhebung, die nach § 349 Abs. 5 in einer Hauptverhandlung erfolgen könnte. Die Revisionsgerichte beschränken sich jedoch im allgemeinen und mit Recht darauf, Urteile nur dann durch Beschluß aufzuheben, wenn eindeutige Fehler vorliegen, eine knappe Begründung ausreicht und schwierige Rechtsfragen nicht erörtert zu werden brauchen. Erst in neuerer Zeit zeigt sich in zunehmendem Maße eine bedenkliche, wenn auch nicht einheitliche Tendenz, diese zurückhaltende Handhabung aufzuheben (z. B. BGHSt **32** 1; **32** 22). **33**

4. Entscheidung zugunsten des Angeklagten. Das Revisionsgericht kann bei der Urteilsaufhebung gemäß § 349 Abs. 4 jede Entscheidung zugunsten des Angeklagten treffen, die auf die Revision zulässig ist, insbesondere nach § 354 Abs. 1 in der Sache selbst entscheiden[55] und in sinngemäßer Anwendung dieser Bestimmung den Schuldspruch berichtigen (§ 354, 15 ff), wenn nur dies das Ziel der Revision war. Der Angeklagte kann auch durch Beschluß freigesprochen werden[56]. Dem läßt sich nicht entgegenhalten, der in einer Hauptverhandlung verurteilte Angeklagte habe einen Anspruch darauf, auch durch Urteil freigesprochen zu werden[57]. Denn einen solchen Anspruch gibt es nicht; auch sonst kann das Verfahren nach Erlaß eines tatrichterlichen Urteils durch Beschluß beendet werden (z. B. nach §§ 153, 154, 206 a, 206 b). **34**

---

[53] Vgl. *Kleinknecht/Meyer* 5; KMR-*Paulus* 29; *Peters* 623; *Dahs/Dahs* 446; *Amelunxen* 77.

[54] Ebenso BGH bei *Dallinger* MDR **1969** 904; KK-*Pikart* 37; LR-*Meyer* in der 23. Aufl.; **a. A** *Kleinknecht/Meyer* 20; KMR-*Paulus* 28; *Eb. Schmidt* Nachtr. I 19; *Dahs/Dahs* 445; *Amelunxen* 77.

[55] KK-*Pikart* 39; *Kleinknecht/Meyer* 22; KMR-*Paulus* 31; *Dahs/Dahs* 446; Bedenken äußert *Eb. Schmidt* Nachtr. I 20.

[56] OLG Hamburg NJW **1966** 1277; OLG Hamm NJW **1977** 207; OLG Köln NJW **1966** 512; *Kleinknecht/Meyer* 22; KMR-*Paulus* 31; *Kleinknecht* JZ **1965** 161; **a. A** *Creifelds* JR **1965** 4; Bedenken auch bei *Eb. Schmidt* Nachtr. I 20.

[57] So aber *Batereau* Die Schuldspruchberichtigung (1971) 55; *Seibert* NJW **1966** 1064.

35 **5. Verhältnis zu §§ 206a, 206b.** Besteht ein Verfahrenshindernis, das zur Einstellung des Verfahrens führen muß, so kann die Entscheidung sowohl nach § 349 Abs. 4 als auch, ohne besondere Aufhebung des angefochtenen Urteils (OLG Celle MDR **1958** 444), nach § 206a getroffen werden (vgl. OLG Celle MDR **1969** 503). Denn § 206a ist auch im Revisionsverfahren anwendbar (näher § 206a, 14). Dabei macht es keinen Unterschied, ob das Verfahrenshindernis schon bei Erlaß des angefochtenen Urteils bestanden hat oder erst im Revisionsverfahren eingetreten ist[58]. Die Ansicht, eine solche Wahlmöglichkeit des Revisionsgerichts sei systemwidrig, § 206a gelte daher nicht für „echte" Revisionsentscheidungen, sondern nur für nach Erlaß des angefochtenen Urteils entstandene Verfahrenshindernisse (*Meyer-Goßner* GA **1973** 370 und LR[23] § 206a, 11), überzeugt nicht (vgl. § 206a, 15). Denn die Entscheidung nach § 349 Abs. 4 setzt Einstimmigkeit voraus, die nach § 206a nicht. Es ist nicht einzusehen, weshalb nur das Revisionsgericht diese verfahrensvereinfachende Vorschrift nicht sollte anwenden können, sondern durch Urteil nach § 349 Abs. 5 entscheiden muß, wenn eine Entscheidung gemäß § 349 Abs. 4 wegen fehlender Einstimmigkeit nicht zustande kommt. Allerdings sollte im Fall, daß das Revisionsgericht die Einstellung einstimmig für geboten hält, der Entscheidung nach § 349 der Vorzug gegeben werden; denn wenn die Voraussetzungen dieser allgemein für das Revisionsverfahren geltenden Vereinfachungsvorschrift vorliegen, braucht nicht auf die besondere Vorschrift des § 206a zurückgegriffen zu werden (anders LR-*Rieß* § 206a, 15 a.E.; vgl. aber auch § 206a, 7).

36 Entsprechendes gilt beim **Wegfall der Strafbarkeit** infolge einer nach Erlaß des angefochtenen Urteils vom Revisionsgericht gemäß § 354a zu beachtenden Strafrechtsänderung. Denn man wird annehmen müssen, daß die Sondervorschrift des § 206b, die in diesem Fall eine Beschlußentscheidung vorsieht, auch im Revisionsverfahren anwendbar ist (§ 206b, 10), das Revisionsgericht also die Wahl hat, ob es nach dieser Vorschrift verfährt oder nach § 349 Abs. 4, falls Einstimmigkeit gegeben ist. Ist dies der Fall, braucht auf § 206b aber ebenfalls nicht zurückgegriffen zu werden, kann die Urteilsaufhebung also nach § 349 Abs. 4 erfolgen.

6. Beschluß

37 a) **Anhörung der Staatsanwaltschaft.** Der Beschluß nach § 340 Abs. 4 setzt keinen Antrag der Staatsanwaltschaft voraus. Er kann auch ergehen, wenn sie beantragt, auf die Revision des Angeklagten gemäß § 349 Abs. 5 Termin anzuberaumen[59]. Jedoch muß das Revisionsgericht der Staatsanwaltschaft vor der Beschlußfassung Gelegenheit geben, zu der Revision Stellung zu nehmen; sie hat Anspruch darauf, rechtlich gehört zu werden (§ 33 Abs. 2). Hat die Staatsanwaltschaft beantragt, die Revision nach § 349 Abs. 2 als offensichtlich unbegründet zu verwerfen, so ist das Revisionsgericht rechtlich nicht gehindert, nach § 349 Abs. 4 zu verfahren. Daß in einem solchen Fall die Entscheidung durch Urteil unbedingt vorzuziehen sei[60], dürfte so allgemein nicht zutreffen.

38 b) **Verbindung mit der Entscheidung nach § 349 Abs. 2.** Vielfach sind Revisionen, die zugunsten des Angeklagten eingelegt sind, teils offensichtlich unbegründet, teils nach einstimmiger Meinung des Revisionsgerichts begründet. Handelt es sich um trennbare Entscheidungsteile (§ 344, 14 ff), so wird es überwiegend für zulässig gehalten, die

---

[58] OLG Hamm JMBlNRW **1953** 257; OLG Köln MDR **1953** 695; vgl. auch § 206a, 14.

[59] KK-*Pikart* 36; KMR-*Paulus* 30; *Kleinknecht/Meyer* 21; *Eb. Schmidt* Nachtr. I 18; *Seibert* NJW **1966** 1064.

[60] So *Seibert* NJW **1966** 1064; KMR-*Paulus* 30; LR-*Meyer* in der 23. Aufl.

Beschlüsse nach § 349 Abs. 2 und 4 zu verbinden[61]. Daß von dieser Möglichkeit nur ausnahmsweise Gebrauch gemacht werden solle[62], ist nicht einzusehen.

c) Begründung. Das Gesetz sieht nicht vor, daß die Staatsanwaltschaft beim Revisionsgericht den Antrag auf Aufhebung durch Beschluß stellt, ihn begründet und dem Beschwerdeführer mit dieser Begründung zur Kenntnis bringt, so daß das Revisionsgericht hierauf Bezug nehmen und sich eine eigene Begründung ersparen kann. Der Aufhebungsbeschluß ist daher nach allgemeinen Grundsätzen vom Revisionsrichter zu begründen, ob er nun in der Sache selbst entscheidet oder an den Tatrichter zurückverweist[63]. Im letzteren Fall hat das Revisionsgericht dem Tatrichter wegen der Bindungswirkung des § 358 Abs. 1 insbesondere zu erläutern, welche Rechtsauffassung der Urteilsaufhebung zugrunde liegt. Auch wenn das Revisionsgericht in der Sache selbst entscheidet, hat es den Beschluß zu begründen. **39**

d) Bekanntmachung. Auch der Aufhebungsbeschluß gemäß § 349 Abs. 4 wird den Prozeßbeteiligten nur formlos bekanntgemacht (§ 35 Abs. 2 Satz 2; vgl. oben Rdn. 26). **40**

e) Zurücknahme. Der Beschluß nach § 349 Abs. 4 kann ebensowenig wie ein Urteil des Revisionsgerichts zurückgenommen oder widerrufen werden[64]. Anders verfahren ist der BGH in einem Fall, in dem er übersehen hatte, daß die Aufhebung nicht zugunsten des Angeklagten erfolgte und die aufgrund des Beschlusses erforderliche neue Hauptverhandlung vor dem Tatrichter noch nicht durchgeführt war (2 StR 383/74 v. 2. 10. 1974). **41**

§ 350

(1) ¹Dem Angeklagten und dem Verteidiger sind Ort und Zeit der Hauptverhandlung mitzuteilen. ²Ist die Mitteilung an den Angeklagten nicht ausführbar, so genügt die Benachrichtigung des Verteidigers.

(2) ¹Der Angeklagte kann in der Hauptverhandlung erscheinen oder sich durch einen mit schriftlicher Vollmacht versehenen Verteidiger vertreten lassen. ²Der Angeklagte, der nicht auf freiem Fuße ist, hat keinen Anspruch auf Anwesenheit.

(3) ¹Hat der Angeklagte, der nicht auf freiem Fuße ist, keinen Verteidiger gewählt, so wird ihm, falls er zu der Hauptverhandlung nicht vorgeführt wird, auf seinen Antrag vom Vorsitzenden ein Verteidiger für die Hauptverhandlung bestellt. ²Der Antrag ist binnen einer Woche zu stellen, nachdem dem Angeklagten der Termin für die Hauptverhandlung unter Hinweis auf sein Recht, die Bestellung eines Verteidigers zu beantragen, mitgeteilt worden ist.

Schrifttum. *Dahs* Verfassungsrechtliche Gewährleistung umfassender Verteidigung im Revisionsverfahren, NJW **1978** 140; *Hahn* Die notwendige Verteidigung (1975); *Hanack* Die Verteidi-

---

[61] BGHSt **29** 370; BGH GA **1980** 469 und 470; BayObLG NJW **1982** 1059; OLG Hamburg NJW **1965** 2417; JR **1967** 31 mit Anm. *Sarstedt*; OLG Koblenz VRS **47** 97; *Kleinknecht/Meyer* 19; *Seibert* MDR **1965** 266; **1966** 1064.
[62] So *Kleinknecht/Meyer* 19; LR-*Meyer* in der 23. Aufl.; vgl. auch *Dahs/Dahs* 449.
[63] KK-*Pikart* 40; *Eb. Schmidt* Nachtr. I 20; *Dahs/Dahs* 447; einschränkend KMR-*Paulus* 31 und offenbar auch *Kleinknecht/Meyer* 22.
[64] KK-*Pikart* 41; KMR-*Paulus* 32; *Eb. Schmidt* Nachtr. I 21; *Dahs/Dahs* 448.

gung vor dem Revisionsgericht, FS Dünnebier 301; *Kohlhaas* Pflichtverteidigung in der Revisionsinstanz? NJW **1951** 179; *Oswald* Der verfahrensrechtliche Anspruch des Angeklagten auf ein faires Verfahren, JR **1979** 99; *Peters* Bundesverfassungsgericht und Bundesgerichtshof, JZ **1978** 230; *Eb. Schmidt* Revisionsverhandlung und Verteidigung, NJW **1967** 853; *Seibert* Erste Erfahrungen mit dem Revisions-Verteidiger (§ 350 Abs. 3 StPO), NJW **1965** 1469.

Entstehungsgeschichte. Nach der ursprünglichen Fassung der Vorschrift mußte der Verteidiger nur auf Verlangen des Angeklagten von der Revisionsverhandlung benachrichtigt werden. Die Absätze 1 und 2 erhielten ihre jetzige Fassung durch Art. 4 Nr. 38 des 3. StRÄndG. Absatz 3 wurde durch Art. 9 Nr. 3 StPÄG 1964 eingefügt. Bezeichnung bis 1924: § 390.

Übersicht

	Rdn.		Rdn.
1. Allgemeines	1	b) Pflichtverteidigerbestellung nach § 350 Abs. 3	9
2. Benachrichtigung von der Hauptverhandlung	3	c) Pflichtverteidigerbestellung nach § 140 Abs. 2	11
3. Anwesenheit in der Hauptverhandlung	6	d) Anwesenheitspflicht des bestellten Verteidigers	13
4. Mitwirkung von Pflichtverteidigern a) Der vom Tatrichter bestellte Pflichtverteidiger	8	5. Wiedereinsetzung in den vorigen Stand	14

1. Allgemeines. Der historische Gesetzgeber ging davon aus, daß „das Verfahren in der Revisionsinstanz wesentlich ein solches ist, bei welchem der Stoff für die richterliche Entscheidung in Schriftsätzen niedergelegt und darum die mündliche Darlegung der Beschwerdepunkte vor dem erkennenden Gericht nebensächlich ist" (*Hahn* 1 254 f)[1]. Dementsprechend läßt § 350 erkennen, daß die Anwesenheit des Angeklagten, aber auch die Mitwirkung des Verteidigers, in der Revisionsverhandlung vom Gesetz grundsätzlich nicht als erforderlich angesehen werden. Das zeigt auch die später eingefügte Ausnahme des § 350 Abs. 3, die den Eindruck eines mangelnden „fair trial" ausräumen will (BTDrucks. **IV** 1020 S. 6), aber schon deswegen „eigenartig" ist (*Eb. Schmidt* Nachtr. I 3), weil sie zwar dem inhaftierten Angeklagten die Chance eines Pflichtverteidigers in der Hauptverhandlung vor dem Revisionsgericht einräumt, nicht aber dem auf freiem Fuß befindlichen Angeklagten, der sich die Kosten eines Verteidigers nicht leisten kann[2]. Das BVerfG hat diese Differenzierung zwar für verfassungsgemäß erklärt (NJW **1965** 147 mit abl. Anm. *Ad. Arndt*). Es hat aber in späteren Entscheidungen die Pflicht zur Bestellung von Pflichtverteidigern für die Revisionsverhandlung (BVerfGE **46** 202; näher unten Rdn. 11) sowie die Pflicht des Revisionsgerichts, auf die Anwesenheit eines bestellten Verteidigers Rücksicht zu nehmen (NStZ **1983** 82; näher unten Rdn. 13), aus verfassungsrechtlicher Sicht in einer Weise interpretiert, die die Brüchigkeit des § 350 aus heutiger Sicht verdeutlicht. In dieselbe Richtung weist ein Urteil des EuGMR (NStZ **1983** 373 mit Anm. *Stöcker*), das die Bundesrepublik wegen eines Verstoßes gegen Art. 6 III c MRK verurteilt, weil der BGH einem Angeklagten, der nicht über die notwendigen Mittel verfügte, für die Revisionsverhandlung keinen Pflichtverteidiger beiordnete; der EuGMR sieht eine solche Beiordnung erkennbar in weitem Umfang als geboten an (näher unten Rdn. 11).

---

[1] Dazu *Eb. Schmidt* NJW **1967** 853; *Hanack* 302; KK-*Pikart* 1.
[2] Dazu kritisch z.B. KMR-*Paulus* 5; *Peters* 202; *Roxin* § 53 H 2; *Schlüchter* 749.2; *Hahn* 80; *Hanack* 311 f; *Eb. Schmidt* NJW **1967** 854.

Mit den **heutigen,** auch **verfassungsrechtlich abgeleiteten Einsichten** über die Bedeutung des rechtlichen Gehörs und des „fair trial" ist die Konzeption des § 350 in der Tat kaum zu vereinbaren[3]. Problematisch ist nicht nur die Differenzierung zwischen den Rechten des inhaftierten und des nichtinhaftierten Angeklagten. Problematisch ist angesichts eines mittlerweile erheblich veränderten Bildes vom Charakter der Revision vor allem die mangelnde Rücksichtnahme des Gesetzes auf die Mitwirkung und Anwesenheit eines Verteidigers in der Revisionsverhandlung. Dies gilt insbesondere, wenn man bedenkt, daß durch die Handhabung des § 349 Abs. 2 (dort Rdn. 5) im allgemeinen nur noch kritischere, auch nach Meinung des Revisionsgerichts nicht „offensichtlich unbegründete" Fälle zur revisionsgerichtlichen Hauptverhandlung kommen, und daß es dabei durch den Umfang, in dem die Revisionsgerichte im Bemühen um gerechte Entscheidung des Einzelfalles selbst die Schlüssigkeit der tatrichterlichen Feststellungen und Würdigungen (vgl. § 337, 121 ff) sowie die Einzelheiten der Rechtsfolgentscheidung (vgl. § 337, 185 ff) prüfen, nur zu oft um subtile, das Tatsächliche berührende Wertungsfragen geht. Daß in einer solchen Revisionssache der überraschende Ausfall des auf die Verhandlung eingerichteten Wahlverteidigers unbeachtlich sein soll (unten Rdn. 7, Rdn. 14 f), erscheint nicht akzeptabel, zumal er unter Umständen überhaupt erst in der Hauptverhandlung erfährt, wie die Staatsanwaltschaft den Fall beurteilt und welche Anträge sie stellt (vgl. *Hanack* 310), und er guten Grund haben kann, beim Vortrag des berichterstattenden Revisionsrichters anwesend zu sein (vgl. *Hanack* aaO). Gerade wenn die Revisionsgerichte in der genannten Weise eine „erweiterte Revision" praktizieren, müssen sie, so unangenehm und „nutzlos" ihnen das vielleicht erscheinen mag, dem auch bei den Mitwirkungsrechten des Beschwerdeführers Rechnung tragen. Eine gewisse Korrektur der traditionell restriktiven Handhabung und Auslegung des § 350 ist schon dadurch, im übrigen (und im Zusammenhang damit) nach den allgemeinen Grundsätzen des Verfassungs- und Verfahrensrechts unausweichlich geboten. Ohne neue gesetzliche Weisung ist sie freilich schwierig, so daß mit zahlreichen Stimmen im Schrifttum eine Reform der Vorschrift zu fordern ist[4].

2. Benachrichtigung von der Hauptverhandlung. Nach § 350 Abs. 1 erfolgt die Benachrichtigung des Angeklagten und des Verteidigers zwar von Amts wegen, aber nur als „Mitteilung", nicht also als „Ladung" notwendiger Beteiligter. Entgegen der zu engen Fassung des Absatz 1 müssen von Ort und Zeit der Hauptverhandlung aber nicht nur der Angeklagte (auch wenn er nicht auf freiem Fuß ist) und der Verteidiger, sondern alle Verfahrensbeteiligte benachrichtigt werden[5]. Neben dem gesetzlichen Vertreter (§ 298) ist stets auch der Angeklagte zu benachrichtigen; denn § 350 wird durch § 298 nur ergänzt, nicht aber abgeändert. Die Mitteilung an Angeklagte, die nicht auf freiem Fuß sind und keinen Wahlverteidiger haben, muß den Hinweis auf § 350 Abs. 3 enthalten, sofern nicht von vornherein eine Vorführung beabsichtigt ist. Diese Mitteilung setzt die Antragsfrist nach § 350 Abs. 3 Satz 2 in Lauf und muß daher förmlich zugestellt werden (allg. M). Sonst genügt, da eine Frist nicht in Lauf gesetzt wird, die formlose Übermittlung[6]. Folgt man der hier vertretenen Meinung, daß eine Wiedereinsetzung in

---

[3] Eingehend, auch zum folgenden, *Eb. Schmidt* NJW **1967** 853 ff; *Hanack* 301 ff; anders KK-*Pikart* 1.

[4] Näher zu diesen Stimmen und zum Inhalt einer möglichen Reform *Hanack* 318 ff; vgl. jetzt auch *Sarstedt/Hamm* 481.

[5] KK-*Pikart* 3; KMR-*Paulus* 1; *Kleinknecht/ Meyer* 1.

[6] RG HRR **1931** 1401; OLG Braunschweig GA **1955** 219; allg. M im Schrifttum; *Eb. Schmidt* Nachtr. I 7 und NJW **1967** 857 empfiehlt eine Gesetzesänderung, die die förmliche Zustellung vorschreibt.

§ 350

den vorigen Stand möglich ist (unten Rdn. 14 f), fragt sich allerdings, ob die Revisionsgerichte mindestens in vielleicht kritischen Fällen nicht auch insoweit eine förmliche Zustellung wählen sollten. Bei der Mitteilung ist der Hinweis ratsam, daß das Revisionsgericht grundsätzlich auch bei Nichterscheinen zur Sache verhandeln kann (*Dahs/Dahs* 452). Die Benachrichtigung darf nach h. M gemäß § 145 a Abs. 1 dem Verteidiger übermittelt werden, auch wenn er nicht entsprechend bevollmächtigt ist; § 145 a Abs. 3 soll nicht gelten, weil es sich nicht um eine Ladung im eigentlichen Sinne handelt[7].

4 Ist die Mitteilung an den Angeklagten **nicht ausführbar,** etwa weil er sich verborgen hält, genügt die Benachrichtigung des Verteidigers (§ 350 Abs. 1 Satz 2). Zur vorläufigen Einstellung nach § 205 führt die Abwesenheit des Angeklagten daher nicht. Hat ein Angeklagter, dessen Anschrift nicht bekannt ist, keinen Verteidiger, so kann ihm die Benachrichtigung von der Hauptverhandlung nach § 40 öffentlich zugestellt werden[8]. Hat die Staatsanwaltschaft Revision eingelegt, so ist die öffentliche Zustellung aber nur zulässig, wenn dem Angeklagten die Revisionsschrift bereits persönlich zugestellt worden war (BayObLGSt **1963** 84 = JR **1962** 309). Wird die Revisionsverhandlung in Abwesenheit des Angeklagten, seines bevollmächtigten Vertreters oder Verteidigers ausgesetzt, so müssen sie auch von dem neuen Termin benachrichtigt werden; dies ist aber wohl nicht erforderlich, wenn nur noch das Urteil verkündet werden soll (*Dahs/Dahs* 452).

5 Eine **Ladungsfrist** besteht nicht. Die §§ 217, 218 sind daher direkt nicht anzuwenden[9]. **Rechtliches Gehör** muß aber stets gewährt werden. Die Benachrichtigung darf daher, weil § 350 den Beteiligten immerhin eine Befugnis zur Teilnahme einräumt, nicht so kurzfristig erfolgen, daß sie sich etwa im Hinblick auf eine Reise zum Revisionsgericht nicht oder nicht mehr angemessen einrichten können. Auch ist die Revisionsverhandlung stets so anzusetzen, daß genügend Zeit zu ihrer Vorbereitung bleibt, wenn dem Verteidiger Gegenerklärungen, durch Freibeweis ermittelte Tatsachen oder Rechtsausführungen anderer Beteiligter mitgeteilt worden sind[10]. Das rechtliche Gehör verlangt im übrigen auch, daß dem beschwerdeführenden Angeklagten schriftliche Rechtsausführungen des Staatsanwalts beim Revisionsgericht rechtzeitig zur Kenntnis gegeben werden[11].

6 **3. Anwesenheit in der Hauptverhandlung.** Auch im Revisionsverfahren ist die Hauptverhandlung als mündliche Verhandlung gestaltet. Die Staatsanwaltschaft, beim Bundesgerichtshof der Generalbundesanwalt, muß immer vertreten sein. Die Anwesenheit des Angeklagten und des Verteidigers (wegen des Pflichtverteidigers vgl. unten Rdn. 13) ist aber ebensowenig notwendig wie die anderer Prozeßbeteiligter (Privat- und Nebenkläger, Einziehungsbeteiligte, gesetzliche Vertreter, Erziehungsberechtigte). Es genügt, daß sie von dem Termin benachrichtigt worden sind. Die Anwesenheit des Angeklagten ist verfassungsrechtlich selbst dann nicht geboten, wenn es um seine lebenslange Freiheitsstrafe geht (BVerfG NJW **1980** 1945). Das Erscheinen des auf freiem Fuß befindlichen Angeklagten kann nicht erzwungen werden. Es steht in seinem Belieben, ob

---

[7] KK-*Pikart* 3; KMR-*Paulus* 2; *Kleinknecht/Meyer* 2; *Eb. Schmidt* Nachtr. I 7.

[8] RGSt **56** 419; BayObLGSt **1952** 126 = JZ **1953** 92; **1962** 84 = JR **1962** 309; KK-*Pikart* 4; *Kleinknecht/Meyer* 2; *Eb. Schmidt* NJW **1967** 857.

[9] OLG Braunschweig GA **1955** 219; allg. M, z.B. KK-*Pikart* 6; KMR-*Paulus* 2; *Kleinknecht/Meyer* 1; *Eb. Schmidt* NJW **1967** 857; kritisch zu dieser Regelung *Hanack* 312.

[10] KMR-*Paulus* 2; *Dahs/Dahs* 452; vgl. auch KK-*Pikart* 6.

[11] vgl. BVerfGE **46** 202, 212 f (das die Frage aber letztlich offenläßt); *Dahs* NJW **1978** 141; *Peters* JZ **1978** 231.

er in der Hauptverhandlung anwesend sein will (BayObLGSt **1952** 16 = JZ **1953** 92). Er darf sich stets durch einen bevollmächtigten Verteidiger vertreten lassen (§ 350 Abs. 2 Satz 1), muß das aber nicht tun. Das alles schließt nicht aus, nach § 236 das persönliche Erscheinen des Angeklagten anzuordnen, wenn das Revisionsgericht ihn im Wege des Freibeweises hören will, etwa um eine Verfahrensvoraussetzung festzustellen[12]. Rechtliche Nachteile nach Art des § 329 sind mit dem Ausbleiben des Angeklagten nicht verbunden. Das Gesetz gibt dem nicht auf freiem Fuß befindlichen Angeklagten auch keinen Anspruch auf Vorführung zur Hauptverhandlung (§ 350 Abs. 2 Satz 2)[13], wobei es unerheblich ist, ob und in welcher Sache er inhaftiert oder untergebracht ist.

Einen **Anspruch auf Verlegung** der Hauptverhandlung gibt das Gesetz dem Angeklagten und seinem Verteidiger nicht, auch nicht bei Krankheit oder anderen überraschenden Hindernissen; denn sie sind (s. Rdn. 3) in der Hauptverhandlung keine notwendigen Beteiligten. Nach ganz herrschender Meinung (unten Rdn. 14 f) soll der Angeklagte daher, wenn er selbst oder sein Verteidiger, und sei es durch höhere Gewalt, verhindert sind, keine Vertagung und erst recht keine Wiedereinsetzung in den vorigen Stand beanspruchen können. Aber dies kann (und soll wohl auch) jedenfalls dann nicht gelten, wenn in der Revisionsverhandlung tatsächliche Beweisergebnisse (zu Verfahrensrügen oder Prozeßvoraussetzungen) bekanntgegeben werden, weil sich der Beschwerdeführer dazu nach Art. 103 Abs. 1 GG anerkanntermaßen vor der Entscheidung muß äußern dürfen (vgl. auch Rdn. 5). Es ist jedoch auch im übrigen mit den Grundsätzen heutigen Rechtsverständnisses nicht in Einklang zu bringen; dazu unten Rdn. 15.

4. Mitwirkung von Pflichtverteidigern

a) **Der vom Tatrichter bestellte Pflichtverteidiger.** Die Pflichtverteidigerbestellung durch den Tatrichter erstreckt sich, wenn sie nicht ausdrücklich eingeschränkt wird, auch auf das Revisionsverfahren. Der Pflichtverteidiger kann insbesondere die Revision einlegen und begründen[14], die Gegenerklärung nach § 347 Abs. 1 Satz 2 abgeben (dort Rdn. 5) und nach § 349 Abs. 3 zum Verwerfungsantrag der Staatsanwaltschaft Stellung nehmen; vgl. näher bei § 141. Die Beiordnung durch den Tatrichter gilt nach umstrittener, aber herrschender Ansicht jedoch nicht für die Mitwirkung des Verteidigers in der Hauptverhandlung vor dem Revisionsgericht[15]. Das wirkt widersprüchlich, ist aber dennoch richtig. Denn für die Hauptverhandlung vor dem Revisionsgericht be-

---

[12] OLG Koblenz NJW **1958** 2028; zweifelnd *Eb. Schmidt* Nachtr. I § 236, 1; **a. A** *Rieß* Beiheft ZStW **90** (1978) 205; vgl. § 236, 7.

[13] Näher und kritisch zu dieser Differenzierung, die „nicht zu verstehen ist" (*Eb. Schmidt* NJW **1967** 854), *Hanack* 311 mit weit. Nachw. Vgl. auch Rdn. 10 mit Fußn. 21.

[14] OLG Braunschweig NJW **1950** 79 mit Anm. *Cüppers;* OLG Celle NdsRpfl. **1952** 58; OLG Hamburg NJW **1966** 2324; OLG Oldenburg NdsRpfl. **1951** 151; allg. M. im Schrifttum. Vgl. auch OLG Düsseldorf StrVert. **1984** 327 (Vertrauensschutz für den Angeklagten).

[15] BGHSt **19** 258 = NJW **1964** 1035 mit abl. Anm. *Seydel;* BayObLG JW **1928** 1944 mit Anm. *Löwenstein;* BayObLGSt **1952** 85 = NJW **1952** 716; BayObLG NJW **1953** 195; KG JW **1935** 3124; JR **1951** 217, 220; **1953** 385; OLG Braunschweig NJW **1950** 79 mit abl. Anm. *Cüppers;* OLG Celle NdsRpfl. **1950** 184; **1952** 58; OLG Hamburg NJW **1966** 2324; OLG für Hessen JR **1950** 571; OLG Hamm SJZ **1950** 218; NJW **1958** 1934 und **1970** 440; NStZ **84** 43; OLG Karlsruhe NJW **1969** 2028; aus dem Schrifttum z.B. KMR-*Paulus* 4; *Dahs/Dahs* 450; *Sarstedt/Hamm* 21; *Hanack* 314; *Kohlhaas* NJW **1951** 180; **a. A** OLG Hamburg MDR **1951** 183; NJW **1964** 418; *Henkel* 156 Fußn. 5; *Peters* 205; *Hahn* 88. Vgl. auch bei § 141.

steht keine notwendige Verteidigung nach § 140 Abs. 1[16], und ob die Voraussetzungen des § 140 Abs. 2 im Revisionsrechtszug vorliegen (dazu Rdn. 11), hat nicht der Tatrichter zu beurteilen. Das entspricht offensichtlich auch der Auffassung des Gesetzgebers (vgl. *Seibert* NJW **1965** 1469), wie sich mittelbar aus der Sondervorschrift des § 350 Abs. 3 Satz 1 ergibt (*Peters*[2] 186 sieht hierin allerdings keine Entscheidung des Gesetzgebers über die Streitfrage).

9   b) **Pflichtverteidigerbestellung nach § 350 Abs. 3.** Der Angeklagte, der nicht auf freiem Fuß ist und keinen Wahlverteidiger hat, kann nach § 350 Abs. 3 die Beiordnung eines Pflichtverteidigers verlangen, wenn der Vorsitzende des Revisionsgerichts nicht die Vorführung zur Hauptverhandlung veranlaßt. Die problematische Vorschrift soll im Sinne eines „fair trial" (vgl. Rdn. 1) auch dem Angeklagten die Möglichkeit geben, auf die Willensbildung des Revisionsgerichts in der mündlichen Verhandlung Einfluß zu nehmen (OLG Hamm NJW **1973** 261). Einen Anspruch auf Bestellung eines Pflichtverteidigers hat der Angeklagte aber nur, wenn er sie binnen einer Woche beantragt, nachdem ihm der Termin für die Hauptverhandlung unter Hinweis auf sein Antragsrecht (oben Rdn. 3) mitgeteilt worden ist. Es handelt sich um eine Frist i. S des § 44, so daß gegen ihre Versäumung die Wiedereinsetzung in den vorigen Stand jedenfalls möglich ist, solange das Revisionsgericht noch nicht entschieden hat[17]. Die Beiordnung nach § 350 Abs. 3 Satz 1 ist Sache des Vorsitzenden des Revisionsgerichts[18]. Der Wunsch des Angeklagten, ihm einen Anwalt seines Vertrauens beizuordnen, hat dabei wegen der Besonderheiten des Revisionsverfahrens nicht die Bedeutung wie in der Tatsacheninstanz[19]. So braucht der Vorsitzende, selbst wenn der Angeklagte es wünscht, nicht ohne weiteres den bisherigen Pflichtverteidiger zu bestellen[20]; es kann vielmehr gerade angezeigt erscheinen, einen anderen Pflichtverteidiger beizuordnen, der mehr Erfahrung in Revisionssachen hat (BGHSt **19** 261).

10   Gelangt der Angeklagte **vor der Revisionsverhandlung auf freien Fuß,** so ist die Beiordnung des Pflichtverteidigers an sich zurückzunehmen, falls nicht ein Fall vorliegt, in dem die Verteidigermitwirkung in der Revisionsverhandlung nach § 140 Abs. 2 notwendig ist (dazu Rdn. 11). Das Gesetz schreibt die Zurücknahme zwar nicht ausdrücklich vor. Es gibt nach der befremdlichen Logik des Gesetzes[21] aber keinen Grund, die Verteidigerbestellung aufrechtzuerhalten, wenn der Angeklagte nicht mehr gehindert ist, selbst an der Revisionsverhandlung teilzunehmen. Bei der Rücknahmeentscheidung wird der Vorsitzende jedoch beachten dürfen und müssen, daß der Angeklagte, wenn ihm der Verteidiger nicht bestellt worden wäre, möglicherweise einen anderen Verteidi-

---

[16] BGHSt **19** 259 = NJW **1964** 1035 mit Anm. *Seydel;* BayObLG DRiZ **1920** Nr. 241; KG JR **1951** 217; OLG Breslau GA **70** (1926) 216; OLG Düsseldorf NJW **1956** 436 mit Anm. *Dahs;* OLG Hamburg MDR **1951** 183; OLG Oldenburg NStZ **1984** 523 mit weit. Nachw.; aus dem Schrifttum z.B. KMR-*Paulus* 3; *Eb. Schmidt* Nachtr. I 6; *Sarstedt/Hamm* 21; *Kohlhaas* NJW **1951** 179; **a. A** für § 140 Abs. 1 Nr. 5 OLG Karlsruhe NJW **1969** 2028.

[17] *Sarstedt/Hamm* 477; für den Fall unterbliebener Belehrung KMR-*Paulus; Eb. Schmidt* Nachtr. I 11 und NJW **1967** 857; **a. A** KK-*Pikart* 11; LR-*Meyer* in der 23. Aufl.

[18] Zu den praktischen Möglichkeiten, die „völlig mißlungene Vorschrift" praktisch zu handhaben, äußerst kritisch *Sarstedt/Hamm* 475 ff, die darum dem Vorsitzenden empfehlen (479), dem Angeklagten noch vor der Terminbestimmung einen Verteidiger zu bestellen, „wenn es nach den Akten den Anschein hat, daß er sich nicht auf freiem Fuß befindet".

[19] *Kleinknecht/Meyer* 5; vgl. auch BGHSt **19** 259; KMR-*Paulus* 6; *Sarstedt/Hamm* 479.

[20] KMR-*Paulus* 6; *Dahs* Hdb. 780; *Kleinknecht* JZ **1965** 161.

[21] Nämlich der Idee, daß sich der nichtinhaftierte Angeklagte vor dem Revisionsgericht ausreichend selbst verteidigen kann; vgl. dazu statt aller *Sarstedt/Hamm* 474; *Hanack* 311.

ger beauftragt hätte, der Angeklagte nun also nicht über einen eingearbeiteten Verteidiger verfügt. Bei der Prüfung, ob ein Fall notwendiger Verteidigung gemäß § 140 Abs. 2 vorliegt (Rdn. 11), ist das mit in die Waagschale zu werfen. Vgl. auch OLG Frankfurt StrVert. **1983** 497 zu § 140 Abs. 1 Nr. 5.

c) Pflichtverteidigerbestellung nach § 140 Abs. 2. Aus § 350 Abs. 3 müßte im Wege **11** des Umkehrschlusses an sich folgen, daß der nichtinhaftierte Angeklagte keinen Anspruch auf Bestellung eines Pflichtverteidigers hat, auch wenn er die Kosten eines gewählten Verteidigers nicht aufbringen kann. Die Rechtsprechung hat jedoch, wenn auch zögernd und jedenfalls zunächst nur ausnahmsweise[22], die Möglichkeit einer Pflichtverteidigerbestellung nach § 140 Abs. 2 für die Revisionsverhandlung anerkannt[23]. Wirklich klares Profil haben die Voraussetzungen, unter denen das zu geschehen hat, jedoch bis heute nicht gewonnen (zu den Gründen: *Hanack* 315 f). Das BVerfG hat 1977 in Konkretisierung des Rechtsstaatsprinzips eine solche Pflicht in „schwerwiegenden Fällen" bejaht, wobei es diese Fälle „maßgeblich aus der Interessenlage des Beschuldigten" in bezug auf den „Ausgang" und die möglichen „Auswirkungen" des Revisionsverfahrens, beurteilt[24]. Sonderlich überzeugend ist das nicht, weil es doch vor allem darum geht, ob oder wann die Mitwirkung des Verteidigers wegen der Eigenart des Revisionsrechts und der rechtlichen Schwierigkeiten des einzelnen Revisionsverfahrens eine solche Beiordnung fordert, damit der Angeklagte sachgemäß verteidigt ist[25]. Immerhin zwingt die Entscheidung des BVerfG die Revisionsgerichte zum Umdenken, nämlich eben – auch zur Berücksichtigung der Beschuldigtenbelange. Insoweit wird man mit *Dahs* (NJW **1978** 140) einen „schwerwiegenden Fall" i. S des BVerfG im Zweifel *jedenfalls* bei einer mehr als einjährigen Freiheitsstrafe annehmen müssen, und zwar im Hinblick auf die rechtliche Bedeutung dieser Grenze[26]. Im übrigen bleibt die Bestellung weitgehend eine Sache des Einzelfalles, abhängig insbesondere von der Frage, ob die Revision Rechtsprobleme betrifft, bei denen, etwa weil es sich um das Tatsächliche berührende Wertungsfragen handelt (vgl. Rdn. 2), die Mitwirkung des Verteidigers aus objektiver Sicht auch neben dem Vortrag des Berichterstatters (§ 351 Abs. 1) zur näheren Entfaltung und Klarstellung des Revisionsvorbringens Bedeutung besitzt. Nach der Entscheidung des EuGMR v. 25. 4. 1983 (NStZ **1983** 373 mit Anm. *Stöcker*) ist das – selbst bei bloßen Verfahrensrügen – im Zweifel schon anzunehmen, wenn die Staatsanwalt-

---

[22] Dazu *Dahs* NJW **1978** 140; *Hahn* 89; *Hanack* 314 f; vgl. auch OLG Hamm NStZ **1982** 345 mit Anm. *Dahs*.
[23] BGHSt **19** 259; OLG Hamburg MDR **1951** 183; OLG Hamm StrVert. **1984** 66; OLG Köln JMBlNRW **1964** 131; aus dem Schrifttum z.B. *KK-Pikart* 12; *KMR-Paulus* 5; *Kleinknecht/Meyer* 4; vgl. auch im folgenden.
[24] BVerfGE **46** 202 = NJW **1978** 151; vgl. auch (bestätigend) BVerfG NStZ **1983** 82; anders noch BVerfG NJW **1965** 174 mit abl. Anm. *Ad. Arndt*.
[25] Näher dazu und zu der Entscheidung insgesamt *Hanack* 316 ff. Nicht sonderlich überzeugend ist es auch, daß das BVerfG von seinen Grundsätzen dann Ausnahmen macht, wenn die Entscheidung des Revisionsgerichts „auf der Hand liegt" oder die Rechtsansicht des Beschwerdeführers „unvertretbar" oder „von vornherein abwegig" ist, schon weil dann in der Regel das Beschlußverfahren nach § 349 Abs. 2 stattfindet (*Dahs* NJW **1978** 141; *KK-Pikart* 12; *Kleinknecht/Meyer* 4). Aus verfassungsrechtlicher Sicht kritisch zur Methode des BVerfG *Niemöller/Schuppert* AöR **107** (1982) 430.
[26] Dem zustimmend *KMR-Paulus* 5; *Oswald* JR **1979** 100; *Wasserburg* GA **1982** 318; vgl. auch *Hanack* 317 und (in der Tendenz wohl noch weitergehend) OLG Hamm NStZ **1984** 44. Zweifelnd aber *Peters* JZ **1978** 232; erkennbar skeptisch auch *Kleinknecht/Meyer* 4; zurückhaltend und ohne eigene Stellungnahme das übrige Schrifttum, z.B. *KK-Pikart* 12; *Roxin* § 19 B. Der BGH und das BVerfG sind dem nicht gefolgt (vgl. *Sarstedt/Hamm* 480; *Hanack* 317); anders auch OLG Oldenburg NStZ **1984** 523.

§ 350   Drittes Buch. Rechtsmittel

schaft eine Verwerfung der Revision nach § 349 Abs. 2 nicht beantragt hat, schwierige Rechtsfragen anstehen und der Beschwerdeführer sonst nicht die Möglichkeit hat, zum Revisionsvorbringen der Staatsanwaltschaft eine Stellungnahme abzugeben, die er im schriftlichen Verfahren (vgl. § 349 Abs. 3) gehabt hätte. Aus dieser Sicht ist die Bestellung eines Pflichtverteidigers, wenn der Angeklagte die Kosten eines Wahlverteidigers nicht zahlen kann, in der Regel immer geboten, so daß die Bundesrepublik mit weiteren Verurteilungen durch den EuGMR rechnen muß, wenn ihre Revisionsgerichte dem nicht entsprechen (vgl. auch *Stöcker* aaO).

12   **Zuständig** für die Beiordnung eines Pflichtverteidigers nach § 140 Abs. 2, der speziell für die Hauptverhandlung vor dem Revisionsgericht bestellt wird, ist nicht der Tatrichter, sondern ausschließlich der Vorsitzende des Revisionsgerichts[27]; die vom Tatrichter angeordnete Beiordnung ist wirkungslos. Die Bestellung kann auch „stillschweigend", insbesondere durch Inanspruchnahme des anwesenden Verteidigers und Worterteilung erfolgen (OLG Hamm NStZ **1984** 43). Zu den Kriterien der Auswahl s. Rdn. 9.

13   **d) Anwesenheitspflicht des bestellten Verteidigers.** Der nach § 350 Abs. 3 (Rdn. 9) oder nach § 140 Abs. 2 (Rdn. 11) bestellte Verteidiger ist zur Teilnahme an der Revisionsverhandlung verpflichtet, weil er gerade dafür bestellt ist. Bleibt er aus, muß daher die Verhandlung ausgesetzt oder notfalls ein anderer Verteidiger (mit angemessener Einarbeitungsfrist) bestellt werden[28]. Ist der Verteidiger verhindert, verletzt eine Durchführung der Verhandlung in seiner Abwesenheit nach Meinung des BVerfG das verfassungsrechtliche Gebot der rechtsstaatlichen und fairen Verhandlungsführung[29]. In der Sache bedeutet dies eine verfassungsrechtliche Überlagerung der dem § 350 zugrunde liegenden Struktur, die die Brüchigkeit der Vorschrift (oben Rdn. 1, 2) besonders deutlich macht. Zweifelhaft ist nur, ob die Anwesenheit des nach § 350 Abs. 3 oder § 140 Abs. 2 bestellten Verteidigers auch dann erforderlich ist, wenn der Angeklagte mit seinem Fernbleiben einverstanden ist oder wenn der Verteidiger selbst sein Auftreten in der Hauptverhandlung für sinnlos hält, etwa weil er meint, sein gesamtes Vorbringen schon schriftlich unterbreitet zu haben. Nach gegenwärtigem Recht[30] ist das zu bejahen. Denn die Beiordnung des Verteidigers erfolgt ja gerade, weil seine Mitwirkung in der Hauptverhandlung für erforderlich gehalten wird, so daß es jedenfalls nicht seiner Entscheidung obliegt zu prüfen, ob sein Auftreten in der Verhandlung notwendig ist oder nicht[31]. Im Fall der notwendigen Verteidigung nach § 140 Abs. 2 ist auch die Entbindung vom Erscheinen durch den Angeklagten bedeutungslos, und im Fall des § 350 Abs. 3 ist sie praktisch kaum vorstellbar, weil ja erst ein entsprechender Antrag des Ange-

---

[27] BGHSt **19** 261; KG JR **1951** 220; OLG Köln JMBlNRW **1964** 131; vgl. auch BVerfGE **46** 202; oben Rdn. 9.

[28] KMR-*Paulus* 7; *Eb. Schmidt* Nachtr. I 6; *Hanack* 314; *Seibert* NJW **1965** 1469 f; vgl. auch *Peters* 625 und *Sarstedt/Hamm* 482; **a.A** KK-*Pikart* 7; *Kleinknecht/Meyer* 3; *Dahs/Dahs* 450; wohl auch *Schlüchter* 749.2.

[29] BVerfGE **65** 171 = NStZ **1984** 82 mit krit. Anm. *Pikart;* konkludent ebenso schon BVerfGE **46** 212; **54** 116. Die Bedenken *Pikarts* aaO, daß das die „bisherige, auf zügige Klärung von Schuldvorwürfen gerichtete Rechtspraxis ernsthaft beeinträchtigen" könnte, erscheinen faktisch kaum berechtigt (und im übrigen bezeichnend für eine verbreitete revisionsrichterliche Sicht von der Bedeutung der Verteidigung in der Revisionsverhandlung; vgl. dazu schon *Peters* JZ **1978** 230).

[30] Das insoweit wohl besonders reformbedürftig ist, vgl. § 351, 1 a. E.

[31] So der Tendenz nach auch BVerfG NStZ **1984** 83, das die Frage aber nicht abschließend entscheidet; ebenso LR-*Meyer*[23] gegen *Kleinknecht*[34] 4; KMR-*Paulus* 3; *Sarstedt/Hamm* 482; **a.A** KK-*Pikart* 7; *Dahs/Dahs* 450.

klagten zur Beiordnung des Verteidigers geführt hat. Bei der Urteilsverkündung braucht der bestellte Verteidiger jedoch nicht anwesend zu sein (§ 356, 1).

5. Wiedereinsetzung in den vorigen Stand. Da die Hauptverhandlung vor dem Revisionsgericht ohne den Angeklagten und ohne seinen Verteidiger stattfinden kann (zum bestellten Verteidiger s. Rdn. 13), kommt es nach überkommener und ganz herrschender Meinung auf deren Verhinderung nicht an. Versäumt der Angeklagte oder der Verteidiger die Verhandlung, und sei es durch höhere Gewalt, so kann der Angeklagte nach dieser Meinung Wiedereinsetzung weder nach § 44 noch in sinngemäßer Anwendung des § 235 beanspruchen[32]. Streitig ist lediglich, ob das auch für den Fall gilt, daß die in § 350 Abs. 1 vorgeschriebene Mitteilung über Ort und Zeit der Hauptverhandlung unrichtig gewesen oder ganz unterblieben ist[33]. Nicht unbestritten ist sogar, ob der inhaftierte Angeklagte Wiedereinsetzung verlangen kann, wenn er, obwohl er keinen Wahlverteidiger hatte, nicht auf sein Recht nach § 350 Abs. 3 hingewiesen wurde (oben Rdn. 9 Fußn. 17). Daß der Nebenkläger keinen Anspruch auf Wiedereinsetzung hat, ist anerkannt (OLG Koblenz DRiZ **1966** 239).

Die h. M bedarf einer **grundsätzlichen Korrektur.** Zwar ist es richtig, daß § 235 im Revisionsverfahren nicht gilt, und richtig auch, daß die Wiedereinsetzung nach § 44 nur für die Versäumung von Fristen, nicht aber bei der Versäumung von Terminen vorgesehen ist, falls das Gesetz nichts anderes sagt, was es zwar bei der Berufung tut (§ 329 Abs. 3), nicht aber bei der Revision. Aber die Mitteilungspflichten nach § 350 Abs. 1 und 3 zeigen, daß der Angeklagte immerhin die Befugnis hat, an der Revisionsverhandlung teilzunehmen oder sich dort vertreten bzw. verteidigen zu lassen. Richten sich der Angeklagte oder sein Verteidiger entsprechend ein, wollen sie also einen gesetzlich vorgesehenen Anspruch auf rechtliches Gehör geltend machen. Diese Befugnis wird ihnen durch den stark schriftlichen Charakter des Verfahrens (vgl. Rdn. 1) nicht abgeschnitten, und sie wird durch diesen schriftlichen Charakter nicht einmal unbedingt kompensiert, weil die Verteidigung gute Gründe haben kann, die eingeräumte Befugnis auszunutzen (oben Rdn. 2) und bei der schriftlichen Revisionsbegründung sogar in gewissem Umfang auf ihre Ergänzung in der Hauptverhandlung vertrauen darf. Es bedeutet daher einen Verstoß gegen Art. 103 Abs. 1 GG und die nach der Rechtsprechung des BVerfG verfassungsrechtlich geschützten Aspekte der „fair trial" (vgl. nur BVerfG NStZ **1984** 82), wenn das Revisionsgericht dem Beschwerdeführer, der seine Befugnisse wahrnehmen oder wahrnehmen lassen will, dies nicht ermöglicht, und zwar ganz unabhängig von der streitigen Frage, wieweit Art. 103 Abs. 1 GG generell ein Recht zur mündlichen Anhörung einräumt. Insbesondere läßt sich gegenüber den genannten Rechtsgrundsätzen gewiß nicht einwenden, daß der Beschwerdeführer nach der Struktur des § 350 gewissermaßen das Risiko trage, bei unabwendbarem Zufall seine Befugnisse nicht wahrnehmen zu können. Daraus folgt, daß das Revisionsgericht auf eine ihm angezeigte überraschende Verhinderung des Angeklagten oder seines Verteidigers

---

[32] BGH bei Dallinger MDR **1975** 25; RG HRR **1931** 1401; RG Recht **1922** 354; OLG Dresden Alsb. E 1 Nr. 105; OLG Kiel MDR **1950** 303; OLG Köln JMBlNRW **1957** 154 = NJW **1957** 74 L; KK-*Pikart* 10; KMR-*Paulus* 8; *Kleinknecht/Meyer* 6; *Schlüchter* 749.2; *Eb. Schmidt* Nachtr. I 11 und NJW **1967** 858; *Dahs/Dahs* 451, 451a.

[33] Bejahend OLG Kiel MDR **1950** 303; OLG Köln JMBlNRW **1957** 154 = NJW **1957** 74 L; KK-*Pikart* 10; *Kleinknecht/Meyer* 6; LR-*Meyer* in der 23. Aufl. Verneinend OLG Celle HESt 3 79 = NdsRpfl. 1948 179; OLG Koblenz MDR **1970** 66; KMR-*Paulus* 8; *Eb. Schmidt* Nachtr. I 11; *Dahs/Dahs* 451; *Hanack* 313.

§ 351

Rücksicht zu nehmen hat[34]. Und daraus folgt weiter, daß in diesen Fällen in analoger Anwendung der §§ 44, 45 auch eine Wiedereinsetzung in den vorigen Stand in Betracht kommt. Daß die Wiedereinsetzung gegen die Versäumung einer Hauptverhandlung nach h. M in der StPO abschließend geregelt ist (vgl. § 44, 8 und Vor § 42, 31), kann dem nicht entgegenstehen, gerade weil es an der hier nach höherrangigem Recht gebotenen Regelung fehlt. Entgegen einer verbreiteten Meinung (vgl. nur BGHSt 17 94; 23 103) nicht annehmen läßt sich aber auch, daß nach einer Sachentscheidung des Revisionsgerichts eine Wiedereinsetzung nicht möglich ist, denn die Wiedereinsetzung erlaubt sogar eine Durchbrechung der Rechtskraft[35]. Die Gefahr von Ausuferungen verhindert das Abstellen auf die Grundsätze des § 45.

§ 351

(1) Die Hauptverhandlung beginnt mit dem Vortrag eines Berichterstatters.
(2) ¹Hierauf werden die Staatsanwaltschaft sowie der Angeklagte und sein Verteidiger mit ihren Ausführungen und Anträgen, und zwar der Beschwerdeführer zuerst, gehört. ²Dem Angeklagten gebührt das letzte Wort.

Bezeichnung bis 1924: § 391.

Schrifttum: *Beling* Rechtsfrage und revisionsrechtliche Abstimmung im Strafprozeß, GA **67** (1919) 141; *Dahs* Rechtsgespräch im Strafverfahren? NJW **1961** 1244; *Croissant* Vorbereitete Urteile im Revisions-Strafverfahren und rechtliches Gehör, NJW **1963** 1711; *Hanack* Die Verteidigung vor dem Revisionsgericht, FS Dünnebier 301; *Kraemer* Die mündliche Verhandlung in der Revisionsinstanz, SJZ **1950** 300; *Seibert* Verteidigerauftreten vor dem Revisionsgericht, AnwBl. **1956** 21; *Wolf* Rechtliches Gehör im Revisionsstrafverfahren, JR **1965** 87.

Übersicht

	Rdn.		Rdn.
1. Allgemeines	1	c) Ausführungen der Beteiligten	6
2. Hauptverhandlung		d) Rechtsgespräche	7
a) Gestaltung. Vortrag des Berichterstatters	2	e) Letztes Wort	8
b) Beweisaufnahme	5	3. Sitzungsprotokoll	9
		4. Beratung. Abstimmung	10

1 **1. Allgemeines.** Wenn das Revisionsgericht über das Rechtsmittel nicht nach § 349 Abs. 1, 2 oder 4 durch Beschluß entscheidet, muß eine Hauptverhandlung stattfinden (§ 349 Abs. 5), in der durch Urteil entschieden wird (vgl. § 349, 4). Notwendigkeit und

---

[34] Was aus Gründen der Fürsorgepflicht insoweit vom Tatrichter selbst in einer Bußgeldsache von 150,– DM verlangt wird (BGHSt **28** 48), ist durchaus auch für das Revisionsgericht zumutbar, und zwar auch, wenn dadurch im Einzelfall die „zügige Klärung von Schuldvorwürfen" (vgl. Fußn. 29) einmal weniger zügig erfolgt.
[35] Vgl. Vor § 42, 32; ferner *Hanack* JZ **1971** 92; *Geppert* GA **1972** 167.

Nützlichkeit der mündlichen Revisionsverhandlung werden unterschiedlich beurteilt[1]. Der Gesetzgeber hat das Revisionsverfahren zwar als prinzipiell mündliches Verfahren ausgestaltet. Es hat aber der Sache nach einen starken Einschlag von Schriftlichkeit, der auch in einigen Vorschriften über das Revisionsverfahren (vor allem in den §§ 346, 349, 350) zum Ausdruck kommt. Auch der historische Gesetzgeber hat das Revisionsverfahren wesentlich als ein Verfahren verstanden, „bei welchem der Stoff für die richterliche Entscheidung in Schriftsätzen niedergelegt und darum die mündliche Verhandlung nebensächlich ist" (vgl. § 350, 1). Mit dem heutigen Charakter des Rechtsmittels, insbesondere seinen so intensiven Zugriffsmöglichkeiten auf die Einzelheiten der tatrichterlichen Feststellungen und Wertungen, ist das in vielen Fällen eigentlich kaum zu vereinbaren, die Bedeutung eines „Rechtsgesprächs" in der Revisionsverhandlung vielmehr mindestens erheblich gestiegen (eingehend *Hanack* 303 ff; vgl. auch § 350, 2). Dennoch entspricht die geringe Bedeutung der mündlichen Verhandlung aus komplizierten Gründen weitgehend noch immer der Rechtswirklichkeit. Das ist verständlich, soweit der Angeklagte in der Verhandlung selbst zu Worte kommt, weil er das Revisionsrecht regelmäßig nicht kennt und daher typischerweise auf irrelevante Tatfragen kommt, die bei der Entscheidung nicht berücksichtigt werden können[2]. Weniger verständlich ist es hinsichtlich der verbreiteten Klage, daß auch allzu viele Verteidiger die Chancen der mündlichen Revisionsverhandlung nicht ausnutzen oder ausnutzen können[3], so daß das Interesse der Revisionsgerichte an einem ihnen im Einzelfall durchaus erwünschten „Rechtsgespräch" ersichtlich nur zu oft enttäuscht wird[4]. LR-*Meyer*[23] hält es darum nicht für verwunderlich, daß „die Revisionsgerichte, wo immer es sich rechtlich vertreten läßt, von der Möglichkeit der Beschlußverwerfung nach § 349 Gebrauch machen". Er meint, eine Reform des Revisionsrechts sollte das berücksichtigen und die mündliche Verhandlung nur für den Fall vorsehen, daß ein Verfahrensbeteiligter sie ausdrücklich beantragt; sie „wäre dann auf den nach den derzeitigen Erfahrungen nicht eben häufigen Fall beschränkt, daß ein Verteidiger ... über sein schriftliches Revisionsvorbringen hinaus versuchen möchte, das Revisionsgericht von der Fehlerhaftigkeit des angefochtenen Urteils oder des Verfahrens, in dem es zustande gekommen ist, zu überzeugen"; näher zu diesen Fragen *Hanack* 319 ff mit Nachw.

2. Hauptverhandlung

a) Gestaltung. Vortrag des Berichterstatters. Für die Revisionsverhandlung, die **2** grundsätzlich öffentlich ist (§ 169 Satz 1 GVG), finden die Vorschriften über die Hauptverhandlung im ersten Rechtszug sinngemäß Anwendung (näher KK-*Pikart* 1). Das Gesetz sagt hierüber im einzelnen nichts, sondern beschränkt sich auf Regelungen, die den Vortrag des Berichterstatters und die Ausführungen der Beteiligten betreffen. Aus § 351 Abs. 1 ergibt sich, daß der Vorsitzende einen Berichterstatter aus dem Kreis der mitwirkenden Richter zu bestellen hat. Er kann die Berichterstattung aber auch selbst übernehmen (*Dahs/Dahs* 454).

Der **Vortrag des Berichterstatters** muß alles enthalten, was für die Entscheidung **3** des Revisionsgerichts in tatsächlicher und rechtlicher Hinsicht von Bedeutung sein

---

[1] *Less* SJZ **1950** 68 schätzt beides gering ein; gegen ihn z.B. *Eb. Schmidt* Nachtr. I § 350, 4 und NJW **1967** 853; *Peters* 610; *Dahs/Dahs* 457; *Hartung* DRZ **1950** 219; *Kraemer* SJZ **1950** 300; *Wimmer* NJW **1950** 201; vgl. auch *Jagusch* NJW **1960** 73; *Sarstedt/Hamm* 483; *Pikart* NStZ **1984** 84. Eingehend *Hanack* 306 ff m.w.Nachw.

[2] *Jagusch* NJW **1960** 269: „... schwer erträgliche Peinlichkeit"; *Eb. Schmidt* NJW **1967** 854; vgl. aber den Hinweis auf andere Fälle bei *Sarstedt/Hamm* 517.

[3] Vgl. nur *Dahs/Dahs* 457; *Sarstedt/Hamm* 494 ff; *Dahs* Hdb. 877; *Hanack* 307 f.

[4] Vgl. *Dahs/Dahs* 457; *Sarstedt/Hamm* 509; *Hanack* 307.

kann[5]. Da der Vortrag die Beratungsgrundlage bildet, darf er sich nicht darauf beschränken, die Ansicht des Berichterstatters wiederzugeben. Vielmehr muß er allen mitwirkenden Richtern ein vollständiges Bild des Sachverhalts und der zu lösenden Rechtsfragen geben. Kommt es auf die Prüfung von Verfahrensvoraussetzungen an, so hat der Vortrag hierüber Auskunft zu geben. Ist der Umfang des Rechtsmittels zweifelhaft, muß das im Vortrag zum Ausdruck gebracht werden. Das Revisionsvorbringen zu den sonstigen Verfahrensrügen ist vorzutragen, soweit es nicht offensichtlich unzulässig ist; der Vortrag muß sowohl den Inhalt der rechtzeitig erhobenen Verfahrensrügen als auch die dazu gehörenden Verfahrensvorgänge mitteilen, auch solche, die das Revisionsgericht durch Freibeweis ermittelt hat; soweit erforderlich, werden die einschlägigen Teile der Sitzungsniederschrift und die sonstigen Aktenstellen bekanntgegeben[6]. Ist die Sachrüge erhoben, so muß der Inhalt des angefochtenen Urteils, soweit es angefochten ist, wiedergegeben werden. Die Revisionsausführungen zur Sachrüge mitzuteilen, wird jedoch üblicherweise dem Revisionsführer überlassen[7]. Erscheint er nicht, so trägt sie der Berichterstatter vor[8]. Handelt es sich um eine umfangreiche Sache, so kann auch in der Weise verfahren werden, daß der Berichterstatter zunächst einzelne Verfahrensrügen oder den Sachverhalt zu einzelnen Taten vorträgt und daß sodann hierzu Ausführungen der Verfahrensbeteiligten entgegengenommen werden. Alsdann wird mit dem Vortrag zu weiteren Punkten fortgefahren[9]. Zulässig ist es auch, daß der Vortrag des Berichterstatters und der Beteiligten auf einen wesentlichen Punkt mit der Zusage beschränkt wird, daß wieder in die Verhandlung eingetreten wird, wenn sich in der Beratung zeigt, daß der erörterte Einzelpunkt nicht zum Erfolg der Revision führt (vgl. *Sarstedt/Hamm* 487).

4 **Kennen alle Richter** das angefochtene Urteil und das Revisionsvorbringen schon aus den Akten, kann sich der Vortrag des Berichterstatters darauf beschränken, den Inhalt der Revisionsrechtfertigungsschrift in knapper Weise darzulegen[10]. Insbesondere beim Oberlandesgericht, bei dem ja nur drei Richter an der Verhandlung mitwirken (§ 122 Abs. 1 GVG), kommt das vor, wenn der Senatsvorsitzende die Akten den anderen mitwirkenden Richtern zur Vorbereitung vor der Verhandlung durch Umlauf (Rundlaufverfahren) übermittelt; zur Situation beim BGH s. *Sarstedt/Hamm* 484.

5 **b) Beweisaufnahme.** Das Gesetz enthält keine ausdrückliche Regelung. Aus der Gestaltung des Revisionsrechts ergibt sich: Das Revisionsgericht kann oder muß, und zwar nach h. M im Wege des Freibeweises (dazu § 244, 3 ff), vor oder in der Revisionsverhandlung diejenigen tatsächlichen Umstände feststellen, von denen das Vorliegen der Verfahrensvoraussetzungen oder ein von der Revision behaupteter sonstiger Verfahrensmangel abhängt. Hierzu kann das Revisionsgericht in der Hauptverhandlung auch Zeugen und Sachverständige uneidlich vernehmen oder Urkunden verlesen[11]; daß dies in der Praxis für die Verfasser dienstlicher Äußerungen selten oder nie geschieht, bedauern mit Recht *Dahs/Dahs* 458. Das Revisionsgericht kann auch das persönliche Erscheinen des Angeklagten anordnen, um ihn über die tatsächlichen Umstände von Verfahrensvoraussetzungen zu befragen[12]. Beweise zur Sachrüge können erhoben wer-

---

[5] KK-*Pikart* 2; KMR-*Paulus* 3; *Eb. Schmidt* 3; *Peters* 625; *Schlüchter* 749.2; *Dahs/Dahs* 454.
[6] *Sarstedt/Hamm* 485; *Dahs/Dahs* 454.
[7] *Kleinknecht/Meyer* 1; *Dahs/Dahs* 455; vgl. auch KK-*Pikart* 2.
[8] *Loewenstein* 108; *Sarstedt/Hamm* 485; KK-*Pikart* 2; KMR-*Paulus* 3.

[9] Vgl. *Sarstedt/Hamm* 487; KK-*Pikart* 3; *Dahs* Hdb. 872.
[10] Vgl. *Dahs/Dahs* 454; zust. KMR-*Paulus* 3; kritisch aber *Dahs* Hdb. 871.
[11] KK-*Pikart* 12; *Peters* 624; *Dahs/Dahs* 458; *Loewenstein* 108.
[12] OLG Hamm NJW **1958** 2028; KK-*Pikart* 12. Streitig, vgl. § 350 Fußn. 12.

den, wenn es darauf ankommt, Erfahrungssätze, insbesondere gesicherte Erkenntnisse der Wissenschaft, festzustellen (näher § 337, 173). In Betracht kommt ferner die Anhörung von Sachverständigen, wenn der Inhalt ausländischen Rechts festgestellt werden muß (vgl. Vor § 72). Ansonsten ist jedoch eine Beweisaufnahme zur Schuldfrage nach ganz h. M grundsätzlich ausgeschlossen[13]. Dies ergibt sich zwingend aus der Beschränkung der sachlichrechtlichen Revision auf die Nachprüfung von Gesetzesverletzungen, die immer nur aufgrund der Feststellungen des Tatrichters erfolgt, wie er sie in der Urteilsurkunde niedergelegt hat (vgl. § 337, 101). Zur streitigen Frage, ob oder wieweit für eine dem Revisionsgericht mögliche Augenscheinseinnahme anderes gilt, insbesondere wenn das tatrichterliche Urteil gemäß § 267 Abs. 1 Satz 3 auf Abbildungen Bezug nimmt, s. näher § 337, 106 f und bei § 261.

c) Ausführungen der Beteiligten. § 351 Abs. 2 Satz 1 ist eine bloße, nicht zwingende Ordnungsvorschrift; von der Reihenfolge, in der die Prozeßbeteiligten nach dieser Vorschrift zu Worte kommen sollen, kann daher abgewichen werden[14]. Der Beschwerdeführer ist aber regelmäßig zuerst zu hören, weil sein Vortrag darüber Auskunft gibt, inwieweit er das Rechtsmittel aufrechterhält und wodurch er sich besonders beschwert fühlt. Jedoch kann es zweckmäßig sein, daß der Beschwerdeführer vorher die Ansicht der Staatsanwaltschaft kennenlernt, um sie bei seinen Ausführungen zu berücksichtigen. Der Bitte des Verteidigers, erst den Sitzungsvertreter der Staatsanwaltschaft sprechen zu lassen, wird daher regelmäßig stattzugeben sein (vgl. *Sarstedt/Hamm* 486). Die Reihenfolge, in der Nebenkläger und sonstige Nebenbeteiligte zu hören sind, ergibt sich aus ihrer jeweiligen Stellung als Beschwerdeführer oder Beschwerdegegner (KK-*Pikart* 3). Zum Schlußvortrag des Staatsanwalts s. *Amelunxen* 78 ff und zu dem des Verteidigers *Dahs* Hdb. 873 ff; *Sarstedt/Hamm* 483 ff.

6

d) Rechtsgespräche. Die mündliche Verhandlung soll den Verfahrensbeteiligten Gelegenheit geben, vor Gericht zu den Rechtsfragen des Straffalls Ausführungen zu machen. Eine Rechtspflicht des Gerichts, sich mit ihnen hierüber in der Hauptverhandlung auseinanderzusetzen, also ein Rechtsgespräch zu führen, ergibt sich jedoch weder aus der Strafprozeßordnung noch aus Art. 103 Abs. 1 GG[15]. Vielfach werden aber der Vorsitzende und die anderen Mitglieder des Revisionsgerichts sich veranlaßt sehen, die Rechtsausführungen der Prozeßbeteiligten nicht stumm anzuhören, sondern ein Rechtsgespräch wenigstens zu versuchen, insbesondere durch Hinweise und Einwendungen[16]. So kann es angebracht sein, den Verteidiger darauf hinzuweisen, auf welche Rechtsfragen es nach Ansicht des Revisionsgerichts besonders ankommt, welche unveröffentlichten revisionsgerichtlichen Entscheidungen zu den Rechtsfragen des Falles ergangen sind und welchen Inhalt sie haben (*Dahs/Dahs* 457). Mitunter erscheint es auch geboten, auf die Bedenken des Revisionsgerichts gegen die erhobenen Rügen und auf die Möglichkeit einer nachteiligen Rechtsauslegung aufmerksam zu machen (*Ad. Arndt*

7

---

[13] Anders *Peters* 624 f, der das Revisionsgericht für befugt hält, Beweise zu erheben, wenn es dazu keiner unmittelbar mündlichen Hauptverhandlung bedarf.

[14] RGSt **64** 134; KK-*Pikart* 3; KMR-*Paulus* 5; *Eb. Schmidt* 4.

[15] BVerfG NJW **1965** 147 mit abl. Anm. *Ad. Arndt*; BayVerfGH NJW **1960** 1051 und JZ **1963** 63 mit abl. Anm. *Ad. Arndt*; BGHSt **22** 339; KK-*Pikart* 4; KMR-*Paulus* 6; Schlüchter 749.2; *Eb. Schmidt* Teil I Nr. 345; *Maunz/* *Dürig/Herzog* Art. 103 Abs. 1, 38; *Jagusch* NJW **1959** 269; *Röhl* NJW **1964** 277; *Rüping* Der Grundsatz des rechtlichen Gehörs und seine Bedeutung im Strafverfahren, (1976) 156. ff; *Wolf* JR **1965** 89 ff; a. A *Ad. Arndt* NJW **1959** 6; *Croissant* NJW **1963** 1712. Vgl. auch Einl. Kap. **13** unter XI.

[16] Dazu *Sarstedt/Hamm* 509; *Dahs/Dahs* 457; *Jagusch* NJW **1959** 268; vgl. auch KK-*Pikart* 4.

NJW **1960** 1193 Fußn. 21). Sehr umstritten ist, ob eine Rechtspflicht besteht, auf beabsichtigte Abweichungen von der bisherigen Rechtsprechung des Revisionsgerichts hinzuweisen[17]. Die Frage ist zweifelhaft, weil das Revisionsgericht dann auch über nur für möglich gehaltene Abweichungen unterrichten bzw. die Revisionsverhandlung nach Beratung eigentlich neu eröffnen müßte, wenn es tatsächlich zu einer Abweichung kommt. Dies ginge wohl zu weit. Verlangen wird man jedoch müssen, daß das Revisionsgericht den Verfahrensbeteiligten in der mündlichen Verhandlung soweit möglich Gelegenheit gibt, zu erwogenen und insbesondere zu geplanten Rechtsprechungsänderungen Stellung zu nehmen.

8 **e) Letztes Wort.** Nach § 351 Abs. 2 Satz 2 hat der Angeklagte das letzte Wort. Er braucht dabei nicht nach § 243 Abs. 4 auf seine Aussagefreiheit hingewiesen zu werden, weil es im Revisionsverfahren nicht um die spezielle „Äußerung zur Anklage" geht. Entgegen LR-*Meyer*[23] läßt sich jedoch nicht bezweifeln, daß der Angeklagte immer das letzte Wort haben muß, § 351 Abs. 2 also insoweit nicht nur Ordnungsvorschrift ist[18]: Zwar darf die Revisionsverhandlung auch stattfinden, wenn der Angeklagte nicht erschienen ist (§ 350 Abs. 2); ist er aber erschienen, berechtigt nichts dazu, ihm das letzte Wort zu versagen. Wird der abwesende Angeklagte durch einen Verteidiger *vertreten* (vgl. § 350 Abs. 2 Satz 1), wird daher diesem das letzte Wort erteilt. Nicht gleichgültig ist, entgegen LR-*Meyer*[23], aber auch, ob der erschienene Angeklagte verhandlungsfähig ist[19]. Ist er es vorübergehend nicht, muß die Revisionsverhandlung nach geltendem Recht vertagt werden, während die längere oder dauernde Verhandlungsunfähigkeit, wie auch LR-*Meyer*[23] anerkennt, als von Amts wegen zu beachtendes Verfahrenshindernis zur Einstellung nach § 205 oder § 206 a führt, also jede Revisionsverhandlung ausschließt.

9 **3. Sitzungsprotokoll.** Das Gesetz enthält keine besondere Vorschrift über das Protokoll der Revisionsverhandlung. Die §§ 271 ff sind daher sinngemäß anzuwenden; denn daß eine Sitzungsniederschrift hergestellt werden muß, versteht sich. Die Fertigstellung des Protokolls braucht jedoch entgegen § 271 Abs. 1 Satz 2 nicht vermerkt zu werden, weil diese Vorschrift nur Sinn hat, wenn das Urteil angefochten werden kann (vgl. bei § 271).

10 **4. Beratung. Abstimmung.** Die Beratung des Revisionsgerichts darf wie beim Tatgericht (§ 260 Abs. 1) erst nach der Hauptverhandlung, nicht vorher, stattfinden[20]. Das schließt jedoch eine Vorberatung über die Rechtsfragen des Falles nicht aus[21]. Für die Beratung gelten im übrigen die §§ 192 ff GVG. Das Revisionsgericht nimmt nicht, wie das Tatgericht (§ 263), eine Totalabstimmung über die Schuldfrage vor und stimmt auch nicht im ganzen über die Begründetheit der Revision ab[22]. Es entscheidet vielmehr nur

---

[17] Verneinend *Jagusch* NJW **1962** 1647; KK-*Pikart* 4; LR-*Meyer* in der 23. Aufl. Bejahend BVerwG NJW **1961** 891 und 1549; KMR-*Paulus* 6; *Eb. Schmidt* Teil I Nr. 345; *Rüping* Der Grundsatz des rechtlichen Gehörs und seine Bedeutung im Strafverfahren (1976) 158 mit weit. Nachw. in Fußn. 81; *Hanack* 311.

[18] Ebenso *Kleinknecht/Meyer* 3; KMR-*Paulus* 7; *Dahs/Dahs* 459; anscheinend auch RGSt **64** 134 und KK-*Pikart* 5.

[19] Ebenso KK-*Pikart* 1; KMR-*Paulus* 2; *Dahs/Dahs* 451; vgl. auch RGSt **29** 327; RG HRR **1936** 1477; Einl. Kap. **12** unter IX 2.

[20] *Sarstedt/Hamm* 483; KK-*Pikart* 6.

[21] KK-*Pikart* 6; *Wimmer* NJW **1950** 202; LR-*Meyer* in der 23. Aufl.; a. A *Croissant* NJW **1963** 1711; KMR-*Paulus* 5 für „förmliche Vorberatungen". Eingehend zum Ganzen *Wolf* JR **1965** 87 ff.

[22] *Kleinknecht/Meyer* § 352, 5; vgl. auch KMR-*Paulus* § 352, 6 ff.

über die einzelnen Rechtsfragen, über die regelmäßig gesondert abzustimmen ist. Dabei wird zunächst über die Zulässigkeit der Revision entschieden, sodann über die Verfahrensvoraussetzungen und die Verfahrensrügen, schließlich über die Sachrüge (*Beling* 428). Beim Zusammentreffen mehrerer Rügen ist nach den bei § 352, 11 ff dargelegten Grundsätzen zu verfahren.

Ob das Revisionsgericht nach § 196 GVG mit der absoluten **Mehrheit der Stimmen** entscheidet oder ob § 263 Abs. 1 gilt, wonach zu jeder dem Angeklagten nachteiligen Entscheidung über die Schuldfrage und die Rechtsfolgen der Tat eine Mehrheit von zwei Dritteln der Stimmen erforderlich ist, spielt bei den mit drei Richtern besetzten Strafsenaten der Oberlandesgerichte (§ 122 Abs. 1 GVG) keine Rolle, weil dort beide Möglichkeiten dieselbe Anzahl von Stimmen erfordern. Von Belang ist die Frage jedoch für die Abstimmung beim Bundesgerichtshof, der sich zu seiner Abstimmungspraxis bisher ebensowenig geäußert hat wie früher das Reichsgericht. Im Schrifttum besteht keine einheitliche Ansicht. Überwiegend wird angenommen, Zweidrittelmehrheit sei nur bei Entscheidungen des Revisionsgerichts in der Sache selbst (§ 354 Abs. 1) erforderlich[23]. Dem will *Batereau* (Die Schuldspruchberichtigung, 1971, 52) jede Schuldspruchberichtigung in entsprechender Anwendung dieser Vorschrift gleichstellen. Demgegenüber fordern *Beling* (429; GA **67** [1919] 165) und *Peters* (626) für jede dem Angeklagten nachteilige Entscheidung Zweidrittelmehrheit. Andere wollen die einfache Mehrheit nach § 196 GVG stets (*Gerland* 428; *von Hippel* 600) oder doch jedenfalls bei Freispruch bzw. Einstellung gemäß § 354 Abs. 1 reichen lassen (*Batereau* aaO 57). Zuzustimmen ist der Ansicht, daß das Revisionsgericht mit Zweidrittelmehrheit entscheidet, wenn es nach § 354 Abs. 1 dem Angeklagten ungünstige Entscheidungen in der Schuld- und Rechtsfolgenfrage trifft, daß sonst aber immer die einfache Mehrheit genügt, weil die Beurteilung abstrakter Rechtsfragen noch keine Entscheidung über Schuld und Strafe im konkreten Fall enthält (so mit Recht *Roxin* § 53 J IV).

§ 352

(1) Der Prüfung des Revisionsgerichts unterliegen nur die gestellten Revisionsanträge und, soweit die Revision auf Mängel des Verfahrens gestützt wird, nur die Tatsachen, die bei Anbringung der Revisionsanträge bezeichnet worden sind.

(2) Eine weitere Begründung der Revisionsanträge als die in § 344 Abs. 2 vorgeschriebene ist nicht erforderlich und, wenn sie unrichtig ist, unschädlich.

Bezeichnung bis 1924: § 392.

Schrifttum. *Jagusch* Zum Zusammentreffen mehrerer Revisionsrügen, NJW **1962** 1417; *Hellm. Mayer* Hilfsweise eingelegte Prozeßrügen? FS Schmidt 634; *Roesen* Verfahrensrüge und Sachentscheidung, NJW **1960** 1096; *Sarstedt* Konkurrenz von Revisionsrügen, FS Mayer 529.

---

[23] KK-*Pikart* 7; *Kleinknecht/Meyer* § 352, 5; KMR-*Paulus* § 263, 5; *Eb. Schmidt* § 263, 11; *Roxin* § 53 J IV.

§ 352

Übersicht

	Rdn.		Rdn.
1. Allgemeines	1	d) Zurückgenommene Rügen	9
2. Prüfung der Revisionszulässigkeit	2	5. Prüfung der Sachrüge	10
3. Prüfung der Verfahrensvoraussetzungen, insbesondere bei Berufungsurteilen	3	6. Zusammentreffen mehrerer Rügen a) Allgemeines	11
4. Prüfung sonstiger Verfahrensmängel a) Zu berücksichtigendes Tatsachenvorbringen	4	b) Kein Anspruch auf Prüfung sämtlicher Rügen	12
b) Prüfung der Rüge	5		
c) Keine Heranziehung anderer Tatsachen	7	c) Freisprechung trotz begründeter Verfahrensrügen	15

1 **1. Allgemeines.** Die Vorschrift, die in unmittelbarem Zusammenhang mit den Anforderungen an die Begründung der Revision durch den Beschwerdeführer nach § 344 steht (dort Rdn. 76), enthält Bestimmungen über die revisionsgerichtliche Prüfung, äußert sich aber nicht erschöpfend darüber, was das Revisionsgericht im einzelnen zu prüfen hat. Außer den in Absatz 1 genannten Revisionsanträgen und den prozeßerheblichen Tatsachen für Verfahrensmängel prüft das Revisionsgericht – und zwar mit logischem Vorrang vor allen anderen Fragen (*Beling* 421; *Eb. Schmidt* 1) – von Amts wegen die Zulässigkeit der Revision (Rdn. 2) und die Verfahrensvoraussetzungen (Rdn. 3). Handelt es sich um ein Berufungsurteil, so ist nur dieses zu prüfen, nicht auch das Urteil des Amtsgerichts; vgl. auch Rdn. 3. Ist die Revision wirksam beschränkt (§ 344, 14 ff), so prüft das Revisionsgericht gem. § 352 Abs. 1 nur den angefochtenen Teil der Entscheidung nach. Rechtsfehler in dem nicht angefochtenen Urteilsteil (vgl. § 344, 66) werden also grundsätzlich nicht berücksichtigt.

Falls bei Gericht die **Revisionsbegründung verlorengegangen ist** und ihr Inhalt vom Gericht nicht rekonstruiert werden kann, soll nach RG JW **1928** 1311 mit Anm. *Philipp* nichts geprüft, sondern unterstellt werden, daß die Revision begründet ist (ebenso LR-*Meyer*[23] und *Kleinknecht/Meyer* § 345, 3). Dies erscheint indes wenig überzeugend, zumal dann ja im Zweifel auch gar nicht bekannt ist, welche Revisionsanträge der Beschwerdeführer gestellt hat. Richtiger dürfte es darum sein, dem Beschwerdeführer unter Fristsetzung gemäß § 345 Abs. 1 Gelegenheit zur Wiederholung der Revisionsbegründung zu geben und, wenn die neue Begründung innerhalb der Frist eingeht, von Amts wegen Wiedereinsetzung in den vorigen Stand gemäß § 45 Abs. 2 Satz 2 zu gewähren[1].

2 **2. Prüfung der Revisionszulässigkeit.** Die Prüfungspflichten des Revisionsgerichts ergeben sich insoweit nicht aus § 352, sondern aus anderen Vorschriften. Zunächst findet eine Vorprüfung durch das Gericht statt, dessen Urteil angefochten ist (§ 346 Abs. 1). Dessen Entscheidungsbefugnis ist aber beschränkt (§ 346, 2 ff). Erst das Revisionsgericht prüft die Zulässigkeit der Revision unter jedem rechtlichen Gesichtspunkt (näher § 349, 2, 3). Es kann dies im Beschlußverfahren nach § 349 Abs. 1 tun, aber auch, und sei es ergänzend oder wiederholend, zu Beginn der Hauptverhandlung. Ist die Revision auf bestimmte Beschwerdepunkte beschränkt, ist auch zu prüfen, ob die Beschränkung wirksam ist (§ 344, 14 ff). Ist das nicht der Fall, gilt das Urteil in dem Umfang als angefochten, in dem zu den übrigen Urteilsteilen Untrennbarkeit besteht (§ 344, 67).

---

[1] Ebenso *Kleinknecht*[35] § 345, 3; KMR-*Paulus* § 345, 4; *Beling* 210 Fußn. 3; *Schmid* FS Lange 801.

Eine bestimmte Reihenfolge in der Prüfung und in der Entscheidung über die Zulässigkeitsvoraussetzungen ist dem Revisionsgericht nicht vorgeschrieben.

3. Prüfung der Verfahrensvoraussetzungen, insbes. bei Berufungsurteilen. Wird die Zulässigkeit der Revision bejaht, prüft das Revisionsgericht außer bei Amnestiegesetzen an erster Stelle die Verfahrensvoraussetzungen (allg. M; in Frage gestellt jetzt von *Volk* Prozeßvoraussetzungen, insbes. S. 89, 241), und zwar von Amts wegen, auch wenn das angefochtene Urteil bereits teilweise rechtskräftig ist (§ 337, 30). Ist ein Berufungsurteil mit der Revision angefochten, so muß die Zulässigkeit der Berufung und, wenn dieses Rechtsmittel beschränkt eingelegt war, die Zulässigkeit ihrer Beschränkung geprüft werden (§ 337, 54). Die Prüfung der Zulässigkeit der Berufung ist auch erforderlich, wenn wegen der Berufung anderer Verfahrensbeteiligter das Urteil nicht hat rechtskräftig werden können[2]. Das Revisionsgericht hat ferner von Amts wegen zu prüfen, ob das Berufungsgericht über alle Bestandteile des ersten Urteils entschieden hat, die von der Berufung erfaßt wurden (§ 337, 55).

4. Prüfung sonstiger Verfahrensmängel
 a) Zu berücksichtigendes Tatsachenvorbringen. Der Beschwerdeführer muß Verfahrensverstöße unter Angabe der den Mangel enthaltenden Tatsachen rügen (§ 344 Abs. 2 Satz 2). Von Amts wegen werden sie nicht berücksichtigt (vgl. § 344, 75 f; **a. A** *Peters* 621 mindestens für die aus dem Urteil erkennbare Verletzung des § 244 Abs. 2). Andere Tatsachen darf das Revisionsgericht nach § 352 nicht heranziehen (näher Rdn. 7). Auf die Tatsachen, die der Beschwerdeführer bei Anbringung der Revisionsanträge bezeichnet hat, ist die Prüfung aber, entgegen dem mißverständlichen Wortlaut der Vorschrift, nicht beschränkt. Der Beschwerdeführer kann vielmehr, auch wenn er die Revisionsanträge (§ 344 Abs. 1) bereits angebracht hat, weitere Verfahrensrügen innerhalb der Revisionsbegründungsfrist des § 345 Abs. 1 erheben (allg. M) und dementsprechend auch für bereits erhobene Verfahrensrügen neue Tatsachen innerhalb dieser Frist nachschieben. Wenn der Beschwerdeführer gegen die Versäumung der Frist zur Revisionsbegründung in den vorigen Stand eingesetzt wird, sind auch formgerechte Ergänzungen der Revisionsschrift zu berücksichtigen, die innerhalb der Frist des § 45 Abs. 1 angebracht werden[3]. Unbeachtlich ist nur ein auf Verfahrensrügen bezogenes Revisionsvorbringen tatsächlicher Art, das nach Ablauf dieser Frist bei Gericht eingeht, etwa die Auswechslung der Tatsachenbehauptungen, auf die eine Verfahrensrüge gestützt ist (BGHSt **17** 339). Auch in der Revisionsverhandlung können neue Tatsachenbehauptungen nicht nachgeschoben werden (BGHSt **18** 214). Rechtsausführungen zu Verfahrensrügen sind dagegen noch nach Ablauf der Begründungsfrist zulässig. Wiedereinsetzung in den vorigen Stand zur Nachholung einzelner Verfahrensrügen gewähren die Revisionsgerichte nur selten (näher § 44, 15).

 b) Prüfung der Rüge. Die zulässig erhobenen Verfahrensrügen werden üblicherweise zunächst darauf geprüft, ob die ihnen zugrunde liegenden Tatsachenbehauptungen überhaupt geeignet sind, einen Verfahrensverstoß zu begründen (anders *Eb. Schmidt* 7, der erst die Prüfung für erforderlich hält, ob die Tatsachen zutreffen). Dabei

---

[2] RGSt **65** 255; KK-*Pikart* 22; *Kleinknecht/Meyer* 8; grundsätzlich **a. A** *Eb. Schmidt* Vor § 318, 8.
[3] RGSt **58** 156; BGHSt **26** 338 gestattet bei Wiedereinsetzung wegen nach § 146 unzulässiger Revisionsbegründung sogar die Nachholung in der Frist des § 345 Abs. 1; ebenso OLG Zweibrücken MDR **1980** 870 bei verspäteter Kenntnis vom schriftlichen Urteil; vgl. auch § 45, 28, aber auch BGH NStZ **1985** 182.

ist die Prüfung nicht auf diejenigen rechtlichen Gesichtspunkte beschränkt, auf die sich die Revision stützt. Vielmehr prüft das Revisionsgericht unter allen rechtlichen Gesichtspunkten, ob die behaupteten Tatsachen einen Verfahrensverstoß ergeben. Wenn der Tatsachenvortrag der Revision einen Verfahrensverstoß schlüssig aufzeigt, tritt das Revisionsgericht in die Prüfung der Frage ein, ob das Tatsachenvorbringen zutrifft. Die Reihenfolge der Prüfung ist aber nicht zwingend. Das Revisionsgericht muß nicht, um die Schlüssigkeitsfrage zu prüfen, schwierige Rechtsfragen erörtern, wenn leicht erkennbar ist, daß der Tatsachenvortrag der Revision nicht zutrifft, die Rüge also schon aus diesem Grund keinen Erfolg haben kann.

6 Den Beschwerdeführer trifft keine Beweislast (*Dahs/Dahs* 381; a.A offenbar BGHSt **19** 143). Jedoch gehen nach herrschender Meinung, da der Grundsatz in dubio pro reo nicht gilt, Zweifel an der Richtigkeit der den Verfahrensverstoß begründenden Tatsachen regelmäßig zu seinen Lasten; dazu näher und kritisch § 337, 76. Fast überflüssigerweise spricht § 352 Abs. 2 besonders aus, daß unrichtige Tatsachenbehauptungen des Beschwerdeführers, die nach § 344 Abs. 2 zur Begründung der Verfahrensrüge nicht erforderlich waren, unschädlich sind.

7 c) **Keine Heranziehung anderer Tatsachen.** Erweist sich, daß eine Tatsachenbehauptung zur Begründung einer Verfahrensrüge nicht geeignet ist, so bleibt die Rüge erfolglos. Die Berechtigung einer Verfahrensbeschwerde kann immer nur in Richtung auf das tatsächliche Vorbringen der Revision geprüft werden. Das Revisionsgericht darf daher einer nicht genügend belegten Verfahrensrüge nicht dadurch zum Erfolg verhelfen, daß es anstelle der von der Revision zur Begründung angeführten Tatsachen andere, von ihr nicht behauptete, heranzieht[4]. Genügt das Tatsachenvorbringen für eine andere als die vom Beschwerdeführer in unzureichender Weise erhobene Verfahrensrüge, so wird die Umdeutung der Rüge aber für zulässig gehalten. Bedeutung hat dies vor allem für den Fall, daß eine Rüge nach § 244 Abs. 3 und 4 nicht zulässig erhoben ist, der Tatsachenvortrag aber für eine Aufklärungsrüge nach § 244 Abs. 2 ausreicht (vgl. § 344, 90).

8 Insgesamt ist die **Rechtsprechung streng** (dazu kritisch § 344, 80 f). So ist in den folgenden Fällen eine weitergehende Prüfung abgelehnt worden: Wenn mit der Revision das Fehlen eines eingehend begründeten Beschlusses über die Nichtvereidigung eines Zeugen gerügt wird, prüft der BGH nicht, ob die Bestimmung des § 60 Nr. 2 auf den Zeugen rechtsfehlerhaft angewendet worden ist (BGH bei *Dallinger* MDR **1951** 406). Die Rüge, die Vereidigung sei zu Unrecht unterlassen worden, schließt nicht die Rüge ein, über die Nichtvereidigung sei entgegen einem Antrag in der Verhandlung nicht entschieden (OLG Hamburg NJW **1953** 434) oder sie sei nicht ordnungsgemäß begründet worden (BayObLGSt **1957** 247 = GA **1958** 307). Wenn gerügt wird, ein Antrag sei ohne Begründung abgelehnt worden, prüft das Revisionsgericht auch sonst nicht, ob die (entgegen dem Revisionsvorbringen vorhandenen) Gründe rechtsfehlerhaft sind (vgl. *Sarstedt/Hamm* 167). Wird nur gerügt, eine Urkunde sei nicht verlesen worden, wird nicht geprüft, ob sie nicht auf andere Weise, etwa nach § 249 Abs. 2, zulässig in die Hauptverhandlung eingeführt worden ist, so daß diese Möglichkeit offen bleibt; die Rüge fällt daher in sich zusammen[5]. Trägt die Revision zur Begründung der Rüge der Verletzung des § 412 vor, das Nichterscheinen des Verteidigers sei entschuldigt gewesen, so befaßt sich das Revisionsgericht nicht mit der Frage, ob der Tatrichter den Ange-

---

[4] BGH NJW **1951** 283; OLG Bremen VRS **50** 36; OLG Hamm NJW **1972** 1096; KK-*Pikart* 15; KMR-*Paulus* 21; *Dahs/Dahs* 363.

[5] RG JW **1928** 818; **1929** 1048 mit Anm. *Alsberg;* RG Recht **1920** Nr. 241; OLG Hamburg MDR **1973** 156; OLG Köln MDR **1955** 122; OLG Schleswig bei *Ernesti/Jürgensen* SchlHA **1976** 171; vgl. auch BGHSt **30** 15.

klagten selbst als unentschuldigt ausgeblieben behandeln durfte (OLG Hamburg NJW **1965** 315). Auf die Rüge, der Geschäftsverteilungsplan sei nicht richtig angewendet worden, wird nicht geprüft, ob er fehlerhaft aufgestellt ist (BGHSt **11** 106). Der BGH hält selbst die Umdeutung der Rüge, ein gegen den Sachverständigen gerichtetes Ablehnungsgesuch sei zu Unrecht verworfen worden, auch bei Fehlen einer Begründung des Gerichtsbeschlusses nicht für zulässig; er verlangt von dem Beschwerdeführer in einem solchen Fall, daß er nicht die Verletzung des § 74, sondern die des § 34 rügt und in tatsächlicher Hinsicht das Fehlen der Beschlußbegründung behauptet (BGH MDR **1951** 372; dazu kritisch § 344, 81 mit Nachw.).

d) Zurückgenommene Rügen. Verfahrensrügen darf der Beschwerdeführer vor **9** der Entscheidung zurücknehmen (BayObLGSt **1958** 299 = MDR **1959** 144). Das Revisionsgericht hat über sie dann nicht mehr zu entscheiden. Der Verteidiger braucht für die Erklärung der Zurücknahme keine besondere Ermächtigung; § 302 Abs. 2 gilt nicht (BayObLG aaO; vgl. bei § 302).

5. Prüfung der Sachrüge. Die Sachrüge führt, wenn die Revision nicht in zulässiger **10** Weise beschränkt ist (§ 344, 14 ff), zur Prüfung des Urteils in sachlichrechtlicher Hinsicht in vollem Umfang[6]. Sie braucht nicht näher ausgeführt zu werden; unrichtige Rechtsausführungen sind unschädlich. Zu berücksichtigen ist jedes Vorbringen bis zur Revisionsentscheidung. Bis dahin ist die Ergänzung der Ausführungen zur Sachrüge daher ohne weiteres möglich (allg. M; vgl. im übrigen § 344, 96); jedoch muß das Revisionsgericht eine angekündigte weitere sachlichrechtliche Revisionsbegründung nicht abwarten. Die Nebenentscheidungen über die Kosten des Verfahrens und über die notwendigen Auslagen sowie über die Entschädigung für Strafverfolgungsmaßnahmen werden nach herrschender Auffassung (dazu § 344, 6) auf die Sachrüge nicht geprüft.

6. Zusammentreffen mehrerer Rügen

a) Allgemeines. Das Gesetz bestimmt nichts darüber, in welcher Reihenfolge das Re- **11** visionsgericht die Revisionsrügen prüfen muß. Sicher ist, daß es zunächst die Verfahrensvoraussetzungen festzustellen hat (Rdn. 3), gleichgültig, ob insoweit Rügen erhoben worden sind (BGHSt **9** 104; § 337, 29 ff). Wenn die Revision verworfen wird, muß dieser Entscheidung außer der Prüfung der Verfahrensvoraussetzungen naturgemäß die Prüfung sämtlicher Revisionsrügen vorausgegangen sein. Zweifel können daher nur für den Fall entstehen, daß das Urteil ganz oder teilweise aufzuheben ist.

b) Kein Anspruch auf Prüfung sämtlicher Rügen. Der Beschwerdeführer hat kei- **12** nen Anspruch darauf, daß seine sämtlichen Rügen geprüft und beschieden werden. Das Revisionsgericht ist zwar verpflichtet, ein unter Verfahrensverstößen zustande gekommenes oder sachlichrechtlich fehlerhaftes Urteil aufzuheben, muß dazu aber nicht auf das gesamte Revisionsvorbringen eingehen, wenn schon ein Teil davon ein für den Beschwerdeführer günstiges Ergebnis hat. Dabei gilt der Grundsatz des weitestreichenden Revisionsgrundes; entscheidend ist, welcher Aufhebungsgrund die Sache der raschen und richtigen Erledigung am nächsten bringt[7].

Das gilt insbesondere für **Verfahrensrügen.** Greift eine von ihnen durch, so kann **13** das Revisionsgericht dahinstehen lassen, ob auch die übrigen begründet sind. Auch den

---

[6] BGHSt **1** 46; RGSt **16** 420; **48** 339; **69** 20; heute std. Rspr. und allg. M.
[7] *Kleinknecht/Meyer* 4; KMR-*Paulus* 12; *Peters* 626; *Schlüchter* 541.1; *Dahs/Dahs* 463; *Sarstedt* FS Mayer 540; *Jagusch* NJW **1962** 1417; KK-*Pikart* 19 stellen auf den Vorrang der umfassenderen Rüge ab.

absoluten Revisionsgründen (§ 338) muß nicht der Vorzug gegeben werden; werfen die hierzu erhobenen Rügen schwierige Rechtsfragen oder schwierige Fragen des tatsächlichen Beweises auf, so kann sich das Revisionsgericht damit begnügen, das Urteil auf eine andere Verfahrensrüge aufzuheben, wenn das zu demselben Erfolg führt. Ist die Sachrüge begründet, bedarf es keiner Prüfung der Verfahrensrüge (anders *Hülle* JZ **1951** 172, der die Sachprüfung erst für zulässig hält, wenn die fehlerfreie Ermittlung des Sachverhalts feststeht). Die Revisionsgerichte lassen neuerdings immer öfter die Verfahrensrüge dahingestellt, weil schon die Sachrüge eingreift (nur z. B.: BGH StrVert. **1983** 445). Dem Beschwerdeführer steht keine Verfügung über die Reihenfolge zu, in der seine Rügen geprüft werden[8].

14 Daß über die **Sachrüge** entschieden wird, wenn schon eine Verfahrensrüge zur Aufhebung des Urteils und zur Zurückverweisung an den Tatrichter führt, kann der Beschwerdeführer nach ganz herrschender Meinung, von der in Rdn. 15 behandelten Ausnahme abgesehen, ebenfalls nicht verlangen[9]. Insbesondere kann er die Entscheidung über die Sachrüge nicht dadurch erreichen, daß er die Verfahrensrügen nur hilfsweise für den Fall erhebt, daß die Sachrüge nicht durchgreift. Denn solche hilfsweise erhobenen Rügen sind unzulässig (§ 344, 69). Das Revisionsgericht ist auch nicht deshalb verpflichtet, über die Sachrüge zu entscheiden, weil dadurch nach § 357 die Erstreckung der Urteilsaufhebung auf einen Mitangeklagten ermöglicht würde, der nicht selbst Revision eingelegt hat (*Haase* GA **1956** 278; KK-*Pikart* § 357, 5), oder weil das untere Gericht hierdurch nach § 358 Abs. 1 an die Rechtsansicht des Revisionsgerichts gebunden wird (anders *Jagusch* NJW **1962** 1419 und wohl auch *Dahs* Hdb. 864). Allerdings wäre es unzweckmäßig und nicht prozeßwirtschaftlich, Fehler in dem Urteil unerörtert zu lassen, wenn damit zu rechnen ist, daß der Tatrichter sie bei der neuen Entscheidung wiederholt. Die Rechtspraxis geht dahin, in solchen Fällen die Sachrüge zwar nicht ausdrücklich zu bescheiden, in das Revisionsurteil aber einen Hinweis für die neue Entscheidung des Tatrichters aufzunehmen. Damit ist sowohl den Interessen des Beschwerdeführers als auch denen des Staates an einer zügigen Rechtspflege gedient.

15 **3. Freisprechung trotz begründeter Verfahrensrügen.** Wenn eine Verfahrensrüge begründet ist, braucht das Revisionsgericht zwar über die zugleich erhobene Sachrüge nicht immer zu entscheiden; es muß sie aber stets prüfen. Denn wenn die Sachrüge zur Freisprechung des Angeklagten führen muß, wäre es überflüssig und sinnwidrig, das Urteil auf eine Verfahrensrüge aufzuheben und die Sache an den Tatrichter zurückzuverweisen. Der Angeklagte, der eine begründete Sachrüge erhebt, die zu seiner Freisprechung zwingt, darf nicht deshalb schlechter gestellt werden, weil er außerdem eine begründete Verfahrensrüge erhoben hat. In einem solchen Fall können daher, wie heute anerkannt ist, die Verfahrensrügen unerörtert bleiben; das Revisionsgericht hat den Angeklagten ohne Rücksicht auf ihre Begründetheit freizusprechen[10]. Des Umwegs über die Zurücknahme der Verfahrensrüge (den noch BGHSt **14** 243 für notwendig gehalten hatte) bedarf es nicht. Das gilt für Verfahrensrügen jeder Art, auch für die nach § 338[11].

---

[8] KMR-*Paulus* 12; *Sarstedt* FS Mayer 532; LR-*Meyer* in der 23. Aufl.

[9] KK-*Pikart* 18; KMR-*Paulus* 12; *Kleinknecht/Meyer* 4; vgl. auch BGH JZ **1958** 669; BGH VRS **29** 26.

[10] BGHSt **17** 253 = JR **1962** 387 mit Anm. *Eb. Schmidt*; KK-*Pikart* 19; KMR-*Paulus* 11; *Kleinknecht/Meyer* 4; *Eb. Schmidt* Nachtr. 4;

Henkel 381 Fußn. 22; *Peters* 626; *Dahs/Dahs* 463 f; *Mayer* FS Schmidt 635; *Roesen* NJW **1960** 1096; *Sarstedt* FS Mayer 532; a. A *Beling* 422; *Ulmann* Deutsches Strafprozeßrecht, 1893, 613.

[11] *Hanack* JZ **1973** 778; *Jagusch* NJW **1962** 1418; *Sarstedt* FS Mayer 532; offengelassen in BGHSt **17** 253.

Zur Frage, ob das Revisionsgericht im Fall eines **Verfahrenshindernisses** das Ver- **16** fahren einstellen oder den Angeklagten freisprechen muß, wenn der Sachverhalt diese Entscheidung ohne weiteres rechtfertigt, vgl. § 354, 8; ausführlich dazu auch Einl. Kap. 11 unter XI.

§ 353

(1) Soweit die Revision für begründet erachtet wird, ist das angefochtene Urteil aufzuheben.
(2) Gleichzeitig sind die dem Urteil zugrunde liegenden Feststellungen aufzuheben, sofern sie durch die Gesetzesverletzung betroffen werden, wegen deren das Urteil aufgehoben wird.

Bezeichnung bis 1924: § 393.

Schrifttum. *Bruns* Teilrechtskraft und innerprozessuale Bindungswirkung des Strafurteils (1961); *Grünwald* Die Teilrechtskraft im Strafverfahren (1964) 100 ff; *A. Mayer* Teilverwerfung der Revision in Strafsachen. Fassung des Entscheidungssatzes, DRiZ **1970** 120; *Seibert* Zur Mitaufhebung der Feststellungen (§ 353 Abs. 2 StPO), NJW **1958** 1076.

Übersicht

	Rdn.		Rdn.
I. Allgemeines. Mögliche Entscheidungen des Revisionsgerichts	1	b) Rechtsfehler bei der Strafzumessung	13
		c) Fehler bei der Gesamtstrafe	15
II. Aufhebung des Urteils (Absatz 1)		III. Aufhebung der Urteilsfeststellungen (Absatz 2)	
1. Allgemeines	3	1. Allgemeines	16
2. Teilaufhebung	5	2. Verfahrenshindernisse	19
3. Aufhebung des Schuldspruchs		3. Verfahrensverstöße	20
a) Schuldfrage	6	4. Sachlichrechtliche Mängel	21
b) Fehlerhafter Schuldspruch	7	5. Rechtsfolgenausspruch	25
c) Feststellungen über den Schuldumfang	11	IV. Bindung des neuen Tatrichters	
		1. Teilweise Urteilsaufhebung	26
4. Aufhebung des Rechtsfolgenausspruchs		2. Aufrechterhaltung von Feststellungen .	32
a) Allgemeines	12	3. Erneute Revision	34

I. Allgemeines. Mögliche Entscheidungen des Revisionsgerichts

Von den mehreren Entscheidungsmöglichkeiten des Revisionsgerichts regelt das **1** Gesetz des näheren nur die Urteilsaufhebung bei begründeter Revision. Daß unzulässige und unbegründete Revisionen durch Beschluß oder durch Urteil zu verwerfen sind, ergibt sich aus § 349. Da Revisionen teils begründet, teils unzulässig oder unbegründet sein können, hat das Revisionsgericht auch die Möglichkeit, das Urteil teilweise aufzuheben und die weitergehende Revision zu verwerfen. *A. Mayer* (DRiZ **1970** 120) empfiehlt, die beim letzteren übliche Form: „Die weitergehende Revision wird verworfen" nur bei Teilaufhebung innerhalb einer und derselben Tat (etwa bei Aufhebung im Straf-

§ 353

ausspruch) zu benutzen, dagegen die Revision „im übrigen" zu verwerfen, wenn die Verurteilung wegen einer selbständigen Straftat bestehenbleibt. Bei der Verwerfung können offensichtliche Fehler des Urteilsausspruchs berichtigt werden (§ 354, 47 ff). Gleichzeitig mit dem auf Verwerfung der Revision lautenden Urteil muß das Revisionsgericht durch besonderen Beschluß über Beschwerden nach § 305 a und über sofortige Beschwerden nach § 464 Abs. 3 Satz 1 (näher dort) sowie nach § 8 Abs. 3 StrEG entscheiden.

2 Eine **Einstellung des Verfahrens** nach § 153 ff kann das Revisionsgericht, und zwar ohne ausdrückliche Urteilsaufhebung (a. A *Eb. Schmidt* 10), insbesondere in den Fällen des § 153 Abs. 2, des § 153 b Abs. 2 (vgl. § 354 Abs. 1) oder des § 383 Abs. 2 vornehmen, wenn sich die tatsächlichen Voraussetzungen der Vorschrift aus dem angefochtenen Urteil ergeben[1]. Beweiserhebungen zu dem Zweck, diese Voraussetzungen festzustellen, sind dem Revisionsgericht jedoch verwehrt[2]. Eine Einstellung nach § 153 a darf das Revisionsgericht, wie sich aus § 153 a Abs. 2 Satz 1 ergibt, nicht anordnen. Gestattet ist ihm aber die Verfahrenseinstellung nach § 153 e Abs. 2 und nach § 154 Abs. 2 (vgl. jeweils dort). Auch können einzelne abtrennbare Teile einer Tat oder einzelne von mehreren Gesetzesverletzungen noch im Revisionsverfahren nach § 154 a Abs. 2 ausgeschieden werden[3]. Gleiches gilt für die Verfahrensbeschränkung nach § 430 (s. dort). Antrags- und zustimmungsberechtigt ist der Generalbundesanwalt, wenn die Entscheidung vom Bundesgerichtshof getroffen werden soll, sonst die Staatsanwaltschaft bei dem Oberlandesgericht. Die Anwendung der §§ 154, 154 a muß, wenn zahlreiche Einzeltaten Gegenstand des angefochtenen Urteils sind, nicht stets dazu führen, daß das Urteil im Strafausspruch aufgehoben wird; manchmal läßt sich ausschließen, daß der Wegfall einzelner Verurteilungen die Strafe im Ergebnis beeinflußt[4]. – Wegen der Verfahrenseinstellung nach §§ 206 a, 206 b vgl. § 349, 35 f.

II. Aufhebung des Urteils (Absatz 1)

3 1. **Allgemeines.** Wenn und soweit die Revision begründet ist, muß das angefochtene Urteil aufgehoben werden. Die Revision ist begründet, wenn eine von Amts wegen zu prüfende Verfahrensvoraussetzung fehlt (vgl. § 337, 29 ff) oder wenn das Urteil auf einem verfahrens- oder sachlichrechtlichen Fehler beruht (§ 337), den die Revision in zulässiger Weise (§§ 344, 345) gerügt hat. Neben dem angefochtenen Berufungsurteil muß ausnahmsweise auch das Urteil des Amtsgerichts aufgehoben werden, wenn die von Amts wegen vorzunehmende Prüfung ergibt, daß der Strafbefehl wegen Fehlens eines rechtswirksamen Einspruchs bereits rechtskräftig geworden ist (§ 337, 51), wenn die Revision gegen ein das Verwerfungsurteil nach § 412 bestätigendes Berufungsurteil begründet ist (OLG Köln GA **1955** 60; OLGSt § 329 S. 45) oder wenn das Berufungsurteil wegen Verstoßes gegen § 328 Abs. 2 (dazu § 354, 52) oder gegen § 328 Abs. 3 (dazu § 355, 10) aufgehoben wird.

4 Mit der Aufhebung des Urteils sind die **weiteren Entscheidungen** des Revisionsgerichts nach den §§ 354 ff zu verbinden, regelmäßig also die Zurückverweisung der Sache

---

[1] Vgl. für § 153 OLG Neustadt JZ **1951** 594; für § 383 OLG Neustadt MDR **1957** 568; näher § 153, 58; § 383, 28.
[2] BayObLGSt **1952** 12 = MDR **1952** 247; OLG Bremen NJW **1951** 326; KMR-*Paulus* 4; *Eb. Schmidt* Nachtr. § 153, 21; *Dahs/Dahs* 475; *Oehler* JZ **1951** 326; vgl. auch § 153, 58 f.
[3] BGH bei *Dallinger* MDR **1966** 383 und 559; näher § 154a, 24.
[4] RG ZAkdR **1940** 147; KG VRS **31** 275; 32 203; *Dallinger* MDR **1966** 797 mit Beispielen aus der Praxis des Bundesgerichtshofes.

an die Vorinstanz, an ein Gericht niederer Ordnung, wenn die Voraussetzungen des § 354 Abs. 3 vorliegen, oder an das zuständige Gericht nach § 355. In Ausnahmefällen kann das Revisionsgericht nach § 354 Abs. 1 in der Sache selbst entscheiden, also auf Freisprechung, Einstellung oder Verurteilung (zu einer absolut bestimmten Strafe oder zu der gesetzlichen Mindeststrafe) erkennen, von Strafe absehen oder in sinngemäßer Anwendung der Vorschrift (§ 354, 15 ff) den Schuldspruch berichtigen. Nach § 357 kann sich die Urteilsaufhebung auf Mitangeklagte erstrecken, die keine Revision eingelegt haben. Die Entscheidungen über die Kosten und notwendigen Auslagen nach § 464 Abs. 1 und 2 und über die Entschädigung für Strafverfolgungsmaßnahmen nach §§ 2 ff StrEG werden nach herrschender Ansicht auch von einer in vollem Umfang eingelegten Revision nicht erfaßt (§ 344, 6). Gleichwohl fallen sie weg, wenn das Urteil aufgehoben wird[5].

2. Teilaufhebung. Haben mehrere Angeklagte Revision eingelegt, so ist über jedes Rechtsmittel selbständig zu entscheiden (allg. M). Sind nicht alle Rechtsmittel begründet, so wird das Urteil unter Verwerfung der unbegründeten Revisionen teilweise aufgehoben. Rechtliche Schwierigkeiten entstehen dabei im allgemeinen nicht. Eine teilweise Urteilsaufhebung erfolgt aber auch, wenn sich die Revision eines Beschwerdeführers nur zum Teil als begründet erweist; die weitergehende Revision ist dann zu verwerfen (oben Rdn. 1). Das gilt sowohl bei der Aufhebung einer von mehreren tatmehrheitlichen Verurteilungen als auch sonst bei der teilweisen Aufhebung eines Urteils, z. B. nur im Rechtsfolgenausspruch. Das Revisionsgericht ist in diesem Fall aber nicht völlig frei. Die Grenzen der Teilaufhebung bestimmen sich vielmehr nach denselben Grundsätzen, nach denen sich die Wirksamkeit der Teilanfechtung beurteilt (*Eb. Schmidt* 21; *Grünwald* 109; § 344, 15). Demgemäß ist die Teilaufhebung des Urteils nur zulässig, wenn der aufgehobene Urteilsteil, von dem übrigen Urteilsinhalt losgelöst, selbständig geprüft und rechtlich beurteilt werden kann, ohne daß auf die übrigen Teile der Entscheidung eingegangen zu werden braucht. Nur ein in dieser Weise abtrennbarer Urteilsteil kann für sich aufgehoben werden oder bestehenbleiben. Im einzelnen gelten die zu § 318 (näher dort) und § 344 (dort Rdn. 14 ff) entwickelten Grundsätze.

3. Aufhebung des Schuldspruchs
a) Die **Schuldfrage** umfaßt bei der Abstimmung auch solche vom Strafgesetz besonders vorgesehenen Umstände, die die Strafbarkeit ausschließen, vermindern oder erhöhen (§ 263 Abs. 2), dagegen nicht die Voraussetzungen der Verjährung (§ 263 Abs. 3). Die Frage, ob ein Urteil unter Aufrechterhaltung des Schuldspruchs nur im Rechtsfolgenausspruch aufzuheben ist, bestimmt sich jedoch nach anderen Grundsätzen. Umstände, die nicht vom Tatbestand einer Straftat, sondern von außen her das Maß der Schuld bestimmen, können sich nur auf den Rechtsfolgenausspruch auswirken, auch wenn sie im weiteren Sinn zur Schuldfrage gehören. Aufhebung nur im Strafausspruch ist daher vielfach möglich, z. B. bei Verletzung der §§ 21, 90 Abs. 2, § 98 Abs. 2 Satz 1, § 113 Abs. 4, § 129 Abs. 6, §§ 157, 158, 163 Abs. 2, §§ 213, 311 c, 316 a Abs. 2 StGB (vgl. dazu bei § 318).

b) Ein **fehlerhafter Schuldspruch** muß nicht unter allen Umständen aufgehoben werden. Häufig genügt seine Berichtigung; bei fehlender Beschwer kann der unrichtige

---
[5] BGHSt **25** 79; **26** 253; BayObLGSt **1972** 7
= VRS **43** 242; **1972** 116 = MDR **1972** 806;
OLG Stuttgart VRS **52** 39.

Schuldspruch sogar unverändert aufrechterhalten werden (vgl. § 354, 22). Namentlich in folgenden Fällen kann die Revision trotz des fehlerhaften Schuldspruchs verworfen oder die Urteilsaufhebung auf den Strafausspruch beschränkt werden:

8   aa) Hat der Tatrichter **natürliche Handlungseinheit** angenommen, so kann der Schuldspruch bestehenbleiben, auch wenn der Schuldumfang nach Ansicht des Revisionsgerichts geringer ist[6]. Das gilt insbesondere, wenn sich eine einheitliche Tat gegen mehrere Geschädigte richtet, der Tatrichter aber übersehen hat, daß nicht alle den erforderlichen Strafantrag gestellt haben (RGSt 75 243).

9   bb) Erweisen sich Einzelakte einer **fortgesetzten Handlung** als nicht strafbar oder steht ihrer Verfolgung ein Verfahrenshindernis entgegen, so genügt es, wenn die Gründe des Revisionsurteils das aussprechen und im einzelnen feststellen[7]. Sofern eine Fortsetzungstat übrigbleibt, kann der Schuldspruch aufrechterhalten werden, der Strafausspruch aber nur, wenn der Wegfall der Einzelakte die Strafhöhe nicht beeinflußt haben kann (RGSt 24 369), insbesondere, wenn zahlreiche andere Einzelakte rechtsfehlerfrei abgeurteilt sind, so daß der Wegfall eines einzigen oder einiger weniger Einzelakte im Ergebnis ohne Bedeutung ist. Bestehen hieran auch nur Zweifel, so ist das Urteil im Strafausspruch aufzuheben[8]. Sind Einzelakte einer fortgesetzten Handlung rechtsfehlerhaft festgestellt, möglicherweise aber bei zutreffender rechtlicher Beurteilung strafbar, so muß das Revisionsgericht, wenn es nicht nach § 154a verfährt (oben Rdn. 2), das Urteil im Schuldspruch aufheben und die Sache zu neuer Verhandlung zurückverweisen.

10   cc) Auch **in anderen Fällen** kann ein fehlerhafter Schuldspruch aufrechterhalten werden. Liegt z. B. ein schwerer Raub nach § 250 StGB vor, aber wegen eines anderen als des vom Tatrichter angenommenen Erschwerungsgrundes, so braucht, falls die tatrichterlichen Feststellungen zur Schuldfrage als solche fehlerfrei und erschöpfend sind (Rdn. 11), der im Ergebnis zutreffende Schuldspruch nicht aufgehoben zu werden[9]. Entgegen LR-*Meyer*[23] ist in einem solchen Fall im Hinblick auf die verschiedenartige Strafzumessungsschuld aber der Strafausspruch grundsätzlich aufzuheben[10]. Ist der Angeklagte zutreffend wegen Vollrauschs nach § 323 c StGB verurteilt worden, hat der Tatrichter jedoch die zugrunde liegende Rauschtat rechtsfehlerhaft beurteilt, kann der Schuldspruch nur ausnahmsweise, nämlich dann bestehenbleiben, wenn es sich um eine geringfügige Abweichung handelt, die „mit Sicherheit" keine andere Feststellung in der Schuldfrage zur Folge haben kann (BGHSt 14 116)[11].

11   c) Sind die **Feststellungen über den Schuldumfang** trotz im Ergebnis zutreffenden Schuldspruchs fehlerhaft, so berührt das grundsätzlich den Strafausspruch. Das Urteil muß dann in der Regel auch im Schuldspruch aufgehoben werden, weil der die Straffrage neu beurteilende Tatrichter nicht an die fehlerhaften Feststellungen zum Schuldumfang gebunden werden darf (BayObLGSt **1959** 153 = VRS **17** 430). Sind die Feststellungen zum Schuldumfang nur unvollständig, ohne daß dadurch seine Richtig-

---

[6] OLG für Hessen JR **1949** 512; a. A BayObLGSt **1972** 267 = NJW **1973** 634.
[7] RGSt **70** 57; **75** 85; OLG Bremen NJW **1951** 85; OLG Düsseldorf MDR **1984** 1046.
[8] RGSt **70** 57; OLG Bremen NJW **1951** 85; *Seibert* NJW **1958** 1078; vgl. auch KK-*Pikart* 15; KMR-*Paulus* 5.
[9] BGH StrVert. **1982** 574 und 575; BGH bei *Dallinger* MDR **1968** 201; a. A *Dallinger* ebenda.
[10] BGH wie Fußn. 9.
[11] Anders aber RGSt **69** 189; vgl. auch OLG Hamburg OLGSt § 330a StGB S. 1; OLG Oldenburg VRS **40** 39; LR-*Meyer* (23. Aufl.) hält die Aufrechterhaltung „in der Regel für möglich".

keit beeinflußt wird, genügt jedoch im allgemeinen die Aufhebung des Strafausspruchs (vgl. auch Rdn. 13).

4. Aufhebung des Rechtsfolgenausspruchs
  a) **Allgemeines.** Die Aufhebung eines Urteils im Strafausspruch erstreckt sich meist auch auf die Maßregeln der Besserung und Sicherung, die in dem Urteil neben der Strafe angeordnet worden sind (BGH bei *Dallinger* MDR **1975** 24). Ob oder wann einzelne Maßregeln von der Urteilsaufhebung ausgenommen werden können, richtet sich nach denselben Grundsätzen, die für die Beschränkung des Rechtsmittels gelten (dazu § 344, 39 und 50 ff). Hat der Tatrichter fehlerhaft die Prüfung unterlassen, ob nach § 42 StGB Zahlungserleichterungen für die Geldstrafe zu bewilligen sind, so wird das Urteil im Strafausspruch nur insoweit aufgehoben, als diese Erleichterungen nicht gewährt worden sind; der eigentliche Strafausspruch bleibt bestehen[12]. **12**

  b) **Rechtsfehler bei der Strafzumessung** zwingen gelegentlich dazu, auch den Schuldspruch aufzuheben. Geboten ist dies, wenn für den Strafausspruch relevante Tatsachen zugleich auch für den Schuldspruch bedeutsam sind (BGH StrVert. **1983** 140), so z. B., wenn das Mitverschulden des Unfallgegners nicht berücksichtigt worden ist und zur abschließenden Klärung dieser Frage weitere tatsächliche Feststellungen zum Unfallverlauf erforderlich sind[13], oder wenn die fehlerhafte Nichtanwendung des § 21 StGB auch für die subjektive Seite des in Frage stehenden Delikts bedeutsam sein könnte[14]. Sind wegen derselben Tat mehrere Strafen nebeneinander (etwa Freiheitsstrafe und Fahrverbot gemäß § 44 StGB) verhängt worden, so wird ein Gesetzesverstoß, der nur eine der Strafen betrifft, regelmäßig zur Aufhebung des gesamten Strafausspruchs führen. Hat der Tatrichter fehlerhaft die Nichtanrechnung der Untersuchungshaft nach § 51 Abs. 1 Satz 2 StGB angeordnet, braucht grundsätzlich nicht der gesamte Strafausspruch aufgehoben zu werden[15]. **13**

  Bei **Tatmehrheit** (§ 53 StGB) ist es vielfach erforderlich, mit der Aufhebung des Urteils in einem der mehreren Fälle oder wegen der rechtsfehlerhaften Bemessung einer der Einzelstrafen die Strafaussprüche nicht nur hinsichtlich der Gesamtstrafe, sondern insgesamt aufzuheben, sofern sie angefochten sind. Sie können nur bestehenbleiben, wenn sich ausschließen läßt, daß sie durch den Rechtsfehler beeinflußt sind. Das richtet sich nach den Umständen des Einzelfalles[16]. Ist vom Tatrichter nur *eine* weitere Einzelstrafe verhängt worden, so wird der gesamte Strafausspruch meist aufgehoben werden müssen[17]. **14**

  c) **Fehler bei der Gesamtstrafe.** Hat es der Tatrichter entgegen § 55 Abs. 1 StGB unterlassen, eine Gesamtstrafe zu bilden, ist das Urteil im Strafausspruch nur insoweit aufzuheben, als über die Bildung einer Gesamtstrafe nicht entschieden worden ist[18]. Bei **15**

---

[12] RGSt **64** 208; OLG Schleswig bei *D. Meyer* MDR **1976** 715; KMR-*Paulus* § 318, 46; a. A OLG Bremen NJW **1954** 523. Vgl. auch § 337, 208.
[13] BayObLGSt **1966** 155 = VRS **32** 283; KMR-*Paulus* § 318, 40; vgl. auch KG VRS **16** 140; OLG Celle DAR **1957** 217; a. A BGH VRS **19** 110; OLG Saarbrücken VRS **21** 125.
[14] So z.B. BGH NStZ **1983** 19 für einen Fall des § 211 StGB.
[15] Vgl. BGHSt **7** 214 = JZ **1955** 383 mit Anm. *Würtenberger*; KMR-*Paulus* § 318, 47; a. A RG DJ **1939** 1665; OGHSt **1** 105, 152, 174; vgl. auch § 344, 36.
[16] RGSt **25** 310; *Eb. Schmidt* 22; *Dahs/Dahs* 469; vgl. auch BGH StrVert. **1983** 415; RGSt **54** 67; *Dreher/Tröndle* § 54, 5 mit weit. Nachw.
[17] RGSt **35** 65; vgl. auch BGH VRS **50** 95; RG DRiZ **1929** 696.
[18] RG HRR **1938** 1205; OLG Koblenz OLGSt § 55 StGB S. 2.

einer Aufhebung des Gesamtstrafausspruchs entfallen die Nebenstrafen, Nebenfolgen und Maßnahmen (§ 52 Abs. 4 StGB) ohne weiteres (vgl. § 55 Abs. 2 StGB), desgleichen die Anordnung über die Anrechnung der Untersuchungshaft nach § 51 Abs. 1 StGB (vgl. RGSt **66** 351). Es ist daher nicht erforderlich, dies im Revisionsurteil besonders auszusprechen[19].

III. Aufhebung der Urteilsfeststellungen (Absatz 2)

16 1. **Allgemeines.** Jede Verurteilung und jeder Freispruch gründet sich auf Feststellungen tatsächlicher Art zum Schuldvorwurf, die der Tatrichter nach § 267 Abs. 1 und 5 in die Urteilsgründe aufzunehmen hat. Die Aufhebung des Urteils hat nach § 353 Abs. 2 nicht notwendigerweise die Aufhebung dieser Feststellungen zur Folge. Vielmehr muß das Revisionsgericht bei jeder aufhebenden Entscheidung prüfen, ob und wieweit die Gesetzesverletzung auf die dem Urteil zugrunde liegenden Feststellungen einwirkt (BGHSt **14** 34). In diesem Umfang müssen auch die Feststellungen aufgehoben werden, damit der neue Tatrichter insoweit nach § 261 wieder freie Hand hat. Der Antrag eines Verfahrensbeteiligten ist hierzu naturgemäß nicht erforderlich. Von dem Rechtsfehler können tatsächliche Feststellungen sowohl dann betroffen sein, wenn sie auf einem Verfahrensfehler beruhen, als auch dann, wenn das sachliche Recht verletzt und infolge eines solchen Irrtums schon der Sachverhalt unvollständig oder unrichtig ermittelt worden ist.

17 Die Feststellungen sind nur aufzuheben, sofern sie **durch die Gesetzesverletzung betroffen** werden, deretwegen das Urteil aufgehoben wird (§ 353 Abs. 2). Mit den Grundsätzen, nach denen sich die Wirksamkeit der Teilanfechtung eines Urteils bemißt (§ 344, 14 ff), hat die Frage der Teilaufhebung der Feststellungen nichts zu tun. Sie richten sich vielmehr danach, inwieweit die von dem Rechtsfehler betroffenen Feststellungen in tatsächlicher Hinsicht selbständig sind, d. h. aus dem Gesamtzusammenhang aller Feststellungen herausgelöst werden können, ohne daß auch die anderen Feststellungen dadurch in Frage gestellt werden (BGHSt **14** 35). Die Teilaufhebung eines Urteils mit den Feststellungen betrifft daher auch solche Feststellungen, die nicht unmittelbar dem aufgehobenen Urteilsteil zugrunde liegen, ihnen aber widersprechen (BGHSt **14** 36). Eine Aufrechterhaltung der tatsächlichen Feststellungen bei Aufhebung eines Freispruchs erlaubt BGHSt **32** 86 auch, wenn die Aufhebung *nur* erfolgt, weil der Tatrichter es unterlassen hat, vor der Freisprechung **nach § 154a ausgeschiedene Tatteile** wieder in das Verfahren einzubeziehen. Nicht recht klar ist, ob das lediglich gelten soll, wenn die noch zu treffenden Feststellungen mit den aufrechterhaltenen nicht in Widerspruch geraten können (so wohl *Maiwald* Anm. JR **1984** 482). Sollte es der Fall sein, würde die Entscheidung nichts besonderes besagen, sondern auf einer überflüssigen Begründung beruhen (vgl. *Maiwald* aaO). Sollte sie hingegen weitergehen, wofür die Art der Begründung spricht, würde sie § 353 Abs. 2 hinter den mit § 154a verbundenen Praktikabilitätsinteressen zurücktreten lassen (so *Bruns* Anm. NStZ **1984** 131 f, der sie als „neuartigen Kompromiß" gegenüber dem Opportunitätsprinzip versteht). Sie würde dann eine problematische Aushöhlung des § 353 Abs. 2 bedeuten. Vgl. auch LR-*Rieß* § 154 a, 49.

18 Die Aufhebung der Feststellungen ist in der **Urteilsformel** auszusprechen[20]. Fehlt ein Ausspruch darüber, ist davon auszugehen, daß sie in vollem Umfang als aufgehoben

---

[19] BGHSt **14** 383; BGH VRS **20** 117; **27** 107; **35** 417; **45** 365; KK-*Pikart* 20; KMR-*Paulus* 318, 48; a. A *Grünwald* 11 Fußn. 5.

[20] KK-*Pikart* 24; *Kleinknecht/Meyer* 3, abweichend OLG Köln NJW **1953** 357; KMR-*Paulus* 9.

gelten (unklar einschränkend KMR-*Paulus* 9). Denn die eigentliche Bedeutung des § 353 Abs. 2 liegt darin, daß das Tatgericht davon befreit werden kann, bestimmte Tatsachenkomplexe nochmals überprüfen zu müssen (KMR-*Paulus* 9; vgl. auch KK-*Pikart* 24). Die Aufhebung kann auch dergestalt erfolgen, daß das gesamte Urteil „mit den Feststellungen aufgehoben", zugleich aber ausdrücklich ausgesprochen wird, daß bestimmte Feststellungen aufrechterhalten bleiben (BGHSt **14** 31).

2. Verfahrenshindernisse. Bei ihnen kann sich die Frage, ob und inwieweit die Feststellungen aufzuheben sind, nur stellen, wenn das Revisionsgericht trotz des Prozeßhindernisses das Verfahren ausnahmsweise nicht einstellt (§ 354, 8) oder wenn das Urteil aufgehoben werden muß, weil der Tatrichter ein Prozeßhindernis zu Unrecht angenommen hat. In beiden Fällen brauchen die Feststellungen regelmäßig nicht aufgehoben zu werden; denn die Gesetzesverletzung, die zur Urteilsaufhebung führt, liegt außerhalb des Bereichs der Feststellungen[21]. Anders ist es, wenn das Urteil in der Strafzumessungsfrage Rechtsfehler enthält und die Höhe der Strafe für die Anwendung eines Straffreiheitsgesetzes maßgebend ist. Die Feststellung, daß der Angeklagte die Tat begangen hat und daß er für sie verantwortlich ist, kann aber auch dann aufrechterhalten werden[22]. Hängt die Beurteilung der Frage, ob ein Verfahrenshindernis besteht, von sog. doppelrelevanten Tatsachen ab, die der Tatrichter nicht oder nicht fehlerfrei festgestellt hat, so ist das Urteil mit den Feststellungen aufzuheben (dazu § 337, 35 f).

19

3. Verfahrensverstöße. Maßgebend ist, ob und inwieweit die Tatsachenfeststellungen auf dem Verstoß beruhen können. Das gilt auch, wenn unbedingte Revisionsgründe nach § 338 vorliegen, sich aber nicht auf das ganze Urteil ausgewirkt haben (vgl. § 338, 4). Regelmäßig werden Verfahrensfehler in der Hauptverhandlung die Aufhebung des Urteils mit allen Feststellungen notwendig machen (*Eb. Schmidt* 20). Besteht der Verfahrensmangel darin, daß das Urteil entgegen § 173 Abs. 1 GVG unter Ausschluß der Öffentlichkeit verkündet worden ist, so kann das zwar keinen Einfluß auf die Entscheidung des Gerichts über Schuld und Strafe in der vor der Verkündung durchgeführten Beratung haben. Richtigerweise ist aber dennoch anzunehmen, daß das Urteil mit den Feststellungen aufgehoben werden muß: zum einen, weil während der Verkündung noch Beweisanträge gestellt werden können, die das Gericht möglicherweise zu anderen Feststellungen zwingen, das Urteil also nicht notwendig auf den bei Eintritt des Verfahrensfehlers bereits feststehenden Tatsachen beruht; vor allem aber, weil der unbedingte Revisionsgrund des § 338 Nr. 6 sonst ausgehöhlt würde[23].

20

4. Sachlichrechtliche Mängel. Soweit das Urteil aufgehoben werden muß, sind in der Regel auch die Feststellungen aufzuheben[24]. Eine Aufrechterhaltung von Feststellungen kommt nur in Betracht, wenn sie von dem Rechtsfehler ersichtlich nicht betroffen und in tatsächlicher Beziehung im Gesamtzusammenhang aller Feststellungen selbständig sind, also von den betroffenen Feststellungen nicht berührt werden (vgl. Rdn. 17), und sei es auch nur durch Wegfall eines Beweisanzeichens. Dies ist durchaus die Ausnahme, die vorsichtig gehandhabt werden muß (*Seibert* NJW **1958** 1076 f). Es ist darum bedenklich und widerspricht auch der traditionellen Revisionspraxis (vgl. *Seibert*

21

---

[21] BGHSt **4** 290; RGSt **43** 367; *Eb. Schmidt* 9 a; *Grünwald* 376.
[22] BGHSt **9** 105; RG DStR **1936** 431.
[23] Ebenso KMR-*Paulus* 10; *Sarstedt/Hamm* 220 Fußn. 360; *Eb. Schmidt* JZ **1969** 765;

LR-*Meyer* in der 23. Aufl.; **a. A** *Gerland* 428; *Poppe* NJW **1954** 1916; **1955** 8.
[24] KMR-*Paulus* 11; *Dahs/Dahs* 472; *Sarstedt* FS Dreher 691; *Seibert* NJW **1958** 1077; vgl. auch KK-*Pikart* 24.

§ 353

aaO), wenn BGHSt **14** 35, 36 im Anschluß an den Wortlaut des § 353 Abs. 2 die Teilaufhebung der Feststellungen „als Regel" bezeichnet und von einem Gebot „tunlichste Aufrechterhaltung" nicht betroffener Feststellungen spricht[25]. Entgegen LR-*Meyer*[2] können Feststellungen jedoch bestehenbleiben, wenn der Rechtsfehler ein Tatbestandsmerkmal betrifft, das von anderen völlig losgelöst werden kann. *Meyer* ist zwar zuzugeben, daß § 353 Abs. 2 seine ursprüngliche Bedeutung weitgehend verloren hat, weil die Rechtsprechung seit langem die teilweise Aufrechterhaltung des Urteilsausspruchs in Fällen zuläßt, in denen nach den Vorstellungen des Gesetzgebers von 1877 nur die Feststellungen aufrechterhalten werden sollten, so insbesondere bei der Urteilsaufhebung nur im Strafausspruch, die ursprünglich den hauptsächlichsten Anwendungsfall des § 353 Abs. 2 darstellte (vgl. dazu *Grünwald* 100 ff). *Meyer* ist auch zuzugeben, daß die ältere Rechtsprechung bei Anwendung der Vorschrift immer von der Unteilbarkeit des Schuldspruchs ausgegangen ist[26]. Aber zwingend ist das nicht, gerade weil die Teilbarkeit des Schuldspruchs eben anderen Grundsätzen unterliegt als die Teilaufhebung von tatsächlichen Feststellungen (Rdn. 17) und auch der Bedeutungswandel des § 353 Abs. 2 die Aufrechterhaltung von Feststellungen nicht ausschließt, soweit sie in dem genannten Sinne von dem Rechtsfehler nicht betroffen sind[27]. Entgegen den (nicht ausgeführten) Bedenken von LR-*Meyer*[23] im Einzelfall möglich ist eine Aufrechterhaltung der Feststellungen zum äußeren Tatbestand auch, wenn das Revisionsgericht eine Schuldspruchberichtigung nur wegen des fehlenden Hinweises nach § 265 Abs. 1 (vgl. § 354, 19 f) nicht vornehmen kann[28]. In Betracht kommt das Bestehenlassen von Feststellungen trotz Aufhebung des einheitlichen Schuldspruchs namentlich in den folgenden Fällen (die auch LR-*Meyer*[23] anerkennt):

22   Wird das Urteil wegen **mangelnder Prüfung der Schuldfähigkeit** (§ 20 StGB) aufgehoben, so berührt das im allgemeinen nicht die Frage, ob der Angeklagte die Merkmale des äußeren Tatbestands einer Strafvorschrift erfüllt hat. Die Feststellungen zur äußeren Tatseite können daher in der Regel bestehenbleiben[29]. Entsprechendes gilt, wenn der Tatrichter die Verantwortlichkeit des jugendlichen Angeklagten nach § 3 Satz 1 JGG verneint hat und sein Urteil wegen der unterlassenen Prüfung aufgehoben werden muß, ob § 63 StGB i. V. mit § 7 JGG anzuwenden ist[30]. Bei mangelnder Prüfung der Schuldfähigkeit aufzuheben sind die Feststellungen auch zum äußeren Tatbestand jedoch, wenn ein möglicher Ausschluß der Schuldfähigkeit von Einfluß auch auf die Verwirklichung des äußeren Tatbestands, etwa eines im Vollrausch begangenen Betru-

---

[25] Vgl. auch *Eb. Schmidt* 22; *Sarstedt* FS Dreher 691, der bemerkt, BGHSt **14** 31 habe „keine Nachfolge gefunden"; der Entscheidung zustimmend aber *Kleinknecht/Meyer* 3.
[26] Vgl. etwa RGSt **1** 81; **2** 89; **4** 109; **16** 100; ebenso *Eb. Schmidt* 22; *von Hippel* 599; *Peters* 630; *Seibert* NJW **1958** 1077.
[27] Das zeigt z.B. die (von *Meyer* abgelehnte) Entscheidung BayObLGSt **1960** 248 = NJW **1961** 569, in der nur die „Öffentlichkeit" einer Verleumdung (§§ 187, 200 StGB) nicht zweifelsfrei festgestellt war und das ObLG zu Recht darum nur die Feststellungen zu diesem Merkmal aufhob. Anders aber offenbar RGSt **63** 432; anders auch OLG Braunschweig MDR **1947** 136 für das Tatbestandsmerkmal der Gewerbsmäßigkeit.
[28] BGHSt **14** 37; OLG Braunschweig NJW **1950** 656; OLG Bremen LRE **9** 204; OLG Hamm VRS **26** 297; OLG Stuttgart NJW **1973** 1387; KMR-*Paulus* 11; vgl. auch OLG Saarbrücken VRS **21** 125.
[29] BGHSt **14** 34; BGH NJW **1964** 2213; BGH VRS **39** 101; *Kleinknecht/Meyer* 3; KMR-*Paulus* 11; *Roxin* § 53 J II 2 a; *Dahs/Dahs* 472 vgl. auch BGH StrVert. **1981** 420; a. A *Grünwald* 362; *Seibert* NJW **1958** 1077.
[30] BGHSt **26** 70 (unter Aufrechterhaltung auch der Feststellungen zu § 3 JGG); zust KK-*Pikart* 29; *Kleinknecht/Meyer* 3; KMR-*Paulus* 11.

ges (vgl. BGHSt **18** 235) oder eines die objektive Tatausführung betreffenden Mordmerkmals (Heimtücke), sein könnte.

Bei fehlerhafter Beurteilung der **Frage des Verbotsirrtums** gilt entsprechendes; **23** die Feststellungen zum äußeren Tatbestand können regelmäßig aufrechterhalten werden[31].

Ist wegen einer **fortgesetzten Handlung** verurteilt worden, so können die Feststel- **24** lungen zu solchen Einzelakten aufrechterhalten werden, die rechtsfehlerfrei festgestellt worden sind[32]. Enthält das Urteil Mängel in der Beurteilung des Gesamtvorsatzes des Angeklagten, brauchen die Feststellungen zum äußeren Tatbestand und zur Schuldfähigkeit nach § 20 StGB im allgemeinen ebenfalls nicht aufgehoben zu werden[33].

5. Rechtsfolgenausspruch. Wird der Strafausspruch aufgehoben, so heben die Re- **25** visionsgerichte üblicherweise auch die dazu gehörigen Feststellungen auf[34]. Die Vorschrift des § 353 Abs. 2 wird damit auf einen Fall angewendet, für den sie ursprünglich gar nicht bestimmt war; denn unter Feststellungen im Sinn der Vorschrift waren nur die Schuldfeststellungen gemeint[35]. Aber es ist nicht zu bestreiten, daß die Strafzumessung auch auf tatsächlichen Feststellungen beruht oder beruhen kann, die nur zu diesem Zweck getroffen sind (mögen daneben nach wie vor auch die Schuldfeststellungen eine wesentliche Grundlage der Strafzumessung bilden). Diese speziellen Strafzumessungsfestsetzungen aufzuheben, kann daher nicht gesetzeswidrig sein. Die Ansicht des OLG Köln (NJW **1953** 356), sie seien so eng mit den Schuldfeststellungen „verzahnt", daß sie nicht ausdrücklich aufgehoben werden könnten, verdient keine Zustimmung und hat sich auch nicht durchgesetzt. Bedenklich erscheint aber auch die Ansicht von LR-*Meyer*[23], die ausdrückliche Aufhebung der Strafzumessungstatsachen sei im Grunde überflüssig (wenn auch unschädlich), weil sie sich bei Aufhebung des Urteils im Strafausspruch niemals teilweise aufrechterhalten ließen. Denn das braucht nicht so zu sein (vgl. z. B. OLG Hamburg NJW **1967** 682 für den Fall, daß nur die Rückfallvoraussetzungen fehlerhaft angenommen waren); *Bruns* 146 vertritt unter Bezugnahme auf unveröffentlichte Entscheidungen des BGH sogar die Ansicht, daß diese Feststellungen immer aufrechterhalten sind, wenn vom Revisionsgericht nichts anderes bestimmt werde. Die Revisionsgerichte sollten daher in Zweifelsfällen einen ausdrückliche Ausspruch über die Aufhebung der Feststellungen bzw. ihren Umfang treffen (vgl. auch KK-*Pikart* 26). Ist das nicht geschehen, wird der neue Tatrichter davon ausgehen dürfen, daß auch die speziellen Strafzumessungserwägungen aufgehoben sind, er insoweit (vgl. Rdn. 27) also neue Feststellungen treffen kann[36]. Vgl. im übrigen auch Rdn. 13.

IV. Bindung des neuen Tatrichters

1. Teilweise Urteilsaufhebung. Hebt das Revisionsgericht das Urteil nur teilweise **26** auf und verweist es die Sache in diesem Umfang an den Tatrichter zurück, so befindet sich dieser in einer ähnlichen Lage wie der Berufungsrichter, der über eine auf bestimmte Beschwerdepunkte beschränkte Berufung zu entscheiden hat (*Bruns* 38). Soweit die Revision verworfen ist, ist nach traditioneller Meinung Urteilsrechtskraft eingetreten,

---

[31] OLG Hamburg NJW **1967** 213; KK-*Pikart* 29; KMR-*Paulus* 11.
[32] KMR-*Paulus* 11; *Beling* JW **1917** 730; anders jedoch *Seibert* NJW **1958** 1077.
[33] BGH NJW **1969** 2210; OLG Hamburg MDR **1970** 609.
[34] So z.B. BGHSt **24** 275; BGH bei *Holtz* MDR **1978** 460.
[35] OLG Köln NJW **1953** 357; eingehend dazu *Grünwald* 140 ff.
[36] KMR-*Paulus* 12; vgl. auch OLG Köln NJW **1953** 356; *Dahs/Dahs* 474.

§ 353

27 nach neuerer Ansicht hingegen nur eine innerprozessuale Bindungswirkung entstanden (vgl. § 344, 66); dazu und zu den etwas unterschiedlichen Konsequenzen für die Bindung des neuen Tatrichters unten Rdn. 29 f.

27 Betrifft die Urteilsaufhebung nur eine von mehreren in **Tatmehrheit** begangenen Straftaten, so besteht für die neue tatrichterliche Verhandlung keine Bindung an die Tatsachenfeststellungen, die dem nicht aufgehobenen Urteilsteil zugrunde liegen. Das gilt unzweifelhaft für mehrere Straffälle im Sinne des § 264. Denn da es zulässig wäre, die mehreren Taten in verschiedenen Strafverfahren abzuurteilen, kommt es auch in der neuen Verhandlung nicht darauf an, daß Feststellungen getroffen werden, die mit den anderen nicht in Widerspruch stehen[37]. Auf Widerspruchsfreiheit kommt es nach freilich umstrittener Meinung auch dann nicht an, wenn die mehreren Taten verfahrensrechtlich einen einheitlichen Straffall darstellen (vgl. § 344, 22). Daher besteht auch in diesem Fall entgegen der Meinung des BGH (s. § 344, 22) keine Bindungswirkung. Soweit jedoch die infolge der Revisionsentscheidung aus dem Verfahren ausgeschiedenen Taten Anlaß zur Strafschärfung bei den noch abzuurteilenden sein können, darf in der neuen Verhandlung ihre Begehung grundsätzlich nicht in Frage gestellt werden (*Grünwald* 50).

28 Ist das Urteil wegen einer **einheitlichen Tat** nur im Strafausspruch oder sonst im Rechtsfolgenausspruch aufgehoben worden, ist die Rechtslage anders. Zwar können die dem nicht aufgehobenen Urteilsteil zugrunde liegenden tatsächlichen Feststellungen nicht in Rechtskraft erwachsen, weil das begrifflich überhaupt nur beim Urteilsausspruch, nicht aber bei Feststellungen denkbar ist[38]. Jedoch sind die Feststellungen für das weitere Verfahren grundsätzlich bindend (BGHSt 30 342). Eine Beweisaufnahme findet insoweit nicht mehr statt; Beweisanträge sind nach § 244 Abs. 3 Satz 1 als unzulässig zu verwerfen[39]. Das gilt auch für die sog. doppelrelevanten Tatsachen, die sowohl für die noch ausstehende Entscheidung als auch für den bereits unanfechtbar gewordenen Urteilsteil von Bedeutung sind (unten Rdn. 29). Soweit weitere Feststellungen zu dem noch nicht erledigten Urteilsteil getroffen werden dürfen, gilt der Grundsatz der Widerspruchsfreiheit. Die neuen Feststellungen müssen mit den aufrechterhaltenen ein einheitliches und widerspruchsfreies Ganzes bilden[40]. Besonderheiten bestehen, wenn man der Auffassung nicht folgt, daß bei einem Freispruch die Revision des Angeklagten oder gar die der Staatsanwaltschaft auf die **Nichtanordnung einer Maßregel** nicht beschränkt werden kann (vgl. § 344, 52, 58): Die der Freisprechung zugrunde liegenden Feststellungen dürfen dann im Falle der Zurückverweisung vom neuen Tatrichter nicht als bindend angesehen werden; denn der Angeklagte könnte sich sonst in der neuen Verhandlung (und dem darauf aufbauenden Rechtsmittelzug) gegen diese Feststellung überhaupt nicht wehren (vgl. BayObLG NStZ **1985** 90). Zu den sonstigen Grenzen der Bindung in krassen Fällen s. Rdn. 30.

29 Bei **Zurückverweisung** der Sache nur **im Strafausspruch** sind der Schuldspruch und die ihm zugrunde liegenden Feststellungen die Grundlage für das weitere Verfah-

---

[37] BayObLGSt **1959** 126 = JZ **1960** 30 mit Anm. *Heinitz*; *Grünwald* 48; *Meyer* JR **1972** 204; vgl. § 344, 19.
[38] *Kleinknecht/Meyer* Einl. 188; *Grünwald* 27; *Bruns* 123 und NStZ **1984** 131; *Kleinknecht* JR **1968** 468; *Stein* JW **1923** 14; **a. A** offenbar z.B. BGHSt **10** 72; BGH VRS **17** 48; OLG Celle VRS **14** 65, wo von der Rechtskraft der Feststellungen die Rede ist.
[39] BGHSt **14** 38; **30** 344; RGSt **7** 177; **43** 359; RG JW **1923** 14 mit Anm. *Stein;* RG HRR **1938** 1383; *Alsberg/Nüse/Meyer* 434 mit weit. Nachw.; *Bruns* 47; *Gietl* NJW **1959** 928.
[40] BGHSt **7** 287; **10** 72; **24** 275; **28** 121; **29** 366; **30** 342; OLG Celle VRS **14** 65; vgl. § 344, 16.

Stand: 1. 5. 1985

ren. Daher dürfen die in der neuen Verhandlung zur Straffrage getroffenen Feststellungen grundsätzlich denen zur Schuldfrage nicht widersprechen oder, wenn sie ihnen widersprechen, dem Strafausspruch nicht zugrunde gelegt werden[41]. Dabei sind als Feststellungen zur Schuldfrage nicht nur diejenigen anzusehen, die die Tatbestandsmerkmale ergeben, sondern alle, die zum geschichtlichen Vorgang gehören[42], und zwar einschließlich der Beweisanzeichen. Diese Feststellungen sind auch bindend, wenn sie als sog. doppelrelevante Tatsachen zugleich für den Strafausspruch Bedeutung haben[43]. Von der Bindung werden daher insbesondere erfaßt (vgl. im einzelnen BGHSt 30 343 mit Nachw.): die Tatzeitfeststellung, jedenfalls soweit sie für den Inhalt des Schuldvorwurfs relevant ist (BGH bei *Holtz* MDR **1977** 639 f); die Feststellungen über die Zahl der Einzelakte einer fortgesetzten Handlung, der Vorsatzart (BGHSt **10** 73), des Grundes der Fahrlässigkeit und des Maßes der Pflichtwidrigkeit; die festgestellte Schadenshöhe (BGH NStZ **1981** 448); die Feststellung der Ziele und Beweggründe des Täters (BGH NStZ **1981** 448), der tatauslösenden Umstände, der Beteiligung Dritter. In der Regel erfaßt ist auch die Feststellung von Tatmodalitäten gemäß § 243 Abs. 1 Satz 1 Nr. 1, 2 und 4 StGB, da sie das tatbestandsmäßige Handeln mit in Gang setzen und seine konkrete Ausgestaltung mitbestimmen (BGHSt **29** 369; **30** 345). Hätte bei mehreren Tatsachen bereits ein Teil ausgereicht, um ein Tatbestandsmerkmal zu erfüllen, so gehören gleichwohl alle zum Schuldspruch (BGHSt **30** 343).

Zweifelhaft ist jedoch, ob die Bindung auch besteht, wenn sich in der neuen Verhandlung die **Unrichtigkeit der früheren Feststellungen** herausstellt. Die überkommene Meinung bejaht das überwiegend[44], insbesondere für den Fall, daß sich in der Neuverhandlung die Schuldunfähigkeit des Angeklagten gemäß § 20 StGB ergibt; sie soll dann nur unter dem Gesichtspunkt des § 21 StGB berücksichtigt werden dürfen[45] bzw. nach BGH GA **1959** 305 in Berücksichtigung des § 20 (§ 51 Abs. 1 a. F.) StGB zur Verhängung der gesetzlichen Mindeststrafe führen. Nur wenn sich herausstellt, daß der Angeklagte die Tat gar nicht begangen hat, ist er nach vorherrschender Auffassung trotz der bindenden Wirkung der Schuldfeststellungen freizusprechen, weil die Verurteilung eines nachweisbar Unschuldigen unter allen Umständen ausgeschlossen sei[46]. Diese Differenzierung vermag nicht zu befriedigen. Man wird den Angeklagten wegen der erst in der Neuverhandlung erkannten Schuldunfähigkeit auch nicht auf das Wiederaufnahmeverfahren (§ 359 ff) verweisen können, sondern mit der neueren, im einzelnen noch in der Entwicklung begriffenen Lehre anzunehmen haben, daß die sog. horizontale Rechts-

30

---

[41] BGHSt **7** 287 = JZ **1955** 428 mit zust. Anm. *Niethammer* = MDR **1955** 433 m. Anm. *Kleinknecht* und weiterer Anm. *Spendel* NJW **1955** 1290; BGHSt **10** 73 = JZ **1957** 721 m. Anm. *Oehler;* BGHSt **14** 36; **24** 275; **29** 366; **30** 342; BGH NJW **1956** 1485; BGH StrVert. **1981** 607; BGH bei *Dallinger* MDR **1951** 406 = LM Nr. 1 zu § 354 Abs. 2; RGSt **20** 411; **42** 244; **45** 150; RGRspr. **3** 561; RG JW **1923** 14 mit Anm. *Stein;* RG Recht **1903** Nr. 2228; BayObLGSt **1959** 153; **1966** 155 = VRS **33** 382; OLG Braunschweig NJW **1950** 38; OLG Celle VRS **14** 65; OLG Hamburg VRS **25** 351; OLG Königsberg **1927** 53; a. A OLG Köln JMBlNRW **1954** 27; *Peters* 477. Vgl. auch bei § 318.

[42] BGHSt **24** 274; **28** 121; **30** 344; RG HRR **1931** 387; **1938** 1383; BayObLGSt **1966** 155 = VRS **32** 283; BayObLG DAR **1958** 23; *Bruns* 86.

[43] BGHSt **24** 275; **29** 364; BGH StrVert. **1981** 607.

[44] RGSt **7** 176; ebenso z.B. *Eb. Schmidt* 35; *KK-Pikart* 33.

[45] BGHSt **7** 287 (dazu oben Fußn. 41); BGH VRS **17** 48; RGSt **69** 110; RG JW **1934** 2914; RG HRR **1930** 1080; *Weber* JW **1934** 2885; LR-*Meyer* in der 23. Aufl.; a. A z.B. schon *von Hippel* 579; *Meister* MDR **1950** 713.

[46] *von Hippel* 579; *Eb. Schmidt* § 318, 49; *Kleinknecht* MDR **1955** 434; *Oehler* JZ **1957** 723; *Spendel* ZStW **67** (1955) 567; LR-*Meyer* in der 23. Aufl.; a. A OLG Hamm HESt 1 216; *Beling* 339 Fußn. 5 und GA **63** (1916/17) 194 hält nur die Verhängung der Mindeststrafe für möglich.

§ 353

kraft nur zu einer innerprozessualen Bindung führt (vgl. § 344, 66 für die Teilanfechtung), die auch der Tatrichter in der Neuverhandlung dann überspringen darf und muß, wenn sich – im Rahmen der ihm gestatteten Beweisaufnahme (oben Rdn. 28) – die Schuldunfähigkeit des Angeklagten ergibt oder zeigt, daß er die Tat nicht begangen hat[47].

31   Ist das Urteil nur zur **Strafaussetzungsfrage** aufgehoben worden, so dürfen auch die hierzu in der Neuverhandlung getroffenen Feststellungen grundsätzlich weder denen zum Schuldspruch noch denen zum Strafausspruch widersprechen[48], von den in Rdn. 30 erörterten Ausnahmen abgesehen, die auch hier gelten müssen.

32   **2. Aufrechterhaltung von Feststellungen.** Hat das Revisionsgericht das angefochtene Urteil mit allen Feststellungen aufgehoben, ist der neue Tatrichter in der Beweisaufnahme so frei, als sei das frühere Urteil nicht erlassen worden (RGSt 5 135). Werden dagegen nach § 353 Abs. 2 Feststellungen aufrechterhalten, so sind dadurch Inhalt und Grenzen der neuen Verhandlung und Entscheidung bestimmt[49]. Die aufrechterhaltenen Feststellungen erwachsen zwar nicht in Rechtskraft, da Feststellungen nicht (vgl. Rdn. 28), jedenfalls aber nicht für sich allein, rechtskräftig werden können[50]. Es tritt aber auch insoweit eine innerprozessuale Bindung ein[51].

33   Die **Bindungswirkung** hat wiederum zur Folge, daß der Tatrichter in dem Umfang, in dem die Feststellungen aufrechterhalten worden sind, keine neue Beweisaufnahme vornehmen darf[52]. Beweisanträge, die auf eine solche Beweisaufnahme abzielen, sind nach § 244 Abs. 3 Satz 2 als unzulässig zu verwerfen (vgl. bei § 244). Soweit die Beweiserhebung zulässig ist, darf der Tatrichter grundsätzlich keine Feststellungen treffen oder berücksichtigen, die von den aufrechterhaltenen abweichen[53]; ebenso darf er ergänzende Feststellungen grundsätzlich nur vornehmen und berücksichtigen, wenn sie den aufrechterhaltenen nicht widersprechen[54]. Doch kann dies, da nur eine innerprozessuale Bindung vorliegt, auch hier dann nicht gelten, wenn sich bei Gelegenheit der zulässigen Beweisaufnahme die Schuldunfähigkeit des Angeklagten herausstellt oder zeigt, daß er die Tat überhaupt nicht begangen hat (vgl. oben Rdn. 30).

34   **3. Erneute Revision.** Bei einer erneuten Revision hat das Revisionsgericht Verstöße gegen die Bindungswirkung der Feststellungen im Fall der Teilaufhebung des Urteils von Amts wegen zu beachten[55]. Verstöße gegen die Bindungswirkung der nach § 353 Abs. 2 aufrechterhaltenen Feststellungen werden schon auf die Sachrüge hin berücksichtigt.

---

[47] Vgl. im einzelnen insbes. *Kleinknecht/Meyer* Einl. 189; KMR-*Paulus* § 318, 32 und § 358, 7; *Peters* 474; *Roxin* § 51 B III 2 b; *Schlüchter* 638; *Bruns* 21 ff; *Grünwald* 91 ff; *Kleinknecht* JR **1968** 467; *Spendel* ZStW **67** (1955) 508. Vgl. auch bei § 318; offengelassen von BGHSt **30** 347.

[48] BGH LM Nr. 30 zu § 23 StGB a.F. = VRS **11** 193; BGH VRS **7** 448; OLG Köln VRS **28** 106.

[49] BGHSt **4** 290; **14** 38; RGSt **20** 412; RG GA **55** (1908) 116.

[50] Anders RGSt **7** 178; **9** 99; **20** 412.

[51] *Kleinknecht* JR **1968** 464; *Bruns* 152 und FS Eb. Schmidt 619; *Mohrbotter* ZStW **84** (1972) 643; *Willms* FS Heusinger 407. Vgl. auch oben Rdn. 30 und im folg. Text.

[52] BGHSt **14** 38; **30** 342; BGH NStZ **1981** 448; RGSt **7** 177; **20** 412; **43** 360; RG GA **55** (1908) 115.

[53] BGHSt **30** 343; BGH NStZ **1981** 448 und StrVert. **1981** 607.

[54] BGHSt **10** 71; **24** 275; **28** 121; **30** 343; BGH NStZ **1981** 448; OLG Hamburg NJW **1976** 682.

[55] Vgl. BGHSt **7** 286; BayObLG DAR **1958** 23; OLG Celle VRS **14** 65, wo das freilich aus den Gedanken der Teilrechtskraft abgeleitet wird; unter dem Gesichtspunkt der innerprozessualen Bindung (vgl. Rdn. 30) ergibt sich jedoch nichts anderes.

§ 354

(1) Erfolgt die Aufhebung des Urteils nur wegen Gesetzesverletzung bei Anwendung des Gesetzes auf die dem Urteil zugrunde liegenden Feststellungen, so hat das Revisionsgericht in der Sache selbst zu entscheiden, sofern ohne weitere tatsächliche Erörterungen nur auf Freisprechung oder auf Einstellung oder auf eine absolut bestimmte Strafe zu erkennen ist oder das Revisionsgericht in Übereinstimmung mit dem Antrag der Staatsanwaltschaft die gesetzlich niedrigste Strafe oder das Absehen von Strafe für angemessen erachtet.

(2) ¹In anderen Fällen ist die Sache an eine andere Abteilung oder Kammer des Gerichtes, dessen Urteil aufgehoben wird, oder an ein zu demselben Land gehörendes anderes Gericht gleicher Ordnung zurückzuverweisen. ²In Verfahren, in denen ein Oberlandesgericht im ersten Rechtszug entschieden hat, ist die Sache an einen anderen Senat dieses Gerichts zurückzuverweisen.

(3) Die Zurückverweisung kann an ein Gericht niederer Ordnung erfolgen, wenn die noch in Frage kommende strafbare Handlung zu dessen Zuständigkeit gehört.

Schrifttum. Zu Absatz 1. *Batereau* Die Schuldspruchberichtigung (1971); *Bode* Die Entscheidung des Revisionsgerichts in der Sache selbst (1958); *Bruns* Erweiterung der selbständigen Strafzumessungsbefugnis des Revisionsgerichts? ZAkDR **1941** 143; *Lichti* Leerlauf in der Strafrechtspflege, DRiZ **1952** 150; *Lüttger* Die Änderung des Schuldspruchs durch das Revisionsgericht in der Rechtsprechung des Obersten Gerichtshofs für die Britische Zone, DRZ **1950** 348; *Peters* Schuldspruch durch das Revisionsgericht bei Freispruch in der Tatsacheninstanz, FS Stock 197; *Peters* Bundesverfassungsgericht und Bundesgerichtshof, JZ **1978** 230; *Schroeder* Schreien als Gewalt und Schuldspruchberichtigung durch Beschluß – BGH NJW 1982, 189, JuS **1982** 491; *Schwarz* Das Reichsgericht als Tatsacheninstanz, ZAkDR **1940** 139; *Wimmer* Die ändernde Sachentscheidung des Revisionsgerichts in Strafsachen, MDR **1948** 69.

Zum Übrigen. *Benz* Bildung von „Auffangschwurgerichten" für zurückgewiesene Schwurgerichtssachen, MDR **1976** 805; *Dahs* Ablehnung von Tatrichtern nach Zurückverweisung durch das Revisionsgericht, NJW **1966** 1691; *Gössel* Über die Folgen der Aufhebung von Berufungsurteilen in der Revisionsinstanz, JR **1982** 270; *Helle* Die Einrichtung eines „anderen" Spruchkörpers desselben Gerichts als Folge oder als Voraussetzung der in § 354 Abs. 2 Satz 1 StPO vorgesehenen Zurückverweisung, DRiZ **1974** 227, *Raacke* Zurückverweisung in Strafsachen und Nachtragsentscheidung, NJW **1966** 1697; *Seibert* Bei Zurückverweisung – andere Richter! JZ **1958** 609; *Seibert* Die Zurückverweisung an ein anderes Gericht, MDR **1954** 721; *Seibert* Das andere Gericht (§ 354 Abs. 2 StPO), NJW **1968** 1317; *Wiedemann* Die Korrektur strafprozessualer Entscheidungen außerhalb des Rechtsmittelverfahrens (1981); *Zeitz* Ausschließung des Strafrichters nach erfolgreicher Revision, DRiZ **1965** 393.

Entstehungsgeschichte. Absatz 2 lautete ursprünglich: „In anderen Fällen ist die Sache zur anderweiten Verhandlung und Entscheidung an das Gericht, dessen Urteil aufgehoben ist, oder an ein demselben deutschen Lande angehöriges, benachbartes Gericht gleicher Ordnung zurückzuverweisen." Durch Art. 3 Nr. 148 VereinhG wurde der Absatz dahin geändert, daß die Sache an eine andere Kammer des Gerichts, dessen Urteil aufgehoben wird, zurückverwiesen werden kann, wenn die Zurückverweisung an ein zu demselben Land gehörendes benachbartes Gericht gleicher Ordnung nicht möglich ist. Art. 4 Nr. 4 des 1. StRÄndG fügte in Absatz 1 die Worte „oder das Absehen von Strafe" ein. Durch Art. 9 Nr. 4 StPÄG 1964 erhielt Absatz 2 Satz 1 die geltende Fassung. Absatz 2 Satz 2 wurde eingefügt durch Art. 2 Nr. 15 StaatsschStrafsG. Bezeichnung bis 1924: § 394.

§ 354

Übersicht

	Rdn.
I. Entscheidung des Revisionsgerichts in der Sache selbst (Absatz 1)	
1. Allgemeines	1
2. Freisprechung	
a) Voraussetzungen	2
b) Teilfreisprechung	4
c) Nebenentscheidungen	6
3. Einstellung	7
4. Absolut bestimmte Strafe	11
5. Gesetzliche Mindeststrafe	12
6. Absehen von Strafe	14
II. Berichtigung des Urteilsausspruchs. Schuldspruch	
1. Allgemeines	15
2. Voraussetzungen	
a) Zulässigkeit erhobener Sachrüge	17
b) Vollständige Urteilsfeststellungen	18
c) Entbehrlichkeit des Hinweises nach § 265 Abs. 1	19
d) Beschwer des Angeklagten	21
3. Schuldspruchberichtigung und Strafausspruch	25
4. Schuldspruchberichtigung im einzelnen	
a) Auswechslung der angewendeten Strafvorschrift	26
b) Ersetzung einer eindeutigen Verurteilung durch eine Wahlfeststellung	29
c) Wegfall einer tateinheitlichen Verurteilung	30
d) Zusätzliche Verurteilung wegen tateinheitlich begangener Straftat	32
e) Änderung des Konkurrenzverhältnisses	33
III. Berichtigung des Urteilsausspruchs. Rechtsfolgenausspruch	
1. Allgemeines	35
2. Herabsetzung der Strafe auf das gesetzliche Höchstmaß	36
3. Herabsetzung einer unter Verletzung des Verbots der Schlechterstellung (§§ 331, 358 Abs. 2) erhöhten Strafe	37
4. Anrechnung der Untersuchungshaft	38
5. Anordnung der Einziehung	39
6. Abführung des Mehrerlöses	40
7. Anordnung der Urteilsbekanntgabe nach §§ 165, 200 StGB	41
8. Entscheidung über die Strafaussetzung zur Bewährung	42
9. Anordnung von Maßregeln der Besserung und Sicherung	43
IV. Berichtigung des Urteilsausspruchs. Verurteilung statt Freispruch oder Einstellung	44
V. Berichtigung offensichtlicher Versehen	47
VI. Zurückverweisung der Sache an den Tatrichter (Absätze 2 und 3)	
1. Zurückverweisung zu neuer Verhandlung und Entscheidung	
a) Allgemeines	51
b) Berufungsurteile	52
2. Zurückverweisung an eine andere Abteilung oder Kammer oder an einen anderen Senat (Absatz 2)	
a) Allgemeines	53
b) Zurückverweisung an einen anderen Spruchkörper	54
c) Zurückverweisung beim Fehlen eines anderen Spruchkörpers	55
d) Mitwirkung des früheren Richters	57
3. Zurückverweisung an ein anderes Gericht gleicher Ordnung	61
4. Zurückverweisung an ein Gericht niederer Ordnung (Absatz 3)	
a) Allgemeines	63
b) Einzelheiten	65
5. Verfahren nach der Zurückverweisung	
a) Bindung an Feststellungen	68
b) Umfang der Beweisaufnahme	70
c) Feststellungen des neuen Urteils	71
d) Neue Entscheidung	72
6. Zuständigkeit für Nachtragsentscheidungen	74

I. Entscheidung des Revisionsgerichts in der Sache selbst (Absatz 1)

1 **1. Allgemeines.** Mit der Ausgestaltung des Revisionsverfahrens als Rechtsbeschwerdeverfahren (§ 337, 1) ist es grundsätzlich nicht zu vereinbaren, daß das Revisionsgericht über das Rechtsmittel anders entscheidet als durch Verwerfung der Revision oder durch Aufhebung des angefochtenen Urteils und Zurückverweisung der Sache an den Tatrichter zu neuer Verhandlung. Gleichwohl sieht § 354 Abs. 1 die eigene Sachentscheidung des Revisionsgerichts, allerdings in engen Grenzen, vor. Sie ist zulässig, wenn für die Entscheidung nur Rechtsfragen von Bedeutung sind, daneben aber in zwei Fällen auch, wenn es auf die Ausübung des richterlichen Ermessens ankommt (Mindest-

Stand: 1. 5. 1985

strafe; Absehen von Strafe). Eigene Tatsachenfeststellungen sind dem Revisionsgericht jedoch auch hier verwehrt. Es ist an die Feststellungen des angefochtenen Urteils gebunden und darf sie weder ändern noch ergänzen. Notwendige Voraussetzung einer eigenen revisionsgerichtlichen Entscheidung ist daher, daß die Feststellungen des Tatrichters von der Urteilsaufhebung nicht betroffen werden, sondern unverändert bestehenbleiben können, so daß die Entscheidung nur die rechtlichen Folgen dieser Feststellungen zum Gegenstand hat. Sind die Feststellungen fehlerhaft, so muß die Sache immer an den Tatrichter zurückverwiesen werden. Ein weiteres Erfordernis für die eigene Sachentscheidung des Revisionsgerichts besteht darin, daß das Urteil nur wegen des Fehlens von Verfahrensvoraussetzungen oder wegen Gesetzesverletzungen bei der Anwendung des Gesetzes auf die dem Urteil zugrunde liegenden Feststellungen, also wegen sachlichrechtlicher Mängel, aufzuheben ist (*Eb. Schmidt* 40; *Batereau* 27; *Bode* 5). Denn wenn ein Verfahrensmangel der Aufhebungsgrund ist, sind die Feststellungen nicht einwandfrei zustande gekommen; die Verhandlung muß dann vor dem Tatrichter wiederholt werden, damit sie nunmehr in einem fehlerfreien Verfahren gewonnen werden.

2. Freisprechung
a) **Voraussetzungen.** Ergeben die Feststellungen des Tatrichters nach Meinung **2** des Revisionsgerichts, daß der Angeklagte sich weder aus dem rechtlichen Gesichtspunkt des angefochtenen Urteils noch aus einem anderen strafbar gemacht hat, z. B. weil Rechtfertigungs-, Entschuldigungs- oder persönliche Strafausschließungsgründe vorliegen, so muß das Revisionsgericht auf Freisprechung erkennen. Das setzt voraus, daß die bisher getroffenen Feststellungen vollständig und fehlerfrei sind[1]. Es muß vor allem ausgeschlossen werden können, daß sie gerade deshalb lückenhaft sind, weil der Tatrichter irrig angenommen hat, sie reichten zur Verurteilung aus[2]. Besteht die Möglichkeit, daß weitere Feststellungen getroffen werden können, die die Verurteilung unter dem rechtlichen Gesichtspunkt der Anklage oder einem anderen rechtfertigen, so darf das Revisionsgericht den Angeklagten niemals freisprechen (RGSt **47** 332; *Bode* 5). Ob weitere Feststellungen möglich sind, darf nur nach den Gründen der angefochtenen Entscheidung beurteilt werden, nicht hingegen nach dem sonstigen Akteninhalt (KK-*Pikart* 3; a. A OLG Köln OLGSt § 170b StGB S. 30); dies ist vielmehr nur bei der Rechtsbeschwerde nach dem OWiG erlaubt (§ 79 Abs. 6 OWiG; vgl. *Göhler* § 79, 45 ff; OLG Schleswig GA **1982** 511). Die Freisprechung ist auch ausgeschlossen, wenn während des Verfahrens Teile der Tat nach § 154a ausgeschieden worden sind und insoweit eine Verurteilung gerechtfertigt sein kann. Das Revisionsgericht bezieht dann die ausgeschiedenen Teile nach § 154a Abs. 3 wieder in das Verfahren ein und verweist die Sache an den Tatrichter zurück (vgl. § 154a, 41; 49).

Eine **Beschränkung der Revision** hindert die Freisprechung nicht, wenn der nicht **3** angefochtene Schuldspruch auf einem nicht oder nicht mehr gültigen Gesetz beruht (vgl. § 344, 25; § 354a, 9).

b) **Teilfreisprechung.** Die Vorschrift des § 354 Abs. 1 läßt auch eine nur teilweise **4** Freisprechung durch das Revisionsgericht zu[3]. Dann ist das Urteil regelmäßig im Gesamtstrafausspruch aufzuheben und die Sache in diesem Umfang an den Tatrichter zurückzuverweisen (*Bode* 36; a. A *Batereau* 116, der das Revisionsgericht zu Unrecht für

---

[1] BGHSt **13** 274; RG JW **1932** 2160; OLG Frankfurt VRS **51** 284; OLG Köln VRS **50** 346; OLG Stuttgart NJW **1984** 1695; KMR-*Paulus* 2.

[2] *Dahs/Dahs* 476; *Batereau* 57; *Jagusch* NJW **1962** 1417.

[3] BGHSt **28** 164; BGH NJW **1973** 475; RGSt **27** 394; **70** 349; OLG Hamm NJW **1966** 213; OLG Karlsruhe VRS **43** 266; *Batereau* 57.

befugt hält, eine neue Gesamtstrafe zu bilden). Davon kann jedoch abgesehen werden, wenn Gegenstand der Verurteilung so zahlreiche Einzeltaten sind, daß der Wegfall einer Einzelstrafe die Höhe der Geesamtstrafe schlechterdings nicht beeinflussen kann[4]. Ist der Angeklagte wegen mehrerer in Tatmehrheit stehender Straftaten verurteilt worden und hebt das Revisionsgericht das Urteil unter Freisprechung des Angeklagten wegen aller Taten mit einer Ausnahme auf, so kann es die für die übrigbleibende Verurteilung festgesetzte Einzelstrafe als die alleinige Strafe aufrechterhalten[5]. Hatte der Tatrichter eine Maßregel nach § 69 StGB auf zwei tatmehrheitliche Verurteilungen gestützt, von denen eine durch das Revisionsgericht beseitigt wird, so muß die Sache im Straf- und Maßregelausspruch an ihn zurückverwiesen werden, sofern das Revisionsgericht die Maßregel nicht schon wegen der bestehenbleibenden Verurteilung für gerechtfertigt hält (anders OLG Hamm NJW **1977** 208, das die Maßregel nach § 354 Abs. 1 selbst aufhebt).

5 Der Teilfreisprechung **stehen gleich** die Beseitigung des Strafausspruchs, wenn nach den Urteilsfeststellungen aus Rechtsgründen gemäß § 60 StGB von Strafe abzusehen ist (BayObLGSt **1971** 185 = NJW **1972** 696), die Beseitigung einer unzulässigen Nebenstrafe (BayObLGSt **1976** 4 = VRS **50** 339; OLG Hamburg VRS **13** 364) oder einer unter Verstoß gegen § 331 zusätzlich verhängten Nebenstrafe[6], der Anordnung der Einziehung[7], der Mehrerlösabführung (BGHSt **5** 100), der Bekanntgabebefugnis nach §§ 165, 200 StGB (RGSt **53** 290) und die Beseitigung einer Maßregel nach §§ 61 ff StGB, die nach den nicht mehr zu vervollständigenden Feststellungen aus Rechtsgründen entfallen muß[8].

6 c) **Nebenentscheidungen.** Das freisprechende Urteil des Revisionsgerichts schließt das Verfahren ab. Es muß daher eine Entscheidung über die Kosten des ganzen Verfahrens (§ 464 Abs. 1) und über die notwendigen Auslagen des Angeklagten enthalten. Das Revisionsgericht hat ferner über die Entschädigung für Strafverfolgungsmaßnahmen zu entscheiden (§ 8 Abs. 1 Satz 1 StrEG). Es kann diese Entscheidung außerhalb der Hauptverhandlung treffen, wenn sie nicht ohne weiteres möglich ist (§ 8 Abs. 1 Satz 2 StrEG). Die verbreitete Auffassung, daß die Entscheidung dem Tatrichter zu überlassen oder doch in der Regel zu überlassen sei[9], widerspricht dem Wortlaut des Gesetzes und ist abzulehnen[10]. Ihr ist insbesondere nicht deswegen zuzustimmen, weil dem Angeklagten sonst der Beschwerderechtszug verlorengeht. Ebensowenig trifft es zu, daß es sich um eine vorwiegend tatrichterliche Entscheidung handelt, die das Revisionsgericht nur ausnahmsweise selbst treffen könne. Hat das Revisionsgericht die Entscheidung über die Entschädigung versehentlich unterlassen, so muß es selbst, nicht der Tatrichter, sie nachholen, auch wenn die Hauptsache in der Revisionsinstanz nicht mehr anhängig ist. Denn das Revisionsgericht darf die gesetzliche Zuständigkeitsregelung des § 8 Abs. 1 StrEG nicht durch eigene Untätigkeit abändern (KG GA **1973** 379).

---

[4] BGH bei *Batereau* 117; RG HRR **1940** 1372; *Bode* 36; *Wimmer* MDR **1948** 72; vgl. auch § 353, 2.

[5] *Batereau* 117; *Bode* 7, 35; *Lüttger* DRZ **1950** 350; vgl. aber auch § 353, 14.

[6] BayObLGSt **1952** 29 = MDR **1952** 378.

[7] BGH NJW **1955** 71; OLG Braunschweig NdsRpfl. **1954** 187; OLG Hamm JZ **1952** 39; *Bode* 48.

[8] OLG Hamburg NJW **1955** 1080; VRS **7** 303; KMR-*Paulus* 6.

[9] BGH NJW **1984** 1312; bei *Dallinger* MDR **1977** 811; OLG Hamm NJW **1977** 209; KK-*Pikart* 26 mit weit. Nachw.; *Kleinknecht/Meyer* 3; KMR-*Paulus* 5; vgl. auch BGHSt **4** 300 zum früheren Recht.

[10] Wie hier im Ergebnis KG JR **1973** 427; OLG Frankfurt DAR **1973** 161; *Schätzler* § 8, 18; *D. Meyer* MDR **1978** 284 f mit weit. Nachw.; LR-*Meyer* in der 23. Aufl.

3. Einstellung. Nach § 260 Abs. 3 ist das Verfahren einzustellen, wenn ein Verfah- **7** renshindernis besteht. Nur diese Verfahrenseinstellung, nicht die nach den §§ 153 ff (dazu § 353, 2), ist in § 354 Abs. 1 gemeint. Wegen der Einstellung durch Beschluß nach §§ 206 a und 206 b vgl. bei § 349, 35 f.

Der **Grundsatz,** daß Verfahrenshindernisse zur Einstellung führen, wird jedoch **8** zugunsten wie zuungunsten des Angeklagten **durchbrochen.** Wenn die fehlende Verfahrensvoraussetzung noch geschaffen werden kann, muß das Urteil aufgehoben und die Sache unter Aufrechterhaltung der Feststellungen (§ 353, 19) an den Tatrichter zurückverwiesen werden[11]. Eine Einstellung kommt ferner nicht in Betracht, wenn der Sachverhalt ohne weiteres die Freisprechung rechtfertigt[12].

Ebenso wie die Teilfreisprechung bei Tatmehrheit ist auch eine **teilweise Einstel-** **9** **lung** des Verfahrens zulässig, wenn das Verfahrenshindernis nur einen abtrennbaren Teil des Urteils betrifft[13]. Für die Nebenentscheidungen nach § 464 Abs. 1 StPO, § 8 Abs. 1 StrEG gilt dasselbe wie bei der Freisprechung (oben Rdn. 6).

Zur revisionsrechtlichen Behandlung der **einzelnen** Verfahrenshindernisse s. bei **10** § 337, 29 ff.

4. Absolut bestimmte Strafe. Gemeint sind nach der ratio des § 354 Abs. 1 nur **11** solche Fälle, in denen das Strafgesetz die absolut bestimmte Strafe als *einzige* Reaktion für ein Delikt androht, also keine Wahlmöglichkeit und auch keine minderschweren Fälle kennt; solche Strafen sind derzeit nur in § 211 StGB und § 220 a Abs. 1 Nr. 1 StGB angedroht. Gegen die Befugnis des Revisionsgerichts, in eigener Sachentscheidung die lebenslange Freiheitsstrafe festzusetzen, wendet sich mit guten Gründen *Peters* 631 und JZ **1978** 230, 231, insbesondere unter Hinweis auf die Erfordernisse einer verfassungskonformen Auslegung bei § 211 StGB und die dadurch bedingte Relativierung dieser Strafe. Der absolut bestimmten Strafe gleichzustellen sind solche Verfahrenslagen, bei denen jedes Ermessen über Art und Höhe einer Rechtsfolgenentscheidung notwendigerweise ausgeschlossen ist. Das ist etwa der Fall, wenn in dem Urteil ein Einziehungsbetrag falsch errechnet ist; das Revisionsgericht darf dann den Betrag in der richtigen Höhe festsetzen (RGSt **57** 429). Entsprechend anzuwenden ist die Bestimmung auch auf den Fall der zwingend vorgeschriebenen Einziehung (RGSt **42** 30; **53** 248; vgl. *Bode* 7). Das BayObLG wendet die Vorschrift auch auf den Fall an, daß das Landgericht das Urteil des Amtsgerichts auf die Berufung des Angeklagten aufgehoben hat, das Revisionsgericht aber das Ausbleiben des Angeklagten in der Hauptverhandlung vor dem Amtsgericht für unentschuldigt hält und stellt daher das den Einspruch nach § 412 Abs. 1 verwerfende Urteil des Amtsgerichts wieder her (BayObLGSt **1975** 24 = MDR **1975** 579).

5. Gesetzliche Mindeststrafe. Das Revisionsgericht darf auf die gesetzlich nied- **12** rigste Strafe nur in Übereinstimmung mit dem Antrag der Staatsanwaltschaft erkennen. Gemeint ist die Staatsanwaltschaft bei dem Revisionsgericht (RG LZ **1918** 780). Hängt die gesetzliche Mindeststrafe von der Annahme eines minderschweren Falles ab, so darf das Revisionsgericht sie nur verhängen, wenn bereits der Tatrichter einen solchen Fall

---

[11] BGHSt **8** 154; RGSt **43** 367; RG GA **39** (1891) 235; OLG Düsseldorf GA **1957** 417; OLG Hamburg JR **1969** 310 mit Anm. *Eb. Schmidt;* OLG Koblenz OLGSt § 191 StGB a.F., S. 3; OLG Köln GA **1971** 29.

[12] BGHSt **13** 80, 273; **20** 335; RGSt **70** 196, 281; RG JW **1936** 2239; BayObLGSt **1963** 47; KG NStZ **1983** 561; OLG Celle NJW **1968** 2120; *Dahs/Dahs* 475; *Jagusch* NJW **1962** 1418; vgl. auch Einl. Kap. 11 und bei § 260.

[13] BGHSt **8** 269; BGH NJW **1970** 905; RGSt **52** 37; *Batereau* 57.

angenommen hat; denn ob er vorliegt, kann, gerade angesichts der sog. Vertretbarkeitsgrenze (§ 337, 201) grundsätzlich nur er entscheiden (RGSt **2** 358; *Eb. Schmidt* 46; *Bode* 8). Droht ein Gesetz neben Freiheitsstrafe auch Geldstrafe an, so ist das Mindestmaß der angedrohten Freiheitsstrafe und der Mindestbetrag der angedrohten Geldstrafe nur dann die gesetzlich niedrigste Strafe, wenn die Geldstrafe (was im geltenden Recht nicht mehr vorkommt) zwingend vorgeschrieben ist; andernfalls ist nur das Mindestmaß der angedrohten Freiheitsstrafe für sich allein die gesetzlich niedrigste Strafe (RGSt **47** 229). Die niedrigste Strafe wird auch verhängt, wenn das Revisionsgericht den von dem Tatrichter unterlassenen Ausspruch der Bekanntgabebefugnis nach den §§ 165, 200 StGB in der den Angeklagten am wenigsten beschwerenden Form vornimmt[14].

13   **Sinngemäß angewendet** werden kann die Befugnis zur Bestimmung der gesetzlichen Mindeststrafe auch, wenn der Tatrichter es unterlassen hat, für eine von mehreren in Tatmehrheit stehenden Straftaten eine Einzelfreiheitsstrafe auszuwerfen (ebenso BGHSt **30** 97 für die Bestimmung der Tagessatzhöhe einer Einzelgeldstrafe). Auf entsprechenden Antrag der Staatsanwaltschaft kann dann das Revisionsgericht die niedrigste überhaupt in Betracht kommende Strafe als Einzelstrafe festsetzen. Um eine sinngemäße Anwendung des § 354 Abs. 1 handelt es sich wohl auch, wenn der Tatrichter den Schuldumfang in unzureichender Weise bestimmt hat, in einer neuen tatrichterlichen Verhandlung genauere Feststellungen nicht zu erwarten sind und das Revisionsgericht nun – regelmäßig unter Aufhebung des Strafausspruchs – den Mindestschuldumfang festlegt (vgl. BGH StrVert. **1982** 226).

14   **6. Absehen von Strafe.** Hierunter fallen z. B. die §§ 83 a, 84 Abs. 4 und 5, § 85 Abs. 3, § 86 Abs. 4, § 86 a Abs. 3, § 87 Abs. 3, § 89 Abs. 3, § 98 Abs. 2, § 99 Abs. 3, § 113 Abs. 4, § 129 Abs. 5 und 6, § 129 a Abs. 4, § 157 Abs. 1 und 2, § 158 Abs. 1, § 175 Abs. 2, § 233, § 311 c Abs. 2, § 315 Abs. 6, § 315 b Abs. 6, § 316 a Abs. 2 StGB. Die Straffreierklärung nach § 199 StGB dürfte dem Absehen von Strafe gleichzustellen sein (vgl. § 153 b, 3). Wegen des Absehens von Strafe nach § 60 StGB vgl. oben Rdn. 5.

II. Berichtigung des Urteilsausspruchs. Schuldspruch

15   **1. Allgemeines.** Die Vorschrift des § 354 Abs. 1 ermächtigt das Revisionsgericht nicht ausdrücklich, einen fehlerhaften Schuldspruch abzuändern. Da das Revisionsgericht aber sogar berechtigt ist, unter Abänderung des angefochtenen Urteils im Schuld- und Rechtsfolgenausspruch auf Freisprechung oder auf eine absolut bestimmte Strafe zu erkennen, muß es auch das geringere Recht haben, das Urteil nur im Schuldspruch zu berichtigen, es erforderlichenfalls im Strafausspruch aufzuheben und die Sache insoweit an den Tatrichter zurückzuverweisen[15]. Hinzukommt, daß der Tatrichter, wenn die Sache an ihn zurückverwiesen wird, nach § 358 Abs. 1 an die der Aufhebung zugrunde liegende Rechtsauffassung des Revisionsgerichts gebunden ist. Es wäre eine Verschwendung von Zeit und Arbeitskraft, wenn das Revisionsgericht wegen eines bloßen Subsumtionsfehlers eine Sache an den Tatrichter zurückverweisen müßte, dem nichts zu tun bliebe, als den Schuldspruch entsprechend der Rechtsauffassung des Revisionsgerichts zu berichtigen[16]. Die Schuldspruchberichtigung dient daher der Vereinfachung

---

[14] BGHSt **3** 76; BGH LM Nr. 2 zu § 200 StGB; BGH NJW **1955** 1119; OLG Hamm NJW **1974** 467; KMR-*Paulus* 9.

[15] BayObLGSt **1960** 225 = JZ **1961** 506; *Batereau* 14; *Sarstedt* JR **1957** 272; *Wimmer* MDR **1948** 71.

[16] OGHSt **1** 5, 18; KG JZ **1953** 644; OLG Hamburg HESt **2** 19; NJW **1962** 755; *Batereau* 15.

des Verfahrens in demselben Maße wie die in § 354 Abs. 1 ausdrücklich bezeichneten Fälle der eigenen Sachentscheidung des Revisionsgerichts (*Bode* 11). Sie wird in der Rechtsprechung allgemein (vgl. unten Rdn. 26 ff) und jetzt auch im Schrifttum überwiegend für zulässig gehalten[17]. Zur Schuldspruchberichtigung in entsprechender Anwendung des § 354 Abs. 1 gehört nicht die Umwandlung des Schuldspruchs in die Verurteilung wegen einer Ordnungswidrigkeit; zu dieser Urteilsberichtigung ist das Revisionsgericht vielmehr in sinngemäßer Anwendung des § 83 OWiG befugt (vgl. *Göhler* § 83, 14). Eine gesetzliche Ermächtigung zur Schuldspruchberichtigung in einem solchen Fall enthält Art. 317 Abs. 2 Satz 2 EGStGB.

Das Revisionsgericht kann, soweit es sich um trennbare Urteilsbestandteile handelt (dazu § 344, 14 ff), den Schuldspruch auch **teilweise berichtigen** (*Bode* 12 ff; *Wimmer* MDR **1948** 72). Der Schuldspruch kann auch in einem Beschluß nach § 349 Abs. 4 berichtigt werden (einschränkend *Batereau* 54, der nur unwesentliche Änderungen für zulässig hält), aber wohl auch in einem Verwerfungsbeschluß nach § 349 Abs. 2 (dort Rdn. 25). Bei der Aufhebungserstreckung nach § 357 steht die Schuldspruchberichtigung der Urteilsaufhebung gleich (vgl. § 357, 7). **16**

2. Voraussetzungen

a) Zulässig erhobene Sachrüge. Die Schuldspruchberichtigung setzt eine zulässig **17** erhobene Sachrüge voraus. Wenn die tatsächlichen Feststellungen offensichtlich fehlerfrei sind, kann der Schuldspruch trotz einer neben der Sachrüge erhobenen Verfahrensrüge berichtigt werden, falls diese zu keinem weitergehenden Erfolg führen könnte (*Batereau* 32); die Ausführungen zu § 352, 15 gelten entsprechend. Eine Schuldspruchberichtigung kommt hingegen nicht in Betracht, wenn die Revision sich gegen ein Verwerfungsurteil nach § 329 richtet[18].

b) Vollständige Urteilsfeststellungen. Die Schuldspruchberichtigung setzt ferner **18** voraus, daß die Urteilsfeststellungen klar und erschöpfend sind und ein eindeutiges Bild von dem Schuldumfang ergeben (BGH NJW **1973** 1512; OLG Bremen NJW **1964** 2262), insbesondere, daß weitere wesentliche Feststellungen ausgeschlossen erscheinen[19]. Wenn das sachliche Recht falsch angewendet worden ist, liegt es häufig nahe, daß wesentliche Umstände nicht aufgeklärt oder nicht erörtert worden sind, weil der Tatrichter infolge seines Irrtums über die Rechtsfrage geglaubt hat, es komme auf diese Tatsachen nicht an[20]. Das ist vor allem bei einer Schuldspruchberichtigung zuungunsten des Angeklagten zu beachten (*Bode* 17).

c) Entbehrlichkeit des Hinweises nach § 265 Abs. 1. Eine weitere Grenze findet **19** die Schuldspruchberichtigung an der Vorschrift des § 265 Abs. 1[21]. Aufgrund eines an-

---

[17] KK-*Pikart* 12; *Kleinknecht/Meyer* 4; KMR-*Paulus* 11; *Eb. Schmidt* 49; *Dalcke/Fuhrmann/Schäfer* 7; *Henkel* 382; *Roxin* § 53 J III; *Rüping* 178; *Peters* 631; *Schlüchter* 752.1; *Batereau* 15; *Bode* 11; a. A *Geerds* JZ **1968** 393; vgl. auch *Schroeder* JuS **1982** 495; zur ablehnenden Haltung des älteren Schrifttums vgl. *Seibert* DRZ **1948** 371.

[18] Vgl. OLG Frankfurt NJW **1963** 460; OLG Hamm MDR **1973** 694; OLG Köln JMBl-NRW **1963** 96.

[19] BGHSt **3** 64; **6** 257; BGH NJW **1953** 835; **1954** 609; **1969** 1679; **1970** 820; RGSt **65** 285,

351; OGHSt **1** 25, 251; KG JZ **1953** 644; NJW **1976** 814; OLG Braunschweig NdsRpfl. **1950** 95; OLG Celle VRS **50** 288; OLG Frankfurt NJW **1970** 343; OLG Hamburg NJW **1962** 755; *Batereau* 33 ff.; *Bode* 16 ff.

[20] *Dahs/Dahs* 476; *Batereau* 37; *Jagusch* NJW **1962** 1417; oben Rdn. 2.

[21] BGH NJW **1953** 754; **1967** 789; RGSt **73** 75; **75** 56; OGHSt **1** 202, 290; OLG Stuttgart VRS **52** 36; *Batereau* 38 ff; *Bode* 18 ff; *Wimmer* MDR **1978** 71.

deren als des in der gerichtlich zugelassenen Anklage aufgeführten Strafgesetzes darf das Revisionsgericht den Angeklagten nicht ohne weiteres verurteilen. Es genügt auch nicht, daß es selbst den Hinweis auf die Veränderung des rechtlichen Gesichtspunkts erteilt oder nachholt (a. A wohl *Schroeder* JuS **1982** 495), denn § 265 Abs. 1 dient nicht nur der Verteidigung des Angeklagten in rechtlicher Hinsicht, sondern soll ihm vor allem auch Gelegenheit geben, sich in tatsächlicher Hinsicht zu verteidigen. Er soll im Interesse einer erschöpfenden Sachaufklärung in die Lage versetzt werden, sich zu der veränderten Rechtslage tatsächlich zu äußern und neue Beweise anzutreten (vgl. bei § 265). Vor dem Revisionsgericht kann er das nicht.

20 Die Schuldspruchberichtigung ist aber **unbedenklich,** wenn die Tat so schon in der Anklage oder im Eröffnungsbeschluß gewürdigt worden ist[22], wenn der Hinweis nach § 265 Abs. 1 schon vor dem Tatgericht erfolgt ist (OGHSt **1** 234), dem Antrag des Verteidigers entsprach (BGH NStZ **1984** 311) oder wenn er auch dort überflüssig gewesen wäre (vgl. bei § 265). Wenn diese Voraussetzungen nicht vorliegen, darf der Schuldspruch nur berichtigt werden, falls eine andere Verteidigung des Angeklagten in tatsächlicher Hinsicht nicht möglich erscheint. Nach ganz herrschender Rechtsprechung soll das Revisionsgericht das in der Regel selbst beurteilen können[23]. Es sollte bei dieser Prüfung freilich äußerste Vorsicht walten lassen, weil auch bei scheinbar richtigen oder vollständigen Urteilsfeststellungen (Rdn. 18) Fälle denkbar sind, in denen eine andere Verteidigung in Betracht kommt, von der das Revisionsgericht nichts wissen kann. Doch erscheint es nicht erforderlich, dem Revisionsgericht die Prüfung überhaupt abzuschneiden, wie eine Mindermeinung annimmt, die bei Fehlen des Hinweises regelmäßig eine Zurückverweisung an den Tatrichter verlangt[24].

d) Beschwer des Angeklagten
21 **aa) Allgemeines.** Die Schuldspruchberichtigung ist, unabhängig von der Frage der Beschwer des Angeklagten, stets erforderlich, wenn das Urteil im Rechtsfolgenausspruch fehlerhaft ist und die Sache insoweit an den Tatrichter zurückverwiesen werden muß. In diesem Fall darf auch ein zu milder Schuldspruch nicht bestehenbleiben, weil andernfalls die Rechtsfolgenbemessung in der neuen Hauptverhandlung keine zutreffende Grundlage hätte (*Jagusch* NJW **1962** 1420). Zur Schuldspruchberichtigung ist das Revisionsgericht ferner verpflichtet, wenn der Tatrichter den Angeklagten nach einem Strafgesetz verurteilt hat, das völlig verschieden ist von dem, das er verletzt hat[25].

22 Sonst setzt eine **Schuldspruchberichtigung zum Nachteil des Angeklagten** ein zu dessen Ungunsten eingelegtes Rechtsmittel voraus. Denn der Angeklagte selbst ist durch

---

[22] BGHSt **12** 30; BGH NJW **1955** 1328; **1969** 1679; RGSt **71** 209; OGHSt **1** 18, 138; **3** 100; OLG Saarbrücken NJW **1975** 66 = VRS **47** 434.

[23] BGHSt **10** 276; **20** 121; **28** 231; **33** 49; BGH StrVert. **1982** 576; BGH NJW **1953** 835; **1955** 1328; **1973** 1707; **1976** 381; **1977** 540; BGH LRE **10** 24; BGH bei *Dallinger* MDR **1970** 382; RGSt **46** 428; **67** 423; **68** 125; **70** 58; **76** 253; RG JW **1923** 400 mit abl. Anm. *Merkel;* OGHSt **1** 305; BayObLGSt **1951** 379; KG VRS **46**; OLG Braunschweig NJW **1954** 973; OLG Bremen NJW **1964** 2263; OLG Hamm JZ **1958** 574 mit Anm. *Eb. Schmidt;* VRS **28** 139; OLG Koblenz VRS **45** 367; **49** 351; OLG Köln VRS **30** 181; OLG Oldenburg NJW **1965** 118.

[24] *Roxin* § 53 J III 1; *Batereau* 49; *Bode* 20; *Grünwald* Die Teilrechtskraft im Strafverfahren (1964) 94 Fußn. 7; *Schroeder* JuS **1982** 495.

[25] BGHSt **8** 37; OLG Frankfurt NJW **1973** 1806 bei Verurteilung nach § 113 StGB statt nach § 240 StGB; OLG Koblenz VRS **45** 367 bei Verurteilung nach § 323a StGB statt nach § 316 StGB; OLG Hamm JZ **1958** 574 mit Anm. *Eb. Schmidt* in dem umgekehrten Fall.

einen für ihn zu günstigen Schuldspruch nicht beschwert[26], und aus der Pflicht des Revisionsgerichts zu allseitig erschöpfender rechtlicher Prüfung des angefochtenen Urteils folgt nicht, daß es die Verurteilung auf die Revision des Angeklagten im Schuldspruch zu dessen Ungunsten ändern muß. Nach der ständigen Übung der Revisionsgerichte (anders noch OGHSt 1 251) wird daher in solchen Fällen von der Schuldspruchberichtigung abgesehen.

bb) Einzelheiten. An einer Beschwer des Angeklagten fehlt es insbesondere, wenn **23** er zu Unrecht einer leichteren statt einer schwereren Teilnahmeform für schuldig befunden[27], wenn ein weiterer tateinheitlich verwirklichter Tatbestand übersehen[27a] oder wenn anstelle einer strengeren Strafbestimmung eine mildere angewendet[28], insbesondere wenn statt Tatmehrheit fehlerhaft Tateinheit[28a], statt Vollendung fehlerhaft Versuch[29], statt Vorsatz nur Fahrlässigkeit (RGSt **66** 404) angenommen worden ist.

Die unzutreffende Annahme einer **fortgesetzten Handlung** beschwert den Ange- **24** klagten regelmäßig nicht[30]. Anders ist es, wenn natürliche Handlungseinheit vorliegt und die Strafe wegen der Annahme einer Fortsetzungstat möglicherweise höher bemessen worden ist (BGH bei *Dallinger* MDR **1974** 369) oder wenn in Wahrheit Tatmehrheit vorliegt und das Verfahren daher teilweise wegen Verjährung (RGSt **76** 26) oder wegen Fehlens des erforderlichen Strafantrags (*A. Mayer* DRiZ **1972** 200) einzustellen wäre, wenn der Angeklagte wegen der Regelung des § 66 StGB nach seinem Vorleben im Wiederholungsfall mit Sicherungsverwahrung rechnen muß[31] oder wenn die späteren Einzelhandlungen wegen einer Gesetzesänderung nach milderem Recht zu beurteilen wären (RGSt **51** 174). Eine Beschwer liegt auch vor, wenn die unrichtige Zusammenfassung mehrerer Straftaten zu einer fortgesetzten Handlung dazu geführt hat, daß die gestohlenen Sachen nicht als geringwertig im Sinne des § 243 Abs. 2 StGB angesehen wurden, oder wenn aus der Gesamtmenge des Betäubungsmittels ein Strafschärfungsgrund nach §§ 29 Abs. 3 Nr. 3, 30 Abs. 1 Nr. 4 BtMG hergeleitet worden ist.

3. Schuldspruchberichtigung und Strafausspruch. Da die Bemessung der Strafe **25** zwar Rechtsanwendung ist, aber entscheidend in den Verantwortungsbereich des Tatrichters fällt (§ 337, 194 ff), müßte strenggenommen jede Berichtigung des Schuldspruchs durch das Revisionsgericht dazu führen, daß das Urteil im Strafausspruch aufgehoben und die Sache zu neuer Straffestsetzung an den Tatrichter zurückverwiesen wird. Die Revisionsgerichte sehen jedoch in ständiger Übung von der Aufhebung im Strafausspruch ab, wenn es nach den Umständen des Falles ausgeschlossen erscheint, daß der Tatrichter, hätte er die Strafe nicht aus Rechtsirrtum einer unrichtigen Strafbestimmung entnommen, auf eine andere Strafe erkannt hätte (Näheres unten Rdn. 27 ff). Dabei handelt es sich allerdings im Grunde nicht um eine Vorausschau, welche Strafe der Tatrichter, wenn er nicht geirrt hätte, für angemessen halten würde, sondern um eine eigene Strafzumessungsentscheidung des Revisionsgerichts[32]. Im Schrifttum wird

---

[26] BGHSt **10** 362; KMR-*Paulus* 18; *Dahs/Dahs* 469 f; vgl. auch KK-*Pikart* 15; **a. A** *Batereau* 24 ff, 60; *Bode* 10; *Wimmer* MDR **1948** 70.
[27] BGHSt **8** 37; RGSt **46** 420.
[27a] BGHSt **9** 258; **10** 362; RGSt **39** 158; **46** 420; **47** 222; **53** 180; **a. A** OGHSt **1** 251.
[28] BGHSt **8** 37; **20** 307.
[28a] BGHSt **8** 37; **16** 321; BGH VRS **45** 178.
[29] BGHSt **9** 258; RGSt **57** 29; OLG Köln NJW **1973** 1807.
[30] BGHSt **16** 319; BGH NJW **1973** 475; OLG Karlsruhe GA **1976** 150; *A. Mayer* DRiZ **1972** 200.
[31] BGH DRiZ **1972** 246; **1973** 24; BGH GA **1974** 307; OLG Karlsruhe MDR **1975** 595.
[32] *Batereau* 87, 91; *Bode* 36 Fußn. 19; *Frisch* Revisionsrechtliche Probleme der Strafzumessung (1971) 298; *Sarstedt* JR **1959** 199; *Schneidewin* FS Reichsgericht 322 ff.

dieses Verfahren teils für unzulässig gehalten[33], teils wird die Meinung vertreten, über die bisherige Gerichtspraxis hinaus sei dem Revisionsgericht ein „Durcherkennen" in der Straffrage stets erlaubt, wenn die Strafzumessungstatsachen in dem Urteil vollständig mitgeteilt sind und auch den vom Revisionsgericht geänderten Schuldspruch decken[34]. Dazu unten Rdn. 35.

4. Schuldspruchberichtigung im einzelnen

26 a) **Auswechslung der angewendeten Strafvorschrift.** Die Berichtigung kann sich auf Vorschriften des Allgemeinen Teils des Strafgesetzbuchs beziehen (vgl. *Bode* 25) und z. B. zur Annahme von Vollendung statt Versuch (OGHSt 1 108) oder von Versuch statt Vollendung (BGHSt 10 275), von Anstiftung (RGSt 61 268) oder Beihilfe statt Täterschaft[35] oder von Fahrlässigkeit statt Vorsatz (OLG Hamm VRS 28 139) führen. Häufiger betrifft die Berichtigung die Vorschriften des Besonderen Teils[36]. Sie ist auch zulässig, wenn eine Strafvorschrift durch das Bundesverfassungsgericht für nichtig erklärt worden ist[37].

27 Wird der Schuldspruch auf eine Revision des Angeklagten oder auf eine Revision der Staatsanwaltschaft zu seinen Gunsten berichtigt, so muß das Urteil grundsätzlich im **Strafausspruch aufgehoben** und die Sache insoweit an den Tatrichter zurückverwiesen werden, wenn die neu angewendete Vorschrift milder ist als die frühere[38]. Eine Ausnahme für den Fall anzunehmen, daß die verhängte Strafe so außerordentlich gering ist, daß eine Herabsetzung auch bei Anwendung der richtigen Strafvorschrift ausgeschlossen erscheint[39], ist bedenklich und systemwidrig. Stimmen die Strafandrohungen überein und läßt sich ausschließen, daß die Strafe durch den Rechtsirrtum beeinflußt war, so kann der Strafausspruch jedoch aufrechterhalten werden[40]. Das gleiche gilt, wenn die Strafrahmen nur geringfügig voneinander abweichen[41], wenn der Strafrahmen der neuen Vorschrift sogar strenger ist (BGH NJW **1976** 381) oder wenn die ausgewechselte Strafvorschrift in Tateinheit mit einer strengeren Vorschrift steht, der der Tatrichter die Strafe entnommen hat (BGH NJW **1977** 540). Hatte der Tatrichter die Mindeststrafe festgesetzt, so kann das Revisionsgericht die Mindeststrafe der milderen Strafvor-

---

[33] *Zipf* Die Strafmaßrevision, 1969, 190 ff; auch *Bode* 35 und *Wimmer* MDR **1948**, 72 wollen die Aufrechterhaltung des Strafausspruchs auf wenige Ausnahmefälle beschränken.

[34] *Batereau* 112; *Bruns* Strafzumessungsrecht² 660; *Frisch* aaO S. 298; vgl. auch *Roxin* § 53 J III 2.

[35] BGHSt **23** 39; RGSt **63** 136; OGHSt **1** 305; OLG Köln JMBlNRW **1954** 28.

[36] Vgl. etwa BGHSt **6** 263; **8** 37; **20** 121; **33** 8; BGH NJW **1952** 1223; **1953** 835; **1955** 1328; BGH MDR **1955** 52; BGH LRE **10** 24; RGSt **68** 125; RG JW **1923** 399 mit abl. Anm. *Merkel;* RG JW **1929** 2577 mit abl. Anm. *Oetker;* RG HRR **1934** 1259; OGHSt **1** 18, 138, 305; BayObLGSt **1** 374; OLG Bremen NJW **1964** 2262; OLG Celle NJW **1974** 2328; VRS **50** 288; OLG Frankfurt NJW **1973** 1807; OLG Hamburg HESt **2** 21; OLG Hamm JZ **1953** 233; OLG Koblenz NJW **1974** 872; VRS **49** 351; OLG Oldenburg NJW **1953** 1238.

[37] BGHSt **19** 46; OLG Hamburg NJW **1963** 459; OLG Oldenburg NJW **1962** 2120; **1963** 169; vgl. auch § 344, 27.

[38] BGHSt **23** 39; BGH StrVert. **1982** 170; BGH NJW **1952** 1223; **1953** 835; **1955** 1328; RGSt **63** 136; **68** 125; **75** 320; RG JW **1923** 399 mit Anm. *Merkel;* RG JW **1929** 257 mit Anm. *Oetker;* OLG Hamburg HESt **2** 21; *Bode* 42; *Lüttger* DRZ **1950** 350.

[39] Vgl. BayObLG JW **1920** 56 mit Anm. *Kern;* OLG Hamm VRS **28** 138; KMR-*Paulus* 2.

[40] BGHSt **8** 37; BGH MDR **1955** 52; RGSt **76** 253; OGHSt **1** 305; BayObLGSt **1951** 379; OLG Celle NJW **1964** 2328; VRS **36** 309; OLG Düsseldorf NJW **1965** 2312; OLG Hamm VRS **36** 460; OLG Koblenz NJW **1961** 2362; KMR-*Paulus* 21; *Eb. Schmidt* 51; *Peters* 631; *Bode* 42.

[41] RG HRR **1934** 1259; OLG Braunschweig HESt **1** 268; *Wimmer* MDR **1948** 73.

schrift verhängen, wenn anzunehmen ist, daß der Tatrichter auf sie bei richtiger Rechtsanwendung erkannt hätte (OLG Koblenz NJW **1974** 872).

Wenn auf die Revision der Staatsanwaltschaft oder des Nebenklägers die angewendete Strafvorschrift durch eine **strengere Vorschrift** ersetzt wird, muß das Urteil im Strafausspruch regelmäßig aufgehoben werden[42]. Bei einer geringfügigen Erweiterung des Schuldspruchs soll nach BGH NJW **1982** 293 (insoweit in BGHSt **30** 228 nicht abgedruckt) im Einzelfall anderes gelten; vgl. auch BGH bei *Mösl* NStZ **1983** 149. **28**

b) Die **Ersetzung einer eindeutigen Verurteilung durch eine Wahlfeststellung** ist zulässig (BGHSt **8** 37; OLG Karlsruhe NJW **1976** 904). Daß sie im allgemeinen nicht zur Aufhebung des Urteils im Strafausspruch zwingt (so OLG Zweibrücken NJW **1966** 1828; LR-*Meyer*[23]), ist freilich nur dann richtig, wenn die hinzugefügte Strafvorschrift keine milderen Rechtsfolgen vorsieht. Zulässig ist auch die **Änderung einer wahlweisen** in eine eindeutige **Verurteilung** (BayObLGSt **1966** 142 = NJW **1967** 363; OLG Braunschweig NdsRpfl. **1955** 178); die Aufhebung des Strafausspruchs ist dann nur notwendig, wenn es sich um eine Revision zuungunsten des Angeklagten handelt und die eindeutige Verurteilung den Wegfall von Straffolgebeschränkungen ergibt. **29**

c) **Wegfall einer tateinheitlichen Verurteilung.** Die Schuldspruchberichtigung zugunsten des Angeklagten ist unbedenklich, wenn der tateinheitlich angenommene Tatbestand in Wahrheit gar nicht vorliegt[43]. Ist die wegfallende Verurteilung, insbesondere weil sie einen milderen oder einen gleichartigen Strafrahmen besitzt, ersichtlich ohne Einfluß auf die Höhe der Strafe geblieben, soll nach herrschender Meinung der Strafausspruch bestehenbleiben können[44]. Da jedoch im Zweifel anzunehmen ist, daß der Tatrichter die tateinheitliche Begehung nach der Regel des § 46 StGB strafschärfend berücksichtigt hat, selbst wenn er dies nicht ausdrücklich ausspricht, erscheint die h. M allenfalls in Ausnahmefällen berechtigt. Ergeben die Urteilsgründe selbst, daß bei der Strafzumessung die nunmehr weggefallene Verurteilung berücksichtigt worden ist, oder ist die Verurteilung mit der strengeren Strafvorschrift weggefallen, so muß die Sache grundsätzlich an den Tatrichter zur Festsetzung einer neuen Strafe zurückverwiesen werden[45]. **30**

Hatte der Tatrichter wegen eines tateinheitlich erfüllten Tatbestandes verurteilt, obwohl dieser wegen **Gesetzeskonkurrenz** nicht anzuwenden war, so hebt das Revisionsgericht die Verurteilung insoweit auf. Der Strafausspruch kann dennoch bestehenbleiben, weil die besonderen Tatumstände, die für sich genommen die Anwendung der anderen Vorschrift gerechtfertigt hätten, bei der Strafzumessung auf jeden Fall berücksichtigt werden dürfen[46]. **31**

d) **Zusätzliche Verurteilung wegen tateinheitlich begangener Straftat.** Diese Schuldspruchberichtigung ist auf eine Revision zuungunsten des Angeklagten zuläs- **32**

---

[42] RGSt **73** 346; OLG Braunschweig NdsRpfl. **1952** 141; *Batereau* 122; *Bode* 43.

[43] BGHSt **3** 64; **8** 193; **10** 405; **28** 16; BGH NJW **1954** 609; **1964** 202; RGSt **48** 17; **53** 191; **60** 59; **75** 29; OGHSt **2** 19.

[44] BGHSt **8** 193; RGSt **4** 182; **53** 191, 257, 279; **60** 59; **74** 181; OGHSt **2** 19; KG VRS **36** 227; OLG Düsseldorf VRS **36** 314; OLG Hamburg VRS **36** 415; OLG Saarbrücken VRS **36** 310; KMR-*Paulus* 21; vgl. auch Kleinknecht/Meyer 4.

[45] BGHSt **22** 118; **28** 16; BGH NJW **1954** 609; **1973** 1707; BGH VRS **45** 186; **50** 351; *Bode* 37 ff.

[46] BGHSt **1** 155; **8** 193; **21** 185; BGH NJW **1965** 2116; RGSt **47** 373; **53** 257, 279; **74** 167, 181, 311; OGHSt **1** 114; **2** 19; OLG Hamm HESt **2** 324; *Batereau* 118; einschränkend *Bode* 40 ff; BGH NJW **1976** 1984 und **1985** 502 hält für entschieden, daß die weggefallene tateinheitliche Verurteilung keinen Einfluß auf die Höhe der Strafe gehabt hat.

sig⁴⁷. Sie führt regelmäßig zur Aufhebung des Urteils im Strafausspruch und zur Zurückverweisung der Sache an den Tatrichter in diesem Umfang⁴⁸. Davon soll aber abgesehen werden können, wenn der Rechtsfehler die Strafzumessung offensichtlich nicht beeinflußt haben kann⁴⁹.

33 e) **Änderung des Konkurrenzverhältnisses.** Das Revisionsgericht kann statt einer einheitlichen oder fortgesetzten Handlung (RGSt **70** 190; OLG Braunschweig NJW **1954** 973) oder statt Tateinheit (BGHSt **2** 248) **Tatmehrheit** festsetzen. Das Urteil ist im Strafausspruch aufzuheben, damit der Tatrichter unter Berücksichtigung des Schlechterstellungsverbots (§ 358 Abs. 2) Einzelstrafen und Gesamtstrafe bemißt (BGH NJW **1952** 274).

34 Zulässig ist es auch, daß das Revisionsgericht im Wege der Schuldspruchberichtigung **Tateinheit** statt Tatmehrheit festsetzt⁵⁰. Nach h. M soll das Revisionsgericht in diesem Fall die Gesamtstrafe dann als Einzelstrafe aufrechterhalten können, wenn nach den Strafzumessungserwägungen des Tatrichters ausgeschlossen erscheint, daß die Einzelstrafe niedriger zu bemessen ist als die bisherige Gesamtstrafe⁵¹. Sonst, also in der Regel, ist die Zurückverweisung an den Tatrichter zur Festsetzung einer neuen Strafe erforderlich⁵².

III. Berichtigung des Urteilsausspruchs. Rechtsfolgenausspruch

35 1. **Allgemeines.** Eine Berichtigung analog § 354 Abs. 1 (oben Rdn. 15) ist auch im Bereich des Rechtsfolgenausspruchs denkbar. Dabei sind dem Revisionsgericht bei der Berichtigung des Straf- und Maßregelausspruchs jedoch enge Grenzen gesetzt. Insbesondere die Strafzumessung muß regelmäßig dem Tatrichter überlassen bleiben (vgl. § 337, 194 ff). Das gilt nicht nur für die Freiheitsstrafe, sondern ebenso für die Geldstrafe. Ist z. B. die Höhe des Tagessatzes nach § 40 StGB fehlerhaft bemessen, kommt eine Festsetzung durch das Revisionsgericht selbst regelmäßig nicht in Betracht (BGHSt **30** 97; OLG Köln VRS **50** 272; bedenklich BGHSt **27** 366 im Fall einer Gesamtstrafenbildung, für deren Festsetzung dem Tatrichter „ein ins Gewicht fallender Spielraum nicht verbleibt"). Ebensowenig ist das Revisionsgericht berechtigt, die vom Tatrichter unterlassene Anordnung von Zahlungserleichterungen gemäß § 42 StGB selbst zu treffen (OLG Bremen NJW **1954** 523; LK-*Tröndle* § 42, 8 mit weit. Nachw.); die gegenteilige Auffassung der neueren Rechtsprechung⁵³ mag im Einzelfall zweckmäßig und unbedenklich sein, bedeutet aber eine problematische Ausnahme vom Prinzip, daß das Revisionsgericht Aufgaben des Tatrichters nicht an sich ziehen darf. Bedenken muß es auch erwecken, daß BGH NJW **1978** 504 (insoweit in BGHSt **27** 274 nicht abgedruckt) eine in unzulässiger Anwendung des § 60 StGB unter Vorbehalt bestimmte Geldstrafe selbst als Strafe ohne Vorbehalt ausspricht (ablehnend *Peters* JR **1978** 248). Eine Berichtigung

---

⁴⁷ BGH NJW **1983** 1625; RGSt 4 182; **47** 373; **71** 247; OGHSt 1 5.
⁴⁸ BGH NJW **1983** 1625; OGHSt **1** 5; KMR-*Paulus* 24; *Bode* 44; *Lüttger* DRZ **1950** 351.
⁴⁹ RGSt **71** 247; **72** 77; **74** 25; KG JR **1950** 407; a. A *Bode* 44.
⁵⁰ BGH NJW **1966** 1931; **1974** 960; RGSt **66** 120; **70** 387; **73** 341; **76** 358.
⁵¹ BGH NStZ **1982** 512; BGH bei *Holtz* MDR **1978** 110; bei *Dallinger* MDR **1957** 266; weitergehend *Batereau* 121, der auch sonst eine eigene Strafzumessung durch das Revisionsgericht für zulässig hält (dazu Rdn. 35); anders *Lüttger* DRiZ **1950** 350.
⁵² BGH NJW **1966** 1931; **1974** 960; RGSt **66** 120; **70** 387; **73** 132, 341; **76** 358; OLG Düsseldorf JMBlNRW **1951** 229.
⁵³ BGH JR **1979** 73; BGH bei *Holtz* MDR **1980** 453; OLG Hamburg MDR **1982** 776; OLG Karlsruhe MDR **1979** 515; ebenso *D. Meyer* MDR **1976** 714.

des Strafausspruchs durch das Revisionsgericht ist nur zulässig, wenn auszuschließen ist, daß es einer tatrichterlichen Entscheidung noch bedarf, etwa wenn der Tatrichter bei der Verurteilung eine fehlerhafte Strafe festgesetzt hat, die ohne weiteres *aus Rechtsgründen* berichtigt werden kann[54]. Die neuerdings im Schrifttum vertretene Ansicht, ein „Durcherkennen" im Strafausspruch sei dem Revisionsgericht gestattet, wenn der Tatrichter die Strafzumessungstatsachen vollständig mitgeteilt hat (oben Rdn. 25 Fußn. 34), hat in der Rechtsprechung, von den genannten Ausnahmen und Grenzfällen abgesehen, ersichtlich noch keine Anhänger gefunden. Sie erscheint schon deswegen kaum akzeptabel, weil der Tatrichter nur die „bestimmenden" Strafzumessungsgründe aufzuführen braucht (§ 267 Abs. 3 Satz 1), es also in aller Regel keinerlei Gewähr dafür gibt, daß er sie wirklich „vollständig" angegeben hat. – Ist ausnahmsweise die Berichtigung einer Strafe zulässig und handelt es sich um die Richtigstellung eines Einzelstrafausspruchs, der die Gesamtstrafe unverändert läßt, so genügt es, daß das Revisionsgericht die Berichtigung in den Urteilsgründen vornimmt; im Urteilsausspruch braucht das nicht zum Ausdruck zu kommen.

2. Herabsetzung der Strafe auf das gesetzliche Höchstmaß. Diese Urteilsberichtigung ist zulässig, wenn ersichtlich ist, daß der Tatrichter das Höchstmaß aus Rechtsirrtum überschritten hat und ohne diesen Irrtum auf die zulässige Höchststrafe erkannt hätte[55]. **36**

3. Die Herabsetzung einer unter Verletzung des Verbots der Schlechterstellung (§§ 331, 358 Abs. 2) erhöhten Strafe auf das zulässige Maß ist unbedenklich zulässig[56]. **37**

4. Anrechnung der Untersuchungshaft. Wenn der Tatrichter rechtsfehlerhaft nach § 51 Abs. 1 Satz 2 StGB von der Anrechnung abgesehen hat, darf das Revisionsgericht sie vornehmen (OLG Düsseldorf NJW **1969** 440; OLG Köln NJW **1965** 2310). Es kann das Urteil auch dahin ändern, daß die Untersuchungshaft nicht in voller Höhe, sondern nur in Höhe der erkannten kürzeren Freiheitsstrafe zur Anrechnung herangezogen wird, die erkannte Freiheitsstrafe also nur durch Untersuchungshaft in gleicher Höhe als verbüßt gilt (BGH bei *Dallinger* MDR **1974** 544); über die Frage der Entschädigung nach § 4 Abs. 1 Nr. 2 StrEG muß dann der Tatrichter befinden. **38**

5. Anordnung der Einziehung. Das Revisionsgericht darf die Einziehung anordnen, wenn der Tatrichter das aus Rechtsgründen irrtümlich für unzulässig gehalten hat und die Einziehung zwingend vorgeschrieben ist (dazu oben Rdn. 11) oder ohne Ermessensfehler nicht abgelehnt werden könnte[57]. Ist die Einziehung offensichtlich unverhältnismäßig, so kann das Revisionsgericht sie beseitigen (OLG Hamm NJW **1975** 67). Es kann ferner den Ausspruch wegfallen lassen, daß der durch die Einziehung betroffene Dritte nicht nach § 74 f Abs. 1 StGB zu entschädigen ist (BayObLGSt **1973** 182 = VRS **46** 275). **39**

---

[54] BayObLGSt **1952** 29 = MDR **1952** 378; BayObLG bei *Rüth* DAR **1974** 183; OLG Hamburg VRS **13** 364.

[55] OLG Bremen NJW **1962** 1217; OLG Celle NJW **1953** 1683; NdsRpfl. **1959** 143; OLG Düsseldorf JMBlNRW **1953** 90 = VRS **5** 278; OLG Hamm NJW **1953** 118; OLG Köln JR **1959** 30; OLG Neustadt MDR **1962** 324; **1964** 692; OLG Saarbrücken JBl. Saar **1962** 59; OLG Schleswig SchlHA **1962** 201; KMR-*Paulus* 27; a. A *Eb. Schmidt* 44; *Sarstedt* 259; *Bode* 47, die eine eigene Entscheidung des Revisionsgerichts für unzulässig halten.

[56] BayObLGSt **1975** 57 = JZ **1975** 538; OLG Hamburg NJW **1975** 1475; OLG Köln DAR **1957** 109.

[57] BGHSt **14** 299; **16** 57; **26** 266; vgl. aber auch BGH NJW **1970** 819.

§ 354 Drittes Buch. Rechtsmittel

40 **6. Abführung des Mehrerlöses.** Das Revisionsgericht kann sie anordnen, wenn der Tatrichter davon nur aus Rechtsirrtum abgesehen hat. Umgekehrt kann es ein Urteil aufheben, in dem auf Mehrerlösabführung erkannt worden ist, und den darauf gerichteten Antrag der Staatsanwaltschaft als unbegründet zurückweisen (BGHSt **5** 100).

41 **7. Anordnung der Urteilsbekanntgabe nach §§ 165, 200 StGB.** Das Revisionsgericht darf die Anordnung in der den Angeklagten am wenigsten belastenden Weise treffen (oben Rdn. 12).

42 **8. Entscheidung über die Strafaussetzung zur Bewährung.** Sie ist dem Revisionsgericht, wenn sie von der Prognose nach § 56 Abs. 1 StGB abhängt, nur ausnahmsweise erlaubt (vgl. § 337, 236). Das Revisionsgericht kann sie entgegen dem angefochtenen Urteil bewilligen, wenn die Strafzumessungserwägungen des Tatrichters ihre Voraussetzungen klar ergeben[58]. Bewährungsauflagen darf es aber nicht festsetzen; der Beschluß nach § 268 a Abs. 1 und die Belehrung nach § 268 a Abs. 3 sind dem Tatrichter zu überlassen[59]. Etwas anderes gilt nur dann, wenn das Revisionsgericht und die Staatsanwaltschaft dieses Gerichts die Festlegung der gesetzlichen Mindestdauer ohne Bewährungsauflagen für ausreichend halten[60]. Die Prognose des Tatrichters darf das Revisionsgericht nicht durch eine eigene ersetzen (OLG Köln VRS **42** 94). Ist sie aus Rechtsgründen fehlerhaft, so muß die Sache zurückverwiesen werden. Hat der Tatrichter aber rechtsirrig eine Strafe nach § 56 Abs. 2 StGB oder nach § 21 Abs. 2 JGG zur Bewährung ausgesetzt, so kann das Revisionsgericht das in Wegfall bringen (BGHSt **24** 365). Die Frage, ob die Verteidigung der Rechtsordnung (§ 56 Abs. 3 StGB) der Strafaussetzung entgegensteht, liegt ebenfalls überwiegend auf rechtlichem Gebiet. Das Revisionsgericht darf hierüber ausnahmsweise selbst entscheiden, wenn die Gesamtwürdigung der Umstände ergibt, daß jede andere Entscheidung ermessensfehlerhaft wäre (§ 337, 237).

43 **9. Anordnung von Maßregeln der Besserung und Sicherung.** Auch hierüber kann das Revisionsgericht nur in engen Grenzen selbst befinden. Es kann die Unterbringung nach § 63 StGB anordnen, wenn das Landgericht deren Voraussetzungen einwandfrei festgestellt, aber unter Verletzung des § 358 Abs. 2 die Sicherungsverwahrung angeordnet hat (BGH NJW **1973** 108). Ausnahmsweise kann es wohl auch die Entscheidung über die Aussetzung einer Unterbringung (§ 67 b StGB) treffen, insbesondere wenn die Voraussetzungen der Aussetzung mit Sicherheit nicht vorliegen (BGH NStZ **1983** 167; vgl. auch § 337, 250). Zulässig ist ferner: die Aufhebung einer Anordnung gemäß § 67 Abs. 2 StGB über den Vorwegvollzug der Strafe vor der Maßregel (BGH NJW **1983** 240); die Herabsetzung einer zeitigen Sperre nach § 69 a StGB auf das Höchstmaß von fünf Jahren (OLG Köln MDR **1956** 696) oder auf das Mindestmaß von drei Monaten (OLG Köln VerkMitt. **1977** 3), wenn das Urteil ergibt, daß der Tatrichter nur infolge Rechtsirrtums nicht so erkannt hat; die Herabsetzung auf das Maß des ersten Urteils, wenn der Berufungsrichter die Sperre unter Verstoß gegen § 331 erhöht hat (vgl. aber auch OLG Karlsruhe VRS **48** 425); die Heraufsetzung der rechtsfehlerhaft bemessenen Sperre, wenn das Urteil ergibt, wie der Tatrichter sie ohne den Fehler bemessen hätte (OLG Oldenburg VRS **51** 283); die Entziehung der Fahrerlaubnis für immer, wenn der

---

[58] BGH NJW **1953** 1839; BGH MDR **1954** 309; OLG Bremen NJW **1962** 929; OLG Celle NJW **1968** 2255; *Kleinknecht/Meyer* 2; KMR-*Paulus* 33.
[59] *Kleinknecht/Meyer* 2 unter Bezugnahme auf BGH 5 StR 541/60 v. 10.1.1961; KMR-*Paulus* 33; *Wagner* DRiZ **1970** 279.
[60] BGH NJW **1953** 1839; *Kleinknecht/Meyer* 2; KMR-*Paulus* 33; *Dahs/Dahs* 479; LK-*Ruß* § 56, 22; **a.** A LR-*Meyer* in der 23. Aufl.

Tatrichter sie an sich für erforderlich gehalten, aber irrtümlich gemeint hat, er dürfe sie nicht anordnen (OLG Stuttgart NJW **1956** 1081); die Entziehung der Fahrerlaubnis mit einer zeitigen Sperre, sofern das Urteil ergibt, wie der Tatrichter diese Sperre angeordnet hätte, wenn er die Maßregel nicht irrig unzulässig gehalten hätte (BGHSt **6** 402; OLG Frankfurt Blutalkohol **1977** 122); die Aufhebung der nicht zulässigen Bestimmung eines Termins für den Beginn der Sperre (OLG Zweibrücken NJW **1983** 1008); die entsprechende Herabsetzung der Sperre, wenn der Tatrichter in Verkennung des § 69 a StGB eine Sperre seit Erlaß des ersten Urteils angeordnet hat (OLG Hamm VRS **46** 131). Wegen der Entscheidung über die Maßregel nach § 69 StGB bei Teilfreisprechung vgl. oben Rdn. 4. Ferner kann das Revisionsgericht die Anordnung des Berufsverbots nach § 70 StGB dahin abändern, daß eine mildere Verbotsanordnung getroffen wird (z. B. BGH bei *Herlan* MDR **1954** 529). Es kann ein Berufsverbot auch entfallen lassen, wenn sicher ist, daß es nicht angeordnet werden kann (BGH NJW **1983** 2099).

IV. Berichtigung des Urteilsausspruchs. Verurteilung statt Freispruch oder Einstellung?

Ergeben die Urteilsfeststellungen, daß der Tatrichter den Angeklagten zu Unrecht freigesprochen hat, so ist eine eigene Sachentscheidung durch das Revisionsgericht in aller Regel unmöglich. Die für die Zulässigkeit der Schuldspruchberichtigung maßgebende Erwägung, es sei sinnlos, die Sache an den Tatrichter zurückzuverweisen, wenn diesem wegen der Bindungswirkung nach § 358 Abs. 1 nur eine einzige Entscheidungsmöglichkeit bleibt (oben Rdn. 15), trifft hier regelmäßig nicht zu. Denn ein freisprechendes Urteil bietet im allgemeinen keine Gewähr dafür, daß die Feststellungen so richtig und vollständig sind, daß nur ein bestimmter Schuldspruch in Betracht kommt (*Batereau* 68 ff). Der eigenen Sachentscheidung des Revisionsgerichts steht ferner entgegen, daß die Revision des Angeklagten gegen ein freisprechendes Urteil unzulässig ist (§ 333, 25); er kann daher das Zustandekommen der Feststellungen nicht mit Verfahrensrügen bekämpfen. Es geht nicht an, ihn gleichwohl aufgrund der getroffenen Feststellungen, gegen die er sich nicht wehren kann, schuldig zu sprechen[61]. Schließlich erscheint es bedenklich, die Schöffen von dem Schuldspruch dadurch auszuschließen, daß der Tatrichter freispricht und das Revisionsgericht verurteilt. Die Änderung eines freisprechenden in ein verurteilendes Erkenntnis kann daher allenfalls in besonderen Ausnahmefällen in Betracht kommen. Sie erscheint etwa denkbar, wenn das tatrichterliche Urteil ergibt, daß der Angeklagte voll geständig und nur wegen eines Subsumtionsfehlers des Tatrichters entgegen seinen eigenen Erwartungen nicht für schuldig befunden worden ist. Denkbar kann die Ersetzung eines freisprechenden durch ein verurteilendes Erkenntnis auch sein, wenn der Freispruch im Berufungsrechtszug erfolgt ist, das Amtsgericht aber verurteilt hatte[62].

Die **Ansichten** zu dieser Frage sind **geteilt.** Im Schrifttum wird die Schuldspruchberichtigung durch Verurteilung fast ausnahmslos als unzulässig angesehen[63]. Auch das

---

[61] BayObLG JZ **1961** 507; *Bode* 31; *W. Schmid* Die „Verwirkung" von Verfahrensrügen im Strafprozeß, 1967, 197.
[62] OLG Frankfurt NJW **1968** 265; OLG Karlsruhe NJW **1976** 904; OLG Koblenz OLGSt § 240 StGB S. 26; OLG Oldenburg NdsRpfl. **1954** 116; Bedenken erhebt auch insoweit *Batereau* 71.
[63] KMR-*Paulus* 19; *Eb. Schmidt* Nachtr. I 54a; *Henkel* 382; *Peters* 630 und FS Stock 177; *Roxin* § 53 J III 1; *Rüping* 178; *Schlüchter* 752.2; *Dahs/Dahs* 479; *Hartung* DRZ **1950** 220; *Hülle* NJW **1952** 411; *Lüttger* DRZ **1950** 349; *Rudolphi* JR **1983** 253; eingehend *Batereau* 61 ff; *Bode* 26 ff; höchst skeptisch auch KK-*Pikart* 13; in Ausnahmefällen für Zulässigkeit *Kleinknecht/Meyer* 5 und LR-*Meyer* in der 23. Aufl.

RG hat sich nicht für befugt gehalten, sie vorzunehmen (vgl. *Hartung* DRZ **1950** 220). In der neueren Rechtsprechung hingegen wird sie überwiegend und teilweise „recht unkritisch" (LR-*Meyer*[23]) zugelassen[64]. Das Bayerische Oberste Landesgericht (BayObLGSt **1960** 225 = JZ **1961** 270 mit Anm. *Peters*) und das Kammergericht (KG JR **1957** 270 mit Anm. *Sarstedt*) lehnen sie ab, ebenso auch das OLG Stuttgart (VRS **52** 36). Der Bundesgerichtshof hebt mitunter ein freisprechendes Urteil nur unter Aufrechterhaltung der durch den Rechtsfehler nicht betroffenen Feststellungen auf[65]. Wenn eine Verurteilung durch das Revisionsgericht erfolgt, muß die Sache stets wegen der Strafzumessung an den Tatrichter zurückverwiesen werden, sofern das Revisionsgericht nicht nach § 354 Abs. 1 die gesetzlich niedrigste Strafe festsetzt.

46 Die Verurteilung **anstelle** der **Einstellung** wegen eines Verfahrenshindernisses, das der Tatrichter zu Unrecht für gegeben hält, begegnet im Einzelfall geringeren Bedenken als die Ersetzung eines freisprechenden durch ein verurteilendes Erkenntnis. Sie ist nach der Rechtsprechung zulässig, wenn das Urteil einwandfrei erkennen läßt, daß die Feststellungen vollständig sind[66]. Zur entsprechenden Rechtslage, wenn das Revisionsgericht eine Wiedereinbeziehung nach § 154 a vornimmt, s. näher § 154 a, 49.

V. Berichtigung offensichtlicher Versehen

47 Von der Berichtigung des Urteilsausspruchs (oben II bis IV) ist der Fall zu unterscheiden, daß das Revisionsgericht offensichtliche Versehen im Ausspruch des angefochtenen Urteils berichtigt. Darin liegt weder eine unmittelbare noch eine mittelbare Anwendung des § 354 Abs. 1[67]. Derartige Berichtigungen sind immer zulässig, wenn eine Verurteilung, die sich aus den Urteilsgründen eindeutig und widerspruchsfrei ergibt, in der Urteilsformel keinen vollständigen oder klaren Ausdruck gefunden hat[68]. Dabei kann es sich um die Berichtigung von Schreibfehlern und ähnlichen Mängeln oder um die Richtigstellung des Schuld- oder Rechtsfolgenausspruchs aus den Gründen des angefochtenen Urteils handeln (vgl. auch bei § 268). Ob die offensichtliche Unrichtigkeit insoweit auf einem Versehen des Tatrichters oder auf einer Verkennung des Gesetzes beruht, spielt keine Rolle[69]. In Einzelfällen stößt die Grenze zur Schuldspruch- und Rechtsfolgenberichtigung in analoger Anwendung des § 354 Abs. 1 dabei allerdings auf

---

[64] OGH MDR **1948** 303; OLG Celle VRS **28** 32; OLG Frankfurt NJW **1953** 1363; OLG Hamburg NJW **1980** 1009; JR **1979** 207 mit abl. Anm. *Volk;* JR **1983** 250 mit abl. Anm. *Rudolphi*; JZ **1985** 344 f; KG JZ **1953** 644 (s. aber im folg. Text); OLG Koblenz OLGSt § 370 Abs. 1 Nr. 5 StGB S. 27; VRS **43** 288; OLG Köln JMBlNRW **1952** 15; OLG Saarbrücken VRS **44** 448; weitere Nachweise unveröffentlichter Entscheidungen bei *Batereau* 61 Fußn. 37.

[65] So z.B. BGH NJW **1951** 325; **1977** 379; ebenso z.B. OLG Hamburg MDR **1973** 694; OLG Saarbrücken VRS **21** 125. Entsprechend verfährt BGHSt **32** 86, wenn der Tatrichter nur versäumt hat, nach § 154a ausgeschiedene Tatteile wieder einzubeziehen; dazu § 353, 17. BGH bei *Holtz* MDR **1984** 444 hält sogar allein die Feststellungen zum Alter des Angeklagten aufrecht, weil sie im Revisionsverfahren für die Bestimmung wesentlich waren, an welches Gericht die Sache zurückverwiesen werden mußte.

[66] BGHSt **3** 73; BGH NJW **1952** 1264; OGHSt **1** 234; OLG Hamburg NJW **1962** 754; *Batereau* 73; a. A *Bode* 31, der sie nur bei eigener Anfechtungsmöglichkeit des Angeklagten zulassen will; *Roxin* § 53 J III 1 und *Grünwald* Die Teilrechtskraft im Strafverfahren, 1964, 94 halten sie stets für unzulässig.

[67] *Batereau* 4; *Bode* 2; *Dahs/Dahs* 476 f.

[68] RGSt **54** 205, 291; RG JW **1927** 1316 mit Anm. *zu Dohna*, das allerdings § 354 Abs. 1 sinngemäß anwenden zu müssen glaubt; vgl. auch BGH NJW **1953** 76.

[69] *Wimmer* MDR **1948** 70; LR-*Meyer* in der 23. Aufl.; kritisch *Wiedemann* 87.

verschwimmende Grenzen, was erklären mag, daß für derartige Berichtigungen überflüssigerweise z. T § 354 Abs. 1 herangezogen wird (KMR-*Paulus* 13; vgl. im folg. Text). Nicht mehr um ein Berichtigung in dem erörterten Sinne, sondern um eine entsprechende Anwendung des § 354 Abs. 1 handelt es sich bei der Berichtigung von Rechtsfehlern erst, wenn dem tatrichterlichen Urteil das Gemeinte nicht zu entnehmen ist (vgl. bei § 268); dann ist die Schuldspruchberichtigung nur unter den dargelegten Voraussetzungen (Rdn. 15 ff) zulässig.

Eine **Berichtigung** ist von der Rechtsprechung z. B. in folgenden Fällen für **zulässig** gehalten worden: Wenn der Tatrichter im Urteilstenor den aus den Urteilsgründen ersichtlichen Schuldspruch nicht aufgenommen hat (OLG Hamm NJW **1981** 697); wenn er in der neuen Entscheidung nach Zurückverweisung das erste Urteil nur aufrechterhält, statt neu zu verurteilen (RG GA **55** [1908] 331); wenn er im Urteilsausspruch zu zwei Einsatzstrafen verurteilt, in den Gründen aber angibt, daß und welche bestimmte Gesamtstrafe er hat verhängen wollen (BGH JZ **1951** 655, der jedoch § 354 Abs. 1 entsprechend anwendet); wenn er im Urteilsausspruch wegen tateinheitlich begangener Straftaten verurteilt, aus den Gründen aber hervorgeht, daß er Tatmehrheit meinte (OLG Hamm VRS **44** 426); wenn das Landgericht die Berufung irrtümlich ohne die Maßgabe verwirft, daß nicht Tatmehrheit, sondern eine fortgesetzte Handlung vorliegt und der Angeklagte Mittäter ist (OLG Schleswig bei *Ernesti/Jürgensen* SchlHA **1976** 172); wenn der Tatrichter bei Nichterweislichkeit einer tateinheitlich begangenen Straftat in verfahrensrechtlich unzulässiger Weise teilweise freispricht (OLG Karlsruhe NJW **1973** 1990, das § 354 Abs. 1 entsprechend anwendet). Hat der Tatrichter es unterlassen, einen Teilfreispruch, den er nach den Urteilsgründen für erforderlich erachtete, in den Urteilsausspruch aufzunehmen, so kann das Revisionsgericht auch das nachholen (OLG Celle GA **1959** 22). Umgekehrt ist es zulässig, eine tateinheitliche Verurteilung, die nur in den Urteilsgründen aufgeführt ist, in den Urteilsausspruch aufzunehmen[70]. Hat der Tatrichter versäumt, im Urteilsausspruch anzugeben, ob vorsätzliche oder fahrlässige Tatbegehung vorliegt, obwohl das erforderlich ist (etwa bei §§ 315 c, 323 a StGB), so kann das nachgeholt werden, sofern es sich den Urteilsgründen entnehmen läßt[71], auch wenn der Schuldspruch bereits rechtskräftig ist[72]. Selbst die Auswechslung der Bezeichnung der Tat ist zulässig, wenn aus den Urteilsgründen hervorgeht, daß der Urteilsausspruch auf einem Versehen beruht, z. B. bei Verurteilung wegen Trunkenheit im Verkehr, obwohl die Gründe ergeben, daß der Tatrichter den Angeklagten der Straßenverkehrsgefährdung nach § 315 c StGB für schuldig hält (BGH VRS **46** 107). Entsprechendes gilt für die Auswechslung der Strafart (z. B. Strafarrest statt Freiheitsstrafe), wenn schon der Tatrichter in den Urteilsgründen auf das Versehen hingewiesen hat (OLG Schleswig bei *Ernesti/Jürgensen* SchlHA **1976** 173).

Zulässig ist auch die **Ergänzung des Urteilsausspruchs** hinsichtlich der Dauer der Nebenfolge nach § 45 StGB (vgl. OLG Oldenburg NJW **1965** 510). Ferner kann ein offensichtlicher Irrtum bei der Anrechnung der Untersuchungshaft berichtigt werden (BayObLGSt **20** 298). Jedoch darf das Urteil nicht durch Nebenentscheidungen (Verhängung von Nebenstrafen, Nebenfolgen und Maßnahmen) ergänzt werden, die der Tatrichter versehentlich unterlassen hat, selbst wenn von ihnen in den Urteilsgründen irgendwie die Rede ist; denn das wäre keine Richtigstellung, sondern eine Änderung des

---

[70] RGSt **54** 205; *Batereau* 8; *Wimmer* MDR **1948** 70; RGSt **4** 179 wendete in diesem Fall § 354 Abs. 1 sinngemäß an.
[71] BGH NJW **1969** 1582; OLG Koblenz VRS **45** 176; BGHSt **19** 219 wendet hierzu § 354 Abs. 1 sinngemäß an.
[72] OLG Saarbrücken MDR **1975** 334; vgl. auch BayObLGSt **1972** 1 = MDR **1972** 342.

§ 354

Urteilsausspruchs, die nur auf eine zuungunsten des Angeklagten eingelegte Revision zulässig ist (OLG Koblenz VRS **50** 34; *Wimmer* MDR **1948** 70).

50 Hat der Tatrichter zur rechtlichen **Bezeichnung der Straftat** nicht, wie § 260 Abs. 4 Satz 2 vorsieht, die gesetzliche Überschrift benutzt, so kann das Revisionsgericht das richtigstellen; verpflichtet ist es dazu aber nicht. Die Anführung der angewendeten Vorschriften nach § 260 Abs. 5 gehört weder zum Urteilsausspruch noch zu den Urteilsgründen (BGHSt **27** 289); die Liste kann jederzeit berichtigt werden, auch von dem Revisionsgericht, das hierzu jedenfalls Anlaß haben wird, wenn es auch den Urteilsausspruch ändert oder richtigstellt[73].

VI. Zurückverweisung der Sache an den Tatrichter (Absätze 2 und 3)

1. Zurückverweisung zu neuer Verhandlung und Entscheidung

51 a) **Allgemeines.** Wenn das Revisionsgericht das Urteil ganz oder teilweise aufhebt, aber nicht selbst abschließend entscheidet, muß es die Sache im Umfang der Aufhebung zu neuer Verhandlung und Entscheidung an den Tatrichter, unter Umständen an ein anderes Gericht, zurückverweisen. Bei teilweiser Zurückverweisung tritt eine stillschweigende Trennung der verbundenen Sachen ein. Wird wegen nach § 154 a ausgeschiedener Teile zurückverwiesen, so setzt das voraus, daß das Revisionsgericht sie nach § 154 a Abs. 3 wieder einbezieht[74]. Die Entscheidung über die Kosten der Revision wird dem Tatrichter überlassen, weil erst dessen neue Entscheidung dafür maßgebend ist, ob die Revision erfolgreich war. Die Aufhebung und Zurückverweisung ist immer nur ein vorläufiger Erfolg (vgl. bei § 473). Nach § 126 Abs. 3 kann das Revisionsgericht den Haftbefehl aufheben, wenn sich bei der Urteilsaufhebung ohne weiteres ergibt, daß die Voraussetzungen des § 120 Abs. 1 vorliegen. Die Zurückverweisung an einen neuen Tatrichter dürfte dessen Zuständigkeit erst begründen, wenn die Akten bei ihm eingegangen sind; bis dahin verbleibt es für Entscheidungen, die nicht in die Kompetenz des Revisionsgerichts übergehen (vgl. § 347, 11), bei der Zuständigkeit des Tatrichters, gegen dessen Urteil sich die Revision richtet.

52 b) **Berufungsurteile.** Wenn ein Berufungsurteil aufgehoben wird, darf grundsätzlich nur an das Berufungsgericht, nicht an das Amtsgericht zurückverwiesen werden. Von diesem Grundsatz gibt es aber Ausnahmen. An eine andere Abteilung des Amtsgerichts wird zurückverwiesen, wenn schon das Berufungsgericht nach § 328 Abs. 2 so hätte verfahren müssen[75]. Daß anderes gelten soll, wenn das Berufungsgericht die Möglichkeit der Zurückverweisung ganz übersehen hat[76], ist jedenfalls bei klar (ermessens-)fehlerhafter Nichtanwendung des § 328 Abs. 2 nicht einzusehen. An das Amtsgericht ist die Sache auch zurückzuverweisen, wenn es den Einspruch gegen einen Strafbefehl zu Unrecht nach § 412 Abs. 1 verworfen hat und wenn auch die Berufung gegen dieses Urteil verworfen worden ist[77]. Der Fall, daß das Berufungsgericht die Unzuständigkeit des Strafrichters übersehen hat, ist bei § 355, 10 erörtert.

---

[73] Die Entscheidung BayObLGSt **1972** 1 = MDR **1972** 342 ist durch die Neufassung des § 260 durch Art. 21 Nr. 66 EGStGB überholt.

[74] OLG Stuttgart NJW **1973** 1386 mit Anm. *Kraemer/Ringwald* = JZ **1973** 741 mit Anm. *Lackner*.

[75] RGSt **63** 346; BayObLGSt **1952** 110 = MDR **1952** 631 mit Anm. *Mittelbach; Eb. Schmidt* Nachtr. I 28; *Beling* 427 Fußn. 2; *Gössel* JR **1982** 272.

[76] So BayObLGSt **1957** 11; KMR-*Paulus* § 328, 36; LR-*Meyer* in der 23. Aufl.; vgl. auch OLG Stuttgart NJW **1976** 1852 sowie bei § 328.

[77] KG JW **1931** 2525; OLG Dresden JW **1929** 285 mit Anm. *Oetker*; OLG Köln GA **1955** 60; *Eb. Schmidt* Nachtr. I 30.

2. Zurückverweisung an eine andere Abteilung oder Kammer oder an einen anderen Senat (Absatz 2)

a) Allgemeines. Bis 1965 durfte das Revisionsgericht die Sache nach seinem Ermessen an denselben Spruchkörper oder an eine andere Abteilung oder Kammer desselben Gerichts zurückverweisen. Nach der Änderung des § 354 Abs. 2 durch das StPÄG 1964 ist die Zurückverweisung an einen anderen Spruchkörper zwingend vorgeschrieben. Damit soll der Erfahrungstatsache Rechnung getragen werden, daß der Angeklagte einem Richter, der bereits an dem früheren Urteil mitgewirkt hat, oft mit Mißtrauen begegnet (vgl. OLG Hamm GA **1971** 186). **53**

b) Zurückverweisung an einen anderen Spruchkörper. Das Revisionsgericht bestimmt in seinem Urteil den anderen Spruchkörper nicht näher, sofern es nicht eine besondere Entscheidung nach § 354 Abs. 3 (unten Rdn. 66) oder nach § 355 (s. dort) trifft. Ansonsten verweist es die Sache nur allgemein an eine andere Abteilung oder Kammer oder an einen anderen Senat zurück. Gemeint ist damit dann der nach dem maßgeblichen Geschäftsverteilungsplan zuständige Spruchkörper (BGH bei *Pfeiffer* NStZ **1982** 191), und zwar Spruchkörper gleicher Art (BGH bei *Dallinger* MDR **1977** 810). Unter einer anderen Abteilung des Amtsgerichts ist also eine ebenso wie die frühere besetzte Abteilung (Strafrichter, Schöffengericht, erweitertes Schöffengericht) zu verstehen. Um eine andere Abteilung handelt es sich auch dann, wenn sie mit derjenigen, an deren Stelle sie nach § 354 Abs. 2 treten soll, eine gemeinsame Geschäftsstelle hat; die Abteilung im Sinne der Vorschrift hat mit der büromäßigen Organisation der Gerichte nichts zu tun (OLG Hamm NJW **1968** 1438; OLG Koblenz NJW **1968** 2393). Wird das Urteil einer Strafkammer aufgehoben und die Sache an eine andere Strafkammer des Landgerichts zurückverwiesen, so ist die neue Verhandlung vor einer allgemeinen Strafkammer durchzuführen, wenn das erste Urteil von einer solchen Kammer erlassen worden war, vor einer Kammer mit besonderer Zuständigkeit (Schwurgerichts- oder Jugendkammer, Strafkammer nach §§ 74 a ff GVG), wenn vorher eine solche Kammer entschieden hatte. Auch bei der Aufhebung eines Schwurgerichtsurteils verweist das Revisionsgericht die Sache an ein anderes Schwurgericht zurück (BGH NJW **1975**; BGHSt 20 252 und 21 192 sind durch die Abschaffung der Schwurgerichte alter Art überholt); vorbehaltlich einer besonderen Anordnung nach § 354 Abs. 3 (unten Rdn. 66) ist für die neue Verhandlung eine Schwurgerichtskammer auch dann zuständig, wenn das Revisionsgericht nicht ausdrücklich von ihr gesprochen hat und es nur noch um die Straffestsetzung wegen eines Delikts geht, das dem Katalog des § 74 Abs. 2 GVG nicht unterfällt (BGH bei *Dallinger* MDR **1977** 810; KK-*Pikart* 31). In Sachen, für die das Oberlandesgericht im ersten Rechtszug zuständig ist, wird an einen anderen Senat des Oberlandesgerichts zurückverwiesen (§ 354 Abs. 2 Satz 2). **54**

c) Zurückverweisung beim Fehlen eines anderen Spruchkörpers. § 354 Abs. 2 zwingt die Justizverwaltungen, so viele Spruchkörper einzurichten, daß jeweils eine andere Abteilung oder Kammer oder ein anderer Senat zur Verfügung steht (BGH bei *Helle* DRiZ **1974** 228; a. A *Helle* DRiZ **1974** 227), und verpflichtet die Gerichtspräsidien, in den Geschäftsverteilungsplänen die anderen Spruchkörper für den Fall der Zurückverweisung durch das Revisionsgericht zu bestimmen[78]. Ist die Einrichtung eines anderen Spruchkörpers nicht erfolgt, so kann das Revisionsgericht hierauf durch Verweisung an ein anderes Gericht desselben Landes Rücksicht nehmen; verpflichtet dazu **55**

---

[78] BGH NJW **1975** 743; OLG Karlsruhe MDR **1980** 691; OLG München MDR **1977** 1037 = JR **1978** 301 mit Anm. *Rieß* und Besprechung *Müller* MDR **1978** 337; OLG Saarbrücken MDR **1970** 347; *Benz* MDR **1976** 805.

ist es aber nicht, weil die revisionsrechtliche Wahlmöglichkeit des § 354 Abs. 2 nach differenzierteren Sachkriterien (Rdn. 61) erfolgt[79]. Ist die Sache vom Revisionsgericht an einen anderen Spruchkörper desselben Gerichts zurückverwiesen worden, obwohl ein solcher nicht besteht, so muß er nachträglich für den Rest des Geschäftsjahres eingerichtet werden[80]. Das gilt auch, wenn das Revisionsgericht die Sache zum zweitenmal zurückverweist, und sei es in einer Schwurgerichtssache (zum letzteren zurückhaltend BGH NStZ **1981** 489). Nur wenn sich die Einrichtung eines anderen Spruchkörpers als unmöglich erweist, kommt als äußerste Lösung eine Zuständigkeitsbestimmung gemäß § 15 in Betracht[81].

56 Die Zurückverweisung der Sache an einen **bestimmten Spruchkörper** desselben Gerichts ist dem Revisionsgericht auch dann verwehrt, wenn ihm bekannt ist, daß eine andere Abteilung oder Kammer in der Justizverwaltung nicht eingerichtet worden ist. Denn durch diese Art der Zurückverweisung würde das Revisionsgericht in unzulässiger Weise die dem Präsidium des Gerichts, an das die Sache zurückgelangt, vom Gesetz übertragene Aufgabe übernehmen, die zuständige Abteilung oder Kammer zu bestimmen[82].

57 d) **Mitwirkung des früheren Richters.** Die heutige Fassung des § 354 Abs. 2 durch das StPÄG geht auf eine Anregung der Anwaltschaft zurück, der ein Ausschließungsgrund entsprechend § 23 vorschwebte (*Dahs* NJW **1966** 1692). So weit ist der Gesetzgeber nicht gegangen. Er wollte zwar sicherstellen, daß die neue Entscheidung möglichst in die Hände von Richtern gelegt wird, die mit der Sache vorher nicht befaßt waren. Die Mitwirkung der früheren Richter hat er aber nicht allgemein untersagt, sondern nur bestimmt, daß der Spruchkörper nach der Zurückverweisung nicht derselbe ist, der früher entschieden hat. Daß der Gesetzgeber damit einen „bemerkenswert schlechten Kompromiß" geschlossen hat (*Hanack* NJW **1967** 580; JZ **1973** 779; *Seibert* NJW **1968** 1318; *Rieß* JR **1979** 385), daß ihm eine „in Halbheiten und Unklarheiten steckengebliebene Fehlleistung" vorzuwerfen ist (*Eb. Schmidt* Nachtr. I 24), hat LR-*Meyer*[23] bestritten: Der Gesetzgeber sehe eben, und zwar mit Recht, in der Mitwirkung des früheren Richters an der neuen Verhandlung keinen so schweren Nachteil für den Angeklagten, wie es seine Kritiker tun. § 354 Abs. 2 brauche sich für den Angeklagten keineswegs immer günstig auszuwirken (so auch BGH GA **1967** 372); vor allem bei der Revision der Staatsanwaltschaft gegen ein freisprechendes Urteil sei es für den Angeklagten fast immer günstiger, wenn er erneut vor den Richter gelangte, der ihn freigesprochen hatte.

58 Die Rechtsprechung legt § 354 Abs. 2 nahezu einhellig dahin aus, daß das Gesetz die Zurückverweisung an **„andere", nicht „anders besetzte"** Abteilungen, Kammern und Senate verlangt und daß es die erneute Mitwirkung von Richtern und Schöffen aus dem früheren Verfahren, etwa als Vertreter im Verhinderungsfall oder infolge einer Änderung des Geschäftsverteilungsplans, bewußt in Kauf nimmt. Der Richter ist weder nach

---

[79] OLG Schleswig SchlHA **1975** 165; *Kleinknecht/Meyer* 14 unter Bezugnahme auf BGH 1 StR 358/71 v. 10.10.1972; KMR-*Paulus* 44; *Kleinknecht* JZ **1965** 161; *Benz* MDR **1976** 806; *Rieß* JR **1978** 302; a. A *Eb. Schmidt* Nachtr. I 27; *Helle* DRiZ **1974** 229 und wohl auch KMR-*Paulus* 45 für den Fall, daß die Einrichtung eines anderen Spruchkörpers unmöglich ist (dazu im folg. Text).

[80] BGH NJW **1975** 743; BGH bei *Helle* DRiZ **1974** 228; vgl. auch BGH NStZ **1981** 489; OLG München aaO; OLG Saarbrücken MDR **1970** 347; OLG Schleswig SchlHA **1975** 165; KK-*Pikart* 32; *Kleinknecht/Meyer* 22; KMR-*Paulus* 44; *Rieß* aaO.

[81] OLG Schleswig SchlHA **1975** 165; KMR-*Paulus* 44; *Rieß* JR **1978** 303 und *Kleinknecht/Meyer* 22 für den Fall, daß das Präsidium die Einrichtung ablehnen würde; vgl. auch OLG München aaO.

[82] LR-*Meyer* in der 23. Aufl.; KK-*Pikart* 29; a. A KMR-*Sax* Einl. III 13.

§ 23 ausgeschlossen, noch ist er sonst verhindert, an der neuen Entscheidung mitzuwirken[83]. Auch im Schrifttum wird diese Auffassung überwiegend vertreten[84]. Insbesondere hat sich auch dort die Meinung nicht durchgesetzt, der frühere Richter sei in sinngemäßer Anwendung des § 23 von der Mitwirkung ausgeschlossen (vgl. auch § 23, 29 ff).

Ein Ausschließungs- oder Verhinderungsgrund besteht nach dieser Meinung **auch** **59** **dann nicht,** wenn der neue Spruchkörper, an den zurückverwiesen worden ist, nicht einmal überwiegend mit anderen Richtern besetzt ist (a. A LG Ulm NJW **1966** 513). Derselbe Richter beim Amtsgericht darf wieder als Strafrichter (Einzelrichter) tätig werden[85], und auch die Besetzung der Strafkammer und des Strafsenats darf ganz oder überwiegend dieselbe sein wie in der früheren Verhandlung. Der Bundesgerichtshof hat es demgemäß nicht beanstandet, daß bei einer Schwurgerichtsverhandlung drei Mitglieder des Gerichts schon an dem aufgehobenen Urteil mitgewirkt hatten (BGHSt **24** 336).

Insbesondere nach der Rechtsprechung des BGH ergibt sich aus § 354 Abs. 2 auch **60** keine „**Befangenheit** kraft Gesetzes", weil die regelmäßige Anwendung des § 24 auf eine unzulässige entsprechende Anwendung des § 23 hinauslaufen würde[86]. Eine insbesondere in der Lehre stark vertretene Gegenmeinung nimmt demgegenüber an, daß sich eine sinnvolle Handhabung des § 354 Abs. 2 nur erreichen lasse, wenn der Angeklagte befugt sei, den schon am früheren Verfahren beteiligten Richter grundsätzlich gemäß § 24 abzulehnen[87]. Der Bundesgerichtshof hat dem – in Ergänzung früherer Entscheidungen – insoweit Rechnung getragen, als er die Ablehnung dann zuläßt, wenn in dem aufgehobenen Urteil abträgliche Werturteile über den Angeklagten enthalten sind, die die Strafzumessung beeinflußt haben können[88]. Daß dies lediglich eine Konsequenz des § 24 ohne Rücksicht auf § 354 Abs. 2 n. F ist (so LR-*Meyer*[23]; anders aber offenbar LG Verden MDR **1975** 863 mit Anm. *Sieg* MDR **1976** 76), wird man nach der Begründung von BGHSt **24** 338 (339) nicht behaupten dürfen; die Entscheidung will vielmehr für die Ablehnung erkennbar etwas großzügigere Maßstäbe als sonst gelten lassen.

3. Zurückverweisung an ein anderes Gericht gleicher Ordnung. Im Ermessen des **61** Revisionsgerichts liegt es, ob es die Sache statt an einen anderen Spruchkörper desselben Gerichts an ein anderes Gericht zurückverweist. Anlaß dazu wird etwa bestehen, wenn das Landgericht nur eine Strafkammer hat, so daß nicht an eine andere Kammer zurückverwiesen werden kann (oben Rdn. 55), insbesondere aber, wenn ein aufsehenerregender Strafprozeß am Sitz des Gerichts schon so lange Gegenstand öffentlicher Erörte-

---

[83] BGHSt **20** 252; **21** 144 mit Anm. *Hanack* NJW **1967** 580; BGHSt **24** 337; BGH NJW **1966** 1718; **1967** 2217; BGH GA **1968** 372; OLG Celle NJW **1966** 168, 1723; VRS **39** 432; OLG Hamm NJW **1966** 362; JMBlNRW **1967** 103; VRS **31** 56; GA **1971** 186; OLG Köln MDR **1967** 321; OLG Saarbrücken MDR **1970** 347; LG Verden MDR **1975** 863 mit Anm. *Sieg* MDR **1976** 72; vgl. auch BVerfGG **30** 154 = NJW **1971** 1030.

[84] KK-*Pikart* 30; *Kleinknecht/Meyer* 11; KMR-*Paulus* 43; *Eb. Schmidt* Nachtr. I 25; *Dahs* NJW **1966** 1692; *Petermann* Rpfleger **1965** 70; a. A *Peters* 141 und Nachtr. I 36; *Kleinknecht* JZ **1965** 161; *Zeitz* DRiZ **1965** 393.

[85] OLG Hamm GA **1971** 185; OLG Saarbrücken MDR **1970** 347.

[86] BGHSt **21** 145 mit Anm. *Hanack* NJW **1967** 580; BGHSt **21** 342; BGH GA **1968** 372; OLG Celle NJW **1966** 168; LG Verden MDR **1975** 863 mit Anm. *Sieg* MDR **1976** 72; ebenso KK-*Pikart* 30; *Kleinknecht/Meyer* 11; KMR-*Paulus* 43; *Gössel* § 19 A IV 3.

[87] LG Münster NJW **1966** 1723; *Roxin* § 9 II 2; *Schlüchter* 44; *Dahs/Dahs* 481; *Dahs* Hdb. 155 und NJW **1966** 1696; *Hanack* NJW **1967** 580; JZ **1971** 91; **1973** 779; *Arzt* Der befangene Strafrichter (1969) 82.

[88] BGHSt **24** 338 = JZ **1973** 33 mit krit. Anm. *Arzt*; kritisch auch *Hanack* JZ **1973** 779. Vgl. auch § 23, 35.

rung war, daß die Entscheidung durch ein Gericht, das auch räumlichen Abstand von der Sache hat, vorzuziehen ist[89], oder wenn sonstige Gesichtspunkte dazu drängen, z. B. nach dem Wohnort von Beweispersonen (KMR-*Paulus* 45). Die Ausübung des Ermessens bedarf keiner Begründung (*Kleinknecht* JZ **1965** 161). Verfassungsrechtliche Bedenken, daß in solchen Fällen das Revisionsgericht das zuständige Gericht bestimmt, bestehen nicht[90]. Eine Strafkammer am Sitz des Landgerichts gilt im Verhältnis zu der auswärtigen Strafkammer (§ 78 GVG) als ein anderes Gericht[91]. Verweist das Revisionsgericht ohne nähere Angaben an ein anderes Gericht der gleichen Ordnung, so hat sich auch dort ein Spruchkörper der entsprechenden Art (oben Rdn. 54) mit der Sache zu befassen; das gilt bei Schwurgerichtsurteilen auch dann, wenn es nur noch um ein Delikt geht, das dem Katalog des § 74 Abs. 2 GVG nicht unterfällt (vgl. oben Rdn. 54).

62   **Benachbart** muß das Gericht, an das die Sache zurückverwiesen wird, anders als nach § 354 Abs. 2 a. F, nicht sein; es muß aber zu demselben Bundesland gehören. In Stadtstaaten, die nur ein Landgericht ohne auswärtige Strafkammer haben, ist eine Zurückverweisung an ein anderes Landgericht daher nicht möglich (BGHSt **21** 192). Bei Zurückverweisung durch den Bundesgerichtshof braucht das neue Gericht nicht demselben Oberlandesgerichtsbezirk anzugehören wie das frühere (*Seibert* NJW **1968** 1317). Entscheidet jedoch ein Oberlandesgericht über die Revision und ist ihm nur ein einziges Landgericht nachgeordnet, so kann es die Sache nur an dieses, nicht an ein Landgericht zurückverweisen, das einem anderen Oberlandesgericht untersteht; das Oberlandesgericht darf sich nicht von der Last einer später möglicherweise erforderlich werdenden neuen Revisionsentscheidung befreien[92].

4. Zurückverweisung an ein Gericht niederer Ordnung (Absatz 3)

63   a) **Allgemeines.** Der Sinn des § 354 Abs. 3 besteht darin, daß ein höheres Gericht nicht mit einer Sache befaßt werden soll, zu deren Erledigung die Zuständigkeit eines niederen Gerichts ausreicht (BGHSt **14** 68; KG JR **1965** 393). Von der Verweisung an das sachlich zuständige Gericht nach § 355 unterscheidet sich die Zurückverweisung nach § 354 Abs. 3 dadurch, daß hier das Gericht, dessen Urteil angefochten ist, sachlich zuständig war und an sich auch bleibt. Das Revisionsgericht verweist die Sache nach seinem Ermessen („kann") nur aus Zweckmäßigkeitsgründen an ein Gericht mit niederer sachlicher Zuständigkeit, nicht, wie bei § 355, weil nur dieses andere Gericht zuständig ist.

64   Die Zurückverweisung nach § 354 Abs. 3 kommt **in Betracht,** wenn die Umstände, die die Zuständigkeit des höheren Gerichts begründet haben, wegen der Entscheidung des Revisionsgerichts nach der Zurückverweisung keine Rolle mehr spielen (BGHSt **14** 68). Das ist der Fall, wenn wegen nunmehr eingetretener Teilrechtskraft, wegen Verfolgungsbeschränkung gemäß § 154 a in der Revisionsinstanz (BGHSt **29** 350) oder wegen einer anderen rechtlichen Beurteilung der Tat durch das Revisionsgericht (BGH NJW **1974** 154) die Zuständigkeit eines Gerichts niederer Ordnung ausreicht. Ist die Schuldfrage noch nicht endgültig geklärt, muß immer an das zuständige

---

[89] *Kleinknecht/Meyer* 17; *Eb. Schmidt* Nachtr. I 27; *Dahs/Dahs* 481; *Benz* MDR **1976** 805; *Seibert* MDR **1954** 721; NJW **1963** 431.
[90] BVerfGE **20** 336 = NJW **1967** 99; KK-*Pikart* 37; *Kleinknecht/Meyer* 17; *Eb. Schmidt* Nachtr. I 27; *Peters* Nachtr. 13; *Seibert* JZ **1959** 120; a. A *Bettermann* JZ **1959** 17; AöR **1969** 298 ff sowie KMR-*Sax* Einl. III 13f, die einen Verstoß gegen Art. 101 Abs. 1 Satz 2 GG behaupten; Bedenken erhebt auch *Kramer* JZ **1977** 13.
[91] BGH bei *Dallinger* MDR **1958** 566; RGSt **17** 230; **50** 160; RG JW **1917** 1112; RG LZ **1917** 1331.
[92] OLG Braunschweig JZ **1951** 325 mit Anm. *Schönke;* OLG Hamm StVert. **1981** 608; allg. M.

Gericht zurückverwiesen werden (BGHSt **14** 68). Das Revisionsgericht ist schon wegen § 269 zur Zurückverweisung an ein Gericht niederer Ordnung nicht verpflichtet (BGH bei *Herlan* GA **1959** 338). Hat aber anstelle des ausschließlich zuständigen Strafrichters das Schöffengericht entschieden, so verweist das Revisionsgericht die Sache an den Strafrichter zurück (KG JR **1965** 393). Nicht unter § 354 Abs. 3 fällt die Zurückverweisung in dem Fall, daß bei Verbindung von Strafsachen gegen Erwachsene und Nichterwachsene nach §§ 103, 112 JGG das Verfahren gegen den Erwachsenen oder Nichterwachsenen rechtskräftig abgeschlossen ist (vgl. hierzu § 355, 5 ff).

b) Einzelheiten. Der Bundesgerichtshof kann eine Strafsache, über die ein Oberlandesgericht als Gericht des ersten Rechtszugs entschieden hat, an das Landgericht oder an das Amtsgericht zurückverweisen, wenn sich herausstellt, daß die Tat nicht zur Zuständigkeit des Oberlandesgerichts gehört; ob die Sache besondere Bedeutung hat (§ 24 Abs. 1 Nr. 3 GVG), bestimmt das Revisionsgericht (vgl. BGH bei *Dallinger* MDR **1954** 152; *Eb. Schmidt* 32). **65**

Innerhalb des **Landgerichts** sowie im Verhältnis zwischen **Jugend- und Erwachse-** **66** **nengerichten** fingiert § 209 a (näher dort) eine Rangordnung, nach der bestimmte Spruchkörper mit gesetzlich zugewiesenem Geschäftsbereich gegenüber anderen als Gerichte höherer Ordnung gelten. Die Regelung bezieht sich zwar nur auf die Eröffnungskompetenz, besagt also nicht, daß die Spruchkörper verfahrensrechtlich überall im Verhältnis zueinander als höher- bzw. niederrangig zu behandeln sind (§ 209 a, 5). Sie ist aber auch bei § 355 anzuwenden (dort Rdn. 4). Gerade dann erscheint es nach dem Zweck des § 354 Abs. 3 (Rdn. 63) angemessen, § 209 a auch auf die Zurückverweisungsbefugnis des § 354 Abs. 3 anzuwenden (ebenso KMR-*Paulus* 48; vgl. auch § 209 a, 6). Anders als z. T früher (vgl. BGHSt **26** 191; LR-*Meyer*[23] mit weit. Nachw.) kann das Revisionsgericht nach seinem Ermessen daher insbesondere bei Aufhebung eines Schwurgerichtsurteils die Sache nicht nur an das Amtsgericht, sondern auch an eine allgemeine Strafkammer des Landgerichts zurückverweisen, wenn nach der Entscheidung des Revisionsgerichts die Verurteilung wegen einer Straftat nach § 74 Abs. 2 GVG nicht mehr in Betracht kommt. An das Amtsgericht kann eine Strafkammersache zurückverwiesen werden, wenn der Angeklagte, dessen Tat die Zuständigkeit des Landgerichts begründet hat, rechtskräftig verurteilt und nur noch über die Taten der Mitangeklagten zu entscheiden ist. War die Zuständigkeit der Strafkammer nur deshalb begründet, weil eine die Strafgewalt des Amtsgerichts übersteigende Straferwartung bestand (§ 24 Abs. 2, § 74 Abs. 1 Satz 2 GVG), so kann an das Amtsgericht zurückverwiesen werden, wenn eine so hohe Strafe wegen des Verbots der Schlechterstellung nicht mehr verhängt werden darf (BGH bei *Herlan* GA **1959** 338). Die Zurückverweisung an ein erweitertes Schöffengericht ist nur zulässig, wenn schon bei der Eröffnung des Hauptverfahrens die Zuziehung eines zweiten Amtsrichters beschlossen worden war, die Sache dann aber im Wege der Verfahrensverbindung von dem Landgericht verhandelt worden ist. An den Strafrichter kann auch dann zurückverwiesen werden, wenn dessen Zuständigkeit an sich nach § 25 Nr. 3 GVG davon abhängt, daß die Staatsanwaltschaft bei ihm Anklage erhebt[93]. Verweist der Bundesgerichtshof eine Strafkammersache an das Schöffengericht zurück, so kann, wenn der Angeklagte gegen dessen Urteil Berufung einlegt, dieselbe Kammer über das Rechtsmittel entscheiden, die das erste Urteil gefällt hat[94].

Bei **Amtsgerichtssachen** kommt eine Zurückverweisung der von einem erweiter- **67** ten Schöffengericht verhandelten Sache an ein gewöhnliches Schöffengericht nicht in

---

[93] BGH bei *Dallinger* MDR **1953** 274; *Eb. Schmidt* 32.

[94] OLG Celle NJW **1966** 1723; *Kleinknecht/Meyer* 21; KMR-*Paulus* 57.

Betracht, da beide Gerichte gleichrangig sind[95]. Zulässig ist dagegen die Zurückverweisung einer Schöffengerichtssache an den Strafrichter (RGSt **62** 270) oder einer vor dem Jugendschöffengericht verhandelten Sache an den Jugendrichter (vgl. BGHSt **18** 176).

5. Verfahren nach der Zurückverweisung

68 **a) Bindung an Feststellungen.** Werden die Urteilsfeststellungen in vollem Umfang aufgehoben (§ 353 Abs. 2), so ist das Gericht bei der neuen Verhandlung zwar an die Aufhebungsansicht des Revisionsurteils (§ 358 Abs. 1), nicht aber in tatsächlicher Hinsicht an die bisherigen Verfahrensergebnisse gebunden. Die neue Verhandlung muß den ganzen Prozeßstoff erneut umfassen und darf sich nicht auf diejenigen Punkte beschränken, die Anlaß zur Aufhebung gewesen sind. Der Grundsatz des § 264 ist wieder maßgebend (RGSt **5** 134; RG LZ **1917** 210). Bei Dauerstraftaten und fortgesetzten Handlungen sind auch die Tatteile nach Verkündung des aufgehobenen Urteils zu berücksichtigen (BGHSt **9** 324; RGSt **66** 49). Wegen der Bindungswirkung bei Teilaufhebung und bei Aufrechterhaltung der Feststellungen vgl. § 353, 26 ff.

69 In der neuen Hauptverhandlung muß das Revisionsurteil zur **Feststellung der Bindungswirkung** nach § 358 Abs. 1 erörtert, braucht aber nicht förmlich verlesen zu werden[96]. Eine Verlesung des aufgehobenen Urteils ist zulässig[97], aber ebenfalls nicht erforderlich (RG JW **1931** 1816 mit Anm. *Alsberg*). Wenn das Urteil im Strafausspruch aufgehoben worden ist, müssen die Schuldfeststellungen durch Verlesung oder durch eine andere Art der Bekanntgabe in die Verhandlung eingeführt werden (BGH NJW **1962** 60); das gilt auch in der Berufungsverhandlung (BayObLGSt **1973** 130 = MDR **1973** 1039). Das Gericht muß auch sonst bei jeder Teilaufhebung in der neuen Verhandlung über den derzeitigen Stand des Verfahrens ins Bild gesetzt werden (BGH bei *Dallinger* MDR **1958** 15).

70 **b) Umfang der Beweisaufnahme.** Der neue Tatrichter muß nicht unbedingt dieselben Beweismittel benutzen, die in den früheren Hauptverhandlungen herangezogen worden waren (BGH bei *Dallinger* MDR **1974** 547). Art und Umfang der Beweisaufnahme sind vielmehr von dem bisherigen Verfahren unabhängig. Es findet, soweit dem nicht aufrechterhaltene Feststellungen entgegenstehen (§ 353, 26 ff), eine vollständig neue Verhandlung statt (KMR-*Paulus* 51; *Eb. Schmidt* 38). Das Gericht darf jedoch darüber Beweis erheben, was die Zeugen in der früheren Verhandlung ausgesagt haben (BGH bei *Dallinger* MDR **1952** 18), und zwar auch durch Verlesung der gemäß § 273 Abs. 2 protokollierten Vernehmungsergebnisse (BGH JR **1971** 512 mit Anm. *Hanack*, der zur Vorsicht mahnt). Äußerst bedenklich erscheint die Auffassung, daß zum Zweck der Feststellung, wie das frühere Gericht Aussagen verstanden hat, auch das aufgehobene Urteil im Wege des Urkundenbeweises verlesen werden darf[98]; denn dieses Urteil ist ja mit in der Folge aufgehoben worden, daß der Tatrichter neue und eigene Feststel-

---

[95] Vgl. RGSt **62** 270; OLG Hamburg GA **71** (1927) 184; KMR-*Paulus* 48; *Beling* 63 Fußn. 3; *Oetker* GerS **90** (1924) 363.
[96] RGSt **21** 436; RG JW **1892** 358; RG Recht **1908** Nr. 2613; KMR-*Paulus* 52 und *Dahs/Dahs* 486 halten die Verlesung in der Regel für zweckmäßig; a. A *Eb. Schmidt* § 358, 7, der selbst eine Bekanntgabe des Urteilsinhalts nicht für unbedingt erforderlich erachtet.
[97] BGH GA **1976** 368; BGH bei *Dallinger* MDR **1958** 15; RG JW **1931** 2825 mit Anm. *Mannheim*; RG HRR **1930** 2187; RG Recht **1908** Nr. 2613; **1918** Nr. 635; *Alsberg* GerS **63** (1904) 147; vgl. auch unten Rdn. 70.
[98] So BGHSt **6** 142; BGH MDR **1955** 121; RGSt **60** 297; RG HRR **1931** 1284; KMR-*Paulus* 35.

Vierter Abschnitt. Revision § 354

lungen treffen muß; dabei darf er gerade Feststellungen, die möglicherweise auf rechtsirrigen Erwägungen beruhen (vgl. BGHSt 6 142), nicht heranziehen.

c) Feststellungen des neuen Urteils. Sie dürfen sich an die des aufgehobenen Urteils anlehnen, wenn die neue Verhandlung ihre Richtigkeit ergeben hat (BGH bei *Dallinger* MDR 1957 653). Der Text des aufgehobenen Urteils darf in diesem Umfang wörtlich übernommen werden (BGH bei *Dallinger* MDR 1958 15). Eine Bezugnahme oder Verweisung auf die aufgehobenen Feststellungen ist jedoch nach der billigenswerten neueren Rechtsprechung grundsätzlich unzulässig[99]. Das gilt auch für Feststellungen zum Lebenslauf und zu den persönlichen Verhältnissen des Angeklagten (BGHSt 24 276; BGH VRS 50 342). Erlaubt soll jedoch nach BGHSt 30 226 die Bezugnahme auf solche selbstverantwortlich getroffenen Feststellungen sein, die inhaltsgleichen Feststellungen im bindend gewordenen Teil des Urteils entsprechen (z. B. die Feststellungen über die persönlichen Verhältnisse des Angeklagten, wenn Einzelstrafen aufrechterhalten worden sind). **71**

d) Neue Entscheidung. Sie muß keine Sachentscheidung sein. Die Notwendigkeit anderweiter Verhandlung und Entscheidung entfällt, wenn eine Beendigung des Verfahrens aufgrund anderer Vorschriften zulässig ist und im Einzelfall geboten erscheint. Daher ist die Verfahrenseinstellung nach den §§ 153 ff, § 206 a statthaft (RGSt 66 327; allg. M.). Die Verwerfung der Berufung wegen unentschuldigten Ausbleibens des Angeklagten ist nach Zurückverweisung durch das Revisionsgericht ausgeschlossen (§ 329 Abs. 1 Satz 2), es sei denn, daß bereits das aufgehobene Urteil ein Verwerfungsurteil nach § 329 Abs. 1 gewesen ist (BGHSt 27 236). Zu weiteren Besonderheiten im erneuten Verfahren vor dem Berufungsgericht bei nur teilweise erfolgreicher Revision s. *Gössel* JR 1982 273. **72**

Kommt der neue Tatrichter zu demselben Ergebnis wie der frühere, so muß er den Angeklagten neu verurteilen oder die Berufung erneut verwerfen; eine bloße Aufrechterhaltung des früheren Urteils ist unzulässig (RG GA 55 [1908] 331). Die **Fassung des neuen Urteils** macht bei Teilaufhebungen gelegentlich Schwierigkeiten. Es ist zu beachten, daß das neue Urteil aus sich heraus verständlich sein muß. Hat der neue Tatrichter nur noch über die Straffrage zu entscheiden, so darf er daher den Urteilsausspruch nicht auf die Straffestsetzung beschränken, sondern muß entweder den Schuldspruch wiederholen oder feststellen, daß der Angeklagte bereits durch das frühere Urteil wegen einer bestimmten Straftat schuldig gesprochen worden ist. Das ist insbesondere im Hinblick auf die Vollstreckung und die Eintragung in das Zentralregister geboten (BGH VRS 50 342). Erkennt der Tatrichter in der Neuverhandlung auf eine gleich hohe Strafe, obwohl er Feststellungen trifft, die zur Anwendung eines milderen Strafrahmens führen, muß er dies besonders begründen (BGH JR 1983 375 mit Anm. *Terhorst*). **73**

6. Zuständigkeit für Nachtragsentscheidungen. Entscheidungen nach den §§ 453 ff trifft im Fall der Zurückverweisung an ein anderes gleichrangiges Gericht das Gericht, dessen Urteil aufgehoben worden ist, nicht das Gericht, an das die Sache zu neuer Ver- **74**

---

[99] BGHSt 24 275; 30 226; BGH StrVert. 1981 115; BGH bei *Holtz* MDR 1978 460; BGH NJW 1951 413; 1962 60; BGH JR 1956 307; BGH bei *Martin* DAR 1975 121; RG JW 1934 44; 1938 1814 m. Anm. *Klee*; RG HRR 1942 746; RG ZAkDR 1938 279 m. Anm. *Schaffstein*; BayObLGSt 1959 71; OLG Bremen NJW 1964 739; OLG Gera HESt. 1 190; a. A RG JW 1938 513; RG DRpfl. 1938 Nr. 842 L; OLG Saarbrücken NJW 1960 590.

handlung und Entscheidung zurückverwiesen worden ist[100]. Wird dagegen die Sache nach § 354 Abs. 3 an ein Gericht niederer Ordnung zurückverwiesen, so ist dieses Gericht für alle Nachtragsentscheidungen zuständig[101].

§ 354 a

Das Revisionsgericht hat auch dann nach § 354 zu verfahren, wenn es das Urteil aufhebt, weil zur Zeit der Entscheidung des Revisionsgerichts ein anderes Gesetz gilt als zur Zeit des Erlasses der angefochtenen Entscheidung.

Schrifttum. *Dünnebier* Der Begriff der Aburteilung in § 2 Abs. 2 StGB, JZ **1953** 726; *Hardwig* Berücksichtigung der Änderung eines Strafgesetzes in der Revisionsinstanz bei Vorliegen eines rechtskräftigen Schuldspruchs, JZ **1961** 364.

Entstehungsgeschichte. Die Vorschrift wurde eingefügt durch Art. 8 Nr. 1 Buchst. a des Gesetzes zur Änderung von Vorschriften des Strafverfahrens und des Gerichtsverfassungsgesetzes vom 28. 6. 1935 (RGBl. I 844). Nach dem Krieg wurde sie in der früheren amerikanischen und britischen Besatzungszone zunächst aufgehoben (vgl. dazu DOGE 129 = NJW **1950** 149). Art. 3 Nr. 149 VereinhG führte sie wieder ein.

1 **1. Allgemeines.** Es versteht sich nicht von selbst, daß das Revisionsgericht bei seiner Entscheidung Gesetzesänderungen berücksichtigt, die nach Erlaß des angefochtenen Urteils eingetreten sind. Denn die Aufgabe des Revisionsgerichts besteht grundsätzlich nur darin, das Urteil auf Rechtsfehler zu prüfen, also festzustellen, ob es mit dem bei seiner Verkündung geltenden Recht übereinstimmt. Bis zur Einfügung des § 354 a beschränkten sich die Revisionsgerichte daher auf die Prüfung, ob der Tatrichter das sachliche Recht auf den festgestellten Sachverhalt richtig angewendet hatte[1]. Maßgebend dafür war der Zeitpunkt des angefochtenen Urteils, der „Aburteilung" durch den Tatrichter (§ 2 Abs. 2 StGB i. d. F bis zum 28. 6. 1935). Spätere Änderungen des sachlichen Rechts blieben außer Betracht. Nur nach Aufhebung und Zurückverweisung aus anderen Rechtsgründen mußte der Tatrichter bei der neuen Entscheidung das mildere Recht anwenden; denn nunmehr kam es erneut zur „Aburteilung". Eine Ausnahme im Revisionsverfahren galt für den Fall, daß der Tatrichter eine Rechtsansicht vertreten hatte, die bei der Aburteilung zwar unrichtig war, danach aber gesetzlich anerkannt wurde. Solche Rechtsverstöße konnte das Revisionsgericht unbeanstandet lassen (RGSt **51** 47; **53** 13), weil der Tatrichter in der neuen Hauptverhandlung anderenfalls hätte Recht anwenden müssen, das dem inzwischen geltenden Recht widersprach.

---

[100] OLG Celle NdsRpfl. **1955** 39; **1958** 219; OLG Düsseldorf MDR **1958** 941; **1983** 154; OLG Hamm Rpfleger **1956** 339; OLG Karlsruhe Justiz **1973** 98; OLG Köln NJW **1972** 1291; OLG München MDR **1957** 53; *Kleinknecht/Meyer* 21; KMR-*Paulus* 58; ferner OLG München MDR **1974** 332; OLG Saarbrücken OLGSt § 367 S. 5 für den Fall, daß die Sache nur im Strafausspruch zurückverwiesen worden ist; a. A wegen der Neufassung des § 354 Abs. 2 durch das StPÄG 1964 OLG Frankfurt NJW **1972** 1065; *Raacke* NJW **1966** 1697.

[101] *Kleinknecht/Meyer* 21; KMR-*Paulus* 58.

[1] RGSt **22** 351; **41** 178; **46** 339; **51** 48; **61** 135; **65** 238; **67** 149; RG GA 47 (1900) 165.

Stand: 1. 5. 1985

2. Zwingende Berücksichtigung nachträglicher Rechtsänderungen.

§ 354 a besagt, für sich genommen, nichts darüber, ob das Revisionsgericht nachträgliche Gesetzesänderungen stets beachten muß, sondern bestimmt nur, daß es nach § 354 zu verfahren hat, *wenn* es die nach Erlaß des angefochtenen Urteils eingetretenen Änderungen des Gesetzes berücksichtigt. Maßgebend dafür, ob das Revisionsgericht diese Rechtsänderungen berücksichtigen muß oder ob das in seinem Ermessen steht, ist daher nicht § 354 a, sondern das sachliche Strafrecht (anders DOGE 128 = NJW 1950 148). Ursprünglich war für den Fall, daß das bei der Tat geltende Recht vor der tatrichterlichen Entscheidung geändert wird, die Anwendung des milderen Gesetzes durch § 2 Abs. 2 StGB zwingend vorgeschrieben. Durch § 2 a Abs. 2 StGB i. d. F des Gesetzes vom 28. 6. 1935 (RGBl. I 839) wurde sie jedoch in das Ermessen des Gerichts gestellt. Der Wortlaut des Gesetzes wurde ferner dahin geändert, daß es nicht mehr auf eine Gesetzesänderung zur Zeit der Aburteilung, sondern zur Zeit der Entscheidung ankam. Da § 354 a zur Anpassung des Revisionsrechts an das so geänderte sachliche Recht eingefügt worden war, galt der Grundsatz, daß bei Änderung des Gesetzes das mildere Recht (Maßregeln wurden durch § 2 a Abs. 2 StGB ausgenommen) angewendet werden konnte, nunmehr auch für das Revisionsgericht. Wie der Tatrichter war es berechtigt, aber nicht verpflichtet, jede spätere Rechtsmilderung in dem Revisionsurteil zur Geltung zu bringen.

Im sachlichen Recht kehrte die **Neufassung des § 2 StGB** durch das 3. StRÄndG 1953 wieder zu der bis 1935 geltenden Fassung zurück; bei Gesetzesverschiedenheit zwischen Tat und Aburteilung mußte das mildeste Gesetz angewendet werden. Da jedoch § 354 a unverändert bestehenblieb, entstanden Zweifel, ob auch das Revisionsgericht zur Beachtung von Gesetzesänderungen verpflichtet oder nach wie vor nur berechtigt war. Das hing davon ab, ob § 2 Abs. 2 StGB mit „Aburteilung" auch (wie zuvor § 2 a Abs. 2 StGB) die Entscheidung des Revisionsgerichts meint. Die Frage wurde in Rechtsprechung[2] und Schrifttum[3] überwiegend bejaht. Um klarzustellen, daß die Beachtung von Rechtsänderungen zugunsten des Angeklagten auch im Revisionsverfahren zwingend ist, wurde § 2 Abs. 3 StGB durch das 2. StRG dahin gefaßt, daß das mildeste Gesetz anzuwenden ist, wenn das Gesetz „vor der Entscheidung" geändert wird. Hierunter fällt nach allgemeiner Ansicht auch die Entscheidung des Revisionsgerichts. Für Maßregeln der Besserung und Sicherung gilt § 2 Abs. 6 StGB.

3. Zu beachtende Gesetzesänderungen

a) Sachliches Recht. Das Revisionsgericht hat dieselben Gesetzesänderungen zu berücksichtigen, die der Tatrichter nach § 2 Abs. 3 StGB beachten muß (vgl. dazu ausführlich LK-*Tröndle* § 2, 29 ff). Dazu gehören auch Rechtsänderungen, die nur den Strafausspruch betreffen[4], gleichgültig, ob es sich um Strafgesetze im eigentlichen Sinn oder um Nebengesetze, wie z. B. § 49 BZRG (= § 51 i. d. F d. Neubek. v. 21. 9. 1984),

---

[2] BGHSt 5 208; 6 192, 258; 18 18; 20 78, 117; 24 382; BGH NJW 1953 1800, 1839; 1954 39 Nr. 16; 1955 1406; BayObLGSt 1961 23 = NJW 1961 689; BayObLGSt 1972 4 = MDR 1972 443; BayObLGSt 1972 78 = MDR 1972 629; BayObLGSt 1974 34 = JZ 1974 392; OLG Braunschweig NJW 1953 1762; OLG Hamm MDR 1974 593; OLG München NJW 1974 873; OLG Schleswig SchlHA 1953 293; 1954 24; a. A BGHSt 6 33; BGH NJW 1955 1406; OLG Celle GA 1953 185.

[3] KMR-*Sax*[6] 1a; *Dünnebier* JZ 1953 726; *Hardwig* JZ 1961 364; *Maassen* MDR 1954 3; *Mittelbach* JR 1961 353.

[4] BGHSt 5 208; 6 192, 258; BGH NJW 1953 1800, 1839; 1954 39 Nr. 16; 1955 1406; 1976 526; BGH NStZ 1982 513; BGH VRS 38 107; 39 96; KG JR 1970 227 mit Anm. *Dreher*, OLG Braunschweig NJW 1953 1762; OLG Koblenz OLGSt § 23 StGB S. 192.

§ 354a   Drittes Buch. Rechtsmittel

handelt[5]. Wird ein Straftatbestand in eine Bußgeldvorschrift umgewandelt, so geht das Strafverfahren in ein Bußgeldverfahren über. Art. 158 Abs. 1 Satz 3 EGOWiG und Art. 317 EGStGB 1974 haben das für ihren Anwendungsbereich ausdrücklich bestimmt. Ihnen liegt ein allgemeiner Rechtsgedanke zugrunde, der auch bei künftigen Gesetzesänderungen gilt[6].

5   **b) Verfahrensvoraussetzungen.** Für Verfahrensvoraussetzungen und -hindernisse gilt § 354 a nicht (vgl. Einl. Kap. 11 unter III). Wird ein Verfahrenshindernis im Laufe des Verfahrens gesetzlich neu geschaffen, so ist es, auch wenn schon Teilrechtskraft eingetreten ist (§ 337, 30), ebenso von Amts wegen zu beachten, wie wenn es von vornherein bestanden hätte[7]. Wird eine Vorschrift, die ein Verfahrenshindernis begründet hat, nach Einleitung des Verfahrens beseitigt oder geändert, so ist die Verfolgung vom Inkrafttreten der Neuregelung an nach herrschender Meinung ebenso zulässig, wie wenn ihr von Anfang an kein Hindernis entgegengestanden hätte[8]. Zweifelhaft und zunehmend umstritten ist jedoch, wieweit das aufgrund des Rückwirkungsverbots auch für solche Verfahrensvoraussetzungen gilt, denen Strafwürdigkeits- oder Strafbedürftigkeitserwägungen mit zugrunde liegen, also insbesondere für die Verjährung und den Strafantrag (vgl. *Schönke/Schröder/Eser* § 2, 8 mit Nachw.). Entscheidend dürfte sein, ob die Neuregelung ein berechtigtes mögliches Vertrauen des Täters verletzt. Das wird bei der Umwandlung eines Strafantragsdelikts in ein Offizialdelikt unter Umständen zu bejahen sein[9], nicht jedoch bei der Verjährung, und zwar auch nicht hinsichtlich der streitigen Frage, ob eine rückwirkende Verlängerung der Verjährung zulässig ist[10].

6   **c) Verfahrensvorschriften.** Neues Verfahrensrecht erfaßt, wenn es keine abweichende Regelung enthält, bereits anhängige Verfahren in der Lage, in der sie sich bei Inkrafttreten der neuen Vorschriften befinden. Auf Verfahrenshandlungen vor ihrem Inkrafttreten ist die gesetzliche Neuregelung ohne Einfluß[11]. Anhängige Verfahren sind nach den neuen Bestimmungen weiterzuführen[12]. Ein Verstoß des Tatrichters gegen das zur Zeit der Aburteilung geltende Verfahrensrecht ist jedoch unschädlich, wenn die betreffende Vorschrift vor der Entscheidung des Revisionsgerichts aufgehoben oder so abgeändert wird, daß das Verfahren des Gerichts ihr entspricht[13].

---

[5] BGHSt **24** 382; **27** 109; BayObLGSt **1972** 3 = MDR **1972** 443; BayObLGSt **1972** 75 = MDR **1972** 629; BayObLGSt **1972** 166 = GA **1973** 344.

[6] Vgl. BayObLGSt **1969** 17 = JR **1969** 350 mit Anm. *Kohlhaas;* OLG Düsseldorf MDR **1976** 75; OLG Karlsruhe MDR **1974** 858; OLG Koblenz NJW **1972** 1067; OLG Oldenburg MDR **1972** 346; OLG Saarbrücken NJW **1974** 1010; OLG Zweibrücken LRE **10** 155; *Göhler* § 82, 27; LK-*Tröndle* § 2, 32; a. A OLG Frankfurt MDR **1974** 859.

[7] RGSt **46** 269; **75** 312 = DR **1941** 2181 m. Anm. *Bockelmann;* RG DR **1940** 1671; BayObLGSt **1961** 214 = NJW **1961** 2269; OLG Frankfurt NJW **1973** 1514; OLG Hamm NJW **1970** 578; KK-*Pikart* 6; KMR-*Paulus* 4; *Eb. Schmidt* Teil I Nr. 201; *Beling* 410.

[8] BGHSt **20** 27; **21** 369; vgl. auch **24** 106; RGSt **76** 64, 161, 327; **77** 106, 160, 183; OLG Hamm NJW **1961** 2030; OLG Oldenburg NdsRpfl. **1948** 203; KK-*Pikart* 6; KMR-*Paulus* 4; *Beling* 410; LK-*Tröndle* § 2, 42.

[9] *Schönke/Schröder/Eser* § 2, 8; *Jescheck* § 15 IV 4; a. A LK-*Tröndle* § 2, 9 mit Nachw.

[10] BVerfG **25** 269; eingehend LK-*Tröndle* § 2, 10 ff.

[11] BayObLGSt **1954** 92 = MDR **1955** 123; OLG Hamm NJW **1975** 701; *Beling* 410.

[12] BVerfGE **1** 6; **11** 146; BGHSt **22** 325; **26** 289; BGH GA **1971** 86; RGSt **77** 324; OLG Düsseldorf NJW **1969** 1221; OLG Köln NJW **1953** 1156; KK-*Pikart* 5; KMR-*Paulus* 5; *Eb. Schmidt* 3; *Henkel* 82 ff; *Peters* 90; *Grünwald* MDR **1965** 522.

[13] RGSt **55** 180; **74** 373; RG DR **1940** 1281, 2067; OLG Hamburg NJW **1975** 988; OLG Saarbrücken HESt **3** 70 = DRZ **1948** 31 mit Anm. *Niethammer;* ganz h. L.

Stand: 1. 5. 1985

Vierter Abschnitt. Revision §354a

d) Sonstige Änderungen, die nicht das gesetzte Recht betreffen, hat das Revisionsgericht nicht zu berücksichtigen (anders *Peters* 629, der sogar die Veränderung der tatsächlichen Urteilsgrundlagen beachtet wissen will). Das gilt insbesondere für eine Änderung der ständigen Rechtsprechung des Revisionsgerichts (LK-*Tröndle* § 2, 17 ff; **a. A** *Schönke/Schröder/Eser* § 2, 9 ff je mit weit. Nachw.) und für den nachträglichen Eintritt der Tilgungsreife einer Eintragung im Zentralregister, die der Tatrichter bei seiner Entscheidung ohne Verstoß gegen § 51 BZRG i. d. F d. Neubek. v. 21. 9. 1984 berücksichtigt hat[14]. **7**

4. Verfahrensfragen
a) Erfordernis einer zulässig erhobenen Sachrüge? Nach überwiegender Meinung **8** setzt § 354 a eine zulässig erhobene Sachrüge voraus[15]. Dafür spricht, daß es um die Anwendung sachlichen Rechts geht, die das Revisionsgericht grundsätzlich nur auf die Sachrüge hin kontrolliert. Aber § 354 a betrifft keine solche Kontrolle (Rdn. 1), sondern zieht prozessuale Folgerungen aus § 2 Abs. 3 StGB (Rdn. 3). Für diese Folgerungen kommt es jedoch allein darauf an, ob das Gesetz „vor der Entscheidung" des Revisionsgerichts geändert wird (Rdn. 3). Es widerspricht daher dem Gesetzeszweck und erscheint überdies ganz unbefriedigend (*Küper* NJW **1975** 1329), die Berücksichtigung des milderen Rechts im anhängigen Revisionsverfahren nur bei erhobener Sachrüge zuzulassen[16]. Darauf deutet auch § 206 b hin, der auch im Revisionsverfahren gilt (§ 206 b, 10; § 349, 36) und für die Pflicht zur Einstellung bei *Wegfall* der Strafbarkeit allein auf ein „anhängiges Strafverfahren" abstellt, also nach richtiger Meinung ohne Sachrüge von Amts wegen zu beachten ist[17]. Auch bleibt zu bedenken, daß § 354 a selbst beim nicht angefochtenen Schuldspruch zu berücksichtigen ist (Rdn. 9) und daß die Revisionsgerichte nach heute herrschender Auffassung (§ 346, 34) jedenfalls ein nach Erlaß des angefochtenen Urteils eingetretenes Verfahrenshindernis auch bei nicht oder nicht ordnungsgemäß begründetem Rechtsmittel von Amts wegen berücksichtigen (eine Parallele, auf die *Küper* NJW **1975** 1330 zu Recht hinweist). § 354 a ist daher, wie § 206 b, anwendbar, wenn die Sache irgendwie beim Revisionsgericht anhängig ist, und sei es nur durch einen Antrag nach § 346 Abs. 2 oder durch die zulässige Revision gegen ein Verwerfungsurteil nach § 329 Abs. 1[18]. Entsprechendes gilt für eine Revision ohne Sachrüge, wenn durch eine Gesetzesänderung die Strafvorschrift in eine Bußgeldvorschrift umgewandelt wird[19].

b) Verfahren bei Teilrechtskraft. Auch wenn der Schuldspruch nicht angefochten **9** ist, ist nach heute ganz h. M eine Änderung der Rechtslage zu berücksichtigen, die darin besteht, daß die von dem Tatrichter angewendete Strafvorschrift aufgehoben und durch

---

[14] BayObLGSt **1972** 166 = GA **1973** 344; OLG Hamm Blutalkohol **1975** 66; VRS **46** 382; OLG Schleswig bei *Ernesti/Jürgensen* SchlHA **1976** 173; *Götz* § 49 BZRG, 19.

[15] BGHSt **26** 94 mit zust. Anm. *Willms* LM Nr. 1 zu § 354a und abl. Anm. *Küper* NJW **1975** 1329; KK-*Pikart* 9; *Kleinknecht/Meyer* 1; *Roxin* § 53 III; *Schlüchter* 755; *Sarstedt/Hamm* 446; LR-*Meyer* in der 23. Aufl.; LK-*Tröndle* 43.

[16] Im Ergebnis ebenso KMR-*Paulus* § 354a, 10, § 206b, 9; *Küper* JR **1970** 273; NJW **1975** 1329; kritisch auch SK-*Rudolphi* § 2, 7; *Schönke-Schröder/Eser* § 2, 31.

[17] Vgl. § 206 b, 11; **a. A** auch insoweit LR-*Meyer* in der 23. Aufl. Daß § 206 b bzw. sein Vorläufer (Art. 96 des 1. StrRG) entgegen der Auffassung des BayObLG (JR **1970** 270 mit Anm. *Küper*) kein Prozeßhindernis enthält (§ 206 b, 3) besagt nichts Gegenteiliges.

[18] Zum letzteren **a. A,** und zwar sogar für Fälle der eingelegten Sachrüge, OLG Hamm MDR **1973** 694; OLG Frankfurt NJW **1963** 460; OLG Köln JMBlNRW **1963** 96; LR-*Meyer* in der 23. Aufl.

[19] OLG Köln OLGSt § 184a StGB S. 1; **a. A** LR-*Meyer* in der 23. Aufl.

eine andere ersetzt worden ist, die eine mildere Strafandrohung enthält[20]. Entsprechendes gilt, wenn das Revisionsgericht nur noch die Entscheidung über die Strafaussetzung zu prüfen hat; das Urteil ist im Strafausspruch aufzuheben, wenn wegen Wegfalls oder Milderung einer Strafvorschrift die Neufestsetzung oder Ermäßigung der Strafe in Betracht kommt (BGHSt 26 1). Die Rechtskraft des Schuldspruchs hindert nach allg. M ferner nicht die Beachtung einer Gesetzesänderung, durch die die Strafbarkeit ganz entfällt. Es wäre widersinnig, dem Angeklagten jede beliebige, aber nicht die äußerste Milderung, nämlich die Aufhebung der Strafbarkeit, zugute kommen zu lassen, nur weil ein rechtskräftiger Schuldspruch vorliegt[21].

10 Die Anwendung dieser Grundsätze führt zu unbilligen Ergebnissen, wenn der nachträgliche Wegfall der Strafbarkeit oder die nachträgliche Gesetzesmilderung sich nicht auch auf **andere Begehungsweisen der Tat** bezieht, die der Tatrichter nicht geprüft hat, weil die damalige Rechtslage ihm dazu keinen Anlaß bot. In diesem Fall ist das Revisionsgericht daher trotz Nichtanfechtung des Schuldspruchs berechtigt, den von dem Tatrichter festgestellten Sachverhalt darauf zu prüfen, ob er die Merkmale einer von der Gesetzesänderung nicht betroffenen Begehungsweise der Tat enthält (BGHSt 24 106). Entsprechendes gilt, wenn eine Strafbestimmung nachträglich dahin geändert worden ist, daß der Versuch der Tat nicht mehr strafbar ist, die Neufassung der Vorschrift aber teilweise das Verhalten, das nach früherem Recht nur Versuch darstellte, als vollendete Tat bewertet (BayObLGSt **1975** 134 = VRS **50** 186). Sind die tatsächlichen Feststellungen nicht so vollständig, daß sie dem Revisionsgericht eine abschließende Prüfung ermöglichen, so ist in solchen Fällen an den Tatrichter zurückzuverweisen, es sei denn, daß weitere Feststellungen ausgeschlossen erscheinen.

11 5. **Entscheidung des Revisionsgerichts.** Die Gesetzesänderung führt schon dann zur Aufhebung des Urteils, wenn nicht auszuschließen ist, daß sie sich auf die tatrichterliche Entscheidung ausgewirkt hätte (BayObLG OLGSt § 354 a S. 5). Bei einer Herabsetzung der Höchststrafe nach Erlaß des tatrichterlichen Urteils ist die Aufhebung im Strafausspruch regelmäßig geboten[22]. Das Revisionsgericht verfährt nach § 354; es kann das Urteil auch im Schuldspruch berichtigen[23]. War die Revision gegen ein freisprechendes Urteil eingelegt, so verwirft das Revisionsgericht das Rechtsmittel, wenn das Urteil zwar fehlerhaft war, aber durch die nachträgliche Gesetzesänderung richtig geworden ist. Zur Anwendung des § 206 b s. § 349, 36. Wegen der Zurückverweisung im Fall der Teilrechtskraft des Schuldspruchs vgl. *Hardwig* JZ **1961** 365.

---

[20] BGHSt **20** 116; BayObLGSt **1961** 23 = JR **1961** 351 mit Anm. *Mittelbach;* BayObLGSt **1970** 183 = NJW **1971** 393; BayObLG VRS **50** 187; KG JR **1970** 227 mit Anm. *Dreher,* OLG Hamm GA **1975** 25; OLG Köln NJW **1971** 628; KK-*Pikart* 2; *Kleinknecht/Meyer* 1; KMR-*Paulus* 9; LK-*Tröndle* § 2, 43; *Schönke/Schröder/Eser* § 2, 31; *Hardwig* JZ **1961** 364; a. A RGSt **47** 382.

[21] BGHSt **20** 119; BayObLGSt **1953** 263 = NJW **1954** 611; BayObLGSt **1961** 23 = JR **1961** 351 mit Anm. *Mittelbach;* OLG Frankfurt NJW **1973** 1514.

[22] *Zipf* Die Strafmaßrevision (1969) 188 ff; vgl. auch § 354, 36.

[23] BGHSt **20** 121; *Kleinknecht/Meyer* 1; KMR-*Paulus* 11.

§ 355

Wird ein Urteil aufgehoben, weil das Gericht des vorangehenden Rechtszuges sich mit Unrecht für zuständig erachtet hat, so verweist das Revisionsgericht die Sache an das zuständige Gericht.

Bezeichnung bis 1924: § 395.

1. Allgemeines. Die Vorschrift steht in engem Zusammenhang mit § 338 Nr. 4 (RGSt 40 359). Eine entsprechende Regelung enthält § 328 Abs. 3 für das Berufungsverfahren. Im Verhältnis zu § 354 Abs. 2 ist § 355 die speziellere Vorschrift (OLG Saarbrükken JBl.Saar **1964** 15). Von der Regelung des § 354 Abs. 3 unterscheidet sie sich dadurch, daß die Verweisung an das zuständige Gericht nicht nur aus Zweckmäßigkeitsgründen, sondern wegen der zwingenden Vorschriften über die Zuständigkeit erfolgt. Im Hinblick auf § 269 kommt die Anwendung des § 355 jedoch nicht in Betracht, wenn anstelle des niederen Gerichts das höhere entschieden hat (KK-*Pikart* 2; *Kleinknecht/Meyer* 1).

2. Sinngemäße Anwendung der Vorschrift. Entgegen ihrem Wortlaut („weil") ist die Bestimmung nicht nur anzuwenden, wenn das Fehlen der Zuständigkeit der Grund für die Urteilsaufhebung ist. Sie findet vielmehr auch Anwendung, wenn das Urteil wegen eines anderen Verfahrensverstoßes oder wegen eines sachlichrechtlichen Mangels aufgehoben wird, die Sache aber vor ein Gericht höherer Ordnung gehört[1]. Denn an ein unzuständiges Gericht darf sie auch dann nicht zurückverwiesen werden.

Der Bundesgerichtshof wendet § 355 auch an, wenn das Landgericht das Verfahren **mit Recht** wegen sachlicher Unzuständigkeit **eingestellt** hat, so daß die hiergegen gerichtete Revision der Staatsanwaltschaft unbegründet ist[2]. Dem kann nicht gefolgt werden. Die Anwendung des § 355 setzt immer eine Revision voraus, die begründet ist und daher zur Urteilsaufhebung nach § 353 Abs. 1 führt. Nur dann darf das Revisionsgericht „gleichzeitig" die Sache an das zuständige Gericht verweisen. Die Aufhebung von Urteilen, die keinerlei Rechtsfehler aufweisen, ist ihm nicht gestattet; daher kommt in solchen Fällen auch keine Verweisung in Betracht. Das Verfahren des BGH ist zwar insofern zweckmäßig, als es der Staatsanwaltschaft die Erhebung einer neuen Anklage vor dem zuständigen Gericht erspart. Auch der Gesichtspunkt der Prozeßwirtschaftlichkeit rechtfertigt aber eine Entscheidung nicht, die den Wortlaut des Gesetzes in sein Gegenteil verkehrt und dem Revisionsgericht Kompetenzen überträgt, die der Staatsanwaltschaft vorbehalten sind.

3. Zuständigkeit im Sinne des § 355. Erfaßt wird, wie bei § 338 Nr. 4 (s. dort Rdn. 66 ff), die örtliche Zuständigkeit (RGSt 40 359), die sachliche Zuständigkeit, die spezielle Zuständigkeit der besonderen Strafkammern beim Landgericht (§§ 74 Abs. 2, 74 a, 74 c GVG) sowie die der Jugendgerichte im Verhältnis zu den Erwachsenengerichten. Dabei ist für die Anwendung des § 355 zu beachten: Den Verstoß gegen die sachliche Zuständigkeit im engeren Sinne berücksichtigt das Revisionsgericht bei zulässiger Revision stets von Amts wegen. Im übrigen setzt die Aufhebung nach § 355 eine entspre-

---

[1] BGHSt **13** 382; RGSt **10** 195; **14** 28; KK-*Pikart* 4; KMR-*Paulus* 2; *von Kries* 690.
[2] BGHSt **26** 201 mit abl. Anm. *Sieg* NJW **1976** 301 und von *Meyer-Goßner* NJW **1976** 977; zustimmend aber KK-*Pikart* 4.

chende Rüge voraus, und zwar nach h. M auch bei Verstößen gegen das Verhältnis zwischen Jugend- und Erwachsenengerichten. Beim Verstoß gegen die örtliche Zuständigkeit und die spezielle Zuständigkeit der besonderen Strafkammern beim Landgericht setzt die Aufhebung wegen dieser Verstöße überdies voraus, daß der Beschwerdeführer die Rüge nach § 16 bzw. § 6 a rechtzeitig vor dem Tatrichter erhoben hat, während es beim Verstoß gegen die besondere Zuständigkeit der Jugendgerichte im Verhältnis zu den gleichrangigen Erwachsenengerichten eines entsprechenden Besetzungseinwands in der Hauptverhandlung nicht bedarf (BGHSt **30** 260). Ist eine erforderliche Rüge in bezug auf die Zuständigkeitsverletzung nicht erhoben oder nicht beachtlich, muß das Urteil aber aus anderem Grunde aufgehoben und die Sache zurückverwiesen werden, so verweist das Revisionsgericht an das zuständige Gericht, berücksichtigt den Mangel insoweit also dennoch (Rdn. 2). Das gilt namentlich für die in § 209 a Nr. 1 und Nr. 2 als höherrangig bezeichneten Zuständigkeiten, obwohl sie sich (§ 209 a, 5) nur auf die Eröffnungszuständigkeit beziehen, also nicht notwendig besagen, daß die dort genannten Spruchkörper überall im Verhältnis zueinander als höher- bzw. niederrangig zu behandeln sind; da die Zurückverweisung aber ohnedies an einen anderen Spruchkörper erfolgen muß (§ 354 Abs. 2), steht nichts im Wege, sondern ist es nur sinnvoll, das Revisionsgericht zu verpflichten, bei dieser Zurückverweisung die von § 209 a gewollte Vorrangstellung bestimmter Spruchkörper zu beachten (vgl. auch § 209 a, 6 und § 354, 66). S. im übrigen unten Rdn. 8 ff.

5   War ein **Verfahren gegen Erwachsene und Jugendliche** oder Heranwachsende verbunden (§§ 103, 112 Satz 1 JGG), so wird die Verbindung ohne weiteres getrennt, wenn nur einer der Beteiligten Revision eingelegt hat oder das Verfahren nach der rechtskräftigen Entscheidung des Revisionsgerichts nur noch einen Beteiligten (oder Beteiligte der einen Gruppe) betrifft; ein ausdrücklicher Trennungsbeschluß ist nicht erforderlich[3]. Das noch weiterzuführende Verfahren ist an das für den betreffenden Angeklagten zuständige Jugend- oder Erwachsenengericht abzugeben, also bei Weiterführung gegen den Jugendlichen oder Heranwachsenden an die Jugendkammer, wenn die abzuurteilende Tat nach § 41 Abs. 1 Nr. 1 JGG in deren Zuständigkeit fällt (BGHSt **21** 291), sonst grundsätzlich an das Jugendschöffengericht[4]. Wenn es sich um eine umfangreiche Strafsache handelt, kann der Bundesgerichtshof die Sache statt an das Jugendschöffengericht auch an die Jugendkammer zurückverweisen (BGH NJW **1960** 2203). Bestehen Zweifel am Alter des Angeklagten, so kann das Revisionsgericht, um die Zuständigkeitsfrage zu klären, Ermittlungen im Freibeweis anstellen (BGH NJW **1957** 1370).

6   Richtet sich die **Revision gegen ein Berufungsurteil,** gelten diese Grundsätze nach h. M jedoch aus folgenden Gründen nicht. Früher wurde überwiegend die Ansicht vertreten, die Verfahrenstrennung nach dem Ausscheiden der Erwachsenen oder Nichterwachsenen aus dem Verfahren führe dazu, daß sich auch die Zuständigkeit des Berufungsgerichts nur danach bestimmt, gegen welchen Angeklagten das Verfahren noch weiterzuführen ist[5]; daher wurde die Sache, wenn z. B. die Jugendlichen aus dem Ver-

---

[3] OLG Hamm DAR **1961** 314; OLG Stuttgart NJW **1959** 1697; KK-*Pikart* 6; *Eisenberg* § 103, 21; *Potrykus* § 103, 3; *Weigelt* DAR **1959** 294; a. A *Dallinger/Lackner* § 103, 11.

[4] BGHSt **8** 355 m. Anm. *Peters* NJW **1956** 492; BGH LM Nr. 1 zu § 103 JGG; BGH NJW **1957** 1370; **1959** 161; a. A *Dallinger/Lackner* § 103, 16, die das in das Ermessen des Revisionsgerichts wollen.

[5] BGHSt **13** 157; OLG Oldenburg NJW **1957** 1329; *Eb. Schmidt* Nachtr. I § 1, 1; *Potrykus* NJW **1954** 1350; *Weigelt* DAR **1959** 294; anders *Pentz* GA **1958** 300, der jedenfalls die Zurückverweisung an ein Erwachsenengericht für unzulässig hielt, wenn das Verfahren gegen Nichterwachsene fortzuführen ist.

fahren ausgeschieden waren, an das für Erwachsene zuständige Berufungsgericht zurückverwiesen (OLG Celle DAR **1957** 362). Der Bundesgerichtshof hat diese Ansicht aber ausdrücklich aufgegeben, und die Rechtsprechung vertritt nunmehr die Auffassung, daß für die Zuständigkeit des Berufungsgerichts ausschließlich § 47 Abs. 3 GVG, § 41 Abs. 2 Satz 1 JGG maßgebend sind, es also nur darauf ankommt, welches Gericht im ersten Rechtszug entschieden hat[6]. Da die Aufhebung des Berufungsurteils durch das Revisionsgericht dazu führt, daß nunmehr erneut über die Berufung zu entscheiden ist, müssen diese Grundsätze auch bei der Zurückverweisung nach § 355 beachtet werden (KK-*Pikart* 6; KMR-*Paulus* 8). Auch wenn das Verfahren nur noch gegen den Erwachsenen anhängig bleibt, muß daher bei der Aufhebung des Urteils einer Jugendkammer die Sache an eine andere Jugendkammer zurückverwiesen werden (OLG Koblenz VRS **49** 268), und wenn das Urteil eines allgemeinen Berufungsgerichts aufgehoben wird, das Verfahren aber nur noch gegen Nichterwachsene weiterzuführen ist, ist die Sache gleichwohl an das Erwachsenengericht zurückzuverweisen. Ob diese dogmatisch sicher haltbare Lösung sehr sinnvoll ist, läßt sich bezweifeln.

4. Zu Unrecht für zuständig erachtet hat sich der Tatrichter, wenn seine Zuständigkeit bei objektiver Betrachtung nicht bestanden hat[7]. Auf seine eigene rechtliche Beurteilung kommt es nicht an. Wenn der Tatrichter also bei der von ihm zugrunde gelegten Beurteilung seine Strafgewalt im Urteil überschritten hat, bei zutreffender rechtlicher Würdigung aber sachlich zuständig war, verfährt das Revisionsgericht nach § 354, nicht nach § 355[8]. Umgekehrt ist § 355 anzuwenden, wenn z. B. die allgemeine Strafkammer irrtümlich von einem Sachverhalt ausgegangen ist, dessen Aburteilung in ihre Zuständigkeit fällt, während in Wahrheit das Schwurgericht zuständig war (RG HRR **1939** 1285).

5. Verweisung
a) Zuständiges Gericht. Das Revisionsgericht verweist die Sache an das nach dem tatsächlichen Ergebnis der Hauptverhandlung vor dem Tatrichter sachlich zuständige Gericht seines Bezirks. Dabei ist das Gericht auszuwählen, das nach der Sachlage, die das angefochtene Urteil feststellt, örtlich zuständig ist; daß bei mehreren zuständigen Gerichten die Wahl wegen § 33 der vorherigen Anhörung der Staatsanwaltschaft bedarf[9], erscheint überzogen, weil die Auswahl ein notwendiger Bestandteil der möglichen Revisionsentscheidung ist, zu dem sich Beschwerdeführer wie Beschwerdegegner im Rahmen ihrer Anträge äußern können, aber ebensowenig speziell befragt werden müssen wie bei anderen denkbaren Entscheidungen des Revisionsgerichts. An ein örtlich zuständiges Gericht außerhalb des eigenen Bezirks darf das Revisionsgericht die Sache nach h. M. (nur) verweisen, wenn innerhalb seines Bezirks ein Gerichtsstand nach § 7 ff nicht begründet ist[10]; auch sollte der für bestimmte Bezirke zuständige Senat nach Möglichkeit nicht an ein außerhalb dieses Bezirks gelegenes Gericht verweisen (KK-*Pikart* 5).

---

[6] BGHSt **22** 48; BayObLGSt **1971** 36 = NJW **1971** 935; OLG Düsseldorf NJW **1968** 2020; OLG Koblenz VRS **49** 268; ebenso *Brunner* § 103, 16; *Dallinger/Lackner* § 103, 15; vgl. auch im folg. Text.

[7] RGSt **6** 315; **74** 140; *Eb. Schmidt* 14; *Gössel* GA **1968** 357; *Traut* GerS **57** (1900) 379; vgl. auch § 338, 71.

[8] OLG Celle JR **1950** 414; KMR-*Paulus* 3; *Eb. Schmidt* 14; *Dallinger* MDR **1952** 118.

[9] KK-*Pikart* 5; *Kleinknecht/Meyer* 3; KMR-*Paulus* 10.

[10] KK-*Pikart* 5; *Kleinknecht/Meyer* 3; KMR-*Paulus* 10; LR-*Meyer* in der 23. Aufl.

9 Ausnahmsweise kann die Sache an den **vorher unzuständigen Richter** zurückverwiesen werden, wenn dieser für die noch zu treffende Entscheidung zuständig ist. Hat z. B. anstelle des zuständigen Jugendschöffengerichts der Jugendrichter entschieden, so kann die Sache an diesen zurückverwiesen werden, wenn sie nur noch in einem Nebenpunkt anhängig bleibt (BayObLGSt **1962** 85).

10 Richtet sich die Revision gegen ein **Berufungsurteil** der Strafkammer und hat bereits der Erstrichter seine Zuständigkeit zu Unrecht bejaht, das Berufungsgericht aber entgegen § 328 Abs. 3 nicht zurückverwiesen, so daß das Berufungsurteil auf die Revision aufzuheben ist (vgl. bei § 328), kann das Revisionsgericht die Sache unmittelbar an das erstinstanzlich zuständige Gericht zurückverweisen. Das entspricht heute gefestigter Rechtsprechung und Lehre[11]. Es handelt sich dabei, entgegen OLG Oldenburg NJW **1981** 1385 nicht um eine entsprechende Anwendung des § 355, sondern um eine Entscheidung, die das Revisionsgericht anstelle des Berufungsgerichts *in der Sache selbst* trifft (*Rieß* NStZ **1981** 305). In Betracht kommt die Verweisung meist, weil statt des zuständigen Schöffengerichts der Einzelrichter entschieden hatte; natürlich erfolgt sie auch, wenn das Schöffengericht anstelle des Schwurgerichts (RGSt **61** 362) oder der Staatsschutzkammer (OLG Hamburg NJW **1978** 804) oder wenn anstelle des Jugendschöffengerichts das Erwachsenenschöffengericht (vgl. OLG Oldenburg NJW **1981** 1385) erstinstanzlich tätig war.

11 b) **Form der Verweisung.** Die Verweisung ist Teil des Revisionsurteils, ergeht also in Urteilsform, nicht durch Beschluß nach § 270, *wenn* das Revisionsgericht durch Urteil entscheidet[12]. Dabei ist jedoch die Form einzuhalten, die für Verweisungsbeschlüsse nach § 270 bestimmt ist[13]. Bei der Verweisung bildet die Bezeichnung der dem Angeklagten vorgeworfenen Tat, ihrer gesetzlichen Merkmale und des anzuwendenden Strafgesetzes den Entscheidungssatz, der daher im allgemeinen in die Urteilsformel gehört. Bleibt jedoch der tatsächliche und rechtliche Inhalt der Beschuldigung derselbe wie im Anklagesatz, so braucht er nach h. M in dem Verweisungsurteil nicht nochmals angeführt zu werden[14].

12 Die Ansicht, daß die genannten Formerfordernisse für die Verweisung an das zuständige **Jugendgericht** und die **besonderen Strafkammern** beim Landgericht nicht gelten, weil sie keine andersartige sachliche Zuständigkeit als die allgemeinen Strafgerichte haben (so LR-*Meyer*[23]), wird nicht aufrechterhalten.

13 c) **Bindende Wirkung.** Nach § 358 Abs. 1 ist das Gericht, an das die Sache verwiesen wird, in den für § 358 Abs. 1 geltenden Grenzen (dort Rdn. 10 ff) an die Aufhebungsansicht des Revisionsgerichts gebunden. Das gilt auch für die Entscheidung des Revisionsgerichts über die Zuständigkeit des bisherigen Tatrichters und die Zuständigkeit

---

[11] RGSt **61** 326; OLG Hamburg GA **71** (1927) 114 = JR Rspr. **1926** Nr. 1096; OLG Karlsruhe NJW **1978** 840 mit weit. Nachw.; OLG Naumburg HRR **1931** 1410; OLG Oldenburg NJW **1981** 1385 mit Anm. *Rieß* NStZ **1981** 305 (dazu im folg. Text); OLG Rostock Alsb. E 2 Nr. 208; OLG Saarbrücken JBl. Saar **1964** 15; KMR-*Paulus* § 328, 38; *Eb. Schmidt* Nachtr. I 29; *Beling* 427; a. A OLG Breslau GA **71** (1927) 63; OLG Dresden JW **1925** 2811; **1928** 838, 3013, jeweils mit abl. Anm. *Mannheim*, die eine Zurückverweisung an das Berufungsgericht für erforderlich halten, das dann nach § 328 Abs. 3 weiter zurückzuverweisen habe.

[12] BGHSt **10** 74; **26** 106; KK-*Pikart* 8; *Kleinknecht/Meyer* 4; soweit KMR-*Paulus* 12 offenbar verlangen, daß die Verweisung *stets* durch Urteil ausgesprochen wird, ist dem nicht zu folgen; anders zu Recht auch KMR-*Paulus* § 349, 31 selbst.

[13] RGSt **10** 195; **61** 362; **69** 157; KK-*Pikart* 8; *Kleinknecht/Meyer* 4; KMR-*Paulus* 12.

[14] BGHSt **7** 28 = MDR **1955** 180 m. Anm. *Dallinger*; BGH NJW **1957** 391; BayObLGSt **1959** 210; KMR-*Paulus* 12; *Eb. Schmidt* 15.

des Gerichts, an das die Sache nunmehr verwiesen worden ist (KMR-*Paulus* 13). Dabei besteht kein Unterschied zwischen den einzelnen Arten der Zuständigkeit (*Eb. Schmidt* 16).

§ 356

Die Verkündung des Urteils erfolgt nach Maßgabe des § 268.

Bezeichnung bis 1924: § 396.

1. Urteilsverkündung. Das Revisionsurteil wird wie jedes andere strafgerichtliche **1**
Urteil im Namen des Volkes (§ 268 Abs. 1) durch Verlesung der Urteilsformel und Eröffnung der Urteilsgründe (§ 268 Abs. 2) verkündet. Die Verkündung findet regelmäßig am Schluß der Revisionsverhandlung oder der Sitzung des Revisionsgerichts statt, kann aber auch in einem besonderen Termin erfolgen. Die Vorschrift des § 268 Abs. 3 Satz 2, daß das Urteil spätestens am elften Tag nach der Verhandlung verkündet werden muß, ist, wie schon ihr Bezug zu § 229 zeigt, speziell auf das Verfahren vor dem Tatrichter zugeschnitten. Es besteht wohl kein zwingender Anlaß, sie auch im Revisionsverfahren für verbindlich zu halten (KK-*Pikart* 2). Nach allgemeiner Praxis müssen bei der Urteilsverkündung ein Urkundsbeamter sowie ein Vertreter der Staatsanwaltschaft beim Revisionsgericht zugegen sein, grundsätzlich nicht hingegen der Angeklagte, sein Verteidiger und andere Verfahrensbeteiligte; die Anwesenheit des notwendigen Verteidigers dürfte, weil Beweisanträge nicht gestellt werden können, auch dann entbehrlich sein, wenn er (vgl. § 350, 9 ff) speziell für das Hauptverfahren vor dem Revisionsgericht bestellt worden ist (a. A KMR-*Paulus* 1).

Entscheidet das Revisionsgericht nach § 354 Abs. 1 in der Sache selbst oder ver- **2**
wirft es die Revision durch Urteil als unzulässig oder unbegründet, so tritt schon mit der Beendigung der Verkündung **Rechtskraft** ein (KK-*Pikart* 5; KMR-*Paulus* 2). Verwirft das Revisionsgericht die Revision durch Urteil als verspätet oder formungültig, was an sich schon durch Beschluß nach §§ 346, 349 Abs. 1 hätte geschehen können, so ist hinsichtlich des Zeitpunktes der Rechtskraft § 343 Abs. 1 zu beachten; denn nur die rechtzeitige Einlegung der Revision hemmt die Rechtskraft des tatrichterlichen Urteils, soweit es angefochten ist; war die Revision verspätet, so hat das Revisionsurteil daher nur feststellende Wirkung (§ 346, 22).

2. Urteilsurkunde. Das Revisionsurteil ist entsprechend § 275 Abs. 1 Satz 1 zu den **3**
Akten zu bringen. Daß die Fristen des § 275 Abs. 1 Satz 2 bis 5 gelten, sagt das Gesetz nicht; da sie speziell auf das tatrichterliche Verfahren zugeschnitten sind, dürften sie für das Revisionsverfahren nicht gelten (KMR-*Paulus* 3; *Eb. Schmidt* 5; vgl. auch *Kleinknecht/Meyer* 1). Jedoch gehört es auch ohne gesetzliche Anweisung zu den Pflichten des Revisionsgerichts, sein Urteil ohne Verzögerung abzufassen. Für die Unterzeichnung des Urteils ist § 275 Abs. 2 Satz 1 und 2 sinngemäß anzuwenden. Wegen des Urteilskopfes gilt § 275 Abs. 3 entsprechend. Die Herstellung der Ausfertigungen und Auszüge richtet sich nach § 275 Abs. 4.

Nach § 35 Abs. 2 Satz 2 Halbsatz 2 sind Urteile, auch wenn durch ihre Bekannt- **4**
machung keine Frist in Lauf gesetzt wird, **förmlich zuzustellen.** Das gilt auch für Revisionsurteile, wobei § 145 a anwendbar ist. Wird ein Urteil den Prozeßbeteiligten nur

§ 357

formlos bekanntgemacht, so ist das jedoch unschädlich, und zwar auch im Hinblick auf die Frist zur Einlegung der Verfassungsbeschwerde (§ 93 Abs. 1 BVerfGG).

5 Über die **Gestaltung der Urteilsgründe** des Revisionsgerichts enthält das Gesetz keine Bestimmung. § 267 gilt nur für den Tatrichter, ist freilich sinngemäß anzuwenden, wenn das Revisionsgericht gemäß § 354 Abs. 1 selbst eine Verurteilung oder einen Freispruch ausspricht. Von diesen Sonderfällen abgesehen, ist das Revisionsgericht in der Gestaltung der Gründe frei. Im Falle der Zurückverweisung muß es jedoch im Hinblick auf § 358 Abs. 1 den Aufhebungsgrund klar umreißen. Im übrigen sind die Begründungen der Revisionsgerichte, entsprechend den Aufgaben der Revision (Vor § 337, 7 f), teils mehr an der Entscheidung des Einzelfalles orientiert[1], teils mehr auf rechtsgrundsätzliche Ausführungen zur Wahrung einheitlicher Rechtsprechung oder zur Rechtsfortbildung zugeschnitten[2]. In der Praxis wird belangloses Vorbringen der Beschwerdeführer oft auch in Urteilen ohne nähere Auseinandersetzung nur als „offensichtlich unbegründet" charakterisiert (vgl. § 349, 24). Häufig sind über die revisionsrechtliche Entscheidung des Einzelfalls hinausgreifende Hinweise für die neue Verhandlung vor dem Tatrichter bei Zurückverweisungen oder allgemeine Hinweise im Interesse der Fortbildung bzw. im Interesse einheitlicher Rechtsprechung („obiter dicta")[3].

6 **Kein guter Stil** ist die verbreitete Übung mancher Revisionssenate, Urteile (oder urteilsgleiche Beschlüsse) im wesentlichen mit wörtlichen Auszügen aus der Stellungnahme der Staatsanwaltschaft beim Revisionsgericht zu begründen (denen die Senate „beitreten" oder gar „nichts hinzuzufügen" haben). Denn der Angeklagte möchte seine Sache in der Regel vom Richter, nicht aber vom Staatsanwalt beurteilt wissen, den er als seinen Gegenspieler ansieht; die Revisionsgerichte sollten daher schon den *Eindruck* einer zu weitgehenden Einflußnahme oder Zusammenarbeit vermeiden (so auch *Peters* JZ **1978** 231).

§ 357

Erfolgt zugunsten eines Angeklagten die Aufhebung des Urteils wegen Gesetzesverletzung bei Anwendung des Strafgesetzes und erstreckt sich das Urteil, soweit es aufgehoben wird, noch auf andere Angeklagte, die nicht Revision eingelegt haben, so ist zu erkennen, als ob sie gleichfalls Revision eingelegt hätten.

Bezeichnung bis 1924: § 397.

---

[1] So heute die weit überwiegende Zahl auch der Urteile, von den Beschlüssen nach § 349 Abs. 4 nicht zu reden. Die zunehmende Veröffentlichung solcher Entscheidungen in Fachzeitschriften wirft für die nachgeordnete Praxis und namentlich für die Verteidiger erhebliche Probleme auf, weil die ratio decidendi der Entscheidungen oft schwer erkennbar ist, sich scheinbare (oder wirkliche) Widersprüche in der Rechtsprechung der Senate zeigen und sich oft kaum beurteilen läßt, wieweit eine Entscheidung verallgemeinerungsfähig ist (vgl. zum letzteren auch *Sarstedt/Hamm* 521 ff). Die verbreitete Klage über die mangelnde Berechenbarkeit der Chancen einer Revision (Vor § 337, 11 f) und die dadurch begünstigte Neigung der Angeklagten und ihrer Verteidiger, das Rechtsmittel nicht unversucht zu lassen, findet ohne Zweifel auch dadurch eine Erklärung.

[2] Zum wünschenswerten Begründungsstil in diesen Fällen *Hanack* Der Ausgleich divergierender Entscheidungen in der oberen Gerichtsbarkeit (1962) S. 93 ff.

[3] Dazu grundsätzlich *Schlüter* Das obiter dictum (1973); *Kobl* JZ **1976** 752; vgl. auch *Hanack* aaO S. 130 ff.

§ 357

Schrifttum. *Dallinger* § 357 StPO und die Rechtsmittelbeschränkungen des § 55 Abs. 2 JGG, MDR **1963** 539; *Haase* Die Revisionserstreckung (Rechtsfragen des § 357 StPO), GA **1956** 273; *Henkel* Zur Auslegung des § 357 StPO, JZ **1959** 690; *Isele* Die Problematik des § 357 StPO, Diss. Frankfurt 1965; *H. W. Schmidt* Erstreckung des Berufungsurteils auf Mitverurteilte? SchlHA **1962** 287; *Schubath* Die Erstreckung der Revision auf den Nichtrevidenten gemäß § 357 StPO im Falle der Verjährung der Strafverfolgung, JR **1972** 240; *Tappe* Die Voraussetzungen des § 357 StPO, Diss. Berlin 1971.

Übersicht

	Rdn.		Rdn.
I. Allgemeines	1	b) Zugunsten des Nichtrevidenten	12
II. Keine sinngemäße Anwendung	4	3. Gesetzesverletzung bei Anwendung des Strafgesetzes	
III. Voraussetzungen der Aufhebungserstreckung		a) Sachliches Strafrecht	13
1. Urteilsaufhebung zugunsten eines Angeklagten		b) Verfahrensvoraussetzungen	14
a) Allgemeines	5	c) Sonstiges Verfahrensrecht	15
b) Urteilsaufhebung	6	4. Zusammenhang	
c) Zugunsten des Angeklagten	9	a) Allgemeines. Dasselbe Urteil	16
2. Auswirkung der Urteilsaufhebung auf den Nichtrevidenten		b) Nämlichkeit der Tat	17
		c) Gemeinsamer Revisionsgrund	20
a) Erfaßte Nichtrevidenten	10	IV. Entscheidung des Revisionsgerichts	23
		V. Weiteres Verfahren	25

I. Allgemeines

Die Vorschrift, die bei der Rechtsbeschwerde gemäß § 79 Abs. 3 OWiG entsprechend gilt, will die „wirkliche Gerechtigkeit" fördern und Ungleichheiten bei der Aburteilung einer Mehrheit von Personen verhindern, die das Rechtsgefühl verletzen[1]. Der Gesetzgeber hat das für so wichtig gehalten, daß er deswegen eine Durchbrechung der Rechtskraft in Kauf genommen und eine auflösend bedingte Rechtskraft[2] geschaffen hat. Die Entstehungsgeschichte der Vorschrift legt jedoch den Schluß nahe, daß dies aufgrund des Mißverständnisses geschah, der Mitangeklagte, der nicht Revision eingelegt hat, werde die Erstreckung der Urteilsaufhebung stets als wirkliche Gerechtigkeit empfinden. Denn nach dem Bericht der Reichstagskommission, der die Vorschrift ihre Entstehung verdankt (*Hahn* **2** 1583; vgl. *Haase* GA **1956** 273), wurde die schwere Schädigung der Gerechtigkeit darin gesehen, daß einer von mehreren Mittätern infolge der von ihm eingelegten Revision „von der Strafe befreit", an den übrigen aber die Strafe vollstreckt werden müßte, obwohl sie gleichfalls „Freisprechung erlangt haben würden", falls auch sie Revision eingelegt hätten[3]. Für den insoweit allein ins Auge gefaßten Fall, daß alle Mitangeklagten nach § 357 freigesprochen werden, wird jeder von ihnen die Aufhebungserstreckung sicher als Akt „wirklicher Gerechtigkeit" ansehen. Aber die Fälle, in denen das Revisionsgericht die Angeklagten freispricht (oder das Verfahren einstellt), sind selten. In der Praxis geschieht es sehr viel häufiger oder sogar in der Regel, daß die aufhebende Entscheidung des Revisionsgerichts zur Zurückverweisung der Sache an den Tatrichter (§ 354 Abs. 2) führt. Dann wird nach § 357 der Mitangeklagte, der keine Revision eingelegt hat (möglicherweise, weil er das Urteil trotz seiner mangel-

---

[1] BGHSt **12** 341; **24** 210; BGH NJW **1958** 560; bei *Holtz* MDR **1959** 108; RGSt **6** 259; **16** 420; **68** 20; **71** 252; OGHSt **2** 61. Eingehend KMR-*Paulus* 4.

[2] KMR-*Paulus* 2; *Kleinknecht/Meyer* 2; *Gössel* § 33 E II b 5; *Peters* 632; vgl. auch KK-*Pikart* 1.

[3] *Hahn* **1** 1606; vgl. dazu RGSt **6** 259.

haften rechtlichen Begründung im Ergebnis für gerecht hält und seine Ruhe haben will), dazu gezwungen, Zeit und Geld für eine neue, vielleicht langdauernde Hauptverhandlung aufzuwenden, an deren Ende nicht selten das gleiche oder nur geringfügig mildere verurteilende Erkenntnis steht. § 357 nimmt darauf keine Rücksicht, sondern ordnet die Erstreckung der Urteilsaufhebung „über den Kopf des Mittäters" (BGHSt 20 80) an. Das stellt diesen vielfach schlechter als den Einzeltäter oder den in einem getrennten Verfahren abgeurteilten Mittäter; denn beide sind nicht gezwungen, das Verfahren fortzusetzen, wenn sie selbst und die Staatsanwaltschaft es nach einem ihnen gerecht erscheinenden Urteil zu beenden wünschen.

2 Es ist daher auch nicht überzeugend, daß die **ungleiche Behandlung** derselben Strafsache im Revisionsrechtszug bei mehreren Mitangeklagten „stets einen peinlichen Eindruck machen" werde und ein „Ärgernis" bedeute[4]. Viel peinlicher (im eigentlichen Sinn des Wortes) kann es sein, daß ein Mitangeklagter gegen seinen Willen daran gehindert wird, sich mit einem Strafurteil zufriedenzugeben, das auch nach Auffassung des Revisionsgerichts keine Gesichtspunkte enthält, die seine Freisprechung oder die Einstellung des Verfahrens rechtfertigen. Daß es hierauf nicht ankommt, zeigt, daß es dem Gesetz weniger um die Interessen des Nichtrevidenten geht als um die Belange der Rechtspflege, nämlich der materiellen („wirklichen") Gerechtigkeit[5]. Diese generelle Wertung ist gerade im Zeichen einer „erweiterten Revision", die oft nur an eine „Darstellungskritik" des tatrichterlichen Urteils anknüpft (vgl. § 337, 121 ff), nicht leicht einzusehen. Sie erscheint reformbedürftig[6].

3 Schon aus den genannten Gründen (Rdn. 1, 2) ist eine **enge Auslegung** der Vorschrift geboten; geboten ist sie auch, weil es sich um eine Ausnahmebestimmung handelt[7], die zudem die Rechtskraft durchbricht[8]. Eine solche restriktive Auslegung läßt sich freilich, wenn die Vorschrift in ihrem Sinngehalt korrekt gehandhabt werden soll, oft kaum erreichen, vgl. dazu im weiteren Text.

II. Keine sinngemäße Anwendung des § 357

4 Da § 357 eng auszulegen ist (Rdn. 3), darf die Vorschrift auf andere als Revisionsentscheidungen grundsätzlich nicht sinngemäß angewendet werden. Entsprechend anzuwenden ist sie insbesondere nicht im Berufungsverfahren[9], und zwar entgegen KMR-*Paulus* 8 auch nicht beim Fehlen von Verfahrensvoraussetzungen. Noch weniger läßt sich die entsprechende Anwendung im Beschwerdeverfahren rechtfertigen[10]. Sie

---

[4] Vgl. dazu RGSt 6 259 und insbesondere KMR-*Paulus* 4, die den Sinngehalt der Vorschrift gerade mit dieser Erwägung rechtfertigen. Auch andere Autoren stehen ihr sehr positiv gegenüber (z.B. *Eb. Schmidt* 1 mit weit. Nachw.; *Peters* 632).

[5] BGHSt 12 341; KK-*Pikart* 1; KMR-*Paulus* 4; *Henkel* JZ 1959 690; vgl. auch *Peters* 632.

[6] Vgl. DERechtsmittelG S. 107, der die Frage aber offenläßt; *Rieß* FS Reichsjustizamt 386 f; für gewisse (geringfügige) Änderungen der „bewährten" Vorschrift auch *Haase* GA 1956 287; s. auch BGHSt 20 80.

[7] KK-*Pikart* 1; KMR-*Paulus* 1, 2.

[8] BGH NJW 1955 1935; JR 1964 271; OLG Hamm NJW 1957 392; OLG Oldenburg NJW 1957 1450; OLG Stuttgart NJW 1970 66; *Schlüchter* 757.2; *Dahs/Dahs* 485.

[9] KG JR 1956 308 mit zust. Anm. *Sarstedt*; OLG Düsseldorf OLGSt § 318, 27; OLG Hamm NJW 1957 392; OLG Oldenburg VRS 9 138; KK-*Pikart* 23; *Kleinknecht/Meyer* 8; *Eb. Schmidt* 12; *Peters* 632; *Tappe* 71 ff; *Meister* MDR 1950 715; *H.W. Schmidt* SchlHA 1962 287; a. A LG Bonn MDR 1947 36; LG Essen NJW 1956 602 mit abl. Anm. *Haase* NJW 1956 1003; *Isele* 65; *Schorn* Der Strafrichter (1960) 354.

[10] OLG Hamm MDR 1973 1042; KMR-*Paulus* 6; wohl auch KK-*Pikart* 23; a. A OLG Bremen NJW 1958 432 = JR 1958 189 mit Anm. *Eb. Schmidt* für eine Beschwerde gegen die Berichtigung des Eröffnungsbeschlusses.

kommt auch nicht zugunsten des Alleintäters in Betracht, der die Revision auf die Verurteilung wegen einer von mehreren in Tatmehrheit stehenden Straftaten beschränkt hat; die Aufhebung wegen eines sachlichrechtlichen Mangels erstreckt sich in diesem Fall nicht auf die davon beeinflußten, aber nicht angefochtenen Urteilsteile[11]. Nicht in Betracht kommt sie ferner, wenn ein Mitangeklagter eine **Besetzungsrüge nach §§ 222 a, 222 b** nicht erhoben hat und die Rüge darum nach § 338 Nr. 1 präkludiert ist (unten Rdn. 15).

III. Voraussetzungen der Aufhebungserstreckung

1. Urteilsaufhebung zugunsten eines Angeklagten

a) **Allgemeines.** § 357 setzt die Urteilsaufhebung auf eine Revision voraus; ob es **5** sich um eine Revision nach § 333 oder um eine Sprungrevision nach § 335 handelt, ist gleichgültig (OLG Marienwerder JR Rspr. **1926** Nr. 1641). Die Vorschrift gilt für Urteilsaufhebungen im gewöhnlichen Strafverfahren wie im Privatklageverfahren und im Sicherungsverfahren nach §§ 413 ff. Sie ist, da die Einziehungsbeteiligten nach der Eröffnung des Hauptverfahrens die Befugnisse eines Angeklagten haben (§ 433 Abs. 1), auch im selbständigen Verfahren nach § 440 zugunsten eines anderen Einziehungsbeteiligten anzuwenden, der keine Revision eingelegt hat (*Haase* GA **1956** 279).

b) **Urteilsaufhebung.** Bei Aufhebung des Urteils (§ 353 Abs. 1) muß das Revisions- **6** gericht zugleich in der Sache selbst entscheiden (§ 354 Abs. 1) oder die Sache an den Tatrichter zurückverweisen (§ 354 Abs. 2). In beiden Fällen findet die Aufhebungserstreckung nach § 357 statt. Die Vorschrift ist auch anzuwenden, wenn das Urteil nur teilweise aufgehoben und die weitergehende Revision verworfen wird. Als Urteilsaufhebung im Sinne des § 357 muß ferner der Fall gelten, daß die Sache zur Nachholung einer unterlassenen Entscheidung, z. B. über die Bildung einer Gesamtstrafe oder über die Art der Anrechnung von Untersuchungshaft, zurückverwiesen wird[12].

Die **Schuldspruchberichtigung** durch das Revisionsgericht (§ 354, 15 ff) steht der **7** Urteilsaufhebung ebenfalls gleich[13].

Ob das Revisionsgericht das Urteil des Tatrichters durch Urteil (§ 349 Abs. 5) oder durch **Beschluß nach § 349 Abs. 4** aufhebt, ist für die Anwendung des § 357 ohne Bedeutung[14].

Auch wenn das Revisionsgericht das Verfahren wegen eines Prozeßhindernisses **8** (s. unten Rdn. 14) durch **Beschluß nach § 206 a** einstellt, findet nach jetzt fast allgemeiner Ansicht die Aufhebungserstreckung statt[15]. Die von *Meyer-Goßner* (GA **1973** 371 und LR[23] § 206 a, 13 ff) vertretene Gegenmeinung hält für entscheidend, daß bei der Einstellung nach § 206 a eine Urteilsaufhebung nicht erforderlich ist und üblicherweise auch nicht vorgenommen wird. Darauf kann es jedoch nicht ankommen (vgl. auch LR-*Rieß*[24], § 206 a, 15; 18); denn sonst hätte es das Revisionsgericht in der Hand, über

---

[11] KMR-*Paulus* 5; *Haase* GA **1956** 279; a. A OLG Neustadt GA **1954** 252.

[12] BGH bei *Dallinger* MDR **1973** 730; KMR-*Paulus* 11.

[13] BGH NJW **1952** 274; **1973** 475; OLG Hamm NJW **1974** 467; KK-*Pikart* 2; KMR-*Paulus* 11; *Eb. Schmidt* Nachtr. I 2a; *Haase* GA **1956** 275.

[14] BGHSt **24** 213; OLG Celle NJW **1969** 1977; allg. M.

[15] BGHSt **24** 208 auf Vorlegung des BayObLG VRS 40 454; BayObLGSt **1951** 528 = JZ **1952** 179; OLG Celle JZ **1959** 180 mit Anm. *Kleinknecht*; KK-*Pikart* 2; KMR-*Paulus* 11; *Schlüchter* 757.2; *Eb. Schmidt* Nachtr. I § 206a, 5; *Roxin* § 53 K 2b; *Tappe* 58 ff; *Haase* GA **1956** 275; a. A BGH NJW **1955** 1934 mit abl. Anm. *Wilhelm* NJW **1956** 1646; *Dalcke/Fuhrmann/Schäfer* 3.

§ 357 Drittes Buch. Rechtsmittel

die Anwendbarkeit des § 357 dadurch zu bestimmen, daß es das Verfahren nicht nach § 206 a, sondern durch Urteil nach § 349 Abs. 5 oder durch Beschluß nach § 349 Abs. 4 einstellt.

9 c) **Zugunsten des Angeklagten.** Für die Anwendung des § 357 ist nur erforderlich, daß das Urteil zugunsten eines Angeklagten ganz oder teilweise aufgehoben wird. Ob die Revision vom Angeklagten selbst, von seinem gesetzlichen Vertreter oder Erziehungsberechtigten, von der Staatsanwaltschaft zu seinen Gunsten oder Ungunsten, vom Privat- oder Nebenkläger eingelegt worden ist, macht daher keinen Unterschied[16]. Eine Urteilserstreckung ist jedoch ausgeschlossen, wenn die Urteilsaufhebung nicht zugunsten des Angeklagten erfolgt. Dem gleichzustellen ist der Fall, daß sie überwiegend nicht zu seinen Gunsten geschieht[17], weil dann von einer Aufhebung „zugunsten" nicht die Rede sein kann; vgl. auch Rdn. 12.

2. Auswirkung der Urteilsaufhebung auf den Nichtrevidenten

10 a) **Erfaßte Nichtrevidenten.** Die h. M. dehnt, obwohl eine einschränkende Auslegung des § 357 geboten ist (oben Rdn. 3), den Personenkreis, auf den § 357 anwendbar ist, recht weit aus. Zwar hat noch RG JW **1930** 2573 angenommen, die Vorschrift solle nach Sinn und Zweck einem Mitangeklagten nur zugute kommen, wenn er *versäumt* hat, selbst Revision einzulegen. Es ist aber wohl zwingend, dem Angeklagten, der keine Revision eingelegt hat, solche Angeklagte gleichzustellen, die die Revision zwar eingelegt, aber nicht rechtzeitig oder nicht ausreichend begründet haben, so daß sie nach § 346 oder nach § 349 Abs. 1 als unzulässig verworfen worden ist[18]. Entsprechendes gilt für Angeklagte, die nur ohne Erfolg eine Verfahrensrüge, nicht aber die Sachrüge erhoben haben[19]. Auch wer auf die Revision verzichtet oder sie zurückgenommen hat, wird, ob er will oder nicht, von § 357 erfaßt[20]. Erfaßt wird nach dem Sinngehalt des Gesetzes (oben Rdn. 2) sogar ein Angeklagter, der die Revision von vornherein oder während des Revisionsverfahrens auf den Rechtsfolgenausspruch beschränkt hat, wenn das Revisionsgericht zugunsten eines Mitangeklagten den Schuldspruch aufhebt[21]. Hat der Angeklagte zwar Revision eingelegt, stellt das Revisionsgericht aber fest, daß gegen ihn die Sache bereits vor Erlaß des angefochtenen Urteils rechtskräftig erledigt war (verspäteter Einspruch gegen einen Strafbefehl und ähnliche Fälle), findet § 357 hingegen keine Anwendung[22].

11 Ist die **Revision nicht statthaft,** weil das Gesetz sie ausdrücklich ausschließt (§ 55 Abs. 2 JGG und die bei § 333, 2 genannten Fälle), ist § 337 nicht anwendbar, weil es (so RG JR Rspr. **1926** Nr. 1799) darauf ankommt, ob der Mitangeklagte gegen das tatrichterliche Urteil keine Revision eingelegt hat, obwohl er sie hätte einlegen können[23]. Die-

---

[16] BGH LM Nr. 2; KMR-*Paulus* 13; *Eb. Schmidt* Nachtr. I 2; *Tappe* 49; speziell für die Revision der Staatsanwaltschaft: RGSt **16** 148; **33** 378; KK-*Pikart* 3; *Kleinknecht/Meyer* 1; *Tappe* 49.

[17] RG HRR **1939** 536; KMR-*Paulus* 12; a. A *Tappe* 51 der dann den günstigen Teil der Entscheidung dem Nichtrevidenten zugute kommen lassen will.

[18] RGSt 40 220; RGRspr. 6 557; BayObLG DRiZ **1928** Nr. 601; allg. M. im Schrifttum.

[19] RG DJ **1939** 1616 = HRR **1940** 208.

[20] OLG Hamburg JW **1937** 3152 für den Verzicht; BGH NJW **1958** 560 für die Rücknahme; allg. M. im Schrifttum.

[21] BGH MDR **1954** 373; *Kleinknecht/Meyer* 3; KMR-*Paulus* 14; *Tappe* 67.

[22] BayObLGSt **1953** 34; KMR-*Paulus* 16; *Haase* GA **1956** 279.

[23] Ebenso OLG Oldenburg NJW **1957** 1450; KK-*Pikart* 12; *Kleinknecht/Meyer* 3 (gegen *Kleinknecht*[35]); *Eb. Schmidt* Nachtr. I 7; *Rüping* 179; *Grethlein* § 55, 3b. Ebenso KG JW **1937** 54 (mit Anm. *Gurski*) und 769 für den Ausschluß der Revision durch die AusnahmeVO v. 14.6.1932.

ser Ansicht ist vor allem *Dallinger* MDR **1963** 539 entgegengetreten[24]. *Dallinger* hält (bei § 55 Abs. 2 JGG) für entscheidend, daß dem Jugendlichen die Revision gegen das Berufungsurteil nur deshalb verschlossen ist, weil er gegen das erste Urteil die Berufung gewählt und damit auf die Revision verzichtet hat; ein Verzicht auf dieses Rechtsmittel stehe aber (s. Rdn. 10) der Anwendung des § 357 anerkanntermaßen nicht entgegen. Das überzeugt ebensowenig wie das Argument von der „unverständlichen... Schlechterbehandlung" des Jugendlichen: Die Durchbrechung der Rechtskraft, die § 357 ausnahmsweise zuläßt, muß ihre Schranke dort finden, wo die Revision gesetzlich ausgeschlossen ist. Stoßen zwei Vorschriften aufeinander, von denen eine die Rechtskraft unbedingt herbeiführen, die andere sie ausnahmsweise durchbrechen will, so ist nicht der Ausnahmevorschrift der Vorzug zu geben.

b) Zugunsten des Nichtrevidenten muß sich die Aufhebungserstreckung auswirken. Es kommt also darauf an, ob er einen Erfolg erzielt haben würde, wenn er selbst Revision eingelegt und die Sachrüge erhoben hätte[25]. Denn § 357 bezweckt nicht generell, fehlerhafte Entscheidungen aufzuheben, sondern will den Nichtrevidenten so stellen, als habe er gleichfalls Revision eingelegt. Der damit verbundene Eingriff in die Rechtskraft des Urteils (oben Rdn. 1) läßt sich nur rechtfertigen, wenn er ausschließlich zum Vorteil des Angeklagten wirkt, der kein Rechtsmittel eingelegt hat (*Tappe* 55). Wenn daher die Richtigstellung des Rechtsfehlers nicht (RGSt **70** 231) oder nur teilweise zugunsten eines nichtrevidierenden Mitangeklagten, zugleich und überwiegend aber zu seinen Ungunsten wirkt, ist § 357 nicht anwendbar[26]. Daß die neue Hauptverhandlung vor dem Tatrichter (nach h. M) nicht für ein Verschlechterungsverbot im bloßen *Schuldspruch* gilt, insoweit also immer zu einem für den Nichtrevidenten ungünstigeren Ergebnis führen kann, steht der Aufhebungserstreckung hingegen nicht im Wege (*Tappe* 57). **12**

3. Gesetzesverletzung bei Anwendung des Strafgesetzes
a) Sachliches Strafrecht. Zur Aufhebungserstreckung führen in erster Hinsicht (nach dem Gesetzeswortlaut sogar allein) Verstöße gegen das sachliche Recht, sofern das Urteil ihretwegen aufgehoben wird und der Angeklagte, der keine Revision eingelegt hat, durch den Rechtsfehler beschwert ist. Zur Frage, ob die Urteilsaufhebung auf eine Verfahrensrüge zulässig ist, ohne daß die Sachrüge geprüft wird, vgl. § 352, 14. Für die Aufhebungserstreckung macht es keinen Unterschied, ob der Rechtsfehler den Schuldspruch, den Rechtsfolgenausspruch (dazu unten Rdn. 21) oder mit der Revision anfechtbare Nebenentscheidungen betrifft[27]. Umstritten ist jedoch die auch vom BGH unterschiedlich beantwortete Frage, ob § 357 Anwendung findet, wenn das tatrichterliche Urteil gemäß § 354 a infolge einer erst nach seinem Erlaß eingetretenen Gesetzesänderung aufgehoben wird. Nach dem Wortlaut des § 357 ist das nicht der Fall, weil die Aufhebung hier nicht wegen einer Gesetzesverletzung erfolgt, sondern zur Berücksichtigung des zwischenzeitlich geänderten (gemilderten) Rechts. Doch paßt der Grundgedanke des § 357, und zwar typischerweise ohne seine zwiespältigen Ergebnisse (Rdn. 1), auch und gerade auf diese Situation, so daß es (unbeschadet der gebotenen engen Ausle- **13**

---

[24] Ihm folgend KMR-*Paulus* 14; *Tappe* 65; Brunner § 55, 16; *Dallinger/Lackner* § 55, 60; Eisenberg § 55, 70.
[25] RGSt **71** 215; KG JW **1937** 54; KK-*Pikart* 16; KMR-*Paulus* 15; *Tappe* 55.
[26] RGSt **71** 215; RG HRR **1939** 536; *Haase* GA **1956** 274.
[27] RGSt **16** 421; RG GA **1907** 483; OLG Neustadt GA **1954** 252; *Haase* GA **1956** 276.

§ 357   Drittes Buch. Rechtsmittel

gung des § 357, Rdn. 3) geboten erscheint, für die erst später eingefügte Vorschrift des § 354 a eine Erstreckung gemäß § 357 anzunehmen[28].

14   **b) Verfahrensvoraussetzungen.** Unter den Begriff „Gesetzesverletzung bei Anwendung des Strafgesetzes" fallen nach heute allgemeiner Meinung auch die vom Revisionsgericht von Amts wegen zu prüfenden Verfahrensvoraussetzungen[29], weil bei ihrer Verletzung mit Sicherheit feststeht, daß das Urteil im Ergebnis unrichtig ist. Es handelt sich dabei, genau gesehen, freilich nicht eigentlich um eine analoge Anwendung des Grundgedankens von der Wahrung der materiellen Gerechtigkeit (Rdn. 1), sondern um Folgerungen aus den gesetzlichen Grenzen der Strafverfolgung[30], was den Unterschied der Behandlung gegenüber sonstigem Verfahrensrecht (unten Rdn. 15) erklärt. Entgegen der herrschenden Meinung[31] kommt die Revisionserstreckung, wie bei der nachträglich eingetretenen Änderung des sachlichen Rechts (Rdn. 13), aus den gleichen Gründen auch in Betracht, wenn das Verfahrenshindernis erst während des Revisionsverfahrens eingetreten ist (ebenso KMR-*Paulus* 28). Das muß wohl auch für ein nach Erlaß des tatrichterlichen Urteils in Kraft getretenes Straffreiheitsgesetz gelten, wenn es eine eigene Regelung der Frage nicht enthält[32]. War es schon vorher in Kraft, wendete das RG ebenfalls § 357 an[33], während der BGH[34] auch insoweit gegenteiliger Meinung ist, weil die Frage, ob oder unter welchen Voraussetzungen Straffreiheit zu gewähren ist, von dem Amnestiegesetz selbst geregelt werde. Zum *Umfang* der Prüfungspflicht des Revisionsgerichts bei Verfahrensvoraussetzungen im Falle des § 357 s. unten Rdn. 22.

15   **c) Sonstiges Verfahrensrecht.** Verfahrensvorschriften, deren Beachtung nicht von Amts wegen zu prüfen ist (Rdn. 14), sind, wie sich schon aus dem Wortlaut der Bestimmung ergibt, keine Gesetze im Sinne des § 357. Wer einen Verfahrensverstoß nicht hinnehmen will, obwohl ihm das Urteil ansonsten gerecht erscheint (so daß er die Sachrüge nicht erhebt), muß den Verstoß daher nach ganz h. M selbst formgerecht (§ 344 Abs. 2) mit der Revision rügen, und zwar auch wenn es sich um einen zwingenden Aufhebungsgrund handelt[35]. Jede andere Betrachtung[36] ist auch mit dem Sinngehalt der Vorschrift (Rdn. 1) und ihrem Ausnahmecharakter (Rdn. 3) nicht in Einklang zu bringen. Entspre-

---

[28] Ebenso BGH GA **1955** 247; BGH bei *Hanack* JZ **1973** 778 Fußn. 31; OLG Schleswig SchlHA **1950** 196; KMR-*Paulus* 21; *Peters* 632; *Roxin* § 53 K 2c; *Hanack* JZ **1973** 779; *Kleinknecht* JZ **1959** 181; a. A dann jedoch BGHSt **20** 78 auf Vorlegung von BayObLGSt **1964** 127; a. A auch BGH JR **1954** 271; KK-*Pikart* 6 mit weit. Rspr.-Nachw.; *Kleinknecht/Meyer* 6; *Eb. Schmidt* Nachtr. I 2a; *Schlüchter* 752.2; *Tappe* 15 ff; *Haase* GA **1956** 277; *Schafheutle* JW **1937** 3152.

[29] BGHSt **10** 141; **12** 340; **19** 321; **24** 210; BGH NJW **1955** 1934; **1959** 899; StrVert. **1983** 3 u. 402; RGSt **68** 18 = JW **1934** 773 mit Anm. *Schwinge* (grundsätzlich); RGSt **71** 252; **72** 25; BayObLG JZ **1952** 179; VRS **40** 454; OLG Celle JZ **1959** 180 mit Anm. *Kleinknecht*; NJW **1969** 1977; OLG Oldenburg OLGSt § 467 S. 99; ganz h.L., vgl. statt aller *Eb. Schmidt* Nachtr. I 2.

[30] Vgl. *Eb. Schmidt* Nachtr. I 2; *Hanack* JZ **1973** 779.

[31] BGH NJW **1952** 274; KK-*Pikart* 7; *Dalcke/Fuhrmann/Schäfer* 2; LR-*Meyer* in der 23. Aufl.; die in Fußn. 28 unter a. A Genannten.

[32] RGSt **68** 427; KMR-*Paulus* 28; a. A OLG Hamburg JW **1937** 3152 mit zust. Anm. *Schafheutle*; KK-*Pikart* 7; *Tappe* 20; *Haase* GA **1956** 277.

[33] RGSt **71** 252; ebenso OLG Celle NJW **1954** 1498.

[34] BGH GA **1955** 247; ebenso LR-*Meyer* in der 23. Aufl.

[35] BGHSt **17** 179; BGH JR **1954** 271; RGSt **20** 93; **68** 18 = JW **1934** 773 mit abl. Anm. *Schwinge*; OLG für Hessen JR **1949** 514; KK-*Pikart* 7; KMR-*Paulus* 29; *Eb. Schmidt* Nachtr. I 2; *Roxin* § 53 K 2a; *Schlüchter* 757.1; *Dahs/Dahs* 484; *Henkel* JZ **1959** 691; *Tappe* 14.

[36] So insbes. *Schwinge* JW **1934** 773; *Isele* 69; im Ergebnis auch RG JW **1926** 2259 mit abl. Anm. *Oetker*; vgl. auch *Peters* 632.

chendes gilt, wenn der Mitangeklagte einen Besetzungseinwand gemäß §§ 222 a, 222 b nicht erhoben hat und ihm deswegen die Besetzungsrüge aufgrund von § 338 Nr. 1 Halbsatz 2 abgeschnitten ist. Denn die ordnungsgemäße Besetzung des Gerichts ist als solche keine im Revisionsrechtszug von Amts wegen zu prüfende Verfahrensvoraussetzung, und gegen eine analoge Anwendung des § 357 spricht überdies auch der Grundgedanke der Rügepräklusion; so hat im Ergebnis auch der BGH entschieden, wie die bestätigende Entscheidung BVerfG NJW **1985** 126 zeigt (**a. A** jedoch *Vogt/Kurth* NJW **1985** 106).

4. Zusammenhang

a) Allgemeines. Dasselbe Urteil. Die Folge des § 357 greift nach dem Gesetz nur ein, „soweit" sich „das Urteil", das wegen des Rechtsfehlers aufgehoben werden muß, auch auf andere Angeklagte „erstreckt". Der damit für die Anwendung des § 357 erforderliche Zusammenhang setzt zunächst voraus, daß Beschwerdeführer und Nichtrevident durch dasselbe Urteil verurteilt worden sind; die Aburteilung in demselben Verfahren genügt nicht[37]. Unter § 357 fallen daher nicht Mitangeklagte, die gar nicht in der Lage gewesen wären, gegen das dem Revisionsgericht vorliegende Urteil erfolgreich Revision einzulegen (RG JW **1930** 2573). Insbesondere gilt, wenn Gegenstand des Revisionsverfahrens ein Berufungsurteil ist, § 357 nicht für Angeklagte, die das Urteil des Amtsgerichts nicht mit der Berufung angefochten hatten, gegen die also überhaupt kein Berufungsurteil ergangen ist[38]. Die Vorschrift gilt auch nicht für Mitangeklagte, deren Berufung wegen unentschuldigten Ausbleibens nach § 329 Abs. 1 verworfen worden ist[39] oder die ihre Berufung wirksam auf das Strafmaß beschränkt hatten, wenn das Revisionsgericht nunmehr den Schuldspruch des Berufungsurteils beanstandet[40].

16

b) Nämlichkeit der Tat. Die Aufhebungserstreckung fordert ferner einen sachlichen Zusammenhang. Sie ist nur zulässig, wenn der Angeklagte, der keine Revision eingelegt hat, wegen der nämlichen Tat verurteilt worden ist wie der Beschwerdeführer[41]. Darunter ist, entsprechend dem verfahrensrechtlichen Tatbegriff des § 264, nach h. M dasselbe tatsächliche Ereignis zu verstehen, an dem die Angeklagten in strafbarer Weise, wenn auch nicht notwendig in derselben Richtung (anders RGSt **71** 252; vgl. unten Rdn. 18) beteiligt gewesen sind. Das Geschehnis muß für die natürliche Betrachtungsweise als ein Vorgang erscheinen, was meist mit der Formulierung umschrieben wird, die Beteiligung des einen Angeklagten müsse sich mit der des anderen „zu einem einheitlichen tatsächlichen Ganzen verflechten"[42]. Das kann auch der Fall sein, wenn die an

17

---

[37] KK-*Pikart* 11; KMR-*Paulus* 18; *Peters* 632; *Roxin* § 53 K 1b; *Schlüchter* 757.4; *Haase* GA **1956** 280.

[38] RG JR Rspr. **1926** Nr. 1799; RG Recht **1910** Nr. 822; OLG Celle NJW **1954** 1498; OLG Oldenburg DAR **1955** 171; OLG Stuttgart NJW **1970** 66; KK-*Pikart* 11; *Kleinknecht/Meyer* 4; KMR-*Paulus* 18; *Peters* 632; *Schlüchter* 757.4; *Tappe* 22; *Haase* GA **1956** 280; **a. A** OLG Hamburg JW **1931** 2525 mit abl. Anm. *Oetker*; *Iseke* 66.

[39] RG JW **1926** 1219 mit abl. Anm. *Stern*; OLG Königsberg JR Rspr. **1926** Nr. 442; KK-*Pikart* 11; KMR-*Paulus* 18; *Kleinknecht/Meyer* 4; *Schlüchter* 757.4; *Haase* GA **1956** 285.

[40] RG JW **1930** 2573; OLG Oldenburg DAR **1955** 171; *Tappe* 64; *Haase* GA **1956** 279; die in Fußn. 39 Genannten; **a. A** *Isele* 67.

[41] BGHSt **12** 341; **31** 357; BGH NJW **1955** 1566; BayObLGSt **1953** 86.

[42] BGHSt **12** 341; BGH NJW **1955** 1566; **1966** 1824; KK-*Pikart* 8; *Eb. Schmidt* Nachtr. I 5 in Klarstellung früherer Darlegungen; *Haase* GA **1956** 281; *Henkel* JZ **1959** 692; vgl. auch *Roxin* § 53 K 1b; *Schlüchter* 757.3; grundsätzlich **a. A** KMR-*Paulus* 19 ff, die das Erfordernis der Nämlichkeit verwerfen und allein auf die „Unerträglichkeit", den „peinlichen Eindruck" der vermeidbaren Schlechterbehandlung des Nichtrevidenten abstellen; *Tappe* 46 ff.

§ 357   Drittes Buch. Rechtsmittel

demselben Erfolg beteiligten Angeklagten an verschiedenen Tagen gehandelt haben (BGHSt **31** 357). Ein Zusammenhang allein nach § 237 genügt für die Nämlichkeit nicht[43]. Nach jetzt herrschender Ansicht kommt es aber auch nicht entscheidend darauf an, ob ein Zusammenhang im Sinne des § 3 gegeben ist, weil diese Vorschrift ganz andere Zwecke verfolgt[44], so daß sie für die Auslegung des § 357 allenfalls einen „Anhalt" (vgl. BGHSt **12** 342) bietet. Das Reichsgericht hielt einen solchen Zusammenhang teils für genügend[45], teils für erforderlich[46].

18   Aus dem Abstellen auf den **Tatbegriff** (Rdn. 17) **folgt,** daß auch Angeklagte, die nicht miteinander tätig geworden sind, an der nämlichen Tat beteiligt sein können. Im einzelnen gehen die Meinungen insoweit etwas auseinander, was auch damit zusammenhängt, daß nach h. M (unten Rdn. 20) für die Anwendung des § 357 schon eine gleichartige Rechtsverletzung genügt. Im Hinblick auf die bedenklichen Ergebnisse der Vorschrift (Rdn. 1) und ihren Ausnahmecharakter (Rdn. 3) erscheinen solche Konsequenzen des Tatbegriffs im Einzelfall nicht unproblematisch und begründen die Gefahr der Ausuferung. Man wird daher, wenn die Angeklagten nicht in derselben Richtung an der Tat mitgewirkt haben, die Nämlichkeit nur bei spezifischer Verknüpfung der verschiedenen Tatanteile bejahen dürfen, nicht aber dann, wenn sich das Verhalten des einen Angeklagten ohne das des anderen beurteilen läßt[47]. Nur unter diesen Voraussetzungen kann es genügen, daß die Angeklagten als Nebentäter (dazu *Haase* GA **1956** 282) tätig geworden sind oder ihre Taten gegeneinander gerichtet waren. Das letztere ist z. B. denkbar bei Beteiligung an einer Schlägerei[48], aber auch bei Nichtanwendung des § 233 StGB im Falle wechselseitiger Beleidigungen und Körperverletzungen[49]. Von der herrschenden Meinung wird Nämlichkeit der Tat auch angenommen bei Beteiligung an demselben fahrlässig verursachten Erfolg, insbesondere der Beteiligung an demselben Verkehrsunfall als Unfallgegner[50]. Bejaht worden ist die Nämlichkeit der Tat (meist unter Berufung auf § 3) ferner bei Verurteilungen nach den §§ 332 und 333 StGB (RG HRR **1938** 497), bei miteinander und mit anderen begangenen sexuellen Handlungen (RGSt **72** 25), bei Mord und Nichtanzeige des Verbrechens[51], bei Beteiligung als Täter und Gehilfe (BGHSt **11** 18; vgl. Rdn. 20).

19   Läßt das Urteil **nicht erkennen,** ob der Angeklagte, der keine Revision eingelegt hat, bei der Tat in dem oben beschriebenen Sinn beteiligt gewesen ist, so kommt die Aufhebungserstreckung nicht in Betracht (RG HRR **1934** 1178). Vgl. aber auch Rdn. 20 a. E.

20   c) **Gemeinsamer Revisionsgrund.** Umstritten ist, in welcher Weise die Gesetzesverletzung im Sinne des § 357 Bedeutung auch für das Urteil gegen den Nichtrevidenten haben muß. Eine Mindermeinung hält § 357 nur für anwendbar, wenn die Gesetzesver-

---

[43] BGHSt **12** 342; BayObLGSt **1953** 85; *Eb. Schmidt* Nachtr. 3; *Isele* 71; a. A KMR-*Paulus* 21 und *Henkel* JZ **1959** 692 für Prozeßhindernisse.

[44] BGHSt **12** 342; OLG Köln VRS **21** 449; KK-*Pikart* 8; *Eb. Schmidt* Nachtr. I 4; *Hanack* JZ **1971** 90; *Henkel* JZ **1959** 691; *Tappe* 41.

[45] RGSt **71** 251; RG JW **1928** 2265 mit abl. Anm. *Mannheim;* ebenso noch *Dalcke/Fuhrmann/Schäfer* 2.

[46] RGSt **6** 260; **72** 25; RG JW **1929** 2730 mit Anm. *Heimberger;* ebenso noch BayObLGSt **1953** 86.

[47] *Hanack* JZ **1973** 778; vgl. auch KK-*Pikart* 9; KMR-*Paulus* 22 f.

[48] So mit Recht KK-*Pikart* 9.

[49] LR-*Meyer* in der 23. Aufl. a. A OLG Hamm NJW **1957** 392; *Haase* NJW **1956** 1004.

[50] BGHSt **12** 342; **31** 357; vgl. auch BGHSt **24** 208; OLG Köln VRS **21** 449; KK-*Pikart* 9; *Roxin* § 53 K 1b; *Fincke* GA **1975** 176; a. A BayObLGSt **1951** 366; **1953** 86; kritisch zu BGHSt **12** 342; *Hanack* JZ **1973** 779.

[51] RG JW **1928** 2265 m. Anm. *Mannheim;* vgl. auch KK-*Pikart* 8.

letzungen identisch sind, also das Urteil genau auf derselben Gesetzesverletzung, die zugunsten des beschwerdeführenden Angeklagten zur Aufhebung führt, auch zum Nachteil des Nichtrevidenten beruht[52]. Nach überwiegender Ansicht genügt hingegen eine gleichartige Gesetzesverletzung dergestalt, daß die rechtlichen Erwägungen, die die Urteilsaufhebung zugunsten des Beschwerdeführers ergeben haben, zur Aufhebung auch hinsichtlich des Nichtrevidenten hätten führen müssen, falls er ebenfalls Revision eingelegt hätte[53]. Hat etwa die Revision des als Mittäter verurteilten Angeklagten Erfolg, weil nur Beihilfe vorliegt, so erstreckt sich die Urteilsaufhebung nach BGHSt 11 18 auch auf den nicht revidierenden Angeklagten, weil er nunmehr als Alleintäter anzusehen ist[54]. Der gleichartige Rechtsfehler kann auch darin bestehen, daß die Urteilsgründe wegen unzulänglicher Feststellungen dem Revisionsgericht die Prüfung nicht ermöglichen, ob das sachliche Recht richtig angewendet worden ist[55]. Entsprechendes gilt, wenn die Urteilsgründe überhaupt fehlen (OLG Celle NJW **1959** 1648).

Der Rechtsfehler muß sich nicht auf die Schuldfrage beziehen. Es genügt, daß **21** **Fragen der Rechtsfolgen,** insbesondere Strafzumessungserwägungen, durch einen identischen oder gleichartigen Rechtsfehler beeinflußt worden sind[56]. Das gilt auch für Rechtsfehler bei Anordnung von Maßregeln der Besserung und Sicherung (RG JW **1935** 125 mit Anm. *Hafner*). Eine Aufhebungserstreckung scheidet aber aus, wenn die Gründe, die zur Beanstandung der Rechtsfolgeentscheidung, namentlich der Strafbemessung oder der Strafaussetzung geführt haben, nur die Person des Beschwerdeführers, nicht auch die des Nichtrevidenten betreffen[57].

Fehlt für die Verurteilung des Beschwerdeführers eine **Verfahrensvoraussetzung,** **22** so kann die Beurteilung der Frage, ob ein gleichartiger Rechtsfehler auch hinsichtlich des Nichtrevidenten besteht, Schwierigkeiten bereiten, weil die Verfahrensvoraussetzungen an sich von Amts wegen zu prüfen sind. Die Pflicht zur Anwendung des § 357 kann aber nicht so weit gehen, daß, wenn ein Verfahrenshindernis hinsichtlich des Beschwerdeführers festgestellt wird, die Akten darauf zu prüfen sind, ob ein gleichartiges Hindernis auch der Verurteilung des Nichtrevidenten entgegensteht. Noch weniger kann das Revisionsgericht verpflichtet sein, die Akten darauf durchzusehen, ob überhaupt irgendein Verfahrenshindernis die Verurteilung des Nichtrevidenten ausschließt[58]. Erforderlich ist vielmehr nur die Prüfung, ob dieselben tatsächlichen Umstände, aus denen sich das Verfahrenshindernis für den Beschwerdeführer ergibt, zu einem

---

[52] RGSt **6** 259; RG HRR **1934** 1178; *Gerland* 429; *Tappe* 29 ff, 39; vgl. dazu *Eb. Schmidt* 6.

[53] BGH LM Nr. 3; RGSt **16** 417; **71** 214; RG JW **1935** 125 mit zust. Anm. *Hafner;* OGHSt **2** 61; BayObLGSt **1963** 162 = JR **1963** 308; OLG Neustadt GA **1954** 252; OLG Oldenburg NdsRpfl. **1947** 133; **1955** 58; KK-*Pikart* 14 f; *Kleinknecht/Meyer* 6; *Eb. Schmidt* 6; *von Kries* 691; *Peters* 632; *Haase* GA **1956** 285; vgl. auch (kritisch) KMR-*Paulus* 24 f.

[54] Kritisch *Hanack* JZ **1973** 780, weil die immerhin (fort-)bestehende Täterschaft des Nichtrevidenten auch die konkrete Frage nahelegt, ob er im Fall der Neuverhandlung als Alleintäter mit einer milderen Strafe überhaupt rechnen konnte (vgl. auch unten Rdn. 24); die h.L. stimmt der Entscheidung durchweg zu.

[55] OLG Köln VRS **21** 447; KK-*Pikart* 14; *Rüping* 179; *Oetker* JW **1932** 1753.

[56] RGSt **16** 417; RG HRR **1940** 206; OGHSt **2** 61; OLG Düsseldorf JR **1983** 480; OLG Neustadt GA **1954** 272; OLG Schleswig SchlHA **1950** 196; KK-*Pikart* 13 mit weit. Rspr.-Nachw.; *Eb. Schmidt* Nachtr. I 2; a. A KMR-*Paulus* 25 und *Haase* GA **1956** 287 im Hinblick auf den persönlichen Charakter dieser Umstände (dazu im folg. Text).

[57] BGH NJW **1955** 779; BayObLGSt **1963** 126 = JR **1963** 308; KK-*Pikart* 14; *Kleinknecht/Meyer* 5; *Eb. Schmidt* 7; *Tappe* 37.

[58] Ersichtlich weitergehend KMR-*Paulus* 21 und *Henkel* JZ **1959** 692, die sogar eine Verfahrensverbindung nach § 237 zum Anlaß dieser Prüfung nehmen.

§ 357   Drittes Buch. Rechtsmittel

Verfahrenshindernis auch hinsichtlich des Nichtrevidenten führen. Das hat vor allem für die Verjährungsfrage Bedeutung; Rechtsfehler im Sinne des § 357 ist hier nicht das Bestehen des Verfahrenshindernisses schlechthin, sondern der Eintritt der Verjährung aufgrund bestimmter Tatsachen, die sowohl auf den Beschwerdeführer als auch auf den Nichtrevidenten zutreffen (dazu ausführlich *Schubath* JR **1972** 240).

IV. Entscheidung des Revisionsgerichts

23   Das Revisionsgericht hat (mit der Rdn. 22 genannten Besonderheit) von Amts wegen zu prüfen, ob die Voraussetzungen des § 357 vorliegen (allg. M). Ist das der Fall, so muß es die Vorschrift grundsätzlich anwenden; es handelt sich nicht um eine Ermessensentscheidung[59]. Auch auf den Willen des Nichtrevidenten darf das Gericht grundsätzlich keine Rücksicht nehmen[60]. Zur Behandlung von Grenzfällen vgl. Rdn. 24. Der Nichtrevident ist weder antragsberechtigt noch kann er wirksam auf die Anwendung des § 357 verzichten. Das Gesetz sieht nicht einmal vor, daß er zu der Entscheidung zugezogen oder auch nur gehört wird. Mit Art. 103 Abs. 1 GG ist das jedenfalls nicht in Einklang zu bringen, wenn die Entscheidung nicht zum Freispruch, sondern zur Zurückverweisung führt, weil sie dann (Rdn. 1) in massiver Weise in die Rechtsstellung des Nichtrevidenten eingreift[61]. Kosten der Revision dürfen dem Nichtrevidenten nicht auferlegt werden[62].

24   Das Revisionsgericht **entscheidet,** als ob der Nichtrevident gleichfalls Revision eingelegt hätte. In Betracht kommt die Entscheidung in der Sache selbst, die Schuldspruchberichtigung (vgl. Rdn. 7) und die Zurückverweisung an den Tatrichter. Die Aufhebungserstreckung darf nicht deshalb unterbleiben, weil ungewiß ist, ob die neue Verhandlung vor dem Tatrichter wirklich zu einer milderen Strafe führen wird[63]. Etwas anderes gilt jedoch dann, wenn nach der Überzeugung des Revisionsgerichts auszuschließen ist, daß das Ergebnis der neuen Verhandlung für den Nichtrevidenten günstiger werden kann[64]; der an sich zutreffende Hinweis der gegenteiligen Ansicht, daß dem Revisionsgericht solche tatsächlichen Erwägungen gar nicht zustehen, dürfte bei der besonderen Problematik, um die es hier geht (Rdn. 1, 2), zu formal sein. Bei den heutigen Verhältnissen spricht sogar viel für die weitergehende Auffassung von KK-*Pikart* 17, daß das Revisionsgericht von der Aufhebung im Einzelfall (und nach Anhörung des Nichtrevidenten) auch dann absehen kann, wenn durch sie „ein auch aus Gründen der materiellen Gerechtigkeit **untragbares Mißverhältnis**" zwischen der überhaupt in Betracht kommenden Strafmilderung und den mit der Fortführung des Verfahrens verbundenen Belastungen entstünde. Ähnliches gilt für die Auffassung von *Kleinknecht*[35] (aufgegeben von *Kleinknecht/Meyer*[36]) Rdn. 7, wonach in Grenzfällen der vernünftige und aus Gründen

---

[59] BGHSt **24** 211; OLG Celle JZ **1959** 180 mit Anm. *Kleinknecht;* KMR-*Paulus* 31; *Kleinknecht/Meyer* 7; *Schlüchter* 757.2; *Tappe* 9. Vgl. aber auch Rdn. 24.
[60] BGHSt **20** 80; KK-*Pikart* 17; KMR-*Paulus* 31; *Isele* 73. Vgl. aber Rdn. 24.
[61] Für vorherige Anhörung auch *Rüping* 179 und Bonn. Kom., Art. 103 Abs. 1, Rdn. 79 (Zweitbearbeitung); für Anhörung in Grenzfällen (vgl. Rdn. 24) auch *Kleinknecht*[35] 7 und KK-*Pikart* 17; **a. A** Kleinknecht/Meyer 7; KMR-*Paulus* 31; LR-*Meyer* in der 23. Aufl.; ersichtlich auch BGHSt **20** 80.
[62] KK-*Pikart* 19; auferlegt werden dürfen ihm (was sachlich höchst unbefriedigend sein kann und ggf. durch Kostenniederschlagung abgefangen werden sollte) hingegen im Fall der erneuten Verurteilung die Kosten der neuen Hauptverhandlung vor dem Tatrichter; vgl. KK-*Pikart* aaO.
[63] KMR-*Paulus* 16; *Eb. Schmidt* 4 gegen RGSt **3** 238; *Haase* GA **1956** 288.
[64] RGSt **3** 286; KG JR **1956** 309; KK-*Pikart* 17; LR-*Meyer* in der 23. Aufl.; **a. A** KMR-*Paulus* 16; *von Kries* 692; *Eb. Schmidt* 4; *Haase* GA **1956** 288. Vgl. auch oben Rdn. 12.

Stand: 1. 5. 1985

der Gerechtigkeit annehmbare Wunsch des Nichtrevidenten berücksichtigt werden sollte, daß seine Verurteilung bestehenbleibt. Bei beiden Ansichten ist freilich zweifelhaft, ob dem Richter eine solche Korrektur des Gesetzes, die seinen Grundgedanken berührt, noch erlaubt ist[65]. Liegen die Voraussetzungen des § 357 nicht vor, so braucht das Revisionsgericht darüber keine ausdrückliche Entscheidung zu treffen (*Eb. Schmidt* 10). Ist § 357 versehentlich nicht angewendet worden, so wird es dabei bleiben müssen[66].

V. Weiteres Verfahren

Bei der Aufhebungserstreckung steht der Nichtrevident so, als ob er erfolgreich **25** Revision eingelegt hätte. Eine schon begonnene Strafvollstreckung muß abgebrochen werden[67], führt entgegen *Kleinknecht/Meyer* 2 aber nicht ohne weiteres zum Wiederaufleben eines durch die Rechtskraft gegenstandslos gewordenen Haftbefehls. Wird die Sache an den Tatrichter zurückverwiesen, so nimmt der Nichtrevident am weiteren Verfahren teil, auch wenn er auf die Vergünstigung des § 357 keinen Wert gelegt hat; eine „Rechtsmittelrücknahme" kann er nicht vornehmen[68]. Zur Teilnahme an der neuen Verhandlung darf er gegebenenfalls nach § 230 Abs. 2 gezwungen werden. Gegen das neue Urteil steht ihm wieder die Revision zu. Das Verschlechterungsverbot (§ 358 Abs. 2) gilt auch für ihn[69]. Im Fall der erneuten Verurteilung wird eine bereits verbüßte Strafe angerechnet[70]. Zur Kostenentscheidung vgl. Rdn. 23 Fußn. 62.

§ 358

(1) Das Gericht, an das die Sache zur anderweitigen Verhandlung und Entscheidung verwiesen ist, hat die rechtliche Beurteilung, die der Aufhebung des Urteils zugrunde gelegt ist, auch seiner Entscheidung zugrunde zu legen.

(2) ¹Das angefochtene Urteil darf in Art und Höhe der Rechtsfolgen der Tat nicht zum Nachteil des Angeklagten geändert werden, wenn lediglich der Angeklagte, zu seinen Gunsten die Staatsanwaltschaft oder sein gesetzlicher Vertreter Revision eingelegt hat. ²Diese Vorschrift steht der Anordnung der Unterbringung in einem psychiatrischen Krankenhaus oder einer Entziehungsanstalt nicht entgegen.

Schrifttum. *Becker* Bindung des Vorderrichters (§ 358 Abs. 1 StPO) bei Verletzung der Vorlagepflicht durch das Revisionsgericht? NJW **1955** 1262; *Hanack* Der Ausgleich divergierender Entscheidungen in der oberen Gerichtsbarkeit (1962); *Kaiser* Bindungswirkung gemäß § 358 Abs. 1 StPO, insbesondere bei übersehenem Eintritt der Verfolgungsverjährung, NJW **1974** 2080; *Mohrbotter* Grenzen der Bindung an aufhebende Entscheidungen im Strafprozeß, ZStW **84** (1972) 612; *Sarstedt* Nochmals: Bindung des Vorderrichters (§ 358 Abs. 1 StPO) trotz Verletzung der Vorlagepflicht (§ 121 Abs. 2 GVG) durch das Revisionsgericht, NJW **1955** 1629; *Schröder* Bindung an aufhebende Entscheidungen im Zivil- und Strafprozeß, Festschrift für Nikisch (1958) 205; *Sommer-*

---

[65] Die Überlegungen bestätigen die Reformbedürftigkeit der Vorschrift und weisen auf einen ihrer kritischen Punkte hin.
[66] KK-*Pikart* 20; *Tappe* 70; **a. A** RG LZ **1924** 42 (das die unterlassene Entscheidung nachgeholt hat); KMR-*Paulus* 31.
[67] *Peters* 632; näher *Tappe* 68.
[68] KK-*Pikart* 21; KMR-*Paulus* 32.
[69] RGSt **70** 231; **72** 26; RG HRR **1938** 499; KK-*Pikart* 21; *Tappe* 54.
[70] RGSt **40** 222; RG JW **1929** 1007; KMR-*Paulus* 33; *Eb. Schmidt* 11.

§ 358 Drittes Buch. Rechtsmittel

lad Die innerprozessuale Bindung an vorangegangene Urteile der Rechtsmittelgerichte, Diss. Freiburg 1974 (zit. *Sommerlad*); *Sommerlad* Die sogenannte Selbstbindung der Rechtsmittelgerichte, NJW **1974** 123; *Tiedtke* Die innerprozessuale Bindungswirkung von Urteilen der obersten Bundesgerichte (1976).

Entstehungsgeschichte (und Übergangsregelung). Durch Art. 2 Nr. 30 AGGewVerbrG wurde dem Absatz 2 der Satz 2 angefügt. Art. 1 Nr. 4 Buchst. b des Gesetzes zur Änderung von Vorschriften des Strafverfahrens und des Gerichtsverfassungsgesetzes vom 28. 6. 1936 (RGBl. I 844) faßte Absatz 2 neu und beseitigte dabei das Verbot der Schlechterstellung. Art. 3 Nr. 150 VereinhG führte dieses Verbot wieder ein. Die geltende Fassung erhielt der Absatz 2 durch Art. 21 Nr. 85 EGStGB. Dabei wurden die folgenden Begriffe ersetzt: in Satz 1 „Strafe" durch „Rechtsfolgen der Tat"; in Satz 2 „Heil- oder Pflegeanstalt" durch „psychiatrisches Krankenhaus" und „Trinkerheilanstalt" durch „Entziehungsanstalt". In Satz 2 eingefügt wurden weiter die Worte „sozialtherapeutische Anstalt nach § 65 Abs. 3 des Strafgesetzbuches"; das Inkrafttreten des § 65 StGB war jedoch durch zwei Übergangsgesetze (v. 30. 7. 1973, BGBl. I 904, und v. 12. 12. 1977, BGBl. I 1304) zunächst bis zum 1. 1. 1978 und dann bis zum 1. 1. 1985 suspendiert; mit der Aufhebung des § 65 StGB durch Gesetz v. 20. 12. 1984 (BGBl. I 1654) ist die (also nie wirksam gewordene) Einfügung aufgehoben worden.

Übersicht

	Rdn.		Rdn.
I. Bindung an die Revisionsentscheidung (Absatz 1)		4. Grenzen der Bindungswirkung	
1. Allgemeines	1	a) Allgemeines	10
2. Keine entsprechende Anwendung	3	b) Änderung der Rechtsprechung	12
3. Bindende rechtliche Beurteilung		c) Veränderte Sachlage	13
a) Vorfragen	4	5. Verfahren des Revisionsgerichts bei erneuter Revision	
b) Bindung an die Aufhebungsansicht	5	a) Prüfungspflichten	14
c) Der Aufhebung nicht zugrunde liegende Rechtsausführungen	8	b) Selbstbindung des Revisionsgerichts	15
d) Feststellung der bindenden Aufhebungsansicht	9	II. Verschlechterungsverbot (Absatz 2)	
		1. Allgemeines und Einzelfragen	18
		2. Prüfung durch das Revisionsgericht	23

I. Bindung an die Revisionsentscheidung (Absatz 1)

1   **1. Allgemeines.** Dem § 358 Abs. 1 entsprechende Bestimmungen finden sich in allen Verfahrensgesetzen. Sie sind erforderlich, weil das Revisionsgericht regelmäßig nicht in der Sache selbst entscheiden kann. Wäre die Rechtsansicht, aufgrund deren es ein Urteil aufhebt und zurückverweist (§ 354 Abs. 2), für den neuen Tatrichter nicht schlechthin bindend, könnten die Revisionsgerichte ihre Aufgabe, für die Rechtseinheit und die Herbeiführung einer gerechten Entscheidung zu sorgen, nicht oder nur unvollkommen erfüllen (vgl. *Tiedtke* 99). Das Gesetz läßt es daher nicht darauf ankommen, daß der Tatrichter durch die Entscheidung des Revisionsgerichts überzeugt wird. Es schreibt eine Bindung an die seiner Entscheidung zugrunde liegende Aufhebungsansicht vor (sog. interprozessuale Bindungswirkung) und verhindert dadurch auch, daß die Sache zwischen dem Revisionsgericht und dem Tatrichter hin- und hergeschoben wird[1]. Die Vorschrift gilt im Rechtsbeschwerdeverfahren entsprechend (§ 79 Abs. 3 OWiG).

---

[1] GmS-OGB BGHZ **60** 396 = NJW **1973** 1274; *Mohrbotter* ZStW **84** (1972) 614; zur Aufgabe des § 358 Abs. 1 vgl. auch *Sommerlad* 46 ff; KMR-*Paulus* 1.

Die Bindung gilt für **alle Tatrichter,** die mit der Sache neu befaßt werden, bei **2**
Aufhebung eines amtsgerichtlichen Urteils also auch für das Berufungsgericht, an das
die Sache später gelangt[2]. Sie führt dazu, daß der neue Tatrichter nach einer Rechtsauffassung zu entscheiden hat, die er möglicherweise nicht teilt oder sogar für handgreiflich falsch hält (vgl. *Eb. Schmidt* 8; s. aber Rdn. 10). Ein Eingriff in die durch Art. 97
Abs. 1 GG gewährleistete Unabhängigkeit des Richters liegt darin nicht[3]. Ein Ausscheiden des an die Rechtsauffassung des Revisionsgerichts gebundenen Richters (vgl. § 30)
aus Gewissensgründen ist nach dem Gesetz nicht möglich (KMR-*Paulus* 2; a. A *Peters*
108).

2. Keine entsprechende Anwendung. Wird im Berufungsverfahren die Sache an **3**
das Gericht des ersten Rechtszugs (§ 328 Abs. 2) zurückverwiesen oder an das zuständige
Gericht (§ 328 Abs. 3) verwiesen, so ist § 358 Abs. 1 nach herrschender und zutreffender
Ansicht nicht sinngemäß anwendbar[4], weil es sich um eine spezielle Regelung für das
Revisionsverfahren handelt.

3. Bindende rechtliche Beurteilung
a) **Vorfragen.** Zur Entscheidung des Revisionsgerichts, an die der neue Tatrichter **4**
nach § 358 Abs. 1 gebunden ist, gehört auch die Beurteilung rechtlicher Vorfragen, zu
denen das Revisionsgericht nicht ausdrücklich Stellung genommen hat. So gehen
Rechtsausführungen des Revisionsgerichts stillschweigend davon aus, daß das angewendete Gesetz verfassungsgemäß ist. Das bindet den Tatrichter; eine Vorlegung der Sache
an das Bundesverfassungsgericht nach Art. 100 Abs. 1 GG kommt daher nicht mehr in
Betracht[5]. Der Tatrichter ist ferner an die Bejahung der Prozeßvoraussetzungen gebunden, die darin liegt, daß das Revisionsgericht, ohne sich hierzu ausdrücklich zu äußern,
die Verurteilung sachlichrechtlich geprüft hat[6]. Keine Zustimmung verdient daher die
Ansicht von *Kaiser* (NJW **1974** 2080), der Tatrichter dürfe das Verfahren einstellen,
wenn das Revisionsgericht den Eintritt der Verfolgungsverjährung oder das Fehlen des
erforderlichen Strafantrags offensichtlich übersehen hat. Denn der Tatrichter kann
meist nicht zuverlässig feststellen, ob das Revisionsgericht das Verfahrenshindernis tatsächlich nicht bemerkt oder ob es sein Vorliegen, ohne dazu ausdrücklich Stellung zu
nehmen, verneint hat. Eine Klärung der Frage durch ein Auskunftsersuchen des Tatrichters an das Revisionsgericht, das *Kaiser* empfiehlt, ist mit dem Wesen der Revision nicht
vereinbar.

b) **Bindung an die Aufhebungsansicht.** Der Tatrichter ist, von der stillschweigen- **5**
den Beurteilung der Vorfragen (Rdn. 4) abgesehen, nur an die Rechtsauffassung des Revisionsgerichts gebunden, die der Urteilsaufhebung unmittelbar zugrunde liegt (sog.

---

[2] KG GA **74** (1930) 307; KK-*Pikart* 12; *Kleinknecht/Meyer* 3; KMR-*Paulus* 2; *Mohrbotter* ZStW **84** 620; *Schröder* 215.
[3] BVerfGE **12** 71 = NJW **1961** 655; BGH JZ **1952** 111 ff; KMR-*Paulus* 1; *Eb. Schmidt* Teil I Nr. 477; *Peters* 107; *Tiedtke* 100; *Schmidt-Räntsch* § 25, 13; a. A *Mohrbotter* ZStW **84** 614 ff, nach dessen Ansicht es sich um eine Ausnahme von diesem Grundsatz handelt, ohne die die mit der Revision verfolgten Zwecke nicht erreicht werden könnten.
[4] RG JW **1932** 60; *Kleinknecht/Meyer* § 328, 5; KMR-*Paulus* 4; *Eb. Schmidt* § 328, 18; *Mohrbotter* ZStW **84** 615; a. A *Sommerlad* 134 ff; *Schröder* 221; vgl. auch bei § 328.
[5] BVerfGE **2** 412 = NJW **1953** 1385; BVerfGE **6** 242 = NJW **1957** 627; KK-*Pikart* 7; KMR-*Paulus* 10; *Schröder* 224; vgl. auch BGHZ **22** 374; BAG NJW **1961** 1229; a. A *Tiedtke* 134; *Mohrbotter* ZStW **84** 634.
[6] KK-*Pikart* 7; KMR-*Paulus* 10.

§ 358 Drittes Buch. Rechtsmittel

Aufhebungsansicht)[7]. Das gilt für Verfahrensfragen, auch Zuständigkeitsfragen (§ 355, 13), ebenso wie für das sachliche Recht[8].

6 Hebt das Revisionsgericht nur wegen eines **Verfahrensverstoßes** auf, so ist der Tatrichter daher lediglich an die Auslegung der Verfahrensvorschrift gebunden, deren Verletzung das Revisionsgericht angenommen hat. In der sachlichen und rechtlichen Beurteilung der Schuld- und Rechtsfolgenfrage bleibt er hingegen frei[9]. Das gilt insbesondere bei der Aufhebung eines Verwerfungsurteils nach § 329 Abs. 1[10]. Wenn das Revisionsgericht noch andere Verfahrensrügen erörtert, sie aber für unbegründet erachtet oder (s. Rdn. 8) offen läßt, ist der Tatrichter, da das nicht der Aufhebungsgrund war, auch hieran nicht gebunden. Hat das Revisionsgericht hingegen mehrere Verfahrensverstöße für gegeben erachtet und die Aufhebung kumulativ begründet, erstreckt sich die Bindung auf jeden dieser Aufhebungsgründe (KK-*Pikart* 5).

7 In **sachlichrechtlicher Hinsicht** erstreckt sich die Bindungswirkung auf jede Rechtsauffassung des Revisionsgerichts, die der Aufhebung auf die Sachrüge zugrunde liegt. Dies gilt wiederum auch bei kumulativen Aufhebungsgründen (vgl. Rdn. 6). Auf Fragen des sachlichen Rechts, die das Revisionsgericht nicht angesprochen hat, erstreckt sich die Bindung auch dann nicht, wenn sie vom früheren Tatrichter falsch entschieden worden sind und der Beschwerdeführer das gerügt hat. Wie weit die Aufhebungsansicht jeweils reicht, kann nur der Zusammenhang der jeweiligen Revisionsentscheidung ergeben[11]. Legt das Revisionsgericht z. B. dar, daß und wieso der Tatrichter ein Strafgesetz unrichtig angewendet hat, so beschränkt sich die Bindung hierauf. Führt die Entscheidung jedoch außerdem aus, wie dieselbe Sachlage richtig zu beurteilen ist, so gehört auch das zur Aufhebungsansicht. Bindende Wirkung hat insbesondere auch die Auffassung des Revisionsgerichts, daß die festgestellten Tatsachen zur Verurteilung nicht ausreichen[12]. Stellt das Revisionsgericht einen Erfahrungssatz fest (§ 337, 170 ff), so muß der Tatrichter ihn beachten, selbst wenn er ihn für falsch hält (BGH VRS **12** 208).

8 c) **Der Aufhebung nicht zugrunde liegende Rechtsausführungen.** Keine bindende Wirkung haben Rechtsausführungen des Revisionsgerichts, die der Urteilsaufhebung nicht oder nur mittelbar zugrunde liegen. Das gilt namentlich für Rechtsausführungen, mit denen Ansichten des Tatrichters *gebilligt* werden[13]. Es gilt ferner für Ausführungen, die nur Ratschläge und Hinweise enthalten, ob es sich dabei nun handelt um den konkreten Fall nicht betreffende Ausführungen im Interesse der Rechtsfortbildung oder der Wahrung einheitlicher Rechtsprechung[14], um rechtlich unverbindliche Empfehlungen an den konkreten Tatrichter für die neue Entscheidung[15] oder um Hinweise auf die Rechtsprechung zu anderen Vorschriften[16]. Damit der Umfang der Bindungswirkung

---

[7] Allg. M., vgl. z.B. BGHSt **3** 357; BGH JR **1956** 420; *Tiedtke* 166.
[8] KK-*Pikart* 5; *Dahs/Dahs* 485; *Sarstedt/Hamm* 167; **a. A** offenbar KG JR **1958** 269 mit Anm. *Sarstedt; Tiedtke* 87 sieht darin einen Widerspruch zur Annahme der Bindungswirkung für die stillschweigende Entscheidung zu Vorfragen.
[9] BGH VRS **34** 356; KK-*Pikart* 8; KMR-*Paulus* 9; *Kleinknecht/Meyer* 2; *Eb. Schmidt* 6.
[10] RG JW **1931** 1604 mit Anm. *Oppenheimer; Eb. Schmidt* 2.
[11] Näher dazu KK-*Pikart* 5 f; *Sarstedt/Hamm* 162.
[12] BGH NJW **1953** 1880; KK-*Pikart* 9; KMR-*Paulus* 9.
[13] BGHSt **3** 367; BGH VRS **11** 195; KK-*Pikart* 3; KMR-*Paulus* 11; *Kleinknecht/Meyer* 1; *Dahs/Dahs* 485; *Sarstedt/Hamm* 176; *Tiedtke* 62, 99.
[14] „obiter dicta", die über die „ratio decidendi" hinausgreifen; dazu z.B. *Schlüter* Das obiter dictum (1973); vgl. auch § 356, 5.
[15] BGHSt **3** 235; OLG Oldenburg NdsRpfl. **1949** 96; ganz h. Lehre.
[16] BGH JR **1956** 430 mit Anm. *Eb. Schmidt;* ganz h. Lehre.

nicht zweifelhaft bleibt, muß die Revisionsentscheidung solche Ratschläge und Hinweise von den eigentlichen Aufhebungsgründen deutlich trennen.

d) Zur **Feststellung der bindenden Aufhebungsansicht** in der neuen Verhandlung vor dem Tatrichter vgl. § 354, 69.   **9**

4. Grenzen der Bindungswirkung
a) **Allgemeines.** Die Bindung erstreckt sich nur auf die Strafsache, in der die aufhebende Revisionsentscheidung ergangen ist. In Parallelfällen ist der Tatrichter in der rechtlichen Beurteilung frei (*Eb. Schmidt* 9), weil es, von den Besonderheiten der Verfassungsgerichtsbarkeit abgesehen, im Recht der Bundesrepublik eine Bindung an Präjudizien nicht gibt (dazu *Hanack* 353 ff). Die Bindungswirkung tritt auch nicht ein, wenn die Rechtsfrage, nachdem das Revisionsgericht über sie entschieden hat, durch eine Gesetzesänderung anders geregelt worden ist[17]. Das gleiche gilt, wenn das Bundesverfassungsgericht die angewendete Rechtsnorm für verfassungswidrig erklärt hat[18]. Die Bindung endet auch sonst dort, wo sie dem Tatrichter einen offensichtlichen **Verstoß gegen Grundrechtsnormen** zumuten würde. Hat etwa das Revisionsgericht irrtümlich den strafbaren Versuch eines Vergehens bejaht, bei dem der Versuch überhaupt nicht unter Strafe gestellt ist[19], so ist der Tatrichter, da er bei Beachtung dieser Rechtsauffassung gegen Art. 103 Abs. 2 GG verstoßen müßte, hieran nicht gebunden[20].   **10**

Eine **allgemeine Kontrolle,** ob das Revisionsurteil gegen das Gesetz verstößt, steht dem Tatrichter jedoch nicht zu (*Sommerlad* 118). Die Bindungswirkung entfällt daher auch bei Grundrechtsverletzungen nicht, wenn diese nicht offensichtlich sind. An dieser Offensichtlichkeit dürfte es grundsätzlich fehlen, wenn das Revisionsgericht die **Vorlegungspflicht** nach § 121 Abs. 2, § 136 GVG nicht beachtet hat. Denn obwohl das bei objektiver Willkür ein Verstoß gegen das Verfassungsprinzip des gesetzlichen Richters bedeutet (vgl. BVerfG NJW **1976** 2128): Die bei dieser Prüfung anzustellenden Erwägungen entziehen sich weitgehend der zuverlässigen Beurteilung durch den Tatrichter, so daß die Situation ähnlich ist wie bei den stillschweigend beantworteten Vorfragen (Rdn. 3)[21].   **11**

b) **Änderung der Rechtsprechung.** Umstritten und zweifelhaft ist, ob die Bindung des Tatrichters ausnahmsweise entfällt, wenn inzwischen das Revisionsgericht *selbst* seine Rechtsauffassung geändert hat, insbesondere wenn eine solche Änderung durch eine höhere revisionsrechtliche Instanz (§ 121 Abs. 2, §§ 136, 137 GVG) erfolgt ist. Soweit man in diesen Fällen eine Selbstbindung auch des Revisionsgerichts – im Fall einer erneuten Revision – annimmt, ist ein Fortbestand der Bindung zwingend; denn dann kann dem Tatrichter nicht erlaubt sein, was dem Revisionsrichter verboten ist. Soweit man hingegen die Selbstbindung des Revisionsgerichts verneint (dazu unten Rdn. 15 f), ist mindestens in klaren Fällen nicht einzusehen, warum der Tatrichter erst eine über-   **12**

---

[17] Allg. M., vgl. z.B. *Sommerlad* 112; *Tiedtke* 165; *Mohrbotter* ZStW **84** (1972) 632; *Schröder* 219.
[18] Allg. M., z.B. *Sommerlad* 112; *Tiedtke* 166; *Mohrbotter* ZStW **84** 633; *Schröder* 224.
[19] So OLG Neustadt NJW **1964** 311 für § 223a StGB a.F. (vgl. *Schlüchter* 756 Fußn. 583a).
[20] KK-*Pikart* 18; KMR-*Paulus* 18; *Peters* 108; *Sommerlad* 119; *Tiedtke* 168; *Mohrbotter* ZStW **84** 636; *Pauli* NJW **1964** 735.

[21] Ebenso die h.M. (meist aber ohne Bezug auf die zit. Rspr. des BVerfG): KG JR **1969** 269 mit Anm. *Sarstedt;* KK-*Pikart* 4; KMR-*Paulus* 13; *Eb. Schmidt* § 121 GVG, 41; *Sarstedt/Hamm* 162 Fußn. 189; *Sarstedt* NJW **1955** 1629; *Hanack* 352 Fußn. 172; *Sommerlad* 115; *Tiedtke* 167; *Mohrbotter* ZStW **84** 640; *Schröder* 224; **a. A** *Becker* NJW **1955** 1262. Vgl. auch bei § 121 GVG.

§ 358   Drittes Buch. Rechtsmittel

holte Rechtsanwendung mit der mutmaßlichen Folge einer späteren Aufhebung bei erneut eingelegter Revision vertreten sollte[22].

13   c) **Veränderte Sachlage.** Die Bindung nach § 358 Abs. 1 besteht nur bei gleichbleibender Verfahrens- und Sachlage[23]. So ist der Tatrichter an die Beurteilung der Zuständigkeitsfrage durch das Revisionsgericht nicht gebunden, wenn neue Feststellungen eine Verweisung der Sache nach § 270 erforderlich machen (KMR-*Paulus* 17). Die Bindung entfällt überhaupt, wenn sich eine frühere Verfahrenslage nicht wiederholt oder wenn in der neuen Hauptverhandlung ein Sachverhalt festgestellt wird, auf den die sachlichrechtliche Vorschrift nicht anzuwenden ist, zu der das Revisionsgericht bindende Rechtsausführungen gemacht hat[24]. § 358 Abs. 1 läßt den Tatrichter in der Ermittlung und Würdigung der Tatsachen völlig frei[25]. Er ist nicht gehindert, andere Tatsachen festzustellen und dabei Rechtsfragen zu entscheiden, die zu beantworten das Revisionsgericht aufgrund der früheren Feststellungen keinen Anlaß hatte[26]. Anders ist es nur, wenn das Revisionsgericht die Urteilsfeststellungen aufrechterhalten hat (§ 353 Abs. 2). Wiederholt sich nach Aufhebung auch des neuen tatrichterlichen Urteils durch das Revisionsgericht der Sachverhalt in einem dritten Urteil des Tatrichters, so lebt die Bindung an das erste Revisionsurteil wieder auf (vgl. Rdn. 2).

5. Verfahren des Revisionsgerichts bei erneuter Revision

14   a) **Prüfungspflichten.** Kommt die Strafsache nach nochmaliger tatrichterlicher Verhandlung erneut an das Revisionsgericht, so prüft es, wenn sich der Verstoß auf die Anwendung des sachlichen Rechts bezieht, schon auf die Sachrüge hin, ob sich der Tatrichter an die Aufhebungsansicht der ersten Revisionsentscheidung gehalten hat[27], weil die Sachentscheidung nicht davon abhängen darf, ob der Tatrichter die Bindung beachtet oder verkannt hat; einer Verfahrensrüge bedarf es insoweit nicht. War die Aufhebung wegen einer Verfahrensfrage erfolgt, setzt die Prüfung des § 358 Abs. 1 eine spezielle Verfahrensrüge voraus[28]. Denn Verfahrensverstöße werden nur aufgrund einer zulässig erhobenen Rüge (§ 344 Abs. 2) geprüft, und dabei kann es keinen Unterschied machen, ob ein Verstoß gegen das Gesetz oder gegen die Aufhebungsansicht des Revisionsgerichts vorliegt; anderenfalls hätte die Revisionsentscheidung eine stärkere Stellung als die Verfahrensgesetze.

15   b) **Selbstbindung des Revisionsgerichts.** Der mit § 358 Abs. 1 auch verfolgte Zweck, ein Hin- und Herschieben der Sache zwischen Tat- und Revisionsrichter zu vermeiden (Rdn. 1), würde gefährdet, wenn nur der Tatrichter, nicht aber auch das Revisionsgericht, falls es erneut mit der Sache befaßt wird, an seine erste, der Zurückweisung zugrunde liegende Rechtsauffassung gebunden ist[29]. Bei erneuter Revision hat daher nach weit überwiegender, wenn auch höchst unterschiedlich begründeter Mei-

---

[22] GmS-OGB BGHZ **60** 397 = NJW **1973** 1274; KK-*Pikart* 13; *Kleinknecht*[35] 1; *Hanack* 351; *Tiedtke* 166; a. A *Schröder* 220 (und all diejenigen, die die unbedingte Selbstbindung des Revisionsgerichts bejahen; vgl. Rdn. 15 f).
[23] *Mohrbotter* ZStW **84** 360 und LR-*Meyer*[23] bezeichnen sie als „aufschiebend", KMR-*Paulus* 16 als „auflösend" bedingt.
[24] KK-*Pikart* 8; KMR-*Paulus* 17; *Kleinknecht*/*Meyer* 4; *Tiedtke* 163; *Mohrbotter* ZStW **84** 630.
[25] RGSt **59** 242; *Eb. Schmidt* 6; *Mohrbotter* ZStW **84** 631; vgl. aber auch Rdn. 7 a.E.
[26] BGHSt **9** 329; RGSt **31** 436; RG GA **41** (1893) 389; RG LZ **1917** 210; BayObLGSt **1951** 139; KG JR Rspr. **1927** Nr. 892; ganz h. Lehre.
[27] BayObLG DRiZ **1929** Nr. 313; KG GA **74** (1930) 307; JR **1958** 269 mit Anm. *Sarstedt*; *Eb. Schmidt* 10; *Sarstedt/Hamm* 164.
[28] KK-*Pikart* 15; KMR-*Paulus* 21; *Kleinknecht*/*Meyer* 10.
[29] Kritisch dazu *Sommerlad* 143 ff.

nung³⁰ grundsätzlich jedes später in der Sache entscheidende Revisionsgericht die Aufhebungsansicht der ersten Revisionsentscheidung zu beachten (sog. Selbstbindung)³¹. Das Bundesverfassungsgericht (BVerfGE 4 6) sprach schon 1954 von „einem Grundsatz des deutschen Verfahrensrechts". Die Bindung besteht auch, wenn zunächst ein anderer Senat des Revisionsgerichts entschieden hatte³², und sie besteht ferner für den Bundesgerichtshof, wenn die frühere Revisionsentscheidung von einem Oberlandesgericht stammte³³. Sie gilt auch, wenn das erste Revisionsurteil unter Verstoß gegen die Vorlegungspflicht nach § 121 Abs. 2, § 136 GVG ergangen ist³⁴. Übersieht das Revisionsgericht die Selbstbindung, so verstößt das jedenfalls dann nicht gegen das GG, wenn die Außerachtlassung nicht auf sachfremden Erwägungen beruht (BVerfGE 4 6).

Keine Selbstbindung des Revisionsgerichts an die frühere Rechtsauffassung besteht, wenn zwischenzeitlich eine Gesetzesänderung eingetreten ist, durch die die Rechtsfrage anders gelöst wurde; denn § 358 Abs. 1 geht den §§ 354 a, 206 b nicht vor³⁵. Die Bindung entfällt auch, wenn das Bundesverfassungsgericht die fragliche Rechtsnorm in der Zwischenzeit für ungültig erklärt hat (vgl. oben Rdn. 10), und sie muß ebenso entfallen, wenn die erste Revisionsentscheidung offensichtlich gegen Art. 103 Abs. 2 GG verstieß (vgl. oben Rdn. 10; *Schlüchter* 7 56.3). Zweifelhaft und sehr umstritten ist jedoch³⁶, ob die Selbstbindung des Revisionsgerichts auch dann entfällt, wenn die der Aufhebungsentscheidung zugrunde liegende Rechtsansicht vom Revisionsgericht inzwischen geändert (aufgegeben) worden ist. Dies hängt entscheidend von der ganz unterschiedlich beantworteten Frage nach dem Grund der Selbstbindung (Rdn. 15) ab. Für die Auffassung, die auch hier eine Bindung bejaht³⁷, sprechen namentlich Gründe der Rechtssicherheit und des Rechtsfriedens sowie der Umstand, daß mit der Revision nur Gesetzesverletzungen gerügt werden können (§ 337), der Tatrichter mit der Beachtung der („falschen" oder „richtigen") Rechtsauffassung der ersten Revisionsentscheidung das Gesetz (§ 358 Abs. 1) aber gerade befolgt hat³⁸. Für die gegenteilige Meinung³⁹ spre-

16

---

³⁰ Zu den verschiedenen Begründungen (auch über den Strafprozeß hinaus) *Schönke* ZZP 58 389 ff; *Hanack* 344 ff; *Tiedtke* 241 ff, 246 ff.

³¹ BVerfGE 4 5 = NJW 1954 1153; GmS-OGB BGHZ 60 396 = NJW 1973 1274; RGSt 59 34; RG JW 1935 2380; RG LZ 1919 541; OGHSt 1 212; BayObLG DRiZ 1929 Nr. 313; KK-*Pikart* 13; KMR-*Paulus* 3, 14; *Eb. Schmidt* 4; *Beling* 430; *Dahs/Dahs* 486; *Sarstedt/Hamm* 163; *Hanack* 343 ff; grundsätzlich a. A *Bettermann* DVBl. 1955 22 ff; *Mohrbotter* ZStW 84 624 ff.

³² RGSt 59 34; RG GA 69 (1925) 223; KMR-*Paulus* 3; *Sarstedt/Hamm* 163.

³³ BGH LM Nr. 2; BGH NJW 1952 35; 1953 1880; RGSt 6 357; 22 156; OGHSt 1 36; KG JR 1958 269 mit Anm. *Sarstedt*; OLG Oldenburg NdsRpfl. 1949 96; KK-*Pikart* 13; KMR-*Paulus* 3; *Sarstedt/Hamm* 163.

³⁴ KK-*Pikart* 17; KMR-*Paulus* 13.

³⁵ KK-*Pikart* 17; KMR-*Paulus* 17; *Schröder* 219.

³⁶ Und zwar seit Jahrzehnten und nicht nur im Strafprozeß; vgl. eingehend und mit zahlr. Nachw. *Hanack* 343 ff und *Tiedtke* 241 ff.

³⁷ Vertreten z.B. von RGSt 6 395; KG JW 1926 1002; KMR-*Paulus* 14 f; *Kleinknecht/Meyer* 3; *Sarstedt/Hamm* 163; *Kaiser* NJW 1974 2080; kritisch *Mohrbotter* ZStW 84 624; *Sommerlad* NJW 1974 123.

³⁸ Freilich hat er das Gesetz nur hinsichtlich des § 358 Abs. 1 richtig angewendet, nicht aber durch Befolgung der (zwischenzeitlich als „unrichtig" erkannten) Aufhebungsansicht der ersten Revisionsentscheidung. Insoweit hat er vielmehr aus der geläuterten Sicht der neuen Rechtsauffassung gegen das Gesetz verstoßen. Da anerkanntermaßen aber schon der objektive Gesetzesverstoß des Tatrichters eine Rechtsverletzung darstellt, läßt sich, entgegen einer verbreiteten Meinung (auch LR-*Meyer*²³) nicht einfach sagen, daß es an einem Gesetzesverstoß überhaupt fehlt (vgl. *Hanack* 348; dagegen ausdrücklich z.B. KMR-*Paulus* 14). Vielmehr zeigt sich gerade in dieser Rechtslage der eigentliche Grund des bestehenden Dilemmas.

³⁹ So vor allem GmS-OGB BGHZ 60 360 = NJW 1953 1274; *Kleinknecht*³⁵ 3; vgl. auch im folg. Text.

chen hingegen Gründe der Gerechtigkeit (zumal die neue tatrichterliche Entscheidung aus geläuterter Sicht insoweit das Gesetz verletzt, s. Fußn. 38) und wohl auch der Rechtsprechungseinheit, also die spezifischen Zwecke der Revision, und für sie spricht gewiß auch, daß es ein Problem ist, den neuen Revisionsrichter zu einer Entscheidung zu zwingen, die er oder doch die (nach § 121 Abs. 2, § 136 GVG als Einheit gedachte) Revisionsgerichtsbarkeit für unrichtig hält. Der GmS-OGB[40] hat (im Ausgangsfall einer Steuergerichtssache) die Selbstbindung verneint, dabei aber ausdrücklich offen gelassen, ob für das Strafverfahren besondere Grundsätze gelten[41], und auch nur den Fall entschieden, daß das Revisionsgericht die Änderung seiner Rechtsauffassung schon vor seiner zweiten Entscheidung vorgenommen (und bekanntgegeben) hat. Im Widerstreit der Belange dürfte, jedenfalls im Strafverfahrensrecht, in erster Linie darauf abzustellen sein, daß das Verfahren im Interesse der Rechtssicherheit und des Rechtsfriedens einmal ein Ende haben muß, grundsätzlich also die Selbstbindung des Revisionsgerichts vorgeht. Eine Ausnahme von dieser Bindung sollte man jedoch dann gestatten, wenn nach der ersten Revisionsentscheidung eine höhere revisionsrechtliche Instanz im Vorlegungsverfahren (§ 121 Abs. 2, §§ 136, 137 GVG) die Rechtsfrage zwischenzeitlich anders entschieden hat, weil eine solche Entscheidung einer Gesetzesänderung so sehr ähnelt und üblicherweise auch von solcher Bedeutung ist, daß es nicht angängig erscheint, hier auf der Selbstbindung zu beharren[42]. Die Ausnahme darf dabei aber wohl nur zugunsten des Angeklagten gelten, weil das Bedürfnis nach materieller Gerechtigkeit, das der Ausnahme zugrunde liegt, es nicht rechtfertigt, dem Angeklagten eine Rechtsposition wieder zu nehmen, die er durch die ihm günstige erste Revisionsentscheidung erlangt hat[43].

17 Soweit die Selbstbindung reicht, besteht keine **Vorlegungspflicht** nach §§ 121 Abs. 2, 136 GVG und § 2 des Gesetzes zur Wahrung der Einheitlichkeit der Rechtsprechung der obersten Gerichtshöfe des Bundes v. 19. 6. 1968 (BGBl. I 661). Denn der Aufhebungsansicht der ersten Revisionsentscheidung gebührt nach dem Gesagten (Rdn. 16) grundsätzlich der Vorrang[44].

II. Verschlechterungsverbot (Absatz 2)

18 **1. Allgemeines und Einzelfragen.** Die Vorschrift entspricht völlig dem für das Berufungsverfahren geltenden § 331. Das Verschlechterungsverbot des § 358 Abs. 2 richtet sich sowohl an den Tatrichter, der nach Zurückverweisung der Sache erneut entscheidet, als auch an das Revisionsgericht, wenn es gemäß § 354 Abs. 1 eine Entscheidung in der Sache selbst trifft[45]. Es gilt auch, wenn das Revisionsgericht das Verfahren wegen eines Prozeßhindernisses eingestellt hat und die Staatsanwaltschaft nach Heilung des

---

[40] aaO (Fußn. 39); kritisch zu der Entscheidung z.B. *Mohrbotter* ZStW **84** 612; *Sommerlad* NJW **1974** 123; LR-*Meyer* in der 23. Aufl.

[41] Zu den Gründen dafür vgl. *Sarstedt* in *Sarstedt/Hamm* 163 Fußn. 195.

[42] Auch diese Ansicht ist, nicht nur im Strafprozeß, sehr streitig. Im Sinne des Textes (außer GmS-OGB BGHZ **60** 392) KK-*Pikart* 13; *Kleinknecht*[35] 3; *Hanack* 350; *Tiedke* 167; a. A die herrschende Auffassung: KG JW **1926** 1002; *Kleinknecht/Meyer* 3; KMR-*Pau-*

lus 15 (eingehend und mit weit. Nachw.); *Schlüchter* 756.3; *Sarstedt/Hamm* 163.

[43] So überzeugend *Schröder* 219 ff; auf die Bedeutung der erlangten Rechtsposition weisen auch LR-*Meyer*[23] und *Schlüchter* 576.3 Fußn. 579 hin; dagegen KMR-*Paulus* 14.

[44] Im Ergebnis ebenso KG JR **1958** 270 mit Anm. *Sarstedt* und die ganz h.M.

[45] RGSt **45** 65; OLG Saarbrücken JBl. Saar **1962** 108; allg. Lehre.

Mangels eine neue Anklage erhebt[46]. Denn daß die Schlechterstellung deswegen erlaubt sein sollte, weil ein von Amts wegen zu beachtendes Verfahrenshindernis ein neues Verfahren erforderlich macht, ist mit dem Sinn des Verbots (vgl. bei § 331) unvereinbar.

Hatte ein von der **Staatsanwaltschaft zuungunsten des Angeklagten** eingelegtes **19** Rechtsmittel lediglich zu dessen Gunsten Erfolg, so daß das angefochtene Urteil in Anwendung des § 301 aufgehoben wurde, ist die Schlechterstellung ebenfalls unzulässig. Aus dem Wortlaut des § 358 Abs. 2 läßt sich das zwar nicht herleiten; aber der zugunsten des Angeklagten geschaffene § 301 kann nicht dadurch in sein Gegenteil verkehrt werden, daß der Tatrichter nach der Urteilsaufhebung die Befugnis erhält, den Angeklagten wieder schlechterzustellen[47].

Entscheidet das Landgericht über eine **Berufung,** die in Wahrheit eine Revision ist, **20** und setzt es dabei die Strafe herab, so muß das Revisionsgericht es bei der Strafermäßigung belassen, wenn es nunmehr über die Revision des Angeklagten sachlich entscheidet oder sie wegen Formmangels als unzulässig verwirft[48]. Gleiches gilt für den Fall, daß das Berufungsgericht bei Ermäßigung einer Strafe übersehen hat, daß sie bereits rechtskräftig war, weil der Einspruch gegen den **Strafbefehl** verspätet oder sonst unzulässig war. Das Revisionsgericht verwirft dann den Einspruch mit der Maßgabe, daß es bei der Strafherabsetzung bleibt[49]. Auch wenn das Berufungsgericht die Unzulässigkeit der Berufung übersehen oder irrtümlich eine Beschränkung der Berufung für unwirksam gehalten und die Strafe trotz der Rechtskraft des Strafausspruchs herabgesetzt hat, muß es hierbei bleiben, sofern nur der Angeklagte Revision eingelegt hat[50]. Im umgekehrten Fall (das Berufungsgericht verwirft die Berufung, meint aber z. B. irrtümlich, sie erstrecke sich nicht auf eine angeordnete Maßregel) hält die ganz h. M eine Nachholung der unterlassenen Entscheidung nach revisionsgerichtlicher Aufhebung des Berufungsurteils ohne Verstoß gegen das Verschlechterungsverbot für zulässig[51], weil das Berufungsgericht insoweit ja gar nicht entschieden hat, also die erstinstanzliche Verurteilung fortbesteht.

Hat der Tatrichter nach Aufhebung des Urteils im Gesamtstrafausspruch irrtümlich **Nebenfolgen** oder **Maßregeln** nicht als mitaufgehoben angesehen und sie daher bei **21** der neuen Entscheidung nur im Urteilsausspruch wiederholt, nicht aber in den Gründen „verhängt", hält der Bundesgerichtshof eine Nachholung der Entscheidung für unzulässig. Er ist der Ansicht, das Revisionsgericht müsse, wenn die Sache ihm erneut auf eine Revision vorliegt, das Urteil dahin berichtigen, daß die Nebenfolge oder Maßregel entfällt[52]. Dem ist nicht zuzustimmen. Denn das Verbot der Schlechterstellung muß sich

---

[46] BayObLGSt **1961** 124 = NJW **1961** 1487; OLG Hamburg NJW **1975** 1475; KMR-*Paulus* § 337, 7; *Eb. Schmidt* Nachtr. 331, 4; a. A BGHSt 20 80 in einem obiter dictum; KK-*Pikart* 7; *Sarstedt/Hamm* 161.
[47] BGHSt **13** 41 = JZ **1959** 448 mit Anm. *Peters;* BGH bei *Dallinger* MDR **1969** 904; RGSt **45** 64; KK-*Pikart* 18; *Amelunxen* 83; *Hanack* JZ **1973** 661; vgl. auch bei § 301.
[48] BayObLGSt **1953** 5 = NJW **1953** 756; vgl. auch bei § 331.
[49] BGHSt **18** 127; BayObLSt **1953** 34; OLG Hamm NJW **1970** 1093; *Hanack* JZ **1974** 56; a. A *Eb. Schmidt* Nachtr. I § 411, 12; vgl. auch Einl. Kap. 11 unter VI und bei § 411.
[50] OLG Oldenburg NJW **1959** 1983; Einl. Kap. 11 unter VI.
[51] BayObLGSt **1968** 31 = VRS **35** 260; OLG Frankfurt NJW **1959** 1504 mit Anm. *Hartung*. OLG Hamburg VRS **27** 99; OLG Hamm VRS **21** 198; **35** 364; vgl. aber OLG Koblenz VRS **43** 420, das bei der Maßregel des § 69 StGB wegen der Fristbestimmung des § 69a Abs. 5 StGB die Urteilsaufhebung für unzulässig hält.
[52] BGHSt **14** 343; BGH VRS **20** 118; ebenso KK-*Pikart* 25.

§ 358   Drittes Buch. Rechtsmittel

nach dem Urteilsausspruch beurteilen und nicht danach, was in den Urteilsgründen gesagt wird; hat der Tatrichter in den Urteilsausspruch eine Strafe, Nebenfolge oder Maßregel aufgenommen, so stellt es den Angeklagten nicht schlechter, wenn es hierbei verbleibt.

22   Im übrigen enthält § 358 Abs. 2 **keine Besonderheiten** gegenüber dem Verbot der Schlechterstellung in der gleichlautenden Vorschrift des § 331. Auf die dortigen Erläuterungen kann daher verwiesen werden.

23   **2. Prüfung durch das Revisionsgericht.** Ob das Gericht, an das zurückverwiesen worden ist, gegen das Verbot des § 358 Abs. 2 verstoßen hat, muß das Revisionsgericht bei erneuter Revision, ebenso wie einen Verstoß gegen § 331, auch beachten, wenn eine entsprechende Verfahrensrüge nicht erhoben ist[53]. Vielfach wird dies damit begründet, das Verschlechterungsverbot führe zu einer einseitigen, nur zugunsten des Angeklagten wirksamen Rechtskraft und bilde daher ein von Amts wegen zu berücksichtigendes Verfahrenshindernis[54]. Eine derart beschränkte Rechtskraft gibt es jedoch nicht[55]. Im Hinblick auf den Umstand, daß die Vorschrift dem staatlichen Strafanspruch aus prozessualen Gründen eine Obergrenze setzt, wird man aber dennoch ein Verfahrenshindernis anzunehmen haben (vgl. bei § 331), so daß der Verstoß gegen die Bindung nicht nur auf die erhobene Sachrüge hin zu prüfen ist[56].

---

[53] BGHSt **12** 95; **14** 7; BGH LM Nr. 21; RG JW **1935** 2381; BayObLGSt **1973** 45 = NJW **1973** 1141; OLG Frankfurt OLGSt § 331 S. 7. Vgl. auch bei § 331.

[54] So z.B. BGHSt **11** 322; RGSt **67** 64; weitere Nachw. bei § 331; ebenso KK-*Pikart* 25; *Sarstedt/Hamm* 161 sprechen von einer „Art Teilrechtskraft"; BGHSt **27** 179 hat die Frage offengelassen.

[55] KMR-*Paulus* 9; *Eb. Schmidt* Nachtr. I 331, 2; *Hanack* JZ **1973** 660; bei § 331.

[56] Ebenso *Hanack* JZ **1973** 662; zweifelnd *Eb. Schmidt* Nachtr. I § 331, 2; a. A KG GA **1907** 46; **1931** 336; OLG Celle NdsRpfl. **1969** 192; OLG Karlsruhe VRS **48** 426; KMR-*Paulus* 22; LR-*Meyer* in der 23. Aufl.

Stand: 1. 5. 1985

VIERTES BUCH

Wiederaufnahme eines durch rechtskräftiges Urteil abgeschlossenen Verfahrens

Vorbemerkungen

Schrifttum. *Alsberg* Justizirrtum und Wiederaufnahme (1913) Teil I, II; *Asam* Die Voraussetzungen einer Wiederaufnahme des Verfahrens gemäß § 79 Abs. 1 BVerfGG, Diss. München 1965; *Bahlmann* Der verfassungsrechtliche Wiederaufnahmegrund nach § 79 Abs. 1 des Bundesverfassungsgerichtsgesetzes, MDR **1963** 541; *Bauer* Die Wiederaufnahme teilweise abgeschlossener Strafverfahren, JZ **1952** 209; *Bertram* Einzelne Fragen zum Wiederaufnahmeverfahren nach §§ 79 I BVerfGG, 359 ff StPO, MDR **1962** 535; *Bottke* Wiederaufnahmeverfahren, NStZ **1981** 135; *Brauns* Fehlerhafte Strafurteile, DRiZ **1963** 260; *Brauns* Das Wiederaufnahmeverfahren gemäß § 79 I BVerfGG, k + v **1963** 351; *Creifelds* Strafprozessuale Auswirkungen der Entscheidungen des Bundesverfassungsgerichts zu den §§ 49 StVO, 71 StVZO und StVG, JR **1962** 361; *Creifelds* Die Wiederaufnahme des Verfahrens bei teilweise rechtskräftigen Strafurteilen, GA **1965** 193; *Deml* Zur Reform der Wiederaufnahme des Strafverfahrens (1979); *Dingeldey* Strafrechtliche Konsequenzen einer etwaigen Nichtigkeitserklärung des Parteienfinanzierungsgesetzes durch das BVerfG, NStZ **1985** 337; *Dippel* Zur Reform des Rechts der Wiederaufnahme des Verfahrens im Strafprozeß, GA **1972** 97; *Dippel* Das geltende deutsche Wiederaufnahmerecht und seine Erneuerung, in: Jescheck/Meyer 13; *Döring* Wiederaufnahme und Strafvollstreckung, JR **1927** 97; *Doerner* Die Wiederaufnahme des Verfahrens, in: Gürtner 430; *zu Dohna* Die Anfechtbarkeit rechtskräftiger Strafurteile, DStR **1936** 16; *zu Dohna* Die Wiederaufnahme zuungunsten, DStR **1937** 201; *Dünnebier* Die Berechtigten zum Wiederaufnahmeantrag, FS II Peters 333; *Ebermayer* Sie waren unschuldig. Fehlurteile im Namen der Gerechtigkeit (1965); *Ewald* Die Wiederaufnahme im Strafverfahren in dogmatischer Darstellung, Diss. Tübingen 1925; *Fingas* Die Fehlentscheidungen des Richters im deutschen Strafverfahren, Diss. Saarbrücken 1971; *Fischer* Voraussetzungen und Beschränkungen der strafprozessualen Wiederaufnahme, Diss. Erlangen 1934; *Fuchs* Wiederaufnahme und in dubio pro reo, JuS **1969** 516; *Ganz* Wiederaufnahme des Verfahrens und Tod des Privatklägers, DStrZ **1914** 609; *Gebser* Über die Wirkungen der Freisprechung im wiederaufgenommenen Strafverfahren, Diss. Tübingen 1902; *Gerhardt* Reform des Wiederaufnahmerechts, ZRP **1972** 121; *Giehl* Die Wiederaufnahme des Verfahrens nach der Strafprozeßordnung vom 1. 2. 1877 mit einem Abschnitt de lege ferenda, Diss. Erlangen 1914; *Gössel* Über die Zulässigkeit der Wiederaufnahme gegen teilrechtskräftige Urteile, NStZ **1983** 391; *Günther* Verbot der antizipierten Beweiswürdigung im strafprozessualen Wiederaufnahmeverfahren? MDR **1974** 93; *Hamann* Vollstreckung von Wiederaufnahmeentscheidungen, RPfleger **1981** 138; *Hanack* Zur Reform des Rechts der Wiederaufnahme des Verfahrens im Strafprozeß, JZ **1973** 393; *Hassemer* Verhandlungsunfähigkeit des Verurteilten im Wiederaufnahmeverfahren, NJW **1983** 2353; *Hellwig* Justizirrtümer (1914); *Hellwig* Zur Frage des Justizirrtums in Strafsachen, GerS 87 (1920) 375; *von Hentig* Wiederaufnahmerecht (1930); *Herkerath* Die Wiederaufnahme des Verfahrens in der Strafprozeßordnung, der Militärstrafgerichtsordnung und den Disziplinargesetzen, Diss. Erlangen 1909; *Hirschberg* Zur Psychologie der Wiederaufnahmeverfahren, MSchrKrimPsych. **1930** 395; *Hirschberg* Das Fehlurteil in der Strafjustiz, MSchrKrim. **1955** 129; *Hirschberg* Das Fehlurteil im Strafprozeß (1960); *Jescheck/Meyer* (Hrsg.) Die Wiederaufnahme des Strafverfahrens im deutschen und ausländischen Recht (1974); *Judex* Irrtümer der Strafjustiz (1963); *Kaiser* Folgerungen aus den Entscheidungen des Bundesverfassungsgerichts zu den verkehrsrechtlichen Strafbestimmungen, NJW **1962** 1703; *Kempner* Hermann Göring als Organisator des Reichstagsbrandes und das Wiederaufnahmeverfahren für Marinus van der Lubbe, FS II Peters 365; *Kiwit* Fehlurteile im Strafrecht. Entstehung, Gesetzmäßigkeit und Möglichkeiten zur Vermeidung, Diss. Münster 1965; *Kleinknecht* Das Fehlurteil im Strafprozeß, GA **1961** 45; *Kneser* Der Einfluß der Nichtigerklärung von Normen auf unanfechtbare Entscheidungen — § 79 BVerfGG, AöR 89 129; *Knoche* Zur Reform des Wiederaufnahmerechts im Strafverfahren, DRiZ **1971** 299; *Kobel* Das Wiederauf-

Vor § 359   Viertes Buch. Wiederaufnahme

nahmeverfahren gemäß § 79 I BVerfGG, k + v **1963** 14; *Krägeloh* Verbesserungen im Wiederaufnahmerecht durch das Erste Gesetz zur Reform des Strafverfahrensrechts (1. StVRG), NJW **1975** 137; *Kraschutzki* Untaten der Gerechtigkeit (1966); *von Kries* Die Bestimmungen der deutschen Strafprozeßordnung über die Wiederaufnahme eines durch rechtskräftiges Urteil abgeschlossenen Verfahrens, GA **26** (1878) 169; *Krüger* Probleme des Wiederaufnahmeverfahrens nach den Entscheidungen des BVerfG vom 3. und 25. 7. 1962 zu den §§ 71 StVZO, 49 StVO, HambJVBl. **1962** 48; *Kurreck* Mord nach Paragraphen. Der Unschuldige in den Mühlen der Justiz (1969); *Lampe* Die Durchbrechung der materiellen Rechtskraft bei Strafurteilen, GA **1968** 33; *Lantzke* Materielle Rechtsfehler als Wiederaufnahmegrund? Ein Beitrag zur Reform des Wiederaufnahmerechts, ZRP **1970** 201; *Lemke* Gegenvorstellungen gegen rechtskräftige, die Strafaussetzung widerrufende Beschlüsse, ZRP **1978** 281; *Lepmann* Fehlerquellen bei Ermittlung des Sachverhalts durch Sachverständige (1912); *Lippmann* Zum Reformvorschlag über das Wiederaufnahmeverfahren, DJZ **1906** 990; *Lobe* Die Wiederaufnahme im Strafverfahren, GerS **110** (1938) 239; *Maurer* Strafurteil und verfassungswidriges Gesetz, JZ **1963** 666; *E. Mayer* Über die Wiederaufnahme des Verfahrens im Strafprozeß. Geltendes und künftiges Recht (1931); *Hellm. Mayer* Die konstruktiven Grundlagen des Wiederaufnahmeverfahrens und seine Reform, GerS **99** (1930) 299; *Merkl* Justizirrtum und Rechtswahrheit, ZStW **45** (1925) 452; *J. Meyer* Die Wiederaufnahme des Strafverfahrens in rechtsvergleichender Darstellung, in: *Jescheck/Meyer* 729; *J. Meyer* Wiederaufnahmereform (1977); *J. Meyer* Aktuelle Probleme der Wiederaufnahme des Strafverfahrens, ZStW **84** (1972) 909; *J. Meyer* Wiederaufnahme bei Teilrechtskraft, FS II Peters 375; *Karlh. Meyer* Wiederaufnahmeanträge mit bisher zurückgehaltenem Tatsachenvortrag, FS II Peters 387; *Middendorf* Prozeßvereitelung und Fehlurteil, SchlHA **1973** 2; *H. J. Müller* Die Wiederaufnahmegründe im kommenden Strafverfahren. Ein Beitrag zur Lehre von der Rechtskraft des Strafurteils (1940); *Neumann* System der strafprozessualen Wiederaufnahme (1932); *Peters* Zeugenlüge und Prozeßausgang (1939); *Peters* Ein Beitrag zum Fehlurteil — Erfahrungen aus einem Lehrerprozeß, FS Mezger 477; *Peters* Freie Beweiswürdigung und Justizirrtum, FS Olivecrona (1964) 532; *Peters* Die Schwierigkeiten bei der Feststellung abnormer Zustände im Strafverfahren. Ein Beitrag zum Wiederaufnahmeverfahren, Erinnerungsgabe für Grünhut (1965) 129; *Peters* Untersuchungen zum Fehlurteil im Strafprozeß (1967); *Peters* Beiträge zum Wiederaufnahmerecht. Zulässigkeitsprobleme, FS Kern 35; *Peters* Fehlerquellen im Strafprozeß, 1. Band — Einführung und Dokumentation (1970), 2. Band — Systematische Untersuchungen und Folgerungen (1972), 3. Band — Wiederaufnahmerecht (1974); *Peters* Gescheiterte Wiederaufnahmeverfahren, FS Gallas 441; *Peters* Die Reform des Wiederaufnahmerechts, in: *Lüttger* Probleme der Strafprozeßreform (1975) 107; *Pflüger* Auswirkungen des Todes des Angeklagten auf die Kostenentscheidung, NJW **1983** 1894; *Reiff* Das Schicksal friedensgerichtlicher Entscheidungen nach dem Karlsruher Spruch, NJW **1960** 1559; *Riehn* Das Wiederaufnahmeverfahren gemäß § 79 I BVerfGG, k + v **1973** 207, 393; *Röhl* Was wird aus den Urteilen der Friedensgerichte? NJW **1960** 179; *Rosenblatt* Res judicata und Justizirrtum. Ein Beitrag zur Lehre von der Wiederaufnahme des Strafverfahrens, ZStW **23** (1903) 580; *Rosenblatt* Zum Capitel der Wiederaufnahme des Strafverfahrens, GerS **53** (1897) 450; *Rosenblatt* Die Wiederaufnahme des Strafverfahrens in den europäischen Gesetzen der Gegenwart, ZStW **26** (1906) 101; *Rosenblatt* Die Wiederaufnahme des Strafverfahrens im Entwurf der neuen Strafprozeßordnung, ZStW **29** (1909) 485; *Sattler* Wiederaufnahme des Strafprozesses nach Feststellung der Konventionswidrigkeit durch Organe der Europäischen Menschenrechtskonvention, Diss. Freiburg 1973; *K. Schäfer* Wiederaufnahmeverfahren und Amnestie, JR **1929** 65; *K. Schäfer* Wiederaufnahmeverfahren und Erlöschen des Strafanspruchs, JR **1933** 6, 18; *Schmidt-Leichner* Die Folgen der Verfassungswidrigkeit des § 71 Straßenverkehrszulassungsordnung. Was wird aus § 21 Straßenverkehrsgesetz? NJW **1962** 1369; *Schöneborn* Strafprozessuale Wiederaufnahmeproblematik (1980); *Schultz* Die Wiederaufnahme des Verfahrens im Strafprozeß, jetzt und künftig, JR **1929** 233; *Schünemann* Das strafprozessuale Wiederaufnahmeverfahren propter nova und der Grundsatz „in dubio pro reo", ZStW **84** (1972) 870; *Schumann* Menschenrechtskonvention und Wiederaufnahme des Verfahrens, NJW **1964** 753; *Schwarz* Wiederaufnahme und Vertrauenskrise, DJZ **1928** 1294; *Schwarz* Wiederaufnahmeverfahren und Entschädigung für unschuldig Verurteilte, DJZ **1931** 1116; *Schwarze* Die Wiederaufnahme des Strafverfahrens, GerS **25** (1873) 395; *Seemüller* Die Entscheidung über die strafprozessuale Wiederaufnahme, Diss. Erlangen 1935; *Sello* Die Irrtümer der Strafjustiz und ihre Ursachen (1911); *Siebert* Wiederaufnahmeverfahren und Amnestiegesetz, DRiZ **1934** 336; *Siegert* Die Rechtskraftwirkungen im künftigen Strafprozeß, DStR **1935** 283; *von Stackelberg* Läßt sich die Verfassungswidrigkeit von Strafurteilen zu §71 StVZO und §49 StVO heilen? NJW **1963** 700; *von Stackelberg* Beweisprobleme im strafprozessualen Wiederaufnahmeverfahren, FS II Peters 453; *Stückle* Die Wiederaufnahme des Verfahrens im Strafverfahren unter besonderer Berücksichtigung der Stellung des iudex a quo, Diss. Tübingen 1929; *Thierack* Rechtsmittel und Wiederaufnahme des Verfahrens im künftigen Strafprozeßrecht, GerS **106** (1935) 1; *Töwe* Wiederaufnahme zugunsten und zuungunsten des Angeklagten, JBAkDR **1937** 226; *Ullmann* Die Wiederaufnahme des Verfahrens nach der Strafprozeßordnung vom 1. Februar 1877, Diss. Leipzig 1906; *Vogler* Die Wiederaufnahme des Strafverfahrens bei Verstößen gegen die Konvention zum Schutze der Menschenrechte und Grundfreiheiten (MRK), in: *Jescheck-Meyer* 713; *Wachsmann* Die Wiederaufnahme des Verfahrens in rechtsvergleichender Darstellung nach deutschem, österreichischem und ungarischem Strafprozeßrecht, Diss. Würzburg 1919; *Walter* Wahrheit und Rechtskraft. Das Wiederaufnahmeverfahren zugunsten des Verurteilten (1931); *Wasserburg* Die Pflichtverteidigerstellung unter besonderer Berücksichtigung des Wiederaufnahmerechts, GA **1982** 304 = selbständige Veröffentlichung von S. 166 ff des Handbuchs; *Wasserburg* Die Funktion des Grundsatzes „in dubio pro reo" im Aditions- und Probationsverfahren, ZStW **94** (1982) 914; *Wasserburg* Die Wiederaufnahme des Strafverfahrens, Handbuch (1983); *Wimmer* Justizirrtümer oder summarische Gerechtigkeit in Verkehrsstrafsachen, FS Schorn (1966) 99; *Winkler* Zur Reform des Wiederaufnahmeverfahrens im Strafprozeß, GerS **78** (1911) 331; *Woermann* Das Wiederaufnahmeverfahren und die Entschädigung unschuldig Verurteilter (1899); *Wunderer* Zur Neuordnung des Wiederaufnahmeverfahrens, DJZ **1936** 158.

Entstehungsgeschichte. Der Abschnitt wurde erstmals im Jahre 1933 mit Rücksicht auf die nunmehr im sachlichen Strafrecht vorgesehenen Rechtsfolgen der Sicherungsmaßregeln geändert; Art. 2 Nr. 31 bis 34 AGGewVerbrG fügte dem §359 einen Absatz 2 an, faßte §363 neu und ergänzte §371 Abs. 3 und §373 Abs. 2 durch die Einfügung eines weiteren Satzes. Danach beseitigte Art. 1 Nr. 4 Buchst. c des Gesetzes zur Änderung von Vorschriften des Strafverfahrens und des Gerichtsverfassungsgesetzes vom 28. 6. 1935 (RGBl. I 844) das Verbot der Schlechterstellung in §373 Abs. 2. Erhebliche Änderungen brachte im Jahre 1943 der Art. 6 der 3. VereinfVO. Die Wiederaufnahmegründe des §359 Nr. 1 bis 4 und des §362 Nr. 1 bis 4 wurden abgeschafft. Statt dessen wurde in dem neugefaßten §359 die Wiederaufnahme sowohl zugunsten als auch zuungunsten des Verurteilten oder Freigesprochenen beim Vorliegen neuer Tatsachen und Beweismittel zugelassen; für die Wiederaufnahme zuungunsten des Angeklagten galt die Einschränkung, daß die neue Verfolgung zum Schutz des Volkes notwendig sein muß (§359 Abs. 2). Die infolge dieser Neuregelung überflüssig gewordenen §§362 und 363 wurden gestrichen, §367 Abs. 1 Satz 2 und §370 Abs. 1 neu gefaßt und §373 a eingefügt. Nach dem Krieg stellte Art. 3 Nr. 151 ff. VeinhG den bis 1933 bestehenden Rechtszustand im wesentlichen wieder her; Maßregeln der Sicherung und Besserung wurden in §359 Nr. 5 und §373 Abs. 2 Satz 2 berücksichtigt. Sodann änderte Art. 4 Nr. 39 und 40 des 3. StRÄndG den §362 Nr. 2 und fügte dem §364 den Satz 2 an. Art. 10 Nr. 4 und 5 des StPÄG von 1964 änderte §369 Abs. 3 und ergänzte §372 durch die Einfügung des Satzes 2. Durch Art. IV Nr. 9 und 10 PräsVerfG wurden §359 Nr. 3 und §362 Nr. 3 geändert. Art. 21 Nr. 86 bis 91 EGStGB paßte §359 Nr. 3 und 5, §362 Nr. 3 und 4, §363 Abs. 2, §364 Satz 1, §371 Abs. 3 Satz 2 und §373 Abs. 2 den Änderungen des materiellen Rechts durch das 2. StRG an. Durch Art. 1 Nr. 90 bis 93 des 1. StVRG wurden die §§364 a, 364 b eingefügt und §367 neu gefaßt. Art. 3 Nr. 3 Buchst. d des Gesetzes zur Änderung des Strafvollzugsgesetzes (StVollzÄndG) vom 20. 12. 1984 (BGBl. I 1654) bestimmte den Wegfall des nie wirksam gewordenen, die sozialtherapeutische Anstalt betroffenen Satzteils in §373 Abs. 4 Satz 2 StPO. Wegen des Inhalts der Änderungen im übrigen wird auf die Entstehungsgeschichte der einzelnen Vorschriften verwiesen.

Vor § 359 — Viertes Buch. Wiederaufnahme

Übersicht

	Rdn.
A. Die Wiederaufnahme im System des Strafverfahrensrechts	
I. Wiederaufnahme und Verfahrensziel	1
1. Inquisitions- und Akkusationsprinzip	
a) Bedeutung	2
b) Konsequenzen	4
2. Verfahrensprinzipien und Verfahrensziele im Wiederaufnahmeverfahren	
a) Wahrheit und Gerechtigkeit als Verfahrensziel	5
b) Rechtssicherheit als Verfahrensziel	10
3. Das Spannungsverhältnis zwischen den einzelnen Verfahrensprinzipien (Verfahrenszielen) als Wesensmerkmal des Wiederaufnahmeverfahrens	11
a) Lösungswege	12
b) Wiederaufnahmegründe und Verfahrensprinzipien (Verfahrensziele)	15
c) Verfahren und Verfahrensprinzipien	19
4. Wirksamkeitsgrenzen der Verfahrensprinzipien und Verfahrensziele im Wiederaufnahmeverfahren	20
II. Das Wiederaufnahmeverfahren im Verhältnis zu den Rechtsmitteln	24
1. Gemeinsamkeiten	25
2. Unterschiede	
a) Rechtsmitteleffekte	26
b) Überprüfungsgegenstand	27
c) Rechtskraft	28
d) Nova	29
B. Der Anfechtungsgegenstand der Wiederaufnahme	
I. Rechtskräftige gerichtliche Entscheidungen	30
1. Arten der Rechtskraft und ihre Wirkungen	31
a) Formelle und materielle Rechtskraft	32
b) Bedeutung für das Wiederaufnahmeverfahren	36
2. Urteile als Gegenstand der Wiederaufnahme	37
a) Sachentscheidende Urteile	38
b) Prozeßurteile	40
3. Beschlüsse als Gegenstand der Wiederaufnahme	46
a) Übersicht	47
b) Rechtsmittel als unzulässig verwerfende Beschlüsse	49
c) Beschlüsse nach §§ 153 ff, 383 Abs. 2; §§ 174, 204 und § 7 Abs. 3 StrFG 1970; § 206 a; §§ 206 b, 349 Abs. 2 und 4, § 371 Abs. 1 und 2	51
d) Rechtsfolgenfestsetzende oder -modifizierende Beschlüsse	63
4. Teilrechtskräftige Entscheidungen	
a) Teilrechtskraft bei Urteilen und Beschlüssen	66
b) Der Streitstand in seiner Entwicklung	68
c) Eigene Auffassung	71
5. Grenzen des Bereichs der Anfechtbarkeit	79
II. Entscheidungen deutscher Gerichte	
1. Bestehende Gerichte	80
2. Entscheidungen nicht mehr bestehender Gerichte	
a) Gerichte, deren Zuständigkeiten auf jetzige deutsche Gerichte übertragen wurden	82
b) Deutsche Gerichte, an deren Sitz deutsche Gerichtsbarkeit nicht mehr ausgeübt wird	83
c) Wehrmachtgerichte und Sondergerichte	85
d) Besatzungsgerichte	86
C. Das Wiederaufnahmeverfahren im Überblick	87
I. Die Zulässigkeit der Wiederaufnahme (Aditionsverfahren)	88
1. Fehlen von Prozeßvoraussetzungen im rechtskräftig abgeschlossenen Vorverfahren	89
2. Allgemeine Prozeßvoraussetzungen im Wiederaufnahmeverfahren	90
a) Wirkung	91
b) Umfang	92
3. Ausgewählte allgemeine Prozeßvoraussetzungen des Wiederaufnahmeverfahrens im einzelnen	
a) Gerichtliche Zuständigkeit	93
b) Verhandlungsfähigkeit	94
c) Begnadigung	96
d) Amnestie	97
4. Die speziellen Zulässigkeitsvoraussetzungen der Wiederaufnahme	
a) Statthaftigkeit des Rechtsbehelfs	105
b) Wiederaufnahmeberechtigte	106
c) Beschwer	107
d) Antrag, Frist und Form	111
e) Wiederaufnahmegrund	112
5. Die Existenz des Privatklägers bei der Wiederaufnahme gegen eine im Privatklageverfahren ergangene rechtskräftige Entscheidung	
a) Tod des Privatklägers nach Antragstellung	115
b) Tod des Privatklägers vor Antragstellung	116

	Rdn.
II. Die Begründetheitsprüfung (Probationsverfahren)	
1. Die Zulässigkeit des Verfahrens	
a) Allgemeine Voraussetzungen	117
b) Zulässigkeitsbeschluß nach § 368	118
2. Gegenstand des Verfahrens und Entscheidung	119
III. Das (neue) Sachentscheidungsverfahren	
1. Die Zulässigkeit des Verfahrens	
a) Allgemeine Zulässigkeitsvoraussetzungen	120
b) Der Beschluß nach § 370 Abs. 2	125
2. Die Entscheidung	126
D. Sonstige Rechtsbehelfe gegen rechtskräftige Urteile	
I. Die Wiederaufnahme des Verfahrens und die sonstigen Rechtsbehelfe vergleichbarer Wirkung	
1. Übersicht über die Rechtsbehelfe gegen rechtskräftige Urteile	127
a) Spezialfälle der Wiederaufnahme	128
b) Verfassungsrecht	131
c) Wiedereinsetzung	133
2. Verhältnis der Wiederaufnahme zu den übrigen Rechtsbehelfen	
a) Gesamtstrafenbildung	134
b) Wiedereinsetzung	135
c) Verfassungsrecht	136

	Rdn.
II. Die Wiederaufnahme nach § 79 Abs. 1 BVerfGG	137
1. Die Voraussetzungen	
a) Die strafgerichtliche Entscheidung und ihre verfassungswidrige Grundlage	138
b) Die verfassungswidrigen Grundlagen im einzelnen	141
c) Anfechtungsgegenstand	145
d) Das Beruhen der angefochtenen Entscheidung auf der verfassungswidrigen Grundlage	147
2. Das Verfahren	
a) Anwendbare Vorschriften der StPO	148
b) Antragsberechtigte	150
c) Form und Inhalt des Wiederaufnahmeantrags	153
d) Gerichtliche Zuständigkeit	156
3. Die Entscheidungen	
a) Zwischenentscheidungen	159
b) Entscheidungsform	160
c) Entscheidungsinhalt	161
d) Kostenentscheidung	162
III. Die Wiederaufnahme aus Wiedergutmachungsgründen	163
E. Reform	
I. Geschichte	165
II. Derzeitige Reformvorschläge	168

A. Die Wiederaufnahme im System des Strafverfahrensrechts

I. Wiederaufnahme und Verfahrensziel

„Das Wiederaufnahmeverfahren dient der Beseitigung rechtskräftiger Fehlentscheidungen". Sosehr dieser Satz von *Peters*[1] auch allgemein anerkannt ist[2], so bedenkenswert und folgenreich sind doch die möglichen **Gründe** für diese verfahrensrechtliche **Möglichkeit zur Korrektur** fehlerhafter Entscheidungen.

1. Inquisitions- und Akkusationsprinzip
a) Bedeutung. *Hellmuth Mayer* hat besonders nachdrücklich darauf aufmerksam gemacht, daß das **akkusatorische Verfahren** bei konsequenter Durchführung eine Wiederaufnahme rechtskräftig entschiedener Verfahren zumindest wegen neuer Tatsachen und Beweismittel im Prinzip gar nicht vorsehen dürfe[3]. Sieht man „das echte akkusatorische Prinzip darin, daß die Parteien den Stoff zu sammeln und dem Richter" zur Streitentscheidung „vorzulegen haben", so kann das Ziel dieser Streitentscheidung ohne Rücksicht auf den von den Parteien bewußt oder unbewußt nicht vorgebrachten

---

[1] *Peters*[4] § 76 I; ebenso *Kühne* 683.
[2] Z. B. KK-*v. Stackelberg* 1 ff; *Kleinknecht/Meyer*[37] 1; *Roxin* § 55 A I; *Rüping* 180; *Wasserburg* Handb. 1.
[3] *H. Mayer* GerS **99** (1930) 299, 311, 314; *Bauer* JZ **1952** 209, 210; *Dippel* in *Jescheck/Meyer* 87.

Stoff „vernünftigerweise" nur darin bestehen, daß der Richterspruch „bedingungslos gelten soll"[4]. Die erneute Durchführung eines solchen Streitentscheidungs- und Schlichtungsverfahrens mit dem Ziel der Wiederherstellung des Rechtsfriedens erscheint nur ausnahmsweise dann möglich, wenn das Verfahren selbst derart makelbehaftet ist, daß die dabei ergehende Entscheidung keine befriedende Wirkung entfalten kann. So sah denn auch der französische Anklageprozeß, die Heimat des akkusatorischen Prinzips, die Wiederaufnahme nur dann vor, wenn „das Verfahren mit einem Falsum behaftet" war[5], z. B., wenn ein Belastungszeuge wegen Meineids verurteilt wurde, und zwar ohne Rücksicht darauf, ob die meineidige Aussage irgendeine Urteilsrelevanz besaß, was das französische Recht sogar nachzuprüfen verbot[6]. Der Gedanke der **Rechtskraft** ist damit dem **Akkusationsprinzip** eng verbunden.

3 Die durch die Vereinigung von Instruktions- und Offizialprinzip gekennzeichnete **Inquisitionsmaxime**[7] dagegen führt zu einem anderen Ergebnis. Ist dem Gericht die Ermittlung der objektiven Wahrheit als Grundlage der als Ziel des Verfahrens angesehenen gerechten Entscheidung über den Verfahrensgegenstand der in der Anklage bezeichneten Personen und Taten zur Pflicht gemacht, so ist im Prinzip die immerwährende Überprüfung des einmal gefällten Urteils am Maßstab der Gerechtigkeit zuzulassen ohne Rücksicht auf irgendwelche Verfahrensfehler: folgerichtig durfte im gemeinrechtlichen Inquisitionsprozeß „über früher unbekannte Nova verhandelt werden, die eben nur durch ihre Novität gekennzeichnet waren"[8] — der Gedanke einer die gerechte Entscheidung hindernden **Rechtskraft** muß diesem Verfahren **fremd** sein[9] (Rdn. 2), weshalb hier die Wiederaufnahme i. S. einer Überprüfung des gefällten Urteils in sehr weitem Umfang zugelassen wurde, soweit „nur irgendwie relevante Nova" beigebracht werden konnten[10], und zwar auch ohne Durchführung einer neuen Hauptverhandlung[11].

4 b) **Konsequenzen.** Die genannten Prinzipien wirken sich demnach unterschiedlich auf das Wiederaufnahmeverfahren aus[12]: während das **inquisitorische Prinzip** im Interesse von Wahrheit und Gerechtigkeit **dynamisch** wirkt und die Gerichte bei neuen Erkenntnissen auch zu stets erneuter Urteilsüberprüfung bereit finden wird, so führt das **akkusatorische Prinzip** zu einer **Verfestigung** des Urteilsspruchs, zur Abwehr jeder erneuten inhaltlichen Überprüfung und zur Wiederaufnahme regelmäßig nur bei schwerwiegenden Verfahrensfehlern, welche weniger zur Überprüfung des früheren Urteilsspruchs, als vorrangig zur Beseitigung des vorausgegangenen fehlerhaften Verfahrens führen[13]. Die auch derzeit noch vielbeklagte mangelnde Bereitschaft der Gerichte zur Zulassung von Wiederaufnahmeverfahren[14] dürfte auch in dieser Wirkung des Akkusationsprinzips ihre Ursache haben — Entsprechendes gilt für die enge oder weite Auslegung der gesetzlichen Vorschriften über die Zulässigkeit der Wiederaufnahme.

2. Verfahrensprinzipien und Verfahrensziele im Wiederaufnahmeverfahren

5 a) **Wahrheit und Gerechtigkeit als Verfahrensziel.** Wegen der in § 244 Abs. 2 anzutreffenden Verbindung der Offizialmaxime mit der Instruktionsmaxime zum Inquisi-

---

[4] *H. Mayer* 311, 302.
[5] *H. Mayer* 310.
[6] *H. Mayer* 309, 311.
[7] *Eb. Schmidt* Einführung in die Geschichte der deutschen Strafrechtspflege³ (1965) 86 f.
[8] *H. Mayer* 310.
[9] *H. Mayer* 312.
[10] *H. Mayer* 304.
[11] *Deml* 7.
[12] Vgl. dazu auch *Jürgen Meyer* Wiederaufnahmereform 55 ff und *Wasserburg* Handb. 5 ff.
[13] *Deml* 8.
[14] *Peters*⁴ § 76 I; a. A LR-*Meyer*²³ 63.

tionsprinzip[15] ist der derzeitige deutsche Strafprozeß in seinem **Wesen Inquisitionsprozeß**, allerdings in moderner, u. a. durch das Anklageprinzip geläuterter Form. § 244 Abs. 2 macht dem Gericht die Erforschung der Wahrheit ex officio zur Pflicht und erweist sich damit zugleich als Ausprägung des Rechtsstaatsprinzips und der in Art. 20 Abs. 3 GG normierten Bindung an Gesetz und Recht: dadurch wird auch die strafende Staatsgewalt zur Erhaltung und Verwirklichung der **materiellen Gerechtigkeit** in jedem Einzelfall verpflichtet, welche die Erforschung des **wahren Sachverhalts** zur Grundlage hat[16] (womit die Existenz und Möglichkeit anders organisierter rechtsstaatlicher Strafverfahrensmodelle nicht bestritten wird).

aa) Das geltende Recht ist nicht so lebensfremd, den Richter zum Unmöglichen zu verpflichten: Ermittlung der Wahrheit heißt Ermittlung der der menschlicher Erkenntnis zugänglichen Wahrheit, also der **relativ-objektiven Wahrheit**. Die mögliche Existenz der von unterschiedlichen Erkenntnisinteressen und -möglichkeiten abhängigen verschiedenen relativ-objektiven Wahrheitsbilder der Verfahrensbeteiligten zwingen dabei keineswegs zu einem Verzicht auf Wahrheit und Gerechtigkeit als mögliche Verfahrensziele: §§ 261, 264 Abs. 1 machen die dem *erkennenden Richter* mögliche Wahrheitserkenntnis zum Ziel des Strafverfahrens und ebenso eine darauf beruhende gerechte Entscheidung.

Daß eine so verstandene Wahrheitsfindung nicht etwa die subjektive Gewißheit des Richters von Wahrheit und Gerechtigkeit voraussetzt, sich vielmehr mit der richterlichen Überzeugung von der an Sicherheit grenzenden Wahrscheinlichkeit begnügt, die zum **subjektiven „für-wahr-halten"** tatsächlicher Vorgänge oder Zustände führt, ist überwiegend anerkannt[17]. In diesem Sinne sind gerechte Entscheidungs- und Wahrheitsfindung durchaus[18] möglich — das Gegenteil ist bisher mindestens nicht plausibel dargelegt[19].

bb) Daraus ergeben sich für das Wiederaufnahmeverfahren folgende **Konsequenzen**: Einmal muß die rechtliche Verpflichtung zur wahren und gerechten Entscheidung im Einzelfall eine inhaltliche Überprüfung auch der letztinstanzlich getroffenen Entscheidung dann möglich machen, stellt sich diese Entscheidung nachträglich als **fehlerhaft** und damit als unwahr und ungerecht heraus — womit über den Umfang solcher Überprüfung freilich noch nichts gesagt ist.

Zweitens ist die nachträgliche Fehlerhaftigkeit und Unwahrheit einer Entscheidung schon dann anzunehmen, wenn *im Zeitpunkt der Überprüfung* die frühere richterliche **Überzeugung** von der an Sicherheit grenzenden Wahrscheinlichkeit des als wahr Angenommenen erschüttert ist (unten § 370, 19; 22).

b) Rechtssicherheit als Verfahrensziel. Neben den soeben erwähnten (Rdn. 5 ff) sind hier weiters die aus dem Akkusationsprinzip (§ 151) folgenden allgemein anerkannten Verfahrensziele des Rechtsfriedens (Rdn. 2) und damit der ebenfalls vom Rechts-

---

[15] *Eb. Schmidt* wie in Fußn. 7; vgl. auch § 151, 2; § 155, 1.
[16] S. dazu *Gössel* ZStW **94** (1982) 5, 17 ff; vgl. auch die folgenden Rdn.
[17] LR-*Gollwitzer*[23] § 261 6; KMR-*Paulus* § 244, 151; s. aber dazu auch *Rieß* GA **1978** 257, 264 f.
[18] H. M; s. nur *Peters*[4] § 13 I 6; *Roxin* § 15 A.

[19] Eine eingehende Diskussion mit dazu abweichenden Meinungen kann hier nicht geleistet werden; jedoch sei hier auf *Schöneborn* 43 ff, 83 ff und die dort berücksichtigte Literatur verwiesen; s. ferner insbes. *Luhmann* Legitimation durch Verfahren[3] (1978); *Rottleuthner* KJ **1971** 60; zum Ganzen auch *Schreiber* ZStW **88** (1976) 117 ff.

staatsprinzip geforderten **Rechtssicherheit**[20] zu berücksichtigen, die eine Wiederaufnahme im Falle eines fehlerhaften Verfahrens der Urteilsgewinnung erlauben.

11 3. **Das Spannungsverhältnis zwischen den einzelnen Verfahrensprinzipien (Verfahrenszielen) als Wesensmerkmal des Wiederaufnahmeverfahrens.** Inquisitions- und Akkusationsmaxime sind damit für die **Spannung** zwischen den beiden dem Rechtsstaatsprinzip entfließenden verfassungsmäßigen Werten der Gerechtigkeit und der Rechtssicherheit verantwortlich, die das gesamte Strafverfahren im allgemeinen kennzeichnet wie das Wiederaufnahmeverfahren im besonderen[21]. Die vom Akkusationsprinzip im Interesse der gesamten Rechtsgemeinschaft geforderte Wahrung der Rechtsbeständigkeit gerichtlicher Entscheidungen, die eine Überprüfung allenfalls des zu der rechtsbeständigen Entscheidung führenden Verfahrens erlaubt, steht zu der vom Gerechtigkeitsgedanken verlangten inhaltlichen Überprüfung im Interesse der individuellen Gerechtigkeit[22] bei Änderung oder Wegfall der Entscheidungsgrundlagen in einem Spannungsverhältnis, das im geltenden Wiederaufnahmerecht durch einen Kompromiß gelöst ist[23].

12 a) **Lösungswege.** Diesen Widerstreit zweier Verfahrensziele hätte der Gesetzgeber durchaus auch dadurch lösen können, daß er einem dieser Ziele den Vorzug eingeräumt hätte[24] — indessen sieht das geltende Wiederaufnahmerecht einen **Kompromiß** derart vor, daß keines dieser beiden Verfahrensziele konsequent verwirklicht wurde, was *Hellmuth Mayer* zu seinem berühmten Wort von der Wiederaufnahme „als systemlose(r) Durchbrechung eines Prinzips"[25] veranlaßte.

13 Der Gedanke der Rechtssicherheit hat sich insoweit durchgesetzt, als die strafgerichtlichen Entscheidungen nach Ablauf der Rechtsmittelfrist bzw. nach (teilweiser) Durchführung des Rechtsmittelverfahrens in Rechtskraft erwachsen und damit u. a. in der Sache grundsätzlich nicht mehr überprüft werden können[26] — dies ist zudem durch das Verfassungsgebot „ne bis in idem" (Art. 103 Abs. 3 GG) abgesichert. Dies bedeutet entgegen *Peters*[27] einen gewissen **Vorrang der Rechtskraft** und damit der Rechtssicherheit gegenüber dem Ziel der Einzelfallgerechtigkeit, das nicht stets und auch nicht in der Regel, sondern nur in den von §§ 359 und 362 eng begrenzten Fällen die Rechtskraft einer ungerechten Entscheidung durchbrechen kann. Wie sich aus den dort benannten Wiederaufnahmegründen ergibt, kann eine **nur** auf falschen Rechtsauffassungen beruhende noch so falsche Entscheidung (Verurteilung zu zweijähriger Freiheitsstrafe wegen fahrlässiger uneidlicher Falschaussage) im Wiederaufnahmeverfahren nicht beseitigt werden: grundsätzlich kann nur bei Unrichtigkeit des der fehlerhaften Entscheidung zugrundeliegenden Sachverhalts die Fehlerhaftigkeit beseitigt werden — die ein-

---

[20] BVerfGE **7** 194, 196; s. auch *Deml* 45 mit weit. Nachw.
[21] BVerfG MDR **1975** 468, 469; OLG Hamburg NJW **1971** 2240, 2241; OLG Köln NJW **1953** 396, 397; OLG Stuttgart MDR **1980** 955, 956; *Eb. Schmidt* 4; *KK-v. Stackelberg* 3; *Kleinknecht/Meyer*[37] 1; *Peters*[4] § 13 I 6; *Schlüchter* 760; *Roxin*[13] § 55 A I; *Gössel* § 39 vor A; *Bauer* JZ **1952** 209, 211; *v. Kries* GA **26** (1878) 169.
[22] *Deml* 44.
[23] *Wasserburg* Handb. 10 ff.

[24] BVerfGE **7** 194, 196; s. dazu auch *Deml* 45 f.
[25] *H. Mayer* GerS **99** (1930) 299, 314.
[26] Daß damit nicht stets auch der Rechtsfriede gewahrt ist, hat *Jürgen Meyer* Wiederaufnahmereform 39 zu Recht betont: die Rechtskraft von Fehlurteilen kann durchaus auch zu „tiefgreifende(r) Beunruhigung" und zur Erschütterung des Rechtsfriedens führen.
[27] *Peters* Fehlurteil **3** 2 f; diesem zustimmend *Jürgen Meyer* FS II Peters 377; vgl. dazu aber auch *Deml* 52 ff.

zige Ausnahme betrifft den Fall der Mitwirkung eines unredlichen Richters (§ 359 Nr. 3; § 362 Nr. 3). Zudem ist die Durchbrechung der Rechtskraft selbst bei Vorliegen der gesamten Wiederaufnahmegründe nicht schlechthin zur Beseitigung der fehlerhaften Entscheidung zulässig, sondern nur zur Erreichung bestimmter Wiederaufnahmeziele. Im Fall der §§ 362, 359 Nr. 1 bis 4 ist dies zwar grundsätzlich jede dem Verurteilten nach dem Entscheidungstenor (unten Rdn. 108) ungünstigere (§ 362) oder günstigere (§ 359 Nr. 1 bis 4) Entscheidung, jedoch nur, soweit nicht § 363 (keine Wiederaufnahme zum Zwecke der Strafbemessung aufgrund desselben Strafgesetzes; keine Wiederaufnahme zum Zwecke der Strafmilderung wegen § 21 StGB) entgegensteht; wird die Wiederaufnahme auf die Begehung einer Straftat gestützt (§ 359 Nr. 2, 3; § 362 Nr. 2, 3), so ist die weitere Beschränkung des § 364 zu beachten.

Deshalb — und nicht etwa wegen der relativen Seltenheit des Verfahrens[28] — ist **14** der Wiederaufnahme in der Tat ein Ausnahmecharakter[29] zuzusprechen, der sich aus dem Gesetz ergibt und deshalb entgegen *Jürgen Meyer*[30] eine *im Grundsatz* **restriktive Auslegung** der Wiederaufnahmevoraussetzungen rechtfertigen kann. Daß die Wiederaufnahme als ein Akt der Wiedergutmachung in unserem Recht ein Regelvorgang sei[31], kann leider nicht zugegeben werden: müßten dann nicht z. B. auch die straflose bloß fahrlässige Falschaussage und die evident fehlerhafte Beweiswürdigung in einem rechtskräftigen Urteil Wiederaufnahmegründe sein?

b) Wiederaufnahmegründe und Verfahrensprinzipien (Verfahrensziele). Nur aus **15** den in §§ 359 und 362 **abschließend** aufgeführten Gründen ist die Durchführung eines erneuten Verfahrens zulässig; sie lassen sich auf die genannten Verfahrensziele (Rdn. 5, 10) und die ihnen zugrundeliegenden Prozeßmaximen (Rdn. 2, 3) zurückführen[32].

aa) Gemäß dem **Inquisitionsprinzip** können, dem Verfahrensziel der **Gerechtig- 16 keit** entsprechend, neue Tatsachen und Beweismittel (sog. **nova**) nach **§ 359 Nr. 5** zugunsten und ein glaubwürdiges Geständnis des Freigesprochenen (**§ 362 Nr. 4**) zuungunsten des Beschuldigten zu einer inhaltlichen Überprüfung des Urteils führen. Gleiches gilt, wenn ein zivilgerichtliches Urteil, das einem Strafurteil zur Grundlage diente, durch ein anderes zivilgerichtliches und rechtskräftig gewordenes Urteil aufgehoben wurde (§ 359 Nr. 4).

bb) Das **Akkusationsprinzip** läßt dann die Wiederaufnahme zu, wenn das frühere **17** Urteil wegen eines schwerwiegenden Verfahrensmangels keine Bestandskraft verdient (zugleich wegen des Gedankens der Rechtsbewährung): deshalb sehen **§ 359 Nr. 3 und § 362 Nr. 3** ohne Rücksicht auf die inhaltliche Richtigkeit des Urteils die erneute Durchführung des Verfahrens bei Mitwirkung eines Richters oder Schöffen vor, der „in Beziehung auf die Sache" seine Amtspflicht strafbar verletzt hat.

cc) Neben diesen gleichsam „reinen" Auswirkungen des Inquisitions- und des Ak- **18** kusationsprinzips finden sich in **§ 359 Nr. 1, 2; § 362 Nr. 1, 2** Wiederaufnahmegründe, die sich als Auswirkungen **beider Prinzipien** verstehen lassen[33]: die in diesen Vorschriften erfaßten Erschütterungen der Urteilsgrundlage durch den Nachweis z. B. der Verwendung unechter oder verfälschter Urkunden oder des Auftretens meineidiger Zeu-

---

[28] *Peters* Fehlurteil **3** 4, 33.
[29] *Neumann* 2; *Rieß* FS Schäfer 215.
[30] *Jürgen Meyer* FS II Peters 377.
[31] *Peters* Fehlurteil **3** 4.
[32] Vgl. *Peters*[4] § 76 I.
[33] *Deml* 101; s. a. *H. Mayer* 310.

gen in einem deshalb mit einem „falsum" behafteten Verfahren[34] führen zwar nicht zu einer vollständigen inhaltlichen Überprüfung des Strafurteils, wohl aber dazu zu prüfen, ob die falsa das angefochtene Urteil beeinflußt haben konnten (§ 370 Abs. 1): ist dies nicht auszuschließen, so ist die Wiederaufnahme sowohl im Interesse der materiellen Wahrheit als auch der „Verfahrensreinheit" anzuordnen.

19   c) **Verfahren und Verfahrensprinzipien.** Im Verfahren selbst sind **beide Prinzipien** wirksam. Soweit es der jeweilige Wiederaufnahmegrund verlangt, wird die von der Inquisitionsmaxime geforderte Überprüfung des angefochtenen Urteils im Regelfall nur bis zur Entscheidung über die Wiederaufnahme nach § 370 Abs. 2 durchgeführt; ist dagegen der Antrag auf Wiederaufnahme für begründet erachtet und die Erneuerung der Hauptverhandlung angeordnet worden, so wird ein völlig neues Verfahren mit dem Ziel einer materiell richtigen und gerechten Entscheidung durchgeführt, ohne daß nunmehr noch das frühere Verfahren auf irgendwelche Fehler überprüft würde: mit Erlaß des Wiederaufnahmebeschlusses wird damit in Konsequenz des Akkusationsprinzips gleichsam das frühere Verfahren beseitigt (Rdn. 4) — nur im Fall des § 371 wird ausnahmsweise ohne ein neues Verfahren entschieden.

20   4. **Wirksamkeitsgrenzen der Verfahrensprinzipien und Verfahrensziele im Wiederaufnahmeverfahren.** Wurde soeben das Spannungsverhältnis zwischen Wahrheit und Rechtssicherheit der Sachentscheidung über die in der Anklage bezeichneten Taten und Personen als jedem Wiederaufnahmeverfahren wesentlich erkannt, so dürfen andererseits daraus **keine zu weitgehenden Folgerungen** gezogen werden.

21   Können auch Verfahrensprinzipien und -ziele in ihrem Spannungsverhältnis das Wiederaufnahmeverfahren **verständlich** machen und Einfluß auf die **Auslegung** der einzelnen Vorschriften nehmen, so erlauben sie *allein* gewiß noch nicht den Aufbau eines überzeugenden Systems des Wiederaufnahmerechts[35], wozu insbesondere noch die später (Rdn. 24 ff) zu erörternde Stellung der Wiederaufnahme im System aller Anfechtungsmöglichkeiten zu berücksichtigen sein wird. Besonders aber ist zu beachten, worauf *Hanack* hingewiesen hat, daß es weniger darauf ankommt, welches Verfahrensprinzip und -ziel wann auf Kosten des jeweils anderen im Vordergrund steht, sondern darauf, „ob das einzelne rechtskräftige Urteil ein Fehlurteil enthält oder nicht. Diese Unklarheit ist es, die den Interessenwiderstreit charakterisiert und seinen Ausgleich so schwierig macht"[36] — und dies zeigt sich z. B. deutlich bei der Frage der Geeignetheit der nova, Freisprechung zu begründen (§ 359, 113 ff).

22   Hinzu kommt, daß die Verwirklichung beider das Spannungsverhältnis begründender **Verfahrensziele** im Wiederaufnahmeverfahren durchaus **nicht sicher** ist. Gerade weil die Fehlerhaftigkeit der mit der Wiederaufnahme angegriffenen Urteile häufig unklar ist, sind Gerechtigkeit und Wahrheit der im Wiederaufnahmeverfahren zu treffenden Entscheidung ebenso bedroht, wie die Entscheidung im voraufgegangenen Verfahren, wobei wegen des gegenüber dem Rechtsmittelverfahren zusätzlichen Zeitablaufs die Unsicherheit der Beweismittel, insbesondere der Zeugenaussagen, weiter zunimmt und die Richtigkeit des im Wiederaufnahmeverfahren ergehenden Urteils noch stärker be-

---

[34] Zum Verhältnis des Inquisitions- und Akkusationsprinzips zu den Wiederaufnahmegründen s. auch *Wasserburg* Handb. 11 und *Deml* 9 f, die allerdings § 359 Nr. 1 und 2, § 362 Nr. 1 und 2 als reine Folgen des Akkusationsprinzips ansehen.
[35] *Jürgen Meyer* Wiederaufnahmereform 41.
[36] *Hanack* JZ **1973** 393, 394.

droht als im Berufungsverfahren. Mit Recht weist *Deml* darauf hin, daß „eine ‚Prozeßerneuerung ohne Ende' nicht unbedingt ein Mehr an Gerechtigkeit" verspricht[37].

Hinsichtlich der **Rechtssicherheit** gilt Ähnliches. So wenig im Interesse eines geordneten Gemeinschaftslebens auf die Sicherung des Rechtsfriedens und damit auf das Institut der Rechtskraft verzichtet werden kann[38], so sehr kann doch andererseits ein eklatant unrichtiges Urteil ohne Beseitigungsmöglichkeit den Rechtsfrieden gerade umgekehrt empfindlich stören[39]. **23**

II. Das Wiederaufnahmeverfahren im Verhältnis zu den Rechtsmitteln

Das Verfahrensziel der **Einzelfallgerechtigkeit** will natürlich nicht erst durch das Wiederaufnahmeverfahren eine materiell richtige und gerechte Entscheidung ermöglichen. Mit Recht weist *Deml* darauf hin, daß der Gesetzgeber zur Sicherung dieses Verfahrensziels schon „das Grundverfahren mit zahlreichen Kautelen ausgestattet" hat[40] und zusätzlich, bei Unwirksamkeit dieser Kautelen, zu diesem Zweck eine Überprüfung im Rechtsmittelweg ermöglicht. Dies legt die Frage nach dem Verhältnis zwischen Rechtsmitteln und Wiederaufnahme nahe. **24**

1. Gemeinsamkeiten. Neben dem gemeinsamen Ziel der Vermeidung von Fehlurteilen durch eine neuerliche Hauptverhandlung oder durch eine inhaltliche Überprüfung des jeweils angefochtenen Urteils oder auch nur der Ordnungsmäßigkeit des jeweils dazu führenden Verfahrens stimmen die Wiederaufnahme und die Rechtsmittel der Berufung und der Revision in ihren Zulässigkeitsvoraussetzungen weitgehend überein[41], wenn auch nicht vollständig (§ 365). Diese Gemeinsamkeiten rechtfertigen es, die Rechtsmittel und die Wiederaufnahme unter dem gleichen Oberbegriff des **Rechtsbehelfs** zu vereinen. **25**

2. Unterschiede

a) **Rechtsmitteleffekte.** Die Unterschiedlichkeit der Wiederaufnahme einerseits und der Berufung und der Revision andererseits zeigt sich schon darin, daß der Wiederaufnahme im Gegensatz zu den genannten Rechtsmitteln weder **Devolutiveffekt** noch **Suspensiveffekt** (s. Erläuterungen bei § 296) zukommt. **26**

b) **Überprüfungsgegenstand.** Die Wiederaufnahme unterscheidet sich zudem in bemerkenswerter Weise insbes. von der Revision hinsichtlich des **Gegenstandes** der Überprüfung. Während bei der Revision nur geprüft wird, ob das Urteil auf einer Gesetzesverletzung beruht bzw. ob einer der absoluten Revisionsgründe vorliegt, wird im Berufungsverfahren eine völlig neue Verhandlung mit dem Ziel einer materiell richtigen und gerechten Entscheidung durchgeführt, ohne die Richtigkeit des Ersturteils nachzuprüfen[42]. Damit entspricht das Berufungsverfahren weitgehend dem Wiederaufnahmeverfahren nach Erlaß des Wiederaufnahmebeschlusses: in beiden Fällen wird das frühere **27**

---

[37] *Deml* 57.
[38] *Deml* 52.
[39] S. dazu *Jürgen Meyer* Wiederaufnahmereform 39, wobei allerdings mit *Deml* 55 festzustellen ist, daß dies nicht etwa zu einem Verzicht auf das Institut der Rechtskraft berechtigen kann, weil dann z. B. durch die veröffentlichte Meinung die wegen Nichterreichbarkeit des idealen Rechtsfriedens aufgegebene Rechtskraft die permanente Diskussion auch „richtiger" Urteile und damit den Verlust jeglichen Rechtsfriedens zur Folge haben kann.
[40] *Deml* 35 f.
[41] *Jürgen Meyer* Wiederaufnahmereform 43.
[42] *Gössel* JR **1982** 270.

Verfahren „beseitigt" und an seiner Stelle ein neues durchgeführt. So wird auch verständlich, daß die StPO ein Wiederaufnahmeverfahren auch deshalb vorsieht, um eine Korrektur von Fehlentscheidungen in den Fällen zu ermöglichen, in denen das erstinstanzliche Urteil mit der Berufung nicht angefochten werden kann: hier kommt dem Wiederaufnahmeverfahren die Funktion eines (stark beschränkten) **Berufungsersatzes**[43] zu.

28   c) **Rechtskraft.** Der wichtigste Unterschied gegenüber Berufung *und* Revision ist allerdings darin zu erblicken, daß die Wiederaufnahme nur gegen **rechtskräftige** Entscheidungen statthaft ist, während die Statthaftigkeit der genannten Rechtsmittel den Nichteintritt der Rechtskraft voraussetzt. Vor Rechtskraft kann damit das Ziel materiell richtiger und gerechter Entscheidungen bei der Berufung ohne jede Einschränkung und bei der Revision mit den durch die besonderen Zulässigkeitsvoraussetzungen gegebenen Beschränkungen weitaus nachhaltiger und effektiver verfolgt werden als mit dem auf die wenigen Wiederaufnahmegründe der §§ 359, 362 beschränkten Rechtsbehelf der Wiederaufnahme — das berechtigt umgekehrt dazu, die Wiederaufnahme nicht unter die Rechtsmittel einzuordnen.

29   d) **Nova.** Ein weiterer Unterschied betrifft die Berücksichtigung von **nova**. Beweisanträge können bekanntlich noch während der Urteilsverkündung gestellt und zudem kann mit der Revision eine unzulängliche Sachaufklärung und insbesondere gerügt werden, daß Beweismittel nicht benutzt wurden, die sich dem Gericht aufdrängen mußten. Damit läßt sich cum grano salis mit gewissen Einschränkungen für die Revision (z. B. bei der Verfahrensrüge nur bis zum Ablauf der Revisionsbegründungsfrist) sagen, daß neue Tatsachen und Beweismittel bis zur Rechtskraft in sehr weitem Umfang geltend gemacht werden können, begrenzt lediglich durch § 244 Abs. 3 bis 5, § 245. Dies ändert sich erst mit der Rechtskraft der Entscheidung: nova sind jetzt nur noch unter den sehr eingeschränkten Voraussetzungen der §§ 359 Nr. 5; 368, 370 berücksichtigungsfähig. Die Härte dieser Grenze (s. aber dazu auch § 359, 80 f) dürfte eine besondere **Korrelation** hinsichtlich der **Berücksichtigung von nova diesseits und jenseits der Rechtskraftgrenze** deutlich machen: je größer die Möglichkeit ist, nova noch bis zum letzten Augenblick mindestens in der Tatsacheninstanz und sogar noch in der Revisionsinstanz geltend zu machen, desto beschränkter werden die Möglichkeiten zur Berücksichtigung von nova nach Überschreiten der Rechtskraftgrenze sein — und dafür bietet das geltende Wiederaufnahmerecht ein eindrucksvolles Beispiel. Je mehr andererseits die Berücksichtigung von nova etwa nach der Eröffnung des Hauptverfahrens eingeschränkt ist oder etwa in der Zukunft werden sollte, desto eher muß — so die notwendige Konsequenz — im Wiederaufnahmeverfahren die Berücksichtigung von nova erleichtert werden. Dieser Zusammenhang zwischen Rechtsmittelrecht und Wiederaufnahmeverfahren wird insbesondere zu beachten sein, sollte sich der Gesetzgeber durch die jetzt bloß drohende überlange Verfahrensdauer, z. B. durch zu ständig neuen Aussetzungen zwingende Beweisanträge „in letzter Minute" bei zurückgehaltenem Tatsachenvortrag, gezwungen sehen, die Berücksichtigung von nova schon vor der Rechtskraft einzuschränken[44].

---

[43] Eingehend dazu mit Nachweisen aus der Gesetzgebungsgeschichte *Dippel* in *Jescheck/Meyer* 39 f; s. ferner *Bauer* JZ **1952** 209, 210; *Deml* 21.

[44] Nachweise bei *Gössel* FS Kleinknecht 131 ff.

B. Der Anfechtungsgegenstand der Wiederaufnahme

I. Rechtskräftige gerichtliche Entscheidungen

Der für das Wiederaufnahmeverfahren als kennzeichnend herausgestellte Konflikt zwischen Einzelfallgerechtigkeit und Rechtskraft der Sachentscheidung über die in der Anklage bezeichneten Taten und Personen kann sich, das ist trivial, nur bei Entscheidungen stellen, die in Rechtskraft erwachsen sind. Daraus ist schon der weit weniger beachtete, wenngleich ebenso triviale, Satz abzuleiten, daß dieser Konflikt nur bestehen kann, **soweit die Rechtskraft** einer Entscheidung deren materialer Richtigkeit und Gerechtigkeit entgegensteht. Dazu ist auf die Wirkungen der Rechtskraft im allgemeinen einerseits einzugehen wie auf die Rechtskraftwirkungen konkreter gerichtlicher Entscheidungen im besonderen andererseits: soweit die jeweiligen Wirkungen der Rechtskraft die Korrektur einer bestimmten fehlerhaften gerichtlichen Entscheidung im Einzelfall nicht ausschließen, bedarf es keiner Durchbrechung der Rechtskraft. In solchen Fällen fehlt es an dem das Wiederaufnahmeverfahren kennzeichnenden Gegensatz zwischen materialer Gerechtigkeit im Einzelfall und Rechtskraft, und damit an einem „durch rechtskräftiges Urteil abgeschlossenen Verfahren" (§ 359).

1. Arten der Rechtskraft und ihre Wirkungen. Soweit die StPO die **Rechtskraft** überhaupt erwähnt (so in §§ 34 a, 111 e Abs. 1 Satz 1; § 112 a Abs. 1 Satz 1; § 124 a Abs. 3; § 138 c Abs. 2 Satz 1; § 316 Abs. 1; § 343 Abs. 1; §§ 359, 362, 373 a, 377 Abs. 2 Satz 1; § 390 Abs. 2; §§ 410, 439 Abs. 1 Satz 1 Nr. 1 und Abs. 2; § 443 Abs. 1 Satz 3; § 453 c Abs. 1; § 459 a Abs. 1; § 463 c Abs. 2; § 464 a Abs. 1 Satz 3; § 465 Abs. 3; § 473 Abs. 5 Nr. 1), setzt sie deren Bedeutung als selbstverständlich voraus. Kann auch darauf an dieser Stelle nicht näher eingegangen werden (s. Erl. bei Einl. Kap. **12** und Vor § 296), so sollen hier gleichwohl die allgemein anerkannten Grundlagen der Rechtskraftlehre für die Wiederaufnahmeproblematik nutzbar gemacht werden.

a) **Formelle und materielle Rechtskraft**

aa) In **formelle** Rechtskraft erwächst eine Entscheidung, wenn sie „mit ordentlichen Rechtsmitteln nicht mehr angefochten werden kann". Sie schließt *das* Verfahren endgültig ab, in dem die formell rechtskräftige Entscheidung ergangen ist und löst eine sog. „Sperrwirkung" aus, deretwegen „in *diesem* Prozeß weitere, *auf ein Prozeßerkenntnis gerichtete Prozeßhandlungen nicht mehr zulässig* sind"[45].

bb) Die nochmalige Überprüfung in einem *erneuten*, späteren Verfahren wird durch die formelle Rechtskraft also nicht ausgeschlossen[46]. Diese Wirkung kommt erst der **materiellen** Rechtskraft zu, welche die *inhaltliche* Unabänderlichkeit der jeweiligen Entscheidung bedeutet und deshalb jedes weitere Verfahren über den Entscheidungsgegenstand ausschließt.

Die Herkunft des Rechtskraftgedankens aus dem Akkusationsprinzip erlaubt es, den **Entscheidungsgegenstand** zu bestimmen: ist Ziel des Akkusationsprozesses die bedingungslose Geltung des Richterspruchs über den zur Streitentscheidung vorgelegten

---

[45] *Eb. Schmidt* I 268; *Grünwald* Die materielle Rechtskraft im Strafverfahren der Bundesrepublik Deutschland, Beiheft zur ZStW **86** (1984) 94.

[46] *Geppert* GA **1972** 165, 170 f; dies kann aber nicht zugleich auch „Unabänderbarkeit" oder „Unwiderruflichkeit" – so *R. Schmitt* JZ **1961** 1516 – „durch das erkennende Gericht" (*Geppert* 171) bedeuten. Für die hier behandelte Wiederaufnahmeproblematik bedarf diese Frage indes keiner Entscheidung.

Stoff (Rdn. 2), so kann die in der Rechtskraft zum Ausdruck kommende Bestandskraft der richterlichen Entscheidung sich nur auf die in der Anklage bezeichneten Taten und Personen (§ 155 Abs. 1, § 264 Abs. 1) beziehen. Damit stimmt überein, daß auch das Inquisitionsprinzip sich auf denselben Gegenstand bezieht (§ 244 Abs. 2): die Durchbrechung der Rechtskraft aus Gründen der von der Inquisitionsmaxime geforderten inhaltlichen Richtigkeit und Gerechtigkeit kann nur denselben Gegenstand der in der Anklage bezeichneten Taten und Personen haben.

35 Erst die **materielle Rechtskraft** führt damit zum Verbrauch der Strafklage und löst die Sperrwirkung des verfassungsrechtlichen Gebots „ne bis in idem" (Art. 103 Abs. 3 GG) aus[47].

36 b) **Bedeutung für das Wiederaufnahmeverfahren.** Daraus läßt sich für das Wiederaufnahmeverfahren bereits eine wichtige Konsequenz ziehen: bei bloß **formeller Rechtskraft** bleibt die **Korrekturmöglichkeit** im Rahmen eines neuen Verfahrens erhalten. In diesem Fall fehlt es an dem das Wiederaufnahmeverfahren kennzeichnenden Widerstreit zwischen Einzelfallgerechtigkeit und Rechtskraft der Sachentscheidung, und deshalb hat das formell rechtskräftige Urteil noch nicht zum Abschluß des Verfahrens i. S. der §§ 359, 362 geführt. Im Ergebnis ist das Wiederaufnahmeverfahren deshalb **nur gegen** (auch) **materiell rechtskräftige Entscheidungen** zulässig[48].

37 2. **Urteile als Gegenstand der Wiederaufnahme.** Der Verbrauch der Strafklage und die materielle Rechtskraft beziehen sich auf die in der Anklage bezeichnete Tat, die nach § 155 Abs. 1 den Inhalt auch der strafgerichtlichen Untersuchung bildet. Weil diese zugleich Gegenstand der Urteilsfindung ist (§ 264 Abs. 1), sind damit Urteile, dies zudem nach dem Wortlaut der §§ 359, 362, taugliche Gegenstände der Wiederaufnahme. Umstritten ist indessen, ob dies **für alle Urteile** einschließlich der Einstellungsurteile zutrifft, oder ob dies nur für diejenigen Urteile gilt, die eine Entscheidung in der Sache enthalten.

38 a) **Sachentscheidende Urteile.** Wie in Rdn. 34ff dargelegt, erschöpft das eine Sachentscheidung enthaltende Urteil (freilich nur im Umfang der Sachentscheidung) die Strafklage und ist insoweit der materiellen Rechtskraft fähig. Deshalb ist der allgemeinen Meinung zu folgen, nach der jedes eine Sachentscheidung enthaltende Urteil taugliches **Objekt** eines Wiederaufnahmeverfahrens ist[49], also auch das im Sicherungsverfahren (§ 413) und im objektiven Verfahren (§ 440) ergangene[50], wie auch Urteile im Privatklageverfahren[51] und im Jugendstrafverfahren[52].

39 Entscheidend ist allein, ob eine **Entscheidung in der Sache getroffen** wurde — deshalb ist unerheblich, ob etwa auf Absehen von Strafe, auf Straffreierklärung oder auf welche Rechtsfolge sonst erkannt wurde. Auch bei Urteilen nach den Straffreiheitsgesetzen kommt es darauf an, ob sie eine Sachentscheidung enthalten[53]. Rechtskräftige Strafbefehle stehen rechtskräftigen Urteilen — teilweise — gleich (§ 410); gegen sie ist Wiederaufnahme nach § 373 a (s. die dortigen Erläuterungen) statthaft.

---

[47] S. Vor § 296, 29; *Eb. Schmidt* I 274; *Gössel* NStZ **1983** 392 mit weit. Nachw.
[48] Vgl. dazu *Roxin*[19] § 55 A I.
[49] KMR-*Paulus* § 359, 3.
[50] *Neumann* 13.
[51] BayObLG DRiZ **1930** Nr. 361; OLG Celle ZStW **43** (1922) 502; *Neumann* 8.
[52] *Brunner* § 55, 48; *Eisenberg*[2] § 55, 26.
[53] Zu § 17 StrFG 1954 s. OLG Celle NdsRpfl. **1956** 18; KMR-*Paulus* § 359, 3; *Mittelbach* NJW **1950** 172.

Viertes Buch. Wiederaufnahme **Vor § 359**

b) **Prozeßurteile**

aa) **Einstellungsurteile** wegen eines Prozeßhindernisses nach § 260 **Abs. 3** enthalten grundsätzlich keine Sachentscheidung; sie verbrauchen die Strafklage nicht und können deshalb mangels materieller Rechtskraft nicht mit der Wiederaufnahme angefochten werden[54]: die in diesem Fall bestehende bloß formelle Rechtskraft hindert eine neue Anklageerhebung nicht, wenn das Verfahrenshindernis wegfällt, das zur Einstellung geführt hat[55]. **40**

Dieses Ergebnis wird allerdings in den Fällen von *Rieß* dann nicht gebilligt, „wenn sich herausstellt, daß das angenommene Verfahrenshindernis aus tatsächlichen Gründen nicht vorlag"[56], so z. B., wenn die Rücknahme des Strafantrags mit einer unechten Urkunde „nachgewiesen" wurde[57]. In diesem Fall will *Rieß* dem Einstellungsurteil — wie auch dem entsprechenden Einstellungsbeschluß nach § 206 a — eine „spezifische materielle Rechtskraft" zuschreiben, die es verbieten soll, das — fälschlich — angenommene Verfahrenshindernis infrage zu stellen[58]. Weil in diesem Fall aber keine Entscheidung in der Sache i. S. des § 264 Abs. 1 getroffen wurde, kann hier von **materieller Rechtskraft** nicht gesprochen werden. Im übrigen führt die Meinung von *Rieß* lediglich dazu, anstelle einer neuen Anklageerhebung in der Regel die sehr viel schwerfälligere Wiederaufnahme des Verfahrens durchzuführen, weil in diesen Fällen regelmäßig der Wiederaufnahmegrund des § 359 Nr. 5 propter nova vorliegen wird (allerdings gerade nicht im obigen Beispiel der ungünstigen Wiederaufnahme, in dem jedoch nach § 362 Nr. 1 procediert werden kann). **41**

In **Ausnahmefällen** allerdings enthalten auch Einstellungsurteile nach § 260 Abs. 3 eine **Sachentscheidung**: die Verfolgung wegen eines Vergehens wird wegen Verjährung, die Verfolgung wegen eines Antragsdelikts mangels Strafantrags eingestellt. Stellt sich später heraus, daß in Wahrheit ein noch nicht verjährtes Verbrechen (§ 249 StGB statt § 242 StGB) bzw. ein Offizialdelikt vorlag, so ist eine Sachentscheidung über das Vorliegen der Straftat getroffen, die ein Vergehen bzw. ein Antragsdelikt darstellte[59]. Damit ist die Strafklage verbraucht[60] — gegen dieses eine Sachentscheidung enthaltende Einstellungsurteil ist folglich Wiederaufnahme statthaft[61]. **42**

bb) Urteile, mit denen ein **Rechtsmittel** erst in der Hauptverhandlung **als unzulässig verworfen** wird (in den Fällen der § 322 Abs. 1, § 349 Abs. 1), stellen den Eintritt der Rechtskraft des angefochtenen Urteils lediglich deklaratorisch fest (ebenso wie bei den in diesen Fällen zumeist ergehenden Beschlüssen; die Ausführungen dazu unten Rdn. 49 gelten auch hier). Sie können deshalb mangels Strafklageverbrauchs nicht mit der Wiederaufnahme angefochten werden, wohl aber das sachentscheidende Urteil, das aufgrund des das Rechtsmittel verwerfenden Urteils in (auch) materielle Rechtskraft erwächst. **43**

Das gilt auch für *die* **Revisionsurteile**, mit denen ein Berufungsurteil wegen Unzulässigkeit der Berufung aufgehoben wird: solche Urteile stellen lediglich die (formelle und materielle) Rechtskraft des mit der (unzulässigen) Berufung angefochtenen amtsgerichtlichen Urteils fest, ohne selbst eine Sachentscheidung zu treffen und die Strafklage **44**

---

[54] *Kleinknecht/Meyer*[37] 4; *Gössel* § 33 E III a 1.
[55] KMR-*Paulus* § 260, 66 unter Hinweis auf § 206 a, 61; *Kleinknecht/Meyer*[37] § 260, 39.
[56] LR-*Rieß* § 206 a, 77.
[57] Beispiel nach *Neumann* 13.
[58] LR-*Rieß* § 206 a, 78.
[59] KMR-*Sax* Einl. **XIII** 12.
[60] *Gössel* § 33 E III a 2.
[61] *Neumann* 13 für den Fall Offizialdelikt/Antragsdelikt; *Schöneborn* MDR **1975** 11 für den Fall der Verjährung.

zu verbrauchen. Weil Revisionsurteile dieser Art nur in formelle Rechtskraft erwachsen (zur Frage der etwaigen Rücknehmbarkeit solcher Urteile gelten die Ausführungen zur Rücknehmbarkeit formell rechtskräftiger Beschlüsse unten Rdn. 50 entsprechend; vgl. dazu auch OLG Frankfurt JR **1978** 522 mit abl. Anm. *Rieß*), können nicht *diese* Urteile mit der Wiederaufnahme angefochten werden, sondern nur jene (amtsgerichtlichen) Urteile, deren (auch) materielle Rechtskraft mit dem bloß formell rechtskräftigen Revisionsurteil (deklaratorisch) festgestellt wird — und zwar unabhängig davon, ob das Revisionsurteil auf unrichtiger Tatsachenbasis beruht oder sonst unzutreffend ist (s. unten Rdn. 50; a. A *Rieß* JR **1978** 523 f; vgl. auch OLG Frankfurt JR **1978** 522).

44a Auch **Verwerfungsurteile nach § 329 Abs. 1, § 412** enthalten keine Sachentscheidung; deshalb können nicht diese Urteile mit der Wiederaufnahme angefochten werden, sondern ebenfalls nur diejenigen, die aufgrund der Verwerfungsurteile in (auch) materielle Rechtskraft erwachsen.

45 cc) Auch Urteile, mit denen die Sache an den Tatrichter oder das zuständige Gericht **zurückverwiesen** worden ist (§ 328 Abs. 2 und 3, § 354 Abs. 2 und 3, § 355) sind nur Zwischenentscheidungen ohne selbständige Bedeutung. Sie können daher nicht Gegenstand der Wiederaufnahme sein[62].

46 3. **Beschlüsse als Gegenstand der Wiederaufnahme.** Der Wortlaut der §§ 359, 362 scheint die Wiederaufnahme gegen **Beschlüsse** auszuschließen. Dies wird indessen in der Rechtsprechung und im Schrifttum kontrovers[63] beurteilt — es erscheint jedenfalls erwägenswert, gegen solche Beschlüsse in analoger Anwendung der §§ 359, 362 die Wiederaufnahme zuzulassen, die (auch) eine die Strafklage verbrauchende Sachentscheidung beinhalten.

47 a) **Übersicht.** Aus den bisherigen Überlegungen folgt, daß solche Beschlüsse kein taugliches Objekt des Rechtsbehelfs der Wiederaufnahme sind, die bloß in **formelle Rechtskraft** erwachsen und keine Sachentscheidung enthalten: deren Fehlerhaftigkeit kann in neu durchzuführenden Verfahren überprüft und beseitigt werden (Rdn. 36).

48 **Entscheiden** dagegen **Beschlüsse auch in der Sache** der in der Anklage bezeichneten Taten und Personen, so ist zu unterscheiden. Stellt das Gesetz in diesen Fällen eine spezielle Korrekturmöglichkeit im Rahmen eines eigenständigen Fortführungsverfahrens zur Verfügung (z. B. § 174 Abs. 2), so ist das allgemeine Wiederaufnahmeverfahren wegen Vorrangs des dann gegebenen speziellen Wiederaufnahmeverfahrens unzulässig. Schweigt das Gesetz dagegen zur Möglichkeit der Korrektur fehlerhafter sachentscheidender Beschlüsse, so ist wiederum zu unterscheiden. Ist der Beschluß und seine materielle Rechtskraft kraft richterlichen Gewohnheitsrechts aufhebbar oder änderbar, so schließt auch diese spezielle Berichtigungsmöglichkeit das allgemeine Wiederaufnahmeverfahren nach §§ 359 ff aus — fehlt dagegen eine derartige Korrekturmöglichkeit der Sachentscheidung, muß dem Gesetzeszusammenhang entnommen werden, ob der Gesetzgeber auch eine gewohnheitsrechtliche spezielle Korrekturmöglichkeit ausschlie-

---

[62] *Gerland* 442; *v. Kries* 710; *Neumann* 11 ff.
[63] OLG Hamburg JZ **1951** 185 lehnt unter Hinweis auf die Ausnahmevorschrift des § 373 a die Wiederaufnahme gegen Beschlüsse ausnahmslos ab; im Ergebnis ebenso LG Hamburg MDR **1975** 246, LG Freiburg JR **1979** 161 und LR-*Wendisch* § 383, 43; dagegen fordert *Wasserburg* Handb. 227, die Wiederaufnahme gegen alle rechtskräftigen Beschlüsse zuzulassen, wobei er allerdings auf die hier wesentlichen Rechtskraftprobleme nicht eingeht.

ßen wollte (dann analoge Anwendung der §§ 359 ff auch auf Beschlüsse[64]) oder nicht (dann Vorrang der speziellen gewohnheitsrechtlichen Korrekturmöglichkeit und keine Wiederaufnahme nach §§ 359 ff). Bei der generellen Uneinigkeit der Rechtsprechung wie des Schrifttums zur Wiederaufnahme gegen Beschlüsse können die vorgenannten Grundregeln nur Vorschläge zur Bewältigung dieser Problematik sein; im einzelnen gilt folgendes:

b) Rechtsmittel als unzulässig verwerfende Beschlüsse. Beschlüsse, mit denen die **49** Berufung oder die Revision **wegen Unzulässigkeit** nach § 319 Abs. 1 und 2; § 322 Abs. 1 Satz 1; § 346 Abs. 1 und 2; § 349 Abs. 1 **verworfen** werden, enthalten keinerlei Entscheidung in der Sache, lassen den Strafklageverbrauch unberührt und können schon deshalb nur in **formelle Rechtskraft** erwachsen — überdies können sie den Eintritt der (formellen) Rechtskraft dann lediglich deklaratorisch feststellen, wenn die Rechtskraft mit Fristablauf unabhängig von dem das Rechtsmittel verwerfenden Beschluß eingetreten ist. Mit der Wiederaufnahme können daher nicht diese Beschlüsse, sondern nur die sachentscheidenden Urteile angegriffen werden, deren formelle und materielle Rechtskraft in diesen Beschlüssen festgestellt wird[65]. Ebensowenig statthaft ist die Wiederaufnahme gegen Beschlüsse, mit denen die Sache nach § 349 Abs. 4, § 354 zurückverwiesen[66] oder an ein anderes Gericht nach § 348 zuständigkeitshalber verwiesen wird: auch in diesen Fällen wird die Strafklage nicht verbraucht.

Von dieser Problematik, welche die Zulässigkeit der Wiederaufnahme gegen nur **50** formell rechtskräftige Beschlüsse betrifft, welche die Strafklage nicht verbrauchen, ist die davon verschiedene Frage zu unterscheiden, ob ein **formell rechtskräftiger Beschluß** z. B. über die Unzulässigkeit der Revision nach § 349 Abs. 1 zur Beseitigung prozessualen Unrechts **zurückgenommen** werden kann (z. B. die Revisionseinlegungsschrift ist von der Geschäftsstelle vor den üblichen Eintragungen verlegt worden, aber auch im Fall rechtlich fehlerhafter Begründung), wodurch die formelle Rechtskraft beseitigt und das Rechtsmittelverfahren wieder eröffnet wird. Wird diese Frage auch weitgehend bejaht (§ 349, 28; s. ferner Erläuterungen zu §§ 319, 322), so folgt daraus doch nicht, nicht rücknehmbare formell rechtskräftige fehlerhafte Beschlüsse wegen eines unerträglichen Verstoßes gegen die Grundsätze der Einzelfallgerechtigkeit mit der Wiederaufnahme für anfechtbar zu erachten. Die **Wiederaufnahme** erstrebt die Korrektur einer fehlerhaften **Entscheidung über die Sache** der in der Anklage bezeichneten Taten und Personen aus Gründen der Einzelfallgerechtigkeit — mit diesem Gegenstand aber befassen sich Beschlüsse nicht, die bloß in formelle Rechtskraft erwachsen. Die Beseitigung bloß prozessualen Unrechts kann damit im Wiederaufnahmeverfahren nicht erstrebt werden

---

[64] Die Möglichkeit solch analoger Anwendung wird vom BGH jedenfalls grundsätzlich bejaht; so BGH bei *Holtz* MDR **1985** 447 f; ebenso R. *Schmitt* JZ **1961** 15, 17.

[65] KMR-*Paulus* § 359, 11 a. E; *Eb. Schmidt* § 367, 4 und Nachtr. II § 367, 5; *Neumann* 20; a. A R. *Schmitt* JZ **1961** 17 unter Berufung auf BayObLG GA **1955** 310; allerdings wird dort die Wiederaufnahme nur gegen Beschlüsse zugelassen, „die einen Antrag auf Aufhebung eines Urteils ablehnen", ohne aber die hier behandelte Problematik in concreto zu berühren; ebenso a. A *Wasserburg* Handb. 226 f, der aber übersehen dürfte, daß die in diesen Fällen mögliche Wiederaufnahme gegen die in den jeweiligen Beschlüssen als rechtskräftig festgestellten Urteile statthaft ist, so daß die von *Wasserburg* befürchtete Gefahr der willkürlichen Verhinderung des Wiederaufnahmeverfahrens durch ebenso willkürliche Wahl der Entscheidungsform — Beschluß oder Urteil - in Wahrheit nicht gegeben ist.

[66] *Eb. Schmidt* Nachtr. II § 367, 5; a. A OLG Braunschweig NJW **1950** 36 mit zust. Anm. *Cüppers*; R. *Schmitt* JZ **1961** 17.

Vor § 359 Viertes Buch. Wiederaufnahme

— führt prozessuales Unrecht zum Ausschluß jedes neuen Verfahrens über den von der Sachentscheidung betroffenen Gegenstand, so ist wegen der nun — wenngleich prozessual möglicherweise fehlerhaft — eingetretenen materiellen Rechtskraft nur diese Sachentscheidung über die in der Anklage bezeichneten Taten und Personen mit der Wiederaufnahme anfechtbar.

51 c) **Beschlüsse nach** §§ **153 ff, 383 Abs. 2;** §§ **174, 204;** § **7 Abs. 3 StrFG 1970;** §§ **206 a, 206 b, 349 Abs. 2 und 4;** § **371 Abs. 1 und 2.** Die meisten der in der **StPO** vorgesehenen Beschlüsse können sowohl reine Prozeßentscheidungen sein als auch Sachentscheidungen enthalten.

52 aa) Gerichtliche **Einstellungsbeschlüsse** nach §§ **153 bis 154 b** können im Einzelfall zu einem beschränkten Strafklageverbrauch führen; wann und in welchem Umfang dies der Fall ist, ist den Erläuterungen zu den betreffenden Vorschriften zu entnehmen, auf die hier verwiesen wird. Soweit in diesen Fällen **kein Strafklageverbrauch** eintritt, kann das Verfahren jederzeit wieder aufgenommen[67] werden (z. B. § 154 Abs. 3), auch wenn dies im Gesetz nicht ausdrücklich vorgesehen ist.

53 Soweit die **Strafklage** durch den Einstellungsbeschluß **verbraucht** ist, tritt materielle Rechtskraft z. T. nach Maßgabe spezieller Vorschriften ein, die zugleich über die Weiterführung (Wiederaufnahme) des Verfahrens entscheiden: eine gerichtliche Einstellung nach § 153 a Abs. 2 bewirkt den Verbrauch der Strafklage hinsichtlich der Verfolgung wegen eines Vergehens (§ 153 a Abs. 1 Satz 4) — erweist sich die Tat, deretwegen das Verfahren nach § 153 a Abs. 2 eingestellt wurde, aber als Verbrechen, so kann das Verfahren durch eine neue Anklage wieder aufgenommen, d. h. fortgeführt werden (s. § 153, 90).

54 Im Rahmen des eingetretenen Strafklageverbrauchs und der damit gegebenen materiellen Rechtskraft erscheint es jedenfalls nicht grundsätzlich ausgeschlossen, fehlerhafte **Einstellungsbeschlüsse** mit der Wiederaufnahme nach §§ **359 ff** für **anfechtbar** zu erachten.

55 Im Fall des § 153 a dürfte jedoch § **153 a Abs. 1 Satz 4 als Sonderregel** für die Wiederaufnahme die Anwendung der §§ 359 ff ausschließen. Gleiches dürfte hinsichtlich aller Einstellungsbeschlüsse nach §§ **153 ff** gelten, denen z. T. unter analoger Anwendung anderer Vorschriften[68], z. T. unter Heranziehung allgemeiner Rechtsgrundsätze[69] ein **beschränkter Strafklageverbrauch** zuerkannt wird, womit zugleich eine **endgültige Regelung** der Wiederaufnahme unter **Ausschluß der** §§ **359 ff** verbunden sein dürfte[70] (eingehend dazu § 153, 85 bis 87; § 153 a, 67 bis 71).

56 Gleiches gilt für Einstellungsbeschlüsse nach § **383 Abs. 2**[71] (§ 383, 43).

---

[67] Natürlich nicht nach §§ 359 ff.
[68] So nach *Kleinknecht/Meyer*[37] § 153, 37 z. B. § 47 Abs. 3 JGG für § 153.
[69] LR-*Meyer-Goßner*[23] § 153, 87.
[70] A. A *Wasserburg* Handb. 227, der jedoch zu Unrecht jeden sachentscheidenden Beschluß mit der Wiederaufnahme für anfechtbar hält. Der Sachentscheidungscharakter allein ist jedoch noch kein Grund, die nur für Urteile geltenden Regeln der §§ 359 ff auch auf Beschlüsse auszudehnen, die mit der Einstellung jedenfalls auch prozeßökonomische Ziele verfolgen. Im übrigen ist zu beachten, daß bei Beschlüssen z. B. mit der Rücknahme und der jeweils vorgesehenen Fortführung des Verfahrens spezielle Korrekturmöglichkeiten vorhanden sind, die es bei Urteilen nicht gibt.
[71] OLG Bremen NJW **1959** 353; OLG Hamm JZ **1952** 568; OLG Karlsruhe Justiz **1963** 144; KMR-*Paulus* § 359, 11; *Schorn* Strafrichter 359; a. A OLG Neustadt NJW **1961** 2363; *Brunner* § 55, 49 Fußn. 12; *Wasserburg* Handb. 227, die jedoch auf die hier für entscheidend erachteten Rechtskraftfragen nicht eingehen.

bb) Beschlüssen nach **§ 174 Abs. 1**, **§ 204** kommt nach Maßgabe des § 174 Abs. 2, **57**
§ 211 eine beschränkte materielle Rechtskraftwirkung zu, die ebenfalls die Fortführung des Verfahrens unter **Ausschluß der §§ 359 ff** endgültig regelt (§ 211, 1). Gleiches gilt für § 7 Abs. 3 StrFG 1970[72].

cc) Hinsichtlich der Einstellungsbeschlüsse nach **§ 206 a** gilt das gleiche, was bereits **58** oben zum Einstellungsurteil nach § 260 Abs. 3 ausgeführt wurde (Rdn. 40 bis 42)[73]: die Wiederaufnahme ist nur zulässig, soweit solche Beschlüsse ausnahmsweise eine Sachentscheidung enthalten.

Das **BayObLG** hat allerdings die Weiterführung eines Verfahrens wegen der **59** Rechtskraft eines Einstellungsbeschlusses nach § 206 a auch dann **verneint**, wenn das Prozeßhindernis der **Verjährung** wegen Unkenntnis einer Unterbrechungshandlung zu Unrecht angenommen wurde[74]. Wenn man in der Verjährung aber nur ein Prozeßhindernis erblickt, so könnte einem darauf gestützten Einstellungsbeschluß nur formelle Rechtskraft zuerkannt werden, weshalb die Fortführung dieses Verfahrens mit *Peters*[75] entgegen dem BayObLG für zulässig zu erachten wäre. Erblickt man allerdings in der Verjährung eine materiell-rechtliche Strafbarkeitsvoraussetzung (s. dazu § 206 a, 47), so muß insoweit materielle Rechtskraft angenommen werden mit der Folge, die Wiederaufnahme gegen den Einstellungsbeschluß in analoger Anwendung der §§ 359 ff zuzulassen — sich dazu zu äußern, hatte das BayObLG freilich keinen Anlaß, weil eine ungünstige Wiederaufnahme propter nova nicht vorgesehen ist.

dd) Um die Rehabilitation eines Toten zu ermöglichen, der im Rechtsmittelverfahren **60** verstirbt, sollte der Eintritt des **Todes als Verfahrenshindernis** angesehen werden (gegen die überwiegende Auffassung, vgl. dazu § 206 a, 55), das zur Einstellung des Verfahrens gemäß § 206 a führt. In diesem Fall sollte ausnahmsweise auch gegen diesen nur in formelle Rechtskraft erwachsenden Beschluß die Wiederaufnahme statthaft sein (s. dazu unten § 361, 8).

ee) Der Einstellungsbeschluß wegen Wegfalls der strafbegründenden Norm nach **61** **§ 206 b** dagegen enthält eine reine Sachentscheidung und **verbraucht** die **Strafklage**. Deshalb ist gegen diesen Beschluß in entsprechender Anwendung des — hier allein anwendbaren — § 362 Wiederaufnahme statthaft (§ 206 b, 20[76]).

Gleiches gilt für die einstimmige Verwerfung der Revision als offensichtlich unbe- **62** gründet nach **§ 349 Abs. 2**[77] und ebenso bei dem die Revision als einstimmig für begründet erachtenden Beschluß nach **§ 349 Abs. 4**, wenn in der Sache selbst entschieden wird[78], nicht dagegen bei Aufhebung und Rückverweisung auch nur wegen des Strafmaßes (unten Rdn. 71). Ebenso ist die Wiederaufnahme gegen die freisprechenden Beschlüsse aus **§ 371 Abs. 1 und 2** statthaft (§ 371, 31).

---

[72] OLG Celle NdsRpfl. **1964** 17; OLG Hamburg JZ **1951** 185; *zu Dohna* 208; *Geppert* GA **1972** 174; *Neumann* 20; *Peters* Fehlerquellen 3 126.

[73] KMR-*Paulus* § 206 a, 61; die dort herangezogene Entscheidung BGHSt 7 64 betrifft allerdings keinen Fall des § 206 a, sondern einen Nichteröffnungsbeschluß gemäß § 204 wegen Fehlens einer Prozeßvoraussetzung (s. dazu Rdn. 57).

[74] BayObLG JR **1970** 391.

[75] Anm. *Peters* JR **1970** 392 f zum Urteil des BayObLG JR **1970** 391.

[76] Ebenso KK-*Treier* § 206 b, 11; *Kleinknecht/Meyer*[37] § 206 b, 8.

[77] OLG Braunschweig NJW **1950** 36; *Eb. Schmidt* Nachtr. II § 367, 5; KMR-*Paulus* § 359, 39; *Kleinknecht/Meyer*[37] 5; *R. Schmitt* JZ **1961** 17 Fußn. 17; *Wasserburg* Handb. 227.

[78] OLG Braunschweig NJW **1950** 36, 38; *Kleinknecht/Meyer*[37] 5; bei bloßer Verweisung s. oben Rdn. 49.

d) Rechtsfolgenfestsetzende oder -modifizierende Beschlüsse

63 aa) Beschlüsse, in denen **materiell-rechtliche Rechtsfolgen festgesetzt** (§ 268 a) oder **modifiziert** werden (§ 56 f StGB: Widerruf der Strafaussetzung zur Bewährung; § 67 g: Widerruf der Aussetzung einer Unterbringung; § 65 JGG: nachträgliche Entscheidungen in bezug auf jugendrechtliche Sanktionen), enthalten insoweit eine Sachentscheidung, die **materieller Rechtskraft** fähig ist.

64 Das OLG Oldenburg hält gegen derartige Beschlüsse die **Wiederaufnahme** deshalb für **möglich**, weil rechtskräftige Beschlüsse keine stärkere Bestandskraft haben könnten als rechtskräftige Urteile[79]. Dem sind einige Untergerichte jedoch deshalb nicht gefolgt, weil die Wiederaufnahme gegen rechtskräftige Beschlüsse regelmäßig für unzulässig erachtet wird[80]. Mit *Peters* ist indessen davon auszugehen, daß es sich in diesen Fällen um Entscheidungen handelt, „die dazu dienen, die Rechtsfolgedurchführung den jeweiligen Verhältnissen anzupassen"[81]. Deshalb erscheint in diesen Fällen die Abänderung der rechtskräftigen Beschlüsse immer dann möglich, wenn die materiell-rechtlichen Voraussetzungen der jeweiligen Rechtsfolgedurchführung sich entsprechend verändert haben. Die Durchführung des schwerfälligen **Wiederaufnahmeverfahrens** erscheint demgegenüber **unzweckmäßig** und durch die hier vorgeschlagene einfachere Berücksichtigung der geänderten Sachlage **ausgeschlossen**[82].

65 bb) Auch die **nachträgliche Gesamtstrafenbildung** nach §§ 460, 462 betrifft einen materiell-rechtlichen Gegenstand und ist daher der materiellen Rechtskraft fähig. Wohl deshalb hat das **BayObLG**[83] gegenüber derartigen Beschlüssen die **Wiederaufnahme für statthaft** erklärt. Indessen ist dieser Beschluß nach § 460 i. Verb. mit § 55 StGB zu ändern, wenn die materiell-rechtlichen Voraussetzungen der Gesamtstrafenbildung fehlerhaft beurteilt wurden, und zwar auch dann, wenn eine Einzelstrafe zu Unrecht in die Gesamtstrafe mit einbezogen wurde (s. aber Erl. zu § 460). Dieses spezielle Abänderungsverfahren **schließt** das auch hier schwerfälligere und unzweckmäßigere **Wiederaufnahmeverfahren** nach §§ 359 ff **aus**[84].

4. Teilrechtskräftige Entscheidungen

66 a) **Teilrechtskraft bei Urteilen und Beschlüssen.** Durch Beschränkung der Rechtsmittel, ferner z. B. durch bloße Teilaufhebungen in der Rechtsmittelinstanz können Urteile bekanntlich in Teilrechtskraft erwachsen, in sog. **vertikale Teilrechtskraft** bei Beschränkung der Rechtskraft „auf einen Teil des Prozeßstoffes, der selbst Gegenstand eines eigenen Verfahrens hätte sein können, also auf die Frage der Bestrafung eines von mehreren Angeklagten oder auf eine von mehreren Taten"[85], in sog. **horizontale Teil-**

---

[79] NJW **1962** 1169: den Widerruf der Strafaussetzung betreffend – das Verfahren soll sich nach §§ 458, 462 richten; im Erg. ebenso *Lemke* aaO, jedoch für Anwendung der §§ 359 ff und gegen den vom OLG Oldenburg vorgeschlagenen Weg über §§ 458, 462; ebenso *Brunner* § 55, 8; *Eisenberg*[2] § 65, 20, Beschlüsse nach § 65 JGG betreffend.

[80] LG Hamburg MDR **1975** 246 und LG Freiburg JR **1979** 161, den Widerruf der Strafaussetzung betreffend; LG Stuttgart NJW **1957** 1686, Beschlüsse nach § 65 JGG betreffend.

[81] In seiner Anm. JR **1979** 162 zu LG Freiburg JR **1979** 161.

[82] Gegen die Zulässigkeit der Wiederaufnahme und wie hier auch KMR-*Paulus* § 359, 11; demgegenüber will *Hanack* JR **1974** 113, 115 die Änderung solcher Beschlüsse an das Vorliegen von nova i. S. des § 359 Nr. 5 knüpfen und das Verfahren selbst nach §§ 458, 462 durchführen; ebenso wie *Hanack* wohl auch LK-*Ruß* § 56 f, 14 mit weiteren Schrifttumsnachweisen.

[83] GA **1955** 310.

[84] Ebenso KMR-*Paulus* § 359, 11; im Ergebnis ebenso – keine Wiederaufnahme – *Kleinknecht/Meyer*[37] 5.

[85] Allgemeine Meinung, vgl. z. B. *Kleinknecht/Meyer*[37] Einl. 185; ebenso KK-*Pfeiffer* Einl. 29; *Peters*[4] § 54 I 3.

rechtskraft bei Beschränkung „auf trennbare und selbständig beurteilbare Teile" einer Tat, also auf „die Rechtsfolgevoraussetzungen (sog. Schuldspruch) und — soweit trennbar — die einzelnen Rechtsfolgen selbst"[86].

Insbesondere bei vertikaler Teilrechtskraft ist auch bloß **formelle Rechtskraft** **67** **denkbar**; indessen wurde bereits oben davon ausgegangen, daß die Wiederaufnahme nur gegen materiell rechtskräftige, die Strafklage verbrauchende Entscheidungen statthaft ist (Rdn. 36), so daß hier nur die Frage der Wiederaufnahme gegen materiell teilrechtskräftige Entscheidungen erörtert zu werden braucht. Solche Entscheidungen werden regelmäßig Urteile sein, jedoch können auch die oben erwähnten (Rdn. 51 ff) sachentscheidenden Beschlüsse z. B. nach §§ 206 b, 349 Abs. 2 und 4 in materielle Teilrechtskraft erwachsen. Die folgenden Ausführungen beziehen sich daher sowohl auf Urteile als auch auf Beschlüsse.

b) Der Streitstand in seiner Entwicklung
aa) Die ältere Rechtsprechung ließ ursprünglich die Wiederaufnahme nur gegen **68** **vollrechtskräftige** Entscheidungen zu. Im Fall eines horizontal und auch vertikal teilrechtskräftigen Urteils sah das OLG Hamm die volle Rechtskraft als Zulässigkeitsvoraussetzung für die Wiederaufnahme an: der Angeklagte dürfe es nicht in der Hand haben, den rechtskräftigen Abschluß des Verfahrens durch verfrühte Wiederaufnahmeanträge hinauszuzögern[87]. Die Wiederaufnahme gegen nur im Schuldspruch rechtskräftige **horizontal teilrechtskräftige** Urteile hat das OLG Hamburg für unzulässig erachtet, weil der gesetzliche Wortlaut der Überschrift des 4. Buches der StPO von der „Wiederaufnahme eines durch rechtskräftiges Urteil geschlossenen Verfahrens" spreche: ein Verfahren, das nur im Schuldspruch entschieden sei, könne nicht als „geschlossen" bezeichnet werden und überdies verstehe der Sprachgebrauch unter „Rechtskraft" stets nur volle Rechtskraft[88]. Aus den gleichen soeben vorgetragenen Gründen der Entscheidungen beider Gerichte hielt schließlich das OLG Oldenburg die Wiederaufnahme gegen **vertikal teilrechtskräftige** Urteile für unzulässig[89].

bb) In der **Literatur** wurde indessen schon früh die Wiederaufnahme gegen **verti-** **69** **kal teilrechtskräftige** Entscheidungen für zulässig erachtet[90]. *Creifelds* begründet diese Auffassung mit der Selbständigkeit der bereits rechtskräftig abgeurteilten Taten, wobei die Frage der Gesamtstrafenbildung außer Betracht bleiben könne[91], und LR-*Meyer*[23] 9 folgert die Zulässigkeit der Wiederaufnahme aus der in diesem Fall sogar zu bejahenden Vollstreckbarkeit der in dem angefochtenen Urteil ausgesprochenen höchsten Einzelstrafe. Diese Auffassung hat in der Literatur breite Zustimmung gefunden[92] — indessen sind die in der Literatur für diese Auffassung in Anspruch genommenen und häufig

---

[86] Ebenfalls allgemeine Meinung, vgl. *Gössel* NStZ **1983** 394 mit weit. Nachw.
[87] OLG Hamm HESt 1, 216 = DRZ **1948** 498; ebenso RMilGE **10** 78; **19** 91; OLG Frankfurt NJW **1952** 119.
[88] OLG Hamburg MDR **1951** 245; im Ergebnis ebenso OLG Düsseldorf NJW **1954** 1499; OLG Frankfurt NJW **1951** 975; ebenso schon *Neumann* 10.
[89] MDR **1960** 335; ebenso schon früher *Neumann* 10, der indes in diesem Fall die Wiederaufnahme zuungunsten des Verurteilten für zulässig hält.
[90] *Beling* ZStW **41** (1920) 154.
[91] *Creifelds* GA **1965** 200.
[92] *Eb. Schmidt* 6; KK-v. *Stackelberg* 5; KMR-*Paulus* § 359, 7; *Kleinknecht/Meyer*[37] 4; *Peters*[4] § 76 IV 1; *Schlüchter* 765; *Bauer* JZ **1952** 209, 211; *Creifelds* GA **1965** 200; *Dippel* in Jescheck/Meyer 49; *Jürgen Meyer* FS II Peters 375; **a. A** *Neumann* 10 für die Wiederaufnahme zugunsten des Verurteilten.

Vor § 359   Viertes Buch. Wiederaufnahme

zitierten Entscheidungen BGHSt **14** 85, 88 und OLG Hamm NJW **1968** 313 insoweit gar nicht einschlägig[93].

70   cc) Bei **horizontal teilrechtskräftigen** Entscheidungen lediglich hinsichtlich des Schuldspruchs läßt insbesondere die neuere Rechtsprechung die Wiederaufnahme gegen den teilrechtskräftigen Schuldspruch nahezu einhellig zu[94], auch im Fall eines horizontal teilrechtskräftigen Beschlusses nach § 349 Abs. 4 hinsichtlich des Schuldspruchs bei Rückverweisung wegen des Strafmaßes[95]. Zur Begründung wird insbesondere darauf abgestellt, in diesem Fall sei die Weiterführung des Verfahrens bis zur vollen Rechtskraft nicht bloß unzweckmäßig, sondern zudem ungerecht: sie bedeute für den Angeklagten „eine ungerechte und vermeidbare Härte" und zwinge den Richter dazu, „entgegen seiner Überzeugung von der Schuld eines unschuldigen Angeklagten auszugehen"[96] — der Angeklagte habe „Anspruch darauf, so schnell wie möglich freigesprochen zu werden"[97]. Auch das Schrifttum hat sich z.T. dieser Auffassung angeschlossen[98].

71   c) **Eigene Auffassung.** Mit der älteren Rechtsprechung (oben Rdn. 68) ist die Wiederaufnahme gegen **teilrechtskräftige** Entscheidungen indessen für **unzulässig** zu erachten.

72   aa) Bei **vertikaler Teilrechtskraft** ist die Bestandskraft der teilrechtskräftigen Teile nicht stark genug, im Nebeneinander von Rechtsmittelverfahren und Wiederaufnahmeverfahren einander **widersprechende Entscheidungen** zu verhindern. Ficht im Falle subjektiv-vertikaler Teilrechtskraft von mehreren Mittätern A das Urteil im vollen Umfang mit der Revision an, während B nach Ablauf der Rechtsmittelfrist Wiederaufnahme begehrt, und erreicht B die Wiederaufnahme des Verfahrens durch Beschluß nach § 370 Abs. 2, bevor auf die Revision des A das Urteil aufgehoben und die Sache zurückverwiesen wird, so ist die Möglichkeit einander widersprechender Urteile unter Verhinderung der Wohltaten des im Wiederaufnahmeverfahren nicht anwendbaren § 357 nicht mehr auszuschließen[99].

---

[93] BGHSt **14** 85 betrifft den Fall einer in volle Rechtskraft erwachsenen Verurteilung zu Gesamtstrafe wegen mehrerer Straftaten, gegen die eine teilweise Wiederaufnahme wegen einer dieser Taten für statthaft erachtet wurde: die Zulässigkeit einer Teilanfechtung einer vollrechtskräftigen Entscheidung besagt aber nichts über die Zulässigkeit der Teilanfechtung einer insgesamt eben noch nicht in volle Rechtskraft erwachsenen Entscheidung. OLG Hamm NJW **1968** 313 hält lediglich in einem nicht entscheidungserheblichen Teil die Wiederaufnahme gegenüber horizontal teilrechtskräftigen Urteilen für statthaft (S. 314), behandelt aber im übrigen die Zuständigkeit für die Behandlung der Wiederaufnahme gegenüber einem rechtskräftigen Urteil, das nach Rückverweisung durch die Revisionsinstanz an ein anderes als das Ausgangsgericht in Rechtskraft erwachsen ist.

[94] OLG Bremen JR **1951** 92; OLG Frankfurt NJW **1965** 313 unter Aufgabe der in Fußn. 87 und 88 zitierten älteren Rechtsprechung dieses Gerichts und NStZ **1983** 426; OLG Hamburg NJW **1971** 2240 unter Aufgabe seiner früheren in Fußn. 88 zitierten älteren Rechtsprechung; OLG Koblenz Rpfleger **1986** 28; OLG Köln NJW **1953** 396; MDR **1973** 603; OLG München NJW **1981** 593; OLG Schleswig SchlHA **1953** 270; OLG Stuttgart MDR **1980** 955.

[95] OLG Braunschweig NJW **1950** 36 mit zust. Anm. *Cüppers*.

[96] OLG Bremen JR **1951** 92.

[97] OLG München NJW **1981** 593, 594.

[98] *Eb. Schmidt* 6; KK-*v. Stackelberg* 5; KMR-*Paulus* § 359, 9; *Bauer* JZ **1952** 209; *Beling* ZStW **41** (1920) 152 ff; *Creifelds* GA **1965** 193, 200 f; a. A *Kleinknecht/Meyer*[37] 4; *Peters*[4] § 76 IV 1; *Schlüchter* 766; *Gössel* NStZ **1983** 391.

[99] *Gössel* NStZ **1983** 394 ff.

Ähnliches läßt sich aber auch im Falle **objektiv-vertikaler Teilrechtskraft** nicht 73
ausschließen, wenn bei einer Verurteilung wegen zweier Taten nur wegen der ersten Tat
Revision eingelegt, wegen der zweiten Tat aber Wiederaufnahme begehrt wird und
hinsichtlich beider Taten ein zur Einstellung führendes Verfahrenshindernis vorliegt.
Ergeht hier der die Wiederaufnahme anordnende Beschluß nach § 370 Abs. 2 vor einer
Entscheidung des Rechtsmittelgerichts, so kann im Wiederaufnahmeverfahren das
Vorliegen eines Prozeßhindernisses durchaus anders beurteilt werden als im Rechtsmittelverfahren.

bb) Gegen die Statthaftigkeit der Wiederaufnahme gegen **horizontal teilrechts-** 74
kräftige Entscheidungen sprechen schon die von der **früheren Rechtsprechung** vorgebrachten (Rdn. 68, Fußn. 87) Gründe, deren Gewicht durch die Einführung des § 140 a
GVG durch Abs. 2 Nr. 32 des 1. StVRG noch erhöht worden ist: die damit vorgenommene Verlagerung der Zuständigkeit für das Wiederaufnahmeverfahren auf ein anderes Gericht würde bei einem Nebeneinander von Rechtsmittel- und Wiederaufnahmeverfahren in der Tat zu einem schwerfälligen und dem Mißbrauch offenen Verfahren führen[100].

Darüber hinaus spricht aber auch hier die Möglichkeit **divergierender Beurteilun-** 75
gen des Rechtsmittelgerichts und des Wiederaufnahmegerichts gegen die Statthaftigkeit
der Wiederaufnahme gegen horizontal teilrechtskräftige Urteile: hat bei noch anhängiger Strafmaßrevision ein Wiederaufnahmeantrag gegen den Schuldspruch Erfolg, so
verliert das Rechtsmittelgericht seine Prüfungskompetenz wegen der Zurückversetzung des Verfahrens in den Zustand vor Erlaß der angefochtenen Entscheidung als
Folge des Beschlusses nach § 370 Abs. 2 (s. dazu § 368, 4; § 370, 6). Damit kann aber das
Rechtsmittelgericht das Verfahren nicht mehr wegen eines von ihm bejahten Verfahrenshindernisses einstellen, dessen Vorliegen das Wiederaufnahmegericht verneint —
und der Beschuldigte hat der Gerechtigkeit zuwider das Nachsehen, wenn das verurteilende Erkenntnis des Wiederaufnahmegerichts rechtskräftig wird.

Weil überdies nicht sichergestellt werden kann, daß Rechtsmittelgericht und 76
Wiederaufnahmegericht vom jeweils anderen Verfahren und dessen Stand **sicher unterrichtet** sind, ist es durchaus möglich, daß einander **widersprechende Entscheidungen** ergehen, die dem Ansehen der Rechtspflege wie der Rechtssicherheit dann besonders abträglich sind, wenn etwa die Entscheidung des Rechtsmittelgerichts zwar nach Verlust
der Prüfungskompetenz ergeht, aber als letztinstanzliche sofort in Rechtskraft erwächst — noch unübersichtlicher wird die Lage, wenn beide Entscheidungen gleichzeitig ergehen oder nicht festgestellt werden kann, ob eine Entscheidung früher als die andere (am gleichen Tage) ergangen ist. Deshalb sollte die Wiederaufnahme auch gegen
horizontal teilrechtskräftige Urteile als nicht statthaft angesehen werden[101].

Demgegenüber wird zwar vorgebracht, es sei **rechtsstaatlich** unerträglich und 77
nicht zu verantworten, dem inhaftierten Angeklagten bei durchgreifenden Wiederaufnahmegründen die Wiederaufnahme nur deshalb zu versagen, weil das Rechtsmittelverfahren noch nicht abgeschlossen sei — und ebensowenig könne es dem Rechtsmittelrichter zugemutet werden, trotz auf der Hand liegender Unschuldsbeweise in der Form der
Wiederaufnahmegründe den Angeklagten zu verurteilen[102]. Der Eindruck dieser Ge-

---

[100] So treffend *Peters*[3] § 76 IV 1 im Anschluß an LR-*Meyer*[23] 11; *Kleinknecht/Meyer*[37] 4; im Ergebnis ebenso *Schlüchter* 766.
[101] Eingehend dazu *Gössel* NStZ **1983** 396 f; s. dort auch zu weiteren Möglichkeiten divergierender Entscheidungen beim Tode des Verurteilten.
[102] S. dazu *Jürgen Meyer* FS II Peters 385 und die Nachweise in Fußn. 96, 97.

sichtspunkte auf das Rechtsgefühl ist indessen ungleich größer als deren rationale Überzeugungskraft. Einmal kommt in solchen, doch sehr seltenen, Fällen eine Verurteilung zur Mindeststrafe in Betracht[103], die einen weiteren Vollzug der Untersuchungshaft wegen Unverhältnismäßigkeit ausschließt; der weitere Vollzug der bei vertikaler Teilrechtskraft möglichen Strafhaft kann schon durch Entscheidungen nach §§ 454, 456, aber auch nach § 57 StGB verhindert werden. Zum anderen aber ist die tragische Rolle des Rechtsmittelrichters im hier behandelten Fall weitaus erträglicher, als in den — ja doch wohl häufigeren — Fällen, in denen der Rechtsmittelrichter bei Rechtskraft des Schuldspruchs erkennt, daß der Angeklagte bei fehlenden Wiederaufnahmegründen schuldlos ist: hier besteht nach der Rechtsprechung des BGH keine Freispruchsmöglichkeit mehr. Der mit der hier vertretenen Auffassung verbundene Nachteil der Verzögerung des Wiederaufnahmeverfahrens hat seinen Grund in Wahrheit darin, daß die **Rechtsprechung** die **Bestandskraft teilrechtskräftiger Urteile** zu sehr **überdehnt**, auch hinsichtlich ihrer Vollstreckbarkeit[104]. Läßt man mit *Hanack* (§ 354, 29), dem zuzustimmen ist, trotz horizontal teilrechtskräftigen Schuldspruchs Freispruch zu, wenn sich aufgrund der nova ergibt, daß der Angeklagte nicht der Täter war, so bringt die Unstatthaftigkeit der Wiederaufnahme gegen horizontal teilrechtskräftige Entscheidungen auch keine praktischen Nachteile mehr mit sich[104a].

78 cc) Weil das Verfahren durch Wiederaufnahmeanträge gegen teilrechtskräftige Entscheidungen sowohl verkürzt (das Rechtsmittelverfahren braucht nicht abgewartet zu werden) als auch verlängert (wiederholte aussichtslose Wiederaufnahmeanträge), ist das Argument der **Prozeßökonomie** nicht geeignet, für oder gegen die Statthaftigkeit der Wiederaufnahme gegen teilrechtskräftige Entscheidungen zu sprechen[105].

79 5. **Grenzen des Bereichs der Anfechtbarkeit.** Die Grenze zwischen wiederaufnahmefähigen gerichtlichen Entscheidungen und solchen, gegen die die Wiederaufnahme unstatthaft ist, verläuft damit entgegen dem Wortlaut der §§ 359, 362 nicht zwischen Urteilen und Beschlüssen und auch nicht zwischen Rechtskraft und Nichtrechtskraft. Sie verläuft vielmehr **innerhalb des Bereichs der vollen materiellen Rechtskraft.** Soweit gerichtliche Entscheidungen nur in formelle Rechtskraft erwachsen, sind sie grundsätzlich der Wiederaufnahme entzogen (hier vorgeschlagene Ausnahme: Einstellung wegen Todes des Angeklagten, s. Rdn. 60); soweit Entscheidungen als Sachentscheidungen die Strafklage verbrauchen und damit in materielle Rechtskraft erwachsen, ist die Wiederaufnahme nur dann statthaft, sofern keine andere Möglichkeit der Korrektur fehlerhafter Entscheidungen durch Fortführung des Verfahrens besteht — weil bei Urteilen eine derartige Korrekturmöglichkeit nicht besteht, sind materiell rechtskräftige Urteile stets mit der Wiederaufnahme anfechtbar.

---

[103] BGH GA **1959** 305, 306.
[104] Dieser Frage kann hier nicht weiter nachgegangen werden; s. dazu aber *Peters*[4] § 54 I 3; *Gössel* § 33 E II b 5; *Deml* 163.
[104a] Ebenso *Roxin*[19] §§ 55 B II 6; s. ferner *Peters* wie Fußn. 104; zum gleichen Ergebnis führt auch *die* Rspr., die in solchen Fällen die Rechtsmittelbeschränkung für unwirksam erklärt und die Teilrechtskraft entfallen läßt (so OLG Zweibrücken MDR **1986** 75) — letztlich aber wird hier mangels eines plausiblen Grundes für die angebliche Unwirksamkeit der Rechtsmittelbeschränkung in Wahrheit — und zu Recht — die Teilrechtskraft nicht mehr als Rechtskraft anerkannt.
[105] OLG München NJW **1981** 593 f; KMR-*Paulus* § 359, 9.

II. Entscheidungen deutscher Gerichte

1. Bestehende Gerichte. Die Wiederaufnahme ist zulässig gegen Entscheidungen **80**
der **ordentlichen Strafgerichte**, die im Geltungsbereich der Strafprozeßordnung ihren
Sitz haben oder hatten. Auf den Zeitpunkt der Entscheidung kommt es nicht an: die
Wiederaufnahme ist an keine Fristen gebunden.

Für die Wiederaufnahme gegen Entscheidungen der ordentlichen Gerichte im **81**
Gebiet der DDR besteht keine Zuständigkeit der Gerichte der Bundesrepublik. Das gilt
auch für Entscheidungen vor der Gründung der DDR[106], auch für vor dem 8. 5. 1945
erlassene Urteile[107]. Wenn die Vollstreckung von Urteilen der DDR-Gerichte im
Gebiet der Bundesrepublik für unzulässig erklärt wird, findet nach § 11 RHG ein neues
Verfahren statt (s. dazu die Erläuterungen zu dieser Vorschrift im letzten Band des
Kommentars).

2. Entscheidungen nicht mehr bestehender Gerichte

**a) Gerichte, deren Zuständigkeiten auf jetzige deutsche Gerichte übertragen wur- 82
den.** Die früheren Zuständigkeiten des **Reichsgerichts** und des **Obersten Gerichtshofs
für die Britische Zone** sind aufgrund des VereinhG auf den **Bundesgerichtshof** überge-
leitet worden. Die Überleitungsvorschriften lauten:

Art. 8, III, Nr. 88 VereinhG:

> Soweit in gesetzlichen Vorschriften dem Reichsgericht oder dem Obersten Gerichtshof für
> die Britische Zone Aufgaben zugewiesen sind, tritt an die Stelle dieser Gerichte der Bundesge-
> richtshof.
>
> Der Bundesgerichtshof ist ferner zuständig, wenn ihm durch eine Gesetzgebung außerhalb
> des Geltungsbereichs dieses Gesetzes Zuständigkeiten in Übereinstimmung mit diesem Gesetz
> übertragen sind.

Art. 8 III, Nr. 119 VereinhG

> Wird ein vor dem Inkrafttreten dieses Gesetzes ergangenes Urteil mit dem Antrag auf
> Wiederaufnahme des Verfahrens angefochten, so entscheidet darüber, ob der Antrag zulässig
> und begründet ist, die Strafkammer, soweit nicht nach den neuen Vorschriften die Zuständig-
> keit des Amtsgerichts (§ 25 Nr. 1, 2 a und b des Gerichtsverfassungsgesetzes) oder des Schwur-
> gerichts oder des Bundesgerichtshofes begründet ist.

Die Zuständigkeit zur Entscheidung über die damit statthafte Wiederaufnahme
gegen Entscheidungen des RG und des Obersten Gerichtshofs für die Britische Zone ist
damit auf den BGH übergegangen[108]. Dies gilt indessen nur für Entscheidungen des
RG und des OGH über die Revision; bei erstinstanzlichen Entscheidungen dieser Ge-
richte ist die Zuständigkeit zur Entscheidung über die Wiederaufnahme in entsprechen-
der Anwendung von Art. 8, III, Nr. 88 VereinhG auf die Oberlandesgerichte überge-
gangen[108a].

**b) Deutsche Gerichte, an deren Sitz deutsche Gerichtsbarkeit nicht mehr aus- 83
geübt wird.** Unter der Voraussetzung, daß der Verurteilte im Zeitpunkt des Urteilserlas-
ses deutscher Staatsangehöriger gewesen und daß er es bei der Antragstellung noch ist,

---

[106] BGHSt **15** 72; KMR-*Paulus* § 359, 10; *Pe-
ters* Fehlerquellen 3 129.
[107] BGHSt **11** 379; KMR-*Paulus* § 359, 10; a. A
BGHSt **7** 360; BayObLGSt **1954** 103; wegen
der Sondergerichte vgl. unten Rdn. 85.
[108] BGHSt **31** 365; BGH NStZ **1982** 214; *Rieß*

NStZ **1981** 274 gegen den jegliche Wieder-
aufnahme gegen Reichsgerichtsentscheidun-
gen verneinenden Beschluß des KG NStZ
1981 274.
[108a] BGHSt **31** 367.

Vor § 359 Viertes Buch. Wiederaufnahme

kann die Wiederaufnahme auch gegen Urteile von Gerichten beantragt werden, an deren Sitz deutsche Gerichtsbarkeit nicht mehr ausgeübt wird (s. dazu die bei § 367, 18 abgedruckte Vorschrift des § 17 Abs. 1 Satz 2 ZustErgG). Um welche Gerichte es sich handelt, ergibt die **Begriffsbestimmung** des § 1 ZustErgG. Die Vorschrift lautet:

§ 1 ZustErgG

Im Sinne dieses Gesetzes sind als Gerichte, an deren Sitz deutsche Gerichtsbarkeit nicht mehr ausgeübt wird, anzusehen:
1. die Gerichte im Gebiet des Deutschen Reiches nach dem Gebietsstand vom 31. Dezember 1937 östlich der Oder-Neiße-Linie;
2. die Gerichte in Danzig, in den ehemaligen eingegliederten Ostgebieten und im Memelland;
3. die Gerichte im Elsaß, in Lothringen und in Luxemburg;
4. die Gerichte in Eupen, Malmedy und Moresnet;
5. die Gerichte im ehemaligen sudetendeutschen Gebiet;
6. die deutschen Gerichte im ehemaligen Protektorat Böhmen und Mähren, im ehemaligen Generalgouvernement und in den ehemaligen Reichskommissariaten Ostland und Ukraine.

84 Bei der Anwendung der Vorschrift ist zu beachten, daß sie nicht nur den Sitz der Gerichte bezeichnet, sondern ferner voraussetzt, daß es sich um Gerichte handelt, an denen **deutsche Gerichtsbarkeit** ausgeübt worden ist. Das war nicht der Fall, bevor die in § 1 ZustErgG bezeichneten Gebiete eine deutsche Gerichtsverwaltung erhielten. Daher fallen z. B. die bis September 1939 in Danzig tätigen Gerichte nicht unter die Vorschrift. Wegen der gerichtlichen Zuständigkeit im Wiederaufnahmeverfahren s. § 367, 26 ff.

85 c) **Wehrmachtgerichte und Sondergerichte.** Gegen Urteile dieser Gerichte kann die Wiederaufnahme nach § 18 Abs. 1 und 2 ZustErgG beantragt werden. Die Vorschrift lautet:

§ 18

(1) [1]Ein Verfahren, das durch Urteil eines Wehrmachtgerichts oder eines Gerichts einer wehrmachtähnlichen Formation rechtskräftig abgeschlossen ist, kann zugunsten des Verurteilten nach den Vorschriften der Strafprozeßordnung wieder aufgenommen werden. [2]Die Wiederaufnahme ist auch zulässig, wenn auf eine Strafe oder eine Maßregel der Sicherung und Besserung erkannt worden ist, auf die nach den angewendeten Vorschriften überhaupt nicht erkannt werden durfte, oder wenn ein Urteil bestätigt worden ist, das nach § 86 der Kriegsstrafverfahrensordnung vom 17. August 1938 (Reichsgesetzbl. 1939 I S. 1457) nicht bestätigt werden durfte.

(2) [1]Ein Verfahren, das durch Urteil eines Sondergerichts rechtskräftig abgeschlossen ist, kann außer nach den Vorschriften der Strafprozeßordnung zugunsten des Verurteilten auch wieder aufgenommen werden, wenn Umstände vorliegen, die es erforderlich erscheinen lassen, die Sache im ordentlichen Verfahren nachzuprüfen. [2]Die Vorschrift des § 363 der Strafprozeßordnung sowie die zur Wiedergutmachung nationalsozialistischen Unrechts in der Strafrechtspflege erlassenen Vorschriften bleiben unberührt.

(3) Für das Wiederaufnahmeverfahren ist die Strafkammer des Landgerichts oder unter den Voraussetzungen des § 80 des Gerichtsverfassungsgesetzes das Schwurgericht zuständig, in dessen Bezirk der Verurteilte zur Zeit des Inkrafttretens dieses Gesetzes seinen Wohnsitz oder in Ermangelung eines im Bereich deutscher Gerichtsbarkeit gelegenen Wohnsitzes seinen gewöhnlichen Aufenthalt hat.

Sondergerichte im Sinne des § 18 Abs. 2 ZustErgG sind die aufgrund der Verordnung der Reichsregierung über die Bildung von Sondergerichten vom 21. 3. 1933 (RGBl. I 136) und der an deren Stelle getretenen §§ 10 ff der Zuständigkeitsverordnung vom

21. 2. 1940 tätig gewordenen Gerichte. Urteile von Sondergerichten können mit dem Wiederaufnahmeantrag auch angefochten werden, wenn sie ihren Sitz im Gebiet der heutigen DDR gehabt haben[109]. Zu den Sondergerichten gehören auch der aufgrund des Art. III des Gesetzes zur Änderung von Vorschriften des Strafrechts und des Strafverfahrens vom 24. 4. 1934 (RGBl. I 341) gebildete Volksgerichtshof in Berlin[110] und die aufgrund der Verordnung über eine Sondergerichtsbarkeit in Strafsachen für Angehörige der SS und für die Angehörigen der Polizeiverbände bei besonderem Einsatz vom 17. 10. 1939 (RGBl. I 2107) tätig gewordenen Gerichte[111]. Wegen der erleichterten Voraussetzungen der Wiederaufnahme nach § 18 Abs. 2 Satz 1 ZustErgG s. OLG Frankfurt GA **1953** 92. Zur gerichtlichen Zuständigkeit s. § 367, 28.

85a Ob und inwieweit Entscheidungen der **Sondergerichte** (einschließlich des Volksgerichtshofs) **nichtig** sind, ist umstritten (s. dazu z. B. *Rüping/Schwarz* NJW **1985** 2391). Die Wiederaufnahme gegen Entscheidungen dieser als Gerichte bezeichneten Gremien wird man indessen unabhängig von diesem Streit für statthaft halten müssen. Sieht man die jeweiligen Entscheidungen als nichtig an, erfordert das Rehabilitationsinteresse den förmlichen deklaratorischen Nichtigkeitsausspruch durch das Wiederaufnahmegericht (Beschluß) wegen rechtsstaatswidriger Verfahrensweise, allerdings ohne jede Entscheidung in der Sache: anders würde die zu Nichtigkeit des Urteils führende evident rechtsstaatswidrige Verfahrensweise widersprüchlich insoweit mindestens teilweise anerkannt werden, als eine konstitutiv wirkende formal verfahrensbeendende Entscheidung für erforderlich gehalten wird, während in Wahrheit Entscheidung wie das dazu führende Verfahren unbeachtlich sind, welches nur deklatorisch (in der Begründung des die Nichtigkeit feststellenden Beschlusses) festgestellt werden kann — eine Übertragung dieser nur für die evidente Unrechtsprechung der Sondergerichte (einschließlich des Volksgerichtshofs) der NS-Zeit geltenden Grundsätze auf Verfahren vor Gerichten im Rechtsstaat der Bundesrepublik Deutschland kann allerdings nicht in Betracht kommen. Soweit man dagegen die Nichtigkeit von Entscheidungen der genannten Gremien verneinen sollte, bestehen hinsichtlich der Statthaftigkeit der Wiederaufnahme keine Besonderheiten.

86 d) **Besatzungsgerichte.** Gegen Urteile der Besatzungsgerichte vor Beendigung des Besatzungsregimes ist die Wiederaufnahme vor deutschen Gerichten nicht zulässig[112].

C. Das Wiederaufnahmeverfahren im Überblick

87 Das Wiederaufnahmeverfahren gliedert sich in drei Stadien. Im ersten Stadium, auch **Aditionsverfahren** genannt, werden die speziellen **Zulässigkeitsvoraussetzungen** des Rechtsbehelfs der Wiederaufnahme geprüft: dieser Verfahrensabschnitt endet mit dem Beschluß entweder über die Zulässigkeit des Rechtsbehelfs oder über dessen Verwerfung als **unzulässig** (§ 368). Der Zulassungsbeschluß eröffnet das zweite Stadium,

---

[109] BGH NJW **1955** 72 L; OLG Frankfurt GA **1953** 92; OLG Hamm NJW **1955** 762 L; KMR-*Paulus* § 359, 10.

[110] BGH NJW **1954** 1777; KMR-*Paulus* § 359, 10.

[111] OLG Braunschweig NJW **1959** 1238; KMR-*Paulus* § 359, 10.

[112] BGHSt **12** 326; *Eb. Schmidt* 3; KMR-*Paulus* § 359, 10; *Peters* Fehlerquellen **3** 128; *Schwenk* NJW **1960** 276; a. A BGH NJW **1956** 1766.

auch **Probationsverfahren** genannt, in dem die Begründetheit des Rechtsbehelfs geprüft wird; dieser Abschnitt endet mit einem Beschluß entweder über die Verwerfung der Wiederaufnahme als **unbegründet** (§ 370 Abs. 1) oder über die Wiederaufnahme des Verfahrens und die Erneuerung der Hauptverhandlung (§ 370 Abs. 2). Der Beschluß nach § 370 Abs. 2 beseitigt, sobald er selbst rechtskräftig geworden ist, die Rechtskraft der angefochtenen Entscheidung, versetzt das Verfahren in den Zustand vor deren Erlaß zurück (§ 370, 35) und macht so den Weg frei für die letzte Stufe eines **neuen Sachentscheidungsverfahrens** vor dem nach § 140 a GVG zuständigen Gericht. Dieses Gericht besitzt damit alle die Entscheidungsmöglichkeiten, die das frühere Gericht vor Erlaß der (erfolgreich) angefochtenen Entscheidung hatte: Entscheidung aufgrund einer erneuerten Hauptverhandlung (§ 373) durch Sach- oder Prozeßurteil, vermehrt um die von § 371 eröffneten Entscheidungsmöglichkeiten (s. dazu unten § 373, 17 ff und § 371, 16 ff), also auch durch Einstellung (innerhalb — soweit möglich — oder) außerhalb der Hauptverhandlung z. B. nach §§ 153 ff (str., vgl. § 371, 18) oder § 206 a (s. Rdn. 89 und unten § 373, 16). Die Mitwirkung eines Verteidigers richtet sich nach §§ 364 a, 364 b.

I. Die Zulässigkeit der Wiederaufnahme (Aditionsverfahren)

88 Wie bereits oben dargelegt, stimmen die Rechtsmittel der Revision und der Berufung einerseits und der Rechtsbehelf der Wiederaufnahme andererseits hinsichtlich der Zulässigkeitsvoraussetzungen weitgehend überein (Rdn. 25). Insbesondere sind wie bei den genannten Rechtsmitteln auch bei der Wiederaufnahme **drei** verschiedene **Arten der Zulässigkeitsvoraussetzungen** zu unterscheiden: einmal die allgemeinen Prozeßvoraussetzungen des (bei der Wiederaufnahme rechtskräftig abgeschlossenen) voraufgehenden Verfahrens als allgemeine Zulässigkeitsvoraussetzungen dieses „Vorverfahrens", zum anderen die allgemeinen Prozeßvoraussetzungen, soweit sie auch die Zulässigkeit gerade des Wiederaufnahmeverfahrens betreffen und endlich drittens die speziellen Zulässigkeitsvoraussetzungen nur des Wiederaufnahmeverfahrens, die den speziellen Zulässigkeitsvoraussetzungen der Berufung und Revision vergleichbar sind, wie etwa die Einhaltung der Form- und Fristvorschriften.

89 **1. Fehlen von Prozeßvoraussetzungen im rechtskräftig abgeschlossenen Vorverfahren.** Im Rechtsmittelverfahren führt das Übersehen eines Prozeßhindernisses in der Vorinstanz bekanntlich zur Begründetheit z. B. der Revision — Entsprechendes gilt auch im Wiederaufnahmeverfahren. Stand der Durchführung des rechtskräftig abgeschlossenen Verfahrens etwa ein Verfahrenshindernis (z. B. fehlender Strafantrag) entgegen, so hindert dies nicht etwa auch die Durchführung des Wiederaufnahmeverfahrens: gerade umgekehrt kann das **im Vorverfahren** etwa **nicht berücksichtigte Prozeßhindernis** einen Wiederaufnahmegrund (im Vorverfahren wurde eine verfälschte Urkunde als Nachweis des angeblich wirksam gestellten Strafantrags berücksichtigt) darstellen und damit zur Zulässigkeit (Vorliegen eines Wiederaufnahmegrundes) wie zur Begründetheit (der geltend gemachte Wiederaufnahmegrund liegt tatsächlich vor) der Wiederaufnahme führen. Die Bedeutung von Amnestie und Tod des Privatklägers schon vor der Rechtskraft der mit der Wiederaufnahme angefochtenen Entscheidung ist im Zusammenhang mit dem nachträglichen Auftreten dieser Ereignisse unten Rdn. 98 ff, 113 ff erörtert.

90 **2. Allgemeine Prozeßvoraussetzungen im Wiederaufnahmeverfahren.** Die **allgemeinen** Prozeßvoraussetzungen jedes Strafverfahrens gelten grundsätzlich auch für die besondere Verfahrensart der Wiederaufnahme, allerdings nur, soweit sie die Zulässigkeit dieses Verfahrens auch wirklich betreffen (Näheres § 368, 3 ff).

a) Wirkung. Fehlen sie, so ist grundsätzlich schon im Stadium der Adition das Wiederaufnahmeverfahren durch Beschluß nach **§ 206 a** einzustellen (str.; s. dazu unten § 368, 3 ff) und nicht etwa nach **§ 368 Abs. 1** zu verfahren, weil diese Vorschrift nur die **speziellen Voraussetzungen** des Wiederaufnahmeverfahrens betrifft, wie in vergleichbarer Weise §§ 312, 333, 346 Abs. 1 und § 349 Abs. 1 die speziellen Zulässigkeitsvoraussetzungen der Revision. Dies gilt jedoch nicht bei Unzuständigkeit des Wiederaufnahmegerichts, die entweder Verweisung nach § 270 zur Folge hat, im Beschwerdeweg oder bei Anordnung der Wiederaufnahme in entsprechender Anwendung des § 354 Abs. 3 berücksichtigt werden kann (unten § 367, 32 ff). 91

b) Umfang. Trotz ihrer allgemeinen Geltung können nicht alle generellen Voraussetzungen des Strafverfahrens auch die Zulässigkeit des Wiederaufnahmeverfahrens betreffen, das z. B. weder Anklageerhebung noch Eröffnungsbeschluß kennt. Von den **allgemeinen Prozeßvoraussetzungen**, die auch die **Zulässigkeit des Wiederaufnahmeverfahrens** betreffen, seien einige der für das Wiederaufnahmeverfahren wichtigsten hier erwähnt: gerichtliche Zuständigkeit, Verhandlungsfähigkeit, Begnadigung und Amnestie. 92

3. Ausgewählte allgemeine Prozeßvoraussetzungen des Wiederaufnahmeverfahrens im einzelnen

a) Die **gerichtliche Zuständigkeit** ist in § 367 und in § 140 a GVG geregelt; auf die dortigen Ausführungen wird verwiesen. 93

b) Die **Verhandlungsfähigkeit** des Beschuldigten ist allgemeine Voraussetzung der Durchführung des Strafverfahrens; auf sie kann grundsätzlich nicht verzichtet werden. Fehlt sie, so ist die Wiederaufnahme des Verfahrens **zuungunsten** des Verurteilten unzulässig, und zwar in allen drei Stufen einschließlich des Aditionsverfahrens. 94

Bei der Wiederaufnahme **zugunsten** des Verurteilten würde das Bestehen auf der Verhandlungsfähigkeit des Beschuldigten indessen zu grob ungerechten Ergebnissen führen: der schwer erkrankte oder aus sonstigen Gründen Verhandlungsunfähige könnte so seine Rehabilitation durch Aufhebung eines Fehlurteils zu seinen Lebzeiten nicht mehr erreichen. Erst nach seinem Tode wäre eine Rehabilitation durch einen Wiederaufnahmeantrag der in § 361 Abs. 2 bezeichneten nahen Angehörigen möglich. Bedenkt man, daß der Tod des Angeklagten „das stärkste Verfahrenshindernis tatsächlicher Art" darstellt[113], gleichwohl aber die Wiederaufnahme zur Rehabilitation nicht hindern soll, so muß Gleiches auch für die Verhandlungsunfähigkeit gelten; in analoger Anwendung des § 361 Abs. 1 ist deshalb die Verhandlungsunfähigkeit kein die Zulässigkeit der Wiederaufnahme zugunsten des Verurteilten ausschließender Grund. Zur Verhandlungsunfähigkeit im **wiederaufgenommenen** Verfahren s. u. § 371, 3. 95

c) Auch die **Begnadigung** des Verurteilten ist ein allgemeines Verfahrenshindernis und deshalb auch bei der Wiederaufnahme **zuungunsten** des Verurteilten zu berücksichtigen. Indessen muß auch hier bei der Wiederaufnahme **zugunsten** des Verurteilten etwas anderes gelten. Der Gnadenerweis betrifft regelmäßig nur die Rechtsfolgen, nicht aber den Schuldspruch und nicht einmal die Eintragung im Bundeszentralregister[114]; 96

---

[113] *Kleinknecht/Meyer*[37] § 206 a, 8.   [114] *Maurach/Zipf* AT 2 § 75, 10, 11.

deshalb wird dem Wiederaufnahmebeschluß (§ 370 Abs. 2) sogar die Wirkung zuerkannt, Gnadenerweise gegenstandslos werden zu lassen (§ 370, 45 und § 373, 35). Trotz eines Gnadenerweises kann dem Verurteilten nicht verwehrt werden, den Schuldspruch selbst anzugreifen und in entsprechender Anwendung des § 361 Abs. 1 seine volle Rehabilitation zu erreichen[115].

97   d) Als allgemeines Verfahrenshindernis hindert auch die **Amnestie** die Durchführung eines Wiederaufnahmeverfahrens **zuungunsten** des Verurteilten, und zwar auch dann, wenn das Amnestiegesetz erst nach Stellung des Wiederaufnahmeantrags in Kraft tritt[116]. Die Zulässigkeit der Wiederaufnahme **zugunsten** des Verurteilten hängt vom Zeitpunkt des Inkrafttretens der Amnestiegesetze ab.

98   aa) Inkrafttreten des Amnestiegesetzes vor Rechtskraft der angefochtenen Entscheidung. Wenn ein **Strafverfahren** aufgrund eines Straffreiheitsgesetzes **eingestellt** worden ist, kann der Antragsteller das Urteil grundsätzlich nicht im Wiederaufnahmeverfahren mit dem Ziel anfechten, freigesprochen zu werden. Denn das Straffreiheitsgesetz bildet ein Verfahrenshindernis, das das Gericht dazu zwingt, das Verfahren einzustellen, ohne die Schuldfrage zu untersuchen. Auch das wiederaufgenommene Verfahren könnte daher nur mit einem Einstellungsurteil enden[117].

99   Anders ist es nur, wenn der Angeklagte die **Fortsetzung** des Verfahrens **zur Feststellung seiner Unschuld** beantragt hatte, was neuere Amnestiegesetze regelmäßig vorsehen (vgl. § 17 StrFrG 1954, § 9 StrFrG 1968, § 11 StrFrG 1970), das Verfahren aber gleichwohl nur mit einem Einstellungsurteil abgeschlossen worden ist. In diesem Fall dient der Wiederaufnahmeantrag der Fortführung des Verfahrens und zielt auf die rechtlich mögliche Freisprechung wegen erwiesener Unschuld oder nicht nachweisbarer Schuld ab. Die Wiederaufnahme zugunsten des Angeklagten ist daher zulässig[118].

100 Hatte das erkennende Gericht ein **Straffreiheitsgesetz** versehentlich **nicht angewendet**, so kann der Wiederaufnahmeantrag, da das Urteil dann nur an einem Rechtsfehler leidet, hierauf nicht gestützt werden[119].

101 Ist hingegen die Verfahrenseinstellung unterblieben, weil sie von bestimmten **tatsächlichen Umständen** abhing, die das erkennende Gericht nicht feststellen konnte, so kann der Verurteilte die Wiederaufnahme mit dem Ziel betreiben, diese Umstände nunmehr festzustellen und das Verfahren einzustellen[120].

102 Entsprechendes gilt für den Fall, daß das Urteil **Tatsachen** festgestellt hat, die die **Anwendung des Straffreiheitsgesetzes hindern**. Ein Wiederaufnahmeantrag mit dem Ziel, die Einstellung des Verfahrens aufgrund des Straffreiheitsgesetzes dadurch zu erreichen, daß die Strafe ohne Änderung des angewendeten Strafgesetzes gemildert wird, ist nach § 363 unzulässig[121].

---

[115] *Kleinknecht/Meyer*[37] § 361, 1.
[116] *Neumann* 84 ff; *Schäfer* JR **1929** 69; **1933** 21.
[117] OLG Hamburg HRR **1937** 1685; KMR-*Paulus* § 359, 46; **a. A** *Mittelbach* NJW **1950** 173, der die Wiederaufnahme zulassen will.
[118] OLG Celle NdsRpfl. **1956** 18; *Schäfer* DJ **1938** 820.
[119] OLG Bamberg NJW **1955** 1122; KMR-*Paulus* § 359, 46; *Neumann* 84; *Mittelbach* NJW **1950** 173; *Schäfer* JR **1929** 69 f.
[120] OLG Bamberg NJW **1955** 1121; OLG Dresden HRR **1942** 516; OLG Hamm NJW **1955** 565; KMR-*Paulus* § 359, 46; *Eb. Schmidt* § 359, 30; *Neumann* 84; *Mittelbach* NJW **1950** 172; *Peters* Fehlerquellen **3** 59; *Schäfer* JR **1929** 69; *Schöneborn* MDR **1975** 6, 10; *Schorn* MDR **1965** 870.
[121] OLG Hamm NJW **1955** 565; KMR-*Paulus* § 359, 46.

bb) Inkrafttreten des Amnestiegesetzes nach Rechtskraft der angefochtenen Ent- 103 scheidung. Wenn das Straffreiheitsgesetz erst nach Rechtskraft der angefochtenen Entscheidung in Kraft getreten ist, kann die Wiederaufnahme **zugunsten** des Verurteilten nicht darauf gestützt werden, daß nunmehr Straffreiheit gewährt wird[122]. Denn das neue Gesetz ist keine neue Tatsache im Sinne des § 359 Nr. 5[123].

Andererseits hindert das nachträglich in Kraft getretene Straffreiheitsgesetz nicht 104 die Wiederaufnahme zugunsten des Verurteilten, auch wenn die Strafe nach Art und Höhe unter die Amnestie fällt. Er kann vielmehr **entsprechend § 361 Abs. 1**[124] die Wiederaufnahme mit dem Ziel betreiben, seine Unschuld festzustellen oder die Strafe unter Anwendung einer milderen Bestimmung herabzusetzen[125].

4. Die speziellen Zulässigkeitsvoraussetzungen für die Wiederaufnahme
a) Statthaftigkeit des Rechtsbehelfs. Die Wiederaufnahme ist nur **statthaft**, wenn 105 ein tauglicher Anfechtungsgegenstand vorliegt, wie er oben Rdn. 30 ff ermittelt wurde: nur in diesen Fällen stellt die StPO den Rechtsbehelf der Wiederaufnahme generell zur Verfügung. Fehlt es an einem tauglichen Anfechtungsgegenstand, so ist der Rechtsbehelf nach § 368 Abs. 1 als unzulässig zu verwerfen, wie in allen Fällen, in denen die speziellen Zulässigkeitsvoraussetzungen für das Wiederaufnahmeverfahren fehlen (Rdn. 91; s. ferner § 368, 5 ff).

b) Die **Wiederaufnahmeberechtigten** bestimmen sich nach §§ 365, 296 bis 298, 106 301; im einzelnen s. § 365[126].

c) Beschwer. Wie jeder andere Rechtsbehelf (bei § 296; § 333, 19 ff) setzt auch 107 der Wiederaufnahmeantrag eine Beschwer durch die angefochtene Entscheidung voraus[127]. Die **Staatsanwaltschaft** ist durch jede unrichtige Entscheidung beschwert und kann deshalb, falls sie eine den Verurteilten belastende Entscheidung als fehlerhaft ansieht, Anträge stets auch zugunsten des Verurteilten stellen[128].

Die Beschwer muß sich aus dem **Urteilsausspruch** ergeben; eine Beschwer durch 108 die Urteilsgründe genügt auch im Wiederaufnahmeverfahren nicht[129]. Daher kann der Freigesprochene die Wiederaufnahme nicht mit dem Ziel beantragen, wegen erwiesener Unschuld freigesprochen zu werden[130]. Selbstverständlich kann er sie auch nicht zu seinen Ungunsten beantragen[131].

Beschwert ist der Angeklagte **nicht nur**, wenn er zu Strafe verurteilt oder eine 109 Maßregel der Besserung und Sicherung gegen ihn verhängt, sondern auch, wenn nach

---

[122] OLG Hamburg HRR **1933** 1160; *Peters* Fehlerquellen **3** 60.
[123] *Eb. Schmidt* § 359, 30; KMR- *Paulus* § 359, 46.
[124] *Kleinknecht/Meyer*[37] § 361, 1.
[125] RG DJ **1938** 308 mit Anm. *Schäfer*; OLG Düsseldorf DRiZ **1934** Nr. 694; OLG Königsberg DStR **1935** 123; OLG München DJ **1938** 118; a. A BayObLGSt 34 156 = JW **1934** 2863 = DStR **1935** 54 mit Anm. *Schäfer*; BayObLG HRR **1935** 776; **1936** 86; KMR-*Paulus* § 359, 46; *Becker* LZ **1918** 468; *Mittelbach* NJW **1950** 173; *Schäfer* DJ **1936** 676; JR **1929** 66 ff; *Siebert* DRiZ **1934** 337.
[126] Eingehend dazu *Dünnebier* FS II Peters 335 bis 345; *Wasserburg* Handb. 235 f.
[127] *Peters* Fehlerquellen **3** 119.
[128] § 365, 3; *Kleinknecht/Meyer*[37] 6; *Wasserburg* Handb. 234, 237.
[129] OLG Dresden DStrZ **1915** 562; OLG München *Alsb*. E **2** Nr. 250; *Gerland* 438; *Dippel* in *Jescheck/Meyer* 56; *Neumann* 49; *Wasserburg* Handb. 237.
[130] OLG Braunschweig GA **1954** 248; KMR-*Paulus* 15; *Peters* Fehlerquellen **3** 126.
[131] RMilGE **17** 90; KMR-*Paulus* 15; *Neumann* 92 Fußn. 2; *Peters* Fehlerquellen **3** 126.

§ 60 StGB oder einer anderen Strafbestimmung, die das gestattet, von Strafe abgesehen oder wenn der Angeklagte, etwa nach §§ 199, 233 StGB, für straffrei erklärt worden ist[132].

110 An der **Beschwer fehlt** es, wenn das Verfahren wegen eines Prozeßhindernisses nach § 260 Abs. 3 eingestellt worden ist. Die Wiederaufnahme kann dann nicht mit dem Ziel beantragt werden, das einstellende Urteil durch ein freisprechendes zu ersetzen. Wegen der Verfahrenseinstellung aufgrund eines Straffreiheitsgesetzes s. oben Rdn. 97 ff.

111 d) **Antrag, Frist und Form.** Die Wiederaufnahme findet niemals von Amts wegen statt, setzt vielmehr stets einen **Antrag** (§ 366 Abs. 1) der Rechtsbehelfsberechtigten voraus, der zwar ohne Einhaltung irgendwelcher **Fristen** gestellt werden kann, jedoch der **Form** des § 366 Abs. 2 bedarf.

112 e) **Wiederaufnahmegrund.** Dieser Antrag bedarf eines bestimmten **Inhalts** (§ 368 Abs. 1): es dürfen nur die in den §§ 359, 362 speziell aufgeführten **Wiederaufnahmegründe** geltend gemacht werden und überdies müssen „geeignete Beweismittel" angeführt werden. Damit wird die Geeignetheit der Beweismittel schon zur Zulässigkeitsvoraussetzung der Wiederaufnahme. Die damit verlangte Geeignetheitsprüfung bezieht sich (Näheres dazu unten § 359, 114 ff) auf die Erreichung der jeweils zulässigen Wiederaufnahmeziele (im Falle des § 359 kann jede dem Verurteilten günstigere Entscheidung unter Beachtung der Grenzen der §§ 363, 364, 359 Nr. 5 erstrebt werden, im Falle des § 362 jede dem Verurteilten ungünstigere Entscheidung unter Beachtung der Grenzen der §§ 363, 364; s. oben Rdn. 13). Die Richtigkeit der tatsächlichen Behauptungen (Vorliegen von Tatsachen; Beweisinhalte) wird dabei unterstellt.

113 5. **Die Existenz des Privatklägers bei der Wiederaufnahme gegen eine im Privatklageverfahren ergangene rechtskräftige Entscheidung.** Nach § 393 Abs. 1 hat der **Tod des Privatklägers** die Einstellung des Verfahrens zur Folge. Darin *allein* kann indessen kein Wiederaufnahmegrund gefunden werden: anders wäre jeder in einem Privatklageverfahren ergangene Schuldspruch auflösend bedingt durch den Tod des Privatklägers. Deshalb stellt sich nur die Frage, welchen Einfluß der Tod des Privatklägers auf ein möglicherweise fehlerhaftes Erkenntnis im Privatklageverfahren haben kann. Wie der Tod des Privatklägers allein nicht zum Wegfall einer Verurteilung führen kann, so kann er umgekehrt auch nicht die Berichtigung eines fehlerhaften Schuldspruchs verhindern. Deshalb steht der Tod des Privatklägers der Durchführung des Wiederaufnahmeverfahrens nicht entgegen: die Existenz des Privatklägers erweist sich damit **nicht** als eine **Voraussetzung** des **Wiederaufnahmeverfahrens**.

114 Gleichwohl kann nicht unberücksichtigt bleiben, daß im Rechtsmittelverfahren das Verfahren wegen des Todes des Privatklägers auch dann eingestellt wird, wenn der Angeklagte in der vorhergehenden Instanz schon verurteilt worden ist. Da ein fehlerhaftes Urteil demnach nicht einmal im Rechtsmittelverfahren ausdrücklich aufgehoben werden muß, besteht **kein Grund**, dem Verurteilten im Wiederaufnahmeverfahren die Möglichkeit zu geben, nach dem Tod des Privatklägers die **Urteilsaufhebung** zu erreichen[133].

115 a) **Tod des Privatklägers nach Antragstellung.** Stirbt der Privatkläger, **nachdem** der Verurteilte den **Wiederaufnahmeantrag gestellt** hat, so ist das Verfahren daher, falls

---

[132] KMR-*Paulus* 15; *Neumann* 14.   [133] *Schäfer* JR **1933** 9.

der Antrag nicht als unzulässig verworfen werden muß, nur bis zu der Entscheidung nach § 370 weiterzuführen. Zugleich mit der Wiederaufnahmeanordnung nach § 370 Abs. 2 ist es einzustellen[134]. Die Möglichkeit, daß die Staatsanwaltschaft nach dem Tod des Privatklägers in das Verfahren eintritt, besteht nicht; denn nach Rechtskraft des Urteils läßt § 377 Abs. 2 Satz 1 eine Verfahrensübernahme nicht mehr zu[135].

b) Tod des Privatklägers vor Antragstellung. War der Privatkläger schon **vor** der **116** Stellung des **Wiederaufnahmeantrags gestorben**, so steht das zwar der Zulässigkeit des Antrags nicht entgegen[136]. Denn der Tod des Privatklägers darf nicht dazu führen, daß es bei dem unrichtigen Urteil bleiben muß[137]. Das Verfahren wird dann aber ebenfalls nur bis zum Erlaß des Beschlusses nach § 370 Abs. 2 durchgeführt; wenn der Wiederaufnahmeantrag begründet ist, muß es eingestellt werden[138]. Die Mitwirkung der Staatsanwaltschaft kommt auch hier nicht in Betracht[139].

II. Die Begründetheitsprüfung (Probationsverfahren)

1. Die Zulässigkeit des Verfahrens

a) Allgemeine Voraussetzungen. Zunächst müssen diejenigen **allgemeinen** (Rdn. **117** 90 bis 104) und **speziellen** (Rdn. 105 bis 116) **Voraussetzungen** vorliegen, wie bereits beim Aditionsverfahren; fehlt es daran, so ist die Wiederaufnahme auch jetzt noch als unzulässig zu verwerfen (str.; s. § 370, 5); bei fehlender Zuständigkeit s. unten § 367, 32 ff. Hinsichtlich der Voraussetzungen des § 366 Abs. 2 kommt dem Zulassungsbeschluß nach § 368 allerdings eine Bindungswirkung zu (s. dazu unten § 370, 10).

b) Zulässigkeitsbeschluß nach § 368. Als weitere Zulässigkeitsvoraussetzung ver- **118** langt das Probationsverfahren den Beschluß über die Zulässigkeit des Wiederaufnahmeverfahrens nach § 368, in dem über die oben Rdn. 105 ff erwähnten speziellen Zulässigkeitsvoraussetzungen der Wiederaufnahme entschieden wird (s. § 368, 5 ff).

2. Gegenstand des Verfahrens und Entscheidung

Wurde im Aditionsverfahren lediglich die Richtigkeit des Wiederaufnahmevor- **119** bringens unterstellt, so wird nunmehr geprüft, ob dieses Vorbringen auch **tatsächlich zutrifft** — soweit erforderlich, durch Beweisaufnahme (§ 369). Der aufgrund dieser Prüfung nach § 370 **Abs. 2** ergehende Beschluß über die Anordnung der Wiederaufnahme **durchbricht die Rechtskraft** der mit der Wiederaufnahme angefochtenen Entscheidung und versetzt das Verfahren in den Zustand zurück, in dem es sich vor dieser Entscheidung befunden hatte (§ 370, 35). Er wird im Regelfall mit der Anordnung der Erneuerung der Hauptverhandlung verbunden; s. aber auch § 371 und § 370, 48.

---

[134] OLG Celle ZStW **43** (1922) 502; *Schäfer* JR **1933** 9; a. A OLG Stuttgart *Alsb.* E 2 Nr. 308 a; *v. Hentig* 148, die offenbar eine Hauptverhandlung für geboten halten; vgl. auch § 390, 16.

[135] BayObLGSt **30** 19 = DRiZ 1930 Nr. 361; *Kleinknecht/Meyer*³⁷ § 377, 2; KMR-*Müller* § 377, 3; *Eb. Schmidt* § 377, 15; *Neumann* 108; a. A *Beling* 454 Fußn. 1; *v. Hentig* 147; *Ganz* DStrZ **1914** 609; *Schäfer* JR **1933** 9 Fußn. 6; vgl. auch § 377, 7 ff.

[136] *Eb. Schmidt* 11 und § 390, 5.

[137] OLG Stuttgart *Alsb.* E **2** Nr. 308 a; *Eb.*

Schmidt 11; *v. Hentig* 148; *Neumann* 103 ff; *Ganz* DStrZ **1914** 609; *Schäfer* JR **1933** 9; a. A OLG Dresden *Alsb.* E 2 308 b; *Werthauer* JW **1932** 383.

[138] *Schäfer* JR **1933** 10.

[139] Anders *Schäfer* JR **1933** 9 Fußn. 6; *Ganz* DStrZ **1914** 609 hält die Staatsanwaltschaft sogar zur Verfahrensübernahme für verpflichtet; *Werthauer* JW **1932** 383 will die Wiederaufnahme überhaupt nur zulassen, wenn die Staatsanwaltschaft die Verfolgung übernimmt.

III. Das neue Sachentscheidungsverfahren

1. Die Zulässigkeit des Verfahrens

120 a) **Allgemeine Zulässigkeitsvoraussetzungen.** Mit der Rechtskraft des die Wiederaufnahme nach § 370 Abs. 2 anordnenden Beschlusses ist das Verfahren endgültig in das Stadium vor Erlaß der angefochtenen Entscheidung zurückversetzt worden; deshalb kann es nunmehr auf die **Zulässigkeitsvoraussetzungen der Wiederaufnahme** (allgemeine wie besondere; Rdn. 90 bis 116) nicht mehr ankommen, wohl aber auf die Zulässigkeitsvoraussetzungen des voraufgegangenen Verfahrens, in dem die mit der Wiederaufnahme erfolgreich angefochtene rechtskräftige Entscheidung ergangen war. Dabei allerdings sind einige Besonderheiten zu beachten.

121 aa) Hinsichtlich der **gerichtlichen Zuständigkeit** sind die Modifizierungen der früher bestehenden Zuständigkeit durch das Wiederaufnahmerecht zu berücksichtigen: die Zuständigkeit für die Durchführung des neuen Sachentscheidungsverfahrens liegt grundsätzlich bei dem Gericht, welches die Wiederaufnahme nach § 370 Abs. 2 angeordnet hat (Näheres s. § 370, 48 f).

122 bb) Ob beim Fehlen sonstiger Prozeßvoraussetzungen (z. B. Strafantrag, Eröffnungsbeschluß, Verhandlungsfähigkeit — diese allerdings nur im Stadium des neu durchzuführenden Sachentscheidungsverfahrens nach Anordnung der Wiederaufnahme) das Verfahren nach §§ 205, 206 a eingestellt werden kann oder ob nach §§ 371, 373 zu verfahren ist, wird kontrovers beurteilt (§ 373, 16 ff).

123 cc) Hinsichtlich der **Amnestie** gilt dabei folgendes: Wenn der **Wiederaufnahmeantrag begründet** und die Unschuld des Verurteilten ohne weiteres festzustellen ist, wird nach § 371 Abs. 2 ein freisprechender Beschluß erlassen[140]. Andernfalls führt die Begründetheit des Antrags dazu, daß das Verfahren wegen des Verfahrenshindernisses der Niederschlagung durch das Straffreiheitsgesetz eingestellt wird[141]. Die Einstellung ist zugleich mit dem Beschluß nach § 370 Abs. 2 anzuordnen[142].

124 Wenn das Straffreiheitsgesetz erst in Kraft tritt, nachdem der **Wiederaufnahmeantrag schon gestellt** war, so gilt dies entsprechend. Das Verfahren muß, sofern der Antrag nicht nach § 368 Abs. 1 als unzulässig zu verwerfen ist, nach der überwiegend vertretenen Auffassung bis zu der Entscheidung nach § 370 fortgesetzt werden; wird die Wiederaufnahme für begründet erklärt, so ist es der h. L. zufolge zugleich mit dem Beschluß nach § 370 Abs. 2 einzustellen[143] — demgegenüber wird hier die Anwendung des § 206 a vorgeschlagen (s. § 368, 3a f). War der Beschluß nach § 370 Abs. 2 beim Inkrafttreten des Straffreiheitsgesetzes bereits erlassen, so erfolgt die Einstellung durch besonderen Beschluß nach § 206 a (vgl. § 373, 17 ff) oder in der erneuten Hauptverhandlung nach § 260 Abs. 3[144].

125 b) **Der Beschluß nach § 370 Abs. 2.** Der Beschluß über die Wiederaufnahme des Verfahrens ist eine weitere Voraussetzung für die Durchführung des neuen Sachent-

---

[140] OLG München DJ **1938** 118; vgl. auch BGHSt **13** 273.
[141] Anders KG JW **1926** 2231 mit abl. Anm. *Fuchs*, das einen Einfluß des Straffreiheitsgesetzes auf das Verfahren nicht für möglich hält.
[142] OLG Düsseldorf DRiZ **1934** Nr. 694; OLG Hamburg DRiZ **1933** Nr. 288; OLG Königsberg DStR **1935** 123; *Schäfer* JR **1929** 67; **1933** 21; DStR **1935** 56; DJ **1936** 676; a. A OLG Breslau ZStW **45** (1925) 186, das die Einstellung schon bei Erlaß des Zulassungsbeschlusses für geboten hält.
[143] *Fuchs* JW **1926** 2231; *Schäfer* JR **1929** 67; vgl. auch RG JW **1923** 80 mit Anm. *Alsberg*.
[144] Vgl. OLG Stettin DJ **1934** 1284 mit Anm. *Schäfer*.

scheidungsverfahrens[144a], die in ihren Wirkungen mit einem **Eröffnungsbeschluß** verglichen werden kann, jedoch ohne diesem zu entsprechen. Wegen der Durchbrechung der materiellen Rechtskraft und der Rückversetzung des Verfahrens durch den Wiederaufnahmebeschluß in den status quo ante decisionem ist insoweit der frühere Verbrauch der Strafklage beseitigt mit der Folge, daß der Eröffnungsbeschluß des Vorverfahrens nun wieder den Gegenstand des neuen Sachentscheidungsverfahrens bestimmt.

2. Die Entscheidung. Wie bereits oben Rdn. 87 ausgeführt wurde, besitzt das zur **126** neuen Sachentscheidung zuständige Gericht **alle Entscheidungsmöglichkeiten**, die dem früheren Gericht zustanden, welches die mit der Wiederaufnahme erfolgreich angefochtene rechtskräftige Entscheidung erlassen hatte (RGSt 20 46, 47), vermehrt um die zusätzlichen Möglichkeiten des § 371. Wegen der Einzelheiten s. die Erläuterungen zu § 371, 1 ff; § 373, 16 ff.

D. Sonstige Rechtsbehelfe gegen rechtskräftige Urteile

I. Die Wiederaufnahme des Verfahrens und die sonstigen Rechtsbehelfe vergleichbarer Wirkung

1. Übersicht über die Rechtsbehelfe gegen rechtskräftige Urteile. In die Rechts- **127** kraft von Urteilen kann sowohl nach dem materiellen Strafrecht, als auch nach dem Strafverfahrensrecht wie nach außerstrafrechtlichen Rechtsnormen eingegriffen werden.

a) Spezialfälle der Wiederaufnahme. Zunächst sind **zwei spezielle Wiederaufnah- 128 meverfahren** zu nennen: einmal die Urteilsaufhebung aus **Wiedergutmachungsgründen**, daneben die Wiederaufnahme nach **§ 79 BVerfGG** gegen Urteile, die z. B. auf einer vom Bundesverfassungsgericht für verfassungswidrig und deshalb nichtig erklärten Norm beruhen. Diese beiden speziellen Wiederaufnahmeverfahren werden unten II. und III. (Rdn. 137 und 163) im Überblick vorgestellt.

Unter zusätzlicher Berücksichtigung der Wiederaufnahmegründe bei Verfahren **129** gegen Urteile von **Wehrmacht- und Sondergerichten** (§ 367, 28) enthalten diese Vorschriften eine abschließende Regelung[145]. Selbst dem Gesetzgeber sind für die Schaffung weiterer Wiederaufnahmegründe, insbesondere zuungunsten des Angeklagten, Grenzen gesetzt[146]. Durch Richterrecht dürfen die Wiederaufnahmegründe auch zugunsten des Angeklagten nicht erweitert werden[147]. Für die Wiederaufnahme eines durch eine rechtskräftige Bußgeldentscheidung abgeschlossenen Verfahrens gelten die §§ 359 ff mit gewissen Einschränkungen entsprechend (§ 85 OWiG).

Hat ein Wiederaufnahmeverfahren (z. B. aus Wiedergutmachungsgründen) zu **130 teilweisen Aufhebungen** des angefochtenen Urteils geführt, so hindert dies nicht die Zulässigkeit der anderen Wiederaufnahmeverfahren (z. B. nach §§ 359 ff) gegen den bestehen gebliebenen Teil, soweit deren Zulässigkeitsvoraussetzungen vorliegen[148].

[144a] BGHSt 18 341.
[145] *Peters* Fehlerquellen 3 45.
[146] BVerfGE 2 403.
[147] OLG Bamberg NJW 1955 1121; LG Hannover NJW 1970 289; KMR-*Paulus* § 359, 14; *Schorn* MDR 1965 869; *Wasserburg* Handb. 271.
[148] KG NStZ 1981 273 mit zust. Anm. *Rieß*.

131 **b) Verfassungsrecht.** Gegen rechtskräftige Urteile kann darüberhinaus nach Erschöpfung des Rechtswegs (die vorherige Ausschöpfung des Rechtsmittelwegs ist Zulässigkeitsvoraussetzung) das Bundesverfassungsgericht gemäß **§ 90 BVerfGG** mit der Behauptung angerufen werden, die Entscheidung verletze Grundrechte des Beschwerdeführers: erweist sich diese Verfassungsbeschwerde als begründet, „so hebt das Bundesverfassungsgericht die Entscheidung auf" (§ 95 Abs. 2 BVerfGG) unter gleichzeitiger Beseitigung der vorher bestehenden Rechtskraft. Im Umfang der Aufhebung entfällt der Schuldspruch; ein weiteres Verfahren nach Art der Wiederaufnahme findet nicht statt — einem erneuten Strafverfahren steht Art. 103 Abs. 3 GG — ne bis in idem — entgegen.

132 Verstößt ein Urteil aber „nur" gegen die **MRK,** so bleiben Wirksamkeit und Rechtskraft dieses Urteils unberührt[149]. Die MRK ist erst durch das innerstaatliche Zustimmungsgesetz vom 4. 11. 1950 (BGBl. **1952** II 685) innerstaatliches einfaches Gesetzesrecht geworden, welches der Verfassung nachgeht[150], weshalb die Verfassungsbeschwerde nach § 90 BVerfGG auf eine Verletzung der MRK nicht gestützt werden kann[151]. Auch wenn die Europäische Kommission für Menschenrechte oder der Europäische Gerichtshof für Menschenrechte einen Verstoß gegen die in der MRK festgelegten Rechte bejaht haben, hat dies auf die Wirksamkeit oder Rechtskraft der jeweiligen Entscheidung schon deshalb keinen Einfluß, weil Art. 50 MRK als einzige Rechtsfolge des Konventionsverstoßes lediglich eine Wiedergutmachungspflicht anordnet — weder die Nichtigkeit der Entscheidung noch sonstige auch nur mittelbar die Bestandskraft der Entscheidung beeinträchtigende Rechtsfolgen sind in der MRK oder im sonstigen innerstaatlichen Recht vorgesehen. Weil das Bundesverfassungsgericht nicht einmal die entsprechende Anwendung des § 90 BVerfGG (Verfassungsbeschwerde) bei Verstößen gegen die MRK zuläßt, wird auch eine entsprechende Anwendung des § 79 BVerfGG (Wiederaufnahme) nicht in Betracht kommen[152]. Weil das geltende Recht so keine Möglichkeit bietet, „ein konventionswidriges Urteil aufzuheben", bleibt der Gesetzgeber aufgerufen, für diesen Fall ebenfalls die Wiederaufnahme des Verfahrens einzuführen[153].

133 **c) Wiedereinsetzung.** Ferner kann die **Wiedereinsetzung in den vorigen Stand** gegen die Versäumung einer Frist oder einer Hauptverhandlung die wegen solcher Versäumnisse eingetretene Rechtskraft eines Urteils durchbrechen (Vor § 42, 31 mit weit. Nachw.[154]) und auch die nachträgliche Gesamtstrafenbildung nach § 55 StGB und § 460, die allerdings die Rechtskraft der jeweiligen Schuld- und Einzelstrafaussprüche unberührt läßt.

---

[149] BVerfG EuGRZ **1985** 654; OLG Stuttgart MDR **1985** 605; ebenso *Vogler* 719, der sich auch gegen die entsprechende Anwendung des § 79 BVerfGG in diesem Fall deshalb ausspricht, weil § 79 BVerfGG „den Fall eines Widerspruchs zu Normen mit Verfassungsrang" behandelt. Meine in NStZ **1983** 393 dargelegte entgegengesetzte Meinung gebe ich auf.
[150] *Kleinknecht/Meyer*[37] Vor Art. 1 MRK, 2.
[151] BVerfGE **10** 271, 274.

[152] BVerfG EuGRZ **1985** 654; OLG Stuttgart MDR **1985** 605; *Vogler* 719.
[153] *Vogler* 720, 727.
[154] Dies soll nach ständiger Rspr. des BGH – BGHSt **23** 102, 103; BGH GA **1980** 390 – aber nicht hinsichtlich der gem. § 349 Abs. 2 eingetretenen Rechtskraft gelten; hier soll Wiedereinsetzung unzulässig sein; dagegen mit Recht *Hanack* JZ **1971** 92 mit weit. Nachw.; s. dazu auch § 349, 29.

2. Verhältnis der Wiederaufnahme zu den übrigen Rechtsbehelfen

a) Gesamtstrafenbildung. § 363 steht einer Wiederaufnahme wegen einer urteilsmäßigen Gesamtstrafenbildung entgegen (wird die Gesamtstrafe durch Beschluß angeordnet, s. oben Rdn. 46, 64 f). Eine **Kollision** rechtskraftdurchbrechender Gesamtstrafenbildung mit der Wiederaufnahme des Verfahrens **scheidet** damit **aus**[155].

b) Wiedereinsetzung. Rechtskraftdurchbrechende Entscheidungen im Wiedereinsetzungsverfahren einerseits und im Wiederaufnahmeverfahren andererseits **schließen sich gegenseitig aus**: wird Wiedereinsetzung in den vorigen Stand gewährt, so entfällt mit der Rechtskraft dieser Entscheidung die Rechtskraft des zugleich im Wiederaufnahmeverfahren angefochtenen Urteils und damit eine der Zulässigkeitsvoraussetzungen des Wiederaufnahmeverfahrens (Näheres Rdn. 90 ff), das deshalb nach § 206 a einzustellen ist (§ 368, 4). Ist aber umgekehrt im Wiederaufnahmeverfahren der nach § 370 Abs. 2 die Rechtskraft der angefochtenen Entscheidung durchbrechende Beschluß ergangen, so ist das Verfahren in den Zustand vor Erlaß des Urteils zurückversetzt (§ 370, 35), womit dem Wiedereinsetzungsverfahren sein Gegenstand entzogen wird, welches deshalb unzulässig wird.

c) Verfassungsrecht. Entsprechendes gilt für das Verhältnis der Wiederaufnahme zu der rechtskraftdurchbrechenden Entscheidung nach **§ 95 Abs. 2 BVerfGG:** auch hier ist die Rechtskraft der je angefochtenen Entscheidung Zulässigkeitsvoraussetzung sowohl für das Wiederaufnahmeverfahren wie auch für die Verfassungsbeschwerde. Auch für das Wiederaufnahmeverfahren nach **§ 79 BVerfGG** in Konkurrenz zum gleichzeitig beantragten Wiederaufnahmeverfahren nach § 359 gilt nichts anderes: beide Wiederaufnahmeverfahren setzen die Rechtskraft der je angefochtenen Entscheidung voraus, die mit einer die Wiederaufnahme anordnenden Entscheidung in einem der beiden Verfahren durchbrochen wird mit der Folge, daß im jeweils anderen Verfahren eine Zulässigkeitsvoraussetzung entfällt. Entsprechendes gilt für die Wiederaufnahme aus Wiedergutmachungsgründen.

II. Die Wiederaufnahme nach § 79 Abs. 1 BVerfGG

§ 79 BVerfGG läßt unter bestimmten Voraussetzungen die Wiederaufnahme nach den Vorschriften der Strafprozeßordnung zu. Die Bestimmung lautet:

§ 79 BVerfGG

(1) Gegen ein rechtskräftiges Strafurteil, das auf einer mit dem Grundgesetz für unvereinbar oder nach § 78 für nichtig erklärten Norm oder auf der Auslegung einer Norm beruht, die vom Bundesverfassungsgericht für unvereinbar mit dem Grundgesetz erklärt worden ist, ist die Wiederaufnahme nach den Vorschriften der Strafprozeßordnung zulässig.

(2) ¹Im übrigen bleiben vorbehaltlich der Vorschrift des § 95 Abs. 2 oder einer besonderen gesetzlichen Regelung die nicht mehr anfechtbaren Entscheidungen, die auf einer gemäß § 78 für nichtig erklärten Norm beruhen, unberührt. ²Die Vollstreckung aus einer solchen Entscheidung ist unzulässig. ³Soweit die Zwangsvollstreckung nach den Vorschriften der Zivilprozeßordnung durchzuführen ist, gilt die Vorschrift des § 767 der Zivilprozeßordnung entsprechend. ⁴Ansprüche aus ungerechtfertigter Bereicherung sind ausgeschlossen.

1. Die Voraussetzungen

a) Die strafgerichtliche Entscheidung und ihre verfassungswidrige Grundlage. Die **Rechtskraft** eines Strafurteils wird nicht dadurch berührt, daß es auf einem **nichtigen Ge-**

---
[155] *Gössel* NStZ **1983** 394.

setz beruht[156]. Nach Ansicht des Bundesverfassungsgerichts schließt das auch seine Vollstreckbarkeit nicht aus; § 79 Abs. 2 Satz 2 BVerfGG gilt insoweit nicht[157]. Der Gegenmeinung[158] liegt zwar die zutreffende Erwägung zugrunde, daß es der Staatsanwaltschaft nicht erlaubt sein kann, Urteile zu vollstrecken, deren Grundlage ein nichtiges Gesetz ist. Daraus folgt jedoch nicht die Anwendbarkeit des § 79 Abs. 2 Satz 2 BVerfGG, sondern die Pflicht der Staatsanwaltschaft, schon bei ernsthaften Zweifeln darüber, ob das zu vollstreckende Urteil auf einer für nichtig erklärten Vorschrift beruht, die Wiederaufnahme nach § 79 Abs. 1 BVerfGG zu beantragen[159], und zwar auch dann, wenn die Verurteilung auf eine inhaltsgleiche Norm gestützt werden kann[160]. Denn § 79 Abs. 1 BVerfGG geht über § 79 Abs. 2 Satz 2 BVerfGG hinaus und ist die Sondervorschrift für Strafurteile. Der Gesetzgeber hat für solche Urteile ein bloßes Vollstreckungsverbot nicht für ausreichend gehalten, sondern war der Ansicht, daß es das elementare Rechtsgefühl gebiete, dem aufgrund einer nichtigen Strafvorschrift Verurteilten die Möglichkeit einzuräumen, das Verfahren noch einmal aufzurollen[161]. Daher bestimmt § 79 Abs. 1 BVerfGG, daß über die Frage der Rechtswirksamkeit und Vollstreckbarkeit des Urteils nur im Wiederaufnahmeverfahren entschieden werden darf. Die Staatsanwaltschaft darf von der Vollstreckung nicht aufgrund eigener Entschließung absehen.

139 Die Regelung des § 79 Abs. 1 BVerfGG bedeutet zugleich, daß der Urteilsmangel durch eine **bloße Berichtigung** des Urteils nicht beseitigt werden kann[162].

140 § 79 Abs. 1 BVerfGG ist nicht so zu verstehen, als sei die Nichtigkeitserklärung einer Norm durch das Bundesverfassungsgericht eine neue Tatsache im Sinne des § 359 Nr. 5. Vielmehr handelt es sich um einen neuen und **selbständigen Wiederaufnahmegrund**, der zu den in dieser Vorschrift aufgeführten Gründen hinzutritt[163].

---

[156] *Creifelds* JR **1962** 362 Fußn. 3; *Hans* BB **1962** 780; *Maurer* JZ **1963** 670.

[157] BVerfGE **15** 308; **15** 312; **16** 250; ebenso OLG Bremen NJW **1962** 2170; LG Mannheim NJW **1960** 929; LG Wiesbaden NJW **1963** 2332; AG Zweibrücken NJW **1962** 1975; *Lechner*³ zu § 79 Abs. 1 BVerfGG; *Maunz/Schmidt-Bleibtreu/Klein/Ulsamer* § 79 BVerfGG, 8 und 23; *Kaiser* NJW **1962** 1705; *Kneser* AöR **89** 163 ff; *Reiff* NJW **1960** 1559; *Röhl* NJW **1960** 180; *Wasserburg* Handb. 258 f.

[158] OLG Celle NdsRpfl. **1963** 88; OLG Hamm NJW **1962** 2073; OLG Köln VRS **24** 382; OLG Oldenburg NJW **1963** 457; OLG Schleswig SchlHA **1963** 61; LG Aachen NJW **1962** 1971; NJW **1963** 169 mit abl. Anm. *Zeis* NJW **1963** 550; LG Frankfurt NJW **1963** 601; AG Hannover BB **1962** 1061; KMR-*Paulus* 21; *Asam* 28 ff; *Bahlmann* MDR **1963** 543; *Creifelds* JR **1963** 362; *Hoegen* Justiz **1960** 29; *Maurer* JZ **1963** 669; *Schmidt-Leichner* NJW **1962** 1370; *v. Stackelberg* NJW **1963** 701; *Uibel* NJW **1963** 868.

[159] So mit Recht *Maurer* JZ **1963** 668 ff.

[160] Anders *Göhler* § 85, 15, der der Staatsanwaltschaft in diesem Fall die Vollstreckung gestatten will.

[161] Vgl. BVerfGE **11** 265.

[162] OLG Bamberg NJW **1962** 2168; OLG Bremen NJW **1962** 2169; OLG Nürnberg NJW **1962** 2264; AG Essen NJW **1962** 1976; KMR-*Paulus* 19; *Maurer* JZ **1963** 666; *v. Stackelberg* NJW **1963** 700; a. A *Brauns* DRiZ **1963** 262; *Wasserburg* Handb. 259 für den Fall der Auswechslung einer nichtigen durch eine gültige Norm.

[163] BGHSt **18** 343; OLG Bamberg NJW **1962** 2168; OLG Köln VRS **24** 380; OLG Schleswig SchlHA **1963** 61; KK-v. *Stackelberg* 35; KMR-*Paulus* 21; *Maunz/Schmidt-Bleibtreu/Klein/Ulsamer* § 79 BVerfGG, 11; *Bahlmann* MDR **1963** 542; *Bertram* MDR **1962** 535; *Kaiser* NJW **1962** 1704; *Preiser* NJW **1962** 844; *Wasserburg* Handb. 253.

b) Die verfassungswidrigen Grundlagen im einzelnen

aa) § 79 Abs. 1 BVerfGG gilt in allen Fällen, in denen das Bundesverfassungsgericht nach § 78 BVerfGG eine Norm (Gesetz oder Rechtsverordnung) für nichtig erklärt hat, gleichgültig, ob das im Verfahren der abstrakten Normenkontrolle nach Art. 93 Abs. 1 Nr. 2 GG oder der konkreten Normenkontrolle nach **Art. 100 Abs. 1 GG** geschehen ist[164]. Die Vorschrift betrifft ferner den Fall, daß das Bundesverfassungsgericht im Normenkontrollverfahren oder auf eine Verfassungsbeschwerde die Strafnorm zwar nicht für nichtig, wohl aber mit dem Grundgesetz für unvereinbar erklärt hat. Sie gilt schließlich auch, wenn die Verurteilung darauf beruht, daß das Strafgericht eine Norm in einer Weise ausgelegt hat, die von dem Bundesverfassungsgericht für unvereinbar mit dem Grundgesetz erklärt worden ist[165].

141

§ 95 Abs. 3 Satz 3 BVerfGG erklärt § 79 Abs. 1 BVerfGG für **entsprechend anwendbar**, wenn das Bundesverfassungsgericht ein Gesetz auf eine Verfassungsbeschwerde für nichtig erklärt oder wenn es einer Verfassungsbeschwerde stattgegeben hat, weil die Entscheidung auf einem verfassungswidrigen Gesetz beruht. Unter Gesetz i. S. des § 95 Abs. 3 BVerfGG ist jedes Gesetz im materiellen Sinne zu verstehen, „zu deren Überprüfung das BVerfG im Rahmen seiner Gerichtsbarkeit befugt ist": förmliche Bundes- und Landesgesetze und die von Bund oder von den Ländern erlassenen Rechtsverordnungen und Satzungen[166]. § 79 Abs. 1 BVerfGG gilt ferner entsprechend, wenn das **Verfassungsgericht eines Landes** eine Norm für nichtig oder mit der Landesverfassung für unvereinbar erklärt hat[167].

142

Keine entsprechende **Anwendung** findet die Vorschrift, wenn das Bundesverfassungsgericht auf eine Verfassungsbeschwerde die Zweitbestrafung wegen Verstoßes gegen Art. 103 Abs. 3 GG für unzulässig[168] und wenn der Europäische Gerichtshof für Menschenrechte ein Strafurteil für mit der Europäischen Menschenrechtskonvention unvereinbar erklärt hat[169] oder wenn ein Verwaltungsakt, der die Strafbarkeit begründet hat, auf eine Anfechtungsklage im Verwaltungsrechtsweg als rechtswidrig aufgehoben worden ist[170].

143

bb) § 79 Abs. 1 BVerfGG läßt eine Durchbrechung der Rechtskraft zu und ist daher **eng auszulegen**[171]. Die Vorschrift gilt daher nur für Strafurteile, die auf einer für nichtig oder mit dem Grundgesetz für unvereinbar erklärten materiellrechtlichen Norm

144

---

[164] KMR-*Paulus* 18; *Maunz/Schmidt-Bleibtreu/Klein/Ulsamer* § 79 BVerfGG, 15; *Asam* 105; *Kaiser* NJW **1962** 1704.
[165] LG Dortmund StrVert. **1981** 173; eingehend dazu *Maunz/Schmidt-Bleibtreu/Klein/Ulsamer* § 79 BVerfGG, 19; s. ferner *Wasserburg* Handb. 261.
[166] *Maunz/Schmidt-Bleibtreu/Klein/Ulsamer* § 95 BVerfGG 33; für Rechtsverordnungen BVerfGE **3** 171; **3** 299; **6** 277; **28** 133; OLG Bremen NJW **1962** 2169; OLG Celle NdsRpfl. **1963** 68; OLG Schleswig SchlHA **1963** 61; *Geiger* § 95 BVerfGG, 8; *Asam* 108; *Maurer* JZ **1963** 667; **a. A** AG Hannover BB **1962** 1102.
[167] Vgl. AG Dinkelsbühl NJW **1952** 1190 mit zust. Anm. *Kleinknecht*; ferner KMR-*Paulus* 18; *Eb. Schmidt* Nachtr. I 5; *Peters* Fehlerquellen 3 68; *Maunz/Schmidt-Bleibtreu/Klein/Ulsamer* § 79 BVerfGG, 14; *Bertram* MDR **1962** 535.
[168] LG Hannover NJW **1970** 288 mit abl. Anm. *Böckenförde* NJW **1970** 870; **a. A** LG Bochum MDR **1970** 259; LG Darmstadt NJW **1968** 1642 m. zust. Anm. *Hofmann*; *Wagner* JuS **1970** 381; *Wasserburg* Handb. 262; vgl. auch § 359, 124 ff.
[169] BVerfG EuGRZ **1985** 654; KMR-*Paulus* 20; *Vogler* 719 ff; vgl. auch *Schumann* NJW **1964** 753.
[170] BGHSt **23** 94.
[171] BVerfGE **11** 265; BGHSt **23** 94; OLG Schleswig SchlHA **1961** 306; LG Hannover NJW **1970** 288 mit Anm. *Böckenförde* NJW **1970** 870; *Preiser* NJW **1962** 847; *Reiff* NJW **1960** 1559; *Röhl* NJW **1960** 180.

beruhen, nicht aber, wenn es sich um eine nichtige Norm des Gerichtsverfassungs- oder Verfahrensrechts handelt[172].

145 c) **Anfechtungsgegenstand.** Nach § 79 Abs. 1 BVerfGG ist „jedes hoheitliche Erkenntnis..., das nach strafprozessualen Regeln zustandegekommen ist", also „über die förmlichen Strafurteile hinaus auch alle anderen Straferkenntnisse wie ... Strafbefehle und Bußgeldbescheide"[173] Gegenstand der Wiederaufnahme. Dies können im Strafverfahren nur materiell rechtskräftige Strafurteile und Beschlüsse (oben Rdn. 30 ff) sein, und zwar Urteile im Amts- oder Privatklageverfahren und auch Urteile im Sicherungsverfahren nach den §§ 413 ff[174], jedoch nicht Entscheidungen im selbständigen Verfahren nach § 440[175]. Die Vorschrift des § 373 a, daß Strafbefehle den Urteilen gleichstehen, gilt auch im Wiederaufnahmeverfahren nach § 79 Abs. 1 BVerfGG[176]. Auch gegen Beschlüsse findet Wiederaufnahme nur statt, soweit sie eine Sachentscheidung enthalten und keine andere weitergehende Fortführung des Verfahrens (oben Rdn. 48) vorgesehen ist[177].

146 § 79 Abs. 1 BVerfGG gilt im **Bußgeldverfahren** nicht nur für alle gerichtlichen Urteile, sondern auch für die Bußgeldbescheide der Verwaltungsbehörden[178], ferner für Entscheidungen in dem Verfahren nach § 2 Abs. 5, § 15 RHG[179].

147 d) **Das Beruhen der angefochtenen Entscheidung auf der verfassungswidrigen Grundlage.** Die Wiederaufnahme nach § 79 Abs. 1 BVerfGG ist nur zulässig, wenn das Urteil auf der nichtigen Vorschrift **beruht.** Das ist der Fall, wenn der Verurteilte aufgrund dieser Vorschrift bestraft oder unter Straffreierklärung oder Absehen von Strafe schuldig gesprochen worden ist[180]. Das Urteil beruht auch dann auf der für nichtig oder mit dem Grundgesetz für unvereinbar erklärten Vorschrift, wenn die Verurteilung aufgrund einer anderen, gültigen Norm gerechtfertigt ist[181]. War der Angeklagte freigesprochen worden, so kann er nach § 79 Abs. 1 BVerfGG ebensowenig wie im gewöhnli-

---

[172] BVerfGE **11** 265 = NJW **1960** 1563; BVerfGE **12** 340; LG Hannover NJW **1970** 288; KK-*v. Stackelberg* § 359, 38; KMR-*Paulus* 20; *Eb. Schmidt* Nachtr. 5; *Maunz/Schmidt-Bleibtreu/Klein/Ulsamer* § 79 BVerfGG, 9 und 11; *Bahlmann* MDR **1963** 542 Fußn. 12; *Creifelds* JR **1962** 362; *Kern* JZ **1960** 246; *Röhl* NJW **1960** 180; **a.** A LG Heidelberg NJW **1960** 929; *Asam* 115; *Ad. Arndt* NJW **1961** 15; *Bertram* MDR **1962** 535; *Hoegen* Justiz **1960** 28; *Hoppner* NJW **1960** 514; *Kneser* AöR **89** 148 ff; *Reiff* NJW **1960** 1559; *Wagner* JuS **1970** 381; *Wasserburg* Handb. 256, insbes. hinsichtlich der Entscheidungen der Friedensgerichte in Baden-Württemberg; vgl. auch *Knoll* JZ **1956** 358.

[173] *Maunz/Schmidt-Bleibtreu/Klein/Ulsamer* § 79 BVerfGG, 10.

[174] *Asam* 55 f.

[175] OLG Schleswig SchlHA **1961** 306; *Asam* 56.

[176] AG Hannover BB **1962** 1061; AG Preetz NJW **1967** 68; AG Stuttgart NJW **1963** 458; *Maunz/Schmidt-Bleibtreu/Klein/Ulsamer* § 79 BVerfGG, 10; *Asam* 64 ff; *Bahlmann* MDR **1963** 543; *Creifelds* JR **1962** 364; *Kneser* AöR **89** 170.

[177] **a.** A LG Heidelberg NJW **1960** 929; LR-*Meyer*[23] 39.

[178] KMR-*Paulus* 18 f; *Göhler* 15, *Rebmann/Roth/Herrmann* 4, *Rotberg* 51, alle zu § 85 OWiG; *Maunz/Schmidt-Bleibtreu/Klein/Ulsamer* § 79 BVerfGG, 10; *Hans* BB **1962** 1403; *Preiser* NJW **1962** 847; **a.** A BayObLGSt **1962** 208 = NJW **1962** 2166 mit abl. Anm. *Kohlhaas* NJW **1963** 454; *Asam* 72 ff; *Kneser* AöR **89** 170.

[179] BVerfGE **12** 340; OLG Schleswig SchlHA **1961** 273; *Maunz/Schmidt-Bleibtreu/Klein/Ulsamer* § 79 BVerfGG, 13; *Asam* 83 ff; *Kayser* NJW **1961** 348; vgl. auch *Preiser* NJW **1962** 844.

[180] *Asam* 55.

[181] OLG Schleswig SchlHA **1963** 61; vgl. unten Rdn. 154.

chen Wiederaufnahmeverfahren (oben Rdn. 108) die Wiederaufnahme zu dem Zweck beantragen, die Urteilsgründe dahin zu berichtigen, daß er unschuldig sei[182].

2. Das Verfahren
a) Anwendbare Vorschriften der StPO. § 79 Abs. 1 BVerfGG läßt die Wiederaufnahme nach den Vorschriften der Strafprozeßordnung zu. Das bezieht sich jedoch, da die Bestimmung einen selbständigen Wiederaufnahmegrund enthält (oben Rdn. 140), nicht auf diejenigen Vorschriften der §§ 359 ff, in denen die sachlichen Voraussetzungen der Wiederaufnahme bestimmt sind[183]. Außer den §§ 359, 362, 364 ist insbesondere die einschränkende Vorschrift des **§ 363 nicht anwendbar**[184].

Auch bei der Anwendung der **strafprozessualen Vorschriften**, die das Verfahren bei der Wiederaufnahme regeln, ist zu berücksichtigen, daß die Wiederaufnahme nach § 79 Abs. 1 BVerfGG nicht wie die nach den §§ 359 ff dem Zweck dient, die Schuldfeststellungen des Urteils zu erschüttern, sondern daß ein auf grundgesetzwidriger Rechtsanwendung beruhendes Urteil aufgehoben werden soll. Diese unterschiedliche Zielrichtung läßt die Anwendung der verfahrensrechtlichen Vorschriften der §§ 359 ff nur mit bestimmten Abweichungen zu[185]. Bei ihrer Auslegung und Anwendung ist insbesondere dem Grundgedanken des § 79 Abs. 1 BVerfGG Rechnung zu tragen, daß der rechtskräftig Verurteilte so gestellt werden soll, als sei die Nichtigkeit der Norm schon vor der Rechtskraft festgestellt worden, so daß das angefochtene Urteil nicht ergangen oder auf ein Rechtsmittel aufgehoben worden wäre[186].

b) Antragsberechtigte. Wie im gewöhnlichen Wiederaufnahmeverfahren (§ 365, 3 ff) können den Antrag in erster Hinsicht der Verurteilte selbst und diejenigen Personen stellen, die **berechtigt** sind, zu seinen Gunsten **Rechtsmittel** einzulegen[187]. Ist der Verurteilte verstorben, so gilt **§ 361 Abs. 2**[188]. Denn wie auch sonst (§ 361 Abs. 1) steht der Wiederaufnahme nicht entgegen, daß der Verurteilte nicht mehr am Leben ist[189].

Antragsberechtigt ist auch, ohne daß es einer Zustimmung des Verurteilten bedarf[190], die **Staatsanwaltschaft**. Nach verbreiteter Ansicht darf sie den Antrag nur zu-

---

[182] *Asam* 41; *Bertram* MDR **1962** 537; *Creifelds* JR **1962** 362; a. A *Geiger* § 79 BVerfGG, 2.
[183] OLG Bamberg NJW **1962** 2168; OLG Celle NdsRpfl. **1963** 88; OLG München OLGSt § 363 S. 3; KK-v. *Stackelberg* § 359, 36, 37; KMR-*Paulus* 21; *Creifelds* JR **1962** 362; *Wasserburg* Handb. 253.
[184] BGHSt **18** 343; OLG München OLGSt § 363 S. 2; KK-v. *Stackelberg* § 359, 37; KMR-*Paulus* 21; *Eb. Schmidt* Nachtr. II 5; *Göhler* § 85 OWiG 10; *Maunz/Bleibtreu/Klein/Ulsamer* § 79 BVerfGG, 11; *Asam* 44; *Bertram* MDR **1962** 535; *Creifelds* JR **1962** 362; *Kneser* AöR **89** 160; *Maurer* JZ **1963** 668 Fußn. 28; *Wasserburg* Handb. 253; a. A AG Zweibrücken NJW **1962** 1975; *Röhl* NJW **1960** 180.

[185] *Maurer* JZ **1963** 669; **a. A** *Bertram* MDR **1962** 535, der das Verfahren der Strafprozeßordnung uneingeschränkt übernehmen will.
[186] *Maunz/Schmidt-Bleibtreu/Klein/Ulsamer* § 79 BVerfGG, 12.
[187] KMR-*Paulus* 23; *Asam* 95; **a. A** *Göhler* § 85, 15, der nur die Staatsanwaltschaft für antragsberechtigt hält.
[188] *Asam* 96; *Hans* BB **1962** 781.
[189] OLG Hamm DAR **1963** 278; *Maunz/Schmidt-Bleibtreu/Klein/Ulsamer* § 79 BVerfGG, 8; *Asam* 97; *Bahlmann* MDR **1963** 542.
[190] OLG Schleswig SchlHA **1963** 62; AG Stuttgart NJW **1963** 459; KMR-*Paulus* 23.

Vor § 359   Viertes Buch. Wiederaufnahme

gunsten des Verurteilten stellen[191]. Das trifft jedoch nicht zu. Vielmehr ist die Unterscheidung der Antragstellung zugunsten oder zuungunsten des Verurteilten, die bei der Anwendung der §§ 359, 362 eine Rolle spielt, in dem Wiederaufnahmeverfahren nach § 79 Abs. 1 BVerfGG, das nur das Ziel hat, die auf einem Verfassungsverstoß des Gesetzgebers beruhenden Fehlentscheidungen zu beseitigen, ohne jede Bedeutung[192]. Die Nichtanwendbarkeit des § 362 folgt aus der Eigenständigkeit des in § 79 BVerfGG normierten Wiederaufnahmegrundes, führt aber nicht zum Ausschluß der Wiederaufnahme zuungunsten des Verurteilten; auch aus § 79 Abs. 2 Satz 1 BVerfGG läßt sich im Gegensatz zu *Dingeldey* (NStZ **1985** 339) im Hinblick auf die Spezialvorschrift des § 79 Abs. 1 BVerfGG nichts Gegenteiliges herleiten. Der Einwand v. *Stackelbergs* (KK 35), die hier vertretene Auffassung verstoße gegen das Verbot der Doppelbestrafung (Art. 103 Abs. 3 GG), zielt in Wahrheit gegen die Verfassungsmäßigkeit des § 362, die allerdings zu bejahen ist (§ 362, 1).

152   Der **Staatsanwaltschaft** muß ein **uneingeschränktes Antragsrecht** übrigens schon deshalb zustehen, weil sie die zuständige Vollstreckungsbehörde ist, aber nicht verpflichtet sein kann, Urteile zu vollstrecken, die auf nichtigen Gesetzen beruhen[193]. Auch wenn der Antrag nur bezweckt, das Urteil dadurch vollstreckbar zu machen, daß in dem Verfahren nach § 79 Abs. 1 BVerfGG die angewendete nichtige Norm durch eine gültige ausgewechselt wird, ist die Staatsanwaltschaft daher zur Antragstellung befugt[194]. Ist das Urteil bereits vollstreckt, so kann die Staatsanwaltschaft an der Wiederaufnahme aus anderen Gründen (Haftentschädigung) interessiert sein[195].

c) **Form und Inhalt des Wiederaufnahmeantrags**

153   aa) Der Antragsteller muß entsprechend § 366 Abs. 1 den **gesetzlichen Grund** der Wiederaufnahme angeben. Er muß die Entscheidung des Bundesverfassungsgerichts bezeichnen, mit der die Norm für nichtig oder für mit dem Grundgesetz unvereinbar erklärt worden ist, und darlegen, daß und weshalb das angefochtene Urteil auf der Entscheidung beruht[196]. Die in § 366 Abs. 1 weiter geforderte Angabe der Beweismittel hat bei der Wiederaufnahme nach § 79 Abs. 1 BVerfGG keine Bedeutung[197].

154   bb) Der Wiederaufnahmeantrag kann nach § 359 auf Freisprechung, Verfahrenseinstellung oder Verurteilung zu einer milderen Strafe aufgrund einer anderen Strafnorm gerichtet sein (vgl. § 359, 119 ff). Das gilt im Verfahren nach § 79 Abs. 1 BVerfGG

---

[191] LG Aachen NJW **1962** 1973; AG Meppen NJW **1963** 1638 mit Anm. *Rutkowsky*; *Asam* 36, 95; *Dippel* in *Jescheck/Meyer* 74; *Peters* Fehlerquellen **3** 46; *Bahlmann* MDR **1963** 543; *Brauns* DRiZ **1963** 262; *Diller* JR **1963** 330; *Kneser* AöR **89** 158 ff; *Röhl* NJW **1960** 180; *Schmidt-Leichner* NJW **1962** 1370; v. *Stackelberg* NJW **1963** 701; a. A OLG Bremen NJW **1962** 2170; KMR-*Paulus* 23; *Bertram* MDR **1962** 535; *Reiff* NJW **1960** 1559, die auch einen Antrag zuungunsten des Verurteilten zulassen wollen.

[192] OLG Celle NdsRpfl. **1963** 88; OLG Köln VRS **24** 381; OLG Schleswig SchlHA **1963** 62; AG Stuttgart NJW **1963** 459; KMR-*Paulus* 22; *Creifelds* JR **1962** 362; *Maurer* JZ **1963** 667.

[193] Vgl. *Maurer* JZ **1963** 668 ff; oben Rdn. 138.

[194] OLG Bamberg NJW **1962** 2168; OLG Bremen NJW **1962** 2169; OLG Celle NdsRpfl. **1963** 88; OLG Hamm NJW **1962** 2266; OLG Köln NJW **1963** 456; VRS **24** 380; OLG Oldenburg NJW **1963** 457; LG Wiesbaden NJW **1963** 2332; AG Stuttgart NJW **1963** 458; a. A LG Aachen NJW **1962** 1973; *Kneser* AöR **89** 160 Fußn. 14; nach Ansicht des OLG Nürnberg MDR **1962** 1009 ist der Normentausch eine Entscheidung zugunsten des Angeklagten.

[195] Vgl. OLG Hamm DAR **1963** 278.

[196] *Asam* 103.

[197] *Hans* BB **1962** 781; vgl. auch *Asam* 104.

entsprechend; nur die einschränkende Vorschrift des § 363 ist nicht anzuwenden (oben Rdn. 146). Da es bei der Verurteilung aufgrund einer nichtigen Norm nur darauf ankommt, im Interesse des Verurteilten, aber auch in dem der Allgemeinheit, einen verfassungswidrigen Zustand zu beseitigen, ist eine zusätzliche prozessuale **Beschwer** nicht erforderlich und der Antrag auch zulässig, wenn Freisprechung oder mildere Bestrafung im Ergebnis nicht zu erwarten ist[198], insbesondere, wenn es dem Antragsteller nur darum geht, daß in dem Urteil die nichtige Norm gegen eine gültige ausgewechselt wird[199]. Verfassungsrechtliche Bedenken bestehen hiergegen nicht[200].

Die **Beschränkung des Antrags** auf einzelne tatmehrheitliche Verurteilungen ist zulässig, grundsätzlich aber nicht die Beschränkung auf einen einzelnen rechtlichen Gesichtspunkt bei einer Verurteilung wegen mehrerer in Tateinheit (§ 52 StGB) stehender Taten[201]. Wenn die Strafe einer gültigen Vorschrift entnommen worden ist, kann der Antrag aber darauf beschränkt werden, daß die weitere tateinheitliche Verurteilung, die auf einer nichtigen Strafvorschrift beruht, in Wegfall gebracht oder daß die nichtige Vorschrift durch eine gültige ersetzt wird[202]. **155**

d) Gerichtliche Zuständigkeit. Für die **örtliche** Zuständigkeit ist die Regelung der § 367 Abs. 1 StPO, § 140 a GVG maßgebend. Daher muß ein anderes Gericht, in den Fällen des § 140 a Abs. 3 bis 6 GVG ein anderer Spruchkörper desselben Gerichts über den Wiederaufnahmeantrag entscheiden. Der Antrag muß grundsätzlich bei dem Gericht gestellt werden, das für die Entscheidung zuständig ist. Nur der Verurteilte kann ihn auch bei dem Gericht anbringen, dessen Urteil er anficht (§ 367 Abs. 1 Satz 2). Vgl. im übrigen die Erläuterungen zu § 367. **156**

Sachlich zuständig ist der Tatrichter, der zuletzt über die Schuldfrage entschieden hat[203]; insoweit gelten dieselben Grundsätze wie bei § 367[204]. Der Tatrichter ist auch zuständig, wenn das Verfahren durch eine Entscheidung des Revisionsgerichts beendet worden ist, aber nunmehr eine erneute Hauptverhandlung stattfinden muß[205]. Für den Fall, daß auf den Wiederaufnahmeantrag sofort abschließend entschieden werden kann, wird in der Rechtsprechung auch das Revisionsgericht für zuständig gehalten, das die nichtige Strafvorschrift angewendet hatte[206]. Dem ist nicht zuzustimmen. Der Regelung des § 140 a Abs. 1 Satz 2 GVG ist zu entnehmen, daß das Revisionsgericht von der Entscheidung über Wiederaufnahmeanträge stets entlastet sein soll; im Verfahren nach § 79 Abs. 1 BVerfGG kann nichts anderes gelten. **157**

---

[198] *Kleinknecht* NJW **1952** 1190.
[199] OLG Bamberg NJW **1962** 2168; OLG Bremen NJW **1962** 2169; OLG Celle NdsRpfl. **1963** 88; OLG Hamm NJW **1962** 2266; DAR **1963** 278; OLG Köln NJW **1963** 467; VRS 24 380; OLG München OLGSt § 363 S. 1; OLG Nürnberg NJW **1962** 2264; OLG Oldenburg NJW **1963** 457; OLG Schleswig SchlHA **1963** 61; AG Stuttgart NJW **1963** 458; KMR-*Paulus* 19; *Asam* 125; *Bahlmann* MDR **1963** 542; *Creifelds* JR **1962** 362; **a. A** AG Meppen NJW **1963** 1636 mit zust. Anm. *Rutkowsky*; AG Zweibrücken NJW **1962** 1975; *Kaiser* NJW **1962** 1704; *Kistner* DRiZ **1962** 121 Fußn. 41; *Röhl* NJW **1960** 180.
[200] BVerfGE **15** 307.
[201] OLG Hamm NJW **1962** 68; *Bertram* MDR **1962** 536.
[202] *Asam* 44; *Creifelds* JR **1962** 362.
[203] OLG Düsseldorf NJW **1962** 2266 ff.
[204] Vgl. dort Rdn. 6 ff; **a. A** OLG Bremen NJW **1962** 2170 und *Asam* 59, die auch im Fall der Strafmaßberufung das Berufungsgericht entscheiden lassen wollen.
[205] BGHSt **18** 342; KMR-*Paulus* 24; **a. A** *Asam* 99 ff.
[206] OLG Hamburg NJW **1963** 503 L; OLG Hamm NJW **1962** 2266; OLG Köln NJW **1963** 456; KMR-*Paulus* 24; *Maurer* JZ **1963** 670; *Creifelds* JR **1962** 363 hält das Revisionsgericht jedenfalls dann für zuständig, wenn es die nichtige Norm erstmals angewendet hat; *Asam* 101 will das Revisionsgericht auch entscheiden lassen, wenn die Voraussetzungen des § 371 nicht vorliegen.

158 Hat der Tatrichter den Wiederaufnahmeantrag zu Unrecht als unzulässig oder unbegründet verworfen, so kann über ihn auch das **Gericht**, das mit der **sofortigen Beschwerde** nach § 372 Satz 1 befaßt ist, endgültig entscheiden, wenn eine Erneuerung der Hauptverhandlung nicht erforderlich ist[207].

3. Die Entscheidungen

159 a) **Zwischenentscheidungen.** In dem Verfahren nach den §§ 359 ff wird unter Wahrunterstellung des Wiederaufnahmevorbringens (§ 368, 16) zunächst über die Zulässigkeit des Antrags und erst dann, regelmäßig nach Erhebung der erforderlichen Beweise (§ 369, 1), über seine Begründetheit entschieden (§ 370). Ein so umständliches Verfahren ist bei der Wiederaufnahme nach § 79 Abs. 1 BVerfGG nicht notwendig, weil es hier nur um rechtliche Fragen geht, die keines Beweises bedürfen. Daher ist, wenn der Antrag begründet erscheint, eine besondere **Entscheidung über** seine **Zulässigkeit** nicht erforderlich[208]. Wenn eine neue tatrichterliche Verhandlung stattfinden muß, wird sofort nach § 370 Abs. 2 über die Wiederaufnahme entschieden[209]. Ist nur die Auswechslung einer nichtigen durch eine gültige Vorschrift beantragt, so kann regelmäßig sofort die endgültige Entscheidung getroffen werden[210].

160 b) **Entscheidungsform.** Eine Entscheidung über den Wiederaufnahmeantrag ohne Erneuerung der Hauptverhandlung durch Beschluß (§ 371, 25) sieht das Gesetz in § 371 Abs. 1 und 2 nur für den Fall vor, daß der Verurteilte verstorben ist oder daß er sofort freigesprochen werden kann und die Staatsanwaltschaft diesem vereinfachten Verfahren zustimmt. In dem Wiederaufnahmeverfahren nach § 79 Abs. 1 BVerfGG ist vielfach eine neue Hauptverhandlung nicht nötig, insbesondere, wenn es nur darum geht, eine nichtige Rechtsnorm durch eine gültige zu ersetzen. In entsprechender Anwendung des § 371 kann dann durch **Beschluß** entschieden werden[211]. Die Zustimmung der Staatsanwaltschaft ist, anders als in den Fällen des § 371 Abs. 2, nicht erforderlich[212]. Verfassungsrechtliche Bedenken gegen diese Art der Entscheidung bestehen nicht[213].

161 c) **Entscheidungsinhalt.** Die Wiederaufnahme ist nur insoweit anzuordnen, als das Urteil auf der für nichtig erklärten Norm **beruht.** Ausnahmsweise, wenn insoweit keine Trennung möglich ist, muß sie sich auch auf die Anwendung von Vorschriften erstrecken, die nicht unmittelbar durch den Wiederaufnahmegrund betroffen sind[214]. Das gilt insbesondere, wenn der Angeklagte wegen einer einheitlichen Tat im Sinne des § 52 StGB verurteilt worden ist[215]. Da es sich bei § 79 Abs. 1 BVerfGG um einen Wiederaufnahmegrund besonderer Art handelt, der zwar die Anwendung des materiellen Rechts,

---

[207] Vgl. OLG Hamm DAR **1963** 278; OLG Köln VRS **24** 380; OLG München OLGSt § 363 S. 1; OLG Nürnberg NJW **1962** 2264; KMR-*Paulus* 24.
[208] OLG Oldenburg NJW **1963** 458; *Bertram* MDR **1962** 536; **a.** A AG Preetz NJW **1967** 68; KMR-*Paulus* 25; *Asam* 49; *Kneser* AöR **89** 166, die auf einen Zulassungsbeschluß nicht verzichten wollen.
[209] BGHSt **19** 281.
[210] AG Stuttgart NJW **1963** 459; unten Rdn. 160.
[211] OLG Bamberg NJW **1962** 2169; OLG Bremen NJW **1962** 2171; OLG Celle NdsRpfl. **1963** 88; OLG Hamburg NJW **1963** 503 L; OLG Hamm NJW **1962** 2266; DAR **1963** 278; OLG Köln NJW **1963** 467; VRS **24** 382; OLG München OLGSt § 363 S. 1; OLG Nürnberg NJW **1962** 2264; OLG Oldenburg NJW **1963** 458; OLG Schleswig SchlHA **1963** 62; LG Wiesbaden NJW **1963** 2332; KMR-*Paulus* 25; *Bertram* MDR **1962** 536; *Creifelds* JR **1962** 363; *Maurer* JZ **1963** 670; *Schmidt-Leichner* NJW **1962** 1370; *Wasserburg* Handb. 259 f; **a.** A LG Essen NJW **1962** 1976; *Kneser* AöR **89** 168; *v. Stackelberg* NJW **1963** 701.
[212] KMR-*Paulus* 25.
[213] BVerfGE **15** 306.
[214] BGHSt **19** 280.
[215] OLG Hamm NJW **1962** 68; KMR-*Paulus* 26.

regelmäßig aber nicht die **tatsächlichen Feststellungen** des Urteils berührt, kann die Wiederaufnahme selbst in den Fällen, in denen eine neue Hauptverhandlung vor dem Tatrichter erforderlich ist, unter Aufrechterhaltung dieser Feststellungen angeordnet werden[216]. Etwas anderes gilt nur, wenn zu besorgen ist, daß die tatsächlichen Feststellungen gerade deshalb unvollständig sind, weil der Tatrichter von der Rechtswirksamkeit der angewendeten Strafnorm ausgegangen ist[217].

d) Kostenentscheidung. Wenn der Wiederaufnahmeantrag verworfen wird, gelten die allgemeinen Regeln über erfolglose Rechtsmittel der Abs. 1 bis 4 des § 473 entsprechend (§ 473 Abs. 5 Nr. 1). Hat er Erfolg und wird das Urteil aufgehoben und zugunsten des Verurteilten geändert, so ist nach § 467 über die Kosten des ganzen Verfahrens zu entscheiden. Anders ist es, wenn nur die nichtige Norm gegen eine gültige ausgewechselt wird. Dann beschränkt sich die Entscheidung auf die Kosten der Wiederaufnahme und die dem Verurteilten in diesem Verfahren entstandenen notwendigen Auslagen[218]. Sie sind in sinngemäßer Anwendung der § 467 Abs. 1, § 473 Abs. 1 der Staatskasse aufzuerlegen[219]. Nach anderer Ansicht[220] ist § 8 GKG entsprechend anzuwenden. Einige Gerichte[221] verfahren nach beiden Gesichtspunkten. **162**

III. Die Wiederaufnahme aus Wiedergutmachungsgründen

Abschnitt II Nr. 5 der Kontrollrats-Proklamation Nr. 3 vom 20. 10. 1945 (ABlKR 6) bestimmte, daß Verurteilungen aufzuheben sind, die unter dem NS-Regime aus politischen, rassischen oder religiösen Gründen erfolgt sind. Daraufhin wurden in allen Ländern der Bundesrepublik **Gesetze zur Beseitigung oder Wiedergutmachung nationalsozialistischen Unrechts in der Strafrechtspflege** erlassen[222]. Sie gelten heute noch. Die **163**

---

[216] BGHSt **18** 339; **19** 282; OLG Bremen NJW **1962** 2170; OLG Düsseldorf NJW **1962** 2265; OLG Hamm NJW **1962** 68, 2266; KMR-*Paulus* 26; *Bertram* MDR **1962** 536; *Creifelds* JR **1962** 363; *Kneser* AöR **89** 169; *Krüger* HambJVBl. **1962** 49; *Maurer* JZ **1963** 670; a. A v. *Stackelberg* NJW **1963** 701, der die „volle Durchführung" der Vorschriften der Strafprozeßordnung verlangt.

[217] *Asam* 22 ff.

[218] OLG Bremen NJW **1962** 2171; AG Stuttgart NJW **1963** 458.

[219] OLG Bremen NJW **1962** 2171; OLG Hamburg NJW **1963** 503 L; OLG Oldenburg NJW **1963** 458; OLG Schleswig SchlHA **1963** 63; LG Wiesbaden NJW **1963** 2333; AG Stuttgart NJW **1963** 459; KMR-*Paulus* 27; vgl. auch *Eb. Schmidt* Nachtr. II § 473, 30; *Peters* Fehlerquellen 3 178.

[220] OLG Hamm NJW **1962** 2267; OLG Köln VRS **24** 382.

[221] OLG Bamberg NJW **1962** 2169; OLG Celle NdsRpfl. **1963** 88; OLG Köln NJW **1963** 457; vgl. auch *Creifelds* JR **1962** 373.

[222] Vgl. für die britische Zone (**Hamburg, Niedersachsen, Nordrhein-Westfalen, Schleswig-Holstein**) die Verordnung über die Gewährung von Straffreiheit vom 3. 6. 1947 (VOBl. BrZ 68); für die Länder der amerikanischen Zone die gleichlautenden Gesetze zur Wiedergutmachung nationalsozialistischen Unrechts in der Strafrechtspflege, und zwar für **Bayern** vom 28. 5. 1946 (GVBl. 180), **Bremen** vom 27. 6. 1947 (GVBl. 84), **Hessen** vom 29. 5. 1946 (GVBl. 136) und **Württemberg-Baden** vom 31. 5. 1946 (RegBl. 205); für **Baden** die Verordnung zur Aufhebung von Urteilen der Strafgerichte und Beseitigung nationalsozialistischer Eingriffe in die Strafrechtspflege vom 23. 12. 1946 (ABl. 151), für **Rheinland-Pfalz** das Gesetz zur Beseitigung nationalsozialistischen Unrechts in der Strafrechtspflege vom 23. 2. 1948 (GVBl. 117) und für **Württemberg-Hohenzollern** die Rechtsanordnung zur Beseitigung nationalsozialistischen Unrechts in der Strafrechtspflege vom 16. 5. 1947 (RegBl. 67). In **Berlin** galt zunächst die Anordnung der Alliierten Kommandatura BK/O (47) 285 vom 18. 12. 1947 (VOBl. 1948 S. 10). Nach deren Aufhebung durch die BK/O (50) 107 vom 21. 12. 1950 (VOBl. 1951 I 35) gilt das Gesetz zur Wiedergutmachung nationalsozialistischen Unrechts auf dem Gebiet des Strafrechts vom 5. 1. 1951 (VOBl. I 31) i. d. F. des Gesetzes vom 2. 12. 1952 (GVBl. 1056).

Vorschriften, in denen Fristen zur Stellung der Aufhebungsanträge bestimmt waren, sind durch Art. IX Abs. 1 des BEG-Schlußgesetzes vom 14. 9. 1965 (BGBl. I 1315) aufgehoben worden. Absatz 2 dieser Vorschrift sieht eine Ersatzzuständigkeit für den Fall vor, daß die gesetzlichen Bestimmungen keine Zuständigkeit der Gerichte im Geltungsbereich des Gesetzes begründen. Absatz 3 läßt eine Wiederholung von Urteilsaufhebungsanträgen zu, die wegen Fristablaufs oder Unzuständigkeit des Gerichts verworfen worden sind.

164 Die Urteilsaufhebung nach den Wiedergutmachungsgesetzen ist ein **vereinfachtes Wiederaufnahmeverfahren**, bei dem es nur auf den Nachweis ankommt, daß die Entscheidung durch nationalsozialistisches Unrechtsdenken beeinflußt war. Noch heute werden gelegentlich Wiederaufnahmeanträge gestellt, die in Wahrheit darauf abzielen, das Urteil aus diesem Grunde aufzuheben. Ein Verfahren nach den §§ 359 ff findet dann nicht statt. Die Urteilsaufhebung nach den Wiedergutmachungsgesetzen geht vor.

E. Reform

I. Geschichte

165 Eine Neuregelung des Rechts der Wiederaufnahme wird seit langem gefordert. Im älteren Schrifttum wird die Ansicht vertreten, das geltende Recht stehe mit wichtigen Grundsätzen des modernen Strafverfahrens in Widerspruch[223]. Neuerdings wird der Gesetzgeber vor allem aufgerufen, der Neigung der Gerichte, Wiederaufnahmeanträge abzuwehren, durch geeignete Rechtsvorschriften entgegenzutreten[224].

166 Die **Reformentwürfe** von 1908 und 1919 sahen eine Neuregelung des Wiederaufnahmerechts in wenigen Paragraphen unter Abschaffung der äußeren Trennung der Fälle der Wiederaufnahme zugunsten und zuungunsten des Angeklagten vor[225]. Die Wiederaufnahme zugunsten des Angeklagten sollte gegenüber dem geltenden Recht dahin eingeschränkt werden, daß sie nur zulässig ist, wenn die Unschuld des Verurteilten oder das Fehlen eines begründeten Tatverdachts dargetan wird. Umfangreichere Änderungen des geltenden Rechts schlug erst Art. 70 Nr. 195 des EGStGB-Entwurfs von 1930 vor[226]. Danach sollten die Wiederaufnahmegründe des § 359 Nr. 1, 2 und 4 entfallen, weil sie ohnehin nur Unterfälle des allgemeinen Wiederaufnahmegrundes des § 359 Nr. 5 seien. Als zulässiges Ziel der Wiederaufnahme wurde ausdrücklich auch die Einstellung des Verfahrens bezeichnet. Ferner war vorgesehen, den Begriff der Neuheit von Tatsachen und Beweismitteln dahin zu bestimmen, daß es darauf ankommt, ob sie bei der Urteilsfällung berücksichtigt worden sind.

167 Nach dem **StPO-Entwurf von 1939** sollte die Wiederaufnahme nur eine von mehreren Möglichkeiten der Beseitigung rechtskräftiger Urteile sein. Vorgesehen waren außerdem die Nichtigkeitsbeschwerde und der außerordentliche Einspruch. Wiederaufnahme sollte zugunsten und zuungunsten des Angeklagten unter im wesentlichen gleichen Voraussetzungen zulässig sein. Große Teile dieser Reformvorhaben sind durch Art. 1 § 3 des Gesetzes zur Änderung von Vorschriften des allgemeinen Strafverfahrens, des Wehrmachtstrafverfahrens und des Strafgesetzbuchs vom 16. 9. 1939 (RGBl. I 1841), durch Art. V §§ 34 ff der Zuständigkeitsverordnung vom 21. 2. 1940 und durch

---

[223] S. oben Rdn. 12; *v. Hentig* 22; *Hellm. Mayer* GerS **99** (1930) 314; vgl. auch *Alsberg* Justizirrtum 47: „Selten hat aber wohl eine gesetzgeberische Schöpfung die Idee ihres Schöpfers weniger verwirklicht als diese".

[224] Vgl. *Dahs* Hdb. 886; *Peters* JR **1977** 218:

„einseitige Abwehrhaltung"; so schon früher *Sello* 427; *Alsberg* Justizirrtum 84.

[225] Vgl. *Deml* 13 f; *Dippel* GA **1972** 112 ff.

[226] Dazu *Dippel* GA **1972** 113; Einl. Kap. **16** IX.

Art. 6 der 3. VereinfVO verwirklicht worden (vgl. bei §§ 359, 362, 363 unter „Entstehungsgeschichte").

II. Derzeitige Reformvorschläge

168 Nachdem im Jahre 1950 durch das Vereinheitlichungsgesetz der bis 1933 bestehende Rechtszustand im wesentlichen wiederhergestellt worden war, wurde **erneut die Forderung erhoben**, das Wiederaufnahmerecht grundlegend zu verbessern. Insbesondere der Strafrechtsausschuß der Bundesrechtsanwaltskammer, der in der Neuordnung des Wiederaufnahmerechts ein „dringendes Gebot der Stunde" sieht[227], hat in den Leitsätzen 35 bis 57 der 1971 erschienenen Denkschrift zur Reform des Rechtsmittelrechts und der Wiederaufnahme des Verfahrens im Strafprozeß Vorschläge gemacht, die darauf hinauslaufen, das Wiederaufnahmerecht einseitig zugunsten des Verurteilten zu ändern. Einer der wichtigsten Reformvorschläge geht dahin, die Wiederaufnahme zugunsten des Verurteilten nach § 359 Nr. 5 schon zuzulassen, wenn nicht auszuschließen ist, daß die neuen Tatsachen oder Beweismittel zur Freisprechung oder zu einer wesentlichen Milderung der Strafe führen[228]; zurückhaltender wird im Schrifttum eine gesetzliche Klarstellung dahingehend verlangt, daß die Wiederaufnahme propter nova schon bei ernstlichen Zweifeln des Wiederaufnahmerichters „an der Richtigkeit des angegriffenen Urteils"[229] anzuordnen sei. Darüberhinaus wurde vorgeschlagen, dem Wiederaufnahmeverfahren ein staatsanwaltschaftliches Ermittlungsverfahren vorzuschalten[230] und „die Bedeutung der Zulässigkeitsprüfung zugunsten der Begründetheitsprüfung zu verringern"[231]. Einen Teil der Reformforderungen hat der Gesetzgeber mit der Einfügung der §§ 364 a und 364 b erfüllt. Mit der Zuständigkeitsregelung des § 140 a GVG ist er sogar weit über die Wünsche derjenigen hinausgegangen, die die früher erkennenden Richter von der Mitwirkung an der Wiederaufnahmeentscheidung ausschließen wollen.

169 Eine umfassende Reform des Wiederaufnahmerechts hält auch der **Gesetzgeber** für notwendig[232]. Inzwischen scheint sich aber die zutreffende Erkenntnis durchzusetzen, daß eine gesetzliche Neuregelung nur Teil einer allgemeinen Strafverfahrensreform, mindestens aber einer Reform des Rechtsmittelsystems der Strafprozeßordnung sein kann[233]; darüberhinaus werden mit Recht „Präventivmaßnahmen" zur Vermeidung von Fehlurteilen „im Bereich des Grund- und Rechtsmittelverfahrens" und zusätzliche Rehabilitationsmaßnahmen für die Opfer von Justizirrtümern verlangt[234]. Weitere Vorabentscheidungen des Gesetzgebers erscheinen weder zweckmäßig noch geboten. Mit dem geltenden Recht lassen sich Fehlurteile beseitigen, wenn der Wiederaufnahmeantrag mit der erforderlichen Sorgfalt gestellt und bearbeitet wird. Eine neuere Monographie kommt deshalb auch mit Recht zu einem zurückhaltenderen Ergebnis über die Mängel des derzeitigen Verfahrens: trotz aller Nachteile und Verbesserungsmöglichkeiten bestehe „für eine Ablösung des derzeitigen Systems in seiner Gesamtheit … kein Anlaß"[235].

---

[227] Denkschrift 74.
[228] Vgl. dazu *Dippel* GA **1972** 123; kritisch *Hanack* JZ **1973** 402 ff.
[229] *Deml* 174; s. a. *Schöneborn* 198.
[230] Vgl. § 364 c des Regierungsentwurfs einer 1. StVRG. BT-Drucks. **7** 551; s. dazu *Dippel* in Jescheck/Meyer 119; *Eckert* ZStW **84** (1972) 940 ff; *Hanack* JZ **1973** 393, 397 ff; *J. Meyer* ZStW **84** (1972) 934 f; *Schöneborn* 199.
[231] *Rieß* FS Schäfer 216.
[232] Vgl. BTDrucks. **7** 2600 S. 7.
[233] Vgl. *Dippel* GA **1972** 123 ff; *J. Meyer* ZStW **84** (1972) 935; *Rieß* FS Schäfer 155.
[234] *Deml* 172.
[235] *Deml* 173.

§ 359

Die Wiederaufnahme eines durch rechtskräftiges Urteil abgeschlossenen Verfahrens zugunsten des Verurteilten ist zulässig,
1. wenn eine in der Hauptverhandlung zu seinen Ungunsten als echt vorgebrachte Urkunde unecht oder verfälscht war;
2. wenn der Zeuge oder Sachverständige sich bei einem zuungunsten des Verurteilten abgelegten Zeugnis oder abgegebenen Gutachten einer vorsätzlichen oder fahrlässigen Verletzung der Eidespflicht oder einer vorsätzlichen falschen uneidlichen Aussage schuldig gemacht hat;
3. wenn bei einem Urteil ein Richter oder Schöffe mitgewirkt hat, der sich in Beziehung auf die Sache einer strafbaren Verletzung seiner Amtspflichten schuldig gemacht hat, sofern die Verletzung nicht vom Verurteilten selbst veranlaßt ist;
4. wenn ein zivilgerichtliches Urteil, auf welches das Strafurteil gegründet ist, durch ein anderes rechtskräftig gewordenes Urteil aufgehoben ist;
5. wenn neue Tatsachen oder Beweismittel beigebracht sind, die allein oder in Verbindung mit den früher erhobenen Beweisen die Freisprechung des Angeklagten oder in Anwendung eines milderen Strafgesetzes eine geringere Bestrafung oder eine wesentlich andere Entscheidung über eine Maßregel der Besserung und Sicherung zu begründen geeignet sind.

Schrifttum. *Arndt* Zulässigkeit der Wiederaufnahme mit dem Ziel des Wegfalls einer milderen ideell konkurrierenden Strafbestimmung? GA **73** (1929) 166; *Dickersbach* Berechtigen prozessuale Tatsachen zur Wiederaufnahme des Strafverfahrens nach § 359 Nr. 5 StPO? Gleichzeitig ein Beitrag zur Folge der Nichtigkeit von Strafurteilen, Diss. Köln 1960; *Ditzen* Über die Wiederaufnahme des Verfahrens auf Grund neuen Zeugenbeweises, GerS **47** (1892) 126; *Eckstein* Die Wiederaufnahme des Strafverfahrens wegen Anwendbarkeit eines milderen Strafgesetzes, GerS **85** (1917) 107; *Janischowsky* Aus der Praxis des Nürnberger Strafsenats, FS Nüchterlein (1978) 149, 159; *Klee* Sachverständigengutachten als Wiederaufnahmegrund, DStR **1938** 423; *Kretschmann* Sachverständige als neues Beweismittel im Sinne des § 399 Abs. 5 StPO, Recht **1917** 501; *J. Meyer* Zum Begriff der Neuheit von Tatsachen oder Beweismitteln im Wiederaufnahmeverfahren, JZ **1968** 7; *Karlheinz Meyer* Wiederaufnahmeanträge mit bisher zurückgehaltenem Tatsachenvortrag, FS II Peters 387; *Olbricht* Zur Auslegung des § 399 Ziffer 5 StPO. Begriff der „neuen Tatsachen", GA **48** (1901) 100; *Perels* Zum Verhältnis von Wiederaufnahmeantrag und Urteilsberichtigung und seinen kostenrechtlichen Folgen, NStZ **1985** 538; *W. Schmidt* Die „Beibringung" neuer Tatsachen oder Beweismittel als Wiederaufnahmegrund nach § 359 Ziffer 5 StPO, NJW **1958** 1332; *Schneidewin* Konkurrierende Wiederaufnahmegründe, JZ **1957** 537; *Schorn* Bemerkungen zum Wiederaufnahmegrund des § 359 Ziff. 5 StPO, MDR **1965** 869; *v. Spindler* Zu § 399 Ziff. 5 StPO, GA **53** (1906) 433; *Wagner* Wiederaufnahmeverfahren bei rechtskräftiger Zweitverurteilung von Ersatzdienstverweigerern? JuS **1970** 380.

Entstehungsgeschichte. Art. 2 Nr. 31 AGGewVerbrG fügte einen Absatz 2 an, der die Wiederaufnahme unter den Voraussetzungen des Absatzes 1 Nr. 5 zuließ, wenn die Tatsachen oder Beweismittel die Feststellung einer Tat oder einer früheren Verurteilung, auf die das Gericht die Anordnung einer Sicherungsmaßregel gegründet hatte, als unrichtig erscheinen lassen. Durch Art. 6 Nr. 1 der 3. VereinfVO erhielt § 359 folgende Fassung:

(1) Ein durch rechtskräftiges Urteil geschlossenes Verfahren wird wieder aufgenommen, wenn neue Tatsachen oder Beweismittel beigebracht sind, die allein oder verbunden mit den früheren geeignet sind,
1. die Freisprechung eines Verurteilten oder eine wesentlich mildere Ahndung oder statt der Verurteilung die Einstellung des Verfahrens zu begründen,

2. die Verurteilung eines Freigesprochenen oder eine wesentlich strengere Ahndung oder statt der Einstellung des Verfahrens die Verurteilung des Angeklagten zu begründen,
3. eine wesentlich andere Entscheidung über eine Maßregel der Sicherung und Besserung herbeizuführen.

(2) Die Wiederaufnahme zuungunsten des Angeklagten ist nur zulässig, wenn die neue Verfolgung zum Schutze des Volkes notwendig ist.

Art. 3 Nr. 151 VereinhG stellte im wesentlichen die bis 1933 geltende Fassung wieder her; nicht wieder eingefügt wurde aber der Satz 2 der Nummer 5 („In den vor dem Amtsrichter oder dem Schöffengericht verhandelten Sachen können nur solche Tatsachen oder Beweismittel beigebracht werden, welche der Verurteilte in dem früheren Verfahren einschließlich der Berufung nicht gekannt hatte oder ohne Verschulden nicht geltend machen konnte"). Durch Art. IV Nr. 9 PräsVerfG wurde in Nummer 3 das Wort „Geschworener" gestrichen. Art. 21 Nr. 86 EGStGB gab der Nummer 3 die geltende Fassung und ersetzte in Nummer 5 die Worte „Sicherung und Besserung" durch die Worte „Besserung und Sicherung". Bezeichnung bis 1924: § 399.

Übersicht

	Rdn.		Rdn.
I. Übersicht über Gründe und Ziele der Wiederaufnahme zugunsten des Verurteilten		2. Die Beziehung der Amtspflichtverletzung „zur Sache"	
1. Wiederaufnahmegründe		a) „Sache" als Verfahrensgegenstand	38
a) Absolute und relative Wiederaufnahmegründe	1	b) Der Bezug zwischen Amtspflichtverletzung und „Sache"	40
b) Auf die Begehung einer Straftat gestützte Wiederaufnahmegründe	7	3. Ausschluß der Wiederaufnahme	43
c) Zusammentreffen mehrerer Wiederaufnahmegründe	8	4. Antragserfordernisse	44
d) Numerus clausus der Wiederaufnahmegründe	10	V. Wegfall eines zivilgerichtlichen Urteils (Nummer 4)	45
2. Wiederaufnahmeziele	11	1. Das wegfallende „zivilgerichtliche" Urteil	46
II. Unechte oder verfälschte Urkunden (Nummer 1)		2. Die Aufhebung des Urteils	48
1. Urkundenbegriff	13	3. Das aufgehobene Urteil als Grundlage des Strafurteils	49
a) Prozessualer Urkundenbegriff	14	4. Antragserfordernisse	50
b) Materiell-rechtlicher Urkundenbegriff	15	VI. Neue Tatsachen oder Beweismittel (Nummer 5; restitutio ex capite novorum vel propter nova)	
2. Unechtheit oder Verfälschung	20	1. Bedeutung und Voraussetzungen im allgemeinen	
3. Vorbringen der falsa documenta zuungunsten des Verurteilten		a) Bedeutung	51
a) Vorbringen	22	b) Voraussetzungen im Überblick	53
b) Nachteiligkeit des Vorbringens	25	2. Tatsachen	58
4. Antragserfordernisse	27	a) Der Kreis der berücksichtigungsfähigen Tatsachen	
III. Falsche Aussagen oder Gutachten (Nummer 2)		aa) Zielbezogenheit	59
1. Zeugen oder Sachverständige	28	bb) Gegenstandsbezogenheit	60
2. Verletzung der Eidespflicht und uneidliche Falschaussage	30	b) Tatsachen zur Schuld- und Rechtsfolgenfeststellung	61
3. Wirkung zuungunsten des Verurteilten	32	c) Tatsachen, welche die Einstellung des Verfahrens begründen	68
4. Antragserfordernisse	33	3. Beweismittel	74
IV. Strafbare Amtspflichtverletzungen (Nummer 3)	34	a) Personalbeweis	75
1. Der Kreis der Subjekte der Amtspflichtverletzungen	35	b) Sachbeweis	78

Rdn.		Rdn.
4. Neuheit von Tatsachen oder Beweismitteln		6. Der gegenständliche Bezugspunkt der Geeignetheit
a) Zum Begriff der Neuheit i. S. von § 359 Nr. 5 79		a) Eignung zum Freispruch 119
b) Neue Tatsachen 88		b) Eignung zur Verfahrenseinstellung . 124
c) Allgemeines zur Neuheit von Beweismitteln 95		c) Eignung zur minderschweren Bestrafung 128
d) Neuheit des Urkundenbeweises ... 98		d) Eignung zu einer wesentlich anderen Maßregelentscheidung 134
e) Neuheit des Zeugenbeweises 101		7. Inhaltliche Bestimmung der Geeignetheit 136
f) Neuheit des Sachverständigenbeweises 104		a) Der Gegenstand der Prognose 137
aa) Erstmalig heranzuziehende Sachverständige 106		b) Der Prognosestandpunkt 141
bb) Weitere Sachverständige 107		8. Die Beurteilung der Geeignetheit in Einzelfällen
g) Neuheit des Augenscheinsbeweises . 109		a) Untauglichkeit und Bedeutungslosigkeit 147
5. Die Bedeutung der Geeignetheit der nova zur Erreichung der mit der restitutio propter nova verfolgbaren Ziele		b) Untaugliche nova 148
		c) Bedeutungslose nova 152
a) Die Erreichung der Wiederaufnahmeziele als Gegenstand der Geeignetheit 113		9. Beibringen der nova (Antragserfordernisse)
		a) Bedeutung des Beibringens 160
b) Die Geeignetheit i. S. des § 359 Nr. 5 und i. S. des § 368 114		b) Beibringen von Tatsachen 162
		c) Beibringen von Beweismitteln 168

I. Übersicht über Gründe und Ziele der Wiederaufnahme zugunsten des Verurteilten

1. Wiederaufnahmegründe

1 **a) Absolute und relative Wiederaufnahmegründe.** Die Wiederaufnahmegründe lassen sich danach unterscheiden, ob sie mit absoluter oder mit relativer Wirkung ausgestattet sind. **Absolute** Wiederaufnahmegründe liegen dann vor, wenn bei Vorliegen ihrer Voraussetzungen die Wiederaufnahme unabhängig davon angeordnet werden muß, ob das angefochtene Strafurteil auf ihnen beruht und deshalb unrichtig ist[1]. Bei den **relativen** Wiederaufnahmegründen dagegen ist die Anordnung zur Wiederaufnahme davon abhängig, daß ihr Vorliegen das angefochtene Urteil inhaltlich beeinflußt hat.

2 **aa)** Lediglich **§ 359 Nr. 3** beinhaltet einen **absoluten** Wiederaufnahmegrund[2]. Zwar wird hier (und das erscheint selbstverständlich) eine Beziehung der dort erwähnten strafbaren Amtspflichtverletzung von Richtern oder Schöffen „auf die Sache" verlangt, nicht aber eine Urteilsbeeinflussung. Liegt eine derartige Amtspflichtverletzung vor, ist die Wiederaufnahme unabhängig davon anzuordnen, ob das Strafurteil (deswegen) unrichtig ist.

3 Damit werden indes weder **Aditions- noch Probationsverfahren** (Vor § 359, 88 ff; 115 ff) **entbehrlich:** die Zulässigkeit des auf einen absoluten Wiederaufnahmegrund ge-

---

[1] BGHSt **31** 365, 372; *Dippel* in *Jescheck/Meyer* 73; *Peters* Fehlerquellen **3** 44; *Wasserburg* Handb. 270.

[2] BGHSt **31** 365, 372; KK-*v. Stackelberg* 17; *Deml* 102; *Dippel* in *Jescheck/Meyer* 73; *Neumann* 33; *Peters* Fehlerquellen **3** 46; *Wasserburg* Handb. 270.

stützten Wiederaufnahmeantrags ist ebenso zu prüfen (§ 368), wie das Gericht den Nachweis über das Vorliegen des behaupteten absoluten Wiederaufnahmegrundes als geführt ansehen muß (§ 369).

bb) Dagegen lassen sich im übrigen nur **relative** Wiederaufnahmegründe ausmachen. **4**

Als Gegenstück zum absoluten Wiederaufnahmegrund des § 359 Nr. 3 kann § 359 **5** Nr. 5 angesehen werden: die relative Wirkung erscheint hier besonders weitgehend, weil die Anordnung der Wiederaufnahme davon abhängig ist, daß die Urteilsfeststellungen durch neue Tatsachen oder Beweismittel erschüttert sind. Einen relativen Wiederaufnahmegrund enthält auch **§ 359 Nr. 4**: die Aufhebung eines zivilgerichtlichen Urteils kann nur dann zur Wiederaufnahmeanordnung führen, wenn das angefochtene Strafurteil auf das aufgehobene zivilgerichtliche Urteil (kausal) gegründet war[3].

Die Gründe des **§ 359 Nr. 1 und 2** sind einem absoluten Wiederaufnahmegrund **6** am stärksten angenähert[4]: sie führen im Falle ihres Vorliegens schon dann zur Anordnung der Wiederaufnahme, wenn bloß nicht ausgeschlossen werden kann, daß das angefochtene Urteil auf ihnen beruht (§ 370 Abs. 1) — das aber bedeutet der Sache nach eine zur Umkehr der „Beweislast zugunsten des Verurteilten" führende gesetzliche Vermutung für das Beruhen des Urteils auf den falsa documenta[5], im Fall des § 362 Nr. 1, 2 freilich zu dessen Ungunsten.

b) Auf die Begehung einer Straftat gestützte Wiederaufnahmegründe. Wird die **7** Wiederaufnahme auf einen Grund gestützt, der die **Begehung einer Straftat** voraussetzt (§ 359 Nr. 2, 3; zu Nr. 1 s. unten Rdn. 21), so ist § 364 zu beachten. In diesen Fällen ist die Wiederaufnahme nach dem Grundsatz des § 364 Satz 1 nur zulässig, wenn wegen dieser Tat ein rechtskräftiges Urteil ergangen ist oder der Täter aus anderen Gründen als wegen Beweismangels nicht verfolgt werden kann. Da aber § 364 Satz 2 in allen Fällen die Wiederaufnahme nach § 359 Nr. 5 zuläßt, haben die übrigen Wiederaufnahmegründe bei der Wiederaufnahme zugunsten des Verurteilten nur noch geringe Bedeutung. Zum Verhältnis zwischen § 359 Nr. 2 und 5 vgl. § 364, 6 f.

c) Zusammentreffen mehrerer Wiederaufnahmegründe. Ein Wiederaufnahmeantrag **8** *kann* auf mehrere der in § 359 bezeichneten Gründe gestützt werden. Keiner dieser Wiederaufnahmegründe **schließt** die anderen **aus**[6].

Überdies *sollten* aber auch alle Wiederaufnahmegründe zugleich vorgebracht werden, **9** weil sich das Gericht nur mit den vorgebrachten Wiederaufnahmegründen befassen darf[7] und ein **Nachschieben** von Wiederaufnahmegründen im Beschwerdeverfahren im wesentlichen nicht in Betracht kommt (§ 372, 15 bis 18[8]).

d) Numerus clausus der Wiederaufnahmegründe. Die gesetzliche Aufzählung der **10** Wiederaufnahmegründe ist **abschließend** (s. dazu Vor § 359, 129).

---

[3] Zutr. *J. Meyer* Wiederaufnahmeverfahren 93 gegen *Dippel* in *Jescheck/Meyer* 73 f.
[4] Einen absoluten Wiederaufnahmegrund nehmen hier *J. Meyer* und *Dippel* wie in Fußn. 3 an, ebenso LR-*Meyer*[23] 1 und *Peters* Fehlerquellen **3** 46; vgl. aber *Deml* 101.
[5] *Deml* 106; *Dippel* in *Jescheck/Meyer* 75; s. a. unten § 370, 25.
[6] So OLG Düsseldorf GA **1980** 393, 396 f für das Verhältnis von Nr. 2 zu Nr. 5; wie hier ferner *Kleinknecht/Meyer*[37] 1; *Dahs* Handb. 899; *Dippel* 76 Fußn. 297; *Neumann* 143; allgemein zur Konkurrenz der Wiederaufnahmegründe: *Schneidewin* in JZ **1957** 537.
[7] *Dahs* Handb. 899.
[8] S. auch *Dahs* Handb. 916.

§ 359 Viertes Buch. Wiederaufnahme

11 2. **Wiederaufnahmeziele.** Mit dem Wiederaufnahmeantrag kann grundsätzlich jede Entscheidung erstrebt werden, die den Verurteilten im Entscheidungstenor weniger belastet als die angefochtene Entscheidung; jedoch sind dabei die Beschränkungen der §§ 363, 364 zu beachten sowie im Falle des § 359 Nr. 5 zusätzlich die dort normierte Beschränkung der Wiederaufnahmeziele. So kann der Wiederaufnahmeantrag das **Ziel** verfolgen, die **Freisprechung** des Verurteilten, die **Einstellung** des Verfahrens oder die **mildere Verurteilung** aufgrund eines **anderen Strafgesetzes** (§ 363) zu erreichen, das eine geringere Strafe vorsieht. Auch eine **wesentlich andere Entscheidung über Maßregeln** der Besserung und Sicherung kann erstrebt werden (Rdn. 134 f). Auf einen dieser Zwecke muß der Antrag aber gerichtet sein, sonst ist er unzulässig[9]. Zur Antragsberechtigung vgl. § 365, 3 ff; zur Beschwer Vor § 359, 108 ff.

12 Hat das Urteil mehrere selbständige Taten (§ 53 StGB) zum Gegenstand, so kann die Wiederaufnahme auch unter **Beschränkung** auf eine oder einige von ihnen beantragt werden[10]. Das gilt auch, wenn es sich im verfahrensrechtlichen Sinn um eine einheitliche Tat (§ 264) handelt (vgl. § 370, 30). Auch die Beschränkung auf den Rechtsfolgenausspruch ist zulässig, soweit § 363 nicht entgegensteht[11], insbesondere, wenn mit dem Wiederaufnahmeantrag die Beseitigung der Strafschärfung wegen Rückfalls erstrebt wird[12].

Die zulässigen Ziele der Wiederaufnahme zugunsten des Verurteilten sind überwiegend in § 359 Nr. 5 ausdrücklich genannt und deshalb zusammenfassend dort (Rdn. 113 ff) behandelt; da diese Ziele mit denen der übrigen in § 359 genannten Wiederaufnahmegründe übereinstimmen, werden die dortigen Ausführungen in Bezug genommen.

II. Unechte oder verfälschte Urkunden (Nummer 1)

13 1. **Urkundenbegriff.** Der im Schrifttum heftige Streit um den **Urkundenbegriff** i. S. des Wiederaufnahmerechts steht im umgekehrten Verhältnis zu seiner praktischen Bedeutsamkeit. Dies zeigt sich schon darin, daß bisher im Schrifttum keine obergerichtliche Entscheidung genannt worden ist, die jemals zum Urkundenbegriff im Wiederaufnahmerecht Stellung genommen hätte[13]. Entscheidend dürfte sein, daß jeder Fall des § 359 Nr. 1 unabhängig vom je verwendeten Urkundenbegriff zugleich ein novum i. S. des § 359 Nr. 5 darstellen wird[14]. Gleichwohl darf dieser Streit schon deshalb nicht unentschieden bleiben[15], weil der von § 359 Nr. 1 über § 370 verlangte Einfluß dieses Wiederaufnahmegrundes auf das angefochtene Urteil wesentlich geringer ist als im Falle des § 359 Nr. 5.

14 a) **Prozessualer Urkundenbegriff.** Eine Minderheit im derzeitigen Schrifttum befürwortet einen **einheitlichen Urkundenbegriff** im Strafprozeßrecht und versteht deshalb

---

[9] KMR-*Paulus* 15; *Kleinknecht/Meyer*[37] 2.
[10] BGHSt **14** 88; OLG Dresden *Alsb.* E **2** Nr. 276; *Kleinknecht/Meyer*[37] 3; *Peters* Fehlerquellen **3** 93; *Neumann* JR **1927** 524; vgl. auch § 368, 30.
[11] BGHSt **11** 361; *Kleinknecht/Meyer*[37] 3; *Dalcke/Fuhrmann/Schäfer* 4; *Peters* Fehlerquellen **3** 130; vgl. auch § 368, 29; § 370, 30.
[12] BGHSt **11** 361; *Dalcke/Fuhrmann/Schäfer* 4; *Creifelds* JR **1962** 362; *Hanack* JZ **1974** 19.

[13] Vgl. dazu *Peters* Fehlerquellen **3** 48.
[14] *Deml* 108; *H. Mayer* GerS **99** (1930) 333; *Peters* Fehlerquellen **3** 48.
[15] So aber *Wasserburg* Handb. 278 unter Hinweis auf eine angeblich „dogmatische Streitigkeit ohne große praktische Auswirkung".

unter Urkunde i. S. des Wiederaufnahmerechts nur eine solche i. S. des § 249 Abs. 1 Satz 1 unter scharfer Trennung von den anderen dort genannten „als Beweis dienende(n) Schriftstücke(n)" und damit „eine beweisgerichtete handschriftlich unterzeichnete schriftliche Gedankenerklärung"[16]. Demgemäß sollen weder **Beweis-** und **Kennzeichen** noch **Zufallsurkunden** unter den Urkundenbegriff des Wiederaufnahmerechts fallen und ebenso wenig **technische Aufzeichnungen** i. S. des § 268 StGB[17].

b) Materiell-rechtlicher Urkundenbegriff. Ein derart enges Verständnis des Urkundenbegriffs erscheint trotz der damit verbundenen Einschränkung der Wiederaufnahme zugunsten des Verurteilten im Hinblick auf die damit zugleich verbundene Einschränkung der Wiederaufnahme zuungunsten des Verurteilten (§ 362 Nr. 1) auch kriminalpolitisch durchaus verständlich[18]. Gleichwohl ist mit der weitaus überwiegenden Meinung unter **Urkunde** i. S. des **Wiederaufnahmerechts** eine solche **i. S. des materiellen Strafrechts** zu verstehen[19], also eine mindestens für Eingeweihte verständliche verkörperte Gedankenerklärung, die dazu geeignet und bestimmt ist, im Rechtsverkehr Beweis zu erbringen und die ihren Aussteller erkennen läßt[20]. 15

aa) Für die Heranziehung des materiell-rechtlichen Urkundenbegriffs spricht zunächst schon, daß entgegen *Peters*[21] der **Urkundenbegriff des § 249** sämtliche als Beweismittel dienende Schriftstücke erfaßt (s. bei § 249), aus dem ein besonderer Urkundenbegriff i. S. der StPO nicht herauskristallisiert werden kann[22]; auch dürfte die Auffassung von *Peters*, die Urkunde erhalte „ihren besonderen Charakter durch ihre gezielte Beweisbestimmung", die „das Vorhandensein eines Ausstellers" voraussetze, der das Schriftstück „handschriftlich" unterzeichnen müsse[23], im wesentlichen materiell-rechtliche Kriterien zur Bestimmung des Urkundenbegriffs i. S. des § 249 heranziehen und damit praktisch selbst einen — von der h. L. abweichenden — materiell-rechtlichen Urkundenbegriff zugrundelegen. Sind aber unter Urkunden i. S. des § 249 sämtliche als Beweismittel dienende Schriftstücke zu verstehen, so fallen darunter z. B. auch Schriftstücke, die keinen Aussteller erkennen lassen und deshalb i. S. der § 267 StGB, § 359 Nr. 1, § 362 Nr. 1 weder unecht sein noch verfälscht werden können[24]. Zudem ist hier von Bedeutung, daß § 359 Nr. 1 als Auswirkung auch des Inquisitionsprinzips der materiellen Gerechtigkeit dient und damit jedenfalls auch der Beseitigung eines inhaltlich unrichtigen Urteils und nicht bloß der Beseitigung einer solchen Entscheidung, die wegen eines schwerwiegenden Verfahrensfehlers keine Bestandskraft verdient (Vor § 359, 2 f, 18): dieser Gesichtspunkt spricht dafür, nicht bloß Schriftstücke, sondern sämtliche un- 16

---

[16] KK-*v. Stackelberg* 10; ebenso schon *Peters* wie Fußn. 13; ähnlich auch *v. Kries* 704, der sich auf die Forderung nach einem einheitlichen Urkundenbegriff im Prozeßrecht beschränkt; s. dazu auch die bei *Neumann* 23 f Fußn. 9 und 10 zitierte weitere ältere Literatur.

[17] *Peters* Fehlerquellen **3** 49; ähnlich auch KK-*v. Stackelberg* 10.

[18] KK-*v. Stackelberg* 8; s. dazu schon *Neumann* 25.

[19] *Eb. Schmidt* 2; KMR-*Paulus* 19; *Kleinknecht/Meyer*[37] 5; *Gerland* 438; *v. Hentig* 54 ff; *Krause* Zum Urkundenbeweis im Strafprozeß (1966) S. 103 ff.

[20] So die Auffassung der überwiegenden Meinung von Rechtsprechung und Schrifttum zum Urkundenbegriff des materiellen Rechts; s. dazu z. B. RGSt **64** 48 f; BGHSt **13** 235, 239; LK-*Tröndle* § 267, 1; *Schönke/Schröder/Cramer*[22] § 267, 2; auf die zum materiellen Recht vertretenen davon abweichenden Auffassungen – s. dazu z. B. LK-*Tröndle* § 267, 2 – kann hier nicht eingegangen werden.

[21] Fehlerquellen **3** 48.

[22] *Roxin*[19] § 28 B 1; *Krause* aaO (Fußn. 19) S. 110.

[23] *Peters* Fehlerquellen **3** 48.

[24] Treffend *Krause* aaO (Fußn. 19) S. 104 ff.

§ 359   Viertes Buch. Wiederaufnahme

echten und verfälschten Beweismittel zu berücksichtigen, soweit sie unter einen Urkundenbegriff subsumiert werden können, auch wenn dies nur der außerprozessuale Begriff des materiellen Rechts ist.

17 Daß damit die **Abgrenzungsschwierigkeiten** des materiellen Rechts auch in das Prozeßrecht hineinwirken, ist zwar bedauerlich[25] — indessen dürften sich Abgrenzungsprobleme auch dann nicht vermeiden lassen, wenn man einem prozessualen Urkundenbegriff folgen würde, insbesondere dann nicht, wenn dieser aus den „als Beweismittel dienenden Schriftstücken" (§ 249 Abs. 1 Satz 1) auszugrenzen versucht wird.

18 bb) Ist so der materiell-rechtliche Urkundenbegriff zugrunde zu legen, können entgegen der bisher überwiegend vertretenen Auffassung[26] **technische Aufzeichnungen** i. S. des § 268 StGB deshalb nicht als Urkunden i. S. des Wiederaufnahmerechts anerkannt werden, weil sie mangels einer Gedankenerklärung[27] weder unter den materiell-rechtlichen Urkundenbegriff noch unter den prozessualen i. S. des § 249 zu subsumieren sind: die gegenteilige Auffassung würde de facto zu einer verbotenen Ausweitung der Wiederaufnahmegründe (Vor § 359, 129) führen[28].

19 Über die dem materiell-rechtlichen Urkundenbegriff unterfallenden **Schriftstücke** hinaus sind damit mit der h. L. auch die **Beweiszeichen** als Urkunden i. S. des Wiederaufnahmerechts anzuerkennen[29], wie z. B. Blechmarken, Nummernkarten, Kerbhölzer, Siegel, nicht aber **Augenscheinsobjekte** wie Fußspuren, Stiefelabdrücke im Erdreich, Geschoßeinschläge und auch **Kennzeichen** wie Kälberzeichen und Spielmarken[30], deren Einbeziehung in die Wiederaufnahmegründe de lege ferenda freilich zu empfehlen wäre.

20 2. **Unechtheit oder Verfälschung.** Ob eine Urkunde **unecht** oder ob sie **verfälscht** worden ist, ist nach den Kriterien des **materiellen Strafrechts** zu beurteilen[31]. Wie bei § 267 StGB fällt auch nach § 359 Nr. 1 der Fall, daß eine echte Urkunde inhaltlich unrichtig ist, nicht unter den Tatbestand[32]. Auch mangelhaftes, unvollständiges Aktenmaterial steht einer verfälschten Urkunde nicht gleich[33]. Der Wiederaufnahmegrund nach § 359 Nr. 1 liegt ferner nicht vor, wenn die Urkunde mit einer anderen, jedoch gleichfalls echten, Urkunde verwechselt und hierdurch das Gericht in einen Irrtum versetzt worden ist[34]. In diesen Fällen kann § 359 Nr. 5 Anwendung finden.

21 Eine **Straftat** setzt § 359 Nr. 1 nicht voraus[35]: zum Tatbestand der Urkundenfälschung nach § 267 StGB gehört, daß der Täter zur Täuschung im Rechtsverkehr handelt. Bei § 359 Nr. 1 ist eine derartige Absicht nicht erforderlich, sondern es genügt eine

---

[25] KK-*v. Stackelberg* 10.
[26] So LR-*Meyer*[23] 5; KMR-*Paulus* 19; *Kleinknecht/Meyer*[37] 5.
[27] LK-*Tröndle* § 268, 9; *Lackner* § 268, 1.
[28] Im Erg. wie hier auch KK-*v. Stackelberg* 10; *Peters* Fehlerquellen **3** 49.
[29] S. dazu z. B. *Kleinknecht/Meyer*[37] 5; *Schönke/Schröder/Cramer*[22] § 267, 20 ff.
[30] *Eb. Schmidt* 3; *Schönke/Schröder/Cramer*[22] § 267, 23 und 24.
[31] KK-*v. Stackelberg* 13; *Wasserburg* Handb. 278; zum materiellen Recht s. LK-*Tröndle* § 267, 123 ff, 142 ff; *Schönke/Schröder/Cramer*[22] § 267, 48 ff, 64 ff.

[32] KMR-*Paulus* 20; *Kleinknecht/Meyer*[37] 6; *Eb. Schmidt* 4; *v. Hentig* 60; *Wasserburg* Handb. 278.
[33] RGSt **19** 324; *Eb. Schmidt* 4; KMR-*Paulus* 20; *Wasserburg* Handb. 278.
[34] *Eb. Schmidt* 4; KMR-*Paulus* 20; *v. Hentig* 60; *Neumann* 22; *Wasserburg* Handb. 278 f.
[35] *Eb. Schmidt* 4; KMR-*Paulus* 21; *Kleinknecht/Meyer*[37] 6, anders aber § 364, 1; *Feisenberger* 3; *Gerland* 438; *Neumann* 23 ff; *Wasserburg* Handb. 279; **a. A** KK-*v. Stackelberg* 13; *v. Kries* 704; *v. Hentig* 64; *Peters* Fehlerquellen **3** 47; offengelassen von RGSt **19** 324; **47** 46.

irrtümliche oder gutgläubige Vorlage der unechten Urkunde[36]. Damit hängt die Zulässigkeit der Wiederaufnahme nicht von einer Verurteilung gem. § 364 Satz 1 ab[37].

3. Vorbringen der falsa documenta zuungunsten des Verurteilten
 a) Vorbringen. Vorgebracht im Sinne des § 359 Nr. 1 ist nur die in der Hauptverhandlung zu Beweiszwecken verwendete Urkunde[38]; daß sie im Ermittlungsverfahren benutzt worden ist, genügt nicht[39]. **Zum Beweis** hat die Urkunde **gedient,** wenn sie nach § 249 verlesen oder ihr Inhalt von dem Vorsitzenden bekanntgegeben worden ist. Dagegen reicht es nicht aus, daß sie einem Angeklagten oder Zeugen vorgehalten worden ist; denn in diesem Fall beruht der Beweis nicht auf dem Vorhalt, sondern auf den Erklärungen, die die Beweisperson aufgrund des Vorhalts abgegeben hat (vgl. bei § 249). Handelt es sich um Urkunden, die keine Schriftstücke sind und daher nicht verlesen, sondern in Augenschein genommen worden sind, so liegt in dieser Besichtigung das Vorbringen im Sinne des § 359 Nr. 1[40].

Entscheidend ist indes allein das **konkrete Beweisthema**: im Rahmen des **Urkundenbeweises** muß der **gedankliche Inhalt** der Urkunde in das Verfahren eingeführt worden sein, im Rahmen des **Augenscheinsbeweises** deren **äußere Beschaffenheit.** Ist etwa nur die äußere Beschaffenheit der Urkunde in den Prozeß eingeführt worden, nicht aber deren für den Urteilsspruch entscheidender gedanklicher Inhalt, so ist der Wiederaufnahmegrund nach § 359 Nr. 1 nicht gegeben[41].

Von wem die Urkunde in der Hauptverhandlung **vorgebracht** worden ist, spielt keine Rolle[42]. Es ist insbesondere nicht erforderlich, daß derjenige, der sie vorgebracht hat, die Fälschung kannte (s. dazu oben Rdn. 21).

b) Nachteiligkeit des Vorbringens. Zuungunsten des Angeklagten muß die falsche Urkunde vorgebracht worden sein. Es genügt also nicht die bloße Tatsache, daß die Urkunde überhaupt als Beweismittel benutzt worden ist. Vielmehr muß (§ 370 Abs. 1) wenigstens die **Möglichkeit** bestehen, daß das Beweismittel einen **Einfluß auf die Sachentscheidung** oder die Entscheidung über das Vorliegen der Verfahrensvoraussetzungen[43], und zwar einen dem Verurteilten ungünstigen Einfluß, gehabt hat. Die Wiederaufnahme ist daher trotz der Unechtheit oder Verfälschung der Urkunde ausgeschlossen, wenn das Beweismittel in dem Urteil ausdrücklich als bedeutungslos bezeichnet worden ist (§ 370, 25). Das gleiche gilt, wenn es nur zugunsten des Angeklagten gewirkt hat oder nur die Strafbemessung beeinflußt haben kann[44].

Hatte die Urkunde nur für die Entscheidung über **Verfahrensfragen** Bedeutung, so läßt sich daraus *allein* nichts für die Begründetheit der Wiederaufnahme herleiten: entscheidend ist vielmehr, ob auch in diesem Fall ein tauglicher Anfechtungsgegenstand (Vor § 359, 30 ff) zur Erreichung eines zulässigen Wiederaufnahmeziels (Rdn. 11) ver-

---

[36] *Eb. Schmidt* 4; KMR-*Paulus* 21; *Kleinknecht/Meyer*[37] 7; *v. Hentig* 60; *Wasserburg* Handb. 279; a. A KK-*v. Stackelberg* 13.
[37] KMR-*Paulus* 21; *Gerland* 438; *Wasserburg* Handb. 279; **a. A** KK-*v. Stackelberg* 13; *Kleinknecht/Meyer*[37] § 364, 1; *Peters* Fehlerquellen § 37; modifizierend LR-*Meyer*[23] 7: nur bei irriger Vorlage einer unechten Urkunde soll Verurteilung nach § 364 Satz 1 nicht erforderlich sein.
[38] *Eb. Schmidt* 4; KMR-*Paulus* 23.
[39] *Neumann* 21.
[40] KMR-*Paulus* 23; *Kleinknecht/Meyer*[37] 7.
[41] *Eb. Schmidt* 3; KMR-*Paulus* 23; *Kleinknecht/Meyer*[37] 7.
[42] *Neumann* 25 ff.
[43] KK-*v. Stackelberg* 12; KMR-*Paulus* 24; *Kleinknecht/Meyer*[37] 8; *Beling* 433; *Neumann* 22; *Wasserburg* Handb. 279.
[44] *Gerland* 439.

§ 359

folgt wird[45]. Deshalb kann nicht etwa der die Revision als unzulässig verwerfende formell rechtskräftige Beschluß nach § 349 Abs. 1 mit der Wiederaufnahme angefochten werden, weil eine gefälschte Zustellungsurkunde vorgelegt wurde, sondern nur das mit der Revision angegriffene Urteil (Vor § 359, 49), wenn diesem gegenüber ein Wiederaufnahmegrund gegeben ist — zulässig ist die Wiederaufnahme auch, wenn die Revision nach § 349 Abs. 2 als unbegründet verworfen (Vor § 359, 62) wurde, weil die Einlegung der Berufung aufgrund einer gefälschten Zustellungsurkunde vom Revisionsgericht für unzulässig erachtet wurde[46].

27   **4. Antragserfordernisse.** Der Antragsteller muß die **Urkunde** und die **Tatsachen,** die ihre Unechtheit oder Verfälschung ergeben, **bezeichnen** und dartun, in welcher Weise die Urkunde in der Hauptverhandlung **verwendet** worden ist. Ferner muß er darlegen, daß die Benutzung der Urkunde das Urteil **zu seinen Ungunsten beeinflußt** haben kann[47]. Zu beweisen braucht er das nicht; insoweit besteht eine gesetzliche, aber widerlegbare Vermutung (§ 370, 25).

III. Falsche Aussagen oder Gutachten (Nummer 2)

28   **1. Zeugen oder Sachverständige.** Zeugen im Sinne des § 359 Nr. 2 sind alle Personen, die in dem Strafverfahren als Zeugen vernommen worden sind und deren Aussage bei der Urteilsfindung **verwendet** worden ist. Ob der Zeuge in oder außerhalb der Hauptverhandlung oder in anderen Verfahrensabschnitten ausgesagt hat, spielt keine Rolle. Es genügt daher auch die Verlesung der Niederschrift über eine kommissarische Vernehmung[48], und zwar selbst dann, wenn das nach § 251 unzulässig war[49]. Auch Augenscheinsgehilfen (bei § 86) sind Zeugen im Sinne des § 359 Nr. 2[50].

29   Im Regelfall stehen **Dolmetscher** den Sachverständigen (§ 191 GVG) gleich[51], sie können aber je nach Beweisthema auch Zeugen sein[52].

30   **2. Verletzung der Eidespflicht und uneidliche Falschaussage.** Dieser Wiederaufnahmegrund ist auf die Behauptung einer Straftat gegründet, weshalb die Voraussetzungen des § 364 Satz 1 vorliegen müssen. In Betracht kommen die **Straftaten** nach den §§ 153, 154, 155, 163 StGB. Ob sie durch unwahre Angaben oder durch Verschweigen wesentlicher Tatsachen begangen worden sind, ist gleichgültig[53]. Ist die Tat im Ausland verübt worden, so kommt es darauf an, ob sie auch im Inland strafbar wäre[54]. Das Verhalten des Zeugen oder Sachverständigen muß stets alle Merkmale des objektiven und subjektiven Tatbestandes der §§ 153, 154 oder 163 StGB erfüllen und auch alle sonstigen nach materiellem Recht erforderlichen **Strafbarkeitselemente** (Rechtswidrigkeit, Schuld) aufweisen[55]. § 359 Nr. 2 ist daher nicht anwendbar, wenn der Zeuge oder Sachverständige bei seiner Vernehmung fahrlässig uneidlich falsch aussagte bzw. sein Gutachten fahrläs-

---

[45] A. A v. Hentig 60, der „Dokumente, die prozessuale Entscheidungen beeinflußten," ausscheiden will.
[46] A. A LR-*Meyer*[23] 11 im Anschluß an v. Hentig 60.
[47] Neumann 115.
[48] KK-v. *Stackelberg* 14; KMR-*Paulus* 17; Kleinknecht/Meyer[37] 10; Neumann 29.
[49] Eb. Schmidt 8; Wasserburg Handb. 280 Fußn. 123.
[50] Eb. Schmidt 5.
[51] Eb. Schmidt 5; KK-v. *Stackelberg* 15; Kleinknecht/Meyer[37] 10; Neumann 30 ff.
[52] KMR-*Paulus* 26.
[53] Eb. Schmidt 9; KMR-*Paulus* 27; Neumann 29.
[54] KG DJZ **1929** 248; Kleinknecht/Meyer[37] 11.
[55] OLG Hamburg NJW **1969** 2159; Eb. Schmidt 6; KK-v. *Stackelberg* 16; v. Hentig 74.

sig falsch erstattete[56] oder noch nicht strafmündig war[57] oder wenn die Unwahrheit der Aussage auf einem entschuldbaren Irrtum beruht[58]. Weil in diesen Fällen lediglich die objektive Unrichtigkeit der Aussage im vorausgegangenen Verfahren zu dem fehlerhaften angefochtenen Urteil führte und überdies die Vereidigung von Zeugen und Sachverständigen oftmals vom Zufall abhängt, kann insoweit in der Tat „eine unbefriedigende Situation entstehen"[59], die jedoch dadurch abgemildert wird, daß in solchen Fällen der Wiederaufnahmegrund des § 359 Nr. 5 vorliegen kann[60].

Die bloße **prozessuale Unzulässigkeit** der gleichwohl vorgenommenen Beeidigung **31** (auch eines Eidesunfähigen) dagegen schließt eine strafbare Verletzung der Eidespflichten nicht aus[61] und folglich ebensowenig den Wiederaufnahmegrund des § 359 Nr. 2.

3. Wirkung zuungunsten des Verurteilten. Insoweit gelten dieselben Grundsätze **32** wie bei § 359 Nr. 1 (oben Rdn. 25 ff). Die falsche Zeugenaussage oder das unrichtige Sachverständigengutachten muß **Grundlage der Beweiswürdigung** gewesen sein[62] (Auswirkung des Inquisitionsprinzips, s. Vor § 359, 18). Eine falsche Zeugenaussage im Vorverfahren, die in der Hauptverhandlung nicht berücksichtigt worden ist, bildet daher keinen Wiederaufnahmegrund. Daß das Urteil gerade auf dem Teil der Zeugenaussage beruht, dessen objektive Unrichtigkeit in dem Meineidsverfahren gegen den Zeugen festgestellt wurde, ist nicht erforderlich. Es genügt, daß die unter schuldhafter Verletzung der Wahrheitspflicht gemachte Aussage in irgendeinem ihrer Teile das Urteil zuungunsten des Verurteilten beeinflußt hat[63].

4. Antragserfordernisse. Der Antragsteller muß **darlegen**, daß die Falschaussage **33** des Zeugen oder Sachverständigen auf die Entscheidung des Gerichts einen ihm ungünstigen Einfluß gehabt hat[64]. Zu beweisen braucht er das nicht; denn der ursächliche Zusammenhang wird gesetzlich vermutet (§ 370, 25). Wegen des nach § 364 Satz 1 erforderlichen Antragsvorbringens vgl. dort Rdn. 4.

IV. Strafbare Amtspflichtverletzungen (Nummer 3)

Die Vorschrift, der praktisch keine Bedeutung zukommt[65], gründet die Wieder- **34** aufnahme auf die Behauptung einer Straftat, weshalb **§ 364 Satz 1** anwendbar ist. § 359 Nr. 3 enthält einen absoluten Wiederaufnahmegrund (Rdn. 2), weshalb die vom Gesetz verlangte Beziehung „auf die Sache" einen ursächlichen Zusammenhang zwischen der strafbaren Amtspflichtverletzung und dem angefochtenen Urteil nicht voraussetzt; weil zudem Beratung und Abstimmung geheim sind, läßt sich ein etwaiger ursächlicher Zusammenhang auch nicht feststellen.

---

[56] *Wasserburg* Handb. 279.
[57] OLG Hamburg NJW **1969** 2159; KMR-*Paulus* 27.
[58] KK-*v. Stackelberg* 16; *Kleinknecht/Meyer*[37] 11; *Neumann* 29; *Wasserburg* Handb. 279.
[59] *Wasserburg* Handb. 279; vgl. auch *v. Kries* GA **26** (1878) 169, 172.
[60] *Eb. Schmidt* 6; KK-*v. Stackelberg* 16; KMR-*Paulus* 29; *Quedenfeld* JZ **1973** 240.
[61] *v. Hentig* 70 f; *Neumann* 29; *Wasserburg* Handb. 280.

[62] BGHSt **31** 365, 371.
[63] BayObLG JW **1929** 2754; OLG Dresden HRR **1940** 134; OLG Düsseldorf NJW **1950** 616 L; *Eb. Schmidt* § 370, 5; *Dalcke/Fuhrmann/Schäfer* 2; *Kleinknecht/Meyer*[37] 12; KMR-*Paulus* 27; *Schorn* Strafrichter 360.
[64] OLG Marienwerder HRR **1940** 135; *Neumann* 115.
[65] KMR-*Paulus* 31; *Peters* Fehlerquellen **3** 47.

35 **1. Der Kreis der Subjekte der Amtspflichtverletzung.** § 359 Nr. 3 bezieht sich nur auf die Richter und Schöffen, die an der mit der Wiederaufnahme angefochtenen Entscheidung **mitgewirkt** haben. Amtspflichtverletzungen von Ermittlungsrichtern und von Ergänzungsrichtern und -schöffen, die nicht eingesetzt worden sind, führen nicht zur Wiederaufnahme[66].

36 Der sich **als Richter aufspielende Schwindler** ist weder Richter noch Schöffe, so daß dessen Mitwirkung schon deshalb nicht zu einer Wiederaufnahme nach § 359 Nr. 3 führen kann, wohl aber zur Nichtigkeit der je getroffenen Entscheidung — anders nur, wenn die Richterstellung erschlichen wurde: in diesem Fall ist dem Betreffenden immerhin ein Richteramt übertragen worden (s. Rdn. 39; wiederum anders bei nichtiger Richterernennung), so daß insoweit ein „tauglicher Täter" der von § 359 Nr. 3 geforderten Amtspflichtverletzung vorliegt.

37 Die Vorschrift ist auch **nicht entsprechend** auf Pflichtverletzungen des Staatsanwalts, des Urkundsbeamten, des Verteidigers und des Prozeßbevollmächtigten des Privat- oder Nebenklägers anzuwenden[67]. Sie setzt ferner voraus, daß die Pflichtverletzung mit Strafe bedroht ist. Es genügen daher nicht die nur disziplinarisch zu ahndenden Verletzungen der Amtspflicht[68] und die nach Art. 98 Abs. 2 GG zu verfolgenden Rechtsverstöße[69].

2. Die Beziehung der Amtspflichtverletzung „auf die Sache"

38 a) **„Sache" als Verfahrensgegenstand.** Gemeint ist jede Amtspflichtverletzung, die sich auf den **Gegenstand des Strafverfahrens** bezieht, auch dann, wenn sie sich „nur" gegen den Angeklagten als Person richten. Im einzelnen zählen dazu z. B. eine pflichtwidrige Würdigung des Beweisergebnisses[70], ferner Freiheitsberaubung (§ 239 StGB), Nötigung (§ 240 StGB), Begünstigung (§ 257 StGB), Strafvereitelung (§§ 258, 258 a StGB), Urkundenfälschung (§ 267 StGB), Vorteilsannahme (§ 331 StGB), Bestechlichkeit (§ 332 StGB), Rechtsbeugung (§ 336 StGB[71]), Aussageerpressung (§ 343 StGB) und Verfolgung Unschuldiger (§ 344 StGB), nicht aber eine gegen den Angeklagten gerichtete Beleidigung in der Hauptverhandlung.

39 Sofern dem sich zum **Richter aufspielenden Schwindler** ein Richteramt wirksam übertragen wurde (zum Fall fehlender oder nichtiger Ernennung s. o. Rdn. 36), ist er befugt, seine Amtsgeschäfte auszuüben und begeht deshalb nicht etwa eine strafbare Handlung nach §§ 132, 132 a StGB[72], so daß insoweit eine strafbare Amtspflichtverletzung ausscheidet; die in diesen Fällen regelmäßig vorausgegangenen Straftaten nach §§ 263, 267 StGB beziehen sich nicht auf die von § 359 Nr. 3 genannte Sache des gegen den die Wiederaufnahme begehrenden Verurteilten früher durchgeführten Strafverfahrens.

40 b) **Der Bezug zwischen Amtspflichtverletzung und „Sache".** Die von § 359 Nr. 3 verlangte Beziehung der strafbaren Amtspflichtverletzung **auf die Sache** führt lediglich

---

[66] v. *Hentig* 33; *Neumann* 32; *Wasserburg* Handb. 281.
[67] KK-v. *Stackelberg* 17; KMR-*Paulus* 32; *Eb. Schmidt* 10; *Neumann* 32; *Peters* Fehlerquellen **3** 47.
[68] *Eb. Schmidt* 10; KMR-*Paulus* 31; v. *Hentig* 28; *Neumann* 32; *Peters* Fehlerquellen **3** 46.
[69] Für Gleichstellung dieser Verstöße mit den strafbaren Amtspflichtverletzungen aber *Eb. Schmidt* 10.
[70] *Neumann* 32.
[71] Vgl. den Fall LG Düsseldorf NJW **1959** 1334.
[72] KK-v. *Stackelberg* 17 unter Bezugnahme auf den Beschluß des BGH vom 7. 7. 1976, StE 15/56 – StB 11/74; *Eb. Schmidt* 11; *Kleinknecht/Meyer*[37] 14; **a.** A KMR-*Paulus* 31.

zu einer Beschränkung der zur Wiederaufnahme tauglichen Amtspflichtverletzungen auf diejenigen, die sich auf den Gegenstand beziehen, der in dem früheren rechtskräftig abgeschlossenen Strafverfahren gegen den die Wiederaufnahme begehrenden Verurteilten verhandelt und abgeurteilt wurde — damit aber wird nicht etwa verlangt, daß die mit der Wiederaufnahme angefochtene Entscheidung auf der jeweiligen strafbaren Amtspflichtverletzung beruht.

Dies hat der BGH in seinem Beschluß vom 2. Mai 1983 indessen nur „grundsätzlich" **41** (BGHSt **31** 365, 372) anerkannt. In zwei Ausnahmefällen dagegen soll die Wiederaufnahme doch davon abhängig sein, daß sich die Amtspflichtverletzung auf das angefochtene Urteil ausgewirkt hat: einmal in den Fällen, in denen eine Überprüfung im Rechtsmittelzug die **Ursächlichkeit** einer in einer Vorinstanz begangenen Amtspflichtverletzung auf das angefochtene Urteil ausschließt; ferner aber auch dann, wenn ein voraufgegangenes Wiederaufnahmeverfahren schon zur Eliminierung der Ursächlichkeit solcher Amtspflichtverletzungen für die mit der Wiederaufnahme angegriffenen Entscheidungen geführt hatte[73]. Diese Auffassung beruht auf einer im Schrifttum vertretenen Meinung, die es für zweifelhaft hält, ob § 359 Nr. 3 anwendbar ist, wenn das Verfahren, in dem ein Richter eine Amtspflichtverletzung begangen hat, in einem höheren Rechtszug fortgesetzt wird[74].

Im Gegensatz zur Auffassung des BGH handelt es sich in diesen Fällen indessen **42** gerade **nicht** um eine Frage der **Ursächlichkeit** der Amtspflichtverletzung für das angefochtene Urteil. In Wahrheit ist hier die **Frage** nach dem **tauglichen Anfechtungsgegenstand** gestellt (s. dazu Vor § 359, 30 ff). Ist die mit der Wiederaufnahme angegriffene Entscheidung eine rechtskräftige Sachentscheidung des Berufungsgerichts, so kann allein diese Entscheidung angegriffen werden, nicht aber das in erster Instanz mit der Berufung angefochtene Urteil des Amtsgerichts. Die von § 359 Nr. 3 genannte „Sache", zu der die Amtspflichtverletzung in Beziehung stehen muß, kann aber nur diejenige sein, die Gegenstand der Entscheidung des Berufungsgerichts war — zu der eine etwaige Amtspflichtverletzung des Amtsrichters aber keinerlei Beziehung haben kann. Ähnlich liegt es beim Verwerfungsurteil nach § 329 Abs. 1: in diesem Fall hat das Berufungsgericht keine Sachentscheidung getroffen, weshalb allein das jetzt in Rechtskraft erwachsene erstinstanzliche Urteil mit der Wiederaufnahme anfechtbar ist: in diesem Fall muß sich die Amtspflichtverletzung auf die in erster Instanz rechtskräftig entschiedene Sache beziehen; Entsprechendes gilt im Fall der Rückverweisung durch das Revisionsgericht.

3. Ausschluß der Wiederaufnahme. Der Verurteilte hat nach überwiegend vertre- **43** tener Auffassung keinen Anspruch auf Wiederaufnahme nach § 359 Nr. 3, wenn er die Pflichtverletzung **selbst veranlaßt** hat: Wer etwa einen Richter besticht, soll nicht, auch wenn er gleichwohl verurteilt worden ist, daraus den Vorteil ziehen dürfen, daß er die Wiederaufnahme zu seinen Gunsten erreicht[75]. Das soll entsprechend gelten, wenn ein

---

[73] BGHSt **31** 365, 372 f.
[74] S. dazu *Eb. Schmidt* 13 f; KMR-*Paulus* 32; *Kleinknecht/Meyer*[37] 14; *v. Hentig* 39 f; *Neumann* 11 f; *Wasserburg* Handb. 281 f.
[75] So z. B. KK-*v. Stackelberg* 18; KMR-*Paulus* 35; *Kleinknecht/Meyer*[37] 15; kritisch dazu schon *v. Hentig* 40; *Deml* 110 und *Wasserburg* Handb. 282 weisen zudem mit Recht darauf hin, daß das Verhalten des Verurteilten den Ausschluß der Wiederaufnahme nicht rechtfertigen kann – *Deml* 110 weist überdies treffend darauf hin, daß „ein erhebliches öffentliches Interesse" daran besteht, „daß ein unter Verletzung richterlicher Amtspflichten ergangenes Urteil aufgehoben wird".

§ 359 Viertes Buch. Wiederaufnahme

Dritter die Pflichtverletzung im Auftrag oder mit dem Einverständnis des Verurteilten veranlaßt hat[76] — jedoch ist es für die Wiederaufnahme ohne Bedeutung, wenn der Dritte zwar im Interesse, aber ohne Zutun des Verurteilten gehandelt hat; die bloße Kenntnis des Verurteilten schadet nichts[77].

44 **4. Antragserfordernisse.** Der Antragsteller muß den Richter oder Schöffen namentlich **bezeichnen** und genau **angeben,** worin die Pflichtverletzung bestanden hat. Daß sie irgendeinen Einfluß auf das Urteil gehabt hat, braucht er nicht darzulegen[78]. Ebensowenig muß behauptet oder ausgeführt werden, daß der Verurteilte die Amtspflichtverletzung nicht selbst veranlaßt hat[79]. Wegen der Voraussetzungen des § 364 Satz 1 vgl. dort Rdn. 4.

V. Wegfall eines zivilgerichtlichen Urteils (Nummer 4)

45 In dem Wegfall eines zivilgerichtlichen Urteils, auf dem das Strafurteil beruht, liegt eine neue Tatsache im Sinne des § 359 Nr. 5. Der besondere Wiederaufnahmegrund des § 359 Nr. 4 hat daher nur **geringe Bedeutung**[80].

46 **1. Das wegfallende „zivilgerichtliche" Urteil.** Hierunter fallen wie bei § 262 nicht nur die Urteile der **Zivilgerichte** der ordentlichen Gerichtsbarkeit, sondern auch die der **Arbeits-** und **Sozialgerichte**[81], der **Finanzgerichte** und der **Verwaltungsgerichte**[82]. Sie sind in § 154 d den zivilgerichtlichen Urteilen ausdrücklich gleichgestellt, und es gibt keinen Grund, bei der Anwendung des § 359 Nr. 4 anders zu verfahren. Strafurteile, die später wieder aufgehoben worden sind, fallen nicht unter die Vorschrift[83]; ihr Wegfall kann aber die Wiederaufnahme nach § 359 Nr. 5 begründen, etwa wenn dadurch die Verurteilung wegen Rückfalls unrichtig wird (vgl. unten Rdn. 132).

47 Anders dagegen ist die spätere Aufhebung eines rechtswidrigen **Verwaltungsaktes** zu beurteilen, der die Strafbarkeit begründet hat. In diesen Fällen, etwa bei der Aufhebung eines rechtswidrigen Hausverbots auf eine Anfechtungsklage im Verwaltungsrechtsweg, soll die Wiederaufnahme nach der überwiegend vertretenen Meinung deshalb nicht begründet sein, weil auch „eine spätere rückwirkende Aufhebung des Verwaltungsaktes durch ein verwaltungsgerichtliches Urteil die bereits vollendete Verwirklichung des Straftatbestandes und die Strafbarkeit der Zuwiderhandlung nachträglich nicht zu beseitigen vermag"[84]. Diese Auffassung erscheint schon deshalb bedenklich, weil sie eine bloße Behauptung enthält und die hier wesentliche Frage unbeantwortet läßt, warum denn die Aufhebung eines rechtswidrigen Verwaltungsaktes die strafbare

---

[76] KK-*v. Stackelberg* 18; KMR-*Paulus* 35; *Kleinknecht/Meyer*[37] 15; *Neumann* 34.
[77] KK-*v. Stackelberg* 18; KMR-*Paulus* 35; *Kleinknecht/Meyer*[37] 15; teilw. **a.** A *Eb. Schmidt* 12: Kein Nachteil, wenn ein Dritter die Amtspflichtverletzung im Interesse, aber ohne Wissen des Verurteilten veranlaßt; *Neumann* 34.
[78] *Eb. Schmidt* 12; KMR-*Paulus* 34; *Kleinknecht/Meyer*[37] 16; vgl. § 370, 6.
[79] **A. A** *Neumann* 115.
[80] KK-*v. Stackelberg* 20; *Deml* 111 ff; *Neumann* 36.

[81] *Dippel* in Jescheck/Meyer 74 Fußn. 294.
[82] *Eb. Schmidt* 16; KK - *v. Stackelberg* 19; KMR-*Paulus* 37; *Kleinknecht/Meyer*[37] 17; *v. Hentig* 88; *Peters* Fehlerquellen **3** 53; **a.** A *Neumann* 38.
[83] KMR-*Paulus* 37; *Kleinknecht/Meyer*[37] 17; *Peters* Fehlerquellen **3** 53 ff.
[84] BGHSt **23** 86, 94; zustimmend LR-*Meyer*[23] 25; KMR-*Paulus* 37; ebenso schon *Neumann* 38.

Zuwiderhandlung nicht beseitigen kann. Hier ist zunächst einzuwenden, daß „der verfassungsrechtlich garantierte Folgenbeseitigungsanspruch auf halbem Wege stehenbleiben" würde, „wenn nur die verwaltungsrechtlichen Folgen des Verwaltungsaktes rückwirkend aufgehoben würden, nicht aber die in ihren Konsequenzen für den Bürger weit gravierenderen unmittelbaren strafrechtlichen Folgen"[85]. Darüberhinaus ist zu bedenken, daß die Rechtswidrigkeit des strafbarkeitsbegründenden Verwaltungsaktes ja von Anfang an — u. U. unerkannt — bestand, weshalb in Wahrheit mangels Rechtsgutsbeeinträchtigung gar kein Unrecht begangen wurde und es damit mit dem Gegenstand des Schuldvorwurfs auch an diesem selbst fehlt: der Strafausspruch in solchen Fällen verstößt damit gegen den Grundsatz nulla poena sine culpa[86]. Überdies ist kaum einsichtig, daß zwar der Wegfall eines gerichtlichen Urteils, auf das die Strafbarkeit gegründet ist, die Wiederaufnahme begründen können soll, nicht aber der Wegfall einer bloßen Verwaltungsentscheidung, die, anders als richterliche Entscheidungen, ihrer Natur nach mehr am Grundsatz der Zweckmäßigkeit als an dem der Gerechtigkeit ausgerichtet zu werden pflegen.

2. Die Aufhebung des Urteils. Hierbei handelt es sich, da das Strafgericht seine Entscheidung regelmäßig nicht auf ein noch nicht rechtskräftiges zivilgerichtliches Urteil gründet, nicht um eine Aufhebung des Urteils im Rechtsmittelzug, sondern im Wiederaufnahmeverfahren nach den §§ 578 ff ZPO. Das zivilgerichtliche Wiederaufnahmeverfahren zieht das strafrechtliche nach sich[87]. Die aufhebende Entscheidung ist für § 359 Nr. 4 aber nur von Bedeutung, wenn sie inhaltlich von der früheren abweicht[88]. **48**

3. Das aufgehobene Urteil als Grundlage des Strafurteils. § 359 Nr. 4 meint nicht nur zivilgerichtliche Gestaltungsurteile, die für den Strafrichter bindend sind[89]. Das Strafurteil ist auf ein Zivilurteil auch ohne eine solche bindende Wirkung gegründet, wenn es z. B. als urkundliche Beweisgrundlage verwendet oder sonst **in strafprozessual zulässiger Weise verwertet** wurde[90]; an der begründenden Wirkung fehlt es dagegen, wenn ein dem Strafurteil entgegenstehendes Zivilurteil *nachträglich* ergeht[91]. Über das Vorliegen dieser Voraussetzungen hat das Gericht nach freiem Ermessen zu entscheiden. **49**

4. Antragserfordernisse. Der Antragsteller muß **angeben,** welches Urteil der Strafrichter seiner Entscheidung zugrunde gelegt hat und durch welches spätere Urteil es aufgehoben worden ist. Ferner muß er darlegen, inwiefern das Strafurteil auf das aufgehobene zivilgerichtliche Urteil „gegründet" war, also ein ursächlicher Zusammenhang zwischen den beiden Urteilen besteht[92]. **50**

---

[85] *Schenke* JR **1970** 449, 451.
[86] Wie hier schon BVerfGE **22** 21, 27; *Eb. Schmidt* 16; *Peters* Fehlerquellen **3** 68 f; ebenso *v. Hentig* 88 für Patenturkunden; vgl. ferner *Gerhards* NJW **1978** 87; zur Bedeutung der Rechtsgutsbeeinträchtigung für die Strafbarkeit s. auch *Gössel* FS Oehler 97.
[87] KMR-*Paulus* 38; *Kleinknecht/Meyer*[37] 18; *Peters* Fehlerquellen **3** 52; *Wasserburg* Handb. 283.
[88] *Eb. Schmidt* 16; KMR-*Paulus* 38; *Kleinknecht/Meyer*[37] 19; *Neumann* 37.
[89] KK-*v. Stackelberg* 19; KMR-*Paulus* 39; *Peters* Fehlerquellen **3** 52; *Wasserburg* Handb. 285.
[90] *Peters* Fehlerquellen **3** 52.
[91] KK-*v. Stackelberg* 20; *Peters* Fehlerquellen **3** 52.
[92] *Kleinknecht/Meyer*[37] 20; *Peters* Fehlerquellen **3** 53.

VI. Neue Tatsachen oder Beweismittel (Nr. 5; restitutio ex capite novorum vel propter nova)

1. Bedeutung und Voraussetzungen im allgemeinen

51 a) **Bedeutung.** Ist auch die Korrektur von Fehlentscheidungen mit dem Akkusationsprinzip regelmäßig nicht in Einklang zu bringen, so bricht sich doch in dem Wiederaufnahmegrund ex capite novorum des § 359 Nr. 5 das vom Inquisitionsprinzip erstrebte Verfahrensziel einer inhaltlich richtigen und materiell gerechten Entscheidung eine entscheidende Bahn (Vor § 359, 2 ff). Diese Bahn allerdings ist sehr eng und zudem so gestaltet, daß die dem Akkusationsprinzip verbundene Rechtskraft beachtet bleibt — die bei konsequenter Beachtung der Inquisitionsmaxime an sich notwendige Überprüfung jeder Sachentscheidung schon bei Zweifeln an ihrer inhaltlichen Richtigkeit und Gerechtigkeit wird durch § 359 Nr. 5 nicht ermöglicht. Beide Prinzipien können damit gegensätzlich wirken: Rechtskraft einerseits und Wahrheit und materielle Gerechtigkeit andererseits sind zwar zwei unverzichtbare Ziele jedes humanen Strafverfahrens, können aber mindestens dort nicht konsequent durchgesetzt werden, wo sie aufeinanderprallen und eines nur auf Kosten des anderen verwirklicht werden könnte. Jede gesetzgeberische Lösung in diesem Bereich muß daher jedem der beiden **antinomischen Prinzipien** die konsequente Gefolgschaft verweigern, muß daher „systemlose Durchbrechung eines Prinzips" (Vor § 359, 12) sein und vielleicht ebenso „eine Mißgeburt der Gesetzgebung"[93].

52 **Kompromißlösungen** bewahren häufig nur mühsam ein labiles Gleichgewicht: die Bewertung des zugrundeliegenden Konflikts und der damit verbundenen Konfliktlösung kann sich verändern, wie auch der Konflikt selbst zugunsten einseitiger Festlegungen auf eines der antinomischen Prinzipien verdrängt werden kann. Schon deshalb steht die Wiederaufnahme propter nova zumeist im Zentrum aller (Reform-)Überlegungen zum Wiederaufnahmerecht, zusätzlich aber auch deshalb, weil sie in der gerichtlichen Praxis am häufigsten vorkommt[94].

53 b) **Voraussetzungen im Überblick.** § 359 Nr. 5 kann folglich nicht zur Korrektur *aller* Fehlentscheidungen führen. Die Wiederaufnahme propter nova ist einmal hinsichtlich Art und Wirkungen bestimmter **Gegenstände** beschränkt, zum anderen hinsichtlich des zu erreichenden **Ziels**.

54 aa) § 359 Nr. 5 nennt ausdrücklich zwei zulässige **Ziele** der **Wiederaufnahme** propter nova: die Freisprechung (Rdn. 119 ff) oder die Anwendung (mit Ausnahme des von § 363 Abs. 2 ausgeschlossenen § 21 StGB) eines milderen Strafgesetzes zu dem Zweck, entweder eine mildere Bestrafung (Rdn. 128 ff) oder eine wesentlich andere Entscheidung über eine Maßregel der Besserung und Sicherung (Rdn. 134 f) zu erreichen — das von § 363 Abs. 1 für unzulässig erklärte Ziel einer anderen Strafbemessung aufgrund desselben Strafgesetzes ist in der speziellen Zielbeschreibung des § 359 Nr. 5 bereits enthalten. Grundsätzlich tritt die spezielle Beschränkung der Wiederaufnahme bei der restitutio ex capite novorum damit neben die allgemeine Zielbeschränkung des § 363 — die des § 363 Abs. 1 besitzt in diesem Fall jedoch keine Bedeutung (§ 363, 2).

55 Neben diesen vom Gesetz genannten Wiederaufnahmezielen kann mit der Wiederaufnahme propter nova auch die **Einstellung** des Verfahrens angestrebt werden (unten Rdn. 68).

---

[93] *Hirschberg*, zitiert nach *Dippel* in *Jescheck/Meyer* 89.

[94] S. z. B. *Deml* 66; *Peters* Fehlerquellen 3 55.

bb) Gegenständlich ist die Wiederaufnahme nach § 359 Nr. 5 auf *neue Tatsachen* **56** *oder Beweismittel* (= nova; Rdn. 58 ff und 74 ff) **beschränkt**, welche „die tatsächliche Urteilsbasis des rechtskräftigen Urteils ins Wanken bringen"[95] und deshalb **geeignet** sind, das Erreichen der vorgenannten Verfahrensziele begründen zu können; diese besondere Eignung der nova ist eine der am heftigsten umstrittenen (Reform-)Fragen (Rdn. 136 ff).

cc) So sehr die einzelnen Voraussetzungen (Tatsachen oder Beweismittel; deren **57** Neuheit; Wiederaufnahmeziele; Geeignetheit der nova) auch selbständiger Natur sind, so wenig darf andererseits die **gegenseitige Bezogenheit** dieser Elemente des hier behandelten Wiederaufnahmegrundes außer Betracht gelassen werden[96]. Entscheidend ist, ob bestimmte Gegenstände (Tatsachen oder Beweismittel), die die Eigenschaft aufweisen müssen, neu zu sein, zur Erreichung bestimmter Ziele geeignet sind; daraus ergibt sich eine Abhängigkeit des Gegenstandes und seiner Eigenschaft von den zulässigen Zielen. Ob unter Beachtung dieser Abhängigkeit etwa das Vorliegen eines „neuen Beweismittels" bejaht werden kann, wird sich „häufig erst nach der Beweisaufnahme zutreffend beantworten" lassen[97], ebenso, ob eine neue Tatsache vorliegt und ob die Tatsache oder das Beweismittel die erforderliche Eignung besitzt[98]. Dies muß bei der Überprüfung der Voraussetzungen des § 359 Nr. 5 im Aditions- und im Probationsverfahren berücksichtigt werden.

2. Tatsachen. Unter Tatsachen sind als existierend feststellbare Vorgänge oder **58** Zustände zu verstehen, die der Gegenwart oder der Vergangenheit zugehören[99].

a) Der Kreis der berücksichtigungsfähigen Tatsachen.

aa) Zielbezogenheit. Der Wiederaufnahmeantrag kann nach § 359 Nr. 5 auf Tatsa- **59** chen jeder Art gestützt werden, mit denen die oben genannten **Wiederaufnahmeziele** (Rdn. 54 f) erreicht werden können. Damit wird die Bezogenheit der von § 359 Nr. 5 erfaßten Tatsachen auf die zulässigen Verfahrensziele deutlich.

bb) Gegenstandsbezogenheit Zunächst ist zu beachten, daß sich die Wiederauf- **60** nahme nur gegen materiell rechtskräftige Sachentscheidungen richten kann (Vor § 359, 36): deshalb sind nach § 359 Nr. 5 nur solche Tatsachen berücksichtigungsfähig, die den **Gegenstand betreffen**, über den eine **rechtskräftige Sachentscheidung** getroffen wurde. Im übrigen kommt es aber nicht darauf an, auf welche Gegenstände (etwa Verfahrensfehler) sich die nach § 359 Nr. 5 berücksichtigungsfähigen Tatsachen beziehen müssen[100], sondern allein darauf, ob sie zur Erreichung eines zulässigen **Wiederaufnahmezieles** geeignet sind. Dazu gehören Tatsachen zum Schuld- wie zum Rechtsfolgenausspruch wie auch zur Einstellung des Verfahrens.

b) Tatsachen zur Schuld- und Rechtsfolgenfeststellung. Nach § 359 Nr. 5 sind zu- **61** nächst solche Tatsachen berücksichtigungsfähig, die **unmittelbar** den Sachverhalt bezüglich Schuld und Rechtsfolgen betreffen, ferner aber auch solche, die nur Beweisfragen und damit den Schuld- und Rechtsfolgensachverhalt nur **mittelbar** betreffen.

aa) Deshalb können Tatsachen beigebracht werden, die sich lediglich auf das Vor- **62** liegen von **Rechtfertigungs-**[101], **Strafausschließungs- und Schuldausschließungsgründen,**

---

[95] *Beling* 431; *Deml* 66.
[96] *Eb. Schmidt* 17; *Wasserburg* Handb. 302; s. dazu auch *Deml* 95 f; *J. Meyer* ZStW **84** (1972) 931 ff; a. A LR-*Meyer*[23] 57.
[97] *Deml* 96.
[98] Vgl. *Peters* Fehlerquellen **3** 73.
[99] § 244, 1; *Gössel* § 24 B II a.
[100] S. aber noch LR-*Meyer*[23] 30.
[101] *Wasserburg* Handb. 308.

§ 359 Viertes Buch. Wiederaufnahme

insbesondere auf die Schuldunfähigkeit (§ 20 StGB — nicht aber § 21 StGB: s. § 363 Abs. 2 und oben Rdn. 54) des Verurteilten, beziehen[102]. Eine Tatsache im Sinne des § 359 Nr. 5 ist ferner die **Identität**[102a], **ebenso aber auch das Lebensalter** des Verurteilten, der behauptet, bei der Tatbegehung strafunmündig gewesen[103] oder irrtümlich als Erwachsener verurteilt worden zu sein[104].

63 Tatsachen, die sich auf **Rechtsfolgevoraussetzungen** beziehen, sind nur berücksichtigungsfähig, soweit sie in Anwendung eines bisher nicht angewendeten milderen Gesetzes zu einer geringeren Bestrafung oder zu einem wesentlich anderen Maßregelausspruch führen können. Tatsachen, die ergeben, daß das Gericht zu Unrecht die Rückfallvoraussetzungen bejaht hatte (die Vorstrafen waren schon getilgt; der von § 48 StGB geforderte kriminologische Zusammenhang besteht nicht), führen zum Wegfall einer eine erhöhte Strafbarkeit anordnenden Vorschrift und sind deshalb berücksichtigungsfähig[105].

64 bb) Nach § 359 Nr. 5 sind darüber hinaus solche Tatsachen berücksichtigungsfähig, die nur in mittelbarer Weise als **indizielle Tatsachen** (Beweisanzeichen[106]) die Schuld- und Rechtsfolgenfeststellung betreffen oder als **Hilfstatsachen**[107] die Zuverlässigkeit der benutzten Beweismittel, insbesondere die Richtigkeit eines Sachverständigengutachtens (unten Rdn. 108) und die Glaubwürdigkeit von Zeugen, in Frage stellen sollen[108] oder mit denen das Erinnerungsbild eines in der Hauptverhandlung vernommenen Zeugen, der damals keine Angaben machen konnte, aufgefrischt werden soll[109].

65 Die Tatsache kann auch darin bestehen, daß ein **Beweismittel**, auf dem das angefochtene Urteil beruht, **weggefallen** ist. Das ist der Fall beim Widerruf des Geständnisses des Verurteilten[110], beim Widerruf belastender Angaben eines Zeugen[111] oder Mitangeklagten[112]. Zur erweiterten Darlegungspflicht in solchen Fällen vgl. unten Rdn. 164.

---

[102] RMilGE **1** 228; BayObLGSt **3** 83; BayObLG HRR **1929** 1631; OLG Karlsruhe DStrZ **1916** 264; OLG Kassel GA **53** (1906) 297; OLG Rostock *Alsb.* E **2** Nr. 263 b.
[102a] *Perels* NStZ **1985** 538 ff.
[103] *Neumann* 40 Fußn. 2; KMR-*Paulus* 45; *Peters* Fehlerquellen **3** 61.
[104] OLG Hamburg NJW **1952** 1150; vgl. auch *Potrykus* NJW **1953** 93; a. A *Wasserburg* Handb. 306, der zu Unrecht meint, in solchen Fällen werde in unzulässiger Weise – § 363 Abs. 2 – die Anwendung des § 21 StGB erstrebt: in Wahrheit geht es um die Anwendung der regelmäßig milderen Vorschriften des JGG.
[105] *Wasserburg* Handb. 305 f.
[106] *Eb. Schmidt* 18; *Gössel* § 24 B II a 3; *Peters* Fehlerquellen **3** 56 ff und Lb.⁴ § 76 III 3.
[107] *Peters*⁴ § 76 III 3; *Gössel* § 24 B II a 4.
[108] OLG Braunschweig GA **1956** 266; OLG Celle NJW **1967** 216; OLG Frankfurt NJW **1966** 2424; OLG Hamburg DRiZ **1923** Nr. 844; HRR **1932** 89; NJW **1957** 601; *Eb. Schmidt* Nachtr. I 5: *v. Hentig* 95; *Neumann* 40 Fußn. 1; *Schorn* Strafrichter 360; *Schneidewin* JZ **1957** 538.
[109] OLG Celle NdsRpfl. **1966** 19.
[110] BGH NJW **1977** 59 = JR **1977** 217 mit Anm. *Peters*; KG JR **1975** 166; OLG Bremen NJW **1952** 678; OLG Celle JR **1967** 150; OLG Darmstadt DStrZ **1920** 316; OLG Schleswig NJW **1974** 714 mit Anm. *Peters*; *Dalcke/Fuhrmann/Schäfer* 4; KMR-*Paulus* 57; *Kleinknecht/Meyer*³⁷ 23; *Henkel* 395; *Roxin*¹⁹ § 55 B III 1; *Peters* Fehlerquellen **3** 73; einschränkend *Neumann* 41; a. A KK-*v. Stackelberg* 27; *Dippel* in Jescheck/Meyer 81, die darin ein neues Beweismittel sehen.
[111] BGH NJW **1977** 59 = JR **1977** 217 mit Anm. *Peters*; KG JR **1975** 166; OLG Celle JR **1967** 150; OLG Dresden JW **1934** 1147 mit Anm. *Lehmann*; OLG Köln NJW **1963** 698; OLG Neustadt NJW **1964** 678; KMR-*Paulus* 57; *Kleinknecht/Meyer*³⁷ 23; *Peters* Fehlerquellen **3** 73; a. A KK-*v. Stackelberg* 27 und *Dippel* in Jescheck/Meyer 81: Beweismittel.
[112] OLG Celle JR **1967** 150; OLG Hamburg JR **1951** 218; OLG Hamm JMBlNRW **1955** 20; *Dalcke/Fuhrmann/Schäfer* 4; KMR-*Paulus* 57; *Kleinknecht/Meyer*³⁷ 23; a. A KK-*v. Stackelberg* 27; *Dippel* in Jescheck/Meyer 81, der auch das für ein neues Beweismittel hält.

cc) **Tatsachen**, die allein die rechtliche **Bewertung** des über Schuld und Rechtsfolgen entscheidenden Sachverhalts betreffen, können die tatsächliche Urteilsbasis nicht ins Wanken bringen (Rdn. 56) und scheiden deshalb aus dem Kreis der nach § 359 Nr. 5 berücksichtigungsfähigen Tatsachen aus[113]. Auf **Änderungen der Rechtslage** und der **rechtlichen Bewertung** kann somit ein Wiederaufnahmeantrag nicht gestützt werden[114]. Das gilt vor allem für den Fall, daß das Gesetz, auf dem das Urteil beruht, nachträglich weggefallen oder geändert worden ist[115] oder daß die Rechtsprechung zur Auslegung der angewendeten Strafbestimmung sich gewandelt hat[116]. Dabei ist gleichgültig, ob es sich um in- oder ausländische Rechtsnormen handelt[117]. Auch die Bindungswirkung von Urteilen des Bundesverfassungsgerichts nach § 31 Abs. 1 BVerfGG[118] und das Inkrafttreten eines Straffreiheitsgesetzes (Vor § 359, 103) sind keine Tatsachen im Sinne des § 359 Nr. 5. Zum nachträglichen Wegfall eines Verwaltungsaktes s. oben Rdn. 47.

Eine Tatsache im Sinne des § 359 Nr. 5 liegt auch nicht darin, daß das angefochtene Urteil **materiell-rechtliche Fehler** enthält[119]: eine „revisionsähnliche Überprüfung" kann mit dem Rechtsbehelf der Wiederaufnahme nicht erreicht werden[120]. Ergeht gegen einen Mittäter das Urteil eines anderen Gerichts, so ist es keine für das Wiederaufnahmeverfahren erhebliche Tatsache, daß dort die Beweise anders gewürdigt sind[121] oder der Fall rechtlich anders beurteilt ist[122].

c) **Tatsachen, welche die Einstellung des Verfahrens begründen können.** Vor allem nach der älteren Rechtsprechung und Literatur durften sich die in dem Wiederauf-

---

[113] KMR-*Paulus* 52.
[114] KK-*v. Stackelberg* 22; KMR-*Paulus* 56; *Kleinknecht/Meyer*37 24; *Deml* 118; *Dippel* in *Jescheck/Meyer* 82; *Neumann* 49; *Wasserburg* Handb. 303; a. A *Peters* Fehlerquellen 3 63 ff und Lb.4 § 76 III 3, der auch „Rechtstatsachen" schon nach geltendem Recht als Tatsachen im Sinne des § 359 Nr. 5 gelten lassen will.
[115] OLG Bamberg NJW **1982** 1714; *Eb. Schmidt* 18 und Vor § 359, 8; KMR-*Paulus* 56; *Kleinknecht/Meyer*37 24; *Peters* Fehlerquellen **3** 69; *Creifelds* JR **1962** 365; *Seibert* NJW **1952** 252; vgl. auch OLG Hamburg MDR **1953** 119: nach Rechtskraft des angefochtenen Urteils Wegfall der deutschen Gerichtsbarkeit.
[116] BVerfGE **12** 340; BayObLGSt **25** 162; KG NJW **1977** 1163; OLG Bamberg NJW **1982** 1714; OLG Köln MDR **1952** 313; LG Darmstadt NJW **1968** 1642; LG Hannover NJW **1970** 290; *Eb. Schmidt* 18 und Vor § 359, 7; KK-*v. Stackelberg* 22; KMR-*Paulus* 56; *Kleinknecht/Meyer*37 24; *Dalcke/Fuhrmann/Schäfer* 4; *Peters* Fehlerquellen **3** 69; *Roxin*19 § 55 III; *Dippel* in *Jescheck/Meyer* 82; *Neumann* 49; *Bertram* MDR **1962** 536; *Creifelds* JR **1962** 365; *J. Meyer* JZ **1968** 8; *Wasserburg* Handb. 303.

[117] KG *Alsb.* E **2** Nr. 254 = DJZ **1904** 557; *Kleinknecht/Meyer*37 24; *Wasserburg* Handb. 303; a. A *Peters* Fehlerquellen **3** 64, der ausländische Gesetze den Tatsachen gleichstellt.
[118] LG Hannover NJW **1970** 290 mit Anm. *Bökkenförde* NJW **1970** 870; KMR-*Paulus* 56; a. A LG Darmstadt NJW **1968** 1642 mit zust. Anm. *Hofmann*; AG Hagen JMBlNRW **1969** 184; *Wasserburg* Handb. 304 f.
[119] RGSt **19** 323; *Eb. Schmidt* Vor § 359, 7; *Dalcke/Fuhrmann/Schäfer* 4; KK-*v. Stackelberg* 22; *Kleinknecht/Meyer*37 25; *Beling* 433; *Deml* 118; *Peters* FS Kern 346; *Dippel* 57; *Bertram* MDR **1962** 536; *J. Meyer* JZ **1968** 8; *Neumann* JW **1933** 488; *Wasserburg* Handb. 303; a. A *Peters* Fehlerquellen **3** 65, der die „Rechtstatsache des eindeutigen Gesetzesverständnisses" berücksichtigen will; *Lantzke* ZRP **1970** 202 fordert Abhilfe durch den Gesetzgeber.
[120] OLG Bremen NJW **1981** 2827.
[121] KG GA **70** (1926) 306; OLG Karlsruhe JW **1931** 1643; *Dalcke/Fuhrmann/Schäfer* 4; KMR-*Paulus* 56; *Kleinknecht/Meyer*37 25; *Neumann* 41; *Günther* MDR **1974** 93.
[122] KMR-*Paulus* 56; *Kleinknecht/Meyer*37 25; *Dippel* in *Jescheck/Meyer* 82.

§ 359 Viertes Buch. Wiederaufnahme

nahmeantrag vorgebrachten Tatsachen nicht auf bloße **Verfahrensfehler** beziehen[123], wohl aber auf solche, welche die Einstellung des Verfahrens begründen konnten (unten Rdn. 124 f). Darauf dürfte es indessen weniger ankommen. Entscheidend ist, daß die einzelnen Voraussetzungen der reformatio propter nova nicht isoliert betrachtet werden dürfen, sondern nur in ihren gegenseitigen Bezügen (oben Rdn. 57). Weil lediglich materiell rechtskräftige Sachentscheidungen mit der Wiederaufnahme angreifbar sind (Vor § 359, 36), können nur solche das Verfahren betreffende Tatsachen nach § 359 Nr. 5 berücksichtigt werden, welche den Gegenstand der Sachentscheidung berühren[124].

69 aa) **Berücksichtigungsfähig** nach § 359 Nr. 5 sind demnach nur solche Tatsachen, die zu einer Einstellung mit **strafklageverbrauchender Wirkung** führen können. Dazu gehören z. B. das die Strafunmündigkeit begründende Lebensalter des Verurteilten[125], das Fehlen, die verspätete Stellung oder vor dem Urteil erklärte Zurücknahme des für die Verurteilung erforderlichen Strafantrags[126], die tatsächlichen Voraussetzungen eines schon bei der Verurteilung in Kraft gewesenen Straffreiheitsgesetzes (vgl. Vor § 359, 98) und der Eintritt der Strafverfolgungsverjährung vor Erlaß des Urteils[127].

70 Im Fall der **Doppelbestrafung** hat das zweitverurteilende Gericht mit dem Verstoß gegen Art. 103 Abs. 3 GG das Prozeßhindernis entgegenstehender Rechtskraft mißachtet. Die Folgen dieses Verstoßes gegen Art. 103 Abs. 3 GG werden kontrovers beurteilt.

71 Die **ältere Rechtsprechung** sah in der Doppelbestrafung schon deshalb keine neue Tatsache im Sinne des § 359 Nr. 5, weil die Schuldfeststellungen des Urteils nicht unmittelbar betroffen sind[128]. **Überwiegend** wurde und wird die Wiederaufnahme aber für zulässig gehalten[129]. Nach **anderer Auffassung** soll die Wiederaufnahme überflüssig sein[130], weil das unter Verstoß gegen Art. 103 Abs. 3 GG ergangene Urteil unwirksam und die Unzulässigkeit seiner Vollstreckung nach § 458 festzustellen sei[131].

---

[123] RGSt **19** 321 mit abl. Anm. *Frank* ZStW **12** (1892) 346; BayObLGSt **1** 212; KG GA **1974** 25; *Eb. Schmidt* Nachtr. I 2; *Olbricht* GA **48** (1901) 104; aus dem gegenwärtigen Schrifttum ebenso KMR-*Paulus* 55; *Kleinknecht/Meyer*[37] 22; *Wasserburg* Handb. 308; **a.** A KK-*v. Stackelberg* 21 und *Peters* Fehlerquellen **3** 54, die Verstöße gegen § 136 a als Wiederaufnahmegrund anerkennen wollen.

[124] *Peters*[4] § 76 III 4; s. auch oben Vor § 359, 50.

[125] RGSt **20** 46; OLG Dresden *Alsb.* E **2** Nr. 272 a; KMR-*Paulus* 45; *Kleinknecht/Meyer*[37] 22; *v. Kries* 707; *Peters*[4] § 76 III 4 und Fehlerquellen **3** 61; *Schorn* MDR **1965** 869.

[126] OLG Bamberg NJW **1955** 1122; OLG Köln *Alsb.* E **2** Nr. 271 d; *Eb. Schmidt* 30; KMR-*Paulus* 45; *Kleinknecht/Meyer*[37] 22; *Beling* 432 Fußn. 1; *Neumann* 54; *Olbricht* GA **48** (1901) 104; *Schorn* MDR **1965** 870; **a.** A KG JW **1934** 2086; OLG Braunschweig GA **39** (1891) 363; OG Danzig JW **1922** 1144 mit Anm. *zu Dohna*; OLG Darmstadt *Alsb.* E **2** Nr. 271 c; *Dalcke/Fuhrmann/Schäfer* 3.

[127] OLG Bamberg NJW **1955** 1122; OLG Dresden *Alsb.* E **2** Nr. 272 a; *Eb. Schmidt* 30; *Neumann* 54, 84; *Schöneborn* MDR **1975** 11.

[128] KG *Alsb.* E **2** Nr. 270 a; JW **1927** 2073; Recht **1927** Nr. 240; OLG Breslau *Alsb.* E **2** Nr. 270 b = GA **51** (1904) 375; OLG Naumburg JR Rspr. **1925** Nr. 1085; ebenso noch *Dalcke/Fuhrmann/Schäfer* 4.

[129] BayObLGSt **17** 56 unter Aufgabe der in BayObLGSt **2** 354 vertretenen Ansicht; OLG Breslau DStrZ **1920** 63; OLG Hamburg HRR **1935** 708; OLG Köln *Alsb.* E **2** Nr. 270 c; LG Krefeld NJW **1973** 1205; *Neumann* 62 ff; *Geppert* GA **1972** 178 Fußn. 113; *Kuhnt* JW **1917** 212; *Olbricht* GA **48** (1901) 108; *v. Spindler* GA **53** (1906) 433; vgl. auch LG Hannover NJW **1970** 290, das unterscheidet, ob die Doppelbestrafung auf Unkenntnis von dem früheren Urteil oder auf der irrtümlichen Annahme beruht, sie sei rechtlich zulässig; s. auch bei Einl. Kap. **12**.

[130] *Eb. Schmidt* I 257 Fußn. 353 und Vor § 359, 5; *Beling* 433; *Gerland* 298; *Peters* Lb.[4] § 76 III 4, Fehlerquellen **3** 13 und FS Kern 340.

[131] KMR-*Paulus* 47; *Kleinknecht/Meyer*[37] 39; *Dippel* in *Jescheck/Meyer* 82.

Mit der **h. L.** ist die Doppelbestrafung als eine Tatsache i. S. des § 359 Nr. 5 anzu- **72** sehen, die zur Einstellung des Verfahrens wegen des Prozeßhindernisses der bereits eingetretenen Rechtskraft führt. Dieses **Prozeßhindernis** kann über eine Entscheidung nach § 458 nur unvollkommen berücksichtigt werden, auch wenn die Vollstreckung wegen der „Doppelbestrafung" verhindert wird[132]. Andererseits kann die — verfassungswidrige — Nichtbeachtung dieser negativen Verfahrensvoraussetzung schon deshalb nicht zur Nichtigkeit führen, weil die dazu notwendige Evidenz in vielen Fällen (z. B. bei mehrfacher Aburteilung von Einzelakten fortgesetzter Taten) fehlen wird[133]. Das gilt auch dann, wenn der Verstoß auf eine Verfassungsbeschwerde hin vom Bundesverfassungsgericht festgestellt worden ist[134].

bb) Dagegen können solche Tatsachen nicht berücksichtigt werden, die sich **nicht** **73** auf den der materiellen Rechtskraft fähigen **Gegenstand** der **Sachentscheidung** beziehen.

Dazu gehören zunächst diejenigen, die sich bloß auf die tatsächlichen Vorausset- **73a** zungen des Eintritts **formeller Rechtskraft** beziehen (s. dazu Vor § 359, 40 bis 45; 47 ff), wie z. B. hinsichtlich der form- und fristgerechten Einlegung eines Rechtsmittels[135] und der tatsächlichen Voraussetzungen einer Verwerfung ohne Verhandlung zur Sache z. B. im Falle des § 329[136] oder des § 412[137].

Auch Tatsachen, welche die Voraussetzungen einer **Einstellung nach §§ 153 ff** be- **73b** treffen, beziehen sich nicht auf den in materielle Rechtskraft erwachsenen Gegenstand der mit der Wiederaufnahme angefochtenen Entscheidung und scheiden schon deshalb ebenfalls aus dem Kreis der nach § 359 Nr. 5 berücksichtigungsfähigen Tatsachen aus[138].

Ferner sind solche Tatsachen nicht berücksichtigungsfähig, mit denen Verfah- **73c** rensverstöße geltend gemacht werden, die zwar möglicherweise in der Nichtbeachtung einer negativen oder positiven **Verfahrensvoraussetzung** bestehen, aber nicht zu einer die Strafklage verbrauchenden Einstellung führen. So sind z. B. solche Tatsachen ohne Bedeutung, mit denen nur die Verhandlungsunfähigkeit des Angeklagten in der Hauptverhandlung dargetan werden soll[139] oder die dem Privatkläger fehlende Prozeßfähigkeit[140], ebenso solche, mit denen ein Verstoß gegen Beweisverwertungsverbote (einschließlich des § 136 a Abs. 3 S. 2) geltend gemacht wird[141], es sei denn, die Verfahrensverstöße sind von solcher Schwere, daß sie als Verstoß gegen das Rechtsstaatsprinzip jede Entscheidung in der Sache endgültig verhindern[142] und die daraus resultierende Einstellungsentscheidung einer sachentscheidenden Einstellung gleichsteht.

---

[132] Zutr. *Rieß* JR **1981** 523.
[133] *Rieß* JR **1981** 522; im Erg. ebenso OLG Koblenz JR **1981** 520.
[134] LG Darmstadt NJW **1968** 1642 mit Anm. *Hofmann*; LG Bochum MDR **1970** 259 will § 79 Abs. 1 BVerfGG entsprechend anwenden; vgl. Vor § 359 Rdn. 143.
[135] OLG Frankfurt JR **1978** 522 mit abl. Anm. *Rieß*; *Kleinknecht/Meyer*[37] 22.
[136] KG GA **1974** 25; KMR-*Paulus* 55; *Kleinknecht/Meyer*[37] 22.
[137] KMR-*Paulus* 55.
[138] KK-*v. Stackelberg* 33; KMR-*Paulus* 44; *Kleinknecht/Meyer*[37] 39; a. A *J. Meyer* NJW **1969** 1361.
[139] OLG Hamburg LZ **1927** 1290; **1929** 70;

KMR-*Paulus* 44; *Mamroth* DStrZ **1914** 349; *Neumann* 40 Fußn. 1; vgl. auch *Peters* Fehlerquellen **3** 61.
[140] BayObLG *Alsb.* E **2** Nr. 272 b; OLG Dresden *Alsb.* E **2** Nr. 272 a; KMR-*Paulus* 44.
[141] *Kleinknecht/Meyer*[37] 22; a. A KK-*v. Stackelberg* 21 und *Peters* Fehlerquellen **3** 54.
[142] Zu der damit aufgeworfenen Frage verfassungsrechtlicher Verfahrenshindernisse kann hier nicht näher Stellung genommen werden; s. dazu BGH NJW **1980** 845; **1981** 1626 f; NStZ **1982** 126 und 154; BGHSt **31** 304 einerseits, BGH NStZ **1984** 419 andererseits; vgl. ferner dazu *Gössel* NStZ **1984** 420, *Rieß* JR **1985** 45; *Volk* StrVert. **1986** 34.

74 3. **Beweismittel.** Dem insoweit eindeutigen Wortlaut nach sind unter **Beweismittel** i. S. des § 359 Nr. 5 nur die förmlichen Beweismittel im engeren Sinne des numerus clausus der StPO zu verstehen: Zeugen, Sachverständige, Urkunden und Augenschein (= sinnliche Wahrnehmung). Die Aussage des Verurteilten, wiewohl häufig wichtigstes Beweismittel im weiteren Sinne[143], ist demnach im Hinblick auf die von § 244 Abs. 1 angeordnete Herausnahme der Beschuldigtenvernehmung aus der Beweisaufnahme kein Beweismittel i. S. des § 359 Nr. 5[144]; sie kann allerdings z. B. bei deren Wegfall (Geständnis) als neue Tatsache zu einem tauglichen Gegenstand der restitutio propter nova werden (oben Rdn. 65).

75 a) **Personalbeweis.** Bei den **personalen Beweisen** ist umstritten, ob die Person selbst oder aber ihre Erklärung Beweismittel i. S. des § 359 Nr. 5 ist[145]. Diese Frage ist insbesondere dafür von Bedeutung, in welchen Fällen das Wiederaufnahmebegehren auf ein neues Sachverständigengutachten gestützt werden kann (s. dazu u. Rdn. 109 ff, 154 ff): hier stößt das Interesse des Verurteilten an der Beseitigung eines auf ein möglicherweise fehlerhaftes Sachverständigengutachten gestützten Schuldspruchs auf das Interesse am Schutz des rechtskräftigen Urteils vor fortlaufender neuer Überprüfung durch immer neue Gutachter. Die Lösung dieses Interessenkonflikts ist indessen im Bereich der Neuheit des Beweismittels und dem der Erheblichkeitsprüfung zu suchen, nicht aber in der Definition des Beweismittels, dessen Begriff in Übereinstimmung mit der Beweislehre zu bestimmen ist.

76 Etymologisch bedeutet beweisen: jemanden wissen machen, weshalb unter Beweismittel die Art und Weise des Wissendmachens zu verstehen ist. Weil aber eine sich nicht erklärende Person niemanden wissend machen kann und umgekehrt die Erklärungen personaler Beweismittel notwendig eine Person zum Urheber haben müssen, sollte unter Beweismittel nur ein bestimmter Erklärungsinhalt (als Beweisinhalt) einer bestimmten Person (als Beweisträger) verstanden werden[146]. Deshalb ist Beweismittel weder allein die Person[147] noch allein deren Erklärung[148]. Das **Beweismittel** ist vielmehr eine **aufeinander bezogene Einheit von Beweisträger und Beweisinhalt** und läßt sich nicht auf eine dieser Komponenten reduzieren[149]. Deshalb kann die Wiederaufnahme nach § 359 Nr. 5 auf neue personale Beweismittel nur dann gestützt werden, wenn der Antragsteller die gedankliche Erklärung einer bestimmten Person vorbringt. Der Widerruf einer Zeugenaussage ist damit nicht bloß eine Tatsache i. S. des § 359 Nr. 5 (oben Rdn. 65), sondern als gedankliche Erklärung dieses Zeugen zugleich auch ein Beweismittel.

---

[143] *Gössel* § 22 A III a 1; *Alsberg/Nüse/Meyer* 167 f; s. auch o. Rdn. 65.

[144] KG JR **1976** 76 mit abl. Anm. *Peters*; OLG Karlruhe NJW **1958** 1247; *Kleinknecht/Meyer*[37] 26; *Meyer* FS II Peters 391; *Schorn* Strafrichter 361; **a.** A KK-v. *Stackelberg* 23; *Eb. Schmidt* 24; *Wasserburg* Handb. 316.

[145] S. dazu LR-*Meyer*[23] 36, der nur die Personen, nicht aber deren Erklärungen als Beweismittel ansehen will.

[146] S. dazu *Gössel* § 22 A II a, A III a.

[147] So aber LR-*Meyer*[23] 36 und *Alsberg/Nüse/Meyer* 166; *Eb. Schmidt* 22; *Dippel* in Jescheck/Meyer 82; *Kretschmann* Recht **1917** 501; *Peters*[4] § 76 III 3, Fehlerquellen **3** 71 ff und JR **1976** 77; *Wasserburg* Handb. 309.

[148] Vgl. hinsichtlich des Sachverständigenbeweises OLG Düsseldorf *Alsb.* E **2** Nr. 260 a, 260 c; OLG Kassel *Alsb.* E **2** Nr. 260 b; OLG Hamburg GA **51** (1904) 210 und *Neumann* 46.

[149] Vgl. auch *Alsberg/Nüse* 169 Fußn. 3, der es für bedenklich hält, die Gedankenäußerung unabhängig von der Quelle, aus der sie stammt, als Beweismittel zu bezeichnen; auch *Wasserburg* Handb. 311 weist zutreffend darauf hin, daß man „den Sachverständigen nicht einfach losgelöst von dem von ihm zu erstattendem Gutachten sehen" könne.

Nur auf den so verstandenen Begriff des Beweismittels sind alsdann die **weiteren** 77
Merkmale der Neuheit und der Erheblichkeit zu beziehen, wobei allerdings schon die
Neuheit bloß des Beweisinhalts oder aber allein des Beweisträgers zur Neuheit auch des
Beweismittels insgesamt führen kann (unten Rdn. 95).

b) Sachbeweis. Entsprechendes gilt auch für die **Sachbeweise** der Urkunde und 78
des Augenscheins[150]. Unter dem Beweismittel des Augenscheins sind die sinnliche Wahrnehmung (Beweisinhalt) eines bestimmten Gegenstandes (Beweisträger) und dessen
Eigenschaften zu verstehen, unter dem Beweismittel der Urkunde der gedankliche Inhalt (Beweisinhalt) eines bestimmten Schriftzeichenträgers (Beweisträger). Zu den Urkunden gehören auch zivilgerichtliche[151] und ausländische Urteile[152].

4. Neuheit von Tatsachen oder Beweismitteln
a) Zum Begriff der Neuheit i. S. des § 359 Nr. 5. § 359 Nr. 5 verlangt ebensowenig 79
wie § 174 Abs. 2 und § 211, daß sowohl die Tatsachen als auch die Beweismittel neu sein
müssen. Es ist daher zulässig, für bereits bekannte Tatsachen neue Beweismittel und für
neue Tatsachen die früher benutzten Beweismittel beizubringen[153]. Auf die **Neuheit des
Beweismittels** kommt es regelmäßig dann an, wenn die **Tatsache,** die mit ihm bewiesen
werden soll, **nicht neu** ist; jedoch kann der Wiederaufnahmeantrag sowohl auf das
Vorliegen neuer Tatsachen als auch auf das neuer Beweismittel gestützt werden. Die Benennung *geeigneter* Beweismittel ist nach § 368 Abs. 1 stets erforderlich (§ 368, 13); zum
Verhältnis der Neuheit zur Geeignetheit s. unten Rdn. 113.

aa) Maßgebend für die Beurteilung der Neuheit einer Tatsache oder eines Beweis- 80
mittels ist der **Zeitpunkt,** zu dem das erkennende Gericht letztmals Sachverhaltsfeststellungen entweder durch die Vernehmung des Beschuldigten oder durch Beweisaufnahme getroffen hat. Bei **Entscheidungen** aufgrund **mündlicher Verhandlung** ist dieser
Zeitpunkt der des **Abschlusses der mündlichen Verhandlung**[154], im übrigen (z. B. Strafbefehl, Beschluß) der Zeitpunkt des Erlasses der Entscheidung. Bei Urteilen und sonstigen Entscheidungen aufgrund mündlicher Verhandlung sind damit neu i. S. des § 359
Nr. 5 nur solche Tatsachen und Beweismittel, die beim Abschluß der letzten mündlichen
Verhandlung nicht in die Hauptverhandlung eingeführt und damit zum Verhandlungsgegenstand gemacht worden waren[155]; bei den **übrigen** mit der Wiederaufnahme angefochtenen rechtskräftigen Entscheidungen sind alle diejenigen Tatsachen und Beweismittel neu, die zum Zeitpunkt des Entscheidungserlasses (s. dazu § 33, 12) aus dem **Akteninhalt** nicht ersichtlich waren[156].

Diese Frage wird allerdings in der **Literatur kontrovers** diskutiert. So werden die 81
Auffassungen vertreten, bei Urteilen sei die Neuheit von Zeugen und Beweismitteln

---

[150] Und ebenso auch für die Kombination des Urkundenbeweises mit dem Sachverständigenbeweis in § 256 Abs. 2 (s. dazu *Gössel* DRiZ **1980** 363, 375).
[151] BDiszH NJW **1966** 1044; KG *Alsb.* E **2** Nr. 253 = GA **41** (1893) 158; *Eb. Schmidt* 23; *Peters* Fehlerquellen 3 74.
[152] *J. Meyer* GA **1960** 310.
[153] BayObLGSt **19** 277; OLG Celle GA **1967** 284; KMR-*Paulus* 58; *Kleinknecht/Meyer*[37] 29; *Eb. Schmidt* 19; *Dippel* in *Jescheck/Meyer* 81; *Neumann* 43; *Günther* MDR **1974** 93; *W. Schmidt* NJW **1958** 1332; *Schorn* MDR **1965** 870.
[154] Zutreffend *Wasserburg* Handb. 319.
[155] KK-*v. Stackelberg* 24; *Peters* Fehlerquellen 3 76.
[156] Für den Strafbefehl ebenso *Peters* wie Fußn. 155; *Kleinknecht/Meyer*[37] 28.

nach dem Zeitpunkt der Beratung[157], der Urteilsfällung[157a] oder gar erst nach dem des Eintritts der Rechtskraft zu beurteilen[158]. Die zuletzt genannte Auffassung hat zwar für sich, daß nova in weitgehendem Umfang auch noch nach der Urteilsfällung und selbst noch im Rechtsmittelverfahren berücksichtigt werden können (Vor § 359, 29). Dieser Auffassung ist gleichwohl nicht zu folgen. Der kriminalpolitische Zusammenhang zwischen der Berücksichtigung von nova im Rechtsmittelverfahren einerseits und im Wiederaufnahmeverfahren andererseits kann nicht über die Neuheit i. S. des § 359 Nr. 5 entscheiden. Von Bedeutung ist, daß die restitutio propter nova die real-tatsächliche Entscheidungsbasis angreift (Rdn. 56), nicht aber die potentiell-tatsächliche, die auch noch nach Urteilserlaß im Rechtsmittelverfahren hätte erreicht werden können, aber nicht erreicht wurde: die real-tatsächliche Urteilsbasis aber ist im Zeitpunkt des Abschlusses der mündlichen Verhandlung gelegt, in dem das Gericht seine Entscheidung durch erneuten Eintritt in die Beweisaufnahme nicht mehr ändern kann.

82 Ebensowenig kann der in Rechtsprechung wie Rechtslehre vertretenen Meinung gefolgt werden, an der Neuheit von Tatsachen oder Beweismitteln fehle es, wenn sie durch ein früheres Wiederaufnahmeverfahren **bereits verbraucht** seien[159]. Denn der Verbrauch des früheren Vorbringens ist eine Folge der Rechtskraft des früheren Beschlusses (vgl. § 368, 4 und § 372, 22), hat aber mit der Neuheit des Vorbringens nach § 359 Nr. 5 nichts zu tun[160].

83 bb) Auch hinsichtlich des **Gegenstandsbereichs** der Neuheit ist darauf abzustellen, daß die real-tatsächliche Urteilsbasis angegriffen wird. Deshalb sind auch solche Tatsachen oder Beweismittel neu, die nur einem Teil des Entscheidungsgremiums (z. B. aus den Akten) bekannt waren (etwa nur den Berufsrichtern), nicht aber allen zur Entscheidungsfindung Berufenen (z. B. nicht den Schöffen[161]). Weil über die tatsächliche Urteilsbasis das Gericht, also der *gesamte jeweilige Spruchkörper*, entscheidet, ist die Frage der Neuheit stets vom Standpunkt des früher erkennenden Gerichts zu beurteilen, nicht aber von dem einzelner Mitglieder dieses Gerichts, von dem des Verurteilten[162] oder sonstiger Verfahrensbeteiligter.

84 Bei Entscheidungen, die **aufgrund einer Hauptverhandlung** ergehen, sind ferner nur jene Tatsachen und Beweismittel neu i. S. des § 359 Nr. 5, die dem **erkennenden Gericht nicht bekannt** waren und von ihm daher bei der Entscheidung nicht berücksichtigt werden konnten[163]. Für die Kenntnis kommt es auf die Hauptverhandlung an, nicht auf den Akteninhalt. Daher ist für die Frage der Neuheit ohne Bedeutung, ob die Tatsachen oder Beweismittel aus dem Akteninhalt ersichtlich sind und in die Hauptverhandlung hätten eingeführt werden können; lediglich bei den Entscheidungen, die **nicht aufgrund einer Hauptverhandlung** ergehen (Strafbefehl; Beschluß) entscheidet die **Aktenlage**.

---

[157] Vgl. dazu *Wasserburg* Handb. 319; eindrucksvoll gegen diesen Zeitpunkt *J. Meyer* JZ **1968** 7 ff, 10.
[157a] LR-*Meyer*[23] 38.
[158] KMR-*Paulus* 59; *Kleinknecht/Meyer*[37] 28.
[159] OLG Celle NdsRpfl. **1970** 47; KMR-*Paulus* 59; *Dippel* in *Jescheck/Meyer* 80 f.
[160] So mit Recht OLG Düsseldorf JMBlNRW **1984** 263; *Alsberg* Justizirrtum 107 Fußn. 1; *Neumann* 42; *Wasserburg* Handb. 321.
[161] OLG Hamm GA **1957** 90.
[162] *Neumann* 41; *J. Meyer* JZ **1968** 7.
[163] OLG Karlsruhe NJW **1958** 1247; *Dalcke/Fuhrmann/Schäfer* 4; KMR-*Paulus* 59; *Kleinknecht/Meyer*[37] 30; *v. Hentig* 93; *Peters*[4] § 76 III 2; a. A hinsichtlich der *Beweismittel* KG JW **1927** 3060 und OLG Celle NdsRpfl. **1970** 47.

Neu ist damit grundsätzlich alles, was der Überzeugungsbildung des Gerichts nicht **85** zugrunde gelegt worden *ist*, auch wenn es ihr hätte zugrunde gelegt werden *können*[164]. Entscheidend ist dabei allein, ob das Gericht die betreffenden Tatsachen oder Beweismittel zur Kenntnis genommen und von ihnen Gebrauch[165] und sie damit zum Gegenstand der real-tatsächlichen Urteilsbasis gemacht hat oder nicht. Deshalb ist es unerheblich, ob das Gericht irgendwelche Tatsachen oder Beweismittel etwa unter Verstoß gegen § 261 oder sonst in **unzulässiger Weise nicht berücksichtigt** oder verwertet (also nicht zur Kenntnis genommen oder davon keinen Gebrauch gemacht) hat: welche Tatsache und welches Beweismittel aus welchen Gründen auch immer vom Gericht unberücksichtigt blieb, ist neu i. S. des § 359 Nr. 5[166].

Kann es nur darauf ankommen, was das Gericht zur Kenntnis genommen und **86** wovon es Gebrauch gemacht hat, so kann umgekehrt nichts anderes gelten: es ist ebenso unerheblich, ob das Gericht **in unzulässiger Weise** Tatsachen oder Beweismittel **zur Urteilsgrundlage** gemacht hat. Nicht neu i. S. des § 359 Nr. 5 sind deshalb jene Tatsachen oder Beweismittel, die zwar in der Hauptverhandlung nicht erörtert, aber unter Verstoß gegen § 261 im Urteil verwertet worden sind[167].

cc) Daß die Beweisaufnahme in der Hauptverhandlung nach §§ **245, 244 Abs. 2** **87** bis 5 beschränkt ist, berührt nicht die Frage der Neuheit, sondern die der **Erheblichkeit** der Tatsachen und Beweismittel (s. insbes. unten Rdn. 119 ff, 152).

b) Neue Tatsachen

aa) Wie bereits oben Rdn. 83 ausgeführt, ist die Neuheit allein danach zu beurtei- **88** len, ob das Gericht die **Tatsachen** bereits **verwertet** (im oben Rdn. 85 dargelegten Sinne) *hat*, nicht aber danach, ob es die Möglichkeit dazu gehabt *hätte*. Diese Frage ist vom Standpunkt des früher erkennenden Gerichts zu entscheiden. Ob der Verurteilte die geltend gemachten Tatsachen schon in der Hauptverhandlung gekannt hat und ob er sie bereits früher hätte beibringen können, ist nach der Aufhebung des Satzes 2 des § 359 Nr. 5 auch bei Wiederaufnahmeanträgen, die **gegen Urteile des Amtsgerichts** gerichtet sind, ohne Bedeutung[168]. Sogar wenn der Verurteilte die Tatsachen in der Hauptverhandlung bewußt zurückgehalten hat, kann er sie mit dem Wiederaufnahmeantrag beibringen[169]. Zur Neuheit von Tatsachen im Zusammenhang mit Sachverständigengutachten s. u. Rdn. 106 ff.

bb) Entscheidet über die Neuheit allein Kenntnisnahme und Gebrauchmachen **89** durch das Gericht (Rdn. 85), so sind auch jene Tatsachen neu i. S. des § 359 Nr. 5, die eine Beweisperson zwar in der Hauptverhandlung bekundet hat, die jedoch vom Gericht

---

[164] OLG Hamm GA **1957** 90; KMR-*Paulus* 60; *Kleinknecht/Meyer*[37] 30; *Henkel* 395; *Peters*[4] § 76 III 2 und Fehlerquellen **3** 76; *Schlüchter* 770.2; *Dippel* in *Jescheck/Meyer* 81; *Günther* MDR **1974** 94; *Neumann* 41 ff; *J. Meyer* JZ **1968** 7; *Schöneborn* MDR **1975** 11; *Schorn* MDR **1965** 869.

[165] S. dazu OLG Frankfurt NJW **1978** 841; KK-*v. Stackelberg* 24; KMR-*Paulus* 60; *J. Meyer* JZ **1968** 7; *Peters* Fehlerquellen **3** 76 und 79.

[166] *Dippel* in *Jescheck/Meyer* 81; *J. Meyer* ZStW **84** (1972) 931 ff.

[167] OLG Hamm GA **1957** 90; a. A *Dalcke/Fuhrmann/Schäfer* 4; *Henkel* 395; *J. Meyer* JZ **1968** 8 ff, die den Verfahrensfehler für bedeutsam halten; ebenso wohl auch *Wasserburg* Handb. 319 f.

[168] OLG Frankfurt JR **1984** 40 mit zust. Anm. *Peters*; LG Hof MDR **1973** 517; *Eb. Schmidt* 18; *Neumann* 41; *Peters*[4] § 76 III 2 und Fehlerquellen **3** 77; *Schorn* MDR **1965** 870.

[169] KMR-*Paulus* 59; *Kleinknecht/Meyer*[37] 30 und *Meyer* FS II Peters 387; *Dippel* in *Jescheck/Meyer* 81.

überhört oder sonst **nicht zur Kenntnis genommen** wurden[170]. Gleiches muß aber auch gelten, wenn das Gericht Äußerungen von Beweispersonen **mißverstanden** und deshalb nicht zur Kenntnis genommen und nicht berücksichtigt hat: das Mißverständnis verhindert die Kenntnisnahme der betreffenden Tatsache ebenso wie das Überhören — daß beim Mißverständnis neben die Unkenntnis eine unzutreffende Wahrnehmung tritt, kann daran nichts ändern. Zutreffend weist das OLG Frankfurt darauf hin, daß es „für die Zulässigkeit des Wiederaufnahmeantrags keine entscheidende Rolle spielen" kann, „ob eine Tatsache nicht zur Kenntnis des Gerichts gekommen ist, weil sie in der Hauptverhandlung nicht zur Sprache kam oder weil das Gericht sie in der Hauptverhandlung infolge eines Wahrnehmungsfehlers nicht zur Kenntnis genommen oder aber infolge eines Erinnerungsfehlers wieder aus dem Gedächtnis verloren hat"[171]. Über die *Neuheit* entscheidet allein die bloße *Berücksichtigung* der Tatsache durch das Gericht: die negative Berücksichtigung einer Tatsache als für die Urteilsfeststellungen unerheblich schließt deren Neuheit aus.

90 **Die fehlende** einschließlich der fehlerhaften **Wahrnehmung** einer Tatsache ist indessen scharf zu unterscheiden von der **fehlerhaften Würdigung** der zutreffend wahrgenommenen Tatsache: eine noch so fehlerhafte Würdigung einer vom Gericht zur Kenntnis genommenen und auch im übrigen berücksichtigten Tatsache stellt selbst keine neue Tatsache i. S. des § 359 Nr. 5 dar[172]. Eine neue Tatsache kann auch nicht darin erblickt werden, daß das Gericht aus einer berücksichtigten Tatsache „nicht die vom Angeklagten gewünschten Folgerungen ... gezogen oder sie sonst anders gewürdigt hat, als der Verurteilte möchte"[173]. Mit Recht allerdings weist das OLG Frankfurt auf die Schwierigkeiten hin, die der Beweis der fehlenden einschließlich der fehlerhaften Wahrnehmung einer Tatsache bereiten wird[174]; die bloße Behauptung, das Gericht habe den Zeugen falsch verstanden, reicht jedenfalls nicht aus, den Wiederaufnahmeantrag zu begründen[175].

91 cc) Ob das **Gegenteil einer** in dem angefochtenen Urteil **festgestellten Tatsache** eine neue Tatsache i. S. des § 359 Nr. 5 ist, hängt davon ab, ob die im Wiederaufnahmeantrag behauptete gegenteilige Annahme vom erkennenden Gericht berücksichtigt worden ist oder nicht.

91a Wenn auch eine Tatsache (A hat B geschlagen) und deren Gegenteil (A hat B nicht geschlagen) zwei selbständige voneinander verschiedene Tatsachen sind, so bedingt die Bekanntheit dieser Tatsache zwar **regelmäßig die Bekanntheit auch ihres Gegenteils:** ist in den Urteilsgründen festgestellt, das Kind, das der Angeklagte eingegraben habe, habe im Augenblick des Eingrabens noch gelebt, so ist die Behauptung im Wiederaufnahmeantrag, das Kind sei im Zeitpunkt des Eingrabens bereits tot gewesen, deshalb keine neue Tatsache, weil das Gericht die Tatsache des Todeseintritts mit der dazu gegenteiligen Feststellung bereits gewürdigt hat[176]: Soweit „es denknotwendig ist, daß sich das

---

[170] OLG Frankfurt NJW **1978** 841; KMR-*Paulus* 60.
[171] OLG Frankfurt NJW **1978** 841; KMR-*Paulus* 60; *Roxin*[19] § 55 B III; *Alsberg* Justizirrtum 106; *J. Meyer* JZ **1978** 7 Fußn. 10; *Peters* Fehlerquellen 3 78 ff und Probleme der Strafprozeßreform 118; ebenso schon LR-*Kohlhaas*[22] 18 a; a. A OLG Celle NdsRpfl. **1961** 231; LR-*Meyer*[23] 42; *Eb. Schmidt* Nachtr. I 5; *Kleinknecht/Meyer*[37] 30; *Dahs* Hdb. 885 sieht darin einen unzulässigen Angriff auf die Beweiswürdigung.
[172] KMR-*Paulus* 60; insoweit zutreffend *Dahs* Hdb. 885.
[173] OLG Frankfurt NJW **1978** 841; OLG Koblenz OLGSt § 359, 59; KMR-*Paulus* 60.
[174] S. Fußn. 173; s. dazu unten Rdn. 162 ff.
[175] Insoweit zutreffend *Dahs* Hdb. 885.
[176] Insoweit zutreffend OLG Karlsruhe NJW **1958** 1247.

Gericht mit der entgegengesetzten Möglichkeit befaßt hat", ist das bloße Gegenteil einer in der angefochtenen Entscheidung festgestellten Tatsache keine neue Tatsache[177].

Es ist jedoch **möglich,** vom erkennenden Gericht unberücksichtigte Tatsachen vorzubringen, die das **Gegenteil der Urteilsfeststellungen** ergeben: die Behauptung des nach § 224 StGB Verurteilten, der von ihm angeblich Verletzte habe die im Urteil festgestellte Lähmung oder Geisteskrankheit nur simuliert, ist keineswegs schon denknotwendig mit der Bejahung der genannten schweren Folge vom erkennenden Gericht berücksichtigt worden[178]. In diesem Fall wird das Gegenteil der festgestellten Tatsache (schwere Folge) nur mittelbar über neue, bisher nicht berücksichtigte Tatsachen behauptet (Simulation der schweren Folge) — etwas anderes würde nur gelten, wäre die angebliche Simulation schon vom erkennenden Gericht erörtert, aber verneint worden. **92**

Der Streit, ob auch das **Gegenteil** von festgestellten Tatsachen **neue Tatsachen** sein können[179], dürfte damit schon auf dem von *Peters* aufgezeigten Weg geschlichtet werden können[180]: wird bloß das *Gegenteil* einer im Urteil festgestellten Tatsache behauptet, so liegt darin *allein keine neue Tatsache,* weil das erkennende Gericht mit der Feststellung dieser Tatsache denknotwendig deren Gegenteil als nicht vorliegend bedacht hat. Wird dagegen das *Gegenteil* der festgestellten Tatsachen *durch* bisher *nicht berücksichtigte Tatsachen* substantiiert vorgetragen, so sind allein diese Tatsachen neu i. S. des § 359 Nr. 5. Deshalb ist das Vorbringen, die Sonne habe geschienen, während im Urteil festgestellt ist, zur Tatzeit habe es geregnet, durchaus eine neue Tatsache[181]: Regen schließt Sonnenschein weder denk- noch naturgesetzlich aus, wie schon der Regenbogen beweist. Zumeist allerdings wird das Gegenteil der Urteilsfeststellungen nicht auf dem Umweg über neue Tatsachen, aus denen sich das Gegenteil ergibt, darzulegen versucht werden, sondern mittels neuer Beweismittel. **93**

dd) Werden nachträglich **Umstände** bekannt, die die Tat **rechtfertigen** können, so liegen darin durchaus neue Tatsachen i. S. des § 359 Nr. 5: die Kontroverse um die insoweit zutreffende Entscheidung OLG Bamberg NJW **1962** 457 betrifft doch nicht diese eigentlich selbstverständliche (Rdn. 62) Feststellung[182], sondern die politisch brisante Frage, ob einem NS-Sondergericht das Nichtwissen um derartige Umstände unterstellt und davon ausgegangen werden kann, daß das angefochtene Sondergerichtsurteil diese Umstände nicht berücksichtigt hat[183]. **94**

c) Allgemeines zur Neuheit von Beweismitteln

aa) Als **Beweismittel** wurde bereits oben Rdn. 76 bis 78 die aufeinander bezogene Einheit von Beweisträger und Beweisinhalt definiert. Ist ein Beweismittel nur in einem seiner Elemente neu im oben Rdn. 85 f dargelegten Sinne (Verwertung durch das erkennende Gericht), so ist es auch insgesamt neu. **95**

bb) Die Ausführungen zur **Neuheit** von Tatsachen Rdn. 88 bis 90 gelten entsprechend: auch hier ist ohne Bedeutung, ob das erkennende Gericht das Beweismittel ge- **96**

---

[177] OLG Karlsruhe NJW **1978** 1247; *Kleinknecht/Meyer*[37] 31; *Peters* Fehlerquellen **3** 79; *Schorn* Strafrichter 361.
[178] *Peters* Fehlerquellen **3** 79.
[179] S. einerseits LR-*Meyer*[23] 43 und OLG Karlsruhe NJW **1958** 1247, andererseits KMR-*Paulus* 60 und OLG Frankfurt NJW **1978** 841.
[180] *Peters* Fehlerquellen **3** 79.
[181] Anders aber LR-*Meyer*[23] 43.
[182] Anders aber LR-*Meyer*[23] 43 (allerdings dazu widersprüchlich in Rdn. 58) und *Kleinknecht/Meyer*[37] 31.
[183] Zutreffend *Eb. Schmidt* Nachtr. I 4; vgl. dazu auch *Arndt* NJW **1962** 432; *Frowein* NJW **1962** 1289; s. auch OLG Kiel SchlHA **1949** 216.

kannt hat und sich seiner hätte bedienen können; entscheidend ist, ob es den Beweis in der Hauptverhandlung erhoben oder wenigstens verwertet hat[184]. Weil demnach die Neuheit allein vom Standpunkt des erkennenden Gerichts aus zu entscheiden ist, ist es auch bei den Beweismitteln ohne Bedeutung, ob sie der Verurteilte gekannt hat oder schon früher hätte beibringen können.

97 Die **fehlende** einschließlich der **fehlerhaften Wahrnehmung** des **Beweisinhalts** eines Beweismittels bedingt ebenso wie bei nicht (fehlerhaft) wahrgenommenen Tatsachen deren Nichtberücksichtigung durch das Gericht; die Ausführungen zur Rdn. 89 und 90 gelten bei allen Beweismitteln entsprechend.

d) Neuheit des Urkundenbeweises

98 aa) **Urkunden** sind dann neu, wenn entweder die jeweilige Verkörperung (also auch eine andere als die berücksichtigte Urteilsausfertigung: hier fehlt es nicht an der Neuheit, wohl aber an der Erheblichkeit) als **Beweisträger** oder auch der jeweilige gedankliche **Inhalt** im Rahmen des Urkundenbeweises (als Beweisinhalt) vom erkennenden Gericht nicht berücksichtigt worden war.

99 bb) Entsprechend den obigen Ausführungen zu Rdn. 89 bis 91 sind Urkunden auch dann neue Beweismittel, wenn die in ihnen enthaltenen gedanklichen Erklärungen vom Gericht gar **nicht** oder **fehlerhaft wahrgenommen** wurden (fehlerhaftes Vorlesen; Verhören) — dagegen ist die Auslegung der zutreffend vorgelesenen und wahrgenommenen Erklärung ebensowenig ein neues Beweismittel oder eine Tatsache, wie die aus dieser Erklärung vom Gericht gezogenen Folgerungen. Das gilt auch, wenn das Gericht in seiner Entscheidung das **Gegenteil** dessen festgestellt hatte, was nunmehr mit dem Beweismittel der Urkunde vorgebracht wird: so etwa, wenn im angefochtenen Urteil das Gericht ersichtlich deshalb vom Gegenteil des Inhalts einer verlesenen Urkunde ausgegangen war, weil es ein Wort (z. B. nicht) oder eine Vorsilbe (un-) nicht wahrgenommen hatte.

100 Sind Urkunden nur durch **Vorhalt** verwertet worden (s. bei § 249), so waren die Erklärungen des Angeklagten oder der Zeugen, nicht die Urkunden selbst, das Beweismittel. Die Urkunden sind dann neue Beweismittel im Sinne des § 359 Nr. 5[185]; daß ihr in der Hauptverhandlung bereits mittelbar verwerteter Inhalt zu einer anderen Entscheidung führen kann, wird aber regelmäßig ausgeschlossen sein.

e) Neuheit des Zeugenbeweises

101 aa) **Neu** sind nicht nur die bisher dem Gericht unbekannten Zeugen, sondern alle Zeugen, die in der Hauptverhandlung nicht gehört worden sind[186]. Neue Beweismittel sind daher Zeugen, die in der früheren Hauptverhandlung nicht erreichbar waren, gleichgültig, aus welchen Gründen sie nicht geladen worden sind[187], Zeugen, die früher die Aussage verweigert haben, aber jetzt Angaben machen wollen[188], und Zeugen,

---

[184] OLG Hamm OLGSt 67; KK-*v. Stackelberg* 24; KMR-*Paulus* 61; *Kleinknecht/Meyer*[37] 32; *Dippel* in *Jescheck/Meyer* 81; *Alsberg* Justizirrtum 104; **a.** A KG JW **1927** 3060; **1928** 1950; OLG Celle NdsRpfl. **1970** 47; *v. Hentig* 93.

[185] KMR-*Paulus* 23 und 64; *J. Meyer* JZ **1968** 10.

[186] *Alsberg* Justizirrtum 104.

[187] OLG Hamm NJW **1956** 803 L; KMR-*Paulus* 61; *Dalcke/Fuhrmann/Schäfer* 4; *Dippel* in *Jescheck/Meyer* 81; *Neumann* 44; *Peters* Fehlerquellen 3 78; *Schorn* Strafrichter 361.

[188] OLG Hamburg *Alsb.* E 2 Nr. 258 a; GA 44 (1896) 410; KMR-*Paulus* 62; *Kleinknecht/Meyer*[37] 33; *Eb. Schmidt* 20; *Dippel* in *Jescheck/Meyer* 81; *Neumann* 44; *Peters* Fehlerquellen 3 77; *Wasserburg* Handb. 316.

deren Vernehmung der Angeklagte in der Hauptverhandlung ohne Erfolg beantragt[189] oder auf deren Vernehmung er sogar ausdrücklich verzichtet hatte[190]. Entsprechendes gilt, wenn ein Berufungsurteil mit der Wiederaufnahme angefochten wird: der in zweiter Instanz geladene, aber nicht erschienene und nicht vernommene Zeuge ist auch dann ein neues Beweismittel, wenn er in erster Instanz vernommen worden ist[191]. Ein neues Beweismittel ist auch der Zeuge, der in der früheren Hauptverhandlung zwar vernommen worden ist, nunmehr aber zu einer Beweisfrage gehört werden soll, zu der er bisher nicht ausgesagt hat[192].

bb) Neue Beweismittel sind die bei ihrer Vernehmung in der Hauptverhandlung eidesunmündig (§ 60 Nr. 1) gewesenen Zeugen **nicht** schon deshalb, weil sie nunmehr vereidigt werden können[193]. Der frühere **Mitangeklagte** dagegen, dessen Einlassung vom erkennenden Gericht verwertet wurde, ist entgegen der h. M.[194] mit der Erlangung der Zeugenrolle erstmals Beweismittel i. S. des § 359 Nr. 5 geworden und deshalb auch als **neues** Beweismittel[195] anzuerkennen. **102**

cc) Bei nicht oder **fehlerhaft wahrgenommenen Zeugenaussagen** gelten die Darlegungen zu nicht oder fehlerhaft wahrgenommenen Ausführungen von Beweispersonen (oben Rdn. 89, 90), wie auch die Ausführungen oben Rdn. 91 ff zur Geltendmachung des **Gegenteils** einer festgestellten Tatsache. **103**

f) Neuheit des Sachverständigenbeweises. Die Beurteilung der **Neuheit** des Sachverständigenbeweises wird durch einen **Konflikt** verdunkelt, der nicht selten leider nicht ganz offen, gleichsam mit herabgezogenem Visier und (deshalb) zudem auf den falschen Feldern des Begriffs und der Neuheit des Sachverständigenbeweises ausgetragen wird (s. oben Rdn. 75). In der alltäglichen gerichtlichen Praxis leistet die Tätigkeit einiger Sachverständiger leider dem — insgesamt unberechtigten — Vorurteil Vorschub, für nahezu jeden denkbaren Gegenstand eines Sachverständigenbeweises ließen sich bei genügender Intensität Gutachter finden, die das jeweils gewünschte Ergebnis bestätigen würden. Dieser Eindruck beruht allerdings im wesentlichen auf der Kompliziertheit der jeweils zu begutachtenden Materie und des nicht ausreichenden Fortschritts der Wissenschaft, der zudem zur Ausbildung von gegensätzlichen wissenschaftlichen Meinungen **104**

---

[189] KMR-*Paulus* 61; *Kleinknecht/Meyer*[37] 33; *v. Hentig* 94; *Peters* Fehlerquellen 3 77; *J. Meyer* ZStW **84** (1972) 933; **a. A** OLG Celle NdsRpfl. **1970** 47.

[190] OLG Köln NJW **1963** 968; KMR-*Paulus* 61; *Kleinknecht/Meyer*[37] 33; *Alsberg* Justizirrtum 104; *Wasserburg* Handb. 314.

[191] **A. A** OLG Oldenburg MDR **1985** 518 L.

[192] KG *Alsb.* E **2** Nr. 259 = GA **53** (1906) 184; *Eb. Schmidt* 20; KMR-*Paulus* 62; *Kleinknecht/Meyer*[37] 33; *Neumann* 43; *Peters* Fehlerquellen 3 78; *Alsberg/Nüse* 169 Fußn. 3; *Alsberg* Justizirrtum 105; *Wasserburg* Handb. 314; einschränkend OLG Dresden *Alsb.* E **2** Nr. 257, das die Neuheit davon abhängig machen will, daß die neuen Tatsachen in keinem Zusammenhang mit dem Gegenstand der früheren Aussage stehen.

[193] KMR-*Paulus* 62; *Kleinknecht/Meyer*[37] 33; *Peters* Fehlerquellen 3 78, der das aber für eine unter Umständen neue Tatsache hält; **a. A** *Wasserburg* Handb. 315; *Neumann* 44, der in dem eidlichen Zeugnis ein neues Beweismittel sieht und im übrigen der Meinung ist, die erneute Benennung des Zeugen enthalte die stillschweigende Behauptung, er werde jetzt anders als früher aussagen.

[194] OLG Königsberg DRiZ **1928** 862 = HRR **1928** 1861; KMR-*Paulus* 62; *Kleinknecht/Meyer*[37] 33; *Dalcke/Fuhrmann/Schäfer* 4; *Neumann* 44 ff.

[195] **A. A** OLG Hamm NStZ **1981** 155 mit Anm. *Peters* JR **1981** 439: neue Tatsache.

§ 359 Viertes Buch. Wiederaufnahme

und sogar zu regelrechten Schulenstreiten führt. Wird ohnehin die wachsende Abhängigkeit des Richters vom Sachverständigen angesichts der zunehmenden Spezialisierung und Komplizierung aller Lebensumstände immer bedrückender empfunden, so kann und darf es nicht verwundern, wenn versucht wird, das Interesse der Rechtsgemeinschaft an der Rechtssicherheit nachdrücklich zu betonen und rechtskräftige Entscheidungen nicht mehr (u. U. erneut) in den Strudel des wissenschaftlichen Meinungsstreites hineinzuziehen[196]. Unter zusätzlicher Berücksichtigung der faktischen Unmöglichkeit, alle Sachkundigen in einem Strafverfahren zu hören, kann deshalb der Antrag auf Zuziehung eines (jeden) bisher noch nicht gehörten Sachverständigen allein noch nicht zur Wiederaufnahme des Verfahrens führen. Deshalb hat man versucht, den *Sachverständigenbeweis i. S. des § 359 Nr. 5* bloß auf die **Person**[197] oder bloß auf das **Gutachten** (unten Rdn. 105) zu beschränken, oder aber dessen **Neuheit** von bestimmten einschränkenden Voraussetzungen abhängig zu machen. Damit aber werden nicht bloß die **Begriffe** des **Beweismittels** und der Neuheit verdunkelt, sondern es wird zudem die richtige Lösung des aufgezeigten Problems erschwert, die im Bereich der Erheblichkeitsprüfung zu suchen ist und dort auch gefunden werden kann. Das schwierige, oben aufgezeigte Problem des Sachverständigenbeweises stellt sich ja nicht erst im Wiederaufnahmeverfahren, sondern schon sehr viel früher im Erkenntnisverfahren — und dort kann ihm derzeit noch mit den Mitteln der §§ 244, 245 einigermaßen ausreichend begegnet werden. Deshalb sei vorangestellt, daß die richtige Lösung auf der von der Rechtsprechung vorgezeichneten Linie zu suchen ist: könnte der im Wiederaufnahmeverfahren gestellte Antrag auf Erhebung eines (neuen) Sachverständigenbeweises im Erkenntnisverfahren nach § 244 Abs. 2 bis 4 abgelehnt werden, so ist dieser Antrag ungeeignet, die von § 359 Nr. 5 zugelassenen Wiederaufnahmeziele zu erreichen und kann folglich die Erheblichkeitsschwelle nicht passieren.

105   Wie die übrigen Beweismittel, so ist auch der Sachverständigenbeweis eine aufeinander bezogene *Einheit* von *Beweisträger* (Beweisperson = Sachverständiger) und *Beweisinhalt* (Gutachten), also die gutachtliche Äußerung eines bestimmten Sachverständigen (s. oben Rdn. 76). Dieses Beweismittel ist dann neu, wenn entweder **Beweisträger (der Sachverständige)** und **Beweisinhalt (Gutachten)** oder aber nur der Sachverständige oder nur dessen Gutachten bisher vom erkennenden Gericht im oben Rdn. 85 dargelegten Sinne noch nicht berücksichtigt worden sind.

106   aa) Damit ist ein **erstmals heranzuziehender Sachverständiger** stets ein neues Beweismittel. Hat das erkennende Gericht eine Beweisfrage ohne Anhörung eines Sachverständigen aus eigener Sachkunde entschieden, so ist ein Sachverständiger, der hierzu ein Gutachten abgeben soll, ein neues Beweismittel im Sinne des § 359 Nr. 5[198]; zum erforderlichen Antragsvorbringen vgl. unten Rdn. 170. Auch in dem selten vorkommenden Fall, daß die Urteilsfeststellungen erstmals im Wiederaufnahmeverfahren Anlaß zu sachkundiger Beurteilung geben sollen, wird mit einem Sachverständigen ein neues Beweismittel beigebracht.

106a In den meisten Fällen behauptet der Antragsteller bei der erstmaligen Benennung von Sachverständigen im Wiederaufnahmeverfahren zugleich **neue Tatsachen**, z. B. neue, bei einer Unterbringung nach § 81 in einem anderen Strafverfahren gewonnene Erkenntnisse über den psychischen Zustand des Verurteilten[199]; in solchen Fällen kann

---

[196] S. dazu *Wasserburg* Handb. 310 ff.
[197] So z. B. LR-*Meyer*[23] 36; s. auch oben Rdn. 76, insbes. Fußn. 147.
[198] *Kretschmann* Recht **1917** 503.
[199] OLG Karlsruhe DStrZ **1916** 264; *Eb. Schmidt* 22.

der Wiederaufnahmeantrag zugleich auf das Vorliegen neuer Tatsachen und neuer Beweismittel gestützt werden.

bb) Äußerst kontrovers wird die Frage beurteilt, ob und unter welchen Voraussetzungen ein **weiterer Sachverständiger**, der das Gutachten des in der Hauptverhandlung gehörten Sachverständigen widerlegen oder zumindest erschüttern soll, eine neues Beweismittel im Sinne des § 359 Nr. 5 ist. **107**

Unter Berücksichtigung des oben Rdn. 104 erwähnten Konflikts erscheint es verständlich, daß vor allem die ältere Rechtsprechung befürchtete, dem Verurteilten könnte es nur allzu leicht gelingen, einen Sachverständigen zu finden, der die Ansicht seines von dem erkennenden Gericht herangezogenen Fachkollegen nicht teilt. Daher wurde entschieden, daß das **Beweismittel** nicht der **Sachverständige,** sondern sein **Gutachten** ist, die Benennung eines neuen Sachverständigen also nicht den Anforderungen des § 359 Nr. 5 entspricht[200]. Das Kammergericht wollte den Sachverständigen nur dann als neues Beweismittel zulassen, wenn er sich mit dem Gegenstand des Verfahrens schon erfolgreich beschäftigt hatte, seine Benennung also mit der Behauptung einer neuen Tatsache verbunden ist[201], hat diese Ansicht aber[202] alsbald wieder aufgegeben. Auch andere Gerichte erkannten den Sachverständigen nur unter der Voraussetzung als neues Beweismittel an, daß **für die Begutachtung eine neue tatsächliche Grundlage** bestehe[203], daß die tatsächlichen Grundlagen des bisherigen Gutachtens unrichtig seien[204] oder daß bisher nicht zur Beurteilung gelangte Tatsachen herangezogen werden sollten[205]. Weil überdies zunehmend erkannt wurde, daß nicht selten neue Beweismittel zugleich neben neuen Tatsachen vorlagen, wurde der Frage der Neuheit der Beweismittel in Rechtsprechung[206] und Schrifttum[207] zunehmend weniger Beachtung geschenkt; auch hält man zunehmend die Frage der **Neuheit des Sachverständigen nicht mehr für erwägenswert**[208], weil es im Grunde nur auf die **Geeignetheit** des Beweismittels im Sinne des § 359 Nr. 5 ankomme. Danach ist jeder weitere Sachverständige ein „neues und geeignetes" Beweismittel, wenn sein Gutachten geeignet ist, das frühere Gutachten zu erschüttern[209]. Als geeignet wird der Sachverständige ohne weiteres angesehen, wenn die Voraussetzungen vorliegen, unter denen nach § 244 Abs. 4 Satz 2 Halbsatz 2 ein Rechtsanspruch auf Heranziehung eines weiteren Sachverständigen besteht[210]. **107a**

Nach der hier vertretenen Ansicht ist davon auszugehen, daß wegen des als **Einheit von Beweisinhalt und Beweisträger** verstandenen **Begriffs des Beweismittels** so- **108**

---

[200] OLG Düsseldorf *Alsb.* E **2** Nr. 260 a = GA **69** (1925) 467 mit abl. Anm. *Bergmann; Alsb.* E **2** Nr. 260 c; JR Rspr. **1925** Nr. 744; OLG Kassel *Alsb.* E **2** Nr. 260 b = GA **54** (1907) 99.
[201] KG JW **1927** 3060 = GA **72** (1928) 218; so noch *Peters* Fehlerquellen **3** 98.
[202] Wie *Klee* DStR **1938** 424 mitteilt.
[203] OLG Dresden *Alsb.* E **2** Nr. 262 a; OLG Rostock *Alsb.* E **2** Nr. 263 b.
[204] OLG Jena *Alsb.* E **2** Nr. 262 b; ähnlich *Klee* DStR **1938** 423.
[205] OLG Hamburg GA **51** (1904) 210 L.
[206] Vgl. OLG Karlsruhe JW **1931** 1643 mit Anm. *Mannheim* JW **1931** 3581, für Zeugen vgl. OLG Frankfurt JR **1984** 40 mit Anm. *Peters.*
[207] Vgl. *Roxin*[19] § 55 B III 1.
[208] Beklagt von LR-*Meyer*[23] 50, s. auch *Kleinknecht/Meyer*[37] 35.
[209] *Eb. Schmidt* 22; *Peters* Fehlerquellen **3** 73; so schon *Feisenberger* 9; *Alsberg* Justizirrtum 111; *Hirschberg* MSchrKrimPsych. **1930** 409.
[210] OLG Braunschweig GA **1956** 266; OLG Karlsruhe MDR **1972** 800; OLG Koblenz OLGSt 59; KMR-*Paulus* 63; s. auch KK-*v. Stackelberg* 26.

§ 359   Viertes Buch. Wiederaufnahme

wohl eine **neue** (vom Gericht bisher nicht berücksichtigte) **gutachtliche Äußerung** eines vom erkennenden Gericht vernommenen Gutachters ein neues Beweismittel darstellt[211] wie auch gutachtliche Äußerungen, die nicht bzw. fehlerhaft wahrgenommen wurden. Das OLG Frankfurt hat in seiner oben Fußn. 173 mitgeteilten Entscheidung zwar lediglich eine neue Tatsache angenommen; weil hier jedoch der gutachtlichen Äußerung zugleich ein neuer Inhalt zukommt, liegt in diesem Fall auch ein neues Beweismittel vor. Gleiches gilt aber auch umgekehrt: wird eine **neue sachkundige Person** zu einem vom Gericht bereits verwerteten Gutachteninhalt als Sachverständiger benannt, so ist diese Person nicht bloß Beweismittel, sondern zudem auch *neues* Beweismittel[212]. Wird in vielen Fällen einem derartigen Beweismittel auch die Erheblichkeit fehlen (nicht bloß bei gleichem Gutachten- und damit Beweisinhalt, sondern auch, wenn bei neuem Inhalt z. B. nach § 244 Abs. 2 ein entsprechender Beweisantrag abgelehnt werden könnte), so doch nicht in allen: es ist durchaus möglich, daß ein neuer Gutachter aufgrund neuer wissenschaftlicher Erkenntnisse bei unveränderter tatsächlicher Grundlage genau jenes bejaht, was das Gericht aufgrund des früheren Gutachtens in ablehnender Auseinandersetzung mit dem jetzt als richtig erkannten Ergebnis verneint hatte[213].

g) Neuheit des Augenscheinsbeweises

109   aa) Eine ähnliche **Unklarheit** wie bei der Frage der Neuheit des Sachverständigenbeweises herrscht bei der Beurteilung der Neuheit des Beweises durch richterlichen Augenschein. Vom Standpunkt derer, die die Kenntnis des Gerichts von der Möglichkeit der Beweiserhebung zum Maßstab für die Neuheit machen (oben Rdn. 96), ist der Augenschein niemals ein neues Beweismittel; denn dem Gericht stand es jederzeit frei, sich dieses Beweismittels zu bedienen[214]. Umgekehrt sehen die Vertreter der wohl überwiegend vertretenen Ansicht, daß die Neuheit nur davon abhängt, daß das erkennende Gericht das Beweismittel nicht benutzt hat, die bisher nicht stattgefundene Augenscheinseinnahme ohne weiteres als neues Beweismittel an[215]. In der Rechtsprechung wird auch die Meinung vertreten, die Augenscheinseinnahme sei ein „geeignetes neues Beweismittel", wenn das Antragsvorbringen ergibt, daß sie andere oder neue Tatsachen ans Licht bringen werde gegenüber damals, als das Gericht sie nicht für erforderlich hielt[216]. Zur Lösung dieser Kontroverse ist von den gleichen Grundsätzen auszugehen, die schon bisher zur Beurteilung der Neuheit von Beweismitteln herangezogen wurden (oben Rdn. 78, 79 ff).

110   bb) Zunächst ist auch hier zu beachten, daß auch das Beweismittel des **Augenscheins** als aufeinanderbezogene **Einheit von Beweisträger** (Augenscheinsobjekt) und

---

[211] Davon geht auch der BGH NJW **1963** 1019, 1020 (= BGHSt **18** 225, dort jedoch im hier interessierenden Teil nicht abgedruckt) bei der Beurteilung der Neuheit eines Beweismittels i. S. des § 211 aus, wobei insoweit zwischen §§ 211 und § 359 „kein grundsätzlicher Unterschied" gesehen wird (NJW **1963** 1021 = BGHSt **18** 226).

[212] *Peters*[4] § 76 III 3 S. 675.

[213] Vgl. dazu z. B. die von *Peters* Fehlerquellen **1** mitgeteilten Fälle *Jordan* (S. 99), *Zehrer* (S. 102) und *Rohrbach* (S. 105).

[214] KG JW **1928** 1950; *Dalcke/Fuhrmann/Schäfer* 4.

[215] *Eb. Schmidt* 23; *Peters* Fehlerquellen **3** 75; *Neumann* 45; einschränkend KMR-*Paulus* 65 und *J. Meyer* ZStW **84** (1972) 932: wenn das Gericht früher keinen Anlaß hatte, die Augenscheinseinnahme vorzunehmen oder – so zusätzlich KMR-*Paulus* 65 – dazu nicht in der Lage war.

[216] OLG Frankfurt NJW **1966** 2423: wenn sich nach dem Urteil ein weiterer bisher unbekannter Tatort mit erheblicher Beweiskapazität ergibt; s. auch KMR-*Paulus* 65.

Beweisinhalt (Wahrnehmung des Beweisträgers und seiner Eigenschaften) zu verstehen ist. Deshalb ist der Augenschein auch dann ein neues Beweismittel, wenn allein die Wahrnehmung des Augenscheinsobjekts und dessen Eigenschaften unterblieben war oder sonst fehlerhaft erfolgte (oben Rdn. 89); das Beweismittel ist jedoch dann **nicht neu**, wenn die zutreffende Wahrnehmung fehlerhaft bewertet oder daraus fehlerhafte Folgerungen gezogen wurden (oben Rdn. 90). Die Neuheit des Beweismittels Augenschein wird auch nicht notwendig dadurch ausgeschlossen, daß in dem mit der Wiederaufnahme angegriffenen Urteil das Gegenteil dessen festgestellt ist, was mit dem im Wiederaufnahmeantrag benannten Augenscheinsbeweis bewiesen werden soll (s. dazu oben Rdn. 91 ff, 99, 103, 108).

Umgekehrt begründet die **Neuheit** bloß des **Augenscheinsobjekts** ebenfalls die **111** Neuheit des gesamten Beweismittels Augenschein. Wie schon beim Sachverständigenbeweis, so kann auch hier aber die Erheblichkeit fehlen, wenn der Beweisinhalt schon mit den Urteilsfeststellungen übereinstimmt oder aber ein entsprechender Beweisantrag nach § 244 Abs. 2 bis 5 abgelehnt werden kann (Rdn. 108).

cc) Die Neuheit des Augenscheinsbeweises kann nicht anders bestimmt werden **112** als die Neuheit der übrigen Beweismittel und die Neuheit von Tatsachen: § 359 Nr. 5 läßt eine unterschiedliche Interpretation des Begriffs „neu" nicht zu. Deshalb kommt es auch hier allein darauf an, ob das jeweils erkennende Gericht den Augenscheinsbeweis zur **Kenntnis genommen** und von ihm (in welcher Richtung auch immer) **Gebrauch gemacht,** also verwertet hat oder nicht (oben Rdn. 84 ff). Die insoweit abweichenden oder einschränkenden Meinungen (oben Rdn. 109) führen systemwidrig zu verschiedenen Bedeutungen des von § 359 Nr. 5 für alle Tatsachen und Beweismittel einheitlich verwendeten Begriffs der Neuheit.

5. Die Bedeutung der Geeignetheit der nova zur Erreichung der mit der restitutio propter nova verfolgbaren Ziele
  a) Die Erreichung der Wiederaufnahmeziele als Gegenstand der Geeignetheit. 113
Die Neuheit von Tatsachen oder Beweismitteln genügt nach § 359 Nr. 5 allein nicht zur Wiederaufnahme. Die Vorschrift verlangt ferner, daß die neuen Tatsachen oder Beweismittel allein oder in Verbindung mit den früher erhobenen Beweisen geeignet sind, die Freisprechung des Verurteilten oder seine geringere Bestrafung aufgrund eines anderen und milderen Strafgesetzes oder eine wesentlich andere Entscheidung über Sicherungsmaßregeln zu begründen. § 359 Nr. 5 benennt damit ausdrücklich nur für den dort normierten Wiederaufnahmegrund die **zulässigen Wiederaufnahmeziele**, die indes von der Rechtsprechung um das der Einstellung erweitert sind und damit jenen entsprechen, die auch im übrigen mit der Wiederaufnahme zugunsten des Verurteilten zulässigerweise verfolgt werden (oben Rdn. 11, unter Rdn. 124 ff). Darüber hinaus ist die von § 363 normierte Zielbeschränkung zu beachten, wobei die des § 363 Abs. 1 (keine Strafmaßwiederaufnahme bei Anwendung desselben Strafgesetzes) schon in der speziellen Beschränkung des § 359 Nr. 5 enthalten ist (oben Rdn. 54). Diese Wiederaufnahmeziele bilden zugleich den gegenständlichen Bezugspunkt der von § 359 Nr. 5 verlangten besonderen Eignung der nova; allerdings bedarf dieses Eignungskriterium näherer Betrachtung insbesondere schon deshalb, weil auch § 368 Abs. 1 das Vorliegen „geeigneter Beweismittel" zur Zulässigkeit jedes Wiederaufnahmeantrags macht.

  b) Die Geeignetheit i. S. des § 359 Nr. 5 und i. S. des § 368
  aa) Mit der restitutio propter nova soll den in der angefochtenen Entscheidung **114** angeordneten Rechtsfolgen die **tatsächliche Basis** entzogen (oben Rdn. 56) und durch

eine neue ersetzt werden, welche die den erwähnten Wiederaufnahmezielen entsprechenden Rechtsfolgenentscheidungen (einschließlich Freispruch) zu erreichen erlaubt. Damit lassen sich die *Wiederaufnahmeziele unmittelbar nur über Tatsachen* erreichen; über *Beweismittel* können diese Ziele *nur mittelbar* über die zu beweisenden Tatsachen erreicht werden.

115 bb) Im Fall des § 359 Nr. 5 kann diese tatsächliche Basis einmal über neue Tatsachen erreicht werden, zum anderen aber auch durch neue förmliche Beweismittel i. S. der StPO (oben Rdn. 74), mit denen dem Gericht neue oder auch schon bekannte, aber als nichtexistent oder sonst als bedeutungslos beurteilte Tatsachen als taugliche Grundlage zur Erreichung der Wiederaufnahmeziele präsentiert werden: durch einen bisher unbekannten Zeugen kann die vom Gericht bereits eingehend erörterte Tatsache der Anwesenheit des Angeklagten am Tatort zur Tatzeit durchaus widerlegt werden[217].

115a Im Fall des § 368 Abs. 1 ist die Geeignetheit der Beweismittel, die hier nicht neu zu sein brauchen, ebenfalls (mittelbar über die vom Wortlaut genannte Geltendmachung von gesetzlichen Wiederaufnahmegründen) auf die Erreichung der Wiederaufnahmeziele zu beziehen. Wie im Fall des § 359 Nr. 5 lassen sich diese Ziele nicht unmittelbar durch Beweismittel erreichen, sondern nur mittelbar durch den Beweis jener Tatsachen, die entweder unmittelbar die erstrebten Rechtsfolgen auslösen können oder aber mittelbar als indizielle Tatsachen den Schluß auf das Vorliegen der unmittelbar das Wiederaufnahmeziel herbeiführenden Tatsachen erlauben.

116 cc) Bei gleichem Geeignetheitsbegriff ist der **Tatsachen- und Beweismittelbegriff** des § 368 Abs. 1 dagegen **verschieden** von dem des § 359 Nr. 5.

116a Während *§ 359 Nr. 5 sämtliche* Tatsachen erfaßt, sofern sie neu sind, die entweder mittelbar als indizielle Tatsachen oder aber unmittelbar die dort genannten Wiederaufnahmeziele (einschließlich der Verfahrenseinstellung) herbeiführen können, bezieht sich *§ 368 Abs. 1* auf die einzelnen *gesetzlichen* Wiederaufnahmegründe und macht deren tatsächliche Voraussetzungen zum Gegenstand des mit Beweismitteln zu führenden Nachweises. Während also **§ 359 Nr. 5** als inhaltliche Voraussetzung der restitutio propter nova das **Vorliegen** solcher Tatsachen verlangt, die zur Erreichung der Wiederaufnahmeziele *geeignet* sind, verlangt § 368 Abs. 1 auch im Fall der restitutio propter nova **zusätzlich den Nachweis** des Vorliegens solcher Tatsachen durch *geeignete* Beweismittel, wie zudem bei den übrigen Wiederaufnahmegründen.

117 Dieser Nachweis aber kann weder allein noch stets durch die **förmlichen Beweismittel** geführt werden: einmal kann der Nachweis des Vorliegens bestimmter Wiederaufnahmegründe nur durch bestimmte Beweismittel und keineswegs durch alle förmlichen Beweismittel geführt werden (im Fall des § 359 Nr. 3 keinesfalls durch Augenschein, wohl aber durch Urkunden), zum andern aber lassen sich Tatsachen i. S. des § 359 Nr. 5 nicht stets durch die förmlichen Beweismittel nachweisen, wie z. B. der Wegfall eines Geständnisses, mögen auch Indizien für den unrichtigen Inhalt des Geständnisses (das Geständnis wurde unter Eindruck einer ernst zu nehmenden, später weggefallenen Morddrohung abgelegt) mit den förmlichen Beweismitteln der StPO nachgewiesen werden können. Ebenso kann das Vorliegen eines neuen förmlichen Beweismittels, das nach § 359 Nr. 5 zur Erreichung der Wiederaufnahmeziele geeignet ist (ebenfalls inhaltliche Voraussetzung der restitutio propter nova) nach § 368 Abs. 1 durch ein nichtförmli-

---

[217] Zur Neuheit des Gegenteils einer im Urteil festgestellten Tatsache s. oben Rdn. 91 f.

ches Beweismittel nachgewiesen werden: so die Erklärung des Verurteilten, der Hauptbelastungszeuge habe ihm auf dem Totenbett gestanden, die zur Verurteilung führende belastende Aussage wegen eines hohen Geldbetrags fälschlich gemacht zu haben.

Der in Rechtsprechung und Literatur hin und wieder anzutreffenden Auffassung, der Begriff **„Beweismittel"** werde in der **StPO** stets in der **gleichen Bedeutung** gebraucht[218], kann folglich für § 368 Abs. 1 nicht gefolgt werden, weil anders neue Tatsachen entgegen dem Willen der StPO dann nicht die Wiederaufnahme begründen könnten, ließen sie sich nicht durch förmliche Beweismittel nachweisen — ein Problem, welches sich bei § 359 Nr. 5 deshalb nicht stellt, weil eine geänderte Verurteilteneinlassung über den Tatsachenbegriff berücksichtigt werden kann. Damit ist auch die Erklärung des Verurteilten als Beweismittel im weiteren Sinne auch als Beweismittel im Sinne des § 368 Abs. 1 anzuerkennen[219]. **117a**

Damit **unterscheiden** sich sowohl der **Beweismittelbegriff** des § 368 Abs. 1 von dem des § 359 Nr. 5 als auch die zur Erreichung der Wiederaufnahmeziele tauglichen **tatsächlichen** Voraussetzungen, die in beiden Vorschriften jeweils in Bezug genommen sind (§ 359 Nr. 5: alle Tatsachen, sofern sie neu sind; § 368 Abs. 1: die tatsächlichen Voraussetzungen der Wiederaufnahmegründe einschließlich der in § 359 Nr. 5 verlangten neuen Tatsachen und Beweismittel). Dagegen **stimmen** beide Vorschriften in ihrem **Geeignetheitsbegriff überein**: er ist jeweils auf die Erreichung der Wiederaufnahmeziele bezogen. Während aber § 359 Nr. 5 (wie alle anderen Wiederaufnahmegründe auch) die inhaltlichen Voraussetzungen dieser Geeignetheit festlegt, enthält § 368 Abs. 1 eine verfahrensrechtliche Norm über deren Nachweis. **118**

6. Der gegenständliche Bezugspunkt der Geeignetheit
a) Die Eignung zum Freispruch

aa) Regelmäßig kann die Eignung zur Freisprechung mit neuen Tatsachen (zum Kreis der berücksichtigungsfähigen Tatsachen s. oben Rdn. 59 ff) oder mit neuen Beweismitteln (zum Kreis und Begriff der Beweismittel s. oben Rdn. 74 ff) zu einem **anderen** als dem **im Urteil festgestellten Geschehensablauf** begründet werden (oben Rdn. 91), dann allerdings **nicht**, wenn auch der neue Geschehensablauf die Täterschaft des Verurteilten nicht ausschließt. **119**

Trägt der Antragsteller vor, er sei nicht der Täter, sondern habe die **Schuld für einen anderen** auf sich genommen, so ist der Wiederaufnahmeantrag entgegen einer im Schrifttum vertretenen Meinung durchaus geeignet, seine Freisprechung herbeizuführen, der dann aber, falls noch keine Verjährung eingetreten ist, eine Verurteilung des im Wiederaufnahmeverfahren Freigesprochenen nach §§ 145 d, 164, 257 oder 258 StGB nachfolgen wird. Wegen der damit verbundenen Möglichkeit einer höheren Bestrafung hält Peters dieses in der Praxis nicht seltene Verfahren für unzulässig, weil das falsche Geständnis dieselbe Tat betreffe, die begangen zu haben er fälschlich gestanden habe[220]. Für den Regelfall wird allerdings das falsche Geständnis nicht dieselbe Tat im **120**

---

[218] Vgl. z. B. KG JR **1976** 76 mit ablehnender Anmerkung Peters hinsichtlich des Begriffs Beweismittel in § 359 Nr. 5 und § 368 Abs. 1; OLG Karlsruhe NJW **1958** 1247 hinsichtlich § 368 Abs. 1 und § 244 und Peters Fehlerquellen **3** 72 hinsichtlich §§ 94, 200, 244, 245, 359.

[219] Eb. Schmidt 24; KK-v. Stackelberg § 366, 3;

Peters Fehlerquellen **3** 72 und JR **1976** 77 f; a. A KG JR **1976** 76 und im Ergebnis wohl auch OLG Karlsruhe NJW **1958** 1247.

[220] Peters Lb.⁴ § 76 III 6, Fehlerquellen **3** 42 f und FS Kern 354 ff; zust. LR-Meyer²³ 58 und Kleinknecht/Meyer³⁷ 38.

prozessualen Sinne betreffen wie die Tat, die zu Unrecht „gestanden" wurde: deshalb kann wegen des falschen Geständnisses durchaus erneut verurteilt werden — nur in den jedenfalls denkbaren Fällen der Identität zwischen falschem Geständnis und fälschlich gestandener Tat ist Freispruch im Wege der Wiederaufnahme nicht erreichbar.

121 Eine **Straffreierklärung** nach § 199 StGB und das Absehen von Strafe nach § 233 StGB sind keine Freisprechung im Sinne des § 359 Nr. 5[221], können aber Ziel einer Einstellung sein (oben Rdn. 69).

122 bb) Die Freisprechung muß nicht das ganze Urteil betreffen. Waren mehrere in Tatmehrheit begangene Taten Gegenstand des Urteils, so ist die Wiederaufnahme nach § 359 Nr. 5 daher auch zulässig, wenn nur die **teilweise Freisprechung** erstrebt wird[222]. Bei einer Verurteilung wegen einer fortgesetzten Handlung erfolgt keine Freisprechung, wenn zwar der Nachweis geführt wird, daß einzelne Teilakte der Tat nicht vorliegen, aber immer noch mindestens zwei Teilakte erwiesen bleiben. Denn in diesem Fall würde der Wegfall der Einzelakte an dem Urteilsausspruch nichts ändern, sondern nur die Straffrage berühren[223]. Anders ist es, wenn der Antragsteller den Wegfall der Verurteilung wegen aller Teilakte der Fortsetzungstat mit einer einzigen Ausnahme erstrebt. In diesem Fall muß wegen der anderen Teilakte förmlich freigesprochen werden, so daß insoweit die Voraussetzungen des § 359 Nr. 5 vorliegen[224]. Entsprechendes gilt, wenn wegen eines Einzelakts die Freisprechung, im übrigen aber die Einstellung aufgrund eines Straffreiheitsgesetzes erstrebt wird[225].

123 Bei **wahlweiser Verurteilung** ist die Wiederaufnahme zulässig, mit der der Nachweis erstrebt wird, daß der Verurteilte keine der in Betracht kommenden Straftaten begangen hat. Die Wiederaufnahme kann aber auch mit dem Ziel betrieben werden, nur eines der Delikte auszuschalten; denn da das andere nicht voll erwiesen ist (andernfalls wäre keine Wahlfeststellung nötig gewesen), muß der Verurteilte auch in diesem Fall freigesprochen werden[226].

124 b) **Eignung zur Verfahrenseinstellung.** Daß die Wiederaufnahme auch bei der Eignung der nova zu einer **Einstellung mit strafklageverbrauchender Wirkung** betrieben werden kann, ist inzwischen allgemein anerkannt.

124a aa) Früher herrschte allerdings die Ansicht vor, die Wiederaufnahme sei, abgesehen von dem Fall der Strafherabsetzung aufgrund eines milderen Gesetzes, nur zulässig,

---

[221] KG HRR **1935** 560; OLG Stettin *Alsb.* E **2** Nr. 275 = LZ **1925** 774; *Eb. Schmidt* 29; *Beling* 432 Fußn. 1; *Neumann* 52; *Peters* Fehlerquellen **3** 89.

[222] *Eb. Schmidt* 29; *Neumann* 52; *Wasserburg* Handb. 331; oben Rdn. 12.

[223] OLG Köln *Alsb.* E **2** Nr. 283; OLG Kiel SchlHA **1950** 198; OLG München MDR **1982** 250; *Eb. Schmidt* 29; *Kleinknecht/Meyer*[37] 38; *Dippel* in *Jescheck/Meyer* 62; *Neumann* 75 ff; a. A *Peters* Lb.[4] § 76 III 5, Fehlerquellen **3** 10, 93, FS Gallas 447 und FS Kern 340 ff, der die Wiederaufnahme hinsichtlich jeden Einzelaktes zulassen will, was gegen § 363 verstößt; auch KK-*v. Stackelberg* 32, *Kleinknecht*[33] 15 und *Wasserburg* Handb. 331 f wollen sich über § 363 hinwegsetzen, sofern eine wesentliche andere Entscheidung im Rechtsfolgenausspruch zu erwarten ist.

[224] OLG Oldenburg NJW **1952** 1029; KMR-*Paulus* 43; *Kleinknecht/Meyer*[37] 38; *Eb. Schmidt* 29; *Schlüchter* 771.1; *Schorn* Strafrichter 359 ff; a. A RMilGE **3** 198; **6** 70; **7** 303; OLG Kiel HRR **1935** 709; SchlHA **1950** 198 und **1978** 190; *Neumann* 75; *Ditzen* GA **53** (1906) 64, die die Wiederaufnahme nur zulassen wollen, wenn sich der Antrag gegen sämtliche Einzelakte richtet.

[225] OLG Dresden HRR **1942** 516.

[226] KK-*v. Stackelberg* 29; KMR-*Paulus* 43; *Kleinknecht/Meyer*[37] 38.

wenn sie sich gegen die **Beweisgrundlagen zur Schuldfrage** richtete und daher zur Freisprechung führen könne[227]. Diese Auslegung des § 359 Nr. 5 ist zu eng. Nach dem Sinn der Vorschrift müssen alle richterlichen Urteile, die in ihrer Bedeutung und Wirkung der Freisprechung gleichstehen, Gegenstand der Wiederaufnahme sein können. Das entspricht der jetzt überwiegend vertretenen Meinung[228].

Eine Einstellung des Verfahrens ist grundsätzlich nur bei Vorliegen eines **Prozeßhindernisses** in den Fällen der §§ 206 a, 260 Abs. 3 vorgesehen; auch in den übrigen Fällen gerichtlicher Einstellung z. B. nach §§ 153 ff wird zumeist das Vorliegen eines Verfahrenshindernisses (beschränkte Rechtskraft, s. § 153, 85) angenommen. Deshalb wohl ist heute anerkannt, daß die Wiederaufnahme auch mit dem Ziel der Einstellung wegen Fehlens bestimmter Prozeßvoraussetzungen betrieben werden kann (wenn auch nicht nach §§ 153 ff)[229]; § 359 Abs. 1 Nr. 1 in der Fassung von 1943 hatte das sogar ausdrücklich zugelassen. Jedoch wird allgemein verlangt, es müsse sich um Verfahrenshindernisse handeln, welche die Tat unmittelbar berühren und nicht nur das Verfahren betreffen[230].

125

bb) Indessen kann es weder darauf ankommen, aus welchem Grunde die Einstellung des Verfahrens möglich ist noch darauf, ob ein solcher Grund wie z. B. ein Prozeßhindernis die Tat berührt oder nicht. Wie bereits oben Rdn. 68 und Vor § 359, 36, 50 dargelegt wurde, ist die Wiederaufnahme nur gegen materiell rechtskräftige Entscheidungen statthaft, woraus sich ergibt, daß mit der restitutio propter nova **nur eine Einstellung** erstrebt werden kann, welche die **Strafklage verbraucht**[231]. Allerdings braucht diese Einstellung nicht die angefochtene Entscheidung insgesamt zu betreffen; die Ausführungen zu Rdn. 122, 123 gelten entsprechend.

126

Folglich ist die Wiederaufnahme nach § 359 Nr. 5 auch dann zulässig, wenn die neuen Tatsachen oder Beweismittel geeignet sind, zur Einstellung des Verfahrens mit strafklageverbrauchender Wirkung zu führen. Das ist z. B. bei der Einstellung wegen **Strafunmündigkeit, fehlenden Strafantrags, wegen Verjährung vor Urteilserlaß** und wegen des Prozeßhindernisses entgegenstehender **Rechtskraft** der Fall, nicht aber bei nicht beachteter anderweitiger Rechtshängigkeit, bei bloßer Verhandlungsunfähigkeit des Verurteilten im voraufgegangenen Verfahren und auch nicht bei der Einstellung nach §§ 153 ff[232]; wegen der Einzelheiten werden die Ausführungen zum Kreis der

127

---

[227] RGSt **19** 321; KG DJZ **1906** 657; GA **69** (1925) 128; OLG Braunschweig GA **39** (1891) 363; OLG Breslau *Alsb.* E **2** Nr. 270 b = GA **51** (1904) 375; OLG Celle GA **37** (1889) 80; OLG Darmstadt *Alsb.* E **2** Nr. 271 c; OLG Hamburg *Alsb.* E **2** Nr. 274; *Beling* 432 ff; *v. Kries* 707.

[228] BayObLGSt **17** 56 = DStrZ **1917** 439 unter Aufgabe der in BayObLGSt **2** 316, 354; **7** 401 vertretenen Ansicht; KG JW **1934** 2086; OLG Bamberg NJW **1955** 1121; OLG Breslau DStrZ **1920** 63; OLG Köln *Alsb.* E **2** Nr. 270 d; *Eb. Schmidt* 30; KK-*v. Stackelberg* 33; KMR-*Paulus* 44; *Kleinknecht/Meyer*[37] 39; *Dalcke/Fuhrmann/Schäfer* 4 a; *Neumann* 53; *Dickersbach* 58; *Geppert* GA **1972** 178; *Olbricht* GA **48** (1901) 104; *Schöneborn* MDR **1975** 10; *Schorn* Strafrichter 361 und MDR **1965** 870; *v. Spindler* GA **53** (1906) 433; vgl. auch RGSt **20** 46.

[229] *Eb. Schmidt* 30; KK-*v. Stackelberg* 33; KMR-*Paulus* 44; *Kleinknecht/Meyer*[37] 39; *Neumann* 53; s. dazu auch unten § 373, 17.

[230] OLG Frankfurt NJW **1983** 2398 f; KK-*v. Stackelberg* 33; *Kleinknecht/Meyer*[37] 39; vgl. auch *Peters* Fehlerquellen **3** 62 und FS Kern 339; **a. A** *Geppert* GA **1972** 179.

[231] Im Ergebnis ebenso wohl *Peters*[4] § 76 III 4 und *Hassemer* NJW **1983** 2356.

[232] *Peters* Fehlerquellen **3** 90 will den Antrag zulassen, wenn die Einstellung zugleich mit der Behauptung erstrebt wird, ein milderes Gesetz anzuwenden; vgl. auch *J. Meyer* NJW **1969** 1361.

§ 359 Viertes Buch. Wiederaufnahme

hinsichtlich der Verfahrenseinstellung berücksichtigungsfähigen Tatsachen (oben Rdn. 68 ff) in Bezug genommen.

128 c) **Eignung zur minderschweren Bestrafung.** Die Wiederaufnahme propter nova ist auch dann zulässig, wenn die neuen Tatsachen oder Beweismittel geeignet sind, eine minderschwere Bestrafung zu begründen.

129 aa) Mit dem Ziel der **Strafherabsetzung** kann die Wiederaufnahme indessen nur betrieben werden, wenn die Verurteilung aufgrund eines anderen Strafgesetzes (dazu § 363, 6 ff) erstrebt wird, das eine mildere Strafe vorsieht. Der Wiederaufnahmeantrag ist nur zulässig, wenn die Herabsetzung der Hauptstrafe (Freiheits- oder Geldstrafe) erstrebt wird, nicht nur der Wegfall oder die Milderung einer Nebenstrafe, etwa des Fahrverbots nach § 44 StGB[233].

129a Die **Straffreierklärung** nach § 199 StGB und das Absehen von Strafe nach § 233 StGB stehen einer minderschweren Bestrafung **nicht gleich**[234]; sie können aber Ziel einer Einstellung sein (oben Rdn. 69).

130 Richtet sich der Wiederaufnahmeantrag im Ergebnis nur gegen die Verurteilung wegen einer **tateinheitlich** begangenen Straftat, so ist er zulässig, wenn es sich um die schwerere Strafvorschrift handelt, der nach § 52 StGB die Strafe entnommen worden ist[235]. Unzulässig ist er, wenn nur der Wegfall der Verurteilung nach der weniger schweren Strafvorschrift erstrebt wird, die für die Strafe nicht bedeutsam ist[236]. Wenn die Straftatbestände die gleichen Strafandrohungen enthalten, kann die Wiederaufnahme mit dem Ziel der Strafmilderung wegen Wegfalls einer der tateinheitlichen Verurteilungen betrieben werden (§ 363, 7).

131 bb) Ein **milderes Gesetz** ist ein Gesetz, das eine geringere Strafandrohung enthält als das der Verurteilung zugrunde liegende Gesetz[237]. Milder ist die Strafandrohung immer, wenn eine geringere Mindeststrafe[238] oder Höchststrafe vorgesehen ist[239]. War die Strafe einem Gesetz entnommen, das beim Vorliegen bestimmter tatsächlicher Umstände eine Straferhöhung vorsieht, so ist ein Gesetz milder, das eine solche Bestimmung nicht enthält. Milder ist schließlich auch ein Gesetz, das bestimmte, die Strafbarkeit vermindernde Umstände vorsieht[240]. Die Wiederaufnahme mit dem Ziel, eine mildere Bestrafung dadurch zu erlangen, daß ein (unbenannter) minder schwerer Fall angenommen oder die Annahme eines (unbenannten) besonders schweren Falls aufgegeben wird, ist unzulässig[241].

---

[233] KMR-*Paulus* 49; *Kleinknecht/Meyer*[37] 40; a. A für das Bußgeldverfahren *Göhler* § 85, 11.
[234] KMR-*Paulus* 49; *Neumann* 55 f.
[235] OLG Hamm NJW **1980** 717; *Eb. Schmidt* 33; *Dalcke/Fuhrmann/Schäfer* 5; KMR-*Paulus* 48.
[236] RG JW **1930** 3422; RMG **22** 221; OLG Hamburg MDR **1953** 119; OLG Hamm JMBlNRW **1950** 144; OLG Koblenz OLGSt § 371 S. 1; OLG Köln DJZ **1905** 824; OLG Königsberg Alsb. E **2** Nr. 282; *Dalcke/Fuhrmann/Schäfer* 5; *Dippel* in *Jescheck/Meyer* 62; *Neumann* 76; *Alsberg* Justizirrtum 60; *Arndt* GA **73** (1929) 166; a. A *Peters* Fehlerquellen **3** 94, der die Bestrafung aus einem Gesetz immer für milder hält als die „aus mehreren".
[237] OLG Hamm NJW **1955** 565; KMR-*Paulus* 48; *Kleinknecht/Meyer*[37] 41.
[238] KMR-*Paulus* 48; *Kleinknecht/Meyer*[37] 41; *Eckstein* GerS **85** (1917) 111; *v. Spindler* GA **53** (1906) 434.
[239] *Kleinknecht/Meyer*[37] 41.
[240] OLG Hamm NJW **1955** 565; KMR-*Paulus* 48; *v. Hentig* 103; vgl. § 363, 9.
[241] *Kleinknecht/Meyer*[37] 41; s. auch unten § 363, 8 ff.

Viertes Buch. Wiederaufnahme § 359

cc) **Ein anderes (§ 363) und milderes Gesetz** im Sinne des § 359 Nr. 5 wird angewendet bei der Verurteilung wegen Tateinheit oder Fortsetzungstat statt wegen Tatmehrheit[242], wegen Beihilfe statt wegen Täterschaft oder Anstiftung[243], wegen Versuchs statt wegen Vollendung[244], wegen einer weniger schwerwiegenden Rauschtat bei einer Verurteilung nach § 323 a StGB[245], wegen Strafvereitelung nach § 258 StGB statt wegen der Haupttat[246], unter Wegfall der Rückfallvoraussetzungen des § 48 StGB, etwa bei Beseitigung einer Vorverurteilung im Wiederaufnahmeweg[247], unter Annahme eines vermeidbaren Verbotsirrtums[248] und bei der Verurteilung nach dem Jugendgerichtsgesetz statt nach allgemeinem Strafrecht[249]. 132

Unzulässig ist dagegen ein Wiederaufnahmeantrag, dessen Ziel lediglich die Aussetzung der Strafvollstreckung zur **Bewährung** nach § 56 StGB ist[250]. Wegen § 21 StGB vgl. § 363 Abs. 2 133

d) **Eignung zu einer wesentlich anderen Maßregelentscheidung.** Die hier verlangte Geeignetheit setzt die Anwendung eines anderen Strafgesetzes (§ 363) nicht voraus[251]. Unter **Maßregeln** der Besserung und Sicherung sind nur die in § 61 StGB aufgeführten Maßnahmen zu verstehen. Die Vorschrift ist auf Nebenstrafen und Nebenfolgen, insbesondere auf Verfall und Einziehung, nicht anzuwenden[252]. Die Tatsache, daß § 85 Abs. 2 Satz 2 OWiG ausdrücklich Nebenfolgen vermögensrechtlicher Art erwähnt, rechtfertigt für das Strafverfahren keine andere Beurteilung[253]. 134

Die Wiederaufnahme ist sowohl **zulässig,** wenn Maßregeln neben der Strafe angeordnet worden sind, als auch in dem Fall, daß der Angeklagte im übrigen freigesprochen oder daß er im Sicherungsverfahren nach den §§ 413 ff verurteilt worden ist[254]. 135

---

[242] OLG Hamburg *Alsb.* E **2** Nr. 278 = GA **64** (1917) 575; HRR **1935** 708; *Eb. Schmidt* 33; KMR-*Paulus* 48; *Kleinknecht/Meyer*[37] 41; *v. Hentig* 104; *Neumann* 55 und JR **1927** 525.
[243] *Eb. Schmidt* 32; KMR-*Paulus* 48; *Kleinknecht/Meyer*[37] 41; *Schlüchter* 764.5.
[244] OLG Darmstadt *Alsb.* E **2** Nr. 277; OLG Hamm NJW **1964** 1040; OLG Oldenburg NJW **1953** 435; *Eb. Schmidt* 32; KMR-*Paulus* 48; *Kleinknecht/Meyer*[37] 41; *v. Hentig* 103; *Neumann* 55; *Peters* Fehlerquellen **3** 90.
[245] OLG Hamm NJW **1964** 1040; KMR-*Paulus* 48; *Kleinknecht/Meyer*[37] 41.
[246] *Kleinknecht/Meyer*[37] 41.
[247] KMR-*Paulus* 48; *Kleinknecht/Meyer*[37] 41; *Dreher/Tröndle*[42] § 48, 14; *Peters* Fehlerquellen **3** 91; *Hanack* JZ **1974** 19; in FS Kern 345 will *Peters* die Wiederaufnahme sogar zulassen, wenn die Rückfallvoraussetzungen infolge einer offensichtlich falschen Rechtsauffassung angenommen worden sind. Wie hier schon für das frühere Recht: BGHSt **11** 361; KG JW **1929** 264; **1934** 1435 mit Anm. *Lehmann*; OLG Hamburg NJW **1952** 1150; OLG Hamm NJW **1950** 958; **1953** 1765; *Eb. Schmidt* 32; *v. Hentig* 103; *Neumann* 54; a. A OLG Naumburg JW **1933** 488 mit abl. Anm. *Neumann*.
[248] KMR-*Paulus* 48; *Kleinknecht/Meyer*[37] 41; *Peters* Fehlerquellen **3** 93; die Gegenansicht von OLG Oldenburg NJW **1953** 435; *Dalcke/Fuhrmann/Schäfer* § 363, 4; *Schorn* Strafrichter 360 ist durch § 17 StGB n. F. überholt.
[249] OLG Hamburg NJW **1952** 1150; *Eb. Schmidt* 32; KMR-*Paulus* 48; *Kleinknecht/Meyer*[37] 41; *Peters* Fehlerquellen **3** 14; *Schorn* Strafrichter 362; Bedenken erhebt *Potrykus* NJW **1953** 93; zweifelnd auch *Eb. Schmidt* Nachtr. I § 363, 1.
[250] OLG Hamm NJW **1955** 565; OLG Stuttgart Justiz **1982** 166; *Eb. Schmidt* Nachtr. I § 363, 1; *Dalcke/Fuhrmann/Schäfer* § 363, 3; KMR-*Paulus* 49; *Kleinknecht/Meyer*[37] 41; a. A *Peters* Fehlerquellen **3** 92.
[251] KMR-*Paulus* 50; *Kleinknecht/Meyer*[37] 42; *Dalcke/Fuhrmann/Schäfer* § 363, 3.
[252] KMR-*Paulus* 51; *Kleinknecht/Meyer*[37] 42; *Peters* Fehlerquellen **3** 95 ff.
[253] KMR-*Paulus* 51, 49; *Kleinknecht/Meyer*[37] 42; a. A für das Bußgeldverfahren *Göhler* § 85, 11.
[254] *Kleinknecht/Meyer*[37] 42; *Peters* Fehlerquellen **3** 43.

§ 359   Viertes Buch. Wiederaufnahme

Eine wesentlich andere Entscheidung im Sinne des § 359 Nr. 5 ist in erster Hinsicht der völlige Wegfall der Maßregel, insbesondere, wenn die Gefahr, der Verurteilte werde weitere erhebliche Straftaten begehen, aufgrund neuer Tatsachen oder Beweise nicht mehr anzunehmen ist[255]. Wesentlich anders ist aber auch eine dem Verurteilten günstigere Entscheidung, bei der die Dauer einer freiheitsentziehenden Maßregel erheblich verkürzt oder eine schwerere Sicherungsmaßregel durch eine mildere ersetzt wird[256]. In diesem Zusammenhang gewinnt das Verbot der Schlechterstellung (§ 373 Abs. 2) Bedeutung. Es ist daher, selbst wenn der Verurteilte dieses Ziel erstrebt, nicht zulässig, die Unterbringung in einem psychiatrischen Krankenhaus nach § 63 StGB durch die Anordnung der Sicherungsverwahrung nach § 65 StGB zu ersetzen (vgl. Erläuterungen zu § 331). Dagegen darf, weil dieser Fall von dem Verbot der Schlechterstellung ausdrücklich ausgenommen ist, statt der Sicherungsverwahrung die Unterbringung nach § 63 StGB angeordnet werden. Zu der Frage, wie zu entscheiden ist, wenn der Angeklagte durch Vortäuschung einer Geisteskrankheit seine Freisprechung erreicht hat, aber nach § 63 StGB untergebracht worden ist, vgl. *Peters* Fehlerquellen **3** 43.

136   **7. Inhaltliche Bestimmung der Geeignetheit.** Die Geeignetheit der nova zur Erreichung der Wiederaufnahmeziele kann nicht schon dann bejaht werden, wenn sie ein zulässiges Wiederaufnahmeziel zum gegenständlichen Bezugspunkt haben: das über die Geeignetheit entscheidende inhaltliche Kriterium muß ebenfalls vorliegen, welches im wesentlichen in einer bestimmt gearteten **Prognose** besteht[257]. Dabei ist einmal der Gegenstand der Prognose (z. B. Sicherheit oder bloße Wahrscheinlichkeit der Erreichung des Wiederaufnahmeziels) zu beachten, zum anderen der Standpunkt, von dem aus die Prognose zu stellen ist.

a) Der Gegenstand der Prognose

137   aa) Überwiegend wird die von § 359 Nr. 5 verlangte Geeignetheit dann bejaht, wenn die Erreichung des jeweiligen Wiederaufnahmeziels **wahrscheinlich** ist[258]. Mit Recht weist *Peters* auf die Parallele zur Anklageerhebung und zum Eröffnungsbeschluß hin: wenn umgekehrt „hinreichender Tatverdacht", verstanden als Verurteilungswahrscheinlichkeit (§ 203, 9), zur Durchführung der Hauptverhandlung als ausreichend und notwendig erachtet wird, so muß auch die Wahrscheinlichkeit zur Erreichung der zulässigen Wiederaufnahmeziele aufgrund der neuen Tatsachen oder Beweismittel für das Wiederaufnahmeverfahren ausreichen[259]. „Wahrscheinlichkeit bedeutet, daß ernste Gründe für die Beseitigung des Urteils sprechen"[260], was zu bejahen ist, wenn eine vernünftige Aussicht[261] dafür besteht, daß bei Urteilen die den Schuldspruch tragenden Feststellungen erschüttert sind[262].

138   Dagegen hat allerdings *Deml* vorgebracht, auf diese Weise könnten „berechtigte Wiederaufnahmeanträge zu schnell beiseite geschoben werden"[263]; ähnlich halten auch

---

[255] OLG Naumburg JW **1938** 2470; *Dalcke/Fuhrmann/Schäfer* 6; *Kleinknecht/Meyer*[37] 42.
[256] *Kleinknecht/Meyer*[37] 42.
[257] *KK-v. Stackelberg* § 368, 5; *Eb. Schmidt* 26; *Fuchs* JuS **1969** 517; dabei gesteht die Rechtsprechung – BayObLG JW **1929** 1491; OLG Braunschweig NJW **1959** 1984 – dem Wiederaufnahmegericht einen Ermessensspielraum zu.
[258] OLG Dresden DStrZ **1922** 366; *KK-v. Stackelberg* 5; *KMR-Paulus* 67; *Kleinknecht/Meyer*[37] § 368, 10; *v. Hentig* 182 f; *Deml* 73 und 83; *Peters* Fehlerquellen **3** 85.
[259] *Peters* Fehlerquellen **3** 83.
[260] *Peters* Fehlerquellen **3** 85.
[261] OLG Nürnberg MDR **1964** 171.
[262] OLG Celle JR **1967** 150; OLG Karlsruhe OLGSt § 368, 2; OLG Naumburg DR **1939** 1070; *Dippel* in *Jescheck/Meyer* 99; *Fuchs* JuS **1969** 517.
[263] *Deml* 83.

der Strafrechtsausschuß der Bundesrechtsanwaltskammer[264] und *Schünemann*[265] die Wahrscheinlichkeit zur Erreichung der Wiederaufnahmeziele für eine zu hohe Schwelle für das Wiederaufnahmeverfahren. Deshalb wird gefordert, die Geeignetheit schon dann zu bejahen, wenn nicht auszuschließen sei, daß die nova eine günstigere Entscheidung herbeiführen würden[266], wenn es unter Anwendung des Satzes „in dubio pro reo" möglich sei, die Wiederaufnahmeziele zu erreichen[267] oder wenn die nova „ernsthafte Zweifel an der Richtigkeit der Verurteilung nahelegen"[268]. Den Vorschlägen zur Anwendung des Satzes „in dubio pro reo" oder zur Herabsetzung der Wiederaufnahmeschwelle auf die Stufe der bloßen Möglichkeit oder Nichtausschließbarkeit einer Erreichung der Wiederaufnahmeziele kann schon deshalb weder de lege lata noch de lege ferenda gefolgt werden, weil dies bedeuten würde, die *Revision* hinsichtlich der mit diesem Rechtsmittel nur sehr erschwert angreifbaren tatsächlichen Feststellungen nunmehr praktisch *unbefristet* zuzulassen: die genannten Vorschläge laufen der Sache nach auf die Ersetzung der von § 359 Nr. 5 geforderten **Geeignetheitsprüfung** auf eine **Beruhensprüfung** i. S. des § 337 hinaus (vgl. § 337, 254 ff). Überdies würde dadurch das verfassungsmäßige Prinzip der *Rechtssicherheit* nicht mehr ausreichend gewahrt, worauf bereits *Deml*[269] hingewiesen hat. Allerdings erscheint es durchaus erwägenswert, de lege ferenda in Zukunft die Wiederaufnahme schon zuzulassen, wenn aufgrund der beigebrachten nova ernsthafte Zweifel an der Richtigkeit der angefochtenen Entscheidung bestehen[270].

bb) Dieses Wahrscheinlichkeitsurteil hat der Wiederaufnahmerichter nach seiner freien richterlichen Überzeugung zu bilden: er muß von der Richtigkeit seiner Prognose überzeugt sein[271]. Auch deshalb (s. oben Rdn. 138) kann der Grundsatz **in dubio pro reo** für das *Wahrscheinlichkeitsurteil* über die *Geeignetheit* der nova zur Erreichung der Wiederaufnahmeziele *nicht* gelten. Der Anwendungsbereich dieses Satzes beschränkt sich auf Entscheidungen, bei denen die sichere *Überzeugung* vom *Vorliegen bestimmter Tatsachen* erforderlich ist. Wenn Zweifel am Vorliegen solcher Tatsachen bestehen, ist zugunsten des Angeklagten zu entscheiden. Handelt es sich jedoch um Entscheidungen, die trotz bestehender Zweifel an der Richtigkeit der ihnen zugrunde liegenden Umstände zu treffen sind, so kann der Zweifelssatz vernünftigerweise nicht angewendet werden. Bei einer Wahrscheinlichkeitsprognose hat er daher keine Bedeutung[272].

---

[264] *Hanack/Gerlach/Wahle*: Denkschrift zur Reform des Rechtsmittelrechts und der Wiederaufnahme des Strafverfahrens im Strafprozeß, 1971.
[265] *Schünemann* ZStW **84** (1972) 872.
[266] So die in Fußn. 264 genannte Denkschrift 82 ff; s. ferner *Wasserburg* Handb. 323.
[267] So *Schünemann* ZStW **84** (1972) 898; ähnlich *Peters* Fehlerquellen **3** 136: „Geeignet sind alle Beweismittel, die eine andere Beweiswürdigung in den Bereich der Möglichkeit bringen".
[268] *Hanack* JZ **1973** 403; ebenso *Deml* 92 und *Roxin*[19] § 55 C II.
[269] *Deml* 89 ff, 91.
[270] *Roxin*[19] § 55 C II und *Schöneborn* 198 fordern dies schon de lege lata.
[271] OLG Braunschweig NJW **1959** 1984; *Fuchs* JuS **1969** 517.

[272] OLG Braunschweig NJW **1959** 1984; OLG Karlsruhe GA **1974** 250; *Dalcke/Fuhrmann/Schäfer* 4; KK-*v. Stackelberg* § 368, 7 unter Hinweis auf den unveröffentlichten Beschluß des BGH vom 18. 5. 1979, StE 1/72 – 5 StB 15/79; KMR-*Paulus* 67; *Kleinknecht/Meyer*[37] § 368, 10; *Dippel* in Jescheck/Meyer 99 ff; *Peters* Fehlerquellen **3** 86; *Dahs* Hdb. 906; *Fuchs* JuS **1969** 517; *Schöneborn* MDR **1975** 442 ff; *Schorn* Strafrichter 361 und MDR **1965** 870; im Ergebnis ebenso *Stree* In dubio pro reo, 1962, 86; offengelassen in BVerfG MDR **1975** 468; vgl. auch § 370, 24; **a. A** OLG Naumburg DR **1939** 170; *Schünemann* ZStW **84** (1972) 870 ff; gegen *Schünemann* wie hier im Anschluß an *Peters*: *Wasserburg* ZStW **94** (1982) 926 ff.

140 Mißverständlich ist der Satz, im Zweifel sei nicht zugunsten des Angeklagten, sondern **zugunsten der Rechtskraft** zu entscheiden[273]. Das ist ein bedeutungsloses Wortspiel[274]. Zweifelt das Gericht daran, daß das neue Vorbringen geeignet ist, die Grundlagen des Urteils zu erschüttern, so ist ohne Anwendung irgendwelcher „Zweifelssätze" der Antrag als unzulässig zu verwerfen[275].

b) Der Prognosestandpunkt

141 aa) In der derzeitigen Rechtsprechung und Literatur wird noch weitgehend die Auffassung vertreten, die Geeignetheit der nova zur Erreichung der Wiederaufnahmeziele sei grundsätzlich vom **Standpunkt** des **Gerichts** zu prüfen, das das **Urteil erlassen** hat[276]. Das Wiederaufnahmegericht müsse sich darüber schlüssig werden, wie der erste Richter entschieden hätte, wenn ihm das neue Vorbringen bekannt gewesen wäre und wenn er die neuen Beweise erhoben hätte — wobei es allerdings dazu widersprüchlich für unzulässig gehalten wird, daß dazu die damaligen Richter gehört werden[277]. Entscheidend ist nach dieser Auffassung, ob der erkennende Richter die *Tatfrage* anders entschieden hätte, wenn ihm die neuen Tatsachen oder Beweise bekannt gewesen wären[278], wobei das Wiederaufnahmegericht die bereits in der Hauptverhandlung erhobenen Beweise nicht anders würdigen dürfe als der Tatrichter[279]. Entscheidend sei nur, welche Bedeutung dieser dem in Frage gestellten Beweisgrund beigemessen habe[280].

142 Bei der damit anzuerkennenden **Bindung an die Wertung der Beweisergebnisse** durch das früher erkennende Gericht dürfe das Wiederaufnahmegericht nur ausnahmsweise die der angefochtenen Entscheidung zugrundeliegende Beweiswürdigung durch seine eigene ersetzen, wenn die Beweiswürdigung des früher erkennenden Gerichts schlechthin fehlerhaft und unter keinem denkbaren Gesichtspunkt tragfähig sei, z. B. bei Verstößen gegen die Denkgesetze oder Erfahrungssätze[281]. An die **Rechtsauffassung** des erkennenden Gerichts dagegen sei das Wiederaufnahmegericht ausnahmslos **gebunden** (BGHSt 18 226). Der Wiederaufnahmeantrag dürfe nicht zum Anlaß genommen werden, das Urteil rechtlich zu ändern und dadurch nachzuholen, was im Rechtsmittelverfahren versäumt worden sei[282].

143 bb) Dieser Auffassung kann nur soweit zugestimmt werden, als das Wiederaufnahmegericht in der Tat an die **Rechtsauffassung** des **früher erkennenden Gerichts** ge-

---

[273] So OLG Braunschweig NJW **1959** 1984; *J. Meyer* JZ **1968** 10; *Schorn* MDR **1965** 870.

[274] OLG Köln NJW **1968** 2119; *Dippel* in Jescheck/Meyer 101; *Fuchs* JuS **1969** 517.

[275] KG JR **1975** 166 mit Anm. *Peters*; OLG Braunschweig NJW **1959** 1984 und KMR-*Paulus* 66 wollen dies auch daraus herleiten, daß es dann an der sicheren Feststellung einer Verfahrensvoraussetzung fehlt.

[276] BGHSt **17** 304; **18** 226; **19** 366 und JR **1977** 217 mit auch insoweit abl. Anm. *Peters* 218, 219; OLG Celle JR **1967** 150; OLG Karlsruhe Justiz **1984** 308, 309; OLG Naumburg DR **1939** 1070; LG Hof MDR **1973** 517; *Eb. Schmidt* 27; KMR-*Paulus* 66 und § 368, 11; Kleinknecht/Meyer[37] § 368, 9; *Roxin*[19] § 55 B III 1; *Dippel* in Jescheck/Meyer 99; *v. Hentig* 182 ff; a. A OLG Karlsruhe JW **1931** 1643 mit abl. Anm. *Mannheim* JW **1931** 3581.

[277] BGHSt **19** 365, zust. LR-*Meyer*[23] § 368, 21; Kleinknecht/Meyer[37] § 368, 9 und *Günther* MDR **1974** 95.

[278] BGHSt **17** 304; OLG Hamm MDR **1974** 250; LG Hof MDR **1973** 517; *Günther* MDR **1974** 94.

[279] BGHSt **18** 226; *Günther* MDR **1974** 94; vgl. auch § 370, 12.

[280] *Peters* Fehlerquellen **3** 88; anders aber dort S. 99.

[281] *Günther* MDR **1974** 94; *Hanack* JZ **1974** 19; weitergehend *Peters* Fehlerquellen **3** 99 und FS Kern 347, die die Bindung auch sonst bei fehlerhafter Rechtsauffassung des früheren Richters entfallen lassen wollen.

[282] *Günther* MDR **1974** 95; a. A *Fischer* 39; *J. Meyer* NJW **1969** 1360; *Peters* FS Kern 347.

bunden ist: im Wiederaufnahmeverfahren wird nicht die Richtigkeit des Urteils insgesamt überprüft, sondern grundsätzlich[283] nur die Richtigkeit der der angefochtenen Entscheidung zugrundeliegenden tatsächlichen Feststellungen (oben Vor § 359, 13).

Daraus aber läßt sich **keine Bindung** des Wiederaufnahmegerichts auch an die **Beweiswürdigung** des früher erkennenden herleiten oder an die sonstigen Rechtsauffassungen dieses Gerichts bei der Sachverhaltsermittlung (belastende Umstände werden entgegen einem — rechtlich fehlerhaft beurteilten — Beweisverwertungsverbot verwertet). Die gegenteilige Auffassung würde der Wiederaufnahme dann kaum noch die ihr einhellig zugestandene Funktion eines Berufungsersatzes (Vor § 359, 27) zubilligen können: wenn sich die Wiederaufnahme ohnehin nur — anders als die Berufung — gegen die tatsächlichen Entscheidungsgrundlagen richtet, so könnte sie die Funktion einer Berufung praktisch nicht mehr übernehmen, wäre der Wiederaufnahmerichter nun auch noch an die vom früher erkennenden Gericht vorgenommene Beweiswürdigung gebunden. **144**

Die von der h. M. angenommene grundsätzliche Bindung des Wiederaufnahmegerichts an die Beweiswürdigung des früher erkennenden Gerichts und an dessen bei und zur Sachverhaltsermittlung vertretenen rechtlichen Auffassungen ist im Grunde bloß eine **Konsequenz der h. M.**, das Wiederaufnahmegericht müsse die Geeignetheit zur Erreichung der Wiederaufnahmeziele vom Standpunkt des *erkennenden Gerichts* aus beurteilen. Aber auch diese Auffassung läßt sich mit der Natur der Wiederaufnahme als eines Berufungsersatzes nicht vereinbaren: ein derartiger Beurteilungsstandpunkt ist diesem Rechtsmittel bekanntlich fremd. Gegen diesen Beurteilungsstandpunkt sprechen auch die bereits von *Peters* nachdrücklich vorgebrachten Argumente: durch die Übertragung der Entscheidungen in Wiederaufnahmeverfahren auf ein anderes als das erkennende Gericht (§ 140 a GVG) und durch den Ausschluß solcher Richter von Wiederaufnahmeentscheidungen, die an der angefochtenen Entscheidung mitgewirkt haben (§ 23 Abs. 2), soll ja gerade sichergestellt werden, daß sich das Wiederaufnahmegericht von der Auffassung des erkennenden Gerichts freimachen kann[284]. Auch wird die aus der abgelehnten Meinung folgende Konsequenz, die Meinung des früher erkennenden Gerichts dazu einzuholen, wie es wohl entschieden hätte, wären ihm die nova bekannt gewesen, von der Rechtsprechung gerade nicht gezogen (oben Rdn. 141). **144a**

Bereits *Hellmuth Mayer* hat darauf hingewiesen, daß drei **verschiedene Standpunkte denkbar** sind, von denen aus die **Geeignetheit** der nova zur Erreichung der Wiederaufnahmeziele beurteilt werden kann: vom Standpunkt des früher erkennenden, des über die Zulässigkeit der Wiederaufnahme entscheidenden und schließlich aus der Sicht des in der Hauptverhandlung des wiederaufgenommenen Verfahrens tätigen Gerichts[285]. Die letztgenannte Möglichkeit scheidet von vornherein aus: niemand kann zuverlässig vorhersagen, welchen Verlauf eine Hauptverhandlung, insbesondere die Sachverhaltsermittlung, nehmen und zu welchem Ergebnis die Beweiswürdigung kommen wird — und das gilt auch, wie dies gegenwärtig der Fall ist, wenn die über die Zulässigkeit und Begründetheit entscheidenden Berufsrichter zumeist zugleich die erneute Hauptverhandlung durchführen[286]. Die gleiche psychologische Unmöglichkeit liegt aber auch vor, soll die Geeignetheit gleichsam als „nachträgliche Prophezeiung"[287] **145**

---

[283] Der Ausnahmefall des unredlichen Richters in § 359 Nr. 3 und in § 362 Nr. 3 spielt insoweit auch außerhalb der restitutio propter nova keine Rolle.

[284] *Peters* Lb.⁴ § 76 III 3 S. 675 f, Fehlerquellen 3 99 ff und JR **1977** 219.
[285] GerS **99** (1930) 320 ff.
[286] *H. Mayer* wie Fußn. 285.
[287] *H. Mayer* GerS **99** (1930) 321.

vom Standpunkt des früher erkennenden Gerichts aus getroffen werden. Die Beweiswürdigung als zu einem erheblichen Teil von irrationalen, dezisionistischen, verstandesmäßig nicht voll begründbaren Elementen beeinflußter Vorgang[288] läßt sich im Grunde nicht nachvollziehen, und deshalb läßt sich die Frage, wie denn das erkennende Gericht wohl bei Kenntnis der nova entschieden hätte, jedenfalls vom Wiederaufnahmegericht nicht beantworten, zumal da für die Beweiswürdigung das Verhältnis der verschiedenen Beweismittel in ihrer je verschiedenen Gewichtigkeit von überragender Bedeutung ist. Aus diesem Grunde ist der älteren Rechtsprechung und den neuen, inzwischen wohl überwiegenden Stimmen im Schrifttum zuzustimmen, welche die Geeignetheit der nova zur Erreichung der Wiederaufnahmeziele vom Standpunkt des Wiederaufnahmegerichts aus beurteilen wollen[289]. Allein dieser Standpunkt wird auch den Verfahrenszielen der Wiederaufnahme gerecht, eine in ihren tatsächlichen Grundlagen fehlerhafte Entscheidung zu überprüfen: der Überprüfungsmaßstab aber kann sinnvoll in einer der Stellung des Wiederaufnahmegerichts angemessenen Weise **nur vom Standpunkt des zur Überprüfung berufenen Gerichts** angelegt werden. Dem entspricht auch der Wortlaut des § 359 Nr. 5: ob die nova zur Erreichung der Wiederaufnahmeziele geeignet *sind*, kann nur vom Standpunkt des Wiederaufnahmegerichts beurteilt werden — müßte dabei auf den Standpunkt eines anderen Gerichts abgestellt werden, so hätte der Konjunktiv verwendet werden müssen[290].

146 Demgemäß **entfällt** auch eine **Bindung** des Wiederaufnahmegerichts an die **Beweiswürdigung** und an die bei der Sachverhaltsfeststellung vertretenen Rechtsauffassungen — das Wiederaufnahmegericht hat lediglich als bindend hinzunehmen, daß das früher erkennende Gericht die im Urteil genannten Beweismittel und Tatsachen zur Sachverhaltsermittlung herangezogen hat.

8. Die Beurteilung der Geeignetheit in Einzelfällen

147 a) **Untauglichkeit und Bedeutungslosigkeit.** Unabhängig davon, ob man mit der h. L. die Geeignetheit vom Standpunkt des früher erkennenden Gerichts aus beurteilen will oder wie hier vorgeschlagen von dem des Wiederaufnahmegerichts, sind nova dann ungeeignet, wenn ihre **Beschaffenheit** nicht erlaubt, die **Verfahrensziele zu erreichen**. Das ist zunächst dann der Fall, wenn die nova in Wahrheit weder Tatsachen noch Beweismittel sind, ferner aber auch dann, wenn sie die Entscheidungsgrundlage nicht oder nur so unerheblich beeinflussen, daß sie deswegen zur Erreichung der verfolgten Ziele nicht tauglich sind (**untaugliche nova**, s. unten Rdn. 148 ff). Ferner sind nur solche nova berücksichtigungsfähig, die den durch § 244 Abs. 2, § 264 Abs. 1, § 155 Abs. 1 bestimmten **Verfahrensgegenstand betreffen**. Weil dieser Rahmen für die Beweismittel in § 244 Abs. 3 bis 5 näher ausgestaltet wird (§ 245 ist insoweit ohne Bedeutung), können solche Beweismittel generell als ungeeignet zur Erreichung der Wiederaufnahmeziele bezeichnet werden, die nach § 244 nicht berücksichtigt zu werden brauchen[291] (**bedeutungslose nova**, s. unten Rdn. 152 ff).

---

[288] *Rieß* GA **1978** 257, 265; *Gössel* in *Schlosser* u. a.: Tatsachenfeststellungen in der Revisionsinstanz, **1982** 117, 131.

[289] BayObLG *Alsb.* E **2** Nr. 252; OLG Karlsruhe JW **1931** 1643; OLG Rostock JR **1929** Nr. 684; KK-*v. Stackelberg* § 368, 9; *Peters* Lb.⁴ § 76 III 3 (S. 675 f); Fehlerquellen **3** 99, FS *Kern* 347 und JR **1977** 219; *Fischer* 39; *Hanack* JZ **1974** 19 f; *J. Meyer* NJW **1969** 1369 und ZStW **84** (1972) 933 f; *Schünemann* ZStW **84** (1972) 902; *Wasserburg* Handb. 325.

[290] So zutreffend *Hanack* JZ **1974** 20; *J. Meyer* ZStW **84** (1972) 934; s. auch *Neumann* 49.

[291] Vgl. dazu OLG Köln NJW **1963** 967; KMR-*Paulus* 63 und § 368, 5; *Schlüchter* 770.3; *Peters* Fehlerquellen **3** 136 f und JR **1977** 219; a. A BGH JR **1977** 218.

b) Untaugliche nova

aa) Werden lediglich **neue Rechtsauffassungen** vorgetragen, so liegen weder Tatsachen noch Beweismittel und damit keine zur Erreichung der Wiederaufnahmeziele tauglichen Gegenstände vor. Gleiches gilt, wenn das Wiederaufnahmevorbringen aus sich selbst heraus ergibt, daß es **offensichtlich unwahr** ist[292], insbesondere, wenn der neu vorgetragene Sachverhalt nach den ganzen Umständen des Falles **denkgesetzlich unmöglich ist**[293]. Daß er sehr unwahrscheinlich ist, genügt nicht[294]. Auch kann die Unwahrheit nicht schon daraus geschlossen werden, daß der Verurteilte „das Vorgetragene bereits in der Hauptverhandlung gekannt hat"[295]. Wird eine nicht eindeutige Aussage eines Zeugen als neu beigebracht, deren **Auslegung** sowohl für als auch gegen das Urteil sprechen kann, so bleibt der Wiederaufnahmeantrag erfolglos. Denn wenn eine Auslegung möglich ist, die mit den Urteilsfeststellungen zu vereinbaren ist, sind sie nicht erschüttert[296]: auch in diesem Fall kann das novum seiner Beschaffenheit wegen die Wiederaufnahmeziele nicht erreichen.

148

bb) Gleiches gilt, wenn die vorgetragenen neuen Tatsachen die **Feststellungen** des **Schuldspruchs unberührt** lassen[297]. Wird geltend gemacht, nicht der Verurteilte, sondern ein dem Gericht Unbekannter und bisher nicht Verfolgter habe den tödlichen Schuß abgegeben, so ist diese Tatsache und auch ein zu deren Nachweis angegebenes Beweismittel zur Erreichung eines Freispruchs ungeeignet, wenn der Verurteilte trotz dieser neuen Tatsache jedenfalls als Mittäter anzusehen wäre: die tatsächlichen Feststellungen zur Täterschaft können in diesem Fall nicht erschüttert werden.

149

Entsprechendes gilt bei der Wiederaufnahme mit dem Ziel einer **minderschweren Bestrafung:** hier ist die Tauglichkeit der nova zur Zielerreichung nur anzunehmen, wenn diese auch tatsächlich zur Strafmilderung führen können. Das ist dann nicht der Fall, wenn der Strafausspruch auch unter Berücksichtigung der nova gerecht erscheint, wenn die verhängte Strafe auch bei Anwendung des milderen Gesetzes gerecht erscheint, ein praktischer Erfolg also nicht zu erwarten ist[298], so etwa beim Wegfall der schwereren Strafvorschrift[299].

150

cc) Bloße **Indizien** für die Untauglichkeit sind noch keine *Merkmale* der Untauglichkeit: sie sind bei der Prüfung der Geeignetheit zu berücksichtigen. Diese Frage wird bei den Erörterungen zu einer etwaigen Vorwegnahme der Beweiswürdigung im Rahmen der Geeignetheitsprüfung unten § 368, 20 ff behandelt. Im übrigen ist beim Vorliegen solcher Indizien häufig fraglich, ob das jeweilige novum in ausreichender Weise „beigebracht" i. S. des § 359 Nr. 5 ist (s. dazu unten Rdn. 159 ff).

151

c) Bedeutungslose nova. Weil die tatsächlichen Feststellungen in dem von § 244 Abs. 2, § 264 Abs. 1, § 155 Abs. 1 gezogenen und von **§ 244 Abs. 3 bis 5, § 245** bestimmten

152

---

[292] BGH JR **1977** 217 mit Anm. *Peters*; OLG Hamm MDR **1974** 250; OLG Nürnberg MDR **1964** 171; *Eb. Schmidt* Nachtr. I 7; *Fuchs* JuS **1969** 518.
[293] *W. Schmidt* NJW **1958** 1332.
[294] OLG Köln GA **1957** 92 LS.
[295] OLG Frankfurt JR **1984** 40 mit zust. Anm. *Peters*.
[296] Anders *Schöneborn* MDR **1975** 444.
[297] OLG Frankfurt MDR **1975** 511; OLG Köln NJW **1963** 967, 968.

[298] KG HRR **1934** 1179; OLG Dresden DStrZ **1915** 562; OLG Hamm JMBlNRW **1951** 21; *Kleinknecht/Meyer*[37] 40; *Neumann* 56; grundsätzlich a. A *Eckstein* GerS 85 (1917) 109 ff; kritisch auch *v. Hentig* 102; *Hellm. Mayer* GerS 99 (1930) 344.
[299] OLG Hamm JMBlNRW **1951** 21; weitergehend *v. Hentig* 102, der den Antrag schon für unzulässig hält, wenn dieselbe Strafe rechtlich zulässig wäre.

Rahmen getroffen werden, sind alle jene nova ungeeignet zur Erreichung der Wiederaufnahmeziele, die außerhalb der von diesen Vorschriften gezogenen Grenzen liegen[300]. Die vom BGH geäußerten Bedenken gegen die entsprechende Anwendung des § 244 in diesem Fall, die „der unterschiedlichen Ausgangslage nicht gerecht werde"[301], sind zwar grundsätzlich berechtigt. Tatsächlich kann auch nur eine **entsprechende Anwendung des § 244** in Betracht kommen, die den Unterschieden der Beweisaufnahme in der Hauptverhandlung von der Geeignetheitsprüfung gerecht wird. Schon wegen der Beschränkung der Geeignetheitsprüfung auf die Wiederaufnahmeziele können nicht etwa ausnahmslos alle Tatsachen oder Beweismittel als geeignet angesehen werden, die nach § 244 in der Hauptverhandlung hätten berücksichtigt werden müssen. Indessen wird man sich der umgekehrten Folgerung nicht verschließen können, alle jene nova als bedeutungslos und deshalb als zur Erreichung der Wiederaufnahmeziele *ungeeignet* anzusehen, die den von *§ 244 Abs. 2, § 264 Abs. 1* und *§ 155 Abs. 1* umrissenen Verhandlungsgegenstand nicht betreffen oder nach *§ 244 Abs. 3 bis 5* nicht berücksichtigt werden können oder dürfen.

153 aa) Demnach ist **jedes Beweismittel ungeeignet**, dessen Benutzung im Sinne des § 244 Abs. 3 Satz 1 unzulässig ist (vgl. dort Rdn. 186 ff), insbesondere ein Beweismittel, das einem Verwertungsverbot unterliegt. Schließlich sind solche Beweismittel ungeeignet, die im Sinne des § 244 Abs. 3 Satz 2 unerreichbar (§ 244, 259 ff) oder völlig ungeeignet (§ 244, 276 ff) sind. Unerreichbar ist z. B. ein Zeuge, von dem der Antragsteller weder Namen noch Anschrift benannt hat. Völlig ungeeignet sind Zeugen, die sich mit Sicherheit an die in ihr Wissen gestellten Tatsachen nicht erinnern können. Mißbräuchlich beantragte Beweiserhebungen, an deren völliger Nutzlosigkeit nicht zu zweifeln ist, braucht das Gericht auch im Wiederaufnahmeverfahren nicht vorzunehmen[302].

154 bb) **Sachverständige** sind ungeeignete Beweismittel, wenn offensichtlich ist, daß ihnen die erforderliche Sachkunde fehlt[303]. Ein Sachverständigenbeweis ist ferner dann ungeeignet, wenn das Gericht selbst die erforderliche Sachkunde besitzt[304].

155 Ein **weiteres Sachverständigengutachten** ist nach § 244 Abs. 4 S. 2 dann ein **ungeeignetes** Beweismittel, wenn vorgebracht wird, der weitere Sachverständige werde aufgrund derselben Tatsachen und Erfahrungssätze, auf denen das erste Gutachten beruht, zu einer abweichenden Schlußfolgerung gelangen[305]. Das Beweismittel ist aber als **geeignet** anzusehen, wenn behauptet wird, der früher gehörte Sachverständige sei von unzutreffenden oder unzureichenden tatsächlichen Voraussetzungen ausgegangen[306], zu den Anknüpfungstatsachen, auf denen das frühere Gutachten aufgebaut ist, seien neue

---

[300] S. dazu auch oben Fußn. 291.
[301] JR **1977** 218.
[302] BGH JR **1977** 217; OLG Köln NJW **1963** 968; KMR-*Paulus* § 368, 10; *Fuchs* JuS **1969** 518.
[303] *Kretschmann* Recht **1917** 503.
[304] Im Ergebnis ebenso RMilGE **9** 267; OLG Rostock HRR **1929** 684; KMR-*Paulus* 63; *Neumann* 46.
[305] Im Ergebnis ebenso BGHSt **31** 365, 370; OLG Hamburg GA **1967** 250; KK-*v. Stackelberg* 26; *Kleinknecht/Meyer*[37] 35; *Göhler* § 85, 9, die z. T. schon die Neuheit dieses Beweismittels verneinen bzw. sich zum Grund der Unzulässigkeit des Wiederaufnahmebegehrens nicht äußern – so BGH aaO – oder die Frage der Neuheit – so OLG Hamburg aaO – dahingestellt sein lassen; a. A *Peters* Fehlerquellen **3** 74, der die Wiederaufnahme zulassen will, wenn der neue Sachverständige das frühere Gutachten für „nicht richtig, für voreilig und nicht gesichert hält", wobei die Erheblichkeit von der Persönlichkeit des Gutachters, seiner Zuverlässigkeit und seinem Ruf abhängen soll.
[306] Vgl. dazu OLG Frankfurt NJW **1966** 2424.

hinzugekommen oder die bisherigen seien teilweise entfallen[307] oder es seien neue Umstände hervorgetreten, deren Kenntnis das früher erkennende Gericht zur Einholung des Gutachtens eines Spezialisten veranlaßt hätte[308]. Um ein **geeignetes Beweismittel** handelt es sich auch, wenn der neue Sachverständige einem anderen Fachgebiet angehört als der früher gehörte Sachverständige[309]. Auch den in § 244 Abs. 4 Satz 2 Halbsatz 2 erwähnten Fall, daß der neue Sachverständige über Forschungsmittel verfügt, die denen des früheren Gutachters überlegen erscheinen, wird man hierzu rechnen müssen[310]; größere Sachkunde allein kann indes nicht genügen[311]. Der weitere Sachverständige ist auch dann ein geeignetes Beweismittel, wenn der erste Sachverständige nicht das gesamte Erfahrungswissen auf dem betreffenden Sachgebiet herangezogen, ein neuer Sachverständiger also ein größeres Erfahrungswissen zur Verfügung hat[312], insbesondere aber, daß das Erfahrungswissen sich infolge neuer Erkenntnisse der Wissenschaft geändert oder vergrößert hat[313].

Soweit im übrigen **§ 244 Abs. 4 S. 2** die Ablehnung eines Beweisantrags auf Anhörung eines weiteren Sachverständigen gestattet, sind weitere Sachverständige als ungeeignete Beweismittel anzusehen: auch im Wiederaufnahmeverfahren muß sich das Gericht damit zufriedengeben, daß die Anknüpfungstatsachen und die Erfahrungssätze, aufgrund deren der frühere Sachverständige sein Gutachten abgegeben hat, richtig und vollständig waren[314].

156

cc) Hat sich das früher erkennende Gericht durch Einsicht in Stadtplan und durch Vernehmung von Zeugen als Augenscheinsgehilfen die Überzeugung von den tatsächlichen Gegebenheiten am Tatort verschafft, so ist die Besichtigung des Tatorts selbst deshalb *neuer* **Augenscheinsbeweis**, weil der Beweisinhalt (Wahrnehmung des Augenscheinsobjekts) neu ist (oben Rdn. 110)[315]. Gleiches gilt in allen anderen Fällen, in denen das Gericht Urteilsfeststellungen über die Beschaffenheit eines Gegenstandes etc. auf andere Weise als durch Augenschein oder durch einen anderen Augenschein getroffen hat. Allerdings ist in diesen Fällen die Geeignetheit zur Erreichung der Wiederaufnahmeziele fraglich.

157

Die **Geeignetheit** ist z. B. dann zu *bejahen*, wenn damit die Zuverlässigkeit des Sachverständigengutachtens oder die Glaubwürdigkeit der Belastungszeugen (andere Befundtatsachen; der Zeuge konnte die bekundeten Beobachtungen nach der Tatortbeschaffenheit gar nicht gemacht haben) oder sonst die tatsächliche die angegriffene Rechtsfolgenentscheidung tragende Urteilsbasis erschüttert wird[316].

158

---

[307] Vgl. dazu OLG Braunschweig GA **1956** 266; KMR-*Paulus* 63; *Neumann* 45; *Klee* DStR **1938** 424; *Kretschmann* Recht **1917** 506.

[308] Vgl. dazu OLG Düsseldorf MDR **1973** 953 L = OLGSt § 359 S. 37.

[309] Vgl. den Fall OLG Karlsruhe MDR **1972** 800.

[310] KK-*v. Stackelberg* 26; *Kleinknecht/Meyer*[37] 35.

[311] *Kleinknecht/Meyer*[37] 35; *Schlüchter* 770.4; a. AKK-*v. Stackelberg* 26; *Roxin*[19] § 55 B III 1.

[312] *Roxin*[19] § 55 B III 1; *Peters*[4] § 76 III 3 (S. 675) und Fehlerquellen **3** 97 wollen demgegenüber jeden Sachverständigen mit größerer Sachkunde als geeignetes Beweismittel gelten lassen.

[313] Vgl. dazu OLG Dresden Alsb. E **2** Nr. 262 a; OLG Karlsruhe JW **1931** 1643 mit Anm. *Mannheim* JW **1931** 3581; *Eb. Schmidt* 22; *Dippel* in Jescheck/Meyer 82; *Neumann* 45 ff; *Peters* Fehlerquellen **3** 66, 74, 97; *Kretschmann* Recht **1917** 506.

[314] Im Ergebnis ebenso *Eb. Schmidt* 22; *Dippel* in Jescheck/Meyer 82.

[315] KK-*v. Stackelberg* 27; *Peters* Fehlerquellen **3** 75 f; a. A LR-*Meyer*[23] 56; *Kleinknecht/Meyer*[37] 36.

[316] *Dippel* in Jescheck/Meyer 81; *Peters* Fehlerquellen **3** 75 f; im Ergebnis ebenso KMR-*Paulus* 65.

§ 359 Viertes Buch. Wiederaufnahme

159 **Ungeeignet** zur Erreichung der Wiederaufnahmeziele dagegen ist der Augenscheinsbeweis, wenn er zur Erforschung der Wahrheit nicht erforderlich ist (§ 244 Abs. 5; s. § 244, 324 ff), wobei nach der hier vertretenen Auffassung allerdings auf den Standpunkt des Wiederaufnahmegerichts abzustellen ist (s. dazu oben Rdn. 141 ff).

9. Beibringen der nova (Antragserfordernisse)

160   a) **Bedeutung des Beibringens.** Unter **Beibringen** kann nur verstanden werden, daß die nova dem Wiederaufnahmegericht *derart zugänglich* gemacht werden müssen, daß sie von diesem Gericht *verwertet* werden können. Dem gesetzlichen Wortlaut zufolge müssen dabei nicht nur die gleichsam „nackten" Tatsachen und Beweismittel zugänglich gemacht werden, sondern mit ihren vom Gesetz verlangten Eigenschaften der Neuheit und der Eignung zur Erreichung der Wiederaufnahmeziele. Neben einer genauen Bezeichnung der nova und ihrer Erreichbarkeit sind deshalb auch die Umstände darzulegen, die dem Gericht die Prüfung erlauben, ob die nova auch als neu und als zur Erreichung der Wiederaufnahmeziele geeignet im Wiederaufnahmeverfahren verwertbar sind[317], insbesondere dann, wenn der Wert der nova nicht ohne weiteres zu erkennen ist[318].

161   **Darlegungen** zur **Novität** und **Geeignetheit** sind deshalb entgegen BGH JR **1977** 218 regelmäßig und nicht etwa nur in Ausnahmefällen **notwendig** — gerade umgekehrt kann auf sie nur ausnahmsweise im Falle offenbarer Evidenz verzichtet werden.

b) Beibringen von Tatsachen

162   aa) Werden nur Vermutungen geäußert oder wird die neue **Tatsache** nur als wahrscheinlich vorliegend dargetan und ein abweichender Tatverlauf nur für möglich erklärt, so sind die Tatsachen nicht beigebracht. Das Vorliegen — exakt bezeichneter — Tatsachen muß vielmehr **mit Bestimmtheit behauptet** werden[319]. Wenn Schlußfolgerungen aus neuen Tatsachen gezogen werden sollen, müssen die Tatsachen genau bezeichnet werden. Es genügt daher nicht die Behauptung, bei dem Verurteilten habe eine krankhafte Störung der Geistestätigkeit im Sinne des § 20 StGB vorgelegen. Der Antrag muß die Tatsachen angeben, aus denen das zu folgern ist[320].

163   bb) Darlegungen zur **Novität** sind dann erforderlich, wenn der Verurteilte das Vorliegen solcher neuer Tatsachen behauptet, die ihm nach seinem eigenen Vortrag in der Hauptverhandlung bekannt gewesen sind. Hier muß er die Gründe angeben, aus denen diese Verteidigung unterblieben ist[321].

164   cc) Widerruft der Verurteilte sein früheres **Geständnis**, so sind nicht nur die damit behaupteten neuen Tatsachen (Unwahrheit des alten Geständnisses, Tatsachen über den zutreffenden Tathergang) exakt darzulegen, darüber hinaus ist auch ihre Eignung zur Erreichung der Wiederaufnahmeziele vorzutragen, die in diesem Falle mögli-

---

[317] OLG Hamm OLGSt § 359 Nr. 2; OLG Frankfurt JR **1984** 40 mit Anm. *Peters*; StrVert. **1984** 17.
[318] OLG Köln NJW **1963** 967, 968; KK-*v. Stakkelberg* 34.
[319] RMG **10** 275; OLG Dresden *Alsb.* E **2** Nr. 215 a; LZ **1917** 622; *Eb. Schmidt* 18; KK-*v. Stackelberg* 34; KMR-*Paulus* § 366, 8; *Kleinknecht/Meyer*37 45; *Neumann* 40 Fußn. 3; *Günther* MDR **1974** 93.

[320] OLG Darmstadt *Alsb.* E **2** Nr. 255; *Kleinknecht/Meyer*37 45; *Neumann* 113 Fußn. 24.
[321] OLG Hamm Rpfleger **1963** 82; indessen besteht keine Vermutung dafür, daß der Verurteilte diese Tatsachen schon dem früher erkennenden Gericht zur Kenntnis gebracht hat; in diesem Bereich gilt weder der Satz in dubio pro reo noch in dubio contra reum, s. oben Rdn. 139; a. A LR-*Meyer*23 74; *Kleinknecht/Meyer*37 § 368, 5.

cherweise wegen der Unwahrheit der neuen Tatsachen fehlen kann (oben Rdn. 148). Deshalb muß dargelegt werden, weshalb der Antragsteller die Tat in der Hauptverhandlung der Wahrheit zuwider zugegeben hat und weshalb er sein Geständnis erst jetzt widerruft[322].

Gleiches gilt, wenn der Verurteilte **neue Tatsachen** vorträgt, die mit seiner **Einlassung in der Hauptverhandlung nicht zu vereinbaren** sind. Hier muß er einleuchtend erklären, weshalb er in der Hauptverhandlung die Unwahrheit gesagt hat[323] oder insoweit eine Erinnerungslücke vorgeschützt hat[324]. Ausführungen zur **Geeignetheit** sind dagegen dann nicht erforderlich, wenn der Verurteilte in der Hauptverhandlung von seinem Schweigerecht Gebrauch gemacht hatte und erst jetzt neue Tatsachen vorträgt[325] — dann allerdings doch, wenn der Verurteilte, der sich vor dem früher erkennenden Gericht zum Teil eingelassen hatte, neue Tatsachen vorträgt, die er schon in der früheren Hauptverhandlung gekannt hatte[326]. **165**

Trägt der Verurteilte vor, ein in der Hauptverhandlung vernommener **Zeuge** werde nunmehr Tatsachen bekunden, die in unüberbrückbarem **Widerspruch** zur früheren Aussage dieses Zeugen stehen, muß er darlegen, unter welchen Umständen und mit welcher Begründung der Zeuge die Aussage für unrichtig erklärt hat[327]. **166**

Entsprechendes gilt für den Widerruf belastender **Erklärungen eines Mitangeklagten**. In diesem Fall müssen die Gründe angegeben werden, die den Mitangeklagten veranlaßt haben, den Verurteilten zu Unrecht zu belasten, und ferner diejenigen, aus denen er nunmehr seine Erklärungen widerruft[328]. **167**

c) **Beibringen von Beweismitteln.** Weil **Beweismittel** die Wiederaufnahmeziele nur mittelbar über die zu beweisenden Tatsachen erreichen können (oben Rdn. 114), sind neben der **exakten Bezeichnung** der Beweismittel auch Darlegungen zur Geeignetheit erforderlich, mit denen insbesondere **die Tatsachen** eindeutig anzugeben sind, die durch die neuen Beweismittel **bewiesen** werden sollen[329]. Die neuen Beweismittel muß der Antragsteller so genau bezeichnen, daß das Gericht sie beiziehen und benutzen kann[330]; die bloße Ankündigung eines weiteren psychiatrischen Gutachtens ist kein beigebrachtes Beweismittel[331]. Bestehen Anzeichen dafür, daß sich der behauptete Beweis nicht führen läßt oder aus sonstigen Gründen die Beweisführung nutzlos sein wird, so sind **168**

---

[322] BGH JR **1977** 217 mit Anm. *Peters;* KG JR **1975** 166 mit Anm. *Peters;* OLG Bremen NJW **1952** 678 und NJW **1981** 2827; OLG Celle JR **1967** 150; OLG Hamm JR **1981** 439; OLG Köln NJW **1963** 967, 968; OLG München NJW **1981** 594; KMR-*Paulus* § 366, 9; *Kleinknecht/Meyer*[37] 47; *Fuchs* JuS **1969** 518; *Günther* MDR **1974** 100; *Meyer* FS II Peters 390; *Schorn* Strafrichter 365; vgl. auch *Eb. Schmidt* 28 und § 368, 1; *Peters* Fehlerquellen 3 78; *Wasserburg* Handb. 326.
[323] KG JR **1975** 166 mit abl. Anm. *Peters;* KMR-*Paulus* § 366, 9; *Kleinknecht/Meyer*[37] 47; *J. Meyer* FS II Peters 395 f.
[324] OLG Bremen NJW **1981** 2827.
[325] *Meyer* FS II Peters 397 f.
[326] OLG Frankfurt JR **1984** 40 mit Anm. *Peters.*
[327] BGH JR **1977** 217 mit abl. Anm. *Peters;* KG JR **1975** 166 mit abl. Anm. *Peters;* OLG Celle JR **1967** 150; OLG Dresden JW **1934** 1147 mit Anm. *Lehmann;* OLG Hamm JR **1981** 439; OLG Köln NJW **1963** 967, 968; OLG Neustadt NJW **1964** 678; OLGSt § 359 S. 1; *Eb. Schmidt* Nachtr. I 5; KMR-*Paulus* § 366, 9; *Kleinknecht/Meyer*[37] 48; *Wasserburg* Handb. 326.
[328] OLG Celle JR **1967** 150; OLG Hamburg JR **1951** 218; OLG Hamm JMBlNRW **1955** 20; JR **1981** 539 mit Anm. *Peters;* KMR-*Paulus* § 366, 9; *Kleinknecht/Meyer*[37] 49.
[329] *Neumann* 40.
[330] OLG Dresden *Alsb.* E **2** Nr. 267 b; OLG Hamburg *Alsb.* E **2** Nr. 267 a; OLG Nürnberg MDR **1964** 171; KK-*v. Stackelberg* 34; KMR-*Paulus* § 366, 10; *Kleinknecht/Meyer*[37] 50; *Neumann* 114; vgl. § 366, 3.
[331] BGHSt **31** 365, 370 verneint hier die Geeignetheit.

§ 360 Viertes Buch. Wiederaufnahme

die Gründe darzulegen, die gleichwohl ein Beweisergebnis zu seinen Gunsten mindestens als möglich erscheinen lassen[332].

169 aa) Bei **Zeugen** genügen Angaben, die das Gericht in die Lage versetzen, sie zu ermitteln[333]. Jedoch muß immer mit Bestimmtheit behauptet werden, daß sie über die in ihr Wissen gestellten Tatsachen etwas bekunden können. Die Äußerung der Vermutung, der Zeuge werde darüber etwas wissen, genügt nicht[334].

170 bb) Wird ein **Sachverständiger** als neues Beweismittel für eine Beweisfrage benannt, die das erkennende Gericht aufgrund eigener Sachkunde entschieden hatte, so muß dargelegt werden, wieso die Sachkunde nicht bestanden oder nicht ausgereicht hat[335]. Das Gutachten des neuen Sachverständigen muß dem Antrag nicht beigefügt werden[336]. Der Antragsteller muß jedoch den Gutachter als Beweisträger entweder benennen oder z. B. das Fachgebiet so genau bezeichnen, daß ihn das Gericht bestellen kann, und ferner den voraussichtlichen Gutachtensinhalt als Beweisinhalt nach Beweistatsachen und Ergebnis angeben[337]; schließlich sind die Umstände darzulegen, welche die Geeignetheit des Sachverständigengutachtens zur Erreichung der Wiederaufnahmeziele ergeben: wird z. B. vorgetragen, ein Sachverständiger habe sein Gutachten auf eine unzureichende Untersuchung des Verurteilten gestützt, so ist ein neues Beweismittel nur dann beigebracht, wenn dargelegt wird, daß ein anderer Sachverständiger bei einer gründlicheren Untersuchung zu bestimmten dem Verurteilten günstigeren Schlußfolgerungen gelangt wäre[338].

§ 360

(1) Durch den Antrag auf Wiederaufnahme des Verfahrens wird die Vollstreckung des Urteils nicht gehemmt.
(2) Das Gericht kann jedoch einen Aufschub sowie eine Unterbrechung der Vollstreckung anordnen.

Bezeichnung bis 1924: § 400.

1 1. **Bedeutung der Vorschrift.** Dem Verurteilten darf nicht die Möglichkeit gegeben werden, durch die bloße Stellung eines Wiederaufnahmeantrags oder durch dessen immer neue Wiederholung die Vollstreckung des Urteils zu verhindern[1]. § 360 Abs. 1 bestimmt daher, daß die Antragstellung die Vollstreckung nicht hemmt. Einen Aufschub oder eine Unterbrechung der Vollstreckung hat nicht einmal der Beschluß zur Folge,

---

[332] BGH JR **1977** 217 mit abl. Anm. *Peters*.
[333] OLG Breslau JW **1924** 1248; KMR-*Paulus* § 368, 10; *v. Hentig* 98; *Neumann* 114; *Peters* Fehlerquellen **3** 97.
[334] OLG Dresden *Alsb.* E **2** Nr. 266; *Kleinknecht/Meyer*[37] 50.
[335] OLG Rostock HRR **1929** 684.
[336] *Kleinknecht/Meyer*[37] 50; *Peters* Fehlerquellen **3** 137; *Neumann* 48; **a. A** OLG Hamburg OLGSt § 359 S. 19.

[337] OLG Hamm MDR **1978** 248, das sich indes auch mit der Darlegung solcher Umstände begnügen will, welche die Einholung eines Gutachtens aufdrängen.
[338] So der Fall OLG Bremen NJW **1964** 2218; s. dazu ferner OLG Celle NdsRpfl. **1967** 92; OLG Hamburg OLGSt § 359 S. 19; KMR-*Paulus* § 366, 10.
[1] Vgl. *Henkel* 396; *Döring* JR **1927** 98.

durch den der Wiederaufnahmeantrag für zulässig erklärt wird (§ 368, 27). Erst mit der Rechtskraft des Beschlusses über die Anordnung der Wiederaufnahme und die Erneuerung der Hauptverhandlung nach § 370 Abs. 2 wird die Vollstreckung des Urteils unzulässig (§ 370, 36). Das Fehlen des **Suspensiveffektes** erweist sich aber insbesondere dann als unerträglich, wenn der Wiederaufnahmeantrag offensichtlich begründet ist. Deshalb sieht § 360 Abs. 2 vor, daß das Wiederaufnahmegericht (unten Rdn. 6) schon von der Stellung des Wiederaufnahmeantrags ab einen Aufschub oder eine Unterbrechung der Urteilsvollstreckung anordnen kann.

Die **Befugnis zur Anordnung** des Aufschubs oder der Unterbrechung liegt allein bei dem „Gericht" (§ 360 Abs. 2). Diese ausschließliche richterliche Zuständigkeit darf die Strafvollstreckungsbehörde nicht etwa dadurch unterlaufen, daß sie mit Rücksicht auf einen gestellten oder bevorstehenden Wiederaufnahmeantrag von der Vollstreckung des Urteils vorerst absieht[2]. In der Praxis ist jedoch nicht selten zu beobachten, daß die Vollstreckungsbehörde entgegen dem Gebot der nachdrücklichen Vollstreckung von Gerichtsurteilen (§ 2 StVollstrO) die Vollstreckung schon im Hinblick auf die bloße Antragstellung aufschiebt.

2. Vollstreckung. Grundsätzlich kann die Vollstreckung **jeder** im Urteil festgesetzten **Maßnahme** aufgeschoben oder unterbrochen werden, nicht nur die Strafvollstreckung, sondern auch die Vollstreckung von freiheitsentziehenden Maßnahmen der Besserung und Sicherung. Auch der Aufschub oder die Unterbrechung der Sperre von Befugnissen, z. B. des Berufsverbots nach § 70 StGB oder des Fahrverbots nach § 44 StGB, ist zulässig[3]. Dagegen ist die **Entziehung der Fahrerlaubnis** mit der Entziehung schon abgeschlossen, weshalb eine **unterbrechungsfähige Vollstreckung nicht möglich** ist. Die denkbare vorzeitige Wiedererteilung der Fahrerlaubnis durch die Verwaltungsbehörde aufgrund einer Anordnung nach § 360 Abs. 2 kann allerdings deshalb nicht in Betracht kommen, weil diese bei Erfolglosigkeit der Wiederaufnahme vom Gericht nicht wieder entzogen werden könnte und damit auch eine der Unterbrechung gleichkommende Maßnahme nicht in Betracht kommt[4]. Enthält das Urteil eine Verfalls- oder Einziehungsanordnung, so wird von der Verwertung, Vernichtung oder Unbrauchbarmachung nach § 68 Abs. 1 Satz 1 StVollstrO einstweilen abgesehen[5]. Das Gericht kann das aber auch ausdrücklich anordnen.

3. Aufschub oder Unterbrechung. Die noch nicht eingeleitete Vollstreckung kann aufgeschoben, die bereits begonnene unterbrochen werden. Ob eine solche Anordnung geboten ist, richtet sich nach den **Erfolgsaussichten** des Wiederaufnahmeantrags[6]. Die bloße Möglichkeit, daß er begründet ist, wird zu einer Anordnung nach § 360 Abs. 2 regelmäßig keinen Anlaß geben. Die bloße Zulassung des Wiederaufnahmeantrags genügt noch nicht[7]: denn ein Antrag, die Vollstreckung aufzuschieben oder zu unterbrechen, kann nicht nur abgelehnt werden, wenn der Wiederaufnahmeantrag von vornher-

---

[2] *Neumann* 118; a. A LR-*Meyer*[23] 1; KMR-*Paulus* 4; *Kleinknecht/Meyer*[37] 4; *v. Hentig* 209.
[3] *Kleinknecht/Meyer*[37] 2.
[4] *Dreher/Tröndle*[42] § 69 a, 15 b; *Kleinknecht/Meyer*[37] 2; offengelassen von OLG Hamm GA **1970** 309.
[5] *Kleinknecht/Meyer*[37] 2.
[6] OLG Dresden *Alsb.* E **2** Nr. 326; OLG Hamm GA **1970** 309; MDR **1978** 691; *Eb. Schmidt* 2.
[7] OLG Hamm MDR **1978** 691; *Kleinknecht/Meyer*[37] 3.

§ 360 Viertes Buch. Wiederaufnahme

ein mutwillig oder aussichtslos erscheint. Es kommt vielmehr darauf an, ob die behaupteten Wiederaufnahmetatsachen und die Art der Beweisantritte einen solchen Grad innerer Wahrscheinlichkeit haben, daß die Vollstreckung des Urteils bedenklich erscheint[8]. Ist der Wiederaufnahmeantrag hinsichtlich einer von mehreren tatmehrheitlichen Verurteilungen rechtskräftig verworfen, so kommt eine Anordnung nach § 360 Abs. 2 nicht mehr in Betracht[9].

5 Die Anordnung des Aufschubs oder der Unterbrechung der Vollstreckung kann **aufgehoben** werden, wenn ihre Voraussetzungen später, insbesondere durch die Beweisaufnahme nach § 369[10], wegfallen. Andernfalls gilt sie bis zur rechtskräftigen Entscheidung über den Wiederaufnahmeantrag[11]. Mit der Rechtskraft des Beschlusses über die Anordnung der Wiederaufnahme nach § 370 Abs. 2 wird sie gegenstandslos, weil nunmehr eine weitere Vollstreckung ohnehin ausgeschlossen ist[12].

6 4. Die **Entscheidung** ergeht durch **Beschluß**. Zuständig ist das Gericht, das nach § 367 Abs. 1 Satz 1 StPO, § 140 a GVG über den Wiederaufnahmeantrag zu entscheiden hat. Ist gegen eine Entscheidung über den Wiederaufnahmeantrag nach § 368 Abs. 1, § 370 Abs. 1 sofortige Beschwerde (§ 372 S. 1) eingelegt worden, so ist das Beschwerdegericht auch für die Anordnung nach § 360 Abs. 2 zuständig[13].

7 Ein **Antrag** ist nicht erforderlich; die Anordnung kann von Amts wegen getroffen werden[14]. Vor der Entscheidung ist nach § 33 Abs. 2 die Staatsanwaltschaft zu hören, wenn sie nicht selbst den Antrag gestellt hat[15].

8 5. **Anfechtung.** Der ablehnende Beschluß kann von dem Antragsteller nach § 372 Satz 1 mit der **sofortigen Beschwerde** angefochten werden (§ 372, 4); die Staatsanwaltschaft ist stets beschwerdeberechtigt. Zum **Beschwerderecht** eines durch den Beschluß betroffenen Dritten vgl. § 372, 9. Eine weitere Beschwerde ist nach § 310 ausgeschlossen (vgl. § 372, 21). Lehnt ein Gericht, das als Beschwerdegericht mit dem Wiederaufnahmeantrag befaßt ist, den Aufschub oder die Unterbrechung der Vollstreckung ab, so kann die Entscheidung ebenfalls nicht angefochten werden[16].

---

[8] OLG Hamm MDR **1978** 691; JMBl. NRW **1980** 276; KMR-*Paulus*; *Kleinknecht/Meyer*[37] 3; *Neumann* 118; *Döring* JR **1927** 98.
[9] OLG Celle OLGSt § 360 S. 1; KMR-*Paulus* 2.
[10] *Peters* Fehlerquellen 3 149.
[11] KMR-*Paulus* 3.
[12] *Kleinknecht/Meyer*[37] 3; s. unten § 370, 36.
[13] OLG Rostock *Alsb.* E **2** Nr. 336; *Eb. Schmidt*; KK-*v. Stackelberg*; KMR-*Paulus* 2; *Kleinknecht/Meyer*[37] 4; *v. Hentig* 207, 240; *Neumann* 118.
[14] *Eb. Schmidt* 3; KK-*v. Stackelberg* 2; KMR-*Paulus* 2; *Kleinknecht/Meyer*[37] 4.
[15] *Eb. Schmidt* 3; KK-*v. Stackelberg* 2; KMR-*Paulus* 2; *Kleinknecht/Meyer*[37] 4; *v. Hentig* 207.
[16] OLG Düsseldorf NJW **1958** 1248; OLG Hamm NJW **1961** 2363; *Eb. Schmidt* Nachtr. I; KK-*v. Stackelberg* 3; KMR-*Paulus* 5; *Kleinknecht/Meyer*[37] 5; *Peters* Fehlerquellen **3** 149.

§ 361

(1) Der Antrag auf Wiederaufnahme des Verfahrens wird weder durch die erfolgte Strafvollstreckung noch durch den Tod des Verurteilten ausgeschlossen.
(2) Im Falle des Todes sind der Ehegatte, die Verwandten auf- und absteigender Linie sowie die Geschwister des Verstorbenen zu dem Antrag befugt.

Schrifttum. *Knapp* Die Beseitigung einer ungerechtfertigten Verurteilung nach dem Tode des Verurteilten, Diss. Tübingen 1911.

Bezeichnung bis 1924: § 401.

Übersicht

	Rdn.		Rdn.
1. Bedeutung der Vorschrift	1	b) Antragsrecht der Staatsanwaltschaft	5
2. Wiederaufnahme nach der Strafvollstreckung	2	c) Verfahrensrechtliche Besonderheiten	6
3. Wiederaufnahme nach dem Tod des Verurteilten		4. Entsprechende Anwendung a) Verhandlungsunfähigkeit	7
a) Antragsrecht der Angehörigen	3	b) Tod vor rechtskräftiger Entscheidung	9
		c) Verurteilung unter falschem Namen	10

1. Bedeutung der Vorschrift. Das Wiederaufnahmeverfahren zugunsten des Verurteilten dient nicht nur dem Zweck, ihn vor der Vollstreckung einer zu Unrecht verhängten Strafe zu bewahren. Durch die Beseitigung des falschen Urteils soll auch der **Ruf des Verurteilten wiederhergestellt** werden[1]. § 361 Abs. 1 bestimmt daher, daß der Antrag auf Wiederaufnahme zugunsten des Verurteilten weder durch dessen Tod noch durch die erfolgte, d. h. vollständig oder teilweise (Rdn. 2) erledigte, Strafvollstreckung ausgeschlossen wird. Zuungunsten des Verurteilten ist die Wiederaufnahme nach dessen Tod nicht zulässig[2].

2. Wiederaufnahme nach der Strafvollstreckung. Auch bei erst **teilweiser Strafvollstreckung** ist die Wiederaufnahme zulässig[3]. Ebensowenig wie die Strafvollstreckung stehen die **Verjährung** der Vollstreckung nach § 79 StGB[4] und der **Erlaß** der Strafe aufgrund eines Einzelgnadenerweises[5] oder eines Straffreiheitsgesetzes (Vor § 359, 28; s. auch Fußn. 5) der Wiederaufnahme entgegen. Sie kann auch beantragt werden, wenn die Eintragung der Verurteilung bereits im Bundeszentralregister getilgt ist und nicht mehr verwertet werden darf (§§ 45 ff, 51 BZRG i. d. F. d. Neubek. v. 21. 9. 1984 — BGBl. I 1229)[6].

---

[1] Vgl. *Blei* NJW **1957** 961.
[2] *Eb. Schmidt* § 362, 2; KMR-*Paulus* 1; *Kleinknecht/Meyer*[37] 2
[3] *Eb. Schmidt* 1; KMR-*Paulus* 1; *Neumann* 117.
[4] KK-v. *Stackelberg* 1; KMR-*Paulus* 1; *Kleinknecht/Meyer*[37] 1; *v. Hentig* 171.
[5] KK-v. *Stackelberg* 1; KMR-*Paulus* 1; *Kleinknecht/Meyer*[37] 1; *v. Hentig* 164; *Neumann* 117; *Schäfer* JR **1933** 21.
[6] KK-v. *Stackelberg* 1; KMR-*Paulus* 1; *Kleinknecht/Meyer*[37] 1.

3. Wiederaufnahme nach dem Tod des Verurteilten

3 a) **Antragsrecht der Angehörigen.** § 361 Abs. 2 ist eine **Sondervorschrift** gegenüber den nach § 365 anzuwendenden Bestimmungen über das Antragsrecht[7]. Ist der Verurteilte verstorben oder für tot erklärt[8], so sind daher nur die in § 361 Abs. 2 bezeichneten Personen antragsberechtigt. Dabei handelt es sich in erster Hinsicht um den Ehegatten, mit dem der Verurteilte bei seinem Tod verheiratet war. Daß der Ehegatte wieder geheiratet hat, spielt keine Rolle[9]. Ein früherer Ehegatte ist, wie die von § 52 Abs. 1 Nr. 1 abweichende Fassung des § 361 Abs. 2 ergibt, zur Antragstellung nicht befugt[10]. Ferner können die Verwandten auf- und absteigender Linie (Eltern, Großeltern, Kinder, Enkelkinder usw.) und die voll- oder halbbürtigen[11] Geschwister des Verstorbenen den Antrag stellen.

4 Haben die antragsberechtigten Angehörigen einen **gesetzlichen Vertreter**, so kann dieser für sie den Antrag stellen. Die gesetzlichen Vertreter und die Erziehungsberechtigten (§ 67 Abs. 3 JGG) des verstorbenen Verurteilten sind nur antragsberechtigt, wenn sie zu dem Personenkreis des § 361 Abs. 2 gehören[12].

5 b) Das **Antragsrecht der Staatsanwaltschaft** (§ 365, 3 f) wird durch § 361 Abs. 2 nicht berührt. Neben den dort bezeichneten Personen ist daher die Staatsanwaltschaft stets berechtigt, nach dem Tod des Verurteilten die Wiederaufnahme des Verfahrens zu dessen Gunsten zu beantragen[13].

6 c) **Verfahrensrechtliche Besonderheiten.** Wenn der Wiederaufnahmeantrag begründet ist, findet nach **§ 371 Abs. 1** eine Erneuerung der Hauptverhandlung nicht statt; gegen einen Toten könnte sie nicht durchgeführt werden. Das Gericht muß durch Beschluß (§ 371, 25) entweder auf Freisprechung erkennen oder den Wiederaufnahmeantrag ablehnen. Eine andere Entscheidung zugunsten des verstorbenen Verurteilten als seine Freisprechung, der die strafklageverbrauchende Verfahrenseinstellung gleichsteht (§ 359, 126), ist nicht zulässig. Daher darf auch der Wiederaufnahmeantrag **nur auf Freisprechung oder Einstellung** gerichtet sein (§ 371, 8). Er muß von vornherein auf Beweismittel gestützt werden, die geeignet sind, die völlige Schuldlosigkeit des Verstorbenen zu beweisen[14]. Andernfalls ist der Antrag unzulässig[15]. Zur Weiterführung des von dem Verurteilten vor seinem Tode selbst gestellten Antrags vgl. § 371, 13 ff.

4. Entsprechende Anwendung

7 a) § 361 ist im Fall der **Verhandlungsunfähigkeit** des Verurteilten entsprechend anwendbar, weil anders eine Rehabilitation zu Lebzeiten nicht mehr erreichbar wäre (Vor § 359, 95); auch in diesem Fall sollte die Antragsberechtigung § 361 Abs. 2 entnommen werden, weil sich der Verhandlungsunfähige zumeist in derart hilfloser Lage befindet, daß §§ 365, 296 ff dem Rehabilitationsinteresse nicht ausreichend gerecht werden.

---

[7] v. Hentig 138; a. A OLG Hamburg Alsb. E 2 Nr. 307 b.
[8] Kleinknecht/Meyer³⁷ 2; v. Hentig 121; Neumann 199.
[9] Knapp 20 Fußn. 1; Neumann 98.
[10] KMR-Paulus 2; Kleinknecht/Meyer³⁷ 2; Knapp 20 Fußn. 1; Neumann 98; Peters Fehlerquellen 3 117; Wasserburg Handb. 235; vgl. auch die Kommentare zu § 77 Abs. 2 StGB.
[11] Neumann 98.
[12] KMR-Paulus 2; Neumann 98.
[13] RGSt 10 423; OLG Colmar Alsb. E 2 Nr. 307 a = GA 38 (1891) 79; OLG Hamburg Alsb. E 2 Nr. 307 b; Eb. Schmidt 3; KK-v. Stackelberg 4; KMR-Paulus 2; Kleinknecht/Meyer³⁷ 2; Dalcke/Fuhrmann/Schäfer 2; zu Dohna 211; Gerland 437; Knapp 21; Neumann 98; Peters Fehlerquellen 3 117; a. A BayObLGSt 7 136; K. Meyer DJZ 1899 437.
[14] KK-v. Stackelberg 2; v. Hentig 122.
[15] Eb. Schmidt 2.

Viertes Buch. Wiederaufnahme § 362

Der Antrag ist auf Freisprechung (bzw. dieser gleichstehender Verfahrenseinstellung mit strafklageverbrauchender Wirkung, s. § 359, 126) **nach § 371 Abs. 1** zu richten, der in diesem Fall entsprechend anwendbar ist[16]. **8**

b) Ist der **Tod vor** einer **rechtskräftigen Entscheidung** eingetreten, so ist das Verfahren einzustellen, ohne daß der faktische Makel einer etwaigen Verurteilung beseitigt werden kann. Das Rehabilitationsinteresse erscheint hier indessen nicht minder stark als bei rechtskräftigen Verurteilungen, zumal da die Rehabilitationsmöglichkeit von dem Zufall abhängt, ob der Angeklagte vor oder nach dem Eintritt der Rechtskraft verstirbt. In diesem Fall sollten deshalb §§ 361, 359 analog angewendet werden[17]. **9**

c) Wurde jemand unter **falschem Namen verurteilt**, so können dessen Angehörige in entsprechender Anwendung des § 361 die Urteilsberichtigung verlangen[18]. Gleiches muß für die Angehörigen des wirklich Verurteilten gelten: erst nach der in analoger Anwendung des § 361 zu erreichenden Urteilsberichtigung können sie in nun direkter Anwendung des § 361 die Wiederaufnahme betreiben. **10**

§ 362

Die Wiederaufnahme eines durch rechtskräftiges Urteil abgeschlossenen Verfahrens zuungunsten des Angeklagten ist zulässig,
1. wenn eine in der Hauptverhandlung zu seinen Gunsten als echt vorgebrachte Urkunde unecht oder verfälscht war;
2. wenn der Zeuge oder Sachverständige sich bei einem zugunsten des Angeklagten abgelegten Zeugnis oder abgegebenen Gutachten einer vorsätzlichen oder fahrlässigen Verletzung der Eidespflicht oder einer vorsätzlichen falschen uneidlichen Aussage schuldig gemacht hat;
3. wenn bei dem Urteil ein Richter oder Schöffe mitgewirkt hat, der sich in Beziehung auf die Sache einer strafbaren Verletzung seiner Amtspflichten schuldig gemacht hat;
4. wenn von dem Freigesprochenen vor Gericht oder außergerichtlich ein glaubwürdiges Geständnis der Straftat abgelegt wird.

Schrifttum. *Dalcke* Über den Umfang und die Beschaffenheit des Geständnisses im Sinne des § 402 Nr. 4 der deutschen Strafprozeßordnung, GA **34** (1886) 81; *Ziemba* Die Wiederaufnahme des Verfahrens zuungunsten des Freigesprochenen oder Verurteilten (§§ 362 ff StPO), Diss. Marburg 1974.

Entstehungsgeschichte. Die Vorschrift wurde durch Art. 6 Nr. 2 der 3. VereinfVO aufgehoben; die gleichzeitige Neufassung des § 359 machte sie überflüssig. Art. 3 Nr. 152 VereinhG fügte sie ohne inhaltliche Änderungen wieder ein. Durch Art. 4 Nr. 39 des 3. StRÄndG wurde in Nummer 2 das Wort „Verurteilten" durch das Wort „Ange-

---

[16] *Hassemer* NJW **1983** 2357; **a. A** OLG Frankfurt NJW **1983** 2398; s. dazu unten § 371, 3 f.
[17] Im Ergebnis ebenso *Pflüger* NJW **1983** 1895; s. ferner Vor § 359, 60.
[18] KK-v. *Stackelberg* 3; *Kleinknecht/Meyer*[37] 3; *Peters* Fehlerquellen **3** 117 f.

§ 362

klagten" ersetzt. Art. IV Nr. 10 PräsVerfG strich in Nummer 3 das Wort „Geschworener". Art. 21 Nr. 87 EGStGB setzte in Nummer 3 anstelle der Wörter „einer Verletzung" die Wörter „einer strafbaren Verletzung", strich dort den Satzteil „... sofern diese Verletzung mit einer im Wege des gerichtlichen Strafverfahrens zu verhängenden öffentlichen Strafe bedroht ist" und ersetzte in Nummer 4 die Wörter „strafbaren Handlung" durch das Wort „Straftat". Bezeichnung bis 1924: § 402.

Übersicht

	Rdn.		Rdn.
I. Aufbau und Bedeutung		III. Wiederaufnahme nach § 362 Nr. 4	
1. Bedeutung und Antragsberechtigte	1	1. Freispruch	8
2. Gründe für die Wiederaufnahme des Verfahrens	2	2. Geständnis	
		a) Subjekt und Zeitpunkt	12
		b) Begriff des Geständnisses	14
II. Wiederaufnahme nach § 362 Nr. 1 bis 3		c) Vor Gericht	16
1. Überblick	5	d) Außergerichtlich	17
2. Nummern 1 und 2	6	e) Glaubwürdig	18
3. Nummer 3	7	3. Antragsvorbringen	19

I. Aufbau und Bedeutung

1. Bedeutung und Antragsberechtigte. Die Vorschrift beschränkt in zulässiger Weise[1] den Verfassungsgrundsatz, daß niemand mehrmals bestraft werden darf (**Art. 103 Abs. 3 GG**). Sie bestimmt abschließend die Voraussetzungen, unter denen die Wiederaufnahme des Verfahrens zuungunsten des Verurteilten oder Freigesprochenen gegen rechtskräftige Urteile (Vor § 359, 30 ff) deutscher Gerichte (Vor § 359, 80 ff) stattfinden darf. Gewinnt die Staatsanwaltschaft „zureichende tatsächliche Anhaltspunkte"[2] für das Vorliegen eines Grundes zur Wiederaufnahme zuungunsten des Angeklagten, so ist sie nach § 152 Abs. 2 grundsätzlich verpflichtet, die Wiederaufnahme zuungunsten des Angeklagten zu betreiben[3]: das **Legalitätsprinzip** fordert die Verfolgung verfolgbarer Straftaten ohne Rücksicht auf das jeweilige Verfahrensstadium[4]. Allerdings gelten auch die Vorschriften entsprechend, die das Legalitätsprinzip einschränken (§§ 153 ff); eine gerichtliche Zustimmung zum Absehen von der Stellung eines Wiederaufnahmeantrags ist aber nicht erforderlich[5]. **Antragsberechtigt** sind außer der Staatsanwaltschaft (§ 365, 3) der Privatkläger (§ 365, 12) und der Nebenkläger (§ 365, 13 ff). Zuungunsten eines Verstorbenen ist die Wiederaufnahme nicht zulässig (§ 361, 4). Wegen der Wiederaufnahme von **Strafbefehlsverfahren** zuungunsten des Beschuldigten vgl. § 373 a, 4.

---

[1] *Maunz/Dürig/Herzog* Art. 103 GG, 132; *Ziemba* 76 ff.

[2] „Ohne sachlichen Anlaß" darf die Staatsanwaltschaft keine Ermittlungen führen, um einen Wiederaufnahmegrund zu finden; zutr. *Walder* ZStW **95** (1983) 872 und *Kleinknecht/Meyer*[37] 1.

[3] *Kleinknecht/Meyer*[37] 1; *Gössel* § 11 B II a und FS Dünnebier 130; *Neumann* 92 Fußn. 4; s. § 152, 18.

[4] Entgegen *Kleinknecht* FS Bruns 476 f verpflichtet das Legalitätsprinzip eben nicht *nur* zur Anklageerhebung; weil diese im Wiederaufnahmeverfahren nicht möglich ist, hält *Kleinknecht* das Legalitätsprinzip im Wiederaufnahmeverfahren nicht für anwendbar; ebenso auch KK-v. *Stackelberg* § 365, 8 und KMR-*Paulus* § 365, 2.

[5] KK-v. *Stackelberg* 1; KMR-*Paulus* 1; *Kleinknecht/Meyer*[37] 1.

2. Die **Gründe für die Wiederaufnahme des Verfahrens** zuungunsten des Freigesprochenen oder Verurteilten stimmen mit denen für die **Wiederaufnahme zugunsten des Verurteilten** (§ 359) nur teilweise überein. Die Nummern 1 bis 3 des § 362 unterscheiden sich von den Nummern 1 bis 3 des § 359 nicht; in diesen Fällen ist die Wiederaufnahme auch zuungunsten eines Angeklagten zulässig, der verurteilt worden ist (unten Rdn. 5). Nach § 362 Nr. 4 findet die Wiederaufnahme dagegen nur zuungunsten eines Freigesprochenen statt, und zwar unter der Voraussetzung, daß er nach dem Freispruch ein glaubhaftes Geständnis abgelegt hat. Eine dem **§ 359 Nr. 5** entsprechende Regelung enthält § 362 nicht; auf andere neue Tatsachen als das Geständnis des Freigesprochenen und auf neue Beweismittel kann daher der Wiederaufnahmeantrag zuungunsten des Angeklagten nicht gestützt werden. Der Grund für diese Einschränkung liegt darin, daß die Staatsanwaltschaft, bevor sie die Anklage erhebt, sorgfältige und vollständige Ermittlungen führen kann und muß und daher nicht darauf angewiesen ist, nach Urteilsrechtskraft neue Tatsachen oder Beweise vorzulegen[6]. Außerdem werden das allgemeine Rechtsempfinden und das Vertrauen in die Rechtspflege durch fehlerhafte Freisprüche oder zu milde Bestrafungen nicht so erschüttert wie durch ungerechtfertigte Verurteilungen[7].

Eine **Strafverfolgungsverjährung** kann der Wiederaufnahme zuungunsten des Angeklagten nicht entgegenstehen, auch wenn er freigesprochen worden ist. Denn mit dem Erlaß des Urteils, auch des freisprechenden, hat die Verfolgungsverjährung ihr Ende gefunden; erst mit der Rechtskraft des Beschlusses nach § 370 Abs. 2 beginnt sie wieder zu laufen[8]. Die Gegenmeinung[9] beruht auf der Erwägung, daß es nicht angängig sei, den Freigesprochenen insoweit schlechterzustellen als denjenigen, der überhaupt nicht vor Gericht gestellt worden ist. Das überzeugt jedoch nicht; es ist insbesondere nicht einzusehen, daß der Täter, der seine Freisprechung durch die Vorlegung gefälschter Urkunden oder durch den Meineid von Zeugen erwirkt hat, so behandelt werden muß wie ein anderer, den die Staatsanwaltschaft wegen Fehlens eines hinreichenden Tatverdachts gar nicht erst angeklagt hat.

Der Auffassung, die Wiederaufnahme nach § 362 sei gegen **Einstellungsurteile** stets unzulässig, weil es hier an einer Sachentscheidung fehle[10], kann in dieser Allgemeinheit nicht gefolgt werden. Ein Einstellungsurteil nach § 260 Abs. 3 kann durchaus eine Sachentscheidung enthalten (Vor § 359, 42): in diesen Fällen ist die Wiederaufnahme auch nach § 362 statthaft. Soweit allerdings das Urteil nach § 260 Abs. 3 nur in formelle Rechtskraft erwachsen kann, ist anstelle der nicht statthaften Wiederaufnahme

---

[6] *Peters*[4] § 76 II S. 671; *Dippel* in *Jescheck/Meyer* 69.

[7] Vgl. *Henkel* 395; *v. Hippel* 611; *Hellm. Mayer* GerS **99** (1930) 305; *Peters*[4] § 76 II S. 671, der aber für die Erweiterung der Wiederaufnahme zuungunsten des Freigesprochenen bei besonders schweren Verbrechen eintritt; ähnlich *Deml* 140, der aber andererseits und zugleich § 362 Nr. 4 für zu weitgefaßt hält, weil die Wiederaufnahme ohne Rücksicht darauf zugelassen werde, daß „der Freispruch in einem unerträglichen Mißverhältnis" zu Tat und Strafe stehe (S. 141). Zur Abschaffung der Wiederaufnahme zuungunsten des Freigesprochenen oder Verurteilten de lege ferenda s. Nachw. bei *Deml* 137.

[8] BGH bei *Dallinger* MDR **1973** 191 = GA **1974** 154; *Eb. Schmidt* 3; KMR-*Paulus* 5; *Kleinknecht/Meyer*[37] 1; LK-*Jähnke* § 78, 11; vgl. auch § 370, 39 ff.

[9] *zu Dohna* 211; *Feisenberger* 2; *Gerland* 437; *Roxin*[19] § 55 B III 2; *Peters* Fehlerquellen **3** 109; *Ziemba* 116 ff; *Dreher/Tröndle*[42] § 78 b, 11.

[10] So KK-*v. Stackelberg* 6; *Kleinknecht/Meyer*[37] 3, s. aber auch 4.

§ 362 Viertes Buch. Wiederaufnahme

neue Anklage möglich (Vor § 359, 40). Näheres dazu s. oben Vor § 359, 40 ff; hinsichtlich der Wiederaufnahme gegen **Einstellungsbeschlüsse** nach § 206 a s. oben Vor § 359, 58 ff.

II. Wiederaufnahme nach § 362 Nr. 1 bis 3

5 1. **Überblick.** Nach diesen Vorschriften ist die Wiederaufnahme des Verfahrens nicht nur zuungunsten eines **Freigesprochenen**, sondern **auch zuungunsten eines Verurteilten** mit dem Ziel zulässig, daß ein anderes Strafgesetz (vgl. die Erläuterungen zu § 363) angewendet und die Tat schwerer eingestuft wird. Dabei wird nicht vorausgesetzt, daß die Anwendung des anderen Strafgesetzes (z. B. das Vorhandensein eines im Gesetz besonders vorgesehenen Umstandes, der die Strafbarkeit erhöht) bereits in dem Urteil erörtert worden ist, das Gericht aber zu Unrecht gemeint hat, der Tatbestand sei nicht erfüllt. Das Vorbringen der falschen Urkunde oder die Ablegung des falschen Zeugnisses kann wiederholt, d. h. sowohl in der Hauptverhandlung als auch im Vorverfahren, stattgefunden und daher schon in der Anklageschrift oder in dem Beschluß über die Eröffnung des Hauptverfahrens zu einer unrichtigen Bewertung der Tat geführt haben. Ob der Verurteilte selbst oder ein anderer die Pflichtverletzung herbeigeführt hat, ist gleichgültig[11].

6 2. **Nummern 1 und 2.** Die Grundsätze zu § 359 Nr. 1 und 2 (dort Rdn. 13 ff; 28 ff) gelten entsprechend. Eine **strafbare Urkundenfälschung** wird auch hier nicht vorausgesetzt[12]. Die verfälschte Urkunde muß zugunsten des Angeklagten vorgebracht, die falsche Aussage oder das falsche Sachverständigengutachten zu seinen Gunsten abgegeben worden sein. Erforderlich ist ferner die Möglichkeit eines für den Angeklagten günstigen Einflusses der Beweisverfälschung auf das Urteil.

7 3. **Nummer 3.** Die Grundsätze zu § 359 Nr. 3 (dort Rdn. 34 ff) gelten entsprechend. Eine Pflichtverletzung des Staatsanwalts, Urkundsbeamten oder Verteidigers ist auch nach § 362 kein Wiederaufnahmegrund; das Urteil kann darauf auch zum Vorteil des Angeklagten nicht beruhen. Die Einschränkung des § 359 Nr. 3, daß die Wiederaufnahme ausgeschlossen ist, wenn der Angeklagte die Amtspflichtverletzung selbst veranlaßt hat, enthält § 362 Nr. 3 selbstverständlich nicht.

III. Wiederaufnahme nach § 362 Nr. 4

8 1. **Freispruch.** Die Vorschrift setzt voraus, daß der Angeklagte von dem Vorwurf der in Frage stehenden Tat **völlig freigesprochen** worden ist[13]. Die Wiederaufnahme zuungunsten des Angeklagten ist daher nach § 362 Nr. 4 nicht zulässig, wenn er zu Unrecht wegen einer minder schweren Tat verurteilt worden ist[14]. Die Wiederaufnahme ist z. B. ausgeschlossen, wenn der wegen Totschlags Verurteilte später das Vorliegen der Tatbestandsmerkmale des § 211 StGB eingesteht[15], wenn der wegen Körperverlet-

---

[11] *Kleinknecht/Meyer*[37] 3.
[12] Anders *Ziemba* 92 ff.
[13] RGSt 3 399.
[14] *Eb. Schmidt* 6; KK-*v. Stackelberg* 5; KMR-*Paulus* 10; *Kleinknecht/Meyer*[37] 4; *Beling* 432; *Roxin*[19] § 55 B III 2; *Schlüchter* 769.2; *Neumann* 67; *Ziemba* 104; **a. A** *Peters*[4] § 76 III 7 für den Fall, in dem die Verurteilung „zu der wirklich verdienten Strafe außer allem Verhältnis steht" – dagegen aber wegen der unklaren Grenzziehung mit Recht KK-*v. Stakkelberg* 5; *Roxin*[19] § 55 B III 2; *Schlüchter* 769.2.
[15] RGSt 3 399; *Dalcke/Fuhrmann/Schäfer* 3.

zung mit Todesfolge Verurteilte nachträglich den Tötungsvorsatz zugibt[16], wenn der wegen fahrlässiger Brandstiftung Verurteilte später einräumt, vorsätzlich gehandelt zu haben[17] oder wenn der Angeklagte nach der Verurteilung wegen fahrlässigen Falscheides den Meineidsvorsatz zugibt[18]. Bei wahlweiser Verurteilung erfolgt keine Freisprechung; das Geständnis des Verurteilten, die schwerere Tat begangen zu haben, ist daher ebenfalls kein Wiederaufnahmegrund[19].

9 War die Anklage wegen mehrerer in Tatmehrheit begangener Straftaten erhoben, der Angeklagte aber **teilweise freigesprochen** worden, so ist insoweit die Wiederaufnahme zu seinen Ungunsten zulässig[20]. Mit dem Ziel einer Verurteilung wegen weiterer in Tateinheit mit den Straftaten, deretwegen er verurteilt worden ist, stehenden Delikte kann sie hingegen nicht betrieben werden[21]. Das gilt auch, wenn Anklage und Eröffnungsbeschluß zu Unrecht von Tatmehrheit ausgegangen sind und nur aus diesem Grund eine teilweise Freisprechung erforderlich war[22]. War der Angeklagte wegen einer **fortgesetzten Tat** verurteilt worden, so ist eine Wiederaufnahme unzulässig, mit der nur erstrebt wird, in die Verurteilung weitere Einzelakte einzubeziehen[23]. Anders ist es, wenn zwar die Anklage vom Vorliegen des Fortsetzungszusammenhanges ausgegangen ist, das Gericht aber Tatmehrheit angenommen und teilweise freigesprochen hat[24].

10 Freigesprochen im Sinne des § 362 Nr. 4 ist auch derjenige, gegen den neben dem Freispruch auf **Unterbringung** in einem psychiatrischen Krankenhaus nach § 63 StGB, auf Entziehung der Fahrerlaubnis nach § 69 StGB oder auf Berufsverbot nach § 70 StGB erkannt worden ist[25]. Dem Freispruch steht ferner die Anordnung von Maßregeln der Besserung und Sicherung im Sicherungsverfahren nach den §§ 413 ff gleich[26], nicht dagegen die Verurteilung zu Jugendarrest[27] und die Anordnung anderer Zuchtmittel nach den §§ 13 ff JGG[28].

11 Als Freisprechung im Sinne des § 362 Nr. 4 gilt auch eine **Verfahrenseinstellung**, die erforderlich ist, weil die angeklagte Tat nicht erwiesen und wegen der erwiesenen Tat kein Strafantrag gestellt ist oder sonst ein Prozeßhindernis besteht[29]. Bleibt nur eine Ordnungswidrigkeit übrig, so gilt § 85 Abs. 2 OWiG. Zu der Frage, ob die Einstellung wegen eines Verfahrenshindernisses auch sonst der Freisprechung gleichsteht, s. oben Rdn. 4.

---

[16] *Neumann* 67.
[17] OLG Dresden *Alsb.* E **2** Nr. 290.
[18] *Peters*[4] § 76 III 7.
[19] KMR-*Paulus* 10; LK-*Tröndle* § 1, 123; SK-*Rudolphi* § 55 Anhang 52.
[20] KK-*v. Stackelberg* 5; KMR-*Paulus* 10; *Neumann* 68; *Wasserburg* Handb. 286.
[21] *Neumann* 68.
[22] OLG Celle NdsRpfl. **1959** 120; *Dalcke/Fuhrmann/Schäfer* 4; KMR-*Paulus* 10; *Kleinknecht/Meyer*[37] 4.
[23] KK-*v. Stackelberg* 5; KMR-*Paulus* 10; *Kleinknecht/Meyer*[37] 4; *Neumann* 68.
[24] KK-*v. Stackelberg* 5; *Neumann* 68.
[25] *Eb. Schmidt* 7; KK-*v. Stackelberg* 5; KMR-*Paulus* 11; *Wasserburg* Handb. 286.
[26] *Eb. Schmidt* 7; KK-*v. Stackelberg* 5; KMR-*Paulus* 11; *Kleinknecht/Meyer*[37] 4; *Dalcke/Fuhrmann/Schäfer* 3; *Peters*[4] § 76 III 7 und Fehlerquellen **3** 108; offengelassen bei OLG Hamm JMBlNRW **1949** 202.
[27] AG Hannover MDR **1949** 701; *Dalcke/Fuhrmann/Schäfer* 3; *Eb. Schmidt* 8; KK-*v. Stackelberg* 5; KMR-*Paulus* 10; *Potrykus* § 55, 9.
[28] *Eb. Schmidt* 8; KK-*v. Stackelberg* 5; KMR-*Paulus* 10; *Kleinknecht/Meyer*[37] 4; *Peters* Fehlerquellen **3** 108; *Wasserburg* Handb. 286.
[29] Oben Rdn. 4; *Peters* Fehlerquellen **3** 107; *Kleinknecht/Meyer*[37] 4; **a. A** KK-*v. Stackelberg* 6.

2. Geständnis

12   **a) Subjekt und Zeitpunkt.** § 362 Nr. 4 erfordert ein „von dem Freigesprochenen", also **nach der Freisprechung**, abgelegtes Geständnis[30]. Ein Geständnis vor der Freisprechung, das erst später ermittelt wird, kann nur die Bedeutung einer neuen Tatsache haben[31]. Da aber die Wiederaufnahme zuungunsten des Freigesprochenen auf neue Tatsachen oder Beweise nicht gestützt werden kann, ist es unerheblich[32]. Das freisprechende Urteil muß nicht vor der Ablegung des Geständnisses rechtskräftig geworden sein; daher ist auch ein Geständnis zwischen der letzten tatrichterlichen Verhandlung und dem Revisionsurteil ein Wiederaufnahmegrund[33].

13   Der Freigesprochene muß das Geständnis **selbst abgelegt** haben. Das Geständnis eines Mittäters kann die Wiederaufnahme nicht begründen[34].

14   **b) Begriff des Geständnisses.** Darunter fallen alle Erklärungen des Freigesprochenen, durch die die tatsächliche Unrichtigkeit des freisprechenden Urteils unmittelbar oder mittelbar eingestanden wird. Um das erste Geständnis des Angeklagten muß es sich nicht handeln[35]. Ein volles **Schuldbekenntnis** ist nicht erforderlich[36]. Ein Geständnis liegt daher auch vor, wenn der Angeklagte die Tat in groben Zügen zugibt, aber behauptet, er könne sich an Einzelheiten nicht erinnern[37]. Es kommt regelmäßig nur darauf an, daß der Angeklagte den **objektiven Tatbestand der Handlung und seine Täterschaft** eingesteht[38]. Ob er Angaben hinzufügt, die auf die Verneinung eines strafbaren Verschuldens (z. B. Tatbestands- oder Verbotsirrtum, Notstand) abzielen, ist regelmäßig (s. aber unten Rdn. 15) gleichgültig[39]. Ohne Bedeutung ist auch, ob die Tat in der Form, in der sie nun eingestanden wird, der in der Anklageschrift oder dem Eröffnungsbeschluß vorgenommenen rechtlichen Bewertung entspricht[40]. Es genügt, daß die Identität der Tat im verfahrensrechtlichen Sinn (§ 264) gewahrt ist[41]. Auch das Geständnis einer milder zu beurteilenden Straftat als der ursprünglich angeklagten ist daher ein Wiederaufnahmegrund nach § 362 Nr. 4[42].

15   Immer muß aber der objektive Tatbestand einer **Straftat insgesamt** eingeräumt werden; es reicht nicht aus, daß nur einzelne Tatumstände zugegeben werden[43]. Insbesondere beim Betrug müssen die objektiven Tatbestandsmerkmale vollständig in dem Geständnis enthalten sein[44]. Wenn der Freispruch unter Feststellung des objektiven Tatbe-

---

[30] OLG München *Alsb.* E **2** Nr. 289; KK-*v. Stackelberg* 9; KMR-*Paulus* 13; *Neumann* 69; *Wasserburg* Handb. 288; *Ziemba* 105.

[31] KMR-*Paulus* 13; *Neumann* 69.

[32] *Eb. Schmidt* 10; KMR-*Paulus* 13; *Dalcke/Fuhrmann/Schäfer* 4; *Neumann* 69.

[33] KK - *v. Stackelberg* 9; KMR-*Paulus* 13; *Kleinknecht/Meyer*[37] 5; *Neumann* 69; **a. A** *v. Hentig* 115.

[34] BayObLGSt **21** 228; **26** 172 = JW **1927** 920; *Dalcke/Fuhrmann/Schäfer* 4; *Eb. Schmidt* 13; KK-*v. Stackelberg* 9; KMR-*Paulus* 13; *Kleinknecht/Meyer*[37] 5; *Neumann* 69; *Peters* Fehlerquellen **3** 108; *Ziemba* 105.

[35] *Neumann* 70.

[36] *Eb. Schmidt* 9; *v. Hentig* 114.

[37] OLG Rostock *Alsb.* E **2** Nr. 288.

[38] *Neumann* 70; *Ziemba* 106.

[39] BayObLGSt **21** 226; OLG Rostock *Alsb.* E **2** Nr. 288; *Eb. Schmidt* 9; KMR-*Paulus* 12; *Kleinknecht/Meyer*[37] 5; *v. Hentig* 114; *Neumann* 70; *Ziemba* 106; *Dalcke* GA **34** (1886) 85; **a. A** KK-*v. Stackelberg* 7; *Peters* Fehlerquellen **3** 105; *Wasserburg* Handb. 287.

[40] *v. Hentig* 114.

[41] KK - *v. Stackelberg* 8; KMR-*Paulus* 12; *Kleinknecht/Meyer*[37] 5; *v. Hentig* 114; *Neumann* 71; *Wasserburg* Handb. 288; *Ziemba* 107; *Dalcke* GA **34** (1886) 86.

[42] *Peters* Fehlerquellen **3** 105; *Wasserburg* Handb. 288.

[43] RMilGE **12** 174; KK-*v. Stackelberg* 8; *Kleinknecht/Meyer*[37] 5; *Dalcke* GA **34** (1886) 87; *v. Hentig* 115; *Neumann* 71; *Wasserburg* Handb. 288; *Ziemba* 107.

[44] *Peters* Fehlerquellen **3** 106.

standes auf das Fehlen subjektiver Tatbestandselemente oder auf das Vorhandensein eines Rechtfertigungs- oder Schuldausschließungsgrundes gestützt war, muß sich das Geständnis auf das Eingestehen der betreffenden Merkmale des subjektiven Tatbestandes, der Rechtswidrigkeit oder der Schuld beziehen[45].

c) **Vor Gericht.** Nach § 362 Nr. 4 genügt jedes gerichtliche Geständnis. Ob es vor einem **Straf- oder Zivilgericht** abgelegt worden ist, spielt keine Rolle[46]. **16**

d) **Außergerichtlich.** Auch jedes gegenüber einer **dritten** Person abgelegte Geständnis kann zur Wiederaufnahme führen. Dabei kann es sich um Strafverfolgungsbeamte oder andere öffentliche Bedienstete, aber auch um Privatpersonen handeln[47]. Der Anlaß des Geständnisses ist gleichgültig. Ob die Person, der gegenüber das Geständnis abgelegt worden ist, nach § 203 StGB zur Verschwiegenheit verpflichtet ist und sich durch das Offenbaren des Geständnisses nach dieser Vorschrift strafbar macht, ist ebenfalls ohne Bedeutung[48]. **17**

e) **Glaubwürdig.** Ein Geständnis ist nur dann ein Wiederaufnahmegrund, wenn es glaubhaft ist. Sein Inhalt muß **denkgesetzlich möglich** sein und der **Lebenserfahrung** entsprechen[49]. Das Gericht entscheidet darüber nach pflichtgemäßem Ermessen[50]. Ein im volltrunkenen Zustand oder aufgrund einer Täuschung abgelegtes Geständnis ist nicht schon deswegen unglaubwürdig. Allerdings ist es möglich, daß ein durch Täuschung oder Zwang erlangtes Geständnis nach **§ 136 a** nicht zur Begründung eines auf § 362 Nr. 4 gestützten Wiederaufnahmeantrags verwertet werden darf (s. § 136 a, 9 ff; 16 ff). Wird das Geständnis alsbald widerrufen, so muß es deswegen nicht unbedingt als unglaubhaft angesehen werden; es kann durchaus sein, daß das Geständnis glaubhafter ist als sein Widerruf[51]. Wie die Glaubhaftigkeit des Geständnisses ist auch die Bedeutung des Widerrufs von dem Gericht nach Lage des einzelnen Falls zu beurteilen[52]. **18**

3. **Antragsvorbringen.** Wird die Wiederaufnahme nach § 362 Nr. 4 beantragt, so muß **dargelegt** werden, wann und vor wem das Geständnis abgelegt worden ist und welchen Inhalt es hat. Ferner ist auszuführen, daß und aus welchen Gründen es glaubhaft ist[53]. Ist das Geständnis schriftlich abgelegt worden, so empfiehlt sich die Beifügung des Schriftstücks oder einer Ablichtung. **19**

---

[45] OLG Hamm JMBlNRW **1949** 202; *Kleinknecht*[33] 6; *Eb. Schmidt* 9; KK-*v. Stackelberg* 8; *Kleinknecht/Meyer*[37] 5; *Roxin*[19] § 55 B III 2; *v. Hentig* 114 ff; *Neumann* 70; *Peters* Fehlerquellen **3** 106.
[46] *Eb. Schmidt* 11; KMR-*Paulus* 14; *Kleinknecht/Meyer*[37] 6; *v. Hentig* 116; *Neumann* 72; *Ziemba* 108.
[47] *Kleinknecht/Meyer*[37] 6.
[48] *Eb. Schmidt* 11; KMR-*Paulus* 14; *Kleinknecht/Meyer*[37] 6; *Ziemba* 108; **a. A** *Wasserburg* Handb. 288.
[49] KK-*v. Stackelberg* 10; *Kleinknecht/Meyer*[37] 7; *Schlüchter* 769.2; *Neumann* 72; *Ziemba* 107.
[50] OLG Hamm GA **1957** 123; KK-*v. Stackelberg* 10; *Kleinknecht/Meyer*[37] 7.
[51] OLG Hamm GA **1957** 123; *Eb. Schmidt* Nachtr. I 1; KK-*v. Stackelberg* 10; KMR-*Paulus* 15; *Kleinknecht/Meyer*[37] 7; *v. Hentig* 116; *Peters* Fehlerquellen **3** 106.
[52] *Eb. Schmidt* 12; *Neumann* 72.
[53] *Kleinknecht/Meyer*[37] 8; *v. Hentig* 183; *Neumann* 116.

§ 363

(1) Eine Wiederaufnahme des Verfahrens zu dem Zweck, eine andere Strafbemessung auf Grund desselben Strafgesetzes herbeizuführen, ist nicht zulässig.

(2) Eine Wiederaufnahme des Verfahrens zu dem Zweck, eine Milderung der Strafe wegen verminderter Schuldfähigkeit (§ 21 des Strafgesetzbuches) herbeizuführen, ist gleichfalls ausgeschlossen.

Entstehungsgeschichte. Durch Art. 2 Nr. 32 AGGewVerbrG wurde Absatz 1 dahin ergänzt, daß der anderen Strafbemessung die Änderung der Entscheidung über Sicherungsmaßregeln gleichsteht; ferner wurde Absatz 2 angefügt. Art. 6 Nr. 2 der 3. VereinfVO setzte § 363 außer Kraft, weil die Wiederaufnahmegründe nunmehr vollständig in den neugefaßten § 359 aufgenommen worden waren. Art. 3 Nr. 153 VereinhG fügte die Vorschrift wieder ein, Absatz 1 aber in der bis 1933 geltenden Fassung. Art. 21 Nr. 88 EGStGB ersetzte in Absatz 2 die Wörter „verminderter Zurechnungsfähigkeit" durch die Wörter „verminderter Schuldfähigkeit (§ 21 des Strafgesetzbuches)". Bezeichnung bis 1924: § 403.

Übersicht

	Rdn.		Rdn.
1. Überblick	1	c) Minderschwere Fälle	8
2. Andere Strafbemessung	4	d) Besonders schwere Fälle	11
3. Dasselbe Strafgesetz		e) Absehen von Strafe	13
a) Bedeutung	6	f) Einzelfälle	14
b) Tateinheit	7	4. Verminderte Schuldfähigkeit	15

1 1. **Überblick.** § 363 schließt eine Wiederaufnahme aus, mit der nur der Zweck verfolgt wird, aufgrund des in dem Urteil angewendeten Strafgesetzes eine andere, mildere oder schwerere Strafbemessung herbeizuführen. Denn neue Tatsachen, die nach § 46 StGB für die Strafzumessung oder nach § 47 StGB für die Wahl der Strafart von Bedeutung sind, lassen sich leicht finden; das allein soll aber kein **Grund** sein, die **Rechtskraft** des Urteils zu durchbrechen. Außerdem ist die Strafzumessung trotz zunehmender rechtlicher Bindung nach überwiegender Auffassung jedenfalls auch eine Ermessensfrage, und der Gesetzgeber war der Ansicht, daß keine Gewähr dafür besteht, daß der zweite Richter sie richtiger beurteilt als der erste[1].

2 Die Vorschrift gilt sowohl für die Wiederaufnahme nach § 359 als auch für die nach § 362[2], und zwar **grundsätzlich** für **alle** dort genannten **Wiederaufnahmegründe**[3]. Für § 359 Nr. 5 hat § 363 jedoch keine selbständige Bedeutung (oben § 359, 54; 113); denn dort wird die Wiederaufnahme zu dem Zweck einer geringeren Bestrafung ohnehin nur zugelassen, wenn ein Gesetz angewendet werden soll, das eine mildere Strafandrohung enthält, also ein anderes Gesetz im Sinne des § 363 ist[4]. Der Wiederaufnahme-

---

[1] KK-*v. Stackelberg* 1; *Peters* Fehlerquellen 3 8; zur Strafzumessung als rechtlich gebundener Ermessensentscheidung (überwiegende Auffassung) s. *Maurach/Zipf* AT 2 § 63, 189 mit weit. Nachw., auch zu davon abweichenden Auffassungen.

[2] KMR-*Paulus* 1; *Kleinknecht/Meyer*[37] 1; *Dippel* in *Jescheck/Meyer* 1.

[3] *Eb. Schmidt* 1.

[4] Oben § 359, 54; 113; KMR-*Paulus* 1; *Kleinknecht/Meyer*[37] 1.

antrag nach § 362 Nr. 4 kann nur gegen ein freisprechendes Urteil gerichtet sein; auf die Einschränkungen des § 363 Abs. 1 kann es nicht ankommen.

§ 363 ist nur bei der Prüfung der Zulässigkeit (§ 368) und der Begründetheit des **3** Wiederaufnahmeantrags (§ 370) anzuwenden[5]. Wenn die Wiederaufnahme angeordnet worden ist (§ 370 Abs. 2), hat das Gericht in der **erneuten Hauptverhandlung** über die Rechtsfolgenfrage neu zu entscheiden, ohne daß weitere Beschränkungen als die des § 373 Abs. 2 bestehen[6].

2. Andere Strafbemessung. § 363 bezieht sich **nur** auf die **Strafzumessung im** **4** **eigentlichen Sinn**. Daß die Wiederaufnahme aufgrund neuer Tatsachen oder Beweismittel auch bei Anwendung desselben Strafgesetzes zulässig ist, wenn eine wesentlich andere Entscheidung über Maßregeln der Besserung und Sicherung erstrebt wird, ergibt sich aus § 359 Nr. 5 (oben § 359, 134 f). Für die anderen Wiederaufnahmegründe zugunsten des Verurteilten gilt das entsprechend. Auch die Wiederaufnahme zuungunsten des Verurteilten mit dem Ziel, aufgrund desselben Strafgesetzes eine ihm nachteilige Entscheidung über **Maßregeln** herbeizuführen, ist zulässig; denn die jetzige Fassung des § 363 verbietet das, im Gegensatz zu der von 1933 bis 1950 geltenden, nicht mehr[7].

Für die Anordnung von **Nebenstrafen** und **Nebenfolgen** hat § 363 keine Bedeu- **5** tung. Denn der Wegfall und die Abänderung solcher Entscheidungen sind keine zulässigen Wiederaufnahmeziele[8].

3. Dasselbe Strafgesetz

a) Bedeutung. Im Sinne des § 363 ist ein anderes Strafgesetz nicht nur eine Vor- **6** schrift, die einen selbständigen Straftatbestand enthält, sondern **jede Vorschrift**, die bestimmte Tatumstände vorsieht, bei deren Vorliegen die **Strafbarkeit erhöht** oder **vermindert** wird[9]. Dabei ist weder erforderlich noch ausreichend, daß es sich nicht um denselben Paragraphen handelt, der in dem Urteil angewendet worden ist[10]. Ohne Bedeutung ist auch, ob das Gesetz die Rechtsfolgen in verschiedenen Vorschriften regelt. Die Wiederaufnahme kann daher nicht mit dem Ziel beantragt werden, daß im Jugendstrafverfahren statt Jugendstrafe Erziehungsmaßregeln oder Zuchtmittel angeordnet werden[11]; mit dem Ziel, anstelle des angewendeten StGB Jugendstrafrecht anzuwenden (bzw. umgekehrt), ist die Wiederaufnahme dagegen zulässig[12].

b) Tateinheit. War der Angeklagte wegen mehrerer tateinheitlich begangener **7** Straftaten verurteilt worden, so ist die Wiederaufnahme in den Fällen des § 359 zulässig, wenn sich der Antrag gegen die Anwendung derjenigen Vorschrift richtet, der nach **§ 52 StGB** die Strafe entnommen worden ist. In den Fällen des § 362 Nr. 1 bis 3 hängt ihre Zulässigkeit davon ab, daß der Antragsteller die zusätzliche Verurteilung nach einer Strafvorschrift erstrebt, der die Strafe nach § 52 StGB zu entnehmen ist[13]. Wenn alle

---

[5] KK-*v. Stackelberg* 2.
[6] Vgl. dort Rdn. 23; KK-*v. Stackelberg* 2; KMR-*Paulus* 1; *Kleinknecht/Meyer*[37] 1.
[7] KK-*v. Stackelberg* 3; KMR-*Paulus* 2; *Kleinknecht/Meyer*[37] 2; a. A *Ziemba* Die Wiederaufnahme des Verfahrens zuungunsten des Freigesprochenen oder Verurteilten (§§ 362 ff StPO), Diss. Marburg, 1974, 111.
[8] KK-*v. Stackelberg* 3; KMR-*Paulus* 2; *Kleinknecht/Meyer*[37] 2; vgl. auch § 359, 134.
[9] BGHSt 11 362; *Dalcke/Fuhrmann/Schäfer* 2; KK-*v. Stackelberg* 4; *Kleinknecht/Meyer*[37] 3.
[10] KMR-*Paulus* 3; *Kleinknecht/Meyer*[37] 3; *Neumann* 54; *Voß* GA 54 (1907) 246.
[11] *Neumann* 75.
[12] KK-*v. Stackelberg* 5; KMR-*Paulus* 3; s. ferner oben § 359, 132 zu diesen und weiteren Fällen.
[13] KK-*v. Stackelberg* 7; KMR-*Paulus* 4; *Kleinknecht/Meyer*[37] 3.

anzuwendenden Strafvorschriften die gleiche Strafandrohung enthalten, steht § 363 der Wiederaufnahme nicht entgegen[14]. Im Fall der **Gesetzeskonkurrenz** ist sie unzulässig, wenn sie sich nur gegen die rechtlich in der abgeurteilten Straftat aufgegangene Handlung wendet[15]. Zur Anwendung dieser Grundsätze bei der Wiederaufnahme zugunsten des Verurteilten vgl. § 359, 128 ff.

8 c) **Minder schwere Fälle.** Das materielle Recht sieht vielfach eine Änderung des Strafrahmens vor, wenn die Tat als **minder schwerer Fall** (nach früherem Recht handelte es sich um „mildernde Umstände") einzustufen ist. Im Sinne des § 363 handelt es sich dabei um die **Verurteilung aufgrund desselben Strafgesetzes**, gleichgültig, ob der Strafrahmen für den minder schweren Fall in demselben oder in einem anderen Paragraphen bestimmt ist. Die Wiederaufnahme des Verfahrens kann daher nicht zu dem Zweck beantragt werden, entgegen dem Urteil einen minder schweren Fall anzuerkennen oder nicht anzuerkennen[16].

9 Handelt es sich um gesetzliche Bestimmungen, die es dem Richter gestatten, die Strafe beim Vorliegen bestimmter tatsächlicher Umstände nach seinem Ermessen zu mildern (**benannte Strafmilderungsgründe**), insbesondere den verminderten Strafrahmen des § 49 Abs. 2 StGB anzuwenden, so erfolgt die Verurteilung aufgrund eines anderen Gesetzes im Sinne des § 363; die Wiederaufnahme ist zulässig[17]. Auch hierbei ist gleichgültig, ob der benannte Strafmilderungsgrund in demselben Paragraphen bestimmt ist, der den Straftatbestand enthält, oder in einem anderen.

10 Enthält eine Strafvorschrift, wie etwa § 213 StGB, nebeneinander **benannte und unbenannte** Strafmilderungsgründe, so steht § 363 der Wiederaufnahme entgegen, wenn der Tatrichter allgemein einen minder schweren Fall angenommen hat, nicht aber, wenn er die Strafe wegen Vorliegens einer der benannten Strafmilderungsgründe geringer bemessen hat[18].

11 d) **Besonders schwere Fälle.** Ebensowenig wie ein minder schwerer Fall ändert das Vorliegen eines besonders schweren Falls das Strafgesetz[19]. Die Wiederaufnahme kann daher nicht mit dem Ziel beantragt werden, eine Würdigung der Tat als besonders schwerer Fall herbeizuführen oder zu beseitigen.

12 Anders ist es auch hier, wenn es sich um **benannte Strafschärfungsgründe** handelt (KMR-*Paulus* 5). § 363 steht der Wiederaufnahme insbesondere nicht entgegen, wenn das Gesetz sich nicht darauf beschränkt, einen erhöhten Strafrahmen für besonders schwere Fälle aufzustellen, sondern Beispiele aufführt, bei deren Vorliegen ein besonders schwerer Fall regelmäßig anzunehmen ist. Die besondere Benennung dieser Straf-

---

[14] KK-*v. Stackelberg* 7; *Kleinknecht/Meyer*[37] 3.
[15] *Neumann* 77.
[16] RG JW **1930** 3423; OLG Dresden *Alsb.* E **2** Nr. 279 c; OLG Hamburg NJW **1952** 1150; OLG Jena *Alsb.* E **2** Nr. 279 b; OLG Köln *Alsb.* E **2** Nr. 279 a; *Kleinknecht*[33] 4; *Eb. Schmidt* Nachtr. I 1; KK-*v. Stackelberg* 6; KMR-*Paulus* 5; *Kleinknecht/Meyer*[37] 4; *Neumann* 55 und JW **1933** 488; a. A *Peters*[4] § 76 III 5 und Fehlerquellen **3** 92 unter de lege ferenda berechtigtem Hinweis auf die willkürlichen gesetzgeberischen Entscheidungen hinsichtlich benannter und unbenannter Strafmilderungsgründe.
[17] OLG Stuttgart NJW **1968** 2206; KK-*v. Stak*kelberg 6; KMR-*Paulus* 5; *Kleinknecht/Meyer*[37] 4; *Peters* Fehlerquellen **3** 92; a. A *Eb. Schmidt* 4.
[18] KK-*v. Stackelberg* 6; *Kleinknecht/Meyer*[37] 4; a. A *Eb. Schmidt* 4, der in solchen Fällen insgesamt eine nach § 363 unbeachtliche Zumessungsregel sieht; vgl. auch BayObLGSt **1951** 70, 102.
[19] BGHSt **8** 167 = MDR **1956** 50 mit Anm. *Kleinknecht*; OLG Dresden HRR **1936** 1695; OLG Hamburg NJW **1952** 1150; *Dalcke/Fuhrmann/Schäfer* 2; *Eb. Schmidt* Nachtr. I 1; KK-*v. Stackelberg* 6; KMR-*Paulus* 5; *Kleinknecht/Meyer*[37] 5.

schärfungsgründe auch nur als **Regelbeispiele** rechtfertigt es, sie als andere Strafgesetze i. S. des § 363 anzusehen[20]: dies sollte allerdings nicht mit einer angeblichen Annäherung von Strafzumessungsgründen an Tatbestandsmerkmale begründet werden, weil damit der grundlegende und scharfe Unterschied zwischen dem Unrecht selbst und dessen Bewertung im Vorgang der Strafzumessung verwischt zu werden droht[21]. Es ist auch hier gleichgültig, ob der benannte Strafschärfungsgrund in einem besonderen Paragraphen enthalten ist oder nicht: **§ 243 StGB** stellt ebenso ein **anderes** Strafgesetz gegenüber **§ 242 StGB i. S. des § 363 Abs. 1** dar[22] wie **§ 263 Abs. 3 StGB** gegenüber **§ 263 Abs. 1 StGB**. Hat der Tatrichter die Strafe nach dem erhöhten Strafrahmen bemessen, obwohl einer der im Gesetz bezeichneten Regelfälle nicht unmittelbar vorliegt, so ist die Wiederaufnahme jedoch nach § 363 ausgeschlossen; denn in diesem Fall fehlt es an der Anwendung der vom Gesetz ausdrücklich benannten Strafschärfungsgründe[23].

e) **Absehen von Strafe.** Das materielle Recht gestattet in **§ 60 StGB** allgemein und in vielen **Vorschriften** des **Besonderen Teils des Strafgesetzbuchs** (näher § 153 b, 3 Fußn. 10) beim Vorliegen bestimmter tatsächlicher Umstände, von Strafe abzusehen. Bei § 60 StGB handelt es sich um eine allgemeine Rechtsfolgenbestimmung, deren Anwendung oder Nichtanwendung ebenso Ziel eines Wiederaufnahmeantrags sein kann wie § 48 StGB[24]. Die angesprochenen Vorschriften des Besonderen Teils des StGB sind ebenso „andere" Gesetze i. S. des § 363. **13**

f) Die **Einzelfälle**, in denen die Wiederaufnahme zugunsten des Verurteilten zulässig ist, weil die Strafherabsetzung aufgrund eines anderen und milderen Gesetzes erstrebt wird, sind bei § 359, 128 ff aufgeführt. Sie gelten für alle Wiederaufnahmefälle des § 359. Zuungunsten des Verurteilten ist die Wiederaufnahme nach § 362 Nr. 1 bis 3 zulässig, wenn sie das Ziel verfolgt, bei der Strafbemessung anstelle des milderen Gesetzes das strengere zugrundezulegen. **14**

4. **Verminderte Schuldfähigkeit.** Die Anwendung des § 21 StGB gehört nach heute herrschender Ansicht zur Straffrage. Es handelt sich um einen **benannten Strafmilderungsgrund**, dessen Anwendung nach den hierfür geltenden Grundsätzen (oben Rdn. 9) ein zulässiges Wiederaufnahmeziel sein müßte. Das Gesetz bestimmt jedoch in § 363 Abs. 2, wenig folgerichtig[25], daß die Wiederaufnahme zu dem Zweck, eine Milderung der Strafe nach § 21 StGB herbeizuführen, ausgeschlossen ist. Die Vorschrift ist mit dem Grundgesetz vereinbar[26]. Sie gilt ausnahmslos, auch wenn über die Anwendung des § 21 StGB mittelbar Strafaussetzung zur Bewährung erstrebt wird[27] und ebenso bei der Verurteilung wegen Mordes nach § 211 StGB, bei der die Anwendung des § 21 StGB dazu führen könnte, daß eine zeitige Freiheitsstrafe verhängt wird[28]. Wie § 363 Abs. 1 (oben Rdn. 3) hat auch das Verbot der Berücksichtigung der verminderten Schuldfähigkeit keine Bedeutung mehr, wenn es in dem wiederaufgenommenen Verfahren zu einer neuen Hauptverhandlung gekommen ist[29]. **15**

---

[20] KK-*v. Stackelberg* 6; KMR-*Paulus* 5; *Kleinknecht/Meyer*[37] 5; a. A *Eb. Schmidt* Nachtr. I 1; *Schlüchter* 769.5.

[21] So aber BGHSt **29** 368; *Schönke/Schröder/Eser*[22] § 243, 2; richtig dagegen OLG Düsseldorf NStZ **1984** 571.

[22] OLG Düsseldorf NStZ **1984** 571.

[23] *Kleinknecht/Meyer*[37] 5; a. A *Dippel* in Jescheck/Meyer 64; *Peters* Fehlerquellen **3** 92; zweifelnd KK-*v. Stackelberg* 6.

[24] S. oben § 359, 132; s. dort auch zu weiteren Beispielen; a. A LR-*Meyer*[23] 13.

[25] KK-*v. Stackelberg* 8; *Peters* Fehlerquellen **3** 91.

[26] BVerfGE **5** 22.

[27] OLG Stuttgart Justiz **1982** 166; *Kleinknecht/Meyer*[37] 6.

[28] KMR-*Paulus* 6; *Kleinknecht/Meyer*[37] 6; *Peters* FS Gallas 446.

[29] *Peters* Fehlerquellen **3** 91.

§ 364

¹Ein Antrag auf Wiederaufnahme des Verfahrens, der auf die Behauptung einer Straftat gegründet werden soll, ist nur dann zulässig, wenn wegen dieser Tat eine rechtskräftige Verurteilung ergangen ist oder wenn die Einleitung oder Durchführung eines Strafverfahrens aus anderen Gründen als wegen Mangels an Beweis nicht erfolgen kann. ²Dies gilt nicht im Falle des § 359 Nr. 5.

Entstehungsgeschichte. Satz 2 wurde durch Art. 4 Nr. 40 des 3. StRÄndG angefügt. Art. 21 Nr. 89 EGStGB ersetzte in Satz 1 die Wörter „strafbaren Handlung" durch das Wort „Straftat" und die Wörter „dieser Handlung" durch die Wörter „dieser Tat". Bezeichnung bis 1924: § 404.

1. Voraussetzungen einer rechtskräftigen Verurteilung (Satz 1)

1 a) Allgemeines. Ein Wiederaufnahmeantrag, der nach § 359 Nr. 2, 3, § 362 Nr. 2, 3 (s. § 359, 21) auf die Behauptung einer Straftat gestützt werden soll, ist grundsätzlich nur **zulässig**, wenn wegen dieser Tat eine rechtskräftige Verurteilung ergangen ist; entgegen der h. M.[1] ist § 364 auf die Wiederaufnahmegründe des § 359 Nr. 1 und des § 362 Nr. 1 nicht anwendbar[2]. Eine wahlweise Verurteilung genügt nicht. Wenn der Beschuldigte bereits freigesprochen worden ist, kann die Wiederaufnahme von vornherein nicht auf das Vorliegen einer Straftat gestützt werden[3]. Kann ein Strafverfahren wegen Mangels an Beweisen nicht eingeleitet oder durchgeführt werden, so ist die Wiederaufnahme gleichfalls ausgeschlossen. Ob das Verfahren zu Recht wegen fehlender Beweise eingestellt worden ist, unterliegt nicht der Prüfung durch das mit dem Wiederaufnahmeantrag befaßte Gericht.

2 b) Ausnahme bei Verfolgungshindernissen. Das Erfordernis einer vorherigen rechtskräftigen Verurteilung entfällt, wenn die **Verfolgung** des **Beschuldigten** wegen eines **tatsächlichen** oder **rechtlichen** Hindernisses (Tod, Abwesenheit, Verjährung, Geisteskrankheit nach der Tat, Amnestie, Nichtbestehen deutscher Gerichtsbarkeit) nicht möglich ist. Im Fall der Verjährung ist die Wiederaufnahme auch zulässig, wenn vor Ablauf der Verjährungsfrist ein staatsanwaltschaftliches Ermittlungsverfahren mangels Beweises eingestellt[4] oder nach § 154 Abs. 1 von der Verfolgung abgesehen worden ist[5]. Verfolgungshindernisse zwingen dazu, im Wiederaufnahmeverfahren nach § 369 Beweise zu erheben[6]. Falls sich aus ihnen ergibt, daß die in dem Antrag behauptete Straftat

---

[1] LR-*Meyer*²³ 1; KK-*v. Stackelberg* 2; KMR-*Paulus* 1; *Kleinknecht/Meyer*³⁷ 1.

[2] S. oben § 359, 21 und die dortigen Nachweise. Die Nichtanwendung des § 364 nur auf die Fälle gutgläubiger oder irriger Vorlage der falsa documenta zu beschränken – so LR-*Meyer*²³ § 359, 7 – ist nicht einsichtig. Dies würde überdies erhebliche Streitfragen aufwerfen: ist der Ausgang eines vorherigen Strafverfahrens abzuwarten, wenn das Wiederaufnahmegericht eine Straftat annimmt, der Antragsteller aber eine gutgläubige Vorlage? Wäre bei einem Freispruch mangels einer verfälschten Urkunde das Wiederaufnahmegericht daran gebunden, auch wenn eine irrige oder sonst straflose Vorlage einer verfälschten Urkunde behauptet wird? Darin zeigt sich, daß die abgelehnte Meinung u. U. zu einer erheblichen Verzögerung, wenn nicht gar Verhinderung aussichtsreicher Wiederaufnahmeanträge führen kann.

[3] *Eb. Schmidt* 3; KK-*v. Stackelberg* 5; *Peters* Fehlerquellen **3** 51.

[4] KK-*v. Stackelberg* 6; *Peters* Fehlerquellen **3** 51.

[5] OLG Düsseldorf GA **1980** 393.

[6] *Eb. Schmidt* 4; vgl. auch LG Düsseldorf NJW **1959** 1335.

ohne das Hindernis bei Vorliegen eines konkreten Verdachts für die Begehung der behaupteten Straftat wenigstens zur Einleitung eines Ermittlungsverfahrens geführt hätte, wird die Untersuchung neu eingeleitet[7].

War der jetzt Beschuldigte wegen **Schuldunfähigkeit** zur Zeit der Tat außer Verfolgung gesetzt oder freigesprochen worden, so liegt eine Straftat, wie § 364 sie voraussetzt, nicht vor, ebensowenig aber ein der Einleitung und Durchführung des Strafverfahrens entgegenstehendes Hindernis[8]. Jedoch ist die Feststellung, daß der Zeuge schon damals geisteskrank war, eine neue Tatsache, die seine Glaubwürdigkeit nach § 359 Nr. 5 erschüttern kann[9]. Ist das Verfahren gegen den Zeugen, der sich strafbar gemacht haben soll, rechtskräftig eingestellt worden und der Zeuge erst später gestorben, so ist die Wiederaufnahme möglich, sofern ein Verfahren gegen den noch lebenden Beschuldigten wegen Vorliegens der Voraussetzungen des § 211 noch durchgeführt werden könnte[10].

c) **Antragserfordernisse.** Wenn wegen der behaupteten Straftat bereits ein Urteil ergangen ist, genügt es, daß der Antragsteller hierauf verweist; er braucht keine Urteilsabschrift beizufügen. Ist kein Urteil ergangen, so muß der Antrag ergeben, wodurch die Straftat begangen worden ist und welche Gründe der Einleitung oder Durchführung des Verfahrens gegen den Täter entgegenstehen[11].

2. Ausnahme im Fall des § 359 Nr. 5 (Satz 2). Vor der Einfügung des § 364 Satz 2 war streitig, ob die Wiederaufnahme auf die Unglaubwürdigkeit eines Belastungszeugen nur gestützt werden kann, wenn der Zeuge wegen Falschaussage nach den §§ 153 ff StGB verurteilt oder die Verurteilung aus anderen Gründen als wegen Mangels an Beweisen nicht möglich ist[12]. Durch die Gesetzesänderung von 1953 wurde diese Streitfrage erledigt. § 364 Satz 2 gestattet nunmehr, den Antrag nach § 359 Nr. 5 auf das **Vorbringen** zu stützen, **es lägen neue Tatsachen oder Beweismittel vor**, aus denen sich die Unglaubwürdigkeit eines Zeugen ergibt. Andere neue Tatsachen, insbesondere ein ganz neuer Sachverhalt, brauchen nicht geltend gemacht zu werden[13]. Liegen neben den Wiederaufnahmegründen des § 359 Nr. 2, 3 zugleich die Wiederaufnahmegründe nach § 359 Nr. 1, 5 vor (dazu unten Rdn. 6), so ist § 364 Satz 2 nur hinsichtlich § 359 Nr. 5 anwendbar: weder ist § 364 Satz 2 auch auf die übrigen Wiederaufnahmegründe anwendbar, noch kann das gleichzeitige Vorliegen der in § 359 Nr. 2, 3 bezeichneten Wiederaufnahmegründe dazu führen, das Privileg des § 364 Satz 2 nun auch im Falle des § 359 Nr. 5 zu verweigern[14].

---

[7] OLG Düsseldorf GA **1980** 393; KK-*v. Stakkelberg* 5; KMR-*Paulus* 2; *Kleinknecht/Meyer*[37] 1; **a. A** *Eb. Schmidt* I 4: Behauptung der Straftat und Nachweis der Undurchführbarkeit des Verfahrens genügen.

[8] KK-*v. Stackelberg* 7; *v. Hentig* 65; *Neumann* 82.

[9] S. oben § 359, 64; ebenso KK-*v. Stackelberg* 7.

[10] OLG Dresden HRR **1937** 841; *Eb. Schmidt* 4; KK-*v. Stackelberg* 6; KMR-*Paulus* 3; *Kleinknecht/Meyer*[37] 1.

[11] *Neumann* 115.

[12] Vgl. die Nachweise bei *Gündel* in der 19. Auflage dieses Kommentars; OLG Bamberg BayJMBl. **1953** 14; OLG Bremen JR **1951** 92.

[13] OLG Celle NJW **1967** 216 unter Aufgabe der in NdsRpfl. **1952** 119; **1956** 115 vertretenen Ansicht; OLG Hamburg NJW **1957** 601; KK-*v. Stackelberg* 1; KMR-*Paulus* 3; *Kleinknecht/Meyer*[37] 2; *Dallinger* JZ **1953** 440; *Schneidewin* JZ **1957** 537; **a. A** *Dalcke/Fuhrmann/Schäfer* 4.

[14] OLG Bremen JR **1951** 92; *Eb. Schmidt* 2; s. dazu auch OLG Zweibrücken OLGSt § 364 S. 2.

§ 364 a   Viertes Buch. Wiederaufnahme

6   3. **Wahl des Wiederaufnahmegrundes.** Die Regelung des § 364 Satz 2 hat zur Folge, daß die Wiederaufnahmegründe nach § 359 Nr. 2 und 5 dem Antragsteller, der die Unwahrheit einer Aussage geltend machen will, **wahlweise** zur Verfügung stehen[15]. Er kann darauf hinwirken, daß gegen den Zeugen oder Sachverständigen die Strafverfolgung wegen des Aussagedelikts eingeleitet wird, und nach Rechtskraft des Urteils die Wiederaufnahme nach § 359 Nr. 2 beantragen. Er kann aber auch ohne Rücksicht auf eine etwaige Strafverfolgung gegen die Beweisperson den Wiederaufnahmeantrag damit begründen, daß neue Tatsachen oder Beweise vorliegen, die die Unrichtigkeit der Aussage oder mindestens ihre Unglaubhaftigkeit ergeben. Ist allerdings ein Urteil gegen den Zeugen oder Sachverständigen bereits ergangen, so ist es regelmäßig zweckmäßiger, den Antrag nur mit § 359 Nr. 2 zu begründen. Dies ist deshalb günstiger, weil nur bei der Wiederaufnahme nach § 359 Nr. 2 eine Vermutung für den ursächlichen Zusammenhang zwischen Falschaussage und Urteil spricht[16]. Wieso allerdings in diesen Fällen der Wiederaufnahmeantrag nicht mehr auf § 359 Nr. 5 gestützt werden können soll, wie die h. M. annimmt[17], ist nicht einsichtig.

7   Im übrigen richtet sich die **Prüfung des Antrags** nicht nach der Wahl des Wiederaufnahmegrundes, sondern nach dem gesamten Antragsvorbringen, wie es verständigerweise zu werten ist; dabei ist die dem Antragsteller jeweils günstigere Vorschrift anzuwenden[18]. Ein auf § 359 Nr. 5 „gestützter" Antrag wird daher nach § 359 Nr. 2 geprüft, wenn er das Vorliegen dieses Wiederaufnahmegrundes erkennen läßt. Entsprechendes gilt in dem Fall, daß das Antragsvorbringen nicht die Voraussetzungen des § 359 Nr. 2, aber die des § 359 Nr. 5 ergibt[19]. Wird die Wiederaufnahme mit der Begründung beantragt, die Durchführung eines Strafverfahrens könne aus anderen Gründen als wegen Mangels an Beweisen nicht erfolgen, so kann das Gericht sich darauf beschränken, den Antrag im Rahmen des § 359 Nr. 5 zu behandeln, sofern der Antragsteller dadurch nicht in seinen Zielen beeinträchtigt wird[20].

§ 364 a

Das für die Entscheidungen im Wiederaufnahmeverfahren zuständige Gericht bestellt dem Verurteilten, der keinen Verteidiger hat, auf Antrag einen Verteidiger für das Wiederaufnahmeverfahren, wenn wegen der Schwierigkeit der Sach- oder Rechtslage die Mitwirkung eines Verteidigers geboten erscheint.

Entstehungsgeschichte. Die Vorschrift wurde durch Art. 1 Nr. 91 des 1. StVRG eingefügt.

1   1. **Bedeutung und Reichweite der Vorschrift.** Seit langem wird die Notwendigkeit anerkannt, dem Verurteilten für die Anbringung des Wiederaufnahmeantrags einen

---

[15] OLG Hamburg NJW **1957** 601; NJW **1969** 2160; KK-v. *Stackelberg* 3; KMR-*Paulus* 6; *Kleinknecht/Meyer*[37] 3; *Mezger* JW **1927** 2073; allgemein dazu *Schneidewin* JZ **1957** 537.
[16] *Dippel* in *Jescheck/Meyer* 75; *Peters* Fehlerquellen 3 101.
[17] LR-*Meyer*[23] 6; KK-v. *Stackelberg* 3; *Kleinknecht/Meyer*[37] 3.
[18] OLG Düsseldorf GA **1980** 393, 397; *Kleinknecht/Meyer*[37] 4.
[19] OLG Hamburg NJW **1969** 2160.
[20] *Kleinknecht/Meyer*[37] 4.

Pflichtverteidiger zu bestellen, wenn die Sach- oder Rechtslage so schwierig ist, daß es nicht angeht, ihn auf die Antragstellung zu Protokoll der Geschäftsstelle nach § 366 Abs. 2 zu verweisen. Für die Verteidigerbestellung wurde früher § 140 Abs. 2 entsprechend angewendet[1]. § 364 a sieht die Beiordnung eines Pflichtverteidigers nunmehr ausdrücklich vor, und zwar nicht nur für die Antragstellung, sondern **allgemein** für das **Wiederaufnahmeverfahren** (vgl. aber unten Rdn. 3); die Vorschrift gilt nicht nur bei der erstmaligen Bestellung eines Verteidigers, sondern auch für jeden weiteren Fall der Bestellung nach Wegfall des zunächst bestellten Verteidigers, weshalb die Bestellungsvoraussetzungen in jedem einzelnen Fall vorliegen müssen und zu prüfen sind[2]. Die Pflichtverteidigerbestellung setzt, anders als nach § 364 b, nicht voraus, daß der Antragsteller arm ist.

Für ein Wiederaufnahmeverfahren nach dem Tod des Verurteilten hat § 364 a **2** keine Bedeutung; nur dem **Verurteilten** selbst, nicht auch den nach § 361 Abs. 2 Antragsberechtigten, steht ein Anspruch auf Verteidigerbestellung zu[3]. Da § 364 a ausdrücklich von dem Verurteilten spricht, ist die Vorschrift auch in einem zuungunsten des Angeklagten betriebenen Wiederaufnahmeverfahren nicht anwendbar[4]. Zwar kann der Wiederaufnahmeantrag nach § 362 Nr. 1 bis 3 auch zuungunsten eines Verurteilten, nicht nur eines Freigesprochenen, gestellt werden (§ 362, 4). Der in der Praxis am häufigsten vorkommende Fall des § 362 Nr. 4 setzt aber einen freigesprochenen Angeklagten voraus (§ 362, 8), und es ist kein Grund ersichtlich, den § 364 a, der hierfür schon nach seinem Wortlaut nicht zutrifft[5], auf die übrigen Fälle des § 362 anzuwenden. Schon aufgrund der gerichtlichen Fürsorgepflicht, wie auch wegen der Gewährung eines fairen Verfahrens (Waffengleichheit), ist indessen in allen Fällen des § 362 auch weiterhin die **analoge Anwendung des § 140 Abs. 2** geboten.

2. Verurteilter, der keinen Verteidiger hat. Bis zur Rechtskraft des Beschlusses, **3** mit dem nach § 370 Abs. 2 die Wiederaufnahme angeordnet wird, **gelten die dem Verteidiger in dem früheren Verfahren erteilte Vollmacht**[6] und die **Bestellung zum Pflichtverteidiger** für dieses Verfahren fort[7]. Der Fall, daß der Verurteilte im Sinne des § 364 a keinen Verteidiger hat, liegt daher nur vor, wenn er in dem früheren Verfahren nicht verteidigt war, wenn die seinem früheren Verteidiger erteilte Vollmacht (infolge Zurücknahme, Niederlegung des Mandats oder Tod des Verteidigers) erloschen ist, wenn der Pflichtverteidiger die Verteidigung in dem Wiederaufnahmeverfahren nicht mehr führen kann, wenn weder der Verurteilte noch sein gesetzlicher Vertreter (§ 137 Abs. 2 Satz 1) oder sein Erziehungsberechtigter (§ 67 Abs. 3 JGG) für das Wiederaufnahmever-

---

[1] S. dazu die Nachweise bei LR-*Meyer*[23] 1.
[2] *Kleinknecht/Meyer*[37] 2; **a.** **A** *Wasserburg* Handb. 176 = GA **1982** 322.
[3] KK-*v. Stackelberg* 3; KMR-*Paulus* 2; *Kleinknecht/Meyer*[37] 1.
[4] KMR-*Paulus* 2; *Kleinknecht/Meyer*[37] 1; **a. A** KK-*v. Stackelberg* 3 für die Wiederaufnahmegründe nach § 362 Nr. 1 bis 3.
[5] Ebenso KK-*v. Stackelberg* 3.
[6] OLG Braunschweig NJW **1960** 1970; OLG Düsseldorf NStZ **1983** 235; OLG Hamm NJW **1961** 932; KK-*v. Stackelberg* 2; KMR-*Paulus* 3; *Kleinknecht/Meyer*[37] 2; *Neumann* 92; *Hanack* JZ **1973** 396.
[7] RGSt **22** 97; **29** 278; **40** 5; OLG Bremen AnwBl. **1964** 288; NJW **1964** 2175; OLG Dresden Alsb. E **2** Nr. 301; OLG Hamburg Alsb. E **1** Nr. 314; OLG Hamm NJW **1958** 642; **1971** 1418; OLG Karlsruhe GA **1976** 344, 345; OLG Koblenz MDR **1983** 252; OLG Oldenburg OLGSt § 99 BRAGebO S. 11; *Eb. Schmidt* Nachtr. I § 140, 11; KK*v. Stackelberg* 2; KMR-*Paulus* 3; *Kleinknecht/Meyer*[37] 2; *Dippel* in *Jescheck/Meyer* 112; *Neumann* 92; *Krägeloh* NJW **1975** 138; *Wasserburg* GA **1982** 306; **a. A** OLG Dresden Alsb. E **1** Nr. 319; *v. Hentig* 151 Fußn. 2; vgl. auch bei § 141.

fahren einen Verteidiger bevollmächtigt hat und wenn dem Verurteilten nicht bereits nach § 364 b ein Pflichtverteidiger bestellt worden ist. Zur Frage, ob der Verurteilte die Bestellung eines Pflichtverteidigers verlangen kann, wenn sein früherer Verteidiger es wegen fehlender Erfolgsaussicht ablehnt, den Wiederaufnahmeantrag zu stellen, vgl. unten Rdn. 7.

4 **3. Für das Wiederaufnahmeverfahren.** Der Anspruch auf Bestellung eines Pflichtverteidigers besteht **nicht erst, wenn bereits die Wiederaufnahme beantragt** und das Wiederaufnahmeverfahren **eingeleitet** worden ist. § 364 a sieht vielmehr gerade auch für die Antragstellung die Verteidigerbestellung vor und will dadurch die entsprechende Anwendung des § 140 Abs. 2, mit der sich die Rechtsprechung bisher beholfen hat (oben Rdn. 1), überflüssig machen[8]. Die Bestellung eines Pflichtverteidigers kommt aber auch noch nach der Einleitung des Wiederaufnahmeverfahrens in Betracht, insbesondere zu dem Zweck der Teilnahme des Verteidigers an der Beweisaufnahme nach § 369 und zur Abgabe der Erklärung nach § 369 Abs. 4.

5 Die Verteidigerbestellung gilt für das Wiederaufnahmeverfahren, nicht für das wiederaufgenommene Verfahren. Mit der rechtskräftigen Entscheidung über den Wiederaufnahmeantrag nach § 368 Abs. 1, § 370 Abs. 1 endet sie auch ohne förmliche Aufhebung. Wird nach § 370 Abs. 2 die Wiederaufnahme des Verfahrens angeordnet, so wird sie ebenfalls gegenstandslos. In dem wiederaufgenommenen Verfahren muß erneut, und zwar nach § 140, über die Verteidigerbestellung entschieden werden[9].

6 **4. Notwendigkeit der Erfolgsaussicht.** Entgegen dem zu weit gefaßten Wortlaut des § 364 a hat nicht jeder Verurteilte, der keinen Verteidiger hat, wegen der Schwierigkeit der Sach- und Rechtslage ohne weiteres einen Anspruch auf Bestellung eines Verteidigers. Ist die Beiordnung zu dem Zweck beantragt, nach § 359 einen Wiederaufnahmeantrag zu stellen, so besteht der Anspruch vielmehr unter der weiteren Voraussetzung, daß der Antrag hinreichende Aussicht auf Erfolg hat. Das Gericht ist nicht etwa verpflichtet, einen Pflichtverteidiger beizuordnen, wenn der von dem Verurteilten beabsichtigte Wiederaufnahmeantrag offensichtlich mutwillig oder aussichtslos ist[10]. Daß dem **Gericht** insoweit eine **Prüfungsbefugnis** zusteht, ist an sich selbstverständlich, ergibt sich aber auch aus der Notwendigkeit, die **Schwierigkeit der Sach- und Rechtslage** zu prüfen; diese Prüfung ist nur möglich, wenn der Inhalt des beabsichtigten Antrags bekannt ist und gewürdigt wird. Andererseits dient die Entscheidung nach § 364 a nicht dem Zweck, über die Zulässigkeit oder gar über die Begründetheit des Antrags abschließend zu befinden. Ein Pflichtverteidiger muß daher immer beigeordnet werden, wenn das Antragsvorbringen (dazu unten Rdn. 11) ergibt, daß die Zulässigkeit des von dem Verteidiger zu stellenden Wiederaufnahmeantrags **hinreichend wahrscheinlich** ist: das ist z. B. dann der Fall, wenn hinreichende Tatsachen dafür vorgetragen werden, „daß sich bei bestimmten Nachforschungen eine konkrete Aussicht auf Gewinnung der Wiederaufnahmegrundlage ... ergibt"[11]. **Bloße Zweifel** an der Erfolgsaussicht **berechtigen** das Gericht **nicht**, den Antrag auf Verteidigerbestellung **abzulehnen**[12]. Die Prüfung

---

[8] KK-*v. Stackelberg* 5; *Kleinknecht/Meyer*[37] 3; *Krägeloh* NJW **1975** 137; so ausdrücklich auch BTDrucks. 7 551 S. 88; a. A *Peters*[4] § 76 V 2; *Wasserburg* Handb. 176 = GA **1982** 322.
[9] RGSt **29** 281; 40 5; OLG Dresden *Alsb.* E 1 Nr. 312; OLG Hamm NJW **1961** 932; *Eb. Schmidt* Nachtr. I § 140, 11; KK-*v. Stackelberg* 6; KMR-*Paulus* 4; *Kleinknecht/Meyer*[37] 3; *Wasserburg* GA **1982** 309; unten § 373, 4.
[10] KK-*v. Stackelberg* 1; KMR-*Paulus* 6; *Kleinknecht/Meyer*[37] 5; *Hanack* JZ **1973** 397.
[11] OLG Karlsruhe GA **1976** 344.
[12] KK-*v. Stackelberg* 1; *Kleinknecht/Meyer*[37] 5.

der Erfolgsaussicht durch das Gericht bedeutet zugleich, daß die Beiordnung von dem Pflichtverteidiger als gerichtlicher Auftrag zur Antragstellung zu verstehen ist und daß er nicht in eigener Verantwortung prüfen muß, ob die Antragstellung zu verantworten ist[13]. Das Gesetz gibt ihm daher auch für den Fall, daß er von der Stellung des Wiederaufnahmeantrags abrät, keinen Gebührenanspruch nach § 90 Abs. 1 Satz 2, § 97 Abs. 1 Satz 1 BRAGebO; Gebühren erhält der Pflichtverteidiger in diesem Fall nur, wenn er nach § 364 b bestellt worden ist (§ 97 Abs. 1 Satz 2 BRAGebO).

Da die Erfolgsaussicht des Antrags eine der Voraussetzungen für die Verteidigerbestellung ist, hat der Verurteilte auf diese Bestellung keinen Anspruch, wenn sein bisheriger Wahl- oder Pflichtverteidiger es mangels Erfolgsaussicht mit Recht **abgelehnt** hat, einen Wiederaufnahmeantrag zu stellen[14]. **7**

5. Schwierigkeit der Sach- oder Rechtslage. Der Anspruch auf Beiordnung eines Pflichtverteidigers für das Wiederaufnahmeverfahren hängt weder von dem Rang des Gerichts ab, bei dem der Wiederaufnahmeantrag zu stellen ist, noch von der Art und Höhe der Rechtsfolgen, die in dem Urteil verhängt worden sind. Nur die Schwierigkeit der Sach- oder Rechtslage rechtfertigt die Verteidigerbestellung. Der Begriff ist aber **anders** auszulegen als bei der Anwendung des § 140 Abs. 2[15]. Dort kommt es nur darauf an, ob der **Angeklagte in der Lage ist**, sich in der Hauptverhandlung gegenüber dem gesamten, oft sehr umfangreichen Schuldvorwurf **selbst zu verteidigen**. Im Wiederaufnahmeverfahren ist nur von Bedeutung, ob es dem **Antragsteller** aus sachlichen oder rechtlichen Gründen **besondere Schwierigkeiten bereitet, sachgemäße Anträge** zu stellen, bei der Beweisaufnahme nach **§ 369 seine Interessen wahrzunehmen** und die **Erklärung** nach § 369 Abs. 4 abzugeben[16]. Dabei ist nicht erforderlich, daß die Schwierigkeiten sowohl sachlicher als auch rechtlicher Art sind. Die Verteidigerbeiordnung kann daher auch verlangt werden, wenn der Sachverhalt einfach liegt, die Rechtslage aber nicht leicht zu beurteilen ist. Die Anforderungen an die Schwierigkeit der Sach- und Rechtslage dürfen nicht überspannt werden. Insbesondere kommt es nicht nur auf deren objektive Schwierigkeit an, sondern auch auf die intellektuellen Fähigkeiten des Antragstellers, seine Rechte selbst sachgemäß wahrzunehmen[17]. In einfach liegenden Fällen ist der Verurteilte auf die Möglichkeit zu verweisen, den Wiederaufnahmeantrag nach § 366 Abs. 2 zu Protokoll der Geschäftsstelle zu erklären[18]. **8**

6. Antrag. Die Bestellung des Pflichtverteidigers setzt einen Antrag voraus. Von **Amts wegen** wird das Gericht selbst dann nicht tätig, wenn die Unfähigkeit des Antragstellers, in dem Wiederaufnahmeverfahren sachgemäße Anträge zu stellen, offensichtlich ist. In derartigen Fällen wird jedoch die Fürsorgepflicht das Gericht dazu zwingen, den Antragsteller zur Stellung eines Antrags nach § 364 a zu veranlassen[19]. **9**

Antragsberechtigt sind außer dem Verurteilten der gesetzliche Vertreter und, wenn der Verurteilte jugendlich ist, der Erziehungsberechtigte (§ 67 Abs. 3 JGG). Auch die Staatsanwaltschaft kann den Antrag stellen[20]. **10**

---

[13] *Kleinknecht/Meyer*[37] 5.
[14] Vgl. OLG Bremen AnwBl. **1964** 288; *Dippel* in *Jescheck/Meyer* 112.
[15] KK-*v. Stackelberg* 4.
[16] KMR-*Paulus* 5; *Kleinknecht/Meyer*[37] 6.
[17] Vgl. *Dippel* in *Jescheck/Meyer* 116 Fußn. 531.
[18] A. A KMR-*Paulus* 5, jedoch gegen den gesetzlichen Wortlaut.
[19] KK-*v. Stackelberg* 5; KMR-*Paulus* 8.
[20] KK-*v. Stackelberg* 5; KMR-*Paulus* 8; *Kleinknecht/Meyer*[37] 7.

11 Der Antragsteller muß **darlegen**, daß die Voraussetzungen des § 364a vorliegen. Wird der Antrag zu dem Zweck gestellt, die Wiederaufnahme zu beantragen, so muß das Urteil, das angefochten werden soll, bezeichnet und das Ziel des beabsichtigten Wiederaufnahmeantrags angegeben werden. Der Antragsteller muß ferner die Wiederaufnahmegründe so genau bezeichnen, daß die Erfolgsaussicht des Antrags beurteilt werden kann (vgl. oben Rdn. 6). Dabei sind selbstverständlich nicht ähnlich strenge Anforderungen zu stellen wie an einen Wiederaufnahmeantrag. Denn der Antragsteller will ja einen Verteidiger gerade deshalb beigeordnet haben, weil er nicht in der Lage ist, den Antrag selbst, auch mit Unterstützung des Urkundsbeamten, zu Protokoll der Geschäftsstelle zu erklären. Daß er hierzu außerstande ist, muß er in dem Antrag nach § 364a aber dartun und, wenn das wegen der Einfachheit der Sach- und Rechtslage nicht ohne weiteres verständlich ist, einleuchtend begründen[21]. Erstrebt der Antragsteller die Bestellung eines Verteidigers nur zu dem Zweck, Erklärungen nach § 369 Abs. 4 abzugeben oder bei der Beweisaufnahme nach § 369 vertreten zu sein, so muß er die Gründe darlegen, die ihn daran hindern, seine Rechte selbst wahrzunehmen.

12 **7. Zuständiges Gericht.** Über den Antrag entscheidet nach § 367 Abs. 1 Satz 1 das Gericht, das nach § 140a GVG über den Wiederaufnahmeantrag zu befinden hat. Nach § 367 Abs. 1 Satz 2 kann der Antrag aber nicht nur bei diesem Gericht, sondern auch bei dem Gericht gestellt werden, dessen Urteil mit dem Wiederaufnahmeantrag angefochten wird. Dieses Gericht leitet ihn dann dem zuständigen Gericht zu.

13 Abweichend von § 141 Abs. 4 bestimmt § 364a, daß nicht der Vorsitzende, sondern **das ganze Gericht** über den Antrag auf Bestellung eines Pflichtverteidigers zu entscheiden hat[22]. Dadurch sollen „Beschwerdeverfahren in den Fällen vermieden (werden), in denen in Kollegialgerichten die beisitzenden Richter entgegen der Meinung des Vorsitzenden die Voraussetzungen für die Bestellung für gegeben erachten" (BTDrucks. 7 551, S. 88). Dieser Vorteil der gesetzlichen Zuständigkeitsbestimmung wird zwar offensichtlich dadurch wieder zunichte gemacht, daß der Vorsitzende durch die beisitzenden Richter auch an der von ihm für geboten gehaltenen Verteidigerbestellung gehindert und daß aus diesem Grund ein Beschwerdeverfahren erforderlich werden kann. Die gesetzliche Regelung ist jedoch deshalb sachgerecht, weil die Entscheidung über den Antrag nach § 364a eine Prüfung der Erfolgsaussichten des Wiederaufnahmeantrags voraussetzt, die zweckmäßigerweise dem ganzen Gericht zu übertragen ist[23]. Entscheidet statt des Gerichts der Vorsitzende allein, so ist die Bestellung des Verteidigers nicht unwirksam[24].

14 **8. Die Entscheidung** ergeht nach Anhörung der Staatsanwaltschaft (§ 33 Abs. 2) durch **Beschluß ohne mündliche Verhandlung (§ 367 Abs. 2)**. Der Verteidiger wird in entsprechender Anwendung des § 142 von dem Gericht, nicht von dem Vorsitzenden allein[25], ausgewählt. Der Verurteilte hat keinen Anspruch auf Beiordnung eines bestimmten Verteidigers; aber regelmäßig sollte ihm der Anwalt seines Vertrauens beigeordnet werden[26]. Die Beiordnung des in dem früheren Verfahren tätig gewesenen Wahlverteidigers, dessen Mandat erloschen ist, kann zweckmäßig sein, sollte aber vermieden wer-

---

[21] KK-v. Stackelberg 5; KMR-Paulus 8.
[22] KK-v. Stackelberg 7, KMR-Paulus 9, Kleinknecht/Meyer[37] 8.
[23] KMR-Paulus 9.
[24] KMR-Paulus 9; Kleinknecht/Meyer[37] 8.
[25] Dippel in Jescheck/Meyer 119.
[26] KK-v. Stackelberg 7; Kleinknecht/Meyer[37] 8. Dippel in Jescheck/Meyer 113; vgl. auch BVerfGE **9** 38; BGH NJW **1973** 1986; BGH bei Dallinger MDR **1969** 903.

den, wenn gerade die Nachlässigkeit des Verteidigers dazu beigetragen hat, daß es möglicherweise zu einem Fehlurteil gekommen ist[27].

9. Anfechtung. Für die Anfechtung der ablehnenden Entscheidung gilt nicht § 372 **15** Satz 1, sondern § 304 Abs. 1. Es findet die einfache **Beschwerde** statt[28]. Entscheidungen der Oberlandesgerichte sind unanfechtbar[29]. Beschwerdeberechtigt sind der Antragsteller, dessen Antrag abgelehnt worden ist, und die Staatsanwaltschaft. Die Beschwerde kann auf die Auswahl des Verteidigers beschränkt werden[30].

§ 364 b

(1) ¹Das für die Entscheidungen im Wiederaufnahmeverfahren zuständige Gericht bestellt dem Verurteilten, der keinen Verteidiger hat, auf Antrag einen Verteidiger schon für die Vorbereitung eines Wiederaufnahmeverfahrens, wenn
1. hinreichende tatsächliche Anhaltspunkte dafür vorliegen, daß bestimmte Nachforschungen zu Tatsachen oder Beweismitteln führen, welche die Zulässigkeit eines Antrags auf Wiederaufnahme des Verfahrens begründen können,
2. wegen der Schwierigkeit der Sach- oder Rechtslage die Mitwirkung eines Verteidigers geboten erscheint und
3. der Verurteilte außerstande ist, ohne Beeinträchtigung des für ihn und seine Familie notwendigen Unterhalts auf eigene Kosten einen Verteidiger zu beauftragen.

²Ist dem Verurteilten bereits ein Verteidiger bestellt, so stellt das Gericht auf Antrag durch Beschluß fest, daß die Voraussetzungen der Nummern 1 bis 3 des Satzes 1 vorliegen.

(2) Für den Nachweis der Voraussetzungen des Absatzes 1 Satz 1 Nr. 3 gilt § 118 Abs. 2 der Zivilprozeßordnung entsprechend.

Entstehungsgeschichte. Die Vorschrift wurde durch Art. 1 Nr. 91 des 1. StVRG eingefügt.

Geplante Änderungen. Nach Art. 1 Nr. 26 StVÄG 1984 soll Absatz 2 folgende Fassung erhalten:

(2) Für das Verfahren zur Feststellung der Voraussetzungen des Absatzes 1 Satz 1 Nr. 3 gelten § 117 Abs. 2 bis 4, § 118 Abs. 2 Satz 1, 2 und 4 der Zivilprozeßordnung entsprechend.

S. ggf. die Erläuterungen im Nachtrag zur 24. Auflage.

---

[27] Vgl. *Hanack* JZ **1973** 396.
[28] BGH NJW **1976** 431; OLG Karlsruhe GA **1976** 344; OLG Koblenz NJW **1961** 1418; *Eb. Schmidt* Nachtr. I § 369, 11; KK-*v. Stackelberg* 7; KMR-*Paulus* 11; *Kleinknecht/Meyer*[37] 9; vgl. § 372, 6.
[29] BGH NJW **1976** 431; KK-*v. Stackelberg* 7; KMR-*Paulus* 11; *Kleinknecht/Meyer*[37] 9; § 372, 6.
[30] *Kleinknecht/Meyer*[37] 9.

§ 364 b Viertes Buch. Wiederaufnahme

Übersicht

	Rdn.
I. Bedeutung der Vorschrift	1
II. Reichweite der Bestellung	
1. Begünstigter Personenkreis	2
2. Gegenstand der Verteidigertätigkeit	5
a) Eigene Tätigkeit	6
b) Verteidiger und Staatsanwaltschaft	7
III. Inhaltliche Voraussetzungen der Bestellung	
1. Erfolgsaussicht (Abs. 1 Satz 1 Nr. 1)	9
2. Schwierigkeiten der Sach- oder Rechtslage (Abs. 1 Satz 1 Nr. 2)	10
3. Mittellosigkeit des Verurteilten (Abs. 1 Satz 1 Nr. 3)	
a) Sinn der Vorschrift	11
b) Bescheinigung des Unvermögens (Absatz 2)	12
IV. Formelle Voraussetzungen	
1. Antrag	13
2. Zuständiges Gericht und Entscheidung	15
V. Anfechtung	16

I. Bedeutung der Vorschrift

1 **Mit der** Schaffung des § 364 b hat der Gesetzgeber einen Reformvorschlag verwirklicht, der insbesondere von der Anwaltschaft vorgetragen worden ist (vgl. Vor § 359, 168). Die Vorschrift soll dem Verurteilten, dessen Wiederaufnahmeverlangen aussichtsreich erscheint, der aber außerstande ist, das Material für einen auf § 359 Nr. 5 gestützten Antrag selbst zusammenzutragen und die Erfolgsaussichten eines Wiederaufnahmeantrags abzuwägen, rechtskundige Hilfe zur Verfügung stellen[1]. Dem Anspruch auf Mitwirkung eines Rechtsanwalts bei der Materialbeschaffung sind allerdings durch die Erfordernisse des § 364 b Abs. 1 Satz 1 Grenzen gesetzt. § 364 b steht in engem Zusammenhang mit § 97 BRAGebO, dessen Absatz 1 Satz 2 dem nach § 364 b bestellten Verteidiger auch dann Gebühren zuspricht, wenn er von der Antragstellung abrät (§ 90 Abs. 1 Satz 2 BRAGebO), und dessen Absatz 2 Satz 2 ausdrücklich den Ersatz der Auslagen vorsieht, die einem vom Gericht bestellten Verteidiger durch Nachforschungen zur Vorbereitung eines Wiederaufnahmeantrags entstanden sind.

II. Reichweite der Bestellung

2 1. **Begünstigter Personenkreis.** Nur dem Verurteilten, der keinen Verteidiger hat, wird ein Pflichtverteidiger bestellt, wie auch im Fall des § 364 a — die dortigen Ausführungen unter Rdn. 3 werden in Bezug genommen.

3 Ist dem Verurteilten **schon ein Pflichtverteidiger bestellt**, so gehört zu dessen Aufgaben zwar die Stellung des Wiederaufnahmeantrags (vgl. § 364 a, 3), nicht aber dessen Vorbereitung durch Nachforschungen und Ermittlungen. § 364 b Abs. 1 Satz 2 bestimmt daher, daß das Gericht auf Antrag durch Beschluß feststellen kann, daß die Voraussetzungen der Nummern 1 bis 3 des Satzes 1 der Vorschrift vorliegen. Damit wird sichergestellt, daß der Pflichtverteidiger hinsichtlich seiner Gebühren und Auslagen so gestellt wird, als sei er dem Verurteilten nach § 364 b beigeordnet worden (§ 97 Abs. 2 Satz 2 BRAGebO).

4 Beim **Wegfall** eines bereits **bestellten Pflichtverteidigers** besteht kein Rechtsanspruch auf erneute Bestellung[2].

---

[1] Vgl. BTDrucks. **7** 551 S. 89; s. ferner *Krägeloh* NJW **1975** 137.

[2] S. § 364 a, 1; **a. A** *Wasserburg* Handb. 174.

2. Gegenstand der Verteidigertätigkeit. Die Pflichtverteidigerbestellung nach 5
§ 364 b soll nicht erst der Abfassung des Wiederaufnahmeantrags dienen, sondern die
Voraussetzungen dafür schaffen helfen, daß ein solcher Antrag überhaupt gestellt werden kann. Ist dem Verurteilten aber zu diesem Zweck ein Pflichtverteidiger beigeordnet worden, so ist dieser auch befugt, den **Wiederaufnahmeantrag zu stellen** und auch im übrigen das Wiederaufnahmeverfahren **bis zur Entscheidung nach § 370** zu betreiben. Die Verteidigerbestellung gilt jedoch nicht für das wiederaufgenommene Verfahren (s. dazu § 364 a, 5).

a) Eigene Tätigkeit. Der Pflichtverteidiger hat die Aufgabe, **Nachforschungen zur** 6
Vorbereitung eines auf § 359 Nr. 5 gestützten Antrags anzustellen[3]. Er ist insbesondere befugt, Zeugen zu ermitteln und zu befragen, Sachverständige mit der Gutachtenerstattung zu beauftragen und Auskünfte einzuholen[4]. Aber er ist ein „Ermittlungsorgan ohne rechtliche Durchschlagskraft"[5]. Seinen Aufklärungsmöglichkeiten sind Grenzen gesetzt. Schon die entstehenden Kosten, insbesondere für Sachverständigengutachten, führen zu Beschränkungen. Denn aus der Staatskasse werden sie nach § 97 Abs. 2 Satz 2, § 126 Abs. 1 Satz 1 BRAGebO nur ersetzt, wenn sie erforderlich sind[6]. Ferner werden die Bemühungen des Pflichtverteidigers, Zeugen zu vernehmen, häufig erfolglos bleiben, weil die in Frage kommenden Personen zu Auskünften nicht bereit und auch nicht verpflichtet sind.

b) Verteidiger und Staatsanwaltschaft. Wie das Legalitätsprinzip die Staatsanwalt- 7
schaft zur Betreibung der Wiederaufnahme zuungunsten des Angeklagten verpflichten kann (§ 362, 1), so muß auch die Konkretisierung der Ermittlungspflicht durch **§ 160 im Wiederaufnahmeverfahren** fortwirken. Deshalb ist die Staatsanwaltschaft nach § 160 Abs. 2 mindestens für berechtigt zu halten, auch die den Verurteilten entlastenden Umstände zu ermitteln, die zu einer Wiederaufnahme zu dessen Gunsten führen[7].

Daraus allerdings kann nicht ein **Recht des Verteidigers** abgeleitet werden, sich 8
gleichsam als Herr der Ermittlungen zum Wiederaufnahmeverfahren der mitwirkenden Hilfe von Staatsanwaltschaft und Polizei zu bedienen, weshalb auch eine Auskunftspflicht der Strafverfolgungsbehörden einschließlich des Wiederaufnahmegerichts gegenüber dem Verteidiger zu verneinen ist[8]. Die **Staatsanwaltschaft** ist rechtlich **nicht** gehalten, den Verteidiger bei der Materialbeschaffung zu **unterstützen**. Der Vorschlag der Bundesregierung, durch das 1. StVRG einen § 364 c einzufügen, der die Staatsanwaltschaft verpflichtet, unter den Voraussetzungen des § 364 b Abs. 1 Satz 1 Nr. 1 auf Antrag des Verteidigers zur Vorbereitung eines Wiederaufnahmeantrags diejenigen Ermittlungen anzustellen, die dem Verurteilten oder seinem Verteidiger nicht zuzumuten sind, ist infolge des Widerspruchs des Bundesrats[9] nicht Gesetz geworden. Dem Verteidiger ist es aber nicht verwehrt, sich an die Staatsanwaltschaft mit der **Anregung** zu wenden, ein Wiederaufnahmeverfahren zugunsten des Verurteilten zu betreiben und zu dessen Vorbereitung bestimmte Ermittlungen vorzunehmen. Allerdings wird es, damit die Staatsanwaltschaft dieser Anregung folgt, notwendig sein, sie sowohl von der Möglichkeit, daß ein Fehlurteil ergangen ist, als auch von den Erfolgsaussichten neuer Ermittlungen zu überzeugen.

---

[3] Dazu allgemein *Dahs* Hdb. 892; h. M., s. KK-*v. Stackelberg* 2; KMR-*Paulus* 1; Bedenken erhebt *Dippel* in *Jescheck/Meyer* 120.
[4] Zur Auskunftspflicht von Gerichtsärzten vgl. OVG Berlin NJW **1961** 2082.
[5] *Peters* Fehlerquellen **3** 115.
[6] Dazu *Dippel* in *Jescheck/Meyer* 121; *Krägeloh* NJW **1975** 140.
[7] Vgl. dazu *Dünnebier* FS II Peters 340 f.
[8] A. A KK-*v. Stackelberg* 2.
[9] Vgl. *Krägeloh* NJW **1975** 138.

III. Inhaltliche Voraussetzungen der Bestellung

9 **1. Erfolgsaussicht (Absatz 1 Satz 1 Nr. 1).** Die Verteidigerbestellung setzt zunächst hinreichende tatsächliche Anhaltspunkte dafür voraus, daß bestimmte Nachforschungen zu Tatsachen oder Beweismitteln führen, die die Zulässigkeit eines auf § 359 Nr. 5 gestützten Antrags auf Wiederaufnahme begründen können[10]. Bloße Vermutungen des Antragstellers genügen nicht. Es müssen Tatsachen vorliegen, aus denen sich die Erfolgsaussichten weiterer Nachforschungen ergeben. Dieser Erfolg braucht weder sicher noch auch nur wahrscheinlich zu sein. Es reicht aus, daß eine nicht nur entfernte Möglichkeit besteht, neue Tatsachen oder Beweismittel ausfindig zu machen[11]. Bei den hinreichenden tatsächlichen Anhaltspunkten im Sinne des § 364 b Abs. 1 Satz 1 Nr. 1 handelt es sich um das prozessuale Gegenstück zu dem Anfangsverdacht im Sinne des § 152 Abs. 2[12]. Zu dem erforderlichen Antragsvorbringen vgl. unten Rdn. 14.

10 **2. Schwierigkeiten der Sach- oder Rechtslage (Absatz 1 Satz 1 Nr. 2).** Wie bei § 364 a (die dortigen Ausführungen Rdn. 8 gelten auch hier) kommt es nicht darauf an, ob die Straftaten schwer und die Rechtsfolgen hart gewesen sind. Die Pflichtverteidigerbestellung hängt auch nicht davon ab, ob sich das Wiederaufnahmeverfahren schwierig gestalten würde. Entscheidend ist vielmehr die Schwierigkeit der Nachforschungen, zu deren Vornahme die Bestellung des Verteidigers beantragt ist[13]. Daran fehlt es, wenn es dem Verurteilten ohne weiteres möglich und zuzumuten ist, die erforderlichen Ermittlungen selbst anzustellen[14]. Befindet er sich in Haft oder sonst in amtlicher Verwahrung, so wird er diese Möglichkeit regelmäßig nicht haben. Die Voraussetzungen des § 364 b Abs. 1 Satz 1 Nr. 2 sind daher im allgemeinen nur besonders zu prüfen, wenn der Verurteilte auf freiem Fuß ist[15].

3. Mittellosigkeit des Verurteilten (Absatz 1 Satz 1 Nr. 3)

11 **a) Sinn der Vorschrift.** Anders als nach den §§ 140 ff setzt die Beiordnung eines Pflichtverteidigers nach § 364 b voraus, daß der Verurteilte nicht die Mittel hat, selbst einen Verteidiger zu beauftragen. Diese unterschiedliche Regelung hat ihren Grund darin, daß im Strafverfahren die Unschuldsvermutung zugunsten des Angeklagten gilt; sie muß vom Staat widerlegt werden. Bei der Wiederaufnahme handelt es sich hingegen darum, ein rechtskräftiges Urteil zu beseitigen, das nicht die Vermutung der Unrichtigkeit für sich hat. Es ist nicht unbillig, daß der Verurteilte, der ein solches Urteil mit einem Wiederaufnahmeantrag anfechten will, auf den Einsatz eigener Geldmittel verwiesen wird[16]. Glaubt er, „hinreichende tatsächliche Anhaltspunkte dafür zu haben, daß bestimmte Ermittlungen die Zulässigkeit eines Antrags auf Wiederaufnahme des Verfahrens begründen können, so kann ihm zugemutet werden, sich auf eigene Kosten des Beistands eines Verteidigers seiner Wahl zu bedienen, wenn er die dazu erforderlichen Mittel hat. In gleicher Situation den mittellosen Verurteilten ohne rechtskundige Hilfe zu lassen, wäre dagegen mit den Grundsätzen der Sozialstaatlichkeit unvereinbar"[17].

---

[10] OLG Karlsruhe GA **1976** 344.
[11] OLG Koblenz OLGSt § 364 b S. 1, 2.
[12] So treffend schon *Kleinknecht*[33] 3; jetzt allgemein anerkannt, s. KK-*v. Stackelberg* 4; KMR-*Paulus* 4; *Kleinknecht/Meyer*[37] 5.
[13] KK-*v. Stackelberg* 5; KMR-*Paulus* 5; *Kleinknecht/Meyer*[37] 6.
[14] Vgl. BTDrucks. **7** 551 S. 89; KK-*v. Stackelberg* 5; KMR-*Paulus* 5; *Kleinknecht/Meyer*[37] 6.
[15] *J. Meyer* ZStW **84** (1972) 913 Fußn. 17; ebenso KK-*v. Stackelberg* 5; KMR-*Paulus* 5; *Kleinknecht/Meyer*[37] 6.
[16] Vgl. *Dippel* in *Jescheck/Meyer* 117; *Krägeloh* NJW **1975** 138; *J. Meyer* ZStW **84** (1972) 917.
[17] BTDrucks. **7** 551 S. 89.

b) Bescheinigung des Unvermögens (Absatz 2). Ebenso wie nach § 114 Abs. 1 **12**
Satz 1 ZPO gilt nach § 364 b Abs. 1 Satz 1 Nr. 3 als unvermögend, wer außerstande ist, ohne Beeinträchtigung des für ihn und seine Familie notwendigen Unterhalts auf eigene Kosten einen Anwalt zu beauftragen. Für den Nachweis dieser Voraussetzungen gilt § 118 Abs. 2 ZPO entsprechend. Der Antragsteller muß ein von der zuständigen Behörde ausgestelltes Zeugnis vorlegen, in dem unter Angabe seiner Vermögens- und Familienverhältnisse ausdrücklich bescheinigt wird, daß er nicht in der Lage ist, die Gebühren eines gewählten Verteidigers aufzubringen und dessen Auslagen zu ersetzen. Das Gericht kann sich mit diesem Zeugnis zufriedengeben, muß das aber nicht. Besteht Grund zu der Annahme, daß der Antragsteller der Sozialbehörde unwahre Angaben über seine wirtschaftlichen Verhältnisse gemacht hat, so können Ermittlungen angestellt werden[18].

IV. Formelle Voraussetzungen

1. Antrag. Die Verteidigerbestellung setzt einen Antrag des Verurteilten (gesetzlicher Vertreter, Erziehungsberechtigter; s. § 364 a, 10) voraus; von Amts wegen erfolgt **13**
sie nicht[19]. Auch die Staatsanwaltschaft kann den Antrag stellen. Praktisch wird das jedoch nicht geschehen, weil die Staatsanwaltschaft eigene Ermittlungen anstellen wird, wenn sie Grund zu der Annahme hat, daß die Wiederaufnahme zugunsten des Verurteilten Erfolg verspricht.

Der Antragsteller muß das Vorliegen der Voraussetzungen des § 364 b Abs. 1 **14**
Satz 1 im einzelnen **dartun** und begründen[20]. Die nicht weiter begründete Behauptung der Notwendigkeit irgendwelcher Ermittlungen rechtfertigt die Pflichtverteidigerbestellung nicht[21]. Zu den Mindestanforderungen des Antrags gehört insbesondere, daß Tatsachen behauptet werden, die Anhaltspunkte für die Erfolgsaussicht eines Wiederaufnahmeantrags geben. Daß diese Anhaltspunkte „hinreichend" sind, muß der Antragsteller nicht ausdrücklich behaupten; jedoch muß sein Vorbringen so ausführlich sein, daß das Gericht in der Lage ist, die Frage zu beurteilen. Der Antragsteller muß ferner die Nachforschungen, die seiner Meinung nach neue Tatsachen oder Beweismittel zutage fördern können, bestimmt bezeichnen[22] und darf sich nicht mit der Behauptung begnügen, Ermittlungen seien notwendig[23]. Auch insoweit genügen keine Vermutungen. Die Richtung, in der geforscht werden kann, muß aufgezeigt werden. Schließlich muß der Antrag ergeben, welche neuen Tatsachen oder Beweismittel sich der Antragsteller von den Nachforschungen erhofft. Allerdings sind an das Antragsvorbringen insoweit keine allzu strengen Anforderungen zu stellen. Denn der Antrag nach § 364 b wird gestellt, weil der Antragsteller die neuen Tatsachen oder Beweismittel noch nicht so genau bezeichnen kann, daß ihm die Begründung eines Wiederaufnahmeantrags nach § 359 Nr. 5 möglich ist. Das schließt aus, ihn zu genaueren Angaben zu zwingen. Es genügt, daß er allgemein die Art der Tatsachen oder Beweismittel bezeichnet, die der Verteidiger ermitteln soll.

2. Zuständiges Gericht und Entscheidung. Die Ausführungen zu § 364 a, 12 bis 14 **15**
gelten entsprechend.

---

[18] Vgl. BTDrucks. 7 2600 S. 7.
[19] S. oben § 364 a, 9.
[20] OLG Karlsruhe GA **1976** 344; OLG Koblenz OLGSt § 364 b S. 1, 2; KK-*v. Stackelberg* 7; *J. Meyer* ZStW **84** (1972) 912 Fußn. 16, der eine Darlegungslast nicht für gegeben hält.
[21] Vgl. BTDrucks. 7 551 S. 89.
[22] OLG Karlsruhe GA **1976** 344.
[23] OLG Koblenz OLGSt § 364 b, S. 1, 2.

§ 365 Viertes Buch. Wiederaufnahme

V. Anfechtung

16 Wie bei § 364a findet auch gegen die Ablehnung der Verteidigerbestellung nach § 364b nicht die sofortige Beschwerde nach § 372 Satz 1, sondern die einfache Beschwerde nach § 304 Abs. 1 statt. Beschlüsse der Oberlandesgerichte sind unanfechtbar. Beschwerdeberechtigt sind der Antragsteller und die Staatsanwaltschaft; im einzelnen s. § 364a, 15.

§ 365

Die allgemeinen Vorschriften über die Rechtsmittel gelten auch für den Antrag auf Wiederaufnahme des Verfahrens.

Bezeichnung bis 1924: § 405.

I. Geltungsbereich und anwendbare Vorschriften

1 1. Der **Geltungsbereich** des § 365 erstreckt sich auf alle Entscheidungen im gesamten Wiederaufnahmeverfahren einschließlich der Verteidigerbestellung nach §§ 364a, 364b bis zur Entscheidung nach § 370 und deren Anfechtung, aber nicht mehr auf das wiederaufgenommene Verfahren, in dem die jeweiligen Regeln über Antragsberechtigungen und Anfechtungen direkt gelten.

2 2. Die nach § 365 anzuwendenden **allgemeinen Bestimmungen** über Rechtsmittel sind vor allem die §§ 296 bis 303. Die Vorschriften über Rechtsmittelbeschränkungen (§§ 318, 327, 344 Abs. 1; § 352 Abs. 1) sind keine allgemeinen Vorschriften im Sinne des § 365, gelten aber entsprechend[1]. Fristbestimmungen bestehen, außer für die sofortige Beschwerde nach § 372 Satz 1, im Wiederaufnahmeverfahren nicht. Die Formvorschriften für Berufung und Revision (z. B. §§ 314, 341) gelten im Wiederaufnahmeverfahren nicht[2], in dem die speziellen Formvorschriften dieses Verfahrens (§ 366) zu beachten sind. Im einzelnen gilt folgendes:

3 a) **§ 296 Absatz 1** ist uneingeschränkt anzuwenden. Antragsberechtigt sind die Staatsanwaltschaft und jeder verhandlungsfähige Verurteilte, auch der Minderjährige und der Geisteskranke[3], sofern er durch das Urteil beschwert ist (dazu Vor § 359, 108 ff).

4 b) **§ 296 Absatz 2** ist ebenfalls anwendbar; die Staatsanwaltschaft kann Wiederaufnahmeanträge auch zugunsten des Verurteilten stellen[4], selbst gegen dessen Willen[5] und auch nach seinem Tode[6]. Zuständig ist die Staatsanwaltschaft bei dem Gericht, das nach

---

[1] BGHSt **11** 363 ff; KK - *v. Stackelberg* 1; KMR- *Paulus* 1; *Kleinknecht/Meyer*[37] 1.
[2] KMR-*Paulus* 1.
[3] *Peters* Fehlerquellen **3** 119.
[4] RGSt **20** 46; OLG Colmar *Alsb.* E **2** Nr. 307a = GA **38** (1891) 79; OLG Hamburg *Alsb.* E **2** Nr. 307b; *Eb. Schmidt* 2; KK-*v. Stackelberg* 2; KMR-*Paulus* 2; *Kleinknecht/Meyer*[37] 2; vgl. auch den Wortlaut des § 373 Abs. 2 Satz 1.
[5] KMR-*Paulus* 2; *Neumann* 92; *Dahs* Hdb. 898.
[6] § 361, 5; KK-*v. Stackelberg* 2; *Kleinknecht/Meyer*[37] 2.

§ 140 a GVG über den Antrag zu entscheiden hat[7]. Erforderlichenfalls legt ihr die bisher zuständige Staatsanwaltschaft die Akten zur Antragstellung vor. Der früher mit der Sache befaßte Staatsanwalt soll nicht mitwirken (Nr. 170 Abs. 1 RiStBV); gesetzlich ausgeschlossen ist er nicht[8].

c) § 297. Der bestellte oder bevollmächtigte Verteidiger (zum Fortbestand von Vollmacht und Beiordnung vgl. § 364 a, 3) kann die Wiederaufnahme beantragen, aber nicht gegen den Willen des Verurteilten[9] und, da die Vollmacht dann erloschen ist, nicht nach dessen Tod (vgl. § 361 Abs. 2). Der Verurteilte kann den Antrag des Verteidigers jederzeit zurücknehmen.

d) § 298 gilt. Der gesetzliche Vertreter kann auch gegen den Willen des Verurteilten einen Wiederaufnahmeantrag stellen. Endet die gesetzliche Vertretung vor der Entscheidung über den Antrag nach § 370, so wird das Verfahren nur fortgesetzt, wenn der Verurteilte selbst als Antragsteller eintritt; andernfalls wird der Antrag auf Wiederaufnahme mangels Rechtsbehelfsberechtigung nach § 368 Abs. 1 als **unzulässig** verworfen[9a]. Die Erziehungsberechtigten jugendlicher Verurteilter können nach § 67 Abs. 3 JGG die Wiederaufnahme beantragen, solange der Verurteilte noch nicht volljährig ist. Wenn der Beschluß nach § 370 vor Eintritt der Volljährigkeit noch nicht ergangen ist, wird der Wiederaufnahmeantrag ebenfalls als unzulässig verworfen[9b], sofern nicht der Verurteilte den Wiederaufnahmeantrag nunmehr selbst vertritt. Nach dem Tod des Verurteilten gilt § 361 Abs. 2.

e) § 299 ist anzuwenden (vgl. § 366, 12).

f) § 300 gilt[10]. Wegen der Formvorschrift des § 366 Abs. 2 ist es allerdings schwer vorstellbar, daß ein Wiederaufnahmeantrag falsch bezeichnet wird; ein Irrtum in der Bezeichnung wird nur bei unzulässigen privatschriftlichen Anträgen und bei sofortigen Beschwerden nach § 372 in Betracht kommen.

g) § 301 ist anzuwenden. Ein zuungunsten des Angeklagten gestellter Wiederaufnahmeantrag kann zu dessen Gunsten wirken[11], allerdings erst im wiederaufgenommenen Verfahren[12].

h) § 302 ist mit **Einschränkungen** anwendbar. Der Wiederaufnahmeantrag kann, solange der Beschluß nach § 370 Abs. 1 oder 2 oder eine Entscheidung nach § 371 Abs. 1 oder 2 noch nicht ergangen ist, zurückgenommen[13], aber immer auch neu gestellt werden[14]. Ein Verzicht auf das Wiederaufnahmerecht ist unwirksam; ebensowenig kann

---

[7] § 367, 15; KK-v. *Stackelberg* 2; KMR-*Paulus* 2; *Kleinknecht/Meyer*[37] 2; *Wasserburg* Handb. 234.

[8] Vor § 22, 10 ff; *Wasserburg* Handb. 234; i. Erg. ebenso *Peters* Fehlerquellen 2 322; a. A *Frisch* FS Bruns 400.

[9] OLG Dresden Alsb. E 2 Nr. 301; *Eb. Schmidt* 2; KK-v. *Stackelberg* 3; KMR-*Paulus* 3; *Kleinknecht/Meyer*[37] 3; *Neumann* 92; *Peters* Fehlerquellen 3 119.

[9a] S. dazu Vor § 359, 105 f, 111; § 368, 5; a. A LR-*Meyer*[23] § 365, 5: formlose Einstellung.

[9b] Auch hier a. A LR-*Meyer*[23] § 365, 5; im übrigen s. Fußn. 9a.

[10] *Eb. Schmidt* 3; KK-v. *Stackelberg* 3; *Kleinknecht/Meyer*[37] 5; *Peters* Fehlerquellen 3 127.

[11] *Eb. Schmidt* 3.

[12] *Dünnebier* FS II Peters 342 f, zustimmend *Kleinknecht/Meyer*[37] 5.

[13] KG JR 1984 393; *Neumann* 119.

[14] *Eb. Schmidt* Vor § 359, 15; KK-v. *Stackelberg* 1; KMR-*Paulus* § 366, 17; *Kleinknecht/Meyer*[37] 6; *Peters* Fehlerquellen 3 127; a. A OLG Freiburg SJZ 1950 622 L, das eine Wiederholung des Antrags mit derselben Begründung nicht zuläßt.

das Antragsrecht verwirkt werden[15]. Ein von der Staatsanwaltschaft zugunsten des Freigesprochenen gestellter Antrag kann nur mit dessen Zustimmung zurückgenommen werden (§ 302 Abs. 1 Satz 2)[16]. Der Verteidiger braucht für die Zurücknahme des Antrags eine besondere Vollmacht. Die allgemeine Vollmacht, Rechtsmittel zurückzunehmen, genügt nicht[17].

11 i) § 303 gilt **nicht**, weil die Zurücknahme des Antrags in der Hauptverhandlung nicht mehr möglich ist (oben Rdn. 10).

II. Anwendung der Vorschrift auf Privat- und Nebenkläger

12 1. Der **Privatkläger** kann die Wiederaufnahme nur „in den Fällen des § 362", also nur zuungunsten des Angeklagten beantragen (§ 390 Abs. 1 Satz 2). Der Antrag kann aber zugunsten des Angeklagten wirken (§§ 301, 390 Abs. 1 Satz 3). Für die Form der Antragstellung gilt § 390 Abs. 2. Der Privatkläger, der nach dieser Vorschrift stets einen Rechtsanwalt beauftragen muß, kann Prozeßkostenhilfe nach § 379 Abs. 3 in Vbdg. mit §§ 114, 115 ZPO (§ 379, 14 ff) verlangen, wenn er mittellos und der Antrag aussichtsreich ist[18]. Über den Antrag entscheidet das nach § 367 Abs. 1 StPO, § 140 a GVG zuständige Gericht. Zu der Frage, ob die Staatsanwaltschaft das Privatklageverfahren nach dessen rechtskräftigem Abschluß zur Stellung eines Wiederaufnahmeantrags übernehmen kann, vgl. § 377, 6. Wegen der Folgen des Todes des Privatklägers für das Wiederaufnahmeverfahren vgl. Vor § 359, 113 ff.

13 2. Der **Nebenkläger** kann die Wiederaufnahme ebenfalls beantragen (§ 390 Abs. 1 Satz 2, § 397 Abs. 1), aber nur, wenn er schon vor dem Erlaß des Urteils als Nebenkläger zugelassen war[19]. Für die Form des Antrags gilt nach § 397 Abs. 1 die Vorschrift des § 390 Abs. 2 entsprechend. Auch der Nebenkläger kann den Wiederaufnahmeantrag nur zuungunsten des Verurteilten stellen[20]. Ferner muß sich der Antrag auf ein Nebenklagedelikt beziehen[21]. War das Nebenklagedelikt wegen Gesetzeskonkurrenz mit einem Offizialdelikt in dem Urteil nicht angewendet worden, so ist der Wiederaufnahmeantrag unzulässig[22].

14 Will der Nebenkläger nicht selbst die Wiederaufnahme beantragen oder hat er dieses Recht nicht, weil er zur Zeit des Urteilserlasses noch nicht als Nebenkläger zugelassen war, so kann er sich dem auf Antrag eines anderen Beteiligten eingeleiteten Wiederaufnahmeverfahren **anschließen**, gleichgültig, ob die Staatsanwaltschaft die

---

[15] KK-*v. Stackelberg* 1; KMR-*Paulus* 1; *Kleinknecht/Meyer*[37] 6; *Peters* Fehlerquellen **3** 127.

[16] KK-*v. Stackelberg* 4; *Kleinknecht/Meyer*[37] 6; *Neumann* 92; a. A *Peters* Fehlerquellen **3** 127.

[17] OLG Braunschweig NJW **1960** 1970; *Eb. Schmidt* Nachtr. I 1; KK-*v. Stackelberg* 4; KMR-*Paulus* 3; *Kleinknecht/Meyer*[37] 6; *Peters* Fehlerquellen **3** 127.

[18] *Kleinknecht/Meyer*[37] 7; *v. Hentig* 149; *Neumann* 94 Fußn. 11.

[19] *Eb. Schmidt* Nachtr. I 2; KK-*v. Stackelberg* 7; KMR-*Paulus* 6; *Kleinknecht/Meyer*[37] 8; *v. Hentig* 152; *Dünnebier* FS II Peters 345; *Schorn* Strafrichter 362; a. A *Peters* Fehlerquellen **3** 126; *Lobe* GerS **110** (1938) 257, die den erstmaligen Anschluß zwecks Stellung eines Wiederaufnahmeantrags für zulässig halten; dagegen wollen *Neumann* 95; *Oetker* GerS **66** (1905) 417; *Stenglein* GerS **35** (1883) 310; **42** (1889) 173; *Wasserburg* Handb. 236 die Antragstellung durch den Nebenkläger niemals zulassen; vgl. auch § 395, 36.

[20] KK-*v. Stackelberg* 7; *Kleinknecht/Meyer*[37] 8; *Peters* Fehlerquellen **3** 118; § 401, 36.

[21] KMR-*Paulus* 6.

[22] OLG Karlsruhe NJW **1954** 167; *Eb. Schmidt* Nachtr. I 2; KMR-*Paulus* 6; *Kleinknecht/Meyer*[37] § 401, 9; § 401, 36.

Wiederaufnahme zuungunsten des Angeklagten (§ 395, 36) oder ob sie oder ein anderer Beteiligter die Wiederaufnahme zugunsten des Verurteilten beantragt hat[23]. Die Anschlußbefugnis besteht schon vor der Anordnung der Wiederaufnahme nach § 370 Abs. 2[24]. Die Gegenmeinung[25] übersieht, daß ein Beschluß nach § 370 Abs. 2 nicht unbedingt erlassen werden muß, sondern der Verurteilte unter den Voraussetzungen des § 371 Abs. 2 sofort freigesprochen werden kann (§ 371, 16). Der Nebenkläger muß sich, damit er in jedem Fall auf die Entscheidung Einfluß nehmen kann, dem Verfahren daher schon anschließen können, bevor über die Begründetheit des Wiederaufnahmeantrags entschieden wird.

III. Einziehungsbeteiligte

Die Anwendbarkeit der Vorschrift auf Einziehungsbeteiligte ist umfassend bei den Erläuterungen zu § 433 erörtert. **15**

§ 366

(1) In dem Antrag müssen der gesetzliche Grund der Wiederaufnahme des Verfahrens sowie die Beweismittel angegeben werden.

(2) Von dem Angeklagten und den in § 361 Abs. 2 bezeichneten Personen kann der Antrag nur mittels einer von dem Verteidiger oder einem Rechtsanwalt unterzeichneten Schrift oder zu Protokoll der Geschäftsstelle angebracht werden.

Bezeichnung bis 1924: § 406.

Übersicht

	Rdn.
I. Notwendiger Inhalt des Antrags (Absatz 1)	
1. Ziel und Gegenstand	1
2. Gesetzlicher Grund der Wiederaufnahme	2
3. Ausgabe der Beweismittel	3
II. Form des Antrags (Absatz 2)	
1. Allgemeines	4
2. Von einem Verteidiger oder Rechtsanwalt unterzeichnete Schrift	
a) Verteidiger	6
b) Rechtsanwalt	9
c) Schrift	10
d) Unterzeichnung	
aa) Eigenhändige Unterschrift	11
bb) Art der Unterzeichnung	12
cc) Übernahme der Verantwortung für den Inhalt	13
3. Erklärung zu Protokoll der Geschäftsstelle	
a) Zuständigkeit	14
b) Erklärung zu Protokoll	16
	25
4. Anträge der Staatsanwaltschaft	18

---

[23] OLG Karlsruhe NJW **1954** 167; OLG Saarbrücken NJW **1963** 1513; KK-*v. Stackelberg* 7; KMR-*Paulus* 6; *v. Kries* 736; *v. Hentig* 152 ff.

[24] BayObLGSt **33** 22; OLG Saarbrücken NJW **1963** 1513; *Eb. Schmidt* Nachtr. I 2;

[25] *Neumann* 96; vgl. auch OLG Karlsruhe NJW **1954** 167.

I. Notwendiger Inhalt des Antrags (Absatz 1)

1. Ziel und Gegenstand. Aus dem Wiederaufnahmeantrag und seiner Begründung muß ersichtlich sein, **welches Urteil** der Antragsteller angreifen und beseitigen haben will[1]. Da nicht unbedingt das gesamte Urteil angefochten werden muß, ist deutlich zu machen, **welches Ziel** mit dem Wiederaufnahmeantrag verfolgt wird[2]. Wenn sich das aus dem übrigen Inhalt der Antragsschrift nicht genau ergibt, ist eine ausdrückliche Erklärung erforderlich. Bleiben Zweifel, so ist der Antrag aber nicht als unzulässig zu verwerfen, sondern das Gericht stellt im Rahmen seiner Fürsorgepflicht[3], aber auch, weil der Antrag andernfalls sofort wiederholt werden könnte, durch Rückfrage bei dem Antragsteller fest, was mit dem Antrag bezweckt wird.

2. Gesetzlicher Grund der Wiederaufnahme. Die Antragsschrift darf sich nicht auf die Angabe der gesetzlichen Bestimmungen (§§ 359, 362) beschränken, sondern muß die **Tatsachen** mitteilen, die die Wiederaufnahme begründen sollen. Der gesetzliche Grund der Wiederaufnahme muß geltend gemacht werden (§ 368 Abs. 1). Wegen des notwendigen Inhalts des Antragsvorbringens vgl. die Erläuterungen zu den einzelnen Wiederaufnahmegründen der §§ 359, 362. Die dazu erforderliche **schlüssige Sachdarstellung** muß in sich geschlossen und aus sich heraus verständlich sein. Es gelten die gleichen Grundsätze wie bei der Antragsschrift nach § 172 Abs. 3 Satz 1. Bezugnahmen und Verweisungen auf andere Schriftstücke, insbesondere auf Urteile und auf frühere Wiederaufnahmeanträge, sind unzulässig und unbeachtlich[4]. Wegen der Bezugnahme auf Anlagen zur Antragsschrift vgl. unten Rdn. 10.

3. Angabe der Beweismittel. Der Antragsteller muß ferner die **Beweismittel für die von ihm vorgebrachten Tatsachen** angeben. Sie müssen genau bezeichnet werden; denn das Gericht muß in die Lage versetzt werden, die Beweise nach § 369 zu erheben (Näheres § 359, 168 ff). Ein Wiederaufnahmeantrag, der nur eine neue Sachdarstellung enthält, aber nicht angibt, wie sie bewiesen werden soll, ist unzulässig.

II. Form des Antrags (Absatz 2)

1. Allgemeines. Die Vorschrift, die dem § 345 Abs. 2 entspricht, gilt entgegen ihrem Wortlaut **nicht nur für den Angeklagten** und die in § 361 Abs. 2 bezeichneten Personen, sondern **für alle Beteiligten außer Privatkläger, Nebenkläger und Staatsanwaltschaft**[5], also auch für den gesetzlichen Vertreter (§ 298) und den Erziehungsberechtig-

---

[1] RGSt 77 284; KK-*v. Stackelberg* 1; KMR-*Paulus* 1; *Kleinknecht/Meyer*[37] 1.
[2] KK-*v. Stackelberg* 1; KMR-*Paulus* 1; *Kleinknecht/Meyer*[37] 1; *Beling* 434; *Günther* MDR **1974** 98.
[3] OLG Hamm NJW **1980** 717: in Ausnahmefällen z. B. bei ohne weiteres heilbaren Mängeln.
[4] RMilGE 1 2, 243; OLG Breslau *Alsb.* E 2 Nr. 298 = GA **51** (1904) 375; OLG Düsseldorf NJW **1947/48** 194 (mit abl. Anm. *Cüppers*); grundsätzlich ebenso OLG Düsseldorf GA **1980** 393 (jedoch werden Bezugnahmen auf inhaltsgleiche frühere Anträge, die verworfen wurden, für zulässig erachtet); OLG Freiburg SJZ **1950** 622 L; OLG Hamm NJW **1980** 717; OLG Schleswig NJW **1953** 1445; OLG Stuttgart NJW **1965** 1239; KMR-*Paulus* 3; *Kleinknecht/Meyer*[37] 1; *Neumann* 112; *Ditzen* GA **53** (1906) 62; a. A *Wasserburg* Handb. 240; *Peters* Fehlerquellen **3** 123 hält Bezugnahmen jeder Art für zulässig.
[5] *Eb. Schmidt* 4; KK-*v. Stackelberg* 4; *Kleinknecht/Meyer*[37] 4; *Neumann* 110; *Peters* Fehlerquellen **3** 123.

ten (§ 67 Abs. 3 JGG). Privat- und Nebenkläger können den Antrag auf Wiederaufnahme nur mittels einer von einem Rechtsanwalt unterzeichneten Schrift stellen (§ 390 Abs. 2, § 397 Abs. 1; vgl. auch § 345, 18). Wegen des Wiederaufnahmeantrags der Staatsanwaltschaft vgl. unten Rdn. 18.

Wie § 345 Abs. 2 **dient** § 366 Abs. 2 sowohl den Interessen des Verurteilten als auch denen des Gerichts. Die Anträge und ihre Begründung sollen in geeigneter Weise niedergelegt werden, und dem Gericht soll die Prüfung grundloser und unverständlicher Anträge möglichst erspart werden[6]. Die Grundsätze zu § 345 Abs. 2 gelten entsprechend; auf die Erläuterungen zu dieser Vorschrift kann daher weitgehend Bezug genommen werden. **5**

2. Von einem Verteidiger oder Rechtsanwalt unterzeichnete Schrift

a) **Verteidiger** ist jeder, der bei Erlaß des Urteils, gegen das sich der Wiederaufnahmeantrag richtet, als Wahl- oder Pflichtverteidiger tätig war, auch der nach § 138 Abs. 2 zugelassene Verteidiger und der nach § 139 tätig gewordene Referendar (§ 345, 17). Zum Fortbestand der Vollmacht und der Beiordnung vgl. § 364 a, 3. Ferner ist Verteidiger, wer nach § 138 Abs. 1 berechtigt ist, als Verteidiger aufzutreten, und eine entsprechende Vollmacht vorlegt und wer nach §§ 364 a, 364 b für das Wiederaufnahmeverfahren zum Pflichtverteidiger bestellt worden ist. Der Verteidiger, der nach § 138 Abs. 2 der Zulassung bedarf, kann sie zugleich mit der Einreichung des Wiederaufnahmeantrags beantragen (vgl. § 345, 17). **6**

Ist ein Verteidiger im rechtskräftig abgeschlossenen voraufgegangenen Verfahren ausgeschlossen worden, so gilt dies auch im Wiederaufnahmeverfahren: die Vorschriften über die Verteidigung im 1. Buch der StPO gelten für alle Verfahrensstadien mit der Folge, daß der **ausgeschlossene Verteidiger** keinen wirksamen Antrag nach § 366 Abs. 2 stellen kann. Dies gilt indessen nur bis zum Ende des Wiederaufnahmeverfahrens bis zur Rechtskraft einer Entscheidung nach §§ 368, 370, 371 (näheres § 364 a, 3 bis 5). **7**

Entsprechendes gilt in den Fällen der **Zurückweisung** nach §§ 137 Abs. 1 Satz 2; 146: der hiernach zurückgewiesene Verteidiger kann keine wirksamen Prozeßhandlungen vornehmen (wegen der Einzelheiten s. die Erläuterungen bei §§ 137, 146). **8**

b) **Rechtsanwalt.** Wie in § 345 Abs. 2 ist auch in § 366 Abs. 2 der Rechtsanwalt neben dem Verteidiger besonders aufgeführt, weil **nicht jeder Verteidiger ein Rechtsanwalt sein muß** und weil ein Rechtsanwalt den Antrag auch unterzeichnen darf, wenn ihm die Verteidigung im übrigen nicht übertragen ist (vgl. § 345, 18). Der Rechtsanwalt muß im Geltungsbereich der Strafprozeßordnung zugelassen und schon bei der Unterzeichnung des Antrags bevollmächtigt sein; die Vollmachtsurkunde kann er nachreichen (§ 345, 18). Wegen der Unterzeichnung des Antrags durch den Verurteilten, der als Rechtsanwalt zugelassen ist, vgl. § 345, 19; hinsichtlich des ausgeschlossenen oder zurückgewiesenen Verteidigers s. oben Rndn. 7; 8. **9**

c) **Schrift.** Vgl. § 345, 20 ff. Die Bezugnahme auf **Anlagen** zur Antragsschrift ist regelmäßig unzulässig. Der Inhalt der Anlagen wird nicht beachtet[7]. Eine Ausnahme gilt nur, wenn der Antragsschrift Originalurkunden beigefügt werden[8]. Wegen der Bezugnahme auf Urteile und andere Schriftstücke vgl. oben Rdn. 2. **10**

---

[6] OLG Bamberg MDR **1961** 529; *v. Hentig* 192; *Neumann* 109.
[7] OLG Freiburg SJZ **1950** 622 L; OLG Schleswig NJW **1953** 1445 L = SchlHA **1953** 212; a. A *Ditzen* GA 53 (1906) 62; *Peters* Fehlerquellen 3 123 will Bezugnahmen jeder Art zulassen.
[8] OLG Düsseldorf GA **1980** 393; OLG Dresden *Alsb.* E 2 Nr. 295; *Kleinknecht/Meyer*[37] 4.

§ 366　　　　　　　Viertes Buch. Wiederaufnahme

d) Unterzeichnung

11　aa) **Eigenhändige Unterschrift.** Nach § 366 Abs. 2 genügt nicht die einfache Schriftform; die Vorschrift verlangt vielmehr, daß der **Verteidiger oder Rechtsanwalt** den Antrag **selbst unterzeichnet**. Fehlt die Unterschrift, so ist der Antrag unzulässig (vgl. § 345, 22). Eine Vertretung bei der Unterschrift ist nicht statthaft. Unterzeichnet nicht der Verteidiger oder Rechtsanwalt, von dem der Antrag nach seiner äußeren Aufmachung stammt, so ist der Antrag als unzulässig zu verwerfen (vgl. § 345, 22). Wer in Untervollmacht oder als amtlich bestellter Vertreter unterzeichnet, muß das Vertretungsverhältnis schon in der Antragsschrift erkennbar machen.

12　bb) **Art der Unterzeichnung.** Vgl. § 345, 24 ff.

13　cc) **Übernahme der Verantwortung für den Inhalt.** Ebenso wie die Revisionsbegründung (vgl. § 345, 27 ff) erfordert der Wiederaufnahmeantrag mehr als die bloße Unterschrift des Verteidigers oder Rechtsanwalts[9]. Der Unterzeichner muß die Verantwortung für den Inhalt der Schrift übernehmen[10], und der **Antrag ist unzulässig**, wenn er auch **nur Zweifel** daran läßt, ob das der Fall ist[11]. Er ist insbesondere dann unzulässig, wenn der Verteidiger oder Rechtsanwalt seine Unterschrift auf eine von dem Verurteilten selbst hergestellte Antragsschrift setzt, es aber nach deren Inhalt ausgeschlossen erscheint, daß ein rechtskundiger Verteidiger die volle Verantwortung dafür übernommen hat. Das wird im allgemeinen der Fall sein, wenn die Schrift den laienhaften Vortrag eines rechtsunkundigen Verurteilten enthält (vgl. § 345, 27 f). Regelmäßig wird der Form des § 366 Abs. 2 auch dann nicht entsprochen, wenn der Rechtsanwalt oder Verteidiger eine nicht von ihm verfaßte Schrift außer mit seiner Unterschrift mit dem Vermerk versieht, daß er deren Ausführungen und Anträge zu den seinen mache[12]. Einschränkende Zusätze machen den Antrag regelmäßig unzulässig (vgl. § 345, 28).

3. Erklärung zu Protokoll der Geschäftsstelle

14　a) **Zuständig** ist die Geschäftsstelle des Gerichts, bei dem der Wiederaufnahmeantrag einzureichen ist[13]. Das ist in erster Hinsicht das Gericht, das nach § 140 a GVG über den Antrag zu entscheiden hat. Der Antrag kann aber nach § 367 Abs. 1 Satz 2 auch bei dem Gericht eingereicht werden, dessen Urteil angefochten wird. Der Antragsteller, der den Wiederaufnahmeantrag zu Protokoll der Geschäftsstelle erklären will, hat daher die Wahl zwischen diesen beiden Gerichten[14]. Da sich das Gericht, das über den Antrag zu entscheiden hat, regelmäßig nicht am selben Ort befindet wie das Gericht, das den Angeklagten verurteilt hat und in dessen Bezirk er meist auch wohnt, wird der Antragsteller es meist vorziehen, den Antrag zu Protokoll des früher erkennenden Gerichts zu erklären. Das ist sogar zweckmäßig, weil der Urkundsbeamte regelmäßig die Akten benötigt, um den Antrag sachgerecht aufnehmen zu können, und weil er sie sich bei dem erkennenden Gericht einfacher beschaffen kann. Wenn der Verurteilte nicht auf freiem Fuß ist, kann er den Antrag auch zu Protokoll der Geschäftsstelle des Amtsgerichts seines Verwahrungsorts erklären (§ 299); für andere Antragsteller gilt das nicht. Wird der Wiederaufnahmeantrag von der Geschäftsstelle eines unzuständigen Gerichts aufgenommen, so ist er unzulässig[15].

---

[9] OLG Düsseldorf DRiZ **1933** Nr. 275.
[10] KK-*v. Stackelberg* 6; *Neumann* 110; *Peters* Fehlerquellen **3** 123.
[11] KK-*v. Stackelberg* 6.
[12] OLG Düsseldorf Alsb. E **2** Nr. 292 a; *v. Hentig* 193.
[13] *Neumann* 111.
[14] KK-*v. Stackelberg* 7.
[15] OLG Schleswig SchlHA **1952** 156; vgl. auch § 345, 30.

Stand: 1. 3. 1986

Die Aufnahme von Anträgen auf Wiederaufnahme des Verfahrens überträgt § 24 **15** Abs. 1 Nr. 1 Buchst. b RpflG dem **Rechtspfleger**. Andere Beamte, auch Rechtspflegeranwärter, können den Antrag nicht wirksam aufnehmen (vgl. § 345, 31).

b) Erklärung zu Protokoll. Wegen der Vertretung des Antragstellers und der **16** Förmlichkeiten der Protokollaufnahme vgl. § 345, 32 ff. Die Tätigkeit des Urkundsbeamten dient nicht der Bequemlichkeit des Antragstellers, sondern soll, wie bei der Revisionsbegründung (§ 345, 35), sicherstellen, daß sachgerechte und ordnungsgemäß begründete Anträge angebracht werden. Der Urkundsbeamte soll den Antragsteller beraten und bei der Antragstellung gestaltend mitwirken[16]. Er ist weder Schreibkraft noch Briefannahmestelle. Es genügt regelmäßig nicht, daß der Urkundsbeamte sich den Inhalt diktieren läßt[17], ein Schriftstück des Angeklagten abschreibt[18] oder ein von dem Antragsteller verfaßtes Schriftstück entgegennimmt und mit den Eingangs- und Schlußworten eines Protokolls versieht[19]. Auch der formelhafte Zusatz, das Schriftstück sei geprüft und für in Ordnung befunden worden, macht dieses Verfahren nicht zulässig[20]. Der **Urkundsbeamte** muß das Antragsvorbringen regelmäßig selbst in die rechte Form bringen, und das kann er nur, wenn er die **Erklärungen selbst formuliert**[21]. Eine Ausnahme gilt nur, wenn der Antrag, etwa weil der Antragsteller Jurist ist oder sich der Hilfe eines Juristen bedient hat, schon sachgerecht vorformuliert ist (§ 345, 36). Bezugnahmen auf Anlagen sind nicht gestattet[22].

Der Urkundsbeamte muß für das Antragsvorbringen die volle **Verantwortung** **17** übernehmen[23]. Er ist daher nicht verpflichtet, alle Erklärungen des Antragstellers aufzunehmen (§ 345, 37 ff). Jedoch ist es nicht seine Aufgabe, die Antragszulässigkeit zu prüfen. Er muß das wesentliche Vorbringen des Antragstellers aufnehmen und darf seine Mitwirkung auch dann nicht verweigern, wenn er den Antrag für ungeeignet oder unbegründet hält[24]. Andernfalls würde er anstelle des zuständigen Gerichts darüber befinden, ob der Antrag seinem Inhalt nach zulässig ist. Einschränkende Zusätze sind ohne rechtliche Bedeutung[25]. Wegen weiterer Einzelheiten wird auf die Erläuterungen bei § 345, 35 ff verwiesen.

4. Anträge der Staatsanwaltschaft können in **einfacher Schriftform** gestellt wer- **18** den[26]. Die Schrift muß an das nach § 140 a GVG zuständige Gericht gerichtet und von dem zuständigen Beamten der Staatsanwaltschaft unterzeichnet sein oder deutlich erweisen, daß es von ihm herrührt. Die Einreichung einer beglaubigten Abschrift genügt (§ 345, 42).

---

[16] OLG Bremen NJW **1967** 641; OLG Schleswig SchlHA **1952** 156.
[17] RGSt **64** 63; OLG Düsseldorf JMBlNRW **1984** 263.
[18] OLG Schleswig SchlHAnz. **1984** 109.
[19] OLG Düsseldorf JMBlNRW **1984** 283; s. auch OLG Dresden *Alsb.* E **2** Nr. 305; OLG Köln JMBlNRW **1958** 202; OLG Schleswig SchlHA **1952** 156; *v. Hentig* 202; § 345, 35 ff.
[20] OLG Bamberg MDR **1961** 529; OLG Köln JMBlNRW **1958** 202; *Eb. Schmidt* Nachtr. I 1; *Dalcke/Fuhrmann/Schäfer* 3.
[21] OLG Breslau GA **57** (1910) 239 L; OLG Dresden *Alsb.* E **2** Nr. 293.
[22] OLG Königsberg ZStW **46** (1925) Sd. Beil.
148; OLG München *Alsb.* E **2** Nr. 294 a; *v. Hentig* 202; *Neumann* 111.
[23] OLG Köln OLGSt § 366 S. 13.
[24] OLG Bremen NJW **1967** 641; a. A *v. Hentig* 200; *Neumann* 112.
[25] OLG Bremen NJW **1967** 641; a. A OLG Breslau *Alsb.* E **2** Nr. 296 b, das den Antrag wegen des Zusatzes: „Auf ausdrücklichen Wunsch trotz Belehrung und Hinweis auf § 359 Nr. 5 aufgenommen", für unzulässig hält; vgl. auch § 345, 39 ff.
[26] *Eb. Schmidt* 3; KK-*v. Stackelberg* 7; *Kleinknecht/Meyer*[37] 4; *Neumann* 113; *Peters* Fehlerquellen **3** 122.

§ 367

(1) ¹Die Zuständigkeit des Gerichts für die Entscheidungen im Wiederaufnahmeverfahren und über den Antrag zur Vorbereitung eines Wiederaufnahmeverfahrens richtet sich nach den besonderen Vorschriften des Gerichtsverfassungsgesetzes. ²Der Verurteilte kann Anträge nach den §§ 364a, 364b oder einen Antrag auf Zulassung der Wiederaufnahme des Verfahrens auch bei dem Gericht einreichen, dessen Urteil angefochten wird; dieses leitet den Antrag dem zuständigen Gericht zu.

(2) Die Entscheidungen über Anträge nach den §§ 364a, 364b und den Antrag auf Zulassung der Wiederaufnahme des Verfahrens ergehen ohne mündliche Verhandlung.

Entstehungsgeschichte. Die Vorschrift lautete ursprünglich:

(1) ¹Über die Zulassung des Antrags auf Wiederaufnahme des Verfahrens entscheidet das Gericht, dessen Urteil mit dem Antrag angefochten wird. ²Wird ein in der Revisionsinstanz erlassenes Urteil aus anderen Gründen als auf Grund des § 359 Nr. 3 oder des § 362 Nr. 3 angefochten, so entscheidet das Gericht, gegen dessen Urteil die Revision eingelegt war.

(2) Die Entscheidung erfolgt ohne mündliche Verhandlung.

Art. 6 Nr. 3 der 3. VereinfVO änderte Absatz 1 Satz 2 dahin, daß das untere Gericht entscheidet, wenn ein auf Revision oder Nichtigkeitsbeschwerde ergangenes Urteil angefochten ist, aber Feststellungen angegriffen werden, die nur das untere Gericht getroffen hat. Art. 3 Nr. 154 VereinhG stellte die frühere Fassung wieder her. Die geltende Fassung erhielt § 367 durch Art. 1 Nr. 92 des 1. StVRG. Bezeichnung bis 1924: § 407.

Übersicht

	Rdn.
I. Gesetzgeberische Motive	1
II. Bereich der Zuständigkeitsregelung	3
III. Zuständigkeit zur Wiederaufnahme gegen Entscheidungen bestehender Gerichte	
1. Sachliche Zuständigkeit	
a) Im ersten Rechtszug ergangene Entscheidungen	6
b) Entscheidungen zweiter Instanz	8
c) Revisionsrichterliche Enscheidungen	13
2. Örtliche Zuständigkeit	15
3. Spezielle Zuständigkeiten und Zuständigkeitskonzentration	
a) Entscheidungen der Jugendgerichte	17
b) Zuständigkeitskonzentration	18
4. Zuständigkeit in besonderen Fällen	
a) Nachträglich gebildete Gesamtstrafen	19
b) Entscheidungen nach Zurückverweisung durch das Revisionsgericht (§ 354 Abs. 2 und 3)	20
IV. Zuständigkeit zur Wiederaufnahme gegen Entscheidungen nicht mehr bestehender Gerichte oder Spruchkörper	23
1. Wegfall einer Spruchkörpergattung und von Gerichten	24
2. Im Geltungsbereich der Strafprozeßordnung aufgehobene ordentliche Gerichte	25
3. Gerichte, an deren Sitz deutsche Gerichtsbarkeit nicht mehr ausgeübt wird	26
4. Reichsgericht und Oberster Gerichtshof für die Britische Zone	27
5. Wehrmacht- und Sondergerichte	28
V. Einreichung der Anträge	29
VI. Entscheidung	
1. Entscheidungsform und -körper	31
2. Entscheidungen bei fehlender Zuständigkeit	32
a) Fehlende sachliche Zuständigkeit	34
b) Fehlende örtliche Zuständigkeit	37
3. Entscheidungen unzuständiger Gerichte	
a) Sachliche Unzuständigkeit	38
b) Örtliche Unzuständigkeit	40

I. Gesetzgeberische Motive

1 Bis zu der Gesetzesänderung von 1974 hatte über den Wiederaufnahmeantrag das Gericht zu entscheiden, dessen Urteil mit dem Antrag angefochten war. Eine Ausnahme galt nur für den Fall, daß ein Revisionsurteil aus anderen Gründen als denen des § 359 Nr. 3 oder § 362 Nr. 3 angefochten wurde; dann war das Gericht zuständig, gegen dessen Urteil die Revision eingelegt worden war. Dieser gesetzlichen Regelung lag die Erwägung zugrunde, daß das Gericht, das die angefochtene Entscheidung erlassen hat, zu einer Entscheidung insbesondere der Frage, ob neue Tatsachen oder Beweismittel vorliegen und die Feststellungen des Urteils erschüttern, „in erster Linie berufen" sei[1].

Daß dem früher erkennenden Gericht die Befugnis eingeräumt wurde, selbst **2** darüber zu entscheiden, ob sein Urteil im Wiederaufnahmeverfahren zu beseitigen sei, wurde im Schrifttum für bedenklich gehalten[2]. Man hielt es für geboten, Zweifel des Verurteilten an der **Unvoreingenommenheit des Richters**, der zu Entscheidungen im Wiederaufnahmeverfahren berufen ist, gar nicht erst aufkommen zu lassen. Daher[3] wurde im Jahre 1964 durch die Einfügung des § 23 Abs. 2 zunächst der früher erkennende Richter von der Entscheidung im Wiederaufnahmeverfahren ausgeschlossen. Das wurde durch die Gesetzesänderung von 1974 dahin ergänzt, daß der Ausschluß auch für die Mitwirkung bei Entscheidungen zur Vorbereitung eines Wiederaufnahmeantrags gilt. Weitergehende Vorschriften sah der Regierungsentwurf des Ersten Strafverfahrensreformgesetzes nicht vor[4]. Auf Vorschlag des Rechtsausschusses des Bundestages[5] hat der Gesetzgeber aber durch die Einfügung des § 140 a GVG eine Regelung der Gerichtszuständigkeit getroffen, die nicht nur die früher erkennenden Richter, sondern grundsätzlich das Gericht, dessen Spruchkörper das angefochtene Urteil erlassen hat, insgesamt von der Mitwirkung an den Entscheidungen im Wiederaufnahmeverfahren ausschließt.

II. Bereich der Zuständigkeitsregelung

Nunmehr ist die Zuständigkeit in § 367 durch eine Verweisung auf § 140 a GVG **3** geregelt. Diese — **gesetzliche**[6] — Regelung betrifft die sachliche[7] und die örtliche Zuständigkeit zum Erlaß aller **erstinstanzlicher Entscheidungen im Wiederaufnahmeverfahren** und zur Durchführung dieses Verfahrens einschließlich der Entscheidungen nach § 370, nach § 367 Abs. 1 Satz 1 StPO, § 140 a Abs. 7 GVG auch zum Erlaß der vorbereitenden Maßnahmen nach den §§ 364 a, 364 b. Gleichgültig ist, ob es sich um Ermessensentscheidungen handelt oder ob die Entscheidung sich, wie bei der Verwerfung eines der Formvorschrift des § 366 Abs. 2 nicht genügenden Wiederaufnahmeantrags, unmittelbar aus dem Gesetz ergibt.

§ 367 StPO, § 140 a GVG regeln zugleich auch die Zuständigkeit zum Erlaß aller **4** erstinstanzlichen Entscheidungen im **wiederaufgenommenen** Verfahren (§§ 371, 373). Das Wiederaufnahmegericht ist demnach auch zuständig zur Durchführung des

---

[1] *Hahn* 1 266.
[2] Vgl. *v. Hentig* 213 und die Nachweise bei *Dippel* in *Jescheck/Meyer* 43 Fußn. 144.
[3] Vgl. BTDrucks. **7** 551 S. 57.
[4] Vgl. BTDrucks. **7** 551 S. 52.
[5] Vgl. BT-Drucks. **7** 2600; S. 7, 11; *Hanack* JZ **1973** 399; *Krägeloh* NJW **1975** 138.
[6] Zur Bedeutung der gesetzlichen Zuständigkeitsregelung als Verfahrensvoraussetzung s. *Gössel* GA **1968** 356, 364 und § 16 C IV b; *Rieß* GA **1976** 22.

[7] Gemeint ist damit die sachliche Zuständigkeit im weiteren Sinne zur Entscheidung in der jeweiligen verfahrensgegenständlichen Sache, die z. B. auch Rechtsmittelgerichten zukommt – Vor § 1, 4 –, nicht aber die sachliche Zuständigkeit im engeren Sinne zur Entscheidung im ersten Rechtszug (*Gössel* GA **1968** 360 mit weit. Nachw.; *Zipf* Strafprozeßrecht[2] [1977] II 1.42).

§ 367   Viertes Buch. Wiederaufnahme

wiederaufgenommenen Verfahrens erster Instanz und zum Erlaß der dabei vorgesehenen Entscheidungen, soweit nicht nach §§ 355, 354 Abs. 3 verfahren wird (s. dazu unten Rdn. 38 ff; § 373, 1).

5   Die gerichtliche Zuständigkeit (§ 367 StPO, § 140 a GVG) entscheidet nach §§ 141 ff GVG auch über die **Zuständigkeit der Staatsanwaltschaft**[8]; die Zuständigkeit zur Vollstreckung des mit der Wiederaufnahme angegriffenen Urteils jedoch bleibt unberührt[9].

III. Zuständigkeit zur Wiederaufnahme gegen Entscheidungen bestehender Gerichte

1. Sachliche Zuständigkeit

6   a) **Im ersten Rechtszug ergangene Entscheidungen.** War das Urteil mit der Berufung nicht anfechtbar oder nicht angefochten oder war die Berufung zurückgenommen worden, so hat im Wiederaufnahmeverfahren ein Gericht mit gleicher sachlicher Zuständigkeit wie das Gericht des ersten Rechtszugs zu entscheiden (§ 140 a Abs. 1 Satz 1 GVG). Ob gegen das Urteil Revision eingelegt war, ist für die Zuständigkeitsfrage ohne Bedeutung. Bei erstinstanzlicher Zuständigkeit der Oberlandesgerichte gilt § 140 a Abs. 6 GVG. Zur Entscheidung über Wiederaufnahmeanträge gegen Urteile des Bundesgerichtshofs, die dieses Gericht bis zum 30. 9. 1969 im ersten Rechtszug erlassen hat, ist nach Art. 5 Abs. 6 Satz 2 StaatsschStrafsG das Oberlandesgericht zuständig, das nach den Vorschriften dieses Gesetzes im ersten Rechtszug zuständig wäre.

7   Für **Beschlüsse** (Vor § 359, 46 ff) gilt Entsprechendes.

8   b) **Entscheidungen zweiter Instanz.** Wenn über eine in vollem Umfang eingelegte Berufung gegen ein Urteil des Strafrichters oder des Schöffengerichts sachlich entschieden worden war, richtet sich ein Wiederaufnahmeantrag, der die Urteilsfeststellungen angreift, gegen das Berufungsurteil[10]. Zuständig zur Entscheidung im Wiederaufnahmeverfahren ist daher eine **Strafkammer**[11]. Das folgt daraus, daß der Berufungsrichter die Schuldfrage selbständig und unabhängig von den Feststellungen des ersten Richters beurteilt hat[12]. Für die Zuständigkeitsfrage ist ohne Bedeutung, ob schon das Amtsgericht dieselben Feststellungen getroffen hat wie das Berufungsgericht[13]. Wie bei den Urteilen im ersten Rechtszug ist auch gleichgültig, ob gegen das Berufungsurteil Revision eingelegt war (oben Rdn. 6).

9   Hat der Berufungsrichter über die **Schuldfrage nicht entschieden**, so ist zur Entscheidung im Wiederaufnahmeverfahren grundsätzlich ein Amtsgericht zuständig[14]. Das gilt sowohl bei Verwerfung des Rechtsmittels als unzulässig nach § 322 Abs. 1 Satz 2[15] oder wegen unentschuldigten Ausbleibens des Angeklagten nach § 329 Abs. 1[16],

---

[8] KMR-*Paulus* 5; *Kleinknecht/Meyer*[37] 2.
[9] *Kleinknecht/Meyer*[37] 2.
[10] RGSt 77 284; OLG Braunschweig NJW 1961 1082; OLG Düsseldorf JMBlNRW 1979 261; *Eb. Schmidt* 3; KMR-*Paulus* 8; *Kleinknecht/Meyer*[37] § 140 a GVG, 6; *Neumann* 123; *Peters* Fehlerquellen 3 129; a. A v. *Hentig* 218 ff, der stets das erste Urteil für angefochten hält.
[11] *Dahs* Hdb. 900.
[12] OLG Celle MDR 1960 604; vgl. auch OLG Oldenburg NJW 1952 1068.
[13] OLG Dresden Alsb. E 2 Nr. 303 d; *Neumann* 123.
[14] KK-v. *Stackelberg* § 140 a GVG, 5.
[15] OLG Celle MDR 1960 604; *Eb. Schmidt* 4; KMR-*Paulus* 10; *Neumann* 125; *Schorn* Strafrichter 363; a. A *Kissel* § 140 a, 4.
[16] BayObLGSt 10 20; 27 94 = JW 1928 419 mit Anm. *Mannheim*; OLG Celle GA 44 (1896) 68 LS; MDR 1960 604; OLG Darmstadt *Alsb.* E 2 Nr. 303 e; OLG Dresden *Alsb.* E 2 Nr. 303 c; JW 1928 2290 mit Anm. *Stern*; *Neumann* 125; *Peters* Fehlerquellen 3 129.

als auch bei wirksamer Beschränkung der Berufung auf den Rechtsfolgenausspruch[17], nicht aber, wenn das Berufungsgericht die teilweise Rechtskraft übersehen und unzulässigerweise nochmals über die Schuldfrage entschieden hat: in diesem Fall ist die Strafkammer zuständig[18]: die entgegengesetzte Meinung, welche das Amtsgericht für zuständig hält[19], verkennt, daß allein die Feststellungen des Berufungsgerichts in Rechtskraft erwachsen sind, was durch die Teilrechtskraft des erstinstanzlichen Urteils nicht gehindert wird[20].

Der Wiederaufnahmeantrag richtet sich unbestritten dann gegen das Berufungsurteil, wenn er auf einen nur **innerhalb des Berufungsverfahrens liegenden Wiederaufnahmegrund** gestützt wird[21], insbesondere, wenn Wiederaufnahmegründe nach § 359 Nr. 3, § 362 Nr. 3 geltend gemacht werden[22]. Auch im Fall der Verbindung von Wiederaufnahmegründen nach § 359 Nr. 2, 3 und 5 entscheidet das Berufungsgericht, insbesondere dann, wenn das Wiederaufnahmeverlangen nach § 359 Nr. 3 den Strafkammervorsitzenden betrifft[23]. **10**

Hatte das Landgericht ein bei ihm im ersten Rechtszug anhängiges Verfahren mit einem Berufungsverfahren **verbunden**, so entscheidet es nach den vorstehenden Grundsätzen über den Wiederaufnahmeantrag, wenn dieser sich nur gegen die Verurteilung auf die Berufung richtet, nicht aber, wenn die Entscheidung über die Berufung sich nicht auf die Schuldfrage erstreckte[24]. **11**

Werden strafklageverbrauchende **Beschlüsse zweiter Instanz** mit der Wiederaufnahme angegriffen (Vor § 359, 46 ff), so gelten die vorstehenden Ausführungen entsprechend. **12**

c) **Revisionsrichterliche Entscheidungen.** Wenn sich der Wiederaufnahmeantrag auf ein Revisionsurteil bezieht, entscheidet nicht ein Revisionsgericht, sondern ein Gericht gleicher Ordnung wie das Gericht, dessen Urteil mit der Revision angefochten war (**§ 140 a Abs. 1 Satz 2 GVG**)[24a]. War gegen ein Berufungsurteil Revision eingelegt, so ist das Berufungsgericht auch zuständig, wenn es nur nach § 329 Abs. 1 entschieden hatte[25], auch bei teilrechtskräftigem Schuldspruch[26] und auch, wenn nur ein Mangel des revisionsgerichtlichen Verfahrens geltend gemacht wird[27]. **13**

---

[17] BayObLGSt **7** 401; OLG Braunschweig HESt **1** 216 = NdsRpfl. **1947** 67; OLG Bremen NJW **1962** 2170; OLG Celle MDR **1960** 604; OLG Dresden *Alsb.* E 2 Nr. 303 d; JW **1928** 1881 mit Anm. *v. Scanzoni*; HRR **1930** 267; OLG Hamm JMBlNRW **1957** 155; OLG Köln JMBlNRW **1957** 131; OLG Saarbrücken OLGSt § 367 S. 1; *Eb. Schmidt* 4; KMR-*Paulus* 9; *Kleinknecht/Meyer*[37] § 140 a GVG, 6; *Neumann* 126; *Peters* Fehlerquellen **3** 129; *Schorn* Strafrichter 363; *Spendel* JZ **1958** 547.

[18] OLG Bremen JZ **1958** 546 mit zust. Anm. *Spendel*; KMR-*Paulus* 9.

[19] LR-*Meyer*[23] 6; *Kleinknecht/Meyer*[37] § 140 a, 6; *Peters* Fehlerquellen **3** 129 f; *Wasserburg* Handb. 230.

[20] A. A *Peters* Fehlerquellen **3** 129 f, der in diesem Fall – zu Unrecht – Nichtigkeit des Berufungsurteils annimmt.

[21] BayObLGSt **7** 401; OLG Köln JMBlNRW **1957** 131; *Eb. Schmidt* 5; KMR-*Paulus* 9; *Kleinknecht/Meyer*[37] § 140 a GVG, 6; *Neumann* 11, 125.

[22] *Peters* Fehlerquellen **3** 129.

[23] A. A OLG Köln JMBlNRW **1957** 131; LR-*Meyer*[23] 6; *Dalcke/Fuhrmann/Schäfer* 1.

[24] Vgl. *Neumann* JR **1927** 524.

[24a] BGH bei *Pfeiffer/Miebach* NStZ **1985** 496.

[25] KK-*v. Stackelberg* § 140 a GVG, 6; KMR-*Paulus* 11; *Kleinknecht/Meyer*[37] § 140 a GVG, 7; *Neumann* 126; a. A *v. Hentig* 221 Fußn. 3.

[26] OLG Hamm NJW **1968** 313.

[27] BGH bei *Holtz* MDR **1977** 811: Der Wille des Gesetzgebers zur Abschaffung der Zuständigkeit der Revisionsgerichte für Wiederaufnahmeverfahren muß beachtet werden; BGH bei *Holtz* MDR **1985** 447; KMR-*Paulus* 11; *Kleinknecht/Meyer*[37] § 140 a GVG, 7.

14   Gleiches gilt, wenn sich der Wiederaufnahmeantrag auf einen strafklageverbrauchenden **revisionsrichterlichen Beschluß** (Vor § 359, 46 ff) bezieht[28].

15   **2. Örtliche Zuständigkeit.** Nach § 140 a GVG entscheidet im Wiederaufnahmeverfahren niemals derselbe Spruchkörper, grundsätzlich auch nicht ein Spruchkörper des Gerichts, das das mit dem Wiederaufnahmeantrag angefochtene Urteil erlassen hat. An seine Stelle tritt das von dem Präsidium des Oberlandesgerichts vor Beginn des Geschäftsjahrs nach **§ 140 a Abs. 2 GVG** bestimmte Gericht[28a]. Ausnahmen gelten für die Bundesländer, in denen nur ein Oberlandesgericht und ein Landgericht (bzw. Oberlandesgerichte mit nur einem Landgericht) oder nur ein Landgericht errichtet sind, in dessen Bezirk einem Amtsgericht alle Strafsachen zugewiesen sind (**§ 140 a Abs. 3 bis 5 GVG**), und für die Strafsenate der Oberlandesgerichte, soweit sie im ersten Rechtszug entschieden haben (**§ 140 a Abs. 6 GVG**). Wegen der Einzelheiten wird auf die Erläuterungen zu § 140 a GVG verwiesen.

16   Wenn der **Bezirk** des Gerichts, von dem das Urteil erlassen worden ist, nachträglich **geändert** wird, bleibt es an sich nach § 1 des Gesetzes über die Zuständigkeit der Gerichte bei Änderungen der Gerichtseinteilung vom 6. 12. 1933 (RGBl. I 1037) zur Entscheidung über Wiederaufnahmeanträge zuständig. An seine Stelle tritt aber das von dem Präsidium des Oberlandesgerichts nach § 140 a Abs. 2 GVG bestimmte andere Gericht.

3. Spezielle Zuständigkeiten und Zuständigkeitskonzentration

17   a) **Entscheidungen der Jugendgerichte.** Richtet sich der Wiederaufnahmeantrag gegen eine Entscheidung eines Jugendgerichts, so entscheidet über ihn ein Jugendgericht, auch wenn der **Verurteilte** inzwischen **erwachsen** ist. Wenn die Entscheidung des Jugendgerichts sich auch oder ausschließlich gegen einen schon bei der Aburteilung Erwachsenen richtete, bleibt die Zuständigkeit eines Jugendgerichts im Wiederaufnahmeverfahren ebenfalls bestehen. In dem Wiederaufnahmebeschluß kann aber angeordnet werden, daß das wiederaufgenommene Verfahren vor dem allgemeinen Strafgericht stattzufinden hat (§ 370, 49).

18   b) **Zuständigkeitskonzentration.** In Fällen der Zuständigkeitskonzentration auf ein Gericht *oder* auf eine Strafkammer im Bezirk eines Oberlandesgerichts nach §§ 74 c, 74 d GVG ist in **entsprechender** Anwendung des **§ 140 a Abs. 3 Satz 1 GVG** eine vom Präsidium des Oberlandesgerichts vor Beginn des Geschäftsjahres bestimmte Strafkammer desselben Landgerichts für die Wiederaufnahme zuständig, dessen Entscheidung mit der Wiederaufnahme angegriffen ist[29]; Gleiches gilt für die Fälle der Zuständigkeitskonzentration nach § 74 a GVG[30].

4. Zuständigkeit in besonderen Fällen

19   a) **Nachträglich gebildete Gesamtstrafe.** Wenn der Verurteilte die Wiederaufnahme eines Strafverfahrens beantragt, in dem er unter Einbeziehung der von anderen Gerichten gegen ihn ausgesprochenen Strafen nach § 55 StGB zu einer Gesamtstrafe

---

[28] BGH bei *Holtz* MDR **1985** 447.
[28a] Verfassungsrechtliche Bedenken gegen die Zuständigkeit des Präsidiums erhebt *Feiber* NJW **1986** 699.
[29] OLG Karlsruhe JR **1980** 305 mit zust. Anm. *Rieß*.

[30] S. dazu BGHSt **29** 47, 49: „Unlösbar" erscheinende Schwierigkeit; dagegen mit Recht wie hier schon *Katholnigg* NJW **1980** 132; KMR-*Paulus* 7; *Kleinknecht/Meyer*[37] § 140 a GVG, 3.

verurteilt worden war, ist die Zuständigkeit der einzelnen **Gerichte** maßgebend, die die **einbezogenen Urteile erlassen haben**[31]. Das hat oft zur Folge, daß eine Aufteilung des Verfahrens erforderlich ist und mehrere Gerichte entscheiden müssen[32]. Die Regelung des § 140 a Abs. 1 Satz 1 GVG ändert daran nichts. Denn auch nach dieser Vorschrift kommt es darauf an, gegen welches Urteil sich der Wiederaufnahmeantrag „richtet", und das ist, wenn die Schuldfeststellungen angegriffen werden, nicht das die Gesamtstrafe bildende Urteil, sondern das Urteil, das über die Schuldfrage entschieden hat. Im Wiederaufnahmeverfahren entscheidet jeweils das Gericht, das nach der Bestimmung des § 140 a Abs. 2 GVG an dessen Stelle tritt.

b) Entscheidungen nach Zurückverweisung durch das Revisionsgericht (§ 354 Abs. 20 2 und 3). Hatte das Revisionsgericht das Urteil aufgehoben und die Sache zu neuer Verhandlung an eine andere Abteilung oder Kammer oder an einen anderen Strafsenat zurückverwiesen, so entscheidet im Wiederaufnahmeverfahren gegen die von diesem anderen Spruchkörper getroffene Entscheidung das nach **§ 140 a Abs. 2 GVG** bestimmte Gericht gleicher Ordnung. In den Fällen des **§ 140 a Abs. 3 bis 6** entscheidet erneut ein anderer Spruchkörper desselben Gerichts[33]; zuständig ist die nach § 140 a Abs. 2 GVG als Ersatzspruchkörper für das zuletzt erkennende Gericht bestimmte Abteilung oder Kammer. Notfalls muß im Laufe des Geschäftsjahrs nachträglich ein Ersatzspruchkörper bestimmt werden. Entsprechendes gilt, wenn das Revisionsgericht bei der Zurückverweisung der Sache die Feststellungen zum äußeren Tatgeschehen aufrechterhalten hat[34]. Hatte das Revisionsgericht das Urteil nur im Rechtsfolgenausspruch aufgehoben und die Sache in diesem Umfang an einen anderen Spruchkörper desselben Gerichts zurückverwiesen, so richtet sich die sachliche Zuständigkeit des Wiederaufnahmegerichts nach denselben Grundsätzen wie bei der Strafmaßberufung (oben Rdn. 9). Wenn der Wiederaufnahmeantrag die Schuldfeststellungen angreift, ist daher das Gericht zuständig, das nach § 140 a Abs. 2 GVG an die Stelle des Gerichts tritt, das zuerst und endgültig über die Schuldfrage entschieden hat[35]. Das gilt auch, wenn das Oberlandesgericht in den Fällen des § 140 a Abs. 3 bis 6 GVG für die Wiederaufnahme einen Ersatzspruchkörper bestimmt hat, der als andere Abteilung oder Strafkammer bereits nach § 354 Abs. 2 über die Rechtsfolgenfrage entschieden hatte. Denn ein unbedingtes Verbot, daß ein schon mit dem Verfahren befaßtes Gericht über den Wiederaufnahmeantrag entscheiden darf, enthält das Gesetz nicht[36]. In solchen Fällen ist lediglich der Ausschluß der Richter zu beachten, die an der früheren Entscheidung mitgewirkt haben (§ 23 Abs. 2).

Hatte das Revisionsgericht die Sache nach § 354 Abs. 2 Satz 1 an ein **anderes Ge-** 21 **richt gleicher Ordnung** oder nach § 355 an das zuständige Gericht zurückverwiesen, so ist zur Entscheidung im Wiederaufnahmeverfahren grundsätzlich das nach § 140 a Abs. 2 GVG bestimmte Ersatzgericht für das zuletzt entscheidende Gericht örtlich zuständig[37]. War das Urteil nur im Rechtsfolgenausspruch aufgehoben und die Sache nur in diesem Umfang zurückverwiesen worden, so gilt das gleiche wie bei der Zurückverweisung an einen anderen Spruchkörper[38].

---

[31] OLG Köln JMBlNRW **1959** 283; *Dalcke/Fuhrmann/Schäfer* § 360, 3; KMR-*Paulus* 13; *Kleinknecht/Meyer*[37] § 140 a GVG, 9; *Neumann* JR **1927** 524.
[32] OLG München *Alsb.* E **2** Nr. 304 = GA **41** (1893) 69; *Eb. Schmidt* 10; *Kleinknecht/Meyer*[37] § 140 a GVG, 9; *Neumann* 130 und JR **1927** 524; *Peters* Fehlerquellen **3** 132.
[33] Vgl. OLG Saarbrücken OLGSt § 367 S. 5.
[34] OLG Hamm NJW **1968** 313; *Kleinknecht/Meyer*[37] 10.
[35] OLG Köln MDR **1973** 603; OLG Saarbrücken OLGSt § 367 S. 5.
[36] Vgl. OLG Nürnberg MDR **1977** 688.
[37] OLG Celle MDR **1960** 947.
[38] OLG Braunschweig NJW **1961** 1082; OLG Hamm NJW **1968** 313; OLG Köln MDR **1973** 603; *Peters* Fehlerquellen **3** 131.

22 Bei der Zurückverweisung der Sache an ein **Gericht niederer Ordnung** (§ 354 Abs. 3) ist das nach § 140 a Abs. 2 für dieses Gericht bestimmte Ersatzgericht zuständig, sofern der Wiederaufnahmeantrag sich nicht gegen Urteilsbestandteile richtet, die schon von dem höheren Gericht rechtskräftig erledigt worden sind. In diesem Fall entscheidet das Ersatzgericht für das Gericht, das ursprünglich entschieden hatte.

IV. Zuständigkeit zur Wiederaufnahme gegen Entscheidungen nicht mehr bestehender Gerichte oder Spruchkörper

23 Die Regelung des § 140 a GVG gilt nur, wenn das **Gericht noch besteht**, von dem das mit dem Wiederaufnahmeantrag angefochtene Urteil erlassen worden ist. Denn nur für diesen Fall kann das Präsidium des Oberlandesgerichts nach § 140 a Abs. 2 GVG ein anderes örtlich zuständiges Gericht bestimmen. Die Vorschrift ermächtigt das Präsidium nicht etwa, nach seinem Belieben auch Ersatzgerichte für weggefallene Gerichte zu bestimmen. Maßgebend sind die hierfür erlassenen besonderen Rechtsvorschriften. Im einzelnen gilt folgendes:

24 1. **Wegfall einer Spruchkörpergattung und von Gerichten.** Zu dem Fall, daß infolge einer Änderung der Gerichtsorganisation, die die sachliche Zuständigkeit berührt, ein Gericht der Ordnung, dessen Urteil angefochten ist, nicht mehr besteht (Wegfall der erweiterten Schöffengerichte im Jahr 1932), vgl. *Gündel* in der 19. Auflage dieses Kommentars (§ 367, 1).

25 2. **Im Geltungsbereich der Strafprozeßordnung aufgehobene ordentliche Gerichte.** Wenn ein Gericht aufgehoben und sein ganzer Bezirk dem Bezirk eines anderen Gerichts zugelegt worden ist, tritt dieses Gericht nach **§ 2** des **Gesetzes über die Zuständigkeit der Gerichte bei Änderungen der Gerichtseinteilung** vom 6. 12. 1933 (RGBl. I 1037) in jeder Hinsicht an die Stelle des aufgehobenen Gerichts. Es entscheidet daher auch im Wiederaufnahmeverfahren. Den Fall, daß der Bezirk des aufgehobenen Gerichts auf die Bezirke mehrerer Gerichte verteilt ist, regelt § 3 des Gesetzes vom 6. 12. 1933.

26 3. **Gerichte, an deren Sitz deutsche Gerichtsbarkeit nicht mehr ausgeübt wird.** Zur Begriffsbestimmung vgl. Vor § 359, 83 f. Die Zuständigkeit für Entscheidungen im Wiederaufnahmeverfahren bestimmt sich nach den §§ 17, 19 ZustErgG. Die Vorschriften lauten:

§ 17 ZustErgG

(1) [1]Für Strafsachen, die am 8. Mai 1945 bei einem Gericht anhängig oder rechtskräftig abgeschlossen waren, an dessen Sitz deutsche Gerichtsbarkeit nicht mehr ausgeübt wird, ist die Strafkammer des Landgerichts oder unter den Voraussetzungen des § 80 des Gerichtsverfassungsgesetzes das Schwurgericht zuständig, in dessen Bezirk der Beschuldigte oder Verurteilte zur Zeit des Inkrafttretens dieses Gesetzes seinen Wohnsitz oder in Ermangelung eines im Bereich deutscher Gerichtsbarkeit gelegenen Wohnsitzes seinen gewöhnlichen Aufenthalt hat. [2]Dies gilt nur für Personen, die zur Zeit des früheren Verfahrens Deutsche waren und im Zeitpunkt der Fortsetzung des Verfahrens oder des Antrags auf Wiederaufnahme Deutsche sind.

(2) Bei der Strafvollstreckung tritt, wenn die bisherige Strafvollstreckungsbehörde bei einem Gericht bestand, an dessen Sitz deutsche Gerichtsbarkeit nicht mehr ausgeübt wird, an deren Stelle die Strafvollstreckungsbehörde bei dem Landgericht, in dessen Bezirk der Verurteilte seinen Wohnsitz oder in Ermangelung eines im Bereich deutscher Gerichtsbarkeit gelegenen Wohnsitzes seinen gewöhnlichen Aufenthalt hat.

§ 19 ZustErgG

(1) Ergibt sich nach den Vorschriften der §§ 17 und 18 keine Zuständigkeit im Geltungsbereich dieses Gesetzes, so ist die Strafkammer des Landgerichts oder das Schwurgericht zuständig, in dessen Bezirk der Beschuldigte oder Verurteilte erstmalig nach dem Inkrafttreten dieses Gesetzes seinen Wohnsitz begründet.

(2) Hat ein Beschuldigter oder Verurteilter seinen Wohnsitz im Ausland und ist eine Zuständigkeit nach Absatz 1 nicht begründet, so wird die Strafkammer oder das Schwurgericht durch den Bundesgerichtshof bestimmt.

(3) ¹Ist der Verurteilte vor dem Inkrafttreten dieses Gesetzes verstorben, so ist die Strafkammer des Landgerichts oder das Schwurgericht zuständig, in dessen Bezirk er seinen letzten Wohnsitz oder in Ermangelung eines im Bereich deutscher Gerichtsbarkeit gelegenen Wohnsitzes seinen letzten gewöhnlichen Aufenthalt hatte. ²Ergibt sich hiernach keine Zuständigkeit im Geltungsbereich dieses Gesetzes, so bestimmt sich die Zuständigkeit nach dem Wohnsitz oder dem gewöhnlichen Aufenthalt des nach § 361 Abs. 2 der Strafprozeßordnung berechtigten Antragstellers; die Absätze 1 und 2 gelten entsprechend. ³Sind hiernach mehrere Gerichte zuständig, so gebührt dem Gericht der Vorzug, das zuerst mit der Sache befaßt wird.

4. Reichsgericht und Oberster Gerichtshof für die Britische Zone. Nach Art. 8, 27 III, Nr. 88 und 119 VereinhG ist der BGH zuständig, soweit es sich um die Wiederaufnahme gegen Entscheidungen über das Rechtsmittel der Revision handelt; bei erstinstanzlichen Entscheidungen des RG und des OGH sind die Oberlandesgerichte zuständig (Vor § 359, 82).

5. Wehrmacht- und Sondergerichte. Die Zuständigkeit richtet sich nach § 18 28 Abs. 3 ZustErgG (vgl. Vor § 359, 85). Ergibt sich hieraus keine Zuständigkeit, so gilt § 19 ZustErgG (oben Rdn. 26).

V. Einreichung der Anträge

Nach § 367 Abs. 1 Satz 2 kann der Verurteilte Anträge nach §§ 364a, 364b und 29 Wiederaufnahmeanträge nicht nur bei dem **für die Wiederaufnahmeentscheidungen zuständigen Gericht**, sondern **auch** bei dem Gericht einreichen, **dessen Urteil angefochten** wird. Dadurch soll verhindert werden, daß der Antrag eines Verurteilten, der das nach § 140a GVG zuständige Gericht nicht kennt, wegen Unzuständigkeit des angerufenen Gerichts verworfen wird. Reicht der Verurteilte einen Wiederaufnahmeantrag oder einen Antrag auf Bestellung eines Pflichtverteidigers bei dem Gericht ein, gegen dessen Urteil sich der Wiederaufnahmeantrag richtet oder richten soll, so leitet dieses Gericht den Antrag dem zuständigen Gericht zu. Für Wiederaufnahmeanträge der Personen, die den Antrag zugunsten des Verurteilten stellen können, und für die nach § 361 Abs. 2 Antragsberechtigten gilt das entsprechend, nicht jedoch für Anträge der Staatsanwaltschaft, des Privatklägers und des Nebenklägers.

Zur Verwerfung des Antrags als unzulässig führt auch nicht seine Einreichung 30 bei dem **sachlich unzuständigen Gericht**, etwa wenn mit dem Wiederaufnahmeantrag nicht das Berufungsurteil, sondern das Urteil des ersten Rechtszugs angefochten, der Antrag aber bei dem Berufungsgericht angebracht wird. Auch in diesem Fall leitet das Gericht, bei dem der Antrag gestellt ist, den Antrag dem zuständigen Gericht zu[39].

---

[39] *Neumann* 127 ff; **a. A** *v. Scanzoni* JW **1928** 1881, der die Verwerfung für geboten hält.

§ 367 Viertes Buch. Wiederaufnahme

VI. Entscheidung

31 **1. Entscheidungsform und -körper.** Die Entscheidung ergeht nach § 367 Abs. 2 ohne mündliche Verhandlung. Anstelle des Schöffengerichts entscheidet der Richter beim Amtsgericht (**§ 30 Abs. 2 GVG**). Richtet sich der Wiederaufnahmeantrag gegen das Urteil eines erweiterten Schöffengerichts, so entscheidet allein der Vorsitzende. Die Strafkammer beschließt in allen Fällen in der Besetzung mit drei Richtern (**§ 76 Abs. 1 GVG**), gleichviel, ob es sich um ein Urteil der großen oder kleinen Strafkammer[39a] handelt. Auch das Oberlandesgericht entscheidet immer mit drei Mitgliedern (**§ 122 Abs. 1 GVG**). Zum Ausschluß der Richter, die an dem angefochtenen Urteil mitgewirkt haben, vgl. § 23 Abs. 2.

32 **2. Entscheidungen bei fehlender Zuständigkeit.** Soweit die gesetzlich festgelegte Zuständigkeit nach §§ 367 StPO, 140 a GVG fehlt, könnte eine Einstellung des Wiederaufnahmeverfahrens wegen Fehlens einer Prozeßvoraussetzung nach § 206 a in Betracht kommen[40]. Der StPO läßt sich indessen z. B. in §§ 6 a, 13, 269 entnehmen, daß die fehlende Zuständigkeit nicht stets die Verfahrensbeendigung zur Folge haben soll; sie ist stattdessen bestrebt, wie sich z. B. aus § 209 Abs. 2, §§ 225 a, 270 ergibt, das Verfahren **an den zuständigen Spruchkörper** gelangen zu lassen. Dies erscheint auch sinnvoll: es wäre kaum verfahrensökonomisch, das Verfahren wegen fehlender Zuständigkeit einzustellen und alsdann erneut vor dem zuständigen Gericht in Gang zu bringen, u. U. nach einem Rechtsmittelverfahren.

33 Das 4. Buch der StPO über die Wiederaufnahme enthält keine Vorschriften über die Folgen fehlender Zuständigkeiten; auch sind die Zuständigkeitsvorschriften in den „Allgemeinen Vorschriften" des 1. Buches der StPO auf das Wiederaufnahmeverfahren nicht ohne weiteres anwendbar. Aber auch hier erscheint es ebenso sinnvoll wie im Hauptverfahren, das Verfahren nicht durch Einstellung zu einem bloß vorläufigen Abschluß zu bringen, sondern direkt einer Entscheidung durch das zuständige Gericht zuzuführen. Demgemäß wird es sich empfehlen, sofern nicht schon eine bloße Weiterleitung unter Vermittlung der Staatsanwaltschaft an das zuständige Gericht hilft und die Verfahrensbeteiligten auf einer bestimmten Zuständigkeit bestehen, einige der genannten **Vorschriften** über die **gerichtliche Zuständigkeit** im **Hauptverfahren** mindestens **entsprechend anzuwenden**.

34 a) **Fehlende sachliche Zuständigkeit.** Hält das Gericht die Zuständigkeit eines höheren Gerichts für begründet, so empfiehlt sich wegen der hier einzuhaltenden gesetzlichen Zuständigkeit die Verweisung durch förmlichen Beschluß nach § 270[41].

35 Hält das Gericht dagegen die Zuständigkeit eines Gerichts niederer Ordnung für begründet, so sollte dies in entsprechender Anwendung des § 269 unbeachtlich sein, weil die höhere Zuständigkeit die geringere einschließt (s. § 269, 4); das Gericht müßte dann das Probationsverfahren durchführen und könnte dann immer noch in entsprechender Anwendung des § 354 Abs. 3 (§ 370, 33) die Wiederaufnahme gegebenenfalls vor dem zuständigen Gericht anordnen.

36 Bei **gleichrangigen Spruchkörpern** sollte die Nichteinhaltung von Spezialzuständigkeiten nach § 74 Abs. 2, §§ 74 a, 74 b, 74 c, 74 d in entsprechender Anwendung des **§ 6 a**

[39a] Anders nach der durch Art. 2 Nr. 1 StVÄG 1984 vorgeschlagenen Änderung des § 76 GVG, nach dem die kleine Strafkammer bei Entscheidungen außerhalb der Hauptverhandlung nur mit einem Richter besetzt sein soll.
[40] S. dazu *Gössel* § 16 C IV b.
[41] S. dazu *Gössel* GA **1968** 364 f.

(auch hinsichtlich der Zuständigkeit des Jugendgerichts nach dem JGG) ebenso unbeachtlich sein und nur bei der Anordnung der Wiederaufnahme in entsprechender Anwendung des § 355 berücksichtigt werden.

b) Fehlende örtliche Zuständigkeit. Auch dieser Mangel sollte nach § 16 unberücksichtigt bleiben und erst bei der Anordnung der Wiederaufnahme in entsprechender Anwendung des § 355 berücksichtigt werden können; § 16 dürfte als allgemeine Vorschrift nicht nur das Verfahren bis zur Hauptverhandlung betreffen, sondern auch alle nachfolgenden Stadien einschließlich des Wiederaufnahmeverfahrens. 37

3. Entscheidungen unzuständiger Gerichte
a) Sachliche Unzuständigkeit. Die Entscheidung eines sachlich unzuständigen Gerichts ist **nicht etwa unwirksam**; das gilt sowohl, wenn anstelle des zuständigen Amtsgerichts ein Gericht höherer Zuständigkeit entscheidet[42], als auch dann, wenn umgekehrt ein Gericht niederer Zuständigkeit entscheidet[43]. Erkennt das Gericht seine sachliche Unzuständigkeit nach Zulassung des Wiederaufnahmeantrags, so soll der **überwiegend** vertretenen Meinung zufolge das Gericht das Verfahren dem sachlich zuständigen Gericht **„überweisen"**[44]. Nach den obigen Ausführungen zu Rdn. 35 ff kommt dies jedoch nur in den Fällen in Betracht, in denen die Zuständigkeit eines höheren Gerichts begründet ist: in diesen Fällen ist in jeder Lage des Wiederaufnahmeverfahrens Verweisungsbeschluß in entsprechender Anwendung des § 270 zu erlassen. In den übrigen Fällen dagegen hat das Gericht das Probationsverfahren selbst durchzuführen (**§§ 269, 6 a analog**) und kann seine sachliche Unzuständigkeit erst durch die Anordnung der Wiederaufnahme vor dem zuständigen Gericht in **entsprechender Anwendung des § 354 Abs. 3** berücksichtigen (oben Rdn. 35, 36) — wird die Unzuständigkeit nicht berücksichtigt, sind die **§§ 6, 6 a, 225 a, 269, 270 direkt anwendbar**, soweit das Verfahren durch die Wiederaufnahmeanordnung in ein Stadium zurückversetzt wird, in dem diese Vorschriften unmittelbar gelten. 38

Wird die Entscheidung des sachlich unzuständigen Landgerichts **angefochten**, hat es den Antrag auf Wiederaufnahme aber zu Recht verworfen, so verwirft das Oberlandesgericht auch die sofortige Beschwerde. Denn nach dem Grundgedanken des § 269 ist der Antragsteller nicht dadurch beschwert, daß anstelle des niederen ein höheres Gericht über seinen Antrag befunden hat[45]. Für den Fall, daß der Wiederaufnahmeantrag für zulässig erklärt, dann aber als unbegründet verworfen worden ist und der Antragsteller gegen den nach § 370 Abs. 1 erlassenen Beschluß sofortige Beschwerde eingelegt hat, ist zu differenzieren: entscheidet das Beschwerdegericht selbst in der Sache, so erklärt es die Wiederaufnahme entweder für unbegründet oder aber es ordnet die Wiederaufnahme direkt vor dem zuständigen Gericht an — hält dagegen das Beschwerdegericht weitere Sachaufklärung zur Entscheidung über den Wiederaufnahmeantrag für gebo- 39

---

[42] So OLG Hamm JMBlNRW **1957** 155 für den Fall, daß anstelle des sachlich zuständigen Amtsgerichts das Landgericht entscheidet.
[43] So OLG Düsseldorf JMBlNRW **1979** 259, 261 für den Fall, daß anstelle des sachlich zuständigen Berufungsgerichts das Amtsgericht entscheidet.
[44] *Peters* Fehlerquellen **3** 132 f; diesem zustimmend LR-*Meyer*[23] 23; KK-*v. Stackelberg* 4; KMR-*Paulus* 17; *Kleinknecht/Meyer*[37] 5.

[45] OLG Dresden JW **1928** 2290 mit zust. Anm. *Stern*; *Kleinknecht/Meyer*[37] 5; a. A OLG Braunschweig HESt **1** 216 = NdsRpfl. **1947** 67; OLG Dresden JW **1928** 1881 mit Anm. *v. Scanzoni*; HRR **1930** 267, die eine Sachprüfung ablehnen, den Beschluß aufheben und die Sache an das zuständige Amtsgericht zurückverweisen; diesem zustimmend KMR-*Paulus* 18.

§ 368 Viertes Buch. Wiederaufnahme

ten, so bestehen zwei Möglichkeiten. Einmal kann wegen § 269 die Sache an das entscheidende — unzuständige — Gericht zurückverwiesen werden mit dem Hinweis, die Wiederaufnahme vor dem zuständigen Gericht anzuordnen, falls der Wiederaufnahmeantrag nunmehr als begründet erachtet werden sollte; andererseits — zweckmäßiger — kann das Beschwerdegericht die Sache in entsprechender Anwendung der § 354 Abs. 3; § 355 an das zuständige Gericht zurückverweisen[46].

40 b) **Örtliche Unzuständigkeit.** Auch die Entscheidung des örtlich unzuständigen Gerichts ist **wirksam**. In diesem Fall aber ist unbestritten, daß eine „Überweisung" an das zuständige Gericht nicht in Betracht kommt, auch wenn das Gericht seine örtliche Unzuständigkeit nach Erlaß des Beschlusses über die Zulässigkeit der Wiederaufnahme erkennt. Deshalb muß das örtlich unzuständige — nach hier vertretener Ansicht ebenso wie das sachlich unzuständige, oben Rdn. 39 — das Probationsverfahren durchführen und kann seine örtliche Unzuständigkeit erst mit der Anordnung der Wiederaufnahme vor dem örtlich zuständigen Gericht **entsprechend § 355** berücksichtigen[47].

41 Wird die Entscheidung eines örtlich unzuständigen Gerichts gemäß § 372 **angefochten**, so gelten die gleichen Grundsätze wie bei der sachlichen Unzuständigkeit; die obigen Ausführungen zu Rdn. 39 werden in Bezug genommen[48]. Wird bei der Wiederaufnahmeanordnung die örtliche Zuständigkeit fehlerhaft beurteilt, kann der Angeklagte den Einwand der örtlichen Zuständigkeit nach § 16 erheben[49].

§ 368

(1) Ist der Antrag nicht in der vorgeschriebenen Form angebracht oder ist darin kein gesetzlicher Grund der Wiederaufnahme geltend gemacht oder kein geeignetes Beweismittel angeführt, so ist der Antrag als unzulässig zu verwerfen.

(2) Andernfalls ist er dem Gegner des Antragstellers unter Bestimmung einer Frist zur Erklärung zuzustellen.

Schrifttum. *Mumm* Zu § 408 StrPO, DJZ **1903** 546; *Schöneborn* Verfassungsrechtliche Aspekte des strafprozessualen Wiederaufnahmeverfahrens, MDR **1975** 441.

Bezeichnung bis 1924: § 408.

Übersicht

	Rdn.		Rdn.
I. Die möglichen Gegenstände der Zulässigkeitsprüfung	1	b) Sinn und Bedeutung der Zulässigkeitsprüfung	6
1. Die allgemeinen Voraussetzungen des Wiederaufnahmeverfahrens	3	II. Prüfung der Form (§ 366)	8
2. Spezielle Wiederaufnahmevoraussetzungen		III. Prüfung der Anträge nach § 359 Nrn. 1 bis 4, § 362 Nrn. 1 bis 4	
a) Gegenstand der Zulässigkeitsprüfung	5	1. Gesetzlicher Grund der Wiederaufnahme	
		a) § 359 Nr. 1 bis 3; § 362 Nr. 1 bis 3	10

---

[46] So OLG Hamm JMBlNRW **1957** 155.
[47] KMR-*Paulus* 17; *Kleinknecht/Meyer*[37] 5; *Peters* Fehlerquellen **3** 132.
[48] S. dazu OLG Celle GA **69** (1925) 475; OLG Saarbrücken OLGSt § 367, S. 5.
[49] *Peters* Fehlerquellen **3** 132.

b) § 359 Nr. 4 11	bb) Beurteilungsstandpunkt..... 23
c) § 362 Nr. 4 12	V. Entscheidung
2. Geeignete Beweismittel 13	1. Inhalt 24
IV. Prüfung der Anträge nach § 359 Nr. 5	2. Verwerfungsbeschluß 25
1. Neue Tatsachen oder Beweismittel ... 14	3. Zulassungsbeschluß
2. Geeignete Beweismittel 17	a) Verfahren 27
a) Neue Beweismittel 18	b) Beschränkte Zulassung 29
b) Neue Tatsachen 19	c) Begründung, Bekanntmachung ... 31
3. Wesen und Beurteilungsmaßstäbe der Geeignetheitsprüfung	VI. Anhörung des Gegners (Abs. 2)
a) Wesen 20	1. Staatsanwaltschaft 32
b) Beurteilungsmaßstäbe	2. Gegner des Antragstellers 33
aa) Vorwegnahme der Beweiswürdigung 21	3. Art der Erklärung 34
	VII. Anfechtung 35

I. Die möglichen Gegenstände der Zulässigkeitsprüfung

Wie bereits Vor § 359, 89 ff ausgeführt, sind im Wiederaufnahmeverfahren verschiedene Bezugspunkte der Zulässigkeit zu unterscheiden. Einmal ist die Zulässigkeit des **voraufgegangenen Verfahrens**, dessen Sachentscheidung mit der Wiederaufnahme angefochten wird, von der Zulässigkeit des **Wiederaufnahmeverfahrens** selbst zu unterscheiden, die sich einmal auf das Vorliegen der allgemeinen Voraussetzungen jedes Strafverfahrens und seiner Stadien einschließlich der Wiederaufnahme bezieht und zum anderen auf die speziellen, nur für das Wiederaufnahmeverfahren verlangten Voraussetzungen. Schließlich ist davon noch die Zulässigkeit des **wiederaufgenommenen Verfahrens** selbst zu unterscheiden. **1**

Im **Aditionsverfahren** wird nur die *Zulässigkeit* des *Wiederaufnahmeverfahrens* geprüft, nicht aber die des voraufgegangenen und ebensowenig die des wiederaufgenommenen Verfahrens. **2**

1. Die allgemeinen Voraussetzungen des Wiederaufnahmeverfahrens. Die allgemeinen Voraussetzungen der Zulässigkeit des Wiederaufnahmeverfahrens sind **unabhängig von der in § 368 Abs. 1** vorgeschriebenen Zulässigkeitsprüfung sowohl im Aditions- als auch im Probationsverfahren zu beachten. Fehlen sie, so ist das Wiederaufnahmeverfahren bis zum Zeitpunkt der Entscheidung über die Wiederaufnahme nach § 370 Abs. 2 grundsätzlich nach **§ 206 a** einzustellen. **3**

In der **Literatur** wird allerdings zumeist vorgeschlagen, § 206 a erst bei Eintritt eines Prozeßhindernisses nach Erlaß einer Entscheidung nach § 370 Abs. 2 anzuwenden, während bei vorherigem Eintritt des Prozeßhindernisses nach § 371 Abs. 2, § 373 Abs. 1 zu verfahren sei[1]. Indessen ist nicht einzusehen, warum das Wiederaufnahmeverfahren z. B. noch vor Erlaß des Zulassungsbeschlusses **weitergeführt** werden soll, **obwohl** das Verfahrenshindernis **ohnehin zur Einstellung** führt. Dieses gewiß nicht verfahrensökonomische Ergebnis läßt sich vermeiden, wird die verfahrensvereinfachende Vorschrift des § 206 a auch schon während des Wiederaufnahmeverfahrens entsprechend angewendet. Dafür spricht auch, daß allgemein angenommen wird, § 206 a gelte in jedem Verfahrensstadium[2], also auch in dem der Wiederaufnahme[3]; insoweit gilt nichts anderes als **3a**

---

[1] LR-*Meyer-Goßner*[23] § 206 a, 15; *Meyer-Goßner* und GA **1973** 375; KMR-*Paulus* § 206 a, 15; s. auch § 206 a, 21; vgl. ferner *Peters* Fehlerquellen **3** 158 ff.

[2] BGHSt **24** 208, 212; näher § 206 a, 8 ff.
[3] OLG Frankfurt NJW **1983** 2398.

§ 368 Viertes Buch. Wiederaufnahme

im Rechtsmittelverfahren, in dem ein Verfahrenshindernis nicht erst bei der Begründetheitsprüfung berücksichtigt wird, sondern außerhalb der speziellen Rechtsmittelvoraussetzungen (z. B. §§ 341, 346) alsbald zur Einstellung des Verfahrens führt, im Regelfall nach § 206 a. Diese Überlegungen aber führen auch dazu, **§ 206 a schon vor einer Entscheidung nach § 368** und unabhängig davon anzuwenden[4], weil auf diese Weise ein der Wiederaufnahme entgegenstehendes Hindernis in verfahrensvereinfachender Weise und unabhängig von etwaigen Streitfragen zur Bindungswirkung eines Beschlusses nach § 368 berücksichtigt und das Verfahren eingestellt werden kann[5].

4 Eine Einstellung des Wiederaufnahmeverfahrens nach § 206 a kommt z. B. in Betracht bei unstatthafter Strafverfolgung (§ 13 GVG), fehlender deutscher Gerichtsbarkeit, Fehlen oder Wegfall der Rechtskraft der mit der Wiederaufnahme angefochtenen Entscheidung[6], bei Amnestie unter den oben (Vor § 359, 103 ff) genannten Voraussetzungen und bei anderweitiger Rechtshängigkeit. Gleiches gilt aber auch beim Verbrauch der Wiederaufnahmegründe durch eine rechtskräftige Wiederaufnahmeentscheidung nach § 368 oder nach § 370 (s. dazu unten § 372, 22): deren Rechtskraft steht dem Wiederaufnahmeverfahren als Prozeßhindernis entgegen[7]. Der Einstellungsbeschluß ist nach § 206 a Abs. 2 mit sofortiger Beschwerde anfechtbar (unten § 372, 2).

4a Eine Verfahrenseinstellung kommt dagegen bei der Wiederaufnahme *zugunsten* des Verurteilten in den Fällen **nicht** in Betracht, in denen die Unzulässigkeit nach *§§ 13 ff, 18 ff GVG* erst *nach Rechtskraft* der mit der Wiederaufnahme *angefochtenen* Entscheidung eintritt: in diesen Fällen muß den Betroffenen die Rehabilitationsmöglichkeit erhalten bleiben. Ein *Strafantrag* kann nach § 77 d Abs. 1 Satz 2 StGB nur bis zum rechtskräftigen Abschluß des Strafverfahrens zurückgenommen werden; deshalb kommt eine Einstellung wegen fehlenden Strafantrags im Wiederaufnahmeverfahren nur in Betracht, wenn dies im vorausgegangenen Verfahren nicht erkannt wurde (anders nach Rechtskraft der Entscheidung nach § 370 Abs. 2 — s. § 370, 42 — und im wiederaufgenommenen Verfahren, s. § 373, 17). Zu den Entscheidungen bei fehlender Zuständigkeit s. § 367, 32 ff, bei fehlender Verhandlungsfähigkeit s. Vor § 359, 93 und bei Wegfall des Privatklägers s. Vor § 359, 113 ff.

2. Spezielle Voraussetzungen der Wiederaufnahme

5 **a) Gegenstand der Zulässigkeitsprüfung.** Die Zulässigkeitsprüfung nach § 368 Abs. 1[8] dagegen betrifft neben der Statthaftigkeit der Wiederaufnahme, der Berechtigung zur Antragstellung, der Beschwer (Vor § 359, 105 ff) nur die dort genannten **speziellen Voraussetzungen** einer zulässigen Wiederaufnahme: die Wahrung der von § 366 vorgeschriebenen Förmlichkeiten, die Geltendmachung eines gesetzlichen Grundes der Wiederaufnahme, die Anführung geeigneter Beweismittel und schließlich die Schlüssigkeit des Wiederaufnahmeantrags. Die Zulässigkeitsprüfung darf sich nur auf die vom Antragsteller geltend gemachten Wiederaufnahmegründe erstrecken[9].

6 **b) Sinn und Bedeutung der Zulässigkeitsprüfung.** Der Zulässigkeitsprüfung kommt eine **Filterwirkung** zu. Sie soll Anträgen den weiteren Weg abschneiden, die, ohne daß es auf die Richtigkeit des Wiederaufnahmevorbringens ankommt, die

---

[4] So schon LR-*Meyer*[23] § 373, 18; *Gössel* NStZ **1983** 393; vgl. auch § 206 a, 21.
[5] KMR-*Paulus* 4 und *Kleinknecht/Meyer*[37] 1 halten das Wiederaufnahmeverfahren in diesem Fall ebenfalls für unzulässig, sehen dies aber als eine Frage des § 368 an.
[6] *Gössel* NStZ **1983** 393.
[7] KMR-*Paulus* § 366, 17; *Kleinknecht/Meyer*[37] 1 und § 372, 9.
[8] Die Vorschrift ist mit dem Grundgesetz vereinbar; s. BVerfG MDR **1975** 468.
[9] *Eb. Schmidt* 2; KK-*v. Stackelberg* 3; KMR-*Paulus* 1 und § 366, 2; *Neumann* 143.

Wiederaufnahme nicht begründen können. Die Prüfung dient aber auch sonst der Prozeßwirtschaftlichkeit. Insbesondere in dem Fall des § 359 Nr. 5 muß das Wiederaufnahmevorbringen zunächst dahin geordnet werden, was erheblich ist und Gegenstand einer Beweisaufnahme sein muß. Der Zulassungsbeschluß soll hierüber Klarheit schaffen[10] und darf daher unter keinen Umständen unterbleiben[11].

Im Schrifttum wird die Ansicht vertreten, die Zulässigkeitsprüfung sei nur eine **Grobsichtung**, an der lediglich formwidrige, eindeutig unhaltbare, willkürliche und mißbräuchliche Wiederaufnahmeanträge scheitern dürfen[12]. Das ist nicht richtig. Die Prüfung nach § 368 unterscheidet sich von der Begründetheitsprüfung nach § 370 nur dadurch, daß die Richtigkeit des Wiederaufnahmevorbringens nicht untersucht, sondern unterstellt wird (unten Rdn. 20). Erweist sich das Antragsvorbringen aber selbst bei dieser Unterstellung als ungeeignet, die Wiederaufnahme zu begründen, so muß der Antrag als unzulässig verworfen werden, auch wenn er weder mißbräuchlich noch mutwillig oder eindeutig unhaltbar ist. Denn es wäre ganz überflüssig, nach § 369 Beweise zu erheben, obwohl von vornherein feststeht, daß der Wiederaufnahmeantrag erfolglos bleiben muß, weil es auf die Tatsachen, die bewiesen werden sollen, gar nicht ankommt[13]. Die Zulässigkeitsprüfung muß daher unter allen Umständen eine Schlüssigkeitsprüfung sein; auf eine „Grobsichtung" darf sie sich nicht beschränken. Richtig ist nur, daß die bei dieser Prüfung in gewissem Umfang zulässige Vorwegnahme der Beweiswürdigung (unten Rdn. 21 ff) mit äußerster Zurückhaltung betrieben werden sollte. In Zweifelsfällen muß der Antrag für zulässig erklärt und der Beweis erhoben werden. 7

II. Prüfung der Form (§ 366)

Zu prüfen ist nicht nur, ob die in § 366 Abs. 2 vorgeschriebene Form eingehalten ist, sondern auch, ob der Antragsteller überhaupt antragsberechtigt (vgl. § 365, 3 ff) und ob er beschwert ist (vgl. Vor § 359, 107). Die **Nichteinhaltung** der gesetzlich vorgeschriebenen **Form schließt die sachliche Prüfung** des Antrags immer **aus** (OLG Schleswig SchlHA **1952** 156). 8

Wenn das Antragsvorbringen unvollständig, der **Mangel** aber unbedeutend und leicht **zu beheben ist**, so ist aufgrund der gerichtlichen Fürsorgepflicht von der Verwerfung des Antrags abzusehen und dem Antragsteller unter Fristsetzung Gelegenheit zum Nachholen der bisher unterbliebenen Ausführungen und Beweisantritte zu geben; es erscheint zudem nicht sinnvoll, einen Antrag, der jederzeit wiederholt werden kann, nur wegen eines unbedeutenden Formmangels zu verwerfen[14]. 9

III. Prüfung der Anträge nach § 359 Nr. 1 bis 4, § 362 Nr. 1 bis 4

1. Gesetzlicher Grund der Wiederaufnahme

a) Bei § 359 Nr. 1 bis 3, § 362 Nr. 1 bis 3 erstreckt sich die Prüfung darauf, ob der Antragsteller das Vorliegen einer der dort bezeichneten Straftaten (wegen der Aus- 10

---

[10] *Dippel* in *Jescheck/Meyer* 96.
[11] RGSt **35** 352; KMR-*Paulus* 1; *Kleinknecht/Meyer*[37] 12; *Peters*[4] § 76 V 3 a; *Neumann* 137; a. A *Hellm. Mayer* GerS **99** (1930) 342, der den Beschluß nur im Fall der Antragsverwerfung für erforderlich hält; *v. Kries* 711 meint, er könne auch stillschweigend ergehen.
[12] *Dippel* in *Jescheck/Meyer* 98; *Peters*[4] § 76 V 3 a, ferner Fehlerquellen **3** 137 und JR **1976** 78; *J. Meyer* ZStW **84** (1972) 934.
[13] Vgl. *Hanack* JZ **1973** 403.
[14] S. OLG Hamm NJW **1980** 717; KK-*v. Stakkelberg* 1; KMR-*Paulus* 2; *Kleinknecht/Meyer*[37] 1; *Neumann* 140; *v. Hentig* 227 will sogar die Ersetzung von unzureichenden durch zureichende Wiederaufnahmegründe und von ungeeigneten durch geeignete Beweismittel zulassen.

nahme bei § 359 Nr. 1 vgl. dort Rdn. 21) und die nach § 364 Satz 1 für die Wiederaufnahme erforderliche rechtskräftige Verurteilung des Täters dargelegt hat. Diese Verurteilung ist für das Wiederaufnahmeverfahren bindend[15]. Wenn ein Urteil nicht ergangen ist, wird geprüft, ob das Wiederaufnahmevorbringen einen konkreten Verdacht der behaupteten Straftat begründet[16] und ob der Antragsteller ausgeführt hat, aus welchen anderen Gründen als wegen Mangels an Beweisen die Verurteilung nicht erfolgen kann. Maßgebend ist die Zeit der Antragstellung. Daher kommt die Aussetzung der Wiederaufnahmeentscheidung bis zur Erledigung des gegen einen Zeugen eingeleiteten Meineidsverfahrens nicht in Betracht[17]. In den Fällen der § 359 Nr. 1 und 2, § 362 Nr. 1 und 2 ist der Antrag unzulässig, wenn sich ohne weiteres ergibt, daß ein ursächlicher Zusammenhang zwischen den wiederaufnahmebegründenden (strafbaren) Handlungen und dem Urteil (vgl. § 370, 25) ausgeschlossen ist[18]. Daß die Notwendigkeit des ursächlichen Zusammenhangs erst in § 370 Abs. 1 erwähnt ist, zwingt das Gericht nicht, zur Begründetheitsprüfung überzugehen, obwohl schon bei der Zulässigkeitsprüfung die Erfolglosigkeit des Antrags festgestellt wird[19].

11 b) Bei § 359 Nr. 4 wird geprüft, ob geltend gemacht ist, daß ein rechtskräftiges Urteil vorliegt, durch das ein anderes Urteil, auf das das Strafurteil gegründet ist, aufgehoben worden ist (§ 359, 5 und 49).

12 c) Bei § 362 Nr. 4 ist zu prüfen, ob der Antrag Tatsachen vorbringt, die ergeben, daß der Freigesprochene ein glaubhaftes Geständnis abgelegt hat. Ob das Geständnis glaubhaft ist, wird jedoch erst bei der Begründetheitsprüfung nach § 370 untersucht[20]. Die endgültige Prüfung der Wahrheit des Geständnisses findet erst in der neuen Hauptverhandlung statt[21].

13 **2. Geeignete Beweismittel.** Unter Beweismittel im Sinne des § 368 ist jedes Beweismittel im weiteren Sinne zu verstehen, also die **förmlichen Beweismittel der StPO und die Einlassung des Angeklagten**; die **Geeignetheit** bezieht sich auf die **Erreichung** der **Wiederaufnahmeziele**. Die Einzelheiten wurden bereits in der Auseinandersetzung mit dem Beweismittelbegriff des § 359 erörtert; die Darlegungen zu § 359, 114 bis 118 werden in Bezug genommen. § 368 Abs. 1 bezieht sich auf alle Wiederaufnahmegründe[22]. In den Fällen der § 359 Nr. 1 bis 4, § 362 Nr. 1 bis 3 ist das Beweismittel regelmäßig das Strafurteil oder das zivilgerichtliche Urteil, auf das der Wiederaufnahmeantrag gestützt ist. Dieses Urteil ist für die Zulässigkeitsprüfung heranzuziehen. Die Begründetheitsprüfung erstreckt sich nur auf die Frage des ursächlichen Zusammenhangs (§ 370, 25). In dem Fall des § 362 Nr. 4 muß geprüft werden, ob ein Geständnis des Freigesprochenen vorhanden ist. Hat er es nur mündlich vor Zeugen abgelegt, so muß es sich um geeignete Zeugen handeln; sie dürfen weder unerreichbar noch aus anderen Gründen als Beweismittel offensichtlich wertlos sein.

IV. Prüfung der Anträge nach § 359 Nr. 5

14 **1. Neue Tatsachen oder Beweismittel.** Ein gesetzlicher Grund der Wiederaufnahme nach § 359 Nr. 5 ist nur gegeben, wenn die beigebrachten Tatsachen oder Be-

---

[15] *Neumann* 77.
[16] *Kleinknecht/Meyer*[37] 2; Näheres s. o. § 364, 1 bis 5.
[17] BayObLG DRiZ **1932** Nr. 295; KMR-*Paulus* 7.
[18] RMilGE **21** 40; *Neumann* 142.
[19] *Kleinknecht/Meyer*[37] 2; *Neumann* 143.
[20] *Kleinknecht/Meyer*[37] 2; v. *Hentig* 183, 224; a. A KMR-*Paulus* 7.
[21] KMR-*Paulus* 7; *Neumann* 72.
[22] *Neumann* 141 Fußn. 16.

weismittel neu sind. Das ist als erstes zu prüfen. Die **Neuheit von Beweismitteln** (§ 359, 79 ff) ergibt sich aus der Sitzungsniederschrift; die Beweisvermutung des § 274 gilt[23]. Ob eine **Tatsache neu** ist (§ 359, 88 ff), muß aus dem Urteil oder, insbesondere bei abgekürzter Urteilsfassung nach § 267 Abs. 4, aus dem sonstigen Inhalt der Strafakten festgestellt werden[24]. Daß eine Tatsache in dem Urteil nicht erwähnt ist, beweist nicht, daß sie neu ist[25]. Andererseits ist ihre Erwähnung in den Akten ein Anzeichen dafür, daß sie dem erkennenden Gericht bekannt war[26]; einen vollen Beweis erbringt das aber nicht[27]. Der Aktenverlust darf dabei aber nicht zu Lasten des Verurteilten berücksichtigt werden[28]. Trägt der Antragsteller beweiserhebliche Tatsachen vor, von denen er einräumt, daß sie ihm in der Hauptverhandlung schon bekannt waren, so muß er begründen, warum er sie nicht schon früher geltend gemacht hat; jedoch besteht nicht etwa eine Vermutung dafür, daß er sie in der früheren Hauptverhandlung geltend gemacht hat[29].

Wenn sich weder aus dem Urteil noch aus der Sitzungsniederschrift oder sonst aus den Akten ausreichende Erkenntnisse über die Neuheit von Tatsachen oder Beweismitteln gewinnen lassen, müssen im Freibeweis **Ermittlungen** geführt werden[30]. Insbesondere können dienstliche Äußerungen der Richter, die das Urteil erlassen haben, und Erklärungen der anderen an der Hauptverhandlung beteiligten Personen eingeholt werden[31]. Auch die Befragung von Sachverständigen über den Inhalt ihres früheren Gutachtens ist zulässig[32]. Von solchen Ermittlungen kann aber abgesehen werden, wenn offensichtlich ist, daß das Antragsvorbringen die Wiederaufnahme nicht begründen kann. Die Neuheit der Tatsachen und Beweise kann dann dahingestellt bleiben, da es auf sie im Ergebnis nicht ankommt. 15

Die Neuheit der Tatsachen oder Beweismittel **muß nicht** mit völliger Sicherheit **feststehen**[33]. Sie muß aber so wahrscheinlich sein, daß ernsthafte Zweifel nicht bestehen. Der Grundsatz, daß Zweifel zugunsten des Angeklagten zu berücksichtigen sind, gilt nicht[34]. Der Antrag ist daher unzulässig, wenn sich die Neuheit nicht feststellen läßt[35]. 16

2. Geeignete Beweismittel. Als *inhaltliche Voraussetzungen* des Wiederaufnahmegrundes des § 359 Nr. 5 müssen die vorgebrachten nova zur Erreichung der Wiederauf- 17

---

[23] KMR-*Paulus* 9; *Kleinknecht/Meyer*[37] 6; *Peters* Fehlerquellen **3** 81; *J. Meyer* JZ **1968** 10.
[24] OLG Hamm GA **1957** 90; KMR-*Paulus* 9; *v. Hentig* 101.
[25] OLG Dresden *Alsb.* E **2** Nr. 257; OLG Hamm GA **1957** 90; *Eb. Schmidt* § 359, 18; KMR-*Paulus* 9; *Kleinknecht/Meyer*[37] 5; *Neumann* 42 Fußn. 12; *Peters* Fehlerquellen **3** 82; *Günther* MDR **1974** 94; *J. Meyer* JZ **1968** 7.
[26] KMR-*Paulus* 9; *Kleinknecht/Meyer*[37] 5; *Günther* MDR **1974** 94 Fußn. 16.
[27] *Kleinknecht/Meyer*[37] 5; *Peters* Fehlerquellen **3** 82; a. A OLG Karlsruhe OLGSt § 368 S. 2 für Einzelrichtersachen.
[28] OLG Frankfurt JR **1984** 40 mit zust. Anm. *Peters*; vgl. auch *Schmid* FS Lange 793.
[29] a. A OLG Hamm Rpfleger **1963** 82; *Kleinknecht/Meyer*[37] 5; s. oben § 359, 163 Fußn. 321.
[30] OLG Frankfurt NJW **1978** 841; KMR-*Paulus* 9; *Kleinknecht/Meyer*[37] 5; *Peters* Fehlerquellen **3** 82.
[31] OLG Celle GA **1957** 90; *Eb. Schmidt* Nachtr. I 1; KMR-*Paulus* 9.
[32] OLG Hamburg *Alsb.* E **2** Nr. 310 = LZ **1917** 83; *v. Hentig* 227; *Neumann* 48 Fußn. 39.
[33] *Stree* In dubio pro reo (1962) 85.
[34] OLG Kiel GA **69** (1925) 148; s. auch oben § 359, 139.
[35] OLG Frankfurt NJW **1978** 841; OLG Hamm GA **1957** 90; Rpfleger **1963** 82; KMR-*Paulus* 9; *Kleinknecht/Meyer*[37] 6; *v. Hentig* 93 ff; *J. Meyer* JZ **1968** 9; a. A *Schünemann* ZStW **84** (1972) 903 Fußn. 153; vgl. auch *Peters* Fehlerquellen **3** 82, der Großzügigkeit empfiehlt und das Hauptgewicht auf die Erheblichkeitsprüfung legen will.

§ 368   Viertes Buch. Wiederaufnahme

nahmeziele geeignet sein; diese Voraussetzungen sind bei § 359, 119 bis 159 erörtert. Daneben aber verlangt **§ 368 Abs. 1** zusätzlich den **Nachweis** solcher nova durch geeignete Beweismittel (§ 359, 116), der sich jedoch nur auf neue Tatsachen beziehen kann.

18   a) Soweit die restitutio propter nova auf **neue Beweismittel** gestützt wird, müssen diese schon als inhaltliche Merkmale dieses Wiederaufnahmegrundes zur Erreichung der Wiederaufnahmeziele geeignet sein: mit dem Beibringen solcher Beweismittel ist aber nicht nur den Voraussetzungen des § 359 Nr. 5 genügt, sondern zugleich auch denen des **§ 368 Abs. 1**: bei neuen Beweismitteln besitzt § 368 Abs. 1 insoweit **keine selbständige Bedeutung** (oben § 359, 116).

19   b) Soweit allerdings die restitutio propter nova auf **neue Tatsachen** gestützt wird, muß deren Vorliegen (was § 359 Nr. 5 nicht schon verlangt) nach § 368 Abs. 1 durch geeignete Beweismittel nachgewiesen werden. Im Gegensatz zu dem von § 359 Nr. 5 verwendeten Beweismittelbegriff ist die Einlassung des Verurteilten auch zu den Beweismitteln i. S. des § 368 zu rechnen (s. Rdn. 13 und § 359, 114 bis 118). Die Geeignetheit bezieht sich in § 368 Abs. 1 wie in § 359 Nr. 5 gleichermaßen auf die wahrscheinliche (§ 359, 137) Erreichung der Wiederaufnahmeziele, weshalb die diesbezüglichen Ausführungen zu § 359, 119 bis 159 hier in Bezug genommen werden: die Beweismittel können insbesondere entweder nach § 244 Abs. 2 bis 5 *bedeutungslos* für die Erreichung der Wiederaufnahmeziele sein (§ 359, 152 ff) oder aber aufgrund ihrer Beschaffenheit (§ 359, 148 ff) dazu *untauglich*.

3. Wesen und Beurteilungsmaßstäbe der Geeignetheitsprüfung

20   a) **Wesen.** Die Geeignetheitsprüfung ist grundsätzlich nur eine **hypothetische Schlüssigkeitsprüfung**. Das Gericht muß davon ausgehen, daß die von dem Verurteilten behaupteten neuen Tatsachen richtig sind und daß die beigebrachten Beweismittel den ihnen zugedachten Erfolg haben werden[36]. Die nach § 368 Abs. 1 anzustellende Prüfung unterscheidet sich von der nach § 370 Abs. 1 (vgl. dort Rdn. 9 ff) grundsätzlich nur dadurch, daß die Richtigkeit des Wiederaufnahmevorbringens nicht durch eine Beweisaufnahme geprüft, sondern als richtig unterstellt wird.

b) **Beurteilungsmaßstäbe**

21   aa) **Vorwegnahme der Beweiswürdigung.** Nach einer nur im Schrifttum vertretenen Ansicht ist bei der Erheblichkeitsprüfung nach § 368 Abs. 1 **jede Vorwegnahme der Beweiswürdigung** verboten. Das Gericht soll lediglich befugt sein, eine abstrakte Schlüssigkeitsprüfung ohne Wertung der Beweiskraft der Beweismittel vorzunehmen[37].

22   Diese Rechtsmeinung ist im Grundsatz richtig, läßt aber zu Unrecht keine **Ausnahmen** zu. Das Beweisergebnis darf bei der Zulässigkeitsprüfung grundsätzlich nicht vorweggenommen werden[38]. Es ist daher auch nicht statthaft, eidesstattliche Erklärungen von Zeugen entgegenzunehmen und als besonders beweiskräftig zu berücksichtigen[39] oder Beweise über die Glaubwürdigkeit von Zeugen zu erheben[40]. Eine gewisse

---

[36] BGHSt **17** 304; OLG Braunschweig NJW **1959** 1984; OLG Celle JR **1967** 150; OLG Karlsruhe OLGSt § 368 S. 2; OLG Köln JMBlNRW **1952** 160; GA **1957** 92 L; NJW **1963** 968; LG Hof MDR **1973** 517; *Eb. Schmidt* Nachtr. I 1; KMR-*Paulus* 10; *Kleinknecht/Meyer*[37] 8; *Dippel* in *Jescheck/Meyer* 98; *Peters* Fehlerquellen **3** 96; *Fuchs* JuS **1969** 517; *Günther* MDR **1974** 96; *W. Schmidt* NJW **1958** 1332; *Schorn* MDR **1965** 870; *Wasserburg* Handb. 324.

[37] *Schöneborn* MDR **1975** 441; *v. Stackelberg* FS II Peters 459.

[38] *Eb. Schmidt* 1; *Dippel* in *Jescheck/Meyer* 98.

[39] BGHSt **17** 303; *Hanack* JZ **1974** 20; a. A RG HRR **1934** 1723.

[40] OLG Köln NJW **1963** 968; *Wasserburg* Handb. 327.

Wertung der Beweiskraft der beigebrachten Beweismittel, soweit sie ohne förmliche Beweisaufnahme möglich ist, ist aber bei der Zulässigkeitsprüfung nicht vollkommen ausgeschlossen[41]: Denn die Unterstellung bedeutet nicht, daß die benannten Beweise den ihnen zugedachten Erfolg haben werden (oben Rdn. 20), insbesondere beim Zeugenbeweis nicht, daß das Gericht von der Richtigkeit der in das Wissen des Zeugen gestellten Tatsachen ausgehen muß. Es wird nur unterstellt, daß der Zeuge so aussagen werde, wie das der Antragsteller behauptet, nicht auch, daß die Tatsachen zutreffen, die er bekunden soll[42]. Beruhen die Urteilsfeststellungen auf den Aussagen zahlreicher Zeugen oder auf einer Vielzahl überzeugender Beweisanzeichen, so ist es dem Wiederaufnahmegericht daher gestattet, den Beweiswert eines neu benannten Zeugen von vornherein so gering zu veranschlagen, daß seine Aussage nicht geeignet erscheint, das Wiederaufnahmevorbringen zu beweisen. Dieser Unterschied zur Beweisaufnahme im Hauptverfahren rechtfertigt sich daraus, daß der Antragsteller im Wiederaufnahmeverfahren keine verspäteten Beweisanträge stellt[43], sondern ein Verfahren wiederaufrollen will, das nach einer Beweisaufnahme zu einer rechtskräftigen Verurteilung geführt hat[44]. Allerdings geht es zu weit, bei der Zulässigkeitsprüfung Beweise über den wissenschaftlichen Wert eines Sachverständigengutachtens zu erheben; hierzu dient die Beweisaufnahme nach § 369[45].

bb) Beurteilungsstandpunkt. Zu der Erheblichkeitsprüfung sind im Freibeweis die Urteilsfeststellungen, daneben aber, falls das erforderlich ist, auch der sonstige Akteninhalt heranzuziehen[46]. Das Antragsvorbringen muß zu dem gesamten Inhalt der Akten und zu dem früheren Beweisergebnis in Beziehung gesetzt werden[47]. Dabei hat das **Wiederaufnahmegericht** die Geeignetheit auch hier **aus seiner Sicht** zu beurteilen, nicht aber, wie die **h. M** annimmt, aus der **Sicht des erkennenden Gerichts** im voraufgegangenen Verfahren[48]. 23

V. Entscheidung

1. Inhalt. Sie lautet auf **Verwerfung** des Antrags **als unzulässig** (§ 368 Abs. 1) oder auf **Zulässigkeitserklärung** des Antrags. Wenn der Antrag für zulässig erklärt wird, geht das Verfahren in die Begründetheitsprüfung (§§ 369, 370) über; der Antrag kann dann aber immer noch als unzulässig verworfen werden (§ 370, 9). Ist sofort ersichtlich, daß der Antrag zur Wiederaufnahmeanordnung führen muß, Beweise also nicht zu erheben sind, so kann jedoch der Zulassungsbeschluß mit dem Beschluß nach § 370 Abs. 2 verbunden werden (vgl. dort Rdn. 3). 24

---

[41] BGHSt **17** 304; BGH JR **1977** mit abl. Anm. Peters; KG JR **1975** 166 mit abl. Anm. Peters; OLG Braunschweig NJW **1959** 1984; OLG Celle JR **1957** 150; OLG Hamburg JR **1951** 218; *Dalcke/Fuhrmann/Schäfer* § 359, 4; KMR-*Paulus* 10; *Kleinknecht/Meyer*[37] 9; *Schorn* MDR **1965** 870; *Schünemann* ZStW **84** (1972) 895.
[42] OLG Karlsruhe OLGSt § 368 S. 2; KMR-*Paulus* 10.
[43] So aber *Peters* Fehlerquellen **3** 136.
[44] BGH JR **1977** 217 mit abl. Anm. *Peters*.
[45] Anders OLG Braunschweig GA **1956** 266.

[46] OLG Celle JR **1967** 150; OLG Dresden DStrZ **1922** 366; OLG Frankfurt MDR **1975** 512; OLG Hamm MDR **1974** 250; OLG Nürnberg MDR **1964** 171; *Eb. Schmidt* § 359, 27; KMR-*Paulus* 10; *Kleinknecht/Meyer*[37] 9; *Dippel* in *Jescheck/Meyer* 99; *Fuchs* JuS **1969** 517; *Günther* MDR **1974** 97ff.
[47] KG JR **1975** 166 mit Anm. *Peters*; OLG Nürnberg MDR **1964** 171; KMR-*Paulus* 10; *Kleinknecht/Meyer*[37] 9; *Fuchs* JuS **1969** 516; *Günther* MDR **1974** 96.
[48] S. z. B. *Kleinknecht/Meyer*[37] 9; eingehend dazu oben § 359, 141 ff; 145.

25 **2. Verwerfungsbeschluß.** Ein unzulässiger Wiederaufnahmeantrag des Verurteilten wird nach Anhörung der Staatsanwaltschaft (§ 33 Abs. 2) auf Kosten des Antragstellers (§ 473 Abs. 5 Nr. 1) verworfen. Wird ein zugunsten des Verurteilten gestellter Antrag der Staatsanwaltschaft als unzulässig verworfen, so ist die vorherige Anhörung des Verurteilten nicht erforderlich. Im Privatklageverfahren ist der Privatkläger zu hören, wenn er nicht der Antragsteller ist.

26 Der Verwerfungsbeschluß ergeht ohne mündliche Verhandlung (§ 367 Abs. 2). Er ist nach § 34 mit **Gründen** zu versehen, die so ausführlich sein müssen, daß der Antragsteller in der Lage ist, die sofortige Beschwerde nach § 372 Satz 1 zu begründen[49], und daß das Beschwerdegericht die Entscheidung prüfen kann. Der Beschluß wird dem Antragsteller und den sonst Beschwerdeberechtigten nach § 35 Abs. 2 Satz 1 förmlich zugestellt; dem Gegner des Antragstellers wird er formlos bekanntgemacht. Zur Wiederholung eines Antrags, der als unzulässig verworfen worden ist, vgl. § 372, 22.

3. Zulassungsbeschluß

27 a) **Verfahren.** Auch vor Erlaß des Beschlusses, der den Wiederaufnahmeantrag des Verurteilten oder den zu seinen Gunsten gestellten Antrag für zulässig erklärt, ist die Staatsanwaltschaft nach **§ 33 Abs. 2** zu hören, sofern sie den Antrag nicht selbst gestellt hat[50]. Anzuhören sind ferner der **Privatkläger** und der **Nebenkläger**.

28 Der Beschluß ergeht ohne mündliche Verhandlung (§ 367 Abs. 2). Er ist auch erforderlich, wenn bereits feststeht, daß wegen **Verhandlungsunfähigkeit** des Verurteilten eine Erneuerung der Hauptverhandlung nicht stattfinden kann, die Staatsanwaltschaft aber die Zustimmung zu der vereinfachten Entscheidung nach § 371 Abs. 2 nicht erteilt und das Verfahren daher nach h. M nach § 205 oder § 206 a eingestellt werden muß[51]; dies gilt natürlich erst recht, wird mit der hier vertretenen Meinung in diesem Fall § 371 Abs. 1 analog angewendet (oben Vor § 359, 94 f).

29 b) **Beschränkte Zulassung.** Der Wiederaufnahmeantrag kann auch **teilweise** für **zulässig** erklärt werden, etwa wenn bei einer Verurteilung wegen mehrerer tatmehrheitlicher Taten nur wegen einer von ihnen Wiederaufnahmegründe geltend gemacht worden sind oder vorliegen[52]. Auch sonst kann die Wiederaufnahme auf abtrennbare Urteilsteile beschränkt werden, z. B. auf die Straffrage, wenn nur die Rückfallvoraussetzungen angegriffen werden[53].

30 Hat der Antragsteller **mehrere** der in den §§ 359, 362 bezeichneten **Wiederaufnahmegründe** geltend gemacht, so ist auch die Einschränkung möglich, daß die Wiederaufnahme nur wegen eines von ihnen zugelassen wird[54]. Jedoch kann ein Antrag, der nur auf § 359 Nr. 5 gestützt ist, nicht lediglich wegen bestimmter Tatsachen zugelassen und im übrigen verworfen werden[55]. Auch eine Beschränkung auf die Erhebung einzelner

---

[49] OLG Hamm NJW **1951** 166; *Schorn* Strafrichter 363.
[50] OLG Dresden *Alsb.* E **2** Nr. 309; *Eb. Schmidt* 5; KMR-*Paulus* 15; *Neumann* 138; *Mumm* DJZ **1903** 546; a. A *v. Hentig* 225.
[51] *v. Hentig* 130; *Neumann* 144.
[52] OLG Hamburg *Alsb.* E **2** Nr. 312 b = LZ **1915** 926; KMR-*Paulus* 19; *Kleinknecht/Meyer*[37] 12; *Neumann* 143 und JR **1927** 524; *Peters* Fehlerquellen **3** 141.
[53] BGHSt **11** 361; vgl. auch § 370, 30.
[54] KG GA **57** (1910) 414; OLG Hamburg GA **1967** 317; *Neumann* 143 und JR **1927** 524; KMR-*Paulus* 19; *Kleinknecht/Meyer*[37] 12; a. A. *Eb. Schmidt* 3; *Peters* Fehlerquellen **3** 138, deren Ansicht aber dazu führt, daß bei der Begründetheitsprüfung Erwägungen zu einem unzulässigen Wiederaufnahmevorbringen angestellt werden müssen.
[55] BayObLG DRiZ **1932** Nr. 384 = LZ **1932** 833; JW **1929** 1491; KG GA **57** (1910) 414; OLG Frankfurt NJW **1955** 73; KMR-*Paulus* 19; *Kleinknecht/Meyer*[37] 12; *Neumann* 144.

Beweise ist nicht zulässig[56]. Denn innerhalb eines einzelnen Wiederaufnahmegrundes ist nur eine einheitliche Entscheidung möglich[57].

c) Begründung; Bekanntmachung. Insoweit gelten dieselben Grundsätze wie bei dem Verwerfungsbeschluß (oben Rdn. 26). Wegen der Zustellung an den Antragsgegner vgl. unten Rdn. 34. **31**

VI. Anhörung des Gegners (Absatz 2)

1. Während die **Staatsanwaltschaft** vor jeder Entscheidung zu hören ist (oben Rdn. 27), braucht bei einem Wiederaufnahmeantrag der Staatsanwaltschaft und des Privat- oder Nebenklägers der **Verurteilte** erst gehört zu werden, wenn der Zulassungsbeschluß bereits ergangen ist[58], obgleich vorherige Anhörung stets zweckmäßig erscheint[59]. Nach Erlaß dieses Beschlusses muß die Staatsanwaltschaft erneut gehört werden[60]; denn nunmehr soll sie Vorschläge für das weitere Verfahren machen und sich insbesondere über die notwendigen Beweiserhebungen äußern. **32**

2. Dem **Gegner des Antragstellers** müssen der Zulassungsbeschluß und, damit er für die sofortige Beschwerde nach § 372 Satz 1 eine genügende Grundlage hat, eine Abschrift des Wiederaufnahmeantrags zugestellt werden. Bei einem Wiederaufnahmeantrag der Staatsanwaltschaft zugunsten des Verurteilten fehlt es an einem Antragsgegner; eine Zustellung kommt allenfalls an einen Nebenkläger in Betracht[61]. Ist die Wiederaufnahme zuungunsten des Angeklagten zugelassen worden, so muß ihm selbst der Zulassungsbeschluß zugestellt werden, auch wenn er in dem früheren Verfahren einen Verteidiger hatte: § 145 a Abs. 4 gilt nicht[62]. Denn nach der Rechtskraft des Urteils kann nicht mit Sicherheit beurteilt werden, ob er sich dieses Verteidigers noch bedienen möchte[63]. Außer dem Angeklagten ist dem gesetzlichen Vertreter und dem Erziehungsberechtigten eine Beschlußausfertigung zuzustellen. Den Anhörungsberechtigten ist gleichzeitig eine Frist zu setzen, innerhalb deren sie Erklärungen abgeben können. Die Frist, die nicht kürzer als die Beschwerdefrist des § 311 Abs. 2 Satz 1 bemessen werden sollte, kann auf Antrag verlängert werden[64]. Sie ist keine Ausschlußfrist; auch die nach Fristablauf eingehenden Erklärungen müssen berücksichtigt werden. **33**

3. Art der Erklärung. Die Erklärung nach § 368 Abs. 2 kann **formlos** abgegeben werden; die Formvorschrift des § 366 Abs. 2 gilt nicht[65]. Die Gegenerklärung, die sich in erster Hinsicht auf die bevorstehende Beweisaufnahme nach § 369 beziehen wird, kann neue Tatsachen oder Beweise anführen, um die in dem Antrag enthaltenen Be- **34**

---

[56] BGH NJW **1966** 2177; BayObLG DJZ **1925** 351; KG GA **57** (1910) 414; OLG Hamburg Alsb. E **2** Nr. 312 a = LZ **1916** 837; Alsb. E **2** Nr. 312 b = LZ **1915** 926; GA **1967** 317; OLG Köln JMBlNRW **1963** 48; OLG Stuttgart GA **71** (1927) 193; KMR-*Paulus* 19; *Kleinknecht/Meyer*[37] 12; *Peters* Fehlerquellen **3** 141.

[57] BGH NJW **1966** 2177; BayObLG DRiZ **1932** Nr. 384 = LZ **1932** 833; OLG Frankfurt NJW **1955** 73; *Eb. Schmidt* 7; *Kleinknecht/Meyer*[37] 12; *v. Hentig* 228; *Neumann* 144.

[58] BVerfGE **15** 307; OLG Bamberg HESt **3** 5; *Eb. Schmidt* 6; KMR-*Paulus* 20; a. A *Peters* Fehlerquellen **3** 140.

[59] KMR-*Paulus* 20.

[60] *Eb. Schmidt* 5; KMR-*Paulus* 20; *Neumann* 138 ff, 146.

[61] *Neumann* 146.

[62] KMR-*Paulus* 21.

[63] So mit Recht *Peters* Fehlerquellen **3** 140.

[64] *Neumann* 147.

[65] *Kleinknecht/Meyer*[37] 13; *Neumann* 147.

hauptungen oder Beweismittel zu entkräften. Auch Ausführungen zur Zulässigkeit des Antrags können von Bedeutung sein; denn sie ist bei der Begründetheitsprüfung erneut zu prüfen (§ 370, 9). Eine Erklärungspflicht besteht nicht; wird in der gesetzten Frist keine Erklärung abgegeben, so geht das Verfahren weiter.

VII. Anfechtung

35 Mit der sofortigen Beschwerde nach § 372 **Satz 1** ist sowohl der Verwerfungsbeschluß als auch der Beschluß, der den Wiederaufnahmeantrag für zulässig erklärt, anfechtbar. Die Einschränkung des § 372 **Satz 2 gilt nicht**. Wenn die Wiederaufnahme in vollem Umfang zugelassen worden ist, kann der Antragsteller, der dann nicht beschwert ist, kein Rechtsmittel einlegen. Auch der Umstand, daß in der Beschlußbegründung nur die Erhebung bestimmter Beweise angekündigt worden ist, beschwert ihn nicht[66]. Anfechtbar ist auch der Beschluß, mit dem, wenn auch nur zeitweise, der Erlaß einer Entscheidung verweigert wird, z. B. wenn sie bis zur Erledigung eines gegen einen Zeugen eingeleiteten Meineidsverfahrens ausgesetzt wird[67]. Ist der Antrag als unzulässig verworfen worden, ergibt das Beschwerdevorbringen aber, daß er nicht nur zulässig, sondern auch begründet ist, so kann das Beschwerdegericht den Antrag zulassen und gleichzeitig die Wiederaufnahme nach § 370 Abs. 2 anordnen[68].

36 Nur das Beschwerdegericht, nicht das beschließende Gericht selbst, kann auf ein rechtzeitig eingelegtes Rechtsmittel den Verwerfungs- oder Zulassungsbeschluß **ändern oder aufheben**[69]. Insbesondere den Zulassungsbeschluß darf das Gericht nicht wieder aufheben, um den Antrag als unzulässig zu verwerfen[70].

§ 369

(1) Wird der Antrag für zulässig befunden, so beauftragt das Gericht mit der Aufnahme der angetretenen Beweise, soweit dies erforderlich ist, einen Richter.

(2) Dem Ermessen des Gerichts bleibt es überlassen, ob die Zeugen und Sachverständigen eidlich vernommen werden sollen.

(3) ¹Bei der Vernehmung eines Zeugen oder Sachverständigen und bei der Einnahme eines richterlichen Augenscheins ist der Staatsanwaltschaft, dem Angeklagten und dem Verteidiger die Anwesenheit zu gestatten. ²§ 168 c Abs. 3, § 224 Abs. 1 und § 225 gelten entsprechend. ³Befindet sich der Angeklagte nicht auf freiem Fuß, so hat er keinen Anspruch auf Anwesenheit, wenn der Termin nicht an der Gerichtsstelle des Ortes abgehalten wird, wo er sich in Haft befindet, und seine Mitwirkung der mit der Beweiserhebung bezweckten Klärung nicht dienlich ist.

(4) Nach Schluß der Beweisaufnahme sind die Staatsanwaltschaft und der Angeklagte unter Bestimmung einer Frist zu weiterer Erklärung aufzufordern.

---

[66] OLG Frankfurt NJW **1955** 73; *Eb. Schmidt* 8; *Dalcke/Fuhrmann/Schäfer* § 359, 4; *Kleinknecht/Meyer*[37] 13; vgl. auch § 372, 8.
[67] BayObLG DRiZ **1932** Nr. 295.
[68] OLG Bremen GA **1960** 216.
[69] *Eb. Schmidt* 4; KMR-*Paulus* 22; *Kleinknecht/Meyer*[37] 14; *Peters* Fehlerquellen **3** 142.
[70] OLG Hamburg *Alsb.* E **2** Nr. 314 = LZ **1914** 795; *v. Hentig* 203; vgl. aber § 370, 5 ff.

Entstehungsgeschichte. Durch Art. 10 Nr. 4 StPÄG 1964 wurde Absatz 3, der für die Anwesenheitsrechte die entsprechenden Vorschriften für die Voruntersuchung für anwendbar erklärt hatte, geändert. Die geltende Fassung erhielt Absatz 3 Satz 2 und 3 durch Art. 1 Nr. 93 des 1. StVRG. Bezeichnung bis 1924: § 409.

Übersicht

	Rdn.
I. Ziel und Umfang des Probationsverfahrens	1
II. Aufnahme der angetretenen Beweise (Absatz 1)	
1. Untersuchungsmaxime und -gegenstand	3
2. Die Erforderlichkeit der Beweisaufnahme	
a) Bedeutung der Erforderlichkeit	4
b) Einfluß des Amtsermittlungsprinzips	7
3. Die Beweisaufnahme	
a) Wesen	9
b) Richterliche Durchführung	11
III. Eidliche Vernehmung (Absatz 2)	14
IV. Anwesenheitsrechte (Absatz 3)	
1. Frühere Rechtslage	16
2. Recht zur Anwesenheit	
a) Kreis der Berechtigten	18
b) Nicht auf freiem Fuß befindliche Angeklagte	19
3. Benachrichtigung	22
4. Protokollvorlage	24
V. Schlußanhörung (Absatz 4)	
1. Aufforderung zu weiteren Erklärungen	25
2. Unterrichtung des Angeklagten	26
3. Ergänzung der Beweisaufnahme	27
VI. Anfechtung	28

I. Ziel und Umfang des Probationsverfahrens

Wenn der Antrag auf Wiederaufnahme für zulässig erklärt worden ist und der **1** Gegner des Antragstellers seine Erklärung (§ 368 Abs. 2) abgegeben oder die ihm hierfür gesetzte Frist hat verstreichen lassen, ist die zweite Stufe des Wiederaufnahmeverfahrens, die Probation, erreicht: das Gericht muß nach § 370 über die Begründetheit des Antrags entscheiden. Das erfordert regelmäßig (über Ausnahmen vgl. unten Rdn. 4) eine **Beweisaufnahme** darüber, ob das Wiederaufnahmevorbringen, dessen Richtigkeit im Zulassungsverfahren nur unterstellt, aber nicht geprüft worden ist (§ 368, 20), tatsächlich zutrifft. Nur dieser Vorbereitung der Entscheidung nach § 370, nicht schon der Entscheidung über die Schuldfrage, dient die in § 369 geregelte Beweisaufnahme[1]. Die Beweiserhebung ist daher nur vorläufig und läßt sich der Sachverhaltserforschung im Ermittlungsverfahren vergleichen; sie nimmt die Beweisaufnahme in der erneuten Hauptverhandlung nicht vorweg[2].

Zur **Vorbereitung** der Entscheidung nach § 370 sind außer Beweiserhebungen **2** auch **andere Maßnahmen** zulässig. So darf zur Herbeischaffung von Beweismitteln die Durchsuchung und Beschlagnahme angeordnet werden[3], ebenso die Unterbringung nach § 81[4], und zwar noch nach Eingang der Erklärungen nach § 369 Abs. 4[5]. Auch der

---

[1] RG GA **44** (1896) 146; OLG Saarbrücken JBl. Saar **1965** 47; *Eb. Schmidt* Nachtr. I 2; KMR-*Paulus* 2; *Kleinknecht/Meyer*[37] 1; *Neumann* 148.
[2] BGHSt **17** 303.
[3] Dalcke/Fuhrmann/Schäfer 2; KK-v. Stackelberg 1; KMR-*Paulus* 4; *Kleinknecht/Meyer*[37] 1; *Neumann* 154; *Peters* Fehlerquellen **3** 146; *Schorn* Strafrichter 364.
[4] BayObLGSt **24** 60; LZ **1925** 50; *Dalcke/Fuhrmann/Schäfer* 2; *Eb. Schmidt* Nachtr. I 5; KMR-*Paulus* 4; *Kleinknecht/Meyer*[37] 1; *Beling* ZStW **38** (1916) 826; *Neumann* 154 ff; a. **A** OLG Düsseldorf GA **60** (1913) 153; OLG München *Alsb.* E 1 Nr. 195; *v. Hentig* 132 f.
[5] *Eb. Schmidt* Nachtr. I 5.

Erlaß eines Haftbefehls ist zulässig, wenn der Wiederaufnahmeantrag nach § 362 zuungunsten des Angeklagten gestellt worden ist[6]. Andererseits kann, wenn das noch nicht geschehen ist, auch im Verfahren zur Prüfung der Begründetheit des Antrags eine Anordnung nach § 360 Abs. 2 getroffen werden[7].

II. Aufnahme der angetretenen Beweise (Absatz 1)

3   **1. Untersuchungsmaxime und -gegenstand.** Auch im Wiederaufnahmeverfahren ist nach dem **Amtsermittlungsprinzip** zu verfahren[8]. Das bedeutet zunächst eine Begrenzung des Probationsverfahrens und der Beweisaufnahme des § 369 auf den **Verfahrensgegenstand** des voraufgegangenen Verfahrens nach **Maßgabe der Wiederaufnahmeanträge**[9], zum andern aber auch, daß die Beweiserhebung nicht etwa auf die vom Antragsteller angebotenen, beantragten und angetretenen Beweise beschränkt werden kann, sondern nach § 244 Abs. 2 auf alle im Rahmen des Verfahrensgegenstandes bedeutsamen Tatsachen und Beweismittel zu erstrecken ist: Das Gericht muß „jeder auf den geltend gemachten Wiederaufnahmegrund bezüglichen Beweismöglichkeit von Amts wegen nachgehen"[10]. Auf die tatsächlichen Voraussetzungen anderer Wiederaufnahmegründe als der geltend gemachten[11] dagegen darf die Beweisaufnahme nicht erstreckt werden und im Rahmen des § 359 Nr. 5 auch nicht auf andere als die nova, auf die der jeweilige Wiederaufnahmeantrag gestützt ist. Es ist insbesondere unzulässig, eine über den Verfahrensgegenstand hinausgehende Beweisaufnahme durchzuführen, „die bei einem an sich erfolgreichen Angriff auf das frühere Urteil einen ganz anderen Tathergang" erweist[12].

2. Die Erforderlichkeit der Beweisaufnahme

4   a) **Bedeutung der Erforderlichkeit.** Die Beweisaufnahme ist in der Regel notwendig, wenn das weitere Verfahren davon abhängt, ob das Wiederaufnahmevorbringen in tatsächlicher Hinsicht zutrifft. Das Gericht darf das nicht unterstellen und nicht sofort die Wiederaufnahme nach § 370 Abs. 2 anordnen[13]. Die Beweisaufnahme kann aber **entbehrlich** sein, wenn sich die Begründetheit des Wiederaufnahmeantrags ohne weiteres aus einem **rechtskräftigen Urteil** (insbesondere in den Fällen der § 359 Nr. 1 bis 4, § 362 Nr. 1 bis 3) oder aus einer notariell beglaubigten **Urkunde** (insbesondere in dem Fall des § 362 Nr. 4) ergibt[14] oder wenn im Fall des § 359 Nr. 5 neue **Tatsachen** ohne weiteres den Akten oder den von dem Antragsteller beigebrachten neuen Beweismitteln (Urkunden) zu entnehmen sind[15]. Nicht erforderlich ist auch die Beweiserhebung über **offenkundige Tatsachen**[16]. In solchen Fällen ist sogar die Verbindung der Beschlüsse über die Zulässigkeit und Begründetheit der Wiederaufnahme möglich (§ 370, 2). Von einzelnen Beweiserhebungen kann ferner abgesehen werden, wenn die Entscheidung nach

---

[6] RMilGE 11 36; *Eb. Schmidt* Nachtr. I 5; KK-*v. Stackelberg* 1; KMR-*Paulus* 4; *Kleinknecht/Meyer*[37] 1; *Neumann* 154; *Schorn* Strafrichter 364.
[7] KK-*v. Stackelberg* 1.
[8] KK-*v. Stackelberg* 1; KMR-*Paulus* 3.
[9] KMR-*Paulus* 3; *Peters* Fehlerquellen **3** 144 f.
[10] *Peters* Fehlerquellen **3** 144.
[11] *Neumann* 150.
[12] *Kleinknecht/Meyer*[37] 5; *Peters* Fehlerquellen **3** 144 f.
[13] KK-*v. Stackelberg* 2; *Kleinknecht/Meyer*[37] 2; a. A RG GA 44 (1896) 145; *Dalcke/Fuhrmann/Schäfer* 1.
[14] *Eb. Schmidt* Nachtr. I 2; *Neumann* 149.
[15] KMR-*Paulus* 6; *Kleinknecht/Meyer*[37] 2.
[16] KG JR **1984** 393 mit Anm. *Peters*.

§ 370 von ihnen nicht abhängt, weil schon ein Teil der in dem Wiederaufnahmeantrag benannten Beweismittel die Begründetheit des Antrags ergibt[17].

Da das Gesetz die Beweisaufnahme nach § 369 Abs. 1 dem Gericht überträgt, **5** wird sie nicht dadurch überflüssig, daß die **Staatsanwaltschaft** sie **vorwegnimmt**, um ihren eigenen Antrag zu begründen oder den des Verurteilten zu entkräften. Die Staatsanwaltschaft kann nach dem Legalitätsprinzip (§ 362, 1) und nach § 160 Abs. 2 (§ 364 b, 7) sogar dazu verpflichtet sein, im Wiederaufnahmeverfahren Ermittlungen anzustellen, etwa zur Vorbereitung ihrer Erklärung nach § 369 Abs. 4[18]. Sie darf auch unabhängig von dem Wiederaufnahmeverfahren Ermittlungen gegen einen nach § 369 vernommenen Zeugen wegen des Verdachts der Falschaussage führen[19]. Das Gericht darf solche Beweiserhebungen aber der Entscheidung nach § 370 nicht zugrunde legen, sondern muß sie in vollem Umfang wiederholen, wenn sie wesentlich sind[20]; Gleiches gilt für polizeiliche Ermittlungen[21]. Eine Ausnahme gilt nur für den Fall, daß die richterliche Vernehmung für längere oder unabsehbare Zeit unmöglich ist[22]. Zur Entscheidung des Beschwerdegerichts bei einem Verstoß gegen diese Grundsätze vgl. § 370, 50; § 372, 19.

Das Gericht braucht die von dem Antragsteller **angetretenen Beweise** nicht zu erheben, **6** wenn und soweit sie für die Entscheidung nach § 370 nicht erforderlich sind (oben Rdn. 4). Entscheidet es dann zuungunsten des Antragstellers, so muß es aber darlegen, weshalb die Beweiserhebung überflüssig ist[23].

b) Einfluß des Amtsermittlungsprinzips. Nach dem Amtsermittlungsprinzip ist das **7** Gericht andererseits auf die von dem Antragsteller bezeichneten Beweismittel **nicht beschränkt**[24], wie auch umgekehrt der Antragsteller nicht etwa bestimmen kann, bestimmte Beweismittel von der Beweiserhebung und von der Beweiswürdigung nach § 370 Abs. 1 auszuschließen[25]. Die Wiederaufnahme darf daher auch nicht unter Beschränkung auf bestimmte Beweise zugelassen werden (§ 368, 30). Das Gericht muß vielmehr von Amts wegen alle Beweise erheben, die erforderlich sind, um die Richtigkeit des Wiederaufnahmevorbringens zu klären[26]. Das kann zugunsten des Antragstellers geschehen, wenn bei der Beweisaufnahme neue Gesichtspunkte hervorgetreten sind, die bei der Zulässigkeitsprüfung noch nicht berücksichtigt werden konnten[27]. Eine weitergehende Beweisaufnahme ist aber auch zu dem Zweck zulässig, die von dem Antragsteller angetretenen Beweise zu entkräften[28]. Jedoch darf das Gericht nicht etwa die Beweisaufnahme in der früheren Hauptverhandlung insgesamt wiederholen[29].

---

[17] *Niemeyer* Recht **1919** 111.
[18] *v. Hentig* 233.
[19] *Peters* Fehlerquellen **3** 145.
[20] BayObLG LZ **1921** 236; OLG Düsseldorf JMBlNRW **1979** 261; OLG Dresden DJ **1936** 122; OLG Königsberg DStrZ **1915** 470; HRR **1928** 398; *Eb. Schmidt* Nachtr. I 3; *Dalcke/Fuhrmann/Schäfer* 3; KMR-*Paulus* 7; *Kleinknecht/Meyer*[37] 3; *v. Hentig* 11; *Neumann* 150; *Peters* Fehlerquellen **3** 144.
[21] *Kleinknecht/Meyer*[37] 3.
[22] *Kleinknecht/Meyer*[37] 3.
[23] OLG Hamburg *Alsb.* E **2** Nr. 333 c = DStrZ **1919** 70; *Eb. Schmidt* Nachtr. I 4; KMR-*Paulus* 3; *Kleinknecht/Meyer*[37] 2.
[24] OLG Hamm GA **71** (1927) 116; *Peters* Fehlerquellen **3** 144.
[25] KG JR **1984** 393; *Kleinknecht/Meyer*[37] 5.
[26] RMilGE **14** 121; OLG Stuttgart GA **71** (1927) 193; *Dalcke/Fuhrmann/Schäfer* 2; KMR-*Paulus* 3; *Kleinknecht/Meyer*[37] 5; *v. Hentig* 229; *Neumann* 150.
[27] OLG Hamburg NJW **1954** 974 L; *Eb. Schmidt* Nachtr. I 4; KMR-*Paulus* 3; *Kleinknecht/Meyer*[37] 5.
[28] OLG Hamm GA **71** (1927) 116; *Eb. Schmidt* Nachtr. I 4; KMR-*Paulus* 3; *Kleinknecht/Meyer*[37] 5; *Neumann* 150.
[29] *Gerland* 444; *Schünemann* ZStW **84** (1972) 903 Fußn. 149.

8 Ist ein Beweis durch **Sachverständige** angetreten, so wählt das Gericht den Sachverständigen nach §73 Abs. 1 aus, wenn der Antragsteller keinen bestimmten Sachverständigen benannt hat. Wenn jedoch das Gutachten eines bestimmten Sachverständigen vorgelegt worden ist, muß dieser gehört werden. Erst dann kann das Gericht andere Sachverständige zuziehen, um die Beweisfrage zu klären[30].

3. Die Beweisaufnahme

9 a) **Wesen.** Obwohl die Beweiserhebung nur vorläufig ist (oben Rdn. 1), handelt es sich um eine echte Beweisaufnahme nur mit den förmlichen Beweismitteln der StPO im Rahmen des **Strengbeweises**[31], **nicht nur um eine Glaubhaftmachung.** Daher sind eidesstattliche Versicherungen von Zeugen, die nicht nur Verfahrensfragen betreffen, nicht zugelassen[32]. Ebensowenig darf die Vernehmung eines Zeugen dadurch ersetzt werden, daß er seine Erklärungen zu Protokoll der Geschäftsstelle des Gerichts abgibt[33]. Sachverständige müssen grundsätzlich persönlich gehört werden; schriftliche Gutachten dürfen nur unter den Voraussetzungen des § 256 berücksichtigt werden[34].

10 Zur **Vorbereitung** der Begründetheitsprüfung dagegen sind Beweiserhebungen jeder Art auch außerhalb des förmlichen Strengbeweisverfahrens zulässig; s. dazu oben Rdn. 2.

11 b) **Richterliche Durchführung.** Die Beweisaufnahme ist **Sache des Gerichts. Polizei und Staatsanwaltschaft** dürfen zwar außerhalb der eigentlichen Beweisaufnahme mit bestimmten Ermittlungen[35] und mit der Herbeischaffung gegenständlicher Beweismittel, insbesondere mit der Fertigung und Vorlage von Lichtbildern und Skizzen, beauftragt werden[36]. Es ist aber nicht zulässig, sie um die Vernehmung von Zeugen und Sachverständigen zu ersuchen[37]. Das gilt auch für Beweiserhebungen, die der Antragsteller nicht beantragt hatte, die dem Gericht aber erforderlich erscheinen[38]. Die Ergebnisse solcher Beweiserhebungen sind für die Entscheidung nach § 370 genauso unverwertbar wie die Ergebnisse der Ermittlungen, die die Staatsanwaltschaft von sich aus angestellt hat (oben Rdn. 5).

12 Das Gericht kann die Beweiserhebung zwar selbst in voller Gerichtsbesetzung vornehmen[39], es kann sich aber dazu auch des **ersuchten** oder des **beauftragten Richters** bedienen. Das Gesetz unterscheidet in §66 b Abs. 1, § 223 Abs. 1 zwischen dem beauftragten und dem ersuchten Richter (zu diesen Begriffen vgl. § 66 b, 1). In § 369 Abs. 1 ist dagegen nur von dem beauftragten Richter die Rede. Diese Gesetzesfassung ist schon deshalb ungenau, weil der Strafrichter, der als Einzelrichter über den Wiederaufnahmeantrag zu entscheiden hat, keinen Richter beauftragen kann, sondern die Beweisauf-

---

[30] *Peters* Fehlerquellen **3** 145.
[31] KK-*v. Stackelberg* 7; KMR-*Paulus* 9.
[32] BGHSt **17** 303; KK-*v. Stackelberg* 7; KMR-*Paulus* 9; *Kleinknecht/Meyer*[37] 4; *Peters* Fehlerquellen **3** 146; *Hanack* JZ **1974** 20; a. A RG HRR **1934** 1723; OLG Hamm NJW **1954** 363.
[33] OLG Düsseldorf MDR **1976** 778; KMR-*Paulus* 9; *Kleinknecht/Meyer*[37] 4.
[34] OLG Hamm MDR **1977** 778 und JMBlNRW **1978** 116; KMR-*Paulus* 9; *Kleinknecht/Meyer*[37] 4.
[35] *Peters* Fehlerquellen **3** 144.
[36] *Eb. Schmidt* Nachtr. I 3; KMR-*Paulus* 7, *Kleinknecht/Meyer*[37] 7.
[37] BayObLGSt **19** 277; KG ZStW **48** (1928) Sd. Beil. 130; OLG Düsseldorf MDR **1976** 778 und JMBlNRW **1979** 261; OLG Hamburg *Alsb.* E 2 Nr. 315 a; OLG Königsberg HRR **1928** 398; KK-*v. Stackelberg* 6; KMR-*Paulus* 7; *Kleinknecht/Meyer*[37] 7; *v. Hentig* 232; *Peters* Fehlerquellen **3** 144.
[38] *Kleinknecht/Meyer*[37] 7; **a. A** *Peters* Fehlerquellen **3** 144.
[39] KK-*v. Stackelberg* 5; *Kleinknecht/Meyer*[37] 6.

nahme entweder selbst vornehmen oder einen anderen Richter darum ersuchen muß[40]. Auch für Kollegialgerichte schreibt aber § 369 Abs. 1 nicht vor, daß stets eines seiner Mitglieder (der Vorsitzende kann ebenfalls beauftragter Richter sein) mit der Beweisaufnahme beauftragt werden muß. Das Gericht kann auch einen anderen Richter darum ersuchen (§§ 156 GVG; 15 KonsG)[41].

Der ersuchte oder beauftragte Richter hat dieselbe **Stellung** wie bei der kommissarischen Vernehmung nach § 223. Er ist bloßes Ausführungsorgan des Gerichts, das ihn beauftragt oder ersucht hat, und darf nur bestimmte, fest umgrenzte Beweise erheben[42]. Bei der späteren Beschlußfassung über die Begründetheit des Wiederaufnahmeantrags muß er nicht mitwirken[43]. Er ist von der Mitwirkung aber auch nicht ausgeschlossen[44].

III. Eidliche Vernehmung (Absatz 2)

Die Anordnung der Wiederaufnahme eines rechtskräftig abgeschlossenen Verfahrens ist eine Entscheidung von so großer Tragweite, daß es nicht zu rechtfertigen wäre, sie stets nur auf unbeeidete Aussagen zu stützen. § 369 Abs. 2 läßt daher die Vereidigung von Zeugen und Sachverständigen zu. Das Gericht entscheidet hierüber nach pflichtgemäßem **Ermessen**. Weder gelten die Beschränkungen des § 65[45], noch lassen sich Regeln darüber aufstellen, wann die Vereidigung geboten ist und wann nicht[46]. Nur in den Fällen des § 371 Abs. 1 und 2 wird, da es zu keiner Hauptverhandlung kommt, die Vereidigung regelmäßig anzuordnen sein[47].

Ob der Zeuge oder Sachverständige vereidigt oder uneidlich vernommen werden soll, muß das **Gericht** in dem Beschluß **bestimmen**, mit dem es die **Beweiserhebung anordnet**[48]. Dem vernehmenden Richter steht diese Entscheidung, sofern die Vereidigung nicht gesetzlich ausgeschlossen ist, nicht zu[49]; § 66 b Abs. 1 gilt nicht[50]. Ordnet das Gericht die uneidliche Vernehmung an, so ist die Vereidigung daher unzulässig (§ 66 b Abs. 3). Der Eid muß, wenn er verlangt wird, nach § 66 c geleistet werden; § 66 d ist anzuwenden. Die Berufung auf einen in der früheren Hauptverhandlung geleisteten Eid (§ 67) ist nicht statthaft[51].

IV. Anwesenheitsrechte (Absatz 3)

1. Frühere Rechtslage. Die Befugnis der Staatsanwaltschaft, des Angeklagten und des Verteidigers, bei der Vernehmung von Zeugen und Sachverständigen anwesend zu

---

[40] *Eb. Schmidt* Nachtr. I 2; KMR-*Paulus* 8; *Neumann* 149; *Peters* Fehlerquellen **3** 143.

[41] OLG Düsseldorf JMBlNRW **1979** 261; *Eb. Schmidt* Nachtr. I 3; KK-*v. Stackelberg* 5; KMR-*Paulus* 8; *Kleinknecht/Meyer*[37] 6; *Neumann* 149; *Peters* Fehlerquellen **3** 143.

[42] BGH NJW **1954** 891; OLG München Alsb. E **2** Nr. 318; *Kleinknecht/Meyer*[37] 6.

[43] OLG Hamburg SJZ **1950** 622 LS; *Dalcke/Fuhrmann/Schäfer* 3.

[44] BGH NJW **1954** 891; *Eb. Schmidt* Nachtr. I 3; KMR-*Paulus* 13; *Kleinknecht/Meyer*[37] 6; *Peters* Fehlerquellen **3** 143.

[45] RGSt **29** 64; KMR-*Paulus* 14; *Kleinknecht/Meyer*[37] 8.

[46] *Peters* Fehlerquellen **3** 146; ähnlich *Eb. Schmidt* Nachtr. I 6; **a. A** *v. Hentig* 233; *Neumann* 152, die die Nichtvereidigung für die Ausnahme halten; vgl. auch *Hahn* **1** 267.

[47] RGSt **29** 64; *Dalcke/Fuhrmann/Schäfer* 4; KMR-*Paulus* 14; *Kleinknecht/Meyer*[37] 8; *v. Hentig* 255; *Neumann* 205.

[48] *Dalcke/Fuhrmann/Schäfer* 4; KMR-*Paulus* 14.

[49] BGH NJW **1954** 891; *Eb. Schmidt* Nachtr. I 6; KMR-*Paulus* 14; *Kleinknecht/Meyer*[37] 8; *Peters* Fehlerquellen **3** 146; *Neumann* 152.

[50] KMR-*Paulus* 14; *Kleinknecht/Meyer*[37] 8.

[51] RGSt **18** 417; *Eb. Schmidt* Nachtr. I 6; *Dalcke/Fuhrmann/Schäfer* 4; KMR-*Paulus* 14; *Kleinknecht/Meyer*[37] 8; *Neumann* 152; **a. A** *Peters* Fehlerquellen **3** 146.

sein, war **früher erheblich eingeschränkt**. Sie bestand nur, wenn die Vernehmung der Beweissicherung für die künftige Hauptverhandlung diente[52]. Eine erweiternde Auslegung der Vorschrift wurde in der Rechtsprechung teils abgelehnt[53], teils mit der Begründung zugelassen, die gesetzliche Regelung berücksichtige nicht, daß es im Wiederaufnahmeverfahren nicht stets (vgl. § 370 Abs. 1, § 371 Abs. 1 und 2) zu einer Hauptverhandlung kommen müsse[54].

17 Die Gesetzesänderung von **1964**[55] erweiterte die Befugnis zur Anwesenheit dahin, daß die Staatsanwaltschaft und der Verteidiger stets anwesend sein durften, der Verurteilte nur dann nicht, wenn zu befürchten war, daß der Zeuge in seiner Gegenwart nicht die Wahrheit sagen werde (§ 194 a. F.). Darüber hinaus ist das Anwesenheitsrecht des nicht auf freiem Fuß befindlichen Angeklagten durch die Gesetzesänderung von 1974 erheblich ausgedehnt worden.

2. Recht zur Anwesenheit

18 a) **Kreis der Berechtigten. Staatsanwaltschaft, Verteidiger und Angeklagte** sind nach § 369 Abs. 3 Satz 1 bei der Vernehmung eines Zeugen oder Sachverständigen und bei der Einnahme eines richterlichen Augenscheins zur Anwesenheit berechtigt, aber nicht verpflichtet. Nach § 385 Abs. 1 Satz 1, § 397 Abs. 1 gilt das auch für **Privat- und Nebenkläger**. Sie können im Beistand eines Rechtsanwalts, nicht aber einer anderen Person, erscheinen oder sich von ihm vertreten lassen; § 378 gilt entsprechend[56]. In Jugendsachen ist den Erziehungsberechtigten und den gesetzlichen Vertretern nach **§ 67 Abs. 1 und 2 JGG** die Anwesenheit gestattet. Ist der Wiederaufnahmeantrag von einem nach **§ 361 Abs. 2** Antragsberechtigten gestellt worden, so hat auch er ein Anwesenheitsrecht[57]. Nur Angeklagte, nicht aber andere zur Anwesenheit berechtigte Personen, können nach § 369 Abs. 3 Satz 2, § 168 c Abs. 3 von der Beweisaufnahme **ausgeschlossen** werden, wenn ihre Anwesenheit den Untersuchungszweck gefährden würde, insbesondere, wenn zu befürchten ist, daß ein Zeuge in ihrer Gegenwart nicht die Wahrheit sagen werde. Wer zur Anwesenheit bei der Beweisaufnahme berechtigt ist, hat auch das Recht, an die vernommenen Zeugen und Sachverständigen Fragen zu stellen[58].

19 b) **Nicht auf freiem Fuß befindliche Angeklagte.** Für den Fall, daß der Angeklagte nicht auf freiem Fuß ist, trifft § 369 Abs. 3 Satz 3 eine von § 168 c Abs. 4 und § 224 Abs. 2 abweichende Regelung. Danach besteht immer ein **Anspruch auf Anwesenheit**, wenn der Termin an der Gerichtsstelle des Ortes abgehalten wird, wo der Angeklagte sich in Haft befindet. Ob die Beweisaufnahme im Gebäude des am Ort befindlichen Amtsgerichts oder in seiner Zweigstelle oder beim Landgericht vorgenommen wird, spielt keine Rolle.

20 Der Anspruch besteht **grundsätzlich auch** dann, wenn sie **nicht in einem Gerichtsgebäude** stattfindet oder wenn der Angeklagte an einem anderen Ort in Haft gehalten wird. Eine Ausnahme gilt in diesen Fällen nur, wenn seine Mitwirkung der mit der Be-

---

[52] § 193 Abs. 2 a. F.
[53] OLG Braunschweig NdsRpfl. **1960** 144; OLG Hamburg SJZ **1950** 622 L; OLG Köln JMBlNRW **1958** 90.
[54] OLG Celle NJW **1963** 2041; OLG Hamm NJW **1955** 1122; OLG Rostock GA **41** (1893) 429.
[55] Zur Entstehungsgeschichte vgl. *Eb. Schmidt* Nachtr. I 1.
[56] KMR-*Paulus* 10; *Kleinknecht/Meyer*[37] 9.
[57] KMR-*Paulus* 10; *Kleinknecht/Meyer*[37] 9; *v. Hentig* 235 Fußn. 1.
[58] *v. Hentig* 234.

weiserhebung bezweckten Klärung nicht dienlich ist[59]. Ob das der Fall ist, entscheidet der Richter, der die Beweisaufnahme vornimmt, durch formlose richterliche Verfügung[60]. Der vage Begriff der **Dienlichkeit** darf nicht engherzig ausgelegt werden[61]. Der Richter muß das Für und Wider abwägen und seine Entscheidung eingehend begründen, wenn er die Anwesenheit des Angeklagten nicht für dienlich hält[62]. Die Mitwirkung des Angeklagten kann auch dienlich sein, wenn ein Verteidiger an der Beweiserhebung teilnimmt, der die Interessen des Angeklagten aus irgendwelchen Gründen nicht so gut vertreten kann wie dieser selbst[63]. Dienlich ist die Anwesenheit des Angeklagten insbesondere, wenn die Gegenüberstellung mit einem Zeugen geboten erscheint[64].

Hat der Angeklagte nach diesen Grundsätzen ein Anwesenheitsrecht, so muß der mit der Beweisaufnahme beauftragte oder ersuchte Richter seine Anwesenheit durch rechtzeitige **Anordnung der Vorführung** sicherstellen[65]. Eine zwangsweise Vorführung findet jedoch nicht statt, da der Angeklagte nur ein Recht, aber keine Pflicht zur Anwesenheit hat (§ 224, 25). **21**

3. Benachrichtigung. Der nach § 369 Abs. 3 Satz 2 entsprechend anwendbare § 224 Abs. 1 Satz 1 schreibt die Benachrichtigung der Staatsanwaltschaft, des Angeklagten und des Verteidigers von dem zum Zweck der Beweisaufnahme anberaumten Termin vor. Sie darf nach § 224 Abs. 1 Satz 2 nur unterbleiben, wenn sie den Untersuchungserfolg gefährden würde (§ 224, 19 ff); im Wiederaufnahmeverfahren wird das kaum vorkommen. Alle anderen zur Anwesenheit berechtigten Personen (oben Rdn. 18) müssen ebenfalls benachrichtigt werden. Das gilt auch bei richterlichen Augenscheinseinnahmen (§ 225). **22**

Eine bestimmte **Form** für die Benachrichtigung ist nicht vorgeschrieben. Da aber die Benachrichtigung als nicht erfolgt gilt, wenn ihr Erhalt bestritten wird, ist die förmliche Zustellung geboten[66]. Die Benachrichtigung muß so rechtzeitig erfolgen, daß die Beteiligten in der Lage sind, ihre Anwesenheit oder Vertretung vorzubereiten (§ 224, 11). Neben dem Verteidiger ist stets auch der Angeklagte zu benachrichtigen (§ 224, 14); jedoch kann die Benachrichtigung nach § 145 a Abs. 1 an die Anschrift des Verteidigers gerichtet werden[67]. Daß der Angeklagte von der Anwesenheit bei der Beweisaufnahme nach § 168 c Abs. 3 ausgeschlossen ist oder nach § 369 Abs. 3 Satz 3 kein Anwesenheitsrecht hat, macht die Benachrichtigung nicht entbehrlich[68]. Sie dient in diesen Fällen dem Zweck, dem Angeklagten Gelegenheit zur Entsendung eines Verteidigers zu geben. **23**

4. Protokollvorlage. Nach **§ 224 Abs. 1 Satz 3**, der ebenfalls entsprechend anzuwenden ist (§ 369 Abs. 3 Satz 2), muß das über die Beweiserhebung aufgenommene Pro- **24**

---

[59] *Kleinknecht/Meyer*[37] 10; ähnlich auch KK-*v. Stackelberg* 12, der jedoch zu Unrecht einen Ausschluß – bei fehlender „Dienlichkeit" – auch dann für möglich hält, wenn die Beweisaufnahme an der Gerichtsstelle des Haftortes durchgeführt wird. Wieder anders KMR-*Paulus* 11, der umgekehrt den Ausschluß zu Unrecht auch dann nicht für möglich hält, wenn der Termin außerhalb des Gerichtsgebäudes des Haftortes stattfindet.
[60] KMR-*Paulus* 11; *Kleinknecht/Meyer*[37] 10.
[61] Vgl. *Eb. Schmidt* 9; KK-*v. Stackelberg* 12; KMR-*Paulus* 11; *Kleinknecht/Meyer*[37] 10.
[62] *Krägeloh* NJW **1975** 139; KK-*v. Stackelberg* 12.
[63] KMR-*Paulus* 11; *Kleinknecht/Meyer*[37] 10.
[64] KK-*v. Stackelberg* 12.
[65] *Kleinknecht/Meyer*[37] 10.
[66] OLG Bremen MDR **1967** 61; *Kleinknecht/Meyer*[37] 11; Näheres s. § 224, 8 f.
[67] *Kleinknecht/Meyer*[37] 11.
[68] *Kleinknecht/Meyer*[37] 11.

tokoll der Staatsanwaltschaft und dem Verteidiger vorgelegt werden. Das gilt auch, wenn sie bei der Vernehmung anwesend waren[69]. Dem Verteidiger wird entweder eine Abschrift übersandt oder mitgeteilt, daß er die Akten einsehen könne. Bei der Akteneinsicht bestehen keine Beschränkungen[70]. Dem Staatsanwalt werden üblicherweise die Akten mit dem Protokoll zugeleitet. Der Angeklagte kann die Vorlage des Protokolls nicht beanspruchen (§ 224, 29). Wegen des Verzichts auf die Vorlage vgl. § 224, 30.

V. Schlußanhörung (Absatz 4)

25 **1. Aufforderung zu weiteren Erklärungen.** Nach Abschluß der Beweisaufnahme muß der **Staatsanwaltschaft und dem Angeklagten** sowie den anderen **Personen**, die zur **Anwesenheit** bei der **Beweisaufnahme berechtigt** sind (oben Rdn. 18), Gelegenheit zu Erklärungen gegeben werden. Das ist eine zwingende Voraussetzung für die Entscheidung nach § 370[71]. Zu der Erklärung muß das Gericht unter Bestimmung einer Frist auffordern. Hat der Angeklagte einen Verteidiger, so kann die Aufforderung an ihn nach § 145 a Abs. 1 auch über diesen ergehen[72]. Wenn der Wiederaufnahmeantrag von einem Pflichtverteidiger gestellt ist, der Verurteilte aber innerhalb der Erklärungsfrist einen Wahlverteidiger bestellt, muß auch dieser zur Erklärung aufgefordert werden[73]. Die Aufforderung ist auch erforderlich, wenn der Verurteilte und sein Verteidiger bei der Beweisaufnahme zugegen gewesen sind[74] und selbst dann, wenn der Verteidiger eine jedenfalls ersichtlich nicht abschließend gemeinte eingehende Stellungnahme zum Ergebnis der Beweisaufnahme abgegeben hat[75]. Eine förmliche Zustellung der Aufforderung ist nicht notwendig[76].

26 **2. Unterrichtung des Angeklagten.** Da die Verfahrensbeteiligten eine sinnvolle Erklärung nur abgeben können, wenn ihnen das Ergebnis der Beweisaufnahme bekannt ist, müssen sie hierüber zunächst unterrichtet werden. Bei der Staatsanwaltschaft und dem Verteidiger geschieht das durch die Vorlegung der Vernehmungsprotokolle (oben Rdn. 24). Der Angeklagte muß nur unterrichtet werden, wenn er keinen Verteidiger hat[77]. In welcher **Form** das geschieht, steht im **Ermessen des Vorsitzenden**[78]. Einem Antrag des Angeklagten auf Mitteilung des aufgenommenen Protokolls wird aber stets stattgegeben werden müssen[79]. Außer der Erteilung von Abschriften kommt die Verlesung des Protokolls oder die mündliche Eröffnung seines wesentlichen Inhalts durch eine mit der Vernehmung des Angeklagten beauftragte Gerichtsperson in Betracht[80].

27 **3. Ergänzung der Beweisaufnahme.** Die Erklärung nach § 369 Abs. 4 bezieht sich auf die Ergebnisse der bisherigen Beweisaufnahme, kann aber auch den Antrag auf

---

[69] BGHSt **25** 357; OLG Hamburg MDR **1977** 865; KK-v. *Stackelberg* 9; *Kleinknecht/Meyer*[37] 12; a. A anscheinend KMR-*Paulus* 18.
[70] *Eb. Schmidt* Nachtr. I 9; s. oben § 224, 28.
[71] OLG Düsseldorf NJW **1982** 839; OLG Hamm MDR **1974** 689; OLG München BayJMBl. **1956** 149; OLG Rostock *Alsb*. E 2 Nr. 316; KMR-*Paulus* 17; *Kleinknecht/Meyer*[37] 13.
[72] *Kleinknecht/Meyer*[37] 13.
[73] OLG Oldenburg NdsRpfl. **1969** 163.
[74] OLG Hamm MDR **1974** 689.
[75] OLG Düsseldorf NJW **1982** 839; OLG Hamburg MDR **1977** 865 für den Fall einer Stellungnahme ohne im Besitz der Protokolle zu sein; KMR-*Paulus* 17; *Kleinknecht/Meyer*[37] 13.
[76] A. A OLG Breslau ZStW **43** (1922) 518 mit abl. Anm. *Trint*.
[77] *Kleinknecht/Meyer*[37] 13; *Neumann* 158.
[78] OLG Rostock ZStW **42** (1921) 718; *Kleinknecht/Meyer*[37] 13; *Peters* Fehlerquellen **3** 148.
[79] KMR-*Paulus* 18.
[80] *Eb. Schmidt* Nachtr. I 10; KMR-*Paulus* 18; *Neumann* 158; a. A v. *Hentig*, der die mündliche Eröffnung nicht für ausreichend hält.

weitere Beweiserhebungen enthalten[81]. Das Gericht ist auch sonst nach der **Offizialmaxime** (oben Rdn. 3) verpflichtet, die Beweisaufnahme zu ergänzen, wenn die Erklärungen der Staatsanwaltschaft, des Verteidigers oder des Angeklagten dazu Anlaß geben[82]. Werden dabei neue Beweisergebnisse gewonnen, so ist eine erneute Anhörung nach § 369 Abs. 4 erforderlich[83].

VI. Anfechtung

Eine Beschwerde gegen Art und Umfang der Beweisaufnahme ist in entsprechender Anwendung des **§ 305 Satz 1** ausgeschlossen (vgl. § 372, 7 ff). Jedoch kann der Angeklagte einfache Beschwerde nach **§ 304 Abs. 1 gegen** seine **Ausschließung** von der Anwesenheit bei der Beweisaufnahme nach § 168 c Abs. 3 und gegen die Ablehnung seines Antrags auf Anwesenheit bei der Beweisaufnahme einlegen[84]. Die **unterbliebene Benachrichtigung** kann schon deshalb **nicht angefochten** werden, weil die Beteiligten ohne diese Benachrichtigung erst nachträglich von der bereits erledigten Beweisaufnahme erfahren. Die Beschwerde gegen die Ausschließung oder gegen die Ablehnung des Antrags auf Anwesenheit wird mit dem Beweistermin gegenstandslos[85]. Dann kann nur nach § 372 Satz 1 die Entscheidung angefochten werden, mit der der Antrag als unbegründet verworfen wird (§ 370 Abs. 1). Der Verurteilte **verwirkt** sein Beschwerderecht gegen das Unterbleiben der Benachrichtigung, wenn er nicht sofort nach Erhalt von Abschriften des Vernehmungsprotokolls, sondern erst nach Erlaß des Beschlusses nach § 370 Abs. 1 seine Beanstandung vorbringt[86]. Ein **Verzicht** der Staatsanwaltschaft auf die Rüge der unterbliebenen Benachrichtigung liegt darin, daß sie bei der Vorlegung der Akten nach § 369 Abs. 4 keine Beanstandung erhebt[87].

28

Das Unterlassen der Aufforderung zur Erklärung führt zur Aufhebung des Beschlusses nach § 370 und zur **Zurückverweisung** an den beschließenden Richter; eine Heilung des Mangels im Beschwerderechtszug kommt nicht in Betracht (vgl. § 370, 50). Entsprechendes gilt, wenn der Antrag auf Verlängerung der Erklärungsfrist nach § 369 Abs. 4 nicht beschieden worden ist[88]. Näheres dazu unten § 372, 19.

29

§ 370

(1) Der Antrag auf Wiederaufnahme des Verfahrens wird ohne mündliche Verhandlung als unbegründet verworfen, wenn die darin aufgestellten Behauptungen keine genügende Bestätigung gefunden haben oder wenn in den Fällen des § 359 Nr. 1 und 2 oder des § 362 Nr. 1 und 2 nach Lage der Sache die Annahme ausgeschlossen ist, daß die in diesen Vorschriften bezeichnete Handlung auf die Entscheidung Einfluß gehabt hat.

(2) Andernfalls ordnet das Gericht die Wiederaufnahme des Verfahrens und die Erneuerung der Hauptverhandlung an.

---

[81] KMR-*Paulus* 19; *Kleinknecht/Meyer*[37] 13; *Dahs* Hdb. 914; *Neumann* 158.
[82] KG GA **69** (1925) 445; *Eb. Schmidt* Nachtr. I 5; KMR-*Paulus* 19.
[83] KMR-*Paulus* 19; *Kleinknecht/Meyer*[37] 13; *Neumann* 159.
[84] KMR-*Paulus* 20; *Kleinknecht/Meyer*[37] 14.
[85] OLG Hamm JMBlNRW **1972** 239; KMR-*Paulus* 20; *Kleinknecht/Meyer*[37] 14.
[86] OLG Celle NJW **1963** 2041; KMR-*Paulus* 20; *Kleinknecht/Meyer*[37] 14.
[87] RG Recht **1905** Nr. 1404.
[88] OLG Oldenburg NdsRpfl. **1973** 52.

Entstehungsgeschichte. Durch Art. 6 Nr. 4 der 3. VereinfVO wurde in Absatz 1 die mit den Wörtern „oder wenn in den Fällen…" beginnende zweite Satzhälfte gestrichen. Art. 3 Nr. 154 VereinhG stellte die ursprüngliche Fassung wieder her. Bezeichnung bis 1924: § 410.

Übersicht

	Rdn.
I. Wesen des Probationsverfahrens und das Verhältnis zum Aditionsverfahren	1
1. Der Zulassungsbeschluß nach § 368 als Sachentscheidungsvoraussetzung im Probationsverfahren	2
2. Die Berücksichtigung der Zulässigkeit der Wiederaufnahme im Probationsverfahren	5
a) Die allgemeinen Voraussetzungen des Wiederaufnahmeverfahrens	6
b) Die speziellen Voraussetzungen der Wiederaufnahme	7
II. Umfang der Prüfung	
1. Die gesetzlichen Wiederaufnahmegründe als Gegenstände der Prüfung	11
a) § 359 Nr. 1 und 2; § 362 Nr. 1 und 2	12
b) § 359 Nr. 3; § 362 Nr. 3	13
c) § 359 Nr. 4	14
d) § 362 Nr. 4	15
e) § 359 Nr. 5	16
2. Genügende Bestätigung der im Wiederaufnahmeantrag aufgestellten Behauptungen	17
a) Würdigung der Beweisaufnahme	18
b) Prüfung, ob die Urteilsfeststellungen erschüttert sind	19
c) Hinreichende Wahrscheinlichkeit	23
3. Der von den Wiederaufnahmegründen des § 359 Nr. 1, 2 und § 362 Nr. 1, 2 geforderte ursächliche Zusammenhang	
a) Gesetzliche Kausalitätsvermutung	25
b) Grundlage der Prüfung	26
III. Entscheidung	
1. Form, Inhalt, Zuständigkeit	27
2. Der Verwerfungsbeschluß (Absatz 1)	28
3. Die Anordnung der Wiederaufnahme	
a) Wiederaufnahmebeschluß	29
b) Beschränkte Wiederaufnahme	30
IV. Wirkungen der Wiederaufnahmeanordnung	
1. Beseitigung der angefochtenen Entscheidung einschließlich deren Rechtskraftwirkung	31
2. Die Folgen des Wegfalls der Rechtskraft	
a) Zurückversetzung des Verfahrens in den status quo ante	35
b) Unzulässigkeit der weiteren Strafvollstreckung	36
c) Neue Verjährungsfrist	39
d) Zurücknahme von Strafanträgen	42
a) Zurückversetzung des Verfahrens in den status quo ante	35
b) Unzulässigkeit der weiteren Strafvollstreckung	36
c) Neue Verjährungsfrist	39
d) Zurücknahme von Strafanträgen	42
e) Wegfall von Verteidigervollmacht und Beiordnung	43
3. Eintragung im Bundeszentralregister	44
4. Wegfall von Gnadenerweisen	45
5. Vorläufige Anordnungen	46
V. Erneuerung der Hauptverhandlung	
1. Die Bedeutung der Erneuerungsanordnung	47
2. Entsprechende Anwendung der § 354 Abs. 3, § 355	48
VI. Anfechtung	
1. Verwerfungsbeschluß	50
2. Anordnungsbeschluß	51
VII. Revision	52

I. Wesen des Probationsverfahrens und das Verhältnis zum Aditionsverfahren

1 In der Entscheidung über die Begründetheit des Wiederaufnahmeantrags nach § 370 liegt der **Schwerpunkt** des Wiederaufnahmeverfahrens[1]. Von ihr hängt es ab, ob

---

[1] RGSt **35** 353; OLG Köln *Alsb.* E **2** Nr. 314 b; *Eb. Schmidt* 1; *Gerland* 444; *Neumann* 160.

der für zulässig erklärte Wiederaufnahmeantrag letztlich doch erfolglos bleibt oder ob es zur Wiederaufnahme des Verfahrens und zur Erneuerung der Hauptverhandlung kommt.

1. Der Zulassungsbeschluß nach § 368 als Sachentscheidungsvoraussetzung im Probationsverfahren. Die Begründetheitsprüfung des Probationsverfahrens bezieht sich ebenso wie schon die Zulässigkeitsprüfung auf das Vorliegen von gesetzlichen Wiederaufnahmegründen und deren Nachweis durch geeignete Beweismittel. Erst wenn das Vorliegen dieses zweigliedrigen Gegenstandes schlüssig behauptet wird (§ 368, 7) und auch wahrscheinlich ist (§ 368, 13 und 19), ist es sinnvoll, in der zweiten Stufe des Probationsverfahrens die Richtigkeit dieser Behauptung zu untersuchen: **Ziel** der Zulässigkeitsprüfung ist es, von vornherein aussichtslose Wiederaufnahmeanträge zur Begründetheitsprüfung gar nicht erst zuzulassen, um zeit- und kostenaufwendige weitere Maßnahmen wegen erkennbarer Aussichtslosigkeit zu verhindern.

Um dieses prozeßökonomische Ziel zu erreichen, ist der Zulassungsbeschluß nach § 368 als eine spezielle Voraussetzung des Probationsstadiums des Wiederaufnahmeverfahrens anzusehen, dessen Fehlen dem Erlaß der Entscheidungen nach § 370 Abs. 1 und 2 entgegensteht[2]. Dabei handelt es sich indessen nur um eine **Prozeßvoraussetzung** des **Wiederaufnahmeverfahrens**, nicht aber des *wiederaufgenommenen* Verfahrens, dessen Fehlen lediglich im Rechtsmittelwege nach § 372 geltend gemacht werden kann und weder zur Nichtigkeit der nach § 370 Abs. 1 und 2 ergehenden Entscheidungen führt noch bei Rechtskraft der Wiederaufnahmeanordnung vom Gericht im wiederaufgenommenen Verfahren berücksichtigt werden darf; entsprechend führt auch der in Rechtskraft erwachsende Beschluß nach § 370 Abs. 1 zum Verbrauch der verfahrensgegenständlichen Wiederaufnahmegründe.

Wegen dieser Wirkung als Voraussetzung des Probationsverfahrens **setzt** die Beschlußfassung nach § 370 grundsätzlich **voraus**, daß der Wiederaufnahmeantrag zuvor für zulässig erklärt worden ist. Eine frühere Beschlußfassung ist unzulässig[3]. Insbesondere darf der Wiederaufnahmeantrag nicht als unbegründet verworfen werden, ohne daß zuvor über seine Zulässigkeit entschieden worden ist[4]. Nur von der Beweiserhebung nach § 369 kann abgesehen werden, wenn sie nicht erforderlich ist (vgl. § 369, 4). In diesem Fall kann in einem und demselben Beschluß der Wiederaufnahmeantrag für zulässig erklärt und die Wiederaufnahme nach § 370 Abs. 2 angeordnet werden[5]; beide Entscheidungen müssen dann aber ausdrücklich getroffen und begründet werden. Wenn der Verurteilte verstorben ist, so daß nach § 371 Abs. 1 ohne neue Verhandlung entschieden werden muß, oder wenn eine Hauptverhandlung entbehrlich ist und daher nach § 371 Abs. 2 verfahren wird, entfällt auch die Beschlußfassung nach § 370 Abs. 2 (vgl. § 371, 5 und 16).

2. Die Berücksichtigung der Zulässigkeit der Wiederaufnahme im Probationsverfahren. Wegen der möglichen **Gegenstände der Zulässigkeit** werden die obigen Ausfüh-

---

[2] Sachentscheidungsvoraussetzung, s. oben Vor § 359, 118.
[3] *Schorn* MDR **1965** 869.
[4] OLG Dresden *Alsb.* E **2** Nr. 319; *Eb. Schmidt* 9; KMR-*Paulus* 3; *Kleinknecht/Meyer*[37] 2; *Neumann* 142; vgl. aber *v. Kries* 711.
[5] RGSt **35** 351; OLG Bremen GA **1960** 216; OLG München MDR **1974** 775; KMR-*Paulus* 3; *Kleinknecht/Meyer*[37] 2; *Dippel* in *Jescheck/Meyer* 97; *Neumann* 163 Fußn. 14, der aber (137) stets eine doppelte Beschlußfassung fordert; *Eb. Schmidt* 9 und Nachtr. I § 369, 2; *Peters* Fehlerquellen **3** 163 halten die Verbindung der beiden Entscheidungen nur ausnahmsweise für statthaft; **a. A** *v. Hentig* 226, der sie niemals zulassen will.

rungen zu § 368, 1 in Bezug genommen. Wie im Aditionsverfahren, so sind auch im Probationsverfahren die allgemeinen Voraussetzungen des Wiederaufnahmeverfahrens von dessen speziellen Voraussetzungen zu unterscheiden (§ 368, 3 ff). Fraglich erscheint indessen, ob mit dem Zulassungsbeschluß nach § 368 über die Zulässigkeit des Wiederaufnahmeverfahrens schon endgültig entschieden ist und ob etwaige die Zulässigkeit der Wiederaufnahme ausschließende Umstände im Probationsverfahren noch berücksichtigt werden dürfen. Die Frage ist — vorab — dahingehend zu beantworten, daß dem Zulassungsbeschluß nach § 368 lediglich hinsichtlich der Voraussetzungen des § 366 Abs. 2 eine bindende Wirkung zukommt, daß aber im übrigen auch noch nach Erlaß des Zulassungsbeschlusses eine etwaige Unzulässigkeit des Wiederaufnahmeverfahrens zu berücksichtigen ist.

6   a) **Die allgemeinen Voraussetzungen des Wiederaufnahmeverfahrens.** Über diese Voraussetzungen (s. dazu oben Vor § 359, 93 ff; § 368, 3 ff) wird regelmäßig nach § 206 a entschieden, im Fall der fehlenden Zuständigkeit in entsprechender Anwendung der §§ 270, 354 Abs. 2 (§ 367, 32 ff). Diese allgemeinen Zulässigkeitsvoraussetzungen sind nicht Gegenstand des Zulassungsbeschlusses nach § 368, weshalb dieser insoweit gar keine Bindungswirkung entfalten kann. Demnach kann insoweit das Wiederaufnahmeverfahren auch noch im Probationsverfahren nach § 206 a eingestellt werden; auch können die sonst gebotenen Entscheidungen z. B. nach § 270 getroffen werden.

7   b) **Die speziellen Voraussetzungen der Wiederaufnahme.** Hat der Wiederaufnahmeantrag den Filter der Zulässigkeitsprüfung mit dem Zulassungsbeschluß nach § 368 passiert, so kann sich in der **Begründetheitsprüfung** neben der Richtigkeit oder der Unrichtigkeit der Behauptungen im Wiederaufnahmeantrag gleichwohl herausstellen, daß die behauptete Antragsberechtigung nicht bestand, ein ungeeignetes Beweismittel angeführt wurde oder sonst **mangels einer speziellen Zulässigkeitsvoraussetzung** (Statthaftigkeit der Wiederaufnahme; Antragsberechtigung; Beschwer, §§ 366, 368 Abs. 1; s. dazu § 368, 5 und Vor § 359, 105 ff) ein Grund besteht, der schon zur Verwerfung des Antrags berechtigt hätte. Es erscheint fraglich, wie das Gericht in diesem Fall verfahren soll.

8   aa) Die erste Möglichkeit einer **inhaltlichen Bindung** der Begründetheitsprüfung an den Zulässigkeitsbeschluß scheitert schon am Wesen der Zulässigkeitsprüfung als eines bloßen Hemmnisses für den Eintritt in das Probationsstadium, die aber zu keiner Sachentscheidung über das Vorliegen der Wiederaufnahmegründe und der dazu geeigneten Beweismittel führt und folglich eine dementsprechende Bindungswirkung auch gar nicht entfalten kann[6]. Die zweite, von *Peters* vorgeschlagene Möglichkeit, den Wiederaufnahmeantrag wegen der Überwindung der Zulässigkeitsprüfung nunmehr als unbegründet zu verwerfen[7], verdient deshalb keine Zustimmung, weil mit dem Zulassungsbeschluß keine Sachentscheidung getroffen wurde und überdies die mit der Unbegründetheitserklärung verbundene Konsequenz des Verbrauchs der Wiederaufnahmegründe (§ 372, 22 ff) nicht tragbar erscheint[8].

9   Deshalb ist der weit überwiegend vertretenen Auffassung zuzustimmen, daß der **Wiederaufnahmeantrag** auch **nach** dem **Erlaß des Zulässigkeitsbeschlusses** nach § 368 als

---

[6] H. M, so z. B. BayObLGSt **1952** 78; KG JW **1929** 1073; *Eb. Schmidt* § 368, 4; KMR-*Paulus* 4; *Kleinknecht/Meyer*[37] 2; *Neumann* 163 ff; *Peters* Fehlerquellen **3** 141.

[7] *Peters* Fehlerquellen **3** 150.

[8] Dagegen schon KMR-*Paulus* 4; *Kleinknecht/Meyer*[37] 2.

unzulässig verworfen werden kann, wenn die zur Unzulässigkeit des Wiederaufnahmeantrags führenden Umstände im Aditionsverfahren übersehen oder sonst nicht berücksichtigt wurden, so z. B. beim Fehlen der Voraussetzungen des § 359[9], aber auch in anderen Fällen[10]. Dabei spielt es keine Rolle, ob der Antrag sofort als unzulässig hätte verworfen werden müssen oder ob die Gründe, die zu der Unzulässigkeit führen, erst später entdeckt worden sind[11].

bb) Eine **Ausnahme** gilt indessen hinsichtlich der Entscheidung über die Zulässigkeit des Wiederaufnahmeantrags nach **§ 366 Abs. 2**. Würde ein Verstoß gegen diese Formvorschrift noch im Probationsverfahren zur Verwerfung des Antrags als unzulässig führen, so wäre wegen der bloß formellen Rechtskraft dieser Entscheidung die erneute formgerechte Einbringung des Wiederaufnahmeantrags jederzeit möglich. Dieses Verfahren wäre aber auch prozeßökonomisch kaum sinnvoll, weshalb es vertretbar erscheint, dem Zulassungsbeschluß nach § 368 hinsichtlich der Wahrung der von § 366 Abs. 2 vorgeschriebenen Form bindende Wirkung zuzuerkennen[12].

II. Umfang der Prüfung

1. Die gesetzlichen Wiederaufnahmegründe als Gegenstände der Prüfung. Wie bei der Zulässigkeitsprüfung sind auch bei der Prüfung nach § 370 **nur die** von dem Antragsteller **geltend gemachten** Wiederaufnahmegründe zu berücksichtigen. Von ihnen hängt es ab, worauf sich die Prüfung des Gerichts bezieht. Im einzelnen gilt folgendes:

a) Bei **§ 359 Nr. 1 und 2, § 362 Nr. 1 und 2** kommt es wegen der Vorschrift des § 364 Satz 1 regelmäßig nur darauf an, welchen **Einfluß** die verfälschte Urkunde oder die falsche Aussage **auf das angefochtene Urteil** gehabt haben kann (vgl. unten Rdn. 25 ff).

b) Bei **§ 359 Nr. 3, § 362 Nr. 3** begründet die in § 364 Satz 1 vorausgesetzte rechtskräftige Verurteilung ohne weiteres die Wiederaufnahme (vgl. § 359, 28 ff; 34 ff). Auf die Würdigung von Beweisen (unten Rdn. 17) kommt es regelmäßig nicht an. Der **ursächliche Zusammenhang** zwischen der Straftat und dem Urteil braucht **nicht** geprüft zu werden[13].

c) Bei **§ 359 Nr. 4** hängt die Entscheidung davon ab, ob das angefochtene Strafurteil auf ein zivilgerichtliches Urteil gegründet war und ob dieses Urteil nunmehr durch ein anderes, und zwar rechtskräftiges, Urteil aufgehoben worden ist. Das Gericht muß den **Zusammenhang der beiden Urteile** feststellen. Eine über diese Prüfung des ursächlichen Zusammenhangs hinausgehende Erheblichkeitsprüfung findet nicht statt. Erwägungen darüber, ob das Urteil auch ohne das Zivilurteil, auf das es sich gründet, zu Recht ergangen ist, sind daher nicht statthaft[14].

---

[9] KG JW **1929** 1073; OLG Hamburg LZ **1914** 795; OLG Neustadt OLGSt § 359 S. 3; *Peters* Fehlerquellen **3** 141.
[10] OLG Hamburg GA **1967** 317; OLG Köln Alsb. E **2** Nr. 314 b; *Eb. Schmidt* 10; KMR-*Paulus* 4; *Kleinknecht/Meyer*[37] 2; *Dippel* in *Jescheck/Meyer* 98; a. A *v. Hentig* 204 Fußn. 1, 242, der es insbesondere für ganz abwegig hält, daß der erste Richter den vom Beschwerdegericht zugelassenen Antrag noch als unzulässig verwerfen darf; *Neumann* 164 hält die Auffassung des Beschwerdegerichts ebenfalls für bindend.
[11] OLG Dresden HRR **1937** 841; KMR-*Paulus* 4; *Dippel* in *Jescheck/Meyer* 98.
[12] KMR-*Paulus* 4; *Kleinknecht/Meyer*[37] 2; *Stenglein* 1; *Peters* Fehlerquellen **3** 141.
[13] KK-*v. Stackelberg* 3; KMR-*Paulus* § 359, 34; *Kleinknecht/Meyer*[37] 3; *v. Hentig* 228; *Peters* Fehlerquellen **3** 51; s. auch § 359, 2.
[14] *Peters* Fehlerquellen **3** 53.

15 d) Bei § 362 Nr. 4 ist zu prüfen, ob **genügend bestätigt** ist (unten Rdn. 17), daß der Angeklagte das behauptete Geständnis abgelegt hat, und ob es **glaubhaft** ist (vgl. § 362, 18; § 368, 12).

16 e) Bei § 359 Nr. 5 handelt es sich darum, ob der **Tatsachenvortrag** des Antragstellers, dessen Richtigkeit bei der Prüfung nach § 368 ohne weiteres unterstellt worden war (vgl. § 368, 17), durch die Beweisaufnahme nach § 369 eine **genügende Bestätigung** (dazu unten Rdn. 17 ff) gefunden hat. Außerdem ist das Vorliegen aller in § 359 Nr. 5 bezeichneten Voraussetzungen der Wiederaufnahme von neuem zu prüfen (unten Rdn. 18 ff).

17 2. **Genügende Bestätigung der im Wiederaufnahmeantrag aufgestellten Behauptungen.** Das Gericht muß hier im wesentlichen jene **Prüfung wiederholen**, die es schon bei der Zulässigkeitsprüfung angestellt hat: diesmal aber nicht vom Standpunkt der als richtig unterstellten Behauptungen, sondern **aufgrund des Ergebnisses der Beweisaufnahme** über diese Behauptungen. Das bedeutet im einzelnen:

18 a) **Würdigung der Beweisaufnahme.** Das Gericht muß zunächst die Ergebnisse der Beweisaufnahme auf ihre **Beweiskraft prüfen**[15]. Wenn es an der Beweiskraft fehlt, ist der Wiederaufnahmeantrag unbegründet. Bei der Prüfung, ob das Wiederaufnahmevorbringen genügend bestätigt worden ist, darf aber keine volle Überzeugung des Gerichts von der Richtigkeit der Behauptungen des Antragstellers gefordert werden. Es genügt ein **Wahrscheinlichkeitsergebnis**. Ein jeden Zweifel ausschließender Beweis ist nicht erforderlich[16]. Insbesondere die endgültige Entscheidung über die Glaubwürdigkeit von Zeugen kann nur in der neuen Hauptverhandlung getroffen werden[17].

19 b) **Prüfung, ob die Urteilsfeststellungen erschüttert sind.** Das Gericht hat den auf § 359 Nr. 5 gestützten Wiederaufnahmeantrag nach § 368 für zulässig erklärt, weil es für wahrscheinlich gehalten hat, daß die neuen Tatsachen oder Beweise, ihre Richtigkeit unterstellt, die Feststellungen des angefochtenen Urteils erschüttern können (§ 359, 56). Diese Prüfung wird nunmehr, nachdem die Beweise nach § 369 erhoben worden sind, wiederholt. Das Gericht untersucht erneut, ob die **Feststellungen des Urteils durch** die neuen Tatsachen oder **Beweise so erschüttert** werden[18], daß **genügend Anlaß** zur **Erneuerung der Hauptverhandlung** besteht[19].

20 Bei dieser Prüfung sind alle in dem bisherigen Verfahren erhobenen Beweise zu **berücksichtigen**[20], auch Beweiserhebungen in einem früheren, erfolglosen Wiederaufnahmeverfahren[21] und auch, wenn sie von einem unzuständigen Gericht erhoben sind[22].

---

[15] *Dippel* in *Jescheck/Meyer* 102; *Schorn* MDR **1965** 870.

[16] OLG Bremen NJW **1957** 1730; OLG Karlsruhe GA **1974** 250 und Justiz **1984** 308; OLG Saarbrücken JBl. Saar **1965** 47; OLG Schleswig NJW **1974** 714 mit Anm. *Peters; Eb. Schmidt* 6; KK-*v. Stackelberg* 4; *Kleinknecht/Meyer*[37] 4; *Dahs* Hdb. 910; *Wasserburg* Handb. 196 f.

[17] OLG Bremen NJW **1957** 1730; OLG Karlsruhe Justiz **1984** 309.

[18] RGSt **57** 317; OLG Hamm NJW **1962** 69; OLG Köln NJW **1968** 2219; OLG Saarbrücken JBl. Saar **1965** 47; OLG Schleswig NJW **1974** 714 mit Anm. *Peters; Eb. Schmidt* 7; KK - *v. Stackelberg* 2; KMR-*Paulus* 17; *Kleinknecht/Meyer*[37] 4; *Dippel* GA **1972** 107; *Fuchs* JuS **1969** 518.

[19] OLG Bremen NJW **1957** 1730; *Peters*[4] § 76 V 3 b bb und NJW **1974** 715; *Dippel* in Jescheck/Meyer 102.

[20] OLG Bremen NJW **1957** 1370; OLG Karlsruhe GA **1974** 250; OLG Köln NJW **1968** 2219.

[21] KMR-*Paulus* 9; *Fuchs* JuS **1969** 519 Fußn. 43.

[22] OLG Düsseldorf NJW **1979** 1724 LS und JMBlNRW **1979** 259.

Das Gericht soll sich dabei nach der **überwiegend vertretenen Auffassung** (§ 368, **21** 23; eingehend dazu § 359, 141 ff) wie bei der Prüfung nach § 368 (vgl. dort Rdn. 23), auf den **Standpunkt des früher erkennenden Gerichts** stellen und die Ergebnisse der neuen Beweisaufnahme mit den Feststellungen des Urteils vergleichen[22a]. Es dürfe die Entscheidung weder auf Tatsachen stützen, die das früher erkennende Gericht nicht festgestellt oder jedenfalls nicht zum Nachteil des Angeklagten berücksichtigt hat[23], noch dürfe es Beweisanzeichen, die von dem Wiederaufnahmegrund nicht betroffen sind, erneut und mit anderem Ergebnis würdigen als das erkennende Gericht[24]. Denn darin würde eine Verletzung des Grundsatzes der Mündlichkeit und der Unmittelbarkeit liegen[25].

Dieser Auffassung kann indes aus den oben § 359, 141 ff dargelegten Gründen **22** **nicht gefolgt** werden: auch hier hat das **Gericht** alle Beweise einschließlich der zu berücksichtigenden früher erhobenen von **seinem Standpunkt** aus im Zeitpunkt der Entscheidung zu beurteilen.

c) **Hinreichende Wahrscheinlichkeit.** Für die Entscheidung nach § 370 kommt es **23** bei einem auf § 359 Nr. 5 gestützten Wiederaufnahmeantrag zugunsten des Verurteilten nur darauf an, ob es naheliegend[26], mindestens aber **hinreichend wahrscheinlich ist**[27], daß in der neuen Hauptverhandlung eine für den **Verurteilten günstige Entscheidung** ergehen wird, weil das Wiederaufnahmevorbringen dort nachgewiesen werden kann oder, bei widersprüchlichen Darstellungen, in der Hauptverhandlung wenigstens **Raum für die Anwendung des Grundsatzes in dubio pro reo** bleibt[28]. Der erforderliche Grad der Wahrscheinlichkeit ist derselbe wie bei der Prüfung der Erheblichkeit nach § 368[29]. In den Fällen des § 362 ist nicht nur zu prüfen, ob die Urteilsgrundlagen erschüttert sind, sondern auch, ob ein hinreichender Tatverdacht besteht, wie er nach § 203 für die Eröffnung des Hauptverfahrens erforderlich ist.

Da es sich bei der Entscheidung, ob das Wiederaufnahmevorbringen eine genü- **24** gende Bestätigung gefunden hat, nicht um einen Beweis handelt, der alle Zweifel ausräumen muß, kommt die Anwendung des Grundsatzes **in dubio pro reo** ebensowenig in Betracht wie bei der Geeignetheitsprüfung nach § 359 und auch bei der Zulässigkeitsprüfung nach § 368 (§ 359, 139; § 368, 19). Dieser Grundsatz hat für Prognoseentscheidungen, wie sie nach § 370 zu treffen sind, begrifflich keine Bedeutung[30].

[22a] OLG Bremen NJW **1957** 1730; OLG Karlsruhe Justiz **1984** 309; *Eb. Schmidt* 7; *Kleinknecht/Meyer*[37] 4.

[23] BGHSt **19** 365; RGSt **57** 317; OLG Celle NdsRpfl. **1958** 195; OLGSt § 360 S. 2; OLG München *Alsb.* E **2** Nr. 320; *Peters* Fehlerquellen **3** 88 und NJW **1974** 714; *v. Hentig* 243; *Neumann* 165 Fußn. 20; *Schwarz* DJZ **1928** 1296.

[24] BGHSt **19** 365; KK-*v. Stackelberg* 2; KMR-*Paulus* 10; *Peters*[4] § 76 V 3 b bb und Fehlerquellen **3** 99; *Dippel* in *Jescheck/Meyer* 102.

[25] RGSt **57** 317; OLG Celle NdsRpfl. **1958** 195; *Dippel* in *Jescheck/Meyer* 102.

[26] OLG Karlsruhe GA **1974** 250.

[27] OLG Köln NJW **1968** 2119; OLG Karlsruhe Justiz **1984** 309; *Eb. Schmidt* 6; KMR-*Paulus* 11; *Kleinknecht/Meyer*[37] 4; *Dahs* Hdb.

910; *Fuchs* JuS **1969** 519; *Peters* NJW **1974** 715; *Schorn* Strafrichter 265.

[28] OLG Bremen NJW **1957** 1730; OLG Karlsruhe Justiz **1984** 309; *Dalcke/Fuhrmann/Schäfer* 2; KMR-*Paulus* 11; *Kleinknecht/Meyer*[37] 4; *Peters* Fehlerquellen **3** 87 und NJW **1974** 714; *Dahs* Hdb. 910; *Fuchs* JuS **1969** 518; *Günther* MDR **1974** 96; *Schorn* Strafrichter 365; *Stree* In dubio pro reo (1962), 86; *Wasserburg* Handb. 196 f und ZStW **94** (1982) 941; *Dippel* GA **1972** 107 will diesen Grundsatz auch insoweit nicht berücksichtigen.

[29] *Peters* Fehlerquellen **3** 84 ff; § 368, 17.

[30] OLG Karlsruhe GA **1974** 250 und Justiz **1984** 309; OLG Köln NJW **1968** 2119; *Eb. Schmidt* 6; KK-*v. Stackelberg* 5; KMR-*Paulus* 12; *Kleinknecht/Meyer*[37] 4; *Peters* NJW **1974** 715; *Dippel* in *Jescheck/Meyer* 102 ff und GA

3. Der von den Wiederaufnahmegründen des § 359 Nr. 1, 2 und § 362 Nr. 1, 2 geforderte ursächliche Zusammenhang

25 a) **Gesetzliche Kausalitätsvermutung**. In den Fällen des § 359 Nr. 1 und 2 und des § 362 Nr. 1 und 2 ist der Wiederaufnahmeantrag trotz genügender Bestätigung der Wiederaufnahmetatsachen unbegründet, wenn nach Lage der Sache die **Annahme ausgeschlossen** ist, daß die in diesen Vorschriften bezeichneten Taten (Vorlage falscher Urkunden, Aussagedelikte) **auf die Entscheidung Einfluß** gehabt hatten (s. auch Vor § 359, 18). Der ursächliche Zusammenhang zwischen diesen Handlungen und dem Urteil wird gesetzlich vermutet; die Vermutung ist aber widerlegbar[31]. Der Antragsteller muß nicht nachweisen, daß die Straftaten auf das Urteil Einfluß gehabt haben[32]. Vielmehr ist die Wiederaufnahme anzuordnen, wenn das **Gericht** die **Vermutung für den ursächlichen Zusammenhang nicht mit Sicherheit widerlegen** kann[33]. Sie ist widerlegt, wenn die Gründe des angefochtenen Urteils erweisen, daß die Urkunde, die Aussage oder das Gutachten bei der Beweiswürdigung nicht berücksichtigt worden sind[34]. Wenn sie dagegen bei der Beweiswürdigung in irgendeiner Weise herangezogen worden sind, kann die Vermutung regelmäßig nicht widerlegt werden[35]. Bei einem Zeugenmeineid genügt es, daß die Glaubwürdigkeit des Zeugen allgemein erschüttert ist[36]. Daher kommt es nicht darauf an, ob gerade der Teil der Aussage, der nachweislich falsch ist, das Urteil beeinflußt hat (vgl. § 359, 32).

26 b) **Grundlage der Prüfung** ist **nur** das **frühere Urteil**. Zweifel an dem ursächlichen Zusammenhang dürfen nicht etwa durch Ermittlungen, insbesondere nicht durch die Vernehmung der Richter, die an dem Urteil mitgewirkt haben, geklärt werden[37]. Wie bei der Prüfung der Frage, ob das Wiederaufnahmevorbringen eine genügende Bestätigung gefunden hat (oben Rdn. 22), sollte auch die Frage des ursächlichen Zusammenhangs nur vom Standpunkt des Wiederaufnahmegerichts geprüft werden (zu dieser Streitfrage s. oben Rdn. 21 f).

III. Die Entscheidung

27 1. **Form, Inhalt, Zuständigkeit.** Die Entscheidung ergeht nach Anhörung der Beteiligten (§ 33 Abs. 2, 3; § 369 Abs. 4) durch zu begründenden (§ 34) Beschluß ohne mündliche Verhandlung (§ 370 Abs. 1). Der Beschluß wird von demselben Gericht erlassen, das über die Zulassung des Antrags entschieden hat (§ 367 StPO, § 140 a GVG). Wegen des Ausschlusses der Richter, die an den früheren Entscheidungen mitgewirkt haben, vgl. § 23 Abs. 2. Die Entscheidung lautet entweder auf Verwerfung als unbegrün-

---

1972 107; *Fingas* 134; *v. Hentig* 12; *Fuchs* JuS 1965 517; *J. Meyer* JZ 1968 10; *Schöneborn* MDR 1975 442 ff; *Schorn* Strafrichter 365; a. A *Gerland* 440; *Roxin*[19] § 55 C II; *Neumann* 163 Fußn. 12; *Schünemann* ZStW 84 (1972) 870 ff; BVerfG MDR 1975 469 hat die Frage offengelassen.

[31] BGHSt **19** 365; KMR-*Paulus* 14; *Kleinknecht/Meyer*[37] 5; *v. Hentig* 229; *Ditzen* GerS 47 (1892) 144; *Hanack* JZ 1974 20; *Schneidewin* JZ 1957 538; s. auch § 359, 6.

[32] KMR-*Paulus* 14; *Neumann* 161; *Peters* Fehlerquellen **3** 49 ff; a. A *v. Hentig* 81.

[33] BGHSt **19** 365; *Eb. Schmidt* 5; *Kleinknecht/Meyer*[37] 5.

[34] *Neumann* 162.

[35] Vgl. auch § 359, 25 ff; 32; weitergehend *Peters* Fehlerquellen **3** 50, der die Prüfung, ob der „Beweisrest" die Verurteilung trägt, stets für unzulässig hält.

[36] KMR-*Paulus* 14; *Kleinknecht/Meyer*[37] 5.

[37] BGHSt **19** 365; KMR-*Paulus* 15; *Peters* Fehlerquellen **3** 154.

det (Abs. 1) oder auf die Wiederaufnahme des Verfahrens, verbunden entweder mit der Erneuerung der Hauptverhandlung oder einer Entscheidung nach § 371.

2. Der Verwerfungsbeschluß (Absatz 1). Ergibt die Prüfung, daß das Wiederaufnahmevorbringen keine genügende Bestätigung gefunden hat oder, in den Fällen des § 359 Nr. 1 und 2 und des § 362 Nr. 1 und 2, daß die dort bezeichneten Taten auf das Urteil keinen Einfluß gehabt haben, so wird der Wiederaufnahmeantrag als unbegründet verworfen. Das kann auch aus Gründen geschehen, die im Gegensatz zu dem Zulassungsbeschluß stehen[38]. Der Beschluß muß nach § 34 mit Gründen versehen sein. Die Kosten des erfolglosen Wiederaufnahmeantrags sind nach § 473 Abs. 5 Nr. 1 dem Antragsteller aufzuerlegen. Zu ihnen gehören auch die nach §§ 364 a, 364 b zur Vorbereitung des Wiederaufnahmeverfahrens entstandenen Kosten (§ 464 a Abs. 1 Satz 3). Zur Wiederholung eines Antrags, der nach § 370 Abs. 1 verworfen worden ist, vgl. § 372, 22. **28**

3. Die Anordnung der Wiederaufnahme (Absatz 2)
a) **Wiederaufnahmebeschluß.** Hält das Gericht den Wiederaufnahmeantrag für begründet, so muß es nach § 370 Abs. 2 die Wiederaufnahme durch einen mit Gründen versehenen (§ 34) Beschluß anordnen. Ein den gesetzlichen Vorschriften entsprechender rechtskräftiger Wiederaufnahmebeschluß nach § 370 Abs. 2 ist eine **Prozeßvoraussetzung** für das weitere (wiederaufzunehmende) Verfahren[39]. Er ist dessen Rechtsgrundlage[40]. Wenn er fehlt, muß das wiederaufgenommene Verfahren eingestellt werden[41]. Die Beschlußfassung darf daher nicht durch ein Urteil ersetzt werden, das in einer unmittelbar in dem Zulassungsbeschluß angeordneten neuen Hauptverhandlung ergangen ist[42]. Entsprechendes gilt, wenn abzusehen ist, daß eine neue Hauptverhandlung zunächst nicht durchgeführt werden kann und das Verfahren daher nach § 205 eingestellt werden muß. Auch diese Einstellung darf erst beschlossen werden, nachdem durch Beschluß nach § 370 Abs. 2 die Wiederaufnahme des Verfahrens angeordnet worden ist[43]. Zum Fall eines durch Täuschung erschlichenen Wiederaufnahmebeschlusses s. unten Rdn. 51; zum Fall der sofortigen Entscheidung ohne Beschlußfassung nach § 370 Abs. 2 im Fall des § 371 s. § 371, 5; 16 ff. **29**

b) **Beschränkte Wiederaufnahme.** Die Wiederaufnahme kann unter Beschränkung auf einzelne Urteilsbestandteile angeordnet werden, wenn sie nur teilweise beantragt oder begründet ist[44]. Das kommt vor allem in Betracht, wenn der Verurteilte wegen mehrerer in **Tatmehrheit (§ 53 StGB)** stehender Taten bestraft worden ist (§ 368, 29). Eine einheitliche Tat im Sinne des § 264 braucht nicht vorzuliegen[45]; denn auch die Be- **30**

---

[38] *Kleinknecht/Meyer*[37] 6; *Peters*[4] § 76 V 3 b, aa; *Dippel* in *Jescheck/Meyer* 98; vgl. oben Rdn. 5, 9.
[39] BGHSt **18** 341; RGSt **35** 353; RG JW **1938** 1165; RG HRR **1939** 279; BayObLGSt **1952** 78; OLG Dresden JW **1928** 1882 mit Anm. *Unger*; OLG Karlsruhe Justiz **1965** 242; *Eb. Schmidt* 9 und Nachtr. I 2; *Dalcke/Fuhrmann/Schäfer* 4; KK - *v. Stackelberg* 9; KMR-*Paulus* 19; *Kleinknecht/Meyer*[37] 8; *Dippel* in *Jescheck/Meyer* 97; *Peters* Fehlerquellen 3 163.
[40] RGSt **18** 417; **24** 150; **35** 353; **47** 169; BayObLGSt **1952** 79; OLG Jena *Alsb.* E 2 Nr. 325 a.
[41] RG HRR **1939** 279; KK-*v. Stackelberg* 9; KMR-*Paulus* 19.
[42] BayObLGSt **1952** 78; KK-*v. Stackelberg* 9; *Dippel* in *Jescheck/Meyer* 97.
[43] OLG Köln *Alsb.* E 2 Nr. 321; *Eb. Schmidt* 1.
[44] OLG Hamm VRS **21** 44; *Eb. Schmidt* Nachtr. I 1; *Dippel* in *Jescheck/Meyer* 108; *Hanack* JZ **1974** 19.
[45] *Kleinknecht/Meyer*[37] 8; a. A BGHSt **14** 88.

schränkung von Rechtsmitteln ist grundsätzlich ohne Rücksicht darauf wirksam, ob im verfahrensrechtlichen Sinn Tatidentität besteht (s. Erläuterungen bei § 318 und § 344, 21), und es gibt keinen Grund, bei der teilweisen Anordnung der Wiederaufnahme anders zu verfahren. Auf die Verurteilung wegen eines von mehreren tateinheitlich begangenen Delikten kann die Anordnung der Wiederaufnahme dagegen nicht beschränkt werden[46]. Sie ist aber unter Beschränkung auf den Rechtsfolgenausspruch möglich, insbesondere, wenn nur die Rückfallvoraussetzungen erschüttert sind[47]; insoweit gelten die Grundsätze zu § 344 entsprechend (dort Rdn. 30 ff).

IV. Wirkungen der Wiederaufnahmeanordnung

31 **1. Beseitigung der angefochtenen Entscheidung einschließlich deren Rechtskraftwirkung.** Nach allgemein anerkannter Auffassung beseitigt der Wiederaufnahmebeschluß die Rechtskraft der angefochtenen Entscheidung[48] in dem **Umfang**, in dem die Wiederaufnahme angeordnet worden ist.

32 Streitig ist, ob die Wiederaufnahmeanordnung auch zur Folge hat, daß das frühere Urteil nach Rechtskraft der Wiederaufnahmeanordnung schon endgültig **wegfällt oder** ob es zunächst, bis zur Entscheidung in der erneuten Hauptverhandlung, **bestehenbleibt.** Teils wird aus dem Wortlaut des § 371 Abs. 3 Satz 1 („Mit der Freisprechung ist die Aufhebung des früheren Urteils zu verbinden") und des § 373 Abs. 1 („... unter seiner Aufhebung anderweit in der Sache zu erkennen") der Schluß gezogen, daß die Wiederaufnahmeanordnung das Urteil zunächst nicht beseitigt[49]. Auch wird der Wegfall des Urteils schon mit der Rechtskraft des die Wiederaufnahme anordnenden Beschlusses deshalb verneint, weil die angefochtene Entscheidung erst nach rechtskräftigem Abschluß des Wiederaufnahmeverfahrens aus dem Bundeszentralregister entfernt wird (§ 16 Abs. 2 Satz 1 BZRG i. d. F. d. Neubek. v. 21. 9. 1984 — BGBl. I 1229)[50], weil die Möglichkeit einer begrenzten Urteilsnachprüfung die Annahme einer Urteilsbeseitigung ausschließe[51] und weil bei Ablauf der für die Strafverfolgungsverjährung bestimmten Frist das neue Verfahren auf der Geltung des früheren Urteils deshalb aufbaue, weil nach § 78 b StGB die Rechtskraft dieser Entscheidung zum Ruhen der Strafverfolgungsverjährung geführt habe.

33 Diesen Auffassungen kann indessen **nicht gefolgt** werden. Wie das Berufungsgericht, so entscheidet auch das Wiederaufnahmegericht allein aufgrund seiner Erkenntnisse (regelmäßig) in der Hauptverhandlung, ohne etwa, wie das Revisionsgericht, das

---

[46] OLG Karlsruhe Justiz **1967** 55.
[47] BGHSt **11** 361; OLG Hamm NJW **1953** 1765; *Kleinknecht/Meyer*[37] 8; *Peters*[4] § 76 V 3 b bb; *Dippel* in *Jescheck/Meyer* 108.
[48] BGHSt **14** 66; **19** 282; **21** 375; RGSt **30** 421; **35** 352; **57** 317; OLG Bremen NJW **1956** 316; OLG Hamburg *Alsb.* E **2** Nr. 315 a; DRiZ **1933** Nr. 288; VRS **29** 361; OLG Jena *Alsb.* E **2** Nr. 325 a; OLG Karlsruhe Justiz **1965** 242; OLG Saarbrücken NJW **1963** 1515; KK-*v. Stackelberg* 10; *Kleinknecht/Meyer*[37] 10; *Henkel* 397 Fußn. 7; *Roxin*[19] § 55 C II; a. A *Blei* NJW **1957** 961, der sie nur für „durchbrochen" hält.
[49] BayObLGSt **29** 27 = JW **1929** 1491; BayObLGSt **34** 156 = JW **1934** 2864; BayObLG HRR **1936** 86; KG GA **69** (1925) 128; OLG Colmar LZ **1915** 926; OLG Hamm JR Rspr. **1926** Nr. 523; *Peters* Fehlerquellen **3** 155; *Dippel* in *Jescheck/Meyer* 108; *Blei* NJW **1957** 961; *Gerland* ZStW **54** (1935) 324; *Hellm. Mayer* GerS **99** (1930) 345; *Oetker* GerS **65** (1905) 455; **66** (1905) 424; JW **1930** 938; auch *Eb. Schmidt* 1 und Nachtr. I 1 nimmt ein Bestehenbleiben des Urteils „ohne praktische Wirkung" an; ähnlich KMR-*Paulus* 21.
[50] *Hassemer* NJW **1983** 2353, 2357.
[51] *Peters*[4] § 76 V B 3 b bb.

angefochtene Urteil zu überprüfen. Die in § 371 Abs. 3 und § 373 Abs. 1 vorgesehene Aufhebung und die nach § 373 Abs. 1 gegebenenfalls anzuordnende Aufrechterhaltung des angefochtenen Urteils bedeutet wie bei der Entscheidung über die Berufung (vgl. § 328 Abs. 1) lediglich eine vereinfachte Form der Tenorierung, die aber niemals auf dem angefochtenen Urteil als Ergebnis der früheren Hauptverhandlung aufbaut, sondern allein auf der in der neuen Hauptverhandlung begründeten Erkenntnis und Überzeugung des Wiederaufnahmegerichts[52]. Weil die rechtskräftige Wiederaufnahmeanordnung weder geändert noch aufgehoben werden kann (unten Rdn. 51), bleibt die von dieser Anordnung betroffene Entscheidung nicht einmal *rechtskraftfähig*, wie das erstinstanzliche Urteil bei Aufhebung eines Berufungsurteils[53]. Daran kann auch die Möglichkeit einer bloß teilweisen Verfahrenswiederaufnahme nichts ändern: in diesem Fall entfällt das angefochtene Urteil ebenso nur teilweise, wie auch dessen Rechtskraft — von seinem gegenteiligen Standpunkt aus müßte *Peters* auch den Wegfall der Rechtskraft verneinen. Ebensowenig überzeugt das Verjährungsargument: abgesehen davon, daß mit der Rechtskraft der jeweiligen Entscheidung die Verfolgungsverjährung ohnehin endet (jedoch strittig)[54], kann die Verjährung der Wiederaufnahme deshalb nicht entgegenstehen, weil das Verfahren gleichsam unter Überspringen der seit der Rechtskraft verstrichenen Zeit das Verfahren in den Zustand vor Erlaß der angefochtenen Entscheidung zurückversetzt (s. unten Rdn. 35). Auch aus § 16 BZRG (i. d. F. d. Neubek. v. 21. 9. 1984 — BGBl. I 1229) läßt sich nichts Gegenteiliges herleiten: daß Wirkungen eines Gegenstandes dessen Existenz überdauern, ist eine nicht nur in der Rechtsordnung verbreitete Erscheinung. Schon aus diesem Grunde kann auch nicht das Verbot der Schlechterstellung, das ja auch von in der Revisionsinstanz ausdrücklich aufgehobenen Berufungsurteilen ausgeht, für den Fortbestand des angefochtenen Urteils angeführt werden, und auch nicht die fortbestehende Verlesungsmöglichkeit[55].

Deshalb ist der wohl überwiegend vertretenen Auffassung **zuzustimmen**, bereits **34** der Beschluß nach § 370 Abs. 2 **beseitige** das frühere Urteil endgültig[56].

2. Die Folgen des Wegfalls der Rechtskraft
a) Zurückversetzung des Verfahrens in den status quo ante. Der Beschluß nach **35** § 370 Abs. 2 führt, sobald er rechtskräftig geworden ist, wieder **zur Rechtshängigkeit** der Strafsache, die durch das rechtskräftige Urteil erledigt worden war[57]. Bis dahin steht die Rechtskraft des früheren Urteils der Durchführung einer neuen Hauptverhandlung entgegen[58]. Erst der Wiederaufnahmebeschluß versetzt das Verfahren in den Zustand zurück, in dem es sich vor diesem Urteil befunden hatte[59] und kann so zur Gesamt-

---

[52] S. dazu *Gössel* JR **1982** 270 f und unten § 373, 27.
[53] Vgl. *Gössel* JR **1982** 272.
[54] LK-*Jähnke* § 78, 11; str., s. auch Rdn. 40.
[55] So aber *Peters*⁴ § 76 V 3 b bb (S. 685).
[56] RGSt **9** 36; **29** 280; **41** 106; **58** 52; RGRspr. **10** 429; RG JW **1923** 80 mit Anm. *Alsberg*; RG JW **1924** 1769 mit Anm. *Coenders*; RG HRR **1933** 1477; BayObLGSt **1952** 79 unter Aufgabe der in BayObLGSt **29** 27 vertretenen Ansicht; OLG Celle LZ **1915** 1548; OLG Hamm NJW **1957** 473 mit abl. Anm. *Blei* NJW **1957** 960; OLG Königsberg DStR **1935** 123; OLG München DJ **1938** 119; LG Frankfurt NJW **1970** 70; *Dalcke/Fuhrmann/Schäfer* 4; *Feisenberger* 4; *v. Hentig* 187, 236, 242; *Neumann* 172; *Creifelds* JR **1962** 362; *Döring* JR **1927** 100; *Fuchs* JW **1926** 2231; *Schäfer* JR **1929** 67; **1933** 6, 19; *Schwarz* DJZ **1928** 1296.
[57] *Eb. Schmidt* Nachtr. I 2; KK-*v. Stackelberg* 10; KMR-*Paulus* 21.
[58] RG JW **1938** 1165; RG HRR **1939** 279; BayObLGSt **1952** 80; OLG Karlsruhe Justiz **1965** 242.
[59] RGSt **27** 382; **41** 106; **77** 285; RG GA **36** (1888) 314; *Kleinknecht/Meyer*³⁷ 10; *Döring* JR **1927** 100; *Gössel* NStZ **1983** 391, 393.

§ 370 Viertes Buch. Wiederaufnahme

strafenbildung wegen einer nach der Rechtskraft der angefochtenen Entscheidung begangenen Tat führen, weil sich die Zeitfolge des § 55 Abs. 1 nunmehr nach der neuen Entscheidung im wiederaufgenommenen Verfahren richtet[60]. War das Urteil im ersten Rechtszug erlassen worden, so wird das Verfahren wieder in die Lage nach Erlaß des Eröffnungsbeschlusses gebracht[61]. Berufungs- und Revisionsurteile verlieren dann ebenfalls ihre Wirkung[62]. Wenn sich der Wiederaufnahmeantrag gegen ein Berufungsurteil richtet, wird der Zustand wiederhergestellt, der bei Anberaumung der Berufungshauptverhandlung bestanden hatte[63]; das mit der Berufung angefochtene Urteil bleibt bestehen[64]. Entsprechendes gilt für die gegen ein Revisionsurteil gerichtete Wiederaufnahme.

36 b) **Unzulässigkeit der weiteren Strafvollstreckung.** Mit der Rechtskraft des Beschlusses, der die Wiederaufnahme des Verfahrens anordnet, **endet die Vollstreckbarkeit** des Urteils, ohne daß es einer Anordnung nach § 360 Abs. 2 bedarf[65]. Die Vollstreckung einer Freiheitsstrafe oder einer freiheitsentziehenden Maßregel muß sofort beendet werden[66]. Das Gericht muß der Vollstreckungsbehörde eine entsprechende Anweisung erteilen[67].

37 War eine Sache **eingezogen** worden, so lebt das Eigentum des früheren Eigentümers wieder auf; die Wirkung des § 74 e StGB entfällt[68]. Entsprechendes gilt für den Verfall[69]. Wenn dem Verurteilten in dem Urteil Rechte entzogen worden waren (§ 45 StGB), gewinnt er sie bis zu der Entscheidung in der neuen Hauptverhandlung zurück[70].

38 Wird die Wiederaufnahme unter Beschränkung auf die Verurteilung wegen einer von mehreren tatmehrheitlichen Straftaten angeordnet, so wird auch die **Gesamtstrafe** gegenstandslos[71]. Das gleiche gilt für Maßregeln der Besserung und Sicherung, insbesondere die Entziehung der Fahrerlaubnis, wenn ihr gedanklich und rechtlich auch die Verurteilung zugrunde liegt, deretwegen die Wiederaufnahme angeordnet worden ist[72] und auch für Nebenstrafen[73]. Wenn die Wiederaufnahme nur wegen einzelner

---

[60] BayObLG JR **1982** 335 mit zustimmender Anmerkung *Stree*; OLG Bremen NJW **1956** 316; OLG Frankfurt GA **1980** 262, 264; s. unten § 373, 24.

[61] BGHSt **14** 66; RG GA **52** (1905) 88; RGRspr. **10** 430; BayObLGSt **1952** 79; OLG Braunschweig NJW **1961** 1082; OLG Hamm NJW **1957** 473 mit abl. Anm. *Blei* NJW **1957** 960; KMR-*Paulus* 21; *Kleinknecht/Meyer*[37] 10; *Hanack* JZ **1974** 20.

[62] RGSt **27** 383; OLG Köln JMBlNRW **1957** 132; *v. Hentig* 221; *Neumann* 173.

[63] RGSt **77** 284; OLG Hamburg MDR **1949** 504 L; KMR-*Paulus* 21; *Kleinknecht/Meyer*[37] 10; *Döring* JR **1927** 100.

[64] *Neumann* 177; a. A *v. Hentig* 220.

[65] RGSt **76** 48; OLG Bremen NJW **1956** 316; OLG Celle NdsRpfl. **1951** 172; OLG Hamburg JW **1931** 2860 unter Aufgabe der in JW **1930** 3448 mit abl. Anm. *Mannheim* vertretenen Ansicht; OLG München DJ **1938** 119; KK - *v. Stackelberg* 11; KMR-*Paulus* 22; *Kleinknecht/Meyer*[37] 11; *Gerland* 445; *v. Hentig* 208 Fußn. 1; *Neumann* 175; *Schorn* Strafrichter 365.

[66] OLG Jena *Alsb.* E 2 Nr. 325 a; OLG Köln *Alsb.* E 2 Nr. 325 c; *Eb. Schmidt* 3; KMR-*Paulus* 22; *Kleinknecht/Meyer*[37] 11; *Peters* Fehlerquellen **3** 155; *Döring* JR **1927** 101 ff; a. A BayObLGSt **29** 27; **34** 156; BayObLG HRR **1936** 86; KG GA **69** (1925) 128; OLG Celle bei *Döring* JR **1927** 104; OLG Colmar *Alsb.* E 2 Nr. 325 b = LZ **1915** 926; OLG Hamm JR Rspr. **1926** Nr. 523; *Dalcke/Fuhrmann/Schäfer* 4; *Beling* 483 ff, die die weitere Vollstreckung für zulässig halten.

[67] *Eb. Schmidt* 3.

[68] KK - *v. Stackelberg* 11; KMR-*Paulus* 22; *Kleinknecht/Meyer*[37] 11; LK-*Schäfer* § 74 e, 5; *Dreher/Tröndle*[42] § 74 e, 1.

[69] KMR-*Paulus* 22.

[70] *Kleinknecht/Meyer*[37] 11; *Peters* Fehlerquellen **3** 156; vgl. auch § 373, 34.

[71] BGHSt **14** 89; OLG Celle LZ **1915** 1548; OLGSt § 360 S. 1; OLG Hamm VRS **21** 44; KMR-*Paulus* 23; *Kleinknecht/Meyer*[37] 12.

[72] OLG Hamm VRS **21** 44; *Kleinknecht/Meyer*[37] 12.

[73] KMR-*Paulus* 23.

von mehreren tatmehrheitlichen Verurteilungen zugelassen worden ist, kann die Vollstreckung aus dem Urteil aber nach denselben Grundsätzen fortgesetzt werden, die für die Vollstreckung von Einzelstrafen aus einem im Gesamtstrafausspruch noch nicht rechtskräftigen Urteil gelten[74].

c) Neue Verjährungsfrist. Mit der Rechtskraft des Wiederaufnahmebeschlusses beginnt die Verfolgungsverjährung in voller Länge von neuem[75]. Es gelten insoweit dieselben Grundsätze wie bei der Gewährung von Wiedereinsetzung in den vorigen Stand[76]. **39**

Die **Neuregelung** des Verjährungsrechts in den §§ 78 a ff StGB hat hieran nichts geändert[77]. **40**

Die Verjährung beginnt auch dann neu zu laufen, wenn das frühere Urteil auf **Freispruch** gelautet hatte[78]. **41**

d) Zurücknahme von Strafanträgen. Da die Rechtskraft des Urteils durch den Wiederaufnahmebeschluß beseitigt wird (oben Rdn. 31), ist die Zurücknahme von Strafanträgen nach § 77 d Abs. 1 StGB wieder zulässig[79]. Das Verfahren muß dann nach § 206 a eingestellt werden. **42**

e) Wegfall von Verteidigervollmacht und -beiordnung. Vgl. dazu § 364 a, 3 und 5. **43**

3. Eintragung im Bundeszentralregister. Der Beschluß nach § 370 Abs. 2 führt nicht zur Tilgung der Eintragung der früheren Verurteilung im Bundeszentralregister, wird aber selbst eingetragen (§ 16 BZRG i. d. F. d. Neubek. v. 21. 9. 1984, BGBl. I 1229). **44**

4. Wegfall von Gnadenerweisen. Sind zu dem Urteil Gnadenerweise ergangen, so werden sie durch den Wiederaufnahmebeschluß gegenstandslos[80]. Zu der Frage, ob der Gnadenerweis wieder wirksam wird, wenn in der neuen Hauptverhandlung das frühere Urteil aufrechterhalten wird, vgl. § 373, 35. **45**

5. Vorläufige Anordnungen, die durch die Rechtskraft des früheren Urteils prozessual überholt waren und daher nicht förmlich aufgehoben worden sind, insbesondere **46**

---

[74] *Kleinknecht/Meyer*[37] 12; *Neumann* 175 Fußn. 9 und JR **1927** 525; *Döring* JR **1927** 97 ff; vgl. dazu Erläuterungen bei § 449.
[75] RGSt **69** 10; **76** 48; KG GA **69** (1925) 128; OLG Bamberg NJW **1962** 2169; OLG Frankfurt MDR **1978** 513; OLG Hamburg VRS **29** 360; OLG Hamm JR Rspr. **1926** Nr. 523; OLG Schleswig SchlHA **1963** 63; *Eb. Schmidt* 3; *Dalcke/Fuhrmann/Schäfer* 4; *KMR-Paulus* 25; *Kleinknecht/Meyer*[37] 14; *Neumann* 82; *Peters* Fehlerquellen **3** 109; *Kaiser* NJW **1962** 1704; a. A *Schäfer* JR **1933** 18, der die Verjährung voll anrechnen will.
[76] BayObLGSt **30** 156; BayObLGSt **1953** 179; KG DJZ **1907** 1029; OLG Braunschweig NJW **1973** 2119; OLG Dresden JW **1932** 1765 mit Anm. *Köhler*; OLG Frankfurt VRS **50** 128; OLG Hamm NJW **1972** 2097; OLG Stuttgart Justiz **1972** 363.
[77] LK-*Jähnke* § 78, 11; *Göhler* Vor § 31, 2; a. A *Schönke/Schröder/Stree*[22] § 78 a, 15; *Rudolphi* SK Vor § 78, 7; K-*Jähnke* § 78, 11; a. A *Lackner*[16] § 78, 3; KK-v. *Stackelberg* 12; *Peters*[4] § 76 V 3 b bb, welche die Zeit der Rechtskraft des Urteils nur als Ruhen der Verjährung im Sinne des § 78 b Abs. 1 StGB ansehen wollen; wieder anders *Dreher/Tröndle*[42] 11: Ziel der Rechtskraft ist „bloße Hemmung des Verjährungseintritts".
[78] BGH GA **1974** 154; a. A *Feisenberger* 2; *zu Dohna* 211; *Gerland* 437; *Dreher/Tröndle*[42] § 78 b, 11; *Schönke/Schröder/Stree*[22] § 78 a, 15, die den Freigesprochenen nicht schlechter stellen wollen als denjenigen, der überhaupt nicht vor Gericht gestanden hat; vgl. dazu § 362, 3.
[79] *Peters* Fehlerquellen **3** 164.
[80] RGSt **57** 312; BayObLG JZ **1951** 523; *KMR-Paulus* 24; *Kleinknecht/Meyer*[37] 13; *K. Meyer* Recht **1905** 105.

Haftbefehle nach §§ 112 ff, Unterbringungsbefehle nach § 126 a, Beschlagnahmeanordnungen nach §§ 94, 111 b, Beschlüsse über die vorläufige Entziehung der Fahrerlaubnis nach § 111 a und über das vorläufige Berufsverbot nach § 132 a, leben nicht von selbst wieder auf[81]. Sie können aber, wenn ihre Voraussetzungen vorliegen, erneut erlassen werden[82]. Das gilt auch bei einer Wiederaufnahme zuungunsten des Freigesprochenen[83]. Der Erlaß eines Haftbefehls ist auch zulässig, wenn die Wiederaufnahme zugunsten des Verurteilten angeordnet worden ist, jedoch nur die Verurteilung aufgrund eines milderen Gesetzes erstrebt wird[84].

V. Erneuerung der Hauptverhandlung

47 **1. Die Bedeutung der Erneuerungsanordnung.** In dem Beschluß über die Anordnung der Wiederaufnahme ist zugleich die **Erneuerung der Hauptverhandlung** anzuordnen (§ 370 Abs. 2). Das Fehlen dieser Anordnung ist aber unschädlich[85]. Die Anordnung bedeutet, daß aufgrund einer neuen Hauptverhandlung in der Sache erkannt werden muß, und zwar in einem Urteil, das entweder auf Aufrechterhaltung des früheren Urteils lautet oder unter dessen Aufhebung anderweit über die Anklage erkennt (§ 373 Abs. 1). Wegen der Möglichkeit, die Sache auf andere Art zu erledigen, vgl. § 373, 17 ff.

48 **2. Entsprechende Anwendung der § 354 Abs. 3, § 355.** Die neue Hauptverhandlung findet grundsätzlich vor dem Gericht statt, das den Beschluß nach § 370 Abs. 2 erlassen hat. Bleibt es bei diesem Grundsatz, so braucht der Beschluß das zuständige Gericht nicht besonders zu bezeichnen. Es ist aber **auch zulässig**, in entsprechender Anwendung des **§ 354 Abs. 3** die Erneuerung der Hauptverhandlung vor einem niederen Gericht anzuordnen, wenn die noch abzuurteilende Straftat zur Zuständigkeit eines solchen Gerichts gehört[86] (s. § 367, 32 ff; 38 ff). Hatte die frühere Hauptverhandlung vor einem Gericht mit besonderer Zuständigkeit (Schwurgericht, Staatsschutzkammer) stattgefunden, so ist eine solche Abweichung nur zulässig, wenn die Wiederaufnahmeanordnung so beschränkt ist, daß nunmehr die Zuständigkeit eines allgemeinen Strafgerichts gegeben ist[87]. Wird bei einer Wiederaufnahme zuungunsten des Angeklagten die Verurteilung wegen einer Straftat erstrebt, deren Aburteilung nicht zur Zuständigkeit des Gerichts gehört, das das angefochtene Urteil erlassen hat, so ist die Erneuerung der Hauptverhandlung vor dem zuständigen, auch vor einem höheren, Gericht anzuordnen[88] (s. § 367, 32 ff; 38 ff).

49 Für den Fall, daß früher ein **Jugendgericht** entschieden hatte, in der neuen Hauptverhandlung aber nur noch der mitangeklagte Erwachsene vor Gericht steht, gelten die Grundsätze zu § 355 (dort Rdn. 5; oben § 367, 32 ff; 38 ff) entsprechend. Wird jedoch die Wiederaufnahme des mit einem Urteil im ersten Rechtszug abgeschlossenen Verfahrens angeordnet, so ist nach § 47 a JGG — der § 103 Abs. 3 JGG vorgeht — die Erneue-

---

[81] Kleinknecht/Meyer[37] 15.
[82] OLG Köln Alsb. E 2 Nr. 325 c; KMR-Paulus 22; Kleinknecht/Meyer[37] 16; Eb. Schmidt 4; Neumann 176.
[83] Neumann 176; Döring JR **1927** 102.
[84] Peters Fehlerquellen **3** 155.
[85] KMR-Paulus 18; Kleinknecht/Meyer[37] 17; Peters Fehlerquellen **3** 163.
[86] RGSt **9** 34; Eb. Schmidt 13; KK-v. Stackelberg 13; KMR-Paulus 18; Kleinknecht/Meyer[37] 17; Dalcke/Fuhrmann/Schäfer 4; Gerland 445; Neumann 167 ff.
[87] BGHSt **14** 68.
[88] KMR-Paulus 18; Kleinknecht/Meyer[37] 17; Neumann 166.

rung der Hauptverhandlung gleichwohl vor dem Jugendgericht zu bestimmen. Entsprechendes gilt in dem umgekehrten Fall, daß das Urteil gegen einen Jugendlichen oder Heranwachsenden von einem allgemeinen Strafgericht erlassen worden ist[89]. Nur wenn der Wiederaufnahmebeschluß ein Berufungsurteil betrifft, muß es bei der Zuständigkeit des früher erkennenden Gerichts verbleiben (vgl. § 355, 6).

VI. Anfechtung

1. Verwerfungsbeschluß. Der Beschluß ist nach § 372 Satz 1 mit der **sofortigen Beschwerde** anfechtbar. Zur **Aufhebung** des Beschlusses **zwingen** die Verwendung polizeilicher oder staatsanwaltschaftlicher Vernehmungsprotokolle[90] und das Unterlassen der Benachrichtigung vom Termin der Beweisaufnahme (§ 369 Abs. 3, § 224 Abs. 1)[91] oder der Anhörung nach § 369 Abs. 4[92]. Eine Heilung durch Nachholung der Anhörung in der Beschwerdeinstanz ist nicht möglich[93]. In diesen Fällen entscheidet das Beschwerdegericht nicht in der Sache selbst, sondern verweist die Sache zu neuer Entscheidung an das erste Gericht zurück (vgl. § 372, 19).   50

2. Anordnungsbeschluß. Nach § 372 Satz 1 kann der Beschluß von dem Angeklagten angefochten werden, soweit er beschwert ist, nach § 372 Satz 2 aber nicht von der Staatsanwaltschaft (§ 372, 10 ff). Das beschließende **Gericht** darf ihn **nicht selbst wieder aufheben**[94]; eine solche Aufhebung ist unwirksam, und zwar selbst dann, wenn der Beschluß durch Täuschung (Anstiftung eines Zeugen zur Falschaussage) **erschlichen** worden ist[95]. Es muß dann zu einer neuen Verhandlung kommen, deren dem Antragsteller nachteiliger Ausgang von vornherein feststeht[96].   51

VII. Revision

Das Vorliegen eines rechtskräftigen Wiederaufnahmebeschlusses ist in dem neuen Verfahren eine Prozeßvoraussetzung; das Revisionsgericht prüft sie von Amts wegen (oben Rdn. 29; § 337, 29; 50; Näheres § 372, 24 ff). Im übrigen gehört der Inhalt der Wiederaufnahmeanordnung nicht zu den nachprüfbaren Vorentscheidungen (vgl. § 336, 11; 18).   52

---

[89] BGHSt **30** 260; BayObLG MDR **1980** 958; s. auch *Kleinknecht/Meyer* § 355, 8 mit weit. Nachw., jedoch teilweise a. A.
[90] *Kleinknecht/Meyer*[37] 18; *Neumann* 150.
[91] OLG Celle NJW **1962** 1073.
[92] OLG Breslau ZStW **43** (1920) 518; OLG Hamm MDR **1974** 689; OLG Oldenburg NdsRpfl. **1969** 163; **1973** 52; OLG Rostock Alsb. E 2 Nr. 334 = ZStW **42** (1921) 718; KMR-*Paulus* 26; *Kleinknecht/Meyer*[37] 18; *Peters* Fehlerquellen **3** 148; vgl. auch OLG Düsseldorf NJW **1982** 839; OLG Hamburg MDR **1977** 865; § 369, 29.
[93] OLG Hamm MDR **1974** 689; offengelassen von OLG Düsseldorf NJW **1982** 839 und OLG Hamburg MDR **1977** 865, die aber eine Aufhebung dann für geboten halten, wenn noch Beweisanträge gestellt oder offen sind.
[94] LG Frankfurt NJW **1970** 70.
[95] OLG Köln NJW **1955** 314; KMR-*Paulus* 19; *Kleinknecht/Meyer*[37] 18; *Dalcke/Fuhrmann/Schäfer* 4.
[96] *Peters* Fehlerquellen **3** 162 f.

§ 371

(1) Ist der Verurteilte bereits verstorben, so hat ohne Erneuerung der Hauptverhandlung das Gericht nach Aufnahme des etwa noch erforderlichen Beweises entweder auf Freisprechung zu erkennen oder den Antrag auf Wiederaufnahme abzulehnen.

(2) Auch in anderen Fällen kann das Gericht, bei öffentlichen Klagen jedoch nur mit Zustimmung der Staatsanwaltschaft, den Verurteilten sofort freisprechen, wenn dazu genügende Beweise bereits vorliegen.

(3) [1]Mit der Freisprechung ist die Aufhebung des früheren Urteils zu verbinden. [2]War lediglich auf eine Maßregel der Besserung und Sicherung erkannt, so tritt an die Stelle der Freisprechung die Aufhebung des früheren Urteils.

(4) Die Aufhebung ist auf Verlangen des Antragstellers durch den Bundesanzeiger bekanntzumachen und kann nach dem Ermessen des Gerichts auch durch andere Blätter veröffentlicht werden.

Schrifttum. *Börker* Freisprechender Beschluß im Wiederaufnahmeverfahren, NJW **1951** 390; *Knapp* Die Beseitigung einer ungerechtfertigten Verurteilung nach dem Tode des Verurteilten, Diss. Tübingen 1911; *K. Meyer* Die Form der Freisprechung eines Verstorbenen im Wiederaufnahmeverfahren, DJZ **1899** 437.

Entstehungsgeschichte. Durch Art. 2 Nr. 33 AGGewVerbrG wurde dem Absatz 3 der Satz 2 angefügt. Art. 3 Nr. 156 VereinhG faßte den Absatz 4 neu und ersetzte insbesondere die Wörter „Deutschen Reichsanzeiger" durch das Wort „Bundesanzeiger". Art. 21 Nr. 9 EGStGB setzte in Absatz 3 Satz 2 die Wörter „Besserung und Sicherung" an die Stelle der Wörter „Sicherung und Besserung". Bezeichnung bis 1924: § 411.

Übersicht

	Rdn.		Rdn.
I. Bedeutung und Anwendungsbereich		b) Eintrittsrecht der Staatsanwaltschaft und der nach § 361 Abs. 2 Antragsberechtigten.	13
1. Direkte Anwendung	1		
2. Entsprechende Anwendung	3	c) Entscheidung	15
II. Verfahren nach dem Tod des Verurteilten (Absatz 1)		III. Sofortige Entscheidung ohne Hauptverhandlung im Verfahren gegen lebende Verurteilte (Absatz 2)	
1. Tod des Verurteilten vor Antragstellung		1. Direkte Anwendung	16
a) Überblick über das Verfahren	5	2. Entsprechende Anwendung	18
b) Aufnahme der etwa noch erforderlichen Beweise	7	3. Teilweise Freisprechung	19
c) Freisprechung oder Ablehnung des Antrags	8	4. Zustimmung der Staatsanwaltschaft	20
d) Einstellung des Verfahrens	11	5. Ermessensentscheidung	22
2. Tod des Verurteilten nach Antragstellung		IV. Entscheidungsform	25
		V. Öffentliche Bekanntmachung	26
a) Überblick	12	VI. Entschädigung	29
		VII. Anfechtung	30

I. Bedeutung und Anwendungsbereich

1. Direkte Anwendung. § 371 Abs. 1 ist die notwendige Konsequenz der Zulässigkeit der Wiederaufnahme auch nach dem **Tode** des Verurteilten (§ 363). Weil eine Hauptverhandlung gegen einen Verstorbenen nicht durchgeführt werden kann, ist der normale Weg der Rehabilitation des Verstorbenen aufgrund einer — erneuerten — Hauptverhandlung nicht möglich; deshalb sieht § 371 Abs. 1 in diesem Fall eine Entscheidung außerhalb der Hauptverhandlung vor.

Fehlt es in diesem Fall an einer **Möglichkeit** zur Durchführung einer Hauptverhandlung, so erkennt § 371 Abs. 2 an, daß es Fälle gibt, in denen die Durchführung einer Hauptverhandlung **nicht notwendig** ist: hat bereits die Beweisaufnahme etwa in eindeutiger Weise die Unschuld des Angeklagten ergeben, so fordern die Gerechtigkeit und die Interessen des unschuldig Verurteilten eine umgehende Freisprechung unter Vermeidung jeden der Sache nicht dienlichen überflüssigen Formalismus durch eine zudem prozeßökonomische Entscheidung außerhalb einer Hauptverhandlung. **2**

2. Entsprechende Anwendung. Die soeben dargelegten Gründe für eine vereinfachte Entscheidung im wiederaufgenommenen Verfahren liegen indessen nicht nur in den vom Gesetz ausdrücklich geregelten Fällen vor. **3**

Wie beim Verstorbenen, so **fehlt** es auch beim **verhandlungsunfähigen** Verurteilten an einer Möglichkeit zur Durchführung einer Hauptverhandlung; wurde bereits oben Vor § 359, 94 und § 368, 4 eine entsprechende Anwendung des § 361 vorgeschlagen, so auch hier eine entsprechende Anwendung des § 370 Abs. 1[1]. **3a**

Ebenso wie beim evidenten Freispruch bedarf es dann keiner Hauptverhandlung, wenn das Verfahren **eingestellt** werden **kann** oder **muß**, so z. B. im Falle zu berücksichtigender Amnestievorschriften oder beim Fehlen des Strafantrags, was im voraufgegangenen Verfahren übersehen wurde: in diesen Fällen halten Rechtsprechung und Rechtslehre inzwischen allgemein die Einstellung des Verfahrens in entsprechender Anwendung des § 371 Abs. 2 für zulässig (s. unten Rdn. 18). **4**

II. Verfahren nach dem Tod des Verurteilten (Absatz 1)

1. Tod des Verurteilten vor Antragstellung

a) Überblick über das Verfahren. Auch wenn der Verurteilte verstorben und der Wiederaufnahmeantrag zu seinen Gunsten von der Staatsanwaltschaft (§ 361, 5) oder von einem der nach § 361 Abs. 2 Antragsberechtigten gestellt worden ist, muß zunächst nach § 368 über die Zulässigkeit des Antrags entschieden werden, und zwar durch besonderen Beschluß (unten Rdn. 25), vor dessen Erlaß nach § 33 Abs. 2 die Staatsanwaltschaft zu hören ist, wenn sie nicht selbst den Antrag gestellt hat. Für den Fall, daß der Antrag für zulässig erklärt wird, sieht § 371 **Abs. 1** jedoch ein von § 370 **Abs. 2** abweichendes Verfahren für die weitere Entscheidung über den Antrag vor. Eine Zwischenentscheidung über die Begründetheit des Antrags wird nicht getroffen. Vielmehr ist, da eine Hauptverhandlung gegen den Toten nicht durchgeführt werden könnte, nach Erhebung der etwa noch erforderlichen Beweise (unten Rdn. 7) sofort entweder auf Freisprechung zu erkennen oder der Wiederaufnahmeantrag abzulehnen[2]. Das gilt ausnahmslos, auch wenn die Wiederaufnahme gleichzeitig zugunsten anderer Mitverurteilter angeordnet worden ist, die noch am Leben sind und gegen die daher die Hauptver- **5**

---

[1] So besonders nachdrücklich und mit Recht *Hassemer* NJW **1983** 2353; zustimmend *Kleinknecht/Meyer*[37] 6; a. A dagegen – Einstellung nach §§ 206 a, 260 Abs. 3 – OLG Frankfurt NJW **1983** 2398; s. auch unten Rdn. 23.
[2] RGSt **47** 169; *Kleinknecht/Meyer*[37] 1; *Beling* 437; *Henkel* 397 Fußn. 8; *v. Kries* 714; *Dippel* in *Jescheck/Meyer* 110; *Knapp* 34; *Neumann* 199; a. A OLG Bremen JZ **1956** 100; KMR-*Paulus* 2, die eine Verbindung der Beschlüsse nach § 370 Abs. 2, § 371 Abs. 1 für erforderlich halten; zweifelnd auch *Eb. Schmidt* 2.

§ 371 Viertes Buch. Wiederaufnahme

handlung erneuert worden ist. Es ist nicht etwa zulässig, in der neuen Hauptverhandlung die Sache gegen den verstorbenen Verurteilten mitzuverhandeln[3].

6 Das Verfahren nach § 371 ist, aber nur auf Antrag einer der in § 361 Abs. 2 bezeichneten Personen, auch zulässig, wenn der Verstorbene im **Privatklageverfahren** verurteilt worden war. Die Staatsanwaltschaft wirkt dann auch im Wiederaufnahmeverfahren nicht mit; an ihre Stelle tritt der Privatkläger[4]. Zu dem Fall, daß auch der Privatkläger verstorben ist, vgl. Vor § 359, 113 ff.

7 b) **Aufnahme der etwa noch erforderlichen Beweise.** Die notwendigen Beweise werden auf dem Weg des § 369 erhoben. Obwohl die Beweisaufnahme von vornherein nur den Zweck verfolgt, die Frage der Freisprechung zu beurteilen, wird sie nicht von dem ganzen Gericht, sondern nach § 369 Abs. 1 von einem **beauftragten oder ersuchten Richter** durchgeführt[5]. Wenn keine gesetzlichen Hinderungsgründe vorliegen, müssen die Zeugen vereidigt werden; § 369 Abs. 2 gilt insoweit nicht (vgl. dort Rdn. 14). Denn die Beweiserhebungen sollen die Beweisaufnahme ersetzen, die sonst in der Hauptverhandlung stattfindet, und daher muß sich die Vereidigung nach den für die Hauptverhandlung maßgebenden Bestimmungen richten. Die Prozeßbeteiligten haben nach § 369 Abs. 3 Satz 1 Anspruch auf Anwesenheit bei der Beweiserhebung. Die Einschränkung der § 369 Abs. 3 Satz 2, § 224 Abs. 1 Satz 2 gilt nicht[6]. Sämtliche Prozeßbeteiligten müssen daher unter allen Umständen von dem Beweistermin benachrichtigt werden. Ein Verstoß hiergegen kann aber mit der Revision nur gerügt werden, wenn er im Rahmen der Schlußanhörung nach § 369 Abs. 4 beanstandet worden ist[7]. Nach Beendigung der Beweiserhebung ist der Staatsanwaltschaft und dem Antragsteller entsprechend § 369 Abs. 4 eine Frist zur weiteren Erklärung zu setzen[8].

8 c) **Freisprechung oder Ablehnung des Antrags.** Wenn der Verurteilte bereits verstorben ist, kann die Wiederaufnahme von vornherein **nur** mit dem **Ziel** seiner **Freisprechung**[9], bei Verurteilung wegen mehrerer in Tatmehrheit stehender Straftaten auch der **teilweisen Freisprechung**[10], betrieben werden. Auch der auf Freisprechung gerichtete Antrag hat aber keinen Erfolg, wenn nur die Anwendung einer milderen Strafbestimmung in Betracht kommt. Denn nach § 371 Abs. 1 ist die völlige oder teilweise Freisprechung die einzig mögliche Entscheidung, die zugunsten des Antragstellers getroffen werden kann[11]; wegen der Verfahrenseinstellung vgl. unten Rdn. 11.

9 Die Freisprechung setzt nicht den einwandfreien **Nachweis der Unschuld** des Verurteilten voraus, sondern ist auch auszusprechen, wenn ernsthafte Zweifel an seiner Schuld bestehen. Wie sonst bei der Entscheidung in einer Strafsache ist der Grundsatz *in dubio pro reo* anzuwenden[12]. Denn das Verfahren nach § 371 Abs. 1 ersetzt das Ver-

---

[3] RGSt **10** 423; *Eb. Schmidt* 6; KMR-*Paulus* 2; *Kleinknecht/Meyer*[37] 1; *Dalcke/Fuhrmann/ Schäfer* 1; *Gerland* 445 Fußn. 97; *Neumann* 200; *Schwarz* DJZ **1928** 1298; a. A *Peters* Fehlerquellen **3** 158.
[4] *Knapp* 36.
[5] *Kleinknecht/Meyer*[37] 2; a. A *Knapp* 33.
[6] Vgl. KG *Alsb.* E 2 Nr. 324 = GA **37** (1889) 313; *Eb. Schmidt* 4; KMR-*Paulus* 6; *Kleinknecht/Meyer*[37] 2; *Knapp* 33; *Neumann* 205.
[7] RG GA **46** (1898/99) 211.
[8] *Kleinknecht/Meyer*[37] 2; *Knapp* 34.
[9] *Beling* 437; § 361, 6.
[10] KK-*v. Stackelberg* 2 und 4; *Kleinknecht/Meyer*[37] 3; *Neumann* 203 und JR **1927** 525.
[11] OLG Hamm NJW **1957** 473; KMR-*Paulus* 4; *Kleinknecht/Meyer*[37] 3; *Peters* Fehlerquellen **3** 158.
[12] KK-*v. Stackelberg* 4; *Kleinknecht/Meyer*[37] 4; *Neumann* 199; *Peters* Fehlerquellen **3** 159; a. A *Eb. Schmidt* 3: Erschütterung des Schuldbeweises derart, daß erhebliche Bedenken gegen die Verurteilung bestehen; ähnlich KMR-*Paulus* 9: Erschütterung des Schuldbeweises derart, daß auch im Fall einer Hauptverhandlung Freispruch mit überwiegender Wahrscheinlichkeit zu erwarten wäre. In der Sache erscheint die Differenz zur hier vertretenen Meinung denkbar gering.

fahren in der Hauptverhandlung, und es ist nicht einzusehen, weshalb hinsichtlich der Überzeugung von der Schuld des Verurteilten andere Grundsätze als in der Hauptverhandlung gelten sollen.

Mit der Freisprechung ist nach § 371 Abs. 3 Satz 1 die **Aufhebung des Urteils** zu verbinden. Ist nur hinsichtlich der Verurteilung wegen einer von mehreren Straftaten die Freisprechung geboten, so wird das Urteil nur in diesem Umfang aufgehoben. Eine neue Gesamtstrafe ist nicht zu bilden, auch wenn wegen der Teilaufhebung die früher gebildete Gesamtstrafe entfällt[13], die aber durch gesonderten Beschluß im Rahmen des Verfahrens nach § 371 Abs. 1 gebildet werden kann (unten Rdn. 19). Kommt eine auch nur teilweise Freisprechung nicht in Betracht, so hat das Gericht den Wiederaufnahmeantrag nicht zu verwerfen, sondern „abzulehnen" (§ 371 Abs. 1).

10

d) **Einstellung des Verfahrens.** Der Freisprechung steht auch bei der Anwendung des § 371 Abs. 1 die Einstellung des Verfahrens wegen eines **Verfahrenshindernisses** (vgl. § 359, 124 ff) gleich[14]. War gegen den Verurteilten nur auf eine **Maßregel** der Besserung und Sicherung erkannt worden, so tritt an die Stelle der Freisprechung die Aufhebung des früheren Urteils (§ 371 Abs. 3 Satz 2).

11

2. Tod des Verurteilten nach Antragstellung

a) **Überblick.** Wenn die Staatsanwaltschaft **zuungunsten** des Angeklagten die Wiederaufnahme betreibt und der Angeklagte nach der Antragstellung verstirbt, wird das Verfahren **eingestellt**[15]. Hat die Staatsanwaltschaft hingegen den Antrag **zugunsten** des Verurteilten mit dem Ziel der Freisprechung gestellt, so wird das Verfahren auch nach dem Tod des Verurteilten **fortgesetzt**[16]. Anders ist es, wenn zugunsten des Verurteilten zu dessen Lebzeiten ein Wiederaufnahmeantrag von dem gesetzlichen Vertreter oder Erziehungsberechtigten gestellt worden ist. Verstirbt der Verurteilte nach der Antragstellung, so wird das Verfahren nur dann fortgeführt, wenn der Antragsteller zugleich zu dem in § 361 Abs. 2 bezeichneten Personenkreis gehört; andernfalls wird es eingestellt[17].

12

b) **Eintrittsrecht der Staatsanwaltschaft und der nach § 361 Abs. 2 Antragsberechtigten.** Hat der Verurteilte oder für ihn sein Verteidiger den Antrag gestellt und verstirbt der Verurteilte vor der Entscheidung über den Antrag oder wird er für tot erklärt[18], so ist § 371 Abs. 1 entsprechend anzuwenden. Wenn der Verurteilte den Antrag nur gestellt hatte, um aufgrund eines milderen Gesetzes zu einer geringeren Strafe verurteilt zu werden, ist der Antrag daher abzulehnen[19]. War der Antrag auf Freisprechung gerichtet, so kann die Staatsanwaltschaft oder ein nach § 361 Abs. 2 Antragsberechtigter das Verfahren zugunsten des Verstorbenen **weiterbetreiben**[20]. Dazu ist eine *ausdrückliche*

13

---

[13] KMR-*Paulus* 8; *Kleinknecht/Meyer*[37] 3; a. A RGSt **47** 166, 170; *Neumann* 203.
[14] KK-*v. Stackelberg* 4; KMR-*Paulus* 4; *Kleinknecht/Meyer*[37] 3.
[15] KK-*v. Stackelberg* 3; *Kleinknecht/Meyer*[37] 5; a. A *Neumann* 99, der entsprechend § 371 Abs. 1 die Ablehnung des Antrags für nötig hält.
[16] *Neumann* 101.
[17] *Neumann* 101.
[18] *Neumann* 199 Fußn. 4.
[19] *v. Hentig* 123; *Knapp* 22; a. A *Neumann* 100, der die Weiterführung des Verfahrens durch die nach § 361 Abs. 2 Antragsberechtigten mit dem Ziel der Freisprechung zulassen will.
[20] BGHSt **21** 373; KMR-*Paulus* 5; *Kleinknecht/Meyer*[37] 5; *Beling* 437; *v. Hentig* 257; *Neumann* 100; a. A *Oetker* JW **1930** 938, der die Einstellung des Verfahrens und einen neuen Antrag verlangt; *Knapp* 21 ff will die Verfahrensfortführung durch die Staatsanwaltschaft nicht zulassen.

Erklärung erforderlich, die das Gericht gegebenenfalls anregen kann. Der Antrag auf Fortführung des Verfahrens muß mit dem Ziel der Freisprechung des Verurteilten gestellt werden, nicht nur zu dem Zweck, die notwendigen Auslagen erstattet zu erhalten[21]. Falls kein Berechtigter an die Stelle des verstorbenen Antragstellers tritt, soll das Verfahren formlos eingestellt werden[22], weil sein Fortgang das Vorhandensein eines Antragstellers unbedingt voraussetzte[22a]; indessen empfiehlt sich auch hier die Verwerfung nach § 368 Abs. 1 (s. § 368, 5).

14 Das **Eintrittsrecht** der Staatsanwaltschaft und der nach § 361 Abs. 2 Antragsberechtigten **besteht** nicht nur, wenn vor dem Tod des Antragstellers lediglich der Zulassungsbeschluß nach § 368 Abs. 1 erlassen, sondern auch, wenn nach § 370 Abs. 2 bereits die Wiederaufnahme des Verfahrens und die Erneuerung der Hauptverhandlung angeordnet worden ist. Dem steht nicht entgegen, daß dann unter Umständen ein bereits für begründet erklärter Wiederaufnahmeantrag nach § 371 Abs. 1 abgelehnt werden muß. Entscheidend ist, daß nach dieser Vorschrift auch der bereits verstorbene Verurteilte durch Urteilsaufhebung und Freisprechung rehabilitiert werden muß, wenn das Urteil falsch war, und daß es daher nicht angängig ist, einen zu Unrecht Verurteilten von dieser Rehabilitierung auszuschließen, nur weil er erst nach Erlaß des Beschlusses nach § 370 Abs. 2 verstorben ist. Das entspricht der jetzt herrschenden Ansicht[23].

15 c) **Entscheidung.** Insoweit bestehen keine Besonderheiten. War die Wiederaufnahme vor dem Tod des Antragstellers noch nicht angeordnet worden, so entfällt auch hier die Beschlußfassung nach § 370 Abs. 2 (oben Rdn. 5).

III. Sofortige Entscheidung ohne Hauptverhandlung im Verfahren gegen lebende Verurteilte

16 1. **Direkte Anwendung.** Auch die Freisprechung eines lebenden Verurteilten kann ausnahmsweise sofort, d. h. ohne vorherige Beschlußfassung über die Erneuerung der Hauptverhandlung[24] und ohne mündliche Verhandlung, erfolgen, wenn aufgrund der neuen Beweislage **nur die Freisprechung** des Verurteilten **in Betracht** kommt. Dadurch soll der mit einer Hauptverhandlung verbundene Aufwand an Zeit, Arbeitskraft und Kosten vermieden werden[25]. Zwingend braucht die Unschuld des Verurteilten nicht bewiesen zu sein[26]; es genügt, daß der Nachweis der Schuld nicht zu erbringen ist[27]: auch hier gilt der Grundsatz „in dubio pro reo".

17 Nach § 371 Abs. 3 Satz 3 tritt auch hier die Aufhebung des früheren Urteils an die Stelle der Freisprechung, wenn nur auf eine **Maßregel** erkannt war. Wenn der Verurteilte in dem angefochtenen Urteil zu Strafe verurteilt, daneben aber nach § 63 Abs. 1

---

[21] BGHSt **21** 376.
[22] *Eb. Schmidt* I 149 und Nachtr. I 2; KMR-*Paulus* 5; *Knapp* 22.
[22a] BGHSt **21** 376; *v. Kries* 635.
[23] BGHSt **21** 375; OLG Hamburg *Alsb.* E 2 Nr. 323; *Eb. Schmidt* Nachtr. I 5; KMR-*Paulus* 5; *Kleinknecht/Meyer*[37] 5; *Peters* Fehlerquellen **3** 158; *Pflüger* NJW **1983** 1894; *Schorn* Strafrichter 366; *Hanack* JZ **1974** 20; a. A OLG Hamm NJW **1957** 473 mit abl. Anm. *Blei* NJW **1957** 960; *Dalcke/Fuhrmann/Schäfer* 1; *Neumann* 102 ff; *Schäfer* JR **1933** 7 ff, die schon den Beschluß nach § 370 Abs. 2 für eine genügende Rehabilitierung halten.
[24] Vgl. AG Preetz NJW **1967** 68; oben Rdn. 5.
[25] BGHSt **14** 66; s. oben Rdn. 2.
[26] KK - *v. Stackelberg* 4; KMR-*Paulus* 13; *Kleinknecht/Meyer*[37] 8; *Bruns* DR **1942** 1326; a. A OLG Jena JW **1928** 2293 mit abl. Anm. *Mamroth*.
[27] KK-*v. Stackelberg* 4; *Kleinknecht/Meyer*[37] 8; *Peters* Fehlerquellen **3** 158 ff.

StGB die Unterbringung in einem psychiatrischen Krankenhaus angeordnet war und die Wiederaufnahme zugelassen worden ist, weil nunmehr seine Schuldunfähigkeit (§ 20 StGB) erwiesen ist, kann neben der Freisprechung nach § 371 Abs. 2 die Unterbringungsanordnung bestehenbleiben[28].

2. Entsprechende Anwendung. § 371 Abs. 2 gilt entsprechend, wenn das Verfahren wegen eines **Prozeßhindernisses** einzustellen ist[29]. Allerdings wird im Schrifttum[30] aus dem Umstand, daß nach § 370 Abs. 2 die „Erneuerung" der Hauptverhandlung angeordnet worden ist, der Schluß gezogen, daß auch die verfahrenseinstellenden **Entscheidungen** nur in der Hauptverhandlung, und zwar durch **Urteil**, getroffen werden können, selbst im Fall der Einstellung nach den §§ 153 ff. Dem ist nicht zuzustimmen. Die Durchführung einer Hauptverhandlung kann trotz ihrer „Erneuerung" erspart werden, wenn das Gesetz die Entscheidung **auch im Beschlußweg** vorsieht. Das gilt für alle Einstellungsanordnungen, auch für die nach den §§ 153 ff[31]. **18**

3. Teilweise Freisprechung. Auch eine nur teilweise Freisprechung ist nach § 371 Abs. 2 möglich[32]. Dabei ist gleichgültig, ob der Wiederaufnahmeantrag von vornherein auf einzelne von mehreren Verurteilungen wegen tatmehrheitlich begangener Straftaten beschränkt war oder ob er nur in diesem Umfang begründet ist[33]. Führt der Wegfall einzelner Verurteilungen zugleich zum **Wegfall der Gesamtstrafe**, so darf in dem schriftlichen Verfahren nach § 371 Abs. 2 auch eine neue Gesamtstrafe gebildet werden[34]. **19**

4. Zustimmung der Staatsanwaltschaft. Bei **öffentlichen Klagen** darf das Gericht den Verurteilten nur dann sofort freisprechen, wenn die Staatsanwaltschaft zustimmt (§ 371 Abs. 2). Da das gesamte Beweismaterial regelmäßig nur in einer neuen Hauptverhandlung umfassend gewürdigt werden kann, ist die Staatsanwaltschaft gehalten, die Zustimmung nur in Ausnahmefällen zu erteilen (Nr. 171 Abs. 1 Satz 2 RiStBV). Ein solcher Ausnahmefall liegt vor, wenn einwandfrei festgestellt ist, daß der Verurteilte zur Tatzeit geisteskrank war, oder wenn seine Unschuld sonst klar zutage liegt (Nr. 171 Abs. 2 RiStBV). Die Zustimmung kann **widerrufen** werden[35]. Der Zustimmung des Verurteilten bedarf es nicht[36]. **20**

Im **Privatklageverfahren** bedarf es der Zustimmung des Privatklägers nicht[37]. Die Zustimmung der Staatsanwaltschaft ist in diesem Verfahren nicht vorgesehen und daher wirkungslos, wenn sie erteilt wird[38]. Auch die Zustimmung des Nebenklägers ist nicht erforderlich[39]. **21**

---

[28] *Peters* Fehlerquellen **3** 161.
[29] KG GA **69** (1925) 130; KK-*v. Stackelberg* 4; KMR-*Paulus* 12; *Kleinknecht/Meyer*[37] 8; *Neumann* 200 Fußn. 7; s. oben Rdn. 4.
[30] *Peters* Fehlerquellen **3** 164 ff; *Fortlage* DJZ **1925** 1033.
[31] OLG Hamm JMBlNRW **1981** 285; KK-*v. Stackelberg* § 373, 4; *Neumann* 88 ff; wie hier auch *Meyer* in der 23. Aufl. § 373, 17, **anders** dagegen § 371, 12; **a. A** ebenfalls KMR-*Paulus* 12; *Kleinknecht/Meyer*[37] 8.
[32] *Eb. Schmidt* 9; KK-*v. Stackelberg* 4; KMR-*Paulus* 12; *Kleinknecht/Meyer*[37] 8.
[33] BGHSt **8** 388; *Kleinknecht/Meyer*[37] 8; **a. A** *Eb. Schmidt* 9, der die Beschränkung schon in dem Antrag verlangt.

[34] BGHSt **14** 85, 89; RGSt **47** 169; RG JW **1928** 68; *Dalcke/Fuhrmann/Schäfer* 4; KK-*v. Stackelberg* 4; KMR-*Paulus* 12; *Kleinknecht/Meyer*[37] 8; *Neumann* 203 und JR **1927** 525.
[35] Vgl. RG HRR **1934** 232; *Kleinknecht/Meyer*[37] 9.
[36] OLG Frankfurt NJW **1965** 314; *Kleinknecht/Meyer*[37] 9.
[37] *Eb. Schmidt* 8; KMR-*Paulus* 15; *Kleinknecht/Meyer*[37] 9; *Neumann* 201; a. A *v. Hentig* 153 Fußn. 1.
[38] *Neumann* 201.
[39] KMR-*Paulus* 15; *Kleinknecht/Meyer*[37] 9; *v. Hentig* 153; *Neumann* 201.

22 **5. Ermessensentscheidung.** Ob das Gericht den Verurteilten ohne erneute Hauptverhandlung sofort freispricht, steht in seinem Ermessen[40]. Das Gericht kann durch Beschluß nach § 371 Abs. 2 auch dann noch entscheiden, wenn es zuvor einen Hauptverhandlungstermin anberaumt hatte[41].

23 Die sofortige Freisprechung wird vor allem **in Betracht** kommen, wenn ein anderer Täter wegen der Tat rechtskräftig verurteilt worden ist oder wenn die Verurteilung auf die Aussage eines einzigen Belastungszeugen gestützt war, die sich als falsch herausgestellt und zur Verurteilung des Zeugen wegen einer Straftat nach §§ 153, 154 oder 163 StGB geführt hat[42]. Die Hauptverhandlung kann auch erspart werden, wenn der Verurteilte nur wegen einer minder schweren Tat bestraft werden könnte, diese aber bereits vor der früheren Verurteilung verjährt war[43], wenn der Verurteilte wegen Schuldunfähigkeit freizusprechen oder wenn seine Schuld nicht erweisbar und er wegen unheilbarer Geisteskrankheit oder aus anderen Gründen dauernd verhandlungsunfähig ist[44].

24 Der **Verurteilte** muß der Entscheidung ohne Hauptverhandlung zwar **nicht zustimmen**[45]. Gegen seinen Willen sollte aber von der Erneuerung der Hauptverhandlung nicht abgesehen werden[46]. Denn er kann gerade in der Urteilsverkündung in einer neuen Hauptverhandlung ein viel wirksameres Mittel zur Wiederherstellung seiner Ehre erblicken als in der öffentlichen Bekanntmachung, die § 371 Abs. 4 als deren Ersatz vorsieht (vgl. auch Nr. 171 Abs. 2 RiStBV). Vor der Entscheidung müssen daher der Verurteilte und dessen Verteidiger zu der Absicht des Gerichts, nach § 371 Abs. 2 zu verfahren, gehört werden[47].

IV. Entscheidungsform

25 Mit dem freisprechenden Erkenntnis muß **zugleich das Urteil aufgehoben** werden (§ 371 Abs. 3 Satz 1). Da das gewöhnlich durch Urteil geschieht und da auch der in § 371 Abs. 1 verwendete Ausdruck „erkennen" nicht auf die Entscheidung durch Beschluß hindeutet, hat man früher angenommen, daß die Entscheidung nach § 371 Abs. 1 und 2 durch **Urteil** zu treffen sei[48]. Der Bundesgerichtshof hält diese Umstände schon deshalb nicht für ausschlaggebend, weil das Gesetz nunmehr auch in anderen Fällen (§ 206 a, jetzt auch § 206 b) eine verfahrensabschließende, meist sogar urteilsaufhebende Entscheidung durch **Beschluß** vorsieht. Er ist daher der Auffassung, daß die Entscheidung nach § 371 wie alle anderen Entscheidungen außerhalb einer Hauptverhandlung durch Beschluß ergeht[49]. Das entspricht der jetzt herrschenden Ansicht[50].

---

[40] KMR-*Paulus* 14; *Kleinknecht/Meyer*[37] 10; *Schlüchter* 777.1.
[41] RG DRiZ **1934** Nr. 53 = HRR **1934** 232; *Dalcke/Fuhrmann/Schäfer* 2; KMR-*Paulus* 14; *Kleinknecht/Meyer*[37] 10.
[42] *Eb. Schmidt* 7; KMR-*Paulus* 14; *Bruns* DR **1942** 1326; vgl. auch *Hahn* 2 1064.
[43] *Dalcke/Fuhrmann/Schäfer* 2.
[44] RMilGE **16** 30; OLG Hamburg *Alsb.* E 2 Nr. 322; KMR-*Paulus* 14; *Neumann* 200; *Peters* Fehlerquellen 3 161.
[45] *Eb. Schmidt* 8; *Neumann* 201.
[46] KMR-*Paulus* 14; *Kleinknecht/Meyer*[37] 10; *Schwarz* DJZ **1928** 1299.
[47] KMR-*Paulus* 14; *Kleinknecht/Meyer*[37] 10; *Bruns* DR **1942** 1325; **a. A** *Peters* Fehlerquellen 3 159.
[48] RGSt **28** 146; **47** 166; RG DR **1942** 1324 mit Anm. *Bruns*; KG GA **69** (1925) 130; *Beling* 437; *zu Dohna* 212; *Gerland* 446; *v. Hippel* 622; *v. Hentig* 237; *Knapp* 34; *Neumann* 206; *K. Meyer* DJZ **1899** 437; ebenso noch OLG Bremen JZ **1956** 100; *Eb. Schmidt* 10 und Nachtr. I 2.
[49] BGHSt **8** 383 = JZ **1956** 501 mit zust. Anm. *Henkel* und abl. Anm. *Schwarz* NJW **1956** 757; BGHSt **14** 66.
[50] *Dalcke/Fuhrmann/Schäfer* 4; *Feisenberger* 1; KK-*v. Stackelberg* 1; KMR-*Paulus* 7; *Kleinknecht/Meyer*[37] 11; *Henkel* 397; *Peters*[4] § 76 V 3 b cc S. 686; *Roxin*[19] § 55 C III 2 b; *Schlüchter* 777.1; *Dippel* in Jescheck/Meyer 110 ff; *Schorn* Strafrichter 366; *Börker* NJW **1951** 390.

V. Öffentliche Bekanntmachung

Die **öffentliche Bekanntmachung** nach § 371 Abs. 4 soll das Fehlen einer Rehabilitierung des Verurteilten durch die Urteilsverkündung in einer Hauptverhandlung ersetzen. Sie findet daher nur in den Fällen des § 371 Abs. 1 und 2 statt[51], es sei denn, daß bereits das aufgehobene Urteil, etwa nach §§ 165, 200 StGB, bekanntgemacht worden war. In diesem Fall kann der Freigesprochene auch die Veröffentlichung der freisprechenden Entscheidung verlangen (§ 373, 33). **26**

Die öffentliche Bekanntmachung setzt immer das **Verlangen des Antragstellers** voraus, also entweder des Berechtigten, der nach dem Tod des Verurteilten das Wiederaufnahmeverfahren betrieben hat, oder im Fall des § 371 Abs. 2 des Verurteilten selbst. Die Staatsanwaltschaft kann die Bekanntmachung auch dann nicht verlangen, wenn sie den Wiederaufnahmeantrag zugunsten des Verurteilten gestellt hat. Das Verlangen auf öffentliche Bekanntmachung ist an keine Frist gebunden[52]. Es kann noch gestellt werden, wenn der freisprechende Beschluß schon erlassen, auch noch, wenn er bereits rechtskräftig geworden ist[53]. **27**

Die Bekanntmachung erstreckt sich nur auf den Ausspruch, daß der Verurteilte freigesprochen wird, nicht auf die Gründe des Beschlusses[54]. Sie muß stets im **Bundesanzeiger** erfolgen (§ 371 Abs. 4). Über weitere Bekanntmachungen in anderen Blättern, insbesondere in einer am Gerichtsort erscheinenden Tageszeitung, entscheidet das Gericht nach pflichtgemäßem Ermessen. Die Bekanntmachung wird nach § 36 Abs. 2 von der Staatsanwaltschaft veranlaßt[55]. § 463 c Abs. 3 und 4 gilt entsprechend. Die Kosten der Bekanntmachung trägt die Staatskasse[56]. **28**

VI. Entschädigung

Eine Entschädigung nach dem StrEG können nach dem Tod des Verurteilten die Unterhaltsberechtigten beanspruchen (**§ 11 Abs. 1 StrEG**), im Fall des § 371 Abs. 2 in erster Hinsicht der Verurteilte selbst (§ 1 StrEG). Hierüber muß zugleich mit dem Beschluß nach § 371 Abs. 1 oder 2 entschieden werden (§ 8 Abs. 1 StrEG). **29**

VII. Anfechtung

Sowohl gegen den freisprechenden als auch gegen den ablehnenden Beschluß ist nach § 372 Satz 1 die **sofortige Beschwerde** zulässig[57]. Die Rechtsmittelbeschränkung des § 372 Satz 2 gilt nicht. Im Fall des § 371 Abs. 2 wird allerdings eine sofortige Beschwerde der Staatsanwaltschaft nur in Betracht kommen, wenn der Beschluß ohne ihre Zustimmung erlassen worden ist. Der Verurteilte kann einen Beschluß, mit dem die so- **30**

---

[51] RGSt **42** 115; RG JW **1931** 1099; *Eb. Schmidt* 14; KMR-*Paulus* 17; *Kleinknecht/Meyer*[37] 12; *Neumann* 207.
[52] KMR-*Paulus* 17; *Kleinknecht/Meyer*[37] 12.
[53] RG DR **1942** 1324 mit Anm. *Bruns; Dalcke/Fuhrmann/Schäfer* 5; KMR-*Paulus* 17; *Kleinknecht/Meyer*[37] 12.
[54] KMR-*Paulus* 17; *Kleinknecht/Meyer*[37] 12; *Knapp* 36.
[55] KMR-*Paulus* 17; *Kleinknecht/Meyer*[37] 12.
[56] *Knapp* 36.
[57] BGHSt **8** 383 = JZ **1956** 501 mit Anm. *Henkel*; BGH NJW **1976** 431; OLG Schleswig SchlHA **1963** 60; *Dalcke/Fuhrmann/Schäfer* 4; KK - *v. Stackelberg* 6; KMR-*Paulus* 18; *Kleinknecht/Meyer*[37] 13.

§ 372   Viertes Buch. Wiederaufnahme

fortige Freisprechung nach § 371 Abs. 2 wegen Fehlens der erforderlichen Zustimmung der Staatsanwaltschaft abgelehnt worden ist, nicht anfechten; er kann die Beschwerde nur darauf stützen, daß das Gericht die Entscheidung trotz Vorliegens der Zustimmung abgelehnt hat[58]. Hat die Staatsanwaltschaft zugestimmt, so ist ihre sofortige Beschwerde mangels Beschwer als unzulässig zu verwerfen[59].

31   Eine **Abänderung** des Beschlusses durch das beschließende Gericht ist unzulässig[60]. Gegen den freisprechenden Beschluß kann die Staatsanwaltschaft nach § 362 ein neues Wiederaufnahmeverfahren betreiben[61].

§ 372

[1]Alle Entscheidungen, die aus Anlaß eines Antrags auf Wiederaufnahme des Verfahrens von dem Gericht im ersten Rechtszug erlassen werden, können mit sofortiger Beschwerde angefochten werden. [2]Der Beschluß, durch den das Gericht die Wiederaufnahme des Verfahrens und die Erneuerung der Hauptverhandlung anordnet, kann von der Staatsanwaltschaft nicht angefochten werden.

Entstehungsgeschichte. Satz 2 wurde durch Art. 10 Nr. 5 StPÄG eingefügt. Bezeichnung bis 1924: § 412.

Übersicht

	Rdn.
I. Anfechtbarkeit der Entscheidungen im Wiederaufnahmeverfahren	
1. Reichweite der Vorschrift insbesondere im Verhältnis zu § 304	1
2. Statthaftigkeit der sofortigen Beschwerde	4
3. Statthaftigkeit der einfachen Beschwerde	
a) Kreis der anfechtbaren Entscheidungen	6
b) Einschränkungen durch § 305	7
II. Anfechtungsberechtigte	
1. Kreis der Berechtigten	9
2. Ausschluß der Beschwerde der Staatsanwaltschaft nach § 372 Satz 2	10
III. Verfahren bei der sofortigen Beschwerde nach § 372 Satz 1	
1. Form	13
2. Zu berücksichtigendes Vorbringen	14
3. Nachschieben neuen Vorbringens	
a) Prüfungsgegenstand	15
b) Neue Tatsachen und Beweismittel	16
4. Entscheidung des Beschwerdegerichts	19
IV. Rechtskraft der Wiederaufnahmeentscheidung	
1. Formelle Rechtskraft	22
2. Materielle Rechtskraft	24

I. Anfechtbarkeit der Entscheidungen im Wiederaufnahmeverfahren

1   **1. Reichweite der Vorschrift insbesondere im Verhältnis zu § 304.** Nach § 304 Abs. 1 können Beschlüsse der Gerichte des ersten Rechtszugs mit der Beschwerde angefochten werden. Wiederaufnahmeverfahren sind Verfahren im ersten Rechtszug im

---

[58] OLG Frankfurt NJW **1965** 314; KMR-*Paulus* 18; *Kleinknecht/Meyer*[37] 13.
[59] *Kleinknecht/Meyer*[37] 13; *Schlüchter* 777. 2.
[60] KK-*v. Stackelberg* 6; *Henkel* JZ **1956** 504.
[61] *Henkel* JZ **1956** 504; *Neumann* 206.

Sinne dieser Vorschrift[1]. Das sich demnach bereits aus § 304 **Abs. 1** ergebende Beschwerderecht wird durch **§ 372 Satz 1 nicht erweitert.** Die Vorschrift bestimmt nur, daß die aus Anlaß eines Wiederaufnahmeantrags von dem Gericht im ersten Rechtszug erlassenen Beschlüsse mit der fristgebundenen sofortigen Beschwerde nach § 311 anzufechten sind. Das ist notwendig, weil gerade im Wiederaufnahmeverfahren der Rechtskraft und Unabänderbarkeit von Beschlüssen besondere Bedeutung zukommt[2].

Sofern das Gesetz schon an **anderer** Stelle vorschreibt, daß Beschlüsse mit der sofortigen Beschwerde anfechtbar sind, wie z. B. in § 206 a Abs. 2 (s. oben § 368, 3 f) und in § 28 Abs. 2 Satz 1, hat § 372 Satz 1 keine Bedeutung[3]. Das Beschwerderecht **Dritter (§ 304 Abs. 2)** läßt § 372 unberührt[4]. Entscheidungen des erkennenden Gerichts, die **nach der Anordnung der Wiederaufnahme** und der Erneuerung der Hauptverhandlung ergehen, fallen nicht unter § 372 Satz 1. **2**

Über den Wiederaufnahmeantrag entscheidet nicht immer ein Gericht des ersten Rechtszugs, sondern unter Umständen auch ein Berufungsgericht (§ 367, 8 ff). Der in § 372 Satz 1 verwendete Ausdruck **„im ersten Rechtszug"** ist daher nicht gleichbedeutend mit „erkennendes Gericht im ersten Rechtszug"[5]. Gemeint ist das Gericht, das nach § 367 Abs. 1 StPO, § 140 a GVG über die Zulässigkeit und Begründetheit des Wiederaufnahmeantrags entschieden hat[6]. **3**

2. Statthaftigkeit der sofortigen Beschwerde. Entsprechend dem Zweck des § 372 Satz 1 (oben Rdn. 1) und entgegen dem zu weit gefaßten Wortlaut der Vorschrift sind **nicht sämtliche Entscheidungen**, die aus Anlaß des Wiederaufnahmeantrags erlassen werden, mit der sofortigen Beschwerde **anfechtbar.** In Betracht kommen nur die Entscheidungen über die Zulässigkeit des Antrags nach § 368 Abs. 1, über die Begründetheit des Antrags nach § 370 Abs. 1 und 2 und über den Aufschub der Strafvollstreckung nach § 360 Abs. 2[7] sowie die freisprechenden Erkenntnisse nach § 371 Abs. 1 und 2[8]. Nur für Beschlüsse dieser Art gilt die Regelung des § 304 Abs. 4 Satz 2 Nr. 5, daß auch die Entscheidungen der Oberlandesgerichte als Gerichte im ersten Rechtszug mit der sofortigen Beschwerde angefochten werden können. **4**

Beschlüsse, mit denen der Wiederaufnahmeantrag nur **teilweise** für zulässig erklärt oder die Wiederaufnahme nur teilweise angeordnet worden ist, können unter Beschränkung auf den den Beschwerdeführer beschwerenden Teil angefochten werden[9]. Das gilt auch, wenn der Antrag nur in den Gründen des Beschlusses teilweise abgelehnt worden ist[10]. Wegen des Verfahrens bei der sofortigen Beschwerde vgl. unten Rdn. 13 ff. **5**

3. Statthaftigkeit der einfachen Beschwerde
a) Kreis der anfechtbaren Entscheidungen. Soweit die gerichtlichen Entscheidungen **nicht nach § 372 Satz 1** mit der sofortigen Beschwerde anzufechten sind, unterliegen **6**

---

[1] OLG Koblenz NJW **1961** 1418; OLG Köln OLGSt § 304 S. 7; KMR-*Paulus* 2.
[2] BGH MDR **1963** 942; KMR-*Paulus* 2.
[3] Peters Fehlerquellen **3** 142.
[4] Neumann 211; KMR-*Paulus* 2.
[5] *Eb. Schmidt* 5; KMR-*Paulus* 2; **a. A** *v. Hentig* 240 ff.
[6] OLG Düsseldorf NJW **1958** 1248; KK-*v. Stackelberg* 2; *Kleinknecht/Meyer*[37] 1.
[7] BGH NJW **1976** 431; OLG Frankfurt NJW **1965** 314; OLG Koblenz NJW **1961** 1418; KK-*v. Stackelberg* 1; KMR-*Paulus* 3; *Kleinknecht/Meyer*[37] 1; für § 360 Abs. 2 auch: BayObLG LZ **1932** 833; OLG Dresden *Alsb.* E **2** Nr. 326; *Eb. Schmidt* § 360, 3; *v. Hentig* 207; *Neumann* 119; Peters Fehlerquellen **3** 149.
[8] KMR-*Paulus* 3; *Kleinknecht/Meyer*[37] 1; s. auch oben § 371, 30.
[9] *Neumann* 209.
[10] OLG Hamm *Alsb.* E **2** Nr. 332.

§ 372 Viertes Buch. Wiederaufnahme

sie der **einfachen Beschwerde** nach § 304 Abs. 1[11]. Dazu gehören die Entscheidungen über die Verteidigerbestellung nach § 364 a[12] und nach § 364 b[13] sowie alle anderen Beschlüsse, die nicht unmittelbar mit der Zulässigkeit, Begründetheit oder Strafvollstreckung zusammenhängen[14]. Insoweit gilt § 304 Abs. 4 Satz 2 Nr. 5 nicht; die Entscheidungen der Oberlandesgerichte sind daher auch unanfechtbar, wenn sie als Gerichte des ersten Rechtszugs entschieden haben[15].

7 b) **Einschränkungen durch § 305.** Bei der Anfechtung der Entscheidungen im Wiederaufnahmeverfahren ist **§ 305 Satz 1 sinngemäß anzuwenden**[16]. Dem erkennenden Gericht im Sinne dieser Vorschrift steht das Gericht gleich, das über Zulässigkeit und Begründetheit des Wiederaufnahmeantrags zu entscheiden hat. Gegen Beschlüsse dieses Gerichts, die solche Entscheidungen nur vorbereiten, ist daher keine Beschwerde zulässig[17].

8 **Unanfechtbar** sind insbesondere Beschlüsse über die Bestellung von Sachverständigen[18], über die Vernehmung von Zeugen[19] und die Ablehnung eines Sachverständigen wegen Befangenheit[20], die Beschränkung der Beweisaufnahme nach § 369 auf bestimmte Beweismittel[21], die Anordnung, daß weitere Beweise erhoben werden sollen[22] und die Ablehnung, weitere Zeugen zu vernehmen[23]. Nach Erlaß des Beschlusses über die Anordnung der Wiederaufnahme (§ 370 Abs. 2) gilt § 305 Satz 1 unmittelbar.

II. Anfechtungsberechtigte

9 1. **Kreis der Berechtigten.** Beschwerdeberechtigt sind der Antragsteller und die Staatsanwaltschaft. Verstirbt der Verurteilte während des Wiederaufnahmeverfahrens, so sind auch die in § 361 Abs. 2 bezeichneten Angehörigen zur Einlegung der sofortigen Beschwerde befugt (vgl. § 371, 13 ff). Die Beschwerde steht auch dem Nebenkläger zu; er kann sich dem Verfahren durch Einlegung eines Rechtsmittels anschließen[24]. Wird

---

[11] KK-*v. Stackelberg* 1.
[12] OLG Koblenz NJW **1961** 1418; *Eb. Schmidt* Nachtr. I § 369, 11; KMR-*Paulus* 4; *Kleinknecht/Meyer*[37] 2; *Peters* Fehlerquellen **3** 142; vgl. auch § 364 a, 15.
[13] BGH NJW **1976** 431; KMR-*Paulus* 4; *Kleinknecht/Meyer*[37] 2; vgl. auch § 364 b, 16.
[14] OLG Koblenz NJW **1961** 1418; *Kleinknecht/Meyer*[37] 2.
[15] BGH NJW **1976** 431.
[16] BayObLG DRiZ **1932** Nr. 384 = LZ **1932** 833; KG GA **69** (1925) 445; OLG Breslau *Alsb.* E **2** Nr. 333 b; OLG Frankfurt NJW **1965** 314; OLG Karlsruhe HRR **1928** 923; *Eb. Schmidt* 2 und Nachtr. § 369, 11; KK-*v. Stackelberg* 4; KMR-*Paulus* 4; *Kleinknecht/Meyer*[37] 2; *Neumann* 151, 210; *Niemeyer* LZ **1915** 607; *Recht* **1919** 111; vgl. auch OLG Hamm JMBlNRW **1972** 239.
[17] *Dalcke/Fuhrmann/Schäfer* § 369, 3; KK-*v. Stackelberg* 4; *Peters* Fehlerquellen **3** 142 weist mit Recht darauf hin, daß das aber nicht für Zwischenbeschlüsse selbständiger Art gilt.
[18] KG GA **69** (1925) 445; OLG Hamm MDR **1969** 950; KK-*v. Stackelberg* 4; KMR-*Paulus* 4.
[19] BayObLG DRiZ **1932** Nr. 384 = LZ **1932** 833; *Dalcke/Fuhrmann/Schäfer* 1; KK-*v. Stackelberg* 4; KMR-*Paulus* 4; *Kleinknecht/Meyer*[37] 2; *Neumann* 210.
[20] OLG Frankfurt NJW **1965** 314; KK-*v. Stackelberg* 4; KMR-*Paulus* 4; *Kleinknecht/Meyer*[37] 2.
[21] BayObLG DRiZ **1932** Nr. 284 = LZ **1932** 833; OLG Frankfurt NJW **1955** 73; OLG Stuttgart GA **71** (1927) 193; KK-*v. Stackelberg* 4; *Kleinknecht/Meyer*[37] 2; vgl. auch § 368, 35.
[22] KG GA **69** (1925) 445; OLG Frankfurt *Alsb.* E **2** Nr. 333 d; KMR-*Paulus* 4; *Kleinknecht/Meyer*[37] 2.
[23] *Neumann* 151.
[24] KMR-*Paulus* 6; *Kleinknecht/Meyer*[37] 3; vgl. auch § 365, 14.

durch die Einstellung der Urteilsvollstreckung nach § 360 Abs. 2 ein Dritter betroffen, etwa der Käufer der rechtskräftig eingezogenen Sache, so steht ihm nach § 304 Abs. 2 die einfache Beschwerde zu[25].

2. Ausschluß der Beschwerde der Staatsanwaltschaft nach § 372 Satz 2. Die Strafprozeßordnung sah ursprünglich vor, daß auch der Beschluß über die Anordnung der Wiederaufnahme und die Erneuerung der Hauptverhandlung (§ 370 Abs. 2) uneingeschränkt anfechtbar ist. In den Motiven heißt es dazu: **10**

> Der Entwurf „hat geglaubt, auch die Beschwerde der Staatsanwaltschaft gegen einen die Wiederaufnahme der Untersuchung anordnenden Beschluß nicht ausschließen zu sollen, damit in Fällen, in denen der Beschluß auf einer unrichtigen Anwendung der für die Wiederaufnahme gegebenen Prozeßvorschriften beruht, eine Abhilfe ermöglicht werde. Hierauf besonders Bedacht zu nehmen, erschien behufs Wahrung des Ansehens rechtskräftiger Urteile geboten" (*Hahn* **1** 267).

Im Jahre 1964 ist für solche Fälle das Beschwerderecht der Staatsanwaltschaft beseitigt worden, weil man jetzt dem **Bestand rechtskräftiger Urteile** einen **geringeren Wert** beimißt als der **Notwendigkeit, Fehlurteile zu beseitigen.** Daher soll schon der Umstand, daß das untere Gericht es für geboten hält, auf einen den Zulässigkeitsvoraussetzungen der §§ 359, 362 bis 364 entsprechenden Antrag das Verfahren wiederaufzunehmen, zu einer ungehinderten und umgehenden Prüfung des Urteils in einer neuen Hauptverhandlung führen[26]. Das gilt aber nur bei Entscheidungen zugunsten des Verurteilten. Wird die Wiederaufnahme zuungunsten des Angeklagten angeordnet, so kann er den Beschluß ohne Einschränkung mit der sofortigen Beschwerde nach § 372 Satz 1 anfechten. Gegen die gesetzliche Neuregelung bestehen indes Bedenken. Sie kann dazu führen, daß zweifelhafte oder sogar unverständliche Wiederaufnahmeanordnungen in Rechtskraft erwachsen und zu überflüssigen Erneuerungen der Hauptverhandlung zwingen[27].

Nach § 372 Satz 2 können **Beschlüsse**, durch die das Gericht die Wiederaufnahme des Verfahrens und die Erneuerung der Hauptverhandlung anordnet (zur Anordnung der Wiederaufnahme in Verbindung mit einer Entscheidung nach § 371 Abs. 1, 2 s. oben § 371, 30), von der Staatsanwaltschaft nicht angefochten werden, auch wenn die Anordnung der Wiederaufnahme **zuungunsten des Verurteilten** auf Antrag des Privatklägers oder des Nebenklägers ergangen ist[28]. Die Staatsanwaltschaft hat daher nicht einmal die Möglichkeit, Entscheidungen vor das Beschwerdegericht zu bringen, die das Recht zum Nachteil des Verurteilten verletzen. Hierzu sind nur der Verurteilte selbst und gegebenenfalls seine in § 361 Abs. 2 bezeichneten Angehörigen berechtigt. Die Vorschrift des § 372 Satz 2 gilt entsprechend für sofortige Beschwerden des Privatklägers und des Nebenklägers, da diese auch sonst keine weitergehenden Rechte als die Staatsanwaltschaft haben[29]. **11**

Die Befugnis der Staatsanwaltschaft, gegen Verwerfungsbeschlüsse nach § 370 Abs. 1 und gegen die **Entscheidung über die Zulässigkeit** des Wiederaufnahmeantrags (§ 368 Abs. 1) sofortige Beschwerde einzulegen, schränkt § 372 Satz 2 nicht ein. Die **12**

---

[25] OLG Colmar *Alsb.* E **2** Nr. 327 = GA **51** (1904) 200 mit Anm. *Vogt*; KMR-*Paulus* 6.

[26] Vgl. KK-*v. Stackelberg* 3; *Dippel* in Jescheck/Meyer 127.

[27] Vgl. *Dippel* in Jescheck/Meyer 128; *Peters* Fehlerquellen **2** 323.

[28] *Kleinknecht/Meyer*[37] 4.

[29] OLG Stuttgart MDR **1970** 165 mit zust. Anm. *Fuchs*; *Eb. Schmidt* Nachtr. I 3; KMR-*Paulus* 7; *Kleinknecht/Meyer*[37] 4.

vorwiegend auf rechtlichem Gebiet liegende Frage der Antragszulässigkeit soll das Beschwerdegericht immer prüfen können. Die Entscheidung über die Zulässigkeit kann von der Staatsanwaltschaft daher auch angefochten werden, wenn in demselben Beschluß (vgl. § 370, 4) zugleich die Wiederaufnahme für begründet erklärt und die Erneuerung der Hauptverhandlung angeordnet wird[30]. Andernfalls wäre die Anfechtbarkeit der Zulässigkeitsentscheidung von dem verfahrensrechtlichen Zufall abhängig, daß das keiner besonderen Beweiserhebung bedürftige Wiederaufnahmevorbringen bereits eine endgültige Entscheidung über den Antrag gestattet, und das Wiederaufnahmegericht könnte überdies das Beschwerderecht der Staatsanwaltschaft dadurch unterlaufen, daß es beide Beschlüsse verbindet. Hebt das Beschwerdegericht den Beschluß auf, soweit er den Wiederaufnahmeantrag zuläßt, und verwirft es den Antrag als unzulässig, so ist die Entscheidung über die Anordnung der Wiederaufnahme und die Erneuerung der Hauptverhandlung gegenstandslos. Der aufhebende Beschluß spricht das zur Klarstellung ausdrücklich aus.

III. Verfahren bei der sofortigen Beschwerde nach § 372 Satz 1

13 1. **Form.** Für die sofortige Beschwerde ist die Form des § 306 Abs. 1 Satz 1, nicht die des § 366 Abs. 2, vorgeschrieben. Der Verurteilte kann sie daher selbst schriftlich einlegen[31].

14 2. **Zu berücksichtigendes Vorbringen.** Da das Gesetz eine Frist nur für die Einlegung der sofortigen Beschwerde bestimmt (§ 311 Abs. 2 Satz 1), nicht für ihre Begründung, muß das Beschwerdegericht Ausführungen des Beschwerdeführers grundsätzlich auch dann berücksichtigen, wenn sie **nach Ablauf der Beschwerdefrist** bis zum Erlaß der Entscheidung bei Gericht eingehen[32].

3. **Nachschieben neuen Vorbringens**

15 a) **Prüfungsgegenstand.** Das Beschwerdegericht ist zu der Prüfung berufen, ob der **erste Richter** die vorgebrachten Wiederaufnahmegründe **zutreffend gewürdigt** hat, nicht dazu, erstmals solche Gründe zu prüfen. Es ist daher unzulässig, mit der sofortigen Beschwerde nach § 372 Satz 1 die Antragsgrundlagen völlig zu wechseln und einen der Wiederaufnahmegründe der §§ 359, 362 geltend zu machen, der nicht Gegenstand des Wiederaufnahmeantrags gewesen ist[33].

16 b) **Neue Tatsachen und Beweismittel.** Streitig ist, ob es zulässig ist, bei dem Wiederaufnahmegrund der neuen Tatsachen oder Beweismittel (§ 359 Nr. 5) neues Vorbringen **nachzuschieben**, also Tatsachen geltend zu machen oder Beweismittel zu benennen, die in dem Wiederaufnahmeantrag nicht angegeben sind. Übereinstimmung besteht nur darüber, daß die Formvorschrift des § 366 Abs. 2 nicht dadurch umgangen werden darf, daß derartige Wiedereinsetzungsgründe erstmals in einer von dem Antragsteller selbst schriftlich eingelegten sofortigen Beschwerde vorgebracht werden[34]. Für den

---

[30] KMR-*Paulus* 7; *Kleinknecht/Meyer*[37] 4; *Fuchs* MDR **1966** 166; a. A *Peters* Fehlerquellen **3** 163.
[31] KG GA **55** (1908) 121; OLG Braunschweig NJW **1966** 993; OLG Hamm MDR **1968** 166; *Eb. Schmidt* 3; KK-*v. Stackelberg* 5; KMR-*Paulus* 9; *Kleinknecht/Meyer*[37] 6; *v. Hentig* 239; *Niemeyer* Recht **1919** 111.
[32] *Eb. Schmidt* 3; KK-*v. Stackelberg* 5; *Neumann* 212; a. A OLG Breslau GA **42** (1894) 149; **57** (1910) 238 L; *v. Hentig* 239.
[33] OLG Dresden DStrZ **1916** 422.
[34] KG GA **55** (1908) 121; OLG Breslau GA **51** (1904) 375; OLG Colmar *Alsb.* E **2** Nr. 328 a; OLG Hamburg *Alsb.* E **2** Nr. 328 c; KK-*v. Stackelberg* 6.

Fall, daß das Rechtsmittel den Formerfordernissen des § 366 Abs. 2 genügt, wurde früher das Nachschieben neuer Tatsachen und Beweismittel von einigen Obergerichten uneingeschränkt zugelassen[35]. Später wurde das Nachschieben überwiegend mit der Begründung für unzulässig gehalten, das über den Wiederaufnahmeantrag entscheidende Tatgericht sei, da es mit der Sache schon von der Verurteilung her vertraut ist, besonders geeignet zur Entscheidung über den Wiederaufnahmeantrag und dürfe nicht dadurch ausgeschaltet werden, daß erstmals das Beschwerdegericht einen Teil des Wiederaufnahmevorbringens prüft[36]. Dieser Ansicht ist die Grundlage dadurch entzogen worden, daß seit der Einfügung des § 23 Abs. 2 durch das StPÄG von 1964 gerade die besonders sachkundigen Richter von der Mitwirkung im Wiederaufnahmeverfahren ausgeschlossen sind und daß nach dem seit 1975 geltenden § 140 a GVG sogar ein anderes Gericht oder wenigstens ein anderer Spruchkörper mit der Entscheidung befaßt ist.

Gleichwohl wird das Nachschieben neuen Wiederaufnahmevorbringens **überwiegend** nach wie vor **nicht zugelassen**, auch wenn es in der Form des § 366 Abs. 2 geschieht[37]. Meist wird das damit begründet, dem Antragsteller müßten wegen der besonderen Bedeutung der Wiederaufnahmeentscheidung unter allen Umständen zwei Rechtszüge erhalten bleiben[38]. Teilweise werden aber ein neuer Tatsachenvortrag, mit dem der bisherige Sachvortrag nur ergänzt und abgerundet wird[39], und die Benennung neuer Beweismittel zu den unverändert bleibenden Tatsachenbehauptungen zugelassen[40]. Eine Mittelmeinung will das in der Form des § 366 Abs. 2 geltend gemachte neue Vorbringen berücksichtigen, wenn es ohne weiteres zugunsten des Verurteilten wirkt[41]. **17**

Der Ansicht, daß neues Tatsachenvorbringen und neue Beweise mit der sofortigen Beschwerde auch dann **nicht nachgeschoben** werden können, wenn die Form des § 366 Abs. 2 gewahrt wird, ist zuzustimmen. Eine Ausnahme ist nur für Ergänzungen des Tatsachenvortrags zu machen, die diesen im Kern unverändert lassen. Weitere Beweise können niemals nachgeschoben werden. Zu einem anderen Verfahren besteht kein Grund, weil der Antragsteller jederzeit einen neuen Antrag stellen und dabei den Tatsachenvortrag und die Beweisantritte nachholen kann, die er bisher versäumt hat. Ein Antragsteller, der sich diese Mühe ersparen will, muß seine Wiederaufnahmegründe schon **18**

---

[35] KG GA **55** (1908) 121; ZStW **47** (1927) Sd. Beil. 214; OLG Breslau GA **57** (1910) 375; OLG Celle GA **44** (1896) 68; ebenso v. *Hentig* 239; *Neumann* 213; *Niemeyer* Recht **1919** 111 wollte nur das Nachschieben neuer Tatsachen zulassen; einschränkend auch OLG Naumburg *Alsb.* E **2** Nr. 330 c = JR Rspr. **1925** Nr. 549.

[36] OLG Hamm JMBlNRW **1953** 118; Rpfleger **1963** 82; OLG Oldenburg NJW **1952** 1068; *Eb. Schmidt* 4.

[37] KG JR **1967** 32.

[38] KG JR **1967** 32; OLG Braunschweig NJW **1966** 993; OLG Hamm MDR **1968** 166; OLGSt § 372 S. 14; Rpfleger **1963** 82; OLG Karlsruhe OLGSt § 368 S. 1; OLG München NJW **1971** 577 und MDR **1982** 250; OLG Nürnberg bei *Janischowsky* FS Nüchterlein S. 160; OLG Oldenburg NdsRpfl. **1969** 163;

1973 52; OLG Schleswig SchlHA **1983** 114; OLG Stuttgart MDR **1969** 330; so auch schon früher OLG Braunschweig GA **1954** 61; OLG Celle NdsRpfl. **1956** 18; OLG Dresden LZ **1917** 559; OLG Karlsruhe ZStW **42** (1921) 804; OLG Köln GA **57** (1910) 92 L; *Dalcke/Fuhrmann/Schäfer* 2; KMR-*Paulus* 10; *Kleinknecht/Meyer*[37] 7; *Dahs* Hdb. 916; a. A KK-v. *Stackelberg* 6.

[39] OLG Celle JZ **1967** 223 mit zust. Anm. *Hanack*; KMR-*Paulus* 10; *Kleinknecht/Meyer*[37] 7; *Peters* Fehlerquellen **3** 151.

[40] OLG Hamm NJW **1976** 1417 L; KMR-*Paulus* 10; *Hanack* JZ **1967** 225; *Peters* Fehlerquellen **3** 151 ff, der den Begriff des Nachschiebens eng fassen will.

[41] *Dippel* in *Jescheck/Meyer* 130 und früher *Kleinknecht*[33] 6.

bei der Antragstellung vollständig darlegen[42]. Ihm ist nicht die Befugnis eingeräumt, einen der beiden im Gesetz vorgesehenen Rechtszüge dadurch auszuschalten, daß er bestimmte Tatsachen und Beweisantritte erst im Beschwerdeverfahren vorbringt[43]. Die Ansicht, daß diese strengere Auffassung im Grunde nur aus der ablehnenden Einstellung der Gerichte gegen das Wiederaufnahmeverfahren zu verstehen sei[44], trifft nicht zu. Dem Antragsteller vor der Entscheidung über die unzulässige Beschwerde zu empfehlen, er solle sie zurücknehmen und einen neuen Antrag stellen, wird regelmäßig nicht geboten sein[45]. Er erfährt von der Möglichkeit der neuen Antragstellung in dem die sofortige Beschwerde verwerfenden Beschluß, und das versetzt ihn in die Lage, seine Rechte wahrzunehmen.

19   **4. Entscheidung des Beschwerdegerichts.** Nach § 309 Abs. 2 **entscheidet** das Beschwerdegericht **in der Sache selbst**, wenn die Beschwerde für begründet erachtet wird. Jedoch besteht gerade im Wiederaufnahmeverfahren für das Beschwerdegericht häufig Anlaß, von einer **eigenen Sachentscheidung abzusehen**, den angefochtenen Beschluß aufzuheben und die Sache in entsprechender Anwendung der § 328 Abs. 2, 3, § 354 Abs. 2[46] zu neuer Entscheidung an den ersten Richter zurückzuverweisen. So muß verfahren werden, wenn ein nach § 23 Abs. 2 ausgeschlossener Richter an der Entscheidung mitgewirkt hat[47], es sei denn, daß der Antrag wegen Formmangels (§ 366 Abs. 2) eindeutig unzulässig ist[48]. Die Sache ist auch dann zurückzuverweisen, wenn der angefochtene Beschluß keine Sachentscheidung beinhaltet und z. B. einen Wiederaufnahmeantrag zu Unrecht mangels Rechtskraft der mit der Wiederaufnahme angegriffenen Entscheidung als unzulässig verwirft[49] (s. dazu allerdings oben § 368, 4). Eine Zurückverweisung ist ferner regelmäßig erforderlich, wenn dem Antragsteller das rechtliche Gehör nach § 369 Abs. 4 versagt worden ist oder wenn bei der Entscheidung nach § 370 Abs. 1 polizeiliche oder staatsanwaltschaftliche Vernehmungsprotokolle verwendet worden sind (vgl. § 370, 50). Zur Entscheidung des Beschwerdegerichts, wenn ein unzuständiges Gericht über den Wiederaufnahmeantrag entschieden hat, vgl. § 367, 38 ff.

20   Ist der Wiederaufnahmeantrag **teilweise** für zulässig erklärt, teilweise als unzulässig verworfen worden, so kann eine alsbaldige Entscheidung über die sofortige Beschwerde des Antragstellers untunlich sein, etwa wenn der Antrag im Fall seiner Begründetheit dazu zwänge, die Tat- und Beweisfrage auch zu erörtern, soweit der Antrag als unzulässig verworfen worden ist. Daher muß das Beschwerdegericht in solchen Fällen die Entscheidung über die sofortige Beschwerde aussetzen und dem ersten Richter zunächst die Prüfung der Begründetheit überlassen, soweit er den Antrag für zulässig erklärt hat[50].

---

[42] *Peters* FS Gallas 452 ff empfiehlt mit Recht eine sorgfältige Vorbereitung und die Stellung eines umfassenden Antrags; ähnlich *Dahs* Hdb. 899.
[43] So zutreffend OLG Stuttgart MDR **1969** 330.
[44] *Peters* Fehlerquellen **3** 153.
[45] Vgl. *Hanack* JZ **1967** 224 Fußn. 3; a. A KMR-*Paulus* 10.
[46] OLG Frankfurt NStZ **1983** 426.
[47] OLG Bremen NJW **1966** 605; OLG Hamm OLGSt § 23 S. 7; OLG Saarbrücken NJW **1966** 167; KK-*v. Stackelberg* 6; KMR-*Paulus* 11; *Kleinknecht/Meyer*[37] 8.
[48] KG JR **1967** 266; KK-*v. Stackelberg* 6; *Kleinknecht/Meyer*[37] 8; *Peters* Fehlerquellen **3** 143.
[49] OLG Frankfurt NStZ **1983** 426; *Kleinknecht/Meyer*[37] 8 – allerdings hätte in diesem Fall das Verfahren nach der hier vertretenen Auffassung (oben § 368, 4) nach § 206 a eingestellt werden müssen, mit der Folge, daß die sofortige Beschwerde nach § 206 a Abs. 2 statthaft gewesen wäre, nicht aber nach § 372.
[50] OLG Dresden Alsb. E **2** Nr. 335; *Neumann* 213; a. A *v. Hentig* 240.

Eine **weitere Beschwerde** gegen die Entscheidung des Beschwerdegerichts ist, **21** auch im Fall des § 360 Abs. 2, ausgeschlossen[51]. Wenn das Beschwerdegericht unter Aufhebung des von dem sachlich unzuständigen Gericht erlassenen Beschlusses als Gericht des ersten Rechtszugs in der Sache selbst entscheidet, ist der Beschluß anfechtbar; um eine weitere Beschwerde handelt es sich dann nicht[52].

IV. Rechtskraft der Wiederaufnahmeentscheidung

1. Formelle Rechtskraft. Der Wiederaufnahmeantrag kann jederzeit mit demsel- **22** ben Vorbringen wiederholt werden, wenn er nur wegen Formmangels als unzulässig verworfen worden ist[53]. Ist aber eine Sachentscheidung ergangen, gleichgültig, ob der Antrag als unzulässig oder unbegründet verworfen worden ist, so folgt aus der Rechtskraft des die Wiederaufnahme ablehnenden Beschlusses, daß ein neuer Antrag nicht auf dieselben Tatsachen und Beweismittel gestützt werden kann. Das **Wiederaufnahmevorbringen ist verbraucht**[54]. Anders ist es, wenn die Ausführungen über die von dem Antragsteller geltend gemachten Tatsachen und die Beweise in dem früheren Beschluß nicht entscheidungserheblich waren, z. B. wenn im Fall des § 359 Nr. 5 der rechtskräftig gewordene Beschluß die Eignung der neuen Tatsachen nur in einer Hilfserwägung verneint hat[55] oder wenn der Antrag zurückgenommen wurde[56]. Wenn der neue Antrag auf weitere neue Tatsachen oder Beweismittel gestützt ist, können der frühere Sachvortrag und die früher benannten Beweise stets unterstützend herangezogen werden[57].

Der Verbrauch des Wiederaufnahmevorbringens **erstreckt** sich auf die Frage, ob **23** eine Tatsache oder ein Beweismittel neu i. S. des § 359 Nr. 5 ist. Der Antrag kann daher nicht zu dem Zweck wiederholt werden, nunmehr nachzuweisen, daß die Tatsache oder der Beweis entgegen der Annahme des früheren Beschlusses doch neu ist. Entsprechendes gilt für die Entscheidung über die Geeignetheit eines Beweismittels. Auch insoweit kann der Antragsteller mit einem neuen Wiederaufnahmeantrag keine Tatsachen oder Beweise beibringen, mit denen die tatsächlichen Erwägungen des früheren Beschlusses widerlegt werden sollen.

2. Materielle Rechtskraft. Wenn der die Wiederaufnahme des Verfahrens anord- **24** nende Beschluß (§ 370 Abs. 2) infolge Ablaufs der Beschwerdefrist oder nach Verwerfung der sofortigen Beschwerde unanfechtbar geworden ist, steht die Rechtmäßigkeit der Wiederaufnahme **endgültig fest**. In der erneuten Hauptverhandlung ist das Gericht

---

[51] OLG Düsseldorf NJW **1958** 1248; OLG Hamm NJW **1961** 2363; OLG Neustadt NJW **1961** 2363; KMR-*Paulus* 12; *Neumann* 215.
[52] *Neumann* 215 Fußn. 32.
[53] OLG Königsberg *Alsb.* E 2 Nr. 300; OLG Schleswig SchlHA **1953** 214; *Eb. Schmidt* 8; KK-*v. Stackelberg* 7; KMR-*Paulus* 14; *Kleinknecht/Meyer*[37] 9; *Peters* Fehlerquellen **3** 80, 125; *v. Hentig* 183, 203 Fußn. 2.
[54] KG JW **1922** 1419; GA **58** (1911) 226; OLG Braunschweig NJW **1966** 994; OLG Düsseldorf NJW **1947/48** 194 mit Anm. *Cüppers*; JMBlNRW **1984** 263; OLG Hamburg OLGSt § 359 S. 19; OLG Köln GA **53** (1906) 305; OLG Schleswig SchlHA **1952** 156; *Eb. Schmidt* 8; KK-*v. Stackelberg* 7; KMR-*Paulus* 15; *Kleinknecht/Meyer*[37] 9; *v. Hentig* 183, 239; *Neumann* 42; **a. A** für Beschlüsse über die Zulässigkeit nach § 368: KK-*v. Stackelberg* 7; *Peters* Fehlerquellen **3** 80, 138.
[55] KMR-*Paulus* 15; *Kleinknecht/Meyer*[37] 9; *Dippel* in *Jescheck/Meyer* 98.
[56] **A. A** OLG Freiburg SJZ **1950** 622.
[57] BayObLG JW **1935** 961; OLG Hamburg OLGSt § 359 S. 19; KK-*v. Stackelberg* 7; KMR-*Paulus* 15; *Kleinknecht/Meyer*[37] 19; *Peters* Fehlerquellen **3** 150; *v. Hentig* 239; *Cüppers* NJW **1947/48** 195.

an den **Beschluß gebunden**; es hat nicht zu untersuchen, ob er zu Recht erlassen worden ist[58].

25 Weil dieser Beschluß indessen eine Prozeßvoraussetzung darstellt (Vor § 359, 123), sollen nach BGHSt **18** 341 „förmliche und sachliche Mängel denkbar" sein, die das erkennende Gericht des wiederaufgenommenen Verfahrens „zur Nachprüfung berechtigen ... und verpflichten". Wird die Wiederaufnahme nur teilweise zugelassen, so ist auch diese Beschränkung bindend. Das neu erkennende Gericht darf die Verhandlung und Entscheidung nicht weiter erstrecken, als es der Beschluß gestattet[59].

26 Auch das **Revisionsgericht** hat die Zulässigkeit und Begründetheit der Wiederaufnahme grundsätzlich nicht zu prüfen. Dementsprechend kann die Revision gegen das neue Urteil nicht darauf gestützt werden, daß die Wiederaufnahme zu Unrecht angeordnet worden sei[60], es sei denn, die von BGHSt **18** 341 erwähnten Mängel des Beschlusses nach § 370 Abs. 2 (Prozeßvoraussetzung) erlauben und gebieten eine Nachprüfung (Rdn. 24). Wird die Wiederaufnahme unter Beschränkung auf die Verurteilung wegen einzelner Straftaten zugelassen, so bindet auch dies das Revisionsgericht; mit dem Rechtsmittel können daher Einwendungen gegen die Beschränkung nicht geltend gemacht werden[61].

§ 373

(1) In der erneuten Hauptverhandlung ist entweder das frühere Urteil aufrechtzuerhalten oder unter seiner Aufhebung anderweit in der Sache zu erkennen.
(2) ¹Das frühere Urteil darf in Art und Höhe der Rechtsfolgen der Tat nicht zum Nachteil des Verurteilten geändert werden, wenn lediglich der Verurteilte, zu seinen Gunsten die Staatsanwaltschaft oder sein gesetzlicher Vertreter die Wiederaufnahme des Verfahrens beantragt hat. ²Diese Vorschrift steht der Anordnung der Unterbringung in einem psychiatrischen Krankenhaus, einer Entziehungsanstalt nicht entgegen.

Entstehungsgeschichte. Durch Art. 2 Nr. 34 AGGewVerbrG wurde dem Absatz 2 der Satz 2 angefügt. Art. 1 Nr. 4 Buchst. c des Gesetzes zur Änderung von Vorschriften des Strafverfahrens und des Gerichtsverfassungsgesetzes vom 28. 6. 1935 (RGBl. I 844) änderte Absatz 2 dahin, daß das Verschlechterungsverbot beseitigt wurde. Art. 3 Nr. 157 VereinhG stellte die frühere Fassung wieder her. Die in Abs. 2 Satz 2 vorgesehene Aus-

---

[58] BGHSt **14** 88; RGSt **4** 402; **20** 48; **35** 353; RGRSpr. **5** 301; RG JW **1902** 585; RG JR Rspr. **1926** Nr. 214; RG Recht **1921** Nr. 2297; BayObLGSt **1952** 79; OLG Dresden HRR **1929** 2062; OLG Naumburg DRiZ **1926** Nr. 665; *Dalcke/Fuhrmann/Schäfer* § 373, 1; KK-*v. Stackelberg* 8; KMR-*Paulus* 15; *Kleinknecht/Meyer*[37] 10; *Peters* Lb.⁴ § 76 V 3 d und Fehlerquellen **3** 162; *v. Hentig* 204; *Neumann* 188; s. auch oben § 370, 3.
[59] BGHSt **14** 85; **18** 340; RGSt **24** 149; OLG Hamm VRS **21** 414; *Eb. Schmidt* Nachtr. I § 370, 2; KK-*v. Stackelberg* 8; KMR-*Paulus* 15; *Kleinknecht/Meyer*[37] 10; Bedenken erhebt *Hanack* JZ **1974** 19 für den Fall, daß eine neue Gesamtstrafe zu bilden ist.
[60] BGHSt **14** 88; RGSt **4** 402; **20** 48; **22** 98; **29** 280; **35** 353; **65** 272; **77** 285; RGRspr. **5** 300; **6** 344; RG JW **1889** 476; RG Recht **1921** Nr. 2297; **1925** Nr. 2574; OLG Dresden HRR **1929** 2062; OLG Naumburg LZ **1927** 555; *Eb. Schmidt* § 370, 7; KK-*v. Stackelberg* 8; KMR-*Paulus* 15; *Kleinknecht/Meyer*[37] 10; vgl. auch § 336, 11; 18.
[61] BGHSt **14** 85; KMR-*Paulus* 15.

nahme vom Verschlechterungsverbot sollte auch für die vom 2. StRG vorgesehene und zunächst am 1. 1. 1978, später am 1. 1. 1985 einzuführende neue Maßregel der Unterbringung in einer sozialtherapeutischen Anstalt gelten; Art. 7 Abs. 2 des 2. StRG i. d. F. des § 1 des Gesetzes über das Inkrafttreten des zweiten Gesetzes zur Reform des Strafrechts vom 30. 7. 1973 (BGBl. I 904) sah deshalb eine entsprechende Änderung des Abs. 2 Satz 2 vor, die nach Art. 326 Abs. 5 Nr. 2 Buchst. g EGStGB schließlich am 1. 1. 1985 wirksam werden sollte. Nach Art. 2 Abs. 1 Nr. 3 des Gesetzes zur Änderung des Strafvollzugsgesetzes (StVollzÄndG) vom 20. 12. 1984 (BGBl. I 1654) entfällt indes die Unterbringung in einer sozialtherapeutischen Anstalt als eine selbständige Maßregelsanktion des materiellen Rechts; folglich wurde Abs. 2 Satz 2 durch Art. 3 Nr. 3 Buchst. d des StVollzÄndG die jetzt geltende Fassung gegeben, die schon Art. 21 Nr. 91 EGStGB vorgesehen hatte. Bezeichnung bis 1924: § 413.

Übersicht

	Rdn.		Rdn.
I. Neue Hauptverhandlung		d) Maßregeln	25
1. Zuständiges Gericht	1	3. Urteilsausspruch	
2. Verteidigerbestellung	4	a) Aufhebung des Urteils	26
3. Inhalt und Gang der neuen Verhandlung		b) Aufrechterhaltung der Entscheidung	27
a) Gegenstand	5	4. Notwendiger Inhalt des neuen Urteils	29
b) Verlesung des Anklagesatzes	8	5. Anrechnung früherer Rechtsfolgen	
c) Verlesung früherer Entscheidungen	10	a) Strafen	30
d) Zeugen	12	b) Maßregeln	31
e) Nebenkläger	14	c) Einziehung	32
f) Hinweise an den Angeklagten	15	d) Urteilsbekanntmachung	33
		e) Verlust von Rechten	34
II. Neue Entscheidung		f) Gnadenerweise	35
1. Art der Entscheidung	16	6. Kostenentscheidung	36
2. Einzelne Entscheidungsteile		7. Entschädigung	37
a) Schuldspruch	21	8. Anfechtung	38
b) Strafbemessung	23	**III. Verbot der Schlechterstellung**	39
c) Gesamtstrafe	24		

I. Neue Hauptverhandlung

1. Zuständiges Gericht. Wenn die Wiederaufnahme rechtskräftig angeordnet worden ist, wird eine neue Hauptverhandlung anberaumt, und zwar grundsätzlich (über Ausnahmen vgl. § 370, 48) vor dem nach **§ 140 a GVG zuständigen Gericht** in dem Rechtszug, in dem das durch den Wiederaufnahmeantrag angefochtene Urteil ergangen war. Hatte früher ein Gericht mit besonderer Zuständigkeit (Schwurgericht, Staatsschutzkammer, Jugendgericht, Schiffahrtsgericht) entschieden, so ist regelmäßig (über Ausnahmen vgl. § 370, 49) abermals ein Gericht dieser Art zuständig[1]. Richtete sich der Wiederaufnahmeantrag gegen ein Berufungsurteil, so ist wieder ein Berufungsgericht zuständig[2]. Wenn ein Revisionsurteil Gegenstand der Wiederaufnahme war, entscheidet

1

---

[1] BGHSt **14** 66; KMR-*Paulus* 3; *Kleinknecht/Meyer*[37] 1.
[2] RGSt **77** 282; OLG Hamburg MDR **1949** 504 L; *Dalcke/Fuhrmann/Schäfer* 1; KMR-*Paulus* 3; *Kleinknecht/Meyer*[37] 1.

§ 373 Viertes Buch. Wiederaufnahme

ein anderer Senat desselben Revisionsgerichts[3]. Gleiches gilt, wenn sich die Wiederaufnahme gegen **Beschlüsse** richtet (s. dazu Vor § 359, 46 ff und § 367, 7; 12; 14). Bei **Zuständigkeitsmängeln** ist ebenso zu verfahren wie bei § 367, 32 ff vorgeschlagen.

2 Wenn **zur Zeit des Erlasses des früheren Urteils abweichende Zuständigkeiten** bestanden haben, ist § 12 anwendbar; die Sache kann von dem gemeinsamen oberen Gericht einem anderen örtlich zuständigen Gericht übertragen werden. Die Zuständigkeit ist immer den zur Zeit des Wiederaufnahmeverfahrens geltenden Vorschriften anzupassen[4].

3 Die **Richter**, die an dem früheren Urteil mitgewirkt haben, sind bei der neuen Entscheidung **ausgeschlossen** (§ 23 Abs. 2), nicht aber die Richter, die den Beschluß über die Wiederaufnahme (§ 370 Abs. 2) erlassen haben[5].

4 2. **Verteidigerbestellung.** Mit der Rechtskraft des Beschlusses über die Wiederaufnahme des Verfahrens nach § 370 Abs. 2 endet die Bestellung des Pflichtverteidigers (§ 364 a, 3). Der Vorsitzende muß nunmehr erneut darüber befinden, **ob ein Fall** der **notwendigen Verteidigung nach § 140** vorliegt (§ 364 a, 5). Der frühere Verteidiger muß zur Hauptverhandlung nicht geladen werden, wenn er nicht auch für das neue Verfahren bestellt oder bevollmächtigt ist[6].

3. Inhalt und Gang der neuen Verhandlung

5 a) **Gegenstand.** Wenn die neue Verhandlung vor dem Gericht des ersten Rechtszugs oder vor dem Berufungsgericht stattfindet, wird nicht das frühere Urteil nachgeprüft, sondern **die Sache in jeder Hinsicht neu und selbständig** verhandelt[7]. Nicht das frühere Urteil, sondern der Eröffnungsbeschluß und die durch ihn zugelassene Anklage bilden wieder die Rechtsgrundlage des Verfahrens[8].

6 Der Grundsatz des § 264 gilt[9]. **Gegenstand der neuen Verhandlung** und Entscheidung ist die **gesamte Tat** im Sinne dieser Vorschrift. War in der früheren Verhandlung ein Anklagepunkt übergangen worden, so darf er aber nicht ohne weiteres einbezogen werden; dazu bedarf es der Verfahrensverbindung[10]. Bei einer **fortgesetzten Handlung** sind auch Einzelakte abzuurteilen, die dem früher erkennenden Richter unbekannt waren oder die er nicht für strafbar hielt[11]. Das gleiche gilt für Teilakte, die erst nach der ersten tatrichterlichen Verurteilung begangen worden sind; denn da die Rechtskraft des Urteils entfallen ist, bildet sein Erlaß keine Grenze mehr für die Aburteilung der Fortsetzungstat. Im Rahmen des Verhandlungsgegenstandes ist **neues Vorbringen** unbeschränkt zulässig[12].

7 Eine erneute Hauptverhandlung vor dem **Revisionsgericht** hat nur die Revision zum Gegenstand, über die das frühere Revisionsurteil ergangen ist. Die Erweiterung des Revisionsvorbringens zum Verfahren, insbesondere das Nachschieben neuer Rügen, ist daher ausgeschlossen[13].

---

[3] *Kissel* § 140 a, 5; *Kleinknecht/Meyer*[37] 1.
[4] RGSt **9** 37; *Eb. Schmidt* 1.
[5] RGSt **4** 426; *Eb. Schmidt* 4; KMR-*Paulus* 3; *Kleinknecht/Meyer*[37] 1.
[6] RGSt **29** 278.
[7] RGSt **35** 353; **40** 5; **57** 317; RG JW **1930** 937 mit Anm. *Oetker*; RG HRR **1933** 1477; BGH bei *Pfeiffer/Miebach* NStZ **1985** 208; KK-v. *Stackelberg* 1; KMR-*Paulus* 2; *Kleinknecht/Meyer*[37] 2; *Peters*[4] § 76 V 3 d; *Schäfer* JR **1933** 6.
[8] BGHSt **14** 66; RGSt **9** 37; **35** 410; **58** 52; RGRspr. **3** 522; *Eb. Schmidt* 5 und Nachtr. I § 370, 2; *Dalcke/Fuhrmann/Schäfer* § 370, 4; KMR-*Paulus* 2; *Neumann* 177.
[9] BGHSt **19** 282; *Kleinknecht/Meyer*[37] 2.
[10] RGSt **19** 227; *Neumann* 177.
[11] KMR-*Paulus* 2; vgl. auch *Peters* Fehlerquellen **3** 172.
[12] KK-v. *Stackelberg* 4; KMR-*Paulus* 7.
[13] *Neumann* 182.

b) Verlesung des Anklagesatzes. Findet die neue Verhandlung im ersten **8** Rechtszug statt, so ist wieder nach **§ 243 Abs. 3 Satz 1** der Anklagesatz oder der Eröffnungsbeschluß, wenn dieser noch in der Form des § 207 a. F. ergangen war, zu verlesen[14]. Ist eine schriftliche Anklage nicht erhoben worden, wie in dem Verfahren nach den §§ 212 ff oder ist die Anklageschrift verlorengegangen, so sind **andere Schriftstücke** zu verlesen, aus denen sich **der Gegenstand der Anklage** ergibt[15]. Das können je nach den Umständen des Falls der Antrag auf Anberaumung der Hauptverhandlung, die Sitzungsniederschrift, der Verweisungsbeschluß oder der die Wiederaufnahme anordnende Beschluß sein[16].

Im **Berufungsverfahren** ist erneut nach § 324 Abs. 1 Satz 2 das erste Urteil zu verlesen[17]. **9**

c) Verlesung früherer Entscheidungen. Die Verlesung des Beschlusses über die **10** Wiederaufnahme des Verfahrens (§ 370 Abs. 2) ist **weder vorgeschrieben noch erforderlich**[18]; sie ist **aber zulässig**[19]. Zum Verständnis der Prozeßlage, insbesondere, wenn die Wiederaufnahme nur beschränkt angeordnet ist, kann sie mitunter sogar zweckmäßig sein[20]. Sie muß nur unterbleiben, wenn der Beschluß eine eingehende Würdigung der Beweise enthält und wenn an der Verhandlung Schöffen mitwirken[21].

Die Verlesung des **früher ergangenen Urteils** ist zulässig[22] und sogar geboten, **11** wenn die neue Verhandlung sonst unverständlich bliebe[23]. Zum Zweck der Verwertung der früheren Feststellungen für die Schuld- und Rechtsfolgenfrage ist die Verlesung ausgeschlossen[24].

d) Zeugen. Personen, die in dem früheren Verfahren **Mitangeklagte** gewesen **12** sind, müssen in der neuen Verhandlung als Zeugen vernommen werden[25]. Wird die Vereidigung eines Zeugen angeordnet, so kann der Eid nicht durch die Berufung auf den in der früheren Hauptverhandlung oder auf den in der Beweisaufnahme nach § 369 geleisteten Eid ersetzt werden[26]. Die Frage, ob Vereidigungsverbote bestehen, und andere Vereidigungsfragen richten sich nach dem zur Zeit der neuen Hauptverhandlung geltenden Recht[27].

---

[14] Vgl. RGSt **4** 428; RGRspr. **3** 522; RG JW **1932** 2726 mit Anm. *Neumann*; *Eb. Schmidt* 5; KK-*v. Stackelberg* 2; KMR-*Paulus* 5; *Kleinknecht/Meyer*[37] 2; *Neumann* 178 und JR **1927** 525; *Peters* Fehlerquellen **3** 167; *Bertram* MDR **1962** 536; *Döring* JR **1927** 100; a. A *v. Hentig* 244 Fußn. 2.

[15] RGSt **54** 293; **55** 159, 242, 277; RG JW **1932** 2726 mit Anm. *Neumann*; KMR-*Paulus* 5.

[16] BGH MDR **1961** 250; RG JR Rspr. **1926** Nr. 214; *Eb. Schmidt* 6; KMR-*Paulus* 5.

[17] KK-*v. Stackelberg* 2; *Kleinknecht/Meyer*[37] 2; *Peters* Fehlerquellen **3** 170.

[18] RG Recht **1907** Nr. 1931.

[19] RGSt **4** 429; RGRspr. **3** 523; *Eb. Schmidt* 5; KK-*v. Stackelberg* 2; KMR-*Paulus* 6; *Kleinknecht/Meyer*[37] 2; *Neumann* 178; *Peters* Fehlerquellen **3** 167; a. A *Gerland* 447.

[20] RG Recht **1921** Nr. 2296; *Dalcke/Fuhrmann/Schäfer* 1; *Eb. Schmidt* 5; KMR-*Paulus* 6; *Neumann* 178 und JW **1932** 2726.

[21] BGH MDR **1961** 250; KMR-*Paulus* 6; a. A *Peters* Fehlerquellen **3** 167; wieder anders KK-*v. Stackelberg* 2: Verlesung insbes. der Beweiswürdigung unzulässig nur bei der Wiederaufnahme zuungunsten des Verurteilten, nicht aber in Fällen des § 359.

[22] RGSt **5** 429; KMR-*Paulus* 6; *Neumann* 188.

[23] *Kleinknecht/Meyer*[37] 3; *Gerland* 447; *Henkel* 397; *Dippel* in *Jescheck/Meyer* 108.

[24] RG HRR **1933** 1477; KMR-*Paulus* 6; *Neumann* 188.

[25] RG GA **52** (1905) 88; *Eb. Schmidt* 6; KMR-*Paulus* 7; *Neumann* 183; *Lenckner* FS Peters, 341 ff; a. A KK - *v. Stackelberg* 3; *Peters* Fehlerquellen **3** 168, der nur die Vernehmung als Mitbeschuldigte zulassen will; vgl. auch Vor § 48, 17 ff.

[26] RGSt **18** 417; KK - *v. Stackelberg* 3; KMR-*Paulus* 7; *Dippel* in *Jescheck-Meyer* 109; *Neumann* 186; a. A *Peters* Fehlerquellen **3** 168.

[27] *Eb. Schmidt* 6; KK-*v. Stackelberg* 4; KMR-*Paulus* 7; *Peters* Fehlerquellen **3** 168.

13 Die Niederschrift über die Aussage eines in dem früheren Verfahren **kommissarisch vernommenen Zeugen** kann verlesen werden, wenn die Voraussetzungen des § 251 noch vorliegen[28]. In der Berufungsverhandlung ist § 325 anwendbar[29].

14 e) Der **Nebenkläger**, der sich dem früheren Verfahren angeschlossen hatte, ist wieder zuzuziehen (s. § 395, 39). Eine erneute **Anschlußerklärung** ist **nicht erforderlich**, auch nicht, wenn die frühere Anschlußerklärung erst in der Hauptverhandlung erfolgt war[30].

15 f) **Hinweise an den Angeklagten**, die in der früheren Hauptverhandlung erteilt worden waren, müssen in der neuen Hauptverhandlung **wiederholt** werden[31], wenn die Rechtslage den Hinweis nach wie vor erforderlich macht. Das gilt insbesondere für den Hinweis nach § 265 Abs. 1 und 2[32]. Wird aber das frühere Urteil verlesen, so genügt es, daß der Angeklagte hierdurch auf die Veränderung des rechtlichen Gesichtspunkts aufmerksam gemacht wird[33].

II. Neue Entscheidung

16 1. **Art der Entscheidung.** Nach § 373 Abs. 1 kann das Wiederaufnahmegericht entweder das angefochtene Urteil bestätigen oder aber „anderweit in der Sache" erkennen. Weil der Beschluß nach § 370 Abs. 2 das Verfahren in den Zustand vor Erlaß der angefochtenen Entscheidung zurückversetzt hat (§ 370, 35), sind dem Gericht **alle Entscheidungsmöglichkeiten** eröffnet, die **in diesem Verfahrensstadium möglich** sind[34], einerlei, ob es sich dabei um Sachentscheidungen oder um bloße Prozeßentscheidungen handelt.

17 Deshalb darf das Gericht nicht nur auf **Freisprechung, Änderung des Rechtsfolgenausspruchs** oder **Aufrechterhaltung des früheren Urteils** erkennen, sondern auch das Verfahren nach **§ 206 a, § 260 Abs. 3 einstellen**, wenn Prozeßhindernisse vorliegen[35], insbesondere, wenn nach Erlaß des Beschlusses nach § 370 Abs. 2 ein Straffreiheitsgesetz in Kraft getreten ist (Vor § 359, 124). Auch die **Verfahrenseinstellung** nach den **§§ 153 ff**[36] und die **Verweisung** an das zuständige Gericht nach § 270 sind zulässig[37], ebenso die Einstellung nach § 205 (zur Verhandlungsunfähigkeit im wiederaufgenommenen Verfahren s. oben § 371, 3).

18 Ebenso ist es möglich, das Verfahren durch **Rücknahme** eines Rechtsmittels zu beenden, wenn die angefochtene Entscheidung auf ein solches ergangen war[38]. Die das Verfahren zurückversetzende Wirkung des Wiederaufnahmebeschlusses führt auch zur Wiederanwendbarkeit des § 303, womit die etwaigen Interessen der Verfahrensbeteilig-

---

[28] RG GA **39** (1891) 54; *Dalcke/Fuhrmann/Schäfer* 1; KK-*v. Stackelberg* 3; KMR-*Paulus* 7; *Neumann* 186; *Peters* Fehlerquellen **3** 168.

[29] RG JW **1930** 937 mit Anm. *Oetker*; RG DRiZ **1929** Nr. 209; *Dalcke/Fuhrmann/Schäfer* 1; *Eb. Schmidt* 4; KMR-*Paulus* 7; *Neumann* 186; *Peters* Fehlerquellen **3** 170.

[30] KMR-*Paulus* 4; anders *Neumann* 184.

[31] KK-*v. Stackelberg* 4.

[32] RGSt **58** 52; KMR-*Paulus* 8; *Kleinknecht/Meyer*[37] 2; *Neumann* 190; a. A *Peters* Fehlerquellen **3** 168, der eine Wiederholung nur nach langem Zeitablauf für notwendig hält.

[33] RGSt **57** 10; **58** 52; *Eb. Schmidt* 7; KMR-*Paulus* 8; *Dippel* in *Jescheck/Meyer* 108; *Neumann* 190.

[34] S. dazu RGSt **20** 46, 47.

[35] OLG Köln *Alsb.* E **2** Nr. 271 d; *Neumann* 196; *Schorn* MDR **1965** 870; s. oben § 359, 89 ff, 125; § 368, 3 ff; a. A KMR-*Paulus* 15; *Meyer-Goßner* GA **1975** 374 ff; *v. Hentig* 245, 248.

[36] *Beling* 436 Fußn. 1; *Neumann* 88 ff; *Peters* Fehlerquellen **3** 165; *Döring* JR **1927** 101; *Fortlage* DJZ **1925** 1033; *Schäfer* JR **1933** 10 Fußn. 6.

[37] *v. Hentig* 244 Fußn. 4; *Neumann* 198.

[38] *Döring* JR **1927** 101; a. A LR-*Meyer*[23] 16; KMR-*Paulus* 10; *Kleinknecht/Meyer*[37] 4.

ten an einer Durchführung des Strafverfahrens gewahrt erscheinen. Gleiches gilt für die Rücknahme der Klage und des Einspruchs im Strafbefehlsverfahren nach § 411 Abs. 3[39]. Ebenso ist es zulässig, Strafantrag wie Privatklage zurückzunehmen[40].

Ist dagegen das Verfahren durch den Wiederaufnahmebeschluß in das Berufungsverfahren zurückversetzt worden, kommt eine Verwerfung der Berufung wegen Ausbleibens des Angeklagten nach **§ 329 Abs. 1 Satz 1 nicht** in Betracht[41]: in diesem Fall ist § 329 Abs. 1 Satz 2 entsprechend anzuwenden. **19**

Soweit das Gesetz dies erlaubt, kann die Entscheidung auch **außerhalb der Hauptverhandlung** ergehen (s. oben § 371, 1 ff und 18). **20**

2. Einzelne Entscheidungsteile

a) **Schuldspruch.** Der neu erkennende Richter hat nicht zu prüfen, ob das aufgehobene Urteil richtig war, sondern muß **in der Sache völlig neu entscheiden** (oben Rdn. 5). **Bindend** sind für ihn nur diejenigen Teile des Urteils, die infolge einer Beschränkung der Wiederaufnahmeanordnung (§ 370, 30) bestehengeblieben sind. Sonst ist er an die Feststellungen des früheren Urteils nicht gebunden. Er hat so zu entscheiden, als ob es nicht ergangen wäre[42]. Alle Tatsachen und Beweismittel, auch die erst nach der Rechtskraft des früheren Urteils entstandenen oder bekanntgewordenen, sind wie in jeder anderen Verhandlung zu berücksichtigen und selbständig ohne Bindung an die Beweiswürdigung im voraufgegangenen Verfahren zu bewerten und zu würdigen[43]. Auch in der rechtlichen Beurteilung besteht keine Bindung an das frühere Urteil[44]. Zwischenzeitliche Gesetzesänderungen sind nach § 2 Abs. 3 StGB zu beachten[45]. **21**

Die völlige **Selbständigkeit der neuen Prüfung** kann dazu führen, daß der früher Verurteilte, obwohl die von ihm geltend gemachten Wiederaufnahmegründe sich als unzutreffend erweisen[46], insbesondere die beigebrachten neuen Tatsachen oder Beweismittel sich in der neuen Hauptverhandlung als ganz unerheblich oder untauglich erwiesen haben, freigesprochen werden muß, weil das Gericht die Beweise anders würdigt als früher[47] oder weil die Belastungsbeweise inzwischen teilweise verlorengegangen oder unzuverlässig geworden sind und die noch vorhandenen zur Überführung des Angeklagten nicht ausreichen[48]. Umgekehrt kann, obwohl die neuen Tatsachen erwiesen sind, das Urteil aufrechterhalten werden, wenn das Gericht die Beweise insgesamt anders würdigt als das früher erkennende Gericht. Nur auf dieses Gesamtergebnis der Beweiswürdigung kommt es an[49]. Für das Berufungsverfahren gilt nichts anderes. **22**

b) **Strafbemessung.** Wenn Schuldfeststellungen bestehengeblieben sind, hat das Gericht sie nach § 264 unter allen in Betracht kommenden Gesichtspunkten zu würdigen **23**

---

[39] *Neumann* 181; *Schäfer* JR **1933** 10 Fußn. 6; a. A KMR-*Paulus* 10; *Kleinknecht/Meyer*[37] 4; *Gerland* 124; *Peters* Fehlerquellen **3** 165.
[40] OLG Hamburg JW **1931** 2860; *Eb. Schmidt* 8.
[41] KMR-*Paulus* 10; *Kleinknecht/Meyer*[37] 4; *Peters* Fehlerquellen **3** 170.
[42] BGHSt **19** 367; RGSt **20** 47; **27** 383; **29** 280; **40** 421; **57** 317; **58** 52; RGRspr. **4** 869; **10** 430; RG JW **1923** 80 mit Anm. *Alsberg*; RG GA **36** (1888) 314; OLG Bremen NJW **1956** 316; *Peters*[4] § 76 V 3 d; *Neumann* 187; *Ditzen* GerS **47** (1892) 137; *Schäfer* JR **1933** 6.
[43] KMR-*Paulus* 12; *Kleinknecht/Meyer*[37] 2; v.
Hentig 248; *Peters*[4] § 76 V 3 d; *Neumann* 180; *Schäfer* JR **1933** 6.
[44] RGRspr. **4** 869; BayObLGSt **21** 226; *Peters*[4] § 76 V 3 d; *Neumann* 189; *Günther* MDR **1974** 95.
[45] LG Frankfurt NJW **1970** 70; *Kleinknecht/Meyer*[37] 2; *Neumann* 189; *Günther* MDR **1974** 95; *Schäfer* JR **1933** 20.
[46] KMR-*Paulus* 12.
[47] KK-v. *Stackelberg* 4; *Peters* Fehlerquellen **3** 166; *Schwarz* DJZ **1928** 1296.
[48] LG Frankfurt NJW **1970** 70; KMR-*Paulus* 12.
[49] RGSt **2** 328; KMR-*Paulus* 12.

und einen neuen Rechtsfolgenausspruch zu finden, bei dem nur die Beschränkung des § 373 Abs. 2 zu beachten ist[50]. In der Strafbemessung ist das Gericht auch sonst nur an diese Schranke gebunden[51]. Daher ist es selbst dann, wenn die Feststellungen des neuen Urteils mit denen des früheren völlig übereinstimmen, der Wiederaufnahmeantrag seinen Zweck also ganz verfehlt hat, nicht gehindert, auf eine mildere Strafe als die früher verhängte zu erkennen[52]. Das Gericht ist immer verpflichtet, auch über die **Rechtsfolgenfrage ganz neu zu entscheiden**[53]. Dem steht § 363 nicht entgegen. Die Vorschrift verbietet zwar, die Wiederaufnahme zum Zweck einer bloßen Strafermäßigung zuzulassen, beschränkt aber das Gericht nicht in seinem Ermessen, sobald die Wiederaufnahme zu einer neuen Hauptverhandlung geführt hat[54].

24   c) **Gesamtstrafe.** Bei der Gesamtstrafenbildung nach § 55 StGB sind alle noch nicht erledigten Verurteilungen einzubeziehen, die bis zu dem neuen Urteil ergangen sind[55]. Das gilt auch, wenn das frühere Urteil aufrechterhalten wird[56]. War die Wiederaufnahme nur teilweise angeordnet worden, so hat das Gericht, falls erforderlich, eine neue Gesamtstrafe zu bilden[57]. Das ist eine notwendige Ergänzung der Entscheidung und tritt mit dieser zusammen an die Stelle des früheren Urteils[58]. Auf die früher erkannte Gesamtstrafe kann trotz Wegfalls einer oder mehrerer Einzelstrafen erneut erkannt werden, wenn sie nach wie vor angemessen erscheint[59]. Waren in dem früheren Urteil nur zwei Einzelstrafen verhängt und fällt in der neuen Entscheidung die eine weg, so darf die andere auch dann nicht abgeändert werden, wenn ihre Bemessung möglicherweise durch die weggefallene Verurteilung beeinflußt war[60].

25   d) **Maßregeln.** Wenn das frühere Urteil **Maßregeln der Besserung und Sicherung** angeordnet hatte, ist auch hierüber neu zu befinden. Für Prognoseentscheidungen, insbesondere für die Frage der Gefährlichkeit des Täters, kommt es auf den Zeitpunkt der neuen Entscheidung an. Das gilt auch für die Entziehung der Fahrerlaubnis nach § 69 StGB. Sie darf erneut angeordnet werden, wenn der Angeklagte nach dem Ergebnis der Hauptverhandlung im wiederaufgenommenen Verfahren als ungeeignet zum Führen von Kraftfahrzeugen erscheint; ggf. ist die bisherige Sperrfrist (§ 69 a StGB) anzurechnen[61].

3. Urteilsausspruch

26   a) **Aufhebung des Urteils.** Wenn von dem ersten Urteil abgewichen wird, ist es aufzuheben und anderweit in der Sache zu erkennen (§ 373 Abs. 1). Unterläßt das Gericht versehentlich die **förmliche Aufhebung** des früheren Urteils, so ist das aber **unschäd-**

---

[50] BGHSt **19** 282; KK-*v. Stackelberg* 4; KMR-*Paulus* 13.
[51] *Neumann* 191.
[52] KMR-*Paulus* 13.
[53] RGSt **2** 328; **30** 421; *Dalcke/Fuhrmann/Schäfer* 2; *Eb. Schmidt* 11; KK-*v. Stackelberg* 4; *Neumann* 191.
[54] RGSt **30** 421; RG GA **45** (1897) 128; KMR-*Paulus* 13; *Neumann* 191; *Peters* Fehlerquellen **3** 172; § 363, 3.
[55] BayObLG JR **1982** 335 mit zust. Anm. *Stree*; OLG Bremen JZ **1956** 100; NJW **1956** 316; OLG Frankfurt GA **1980** 262, 264; LG Frankfurt NJW **1970** 70; KMR-*Paulus* 13; *Bertram* MDR **1962** 537.
[56] A. A *Peters* Fehlerquellen **3** 173.
[57] KMR-*Paulus* 13; *Neumann* 193 und JR **1927** 525.
[58] BGHSt **14** 89; RGSt **47** 168; *Peters* Fehlerquellen **3** 173; *Hanack* JZ **1974** 19.
[59] OLG Hamburg GA **64** (1917) 575; KMR-*Paulus* 13; *Neumann* 194.
[60] OLG Celle LZ **1915** 1547; OLG Hamm VRS **21** 44.
[61] OLG Hamm VRS **21** 45; KMR-*Paulus* 13; s. auch *Schönke/Schröder/Stree* § 69, 52.

lich[62]. Durch die Aufhebung des Urteils des ersten Rechtszugs wird das in der Sache ergangene Berufungs- oder Revisionsurteil von selbst hinfällig. Hatte das Revisionsgericht nach § 354 Abs. 1 in der Sache selbst entschieden, so muß der neue Tatrichter aber auch das Revisionsurteil aufheben. Im Revisionsverfahren wird auf Aufhebung und Zurückverweisung erkannt, wenn das Rechtsmittel begründet ist[63].

b) Auf **Aufrechterhaltung der Entscheidung** darf nur erkannt werden, wenn das 27 Gericht aufgrund der neuen Hauptverhandlung in allen Punkten so entscheidet wie das früher erkennende Gericht[64]. Die Aufrechterhaltung mit der Maßgabe, daß die Verurteilung aufgrund einer anderen Strafvorschrift erfolgt, ist unzulässig; in diesem Fall muß der Urteilsausspruch neu gefaßt werden[65]. Eine sachliche Bedeutung hat die im Gesetz vorgeschriebene Formel aber nicht. Sie bedeutet nicht etwa, daß der neu erkennende Richter das frühere Urteil nur zu bestätigen hat[66]; es soll nur vermieden werden, daß das Gericht das Urteil aufhebt und zugleich durch eine inhaltsgleiche Verurteilung ersetzt[67]. Es wird also lediglich die **Form der Entscheidung** für den Fall bezeichnet, daß das Gericht **zu demselben Ergebnis** gelangt wie das früher urteilende Gericht[68]. Die Verwendung einer abweichenden Fassung in dem Urteilsausspruch ist unschädlich[69].

Obwohl die Aufrechterhaltung der früheren Entscheidung im Kern auch dann 28 vorliegt, wenn sie nur an **zwischenzeitliche Gesetzesänderungen** angepaßt wird, ist in solchen Fällen der Urteilsausspruch neu zu fassen. Das gilt etwa, wenn früher auf Zuchthaus oder Gefängnis erkannt oder wegen Diebstahls, Betruges oder Hehlerei im Rückfall verurteilt worden war[70]. Auch wenn nur eine geringere Strafe verhängt wird, ist das Urteil nicht mit dieser Maßgabe aufrechtzuerhalten, sondern ein neuer Urteilsausspruch abzufassen[71].

4. Notwendiger Inhalt des neuen Urteils. Maßgebend ist § 267. Eine Bezugnahme 29 auf die Feststellungen des aufrechterhaltenen Urteils ist unzulässig[72].

5. Anrechnung früherer Rechtsfolgen
a) Strafen. Wenn in dem neuen Urteil auf eine gleichartige Strafe erkannt ist, 30 wird die aus dem aufgehobenen Urteil bereits vollstreckte Strafe auf die nunmehr verhängte angerechnet (§ 51 Abs. 2 StGB). Das Urteil muß das nicht ausdrücklich aussprechen[73]. War in dem aufgehobenen Urteil eine Geldstrafe verhängt, wird aber in dem

---

[62] RGRspr. **6** 344; KMR-*Paulus* 15; *Neumann* 195.
[63] *Neumann* 195; **a. A** *v. Hentig* 221, der eine Entscheidung des Revisionsgerichts für unzulässig hält.
[64] RGSt **30** 424; KMR-*Paulus* 15; *Kleinknecht/Meyer*[37] 6; *Dippel* in *Jescheck/Meyer* 109; *Neumann* 195; vgl. auch OLG Hamm VRS **21** 45 für die Einziehung.
[65] *Neumann* 195.
[66] *Schäfer* JR **1933** 6.
[67] *Stree* JR **1982** 337.
[68] RGSt **2** 327; **27** 383; **57** 317; RGRspr. **10** 430; RG JW **1924** 1769 mit Anm. *Coenders*; RG GA **36** (1888) 314; OLG Bremen NJW **1956** 316; OLG Hamburg JW **1931** 2860; OLG Hamm NJW **1957** 473; OLG Jena *Alsb.* E **2** Nr. 325 a; KMR-*Paulus* 15; *v. Hentig* 246 Fußn. 1; *Neumann* 188; *Döring* JR **1927** 100.
[69] RGSt **57** 318.
[70] Grundsätzlich **a. A** *Peters* Fehlerquellen **3** 171.
[71] **A. A** KMR-*Paulus* 15.
[72] RGRspr. **10** 431; RG JW **1904** 246; **1924** 1769 mit Anm. *Coenders*; RG GA **36** (1888) 314; *Dalcke/Fuhrmann/Schäfer* 2; KMR-*Paulus* 16; *Kleinknecht/Meyer*[37] 7; *Peters* Fehlerquellen **3** 172; *Bertram* MDR **1962** 536.
[73] *Schönke/Schröder/Stree*[22] § 51, 27; *Lackner*[16] § 51, 2 b; dagegen hält es LK-*Tröndle* § 51, 58 für notwendig, die Anrechnung – freilich als deklaratorisch – im Urteil anzuordnen; vgl. auch RGSt **58** 168; RG GA **47** (1900) 296; *Dalcke/Fuhrmann/Schäfer* 3; *Neumann* 217 ff.

neuen Urteil auf Freiheitsstrafe erkannt, so wird die **Geldstrafe nach** dem Umrechnungsmaßstab des **§ 51 Abs. 4 Satz 1 StGB** auf die Freiheitsstrafe **angerechnet**[74]. Eine vollstreckte Freiheitsstrafe ist in entsprechender Anwendung des § 51 Abs. 2 StGB auf in anderen Sachen verhängte Strafen anzurechnen, sofern im Falle der Verurteilung insoweit eine Gesamtstrafe zu bilden gewesen wäre[75].

31 b) **Maßregeln.** Hier kommen insbesondere die Entziehung der Fahrerlaubnis nach **§ 69 StGB** und das Berufsverbot nach **§ 70 StGB** in Betracht. Wird erneut die Entziehung der Fahrerlaubnis angeordnet, so muß die Zeit der bisherigen Entziehung auf die Sperre angerechnet werden[76]. Das gilt entsprechend für den Fall des § 70 StGB.

32 c) **Einziehung.** Ein Gegenstand, der aufgrund des aufgehobenen Urteils eingezogen worden war und dessen Einziehung nicht erneut angeordnet wird, muß dem Verurteilten **zurückgegeben** werden[77]. Ist der Einziehungsgegenstand nicht mehr vorhanden, so ist eine Entschädigung nach **§ 1 StrEG** anzuordnen[78].

33 d) **Urteilsbekanntmachung.** War in dem aufgehobenen Urteil dem Verletzten die Befugnis zur öffentlichen Bekanntmachung des Urteilsausspruchs zuerkannt worden und ist sie erfolgt, so muß auf Antrag des nunmehr Freigesprochenen auch die öffentliche Bekanntmachung der Urteilsaufhebung **angeordnet** werden[79], und zwar in demselben Publikationsorgan, in dem die frühere Bekanntmachung erfolgt war[80]. Wird jedoch erneut wegen einer Straftat verurteilt, deretwegen die Urteilsbekanntmachung anzuordnen ist, so wird, wenn schon das frühere Urteil bekanntgemacht war, von einer erneuten Anordnung abgesehen[81].

34 e) **Verlust von Rechten.** Waren dem Verurteilten, insbesondere nach § 45 StGB, Rechte aberkannt, so gilt folgendes: Wenn **abermals die Entziehung der Rechte angeordnet** wird, tritt der ursprüngliche Rechtsverlust, der durch den Beschluß nach § 370 Abs. 2 außer Kraft getreten war, wieder ein[82]. Dabei wird die Zeit, in der er bereits rechtswirksam war, auf den nunmehr erkannten Rechtsverlust ohne weiteres angerechnet; eines besonderen Ausspruchs darüber bedarf es nicht[83]. Das gilt auch, wenn in dem früheren Urteil auf Verlust der bürgerlichen Ehrenrechte nach § 32 StGB a. F. erkannt worden war und in dem neuen Urteil eine Strafe verhängt wird, aufgrund deren die Nebenfolgen des § 45 Abs. 1 ohne weiteres eintreten, oder wenn nach § 45 Abs. 2 und 5 StGB ausdrücklich auf sie erkannt wird. Wenn dagegen das **frühere Urteil aufgehoben** und der **Rechtsverlust nicht erneut angeordnet** wird, **leben die aberkannten Rechte wieder auf.** Dadurch können jedoch die bereits eingetretenen Wirkungen nicht rückwirkend beseitigt werden[84]. Das Wiederaufleben der verlorengegangenen Beamtenrechte

---

[74] BayObLGSt **1976** 87 = NJW **1976** 2140; KMR-*Paulus* 17; *Kleinknecht/Meyer*[37] 9; a. A für das frühere Recht: *v. Hentig* 249; *Fortlage* DJZ **1925** 1034, die die Erstattung des gezahlten Betrages für geboten hielten.
[75] OLG Frankfurt GA **1980** 262; a. A *Kleinknecht/Meyer*[37] 9.
[76] OLG Hamm VRS **21** 43; KMR-*Paulus* 13; *Kleinknecht/Meyer*[37] 9.
[77] *Kleinknecht/Meyer*[37] 9; *v. Hentig* 249.
[78] KMR-*Paulus* 18.
[79] RGSt **15** 188; RG JW **1931** 1099; KK-*v. Stackelberg* 4; KMR-*Paulus* 18; *Kleinknecht/Meyer*[37] 12; *Dippel* in *Jescheck/Meyer* 109; *v. Hentig* 249; *Peters* Fehlerquellen **3** 173; *Schorn* Strafrichter 366; vgl. auch § 371, 26.
[80] RGSt **15** 188.
[81] KK-*v. Stackelberg* 4; KMR-*Paulus* 18; a. A *Peters* Fehlerquellen **3** 173, der die erneute Anordnung und zusätzlich den Ausspruch, daß die Bekanntmachungsbefugnis verbraucht ist, für erforderlich hält.
[82] KMR-*Paulus* 18; *Peters* Fehlerquellen **3** 156.
[83] RGSt **57** 312.
[84] RGSt **57** 312; KMR-*Paulus* 18; vgl. auch *Peters* Fehlerquellen **3** 156.

regeln § 51 BBG und § 24 Abs. 2 BRRG (zum früheren Recht vgl. *Schneider* DJZ **1932** 740).

f) Gnadenerweise sind durch den Beschluß nach § 370 Abs. 2 **gegenstandslos** geworden (dort Rdn. 45), gewinnen aber ihre Bedeutung zurück, wenn der Angeklagte erneut verurteilt wird. In diesem Fall kann das frühere Urteil nur mit der Abänderung aufrechterhalten werden, die es im Gnadenweg erfahren hat[85]. Der Gnadenerweis muß auf die neu erkannte Strafe angerechnet werden[86]. **35**

6. Kostenentscheidung. Vgl. Erl. bei § 473. Hatte der nunmehr freigesprochene Angeklagte aufgrund des aufgehobenen Urteils Kosten an die Staatskasse **gezahlt**, so ist anzuordnen, daß sie ihm **zurückerstattet** werden[87]. Erstattungspflichtig ist die Kasse des Landes, dessen Gericht den Angeklagten im ersten Rechtszug verurteilt hatte. Notfalls ist im Zivilrechtsweg vorzugehen[88]. **36**

7. Die **Entschädigung** richtet sich nach den §§ 1 ff StrEG. Zuständig ist nach § 15 Abs. 1 StrEG die Kasse des Landes, durch dessen Gericht der Entschädigungsberechtigte im ersten Rechtszug verurteilt worden war. **37**

8. Anfechtung. Gegen das Urteil sind nach den allgemeinen Vorschriften die Rechtsmittel der **Berufung und Revision** (§§ 312, 333, 335) gegeben. Auch ein neuer **Wiederaufnahmeantrag** ist statthaft[89]. **38**

III. Verbot der Schlechterstellung

Das Verbot der Schlechterstellung in § 373 Abs. 2 entspricht dem Verbot der §§ 331, 358 Abs. 2. Auf die Erläuterungen zu diesen Vorschriften wird verwiesen. **39**

§ 373 a

Für die Wiederaufnahme eines durch rechtskräftigen Strafbefehl abgeschlossenen Verfahrens gelten die Vorschriften der §§ 359 bis 373 entsprechend.

Entstehungsgeschichte. Die Vorschrift wurde durch Art. 6 Nr. 5 der 3. VereinfVO eingefügt. Nach dem Krieg wurde sie in der amerikanischen und britischen Besatzungszone durch alliierte Vorschriften (Nr. 20 d der Allgemeinen Anweisung für Richter Nr. 2) aufgehoben. Art. 3 Nr. 158 VereinhG fügte sie wieder ein.

---

[85] *Frede* DJZ **1929** 846.
[86] RG GA **68** (1920) 379; KMR-*Paulus* 19; *Kleinknecht/Meyer*[37] 12; *Neumann* 218; *Peters* Fehlerquellen **3** 156; *Walter* 64; *Schäfer* JR **1933** 21; a. A RGSt **57** 312, das einen neuen Gnadenerweis für notwendig hält.
[87] RGSt **27** 382; *Eb. Schmidt* 16; *Kleinknecht/Meyer*[37] 9.
[88] OLG Hamburg *Alsb.* E **2** Nr. 338.
[89] KMR-*Paulus* 20; *v. Hentig* 249; *Neumann* 217; *Peters* Fehlerquellen **3** 177.

§ 373 a Viertes Buch. Wiederaufnahme

Geplante Änderung. Nach Art. 1 Nr. 27 des StVÄGE 1984 soll § 373 a folgende Fassung erhalten:

§ 373 a

(1) Die Wiederaufnahme eines durch rechtskräftigen Strafbefehl abgeschlossenen Verfahrens zuungunsten des Verurteilten ist auch zulässig, wenn neue Tatsachen oder Beweismittel beigebracht sind, die allein oder in Verbindung mit den früheren Beweisen geeignet sind, die Verurteilung wegen eines Verbrechens zu begründen.

(2) Im übrigen gelten für die Wiederaufnahme eines durch rechtskräftigen Strafbefehl abgeschlossenen Verfahrens die §§ 359 bis 373 entsprechend.

S. ggf. die Erläuterungen im Nachtrag zur 24. Auflage.

I. Bedeutung der Vorschrift

1. Rückblick

1 **a) Rechtslage bis 1943.** Da die §§ 359 ff durchweg davon sprechen, daß die Wiederaufnahme gegen Urteile zulässig ist, war zweifelhaft, ob auch rechtskräftige Strafbefehle im Wiederaufnahmeverfahren beseitigt werden können (vgl. die Nachweise in der 19. Auflage dieses Kommentars Vor § 359, 2). Praktische Bedeutung hatte die Streitfrage nicht. Denn nach herrschender Ansicht durfte die Rechtskraft von Strafbefehlen zuungunsten des Beschuldigten ohne förmliche Wiederaufnahme des Verfahrens durch Erhebung einer neuen Anklage durchbrochen werden, wenn ein neuer, in dem Strafbefehl nicht gewürdigter rechtlicher Gesichtspunkt eine erhöhte Strafbarkeit begründet (vgl. Erl. bei § 410). Dadurch wurde eine Art Wiederaufnahme von Strafbefehlsverfahren zuungunsten des Beschuldigten ermöglicht, auch wenn die Voraussetzungen des § 362, die für die Wiederaufnahme eines nach bloß summarischer Prüfung abgeschlossenen Verfahrens zweifellos zu eng sind, nicht gegeben waren.

2 **b) Rechtslage bis 1945.** Die Erweiterung der Voraussetzungen der Nichtigkeitsbeschwerde durch Art. 7 § 2 der 2. VereinfVO (dazu Einl. Kap. 3) machte die Rechtsprechung von der nur beschränkten Rechtskraft des Strafbefehls weitgehend überflüssig[1]. Nach der Neufassung des § 359 und der Aufhebung des § 362 durch Art. 6 Nr. 1 und 2 der 3. VereinfVO war überdies die Wiederaufnahme zuungunsten des Angeklagten grundsätzlich unter denselben Voraussetzungen möglich wie die zu seinen Gunsten. Sie war insbesondere nunmehr auch zulässig, wenn neue Tatsachen oder Beweismittel geeignet waren, eine wesentlich strengere Ahndung zu begründen (§ 359 Abs. 1 Nr. 2), vorausgesetzt, daß die neue Verfolgung „zum Schutz des Volkes" notwendig erschien (§ 359 Abs. 2). Dadurch verlor die Rechtsprechung von der beschränkten Rechtskraft des Strafbefehls endgültig ihre Grundlage. Mit der Einfügung des § 373 a sollte dieser Rechtsprechung daher ein Ende gesetzt und statt dessen die Wiederaufnahme des Strafbefehlsverfahrens sowohl zugunsten als auch zuungunsten des Beschuldigten nach § 359 n. F. ermöglicht werden[2].

3 **2. Rechtslage seit 1950.** Da durch Art. 3 Nr. 151, 152 VereinhG die frühere Fassung der §§ 359, 362 im wesentlichen wiederhergestellt worden ist, hat die frühere

---

[1] *Dippel* in *Jescheck/Meyer* 52 und GA **1972** 118; *Molière* Die Rechtskraft des Bußgeldbescheides, 1975, 76.

[2] Vgl. *Dippel* GA **1972** 118; *Grau* DJ **1943** 354.

Rechtsprechung ihre Bedeutung zurückgewonnen[3]. Denn es wäre nach wie vor unbillig, wenn die Wiederaufnahme von Strafbefehlsverfahren zuungunsten des Beschuldigten von dem Vorliegen der Voraussetzungen des § 362 abhängig gemacht, bei Vorliegen neuer Tatsachen also nicht zugelassen würde. Gleichzeitig mit der Wiederherstellung der früheren Fassung der §§ 359, 362 ist jedoch im Jahre 1950 auch der § 373a wieder eingefügt worden, ohne daß erkennbar ist, was der Gesetzgeber mit dieser Vorschrift unter den nunmehr veränderten Umständen bezweckt hat[4]. Da es nicht sein Ziel gewesen sein konnte, die Strafbefehle im Wiederaufnahmeverfahren den Urteilen auch insoweit gleichzustellen, als für eine Wiederaufnahme zuungunsten des Beschuldigten der § 362 gilt, konnte die Vorschrift nunmehr nur noch für den praktisch kaum vorkommenden Fall Bedeutung haben, daß der Beschuldigte oder zu seinen Gunsten ein anderer Verfahrensbeteiligter die Wiederaufnahme beantragte[5]. Im übrigen blieb es dabei, daß die Rechtskraft des Strafbefehls eine neue Anklage nicht hinderte, wenn ein neuer, in dem Strafbefehl nicht gewürdigter Umstand eine erhöhte Strafbarkeit begründete[6].

Dies entspricht im wesentlichen auch der **heutigen Rechtslage**. In Übereinstimmung mit neueren Bestrebungen im Schrifttum (s. Erl. bei § 413) hat jedoch BVerfGE 65 377 einen erneuten Wandel bewirkt. Demnach besteht die Möglichkeit einer neuen Anklage bei einem im Strafbefehl nicht gewürdigten strafbarkeitserhöhenden Umstand ausnahmsweise dann nicht, wenn ein solcher Umstand erst nach der Rechtskraft des Strafbefehls eingetreten ist. In diesem Fall kann die Tat nur noch als Verbrechen verfolgt werden, nicht aber als Vergehen, weil die Rechtskraft des richterlich erlassenen Strafbefehls nicht hinter der Sperrwirkung des § 153a Abs. 1 Satz 4, Abs. 2 Satz 2 StPO; § 84 Abs. 2 und § 85 Abs. 3 Satz 2 OWiG zurückstehen kann[7]. Zusammenfassend gilt damit nunmehr: nur soweit die beschränkte Rechtskraft des Strafbefehls einer Fortführung des Verfahrens entgegensteht, ist nach § 373a die Wiederaufnahme aufgrund der §§ 359, 362 statthaft[8] (s. dazu aber die geplante Änderung durch den StVÄG 1984, oben vor I). **4**

II. Entscheidung

1. Über die Wiederaufnahme des Verfahrens zugunsten des Beschuldigten wird nach § 370 **Abs. 1 und 2** entschieden. Sofern nicht die sofortige Freisprechung nach § 371 geboten ist, muß stets außer der Wiederaufnahme die Durchführung einer Hauptverhandlung angeordnet werden[9], in der entsprechend § 373 Abs. 1 entweder der Strafbefehl aufrechtzuerhalten oder unter seiner Aufhebung anderweit in der Sache zu erkennen ist. Der Strafbefehl hat nach der Rechtskraft des Beschlusses nach § 370 Abs. 2 die Bedeutung eines Eröffnungsbeschlusses[10]. **5**

---

[3] Anders *Busch* ZStW **68** (1956) 12; *Grünwald* ZStW **74** (1962) Beih. 128; *Vogler* Die Rechtskraft des Strafbefehls, 1959, 89 ff.
[4] Vgl. BTDrucks. 530 S. 52: für die Zulassung des Wiederaufnahmeverfahrens bestehe ein „praktisches Bedürfnis".
[5] BGHSt **3** 16; *Eb. Schmidt* 3; KMR-*Paulus* 1; *Kleinknecht/Meyer*[37] 1.
[6] BVerfGE **3** 248.
[7] BVerfGE **65** 377, 382 ff; vgl. dazu auch *Gössel* § 33 E IV; zu Unrecht anders noch BGHSt **28** 69 und BayObLGSt **1976** 84; OLG Köln OLGSt § 410 S. 23.
[8] Beim Strafbefehl gilt demnach nichts anderes als beim sachentscheidenden Beschluß: Auch dieser ist nur insoweit mit der Wiederaufnahme anfechtbar, als kein eigenständiges Fortführungsverfahren zur Verfügung steht (s. oben Vor § 359, 48).
[9] KMR-*Paulus* 3; *Kleinknecht/Meyer*[37] 2.
[10] KMR-*Paulus* 3; *Kleinknecht/Meyer*[37] 2.

§ 373 a Viertes Buch. Wiederaufnahme

6 **2. Strafverfügungen** stehen den Strafbefehlen im Wiederaufnahmeverfahren nach herrschender Ansicht gleich[11]. Mit der Aufhebung des § 413 durch Art. 21 Nr. 107 EGStGB ist das Strafverfügungsverfahren jedoch beseitigt worden, und es ist nicht anzunehmen, daß gegen eine vor Jahren erlassene Strafverfügung heute noch die Wiederaufnahme zugunsten des Beschuldigten beantragt wird. Daher bedarf es keiner weiteren Erläuterungen. Wegen Strafverfügungen einer Oberfeldkommandantur vgl. OLG Köln GA **1957** 249.

---

[11] Vgl. die Nachweise bei BVerfGE **22** 322.